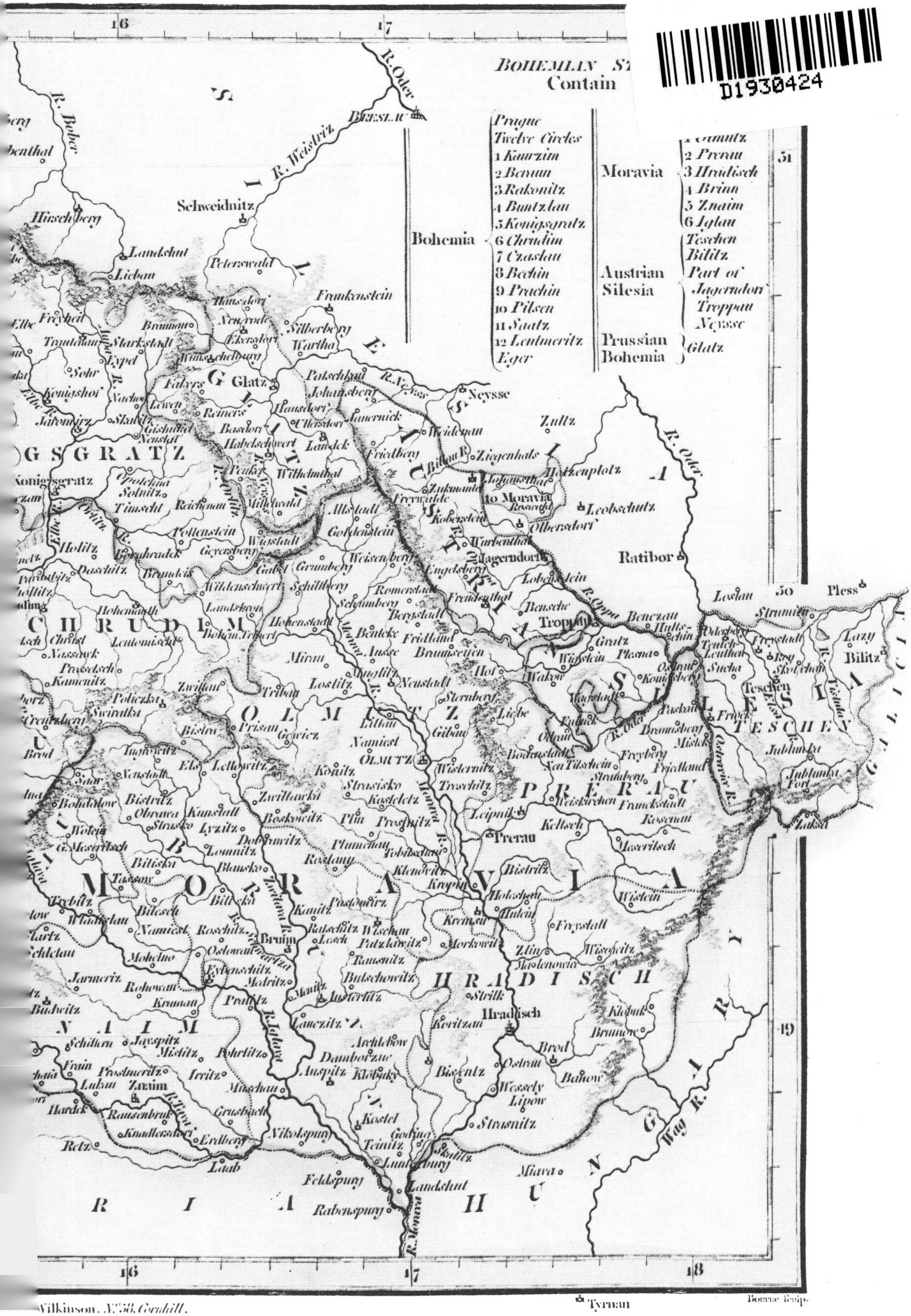

Wilkinson, N.º 58, Cornhill.

Bourne Sculp.

Fritz Peter Habel

Dokumente zur Sudetenfrage

Fritz Peter Habel

Dokumente zur Sudetenfrage

Unerledigte Geschichte

Langen Müller

Kartenskizzen Vorder- und Rückseite des Schutzumschlags mit freundlicher Genehmigung des Sudetendeutschen Rats (aus: *Die Sudetendeutsche Frage*, 2. Auflage, München 1984)

Vorsatz vorne: Archiv Langen-Müller Verlag, München
Vorsatz hinten: Mit freundlicher Genehmigung des Sudetendeutschen Archivs, München

Abbildungen:

Herkunft: Jeweils vermerkt

Besuchen Sie uns im Internet unter:
http://www.langen-mueller-verlag.de

5., völlig neubearbeitete und ergänzte Auflage

Umschlagentwurf: Wolfgang Heinzel
Herstellung: VerlagsService Dr. Helmut Neuberger & Karl Schaumann GmbH, Heimstetten
Satz: Fotosatz Völkl, Puchheim
Gesetzt aus der 9/10,63 Century expanded auf Apple Macintosh in QuarkXPress
Druck und Binden: Freiburger Graphische Betriebe
Printed in Germany
ISBN 3-7844-2691-3

Einführung

Die »Dokumente zur Sudetenfrage« erschienen zwischen 1960 und 1984 in vier Auflagen. Sie begannen als »vervielfältigte« Arbeitsunterlage mit wenigen Blättern und entwickelten sich zu einem umfangreichen Buch. Ziel war stets, den Lesern eine Zusammenstellung möglichst vieler wesentlicher Einzelheiten der Sudetenfrage anzubieten; die Sammlung fand immer erfreuliches Interesse.

Auch die letzte Auflage von 1984 ist seit vielen Jahren vergriffen und nur gelegentlich über Antiquariate historischer Fachliteratur zu erwerben. Weiterer Bedarf vor allem junger Menschen und in den seit 1990 neuen Bundesländern hatten daher schon lange eine Neuauflage und die Ereignisse vor und nach der weltpolitischen Wende 1989 bis 1991 auch eine Ergänzung erfordert. Diese liegt nunmehr vor. Sie war bereits im Sommer 1999 abgeschlossen und wurde dann Anfang 2003 auf aktuellen Stand ergänzt.

Zum aktuellen Stand kann darauf verwiesen werden, daß die offene Sudetenfrage wohl der wichtigste Grund war, warum die Tschechische Republik im Frühjahr 2003 bei der Aufnahme von zehn neuen Mitgliedern in die Europäische Union das mit Abstand schlechteste Ergebnis aller Bewerber zu verzeichnen hatte.

Zur Nutzung der vielfältigen Möglichkeiten der vorliegenden 5. Auflage der Sammlung nachfolgend einige Hinweise:

1. Dokumente und Geschichte
   Dokumente sind nie die Geschichte selbst; sie dokumentieren sie lediglich als quasi Blitzlichtaufnahmen aktueller Einsicht in historische Abläufe. Zugleich können Dokumente oft Impulsgeber für neue politische Anstöße werden. Dokumente verschiedener Ansichten, Ereignisse und Tendenzen sollten die Bausteine möglichst objektiver Geschichtsschreibung darstellen, um auf dieser Basis Geschichte zu begreifen, die jeweilige Gegenwart zu verstehen und die Zukunft zu gestalten.

2. Die Dokumente
   Bei Auswahl der Texte wurden im Rahmen des zeitübergreifenden Charakters der Sammlung Belege der Zeit ab 1989 besonders gewürdigt, da diese bisher selten wiedergegeben und daher meistens schwer erreichbar sind.
   Die Interessen der Leser sind natürlich verschieden. Für den einen Leser kann daher ein bestimmtes Dokument hochbedeutsam sein, das für einen anderen Leser wenig besagt – und umgekehrt.
   Aus Platzgründen waren Kürzungen in vielen Dokumenten unvermeidlich. Der Inhalt nicht wiedergegebener Textteile wurde dabei oft durch deutlich als Zusätze gekennzeichnete Angaben zusammengefaßt.
   Im Interesse der Leser wurden die einzelnen Texte regelmäßig durch Verweise und Erläuterungen charakterisiert und unmittelbar mit der jeweiligen Quelle bzw. Herkunftsangabe versehen; geographische Begriffe verweisen auf bzw. verwenden (wie bei Florenz

und Themse) vorhandene deutsche Bezeichnungen; zu Abkürzungen im Inhaltsverzeichnis und den Quellenangaben siehe S. XXXIV ff.
Manche Dokumente stehen pars pro toto, d. h. als Einzelniederschrift für viele. Umgekehrt ist an anderen Stellen (v. a. um 1945/46) eine zusammenfassende Niederschrift in Auszugsform erforderlich, um breitere Tendenzen in den Abläufen sachgerecht zu belegen. Schließlich wurde die Möglichkeit genutzt, eine Mehrzahl von Angaben in Form eines »Kurzberichtes« oder einer Datensammlung zusammenzufassen.

3. Inhalt und Gliederung der Sammlung
Der erste der drei chronologischen Abschnitte, in welche die Sammlung gegliedert ist, weist in den »Allgemeinen Rechtsfragen« Dokumente nach, die nicht nur die Sudetenfrage betreffen, aber auch für sie von Bedeutung sind. Im zweiten Abschnitt wird dann »Die Sudetenfrage« im engeren Sinne belegt, wobei sich die Dokumente früherer Jahrhunderte natürlich auf jeweils zeitgenössische Ausprägungen beziehen; die Materialien für 1999–2002 sind (im Teil VI) nachgestellt. Im dritten Abschnitt sind in Auszügen einige »Alternativen« aufgeführt. Es handelt sich hier um weithin weniger bekannte Vorgänge, die in einer Art »paralleler Logik« zur Sudetenfrage das Verhältnis zwischen Vertreibung, Recht und Gebietserwerb/Neubesiedlung in der aktuellen Diskussion unserer Zeit beleuchten. Der Anhang enthält vor allem statistisches Material.
Zum schnellen Zugriff auf die Texte sei zunächst auf das Inhaltsverzeichnis verwiesen: Es enthält neben dem »Wann?«, »Wer?« und »Wie?« des Dokumentes auch eine Kurzbeschreibung seines Inhaltes. Das Verzeichnis erwähnter Personen und Institutionen im Anhang bietet eine weitere Möglichkeit, die Dokumente über die Beteiligten zu lokalisieren.

Manche Sammlung von Dokumenten versucht, den Leser durch ein oft umfangreiches Vorwort auf die Gedankenwelt des Herausgebers einzustimmen und die angebotenen Texte von dort her zu interpretieren. Darauf wird verzichtet. Die Dokumente sollen für sich selbst sprechen und direkt auf den Leser wirken. Nur soviel sei gesagt: Auch die 5. Auflage der »Dokumente zur Sudetenfrage« steht im vielfältigen Spannungsfeld von Wissenschaft, Recht und Politik. Die Sammlung soll als Nachschlagewerk durch Wiedergabe ausgewählter Schriftstücke und Äußerungen oft zeitgebundener Art aufzeigen, wie die Sudetenfrage früher und heute in Erscheinung trat und wie sie in die ewigen und weltweiten Zusammenhänge von Mehrheitsherrschaft und Menschenrecht eingeordnet werden kann. Bei diesem Bemühen strebt die Arbeit ein Optimum zwischen der sachlichen Abdeckung des Gesamtthemas und der Beschränkung des Umfangs an.

Viele Menschen im In- und Ausland, darunter auch zahlreiche Leser früherer Auflagen, haben mir durch Hinweise und Unterstützung bei Auswahl, Beschaffung und Prüfung von Texten geholfen. Ich bedanke mich dafür (siehe auch S. 1242). Mein besonderer Dank gilt dem Verleger, Herrn Dr. Fleissner, und seinen Mitarbeitern für die Mühen bei der Herausgabe und Oskar Böse für die Förderung des Buches, dem ich aufgeschlossene und verständnisvolle Leser wünsche: Diese bitte ich auch, mir jene Fehler mitzuteilen, die trotz aller Korrekturbemühungen übersehen wurden.

Meine Arbeit war, wie immer, von gewisser Hoffnung getragen: Daß künftig allen Menschen seltener geschehe, was einstmals (auch) den Sudetendeutschen geschah und heute vielen Unglücklichen neuerlich widerfährt.

Grafing bei München, Fritz Peter Habel
am 4. März 2003

Inhaltsverzeichnis

Teil I
Allgemeine Rechtsfragen und Verträge: Menschenrecht, Heimatrecht, Vertreibung, Volksgruppenrecht, Selbstbestimmungsrecht

(Verwendete Abkürzungen: Siehe S. XXXI ff.)

Teil II
Nationale Probleme in Böhmen, Mähren und (Österreichisch-)Schlesien

Teil III
Die Sudetenfrage
1. 1918–1920: Die Entstehung der Sudetenfrage durch Entstehung der Tschechoslowakei

2. 1920–1938: Die Sudetenfrage in der (ersten) Tschechoslowakei

3. 1939–1945: Die Zeit des 2. Weltkrieges

4. 1945–1955: Die Vertreibung der Sudetendeutschen und der Neubeginn der Sudetenfrage

5. 1955–1989: Die Sudetenfrage im geteilten Deutschland

6. Ab 1990: Neuere Entwicklungen der Sudetenfrage

Teil IV
Alternativen und Parallelen

Teil V
Anhänge

1. Zahlenbilder (Statistisches Material)

2. Verzeichnis erwähnter Personen und Institutionen

3. Karten von Böhmen und Mähren-Schlesien

Teil VI
Zusätze

Abkürzungen im Inhaltsverzeichnis und Register

Neben allgemein üblichen Kurzformen (wie z. B. EG/EU, UNO/UN) wurden im Inhaltsverzeichnis und Register für v. a. politische Funktionen, Organisationen sowie Staaten/Völker erforderlichenfalls Abkürzungen verwendet.
Die weltweite Herkunft der Quellen (und Aufenthaltsorte der Leser) machte auch erforderlich, Veröffentlichungs- und Berichtsorte außerhalb der jeweiligen Hauptstädte und allgemein bekannter Bezeichnungen (wie z. B. New York, Leipzig, Köln) in Kurzform zu lokalisieren.
Die Abkürzungen, die evtl. Ableitungen (wie z. B. von d. = deutsch auf D. = Deutscher/e/s) einschließen, sind:

Abg.	Abgeordneter	
AGzWsl	Arbeitsgemeinschaft zur Wahrung sudetendeutscher Interessen (1947–1954)	
All., all.	Alliierte, alliierte	
Az.	Aktenzeichen	
B., b.	Böhmen, böhmisch	
Bad.	Baden	
Bay., bayer.	Bayern, bayerisch	
BdV	Bund der Vertriebenen	
Beneš-D.	Beneš-Dekrete	
Bev.	Bevölkerung	
Bgm.	Bürgermeister; -in	
Botsch.	Botschafter	
Br.	Brandenburg	
brit.	britisch	
Brsg.	Breisgau (Baden)	
BtDs.	Bundestagsdrucksache	
Calif.	Kalifornien (USA)	
Colo.	Colorado (USA)	
ČR	Česká republika	(ab 1993)
ČSFR	Česká a Slovenská federativní republika	(1990–1992)
ČSR	Československá republika	(1919–38, 1945–60)
Č-SR	Česko-Slovenska republika	(1938–1939)
ČSSR	Československá socialistická republika	(1960–1990)
d./D.	deutsch/Deutschland	
d.-böhm., d.-b.	deutsch-böhmisch	
d.-österr.	deutsch-österreichisch	
Dem.	Demokratische Partei (in den USA)	
Dipl.	Diplomat	
Dir.	Direktor/Director	
Doc./Dok.	Document/Dokument	
DSAP	Deutsche sozialdemokratische Arbeiterpartei	
D.-t. Erkl.	Deutsch-tschechische Erklärung	(1997)
ECOSOC	(UNO/UN-)Economic and Social Council	
eigentl.	eigentlicher Ursprungsname	
EKMR.	Europäische Konvention der Menschenrechte	
Emigr.	Emigration	
engl.	englisch	
EP	Europäisches Parlament	
ER	Europa-Rat	
ethn.	ethnisch	
europ.	europäisch	
franz.	französisch	
FUEV	Föderalistische Union Europäischer Volksgruppen	
GA.	General Assembly → GV.	
Geistl.	Geistlicher	
Gem.	Gemeinde	
Gen.	General	
Gen.sekr.	Generalsekretär	
Ges.	Gesandter	
Gfm.	Generalfeldmarschall	
GV.	Generalversammlung	
hess., Hess.	hessisch, Hessen	
Hist.	Historiker; -in	
HK	Hochkommissar	
HLKO	Haager Landkriegsordnung	(1907)
HR.	Heimatrecht	
HRC	Human Rights Commission → MRK	
human.	humanitär	
Ill.	Illinois (USA)	
int., Int.	international, Internationale/r	
itl.	italienisch	
jüd.	jüdisch	
K.	Kanzler	
Kard.	Kardinal	
kath.	katholisch	
Komm.	Kommission	
Konf.	Konferenz	
Kons.	Konservative Partei (in Großbritannien)	
KP	Kommunistische Partei	
KRGF	Koordinierungsrat d.-t. Gesprächsforum	
KSZE	Konferenz für Sicherheit und Zusammenarbeit in Europa	(1985–94)
KZ	Konzentrationslager	
M.	Mecklenburg-Vorpommern	
/M.	am Main	
MA.	Münchner Abkommen	(1938)
mähr., Mähr.	mährisch, Mähren	
Mass.	Massachusetts (USA)	
MdB	Mitglied des d. Bundestages	
MdEP	Mitglied des Europäischen Parlaments	
MdVK	Mitglied der Volkskammer (DDR)	
MdL	Mitglied des Landtages	
MdR	Mitglied des Reichstages	

Mfr.	Mittelfranken (Bayern)
Mil.Reg.	Militärregierung
Minderh.	Minderheit, -en
Minderh.R.	Minderheitenrecht
Min., -min.	Minister, -minister; -in
Minn.	Minnesota (USA)
Min.Präs.	Ministerpräsident; -in (inkl. vergleichbarer Funktionen wie Governor, Landeshauptmann, Regierender Bürgermeister)
Mitgl.	Mitglied
MR.	Menschenrechte
MRK.	Menschenrechtskommission
Nat.Vers.	Nationalversammlung
N.-Böhm.	Nordböhmen
Ndby.	Niederbayern
Nds.	Niedersachsen
NDL.	Niederlande
N. J.	New Jersey (USA)
N.-Mähr.	Nordmähren inkl. Österr. Schlesien
NRW.	Nordrhein-Westfalen
NS-	Nationalsozialistisch
Obby.	Oberbayern
O.-Böhm.	Ostböhmen
österr., Österr.	österreichisch, Österreich
ÖNR	Österr. Nationalrat
Off.	Offizier
Ofr.	Oberfranken (Bayern)
OLG.	Oberlandesgericht
ONL	Oder-Neiße-Linie
Opf.	Oberpfalz (Bayern)
OSZE	Organisation für Sicherheit und Zusammenarbeit in Europa (ab 1994)
Parl., parl.	Parlament, parlamentarisch
PLO	Palestine Liberation Organisation
Pol.; pol.	Politiker, -in; politisch
poln.	polnisch
Präs.	Präsident
Premier	Premierminister
Prof.	Professor
prot.	protestantisch (evangelisch)
prov.	provisorisch
PV.	Parlamentarische Versammlung
Red.	Redakteur; -in
Reg., -reg.	Regierung
Rep.	Republikanische Partei (in den USA)
/Rh.	am Rhein
Sa.	Sachsen
S. A.	Sachsen-Anhalt
S.-Böhm.	Südböhmen
SC	Security Council = UN-Sicherheitsrat
Schw.	Schwaben (Bayern)
sd., Sd.	sudetendeutsch, Sudetendeutscher
SdP	Sudetendeutsche Partei (1935–38)
SdR	Sudetendeutscher Rat
Sekr.	Sekretär
Sen.	Senator
S. H.	Schleswig-Holstein
SL	Sudetendeutsche Landsmannschaft
slow.	slowakisch
S.-Mähr.	Südmähren
sowj.	sowjetisch
Soz.Dem.	Sozialdemokraten
SP.	Sozialdemokratische/Sozialistische Partei
SR.	Selbstbestimmungsrecht
SSD	Staatssicherheitsdienst
Staatspräs.	Staatspräsident
Staatssekr.	Staatssekretär
SU	Sowjetunion (1921–91)
t., T.	tschechisch, Tscheche
Th.	Thüringen
ts., Ts.	tschechoslowakisch, Tschechoslowakei
/Ts.	im Taunus (Hessen)
UA.	Unterausschuß
UdSSR	Union der Sozialistischen Sowjetrepubiken = Sowjetunion
Ufr.	Unterfranken (Bayern)
ung.	ungarisch
Univ.	Universität
Verf.	Verfassung
Vers.	Versammlung
versch. Verw.	Verwendung im konsularischen/diplomatischen Dienst an verschiedenen Orten
Vertr.	Vertreibung
Volksgr.R.	Volksgruppenrecht
vorl.	vorläufig
Vors.	Vorsitz, Vorsitzender
VR., vr.	Völkerrecht, völkerrechtlich
VRZF	Verwaltungsrat Deutsch-Tschechischer Zukunftsfonds
W.-Böhm.	Westböhmen
Wttbg.	Württemberg
ZK	Zentralkomitee

Abkürzungen in den Quellen-/Wiedergabenachweisen

Im Text (S. 1–1241) wurden neben üblichen Abkürzungen (wie o. O., o. J., Bd., Jg., S.) zur Raffung der Quellen-/Wiedergabenachweise für häufiger verwendete Herkunftstexte und Periodika/Zeitungen folgende Kurzformen verwendet:

ADAP; D/I, II, IV, VIII, XII
»Akten zur Deutschen Auswärtigen Politik 1918–1945«; Serie D (1937–1945); Bd. I: »Von Neurath zu Ribbentrop (Sept. 1937 bis Sept. 1938)«; Bd. II: »Deutschland und die Tschechoslowakei 1937/1938«; Bd. IV: »Die Nachwirkungen von München« (Oktober 1938 bis März 1939)«; Baden-Baden, 1950.
In englischer Sprache: → DGFP

BGBl.
»Bundesgesetzblatt« 〈*der BR Deutschland*〉; Bonn, 1952 ff.

Bohmann: MuG
Bohmann, Alfred: »Menschen und Grenzen – Bd. 4: Bevölkerung und Nationalitäten in der Tschechoslowakei«; Köln, 1975.

Bohmann: SiZ
Bohmann, Alfred: »Das Sudetendeutschtum in Zahlen«; München, 1958.

Die Brücke
»Die Brücke« 〈*früher Wochen-, jetzt Monatszeitung*〉; hsg. in Verbindung mit der Seliger-Gemeinde sudetendeutscher Sozialdemokraten; München;
1995: Jg. 49.

BTDs.
»Bundestagsdrucksache«; hsg. v. Deutschen Bundestag, Bonn, 1949 ff.

Bulletin
»Bulletin des Presse- und Informationsamtes der Bundesregierung«; Bonn, 1950 ff.

ČR-Slg.
»Sbírka zákonů České republiky« (Sammlung der Gesetze der Tschechischen Republik); Prag, 1992 ff.

ČSFR-Slg.
»Sbírka zákonů České a Slovenské Federativni republiky« (Sammlung der Gesetze der Tschechischen und Slowakischen Föderativen Republik); Prag, 1990–1992.

ČSR-Slg.
»Sbírka zákonů a nařizeni státu Československého« (*[bis 1938 auch offiziös in deutscher Sprache bei teilweise abweichender Paginierung als]* Sammlung der Gesetze und Verordnungen des Čechoslovakischen Staates); Prag, 1919–1938, 1945–1960.

Č-SR-Slg.
»Sbírka zákonů a nařizeni státu Česko-Slovenského« (*[auch offiziös in deutscher Sprache als]* Sammlung der Gesetze und Verordnungen des Čecho-Slovakischen Staates); Prag, 1938–1939.

ČSSR-Slg.
»Sbírka zákonů Československé socialistické republiky« (Sammlung der Gesetze der Tschechoslowakischen Sozialistischen Republik); Prag, 1960–1990.

DBFP; 2/VI; 3/I, II, III
»Documents on British Foreign Policy 1919–1939«; hsg. v. E. L. Woodward;
2. Series, Vol. VI, London, 1957;
3. Series, Vol. I, II, III; London, 1950.

DdV; IV/1:
»Die Vertreibung der deutschen Bevölkerung aus der Tschechoslowakei«; Bd. IV (in 2 Teilbänden und einem Beiheft) der Reihe »Dokumentation der Vertreibung der Deutschen aus Ost-Mitteleuropa«; hsg. v. Theodor Schieder (m. a.) für das Bundesministerium für Vertriebene, Flüchtlinge und Kriegssachgeschädigte; Bonn, 1957.
Nachdruck: Deutscher Taschenbuch Verlag; München, 1984;
Nr. 3273.

DGFP
»Documents on German Foreign Policy«; hsg. v. E. L. Woodward u. a.;
Series C, Vol. I; London, 1957. Series D, Vol. III, IV, XII; London, 1949 ff.

DOD
»Deutscher Ostdienst« (Mitteilungsblatt des Bundes der Vertriebenen); Bonn.
1995: Jg. 37.

DzASd
»Dokumente zur Austreibung der Sudetendeutschen«; hsg. v. Wilhelm Turnwald; München, 1951, 3. Aufl. 1952.

Epstein
Epstein, Leo: »Studienausgabe der Verfassungsgesetze der Tschechoslowakischen Republik«; Reichenberg, 1923.

FAZ
»Frankfurter Allgemeine Zeitung« 〈*Tageszeitung*〉; Frankfurt/Main.

FRUS-DP:
»Foreign Relations of the United States – Diplomatic Papers«; hsg. v. US-Außenministerium, Washington; 1966 ff.

GAOR
(UNO/UN-)»General Assembly Official Records«; hsg. v. d. UNO/UN, New York; 1945 ff.

Habel: DzS 2. Aufl., 3. Aufl., 4. Aufl.
Habel, Fritz Peter: »Dokumentensammlung zur Sudetenfrage«; 2. Auflage, München, 1961; 3. Auflage; München, 1962; »Dokumente zur Sudetenfrage«; 4. Auflage; München, 1984.

Habel: MVT
Habel, Fritz Peter: »Eine politische Legende: Die Massenvertreibung von Tschechen aus dem Sudetengebiet 1938/39«; München, 1996.

Jaksch: Europa
Jaksch, Wenzel: »Europas Weg nach Potsdam. Schuld und Schicksal im Donauraum«; Stuttgart, 1958; 4. Aufl. München, 1990.

Mitt.Bl. SL
»Mitteilungsblatt der Sudetendeutschen Landsmannschaft«; hsg. v. Bundesverband der SL; München, 1954 ff.

Österr. RGBl.
»Reichsgesetzblatt für die im Reichsrathe ⟨*Österreichs*⟩ vertretenen Königreiche und Länder«; Wien, 1849 ff.

Das Parlament
»Das Parlament« ⟨*Wochenzeitung*⟩, hsg. v. der Bundeszentrale für politische Bildung, Bonn.
1995: Jg. 45.

PZ
»Prager Zeitung« ⟨*Zweiwochenzeitung*⟩, Prag.
1995: Jg. 4.

RGBl.
»Reichsgesetzblatt ⟨*des Deutschen Reiches*⟩; Berlin, 1871 ff.

SdZ
»Sudetendeutsche Zeitung« ⟨*Wochenzeitung*⟩, München; »Die Zeitung der Sudetendeutschen Landsmannschaft«.
1995: Jg. 47.

SudetenJB
»Sudetenjahrbuch«; hsg. v. der Seliger-Gemeinde sudetendeutscher Sozialdemokraten, München; 1951 ff.
1995: Jg. 44.

SZ
»Süddeutsche Zeitung« ⟨*Tageszeitung*⟩, München.
1995: Jg. 51.

UNTS
»United Nations Treaty Series«; hsg. v. der UNO/UN, New York; 1949 ff.

Welt
»Die Welt« ⟨*Tageszeitung*⟩, Bonn/Berlin.
o. Jg.

Zehn Jahre
»Zehn Jahre nach der Vertreibung«; hsg. v. Bundesministerium für Vertriebene, Flüchtlinge und Kriegssachgeschädigte, Bonn, 1956.

Zeit
»Die Zeit« ⟨*Wochenzeitung*⟩, Hamburg.
1995: Jg. 50.

Andere Periodika wurden an der Stelle erstmaliger Zitierung zur exakteren Aussagebeurteilung soweit möglich wie folgt charakterisiert:

EZ; E.MZ.; E.WZ.
= *im Exil erschienene Zeitung/Zeitschrift*
= *im Exil erschienene Monatszeitung/-zeitschrift*
= *im Exil erschienene Wochenzeitung/-zeitschrift*

MZ.; MHZ.
= *Monatszeitung/-zeitschrift*
= *Monatliche Heimatzeitung*

PO. d. . . .
= *Parteiorgan der . . .*

Qu.Z.
= *Quartalsweise erschienene Zeitschrift*

TZ.
= *Tageszeitung*

14t. = Publikation für jeweils 2 Wochen

WZ.; WHZ.
= *Wochenzeitung*
= *Wöchentliche Heimatzeitung*

Teil I

Allgemeine Rechtsfragen und Verträge

Menschenrecht
Heimatrecht
Vertreibung
Volksgruppenrecht
Selbstbestimmungsrecht

Das Selbstbestimmungsrecht in früheren Zeiten[1]:

A) Äußerung
des griechischen Historikers Thukydides: ca. 400 v. Chr.

...
Selbstbestimmungsrecht im politischen Sinne besagt nichts anderes, als Freiheit von fremder Herrschaft ...

B) Erklärung
König Johanns von England in der »Magna Charta Libertatum«[2]: 1215, 19. Juni

...
Kein freier Mann soll ... verbannt werden ... es sei denn, auf Grund eines gesetzlichen Urteils von Standesgenossen oder gemäß dem Gesetz des Landes.
...

C) Äußerung
König Franz I. von Frankreich: 1526

...
Es ist im Recht begründet, daß man kein Dorf oder Provinz gegen den Willen der Bevölkerung einem anderen (Staat) übergeben darf, sondern nur mit ihrer ausdrücklichen Zustimmung.
...

Anmerkungen:

[1] Die hier aufgeführten Belege sollen verdeutlichen, daß das Prinzip der politischen Selbstbestimmung des einzelnen Menschen und menschlicher Gemeinschaften, auch historisch gesehen, sehr alte »Wurzeln« hat: Die Selbstbestimmung ist als menschliches Grundanliegen zu bezeichnen.
Die Belege stehen »pars pro toto« für die gesamte antike und mittelalterliche Naturrechtslehre und ihre auch und gerade durch das Christentum geprägten Aussagen über Wert und Würde des Menschen als Ebenbild Gottes.

[2] D. h. Große Urkunde der Freiheiten, in der die Grundrechte der Engländer festgestellt wurden.

Quellen:

Zu A: Halecki, Oskar: »The Problem of Self-Determination« in »Proceedings of the *(US-)*American Philosophical Society«; Bd. 87; Princeton (NJ., USA), 1943; S. 194.

Zu B: Stubbs, William: »Select Charters«; London, 1913; S. 285.

Zu C: Redslob, G.: »Histoire des grands principle du droit des gens« (Geschichte der großen Prinzipien des Völkerrechts); Genf (Schweiz), 1923; S. 138.

****

Festlegung
im »Westfälischen Frieden«: **1648, 14. Oktober**
Stichtag für Vertreibungsrevisionen

. . .
Artikel III
Gemäß diesem Grundsatz allgemeiner und uneingeschränkter Amnestie sollen alle und jede . . . Bürger und Einwohner, denen aus Anlaß der Unruhen in Böhmen oder Deutschland . . . irgendwelcher Nachteil oder Schaden . . . zugefügt worden ist, sowohl hinsichtlich ihrer Gebiete . . . als auch hinsichtlich ihrer . . . Freiheiten, Rechte . . . vollständig wieder in den Stand eingesetzt sein, dessen sie sich vor ihrer Entsetzung erfreut haben oder von Rechts wegen erfreuen konnten, wobei alle inzwischen erfolgten Veränderungen nicht im Wege stehen, sondern ungültig sein sollen.
. . .
Artikel V
Der terminus a quo[1] für die Wiederherstellung . . . in weltlichen Dingen . . . soll der 1. Januar 1624 sein.
. . . Alle inzwischen in . . . Streitsachen ergangenen veröffentlichten und angeordneten Urteile, Beschlüsse, Vergleiche, Unterziehungs- oder andere Verträge . . . sollen . . . abgetan . . . sein und alles auf den Stand des besagten Jahres und Tages zurückgeführt.
. . .

Anmerkung:
[1] Stichtag der Rechts- und Besitzstandswiederherstellung. Die Festlegung bedeutete, daß u. a. alle im 30jährigen Krieg (1618–1648) nach dem 1. 1. 1624 durchgeführten Vertreibungen ungültig waren und für die Überlebenden (bzw. die Erben der Toten) der vorhergehende Zustand wiederhergestellt werden sollte.

Quelle:
Historisches Seminar der Universität Bern (Hsg.): »Quellen zur neueren Geschichte«; Heft 12/13; o. O.; o. J.
Wiedergabe nach »Das Recht auf die Heimat«; hsg. vom Bund der Vertriebenen; Bonn, o. J. (ca. 1962); S. 19.

****

Der Kongreß **1776, 4. Juli**
der (13) Vereinigten Staaten von (Nord-)Amerika:
Unabhängigkeitserklärung
Regierungen und Zustimmung der Regierten

. . .
Wir halten die Wahrheiten für selbsterweislich, daß alle Menschen gleich geboren werden und daß sie von ihrem Schöpfer mit gewissen, unveränderlichen Rechten ausgestattet wurden, zu denen Leben, Freiheit und das Streben nach Glück gehören. Um diese Rechte zu sichern, werden Regierungen zwischen Menschen eingerichtet, die ihre gerechte Macht von der Zustimmung des Regierten ableiten. Wenn irgendeine Regierungsform diese Ziele verletzt, ist es das Recht des Volkes, sie zu ändern oder abzuschaffen und eine neue Regierungsform einzurichten, deren Grundlage jene Prinzipien und Organisation der Macht sein soll, die dem Volke die beste Gewähr für seine Sicherheit und sein Glück bietet . . .

Quelle:
»A documentary History of the United States«; hsg. v. Richard O. Heffner; New York, 1952; S. 13; 6. Aufl., 1999; S. 9 f.

****

Die französische Nationalversammlung: Verfassung **1791, 3. September**

Staatsziel ist Erhaltung der Menschenrechte

Erklärung der Menschen- und Bürgerrechte
Da die Vertreter des französischen Volkes, als Nationalversammlung eingesetzt, erwogen haben, daß die Unkenntnis, das Vergessen oder die Verachtung der Menschenrechte die einzigen Ursachen des öffentlichen Unglücks und der Verderbtheit der Regierungen sind, haben sie beschlossen, die natürlichen, unveräußerlichen und heiligen Rechte der Menschen in einer feierlichen Erklärung darzulegen, damit diese Erklärung allen Mitgliedern der Gesellschaft beständig vor Augen ist und sie unablässig an ihre Rechte und Pflichten erinnert; damit die Handlungen[1] der gesetzgebenden wie der ausübenden Gewalt in jedem Augenblick mit dem Endzweck jeder politischen Einrichtung verglichen werden können und dadurch mehr geachtet werden; damit die Ansprüche der Bürger, fortan auf einfache und unbestreitbare Grundsätze begründet, sich immer auf die Erhaltung der Verfassung und das Allgemeinwohl richten mögen.
Infolgedessen erkennt und erklärt die Nationalversammlung in Gegenwart und unter dem Schutze des Allerhöchsten folgende Menschen- und Bürgerrechte:
Art. 1. Die Menschen sind und bleiben von Geburt frei und gleich an Rechten. Soziale Unterschiede dürfen nur im gemeinen Nutzen begründet sein.
Art. 2. Das Ziel jeder politischen Vereinigung ist die Erhaltung der natürlichen und unveräußerlichen Menschenrechte. Diese Rechte sind Freiheit, Eigentum, Sicherheit und Widerstand gegen Unterdrückung.
. . .
Art. 4. Die Freiheit besteht darin, alles tun zu können, was einem anderen nicht schadet. So hat die Ausübung der natürlichen Rechte eines jeden Menschen nur die Grenzen, die den anderen Gliedern der Gesellschaft den Genuß der gleichen Rechte sichern. Diese Grenzen können allein durch Gesetz festgelegt werden.
. . .
Die Verfassung verbürgt als natürliche und bürgerliche Rechte . . .
Die Freiheit jedes Menschen zu gehen, zu bleiben, zu reisen, ohne verhaftet oder gefangengehalten zu werden als in den durch die Verfassung festgelegten Formen.
. . .

Anmerkung:
[1] Die Nationalversammlung machte aus diesem Postulat auch praktische Politik.
Sowohl 1789 als auch 1792 erfolgten Eingliederungen eroberter Gebiete nicht durch bloße Annexion, sondern nach Abhaltung einer Volksabstimmung, da »die Völker, Provinzen und Städte ohne ihre Zustimmung nicht ausgetauscht, abgetreten oder verkauft werden können«.
Vgl. Wambaugh, Sarah: »A Monography on Plebiscites«; New York, 1920; S. 173.

Quelle:
»Staatsverfassungen«; hsg. v. Günther Franz; Darmstadt (Hes.), 1975; S. 303 ff.

****

Gesetz **1794, 1. Juni**
König Friedrich Wilhelms II. von Preußen:
Das »Allgemeine Landrecht für die Preußischen Staaten«
Ort der Herkunft ist eigentlicher Wohnsitz

. . .
§ 23. Die persönlichen Eigenschaften und Befugnisse eines Menschen werden nach den Gesetzen der Gerichtsbarkeit beurteilt, unter welcher derselbe seinen eigentlichen Wohnsitz hat.

§ 24. Eine bloße Entfernung aus seiner Gerichtsbarkeit, bey welcher die Absicht, einen anderen Wohnsitz zu wählen, noch nicht mit Zuverlässigkeit erhellet, verändert die persönlichen Rechte und Pflichten dieses Menschen nicht.

§ 25. So lange jemand noch keinen bestimmten Wohnsitz hat, werden seine persönlichen Rechte und Verbindlichkeiten nach dem Ort seiner Herkunft beurtheilt.

§ 26. Ist der Ort seiner Herkunft unbekannt, oder außerhalb der Königlichen Lande, so gelten die Vorschriften des allgemeinen Gesetzbuches, oder die besonderen Gesetze seines jedesmaligen Aufenthalts, so wie nach den einen, oder den anderen, eine von ihm unternommene Handlung am füglichsten bestehen kann.

§ 27. Hat jemand einen doppelten Wohnsitz, so wird seine Fähigkeit zu handeln, nach den Gesetzen derjenigen von beyden Gerichtsbarkeiten beurtheilt, welche die Gültigkeit des Geschäfts am meisten begünstigen.

. . .

§ 34. Auch Unterthanen fremder Staaten, welche in hiesigen Landen leben, oder Geschäfte treiben, müssen nach obigen Bestimmungen beurtheilt werden.

. . .

§ 82. Die Rechte des Menschen entstehen durch seine Geburt, durch seinen Stand, und durch Handlungen oder Begebenheiten, mit welchen die Gesetze eine bestimmte Wirkung verloren haben.

§ 83. Die allgemeinen Rechte des Menschen gründen sich auf die natürliche Freyheit, sein eigenes Wohl, ohne Kränkung der Rechte eines Anderen, suchen und befördern zu können.

. . .

Quelle:
»Allgemeines Landrecht für die Preußischen Staaten von 1794«; hsg. v. Hans Hattenhauer; Frankfurt/Berlin, 1970; S. 52 ff.

****

Vertrag[1] **1815, 8. Juni**
zwischen souveränen Fürsten und freien Städten Deutschlands:
(Sog.) Deutsche Bundesakte
Deutscher Bund mit Verfassungsgebot für Mitgliedstaaten und gewissen Grundrechten der »Untertanen«

Im Namen der allerheiligsten und unteilbaren Dreieinigkeit
Die souveränen Fürsten und freien Städte Deutschlands, . . . von den Vorteilen überzeugt, welche aus ihrer festen und dauerhaften Verbindung für die Sicherheit und Unabhängigkeit Deutschlands und die Ruhe und das Gleichgewicht Europas hervorgehen würden, sind übereingekommen, sich zu einem beständigen Bunde zu vereinigen und haben zu diesem Behuf ihre Gesandten und Abgeordneten am Kongresse in Wien mit Vollmachten versehen: 〈*folgen die Namen*〉.
In Gemäßheit dieses Beschlusses haben die vorstehenden Bevollmächtigten nach geschehener Auswechslung ihrer richtig befundenen Vollmachten folgende Artikel verabredet:

Art. 1. Die souveränen Fürsten und freien Städte Deutschlands, mit Einschluß I. I. M. M. des Kaisers von Österreich und der Könige von Preußen, von Dänemark und der Niederlande; und zwar der Kaiser von Österreich, der König von Preußen, beide für ihre gesamten vormals zum Deutschen Reiche gehörigen Besitzungen; der König von Dänemark für Holstein, der König der Niederlande für das Großherzogtum Luxemburg, vereinigen sich zu einem beständigen Bunde, welcher der Deutsche Bund heißen soll.

Art. 2. Der Zweck desselben ist: Erhaltung der äußeren und inneren Sicherheit Deutschlands und der Unabhängigkeit und Unverletzbarkeit der einzelnen deutschen Staaten.
...

Art. 4. Die Angelegenheiten des Bundes werden durch eine Bundesversammlung besorgt ...

Art. 5. Österreich hat bei der Bundesversammlung den Vorsitz ...
...

Art. 13. In allen Bundesstaaten wird eine landständische Verfassung[2] stattfinden.
...

Art. 16. Die Verschiedenheit der christlichen Religionsparteien kann in den Ländern und Gebieten des Deutschen Bundes keinen Unterschied in dem Genuß der bürgerlichen und politischen Rechte begründen.
Die Bundesversammlung wird in Beratung ziehen, wie auf eine möglichst übereinstimmende Weise die bürgerliche Verbesserung der Bekenner des jüdischen Glaubens in Deutschland zu bewirken sei, und wie insonderheit denselben der Genuß der bürgerlichen Rechte gegen die Übernahme aller Bürgerpflichten in den Bundesstaaten verschafft und gesichert werden können; jedoch werden den Bekennern dieses Glaubens bis dahin die denselben von den einzelnen Bundesstaaten bereits eingeräumten Rechte erhalten.
...

Art. 18. Die verbündeten Fürsten und freien Städte kommen überein, den Untertanen der deutschen Bundesstaaten folgende Rechte zuzusichern:
a) Grundeigentum außerhalb des Staates, den sie bewohnen, zu erwerben und zu besitzen, ohne deshalb in dem fremden Staate mehreren Abgaben und Lasten unterworfen zu sein als dessen eigene Untertanen;
b) die Befugnis 1. des freien Wegziehens aus einem deutschen Bundesstaate in den andern, der erweislich sie zu Untertanen annehmen will, auch 2. in Zivil- und Militärdienste desselben zu treten, beides jedoch nur, insofern keine Verbindlichkeit zu Militärdiensten gegen das bisherige Vaterland im Wege stehen ...
...

Anmerkungen:
[1] Der Vertrag war als Artikel 53–63 Teil der Wiener Kongreßakte vom 9. 6. 1815. Damit stand die Verfassung Deutschlands unter der Garantie der Signatarmächte, zu denen Rußland, Großbritannien, Frankreich, Schweden, Spanien, Portugal und der Papst gehörten.
[2] Diese Auflage wurde zuerst in Bayern (Verfassung vom 22. 5. 1818) und anschließend auch in Württemberg und Hessen/Darmstadt erfüllt. Nur in Bayern gab es darüber hinaus ein verfassungsrechtliches Verfahren (Teil VII, § 21 der Verfassungsurkunde), wonach sich auch einzelne Personen wegen vorgeblicher Verletzung ihrer Verfassungsrechte beschweren konnten. Dieses Recht wurde in Anspruch genommen und führte zu Abhilfe.

Quelle:
»Staatsverfassungen«; hsg. v. Günther Franz; Darmstadt (Hes.), 1975; S. 121 ff.
****

Vorlesung des französischen Religionshistorikers Ernest Renan: **1882, 11. März**
Die Nation: Was sie ist und daß sie sich ... keine fremden Provinzen nehmen darf

...

Eine Nation ist ... eine große Solidargemeinschaft, getragen von dem Gefühl der Opfer, die man gebracht hat, und der Opfer, die man zu bringen gewillt ist. Sie setzt eine Vergangenheit voraus, aber trotzdem faßt sie sich in der Gegenwart in einem greifbaren Faktum zusammen: der Übereinkunft, dem deutlich ausgesprochenen Wunsch, das gemeinsame Leben fortzusetzen. Das Dasein einer Nation ist ein tägliches Plebiszit, wie das Dasein des einzelnen eine andauernde Behauptung des Lebens ist. Ich weiß sehr wohl, daß dies weniger metaphysisch ist als das göttliche Recht, weniger brutal als das angeblich historische Recht. Eine Nation hat nicht mehr Recht als ein König, zu einer Provinz zu sagen: »Du gehörst mir, ich nehme dich.« Eine Provinz, das sind für uns ihre Einwohner. Wenn in dieser Frage jemand das Recht hat, gehört zu werden, dann ist es der Einwohner[1] ...

Anmerkung:

[1] Dieses Rechtsprinzip, gehört zu werden, hatte der österreichische Verwaltungsgerichtshof in einem Urteil vom 3. 1. 1881 wie folgt abgeleitet:
»Welcher Nationalität Jemand angehört, ist offenbar eine Thatbestandsfrage, die bei dem Umstande, als darüber, nach welchen Merkmalen die Nationalität Einzelner zu bestimmen ist, gesetzliche Vorschriften nicht bestehen, nach allgemeinen, dem Begriffe entsprechenden Merkmalen zu lösen sein wird.
Sowie zum Wesen einer Nation, einer Nationalität gehört, daß sie anderen gegenüber sich als Einheit und als geschlossenes Ganzes erkennt und bethätigt, so wird auch für den Einzelnen die Zugehörigkeit zu einer bestimmten Nationalität wesentlich Sache des Bewußtseins und des Gefühles sein.
Sicherlich wird der einzelne Angehörige einer Nationalität die Sprache der Nation sprechen, wohl auch ihre Sitten theilen, allein auch ebenso gewiß ist, daß die Kenntnis der Sprache, die Bethätigung der Sitten einer Nation auch bei Dritten, Fremden zutreffen kann, weshalb diese Merkmale für sich allein zur Bestimmung der Nationalität nicht ausreichen.
Eben darum wird, wenn im concreten Falle die Nationalität eines Einzelnen in Frage steht und es an äußeren Bethätigungen nationaler Gesinnung mangelt, sicherlich nichts anderes erübrigen, als ihn um seine Nationalität zu befragen und als Angehöriger jener Nationalität zu behandeln, zu welcher er sich selbst bekennt.«
Vgl. Kann, Robert A.: »Das Nationalitätenproblem der Habsburgermonarchie«; 2. Aufl. Graz, 1964; Bd. 2, S. 396.

Quelle:
Renan, Ernest: »Qu'est-ce qu'une nation? et autres essais politique« (Was ist eine Nation? und andere politische Essays); hsg. v. Joël Roman; Paris, 1992; in deutscher Sprache in »Grenzfälle«; hsg. v. Michael Jeismann u. a.; Leipzig, 1993; S. 290–311, hier S. 309. Die Übersetzung wurde geringfügig geglättet.

****

Die Staaten der Welt: **1907, 18. Oktober**
IV. Haager Abkommen
(sog. Haager Landkriegsordnung, HLKO):
Vertreibungsverbot unnötig, da »Praxis außer Gebrauch«; Einschränkungen für Besatzungsmacht

⟨A) Sog. Mantel-Übereinkommen⟩

So lange, bis ein vollständigeres[1] Kriegsgesetzbuch fertiggestellt werden kann, halten es die Hohen Vertragsschließenden Teile[2] für zweckmäßig, festzusetzen, daß in den Fällen, die in den Bestimmungen der von ihnen angenommenen Ordnung nicht einbegriffen sind, die Bevölkerung und die Kriegsführenden unter dem Schutz und der Herrschaft der Grundsätze des Völkerrechtes bleiben, wie sie sich aus den unter gesitteten Völkern feststehenden Gebräuchen, aus den Gesetzen der Menschlichkeit und aus den Forderungen des öffentlichen Gewissens ergeben.

⟨B) Abkommen selbst⟩

...

Militärische Gewalt auf besetztem feindlichem Gebiete

Art. 42 [Begriff der »Besetzung«]

Ein Gebiet gilt als besetzt, wenn es sich tatsächlich in der Gewalt des feindlichen Heeres befindet.

Die Besetzung erstreckt sich nur auf die Gebiete, wo diese Gewalt hergestellt ist und ausgeübt werden kann.

Art. 43 [Wiederherstellung der öffentlichen Ordnung]

Nachdem die gesetzmäßige Gewalt tatsächlich in die Hände des Besetzenden übergegangen ist, hat dieser alle von ihm abhängenden Vorkehrungen zu treffen, um nach Möglichkeit die öffentliche Ordnung und das öffentliche Leben wiederherzustellen und aufrechtzuerhalten, und zwar, soweit kein zwingendes Hindernis besteht, unter Beachtung der Landesgesetze.

...

Art. 46 [Schutz des Einzelnen und des Privateigentums]

Die Ehre und die Rechte der Familie, das Leben der Bürger und das Privateigentum sowie die religiösen Überzeugungen und gottesdienstlichen Handlungen sollen geachtet werden.

Das Privateigentum darf nicht eingezogen werden.

Art. 47 [Plünderungsverbot]

Die Plünderung ist ausdrücklich untersagt.

Art. 48 [Erhebung von Abgaben]

Erhebt der Besetzende in dem besetzten Gebiete die zugunsten des Staates bestehenden Abgaben, Zölle und Gebühren, so soll er es möglichst nach Maßgabe der für die Ansetzung und Verteilung geltenden Vorschriften tun; ...

...

Art. 55 [Besetzerstaat als Verwalter und Nutznießer]

Der besetzende Staat hat sich nur als Verwalter und Nutznießer der öffentlichen Gebäude, Liegenschaften, Wälder und landwirtschaftlichen Betriebe zu betrachten, die dem feindlichen Staate gehören und sich in dem besetzten Gebiete befinden. Er soll den Bestand dieser Güter erhalten und sie nach den Regeln des Nießbrauchs verwalten.

Art. 56 [Gemeindeeigentum; öffentliche Anstalten]

Das Eigentum der Gemeinden und der dem Gottesdienste, der Wohltätigkeit, dem Unterrichte, der Kunst und der Wissenschaft gewidmeten Anstalten, auch wenn diese dem Staate gehören, ist als Privateigentum zu behandeln.

Jede Beschlagnahme, jede absichtliche Zerstörung oder Beschädigung von derartigen Anlagen, von geschichtlichen Denkmälern oder von Werken der Kunst und Wissenschaft ist untersagt und soll geahndet werden.

Anmerkungen:

[1] In der HLKO wurde die Vertreibung nicht behandelt, da »zu Anfang unseres Jahrhunderts angenommen werden konnte, daß diese Praxis außer Gebrauch gekommen« sei.

Vgl. Pictet, Jean S.: »Les Conventions de Genève du 12 aout 1949« (Die Genfer Konventionen vom 12. August 1949); Bd. 4; Genf, 1959, S. 301.
Die HLKO wurde später durch die sog. Genfer Rotkreuzabkommen von 1949 fortgeführt: Siehe S. 29.
[2] Der HLKO sind sehr viele Staaten der Welt beigetreten.

Quelle:
RGBl. 1910; Nr. 2 v. 26. 1. 1910; S. 107–151; hier S. 132, 147 ff.

***

Niederschrift **1913**
des georgischen Politikers Josef W. Stalin[1]
(»Bolschewiki«[2] im Kaiserreich Rußland):
Das Selbstbestimmungsrecht der Nation

. . .
Recht auf Selbstbestimmung, d. h. nur die Nation[3] selbst hat das Recht, ihr Schicksal zu bestimmen; niemand hat das Recht, sich in das Leben einer Nation[3] gewaltsam einzumischen . . . Die Nation darf sich nach eigenem Gutdünken . . . einrichten. Sie hat das Recht, zu anderen Nationen[3] in föderative Beziehungen zu treten – sich gänzlich loszutrennen. Die Nation[3] ist souverän . . .

Anmerkungen:
[1] Hier die damalige Position Stalins.
[2] Die damalige Sozialdemokratische Partei des Kaiserreiches Rußland war v. a. über die Frage der Revolution (= Gewalt) bzw. Evolution (= demokratische Entwicklung) zur Realisierung des Parteizieles des Sozialismus zwischen 1903 und 1912 de facto zerbrochen. Die gewaltorientierte Mehrheit (= Bolschewiki) gab den Ton an und prägte unter Wladimir I. Lenin die spätere KPdSU der UdSSR.
[3] Stalin definiert diese Nation an anderer Stelle der gleichen Schrift sichtlich unter dem Einfluß mehrmonatigen Studiums der Nationalitätenprobleme Österreich-Ungarns in Wien im deutlichen Widerspruch zu sowohl den politisch wirksamen Realitäten in Westeuropa und der gesamten Herrschaftspraxis der KPdSU seit 1917: Die Nation ist »eine historisch entstandene stabile Gemeinschaft von Menschen, entstanden auf der Grundlage der Gemeinschaft der Sprache, des Territoriums, des Wirtschaftslebens und der sich in der Gemeinschaft der Kultur offenbarenden psychischen Wesensart«.

Quelle:
Stalin, Josef W.: »Marxismus und nationale Frage«; Moskau, 1913, S. 22;
Wiedergabe nach Rabl, Kurt: »Das Selbstbestimmungsrecht der Völker«; München, 1963; S. 61.

***

Rede **1916, 27. Mai**
des US-Präsidenten Woodrow Wilson vor der »League to Enforce Peace«:

. . .
Jedes Volk hat ein Recht darauf, den Staat zu wählen, in dem es leben will.
. . .

Quelle:
»The Public Papers of Woodrow Wilson«; hsg. v. Stannard Baker (m. a.); 2 Bde., Bd. II » The New Democracy«; New York, 1926; S. 184.

***

Rede **1917, 22. Januar**
des US-Präsidenten Woodrow Wilson vor dem US-Senat:
Völker sind kein »bewegliches Eigentum«

...
Kein Frieden kann oder sollte erhalten bleiben, der den Grundsatz nicht anerkennt, daß die Regierungen all ihre gerechte Macht aus der Zustimmung der Regierten ableiten und daß nirgends ein Recht besteht, Völker von Staat zu Staat weiterzugeben, als ob sie bewegliches Eigentum wären.
...

Quelle:
»The Public Papers of Woodrow Wilson«; hsg. v. Stannard Baker (m. a.); 2 Bde., Bd. II »The New Democracy«; New York, 1926; S. 407.

****

Die »Bolschewistische Friedensdeklaration«[1]: **1917, 8. November**
Ohne freie Zustimmung: Annexion

...
Wenn irgendein Volk durch Gewalt innerhalb der Grenzen eines bestimmten Staates gehalten und entgegen seinem ausdrücklichen Wunsch ... keine Gelegenheit erhält, die Form seines staatlichen Lebens durch freie, von den Truppen des besetzten ... Staates unbeeinflußte Wahlen ... selbst zu bestimmen, dann ist die Angliederung dieses Volkes durch den stärkeren Staat Annexion; d. h. Eroberung durch Macht und Gewalt.
...

Anmerkung:
1 Weitgehend vom ersten Partei- und Staatschef der UdSSR, Wladimir I. Lenin, persönlich verfaßt.

Quelle:
Wheeler-Bennett, John: »The Forgotten Peace: Brest Litowsk 1918«; New York, 1939; S. 376.

****

Botschaft **1918, 8. Januar**
des US-Präsidenten Woodrow Wilson an den US-Kongreß[1]:
Jede Nation muß in Sicherheit selbst bestimmen können

...
Wir sind in den Krieg eingetreten, weil Rechtsverletzungen vorgekommen waren, die uns aufs tiefste kränkten und das Leben unseres eigenen Volkes unmöglich machten, wenn sie nicht wiedergutgemacht und die Welt ein für alle Mal gegen ihre Wiederholung gesichert werden würde.
Wir verlangen nichts für uns selbst: Die Welt muß jedoch auf solche Weise umgestaltet und der Fortbestand dieser Umgestaltung gesichert werden, daß man auf ihr leben kann und insbesondere muß jede friedliebende Nation, die, wie wir, nichts weiter will, als ihr Leben ungestört für sich zu führen und ihre eigenen Verfassungseinrichtungen weiterzuentwikkeln, die Sicherheit erhalten, daß sie hinfort mit den anderen Völkern der Welt auf der Grundlage des Rechts und der Billigkeit, geschützt vor Gewalt und selbstsüchtigen Angriffen, verkehren kann. Dieses Interesse wird tatsächlich von allen Völkern auf der Welt geteilt, und wir unsererseits erkennen klar, daß uns unser Recht nicht eher werden kann, als bis es auch den anderen Völkern geworden ist.

Anmerkung:
[1] Zu den in der gleichen Botschaft enthaltenen sogenannten 14 Punkten: Siehe S. 226.

Quelle:
»The Public Papers of Woodrow Wilson«; hsg. v. Stannard Baker (m. a.); Bd. I »War and Peace«, New York, 1927; S. 155.

****

Botschaft **1918, 11. Februar**
des US-Präsidenten Woodrow Wilson an den US-Kongreß:
Selbstbestimmung: Zwingender Grundsatz politischen Handelns

. . .
Selbstbestimmung ist kein bloßes Schlagwort. Sie ist ein zwingender Grundsatz des Handelns, den Staatsmänner in Zukunft nur zu ihrem Schaden mißachten können . . .
Die zu verwirklichenden Grundsätze sind die folgenden:

1. daß jeder Teil einer endgültigen Vereinbarung darauf beruhen muß, in ihm die Gerechtigkeit zur Geltung zu bringen und jenen Ausgleich zu finden, der die bestmögliche Aussicht auf dauerhaften Frieden eröffnet;
2. daß die Völker und Gebiete nicht von einer Staatshoheit zur anderen herumgeschoben werden dürfen, als handle es sich um tote Gegenstände oder um Steine in dem – wenn auch großen – nunmehr aber für alle Zeit verworfenen und beendeten Spiel um das Gleichgewicht der Kräfte;
3. daß jede Lösung einer Gebietsfrage, die durch den Krieg aufgeworfen wurde, im Interesse und zu Gunsten der betroffenen Bevölkerung, nicht aber als Teil eines bloßen Ausgleichs von Machtansprüchen rivalisierender Staaten getroffen werden muß.

. . .

Quelle:
»The Public Papers of Woodrow Wilson«; hsg. v. Stannard Baker (m. a.); Bd. I »War and Peace«; New York, 1927; S. 177 ff.

****

Rede **1918, 4. Juli**
des US-Präsidenten Woodrow Wilson in Mount Vernon, USA:
Selbstbestimmung, nicht Fremdbestimmung

. . .

2. die Regelung jeder Frage – ob sie Gebiet, staatliche Hoheitsrechte, wirtschaftliche Vereinbarungen oder politische Beziehungen betrifft – auf der Grundlage freiwilliger Annahme der Vereinbarungen durch das unmittelbar betroffene Volk, nicht aber auf der Grundlage des materiellen Interesses oder Vorteils irgendeiner Nation, die im Interesse ihres eigenen äußeren Einflusses oder ihrer Herrschaft eine andere Regelung wünschen mag . . .

Quelle:
Luckau, Alma: »The German Delegation at the Paris Peace Conference«; New York, 1941; S. 323 f.

****

Satzung **1919, 28. Juni**[1]
des Völkerbundes[2]**:**
Gerichtsbarkeit, »unanwendbar gewordene Verträge«[2]

...
Art. 13 [*Schiedsgerichtsbarkeit und Gerichtsbarkeit*].
Die Bundesmitglieder kommen überein, daß, wenn zwischen ihnen eine Streitfrage entsteht, die nach ihrer Ansicht einer schiedsrichterlichen Lösung oder dem gerichtlichen Verfahren zugänglich ist und die auf diplomatischem Wege nicht zufriedenstellend geregelt werden kann, die Frage in ihrer Gesamtheit der Schiedsgerichtsbarkeit oder dem gerichtlichen Verfahren zu unterbreiten ist.
Streitfragen über die Auslegung eines Vertrages, über alle Fragen des internationalen Rechtes, über das Bestehen jeder Tatsache, welche die Verletzung einer internationalen Verpflichtung bedeuten würde, oder über Umfang und Art der Wiedergutmachung im Falle einer solchen Verletzung gelten allgemein als solche, die einer schiedsrichterlichen Lösung oder dem gerichtlichen Verfahren zugänglich sind.
Als Gericht, dem der Streitfall unterbreitet wird, wird der gemäß Artikel 14 errichtete Ständige Internationale Gerichtshof oder irgendein Gericht tätig, das von den Parteien bestimmt wird oder das in früheren Übereinkommen von ihnen vereinbart ist.
Die Bundesmitglieder verpflichten sich, den erlassenen Schiedsspruch oder die Entscheidung nach Treu und Glauben auszuführen und gegen kein Bundesmitglied, das sich dem Schiedsspruch oder der Entscheidung fügt, zum Kriege zu schreiten. Im Falle der Nichtausführung des Spruches oder der Entscheidung schlägt der Rat die Schritte vor, die ihm Wirkung verschaffen sollen.

Art. 14 [*Ständiger Internationaler Gerichtshof*].
Der Rat wird mit dem Entwurf eines Planes zur Errichtung eines Ständigen Internationalen Gerichtshofes betraut und hat den Plan den Bundesmitgliedern zu unterbreiten. Dieser Gerichtshof befindet über alle ihm von den Parteien unterbreiteten internationalen Streitfragen. Er erstattet ferner gutachterliche Äußerungen über jede ihm vom Rate oder Bundesversammlung vorgelegte Streitfrage oder sonstige Angelegenheit.

...
Art. 19 [*Nachprüfung unanwendbar gewordener Verträge*]
Die Völkerbundsversammlung kann die Mitglieder zu gegebener Zeit einladen, unanwendbar gewordene Verträge[3] und internationale Situationen zu überprüfen, deren Aufrechterhaltung den Weltfrieden bedrohen könnte.
...

Anmerkungen:
[1] Datum der Unterzeichnung; Sperrungen im Text sind spätere Zusätze.
[2] Die Satzung des Völkerbundes wurde in alle Pariser (Vororts-)Friedensverträge der Jahre 1919–1921 als Artikel 1–26 eingefügt.
Der erste derartige Friedensvertrag war der mit dem Deutschen Reich vom 28. 6. 1919; für weitere Bestimmungen: Siehe S. 276 f. Der zweite Vertrag war der mit Österreich vom 10. 9. 1919; für weitere Bestimmungen: Siehe S. 280 f.
[3] Diese Festlegung wurde zur Basis angestrebter, aber nicht realisierter Revisionsbemühungen der Friedensverträge; ein Beispiel: Siehe S. 338 f.

Quelle:
V. a. RGBl. 1919; Nr. 140; S. 687–1349, hier S. 727, 729, 737.

****

Friedensvertrag von Versailles: **1919, 28. Juni**
Wiedergutmachung von Vertreibungsschäden

...
Teil VIII: Wiedergutmachungen
Abschnitt 1: Allgemeine Bestimmungen
Art. 231: ⟨*Kriegsschuldprinzip*⟩
Art. 232: Abs. 1: ⟨*Volle Wiedergutmachung aller Schäden unmöglich*⟩
Abs. 2: ⟨*Immerhin:*⟩ Schäden, die in der Anlage 1 näher bezeichnet sind, ⟨*sind*⟩ wiedergutzumachen.
...
Anlage 1:
...
Ziff. 2: Schäden, die ... Zivilpersonen zugefügt sind ... infolge von Gefangensetzung, Verschickung, Internierung, Abschiebung ... und Zwangsarbeit.
...

Quelle:
RGBl. 1919; Nr. 140; S. 687–1349, hier S. 985, 997.

****

Gesetz des estnischen Parlaments: **1925, 3. März**
Volksgruppenautonomie

§ 1
Die Selbstverwaltungsinstitutionen der volklichen Minderheiten werden ⟨*es folgen Bezüge zu anderen Gesetzen*⟩ errichtet. Bei Erfüllung der Aufgaben ihres Wirkungskreises unterliegen die Institutionen der volklichen Kulturselbstverwaltung den Bestimmungen der geltenden Gesetze auf gleicher Grundlage wie die örtlichen Selbstverwaltungen.

§ 2
In den Wirkungskreis der Institutionen der Kulturselbstverwaltung der volklichen Minderheiten gehört:
a) die Organisation, Verwaltung und Überwachung der öffentlichen und privaten muttersprachlichen Lehranstalten der entsprechenden volklichen Minderheit;
b) die Fürsorge für die übrigen Kulturaufgaben der entsprechenden Minderheit und die Verwaltung der hierzu ins Leben gerufenen Anstalten und Unternehmungen.

§ 3
Die volkliche Selbstverwaltung hat das Recht, für ihre Mitglieder verbindliche Verordnungen auf den im § 2 genannten Gebieten in der im § 7 der Beilage zum Gesetz über die Einführung der Selbstverwaltung vorgesehenen Ordnung zu erlassen.

§ 4
Das öffentliche Schulnetz der volklichen Minderheit wird von dieser und der entsprechenden Kreis- oder Stadtverwaltung und der Kulturselbstverwaltung gemeinsam ausgearbeitet und auf Antrag des Unterrichtsministers von der Staatsregierung bestätigt ...

§ 5
Die Organe der volklichen Selbstverwaltung der volklichen Minderheiten sind der Kulturrat und die Kulturverwaltung der entsprechenden Nationalität. Ihr Sitz ist die Hauptstadt der Republik.

Zur Lösung und Regelung örtlicher Fragen werden vom Kulturrat örtliche Kulturkuratorien ins Leben gerufen, deren Tätigkeitsgebiet der Kreis mit den Städten ist. Mit Bestätigung der Staatsregierung kann für mehrere Kreise ein gemeinsames Kulturkuratorium ins Leben gerufen werden.

§ 6
Die finanziellen Grundlagen der volklichen Selbstverwaltung sind:
a) die laut Gesetz vom Staat überkommenen Unkosten und Verpflichtungen gegenüber den öffentlichen Elementar- und Mittelschulen;
b) die Geldsummen und andere ... Verpflichtungen der örtlichen Selbstverwaltungen ...
c) die Unterstützungssummen des Staates und der Selbstverwaltungen für Kulturzwecke;
d) öffentliche Steuern, die nötigenfalls vom Kulturrat den Mitgliedern der entsprechenden volklichen Minderheit auferlegt werden, in der Höhe und auf den Grundlagen, wie sie im Voranschlage vorgesehen sind und auf gemeinsamen Antrag des Finanz- und des Unterrichtsministers von der Staatsregierung bestätigt werden;
e) Schenkungen, Sammlungen, Stiftungen, Erbschaften und Einkommen aus eigenem Vermögen oder Unternehmungen.

...

§ 8
Als volkliche Minderheiten im Sinne dieses Gesetzes gelten das deutsche, das russische und das schwedische Volk sowie diejenigen auf estländischem Boden lebenden volklichen Minderheiten, deren Gesamtzahl nicht kleiner als dreitausend ⟨*Personen*⟩ ist.

§ 9
Die Zugehörigkeit zur volklichen Selbstverwaltungskörperschaft der entsprechenden nationalen Minderheit wird durch das Nationalregister festgestellt, in das sich estländische Staatsbürger der in § 8 genannten Nationalitäten aufnehmen lassen können, welche mindestens 18 Jahre alt sind. Die Kinder der registrierten Mitglieder einer volklichen Minderheit bis zum Alter von 18 Jahren gelten nach ihren Eltern als zur volklichen Minderheit gehörig. Wenn die Eltern verschiedener Nationalität sind, dann wird die Nationalität der Kinder nach gemeinsamem Wunsch der Eltern bestimmt. Wenn eine Einigung nicht erzielt wird, dann gehört das Kind zur Nationalität des Vaters. Die minderjährigen Kinder von Angehörigen der volklichen Minderheit, die das 18. Lebensjahr erreicht haben, gelten nicht als zur entsprechenden volklichen Minderheit gehörig, falls sie sich nicht im Laufe eines Jahres registriert haben.

...

§ 16
Minderheiten, die Selbstverwaltungsinstitutionen ins Leben rufen wollen, teilen dies durch ihre Volksvertreter oder ihre kulturellen Organisationen der Staatsregierung mit.

§ 17
Zur Durchführung der Wahlen zum ersten Kulturrat verpflichtet sich die Staatsregierung, ... ein spezielles Register aller stimmberechtigten Mitglieder der entsprechenden volklichen Minderheit auf Grund der den Selbstverwaltungen zur Verfügung stehenden Daten sowie von Erklärungen einzelner Staatsbürger über ihre Nationalität zusammenzustellen.

...

§ 27
Der Kulturrat beschließt vor allem, ob er auf Grund dieses Gesetzes und der auf seiner

Grundlage von der Staatsregierung erlassenen Verordnungen die Selbstverwaltung verwirklichen will. Im Falle, daß mit zwei Dritteln Majorität der gesetzlichen Zahl der Mitglieder des Kulturrates beschlossen wird, die Selbstverwaltung ins Leben zu rufen, erklärt die Staatsregierung im Laufe von 2 Wochen nach einer entsprechenden Mitteilung des Kulturrates die Tätigkeit der Kulturselbstverwaltung der entsprechenden volklichen Minderheit für eröffnet ...

...

Quelle:
Kraus, Hermann: »Das Recht der Minderheiten«; Berlin, 1927; S. 191ff.

****

Vereinbarung **1941, 14. August**
zwischen US-Präsident Roosevelt und Premierminister Churchill
(Sog. Atlantik-Charta)[1]:
Keine territorialen Änderungen ohne Selbstbestimmungsrecht

Der Präsident der Vereinigten Staaten von Amerika[2] und der Premierminister Mr. Churchill als Vertreter der Regierung seiner Majestät im Vereinigten Königreich, die sich auf einer Zusammenkunft getroffen haben, erachten es für richtig, gewisse gemeinsame Grundsätze der nationalen Politik ihrer Länder auf die sie ihre Hoffnungen für eine bessere Zukunft der Welt gründen, bekanntzugeben:

1. Ihre Länder[3] suchen keine territoriale oder sonstige Vergrößerung.
2. Sie wünschen, daß keine territorialen Veränderungen zustande kommen, die nicht mit den frei geäußerten Wünschen der betroffenen Völker übereinstimmen.
3. Sie achten das Recht aller Völker, sich diejenige Regierungsform zu wählen, unter der sie leben wollen; und sie wünschen, daß Souveränitätsrechte und Selbstregierung denen zurückgegeben werden, denen sie gewaltsam entrissen worden sind.

...

6. Nach der endgültigen Vernichtung der nationalsozialistischen Tyrannei hoffen sie einen Frieden aufgerichtet zu sehen, der allen Nationen die Möglichkeit geben wird, in Sicherheit innerhalb ihrer Grenzen zu leben, und der die Gewähr dafür bieten wird, daß alle Menschen in allen Ländern ihr ganzes Leben lang frei von Furcht und Not leben können.

...

Anmerkungen:
[1] Die Vereinbarung wurde an Bord des britischen Schlachtschiffes »Prince of Wales« auf dem nordöstlichen Atlantik getroffen.
[2] Die USA waren im Zeitpunkt der Vereinbarung völkerrechtlich ein neutraler Staat.
[3] Die USA und Großbritannien öffneten die Atlantik-Charta, die am 1. 1. 1942 zu einer Art von Gründungserklärung der damaligen Kriegskoalition und späteren UNO werden sollte, ihren Verbündeten zum Beitritt. Zu diesen Verbündeten gehörte auch die Tschechoslowakei, vertreten durch ihre Exilregierung.
Deren Außenminister Jan Masaryk schrieb am 29. 8. und erklärte am 24. 9. 1941, daß die ČSR nur beitrete, wenn bei »endgültiger Interpretation und Anwendung« der Charta strategische Grenzziehungsprinzipien der Nachbarn Deutschlands (d. h. auch der ČSR) berücksichtigt würden.
Vgl. »War and Peace Aims of the United Nations«; hsg. v. Louise W. Holborn; Bd. II; Boston, 1948; S. 412.

Quelle:
Jacobson, H. A.: »1939–1945. Der Zweite Weltkrieg in Chronik und Dokumenten«; Darmstadt (Hes.), 1959; S. 230f.

****

Brief **1945, 10. März**
König Ibn Sauds an Präsident Franklin D. Roosevelt:
Alle Völker haben Heimatrecht

...
Alle Völker haben das natürliche Recht, in ihrer Heimat zu leben, ein Recht, das ihnen das Naturrecht verbürgt und in jenen Grundlagen der Menschlichkeit eingeschlossen ist, die die Alliierten in der Atlantik-Charta proklamierten ...

Quelle:
»War and Peace Aims of the United Nations«; hsg. v. Louise W. Holborn; Bd. II; Boston, 1948; S. 1189.

****

Erklärung **1945, 5. Juni**
»betreffend die Niederlage Deutschlands und die Übernahme der obersten Regierungsgewalt durch die Alliierten Mächte«:
Deutschlands Grenzen später festzulegen; Aufteilung für Besatzungszwecke

Die deutschen Streitkräfte zu Lande, zu Wasser und in der Luft sind vollständig geschlagen ... Dies hat zur bedingungslosen Kapitulation Deutschlands[1] geführt, und Deutschland unterliegt den Forderungen, die ihm jetzt oder später auferlegt werden.
...
Die Regierungen der USA, der UdSSR und des Vereinigten Königreiches sowie die Provisorische Regierung der Französischen Republik übernehmen hiermit die oberste Gewalt hinsichtlich Deutschlands ... Die Übernahme der genannten Gewalt und Befugnisse ... bewirkt nicht die Annexion Deutschlands.
Die Regierungen der USA, der UdSSR und des Vereinigten Königreiches sowie die Provisorische Regierung der Französischen Republik werden später die Grenzen Deutschlands oder irgendeines seiner Teile und die rechtliche Stellung Deutschlands oder irgendeines Gebietes, das gegenwärtig[2] einen Teil deutschen Territoriums bildet, festlegen[3].
...

Anmerkungen:
[1] Die »bedingungslose Kapitulation« betraf einerseits juristisch nicht Deutschland als Staat, sondern nur die »am gegenwärtigen Zeitpunkt ..., am 8. Mai 1945, ... unter deutschem Befehl stehenden ... Streitkräfte«, d. h. die Wehrmacht.
Vgl. »Germany surrenders unconditionally. Facsimile of Documents«; hsg. v. d. National Archives; Washington, 1945; S. 38 f.
[2] Daher ist andererseits mit dem Ausdruck »gegenwärtig« der 8. Mai 1945 gemeint.
[3] Am gleichen 5. 6. 1945 machten die Alliierten Mächte folgende Feststellung (»Statement«): »Deutschland wird innerhalb seiner Grenzen, wie sie am 31. Dezember 1937 bestanden, für Besatzungszwecke in vier Zonen aufgeteilt, von denen je eine jeder der vier Mächte zugeteilt wird.«
Vgl. »A Decade ...« (siehe Quelle); S. 512.

Quelle:
»A Decade of American Foreign Policy: Basic Documents 1941–1949«; hsg. v. US-Senat; Washington, 1950; S. 506 ff.

****

Die Charta der Vereinten Nationen: **1945, 26. Juni**
Selbstbestimmung der Völker, Ausnahmerecht für Kriegsgegner

Kapitel I: Ziele und Grundsätze

Art. 1 **[Ziele der Vereinten Nationen]**
Die Vereinten Nationen setzen sich folgende Ziele:
1. den Weltfrieden und die internationale Sicherheit zu wahren und zu diesem Zweck wirksame Kollektivmaßnahmen zu treffen, um Bedrohungen des Friedens zu verhüten und zu beseitigen, Angriffshandlungen und andere Friedensbrüche zu unterdrücken und internationale Streitigkeiten oder Situationen, die zu einem Friedensbruch führen könnten, durch friedliche Mittel nach den Grundsätzen der Gerechtigkeit und des Völkerrechts zu bereinigen oder beizulegen;
2. freundschaftliche, auf der Achtung vor dem Grundsatz der Gleichberechtigung und Selbstbestimmung der Völker[1] beruhende Beziehungen zwischen den Nationen zu entwickeln und andere geeignete Maßnahmen zur Festigung des Weltfriedens zu treffen;
3. eine internationale Zusammenarbeit herbeizuführen, um internationale Probleme wirtschaftlicher, sozialer, kultureller und humanitärer Art zu lösen und die Achtung vor den Menschenrechten und Grundfreiheiten für alle ohne Unterschied der Rasse, des Geschlechts, der Sprache oder der Religion zu fördern und zu festigen;

. . .

Art. 2 **[Grundsätze]**
Die Organisation und ihre Mitglieder handeln im Verfolg der in Artikel 1 dargelegten Ziele nach folgenden Grundsätzen:
1. Die Organisation beruht auf dem Grundsatz der souveränen Gleichheit aller ihrer Mitglieder.
2. Alle Mitglieder erfüllen, um ihnen allen die aus der Mitgliedschaft erwachsenden Rechte und Vorteile zu sichern, nach Treu und Glauben die Verpflichtungen, die sie mit dieser Charta übernehmen.
3. Alle Mitglieder legen ihre internationalen Streitigkeiten durch friedliche Mittel so bei, daß der Weltfriede, die internationale Sicherheit und die Gerechtigkeit nicht gefährdet werden.
4. Alle Mitglieder unterlassen in ihren internationalen Beziehungen jede gegen die territoriale Unversehrtheit oder die politische Unabhängigkeit eines Staates gerichtete oder sonst mit den Zielen der Vereinten Nationen unvereinbare Androhung oder Anwendung von Gewalt.

. . .

Kapitel II: Mitgliedschaft

. . .

Kapitel III: Organe

. . .

Kapitel IV: Die Generalversammlung

. . .

Art. 10 **[Zuständigkeit]**
Die Generalversammlung kann alle Fragen und Angelegenheiten erörtern, die in den Rahmen dieser Charta fallen oder Befugnisse und Aufgaben eines in dieser Charta vorgesehenen Organs betreffen; vorbehaltlich des Artikels 12 kann sie zu diesen Fragen und Angelegenheiten Empfehlungen an die Mitglieder der Vereinten Nationen oder den Sicherheitsrat oder an beide richten.

. . .

Art. 12 **[Vorrang des Sicherheitsrates]**
(1) Solange der Sicherheitsrat in einer Streitigkeit oder einer Situation die ihm in dieser Charta zugewiesenen Aufgaben wahrnimmt, darf die Generalversammlung zu dieser Streitigkeit oder Situation keine Empfehlung abgeben, es sei denn auf Ersuchen des Sicherheitsrats.

Art. 13 **[Förderung der internationalen Zusammenarbeit, Kodifizierung des Völkerrechtes]**
(1) Die Generalversammlung veranlaßt Untersuchungen und gibt Empfehlungen ab,
a) um die internationale Zusammenarbeit auf politischem Gebiet zu fördern und die fortschreitende Entwicklung des Völkerrechts sowie seine Kodifizierung zu begünstigen;
b) um ... zur Verwirklichung der Menschenrechte und Grundfreiheiten für alle ohne Unterschied der Rasse, des Geschlechts, der Sprache oder der Religion beizutragen.
(2) Die weiteren Verantwortlichkeiten, Aufgaben und Befugnisse der Generalversammlung in bezug auf die in Absatz 1 Buchstabe b genannten Angelegenheiten sind in den Kapiteln IX und X dargelegt.
...

Kapitel V: Der Sicherheitsrat

...

Art. 24 **[Aufgaben]**
(1) Um ein schnelles und wirksames Handeln der Vereinten Nationen zu gewährleisten, übertragen ihre Mitglieder dem Sicherheitsrat die Hauptverantwortung für die Wahrung des Weltfriedens und der internationalen Sicherheit und erkennen an, daß der Sicherheitsrat bei der Wahrnehmung der sich aus dieser Verantwortung ergebenden Pflichten in ihrem Namen handelt.
(2) Bei der Erfüllung dieser Pflichten handelt der Sicherheitsrat im Einklang mit den Zielen und Grundsätzen der Vereinten Nationen. Die ihm hierfür eingeräumten besonderen Befugnisse sind in den Kapiteln VI, VII, VIII und XII aufgeführt.
...

Art. 25 **[Bindende Wirkung der Beschlüsse]**
Die Mitglieder der Vereinten Nationen kommen überein, die Beschlüsse des Sicherheitsrats im Einklang mit dieser Charta anzunehmen und durchzuführen.

Kapitel VI: Die friedliche Beilegung von Streitigkeiten

Art. 33 **[Verpflichtung zur friedlichen Streiterledigung]**
(1) Die Parteien einer Streitigkeit, deren Fortdauer geeignet ist, die Wahrung des Weltfriedens und der internationalen Sicherheit zu gefährden, bemühen sich zunächst um eine Beilegung durch Verhandlung, Untersuchung, Vermittlung, Vergleich, Schiedsspruch, gerichtliche Entscheidung, Inanspruchnahme regionaler Einrichtungen oder Abmachungen oder durch andere friedliche Mittel eigener Wahl.
(2) Der Sicherheitsrat fordert die Parteien auf, wenn er dies für notwendig hält, ihre Streitigkeit durch solche Mittel beizulegen.

Art. 34 **[Untersuchungsrecht des Sicherheitsrates]**
Der Sicherheitsrat kann jede Streitigkeit sowie jede Situation, die zu internationalen Reibungen führen oder eine Streitigkeit hervorrufen könnte, untersuchen, um festzustellen, ob die Fortdauer der Streitigkeit oder der Situation die Wahrung des Weltfriedens und der internationalen Sicherheit gefährden könnte.
...

Kapitel VII: Maßnahmen bei Bedrohung oder Bruch des Friedens und bei Angriffshandlungen

Art. 39 **[Feststellung der Friedensgefährdung]**
Der Sicherheitsrat stellt fest, ob eine Bedrohung oder ein Bruch des Friedens oder eine Angriffshandlung vorliegt; er gibt Empfehlungen ab oder beschließt, welche Maßnahmen auf Grund der Artikel 41 und 42 zu treffen sind, um den Weltfrieden und die internationale Sicherheit zu wahren oder wiederherzustellen.
. . .

Art. 41 **[Friedliche Sanktionsmaßnahmen]**
Der Sicherheitsrat kann beschließen, welche Maßnahmen – unter Ausschluß von Waffengewalt – zu ergreifen sind, um seinen Beschlüssen Wirksamkeit zu verleihen; er kann die Mitglieder der Vereinten Nationen auffordern, diese Maßnahmen durchzuführen. Sie können die vollständige oder teilweise Unterbrechung der Wirtschaftsbeziehungen, des Eisenbahn-, See- und Luftverkehrs, der Post-, Telegraphen- und Funkverbindungen sowie sonstiger Verkehrsmöglichkeiten und den Abbruch der diplomatischen Beziehungen einschließen.

Art. 42 **[Militärische Sanktionsmaßnahmen]**
Ist der Sicherheitsrat der Auffassung, daß die in Artikel 41 vorgesehenen Maßnahmen unzulänglich sein würden oder sich als unzulänglich erwiesen haben, so kann er mit Luft-, See- oder Landstreitkräften die zur Wahrung oder Wiederherstellung des Weltfriedens und der internationalen Sicherheit erforderlichen Maßnahmen durchführen. Sie können Demonstrationen, Blockaden und sonstige Einsätze der Luft-, See- oder Landstreitkräfte von Mitgliedern der Vereinten Nationen einschließen.
. . .

Kapitel VIII: Regionale Abmachungen

. . .

Kapitel IX: Internationale Zusammenarbeit auf wirtschaftlichem und sozialem Gebiet

Art. 55 **[Wirtschaftliche und soziale Ziele]**
Um jenen Zustand der Stabilität und Wohlfahrt herbeizuführen, der erforderlich ist, damit zwischen den Nationen friedliche und freundschaftliche, auf der Achtung vor dem Grundsatz der Gleichberechtigung und Selbstbestimmung der Völker[1] beruhende Beziehungen herrschen, fördern die Vereinten Nationen
. . .
c) die allgemeine Achtung und Verwirklichung der Menschenrechte und Grundfreiheiten für alle ohne Unterschied der Rasse, des Geschlechts, der Sprache oder der Religion.

Art. 56 **[Zusammenarbeit der Mitglieder]**
Alle Mitgliedstaaten verpflichten sich, gemeinsam und jeder für sich mit der Organisation zusammenzuarbeiten, um die in Artikel 55 dargelegten Ziele zu erreichen.
. . .

Art. 60 **[Verantwortung der Generalversammlung]**
Für die Wahrnehmung der in diesem Kapitel genannten Aufgaben der Organisation sind die Generalversammlung und unter ihrer Autorität der Wirtschafts- und Sozialrat verantwortlich; dieser besitzt zu diesem Zweck die ihm in Kapitel X zugewiesenen Befugnisse.

Kapitel X: Der Wirtschafts- und Sozialrat[2]

Zusammensetzung

Art. 61 **[Mitglieder]**
(1) Der Wirtschafts- und Sozialrat besteht aus vierundfünfzig von der Generalversammlung gewählten Mitgliedern der Vereinten Nationen.
...

Art. 62 **[Zuständigkeit]**
(1) Der Wirtschafts- und Sozialrat ...
(2) Er kann Empfehlungen abgeben, um die Achtung und Verwirklichung der Menschenrechte und Grundfreiheiten für alle zu fördern.
(3) Er kann über Angelegenheiten, für die er zuständig ist, Übereinkommen entwerfen und der Generalversammlung vorlegen.
(4) Er kann nach den von den Vereinten Nationen festgesetzten Regeln internationale Konferenzen über Angelegenheiten einberufen, für die er zuständig ist.
...

Art. 68 **[Kommissionen]**
Der Wirtschafts- und Sozialrat setzt Kommissionen für wirtschaftliche und soziale Fragen und für die Förderung der Menschenrechte[3] sowie alle sonstigen zur Wahrnehmung seiner Aufgaben erforderlichen Kommissionen ein.
...

Kapitel XVII: Übergangsbestimmungen betreffend die Sicherheit

...
Art. 107 **[Vorbehalt gegenüber Feindstaaten des 2. Weltkrieges]**
Maßnahmen, welche die hierfür verantwortlichen Regierungen als Folge des Zweiten Weltkriegs in bezug auf einen Staat ergreifen oder genehmigen, der während dieses Krieges Feind eines Unterzeichnerstaats dieser Charta war, werden durch diese Charta weder außer Kraft gesetzt noch untersagt.
...

Anmerkungen:

1 Der englische Wortlaut, welcher Basis der Übersetzung war, sprach vom »principle«, d. h. *Prinzip* der Selbstbestimmung.
Demgegenüber bezeichnete diesen Begriff die französische Fassung als »droit des peuples à disposer d'eux mêmes«, d. h. als Selbstbestimmungs*recht*.
Beide Fassungen sind gemäß Art. 111 »gleichermaßen verbindlich«.

2 In englischer Sprache: »Economic and Social Council«, woraus die Kurzbezeichnung ECOSOC entstand.

3 Dies erfolgte durch ECOSOC-Entschließung 9 (II) v. 21. 6. 1946.
In der Entschließung wurde der UNO-MR-Kommission in Ziff. 9 die Befugnis zur Errichtung einer Unterkommission »zum Schutz von Minderheiten« und in Ziff. 10 einer »zur Verhütung von Diskriminierung« (u. a. nach »Rasse« oder »Sprache«) erteilt.

Quelle:
BGBl. 1973, Teil II, S. 431 ff.; 1974, Teil II, S. 770 ff.; 1980, Teil II, S. 1252 ff.

****

Statut **1945, 8. August**
für den »Internationalen Militärgerichtshof« in Nürnberg:
Vertreibung ist Verbrechen[1]

...

Artikel 6:

Der ... Gerichtshof ... hat das Recht, alle Personen abzuurteilen, die ... als Einzelpersonen oder als Mitglieder einer Organisation oder Gruppe eines der folgenden Verbrechen begangen haben:[2]

...

b) Kriegsverbrechen; d. h. Verletzungen der Kriegsgesetze oder -gebräuche. Solche Verletzungen umfassen, jedoch ohne darauf beschränkt zu sein, ... Mord, Mißhandlungen oder Deportation[3] zur Sklavenarbeit oder für irgendeinen anderen Zweck, von Angehörigen der Zivilbevölkerung von oder in besetzten Gebieten ...

c) Verbrechen gegen die Menschlichkeit; d. h. Mord, Ausrottung, Versklavung, Deportation[3] oder andere unmenschliche Handlungen, begangen an irgendeiner Zivilbevölkerung vor oder während des Krieges, Verfolgung aus politischen, rassischen oder religiösen Gründen, begangen in Ausführung eines Verbrechens oder in Verbindung mit einem Verbrechen, für das der Gerichtshof zuständig ist, und zwar unabhängig davon, ob die Handlung gegen das Recht des Landes verstieß, in dem sie begangen wurde, oder nicht. Anführer, Organisatoren, Anstifter und Teilnehmer, die am Entwurf oder der Ausführung eines gemeinsamen Planes oder einer Verschwörung zur Begehung eines der vorgenannten Verbrechen teilgenommen haben, sind für alle Handlungen verantwortlich, die von irgendeiner Person in Ausführung eines solchen Planes begangen worden sind ...

Anmerkungen:

1 Wenige Tage vorher, am 2. 8. 1945, hatten die drei alliierten Großmächte in Potsdam anerkannt, daß selbst im ab 8. 5. 1945 in Europa bestehenden Frieden die Deutschenvertreibungen aus Mitteleuropa durchgeführt werden müssen.
Zum Text: Siehe S. 548.
Dieses zeitgleiche Vorgehen charakterisierte Papst Pius XII. in seiner Weihnachtsansprache am 24. 12. 1945 wie folgt:
»Wer Sühne für Schuld verlangt durch gerechte Bestrafung der Verbrecher ... muß peinlich darauf achten, daß er nicht das gleiche tue, was er den anderen als Schuld oder Verbrechen vorhält.«
Vgl. »Acta Apostolicae Sedis«; Jg. 38, Serie II, Bd. XIII; Vatikanstadt, 1946, S. 15–25, hier S. 22.

2 Zur Fortgeltung dieser unverjährbaren Strafbestimmung: Siehe S. 63 ff.

3 Dazu der stellvertretende französische Ankläger Pierre Mounier am 20. 11. 1945 vor dem Gericht:
»Diese Deportationen standen im Widerspruch zu internationalen Konventionen, insbesondere zu Art. 46 des Haager Übereinkommens von 1907, den Gesetzen und Gebräuchen des Krieges, den allgemeinen Prinzipien des Strafrechts, wie in den Strafgesetzen aller zivilisierten Nationen enthalten, ⟨sowie⟩ den nationalen Strafgesetzen der Länder, in denen derartige Verbrechen verübt wurden.«
Vgl. IMT: »Trial ...« (siehe Quelle); Bd. II; S. 49, 61.
Zur hier gemeinten HLKO von 1907: Siehe S. 7 ff.
Den Deportationen/Vertreibungen wurde am 14. 12. 1945 vom stellv. US-Ankläger Sam Harris im kriminellen Gehalt gleichgesetzt, wenn Flüchtlinge nach Beendigung von Feindseligkeiten an der Rückkehr in ihre Heimat gehindert wurden.
Vgl. IMT: »Trial ...« (siehe Quelle); Bd. III; S. 596, 641 f.

Quelle:

»Agreement ... for the Prosecution and Punishment of the Major War Criminals of the European Axis« in »Trial of the Major War Criminals«; hsg. vom Internationalen Militärgerichtshof; Nürnberg 1947–1949; 42 Bde., Bd. I; S. 11.
Auch: ČSR-Slg. 1947; Nr. 164 im 79. Stück v. 2. 10. 1947; S. 863 ff., hier S. 872, 874.

****

Erklärung von Papst Pius XII.[1]**:** **1946, 20. Februar**
Jeder Mensch hat Heimatrecht

...

Im Laufe der Festlichkeiten[2] ... gab er ⟨*d. h. Pius XII.*⟩ öffentliche Erklärungen ab ... Er sagte, es sei Unrecht, jemand als schuldig zu behandeln, dem nicht eine persönliche Schuld nachgewiesen sei, nur deshalb, weil er einer bestimmten Gemeinschaft angehört habe ... Jeder Mensch habe ein Recht auf seine angestammte Heimat, und es sei Unrecht, ihn von dort zu vertreiben, wenn er nicht durch persönliche Schuld sich dessen unwürdig gemacht habe ...

Anmerkungen:
1 Wiedergabe der Aussage des Papstes durch den Erzbischof von Köln, Josef Kardinal Frings. Zu den Originaltexten vgl. »Acta Apostolicae Sedis«; Jg. 38, Seite II, Bd. XIII; Vatikanstadt, 1946; S. 141–151.
2 Erste Kardinalserhebung nach dem Zweiten Weltkrieg im Vatikan, Rom.

Quelle:
»Zwei Hirtenworte des Kölner Erzbischofs Josef Kardinal Frings über seine Reisen nach Rom und London im Jahre 1946«; hsg. v. d. Erzdiözese Köln; Köln, 1946; S. 4 f.

****

Abkommen **1946, 5. September**[1]
zwischen Österreich und Italien
(Sog. Gruber-de Gasperi-Abkommen):
Volksgruppenrecht in Südtirol

1. Die deutschsprachigen Bewohner der Provinz Bozen und der benachbarten zweisprachigen Gemeinden der Provinz Trient genießen die volle Gleichberechtigung mit den italienischsprachigen Einwohnern im Rahmen besonderer Maßnahmen zum Schutze der völkischen Eigenart und der kulturellen und wirtschaftlichen Entwicklung der deutschen Sprachgruppe.
In Übereinstimmung mit den bereits erlassenen oder zu erlassenden gesetzlichen Maßnahmen wird den Staatsbürgern deutscher Zunge im besonderen gewährt:
a) Volks- und Mittelschulunterricht in ihrer Muttersprache;
b) Gleichberechtigung im Gebrauch der deutschen und italienischen Sprache in öffentlichen Ämtern und amtlichen Urkunden wie auch in der zweisprachigen Ortsnamengebung;
c) das Recht, die deutschen Familiennamen wiederzuerwerben, die im Laufe der vergangenen Jahre italienisiert wurden;
d) Gleichberechtigung bei Zulassung zu öffentlichen Ämtern, zum Zwecke, eine angemessenere Verteilung der Beamtenstellen zwischen den beiden Volksgruppen zu verwirklichen.

2. Der Bevölkerung obengenannter Gebiete wird die Ausübung einer autonomen Gesetzgebungs- und Vollzugsgewalt für den Bereich ihrer Gebiete zuerkannt. Der Rahmen, in welchem die besagte Autonomie Anwendung findet, wird noch bestimmt, wobei auch örtliche Vertreter der deutschsprachigen Bevölkerung zu Rate gezogen werden.

3. Die italienische Regierung verpflichtet sich, zum Zwecke der Herstellung gutnachbarlicher Beziehungen zwischen Österreich und Italien, nach Beratung mit der österreichischen Regierung und innerhalb eines Jahres nach Unterzeichnung des vorliegenden Vertrags:
a) im Geiste der Billigkeit und Weitherzigkeit die Frage der Staatsbürgerschaftsoptionen, welche sich aus dem Abkommen Hitler-Mussolini vom Jahre 1939[2] ergibt, neu zu regeln;

b) eine Vereinbarung über die gegenseitige Anerkennung der Gültigkeit gewisser Studientitel und Hochschuldiplome zu treffen;
c) ein Abkommen über den freien Personen- und Güterverkehr zwischen Nordtirol und Osttirol auf dem Schienenwege und in möglichst weitgehendem Umfange auch auf dem Straßenwege zu treffen;
d) Sonderabmachungen zur Erleichterung eines erweiterten Grenzverkehrs und örtlichen Austausches bestimmter Mengen heimischer Erzeugnisse und Güter zwischen Österreich und Italien zu treffen.

Anmerkungen:
[1] Das Abkommen wurde als Anlage IV Bestandteil des alliierten Friedensvertrages mit Italien vom 10. 2. 1947.
[2] Gemeint ist die sog. Berliner Vereinbarung vom 23. 6. 1939.

Quelle:
»Das neue Autonomiestatut«; hsg. v. d. Autonomen Provinz Bozen–Südtirol; 3. Aufl.; Bozen, 1984; S. 9f.

****

Entschließung deutscher Völkerrechtslehrer[1]**:** **1947, 17. April**
Vertreibung ist völkerrechtswidrig

. . .

3. Die allgemeinen Grundsätze des in der Haager Landkriegsordnung[2] geregelten Besatzungsrechts gelten für das ganze Gebiet der Völkergemeinschaft, daher auch für Deutschland, und können durch partikularen Rechtswillen einzelner Staaten nicht außer Kraft gesetzt werden.

4. Die allgemeinen Menschenrechte, deren Verletzung die Welt dem Regime Hitler mit Recht zum Vorwurf gemacht hat und die auch sonst im Kriege, in früheren Kriegen wie im letzten, auf beiden Seiten vielfach mißachtet worden sind, bilden eine selbstverständliche Voraussetzung und daher auch einen Bestandteil des allgemeinen Völkerrechts.

5. Das Recht der persönlichen Freiheit, das zu den allgemeinen Menschenrechten gehört, umfaßt auch das Recht, in der Heimat zu leben und nicht gewaltsam aus ihr vertrieben zu werden.

6. Massenausweisungen der einheimischen Bevölkerung aus besetztem feindlichem Gebiet sind völkerrechtswidrig.

7. Wenn staatliche Rechtssätze wegen Völkerrechtswidrigkeit als nichtig oder aufgehoben behandelt werden, wie dies bezüglich der sogenannten »Nazi-Gesetze« geltendes Völkerrecht ist, so ist es völkerrechtswidrig, sie im Widerspruch hierzu für einzelne Zwecke doch als gültig zu behandeln. Daher kann z. B. die Massenausweisung von Menschen deutscher Muttersprache nicht damit begründet werden, daß diese auf Grund eines »Nazi-Gesetzes« über die Wiedervereinigung mit dem Deutschen Reich nicht die völkerrechtliche Stellung von Staatsangehörigen des Staates hätten, dem sie bisher angehörten.

Anmerkungen:
[1] Beschluß der ersten Tagung nach dem Zweiten Weltkrieg in Hamburg.
[2] Von 1907; zum Text: Siehe S. 7 f.

Quelle:
»Jahrbuch für Internationales Recht 1954«; Hamburg, 1956; S. 185ff.

****

Schreiben **1948, 1. März**
Papst Pius XII. an die deutschen Bischöfe:
Vertreibung rückgängig machen

...

Besondere Berücksichtigung werden immer die Ostflüchtlinge verdienen, die zwangsweise und unter entschädigungsloser Enteignung aus ihrer Heimat ausgewiesen und in die deutschen Zonengebiete überführt worden sind. Wenn wir auf sie zu sprechen kommen, so beschäftigen uns hier nicht so sehr die rechtlichen, wirtschaftlichen und politischen Gesichtspunkte jenes in der Vergangenheit Europas beispiellosen Vorgehens. Über die genannten Gesichtspunkte wird die Geschichte urteilen. Wir fürchten freilich, daß ihr Urteil streng ausfallen wird. Wir glauben zu wissen, was sich während der Kriegsjahre in den weiten Räumen zwischen Weichsel und Wolga abgespielt hat. War es jedoch erlaubt, im Gegenschlag zwölf Millionen Menschen von Haus und Hof zu vertreiben und der Verelendung preiszugeben? Sind die Opfer jenes Gegenschlages nicht in ganz überwiegender Mehrzahl Menschen, die an den angedeuteten Ereignissen und Untaten unbeteiligt, die ohne Einfluß auf sie waren? Und war jene Maßnahme politisch vernünftig und wirtschaftlich verantwortbar, wenn man an die Lebensnotwendigkeiten des deutschen Volkes und darüber hinaus an die Sicherung des Wohlstandes für ganz Europa denkt? Ist es wirklichkeitsfremd, wenn wir wünschen und hoffen, es möchten alle Beteiligten zu ruhiger Einsicht kommen und das Geschehen rückgängig machen, soweit es sich rückgängig machen läßt?

...

Quelle:
»Pius XII. zum Problem der Vertreibung«; hsg. v. Otto Golombek; Köln, 1952; S. 28; 3. Aufl. 1963; S. 73.

****

⟨UN⟩-Konvention **1948, 9. Dezember**
über die Verhütung und Bestrafung des Völkermordes:

...

Nach Erwägung der Erklärung, die von der Generalversammlung der Vereinten Nationen in ihrer Resolution 96 (I) vom 11. Dezember 1946[1] abgegeben wurde, daß Völkermord ein Verbrechen gemäß internationalem Recht ist, das dem Geist und den Zielen der Vereinten Nationen zuwiderläuft und von der zivilisierten Welt verurteilt wird,
In Anerkennung der Tatsache, daß der Völkermord der Menschheit in allen Zeiten der Geschichte große Verluste zugefügt hat, und
In der Überzeugung, daß zur Befreiung der Menschheit von einer solch verabscheuungswürdigen Geißel internationale Zusammenarbeit erforderlich ist,
sind die Vertragschließenden Parteien hiermit wie folgt übereingekommen:

Art. I
Die Vertragschließenden Parteien bestätigen, daß Völkermord, ob im Frieden oder im Krieg begangen, ein Verbrechen gemäß internationalem Recht ist, zu dessen Verhütung und Bestrafung[2] sie sich verpflichten.

Art. II
In dieser Konvention bedeutet Völkermord eine der folgenden Handlungen, die in der Absicht begangen wird, eine nationale, ethnische, rassische oder religiöse Gruppe als solche ganz oder teilweise zu zerstören:
(a) Tötung von Mitgliedern der Gruppe;
(b) Verursachung von schwerem körperlichem oder seelischem Schaden an Mitgliedern der Gruppe;

(c) vorsätzliche Auferlegung von Lebensbedingungen für die Gruppe, die geeignet sind, ihre körperliche Zerstörung ganz oder teilweise herbeizuführen;
(d) Verhängung von Maßnahmen, die auf die Geburtenverhinderung innerhalb der Gruppe gerichtet sind;
(e) gewaltsame Überführung von Kindern der Gruppe in eine andere Gruppe.

Art. III
Die folgenden Handlungen sind zu bestrafen[2]:
(a) Völkermord,
(b) Verschwörung zur Begehung von Völkermord,
(c) unmittelbare und öffentliche Anreizung zur Begehung von Völkermord,
(d) Versuch, Völkermord zu begehen,
(e) Teilnahme am Völkermord.

Art. IV
Personen, die Völkermord oder eine der sonstigen in Artikel III aufgeführten Handlungen begehen, sind zu bestrafen, gleichviel ob sie regierende Personen, öffentliche Beamte oder private Einzelpersonen sind.
. . .[3]
[4]

Anmerkungen:
1 In dieser hieß es zur Definition auch u. a.:
»Völkermord ist eine Verneinung des Lebensrechtes ganzer Menschengruppen, ebenso wie Mord die Verneinung des Lebensrechtes einzelner Menschen ist; eine derartige Verneinung empört das Gewissen der Menschheit, führt durch den Verlust der kulturellen und anderer Beiträge dieser Menschengruppe zu großen Verlusten der Menschheit und widerspricht moralischem Recht sowie dem Geist und den Zielen der Vereinten Nationen.«
Vgl. UNO-Doc. A/RES/96 I.
2 Im deutschen Strafrecht werden die Tatbestände des Art. 2 und 3 der Konvention mit der Androhung grundsätzlich lebenslanger Freiheitsstrafe belegt.
Vgl. § 220a des StGB v. 15. 5. 1871 i. d. F. v. 10. 3. 1987; BGBl. 1987; Teil I; S. 945 ff.
3 Art. 6 und 9 der Konvention regelten das Verfahren: Antrag eines der Teilnehmerstaaten bei den »zuständigen Organen« der Vereinten Nationen und Verfahren vor einem Gericht des Landes, in dem das Verbrechen begangen wurde.
4 Zur verfolgungsbedürftigen Geltung vorher: Siehe S. 1305.

Quelle:
78 UNTS 277; in deutscher Sprache: BGBl. 1954; Teil II; S. 729 f.

****

Allgemeine Erklärung der Menschenrechte der Vereinten Nationen: **1948, 10. Dezember**
»Jeder Mensch hat das Recht . . . in sein Land zurückzukehren«

Präambel

Da die Anerkennung der allen Mitgliedern der menschlichen Familie innewohnenden Würde und ihrer gleichen und unveräußerlichen Rechte die Grundlage der Freiheit, der Gerechtigkeit und des Friedens in der Welt bildet,
da Verkennung und Mißachtung der Menschenrechte zu Akten der Barbarei führten, die das Gewissen der Menschheit tief verletzt haben, und da die Schaffung einer Welt, in der den Menschen, frei von Furcht und Not, Rede- und Glaubensfreiheit zuteil wird, als das höchste Bestreben der Menschheit verkündet worden ist,
da es wesentlich ist, die Menschenrechte durch die Herrschaft des Rechtes zu schützen,

damit der Mensch nicht zum Aufstand gegen Tyrannei und Unterdrückung als letztem Mittel gezwungen wird,
da es wesentlich ist, die Entwicklung freundschaftlicher Beziehungen zwischen den Nationen zu fördern,
da die Völker der Vereinten Nationen in der Satzung ihren Glauben an die grundlegenden Menschenrechte, an die Würde und den Wert der menschlichen Person ... erneut bekräftigt ... haben ...,
da die Mitgliedstaaten sich verpflichtet haben, in Zusammenarbeit mit den Vereinten Nationen die allgemeine Achtung und Verwirklichung der Menschenrechte und Grundfreiheiten durchzusetzen,
da eine gemeinsame Auffassung über diese Rechte und Freiheiten von größter Wichtigkeit für die volle Erfüllung dieser Verpflichtung ist,

verkündet die Generalversammlung

die vorliegende Allgemeine Erklärung der Menschenrechte als das von allen Völkern und Nationen zu erreichende gemeinsame Ideal, damit jeder einzelne und alle Organe der Gesellschaft sich diese Erklärung stets gegenwärtig halten und sich bemühen, durch Unterricht und Erziehung die Achtung dieser Rechte und Freiheiten zu fördern und durch fortschreitende Maßnahmen im nationalen und internationalen Bereiche ihre allgemeine und tatsächliche Anerkennung und Verwirklichung bei der Bevölkerung sowohl der Mitgliedstaaten wie der ihrer Oberhoheit unterstehenden Gebiete zu gewährleisten.

Art. 1 **[Freiheit, Gleichheit, Brüderlichkeit]**
Alle Menschen sind frei und gleich an Würde und Rechten geboren. Sie sind mit Vernunft und Gewissen begabt und sollen einander im Geiste der Brüderlichkeit begegnen.

Art. 2 **[Verbot der Diskriminierung]**
1. Jeder Mensch hat Anspruch auf die in dieser Erklärung verkündeten Rechte und Freiheiten, ohne irgendeine Unterscheidung, wie etwa nach Rasse, Farbe, Geschlecht, Sprache, Religion, politischer und sonstiger Überzeugung, nationaler oder sozialer Herkunft, nach Eigentum, Geburt oder sonstigen Umständen.

...

Art. 3 **[Recht auf Leben und Freiheit]**
Jeder Mensch hat das Recht auf Leben, Freiheit und Sicherheit der Person.

...

Art. 5 **[Verbot der Folter]**
Niemand darf der Folter oder grausamer, unmenschlicher oder erniedrigender Behandlung oder Strafe unterworfen werden.

...

Art. 7 **[Gleichheit vor dem Gesetz]**
Alle Menschen sind vor dem Gesetze gleich und haben ohne Unterschied Anspruch auf gleichen Schutz durch das Gesetz. Alle haben Anspruch auf den gleichen Schutz gegen jede unterschiedliche Behandlung, welche die vorliegende Erklärung verletzen würde, und gegen jede Aufreizung zu einer derartigen unterschiedlichen Behandlung.

Art. 8 **[Anspruch auf Rechtsschutz]**
Jeder Mensch hat Anspruch auf wirksamen Rechtsschutz vor den zuständigen innerstaat-

lichen Gerichten gegen alle Handlungen, die seine ihm nach der Verfassung oder nach dem Gesetz zustehenden Grundrechte verletzen.

Art. 9 **[Schutz vor Verhaftung und Ausweisung]**
Niemand darf willkürlich festgenommen, in Haft gehalten oder des Landes verwiesen werden.
...

Art. 13 **[Auswanderungs- und Rückkehrfreiheit]**
...
2. Jeder Mensch hat das Recht, jedes Land, einschließlich seines eigenen, zu verlassen sowie in sein Land zurückzukehren.
...

Art. 17 **[Recht auf Eigentum]**
1. Jedermann hat das Recht, allein oder in Gemeinschaft mit anderen Eigentum zu haben.
2. Niemand darf willkürlich seines Eigentums beraubt werden.
...

Art. 30 **[Keine Rechte denen, die diese Rechte abschaffen wollen]**
Nichts in dieser Erklärung darf dahin ausgelegt werde, daß es für einen Staat, eine Gruppe oder eine Person das Recht begründet, eine Tätigkeit auszuüben oder eine Handlung zu begehen, die auf die Abschaffung der in dieser Erklärung ausgesprochenen Rechte und Freiheiten hinzielt.
...

Quelle:
»UN-GA-Doc. A 810«; 3. Sitzungsper. (1948), Entschließung 217 A; S. 71 ff.

****

Grundgesetz der Bundesrepublik Deutschland: **1949, 23. Mai**
Selbstbestimmungsrecht, Völkerrecht, Begriff des Deutschen

Präambel
Im Bewußtsein seiner Verantwortung vor Gott und den Menschen, von dem Willen beseelt, seine nationale und staatliche Einheit zu wahren und als gleichberechtigtes Glied in einem vereinten Europa dem Frieden der Welt zu dienen, ...

⟨*1) Fassung 1949–28. 9. 1990*[1]*:*⟩
... hat das Deutsche Volk in den Ländern Baden, Bayern, Bremen, Hamburg, Hessen, Niedersachsen, Nordrhein-Westfalen, Rheinland-Pfalz, Schleswig-Holstein, Württemberg-Baden und Württemberg-Hohenzollern, um dem staatlichen Leben für eine Übergangszeit eine neue Ordnung zu geben, Kraft seiner verfassungsgebenden Gewalt dieses Grundgesetz der Bundesrepublik Deutschland beschlossen.
Es hat auch für jene Deutschen gehandelt, denen mitzuwirken versagt war. Das gesamte Deutsche Volk bleibt aufgefordert, in freier Selbstbestimmung die Einheit und Freiheit Deutschlands zu vollenden.

⟨*2) Fassung ab 29. 9. 1990:*⟩
... hat sich das Deutsche Volk kraft seiner verfassungsgebenden Gewalt dieses Grundgesetz gegeben.

Die Deutschen in den Ländern Baden-Württemberg, Bayern, Berlin, Brandenburg, Bremen, Hamburg, Hessen, Mecklenburg-Vorpommern, Niedersachsen, Nordrhein-Westfalen, Rheinland-Pfalz, Saarland, Sachsen, Sachsen-Anhalt, Schleswig-Holstein und Thüringen haben in freier Selbstbestimmung die Einheit und Freiheit Deutschlands vollendet. Damit gilt dieses Grundgesetz für das gesamte Deutsche Volk.

...

Art. 23

[Geltungsbereich des Grundgesetzes] ⟨*Fassung 1949–28. 9. 1990*[1]*:*⟩

Dieses Grundgesetz gilt zunächst im Gebiet der Länder Baden, Bayern, Bremen, Groß-Berlin[2], Hamburg, Hessen, Niedersachsen, Nordrhein-Westfalen, Rheinland-Pfalz, Schleswig-Holstein, Württemberg-Baden und Württemberg-Hohenzollern. In anderen Teilen Deutschlands ist es nach deren Beitritt in Kraft zu setzen[3].

[Europäische Union] ⟨*Fassung ab 29. 9. 1990:*⟩

(1) Zur Verwirklichung eines vereinten Europas wirkt die Bundesrepublik Deutschland bei der Entwicklung der Europäischen Union mit, die demokratischen, rechtsstaatlichen, sozialen und föderativen Grundsätzen und dem Grundsatz der Subsidiarität verpflichtet ist und einen diesem Grundgesetz im wesentlichen vergleichbaren Grundrechtsschutz gewährleistet. Der Bund kann hierzu durch Gesetz mit Zustimmung des Bundesrates Hoheitsrechte übertragen.

...

Art. 25 **[Völkerrecht Bestandteil des Bundesrechtes]**

Die allgemeinen Regeln des Völkerrechts sind Bestandteil des Bundesrechts. Sie gehen den Gesetzen vor und erzeugen Rechte und Pflichten unmittelbar für die Bewohner des Bundesgebietes.[4]

...

Art. 116 **[Begriff »Deutscher«, . . .]**

(1) Deutscher im Sinne dieses Grundgesetzes ist vorbehaltlich anderweitiger gesetzlicher Regelung[5], wer die deutsche Staatsangehörigkeit besitzt[5] oder als Flüchtling oder Vertriebener deutscher Volkszugehörigkeit oder als dessen Ehegatte oder Abkömmling in dem Gebiete des Deutschen Reiches nach dem Stande vom 31. Dezember 1937[6] Aufnahme gefunden hat.

...

Art. 146 **[Geltungsdauer des Grundgesetzes]**

⟨*Fassung 1949–28. 9. 1990*[1]*:*⟩

Dieses Grundgesetz verliert seine Gültigkeit an dem Tage, an dem eine Verfassung in Kraft tritt, die von dem deutschen Volke in freier Entscheidung beschlossen worden ist.

⟨*Fassung ab 29. 9. 1990:*⟩

Dieses Grundgesetz, das nach Vollendung der Einheit und Freiheit Deutschlands für das gesamte deutsche Volk gilt, verliert seine Gültigkeit an dem Tage, an dem eine Verfassung in Kraft tritt, die von dem deutschen Volke in freier Entscheidung beschlossen worden ist.

Anmerkungen:

1 Änderungen im Zuge des Beitrittes der neugeschaffenen Länder des Gebietes der bisherigen DDR zur BR Deutschland: Formalisiert durch »Einigungsvertrag« vom 31. 8. 1990, der am 29. 9. 1990 in Kraft trat.

[2] Das Genehmigungsschreiben zum Grundgesetz der (damaligen) Alliierten Militärgouverneure vom 12. 5. 1949 interpretierte diese Bestimmung dahingehend, daß Berlin »keine abstimmungsberechtigte Mitgliedschaft im Bundestag oder Bundesrat erhalten« wird. Dies war bis 1990 in der Form der Fall, daß diese Stimmen in Plenarsitzungen gesondert gezählt wurden.

[3] Nachdem am 23. 10. 1955 rd. 68 % der Wahlberechtigten des Saargebietes einen europäischen Status ihres Heimatgebietes abgelehnt hatten, einigten sich Frankreich und Deutschland am 4./5. 6. und 27. 10. 1956, den Anwendungsbereich des Grundgesetzes der Bundesrepublik Deutschland ab 1. 1. 1957 auf das Saarland auszudehnen.
Vgl. die Gesetze vom 22. und 23. 12. 1956 im BGBl. 1956, Teil II, S. 1587; sowie Teil I, S. 1011.

[4] Dies gilt demnach auch u. a. für das Vertreibungsverbot des 4. Protokolls zur Europäischen Konvention der Menschenrechte (vom 16. 9. 1963; siehe S. 57 f.) und das Rückkehrrecht Vertriebener des Internationalen Menschenrechtspaktes der UN (vom 19. 12. 1966; siehe S. 60 ff.

[5] Gleichlautende Regelung im Gesetz vom 22. 2. 1955; siehe S. 43.

[6] Da der Parlamentarische Rat, der das Grundgesetz erarbeitete, über die Staatsangehörigkeit in Österreich (Anschlußdatum: 8. 3. 1938) nicht zu befinden hatte, konnte hier nur das Datum 31. 12. 1937 stehen.

Quellen:
BGBl. 1949, S. 1 ff.; »Einigungsvertrag« vom 31. 8. 1990 im BGBl. 1990, Teil II, S. 1318 ff.

****

IV. Genfer Rotkreuzabkommen **1949, 12. August**
»zum Schutze von Zivilpersonen«:
Vertreibungen sind verboten

...

Artikel 4 ⟨*Begriff der geschützten Personen*⟩
Durch das Abkommen werden die Personen geschützt, die sich im Falle eines Konflikts oder einer Besetzung zu irgendeinem Zeitpunkt und gleichgültig auf welche Weise im Machtbereich einer am Konflikt beteiligten Partei oder einer Besatzungsmacht befinden, deren Angehörige sie nicht sind[1].

...

Artikel 27 ⟨*Leitsätze für Behandlung geschützter Personen*⟩
Die geschützten Personen haben unter allen Umständen Anspruch auf Achtung ihrer Person, ihrer Ehre, ihrer Familienrechte, ihrer religiösen Überzeugungen und Gepflogenheiten, ihrer Gewohnheiten und Gebräuche. Sie werden jederzeit mit Menschlichkeit behandelt und insbesondere vor Gewalttätigkeit oder Einschüchterung, vor Beleidigungen und der öffentlichen Neugier geschützt.
Die Frauen werden besonders vor jedem Angriff auf ihre Ehre und namentlich vor Vergewaltigung, Nötigung zur gewerbsmäßigen Unzucht und jeder unzüchtigen Handlung geschützt.

...

Artikel 31 ⟨*Verbot jeden Zwanges*⟩
Auf die geschützten Personen darf keinerlei körperlicher oder seelischer Zwang ausgeübt werden ...

Artikel 32 ⟨*Verbot aller Grausamkeiten*⟩
Den Hohen Vertragsparteien ist jede Maßnahme, die körperliche Leiden oder den Tod der in ihrem Machtbereich befindlichen geschützten Personen zur Folge haben könnte, ausdrücklich untersagt. Dieses Verbot betrifft nicht nur Tötung, Folterung, körperliche Strafen ..., sondern auch alle anderen Grausamkeiten, gleichgültig, ob sie durch zivile Bedienstete oder Militärpersonen begangen werden.

Artikel 33 ⟨*Verbot aller Kollektiv- und Vergeltungsmaßnahmen, Eigentumsschutz*⟩
Keine geschützte Person darf wegen einer Tat bestraft werden, die sie nicht persönlich begangen hat. Kollektivstrafen sowie jede Maßnahme zur Einschüchterung oder Terrorisierung sind untersagt.
Plünderungen sind untersagt.
Vergeltungsmaßnahmen gegen geschützte Personen und ihr Eigentum sind untersagt.
...

Artikel 47 ⟨*Regelung für besetzte Gebiete*⟩
Geschützten Personen, die sich in besetztem Gebiet befinden, werden in keinem Falle und auf keine Weise die Vorteile des vorliegenden Abkommens entzogen, weder wegen irgendeiner Veränderung, die sich aus der Tatsache der Besetzung bei den Einrichtungen oder der Regierung des in Frage stehenden Gebietes ergibt ..., noch auf Grund der Einverleibung des ganzen besetzten Gebietes oder eines Teils davon durch die Besatzungsmacht.
...

Artikel 49 ⟨*Vertreibungsverbot*[2]⟩
Einzel- oder Massenzwangsverschickungen sowie Verschleppungen von geschützten Personen aus besetztem Gebiet nach dem Gebiet der Besatzungsmacht oder dem irgendeines anderen besetzten oder unbesetzten Staates sind ohne Rücksicht auf deren Beweggrund untersagt.
Jedoch kann die Besatzungsmacht eine vollständige oder teilweise Räumung einer bestimmten besetzten Gegend durchführen, wenn die Sicherheit der Bevölkerung oder zwingende militärische Gründe es erfordern. Solche Räumungen dürfen keinesfalls die Verschleppung von geschützten Personen in Gegenden außerhalb des besetzten Gebietes zur Folge haben, es sei denn, dies ließe sich aus materiellen Gründen nicht vermeiden. Unmittelbar nach Beendigung der Feindseligkeiten in der betreffenden Gegend wird die so verschickte Bevölkerung in ihre Heimat zurückgeführt.
...
Die Besatzungsmacht darf nicht Teile ihrer eigenen Zivilbevölkerung in das von ihr besetzte Gebiet verschleppen oder verschicken.
...

Artikel 146 ⟨*Verpflichtung zu Ermittlung und Strafverfolgung von Personen*⟩
...

Artikel 147 ⟨*Sog. »schwere Verletzungen«*⟩
Als schwere Verletzung im Sinne des vorstehenden Artikels gilt jede der folgenden Handlungen, sofern sie gegen durch das Abkommen geschützte Personen oder Güter begangen wird: vorsätzliche Tötung, Folterung oder unmenschliche Behandlung ..., vorsätzliche Verursachung großer Leiden oder schwere Beeinträchtigung der körperlichen Unversehrtheit oder der Gesundheit, rechtswidrige Verschleppung oder rechtswidrige Verschickung, rechtswidrige Gefangenhaltung, ... Entzug ihres Anrechts auf ein ordentliches und unparteiisches, den Vorschriften des vorliegenden Abkommens entsprechendes Gerichtsverfahren, das Festnehmen von Geiseln, sowie Zerstörung und Aneignung von Eigentum, die durch militärische Erfordernisse nicht gerechtfertigt sind und in großem Ausmaß rechtswidrig und willkürlich vorgenommen werden.
...

Artikel 154 ⟨*Konvention ergänzt HLKO von 1907*[3]⟩
In den Beziehungen zwischen Mächten, die durch das Haager Abkommen betreffend die Gesetze und Gebräuche des Landkrieges gebunden sind, sei es das vom 29. Juli 1899 oder das vom 18. Oktober 1907[3], und die Vertragsparteien des vorliegenden Abkommens wer-

den, ergänzt dieses letztere den Ersten und den Zweiten Abschnitt der dem erwähnten Haager Abkommen anliegenden Kriegsordnung.
. . .
⟨4⟩

Anmerkungen:
1 Die Sudetendeutschen waren im wesentlichen seit dem 10. 10. 1938 deutsche Staatsangehörige (siehe S. 430 ff.), was die ČSR spätestens am 2. 8. 1945 (siehe S. 551 ff.) anerkannte.
2 Das »Zusatzprotokoll zu den Genfer Abkommen vom 12. August 1949 über den Schutz der Opfer internationaler bewaffneter Konflikte (Protokoll I)« vom 8. 6. 1977 ordnete in Art. 85 Ziff. 4 als »grave breach«, d. h. als »schwere Verletzung« des Abkommens u. a. ein:
»a) die von der Besatzungsmacht durchgeführte Überführung eines Teiles ihrer eigenen Zivilbevölkerung in das von ihr besetzte Gebiet oder die Verschleppung oder Überführung der Gesamtheit oder eines Teiles der Bevölkerung des besetzten Gebiets innerhalb desselben oder aus demselben unter Verletzung des Artikels 49 des IV. Abkommens;« . . .
Zum Text vgl. BGBl. 1990, Teil II, S. 1550–1647, hier S. 1613.
3 Zum Text der HLKO: Siehe S. 7 ff.
4 Die ČSR hat bei Unterzeichnung und Ratifikation mehrere Vorbehalte gemacht, die jedoch sämtlich andere als die hier angeführten Bestimmungen betrafen.

Quelle:
75 UNTS 287; in deutscher Sprache
BGBl. 1954; Teil II; Nr. 17 v. 1. 9. 1954; S. 917–1004, hier S. 918, 927 ff., 933 f., 968 ff., 999 ff.

****

Charta der deutschen Heimatvertriebenen[1]: 1950, 5. August
Verzicht auf Rache und Vergeltung, Verwirklichung des Heimatrechtes

Im Bewußtsein ihrer Verantwortung vor Gott und den Menschen,
im Bewußtsein ihrer Zugehörigkeit zum christlich-abendländischen Kulturbereich
im Bewußtsein ihres deutschen Volkstums und
in der Erkenntnis der gemeinsamen Aufgabe aller europäischen Völker
haben die erwählten Vertreter von Millionen Heimatvertriebener nach reiflicher Überlegung und nach Prüfung ihres Gewissens beschlossen, dem Deutschen Volk und der Weltöffentlichkeit gegenüber eine feierliche Erklärung abzugeben, die die Pflichten und Rechte festlegt, welche die deutschen Heimatvertriebenen als ihr Grundgesetz und als unumgängliche Voraussetzung für die Herbeiführung eines freien und geeinten Europas ansehen:
1. Wir Heimatvertriebenen verzichten auf Rache und Vergeltung. Dieser Entschluß ist uns ernst und heilig im Gedenken an das unendliche Leid, welches im besonderen das letzte Jahrzehnt über die Menschheit gebracht hat.
2. Wir werden jedes Beginnen mit allen Kräften unterstützen, das auf die Schaffung eines geeinten Europas gerichtet ist, in dem die Völker ohne Furcht und Zwang leben können.
3. Wir werden durch harte, unermüdliche Arbeit teilnehmen am Wiederaufbau Deutschland und Europas.

Wir haben unsere Heimat verloren. Heimatlose sind Flüchtlinge auf dieser Erde. Gott hat die Menschen in ihre Heimat hineingestellt. Den Menschen mit Zwang von seiner Heimat zu trennen, bedeutet ihn im Geiste töten.
Wir haben dieses Schicksal erlitten und erlebt. Daher fühlen wir uns berufen zu verlangen, daß das Recht auf die Heimat als eines der von Gott geschenkten Grundrechte der Menschheit anerkannt und verwirklicht wird.[2]
Die Völker der Welt sollen ihre Mitverantwortung am Schicksal der Heimatvertriebenen als der vom Leid dieser Zeit am schwersten Betroffenen empfinden.
Die Völker sollen handeln, wie es ihren christlichen Pflichten und ihrem Gewissen entspricht.
Die Völker müssen erkennen, daß das Schicksal der deutschen Heimatvertriebenen, wie

aller Flüchtlinge, ein Weltproblem ist, dessen Lösung höchste sittliche Verantwortung und Verpflichtung zu gewaltiger Leistung fordert.
Wir rufen Völker und Menschen auf, die guten Willens sind, Hand anzulegen ans Werk, damit aus Schuld, Unglück, Leid, Armut und Elend für uns alle der Weg in eine bessere Zukunft gefunden wird.

Anmerkungen:
[1] Die Charta wurde in Stuttgart von Vertretern der deutschen Heimatvertriebenenverbände unterzeichnet.
[2] Anläßlich des 10. Jahrestages dieser Charta wurde sie von den Vertretern der deutschen Vertriebenenverbände am 6. 8. 1960 in Stuttgart in einer Deklaration u. a. wie folgt bekräftigt und ergänzt:
»Wir bekennen uns daher heute erneut und feierlich zu den vor zehn Jahren in der Charta der deutschen Heimatvertriebenen aufgestellten Grundsätzen. Um ihrer Verwirklichung willen müssen wir heute fordern:
1. Das durch das internationale Recht und die Satzung der Vereinten Nationen verbürgte Selbstbestimmungsrecht hat für alle Völker zu gelten, also auch für das deutsche Volk. Seine Verwirklichung darf nicht Interessen anderer Staaten geopfert werden.
2. Wir erinnern ferner daran, daß die Besatzungsmächte am 5. Juni 1945 verbindlich erklärt haben, daß die Aufteilung Deutschlands in Besatzungsgebiete nicht die Wirkung einer Annexion hat. Damit haben die Mächte klargestellt, daß Deutschland nicht geteilt oder deutsches Staatsgebiet abgetrennt werden kann.
3. Die Wiederherstellung der Einheit Deutschlands ist daher nicht nur ein durch das Selbstbestimmungsrecht gesicherter Anspruch des deutschen Volkes, sondern ergibt sich auch als Folge der erwähnten Verpflichtung der Besatzungsmächte vom 5. Juni 1945.«

Bundespräsident Dr. Lübke erklärte bei dieser Veranstaltung u. a.:
»Wenn wir uns fragen, welche Aufgaben sich heute *(d. h. 1960)* für uns aus der Charta der Heimatvertriebenen ergeben, so können wir uns auch aus der Achtung vor den Rechtsgrundsätzen nicht dazu verstehen, den Akt der Vertreibung für rechtmäßig zu halten. Auch eine nun schon 15jährige Gewohnheit kann ihm nicht die rechtliche Sanktionierung geben. Die Vertreibung aus der Heimat war, ist und bleibt ein Unrecht, Unterdrückung der Freiheit und schwere Verletzung der Menschenwürde. Auf einem fortdauernden Unrechtszustand läßt sich weder eine tragfähige Völkerverständigung noch ein geordneter und dauerhafter Frieden bauen.«
Wiedergabe nach »Bulletin«; Nr. 150 v. 13. 8. 1960; S. 1485 ff.

Quelle:
»Genossenschaft gleichberechtigter Völker«; hsg. vom Sudetendeutschen Rat; München, 1956; S. 106 ff. Hervorhebungen im Original.

****

Die Staaten des Europarates: **1950, 4. November**
⟨*Europäische*⟩ Konvention
zum Schutze der Menschenrechte und Grundfreiheiten (EKMRGF):

. . .

Art. 1 **[Geltungsbereich der Konvention]**
Die Hohen Vertragschließenden Teile sichern allen ihrer Herrschaftsgewalt unterstehenden Personen die in Abschnitt I dieser Konvention niedergelegten Rechte[1] und Freiheiten zu.

Abschnitt I. Menschenrechte und Grundfreiheiten

Art. 2 **[Das Recht auf das Leben]**
(1) Das Recht jedes Menschen auf das Leben wird gesetzlich geschützt. Abgesehen von der Vollstreckung eines Todesurteils, das von einem Gericht im Falle eines mit der Todestrafe bedrohten Verbrechens ausgesprochen worden ist, darf eine absichtliche Tötung nicht vorgenommen werden.

. . .

Art. 3 **[Verbot der Folter]**
Niemand darf der Folter oder unmenschlicher oder erniedrigender Strafe oder Behandlung unterworfen werden.

Art. 4 **[Verbot der Sklaverei und Zwangsarbeit]**
(1) Niemand darf in Sklaverei oder Leibeigenschaft gehalten werden.
(2) Niemand darf gezwungen werden, Zwangs- oder Pflichtarbeit zu verrichten.
. . .

Art. 5 **[Recht auf Freiheit und Sicherheit]**
(1) Jeder Mensch hat ein Recht auf Freiheit und Sicherheit. Die Freiheit darf einem Menschen nur in den folgenden Fällen und nur auf dem gesetzlich vorgeschriebenen Wege entzogen werden:
. . .
(2) Jeder Festgenommene muß unverzüglich und in einer ihm verständlichen Sprache über die Gründe seiner Festnahme und über die gegen ihn erhobenen Beschuldigungen unterrichtet werden.
(3) Jede . . . festgenommene oder in Haft gehaltene Person muß unverzüglich einem Richter . . . vorgeführt werden . . .
. . .

Art. 6 **[. . . Rechte des Angeklagten]**
(1) Jedermann hat Anspruch darauf, daß seine Sache in billiger Weise öffentlich und innerhalb einer angemessenen Frist gehört wird, und zwar von einem unabhängigen und unparteiischen, auf Gesetz beruhenden Gericht, das . . . zu entscheiden hat. Das Urteil muß öffentlich verkündet werden . . .
(2) Bis zum gesetzlichen Nachweis seiner Schuld wird vermutet, daß der wegen einer strafbaren Handlung Angeklagte unschuldig ist.
. . .

Art. 7 **[Keine Strafe ohne Gesetz]**
(1) Niemand kann wegen einer Handlung oder Unterlassung verurteilt werden, die zur Zeit ihrer Begehung nach ausländischem oder internationalem Recht nicht strafbar war. Ebenso darf keine höhere Strafe als die im Zeitpunkt der Begehung der strafbaren Handlung angedrohte Strafe verhängt werden.
(2) Durch diesen Artikel darf die Verurteilung oder Bestrafung einer Person nicht ausgeschlossen werden, die sich einer Handlung oder Unterlassung schuldig gemacht hat, welche im Zeitpunkt ihrer Begehung nach den allgemeinen von den zivilisierten Völkern anerkannten Rechtsgrundsätzen strafbar war.

Art. 8 **[Gebot der Achtung der privaten Sphäre]**
(1) Jedermann hat Anspruch auf Achtung seines Privat- und Familienlebens, seiner Wohnung und seines Briefverkehrs.
. . .

Art. 9 **[Gedanken-, Gewissens- und Religionsfreiheit]**
(1) Jedermann hat Anspruch auf Gedanken-, Gewissens- und Religionsfreiheit; dieses Recht umfaßt die Freiheit des einzelnen zum Wechsel der Religion oder der Weltanschauung sowie die Freiheit, seine Religion oder Weltanschauung einzeln oder in Gemeinschaft mit anderen öffentlich oder privat, durch Gottesdienst, Unterricht, durch die Ausübung und Beachtung religiöser Gebräuche auszuüben.
. . .

Art. 10 [Recht der freien Meinungsäußerung]
(1) Jeder hat Anspruch auf freie Meinungsäußerung. Dieses Recht schließt die Freiheit der Meinung und die Freiheit zum Empfang und zur Mitteilung von Nachrichten oder Ideen ohne Eingriffe öffentlicher Behörden und ohne Rücksicht auf Landesgrenzen ein.
...

Art. 11 [Versammlungs- und Vereinsfreiheit]
(1) Alle Menschen haben das Recht, sich friedlich zu versammeln und sich frei mit anderen zusammenzuschließen, einschließlich des Rechts, zum Schutze ihrer Interessen Gewerkschaften zu bilden und diesen beizutreten.
...

Art. 12 [Recht der freien Wahl des Ehegatten]
Mit Erreichung des Heiratsalters haben Männer und Frauen das Recht, eine Ehe einzugehen und eine Familie nach den nationalen Gesetzen, die die Ausübung dieses Rechts regeln, zu gründen.

Art. 13 [Beschwerdemöglichkeit bei Verletzung der Rechte oder Freiheiten]
Sind die in der vorliegenden Konvention festgelegten Rechte und Freiheiten verletzt worden, so hat der Verletzte das Recht, eine wirksame Beschwerde bei einer nationalen Instanz einzulegen, selbst wenn die Verletzung von Personen begangen worden ist, die in amtlicher Eigenschaft gehandelt haben.

Art. 14 [Verbot der Diskriminierung]
Der Genuß der in der vorliegenden Konvention festgelegten Rechte und Freiheiten muß ohne Unterschied des Geschlechts, der Rasse, Hautfarbe, Sprache, Religion, politischen oder sonstigen Anschauungen, nationaler oder sozialer Herkunft, Zugehörigkeit zu einer nationalen Minderheit, des Vermögens, der Geburt oder sonstigen Status gewährleistet werden.

Art. 15 [Einschränkung der Rechte und Freiheiten in Kriegs- und Notstandsfällen]
(1) Im Falle eines Krieges oder eines anderen öffentlichen Notstandes, der das Leben der Nation bedroht, kann jeder der Hohen Vertragschließenden Teile Maßnahmen ergreifen, welche die in dieser Konvention vorgesehenen Verpflichtungen in dem Umfang, den die Lage unbedingt erfordert, und unter der Bedingung außer Kraft setzen, daß diese Maßnahmen nicht in Widerspruch zu den sonstigen völkerrechtlichen Verpflichtungen stehen.
...

Art. 16 [Beschränkung der politischen Tätigkeit von Ausländern]
Keine der Bestimmungen der Artikel 10, 11 und 14 darf so ausgelegt werden, daß sie den Hohen Vertragschließenden Parteien verbietet, die politische Tätigkeit von Ausländern Beschränkungen zu unterwerfen.

Art. 17 [Regel für die Auslegung der Konvention]
Keine Bestimmung dieser Konvention darf dahin ausgelegt werden, daß sie für einen Staat, eine Gruppe oder eine Person das Recht begründet, eine Tätigkeit auszuüben oder eine Handlung zu begehen, die auf die Abschaffung der in der vorliegenden Konvention festgelegten Rechte und Freiheiten oder auf weitergehende Beschränkungen dieser Rechte und Freiheiten, als in der Konvention vorgesehen, hinzielt.
...

⟨In der Fassung vom 4. 11. 1950 zeigten dann Art. 19–56 den damaligen Stand der Schritte und die Bedingungen auf, wie auch Einzelpersonen diese Rechte einklagen konnten (Art. 25) und Mitgliedstaaten dieses Recht gesondert anerkennen mußten.
Am 11. 5. 1994 wurden im Protokoll Nr. 11 diese Bestimmungen durch Art. 19–51 ersetzt; nachfolgend wichtige Bestimmungen im Auszug:⟩

Abschnitt II. Europäischer Gerichtshof für Menschenrechte

Art. 19 **[Errichtung des Gerichtshofs]**
Um die Einhaltung der Verpflichtungen sicherzustellen, welche die Hohen Vertragsparteien in dieser Konvention und den Protokollen dazu übernommen haben, wird ein Europäischer Gerichtshof für Menschenrechte, im folgenden als »Gerichtshof« bezeichnet, errichtet. Er nimmt seine Aufgaben als ständiger Gerichtshof wahr.

⟨Art. 20–25 regelten v. a., daß es ebensoviele Richter wie Vertragsstaaten gibt. Die Richter werden von der Parl. Versammlung des ER aus einer Dreier-Vorschlagsliste des jeweiligen Vertragsstaates ausgewählt.
Art. 26–27 bestimmten v. a., daß der Gerichtshof aus Aussschüssen von drei, Kammern von sieben und der Großen Kammer von 17 Richtern besteht.⟩

Art. 28 **[Unzulässigkeitserkläungen der Ausschüsse]**
Ein Ausschuß kann durch einstimmigen Beschluß eine nach Artikel 34 erhobene Individualbeschwerde für unzulässig erklären oder im Register streichen, wenn eine solche Entscheidung ohne weitere Prüfung getroffen werden kann. Die Entscheidung ist endgültig.

Art. 29 **[Entscheidungen der Kammern über die Zulässigkeit und Begründetheit]**
(1) Ergeht keine Entscheidung nach Artikel 28, so entscheidet eine Kammer über die Zulässigkeit und Begründetheit der nach Artikel 34 erhobenen Individualbeschwerden.
(2) Eine Kammer entscheidet über die Zulässigkeit und Begründetheit der nach Artikel 33 erhobenen Staatenbeschwerden.
. . .

Art. 30 **[Abgabe der Rechtssache an die Große Kammer]**
Wirft eine bei einer Kammer anhängige Rechtssache eine schwerwiegende Frage der Auslegung dieser Konvention oder der Protokolle dazu auf oder kann die Entscheidung einer ihr vorliegenden Frage zu einer Abweichung von einem früheren Urteil des Gerichtshofs führen, so kann die Kammer diese Sache jederzeit, bevor sie ihr Urteil gefällt hat, an die Große Kammer abgeben, sofern nicht eine Partei widerspricht.

Art. 31 **[Befugnisse der Großen Kammer]**
Die Große Kammer
a) entscheidet über nach Artikel 33 oder Artikel 34 erhobene Beschwerden, wenn eine Kammer die Rechtssache nach Artikel 30 an sie abgegeben hat oder wenn die Sache nach Artikel 43 an sie verwiesen worden ist und

. . .

Art. 32 **[Zuständigkeit des Gerichtshofs]**
(1) Die Zuständigkeit des Gerichtshofs umfaßt alle die Auslegung und Anwendung dieser Konvention und der Protokolle dazu betreffenden Angelegenheiten, mit denen er nach den Artikel 33 ⟨*und*⟩ 34 . . . befaßt wird.
. . .

Art. 33 **[Staatenbeschwerden]**
Jede Hohe Vertragspartei kann den Gerichtshof wegen jeder behaupteten Verletzung dieser Konvention und der Protokolle dazu durch eine andere Hohe Vertragspartei anrufen.

Art. 34 **[Individualbeschwerden[2]]**
Der Gerichtshof kann von jeder natürlichen Person, nichtstaatlichen Organisation oder Personengruppe, die behauptet, durch eine der Hohen Vertragsparteien in einem der in dieser Konvention oder den Protokollen dazu anerkannten Rechte verletzt zu sein, mit einer Beschwerde befaßt werden. Die Hohen Vertragsparteien verpflichten sich, die wirksame Ausübung dieses Rechts nicht zu behindern.

Art. 35 **[Zulässigkeitsvoraussetzungen]**
(1) Der Gerichthof kann sich mit einer Angelegenheit erst nach Erschöpfung aller innerstaatlichen Rechtsbehelfe in Übereinstimmung mit den allgemein anerkannten Grundsätzen des Völkerrechts und nur innerhalb einer Frist von sechs Monaten nach der endgültigen innerstaatlichen Entscheidung befassen.
(2) Der Gerichtshof befaßt sich nicht mit einer nach Artikel 34 erhobenen Individualbeschwerde, die
a) anonym ist oder
b) im wesentlichen mit einer schon vorher vom Gerichtshof geprüften Beschwerde übereinstimmt oder schon einer anderen internationalen Untersuchungs- oder Vergleichsinstanz unterbreitet worden ist und keine neuen Tatsachen enthält.
(3) Der Gerichtshof erklärt eine nach Artikel 34 erhobene Individualbeschwerde für unzulässig, wenn er sie für unvereinbar mit dieser Konvention oder den Protokollen dazu, für offensichtlich unbegründet oder für einen Mißbrauch des Beschwerderechts hält.
(4) Der Gerichtshof weist eine Beschwerde zurück, die er nach diesem Artikel für unzulässig hält. Er kann dies in jedem Stadium des Verfahrens tun.
. . .

Art. 38 **[Prüfung der Rechtssache und gütliche Einigung]**
(1) Erklärt der Gerichtshof die Beschwerde für zulässig, so
a) setzt er mit den Vertretern der Parteien die Prüfung der Rechtssache fort und nimmt, falls erforderlich, Ermittlungen vor; die betreffenden Staaten haben alle zur wirksamen Durchführung der Ermittlungen erforderlichen Erleichterungen zu gewähren;
b) hält er sich zur Verfügung der Parteien mit dem Ziel, eine gütliche Einigung auf der Grundlage der Achtung der Menschenrechte, wie sie in dieser Konvention und den Protokollen dazu anerkannt sind, zu erreichen.
(2) Das Verfahren nach Absatz 1 Buchstabe b ist vertraulich.

Art. 39 **[Gütliche Einigung]**
Im Fall einer gütlichen Einigung streicht der Gerichtshof durch eine Entscheidung, die sich auf eine kurze Angabe des Sachverhalts und der erzielten Lösung beschränkt, die Rechtssache in seinem Register.
. . .

Art. 42 **[Urteile der Kammern]**
Urteile der Kammern werden nach Maßgabe des Artikels 44 Absatz 2 endgültig.

Art. 43 **[Verweisung an die Große Kammer]**
(1) Innerhalb von drei Monaten nach dem Datum des Urteils der Kammer kann jede Partei in Ausnahmefällen die Verweisung der Rechtssache an die Große Kammer beantragen.

(2) Ein Ausschuß von fünf Richtern der Großen Kammer nimmt den Antrag an, wenn die Rechtssache eine schwerwiegende Frage der Auslegung oder Anwendung dieser Konvention oder der Protokolle dazu oder eine schwerwiegende Frage von allgemeiner Bedeutung aufwirft.
(3) Nimmt der Ausschuß den Antrag an, so entscheidet die Große Kammer die Sache durch Urteil.

Art. 44 **[Endgültige Urteile]**
(1) Das Urteil der Großen Kammer ist endgültig.
(2) Das Urteil einer Kammer wird endgültig,
a) wenn die Parteien erklären, daß sie die Verweisung der Rechtssache an die Große Kammer nicht beantragen werden,
b) drei Monate nach dem Datum des Urteils, wenn nicht die Verweisung der Rechtssache an die Große Kammer beantragt worden ist, oder
c) wenn der Ausschuß der Großen Kammer den Antrag auf Verweisung nach Artikel 43 abgelehnt hat.
(3) Das endgültige Urteil wird veröffentlicht.

Art. 45 **[Begründung der Urteile und Entscheidungen]**
(1) Urteile sowie Entscheidungen, mit denen Beschwerden für zulässig oder für unzulässig erklärt werden, werden begründet.
(2) Bringt ein Urteil ganz oder teilweise nicht die übereinstimmende Meinung der Richter zum Ausdruck, so ist jeder Richter berechtigt, seine abweichende Meinung darzulegen.

Art. 46 **[Verbindlichkeit und Durchführung der Urteile]**
(1) Die Hohen Vertragsparteien verpflichten sich, in allen Rechtssachen, in denen sie Partei sind, das endgültige Urteil des Gerichtshofs zu befolgen.
(2) Das endgültige Urteil des Gerichtshofs ist dem Ministerkomitee zuzuleiten; dieses überwacht seine Durchführung.
. . .

Anmerkungen:
1 Zu weiteren Zusatzprotokollen der EKMRGF: Siehe S. 57 f.
In einem anderen Zusatzprotokoll vom 20. 3. 1952 hieß es in Art. 1:
»Jede natürliche oder juristische Person hat ein Recht auf Achtung ihres Eigentums. Niemandem darf sein Eigentum entzogen werden, es sei denn, daß das öffentliche Interesse es verlangt, und nur unter den durch Gesetz und durch die allgemeinen Grundsätze des Völkerrechts vorgesehenen Bedingungen.
Die vorstehenden Bestimmungen beeinträchtigen jedoch in keiner Weise das Recht des Staates, diejenigen Gesetze anzuwenden, die er für die Regelung der Benutzung des Eigentums im Einklang mit dem Allgemeininteresse oder zur Sicherung oder Zahlung der Steuern oder sonstigen Abgaben oder von Geldstrafen für erforderlich hält.«
Zum Text vgl. BGBl. 1956; Teil II; S. 1879.
2 a) Art. 34 in dieser Neufassung ersetzte den vordem geltenden Art. 25 in Verbindung mit Art. 46. In letzterem war für die Geltendmachung des Rechtes auf Individualbeschwerde bzw. die Zuständigkeit des Gerichtshofes die vorherige Einräumung dieses Rechtes durch den jeweiligen Staat verlangt worden.
b) Die ČSFR (und nach ihr die ČR) hatte dieses Recht nur mit Einschränkungen zuerkannt; zum ČSFR-Text vom 18. 3. 1992: Siehe S. 936.
c) Nach Vorliegen der Neufassung in Art. 34 ab 11. 5. 1994 dürften diese Einschränkungen obsolet geworden sein.

Quelle:
Für Art. 1–18 BGBl. 1952; Teil II; S. 686 ff.; für Art. 19 ff. BGBl. 1995; Teil II; S. 578 ff.

****

Beitrag des **1952**
belgischen Völkerrechtlers Fernand de Visscher:
Grenzverschiebung: Allgemein verschwiegene, logischste und menschlichste Lösung eines Minderheitenproblems

...

Es ist erstaunlich zu sehen, in welchem Maße sich noch heute die Vorstellung einer hauptsächlich, um nicht zu sagen ausschließlich territorialen Staatsdefinition hält. Aufgrund der Schwierigkeiten, die das Bestehen verschiedener Bevölkerungsgruppen innerhalb eines Staates aufwirft, sind zwei internationale Lösungen ins Auge gefaßt worden:

1. Die Minderheitenverträge, die den Staaten gewisse Verpflichtungen gegenüber einer Kategorie ihrer Staatsangehörigen auferlegen;
2. der Bevölkerungstransfer.

Eine dritte Lösung, die in vielen Fällen eine zweckmäßige Lösung bot, wird jedoch allgemein verschwiegen: Es geht um Grenzverschiebungen, welche, ohne die Bewohner aus ihrer vertrauten Umgebung zu reißen, eine Zusammenführung zu ihrer nationalen Gruppe bewirkt, von denen sie zumeist durch Eroberung losgelöst wurden. ... Ich bin der Meinung, daß sowohl diese Lösung als auch jene der Minderheitenverträge, deren Versagen in der Vergangenheit zu bedauern ist, es wert ist, an erster Stelle in Betracht gezogen zu werden, da sie die logischste und humanste ist. Ich übersehe keinesfalls, daß die modernen Staaten bereitwilliger auf Millionen ihrer Staatsangehörigen verzichten, als auf einen Zentimeter ihres Staatsgebietes. Es wird kaum Staaten geben, die aufgrund eines besonderen Vertrages einer Grenzverschiebung zustimmen werden, um derartige Probleme zu lösen. Aber eine vergleichbare Lösung ist praktisch durchführbar im Falle von Verträgen mit allgemeinerer Tragweite, die eine Regelung der politischen Situation eines mehr oder weniger großen Staatengebildes, wie es infolge großer Kriege entsteht, zum Ziel haben.

Ich bin daher der Meinung, daß ein Bevölkerungstransfer in jedem Falle als letztes Mittel in Betracht gezogen werden kann, nachgeordnet dem der Minderheitenverträge, die sich am besten mit einer humanen und toleranten Staatskonzeption in Einklang bringen lassen, und dem der Grenzverschiebungen, insofern diese zur Gewährleistung der Befriedung beitragen.

...

Quelle:
Visscher, Fernand de: »Observations« (vom 20. 6. 1950) zu »Transferts internationaux de population« (Internationale Bevölkerungstransfers) in »Annuaire de l'Institute de Droit International« (Jahrbuch des Instituts für internationales Recht); Jg. 44, Bd. II; Basel (Schweiz), 1952; S. 187–190, hier S. 188.

****

Vertrag **1952, 26. Mai**
zwischen der Bundesrepublik Deutschland und den Drei Mächten
(Sog. Generalvertrag bzw. Deutschlandvertrag):
Rechtsvorbehalte und politische Ziele

...

Art. 2 ⟨*Vorbehalt von Rechten*⟩
Im Hinblick auf die internationale Lage, die bisher die Wiedervereinigung Deutschlands und den Abschluß eines Friedensvertrages verhindert hat, behalten die drei Mächte die bisher von ihnen ausgeübten oder innegehabten Rechte und Verantwortlichkeiten in bezug auf Berlin und auf Deutschland als Ganzes einschließlich der Wiedervereinigung Deutschlands und einer friedensvertraglichen Regelung ...

...

Art. 7 ⟨*Ziele der Politik der Vertragsstaaten*⟩
(1) Die Unterzeichnerstaaten sind darüber einig, daß ein wesentliches Ziel ihrer gemeinsamen Politik eine zwischen Deutschland und seinen ehemaligen Gegnern frei vereinbarte friedensvertragliche Regelung für ganz Deutschland ist, welche die Grundlage für einen dauerhaften Frieden bilden soll. Sie sind weiterhin darüber einig, daß die endgültige Festlegung der Grenzen Deutschlands bis zu dieser Regelung aufgeschoben werden muß.
(2) Bis zum Abschluß der friedensvertraglichen Regelung werden die Unterzeichnerstaaten zusammenwirken, um mit friedlichen Mitteln ihr gemeinsames Ziel zu verwirklichen: Ein wiedervereinigtes Deutschland, das eine freiheitlich-demokratische Verfassung, ähnlich wie die Bundesrepublik, besitzt und das in die europäische Gemeinschaft integriert ist.
. . .

Quelle:
BGBl. 1955; Teil II; S. 305 ff.

****

Gesetz **1952, 14. August**
über den Lastenausgleich in der Bundesrepublik Deutschland:
»Kein Verzicht . . . auf . . . Rückgabe des . . . Vermögens«

In Anerkennung der Ansprüche der durch den Krieg und seine Folgen besonders betroffenen Bevölkerungsteile auf einen die Grundsätze der sozialen Gerechtigkeit und die volkswirtschaftlichen Möglichkeiten berücksichtigenden Ausgleich von Lasten und auf die zur Eingliederung der Geschädigten notwendige Hilfe sowie
unter dem ausdrücklichen Vorbehalt, daß die Gewährung und Annahme von Leistungen keinen Verzicht auf die Geltendmachung von Ansprüchen auf Rückgabe des von den Vertriebenen zurückgelassenen Vermögens bedeutet,
hat der Bundestag mit Zustimmung des Bundesrates das nachstehende Gesetz beschlossen:
. . .

Quelle:
BGBl. 1952; Teil I; S. 446.

****

Erklärung **1952, 5. Dezember**
des (1.) Deutschen Bundestages:
Deutsche Grenzen müssen Heimat- und Selbstbestimmungsrecht entsprechen

. . . In einem frei zu vereinbarenden Friedensvertrag sind die deutschen Grenzen so festzulegen, daß sie die Grundlage für einen dauerhaften Frieden bilden. Ein dauerhafter Friede kann nur gegründet werden auf die Anerkennung der allgemeinen Menschenrechte, insbesondere des Rechts der persönlichen Freiheit, von dem auch das Recht umfaßt wird, in der angestammten Heimat zu leben und über Staatsform und Staatsangehörigkeit selbst zu bestimmen . . .

Quelle:
»Protokolle des Deutschen Bundestages«; Sitzung vom 5. 12. 1952; S. 723 f.

****

Vertriebenengesetz der Bundesrepublik Deutschland: **1953, 19. Mai**
Vertriebeneneigenschaft, Pflege Kulturgut

...

§ 1 Vertriebener

(1) Vertriebener ist, wer als deutscher Staatsangehöriger[1] oder deutscher Volkszugehöriger seinen Wohnsitz in den zur Zeit unter fremder Verwaltung stehenden deutschen Ostgebieten oder in den Gebieten außerhalb der Grenzen des Deutschen Reiches nach dem Gebietsstande vom 31. Dezember 1937 hatte und diesen im Zusammenhang mit den Ereignissen des Zweiten Weltkrieges infolge Vertreibung, insbesondere durch Ausweisung oder Flucht, verloren hat ...

(2) Vertriebener ist auch, wer als deutscher Staatsangehöriger oder deutscher Volkszugehöriger

...

3. nach Abschluß der allgemeinen Vertreibungsmaßnahmen die zur Zeit unter fremder Verwaltung stehenden deutschen Ostgebiete, Danzig, Estland, Lettland, Litauen, die Sowjetunion, Polen, die Tschechoslowakei, Ungarn, Rumänien, Bulgarien, Jugoslawien, Albanien oder China verlassen hat oder verläßt, es sei denn, daß er, ohne aus diesen Gebieten vertrieben und bis zum 31. März 1952 dorthin zurückgekehrt zu sein, nach dem 8. Mai 1945 einen Wohnsitz in diesen Gebieten begründet hat (Aussiedler).

...

§ 2 Heimatvertriebener

(1) Heimatvertriebener ist ein Vertriebener, der am 31. Dezember 1937 oder bereits einmal vorher seinen Wohnsitz in dem Gebiet desjenigen Staates hatte, aus dem er vertrieben worden ist (Vertreibungsgebiet); die Gesamtheit der in § 1 Abs. 1 genannten Gebiete, die am 1. Januar 1914 zum Deutschen Reich oder zur Österreichisch-Ungarischen Monarchie oder zu einem späteren Zeitpunkt zu Polen, zu Estland, zu Lettland oder zu Litauen gehört haben, gilt als einheitliches Vertreibungsgebiet.

...

§ 6 Volkszugehörigkeit

(1) Deutscher Volkszugehöriger im Sinne dieses Gesetzes ist, wer sich in seiner Heimat zum deutschen Volkstum bekannt hat, sofern dieses Bekenntnis durch bestimmte Merkmale wie Abstammung, Sprache, Erziehung, Kultur bestätigt wird.

...

§ 7 Nach der Vertreibung geborene oder legitimierte Kinder[2,3]

Kinder, die nach der Vertreibung geboren sind, erwerben die Eigenschaft als Vertriebener oder Sowjetzonenflüchtling des Elternteiles, dem im Zeitpunkt der Geburt oder der Legitimation das Recht der Personensorge zustand oder zusteht. Steht beiden Elternteilen das Recht der Personensorge zu, so erwirbt das Kind die Eigenschaft als Vertriebener oder Sowjetzonenflüchtling desjenigen Elternteiles, dem im Zeitpunkt der Geburt oder der Legitimation das Recht der gesetzlichen Vertretung zustand oder zusteht.

§ 8 Heirat und Annahme an Kindes Statt[3]

Durch Heirat oder Annahme an Kindes Statt nach der Vertreibung wird die Eigenschaft als Vertriebener oder Sowjetzonenflüchtling weder erworben noch verloren.

...

§ 96 Pflege des Kulturgutes der Vertriebenen und Flüchtlinge und Förderung der wissenschaftlichen Forschung

Bund und Länder haben entsprechend ihrer durch das Grundgesetz gegebenen Zuständigkeit das Kulturgut der Vertreibungsgebiete in dem Bewußtsein der Vertriebenen und Flüchtlinge, des gesamten deutschen Volkes und des Auslandes zu erhalten, Archive, Museen und Bibliotheken zu sichern, zu ergänzen und auszuwerten, sowie Einrichtungen des Kunstschaffens und der Ausbildung sicherzustellen und zu fördern. Sie haben Wissenschaft und Forschung bei der Erfüllung der Aufgaben, die sich aus der Vertreibung und der Eingliederung der Vertriebenen und Flüchtlinge ergeben, sowie die Weiterentwicklung der Kulturleistungen der Vertriebenen und Flüchtlinge zu fördern. Die Bundesregierung berichtet jährlich dem Bundestag über das von ihr Veranlaßte.

. . .

Anmerkungen:

[1] a) Wegen ihrer deutschen Staatsangehörigkeit wurden die deutschen Vertriebenen in ganz Europa aus dem Betreuungsbereich der internationalen Flüchtlingsfürsorge ausgeklammert.
Im internationalen »Abkommen über die Rechtsstellung der Flüchtlinge« vom 28. 7. 1951 hieß es dazu im Artikel 1:
». . .
E.
Dieses Abkommen findet keine Anwendung auf eine Person, die von den zuständigen Behörden des Landes, in dem sie ihren Aufenthalt genommen hat, als eine Person anerkannt wird, welche die Rechte und Pflichten hat, die mit dem Besitz der Staatsangehörigkeit dieses Landes verknüpft sind.«
Vgl. BGBl. 1953; Teil II; S. 559–589, hier S. 563.

b) Zu dieser Ausgrenzung unter der Wirkungszeit der »United Nations Relief and Rehabilitation Administration – UNRRA« bis zum 20. 8. 1948 und der »International Refugees Organization – IRO« ab 20. 8. 1948 auch in Österreich vgl. Radspieler, Tony: »The Ethnic German Refugee in Austria 1945 to 1954«; Den Haag, 1955.

c) Mit dem Entstehen der BR Deutschland im September 1949 wurden die letzten von der IRO betreuten deutschen Emigranten, darunter auch Sudetendeutsche (siehe S. 438 f.), aus dem IRO-Betreuungsbereich entlassen.

[2] Noch 1986 bestätigte das Bundesverwaltungsgericht (Urteil vom 2. 12. 1986, Akt.Z. 9 C 16.86) die Rechtsgültigkeit des Zieles von § 7, den bestehenden Vertriebenenstatus von Eltern über die Generation der unmittelbar Betroffenen durch die Geburt an Kinder überzuleiten und damit aufrechtzuerhalten.

[3] In einer Neufassung vom 2. 6. 1993 wurden die § 7 und 8 inhaltlich gestrichen und durch Bestimmungen für Spätaussiedler und deren Verteilung auf die Bundesländer ersetzt.

Quelle:
für § 7, 8: BGBl. 1953; Teil I; S. 200 ff.; für die anderen §§ BGBl. 1993; Teil I; S. 829 ff.

****

Memorandum **1953, 29. Mai**
von Bundeskanzler Adenauer für US-Präsident Eisenhower:
Friedensvertrag soll Heimatrecht berücksichtigen

. . . Die gesamtdeutsche Regierung nimmt von Anfang an als freier und gleichberechtigter Partner an den Verhandlungen über einen Friedensvertrag teil.
In diesem Friedensvertrag sollte das Recht aller Menschen auf die Heimat Berücksichtigung finden, wie es sich aus christlichen und naturrechtlichen Grundsätzen ergibt . . .

Quelle:
»Bulletin«; Nr. 99 v. 31. 5. 1953.

****

Verfassung **1953, 19. November**
des deutschen Bundeslandes Baden-Württemberg:
Heimatrecht ist unveräußerliches Menschenrecht

Im Bewußtsein der Verantwortung vor Gott und den Menschen ... hat sich das Volk von Baden-Württemberg in feierlichem Bekenntnis zu den unverletzlichen und unveräußerlichen Menschenrechten und den Grundrechten der Deutschen kraft seiner verfassunggebenden Gewalt durch die Verfassunggebende Landesversammlung diese Verfassung gegeben.
...

Artikel 2
1. Die im Grundgesetz für die Bundesrepublik Deutschland vom 23. Mai 1949 festgelegten Grundrechte und staatsbürgerlichen Rechte sind Bestandteil dieser Verfassung und unmittelbar geltendes Recht.
2. Das Volk von Baden-Württemberg bekennt sich darüber hinaus zu dem unveräußerlichen Menschenrecht auf die Heimat.

...

Quelle:
»Gesetzblatt für Baden-Württemberg«; Stuttgart, 1953; Nr. 29; S. 173 ff.

****

Entwurf der **1954, 28. Juli**
»International Law Commission« der UN
über Verbrechen gegen den Frieden und die Sicherheit der Menschheit:
Vertreibung ist völkerrechtswidriges Verbrechen

Gesetzentwurf[1]

Artikel 1: Verstöße gegen den Frieden und die Sicherheit der Menschheit, wie in diesem Gesetz definiert, sind Verbrechen gegen das Völkerrecht, für welche die verantwortlichen Einzelpersonen zu bestrafen sind.

Artikel 2: Die folgenden Handlungen sind Verstöße gegen den Frieden und die Sicherheit der Menschheit:

...

10) ⟨*Hier sind jene Handlungen aufgeführt, die bereits in der UN-Konvention zur Verhütung des Völkermordes vom 9. 12. 1948*[2] *aufgeführt waren*⟩

11) Unmenschliche Handlungen, wie ... Deportation und Verfolgungen, begangen gegen irgendeine Zivilbevölkerung aus sozialen, politischen, rassischen, religiösen oder kulturellen Gründen durch Behörden eines Staates oder private Einzelpersonen, die auf Anstiftung oder unter Tolerierung solcher Behörden handeln.

...

⟨[3]⟩

Anmerkungen:
1 Im englischsprachigen Original: »Draft Code«.
2 Zum Text: Siehe S. 24 f.
3 Zur späteren Weiterbehandlung dieses Themas: Siehe S. 122.

Wiedergabe nach:
»Flucht und Vertreibung«; hsg. v. Dieter Blumenwitz; Köln, 1987; S. 440 f.

****

Staatsangehörigkeitsgesetz der Bundesrepublik Deutschland[1]: **1955, 22. Februar**

. . .

§ 25: Das Heimatrecht der Vertriebenen und die sich aus ihm künftig ergebenden Regelungen ihrer Staatsangehörigkeit werden durch die auf Grund dieses Gesetzes abgegebenen Erklärungen nicht berührt.

. . .

Anmerkung:
Zu weiteren Bestimmungen: Siehe S. 741.

Quelle:
BGBl. 1955; Teil I; S. 65 ff.

****

Rede **1956, 25. Februar**
des 1. Sekretärs der KPdSU, Nikita S. Chruschtschow, vor dem XX. Parteikongreß:
»Kein vernünftiger Mensch« kann Vertreibungen verstehen

. . .

Mit Recht wird die Sowjetunion als mustergültiger Vielvölkerstaat angesehen, weil wir in der Praxis die Gleichheit aller in unserem großen Vaterlande freundschaftlich zusammenlebender Völker sichergestellt haben.
Um so ungeheuerlicher sind die Tatsachen, die auf Veranlassung Stalins begangen wurden und schwere Verstöße gegen grundlegende leninistische Prinzipien der Nationalitätenpolitik des Sowjetstaates darstellen. Ich meine die Massenzwangsverschickungen ganzer Völkerschaften mitsamt allen Kommunisten und Komsomolzen ohne jede Ausnahme. Diese Verschickungen waren durch keinerlei militärische Notwendigkeit gerechtfertigt.
⟨*Es folgte eine Aufzählung der betroffenen Volksstämme: Karatschajer, Kalmücken, Tschetschenen, Inguscheten und Balkaren; die v. a. Wolga-Deutschen blieben unerwähnt.*⟩
Die Ukrainer entgingen diesem Schicksal lediglich deshalb, weil sie zu zahlreich sind und kein Raum vorhanden war, wohin man sie hätte verschleppen können. Sonst hätte er ⟨*d. h. Stalin*⟩ auch sie deportiert (Gelächter und Heiterkeit im Saale).
Kein Marxist-Leninist und überhaupt kein vernünftiger Mensch kann verstehen, wie es möglich ist, ganze Völker samt Frauen und Kindern, alten Leuten, Kommunisten und Komsomolzen für feindselige Handlungen verantwortlich zu machen, Massenrepressalien gegen sie anzuwenden und sie wegen der Schädlingsarbeit Einzelner oder kleiner Gruppen der Not und dem Elend auszusetzen.

. . .

Quelle:
»Ost-Probleme« ⟨*WZ.*⟩, Bonn; Jg. 8, Nr. 25/26 v. 22. 6. 1956; S. 867–898, hier S. 886.

****

Entschließung **1956, 20. Mai**
der Föderalistischen Union Europäischer Volksgruppen (FUEV)[1]:
Hauptgrundsätze[2] eines Volksgruppenrechts

1. Jede Volksgruppe[3] hat ein unverletzliches und unveräußerliches Recht auf Schutz und Erhaltung ihrer Eigenart.

2. Jedermann hat das Recht, sich frei zu einer Nationalität oder Volksgruppe zu bekennen. Dieses Bekenntnis darf weder bestritten noch nachgeprüft werden.
3. Der Genuß aller bürgerlichen und politischen Rechte muß jedem Staatsbürger ohne Rücksicht auf die Zugehörigkeit zu einer Nationalität oder Volksgruppe gewährt werden.
4. Jeder Angehörige einer Volksgruppe hat das Recht, seine Sprache in Wort und Schrift frei zu gebrauchen und zu pflegen – besonders und zwar nicht nur in Schule und Kirche. Jeder Staat ist verpflichtet, dieses Recht der Volksgruppe anzuerkennen und zu schützen.
5. Jeder Angehörige einer Volksgruppe hat in mehrsprachigen Gebieten das Recht, vor allen Behörden, Vertretungskörperschaften schriftlich und mündlich in seiner Sprache unmittelbar zu verhandeln.
6. Jede Volksgruppe hat den Anspruch, sich als Körperschaft des öffentlichen Rechtes zu organisieren und hat ein Recht auf kulturelle Autonomie. Die Volksgruppen müssen an den öffentlichen Mitteln entsprechenden Anteil haben.
7. Der Bevölkerung eines Gebietes, das vorwiegend von einer Volksgruppe bewohnt ist, soll territoriale Autonomie gewährt werden.
8. Jede Volksgruppe hat das Recht auf eine angemessene Vertretung in den Parlamenten, in autonomen und Selbstverwaltungsvertretungen. Angehörige einer Volksgruppe dürfen als Mitglieder einer Behörde nicht ohne ihre Zustimmung in fremdnationale Gebiete versetzt werden.
9. Eine in ihren Rechten vom Staat beeinträchtigte Volksgruppe kann in Form einer Klage bei einem europäischen oder internationalen Gerichtshof Hilfe und Schutz verlangen. Die Ausübung dieses Klagerechtes darf kein Staat mit Sanktionen verfolgen.
10. Jedermann hat das Recht auf Freizügigkeit sowie auf das Verbleiben in seinem Heimatland und seinem Wohnsitz.
11. Die Staaten sind moralisch verpflichtet, ihre wirtschaftlichen Verhältnisse so zu organisieren, daß die Angehörigen ihrer Volksgruppen in ihrer engeren Heimat Arbeit finden können unter solchen Lebensbedingungen, daß sie nicht gezwungen sind, um eines ausreichenden Lebensunterhaltes willen in andere Gebiete desselben Staates abzuwandern.

Anmerkungen:

[1] Beschlossen vom 6. Kongreß (17.–20. 5. 1956) in Faakersee (Österreich).

[2] Zur Fortentwicklung dieser Formulierungen: Siehe S. 62.

[3] Der Begriff »Volksgruppe« wurde von der FUEV nach mehreren Zwischenschritten in Art. 2 eines Statuts vom 19. 9. 1976 wie folgt definiert:
»Eine Volksgruppe . . . ist eine volkliche Gemeinschaft, die durch Merkmale wie eigene Sprache, Kultur oder Traditionen gekennzeichnet ist. Sie bildet in ihrer Heimat keinen eigenen Staat oder ist außerhalb des Staates ihrer Nationalität beheimatet (nationale Minderheit).«
Vgl. Straka, M. (Hsg.): »Handbuch der europäischen Volksgruppen«; Wien, 1970; S. 34.
Zur Verbindung der Ausdrücke Volksgruppe und Minderheit in den verschiedenen Erscheinungsformen: Vgl. Blumenwitz, Dieter: »Der Begriff der Minderheit/Volksgruppe« in »Deutschland und seine Nachbarn«; hsg. v. d. »Kulturstiftung der deutschen Vertriebenen«, Bonn, Nr. 6 (Februar 1993); S. 27–36 (dort auch weitere Literatur).

Quelle:
Maschinenschriftliches Manuskript.

****

Regierungserklärung **1956, 28. Juni**
der Bundesregierung Adenauer II:
Heimatrecht und Selbstbestimmungsrecht als Friedensprinzipien

...

Die Bundesregierung hält auch ihre klare Einstellung zu der Frage der Grenzziehung im Osten unverändert aufrecht. Ich[1] lege auf diese Feststellung besonderen Wert, da eine Äußerung, die ich auf einer Pressekonferenz in London machte, zu falschen Interpretationen Anlaß gab. Die Bundesregierung hat sich niemals mit der Teilung Deutschlands abgefunden. In voller Übereinstimmung mit dem erklärten Willen des ganzen deutschen Volkes hat sie immer wieder darauf hingewiesen, daß das Deutsche Reich in seinen Grenzen von 1937 fortbesteht und daß einseitige Entscheidungen, die in den Jahren nach dem völligen Zusammenbruch getroffen wurden, vom deutschen Volk nicht anerkannt werden. Das Recht auf die Heimat und das Selbstbestimmungsrecht sind unabdingbare Voraussetzungen für die Lösung des Schicksals der in der Vertreibung oder in der Unfreiheit lebenden Menschen und Völker.

...

Anmerkung:
[1] Abgegeben von Außenminister Heinrich v. Brentano.

Quelle:
»Bulletin«; Nr. 118 v. 29. 6. 1956; S. 1161 ff.

****

Regierungserklärung[1] **1956, 28. September**
der Bundesregierung Adenauer II:
Heimatrecht, untrennbar mit Selbstbestimmungsrecht verbunden, ist unveräußerliches Menschenrecht

Die Bundesregierung hat stets das am 5. August 1950 in der Stuttgarter Charta der Deutschen Heimatvertriebenen[2] geforderte Recht auf die Heimat auf der Grundlage des Selbstbestimmungsrechtes der Völker als politisches Ordnungsprinzip anerkannt.
Erst jüngst hat sich die Bundesregierung erneut zu diesem Prinzip bekannt in der vom Bundesminister des Auswärtigen am 28. Juni dieses Jahres vor dem Bundestag abgegebene Regierungserklärung, in der es wörtlich heißt[3]:
»Das Recht auf die Heimat und das Selbstbestimmungsrecht sind unabdingbare Voraussetzungen für die Lösung des Schicksals der in der Vertreibung oder in der Unfreiheit lebenden Menschen und Völker. «
Diese Feststellung entspricht der in der Präambel des Grundgesetzes für die Bundesrepublik Deutschland v. 23. Mai 1949 enthaltenen Aufforderung an das gesamte deutsche Volk, »in freier Selbstbestimmung die Einheit und Freiheit Deutschlands zu vollenden«[4].
Die Bundesregierung ist auch bemüht, dem Prinzip des Rechtes auf die Heimat mit allen geeigneten Mitteln zu internationaler Anerkennung zu verhelfen. Das Recht auf die Heimat, das untrennbar mit dem in verschiedenen völkerrechtlichen Akten begründeten Selbstbestimmungsrecht verbunden ist, gehört zu den unverletzlichen und unveräußerlichen Menschenrechten, die als wesentlicher Ausdruck wahrer Demokratie in der gesamten freien Welt – um mit Art. 1, Abs. 2 des Grundgesetzes für die Bundesrepublik Deutschland zu reden – »die Grundlage jeder menschlichen Gemeinschaft, des Friedens und der Gerechtigkeit« bilden. Bei der internationalen Vertretung des Rechts auf die Heimat auf der Grundlage des Selbstbestimmungsrechts stützt sich die Bundesregierung insbesondere auf die im Geiste dieses Ordnungsprinzips formulierten Bestimmungen der Atlantik Charta vom 12. August 1941[5], der Satzung der Vereinten Nationen vom 26. Juni 1945[6], der Allgemeinen

Erklärung der Menschenrechte vom 10. Dezember 1948[7] und der Europäischen Konvention zum Schutze der Menschenrechte und Grundfreiheiten vom 4. November 1950[8] mit ihrem Zusatzprotokoll vom 20. März 1952.[9]
[10]

Anmerkungen:
1 Abgegeben durch den Staatssekretär im Auswärtigen Amt, Prof. Walter Hallstein, auf Grund folgender Frage: »Erkennt die Bumdesregierung das ›Recht auf die Heimat‹ auf der Grundlage des Selbstbestimmungsrechts der Völker als politisches Ordnungsprinzip an und ist sie bereit, diesem Prinzip zu internationaler Anerkennung zu verhelfen?«
2 Zum Text: Siehe S. 39.
3 Zum Text: Siehe S. 45.
4 Zum Text: Siehe S. 47.
5 Zum Text vom 14. 8. 1941: Siehe S. 15.
6 Zum Text: Siehe S. 17.
7 Zum Text: Siehe S. 25.
8 Zum Text: Siehe S. 32.
9 Zum Text: Siehe S. 37.
10 Folgende Zusatzfrage wurde gestellt: »Herr Staatssekretär, ist Ihnen bekannt, daß elf Millionen Heimatvertriebene sehnlichst auf die Verwirklichung des Rechts auf die Heimat warten? Wie stellen Sie sich die Verwirklichung dieses Rechts vor?«
Diese Frage wurde schriftlich folgendermaßen beantwortet:
»Nicht durch Anwendung von Gewalt, wie von der Bundesregierung wiederholt, so vor allem auch in der Regierungserklärung vom 28. Juni 1956 ausdrücklich betont wurde. Die Bundesregierung wird vielmehr bei jeder geeigneten Gelegenheit die beteiligten Westmächte und die Weltöffentlichkeit darauf hinweisen, daß elf Millionen Heimatvertriebene in der Bundesrepublik niemals auf die Forderung verzichtet haben, ihre Heimat in Gerechtigkeit, Frieden und Freiheit wiederzuerlangen. Sie wird ferner darauf aufmerksam machen, daß dieser Standpunkt vom ganzen deutschen Volk geteilt wird. Die Bundesregierung hofft, daß die einmütige Haltung des ganzen deutschen Volkes in der Frage des Rechts auf die angestammte Heimat die beteiligten Mächte veranlassen wird, ihm zur gegebenen Zeit, d. h. insbesondere beim Abschluß eines Friedensvertrages im Interesse der Befriedung Europas Rechnung zu tragen.«

Quelle:
»Zehn Jahre«; S. 1 f.

****

Entschließung **1957, 4. Mai**
des Heimatpolitischen Seminars des ASSt[1]:
Definition des Heimatrechts

1. Heimat ist der Raum, in dem der Mensch lebt und leben will und den er zum Mittelpunkt seines Wirkens in der Gemeinschaft macht. Der Mensch erwirbt Heimat durch Abstammung oder durch eigene, freie Entscheidung, wenn die bereits Heimatberechtigten des erwähnten Raumes ihre Zustimmung geben.
2. Das Heimatrecht als Recht auf Ansässigkeit in der Heimat ist die Voraussetzung für die ungestörte Ausübung der Menschenrechte. Deshalb ist das Heimatrecht unantastbar, wie jedes andere Menschenrecht.
3. Das Heimatrecht des einzelnen wird nur dadurch garantiert, daß die Volksgruppe, der er angehört, mindestens die innere politische Gestaltung der Heimat selbst bestimmen kann.

Anmerkung:
1 ASSt = Arbeitskreis Sudetendeutscher Studenten.

Quelle:
Eigene Aufzeichnung des Verfassers; Erstabdruck in »DzS«; 2. Aufl.; München, 1961; S. 21 f.

****

Entschließung **1958, 28. September**
des »Heimatpolitischen Seminars« des ASSt:
Definition des Selbstbestimmungsrechts

I. Feststellungen
1. Das Selbstbestimmungsrecht ist das Recht der Menschengruppe, innerhalb des eigenen Siedlungsraumes so zu leben, wie sie es will, und alles tun zu können, was die berechtigten Interessen anderer Gruppen von Menschen nicht verletzt.
2. Das Selbstbestimmungsrecht steht jeder durch politisch wirksame, starke Gemeinsamkeiten verbundenen Gruppe von Menschen (z. B. Volksgruppe, Volk usw.) zu, die als Heimatberechtigte in geographisch geschlossenem Siedlungsraum Einrichtungen zur Erreichung politischer Ziele und Wahrnehmung von Hoheitsaufgaben besitzt oder anstrebt.

II. Anwendung auf das Sudetenproblem
1. Im böhmisch-mährischen Raum steht das Selbstbestimmungsrecht dem tschechischen Volke und der sudetendeutschen Volksgruppe zu.
2. Da zu den berechtigten Interessen anderer Gruppen von Menschen auch das Selbstbestimmungsrecht selbst gehört, bedingt das Selbstbestimmungsrecht des tschechischen Volkes die Anerkennung des Selbstbestimmungsrechts der Sudetendeutschen, das Selbstbestimmungsrecht der Sudetendeutschen die Anerkennung des Selbstbestimmungsrechtes des tschechischen Volkes.

Quelle:
Eigene Aufzeichnung des Verfassers; Erstabdruck in »DzS«; 2. Aufl.; München, 1961; S. 28.

****

Entschließung 184[1] **1958, 17. Oktober**
der Parlamentarischen Versammlung des Europarates:
Zur gegenwärtigen Lage in Mittel- und Osteuropa

Die Versammlung
. . .
angesichts der Tatsache, daß die fortgesetzte Unterdrückung von Völkern in Mittel- und Osteuropa den freien Nationen der Welt große Besorgnis verursacht;
angesichts der Tatsache, daß die Lage in einer Reihe von Ländern in Mittel- und Osteuropa eine Bedrohung des Weltfriedens darstellt;
in der Überzeugung, daß die Haltung des demokratischen Europas wiederholt und deutlich, Mißverständnisse ausschließend, dargelegt werden sollte,
empfiehlt[1] dem Ministerrat:
(a) Die Regierungen der Mitgliedstaaten des Europarates sollten unverzüglich eine feierliche Erklärung folgenden Inhalts abgeben:
1. Das freie Europa weist darauf hin, daß es weder die Absicht hat noch hatte, den Völkern Ost- und Mitteleuropas irgendein politisches, kulturelles oder wirtschaftliches System aufzuzwingen;
2. Es ist das einzige Anliegen des demokratischen Europas, den Völkern Ost- und Mitteleuropas das Recht auf eine freie Entscheidung darüber zu gewährleisten, unter welchem Regierungssystem sie leben wollen;
3. Diesen Völkern sollte kein Hindernis auf dem Weg zu einer derartigen Entscheidung gelegt werden.

(b) Andere Regierungen der freien Welt sollten zur Unterstützung dieser Erklärung eingeladen werden.

Anmerkung:
[1] Die Entschließung wurde einstimmig angenommen.

Quelle:
Europarat – Parlamentarische Versammlung (ER-PV), 10. Per.: Dok. A 43008.

****

Note **1958, 27. November**
der Regierung der UdSSR an verschiedene andere Regierungen:
Verurteilung aller Annexionen
...
Die Sowjetunion, wie alle sozialistischen Staaten, wünscht keinerlei fremdes Gebiet zu annektieren. Sie läßt sich streng von dem Prinzip der Verurteilung aller Annexionen, d. h. fremder Gebiete, die anderen gehören oder zwangsweise Eingliederung fremder Völker leiten, einem Prinzip, das der Gründer der Sowjetunion, Lenin, von den ersten Tagen der Sowjetmacht in Rußland verkündet hat.
...

Quelle:
»Documents on Germany 1944–1961«; hsg. v. Ausschuß für Auswärtige Angelegenheiten des US-Senates; Washington, 1961; S. 358.

****

Entschließung **1959, 27. Februar**
der Deutschen Jugend des Ostens:
Grundsätze und Forderungen zur zukünftigen Ordnung eines »Europäischen Bundes«[1]
...

I. Teilstaaten
Jedes Volk, soweit es auf geschlossenem Siedlungsraum lebt, hat Anspruch auf seinen eigenen Gliedstaat ...

II. Der Bundesstaat und seine Teilstaaten
... Änderung der Teilstaatsgrenzen durch Volksbegehren ist möglich. In jedem politischen Verwaltungsgebiet (z. B. Provinz), in dem $^1/_{10}$ der Staatsbürger einen Volksentscheid verlangt, ist ein solcher durchzuführen.
In gemischtsprachigen Gebieten müssen die Grundsätze der Personal- und Regionalautonomie zur Anwendung kommen. Die entsprechende Beteiligung der Minderheiten an Regierung und Verwaltung ist zu sichern ...

...
V. Rechtsprechung
Die Menschenrechte der »Europäischen Konvention der Menschenrechte«[2], ergänzt durch das Heimatrecht und gewisse, genau definierte Rechte nationaler Volksgruppen und Minderheiten, werden durch den Senat für Menschenrechte beim Europäischen Gerichtshof gewahrt.

VI. Verfassung
Die Verfassung des »Europäischen Bundes« muß von allen beitretenden Gliedstaaten angenommen werden.

Das Parlament kann mit $^3/_4$-Mehrheit diese Verfassung abändern. Es muß jeweils alle 15 Jahre überprüfen, ob ihre Bestimmungen den Erfordernissen der fortgeschrittenen europäischen Entwicklung noch entsprechen. Die Vorschriften über Menschen-, Volksgruppen- und Minderheitenrechte sind unabänderbar.

Anmerkungen:
1 Das Dokument war Arbeitsunterlage des Heimatpolitischen Ausschusses der DJO, Landesgruppe Bayern.
2 Zum Text: Siehe S. 32.

Quelle:
Eigene Aufzeichnung des Verfassers; Erstabdruck in »DzS«; 2. Aufl.; München, 1961; S. 160 f.

****

Entschließung 208 **1959, 15. September**
der Parlamentarischen Versammlung des Europarates:
Freie Wahlen für Völker Osteuropas

Die Versammlung,
unter neuerlichem Hinweis auf die Tatsache, daß neun Staaten in Mittel- und Osteuropa noch immer von der Sowjetunion unterdrückt werden und ihren Völkern das Recht auf freie Meinungsäußerung verweigert wird;
unter neuerlicher Betonung des Rechts dieser Völker, über ihr Schicksal selbst zu entscheiden;
empfiehlt dem Ministerrat:
1. In jeglichen Verhandlungen des Westens mit der Sowjetunion die Rechte und Interessen dieser Völker zu wahren;
2. Keine Lösung des Europaproblems als endgültig anzusehen, bis die Völker Mittel- und Osteuropas Gelegenheit erhielten, in freien Wahlen über ihre Zukunft selbst zu entscheiden.

Quelle:
ER-PV, 11. Per.: Dok. A 49341.

****

Parteitagsbeschluß **1959, 15. November**
der Sozialdemokratischen Partei Deutschlands:
(Das Godesberger Parteiprogramm):
Volksgruppenrecht unentbehrlich

. . .
Die Vereinten Nationen müssen die allgemeine Weltorganisation werden, die sie ihrer Idee nach sein sollen. Ihre Grundsätze sollen allgemeinverbindlich sein. Ein Volksgruppenrecht, das im Einklang mit den von den Vereinten Nationen verkündeten Menschenrechten steht, ist unentbehrlich. Die Sozialdemokratische Partei Deutschlands vertritt das Recht aller Menschen auf ihre Heimat, ihr Volkstum, ihre Sprache und Kultur.
. . .

Quelle:
»Das Godesberger Programm«; hsg. v. Parteivorstand der SPD; Bonn, o. J. (ca. 1959); S. 27.

****

Rede **1960, 5. März**
des UdSSR-Ministerpräsidenten Chruschtschow:
Selbstbestimmungsrecht durch Volksentscheid realisieren

...

Unser Standpunkt beruht auf der Lenin'schen Nationalitätenpolitik, die verkündet, daß jedes Volk ein Recht auf Selbstbestimmung hat, daß die nationalen Fragen in Übereinstimmung mit dem Willen der Völker gelöst werden müssen. Wir halten die Forderungen ... für richtig, dem Volk die Möglichkeit zu geben, daß es seinen Willen durch Befragung, durch Volksentscheid unter freiheitlichen Verhältnissen bekunde und sich entscheide, ob es in den Grenzen ... verbleiben, einen selbständigen neuen Staat gründen oder sich ... wiedervereinigen will. Diese Forderung ist durchaus berechtigt, sie entspricht den Prinzipien der Charta der Vereinten Nationen ... Wir sind dessen gewiß, daß der gesunde Menschenverstand über kurz oder lang siegen und diese Streitfrage, die jetzt Besorgnis erregt, auf friedlichem Wege im Interesse des ... Volkes, im Interesse des Friedens ihre Lösung finden wird ...

Quelle:
»Bulletin«; Nr. 192 v. 12. 10. 1960; S. 1853.

****

Entschließung **1960, 25. August**
der World Assembly of Youth« (WAY) [1, 2]**:**
Gegen Massenvertreibungen

Die 8. Ratsversammlung der WAY, in Accra (Ghana) vom 10.–25. 8.1960 zusammengetreten,

...

beschloß

...

der UN und ihren Hilfs- und angeschlossenen Organisationen die Dringlichkeit rascher Inkraftsetzung jener Grundsätze der Erklärung der Menschenrechte[3] darzulegen, die jedermann gegen Zwangsmaßnahmen schützen und jegliche Maßnahme inner- oder zwischenstaatlicher Art verhindern, welche zu Massenwanderungen von Völkern unter direktem oder indirektem Zwang führen könnten,

...

(und)

jede Bemühung tatkräftig zu unterstützen, die darauf gerichtet ist, bestehende Garantien gegen die Verletzung von Menschenrechten zu verstärken und, soweit nötig, neue Garantien zu schaffen sowie insbesondere jegliche Maßnahme zu verhindern, die dazu bestimmt oder geeignet ist, Massenzwangswanderungen oder Beschränkungen des Freizügigkeitsrechts hervorzurufen.

...

Anmerkungen:

1 In der WAY (Weltjugendring) waren 1960 die Spitzenverbände der Jugend aus über 50 Ländern der Welt zusammengeschlossen.

2 Antragsteller: Die Verbände von Großbritannien und Deutschland; der Antrag wurde einstimmig angenommen.

3 Vom 10. 12. 1948; zum Text: Siehe S. 25.

Quelle:
Eigene Aufzeichnung des Verfassers; Erstabdruck in »DzS«; 2. Aufl.; München, 1961; S. 12 f.

****

Entschließung 1514 **1960, 14. Dezember**
der 15. Vollversammlung der Vereinten Nationen[1,2]:
Definition des Selbstbestimmungsrechtes

Die Generalversammlung
...
überzeugt, daß alle Völker ein unveräußerliches Recht auf völlige Freiheit, Ausübung ihrer Gebietshoheit und Unverletzlichkeit ihres angestammten Gebietes besitzen,
verkündet feierlich die Notwendigkeit, dem Kolonialismus in all seinen Formen und Spielarten ein rasches und endgültiges Ende zu machen, und erklärt dazu:

1. Die Unterwerfung von Völkern unter Fremdherrschaft und ihre Ausbeutung ist gleichbedeutend mit der Leugnung menschlicher Grundrechte, widerspricht der UN-Satzung[3] und hindert die Förderung des Weltfriedens und weltweiter Zusammenarbeit.
2. Allen Völkern steht das Selbstbestimmungsrecht zu; kraft dieses Rechts bestimmen sie frei über ihren politischen Status und verfolgen frei ihre wirtschaftliche, soziale und kulturelle Entwicklung.[4]

...

4. Bewaffnetes Vorgehen oder Unterdrückung jeder Art, die gegen ein unabhängiges Volk gerichtet sind, haben aufzuhören, um jedem solchen Volk die Möglichkeit zu geben, sein Recht auf völlige Unabhängigkeit in Frieden und Freiheit geltend zu machen; die Unverletzlichkeit seines angestammten Gebiets ist zu respektieren.

...

6. Jeder Versuch zur teilweisen oder völligen Zerstörung der nationalen und territorialen Einheit eines Landes ist unvereinbar mit den in der UN-Satzung zum Ausdruck gebrachten Grundsätzen und Zielen.
7. Alle Staaten sollen die Bestimmungen der UN-Satzung, der allgemeinen Erklärung der Menschenrechte und der vorliegenden Erklärung auf der Grundlage der Gleichheit, der Nichteinmischung in die inneren Angelegenheiten aller Staaten und der Respektierung der souveränen Rechte aller Völker und der Unverletzlichkeit ihrer Gebiete getreulich und genau beachten.

Anmerkungen:
[1] Zur Zitierweise:
Ähnlich der englischen Art der Datumschreibung werden die Entschließungen der UN-Generalversammlungen z. B. mit 1514/XV beziffert. Zur Erleichterung der Übersicht wird in dieser Sammlung grundsätzlich so betitelt, daß es für obige Unterlage heißt: »Entschließung 1514 der 15. UN-Generalversammlung«. In Kurzfassungen wird berichtet von und verwiesen auf die UN GV 15/1514.
[2] Abstimmungsergebnis: 89 Ja, 0 Nein, 9 Enthaltungen.
[3] Zum Text: Siehe S. 17.
[4] Abs. 2 wurde später in die Internationalen Menschenrechtspakte von 1966 aufgenommen; siehe S. 60.

Quelle:
»Bulletin«; Nr. 240 v. 23. 12. 1960; S. 2327.

****

Entschließung **1961, 28. April**
der Parlamentarischen Versammlung des Europarates:
Rechte nationaler Minderheiten

Die Versammlung,
unter neuerlichem Hinweis auf ihre Empfehlung 234, in der der Abschluß eines zweiten Protokolls zur Europäischen Konvention der Menschenrechte vorgeschlagen wurde;

unter Berücksichtigung der Tatsache, daß in mehreren Mitgliedstaaten des Europarates nichtherrschende Gruppen ⟨*von Menschen*⟩ im Bewußtsein leben, einer nationalen Minderheit anzugehören;
feststellend, daß bereits Artikel 14 der ⟨*Europäischen*⟩ Konvention der Menschenrechte[1] Angehörigen einer nationalen Minderheit ein gewisses Maß an Schutz bietet, indem er sie gegen Einschränkung der Ausübung der von der Konvention gewährleisteten Rechte und Freiheiten schützt;
in der Meinung, daß die Gemeinschaftsanliegen der nationalen Minderheiten befriedigt werden sollten, soweit sie sich mit den lebenswichtigen Interessen der Staaten vereinbaren lassen, denen sie angehören;
...
empfiehlt dem Ministerrat:
1. Der Ausschuß von Regierungsexperten, der bereits mit der Untersuchung der Probleme im Zusammenhang mit der Europäischen Konvention der Menschenrechte beauftragt worden ist, sollte angewiesen werden, in das 2. Protokoll der Konvention einen Artikel, der auf dem anliegenden Text basiert, oder einen ähnlichen Text einzuschließen[2], um nationalen Minderheiten bestimmte Rechte zu garantieren, die nicht von der Konvention und deren 1. Protokoll abgedeckt werden;
2. Der Entwurf des Protokolls, den der Expertenausschuß vorbereitet, sollte vor Unterzeichnung durch die Regierungen der Mitgliedstaaten der Versammlung zur Beurteilung vorgelegt werden.

Entwurf
eines Artikels zum Schutz von nationalen Minderheiten, der in das 2. Protokoll der ⟨*Europäischen*⟩ Konvention zum Schutz der Menschenrechte und Grundfreiheiten eingeschlossen werden sollte:

Artikel ...
Angehörigen einer nationalen Minderheit darf das Recht nicht verweigert werden, gemeinsam mit den anderen Mitgliedern ihrer Gruppe, und, soweit es mit der öffentlichen Ordnung vereinbar ist, ihr eigenes kulturelles Leben auszuüben, ihre eigene Sprache zu benützen, ihre eigenen Schulen zu unterhalten und in der von ihnen gewählten Sprache unterrichtet zu werden oder ihren eigenen Glauben zu bekennen und auszuüben.

Anmerkungen:
[1] Zum Text vom 4. 11. 1950: Siehe S. 34.
[2] Diese Empfehlung wurde nicht realisiert. Weitere Anträge zu diesem Thema im (ab 1979) Europäischen Parlament (der EG-Staaten): Siehe S. 81 ff.

Quelle:
ER-PV, 13. Per.: Dok. 72 A 62073.

****

Entschließung **1961, 21. Oktober**
der »Europäischen und Weltforschungsgesellschaft für Flüchtlingsfragen« (AER/AWR):
Thesen zum Heimatrecht

I.
Das Recht, am ordnungsmäßig erworbenen Wohnsitz unbehelligt ansässig zu bleiben, solange der eigene Wille in Freiheit darauf gerichtet ist, wird als grundsätzlich unverletzlich anerkannt.

II.
Der Wohnsitz gilt als ordnungsmäßig erworben:
1. wenn es sich um einen Inländer (Staatsangehörigen) handelt:
   a) beim Erwerb kraft Freizügigkeitsrecht in den Schranken etwaiger, zum Schutz sprachlicher, religiöser oder ethnischer Gruppen geltender Gesetze und Abkommen (ursprünglicher Wohnsitz);
   b) bei Verbleib am Wohnsitz derjenigen Person, der die elterliche Gewalt oder Obsorge für den Betreffenden zustand oder zusteht (abgeleiteter Wohnsitz), soweit der Wohnsitz seitens des Gewalthabers ebenfalls ordnungsmäßig, d. h. kraft Freizügigkeitsrecht oder durch Ableitung von einem ordnungsmäßig Berechtigten erworben wurde;
2. wenn es sich um einen Nicht-Inländer (Ausländer oder Staatenlosen) handelt: bei ursprünglichem oder abgeleitetem Wohnsitz in Verbindung mit einer ausdrücklichen oder stillschweigenden Aufenthaltserlaubnis und dem gleichzeitigen Fehlen eines völkerrechtmäßigen Ausweisungsgrundes.

III.
Der Verbleib am ordnungsmäßig erworbenen Wohnsitz ist unbehelligt, wenn die in der Allgemeinen Erklärung vom 10. Dezember 1948[1] oder vergleichbaren internationalen Erklärungen und Abkommen umschriebenen Grund-, Menschen- und Freiheitsrechte durch Gesetz und in Wirklichkeit gewährleistet sind.
Er ist nicht unbehelligt, wenn begründete Besorgnis besteht, daß diese Rechte oder die durch die staatliche Gesetzgebung anderweit umschriebene Stellung des Einzelnen oder bestimmter Personengruppen durch staatliche Organe oder mit ihrer Duldung auf unzulässige Weise beeinträchtigt werden (Diskriminierung).

IV.
Der Entzug des Rechts auf Verbleib am ordnungsmäßig erworbenen Wohnsitz erscheint nur zulässig:
1. wenn es sich um einen Inländer handelt: auf Grund eines Gesetzes,
   a) das auf Fälle beschränkt ist, in denen der Entzug der persönlichen Freiheit im Zusammenhang mit einer, in rechtsstaatlicher Form vor sich gehenden Strafverfolgung oder Strafvollstreckung angeordnet werden darf oder das den Schutz von Leib und Leben bei Elementarkatastrophen oder die Abwehr unmittelbar drohender Gefahren für die Volksgesundheit bezweckt und das
   b) eng auszulegen ist und gegen die Wegweisung vom ordnungsmäßig erworbenen Wohnsitz wie bei der Verletzung von Menschenrechten und Grundfreiheiten den Rechtsweg eröffnen muß;
2. wenn es sich um einen Nicht-Inländer (Ausländer oder Staatenlosen) handelt:
   a) bei Wegweisung vom ordnungsmäßig erworbenen Wohnsitz, die nicht mit der Ausweisung aus dem Staatsgebiet verbunden ist: unter den gleichen Voraussetzungen wie bei Inländern;
   b) bei Wegweisung vom ordnungsmäßig erworbenen Wohnsitz, verbunden mit der Ausweisung aus dem Staatsgebiet: bei Nichterneuerung einer befristeten Aufenthaltserlaubnis oder bei Vorhandensein eines völkerrechtmäßigen Ausweisungsgrundes.

V.
Wechselt der Inhaber der für ein Gebiet maßgebenden öffentlichen Gewalt – gleichgültig, ob kraft Übergangs der Staatshoheit, kraft kriegsvölkerrechtlicher Besatzungsbefugnis oder aus einem anderen Titel –, so sind die Einwohner des Gebiets, die bisher die Rechtsstellung von Inländern hatten, auch weiterhin als solche anzuerkennen; ihr Recht auf unbehelligte Ansässigkeit am rechtmäßig erworbenen Wohnsitz ist uneingeschränkt zu gewährleisten.

Einzige Ausnahme von dieser Regel ist der Fall des Überganges der Staatshoheit auf einen neuen, rechtmäßigen Inhaber, wenn im Einzelfall eine vertraglich vereinbarte Optionsbefugnis aus freien Stücken in Anspruch genommen wird und hiermit die ebenfalls vertraglich vereinbarte Pflicht zur Abwanderung verbunden ist.

VI.

Das Verlassen des ordnungsmäßig erworbenen Wohnsitzes wegen begründeter Furcht vor Diskriminierung (s. o. Abschn. III Abs. 2), insbesondere aus begründeter Furcht vor Verfolgungen wegen der Abstammung, des Glaubensbekenntnisses, der Zugehörigkeit zu einer ethnischen Gruppe oder gesellschaftlichen Schicht, der wirklichen oder gemutmaßten Überzeugung wird dem unrechtmäßigen Entzug des Rechts auf unbehelligte Ansässigkeit am ordnungsmäßig erworbenen Wohnsitz gleichgeachtet.

VII.

Der unrechtmäßige Entzug des Rechts auf unbehelligte Ansässigkeit am ordnungsmäßig erworbenen Wohnsitz begründet Ansprüche auf Wiedergutmachung (freiwillige Rückkehr; Ersatz erlittener Verluste an Sachen oder vermögenswerten Rechten, wobei insbesondere der Grundsatz anzuwenden ist, daß der bösgläubige Erwerb vom Konfiskator nicht vor solchen Ansprüchen schützt).

»Rückkehr« erschöpft sich nicht in der bloßen Anwesenheit am früheren Wohnsitz; vielmehr richtet sich der diesbezügliche Anspruch auf die unbehelligte Anwesenheit dortselbst (s. o. Abschn. III).

VIII.

Die gesellschaftliche und wirtschaftliche Einordnung einer unrechtmäßigerweise entheimateten Person an ihrem Flucht- oder Zufluchtsort hat keinen Einfluß auf das Bestehen ihrer Ansprüche im Sinne des Abschn. VII; doch muß der Anspruchsberechtigte sich anrechnen lassen, was er zufolge seiner Entheimatung von dritter Seite als Schadensersatz empfangen hat.

Das Rücktrittsrecht des Dritten gegen denjenigen, der die Entheimatung angeordnet oder geduldet hat oder bei ihrer Durchführung behilflich war, bleibt vorbehalten.

Zusätzliche Erklärung

Der Rechtsausschuß der AER/AWR erklärt, daß jegliche Maßnahme, die obigen Regeln widerspricht, mit dem Entwicklungsstand des Völkerrechts als unvereinbar zu betrachten ist, wie er sich namentlich auf Grund der Allgemeinen Erklärung der Menschenrechte v. 10. Dezember 1948[1], die deshalb als völkerrechtlich besonders bedeutungsvoll anzusehen ist, weil sie als authentische Interpretation des Begriffs »Menschenrechte« im Sinn der Satzung der Vereinten Nationen (insbesondere ihrer Art. 1 und 55)[2] gelten kann, sowie seit dem Abschluß der vier Genfer Konventionen vom 12. August 1949[3] ergeben hat.

Infolgedessen sind sowohl Einzelpersonen wie auch Personengruppen gegen jedwede zwangsweise Entfernung oder Vertreibung von ihrem rechtmäßig erworbenen Wohnsitz zu schützen.

Anmerkungen:

[1] Zum Text: Siehe S. 25.

[2] Zum Text: Siehe S. 17, 19.

[3] Zum Text: Siehe S. 29.

Quelle:

DOD; Nr. 45/46 v. 13. 11. 1961; S. 20 ff.

****

Erklärung deutscher Völkerrechtler[1] zum Recht auf die Heimat: **1961, 29. Oktober**

I.
In jüngster Vergangenheit wurden in verschiedenen Gebieten der Welt Völker und Volksgruppen aus ihren alten Wohnsitzen vertrieben. Diese Gewaltakte stehen in klarem Widerspruch zu leitenden Grundsätzen des modernen Staats- und Völkerrechts.

II.
Die Vertreibung von Völkern oder von ethnischen, rassischen und religiösen Gruppen stellt eine flagrante Verletzung des Selbstbestimmungsrechtes dar. Das Selbstbestimmungsrecht ist in der Satzung der Vereinten Nationen[2] als leitendes Ordnungsprinzip anerkannt; es ist dadurch und ebenso durch die Staatenpraxis der letzten Jahrzehnte zu einem allgemein verbindlichen Grundsatz des Völkerrechts geworden. Es ist das Recht der Völker und Bevölkerungsgruppen, über ihren politischen, wirtschaftlichen, sozialen und kulturellen Status frei zu bestimmen.[3] Hierbei werden die Völker nicht als fluktuierende Massen, die aus politischen, wirtschaftlichen, polizeilichen oder ähnlichen Erwägungen von einem Gebiet in ein anderes geschoben werden dürfen, sondern als seßhafte Gemeinschaften, die mit ihrem Siedlungsgebiet fest verbunden sind, aufgefaßt. Das Selbstbestimmungsrecht schließt daher ein Vertreibungsverbot ein. Auch einem besiegten Volk kann das Selbstbestimmungsrecht nicht verweigert werden.

III.
Das Kriegsvölkerrecht enthält das Verbot der Deportation der Bevölkerung eines besetzten Gebietes durch die Besatzungsmacht. Schon auf der Haager Friedenskonferenz von 1907[4] bestand hierüber Einmütigkeit. Art. 49 des Genfer Abkommens vom 12. 8. 1949[5] über den Schutz der Zivilbevölkerung in Kriegszeiten hat daher nicht neues Recht geschaffen, sondern bestehendes Recht kodifiziert.
Aufmerksam zu machen ist auch auf Art. 49, Abs. 6, wonach eine Besatzungsmacht Teile ihrer eigenen Zivilbevölkerung nicht in ein von ihr besetztes Gebiet deportieren oder umsiedeln darf.

IV.
Nach modernem Völkerrecht darf kein Staat seine eigenen Staatsangehörigen aus dem Staatsgebiet ausweisen oder ihnen die Einreise dorthin verwehren.
Dieses Verbot gilt auch beim Wechsel der Gebietshoheit. In diesem Fall darf der Wohnbevölkerung, soweit sie bisher die Rechtsstellung von Inländern hatte, die Staatsangehörigkeit des Erwerberstaates nicht vorenthalten werden. Dadurch wird sie vor der Vertreibung über die neu festgelegte Grenze ins Ausland geschützt.

V.
Die Frage, ob Vertreiberstaaten und Aufnahmestaaten durch Staatsverträge in völkerrechtlich zulässiger Weise Bevölkerungsverschiebungen vornehmen dürfen, kann nicht durch den Hinweis auf das Potsdamer Abkommen beantwortet werden. Denn das Potsdamer Abkommen vom 2. 8. 1945, das in Art. XIII[6] eine humane Durchführung der unter souveräner Verantwortung der Vertreiberstaaten schon mehrere Monate vorher in voller Breite begonnenen Vertreibung der Deutschen aus Polen, aus der Tschechoslowakei und aus Ungarn anordnete, wurde von den Besatzungsmächten – Großbritannien, Sowjetunion und Vereinigten Staaten – beschlossen. Die darin enthaltene Auflage, die vertriebenen Deutschen aufzunehmen, bedeutet daher keine völkerrechtliche Anerkennung der Vertreibung durch Deutschland, das nicht Partner dieses Abkommens gewesen ist.

VI.
Das Völkerrecht fordert von den Staaten die Respektierung eines menschenrechtlichen Mindeststandards.
Auch Deportationen innerhalb eines Staatsgebiets verletzen die Grundlage einer modernen Staatsordnung, die durch die fortschreitende Anerkennung der allgemeinen Menschenrechte gekennzeichnet ist.
Massendeportationen eigener Staatsangehöriger innerhalb des Staatsgebiets sind z. B. 1956/57 in der UdSSR als verfassungsrechtlich unzulässig und den Grundsätzen marxistisch-leninistischer Nationalitätenpolitik widerstreitend angesehen[7] und für einen Teil der Betroffenen rückgängig gemacht worden.

VII.
Für die Rechtsstellung, die sich aus den angeführten Grundsätzen des Staats- und Völkerrechts für Völker, Bevölkerungsgruppen und deren Angehörige ergibt, hat sich die Bezeichnung »Das Recht auf die Heimat« eingebürgert. Dieses Recht ist also in positiven Vorschriften des zeitgenössischen Staats- und Völkerrechts und in den Allgemeinen Menschenrechten begründet. Seine Verletzung ist ein völkerrechtliches Delikt.
Jedes Verbot – und daher auch das Verbot von Zwangsumsiedlungen und Massendeportationen – schützt einen vom Rechtsbewußtsein der Menschen als wertvoll und erhaltungswürdig empfundenen Zustand. Demjenigen, dem die Aufrechterhaltung eines solchen Zustandes zugute kommt, steht gegenüber rechtswidrigen Eingriffen in diesen Zustand grundsätzlich ein Unterlassungsanspruch oder – wenn Eingriffe erfolgt sind – ein Anspruch auf Wiedergutmachung zu. Ein solcher Wiedergutmachungsanspruch stellt sich im vorliegenden Fall als Anspruch auf Erlaubnis und Ermöglichung der Rückwanderung (Naturalrestitution), in zweiter Linie als Schadensersatzanspruch dar . . .

Anmerkungen:

[1] Feststellungen einer Tagung von Völkerrechtlern (u. a. Prof. Böhmert, Kiel; Prof. Klein, Münster; Prof. Laun, Hamburg; Prof. Meissner, Kiel; Prof. Menzel, Kiel; Prof. Peters, Köln; Prof. Raschhofer, Würzburg; Prof. Rogge, München) und Kirchenvertretern.
[2] Zum Text vom 26. 6. 1945: Siehe S. 15.
[3] Zum Text vom 14. 12. 1960: Siehe S. 51.
[4] Zum Text: Siehe S. 7.
[5] Zum Text: Siehe S. 29.
[6] Zum Text: Siehe S. 548.
[7] Zu den Texten von 1913 und 1956: Siehe S. 9, 43.

Quelle:
DOD; Nr. 45/46 v. 13. 11. 1961; S. 19.

****

Enzyklika **1963, 11. April**

Papst Johannes XXIII. »Pacem in Terris«:

Heimat- und Auswanderungsrecht

. . .
Jedem Menschen muß das Recht zugestanden werden, innerhalb des Staates seinen Wohnsitz zu behalten oder zu ändern, ja, es muß ihm auch unbedingt erlaubt sein, sofern gerechte Gründe dazu raten, in andere Staaten auszuwandern und dort seinen Wohnsitz aufzunehmen.
. . .

Quelle:
»Pacem in Terris«; hsg. v. d. Katholischen Nachrichtenagentur; Bonn, 1963; S. 15.

****

⟨Europäisches⟩ Übereinkommen **1963, 6. Mai**
»über die Verringerung der Mehrstaatigkeit«
Jeder soll nur eine Staatsangehörigkeit haben

Artikel 1
(1) Volljährige Staatsangehörige einer Vertragspartei[1], die infolge einer ausdrücklichen Willenserklärung durch Einbürgerung, Option oder Wiedereinbürgerung die Staatsangehörigkeit einer anderen Vertragspartei erwerben, verlieren ihre vorherige Staatsangehörigkeit; die Beibehaltung der vorherigen Staatsangehörigkeit ist ihnen zu versagen[2].
(2) Minderjährige Staatsangehörige einer Vertragspartei, die in der gleichen Weise die Staatsangehörigkeit einer anderen Vertragspartei erwerben, verlieren ebenfalls ihre vorherige Staatsangehörigkeit, wenn sie, sofern ihr Heimatrecht in solchen Fällen den möglichen Verlust der Staatsangehörigkeit vorsieht, ordnungsgemäß ermächtigt oder vertreten gewesen sind; die Beibehaltung der vorherigen Staatsangehörigkeit ist ihnen zu versagen.
. . .

Anmerkungen:
[1] Ende 1996 waren Vertragsparteien Belgien, Dänemark, Deutschland, Frankreich, Großbritannien, Irland, Italien, Luxemburg, Niederlande, Norwegen, Österreich, Schweden, Spanien.
[2] Dieses Prinzip blieb auch im Konventionsentwurf über Staatsbürgerschaft von 1997 (zum Text: Siehe S. 161) erhalten.

Quelle:
BGBl. 1969; Teil II; S. 1953 ff.

****

Protokoll Nr. 4 zur **1963, 16. September**
(Europäischen) Konvention
zum Schutze der Menschenrechte und Grundfreiheiten[1]:
Vertreibungsverbot

Die Unterzeichnerregierungen, Mitglieder des Europarates,
– entschlossen, Maßnahmen zur kollektiven Gewährleistung gewisser Rechte und Freiheiten zu treffen, die in Abschnitt I der am 4. November 1950 in Rom unterzeichneten Konvention zum Schutze der Menschenrechte und Grundfreiheiten[2] (im folgenden als »Konvention« bezeichnet) und in den Artikeln 1 bis 3 des am 20. März 1952 in Paris unterzeichneten ersten Zusatzprotokolls zur Konvention noch nicht enthalten sind,
– haben folgendes vereinbart:

. . .
Art. 2 **[Freizügigkeit]**
(1) Jede Person, die sich rechtmäßig im Hoheitsgebiet eines Staates aufhält, hat das Recht, sich dort frei zu bewegen und ihren Wohnsitz frei zu wählen.
(2) Jeder Person steht es frei, jedes Land, einschließlich des eigenen, zu verlassen.
(3) Die Ausübung dieser Rechte darf nur Einschränkungen unterworfen werden, die gesetzlich vorgesehen und in einer demokratischen Gesellschaft notwendig sind . . .
. . .

Art. 3 **[Verbot der Ausweisung eigener Staatsangehöriger]**
(1[3]) Niemand darf durch eine Einzel- oder Kollektivmaßnahme aus dem Hoheitsgebiet des Staates ausgewiesen werden, dessen Angehöriger er ist.
(2) Niemandem darf das Recht entzogen werden, in das Hoheitsgebiet des Staates einzureisen, dessen Angehöriger er ist.

Art. 4[3] **[Verbot der Kollektivausweisung ausländischer Personen]**
Kollektivausweisungen ausländischer Personen[5] sind nicht zulässig.
. . .
5

Anmerkungen:

[1] Das Vertreibungsverbot des Protokolls geht wesentlich auf die Bundesrepublik Deutschland zurück. Der (1.) Deutsche Bundestag beschloß am 10. 6. 1952 (vgl. BTDs. 1/3339):
»Die Bundesregierung wird ersucht, innerhalb des Europarates auf den Abschluß einer Zusatzkonvention zu der Konvention zum Schutze der Menschenrechte und Grundfreiheiten hinzuwirken, durch die das Recht auf die Heimat, die Freizügigkeit und das politische Asylrecht für jedermann und gegenüber allen totalitären Gefahren sichergestellt wird. Der Bundestag empfiehlt den deutschen Mitgliedern in der Beratenden Versammlmg des Europarates, im gleichen Sinne tätig zu werden.«

[2] Zum Text: Siehe S. 32.

[3] Zu Art. 3 Abs. 1 und Art. 4 hieß es in der »Denkschrift 〈*der deutschen Bundesregierung*〉 zum Protokoll«:
Es »sei in allgemeiner Beziehung bemerkt, daß das völkerrechtliche Verbot von Massenvertreibungen nicht erst durch sie zur verbindlichen Regel des Völkerrechts wird. Die Entwicklung dieses Verbots reicht vielmehr in ihren Wurzeln bis in die Zeit vor dem Ersten Weltkrieg zurück (vgl. insbesondere die Erörterungen im 1. Unterausschuß des Ausschusses II der zweiten Haager Friedenskonferenz von 1907). Das Verbot hat dann auch Artikel 6 Abs. 2 Buchst. b und c des Statuts für den Internationalen Militärgerichtshof (Anlage zum Londoner Viermächte-Abkommen vom 8. August 1945) u. a. zugrunde gelegen. Von Kodifikationen aus der Zeit nach dem Zweiten Weltkrieg sei hier nur Artikel 49 des Genfer Abkommens zum Schutze von Zivilpersonen in Kriegszeiten vom 12. August 1949 erwähnt. In bezug auf den allgemeinen Stand des Völkerrechts, auf dem die positivrechtlichen Ausprägungen des Verbots in dem vorliegenden Protokoll beruhen, ist auch auf Ziffer 33 des im SachvB. enthaltenen Kommentars (SachvBK.) hinzuweisen. Unter dieser Ziffer wird im Rahmen des Kommentars zu Artikel 4 folgendes festgestellt:
›Es bestand Einverständnis darüber, daß die Annahme dieses Artikels und des Artikels 3 Abs. 1 in keiner Hinsicht im Sinne einer Rechtfertigung der in der Vergangenheit getroffenen Kollektivausweisungen ausgelegt werden kann.‹«
Vgl. Deutscher Bundestag: BTDs. 5/1679; 23 S., hier S. 8.
Der hier zitierte »Sachv(erständigen)B(ericht)« bzw. »Sachv(erständigen)B(ericht) K(ommentar)« wurde von Experten aus allen Mitgliedstaaten des Europarates erstellt und war/ist daher gemeinsame europäische Rechtsauffassung.

[4] Zum Verbot der Ausländervertreibung in der EKMR legte ihr Protokoll Nr. 7 vom 22. 11. 1984 v. a. fest:
»Art. 1〈:〉 1. Ein Ausländer, der seinen rechtmäßigen Aufenthalt im Hoheitsgebiet eines Staates hat, darf aus diesem nur aufgrund einer rechtmäßig ergangenen Entscheidung ausgewiesen werden; ihm muß gestattet werden,
a) Gründe vorzubringen, die gegen seine Ausweisung sprechen;
b) seinen Fall prüfen zu lassen und
c) sich zu diesem Zweck vor der zuständigen Behörde oder einer oder mehreren von dieser Behörde bestimmten Personen vertreten zu lassen.
2. Ein Ausländer kann vor Ausübung der in Absatz 1 Buchstaben a, b und c genannten Rechte ausgewiesen werden, wenn die Ausweisung im Interesse der öffentlichen Ordnung erforderlich ist oder aus Gründen der nationalen Sicherheit erfolgt.«
Vgl. »Völkerrechtliche Verträge«; hsg. v. Albrecht Randelzhofer; München, 4. Aufl. 1987; S. 171.

[5] Am 18. 3. 1992 trat die (damalige) ČSFR dem Europarat sowie der EKMR inkl. u. a. deren Protokollen Nr. 4 und Nr. 7 bei.
Zu dabei notifizierten Vorbehalten der ČSFR, die von der ČR nach deren Entstehen am 1. 1. 1993 übernommen und in Deutschland nie amtlich publiziert wurden, siehe S. 936; zu deren Obsoletheit S. 37.

Quelle:
BGBl. 1968; Teil II; S. 423 ff.; neugefaßte Übersetzung des Bundesministeriums der Justiz.

****

Internationales ⟨UN⟩-Übereinkommen **1966, 7. März**[1]
»zur Beseitigung jeder Form von Rassendiskriminierung«:
Diskriminierung auf Grund von Abstammung, nationalem Ursprung oder Volkstum verboten

...
Artikel 1
(1) In diesem Übereinkommen bezeichnet der Ausdruck »Rassendiskriminierung« jede auf der Rasse, der Hautfarbe, der Abstammung, dem nationalen Ursprung oder dem Volkstum beruhende Unterscheidung, Ausschließung, Beschränkung oder Bevorzugung, die zum Ziel oder zur Folge hat, daß dadurch ein gleichberechtigtes Anerkennen, Genießen oder Ausüben von Menschenrechten und Grundfreiheiten im politischen, wirtschaftlichen, sozialen, kulturellen oder jedem sonstigen Bereich des öffentlichen Lebens vereitelt oder beeinträchtigt wird.
(2) Dieses Übereinkommen findet keine Anwendung auf Unterscheidungen, Ausschließungen, Beschränkungen oder Bevorzugungen, die ein Vertragsstaat zwischen eigenen und fremden Staatsangehörigen vornimmt.
...

Artikel 2
(1) Die Vertragsstaaten verurteilen die Rassendiskriminierung und verpflichten sich, mit allen geeigneten Mitteln unverzüglich eine Politik der Beseitigung der Rassendiskriminierung in jeder Form und der Förderung des Verständnisses unter allen Rassen zu verfolgen; zu diesem Zweck
...
c) trifft jeder Vertragsstaat wirksame Maßnahmen, um das Vorgehen seiner staatlichen und örtlichen Behörden zu überprüfen und alle Gesetze und sonstigen Vorschriften zu ändern, aufzuheben oder für nichtig zu erklären, die eine Rassendiskriminierung – oder dort, wo eine solche bereits besteht, ihre Fortsetzung – bewirken.
...
(2) Die Vertragsstaaten treffen, wenn die Umstände es rechtfertigen, auf sozialem, wirtschaftlichem, kulturellem und sonstigem Gebiet besondere und konkrete Maßnahmen, um die angemessene Entwicklung und einen hinreichenden Schutz bestimmter Rassengruppen oder ihnen angehörender Einzelpersonen sicherzustellen, damit gewährleistet wird, daß sie in vollem Umfang und gleichberechtigt in den Genuß der Menschenrechte und Grundfreiheiten gelangen ...

...
Artikel 4
Die Vertragsstaaten verurteilen jede Propaganda und alle Organisationen, die auf Ideen oder Theorien hinsichtlich der Überlegenheit einer Rasse oder einer Personengruppe bestimmter Hautfarbe oder Volkszugehörigkeit beruhen oder die irgendeine Form von Rassenhaß und Rassendiskriminierung zu rechtfertigen oder zu fördern suchen; sie verpflichten sich, unmittelbare und positive Maßnahmen zu treffen, um jedes Aufreizen zur Rassendiskriminierung und alle rassisch diskriminierenden Handlungen auszumerzen; zu diesem Zweck übernehmen sie unter gebührender Berücksichtigung der in der Allgemeinen Erklärung der Menschenrechte niedergelegten Grundsätze und der ausdrücklich in Artikel 5 des vorliegenden Übereinkommens genannten Rechte unter anderem folgende Verpflichtungen:
⟨*Es folgte eine Aufzählung von Verpflichtungen der Staaten*⟩
...

⟨Art. 8 ff. richtete einen Ausschuß ein,
- *dem alle Mitgliedstaaten i. d. R. jeweils nach zwei Jahren einen Bericht über durchgeführte Maßnahmen zu geben haben und*
- *der in gewissen Fällen auch Petitionen von Einzelpersonen entgegennimmt.⟩*

Anmerkung:
[1] Datum der Auflegung zur Unterschrift; die entsprechende Entschließung der (20.) Generalversammlung der UN war am 21. 12. 1965 erfolgt.

Quelle:
660 UNTS 195; in deutscher Sprache
BGBl. 1969; Teil II; S. 962–980.

****

UN-Konvention **1966, 19. Dezember**
Internationaler Pakt über bürgerliche und politische Rechte:
Selbstbestimmungsrecht, Vertreibungsverbot, Minderheitenrecht

...
TEIL I
Artikel 1
(1) Alle Völker haben das Recht auf Selbstbestimmung. Kraft dieses Rechts entscheiden sie frei über ihren politischen Status und gestalten in Freiheit ihre wirtschaftliche, soziale und kulturelle Entwicklung[1].

...
TEIL II
Artikel 2 *⟨Rechtsgarantie⟩*
Artikel 3 *⟨Gleichberechtigung von Mann und Frau⟩*
Artikel 4 *⟨Notstandsregelung⟩*
Artikel 5 *⟨Keine Rechte denen, die diese Rechte abschaffen wollen⟩*

TEIL III
Artikel 6 *⟨Recht auf Leben⟩*
Artikel 7 *⟨Folterverbot⟩*
Artikel 8 *⟨Sklavereiverbot⟩*
Artikel 9 *⟨Verhaftete vor den Richter⟩*
Artikel 10 *⟨Menschenwürde des Verhafteten⟩*
Artikel 11 *⟨Keine Haft wegen Nichterfüllung eines Vertrages⟩*

Artikel 12 *⟨Vertreibungsverbot für Inländer⟩*
(1) Jedermann, der sich rechtmäßig im Hoheitsgebiet eines Staates aufhält, hat das Recht, sich dort frei zu bewegen und seinen Wohnsitz frei zu wählen.
(2) Jedermann steht es frei, jedes Land einschließlich seines eigenen zu verlassen.
(3) Die oben erwähnten Rechte dürfen nur eingeschränkt werden, wenn dies gesetzlich vorgesehen und zum Schutz der nationalen Sicherheit, der Sittlichkeit oder der Rechte und Freiheiten anderer notwendig ist und die Einschränkungen mit den übrigen in diesem Pakt anerkannten Rechten vereinbar sind.
(4) Niemand darf willkürlich das Recht entzogen werden, in sein eigenes Land einzureisen.

Artikel 13 *⟨Bedingungen für Ausweisung von Ausländern⟩*
Ein Ausländer, der sich rechtmäßig im Hoheitsgebiet eines Vertragsstaates aufhält, kann aus diesem nur aufgrund einer rechtmäßig ergangenen Entscheidung ausgewiesen werden,

und es ist ihm, sofern nicht zwingende Gründe der nationalen Sicherheit entgegenstehen, Gelegenheit zu geben, die gegen seine Ausweisung sprechenden Gründe vorzubringen und diese Entscheidung durch die zuständige Behörde oder durch eine oder mehrere von dieser Behörde besonders bestimmte Personen nachprüfen und sich dabei vertreten zu lassen.

Artikel 14 ⟨*Gleichheit vor dem Gericht*⟩

Artikel 15 ⟨*Keine Strafe ohne Gesetz*⟩
(1) Niemand darf wegen einer Handlung oder Unterlassung verurteilt werden, die zur Zeit ihrer Begehung nach inländischem oder nach internationalem Recht nicht strafbar war. Ebenso darf keine schwerere Strafe als die im Zeitpunkt der Begehung der strafbaren Handlung angedrohte Strafe verhängt werden. Wird nach Begehung einer strafbaren Handlung durch Gesetz eine mildere Strafe eingeführt, so ist das mildere Gesetz anzuwenden.
(2) Dieser Artikel schließt die Verurteilung oder Bestrafung einer Person wegen einer Handlung oder Unterlassung nicht aus, die im Zeitpunkt ihrer Begehung nach den von der Völkergemeinschaft anerkannten allgemeinen Rechtsgrundsätzen strafbar war.

Artikel 16 ⟨*Jedermann ist überall rechtsfähig*⟩
Artikel 17 ⟨*Verbot rechtswidriger Eingriffe*⟩
Artikel 18 ⟨*Recht auf Gedanken-, Gewissens- und Religionsfreiheit*⟩
Artikel 19 ⟨*Recht auf Meinungsfreiheit*⟩

Artikel 20
(1) Jede Kriegspropaganda wird durch Gesetz verboten.
(2) Jedes Eintreten für nationalen, rassischen oder religiösen Haß, durch das zu Diskriminierung, Feindseligkeit oder Gewalt aufgestachelt wird, wird durch Gesetz verboten.

Artikel 21 ⟨*Recht auf Versammlungsfreiheit*⟩
Artikel 22 ⟨*Recht auf Vereinigungs- und Gewerkschaftsfreiheit*⟩
Artikel 23 ⟨*Recht der Familie auf ihren Schutz*⟩
Artikel 24 ⟨*Rechte des Kindes*⟩
Artikel 25 ⟨*Recht auf Teilnahme an öffentlichen Angelegenheiten*⟩
Artikel 26 ⟨*Gleichheit vor dem Gesetz*⟩

Artikel 27 ⟨*Minderheitenrecht*⟩
In Staaten mit ethnischen, religiösen oder sprachlichen Minderheiten darf den Angehörigen solcher Minderheiten nicht das Recht vorenthalten werden, gemeinsam mit anderen Angehörigen ihrer Gruppe ihr eigenes kulturelles Leben zu pflegen, ihre eigene Religion zu bekennen und auszuüben oder sich ihrer eigenen Sprache zu bedienen.
...[2]

Anmerkungen:
[1] Der Artikel 1 ist gleichlautend auch im »Internationalen Pakt über wirtschaftliche, soziale und kulturelle Rechte« der UN vom 19. 12. 1966 als Artikel 1 enthalten.
[2] An dieser Stelle auch – in aller Kürze – die verschiedenen Wege zur Gewährleistung der Rechte der Konvention:
a) Die offizielle Staatenbeschwerde
Artikel 28 der Konvention bildete einen Ausschuß von 18 Mitgliedern. Dieser konnte gemäß Artikel 40 Berichte von dem Pakt angehörigen Staaten zur menschenrechtlichen Lage anfordern und gemäß Artikel 41 nach besonderen, diesbezüglichen Erklärungen Streitigkeiten zwischen Staaten über Nichterfüllung der Verpflichtungen behandeln.
b) Die offizielle Individualbeschwerde
Durch ein »Fakultativprotokoll« zum Pakt, gleichfalls vom 19. 12. 1966, wurde der o. a. Ausschuß für Staaten, die dieses Protokoll ratifiziert hatten, ermächtigt, von Staatsangehörigen des eigenen Staates Beschwerden entgegenzunehmen.

Zum Text des Fakultativprotokolles, das für die BR Deutschland am 25. 11. 1994, für die ČSFR am 12. 6. 1961 und für die ČR am 1. 1. 1993 in Kraft trat, vgl. BGBl. 1992, Teil II, S. 1246 ff.

c) Inoffizielle Beschwerden
Das hier vorliegende Verfahren entwickelte sich aus der praktischen Behandlung bei der UN vorliegender, zunächst eigentlich unbehandelbarer Vorgänge.
Dabei scheint nach dem Verfahren vorgegangen zu werden, welches der (48.) UN-ECOSOC-Entschließung Nr. 1503 v. 27. 5. 1979 in Grundzügen entnommen werden kann.
Offensichtlich sammelt der UN-Generalsekretär bei ihm vorliegende Mitteilungen von v. a. nichtstaatlichen Organisationen, wie z. B. dem Internationalen Roten Kreuz, aber auch Einzelpersonen. Periodisch sendet dann der UN-Generalsekretär Kurzberichte hierüber an den beschuldigten Staat und die Menschenrechtskommission (MRK) der UN. Gleichfalls periodisch prüfen Mitglieder der MRK das vorliegende Material und entscheiden nach gewissen Kriterien über weiteres Vorgehen, wobei eine formelle Untersuchung selten erfolgt, da diese der Zustimmung des beschuldigten Staates bedarf.
Zu den Kriterien der Verfolgung des Vorgangs gehört für die MRK anscheinend vornehmlich das vorherige Durchlaufen des innerstaatlichen Rechtsweges und eine gegenwärtig wirkende Versagung von Rechten für eine Vielzahl von Personen (d. h. kaum Interesse an der politischen Ermordung einer Einzelperson vor z. B. 20 Jahren).
Zum ähnlichen Verfahren innerhalb der UNESCO vgl. Exekutivratsentscheidung 104 Ex. 3.3 v. 26. 4. 1978 in »Menschenrechte«; hsg. v. d. Deutschen UNESCO-Kommission; Bonn, 1981; S. 216–223.

Quelle:
999 UNTS 171; in deutscher Sprache
BGBl. 1973; Teil II; S. 1534 ff.

****

Entschließung **1967, 22. Mai**
der Föderalistischen Union Europäischer Völkergruppen (FUEV)[1]**:**
Hauptgrundsätze eines Volksgruppenrechtes[2]

1. Jedermann hat das Recht, sich frei zu einer nationalen Minderheit bzw. Volksgruppe zu bekennen. Die Staaten sind verpflichtet, die politischen und sozialen Voraussetzungen für ein freies Bekenntnis zu schaffen. Dieses Bekenntnis darf weder bestritten noch nachgeprüft werden.
2. Der Genuß aller bürgerlichen und politischen Rechte muß jedem Staatsbürger ohne Rücksicht auf die Zugehörigkeit zu einer nationalen Minderheit bzw. Volksgruppe gewährt werden.
3. Jeder Angehörige einer nationalen Minderheit bzw. Volksgruppe hat das Recht, seine Sprache in Wort und Schrift frei zu gebrauchen und zu pflegen. Hierzu gehört auch das Recht auf Unterricht und kirchliche Betreuung einschließlich Religionsunterricht in seiner eigenen Sprache. Jeder Staat ist verpflichtet, dieses Recht der nationalen Minderheit bzw. Volksgruppe anzuerkennen und zu schützen.
4. Jeder Angehörige einer nationalen Minderheit bzw. Volksgruppe hat das Recht, im Heimatgebiet vor allen Vertretungskörperschaften, Gerichten und Behörden schriftlich und mündlich in seiner Sprache unmittelbar zu verhandeln.
5. Auch jeder Angehörige einer nationalen Minderheit bzw. Volksgruppe hat das Recht auf Freizügigkeit sowie auf Verbleiben in der angestammten Heimat. Angehörige einer nationalen Minderheit bzw. Volksgruppe dürfen als öffentliche Bedienstete nicht ohne ihre Zustimmung in fremdnationale Gebiete versetzt werden.
6. Jede nationale Minderheit bzw. Volksgruppe hat ein unverletzliches und unveräußerliches Recht auf Schutz, Erhaltung und Entwicklung ihrer Eigenart. Dieses Recht ist allgemein und nicht auf solche Gruppen beschränkt, die durch internationale Verträge anerkannt sind.
7. Jede nationale Minderheit bzw. Volksgruppe hat das Recht, sich zu organisieren. Sie hat das Recht auf kulturelle Autonomie einschließlich Selbstverwaltung von Schule und im

Bereiche der Kirche. Die nationalen Minderheiten bzw. Volksgruppen müssen an den öffentlichen Mitteln für diese Zwecke angemessenen Anteil haben. Auch hat jede nationale Minderheit bzw. Volksgruppe das Recht, daß ihr eine angemessene Zeit im Rundfunk und Fernsehen eingeräumt wird.

8. Der Bevölkerung eines Teilgebietes eines Staates, das vorwiegend von einer nationalen Minderheit bzw. Volksgruppe bewohnt ist, sollen territoriale Selbstverwaltung und regionale Gesetzgebungsbefugnis gewährt werden. Ein entsprechender Anteil an den öffentlichen Mitteln des Domizilstaates soll der Selbstverwaltung gesichert sein.
9. Jede nationale Minderheit bzw. Volksgruppe hat das Recht auf eine angemessene Vertretung in den Parlamenten sowie in allen Gesetzgebungs- und Verwaltungskörperschaften. Sperrklauseln dürfen gegen nationale Minderheiten bzw. Volksgruppen nicht angewandt werden.
10. Hat eine nationale Minderheit bzw. Volksgruppe Domizil in einem Staat, der einem Staatenbund mit übernationalen Behörden angeschlossen ist, soll die nationale Minderheit bzw. Volksgruppe in den Vertretungen des Staatenbundes Recht auf eine angemessene Vertretung haben.
11. Die Organisationen der nationalen Minderheiten bzw. Volksgruppen sind berechtigt, sowohl die Interessen der Volksgruppen als auch ihrer Organisationen und die ihrer einzelnen Angehörigen zu vertreten. Eine in ihren Rechten vom Staat beeinträchtigte nationale Minderheit bzw. Volksgruppe kann bei nationalen, europäischen oder internationalen Gerichtshöfen Hilfe und Schutz verlangen.
12. Die Staaten und die Staaten-Zusammenschlüsse haben die wirtschaftlichen Verhältnisse so zu gestalten, daß die Angehörigen der nationalen Minderheiten bzw. Volksgruppen in ihrer engeren Heimat Arbeit finden können und nicht gezwungen sind, um eines ausreichenden Lebensunterhaltes willen in andere Gebiete desselben Staates abzuwandern. Auch darf die wirtschaftliche Entwicklung und Industrialisierung nicht dazu benutzt werden, den Siedlungsraum einer nationalen Minderheit bzw. Volksgruppe durch andersnationale Arbeitskräfte zu überfremden.

Anmerkungen:
[1] Beschlossen vom 17. Kongreß (20.–22. 5. 1967) in Apenrade, Dänemark.
[2] Zu einem Vorläufer dieser Formulierungen: Siehe S. 43.

Quelle:
Maschinenschriftliches Manuskript.

****

UN-Konvention **1968, 26. Dezember**[1]
über die Nichtverjährung von Kriegsverbrechen und Verbrechen gegen die Menschlichkeit[2]**:**
Vertreibung ist unverjährbares Verbrechen

Die Vertragsstaaten der vorliegenden Konvention
...
feststellend, daß keine der feierlichen Deklarationen, Verträge oder Konventionen, die sich auf die Verfolgung und Bestrafung von Kriegsverbrechen und Verbrechen gegen die Menschheit beziehen, Vorsorge für eine zeitliche Begrenzung treffen,
erwägend, daß Kriegsverbrechen und Verbrechen gegen die Menschlichkeit zu den schwersten Verbrechen des Völkerrechts gehören,
überzeugt, daß wirksame Bestrafung von Kriegsverbrechen und Verbrechen gegen die Menschlichkeit ein bedeutsames Element bei der Verhinderung solcher Verbrechen, beim Schutz der Menschenrechte und der grundlegenden Freiheiten, bei der Förderung des Ver-

trauens und der Zusammenarbeit zwischen Völkern und bei der Stärkung des internationalen Friedens und der Sicherheit ist,

. . .

sind wie folgt übereingekommen:

Artikel 1:

Keine gesetzliche Begrenzung soll für die folgenden Verbrechen erfolgen, ungeachtet des Zeitpunkts, an dem sie begangen wurden:

a) Kriegsverbrechen, wie sie in der Charta des Internationalen Gerichtshofes in Nürnberg vom 8. August 1945[3] definiert sind und durch die Resolutionen 3 (I) vom 13. Februar 1946 und 95 (I) vom 11. Dezember 1946 der UN-Vollversammlung bestätigt werden, insbesondere die schweren Übertretungen, die in den Genfer Konventionen von 1949[4] zum Schutz der Kriegsopfer aufgezählt sind;

b) Verbrechen gegen die Menschheit/Menschlichkeit, sei es, daß sie in Kriegszeiten oder in Friedenszeiten begangen wurden, wie sie in der Charta des Internationalen Gerichtshofes von Nürnberg vom 8. August 1945[3] definiert sind und durch die Resolutionen 3 (I) vom 13. Februar 1946 und 95 (I) vom 11. Dezember 1946 der UN-Vollversammlung bestätigt wurden, die Vertreibung durch bewaffneten Angriff oder Okkupation und unmenschliche Handlungen, die sich aus der Apartheid-Politik ergeben, sowie das Verbrechen des Völkermords, wie es in der Konvention von 1948 über die Verhinderung und Bestrafung des Verbrechens des Völkermordes[5] definiert wird, auch wenn solche Handlungen keine Verletzung des heimischen Rechts des Landes darstellen, in dem sie begangen worden sind.

Artikel 2:

Wenn irgendeines der im Art. 1 erwähnten Verbrechen begangen worden ist, sollen die Bestimmungen dieser Konvention auf die Vertreter der Staatsautorität und private Individuen Anwendung finden, die als Haupttäter oder Komplizen an einem dieser Verbrechen teilnehmen oder direkt zu dessen Begehung anstiften oder die dazu konspirieren, ungeachtet des Ausmaßes der Vollendung und der Tatsache, ob Vertreter der Staatsautorität deren Begehung dulden.

Artikel 3:

Die Vertragsstaaten verpflichten sich, alle notwendigen heimischen Maßnahmen legislativer oder anderer Art zu ergreifen, um in Übereinstimmung mit dem Völkerrecht die Auslieferung der Personen, auf die in Art. 1 Bezug genommen wird, möglich zu machen.

Artikel 4:

Die Vertragsstaaten der vorliegenden Konvention verpflichten sich in Übereinstimmung mit ihren jeweiligen verfassungsmäßigen Verfahren, jede gesetzliche oder andere Maßnahme zu treffen, die notwendig ist, damit keine gesetzlichen oder andersartigen Begrenzungen für die Verfolgung und Bestrafung der Verbrechen angewendet werden, auf die in den Art. 1 und 3 Bezug genommen ist, und daß, wo Begrenzungen bestehen, sie aufgehoben werden.

. . .

Anmerkungen:

1 Datum der Auflage zur Ratifikation. Am 26. 11. 1968 in der Vollversammlung der UN als Entschließung 23/2391 beschlossen; Abstimmungsergebnis: 58 Ja, 7 Nein, 36 Enthaltungen.
2 Die Konvention ist bis 31. 12. 2002 von der BR Deutschland nicht ratifiziert worden.
3 Zum Text: Siehe S. 21.
4 Zum Text: Siehe S. 29.
5 Zum Text: Siehe S. 24.

Quelle:
(Keesings) »Archiv der Gegenwart«; Essen, Jg. 38, 27. 12. 1968; Spalte 14366 f.

****

Wiener Übereinkommen **1969, 23. Mai**
über das Recht der Verträge:
Verträge, die Völkerrecht widersprechen, sind nichtig

. . .

Art. 53⟨:⟩ **Verträge im Widerspruch zu einer zwingenden Norm des allgemeinen Völkerrechts (ius cogens)**

Ein Vertrag ist nichtig, wenn er im Zeitpunkt seines Abschlusses im Widerspruch zu einer zwingenden Norm des allgemeinen Völkerrechts steht. Im Sinne dieses Übereinkommens ist eine zwingende Norm des allgemeinen Völkerrechts eine Norm, die von der internationalen Staatengemeinschaft in ihrer Gesamtheit angenommen und anerkannt[1] wird als eine Norm, von der nicht abgewichen werden darf und die nur durch eine spätere Norm des allgemeinen Völkerrechts derselben Rechtsnatur geändert werden kann.

. . .

Anmerkung:

[1] Das Selbstbestimmungsrecht der Völker (d. h. der von einem Vertrag unmittelbar Betroffenen) ist (mindestens) seit den UN-Pakten über Menschenrechte vom 19. 12. 1966 von den Staaten der Welt in ihrer Gesamtheit anerkannt worden: Bis 31. 12. 2002 erfolgten über 145 Ratifikationen. Deswegen darf behauptet werden, daß dem Selbstbestimmungsrecht widersprechende Verträge stets nichtig sind.

Quelle:
BGBl. 1985; Teil II; S. 927 ff.

****

Entschließung 2548[1] **1969, 11. Dezember**
der 24. Vollversammlung der Vereinten Nationen:
Durchführung der Deklaration über die Unabhängigkeit von Kolonialgebieten und -völkern: Vertreibung in Kolonialgebieten verboten

Die Generalversammlung,
an ihre Deklaration über die Gewährung der Unabhängigkeit für Kolonialgebiete und -völker erinnernd, die in der Entschließung 15-1514 vom 14. Dezember 1960[2] enthalten war,

. . .

1) bestätigt ihre Entschließung 15-1514[2] und alle ihre anderen Entschließungen zur Frage der Entkolonialisierung;

. . .

5) bestätigt die Anerkennung der Legitimität des Kampfes der Kolonialvölker, ihr Recht auf Selbstbestimmung und Unabhängigkeit auszuüben, stellt mit Befriedigung den Fortschritt fest, den nationale Befreiungsbewegungen durch ihren Kampf und durch Wiederaufbauprogramme in den Kolonialgebieten erreicht haben, und fordert alle Staaten auf, ihnen moralische und materielle Unterstützung zu geben;

. . .

9) verurteilt politische Vorgehensweisen gewisser Kolonialmächte in Gebieten unter ihrer Herrschaft, durch welche . . . die planmäßige Einschleusung fremder Einwanderer bei gleichzeitiger Austreibung, Verdrängung und Umsiedlung der eingesessenen Einwohner in andere Gebiete erfolgt;

. . .

Anmerkungen:

[1] Abstimmungsergebnis: 78 Ja, 5 Nein, 16 Enthaltungen; Bundesrepublik Deutschland: Enthaltung.

[2] Zum Text: Siehe S. 51.

Quelle:
UN-(GA-)Doc., 24. Sitzungsper. (1969): »Resolutions adopted without reference to a Main Committee«; S. 5 f.
Wiedergabe nach (Keesings) »Archiv der Gegenwart«; Bonn, Jg. 40, 14. 5. 1970; S. 15467 f.

****

Entschließung 2625 **1970, 24. Oktober**
der 25. Vollversammlung der Vereinten Nationen
(sog. »Friendly Relations Declaration«):
Realisierungsmöglichkeiten des Selbstbestimmungsrechtes

Die Generalversammlung
...
1) verkündet feierlich die nachstehenden Grundsätze:
...
Den Grundsatz der ... Selbstbestimmung der Völker
...
Die Gründung eines souveränen und unabhängigen Staates, die freie Vereinigung mit einem unabhängigen Staat oder die freie Eingliederung in einen solchen Staat oder das Entstehen eines anderen, durch ein Volk frei bestimmten politischen Status stellen Möglichkeiten der Verwirklichung des Selbstbestimmungsrechts durch das Volk dar.
Jeder Staat hat die Pflicht, jede Gewaltmaßnahme zu unterlassen, die den ... Völkern ihr Recht auf Selbstbestimmung, Freiheit und Unabhängigkeit entzieht. Bei ihren Maßnahmen und ihrem Widerstand gegen solche Gewaltmaßnahmen im Bemühen um die Ausübung ihres Selbstbestimmungsrechts sind diese Völker berechtigt, im Einklang mit den Zielen und Grundsätzen der Charta Unterstützung zu erbitten und zu erhalten.
...
Die vorstehenden Absätze sind nicht als Ermächtigung oder Ermunterung zu Maßnahmen aufzufassen, welche die territoriale Unversehrtheit oder die politische Einheit souveräner und unabhängiger Staaten teilweise oder vollständig auflösen oder beeinträchtigen würden, die sich in ihrem Verhalten von dem oben erwähnten Grundsatz der ... Selbstbestimmung der Völker leiten lassen und daher eine Regierung besitzen, welche die gesamte Bevölkerung des Gebiets ohne Unterschied der Rasse, des Glaubens oder der Hautfarbe vertritt.
Alle Staaten unterlassen jede Handlung, die auf die teilweise oder vollständige Zerstörung der nationalen Einheit und der territorialen Unversehrtheit eines anderen Staates oder Landes gerichtet ist.
...

Quelle:
»Vereinte Nationen« ⟨*MZ. der* »Deutschen Gesellschaft für die Vereinten Nationen«⟩; Bonn; Jg. 1978, H. 4; S. 138 ff.

****

Entschließung Nr. 3281 **1974, 12. Dezember**
der 29. Vollversammlung der Vereinten Nationen:
Charta der wirtschaftlichen Rechte und Pflichten von Staaten
Ausbeutung besetzter Gebiete ist wiedergutmachungspflichtig

...
Artikel 16
1) Es ist das Recht und die Pflicht aller einzelnen Staaten und der Staatengemeinschaft, als Voraussetzung ⟨*wirtschaftlicher*⟩ Entwicklung ... Rassendiskriminierung[1], ... Besatzung

und Beherrschung und deren wirtschaftliche und soziale Konsequenzen zu eliminieren. Staaten, die derartiges praktizieren, sind den betroffenen ... Völkern wirtschaftlich für die Restitution und volle Wiedergutmachung der Ausbeutung und Verringerung von und Schäden an den natürlichen und allen anderen Ressourcen dieser ... Gebiete ... verantwortlich ...
2) Kein Staat hat das Recht, Investitionen, die ein Hindernis zur Befreiung eines mit Gewalt besetzten Gebietes sein können, zu fördern oder zu ermutigen.
...

Anmerkung:
1 »Rassendiskriminierung« bedeutet nach UN-Terminologie (siehe dazu den Text des Übereinkommens vom 7. 3. 1966, S. 59) auch die »Unterscheidung« nach »Abstammung, dem nationalen Ursprung oder dem Volkstum«.

Quelle:
UN-(GA-)Doc., 29. Sitzungsper. (1974): »Resolutions adapted on the reports of the Second Committee«; S. 50 ff., hier S. 53.

****

Die Staaten der KSZE – 1975, 1. August
Schlußakte der Konferenz über Sicherheit und Zusammenarbeit in Helsinki:
Menschenrechte

Die Konferenz über Sicherheit und Zusammenarbeit in Europa, die am 3. Juli 1973 in Helsinki eröffnet und vom 18. September 1973 bis zum 21. Juli 1975 in Genf fortgesetzt wurde, fand ihren Abschluß in Helsinki am 1. August 1975 durch die Hohen Vertreter Belgiens, Bulgariens, Dänemarks, der Deutschen Demokratischen Republik, der Bundesrepublik Deutschland, Finnlands, Frankreichs, Griechenlands, des Heiligen Stuhls, Irlands, Islands, Italiens, Jugoslawiens, Kanadas, Liechtensteins, Luxemburgs, Maltas, Monacos, der Niederlande, Norwegens, Österreichs, Polens, Portugals, Rumäniens, San Marinos, Schwedens, der Schweiz, Spaniens, der Tschechoslowakei, der Türkei, Ungarns, der Union der Sozialistischen Sowjetrepubliken, des Vereinigten Königsreichs, der Vereinigten Staaten von Amerika, Zyperns.
...

Fragen der Sicherheit in Europa
...

a) Erklärung über die Prinzipien, die die Beziehungen der Teilnehmerstaaten leiten
...

I. Souveräne Gleichheit, Achtung der der Souveränität innewohnenden Rechte
Die Teilnehmerstaaten werden gegenseitig ihre souveräne Gleichheit und Individualität sowie alle ihrer Souveränität innewohnenden und von ihr umschlossenen Rechte achten, einschließlich insbesondere des Rechtes eines jeden Staates auf rechtliche Gleichheit, auf territoriale Integrität sowie auf Freiheit und politische Unabhängigkeit. Sie werden ebenfalls das Recht jedes anderen Teilnehmerstaates achten, sein politisches, soziales, wirtschaftliches und kulturelles System frei zu wählen und zu entwickeln sowie sein Recht, seine Gesetze und Verordnungen zu bestimmen.
Im Rahmen des Völkerrechts haben alle Teilnehmerstaaten gleiche Rechte und Pflichten. Sie werden das Recht jedes anderen Teilnehmerstaates achten, seine Beziehungen zu anderen Staaten im Einklang mit dem Völkerrecht und im Geiste der vorliegenden Erklärung zu bestimmen und zu gestalten, wie er es wünscht. Sie sind der Auffassung, daß ihre Grenzen,

in Übereinstimmung mit dem Völkerrecht, durch friedliche Mittel und durch Vereinbarung verändert werden können. Sie haben ebenfalls das Recht, internationalen Organisationen anzugehören oder nicht anzugehören, Vertragspartei bilateraler oder multilateraler Verträge zu sein oder nicht zu sein, einschließlich des Rechtes, Vertragspartei eines Bündnisses zu sein oder nicht zu sein; desgleichen haben sie das Recht auf Neutralität.

II. Enthaltung von der Androhung oder Anwendung von Gewalt
Die Teilnehmerstaaten werden sich in ihren gegenseitigen Beziehungen sowie in ihren internationalen Beziehungen im allgemeinen der Androhung oder Anwendung von Gewalt, die gegen die territoriale Integrität oder politische Unabhängigkeit irgendeines Staates gerichtet oder auf irgendeine andere Weise mit den Zielen der Vereinten Nationen und mit der vorliegenden Erklärung unvereinbar ist, enthalten. Die Geltendmachung von Erwägungen zur Rechtfertigung eines gegen dieses Prinzip verstoßenden Rückgriffs auf die Androhung oder Anwendung von Gewalt ist unzulässig.
Die Teilnehmerstaaten werden sich dementsprechend jeglicher Handlung enthalten, die eine Gewaltandrohung oder eine direkte oder indirekte Gewaltanwendung gegen einen anderen Teilnehmerstaat darstellt. Sie werden sich gleichermaßen jeglicher Gewaltmanifestation, die den Zweck hat, einen anderen Teilnehmerstaat zum Verzicht auf die volle Ausübung seiner souveränen Rechte zu bewegen, enthalten. Sie werden sich ebenso in ihren gegenseitigen Beziehungen jeglicher gewaltsamen Repressalie enthalten.
Keine solche Androhung oder Anwendung von Gewalt wird als Mittel zur Regelung von Streitfällen oder von Fragen, die zu Streitfällen zwischen ihnen führen können, verwendet werden.

III. Unverletzlichkeit der Grenzen
Die Teilnehmerstaaten betrachten gegenseitig alle ihre Grenzen sowie die Grenzen aller Staaten in Europa als unverletzlich und werden deshalb jetzt und in der Zukunft diese Grenzen nicht in Frage stellen.
Dementsprechend werden sie sich auch jeglicher Forderung oder Handlung enthalten, sich eines Teiles oder des gesamten Territoriums irgendeines Teilnehmerstaates zu bemächtigen.

IV. Territoriale Integrität der Staaten
Die Teilnehmerstaaten werden die territoriale Integrität eines jeden Teilnehmerstaates achten.
Dementsprechend werden sie sich jeder mit den Zielen und Grundsätzen der Charta der Vereinten Nationen unvereinbaren Handlung gegen die territoriale Integrität, politische Unabhängigkeit oder Einheit eines jeden Teilnehmerstaates enthalten, insbesondere jeder derartigen Handlung, die eine Androhung oder Anwendung von Gewalt darstellt.
Die Teilnehmerstaaten werden ebenso davon Abstand nehmen, das Territorium eines jeden anderen Teilnehmerstaates zum Gegenstand einer militärischen Besetzung oder anderer direkter oder indirekter Gewaltmaßnahmen unter Verletzung des Völkerrechts oder zum Gegenstand der Aneignung durch solche Maßnahmen oder deren Androhung zu machen. Keine solche Besetzung oder Aneignung wird als rechtmäßig anerkannt werden.

V. Friedliche Regelung von Streitfällen
...

VI. Nichteinmischung in innere Angelegenheiten
Die Teilnehmerstaaten werden sich ungeachtet ihrer gegenseitigen Beziehungen jeder direkten oder indirekten, individuellen oder kollektiven Einmischung in die inneren oder

äußeren Angelegenheiten enthalten, die in die innerstaatliche Zuständigkeit eines anderen Teilnehmerstaates fallen.
Sie werden sich dementsprechend jeder Form der bewaffneten Intervention oder der Androhung einer solchen Intervention gegen einen anderen Teilnehmerstaat enthalten.
Sie werden sich gleichermaßen unter allen Umständen jeder militärischen wie auch politischen, wirtschaftlichen oder sonstigen Zwangsmaßnahme enthalten, die darauf gerichtet ist, ihrem eigenen Interesse die Ausübung der Rechte eines anderen Teilnehmerstaates, die dessen Souveränität innewohnen, unterzuordnen und sich damit Vorteile irgendwelcher Art zu verschaffen.
Dementsprechend werden sie sich unter anderem der direkten oder indirekten Unterstützung terroristischer Tätigkeiten oder subversiver oder anderer Tätigkeiten enthalten, die auf den gewaltsamen Umsturz des Regimes eines anderen Teilnehmerstaates gerichtet sind.

VII. Achtung der Menschenrechte und Grundfreiheiten, einschließlich der Gedanken-, Gewissens-, Religions- oder Überzeugungsfreiheit
Die Teilnehmerstaaten werden die Menschenrechte und Grundfreiheiten einschließlich der Gedanken-, Gewissens-, Religions- oder Überzeugungsfreiheit für alle ohne Unterschied der Rasse, des Geschlechts, der Sprache oder der Religion achten.
Sie werden die wirksame Ausübung der zivilen, politischen, wirtschaftlichen, sozialen, kulturellen sowie der anderen Rechte und Freiheiten, die sich alle aus der dem Menschen innewohnenden Würde ergeben und für seine freie und volle Entfaltung wesentlich sind, fördern und ermutigen.
In diesem Rahmen werden die Teilnehmerstaaten die Freiheit des Individuums anerkennen und achten, sich allein oder in Gemeinschaft mit anderen zu einer Religion oder einer Überzeugung in Übereinstimmung mit dem, was sein Gewissen ihm gebietet, zu bekennen und sie auszuüben.
Die Teilnehmerstaaten, auf deren Territorium nationale Minderheiten bestehen, werden das Recht von Personen, die zu solchen Minderheiten gehören, auf Gleichheit vor dem Gesetz achten; sie werden ihnen jede Möglichkeit für den tatsächlichen Genuß der Menschenrechte und Grundfreiheiten gewähren und werden auf diese Weise ihre berechtigten Interessen in diesem Bereich schützen.
Die Teilnehmerstaaten anerkennen die universelle Bedeutung der Menschenrechte und Grundfreiheiten, deren Achtung ein wesentlicher Faktor für den Frieden, die Gerechtigkeit und das Wohlergehen ist, die ihrerseits erforderlich sind, um die Entwicklung freundschaftlicher Beziehungen und der Zusammenarbeit zwischen ihnen sowie zwischen allen Staaten zu gewährleisten.
Sie werden diese Rechte und Freiheiten in ihren gegenseitigen Beziehungen stets achten und sich einzeln und gemeinsam, auch in Zusammenarbeit mit den Vereinten Nationen, bemühen, die universelle und wirksame Achtung dieser Rechte und Freiheiten zu fördern.
Sie bestätigen das Recht des Individuums, seine Rechte und Pflichten auf diesem Gebiet zu kennen und auszuüben.
Auf dem Gebiet der Menschenrechte und Grundfreiheiten werden die Teilnehmerstaaten in Übereinstimmung mit den Zielen und Grundsätzen der Charta der Vereinten Nationen und mit der Allgemeinen Erklärung der Menschenrechte handeln. Sie werden ferner ihre Verpflichtungen erfüllen, wie diese festgelegt sind in den internationalen Erklärungen und Abkommen auf diesem Gebiet, soweit sie an sie gebunden sind, darunter auch in den Internationalen Konventionen über die Menschenrechte.

VIII. Gleichberechtigung und Selbstbestimmungsrecht der Völker
Die Teilnehmerstaaten werden die Gleichberechtigung der Völker und ihr Selbstbestim-

mungsrecht achten, indem sie jederzeit in Übereinstimmung mit den Zielen und Grundsätzen der Charta der Vereinten Nationen und den einschlägigen Normen des Völkerrechts handeln, einschließlich jener, die sich auf die territoriale Integrität der Staaten beziehen.
Kraft des Prinzips der Gleichberechtigung und des Selbstbestimmungsrechts der Völker haben alle Völker jederzeit das Recht, in voller Freiheit, wann und wie sie es wünschen, ihren inneren und äußeren politischen Status ohne äußere Einmischung zu bestimmen und ihre politische, wirtschaftliche, soziale und kulturelle Entwicklung nach eigenen Wünschen zu verfolgen.
Die Teilnehmerstaaten bekräftigen die universelle Bedeutung der Achtung und der wirksamen Ausübung der Gleichberechtigung und des Selbstbestimmungsrechts der Völker für die Entwicklung freundschaftlicher Beziehungen zwischen ihnen sowie zwischen allen Staaten; sie erinnern auch an die Bedeutung der Beseitigung jeglicher Form der Verletzung dieses Prinzips.
...

Zusammenarbeit in humanitären und anderen Bereichen
...

1) Menschliche Kontakte
...

a) Kontakte und regelmäßige Begegnungen auf der Grundlage familiärer Bindungen
Um die weitere Entwicklung von Kontakten auf der Grundlage familiärer Bindungen zu fördern, werden die Teilnehmerstaaten Gesuche auf Reisen wohlwollend prüfen mit dem Ziel, Personen zu erlauben, in ihr Territorium zeitweilig und, wenn gewünscht, regelmäßig einzureisen oder aus ihm auszureisen, um Mitglieder ihrer Familien zu besuchen.
Gesuche auf zeitweilige Besuchsreisen zum Zweck von Begegnungen mit Mitgliedern ihrer Familien werden ohne Unterschied hinsichtlich des Herkunfts- oder Bestimmungslandes behandelt werden; bestehende Bestimmungen hinsichtlich Reisedokumente und Visa werden in diesem Geiste angewendet werden. Die Ausstellung und Ausgabe solcher Dokumente und Visa werden innerhalb vernünftiger Fristen erfolgen; Dringlichkeitsfälle – wie ernste Erkrankung oder Todesfall – werden mit Vorrang behandelt werden. Sie werden die Schritte unternehmen, welche notwendig sein können, um zu gewährleisten, daß die Gebühren für amtliche Reisedokumente und Visa annehmbar sind.
Sie bestätigen, daß die Einreichung eines Gesuchs betreffend Kontakte auf der Grundlage familiärer Bindungen zu keiner Veränderung der Rechte und Pflichten des Gesuchstellers oder seiner Familienmitglieder führen wird.

b) Familienzusammenführung
Die Teilnehmerstaaten werden in positivem und humanitärem Geist Gesuche von Personen behandeln, die mit Angehörigen ihrer Familie zusammengeführt werden möchten, unter besonderer Beachtung von Gesuchen dringenden Charakters – wie solchen, die von kranken oder alten Personen eingereicht werden.
Sie werden Gesuche in diesem Bereich so zügig wie möglich behandeln.
Sie werden, wo notwendig, die im Zusammenhang mit diesen Gesuchen erhobenen Gebühren verringern, um sicherzustellen, daß sie gemäßigt sind.
Gesuche betreffend Familienzusammenführung, denen nicht stattgegeben wird, können auf entsprechender Ebene erneut eingereicht werden; sie werden von den Behörden des Aufenthaltslandes beziehungsweise des Aufnahmelandes in angemessen kurzen Zeitabständen von neuem geprüft; unter diesen Umständen werden Gebühren nur im Falle der Genehmigung des Gesuchs erhoben.
Personen, deren Gesuchen betreffend Familienzusammenführung stattgegeben wurde,

können ihr Haushaltsgut und ihre persönliche Habe mitführen oder versenden; zu diesem Zwecke werden die Teilnehmerstaaten alle in den bestehenden Vorschriften enthaltenen Möglichkeiten nutzen.
Solange Angehörige derselben Familien nicht zusammengeführt sind, können Begegnungen und Kontakte zwischen ihnen entsprechend den Modalitäten für Kontakte auf der Grundlage familiärer Bindungen stattfinden.
...
Die Teilnehmerstaaten ... bestätigen, daß die Einreichung eines Gesuches betreffend Familienzusammenführung zu keiner Veränderung der Rechte und Pflichten des Gesuchstellers oder seiner Familienmitglieder führen wird.

...

c) Eheschließung zwischen Bürgern verschiedener Staaten
⟨*werden wohlwollend geprüft*⟩
d) Reisen aus persönlichen und beruflichen Gründen
⟨*umfassende Möglichkeiten sollen entwickelt werden*⟩
e) Verbesserung der Bedingungen für den Tourismus ...
⟨*sollen gefördert werden*⟩
f) Begegnungen der Jugend
⟨*sollen erweitert werden*⟩
g) Sport
⟨*Austausch ist zu fördern*⟩
h) Erweiterungen der Kontakte
⟨*Tagungen und Gruppenreisen sind zu erleichtern*⟩

2) Information
...
a) Verbesserung der Verbreitung von, des Zugangs zu und des Austausches von Informationen
i) Mündliche Information
⟨*Förderung von Vorträgen u. ä.*⟩
ii) Gedruckte Information
⟨*Verbreitung gedruckter Veröffentlichungen aus anderen Teilnehmerstaaten soll erleichtert werden*⟩
iii) Gefilmte und gesendete Information
⟨*Einfuhr durch* »ummittelbar betroffene/kompetente Organisationen und Firmen« *ist zu fördern/zu erleichtern*⟩
b) Zusammenarbeit im Bereich der Information
⟨*soll gefördert werden*⟩
c) Verbesserung der Arbeitsbedingungen für Journalisten
⟨*soll erfolgen*⟩

3) Zusammenarbeit und Austausch im Bereich der Kultur
...

Quelle:
»Bulletin«; Nr. 102 v. 15. 8. 1975; S. 965 ff.

****

Gemeinsame Erklärung **1977, 5. April**
des Europäischen Parlaments sowie des Europäischen Rates
und der Europäischen Kommission der EG:
Achtung der Grundrechte

...

1. Das Europäische Parlament, der Rat und die Kommission unterstreichen die vorrangige Bedeutung, die sie der Achtung der Grundrechte beimessen, wie sie insbesondere aus den Verfassungen der Mitgliedstaaten sowie aus der Europäischen Konvention zum Schutz der Menschenrechte und Grundfreiheiten[1] hervorgehen.
2. Bei der Ausübung ihrer Befugnisse und bei der Verfolgung der Ziele der Europäischen Gemeinschaften beachten sie diese Rechte und werden dies auch in Zukunft tun.

Anmerkung:
[1] Vom 4. 11. 1950; zum Text: Siehe S. 32.

Quelle:
»Menschenrechte. Internationale Dokumente«; hsg. v. Wilhelm Bertram für die Deutsche UNESCO-Kommission; 5. Aufl.; Bonn, 1980; S. 215.

****

Das Zentralkomitee der deutschen Katholiken: **1977, 21. November**
Einforderung von Menschenrechten ist weder »Einmischung in innere Angelegenheiten« noch »Drohung mit Gewalt«

...

Menschenrechtsverletzungen als Gegenstand der internationalen Diskussion

...

Das Recht ist die Zuflucht der Schwachen. Das gilt wie für die einzelnen Menschen, so auch für die Staaten. Deshalb verbietet das Völkerrecht den Staaten die Einmischung in innere Angelegenheiten anderer Staaten.
Das ist der kritische Punkt im Kampf um die Verwirklichung der Menschenrechte, der vielen zum Ärgernis wird: Bedeutet es nicht eine unzulässige Einmischung in die inneren Angelegenheiten eines anderen Staates, wenn man die Behandlung, die er seinen eigenen Bürgern zuteil werden läßt, verurteilt? Um die Frage richtig zu beantworten, muß man zunächst feststellen, daß einzelne Personen und nichtstaatliche Vereinigungen nicht rechtswidrig handeln, wenn sie eine solche Verurteilung vornehmen; sie müssen allerdings die vom Völkerrecht gezogenen Grenzen beachten, dürfen also z. B. keine Kriegspropaganda betreiben.
Dagegen steht Regierungen und staatlichen Organen ein allgemeines Urteil über Staatsform und Regierungspraxis anderer Staaten grundsätzlich nicht zu. Wenn aber die Handlung des anderen Staates zugleich eine Völkerrechtsverletzung darstellt, können daraus rechtliche Konsequenzen gezogen werden. Leider bietet das geltende Völkerrecht noch nicht die Möglichkeit, jeden Staat wegen jeder Menschenrechtsverletzung vor ein internationales Gericht zu bringen. Innerhalb des Kreises der Signatarstaaten der neuen Menschenrechtspakte ist jedoch jeder Staat berechtigt, die Menschenrechtsverletzungen eines anderen Signatarstaates nicht nur der UNO zur Kenntnis zu bringen, sondern vor allem den das Recht verletzenden Staat unmittelbar aufzufordern, die Menschenrechtsverletzungen, auch solche gegen die eigenen Bürger, zu unterlassen. Häufig haben Regierungen auch die Möglichkeit, gegen einzelne Menschenrechtsverletzungen anderer Staaten im Wege der völkerrechtlich zulässigen Vergeltungsmaßnahmen, die wegen ihrer weltweiten politischen Auswirkungen bei den Urhebern des Unrechts unbeliebt sind, sowie durch andere völkerrechtlich zulässige Mittel vorzugehen. Dadurch zwingen sie den das Recht brechenden Staat zur Rücknahme seiner rechtswidrigen Akte.

Der amerikanische Präsident vertrat am 17. März 1977 vor der Vollversammlung der Vereinten Nationen mit Recht die Auffassung, daß schon aufgrund der UNO-Charta »sich kein Mitglied der Vereinten Nationen darauf berufen könne, daß die Mißhandlung seiner eigenen Bürger ausschließlich seine eigene Angelegenheit sei«. Das gilt noch besonders für alle Staaten, die die Schlußakte der »Konferenz über Sicherheit und Zusammenarbeit in Europa« vom 1. August 1975 unterzeichnet haben[1]... Seit der Unterzeichnung der Schlußakte vom 1. August 1975 hat sich die Rechtslage in bezug auf die Menschenrechte entscheidend dadurch verändert, daß die Menschenrechtspakte von 1966[2] mittlerweile in Kraft getreten sind und für deren Signatarstaaten völkerrechtliche Pflichten begründet haben. Diese Staaten können sich ihren neuen freiwillig übernommenen Pflichten nicht durch den Hinweis darauf entziehen, daß die Schlußakte der KSZE insoweit keine Rechtsverbindlichkeit habe.

Das Gewaltverbot bedeutet nicht Hinnahme von Menschenrechtsverletzungen

Das Gewaltverbot schützt alle Staaten ohne Rücksicht auf deren politisches Regime. Es darf aber nicht so umgedeutet werden, als schütze es menschenverachtende Regime gegen jegliche Kritik. Wenn ein Staat, der die Menschenrechte verletzt hat, gemahnt wird, seine Praxis zu ändern und seinen Bürgern nicht länger die Menschenrechte vorzuenthalten, so richtet sich das nicht gegen seine Existenz; es ist weder eine Anwendung von Gewalt noch eine Drohung mit Gewalt. Man kann diejenigen, die den Schöpfern der UNO-Satzung kritisch vorwerfen, sie hätten durch die Normierung des internationalen Gewaltverbots die nationalen Diktaturen begünstigt, durch mutiges politisches Handeln widerlegen. Zwar gibt es wegen des Fehlens einer internationalen Kontrollbehörde gegenüber Staaten, die fortgesetzt und hartnäckig die Menschenrechte verletzen, keine Möglichkeit, den betroffenen Opfern rasch zu helfen. Aber die den übrigen Staaten im Rahmen des geltenden Völkerrechts zur Verfügung stehenden Mittel werden dadurch nicht sinnlos. Im Gegenteil: sie müssen beharrlich, besonnen, aber auch ohne Ängstlichkeit eingesetzt werden. Dabei wäre es falsch, wenn einzelne Menschenrechtsverletzungen eines menschenverachtenden politischen Regimes so dargestellt würden, als ob es sich bei ihnen nur um Ausnahmefälle handelte. Tatsächliche schwere Verletzungen der Menschenrechte können auch nicht deshalb verschwiegen werden, weil Staaten oder Regierungen die Reaktion der Weltöffentlichkeit gegen ein solches Unrecht verhindern möchten ...

Anmerkungen:
1 Zum Text: Siehe S. 67.
2 Zum Text: Siehe S. 60.

Quelle:
»Die Menschenrechte als Maßstab und Faktor der internationalen Politik« (Arbeitspapier der Kommission 1 des ZK der deutschen Katholiken) in »Beiträge«; hsg. v. d. Ackermanngemeinde, München; Nr. 2, 1979; S. 27–35, hier S. 31–33.

****

Entwurf[1,2] **1979**
eines internationalen Abkommens
zum Schutz nationaler oder ethnischer Gruppen oder Minderheiten:

Die Teilnehmerstaaten des vorliegenden Abkommens
im Hinblick darauf, daß die Vollversammlung der UNO in ihrer Entschließung Nr. 3-217 C erklärt hat, gegenüber dem Geschick von Minderheiten nicht gleichgültig zu sein;
im Hinblick auf Art. 27 des Internationalen Abkommens über bürgerliche und politische Rechte[3], der den Schutz bestimmter Merkmale von Personen vorsieht, die zu ethnischen, religiösen oder sprachlichen Minderheiten gehören;

...
begrüßend Art. 1 der Menschenrechtspakte[3], die allen Völkern das Recht auf Selbstbestimmung zuerkennen und seine Anwendung auf alle, unter fremder Besetzung und kolonialer Herrschaft stehenden Völker;
im Hinblick auf regionale Regelungen über Menschenrechte, insbesondere auf Art. 14 des Europäischen Abkommens zum Schutz der Menschenrechte und Grundfreiheiten[4], die für jedermann, der einer nationalen Minderheit angehört, den Genuß der in diesen Regelungen anerkannten Menschenrechte und Grundfreiheiten gewährleistet;
...
einigen sich über die nachfolgenden Abschnitte und Einzelbestimmungen, die damit zu Bestandteilen der Menschenrechte und Grundfreiheiten werden:

Abschnitt I: Allgemeine Grundsätze
Art. 1: Jede nationale oder ethnische Gruppe oder Minderheit hat ... das unabdingbare Recht darauf, als nationale, ethnische und kulturelle Einheit anerkannt zu werden; ...
Art. 2: Nationale[5] Gruppen ... haben das unabdingbare Recht auf ethnische und kulturelle Identität und auf Selbstbestimmung im Rahmen des vorliegenden Abkommens.
Art. 3: Jeder Angehörige einer nationalen[5] Gruppe hat ... Anspruch auf Gebrauch seiner eigenen Sprache ... in allen gesellschaftlichen, wirtschaftlichen oder ähnlichen Beziehungen und in der Öffentlichkeit.
Art. 4: Nationale[5] Gruppen können ihre wirtschaftliche, gesellschaftliche und kulturelle Entwicklung frei verfolgen und dürfen im Zusammenhang mit einer unmittelbar oder mittelbar hierauf gerichteten Tätigkeit nicht diskriminiert werden ...
Art. 6: Ohne berechtigten Grund und die Zustimmung der Betroffenen dürfen weder der physische Charakter noch die demographische Zusammensetzung eines Gebiets, in dem nationale[5] Gruppen ansässig sind, verändert werden.
Art. 7: Eine Politik der künstlichen oder zwangsweisen Assimilierung darf der Staat weder führen noch begünstigen oder unterstützen.
Art. 8: Gegen nationale[5] Gruppen gerichtetes Genocidium ist ein Verbrechen gegen die Menschlichkeit.
Art. 9: Massenvertreibungen von Angehörigen nationaler[5] Gruppen gelten als Genocidium; die unfreiwillige Aussiedlung von Angehörigen nationaler Gruppen innerhalb der Staatsgrenzen oder über sie hinweg ist unter keinerlei Begründung gestattet.
Art. 10: Das Recht, sich der Mehrheit der Staatsbevölkerung zu assimilieren, darf keinem Inländer verwehrt werden.

Abschnitt II: Die Anerkennung von Gruppen, die Verhinderung ihrer Diskriminierung sowie allgemeine Schutzmaßnahmen
Art. 11: ... Eine nationale Gruppe im Sinn des vorliegenden Abkommens gilt als vorhanden, wenn eine Anzahl von Inländern des betreffenden Staates, die sich gegenüber der Gesamtzahl der Staatsbevölkerung in der Minderheit befinden, keine führende Stellung innehaben und ethnische oder sprachliche Eigenheiten aufweisen, die sie von der übrigen Bevölkerung unterscheiden und ferner ein auf Bewahrung ihrer Kultur, Traditionen oder Sprache gerichtetes Solidaritätsbewußtsein wenn auch nur mittelbar erkennen lassen und endlich eine angemessene Vertretung besitzen, ihre rechtliche Anerkennung als nationale oder ethnische Gruppe oder Minderheit beanspruchen.
...
Art. 12: ... Im Genuß von Menschenrechten, insbesondere solcher, die durch die UNO-Menschenrechtspakte gewährleistet sind, dürfen Angehörige einer ... Gruppe nicht diskriminiert werden, ...
Angehörige einer ... Gruppe dürfen außerhalb des Wohngebiets der Gruppe nicht zum

Wehrdienst herangezogen werden, außer im Krieg oder bei öffentlichen Notständen, in denen keine Gruppeninteressen auf dem Spiel stehen.

Art. 13: Der Schutz einer nationalen[5] Gruppe kann auf innerstaatlicher oder internationaler Ebene geregelt werden. Art und Ausmaß des Schutzes hängen vom frei ausgedrückten Willen der . . . Gruppe, von ihrer geographischen Verteilung und von den völkerrechtlichen Verbindlichkeiten des betreffenden Staates ab.

Auf innerstaatlicher Ebene wird der Schutz hauptsächlich gewährt durch

a) das Selbstbestimmungsrecht, wie es in der UNO-Erklärung über die Völkerrechtsgrundsätze für freundschaftliche Beziehungen und die Zusammenarbeit der Staaten gemäß der UNO-Satzung (Vollvers.-Entschl. Nr. 2625 [XXV])[6] umschrieben ist;

b) die Kulturautonomie;

c) die Sprachautonomie;

. . .

Abschnitt III: Das Selbstbestimmungsrecht

Art. 14: Das Selbstbestimmungsrecht einer nationalen[5] Gruppe wird verwirklicht, indem sie

a) sich aus dem gegebenen Staat frei mit dem Ziel löst, einen eigenen unabhängigen Staat zu bilden oder sich mit Zustimmung dieses Staates mit einem anderen Staat zu verbinden oder zu verschmelzen;

b) sich frei in eine andere Rechtslage begibt (z. B. Territorialautonomie, Selbstverwaltung, Personalautonomie oder irgendeine andere Regelung innerhalb des unmittelbar betroffenen Staates) oder indem sie

c) innerhalb des unmittelbar betroffenen Staates frei in eine Regional- oder Lokalautonomie mit oder ohne Gesetzgebungsbefugnis übergeht.

Art. 15: Selbstbestimmung im Sinn des Art. 14 Buchst. a) kann nur solchen nationalen Gruppen zuerkannt werden, deren Gebiet an einen anderen Staat grenzt oder von ihm durch das Meer oder einen Meeresarm geschieden ist und wenn sich die Mehrheit der Bevölkerung des betreffenden Gebiets in freier Abstimmung dafür ausgesprochen hat; der Staat darf den freien Willensausdruck mit dem Ziel, das Selbstbestimmungsrecht in Anspruch zu nehmen, nicht behindern . . .

Abschnitt IV: Andere Autonomieformen

Art. 17: Jede nationale[5] Gruppe hat das Recht auf Wahrung ihrer eigenen Kulturgüter (Archive, Museen, Büchereien, Denkmäler, Theater, Orchester, kulturelle Einrichtungen jeder anderen Art) und auf ihre Verwaltung in Form einer Kulturautonomie. Jede . . . Gruppe hat das Recht auf Ausdrucksfreiheit und daher das Recht auf eine eigene Presse und einen eigenen Informationsdienst.

Art. 18: Eine nationale[5] Gruppe hat im Rahmen bestehender Abmachungen über Wellenbereiche und -längen das Recht auf eigene Fernseh- und Rundfunkkanäle, um Programme in eigener Sprache zu angemessenen Zeiten zu senden.

Art. 19: Zur Kulturautonomie gehört ferner ein Gefüge von Unterrichtsanstalten aller Ebenen; der Unterricht ist in der Gruppensprache zu erteilen. Jedes Kind der Gruppe hat Anspruch auf diesen Unterricht, soweit die Erziehungsberechtigten dies wünschen. Die Lehrpläne haben die Gruppenbedürfnisse sowie die Grundsätze der Staatsverfassung zu berücksichtigen . . .

Art. 20, 1: Die Sprachautonomie besteht in der Erleichterung des Gebrauchs der Muttersprache vor Verwaltungsbehörden und Gerichten. Gehört mehr als ein durch Vereinbarung zwischen dem Staat und den Vertretern der . . . Gruppe vereinbarter Hundertsatz der Bewohner eines Gerichts- oder Verwaltungsbezirks einer oder mehreren nationalen oder ethnischen Gruppen an, so sind ihre Sprachen als Amtssprachen anzuerkennen. Bezirksgrenzen dürfen nicht so gezogen werden, daß die Geltendmachung dieses Rechts unmöglich

wird. Wenn eine Sprachautonomie besteht, müssen topographische Aufschriften zwei- oder mehrsprachig sein.
2: Die Sprachautonomie sollte vor allem bezüglich der persönlichen Freiheitsrechte, des Anspruchs auf ein ordnungsmäßiges Gerichtsverfahren und in allen Angelegenheiten der öffentlichen Wohlfahrt beachtet werden.
3: Erforderlichenfalls soll der Staat die Möglichkeit eröffnen, bei der Besetzung von Dienstposten ethnische Merkmale insbesondere in Gegenden zu berücksichtigen, in denen die Gruppensprache als Amtssprache anerkannt ist. In Wohngebieten der Gruppe soll ein zwischen dem Staat und den Vertretern der Minderheit vereinbarter Hundertsatz der Posten im Staats-, Provinzial- und Kommunaldienst für Gruppenangehörige offen stehen.
Art. 21: Das Recht nationaler[5] Gruppen darauf, Unternehmerverbände und Gewerkschaften auf ethnischer Grundlage zu errichten, über die Anwendung des Grundsatzes, wonach bei Besetzung von Dienstposten keine Diskriminierung stattfinden darf, zu wachen und Dienstposten für dazu geeignete Gruppenangehörige offen zu halten, muß auf jeden Fall gewährleistet werden.

Abschnitt V: Gruppenvertretung und Gruppenverhalten
Art. 22, 1: Nationale[5] Gruppen können von politischen Parteien oder von Verbänden mit kultur- oder gesellschaftspolitischer Zielsetzung vertreten werden.
2: Diese Parteien oder Verbände müssen demokratische, nach dem Repräsentativprinzip gebildete und handelnde Organe besitzen, die in regelmäßigen Zeitabständen kraft freier Wahl bestimmt werden. In jedem Fall sind für die Berufung dieser Organe die Grundsätze entsprechend anzuwenden, die für die Ernennung, Bestallung oder Wahl sowie für die Dauer der Amtszeit bezüglich der Hauptorgane des Staates oder seiner führenden Partei gelten.
Art. 23: Der Staat ist verpflichtet, ansässige[5] nationale Gruppen bei Erfüllung von Aufgaben, die mit Wahrung und Entwicklung ihrer Wesensmerkmale zusammenhängen, materiell und insbesondere finanziell zu unterstützen. In Bundesstaaten gilt dies auch für die Bundesländer.
...
Art. 26: Die Gruppenvertreter sind befugt, die Interessen ihrer Gruppe gegenüber zwischenstaatlichen Organisationen zu vertreten und, wenn die Verletzung individueller Rechte oder gemeinschaftlicher Interessen durch die öffentliche Gewalt behauptet wird, namens der Mitglieder ihrer Gruppe Petitionen vorzulegen.
...
Art. 28: Nationale oder ethnische Minderheiten oder Gruppen sind dem Staat, dem sie angehören, insoweit zur Loyalität verpflichtet, als die Staatsbehörden die im vorliegenden Abkommen enthaltenen Grundsätze ihrerseits beachten und das Ihre tun, um ihre Beachtung zu gewährleisten. Wegen einer politischen Tätigkeit im Zusammenhang mit der Vertretung oder dem Schutz nationaler oder ethnischer Gruppeninteressen oder Einzelrechte dürfen Gruppenangehörige keinesfalls benachteiligt, diskriminiert oder ausgebürgert werden.
...

Abschnitt VI: Zwischenstaatliche Anwendungsregeln
Art. 30: Die Teilnehmerstaaten des vorliegenden Abkommens verpflichten sich, ihr Recht binnen zweier Jahre nach dem Inkrafttreten (des Abkommens) den darin enthaltenen Grundsätzen anzupassen.
...
Art. 32: Die Teilnehmerstaaten des vorliegenden Abkommens werden einen Hochkommissar zum Schutz der Rechte nationaler[5] Gruppen bestellen; ...
...

Abschnitt VIII: Regionale Abmachungen

Art. 34: Die Bestimmungen der Art. 13, Art. 14, Buchst. c), Art. 18–20 und Art. 22–26 erfordern in den verschiedenen Weltgegenden besondere Anwendungsformen. Diese Bestimmungen sollen entweder durch zwei- oder durch mehrseitige Vereinbarungen durchgeführt werden.[6]

. . .

Abschnitt IX: Schlußbestimmungen

. . .

Art. 36: Durch das Inkrafttreten des vorliegenden Abkommens verlieren völkerrechtliche oder innerstaatliche Bestimmungen, die für nationale Gruppen günstiger sind, ihre Wirksamkeit nicht.

. . .

Anmerkungen:

1 Der Entwurf basierte u. a. auf der Vorlage Jugoslawiens an die UN vom Februar 1978 für eine Deklaration der Vollversammlung über »Rechte von Personen, die nationalen, ethnischen, religiösen und sprachlichen Minderheiten angehören«.
Zum Text vgl. »UN-(ECOSOC-HRC-)Doc. E/CN.4/L. 1367/Rev. 1« v. 2. 3. 1978.
Zum weiteren Ablauf ab 1980: Siehe S. 82.

2 Der Entwurf wurde vom Internationalen Institut für Nationalitätenrecht und Regionalismus (INTEREG), München, vorgelegt. Das Institut vertraten u. a. die Professoren Felix Ermacora und Theodor Veiter sowie Josef Stingl.

3 Zum Text vom 19. 12. 1966: Siehe S. 60.

4 Zum Text vom 4. 11. 1950: Siehe S. 32.

5 An diesen Stellen hieß es im Dokument regelmäßig (vergleichbar der Formulierung in Abschnitt I, Art. 1, Satz 1) »nationale Gruppe oder Minderheit«.
Der leichteren Lesbarkeit wegen wurde durchgehend auf »nationale Gruppe« verkürzt; die entsprechenden Auslassungen sind nicht gekennzeichnet, um andere Verkürzungen deutlich hervortreten zu lassen.

6 Zum Text vom 24. 10. 1970: Siehe S. 66.

Quelle:

»Volksgruppenrecht und Minderheitenschutz«; hsg. v. Internationalen Institut für Nationalitätenrecht und Regionalismus – INTEREG; München, 1978; S. 54 ff.

****

Resolution **1979, 4. März**[1]

der Sudetendeutschen Landsmannschaft und des Sudetendeutschen Rates[2]**:**

Schaffung eines internationalen Minderheiten- und Volksgruppenrechts

Legitimiert durch
- ihre geschichtliche Erfahrung im Vielvölkerstaat der österreichisch-ungarischen Monarchie;
- ihr Schicksal im Mehrvölkerstaat der Ersten Tschechoslowakischen Republik;
- die völkerrechtswidrige Vertreibung aus ihrer angestammten Heimat in Böhmen, Mähren und Sudetenschlesien;
- ihre Leistung beim Wiederaufbau eines freiheitlich-demokratischen Rechtsstaats in der Bundesrepublik Deutschland;
- ihr Eintreten für die Menschenrechte, die Anerkennung des Selbstbestimmungsrechts der Völker und Volksgruppen sowie des Rechts auf die Heimat

stellen die Bundesversammlung der Sudetendeutschen Landsmannschaft und der Sudetendeutsche Rat für die sudetendeutsche Volksgruppe fest:

1. Die Anerkennung der individuellen Menschenrechte, insbesondere die nur formelle staatsbürgerliche Gleichstellung und das Verbot der Diskriminierung Einzelner als Angehörige einer ethnischen Minderheit oder Volksgruppe, sind für sich allein keine Garantien gerechter Behandlung und Erhaltung ihrer Eigenart.
2. Die Mißachtung der Rechte von Minderheiten und Volksgruppen war unter anderem Ursache, Anlaß oder Vorwand für gewaltsame innerstaatliche und internationale Aktionen, auch für den Ausbruch des Ersten und Zweiten Weltkrieges.
3. Die Mißachtung der Rechte von Minderheiten und Volksgruppen führte in vielen Fällen zu ihrer Entnationalisierung und Vertreibung.
4. Ungelöste Minderheiten- und Volksgruppenprobleme erzeugen immer wieder Konfliktherde und führen zu Terror und bewaffneten Auseinandersetzungen, zum Beispiel
   - im Nahen Osten durch Verweigerung des Rechts auf die Heimat für die Palästinenser und Mißachtung der Existenzrechte Israels,
   - in Afrika durch den untauglichen Versuch der bloßen Machtverschiebung von einer Bevölkerungsgruppe auf eine andere, ohne Rücksicht auf die Lebensinteressen einzelner Minderheiten und Volksgruppen,
   - in Europa überall dort, wo das Prinzip des Föderalismus oder Regionalismus mißachtet wird.
5. Die Verletzung der Menschenrechte der heute noch in Ost- und Mitteleuropa lebenden Millionen Deutschen ist insbesondere dadurch gekennzeichnet, daß ihnen Minderheiten- oder Volksgruppenrechte vorenthalten werden. Die angestammte Heimat wird ihnen dadurch zur Fremde. Sie sehen sich deshalb veranlaßt, sie zu verlassen, um als freie Deutsche leben zu können.

Die Bundesversammlung der Sudetendeutschen Landsmannschaft und der Sudetendeutsche Rat erinnern daran, daß es in der Geschichte Vorbilder und Vorschläge für Regelungen des Zusammenlebens von Volksgruppen oder von Minderheiten mit dem Mehrheitsvolk in einem Staate gibt, wie etwa

- den Verfassungsentwurf des Kremsierer Reichstages 1848[3],
- die Paulskirchenverfassung vom 28. März 1849 (§ 188)[4],
- Art. 19 des österreichischen »Staatsgrundgesetzes vom 21. 12. 1867[5] über die allgemeinen Rechte der Staatsbürger« (»Alle Volksstämme des Staates sind gleichberechtigt«),
- das »Brünner Programm« der österreichischen Sozialdemokraten aus dem Jahre 1899[6] (»Österreich ist umzubilden in einen Nationalitäten-Bundesstaat«),
- den »Mährischen Ausgleich« vom 27. November 1905[7] (getrennte Kurien und Kombination von Gruppen- und Personal-Rechten durch entsprechende Verfassung, Wahl, Sprachen- und Schulgesetze).

Die Bundesversammlung der Sudetendeutschen Landsmannschaft und der Sudetendeutsche Rat weisen ferner darauf hin, daß in verschiedenen Staaten – wenn auch unterschiedlich praktiziert – Regelungen von Rechten für Minderheiten und Volksgruppen bestehen, so z. B.

- das Südtirol-Abkommen aus dem Jahre 1946[8] zwischen der Republik Italien und der Republik Österreich mit dem 1969 ausgehandelten Paket innerstaatlicher Regelungen Italiens für Südtirol (Südtirol-Paket),
- das Volksgruppengesetz der Republik Österreich vom 7. Juli 1976,
- die Erklärung der Regierung der Bundesrepublik Deutschland vom 29. März 1956 zur dänischen Minderheit,
- die Erklärung der Dänischen Regierung vom 29. März zur deutschen Minderheit in Dänemark,
- die Verfassung der Sozialistischen Föderativen Republik Jugoslawiens vom 21. Februar 1974.

Die Bundesversammlung der Sudetendeutschen Landsmannschaft und der Sudetendeutsche Rat bedauern, daß das internationale Recht kein allgemeines Schutzsystem für Minderheiten und Volksgruppen sowie keinen konkreten Schutz vor Entnationalisierung und Vertreibung kennt. Ansatzpunkte für die Entwicklung eines solchen Schutzsystems sind jedoch vorhanden, so etwa

- die Konvention über die Verhütung und Bestrafung des Völkermords vom 9. Dezember 1948[9],
- Artikel 2 der Allgemeinen Erklärung der Menschenrechte vom 10. Dezember 1948[10], wonach die Rechte und Freiheiten aus dieser Erklärung ohne Diskriminierung unter anderem wegen Rasse, Sprache oder nationaler Herkunft beansprucht werden können,
- Artikel 14 der Europäischen Konvention zum Schutze der Menschenrechte und Grundfreiheiten vom 4. November 1950[11], der den Genuß der Rechte und Freiheiten dieser Konvention ohne Unterschied z. B. der Rasse, Sprache, nationalen Herkunft oder Zugehörigkeit zu einer nationalen Minderheit gewährleistet,
- Artikel 3 und 4 des 4. Zusatzprotokolls zur Europäischen Konvention zum Schutze der Menschenrechte und Grundfreiheiten vom 16. September 1963[12], in denen die Freizügigkeit gewährleistet und ein Verbot von Kollektivausweisungen ausgesprochen wird,
- das Internationale Übereinkommen zur Beseitigung jeder Form von Rassendiskriminierung vom 21. Dezember 1965,
- die Artikel 1 der Internationalen Pakte über wirtschaftliche, soziale und kulturelle sowie über staatsbürgerliche und politische Rechte vom 19. Dezember 1966[13], in denen das Recht auf Selbstbestimmung der Völker grundsätzlich anerkannt wird,
- Artikel 27 des Internationalen Paktes über staatsbürgerliche und politische Rechte vom 19. Dezember 1966[14], der vorschreibt, daß Angehörigen von Minderheiten nicht das Recht entzogen werden darf, in Gemeinschaft mit anderen Angehörigen ihrer Gruppe ihre eigene Kultur zu pflegen, sich zu ihrer eigenen Religion zu bekennen und sie auszuüben oder sich ihrer eigenen Sprache zu bedienen,
- die Arbeit der Unterkommission der Vereinten Nationen zur Verhinderung von Diskriminierung und zum Schutze der Minderheiten,
- die politischen Aussagen in der Schlußakte der Konferenz über Sicherheit und Zusammenarbeit in Europa in Helsinki vom 1. August 1975[15], in deren Prinzip VII das Recht zur Ausübung der Religion in der Gemeinschaft mit anderen ebenso anerkannt ist, wie in dem sogenannten Korb III das Recht von Personen, die zu Minderheiten gehören, auf Gleichheit vor dem Gesetz und Schutz ihrer Menschenrechte, Grundfreiheiten und berechtigten Interessen sowie die Pflege der Kultur ermöglicht werden soll.

Angesichts dieser Voraussetzungen halten die Bundesversammlung der Sudetendeutschen Landsmannschaft und der Sudetendeutsche Rat die Schaffung eines international anerkannten und geschützten Minderheiten- und Volksgruppenrechts

- zur Verwirklichung der Menschenrechte für Minderheiten und Volksgruppen,
- zur Gewährleistung des Friedens und der Sicherheit innerhalb der Staaten und zwischen den Staaten sowie
- zur Erfüllung eines Höchstmaßes an Gerechtigkeit

für möglich und dringend geboten.

Ein solches Minderheiten- und Volksgruppenrecht muß von folgenden Prinzipien getragen sein[16]:

1. Garantie des Gruppenstatus und von Grundrechten der Minderheiten und Volksgruppen durch Anerkennung
   - des Rechts auf die Existenz einer Volksgruppe, insbesondere als nationale oder kulturelle Einheit,
   - des Rechts des Einzelnen, sich frei zu einer Volksgruppe zu bekennen,
   - des Rechts auf die Heimat für die Volksgruppe,
   - des Rechts auf freie wirtschaftliche, soziale und kulturelle Entwicklung sowie

- des Rechts auf Autonomie in einem von der Volksgruppe bewohnten Gebiet oder als Personalverband,

und ein Verbot
- der Entnationalisierung,
- der Vertreibung oder Zwangsumsiedlung,
- des Entzugs der Staatsangehörigkeit und der Diskriminierung wegen Zugehörigkeit zu einer Minderheit oder Volksgruppe.

2. Gewährleistung des Rechts auf angemessene Mitwirkung im Staate durch
   - Bildung eigener politischer Parteien oder Beteiligung an allgemeinen politischen Parteien,
   - Vertretung in den Parlamenten und Volksvertretungen aller Ebenen ohne Behinderung durch Sperrklauseln oder Vorschriften über Grundmandate, so daß gegebenenfalls eine Mindestzahl von Mandaten einzuräumen ist,
   - Vetorecht in allen Angelegenheiten, die für die Existenz und Erhaltung der Volksgruppe Bedeutung haben und
   - Bildung von Beiräten für die Angelegenheiten der Minderheit oder Volksgruppe.
3. Einräumung des Rechts auf Selbstbestimmung durch
   - freie Wahlen,
   - weitgehende Gesetzgebungs- und Verwaltungsautonomie, insbesondere in Angelegenheiten der Kultur, Erziehung, Sprache, Religion und Information (z. B. in Presse und Rundfunk) sowie in Angelegenheiten der wirtschaftlichen und sozialen Entwicklung,
   - gegebenenfalls Selbstregierung.
4. Gewährleistung des Rechts auf
   - Gebrauch der Muttersprache u. a. in den Volksvertretungen, vor Verwaltungsbehörden und Gerichten, zumindest im Siedlungsgebiet der Minderheit oder Volksgruppe,
   - Ortsbezeichnung in der Sprache der Volksgruppe,
   - Familien- und Vornamen nach Sprache und Überlieferung der Volksgruppe.
5. Gewährleistung des Anspruchs auf eigene Schulen, Hochschulen, berufsbildende Schulen und Einrichtungen, Kindergärten sowie Schulaufsichtsorgane.
6. Gesetzliche Festlegung des Anspruchs auf Förderung von Maßnahmen und Vorhaben zur Erhaltung und Sicherung des Bestandes der Volksgruppe, ihrer Kultur, ihres Volkstums sowie ihrer Eigenart und ihrer Rechte.
7. Gewährleistung
   - des Zugangs zu allen öffentlichen Ämtern und
   - der Einstellung als öffentlich Bediensteter oder Angehöriger der Polizei bzw. bewaffneten Macht im Gebiet der Volksgruppe.
8. Sicherstellung der entsprechenden Beteiligung an den öffentlichen Finanzen, an der internationalen Vertretung des Staates im Verhältnis zu anderen Staaten und in den Organen internationaler Organisationen.

Die Einhaltung dieser Prinzipien eines Minderheiten- und Volksgruppenrechts ist sicherzustellen durch
- internationale Konventionen auf weltweiter oder regionaler Ebene,
- ein internationales Rechtsschutzsystem, das der Minderheit oder Volksgruppe als solcher sowie dem einzelnen Angehörigen ein Beschwerde- und Klagerecht einräumt,
- Erstreckung der internationalen Schiedsgerichtsbarkeit und Gerichtsbarkeit auf Angelegenheiten des Minderheiten- und Volksgruppenrechts und
- Sanktionen bei Verletzung von Rechten der Volksgruppen und Minderheiten sowie bei Verletzung des Verbots der Entnationalisierung und der Vertreibung.

Die Sudetendeutsche Landsmannschaft und der Sudetendeutsche Rat appellieren an
- die Parlamente und Regierungen der Bundesrepublik Deutschland und ihrer Länder,
- die politischen Parteien,

– die Kirchen und Religionsgemeinschaften sowie
– die internationalen Zusammenschlüsse, insbesondere die Vereinten Nationen, den Europarat und die Europäische Gemeinschaft,

alsbald ein international anerkanntes Minderheiten- und Volksgruppenrecht zu schaffen. Dieser Appell richtet sich insbesondere an die Jugend der Völker.

Anmerkungen:

1 Es handelt sich um den 60. Jahrestag des 4. März 1919, siehe dazu S. 262.
2 Die Resolution wurde in einer Erklärung erläutert. Erklärung und Resolution wurden der Öffentlichkeit vorgelegt.
3 Zum Text: Siehe S. 194.
4 Zum Text: Siehe S. 196.
5 Zum Text: Siehe S. 204.
6 Zum Text: Siehe S. 212.
7 Zum Inhalt: Siehe S. 214.
8 Zum Text: Siehe S. 22.
9 Zum Text: Siehe S. 24.
10 Zum Text: Siehe S. 25.
11 Zum Text: Siehe S. 34.
12 Zum Text: Siehe S. 57 f.
13 Zum Text: Siehe S. 60.
14 Zum Text: Siehe S. 61.
15 Zum Text: Siehe S. 67 ff.
16 Die nachfolgenden Prinzipien 1 bis 8 gingen in einen Vorschlag des 27. Kongresses der »Föderalistischen Union Europäischer Volksgruppen (FUEV)« (Apenrade, Dänemark; 14.–16. 9. 1979) ein. Zeitlich parallel dazu wurden sie in eine Entschließung des Europäischen Parlaments (vom 20. 2. 1979; siehe S. 82) übernommen.

Quelle:
Eigene Aufzeichnung des Verfassers; Abdruck in »DzS«; 4. Aufl.; München, 1984; S. 56 ff.

****

Kurzbericht: **1979–1995**
Volksgruppen-/Minderheitenrecht in Europa sowie Vertreibungsverbot in der Welt

A) *Vorbemerkungen*

1. *Es wäre einerseits eine Darstellungslücke, die Entwicklung der öffentlichen Meinungsbildung zum Volksgruppenrecht in Europa völlig auszusparen. Es würde andererseits den Rahmen der Darstellung sprengen, diese (natürlich bereits früher beginnende, aber) nach der Europäischen Wende 1989/90 und den Ereignissen im ehemaligen Jugoslawien ab 1991 an sachlicher Bedeutung zunehmende Entwicklung in üblicher Form zu belegen.*
2. *Die nachfolgende Zusammenstellung umfaßt darüber hinaus nur Angaben und Auszüge einiger der vorliegenden Texte. Der Schwerpunkt liegt auf europäischen Aktivitäten des vorparlamentarischen Raumes und der Ebene von Kommissionen und Ausschüssen, aus denen interessante Impulse in Plenarsitzungen und Regierungen kamen. In Verzahnung mit abgeschlossenen Vereinbarungen kann daraus ein gewisser Einblick in die Vorgeschichte mancher rechtlicher Fortschritte gewonnen werden.*
3. *In Verbindung mit den Entwicklungen in den UN zur Vertreibungsfrage[1] und zum Internationalen Strafgerichtshof[2] wird jedoch damit zugleich die noch zurückzulegende weite Wegstrecke zum Ziel markiert: Dieses bleibt ein weltweites effektives Vertreibungsverbot als Voraussetzung menschenrechtlicher und justiziabler Gruppenrechte schwacher, einzelner Menschen gegenüber unverändert mächtigen Staaten.*

B) *Zur Entwicklung im Zeitraum 1979–1995*

1979, 20. 2.: *Das (1.) Europäische Parlament (EP) beauftragte die Europäische Kommission,* »eine Konvention der Rechte und sonstigen Schutzbestimmungen zugunsten der Volksgruppen und sprachlichen Minderheiten innerhalb der EG zu erarbeiten«.[3]

1979, 28. 9.: *Mitglieder des EP beantragten eine* »Charta der Rechte ethnischer Minderheiten«.[4]

1979, 16. 10.: *Mitglieder des EP beantragten eine* »Charta der in der Gemeinschaft bestehenden Regionalsprachen und -kulturen«.[5]

1980, 15. 2.: *Mitglieder des EP beantragten* »die ⟨*rechtliche*⟩ Anerkennung der Minderheiten wie der ethnischen, kulturellen und sprachlichen Gruppen in der Gemeinschaft«.[6]

1980, 8. 7.: *MdEP Coppieters brachte den Entwurf der INTEREG, München*[7] *als Basis einer* »Europäischen Charta für den Schutz der Rechte von Völkern und Minderheiten« *ein.*[8]

1981, 15./16. 3.: *Bericht des EP-Kulturausschusses*[9] *zu Charten-Vorschlägen aus 1979 (siehe oben).*
Debatte im EP-Plenum zu gleichem Thema.[10]

1981, 7. 10.: *Empfehlung der Parlamentarischen Versammlung des Europarates (PV-ER), für Minderheitengebiete u. a. neben den* »üblichen« *geographischen Bezeichnungen auch jene der* »Originalsprache des jeweiligen Gebietes« *wieder einzuführen.*[11]

1981, 16. 10.: *Das EP beantragte eine Europäische* »Gemeinschaftscharta der Regionalsprachen und -kulturen« *und eine* »Charta der Rechte ethnischer Minderheiten«.[12]

1983, 6. 9.: *KSZE-Beschlüsse der Konferenz von Madrid.*[13]

1983, 29. 9.: *In einem Entwurf des EP zur* »Verfassung der Europäischen Union« *hieß es im* »Artikel 14: Rechte der Volksgruppen und ihrer Zugehörigen

1. Die Volksgruppen und sprachlichen Minderheiten stehen unter dem besonderen Schutz der Union.
2. Jeder Unionsbürger hat das Recht, sich frei zu einer Volksgruppe zu bekennen und die Sprache und die Kultur der Volksgruppe zu pflegen.
3. Ein Unionsgesetz regelt die Anerkennung und den Gruppenstatus.«

Der Artikel 45 sah »Regionalräte« *der Gemeinden vor, welche Unionstaatsgrenzen überschreiten könnten und in einem* »Unionsregionalrat« *auf europäischer Ebene tätig werden sollten.*[14]

1984, 31. 7.: *In einem Antrag forderten 42 Mitglieder des EP Minderheitenschutz und Vertreibungsverbot.*[15]

1987, Anfang: *Der* »Unterausschuß für die Verhütung der Diskriminierung und den Schutz der Minderheiten« *der UN-MR-Kommission veröffentlichte einen umfangreichen, zwischen 1970 und 1985 erarbeiteten Studienbericht zur* »Frage der Diskriminierung einheimischer Bevölkerungen.«[16]
Darin wurde in Bd. V »Schlußfolgerungen, Vorschläge und Empfehlungen« *unter der Nr. 470 gefordert, die Abschaffung traditioneller Orts- und Personennamen müsse aufhören.*[17] *Der Text lautete:*
»470. Die unerbetene Zuweisung ⟨*neuer Orts-*⟩Namen und der willkürliche Ersatz traditioneller durch fremde Namen, die anderen Kulturen angehören, ... stellen mindestens kulturelle Eingriffs- und Aggressionshandlungen dar. Die Abschaffung der traditionellen einheimischen Ortsnamen und die Zuweisung von Personennamen, welche der einheimischen Kultur fremd sind und von den betreffenden einheimischen Personen weder gewünscht

noch anerkannt wurden, muß aufhören. Es müssen ⟨*demgegenüber*⟩ Anstrengungen unternommen werden, welche die Wiederbelebung traditioneller einheimischer Orts- und Personennamen durch möglichst weitgehende Entfernung ihrer hinzugefügten auswärtigen Bestandteile fördern, wenn die einheimischen betroffenen Personen dies verlangen.«

1987, 30. 10.: *In einer Entschließung des EP* »zu den Sprachen und Kulturen der regionalen und ethnischen Minderheiten in der EG« *wurden die Chartenanträge vom 16. 10. 1981 (siehe oben) bekräftigt.*[18]

1988, 17. 3.: *Ein* »Draft report on a charter establishing the rights of ethnic groups living in the member states of the European Community. Part A: Proposal for a resolution« *des Berichterstatters Franz Ludwig Graf von Stauffenberg wurde veröffentlicht.*[19]

1990, 21. 4.: *In einer von der ungarischen Regierung einberufenen internationalen Konferenz mit Teilnehmern aus 17 Staaten in Budapest wurde u. a. neben dem Entwurf eines ungarischen Minderheitenschutzgesetzes*[20] *auch der Entwurf einer »europäischen Minderheitenkonvention« diskutiert und verabschiedet.*

Ziel der vorgelegten Konvention, »die weit über den sehr verwaschenen UNO-Deklarationsentwurf zum Minderheitenschutz und den Minderheitenschutzartikel Nr. 27 des Weltpaktes über politische und zivile Rechte[21] hinausgeht«, war ein absoluter Gruppenschutz. Als Minderheit wurde jede Gruppe angesehen, die sich gegenüber der Gesamtzahl der Staatsbevölkerung in der Minderheit befindet, deren Mitglieder z. B. nationale Eigenheiten aufweisen und ein Solidaritätsbewußtsein erkennen lassen, das auf deren Bewahrung gerichtet ist.

Nach Art. 2 des Entwurfes hat jede ethnische Minderheit ein unabdingbares Recht darauf, als solche anerkannt zu werden, und ein Recht auf Fortbestehen.

Eine Politik der Assimilierung der Minderheitsangehörigen dürfen die Vertragsstaaten nicht führen. Ebenso ist jede Politik der Staaten untersagt, die ethnische Verhältnisse der ganz oder teilweise von Minderheiten bewohnten Gebiete verändert oder eine solche Veränderung unterstützt.

Die Minderheitensprachen sind mit der staatlichen Amtssprache gleichberechtigt. Ortsnamen sind auch in der Minderheitssprache auszuschildern.

Die Vertragsstaaten bieten den Minderheiten in deren Siedlungsgebieten einen systematischen Elementar- und Oberschulunterricht in der Minderheitssprache. Private Minderheitenschulen müssen gestattet sein.

Die Minderheiten haben das Recht, Zeitungen in ihrer Sprache herauszubringen.

Bei Verletzungen der Konvention kann der Internationale Gerichtshof angerufen werden.

Schließlich ist für alle Vertragsstaaten der Konvention ein Bündel von Normen vorgesehen, die den namentlich aufzuzählenden Minderheiten internes Selbstbestimmungsrecht übertragen, bestehend nicht zuletzt aus einem Vollzugskomitee mit entsprechenden Kompetenzen. Die Minderheiten-Selbstregierung erhält namentlich aufgezählte Kompetenzen zur Regelung übertragen (28 Autonomie-Artikel).«[22]

1990, 29. 6.: KSZE – Kopenhagener Deklaration[23].

1990, 1. 10.: *Die PV-ER beschloß die Richtlinie 456* »betreffend Minderheitenrechte«[24] *sowie die Empfehlung 1134 (1990)* »betreffend Minderheitenrechte«[25], *in der* »Grundprinzipien zu Minderheitenrechten« *aufgestellt wurden und dem*

Ministerrat des ER empfohlen wurde, »ein Protokoll zur Europäischen Konvention der Menschenrechte oder eine besondere Konvention des ER auszuarbeiten«, *um diese Rechte zu schützen.*
Der Ministerrat des ER beantwortete Richtlinie und Empfehlung erst am 1. 6. 1995[26] *mit Hinweis auf die Konvention vom 10. 11. 1994/1. 2. 1995.*[27]

1990, 14. 11.: *Die Kommission »Politik, Verfassung, Recht« des Zentralkomitees (ZK) der deutschen Katholiken wies auf die Vorteile einer europäischen* »Volksgruppencharta« *einschließlich des Prinzips der* »personalen Autonomie« *hin.*[28]

1990, 21. 11.: KSZE-Charta von Paris[29].

1991, Februar: *Die Fraktion der Europäischen Volkspartei (EVP; in Deutschland CDU/CSU) brachte im EP den Entwurf einer* »Konvention zum Minderheiten- und Volksgruppenrecht in Europa« *ein. Der* »Charta-Entwurf« *wurde von den Antragstellern (darunter Franz Ludwig Graf von Stauffenberg) selbst wie folgt beschrieben:*
»Nach Definitionen und Abgrenzungen (Art. 1) stellt er ⟨*d. h. der Entwurf*⟩ die persönlichen Rechtsansprüche von Menschen in den Mittelpunkt (Art. 2). Ihnen zugeordnet sind die Kollektivrechte der Gruppe, ohne die die Rechte des einzelnen nicht hinreichend gewährt werden können. Zu ihnen gehört das Recht auf gemeinschaftliche Heimat, auf Gruppenidentität und auf eine eigene Organisation (Art. 3). Es folgen zusätzliche Pflichten der Staaten, die über die einklagbaren Rechte einzelner und der organisierten Gruppen hinausgehen und die die aktive Fürsorgepflicht der Staaten insbesondere gegenüber benachteiligten und schutzbedürftigen Minderheiten charakterisieren (Art. 4). Schließlich regelt Art. 5 die Durchsetzung von Einzel- und Gruppenrechten vor ordentlichen Gerichten bis äußerstenfalls hin zum Europäischen Gerichtshof. Hier soll auch besondere Vorsorge getroffen werden, daß Volksgruppen auch dann gerichtlichen Schutz finden, wenn sie vom Staat nicht anerkannt oder an der Bildung einer handlungsfähigen Organisation gehindert werden.«[30]

1991, 8. 2.: *Die* »Europäische Kommission für Demokratie durch Recht«, *ein aus Experten verschiedener Mitgliedsstaaten bestehendes beratendes Gremium des ER, legte dem Ministerrat den Entwurf einer* »Europäischen Konvention zum Minderheitenschutz« *vor.*[31]

1991, 24. 6.: *Der ER veröffentlichte den Entwurf einer* »Europäischen Charta für Regional- und Minderheitensprachen«.[32]

1991, 27. 8.: Ermacora Rechtsgutachten[33].

1991, 12. 9.: *Ein Entschließungsantrag des EP zur Menschenrechtspolitik der Gemeinschaft*[34] *wies u. a. auf zahlreiche Volksgruppenkonflikte in multinationalen Staaten der ganzen Welt hin.*[35]

1991, 25. 9.: *Eine Kommissionserklärung des ZK der deutschen Katholiken zu* »Volksgruppen in einem vereinten Europa« *ging von den durch die friedliche Überwindung des Ost-West-Gegensatzes offengelegten* »Problemen und Konflikten« *aus*[36]:
»2. Dazu gehört die Situation vieler Volksgruppen, die ihre kulturelle und politische Selbstbestimmung nicht wahrnehmen konnten und sich als Minderheit erheblich benachteiligt gefühlt haben. Für sie wie für alle anderen Minderheiten gilt, daß Freiheit, Frieden und Demokratie in Europa ohne einen rechtlich und taktisch geregelten und garantierten Minderheitenschutz nicht gedeihen können.
. . .
4. Zur Wahrung der persönlichen Integrität gehört die freie Herausbildung

der individuellen und sozialen Identität. In bezug auf Volksgruppen, d. h. auf Minderheiten, die sich in der Regel von der im Staat lebenden Mehrheit oder von anderen Minderheiten vor allem durch eine eigene Sprache und eine sich in ihr bezeugende historisch-kulturelle Gemeinsamkeit unterscheiden und häufig eine territoriale Verbundenheit teilen, gilt es vor allem, diese Elemente ihrer Identität rechtlich und politisch abzusichern und diesbezüglich politische, soziale oder ökonomische Diskriminierungen auszuschließen. Angesichts der Wanderungsbewegungen in Europa wird diese Aufgabe sich nicht nur für traditionelle, historisch in Europa gewachsene Volksgruppen, sondern auch für neue ethnisch-kulturelle Gruppierungen stellen.«

1991, 31. 10.: *Ein Bericht an den PV-ER-Ausschuß für Rechts- und Menschenrechtsfragen über* »Minderheitenschutz in Europa« *von Florence Benoit-Rohmer*[37] *stellte mehrere Entwürfe dar, diskutierte die in ihnen enthaltenen wichtigsten Definitionen und empfahl neuerlich eine Europäische Konvention zum Minderheitenschutz als Protokoll der EKMR.*
Das Datum des Berichtes wird (in 1992, 15. 1.) auch mit 18. 10. angegeben.

1991, 2. 11.: *Vertreter von 27 christlich-demokratischen Parteien aus 19 europäischen Staaten gaben in Preßburg (Slowakei) eine Erklärung*[38] *über die* »nationalen Minderheiten in Europa« *ab.*

1991, 26. 11.: *Die Republik Österreich legte dem ER-Ministerrat den* »Entwurf eines Zusatzprotokolls zur ⟨*Europäischen*⟩ Konvention der Menschenrechte und Grundfreiheiten über den Schutz der Volksgruppen« *vor.*[39]

1991, 12. 12.: *Ein von einer Arbeitsgruppe der UN erarbeiteter Entwurf einer Erklärung über die Rechte nationaler/ethnischer, religiöser und sprachlicher* »Minderheiten« *wurde veröffentlicht.*[40]

1992, 15. 1.: *Das Wirtschafts- und Sozialinstitut der »Europäischen Akademie« Bozen (Südtirol) veröffentlichte den Entwurf einer* »Konvention über die Grundrechte der europäischen Volksgruppen«, *welcher als Zusatzprotokoll zur EKMR vorgesehen wurde.*[41]

1992, 5. 2.: *Die PV-ER beschloß die Richtlinie 474, in welcher unter Bezugnahme auf den Entwurf Österreichs vom 26. 11. 1991 neuerlich (siehe 1990, 1. 10.) ein Zusatzprotokoll zur EKMR über* »Minderheitenrechte« *und eine Charta zum* »Schutz von Regional- und Minderheitensprachen« *gefordert wurden.*[42]
Von der PV-ER dazu auch Empfehlung 1177 (1992).[43]

1992, 21. 2.: *Die UN-MR-Kommission verabschiedete den Entwurf einer UN-*»Minderheitenrechtserklärung«.[44]

1992, Mai: *Die Delegiertenversammlung der FUEV beschloß einstimmig den Bozener Entwurf (vom 15. 1. 1992).*[45]

1992, 30. 6.: *Ein Bericht an den PV-ER-Ausschuß für Rechts- und Menschenrechtsfragen über* »Minderheitenrechte« *von Florence Benoit-Rohmer stellte v. a. die Durchsetzungsabläufe einer* »Minderheitenkommission« *des ER dar.*[46]

1992, 17. 9.: *Der 14. Kongreß der Sozialistischen Internationale (15.–19. 9. 1992) verabschiedete in Berlin eine 25 Punkte umfassende* »Erklärung zu Minderheiten und Menschenrechten«.[47]
In dieser wurden die Minderheiten definiert, ihre Schutzwürdigkeit dargestellt und erklärt:
»16. Das Verbot aller Formen von Vertreibungen oder Zwangsumsiedlungen ist eine unabdingbare Vorbedingung, wie im kürzlichen KSZE-Dokument von Helsinki[48] und in Art. 13 des Internationalen Paktes über Bürgerliche und Politische Rechte[49] ausgesagt.

Die Sozialistische Internationale wird alle Schritte für eine UN-Konvention gegen jede Form der Ausweisung von Minderheiten ermutigen.«

1992, 8. 10.: Europäische Charta der Regional- oder Minderheitensprachen.[50]

1992, Ende Nov. *Vorlage des FUEV-Entwurfes (Mai 1992) im ER-Expertenausschuß für nationale Minderheiten.*[51]

1993, 1. 2.: *Die PV-ER beschloß in ihrer Empfehlung 1201 (1993) ein* »Zusatzprotokoll zur EKMR betreffend Personen, die zu nationalen Minderheiten gehören« *und empfahl dem Ministerrat, dieses bei dem vorgesehenen Wiener Gipfeltreffen der Staats- und Regierungschefs des ER (8./9. 10. 1993) zur Unterzeichnung aufzulegen.*[52]
Dies erfolgte jedoch nicht; siehe unten: 1993, 9. 10.

1993, 4. 2.: *Die PV-ER beschloß, den Rechtsstatus der baltischen Staaten, im Unterschied zu anderen früheren Sowjetrepubliken, als* »countries formerly occupied by the Soviet Union« *anzusehen. Die PV-ER stellte auch fest, daß* »the repatriation of Russians from the Baltic States was not resulting from national discrimination but called the process ›a loss of privileges‹«.[53]

1993, 22. 6.: *Die Fraktionen (ohne PDS) des Deutschen Bundestages begrüßten den Entwurf des* »Zusatzprotokolls zur EKMR über die Rechte nationaler Minderheiten« *(siehe oben, 1. 2. 1993), erinnerten an ihren Beschluß vom 18. 6. 1991*[54] *und forderten die Bundesregierung auf, das Zusatzprotokoll am 8./9. 10. 1993 in Wien zu zeichnen.*[55]
Dies erfolgte jedoch nicht; siehe unten: 1993, 9. 10./4. 11.

1993, 9. 10.: »Wiener Erklärung« *des ER*[56]*; vorgeschlagenes Zusatzprotokoll (siehe oben: 1993, 9. 2.) wurde zurückgewiesen. Beschlossenes Vorgehen siehe unten: 1993, 4. 11.*

1993, 4. 11.: *Auf Grund der Beschlüsse des Wiener Gipfels der ER-Staats- und -Regierungschefs vom 9. 10. 1993 beauftragte der ER-Ministerrat einen Ad-hoc-Ausschuß für den Schutz nationaler Minderheiten (CAHMIN), bis 30. 6. 1994 ein Rahmenschutzabkommen und bis 31. 12. 1995 ein Protokoll zur EKMR über individuelle kulturelle Rechte für Minderheitsangehörige auszuarbeiten.*[57]

1994, 26. 10.: *Abgeordnete der PV-ER aus verschiedenen Ländern und Parteien brachten auf Initiative des Litauers Landsbergis einen Antrag ein* »Zur Erhaltung der Ortsnamen des europäischen kulturellen Erbes in Gebieten, wo sie durch Fremdenfeindlichkeit vernichtet wurden«.[58] *Der Text lautete:*
»1. Die unterzeichneten Versammlungsmitglieder sind der Auffassung, daß die Namen von Orten und Gewässern, die bis ins 20. Jahrhundert in fester, langfristiger ⟨*Weise die*⟩ ethnisch-kulturelle Erinnerung bewahrt haben, zum höchsten kulturellen Erbe Europas gehören, welches für die Zukunft bewahrt werden muß.
2. Dies war häufig nicht der Fall bzw. dieses Erbe wurde vorsätzlich durch die Umbenennung sowohl von Städten und Dörfern als auch sogar von Flüssen und Seen zerstört. Solche Namen sind jedoch von besonderem Wert für das dynamische und tolerante neue Europa, welches sich aus dem vorherigen entwickelte, sowie für die fortdauernde europäische Vielfalt.
3. Totalitäre Regime praktizierten diese Zerstörung auf außerordentlich unbarmherzige Art. Unter allen von solchen Praktiken ernsthaft betroffenen Gebieten muß heute das Königsberg-Kaliningrad-Gebiet hervorgehoben werden, da es seines namensmäßig kulturellen Erbes ⟨*eines v. a. deutschen Ortsnamenbestandes*⟩ vollständig beraubt wurde.
4. Wir bitten die Versammlung, sich an die Bewohner dieses Gebietes ge-

meinsam mit ihren Verwaltungseinrichtungen zu wenden, um neue Möglichkeiten zur Wiederherstellung der wahren baltischen und deutschen Ortsnamen zu erwägen, wo totalitäre Willkür die europäischen Traditionen und das seit langer Zeit bestehende Erbe ignorierte und versuchte, die Geschichte sogar der Erde umzuschreiben (to rewrite the very book of the Earth).«

1994, 10. 11.: *Der Ministerrat des ER beschloß den Text des* »Rahmenübereinkommens zum Schutz nationaler Minderheiten«.[59] *Dieser wurde am* ...

1995, 1. 2.: ... *zur Unterzeichnung aufgelegt.*[60]

1995, 17. 8.: *Die UN-Kommission für die Eliminierung von Rassendiskriminierung (CERD) verabschiedete die Entscheidung 2 ihrer 47. Sitzung zur »Lage in Bosnien-Herzegowina«.*
Hierin hieß es u. a.: »Die Kommission ... verlangt, daß den Menschen die Möglichkeit gegeben wird, sicher an die Orte zurückzukehren, welche sie vor dem Beginn des Konfliktes bewohnten, und daß ihre Sicherheit und ihre tatsächliche Beteiligung am Ablauf des öffentlichen Lebens garantiert werden.«[61]

1995, 13. 11.: *Der ER-Ausschuß CAHMIN (siehe oben: 1993, 4. 11.) beschäftigte sich in seiner 13. Sitzung*[62] *u. a. mit einem Vorschlag Österreichs vom 10. 7. 1995*[63] *zu einem Protokoll zur EKMR über individuelle kulturelle Rechte von Minderheitsangehörigen.*

1995, 31. 12.: *Der Termin für die Vorlage eines Protokolls zur EKMR über Minderheitsrechte lief ab; die Arbeiten wurden – mindestens zunächst – eingestellt.*[64]

C) Fundstellen und Quellen:

1 Siehe dazu S. 165.
2 Siehe dazu S. 168.
3 Europäische Gemeinschaften – Europäisches Parlament: »Sitzungsdokumente« (im folgenden: EG-EP-SD): Dok. 1-790/79, PE 63238; 5 ms. S.
4 EG-EP-SD: Dok. 1-371/79, PE 59835; 2 ms. S.
5 EG-EP-SD: Dok. 1-436/79: PE 60833.
Der Antrag wurde an den Politischen Ausschuß überwiesen.
Vgl. »Amtsblatt der EG«; Brüssel (im folgenden: »Amtsblatt); Nr. C 266 v. 22. 10. 1979; S. 49.
6 EG-EP-SD: Dok. 1-794/79, PE 63240; 2 ms. S.
Der Antrag wurde an den Politischen Ausschuß überwiesen.
Vgl. »Amtsblatt«; Nr. C 59 v. 10. 3. 1980; S. 53.
7 Zum Text von Anfang 1979: Siehe S. 73.
8 EG-EP-SD: Dok. 1-298/80.
9 EG-EP-SD: Dok. 1-965/80; PE 70179:
»Bericht über eine ⟨Europäische⟩ Gemeinschafts-Charta der Regionalsprachen und Kulturen sowie eine Charta der Rechte ethnischer Minderheiten« von Gaetano Arfé. So in F. Benoit-Rohmer, 31. 10. 1991.
10 EP: Dok. PE 74858, 74859.
11 ER-PV, 33. Per.: Dok. I/18661: Empfehlung 928 (1981) der 18. Sitzung am 7. 10. 1981.
12 Zum Text: Vgl. »Amtsblatt«: a. a. O.; Nr. C 287 v. 9. 11. 1981; S. 106 f.
13 Zum Text: Siehe S. 91.
14 EG-EP-SD: Dok. 2-653/83.
15 Zum Text vgl. »Europa Ethnica«; Jg. 1984; S. 10.
16 Cobo, José R.: »Study of the Problem of Discrimination against Indigenous Populations«; [ursprünglich »UN-(ECOSOC-HCR-)Doc. E/CN. 4/Sub. 2/1983/21 Add. 8«, dann E/CN. 4/Sub. 2/1986/7 Add. 4]; Bd. V, New York, 1987; S. 36.
17 Zu ähnlichen Empfehlungen der PV-ER: Siehe 7. 10. 1981, 26. 10. 1994. Zur deutschen Rechtslage: Siehe S. 1305.
18 Zum Text: Vgl. »Amtsblatt«: a. a. O.; Nr. C 318 v. 30. 11. 1987; S. 160–164, hier S. 161.
19 EG-EP-SD: Dok. PE 121.212.
So in Benoit-Rohmer (31. 10. 1991), S. 6.
20 Zur Endfassung vom 7. 7. 1993: Siehe S. 124.

[21] Vom 19. 12. 1966; zum Text: Siehe S. 60.
[22] Veiter, Theodor: »Budapest: Eine europäische Konvention der Minderheitenrechte und des Selbstbestimmungsrechts« in »Der Donauraum«; Wien, Jg. 30 (1989/90); Nr. 1; S. 35 f.
[23] Zum Text: Siehe S. 95.
[24] ER-PV, 42. Per.: Dok. I/24452: Richtlinie 456 (1990) der 14. Sitzung am 1. 10. 1990; 1 S.
[25] ER-PV, 42. Per.: Dok. I/24442: Empfehlung 1134 (1990) der 14. Sitzung am 1. 10. 1990; 4 S.
[26] ER-Ministerrat: Dok. 7316 v. 1. 6. 1995.
[27] Zum Text: Siehe S. 143.
[28] Vgl. Grulich, Rudolf (Hsg. m. a.): »Kirche und Volksgruppenrecht«; Königstein/Ts., 1993; S. 111 f.
[29] Zum Text: Siehe S. 98.
[30] Vgl. »Europa als Auftrag«, hsg. v. d. EVP-Fraktion im EP; Ausgabe 3 vom Februar 1991; vervielfältigte Unterlage, 10 S., hier S. 3.
[31] Ohne weitere Angaben erwähnt bei Benoit-Rohmer (31. 10. 1991), S. 7.
[32] Verschiedentlich erwähnt.
[33] Zum Text: Siehe S. 103, 438.
[34] Ausgangspunkt waren frühere Entschließungen zu Menschenrechten in der Welt und der MR-Politik der EG vom 17. 5. 1983, 22. 5. 1984, 22. 10. 1986, 12. 3. 1987 und 18. 1. 1989; hier nicht wiedergegeben.
[35] Zum Text: Vgl. »Amtsblatt«: a. a. O.; Nr. C 267 v. 14. 10. 1991; S. 165–178, hier S. 172, 174.
[36] Vgl. Grulich: a. a. O.; S. 113 f.
[37] ER-PV: Dok. AAJ 19.43 [bzw. 1407-9/10/91-3-E bzw. AS/Jur (43) 19]; 25 ms.S.; Zusatz Dok. AAJ 19.43 A [bzw. 1407-30/10/91-1-E]; 10 ms. S.
[38] Ohne weitere Angaben erwähnt bei Europäische Akademie (15. 1. 1992), S. 37.
Vgl. auch Koschyk, Hartmut: »Vorstellungen zum Minderheitenschutz« in »Deutsche Tagespost« ⟨*TZ.*⟩; Würzburg (Ufr.); Jg. 46; Nr. 19 v. 13. 2. 1993.
[39] Vgl. Veiter, Theodor: »Kein Schlußstrich«; Wien, 1994; S. 71.
[40] Europäische Akademie (15. 1. 1992), S. 38.
[41] Europäische Akademie (Bozen), Wissenschaftlicher Stab der Projektgruppe (Hsg.): »Entwurf⟨:⟩ Konvention über die Grundrechte der europäischen Volksgruppen (Zusatzprotokoll zur EMRK)«, 3. erweiterte Fassung, 38 ms. Seiten.
[42] ER-PV, 43. Per.: Dok. 6556; 23. Sitzung: »Official Report«; S. 651–663, hier S. 658.
[43] Verschiedentlich erwähnt.
[44] Pressemeldung v. März 1992.
[45] »Minderheitenschutz ist das beste Mittel gegen Separatismus« in FAZ; Nr. 222 v. 30. 11. 1992.
[46] ER-PV: Dok. AAJ 8.44 [bzw. 1407-1/6/92-1-E bzw. AS/Jur (44) 8]; 18 ms. S.
[47] Zum Text: Vgl. »14. Kongreß der Sozialistischen Internationale«; hsg. v. Sekretariat der Sozialistischen Internationale; London, 1992; S. 48–53, hier v. a. S. 52.
[48] Zum Text vom 10. 7. 1992: Siehe S. 108; dort Ziff. VI/27.
[49] Zum Text vom 19. 12. 1966: Siehe S. 60 f.
[50] Zum Text: Siehe S. 192.
[51] Vgl. FAZ; Nr. 281 v. 30. 11. 1992; S. 8.
[52] Zum Text: Vgl. Deutscher Bundestag: BTDs. 12/4572; S. 12–16.
Auch PV-ER: 44. Sitzungsperiode, 22. Sitzung; Empfehlung 1201 (1993); 7 Seiten.
[53] Mitteilung eines Wissensträgers.
[54] Zum Text: Siehe S. 100.
[55] Zum Text vgl.: Deutscher Bundestag: BDTs. 12/5227 v. 22. 6. 1993; S. 1–3.
[56] Zum Text: Siehe S. 135.
[57] ER-Ministerrat: Dok. 7316, auch ADOC 7316, S. 2.
[58] ER-PV, 45. Per.: Dok. 7185, auch ADOC 7185.
[59] ER-Ministerrat: Dok. 7316, S. 3.
[60] Zum Text: Siehe S. 143.
[61] »UN-(CERD-)Doc. C/47/Misc. 15/Rev. 1«; 2 ms. S. Auch »CERD-Report, UN GAOR«; 50. Tagung, Suppl. 18, Punkt 219 sowie UN-Doc. 1/50/18 (1995).
[62] ER-CAHMIN; Dok. (95) 22.
[63] ER-CAHMIN; Dok. (95) 18.
[64] Auskunft von Wissensträger.

****

Europäische **1980, 21. Mai**
Rahmenkonvention über grenzüberschreitende Zusammenarbeit zwischen Gebietskörperschaften:
(Sog. »Euro-Regionen«[1])
Grundprinzipien, Vereinbarungsmuster, Sachinhalte

⟨*A: Konvention*⟩

...

Artikel 1 ⟨*Förderung von »Euro-Regionen«*⟩
Jede Vertragspartei verpflichtet sich, die grenzüberschreitende Zusammenarbeit zwischen den Gebietskörperschaften in ihrem eigenen Zuständigkeitsbereich und den Gebietskörperschaften im Zuständigkeitsbereich anderer Vertragsparteien zu erleichtern und zu fördern ...

Artikel 2 ⟨*Zusammenarbeit, Gebietskörperschaften*⟩
(1) Als grenzüberschreitende Zusammenarbeit im Sinne dieses Übereinkommens gilt jede Abstimmung mit dem Ziel der Stärkung und Weiterentwicklung der nachbarschaftlichen Beziehungen zwischen den Gebietskörperschaften von zwei oder mehr Vertragsparteien sowie der Abschluß der dazu erforderlichen Vereinbarungen ...
(2) Im Sinne dieses Übereinkommens bezeichnet der Ausdruck »Gebietskörperschaften« Körperschaften, Behörden oder Organe, die örtliche und regionale Aufgaben wahrnehmen und die nach dem innerstaatlichen Recht jedes Staates als solche betrachtet werden ...

Artikel 3 ⟨*Grundrisse von Vereinbarungen*⟩
(1) Für die Zwecke dieses Übereinkommens fördern die Vertragsparteien vorbehaltlich des Artikels 2 Absatz 2 die Vorhaben von Gebietskörperschaften, welche die im Rahmen des Europarats ausgearbeiteten Grundrisse für Vereinbarungen zwischen Gebietskörperschaften berücksichtigen.

...

⟨*B: Anlage:*⟩
Muster und Grundrisse von Vereinbarungen[2] ...

...

1. Muster zwischenstaatlicher Vereinbarungen ... über die ...
1.1 Förderung der grenzüberschreitenden Zusammenarbeit
1.2 regionale grenzüberschreitende Abstimmung
1.3 örtliche grenzüberschreitende Abstimmung
1.4 vertragliche grenzüberschreitende Zusammenarbeit zwischen örtlichen Behörden
1.5 Organe der grenzüberschreitenden Zusammenarbeit zwischen örtlichen Behörden
2. Grundrisse von Vereinbarungen, Satzungen und Verträgen, die zwischen den örtlichen Behörden geschlossen werden, ... zur/über die
2.1 Schaffung einer Gruppe für die Abstimmung zwischen örtlichen Behörden
2.2 Koordinierung bei der Abwicklung der grenzüberschreitenden örtlichen öffentlichen Angelegenheiten
2.3 Schaffung von grenzüberschreitenden privatrechtlichen Vereinigungen
2.4 Bereitstellung von Lieferungen oder Leistungen zwischen örtlichen Körperschaften in Grenzgebieten
2.5 Bereitstellung von Lieferungen oder Leistungen zwischen örtlichen Körperschaften in Grenzgebieten
2.6 Schaffung von Organen für die grenzüberschreitende interkommunale Zusammenarbeit

...

⟨*C: Denkbare Sachinhalte der Zusammenarbeit, die in jedem konkreten Fall anzupassen waren, wurden in Art. 6 des Musters zu Ziff. 1.2 aufgeführt.*
Sie umfaßten:⟩
- Stadt- und Regionalentwicklung
- Verkehrs- und Nachrichtenwesen (öffentliche Verkehrsmittel, Straßen und Autobahnen, gemeinsame Flughäfen, Wasserstraßen, Seehäfen usw.)
- Energie (Kraftwerke, Versorgung mit Gas, Elektrizität, Wasser usw.)
- Naturschutz (schutzbedürftige Stätten, Erholungsgebiete, Naturparks usw.)
- Gewässerschutz (Bekämpfung der Verschmutzung, Bau von Kläranlagen usw.)
- Immissionsschutz (Luftverschmutzung, Lärmbekämpfung, lärmfreie Zonen usw.)
- Unterrichtswesen, Berufsausbildung und Forschung
- öffentliches Gesundheitswesen (z. B. Benutzung eines Krankenhauses, das in einem der Gebiete liegt, durch die Einwohner des anderen Gebiets)
- Kultur, Freizeit und Sport (Theater, Orchester, Sportzentren, Feriendörfer, Jugendhäuser usw.)
- gegenseitige Hilfe im Unglücks- und Katastrophenfall (Brand, Überschwemmungen, Epidemien, Flugzeugunfälle, Erdbeben, Bergunfälle usw.)
- Fremdenverkehr (gemeinsame Unternehmungen zur Förderung des Fremdenverkehrs)
- Probleme, die sich durch Grenzgänger stellen (Verkehrsmittel, Unterbringung, soziale Sicherheit, Steuerfragen, Arbeitsplatzprobleme und Arbeitslosigkeit usw.)
- wirtschaftliche Vorhaben (Industrieansiedlung usw.)
- verschiedene Vorhaben (Müllbeseitigungsanlagen, Bau von Abwasserleitungen usw.)
- Verbesserung der Agrarstruktur
- soziale Infrastruktur.

. . .

Anmerkungen:

[1] Auf Grund dieser Konvention entstanden Euro-Regionen in verschiedenen Gebieten Europas, u. a. in den »Drei-Länder-Ecken« Oberösterreich/Bayern/Böhmen (ČR); Bayern/Böhmen (ČR)/Sachsen; Sachsen/Schlesien (Polen)/Böhmen (ČR).

[2] Diese wurden textlich ausgedruckt und umfaßten zahlreiche Druckseiten.

Quelle:
BGBl. 1981; Teil II; Nr. 34 v. 6. 11. 1981; S. 965–997; hier S. 967 f., 971 f., 978.

****

Entschließung 124[1,2] **1980, 11. Dezember**
der 35. Vollversammlung der Vereinten Nationen:
»Internationale Zusammenarbeit zur Verhütung neuer Flüchtlingsströme«

Die Generalversammlung,
in großer Sorge über die zunehmenden Flüchtlingsströme in vielen Teilen der Welt,
zutiefst beunruhigt über das menschliche Leid von Millionen Männern, Frauen und Kindern, die aus ihrer Heimat fliehen oder gewaltsam vertrieben werden und in anderen Ländern Zuflucht suchen,
in Bekräftigung des Rechts der Flüchtlinge wieder dorthin in ihre Heimatländer zurückzukehren, von wo sie gekommen sind,
. . .
in Anbetracht dessen, daß Flüchtlingsströme neben dem Leid, das sie über einzelne Menschen bringen, auch der gesamten internationalen Gemeinschaft große politische, wirtschaftliche und soziale Belastungen auferlegen können, deren Auswirkungen auf Entwicklungsländer mit begrenzten eigenen Hilfsquellen besonders verheerend sind,

in Anbetracht dessen, daß massive Flüchtlingsströme nicht nur die innere Ordnung und Stabilität gesamter Regionen gefährden und so zu einer Bedrohung für den Weltfrieden und die internationale Sicherheit werden können,

1. verurteilt nachdrücklich alle Politiken und Praktiken unterdrückerischer und rassistischer Regime sowie Aggression, Fremdherrschaft und fremde Besatzung, die die Hauptursachen für die umfangreichen Flüchtlingsströme überall in der Welt sind und die unmenschliches Leid mit sich bringen;
2. bittet alle Mitgliedsstaaten, dem Generalsekretär ihre Stellungnahmen und Vorschläge für eine internationale Zusammenarbeit zur Verhütung neuer Flüchtlingsströme und zur Erleichterung der Rückkehr rückkehrwilliger Flüchtlinge zuzuleiten;
3. ersucht den Generalsekretär, der Generalversammlung zur weiteren Prüfung und gründlichen Untersuchung auf ihrer sechsunddreißigsten Tagung zusammen mit den auf ihrer fünfunddreißigsten Tagung hierzu vorgebrachten Äußerungen über die Auffassungen, Stellungnahmen und Vorschläge der Mitgliedstaaten über alle weiteren Beiträge zu dieser Frage zu berichten, die ihm unter Umständen von anderen Organen der Vereinten Nationen zugehen;
4. beschließt die Aufnahme des Punkts »Internationale Zusammenarbeit zur Verhütung neuer Flüchtlingsströme« in die vorläufige Tagesordnung ihrer sechsunddreißigsten Tagung.

Anmerkungen:
[1] Diese Entschließung ging auf eine Anregung der Bundesrepublik Deutschland zurück.
[2] Abstimmungsergebnis: 116 Ja, 14 Nein, 14 Enthaltungen; Bundesrepublik Deutschland: Ja.

Quelle:
»UN-GA«, 35. Sitzungsper. (1980); Doc. zu »Agenda Item 122«.

****

Die Staaten der KSZE – Abschlußdokument des 2. Folgetreffens in Madrid der Konferenz über Sicherheit und Zusammenarbeit in Europa:[1] **1983, 6. September**

Menschenrechte

. . .

6. Die Teilnehmerstaaten bestätigen, daß sie sich der direkten oder indirekten Unterstützung terroristischer Tätigkeiten oder subversiver oder anderer Tätigkeiten enthalten werden, die auf den gewaltsamen Umsturz des Regimes eines anderen Teilnehmerstaates gerichtet sind. Dementsprechend werden sie sich unter anderem der Finanzierung, Ermutigung, Schürung oder Duldung solcher Tätigkeiten enthalten.

. . .

8. Sie betonen, daß alle Teilnehmerstaaten in der Schlußakte die universelle Bedeutung der Menschenrechte und Grundfreiheiten anerkennen, deren Achtung ein wesentlicher Faktor für den Frieden, die Gerechtigkeit und das Wohlergehen ist, die ihrerseits erforderlich sind, um die Entwicklung freundschaftlicher Beziehungen und der Zusammenarbeit zwischen ihnen sowie zwischen allen Staaten zu gewährleisten.

9. Die Teilnehmerstaaten unterstreichen ihre Entschlossenheit, die wirksame Ausübung der Menschenrechte und Grundfreiheiten, die sich alle aus der dem Menschen innewohnenden Würde ergeben und für seine freie und volle Entfaltung wesentlich sind, zu fördern und zu ermutigen, und ständige und spürbare Fortschritte in Übereinstimmung mit der Schlußakte zu sichern, mit dem Ziel einer weiteren und stetigen Entwicklung auf diesem Gebiet in allen Teilnehmerstaaten, ungeachtet ihres politischen, wirtschaftlichen und sozialen Systems.

Sie unterstreichen gleichfalls ihre Entschlossenheit, ihre Gesetze und Vorschriften im Bereich der zivilen, politischen, wirtschaftlichen, sozialen, kulturellen und anderer Menschenrechte und Grundfreiheiten zu entwickeln; sie betonen ebenfalls ihre Entschlossenheit, die wirksame Ausübung dieser Rechte und Freiheiten zu gewährleisten.
Sie erinnern an das Recht des Individuums, seine Rechte und Pflichten auf dem Gebiet der Menschenrechte und Grundfreiheiten zu kennen und auszuüben, wie in der Schlußakte festgelegt, und werden in ihren jeweiligen Ländern die notwendigen Maßnahmen zur wirksamen Gewährleistung dieses Rechts ergreifen.

...

11. Sie unterstreichen auch die Bedeutung ständiger Fortschritte bei der Gewährleistung der Achtung und des tatsächlichen Genusses der Rechte von Personen, die nationalen Minderheiten angehören, sowie beim Schutz ihrer legitimen Interessen, wie dies in der Schlußakte[1] vorgesehen ist.

...

Menschliche Kontakte[2]

1. Die Teilnehmerstaaten werden Gesuche in bezug auf Kontakte und regelmäßige Begegnungen auf der Grundlage familiärer Bindungen, auf Familienzusammenführung und auf Eheschließung zwischen Bürgern verschiedener Staaten wohlwollend behandeln und im gleichen Geiste über sie entscheiden.

2. Sie werden über diese Gesuche bei Familienbegegnungen in Dringlichkeitsfällen so zügig wie möglich, bei Familienzusammenführung und Eheschließung zwischen Bürgern verschiedener Staaten im Normalfall innerhalb von sechs Monaten und bei anderen Familienbegegnungen innerhalb allmählich kürzer werdender Fristen entscheiden.

3. Sie bestätigen, daß die Einreichung oder erneute Einreichung von Gesuchen in diesen Fällen zu keiner Veränderung der Rechte und Pflichten der Gesuchsteller oder ihrer Familienmitglieder unter anderem hinsichtlich Beschäftigung, Wohnung, Aufenthaltsstatus, Familienunterstützung, Zugang zu Leistungen auf sozialem oder wirtschaftlichem Gebiet oder in der Bildung sowie jedweder anderer sich aus den Gesetzen und Vorschriften des betreffenden Teilnehmerstaates ergebenden Rechte und Pflichten führen wird.

4. Die Teilnehmerstaaten werden die notwendigen Informationen über die von Gesuchstellern in diesen Fällen zu befolgenden Verfahren und über die einzuhaltenden Vorschriften geben sowie auf Ersuchen des Gesuchstellers die einschlägigen Formulare zur Verfügung stellen.

5. Sie werden, wo notwendig, im Zusammenhang mit diesen Gesuchen erhobene Gebühren, einschließlich derjenigen für Visa und Pässe, allmählich verringern, um sie auf eine im Verhältnis zum durchschnittlichen Monatseinkommen in dem betreffenden Teilnehmerstaat angemessene Höhe zu bringen.

6. Gesuchsteller werden von der getroffenen Entscheidung so zügig wie möglich in Kenntnis gesetzt. Im Falle einer Ablehnung werden die Gesuchsteller auch von ihrem Recht auf erneute Einreichung von Gesuchen nach angemessen kurzen Zeitabständen in Kenntnis gesetzt.

7. Die Teilnehmerstaaten bekräftigen ihre Verpflichtung, die Bestimmungen hinsichtlich diplomatischer und anderer offizieller Missionen und konsularischer Stellen anderer Teilnehmerstaaten, welche in einschlägigen multilateralen oder bilateralen Konventionen enthalten sind, in vollem Umfang durchzuführen und das normale Funktionieren jener Missionen zu erleichtern. Der Zugang von Besuchern zu diesen Missionen wird unter gebührender Berücksichtigung der erforderlichen Sicherheitsbedürfnisse dieser Missionen gewährleistet.

Anmerkungen:
[1] Zum Text der KSZE-Beschlüsse vom 1. 8. 1975: Siehe S. 67.
[2] Der Inhalt und Detaillierungsgrad dieser Festlegungen, die in Madrid acht Jahre nach den sinngemäß identischen Beschlüssen von Helsinki erforderlich wurden, machten im Umkehrschluß deutlich, daß die Ausgangsbestimmungen von 1975 erwartungsgemäß zunächst nur wenig bewirkten.

Quelle:
»Bulletin«; Nr. 88 v. 12. 9. 1983; S. 815 ff.

****

Ansprache von Papst Johannes Paul II. in Bangkok (Thailand): **1984, 11. Mai**
Vertreibung völlig widersinnig, niemals endgültig, Recht auf Rückkehr

. . .
Die Tatsache bleibt bestehen, daß es etwas Abstoßendes und völlig Widersinniges ist für Hunderttausende von Menschen, aufgrund ihrer Rasse, ihrer ethnischen Herkunft, ihrer politischen Überzeugungen, ihrer Religion oder weil sie Gewaltakten ausgesetzt oder durch Bürgerkriege oder politische Unruhen vom Tod bedroht sind, gezwungenermaßen ihre Heimatländer verlassen müssen. Das Exil ist eine schwerwiegende Vergewaltigung des menschlichen Gewissens und der Lebensordnung einer Gesellschaft; es steht eindeutig im Gegensatz zur Erklärung der Menschenrechte und zum internationalen Recht selbst . . .
Umsiedlung allein kann niemals die endgültige Antwort auf das Leid dieser Menschen sein. Sie haben ein Recht darauf, zu ihren Wurzeln zurückzugehen, heimzukehren in ihr Geburtsland mit seiner nationalen Souveränität, seinem Recht auf Unabhängigkeit und Selbstbestimmung. Sie haben ein Recht auf all die kulturellen und geistlichen Beziehungen, die sie in ihrem Menschsein nähren und aufrechterhalten.
. . .

Quelle:
»Der Apostolische Stuhl 1984«; hsg. vom Sekretariat der Deutschen Bischofskonferenz; Köln, 1984; S. 392–397, hier S. 396.

****

Ansprache von Papst Johannes Paul II. in Rom: **1985, 12. Januar**
Heimatrecht steht allen Bewohnern ohne Sondergesetze zu

. . .
Von Christus selbst erhielten die Christen im Evangelium das Wort, welches mit Licht und Macht auf den Weg der Gegenseitigkeit weist: »Alles nun, was ihr wollt, das euch die Menschen tun sollen, das tut ihr ihnen auch.« ⟨Mt. 7, 12⟩ Dieses Wort erläutert das Gebot »Liebe deinen Nächsten wie dich selbst«.
Es gibt viele Anwendungen dafür im internationalen Leben.
. . .
Wie kann man innerhalb eines Landes die Rechte eines Teiles der Bevölkerung geltend machen, während man die anderen vom Recht, friedlich auf demselben Boden zu leben, ausschließt?
Oder wie kann man einem ganzen Land ein Sondergesetz aufzwingen, das die bürgerlichen und religiösen Rechte der Minderheit beschneidet?
. . .

Quelle:
»Acta Apostolicae Sedis«; Band 77; Vatikanstadt, 1985; S. 644–656, hier S. 649.

****

Die Staaten der KSZE – 1989, 15. Januar
Abschließendes Dokument des Wiener Folgetreffens
(Sog. »Wiener Dokument«):
Menschenrechte

...
Fragen der Sicherheit in Europa
...
Prinzipien
...
Die Teilnehmerstaaten ...
(11) Sie bestätigen, daß sie die Menschenrechte und Grundfreiheiten, einschließlich der Gedanken-, Gewissens-, Religions- und Überzeugungsfreiheit, für alle ohne Unterschied der Rasse, des Geschlechts, der Sprache oder der Religion achten werden. Sie bestätigen ferner die universelle Bedeutung der Menschenrechte und Grundfreiheiten, deren Achtung ein wesentlicher Faktor für Frieden, Gerechtigkeit und Sicherheit ist, die ihrerseits erforderlich sind, um die Entwicklung freundschaftlicher Beziehungen und der Zusammenarbeit zwischen ihnen sowie zwischen allen Staaten zu gewährleisten.

(12) Sie bekunden ihre Entschlossenheit, die wirksame Ausübung der Menschenrechte und Grundfreiheiten zu garantieren, die sich alle aus der dem Menschen innewohnenden Würde ergeben und für seine freie und volle Entfaltung wesentlich sind. Sie erkennen an, daß alle zivilen, politischen, wirtschaftlichen, sozialen, kulturellen und anderen Rechte und Freiheiten von überragender Bedeutung sind und mit allen zu Gebote stehenden Mitteln in vollem Umfang verwirklicht werden müssen.

(13) In diesem Zusammenhang werden sie
...
(13.7)
– jeder in ihrem Gebiet befindlichen und ihrer Jurisdiktion unterstehenden Person Menschenrechte und Grundfreiheit ohne Unterschied wie insbesondere der Rasse, der Hautfarbe, des Geschlechts, der Sprache, der Religion, der politischen oder sonstigen Anschauung, der nationalen oder sozialen Herkunft, des Vermögens, der Geburt oder des sonstigen Status gewährleisten;
...

(20) Die Teilnehmerstaaten werden das Recht eines jeden
– auf Freizügigkeit und freie Wahl des Aufenthaltsortes innerhalb der Grenzen eines jeden Staates und
– auf Ausreise aus jedem Land, darunter auch seinem eigenen, und auf Rückkehr in sein Land uneingeschränkt achten.
...

Quelle:
»Bulletin«; Nr. 10 v. 31. 1. 1989; S. 77–105; hier S. 79 ff.

****

Die Staaten der KSZE – **1990, 29. Juni**
Konferenz über die Menschliche Dimension der KSZE
(Sog. »Kopenhagener Dokument«):
Minderheitenrechte auf der Basis der Menschenrechte

...
I.
(1) Die Teilnehmerstaaten
...

(5) Sie erklären feierlich, daß unter den Elementen, die die Gerechtigkeit ausmachen, die folgenden wesentlich für den umfassenden Ausdruck der dem Menschen innewohnenden Würde und der für alle Menschen gleichen und unveräußerlichen Rechte sind:
...
(5.7)
– Die Menschenrechte und Grundfreiheiten sind durch Gesetz und in Einklang mit den völkerrechtlichen Verpflichtungen der Teilnehmerstaaten zu gewährleisten;
...
(5.9)
– Alle Menschen sind vor dem Gesetz gleich und haben ohne Diskriminierung Anspruch auf gleichen Schutz durch das Gesetz. In diesem Zusammenhang wird das Gesetz jede Diskriminierung untersagen und jedermann gleichen und wirkungsvollen Schutz gegen Diskriminierung gleich welcher Art angedeihen lassen;
(5.10)
– Jedermann verfügt über ein wirksames Rechtsmittel gegen Entscheidungen der Verwaltung, so daß die Achtung der Grundrechte sichergestellt und die Rechtssicherheit gewährleistet ist;
...
II.
(9) Die Teilnehmerstaaten bekräftigen, daß
...
(9.5)
– sie das Recht eines jeden auf Ausreise aus jedem Land, darunter auch seinem eigenen, und auf Rückkehr in sein Land in Einklang mit den internationalen und den KSZE-Verpflichtungen des Staates achten werden. Einschränkungen dieses Rechts tragen den Charakter äußerst seltener Ausnahmen, werden nur dann für erforderlich erachtet, wenn sie einem spezifischen öffentlichen Erfordernis entsprechen, einem legitimen Zweck dienen und verhältnismäßig sind, und werden nicht mißbräuchlich oder willkürlich angewendet;
(9.6)
– jedermann das Recht hat, sich einzeln oder in Gemeinschaft mit anderen ungestört seines Eigentums zu erfreuen. Niemandem darf sein Eigentum entzogen werden, es sei denn, daß das öffentliche Interesse es verlangt, und nur unter den im Gesetz vorgesehenen Bedingungen und in Einklang mit internationalen Verpflichtungen;
...
IV.
(30) Die Teilnehmerstaaten erkennen an, daß Fragen der nationalen Minderheiten nur in einem demokratischen politischen Rahmen, der auf Rechtsstaatlichkeit beruht, und bei einem funktionierenden unabhängigen Gerichtswesen zufriedenstellend gelöst werden

können. Dieser Rahmen gewährleistet die volle Achtung der Menschenrechte und Grundfreiheiten, die Gleichberechtigung und Gleichstellung aller Bürger, den freien Ausdruck all ihrer legitimen Interessen und Bestrebungen, den politischen Pluralismus, soziale Toleranz und die Verwirklichung der gesetzlichen Regeln, die wirksame Mittel gegen den Mißbrauch der Regierungsgewalt bieten.

...

Sie bekräftigen ferner, daß die Achtung der Rechte von Angehörigen nationaler Minderheiten als Teil der international anerkannten Menschenrechte ein wesentlicher Faktor für Friede, Gerechtigkeit, Stabilität und Demokratie in den Teilnehmerstaaten ist.

(31) Angehörige nationaler Minderheiten haben das Recht, ihre Menschenrechte und Grundfreiheiten ohne jegliche Diskriminierung und in voller Gleichheit vor dem Gesetz voll und wirksam auszuüben.
Die Teilnehmerstaaten werden, wo dies erforderlich ist, besondere Maßnahmen ergreifen, um die volle Gleichheit von Angehörigen nationaler Minderheiten mit anderen Bürgern bei der Ausübung und dem Genuß der Menschenrechte und Grundfreiheiten zu gewährleisten.

(32) Die Zugehörigkeit zu einer nationalen Minderheit ist Angelegenheit der persönlichen Entscheidung eines Menschen, und darf als solche für ihn keinen Nachteil mit sich bringen.
Angehörige nationaler Minderheiten haben das Recht, ihre ethnische, kulturelle, sprachliche und religiöse Identität frei zum Ausdruck zu bringen, zu bewahren und weiterzuentwickeln, und ihre Kultur in all ihren Aspekten zu erhalten und zu entwickeln, frei von jeglichen Versuchen, gegen ihren Willen assimiliert zu werden. Insbesondere haben sie das Recht,

(32.1)
- sich ihrer Muttersprache sowohl privat als auch in der Öffentlichkeit frei zu bedienen;

(32.2)
- ihre eigenen Bildungs-, Kultur- und Religionseinrichtungen, -organisationen oder -vereinigungen zu gründen und zu unterhalten, die um freiwillige Beiträge finanzieller oder anderer Art sowie öffentliche Unterstützung in Einklang mit den nationalen Rechtsvorschriften ersuchen können;

(32.3)
- ... den Religionsunterricht in ihrer Muttersprache abzuhalten;

(32.4)
- untereinander ungehinderte Kontakte innerhalb ihres Landes sowie Kontakte über die Grenzen hinweg mit Bürgern anderer Staaten herzustellen und zu pflegen, mit denen sie eine gemeinsame ethnische oder nationale Herkunft, ein gemeinsames kulturelles Erbe oder ein religiöses Bekenntnis teilen;

(32.5)
- in ihrer Muttersprache Informationen zu verbreiten und auszutauschen und zu solchen Informationen Zugang zu haben;

(32.6)
- Organisationen oder Vereinigungen in ihrem Land einzurichten und zu unterhalten und in internationalen nichtstaatlichen Organisationen mitzuarbeiten.

Angehörige nationaler Minderheiten können ihre Rechte einzeln oder in Gemeinschaft mit anderen Mitgliedern ihrer Gruppe ausüben und genießen. Aus der Ausübung oder Nichtausübung eines dieser Rechte darf kein Nachteil für Angehörige einer nationalen Minderheit erwachsen.

(33) Die Teilnehmerstaaten werden die ethnische, kulturelle, sprachliche und religiöse Identität nationaler Minderheiten auf ihrem Territorium schützen und Bedingungen für die

Förderung dieser Identität schaffen. Sie werden diesbezüglich die notwendigen Maßnahmen ergreifen, und zwar nach entsprechenden Konsultationen in Einklang mit den Entscheidungsverfahren des jeweiligen Staates, wobei diese Konsultationen Kontakte mit Organisationen oder Vereinigungen solcher Minderheiten einschließen.
Jede dieser Maßnahmen wird mit den Prinzipien der Gleichheit und Nicht-Diskriminierung in bezug auf die anderen Bürger des betreffenden Teilnehmerstaates in Einklang stehen.

(34) Die Teilnehmerstaaten werden sich darum bemühen, Angehörigen nationaler Minderheiten, ungeachtet der Notwendigkeit, die offizielle Sprache oder die offiziellen Sprachen des betreffenden Staates zu erlernen, in Einklang mit den anwendbaren nationalen Rechtsvorschriften entsprechende Möglichkeiten für den Unterricht ihrer Muttersprache oder in ihrer Muttersprache sowie, wo immer dies möglich und notwendig ist, für deren Gebrauch bei Behörden zu gewährleisten.
Im Zusammenhang mit dem Unterricht von Geschichte und Kultur in Bildungseinrichtungen werden sie auch die Geschichte und Kultur der nationalen Minderheiten berücksichtigen.

(35) Die Teilnehmerstaaten werden das Recht von Angehörigen nationaler Minderheiten achten, wirksam an öffentlichen Angelegenheiten teilzunehmen, einschließlich der Mitwirkung in Angelegenheiten betreffend den Schutz und die Förderung der Identität solcher Minderheiten.
Die Teilnehmerstaaten nehmen die Bemühungen zur Kenntnis, die ethnische, kulturelle, sprachliche und religiöse Identität bestimmter nationaler Minderheiten zu schützen und Bedingungen für ihre Förderung zu schaffen, indem sie als eine der Möglichkeiten zur Erreichung dieser Ziele geeignete lokale oder autonome Verwaltungen einrichten, die den spezifischen historischen und territorialen Gegebenheiten dieser Minderheiten Rechnung tragen und in Einklang mit der Politik des betreffenden Staates stehen.

...

(37) Keine dieser Verpflichtungen darf so ausgelegt werden, daß sie das Recht begründet, eine Tätigkeit auszuüben oder eine Handlung zu begehen, die in Widerspruch zu den Zielen und Prinzipien der Charta der Vereinten Nationen, anderen völkerrechtlichen Verpflichtungen oder den Bestimmungen der Schlußakte[1] einschließlich des Prinzips der territorialen Integrität der Staaten steht.

(38) Die Teilnehmerstaaten werden bei ihren Bemühungen, die Rechte von Angehörigen nationaler Minderheiten zu schützen und zu fördern, ihre in den bestehenden Menschenrechtskonventionen und anderen einschlägigen internationalen Dokumenten eingegangenen Verpflichtungen voll achten und den Beitritt zu den einschlägigen Konventionen in Betracht ziehen, einschließlich jener, die ein Beschwerderecht von Einzelpersonen vorsehen, sofern ein solcher Beitritt noch nicht erfolgt ist.

(39) Die Teilnehmerstaaten ... werden die Einberufung eines Expertentreffens in Betracht ziehen, auf dem die Frage der nationalen Minderheiten ausführlich erörtert werden soll.[2]

(40) Die Teilnehmerstaaten verurteilen klar und unmißverständlich Totalitarismus, Rassenhaß und Haß zwischen Volksgruppen, Antisemitismus, Fremdenhaß und Diskriminierung irgendeines Menschen sowie die Verfolgung aus religiösen und ideologischen Gründen. In diesem Zusammenhang erkennen sie ebenfalls die besonderen Probleme der Roma (Zigeuner) an.

Sie erklären ihre feste Absicht, die Bemühungen zur Bekämpfung dieser Phänomene in all ihren Formen zu intensivieren und werden daher
(40.1)
- wirksame Maßnahmen ergreifen, einschließlich der Annahme von mit ihrer Verfassungsordnung und ihren internationalen Verpflichtungen in Einklang stehenden erforderlichen Gesetzen, um vor jeder Handlung zu schützen, die zu Gewalt gegen Personen oder Gruppen aufgrund nationaler, rassischer, ethnischer oder religiöser Diskriminierung, zu Feindseligkeit oder Haß einschließlich Antisemitismus aufhetzt;

(40.2)
- sich dazu verpflichten, geeignete und verhältnismäßige Maßnahmen für den Schutz von Personen oder Gruppen, die Androhungen oder Handlungen von Diskriminierung, Feindseligkeit oder Gewalt aufgrund ihrer rassischen, ethnischen, kulturellen, sprachlichen oder religiösen Identität ausgesetzt sein könnten, und zum Schutz von deren Eigentum zu ergreifen;

...
(40.5)
- das Recht des einzelnen auf wirksame Rechtsmittel anerkennen und sich in Einklang mit den nationalen Rechtsvorschriften bemühen, das Recht betroffener Personen und Gruppen anzuerkennen, Beschwerden wegen diskriminierender Handlungen einschließlich Handlungen aus Rassen- und Fremdenhaß einzulegen und zu unterstützen;

...

Anmerkungen:
[1] Gemeint: Die Konferenz von Helsinki vom 1. 8. 1975; zum Text: Siehe S. 67.
[2] Das Expertentreffen fand vom 1.–19. 7. 1991 in Genf statt; zu den Ergebnissen: Siehe S. 102.

Quelle:
»Bulletin«; Nr. 88 v. 4. 7. 1990; S. 757–770, hier S. 758, 760, 765 f.

****

Die Staaten der KSZE – 1990, 21. November
»Charta von Paris für ein neues Europa«
Treffen der Staats- und Regierungschefs:
Beiträge von Minderheiten zum gesellschaftlichen Leben sind »wertvoll«

...
Wir bekräftigen,
jeder einzelne hat ohne Unterschied das Recht auf:

Gedanken-, Gewissens- und Religions- oder Glaubensfreiheit,
freie Meinungsäußerung,
Vereinigung und friedliche Versammlung,
Freizügigkeit;

niemand darf:

willkürlich festgenommen oder in Haft gehalten werden,
der Folter oder anderer grausamer, unmenschlicher oder erniedrigender Behandlung oder Strafe unterworfen werden;

jeder hat auch das Recht:

seine Rechte zu kennen und auszuüben,
an freien und gerechten Wahlen teilzunehmen,

auf ein gerechtes und öffentliches Verfahren, wenn er einer strafbaren Handlung beschuldigt wird,
allein oder in Gemeinschaft mit anderen Eigentum innezuhaben und selbständig Unternehmen zu betreiben,
seine wirtschaftlichen, sozialen und kulturellen Rechte auszuüben.

Wir bekräftigen, daß die ethnische, kulturelle, sprachliche und religiöse Identität nationaler Minderheiten Schutz genießen muß und daß Angehörige nationaler Minderheiten das Recht haben, diese Identität ohne jegliche Diskriminierung und in voller Gleichheit vor dem Gesetz frei zum Ausdruck zu bringen, zu wahren und weiterzuentwickeln.
Wir werden gewährleisten, daß dem einzelnen wirksame innerstaatliche wie internationale Rechtsmittel gegen jede Verletzung seiner Rechte zur Verfügung stehen.
Die uneingeschränkte Achtung dieser Gebote ist das Fundament, auf das wir das neue Europa aufbauen wollen.
...

Leitsätze für die Zukunft

...
Menschliche Dimension
Unwiderruflich bekennen wir uns zur Achtung der Menschenrechte und Grundfreiheiten. Wir wollen die Bestimmungen über die menschliche Dimension der KSZE in vollem Umfang durchführen und auf ihnen aufbauen.
Wir werden auf der Grundlage des Dokuments des Kopenhagener Treffens der Konferenz über die Menschliche Dimension[1] zusammenarbeiten, um die demokratischen Institutionen zu stärken und den Rechtsstaat zu fördern. Zu diesem Zweck beschließen wir, ein Expertenseminar vom 4. bis 15. November 1991 in Oslo einzuberufen.

Wir sind entschlossen, den wertvollen Beitrag nationaler Minderheiten zum Leben unserer Gesellschaften zu fördern, und verpflichten uns, deren Lage weiter zu verbessern. Wir bekräftigen unsere tiefe Überzeugung, daß freundschaftliche Beziehungen zwischen unseren Völkern sowie Friede, Gerechtigkeit, Stabilität und Demokratie den Schutz der ethnischen, kulturellen, sprachlichen und religiösen Identität nationaler Minderheiten und die Schaffung von Bedingungen für die Förderung dieser Identität erfordern. Wir erklären, daß Fragen in bezug auf nationale Minderheiten nur unter demokratischen Bedingungen befriedigend gelöst werden können. Ferner erkennen wir an, daß die Rechte von Angehörigen nationaler Minderheiten als Teil der allgemein anerkannten Menschenrechte uneingeschränkt geachtet werden müssen. Im Bewußtsein der dringenden Notwendigkeit, im Hinblick auf nationale Minderheiten die Zusammenarbeit zu verstärken und deren Schutz zu verbessern, beschließen wir, ein Expertentreffen über nationale Minderheiten vom 1. bis 19. Juli 1991 in Genf[2] einzuberufen.

Wir sind entschlossen, alle Formen von Haß zwischen Rassen und Volksgruppen, Antisemitismus, Fremdenfeindlichkeit und Diskriminierung irgendeines Menschen sowie von Verfolgung aus religiösen und ideologischen Gründen zu bekämpfen.
...

Anmerkungen:
[1] Zum Text vom 29. 6. 1990: Siehe S. 95.
[2] Zu den Ergebnissen des Expertentreffens: Siehe S. 102.

Quelle:
»Bulletin«; Nr. 137 v. 24. 11. 1990; S. 1409–1424, hier S. 1409–1411.

****

Der 12. Deutsche Bundestag: **1991, 18. Juni**
Antrag[1] aller[2] Fraktionen
»zum KSZE-Expertentreffen über nationale Minderheiten in Genf vom 1. bis 19. Juli 1991«[3]:
Vorbildlicher europäischer Minderheitenschutz erforderlich

⟨Das Treffen wird begrüßt, denn⟩
. . .
Jüngste Ereignisse in Jugoslawien, einem KSZE-Mitglied, zeigen erneut, wie dringend erforderlich es ist, den Konsens über die Rechte und den Schutz nationaler Minderheiten zu verbreitern.
. . .
Der Schutz der Rechte nationaler Minderheiten ist eine gesamteuropäische Aufgabe.
Sie schließt den Schutz der Rechte jener nationalen Minderheiten, die sich keinem anderen Volk zugehörig fühlen und sich auf den europäischen Rechtsrahmen berufen müssen, ebenso ein wie die Anerkennung vielfältiger grenzüberschreitender Beziehungen von Angehörigen nationaler Minderheiten zu Bürgern anderer Staaten, mit denen sie eine gemeinsame ethnische oder nationale Herkunft verbindet.
Der Sicherheitsrat der Vereinten Nationen hat in seiner Resolution 688 vom 5. April 1991 die Unterdrückung der irakischen Zivilbevölkerung insbesondere in den kurdischen Siedlungsgebieten als Bedrohung des Weltfriedens und der internationalen Sicherheit verurteilt und damit für die Völkergemeinschaft die Perspektive eröffnet, auf Verletzungen von Menschen- und Minderheitenrechten durch den Einsatz von Zwangsmitteln zu reagieren.
Europa steht vor der Herausforderung, den Schutz von Minderheitenrechten in der eigenen Region in auch für andere vorbildlicher Weise zu garantieren.
Die KSZE, der Europarat und die Europäische Gemeinschaft haben bereits in der Vergangenheit Minderheitenschutz als friedensstiftend erkannt.
In diesem Zusammenhang begrüßt der Deutsche Bundestag die Empfehlung 1134 sowie die Richtlinie 456 der Parlamentarischen Versammlung des Europarates betreffend die Minderheitenrechte vom Oktober 1990[4] und unterstützt die Empfehlung der Parlamentarischen Versammlung des Europarates[4] an das Ministerkomitee, ein Protokoll zur Europäischen Menschenrechtskonvention oder eine besondere Konvention des Europarates auszuarbeiten, um die Rechte der Minderheiten auf der Grundlage der von der Parlamentarischen Versammlung des Europarates verabschiedeten Prinzipien zu schützen. Der Deutsche Bundestag begrüßt ferner die Bemühungen des Ausschusses für Recht und Bürgerrechte im Europäischen Parlament um die Verabschiedung einer Charta der Volksgruppenrechte.
Der Deutsche Bundestag würdigt die erheblichen Fortschritte, die insbesondere das Kopenhagener Treffen der Konferenz über die menschliche Dimension der KSZE für den Schutz der Rechte von Angehörigen nationaler Minderheiten gebracht hat.
Der Deutsche Bundestag fordert die Bundesregierung auf, auf diesem Wege weiter voranzuschreiten und auf dem Genfer Expertentreffen über nationale Minderheiten dahin zu wirken,
. . .
– daß, in Ausfüllung des Punktes 32.2 des Dokuments des Kopenhagener Treffens der Konferenz über die menschliche Dimension[5], die Voraussetzungen geschaffen werden, um »Public fonds« für die Finanzierungen von Einrichtungen, Organisationen oder Vereinigungen nationaler Minderheiten zu gründen;
– daß, über den individualrechtlichen Ansatz des Dokuments des Kopenhagener Treffens hinausführend, anerkannt wird, daß gewisse, den Angehörigen nationaler Minderheiten zustehende Individualrechte sinnvoll nur gemeinschaftlich ausgeübt und genossen werden können. Das Individualrecht, sich in freier Selbstbestimmung zu seiner Kultur, sei-

ner Religion und seinem Volk bekennen zu dürfen, schließt das Recht ein, auf seine Ausübung zu verzichten. Mit der Anerkennung des Rechts auf gemeinsame Ausübung von Individualrechten soll erreicht werden, daß die Teilnahme nationaler Minderheiten auch an politischen Entscheidungen auf kommunaler, regionaler und staatlicher Ebene entscheidend verbessert wird. Diese Rechte berühren nicht die Verpflichtungen, die sich für Angehörige nationaler Minderheiten aufgrund ihrer Staatsbürgerschaft gegenüber dem demokratisch verfaßten Staat ergeben;

- daß schließlich die Forderung nach Achtung der Rechte von Angehörigen nationaler Minderheiten als Teil des international anerkannten Menschenrechtsschutzes keine Einmischung in die inneren Angelegenheiten des Staates darstellt.

. . .

Anmerkungen:

[1] Der Antrag wurde bei Stimmenthaltung der PDS gebilligt.
[2] Ohne die Fraktion der PDS.
[3] Zum Bericht über das Treffen: Siehe S. 102.
[4] Vom 1. 10. 1990; zum Inhalt: Siehe S. 83.
[5] Vom 29. 6. 1990; zum Text: Siehe S. 95.

Quelle:
Deutscher Bundestag: BTDs. 12/796; 3 Seiten.

****

Die Staats- und Regierungschefs der EG im Europäischen Rat in Luxemburg: **1991, 29. Juni**
Selbstbestimmungsrecht der Palästinenser, Minderheitenrechte

. . .

Grundlage für einen dauerhaften Frieden und Stabilität in der Region sind außer der Lösung der Palästina-Frage durch die Ausübung des Selbstbestimmungsrechts des palästinensischen Volkes die Beendigung des Kriegszustandes zwischen allen Staaten der Region, die Verpflichtung zum Gewaltverzicht und zur friedlichen Beilegung von Streitfragen sowie die Achtung der territorialen Unversehrtheit aller Staaten, einschließlich Israels.

. . .

Der Schutz der Minderheiten wird in erster Linie durch die tatsächliche Einführung der Demokratie sichergestellt. Der Europäische Rat erinnert an die grundlegende Bedeutung des Grundsatzes der Nichtdiskriminierung. Er betont, daß die Menschenrechte im Falle jedes einzelnen, sei er Angehöriger einer Minderheit oder auch nicht, zu schützen sind. Der Europäische Rat weist erneut darauf hin, daß es von Bedeutung ist, die kulturelle Identität und die Rechte zu achten, die die Angehörigen von Minderheiten genießen und die sie gemeinsam mit anderen Mitgliedern ihrer Gruppe ausüben können müssen. Die Beachtung dieses Grundsatzes wird der politischen, sozialen und wirtschaftlichen Entwicklung förderlich sein.

. . .

Quelle:
»Bulletin«; Nr. 78 v. 9. 7. 1991; S. 625–636, hier S. 631 f.

****

Bericht des KSZE-Expertentreffens über nationale Minderheiten: **1991, 19. Juli**
Maßnahmen des Minderheitenschutzes

⟨*Nach umfangreichen Zitaten aus früheren KSZE-Dokumenten hieß es:*⟩

II.

Die Teilnehmerstaaten ... unterstreichen⟨:⟩

Fragen nationaler Minderheiten sowie die Erfüllung internationaler Verpflichtungen hinsichtlich der Rechte von Angehörigen nationaler Minderheiten sind ein berechtigtes internationales Anliegen und daher eine nicht ausschließlich innere Angelegenheit des jeweiligen Staates.

...

IV.

... Die Teilnehmerstaaten ... nehmen ... mit Interesse zur Kenntnis, daß einige von ihnen auf entsprechend demokratischem Weg positive Ergebnisse erzielt haben, unter anderem durch

– Beratungs- und Entscheidungsorgane, in denen Minderheiten vertreten sind – insbesondere in den Bereichen Bildung, Kultur und Religion;
– gewählte Organe und Gremien für Angelegenheiten nationaler Minderheiten;
– Lokal- und autonome Verwaltung, sowie Territorialautonomie einschließlich der Errichtung von beratenden, legislativen und exekutiven Organen, die aus freien und regelmäßigen Wahlen hervorgegangen sind;
– Selbstverwaltung einer nationalen Minderheit in Angelegenheiten ihrer Identität, wo Territorialautonomie nicht anwendbar ist;
– ⟨*verschiedene*⟩ Arten dezentraler oder lokaler Regierung und Verwaltung;

...

– Ergreifung der notwendigen Maßnahmen in denjenigen Fällen, in denen auf ihrem Staatsgebiet der Unterricht in einem bestimmten Fachgebiet in der Minderheitensprache nicht auf allen Ebenen gewährleistet ist – um Möglichkeiten für die Anerkennung von im Ausland erteilten Diplomen für ein in dieser Sprache abgeschlossenes Studium zu schaffen;

...

– Unterstützung der Bemühungen, Beziehungen zwischen Basisgemeinschaften herzustellen: ... zwischen Mehrheiten- und Minderheitengemeinschaften bzw. zwischen Nachbargemeinschaften mit gemeinsamen Grenzen, zur Verhinderung der Entstehung lokaler Spannungen und zur friedlichen Behandlung solcher Konflikte, falls sie entstanden sind;

...

VI.

Die Teilnehmerstaaten ...

... werden ... über die in ihrem Staatsgebiet begangenen Verbrechen, die in rassischen, ethnischen oder religiösen Vorurteilen begründet sind, Daten sammeln, diese – einschließlich der bei ihrer Sammlung angewandten Richtlinien – regelmäßig veröffentlichen und der Allgemeinheit zugänglich machen. Diese Daten sollen keine personenbezogenen Informationen enthalten.

...

VII.

Die Teilnehmerstaaten ...

... werden beim Zugang zu den Medien niemanden aus ethnischen, kulturellen, sprachli-

chen oder religiösen Gründen diskriminieren. Sie werden Informationen zur Verfügung stellen, die den elektronischen Massenmedien dabei behilflich sind, in ihren Programmen die ethnische, kulturelle, sprachliche und religiöse Identität nationaler Minderheiten zu berücksichtigen.
Sie bekräftigen erneut, daß die Herstellung und die Pflege von ungehinderten Kontakten zwischen Angehörigen einer nationalen Minderheit sowie von Kontakten über die Grenzen hinweg zwischen Angehörigen einer nationalen Minderheit mit Personen, mit denen sie eine gemeinsame ethnische oder nationale Herkunft, ein gemeinsames kulturelles Erbe oder ein religiöses Bekenntnis teilen, zur gegenseitigen Verständigung beitragen und gutnachbarliche Beziehungen fördern.
Daher unterstützen sie Vereinbarungen über die grenzüberschreitende Zusammenarbeit auf gesamtstaatlicher, regionaler und örtlicher Ebene, unter anderem über kleinen Grenzverkehr, Erhaltung und Besuche von kulturellen und historischen Denkmälern und Stätten, Tourismus, die Verbesserung des Verkehrswesens, die Wirtschaft, Jugendaustausch, den Umweltschutz und die Schaffung regionaler Kommissionen.
. . .

Quelle:
»Bulletin«; Nr. 109 v. 10. 10. 1991; S. 864–868, hier S. 865 ff.

****

Rechtsgutachten[1] **1991, 27. August**[2]
des österreichischen Völkerrechtlers Felix Ermacora[3]**:**
»Die sudetendeutschen Fragen«
Vertreibung und Enteignung sind unverjährbarer Völkermord

. . .

D) Forderungskatalog

1. Die Vertreibung ist als ein unverjährbarer Akt des Völkermordes zu werten. Null⟨-⟩ und Nichtigerklärung der Vertreibung ist ein moralisches Gebot.
2. »Das Recht auf die Heimat« ist kein territorialer staatlicher Anspruch, sondern ein individuelles und kollektives Recht auf Ausübung der Selbstbestimmung mit den Forderungen nach
   - Einreisefreiheit
   - Wohnsitzfreiheit
   - Freizügigkeit des Vermögens.

. . .

5. Für die (verbliebene) deutsche Volksgruppe in der ČSFR ist Aufbau eines wirksamen Volksgruppenschutzes mit Recht auf die Heimat notwendig.
6. Die Enteignungsdekrete von 1945[4] sind aufzuheben. Die Totalkonfiskation von beweglichen und unbeweglichen Gütern im Zuge der Vertreibung teilt ihren Charakter als Völkermord und ist unter Bedachtnahme auf die allgemein anerkannten Regeln des Völkerrechtes und das Recht internationaler Organisationen zu widerrufen und wiedergutzumachen. Sei es, daß Eigentum zu restituieren ist, sei es, daß für die Vermögensverluste adäquate Entschädigung zu leisten ist.

. . .[5]

Anmerkungen:
[1] Auftraggeber: Bayerische Staatsregierung.
[2] Datum der öffentlichen Vorstellung des Gutachtens in München.
[3] Der Autor war langjähriger österreichischer Vertreter in der MR-Kommission der UN.

[4] Gemeint waren v. a. die ČSR-Präsidialdekrete Nr. 5 v. 19. 5. 1945 (zum Text: Siehe S. 517), Nr. 12 v. 21. 6. 1945 (zum Text: Siehe S. 532) und Nr. 108 v. 25. 10. 1945 (zum Text: Siehe S. 563). Zum Gesamtkomplex der sog. Beneš-Dekrete: Siehe S. 576 ff.
[5] Zu weiteren Ergebnissen des Gutachtens: Siehe S. 438, 923.

Quelle:
Ermacora, Felix: »Die sudetendeutschen Fragen«; München, 1992; S. 240 f.

****

Die Staaten der KSZE: **1991, 3. Oktober**
Konferenz über die Menschliche Dimension der KSZE
(Sog. »Moskauer Dokument«):
Verfahren zum Minderheitenschutz

. . .

(37) Die Teilnehmerstaaten bekräftigen die in allen KSZE-Dokumenten, insbesondere im Dokument des Kopenhagener Treffens der Konferenz über die Menschliche Dimension der KSZE[1] enthaltenen Bestimmungen und Verpflichtungen im Bereich der nationalen Minderheiten und der Rechte der Angehörigen nationaler Minderheiten sowie jene im Bericht des Genfer KSZE-Expertentreffens über nationale Minderheiten[2] enthaltenen Bestimmungen und Verpflichtungen und fordern zu deren uneingeschränkten und baldigen Verwirklichung auf. Sie sind der Meinung, daß insbesondere die Anwendung der neuen und erweiterten KSZE-Mechanismen und Verfahren[3] zum besseren Schutz und zur Förderung der Rechte von Angehörigen nationaler Minderheiten beitragen wird.

. . .

Anmerkungen:
[1] Vom 29. 6. 1990; zum Text: Siehe S. 95.
[2] Vom 19. 7. 1991; zum Text: Siehe S. 102.
[3] Gemeint waren in Absch. I, Ziff. 1–16 dieses Moskauer Dokuments festgelegte Abläufe, die auch ohne Zustimmung eines der Verletzung dieser Rechte beschuldigten Staates Überprüfungen durch Experten anderer Staaten ermöglichen sollten, über deren Empfehlungen dann befunden werden sollte.

Quelle:
»Bulletin«; Nr. 115 v. 18. 10. 1991; S. 909–920, hier S. 917.

****

Die Außenminister der EG: **1991, 16. Dezember**
»Richtlinien für die Anerkennung neuer Staaten in Osteuropa und in der Sowjetunion«:

Die Gemeinschaft und ihre Mitgliedstaaten bekräftigen, daß sie sich den Prinzipien der Helsinki-Schlußakte[1] und der Charta von Paris[2], insbesondere dem Prinzip der Selbstbestimmung, verpflichtet fühlen.

. . .

Deshalb legen sie einen gemeinsamen Standpunkt zum Prozeß der Anerkennung dieser neuen Staaten fest, der folgendes erfordert:
- Achtung der Bestimmungen der VN-Charta[3] und der Verpflichtungen aus der Schlußakte von Helsinki[1] und der Charta von Paris[2], insbesondere im Hinblick auf Rechtsstaatlichkeit, Demokratie und Menschenrechte;
- Garantien für die Rechte ethnischer und nationaler Gruppen und Minderheiten im Einklang mit den im Rahmen der KSZE eingegangenen Verpflichtungen;
- Achtung der Unverletzlichkeit aller Grenzen, die nur auf friedlichem Wege und einvernehmlich geändert werden dürfen;

– Übernahme aller einschlägigen Verpflichtungen in bezug auf Abrüstung und nukleare Nichtverbreitung sowie auf Sicherheit und regionale Stabilität;
– Verpflichtung zur Regelung aller Fragen im Zusammenhang mit Staatennachfolge und regionalen Streitigkeiten durch Vereinbarung und, wo angebracht, durch Rückgriff auf Schiedsverfahren.

Die Gemeinschaft und ihre Mitgliedstaaten werden Gebilde, die das Ergebnis von Aggressionen sind, nicht anerkennen. Sie werden die Auswirkungen einer Anerkennung auf Nachbarstaaten berücksichtigen[4].

. . .

Anmerkungen:
1 Vom 1. 8. 1975; zum Text: Siehe S. 67.
2 Vom 21. 11. 1990; zum Text: Siehe S. 98.
3 Vom 26. 6. 1945; zum Text: Siehe S. 17.
4 Konkrete Auswirkung dieser Bestimmung war im Falle von Ex-Jugoslawien, daß die neue Republik Mazedonien längere Zeit von der EG nicht anerkannt wurde, da ihr Staatsname nach Meinung des EG-Mitglieds Griechenland eine Bezeichnung war, welche Gebietsansprüche gegen Griechenland implizierte.

Quelle:
»Bulletin«; Nr. 144 v. 19. 12. 1991; S. 1173.

****

»Vertrag **1992, 7. Februar**[1]
über die ⟨*Gründung der*⟩ Europäische⟨*n*⟩ Union« (EU)
(sog. Vertrag von Maastricht):
Achtung der Menschenrechte

⟨*Die Vertragspartner*⟩
. . .
ENTSCHLOSSEN, den mit der Gründung der Europäischen Gemeinschaften[2] eingeleiteten Prozeß der europäischen Integration auf eine neue Stufe zu heben,
. . .
IN BESTÄTIGUNG ihres Bekenntnisses zu den Grundsätzen der Freiheit, der Demokratie und der Achtung der Menschenrechte und Grundfreiheiten und der Rechtsstaatlichkeit,
. . .
HABEN BESCHLOSSEN, eine Europäische Union zu gründen ⟨*und*⟩ SIND . . . WIE FOLGT ÜBEREINGEKOMMEN:

Titel I
Gemeinsame Bestimmungen

Art. A [Grundlage und Aufgabe der Union]
Durch diesen Vertrag gründen die Hohen Vertragsparteien untereinander eine Europäische Union, im folgenden als »Union« bezeichnet.
Dieser Vertrag stellt eine neue Stufe bei der Verwirklichung einer immer engeren Union der Völker Europas dar, in der die Entscheidungen möglichst bürgernah getroffen werden.
Grundlage der Union sind die Europäischen Gemeinschaften[2] . . .
. . .

Art. F [Demokratiegebot; Menschenrechte und Grundfreiheiten]
(1) Die Union achtet die nationale Identität ihrer Mitgliedstaaten, deren Regierungssysteme auf demokratischen Grundsätzen beruhen.
(2) Die Union achtet die Grundrechte, wie sie in der am 4. November 1950 in Rom unter-

zeichneten Europäischen Konvention zum Schutze der Menschenrechte und Grundfreiheiten[3] gewährleistet sind und wie sie sich aus den gemeinsamen Verfassungsüberlieferungen der Mitgliedstaaten als allgemeine Grundsätze des Gemeinschaftsrechts ergeben.

. . .

⟨Im Art. J wurden erste Ansätze für eine unionsgemeinsame Außen- und Sicherheitspolitik vereinbart und im Artikel O der Beitrittsvoraussetzungen festgelegt.⟩

[4]

Anmerkungen:

1 Der Vertrag trat am 1. 11. 1993 in Kraft.

2 Als erste war am 18. 4. 1951 die »Europäische Gemeinschaft für Kohle und Stahl« (sog. Montanunion) gegründet worden.

3 Vom 4. 11. 1950; zum Text: Siehe S. 32.
Gemeint sind hier auch die Protokolle vom 20. 3. 1952 (siehe S. 37), 16. 9. 1963 (siehe S. 57) und 22. 11. 1984 (siehe S. 58).

4 Der Vertrag von Maastricht wurde durch den EU-Vertrag von Amsterdam vom 2. 10. 1997 (in Deutschland durch Gesetz vom 8. 4. 1998 i. d. F. v. 1. 5. 1999; BGBl. Teil II; S. 416) abgelöst.
Dabei wurden Art. A (des Vertrages von Maastricht) zu Art. 1 (des Vertrages von Amsterdam), Art. J zu Art. 11–28, Art. O zu Art. 49. Zur Neufassung von Art. F/Art. G (Amsterdam): Siehe S. 1305.

Quelle:
BGBl. 1992; Teil II; S. 1253 ff.

****

Die Verfassung des Freistaates Sachsen: 1992, 26. Mai[1]

Anerkennung des Rechtes auf die Heimat, Schutz der Bürger nichtdeutscher Volkszugehörigkeit

Präambel

Anknüpfend an die Geschichte der Mark Meißen, des sächsischen Staates und des niederschlesischen Gebietes, gestützt auf Traditionen der sächsischen Verfassungsgeschichte, ausgehend von den leidvollen Erfahrungen nationalsozialistischer und kommunistischer Gewaltherrschaft, eingedenk eigener Schuld an seiner Vergangenheit, von dem Willen geleitet, der Gerechtigkeit, dem Frieden und der Bewahrung der Schöpfung zu dienen, hat sich das Volk im Freistaat Sachsen dank der friedlichen Revolution des Oktober 1989 diese Verfassung gegeben.

1. Abschnitt. Die Grundlagen des Staates

Art. 1 [Freistaat Sachsen]. Der Freistaat Sachsen ist ein Land der Bundesrepublik Deutschland. Er ist ein demokratischer, dem Schutz der natürlichen Lebensgrundlagen und der Kultur verpflichteter sozialer Rechtsstaat.

. . .

Art. 5 [Bürger, Minderheiten]. (1) Dem Volk des Freistaates Sachsen gehören Bürger deutscher, sorbischer und anderer Volkszugehörigkeit an. Das Land erkennt das Recht auf die Heimat an.
(2) Das Land gewährleistet und schützt das Recht nationaler und ethnischer Minderheiten deutscher Staatsangehörigkeit auf Bewahrung ihrer Identität sowie auf Pflege ihrer Sprache, Religion, Kultur und Überlieferung.
(3) Das Land achtet die Interessen ausländischer Minderheiten, deren Angehörige sich rechtmäßig im Land aufhalten.

Art. 6 [Sorben]. (1) Die im Land lebenden Bürger sorbischer Volkszugehörigkeit sind gleichberechtigter Teil des Staatsvolkes. Das Land gewährleistet und schützt das Recht

auf Bewahrung ihrer Identität sowie auf Pflege und Entwicklung ihrer angestammten Sprache, Kultur und Überlieferung, insbesondere durch Schulen, vorschulische und kulturelle Einrichtungen.
(2) In der Landes- und Kommunalplanung sind die Lebensbedürfnisse des sorbischen Volkes zu berücksichtigen. Der deutsch-sorbische Charakter des Siedlungsgebietes der sorbischen Volksgruppe ist zu erhalten.
(3) Die landesübergreifende Zusammenarbeit der Sorben, insbesondere in der Ober- und Niederlausitz, liegt im Interesse des Landes.
. . .

Anmerkung:
[1] Datum der Verabschiedung in der Verfassunggebenden Landesversammlung.

Quelle:
»Gesetze der neuen Bundesländer«; hsg. v. Peter Schiwy; Bd. II, Teil Sachsen; Starnberg (Obby.), 1994; S. 1, 3.

****

Die Staaten der KSZE: **1992, 10. Juli**
Helsinki-Dokument 1992
Hoher Kommissar für Minderheiten, Schutz von Urbevölkerungen, Vertreibungsverbot u. a.

Gipfelerklärung von Helsinki

. . .
5. Das Streben der Völker, ihren inneren und äußeren politischen Status frei zu bestimmen, hat zur Ausbreitung der Demokratie geführt und jüngst seinen Ausdruck in der Entstehung einer Reihe souveräner Staaten[1] gefunden. Ihre volle Teilnahme verleiht der KSZE eine neue Dimension.
6. Wir begrüßen es, daß sich alle Teilnehmerstaaten auf unsere gemeinsamen Werte verpflichtet haben. Unsere gemeinsamen Ziele sind die Achtung der Menschenrechte und Grundfreiheiten, einschließlich der Rechte von Angehörigen nationaler Minderheiten, Demokratie, Rechtsstaatlichkeit, wirtschaftliche Freiheit, soziale Gerechtigkeit und Verantwortung gegenüber der Umwelt. Sie sind unumstößlich. Die Einhaltung unserer Verpflichtungen bildet die Basis für Mitwirkung und Zusammenarbeit in der KSZE und einen Eckpfeiler für die weitere Entwicklung unserer Gesellschaften.
7. Wir bekräftigen erneut die Gültigkeit der Leitprinzipien und gemeinsamen Werte der Schlußakte von Helsinki[2] und der Charta von Paris[3], welche die Verantwortung der Staaten untereinander sowie der Regierungen gegenüber ihren Völkern zum Ausdruck bringen. Sie sind das kollektive Gewissen unserer Gemeinschaft. Wir anerkennen unsere gegenseitige Verantwortung für ihre Einhaltung. Wir unterstreichen die demokratischen Rechte der Bürger, von ihren Regierungen die Achtung dieser Werte und Normen zu fordern.
8. Wir betonen, daß die im Bereich der menschlichen Dimension der KSZE eingegangenen Verpflichtungen[4] ein unmittelbares und berechtigtes Anliegen aller Teilnehmerstaaten und eine nicht ausschließlich innere Angelegenheit des betroffenen Staates darstellen. Der Schutz und die Förderung der Menschenrechte und Grundfreiheiten sowie die Stärkung demokratischer Institutionen sind weiterhin eine unerläßliche Grundlage für unsere umfassende Sicherheit.

. . .
13. Zum ersten Mal seit Jahrzehnten sind wir mit Krieg in der KSZE-Region[5] konfrontiert. Neue bewaffnete Konflikte und massive Gewaltanwendung zur Erlangung von Hegemonie und territorialer Expansion sind weiterhin an der Tagesordnung. Der Verlust an Men-

schenleben und menschliches Elend, verbunden mit gewaltigen Zahlen an Flüchtlingen, haben das schlimmste Ausmaß seit dem Zweiten Weltkrieg angenommen. Der Schaden an unserem kulturellen Erbe und die Zerstörung von Hab und Gut sind erschreckend. Unsere Gemeinschaft ist über diese Entwicklungen zutiefst besorgt ...
Mit den Beschlüssen von Helsinki haben wir ein umfassendes Programm für koordiniertes Handeln aufgestellt, das der KSZE zusätzliche Werkzeuge in die Hand gibt, um sich mit Spannungen vor dem Ausbruch von Gewalt zu befassen, und Krisen zu bewältigen, die sich trotz allem entwickeln können.

...

Beschlüsse von Helsinki

I. Stärkung der KSZE-Institutionen und -Strukturen

...

(23) Der Rat ernennt einen Hohen Kommissar für nationale Minderheiten. Der Hohe Kommissar[6] sorgt zum frühestmöglichen Zeitpunkt für »Frühwarnung«[7] und gegebenenfalls für »Frühmaßnahmen« hinsichtlich von Spannungen, die Bezug auf Angelegenheiten nationaler Minderheiten haben und das Potential in sich bergen, sich im KSZE-Gebiet zu einem den Frieden, die Stabilität oder die Beziehungen zwischen Teilnehmerstaaten beeinträchtigenden Konflikt zu entwickeln. Der Hohe Kommissar stützt sich auf die Einrichtungen des Büros für Demokratische Institutionen und Menschenrechte (BDIMR)[8] in Warschau.

...

VI. Die menschliche Dimension

...

Nationale Minderheiten

Die Teilnehmerstaaten

(23) Bekräftigen mit größtem Nachdruck ihre Entschlossenheit, all ihren KSZE-Verpflichtungen unverzüglich und getreu nachzukommen, eingeschlossen die des Abschließenden Dokuments von Wien[9], des Kopenhagener Dokuments[10] und des Genfer Berichts betreffend Fragen nationaler Minderheiten[11] und die Rechte der diesen angehörigen Personen.

(24) Werden in diesem Zusammenhang ihre Bemühungen verstärken, um sicherzustellen, daß Angehörigen nationaler Minderheiten ihre Menschenrechte und Grundfreiheiten einzeln oder in Gemeinschaft mit anderen frei ausüben können, einschließlich des Rechts auf umfassende Beteiligung am politischen, wirtschaftlichen, gesellschaftlichen und kulturellen Leben ihrer Länder in Übereinstimmung mit den demokratischen Entscheidungsverfahren jedes Staates, einschließlich durch demokratische Teilnahme an der Entscheidungsfindung und an beratenden Gremien auf nationaler und lokaler Ebene, unter anderem durch politische Parteien und Verbände.

...

(27) Werden Abstand davon nehmen und alle Versuche verurteilen, durch die Androhung oder Anwendung von Gewalt Personen mit dem Ziel umzusiedeln, die ethnische Zusammensetzung von Gebieten innerhalb ihrer Territorien zu verändern.

...

Urbevölkerungen

Die Teilnehmerstaaten

(29) Stimmen unter Hinweis darauf, daß Angehörige von Urbevölkerungen besondere Probleme bei der Ausübung ihrer Rechte haben können, überein, daß ihre KSZE-Verpflichtungen betreffend Menschenrechte und Grundfreiheiten voll und ohne Diskriminierung für solche Personen gelten.

...

Flüchtlinge und vertriebene Personen
Die Teilnehmerstaaten
(39) Bringen ihre Besorgnis über das Flüchtlings- und Vertriebenenproblem zum Ausdruck.
(40) Unterstreichen die Wichtigkeit, Situationen zu verhindern, die Massenströme von Flüchtlingen und Vertriebenen zur Folge haben können, und betonen die Notwendigkeit, die Wurzeln von Vertreibung und unfreiwilligen Wanderbewegungen zu ermitteln und anzusprechen.
. . .

Humanitäres Völkerrecht
Die Teilnehmerstaaten
(47) Erinnern daran, daß das humanitäre Völkerrecht auf der dem Menschen innewohnenden Würde beruht.
(48) Werden unter allen Umständen das humanitäre Völkerrecht achten und seine Achtung sichern, einschließlich des Schutzes der Zivilbevölkerung.
(49) Erinnern daran, daß diejenigen, die das humanitäre Völkerrecht verletzen, persönlich zur Rechenschaft gezogen werden.
. . .

Anmerkungen:
1 Gemeint waren die Staaten im Gebiet der früheren UdSSR und Jugoslawiens.
2 Vom 1. 8. 1975; zum Text: Siehe S. 67.
3 Vom 21. 11. 1990; zum Text: Siehe S. 98.
4 Vom 29. 6. 1990 und 3. 10. 1991; zum Text: Siehe S. 95, 104.
5 Gemeint waren die Kriege in Ex-Jugoslawien und im Kaukasus.
6 Die Aufgabenstellung schloß v. a. die Beschäftigung mit solchen Situationen nationaler Minderheiten aus, »in denen es um organisierte terroristische Handlungen geht«.
Vgl. »Bulletin« (siehe Quelle) a. a. O., S. 783.
Andererseits hatten die KSZE-Außenminister bereits am 29. 1. 1992 in Prag beschlossen, künftig auch gegen den Einspruch eines betroffenen Staates Beschlüsse zur Friedenssicherung durch Achtung von Menschen- und Minderheitenrechten fassen zu können.
Vgl. SZ; Nr. 28 v. 1. 2. 1992; S. 2.
7 Basis sollten Informationssammlung und Besuche sein.
8 Über dieses Büro konnten bisher keine Angaben ermittelt werden.
9 Vom 15. 1. 1989; zum Text: Siehe S. 94.
10 Vom 29. 6. 1991; zum Text: Siehe S. 101.
11 Vom 19. 7. 1991; zum Text: Siehe S. 102.

Quelle:
»Bulletin«; Nr. 82 v. 23. 7. 1992; S. 777–804, hier S. 777 ff., 782 ff., 796 f.

****

Die Teilnehmerstaaten[1] der Londoner Jugoslawien-Konferenz: 1992, 28. August
13 Grundsätze zur Lösung des Konfliktes
Verurteilung von ethnischer Säuberung und Vertreibung

⟨Die Grundsätze lauteten:⟩
. . .
2. Nichtanerkennung jeglicher durch Gewalt oder die Schaffung vollendeter Tatsachen erlangter Vorteile oder daraus resultierender beruflicher Konsequenzen;
. . .
4. Achtung der höchsten Werte der Persönlichkeitsrechte und grundlegenden Freiheiten in einer demokratischen Gesellschaft, wie sie zum Ausdruck kommen in der Internatio-

nalen Konvention der Menschenrechte der Vereinten Nationen[1], der Europäischen Menschenrechtskonvention und ihrer Zusatzprotokolle[2] . . .;

5. Anwendung verfassungsmäßiger Garantien der Menschenrechte und grundlegenden Freiheiten von Angehörigen ethnischer und nationaler Gemeinschaften und Minderheiten, die Förderung von Toleranz und des Rechts auf Selbstbestimmung in Übereinstimmung mit den Verpflichtungen gegenüber der KSZE;
6. uneingeschränkte Verurteilung von gewaltsamen Vertreibungen, illegalen Internierungen und von Versuchen, die ethnische Zusammensetzung von Bevölkerungen zu verändern in Verbindung mit der wirksamen Förderung der Schließung von Internierungslagern und der sicheren Rückkehr aller von den Feindseligkeiten vertriebenen Menschen in ihre Häuser, sofern sie dies wünschen;
7. Zustimmung aller Personen, sich den Verpflichtungen zu unterwerfen, die sich aus den internationalen Menschenrechten und insbesondere aus den Genfer Konventionen vom 12. August 1949[3] ergeben und die persönliche Verantwortung jener, die schwere Verstöße gegen die Konventionen begehen oder anordnen;
8. allgemeine Verpflichtung zur Respektierung der Unabhängigkeit, Souveränität und territorialen Integrität aller Staaten dieser Region und die Respektierung der Unverletzlichkeit aller Grenzen gemäß der UNO-Charta[4], der KSZE-Schlußakte[5] und der Charta von Paris[6] sowie die Zurückweisung aller Bestrebungen, mit Gewalt Gebietsgewinne durchzusetzen oder Grenzen zu verändern;

. . .

Anmerkungen:

[1] Vom 19. 12. 1966; zum Text: Siehe S. 60.
[2] Vom 4. 11. 1950; zum Text: Siehe S. 32.
[3] Zum Text: Siehe S. 29.
[4] Vom 26. 6. 1945; zum Text: Siehe S. 17.
[5] Vom 1. 8. 1975; zum Text: Siehe S. 67.
[6] Vom 21. 11. 1990; zum Text: Siehe S. 98.

Wiedergabe nach:
SZ; Nr. 177 v. 29./30. 8. 1992; S. 7. Dort wörtlicher Abdruck.

****

(1.)[1] Bericht **1992, 28. August**
des Sonderberichterstatters der (UN-)Kommission für Menschenrechte
Tadeusz Mazowiecki[2]
»zur Menschenrechtssituation im früheren Jugoslawien«:
Ethnische Säuberungen sind einzustellen/bleiben unlegalisierbar

⟨*Nach eingehender Schilderung der erhaltenen Eindrücke erfolgten zusammenfassend folgende*⟩

Schlußfolgerungen

51. Im Gesamtgebiet von Bosnien/Herzegowina erfolgen massive und gravierende Verletzungen der Menschenrechte.

. . .

53. Gewalttaten werden von den verantwortlichen Behörden gebilligt und oft sogar angestiftet.
54. Die Lage der Menschen, die in Lagern festgehalten werden, . . . ist besonders dramatisch.
55. Die stattfindende Indoktrinierung eines großen Teiles der Bevölkerung fördert nationalen und religiösen Haß.

. . .

57. . . . Auch nach Herstellung des Friedens dürften wegen der Intensität des beiderseitigen Mißtrauens und Hasses ernste Verletzungen der Menschenrechte andauern.

Empfehlungen

I. ⟨*Militärische Abrüstung*⟩

II. ⟨*Ethnische Säuberungen*⟩[2]

61. Die UN sollte bei den zuständigen ⟨*örtlichen*⟩ Behörden weiterhin darauf dringen, daß diese die Politik ethnischer Säuberungen in allen Formen aufgeben. Jedem Opfer dieser Vorgehensweise sollte die Möglichkeit garantiert werden, seine/ihre Rechte unter internationaler Überwachung einzufordern. Dies sollte auch in bezug auf solche Personen gelten, die gezwungen wurden, ihrer »freiwilligen« Umsiedlung zuzustimmen. Keine Rechtsnormen oder Entscheidungen von Behörden, welche die Politik ethnischer Säuberungen durchführen, können diese Politik und ihre Auswirkungen legalisieren.[1]

. . .

III. ⟨*Zur militärischen Eingreiftruppe der UN*⟩

63. ⟨*Sie sollte auch*⟩ Informationen sammeln und Klagen betreffend Menschenrechtsverletzungen entgegennehmen.

. . .

IV. ⟨*Internierungslager*⟩

. . .

65. . . . Schwierigkeiten, welche die Rückkehr von aus Lagern entlassenen Personen in ihre Heimat verhindern, dürfen nicht zur Konsolidierung einer durch ethnische Säuberung entstandenen Situation führen.

. . .

. . .

VII. ⟨*Verfolgung der Verantwortlichen*⟩

69. Die Notwendigkeit, die Verantwortlichen für massenhafte und flagrante Menschenrechtsverletzungen und Verstöße gegen humanitäres Völkerrecht zu verfolgen und künftige Verletzer abzuschrecken, erfordert die systematische Dokumentation der Verbrechen und von Personaldaten der Verantwortlichen.

70. ⟨*Verfahrensvorschläge dazu*⟩

. . .

Anmerkungen:

[1] Mazowiecki lieferte anschließend neun weitere Berichte zur »Lage der Menschenrechte im Gebiet des früheren Jugoslawiens«, in denen ethnische Säuberungen belegt und verurteilt wurden.
Zu seinem letzten Bericht vgl. UN-ECOSOC-MRKom.: Dok. E/CN. 4/1995/57 vom 16. 1. 1995; 31 ms. Seiten.
Am 27. 7. 1995 trat er aus Protest gegen die Untätigkeit der UN angesichts der Angriffe bosnischer Serben auf die UN-Schutzzonen Srebrenica und Zepa zurück.

[2] T. Mazowiecki war als Ministerpräsident Polens im Jahre 1991 zentral verantwortlicher Wortführer der Forderung nach internationaler Anerkennung der ethnischen Säuberung in den Ostprovinzen des Deutschen Reiches 1945/1947.

Quelle:
»UN-(ECOSOC-HRC-)Doc. E/CN. 4/1992/S-1/9«; 18 ms. S., hier S. 11 ff.

****

Antrag[1] **1992, 7. Oktober**
der SPD-Fraktion im (12.) Deutschen Bundestag:
Konvention gegen Vertreibung gefordert[2]**:**
Bestrafung für Vertreiber vorzusehen

Der Deutsche Bundestag fordert die Bundesregierung auf:
- In den internationalen Gremien die Initiative zu ergreifen für eine Konvention, auf deren Grundlage die Vertreibung von Minderheiten oder Bevölkerungsgruppen sowohl völkerrechtlich wie strafrechtlich geahndet und bestraft werden kann,
- den Vorschlag für eine Anti-Vertreibungs-Konvention dem Deutschen Bundestag zur Beratung vorzulegen.

Anmerkungen:
1 Zum weiteren Verbleib des Antrages: Siehe S. 138.
2 In der Begründung des Antrages hieß es u. a.:
»Die Vertreibung, Verschleppung oder Deportation von eigenen oder fremden Staatsangehörigen ist völkerrechtswidrig. Sie verstößt gegen das Recht auf Heimat. Das Londoner Statut des Internationalen Militärgerichtshofs ⟨*vom 8. 8. 1945; zum Text: Siehe S. 21*⟩ bewertete diese Handlung als Verbrechen gegen die Menschlichkeit (sofern Teile der eigenen Bevölkerung betroffen waren) oder als Kriegsverbrechen (sofern die Zivilbevölkerung in einem besetzten Gebiet betroffen war).
. . .
Inhaltlich soll bei der Erarbeitung eines Vorschlages für eine Konvention gegen Vertreibung von folgenden Positionen ausgegangen werden:
- In Anlehnung an das Statut des Internationalen Militärtribunals von Nürnberg ist Vertreibung als Verbrechen gegen die Menschlichkeit zu qualifizieren und somit als schwerwiegende Verletzung grundsätzlicher Völkerrechtsprinzipien zu bestrafen.
- Der Grundsatz der Nichteinmischung in die inneren Angelegenheiten eines souveränen Staates kann im Fall von Vertreibung nicht uneingeschränkt gelten.«

Quelle (für Antrag und Begründung):
Deutscher Bundestag: BTDs. 12/3369 v. 7. 10. 1992; 2 S.

****

Die Staaten des Europarates: **1992, 8. Oktober**[1,2]
Europäische Charta der Regional- oder Minderheitensprachen
Minderheitenschutz auf sprachlichem Gebiet

Präambel

Die Mitgliedstaaten des Europarats, die diese Charta unterzeichnen –
. . .
in der Erwägung, daß der Schutz der geschichtlich gewachsenen Regional- oder Minderheitensprachen Europas, von denen einige allmählich zu verschwinden drohen, zur Erhaltung und Entwicklung der Traditionen und des kulturellen Reichtums Europas beiträgt;
in der Erwägung, daß das Recht, im privaten und öffentlichen Leben eine Regional- oder Minderheitensprache zu benutzen, ein unveräußerliches Recht in Übereinstimmung mit den im Internationalen Pakt der Vereinten Nationen über bürgerliche und politische Rechte[3] enthaltenen Grundsätzen darstellt und dem Geist der Konvention des Europarats zum Schutze der Menschenrechte und Grundfreiheiten[4] entspricht;
. . .
sind wie folgt übereingekommen:

TEIL I⟨:⟩ **Allgemeine Bestimmungen**

Art. 1 [Begriffsbestimmungen]
Im Sinne dieser Charta

a) bezeichnet der Ausdruck »Regional- oder Minderheitensprachen« Sprachen,
i) die herkömmlicherweise in einem bestimmten Sprachraum eines Staates von Angehörigen dieses Staates benutzt werden, die eine Gruppe bilden, die zahlenmäßig der übrigen Bevölkerung des Staates unterlegen ist,
ii) die sich von der (den) Amtssprache(n) dieses Staates unterscheiden;
er umfaßt weder Dialekte der Amtssprache(n) des Staates noch die Sprachen von Zuwanderern;
b) bezeichnet der Ausdruck »Sprachraum, in dem die Regional- oder Minderheitensprache benutzt wird« das geographische Gebiet, in dem die betreffende Sprache das Ausdrucksmittel einer Zahl von Menschen ist, welche die Annahme der in dieser Charta vorgesehenen verschiedenen Schutz- und Fördermaßnahmen rechtfertigt;
c) bezeichnet der Ausdruck »Sprachen ohne eigenen Sprachraum« von Angehörigen des Staates benutzte Sprachen, die sich von der (den) von den übrigen Einwohnern des Staates benutzten Sprache(n) unterscheiden, jedoch, obwohl sie herkömmlicherweise im Hoheitsgebiet des betreffenden Staates benutzt werden, keinem bestimmten Gebiet innerhalb dieses Staates zugeordnet werden können.

Art. 2 [Verpflichtungen]
(1) Jede Vertragspartei verpflichtet sich, Teil II auf alle in ihrem Hoheitsgebiet gesprochenen, der Begriffsbestimmung in Artikel 1 entsprechenden Regional- oder Minderheitensprachen anzuwenden.
(2) Jede Vertragspartei verpflichtet sich, hinsichtlich jeder nach Artikel 3 im Zeitpunkt der Ratifikation, Annahme[5] oder Genehmigung bezeichneten Sprache mindestens fünfunddreißig aus Teil III ausgewählte Absätze oder Buchstaben anzuwenden, darunter mindestens je drei aus den Artikeln 8 und 12 und je einen aus den Artikeln 9, 10, 11 und 13.

Art. 3 [Praktische Regelungen]
(1) Jeder Vertragsstaat bezeichnet in seiner Ratifikations-, Annahme- oder Genehmigungsurkunde[5] jede Regional- oder Minderheitensprache oder in seinem gesamten Hoheitsgebiet oder einem Teil desselben weniger verbreitete Amtssprache, auf welche die nach Artikel 2 Absatz 2 ausgewählten Bestimmungen angewendet werden.
...

...

TEIL II⟨:⟩ **Ziele und Grundsätze in Übereinstimmung mit Artikel 2 Absatz 1**

Art. 7 [Ziele und Grundsätze]
(1) Hinsichtlich der Regional- oder Minderheitensprachen legen die Vertragsparteien in den Sprachräumen, in denen solche Sprachen benutzt werden, entsprechend der Lage, in der sich jede Sprache befindet, ihrer Politik, Gesetzgebung und Praxis folgende Ziele und Grundsätze zugrunde:
a) die Anerkennung des Bestehens der Regional- oder Minderheitensprachen als Ausdruck des kulturellen Reichtums;
b) die Achtung des geographischen Gebiets jeder Regional- oder Minderheitensprache, um sicherzustellen, daß bestehende oder neue Verwaltungsgliederungen kein Hindernis für die Förderung der betreffenden Regional- oder Minderheitensprache darstellen;
c) die Notwendigkeit entschlossener Maßnahmen zur Förderung von Regional- oder Minderheitensprachen, um diese zu schützen;
d) die Erleichterung der Benutzung von Regional- oder Minderheitensprachen in Wort und Schrift im öffentlichen und privaten Leben und/oder die Ermutigung zu einer solchen Benutzung;

e) die Erhaltung und Entwicklung von Verbindungen in den von dieser Charta erfaßten Bereichen zwischen Gruppen, die eine Regional- oder Minderheitensprache benutzen, und anderen Gruppen in demselben Staat, die sich einer in gleicher oder ähnlicher Form benutzten Sprache bedienen, sowie die Aufnahme kultureller Beziehungen zu anderen Gruppen in dem Staat, die andere Sprachen benutzen;
f) die Bereitstellung geeigneter Formen und Mittel für das Lehren und Erlernen von Regional- oder Minderheitensprachen auf allen geeigneten Stufen;
g) die Bereitstellung von Einrichtungen, die es Personen, die eine Regional- oder Minderheitensprache nicht sprechen, aber in dem Gebiet leben, in dem sie benutzt wird, ermöglichen, sie zu erlernen, wenn sie dies wünschen;
h) die Förderung des Studiums und der Forschung im Bereich der Regional- oder Minderheitensprachen an Universitäten oder in gleichwertigen Einrichtungen;
i) die Förderung geeigneter Formen des grenzüberschreitenden Austausches in den von dieser Charta erfaßten Bereichen für Regional- oder Minderheitensprachen, die in zwei oder mehr Staaten in gleicher oder ähnlicher Form benutzt werden.

(2) Die Vertragsparteien verpflichten sich, sofern dies noch nicht geschehen ist, jede ungerechtfertigte Unterscheidung, Ausschließung, Einschränkung oder Bevorzugung zu beseitigen, welche die Benutzung einer Regional- oder Minderheitensprache betrifft und darauf gerichtet ist, die Beibehaltung oder Entwicklung einer Regional- oder Minderheitensprache zu unterdrücken oder zu gefährden. Die Annahme besonderer Maßnahmen zugunsten der Regional- oder Minderheitensprachen, welche die Gleichberechtigung zwischen den Benutzern dieser Sprachen und der übrigen Bevölkerung fördern sollen oder welche ihre besondere Lage gebührend berücksichtigen, gilt nicht als diskriminierende Handlung gegenüber den Benutzern weiter verbreiteter Sprachen.

...

(4) Bei der Festlegung ihrer Politik in bezug auf Regional- oder Minderheitensprachen berücksichtigen die Vertragsparteien die Bedürfnisse und Wünsche, die von den Gruppen, die solche Sprachen benutzen, zum Ausdruck gebracht werden. Sie werden ermutigt, erforderlichenfalls Gremien einzusetzen, welche die Behörden in allen Angelegenheiten der Regional- oder Minderheitensprachen beraten sollen.

(5) Die Vertragsparteien verpflichten sich, die in den Absätzen 1 bis 4 aufgeführten Grundsätze sinngemäß auf Sprachen ohne eigenen Sprachraum anzuwenden ...

TEIL III⟨:⟩ **Maßnahmen zur Förderung der Benutzung von Regional- oder Minderheitensprachen im öffentlichen Leben im Einklang mit den nach Artikel 2 Absatz 2 eingegangenen Verpflichtungen**

Art. 8 [Bildung]

(1) Im Bereich der Bildung verpflichten sich die Vertragsparteien, in dem Sprachraum, in dem solche Sprachen benutzt werden, entsprechend der Lage, in der sich jede dieser Sprachen befindet, und ohne Beeinträchtigung des Unterrichts der Amtssprache(n) des Staates ⟨*Die nachfolgenden Bestimmungen stellten in knapper Zusammenfassung einen Raster der Möglichkeiten dar:*
In der betreffenden⟩ Regional- oder Minderheitensprache
⟨*können nach Arten angeboten werden*⟩
a) die Vorschulerziehung
b) der Primarschulunterricht
c) der Sekundarschulunterricht
d) die berufliche Bildung
e) Universitäts- und Hochschulunterricht
⟨*und nach Umfang bzw. Intensität*

· *das gesamte Bildungsgut für alle*
·· *ein erheblicher Teil des Bildungsgutes für alle oder*
··· *mindestens ein Teil des Bildungsgutes für mindestens diejenigen, die dies wünschen.*〉

Art. 9 [Justizbehörden]
(1) Die Vertragsparteien verpflichten sich, bezüglich derjenigen Gerichtbezirke, in denen die Zahl der Einwohner, welche die Regional- oder Minderheitensprachen benutzen, die nachstehenden Maßnahmen rechtfertigt, entsprechend der Lage, in der sich jede dieser Sprachen befindet, und unter der Bedingung, daß die Nutzung der durch diesen Absatz gebotenen Möglichkeiten nach Auffassung des Richters eine ordentliche Rechtspflege nicht behindert,
a) in Strafverfahren
i) dafür zu sorgen, daß die Gerichte auf Antrag einer der Parteien das Verfahren in den Regional- oder Minderheitensprachen durchführen,
ii) sicherzustellen, daß der Angeklagte das Recht hat, seine Regional- oder Minderheitensprache zu benutzen,
iii) dafür zu sorgen, daß Anträge und Beweismittel, gleichviel ob schriftlich oder mündlich, nicht allein aus dem Grund als unzulässig angesehen werden, daß sie in einer Regional- oder Minderheitensprache abgefaßt sind, und/oder
iv) auf Verlangen mit Gerichtsverfahren zusammenhängende Schriftstücke in der betreffenden Regional- oder Minderheitensprache abzufassen,
erforderlichenfalls durch Inanspruchnahme von Dolmetschern und Übersetzungen, durch die den Betroffenen keine zusätzlichen Kosten entstehen;
b) in zivilrechtlichen Verfahren
〈*und*〉
c) in Verfahren vor Gerichten für Verwaltungssachen
〈*vergleichbar den Bestimmungen unter Abs. a*〉
(2) Die Vertragsparteien verpflichten sich
a) die Rechtsgültigkeit von im Inland abgefaßten Rechtsurkunden nicht allein aus dem Grund zu verneinen, daß sie in einer Regional- oder Minderheitensprache abgefaßt sind,
...
(3) Die Vertragsparteien verpflichten sich, die wichtigsten Gesetzestexte des Staates sowie diejenigen, welche sich besonders auf Benutzer dieser Sprachen beziehen, in den Regional- oder Minderheitensprachen zur Verfügung zu stellen, sofern sie nicht anderweitig vorhanden sind.

Art. 10 [Verwaltungsbehörden und öffentliche Versorgungsleistungen]
(1) Innerhalb der Verwaltungsbezirke des Staates, in denen die Zahl der Einwohner, die Regional- oder Minderheitensprachen benutzen, die nachstehenden Maßnahmen rechtfertigt, und entsprechend der Lage, in der sich jede Sprache befindet, verpflichten sich die Vertragsparteien, im Rahmen des Zumutbaren
a) i) sicherzustellen, daß die Verwaltungsbehörden die Regional- oder Minderheitensprachen benutzen,
ii) sicherzustellen, daß diejenigen ihrer Bediensteten, die Kontakt mit dem Publikum haben, die Regional- oder Minderheitensprachen in ihrem Umgang mit Personen benutzen, die sich in diesen Sprachen an sie wenden,
iii) sicherzustellen, daß Benutzer von Regional- oder Minderheitensprachen in diesen Sprachen mündliche oder schriftliche Anträge stellen und eine Antwort erhalten können,
iv) sicherzustellen, daß Benutzer von Regional- oder Minderheitensprachen in diesen Sprachen mündliche oder schriftliche Anträge stellen können, oder
v) sicherzustellen, daß Benutzer von Regional- oder Minderheitensprachen in diesen Sprachen abgefaßte Urkunden rechtsgültig vorlegen können;

b) allgemein verwendete Verwaltungsbestimmungen und -formulare für die Bevölkerung in den Regional- oder Minderheitensprachen oder zweisprachig anzubieten;
c) zuzulassen, daß die Verwaltungsbehörden Schriftstücke in einer Regional- oder Minderheitensprache aufsetzen.

(2) Hinsichtlich der Kommunal- und Regionalbehörden, in deren Bezirken die Anzahl der Einwohner, die Regional- oder Minderheitensprachen benutzen, so groß ist, daß die nachstehenden Maßnahmen gerechtfertigt sind, verpflichten sich die Vertragsparteien, folgendes zuzulassen und/oder anzuregen:
〈*ähnlich wie unter Ziff. 1, dazu u. a. auch*〉
g) die Benutzung oder Annahme der herkömmlichen und korrekten Formen von Ortsnamen in Regional- oder Minderheitensprachen, erforderlichenfalls in Verbindung mit dem Namen in der (den) Amtssprache(n).

(3) Hinsichtlich der öffentlichen Versorgungsleistungen, die von den Verwaltungsbehörden oder in ihrem Namen handelnden anderen Personen erbracht werden, verpflichten sich die Vertragsparteien, in dem Sprachraum, in dem Regional- oder Minderheitensprachen benutzt werden, entsprechend der Lage, in der sich jede Sprache befindet, und im Rahmen des Zumutbaren
a) sicherzustellen, daß die Regional- oder Minderheitensprachen bei der Erbringung der Leistung benutzt werden;
b) zuzulassen, daß Benutzer von Regional- oder Minderheitensprachen in diesen Sprachen einen Antrag stellen und eine Antwort erhalten, oder
c) zuzulassen, daß Benutzer von Regional- oder Minderheitensprachen in diesen Sprachen einen Antrag stellen.

(4) Die Vertragsparteien verpflichten sich, eine oder mehrere der folgenden Maßnahmen zu treffen, um die von ihnen angenommenen Bestimmungen der Absätze 1, 2 und 3 in Kraft zu setzen:
a) Übersetzen oder Dolmetschen je nach Bedarf;
b) Einstellung und erforderlichenfalls Ausbildung der erforderlichen Beamten und sonstigen Angehörigen des öffentlichen Dienstes;
c) nach Möglichkeit Erfüllung der Wünsche von Angehörigen des öffentlichen Dienstes, die über Kenntnisse in einer Regional- oder Minderheitensprache verfügen, in dem Sprachraum eingesetzt zu werden, in dem diese Sprache benutzt wird.

(5) Die Vertragsparteien verpflichten sich, die Benutzung oder Annahme von Familiennamen in den Regional- oder Minderheitensprachen auf Antrag der Betroffenen zuzulassen.

Art. 11 [Medien]

(1) Die Vertragsparteien verpflichten sich, für die Benutzer von Regional- oder Minderheitensprachen in den Sprachräumen, in denen diese Sprachen gesprochen werden, entsprechend der Lage, in der sich jede Sprache befindet, und soweit die staatlichen Stellen in diesem Bereich unmittelbar oder mittelbar Zuständigkeit, Befugnisse oder Einfluß haben, unter Achtung des Grundsatzes der Unabhängigkeit und Autonomie der Medien folgende Maßnahmen zu treffen:
a) soweit Hörfunk und Fernsehen eine öffentliche Aufgabe erfüllen,
   i) die Schaffung mindestens eines Hörfunksenders und eines Fernsehkanals in den Regional- oder Minderheitensprachen sicherzustellen, 〈*oder*〉
   ii) zur Schaffung 〈*in diesem Umfang*〉 zu ermutigen und/oder sie zu erleichtern oder
   iii) angemessene Vorkehrungen dafür zu treffen, daß Rundfunkveranstalter Sendungen in Regional- oder Minderheitensprachen anbieten;
b) i) zur Schaffung mindestens eines Hörfunksenders in den Regional- oder Minderheitensprachen . . . oder

ii) zur regelmäßigen Ausstrahlung von Hörfunksendungen in den Regional- oder Minderheitensprachen zu ermutigen und/oder sie zu erleichtern;

c) i) zur Schaffung mindestens eines Fernsehkanals in den Regional- oder Minderheitensprachen . . . oder

ii) zur regelmäßigen Ausstrahlung von Fernsehsendungen in den Regional- oder Minderheitensprachen zu ermutigen und/oder sie zu erleichtern;

d) zur Produktion und Verbreitung von Audio-Werken und audiovisuellen Werken in den Regional- und Minderheitensprachen zu ermutigen und/oder sie zu erleichtern;

e) i) zur Schaffung und/oder Erhaltung mindestens einer Zeitung in den Regional- oder Minderheitensprachen . . . oder

ii) zur regelmäßigen Veröffentlichung von Zeitungsartikeln in den Regional- oder Minderheitensprachen zu ermutigen und/oder sie zu erleichtern;

f) i) die zusätzlichen Kosten derjenigen Medien zu decken, die Regional- oder Minderheitensprachen benutzen, wenn das Recht allgemein eine finanzielle Hilfe für die Medien vorsieht;

ii) die bestehenden Maßnahmen für finanzielle Hilfe auch auf audiovisuelle Produktionen in Regional- oder Minderheitensprachen anzuwenden;

. . .

Art. 12 [Kulturelle Tätigkeiten und Einrichtungen]

(1) In bezug auf kulturelle Einrichtungen und Tätigkeiten – insbesondere Bibliotheken, Videotheken, Kulturzentren, Museen, Archive, Akademien, Theater und Kinos sowie literarische Werke und Filmproduktionen, volkstümliche Formen des kulturellen Ausdrucks, Festspiele und die Kulturindustrien, einschließlich des Einsatzes neuer Technologien – verpflichten sich die Vertragsparteien, in dem Sprachraum, in dem solche Sprachen benutzt werden, soweit die staatlichen Stellen in diesem Bereich Zuständigkeit, Befugnisse oder Einfluß haben,

⟨*Es folgten mehrere Verpflichtungsmöglichkeiten*⟩.

Art. 13 [Wirtschaftliches und soziales Leben]

(1) In bezug auf wirtschaftliche und soziale Tätigkeiten verpflichten sich die Vertragsparteien, im ganzen Land

a) aus ihrem Recht jede Bestimmung zu entfernen, welche die Benutzung von Regional- oder Minderheitensprachen in Urkunden betreffend das wirtschaftliche oder soziale Leben, insbesondere Arbeitsverträgen, sowie in technischen Schriftstücken wie Gebrauchsanweisungen für Erzeugnisse oder Anlagen ohne triftigen Grund verbietet oder einschränkt;

⟨*Es folgten weitere Verpflichtungsmöglichkeiten*⟩.

(2) In bezug auf wirtschaftliche und soziale Tätigkeiten verpflichten sich die Vertragsparteien, soweit die staatlichen Stellen zuständig sind, in dem Sprachraum, in dem die Regional- oder Minderheitensprachen benutzt werden, im Rahmen des Zumutbaren

a) in ihre Finanz- und Bankvorschriften Bestimmungen aufzunehmen, die unter Bedingungen, welche mit den Handelsbräuchen vereinbar sind, die Benutzung von Regional- oder Minderheitensprachen beim Ausstellen von Zahlungsanweisungen (Schecks, Wechseln usw.) oder sonstigen Finanzdokumenten ermöglichen, oder gegebenenfalls die Durchführung solcher Bestimmungen sicherzustellen;

b) in den ihrer unmittelbaren Kontrolle unterstehenden Wirtschafts- und Sozialbereichen (öffentlicher Sektor) Maßnahmen zur Förderung der Benutzung von Regional- oder Minderheitensprachen durchzuführen;

c) sicherzustellen, daß soziale Einrichtungen wie Krankenhäuser, Altersheime und Heime die Möglichkeit bieten, Benutzer einer Regional- oder Minderheitensprache, die aufgrund von Krankheit, Alter oder aus anderen Gründen der Betreuung bedürfen, in deren eigener Sprache aufzunehmen und zu behandeln;

d) durch geeignete Mittel sicherzustellen, daß Sicherheitsvorschriften auch in Regional- oder Minderheitensprachen zugänglich sind;
e) dafür zu sorgen, daß von den zuständigen staatlichen Stellen zur Verfügung gestellte Informationen über die Rechte der Verbraucher in Regional- oder Minderheitensprachen erhältlich sind.
...

TEIL IV⟨:⟩ **Anwendung der Charta**

Art. 15 [Regelmäßige Berichte]
(1) Die Vertragsparteien legen dem Generalsekretär des Europarats in einer vom Ministerkomitee zu bestimmenden Form in regelmäßigen Abständen einen Bericht über ihre in Übereinstimmung mit Teil II verfolgte Politik und über die in Anwendung der von ihnen angenommenen Bestimmungen des Teiles III getroffenen Maßnahmen vor. Der erste Bericht wird innerhalb des Jahres vorgelegt, das auf das Inkrafttreten der Charta für die betreffende Vertragspartei folgt, die weiteren Berichte in Abständen von drei Jahren nach Vorlage des ersten Berichts.
(2) Die Vertragsparteien veröffentlichen ihre Berichte.

Art. 16 [Prüfung der Berichte]
(1) Die dem Generalsekretär des Europarats nach Artikel 15 vorgelegten Berichte werden durch einen nach Artikel 17 eingesetzten Sachverständigenausschuß geprüft.
(2) In einer Vertragspartei rechtmäßig gegründete Organisationen oder Vereinigungen können den Sachverständigenausschuß auf Fragen aufmerksam machen, die sich auf die von der betreffenden Vertragspartei nach Teil III eingegangenen Verpflichtungen beziehen. Nach Konsultierung der betroffenen Vertragspartei kann der Sachverständigenausschuß diese Angaben bei der Ausarbeitung des in Absatz 3 genannten Berichts berücksichtigen. Diese Organisationen oder Vereinigungen können außerdem Erklärungen zu der von einer Vertragspartei in Übereinstimmung mit Teil II verfolgten Politik vorlegen.
(3) Auf der Grundlage der in Absatz 1 genannten Berichte und der in Absatz 2 erwähnten Angaben arbeitet der Sachverständigenausschuß einen Bericht für das Ministerkomitee aus. Diesem Bericht werden die Stellungnahmen, um welche die Vertragsparteien ersucht wurden, beigefügt; er kann vom Ministerkomitee veröffentlicht werden.
(4) Der in Absatz 3 genannte Bericht enthält insbesondere die Vorschläge des Sachverständigenausschusses an das Ministerkomitee für die Ausarbeitung der etwa erforderlichen Empfehlungen des Ministerkomitees an eine oder mehrere Vertragsparteien.
(5) Der Generalsekretär des Europarats erstattet der Parlamentarischen Versammlung alle zwei Jahre ausführlich Bericht über die Anwendung der Charta.

Art. 17 [Sachverständigenausschuß]
(1) Der Sachverständigenausschuß besteht aus einem Mitglied je Vertragspartei, das vom Ministerkomitee aus einer Liste von durch die betreffende Vertragspartei vorgeschlagenen Persönlichkeiten von höchster Integrität und anerkannter Sachkenntnis in den durch die Charta erfaßten Angelegenheiten ausgewählt wird.
(2) Die Mitglieder des Ausschusses werden für die Dauer von sechs Jahren ernannt; Wiederernennung ist zulässig.
...

Anmerkungen:
[1] Datum der Verabschiedung im Ministerrat des ER war der 8. 10. 1992.
Am 5. 11. 1992 zur Unterzeichnung aufgelegt, von Deutschland erfolgt; am 1. 3. 1998 nach Ratifizierung durch fünf Staaten für diese in Kraft.
Deutschland hat die Ratifikation mit Gesetz v. 9. 7. 1998 eingeleitet; zum Text: Vgl. BGBl. 1998, Teil II, S. 1314 ff.

[2] Zur Vorgeschichte der Charta: Siehe »Kurzbericht« S. 81 ff.
[3] Vom 19. 12. 1966; zum Text: Siehe S. 60.
[4] Vom 4. 11. 1950; zum Text: Siehe S. 32.
[5] Deutschland legte in seiner Annahmeerklärung vom 23. 1. 1998 fest, Dänisch, Sorbisch und Friesisch sowie Niederdeutsch und »Romany« (Sprache der deutschen Sinti und Roma) in z. T. bestimmten Gebieten als Regional-/Minderheitensprache ansehen und schützen zu wollen.
Vgl.: »European Treaties: ETS Nr. 148: Signatures and Ratifications«; hsg. v. Europa-Rat, Straßburg; Stand 18. 2. 1998; S. 4–8.

Quelle:
»European Charter for Regional or Minority Languages: ETS 148«; hsg. v. Europa-Rat; Straßburg, März 1997; 15 S., hier S. 2–13.

****

Der UN-Sicherheitsrat: **1992, 16. November**
Entschießung 787 zur Lage in Bosnien-Herzegowina:
Verurteilung von »ethnischer Säuberung«

Der Sicherheitsrat

. . .

2. betont neuerlich, daß jede Übernahme von Gebiet durch Gewalt und jede Praktizierung von »ethnischer Säuberung« Unrecht und unannehmbar ist und den Ausgang der Verhandlungen über Verfassungsregelungen der Republik Bosnien-Herzegowina nicht beeinflussen darf und wird, sowie besteht darauf, daß allen verdrängten Personen in Frieden in die früheren Wohnstätten zurückzukehren ermöglicht wird;

. . .

Quelle:
»UN-SC-Doc. S/RES/787 (1992)«; 2 ms. S.

****

Die Außenminister der KSZE-Staaten: **1992, 15. Dezember**
Beschlüsse des 3. Ratstreffens in Stockholm[1]**:**
Ethnische Säuberung ist verabscheuungswürdig

Beschlüsse

. . .

Ehemaliges Jugoslawien

2. Die Hauptverantwortung für den Konflikt tragen die gegenwärtigen Führungskräfte Serbiens und Montenegros sowie die in Bosnien-Herzegowina operierenden serbischen Kräfte. Unter Mißachtung aller Bemühungen der gesamten internationalen Gemeinschaft eignen sich diese Kräfte auch weiterhin gewaltsam Gebiete an und verletzen in vielen Teilen des ehemaligen Jugoslawien grundlegende menschliche Prinzipien durch die verabscheuungswürdige Praxis der »ethnischen Säuberung« und andere Brutalitäten. All dem muß unverzüglich Einhalt geboten werden.

. . .

4. Die Minister . . . arbeiten auf mehrere unmittelbare Ziele hin:

   . . .

   – Einstellung der Verletzungen der Menschenrechte und des humanitären Völkerrechts, insbesondere der Politik der »ethnischen Säuberung«, vor allem in Bosnien-Herzegowina sowie im Kosovo, in Sandjak und in der Vojvodina, und der systematischen Vergewaltigung moslemischer Frauen, und Maßnahmen, um die Verfolgung der persönlich Verantwortlichen zu gewährleisten.

   . . .

– Eine auf dem Verhandlungswege erzielte politische Beilegung des gegenwärtigen Konflikts, die die Integrität Bosnien-Herzegowinas bewahrt, keinerlei Gebietsgewinn durch die gewaltsame Aneignung von Territorien anerkennt und die sichere Rückkehr von Flüchtlingen und Vertriebenen in ihre Heimat vorsieht.

. . .

Anmerkung:

[1] Die Beschlüsse wurden beim 4. Ratstreffen am 1. 12. 1993 in Rom bekräftigt und der Hohe Kommissar für Minderheiten der KSZE (siehe S. 107) ermutigt, seine Tätigkeit fortzusetzen. Vgl.: »Bulletin«; Nr. 112 v. 15. 12. 1993; S. 1233–1244, hier S. 1234, 1237.

Quelle:

»Bulletin«; Nr. 138 v. 18. 12. 1992; S. 1257–1264, hier S. 1257 f.

****

Die (47.) Generalversammlung der Vereinten Nationen: 1992, 18. Dezember
»Deklaration[1] über die Rechte von Personen, die zu nationalen oder ethnischen, religiösen und sprachlichen Minderheiten gehören«[2]

Die Generalversammlung

. . .

in der Überlegung, daß die Förderung und der Schutz der Rechte von Personen, die zu . . . Minderheiten gehören, zur politischen und sozialen Stabilität der Staaten beiträgt, in denen sie leben;

. . .

proklamiert diese Deklaration . . .:

Artikel 1 ⟨*Staatliche Schutzverpflichtung*⟩

1. Die Staaten sollen die Existenz und die nationale oder ethnische, kulturelle, religiöse und sprachliche Identität von Minderheiten innerhalb ihrer jeweiligen Gebiete schützen und Bedingungen unterstützen, welche der Förderung der Identität dienen.

. . .

Artikel 2 ⟨*Minderheitenrechte*⟩

1. Personen, die nationalen oder ethnischen, religiösen und sprachlichen Minderheiten angehören (im folgenden als ›Angehörige von Minderheiten‹ bezeichnet), haben das Recht, im privaten wie im öffentlichen Leben frei und ohne Einmischung oder jegliche Form der Diskriminierung ihr eigenes kulturelles Leben zu pflegen, ihre eigene Religion zu bekennen und auszuüben und sich ihrer eigenen Sprache zu bedienen.
2. Angehörige von Minderheiten haben das Recht, sich aktiv am kulturellen, religiösen, sozialen, wirtschaftlichen und öffentlichen Leben zu beteiligen.
3. Angehörige von Minderheiten haben das Recht, sich in Übereinstimmung mit der nationalen Gesetzgebung aktiv an Entscheidungen auf nationaler und gegebenenfalls regionaler Ebene, die die Minderheit, der sie angehören, oder die Region, in der sie leben, betreffen, zu beteiligen.
4. Angehörige von Minderheiten haben das Recht, eigene Vereinigungen zu gründen und zu unterhalten.
5. Angehörige von Minderheiten haben das Recht, ohne jegliche Diskriminierung freie und friedliche Kontakte zu anderen Angehörigen ihrer Gruppe, zu Angehörigen anderer Minderheiten sowie grenzüberschreitende Kontakte zu Bürgern anderer Staaten, mit denen sie nationale oder ethnische, religiöse oder sprachliche Bande verbinden, herzustellen und zu unterhalten.

Artikel 3 ⟨*Diskriminierungsverbot*⟩

1. Angehörige von Minderheiten können ihre Rechte, einschließlich derjenigen, die in dieser Deklaration niedergelegt sind, ohne jegliche Diskriminierung allein oder in Gemeinschaft mit anderen Angehörigen ihrer Gruppe ausüben.
2. Die Ausübung oder Nichtausübung der Rechte, wie sie in dieser Deklaration niedergelegt sind, darf keinem Angehörigen einer Minderheit zum Nachteil gereichen.

Artikel 4 ⟨*Staatliche Maßnahmen*⟩

1. Die Staaten ergreifen die erforderlichen Maßnahmen, um sicherzustellen, daß Angehörige von Minderheiten ohne jegliche Diskriminierung und in umfassender Gleichheit vor dem Gesetz ihre Menschenrechte und Grundfreiheiten umfassend und aktiv ausüben können.
2. Die Staaten ergreifen Maßnahmen, die für Angehörige von Minderheiten günstige Bedingungen schaffen, die es ihnen ermöglichen sollen, ihren charakteristischen Eigenschaften Ausdruck zu verleihen und ihre Kultur, Sprache, Religion, Traditionen und Bräuche zu entfalten, es sei denn, bestimmte Praktiken verstoßen gegen nationales Recht oder gegen internationale Standards.
3. Die Staaten sollen geeignete Maßnahmen ergreifen, um Angehörigen von Minderheiten wo immer möglich angemessene Gelegenheit zu verschaffen, ihre Muttersprache zu erlernen oder in ihr unterwiesen zu werden.
4. Die Staaten sollen erforderlichenfalls Maßnahmen im Bereich des Bildungswesens treffen, um Kenntnisse über Geschichte, Traditionen, Sprache und Kultur der in ihrem Hoheitsgebiet lebenden Minderheiten zu fördern. Angehörigen von Minderheiten sollen geeignete Möglichkeiten offenstehen, sich Kenntnisse über die Gesellschaft als Ganze anzueignen.
5. Die Staaten sollen geeignete Maßnahmen in Erwägung ziehen, um es Angehörigen von Minderheiten zu ermöglichen, am wirtschaftlichen Fortschritt und der Entwicklung ihres Landes in vollem Umfang teilzuhaben.

. . .

Anmerkungen:

1 Die Deklaration war Teil der Entschließung 135 der 47. Generalversammlung vom gleichen Tage.

2 Zur Vorgeschichte kann u. a. angeführt werden:

a) Der Art. 27 des UN-Paktes über bürgerliche und politische Rechte vom 19. 12. 1966; zum Text: Siehe S. 60.

b) Ein Entwurf Jugoslawiens vom Februar 1978 an die UN; zum Inhalt: Siehe S. 77.

c) Verhandlungen in der 34. bis 48. Tagung der UN-Menschenrechtskommission in den Jahren 1978 bis 1991;
Verabschiedung der Deklaration dann in der UN-Menschenrechtskommission am 21. 2. 1992 mit Entschließung 16/1992.
Verabschiedung durch den ECOSOC der UN am 15. 5. 1992 mit Zuleitung an die UN-Generalversammlung.
Die jeweiligen Texte werden hier nicht wiedergegeben.

Quelle:

»UN-(GA-)Doc. A/Res/47/135« v. 3. 2. 1993; 5 ms. S. Auch »UN-(ECOSOC-HRC-)Doc. E/CN. 5/1992/48, Anl. I«; auch »UN-(GA-)Doc. A/47/49«.

****

Der Generalsekretär der UN: **1993, 3. Mai**[1]
Statut[2,3] des Internationalen Gerichtshofes Ex-Jugoslawien[2,3]:
Gericht über Personen, die das humanitäre Völkerrecht in Jugoslawien verletzten

Artikel 1⟨:⟩ Kompetenz des Internationalen Tribunales
Das Internationale Tribunal hat das Recht, in Ausführung der Bestimmungen dieses Statutes Personen zu richten, welche für ernste Verletzungen des humanitären Völkerrechtes[4] auf dem Gebiet des früheren Jugoslawiens seit 1991[5] verantwortlich sind.
. . .

Art. 2–5 ⟨*definierten das humanitäre Völkerrecht und seine Verletzungen*[4,6];
Art. 6–10 *legten u. a. persönliche Verantwortlichkeit der Verletzer fest;*
Art. 11–17 *die Organisation (Strafkammern);*
Art. 18–19 *die Methode der Untersuchung und die Vorverfahren;*
Art. 20–28 *das Verfahren selbst;*
Art. 29 *verpflichtete alle Staaten zur Unterstützung des Gerichtshofes;*
Art. 30–34 *behandelten u. a. den Sitz (in Den Haag) und die Arbeitssprachen (Englisch und Französisch).*⟩
. . .
⟨7⟩

Anmerkungen:
[1] Das Statut wurde im September 1993 von der 49. UN-Generalversammlung gebilligt; am 25. 5. 1993 war vom UN-Sicherheitsrat mit Entschließung 827 sein Sitz festgelegt worden.
[2] Sachlich war dieses Statut für Ex-Jugoslawien (wie das vom 8. 11. 1994 für Ruanda mit Sitz Arusha [Tansania]) auf Entwürfe der International Law Commission (etwa: VR-Kommission) der UN zurückzuführen.
Für deren Definition sanktionsbedürftiger Vorgänge vom 28. 7. 1954: Siehe S. 42.
Vgl. auch den Bericht der International Law Commission über die Arbeit ihrer 46. Sitzungsperiode 2. 5.–22. 7. 1994 (in »UN-GA-Doc. A/49/10«; 49. Sitzungsper. (1994)). Dort der Entwurf des Statuts eines Internationalen Strafgerichtshofes (ca. 17 ms. Seiten), welcher derartige Vorgänge dann verfolgen sollte, wenn sie sich in einem dem Statut beigetretenen Staat ereigneten.
[3] Zur Vorgeschichte des Statuts ist hinzuweisen auf:
a) die UN-Berichte Mazowiecki vom 28. 8. 1992 ff., zum Text: Siehe S. 110;
b) den KSZE-Beschluß vom 15. 12. 1992; zum Text: Siehe S. 119;
c) die UN-Sicherheitsrat-Entschließungen 764 vom 13. 7. 1992 und 771 vom 13. 8. 1992, die zur Beachtung des humanitären Völkerrechtes aufgerufen hatten.
d) Von besonderer Bedeutung war die UN-Sicherheitsrat-Entschließung 808 vom 22. 2. 1993: Diese beschloß die Errichtung des Gerichtshofes und wies den UN-Generalsekretär an, sein Statut zu erarbeiten.
[4] Diese Verletzungen wurden definiert in
Art. 2: Schwere Verletzungen der Genfer Konvention v. 12. 8. 1949.
Zum Text: Siehe S. 29.
Dazu gehörten: »Ungerechtfertigte Deportation oder Transfer . . . einer geschützten . . . Zivilperson«.
Art. 3: Verletzungen der Rechte und Gebräuche des Krieges.
Dazu gehörten: »Plünderung öffentlichen oder privaten Eigentums«.
Art. 4: Völkermord im Sinne der UN-Konvention v. 9. 12. 1948.
Zum Text: Siehe S. 24.
Zum Urteil des deutschen Bundesgerichtshofes vom 30. 4. 1999, der bereits lediglich »systematische Vertreibung« als »Völkermord« qualifizierte: Siehe S. 1156.
Art. 5: Verbrechen gegen die Menschlichkeit im Sinne des Statuts des Internationalen Militärgerichtshofes in Nürnberg v. 8. 8. 1945.
Zum Text: Siehe S. 21.
Dazu gehörte: »Deportation«.
In den Anmerkungen des UN-Generalsekretärs zu Art. 5 hieß es u. a.:

»Verbrechen gegen die Menschlichkeit bezeichnen unmenschliche Handlungen ... Im Konflikt innerhalb des Gebietes des früheren Jugoslawien haben derartige unmenschliche Handlungen die Form der sog. ›ethnischen Säuberung‹ angenommen.«

[5] a) UN-SR-Entschließung 808 hatte angewiesen, Verbrechen »ab 1991« zu verfolgen.
b) Das Statut von 1993, das man wohl als Menschenrechte kodifizierende internationale Vereinbarung qualifizieren muß, ließ in Art. 8 die »zeitliche Jurisdiktion des Internationalen Tribunales« rückwirkend am »1. Januar 1991« beginnen.
c) Davon unberührt behauptete der tschechische Publizist und Historiker Václav Vrabec im Frühjahr 1995 in Iglau (Mähren):
»Rechtsnormen auch aus dem Bereich der Menschenrechte und die zugehörigen, sie kodifizierenden internationalen Vereinbarungen sind nicht retroaktiv und haben keine Rückwirkung.«
Vgl. Vrabec, Václav: »Die Aussiedlung der Deutschen und die historische Bedingtheit der Auffassung von Menschenrechten 1945–1995« in »Tschechen und Deutsche: Verlorene Geschichte«; hsg. v. d. Bernard Bolzano Stiftung; Prag, 1995; S. 164–168, hier S. 165.

[6] Im vorausgegangenen Bericht einer Expertenkommission der UN vom 9. 2. 1993, welcher dem Sicherheitsrat zugeleitet worden war, hieß es zu dem Ausdruck »ethnische Säuberung« zunächst unzutreffend (siehe S. 216 für 1914, S. 461 für 1945), er sei »verhältnismäßig neu«. Dann wurde definiert:
»Im Zusammenhang mit den Konflikten im ehemaligen Jugoslawien betrachtet, bedeutet ›ethnische Säuberung‹, ein Gebiet durch Anwendung von Gewalt oder Einschüchterung ethnisch homogen zu machen. indem Angehörige bestimmter Gruppen aus dem Gebiet entfernt werden. ›Ethnische Säuberungen‹ sind völkerrechtswidrig. Den zahlreichen Berichten zufolge, in denen die im ehemaligen Jugoslawien betriebene Politik und die dazugehörigen Praktiken beschrieben werden, sind ›ethnische Säuberungen‹ durch Anwendung folgender Methoden durchgeführt worden: Mord, Folterungen, willkürliche Festnahme und Inhaftierung, außergerichtliche Hinrichtungen, Vergewaltigungen und geschlechtlicher Mißbrauch, Einschließung von Zivilpersonen in ghettoartige Gebiete, Zwangsverschickung, -vertreibung und -deportation von Zivilpersonen, vorsätzliche militärische Angriffe oder Androhung von Angriffen auf Zivilisten und Zivilgebiete sowie mutwillige Zerstörung von Eigentum. Diese Praktiken stellen Verbrechen gegen die Menschlichkeit dar und können spezifischen Kriegsverbrechen gleichgestellt werden. Darüber hinaus könnte es sich bei solchen Handlungen auch um Straftaten im Sinne der Völkermordkonvention handeln.«
Vgl. »UN-(SC-)Doc. S/25274 (1993)«.

[7] Zur Tätigkeit des Gerichtshofes war festzuhalten:
Bereits bis Juli 1997 wurden 80 Personen angeklagt. Bis Juli 2001 erfolgten 19 Verurteilungen serbischer, kroatischer und muslimischer Angeklagter durch internationale Richter einer der beiden Strafkammern.

Quelle:
»UN-(SC-)Doc. S/25704«: »Report of the Secretary General Pursuant to Paragraph 2 of Security Council Resolution 808 (1993)« v. 3. 5. 1993; 42 ms. S.; hier S. 9 ff.

****

Die UN-»Weltkonferenz über Menschenrechte«[1]: »Wiener Erklärung und Aktionsprogramm« **1993, 25. Juni**

Hochkommissar für Menschenrechte, Schutz von Minderheiten und einheimischen Bevölkerungen

...

⟨Abschnitt⟩ I

...

23. Die Weltkonferenz über Menschenrechte unterstreicht neuerlich, daß jedermann, ohne irgendwelchen Unterschied berechtigt ist, ... das Recht auf Rückkehr in sein Land wahrzunehmen ...

...

⟨Abschnitt⟩ II

A. Erhöhte Koordinierung von Menschenrechtsfragen in der Organisation der UN

...

18) Die Weltkonferenz über Menschenrechte empfiehlt der Generalversammlung, bei Prüfung des Berichtes über die Konferenz anläßlich ihrer 48. Sitzung mit Vorrang die Frage zu überlegen, einen Hochkommissar für die Förderung und Sicherung aller Menschenrechte einzusetzen.[2]

...

B. Gleichheit, Würde und Toleranz

...

2) Personen, die zu nationalen oder ethnischen, religiösen und sprachlichen Minderheiten gehören

25) Die Weltkonferenz über Menschenrechte fordert die ⟨*UN*-⟩Menschenrechtskommission auf, Wege und Mittel zu prüfen, effektiv die Rechte von Personen zu schützen und zu fördern, welche zu Minderheiten gehören, wie sie in der Deklaration über die Rechte von Personen, die zu nationalen oder ethnischen, religiösen und sprachlichen Minderheiten gehören[3], festgestellt wurden ...

26) Die Weltkonferenz über Menschenrechte fordert die Staaten und die internationale Gemeinschaft auf, die Rechte von Personen, welche zu nationalen oder ethnischen, religiösen oder sprachlichen Minderheiten gehören, wie sie in der Deklaration über die Rechte von Personen, die zu nationalen oder ethnischen, religiösen und sprachlichen Minderheiten[3] festgestellt wurden, zu fördern und zu schützen.

27) Zu treffende Maßnahmen sollten, wo dies angebracht ist, die Erleichterung ihrer vollen Teilnahme an allen Aspekten des politischen, wirtschaftlichen, sozialen, religiösen und kulturellen Lebens der Gesellschaft und an wirtschaftlichem Fortschritt und Entwicklung des Landes beinhalten.

Einheimische Bevölkerungen

28) Die Weltkonferenz über Menschenrechte fordert die Arbeitsgruppe zu einheimischen Bevölkerungen der ⟨*UN*-⟩Unterkommission über Verhütung der Diskriminierung und Schutz von Minderheiten auf[4], die Entwurfsarbeiten einer Deklaration über die Rechte einheimischer Bevölkerungen[5] ... zu beenden.

...

Anmerkungen:

[1] An der Weltkonferenz, die durch Entschließung 155 der 45. UN-GV am 8. 12. 1990 einberufen worden war, nahmen mehrere hundert Delegierte aller Staaten der Welt und bei der UN akkreditierter Organisationen teil.

[2] Die Einsetzung erfolgte durch Entschließung 141 der 48. UN-GV in der 85. Plenarsitzung am 20. 12. 1993. Vgl. »UN-(GA-)Doc. A/RES/48/141« v. 7. 1. 1994; 5 S.
Im Februar 1994 wurde der ecuadorianische Diplomat Ayala-Lasso als Hoher Kommissar bestätigt.

[3] Vom 18. 12. 1992; zum Text: Siehe S. 120.

[4] Zur Unterkommission: Siehe S. 150.

[5] Zum Text vgl.: »UN-(ECOSOC-HRC-)Doc. E/CN. 4/Sub. 2/1992/28«.

Quelle:
»UN: World Conference on Human Rights, Vienna 14–25 June 1993«; Doc. A/CONF. 157/23 v. 12. 7. 1993; auch UN-Nr. GE. 93-14233; 28 ms. S., hier S. 8, 16 ff.

****

Das Parlament Ungarns: **1993, 7. Juli**

»Gesetz über die Rechte der nationalen und ethnischen Minderheiten«

Recht auf ungestörtes Leben in der Heimat und Vertreibungsverbot

Das Parlament bekundet,

...

– ... im Bewußtsein dessen, daß das harmonische Zusammenleben der nationalen und ethnischen Minderheiten mit der Mehrheitsnation Bestandteil der internationalen Sicherheit ist,

daß es das Recht auf die nationale und ethnische Identität als Teil der universellen Menschenrechte betrachtet, die spezifischen individuellen und gemeinschaftlichen Rechte der nationalen und ethnischen Minderheiten als grundlegende Freiheitsrechte anerkennt, diese respektiert und all diesen in der Republik Ungarn Geltung verschafft.
Die Gesamtheit dieser Rechte ist keine Gabe der Mehrheit und kein Privileg der Minderheit und ihre Quelle ist nicht der zahlenmäßige Anteil der nationalen und ethnischen Minderheiten, sondern auf der Basis der Achtung der Freiheit des Individuums und des gesellschaftlichen Friedens das Recht auf das Anderssein.

...

Unter Beachtung dessen, daß die Selbstverwaltungen die Grundlage des demokratischen Systems bilden, betrachtet das Parlament die Schaffung und Tätigkeit der Selbstverwaltungen der Minderheiten und die sich dadurch realisierende kulturelle Autonomie als eine der wichtigsten Grundvoraussetzungen für die Durchsetzung der spezifischen Rechte der Minderheiten,

...

Kapitel I
Grundlegende Bestimmungen

§ 1

(1) Die Geltung dieses Gesetzes erstreckt sich auf alle auf dem Territorium der Republik Ungarn lebenden Personen ungarischer Staatsbürgerschaft, die sich zu einer nationalen oder ethnischen Minderheit zugehörig betrachten, sowie die Gemeinschaften dieser Personen.
(2) Im Sinne dieses Gesetzes ist jede auf dem Territorium der Republik Ungarn seit mindestens einem Jahrhundert beheimatete Volksgruppe eine nationale und ethnische Minderheit (im weiteren: Minderheit), die sich im Kreise der Bevölkerung des Staates in einer zahlenmäßigen Minderheit befindet, deren Mitglieder ungarische Staatsbürger sind und die sich von dem übrigen Teil der Bevölkerung durch ihre eigene Sprache und Kultur ⟨sowie⟩ Traditionen unterscheiden, die gleichzeitig von einem Bewußtsein der Zusammengehörigkeit Zeugnis ablegt, das sich auf die Wahrung all dieser, den Ausdruck und Schutz der Interessen ihrer historisch entstandenen Gemeinschaften richtet.

§ 2

Die Geltung dieses Gesetzes erstreckt sich nicht auf die Flüchtlinge, Einwanderer, niedergelassene ausländische Staatsbürger und die Heimatlosen.

§ 3

(1) Die in der Republik Ungarn lebenden Minderheiten sind Teilhaber an der Macht des Volkes, sie sind staatsbildende Faktoren (§ 68, Absatz 1 der Verfassung). Ihre Kultur ist Teil der ungarländischen Kultur.
(2) Das Recht auf nationale oder ethnische Identität ist ein grundlegendes Menschenrecht, welches den Individuen und den Gemeinschaften gleichermaßen zusteht.
(3) Jede Minderheit ist berechtigt, als nationale oder ethnische Gemeinschaft zu existieren und fortzubestehen.
(4) Jede Minderheitengemeinschaft und jede zu einer Minderheit gehörende Person hat das Recht auf die Ungestörtheit des Lebens in der Heimat und des Kontaktes zur Heimat. Das Recht auf Heimat bedeutet die Freiheit und den Schutz der Bindung nicht nur zum eigenen Geburtsort, sondern auch zum Geburts- oder Wohnort der Eltern, Erzieher und Ahnen, zur Urheimat sowie zu deren Kultur und Traditionen.
(5) Jedwede nachteilige Unterscheidung der Minderheiten ist verboten.

§ 4

(1) Die Republik Ungarn verbietet jedwede Politik, welche:

- das Einschmelzen der Minderheit in die Mehrheitsnation bezweckt oder zum Ergebnis hat;
- auf die vom Gesichtspunkt der Minderheit aus nachteilige Veränderung der nationalen oder ethnischen Verhältnisse der von den Minderheiten bewohnten Gebiete gerichtet ist;
- die nationale oder ethnische Minderheit oder zu Minderheiten gehörende Personen wegen ihrer Zugehörigkeit verfolgt, ihre Lebensbedingungen erschwert, sie bei der Ausübung ihrer Rechte behindert;
- auf die gewaltsame Aus- und Umsiedlung der nationalen oder ethnischen Minderheiten gerichtet ist.

(2) Die Republik Ungarn tritt in ihren internationalen Kontakten gegen jede politische Bestrebung auf, die zu in Absatz (1) angeführten Folgen führt. Sie strebt auch mit den Mitteln des internationalen Rechts und durch internationale Verträge danach, gegen eine derartige Politik Schutz zu gewähren.

(3) Bei der Festlegung der Grenzen der Verwaltungseinheiten und der Wahlbezirke, bei der Ausarbeitung der Pläne für die Siedlungs- und Wirtschaftsentwicklung sowie den Umweltschutz berücksichtigt die Republik Ungarn die Siedlungsverhältnisse, Beziehungen, Wirtschaftsinteressen und entstandenen Traditionen der nationalen oder ethnischen Minderheiten.

§ 5

(1) Es ist das verfassungsmäßige Recht der Minderheiten in der Republik Ungarn, Selbstverwaltungen auf örtlicher und Landesebene zu errichten.

(2) Mit der Ausübung der in diesem Gesetz festgelegten Aufgaben- und Befugniskreise für die Minderheitenselbstverwaltungen ist es grundlegende Aufgabe dieser, die Interessen der Minderheiten zu schützen und zu vertreten.

(3) Im Interesse der Verrichtung dieser Aufgaben regelt das vorliegende Gesetz die Art der Schaffung von Selbstverwaltungen, ihre Rechte und Pflichten, Funktionsbedingungen und ihre Beziehungen zu den Staatsorganen.

. . .

Kapitel II
Individuelle Minderheitenrechte

§§ 7, 8

⟨*Das Recht, die Zugehörigkeit zu einer nationalen Gruppe stets freiwillig und in der Volkszählung geheim bekunden zu dürfen*⟩

§ 9

Der Angehörige einer Minderheit hat das Recht auf politische und kulturelle Chancengleichheit, zu deren Förderung der Staat durch effektive Maßnahmen verpflichtet ist.

§ 10

Die Teilnahme von Angehörigen der Minderheiten am öffentlichen Leben darf nicht beschränkt werden. Sie können für die Artikulation und den Schutz ihrer Interessen – laut verfassungsmäßiger Regelung – Vereine, Parteien und andere gesellschaftliche Organisationen gründen.

§ 11

Die einer Minderheit angehörenden Personen haben das Recht, . . . ihre Familienfeste in ihrer Muttersprache zu begehen und die Abwicklung der damit verbundenen kirchlichen Zeremonien in ihrer Muttersprache zu beanspruchen.

§ 12

(1) Die einer Minderheit angehörende Person hat das Recht, den eigenen und den Vornamen ihres Kindes frei zu wählen, ihren Vor- und Zunamen entsprechend den Regeln ihrer Muttersprache in das Personenstandsbuch eintragen zu lassen und in amtlichen Dokumenten in durch Rechtsnormen festgelegten Rahmen anzuführen . . .

§ 13

Die einer Minderheit angehörende Person hat das Recht
a) auf das Kennenlernen, die Pflege, Mehrung und Weitergabe ihrer Muttersprache, Geschichte, Kultur und Traditionen;
b) auf Teilnahme am muttersprachlichen Unterricht und Bildung;
c) auf Schutz der mit ihrem Minderheitendasein zusammenhängenden persönlichen Daten entsprechend den Festlegungen in einem gesonderten Gesetz.

§ 14

Die einer Minderheit angehörende Person hat das Recht, sowohl zu staatlichen und gemeinschaftlichen Institutionen der Mutterländer und Sprachnationen, als auch zu in anderen Ländern lebenden Minderheiten Beziehungen aufrechtzuerhalten.

Kapitel III
Gemeinschaftsrechte der Minderheiten

§ 15

Die Wahrung, Pflege, Stärkung und Vererbung der Identität der Minderheit ist ein unveräußerliches Gemeinschaftsrecht der Minderheiten.

§ 16

Es ist das Recht der Minderheiten, ihre historischen Traditionen und ihre Sprache zu pflegen und weiterzuentwickeln, ihre gegenständliche und geistige Kultur zu wahren und zu mehren.

§ 17

Die Minderheiten können gesellschaftliche Organisationen sowie Selbstverwaltungen auf örtlicher und Landesebene gründen.

§ 18

(1) Der öffentlich-rechtliche Rundfunk und das Fernsehen sichern – laut den Verfügungen eines gesonderten Gesetzes – die regelmäßige Produktion und Ausstrahlung nationaler oder ethnischer Minderheitenprogramme.
(2) In den von Minderheiten bewohnten Gebieten fördert der Staat – auch auf dem Wege von internationalen Verträgen – den Empfang von aus dem Mutterland stammenden Rundfunk- und Fernsehsendungen.
(3) Die Minderheitengemeinschaften haben das Recht:
a) die Schaffung der Bedingungen für den Muttersprach- oder den muttersprachlichen Unterricht (in der Muttersprache und in Ungarisch) im Kindergarten, die Grund-, Mittel- und Hochschulausbildung zu initiieren;
b) im gesetzlichen Rahmen ein eigenes Einrichtungsnetz für Erziehung, Unterricht, Kultur und Wissenschaft im Landesmaßstab auszubauen.
(4) Die Republik Ungarn sichert den Minderheitengemeinschaften – im gesetzlichen Rahmen – das Recht, ihre Veranstaltungen und Feste ungestört abzuhalten, ihre baulichen, kulturellen und religiösen Denkmäler und Traditionen zu wahren, zu pflegen und zu vererben sowie ihre Symbole zu benutzen.

§ 19

Den Minderheiten und ihren Organisationen steht das Recht auf den Ausbau und die Aufrechterhaltung umfassender und indirekter internationaler Beziehungen zu.

§ 20

(1) Die Minderheiten haben – auf in einem gesonderten Gesetz festgelegte Weise – das Recht auf Vertretung im Parlament.
(2) Das Parlament wählt den parlamentarischen Ombudsmann für die Rechte der nationalen und ethnischen Minderheiten. Die Sachwaltung und die Vorbereitungsaufgaben versieht das Amt des parlamentarischen Ombudsmanns.
In Sonstigem sind bezüglich des parlamentarischen Ombudsmanns für die Rechte der nationalen und ethnischen Minderheiten die Verfügungen des Gesetzes LIX/1993 über den parlamentarischen Ombudsmann der Staatsbürgerrechte anzuwenden.
(3) Der parlamentarische Ombudsmann für die Rechte der nationalen und ethnischen Minderheiten wird in Fragen tätig, die in den Geltungsbereich dieses Gesetzes fallen.

Kapitel IV
Selbstverwaltungen der Minderheiten

§ 21

(1) Die einzelnen Minderheiten können im Sinne der Festlegungen dieses Gesetzes in Gemeinden, Städten und Bezirken der Hauptstadt Minderheitenselbstverwaltungen der Siedlungen oder direkt oder indirekt entstehende örtliche Minderheitenselbstverwaltungen sowie Minderheitenselbstverwaltungen auf Landesebene gründen.

. . .

§§ 22–24

⟨*Verfahren der Bildung von Minderheitenselbstverwaltungen*⟩

§§ 25–30

Aufgaben und Befugnisse der Minderheitenselbstverwaltungen der Siedlungen und der örtlichen Minderheitenselbstverwaltungen.

. . .

§ 29

Verordnungen der kommunalen Selbstverwaltungen, die die Minderheitenbevölkerung im Fragenkreis örtlicher Unterricht, örtliche Medien, örtliche Traditionspflege und Kultur sowie kollektiver Sprachgebrauch betreffen, dürfen vom Abgeordnetengremium ⟨*des Gemeinde- bzw. Stadtrates*⟩ nur mit Einvernehmen der diese Bevölkerung vertretenden örtlichen Minderheitenselbstverwaltung erbracht werden.

. . .

Minderheitenselbstverwaltung auf Landesebene

§ 31

⟨*ist aus den als Gemeinderäte gewählten Minderheitsangehörigen als Wahlmännern als juristische Person [§ 36] zu bilden und wird vom Staatsparlament über das jeweilige Haushaltsgesetz [§ 55, Ziff. 2] finanziert.*⟩

. . .

§ 36

(1) Die Landesselbstverwaltung nimmt die Vertretung und den Schutz der von ihr vertretenen Minderheit auf Landes- sowie territorialer Ebene (regional, Bezirk) wahr. Zur Schaffung der kulturellen Autonomie der Minderheit kann sie Institutionen ins Leben rufen und koordiniert deren Tätigkeit.

. . .

§ 37

Die Landesselbstverwaltung entscheidet – innerhalb des gesetzlichen Rahmens – selbständig über:

...

b) ihr Budget, ihren Endabschluß und die Erstellung ihres Vermögensinventars;

...

e) die Landesfeste der von ihr vertretenen Minderheit;
f) ihre Auszeichnungen, die Bedingungen und Regeln für deren Zuerkennung;
g) die Prinzipien und Art der Nutzung des ihr zur Verfügung stehenden Rundfunk- und Fernsehkanals;
h) die Prinzipien der Nutzung der ihr zur Verfügung stehenden Programmzeit des öffentlich-rechtlichen Rundfunks und Fernsehens;
i) die Veröffentlichung von Pressemitteilungen;
j) die Gründung ihrer Institutionen, deren Organisations- und Funktionsstatut, Unterhalt und Betätigung;
k) die Betätigung von Theatern;
l) die Gründung und den Unterhalt von Museumsausstellungsplätzen, öffentlichen Sammlungen mit Landesumfang;
m) den Unterhalt von Minderheiten-Bibliotheken;
n) die Gründung und Betätigung von Kunst- und Wissenschaftsinstituten und Verlagen;
o) den Unterhalt von Unterrichtsinstitutionen mittlerer und höchster Ebene in Landesrelation;
p) die Gründung und das Betreiben von Rechtshilfediensten;
r) die Wahrnehmung sonstiger vom Gesetz in ihre Befugnis überwiesener Aufgaben.

§ 38

(1) Die Landesselbstverwaltung
a) äußert ihre Meinung über die Entwürfe von Rechtsnormen, welche die von ihr vertretene Minderheit in dieser ihrer Eigenschaft betreffen, einschließlich der Verordnungen der Vollversammlungen der Komitate und der Hauptstadt;
b) kann in Fragen, welche die Gruppen der vertretenen Minderheiten betreffen, von den Verwaltungsorganen Informationen erbitten, diesen Vorschläge unterbreiten und in den in ihre Zuständigkeit gehörenden Angelegenheiten Maßnahmen initiieren;
c) beteiligt sich mit den befugten und zuständigen staatlichen Organen an der Fachaufsicht des Minderheitenunterrichts auf unterer, mittlerer und oberster Ebene der von ihr vertretenen Minderheit;

...

(3) Bei der Rechtssetzung bezüglich der Bewahrung und Pflege der historischen Siedlungen und Baudenkmäler der Minderheit haben die Landesselbstverwaltung bzw. bei Einbringung einer diesbezüglichen Selbstverwaltungsverordnung die örtliche Minderheitenselbstverwaltung Zustimmungsrecht ...

(4) Bei der Erstellung des Grundlehrstoffes für den Unterricht der Minderheit – mit Ausnahme des Hochschulwesens – hat die betreffende Landesselbstverwaltung Zustimmungsrecht.

...

Kapitel V
Örtlicher Sprecher der Minderheiten

...

KAPITEL VI
Die Selbstverwaltung der Minderheiten bezüglich Bildung und Unterricht

§ 42

Im Sinne des vorliegenden Gesetzes zählen zu den von den Minderheiten benutzten Sprachen: Bulgarisch, Zigeunerisch (Romani bzw. Beasch), Griechisch, Kroatisch, Polnisch, Deutsch, Armenisch, Rumänisch, Ruthenisch, Serbisch, Slowakisch, Slowenisch und Ukrainisch.

§ 43

(1) Der Staat erkennt die Muttersprachen der in Ungarn lebenden Minderheiten als einen die Gemeinschaft zusammenhaltenden Faktor an, ihre Schulbildung wird vom Staat – wo dies verlangt wird – in nicht zu den Minderheitenselbstverwaltungen der Siedlungen gehörenden öffentlichen Schuleinrichtungen gemäß Absätzen (2)–(4) sowie §§ 44–49 unterstützt.
(2) Die zu den Minderheiten gehörenden Kinder nehmen entsprechend der Entscheidung der Eltern oder Sorgeberechtigten am Unterricht in der Muttersprache bzw. am muttersprachlichen (in der Muttersprache und in ungarischer Sprache stattfindenden) oder am ungarischsprachigen Unterricht teil bzw. können daran teilnehmen.
(3) Der Unterricht der Minderheit in der Muttersprache bzw. der muttersprachliche Unterricht kann entsprechend den örtlichen Möglichkeiten und Ansprüchen in Kindergärten, Schulen, Schulklassen oder Gruppen erfolgen.
(4) Auf Ersuchen von Eltern oder gesetzlichen Vertretern von acht zu einer Minderheit gehörenden Schülern muß eine Minderheitenklasse bzw. Schülergruppe unterhalten werden.

§ 44

Die Mehrkosten für den Unterricht in der Muttersprache oder den muttersprachlichen Unterricht laut § 43 werden auf gesetzlich festgelegte Weise vom Staat bzw. von der kommunalen Selbstverwaltung getragen.

§ 45

(1) In der gesetzlichen Regelung über den Schul- und Hochschulunterricht, in der Bestimmung von Struktur und Inhalt der Bildungs- und Erziehungsarbeit sowie der Kontrolle dieser Tätigkeit müssen im Einklang mit diesem Gesetz die der kulturellen Autonomie der Minderheiten entsprechenden Unterrichts- und Bildungsinteressen durchgesetzt werden.
. . .
(3) In den laut § 43 Absatz (3)–(4) geschaffenen Bildungs- und Erziehungseinrichtungen sind das Lehren der Minderheitenvolkskunde sowie der Geschichte der Minderheit und des Mutterlandes und das Kennenlernen der kulturellen Traditionen und Werte der Minderheit zu gewährleisten.

§ 46

. . .
(2) Die Ausbildung von muttersprachlichen Pädagogen zur Gewährleistung des muttersprachlichen und Muttersprachunterrichts der Minderheiten ist Aufgabe des Staates.
(3) Der Staat sorgt auch durch internationale Abkommen dafür, daß Angehörige der Minderheiten an ausländischen Einrichtungen, an denen die Sprache der Minderheiten unterrichtet und deren Kultur gepflegt wird, an Voll- bzw. Teilausbildung sowie an Weiter- und wissenschaftlicher Bildung teilnehmen.
(4) Zur Erfüllung der Festlegungen in Absatz (2) unterstützt der Staat den Einsatz von Lehrern, die aus dem Mutter- bzw. Sprachenland der Minderheiten kommen, als Gastlehrer in Ungarn.

(5) Insofern die zu den Minderheiten gehörenden Personen ihre Studien in Ländern absolvieren, wo in ihrer Muttersprache unterrichtende Universitäten, Hochschulen bzw. sonstige Lehrinstitutionen oder ihre Kultur pflegende Einrichtungen bestehen, sind die dort erworbenen Diplome und sonstigen Zeugnisse unter Berücksichtigung der Gesetze und der internationalen Vereinbarungen den in der Republik Ungarn erworbenen entsprechenden Diplomen und Zeugnissen als gleichwertig anzusehen.
. . .

§ 48

(1) Die Schuleinrichtungen der Minderheit können nur dann von nicht zur Minderheit gehörenden Personen in Anspruch genommen werden, wenn die Einrichtung nach der Befriedigung der Ansprüche der gegebenen Minderheit noch über freie Plätze verfügt. . . .
(2) Der Unterricht der ungarischen Sprache ist – in der zur Aneignung erforderlichen Stundenzahl und auf entsprechendem Niveau – auch in den Schuleinrichtungen der Minderheiten zu gewährleisten.
(3) In Siedlungen, in denen sich die ungarischsprachige Bevölkerung – oder eine andere nationale oder ethnische Minderheit – zahlenmäßig in der Minderheit befindet, ist die kommunale Selbstverwaltung verpflichtet, den muttersprachlichen Unterricht oder den Unterricht in der Muttersprache der ungarischsprachigen Kinder bzw. Kinder anderer Muttersprachen entsprechend den gesetzlichen Bestimmungen zu gewährleisten.

§ 49

(1) Die Minderheitenorganisationen können kulturelle Bildungstätigkeit ausüben, zu diesem Zweck – im Rahmen der Rechtsnormen – Einrichtungen schaffen, welche internationale Beziehungen aufrechterhalten können.
(2) Die Landesselbstverwaltung ist berechtigt, Minderheitentheater, museale Ausstellungsstätten, öffentliche Sammlungen mit einem Sammelbereich im Landesmaßstab, Bibliotheken, Verlage, Kultur-, Kunst- und wissenschaftliche Landesinstitute zu gründen und zu unterhalten. Für diese Aufgaben kann sie eine Unterstützung aus dem Haushalt beanspruchen.
(3) Die Versorgung der Minderheit mit muttersprachlicher Literatur wird durch ein Minderheitenbibliotheksnetz gesichert.
. . .

§ 50

(1) Der Staat sichert für den Minderheitenunterricht die Herausgabe von Lehrbüchern sowie die Anfertigung von Lehrmitteln.
(2) Der Staat unterstützt
a) das Sammeln gegenständlicher Andenken der Minderheitenkulturen, die Gründung und Mehrung der öffentlichen Sammlungen;
b) die Herausgabe von Büchern und die Publikation von Periodika der Minderheiten;
c) die Bekanntgabe der Gesetze und Mitteilungen allgemeinen Interesses in der Muttersprache der Minderheiten;
d) in Verbindung mit Familienereignissen der Minderheit die Abwicklung kirchlicher Zeremonien in der Muttersprache bzw. die religiöse Tätigkeit der Kirchen in der Muttersprache der Minderheiten.

Kapitel VII
Sprachgebrauch

§ 51

(1) In der Republik Ungarn kann jeder seine Muttersprache zu jeder Zeit und überall frei gebrauchen. Der Staat ist verpflichtet, die Bedingungen für den Sprachgebrauch der Minderheiten – in den in einem gesonderten Gesetz festgelegten Fällen – zu gewährleisten.

. . .

§ 52

(1) Im Parlament kann der einer Minderheit angehörende Abgeordnete auch seine Muttersprache benutzen.

(2) In den Abgeordnetengremien der kommunalen Selbstverwaltungen können die Minderheitenvertreter auch ihre Muttersprache benutzen. Fand die Wortmeldung in einer Minderheitensprache statt, muß der ungarischsprachige Text oder inhaltliche Auszug der Wortmeldung dem Protokoll der Sitzung beigefügt werden.

(3) Leben in der Siedlung Angehörige von Minderheiten, kann das Abgeordnetengremium seine Protokolle und Beschlüsse außer in der ungarischen Sprache auch in der Sprache der gegebenen Minderheit führen bzw. formulieren. Bei Interpretationsstreiten ist die ungarischsprachige Ausführung authentisch.

§ 53

Die kommunale Selbstverwaltung ist verpflichtet, entsprechend den Anforderungen der auf ihrem Zuständigkeitsgebiet tätigen örtlichen Minderheitenselbstverwaltung zu gewährleisten, daß

a) die Bekanntgabe ihrer Verordnungen bzw. die Veröffentlichungen ihrer Bekanntmachungen – neben der ungarischen Sprache – auch in der Muttersprache der Minderheit erfolgt;

b) die bei den Verwaltungsverfahren verwendeten Druckformulare auch in der Muttersprache der Minderheit zur Verfügung stehen;

c) die Beschriftung der Schilder mit den Orts- und Straßennamen sowie mit den Bezeichnungen der öffentlichen Ämter und öffentlichen Dienstleistungsorgane oder den auf deren Tätigkeit hinweisenden Mitteilungen – neben der ungarischsprachigen Formulierung und in der Schreibweise in Form und Inhalt damit identisch – auch in der Muttersprache der Minderheit gelesen werden können.

§ 54

In den Siedlungen, in denen eine Minderheitenbevölkerung lebt, ist beim Besetzen der örtlichen öffentlichen Beamten- und Angestelltenämter – neben der Einhaltung der allgemeinen fachlichen Anforderungen – die Anstellung von Personen zu gewährleisten, die auch die Muttersprache der gegebenen Minderheit beherrschen.

Kapitel VIII
Unterstützung der Minderheiten, Wirtschaftstätigkeit und Vermögen der Minderheitenselbstverwaltungen

. . .

Kapitel IX
Schlußbestimmungen

. . .

Quelle:
Amt für Nationale und Ethnische Minderheiten, Budapest (Hsg.): »Gesetz Nr. LXXVII des Jahres 1993 über die Rechte der nationalen und ethnischen Minderheiten«; o. J.; gedruckte Textausgabe; 44 S.

****

Der Staat Israel und die PLO: **1993, 13. September**[1]
»Deklaration der Prinzipien über zeitweilige Selbst-Regierungs-Arrangements«[2]
Zeitweilige Zwischenlösung, Autonomie für offenes Selbstbestimmungsproblem

Präambel ⟨*Israel und die PLO*[3] *werden ihren Konflikt beenden*⟩
Art. I Ziel der Verhandlungen
⟨*Für fünf Jahre eine zeitweilige Palästinensische Selbstregierungsbehörde, nämlich den »Rat« einzurichten*⟩
Art. II Rahmen für die Zwischenzeit
⟨*Aufgabenverteilung*⟩
Art. III Wahlen
⟨*der Ratsmitglieder im Autonomiegebiet*⟩
Art. IV Zuständigkeitsbereich[4]
⟨*West-Ufer*[5] *und Gaza-Streifen*⟩
Art. V Übergangsfrist und Verhandlungen über den endgültigen Zustand
⟨*Fünf Jahre; Verhandlungen beginnen innerhalb von zwei Jahren*[6]*, Liste der zu verhandelnden Angelegenheiten*[7]⟩
. . .

Anmerkungen:
1 Die Deklaration, nach monatelangen Geheimgesprächen in Oslo vereinbart, wurde unter Zeugenschaft der Außenminister der USA und Rußlands in Washington unterzeichnet und trat am 13. 10. 1993 in Kraft.
2 Der »Deklaration« war eine öffentliche Nahost-Konferenz in Madrid (ab 30. 10. 1991) unter gemeinsamer Schirmherrschaft der USA und der UdSSR vorausgegangen; sie verlief ergebnislos.
Die »Deklaration« führte über einen Autonomievertrag (Kairo, 4. 5. 1994) zu einem »Interim Agreement« (sog. Taba-Abkommen v. 26. 9. 1995), das am 28. 9. 1995 in Washington im Beisein von Zeugen aus den USA, Rußland, Ägypten, Jordanien, Norwegen und der EU unterzeichnet wurde.
Das Taba-Abkommen regelte (in 460 Seiten Text mit 6 Anhängen) u. a. Termine des Gebietsüberganges von Israel auf die durch die PLO repräsentierten Palästinenser.
3 Wörtlich: »The P.L.O team (in the Jordanian-Palestinian delegation to the Middle East Peace Conference) (the ›Palestinian Delegation‹), representing the Palestinian people«.
4 Gemeint: des »Rates«.
5 Diese sog. West-Bank wurde nicht umschrieben: Gemeint waren die von Israel nicht annektierten Gebiete westlich des Jordanflusses zwischen dem See Genezareth und dem Toten Meer.
6 Das Taba-Abkommen legte fest, mit den Verhandlungen spätestens am 4. 5. 1996 zu beginnen.
Diese Verhandlungen wurden Anfang 1998 unterbrochen, erst im September 1999 wiederaufgenommen und seit den ergebnislosen Gipfelverhandlungen in Camp David (USA) im Sommer 2002 praktisch eingefroren.
7 Im Text sowohl der »Prinzipien« wie des Taba-Abkommens wurden genannt: »Jerusalem, Flüchtlinge, Siedlungen, Sicherheitsregelungen, Grenzen, Beziehungen und Zusammenarbeit mit anderen Nachbarn sowie weitere Angelegenheiten von gemeinsamem Interesse«.

Quelle:
»International Legal Materials«; Bd. 32 (1993); hsg. v. d. UN-International Law Commission; S. 1515–1545, hier S. 1525, 1527, 1529.

****

Entschließung der **1993, 16. September**
90. Konferenz der »Interparlamentarischen Union« (IPU)[1]:
»Verdrängung[2] ins Ausland als Folge des Konfliktes in Bosnien und Herzegowina sowie anderer Kriege und Bürgerkriege«
Ethnische Säuberungen verurteilt

Die 90. Interparlamentarische Konferenz
... besorgt über massenhafte Menschenrechtsverletzungen, besonders die fortlaufenden Praktiken von Vertreibung und Verdrängung in den Kriegsgebieten Bosnien-Herzegowinas und anderen Konfliktgebieten,
bewußt, daß Verdrängung ins Ausland als Folge von Kriegen und Bürgerkriegen auch in benachbarten Gebieten ernste politische, wirtschaftliche und soziale Instabilität verursacht,
den Tatbestand unterstreichend, daß verschiedene internationale Rechtsfestlegungen Verdrängung, Vertreibung und Deportation von Bevölkerungsgruppen als Verbrechen gegen die Menschlickeit oder Kriegsverbrechen einstufen,
...
bewußt, daß Minderheiten oder andere, von der Mehrheitsbevölkerung durch ihre ethnische, religiöse oder kulturelle Herkunft unterschiedene Gruppen oft unter den ersten Opfern einer Verdrängung sind⟨:⟩
...
2) verurteilt entschieden die ruchlosen Maßnahmen, die als »ethnische Säuberung« im kriegszerrissenen Bosnien-Herzegowina bekannt wurden;
3) drückt ihren Abscheu über das andauernde, brutale Vorgehen gegen die Zivilbevölkerung, oft aus ethnischen Gründen, in diesen und anderen Konfliktgebieten aus, in denen die systematische Terrorisierung von Zivilpersonen regelmäßig deren Zwangsentfernung aus ihren seit langem überlieferten Wohnsitzen vorangeht;
4) appelliert an die Regierungen und die UN, angemessene politische und juristische Sicherungen gegen weitere Deportationen und Verdrängungen zu entwickeln, indem u. a. ⟨*der Internationale Strafgerichtshof für Jugoslawien[3] und ein Allgemeiner Internationaler Strafgerichtshof[4] bald eingerichtet, der im Entwurf vorliegende Kodex der Verbrechen gegen den Frieden und die Sicherheit der Menschheit bald verabschiedet wird sowie auch eine der 1948 UN-Konvention gegen Völkermord vergleichbare*⟩ Konvention gegen Vertreibung und Verdrängung von Personengruppen, ... welche derartige Verdrängungen tatsächlich verbietet und sie nach internationalem Recht strafbar macht.
...
9) drängt die Regierungen der Herkunftsländer von Flüchtlingen und anderen verdrängten Personen dazu, ... die Rückkehr solcher Personen zu ermutigen ...
...[5]

Anmerkungen:
[1] In der IPU sind die Parlamente praktisch aller Staaten der Welt vertreten.
[2] Im Original: »(External) displacement«.
Da in der Entschließung die Begriffe »expulsion«, »deportation« und »eviction« überlappend verwendet wurden, erfolgte die Übersetzung mit »Verdrängung«, ggf. »ins Ausland«.
[3] Zum Text des Statuts v. 3. 5. 1993: Siehe S. 122.
[4] Zum Text des Statuts v. 17. 7. 1998: Siehe S. 168.
[5] Während andere Parlamentsvertretungen bei der Endabstimmung am 18. 9. 1993 Einschränkungen vortrugen, wurden solche seitens der ČR nicht vorgebracht.

Quelle:
Internationale Parlamentarische Union (Hsg.): »Bulletin«; Nr. 4/93; Genf (Schweiz); S. 266 f.

****

Die Staats- und Regierungschefs des Europarates: 1993, 9. Oktober
»Wiener Erklärung«
Minderheitenschutz durch auszuarbeitendes Rahmenabkommen[1]

Wir, Staats- und Regierungschefs der Mitgliedstaaten des Europarates, die wir zum ersten Mal in der Geschichte unserer Organisation anläßlich dieser Wiener Gipfelkonferenz versammelt sind, erklären feierlich das Folgende:
Das Ende der Teilung Europas bietet uns eine historische Chance, den Frieden und die Stabilität auf diesem Kontinent zu festigen ...
Der Europarat ist die europäische Institution, die vorzüglich in der Lage ist, die Demokratien Europas, die sich von der kommunistischen Unterdrückung befreit haben, gleichberechtigt in ständige Strukturen aufzunehmen. Deshalb ist ihr Beitritt zum Europarat ein zentrales Element in der europäischen Konstruktion, die auf den Werten unserer Organisation fußt.
Der Beitritt setzt voraus, daß der antragstellende Staat seine Institutionen und seine Rechtsordnung in Übereinstimmung mit den grundlegenden Prinzipien der Demokratie, des Rechtsstaats und der Achtung der Menschenrechte gebracht hat. Die Volksvertreter müssen auf dem Wege freier, gleicher und allgemeiner Wahlen bestimmt werden. Die Garantie der Meinungsfreiheit, insbesondere der Medien, der Schutz der nationalen Minderheiten und die Achtung der Grundsätze des Völkerrechts müssen in unseren Augen entscheidende Kriterien bei der Beurteilung jeder Bewerbung bleiben. Die Verpflichtung, die Europäische Menschenrechtskonvention zu unterzeichnen und binnen kurzer Frist die Gesamtheit ihrer Kontrollbestimmungen anzuerkennen, ist gleichfalls wesentlich. Wir sind entschlossen, innerhalb des Europarates die uneingeschränkte Einhaltung der eingegangenen Verpflichtungen durch alle Mitgliedstaaten sicherzustellen.
...
In diesem Zusammenhang beschließen wir ...
– politische und rechtliche Verpflichtungen betreffend den Schutz der nationalen Minderheiten in Europa einzugehen und das Ministerkomitee zu beauftragen, die dafür geeigneten internationalen Rechtsinstrumente auszuarbeiten[1] (siehe Beschluß in Anhang II)
...

...

Anhang II
Die nationalen Minderheiten

Wir, Staats- und Regierungschefs der Mitgliedstaaten des Europarates haben hinsichtlich des Schutzes nationaler Minderheiten das Folgende beschlossen:
Die durch die Umwälzungen der Geschichte in Europa entstandenen nationalen Minderheiten müssen geschützt und geachtet werden, um dadurch zu Frieden und Stabilität beizutragen.
...
Die Staaten sollten Bedingungen schaffen, die es den Angehörigen nationaler Minderheiten ermöglichen, ihre Kultur, unter gleichzeitiger Beibehaltung ihrer Religion, Tradition und Bräuche, weiterzuentwickeln. Diese Personen müssen im privaten wie im öffentlichen Bereich ihre Sprache sprechen können, und dies sollte ihnen unter gewissen Bedingungen auch bei ihren Kontakten mit den öffentlichen Behörden möglich sein.
...
Somit beschließen wir, das Ministerkomitee zu beauftragen[1]:
– kurzfristig ein Rahmenabkommen[2] auszuarbeiten, das die Prinzipien genau formuliert, zu deren Einhaltung sich die Vertragsstaaten zum Schutz nationaler Minderheiten verpflichten. Dieses Übereinkommen stünde auch für Nichtmitgliedstaaten zur Unterzeichnung offen;

– die Arbeit an der Redaktion eines Protokolls aufzunehmen, das die Europäische Menschenrechtskonvention im kulturellen Bereich durch Bestimmungen ergänzt, die individuelle Rechte, besonders für Angehörige nationaler Minderheiten, gewährleisten.

...

Anhang III

Erklärung und Aktionsplan zur Bekämpfung von Rassismus, Fremdenfeindlichkeit, Antisemitismus und Intoleranz

Wir, Staats- und Regierungschefs der Mitgliedstaaten des Europarates

...

beauftragen das Ministerkomitee, so rasch wie möglich den folgenden Aktionsplan ... umzusetzen ...

Aktionsplan

...

2) Aufforderung an die Mitgliedstaaten, die Garantien gegen jede Form der Diskriminierung aufgrund der Rasse, der nationalen oder ethnischen Herkunft oder der Religion zu verstärken und zu diesem Zweck

– unverzüglich ihre Gesetze und sonstigen Vorschriften mit dem Ziel zu prüfen, Bestimmungen abzuschaffen, die geeignet sind, Diskriminierungen aus einem der genannten Gründe hervorzurufen oder Vorurteile aufrechtzuerhalten;

...

Anmerkungen:

[1] Zum weiteren Ablauf: Siehe S. 86.

[2] Die Unterzeichnung des Entwurfes der Parlamentarischen Versammlung des Europarates vom 1. 2. 1993 (siehe S. 86) scheiterte nach Pressemeldungen am Einspruch v. a. Frankreichs.

Quelle:

»Bulletin«; Nr. 91 v. 26. 10. 1993; S. 1024 f.;

Wiedergabe nach Veiter, Theodor: »Kein Schlußstrich«; Wien, 1994; S. 178 ff.

****

Die Außenminister der EU: **1994, 27. Mai**

»Stabilitätspakt für Europa: Schlußdokument der Eröffnungskonferenz«

Round-Table-Gespräche über Grenz-/Minderheitsfragen

Teil 1: Ziele und Grundsätze

...

1.2. Wir stehen heute an einem Wendepunkt in der Geschichte des europäischen Kontinents. Auf dem Weg zu Demokratie, Frieden und Einheit in Europa sind beträchtliche Fortschritte erzielt worden.

Wir müssen jedoch weitergehen und dafür sorgen, daß diese Errungenschaften nicht wieder rückgängig zu machen sind.

1.3. Wir sind davon überzeugt, daß die Zeit gekommen ist, neue Impulse zu geben, damit noch bestehende trennende Tendenzen, wie sie die Geschichte des europäischen Kontinents geprägt haben, durch vorbeugende Maßnahmen überwunden werden ...

1.4. ... Der Europäische Rat hat den assoziierten Ländern aus Mittel- und Osteuropa, die das wünschen, in Kopenhagen den Beitritt zur Europäischen Union in Aussicht gestellt. Und die Länder, die den Beitritt anstreben – Bulgarien, die Tschechische Republik, Estland, Ungarn, Lettland, Litauen, Polen, Rumänien und Slowakei –, haben bereits entsprechende Schritte zur Annäherung an die Europäische Union unternommen. Mit diesem Ziel vor Augen haben wir beschlossen, eine Konferenz über die Stabilität in Europa abzuhalten, die nach einem entsprechenden Beratungs- und Verhandlungsprozeß in ihrem Rahmen zur Annahme eines Stabilitätspaktes führen soll.

1.5. Zur Erreichung des Ziels der Stabilität müssen die gutnachbarlichen Beziehungen – unter Einbeziehung von Grenz- und Minderheitenfragen – und die regionale Zusammenarbeit gefördert ... werden.

1.6. Wir sind uns darin einig, daß ... dies bedeutet Unverletzbarkeit der Grenzen, territoriale Integrität und Achtung der bestehenden Grenzen sowie Schutz nationaler Minderheiten.

1.7. ... Unser Ziel ist es, Länder, die noch keine Abkommen und Vereinbarungen über Zusammenarbeit und gutnachbarliche Beziehungen, einschließlich Minderheiten- und Grenzangelegenheiten, getroffen haben, zu ermutigen, dies in einem Prozeß bilateraler Verhandlungen und regionaler Round-Table-Gespräche, deren Teilnehmerkreis und Tagesordnung von den teilnehmenden Ländern frei gewählt werden sollen, zu tun.

1.8. Alle erzielten Abkommen und Vereinbarungen werden in den Stabilitätspakt einbezogen ...

Teil 2: Direkt umsetzbare Beschlüsse

...

2.2. ... Wir nehmen die Bereitschaft[1] der in Punkt 1.4 erwähnten Staaten[2] zur Kenntnis, ihre Beziehungen im Sinne der gutnachbarlichen Beziehungen entsprechend bereits geschlossener Verträge und Abkommen weiterzuentwickeln, bilaterale Verhandlungen fortzuführen oder in Gang zu setzen und an Round-Table-Gesprächen[2] teilzunehmen.

2.3. Wir nehmen ebenfalls Kenntnis von der Bereitschaft der Nachbarstaaten der in Punkt 1.4 erwähnten Länder, am Verhandlungsprozeß teilzunehmen, wenn die Art der behandelten Probleme ihre Teilnahme erfordert, sowie von der Bereitschaft anderer Staaten, ihren Beitrag zu diesem Verhandlungsprozeß zu leisten.

...

Teil 5: Die Schlußkonferenz und die Rolle der KSZE

5.1. Die Schlußkonferenz[3] wird, soweit es der Stand der Verfahren erlaubt, innerhalb eines Jahres nach der Eröffnungskonferenz stattfinden. Dieser Schlußkonferenz wird es obliegen, den Stabilitätspakt anzunehmen.

5.2. Der Stabilitätspakt für Europa soll anschließend der KSZE[4] mit der Bitte anvertraut werden, die Umsetzung der Abkommen und Vereinbarungen und der sich aus ihnen ergebenden Verpflichtungen entsprechend den eigenen Verfahrensregeln zu beurteilen und zu überwachen, wodurch die Folgeaktivitäten und -tagungen in den Aufgabenbereich und organisatorischen Rahmen der KSZE gestellt werden.

...

Anmerkungen:

1 Über die hier mit angesprochene ČR wurde berichtet:
»Die Tschechen machen aus ihrer Abneigung kaum ein Geheimnis ... Prag ist es unbehaglich, wenn Minderheiten zum Thema internationaler Gespräche werden. Sollten in bilateralen Verhandlungen zwischen der Slowakei und Ungarn die tschechoslowakischen Verordnungen aufgehoben werden, auf welche sich die Vermögensbeschlagnahme und die nur zum geringen Teil vollzogene Ausweisung der ungarischen Minderheit stützten, so könnte dies den Ansprüchen der Sudetendeutschen Auftrieb geben.«
Vgl. SZ; Nr. 120 v. 27. 5. 1994; S. 7.

2 Für die in Punkt 1.4 erwähnten Länder sollte es nach einem Zusatzdokument »zur Organisation regionaler Round-Table-Gespräche« zwei Gesprächsrunden geben: eine für das Baltikum und eine zweite für die übrigen Länder, darunter auch die ČR.

[3] In der Schlußkonferenz am 20. 3. 1995 wurden eigentlich nur bereits vor dem 27. 5. 1994 bestehende Vereinbarungen unter dem Begriff des Europäischen Stabilitätspaktes zusammengefaßt.
Bemerkenswert: Während darin der Vertrag »über gute Nachbarschaft und freundschaftliche Zusammenarbeit« zwischen Deutschland und Polen vom 17. 6. 1991 aufgeführt war, wurde der entsprechende Vertrag mit der ČSFR vom 27. 2. 1992 (zum Text: Siehe S. 929) nur im Verhältnis zur Slowakei erwähnt; die ČR blieb unberücksichtigt.
Vgl. »Bulletin«; Nr. 24 v. 27. 3. 1995; S. 197–202, hier S. 200.

[4] Die 52 Staaten der bisherigen KSZE, die sich ab 1995 in »Organisation für Sicherheit und Zusammenarbeit in Europa« (OSZE) unbenannt hatte, nahmen den Stabilitätspakt an.

Quelle:
»Amtsblatt der EU«; Brüssel; Nr. L 165 v. 1. 7. 1994; S. 2 ff.

****

Der 12. Deutsche Bundestag: **1994, 23. Juni**[1]
UN-Konvention zur Ächtung und Ahndung von Vertreibungen
Auch Prüfung, die Entschädigungsverpflichtungen der Vertreiberstaaten zu regeln

1. Der Deutsche Bundestag stellt fest:
In Europa und anderen Teilen der Welt wurden und werden Bevölkerungsgruppen durch Krieg, Bürgerkrieg, Vertreibungen, Diskriminierungen und Drangsalierungen gezwungen, ihre Heimat zu verlassen. Bestehende völkerrechtliche Verpflichtungen zum Schutz vor Vertreibung, Diskriminierung und Verletzung der Menschenrechte sowie Normen zum Schutz der Opfer von Krieg und Bürgerkrieg wurden und werden nicht beachtet.
Die Staatengemeinschaft hat die Aufgabe, den Menschen zu helfen, deren ethnische, rassische, religiöse oder kulturelle Zugehörigkeit mißbraucht wurde, um sie zu vertreiben. Vertreibung jeder Art ist international zu ächten und als Verbrechen gegen die Menschlichkeit zu ahnden. Wer vertrieben wurde, hat Anspruch auf die Anerkennung seiner Rechte.

. . .

2. Der Deutsche Bundestag fordert die Bundesregierung auf,
– Einvernehmen mit anderen Staaten zu schaffen, um die Bemühungen um eine Normierung des völkerrechtlichen Schutzes vor Vertreibung aktiv voranzutreiben und dabei bei den VN und ihren Gremien die Initiative für eine Konvention gegen Vertreibung zu ergreifen, um die völkerrechtliche und strafrechtliche Ahndung dieses Verbrechens zu erreichen;
– sich für die bessere Durchsetzung der bestehenden völkerrechtlichen Schutzmechanismen vor Vertreibung einzusetzen;
– zu prüfen, inwieweit eine Ergänzung der bestehenden völkerrechtlichen Verpflichtungen (Konvention über die Verhütung und Bestrafung des Völkermordes von 1948[2], Genfer Konventionen von 1949[3] und Zusatzprotokolle von 1977) erforderlich und geeignet ist, um das Ausmaß der aktuellen Vertreibungstatbestände zu erfassen;
– zu prüfen, inwieweit Initiativen für eine Fortentwicklung des internationalen Rechts eingeleitet und Ergänzungen bestehender Vereinbarungen vorgeschlagen werden können, auf deren Grundlage Vertreibung als materieller Straftatbestand definiert und mit Strafandrohung belegt wird;

. . .

– dafür Sorge zu tragen, daß in konkreten Einzel- und Verdachtsfällen auch auf nationaler Ebene gehandelt und § 220 a ⟨*des deutschen*⟩ StGB, mit dem die VN-Konvention über die Bestrafung und Verhütung des Völkermordes von 1948 in das deutsche Strafrecht eingefügt worden ist, angewendet[4] wird;

. . .

– über die Durchsetzung des Rückkehrrechts in die Heimat hinaus Möglichkeiten zu prüfen, wie Wiedergutmachungs- und Entschädigungsverpflichtungen der Vertreiber geregelt werden können;
– dem Deutschen Bundestag über den Stand der Bemühungen zu berichten[5].

3. Der Deutsche Bundestag begrüßt verstärkte internationale Bemühungen um die Bestrafung von Kriegsverbrechen und Verbrechen gegen die Menschlichkeit.
4. Der Deutsche Bundestag bekräftigt seinen Beschluß vom 27. Mai 1993, mit dem die Bundesregierung aufgefordert worden ist, »dafür Sorge zu tragen, daß die Vertreibung von Minderheiten und Bevölkerungsgruppen sowohl völkerrechtlich wie strafrechtlich geahndet werden kann« (Antrag der Fraktionen der CDU/CSU, SPD und F.D.P. »Weltmenschenrechtskonferenz der Vereinten Nationen 1993 in Wien«, Drucksache 12/5024 neu).

[6]

Anmerkungen:
[1] Datum der Verabschiedung im Plenum (gegen PDS) eines Antrages des Auswärtigen Ausschusses vom 19. 4. 1994.
Letzterer beruhte auf einem Antrag der SPD-Fraktion; BTDs. 12/3369 v. 7. 10. 1992; zum Text: Siehe S. 112.
[2] Vom 9. 12. 1948; zum Text: Siehe S. 24.
[3] Vom 12. 8. 1949; zum Text: Siehe S. 29.
[4] Ab 1997/98 ermittelten die Staatsanwaltschaften in Hof (Az. 220 Js 13559/97) und München (Az. 121/Js 11447/97) gegen nachweislich noch lebende Tschechen wegen Massakern an Sudetendeutschen im Juni 1945 im Raum Saaz/Podersam (Nordböhmen). Siehe dazu auch S. 1218.
[5] Dies erfolgte z. B. am 12. 12. 1995: Siehe S. 1106.
[6] Zur Fortentwicklung des Gedankenganges der Entschließung: Siehe S. 157.

Quelle:
Deutscher Bundestag: BTDs. 12/7320 v. 19. 4. 1994; 6 S., hier S. 3 f.

****

Die Parlamentarische Versammlung der KSZE: 1994, 8. Juli
»Wiener Erklärung«
Rechte nationaler Minderheiten, Selbstbestimmung, Rückkehrrecht

Kapitel I
Politische Angelegenheiten und Sicherheit

Die Versammlung der KSZE,
. . .
14. in Anbetracht der konstruktiven Rolle, die die KSZE beim Schutz der Rechte nationaler Minderheiten spielt, was ein wichtiges Instrument für die vorzeitige Verhinderung von Konflikten darstellt;
. . .
27. in Kenntnis der von der Eröffnungskonferenz von Paris verabschiedeten Dokumente für den Abschluß des Stabilitätspaktes in Europa;[1]
28. überzeugt von der Bedeutung der Ziele dieser Initiative der Europäischen Union für die Stabilität und die Sicherheit in Europa;
29. mit Befriedigung feststellend, daß die Grundprinzipien der Konferenz im wesentlichen die der KSZE sind;
30. unter Hinweis darauf, daß die KSZE aufgerufen sein wird, sowohl am Prozeß der diplomatischen Verhandlungen der Konferenz über die Stabilität in Europa mitzuwirken, als auch in der Folge die Anwendung des Stabilitätspaktes zu gewährleisten;

31. mit Freude und Genugtuung über den auf der Eröffnungskonferenz von Paris spürbar gewordenen Willen, den Prozeß der diplomatischen Verhandlungen im Hinblick auf den Abschluß des Stabilitätspaktes einzuleiten;

. . .

33. nach wie vor besorgt über die fortgesetzte Präsenz von russischem Militärpersonal und russischer Militärausrüstung in Estland und Lettland mangels bilateraler, von den Parlamenten der betreffenden Länder zu genehmigender Abkommen[2];

. . .

42. fordert die KSZE und ihre Teilnehmerstaaten und insbesondere das Gipfeltreffen von Budapest[2] auf,

. . .

60. der Ausarbeitung einer Charta der Rechte nationaler Minderheiten besondere Aufmerksamkeit zukommen zu lassen, in der die für die gesamte KSZE-Region vereinbarten Prinzipien, Normen sowie der Umsetzungsmechanismus enthalten sein könnten;

. . .

69. nachdrücklich den vollständigen Rückzug der russischen Truppen aus allen baltischen Staaten bis spätestens 31. August dieses Jahres zu fordern[2];

70. Politiker und die Presse eindringlich zu ersuchen, davon Abstand zu nehmen, für die unabhängigen baltischen und anderen Nachbarstaaten Rußlands die beleidigende Bezeichnung ›nahes Ausland‹ zu verwenden;

. . .

74. Die Parlamentarische Versammlung der KSZE:

- betrachtet den auf Helsinki basierenden Fortschritt in den slowenisch-italienischen Beziehungen als ein relativ erfolgreiches Modell der Problemlösung zwischen Nachbarstaaten mit einer komplizierten Geschichte und einem unsicheren Status der jeweiligen Minderheiten;
- begrüßt die Übernahme der »Osimo Verträge«[3] durch Italien und Slowenien als ein positives Beispiel der Zusammenarbeit zwischen Staaten, von denen einige erst jüngst ihre Unabhängigkeit erlangt haben und die die Erfahrung des Zerfalls der früheren multinationalen Staaten gemacht haben;
- fordert die Regierungen von Italien und Slowenien mit Nachdruck auf, ihre im Grunde freundschaftlichen Beziehungen fortzusetzen und den bestehenden Abkommen im Bedarfsfall neue hinzuzufügen, die die bestehende wirtschaftliche und politische Zusammenarbeit im Sinne von Helsinki und Osimo verbessern könnten;

. . .

Kapitel III
Demokratie, Menschenrechte und humanitäre Fragen

Selbstbestimmung

Die Parlamentarische Versammlung der KSZE,

1. unter Hinweis auf Prinzip VIII der Schlußakte von Helsinki »Gleichberechtigung und Selbstbestimmung der Völker«[4], die zu achten und praktisch umzusetzen die Teilnehmerstaaten der KSZE ihre Entschlossenheit erklärten;

. . .

3. unter Hinweis darauf, daß Gewalt in welcher Form auch immer kein Mittel zur Erreichung oder Umsetzung des Rechts auf Selbstbestimmung sein kann;

. . .

6. in Anerkennung dessen, daß Prinzip VIII durch die Prinzipien IV und VI der Schlußakte von Helsinki[4] eingeschränkt wird, da in diesen die Forderung erhoben wird, daß die

Selbstbestimmung nur soweit gehen kann, als es die Achtung der territorialen Integrität und die Wahrung bestehender Grenzen der Mitgliedstaaten zuläßt;

...

11. feststellend, daß die systematische Verweigerung der Menschenrechte und der Rechte von nationalen Minderheiten ein Hindernis für friedliche und demokratische Entwicklungen in den Teilnehmerstaaten der KSZE darstellen kann;

...

19. versichert, daß dort, wo das rechtmäßige Bestreben nach Selbstbestimmung unterdrückt wird oder nationalen Minderheiten Rechte vorenthalten werden, sämtliche möglichen Antworten der KSZE einschließlich des politischen Dialogs, der Anrufung des Mechanismus betreffend die menschliche Dimension und der Entsendung von Sachverständigen- oder Berichterstattermissionen erwogen werden sollten;

...

21. fordert den Ministerrat auf, die Diskussion über die Selbstbestimmung und die damit zusammenhängenden Fragen der territorialen Integrität und Stabilität der Staaten auf die Tagesordnung des Ständigen Ausschusses zu setzen, um die Selbstbestimmung zu definieren und Richtlinien zu entwickeln, damit in Gebieten, in denen verschiedene nationale Gruppen miteinander leben, neue Formen der Selbstverwaltung verwirklicht werden können und verfassungsrechtlich die Erhaltung und Entwicklung der in diesen Gebieten bestehenden sprachlichen und kulturellen Identität gewährleistet werden;

...

Flüchtlinge

Die Parlamentarische Versammlung der KSZE,

23. nachdrücklich darauf hinweisend, daß Migrations- und Flüchtlingsfragen in den Teilnehmerstaaten der KSZE ein Anliegen von allergrößter Bedeutung darstellen;

...

27. empfiehlt einen KSZE-Ansatz mit vier Hauptzielen: ...

3) in denjenigen Situationen, in denen vorbeugende Bemühungen fehlgeschlagen sind, Gewährleistung des Schutzes für die Zwangsvertriebenen und Streben nach dauerhaften, langfristigen Lösungen, um deren Wohlergehen zu sichern und

4) das unveräußerliche Recht der Flüchtlinge auf sichere Rückkehr in ihre Heimstätten und zu ihrem Besitz ...

...

Anmerkungen:

[1] Vom 27. 5. 1994, zum Text: Siehe S. 136.

[2] Beim Treffen der Staats- und Regierungschefs der OSZE in Budapest am 5./6. 12. 1994 (zu anderen Beschlüssen dieses Treffens: Siehe S. 142) wurde in einer Erklärung der völlige Abzug ausländischer Truppen »aus den baltischen Staaten« begrüßt.

[3] In diesen 1975 zwischen Italien und Jugoslawien abgeschlossenen Verträgen verpflichtete sich u. a. Jugoslawien, für das zwischen 1944 und 1954 entschädigungslos eingezogene Eigentum der im gleichen Zeitraum aus nunmehr jugoslawischem Staatsgebiet vertriebenen Italiener Entschädigung zu leisten. Der Betrag wurde im Vertrag von Rom 1983 mit 110 Mio. US-$ vereinbart, von dem Jugoslawien bis zu seinem Zerfall 1991 jedoch nur 16 Mio. überwies. 1992 vereinbarte Italien mit den Nachfolgestaaten Slowenien und Kroatien eine Quotenteilung der Restschuld von 60 % zu 40 %.
1993 begannen auch Verhandlungen zwischen Italien und Slowenien über ein Vorkaufsrecht italienischer Vertriebener für ihren ehemaligen Grundbesitz in Slowenien.

[4] Vom 1. 8. 1975; zum Text: Siehe S. 67.

Quelle:
Deutscher Bundestag: BDTs. 12/8347; 22 S., hier S. 10–22.

****

Der UN-Sicherheitsrat: **1994, 23. September**
Entschließung 941 zur Lage in Bosnien-Herzegowina:
»Ethnische Säuberungen« sind »klare Verletzungen des humanitären Völkerrechtes«

Der Sicherheitsrat
erinnernd an alle seine früheren, einschlägigen Entschließungen[1],

. . .

betonend, daß die Praktizierung von »ethnischen Säuberungen« durch Streitkräfte der bosnischen Serben eine klare Verletzung des humanitären Völkerrechtes und eine ernsthafte Gefahr für die Friedensbemühung darstellt,

. . .

entschlossen, der abstoßenden, systematischen Praktizierung »ethnischer Säuberung«, wo immer sie geschieht und bei wem immer begangen, ein Ende zu bereiten,

. . .

2) verurteilt entschieden alle Verletzungen des humanitären Völkerrechts, einschließlich besonders die unhinnehmbare Praktizierung »ethnischer Säuberung« . . . und bekräftigt neuerlich, daß jene, die derartige Taten begangen oder ihre Begehung befohlen haben, dafür persönlich verantwortlich gemacht werden;[2]
3) bekräftigt neuerlich seine Unterstützung bestehender Grundsätze, wonach alle Erklärungen und Handlungen, vor allem bezüglich Landbesitz und Eigentum, die unter Zwang gemacht wurden, null und nichtig sind und daß es allen verdrängten Personen ermöglicht wird, in Frieden in ihre früheren Wohnstätten zurückzukehren;
4) verlangt, daß die Behörden der bosnischen Serben ihren Feldzug »ethnischer Säuberung« sofort einstellen;

. . .

9) entscheidet, mit diesem Vorgang befaßt zu bleiben.

Anmerkungen:
[1] Hier u. a. gemeint die UN-SC-Entschließung 787 vom 16. 11. 1992; zum Text: Siehe S. 119.
[2] Klare Anspielung auf den UN-Gerichtshof Jugoslawien; zum Statutentext: Siehe S. 122.

Quelle:
»UN-(SC-)Doc. S/RES/941 (1994)«.

****

Die Staats- und Regierungschefs der KSZE[1]**:** **1994, 6. Dezember**
»Budapester Dokument«
Menschenrechte, Minderheitenrechte, humanitäres Völkerrecht

. . .

Beschlüsse von Budapest

. . .

VIII. Die menschliche Dimension

. . .

2.
Menschenrechte und Grundfreiheiten, Rechtsstaatlichkeit und demokratische Institutionen sind die Grundlagen für Frieden und Sicherheit und stellen einen entscheidenden Beitrag zur Konfliktverhütung im Rahmen eines umfassenden Sicherheitskonzepts dar. Der Schutz der Menschenrechte, einschließlich der Rechte von Angehörigen nationaler Minderheiten, ist eine wesentliche Grundlage der demokratischen bürgerlichen Gesellschaft. Die Mißachtung dieser Rechte hat in schwerwiegenden Fällen zu Extremismus, regionaler Instabilität und zu Konflikten beigetragen . . .

. . .

Nationale Minderheiten
21.
Die Teilnehmerstaaten bestätigen ihre Entschlossenheit, die Durchführung der Bestimmungen der Schlußakte ⟨*von Helsinki*[1]⟩ und aller anderen KSZE-Dokumente betreffend den Schutz der Rechte von Angehörigen nationaler Minderheiten konsequent zu fördern. Sie heben die diesbezügliche Tätigkeit des H⟨*ohen*⟩ K⟨*ommissars für*⟩ N⟨*ationale*⟩ M⟨*inderheiten*⟩ lobend hervor.

22.
Die Teilnehmerstaaten begrüßen die internationalen Bemühungen um Verbesserung des Schutzes der Rechte von Angehörigen nationaler Minderheiten. Sie nehmen die Annahme eines Rahmenübereinkommens zum Schutz nationaler Minderheiten im Rahmen des Europarats[2] zur Kenntnis, das auf diesbezüglichen KSZE-Normen aufbaut. Sie unterstrichen, daß das Übereinkommen – auf Einladung – auch solchen Staaten zur Unterzeichnung offensteht, die nicht Mitglied des Europarats sind, und sie könnten erwägen, die Möglichkeit zu prüfen, Vertragspartei dieses Übereinkommens zu werden.
. . .

Humanitäres Völkerrecht
33.
Die Teilnehmerstaaten bedauern zutiefst die Serie eklatanter Verletzungen des humanitären Völkerrechts, die sich in den letzten Jahren in der KSZE-Region ereigneten, und bekräftigen ihre Verpflichtung, die Achtung des allgemeinen humanitären Völkerrechts und insbesondere ihrer Verpflichtungen gemäß den einschlägigen internationalen Dokumenten zu wahren und sicherzustellen, einschließlich der Genfer Konventionen von 1949[3] und ihrer Zusatzprotokolle, denen sie beigetreten sind.

34.
Sie unterstreichen die potentielle Bedeutung einer Erklärung über humanitäre Mindestnormen, die in allen Situationen anwendbar sind, und erklären ihre Bereitschaft, an deren Ausarbeitung im Rahmen der Vereinten Nationen aktiv mitzuwirken . . .

Anmerkungen:
1 Zum Text vom 1. 8. 1975: Siehe S. 67.
2 Zum Beschluß vom 10. 11. 1994: Siehe S. 143.
3 Zu den Texten: Siehe S. 29.

Quelle:
»Bulletin«; Nr. 120 v. 23. 12. 1994; S. 1097–1116, hier S. 1108, 1110 f.

****

Die Staaten des Europarates: **1995, 1. Februar**[1,2]
»Rahmenübereinkommen zum Schutz nationaler Minderheiten[3]**«**
Minderheitenschutz ohne Minderheitendefinition

Die Mitgliedstaaten des Europarats und die anderen Staaten, die dieses Rahmenübereinkommen unterzeichnen
. . .
entschlossen, in ihren Hoheitsgebieten die Existenz nationaler Minderheiten zu schützen:
in der Erwägung, daß die Umwälzungen in der europäischen Geschichte gezeigt haben, daß der Schutz nationaler Minderheiten für Stabilität, demokratische Sicherheit und Frieden auf diesem Kontinent wesentlich ist:

. . .
entschlossen, die zu beachtenden Grundsätze und die sich daraus ergebenden Pflichten zu definieren, um in den Mitgliedstaaten und in den anderen Staaten, die gegebenenfalls Vertragsparteien dieser Übereinkunft werden, den wirksamen Schutz nationaler Minderheiten sowie der Rechte und Freiheiten der Angehörigen dieser Minderheiten innerhalb einer rechtsstaatlichen Ordnung unter Achtung der territorialen Unversehrtheit sowie der nationalen Souveränität der Staaten zu gewährleisten:
. . .
sind wie folgt übereingekommen:

Abschnitt I

Artikel 1 ⟨*Internationale Zusammenarbeit bedingt Minderheitenschutz*⟩
Der Schutz nationaler Minderheiten und der Rechte und Freiheiten von Angehörigen dieser Minderheiten ist Bestandteil des internationalen Schutzes der Menschenrechte und fällt somit in den Bereich der internationalen Zusammenarbeit.
. . .

Artikel 3 ⟨*Recht auf Freiheit des Bekenntnisses zur Minderheit, Gemeinschaftlichkeit*⟩
1. Jeder Angehörige einer nationalen Minderheit hat das Recht, frei zu entscheiden, ob er als solcher behandelt werden möchte oder nicht. Aus dieser Entscheidung oder der Ausübung der mit dieser Entscheidung verbundenen Rechte dürfen ihm keine Nachteile erwachsen.
2. Angehörige nationaler Minderheiten können die Rechte und Freiheiten, die sich aus den in diesem Rahmenübereinkommen enthaltenen Grundsätzen ergeben, einzeln wie auch in Gemeinschaft mit anderen ausüben und genießen.

Abschnitt II

Artikel 4 ⟨*Recht auf Gleichheit, Diskriminierungsverbot*⟩
1. Die Vertragsparteien verpflichten sich, den Angehörigen nationaler Minderheiten das Recht auf Gleichheit vor dem Gesetze und auf gleichen Schutz durch das Gesetz zu garantieren. In dieser Hinsicht ist jede Diskriminierung aus Gründen der Zugehörigkeit zu einer nationalen Minderheit verboten.
2. Die Vertragsparteien verpflichten sich, nötigenfalls geeignete Maßnahmen zu ergreifen, um in allen Bereichen des wirtschaftlichen, sozialen, politischen und kulturellen Lebens die vollständige und wirksame Gleichheit zwischen Angehörigen einer nationalen Minderheit und Personen, die der Mehrheit angehören, zu fördern. Sie berücksichtigen dabei in gebührender Weise die besonderen Bedingungen für Angehörige nationaler Minderheiten.
3. Die nach Absatz 2 getroffenen Maßnahmen werden nicht als Diskriminierung angesehen.

Artikel 5 ⟨*Kulturfreiheit*⟩
1. Die Vertragsparteien verpflichten sich, die Bedingungen zu fördern, die es Angehörigen nationaler Minderheiten gestatten, ihre Kultur zu pflegen und zu entwickeln und die wesentlichen Elemente ihrer Identität, namentlich ihre Religion, ihre Sprache, ihre Traditionen und ihr kulturelles Erbe, zu bewahren.
2. Unbeschadet der Maßnahmen, die in Verfolgung ihrer allgemeinen Integrationspolitik getroffen werden, verzichten die Vertragsparteien auf Zielsetzungen oder Praktiken, die auf die Assimilierung von Angehörigen nationaler Minderheiten gegen deren Willen gerichtet sind, und schützen diese Personen vor jeder auf eine solche Assimilierung gerichteten Maßnahme.

Artikel 6 ⟨*Diskriminierungsschutz*⟩

. . .

2. Die Vertragsparteien verpflichten sich, geeignete Maßnahmen zu treffen, um Personen zu schützen, die wegen ihrer ethnischen, kulturellen, sprachlichen oder religiösen Identität diskriminierenden, feindseligen oder gewalttätigen Drohungen oder Handlungen ausgesetzt sein können.

Artikel 7 ⟨*Recht auf bürgerliche Freiheiten*⟩

Die Vertragsparteien stellen sicher, daß das Recht eines jeden Angehörigen einer nationalen Minderheit auf Versammlungsfreiheit, Vereinigungsfreiheit, Meinungsfreiheit und Gedanken-, Gewissens- und Religionsfreiheit geachtet wird.

. . .

Artikel 9 ⟨*Recht auf Medienfreiheit*⟩

1. Die Vertragsparteien verpflichten sich anzuerkennen, daß das Recht eines jeden Angehörigen einer nationalen Minderheit auf freie Meinungsäußerung die Freiheit der Meinung und die Freiheit zum Empfang und zur Mitteilung von Nachrichten oder Ideen in der Minderheitensprache ohne behördliches Eingreifen und ungeachtet von Grenzen einschließt. Die Vertragsparteien stellen im Rahmen ihrer Rechtsordnung sicher, daß Angehörige einer nationalen Minderheit in bezug auf ihren Zugang zu den Medien nicht benachteiligt werden.
2. Absatz 2 schließt nicht aus, daß die Vertragsparteien Radio-, Fernsehen- oder Filmunternehmen ohne Diskriminierung und auf der Grundlage objektiver Kriterien einem Genehmigungsverfahren unterwerfen.
3. Die Vertragsparteien hindern Angehörige nationaler Minderheiten nicht daran, Druckmedien zu schaffen und zu nutzen. Innerhalb des gesetzlichen Rahmens für Radio und Fernsehen stellen sie soweit wie möglich und unter Berücksichtigung von Absatz 1 sicher, daß Angehörigen nationaler Minderheiten die Möglichkeit gewährt wird, eigene Medien zu schaffen und zu nutzen.
4. Die Vertragsparteien treffen im Rahmen ihrer Rechtsordnung geeignete Maßnahmen, um Angehörigen nationaler Minderheiten den Zugang zu den Medien zu erleichtern sowie Toleranz zu fördern und kulturellen Pluralismus zu ermöglichen.

Artikel 10 ⟨*Recht auf Freiheit für Minderheitensprache*⟩

1. Die Vertragsparteien verpflichten sich anzuerkennen, daß jeder Angehörige einer nationalen Minderheit das Recht hat, seine Minderheitensprache privat und in der Öffentlichkeit, mündlich und schriftlich, ungehindert und ohne Beeinträchtigung zu benutzen.
2. In Gebieten, die traditionell oder in substantieller Zahl von Angehörigen nationaler Minderheiten bewohnt werden, sind die Vertragsparteien, soweit die Angehörigen dieser Minderheiten dies wünschen und dieser Wunsch einem tatsächlichen Bedürfnis entspricht, bestrebt, soweit wie möglich die Voraussetzungen dafür sicherzustellen, daß im Verkehr zwischen den Angehörigen dieser Minderheiten und den Verwaltungsbehörden die Minderheitensprache benutzt werden kann.
3. Die Vertragsparteien verpflichten sich, das Recht eines jeden Angehörigen einer nationalen Minderheit anzuerkennen, unverzüglich in einer für ihn verständlichen Sprache über die Gründe für seine Festnahme und über die Art und den Grund der gegebenenfalls gegen ihn erhobenen Beschuldigung in Kenntnis gesetzt zu werden sowie sich in dieser Sprache wenn nötig unter unentgeltlicher Beiziehung eines Dolmetschers zu verteidigen.

Artikel 11 ⟨*Recht auf Familien-, Orts- und Straßennamen*[4] *in Minderheitensprache*⟩

1. Die Vertragsparteien verpflichten sich anzuerkennen, daß jeder Angehörige einer nationalen Minderheit das Recht hat, in der nach ihrer Rechtsordnung vorgesehenen Art und

Weise seinen Familiennamen (Vaternamen) und seine Vornamen in der Minderheitensprache zu führen, und er das Recht hat, daß diese amtlich anerkannt werden.
2. Die Vertragsparteien verpflichten sich anzuerkennen, daß jeder Angehörige einer nationalen Minderheit das Recht hat, Schilder, Inschriften und andere Mitteilungen privater Art in seiner Minderheitensprache für die Öffentlichkeit sichtbar anzubringen.
3. In Gebieten, die traditionell von einer substantiellen Anzahl von Angehörigen einer nationalen Minderheit bewohnt werden, sind die Vertragsparteien im Rahmen ihrer Rechtsordnung einschließlich etwaiger Übereinkünfte mit anderen Staaten und unter Berücksichtigung ihrer besonderen Gegebenheiten bestrebt, traditionelle Ortsnamen, Straßennamen und andere für die Öffentlichkeit bestimmte topographische Hinweise, wenn eine hinreichende Nachfrage danach besteht, auch in der Minderheitensprache anzubringen.

Artikel 12 ⟨*Bildungsförderung*⟩
1. Die Vertragsparteien treffen wenn nötig Maßnahmen auf den Gebieten der Bildung und der Forschung, um das Wissen über Kultur, Geschichte, Sprache und Religion ihrer nationalen Minderheiten sowie der Mehrheit zu fördern.
2. In diesem Zusammenhang sehen die Vertragsparteien unter anderem angemessene Möglichkeiten für die Lehrerausbildung und den Zugang zu Lehrbüchern vor und erleichtern Kontakte zwischen Schülern und Lehrern unterschiedlicher Bevölkerungsgruppen.
3. Die Vertragsparteien verpflichten sich, die Chancengleichheit von Angehörigen nationaler Minderheiten beim Zugang zu allen Bildungsebenen zu fördern.

Artikel 13 ⟨*Recht auf Freiheit für Minderheitenschulen*⟩
1. Im Rahmen ihrer Bildungssysteme erkennen die Vertragsparteien an, daß Angehörige einer nationalen Minderheit das Recht haben, eigene private Bildungs- und Ausbildungsstätten einzurichten und zu betreiben.
2. Die Ausübung dieses Rechts bringt für die Vertragsparteien keine finanziellen Verpflichtungen mit sich.

Artikel 14 ⟨*Recht auf Erlernung der Minderheitensprache*⟩
1. Die Vertragsparteien verpflichten sich anzuerkennen, daß jeder Angehörige einer nationalen Minderheit das Recht hat, seine Minderheitensprache zu erlernen.
2. In Gebieten, die traditionell oder in substantieller Zahl von Angehörigen nationaler Minderheiten bewohnt werden, sind die Vertragsparteien, wenn eine hinreichende Nachfrage danach besteht, bestrebt, soweit wie möglich und im Rahmen ihrer Bildungssysteme sicherzustellen, daß Angehörige dieser Minderheiten ausreichende Möglichkeiten haben, die Minderheitensprache zu erlernen oder in ihr unterrichtet zu werden.
3. Die Durchführung des Absatzes 2 berührt nicht das Erlernen der Amtssprache oder den Unterricht in dieser Sprache.

Artikel 15 ⟨*Beteiligung an öffentlichem Leben*⟩
Die Vertragsparteien schaffen die notwendigen Voraussetzungen für die wirksame Beteiligung von Angehörigen nationaler Minderheiten am kulturellen, sozialen und wirtschaftlichen Leben und an den öffentlichen Angelegenheiten, insbesondere an denjenigen, die sie betreffen.

Artikel 16 ⟨*Verbot von Unterwanderung*⟩
Die Vertragsparteien sehen von Maßnahmen ab, welche die Bevölkerungsverhältnisse in von Angehörigen nationaler Minderheiten bewohnten Gebieten verändern und darauf ge-

richtet sind, die Rechte und Freiheiten einzuschränken, die sich aus den in diesem Rahmenübereinkommen enthaltenen Grundsätzen ergeben.

Artikel 17 ⟨*Recht auf Freiheit grenzüberschreitender Kulturkontakte*⟩

1. Die Vertragsparteien verpflichten sich, in das Recht von Angehörigen nationaler Minderheiten auf Aufnahme und Pflege ungehinderter und friedlicher Kontakte über Grenzen hinweg mit Personen, die sich rechtmäßig in anderen Staaten aufhalten, insbesondere mit Personen, mit denen sie eine ethnische, kulturelle oder religiöse Identität oder ein kulturelles Erbe gemeinsam haben, nicht einzugreifen.
2. Die Vertragsparteien verpflichten sich, in das Recht von Angehörigen nationaler Minderheiten auf Teilnahme an den Aktivitäten nichtstaatlicher Organisationen sowohl auf nationaler als auch auf internationaler Ebene nicht einzugreifen.

. . .

Artikel 19 ⟨*Abweichungsmöglichkeiten*⟩

Die Vertragsparteien verpflichten sich, die in diesem Rahmenübereinkommen enthaltenen Grundsätze zu achten und durchzuführen und dabei wenn nötig und soweit sie für die sich aus den genannten Grundsätzen ergebenden Rechte und Freiheiten von Belang sind, nur die Beschränkungen, Einschränkungen oder Abweichungen vorzunehmen, die in völkerrechtlichen Übereinkünften, insbesondere der Konvention zum Schutze der Menschenrechte und Grundfreiheiten[5], vorgesehen sind.

Abschnitt III

Artikel 20 ⟨*Wechselseitigkeit der Rechtsachtung*⟩

Bei der Ausübung der Rechte und Freiheiten, die sich aus den in diesem Rahmenübereinkommen enthaltenen Grundsätzen ergeben, hat jeder Angehörige einer nationalen Minderheit die innerstaatlichen Rechtsvorschriften und die Rechte anderer, insbesondere die Rechte von Angehörigen der Mehrheit oder anderer Minderheiten zu achten.

Artikel 21 ⟨*Territoriale Unversehrtheit der Staaten zu achten*⟩

Aus diesem Rahmenübereinkommen kann nicht das Recht abgeleitet werden, eine Tätigkeit auszuüben oder eine Handlung vorzunehmen, die den Grundsätzen des Völkerrechts und insbesondere der souveränen Gleichheit, der territorialen Unversehrtheit und der politischen Unabhängigkeit der Staaten zuwiderläuft.

. . .

Abschnitt IV

Artikel 24

1. Das Ministerkomitee des Europarats überwacht die Durchführung dieses Rahmenübereinkommens durch die Vertragsparteien.

. . .

Artikel 25

1. Innerhalb eines Jahres, nachdem dieses Rahmenübereinkommen für eine Vertragspartei in Kraft getreten ist, übermittelt diese Vertragspartei dem Generalsekretär des Europarats vollständige Informationen über die Gesetzgebungsmaßnahmen und andere Maßnahmen, die sie zur Verwirklichung der in diesem Rahmenübereinkommen niedergelegten Grundsätze getroffen hat.
2. Jede Vertragspartei übermittelt danach dem Generalsekretär regelmäßig und sooft das Ministerkomitee dies verlangt, jede weitere Information, die für die Durchführung dieses Rahmenübereinkommens von Belang ist.

3. Der Generalsekretär leitet die nach diesem Artikel übermittelten Informationen dem Ministerkomitee zu.

Artikel 26
1. Bei der Prüfung der Zweckdienlichkeit der Maßnahmen, die von den Vertragsparteien zur Durchführung der in diesem Rahmenübereinkommen niedergelegten Grundsätze getroffen wurden, wird das Ministerkomitee von einem beratenden Ausschuß unterstützt, dessen Mitglieder anerkanntes Sachwissen auf dem Gebiet des Schutzes nationaler Minderheiten besitzen.
2. Die Zusammensetzung dieses beratenden Ausschusses und seine Geschäftsordnung werden vom Ministerkomitee innerhalb eines Jahres nach Inkrafttreten dieses Rahmenübereinkommens bestimmt.

Abschnitt V
⟨*Unterzeichnungs- und Ratifikationsvorschriften*⟩

Anmerkungen:
[1] Datum der Verabschiedung im Ministerrat des ER war der 10. 11. 1994.
Am 1. 2. 1995 zur Unterzeichnung aufgelegt, von Deutschland erfolgt.
Ab 1. 2. 1998 für einige Staaten in Kraft.
[2] Zur Vorgeschichte: Siehe »Kurzbericht«, S. 81 ff.
[3] Der Begriff der Minderheit blieb undefiniert: Frankreich wollte den Korsen, Basken und Bretonen und die Türkei den Kurden keinen als politisch empfundenen Raum bieten. Die Türkei wollte nach verschiedenen Staaten Europas ausgewanderte Türken im Begriff wiederfinden, was Deutschland, Österreich und Luxemburg ablehnten.
[4] Zur Achtung dieses Rechtes in Ungarn: Siehe S. 124.
Zur Versagung dieses Rechtes in der ČR: Siehe S. 1005.
[5] Vom 4. 11. 1950; zum Text: Siehe S. 32.

Quelle:
»Menschenrechte: Dokumente und Deklarationen«; hsg. v. d. Bundeszentrale für politische Bildung, Bonn; 2. Aufl.; 1995; S. 447–457.

****

Rede[1] **1995, 28. Mai**
des UN-Hochkommissars für Menschenrechte José Ayala-Lasso:
Heimatrecht ist fundamentales Menschenrecht

Über Menschenrechte und Demokratie ist in dieser historischen Paulskirche oft gesprochen worden. Das ist gut so, denn es gilt, unser Bekenntnis zur *dignitas humana* immer wieder und an jedem Ort aufs neue zu beteuern.
Fünfzig Jahre nach dem Ende des Zweiten Weltkrieges sehen wir, daß neue Kriege und gravierende Menschenrechtsverletzungen in der ganzen Welt Opfer fordern, Flüchtlingsströme auslösen, Menschen entrechten und sie zu Heimatlosen machen.
Vor fünfzig Jahren wurden die Vereinten Nationen mit dem Ziel gegründet, den Weltfrieden und die internationale Sicherheit zu wahren und für die Förderung und den Schutz der Menschenrechte zu sorgen. Die Organisation hat vieles geleistet, viele Erfolge errungen, aber auch viele Enttäuschungen hinnehmen müssen. Die Organisation und ich selber als Hochkommissar für die Menschenrechte werden alles Menschenmögliche tun, um unserer Aufgabe gerecht zu werden.
In den letzten fünfzig Jahren wurden u. a. die Allgemeine Erklärung der Menschenrechte[2], der Pakt über bürgerliche und politische Rechte[3] ... sowie die Konvention für die Eliminierung der Rassendiskriminierung[4] ... von der Generalversammlung verkündet. Im Hin-

blick darauf ist es uns klar, daß ethnische Säuberungen, Vertreibungen und Bevölkerungsumsiedlungen viele dieser fundamentalen Menschenrechte verletzen.
Das Recht, aus der angestammten Heimat nicht vertrieben zu werden, ist ein fundamentales Menschenrecht. Die Unterkommission für Diskriminierungsverhütung und Schutz der Minderheiten beschäftigt sich z. Zt. mit der Frage der menschenrechtlichen Aspekte von Bevölkerungsumsiedlungen. Der jüngste Bericht von Sonderberichterstatter Awn Shawkat Al-Khasawneh stellt die Völkerrechtswidrigkeit von Vertreibungen fest[5].
Auch die UNO-Völkerrechtskommission beschäftigt sich mit dieser wichtigen Frage. Im Artikel 21 des Draft Code of Crimes against the Peace and Security of Mankind[6] wird die Vertreibung von Menschen aus ihrer angestammten Heimat als besonders gravierende Menschenrechtsverletzung bzw. als internationales Verbrechen bezeichnet. Im Artikel 22 des Kodex werden Vertreibungen und Kollektivstrafen gegen die Zivilbevölkerung unter den besonders schweren Kriegsverbrechen genannt.
Das jüngste Bekenntnis der UNO zum Recht auf die Heimat lieferte am 26. August 1994 die Unterkommission in ihrer Resolution 1994/24, welche das Recht jedes Menschen, in Frieden in seinem eigenen Heim, auf seinem eigenen Grund und Boden und in seinem eigenen Land zu leben, bekräftigt[7]. Außerdem unterstreicht die Resolution das Recht von Flüchtlingen und Vertriebenen, in Sicherheit und Würde in ihr Herkunftsland zurückzukehren.
Ich bin der Auffassung, daß, hätten die Staaten seit dem Ende des Zweiten Weltkrieges mehr über die Implikationen der Flucht, der Vertreibung und der Umsiedlung der Deutschen nachgedacht, die heutigen demographischen Katastrophen, die vor allem als ethnische Säuberungen bezeichnet werden, vielleicht nicht in dem Ausmaß vorgekommen wären.
In diesem Zusammenhang möchte ich noch auf die Charta der deutschen Heimatvertriebenen[8] zu sprechen kommen. Es ist gut, daß Menschen, die Unrecht gelitten haben, bereit sind, den Teufelskreis von Rache und Vergeltung zu brechen und auf friedlichen Wegen für die Anerkennung des Rechtes auf die Heimat und für den Wiederaufbau und die Integration Europas zu arbeiten. Eines Tages wird dieses Opfer besser gewürdigt werden.
Es besteht kein Zweifel darüber, daß unter der nationalsozialistischen Besatzung den Völkern Ost- und Zentraleuropas unermeßliches und unvergeßliches Unrecht zugefügt worden ist. Sie hatten daher einen legitimen Anspruch auf Reparation bzw. Wiedergutmachung. Jedoch dürfen legitime Ansprüche nicht durch die Verhängung von Kollektivstrafen auf der Grundlage allgemeiner Diskriminierung und ohne die genaue Untersuchung persönlicher Schuld verwirklicht werden. In den Nürnberger ... Prozessen[9] wurde das unerläßliche Prinzip persönlicher Haftung für Verbrechen wohlweislich angewandt. Es lohnt sich, die Nürnberger Protokolle und das Nürnberger Urteil in vielerlei Hinsicht noch einmal zu lesen.
Uns geht es vor allem um die allgemeine Anerkennung der Menschenrechte, die auf dem Prinzip der Gleichheit der Menschen beruhen. Aller Opfer von Krieg und Gewaltherrschaft ist mit Ehrfurcht zu gedenken, denn jedes einzelne Menschenleben ist wichtig. Es gilt, sich stets für die dignitas humana einzusetzen.

Anmerkungen:
[1] Die Rede wurde anläßlich der Gedenkveranstaltung »50 Jahre Vertreibung von 15 Millionen Deutschen aus Ost- und Mitteleuropa (1945–48)« in der Paulskirche in Frankfurt/M. gehalten.
[2] Vom 10. 12. 1948; zum Text: Siehe S. 25.
[3] Vom 19. 12. 1966; zum Text: Siehe S. 60.
[4] Vom 7. 3. 1966; zum Text: Siehe S. 59.
[5] Vom 30. 6. 1994; zum Text: Siehe S. 167.
[6] Zu Überlegungsanfängen von 1954: Siehe S. 42; zur Aktualisierung 1993: Siehe S. 122.
[7] Zum Text: Siehe S. 167.

[8] Vom 5. 8. 1950; zum Text: Siehe S. 31.
[9] Zum Statut vom 8. 8. 1945: Siehe S. 21.

Quelle:
Redetext; 2 gedr. S.; Fotokopie im Besitz des Verfassers.

****

Der UN-Sicherheitsrat: **1995, 10. August**
Entschließung 1009 zur Lage der Serben in der von Kroatien rückeroberten sog. Krajina
Rückkehrrecht geflüchteter einheimischer Serben

Der Sicherheitsrat

...

2. verlangt[1], daß die Regierung der Republik Kroatien ...
   a) die Rechte der einheimischen serbischen Bevölkerung einschließlich ihres Rechtes zu verbleiben, fortzugehen oder in Sicherheit zurückzukehren voll respektiert,
   ...
   c) Bedingungen herstellt, die der Rückkehr jener Personen förderlich sind, welche ihre Heimat verlassen haben;

...

Anmerkung:
[1] Mit diesem Verlangen konfrontiert, lehnte der kroatische Präsident Tudjman kühl ab und begründete: »Niemand stellt ja auch die Forderung, daß die Sudetendeutschen zurückkehren!«
Vgl.: SZ; Nr. 119 v. 27. 5. 1997; S. 7.
Der verhängnisvolle Präzedenzcharakter, den das weitgehende Fehlen deutscher und internationaler Forderungen nach Wiedergutmachung der Sudetenvertreibung 1945/46 beinhaltete, wurde dadurch deutlich exemplifiziert.

Quelle:
»UN-(SC-)Doc. S/RES/1009 (1995)«; 3 ms. S., hier S. 2.

****

Entschließung 13/1995 **1995, 18. August[1]**
einer Unterkommission der UN-Menschenrechtskommission[1] zum »Recht auf Freizügigkeit«:
Heimatrecht und Rückkehrrecht Vertriebener

Die Unterkommission für Diskriminierungsverhütung und Minderheitenschutz

neuerlich bekräftigend das Recht auf Freizügigkeit und freie Wahl des Wohnsitzes für jeden, der rechtmäßig auf dem Gebiet eines Staates lebt, sowie das Verbot der willkürlichen Entziehung des Rechts, das eigene Land zu betreten, wie es in Art. 12 des Internationalen Pakts über bürgerliche und politische Rechte[2] und in Art. 13 der Allgemeinen Erklärung der Menschenrechte[3] dargelegt ist,

erkennend, daß Praktiken des zwangsweisen Exils, der Massenvertreibung und Verschleppung, der Bevölkerungsumsiedlung, der »ethnischen Säuberung« und anderer Formen der erzwungenen Verbringung von Bevölkerungsgruppen innerhalb eines Landes oder über Grenzen hinweg den betroffenen Bevölkerungsgruppen ihr Recht auf Freizügigkeit entziehen,

erinnernd an die Wiener Erklärung und das Aktionsprogramm der Weltkonferenz für Menschenrechte[4], die bestätigt haben, daß jedermann ohne jeglichen Unterschied berechtigt ist, in anderen Ländern Asyl vor Verfolgung zu suchen und zu genießen sowie in sein Land zurückzukehren,

auch erinnernd an ihre ⟨*eigene*⟩ Entschließung 24 (1994) vom 26. August 1994[1], in der sie beschlossen hatte, unter dem Tagesordnungspunkt »Freizügigkeit« einen Unterpunkt »Bevölkerungsumsiedlung« einzufügen, der sich mit Fragen der Zwangsumsiedlung befassen soll, sowie die Achtung des Rechtes auf Freizügigkeit einschließlich des Rechtes zu bleiben und zurückzukehren[5], fortlaufend zu beobachten,
sehr interessiert Kenntnis nehmend von der Entschließung 88 (1995) der ⟨*UN-*⟩Menschenrechtskommission vom 8. März 1995 mit dem Titel »Menschenrechte und massenhafte Zwangswanderungen«, in welcher die Kommission ethnische und andere Formen von Intoleranz als eine der wesentlichen Ursachen erzwungener Wanderungsbewegungen tief bedauerte und die Staaten aufforderte, alle notwendigen Schritte zu tun, um die Achtung der Menschenrechte und insbesondere die Rechte der Angehörigen von Minderheiten sicherzustellen,
Kenntnis nehmend von der Entschließung 24 (1995) der ⟨*UN-*⟩Menschenrechtskommission vom 3. März 1995 mit dem Titel »Rechte von Personen, die zu nationalen oder ethnischen, religiösen und sprachlichen Minderheiten gehören«, in welcher die Kommission beschloß, die Unterkommission zur Errichtung einer zwischen ihren Sitzungen tätigen Arbeitsgruppe über Minderheiten zu bevollmächtigen,
feststellend, daß politische Praktiken der Zwangsumsiedlung eine der Hauptursachen für Ströme von Flüchtlingen und innerhalb eines Landes Umgesiedelten sind,
betroffen von der Tatsache, daß es weltweit eine wachsende Zahl von Flüchtlingen und eine noch größere und wachsende Zahl von innerhalb eines Landes Umgesiedelten gibt:

1. Bekräftigt das Recht von ⟨*allen*⟩ Personen, in Frieden an ihren eigenen Wohnsitzen, auf ihrem eigenen Boden und in ihren eigenen Ländern zu verbleiben;
2. bekräftigt ebenso das Recht von Flüchtlingen und Umgesiedelten, in Sicherheit und Würde in ihr Herkunftsland oder innerhalb dessen an den Ort ihrer Herkunft oder ihrer freien Wahl zurückzukehren;
3. fordert die Regierungen und andere Beteiligte auf, alles in ihren Kräften stehende zu tun, um unverzüglich alle völkerrechtswidrigen Praktiken der Zwangsumsiedlung, des Bevölkerungstransfers und der »ethnischen Säuberung« zu beenden;
4. fordert ebenso alle Teilnehmerstaaten der Genfer Flüchtlingskonvention[6] auf, das Recht, in anderen Ländern Asyl vor Verfolgung zu suchen und zu genießen, zu sichern und ihm Geltung zu verschaffen;
5. ermutigt nachdrücklich alle Regierungen und anderen Beteiligten einschließlich der betroffenen zwischenstaatlichen und humanitären Organisationen, ihre Zusammenarbeit und Unterstützung für die weltweiten Anstrengungen zu verstärken, die ernsten Probleme, welche aus Zwangsumsiedlungen erwachsen, und die Ursachen solcher Umsiedlungen zu behandeln;
6. beauftragt die zwischen den Sitzungen der Unterkommission tätige Arbeitsgruppe zu Minderheitenfragen als ein Teil ihres Auftrags zur Untersuchung möglicher Lösungen von Minderheitenproblemen auch Fragen der erzwungenen Bevölkerungsumsiedlung einschließlich Vertreibungsdrohungen und der Rückkehr von Vertriebenen und Flüchtlingen zu behandeln;
7. beschließt, ihre Behandlung der Frage von Bevölkerungsumsiedlungen unter dem Tagesordnungspunkt »Freizügigkeit« fortzusetzen und die Achtung des Rechtes auf Freizügigkeit einschließlich des Asylrechtes und Rechtes zu bleiben und zurückzukehren[5], fortlaufend zu untersuchen.

Anmerkungen:
[1] Eine inhaltlich im wesentlichen textgleiche Entschließung war von der Unterkommission bereits am 26. 8. 1994 als Nr. 24 (1994) verabschiedet worden.
Die UN-Menschenrechtskommission nahm die Entschließung zustimmend zur Kenntnis.

[2] Vom 19. 12. 1966; zum Text: Siehe S. 60.
[3] Vom 10. 12. 1948; zum Text: Siehe S. 25.
[4] Vom 25. 6. 1993; zum Text: Siehe S. 123.
[5] Dieses »Recht zu bleiben und zurückzukehren« beinhaltet den Wesensgehalt des Heimatrechtes.
[6] Vom 28. 7. 1951; zum Text: Siehe S. 41.

Quelle:
»UN-(ECOSOC-HRC-)Doc. E/CN. 4/Sub. 2/1995/L. 11/Add. 3«; 2 ms. S.

****

Entschließungen der 26. Internationalen Konferenz des Roten Kreuzes und Roten Halbmonds in Genf (Schweiz): **1995, 7. Dezember**
Ethnische Säuberungen sind ernste Verletzungen humanitären Völkerrechts

. . .

Humanitäres Völkerrecht . . .

Die 26. Internationale Konferenz des Roten Kreuzes und Roten Halbmonds

. . .

feststellend, daß die an den Genfer Konventionen von 1949[1] und deren Zusatzprotokollen von 1977 beteiligten Staaten verpflichtet sind, nicht nur diese Konventionen und Protokolle einzuhalten, sondern auch deren Einhaltung sicherzustellen, und daß alle Staaten das einschlägige und übliche humanitäre Völkerrecht respektieren müssen,

. . .

1) verurteilt scharf die in verschiedenen Teilen der Welt auftretenden Verletzungen des humanitären Völkerrechts,

. . .

Schutz der Zivilbevölkerung . . .

Die 26. Internationale Konferenz des Roten Kreuzes und Roten Halbmonds
zutiefst beunruhigt

. . .

insbesondere durch die Ausbreitung des Völkermordes, die Praktizierung der »ethnischen Säuberung«, die zwangsweise Verdrängung von Menschen und die Anwendung von Gewalt, um ihre Rückkehr zu verhindern . . ., was humanitäres Völkerrecht verletzt,
durch die ernsten Verletzungen des humanitären Völkerrechtes infolge von Vorgängen, welche die Vertreibung der Zivilbevölkerung oder sogar ihre Ausrottung in gewissen Gebieten darstellen,

. . .

den wachsenden Abstand zwischen den humanitären Zusagen gewisser Staaten . . . und den zutiefst unmenschlichen Handlungen derselben Staaten,

. . .

unterstreicht, daß humanitäres Völkerrecht den Schutz der Zivilbevölkerung im Falle fremder Besatzung vorsieht,

. . .

Quelle:
»International Review of the Red Cross«; hsg. v. Sekretariat des IRK, Genf (Schweiz); Nr. 310 (Januar/Februar 1996); S. 55–84, hier S. 58–60.

****

Unterlagen der »Proximity Peace Talks«[2] 1995, 14. Dezember[1]
für Bosnien und Herzegowina,
durchgeführt auf dem Wright-Patterson-Luftwaffenstützpunkt
in Dayton, Ohio, USA:
Konstruktion eines Staates aus zwei Republiken

Allgemeines Rahmenübereinkommen für den Frieden in Bosnien und der Herzegowina

⟨*Zum Verständnis der Vereinbarungen sei vorausgeschickt:*
Es wurde anerkannt, daß innerhalb der bisherigen Grenzen ein Gesamtstaat namens »Republic of Bosnia and Herzegowina« fortbesteht, der sich nunmehr aus zwei »Entities« (d. h. etwa Einheiten) namens »Federation of Bosnia and Herzegowina« und »Republika Srpska« (d. h. Republik der bosnischen Serben) zusammensetzt.
Die Vereinbarungen werden in ihrer Gesamtstruktur wiedergegeben, um durch die Komplexität der Texte die Schwierigkeiten der Realisierung einer dem Selbstbestimmungsrecht nicht entsprechenden Konstruktion zu veranschaulichen.⟩

Die Republik Bosnien-Herzegowina, die Republik Kroatien und die Bundesrepublik Jugoslawien (die »Seiten«),
. . .
in Kenntnis der Vereinbarung vom 29. August 1995, die die Delegation der Bundesrepublik Jugoslawien ermächtigte, im Namen der Republika Srpska jene Teile des Friedensplans zu unterzeichnen, die diese betreffen, mit der Verpflichtung, die erzielte Vereinbarung strikt und konsequent umzusetzen;
haben folgendes vereinbart:
. . .

Artikel VII
Anerkennend, daß die Beachtung der Menschenrechte und der Schutz von Flüchtlingen und Vertriebenen für die Schaffung eines dauerhaften Friedens von lebenswichtiger Bedeutung sind, stimmen die Seiten den Bestimmungen betreffend Menschenrechte, wie sie in Anhang 6, Kapitel 1 der Vereinbarung aufgeführt sind, zu und werden alle Bestimmungen in vollem Umfang einhalten, ebenso wie die Bestimmungen hinsichtlich Flüchtlingen und Vertriebenen, die in Anhang 7, Kapitel 1 der Vereinbarung getroffen wurden.
. . .

Anhang 1: Vereinbarung über die militärischen Aspekte der Friedensregelung ⟨*sowie*⟩ Vereinbarung über die regionale Stabilisierung
. . .

Anhang 2: Vereinbarung über die »Inter Entity Boundary Line« ⟨*d. h. die im Gesamtstaat zwischen der Föderation von Bosnien-Herzegowina und der Republika Srpska gezogene Grenzlinie*⟩ und damit zusammenhängende Fragen
. . .

Anhang 3: Vereinbarung über Wahlen
. . .

Anhang 4: Die Verfassung von ⟨*gemeint: des Gesamtstaates*⟩ Bosnien und Herzegowina
. . .

Artikel II 〈*des Anhangs 4*〉: Menschenrechte und Grundfreiheiten

1. Menschenrechte
   Bosnien und Herzegowina 〈*gemeint: der Gesamtstaat*〉 und beide seiner Einheiten 〈*d. h. die Föderation und die Republika Srpska*〉 werden das höchste Maß an international anerkannten Menschenrechten und Grundfreiheiten gewährleisten. Dazu wird es gemäß Anhang 6 des Allgemeinen Rahmenübereinkommens eine Menschenrechtskommission für Bosnien und Herzegowina geben.

2. Internationale Standards
   Die Rechte und Freiheiten der Europäischen Konvention zum Schutze der Menschenrechte und Grundfreiheiten[3] und ihrer Protokolle werden in Bosnien und Herzegowina zu unmittelbar geltendem Recht. Sie haben Vorrang vor allem anderen Recht.

3. Aufzählung der Rechte
   Alle Personen innerhalb des Gebietes von Bosnien und Herzegowina werden die in Ziffer 2 erwähnten Menschenrechte und Grundfreiheiten genießen; diese schließen ein:
   . . .
   m) Das Recht auf Freizügigkeit und Heimat (residence).

4. Nichtdiskriminierung
   Der Genuß der Rechte und Freiheiten, die in diesem Artikel oder im Anhang I dieser Verfassung aufgeführt sind[4], wird allen Personen in Bosnien und Herzegowina zugesichert ohne irgendwelche Diskriminierung nach Geschlecht, Rasse, Farbe, Sprache, Religion, politischer oder anderer Überzeugung, nationaler oder sozialer Herkunft, Verbindung mit einer nationalen Minderheit, Eigentum, Geburt oder anderem Status.

5. Flüchtlinge und zwangsverbrachte (displaced) Personen
   Alle Flüchtlinge und zwangsverbrachten Personen haben das Recht, frei in ihre Ursprungsheimat (home of origin) zurückzukehren. Sie haben in Übereinstimmung mit Anhang 7 des Allgemeinen Rahmenübereinkommens das Recht, das Eigentum, das ihnen im Verlauf der Feindseligkeiten seit 1991 entzogen wurde, zurückzuerhalten und für Eigentum, das ihnen nicht zurückerstattet werden kann, entschädigt zu werden. Alle im Zusammenhang mit derartigem Eigentum unter Zwang gemachten Verpflichtungen und Erklärungen sind null und nichtig.

6. Durchführung
   . . .

Anhang 5: Vereinbarung über Schiedsgerichtsbarkeit

. . .

Anhang 6: Vereinbarung über Menschenrechte

. . .

Kapitel 1: Respektierung der Menschenrechte
Artikel I: Grundlegende Rechte und Freiheiten
〈*Entspricht Anhang 4, Artikel II, Ziffer 1, 3 und 4; siehe oben*〉

Kapitel 2: Die Kommission für Menschenrechte
Artikel II: Die Errichtung der Kommission
. . .
Die Kommission besteht aus dem Amt des Ombudsmannes und der Kammer für Menschenrechte.
〈*Anschließend detaillierte Darstellung von Aufgabe und Verfahren zur Sicherung der Menschenrechte*〉
. . .

Anhang 7: Vereinbarung über Flüchtlinge und zwangsverbrachte Personen

. . .

Kapitel 1: Schutz

Artikel 1: Rechte von Flüchtlingen und zwangsverbrachten Personen ⟨*im folgenden: F + P*⟩

1) ⟨*Sätze 1 und 2 entsprechen wörtlich Anhang 4, Artikel II, Ziffer 5, Satz 1 und 2*⟩
Die baldige Rückkehr der F + P ist ein wichtiges Ziel der Konfliktlösung in Bosnien und Herzegowina. Die ⟨*vereinbarungschließenden*⟩ Seiten bestätigen, daß sie die Rückkehr dieser Personen, einschließlich solcher, denen zeitweise Schutz durch dritte Staaten geboten wurde, akzeptieren werden.

2) Die Seiten werden sicherstellen, daß F + P die Rückkehr in Sicherheit gestattet wird und ohne Gefahr von Belästigung, Gefährdung, Verfolgung oder Diskriminierung, besonders wegen ihrer ethnischen Herkunft, ihres religiösen Glaubens oder ihrer politischen Überzeugung.

3) Die Seiten werden alle notwendigen Schritte unternehmen, um Handlungen innerhalb ihres Gebietes vorzubeugen, welche die sichere und unbehinderte Rückkehr von F + P behindern oder verhindern könnten. Um ihre Verpflichtung zur Sicherung der vollen Respektierung der Menschenrechte und Grundfreiheiten aller Personen innerhalb ihres Gesetzgebungsgebietes und zur verzögerungslosen Schaffung solcher Bedingungen zu demonstrieren, welche die Rückkehr der F + P begünstigen, werden die Seiten sofort die folgenden vertrauensbildenden Maßnahmen ergreifen:

a) Den Widerruf einheimischer Gesetze und Verwaltungspraktiken mit diskriminierender Absicht oder Wirkung;
b) die Verhinderung und prompte Unterdrückung aller schriftlichen und mündlichen Aufstachelung zu ethnischer oder religiöser Feindschaft oder Haß, sei es durch Medien oder sonstwie;
c) durch Medien verbreitete Warnungen vor und prompte Unterdrückung von Vergeltungsmaßnahmen militärischer, paramilitärischer und Polizeieinheiten sowie anderer öffentlicher Bediensteter oder Privatpersonen;
d) den Schutz von ethnischen und/oder Minderheitsbevölkerungen, wo immer sich diese befinden, und die Bereitstellung sofortigen Zugangs zu diesen Personengruppen durch internationale humanitäre Organisationen und Beobachter;
e) die Anklage, Entlassung oder Versetzung, was immer angebracht, von Personen in militärischen, paramilitärischen und Polizeikräften und anderer öffentlicher Bediensteter, welche für ernste Verletzungen der Grundrechte von Angehörigen ethnischer oder Minderheitsgruppen verantwortlich sind.

4) ⟨*Freie Wahl des Rückkehrortes für F + P*⟩

5) ⟨*Der UN-Hochkommissar für Flüchtlinge soll Rückkehrplan aufstellen*⟩

Artikel 2: Schaffung von für die Rückkehr geeigneten Bedingungen

Artikel 3: Zusammenarbeit mit internationalen Organisationen und Beobachtern

. . .

Artikel 4: Rückkehrunterstützung

. . .

Artikel 5: Vermißte Personen

. . .

Artikel 6: Amnestie

Jeder F oder P, der eines Verbrechens angeklagt ist, wird nach seiner Rückkehr eine Amnestie genießen, es sei denn, er wäre angeklagt einer ernsten Verletzung des humanitären Völkerrechtes, wie im Statut des Internationalen Strafgerichtshofes für das frühere Jugoslawien[5] seit 1. 1. 1991, oder eines persönlichen Verbrechens ohne Bezug zum Konflikt. In keinem Falle dürfen Anklagen für Verbrechen aus politischen oder sonstigen unangebrachten Gründen oder zur Umgehung der Anwendung der Amnestie erfolgen.

Kapitel 2: Kommission für zwangsverbrachte Personen und Flüchtlinge
⟨*Diese überwacht die Einhaltung der Vereinbarung*⟩

Anhang 8: Vereinbarung über eine Kommission zur Erhaltung nationaler Monumente

. . .

Anhang 9: Vereinbarung über die Errichtung von öffentlichen B + H-Körperschaften ⟨*z. B. für Eisenbahnen*⟩

. . .

Anhang 10: Vereinbarung für die zivile Durchführung der Friedensvereinbarung

. . .

Anhang 11: Vereinbarung über eine internationale Polizeieinsatzgruppe

. . .

[6]

Anmerkungen:

[1] Über Grundprinzipien einer Bosnien-Vereinbarung, welche den Charakter eines Friedensvertrages hatten, ohne diesen Ausdruck zu verwenden, einigten sich die Außenminister von Bosnien, Kroatien und des früheren Jugoslawiens am 8. 9. 1995 in Genf. Die Feindseligkeiten endeten offiziell am 5. 10. 1995; das Allgemeine Rahmenübereinkommen der Verhandlungen in Dayton vom 1.–21. 11. 1995 paraphierten am 21. 11. 1995 neben den Beteiligten auch je ein Vertreter der EU, Frankreichs, Deutschlands, Rußlands, Großbritanniens und der USA als Zeugen; die formellen Unterschriften wurden am 14. 12. 1995 in Paris geleistet.

[2] Dieser Ausdruck bedeutete etwa: »Gespräche nahe einem Friedensschluß«.

[3] Zum Text vom 4. 11. 1950 etc.: Siehe S. 32.

[4] Hierbei handelte es sich um eine Aufzählung internationaler Abkommen von (in Ziff. 1) der UN-Konvention zur Bestrafung des Völkermordes vom 9. 12. 1948 (zum Text: Siehe S. 24) bis zur (in Ziff. 16) der ER-Rahmenkonvention zum Minderheitenschutz vom 1. 2. 1995 (zum Text: Siehe S. 143).

[5] Vom 3. 5. 1993; zum Text: Siehe S. 122.

[6] In der weiteren Entwicklung war die recht zögerliche bis nicht vorhandene Realisierung festzustellen. Ein aus verschiedenen Staaten zusammengesetzter »Friedensimplementierungsrat« stellte nach mehreren Sitzungen am 10. 12. 1997 u. a. fest:

»I. Menschenrechte, Rechtsreform und Kriegsverbrechen

Der Rat bedauert, daß trotz schrittweiser Verbesserungen wie zum Beispiel einer größeren Freizügigkeit, wenigen Fällen von willkürlichen Verhaftungen sowie einem verantwortlicheren Vorgehen der Behörden der Schutz der Menschenrechte in Bosnien und Herzegowina noch immer unzureichend ist . . . Es sind nur wenige Schritte unternommen worden, um die unmittelbare Anwendung der in der Europäischen Konvention zum Schutze der Menschenrechte niedergelegten Rechte und Freiheiten in Bosnien und Herzegowina wirksam zu gewährleisten, und tiefergehende strukturelle Probleme sind bisher noch nicht angegangen worden . . .

1. Menschenrechtsfragen
a) Der Rat ist tief besorgt darüber, daß die Föderation und die Republika Srpska ihre Eigentums- und Wohnungsgesetzgebung nicht so geändert haben, daß der Anhang 7 des Friedensübereinkommens uneingeschränkt umgesetzt werden kann. Diese Gesetze blockieren weiterhin die Rückkehr Hunderttausender von Flüchtlingen und Vertriebenen in ihre Vorkriegsheimat . . .
III. Flüchtlinge und Vertriebene
1. Rückkehrfragen
a) Der Rat begrüßt es, daß seit der Unterzeichnung des Friedensübereinkommens mehr als 400.000 Flüchtlinge und Vertriebene zurückgekehrt sind, darunter über 110.000 Flüchtlinge aus dem Ausland im Jahr 1997. Der Rat stellt jedoch fest, daß sich noch immer über 600.000 bosnische Flüchtlinge im Ausland aufhalten und über 800.000 Bosnier nach wie vor binnenvertrieben sind. Der Rat ist sich dessen bewußt, daß eine großangelegte Repatriierung im Jahr 1998 von der erfolgreichen Rückkehr von Minderheiten, insbesondere nach Sarajewo und in die Republika Srpska, abhängt.
b) . . . Trotz einiger Verbesserungen in bezug auf Freizügigkeit und die Achtung der Menschenrechte haben sich die Rahmenbedingungen für die Rückkehr nicht wesentlich verbessert.
. . .
X. Regionale Aspekte
. . .
3. Ethnische und nationale Gemeinschaften, Minderheiten
a) Die Rückkehr der Vertriebenen und Flüchtlinge ist eine Voraussetzung für die Schaffung von dauerhaftem Frieden in Bosnien und Herzegowina. Die Republik Kroatien ist sowohl als Ursprungsland von im Ausland lebenden Flüchtlingen als auch als Gastland für Flüchtlinge aus Bosnien und Herzegowina in diesem Zusammenhang von entscheidender Bedeutung. Der Rat fordert die Regierung der Republik Kroatien dringend auf, die bestehenden administrativen Hindernisse für eine Rückkehr beziehungsweise Einreise von Flüchtlingen, die dies wünschen, zu beseitigen . . .«
Vgl. »Bulletin«; Nr. 5 v. 20. 1. 1998; S. 45–59; hier S. 47, 51, 57.

Quelle:
Text des paraphierten Abkommens; 166 ms. S.; Fotokopie im Besitz des Verfassers.

****

Der (12.) Deutsche Bundestag: 1997, 28. Februar
Entschließung[1] zum »Beitrag der deutschen Heimatvertriebenen zum Wiederaufbau in Deutschland und zum Frieden in Europa«
UN-Konvention zur Bestrafung von Vertreibungen gefordert

1. ⟨*Millionen Deutscher nach 1945 vertrieben; der Deutsche Bundestag gedenkt der Toten*⟩
Durch ihr besonders hartes Schicksal haben die Vertriebenen die Last der Verantwortung für die Verbrechen des Dritten Reiches in besonderer Weise tragen müssen. Das begründet die Solidarität aller Deutschen mit den Vertriebenen.
2. ⟨*Würdigung des Beitrages der deutschen Vertriebenen zum Wiederaufbau nach dem Zweiten Weltkrieg*⟩
3. Die deutschen Heimatvertriebenen haben mit ihrem Willen zu Freiheit, Demokratie und Verständigung mit allen Völkern dem politischen Extremismus und dem Ungeist der Revanche eine Absage erteilt. Mit ihrer Charta von 1950[2] haben die deutschen Heimatvertriebenen ein bis heute gültiges Beispiel für die Verständigungs- und Versöhnungsbereitschaft von Menschen gegeben, die auch nach schwerem Unrecht und Leid Ja zu einem neuen Anfang und zu einem neuen Miteinander gesagt haben. Die Vertriebenen haben sich damit um die Verständigung und Versöhnung zwischen den Völkern verdient gemacht. Ihr schweres Schicksal muß für uns alle Lehre für die Zukunft sein. Deshalb muß es jetzt eine vorrangige Aufgabe deutscher Politik sein, entscheidende Impulse zur Verhinderung und zur Bekämpfung der Ursachen von Vertreibung weltweit zu geben.
4. Viele deutsche Heimatvertriebene – insbesondere aus der Generation, die die Vertreibung persönlich erlitten hat – haben die Chance der Neugestaltung der Beziehungen Deutschlands zu seinen östlichen Nachbarn nach den historischen Umbrüchen der Jahre

1989 und 1990 genutzt und sind durch zahlreiche Begegnungen mit den in ihrer angestammten Heimat lebenden Menschen zu Botschaftern der Aussöhnung und Verständigung geworden. Der Deutsche Bundestag unterstreicht erneut die wichtige Brückenfunktion, die die deutschen Heimatvertriebenen und die bis heute in Mittel- und Südosteuropa sowie in der Gemeinschaft Unabhängiger Staaten lebenden Deutschen für die Beziehungen Deutschlands zu diesen Ländern haben.
Der Deutsche Bundestag bittet die heimatvertriebenen Mitbürgerinnen und Mitbürger, sich weiter voll und ganz in das politische, kulturelle und gesellschaftliche Leben unseres Landes und in die Ausgestaltung der Beziehungen zu unseren östlichen Nachbarstaaten in einem Europa des Friedens, der Zusammenarbeit und der Verständigung einzubringen. Der Deutsche Bundestag wird Heimatvertriebene und deren Verbände, die diesem Geist verpflichtet sind, bei diesen Bemühungen weiterhin unterstützen.
5. Der Deutsche Bundestag stellt mit Genugtuung fest, daß die politischen Veränderungen in Mittel- und Osteuropa auch dort zu einer immer unbefangeneren Befassung mit dem deutschen Vertreibungsschicksal geführt haben. Er dankt den zahlreichen politischen, kirchlichen, wissenschaftlichen und publizistischen Vertretern unserer östlichen Nachbarn für ihre Worte des Bedauerns und des Mitgefühls gegenüber den deutschen Heimatvertriebenen und ihrem Schicksal.
Eingedenk der Last der Verbrechen, die von Deutschen und im deutschen Namen begangen wurden, und in dem Geiste der Verträge, die die Bundesrepublik Deutschland mit allen ihren östlichen Nachbarn abgeschlossen hat, bekräftigt der Deutsche Bundestag seine Verantwortung für Demokratie und Frieden in Europa und seinen Willen zur Verständigung und Versöhnung.
6. In Europa und anderen Teilen der Welt wurden und werden auch heute Bevölkerungsgruppen aufgrund bewaffneter Konflikte oder systematischer Drangsalierungen gezwungen, ihre Heimat zu verlassen. Die Konflikte in der jüngsten Vergangenheit haben zudem gezeigt, daß Soldaten, Truppenteile bzw. bewaffnete Gruppen der Konfliktparteien immer weniger der politischen Kontrolle unterliegen. Bestehende völkerrechtliche Verpflichtungen zum Schutz der Opfer von Krieg und Bürgerkrieg haben nicht verhindern können, daß weltweit unzählige Menschen geflohen sind oder sich auf der Flucht befinden. Frieden und Sicherheit in der Völkergemeinschaft lassen sich auf lange Sicht nur verwirklichen, wenn alle Menschen künftig vor Vertreibung geschützt und die Rechte zu ihrer freien Entfaltung im Rahmen der Verfassungsordnung des jeweiligen Staates garantiert sind.
7. Jeder Akt der Vertreibung ist ein Verbrechen gegen die Menschlichkeit. Die Terrorisierung und Vertreibung von Gruppen aufgrund ihrer Herkunft, ihres religiösen oder kulturellen Hintergrundes muß international geächtet und sowohl völkerrechtlich wie strafrechtlich geahndet werden.
Drangsalierung und Vertreibung von Bevölkerungsgruppen sind nicht allein Terrorakte im Rahmen bestehender Staatlichkeit, sondern von einzelnen begangene Verbrechen. Ein internationales Strafrecht, das die Einzeltäterschaft in den Vordergrund stellt und die Berufung auf den Befehlsnotstand nicht zuläßt, könnte die menschenverachtende Praxis, Terror gegen die Zivilbevölkerung als Mittel zur Verfolgung politischer Interessen einzusetzen, eindämmen.
Neben der Bestrafung des Verbrechens der Vertreibung müssen künftig weitaus energischere Bemühungen der Staatengemeinschaft um die Beendigung bewaffneter Auseinandersetzungen und um den Schutz vor Vertreibung, Diskriminierung und Menschenrechtsverletzungen an erster Stelle stehen.
8. Der Deutsche Bundestag begrüßt die Maßnahmen, die international oder bilateral zwischen einzelnen Staaten zur Fortentwicklung des Menschen- und Minderheitenrechtsschutzes sowie zur Bestrafung von Kriegsverbrechen und Verbrechen gegen die Menschlichkeit ergriffen wurden.

Zu den Maßnahmen, die wichtige Beiträge zur Festigung einer friedlichen und freiheitlichen Ordnung in Europa und der Welt sind, gehören insbesondere

- die in den Jahren 1991 und 1992 geschlossenen Nachbarschaftsverträge der Bundesrepublik Deutschland mit Polen, der ehemaligen Tschechoslowakei[3], Ungarn und Rumänien, durch die der Minderheitenschutz geregelt wird,
- die Einsetzung des Internationalen Strafgerichtshofes zur Ahndung schwerer Verstöße gegen das humanitäre Völkerrecht im ehemaligen Jugoslawien[4] und die Einsetzung des Internationalen Kriegsverbrechertribunals für Ruanda, die in den Jahren 1993 bzw. 1994 vom VN-Sicherheitsrat beschlossen wurde,
- die Entschließung der Interparlamentarischen Konferenz von Canberra gegen Vertreibung[5] im Jahr 1993,
- die Verabschiedung einer Rahmenkonvention des Europarates zum Schutz nationaler Minderheiten[6] im Jahr 1994,
- die Annahme des Stabilitätspaktes für Europa[7] durch die 52 Staaten des OSZE im März 1995 zur Vertiefung der gutnachbarlichen Beziehungen einschließlich der Regelung der Rechte der Angehörigen nationaler Minderheiten,

. . .

Er begrüßt ferner die Arbeit der Völkerrechtskommission der Vereinten Nationen am Statut für einen ständigen Internationalen Strafgerichtshof sowie am Kodex der Verbrechen gegen den Frieden und die Sicherheit der Menschen[8].

9. Der Deutsche Bundestag fordert die Bundesregierung unter Bekräftigung des einstimmigen Beschlusses des 12. Deutschen Bundestages vom 23. Juni 1994[9] auf, die Bemühungen um eine Normierung des völkerrechtlichen Schutzes vor Vertreibung aktiv voranzutreiben, um die völkerrechtliche und strafrechtliche Ahndung des Verbrechens der Vertreibung zu erreichen.

Dazu gehört die Prüfung, inwieweit Ergänzungen der bestehenden völkerrechtlichen Verpflichtungen (Konvention über die Verhütung und Bestrafung des Völkermordes von 1948[10], IV. Genfer Abkommen[11] und II. Zusatzprotokoll zu den Genfer Abkommen) vorgeschlagen werden können, die das Ausmaß der aktuellen Vertreibungstatbestände erfassen und auf deren Grundlage Vertreibung als materieller Straftatbestand definiert und mit Strafandrohung belegt wird. Ziel dieser Bemühungen sollte eine eigene Konvention gegen Vertreibung im Rahmen der Vereinten Nationen sein.

Anmerkungen:

1 Zu einem ähnlichen Beschluß aus dem Jahre 1994: Siehe S. 138.
Die Entschließung selbst ging auf Anträge der CDU/CSU/FDP (BTDs. 13/1566) und der SPD (BTDs. 13/1539) zurück; zu den Texten: Siehe S. 1009.
2 Vom 5. 8. 1950; zum Text: Siehe S. 31.
3 Vom 27. 2. 1992; zum Text: Siehe S. 929.
4 Zum Text: Siehe die Vorschlagsfassung des Generalsekretärs der UN vom 3. 5. 1993, S. 122.
5 Vom 16. 9. 1993; zum Text: Siehe S. 134.
6 Vom 1. 2. 1995; zum Text: Siehe S. 143.
7 Vom 20. 3. 1995; zum Text: Siehe S. 138.
8 Zu Vorgängen und Ergebnissen: Siehe S. 168.
9 Zum Text: Siehe S. 138.
10 Vom 9. 12. 1948; zum Text: Siehe S. 24.
11 Vom 12. 8. 1949; zum Text: Siehe S. 29.

Quelle:
Deutscher Bundestag: BDTs. 13/4912 v. 14. 6. 1996; 8 S., hier S. 3–6.

****

Erklärung **1997, 10. Mai**
der Föderalistischen Union Europäischer Volksgruppen (FUEV)
»zur Beteiligung von Volksgruppen am öffentlichen Leben«[1]:

In der Überzeugung, daß die Beteiligung der Angehörigen von Volksgruppen, als Einzelne und als Gruppen, an der Entscheidungsfindung über ihre Rechte und ihren Status von größter Bedeutung sowohl für die Stabilität polyethnischer Gesellschaften als auch für gutnachbarschaftliche Beziehungen zwischen den betreffenden Staaten ist;

...

Eingedenk des Rechts auf Selbstbestimmung, wie es durch das Völkerrecht definiert wird;

...

haben die Mitglieder des 42. Nationalitätenkongresses der Föderalistischen Union Europäischer Volksgruppen folgende Grundsätze beschlossen:

I. Die Volksgruppen sollten in den Genuß nachstehender Rechte kommen:

1. Selbstverwaltung oder Beteiligung an der Unterhaltung von
– Einrichtungen, die von größter Wichtigkeit für die Bewahrung ihrer ethnischen und kulturellen Identität sind (Schulen, kulturelle Einrichtungen, Museen, Massenmedien, religiöse Gemeinschaften und ähnliche Organisationen);
– administrativen und anderen öffentlichen Diensten und Einrichtungen auf lokaler, regionaler und staatlicher Ebene auf dem Gebiet der Erziehung, Kultur, Massenmedien und Religion;
– administrativen und anderen öffentlichen Diensten und Einrichtungen, die sich mit der Entwicklung von Projekten befassen, die die Region, in der sie leben, berühren, sowie Projekten zur Bewahrung und zum Schutz des kulturellen Erbes von Volksgruppen;
– lokalen Selbstverwaltungskörperschaften oder verschiedenen Arten von Autonomie.

2. Vertretung zumindest nach dem Grundsatz der Verhältnismäßigkeit
– in administrativen und ähnlichen öffentlichen Diensten auf lokaler, regionaler und staatlicher Ebene,
– in Wirtschafts-, Handels- und ähnlichen öffentlichen Einrichtungen, Organisationen und Diensten auf lokaler, regionaler und staatlicher Ebene.

3. Teilnahme an der Entscheidungsfindung bezüglich der internationalen und besonders der grenzüberschreitenden Zusammenarbeit zwischen den betreffenden Staaten, Regionen oder örtlichen Behörden.

4. Teilnahme an der Entscheidungsfindung u. a. durch ihre eigene politische Vertretung in gesetzgebenden oder repräsentativen Gremien auf lokaler, regionaler und staatlicher Ebene.

5. Ein Vetorecht in bezug auf Entscheidungen, die ihre grundlegenden Menschen- und Minderheitenrechte betreffen, oder in bezug auf Entscheidungen, die dazu angetan sein könnten, ihre traditionellen Siedlungsgebiete zu beeinträchtigen.

II. Zur Sicherung dieser Rechte sind die Staaten, Regionen, örtlichen und anderen Behörden aufgerufen, innerhalb ihres jeweiligen Zuständigkeitsbereiches

1. angemessene verfassungs-, gesetzgebende, satzungsmäßige und andere Vorkehrungen und Regelungen zu treffen, die eine angemessene Vertretung von Volksgruppen, ungeachtet ihrer Stärke oder ähnlicher restriktiver Kriterien, in der Legislative und in anderen gewählten Gremien sichern;

2. eine angemessene Politik für kulturelle, sprachliche, soziale, wirtschaftliche und sonstige für Volksgruppen relevante Fragen auszuarbeiten und umzusetzen;

3. zu verzichten auf einseitige Veränderungen administrativer oder historisch gewachsener territorialer Einheiten gegen den Willen der Volksgruppen und in solcher Weise, daß

ihre Möglichkeiten, am Prozeß der Entscheidungsfindung teilzunehmen, gefährdet, ihre Identität geschwächt und ihr Zusammenhalt beeinträchtigt werden;
4. Bildungsprogramme für die Mehrheitsbevölkerung zu verabschieden ...
5. einen institutionalisierten und dauerhaften Dialog mit den legitimierten Vertretern und Institutionen der Volksgruppen einzurichten.

III. Die Kongreßbeteiligten beschließen, folgende Maßnahmen zu ergreifen:
⟨Bekanntgabe der Erklärung auf internationalen und staatlichen Ebenen⟩
...
5. Die Regierungskonferenz und die Gremien der Europäischen Union werden aufgefordert, bei der Überarbeitung der Verträge von Maastricht den Schutz der Volksgruppen in die Gesetzgebung der Union aufzunehmen.
6. Von Staaten, die der Europäischen Union beitreten wollen, wird gefordert, die Grundsätze dieser Erklärung in ihre eigene Gesetzgebung aufzunehmen und sie, als eine Vorbedingung zum Beitritt, umzusetzen.

Anmerkung:
[1] Angenommen auf dem 42. Kongreß in Pörtschach (Österreich).

Quelle:
»FUEV – Aktuell«; hsg. v. d. FUEV; Flensburg (S.-H.); Nr. 60 v. Juli 1997; S. 3.

****

Europäische Konvention über Staatsbürgerschaft (nationality) – Entwurf: **1997, 6. November**[1]
Verbleib in Heimatgebiet bei Staatennachfolge

Kapitel I – Allgemeine Fragen

Art. 1: Ziel der Konvention
Diese Konvention stellt Grundsätze und Regeln zur Staatsbürgerschaft natürlicher Personen ... auf, denen die Rechtsordnung (internal law) der zugehörigen Staaten (State Parties) entsprechen muß.

Art. 2: Definitionen
Für die Zwecke dieser Konvention bedeuten
a) Staatsbürgerschaft (nationality) die rechtliche Verbindung zwischen einer Person und einem Staat, nicht aber die ethnische Herkunft einer Person;
b) mehrfache Staatsbürgerschaft den gleichzeitigen Besitz zweier oder mehrerer Staatsbürgerschaften durch dieselbe Person;
...
c) Rechtsordnung (internal law) alle Arten von Vorschriften des staatlichen Rechtssystems, einschließlich der Verfassung, Gesetze, Verordnungen (regulations), Dekrete, Rechtsfälle (case-law), üblichen Regeln und Handlungsweisen wie auch die aus bindenden internationalen Vorschriften abgeleiteten Regeln.

Kapitel II – Allgemeine Grundsätze der Staatsbürgerschaft

Art. 3: Rechtsetzungsmacht des Staates
...

Art. 4: Grundsätze
Die Staatsangehörigkeitsregeln der zugehörigen Staaten sollen auf den folgenden Regeln aufbauen:

a) Jedermann hat das Recht auf Staatsbürgerschaft;
b) Staatenlosigkeit ist zu vermeiden;
c) niemandem soll willkürlich seine Staatsangehörigkeit entzogen werden;
...

Art. 5: Nicht-Diskriminierung
1) Die Staatsangehörigkeitsregeln der zugehörigen Staaten sollen weder Unterschiede noch Handlungsweisen enthalten, die zur Diskriminierung aus Gründen des Geschlechts, der Religion, der Rasse, der Hautfarbe oder der nationalen oder ethnischen Herkunft führen.
2) Jeder zugehörige Staat wird durch den Grundsatz der Nicht-Diskriminierung zwischen seinen Staatsbürgern geleitet, seien sie Staatsbürger durch Geburt oder haben sie die Staatsbürgeschaft später erworben.

Kapitel III – Regeln der Staatsbürgerschaft

⟨*In den Artikeln 6–9 wurden Erwerb, Verlust und Wiedererwerb geregelt*⟩

Kapitel IV – Abläufe für die Staatsbürgerschaft

⟨*In den Artikeln 10–13 wurden die Behandlung von Anträgen, die Entscheidungen darüber, das Recht auf Überprüfung und die zu erhebenden Gebühren geregelt*⟩

Kapitel V – Mehrfachstaatsbürgerschaft

Art. 14: Gesetzliche Fälle von Mehrfachstaatsbürgerschaft ...
1) Die zugehörigen Staaten werden erlauben,
   a) daß Kinder, die automatisch per Geburt unterschiedliche Staatsbürgerschaften erwarben, diese behalten;
   b) daß eine durch Eheschließung automatisch erworbene andere Staatsbürgerschaft beibehalten wird.

...

Art. 15: Andere mögliche Fälle der Mehrfachstaatsbürgerschaft
Die Vorschriften dieser Konvention begrenzen das Recht zugehöriger Staaten nicht, in ihrer Rechtsordnung festzulegen, ob
a) ihre Staatsbürger, welche die Staatsbürgerschaft eines anderen Staates erwerben oder besitzen, die eigene Staatsbürgerschaft ⟨*des zugehörigen Staates*⟩ behalten oder verlieren;
b) der Erwerb oder die Beibehaltung der eigenen Staatsbürgerschaft zum Verzicht oder Verlust einer anderen Staatsbürgerschaft führt.

Art. 16: Beibehaltung der früheren Staatsbürgerschaft
Ein zugehöriger Staat wird, falls ein Verzicht oder Verlust unmöglich ist oder vernünftigerweise nicht verlangt werden kann, die Aufgabe oder den Verlust einer anderen Staatsbürgerschaft nicht zur Bedingung für den Erwerb oder Behalt der eigenen Staatsbürgerschaft machen.

Art. 17: Rechte und Pflichten der Mehrfachstaatsbürgerschaft
...

Kapitel VI – Staatennachfolge und Staatsbürgerschaft

Art. 18: Grundsätze

1) In Staatsbürgerschaftsfragen in Fällen der Staatennachfolge werden betroffene beteiligte Staaten die Grundsätze des rechtlichen Ablaufes (rule of law), die Regeln der Menschenrechte, die Grundsätze der Art. 4 und 5 dieser Konvention sowie die in Absatz 2 dieses Artikels beachten, um vor allem Staatenlosigkeit zu vermeiden.
2) Bei der Entscheidung über Zuerkennung oder Beibehaltung der Staatsbürgerschaft in Fällen der Staatennachfolge wird jeder betroffene beteiligte Staat besonders beachten:
   a) die ursprüngliche und tatsächliche Verbindung der betroffenen Person mit dem Staat;
   b) den üblichen Wohnort der betroffenen Person zum Zeitpunkt der Staatennachfolge;
   c) den Willen der betroffenen Person;
   d) die gebietliche Herkunft der betroffenen Person.
3) Wenn der Staatsbürgerschaftserwerb vom Verlust einer fremden Staatsbürgerschaft abhängt, sind die Vorschriften des Art. 16 dieser Konvention anzuwenden.

Art. 19: Regelung durch internationales Abkommen

⟨*Diese ist entsprechend den Grundsätzen und Regeln dieses Kapitels möglichst anzustreben.*⟩

Art. 20: Grundsätze für Nicht-Staatsbürger (non-nationals)

1) Jeder beteiligte Staat wird die folgenden Grundsätze beachten:
   a) Staatsangehörige eines Vorgängerstaates, mit üblichem Wohnort in jenem Gebiet, über das die Herrschaft (sovereignty) auf einen Nachfolgestaat überging, und die dessen Staatsbürgerschaft nicht erwarben, haben das Recht, in diesem ⟨*Nachfolger-*⟩ Staat zu verbleiben;
   b) Personen, auf die sich Unterabsatz a) bezieht, sind in ihren sozialen und wirtschaftlichen Rechten den Staatsbürgern des Nachfolgerstaates gleichzubehandeln.
2) Jeder beteiligte Staat kann Personen, die in Ziffer 1 erwähnt wurden, von Beschäftigungen im öffentlichen Dienst, die Hoheitsgewalt ausüben, ausschließen.

Kapitel VII: Militärdienstleistungen bei Mehrfachstaatsbürgerschaft

. . .

Kapitel VIII: Zusammenarbeit beteiligter Staaten

. . .

Kapitel IX: Anwendung der Konvention

. . .

Kapitel X: Abschlußbestimmungen

. . .

Anmerkung:

[1] Datum des Beschlusses und der Auflage zum Beitritt.

Quelle:

»European Convention on Nationality: ETS 166«; hsg. v. Europa-Rat; Straßburg, 1997; 57 S.

****

Erklärungen der Außenminister der internationalen Kontaktgruppe[1] in Bonn: **1998, 25. März**

Keine Selbstbestimmung im Kosovo; Rückkehrrecht der Vertriebenen in Bosnien

...

ERKLÄRUNG ZUM KOSOVO

...

13. Die grundsätzliche Position der Kontaktgruppe bleibt unverändert. Wir unterstützen weder die Unabhängigkeit noch die Beibehaltung des Status quo als Endergebnis der Verhandlungen zwischen den Belgrader Behörden und der Führung der Kosovo-Albaner über den Status des Kosovo. Ohne dieses Ergebnis präjudizieren zu wollen, werden wir die Prinzipien für eine Lösung des Kosovo-Problems auf die territoriale Unversehrtheit der Bundesrepublik Jugoslawien und die OSZE-Normen, Helsinki-Prinzipien und die VN-Charta stützen. Eine solche Lösung muß außerdem die Rechte der Kosovo-Albaner und all derjenigen, die im Kosovo leben, berücksichtigen. Wir treten für ein erheblich höheres Maß an Autonomie für den Kosovo ein, wobei dies eine sinnvolle Selbstverwaltung einschließen muß.

ERKLÄRUNG ZU BOSNIEN UND HERZEGOWINA

...

6. Wir sind zunehmend besorgt über die Obstruktionshaltung innerhalb der Föderation ⟨*Bosnien und Herzegowina*⟩. Die Föderation muß dringend Fortschritte in Richtung auf ... die Rückkehr von Personen, die Minderheiten angehören ... erzielen. Die Weigerung ... die früheren Bewohner in ihre Heimatorte zurückkehren zu lassen, ist nicht akzeptabel. Insbesondere fordern wir die Führung der bosnischen Kroaten mit Nachdruck auf, ihre Verpflichtungen zu erfüllen ...

...

8. Wir betonen, daß das Jahr 1998 entscheidende Fortschritte bei der Rückkehr von Flüchtlingen und Vertriebenen an ihre Herkunftsorte bringen muß. Wir erwarten eine Beschleunigung solcher Rückkehrmaßnahmen in ganz Bosnien und Herzegowina noch in diesem Frühjahr. Wir fordern alle Staaten der Region auf, an einem umfassenden Rückkehrprogramm mitzuwirken. In diesem Zusammenhang appellieren wir an Kroatien, deutlich größere Anstrengungen zur Förderung der Rückkehr von Flüchtlingen und Vertriebenen in ihre Heimatorte überall in Kroatien[2] zu unternehmen. Wir begrüßen es, daß die Föderation neue Eigentumsgesetze verabschiedet hat, die die Rückkehr ehemaliger Bewohner in ihre Heimatorte erleichtern wird. Wir fordern die Republika Srpska auf, umgehend ähnliche gesetzliche Maßnahmen zu treffen. Die Androhung von Gewalt, die rechtswidrige Drohung mit Verhaftungen, bürokratische Hindernisse, politische Einschüchterung und andere Versuche, ehemalige Bewohner daran zu hindern, das ihnen nach dem Friedensübereinkommen und dem Völkerrecht ausdrücklich zustehende Recht, in ihre Heimat zurückzukehren, werden mit entschiedenen internationalen Maßnahmen beantwortet werden.

...

Anmerkungen:

[1] Die Kontaktgruppe bestand aus den Außenministern der USA, von Rußland, England, Frankreich, Deutschland und Italien.

[2] Da niemand verlange, daß die 1945/46 vertriebenen Sudetendeutschen zurückkehren sollen, hatte sich der kroatische Staatspräsident Tudjman am 26. 5. 1997 geweigert, vertriebene Serben nach Kroatien zurückkehren zu lassen; siehe dazu S. 150.

Quelle:

»Bulletin«; Nr. 22 v. 30. 3. 1998; S. 254–256, hier S. 255 f.

****

Entschließung **1998, 17. April**
der UN-Menschenrechtskommission:
»Entwurf einer Deklaration über Bevölkerungstransfers und die Einpflanzung von ⟨*Neu-*⟩Siedlern« [1,2,3]

Verbot von Vertreibung und Gebot der Rückkehrmöglichkeit für Vertriebene

Artikel 1
Die in dieser Deklaration gesetzten Normen sind in allen Situationen anzuwenden, einschließlich Friedenszeiten, Unruhen und Spannungen, Konflikten innerstaatlicher, innerstaatlich-internationaler und internationaler Art sowie Situationen des öffentlichen Notstandes. Die Normen dieser Deklaration sind unter allen Umständen verbindlich.

Artikel 2
Diese Normen sind verbindlich für und anwendbar auf alle Personen, Gruppen und Behörden, ungeachtet ihres gesetzlichen Status.

Artikel 3
Rechtswidrige Bevölkerungstransfers umfassen eine Praxis oder Politik, die den Zweck oder das Ergebnis hat, Menschen in ein Gebiet oder aus einem Gebiet zu verbringen, innerhalb oder über internationale Grenzen hinweg, oder innerhalb eines, in ein oder aus einem besetzten Gebiet ohne die freie und informierte Zustimmung sowohl der umgesiedelten als auch jeder aufnehmenden Bevölkerung.

Artikel 4
1. Jeder Mensch hat das Recht, in Frieden, Sicherheit und Würde in seiner Wohnstätte oder in seiner Heimat und in seinem Land zu verbleiben.
2. Niemand darf dazu gezwungen werden, seine Wohnstätte zu verlassen.
3. Die Verdrängung einer Bevölkerung oder von Bevölkerungsteilen darf nicht angeordnet, angeregt oder durchgeführt werden, es sei denn, daß ihre Sicherheit oder zwingende militärische Gründe dies verlangen. Allen derart verdrängten Personen muß erlaubt werden, unmittelbar nach Beendigung der Umstände, die ihre Verdrängung erforderten, in ihre Wohnstätten, ihre Heimat oder an ihre Herkunftsorte zurückzukehren.

Artikel 5
Die Besiedlung eines besetzten oder umstrittenen Gebiets durch die Besatzungsmacht bzw. die es faktisch beherrschende Macht mit Teilen ihrer eigenen Zivilbevölkerung ⟨*d. h. für das Gebiet: durch Neusiedler*⟩, sei es durch Transfer oder Anreize, ist rechtswidrig.

Artikel 6
Jegliche Praxis oder Politik, die das Ziel oder das Ergebnis hat, die demographische Zusammensetzung einer Region, in der eine nationale, ethnische, sprachliche oder andere Minderheit oder eine einheimische Bevölkerung ansässig ist, zu ändern, sei es durch Deportation, Verdrängung und/oder durch die Seßhaftmachung von ⟨*Neu-*⟩Siedlern oder eine Kombination davon, ist rechtswidrig.

Artikel 7
Bevölkerungstransfers oder -austausche können nicht durch internationale Vereinbarungen legalisiert werden, weil sie grundlegende Bestimmungen der Menschenrechte oder zwingende Normen des Völkerrechts verletzen.

Artikel 8
Jeder Mensch hat das Recht, freiwillig und in Sicherheit und Würde in das Land seiner Herkunft sowie innerhalb dessen an den Ort seiner Herkunft oder Wahl zurückzukehren. Die Ausübung des Rückkehrrechts schließt das Recht der Opfer auf angemessene Wiedergutmachung nicht aus, einschließlich der Rückgabe von Eigentum, das ihnen im Zusam-

menhang mit dem oder als Ergebnis des Bevölkerungstransfers entzogen wurde, sowie Entschädigung für jegliches Eigentum, das ihnen nicht zurückgegeben werden kann und allfällige andere, völkerrechtlich vorgesehene Reparationen.

Artikel 9
Die obengenannten Praktiken des Bevölkerungstransfers stellen Völkerrechtsverstöße dar, die sowohl staatliche Verantwortlichkeit als auch individuelle strafrechtliche Verantwortung begründen.

Artikel 10
Wo von dieser Deklaration verbotene Taten oder Unterlassungen begangen werden, sind die internationale Gemeinschaft als Ganze und die einzelnen Staaten dazu verpflichtet:
a) die durch solche Taten geschaffene Lage nicht als rechtmäßig anzuerkennen;
b) im Falle des Andauerns dieser Lage die sofortige Beendigung und die Rückgängigmachung ihrer schädlichen Folgen sicherzustellen;
c) dem Staat, der eine solche Tat begangen hat oder noch begeht, bei der Aufrechterhaltung oder Verstärkung der dadurch geschaffenen Lage keine Hilfe, Beihilfe oder Unterstützung finanzieller oder anderer Art zu gewähren.

Artikel 11
Die Staaten sollen Maßnahmen ergreifen, die die Verhinderung von Bevölkerungstransfers und der Seßhaftmachung von ⟨*Neu-*⟩Siedlern zum Ziel haben . . .

Artikel 12
Nichts in diesen Artikeln darf so ausgelegt werden, daß es den Rechtsstatus irgendeiner Behörde oder von Gruppen oder Personen berührt, die von Situationen innerstaatlicher Gewalt oder Störungen und Spannungen oder des öffentlichen Notstandes betroffen sind.

Artikel 13
1. Nichts in diesen Artikeln soll so ausgelegt werden, daß es die Anwendung der Bestimmungen irgendwelcher internationaler humanitärer oder menschenrechtlicher Bestimmungen beschränkt oder beeinträchtigt.
2. Falls unterschiedliche Normen auf dieselbe Situation anwendbar sind, soll diejenige Bestimmung gelten, die den größtmöglichen Schutz für von Bevölkerungstransfers betroffene Einzelpersonen oder Gruppen bietet.

Anmerkungen:
[1] Zur Entstehungsgeschichte:
a) Der UN-»Wirtschafts- und Sozialausschuß« [ECOSOC] und die ihm unterstellte UN-»Kommission für die Förderung der Menschenrechte« [UN-HRC] waren bereits durch die UNO-Satzung (vom 26. 6. 1945; zum Text der einschlägigen Art. 61 und 68: Siehe S. 20) errichtet worden. Der der UN-HRC unterstellte »Unterausschuß zur Verhütung der Diskriminierung und zum Schutz von Minderheiten« [UA-M] bestand seit 1946 (siehe S. 20).
Zur unmittelbaren Vorgeschichte ist (in aller Kürze) zu belegen, daß die Entschließung von 1998 das Ergebnis langandauernder Vorarbeiten war.
b) 1990, 30. 8.: Der UA-M faßte Entschließung 17 (1990):
Massenwanderungen, besonders von Regierungen veranlaßte, haben ernste Auswirkungen auf den Genuß der Menschenrechte.
c) 1991, 29. 8.: Der UA-M faßte Entschließung 28 (1991):
Bevölkerungstransfers beeinträchtigen grundlegende Menschenrechte und Freiheiten aller Betroffenen.
d) 1992, 27. 8.: Der UA-M faßte Entschließung 28 (1992):
Nachdem Bevölkerungstransfers grundlegende Menschenrechte beeinträchtigen, sei die Frage durch die Herren Al-Khasawneh und Hatano zu untersuchen.
e) 1993, 4. 3.: Die UN-HRC übernahm die Entschließung 28 (1992) ihres UA-M (v. 27. 8. 1992) als Entscheidung 102 (1993) mit der Feststellung:

»Population transfers constitute a violation of fundamental human rights.«
Die Begründung bezog sich auf die UN-Konventionen über Völkermord vom 9. 12. 1948 (siehe S. 24) und gegen Rassendiskriminierung vom 7. 3. 1966 (siehe S. 59) und führte ergänzend aus:
»Considering that the policy and practice of population transfer, including the removal of people and the implantation of settlers, particularly where induced or conducted by Governments and occupying authorities, invariably have serious consequences for the enjoyment or constitute a serious violation of the human rights of the people removed, the original inhabitants of the countries and territories concerned, as well as the settlers,
...
Disturbed by reports concerning the implantation of settlers and settlements in certain countries, including occupied territories, with the aim of changing the demographic structure and the political, cultural, religious and other characteristics of those countries or with the intent to destroy, in whole or in part, a national, ethnic, racial, or religious group as such,
Especially disturbed by reports of deliberate policies towards distinct ethnic, racial or religous groups, of so-called ethnic cleansing and demographic manipulation in certain countries,
...
1. Recognizes that practices of population transfer constitute a violation of fundamental human rights;
2. Entrusts Mr. Awn Shawkat Al-Khasawneh and Mr. Ribot Hatano, as Special Rapporteurs, with preparing a preliminary study on the human rights dimensions of population transfer, including the implantation of settlers and settlements.«

f) 1993, 6. 7.: Der (am 4. 3. 1993 angeforderte) vorläufige Bericht der Herren Khasawneh/Hatano wurde fertiggestellt und dem UA-M vorgelegt.
Quelle zu b–f): »UN-(ECOSOC-HRC-)Doc. E/CN. 4/Sub. 2/1993/17« v. 6. 7. 1993; 109 ms. S.
Z. T. auch in UN-Doc. GE. 73-14208.

g) 1994, 30. 6.: Ein weiterer vorläufiger Bericht, jetzt nur von Herrn K., wurde dem UA-M vorgelegt.
Zum Text vgl.: »UN-(ECOSOC-HRC-)Doc. E/CN. 4/Sub. 2/1994/18«; auch GE. 94-13162.

h) 1994, 26. 8.: Der UA-M verabschiedete die Entschließung 24 (1994) als Erstfassung zum »Recht auf Freizügigkeit«.

i) 1995, 8. 3.: Die UN-HRC verabschiedete die Entschließung 88 (1995) »Menschenrechte und massenhafte Zwangswanderungen«.

j) 1995, 18. 8.: Der UA-M verabschiedete die Entschließung 13 (1995) als ergänzte Fassung zum »Recht auf Freizügigkeit«.
Zum Text und Quellenangaben für h–j): Siehe S. 150 ff.

k) 1997, 28. 8.: Der UA-M billigte mit Entschließung 29 (1997) den »Abschlußbericht des Sonderberichterstatters H. Al-Khasawneh« zum Thema »Freizügigkeit⟨:⟩ Menschenrechte und Bevölkerungstransfers« vom 27. 6. 1997 einschließlich des Deklarationsentwurfes und beschloß, ihn der UN-HRC zuzuleiten.

l) 1998, 17. 4.: Die UN-HRC verabschiedete die Entschließung.
Diese enthielt ihre Übereinstimmung mit dem Bericht und den Beschluß seiner Weiterleitung an UN-ECOSOC mit der Empfehlung, ihn »neuerlich zu veröffentlichen und weit zu verbreiten«.

2 a) Zur Einordnung des Deklarationsentwurfes:
Der Entwurf war Anhang II des »Abschlußberichtes des Sonderberichterstatters H. Al-Khasawneh« zum Thema »Freizügigkeit⟨:⟩ Menschenrechte und Bevölkerungstransfer« vom 27. 6. 1997.

b) Zu weiteren Aussagen des Berichtes:
Der in 8 Kapitel gegliederte und 75 Ziffern sowie zwei Anhänge umfassende Bericht ging über den Text des Deklarationsentwurfes (Anhang II) weit hinaus.
So wurden im Anhang I, bezogen auf die betreffenden Personengruppen, die durch Bevölkerungstransfers und Neusiedlung verletzten Menschenrechte in 7 bestehenden UN-Konventionen und 3 verabschiedeten UN-Deklarationen tabellarisch im einzelnen nachgewiesen.
Der Bericht verwendete den Begriff »the right to one's homeland« (= Recht auf Heimat) und definierte den Begriff »homeland« (in Ziff. 13) als »distinct geographical location ... or place of habitual residence«, von dem aus »civil and political, economic, social and cultural rights are exercised«.
Weitere Aussagen waren:
Jeder »Bevölkerungstransfer« verletzte eine Vielzahl von individuellen und kollektiven Rechten (Ziff. 14), wobei an erster Stelle das Selbstbestimmungsrecht der Völker sowie das Eigentumsrecht genannt wurden (Ziff. 15).
Bevölkerungstransfers und die Seßhaftmachung von Neusiedlern sind systematische und mas-

senhafte Verletzung der Menschenrechte sowie als unverjährbare verbrecherische Handlungen (Ziff. 16). Bevölkerungstransfers begründen strafrechtlich sowohl personale als auch staatliche Verantwortlichkeit. Es sind die völlige Wiederherstellung des früheren Zustandes einschließlich des Rückkehrrechtes (Ziff. 60), wie z. B. im Übereinkommen von Dayton über das ehemalige Jugoslawien (vom 14. 12. 1995; zum Text: Siehe S. 153) und volle Wiedergutmachung anzustreben, soweit diese unmöglich sei, zumindest eine weitgehende Entschädigung (Ziff. 61). Der Friede könne Kompromisse erfordern, etwa in Form finanzieller Entschädigung (Ziff. 63).
Abschließend empfahl der Bericht u. a. die Ausarbeitung einer »Konvention zur Verhütung und Bestrafung des Verbrechens der Massenvertreibung« oder eines entsprechenden Zusatzprotokolls zu einer bestehenden Konvention (Ziff. 73).

[3] Zur Meinung der Bundesregierung Kohl vom 16. 2. 1998 zum Entwurf der Deklaration: Siehe S. 1111. Zum Verhalten von Spitzenpersonen der politischen Partei »Bündnis 90/Die Grünen« vom 15. 11. 1997: Siehe S. 1112.

Wiedergabe:
Nach dem Bericht des Unterausschusses in »UN-(ECOSOC-HRC-)Doc. E/CN. 4/Sub. 2/1997/23« v. 27. 6. 1997.

****

Das Statut des Internationalen Strafgerichtshofes[1]: **1998, 17. Juli**
Unverjährbare Bestrafung von Vertreibung

Die an diesem Statut beteiligten Staaten
...
bekräftigend, daß die für die internationale Gemeinschaft als Ganzem schwersten Verbrechen nicht unbestraft bleiben dürfen ...
entschlossen, die Straflosigkeit für die solche Verbrechen Begehenden zu beenden und damit zur Verhütung derartiger Verbrechen beizutragen
...
sind wie folgt übereingekommen:

Teil 1⟨:⟩ Errichtung des Gerichtshofes

Art. 1⟨:⟩ Der Gerichtshof
Hiermit wird ein Internationaler Strafgerichtshof (⟨*im folgenden:*⟩ der Gerichtshof) errichtet. Er wird eine ständige Einrichtung sein[2] und die Befugnis der Rechtsprechung über Personen wegen der schwersten Verbrechen internationaler Bedeutung haben, wie in diesem Statut verzeichnet, und dies ergänzend zu nationaler Strafverfolgung. Die Rechtsprechung und das Verfahren des Gerichtshofes werden durch die Bestimmungen dieses Statuts festgelegt.

Art. 2⟨:⟩ Verhältnis des Gerichtshofes zu den UN
Durch ein Abkommen, das von der Versammlung der an diesem Statut beteiligten Staaten (Assembly of States Parties to this Statute)[3] gebilligt und danach von seinem Präsidenten für den Gerichtshof abgeschlossen wurde, wird das Verhältnis zu den UN bestimmt werden.
...

Teil 2⟨:⟩ Rechtsprechung, Zulässigkeit und anzuwendendes Recht

Art. 5⟨:⟩ Verbrechen, die der Rechtsprechung des Gerichtes unterliegen
1) Die Rechtsprechung des Gerichtshofes wird auf die schwersten Verbrechen beschränkt, die für die internationale Gemeinschaft als Ganze von Bedeutung sind. In Übereinstimmung mit diesem Statut hat der Gerichtshof die Rechtsprechung in bezug auf die folgenden Verbrechen[4]:

a) Das Verbrechen des Völkermordes;
b) Verbrechen gegen die Menschlichkeit;
c) Kriegsverbrechen
... ⟨*Evtl. später auch:*⟩ Das Verbrechen der Aggression
...

Art. 6⟨:⟩ Völkermord
In diesem Statut wird unter »Völkermord« eine der folgenden in der Absicht begangenen Handlungen verstanden, ganz oder teilweise eine nationale, ethnische, rassische oder religiöse Gruppe als solche zu zerstören[5]:
a) Mord an Angehörigen der Gruppe;
b) schwere Beeinträchtigung der körperlichen oder geistigen Integrität von Angehörigen der Gruppe;
c) absichtliche Unterstellung der Gruppe unter Existenzbedingungen, die ihre vollständige oder teilweise Zerstörung nach sich ziehen soll;
...

Art. 7⟨:⟩ Verbrechen gegen die Menschlichkeit
1) In diesem Statut wird unter »Verbrechen gegen die Menschlichkeit« eine der folgenden Handlungen verstanden, die willentlich als Teil eines weitverbreiteten oder systematischen Angriffs gegen irgendeine Zivilbevölkerung[6] erfolgen:
a) Mord;
b) Ausrottung ⟨= *Erläuterung in Art. 7, Ziff. 2, Abs. b:*⟩ schließt ein, die absichtliche Unterstellung unter Existenzbedingungen, z. B. den Entzug des Zugangs zu Nahrung und Medizin, um die Zerstörung eines Teiles der Bevölkerug zu bewirken.
...
d) Deportation oder zwangsweiser Bevölkerungstransfer ⟨= *Erläuterung in Art. 7, Ziff. 2, Abs. d:*⟩ bedeutet die zwangsweise Verdrängung von Menschen durch Vertreibung oder andere Zwangshandlungen aus dem Gebiet ihrer rechtmäßigen Anwesenheit ohne völkerrechtlich zulässigen Grund.
...
h) Verfolgung irgendeiner ⟨*Personen-*⟩Gruppe oder Zusammenschlusses aus ... nationalen, ethnischen ... oder anderen Gründen, die allgemein als völkerrechtswidrig angesehen werden, in Verbindung mit irgendeiner anderen ⟨*Verbots-*⟩Handlung dieses Artikels ...
...

Art. 8⟨:⟩ Kriegsverbrechen
1) Der Gerichtshof hat die Rechtsprechungsgewalt in bezug auf Kriegsverbrechen, besonders, wenn diese als Teil eines Planes oder einer Politik oder als Teil einer breit angelegten Regelung derartiger Verbrechen verübt werden.
2) In diesem Statut wird unter »Kriegsverbrechen« verstanden:
a) Schwere Vertragsbrüche der Genfer Konventionen vom 12. August 1949[7], insbesondere irgendwelche der folgenden Handlungen gegen Personen oder Eigentum, welche nach den Bestimmungen der betreffenden Genfer Konvention geschützt sind:
...
VII) Unrechtmäßige Deportation oder Transfer[8] ...
b) Andere schwere Verletzungen der Gesetze und Gebräuche in internationalen bewaffneten Konflikten, insbesondere, im Rahmen bestehenden Völkerrechts, irgendwelche der folgenden Handlungen:
...

V) Die Tötung oder Verwundung eines Kriegsteilnehmers, der ... sich ergeben hat;

...

VIII) Der direkte oder indirekte Transfer eines Teiles ihrer eigenen Zivilbevölkerung durch die Besatzungsmacht in das besetzte Gebiet, oder die Deportation oder den Transfer der gesamten oder von Teilen der Bevölkerung des besetzten Gebietes ⟨*nach*⟩ innerhalb oder außerhalb dieses Gebietes;

...

XIV) Die Erklärung in einem Gerichtshof ⟨*der Besatzungsmacht*⟩, daß die Rechte ... von Angehörigen der Feindpartei abgeschafft, aufgehoben oder unanwendbar sind;

...

c) Im Fall eines bewaffneten Konfliktes ohne internationalen Charakter ernste Verletzungen von Art. 3 aller vier Genfer Konventionen vom 12. August 1949, insbesondere irgendwelche der folgenden Handlungen, die an Personen begangen wurden, welche keinen aktiven Anteil an den Feindseligkeiten nehmen, einschließlich Angehöriger der bewaffneten Streitkräfte, welche die Waffen streckten und derjenigen, die aus dem Kampf wegen Krankheit, Verwundung, Internierung oder irgendeinem anderen Grund ausschieden:

I) Gewalt gegen das Leben und die Person, insbesondere Mord aller Arten

...

d) ...

e) Andere ernste Verletzungen der Gesetze und Gebräuche in bewaffneten Konflikten ohne internationalen Charakter, insbesondere, im Rahmen des Völkerrechtes, irgendwelche der folgenden Handlungen:

...

VIII) Der Befehl zur Verdrängung der Zivilbevölkerung aus mit dem Konflikt zusammenhängenden Gründen, wenn es weder die Sicherheit der betreffenden Zivilisten noch hervorragende militärische Gründe erfordern

...

f) ...

Art. 9 ..., Art. 10 ...

Art. 11⟨:⟩ Rechtsprechung unter Berücksichtigung der Zeit (ratione temporis)[9]

1) Der Gerichtshof hat Gerichtsbarkeit nur über Verbrechen, die nach dem Inkrafttreten dieses Statuts begangen wurden.

...

Teil 3⟨:⟩ Allgemeine Grundsätze des Strafrechts

...

Art. 25⟨:⟩ Persönliche strafrechtliche Verantwortung

1) Der Gerichshof hat gemäß dieses Statuts die Gerichtsbarkeit über natürliche Personen.

2)–4) ...

Art. 27⟨:⟩ Rechtliche Irrelevanz einer öffentlichen Stellung

1) Diesem Statut unterliegen alle Personen ohne Rücksicht auf ihre öffentliche Stellung. Insbesondere schließt die Amtsstellung als Staatsoberhaupt oder Regierungschef, als Regierungs- oder Parlamentsmitglied ... oder als Regierungsbeamter in keinem Falle die Person von der strafrechtlichen Verantwortung unter diesem Statut aus.

2) ...

...

Art. 29⟨:⟩ Unverjährbarkeit

Die Verbrechen, welche der Gerichtsbarkeit des Gerichtshofes unterliegen, verjähren niemals.

...

⟨Die weiteren Teile des Statuts regelten in den Artikeln 30 bis 128 v. a. das Verfahren, die Strafen (maximal: lebenslange Haft), Berufung/Revision, internationale Rechtshilfe u. ä. Unter den Schlußbestimmungen:⟩

Art. 126⟨:⟩ Inkrafttreten

1) Dieses Statut tritt am ersten Tag des Monats nach dem 60. Tag des Datums der Hinterlegung des 60. Dokumentes, der Ratifikation, Annahme, Zustimmung oder Beitrittes ⟨*eines Staates*⟩ beim Generalsekretär der UN in Kraft.

Anmerkungen:

[1] a) In der Fassung der UN-Konferenz diplomatischer Bevollmächtigter in Rom.

b) Die Vorgeschichte der Schaffung eines weltweit zuständigen, internationalen Strafgerichtshofes begann unmittelbar nach den spezifischen Tribunalen von Nürnberg 1945/46 (siehe S. 21) und Tokio gegen Deutsche und Japaner.

In aller Kürze ist v. a. auf Beschlüsse der GV der UNO aus den Jahren 1947 bis 1950 zu verweisen, welche sowohl mit der International Law Commission eine Art von UNO-Völkerrechtskommission schufen (vgl. z. B. UNO-GV-Entschließung 174/1947), als auch dieser den Auftrag gaben, einen umfassenden, auch die staatliche Verantwortung einbeziehenden Kodex von (modern formuliert) Verbrechen gegen den Frieden und die Sicherheit der Menschheit zu entwerfen (vgl. 2. UNO-GV-Entschließung 177/1947 und 3. UNO-GV-Entschließung 260 B/1948).

Die Arbeiten blieben einerseits durch die Spannungen des kalten Krieges theoretisch, wurden jedoch fortgesetzt (zum Stand 1954: Siehe S. 42; zum Stand 1983: Vgl. Text UN-GV Tagesordnungspunkt [Top] A 38/10; zum Stand 1985: Vgl. Text UN-GV Top A 40/10; beide nicht wiedergegeben).

Nach dem Zerfall des menschen- und völkerrechtsfeindlichen Ostblocks konnten die Arbeiten mit Aussicht auf erfolgreichen Abschluß intensiviert werden (zum Stand 1989: Vgl. Text der UN-GV-Entschließung 39 v. 4. 12. 1989; zum Stand 1991: Vgl. Text der UN-GV-Entschließung zu Top A 46/10; zum Stand 1993: Vgl. Text der UN-GV-Entschließung 31 v. 9. 12. 1993 zu Top A 49/10; sämtlich nicht wiedergegeben).

Die Errichtung von jeweils auf eine bestimmte geographisch-politische Region beschränkte Internationale Strafgerichtshöfe für Ex-Jugoslawien und Ruanda 1993 und 1994 (siehe dazu S. 122) unterstützten die Bemühungen für eine weltweit zuständige Einrichtung durch Nachweis des Bedürfnisses.

Die UN-VR-Kommission schloß ihren Textentwurf dazu im Jahre 1994 ab. Dieser wurde von einem Vorbereitungsausschuß der UN-GV v. 11. 12. 1995 mehrfach geprüft und am 14. 4. 1998 verabschiedet.

Bereits vordem hatte die 51. UN-GV (Entschließung 207 v. 17. 12. 1996) beschlossen, eine Sonderkonferenz bevollmächtigter Diplomaten potentieller Teilnehmerstaaten für 1998 einzuladen. Mit Entschließung 160 v. 15. 12. 1997 nahm die 52. UN-GV die Bereitschaft Italiens zur Gastgeberschaft für die Konferenz mit Dank zur Kenntnis und berief diese für den 15. 6.–17. 7. 1998 nach Rom ein.

[2] Gemäß Art. 3 des Statuts mit dem Sitz in Den Haag, Niederlande.

[3] Bestimmungen über dieses Gremium in Art. 112 des Statuts: Es hat v. a. das Budgetrecht für den Gerichtshof, je Staat gibt es eine Stimme.

[4] Diese waren von der UN-VR-Kommission bereits früher als »Verbrechen gegen den Frieden und die Sicherheit der Menschheit« bezeichnet worden.

Vgl. »UN-(GA-)Doc. A/CN. 4/L. 532« vom 8. 7. 1996.

[5] Der Text folgt wörtlich dem der UN-Konvention zur Verhütung des Völkermordes vom 9. 12. 1948; zu diesem Text, der hier nur auszugsweise wiedergegeben wird, siehe S. 24.

[6] Erläuterung in Artikel 7, Ziff. 2:

»›Angriff gegen irgendeine Zivilbevölkerung‹ bedeutet eine Verhaltensweise, in deren Verlauf vielfach Taten des Artikel 1 gegen die Zivilbevölkerung verübt werden, um eine staatliche oder organisierte Politik, einen derartigen Angriff zu begehen, durchzuführen oder zu fördern«.

[7] Zum Text: Siehe S. 29.

[8] Für die Qualifizierung der Vertreibung der Sudetendeutschen, die v. a. zwischen Mai 1945 und Ende 1946 stattfand, (auch) als Kriegsverbrechen könnte beachtlich sein, daß nach Auffassung der ČSR in dieser Zeit Kriegszustand mit dem Deutschen Reich herrschte, den die ČSR erst mit dem 4. 2. 1955 beendigte.

Vgl. »Archiv der Gegenwart«, Essen; Jg. 25 (1955); Sp. 4993 A.

[9] Durch diese Bestimmung (in Verbindung mit Art. 126) wurde die Ahndung (auch) der Deutschenvertreibungen von 1945/46 prima facie ausgeschlossen: Obwohl es für die der Rechtsprechung des Gerichtes unterliegenden Verbrechen keine Verjährung gibt (so Art. 29 des Statuts), dürfte darüber hinaus bis zum Inkrafttreten auch die letzte persönlich anklagbare Person (Art. 25) verstorben sein.

Quelle:

»UN-Doc. A/CONF. 183/9« v. 17. 7. 1998; 65 ms. S.

****

Entschließung 562 **1998, 13. Oktober**
des US-Repräsentantenhauses im 105. US-Kongreß[1]
betreffend »Eigentum, das von den Kommunisten enteignet wurde«:
Rückgabe u. a. von der Tschechischen Republik verlangt

Weil totalitäre Regime, einschließlich faschistischer und kommunistischer Diktaturen, unermeßliches menschliches Leid und unvorstellbare Verluste verursacht und dabei nicht nur alle erdenklichen Menschenrechte, sondern menschlichen Geist an sich mißachtet haben;

Weil die Schandtaten des Kommunismus insbesondere auf die organisierte und systematische Zerstörung von Privateigentum gerichtet waren, einschließlich Grundeigentum, persönlichem Vermögen, Geschäftsvermögen und Finanzvermögen im Besitz von Einzelpersonen und Gemeinschaften;

Weil die entschädigungslose Enteignung seitens totalitärer Regime oft darauf angelegt war, Menschen aufgrund ihrer Religion, ihrer ethnischen, nationalen oder sozialen Herkunft oder ihrer Opposition gegenüber diesen Regimes zu Opfern zu machen;

Weil bestimmte Personen und Gemeinschaften zweimal ohne Entschädigung enteignet wurden, zuerst durch die Nazis und ihre Kollaborateure und dann durch die darauffolgenden kommunistischen Regimes;

Weil Kirchen, Synagogen, Moscheen und sonstige religiöse Besitztümer, ebenso wie Krankenhäuser, Schulen, Waisenhäuser im Eigentum religiöser Gemeinden zerstört oder konfisziert wurden, um die geistige Hingabe und Loyalität religiöser Menschen zu brechen und um Religionsgemeinschaften zu zerstören;

Weil Flüchtlinge des Kommunismus häufig zusätzlich zu ihrer unrechtmäßigen Enteignung gezwungen wurden, ihre Staatsangehörigkeit aufzugeben, um sich selbst und ihre Familie vor Repressalien der Kommunisten, die in ihren Ländern regierten, zu schützen;

Weil die Mitgliedstaaten der Organisation für Sicherheit und Zusammenarbeit in Europa vereinbart haben, die volle Anerkennung und den Schutz aller Arten von Eigentum einschließlich des privaten Eigentums herbeizuführen oder zu wahren, sowie das Recht auf unverzügliche und effektive Entschädigung im Falle der Heranziehung von Privateigentum für öffentliche Zwecke;

Weil die Länder Mittel- und Osteuropas, des Kaukasus und Zentralasiens nach dem Kommunismus in eine Phase des Übergangs und der demokratischen Entwicklung eingetreten sind, und viele dieser Länder bereits mit dem schwierigen und schmerzlichen Prozeß der Bemühung, das Unrecht früherer totalitärer Regimes wiedergutzumachen, begonnen haben;

Weil zahlreiche Länder in Mittel- und Osteuropa Gesetze erlassen haben, die eine Rückgabe von illegal und unrechtmäßig von totalitären Regimes in Besitz genommenen, verstaatlichten, konfiszierten oder auf sonstige Weise enteigneten Gütern vorsehen;

Weil juristische oder administrative Einschränkungen, die vorschreiben, daß Antragsteller Bewohner oder Staatsangehörige des Landes sein müssen, von dem sie die Herausgabe von oder die Entschädigung für unrechtmäßig enteigneten Besitz fordern, willkürlich, diskriminierend und völkerrechtswidrig sind;

Weil Rechtsstaatlichkeit und demokratische Normen verlangen, daß die Tätigkeit der Regierungen und ihrer Verwaltungsbehörden in Übereinstimmung mit den von den Parlamenten oder gesetzgebenden Körperschaften erlassenen Gesetzen ausgeübt wird, wobei diese Gesetze ihrerseits den internationalen Menschenrechtsnormen entsprechen müssen:

Darum wurde beschlossen, daß das Repräsentantenhaus

1. die Bemühungen zahlreicher ehemals totalitärer Staaten, sich mit der komplizierten und schwierigen Frage des Rechtsstatus von widerrechtlich enteigneten Vermögenswerten zu befassen, begrüßt;
2. Staaten, die dies bisher noch getan haben, auffordert, widerrechtlich enteigneten Besitz seinen rechtmäßigen Eigentümern zurückzugeben oder, wenn die Rückgabe nicht mög-

lich ist, in Übereinstimmung mit den Grundsätzen der Gerechtigkeit und in einer gerechten, allgemeinverständlichen und billigen Weise unverzügliche, gerechte und wirksame Entschädigung zu bezahlen;
3. zur Rückgabe von unrechtmäßig enteignetem Eigentum an Religionsgemeinschaften auffordert;
4. Kroatien, die Tschechische Republik, Lettland, Litauen, Rumänien, die Slowakei und jegliche andere Staaten[2], deren Gesetze oder Bestimmungen die Rückgabe von oder die Entschädigung für unrechtmäßig enteignetes Vermögen auf Personen beschränken, die im Land wohnen oder Staatsangehörige des Landes sind, von dem die Rückgabe oder Entschädigung verlangt wird, diese Einschränkungen[3] aufzuheben; und
5. frühere totalitäre Staaten auffordert, Gesetze, die eine Rückgabe oder Entschädigung für widerrechtlich enteignetes Vermögen vorsehen, zu erlassen und wirksam anzuwenden.

Der Sekretär des Repräsentantenhauses wird dem Präsidenten der Vereinigten Staaten von Amerika eine Kopie dieser Entschließung zukommen lassen.
[4]

Anmerkungen:
[1] Eine fast textgleiche Entschließung Nr. 19 des US-Senates wurde zwar am 9. 4. 1997 in diesem eingebracht, aber an den Ausschuß für auswärtige Angelegenheiten verwiesen; ihre weitere parlamentarische Behandlung blieb (bisher) unbekannt.
[2] Bemerkenswert ist, daß Ungarn und Estland hier nicht erwähnt werden; vermutlich deswegen, weil deren Restitutionsgesetze auf die Staatsangehörigkeit der Wiedergutmachung begehrenden Person vor Beginn von Zwangsmaßnahmen im Staatsgebiet abstellten.
[3] Mehrere andere erwähnte Staaten modifizierten ihre Restitutionsgesetzgebung in Richtung auf die mindestens teilweise Erfüllung der US-Resolution: Siehe S. 1130.
[4] Zu Reaktionen auf die Entschließung in Deutschland: Siehe S. 1137 f.

Quelle:
FAZ; Nr. 253 v. 31. 10. 1998; S. 5 (Anzeige); Übersetzung nach englischem Textoriginal.

****

Teil II

Nationale Probleme in Böhmen, Mähren und (Österreichisch-)Schlesien

Herzog Sobieslaus II. von Böhmen: ca. 1176
Freiheitsbrief für die Prager Deutschen
»Wißt, daß die Deutschen freie Leute sind!«

1. Ich, Sobieslaus, Herzog der Böhmen[1], tue allen Gegenwärtigen und Zukünftigen kund, daß ich in meine Gnade und meinen Schutz nehme die Deutschen, die in der Prager Vorburg wohnen, und es beliebt mir, daß diese Deutschen, so wie sie von den Böhmen durch die Volkszugehörigkeit verschieden sind, auch von den Böhmen und von ihrem Gesetz oder ihrer Gewohnheit geschieden sein sollen.
2. Ich räume also diesen Deutschen ein, nach dem Gesetz und Rechte der Deutschen zu leben, das sie seit der Zeit meines Großvaters, des Königs Wratislaus[1], gehabt haben.
3. Einen Pfarrer, den sie nach ihrem Belieben für ihre Kirche[2] auswählen mögen, räume ich ihnen ein und einen Richter. In ähnlicher Weise soll auch der Bischof ihrem Verlangen keineswegs widersprechen.
4. Wegen Diebstahls . . . sollen sie mit sieben Händen schwören.
5. Zu keiner Heerfahrt sollen sie ziehen, außer wenn für das Vaterland zu kämpfen wäre.
6. Wenn der Herzog außerhalb Böhmens auf einer Heerfahrt ist, dann sollen die Deutschen Prag bewachen mit zwölf Schilden bei jedem Tore.
7. Über Tötung zu richten steht dem Fürsten zu, und zwar sollen dem Fürsten für einen Totschlag zehn Talente Pfennige Regensburger Münze gezahlt werden oder die rechte Hand des Töters oder es werde nach Gnade beigelegt.
8. Wer den Frieden unter ihnen gebrochen hat, der Schuldige zahle dem Fürsten zehn Talente.
9. Wenn ein Böhme mit einem Deutschen eine Rechtssache hat, die mit Zeugen bewiesen werden soll, da habe der Böhme gegen den Deutschen zwei Deutsche und einen Böhmen, alle getreu.
10. In ähnlicher Weise wenn ein Deutscher mit einem Böhmen eine Rechtssache hat, dann habe der Deutsche gegen den Böhmen zwei Böhmen und einen Deutschen, aber getreue.
11. Ähnliches gilt von Romanen[3] und Juden.
12. Weiters, wenn ein Böhme oder Romane[3] oder wer immer einen Deutschen beschuldigt hat, dann soll der oberste Kämmerer[4] einen Boten an den Richter der Deutschen senden und der Richter der Deutschen wird diese Sache richten, und da steht dem Kämmerer nichts weiter zu.
13. Und ich räume den Deutschen auch ein, daß sie frei seien von Gästen, Fremden und Ankömmlingen. Wißt, daß die Deutschen freie Leute sind!
14. Jeder Ankömmling oder Gast, von welchem Land er kommt, der mit den Deutschen in der Gemeinde wird wohnen wollen, soll das Gesetz und die Gewohnheiten der Deutschen haben.

15. Wenn eine gestohlene Sache bei einem Deutschen ist, soll sie in Gegenwart des Richters der Deutschen herausgenommen werden.
16. Wenn der Dieb ein Deutscher ist, dann wird der Fürst über ihn richten.
17. Wenn ein Dieb in der Nacht ergriffen wird, wird er gehängt. Wenn er bei Tag ergriffen wird, wird er öffentlich ausgestäupt und wird die Gemeinde abschwören; wenn er nachher ergriffen wird, wird er gehängt.
18. Was immer die Deutschen tun, so werden sie nicht gefangengenommen, noch in den Kerker gesetzt, wenn sie Bürgen oder ein eigenes Haus haben.
19. Welcher Sache immer die Deutschen schuldig oder beklagt sein werden, so sollen ihre Kinder und Ehefrauen keinerlei Schaden oder Bedrängnis erleiden.
20. Wenn jemand nachts durch die Siedlungen der Deutschen gegangen wäre und keine Fackel gehabt hätte, wenn der getötet wird, sind die Deutschen unschuldig.
21. Wenn falsches oder zerbrochenes Geld in der Truhe eines Deutschen gefunden worden wäre, ist der schuldig, dessen die Truhe ist. Würde es aber im Hofe oder im Hause gefunden, ist der unschuldig, dessen das Haus oder der Hof ist, wegen der übelwollenden und mißgünstigen Menschen, die solches in Häuser oder Höfe hineinzuwerfen pflegen.
22. Wenn ein gestohlenes Pferd bei einem Deutschen erkannt worden wäre, dann wird der, der das Pferd erkennt, vorher schwören, daß er die Sache dieblich verloren habe; dann wird der Deutsche schwören, stehend in einem Kreise, der mit dem Schwert auf der Erde gezogen ist, daß er das Pferd oder die Sache nicht gestohlen habe, sondern gekauft, und daß er den Verkäufer oder dessen Haus nicht kenne.
23. Nirgends sollen die Deutschen schwören als vor der Kirche des heiligen Petrus[2], es sei denn des Fürsten Auftrag.
24. Wenn eine heimliche Schenke im Haus eines Deutschen entdeckt worden wäre, dann soll der Herr des Hauses gefangengenommen werden, in Gegenwart des Richters der Deutschen oder seines Boten, und niemand anderer.

Anmerkungen:

1 Basis der Rechtsstellung der Prager Deutschen waren die Festlegungen König Wratislaws II. (1061–1092), die Sobieslaw II. (1173–1178) in diesem Dokument bestätigte.
2 Die (in Ziff. 23 genannte) deutsche Pfarrkirche St. Peter.
3 Vermutlich: Aus den Niederlanden gekommene Wallonen.
4 Zugleich einer der obersten Richter.

Quelle:
»Quellenbuch zur Geschichte der österreichisch-ungarischen Monarchie«; hsg. v. Karl Schober; Bd. I; Wien, 1886; S. 302 ff.

****

Gesetz **1627, 10. Mai**
Kaiser Ferdinands II.[1]:
Verneuerte Landesordnung für Böhmen
Gleiche sprachliche Rechte für Tschechen und Deutsche

...

Und da wir in unserem Erbkönigreich Böhmen die deutsche und böhmische[2] Sprache in gleicher Weise bewahren und fortpflanzen wollen, sollen die Schriften entweder in deutscher oder böhmischer Sprache eingebracht werden; und zwar so, daß der Beklagte, wenn es bekannt ist, daß er der deutschen Sprache nicht kundig, auf die Anklage in böhmischer, wenn er aber der böhmischen Sprache nicht kundig, in deutscher Sprache, wenn er von Geburt weder ein Deutscher noch ein Böhme ist, in einer der beiden Sprachen (so wie hier auf den Blättern angedeutet) antworten kann; der Prozeß soll in ein und derselben Sprache zu Ende geführt werden; in einem solchen Prozeß, gleich, ob er nach dem Landesrecht oder beim Landgericht geführt wird, soll in keiner anderen Sprache etwas eingegeben, verhandelt oder durchgeführt werden.

Während nun wegen der Dinge, die in böhmischer Sprache eingebracht werden, keine eigenen Vorschriften notwendig sind, sollen beim Landgericht jederzeit mindestens drei Unteramtleute, die der deutschen Sprache am besten kundig, sich der deutschen Schriften annehmen, und das erledigen, was zu dem Prozeß gehört, so Ausstellung der Vorladungen, Prüfung der Zeugen und dergleichen. Auch wenn vielleicht ein Zweifel auftauchte und deswegen zur besseren Weiterführung des Prozesses eine Aussage zu machen ist, so sollen sie vor die Unteramtleute dieses Landgerichtes geschickt werden: Dann sollen sie dies ihren Amtskollegen mitteilen und es ihnen deutlich vorbringen und es vortragen, und wenn sie sich in dieser Auseinandersetzung einigten, diesen ganzen Bescheid den Parteien schriftlich oder mündlich geben.

Wie aber früher die Beschickung und Vorladung bei dem Landgericht in eigene Aufzeichnungen eingetragen wurde, so sollen nun deren zwei geführt werden: In dem einen sollen die deutschen, in dem anderen die böhmischen Dinge registriert werden. Ebenso soll es auch mit den Amtsbüchern, in die die Zeugnisse eingeschrieben werden, gehalten werden, und immer soll ein vereidigter Beamter da sein, der die deutschen Zeugnisse aufschreibt, auch wenn sie im Original in der böhmischen Sprache beiliegen sollten. In der gleichen Weise soll es auch umgekehrt mit den böhmischen Angelegenheiten gehalten werden.

Wenn nun der Kläger die Wahl hat, in welcher Sprache er lieber klagen wolle, falls er beider Sprachen kundig und dies auch bekannt ist, so soll er sich nach seines Gegners Wissen erkundigen, falls dies nicht bekannt ist, ehe er mit ihm etwas beginnt; wenn er aber zweifelt, ob er beide Sprachen kennt, soll er ihn in seiner Muttersprache anreden, damit er sich nicht selbst aufhält. Und da es sich oft ereignen könnte, daß die Schriften in der einen Sprache geschrieben und dann in der anderen bei den Gerichten eingebracht und den Parteien vorgelegt werden: so wollen wir die gnädigste Verordnung erlassen, daß in jedem Kreis beeidete Dolmetscher eingesetzt sind (deren sich die Parteien bedienen können, ohne daß sie jedoch an diese gebunden sind) ... Die Schriften sollen auch immer in doppelter Ausfertigung eingebracht werden; ein Exemplar soll bei dem Landgericht verbleiben, das andere der Gegenpartei zukommen ...

Obwohl es bisher so verordnet und erlassen, auch immer so gehalten wurde, daß alle Einverleibungen und Einschreibungen, die entweder in die größere oder die kleinere, wie in die Kauf-, Pfand- und Ladungs- oder Gedächtnistafel geschrieben wurden, in der böhmischen Sprache eingeschrieben wurden, so setzen wir dies doch außer Kraft, vor allem deswegen, weil nach der Niederwerfung der Rebellion der größere Teil der Landgüter mit Ausländern, besonders Deutschen, besetzt wurde, denen es von uns gnädiglichst gestattet wurde, sich hier anzukaufen; und verordnen dagegen, daß es einem jeden frei stehe, seine Kontrakte, Testamente und dergleichen, in einer der beiden Sprachen, der deutschen wie der böhmischen, nach Belieben zu setzen.

...

Anmerkungen:

1 Diese Regelung für das Gerichtswesen ist hier zur leichteren Lesbarkeit in die Sprache unserer Zeit übertragen worden.

2 Hier (und im folgenden Text) ist mit »Böhmisch« stets »Tschechisch« gemeint. Zu dieser begrifflich/politischen Frage: Siehe auch S. 181.

Quelle:

»Das österreichische Sprachenrecht«; hsg. v. Alfred Fischel; Brünn, 1901; 2. Aufl.; Brünn, 1910; S. 10 ff.

****

Anordnung **1763, 9. Juli**

Kaiserin Maria Theresias an die Gubernien[1] von Böhmen und Mähren:

Deutschsprachige Beamte müssen Tschechisch lernen

Liebe, Getreue! Demnach wir bishero wahrgenommen, wie sowol in unserem Erb-Königreich Böheimb als in dem Markgrafthumb Mähren die bei dem größten Theil derer Landes-Inwohner übliche böheimbische[2] Sprache dermaßen in Abgang gerate, daß die meisten Vorsteher und Beambten derselben ganz unkündig, ja selbst bei unseren dasigen Landes- und oberen Justiz-Stellen ingleichen bei denen städtischen Magistraten sich an dieser Sprache fähigen Subjectis ein großer Abmangel äußeret, mithin zur Beförderung unseres Dienstes, dann Aufrechthaltung der Ordnung und Justiz ohnumbgänglich nötig sein will, diese so weit verfallene Sprache wiederrumb emporzubringen:
Also ergehet hiemit unser gnädigster Befehl an Euch im Lande kundzumachen, daß fürohin die Eltern ihre Söhne fleißiger in der böhmischen Sprache unterrichten lassen, die Studien-Kommission aber durch den Directorem humaniorum[3] besonders darauf invigiliren solle, damit die Jugend in denen kleineren Schulen zu Übersetzung böhmischer Argumenten angewiesen und verhalten, folgsamb diese Sprache möglichster Dingen wiederrumb in aufrechten Gang gebracht und erhalten, andurch also zur Besetzung deren Raths-Stühlen, Ämbter, Kanzleien und höheren Stellen immerdar tüchtige in teutsch und böhmischer Sprache wohlgeübte Subjecta nachgezieglet werden mögen, als worauf Ihr auch Eueres orts feste Hand zu halten und zu denen erledigten Dienst-Stellen ohne besonderer Ursach und caeteris paribus[4] keine andere als solche Subjecta, welche böhmisch reden und schreiben[5], in Vorschlag zu bringen habet.

Anmerkungen:

1 »Gubernien« können als Vorläufer von Landesregierungen verstanden werden.
2 Hier und im folgenden stets Tschechisch gemeint; siehe S. 181.
3 Sind etwa als Leiter der philosophischen und philologischen Studien in höheren Lehranstalten anzusprechen.
4 D. h. bei sonst gleichen Voraussetzungen.
5 D. h. außer Deutsch, dessen Kenntnis selbstverständlich war, auch Tschechisch verstehen.

Quelle:
»Das österreichische Sprachenrecht«; hsg. v. Alfred Fischel; 2. Aufl.; Brünn, 1910; S. 26 f.

****

Gesetz **1781**

Kaiser Josephs II.

(Sog. Toleranzpatent)[1, 2]:

Kein Unterschied der rechtlichen Stellung wegen Zugehörigkeit zu Religion

Seine römisch kaiserl. apostol. Majestät, überzeuget einerseits von der Schädlichkeit alles Gewissenszwanges und andererseits von dem großen Nutzen, der für die Religion und den Staat aus einer wahren kristlichen Toleranz entspringet, haben allergnädigst folgende Maaßregeln festgesetzet und sämmtlichen Behörden zur genauesten unverbrüchlichsten Nachachtung vorgeschrieben. Nämlich
erstens, daß den Akatholischen, das ist augspurgischen und helvetischen Confessions-Verwandten, so wie den Graecis non unitis, wo deren, nämlich der Protestanten und non unitorum eine genugsame Anzahl vorhanden und es nach den Kräften derselben thunlich ist, das exercitium religionis privatum allenthalben selben ohne Rücksicht, ob es jemals gebräuchlich gewesen oder nicht, von nun an gestattet sey.
Zweytens ist diesem exercitio privato kein anderer Verstand zu geben, als daß den Protestanten und non unitis für ihre Betthäußer und Kirchen kein Geläut, keine Thürme und kein

Eingang, der eine Kirche vorstellte, eingestanden, sonst aber ihnen selbe, wo sie wollten, zu erbauen und alle Ausübung ihres Gottesdienstes sowohl in denselben, als auch außer solchen bey Kranken, wo immer sich diese befinden mögen, vollkommen freygelassen werden soll . . .
Viertens wollten Seine Mayestät diesen sämmtlichen Religionsverwandten auch in jenen Ländern und Städten, wo selbe der Religion wegen der Possessionen und des Incolats[3], des Bürger- und Meisterrechts, der akademischen Würden und der Civil-Dienste bisher nicht fähig waren, künftig eines und das andere per viam dispensationis allemal ohne Anstand ertheilen.
Fünftens seyen dieselben in keinem Falle zu einer anderen Eidesformel als zu derjenigen, die ihren Religionsgrundsätzen gemäß ist, oder zu Beywohnung der Umgänge oder Functionen der dominanten Religion, wenn sie nicht selbst wollten, zu verhalten.
Sechstens, soll bey Wahlen und Dienstvergebungen, so wie es bey dem militari mit vieler Frucht und ohne mindesten Anstand geschiehet, keineswegs auf den Unterschied der Religion, sondern auf Rechtschaffenheit und Fähigkeit der Competenten, dann ihren kristlichen und moralischen Lebenswandel lediglich der genaue Bedacht genommen werden.
. . .
[4]

Anmerkungen:

[1] Die hier für Religionsfragen belegte Toleranz (deren Ablehnung in früheren Zeiten z. B. zum Dreißigjährigen Krieg 1618–1648 führte) war für allgemeine (und damit auch für nationale) Toleranzfragen von erheblicher Bedeutung.

[2] Die Toleranz Josephs II. wurde durch soziale Fortschrittlichkeit ergänzt, wie dies in der Entwicklung von der Leibeigenschaft zu einer Art von gemäßigter Untertänigkeit in den böhmischen Ländern im »Patent« vom 1. 11. 1781 zum Ausdruck kam.
In diesem hieß es:
»Wir entbieten Unseren gesammten treugehorsamsten Ständen, grundobrigkeitlichen Beamten, Ortsrichtern, Geschworenen und übrigen Unterthanen in Böhmen, Mähren und Schlesien Unsere landesfürstliche Gnade und geben euch hiermit gnädigst zu vernehmen:
Da Wir in Erwägung gezogen, daß die Aufhebung der Leibeigenschaft, und die Einführung einer gemäßigten, nach dem Beispiele Unseres österr. Erblande eingerichteten Unterthänigkeit auf die Verbesserung der Landeskultur und Industrie den nützlichen Einfluß habe und daß Vernunft und Menschenliebe für diese Aenderung das Wort sprechen:

1. Ist jeder Unterthan blos gegen vorherige Anzeige und unentgeldliche Meldzettel sich zu verehelichen berechtigt; sowie
2. Jedem Unterthanen es frei steht, unter Beobachtung dessen, was das Werbbezirks-System vorschreibt, auch von der Herrschaft hinwegzuziehen und inner Landes anderswo sich niederzulassen oder Dienste zu suchen.

. . .

3. Können die Unterthanen nach Willkür Handwerke und Künste u.s.w. erlernen und ohne Losbrief, welche ohnehin schon gänzlich aufhören, ihrem Nahrungsverdienste, da wo sie ihn finden, nach zu gehen.
4. Sind die Unterthanen künftig einige Hofdienste zu verrichten nicht mehr schuldig, nur haben
5. Jene, die beider Eltern verwaiset sind, wegen der von der Obrigkeit unentgeldlich besorgten Obervormundschaft die üblichen Waisenjahre, welche jedoch nirgends 3 Jahre zu übersteigen haben, und nur jener Orte, wo sie Herkommens sind, auf dem Hofe abzudienen. Und da endlich
6. Alle übrige auf den unterthänigen Gründen haftenden Robothen, Natural- und Geld-Pästationen, zu welchen die Unterthanen auch nach aufgehobener Leibeigenschaft verbunden bleiben, in unseren böhmischen Erblanden durch die Urbarial-Patenten ⟨*etwa: Grundbücher*⟩ ohnehin bestimmt sind, so kann außer diesem den Unterthanen ein Mehreres nirgends auferlegt, am wenigsten aber, da sie anjetzo als nicht mehr leibeigene Menschen anzusehen sind, unter der Rubrik der vorigen Leibeigenschaft von ihnen mehr etwas gefordert werden.

Uebrigens versteht sich von selbst, daß die Unterthanen ihren Obrigkeiten auch nach aufgehobener Leibeigenschaft vermög der diesfalls ohnehin bestehenden Gesetze mit Gehorsam verpflichtet bleiben.

Wonach sie also in Hinkunft achten. Unsere vorgesetzten Kreisämter und Stellen aber in vorkommenden Fällen dieses Gesetz zur unabweislichen Richtschnur zu nehmen, auch dessen Befolgung genaueste Absicht zu tragen haben werden.
Denn geschiehet hieran Unser höchster und ernstlicher Wille und Befehl.«
Die endgültige Abschaffung von Robot, d. h. Zwangsarbeit und Untertänigkeit, erfolgte erst 1848 auf Antrag von Hans Kudlich.
[3] Incolat: Hier gemeint die Berechtigung, eine staatliche Beamtenstellung anzustreben.
[4] Zur offiziellen Beurteilung des toleranten und sozial fortschrittlichen Kaisers nach 1919 durch die ČSR: Siehe S. 306.

Quelle:
Maaß, Ferdinand: »Der Josephinismus«; Wien, 1953; S. 278 f.

****

Die »Wiener Kongreßakte«[1]: **1815, 9. Juni**
Polen erhalten (theoretisch) eine Art von Autonomie

. . .
Art. 1, Abs. 2:
Die Polen[2], Unterthanen von Rußland, Österreich oder Preußen, werden eine nationale Vertretung und nationale Einrichtungen erhalten[3], welche nach jenem Modus des politischen Lebens geregelt sind, das der jeweiligen Regierung, zu der sie gehören, zu gewähren nützlich und passend erscheint.
. . .

Anmerkungen:
[1] Diese beendigten die Napoleonischen Kriege und wurden von allen Staaten Europas abgeschlossen.
[2] Es stand nie zur Diskussion, den Tschechen (zum Begriff in zeitgenössischer Sicht: Siehe S. 181 ff.) eine ähnliche Stellung zuzuordnen, wie sie hier den Polen zuerkannt wurde.
[3] Mit praktischer politischer Wirksamkeit erfolgte eigentlich nichts.

Quelle:
»Akten des Wiener Congresses in den Jahren 1814 und 1815«; hsg. v. Johann L. Klüber; 9 Bde.; Erlangen (Mfr.), 1815 ff.; Bd. VI, S. 19.

****

Kurzbericht:
Gefahr von Mißverständnissen: »Böhmisch« = »česky« = tschechisch?

A) Problemstellung

Bei Durchsicht politischer Aussagen v. a. des 19. Jahrhunderts ist ein spezifischer Aspekt der tschechischen Sprache von besonderer Bedeutung:
Die deutsche Sprache hatte und hat für geographische Aussagen den Begriff »böhmisch« *und für nationale Tatbestände den Begriff* »tschechisch« *mit den jeweiligen Ableitungen; deutsch redende bzw. schreibende Personen benutzten zunehmend diese Differenzierung. Demgegenüber verwendeten und verwenden tschechisch redende bzw. schreibende Personen, den geographischen und den nationalen Aspekt zusammenfassend, nur den Ausdruck* »česky«.[1]
Die allgemeinen Konsequenzen:
»Wem in Sprache und Denken ausschließlich das Wort česky zur Verfügung steht, für den wird die Krone Böhmens automatisch zur koruna česká, also zur tschechischen Krone; die böhmischen Könige, Kurfürsten des heiligen Römischen Reiches immerhin, werden in Bausch und Bogen als tschechische Könige vereinnahmt, die böhmische Gotik, der böhmische Barock stellen sich als große tschechische Kunstepochen dar; und die böhmischen

Städte, mit nur wenigen Ausnahmen von Bürgern deutscher Herkunft nach Braunschweiger oder Magdeburgischem Recht gegründet, werden nach dem gleichen sprachlichen Mechanismus als von vornherein tschechisch apostrophiert. Kurzum, die tschechische Sprache macht es zwangsweise erforderlich, Böhmen mit dem Land der Tschechen gleichzusetzen und seine Bewohner, darunter vormals ein gutes Drittel Deutscher, als češi zu bezeichnen, also als Tschechen.«[2]

B) Materialien

Diese schillernde Mehrdeutigkeit »böhmisch«/»česky«/»tschechisch« *ist v. a. bei älteren Dokumenten zu beachten. Ihre Ausgangspunkte können unter wechselseitiger Beeinflussung sein:*

1. *Der deutschsprachige Ausgangstext verwendete* »böhmisch«, *meinte aber* »tschechisch«:
   Beispiele: Die verneuerte Landesordnung von 1627[3]
   Die kaiserliche Anordnung von 1763[4]
   Die Bürgerpetition vom 11. 3. 1848[5]
   Die Bürgerpetition vom 25. 3. 1848[6]
   Die Bürgerpetition vom 9. 4. 1848[7]
   Der Palacký-Antrag vom 23. 1. 1849[8]
2. *Der tschechischsprachige Ausgangstext verwendete* »česky«, *meinte* »tschechisch« *und wurde trotzdem mit* »böhmisch« *übersetzt:*
   Beispiel: Die Boháčdarstellung »Das böhmische Volk« von 1916[9]
3. *Eine (selbst im Aussagezeitpunkt) unklare bzw. falsche Darstellung:*
   Beispiele: »Die meisten Böhmen reden slawischen Dialekt« (1841)[10]
   Die ab 1836 geplante, den »deutschen Stämmen« *gewidmete und 1863 eröffnete Befreiungshalle in Kelheim (Donau) stellte zwischen solchen für die* »Franken« *und die* »Thüringer« *auch eine Symbolfigur für die* »Böhmen« *auf und machte damit alle Einwohner des Gebietes zu Deutschen.*
4. *Ein wesentliches Element ist jedoch das historische tschechische Selbstverständnis (dem die zukunftsweisende politische Komponente nicht abzusprechen sein wird), sich in deutscher Sprache im 19. Jahrhundert stets als* »Böhmen« *zu bezeichnen.*
   4.1 *Ein kurzes Beispiel dafür ist der sog. Absagebrief des tschechischen Historikers Palacký vom 11. 4. 1848, in dem er sich selbst (in deutscher Sprache) als* »Böhme slawischen Stammes«[11] *bezeichnete.*
   4.2 *Ein längeres Beispiel*[12] *ist eine Debatte des böhmischen Landtages am 9. 4. 1861 nach Verlesung des Protokolls der vorangegangenen Sitzung, die* »in beiden Sprachen vorgenommen« *worden war: In dieser Aussprache sagte lt. der deutschsprachigen Wiedergabe (in tschechischer Sprache wären die Argumente unsinnig):*
   – der tschechische Abgeordnete Rojak:
   »In dem Protokoll, das ich vernommen habe, wurde abwechselnd sich des Ausdrucks cechisch und böhmisch bedient. Ich bin ein geborener Böhme, und entsinne mich nicht, daß unsere Nazion sich der Benennung Ceche und cechisch bedient hätte. Wir waren Böhmen und waren böhmisch; nur die neueste Journalistik hat leider zu unlöblichen Zwecken das Wort Ceche und cechisch ins Leben gerufen. Ich beantrage daher, man möge in dem hohen Hause hier das Wort Ceche und cechisch nie mehr wieder hören.«
   – der deutsche Abgeordnete Stamm:
   »Ich glaube, Böhmen ist der Gesammtname des Landes, und abgeleitet von der Bojerheimat; wir nennen uns Böhmen, und wenn wir eine Unterscheidung machen wollen, so sind wir Deutschböhmen. Um nun zu diesem einen Gegensatz zu bilden, da wir doch einen Gegensatz da haben, indem wir zwei Sprachen haben, so glaube

ich, kann er nur darin gefunden werden, daß man ein unterscheidendes Wort nehme. Meine Herren, wenn ich sage, wenn wir diejenigen, die in Böhmen wohnen, und nicht der deutschen Sprache sich bedienen, mit dem Wort ›Cechen‹ bezeichnen, so glauben wir, sie zu ehren; ich bitte daher, daß es immer ausgesprochen werde. Böhmisch ist, was beiden gemeinschaftlich ist, und Deutschböhme, Cechischböhme ist der sprachliche Gegensatz.«

– der tschechische Abgeordnete Palacký:

»Es möge hier beliebt werden, daß es Jedem außerhalb dieses Saales freistehe, die Nazionalität mit demjenigem Namen zu bezeichnen, der ihm recht ist; daß aber hier, wenn es sich ämtlich handelt um die böhmische Nazionalität, die böhmische Sprache zum Beispiel, daß man sich des Ausdruckes ›cechische Sprache‹ ämtlich enthalte, weil er im Grunde bisher durch keinen diplomatischen Gebrauch sankzioniert ist, und weil es sich ohnehin versteht, daß die böhmische und deutsche Sprache von einander verschieden sind. Mein Antrag geht also nicht weiter, als nur auf die Beschränkung dieser Bezeichnung in unseren ämtlichen Protokollen. Im übrigen, im gewöhnlichen, im gemeinen Leben und in der Literatur stehe es Jedermann frei, sich derjenigen Namen und Ausdrücke zu bedienen, die ihm gerade recht sind.«

– der deutsche Abgeordnete Steffens:

»Da sich ein Theil der Mitglieder des hohen Landtages durch den Ausdruck ›Ceche‹ und ›cechisch‹ verletzt erklärte, und gewiß Jeder der verehrten Herren Mitglieder vermeiden will, den andern zu verletzen, so stelle ich den Antrag, es mögen im Sprachgebrauche des Landtags die oben angeführten Worte offiziell vermieden werden.«

Der Antrag wurde mit »überwiegender Majorität« *angenommen.*

5. *Die Festlegung von 1861 wurde zur Basis der Darstellungspraxis von »Tschechen« im amtlichen Sprachgebrauch Österreichs.*
   So hieß es auch 1910 in der deutschsprachigen Fassung der amtlichen Formblätter und Ergebnisauswertungen der Volkszählung »böhmisch«, *in der tschechischsprachigen Fassung* »česky«.[13]
   Besonders deutlich wird die Unterschiebung in einem anderen Beispiel: In der deutschsprachigen Fassung der Gesetze des sog. Mährischen Ausgleichs von 1905 werden z. B. »böhmische Wahlbezirke« *aufgeführt, welche in der tschechischsprachigen als* »česky« *bezeichnet werden. Die Wahlbezirke lagen natürlich in Mähren, und* »česky« *stand für tschechisch.*
6. *Auch die ČSR übernahm nach 1918 anfangs diese Praxis:*
   Am 2. 11. 1918 erschien ein Gesetz, »mit welchem die Kundmachung der Gesetze und Verordnungen geregelt wird«. *Die offiziöse deutschsprachige Fassung von § 1 lautete:*
   »Die Gesetze und Verordnungen werden in der ›Sammlung der Gesetze und Verordnungen des čechoslovakischen Staates‹ gültig verlautbart. Diese Sammlung erscheint in böhmischer Sprache. Überdies erscheint diese Sammlung auch im slovakischen Wortlaut. Authentisch ist der böhmische Text.«[14]
   In der tschechischsprachigen »authentischen« *Fassung stand für* »in böhmischer Sprache« »v jazyce česke«.[15]
7. *Später mußte (umgekehrt) der tschechische Begriff »československy« entgegen der üblichen deutschen Schreibweise* »tschechoslowakisch« *amtlich mit* »čechoslovakisch« *wiedergegeben werden*[16], *und es hieß nunmehr:*
   »Die Sammlung der Gesetze und Verordnungen des čechoslovakischen Staates wird nach dem Gesetze vom 20. Dezember 1921, S.〈*ammlung*〉 d. G.〈*esetze*〉 u. V.〈*erordnungen*〉 Nr. 500[17] in der staatlichen, offiziellen, d. i. čechoslovakischen Sprache und in amtlicher deutscher, polnischer und magyarischer Übersetzung herausgegeben.«[18]
   Die »čechoslovakische Sprache« *war in den böhmischen Ländern tschechisch.*

8. *Die Doppeldeutigkeit konnte auch in z. B. englischsprachige Übersetzungen einfließen: So wurde 1942 neben* »Bohemian lands« *der Ausdruck* »Czech Germans«[19] *gestellt.*
9. *Aus dieser historischen Ambivalenz können auch durchaus aktuelle Darstellungsprobleme erwachsen:*
   Am 17. 7. 1984 informierte eine bayerische Provinzzeitung über ein Treffen der Egerländer und bezeichnete sie als »gebürtige Tschechen«. *Am darauffolgenden Tag wurde unter der Überschrift* »Böhmen sind Deutsche« *wie folgt »überberichtigt«:* »Selbstverständlich sind die Egerländer als gebürtige Böhmen Deutsche.«[20]
10. *Es ist auch durchaus vorstellbar, in einem heutigen Zeitungsartikel die Begriffe* »Sudetenland – Sudetengermans – Czech lands – Bohemian glassworks« *nebeneinander zu finden; symptomatisch für die Sprachverwirrung und instrumentalisierend für die Politik.*

Quellen und Anmerkungen:

[1] a) Das weitverbreitete tschechischsprachige Konversationslexikon »Ottuv slovník naučny« verzeichnete in seiner Ausgabe 1897 (Bd. 12, S. 103):
»Cheb ... něm.⟨ecky⟩ Eger, ... mešto ... v ... Čechách ..., .. 72 ob. ⟨čane⟩ č.⟨eské⟩, 16.795 n.⟨ěmecke⟩ ...«
Das würde heißen: Cheb, im deutschen Eger, eine Stadt in Böhmen ⟨hat⟩ 72 tschechische und 16.795 deutsche Einwohner.
b) Als Aussage wäre gerechtfertigt und in deutscher Sprache sinnvoll: »Eger ist eine böhmische, aber keine tschechische Stadt«.
Diese Aussage ist in tschechischer Sprache sinnvoll nicht wiederzugeben, da sie lauten würde: »Cheb je české, ale neni české město«.
c) Übersetzungsversuche bei simultanem und konsekutivem Dolmetschen führten daher zunächst zu beträchtlicher Verwirrung und anschließend zu (angestrebter) Nachdenklichkeit.

[2] So Otfried Preussler in der FAZ; Nr. 48 v. 26. 2. 1991, S. 34. Sein Vorschlag, den Ausdruck »bohemský« zu benutzen, blieb m. W. ohne jedes Echo.

[3] Zum Text: Siehe S. 177.

[4] Zum Text: Siehe S. 179.

[5] Zum Text: Siehe S. 186.

[6] Zum Text: Siehe S. 187.

[7] Zum Text: Siehe S. 187.

[8] Zum Text: Siehe S. 194.

[9] Zum Text: Siehe S. 219.

[10] Zum Text: Siehe S. 185.

[11] Zum Text: Siehe S. 188.
Palacky hatte schon früher die Eigenart der Tschechen im historischen Denken wie folgt beschrieben: »Man muß den eigentümlichen böhmischen Volksgeist näher kennen, wenn man über die Chroniken, Legenden und Märchen richtig urteilen will. Äußerst lebhafte, leicht bewegliche Phantasie, Tiefe des Gefühls und ein erfinderisches Talent zu historischen Deutungen sind den Böhmen – und zwar vorzüglich den von fremder Sitte am wenigsten berührten – zu eigen. Es genügt oft ein bedeutsames Wort, um auf dessen Etymologie ein historisches Gerüst aufzubauen und dieses so auszuschmücken, daß sie selbst an seiner Wahrheit nicht mehr zweifeln.«
Vgl. Palacky, Franz: »Würdigung der alten böhmischen Geschichtsschreiber«; Prag, 1830; S. 112.

[12] Die Wiedergabe folgt einem Vortragsmanuskript von Ronald J. Hoffmann vom 10. 9. 1994 in Regensburg bis in die Orthographie.

[13] Vgl. zur Volkszählung z. B. die von der k.k. Statistischen Zentralkommission herausgegebenen »Spezialortsrepertitorien« von Böhmen, Mähren und Schlesien.
Zum »Mährischen Ausgleich«: Siehe S. 214.

[14] Zum Text vgl. ČSR-Slg. 1918; Nr. 1 v. 2. 11. 1918 im 1. Stück vom 4. 11. 1918; S. 1.
Ähnlich das Gesetz Nr. 139 vom 13. 3. 1919 in ČSR-Slg. 1919, 29. Stück; S. 212 f.

[15] Vgl. Steinitz, Ernst: »Landes- und Staatskunde der čechoslovakischen Republik«; Böhmisch Leipa, 1935; S. 5.

[16] Siehe S. 286.

[17] Vgl. ČSR-Slg. 1921; Nr. 500 v. 10. 12. 1921 in 131. Stück; S. 2041.

[18] Die Verlautbarung in ČSR-Slg. 1927, 56. Stück; S. 1598.

[19] Von der ČSR-(Exil-)Regierung; zum Text: Siehe S. 479.
[20] Vgl. »Ebersberger Neueste Nachrichten« ⟨*TZ.*⟩; Ebersberg (Obby.); Nr. 163 v. 17. 7. 1984; S. V sowie Nr. 164 v. 18. 7. 1984; S. I.

****

Ein Schulbuch zu Böhmen und Mähren in Deutschland und Oestreich: **1841**[1]

...

Deutschland

Es liegt zwischen 45 und 55° der Breite und ist 11600 □ M.[2] groß; hievon haben Oestreich und Preußen 6912 inne, also über die Hälfte. Die Zahl der Bewohner ist nahe an 39 Millionen, worunter 350000 Juden[3] ...

Natürliche Abtheilung[4] ...

Seehöhe verschiedener Thäler und Ebenen ...

Klima und Production[5] ...

Geschichtliches. Woher das deutsche Volk stammt, wissen wir nicht. Soweit geschichtliche Kenntnisse reichen, war es in unserem Lande einheimisch, mit eigener Sprache, Einrichtungen und Bräuchen, die es gegen die Römer zu vertheidigen verstand ...

Seit 843 regieren eigene Könige Deutschlands, die gar bald, indem sie in Italien mächtig wurden, sich nach dem Beispiel Karls des Großen in Rom die Kaiserkrone aufsetzten. Dies deutsche Kaiserreich dauerte fast 1000 Jahre bis in die neueste Zeit ...

Wie aber die deutsche Kraft sich im Jahre 1813[6] das französische Joch ermannt, den Ruhm des deutschen Namens wiederhergestellt hat, ist noch im frischen Angedenken. Nun traten die Fürsten zusammen, nicht um das Kaiserthum, das keine Kraft besaß, wieder einzurichten, sondern um eine Einigung anderer und festerer Art zu schaffen; sie stifteten 1815 einen Deutschen Bund[7] mit gemeinschaftlichem Kriegsheer unter gemeinschaftlichem Feldherren. Der Bundestag, d. h. Versammlung der Abgeordneten aller regierenden Bundesglieder, wurde zu Frankfurt angeordnet, und festgesetzt, daß in allen Bundesstaaten Landstände seien sollten.

...

Der Deutsche kann sich also seines großen Vaterlandes freuen. Unser Volk steht jetzt von neuem geordnet, machtvoll und gerüstet gegen das Ausland da, und wird an Talent, Fleiß, Wissen und Kunst von keiner anderen Nation übertroffen.

Der Deutsche Bund besteht aus 38 Staaten.

a) Im Norden: Preußen, ...

b) Im Süden: Oestreich, ...

...

Kaiserthum Oestreich

...

Die von der Natur mit Producten der Gebirge u. Ebenen, unter verschiedenen Klimaten, reich ausgestatteten Länder dieses Kaiserthums sind

a) die zum deutschen Bund gehörenden, nemlich ...

5) Böhmen; es ist mit dem Gebiet der Oder–Elbe beinah einerlei. Die schönsten und mildesten Landstriche sind die nördlichen. Die meisten Bewohner reden einen slawischen Dialect[8], an den Grenzen u. in den bedeutendsten Städten sind Deutsche einheimisch. Prag an der Moldau, schön gelegen, wohlhabend, mit mehr als 112000 E. ohne die Garnison. Universität und polytechnisches Institut. Reichenberg nahe der Lausitz an der Neiße mit 12000 E. Kleiner sind die Städte Eger, Pilsen, Budweis u. a.

Karlsbad, Töplitz, Marienbad sind wichtige Gesundbrunnen.

6) Mähren, zw. Böhmen und Ungarn, Hauptfluß ist die March od. Morawa. Brünn wohlhabende Stadt mit 37 000 E. und der Bergfeste Spielberg. Olmütz Festung. Der nordwestliche Theil Mährens heißt östreichisch Schlesien, worin Troppau.

...

Anmerkungen:

1 Die meinungsbildende Ausstrahlung dieser Art von Quelle ist auch darin zu sehen, daß um 1850 die Schulpflicht, die an sich gesetzlich bereits früher eingeführt worden war (z. B. in Österreich 1777, in Bayern 1804), breitere Bevölkerungskreise zu erfassen begann. Um 1890 waren nur noch ca. 5 % der über sechs Jahre alten Menschen in Böhmen und Mähren/Schlesien völlige Analphabeten.
Vgl. »Österreichisches statistisches Handbuch«; Jg. XII; Wien, 1894; S. 8.

2 D. h. Quadratmeilen; 1 (deutsche) Meile ca. 7,5 km, d. h. 1 Quadratmeile ca. 56 km^2.

3 Die bürgerliche Gleichstellung der Juden erfolgte nach der »Deutschen Bundesakte« vom 8. 6. 1815 im 19. Jahrhundert.

4 Geographische Beschreibung.

5 Praktisch nur Landwirtschaft; in den Städten auch Handwerk.

6 Sog. Befreiungskrieg gegen Napoleon I.

7 Insgesamt eine Konföderation.

8 Zum zeitgenössischen Verständnis »der Böhmen« als »deutscher Stamm«: Siehe S. 182.

Quelle:

Schacht, Theodor: »Kleine Schulgeographie«; Mainz/Rh., 1841; S. 78 ff. Hervorhebungen im Original.

****

Petition **1848, 11. März**

von Deutschen und Tschechen aus Prag[1] an Kaiser Ferdinand:

Gleichstellung der Sprachen

...

1. Sicherstellung der böhmischen[2] Nationalität in allen Kronländern Böhmens und vollkommene Gleichstellung beider, der böhmischen wie deutschen Sprache, in Schule und Amt.
2. Zeitgemäße Aenderung und Erweiterung der böhmischen Landesverfassung unter Garantie der Vertretung aller städtischen und Grundbesitzinteressen durch freigewählte Verordnete und Anbahnung des Verbandes von Böhmen, Mähren und Schlesien zu gemeinsamer Ständeversammlung.

...

8. Besetzung der ⟨= *aller*⟩ Aemter durch beider Landessprachen gleich kundige Männer.

...

Anmerkungen:

1 Die Prager Bevölkerung setzte sich im Jahre 1848 wie folgt zusammen: 66 046 Deutsche, 36 687 Böhmen/Tschechen (davon ca. 50 % mit deutscher Schulbildung).
Vgl. Bohmann, Alfred: »Bevölkerungsbewegungen in Böhmen 1847–1947 mit besonderer Berücksichtigung der nationalen Verhältnisse«; München, 1958; S. 148.

2 D. h. tschechisch; siehe S. 181 ff.

Quelle:

»Materialien zur Sprachenfrage in Österreich«; hsg. v. Alfred Fischel; Brünn, 1902; S. 49 f.

****

Petition von Tschechen aus Prag an Kaiser Ferdinand: 1848, 29. März
Böhmisches Staatsrecht
⟨Gefordert wurde v. a.:⟩

1. Die unauflösbare Vereinigung der sämmtlichen zur Krone Böhmens gehörigen Länder bezüglich ihrer inneren Autonomie, . . . dann die vollkommene Gleichstellung der böhmischen[1] und deutschen Nationalität in allen Lehr- und Verwaltungszweigen in diesen Ländern als Staatsgrundgesetz für dieselben.
2. Eine alle Interessen des Landes umfassende, gleichartige, allgemeine, gesetzgebende und Steuer bewilligende Volksvertretung auf der breitesten Basis der Wahlfähigkeit und Wählbarkeit, dann ein eigenes verantwortliches Ministerium für die inneren Angelegenheiten dieser Länder und Organisierung der geeigneten administrativen Centralbehörden für dieselben in Prag.

. . .

Anmerkung:
[1] D. h. tschechischen; siehe S. 181 ff.

Quelle:
»Materialien zur Sprachenfrage in Österreich«; hsg. v. Alfred Fischel; Brünn, 1902; S. 51 f. Hervorhebungen im Original.

****

Petition 1848, 9. April
in Wien lebender Deutscher[1] aus den böhmischen Ländern
an Kaiser Ferdinand:
Deutsches Sprachgebiet, Anschluß an Deutschland

1. Wir protestieren gegen jede Absonderung Böhmens, Mährens und Schlesiens von den übrigen österreichischen deutschen Ländern und deren Interessen, welche offenbar durch das Verlangen nach einem eigenen verantwortlichen Ministerium in Prag beabsichtigt wird.
2. Wollen wir uns auch mit den übrigen österreichischen deutschen Ländern an Deutschland anschließen[2].
3. Wir protestieren gegen jede Beeinträchtigung unserer deutschen Nationalität in den genannten Ländern, mithin
   a) gegen Einführung der slawischen Sprache in den Volksschulen deutscher Ortschaften;
   b) gegen das Einführen derselben als Unterrichtssprache in den ordentlichen Lehrgegenständen in den jetzt bestehenden Gymnasien und Realschulen;
   c) sprechen wir uns aus für die Aufrechterhaltung des deutschen Elementes bei der Prager Hochschule;
   d) für die Wahrung der deutschen Sprache bei der Volksvertretung dieser Länder;
   e) für die Nichtausschließung solcher Beamten in bloß deutschen Gegenden, welche der böhmischen[3] Sprache nicht mächtig sind.
4. Protestieren wir feierlich gegen jede einseitige Besetzung öffentlicher Ämter und Bedienstungen bloß durch Eingeborene, indem dann die übrigen Provinzen Österreichs sich zu denselben Schritten gezwungen sehen müßten und dadurch das schöne und feste Band der österreichischen Monarchie faktisch zerrissen wäre.

. . .

Anmerkungen:
[1] Zu den Verfassern gehörte auch Ludwig von Löhner; siehe S. 192.
[2] Wofür die Petenten eintraten, wurde aus dem Wahlprogramm für Frankfurt deutlich. Dort hieß es u. a.:

»2. Unteilbarkeit der Monarchie, eine gemeinsame Verfassung – jedenfalls für die zum Deutschen Bund gehörigen Länder Österreichs.
3. Keinen Widerspruch in unserer Verfassung mit der im Aufbau begriffenen allgemeinen deutschen Reichsverfassung.
4. Gleiche Berechtigung aller Nationalitäten innerhalb ihrer Gebiete.
. . .
8. Freieste Gemeindeverfassung mit selbständiger Verwaltung.«
Vgl. Sieber, Ernst: »Ludwig von Löhner«; München, 1965; S. 85.

[3] Gemeint war Tschechisch.

Quelle:
»Der Völkerkampf und Sprachenstreit in Böhmen im Spiegel der zeitgenössischen Quellen«; hsg. v. Raimund Kaindl; Wien, 1927; S. 45f.

****

Brief **1848, 11. April**
von Franz Palacký[1] an den Fünfziger-Ausschuß des Frankfurter Parlaments[2]:
Deutschland, Böhmen und Österreich

. . .
Der ausgesprochene Zweck Ihrer Versammlung ist, einen deutschen Volksbund an die Stelle des bisherigen Fürstenbundes[3] zu setzen, die deutsche Nation zu wirklicher Einheit zu bringen, das deutsche Nationalgefühl zu kräftigen und Deutschlands Macht dadurch nach innen und außen zu erhöhen. So sehr ich auch dieses Bestreben und das ihm zugrunde liegende Gefühl achte und eben weil ich es achte, darf ich mich daran nicht beteiligen. Ich bin kein Deutscher, fühle mich wenigstens nicht als solcher . . .
Ich bin ein Böhme[4] slawischen Stammes und habe mit all dem Wenigen, was ich besitze und was ich kann, mich dem Dienste meines Volkes ganz und für immer gewidmet . . .
Der zweite Grund, der mir verbietet, an Ihren Beratungen teilzunehmen, ist der Umstand, daß . . . Sie notwendigerweise darauf ausgehen wollen und werden, Österreich als selbständigen Kaiserstaat unheilbar zu schwächen, ja ihn unmöglich zu machen – einen Staat, dessen Erhaltung, Integrität und Kräftigung eine hohe und wichtige Angelegenheit nicht meines Volkes allein, sondern ganz Europas, ja der Humanität und Civilisation selbst ist und sein muß.
Wahrlich, existierte der österreichische Kaiserstaat nicht schon längst, man müßte im Interesse Europas, im Interesse der Humanität selbst sich beeilen, ihn zu schaffen[5].

Anmerkungen:
[1] Böhmischer Historiker.
[2] Palacký war vom Fünfziger-Ausschuß des Vorparlaments eingeladen worden, an den Vorbereitungen der Parlamentsarbeit in Frankfurt mitzuarbeiten.
[3] Gemeint: Der Deutsche Bund, zu seiner Verfassung: Siehe S. 185.
[4] Zum zeitgenössischen Verständnis des Begriffes: Siehe S. 181.
[5] Palackýs Einschätzung Österreichs war auf zwei Motive zurückzuführen:
– Abscheu vor der zaristischen Universalmonarchie in Rußland;
– Hoffnung, daß Österreich die »eigentliche rechtliche und sittliche Grundlage seiner Existenz« erkenne: »Den Grundsatz der vollständigen Gleichberechtigung und Gleichbeachtung aller unter seinem Scepter vereinigten Nationalitäten und Confessionen.«

Quelle:
Palacký, Franz: »Gedenkblätter«; Prag, 1874; S. 149ff.

****

Verfassungsentwurf **1848, 26. April**
der Frankfurter Nationalversammlung:
Gleichberechtigung der Sprachen

. . .
§ 1
Die dem bisherigen Deutschen Bunde gehörigen Lande . . . bilden fortan ein Reich.
. . .
§ 25
. . .
5. Gewährleistet wird die Freiheit volkstümlicher Entwicklung auch nichtdeutscher Volksstämme durch Gleichberechtigung ihrer Sprache in Rücksicht auf Unterricht und innere Verwaltung.
. . .

Quelle:
Schüssler, Wilhelm: »Das Revolutionsjahr«; Wien, 1880; S. 107 ff.

****

Antrag[1] **1848, 27. Mai**
des Abgeordneten Titus Marek in der Frankfurter Nationalversammlung:
Gleichberechtigung der Sprachen

Deutschland erklärt hiermit durch seine Vertreter feierlich
1. daß es zur Unterdrückung irgendeiner Nation nie die Hand bieten wird,
2. daß all jenen Staatsbürgern eines mit Deutschland verbundenen Staates, welche nicht zum deutschen Volksstamm gehören, alle Rechte als deutsche Staatsbürger zukommen und daß ihnen die Aufrechterhaltung und Achtung ihrer Nationalität garantiert sei.
3. Die deutsche Sprache ist zwar Staatssprache, jedoch soll in allen Kreisen, wo der größere Teil eine andere Sprache als die deutsche spricht, diese andere Sprache sowohl in Communalangelegenheiten, im Unterricht als auch als Gerichtssprache eingeführt werden.

[2]

Anmerkungen:
[1] Auf Grund des Verfassungsentwurfes vom 26. 4. 1848; siehe S. 189.
[2] Der durch diesen Antrag bewirkte Beschluß vom 31. 5. 1848 führte zu § 188 der Reichsverfassung v. 28. 3. 1849; zum Text: Siehe S. 196.

Quelle:
»Stenographische Berichte über die Verhandlungen der deutschen constituierenden Nationalversammlung zu Frankfurt am Main«; hsg. v. Franz Wigard; 8 Bde.; Bd. I; o. O., 1848; S. 118.

****

Beschluß **1848, 31. Mai**
der Frankfurter Nationalversammlung:
Gleichberechtigung nichtdeutscher Sprachen gebietsabhängig

Die Verfassungsgebende deutsche Nationalversammlung erklärt[1] feierlich:
Daß sie in vollem Maße das Recht anerkenne, welches die nichtdeutschen Volksstämme auf deutschem Bundesboden[2] haben, den Weg ihrer volksthümlichen Entwicklung ungehindert zu gehen, und in Hinsicht auf das Kirchenwesen, den Unterricht, die Literatur und die innere Verwaltung und Rechtspflege sich der Gleichberechtigung ihrer Sprache, soweit

deren Gebiete reichen, zu erfreuen, wie es sich denn auch von selbst versteht, daß jedes der Rechte, welche die im Bau begriffene Gesamtverfassung dem deutschen Volk gewährleisten wird, ihnen gleichmäßig zusteht.
Das fortan einige und freie Deutschland ist groß und mächtig genug, um den in seinem Schoße erwachsenen andersredenden Stämmen eifersuchtslos in vollem Maße gewähren zu können, was Natur und Geschichte ihnen zuspricht; und niemals soll auf seinem Boden weder der Slawe, noch der dänisch redende Nordschleswiger, noch der italienisch redende Bewohner Süddeutschlands, noch wer sonst, uns angehörig, in fremder Zunge spricht, zu klagen haben, daß ihm seine Stammesart verkümmert werde oder die deutsche Bruderhand sich ihm entziehe, wo es gilt.

Anmerkungen:
[1] Der Beschluß geht auf den Antrag des Abgeordneten Marek zurück, siehe S. 189.
[2] Im Jahre 1848 wurden Böhmen, Mähren und Österreichisch-Schlesien als Teile des künftigen parlamentarisch-demokratischen deutschen Staates angesehen.
1848 wurde das o. a. Gebiet in 68 Wahlkreise aufgeteilt. Trotz der kurzen Vorbereitungszeit entsandten 47 (d. h. 70 %) der Wahlkreise Abgeordnete zu den Frankfurter Beratungen.
Vgl.: Namier, L. B.: »1848: The Revolution of the Intellectuals«; London, 1944; S. 132 ff.
Es waren hierunter z. B. die Abgeordneten folgender rein tschechischer Wahlkreise: Teltsch, Tischnowitz, Ung. Brod und Ung. Hradisch.

Quelle:
»Stenographische Berichte über die Verhandlungen der deutschen constituierenden Nationalversammlung zu Frankfurt am Main«; hsg. v. Franz Wigard; Bd. I; o. O., 1848; S. 183.

****

Gründungserklärung[1] des »Konstitutionellen Vereins« in Teplitz (Nordböhmen): **1848, 8. Juni**
»Volksgruppenrecht« im mit Deutschland verbundenen Österreich[1]

Das Recht der freien Vereinigung ist eines der herrlichsten und wichtigsten Rechte des freien Staatsbürgers, welches in Österreich durch die neue konstitutionelle Verfassung gewährt und garantiert ist. In diesem Bewußtsein ist eine Anzahl von Männern der deutschen Stadt Teplitz zusammengetreten zu einem Vereine, dem, weil er der Sache des Vaterlandes, der konstitutionellen Freiheit gewidmet sein soll, der Name: konstitutioneller Verein in Teplitz gegeben wurde.
Die Mitglieder des Vereins sind als treue Anhänger der konstitutionellen Monarchie von der Überzeugung beseelt, daß eine innige und feste Verbindung der einzelnen Länderteile des österreichischen Kaiserstaates für den Fortbestand, für die Kraft und das Ansehen desselben, für die Autorität des Landesfürsten unerläßlich – jede Separierung aber oder Lockerung des Länderverbandes verderbenbringend sei.
Unverbrüchliches Festhalten an unsern vielgeliebten Kaiser und König – an ein mächtiges, einiges Österreich ist daher die Losung des Vereins.
Die Mitglieder des Vereins bekennen sich zu der Überzeugung, daß nur in der vollkommensten Gleichberechtigung und der freien volkstümlichen Entwicklung der sämmtlichen Nationalitäten Österreichs, namentlich der deutschen und slavischen in Böhmen, d. i. in der Gleichberechtigung der Sprache, in der Kirche, beim Unterricht, in der Literatur, in der innern Verwaltung und Rechtspflege – und besonders in der friedlichen Verwirklichung dieser Gleichstellung das Heil der Gesammtmonarchie und der einzelnen Ländertheile gefunden werden könne. Die Aufgabe des Vereins soll daher sein, diese Gleichberechtigung zu wahren und zu fördern, dagegen aber auch Übergriffen kräftig entgegen zu treten.
Die Mitglieder des Vereins gehen von der Überzeugung aus, daß Österreich in seinen deutschen Elementen die kräftige Stütze finde vor äußerer Gefahr und innerem Zerfall, daß

Österreich kein Slavenreich werden dürfe, sondern so wie es ist, bleiben, und in einer kräftigen Verbindung mit Deutschland Macht und Festigkeit nach innen und außen gewinnen müsse.

...

Anmerkung:

[1] Die Grundgedanken dieser Erklärung sind repräsentativ für das zeitgenössische politische Wollen der meisten Deutschen.

Quelle:

Rönnefarth, Helmuth: »Die Sudetenkrise in der internationalen Politik«; Bd. II; Wiesbaden, 1961; S. 45.

****

Rede **1848, 1. Juli**

des Abgeordneten Ignaz Kuranda in der Frankfurter Nationalversammlung:

Die Tschechen wollen Vorherrschaft

...

Ich war als Abgeordneter des Fünfziger-Ausschusses in Prag, um dort mit der czechischen Partei über die Wahlen zu unterhandeln. Ich sprach bei dieser Gelegenheit mehrmals mit Palazky[1]. Dieser brachte unter seiner Argumentation eine große Menge Dinge vor, die theils von revolutionärem, teils von geschichtlichem Standpunkte ausgingen; ich bat ihn, er möchte entweder mit geschichtlichen Gründen oder mit revolutionären, welche die geschichtlichen aufheben, die Ansprüche Deutschlands bekämpfen. Dieses Durcheinanderwerfen zweier ganz entgegengesetzter Gesichtspunkte[2], dieses Hinüberhüpfen vom revolutionären Standpunkt auf den historischen, vom historischen wieder auf den revolutionären ist eine Hauptursache, weshalb eine solche nicht unbeabsichtigte Verwirrung in diese Frage kommt ...

Jetzt handelt es sich nicht mehr darum, daß die Czechen gleiche Rechte besitzen sollen mit den Deutschen! Es handelt sich um ihre Oberherrschaft! Unsere Wahlen wurden als nicht berechtigt ausgeschrien, unsere Farben wurden insultiert, unsere Vereine wurden gesprengt, unsere Presse eingeschüchtert und terrorisiert. Es handelt sich darum, daß wir Deutsche fortan bloß als Eingewanderte[3], als geduldete Fremdlinge betrachtet werden sollen; es handelt sich hier nicht mehr etwa darum, dem deutschen Element zum Sieg über das czechische zu verhelfen, es handelt sich nur um Verteidigung desselben gegen slavische Tyranneigelüste ...

Anmerkungen:

[1] Zur Person und politischen Meinung des hier gemeinten Franz Palacký: Siehe S. 188.

[2] Diese gedankliche Struktur war auch 1918 zu beobachten: Die Staatsführung der ČSR forderte das Territorium der böhmischen Länder aus geschichtlichen und das der Slowakei aus revolutionären Gründen.

[3] Ähnlich Masaryk 1918; zum Text: Siehe S. 244.

Quelle:

»Stenographischer Bericht über die Verhandlungen der deutschen constituierenden Nationalversammlung zu Frankfurt a. M.«; hsg. v. Franz Wigard; Bd. I; o. O., 1848; S. 664 f.

****

Antrag **1848, 26. Juli**
des Abgeordneten Ludwig v. Löhner im österreichischen Reichstag in Wien:
Schaffung nationaler Kreise in Österreich

...

1. In den durch die Konstitution vereinigten Ländern hören von nun an die Institute der Provinzialstände und Gouverneurschaften sowie die Regierungsgremien auf.
2. Die Kreiseinteilung verbleibt, wird jedoch mit Bezug auf die natürlichen, geographischen und ethnographischen Grenzen einer Revision unterzogen[1].
3. Die Feststellung und Gliederung der bürgerlichen Ordnung nach allen ihren verschiedenen Kreisen aus dem doppelten Standpunkt, einerseits der überall notwendigen Selbstregulierung, andererseits einer starken Kontrollgewalt wird verwirklicht:
   a) einmal durch Organisierung der freien Stadt- und Landgemeinden, des Kreisrates, dann des Reichstages nach den Grenzen ihrer Kompetenz;
   b) durch ihre gleichlaufende Gliederung der Exekutivgewalt, als: Orts(Gemeinde-)Vorstand, Kreisvorstand (Hauptmann), Ministerium.

...

Anmerkung:

[1] »Später führte Löhner diesen Plan des ›nationalen Föderalismus‹ noch näher aus. Allen Volksstämmen sei innerhalb ihrer Wohnsitze die volle Autonomie einzuräumen, da nur auf diese Weise das gleiche Recht aller verwirklicht und die Herrschaft des einen über den anderen beseitigt werden könnte. Die historisch gewordenen Ländergrenzen dürfen kein Hindernis auf diesem Wege sein. Es seien daher neue Kronländer oder Nationsgebiete nach den Sprachgrenzen zu bilden und innerhalb dieser wäre die betreffende Sprache als ausschließliche Geschäfts- und Unterrichtssprache einzuführen. Österreich sollte ein Nationalitäten-Bundesstaat oder Föderativstaat werden, der aus folgenden fünf Nationalstaaten bestünde:
1. Deutschösterreich: aus Niederösterreich und Oberösterreich, Salzburg, Nordtirol, Vorarlberg, dem Villacher und Klagenfurter Kreis Kärntens (bis zur Drau), dem Troppauer Kreis Schlesiens und den deutschen Teilen von Steiermark, Böhmen und Mähren; Verwaltungssprache deutsch.
2. Tschechischösterreich: aus den tschechischen Teilen Böhmens und Mährens und dem Teschener Kreis Schlesiens; Verwaltungssprache tschechisch.
3. Polnischösterreich.
4. Slavonischösterreich.
5. Italienischösterreich.«

Vgl. Kaindl, Raimund: »Der Völkerkampf und Sprachenstreit in Böhmen«; Wien, 1927; S. 47.

Quelle:
Sieber, Ernst: »Ludwig von Löhner«; München, 1965; S. 136.

****

Erklärung **1848, 31. August**
der Vertreter zahlreicher deutschböhmischer Städte
in Teplitz (Nordböhmen):
National abgegrenzte Gebiete

...

1. Die deutschredende Bevölkerung in Böhmen lehnt unbedingt jede Verschmelzung mit den Tschechen in der Provinzialvertretung und Verwaltung ab.
2. Wir verlangen für die am Reichstage vertretenen Provinzen Österreichs die Aufhebung der Provinzialgrenzen, Provinzialgubernien und Provinziallandtage.
3. Wir verlangen:
   a) Eine möglichst freie, auf Selbstverwaltung gegründete Gemeindeverfassung mit Gemeinderäthen und direkten Wahlen.
   b) Die Einteilung der auf dem Reichstage vertretenen Provinzen in Reichskreise auf der

Grundlage der Sprachgrenzen mit dem Ministerium unmittelbar unterstehenden Kreishauptleuten – an deren Seite von den Gemeinden gewählte Kreisräte stehen.

Quelle:
Sieber, Ernst: »Ludwig von Löhner«; München, 1965; S. 141 f.

****

Petition **1848, 30. September**
des Zentralvereins der Deutschen in Böhmen
an Kaiser Ferdinand:
Gebiete national abgrenzen

. . .

1. Daß bei Bestimmung der Gerichtsbezirke dahin gesehen werde, daß sie nach der Sprache genau geschieden und dem deutschen Bezirke keine tschechischen, ebenso dem tschechischen Bezirke keine deutschen Anteile zugewiesen werden;
2. Daß in deutschen Bezirken nur deutsche Richter und Beamte vorzugsweise angestellt und nur bei Abgang befähigter deutscher Individuen tschechische Kandidaten aufgenommen werden;
3. Daß umgekehrt dieser Modus auch in tschechischen Bezirken gehandhabt werde;

. . .

Quelle:
»Der Völkerkampf und Sprachenstreit in Böhmen im Spiegel der zeitgenössischen Quellen«; hsg. v. Raimund Kaindl; Wien, 1927; S. 47 f.

****

Artikel von Karl Marx: **1849, 12. Januar**
Charakterisierung der Tschechen

. . .

Die Erbärmlichkeit des Czechentums wird immer großartiger. Die Slovanska Lipa[1] von Prag will die alten Hussitenzeiten wieder heraufbeschwören und gleicht darin der Frankfurter Gesellschaft mit ihrem Kaiser aus dem Kyffhäuser.
In der Neujahrsnacht feierte diese Slovanska Lipa auf der Sophieninsel eine Beseda[2], auf welcher sich die Herren Czechen wie die Urbären benommen haben sollen. Für diejenigen, welche wie ich, Prag aus persönlichem Aufenthalte kennen, wird dies s. g. slavisch-demokratische Verhalten um so lächerlicher, als eben dasselbe Prag seiner Wahrheit nach deutsch ist, und von dort das Czechenthum als eine besondere Volksmacht erst neuerdings gleichsam erfunden hat. Sämtliche Herren Czechen sprechen in der Regel besser deutsch als czechisch, wovon man sich à l'évidence schon im Reichstag überzeugen kann. Die meisten dieser Herren sind weiter nichts als Kreaturen à la Palacky und Rieger[3], die sich mit antideutschem Insektengifte auffüllen, und nichts können, als dem Absolutismus in die Hände arbeiten.

. . .

Anmerkungen:
[1] D. h. »Slawische Linde« = Name eines tschechischen Vereins.
[2] D. h. Unterhaltungszusammenkunft.
[3] Tschechische Politiker.

Quelle:
»Neue Rheinische Zeitung«; Nr. 193 v. 12. 1.1849;
Wiedergabe nach Urban, Rudolf: »Marx und Engels über die tschechische Frage« in »Donauraum« ⟨*MZ.*⟩; Salzburg; Jg. 7. (1962), Nr. 1; S. 23. Hervorhebung im Abdruck.

****

Antrag **1849, 23. Januar**
des Abgeordneten Franz Palacký[1]
im Verfassungsausschuß des österreichischen Reichstags:
Nationale Kreise

. . .
Wir müssen Österreich so konstruieren, daß die Völker gern in Österreich existieren; das sei die uns leitende Idee. Die verschiedenen hier geltend gemachten Ideen lassen sich dann befriedigen, wenn man der Geschichte und Ethnographie Rechnung trägt und einen Terminus der Konvenienz findet, also nationalhistorische Ländergruppen, dann als kleinere nationale Abteilungen, die Reichskreise, annimmt . . .
Ich beantrage folgende Ländergruppen: 1. deutschösterreichische, 2. böhmische[2], 3. polnische, 4. illyrische, und 5. italienische Länder; für die hier[3] nicht repräsentierten Länder wäre dann die Einteilung in: 6. südslawische, 7. madjarische und 8. wallachische Länder.
Ich rechne nun zu der ersten Österreich ob und unter der Enns, Steiermark, Kärnten, Salzburg, Deutsch-Tirol, Vorarlberg, dann Deutsch-Böhmen, -Mähren und -Schlesien . . .

Anmerkungen:
[1] Die Ähnlichkeit der Vorschläge Palackýs zu denen Löhners (siehe S. 192) ist beachtlich.
[2] Zum (allgemeinen) Begriffsverständnis: Siehe S. 181 ff.; hier wurde jedoch im Folgesatz präzisiert.
[3] D. h. im österreichischen Reichstag in Kremsier (Mähren).

Quelle:
»Protokolle des Verfassungs-Ausschusses im Österreichischen Reichstag 1848–1849«; hsg. v. Anton Springer; Bd. I; Leipzig, 1885; S. 26.

****

Kaisertum Österreich: **1849, 7. März**[1]
Der »Entwurf der Constitutionsurkunde
nach den Beschlüssen des Verfassungsausschusses«:
Historische Länder und nationale Kreise

1. Das Staatsgebiet und dessen Eintheilung.
§ 1. Das Kaiserthum Österreich ist eine untheilbare constitutionelle Erbmonarchie.
§ 2. Die Länder des Kaiserreiches, für welche diese Constitution zu gelten hat, sind:
1. Das Königreich Böhmen,
. . .
10. das Herzogthum Schlesien,
11. die Markgrafschaft Mähren, . . .
§ 3. . . . Böhmen ⟨*wird*⟩ in neun, Mähren in vier . . . Kreise getheilt. Die Abgrenzung dieser Kreise wird mit möglichster Rücksicht auf Nationalität durch ein Reichsgesetz festgestellt . . .
. . .
§ 5. Jedem Reichslande bleibt die Autonomie innerhalb der durch diese Constitution festgesetzten Schranken und die Integrität seines Gebietes gesichert.
. . .
§ 21[2]. Alle Volksstämme des Reiches sind gleichberechtigt. Jeder Volksstamm hat ein unverletzliches Recht auf Wahrung und Pflege seiner Nationalität überhaupt und seiner Sprache insbesondere.
Die Gleichberechtigung aller landesüblichen Sprachen in Schule, Amt und öffentlichem Leben wird vom Staate gewährleistet.
. . .

§ 114. Zur selbständigen gesetzgebenden Gewalt der Landtage gehören:
1. Das Landesfinanzwesen: a) die Verfügung mit den Landesfonds und Landesgütern, b) die Landesauflagen zur Deckung der Landesausgaben, c) das Landesschuldenwesen, d) die Festsetzung des jährlichen Landesbudgets, e) die Abnahme, Prüfung und Erledigung der Landesrechnungen.
2. Politische Landesangelegenheiten: a) die Beförderung der Künste und Wissenschaften, b) die Überwachung der frommen Stiftungen, c) Armenwesen, die Kranken- und Humanitätsanstalten, d) Gesinde-, Feuerlösch- und Bauordnungen.
3. Staatswirtschaftliche Angelegenheiten: a) die Hebung der Urproduction, des Gewerbefleißes und des Verkehrs im Innern des Landes; b) die Errichtung von Sparkassen, Leihanstalten und Hypothekenbanken; c) das Landescommunicationswesen durch Straßen und Kanäle, dann Flußregulierungen und sonstige Wasserbauten; d) öffentliche Bauten zu Landeszwecken.

§ 115. Der Landtag hat ferner innerhalb der durch Reichsgesetze festgesetzten Beschränkungen zu regeln:
1. das Unterrichts- und Volkserziehungswesen,
2. die Cultus- und Kirchlichen Angelegenheiten,
3. die Landespolizei in allen im §114 nicht aufgeführten Zweigen.

§ 116. Der Landtag hat ferner alle jene inneren Angelegenheiten zu regeln, welche ihm durch Reichsgesetze zugewiesen werden.

. . .

§125. In den Wirkungsbereich der Kreistage gehören:
1. Gemeindeangelegenheiten, und zwar:
. . .
d) die Entscheidung über Heimatsrechte und verweigerte Aufnahme eines Staatsbürgers in den Gemeindeverband. Gegen die Entscheidung des Kreises in Gemeindeangelegenheiten ist keine Berufung zulässig.
. . .

§126. Außerdem wird dem Kreistage, wenn er es im Interesse des Kreises für nothwendig findet, innerhalb der Schranken der Reichs- und Landesgesetze zur Regelung und Verwaltung überlassen:
a) Volksunterrichts- und Erziehungswesen mit dem Recht der Bestimmung der Unterrichtssprache und der Sprachgegenstände, jedoch mit gleich gerechter Beachtung der Sprachen des Kreises;
. . .

Anmerkungen:

1 Stand des Entwurfes bei Auflösung des Reichstages durch Militär.
»Die erste Lesung ⟨*dieses Entwurfes*⟩ im Plenum sollte am 15. März 1849 stattfinden, worauf er, nach dem Übereinkommen der Mehrheit der Versammlung, in Bausch und Bogen angenommen werden sollte. Dem ist das Ministerium ⟨*d. h. die österreichische Regierung*⟩ durch die Auflösung des Reichstages und die Oktroierung ⟨*d. h. Aufzwingung*⟩ der Verfassung vom 4. März 1849 zuvorgekommen.«
Vgl. Bernatzik: a. a. O.: (siehe Quelle); S. 115.

2 Der Inhalt dieser Festlegung wurde in verkürzter Form in das kaiserliche Patent vom 4. 3. 1849, »die ⟨*oktroyierte*⟩ Reichsverfassung enthaltend«, wie folgt übernommen:
»§ 5. Alle Volksstämme sind gleichberechtigt und jeder Volksstamm hat ein unverletzliches Recht auf Wahrung und Pflege seiner Nationalität und Sprache.«
Vgl. Österr. RGBl. 1849, Nr. 150; S. 151–165, hier S. 151.
Zur Bestimmung in der schließlich erlassenen Verfassung vom 21. 12. 1867: Siehe S. 204.

Quelle:
»Protokolle des Verfassungs-Ausschusses im Österreichischen Reichstag 1848–1849«; hsg. v. Anton Springer; Bd. I; Leipzig, 1885; S. 365 ff.

»Die österreichischen Verfassungsgesetze mit Erläuterungen«; hsg. v. Edmund Bernatzik; 2. Aufl., Wien, 1911; S. 142.

****

Die Verfassung des Deutschen Reiches: **1849, 28. März**

. . .

§ 1. Das Deutsche Reich besteht aus dem Gebiete des bisherigen Deutschen Bundes.

. . .

§ 2. Hat ein deutsches Land mit einem nichtdeutschen Lande das selbe Staatsoberhaupt[1], so soll das deutsche Land eine von dem nichtdeutschen Lande getrennte eigene Verfassung, Regierung und Verwaltung haben. In die Regierung und Verwaltung des deutschen Landes dürfen nur deutsche Staatsbürger berufen werden.
Die Reichsverfassung und Reichsgesetzgebung hat in einem solchen deutschen Lande dieselbe verbindliche Kraft wie in den übrigen deutschen Ländern.

§ 3. Hat ein deutsches Land mit einem nichtdeutschen Lande dasselbe Staatsoberhaupt[1], so muß dieses entweder in seinem deutschen Lande residieren, oder es muß auf verfassungsmäßigem Wege in demselben eine Regentschaft niedergesetzt werden, zu welcher nur Deutsche berufen werden dürfen.

. . .

§ 188.[2] Den nicht deutsch redenden Volksstämmen Deutschlands ist ihre volkstümliche Entwicklung gewährleistet, namentlich die Gleichberechtigung ihrer Sprachen, soweit deren Gebiete reichen, in dem Kirchenwesen, dem Unterrichte, der inneren Verwaltung und der Rechtspflege.

Anmerkungen:

[1] Diese Bestimmungen bezogen sich natürlich v. a. auf Österreich (wegen Ungarn), aber auch auf Hannover (wegen Großbritannien), Holstein (wegen Dänemark) und Luxemburg (wegen der Niederlande).

[2] Herkunft dieser Bestimmung: Siehe Antrag Marek v. 27. 5. 1848 und Beschluß der Nationalversammlung v. 31. 5. 1848; zum Text: Siehe S. 189.

Quelle:

»Staatsverfassungen«; hsg. v. Günther Franz; Darmstadt (Hes.), 1975; S. 140, 166.

****

Niederschrift: von Karl Marx: **1860**

»Böhmen liegt mitten in Deutschland«

. . . Böhmen russisch! Aber Böhmen liegt mitten in Deutschland, durch Schlesien von Russisch-Polen, durch das von Vogt[1] russificirte Mähren von dem durch Vogt russificirten Galizien und Ungarn getrennt. So erhält Rußland ein Stück deutsches Bundesgebiet von 50 deutschen Meilen Länge und 25 bis 35 Meilen Breite. Es schiebt seine Westgrenze um volle 65 deutsche Meilen nach Westen vor. Da nun von Eger bis Lauterburg im Elsaß, in grader Linie, nur 45 deutsche Meilen sind, so wäre Norddeutschland durch den französischen Keil einerseits, und noch weit mehr den russischen andrerseits, von Süddeutschland vollständig getrennt, und die Theilung Deutschlands wäre fertig. Der directe Weg von Wien nach Berlin ginge durch Rußland, ja selbst der directe Weg von München nach Berlin. Dresden Nürnberg, Regensburg, Linz wären unsere Grenzstädte gegen Rußland; unsere Stellung gegenüber den Slawen wäre im Süden wenigstens dieselbe, wie vor Karl dem Großen (während Vogt im Westen uns nicht erlaubt, bis zu Louis XV. zurückzugehen), und wir könnten tausend Jahre aus unsrer Geschichte ausstreichen . . .

Für den russischen Panslavisten Vogt, der Böhmen zu seiner Verfügung hat, kann da keine Frage sein, wo die natürliche Grenze des slavischen Reichs ist. Sie geht von Meseritz direct auf Lieberose und Lübben, von da südlich von dem Durchbruch der Elbe durch die böhmischen Grenzberge und folgt weiter der West- und Südgrenze Böhmens und Mährens. Was weiter östlich ist, ist slavisch; die paar deutschen Enclaven und sonstige Eindringlinge auf slavisches Gebiet können der Entwicklung des großen slavischen Ganzen nicht länger im Wege stehen; ohnehin haben sie kein Recht da wo sie sind. Dieser ›panslavistische Zustand‹ einmal hergestellt, so findet sich von selbst, daß im Süden eine ähnliche Rectification der Grenzen nöthig ist. Hier hat sich ebenfalls ein deutscher Keil unberufen zwischen Nord- und Südslaven eingedrängt, das Donauthal und die steirischen Alpen besetzt. Vogt kann diesen Keil nicht dulden, und so annexirt er consequenterweise Oestreich, Salzburg, Steiermark und die deutschen Teile von Kärnthen an Rußland. Daß bei dieser Herstellung des slavisch-russischen Reiches nach den erprobtesten Grundsätzen des ›Nationalitätenprinzips‹ auch die paar Magyaren und Rumänen nebst verschiedenen Türken an Rußland fallen ... zur Strafe dafür, daß sie sich zwischen die Nord- und die Südslaven drängen, hat Vogt bereits Oestreich zum Trotz entwickelt.
Wir Deutschen verlieren bei dieser Operation – weiter nichts als Ost- und Westpreußen, Schlesien, Theile von Brandenburg und Sachsen, ganz Böhmen, Mähren und das übrige Oestreich außer Tyrol (wovon ein Theil dem italienischen ›Nationalitätenprinzip‹ zufällt) – und unsere nationale Existenz in den Kauf!
...

Anmerkung:
[1] Der Autor befaßt sich mit dem Vorschlag des Naturwissenschaftlers und Politikers (1848/49: Abgeordneter in Frankfurt/M.) Carl Vogt (1817–1895), der den Sozialismus ablehnte und neue Grenzen in Europa auf geschichtlich-stammlicher Basis vorschlug, die u. a. Böhmen und Mähren dem Kaiserreich Rußland zuwiesen.

Quelle:
Marx, Karl: »Herr Vogt«; London, 1860; Neudruck: Leipzig, 1927; S. 81 f.

****

Österreichisches Gesetz Nr. 105 **1863, 3. Dezember**
»betreffend die Regelung der Heimatverhältnisse«:
»Das Heimatrecht gewährt das Recht ungestörten Aufenthaltes«

Wirksam für Böhmen, ... Mähren, Schlesien ...
In Ausführung des Artikels II des Gesetzes vom 5. März 1862 (R. G. Bl. Nr. 18)[1] finde Ich zur Regelung der Heimatverhältnisse in den Königreichen und Ländern, für welche dieses Gesetz gilt, mit Zustimmung beider Häuser des Reichsrathes Nachstehendes festzusetzen:

I. Abschnitt.
Allgemeine Bestimmungen.

§ 1

Das Heimatrecht in einer Gemeinde gewährt in derselben das Recht des ungestörten Aufenthaltes und den Anspruch auf Armenversorgung.

§ 2

Nur Staatsbürger können das Heimatrecht in einer Gemeinde erwerben.
Jeder Staatsbürger soll in einer Gemeinde heimatberechtigt sein. Das Heimatrecht kann ihm aber nur in Einer Gemeinde zustehen.

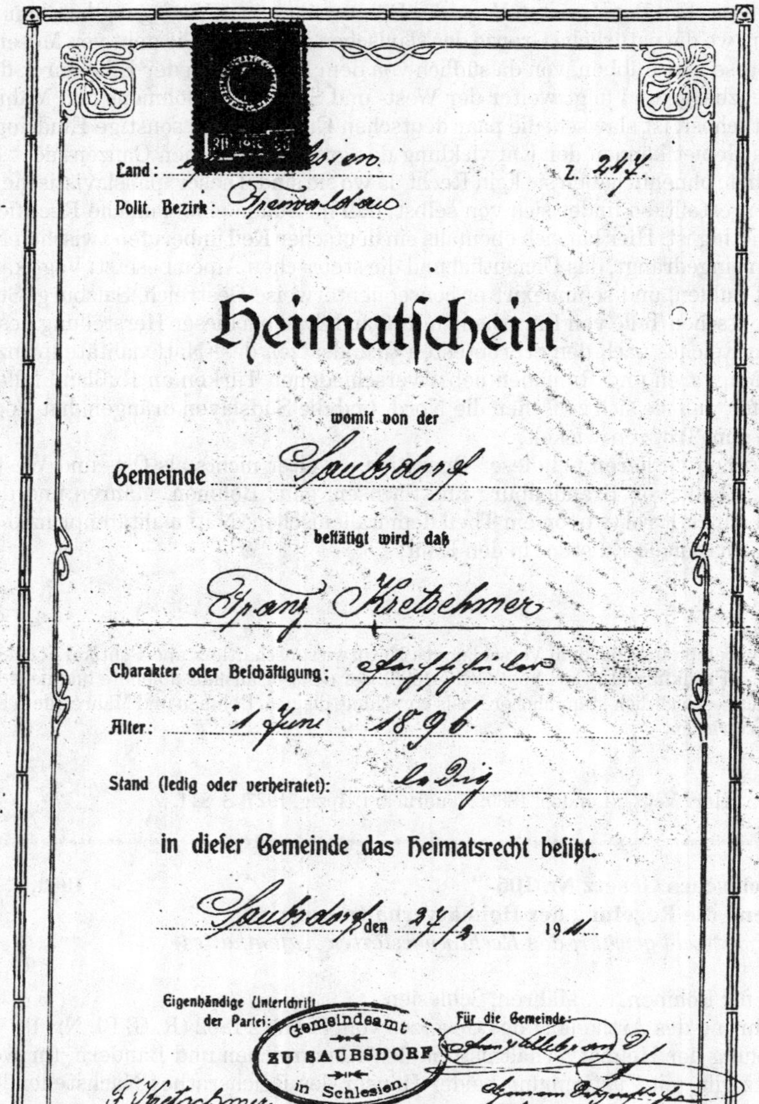

Land: ...lesien Z. 247

Polit. Bezirk: Freiwaldau

Heimatschein

womit von der

Gemeinde Saubsdorf

bestätigt wird, daß

Franz Kretschmer

Charakter oder Beschäftigung: [illegible]

Alter: 1 Juni 1896

Stand (ledig oder verheiratet): ledig

in dieser Gemeinde das Heimatsrecht besitzt.

Saubsdorf den 27/2 1911

Eigenhändige Unterschrift der Partei: F. Kretschmer

Gemeindeamt ZU SAUBSDORF in Schlesien

Für die Gemeinde: [illegible]

Druck und Verlag von A. Blazek, Freiwaldau.

Abb. 1: Zu S. 197–202:
Heimatschein gemäß § 32 des österreichischen Gesetzes vom 8. 12. 1863, ausgegeben 1911 in Österreich.
Herkunft: Kretschmer, Rudolf: »Saubsdorf im Wandel der Zeiten«; Nördlingen (Schw.), 1992, S. 324.

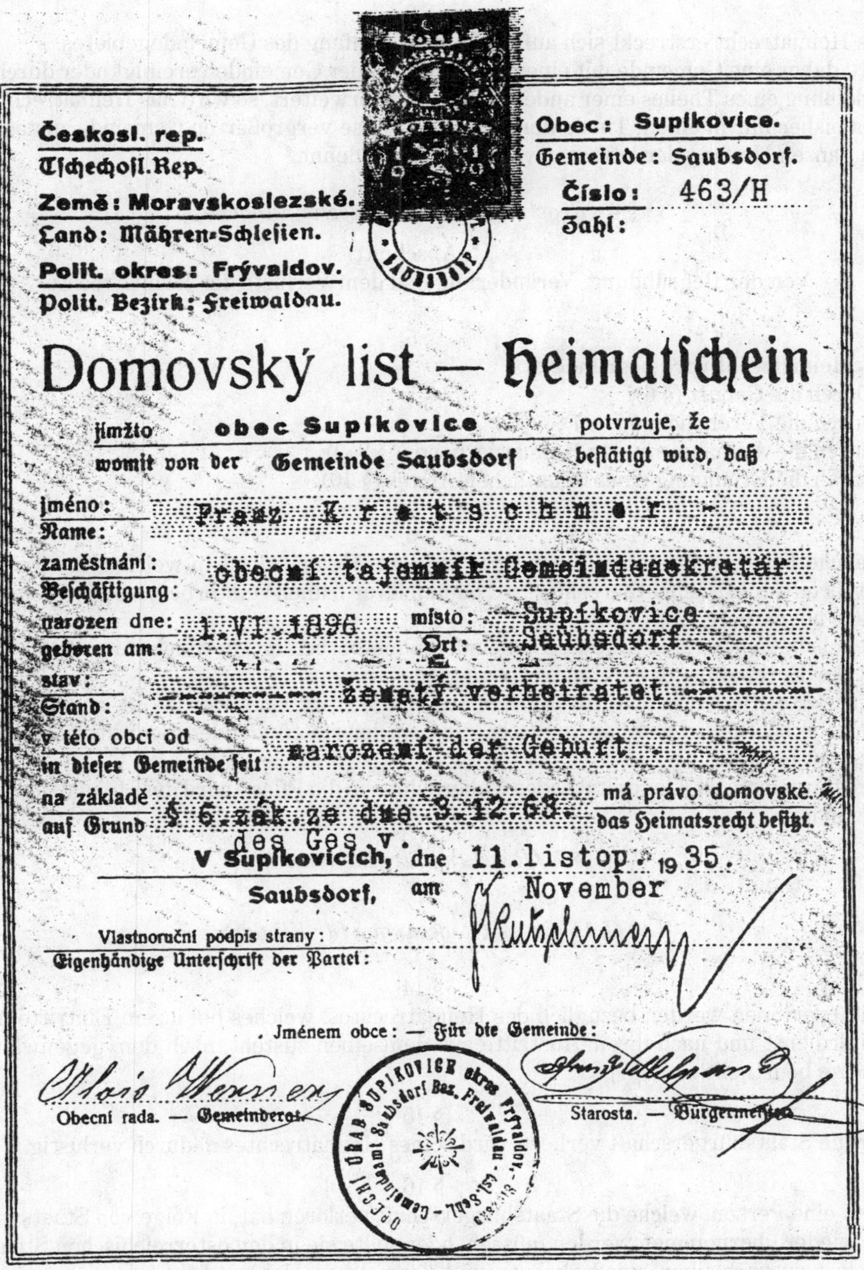
Českosl. rep.
Tschechosl. Rep.
Země: Moravskoslezské.
Land: Mähren-Schlesien.
Polit. okres: Frývaldov.
Polit. Bezirk: Freiwaldau.

Obec: Supíkovice.
Gemeinde: Saubsdorf.
Číslo: 463/H
Zahl:

Domovský list — Heimatschein

jímžto obec Supíkovice potvrzuje, že
womit von der Gemeinde Saubsdorf bestätigt wird, daß

jméno: / Name: Franz Kretschmer
zaměstnání: / Beschäftigung: obecní tajemník Gemeindesekretär
narozen dne: / geboren am: 1.VI.1896 místo: / Ort: Supíkovice Saubsdorf
stav: / Stand: ženatý verheiratet
v této obci od / in dieser Gemeinde seit: narození der Geburt
na základě / auf Grund: § 6.zák.ze dne 3.12.63. des Ges.v. má právo domovské. / das Heimatsrecht besitzt.

V Supíkovicích, dne 11.listop. 1935.
Saubsdorf, am November

Vlastnoruční podpis strany: / Eigenhändige Unterschrift der Partei: Kretschmer

Jménem obce: — Für die Gemeinde:

Obecní rada. — Gemeinderat. Starosta. — Bürgermeister.

OBECNÍ ÚŘAD SUPÍKOVICE okres Frývaldov. Gemeindeamt Saubsdorf Bez. Freiwaldau

Abb. 2: Zu S. 197–202 für 1863 und S. 295–297 für 1920.
Heimatschein gemäß §§ 32 und 6 des österreichischen Gesetzes vom 8. 12. 1863 (demnach Heimatrecht »durch Geburt« bescheinigend), ausgegeben 1935 in der ČSR.
Herkunft: Kretschmer, Rudolf: »Saubsdorf im Wandel der Zeiten«; Nördlingen (Schw.), 1992, S. 325.

§ 3

Das Heimatrecht erstreckt sich auf den ganzen Umfang des Gemeindegebietes.
Wird daher eine Gemeinde mit einer anderen zu Einer Gemeinde vereinigt oder durch Einverleibung eines Theiles einer anderen Gemeinde erweitert, so wird das Heimatrecht, welches bisher nur in einem Theile der in solcher Weise vergrößerten Gemeinde zustand, auf den ganzen Umfang der letzteren von selbst ausgedehnt.[2]

§ 4 ⟨*Regelung bei Gemeindetrennungen*⟩

II. Abschnitt.
Von der Begründung, Veränderung und dem Verluste des Heimatrechtes.

§ 5

Das Heimatrecht wird begründet:
1. Durch die Geburt (§ 6);
2. durch die Verehelichung (§ 7);
3. durch die Aufnahme in den Heimatverband (§§ 8–9);
4. durch die Erlangung eines öffentlichen Amtes (§ 10).

§ 6

Eheliche Kinder erlangen in jener Gemeinde das Heimatrecht, in welcher der Vater zur Zeit ihrer Geburt heimatberechtigt ist, oder, falls er früher verstorben, zur Zeit seines Ablebens heimatberechtigt war.
Uneheliche Kinder sind in jener Gemeinde heimatberechtigt, in welcher ihrer Mutter zur Zeit der Entbindung das Heimatrecht zusteht.
Legitimirte Kinder, in soferne sie nicht eigenberechtigt sind, werden in jener Gemeinde heimatberechtigt, in welcher ihr Vater zur Zeit der stattfindenden Legitimation das Heimatrecht besitzt.
Durch Annahme an Kindesstatt oder Uebernahme in die Pflege wird das Heimatrecht nicht begründet.

§ 7 ⟨*Regelung für Ehefrauen*⟩

[3]

§§ 11 bis 13 ⟨*Regelungen für Kinder*⟩

§ 14

Militärpersonen werden bezüglich des Heimatrechtes, welches bei ihrem Eintritte in den Militärdienst und nach ihrem Austritte aus demselben zusteht, nach dem gegenwärtigen Gesetze beurtheilt.

§ 15

Wer die Staatsbürgerschaft verliert, wird seines Heimatrechtes dadurch verlustig.[4]

§ 16

Sollte eine Person, welche die Staatsbürgerschaft verloren hat, in Folge von Staatsverträgen wieder übernommen werden müssen, oder sollte sie in den österreichischen Staat, um daselbst zu verbleiben, wiederkehren und dann deren Uebernahme von einem anderen Staate nicht erzielt werden, so tritt sie in das Heimatrecht zurück, welches sie vor dem Verluste der Staatsbürgerschaft hatte.

§ 17

Das Heimatrecht in einer Gemeinde erlischt durch die Erwerbung des Heimatrechtes in einer anderen Gemeinde.

Die Verzichtleistung auf das Heimatrecht ist ohne Wirkung, so lange nicht der Verzichtleistende anderwärts ein Heimatrecht erworben hat.

§§ 18 bis 21 ⟨*Behandlung von Arbeitslosen*⟩

§§ 22 bis 31 ⟨*Der Heimatgemeinde obliegende Armenversorgung*⟩

V. Abschnitt.
Von den Heimatscheinen.

§ 32

Der Heimatschein[5] ist die Urkunde, welche bestätigt, daß der Person, welcher er ertheilt wird, das Heimatrecht in der Gemeinde zusteht.

§ 33

Die Heimatscheine werden von der Heimatgemeinde nach dem diesem Gesetze angeschlossenen Formulare ausgefertigt.
Denselben ist das Siegel der Gemeinde aufzudrücken.
Für die Ausfertigung darf eine Gebühr an die Gemeinde nicht abgenommen werden.

§ 34

Die Ertheilung eines Heimatscheines darf keinem Heimatberechtigten verweigert werden.

§ 35

Ein Heimatschein ist ungiltig, wenn die Gemeinde nachzuweisen vermag, daß der Inhaber des Heimatscheines zur Zeit der Ausstellung desselben das Heimatrecht in einer anderen Gemeinde hatte.

. . .

Franz Joseph m. p.

Anmerkungen:

1 Dort hieß es:
»Jeder Staatsbürger soll in einer Gemeinde heimatberechtigt seyn. Die Heimathsverhältnisse werden durch ein besonderes Reichs-Gesetz bestimmt.«
Vgl. Österr. RGBl.; 42. Stück; Nr. 18 v. 5. 3. 1862; S. 36.

2 Diese Bestimmung sollte in der ČSR ab 1919 (zur Fortgeltung: Siehe S. 295) bei Eingemeindungen z. B. in die Stadt Brünn erhebliche nationalpolitische Bedeutung erlangen.
Vgl. Habel: MVT; S. 45 mit Anm. II/69.

3 Die §§ 8–10 wurden durch Gesetz vom 5. 12. 1896 geändert und werden daher in dieser Fassung wiedergegeben. Es hieß in der neuen Fassung:
»§ 1 ⟨ehemals § 8:⟩
Das Heimatrecht wird durch ausdrückliche Aufnahme in den Heimatverband erworben.
⟨§ 2 ehemals § 9:⟩
Die ausdrückliche Aufnahme in den Heimatverband kann von der Aufenthaltsgemeinde demjenigen österreichischen Staatsbürger nicht versagt werden, welcher nach erlangter Eigenberechtigung durch zehn der Bewerbung um das Heimatrecht vorausgehende Jahre sich freiwillig und ununterbrochen in der Gemeinde aufgehalten hat.
. . .
§ 10 ⟨ehemals § 10:⟩
Definitiv angestellte Hof-, Staats-, Landes-, Gemeinde-, Bezirksvertretungs- und öffentliche Fonds-Beamte und Diener, Geistliche und öffentliche Lehrpersonen, endlich die k. k. Notare erlangen mit dem Antritte ihres Amtes das Heimatrecht in der Gemeinde, in welcher denselben ihr ständiger Amtssitz angewiesen wurde.
. . .«
Vgl.: Österr. RGBl.; 86. Stück, Nr. 222 v. 19. 12. 1896, S. 743 f.

Die Bestimmung des § 10 sollte in der ČSR ab 1919 (zur Fortgeltung: Siehe S. 295) durch politische Nutzung der Unterwanderung deutscher Gemeinden erhebliche nationalpolitische Bedeutung erlangen.
Vgl. Habel: MVT; S. 45 mit Anm. II/58.

[4] Das trat dann 1918/20 beim Übergang von der k. ö. in die ČSR-Staatsbürgerschaft nicht ein. Siehe S. 295.

[5] Siehe das Faksimile S. 198.

Quelle:
Österr. RGBl.; 43. Stück; Nr. 105 v. 3. 12. 1863, S. 368ff.

****

Aufruf[1] des Ministerpräsidenten des Königreiches Preußen, Otto Graf von Bismarck[3] an die »Böhmen und Mähren«: **1866, 8. Juli[2]**

Berücksichtigung der nationalen Wünsche

Einwohner des glorreichen Königreiches Böhmen![4]
In Folge des gegen unsere Wünsche vom Kaiser von Österreich herbei geführten Krieges, betreten wir nicht als Feinde und Eroberer sondern mit voller Achtung für Eure historischen und nationalen Rechte Eueren heimatlichen Boden.
Nicht Krieg und Verheerung, sondern Schonung und Freundschaft bieten wir allen Einwohnern ohne Unterschied des Standes, der Confession und Nationalität.
... Nichts liegt uns ferner als die Absicht Eueren gerechten Wünschen nach Selbstständigkeit und freier nationeller Entwicklung entgegen zu treten.
...
⟨*Aufforderung, keinen offenen Widerstand zu leisten und nicht zu fliehen*⟩
...
Sollte unsere gerechte Sache obsiegen, dann dürfte sich vielleicht[5] auch den Böhmen und Mähren[4] der Augenblick darbieten, in dem sie ihre nationalen Wünsche gleich den Ungarn[6] verwirklichen können.
Möge dann ein günstiger Stern ihr Glück auf immerdar begründen.
Das Preußische Ober-Commando.

Anmerkungen:

[1] Der Aufruf wurde in deutscher und tschechischer Sprache veröffentlicht.

[2] Der preußisch-österreichische Krieg hatte am 15. 6. 1866 begonnen und war mit dem preußischen Sieg bei Königgrätz (Nordböhmen) am 3. 7. 1866 militärisch entschieden; der Vorfriedensschluß von Nikolsburg (Südmähren) erfolgte dann bereits am 26. 7. 1866.

[3] Bismarck wollte Österreich ungeschwächt als potentiellen Verbündeten Preußens erhalten. Die Deutschen in Österreich als dessen stärkste Stütze ansehend, drohte er daher ebenso folgerichtig wie theoretisch: »Wenn die österreichischen Provinzen sich uns mit Gewalt anschließen wollten«, deshalb »gegen sie einen Krieg anzufangen«.
Vgl. Bismarck, Otto v.: »Gesammelte Werke«; 15 Bde, Berlin, 1924ff.; Bd. 8, S. 107.

[4] Der Text des Aufrufes macht deutlich, daß die eigene staatsrechtliche Stellung Mährens als Markgrafschaft nicht beachtet wurde.

[5] Bekanntlich hat sich Preußen auch nach seinem Sieg für die »Böhmen und Mähren« nicht interessiert.

[6] Der Ausgleich zwischen Österreich und Ungarn stand seit 1859 (österreichische Niederlagen in Italien) öfter bevor, erfolgte jedoch erst 1867.

Quelle:
Raupach, Hans: »Bismarck und die Tschechen im Jahre 1866«; Berlin, 1938; S. 8, 9 (dort faksimilierte Wiedergabe in beiden Sprachen).

****

Der deutsche Schrifsteller Theodor Fontane in seinen Berichten[1] über den »Deutschen Krieg von 1866«[2]: **1866, Ende**
Das herrschende Tschechentum wird germanisch werden

. . .
Die Nationalitätsfrage, das wiedererstandene, nach Herrschaft strebende Tschechentum, ist eine Erscheinung jüngsten Datums, ist eine Hervorbringung des Jahres 1848. Bis dahin hatte das Metternichsche Regime gleich schwer auf deutsch wie tschechisch gelegen, und ein tschechisch nationales Sichauflehnen gegen die deutsche Regierungsgewalt schien noch ferner zu liegen als ein freiheitliches Sichauflehnen gegen die absolute Regierungsgewalt ... Nichts deutete auf die Vorgänge hin, die im Frühjahr 1848 rasch und mit beispielloser Heftigkeit in die Erscheinung traten. Kaum hatte das junge Wien den greisen Träger eines hinfällig gewordenen Systems beseitigt, als unter den berauschten Akteurs der Hauptstadt plötzlich ein besonderes Böhmentum in den Vordergrund trat. Von literarisch gebildeten Feuerköpfen ausgehend, in slawisch-phantastischer Tracht einherschreitend, in einem Idiome redend, das sich die Welt als ein untergehendes anzusehn bereits gewöhnt hatte, begann sich plötzlich aus der tschechischen Nationalität heraus eine wilde Agitation zu entwickeln, welche neben den bald als verfehlt erkannten Zielen des Panslawismus zunächst die unbeschränkteste Autonomie für Böhmen, im Endziele aber die bedingungslose Herrschaft des Tschechentums über das deutsche Element forderte ...
Uns, während des Krieges, den wir eben geführt[2], war das Tschechentum (trotz allem Deutschhasses, der es charakterisiert) eher ein Bundesgenosse als ein Gegner. Eine einmütig kaiserlich und einmütig österreichisch gesinnte Bevölkerung hätte es leicht gehabt, im Rücken unsrer Armeen einen Volkskrieg zu organisieren, der, wenn er an dem Ausgang des Krieges auch nichts geändert hätte, doch die Zahl unserer Opfer leicht hätte vermehren können. Es unterblieb, weil Deutschtum und Tschechentum zu gemeinschaftlichem Kampfe sich nicht einigen konnten.
. . .
Die Bevölkerung von Böhmen, wenn man die Zählung von 1857 zugrunde legt, dürfte zur Zeit etwa fünf Millionen betragen, darunter drei Millionen Tschechen und zwei Millionen Deutsche[3]. Die tschechischen Statistiker kommen freilich zu Resultaten, welche ihre Nationalität als ungleich überwiegender erscheinen lassen und die Zahl der Deutschen kaum auf ein Viertel der Gesamtbevölkerung zugeben wollen. Widersprechende Angaben dieser Art finden sich in allen Ländern gemischter Nationalität, wenn sie auch nicht überall mit gleicher Heftigkeit auftreten wie in dem durch die Nationalitätsagitation bis ins Innerste aufgewühlten Böhmen. Einen Hauptstreitpunkt bilden namentlich die Bevölkerungsverhältnisse in der Hauptstadt. Von den 140 000 Einwohnern derselben wollen die Deutschen den Tschechen nur 60 000 zugestehn, so daß sie Prag in erster Reihe als eine deutsche Stadt bezeichnen und als solche für sich in Anspruch nehmen. Allerdings ohne Erfolg. Das Tschechentum herrscht.
Mit Eifer und Sorgfalt, wenn auch freilich nicht ohne Parteilichkeit, sind neuerdings Versuche gemacht worden, innerhalb der weiten Gebiete des Königreichs bestimmte Sprach- und Nationalitätsgrenzen zu ziehn. Als unzweifelhaft geht aus diesen Versuchen nur hervor, daß die nordwestlichen und westlichen sowie ein Teil der nördlichen Grenzdistrikte (die Landstriche längs des Fichtel- und Erzgebirges sowie einzelne Bezirke in der Nähe der Lausitz und des schlesischen Riesengebirges) fast ausschließlich von Deutschen bewohnt werden, während im Zentrum des Landes sowie im Osten und Süden die tschechische Nationalität überwiegt ... Mit ziemlicher Sicherheit läßt sich behaupten, daß der tschechischen Nationalität die Masse des niedren Volkes in Stadt und Land, die Mehrzahl des Bauernstandes und der kleinen Handwerker, endlich einige wenige adlige Familien angehören, während die Deutschen den größeren Grundbesitz und den größeren Handels- und Ge-

werbsstand zu den ihrigen zählen. Dies tritt namentlich auch in Prag hervor, wiewohl es hier (wir deuteten dies schon an) der überwiegend tschechischen Gemeinderepräsentation gelungen ist, die öffentlichen Schulen bis auf wenige Ausnahmen zu tschechisieren ... Das Tschechentum knüpft daran die weitgehendsten Hoffnungen. Wir unsrerseits sehen in diesen leidenschaftlichen Wiederbelebungsversuchen nur ein Aufflackern, wie es dem Erlöschen vorausgeht. Wir finden diese Bestrebungen hoffnungsloser, aussichtsloser als die der Polen, die die große Front der slawischen Welt bilden, während Böhmen (durch Schlesien abgetrennt) eine halbgermanisierte slawische Insel ist, die, weil von deutschem Leben rings umgeben, unter veränderten politischen Verhältnissen notwendig germanisch werden muß. Ein dagegen ankämpfender Fanatismus, ein beständiges Borgen und sich Rats erholen bei Jahrhunderten, die um ein Jahrtausend zurückliegen, das Einführen des Balladenstoffs in die Politik, ist, weil Schemen unterschiebend, wo es sich um Leben und Wirklichkeit handelt, der Weg zum Untergang, ein Verpuffen, ein Verbrauchen der letzten Kräfte ... So wird an den realen Machtverhältnissen auch das Tschechentum scheitern.
...

Anmerkungen:
[1] Der vornehmlich wegen seiner späteren Romane bekannte Autor begann seine literarische Karriere als Journalist (u. a. in England) und Kriegsberichterstatter (auch aus dem deutsch-französischen Krieg 1870/71).
Seine Berichte trugen zur politischen Meinungsbildung in Preußen nicht unerheblich bei.
[2] Gemeint ist der preußisch-österreichische Krieg von 1866.
[3] Die Zahlen wurden in der Volkszählung 1857 festgestellt mit (in Tsd.):
Gesamt 4,720., davon 2,926. Tschechen und 1,766. Deutsche.
Vgl. Bohmann, Alfred: »Bevölkerungsbewegungen in Böhmen 1847–1947«; München, 1958; S. 66, 82.

Wiedergabe nach:
Fontane, Theodor: »Politik und Geschichte. Aus den Kriegstagebüchern 1866–1876: Der deutsche Krieg von 1866«; München, 1969; S. 354 ff.; Hervorhebungen im Original.
Die Wiedergabe wurde in der Reihenfolge des historischen Ablaufs geordnet.

****

Die Verfassung[1] des Kaisertums Österreich: **1867, 21. Dezember**
Volksgruppenrecht

...
Artikel 19:
Alle Volksstämme des Staates sind gleichberechtigt und jeder Volksstamm hat ein unverletzliches Recht auf Wahrung und Pflege seiner Nationalität und Sprache.
Die Gleichberechtigung aller landesüblichen Sprachen in Schule, Amt und öffentlichem Leben wird vom Staat anerkannt.
In den Ländern, in welchen mehrere Volksstämme wohnen, sollen die öffentlichen Unterrichtsanstalten derart eingerichtet sein, daß ohne Anwendung eines Zwangs zur Erlernung der zweiten Landessprache jeder dieser Volksstämme die erforderlichen Mittel zur Ausbildung in seiner Sprache erhält.
...

Anmerkung:
[1] Die Verfassung wurde von der Regierung oktroyiert (= erlassen).

Quelle:
Österr. RGBl. 1867; Nr. 141 v. 22. 12. 1867; auch

Bernatzik, Edmund: »Die österreichischen Verfassungsgesetze mit Erläuterungen«; 2. Aufl., Wien, 1911; S. 390–451

****

Österreichisches Gesetz **1871, 27. Juli**[1]
zur »Regelung der polizeilichen Abschaffung und des Schubwesens«
Abschub von z. B. Landstreichern, Dirnen und Ex-Sträflingen in Heimatgemeinde, von Heimatberechtigten aus dieser »unstatthaft«

§. 1.

Die Abschiebung aus einem bestimmten Orte oder Gebiete mit der Verweisung in die Zuständigkeitsgemeinde, oder bei Personen, welche dem Geltungsgebiete dieses Gesetzes nicht angehören, über die Gränze dieses Gebietes, darf aus polizeilichen Rücksichten nur gegen nachstehend bezeichnete Personen erfolgen, als:
a) gegen Landstreicher und sonstige arbeitsscheue Personen, welche die öffentliche Mildthätigkeit in Anspruch nehmen;
b) gegen ausweis- und bestimmungslose Individuen, welche kein Einkommen und keinen erlaubten Erwerb nachweisen können;
c) gegen öffentliche Dirnen, welche dem behördlichen Auftrage zur Abreise keine Folge leisten;
d) gegen aus der Haft tretende Sträflinge und Zwänglinge, insoferne sie die Sicherheit der Person oder des Eigenthums gefährden.

Bei wiederholter Abschiebung kann das Verbot der Rückkehr ausgesprochen werden.

§. 2.

Die polizeiliche Abschaffung aus einem oder mehreren Orten mit dem Verbote, dahin jemals oder binnen einer bestimmten Zeit zurückzukehren, darf nur gegen die im §. 1 bezeichneten Personen und nach den Bestimmungen des gegenwärtigen Gesetzes stattfinden.
Sie hat dann einzutreten, wenn die Gefährdung der öffentlichen Interessen, zu deren Schutz die Abschiebung bestimmt ist (§. 1), vorzugsweise nur für den Ort besteht, aus welchem die Person entfernt werden soll.
Die Abschiebung oder Abschaffung einer Person aus ihrer Zuständigkeitsgemeinde ist unstatthaft.
Mit der Erwerbung der Zuständigkeit in einem Orte erlischt die Wirkung der Abschaffung aus demselben.
Außerdem können Personen, welche in dem Geltungsgebiete dieses Gesetzes nicht heimatberechtigt sind, wenn sich ihr Aufenthalt daselbst aus Rücksichten der öffentlichen Ordnung oder Sicherheit als unzulässig darstellt, aus dem ganzen Geltungsgebiete dieses Gesetzes oder aus einem bestimmten Theile desselben abgeschafft werden.
Die Fälle, in denen auf Landesverweisung oder Abschaffung als Strafe oder Strafverschärfung zu erkennen ist, werden durch die Strafgesetze bestimmt.
Das den Gemeinden nach den Gemeindegesetzen zustehende Recht der Ausweisung bleibt durch dieses Gesetz unberührt.

. . .

Anmerkung:
[1] Zur Fortgeltung ist zu beachten, daß am 21. 11. 1936 der ČSR-Innenminister seiner Staatspolizei in Karlsbad per Kundmachung die »Entscheidungen über Abschub und Ausweisung nach dem Gesetz vom 27. Juli 1871, Zl. 88 R.-G.-Bl.« übertrug.
Vgl. »Pilsener Tagblatt« ⟨TZ.⟩, Pilsen (W. Böhm.); Nr. 288 v. 11. 12. 1936.

Quelle:
Österr. RGBl.; 35. Stück, Nr. 88 v. 27. 7. 1871; S. 229 ff.

****

Kurzbericht:
Von den Deutsch-Böhmen und -Mährern zu den »Sudetendeutschen«
Zur Entstehung eines Begriffes

A) Vorbemerkung und Problemstellung

Es ist unbestritten, daß der geographische Begriff »Sudeten« als naturwissenschaftliche Bezeichnung eines Gebirgszuges im Norden Böhmens seit alters her gebraucht wurde.[1] *Auch die weitergehende Anwendung im z. B. biologischen Bereich ist belegt: W. Winkler veröffentlichte 1900 in Dresden ein Buch über die »Sudetenflora« und definierte (S. 11):* »Das behandelte Gebiet umfaßt den Sudetenzug vom mährischen Gesenke bis zum Isergebirge.«
Beharrlich hält sich jedoch die vor allem von Tschechen vertretene Auffassung[2]*, daß die Verbindung des Begriffes »Sudeten« mit den dort lebenden Deutschen erst von Henlein 1933 erfunden wurde.*[3]

B) Materialien
Demgegenüber ist zum soziologisch-politischen Begriffsursprung festzuhalten:

1. 1848/49
Der sudetendeutsche Politiker Franz Jesser erwähnte[4]*, daß ihm* »im Jahre 1927 ein Zitat aus einer Rede eines deutsch-böhmischen Abgeordneten des Frankfurter Parlaments von 1848/49 bekannt[5] geworden sei, welches das Wort ›sudetisch‹ oder ›Sudetenland‹ enthalten habe«.

2. 1889
Der für Österreich-Ungarn zuständige Bearbeiter einer europäischen Länderkunde definierte zur »geographischen Verbreitung der wichtigsten Volksstämme der Monarchie«[6]: »Im oberen Moldaugebiet schließt sich daran das zwar zusammenhängende, aber streifenartig entwickelte Territorium der Sudetendeutschen, das den ganzen Westen und Norden von Böhmen umzieht, und woran sich dann unmittelbar das deutsche Gebiet im nördlichen Mähren und im Troppauer Schlesien bis zur Oder anschließt.«

3. 1893
In einem Aufsatz schrieb[7] *Heinrich Herkner in Gegenüberstellung zu den Deutschen der Alpenländer von den* »deutschen Sudetenbewohnern«, *den* »Deutschen in den Sudeten« *und von den* »über drei Millionen Deutschen« *der Sudetenländer.*

4. 1893 (tschechisch)
Aus einem Bericht über Herkners Aufsatz ist in den Kombinationen »sudetských zemi« (Sudetenländer) *und* »rozvoj Němců sudetských« (die Entwicklung der Sudetendeutschen) *die derzeit erste bekannte Verwendung in der tschechischen Sprache zu belegen.*[8]

5. 1898
Franz Jesser berichtete[9] *auch:*
»Gelegentlich einer Aussprache ⟨*im Jahre 1898*⟩ mit Dr. Josef Tschan[10] – wir behandelten gerade die Beobachtung, daß jetzt auch die Tschechen und Slowaken aus Mähren und

der Slowakei dem böhmischen Arbeitsmarkte zuwanderten – fiel uns beiden auf, daß wir immer ›die Deutschen aus Böhmen, Mähren und Schlesien‹ sagen mußten, wenn wir unsere Landsleute benennen wollten, ein gemeinsamer Name fehlte also. ›Da haben es die Deutschen in den Alpenländern besser‹, meinte Tschan. ›Sie haben ihren Sammelnamen: Alpendeutsche.‹ ›Das können wir doch auch machen‹, antwortete ich improvisierend. ›Das System unserer Gebirge wird in der Geologie und Geographie ja ohnehin das ›sudetische‹ genannt, so könnten wir doch ‚Sudetenländer' und ‚Sudetendeutsche' sagen.‹ Von hier aus nahm diese Bezeichnung ihren Ausgang.«

Im gleichen Jahr schrieb der tschechische Abgeordnete im österreichischen Parlament Ernst Berner in deutscher Sprache:[11]

»Auch die staatsrechtlichen Bestrebungen der Tschechen können natürlich das Vertrauen der Sudetendeutschen nicht erwecken. Denn diese Bestrebungen sind keineswegs der Sehnsucht nach der blauen Blume des Mittelalters, nach Rittertum und Minnesang entsprossen, sondern allein der deutlichen Absicht, die Deutschen der Sudeten von denen der Alpenländer durch Grenzen derart zu trennen, daß jene als Minderheit in kulturellen und administrativen Fragen von den Tschechen in Abhängigkeit geraten.«

6. 1900

Der österreichische »Schulatlas«, herausgegeben vom Verlag Ed. Hölzl in Wien und genehmigt vom k. Unterrichtsministerium, bezeichnete die Kronländer Böhmen, Mähren und (österr.) Schlesien als »Sudetenländer« *und die dort wohnenden Deutschen als* »Sudetendeutsche«.[12]

7. 1901

In diesem Jahr wurde der Begriff »die Deutschen in den Sudetenländern« *verwendet.*[13]

8. 1903

In diesem Jahr erschien ein Artikel[14] *mit dem Titel »Zweiteilung?«, in dem in Gegenüberstellung folgende Aussagen gemacht wurden:*

»Die Alpendeutschen sind zufrieden und friedlich, die Sudetendeutschen sind mißtrauisch und halten sich zur Abwehr bereit, da sie von einem Frieden nichts merken . . . Die Sudetenländer sind trotz des deutsch-tschechischen Zwistes rüstig fortgeschritten und haben sich auf dem Gebiete des Verkehrswesens, des Gewerbefleißes, des Unterrichts usw. rüstig fortentwickelt. In den Alpenländern zeigte sich dagegen Stillstand, ja Rückgang infolge starker Auswanderung.«

9. 1918–1920

Aus diesen Jahren ist trotz der vornehmlich von den bisherigen österreichischen Kronländern Böhmen, Mähren und Schlesien bestimmten Begrifflichkeit[15] *v. a. zu verzeichnen.*

Am 16./17. 9. 1916 veranstaltete der SPÖ-Spitzenpolitiker Josef Seliger einen »Sudetendeutschen Arbeitertag« *für zahlreiche Vertrauensmänner seiner Partei in Brünn.*[16]

Am 13. 12. 1918 verlangte eine Note der deutschösterreichischen Regierung von den Alliierten eine Volksabstimmung für die mehr als »3 Millionen Deutschen« *in* »großen zusammenhängenden Gebieten Böhmens und Mährens.«[17]

Es war der damalige ČSR-Außenminister Dr. Beneš, der dieses (von der ČSR und den Alliierten abgelehnte) Begehren in seinen eigenen Memoiren 1927 zutreffend als Forderung für die »sudetský Němci« *bzw.* »Sudetendeutschen« *bezeichnete.*[18]

Am 7. 2. 1919 riefen die tschechischen Delegierten zum Internationalen Sozialistenkongreß in Bern »die Sudetendeutschen«[19] *auf, mit ihnen die ČSR modern auszugestalten.*

Am 15. 6. 1919 forderte eine Note der deutsch-österreichischen Delegation in St. Germain eine Volksabstimmung in den »deutschen Gebieten der Sudeten«.[20]

Am 6. 9. 1919 verwahrte sich die deutsch-österreichische Nationalversammlung gegen den Beschluß der Alliierten, »3½ Millionen Sudetendeutsche von den Alpendeutschen«[21] *loszureißen.*

Am 1. 6. 1920 sprach Rudolf Lodgman von Auen im ČSR-Parlament von den »deutschen Sudetengebieten« *und den* »deutschen Sudetenländern«[22], *am 2. 6. 1920 Josef Seliger vom* »deutschen Volk in den Sudetenländern«[23].

C) Zusammenfassung

Der Ausdruck »Sudetendeutsche« ist lange vor 1933 entstanden und auch in vielfältigen Ableitungen verwendet worden.

Anmerkungen und Quellen:

1 Vgl. Hoffmann, Roland J.: »Zur Rezeption des Begriffs der Sudeti montes im Zeitalter des Humanismus und der Reformation« in »Jahrbuch für sudetendeutsche Museen und Archive 1993/94«; München, 1994; S. 73–184.
Dem Autor verdanke ich zahlreiche Hinweise.

2 Siehe dazu die Grundsatzerklärung der ČSR-⟨Exil-⟩Regierung vom Sommer 1942, S. 479 f.

3 So z. B. im Bericht über eine Diskussion in der tschechischen Sozialdemokraten nahestehenden Masaryk-Akademie in Prag im Frühjahr 1995.
Vgl. »Die Brücke«; Nr. 5 v. 15. 5. 1995; S. 9.

4 Vgl. »Sudetenland«, ⟨*Qu.Z.*⟩, München; Jg. 6, Nr. 2 (Frühjahr 1995); S. 144.

5 Nachforschungen in den Protokollen verliefen ergebnislos.

6 Vgl. den Text von Alexander Supan in »Länderkunde Europa«; hsg. v. Anton Kirchner; Wien, 1889; S. 10 f., 608.

7 Vgl. Herkner, Heinrich: »Die Zukunft der Deutsch-Österreicher in »Deutsche Worte«; hsg. v. Engelbert Pernerstorfer; Wien, Jg. 13 (1893); S. 328; auch eigene Broschüre; Wien, 1893; dort S. 9.

8 Vgl. Herben, Jan: »Budoucnost rakouských Němců« (»Die Zukunft der österreichischen Deutschen« in »Čas« (Die Zeit), ⟨*WZ.*⟩, Prag; Jg. 7, Nr. 44 v. 4. 11. 1893; S. 699–700, hier S. 700.

9 Jesser war als Wanderlehrer des Bundes der Deutschen (BdD) in Nordmähren tätig.

10 Damals Vertrauensmann des BdD in Bilin (N.Böhm.); später Abgeordneter der Deutschradikalen Partei.

11 Vgl. Berner, Ernst: »Nationalismus und Ausgleich in Österreich-Ungarn« in »Die Neue Zeit« ⟨*MZ. d. SPD*⟩, hsg. v. Karl Kautsky; Stuttgart; Jg. 17 (1898/99), Nr. 1; S. 68–74, hier S. 72 f.

12 Wiedergabe nach Bruno March in PZ; Nr. 31 v. 31. 7. 1997; S. 15.

13 Vgl. »Der Deutsche Volksbote« ⟨*WZ.*⟩, Prag; Jg. 11, Nr. 43 v. 27. 10. 1901; S. 4.

14 Der Artikel selbst war ungezeichnet.
Er stammte »mit an Sicherheit grenzender Wahrscheinlichkeit« von Franz Jesser.
Vgl. Pscheidt, Edgar: »80 Jahre ›Sudetendeutsch‹?« in »Mitteilungen des Sudetendeutschen Archivs«; Nr. 73; München, 1983; S. 1–3, hier S. 2.
Deswegen wurde der Artikel in einem Buch über Jesser faksimiliert wiedergegeben.
Vgl. Herr, Arthur: »Franz Jesser. Volkstumskampf und Ausgleich im Herzen Europas«; Nürnberg, 1983; S. 183.

15 Als Einrichtungen der Deutschen entstanden 1918 Deutsch-Böhmen als eigenes Land Deutsch-Österreichs, Deutsch-Südböhmen (Böhmerwaldgau) angrenzend zu Bayern und Deutsch-Südostböhmen (Neubistritz) mit Richtung Oberösterreich. In Mähren schloß sich Deutsch-Südmähren an Niederösterreich an; Nordmähren mit Westschlesien bildeten das damalige Land Deutsch-Österreichs »Sudetenland«.

16 Vgl. Strauß, Emil: »Von Hainfeld bis zum Weltkriege«; Prag, 1926; S. 271 f.

17 Zum Text: Siehe S. 243.

18 Im tschechischen Original »Světová válka a naše revoluce« (Der Weltkrieg und unsere Revolution); 3 Bde., Prag, 1927 f., Aufl. 1935, Bd. 2; S. 499. In der autorisierten deutschen Übersetzung »Der Aufstand der Nationen«, Prag, 1928; S. 685.

19 Siehe S. 323.

20 Siehe S. 275.
Dazu wurde differenziert, daß in den deutschösterreichischen Noten für die Friedenskonferenz der Ausdruck ›sudetendeutsch‹ nicht vorkäme. Er fände sich »nur dreimal in dem ›Memorandum der Vertreter der Sudetenländer‹ (die also nicht als ›Vertreter der Sudetendeutschen‹ auftraten), das Dr. Renner bloß als Beilage seiner Note vom 15. Juni 1919 der Friedenskonferenz vorlegte.«
Vgl. Brügel, Johann W.: »Tschechen und Deutsche 1918–1938«; München, 1967; S. 116 f.

Diese Betrachtungsweise führte der Autor dann zeitlich weiter, um selbst angesichts der »Treuegemeinschaft sudetendeutscher Sozialdemokraten« von 1939 (siehe S. 438) schlicht zu behaupten: »Eine ›sudetendeutsche Sozialdemokratie‹ hat es nie gegeben« (a. a. O.; S. 118).

21 Siehe S. 279.
22 Siehe S. 299.
23 Siehe S. 300.

****

Rede des tschechischen Politikers František Rieger: **1897, 10. Januar**
Gutes Nationalitätengesetz durch freie Übereinkunft anzustreben

Eine Rede des Altczechen Dr. Rieger. – Im Namen der Altczechen hielt am 10. Januar der greise Führer der Altczechen Dr. Rieger in einer Versammlung zu Kolin ⟨*Mittelböhmen*⟩ eine Rede für die Einigung aller czechischen Parteien und die Versöhnung mit den Deutschen. Er sagte unter anderm: ›Ein so starkes Element wie das deutsche in Böhmen läßt sich nicht so behandeln wie die schwachen deutschen Stämme in Ungarn; einem so intelligenten und mächtigen Volksstamm wie dem deutschen in Böhmen, der im Rücken noch durch ein großes gebildetes Volk gedeckt wird, können und dürfen wir keine Verlegenheit bereiten. Weil nun beide Volksstämme in diesem Land so ziemlich gleich stark sind, kann sich keiner dem andern unterordnen, und so bleibt nichts anderes übrig, als daß sich beide einigen und versöhnen, allerdings auf Grund gleichen Rechts.‹ Sodann legte er dar, daß der deutsch-czechische Streit die Ursache sei, daß weder die Deutschen noch die Czechen den verdienten Einfluß auf die öffentlichen Angelegenheiten hätten, daß in Oesterreich Elemente regierten, die nicht die Steuerkraft und Bildung besäßen wie Böhmen und seine beiden Volksstämme, und trat schließlich ein für die Schaffung eines guten Nationalitätengesetzes durch freie Uebereinkunft beider Volksstämme.

Quelle:
»Illustrierte Zeitung«; Leipzig/Berlin; 108. Bd.; Nr. 2795 v. 23. 1. 1897.

****

Antrag der tschechischen Landtagsabgeordneten Josef Herold und Bedřich Pacák: **1898, 4. Februar**
Unteilbarkeit Böhmens, Gleichberechtigung der böhmischen[1] *mit der deutschen Sprache*

1. Das Königreich Böhmen bildet in Angelegenheiten der gesamten öffentlichen Verwaltung und auf dem Gebiete der Gesetzgebung ein einheitliches, unteilbares Ganze.

. . .

4. Die böhmische[1] und die deutsche Sprache sind im ganzen Gebiete des Königreichs Böhmen gleichberechtigte Landessprachen.

. . .

6. Sowohl die böhmische[1] als auch die deutsche Sprache sind bei sämtlichen Staats- und Landesämtern im Königreiche Böhmen Amtssprachen, und es müssen alle im Lande angestellten Staats- und Landesbeamten beider Amtssprachen mächtig sein. Jeder Staatsbürger hat das Recht, die eine oder die andere Landessprache bei allen Staats- und Landesämtern im ganzen Lande zu gebrauchen.

Anmerkungen:
1 Hier gemeint: »tschechisch«; zum politisch-semantischen Begriff »böhmisch«: Siehe S. 181.
Zur Reaktion der (Sudeten-)Deutschen auf diese Forderung kann auch die sog. »Osterbegehrschrift« deutscher Parteien vom April 1916 herangezogen werden. In dieser hieß es u. a.:

»In Böhmen ist die nationale Einteilung der Gerichtsbezirke und Landtagswahlkreise durchzuführen und eine neue Landesordnung zu erlassen, welche die Teilung des Landes in ein deutsches und ein doppelsprachiges Verwaltungsgebiet, die Teilung des Landtages und des Landesausschusses und die genaue Abgrenzung der Zuständigkeit des Landtages und der beiden Kammern und Ausschüsse vorsieht.
Das Land ist nach nationalen Gesichtspunkten in Kreise einzuteilen, welche eigene Kreisregierungen und Kreisvertretungen erhalten.
...
Im deutschen Sprachgebiete Böhmens dürfen nur deutsche Beamte angestellt und die Geschäfte des deutschen Sprachgebietes bei den national geteilten Landesbehörden dürfen nur von deutschen Beamten geführt werden.
Die Tschechen sind als Volksstamm auch amtlich als ›Tschechen‹ und nicht als ›Böhmen‹ und nicht als ›Mährer‹ zu bezeichnen. Ebenso ist ihre Sprache als ›tschechisch‹ und nicht als ›böhmisch‹ oder ›mährisch‹ zu bezeichnen.«
Vgl. Kaindl, Raimund F.: »Der Völkerkampf und Sprachenstreit in Böhmen«; Wien, 1927; S. 67.

Quelle:
»Materialien zur Sprachenfrage in Österreich«; hsg. v. Alfred Fischel; Brünn, 1902; S. 181 f.

****

Gründungsprogramm[1] der Tschechischen Nationalsozialen Partei: **1898, 11. April[2]**

...
Wir wollen sowohl als Mitglieder der Arbeiterklasse als auch als eine Nation in Freiheit leben[3] ...
Wir wollen, daß die tschechische Nation als unabhängiges und gleiches Mitglied der europäischen Nationen lebt und nicht als unterdrückte Nation, die in Ketten schmachtet ...

Anmerkungen:

1 Es handelt sich um die erste Partei der Welt, die »national« und »sozial« in ihren Parteinamen aufnahm. Nach zeitweiser Firmierung als »Partei tschechoslawischer, nationaler Sozialisten« trat sie ab März 1918 als »Tschechoslowakische Sozialistische Partei« auf und wurde 1920 zur »Tschechoslowakischen Nationalsozialistischen Partei« (späteres Mitglied Dr. Beneš).

2 Erst über 20 Jahre später, am 5. Mai 1918, folgte der Tschechischen Nationalsozialen Partei in der Namengebung die »Deutsche Nationalsozialistische Arbeiterpartei« in Österreich (DNSAP). Zum Programm: Siehe S. 227.
Nach Ende des Ersten Weltkrieges im Jahre 1918 existierte in München eine kleine, rechtsstehende politische Splittergruppe namens »Deutsche Arbeiterpartei«, die nach dem 22. 2. 1920 zur »Nationalsozialistischen Deutschen Arbeiterpartei« (NSDAP) wurde. Einer ihrer damaligen Sprecher, Adolf Hitler, verkündete am 24. 2. 1920 das als unabänderlich bezeichnete Parteiprogramm, in dem es an herausragender Stelle u. a. hieß:
»Wir fordern den Zusammenschluß aller Deutschen auf Grund des Selbstbestimmungsrechtes der Völker zu einem Groß-Deutschland. Wir fordern die ... Aufhebung der Friedensverträge von Versailles und St. Germain.«
Vgl. Maser, Werner: »Die Frühgeschichte der NSDAP«; Frankfurt/M., 1965; S. 468 ff.
Die Tschechoslowakische wie auch die Deutsche Nationalsozialistische Partei in Österreich waren jedoch von der NSDAP Hitlers mindestens durch deren Rassenprogramm deutlich verschieden.
Entsprechend ist daher das Bekenntnis des Vorsitzenden der tschechoslowakischen Nationalsozialisten, Václav Klofáč zu werten, der am 20. 11. 1938 im Prager Parteiorgan »České slovo« (Tschechisches Wort) schrieb:
»Der Nationalsozialismus ist bei uns entstanden. Wir haben an ihm über vierzig Jahre gebaut, er hat in unseren Verhältnissen viel erreicht, aber er wurde nie zur entscheidenden Macht, wie in Deutschland. Deutschland und seinen Nationalsozialismus können wir nicht einholen, wir müssen ihm nun voreilen. Der Nationalsozialismus hat uns in Deutschland in der Praxis übertroffen ... Er ist an der Macht und dient nicht der Unterdrückung.«

Vgl. Brouček, Miloslav: »Československa tragedie« (Die tschechoslowakische Tragödie); New York, 1956; S. 154.
Methodisch in der sachlich unzulässigen Inanspruchnahme aktuell »positiv« (und später sehr negativ) wirkender Aspekte ähnlich: Konrad Henleins Bekenntnis von 1941, daß er stets Nationalsozialist war und dies nur verleugnete: Siehe S. 454.

[3] In diesem programmatischen Satz wird das Kernproblem Mittel- und Osteuropas um 1900 deutlich: Die Verbindung gravierender sozialer Probleme (v. a. der Arbeiterschaft) mit nationalen Anliegen der erstarkenden Völker.

Quelle:
Exekutivkomitee der Tschechoslowakischen Nationalsozialistischen Partei (Hsg.): »Half a Century of Struggle Against Marxism – Who are the Czechoslovak National Socialists?«; o. O.; o. J. (vermutlich: USA, um 1968); S. 6.

****

Politisches Programm deutscher Parteien[1] in Österreich: **1899, 20. Mai**
(Sog. Pfingstprogramm)
»Volksgruppenrecht« in Österreich

1. Nationale Abgrenzung.
Die nationale Abgrenzung der Gerichtssprengel ist, ausgehend von der Ortschaft (wenn nötig, durch Teilung der Gemeinden), derart vollständig durchzuführen, daß, abgesehen von den infolge der ethnographischen Verhältnisse unausweichlich bleibenden gemischten Gebieten[2], zu jedem Gerichtssprengel nur Ortschaften einer und derselben Nationalität zugeteilt werden. Auf Grund der national abgegrenzten Gerichtssprengel haben sich aufzubauen die national abzugrenzenden Verwaltungsgebiete und die Wahlbezirke für den Landtag, Reichsrat und für die anderen Vertretungskörper.
Es sind national abgegrenzte Kreise zu bilden mit Kreisämtern und Kreisvertretungen[3] ...
2. Organisation der Behörden und Verwaltung.
Die obersten staatlichen Gerichts- und Verwaltungsbehörden im Lande haben aus einer deutschen und einer tschechischen Abteilung zu bestehen ... deutschen Verwaltungsgebieten und den diesen übergeordneten Abteilungen der Landesbehörden sind nur Beamte deutscher Nationalität anzustellen.
3. Sprachenfrage.
Die deutsche Sprache ist als innere und äußere Amtssprache aller Staatsbehörden in den deutschen Verwaltungsgebieten sowie bei den deutschen Abteilungen der Landesbehörden zu bestimmen. In den gemischten Gebieten sowie in der Landeshauptstadt Prag samt den Vororten hat die vollständig paritätische Behandlung beider Sprachen einzutreten.
4. Kurien[4].
Die Abgeordneten der Städte, Handelskammern und der Landgemeinden werden in nationale Kurien eingeteilt. Diesen Kurien wird ein Vetorecht bei Änderung der Landesordnung, Landtagswahlordnung und der Gemeindeordnung sowie in allen, ein wichtiges nationales Interesse eines der beiden Volksstämme betreffenden Angelegenheiten in der Weise eingeräumt, daß in diesen Angelegenheiten gegen das Veto einer Kurie ein endgültiger Landtagsbeschluß nicht zustande kommen kann.
5. Die Bedeckung der Schulauslagen ist in der Art zu trennen, daß für jede Nationalität ein selbständiges Budget zur Bestreitung der Unterrichtszwecke aufgestellt wird ...
7. Die Frage des Gebrauches der Landessprachen bei den autonomen[5] Behörden ist nach folgenden Grundsätzen zu ordnen:
a) Die bisherige Schwierigkeit bezüglich der Berücksichtigung der Sprache der Minorität in Gemeinde, Bezirk (Kreis) wird durch die nationale Abgrenzung der beiden Sprachgebiete nahezu ganz behoben.

b) Jede autonome Behörde in Böhmen hat (mit Ausnahme der Landeshauptstadt) ihre innere und äußere Amtssprache selbst festzusetzen und kann, wenn sie eine der beiden Landessprachen ausschließlich als ihre Amtssprache erklärt, nicht gezwungen werden, in einer anderen Sprache Eingaben anzunehmen, Verhandlungen zu führen oder Geschäfte zu erledigen . . .

8. In den gemischten Gebieten sowie in der Landeshauptstadt samt Vororten sind Minoritätsschulen zu errichten, wenn die gesetzlich erforderliche Anzahl von Kindern der anderen Nationalität vorhanden ist, wobei jedoch auf dem Wege der Gesetzgebung Bestimmungen zu treffen sind, wonach bei der Errichtung beziehungsweise Erweiterung von Minoritätsschulen nur die seit einer gewissen Zeit ortsansässige Bevölkerung zu berücksichtigen ist. Die Kosten dieser Minoritätsschulen werden, unbeschadet der bereits von der Gemeinde erfüllten Verpflichtungen, vom Landesschulfonds der betreffenden Nationalität bestritten. In den reinsprachigen Gebieten bedarf es zur Errichtung einer Minoritätsschule außerdem der Zustimmung der Gemeinde.

Anmerkungen:

[1] Es handelte sich um die sog. »bürgerlichen Parteien« (d. h. ohne die Sozialdemokraten). Die Radikalen und Alldeutschen beteiligten sich nicht.

[2] »Gemischtes Gebiet« wurde z. B. im Sprachgesetzentwurf von Ministerpräsident Körber v. 8. 5. 1900 verstanden als: »Jeder Bezirk, . . . in dem die Minderheit der anderssprachigen Bewohner 20 Prozent der gesammten Bevölkerung erreicht oder übersteigt.« Nach jeder zweiten Volkszählung sollte eine Anpassung an die neuen Verhältnisse unter Beibehaltung der 20 %-Grenze erfolgen. Vgl. Fischel: a. a. O. (siehe Quelle); S. 188.

[3] Ähnlich den schon 1849 vorgesehenen Kreistagen, siehe S. 194.

[4] Kurie: Hier die Zusammenfassung von Abgeordneten.

[5] Behörden der Gemeinden und Kreise.

Quelle:

»Materialien zur Sprachenfrage in Österreich«; hsg. v. Alfred Fischel; Brünn, 1902; S. 37 f.

****

Das Nationalitätenprogramm der österreichischen Sozialdemokratie:[1] **1899, 18. September**

Ziel: Demokratischer Nationalitätenbundesstaat

Da die nationalen Wirren in Österreich jeden politischen Fortschritt und jede kulturelle Entwicklung der Völker lähmen, da diese Wirren in erster Linie auf die politische Rückständigkeit unserer öffentlichen Einrichtungen zurückzuführen sind und da insbesondere die Fortführung des nationalen Streites eines jener Mittel ist, durch die die herrschenden Klassen sich ihre Herrschaft sichern und die wirklichen Volksinteressen an jeder kräftigen Äußerung hindern,

erklärt der Parteitag:

Die endliche Regelung der Nationalitäten- und Sprachenfrage in Österreich im Sinne des gleichen Rechts und der Gleichberechtigung und Vernunft ist vor allem eine kulturelle Forderung, daher im Lebensinteresse des Proletariats gelegen;

sie ist nur möglich in einem wahrhaft demokratischen Gemeinwesen, das auf das allgemeine, gleiche und direkte Wahlrecht gegründet ist[2], in dem alle feudalen Privilegien im Staate und in den Ländern beseitigt sind, denn erst in einem solchen Gemeinwesen können die arbeitenden Klassen, die in Wahrheit die den Staat und die Gesellschaft erhaltenden Elemente sind, zu Worte kommen; die Pflege und Entwicklung der nationalen Eigenart aller Völker in Österreich ist nur möglich auf Grundlage des gleichen Rechts und unter Vermeidung jeder Unterdrückung, daher muß vor allem anderen jeder bürokratisch-staatliche Zentralismus ebenso wie die feudalen Privilegien der Länder bekämpft werden.

Unter diesen Voraussetzungen, aber auch nur unter diesen, wird es möglich sein, in Österreich an Stelle des nationalen Haders nationale Ordnung zu setzen, und zwar unter Anerkennung folgender leitender Grundsätze:

1. Österreich ist umzubilden in einen demokratischen Nationalitätenbundesstaat.
2. An Stelle der historischen Kronländer werden national abgegrenzte Selbstverwaltungskörper gebildet, deren Gesetzgebung und Verwaltung durch Nationalkammern, gewählt auf Grund des allgemeinen, gleichen und direkten Wahlrechts, besorgt wird.
3. Sämtliche Selbstverwaltungsgebiete einer und derselben Nation bilden zusammen einen national einheitlichen Verband, der seine nationalen Angelegenheiten völlig autonom besorgt.
4. Das Recht der nationalen Minderheiten wird durch ein eigenes, vom Reichsparlament zu beschließendes Gesetz, gewahrt.
5. Wir erkennen kein nationales Vorrecht an, verwerfen daher die Forderung einer Staatssprache; wie weit eine Vermittlungssprache nötig ist, wird das Reichsparlament bestimmen.

Der Parteitag als das Organ der internationalen Sozialdemokratie in Österreich spricht die Überzeugung aus, daß auf Grundlage dieser leitenden Sätze eine Verständigung der Völker möglich ist;
er erklärt feierlich, daß er das Recht jeder Nationalität auf nationale Existenz und nationale Entwicklung anerkennt;
daß aber die Völker jeden Fortschritt ihrer Kultur nur in enger Solidarität miteinander, nicht in kleinlichem Streit gegeneinander erringen können, daß insbesondere die Arbeiterklasse aller Zungen im Interesse jeder einzelnen Nation wie im Interesse der Gesamtheit an der internationalen Kampfgenossenschaft und Verbrüderung festhält und ihren politischen und gewerkschaftlichen Kampf in einheitlicher Geschlossenheit führen muß.

Anmerkungen:

1 Angenommen auf dem Brünner Gesamtparteitag.
Dieses Programm ist vor dem Hintergrund allgemeiner nationaler Polarisierung (z. B. 1882: Teilung der Prager Universität in eine deutsche und eine »böhmische« = tschechische Universität) auch in der an sich internationalen Sozialdemokratie in Österreich zu sehen.
Die »Tschechoslawische sozialdemokratische Partei« war am 7. 4. 1878 in Břevnov bei Prag gegründet und am 18. 18. 1878 vom verdeckt tagenden Parteitag der gesamtösterreichischen Sozialdemokratie unweit Reichenberg (Nordböhmen) offiziell als Bestandteil der Gesamtpartei anerkannt worden.
Auf dem Parteitag in Wien (1891) hatte ein tschechischer Delegierter bereits ausgeführt: »Der Internationalismus hat nur für ökonomische Probleme eine Daseinsberechtigung, vielleicht mitunter auch für politische und kulturelle; in nationalen Fragen bleibt er toter Buchstabe, kennt doch jeder Bürger nur seine eigene Nationalität.«
Auf dem Prager Kongreß (1896) verlangten die Tschechen die Schaffung nationaler Gruppen, was ihnen 1897 auf dem Kongreß von Wien-Wimberg zugestanden wurde. Seit diesem Zeitpunkt konnte man von einer »Föderation« von sechs unabhängigen Parteien sprechen: den deutschen, den tschechischen, den polnischen, den südslawischen, den ruthenischen und den italienischen Sozialdemokraten. Sie waren nun noch durch eine Exekutive und einen jährlichen Gesamtparteitag (z. B. in Brünn) verbunden sowie durch die Verpflichtung für die 14 sozialistischen Abgeordneten, sich als einheitliche Partei zu verhalten.
Vgl.: Droz, Jacques: »Geschichte des Sozialismus von 1875–1918«; Bd. IV; Frankfurt/M., 1975; Ullstein Buch 3143; S. 113.

2 Realisiert auf der Ebene des Gesamtstaates im Jahre 1907, sonst erst 1918/19.

Quelle:
Bauer, Otto: »Die Nationalitätenfrage und die Sozialdemokratie«; 2. Aufl.; Wien, 1924; S. 527.

****

Programm[1] **1904, 15. August**
der »Deutschen Arbeiterpartei in Österreich« (DAP)[2]:
Einheitlich organisiertes Österreich in gemeinsamem Zollgebiet mit dem Deutschen Reich

Die Deutsche Arbeiterpartei erstrebt die Hebung und Befreiung der arbeitenden deutschen Volksschichten aus dem Zustande ihrer heutigen wirtschaftlichen, politischen und kulturellen Unterdrückung. Sie geht hierbei von der Überzeugung aus, daß der Arbeiter nur innerhalb der natürlichen Grenzen seines Volkstums sich gegenüber den übrigen Volksklassen der Kulturgemeinschaft zur vollen Geltung seiner Arbeit und Intelligenz emporringen kann.
Wir verwerfen die internationale Organisation, weil sie den vorgeschrittenen Arbeiter durch den niedriger stehenden erdrückt und vollends in Österreich jeden wirklichen Fortschritt der deutschen Arbeiterklasse unterbinden muß.
Die Deutsche Arbeiterpartei steht auf dem Standpunkte, daß eine Besserung der wirtschaftlichen und sozialen Zustände nur erreichbar ist durch berufsgenossenschaftliche Organisation, daß die zielbewußte, positive Reformarbeit die heutigen unhaltbaren Verhältnisse der Gesellschaft überwinden kann und das soziale Aufsteigen der Arbeiterschaft sichert.
...

I. Die Erfüllung der kulturellen Aufgaben des österreichischen Staates wird durch die sogenannten Staatsfragen immer wieder unmöglich gemacht. Die Lösung dieser Fragen ist nur derart möglich, daß Österreich ein einheitlich organisierter Staat und damit lebensfähig werde.
Deshalb fordern wir:
...
3. Gesetzliche Erklärung der deutschen Staatssprache in Österreich; die deutsche Sprache ist demnach die ausschließliche Sprache des Heeres, der Vertretungskörper und öffentlichen Ämter; Anstellung deutscher Beamter und Richter im deutschen Sprachgebiete.

II. Auf politischem Gebiete fordert die Deutsche Arbeiterpartei die freie Entwicklung des Volkswesens durch:
1. Einführung des allgemeinen, gleichen und direkten Wahlrechtes; nationale Abgrenzung der Wahlkreise; gesetzliche Wahlpflicht; Proportional-Wahlsystem; strenge Bestrafung von Wahlmißbräuchen; Abschaffung des Herrenhauses.
2. Durchgreifende Erweiterung der politischen Selbstverwaltung.
3. Festsetzung der Gesetzgebungsperioden mit drei Jahren.
4. Freies Vereins- und Versammlungsrecht; Rede- und Pressefreiheit;
...

Auf wirtschaftlichem und sozialpolitischem Gebiete ist zunächst folgendes anzustreben:
1. Schaffung eines gemeinsamen Zollgebietes mit dem Deutschen Reiche.
...

Anmerkungen:
[1] Beschlossen in Trautenau (Nordböhmen).
[2] Die Partei war Vorgängerin der »Deutschen Nationalsozialistischen Arbeiterpartei« (DNSAP) des Jahres 1918; zu deren Programm: Siehe S. 227.

Quelle:
Ciller, Alois: »Deutscher Sozialismus in den Sudetenländern und der Ostmark«; Hamburg, 1944; S. 180 ff.
Hervorhebungen im Original.

****

Gesetze[1] **1905, November**
des österreichischen Kronlandes Mähren:
(Der sog. Mährische Ausgleich)
»Volksgruppenrecht«

Die Deutschen gaben ihre bisherige Mehrheit[2] im Landtage auf, aber es geschah unter Bedingungen, daß die tschechische Majorität im Landtag nicht in Versuchung geraten konnte, die ihnen gegenüberstehenden Deutschen zu bedrücken. Das deutsche Pfingstprogramm von 1899[3] erscheint in dem Punkte der nationalen Sonderung der Landtagswahlen (ethnographisch gesonderte Wahlbezirke) verwirklicht. Wahlkurien, das Erfordernis qualifizierter Präsenzziffern und Mehrheiten bei wichtigen national-politischen Angelegenheiten, die nationale Sonderung des Schulwesens, einschließlich der Teilung des Landesschulrates, das den deutschen Mitgliedern des Landesausschusses vorbehaltene Entscheidungsrecht in gewissen Fragen und anderes sichern die Deutschen des Landes vor den ärgsten Ausschreitungen einer nationalen angriffslustigen Landtags-Majorität. Die Regelung des Gebrauches beider Landessprachen bei den autonomen Behörden hat die Gleichberechtigung und Gleichwertigkeit beider Nationalitäten zur Grundlage. Gemeindevertretungen und Straßenausschüsse bestimmen selbst ihre Amts- oder Geschäftssprache. In der anderen Landessprache abgefaßte Eingaben sind anzunehmen, werden aber in der Regel in der eigenen Amtssprache erledigt. Der Landesausschuß gebraucht beide Landessprachen als Amtssprache und verkehrt in der Regel mit den Gemeinden in ihrer Amtssprache; sonst richtet sich die Erledigung nach der Sprache der Eingabe. Mit den Staatsbehörden verkehren Gemeinde- und Straßenausschüsse in ihrer Amtssprache.

Anmerkungen:
[1] Die Ausgleichsbestimmungen (v. a. neue Landesordnung, Landtagswahlordnung, Sprachordnung, Schulbehördenordnung) können wegen ihres Umfangs nicht wiedergegeben werden.
Deshalb wird der Inhalt in einer zeitgenössischen Zusammenfassung dargestellt.
[2] Diese beruhte nicht auf dem demokratischen Prinzip der Gleichwertigkeit der Wählerstimmen.
[3] Zum Text siehe S. 211.

Quelle:
Fischel, Alfred: »Der nationale Ausgleich in Mähren« in »Österreichisches Staatswörterbuch«; Bd. III; Wien, 1910; S. 512 ff.

****

Der tschechische **1908**
Doktorand Edvard Beneš:
Österreich wird nicht zerfallen; in Böhmen nationale Verständigung durch Autonomie und Trennung

... Man spricht viel über den Zerfall Österreichs. Ich glaube daran keineswegs. Die historisch-wirtschaftlichen Bande, welche die Gemeinschaft der österreichischen Völker umschließen, sind viel zu stark, als daß Österreich zerfallen könnte. Die Einführung des allgemeinen Wahlrechts ⟨*erfolgte 1907*⟩ und die Demokratisierung Österreichs, besonders Böhmens, bereiten den Boden für eine nationale Verständigung vor ...
Der Staat wird es den Nationalitäten überlassen, ihre eigenen Angelegenheiten so zu verwalten, wie sie es für angemessen erachten ... Jede Nationalität wird deshalb ihre eigene Entwicklung in Übereinstimmung mit ihren Hilfsquellen in die Hand nehmen, und der Staat wird nicht mehr in Versuchung sein, die eine gegen die andere auszuspielen. Ja, die Befriedung der beiden Nationalitäten in Böhmen ist nur möglich, wenn beiden Autonomie gegeben und die eine von der anderen völlig abgesondert wird ...

Quelle:
Beneš, Edvard: »Le problème autrichien et la question tchèque« (Das österreichische Problem und die tschechische Frage); Diss. jur. der Universität Dijon (Frankreich); als Buch: Paris, 1908; S. 287, 307.

****

Schrift des italienischen Politikers Tolomei: 1914
Die Nation hat das Recht, Eindringlinge auszuscheiden[1]

...
Das Recht der Nation (diritto di nazionalita) hat Vorrang vor dem Aufenthaltsrecht (diritto di residenca), wie das Eigentumsrecht dem Besitzrecht vorgeht. Und da das Recht der Nation keinerlei Einschränkungen duldet, kann ihm das Heimatrecht (diritto dell'incolato) selbst dann nicht entgegengestellt werden, wenn eine Abfolge von Generationen der Eindringlinge eine sehr lange Anwesenheitszeit nachweisen kann, und sei diese auch ungestört und unbestritten. Wenn, wie fast immer, der Anfang ihrer Anwesenheit auf Eroberung oder widerrechtliche Aneignung offener oder verdeckter Art zurückgeht, bleibt dem ursprünglich ansässigen Volk (genti autoctone) das unveräußerbare und unbeschränkbare Recht der Ausscheidung (eliminacione) der anderen erhalten.
Es ist wahr, daß aus diesem Postulat eine erbarmungslose Konsequenz abzuleiten ist: das ewige Recht auf Vertreibung (espulsione) des eingedrungenen Volkes. Diese Konsequenz widerstrebt sanften Seelen; sie zögern, friedliche Familien nur deshalb aus ihren ererbten Feldern und Häusern zu vertreiben, weil sie einer fremden Rasse (razza straniera) angehören.
Dieses Gefühl, das unter anderen Umständen achtenswert und heilig wäre, würde hier in falsche Sentimentalität ausarten. Denn in unserem Fall vertreibt man nicht den unschuldigen einzelnen, sondern sein Geschlecht (specie), das eine Erbschuld hat. Sich dagegen auf die Menschheit (umanita) zu berufen und ihr Vorrecht vor der Achtung des Vaterlandes (patria) zu geben, wäre vergebens, denn man vervollständigt die Achtung vor der Menschheit, indem man das Vaterland von jeder Spur von Verunreinigung (inquinamento) und Ungerechtigkeit befreit[2], gleich ob sie aus der Gegenwart oder der Vergangenheit stammt. Daraus schließen wir, daß in den Grenzgebieten, wo verschiedene und feindliche Völker eindrangen[3], die Wiederherstellung des Rechtes der Nation nicht dadurch gehemmt werden darf, daß sich dort wegen Fehlhandlungen der Vergangenheit Rasse, Sprache[4], Bräuche und Religion der Bewohner geändert haben. Die Ureinwohner, die diese Gewalttat erfuhren, können jederzeit die Nachkommen der Fremden über die Grenze zurücktreiben (retrospringere) und das Gebiet für ihr eigenes Geschlecht zurückfordern, auch mit einer Massenvertreibung der Nachkommen der ehemaligen Usurpatoren.
Aus diesem Prinzip ergibt sich das italienische Recht, die germanischen Verunreinigungen, welche sich nun gewaltsam fast auf das ganze Gebiet von Alto Adige ⟨*d. h. Südtirol*⟩ ausgedehnt haben, auszustoßen (sfrattare) und über den Brenner zurückzutreiben.
...

Anmerkungen:
[1] Derartige Überlegungen folgten früheren politischen Forderungen, auch aus Böhmen.
Neben nicht nachweisbaren Zielsetzungen im Umfeld von 1848 und literarischen Äußerungen sind festzuhalten:
Klar und eindeutig äußerte sich die ursprüngliche Niederösterreicherin Barbara Pankl, die als Božena Němcová v. a. mit ihrem Hauptwerk »Babička« (Großmutter) zur bedeutenden tschechischen Dichterin wurde, in einem Brief vom 27. 5. 1850 an Jan Dlabáč:
»Die Tschechen sollten eine ordentliche Revolution gegen die Deutschen machen und sie über die Grenzen treiben, wohin sie ohnehin gehören. Sie bereichern sich am tschechischen Fett und den tschechischen Schwielen und verderben uns körperlich und geistig. Wenn ich über Blitz und Donner herrschen könnte, würde ich das Land von ihnen säubern (vyčistit).«

Vgl. Pražák, Albert: »České obrození« (Tschechische Wiedererweckung); Prag, 1948, S. 229.
Der führende jungtschechische Politiker Edvard Grégr soll anläßlich der Grundsteinlegung des Hus-Denkmals in Prag im Jahre 1903 die Deutschen als »eingewanderte Fremdlinge, von denen das Land zu säubern« sei, bezeichnet haben. Vgl. Münch, Hermann: »Böhmische Tragödie«; Braunschweig, 1949; S. 537.
Zu einer früheren Äußerung: Siehe S. 1305; zu hieran sachlich anschließenden Schriften: Siehe S. 223.

2 Diese »Befreiung von nationaler Verunreinigung« gehörte m. W. zu den ersten Ausdrucksweisen für die spätere »nationale Säuberung« des ČSR-Präsidenten Beneš von 1945 und das noch spätere »ethnic cleansing« in Jugoslawien ab 1990.
Zu letzterem vgl. Zayas, Alfred M. de: »Die UNO, das Recht auf die Heimat und die ›Charta der deutschen Heimatvertriebenen‹« in DOD; Sonderdienst 64/96; S. 30 ff.
Auch Drazen Petrovic (»Ethnic Cleansing« in »European Journal of International Law«; Brüssel; Bd. V [1994], Nr. 3; S. 342–359, hier S. 343) kannte die begriffsgeschichtliche Entwicklung vor 1990 nicht.

3 Die Frage, wann vordem unbesiedelte Gebiete erstmals dauerhaft erschlossen wurden, erhält in diesem Zusammenhang aktuelle, politische Bedeutung.

4 Daraus wurde auch das Recht abgeleitet, geographische Bezeichnungen wie Fluß- und Ortsnamen zu »übersetzen« bzw. einfach zu erfinden.
Zum vergleichbaren Vorgehen im antizipierten »Tschechien« des Jahres 1917: Siehe S. 223; in der neuerrichteten ČSR von 1920: Siehe S. 297.
Zum späteren Verbot dieses Vorgehens durch die UN im Jahre 1987: Siehe S. 82.

Quelle:
Tolomei, Ettore: »Per i confini della Patria« (Für die Grenzen des Vaterlandes); Rom, 1914; S. 19 f.

****

Memorandum des tschechischen Politikers T. G. Masaryk für den britischen Außenminister Sir Edvard Grey über die politischen Ziele der Tschecho-Slowaken: **1915, Mai[1]**

⟨*Anschluß der bisher von den Ungarn unterdrückten Slowaken an die ungeteilten böhmischen Länder gefordert. Außerdem:*⟩
Zunächst wünschen wir, obwohl wir das Nationalitätenprinzip vertreten, unsere deutsche Minderheit zu behalten. Das erscheint paradox, aber wir behalten die deutsche Minorität gerade auf Grund des Nationalitätenprinzips. Böhmen ist ein ganz einzigartiges Beispiel eines gemischtsprachigen Landes; in keinem anderen Land sind zwei Nationalitäten so untermischt und sozusagen ineinander verwoben wie in Böhmen[1]. Zwischen den Italienern und den Deutschen zum Beispiel ist die ethnographische Grenze einfach, scharfgeschnitten; dem ist nicht so in Böhmen[2] – in vielen großen Orten und fast in allen Städten gibt es böhmische (oder deutsche) Minderheiten . . .

Anmerkungen:

1 Diese Behauptung war falsch.
Zum 1. 1. 1914 hatten von insgesamt 332 Gerichtsbezirken in Böhmen und Mähren 291 (d. h. 90 %) eine nationale Mehrheit von über 80 % (davon 177 tschechisch und 115 deutsch).
Nur 41 (d. h. 12 %) hatten geringere nationale Mehrheiten. Ihre gebietliche Anpassung an die nationale Lage war geplant.
Vgl.: »Statistische Daten über die sprachliche Zusammensetzung der Zivilbevölkerung des Königreiches Böhmen/der Markgrafschaft Mähren. Auf Grund der Volkszählung vom Jahre 1910 und nach dem Stand vom 1. Jänner 1914.«; o. Hsg., o. O., o. J. (1916?).
Zu Gemeinden:
»Im Jahre 1921 waren fast 1000 Gemeinden 100prozentig deutsch, praktisch ohne einen einzigen tschechischen Einwohner, während die Zahl der deutschen Gemeinden, in denen eine tschechische Minderheit von 20–49,9 v. H. vorhanden war, nur 277 betrug.«
Vgl. Bohmann: MuG; S. 120.

2 Auch diese Behauptung war falsch.
Es »sind im allgemeinen die Grenzen zwischen deutschem und tschechischem Gebiet klar und gehen

manchmal sogar durch die Mitte eines Dorfes oder einer Stadt. Tatsache ist auch, daß beide Nationen nebeneinander leben, wobei jede ihr eigenes sprachliches, kulturelles und wirtschaftliches Leben führt; sie durchdringen einander also nicht wie politische Parteien oder Kirchen.«
Vgl. Radl, Emanuel: »Der Kampf zwischen Tschechen und Deutschen«; Reichenberg, 1928; S. 159.
Zum auch späteren »Nebeneinander« der Völker: Siehe S. 307.

Quelle:
Nowak, Karl F.: »Chaos«; München, 1923; S. 340–343, hier S. 340 f.

****

Ein Programm im tschechischen Exil[1]: »Das großdeutsche Mitteleuropa oder ein unabhängiges Böhmen?« **1916, Februar**

⟨Der Verfasser stellte zunächst dar, daß den großdeutschen Bestrebungen das tschechische Volk entgegenstehe. Er beschrieb sodann den vorgeschlagenen tschechischen Staat:⟩

Die möglichen Formen der Unabhängigkeit des tschechischen Staates
Der tschechische Staat aus dem tschechischen Volk (Böhmen, Mähren, Schlesien) und der Slowakei (Nordteil von Ungarn) zusammengesetzt, wäre ungefähr viermal so groß wie Belgien. Mit fast 13 Millionen Einwohnern würde er den achten Platz unter den zivilisierten Staaten Europas einnehmen.
Den tschechischen Staat könnte man sich, dem monarchischen Prinzip folgend, in verschiedenen Formen vorstellen:
a) Die russische Dynastie ist die populärste.
b) Man könnte einen Fürsten aus einem anderen alliierten Volk wählen (England, Italien).
c) Personalunion mit Groß-Serbien.
Die Erfahrungen mit fremden Dynastien und die Rolle, die ausländische Fürsten nicht nur in Rumänien, Griechenland, Bulgarien und Albanien, sondern auch in Montenegro spielten, waren nicht sehr attraktiv. Deswegen wird die republikanische Regierungsform, die zunächst nur von den Radikalen vorgeschlagen wurde, mehr und mehr in Erwägung gezogen. In diesem Falle wäre der Einfluß Frankreichs vorherrschend. Zusammenfassend: Die Schaffung des tschechischen Staates ist nicht anders möglich als mit Hilfe der Alliierten.
. . .
⟨Der Verfasser wies sodann auf die politische Bedeutung von Mitteleuropa hin und bezeichnete das Gebiet der kleinen Völker als Gefahrenzone.⟩
. . .

Das Nationalprinzip: Die Bedeutung nationaler Minderheiten
Seit dem 18. Jahrhundert ist das Nationalprinzip ein fundamentales Element der Existenz der Staaten. Italien und Deutschland wurden im Namen dieses Prinzips vereinigt; jetzt verlangen auch die anderen, Tschechen, Polen und Jugoslawen, die Freiheit, so zu handeln. Das Nationalprinzip wird heute nicht mehr absolut gesehen, deswegen spielt die Rolle nationaler Minderheiten eine so große Rolle. Alle, auch kleine Staaten, mit Ausnahme Montenegros, haben nationale Minderheiten. Deutschland hat die dänische, französische, polnische und lausitzische Minderheit. Das unabhängige Böhmen, Polen und Groß-Serbien werden auch ihre nationalen Minderheiten haben.

Der Charakter von Österreich-Ungarn: Die Gewalt als System
Stets herrscht die Mehrheit; das ist das Prinzip der parlamentarischen Mehrheit, ein natürliches und übliches Prinzip. Das ist jedoch nicht so in Österreich, wo die deutsche Minderheit die nichtdeutsche Mehrheit unterdrückt und gleicherweise in Ungarn, in dem die ungarische Minderheit die nichtungarische Mehrheit beherrscht. Österreich-Ungarn – das ist die organisierte, dauernde und systematische Gewalt.

. . .

⟨*Der weitere Gedankengang des Verfassers geht aus den Zwischenüberschriften hervor:*⟩

. . .

Österreich-Ungarn aufrechtzuerhalten oder zu helfen heißt, für den König von Preußen zu arbeiten

. . .

Der wunde Punkt Deutschlands: Österreich-Ungarn und der Osten

. . .

Böhmen bildet zusammen mit Polen und Groß-Serbien eine natürliche Barriere gegen die Ziele des großdeutschen Preußens

. . .

Die antigermanische Barriere und die Alliierten

. . .

Böhmen und Frankreich

. . .

Der politische Plan der Alliierten und das allgemeine Kriegsziel: Die Rechte der kleinen Nationen

. . .

Gegen das großdeutsche Mitteleuropa müssen die Alliierten das freie Mitteleuropa stellen

. . .

Die Bedeutung des Friedenszieles im gegenwärtigen Krieg

. . .

Es ist erforderlich, daß die Alliierten ihre Entscheidung erklären, Österreich-Ungarn zu zerschlagen und die Tschechen, die Polen und die Jugoslawen zu befreien

. . .

Die Schlüsselstellung Frankreichs

. . .

Anmerkung:

[1] Verschiedene Personen unter der Führung von Prof. Tomáš G. Masaryk und Dr. Edvard Beneš, die während des 1914 begonnenen Ersten Weltkriegs in das (»feindliche«) Ausland emigrierten.
In überzeugender Kürze charakterisierte Masaryk seine der Emigration vorausgegangene Agententätigkeit für die Kriegsgegner Österreichs damit, daß ihm bei Entdeckung »der Galgen sicher gewesen wäre«.
Vgl. Masaryk, Tomáš G.: »Die Weltrevolution«; Berlin, 1927; S. 9.
Das über Masaryks Tätigkeit vor und während der Emigration von österreichischen Behörden in Wien gesammelte Material soll nach der Kapitulation Österreichs Anfang November 1918 von alliierten Agenten beschlagnahmt und nach Prag verbracht worden sein.
Vgl. Voska, Emanuel V.: »Spy and Counterspy«; New York, 1940; S. 297.

Quelle:

Anonymus: »L'Europe Centrale Pangermanique ou une Bohème Indépendente?« (Das großdeutsche Mitteleuropa oder ein unabhängiges Böhmen?) ⟨*Als* »Vertraulich« *gekennzeichnete Denkschrift*⟩; Paris, Februar 1916; S. 6 ff.

****

Buch des tschechischen Historikers Antonín Boháč **1916, 1. Juli**

»Das böhmische[1] Volk«:

Zum Selbstverständnis und zur Selbstdarstellung[2]

Vorwort

Durch diese Schrift holen die Böhmen nach, was ihnen für die Repräsentation in der Fremde über ihr Volk, über dessen Siedelungen, über deren physischen Vorzüge, über deren materielle Stärke und geistigen Kräfte mangelte. Konnte auch das Thema, aus Gründen äußerer Natur, nicht vollauf ausgeschöpft und ausgeführt werden, so werden dennoch die für dieses Werk eigens gelieferten Darstellungen der gestellten Aufgabe entsprechen. Sie werden die nichtböhmische Öffentlichkeit in objektiver Weise über das böhmische Volk und die Hauptrichtungen seiner Kultur belehren und solchermaßen zum Verständnis und zur richtigen Wertung unserer Nation seitens Jener beitragen, die der böhmischen Sprache nicht mächtig sind.

Eines wird sicherlich aus allen, in diesem Sammelwerk aufgenommenen Essays klar hervorgehen: daß das böhmische Volk, wenn auch gering an Zahl, jenen körperlich hochentwickelten westeuropäischen Völkern beizuzählen ist, die an den Fortschritten der Weltkultur einen beträchtlichen Anteil haben, auf den sie vor anderen Völkern hinweisen, auf den sie stolz sein können und den zu übersehen oder gar leugnen zu wollen ein Akt der größten Ungerechtigkeit wäre. Dem böhmischen Volke liegt es wohl ferne, zu verlangen, unrichtig und über das Verdienst eingeschätzt zu werden. Allein, gleichwie ein jedes Volk überhaupt, würde es als das schreiendste Unrecht empfinden, wollte man totschweigen oder ihm absprechen, was es für die Fortschritte der menschlichen Kultur geleistet hat, und wenn es als Volk unterschätzt, ignoriert und unverstanden bliebe.

Wird das vorliegende Buch bewirken, daß man in den unserer Sprache nicht kundigen Kreisen über das böhmische Volk gerecht und so urteile, wie es vermöge seiner Leistungen auf dem Gebiete der materiellen, geistigen und sittlichen Aufklärungsarbeit verdient, dann hat es seinen Zweck erfüllt.

PRAG, den 1. Juli 1916.

Die Siedelungsgebiete und Statistik der Böhmen.

Das böhmische Volk entstand aus jenen westslavischen Stämmen, die offenbar auf ihrer Wanderung von Norden her sich allmählich in den Gegenden niedergelassen hatten, welche innerhalb der habsburgischen Monarchie die jetzigen Länder der böhmischen Krone und die Slovakei in Ungarn bilden und von denen aus ihre Ausstrahlungen in südlicher Richtung bis tief hinter die Donau reichten.

Am Beginne des historischen Zeitalters grenzten die Böhmen bloß im Westen an die Deutschen gleichwie andere Slaven, die sich nördlich und südlich von ihnen angesiedelt hatten. Damals bildete nicht ihr Gebiet, beiweitem umfangreicher als das gegenwärtige, jenen tiefen Ausläufer ⟨[3]: *mehrere Worte*⟩ in das deutsche Sprachgebiet wie dies jetzt der Fall ist. Diese Änderung in der internationalen Position der Böhmen ist die Folge der tiefeingreifenden und weitausholenden Veränderungen der nationalen Verhältnisse in der historischen Zeit. Während sich im Westeuropa seit dem Ende der großen Völkerwanderung die Sprachgrenzen zwischen Romanen und Germanen nur in einem verhältnismäßig geringen Maße verschoben haben, sehen wir an dem ethnographischen Bilde Mitteleuropas im östlichen Grenzgebiete der germanischen Welt zahlreiche und eindringliche Veränderungen. ⟨[3]: *mehrere Zeilen*⟩

Nur im Osten eröffnete sich dem böhmischen Volke die Möglichkeit einer Berührung mit der nichtdeutschen Welt. Gerade auf dieser Seite jedoch hörten die Interessen der Böhmen auf oder wurden wesentlich geschwächt, nachdem der slovakische Zweig[4] in der ersten Hälfte des 19. Jahrhunderts seine Mundart zu einer eigenen Schriftsprache ausgestaltet und sich zu einem selbständigen Volke zu entwickeln begonnen hatte. Diese Abtrennung der ungarischen Slovaken war darum für die Stellungen der Böhmen von weitreichendem Einflusse, der mit dem Verluste von 2 Millionen Seelen allein nicht erschöpft erscheint.

Das Ergebnis der erwähnten historischen Ereignisse besteht nun darin, daß kein Volk in Europa – die kleinen Splitter früherer großer Volksstämme ausgenommen – eine so eigenartige Stellung einnimmt wie das böhmische. Seine Siedelungen sind jetzt in das Gebiet deutscher Siedelungen eingekeilt, das sie von drei Seiten einschließt. Auf einer sehr kurzen Strecke bloß kommt die Sphäre der böhmischen Interessen an jene der polnischen heran. Der Interessenkonflikt mit dem nächstnachbarlichen slovakischen Volke ist durch die politischen Grenzen ausgeschlossen.

Auf dem längsten Teile seiner Sprachgrenzen gerät das böhmische Volk mit dem deutschen in Berührung, das auch auf andere Weise in das böhmische Gebiet hineinreicht. ⟨[3]: *mehrere Zeilen*⟩

Nahezu das gesamte Gebiet des böhmischen Volkes befindet sich in der habsburgischen Monarchie. Einige kleine Bruchteile und Auswanderer der modernen Zeit abgerechnet, lebt das ganze böhmische Volk innerhalb der Gemarkungen dieses Reiches. Daraus ergibt sich, daß seine Schicksale aufs Engste mit den Schicksalen des habsburgischen Kaiserstaates verknüpft sind, daß die böhmische Frage nicht von dem österreichischen Problem losgelöst werden kann. Außer den Böhmen (die Slovaken miteinbezogen) sind in gleicher Weise nur noch die Slovenen und Magyaren mit Österreich verbunden, deren Siedelungen über die Reichsgrenzen fast gar nicht hinausreichen. Daraus folgt wiederum von selbst der Anwert der Böhmen für die österreichische Monarchie, ⟨[3]: *ca. zwei Zeilen*⟩

Das böhmische Sprachgebiet befindet sich, bis auf kleine Ausnahmen, in der böhmischen Gruppe der österreichischen Länder: in Böhmen, Mähren und Schlesien. Da die Deutschen ⟨[3]: *zwei Zeilen*⟩ so hat die Entwicklung der nationalen Verhältnisse in der Vergangenheit der böhmischen Länder zur Folge, daß den Böhmen deren Innengebiet geblieben ist, während die Grenzgürtel, die östliche, die mährische und die schlesisch-ungarische Grenze ausgenommen, jetzt dem deutschen Gebiete angehören.

Diese Zone der deutschen Siedelungen an den Grenzen ist naturgemäß nicht überall gleich breit. Stellenweise ist sie sehr eingeengt. Böhmische Ortschaften reichen manchenorts bis an die Landesgrenze, ja überschreiten sie sogar.

⟨*Es folgte eine detaillierte Darstellung*[4] *der Grenzlinie zwischen den* »böhmischen Siedelungen« *in Österreich sowie Preußen/Deutschland und dem* »deutschen Gebiet«. *Dabei wurde der Ausdruck* »český« *auch dann mit* »böhmisch« *übersetzt, wenn* »mährisch« *gemeint war.*⟩

In den böhmischen Ländern, die zusammen ein Ausmaß von 79. 316 km², also etwas weniger als das Königreich Bayern haben, entfällt auf das zusammenhängende böhmische Gebiet innerhalb der beschriebenen Grenzen, die anderssprachigen, deutschen, Inseln darin miteingerechnet im ganzen 52.424 km².

⟨[3]: *mehrere Zeilen*⟩

⟨*Nunmehr wurden die deutschen Sprachinseln im tschechischen Sprachgebiet beschrieben.*⟩

Nach Abrechnung der eigentlich deutschen Inseln wird unser tatsächliches, böhmisches Sprachgebiet in den böhmischen Ländern auf 50.711 km² herabgesetzt[5], auf eine Fläche also, die kleiner ist als das Königreich Böhmen.

...

In der österreichischen Hälfte der österreichisch-ungarischen Monarchie wurden zuletzt, im J. 1910, 6,435.983 Einwohner »mit böhmischer Umgangssprache« gezählt, was 23 % der Gesamtbevölkerung ausmacht. Die faktische Zahl der Böhmen ist viel höher, ⟨[3]: *mehrere Zeilen*⟩.

Auf diese Tatsache allein gestützt können wir die Zahl der österreichischen Böhmen auf ungefähr 6¾ Millionen Seelen erhöhen. Würden wir die Einwohner böhmischen Ursprungs mitzählen, die zum Teile ihr nationales Bewußtsein bereits eingebüßt haben oder, sei es aus nationaler Flauheit, sei es aus allzugroßer wirtschaftlicher Abhängigkeit, sich zur böhmischen Umgangssprache nicht bekannt haben, so können wir getrost bis zu 7 Millionen hinaufsteigen.

Halten wir uns jedoch bloß an die amtliche Statistik! Wir ersehen daraus, welche Bedeutung dem böhmischen Volke für die Monarchie zukömmt und wie berechtigt und begründet die

Grundforderung der gesamten böhmischen Politik ist, die österreichisch-ungarische Monarchie möge als ein Nationalitätenstaat ausgestaltet werden, in der alle Nationen einander gleichgestellt wären. Für die Hegemonie eines Volksstammes fehlt das wesentlichste: die ziffermäßige Stärke.

In diesem Betrachte sind die böhmisch-nationalen Bestrebungen sehr fest auf der nationalen Schichtung der Bewohnerschaft des gesamten Reiches fundiert. Diese Schichtung ist nach den Resultaten der letzten Volkszählung vom J. 1910 die nachfolgende:

		in Österreich	in Ungarn	in Bosnien u. d. Herzegowina	im Reiche	
Slaven	Böhmen	6,435.983	67.113[6]	7.065	6,510.161	8,478.613
	Slovaken	–	1,967.970	482	1,968.452	
	Polen	4,967.984	26.836	10.975	5,005.793	
	Ukrainer	3,518.854	472.587	7.631	3,998.872	
	Serbokroaten	783.334	2,909.633 109.450[6]	1,822.564	5,655.281	
	Slovenen	1,252.940	98.961[6]	3.108	1,354.989	
	Deutsche	9,950.266	2,007.635	22.968	12,010.669	
Romanen	Italiener	768.622	27.682[6]	2.662	798.366	
	Rumänen	275.115	2,969.032	608	3,226.755	
	Magyaren	10.974	10,050.575	6.663	10,067.992	

Von den Völkern der österreichisch-ungarischen Monarchie hat nicht nur keines allein die Mehrheit, aber auch das von ihnen zahlreichste, die Deutschen, erreichen nicht ein Viertel. Unter 51,6 Millionen Einwohnern der österreichisch-ungarischen Monarchie gibt es nur 12 Millionen Deutsche, also ein klein wenig über ein Fünftel und alle anderen Völker stehen ihnen an Zahl nach.

Nach der amtlichen Statistik leben im Reiche etwas über 6½ Millionen Böhmen, daher ein volles Achtel, in Wirklichkeit jedoch ungefähr 7 Millionen, d. i. etwa 13,6 %. An Zahl rangieren sie gleich hinter den Deutschen und Magyaren. Dieser gibt es de facto weniger als ihrer gezählt wurden.

Zählen wir zu den Böhmen deren engste Volkgenossen, die ungarischen Slovaken, so erreichen sie mit ihnen an Zahl beinahe das ungarische Volk. Daraus ergibt sich nun die Bedeutung des böhmischen Volkstammes für das Reich von selbst.

In Cisleithanien ist der beiweitem größte Teil der Böhmen in den böhmischen Ländern angesiedelt. Außerhalb der Grenzen dieser Länder wohnen nach den amtlichen Angaben bloß 2¼ % der österreichischen Böhmen u.[nd] z.[war] zum größten Teile in Nieder-Österreich, wo man ihrer das letztemal 122.329 zählte, d. i. 3,75 % der gesamten Bevölkerung. In Wirklichkeit müßten wir diese Ziffer verdreifachen, ja vervierfachen, um die tatsächliche Ziffer der niederösterreichischen Böhmen, zumindest der Abstammung nach, Böhmen zu erhalten.

Den Kern der böhmischen Siedelungen bildet Böhmen, wo fast ⅔ (65,9 %) aller Böhmen wohnen. Amtlich wurden ihrer 4,241.918 d. h. 63,2 % der Bevölkerung des Landes gezählt. 36,8 % der Bewohner Böhmens entfallen auf die Deutschen. Das böhmischeste[7] Land ist jedoch Mähren[7]. Von dessen Einwohnern haben 71¾ %, in absoluter Zahl 1,868.971 die böhmische[7] Umgangssprache eingetragen und nur 27,6 % die deutsche. In Wirklichkeit ist der Anteil der Böhmen an der mährischen Bevölkerung höher, da viele Böhmen, namentlich im Ostrauer und Brünner Gebiete, sich als Deutsche eingeschrieben haben. Das gleiche geschah von Seite der böhmischen Minoritäten in Böhmen. In Schlesien wurden das letztemal 180.348 Böhmen gezählt (24,3 %), während die Deutschen 43,9 % der schlesischen Bevölkerung ausmachen. Darunter ist ein Teil, im Ostrau-Karwiner Revier, polnischer Abstammung.

. . .

Anmerkungen:

1 Zum politisch-semantischen Problem »böhmisch«/»tschechisch«: Siehe S. 181.

2 Die hier folgenden Auszüge entstammen einer reich ausgestatteten Darstellung von fast 250 Seiten in deutscher Sprache, welche viele Aspekte des »böhmischen« (jeweils gemeint: tschechischen) Volkes von der »Kriegstüchtigkeit« über den »Anteil an der Entwicklung der Mathematik und der Naturwissenschaften« bis zum »böhmischen Geldwesen« behandelten.

3 Im Original waren deutlich sichtbare Leerstellen enthalten. Diese könnten auf die österreichische Zensur (das Buch erschien im Ersten Weltkrieg) zurückzuführen sein.
Um diese Leerstellen von den Kürzungen des Bearbeiters deutlich zu unterscheiden, wurden sie gesondert markiert.
Eine Lesehilfe zum Verständnis: ⟨[3]: *mehrere Worte*⟩ bedeutet: Hier Leerstelle im Umfang mehrerer Worte.

4 Die nachfolgende Darstellung der deutsch-tschechischen Sprachgrenze im Jahre 1916 aus tschechischer Sicht, insgesamt als zutreffend zu bezeichnen, wurde im Buch durch eine Karte verdeutlicht.

5 Ein Umkehrschluß aus diesen Zahlen ergibt, daß Boháč 1916 (79316 km^2 minus 52424 bzw. 50711 km^2 =) ca. 29500 km^2 als deutsches und rund 27000 km^2 als geschlossenes deutsches Sprachgebiet anerkannte.
Siehe dazu S. 242.

6 An diesen Stellen im Original ein Sternchen, das in einer Fußnote wie folgt erläutert wurde: »Im Jahre 1900, die entsprechenden Ziffern nach der letzten Volkszählung ⟨*d. h. 1910, wie sonst verwendet*⟩ sind noch nicht bekanntgemacht.«

7 Die fast skurrile Begriffsanwendung war auch sachlich falsch: Die hier gemeinte Umgangssprache der Volkszählung 1910 wurde als geschlossener Begriff »böhmisch, mährisch, slowakisch« verwendet.

Quelle:
Boháč, Antonín: »Siedelungsgebiete und Statistik der Böhmen« in »Das böhmische Volk«; hsg. von Zdeněk Tobolka; Prag, 1916; S. 1 ff.

****

Schrift[1] von **1917[2]**
Hanuš Kuffner[3]: »Unser Staat und der Weltfriede«
Groß-Tschechien zu schaffen und zu entdeutschen

Kurze Zusammenfassung:
Nach diesem Memorandum sollte Mitteleuropa ostwärts der Linie Hamburg–Triest »entdeutscht (odněmčit)«[4] *werden. Dazu gehörte auch ein als* »Tschechien«[5] *bezeichnetes Gebiet, welches nach mehreren beigefügten farbigen Kartendarstellungen tief nach Sachsen, Bayern und Österreich hineinreichte:* »Tschechien«[6] *umfaßte auch die Orte mit den Bezeichnungen*[7] Řeza *(d. h. Riesa),* Ferno *(d. h. Pirna),* Vunzidl *(d. h. Wunsiedel),* Řezno *(d. h. Regensburg),* Pasov *(d. h. Passau),* Hlinec *(d. h. Linz) und* Sv. Hypolit *(d. h. St. Pölten).*
[8]

Anmerkungen:

1 Der Schrift waren mehrere mindestens territorial ähnliche Ausarbeitungen anderer tschechischer Verfasser für v. a. kaiserlich russische Stellen vorausgegangen:
Der Nationaldemokrat Kramař hatte im Juni 1914 einen Plan für ein »Allslawisches Reich« mit einem diesem zugehörigen »Tschechischen Zartum« verfaßt.
Vom Nationalsozialisten Klofáč stammte ein ähnlicher Plan zur Aufteilung Österreich-Ungarns.
Zum Text vgl. Paulová, Milada: »Dějiny Maffie. Odboj Čechů a Jihoslovanů za světové války (Geschichte der Maffia. Der Widerstand der Tschechen und Südslawen im Weltkrieg) 1914–1918«; Bd. 1; Prag, 1937; S. 635 ff. Vordem – aufgrund sowjetischer Veröffentlichungen zaristischer Dokumente – auch Papoušek, Jan: »Před dvaceti lety« (Vor zwanzig Jahren) in »Národní osvobození« (Nationale Befreiung) ⟨*TZ.*⟩ Prag; Jg. 11, Nr. 146 v. 24. 6. 1934; S. 3 f.
Wiedergabe beider Pläne nach tschechischen Pressemeldungen der Jahre 1923 und 1934 in Jung, Rudolf: »Die Tschechen«; Berlin, 1937; S. 103–107.

[2] In der Schrift wurde vermerkt, daß sie im Sommer 1917 »den berufenen Faktoren«, d. h. den Politikern der Alliierten, zugeleitet worden sei.

[3] Klofáč hatte angegeben, daß der als »guter Tscheche und gewesener Offizier« bezeichnete Kuffner ihn in strategischen und kartographischen Fragen unterstützte.

[4] a) Was der Ausdruck bedeuten sollte, blieb im Memorandum selbst unklar.
b) Tendenzielle Hinweise auf ihren Hintergrund geben frühere Stimmen (siehe S. 216) sowie die Denkschrift von Dr. Beneš vom 20. 11. 1918 (zum Text: Siehe S. 240).
c) Die breite Basis für diese Annahme wird auch aus einer anderen Äußerung deutlich:
Auf die Frage, was mit Menschen geschehen sollte, die einen nationalistischen tschechischen Staat ablehnen, antwortete der tschechische Superintendent der protestantischen Kirche in Kolin (Mittelböhm.), Dušek, einem zeitgenössischen Beobachter:
»Also dann sollen jene aus dem Land gehen, wenn sie sich nicht fügen wollen. Das ist es ja, daß die Deutschen die Situation niemals anerkennen, wie sie ist; nicht sie, sondern wir sind das historische Volk.«
Vgl. Scheu, Robert: »Wanderung durch Böhmen am Vorabend der Revolution«; Wien/Leipzig, 1919; S. 150 f.

[5] So die durchgehende Bezeichnung für »Čechy« in der deutschen Übersetzung.
Der Ausdruck sollte ab 1992 zu neuer politischer Bedeutung kommen; siehe S. 956.

[6] Dieses Konzept eines territorial imperialistisch ausgeweiteten und »entdeutschten Tschechien« ließ eine andere Richtung tschechischer Zukunftsplanung völlig in den Hintergrund treten:
a) Bereits 1888 hatte der Bruder von Edvard, nämlich Julius Grégr nicht nur erklärt, ein tschechischer Staat müsse die »verdeutschten« Gebiete von Schlesien und der Lausitz (d. h. »reichs«-deutsche Territorien in Preußen und Sachsen) beim Deutschen Reich belassen. Er wollte dem Reich darüber hinaus »bereitwillig« auch solche deutschbesiedelten Gebiete des eigentlichen Böhmens abtreten, welche (von tschechischer Seite gesehen) »hinter den Gebirgen liegen und wegen ihrer Lage zum Flachland des Deutschen Reiches gehören«: Sie waren aufgeführt und ihre deutsche Bevölkerung mit rd. 719.000 beziffert worden.
Vgl. Grégr, Julius: »Na obranu západního Slovánstva« (Zur Verteidigung des Westslawentums) in »Národní listy« (Nationale Blätter); Prag, 22. 9. 1888.
b) Die Abtretungspläne Julius Grégrs von 1888 blieben 1918/19 auf tschechischer Seite öffentlich völlig unerwähnt.
c) Etwa vergleichbare Absichten sollten erst 1938 von Dr. Beneš für sich reklamiert und statt seinem tatsächlichen Verhalten (siehe unten, Anm. 8) als eigene Pläne von 1918 dargestellt werden; siehe S. 402.

[7] Die Methode, ein Gebiet zu beanspruchen, indem dessen Orte mit zwar völlig ungebräuchlichen, aber Bezeichnungen eben in der Sprache des Beanspruchers versehen wurde, folgte der Vorgehensweise Tolomeis; siehe S. 216.

[8] Die politische Bedeutung des Memorandums blieb umstritten.
Dr. Beneš nahm jedenfalls bald darauf einen beträchtlichen Teil der territorialen Expansionsvorstellungen des Kuffnerschen »Memorandums«, v. a. auch eine Landverbindung »Tschechiens« (d. h. der ČSR) mit Jugoslawien, in seine »Memoirs« für die Friedenskonferenz 1919 auf.

Quelle:
Kuffner, Hanuš: »Naš stát a světovy mír«; Prag, 1918. Deutsche Übersetzung von »H. V. ⟨*d. h. Anton Klement*⟩, Wien«: »Unser Staat und der Weltfriede«; Warnsdorf, 1922. Jeweils ca. 30 Druckseiten.

****

Teil III

Die Sudetenfrage

1. 1918–1920:
   Die Entstehung der Sudetenfrage
   durch Entstehung
   der Tschechoslowakei

2. 1920–1938:
   Die Sudetenfrage
   in der (ersten) Tschechoslowakei

3. 1939–1945:
   Die Zeit des 2. Weltkrieges

4. 1945–1955:
   Die Vertreibung der Sudetendeutschen
   und der Neubeginn der Sudetenfrage

5. 1955–1989:
   Die Sudetenfrage im geteilten Deutschland

6. Ab 1990:
   Neue Entwicklungen der Sudetenfrage

1. 1918–1920: Die Entstehung der Sudetenfrage durch Entstehung der Tschechoslowakei

Botschaft **1918, 8. Januar**
des US-Präsidenten Woodrow Wilson an den Kongreß der USA:
(Sog. »14 Punkte«)
Kriegsziele[1]

1. Die Friedensverträge müssen in aller Öffentlichkeit verhandelt und geschlossen werden. Hinfort darf es keine geheimen internationalen Vereinbarungen mehr geben. Diplomatische Verhandlungen sind freimütig und im Angesicht der Öffentlichkeit zu führen.
...
6. Das gesamte russische Gebiet ist zu räumen und alle, Rußland betreffenden Fragen sind so zu ordnen, daß die bestmögliche und möglichst unbehinderte Zusammenarbeit mit allen anderen Völkern der Welt erreicht wird, um Rußlands unbehinderte und unbehelligte Selbstbestimmung in politischer Entwicklung und staatlicher Politik sowie die vorbehaltlose Aufnahme dieses neu eingerichteten Staatswesens in den Kreis der freien Völker zu erwirken ...
...
9. Die italienischen Grenzen sollen entsprechend klar erkennbarer Volkstumslinien berichtigt werden.[2]
10. Den Völkern Österreich-Ungarns, deren Platz wir im Kreis der Nationen gefestigt und gesichert sehen wollen, ist die Möglichkeit zu unbehinderter autonomer Entwicklung einzuräumen.[3]
11. Rumänien, Serbien und Montenegro müssen geräumt, die besetzten Gebiete wiederhergestellt werden. Serbien muß einen freien und gesicherten Zugang zum Meer erhalten. Die gegenseitigen Beziehungen der Balkanstaaten sind auf Grund freundschaftlicher Vereinbarung gemäß den geschichtlichen Linien von Staatszugehörigkeit und Volkstum zu ordnen ...
...
13. Ein unabhängiger polnischer Staat ist zu errichten, der die von unstreitig polnischer Bevölkerung bewohnten Gebiete umfassen soll; ein unbehinderter und gesicherter Zugang zum Meer, seine politische und wirtschaftliche Unabhängigkeit und die Unantastbarkeit seines Gebiets sind durch internationale Verträge zu gewährleisten.
14. Auf Grund besonderer, dazu bestimmter Verträge muß ein allgemeiner Staatenbund zwecks gegenseitiger Gewährleistung der politischen Unabhängigkeit sowie der Unantastbarkeit der Gebiete[4] gebildet werden, der große und kleine Staaten in gleicher Weise umfassen soll.
...

Anmerkungen:
[1] Zu den allgemeinen Friedensprinzipien: Siehe S. 9 ff.
[2] Bezog sich u. a. auf Südtirol.
[3] Zur späteren Interpretation die Note vom 18. 10. 1918; siehe S. 230.
[4] Führte zu Völkerbund und Art. 19 seiner Satzung; siehe S. 12.

Quelle:
»The Public Papers of Woodrow Wilson«; hsg. v. Stannard Baker (m. a.); 2 Bde., Bd. I: »War and Peace«; New York, 1927; S. 156 f.

****

Parteigrundsätze[1] **1918, 5. Mai**
der Deutschen Nationalsozialistischen Arbeiterpartei[2] **(DNSAP) Österreichs:**
Ziel: Das »demokratische, soziale Deutsche Reich«

a) Grundsätzliche Erklärung
Die Deutsche Nationalsozialistische Arbeiterpartei erstrebt die Hebung und Befreiung der arbeitenden deutschen Volksschichten aus wirtschaftlicher, politischer und geistiger Unterdrückung und ihre volle Gleichberechtigung auf sämtlichen Gebieten völkischen und staatlichen Lebens.
Sie bekennt sich rückhaltlos zur Kultur- und Schicksalsgemeinschaft des gesamten deutschen Volkes und geht dabei von der Überzeugung aus, daß sich der Schaffende nur innerhalb der natürlichen Grenzen des Volkstums zur vollen Geltung seiner Arbeit und Verstandeskraft durchringen kann.
Sie verwirft daher den Zusammenschluß auf allvölkischer Grundlage als widernatürlich. Eine Besserung der wirtschaftlichen und gesellschaftlichen Zustände ist vielmehr nur durch Zusammenfassung aller Schaffenden auf dem Boden des eigenen Volkstums erreichbar ...

b) Staatsrechtliche und völkische Forderungen
1. Zusammenfassung des gesamten deutschen Siedlungsgebietes in Europa zum demokratischen, sozialen Deutschen Reiche. Tatkräftigster Schutz aller von unserem Volke bewohnten und von fremden Völkern beherrschten Gebiete.
2. Gesetzliche Erklärung der deutschen Sprache als Staatssprache im gesamten Deutschen Reiche.

c) Freiheitliche Forderungen
Die Deutsche Nationalsozialistische Arbeiterpartei fordert die freie Entwicklung des Volkswesens durch:
1. Gleichheit und Allgemeinheit des Wahlrechtes in Land- und Gemeinde nach vorheriger völkischer Sicherstellung, Schaffung von zweiten Kammern auf Grundlage der Berufsvertretung.
2. Durchgreifende Erweiterung der Selbstverwaltung.
3. Freies Vereins- und Versammlungsrecht, Rede- und Pressefreiheit, Abschaffung des unpersönlichen Strafverfahrens, Freigabe des fliegenden Schriftenhandels (Kolportage).
4. Schutz gegen jede Behinderung in Ausübung staatlicher Rechte, namentlich gegen die Ausnützung des Lohn- und Dienstverhältnisses zur Einschränkung des persönlichen Selbstbestimmungsrechtes.
5. Bekämpfung jeder Parteiherrschaft, insbesondere durch Einführung der Volksabstimmung (Referendums) für alle einschneidenden Gesetze in Reich, Staat und Land, Schaffung eines Volksheeres.

d) Wirtschaftliche und soziale Forderungen
...
e) Forderungen der Arbeitnehmerschaft
...
f) Forderungen für den Gewerbestand
...
g) Forderungen für die Landwirtschaft
...
h) Auf kulturellem Gebiete fordert die Partei
...

Anmerkungen:
1 Beschlossen auf einem Parteitag »der Sudeten- und Alpenländer« in Wien, der auch den Parteinamen festlegte. Vorgängerin der Partei war die DAP: Siehe S. 213.
2 Zur früheren tschechischen Gründung einer Partei vergleichbaren Namens: Siehe S. 210.

Quelle:
Ciller, Alois: »Deutscher Sozialismus in den Sudetenländern und der Ostmark«; Hamburg, 1944; S. 180 ff. Hervorhebungen im Original.

****

Vereinbarung[1] **1918, 30. Mai**
von v. a. Vertretern der in die USA emigrierten Tschechen und Slowaken
(Sog. Pittsburger Vertrag)[2]:
Slowakei wird in der Tschechoslowakei autonom[3]

Die Vertreter der slowakischen und tschechischen Organisationen in den Vereinigten Staaten, der Slowakischen Liga, der Tschechischen nationalen Vereinigung und des Verbandes tschechischer Katholiken berieten in Anwesenheit des Vorsitzenden des Tschechisch-Slowakischen Nationalrates, Prof. Masaryk, über die tschecho-slowakische Frage und über unsere bisherigen Programmerklärungen und beschlossen wie folgt:
»Wir genehmigen das politische Programm zum Zwecke der Vereinigung der Tschechen und Slowaken in einem selbständigen Staate der böhmischen Länder und der Slowakei.
Die Slowakei wird ihre eigene Administrative besitzen, ihr Parlament[3] und ihre Gerichte.
Slowakisch wird die Amtssprache in Schulen, Ämtern und im öffentlichen Leben überhaupt sein.
Der tschecho-slowakische Staat wird eine Republik sein, seine Konstitution eine demokratische.
...
Weitere einzelne Bestimmungen über die Einrichtung des tschechoslowakischen Staates bleiben nach Befreiung der Tschechen und der Slowaken ihren rechtsgültigen Vertretern vorbehalten.«

Anmerkungen:
1 Die Vereinbarung wurde von 17 Slowaken und 12 Tschechen (unter ihnen Masaryk) unterschrieben.
2 Mit der Vereinbarung erreichte Masaryk durch die Unterstützung der USA-Slowaken eine wichtige Voraussetzung für die Förderung ihrer politischen Ziele durch die USA.
3 Diese Vereinbarung wurde erst am 22. 11. 1938 realisiert; siehe S. 426.

Quelle:
Veiter, Theodor: »Nationale Autonomie«; Wien, 1938; S. 240 f. Hervorhebung im Original.

****

Note **1918, 9. August**
der britischen Regierung an den tschechoslowakischen Nationalrat[1]**:**
Diplomatische Anerkennung[2,3]

Gleich von Beginn des Krieges hat sich das tschechoslowakische Volk dem gemeinsamen Feinde mit allen ihm zu Gebote stehenden Mitteln entgegengestellt. Die Tschechoslowaken haben eine bedeutende Armee aufgestellt, welche auf drei verschiedenen Kriegsschauplätzen kämpft und welche die deutsche Invasion in Rußland und Sibirien[4] aufzuhalten versuchte.

Mit Rücksicht auf diese Bemühungen zur Erreichung der Unabhängigkeit *betrachtet Großbritannien die Tschechoslowaken als verbündete Nation* und anerkennt die drei tschechoslowakischen Armeen als einheitliche verbündete und kriegführende (belligerent) Armee, welche im regelrechten Kriege gegen Österreich-Ungarn und Deutschland steht.
Großbritannien anerkennt auch das Recht des tschechoslowakischen Nationalrates, als obersten Organes der tschechoslowakischen Interessen und gegenwärtigen Repräsentanten der kommenden tschechoslowakischen Regierung, die höchste Autorität über diese verbündete Armee auszuüben.

Anmerkungen:
1 Organisation der emigrierten Tschechen und Slowaken mit Wirkungszentren in den USA, Großbritannien, Frankreich, Italien und Rußland/UdSSR.
Am 26. 9. 1918 konstituierte sich eine vorläufige tschechoslowakische Regierung mit Sitz in Paris: T. G. Masaryk Präsident, Ministerpräsident und Finanzminister; Edvard Beneš Außen- und Innenminister, Milan Štefánik Kriegsminister.
2 Diese Anerkennung durch Großbritannien umfaßte keine Grenzfestlegung:
Im Gegensatz dazu hatte sich Frankreich bereits am 29. 6. 1918 in dem Anerkennungsbrief seines Außenministers Pichon an Dr. Beneš verpflichtet, die »historischen Grenzen« der böhmischen Länder für die künftige ČSR durchzusetzen.
Vgl. Beneš, Edvard: »Světová válka a naše revoluce« (Der Weltkrieg und unsere Revolution«; Bd. 3; Prag, 1928; S. 499 f.
3 Es folgten die Anerkennungen durch die USA (2. 9.), Frankreich (28. 9.) und Italien (3. 10.).
4 Gemeint: Die aus Überläufern und entlassenen Kriegsgefangenen zusammengestellten sog. Legionen, v. a. in Rußland/UdSSR.

Quelle:
Epstein: S. 23 f. Hervorhebung im Original.

****

Erklärung **1918, 6. Oktober**
der deutschen Abgeordneten des österreichischen Reichsrats:
Forderung des Selbstbestimmungsrechtes

. . .
Wir erkennen das Selbstbestimmungsrecht der slawischen und romanischen Nationen Österreichs an und nehmen das gleiche Recht für das deutsche Volk Österreichs in Anspruch . . .
Wir sind bereit, mit den Vertretern des tschechischen und des südslawischen Volkes auf dieser Grundlage über die Umwandlung Österreichs in eine Föderation freier nationaler Gemeinwesen zu verhandeln. Lehnen die Vertreter der slawischen Nationen diese Verhandlungen ab, so erklären wir, daß sich das deutsche Volk in Österreich mit allen Mitteln dagegen wehren wird, daß seine staatsrechtliche Stellung oder diejenige eines seiner Teile über seinen Kopf hinweg durch die Staatsgewalt oder das Schwert eines fremden Eroberers bestimmt wird. Jedem solchen Versuch gegenüber wird das deutsche Volk in Österreich sein unbeschränktes Selbstbestimmungsrecht mit allen Mitteln verteidigen.
. . .

Quelle:
Epstein: S. 52.

****

Manifest **1918, 17. Oktober**
Kaiser Karls:
Österreich soll Bundesstaat der Völker werden

An meine getreuen österreichischen Völker!
Seitdem ich den Thron bestiegen habe[1], ist mein unentwegtes Bestreben, allen meinen Völkern den ersehnten Frieden zu erringen, sowie den Völkern Österreichs die Bahnen zu weisen, auf denen sie die Kraft ihres Volkstums, unbehindert durch Hemmnisse und Reibungen zur segensreichen Entfaltung bringen und für ihre geistige und wirtschaftliche Wohlfahrt erfolgreich verwerten können ...
Nunmehr muß ohne Säumnis der Neuaufbau des Vaterlandes auf seinen natürlichen und daher zuverlässigsten Grundlagen in Angriff genommen werden. Die Wünsche der österreichischen Völker sind hierbei sorgfältig miteinander in Einklang zu bringen und der Erfüllung zuzuführen. Ich bin entschlossen, dieses Werk unter freier Mitwirkung meiner Völker im Geiste jener Grundsätze durchzuführen, die sich die verbündeten Monarchien in ihrem Friedensanbote[2] zu eigen gemacht haben.
Österreich soll dem Willen seiner Völker gemäß zu einem Bundesstaate werden, in dem jeder Volksstamm auf seinem Siedelungsgebiete sein eigenes staatliches Gemeinwesen bildet ...
Diese Neugestaltung ... soll jedem nationalen Einzelstaate seine Selbständigkeit gewährleisten ...
Bis diese Umgestaltung auf gesetzlichem Wege vollendet ist, bleiben die bestehenden Einrichtungen zur Wahrung der allgemeinen Interessen unverändert aufrecht. An die Völker, auf deren Selbstbestimmung das neue Reich sind gründen wird, ergeht mein Ruf, an dem großen Werke durch Nationalräte mitzuwirken, die – gebildet aus den Reichsratsabgeordneten jeder Nation – die Interessen der Völker zueinander sowie im Verkehre mit meiner Regierung zur Geltung bringen sollen ...

Anmerkungen:
1 Im November 1916.
2 In diesem wurde auf das Programm von US-Präsident Wilson Bezug genommen.

Quelle:
Epstein: S. 50.

****

Note[1] **1918, 18. Oktober**
der US-Regierung an die österreich-ungarische Regierung:
Die Tschechoslowakei hat über ihre autonome Entwicklung selbst zu entscheiden

... Der Präsident hält es für seine Pflicht, der österreichisch-ungarischen Regierung mitzuteilen, daß er auf ihre heutigen Anträge[1] nicht eingehen kann im Hinblicke auf einige Ereignisse von größter Bedeutung, welche seit der Rede vom 8. Jänner 1. J. eingetreten sind und welche den Standpunkt und die Verantwortlichkeit der Regierung der Vereinigten Staaten wesentlich geändert haben. Unter den 14 Friedenspunkten, die der Präsident formulierte, kam der folgende vor: »Den Völkern Österreich-Ungarns, deren Platz unter den Nationen wir geschützt und gesichert zu sehen wünschen, soll die Möglichkeit zu autonomer Entwicklung gewährt werden.«[2]
Seit dieser Satz in dem Kongreß der Vereinigten Staaten ausgesprochen wurde, hat die Regierung der Vereinigten Staaten anerkannt[3], daß der Kriegszustand zwischen den Tschechoslowaken und dem deutschen sowie dem österreichisch-ungarischen Kaiserreiche besteht, und daß der tschechoslowakische Nationalrat eine de facto krieg-

führende Regierung ist, ausgestattet mit der Vollmacht, die militärischen und politischen Angelegenheiten der Tschechoslowaken zu leiten ...
Der Präsident ist daher nicht in der Lage, die bloße »Autonomie« dieser Völker als eine Grundlage für den Frieden anzuerkennen, und ist gezwungen, darauf zu bestehen, daß sie und nicht er Richter darüber sein sollen, welche Aktion auf seiten der österreichisch-ungarischen Regierung die Bestrebungen und die Auffassung der Völker von ihren Rechten und von ihrer Bestimmung als Mitglieder der Familie der Nationen befriedigen wird.
⟨4⟩

Anmerkungen:
1 Die Note war die Antwort auf eine Note der österreichisch-ungarischen Regierung vom 4. 10. 1918, in der auf der »Grundlage« der Erklärungen US-Präsident Wilsons vom v. a. 8. 1. 1918 (siehe S. 226) um Waffenstillstand und Frieden gebeten wurde.
2 Zum Text: Siehe S. 226.
3 Zum Text: Siehe S. 229.
4 Auf Grund dieser Erklärung der USA trat die österreichisch-ungarische Regierung mit Note vom 27. 10. 1918 bedingungslos in Verhandlungen ein.

Quelle:
Epstein: S. 11. Hervorhebungen im Original.

****

Erklärung **1918, 18. Oktober**
der (provisorischen) Regierung des tschechoslowakischen Staates:
(Unabhängigkeitserklärung)
Tschechoslowakei auf der Basis der Demokratie und Freiheit

In diesem ersten Augenblick ..., in dem die Habsburger die Föderalisierung des Reiches ... versprechen[1], ... erlassen wir, der tschechoslowakische Nationalrat ... diese Erklärung unserer Unabhängigkeit.
Wir tun dies auf Grund unseres Glaubens, daß kein Volk gezwungen werden sollte, unter einer Herrschaft zu leben, die es nicht anerkennt[2], und auf Grund unseres Wissens und unserer festen Überzeugung, daß sich unser Volk in einer habsburgischen Schein-Föderation nicht frei entwickeln kann, die nur eine neue Form der entnationalisierenden Bedrückung ist, unter welcher wir in den drei vergangenen Jahrhunderten gelitten haben. Wir betrachten die Freiheit als erste Vorbedingung der Föderalisierung und glauben, daß die freien Völker von Mittel- und Ost-Europa leicht miteinander Bündnisse schließen können, wenn sie es für erforderlich halten.
Wir geben diese Erklärung auf Grund unseres historischen und natürlichen Rechtes ab. Wir sind seit dem 7. Jahrhundert ein unabhängiger Staat gewesen und sind als unabhängiger Staat[3], bestehend aus Böhmen, Mähren und Schlesien, im Jahre 1526 mit Österreich und Ungarn in ein Abwehr-Bündnis gegen die Türkei eingetreten. Wir haben in diesem Bündnisse niemals freiwillig unsere Rechte als unabhängiger Staat aufgegeben. Die Habsburger brachen ihren Vertrag mit unserem Volke, indem sie *(in)* ungesetzlicher Weise unsere Rechte schmälerten und die Verfassung unseres Staates verletzten, welche aufrechtzuhalten sie sich verpflichtet hatten, und deshalb weigern wir uns, noch länger einen Teil Österreich-Ungarns – in welcher Form immer – zu bilden.
Wir fordern das Recht Böhmens auf Wiedervereinigung mit seinen slowakischen Brüdern in der Slowakei, die, einst ein Teil unseres Nationalstaates[3], später von unserem Nationalkörper abgetrennt und vor fünfzig Jahren in den ungarischen Staat der Magyaren einverleibt wurde, die durch ihre unglaubliche Gewalttätigkeit und die skrupellose Bedrückung der ihnen unterworfenen Völker jedes moralische und menschliche Recht darauf verwirkt haben, jemand anderen zu regieren als sich selbst.
...

Wir nehmen die Ideale der modernen Demokratie an, und werden sie beibehalten, da sie durch Jahrhunderte hindurch die Ideale unseres Volkes gewesen sind. Wir nehmen die amerikanischen Grundsätze an, so wie sie von dem Präsidenten Wilson festgelegt wurden: die Prinzipien der befreiten Menschheit, der tatsächlichen Gleichheit der Nationen und der Regierungen, die alle ihre gerechte Macht von der Zustimmung der Regierten herleiten.[2, 4]

...

Wir werden nur die Hauptprinzipien der Verfassung der tschechoslowakischen Nation kennzeichnen. Die endgültige Entscheidung über die Verfassung selbst fällt den rechtmäßig gewählten Vertretern des befreiten und vereinten Volkes zu.[5]

...

Die Rechte der Minderheit sollen durch verhältnismäßige Vertretung gewahrt werden, nationale Minderheiten sollen gleiche Rechte genießen. Die Regierung soll eine parlamentarische Form haben und die Grundsätze der Initiative und des Referendum anerkennen. Das stehende Heer soll durch eine Miliz ersetzt werden.[6]

...

Die Demokratie hat die theokratische Autokratie aus dem Felde geschlagen. Der Militarismus ist überwunden, die Demokratie ist siegreich; auf der Grundlage der Demokratie wird die Menschheit reorganisiert werden. Die Mächte der Finsternis haben dem Siege des Lichtes gedient – das ersehnte Zeitalter der Menschlichkeit beginnt zu tagen.

WIR GLAUBEN AN DEMOKRATIE, WIR GLAUBEN AN FREIHEIT, AN FREIHEIT FÜR IMMERDAR!

Gegeben zu Paris, den 18. Oktober 1918.
Professor Thomas G. Masaryk,
Ministerpräsident und Finanzminister.
General Dr. Milan R. Štefánik,
Minister der nationalen Verteidigung.
Dr. Eduard Beneš,
Minister des Äußeren und des Inneren.

Anmerkungen:

1 Gemeint: Das Manifest Kaiser Karls v. 17. 10. 1918; zum Text: Siehe S. 230.

2 Deutliche Formulierungsanleihe bei der US-Unabhängigkeitserklärung vom 4. 7. 1776; siehe S. 3.

3 Begriffswahl und Behauptung waren nur mit dem politischen Zweck der Erklärung zu begründen.

4 a) Das Selbstbestimmungsrecht, tschechischerseits am 8. 12. 1870 für Elsaß-Lothringen gefordert und am 6. 1. 1918 für das »neue Rußland« als freier Beschluß über Selbständigkeit oder Gemeinschaft mit anderen Völkern definiert (vgl. Ullmann, Hermann in »Deutsche Arbeit in Österreich«; Wien, 18. Jg., Nr. 4/5 [Januar/Februar 1919]; S. 159 f.), wurde hier expressis verbis nicht erwähnt. Erst in einer Verlautbarung vom 30. 10. 1918 aus Genf, die von Vertretern der sog. Auslandsaktion (unter Masaryk und Beneš) und Delegierten aus Prag unterschrieben wurde, bezog man sich zur Begründung der tschechoslowakischen politischen Ziele ausdrücklich auf das »Selbstbestimmungsrecht der Völker« (právo sebeurčení národu).
Vgl. Halada, Jaroslav (Hsg. m. a.): »Dějiny zemí koruny české« (Geschichte der Länder der böhmischen Krone); 2 Bde., Bd. II; 2. Aufl.; Prag, 1993; S. 158.

b) In einem Brief des designierten ČSR-Staatspräsidenten Masaryk an seinen Außenminister Dr. Beneš vom 3. 11. 1918 hieß es zur zeitgenössischen Definition des Begriffes für das Sudetengebiet angemessen relativiert:
»8. Die Minoritätenfrage. Die self-determination könnten sich nehmen: Das deutsche Gesamtvolk incl.⟨*usive*⟩ der österreichischen und unserer Deutschen: Man rechnet aber mit historisch gegebenen Einheiten, wie die böhmischen Länder (české země) eine Einheit sind und in ihnen die Deutschen eine Minderheit. Selbst Deutschland respektiert Individualitäten, Bayern, Sachsen usw.«

Vgl. Hadler, Frank: »Weg von Österreich«; Berlin, 1995; S. 231; (Hervorhebung und englischer Ausdruck im tschechischsprachigen Original).

c) Das tschechische Standardlexikon (»Masarykův slovník naučny«; 7 Bde; Prag, 1925–1933; Bd. VI; S. 492) definierte »Selbstbestimmung der Völker« als »Grundsatz, wonach jede nationale Einheit, die lebensfähig ist und unter fremder Herrschaft lebt, das Recht hat, selbst ... darüber zu entscheiden, ob sie einen unabhängigen Staat errichten oder sich einem anderen Staatsverband anschließen will. ⟨*Erläuternd hieß es weiter:*⟩ Nach dem ⟨*Ersten*⟩ Weltkrieg wurde der Grundsatz der Selbstbestimmung der Völker bei den Friedensverhandlungen berücksichtigt, und auf dieser Basis ... wurden einige Nationalkomplexe mit ihren Mutterstaaten vereinigt (Siebenbürgen mit Rumänien, Kroatien mit Jugoslawien) ...«

5 Tatsächlich waren es dann die nach österreichischem Recht gewählten Vertreter der Tschechen und einige Slowaken, die über die Verfassung entschieden; siehe S. 290.

6 Die Verfassung vom 29. 2. 1920 sah keine Miliz vor; zum Text: Siehe S. 281 ff., 289 ff.

Quelle:
Epstein: S. 29 ff. Hervorhebungen im Original.

****

Beschluß **1918, 21. Oktober**
der Provisorischen Nationalversammlung für Deutsch-Österreich:
Forderung nach Selbstbestimmungsrecht und territoriale Präzisierung

Das deutsche Volk in Österreich ist entschlossen, seine künftige staatliche Ordnung selbst zu bestimmen, einen selbständigen deutsch-österreichischen Staat zu bilden und seine Beziehungen zu den anderen Nationen durch freie Vereinbarungen mit ihnen zu regeln.
Der deutsch-österreichische Staat beansprucht die Gebietsgewalt über das ganze deutsche Siedlungsgebiet, insbesondere aber auch in den Sudetenländern[1]. Jeder Annektion von Gebieten, die von deutschen Bauern, Arbeitern oder Bürgern bewohnt werden[1], durch andere Nationen wird sich der deutsch-österreichische Staat widersetzen.
Die provisorische Nationalversammlung[2] beansprucht das Recht, bis zum Zusammentritt der Konstituierenden Nationalversammlung das deutsche Volk in Österreich bei den Friedensverhandlungen zu vertreten, Verhandlungen mit den anderen Nationen über die Übertragung der Verwaltung an die neuen Nationalstaaten und über die Neugestaltung der Beziehungen zwischen den Nationen zu führen und eine Gesetzgebungs- und -vollzugsgewalt einzurichten.

Anmerkungen:
1 Zum Umfang des Gebietes und seiner Bevölkerung: Siehe Gesetz v. 22. 11. 1918, S. 242.
2 Zusammenschluß aller 1910 gewählten Abgeordneten des österreichischen Reichsrates aus deutschsprachigen Wahlkreisen Österreichs.

Quelle:
Epstein: S. 52 f.

****

Gesetz **1918, 28. Oktober**[1]
des ⟨*tschechoslowakischen*⟩ Nationalausschusses[2]
»über die Errichtung des selbständigen tschechoslowakischen Staates«[3]**:**
ČSR ins Leben getreten

Der selbständige tschechoslowakische Staat ist ins Leben getreten. Damit der Zusammenhang der bisherigen Rechtsordnung mit dem neuen Zustand erhalten bleibt, Verwirrung vermeiden und der ungestörte Übergang zum neuen staatlichen Leben gesichert wird, ordnet der Nationalausschuß als Vollzugsorgan der Staatshoheit namens des tschechoslowakischen Staates an:

Art. 1. Die Staatsform des tschechoslowakischen Staates legt die Nationalversammlung in Abstimmung mit dem Tschechoslowakischen Nationalrat in Paris fest. Das Organ des einmütigen Willens der Nation und das Vollzugsorgan der Staatshoheit ist der Nationalausschuß;

Art. 2. alle bisherigen Landes- und Reichsgesetze und -verordnungen bleiben bis auf weiteres gültig;

Art. 3. alle Selbstverwaltungskörper staatlicher und gebietlicher Art, Staats-, Landes-, Bezirks- und vor allem Gemeindeämter[4] sind dem Nationalausschuß unterstellt und arbeiten und handeln bis auf weiteres nach den bisher gültigen Gesetzen und Verordnungen;

Art. 4. dieses Gesetz tritt heute in Kraft;

Art. 5. der Nationalausschuß beauftragt sich mit dem Vollzug des Gesetzes.

Dr. jur. Al. Rašín e. h. Ant. Švehla e. h.
Dr. jur. Fr. Soukup e. h. Jiří Stříbrný e. h.
Dr. Vavro Šrobár e. h.

⟨[5]⟩

Anmerkungen:

[1] Das Datum der öffentlichen Verkündigung, der 28. Oktober, wurde später zum Staatsfeiertag der ČSR.

[2] Die demokratische Kompetenz und die Arbeitsinhalte wurden von den sudetendeutschen Sozialdemokraten wie folgt charakterisiert:
Der Nationalausschuß »war nur aus Vertretern der tschechischen Parteien – unter Hinzuziehung einiger Slowaken – zusammengesetzt und blieb es auch nach seiner Erweiterung auf 256 und später auf 270 Mitglieder, da er sich Nationalversammlung nannte. Von dieser Versammlung wurde sowohl die Verfassung, das Sprachenrecht, das Gesetz über die Gau- und Bezirksverfassung und die parlamentarische Geschäftsordnung festgesetzt, ohne daß die Vertreter der anderen Nationen (mehr als ein Drittel der Bevölkerung) auch nur dazu geladen wurden. Selbst das Zentralorgan der tschechischen Sozialdemokratie, ›Právo lidu‹, bezeichnete am 23. Dezember 1919 diese Nationalversammlung als eine ›Diktatur der tschechischen Parteien‹, und der Chefredakteur dieses Blattes, Abgeordneter Stivin, gab am 28. Februar 1920 in diesem Blatte seinen Befürchtungen Ausdruck, daß die wichtigsten Verfassungsgesetze durch eine nichtgewählte Körperschaft geschaffen wurden und daß die Bürger der nichttschechischen Nationen davon vollständig ausgeschlossen wären.«
Zum Textzusammenhang: Siehe S. 320.

[3] Art. 9 des Einführungsgesetzes zur ČSR-Verfassung vom 29. 2. 1920 legte fest, daß mit deren Inkrafttreten u. a. »alle früheren Verfassungsgesetze« außer Kraft treten.
Vgl. Epstein; S. 256.
Damit war auch das ČSR-Gesetz 11/1918 v. 28. 10. 1918 aufgehoben.
Trotzdem wurde das 1920 erloschene ČSR-Gesetz 11/1918 am 8. 3. 1995 vom Tschechischen Verfassungsgericht in Brünn sogar zur Verfassung der ČSR umstilisiert.
Siehe dazu S. 994.

[4] Als Beispiel praktisch zeitgleicher Meinung in Deutsch-Böhmen siehe den folgenden Aufruf:
»An die Bevölkerung von Stadt und Bezirk Leitmeritz!
Der Nationalrat für die Stadt und den Bezirk Leitmeritz hat sich am Dienstag, den 29. Oktober nachmittags um 5 Uhr gebildet.
Derselbe erläßt an die Bevölkerung folgende
Kundgebung:
Für Deutschböhmen ist nach dem Selbstbestimmungsrechte die deutschböhmische Nationalversammlung einzig und allein die oberste Behörde. Nur ihre Beschlüsse sind in Deutschböhmen für alle hier wirkenden Behörden und Aemter, sowie für die gesamte Bevölkerung, in deutschvölkischen Fragen maßgebend. Es gibt nur eine Pflicht: nämlich sich unbedingt an die Beschlüsse und Verfügungen der deutschböhmischen Nationalversammlung zu halten.

Ruhe und Ordnung müssen gewahrt werden, damit sich der Uebergang aus dem alten Zustande zum neuen Staatsgebilde reibungslos und schnell vollzieht.
Darum hat sich in unserer Stadt in Uebereinstimmung mit der Stadtvertretung ein Nationalrat gebildet, welcher sich zur Aufgabe stellt, alle Anordnungen zu treffen und alle Mittel anzuwenden, welche die Sicherheit von Person und Gut schützen, bis die neue staatliche Gewalt Deutschböhmens die fernere Führung der Geschäfte in die Hand nimmt.
Der Nationalrat besteht aus den 36 Gemeindeausschußmitgliedern der Stadt Leitmeritz und folgenden Herren:
⟨*Es folgten 18 Namen mit Berufsbezeichnungen vom Lagerhausarbeiter bis zum k.k. Professor*⟩
Aus diesen hat sich ein Exekutivausschuß gebildet, bestehend aus den 8 Stadträten der Stadt Leitmeritz und den Herren ⟨*es folgten 8 Namen*⟩.«

5 Das zeitliche Umfeld von ČSR-Gesetz und deutsch-böhmischem Aufruf kann auch durch einen deutsch-österreichischen Aufruf charakterisiert werden:
»An das deutsche Volk in Oesterreich!
Die deutsche Nationalversammlung hat heute die provisorischen Grundgesetze des neuen deutschösterreichischen Staates beschlossen. Auf der Grundlage dieser Gesetze hat sie den Staatsrat gewählt, der nunmehr die Regierung und Vollzugsgewalt in Deutschösterreich übernimmt. Der Staatsrat wird unverzüglich die erste deutschösterreichische Regierung erneuern, die Friedensverhandlungen führen, die Verwaltung in den deutschen Gebieten Oesterreichs und die Befehlsgewalt über die deutschen Truppen übernehmen.
Damit ist dem einmütigen Willen des deutschen Volkes entsprechend der deutschösterreichische Staat zur lebendigen Wirklichkeit geworden. Dieser Staat wird fortan von freigewählten Vertrauensmännern des deutschen Volkes selbst regiert werden.
Die Uebernahme der Regierungsgewalt durch die neue Regierung des deutschösterreichischen Volksstaates kann sich nur in Ruhe und Ordnung vollziehen. Die Behörden des bisherigen österreichischen Staates leisten der Uebernahme der Verwaltung durch die neue Volksregierung keinen Widerstand. Es besteht daher kein Grund, diese Behörden zu bedrohen. Gewalttätigkeiten können die Uebernahme und die Ausübung der neuen Regierung durch die Vertrauensmänner des deutschen Volkes nicht fördern, sondern nur erschweren. Ebenso ist es unzulässig, gegen Angehörige anderer Nationalitäten Gewalt zu üben. Die Regierung Deutschösterreichs wird den nationalen Minderheiten in den deutschen Gebieten ihren vollen Schutz gewähren, wie wir erwarten, daß die Nationalregierungen der anderen Nationen den gleichen Schutz auch den deutschen Minderheiten in den slawischen Gebieten gewähren werden.
Der Staatsrat fordert das deutsche Volk in Oesterreich auf, Ruhe und Selbstzucht zu bewahren und alles zu vermeiden, was die Uebernahme der Regierungsgewalt durch das deutsche Volk und die Herbeiführung eines von der deutschen Volksregierung selbst im Einvernehmen mit dem Deutschen Reiche abzuschließenden Friedens behindern kann.
Wien, 30. Oktober.
Im Namen des deutschösterreichischen Staatsrates:
Dinghofer. Hauser. Seitz.
Wiedergabe (Anm. 4 und 5) nach »Leitmeritzer Zeitung« ⟨*WZ.*⟩; Leitmeritz (N.Böhm.); Jg. 48, Nr. 37 v. 31. 10. 1918; S. 1. Hervorhebungen im Original.

Quelle:
ČSR-Slg. 1918; Nr. 11 im 2. Stück v. 6. 11. 1918; S. 1.

****

Entschließung **1918, 29. Oktober**
der deutsch-böhmischen[1] Abgeordneten des österreichischen Reichsrats:
Deutsch-Böhmen[1] erklärt sich zur Provinz Deutsch-Österreichs

Wir, vom deutschen Volk Böhmens auf Grund des allgemeinen, gleichen und unmittelbaren Wahlrechts erwählten Abgeordneten, haben uns zu dieser vorläufigen Landesversammlung vereinigt, um auf Grund des allgemein anerkannten Selbstbestimmungsrechts der Völker und der Beschlüsse der deutsch-österreichischen Nationalversammlung in unserem Siedlungsgebiet eine geordnete Verwaltung aufzurichten und so unser Volk vor Fremdherrschaft und wirtschaftlichem Elend zu bewahren ... Im Namen des von ihr vertretenen Vol-

kes und Gebietes erklärt die Landesversammlung Deutschböhmen als eigenberechtigte[2] Provinz des Staates Deutsch-Österreich, erkennt bis zur endgültigen Ordnung der Verfassung die ... deutsch-österreichische Nationalversammlung als ihre einzige und höchste gesetzgebende Körperschaft, die von ihr eingesetzten Behörden als ihre übergeordneten Behörden an und erklärt die Beschlüsse der deutsch-österreichischen Behörden für sich selbst, wie für das vom Landtag vertretene Volk und Gebiet ohne Vorbehalt für bindend. Die Provinz Deutschböhmen steht somit zu gleichen Rechten und Pflichten den übrigen Ländern Deutsch-Österreichs zur Seite und gelobt, deren Schicksal mit unverbrüchlicher Gemeinschaft und Treue zu teilen ...
Bestrebt, das Selbstbestimmungsrecht Deutschböhmens zu wahren, ohne berechtigte Ansprüche der Tschechen abzulehnen, beauftragt der Landtag den Landeshauptmann, sich über die Einrichtung einer besonderen vorläufigen Verwaltung in den offenkundig gemischtnationalen Gemeinden des Landes bis zur endgültigen Ordnung der Verhältnisse mit den Vertretern des tschechischen Volkes[3] ins Einvernehmen zu setzen.

Anmerkungen:
[1] Sachlich gleichlautende Erklärungen geben auch die Abgeordneten der anderen sudetendeutschen Gebiete ab; siehe z. B. S. 238 für Deutsch-Südmähren.
[2] In anderen Quellen findet man statt »als eigenberechtigte« die Formulierung »zur eigenberechtigten« Provinz.
[3] Zum Ergebnis derartiger Bemühungen Seligers: Siehe S. 323.

Quelle:
Epstein: S. 55.

****

Kurzbericht: **1918, November**
Die militärische Besetzung des Sudetengebietes ab November 1918 durch ČSR-Streitkräfte

A) Vorbemerkungen:
Auch[1] das Sudetengebiet wurde mittels militärischer Besetzung durch ČSR-Verbände der Tschechoslowakei eingegliedert. Dabei gab es Verhaftungen sowie bewaffnete Auseinandersetzungen mit Toten und Verwundeten.
Die ČSR-Besetzung darf nicht im Sinne jeweils durchgängiger Frontlinien mißverstanden werden. Anfänglich gab es nur ČSR-Zugriffe auf isolierte Grenzpunkte wie z. B. Bahnhöfe. Die deutsch-österreichische Seite legte gegen diese Vorgänge bei der ČSR Verwahrung ein, hatte jedoch keine ungestörten Kommunikationsverbindungen zu den wenigen, verstreuten militärischen Einheiten im Sudetengebiet, kaum überlokal einsetzbare Truppen und war in Lebensmitteln und Brennstoffen für v. a. Wien von den ČSR-Machthabern abhängig. Es ging oft hin und her. Deswegen sind in der nachfolgenden Zusammenstellung v. a. größerer Gemeinden beim gleichen Ort auch unterschiedliche Daten zu finden.
Die Landesregierung von Deutsch-Böhmen protestierte[2] bei US-Präsident Wilson am 21. 11. 1918 (über die Schwedischen Gesandtschaften in Wien und Washington) gegen die ČSR-Besetzung ihres Gebietes. Unter Bezug auf das von Wilson und den Alliierten zugesagte Friedensprinzip Selbstbestimmungsrecht stellte sie für Bevölkerung und Gebiet fest, daß sich diese »als konstitutiver Teil der freien Deutschen Republik *⟨gemeint: von Weimar; siehe S. 240⟩* ansehen«.
Zur dennoch, freilich erst nach dem 20. 12. 1918 erfolgten Genehmigung der ČSR-Besetzung durch die Alliierten: Siehe S. 243.

B) Materialien:

Ort	Datum: 1918; ...	Wichtige Einzelheiten	Tote		Quelle[3]
			Deutsche	Tschechen	
Warnsdorf	3. 11.	V. a. Bahnhof, Postamt			BOR, S. 30
Rumburg	3. 11.	V. a. Bahnhof, Postamt			BOR, S. 30
Bilin	6. 11.	V. a. Postamt			MOL, S. 94
Lobositz	6. 11.	V. a. Bahnhof			MOL, S. 94
Eger	ca. 8. 11.	V. a. Flugplatz			MOL, S. 94
... Nordmähren	9. 11.	Verschiedene Bahnhöfe in ...			MOL, S. 103
Lundenburg	10. 11.	V. a. Bahnhof			BIR, S. 399
Saaz	15. 11.				BOR, S. 31
Mähr. Trübau	20. 11.	Stadt militärisch eingeschlossen, Übergabe innerhalb 1 Stunde sowie Stellung von Geiseln verlangt.			BOR, S. 31 MOL, S. 103
		Am 29. 11. auf Marktplatz Tote:	5[4]		BOR, S. 32
Zlabings	22. 11. 10. 12.	Nach Hissung der österr. Flagge wurde diese von ČSR-Legionären niedergeholt. Die Legionäre wurden verjagt, holten Verstärkung und zwangen die Deutsch-Österreicher zum Abzug.			BOR, S. 34 MOL, S. 103 BOR, S. 34
Leitmeritz	23. 11. 9. 12. 11. 12.	Am 26. 11. Todesfälle:	2[5]		BOR, S. 31 BCH, S. 25 MDI, S. 95
Brüx	27. 11.			mehrere	MOL, S. 118
	29. 11.	Nach Kämpfen inkl. Geschützeinsatz militärische Kapitulation; neben Toten auch zahlreiche Verletzte; Standrecht.	13[6]		DEJ, S. 162
Oberleutensdorf	29. 11.		2[7]		
... Krummau und Znaim	30. 11.	Verschiedene Orte der Bezirke ...			BOR, S. 37, 39 MOL, S. 64 f.
Kaplitz	3. 12.		1[8]		BOR, S. 32
Marienbad	8. 12.				BOR, S. 32
Teplitz-Schönau	9. 12.				BOR, S. 32
Eger, Komotau und Trautenau	10. 12.				BOR, S. 32
Zwittau					
Aussig	11. 12.				BOR, S. 32
Karlsbad	12./13. 12.		2		BOR, S. 32
Tetschen	13. 12.				BOR, S. 32
Fulnek	13. 12.				MOL, S. 104
Neutitschein	ca. 13. 12.				MOL, S. 105
Reichenberg	14. 12.				DEJ, S. 162
Gablonz	14. 12.	Methode wie Mähr. Trübau (20. 11.)			BOR, S. 32
Mähr. Schönberg	15. 12.				MOL, S. 103
Nikolsburg	15. 12.			?	BIR, S. 399
Znaim	15./16. 12.	Kämpfe zwischen rd. 2.000 ČSR-Soldaten mit Geschützen und Panzern gg. zwei deutsch-österreichische Bataillone; militärische Kapitulation.	?		BIR, S. 399 BOR, S. 32 DEJ, S. 162 DEJ, S. 162

C) Anmerkungen und Quellen:

[1] a) Die ČSR mußte auch die gesamte Slowakei/Karpatenukraine von Ungarn militärisch erobern; ihr Befehlshaber, General Piccione, bezeichnete sich in einem Telegrammwechsel mit dem ČSR-Kriegsminister als »Besatzungsgouverneur«.
b) Im Zuge dieser Besetzungen wurden auch viele Deutsche verhaftet und u. a. in der Kleinen Festung in Theresienstadt unter schlimmen Verhältnissen »interniert«.
Vgl. »Stenographische Berichte über die Sitzungen des Abgeordnetenhauses der Čechoslovakischen Republik«; Prag, 1919; Bd. 2; S. 1752 ff.
Zur späteren Bedeutung des Ortes: Siehe S. 737.

[2] Vgl. FRUS 1919; Bd. II; Washington, 1942; S. 377 f.

[3] Neben eigenen Archivquellen v. a.
BCH = Bachmann, Harald: »Die Landesregierung von Deutsch-Böhmen und das verweigerte Selbstbestimmungsrecht 1918/19« in »Der Donauraum«, Wien; Jg. XXX (89/90)/Nr. 1; S. 13–32.
BIR = Birke, Ernst: »Der Erste Weltkrieg und die Gründung der Tschechoslowakei 1914–1919« in »Handbuch der Geschichte der böhmischen Länder«; 4 Bde.; hsg. von Karl Bosl; Bd. III, Stuttgart, 1968; S. 239–446.
BOR = Borth, Fred: »Aus der Heimat vertrieben«; Bisamberg (b. Wien), 1993.
DEJ = Halada, Jaroslav (Hsg. m. a.): »Dějiny zemí koruny česke« (Geschichte der Länder der böhmischen Krone); 2 Bde.; Bd. II, Prag, 1993.
MOL = Molisch, Paul: »Die sudetendeutsche Freiheitsbewegung 1918–1919«; Wien, 1932.
Als Tote waren namentlich bekannt lt. Angabe der »Zeitschrift des Hilfsvereins für Deutschböhmen und die Sudetenländer« ⟨*MZ.*⟩; Wien, Jg. 3, Nr. 4 vom April 1922; S. 3 f. in der Wiedergabe von Konrad Badenheuer in SdZ; Nr. 16 v. 23. 4. 1999; S. 3. (Zahlenangabe = Lebensalter).

[4] Hermine Fischer (15), Anna Prims (54), Aloisia Schober (51), Katharina Sekora (53), Alois Tauschinsky (14).

[5] Rudolf Pokorny (19), Franz Worlitschek (18).

[6] Namentlich bekannt Elsa Cihla (22), Emil Mathiasch (24), Katharina Podschadka (56), Josef Trotz (42). Weitere namentlich nicht bekannte Tote sollen in das tschechische Gebiet verbracht worden sein.

[7] Josef Langer (22), Franz Wanek (43).

[8] Josef Neubauer (32).

****

Aufruf **1918, 3. November**
der deutsch-südmährischen Abgeordneten
des österreichischen Reichsrats und mährischen Landtags:
Deutsch-Südmähren erklärt sich zum Gebiet Deutschösterreichs

An das deutsche Volk in Südmähren!

Sonntag, den 3. November 1918 haben sich die Reichsrats- und Landtagsabgeordneten Deutsch-Südmährens zur Kreisversammlung in Znaim versammelt und bei derselben einstimmig den nachstehenden Beschluß gefaßt:

»Wir vom deutsch-österreichischen Volke unseres Gebietes auf Grund des allgemeinen, gleichen und direkten Wahlrechtes erwählten Abgeordneten, zurzeit die einzigen befugten Vertreter unseres Volkes, haben uns in der allgemeinen Not unserer Heimat und unseres Volkes, nachdem der andere, das bisherige Kronland Markgrafschaft Mähren bewohnende Volksstamm jede politische und vor allem jede wirtschaftliche Gemeinschaft mit uns gelöst und damit selbst alle bestehenden historischen und gesetzlichen Bindungen mit uns aufgehoben hat, zu dieser provisorischen Kreisversammlung vereinigt, um auf Grund des anerkannten Prinzipes der Selbstbestimmung des Volkes

IN UNSEREM SIEDLUNGSGEBIETE EINE GEORDNETE VERWALTUNG AUFZURICHTEN

und so uns selbst, unsere Familien und unsere Nachkommen gegen Fremdherrschaft zu schützen und vor dem WIRTSCHAFTLICHEN RUINE wie vor der SOZIALEN AUFLÖSUNG zu bewahren.

Die provisorische Kreisversammlung hat sich Sonntag, den 3. November 1918 im Rathause der Stadt Znaim konstituiert und die nachstehenden Beschlüsse gefaßt:

I.

1. Im Namen des von ihr vertretenen Volkes und Gebietes erklärt die konstituierende Kreisversammlung die Gesamtheit der nachstehenden Gemeinden:
   ⟨*Es folgte die nach politischen Bezirken gegliederte Einzelanführung der Gemeinden*⟩
   unter dem Namen »Deutschsüdmährischer Kreis« als gesondertes Verwaltungsgebiet des Staates »Deutschösterreich«, vollzieht hiemit den Beitritt zu dem »Deutschösterreichischen Staate«, erkennt die, Montag, den 21. Oktober 1918 im Landhause in Wien konstituierte[1] Nationalversammlung von »Deutschösterreich« als ihre höchste gesetzgebende Körperschaft, die von ihr eingesetzten Behörden als ihre übergeordneten Behörden an und erklärt die Beschlüsse jener Körperschaft, wie die Anordnungen dieser Behörden für sich selbst, wie für das ganze von dieser Kreisversammlung vertretene Volk und Gebiet ohne allen Vorbehalt für bindend.
2. Der »Deutschsüdmährische Kreis« vollzieht seinen Anschluss an das bestehende Kronland Niederösterreich, gelobt dessen Schicksal in unverbrüchlicher Gemeinschaft und brüderlicher Solidarität zu teilen und erwartet, daß dessen gesetzliche Vertretung dieses Gelöbnis annimmt und im gleichen Geiste erwidert.

II.

Die Kreisversammlung bestellt aus ihrer Mitte einen Kreisausschuß von drei Mitgliedern und dieser wählt einen Kreishauptmann. Diese haben bis zur Uebernahme des Kreisgebietes in die landesfürstliche autonome Verwaltung des Landes Nieder-Oesterr.⟨*eich*⟩ die innere Verwaltung wie die äußere Vertretung des Kreises zu führen.

Auf Grund der angeführten Beschlüsse ist die provisorische Kreisversammlung sofort zur Wahl der Funktionäre geschritten und hat mit Stimmeneinhelligkeit gewählt: zu Kreisausschüssen die Herren Abgeordneten: JOSEF BRUNNER, Grundbesitzer in Höflein, Staatsrat JOSEF LUKSCH, Grundbesitzer in Lodenitz, Staatsrat OSKAR TEUFEL, Fabrikant in Znaim. Dieselben wählten aus ihrer Mitte den Herrn Staatsrat OSKAR TEUFEL zum Kreishauptmann.

Der »Deutschsüdmährische Kreis« ist damit als selbständiges Verwaltungsgebiet konstituiert. Nach seiner Konstituierung hat die Kreisversammlung den Beschluß gefaßt:

1) Der Kreisausschuß wird aufgefordert, von dieser Konstituierung der Nationalversammlung von Deutschösterreich geziemend Mitteilung zu machen, die Genehmigung der gefaßten Beschlüsse, sowie die Bestätigung der vollzogenen Wahl einzuholen und den neugegründeten Kreis, wie seine provisorischen Einrichtungen, unter den Schutz der gesamten Nation zu stellen.
2) Der k. k. Regierung von der vollzogenen Tat Mitteilung zu machen und die Ueberführung der Behörden und der behördlichen Organe des Kreisgebietes in den Dienst des Landes Niederösterreich zu bewirken.
3) Sollte die k. k. Regierung die Durchführung dieses Antrages nicht sofort vollziehen, so hat der deutschösterreichische Staatsrat die Ueberführung der Behörden und Geschäfte kraft seines Amtes zu veranlassen.
4) Das Beschlußprotokoll der Kreisversammlung durch Maueranschlag in allen Gemeinden des Kreises kundzumachen.

Diese Beschlüsse, welche auch die nicht auf Grund des allgemeinen, gleichen, direkten Wahlrechtes[2] gewählten Landtagsabgeordneten der in Betracht kommenden Wahlkreise

beigetreten sind, werden überall im Sinne des Auftrags der Kreisversammlung kundgemacht.
ZNAIM, am 3. November 1918.

Für die provisorische Kreisversammlung des »Deutschsüdmährischen Kreises«
Der Kreisausschuß
Staatsrat Abgeordneter OSKAR TEUFEL

Abgeordneter JOSEF BRUNNER	Kreishauptmann	Staatsrat Abgeordneter JOSEF LUKSCH

Anmerkungen:
[1] Zum Text der Konstitutionserklärung: Siehe S. 233.
[2] Zur Landtagswahlordnung von Mähren: Siehe S. 214.

Quelle:
Bornemann, Felix: »›Weil Sie Deutscher sind ...‹«; Stuttgart, 1964; S. 209 (dort faksimilierte Wiedergabe).

****

Gesetz **1918, 11. November**[1]
der provisorischen Nationalversammlung von Deutschösterreich
»über Staats- und Regierungsform«:

Art. 1: Deutschösterreich ist eine demokratische Republik[2] ...
Art. 2: Deutschösterreich ist ein Bestandteil der Deutschen Republik[3] ...
...

Anmerkungen:
[1] Datum der Veröffentlichung (z. B. in der »Wiener Zeitung«); am 12. 11. 1918 einstimmig gebilligt.
[2] Die Erklärung war durch den persönlichen Verzicht Kaiser Karls vom 11. 11. 1918 auf Thron und Anteil an Staatsgeschäften legitim.
[3] Zur Bereitschaft, Deutsch-Österreich in der Deutschen Republik (d. h. dem Deutschen Reich) aufzunehmen: Siehe S. 256 f., 259.

Quelle:
»Staatsgesetzblatt für den Staat Deutschösterreich«; Jg. 1918, Nr. 5 im 1. Stück v. 15. 11. 1918; S. 4 f.

****

Denkschrift[1] **1918, 20. November**
des tschechoslowakischen Außenministers Edvard Beneš
»Les limites, au point de vue ethnographique, de l'Etat tchécoslovaque«
(Die Grenzen der ČSR aus ethnographischer Sicht):
Andeutung von Vertreibungsmöglichkeiten[2,3,4]

Die Denkschrift enthielt den Plan, »die angeblichen vier Millionen Auslandstschechen und -slowaken in Amerika und Rußland zurückzuholen und mit ihrer Hilfe ›die natürlichen Grenzen wieder zu erobern‹; die Deutschen seien nicht unersetzlich, und die ›Enklaven‹ könnten getilgt werden«.

Anmerkungen:
[1] Der Vorschlag von Dr. Beneš floß dann, wie bei Sach- und Textvergleich unschwer zu erkennen, in ein offizielles französisches Papier ein: Einen für den französischen Chefdiplomaten André Tardieu erarbeiteten Bericht seines »Ausschusses zur Vorbereitung der Friedensverhandlungen«, auch als »Comitée d'Études« bezeichnet, das unter der Leitung des Historikers Ernest Lavisse stand.
Der Bericht, den Tardieu im Jahre 1938 veröffentlichte, wurde zeitlich vor den 5. 2. 1919 eingeordnet. Er besagte u. a.:
»Es gibt außerhalb Böhmens etwa 4 Millionen Tschechen und Slowaken auf der Welt, die Sprache und

Nationalgefühl bewahrt haben. Sie sind fast so zahlreich wie die in Böhmen lebenden Fremden. Diese sind es, die sich dort niederlassen könnten, wo noch gestern Deutsche und Magyaren waren. Wir können daher keinesfalls sagen, daß die Deutschen auf dem tschechoslowakischen Staatsgebiet unersetzlich seien und daß sich die Sprachinseln niemals auffüllen würden.«
Vgl. Bruns, Viktor: »Die Tschechoslowakei auf der Pariser Friedenskonferenz« in »Zeitschrift für ausländisches öffentliches Recht und Völkerrecht«; Bd. VIII (1938), Berlin, 1939; S. 607–623, hier S. 609 f.
Der Bericht Lavisses ging über die Denkschrift von Dr. Beneš dahingehend hinaus, daß nunmehr Tschechen und Slowaken eine (einzige) Sprache haben und in Böhmen (viele) Magyaren siedeln. Er präzisierte, daß die tschechoslowakischen Rückkehrer sich dort niederlassen könnten, wo »noch gestern« Deutsche waren, und implizierte daher recht klar deren Vertreibung.

2 Über die Vertreibungsabsichten von Dr. Beneš in dieser Zeit dürften auch andere Personen informiert gewesen sein. So äußerte der frühere österreichische Völkerbunddelegierte Richard Schüller am 24. 4. 1941 gegenüber dem früheren deutschen Reichskanzler Heinrich Brüning in London:
»Er ⟨*d. h. Schüller*⟩ habe gehört, daß einige Mitglieder des britischen Kabinetts eine Massenaustreibung von dreieinhalb Millionen Sudetendeutschen aus Böhmen befürworteten, was natürlich auch auf Beneš zurückzuführen sei, der schon vor 20 Jahren mit Frankreich ähnliche Pläne erörtert habe. Ich ⟨*d. h. Brüning*⟩ sagte, ich wunderte mich nicht, weil Beneš und Hitler vom gleichen Schlage seien.«
Vgl. Brüning, Heinrich: »Briefe und Gespräche 1934–1945«; Frankfurt/M., 1974; S. 355.

3 Einen ähnlichen Zusammenhang dürfte auch der Lordbischof von Chicester George Bell in Erinnerung gehabt haben, als er am 30. 1. 1946 im britischen Oberhaus in einer Debatte über die Deutschenvertreibungen unter Bezug auf die Sudetendeutschen, wenn auch ohne Datierung und Identifizierung der vorschlagenden Person, bemerkte:
»Als Präsident Masaryk vorgeschlagen wurde, diese Minderheiten, die jahrhundertelang in jenem Teil der ČSR gewohnt hatten, zu deportieren, wies er entschieden zurück, eine derart barbarische Politik zu verfolgen.«
Vgl. »The Parliamentary Debates (Hansard) House of Lords«; 5. Serie, Bd. 139; London, 1946; Spalte 89.

4 a) Zur Fortführung dieser Pläne ab 1938: Siehe S. 398.
b) 1938/39 empfahl ein französischer Jurist und Soziologe die Schaffung ethnisch homogener Nationalstaaten unter Beibehaltung bestehender Staatsgrenzen durch einen »zwangsweisen und wechselseitigen Austausch (échange) der Bevölkerungen«.
Vgl. Lavergne, Bernard: »Munich. Défaite des démocraties« (München. Niederlage der Demokratien); Paris, 1939; S. 13–15.
Da sich im Deutschen Reich vor 1938 praktisch keine Tschechen befanden, war dieser Austauschvorschlag auf die Sudetendeutschen jedoch nicht anwendbar.
c) 1942 enthüllte Dr. Beneš unter Substitution des Begriffes »Austausch« durch den Begriff »Transfer« die eigentliche Absicht, um zugleich in einer Art von Zeitschleife nach 1918 den Zusammenhang zu damaligen Plänen aufzuzeigen.
Dr. Beneš schrieb nämlich: In gewissen Fällen, womit er offensichtlich auch Böhmen und Mähren-Schlesien meinte, »hat sich die deutsche Bevölkerung als Folge jahrhundertelangen deutschen militärischen und kulturellen Druckes derart dauernd festgesetzt, daß sie heute einen fast einheimischen Charakter hat. In diesen Gebieten war es daher 1918 unmöglich, sprachlich und national homogene Staaten zu schaffen, außer durch umfangreiche Bevölkerungsvertreibungen (extensive transfers of population). Dies wurde dann auch vorgeschlagen – z. B. vom französischen Soziologen Bernard Lavergne, aber abgelehnt, da es im Widerspruch zu den idealistischen Tendenzen schien, welche die Pläne von 1919 für ein neues Europa beherrschten.«
Vgl. Beneš, Edvard: »The Organization of Postwar Europe« in »Foreign Affairs« ⟨*Qu.Z.*⟩, New York; Bd. 20, H. 1 (Januar 1942); S. 228–245, hier S. 240.
Dr. Beneš wurde in öffentlicher Rede am 5. 12. 1942 vor der Universität Manchester wie folgt zitiert:
»Das Problem der Minderheiten darstellend sagte Dr. Beneš, daß wo immer deutsche Minderheiten eingepflanzt worden waren, sie zu Dornen im Fleisch anderer Völker und selbst in Zeiten relativen Friedens zu potentiellen Fünften Kolonnen geworden seien. »Nur wenige ⟨*ungenannt bleibende Politiker*⟩ waren ⟨*1918/19*⟩ bereit, die Aufforderung des französischen Soziologen Bernard Lavergne zu akzeptieren, daß es aus Staaten, in denen Minderheiten die sprachliche und nationale Homogenität beeinträchtigten, umfassende Bevölkerungsvertreibungen (wholesale transfers of population) geben sollte.«
Vgl. »Manchester Guardian« ⟨*TZ.*⟩; Manchester (Großbritannien) v. 7. 12. 1942.

Quelle:
Hölzle, Erwin: »Der Osten im Ersten Weltkrieg – Böhmen und die Tschechoslowakei« in »Das Reich und Europa«; hsg. v. Theodor Mayer (m. a.); Leipzig, 1944; S. 155–216, hier S. 198f.

****

Gesetz **1918, 22. November**
der provisorischen Nationalversammlung von Deutschösterreich
»über Umfang, Grenzen und Beziehungen des Staatsgebietes«[1]:

§ 1.
Die Republik Deutschösterreich übt die Gebietshoheit über das geschlossene Siedlungsgebiet[2] der Deutschen innerhalb der bisher im Reichsrate vertretenen Königreiche und Länder aus.
Die Republik umfaßt:
Die Länder Österreich unter der Enns einschließlich des Kreises Deutschsüdmähren und des deutschen Gebietes um Neubistritz[2], Österreich ob der Enns einschließlich des Kreises Deutschsüdböhmen[2], Salzburg, Steiermark und Kärnten mit Ausschluß der geschlossenen jugoslawischen Siedlungsgebiete, die Grafschaft Tirol mit Ausschluß des geschlossenen italienischen Siedlungsgebietes, Vorarlberg, Deutschböhmen[2] und Sudetenland[2,3], sowie die deutschen Siedlungsgebiete von Brünn, Iglau und Olmütz.
. . .

Anmerkungen:
1 In einer Regierungserklärung vom gleichen Tage wurde für weitere Gebiete festgestellt:
a) Das einheitliche Wirtschaftsgebiet um Mährisch-Ostrau sollte von Deutsch-Österreich, der Tschechoslowakei und Polen zum »zwischenstaatlichen Verwaltungsgebiet« gemacht werden; dies erfolgte nach 1919 nicht.
b) Den geschlossenen deutschen Siedlungsgebieten der (bis 1918: ungarischen) Komitate Preßburg, Wieselburg, Ödenburg und Eisenburg sollte »das gleiche Selbstbestimmungsrecht zuerkannt werden, das nach wiederholten Erklärungen der ungarischen Regierung allen anderen Völkern Ungarns eingeräumt ist«.
Diesem Wunsch wurde durch die Abtretung des Burgenlandes (ohne Ödenburg) im Jahre 1921 in gewissem Umfang Rechnung getragen.

2 Das geschlossene deutsche Sudetengebiet ohne die erwähnten Sprachinseln umfaßte 26.537 qkm mit (Volkszählung 1910) 3,288.000 Einwohnern, davon 3,071.500 (= 93 %) Deutsche.
Vgl. Bohmann: SiZ; S. 7.
Zur nach Gerichtsbezirken gegliederten Aufführung aller Gemeinden des zu Deutschösterreich gehörenden Sudetengebietes vgl. »Staatsgesetzblatt für den Staat Deutschösterreich«; Jg. 1919, Nr. 4 im 3. Stück v. 5. 1. 1919; S. 5–9.
Zur praktisch deckungsgleichen Abgrenzung durch einen tschechischen Historiker im Jahre 1916: Siehe S. 223.

3 Als »Sudetenland« wurde 1918/19 (lediglich) das geschlossene deutsche Sprachgebiet Nordmährens und Österreichisch-Schlesiens bezeichnet.

Quelle:
»Staatsgesetzblatt für den Staat Deutschösterreich«; Jg. 1918, Nr. 40 im 9. Stück v. 28. 11. 1918; S. 51.

****

Programm der »Bayerischen Volkspartei«: **1918, Dezember**

. . . Den Anschluß unserer deutschen Brüder in Böhmen und in den deutsch-österreichischen Ländern an den deutschen Staatenbund begrüßen und fördern wir auf das allerwärmste . . .

Quelle:
Pfeiffer, Anton: »Gedankenwelt und Tätigkeit der Bayerischen Volkspartei«; München, 1922; S. 6.

****

Note der deutsch-österreichischen Regierung an die Alliierten und Assoziierten Hauptmächte: **1918, 13. Dezember**
Vorschlag: Volksabstimmung[1] *für die Sudetendeutschen*[2]

Aus einer Mitteilung der tschechoslowakischen Regierung ist zu ersehen, daß die alliierten Mächte angeblich die Absicht haben, die großen, zusammenhängenden Gebiete Böhmens und Mährens, die von mehr als drei Millionen Deutschen bewohnt werden, dem tschechoslowakischen Staat einzuverleiben.
Über den deutschen Charakter der in Rede stehenden Gegenden kann kein Zweifel obwalten. Ihre Bevölkerung hat bei verschiedenen Gelegenheiten ihren heißen Wunsch zu erkennen gegeben, ihre Freiheit aufrechtzuerhalten und vom tschechoslowakischen Staat unabhängig zu bleiben. Dieser Wunsch hat vor allem in einhelligen Erklärungen der auf Grund allgemeinen Wahlrechts erwählten Abgeordneten Ausdruck gefunden.
Sollten die alliierten Mächte in dieser Hinsicht jedoch Zweifel hegen, so schlägt die deutsch-österreichische Regierung vor, die Lage unverzüglich durch eine unter neutraler Aufsicht stattfindende Volksabstimmung, die nicht nur unter Gewährleistung freier Stimmabgabe, sondern auch unter Inachtnahme anderer Garantien stattfinden müßte, zu klären.
In jedem Fall ersucht die deutsch-österreichische Regierung die alliierten Mächte, über das Schicksal der fraglichen Bevölkerung nicht anders als auf Grund des Ergebnisses einer solchen Volksabstimmung entscheiden zu wollen.
...

Anmerkungen:
[1] Der Vorschlag wurde mehrfach gemacht, aber niemals beantwortet.
[2] Von Dr. Beneš gewählte Bezeichnung für die Deutschen; siehe S. 207.

Quelle:
Vgl. FRUS 1919; Bd. II; Washington, 1942; S. 379.

****

Äußerung des tschechoslowakischen Staatspräsidenten Thomas G. Masaryk: **1918, 14. Dezember**

⟨*Masaryk*⟩ ... sagte außerdem, daß im sogenannten Deutschböhmen, das zum größten Teil von Deutschen bewohnt wird, von deutscher Seite ernsthafter Widerstand gegen die tschechische Regierung vorbereitet werde. Er sei nicht bereit, diese Leute Deutschland zu überlassen, da sie hervorragende Arbeiter ... seien ...

Quelle:
Bonsal, Stephan: »Suitors and Suppliants«; New York, 1946; S. 148.

****

Note der tschechoslowakischen Regierung an die Alliierten und Assoziierten Hauptmächte: **1918, 20. Dezember**
Bitte um Vollmacht zur Besetzung (auch) des Sudetengebietes

... Die Regierung der tschechoslowakischen Republik ist ... der Meinung, daß folgende zwingenden und kategorischen Maßnahmen zu treffen sind:

1. Der Regierung in Prag, welche die einzige Regierung Mitteleuropas ist, die als verbündete Regierung anerkannt ist, muß gestattet werden, auf ihrem eigenen Staatsgebiet Ordnung zu machen[1];
2. Die Grenzen des Gebiets, auf das sie ein Anrecht besitzt, sind im Einvernehmen mit den Alliierten und den Vereinigten Staaten festzulegen, und sie muß ermächtigt werden,

ihre Autorität in einer Weise zur Geltung zu bringen, welche die Fortdauer der oben gekennzeichneten beklagenswerten Lage unmöglich macht;

3. Diese Maßnahmen können selbstverständlich vorläufigen Charakter tragen, denn es steht ausschließlich der Friedenskonferenz zu, endgültige Entscheidungen in dieser Sache zu treffen. Es ist jedoch unbedingt erforderlich, in der Zwischenzeit zwecks Herstellung stabiler Verhältnisse einige Schritte zu ergreifen, die im folgenden Absatz umschrieben werden:

Die Alliierten täten gut, eine Erklärung folgenden Inhalts abzugeben: »Der tschechoslowakische Staat soll die innerhalb der geschichtlichen Grenzen Böhmens, Mährens, Österreichisch-Schlesiens ... lebenden Völker organisieren und regieren. Diese vorläufige Entscheidung ist von der Friedenskonferenz, welche die Frage endgültig zu regeln berufen ist, später nachzuprüfen. Für den gegenwärtigen Zeitpunkt aber haben sich die deutschen Bewohner und die angrenzenden Regierungen der oben angegebenen Regelung zu fügen.«[2] ...

Anmerkungen:

[1] Die von der tschechoslowakischen Regierung verlangte Ermächtigung zur Besetzung der sudetendeutschen Gebiete wurde ihr von den Regierungen Frankreichs, Italiens und Großbritanniens erteilt, nicht hingegen von der Regierung der Vereinigten Staaten von Amerika, die der tschechoslowakischen Regierung am 4. Januar 1919 lediglich eine Empfangsbestätigung zur obigen Note zugehen ließ. Vgl. »Papers ...«, siehe Quelle; S. 384.

[2] Auf Protestnoten der deutsch-österreichischen Regierung gegen die Besetzung erklärten Frankreich, Großbritannien und Italien am 20. 12 .1918, 7. und 8. 1. 1919, »daß der tschechoslowakische Staat bis zur Entscheidung des Friedenskongresses die Grenzen der historischen Provinzen Böhmen, Mähren und Österreichisch-Schlesien ... inne haben müsse«. Vgl. Epstein: S. 70 f.

Quelle:
»Papers relating to the Foreign Relations of the United States: 1919 – The Paris Peace Conference«; Bd. II; Washington, 1942; S. 379.

****

Regierungserklärung **1918, 22. Dezember**
des tschechoslowakischen Staatspräsidenten Thomas G. Masaryk:
Sudetengebiet »bleibt unser«

... Was die Deutschen Böhmens betrifft, so ist unser Programm seit langem bekannt. Die von den Deutschen bewohnten Gebiete sind und bleiben unsere. Wir haben diesen Staat gegründet, wir haben ihn erhalten und verteidigt, und wir sind es auch, die ihn jetzt aufs neue errichten ...

Ich wiederhole: Wir haben unseren Staat errichtet, womit die staatsrechtliche Stellung unserer Deutschen, die einst als Emigranten und Kolonisten in dieses Land gekommen sind, festgelegt ist. Wir haben das volle Recht auf die Reichtümer unseres Landes ...

Quelle:
Peroutka, František: »Budování států« (Der Aufbau des Staates); 5 Bde., Bd. I; Prag, 1933; S. 475.

****

Note des tschechoslowakischen Außenministers Edvard Beneš an die Delegationen der Pariser Friedenskonferenz: **1919, Januar**
(»Memoire III«)[1]
Sudetendeutsche sollen und wollen in der Tschechoslowakei bleiben

I. Die grundsätzliche Frage
Das Problem der Deutschen in Böhmen schien lange Zeit eine besonders schwierige Frage zu sein. Man führte es oft als Argument gegen die Lebensfähigkeit des tschechoslowakischen Staates an, der zuviel Feinde innerhalb seiner Grenzen hätte ... Die Tschechoslowaken beanspruchen, daß die Gebiete, wo diese Bevölkerung siedelt, innerhalb der Grenzen ihres Nationalstaates verbleiben, indem sie zu dem Zwecke der Errichtung der Tschechoslowakischen Republik das große Prinzip des Rechtes der Völker anrufen, ihr Schicksal selbst zu bestimmen.

II. Die Statistik
... Das Problem der Deutschen besteht nur für Böhmen. In Mähren leben die Deutschen zerstreut, und es gibt nirgends geschlossene, durchaus deutsche Massen. In Schlesien stellt sich das Problem anders. Die Tschechoslowaken verlangen ganz Österreichisch-Schlesien, weil ihr Staat eine möglichst lange Grenze mit Polen braucht ...
Schlußfolgerung: Dieses Beispiel der österreichischen Statistiken beweist:
1. Daß die Zahl der Deutschen in Böhmen, die sich nach den deutschen Statistiken auf 2 467 724 beliefe, um 800 000 bis eine Million vermindert werden muß[2], und zwar wegen der systematischen Fälschungen der österreichischen Zählungen ...
2. daß überall in diesen Gegenden die tschechische Bevölkerung mit der deutschen Bevölkerung vermischt lebt, und daß es fast keine Bezirke gibt, die wirklich deutsch wären;
3. daß sich in diesen Gegenden, wenn man für alle Wahlen das allgemeine Stimmrecht einführte, das Aussehen dieser Gegenden von heute auf morgen ändern würde;
4. daß die deutschen Bevölkerungen entlang der Grenzen Böhmens in drei verschiedene geographische Gruppen zerfallen, die keine genügenden Kommunikationen und keine gemeinsamen wirtschaftlichen Interessen haben. Die drei Gruppen können wegen ihrer geographischen Lage verwaltungsmäßig keine autonome Provinz bilden. Aus denselben Gründen können sie nicht wieder an Deutsch-Österreich angeschlossen werden. Blieben sie nicht bei Böhmen, müßten sie an Deutschland angegliedert werden. Diese Lösung aber würde sehr schwere Unzukömmlichkeiten mit sich bringen, und man kann ihr mehrere Gründe entgegenstellen (wirtschaftliche, strategische, politische Gründe, ja selbst demokratische Grundsätze), die allesamt für das Verbleiben dieser sogenannten deutschen Gebiete bei der tschechoslowakischen Republik sprechen.

III. Wirtschaftliche Gründe
...
Schlußergebnis: Die wirtschaftlichen Gründe widersetzen sich einer Trennung der sogenannten deutschen Gebiete Böhmens von Böhmen. Würde man diese durchführen, so wäre
1. der tschechoslowakische Staat in seinem wirtschaftlichen Leben ungemein getroffen und liefe Gefahr, ein Satellit von Deutschland zu werden;
2. wären eben diese deutschen wirtschaftlichen Gebiete zugrunde gerichtet.

IV. Strategische Gründe
...
Schlußergebnisse:
1. Die natürlichen Grenzen, die Böhmen von Deutschland trennen, sind für Böhmen aus strategischen Gründen unerläßlich; dies hat die Geschichte im Überflusse bewiesen.
2. Trennt man diese Gebiete von Böhmen ab, so setzt man Böhmen in seiner Gesamtheit

der Begehrlichkeit der Deutschen aus und bereitet dem wirtschaftlichen und politischen Imperialismus der Deutschen ein neues Tätigkeitsfeld.

V. Politische Gründe

...

Es muß auch in Erwägung gezogen werden, daß die Deutschen in Böhmen nur Kolonisten oder Abkömmlinge von Kolonisten sind. Während langer Jahrhunderte riefen die verschiedenen regierenden Geschlechter die deutschen Kolonisten nach Böhmen, um die Einkünfte des königlichen Schatzes zu vermehren.

Mit Beginn des 19. Jahrhunderts, der Epoche ihres nationalen Wiederauflebens haben sich die Tschechen wieder aufgerafft und trotz der Anstrengungen der Dynastie und der Regierungen fast das ganze Land zurückerobert. Die sogenannten deutschen Städte haben sich rasch in tschechische Städte verwandelt. Die jetzt deutschen Gebiete sind der letzte Rest der Position der deutschen Kolonisten in Böhmen ... Man muß bedenken, daß Prag vor sechzig Jahren das Aussehen einer deutschen Stadt hatte, daß in den letzten zwanzig Jahren eine beträchtliche Zahl deutscher Städte in die Hände der Tschechen gefallen sind und daß diese Städte heute sozusagen keinen einzigen Deutschen mehr haben. Es hat sich tatsächlich eine umgekehrte Kolonisation vollzogen ...

Schlußergebnisse:

1. Die Deutschen haben sich in Böhmen künstlich festgesetzt als Kolonisten oder als Beamte und Bureaukraten, als gelehriges Element einer gewalttätigen Germanisation, das von den Wiener Regierungen klug vorbereitet und geschickt gebraucht worden ist.

...

VI. Ausblicke

Es ist absolut notwendig, genau zu wissen, wie die Deutschen in dem tschechoslowakischen Staat werden behandelt werden. Die Tschechoslowakische Republik ist, eintretenden Falles, nicht nur bereit, das gesamte, durch die Friedenskonferenz zugunsten der Minderheiten eingeführte internationale Recht anzunehmen, sondern sie ist auch noch bereit, über ein solches Recht hinauszugehen und den Deutschen alle Rechte zu geben, die ihnen zukommen.

Die Tschechoslowakische Republik wird ein absolut demokratischer Staat sein:

a) alle Wahlen werden nach dem allgemeinen, gleichen und direkten Wahlrecht vor sich gehen;
b) alle Ämter werden allen Staatsbürgern zugänglich sein;
c) die Sprache der Minderheiten wird überall zugelassen sein;
d) das Recht, ihre eigenen Schulen, ihre Richter und ihre Gerichtshöfe zu haben, wird niemals irgendeiner Minderheit bestritten werden.

Hinzugefügt muß noch werden, daß die Tschechen ... keineswegs daran denken, der deutschen Bevölkerung beispielsweise ihre Schulen, ihre Universitäten, ihre technischen Schulen ... zu unterdrücken.

Um zusammenzufassen: Die Deutschen würden in Böhmen dieselben Rechte haben, wie die Tschechoslowaken. Die deutsche Sprache würde die zweite Landessprache werden und man würde sich niemals irgendeiner schikanösen Maßnahme gegen den deutschen Bevölkerungsteil bedienen. Das Regime würde ähnlich sein wie in der Schweiz.

...

Schlußergebnisse:

1. Alle Traditionen der Tschechoslowakei lassen den Schluß zu, daß die neue Republik die Deutschen in keinerlei Weise unterdrücken wird, die sich eines Regimes der Freiheit und der Gerechtigkeit erfreuen werden.
2. Dies hat die letzte Revolution in Böhmen dargetan, die den Deutschen die vollkommenste Sicherheit verbürgt hat.

VII. Die Meinung der Deutschen Böhmens über den tschechoslowakischen Staat
Die wirtschaftlichen und politischen Gründe, die wir zugunsten unseres Gesichtspunktes angerufen haben, sind so triftig, daß sich die Deutschen Böhmens selbst darüber Rechenschaft ablegen.
⟨*Es folgten:*
a) ein im wesentlichen gefälschtes Zitat aus einer Prager deutschen Zeitung,
b) ein durch wesentliche Kürzungen sinnverkehrtes Zitat einer anderen Prager Zeitung,
c) ein Bericht über eine deutsche Versammlung im Egerland, die niemals stattfand.⟩
Angesichts dieser Lage bemühen sich gewisse intellektuelle deutsche Kreise Böhmens, die immer progermanistische Agitatoren gewesen sind, nach Leibeskräften zu schreien, um die Stimmen der vernünftigen Deutschen zu ersticken, die die Wirklichkeit sehen und bei Böhmen zu bleiben vorziehen. Diese pangermanistischen Kreise (Intellektuelle, Beamte, Lehrer, Professoren, Angestellte verschiedener Unternehmungen) berufen sich auf die Grundsätze des Präsidenten Wilson, schicken ihm Botschaften, verlangen die Anwendung des Selbstbestimmungsrechtes der Völker usw., schlagen also Lärm gegen die Tschechen, vor denen sie sich fürchten, weil sie sie jahrhundertelang mißhandelt haben; auch wollen sie auf diese Weise die anderen Klassen der deutschen Bevölkerung zum Widerstand gegen den neuen Staat bewegen. In Wirklichkeit könnten wir schon viele Erklärungen anführen, sei es aus der deutschen Bauernschaft, sei es aus dem deutschen industriellen Bürgertum, sei es von den deutschen Arbeitern Böhmens, die sich über die Notwendigkeiten Rechenschaft geben und ihre Einverleibung in den tschechoslowakischen Staat ruhig und furchtlos hinnehmen.
Schlußergebnis: Aus den Dokumenten, die wir angeführt haben, ergibt sich:
1. Daß die Deutschen Böhmens kein geeignetes organisiertes und in der Richtung auf ein bestimmtes Ziel geleitetes Element darstellen;
2. daß sie keine Führer haben, denen die Masse der Bevölkerung Vertrauen entgegenbrächte, und daß es in Böhmen keine auf realen Grundlagen beruhende Volksbewegung gibt, die berechtigt wäre, das Rechtsprinzip, über ihr Schicksal selbst zu bestimmen, anzurufen;
3. daß im Gegenteil jene Deutschen Böhmens, die derzeit imstande sind, eine politische Idee klar auszudrücken, gutwillig oder gezwungen erklären, daß die wirtschaftlichen Interessen die Deutschen Böhmens dazu treiben, den tschechoslowakischen Staat einem Großdeutschland vorzuziehen, und daß die Vereinigung Deutschböhmens mit Deutschland eine Illusion ist.

VIII. Beschluß
Wir haben viele Argumente gegen die Trennung der Deutschen Böhmens von der tschechoslowakischen Republik angeführt. Zugunsten der gegenteiligen These können wir nur ein einziges Argument anführen: das ist das in seinen letzten Konsequenzen angewandte Nationalitätenprinzip, wo die Sprache als Kriterium gilt. Wir achten das Nationalitätenprinzip, aber wir glauben nicht, daß es dort angewandt werden dürfte, wo es die Unabhängigkeit einer anderen Nation bedroht. Da müssen Opfer gebracht werden zugunsten jenes, welcher es verdient und der die genügende Garantie für seine Ehrenhaftigkeit und Friedensliebe bietet, besonders in einem Falle, wie es der der Tschechoslowaken und der der Deutschen ist. Wir stellen einfach die These auf: Denen, die daran interessiert sind, kommt es zu, die Argumente zu prüfen und die Entscheidung zu fällen.

Anmerkungen:
[1] Ein Versuch, alle im »Memoire III« enthaltenen Fehler richtig- bzw. Widersprüche gegenüberzustellen, würde den Rahmen dieser Sammlung sprengen.
[2] Zu den Bevölkerungsangaben: Siehe S. 242, 1194 ff.

Quelle:
Hassinger, Hugo: »Die Tschechoslowakei«; Wien/Leipzig/München, 1925; S. 582–603.

****

LES ALLEMANDS DE BOHÊME.

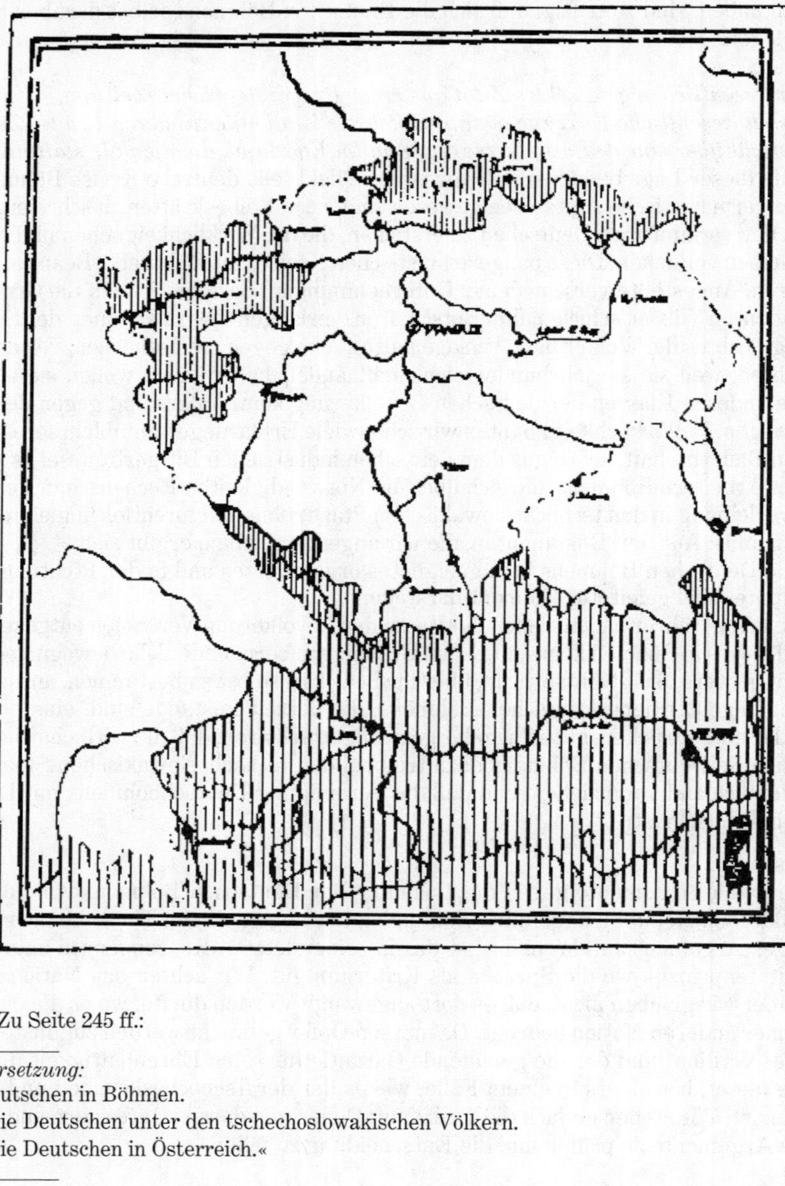

Abb. 3: Zu Seite 245 ff.:

Textübersetzung:
»Die Deutschen in Böhmen.
Die Deutschen unter den tschechoslowakischen Völkern.
Die Deutschen in Österreich.«

Quelle:
Beilage zum sog. Memoire III von Dr. Beneš vom Februar 1919.

Anmerkungen:
1 Entsprechend dem Text des Memoirs ist das Sudetengebiet auf Böhmen beschränkt (d. h. um Nordmähren/Schlesien und Teile Südmährens verkleinert) sowie aufgesplittert.
2 Darüber hinaus: Optische Manipulation durch Unterdrückung der Deutschen im Deutschen Reich, wodurch das Sudetengebiet völlig isoliert erscheint.

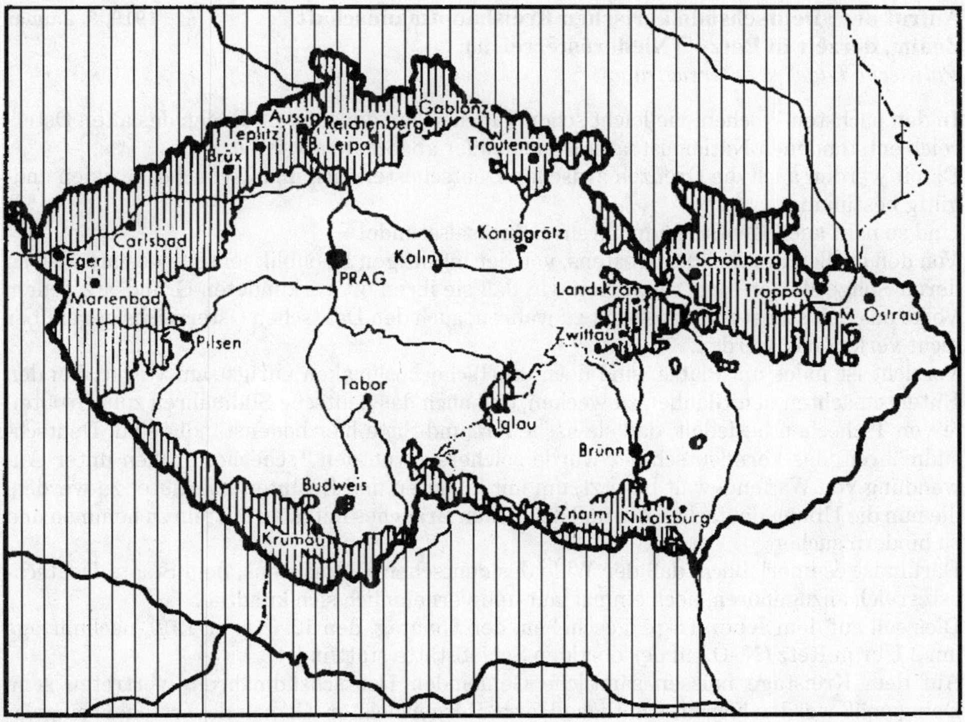

Abb. 4: Zu Seite 245 ff.:

Inhalt:
Deutsche in Mitteleuropa
Die Sudetendeutschen
Deutsche im Deutschen Reich und Österreich

Herkunft:
Adaption[1] der Siedlungskarte der Sudetendeutschen (ČSR-Volkszählung 1930) an die Karte zum sog. Memoire III von Dr. Beneš vom Februar 1919 durch den Verfasser.

Anmerkung:
[1] Etwa derart hätte eine faktengetreue Darstellung aufgezeigt, wie das geschlossene Sudetengebiet in allen Teilen die Fortsetzung deutschen Sprachgebietes im Deutschen Reich und Österreich war.

Aufruf der »Deutschsüdmährischen Kreishauptmannschaft[1] Znaim, derzeit in Retz«[2] (Niederösterreich): **1919, 8. Januar**
Politische Lage[3] u. a. Grenzfrage

In den nächsten Wochen, vielleicht schon Tagen sollen die auf dem Boden des alten Österreich entstandenen Nationalstaaten voneinander abgegrenzt werden.
Damit werden auch die Grenzen zwischen Deutschösterreich und Tschechoslovakien endgiltig bestimmt.
Und so naht auch Deutschsüdmährens Schicksalsstunde!
Von den großen Staaten des Westens, von der mächtigen Republik jenseits des Meeres, an deren Spitze Wilson steht, erwarten wir, daß sie ihren oft verkündeten Grundsatz, jedem Volke das Selbstbestimmungsrecht zu wahren, auch den Deutschen Österreichs gegenüber nicht verleugnen werden.
Vorsicht ist indes am Platze, sind doch die Tschechoslovaken eifrigst am Werke, bei den Ententemächten den Glauben zu wecken, daß auch das deutsche Südmähren zum Großteile von Tschechen besiedelt, daß slavische Art und Sitte hier bodenständig sind. Deutschsüdmähren, das kerndeutsch ist, wurde solcherart von den Tschechoslovaken unter Anwendung von Waffengewalt besetzt, um mit Soldaten und Beamten überflutet zu werden, die nun die Übung deutscher Art und deutschen Brauches mit allen Mitteln zu hemmen und zu hindern suchen.
Darum ist es unerläßlich, daß der Wille des deutschen Südmährens, dem Staate Deutschösterreich anzugehören, noch einmal laut und vernehmlich sich kundtue.
Dies soll auf dem Kreistage geschehen, der Sonntag, den 12. Jänner 1919, nachmittags um 2 Uhr in Retz (N.-Ö.) in der dortigen Schießstätte stattfindet.
Auf dem Kreistage müssen sämtliche Gemeinden Deutschsüdmährens vertreten sein. Demgemäß werden hiermit sämtliche Herrn Bürgermeister (Gemeindevorsteher) eingeladen, dort pünktlich zu erscheinen, auch andere Volksgenossen sind dort willkommen!

Anmerkungen:
1 Es handelte sich dabei um die parlamentarische Führung eines (etwa) Landkreises.
2 Wegen der ČSR-Besetzung Znaims durch ČSR-Truppen (siehe S. 237) war das Gremium auf niederösterreichisches Gebiet ausgewichen.
3 Dazu auch ein Aufruf von »Anfang Jänner 1919« mit der Überschrift »Achtung deutsche Bauern!« mit folgendem Text, in dem auch die Erwartung enthalten war, daß in einer selbstbestimmungskonformen Volksabstimmung die Einweisung in die ČSR abgelehnt werden könnte:
»Die Tschechoslovaken suchen uns Glauben zu machen, daß das Schicksal Deutschsüdmährens nunmehr endgiltig entschieden sei, indem sie uns sagen, daß die Entente ihnen das ganze Land Mähren und damit auch das deutsche Südmähren zugesprochen hätte.
Glaubt den Tschechoslovaken nicht!
Wären sie im Besitze einer solchen Zusicherung der Entente, so hätten sie doch Deutschsüdmähren nicht erst unter Anwendung von Waffengewalt zu besetzen gebraucht.
Nie und nimmer wird es übrigens Wilson, der Präsident der Vereinigten Staaten von Nordamerika dulden, daß die Deutschen des Rechtes, den Staat, dem sie angehören wollen, selbst zu bestimmen, beraubt werden.
Übrigens glauben die Tschechen ja selbst nicht daran, daß ihnen Deutschsüdmähren, das sie nun mit Gewalt in die Hand bekommen haben, bleiben werde, denn sonst würden sie doch nicht daselbst wirtschaften und requirieren, wie im Feindeslande.
. . .
Schutzlos, entrechtet sind wir in Tschechoslovakien! Deutscher Bauer, merk' Dir das!
Wenn die große Abstimmung kommt, die über das Schicksal Deutschsüdmährens entscheiden soll, wird man uns zu locken und zu ködern suchen, damit wir für Tschechoslovakien stimmen.
Deutscher Bauer, sei vorsichtig!
Unterschreibe niemals eine Schrift, die Du nicht verstehst, damit Du nicht übertölpelt wirst.
Deutscher Bauer, gibt acht!«
Vgl. Borth: »Aus . . .« (siehe Quelle); S. 42; (dort faksimilierte Wiedergabe).

Quelle:
Borth, Fred: »Aus der Heimat vertrieben«; Bisamberg bei Wien, 1993, S. 44; (dort faksimilierte Wiedergabe).

****

Presseinterview **1919, 12. Januar**
des tschechoslowakischen Staatspräsidenten Thomas G. Masaryk:
Sudetendeutsche »im letzten Jahrhundert« eingewandert; nunmehr »rasche Entgermanisierung«

... Unsere geschichtlichen Grenzen stimmen mit den ethnographischen Grenzen ziemlich überein. Nur die Nord- und Westränder des böhmischen Vierecks haben infolge der starken Einwanderung während des letzten Jahrhunderts eine deutsche Mehrheit.
Für diese Landesfremden (étrangers) wird man vielleicht einen gewissen Modus vivendi schaffen, und wenn sie sich als loyale Bürger erweisen, ist es sogar möglich, daß ihnen unser Parlament, zumindest auf dem Gebiet des öffentlichen Unterrichts, irgendeine Autonomie bewilligt. Im übrigen bin ich davon überzeugt, daß eine sehr rasche Entgermanisierung dieser Gebiete vor sich gehen wird ...

Quelle:
»Le Matin« (Der Morgen) 〈*TZ.*〉; Paris, 12. 1. 1919; S. 3.

****

Parteiprogramme **1919, Februar/Juni**[1]
des »Bundes der Landwirte« (BdL):
Selbstbestimmungsforderung

I) BUND DER LANDWIRTE (DEUTSCHBÖHMENS)
POLITISCHE PARTEI ZUR WAHRUNG LÄNDLICHER INTERESSEN
PROGRAMM *(FEBRUAR 1919)*

1. Anerkennung der bestehenden republikanischen Staatsform.
2. Volles und uneingeschränktes Selbstbestimmungsrecht sowohl bezüglich der inneren Organisation als bezüglich der Stellung nach außen.
3. Geordnete im gegenseitigen Einvernehmen der neu entstandenen Staaten durchzuführende Liquidation des österreichisch-ungarischen Staates auf wirtschafts- und finanzpolitischem Gebiete, d. i. insbesondere gerechte Aufteilung aller Lasten des alten Staates, gleichmäßige Sicherung aller Gläubiger des letzteren, insbesondere der Besitzer von Kriegsanleihen.

...

II) BUND DER LANDWIRTE, DEUTSCHE BAUERNPARTEI FÜR MÄHREN
PARTEI-PROGRAMM *(JUNI 1919)*

Allgemeine Grundsätze
Die deutsche Bauernpartei »Bund der Landwirte« ist eine nationale Partei, welche sich die energische Vertretung der nationalen und wirtschaftlichen Interessen des gesamten deutschen Landvolkes zum Ziele setzt.
...
Völkische Belange
Die deutsche Bauernpartei »Bund der Landwirte« verlangt das volle und uneingeschränkte Selbstbestimmungsrecht aller Nationen und insbesondere des deutschen Volkes, und

zwar sowohl hinsichtlich der inneren Organisation, als auch bezüglich der Stellung nach außen. Sie steht auf dem Standpunkte, daß deutsche Interessen nur durch Deutsche vertreten werden können und fordert die Beseitigung des jüdischen Einflusses auf allen Gebieten des öffentlichen Lebens.[2]

Die deutsche Bauernpartei »Bund der Landwirte« verlangt die Zusammenfassung aller zusammenhängenden Gebiete zu einem einheitlichen deutschen Nationalstaate, während sie für die außerhalb des geschlossenen Gebietes wohnenden Deutschen vollständige Autonomie in jeder Hinsicht fordert. Diese Autonomie darf nicht nur eine politische sein, sondern muß auch auf das wirtschaftliche Gebiet übergreifen und insbesondere wird sie dafür eintreten, daß deutsche Steuergelder nur für deutsche Zwecke verwendet werden. Der deutschen Sprache ist die ihr gebührende Stellung einzuräumen und deutsche Belange dürfen nur von deutschen Beamten, Richtern, Lehrern und Priestern vertreten werden. Die deutsche Bauernpartei »Bund der Landwirte« bekämpft jede nationale Unterdrückung und fordert aus diesem Grunde für die gemischtsprachigen Gebiete die Vertretung nach dem Verhältniswahlrecht. Insoweit deutsche Gebiete vorübergehend fremden Nationalstaaten unterworfen werden, müssen national einheitliche deutsche Gerichtsbezirke, Bezirkshauptmannschaften und allenfalls Kreise geschaffen werden und es müssen für die kulturellen Bedürfnisse die gewählten Vertreter dieser nationalen Kreise zu einem einheitlichen nationalen Vertretungskörper zusammengefaßt werden. Das Reichsparlament hat ebenso wie die Landesvertretungen in solchen Gebieten aus nationalen Kurien zu bestehen und ein Gesetz darf nur dann vom Staatsoberhaupt sanktioniert werden, wenn es in getrennter Beratung von den nationalen Vertretungskörpern des Reiches gleichlautend beschlossen wurde. Auf diese Weise und dadurch, daß in allen Regierungszentralen auch Beamte, die der nationalen Minderheit angehören, selbst leitende Stellen erlangen können, und daß weiter auch am Präsidentenstuhle die Vertreter der einzelnen Nationen abwechselnd erscheinen, soll jede nationale Vergewaltigung hintangehalten werden.

Um das deutsche Volk nicht in wirtschaftliche Knechtung zu bringen, verlangt die deutsche Bauernpartei »Bund der Landwirte«, daß die Kriegsschulden, insbesondere der alten österreichisch-ungarischen Monarchie auf die einzelnen Nationalstaaten entsprechend ihrer wirtschaftlichen Leistungsfahigkeit aufgeteilt und daß Kriegsentschädigungen dem Deutschen Reiche und Deutschösterreich nicht auferlegt bzw. die auferlegten Entschädigungen wieder aufgehoben werden.

Mit allergrößter Schärfe wird die deutsche Bauernpartei »Bund der Landwirte« jeden Vertrag bekämpfen, der deutsche Gebiete in wirtschaftliche Abhängigkeit von anderen Nationalstaaten bringt.

...

Politischer Teil

Die deutsche Bauernpartei »Bund der Landwirte« verurteilt den Kampf der politischen Parteien innerhalb des deutschen Volkes und verlangt aus diesem Grunde die Abschaffung der Parteiparlamente, die durch Parlamente der Berufsgruppen zu ersetzen sind. Auf diese Weise soll die vielfach fehlende Fach- und Sachkenntnis gegenüber der Schlagwortpolitik zur Geltung kommen.

Wir verlangen das allgemeine, gleiche und direkte Wahlrecht mit verhältnismäßiger Vertretung und stehen hinsichtlich der Verhältniswahl auf dem Standpunkte der freien Liste, weil die gebundene Liste den Parteikastengeist begünstigt und den Wähler zum Stimmvieh erniedrigt.

...

Anmerkungen:

[1] Der kurze Zeitabstand zwischen den beiden Belegen – nur wenige Monate – läßt es trotz der grundsätzlich historischen Abfolge der Teile dieser Sammlung zu, sie unmittelbar aneinandergereiht wiederzugeben und damit den Vergleich zu erleichtern.
Von der »republikanischen Staatsform« Deutschösterreichs im Rahmen der Deutschen Republik von Weimar im Februar 1919 führt eine bemerkenswerte Linie zu den »vorübergehend fremden Nationalstaaten unterworfenen ... deutschen Gebieten« des Juni 1919.
Zur weiteren Programmentwicklung: Siehe S. 288.

[2] Diese Formulierung ist aus damaliger Zeit und darf nicht mit späteren Maßstäben gewertet werden. Freilich gilt gerade für den vorliegenden Sachzusammenhang die bittere Anklage gegen sudetendeutsche Antisemiten, welche der Bauernbefreier Hans Kudlich am 17. 9. 1898 mit hellsichtiger Prophetie verband: »Wenn ein deutscher Jude in die Versammlung kommt, geht Ihr hinaus oder schmeißt den deutschen Juden hinaus! ... Wenn Troppau und Schlesien in fünfzig Jahren tschechisch sind, so seid an diesem Wandel nur Ihr schuld!«
Vgl. Krommer, Hermann (m. a.): »Verlaßt das alldeutsche Narrenschiff! Hans Kudlichs politisches Testament«; London, 1944; S. 68.

Quelle:
Linz, Norbert: »Der Bund der Landwirte in der Ersten Tschechoslowakischen Republik«; München, 1982; S. 323ff.

****

Die 10 Gebote für das tschechische Volk[1]: **1919, Februar[2]**

Wir rufen
in einer für die Zukunft unseres Staates äußerst wichtigen Zeit das gesamte tschechoslowakische Volk auf, indem wir den alten, aber guten und gesunden Wahlspruch »Gleiches zu Gleichem« beleben und zur vollen Geltung bringen wollen; dieser Wahlspruch umfaßt nachstehende 10 Gebote:

1. Unterstützt ausschließlich nur tschechische Geschäfte, Gewerbe und Industrien, verlangt überall tschechische Erzeugnisse, bezieht alle Bedürfnisse ausschließlich nur in Geschäften und Handlungen, von denen ihr schon im vorhinein überzeugt seid, daß die Eigentümer rein tschecho-slowakischer Nationalität sind und ihre Einkäufe nur in tschechischen Fabriken besorgen!
2. Wählt eueren Arzt, eueren Rechtsvertreter, den Hauslehrer usw. nur aus tschechoslowakischen Kreisen und stellt deren nationale Reinheit sicher, indem ihr euch nicht mit einem oberflächlichen Urteile begnügt.
3. Verhandelt in allen Geschäften und Ämtern nur in euerer Muttersprache, verlangt nur tschechische Aufschriften und Drucksorten, korrespondiert nur tschechisch und beharrt auf tschechischer Antwort; deutsche Zuschriften und Offerten sendet zurück!
4. Kauft und leset tschechische Bücher, pflegt tschechische Musik und Kunst, tschechische und slowakische Eigenheiten, besucht nur tschechische Theater und Konzerte! Erlernet vollkommen eine der Sprachen der uns verbündeten Völker, pflegt deren Literatur, befaßt euch mit ihrer Kunst und Musik, reist in ihre Länder und macht euch mit ihrem Volke und ihrer Kultur bekannt!
5. Vermeidet die deutsche Art des Denkens, der Benennungen und Bezeichnungen; löscht die Spuren der deutschen Kultur aus euerem Leben, aus euerer Häuslichkeit, euerer Wohnung und eueren Unterhaltungen! Leset keine deutschen Unterhaltungszeitungen und Bücher, vollendet euere Studien auf Grundlage französischer und englischer Lehrbücher, befreit euch aus der Atmosphäre der deutschen Wissenschaft und der deutschen Kunst!
6. Versichert euch ausschließlich nur bei tschechischen Versicherungsanstalten.
7. Besuchet und empfehlet nur tschechische Kaffeehäuser, Gasthäuser und Unterhaltungslokale; verlangt überall die ausschließliche Benützung unserer Sprache bei allen

Aufschriften und der Bedienung, verlangt überall tschechische und unserer Verbündeten Zeitungen und lehnt deutsche illustrierte Zeitungen ab!

8. Besucht tschechische Bäder und Sommerfrischen, wandert durch die schöne Slowakei und Lausitz, sprecht auf der Reise nicht deutsch und zwingt in der Fremde zur Achtung für unsere Sprache und Volk! Fahrt zum Vergnügen weder nach Wien noch nach Berlin oder in andere deutsche Städte und Gegenden, besuchet die Bäder am Baltischen Meere nicht.
9. Wählet eure Freunde, Stammtischgäste und Bekannte nur aus Personen, deren tschechische Gesinnung unzweifelhaft ist! Pfleget keine Verbindungen mit Angehörigen uns feindlicher Nationen; führt die Reinigung unseres nationalen Lebens in der Familie, der Gesellschaft, in den Ämtern und der Öffentlichkeit durch!
10. Organisiert euch in unseren politischen Parteien und Vereinen, sorget dafür, daß in unseren Organisationen nicht uns feindliche Elemente vorkommen!

Tschechoslowakische Frauen!
Führt alle diese Grundsätze genau und dauernd durch, übt in jeder Richtung eure nationale und patriotische Pflicht!

Anmerkungen:

1 Die hier wiedergegebene Fassung ist die geringfügig abgewandelte (»unser Staat« sowie an einigen Stellen tschecho-slowakisch«) Neufassung eines Aufrufes aus dem Jahre 1900.

2 Die Aufrufe des Jahres 1900 und des Februar 1919 nannten keinen Verfasser.

3 Ein ähnlicher Aufruf mit dem Titel »Voláme« (»Wir rufen«) wurde im Februar 1919 vom »Tschechischen Wirtschaftlichen Klub für Prag und Vororte« plakatiert.
Vgl. »Bundeskalender für 1920«; hsg. v. Bund der Deutschen in Böhmen; Teplitz-Schönau, 1919; S. 85.

Quelle:
Gierach, Erich: »Katechismus für die Sudetendeutschen«; Eger (W. Böhm.), 1920; S. 24.

****

Gesetzentwurf **1919, Februar**
des Reichsinnenministers Prof. Hugo Preuß:
Einbau der sudetendeutschen und deutsch-österreichischen Gebiete in die Weimarer Republik

. . .

Bis sich die neuen deutschen Freistaaten gebildet haben, entsenden folgende Gebiete des Reiches Abgeordnete in das Staatenhaus[1]:

. . .

2. Schlesien, bestehend aus der Provinz Schlesien, dem Regierungsbezirk Posen, dem Sudetenland[2] und Ostböhmen, mit 7½ Millionen Einwohnern, 8 Abgeordnete.

. . .

7. Obersachsen, bestehend aus dem ehemaligen Königreich Sachsen, dem Regierungsbezirk Merseburg und dem Regierungsbezirk Magdeburg ohne die Altmark, Anhalt und den südlich angrenzenden Teilen von Deutschböhmen (etwa von Reichenberg bis Saaz) mit annähernd 8 Millionen Einwohnern, 8 Abgeordnete.

. . .

12. Bayern, bestehend aus dem ehemaligen Königreich Bayern ohne die Pfalz sowie dem Egerland und den südlich davon angrenzenden Teilen Deutschböhmens mit 7 Millionen Einwohnern, 7 Abgeordnete.

. . .

15. Deutschösterreich, bestehend aus Tirol, Nieder- und Oberösterreich ohne Wien, Steiermark, Deutsch-Kärnten und Salzburg mit 5 Millionen Einwohnern, 5 Abgeordnete.
16. Wien mit 2 Millionen Einwohnern, 2 Abgeordnete . . .

Anmerkungen:
[1] Gemeint ist hiermit – bei Ansatz von Begriffen der derzeitigen Bundesrepublik Deutschland – eine Art von direkt gewähltem Bundesrat.
[2] Unter »Sudetenland« verstand man 1919 die deutschen Teile Nordmährens und Österreichisch-Schlesiens.

Quelle:
Preuß, Hugo (aus dem Nachlaß hsg. von Gerhard Anschütz): »Reich und Länder«; Berlin, 1928; S. 163 f.

****

Rede **1919, 5. Februar**
des tschechoslowakischen Außenministers Edvard Beneš
vor dem Rat der Zehn[1]**:**
Sudetenfrage auf (falsche) Zahlen zu Böhmen reduziert; Sudetendeutsche würden bei Volksabstimmung gegen die Tschecho-Slowakei stimmen

⟨*Den Sitzungsteilnehmern war das sog. Memoire III (siehe S. 245) vorher zugegangen. Das Sitzungsprotokoll verzeichnete zunächst eine langwierige, einseitige und zweckbezogene Darstellung der tschechischen Geschichte durch Dr. Beneš, welche wie folgt abgeschlossen wurde:*⟩
Die Tschechen haben stets das Gefühl gehabt, sie hätten die Demokratie gegen das Deutschtum (germanism) zu schützen, und es sei ihre Pflicht, stets gegen die Deutschen zu kämpfen.
Der erste territoriale Anspruch der Tschechen bezieht sich auf Böhmen, Mähren und Österreichisch-Schlesien. Es gebe jedoch, entsprechend offiziellen österreichischen Statistiken, ungefähr 2,400.000 Deutsche in Böhmen. Die Anwesenheit dieser Deutschen war das Ergebnis von Jahrhunderten der Infiltration und Kolonisation. Die Statistiken sind zwar offizielle Statistiken, die aber mit einer bestimmten politischen Absicht erstellt wurden. Es ist leicht, ihre Fehlerhaftigkeit zu beweisen. Die tschechischen Zahlen zeigten, daß die österreichische Volkszählung die Zahl der Deutschen in Böhmen um 800.000 oder eine Million übertrieb. Die tschechischen Statistiken wurden sehr sorgfältig erstellt ... Nach tschechischen Berechnungen (calculations) gebe es ungefähr 1,500.000[2] Deutsche in Böhmen.
...
Präsident Wilson fragte, wie viele Tschechen es in Böhmen gebe.
H. Beneš antwortete, daß nun in Böhmen 4,500.000 lebten[2].
Er möchte hinzufügen, daß es in jenem Gebiet Böhmens, das als deutsch bezeichnet wird, eine eingesessene tschechische Bevölkerung gebe, die etwa ein Drittel von ⟨*der*⟩ Gesamt⟨*bevölkerung*⟩[3] umfasse.
⟨*Es folgte eine Darstellung darüber, wann dieses Drittel zugewandert sei.*⟩
Das beste Argument, auf das sich die tschechischen Rechte stützten, sei jedoch im wirtschaftlichen Bereich zu finden. Die tschechisch-deutschen (Czecho-German) Teile von Böhmen enthalten fast die gesamte Industrie des Landes. ⟨*Es folgten hohe Anteilszahlen der böhmischen an der österreichisch-ungarischen industriellen Produktion verschiedener Industrien.*⟩ Fast die Gesamtheit dieser Industrien liege an den Grenzen Böhmens in dem ⟨*nationalitätenmäßig*⟩ gemischten Gebiet. Ohne die Randgebiete könne Böhmen nicht leben. Das Zentrum des Landes sei agrarisch und die zwei Teile seien wechselseitig derart abhängig, daß keiner ohne den anderen existieren könne.
⟨*Es folgte eine Diskussion v. a. zur Nationalität von Arbeiterschaft und Eigentümern sowie Wiederholungen aus dem »Memoire III«. Dann führte Dr. Beneš aus:*⟩ Den böhmischen Deutschen ..., ob Bürger, Arbeiter, Bauern, sei es klar, daß sie in Böhmen bleiben müssen. ...
H. Lloyd George fragte, ob die Bewohner dieser Bezirke ⟨*aus dem Zusammenhang klar:*

Die Bewohner des Sudetengebietes⟩, wenn man ihnen die Wahl gäbe, für ihren Ausschluß (exclusion) aus dem Tschecho-Slowakischen Staat oder für ihre Einbeziehung (inclusion) stimmen würden.
H. Beneš erwiderte, daß sie für den Ausschluß stimmen würden, und das vor allem wegen des Einflusses der Sozialdemokratischen Partei, welche annehme, daß die Deutschen künftig ein sozialdemokratisches Regime haben würden. Die tschechische Regierung wäre eine Koalitionsregierung und würde von ihnen als bürgerlich angesehen. Wahrscheinlich eher aus diesem und aus nationalistischen und weniger aus wirtschaftlichen Gründen würden die Deutsch-Böhmen zu ihren Landsleuten außerhalb Böhmens streben.
⟨*Es folgten längere Ausführungen und mehrere Fragen und Antworten zu anderen Problemen, dann:*⟩
Anschließend wurde der folgende Beschluß gefaßt:
Die Fragen, die aus H. Beneš' Ausführungen über die tschecho-slowakischen Gebietsansprüche für die Friedensregelung entstehen, werden zur erstinstanzlichen Prüfung an einen Ausschuß von Experten[4] überwiesen, der aus jeweils zwei Vertretern der USA, des Britischen Reiches, von Frankreich und von Italien besteht.
Es ist die Aufgabe dieses Ausschusses[5], die Entscheidungsfragen auf die engstmöglichen Grenzen zu reduzieren und Empfehlungen für eine gerechte Lösung zu machen . . .

Anmerkungen:

[1] Im »Rat der Zehn« hatten die Hauptalliierten (USA, Britisches Reich, Frankreich, Italien und Japan) je zwei Vertreter; Präsident Wilson war der Hauptvertreter der USA, Premierminister Lloyd George der des Britischen Reiches.

[2] Die ČSR-Volkszählung von 1921 stellte fest, daß es (noch) 2,173.000 Deutsche sowie (erst) 4,338.000 Tschechen in Böhmen gab.

[3] Die Gesamtbevölkerungszahl des böhmischen Teiles des Sudetengebietes betrug 1910 ca. 2,5 Mio; »etwa ein Drittel« würde daher etwa 800.000 Tschechen bedeuten.
Tatsächlich gab es 1910 dort nur rd. 210.000 Tschechen.
Vgl. Bohmann: SiZ; S. 7.

[4] Die Expertenkenntnisse der beteiligten Personen wurden z. T. von ihnen selbst als nicht vorhanden charakterisiert (vgl. Nicolson, Harold: »Peacemaking 1919«; London, 1933; S. 260).
Der US-Fachmann Coolidge (zu seinen späteren Vorschlägen: Siehe S. 264) gehörte nicht dazu.

[5] Zu den Ausschußergebnissen: Siehe S. 260.

Quelle:
Miller, D. H.: »My Diary at the Conference of Paris«; Bd. XIV; New York, 1926; S. 211 ff.

***

Rede **1919, 6. Februar**
des Reichspräsidenten[1] Friedrich Ebert (SPD)
bei der Eröffnung der Weimarer Nationalversammlung:
Begrüßung von Deutsch-Österreich im Deutschen Reich

. . . Wir können auch nicht darauf verzichten, die ganze deutsche Nation im Rahmen eines Reichs zu einigen. Unsere deutsch-österreichischen Brüder haben auf ihrer Nationalversammlung bereits am 12. November vorigen Jahres sich als Teil der großdeutschen Republik erklärt.[2] Jetzt hat die deutsch-österreichische Nationalversammlung erneut unter stürmischer Begeisterung uns ihren Gruß entboten und die Hoffnung ausgesprochen, daß es unserer und ihrer Nationalversammlung gelingen wird, das Band, das die Gewalt 1866 zerrissen hat, wieder neu zu knüpfen. Deutsch-Österreich muß mit dem Mutterland für alle Zeiten vereinigt werden.

Meine Damen und Herren!
Ich bin sicher, im Namen der gesamten Nationalversammlung zu sprechen, wenn ich diese historische Kundgebung aufrichtig und voll Freude begrüße und sie mit gleicher herzlicher Brüderlichkeit erwidere. Unsere Stammes- und Schicksalsgenossen dürfen versichert sein, daß wir sie im neuen Reich der deutschen Nation mit offenen Armen und Herzen willkommen heißen.[3] Sie gehören zu uns und wir gehören zu ihnen.
Ich darf wohl auch die Erwartung aussprechen, daß die Nationalversammlung die künftige Reichsregierung ermächtigt, baldigst mit der Regierung des deutsch-österreichischen Freistaates über den endgültigen Zusammenschluß zu verhandeln. Dann soll kein Grenzpfahl mehr zwischen uns stehen. Dann wollen wir sein ein einig Volk von Brüdern . . .

Anmerkungen:
[1] Im Zeitpunkt der Rede »Vorsitzender des Rates der Volksbeauftragten«; am 11. 2. 1919 von der Nationalversammlung zum Reichspräsidenten gewählt.
[2] Zum Text, veröffentlicht am 11. 11. 1918: Siehe S. 240.
[3] Eine Analyse dieser Aussage muß ihr einen sehr hohen Verbindlichkeitsgrad zuordnen.
Die am 19. 1. 1919 gewählte Nationalversammlung setzte sich in bezug auf ihre Meinung zum Anschluß Deutsch-Österreichs (und damit auch des Sudetengebietes) an das Deutsche Reich wie folgt zusammen:

	Stimmen			Meinung
		abs.	%	
Sozialdemokraten	rd.	13,8 Mio	45,5	Siehe obigen Beleg, auch 7. 2. 1919
Zentrum (inkl. BVP)	rd.	6,0 Mio	19,7	D.-Ö. wurde »aufs herzlichste« begrüßt
Demokraten	rd.	5,6 Mio	18,5	D.-Ö. wurde »willkommen geheißen«
Deutschnationale	rd.	3,1 Mio	10,3	Name der Partei drückte Meinung aus
Deutsche Volkspartei	rd.	1,3 Mio	4,4	Nichts Gegenteiliges bekannt
Andere Parteien	rd.	0,5 Mio	1,6	Nichts Gegenteiliges bekannt
			100	

Daß Friedrich Ebert die allgemeine Meinung ausdrückte, bestätigte auch der Beschluß vom 21. 2. 1919; zum Text: Siehe S. 259.

Quelle:
»Dokumente der deutschen Politik und Geschichte von 1848 bis zur Gegenwart«; hsg. v. Johannes Hohlfeld; 6 Bde.; Berlin, 1951 ff.; Bd. III; S. 14.

****

Antrittsrede **1919, 7. Februar**
des Präsidenten der Weimarer Nationalversammlung
Eduard David (SPD):
Wiedervereinigung mit Deutsch-Österreich Herzenssache des ganzen deutschen Volkes

. . .
Zu diesem deutschen Land und Volk gehört auch der deutsch-österreichische Bruderstamm. Die Begeisterung, mit der alle Kundgebungen auf seinen Wiederanschluß hier aufgenommen worden sind, legt Zeugnis ab, wie sehr diese Wiedervereinigung dem ganzen deutschen Volke Herzenssache ist. Ich gebe mich der Hoffnung hin, die Vertreter Deutsch-Österreichs in nicht allzu ferner Zeit als Kollegen in unserer Mitte willkommen heißen zu dürfen . . .

Quelle:
»Dokumente der deutschen Politik und Geschichte von 1848 bis zur Gegenwart«; hsg. v. Johannes Hohlfeld; 6 Bde.; Berlin, 1951 ff.; Bd. III; S. 16.

****

Beschluß[1] der **1919, 9. Februar**
Internationalen Sozialisten[2]-Konferenz[3] in Bern (Schweiz):
Gegen strategische Grenzen durch Landbeute – für Selbstbestimmung durch Volksabstimmung

... Die Konferenz sieht in einer demokratischen Lösung der Nationalitätenfrage die beste Gewähr für einen dauernden und gerechten Frieden. Die Vereinigung von Völkern, die einander widerstreben, zu einem Zwangsstaat war und wird immer eine Ursache von internationalen Verwicklungen und damit eine Gefahr für den Frieden sein. Die Nationalitätenfrage hat somit internationale Bedeutung und kann nur durch internationale Vereinbarungen, am besten im Rahmen eines Völkerbundes gelöst werden.
Den jetzt zu Tage tretenden Tendenzen, die Grenzen der Staaten unter Ausnützung der durch den Krieg geschaffenen Machtverhältnisse festzusetzen, stellt die Internationale Sozialistische Konferenz folgende Grundsätze gegenüber:
1) Zweifellose Geltung des Rechtes der Völker, ihr Schicksal und ihre staatliche Zugehörigkeit innerhalb des Völkerbundes selbst zu bestimmen;
2) In den strittigen Gebieten Entscheidung über die Zugehörigkeit durch Volksabstimmung unter Aufsicht des Völkerbundes, der in letzter Instanz entscheidet;
3) Der Schutz von Nationalitäten, die in einem Lande in der Mehrheit und in einem in der Minderheit sind, soll mittels eines Mindestmaßes von Rechten gewährleistet werden, das vom Völkerbund zu bestimmen und zu gewährleisten ist;
4) Bei der Neugliederung von Staaten oder anläßlich der Angliederung von Gebieten an bestehende Staaten muß der Völkerbund darüber wachen, daß alle von einer solchen Neugestaltung berührten Nationen in ihren wirtschaftlichen Lebensinteressen durch Handels- und Verkehrsverträge gesichert werden;
5) Auch in Zukunft muß die Möglichkeit bestehen, daß auf Wunsch eines Volkes oder Volksteiles Grenzänderungen durch den Völkerbund durchgeführt werden können.
...
Die Konferenz protestiert gegen jeden Versuch, diese Grundsätze zu verfälschen, und verwirft deshalb
1) das Recht der Siegermächte auf Landbeute sowie alle Bündnisverträge, die einem Staat für seinen Eintritt in den Krieg einen Gebietszuwachs auf Kosten anderer Staaten zusichern;
2) die Festsetzung der Grenzen nach strategischen Gesichtspunkten;
3) gewaltsame oder verschleierte Annexionen aufgrund sogenannter historischer Ansprüche oder angeblicher wirtschaftlicher Notwendigkeiten;
4) die Schaffung von vollzogenen Tatsachen durch vorgreifende militärische Besetzung strittiger Gebiete;
5) den Aufbau wirtschaftlicher oder politischer Einflußsphären.
Die Konferenz ruft die Proletarier aller Länder auf, mit aller Kraft einen Druck auf ihre Regierungen auszuüben, um diesen Grundsätzen bei Abschluß des kommenden Friedens Geltung zu verschaffen und diesen dadurch zu einem dauernden zu gestalten.

Anmerkungen:
[1] Der Antrag zu diesem Beschluß war vom französischen Chefdelegierten Mistral eingebracht worden. Die tschecho-slowakischen Delegierten protestierten und stellten ihrerseits am 7. 2. 1919 einen Gegenantrag, in welchen den »Sudetendeutschen« für den Verbleib in der CSR weitgehende Versprechungen gemacht wurden.
Zum Text: Siehe S. 323.
Der tschecho-slowakische Antrag wurde nach Reden des Deutschen Kautsky und des Österreichers Seliger abgelehnt, worauf die ČSR-Delegierten die Konferenz verließen. Der Antrag Mistrals wurde sodann von den Delegierten der verbleibenden 21 Länder einstimmig gebilligt.

[2] Unter den tschechischen Sozialdemokraten (zu deren offizieller Parteilinie vgl. auch die Klagen der sudetendeutschen Sozialdemokraten: Siehe S. 322 ff.) gab es aber auch andere Stimmen.
So schrieb die Parteizeitung der tschechischen Sozialdemokraten »Socialní demokrat« etwa im Juni 1919 ebenso sozialistisch wie prophetisch zum deutsch-tschechischen Problem nach Versailles/St. Germain: »Unser Verhältnis zur deutschen Nation, neben welcher wir solange leben werden, als die Welt bestehen wird, ist grundsätzlich ein anderes, als das der bürgerlichen Schichten. Durch den Friedensvertrag sollen dreieinhalb Millionen Deutsche dem tschechoslowakischen Staate einverleibt werden. Diesen Zustand erachten wir weder für unsere Nation, noch für die deutsche Nation als einen Vorteil. Warum? Die Deutschen werden sich in der tschechoslowakischen Republik genau so wenig im eigenen Hause fühlen, wie wir in Österreich. Sie werden unzufrieden sein, selbst wenn man ihnen die nationalkulturelle Autonomie gibt. Wir erklären es offen, auch das deutsche Volk hat das volle Anrecht auf den Grundsatz des Selbstbestimmungsrechtes der Völker, auch wenn es bloß eine Million Deutsche im Lande gäbe. Bedenken wir nur, daß 700.000 Italiener in Österreich im Stande waren, auch bei einer österreichisch-italienischen Bündnispolitik beide Staaten in politischer Unsicherheit zu erhalten und schließlich wurde das Ergebnis der Irredenta der Krieg. Was wird erst geschehen, wenn unser offizielles Verhältnis zu Deutschland durch den Frieden von Versailles getrübt und systematisch verschlechtert werden wird durch eine deutsche Irredenta in der Republik? Eine Politik des Hazardeurs kann sich die Bourgeoisie erlauben, um das Kommen eines neuen Krieges und einer neuen Kriegshölle zu ermöglichen. Deshalb ist von diesem Standpunkt aus gesehen Versailles unvereinbar mit den Bedürfnissen der tschechischen Arbeiterschaft. Den deutsch-tschechischen Konflikt hat der Friedensvertrag nicht gelöst, im Gegenteil, er hat ihn aus einem häuslichen inneren Streit in Österreich zu einer strittigen internationalen Frage gemacht, die weit verwickelter, ernster und gefährlicher ist als früher.«
Wiedergabe nach Übersetzung der »Deutsche Wacht an der Miesa« ⟨*TZ.*⟩; Mies (W.Böhm.), im Juni 1919; Faksimilekopie im Besitz des Verfassers.

[3] An der Konferenz nahmen über 100 Delegierte aus 22 Ländern teil. Unter ihnen befanden sich: aus Großbritannien Ramsey Macdonald (1924–35 Premierminister), aus Deutschland Philipp Scheidemann (1918–19 Volksbeauftragter, Ministerpräsident), aus Österreich Karl Seitz (1918–20 Staatsoberhaupt, 1923–34 Bürgermeister von Wien) und Josef Seliger (1918–19 stellvertretender Landesobmann von Deutsch-Böhmen).

Quelle:
Peroutka, František: »Budování států« (Die Errichtung des Staates), Bd. 2; Prag, 1934; S. 683.

****

Antrag[1] **1919, 21. Februar**
in der Deutschen Nationalversammlung:
Deutsche des Reiches und Österreichs bilden untrennbare Einheit

Die Nationalversammlung nimmt mit lebhafter Genugtuung von den Beschlüssen Kenntnis, mit denen die Vertreter der Stämme Deutschösterreichs ihre Zugehörigkeit zu dem deutschen Gesamtvolk bekundet haben.[2] Sie bestätigt den deutschösterreichischen Brüdern, daß über die bisherigen staatlichen Grenzen hinweg die Deutschen des Reiches und Österreichs eine untrennbare Einheit bilden, und spricht die zuversichtliche Hoffnung aus, daß durch die von den Regierungen einzuleitenden Verhandlungen die innere Zusammengehörigkeit bald in festen staatlichen Formen einen von allen Mächten der Welt anerkannten Ausdruck finden wird.

Anmerkungen:
[1] Eingebracht von den Parteien USPD, SPD, Zentrum, Demokraten, Deutsche Volkspartei und den Deutschnationalen; später einstimmig gebilligt.
[2] Siehe S. 240.

Quelle:
»Ursachen und Folgen«; hsg. v. Herbert Michaelis (m. a.); 26 Bde., 3 Registerbde.; Berlin, 1958–1979; hier Bd. 3; Berlin, 1958; S. 288.

****

Telegramm **1919, 23. Februar**
der Landesversammlung des Sudetenlandes[1]
an die Deutsche Nationalversammlung:
Laßt uns in unserem Abwehrkanpf nicht allein!

Die Landesversammlung von Sudetenland[1], welche 675.000 Deutsche vertritt und durch die tschechische Unterdrückung an ihrem öffentlichen Wirken verhindert ist, entbietet der Deutschen Nationalversammlung ihren innigsten Gruß. Sie ersehnt den Zeitpunkt, da zwischen Sudetenland und dem großen deutschen Vaterlande die Grenzpfähle entfernt werden und die Deutschen hüben und drüben in einem Reiche vereint sind, so wie sie bis jetzt in Sprache, Sitte und im Geiste ein Volk gebildet haben. Wir bitten unsere Brüder, uns in unserem Abwehrkampfe gegen die tschechische Raubgier nicht allein zu lassen.

Anmerkung:
[1] Unter »Sudetenland« verstand man 1919 die deutschen Teile Nordmährens und Österreichisch-Schlesiens.

Quelle:
»Ursachen und Folgen«; hsg. v. Herbert Michaelis (m. a.); Bd. 3; Berlin, 1958; S. 327.

****

»Sitzungsprotokoll **1919, 27. Februar**
des ⟨*Versailler/St. Germainer*⟩ Ausschusses für Tschecho-Slowakische Fragen«:
Sudetendeutsche werden der Tschechoslowakei zugewiesen

A – Organisation
. . .
B – Verfahren
. . .
C – Deutsche Frage
Die Frage wurde vorgelegt, ob die Deutschen, die jetzt im Gebiet des früher österreichischen Böhmen, Mähren und Schlesien lebten, ⟨*in die ČSR*⟩ einzubeziehen seien.
⟨*Die Aufzeichnungen des französischen Präsidenten Cambon geben den Diskussionsverlauf wieder:*⟩
Man stellte sich die Frage, ob es ratsam sei, dem neuen Staat ⟨*d. h. der ČSR*⟩ jene Grenzen Böhmens[1] zuzubilligen, wie sie zur Zeit Österreichs festgelegt waren, oder sie derart enger zu fassen, daß dadurch drei Millionen ⟨*Sudeten-*⟩Deutsche außerhalb verblieben, die dann die Bevölkerungszahl des deutschen Staates[2] erhöhen würden.
Aus wirtschaftlichen und geographischen Gründen müßte die alte Grenze im Interesse der beiden Bevölkerungsteile aufrechterhalten werden. Der italienische Delegierte, der sicher an anderer Stelle zugunsten Italiens strategische Gründe für die Festlegung der Grenzen anzuführen beabsichtigte[3], machte diese Überlegung geltend, um die Sicherheit des neuen Staates zu gewährleisten. Er forderte, daß die Gebirge Böhmens die Grenze darstellen sollten.
Der amerikanische Delegierte ⟨*Dr. C. Seymour*⟩ erklärte hingegen, daß sich sein Land weigere, strategischen Überlegungen Rechnung zu tragen.
Ich konnte nicht umhin, ihm zu antworten, und unsere Kollegen lächelten darüber, daß die Amerikaner zu wenig Interesse an der europäischen Sicherheit hätten; daß, wenn man nahe am Brandherd sei, man einen gewissen Sinn für die Feuerwehr habe, und daß strategische Überlegungen in den Köpfen jener Leute, die jeden Tag der Schlacht ausgesetzt seien, einiges Gewicht hätten.
Daraufhin sprach der zweite amerikanische Delegierte ⟨*Allen W. Dulles*⟩ das Bestehen des zukünftigen Völkerbundes an. Ich beendete diesen Austausch von Überlegungen, indem

ich erklärte, daß man doch wenigstens das Funktionieren des Völkerbundes abwarten müsse, bevor man sich auf diesen stützen könne.
Es wurde schließlich entschieden, daß die Deutschen Böhmens[1] Teil des neuen Staates würden.
⟨*Das offizielle Sitzungsprotokoll verzeichnete den Beschluß etwas einschränkender:*⟩
Abschließend wurde beschlossen, daß die politische Grenze von Böhmen und Mähren im Jahre 1914 grundsätzlich als Grenze der neuen Tschecho-Slowakischen Republik angenommen werde mit solchen kleineren Berichtigungen, Hinzufügungen oder Ausscheidungen an Gebiet, welche bei künftiger Prüfung besonderer Fragen wünschenswert erscheinen sollten.

Anmerkungen:
[1] Es ist beachtenswert, daß der Begriff »Böhmen« hier für Böhmen + Mähren + Öst. Schlesien verwendet wurde, da sonst die Angabe von drei Millionen Deutschen weit übertrieben gewesen wäre.
[2] Es ist auch bemerkenswert, daß hier die Vereinigung des Deutschen Reiches mit Deutsch-Österreich durch den Ausdruck »l'Etat allemand« deutlich antizipiert wurde.
[3] Gemeint v. a. die strategische Brennergrenze zur Annexion Südtirols.

Quellen:
Für das offizielle Protokoll:
Miller, D. H.: »My Diary at the Conference of Paris«; Bd. XVII; New York, 1928; S. 88 f.
Für die Aufzeichnung Cambons:
»Revue de Paris« ⟨*WZ.*⟩; Paris v. 1. 11. 1937, S. 17 f. in der Wiedergabe bei
Bruns, Viktor: »Die Tschechoslowakei auf der Pariser Friedenskonferenz« in »Zeitschrift für ausländisches öffentliches Recht und Völkerrecht«; Berlin; Bd. VII (1937); S. 697–768, hier S. 725.

****

Vereinbarung **1919, 2. März**
der Deutschen Reichsregierung und der Deutsch-Österreichischen Regierung:
Modalitäten des Zusammenschlusses des Deutschen Reiches und Deutsch-Österreichs

Als Ergebnis der Verhandlungen[1], die zwischen deutschen und deutsch-österreichischen Vertretern in der Zeit vom 27. Februar bis zum 2. März 1919 in Berlin stattgefunden haben, stellen die Unterzeichneten, nämlich: 1. der deutsche Reichsminister des Auswärtigen Graf Brockdorff-Rantzau und 2. der deutsch-österreichische Staatssekretär für auswärtige Angelegenheiten Dr. Bauer, folgendes fest:
Artikel I. Staatsrechtlich-politische Vereinbarungen
§ 1. Die Deutsche Reichsregierung und die Deutsch-Österreichische Regierung sind übereingekommen, mit tunlichster Beschleunigung über den Zusammenschluß des Deutschen Reiches und Deutsch-Österreichs einen Staatsvertrag abzuschließen . . .
§ 3. Der Zusammenschluß soll auf der Grundlage erfolgen, daß Deutsch-Österreich als selbständiger Gliedstaat in das Reich eintritt . . .
. . .
Artikel VI. Stellung der Stadt Wien
§ 18. Über die Anerkennung der Stadt Wien als zweiter Hauptstadt des Reiches besteht Einverständnis . . .

Anmerkung:
[1] Über die Verhandlungen wurde die Öffentlichkeit informiert. Die »Norddeutsche Allgemeine Zeitung« vom 3. 3. 1919 berichtete offiziös u. a.:
»Mit Ermächtigung der beiderseitigen Kabinette haben in Weimar Besprechungen des deutsch-österreichischen Staatssekretärs für Äußeres Dr. Bauer mit dem Reichspräsidenten ⟨*d. h. Friedrich Ebert*⟩ und mit Mitgliedern der Deutschen Reichsregierung über den von beiden Seiten angestrebten Zusammenschluß Deutsch-Österreichs mit dem Deutschen Reich stattgefunden. Die politische Ausspra-

che wurde in Berlin mit dem Reichsminister Graf Brockdorff-Rantzau fortgesetzt und abgeschlossen. Sodann trat man unter seinem Vorsitz in kommissarische Verhandlungen über Einzelfragen ein.
Der Zusammenschluß soll sich danach, nach Abschluß der Verhandlungen über die Einzelfragen, durch einen Staatsvertrag vollziehen, der beiden Nationalversammlungen zur Genehmigung vorzulegen wäre. Nach Ratifikation des Vertrages soll die Durchführung des Zusammenschlusses durch Reichsgesetze erfolgen, bei deren Beratung und Verabschiedung deutsch-österreichische Vertreter in den gesetzgebenden Körperschaften des Deutschen Reiches bereits mitwirken würden.
⟨*Die Besprechungen behandelten Zoll-, Verkehrs-, Währungs- und Reparationsprobleme sowie die Angleichung des Rechtssystems, der sozialen Gesetzgebung und des Unterrichtswesens.*⟩
Endlich wurde die künftige Stellung der Stadt Wien, die den Rang einer zweiten Reichshauptstadt erhalten soll, besprochen und hierbei von den Vertretern des Reiches weitgehendes Entgegenkommen zugesagt.
Die Aussprache führte zur Einigung in den grundsätzlichen Fragen und zur Feststellung des weiteren formalen Vorganges durch Verhandlungen in paritätischen Fachkommissionen.«
Vgl. »Schulthess' Europäischer Geschichtskalender«; Bd. 60, 1. Teil (1919); München, 1923; S. 107.

Quelle:
Miksch, Leo: »ČSR/ČSSR: Das Nationalitätenproblem der Tschechoslowakei«; Stuttgart, 1975; S. 11 f.

****

Aufruf **1919, 4. März**[1]
der Landesregierungen von Deutschböhmen und Sudetenland:

Heute[2] wird in Wien die erste Sitzung des Volkshauses der deutsch-österreichischen Republik eröffnet. Alle Stämme Österreichs sind dort vertreten. Nur Deutschböhmen ist mit Gewalt zu stummem Schweigen verurteilt. Schweigend, aber nicht stumm, richten wir heute Auge und Herz nach Wien, wo das freie Deutschösterreich zum ersten Mal die Vertreter des Volkes versammelt. Unsere Feier am heutigen Tag ist eine flammende Anklage gegen die Gewalt, mit der man unser Recht zu brechen sucht. Wir feiern den heutigen Tag durch eine allgemeine Arbeitsruhe[3] . . .
So wollen wir heute in Stadt und Land zu Tausenden an den Kundgebungen teilnehmen, die sich gegen die Vergewaltigung unseres Rechts richten. In ernster, schicksalsschwerer Stunde ergeht der Ruf an euch alle. Kommt alle[3] aber bewahrt Ruhe und Ordnung![4] Das ist das Gebot für heute . . .
⟨5⟩

Anmerkungen:
[1] Zur Vorgeschichte ist zu ergänzen:
a) Am 12. 2. 1919 hatte in Deutsch-Österreich die Wahl zum Volkshaus (= Parlament) des Staates stattgefunden. Den Sudetendeutschen war die Teilnahme durch die ČSR-Behörden verboten worden.
b) Eine daraufhin in Freudenthal (Nordmähren) am 23. 2. 1919 im Saale abgehaltene Protestkundgebung wurde von ČSR-Militär mit Waffengewalt zersprengt, später wurden Kundgebungsteilnehmer auf dem Hauptplatz beschossen. Die Deutschen verzeichneten einen Toten, zwei Schwer- und viele Leichtverletzte.
Vgl. Borth, Fred: »Aus der Heimat vertrieben«; Bisamberg (b. Wien), 1993; S. 47.
c) Die deutschböhmischen Sozialdemokraten beschlossen (27. 2. 1919, Tetschen [Nordböhmen]), »am ersten Tage der deutschösterreichischen Nationalversammlung große Kundgebungen in ganz Deutschböhmen zu veranstalten. Die Versammlungen wurden Dienstag den 4. März um 3 Uhr nachmittags abgehalten. Die Landesparteivertretung hat an die Arbeiterschaft einen Aufruf zur Arbeitsruhe an diesem Tage erlassen.
In dem Sitzungsbericht wird auch der Erbitterung und Gereiztheit unter der Arbeiterschaft Deutschböhmens Ausdruck verliehen und gegen die Dekretierung einschneidender volkswirtschaftlicher Maßnahmen von der tschecho-slovakischen Regierung protestiert, da Deutschböhmen nicht zum tschecho-slovakischen Staate gehöre und die tschecho-slovakische Regierung durch diese Maßnahmen der Entscheidung der Friedenskonferenz vorgreife. Es wurde die Ueberzeugung ausgesprochen, daß dieses Vorgehen der tschechischen Regierung, insbeson-

dere die Notenabstempelung und die Vorbereitung der Vermögensabgabe, eine energische große Protestbewegung der gesamten deutschen Bevölkerung Deutschböhmens auslösen müsse.«
Vgl. »Arbeiterzeitung« ⟨*TZ.; PO. d. SPÖ*⟩; Wien; Jg. 30, Nr. 58 v. 28. 2. 1919; S. 4; Hervorhebungen im Original.

d) Diese Anregung wurde aufgegriffen: »Sämtliche politischen Parteien des Sudetenlandes« erließen folgenden Aufruf:

»Volksgenossen!

Am Dienstag, den 4. März i. J.,

als dem Tage des Zusammentrittes der deutschösterreichischen Nationalversammlung in Wien, wird in ganz Deutschböhmen und Sudetenland ein

allgemeiner Generalstreik

durchgeführt als Protest gegen die gewaltsame Verhinderung der Wahlen in diesen rein deutschen Gebieten durch die Tschechen, aber auch als Massenkundgebung gegen die mit der Notenabstempelung verbundene Zurückbehaltung der Hälfte alles Barvermögens durch den tschechoslowakischen Staat!

An diesem Tage ruhe jegliche Arbeit in Fabrik, Werkstätte, Geschäft, Kanzlei und Schulstube, damit der Welt die einmütige Empörung des ganzen deutschen Volkes im Sudetenland anschaulich vor Augen geführt werde! Deutsche Eltern, schickt an diesem Tage Eure Kinder nicht in die Schule! Deutsche Bürger, Arbeiter und Angestellte, Gewerbetreibende und Kaufleute, verleiht Eurer Erbitterung über die einschneidenden volkswirtschaftlichen, völkerrechtswidrigen Maßnahmen der tschechoslowakischen Regierung, die der Entscheidung der Friedenskonferenz vorgreifen, durch

allgemeine Arbeitsruhe und Geschäftssperre
am Dienstag, den 4. März 1919

deutlichen Ausdruck!«
Vgl. Reichert-Flögel, Ute (Hsg.): »Unter dem weißblauen Schild«; München, 1984; S. 31; (dort faksimilierte Wiedergabe.)

2 Am gleichen 4. 3. 1919 etwa um 16.00 Uhr informierte Dr. Beneš den Unterausschuß für Grenzfragen des Ausschusses für tschechoslowakische Fragen der Friedenskonferenz von St. Germain über die Meinung der Sudetendeutschen zur Tschechoslowakei.
Das Sitzungsprotokoll verzeichnet folgende Versicherung von Beneš: Die Sudetendeutschen wollen in die Tschechoslowakei. Die gegenteiligen Bemühungen seien nichts anderes als »eine künstliche Aufregung, die der Überzeugung der großen Mehrheit der Deutsch-Böhmen niemals entsprochen habe. In Wahrheit seien 99 % von ihnen für eine Vereinigung ihres Landes mit Böhmen ⟨*d. h.: für den Verbleib der Sudetengebiete in der Tschechoslowakei*⟩. Sie würden jedoch von ein paar Aufwieglern terrorisiert und wagten nicht, dies auszusprechen.«
Vgl. die Quelle bei Rabl: »Das Ringen ...« (siehe Quelle); S. 163.
Dr. Beneš wurde auf den Unterschied zu seiner völlig anderen Äußerung gegenüber Lloyd George am 5. 2. 1919 (siehe S. 255 f.) weder hingewiesen noch befragt.

3 Diese Aufforderungen sind allgemein befolgt worden. Zu einer Rede: Siehe S. 1305.

4 Die Kundgebungen wurden von den tschechischen Besatzungstruppen im Sudetengebiet an einigen Orten mit Waffengewalt zersprengt. Dabei waren insgesamt 54 Tote – unter ihnen ein Achtzigjähriger, zwei Kinder von 13 und 11 Jahren – sowie 104 Verletzte zu beklagen. Mindestens zwei der Toten waren Juden.
Die Zahl der Toten wird auch anders beziffert, da einige der Verletzten erst einige Zeit später an den Verwundungsfolgen starben.

5 Zu Reaktionen und Folgen sind anzumerken:

a) Zu deutsch-österreichischen Protesten bei der ČSR und »neutralen Staaten« vom 6./7. 3. 1919:
Vgl. »Außenpolitische Dokumente der Republik Österreich 1918–1938. Band 1: Selbstbestimmung der Republik 21. 10. 1918 bis 14. 3. 1919«; hsg. v. Klaus Koch (m. a.); Wien, 1993; S. 499 ff.

b) Zu nachfolgenden Notenwechseln und Untersuchungen auch der Alliierten in 1919:
Vgl. Rabl: »Das Ringen ...« (siehe Quelle); S. 63 ff.

c) Es wurde am 6. 3. 1919 aus Wien berichtet:
»Die Ereignisse in Deutschböhmen und die Akte tschechischer Brutalität gegen die deutschböhmischen Demonstranten erregen die größte Erbitterung. Nachdem schon vorgestern in Karlsbad, Reichenberg, Eger, Aussig, Sternberg, Brüx, Mies und Neutitschein das tschecho-slowakische Militär mit Salvenfeuer und Bajonetten gegen die deutsche Bevölkerung gewütet hatte, die sich am Tag des Zusammentritts der deutschösterreichischen Nationalversammlung zu durchaus friedlichen Kundgebungen für das Selbstbestimmungsrecht der Deutschen Böhmens zusammengefun-

den hatte, haben gestern tschecho-slowakische Soldaten in Kaaden und Karlsbad neuerdings Grausamkeiten gegen Deutsche verübt. In Kaaden wurden 17 Personen getötet, 30 schwer und über 80 leicht verwundet. Auch in Karlsbad wurden neuerdings zwei Deutsche erschossen. Die Anzahl der Todesopfer der tschechischen Raserei in Sternberg beläuft sich auf 14. Es ist zweifellos, daß die tschechische Regierung beabsichtigt, die Betätigung ihrer Gewalt- und Schreckensherrschaft auf das äußerste zu treiben und vor der Anwendung schlimmster Gewaltmittel nicht zurückschreckt. Die Wirkung dieser unbeschreiblichen Gewalttaten kann selbstverständlich nur die sein, daß sich das Verhältnis zwischen Deutschböhmen und der tschechischen Regierung unversöhnlich gestaltet, und daß seit den Schießereien jede Möglichkeit einer Verständigung ausgeschlossen erscheint. Die Erbitterung in Deutschböhmen hat nicht nur die bürgerliche Bevölkerung, sondern auch alle sozialdemokratischen Arbeiterkreise ergriffen und wird nach diesem Blutvergießen niemals wieder schwinden. Es ist ausgeschlossen, daß sich nun Deutschböhmen unter das tschechische Joch fügen wird, und die tschechische Regierung irrt, wenn sie glaubt, den Widerstand der dreieinhalb Millionen Deutschböhmen mit terroristischen Mitteln unterdrücken zu können.«
Vgl. »Neue Zürcher Zeitung« ⟨*TZ.*⟩, Zürich (Schweiz); Jg. 140, Nr. 343 v. 7. 3. 1919; S. 2.

d) Zu späterem Verhalten (1991) in Kaaden: Siehe S. 909.

Quelle:
Rabl, Kurt: »Das Ringen um das sudetendeutsche Selbstbestimmungsrecht 1918/19«; München, 1958; S. 59; für Anm. 2: S. 163.

****

Bericht und Vorschläge des Mitglieds des US-»Regierungsausschusses zur Vorbereitung des Friedens«, Professor Coolidge, an die US-Delegation bei der Friedenskonferenz in Paris: **1919, 10. März**
Anschluß von Sudetengebieten an Deutschland

...
Würde man den Tschechoslowaken das ganze Gebiet zuerkennen, das sie beanspruchen, so wäre das nicht nur eine Ungerechtigkeit gegenüber vielen Millionen Menschen, die nicht unter tschechische Herrschaft gelangen wollen, sondern es wäre auch für die Zukunft des neuen Staates gefährlich und vielleicht verhängnisvoll ...
Das Blut, das am 4. März geflossen ist, als tschechische Soldaten in mehreren Städten auf die deutsche Menge feuerten, ist – obwohl es im Vergleich zu den Opfern, deren Zeugen wir geworden sind, nur ein Tropfen ist – auf eine Art und Weise vergossen worden, die nur schwer verziehen werden kann ...
Betrachtet man die Grenzen Böhmens und Mährens der Reihe nach, so bin ich der Ansicht, daß
a) im Süden Nieder- und Oberösterreich so weit als möglich bis zur jetzigen ethnischen Grenzlinie ... auszudehnen wäre,
b) dem Bezirk Eger, der nicht zum ursprünglichen Böhmen gehört, die Vereinigung mit Bayern gestattet werden sollte, wenn er dies wünscht,
c) im Fall des großen, reichen Nordböhmen ist die Frage viel schwieriger. Von Sachsen ist es durch natürliche Hindernisse getrennt; es ist von großem wirtschaftlichen Wert und sein Verlust wäre für die Tschechoslowaken ein schwerer Schlag. Wenn andererseits – was offensichtlich der Fall ist – der Wunsch nach einer Trennung von Böhmen mit überwältigender Mehrheit laut wird, so ist die Rechtmäßigkeit dieses Anspruchs nicht zu bestreiten. Wird er erfüllt, so sollte man in Zweifelsfällen zu tschechischen Gunsten entscheiden. Wird er nicht erfüllt, so müßte dem Gebiet von Eger eine größtmögliche Ausdehnung gegeben und auch noch andernorts Modifikationen im Rahmen des Möglichen durchgeführt werden.
d) Das sog. Sudetenland« ⟨*d. h. Nordmähren und Sudetenschlesien*⟩ kann leicht von Böhmen und Mähren abgetrennt werden. Unglücklicherweise hat es keine Verbindung mit Österreich oder dem übrigen Deutschböhmen. Es könnte als Kleinstaat innerhalb der neuen deutschen Republik bestehen oder mit Preußisch-Schlesien verbunden werden.
...

Quelle:
»Papers Relating to the Foreign Relations of the United States 1919 – The Paris Peace Conference«; Bd. XII; Washington, 1947; S. 271 ff.

****

Entscheidung **1919, 19. März**
des Tschechoslowakischen Obersten Verwaltungsgerichtes:
Die tschechoslowakische Nation und ihr nationaler Staat

. . .
Aus dem Charakter des tschechoslowakischen Staates als Nationalstaat, der nach dem allgemeinen Grundsatz des der tschechoslowakischen Nation zustehenden Selbstbestimmungsrechts begründet worden ist – welcher Grundsatz im Gesetz vom 28. Oktober 1918[1], Slg. Nr. 11, ausgesprochen wurde –, geht als Rechtsfolge logisch hervor, daß die tschechische (slowakische) Sprache jene Sprache ist, in welcher der Staat und seine Organe ihren Willen kundtun und Recht üben . . .
Die Angehörigen anderer Volksstämme, die in das Gebiet des Staates einbezogen wurden, können dem Staat gegenüber hinsichtlich ihrer nationalen Rechte keine höheren Ansprüche stellen, als daß ihnen insoweit, als der nationale Staat diese Rechte gewähren kann, ohne seinen nationalen Charakter zu verlieren, die Möglichkeit eingeräumt wird, ihr eigenes nationales Leben zu führen und ihre eigene Sprache zu gebrauchen.
Dieser Anspruch ⟨*des tschechoslowakischen Staates*⟩ . . . hat seine gesetzliche Grundlage in Art. 19 des Staatsgrundgesetzes vom 21. Dezember 1867,[2] RGBl. Nr. 142 . . .
⟨[3]⟩

Anmerkungen:
1 Siehe S. 223.
2 Die liberale Basis von 1867 (siehe S. 204) war deutlich weiterentwickelt worden.
3 In insgesamt logischer Weiterführung grenzte der Oberste Gerichtshof der ČSR später Staatsdoktrin und Staat vom demokratischen Selbstbestimmungsrecht ab. Er urteilte, daß alle Bestrebungen nach Selbstbestimmung der in der ČSR wohnhaften Deutschen, weil »mit der Idee des tschechoslowakischen Staates unvereinbar«, naturnotwendig Gewaltsamkeit bedeuteten.
Vgl. die Urteile vom 1. 7. und 7. 10. 1933 bei Sandner, Fritz: »Die politische Gesetzgebung der tschechoslowakischen Republik«; Reichenberg, 1935; S. 414 ff., hier S. 421, 432.

Quelle:
»Sbírka nálezu Nejvyššího Správního Soudu« (Sammlung der Entscheidungen des Obersten Verwaltungsgerichts); hsg. v. Jan Bohuslav; Bd. I; Prag, 1920; S. 557 f. Hervorhebungen im Original.

****

Erklärung **1919, 21. März**
des Verfassungsausschusses der Deutschen Nationalversammlung:
Regierungsbesprechungen beschleunigen, um Abgeordnete Deutsch-Österreichs an der Verfassung zu beteiligen

Der Verfassungsausschuß der verfassunggebenden Nationalversammlung begrüßt es als bedeutsamen Fortschritt auf dem Wege zur Vereinigung zwischen dem Deutschen Reiche und Deutsch-Österreich, daß zwei Regierungsvertreter aus Deutsch-Österreich an seinen Verhandlungen teilnehmen. Er erwartet, daß die Besprechungen der beiden Regierungen so rasch durchgeführt werden, daß auch Abgeordnete Deutsch-Österreichs an den Verhandlungen der Nationalversammlung über die Verfassung des Gesamtreiches noch teilnehmen können. Wir zweifeln nicht, daß die deutsche Reichsregierung der Zustimmung des ganzen Volkes sicher ist, wenn sie bei den Abmachungen auf die besonderen wirtschaftlichen Schwierigkeiten Deutsch-Österreichs Rücksicht nimmt.

Quelle:
»Ursachen und Folgen«; hsg. v. Herbert Michaelis (m. a.); Bd. 3; Berlin, 1958; S. 289.

****

Diskussion **1919, 1. April**
im Rat der Alliierten Außenminister[1]:
Volksabstimmungen im Sudetengebiet unmöglich, da sonst der tschechische Staat sehr klein werden würde

Der Amerikaner Lansing schlug vor, das Egerland und den Rumburger Zipfel Deutschland zu überlassen, da sie von Deutschen bewohnt seien[2]. *Die drei anderen Delegierten lehnten ab. Lansing schlug daraufhin für Rumburg eine Volksabstimmung vor. Der französische Vertreter Laroche erwiderte,* »man könne eine Volksabstimmung in einem einzelnen Teil des Gebietes nicht vorschlagen, ohne sie auch den übrigen *(Sudeten-)*Deutschen zu gestatten. Wenn das aber erfolge, würde der tschechoslowakische Staat auf einen sehr begrenzten Umfang zurückgeführt[3] ... Schließlich könne das von Herrn Lansing vorgeschlagene Verfahren dazu führen, daß ganz Böhmen sich für Vereinigung mit Deutschland entscheide, um nicht von den *(Sudeten-)*Deutschen getrennt zu werden«.
...

Anmerkungen:
[1] Der Hauptalliierten USA, Großbritannien, Frankreich und Italien.
[2] Zum Text des Vorschlags von Professor Coolidge: Siehe S. 264.
[3] Man sollte das Geflecht von Rechtsprinzipien und Machtpositionen sowie daraus resultierender Unlogik und unausgesprochenen Vorbehalten beachten, das durch Laroche, der Außenminister Cambon vertrat, nur angedeutet wurde:
a) Der tschechoslowakische Staat war nicht nur eine Manifestation des Selbstbestimmungsrechtes der Tschechen, sondern mindestens ebensosehr eine Planungsgröße alliierter Generalstäbe, die im Augenblick des Friedensschlusses 1919 bereits an den nächsten Krieg mit Deutschland dachten bzw. denken mußten. Dazu brauchte der potentielle Alliierte ČSR den entsprechenden territorialen Umfang.
Beneš machte diese Interessenparallelität zwischen der ČSR und v. a. Frankreich den Generälen in Paris mehrfach schriftlich deutlich.
Vgl. Hölzle, Erwin: »Der Osten im Ersten Weltkrieg ...«, Leipzig, 1944; S. 193 f.
b) Für den slowakischen Teil der tschecho-slowakischen Staatsnation war eine Autonomie mit eigenem Parlament vereinbart worden (am 30. 5. 1918; siehe S. 228).
Weder durften die Slowaken diese Autonomie erhalten, da dies die vom Standpunkt der Selbstbestimmung unbefriedigende Lage der Sudetendeutschen deutlich hervorgehoben hätte, noch umgekehrt die Sudetendeutschen eine Volksabstimmung, da sonst Gefahr bestand, den slowakischen Druck nach Autonomie derart zu verstärken, daß er die Tschechoslowakei zerlegt hätte.

Quelle:
Miller, D. H.: »My Diary at the Conference of Paris«; Bd. XVI; New York, 1926; S. 11 ff.

****

ČSR-Gesetz **1919, 3. April**
»betreffend die Volksschulen und privaten Unterrichts- und Erziehungsanstalten«:
Die ČSR errichtet die sog. Minderheitsschulen[1]

Auf Grund des Beschlusses des Národní shromáždění wird angeordnet[2]:

§ 1.

Eine öffentliche allgemeine Volksschule kann in jeder Gemeinde errichtet werden, in der sich nach einem dreijährigen Durchschnitt mindestens 40 schulpflichtige Kinder befinden, wenn in der Schulgemeinde keine öffentliche Schule mit der Unterrichtssprache besteht, welche die Muttersprache dieser Kinder ist.
Die Unterrichtssprache einer solchen Volksschule muß die gleiche sein wie die Muttersprache der betreffenden Kinder.

§ 2.

Bei jeder öffentlichen allgemeinen Volksschule, die in einer Schulgemeinde unter den im § 1 angeführten Verhältnissen errichtet werden wird oder vor dem Inkrafttreten dieses Gesetzes errichtet wurde und die von wenigstens 400 Kindern aus der Schulgemeinde besucht wird, kann eine öffentliche Bürgerschule[3] errichtet werden, und zwar entweder eine solche für Schüler oder für Schülerinnen oder eine dem Geschlechte nach gemischte.
Sollte eine gemischte Bürgerschule durch 3 Schuljahre hintereinander wenigstens 300 Schüler und Schülerinnen aufweisen, so ist sie in zwei selbständige Bürgerschulen, eine Knaben- und eine Mädchenbürgerschule, zu teilen.

§ 3.

⟨Wohnort der Kinder der Bürgerschulen auch in mehr als 4 km Entfernung von der Schule⟩

§ 4.

Über die Errichtung und Organisation dieser Schulen (§§ 1–2) entscheidet endgültig der Vorsitzende des Landesschulrates oder der von ihm bestellte Vertreter, der vor seiner Entscheidung den Landesausschuß (Landesverwaltungsausschuß) hört. Der Vorsitzende des Landesschulrates bestimmt auch, wer über eine solche Schule die Aufsicht zu führen berufen ist und wer an ihr zu unterrichten hat.
...

§ 5.

Aus gewichtigen Gründen kann das Ministerium für Schulwesen und Volkskultur ausnahmsweise anordnen, daß öffentliche allgemeine Volksschulen nach § 1 dieses Gesetzes und öffentliche Bürgerschulen nach § 2 dieses Gesetzes auch für eine kleinere als die in den angeführten Paragraphen festgesetzte Schülerzahl errichtet und eröffnet werden ...

§ 6.

Den gesamten Personal- und Sachaufwand für die gemäß §§ 1 und 2 dieses Gesetzes errichteten Schulen trägt das Land. Den Aufwand für die gemäß § 5 errichteten Schulen trägt, falls der Landesausschuß (Landesverwaltungsausschuß) zustimmt, das Land, sonst der Staat. Diese Schulen unterstehen weder den Orts- noch den Bezirksschulräten. Weder die Gemeinden noch die Bezirke, weder die Orts- noch die Bezirksschulräte sind irgendwie Interessenten bezüglich der Errichtung dieser Schulen (§§ 1, 2, 5).

§ 7.

...
Staat und Land haben das Recht, durch Enteignung den Bauplatz für das künftige Schulgebäude zu erwerben oder ein schon fertiggestelltes Gebäude zu enteignen, um darin die Schule und die Schulleiterswohnung unterzubringen.
...

§ 8.

Die Verpflichtungen, welche Gemeinden, Bezirken und Ländern gegenüber den bisher errichteten oder wenigstens vom Landesschulrat bewilligten allgemeinen Volks- und Bürgerschulen obliegen, bleiben auch weiterhin in Geltung.

§ 9.

Der im § 4 genannte Funktionär des Landesschulrates hat das Recht, eine sei es nach diesem Gesetze oder auf Grund der älteren Gesetze errichtete allgemeine Volksschule aufzulassen, wenn nicht einmal 40 zum Besuche dieser Schule verpflichtete Kinder vorhanden sind. Ebenso hat dieser Funktionär das Recht, die Zahl der in einer Volksschule errichteten Klassen oder Parallelklassen herabzusetzen und Knaben- und Mädchenbürgerschulen zu einer gemischten Bürgerschule zu vereinigen.

Derselbe Funktionär hat das Recht, eine Bürgerschule aufzulassen, wenn sie nicht einmal 90 Kinder zählt.

⟨§§ 10–12:

Private Volks- und Bürgerschulen werden unter Staatsaufsicht gestellt und können,⟩ wenn es das öffentliche Interesse oder andere gewichtige Gründe erheischen, *⟨geschlossen werden⟩*.

§ 13.

Privaten Volks- oder Bürgerschulen kann aus gewichtigen Gründen ein Beitrag zur Deckung des Personal- und Sachaufwandes aus der Staats- oder Landeskasse bewilligt werden.

⟨§§ 14–16:

Übergangs- und Schlußbestimmungen⟩

Anmerkungen:

[1] a) Trotz oft verklausulierter Formulierungen ist ersichtlich:
Die bisherigen, von der Gemeinde oder privaten Trägern betriebenen Schulen konnten aufgelöst und ihre Gebäude für neu einzurichtende Schulen genutzt werden.
In diesen neuen Schulen, die voll vom Staat getragen wurden, gab es praktisch keine Mindestschülerzahlen.
Zu bezeichnenden Beispielen: Siehe S. 321 f.

b) Gewissen Privatschulen konnten Staatszuschüsse gezahlt werden.
Diese Schulen wurden nach kurzer Zeit und offiziell als »Minderheitenschulen« bezeichnet. Da praktisch nur für tschechische Kinder eingesetzt, und das in einem Staat mit offiziell tschechischer Staatsnation und offiziell v. a. deutscher Minderheit, lag hier ein beachtenswerter Fall politischer »Umetikettierung« vor.

c) Als Phasen in dem damit politisch geräuschloseren Umwandlungsprozeß waren im Sudetengebiet oft festzustellen:
Zunächst durch einen tschechischen »Schutzverein« Gründung einer Privatschule mit »čechoslovakischer« Unterrichtssprache und hohem ČSR-Staatszuschuß;
bald öffentliche Übernahme als »staatliche Minderheitenschule« mit čechoslovakischer« Unterrichtssprache;
schließlich gelegentlich sogar Umwidmung in eine normale Volks-/Bürgerschule mit »čechoslovakischer« Unterrichtssprache.
Zu anschaulichen Darstellungen dieses Ablaufes vgl. Wiskemann, Elizabeth: »Czechs and Germans«; London, 1938; S. 209; von dort auch Bohmann: SiZ; S. 69 f.

d) Als zahlenmäßiger Ausschnitt kann gewertet werden:

	Böhmen und Mähren-Schlesien Schulen mit »čechoslovakischer« Unterrichtssprache			
	Volksschulen		Bürgerschulen	
	Gesamt	davon »Mind. Schulen«	Gesamt	davon »Mind.Schulen«
	1	2	3	4
1921	6.359	579	1.016	69
1925	6.636	784	1.119	111
1928	.	983	.	157
1930	.	1.177	.	231
1932	.	1.204	.	235
1935	7.117	.	1.313	.

Angaben
zu Spalte 1, 3:
Herr, Alfred: »Statistischer Teil« in »Die deutsche Schule in den Sudetenländern«; hsg. v. Theo Keil; München, 1967; S. 555–616, hier S. 556–561.
zu Spalte 2, 4:
»České menšinové školství národní« (Tschechisches nationales Minderheitenschulwesen) in »Ročenka Československé republiky« (Jahrbuch der ČSR); hsg. von Antonín Hajn (m. a.); Prag, Jg. XII (1933); S. 66.

2 »Národní shromáždění« blieb im offiziösen deutschsprachigen Gesetzestext unübersetzt für die (nicht gewählte) ČSR-Nationalversammlung, die sog. Legislative.
Da die »Anordnung« demgegenüber durch die ČSR-Regierung, d. h. die Exekutive erging, war im »Zustandekommen« des Gesetzes zusätzlich ein interessanter (stummer) Kommentar zur ČSR-Praxis des demokratischen Prinzips der Gewaltenteilung zu erkennen.

3 Die Bürgerschule umfaßte alle Schüler, welche mit Erfolg die 5. Klasse Volksschule absolviert hatten (d. h. mindestens 11jährige) im Rahmen der Schulpflicht bis zum 14., später 16. Lebensjahr.

Quelle:
ČSR-Slg. 1919, Nr. 189 im 40. Stück v. 15. 4. 1919; S. 295–297.

****

ČSR-Gesetz **1919, 16. April**
»über die Beschlagnahme des großen Grundbesitzes«[1,2]**:**
Die ČSR beschlagnahmt rund ein Drittel des Bodens und verteilt ihn um

Auf Grund des Beschlusses des Národní shromáždění wird angeordnet:

§ 1.

Zur Durchführung der Regelung des Grundeigentums wird vom Staate der im Gebiete der Čechoslovakischen Republik liegende große Grundbesitz (§ 2) einschließlich des gebundenen großen Besitzes in Beschlag genommen und ein Bodenamt[3] errichtet.

§ 2.

Unter großem Grundbesitz sind Komplexe von Liegenschaften nebst den mit ihrem Besitze verbundenen Rechten zu verstehen, wenn das im Gebiete der Čechoslovakischen Republik einer einzigen Person oder denselben Miteigentümern[4] als Eigentum gehörende Ausmaß größer ist als 150 ha landwirtschaftlichen Bodens (Äcker, Wiesen, Gärten, Weingärten, Hopfengärten) oder 250 ha Boden überhaupt.
. . .

§ 3.

Von der Beschlagnahme sind ausgeschlossen:
a) rechtlich und wirtschaftlich selbständige Objekte, die nicht der Bewirtschaftung von beschlagnahmten Liegenschaften dienen;
b) Landes-, Bezirks- und Gemeindebesitz (Vermögen und Gut), unter Vorbehalt besonderer gesetzlicher Bestimmungen über dessen Regelung.

. . .

§ 4.

⟨Vereinigung von Grundbesitz nach dem 16. 4. 1919⟩

§ 5.

Durch die im § 1 angeführte Beschlagnahme erlangt die Čechoslovakische Republik das Recht, den beschlagnahmten Besitz zu übernehmen und zuzuteilen (§§ 10 und 11).

⟨§§ 6–8:
Verwaltungsbestimmungen für bisherige Eigentümer⟩

§ 9.

Über die Entschädigung für den übernommenen Besitz wird durch ein besonderes Gesetz[5] entschieden werden. Durch ein besonderes Gesetz[5] wird der Grundsatz durchgeführt werden, daß ohne Entschädigung übernommen wird: der Besitz feindlicher Staatsangehöriger, der Mitglieder der ehemaligen Dynastie Habsburg-Lothringen, der Besitz von Stiftungen, die auf den Rechten des durch das Gesetz vom 10. Dezember 1918, S. d. G. u. V. Nr. 61, aufgehobenen Adels beruhen; der Besitz, dessen Genuß auf der Ausübung von ausländischen Funktionen, Ämtern und Würden beruht, oder der mit einer solchen Funktion, einem solchen Amte oder einer solchen Würde verbunden ist; der unrechtmäßig erworbene Besitz; der Besitz von Personen, die sich gegen die čechoslovakische Nation im Weltkriege gröblich vergangen haben; endlich der Besitz, der nach den Bestimmungen der Finanzgesetze dem Staat als Abzahlung auf die Vermögensabgabe zufallen wird.
Bei der Übernahme des beschlagnahmten Besitzes ist so vorzugehen, daß die Personen, für welche auf dem beschlagnahmten Besitze Rechte haften, sowie die Personen, die gegen den bisherigen Eigentümer ein Recht aus einem Dienst-, Versorgungs- oder Pachtverhältnisse haben, nicht verkürzt werden.[6]

§ 10.

Soweit der Staat den übernommenen Besitz nicht für gemeinnützige Zwecke behält, wird derselbe vom Bodenamt nach und nach bis zu einer bestimmten Höhe kleinen Landwirten, Häuslern, Kleingewerbetreibenden, Personen ohne Grundbesitz, und zwar insbesondere Angehörigen der čechoslovakischen bewaffneten Macht und Kriegsinvaliden, die den Boden bewirtschaften wollen und können, dann aus den angeführten Personen zusammengesetzten Genossenschaften, Wohnungs-, Konsum- und landwirtschaftlichen Genossenschaften, Gemeinden und anderen öffentlichen Verbänden zu gemeinnützigen Zwecken, wissenschaftlichen und humanitären Anstalten ins Eigentum[7] oder in Pacht übergeben. Der Boden kann auch zu anderen gemeinnützigen Zwecken verwendet werden.
Über die Personen und Korporationen, denen Boden zugeteilt werden kann, über das Ausmaß der Zuteilung und die Ansprüche auf dieselbe sowie über die Beschränkungen des Eigentumsrechtes an dem zugeteilten Boden werden detaillierte Bestimmungen durch ein besonderes Gesetz[1] erlassen werden.

§ 11.

⟨Bisherige Eigentümer dürfen bis zu 150 bzw. 250 ha behalten⟩

§ 12.

Bei der Übernahme des beschlagnahmten Besitzes durch den Staat sind die Eigentümer des lebenden und toten Inventars, das bisher der Bewirtschaftung des übernommenen Besitzes diente, verpflichtet, einen verhältnismäßigen Anteil dieses Inventars dem Staate zum vollen Preise käuflich zu überlassen.

§ 13.

Vor der tatsächlichen Übernahme muß den Personen, die den betreffenden Boden derzeit bewirtschaften, gekündigt werden. Detailbestimmungen werden durch ein besonderes Gesetz[5] erlassen werden.

§ 14.

Ist der örtliche Bedarf an Boden dringend und reichen die beschlagnahmten Grundstücke nicht aus oder erheischt es das allgemeine Wohl, so kann das Bodenamt Boden auch unter der in § 2 angegebenen Grenze enteignen.

§ 15.

Die durch dieses Gesetz dem Staate übertragenen Funktionen werden vom Bodenamt ausgeübt. Das Amt ist dem Ministerrate unterstellt, seinen Vorsitzenden ernennt der Präsident der Republik, der Verwaltungsausschuß wird vom Národní shromáždění gewählt. Weitere Bestimmungen über dieses Amt und seinen Wirkungskreis werden durch ein besonderes Gesetz[3] erlassen werden. Mit den aus der Durchführung dieses Gesetzes sich ergebenden Finanzoperationen sind öffentlich-rechtliche Kreditinstitute zu betrauen.

§ 16.

Der beschlagnahmte Besitz ist zu erheben und durch die grundbücherliche Anmerkung, daß der Besitz beschlagnahmt ist, ersichtlich zu machen. Selbst wenn diese Anmerkung nicht in den Büchern eingetragen ist, kann sich niemand darauf berufen, daß er ohne sein Verschulden von der im § 1 ausgesprochenen Beschlagnahme des Grundbesitzes nicht gewußt hat.

⟨§§ 17–20:
Übergangs- und Schlußbestimmungen⟩

Anmerkungen:

[1] Die Grundbesitzverhältnisse von 1896 für die böhmischen Länder, die sich bis 1919 strukturell wenig verändert haben dürften, waren folgende:

	Besitzfälle in Tausend Vorgängen		Ausmaß in km²	
	absolut	%	absolut	%
Grundbesitz bis 5 ha	1,227.	82,6	10.640	13,7
über 200 ha	2.	0,1	26.660	34,3
Gesamt (d. h. inkl. 5–200 ha)	1,485.	100,0	77.600	100,0

Vgl.: »Österreichisches Statistisches Handbuch«; hsg. v. d. k. k. Statistischen Central-Commission; Jg. 29 (1910), Wien, 1911; S. 114 f.
Demgegenüber bestand z. B. im Deutschen Reich von 1895 insgesamt ein bedeutend geringerer Anteil von landwirtschaftlichem Großgrundbesitz.
Vgl. die Zahlen in »Bevölkerung und Wirtschaft 1872–1972«; hsg. v. Statistischen Bundesamt, Wiesbaden; Stuttgart, 1972; S. 152.

[2] Das Zuteilungsverfahren wurde durch ČSR-Gesetz Nr. 80/81 v. 30. 1. 1920 festgelegt; zum Text vgl. ČSR-Slg. 1920; 16. Stück v. 17. 2. 1920; S. 135–145.

[3] Die Errichtung des ČSR-Bodenamtes erfolgte durch Gesetz Nr. 324 v. 11. 6. 1919; zum Text vgl. ČSR-Slg. 1919; 69. Stück v. 20. 6. 1919; S. 439 f.
Es wurde wie folgt charakterisiert:
»Das Gesetz über die Errichtung eines Bodenamtes schloß eine Beteiligung der Minderheiten an der Umverteilung von Grund und Boden aus und stellte faktisch die ausschließliche Berücksichtigung der tschechischen Interessen sicher.«
Vgl. Hoensch, Jörg K.: »Geschichte der Tschechoslowakischen Republik 1918–1978«; 2. Aufl.; Stuttgart, 1978; S. 38.

[4] Vom Gesetz waren daher z. B. auch Kirchen und Klöster betroffen. Die Enteignung umfaßte den Boden einschließlich der darauf stehenden Wirtschaftsgebäude, worunter sich auch etwa 60 Zuckerfabriken, rd. 300 Bierbrauereien und ca. 400 Branntweinbrennereien befanden.

[5] Den Gesamtkomplex der ČSR-Bodenreform darzustellen ist hier unmöglich:
Das gilt sowohl für die zahlreichen Zusatzgesetze wie die »geradezu lächerlich geringen Entschädigung . . ., dem großen Zwischengewinn, den der Staat bei den Zuweisungen macht ⟨*und*⟩ dem völlig kontrollosen und willkürlichen Schalten des Bodenamtes«.
Vgl. Machatschek, Fritz: »Landeskunde der Sudeten- und Westkarpatenländer«; Stuttgart, 1927; S. 162.
Zu den zahlenmäßigen Verteilungsergebnissen: Siehe S. 1197.

[6] Gemeint war, daß diese Personen keine Nachteile erleiden sollten. Das erfolgte jedoch nicht:
a) Aus einem Sonderbericht des ČSR-Bodenamtes anläßlich seiner Eingliederung in das ČSR-Landwirtschaftsministerium im Sommer 1935 ergab sich, daß von den durch die Bodenreform über

65.500 betroffenen zumeist deutschen Beamten, Angestellten, Deputatisten/Taglöhnern und Arbeitern nur 12.700 weiterbeschäftigt wurden.
Vgl. »České slovo« (Tschechisches Wort), Prag; lt. Wiedergabe in »Dorfbote« ⟨*WZ.*⟩, Budweis (S.Böhm.); Jg. 38, Nr. 32 v. 11. 8. 1935; S. 2.

b) Allein für den Forstbereich wurde von 40.000 verlorenen sudetendeutschen Arbeitsplätzen berichtet.
Vgl. Bohmann: SiZ; S. 63.

c) Der Gesamtverlust durch die ČSR-Bodenreform wurde als Verlust von ca. 100.000 sudetendeutschen Arbeitsplätzen beziffert.
Vgl. Slapnicka, Helmut: »Verfassungsnorm und Verfassungswirklichkeit in der ČSR« in »Umbruch in Mitteleuropa«; hsg. v. d. Ackermann-Gemeinde; München, 1960; S. 4.
Dem stand ein Zuwachs in annähernd gleicher Höhe an tschechischen Arbeitsplätzen im Sudetengebiet gegenüber.

Quelle:
ČSR-Slg. 1919; Nr. 215 in 49. Stück v. 24. 4. 1919; S. 323–325.

****

Note[1] **1919, 20. Mai**
des tschecho-slowakischen Delegierten Edvard Beneš
an den Ausschuß der Friedenskonferenz in Paris »für die neuen Staaten«:
Aus der ČSR wird »eine Art Schweiz« werden

1. Es ist die Absicht der Tschecho-Slowakischen Regierung, den Staat so zu organisieren, daß sie als Grundlage der Rechte der Nationalitäten die Grundsätze annimmt, die in der Verfassung der Schweizerischen Eidgenossenschaft Anwendung gefunden haben, d. h., sie hat die Absicht, aus der ČSR eine Art Schweiz zu machen, wobei sie natürlich die besonderen Verhältnisse in Böhmen in Betracht zieht.
2. ⟨*Wahlen nach dem Proportionalsystem*⟩
3. Die Schulen werden im ganzen Staatsgebiet vom Staat aus öffentlichen Mitteln erhalten werden, und es werden für die verschiedenen Nationalitäten Schulen in allen Gemeinden errichtet werden, in denen die gesetzlich festgelegte Zahl von Kindern die Notwendigkeit der Errichtung solcher Schulen beweist.
4. Alle öffentlichen Ämter, in denen grundsätzlich die beiden Sprachen gleichberechtigt sein sollen, werden den verschiedenen Nationalitäten, die in der Republik leben, offenstehen.
5. Die Gerichte werden gemischte Gerichte sein, und Deutsche werden das Recht haben, vor den höchsten Gerichten in ihrer eigenen Sprache zu verhandeln.
6. Die örtliche Verwaltung ⟨*der Gemeinden und Bezirke*⟩ wird in der von der Mehrheit der Bevölkerung gebrauchten Sprache geführt werden.
7. ⟨*In der Tschecho-Slowakei gibt es keine religiöse Frage*⟩
8. Die offizielle Sprache wird das Tschechische sein, und der Staat wird im Ausland der Tschecho-Slowakische Staat heißen; aber in der Praxis soll Deutsch die zweite Landessprache sein und soll in der Verwaltung, vor den Gerichten und im Zentralparlament gleichberechtigt neben dem Tschechischen gebraucht werden. Es ist die Absicht der tschecho-slowakischen Regierung, die Wünsche der Bevölkerung in der Praxis und im täglichen Gebrauch zu befriedigen, jedoch der tschecho-slowakischen Sprache und dem tschecho-slowakischen Element eine gewisse Sonderstellung einzuräumen.
9. Anders ausgedrückt: Der gegenwärtige Zustand, in dem die Deutschen ein überwältigendes Übergewicht hatten, wird bestehen bleiben[2]. Es werden lediglich die Vorrechte, die die Deutschen genossen, auf ihr richtiges Verhältnis zurückgeführt werden[2] (z. B. die Zahl der deutschen Schulen eingeschränkt werden, da sie überflüssig sein werden). Es wird ein äußerst liberales Regime sein, das demjenigen der Schweiz stark gleichen wird.

Anmerkungen:

[1] Das Protokoll über die Sitzung des Ausschusses für die neuen Staaten vom 20. 5. 1919 stellte fest, daß diese Erklärungen von Dr. Beneš weit über das hinausgingen, was der Ausschuß durch den Minderheitenschutzvertrag spezifisch der ČSR auferlegen könnte. Im Bericht des Ausschusses an den Obersten Rat der Alliierten Mächte wurde erklärt, daß der Ausschuß mit Rücksicht auf diese Versprechungen davon abgesehen habe, die von ihm an sich für notwendig angesehenen und über den allgemeinen Minderheitenschutzvertrag hinausgehenden Sonderbestimmungen zugunsten der Sudetendeutschen zu treffen.
Vgl. Bruns, Viktor: »Die Tschechoslowakei auf der Pariser Friedenskonferenz« in »Zeitschrift für ausländisches öffentliches Recht und Völkerrecht«; Bd. VIII (1938), Berlin, 1939; S. 607–623, hier S. 619.
Zum Minderheitenschutzvertrag vom 10. 9. 1919 und seiner nur teilweisen Übernahme in die ČSR-Verfassung vom 29. 2. 1920: Siehe S. 281.

[2] Der hier markierte Widerspruch ist nie aufgeklärt worden.

Quelle:
Miller, D. H.: »My Diary at the Conference of Paris«; Bd. XIII; New York, 1926; S. 69f.

****

Deutsche Gegenvorschläge und Mantelnote zum ersten Entwurf des Versailler Vertrages: **1919, 29. Mai**

Das im Vorfriedensvertrag[1] vereinbarte Selbstbestimmungsrecht[2] wird für die Sudetendeutschen eingefordert

⟨*Gegenvorschläge:*⟩ Erster Teil

I. Die Rechtsgrundlagen der Friedensverhandlungen.

1. Deutschland hat ausdrücklich als Grundlage für den Frieden ausschließlich die 14 Punkte des Präsidenten Wilson und seine späteren Kundgebungen angenommen. Andere Grundlagen hat weder Präsident Wilson noch irgendeine der alliierten Regierungen nachträglich gefordert.

. . .

3. Die Alliierten haben ebenfalls die 14 Punkte Wilsons und seine späteren Kundgebungen als Friedensgrundlage[2] angenommen.
4. Es besteht also zwischen beiden Parteien eine feierliche Vereinbarung über die Friedensgrundlage. Deutschland hat ein Recht auf diese Friedensgrundlage. Wenn die Alliierten sie verlassen wollten, würden sie ein völkerrechtliches Abkommen brechen.

Wie sich aus den dargelegten historischen Tatsachen ergibt, ist zwischen der deutschen Regierung einerseits und den Regierungen der alliierten und assoziierten Mächte andererseits ein unzweifelhaft rechtsverbindliches pactum de contrahendo ⟨*d. h.Vorvertrag*[1]⟩ zustande gekommen. In ihm sind für beide Parteien die Grundlagen für die Gestaltung des Friedens unabänderlich festgelegt.
Was die praktische Anwendung der vereinbarten Grundsätze betrifft, so muß darüber nach den eigenen Worten Präsident Wilsons verhandelt werden. Deutschland hat ein Recht auf Diskussion der Friedensbedingungen[2]. Diese Diskussion kann sich nur auf die Anwendung der 14 Punkte und der späteren Kundgebungen Wilsons erstrecken. Würde Deutschland ein Friede anderen Inhalts aufgezwungen, so wäre das der Bruch einer feierlichen Zusage.

II. Der Widerspruch zwischen dem Vertrag einerseits und den vereinbarten Rechtsgrundlagen, den früheren Zusicherungen der feindlichen Staatsmänner sowie den allgemeinen Völkerrechtsideen andererseits.

. . .

5. Selbstbestimmungsrecht der Völker.

Zu solchen Grundrechten ⟨*z. B. Recht auf Leben des Volkes*⟩ ist im Kriege ein neues getreten, das die Staatsmänner aller kriegführender Völker immer wieder als Ziel anerkannt haben: Das Selbstbestimmungsrecht der Völker...

Am krassesten zeigt sich diese Nichtachtung des Selbstbestimmungsrechts ⟨*im Vertragsentwurf*⟩ darin, daß Danzig vom Deutschen Reiche getrennt werden und zum Freistaate gemacht werden soll ... Auch die Deutschland zugemutete Abtretung der Handelsstadt Memel steht in keinerlei Zusammenhang mit einem solchen Selbstbestimmungsrecht der Völker. Dasselbe gilt von der Tatsache, daß Millionen von Deutschen in Deutsch-Österreich der von ihnen erstrebte Anschluß an Deutschland verweigert wird und weitere Millionen an unseren Grenzen lebender Deutscher gezwungen werden sollen, beim neugebildeten tschecho-slowakischen Staate zu bleiben.

...

III. Das Ergebnis.

All das zeigt, daß dieser der deutschen Regierung unterbreitete Entwurf eines Friedensvertrages in schroffstem Widerspruch mit der vereinbarten Grundlage für einen dauernden Rechtsfrieden[3] steht. Nahezu keine einzige Bestimmung des Vertragsentwurfes entspricht den vereinbarten Bedingungen, und der Entwurf fordert in territorialer Hinsicht die Annexion rein deutschen Gebietes und die Unterdrückung des deutschen Volkstums...

⟨*Gegenvorschläge:*⟩ Zweiter Teil: Siehe S. 1306; ⟨*Mantelnote*⟩

... Deutschland verlangt, daß das Selbstbestimmungsrecht auch zugunsten der Deutschen in Österreich und Böhmen geachtet wird.

...

Anmerkungen:

[1] Der Vorfriedensvertrag zwischen den Alliierten und dem Deutschen Reich kam durch die Vierte Note des US-Staatssekretärs Robert Lansing vom 5. 11. 1918 an den deutschen Staatssekretär Wilhelm Solf zustande. Der Text lautete:

»In meiner Note vom 23. Oktober 1918 habe ich Ihnen mitgeteilt, daß der Präsident ⟨*der USA, Wilson*⟩ seinen Notenwechsel den mit den Vereinigten Staaten verbundenen Regierungen übermittelt hat mit dem Anheimstellen, falls diese Regierungen geneigt sind, den Frieden zu den angegebenen Bedingungen und Grundsätzen herbeizuführen, ihre militärischen Ratgeber und die der Vereinigten Staaten zu ersuchen, den gegen Deutschland verbundenen Regierungen die nötigen Bedingungen eines Waffenstillstandes zu unterbreiten...

Der Präsident hat jetzt ein Memorandum der alliierten Regierungen mit Bemerkungen über diesen Notenwechsel erhalten, das folgendermaßen lautet:

›Die alliierten Regierungen haben den Notenwechsel zwischen dem Präsidenten der Vereinigten Staaten und der deutschen Regierung sorgfältig in Erwägung gezogen. Mit den folgenden Einschränkungen erklären sie ihre Bereitschaft zum Friedensschlusse mit der deutschen Regierung auf Grund der Friedensbedingungen, die in der Ansprache des Präsidenten an den Kongreß vom 8. Januar 1918, sowie der Grundsätze, die in seinen späteren Ansprachen niedergelegt sind. Sie müssen jedoch darauf hinweisen, ⟨*es folgten zwei Einschränkungen, die für den vorliegenden Sachzusammenhang belanglos sind.*⟩‹«

Zum Text vgl.: »Papers Relating to the Foreign Relations of the United States 1918. Supplement 1. The World War«; hsg. v. US-Außenministerium; Washington, 1933; S. 486 f.

[2] Zum Text der »Friedensgrundlage«/»Friedensbedingungen« Wilsons, welche das Selbstbestimmungsrecht ausdrücklich umfaßten: Siehe S. 9 f., 226.

[3] Diese Auffassung bestätigte der Delegierte des Britischen Empires, General Jan Chr. Smuts in einem (den Deutschen 1919 natürlich unbekannt gebliebenen) Brief vom 30. 5. 1919 an US-Präsident Wilson. In diesem hieß es u. a.:

»Die deutsche Antwort auf die von uns aufgestellten Friedensbedingungen scheint mir den fundamentalen Tenor anzuschlagen, der für uns am gefährlichsten ist und den wir mit größter Sorgfalt zu erwägen gehalten sind. Sie sagen im Grunde, daß wir ihnen gegenüber unter einer feierlichen Verpflichtung stehen, einen Wilsonfrieden zu schließen, einen Frieden in Übereinstimmung mit Ihren Vierzehn Punkten und anderen 1918 verkündeten Grundsätzen. Es besteht nach meiner Ansicht absolut kein Zweifel, daß dem so ist. Abgesehen von den beiden von den Alliierten vor dem Waffenstillstand gemachten Einschränkungen sind wir verpflichtet, einen Frieden zu schließen im Rahmen der vier Eckpfeiler Ihrer Punkte und Prinzipien. Und alle Bestimmungen des Friedensvertrages, die in ihrem Ziele und Zweck dagegen sind oder darüber hinausgehen, würden einen Bruch des Abkommens bedeuten.

...

Daher erhält die Frage höchste Bedeutung, ob es im Friedensvertrage wichtige Bestimmungen gibt, die im Widerstreit stehen mit Ihren Punkten und Prinzipien oder durch diese nicht gedeckt sind oder darüber hinausgehen ...

Offen heraus, ich glaube, daß das der Fall ist, und es scheint mir, daß die Deutschen triftige Rechtsgründe in bezug auf eine Anzahl der Bedingungen vorbringen ...«

Zum Text vgl.: »Selections from the Smuts Papers«; hsg. v. William H. Hancock; Bd. 4, Cambridge (Großbritannien), 1966; S. 208 f.

Der britische Premier Lloyd George, der schon in einem Memorandum vom 25. 3. 1919 eine »Berichtigung der böhmischen Grenze« gegen Deutschland gefordert hatte, wurde am 30. 5. 1919 in einer Besprechung der britischen Delegation u. a. wie folgt protokolliert:

»Er habe den Eindruck, die Deutschen hätten in der Frage der Ostgrenzen nach erstem Anschein einen starken Ansatzpunkt ... Wenn die vorgeblichen Tatsachen sich als zutreffend herausstellten, könnte der Friedensvertrag etwas konstruieren, das in einer großen Katastrophe für Europa enden würde ... Die von den Deutschen gemachten Tatsachenbehauptungen sollten geprüft werden. Es könnte klug sein, eine Volksabstimmung vorzuschlagen.«

Zum Text vom 25. 3. 1919 vgl. »Papers Respecting Negotiations for an Anglo-French Pact«; hsg. v. britischen Außenministerium; London 1924; S. 82 f. Zum Text vom 30. 5. 1919 vgl. »British Documents on Foreign Affairs: Reports and Papers from the Foreign Office. Confidential Print. The Paris Peace Conference of 1919«; hsg. v. Michael L. Dockrill; Part II, Series I, Bd. 4; Frederick 〈, Md., USA〉; 1989; S. 91–96.

Quelle:

»Materialien, betreffend die Friedensverhandlungen«; hsg. v. Auswärtigen Amt, Berlin; Teil III; Berlin, o. J. (vermutlich um 1925); S. 11–24.

****

Note der deutsch-österreichischen Delegation[1] in St. Germain: 1919, 15. Juni

Volksabstimmung für die Sudetendeutschen

...

Im Vertrauen auf dieses Versprechen[2] erlaubt sich die Delegation, den verbündeten und assoziierten Hauptmächten nachstehenden Vorschlag[3] zu unterbreiten:

Durch eine Volksabstimmung[3], die in den deutschen Gebieten der Sudeten gemeindeweise unter neutraler Kontrolle in Abwesenheit der tschechischen Truppen und nach einem noch zu bestimmenden Verfahren stattfinden wird, wird festgestellt werden, welchem Staat diese deutsche Bevölkerung anzugehören wünscht.

...

Anmerkungen:

[1] Die Denkschrift wurde von der deutsch-österreichischen Friedensdelegation eingebracht. Die Verfasser waren:
Rudolf Lodgman von Auen (Deutschböhmen); Josef Seliger (Deutschböhmen); Roland Freissler (Sudetenland); Hieronymus Oldofredi (Deutschsüdmähren); Alfred Klement (Deutschsüdböhmen).

[2] Die Denkschrift bezog sich hierbei auf ein Versprechen des US-Präsidenten Wilson, daß »die Großmächte in vollem Bewußtsein die ganze Verantwortung für den Frieden und die Herrschaft der Gerechtigkeit übernommen« hätten.

[3] Zu den Gründen der Siegermächte, eine Volksabstimmung in der ČSR nicht zuzulassen: Siehe S. 226.

Quelle:

»Bericht über die Tätigkeit der deutsch-österreichischen Friedensdelegation in St. Germain: Beilage 379 der Drucksachen der Konstituierenden Nationalversammlung Deutschösterreichs«; Bd. I; Wien, 1919; S. 93 ff.

****

Friedensvertrag[1] von Versailles[2]: **1919, 28. Juni**

Sudetendeutsche in die ČSR; Optionsrecht für Hultschiner mit Wohnsitzverlegungszwang

...[3]

Artikel 80: Deutschland erkennt die Unabhängigkeit Österreichs innerhalb der durch Vertrag zwischen diesem Staat und den alliierten und assoziierten Hauptmächten festzusetzenden Grenzen an und verpflichtet sich, sie unbedingt zu achten.

Abschnitt VII. Tschecho-Slowakei[4]

Artikel 81. Deutschland erkennt, wie die alliierten und assoziierten Mächte es schon getan haben, die vollständige Unabhängigkeit der Tschecho-Slowakei an, die das autonome Gebiet der Ruthenen südlich der Karpathen mit einbegreift. Es erklärt sein Einverständnis mit der Abgrenzung dieses Staates, wie sie durch die alliierten und assoziierten Hauptmächte und die anderen beteiligten Staaten erfolgen wird.

Artikel 82. Die Grenze zwischen Deutschland und der Tschecho-Slowakei bildet die alte Grenze zwischen Österreich-Ungarn und dem Deutschen Reich, so wie sie am 3. August 1914 bestand.

Artikel 83. Deutschland verzichtet zugunsten der Tschecho-Slowakei auf alle Rechte und Ansprüche auf den folgendermaßen umschriebenen Teil des schlesischen Gebiets:

...[5]

Artikel 84.[6] Die deutschen Reichsangehörigen, die ihren Wohnsitz in irgendeinem als Bestandteil des tschecho-slowakischen Staates anerkannten Gebiet haben, erwerben ipso facto die tschecho-slowakische Staatsangehörigkeit unter Verlust der deutschen.

Artikel 85.[6] Zwei Jahre lang nach Inkrafttreten des gegenwärtigen Vertrags sind die über 18 Jahre alten deutschen Reichsangehörigen, die in irgendeinem der als Bestandteil des tschecho-slowakischen Staates anerkannten Gebiete ansässig sind, berechtigt, für die deutsche Reichsangehörigkeit zu optieren. Die Tschecho-Slowaken, die deutsche Reichsangehörigkeit besitzen und in Deutschland wohnen, sind ebenso berechtigt, für die tschecho-slowakische Staatsangehörigkeit zu optieren.

...

Personen, die von dem oben vorgesehenen Optionsrecht Gebrauch machen, müssen in den nächsten zwölf Monaten ihren Wohnsitz in den Staat verlegen, für den sie optiert haben.[7]

...

Artikel 86. Die Tschecho-Slowakei ist damit einverstanden, daß die alliierten und assoziierten Hauptmächte in einem mit ihr zu schließenden Vertrag die Bestimmungen aufnehmen, die sie zum Schutze der Interessen der nationalen, sprachlichen und religiösen Minderheiten in der Tschecho-Slowakei für notwendig halten.[8]

...[9]

Anmerkungen:

[1] Der sog. »Westliche Friedensplan« der USA, Großbritanniens und Frankreichs des Jahres 1960 bezeichnete den Vertrag von Versailles als einen »aufgezwungenen Diktatfrieden«.
Vgl. »Bulletin«; Nr. 208 v. 5. 11. 1960; S. 2007.
Sie folgten damit gedanklich dem sudetendeutschen Sozialdemokraten Josef Seliger, der ihn bereits 1920 mehrfach als »Gewaltfrieden« bezeichnete.
Zum Textzusammenhang: Siehe S. 300.

[2] Zwischen den Siegermächten des Ersten Weltkrieges und dem Deutschen Reich.

[3] Hier auch Art. 19; siehe S. 12.

[4] Die offizielle ČSR-Fassung des Vertrages in deutscher Sprache (vgl. ČSR-Slg. 1921; Nr. 217; S. 585 ff., hier S. 698 ff.) buchstabierte stets »Čechoslovakei« und Ableitungen dieser Bezeichnung ohne den auch in der englischen und französischen Fassung enthaltenen Bindestrich.

5 Es folgte die Beschreibung der Grenze des sog. Hultschiner Ländchens (ca. 316 km² in Oberschlesien).
Zum Hultschiner Ländchen und den Hultschinern:
a) 1910:
In der Volkszählung des Deutschen Reiches am 1. 12. 1910 wurde eine Gesamtbevölkerung von 45.396 festgestellt. Davon bekannten sich 36.547 zu der in dieser Volkszählung anerkannten Nationalität der »Morawer« (d. h. Mährer), 6.480 als Deutsche und 2.369 als Polen.
Vgl. Bohmann: MuG, S. 83.
b) 1919 ff.:
In einer 1919 (privat durchgeführten) freiwilligen Abstimmung stimmten 93,7 % für den Verbleib im Deutschen Reich.
Vgl. Weinhold, Manfred: »Deutsche Gebietsverluste 1919–1945«; Kiel, 1999; S. 68.
Die Zuweisung zur ČSR wurde derart intensiv abgelehnt, daß am 4. 5. 1920 seitens der ČSR über das gesamte Gebiet der militärische Ausnahmezustand verhängt werden mußte.
Vgl. Bohmann: SiZ, S. 9.
Bei allen politischen Wahlen in der ČSR von 1920 bis 1938 wählte stets eine absolute Mehrheit der jeweils Stimmberechtigten deutsche Parteien.
1927 bis 1931 protestierten Hultschiner in Petitionen an den Völkerbund erfolglos gegen ihre Einbeziehung in die ČSR.
Siehe S. 303 f.
c) 1930:
Zur ČSR-Volkszählung von 1930 wurde einerseits behauptet, daß sich 49.000 Hultschiner in ihr aus »konjunkturellen Gründen« als Tschechoslowaken »bekannten«.
Vgl. Bartoš, Josef: »Mnichov a československé pohraničí v roce (München und das ČSR-Grenzgebiet im Jahre) 1938« in »Vyhnání Čechů z pohraničí (Die Vertreibung der Tschechen aus dem Grenzgebiet) 1938«; Prag, 1996; S. 6–25, hier S. 11, 13, 15.
Andererseits wurde behauptet, daß in der ČSR-Volkszählung 1930 die Hultschiner die Alternative gehabt hätten, sich als »Tschechoslowaken« oder »Mährer« zu bekennen; ersteres sollen 8.595, letzteres jedoch 39.010 Personen getan haben.
Vgl. Brandes, Detlev: »Die Zerstörung der deutsch-tschechischen Konfliktgemeinschaft« in »Tschechen, Slowaken und Deutsche«, hsg. v. d. Bundeszentrale für politische Bildung; Bonn, 1995; S. 50–66, hier S. 56.
Die Feststellung Bohmanns (MuG, S. 93, Anm. 2), daß in allen derartigen Fällen »die nachträgliche 〈*ČSR-*〉behördliche Korrektur« in tschechoslowakisch erfolgte, wurde durch das amtliche Volkszählungsergebnis belegt: Dieses verzeichnete für den Gerichtsbezirk Hultschin unter 54.734 Einwohnern keinen einzigen Mährer, sondern neben 4.599 Deutschen 124 Polen, 54 andere (u. a. Juden) und 49.957 Tschechoslowaken.
Vgl. »Sčítání lidu v Republíce Československé ze dne 1. prosince 1930« (Die ČSR-Volkszählung vom 1. 12. 1930); Bd. 98, Reihe 6, Heft 7 der »Československá statistika«; hsg. vom 〈*ČSR-*〉Staatsamt für Statistik; Prag, 1934; S. 32, 65, 76.
d) 1938/39:
Am 1. 10. 1938 wurde das Gebiet der Hultschiner in das Deutsche Reich rückgegliedert.
Am 17. 5. 1939 wurde bei der Volkszählung ein Bevölkerungsstand von rd. 53.000 festgestellt, von denen sich rd. 52.000 als Deutsche erklärten.

6 Zu den Durchführungsbestimmungen vgl. den Text des Staatsangehörigkeitsvertrages zwischen dem Deutschen Reich und der ČSR vom 29. 6. 1920 in RGBl. 1920, Teil II; S. 2284 ff.
Auch ČSR-Slg. 1922; Nr. 308; S. 1397–1405.

7 Demnach Wohnsitzverlegungszwang als Optionsfolge; siehe auch S. 297.
Zur anderen Lösung im Jahre 1938: Siehe S. 430.

8 Zum Text des Minderheitenschutzvertrages vom 10.9.1919: Siehe S. 281.

9 In § 88 (und einem folgenden Anhang) wurde, im Gegensatz zu den Regelungen für die Sudetendeutschen) das Prinzip der Volksabstimmung für Oberschlesien festgelegt und beschrieben.

Quelle:
RGBl. 1919; Nr. 140; S. 687–1349, hier S. 727, 729, 737, 833–839; auch ČSR-Slg. 1921; Nr. 217 v. 22. 6. 1921; S. 585 ff., hier S. 696 ff.

****

Verfassung des Deutschen Reiches: **1919, 11.[1] August**
Anschluß Deutschösterreichs (und der Sudetengebiete) in der Weimarer Verfassung

. . .

Artikel 61. Im Reichsrat hat jedes Land mindestens eine Stimme. Bei den größeren Ländern entfällt auf 700.000 Einwohner eine Stimme. Ein Überschuß von mindestens 350.000 Einwohnern wird 700.000 gleichgerechnet. Kein Land darf durch mehr als zwei Fünftel aller Stimmen vertreten sein.
Deutschösterreich[2] erhält nach seinem Anschluß an das Deutsche Reich das Recht der Teilnahme am Reichsrat[3] mit der seiner Bevölkerung entsprechenden Stimmenzahl. Bis dahin haben die Vertreter Deutschösterreichs beratende Stimme.
Die Stimmenzahl wird durch den Reichsrat nach jeder allgemeinen Volkszählung neu festgesetzt.

. . .

Artikel 178. . . . Die Bestimmungen des am 28. Juni 1919 in Versailles unterzeichneten Friedensvertrags[4] werden durch die Verfassung nicht berührt.

. . .

Anmerkungen:
[1] Datum der Unterzeichnung durch Reichspräsident Ebert (SPD); formal am 14. 8. 1919 in Kraft.
[2] Zum Protest der Alliierten vom 2. 9. 1919 gegen Abs. 2 des Art. 61: Siehe S. 278.
[3] Siehe dazu den Entwurf von Reichsinnenminister Preuß, S. 254.
[4] Siehe S. 276.

Quelle:
RGBl. 1919, Nr. 152; S. 1383–1418, hier S. 1394, 1417.

****

Note der Alliierten und Assoziierten Mächte an die Deutsche Reichsregierung: **1919, 2. September**
Protest gegen Anschluß

Die Verbündeten und Assoziierten Mächte haben von der deutschen Verfassung vom 11. August 1919 Kenntnis genommen. Sie stellen fest, daß die Bestimmungen des Art. 61, Abs. 2[1] eine förmliche Verletzung des Art. 80[1] des in Versailles am 28. Juni 1919 unterzeichneten Friedensvertrages enthalten. Diese Verletzung ist doppelter Art:

1. Indem Art. 61 die Zulassung Österreichs zum Reichsrat ausspricht, stellt er diese Republik den das Deutsche Reich bildenden »Deutschen Ländern« gleich – eine Gleichstellung, die mit der Achtung der österreichischen Unabhängigkeit nicht vereinbar ist.
2. Indem er die Teilnahme Österreichs am Reichsrat zuläßt und regelt, schafft der Art. 61 ein politisches Band zwischen Deutschland und Österreich und eine gemeinsame politische Betätigung in vollkommenem Widerspruch mit der Unabhängigkeit Österreichs.

Die Verbündeten und Assoziierten Mächte erinnern daher die deutsche Regierung an den Art. 178[1] der deutschen Verfassung, wonach die Bestimmungen des Vertrages von Versailles durch die Verfassung nicht berührt werden können und fordern die deutsche Regierung auf, die gehörigen Maßregeln zu treffen, um diese Verletzung unverzüglich durch Kraftloserklärung[2] des Art. 61, Abs. 2 zu beseitigen. Unter Vorbehalt weiterer Maßregeln für den Fall der Weigerung und auf Grund des Vertrages selbst (namentlich des Art. 429) erklären die Verbündeten und Assoziierten Mächte der deutschen Regierung, daß diese Verletzung ihrer Verpflichtungen in einem wesentlichen Punkte die Mächte zwingen wird, unmittelbar die Ausdehnung ihrer Besatzung auf dem rechten Rheinufer zu befehlen, falls ihre gerechte Forderung nicht innerhalb 14 Tagen, vom Datum der vorliegenden Note gerechnet, erfüllt ist.

Anmerkungen:

[1] Zum Text vom 11./14. 8. 1919: Siehe S. 278.

[2] Diese »Kraftloserklärung« ist nicht erfolgt: Die Reichsregierung erklärte (5. 9. 1919) den Alliierten, daß der Anschluß im Sinne Art. 61, Abs. 2 der Verfassung erst erfolgen werde, wenn entsprechend Art. 19 des Versailler Vertrages die Genehmigung des Völkerbundes zur Änderung von Art. 80 des Versailler Vertrages vorliege. Auf nochmaliges Drängen der Alliierten entstand schließlich eine Protokollnotiz (22. 9. 1919), in der die »Ungültigkeit« von Art. 61, Abs. 2 erklärt wurde. Diese erlangte jedoch im deutschen Rechtssystem keine Gesetzeskraft und schon gar nicht verfassungsändernden Charakter. Die Alliierten gaben sich damit schweigend zufrieden.

Quelle:
»Dokumente der deutschen Politik und Geschichte von 1848 bis zur Gegenwart«; hsg. v. Johannes Hohlfeld; Bd. III; Berlin, o. J.; S. 94.

****

Note der Alliierten und Assoziierten Mächte an die deutsch-österreichische Friedensdelegation: **1919, 2. September**
Weshalb die Sudetendeutschen in die ČSR sollen

. . .

Im Laufe der letzten hundert Jahre war die tschechische Nation allmählich der Rechte entkleidet worden, die ihr durch eine lange Reihe von feierlichen Akten, kaiserlichen Reskripten und Beschlüssen der souveränen Landtage eingeräumt worden waren. Während ihre Unabhängigkeit durch ein Regime der Unterordnung eingeschränkt wurde, hatte sie den Gedanken ihrer Selbständigkeit zu wahren gegen die Germanisationsbestrebungen, die von den von Deutschen bewohnten Gebieten ausgingen.

Die tschechische Nation hat, verletzt und bedroht, Gerechtigkeit bei den Alliierten und Assoziierten Mächten gesucht. Diese haben sie in ihre vollen Rechte wieder einsetzen wollen. Sie haben sich deshalb dahin geeinigt, den alten tschechischen Provinzen der böhmischen Krone nach Möglichkeit ihre historischen Grenzen zu wahren. Sie waren der Ansicht, daß die deutschsprechende Bevölkerung, welche die Randgebiete dieser Provinzen bewohnt, mit der tschechischen Bevölkerung vereinigt bleiben sollte, um mit ihr an der Entwicklung der nationalen Einheit mitzuarbeiten, deren solidarische Glieder sie kraft der Geschichte sind.

. . .

Quelle:
Epstein: S. 74.

****

Erklärung[1] **1919, 6. September**
der Nationalversammlung der Republik Deutsch-Österreich:
Rechtsverwahrung gegen Verweigerung des Selbstbestimmungsrechtes für die Sudetendeutschen

Die Nationalversammlung der Republik Deutsch-Österreich erhebt vor aller Welt feierlich ihren Protest dagegen, daß der Friedensvertrag von St. Germain[2] unter dem Vorwande, die Unabhängigkeit Deutsch-Österreichs zu schützen, dem deutsch-österreichischen Volke sein Selbstbestimmungsrecht nimmt, ihm die Erfüllung seines Herzenswunsches, seine wirtschaftliche, kulturelle und politische Lebensnotwendigkeit, die Vereinigung Deutsch-Österreichs mit dem deutschen Mutterland, verweigert . . .

In schmerzlicher Enttäuschung legt sie Verwahrung ein gegen den leider unwiderruflichen Beschluß der alliierten umd assoziierten Mächte, 3½ Millionen Sudetendeutsche von den Alpendeutschen, mit denen sie seit Jahrhunderten eine politische und wirtschaftliche Gemeinschaft bilden, gewaltsam loszureißen, ihrer nationalen Freiheit zu berauben und unter die Fremdherrschaft eines Volkes zu stellen, das sich in demselben Friedensvertrag als ihr Feind bekennt ...

Dennoch bleibt ihr *(d. h. der Nationalversammlung)* keine Wahl, weil unser Land in der Versorgung mit Nahrungsmitteln, Kohlen und industriellen Rohstoffen wie in der Wiederherstellung seines Kredits und seiner Währung von den Großmächten abhängt.

Dieser Zwangslage muß die Nationalversammlung leider Rechnung tragen, obschon sie den Frieden von St. Germain für national ungerecht, politisch verhängnisvoll und wirtschaftlich undurchführbar hält. Politisch und national muß sie die Verantwortung den Mächten überlassen ...

Anmerkungen:

[1] Einstimmige Erklärung anläßlich der (durch Drohung mit Truppeneinmarsch) erzwungenen Annahme des Vertrages von St. Germain.

[2] Zum Text: Siehe S. 280, unten.

Quelle:

»Stenographische Protokolle über die Sitzungen der Konstituierenden Nationalversammlung der Republik Österreich«; Bd. I; Wien, 1919; S. 770 ff.

****

Friedensvertrag von St. Germain: **1919, 10. September**

Sudetendeutsche in der ČSR

...[1]

II. Teil

Artikel 27. Die Grenzen Österreichs werden folgendermaßen festgelegt:

...

6) Mit dem tschechoslowakischen Staat

⟨*Es folgten detaillierte Festlegungen, welche die historische Grenze zwischen Österreich einerseits und der Slowakei bzw. von Böhmen und Mähren andererseits mehrmals zugunsten der ČSR veränderten. Markantes Beispiel:*⟩ ... wobei die Stadt Gmünd bei Österreich, der Bahnhof und die Eisenbahnwerkstätten von Gmünd (Wolfshof) und die Gabelung der Eisenbahnstrecken Gmünd–Budweis und Gmünd–Wittingau beim tschechoslowakischen Staat verbleiben ...

...

Artikel 53. Österreich anerkennt, wie es bereits die alliierten und assoziierten Mächte getan haben, die vollständige Unabhängigkeit der Tschechoslowakei an, die das autonome Gebiet der Ruthenen südlich der Karpathen mit einbegreift.

Artikel 54. Österreich verzichtet für seinen Teil zugunsten der Tschechoslowakei auf alle Rechte und Ansprüche auf die Gebiete der ehemaligen österreichisch-ungarischen Monarchie, die jenseits der Grenzen Österreichs, wie sie in Artikel 27 des II. Teiles festgesetzt sind, liegen, und gemäß dem gegenwärtigen Vertrag als Teile der Tschechoslowakei anerkannt sind.

...

Artikel 57. Die Tschechoslowakei ist damit einverstanden, daß die alliierten und assoziierten Hauptmächte in einen mit ihr zu schließenden Vertrag die Bestimmungen aufnehmen, die sie zum Schutze der Interessen der nationalen, sprachlichen und religiösen Minderheiten in der Tschechoslowakei für notwendig erachten und genehmigt diese Bestimmungen[2].

...

Artikel 88. Die Unabhängigkeit Österreichs ist unabänderlich, es sei denn, daß der Rat des Völkerbundes ihrer Abänderung zustimmt. Daher übernimmt Österreich die Verpflichtung, sich – es sei denn, mit Zustimmung des erwähnten Rates – jeder Handlung zu enthalten, die mittelbar oder unmittelbar oder sonstwie, vor allem aber durch Teilnahme an den Angelegenheiten einer anderen Macht seine Unabhängigkeit gefährden könnte.

. . .

Anmerkungen:
[1] Hier auch Art. 19; siehe S. 12.
[2] Zum Text des Minderheitenschutzvertrages vom 10. 9. 1919: Siehe S. 281.

Quelle:
Epstein: S. 99 ff.

****

Texte, Vergleich und Analyse: 1919, 10. September
ČSR-Verpflichtungen aus dem Minderheitenschutzvertrag und Übernahme in die ČSR-Verfassung:
Zahlreiche Einschränkungen[1]

Vorbemerkung:
Zur Erleichterung der Übersicht werden nachfolgend unter Herausarbeitung der Unterschiede gegenübergestellt: Einschlägige Textteile des

- »Vertrages zwischen den Alliierten und Assoziierten Hauptmächten einerseits, der tschechoslowakischen Regierung andererseits«[2], abgeschlossen in St. Germain am 10. 9. 1919; sowie der
- »Verfassung der čechoslovakischen[3] Republik«[4] vom 29. 2. 1920.

1. Der Minderheitenschutzvertrag vom 10. 9. 1919:[2]	**2. Die entsprechenden[5] Bestimmungen der ČSR-Verfassung** vom 29. 2. 1920:[4]	**3. Einschränkungen[1]:**
Kapitel I.		
Artikel 1.[1] Die Tschechoslowakei verpflichtet sich, daß die in den Artikeln 2 bis 8 dieses Kapitels enthaltenen Bestimmungen als Grundgesetz[6] anerkannt werden, daß kein Gesetz, keine Verordnung und keine Amtshandlung mit diesen Bestimmungen in Widerspruch oder Gegensatz stehe und daß kein Gesetz, keine Verordnung und keine Amtshandlung ihnen gegenüber Geltung haben solle.	§ 106.	*Nichtübernahme v. a. bezüglich der Amtshandlungen*
Artikel 2. Die Tschechoslowakei verpflichtet sich, allen Einwohnern ohne Unterschied der Geburt, Staatsangehörigkeit, Sprache, Rasse	. . . Alle Einwohner der čechoslovakischen Republik genießen innerhalb der gleichen Grenzen wie die Staatsbürger dieser Republik auf ihrem Gebiete den	*Beachtenswerte Differenzierung zwischen Einwohnern und Staatsbürgern*

1. Der Minderheitenschutzvertrag vom 10. 9. 1919:[2]	**2. Die entsprechenden[5] Bestimmungen der ČSR-Verfassung** vom 29. 2. 1920:[4]	**3. Einschränkungen[1]:**
oder Religion vollen und ganzen Schutz von Leben und Freiheit zu gewähren. Alle Einwohner der Tschechoslowakei werden berechtigt sein, öffentlich und privat jede Art Bekenntnis, Religion oder Glauben frei zu üben, insofern diese Übung nicht mit der öffentlichen Ordnung oder mit den guten Sitten unvereinbar ist.	vollen und unbedingten Schutz ihres Lebens und ihrer Freiheit, ohne Rücksicht darauf, welcher Abstammung, Staatsangehörigkeit, Sprache, Rasse oder Religion sie sind. Abweichungen von diesem Grundsatz sind nur zulässig, soweit es das Völkerrecht erlaubt. . . .	*Durch das »Völkerrecht erlaubte« Abweichungen*
Artikel 3. *⟨Alle Einwohner der ihr durch die Verträge von St. Germain bzw. Versailles zugesprochenen Gebiete werden ČSR-Staatsbürger⟩* Die obgenannten über 18 Jahre alten Personen haben aber die Möglichkeit, unter den in jenen Verträgen bestimmten Bedingungen für jede . . . Staatsbürgerschaft zu optieren, die offen für sie ist . . . Personen, die von diesem Optionsrecht Gebrauch gemacht haben, müssen in den folgenden zwölf Monaten ihren Wohnsitz in den Staat verlegen, für den sie optiert haben . . .	*⟨Die Übernahme dieser Bestimmungen in die ČSR-Verfassungsgesetzgebung erfolgte durch ČSR-Gesetz Nr. 236 v. 9. 4. 1920; zum Text: Siehe S. 295⟩*	
Artikel 7. Alle tschechoslowakischen Staatsbürger ohne Unterschied der Rasse, der Sprache oder Religion werden vor dem Gesetz gleich sein und dieselben bürgerlichen und politischen Rechte genießen. Die Verschiedenheit der Religion, des Glaubens oder Bekenntnisses darf keinem tschechoslowakischen Staatsbürger beim Genusse der bürgerlichen und politischen Rechte und na-	§ 128. (1) Alle Staatsbürger der čechoslovakischen Republik sind vor dem Gesetze vollkommen gleich und genießen die gleichen bürgerlichen und politischen Rechte, ohne Rücksicht auf ihre Rasse, Sprache oder Religion. (2) Der Unterschied in Religion, Glauben, Bekenntnis und Sprache bildet innerhalb der Grenzen der allgemeinen Gesetze für keinen Staatsbürger der čechoslovakischen Republik	*»allgemeine Gesetze«*

1. Der Minderheitenschutzvertrag vom 10. 9. 1919:[2]	**2. Die entsprechenden**[5] **Bestimmungen der ČSR-Verfassung** vom 29. 2. 1920:[4]	**3. Einschränkungen**[1]:
mentlich bei der Zulassung zu öffentlichen Diensten, Ämtern und Würden oder bei der Ausübung irgendeines Gewerbes oder Berufes hinderlich sein. Den tschechoslowakischen Staatsbürgern wird keinerlei Beschränkung im freien Gebrauche irgendeiner Sprache im Privat- oder Geschäftsverkehr, in Angelegenheiten der Religion, der Presse oder öffentlicher Kundgebungen jedweder Art oder in öffentlichen Versammlungen auferlegt werden.	ein Hindernis, insbesondere nicht für den Zutritt in den öffentlichen Dienst, zu Ämtern und Würden oder für die Ausübung irgend eines Gewerbes oder Berufes. (3) Die Staatsbürger der čechoslovakischen Republik können innerhalb der Grenzen der allgemeinen Gesetze im Privat- und Handelsverkehre, in Religionsangelegenheiten, in der Presse und in allen Veröffentlichungen oder in öffentlichen Volksversammlungen welche Sprache immer frei gebrauchen. (4) Hierdurch werden jedoch die Rechte nicht berührt, die den Staatsorganen in diesen Richtungen auf Grund der geltenden oder künftig zu erlassenden Gesetze aus Gründen der öffentlichen Ordnung und der staatlichen Sicherheit sowie der wirksamen Aufsicht zukommen.	*»allgemeine Gesetze«* *»Volksversammlungen« statt »Versammlungen«* *Hinzufügung einer bedeutenden*[7] *Einschränkung; Unterlaufen durch Ortsbezeichnungsgesetz vom 14. 4. 1920*[8]
Unbeschadet der Einführung einer offiziellen Sprache durch die tschechoslowakische Regierung wird den tschechoslowakischen Staatsangehörigen anderer Zunge als der tschechischen angemessene Möglichkeit des mündlichen und schriftlichen Gebrauches ihrer Sprache vor Gericht geboten werden.	§ 129. Die Grundsätze des Sprachenrechtes in der čechoslovakischen Republik bestimmt ein besonderes Gesetz[9], das einen Bestandteil dieser Verfassungsurkunde bildet.	*In § 2 des Sprachengesetzes vom 29. 2. 1920*[9]*: Nur in solchen Gerichtsbezirken (etwa: Landkreisen), in denen die Personengruppe laut letzter Volkszählung mindestens 20 % umfaßt.*
Artikel 8. Die zu den ethnischen, religiösen oder sprachlichen Minderheiten gehörigen tschechoslowakischen Staatsangehörigen werden rechtlich und tatsächlich dieselbe Behandlung genießen wie die übrigen tschechoslowakischen Staatsan-	§ 130 Insoweit den Staatsbürgern nach den allgemeinen Gesetzen das Recht zusteht, auf eigene	*Satz 1: Nichtübernahme* *Satz 2: »allgemeine Gesetze«*

1. Der Minderheitenschutzvertrag vom 10. 9. 1919:[2]	**2. Die entsprechenden[5] Bestimmungen der ČSR-Verfassung** vom 29. 2. 1920:[4]	**3. Einschränkungen[1]:**
gehörigen. Insbesondere werden sie das gleiche Recht haben, humanitäre, religiöse oder soziale Anstalten, Schulen und andere Erziehungsanstalten auf eigene Kosten zu errichten, zu leiten und zu beaufsichtigen, mit dem Rechte, in diesen ihre Sprache frei zu gebrauchen und ihre Religion frei zu üben.	Kosten humanitäre, religiöse und soziale Anstalten, Schulen und andere Erziehungsanstalten zu gründen, zu leiten und zu verwalten, sind die Staatsbürger ohne Rücksicht auf Nationalität, Sprache, Religion und Rasse einander gleich und können in diesen Anstalten frei ihre Sprache gebrauchen und ihre Religion ausüben.	
Artikel 9. Was das öffentliche Unterrichtswesen anlangt, wird die tschechoslowakische Regierung in Städten und Bezirken, in denen ein beträchtlicher Bruchteil tschechoslowakischer Staatsangehöriger anderer als tschechischer Zunge ansässig ist, angemessene Möglichkeit bieten, um den Kindern dieser tschechoslowakischen Staatsangehörigen den Unterricht in ihrer eigenen Sprache zu verbürgen. Diese Bestimmung wird jedoch die tschechoslowakische Regierung nicht hindern, den Unterricht der tschechischen Sprache zum Pflichtgegenstande zu machen.	§ 131 In den Städten und Bezirken, in denen ein beträchtlicher Bruchteil[10] von čechoslovakischen Staatsbürgern anderer als der čechoslovakischen Sprache ansässig ist, wird den Kindern dieser čechoslovakischen Bürger im öffentlichen Unterrichte innerhalb der Grenzen der allgemeinen Unterrichtsordnung angemessene Gelegenheit gewährleistet, Unterricht in ihrer eigenen Sprache zu erhalten, wobei der Unterricht der čechoslovakischen Sprache als Pflichtgegenstand festgesetzt werden kann.	*»allgemeine Unterrichtsordnung«*
In Städten und Bezirken, in denen ein beträchtlicher Bruchteil tschechoslowakischer Staatsangehöriger ansässig ist, die ethnischen, religiösen oder sprachlichen Minderheiten angehören, wird diesen Minderheiten ein angemessener Anteil am Genusse und an der Verwendung der nach dem Staatsvoranschlag und nach Gemeinde- oder anderen öffentlichen Voranschlägen aus öffentlichen Fonds für Erziehungs-, religiöse oder humanitäre Zwecke	§ 132 Soweit in den Städten und Bezirken, in denen ein beträchtlicher Bruchteil[10] von čechoslovakischen Staatsbürgern ansässig ist, die religiösen, nationalen und sprachlichen Minderheiten angehören, bestimmte Beträge aus öffentlichen Fonds nach dem Staatsvoranschlag, den Gemeinde- oder anderen öffentlichen Voranschlägen für die Erziehung, Religion oder humanitäre Zwecke verwendet werden sollen, wird diesen Minderheiten innerhalb der Gren-	*Zunächst »angemessen«, dann »bestimmt«*

1. **Der Minderheitenschutzvertrag** vom 10. 9. 1919:[2]	2. **Die entsprechenden**[5] **Bestimmungen der ČSR-Verfassung** vom 29. 2. 1920:[4]	
ausgeworfenen Beträge gewährleistet.	zen der für die öffentliche Verwaltung geltenden allgemeinen Vorschriften ein angemessener Anteil am Genusse und an der Verwendung gewährleistet.	*»Für die öffentliche Verwaltung geltende allgemeine Vorschriften«*
–[11]	§ 133 Die Durchführung der Grundsätze der §§ 131 und 132 und insbesondere die Abgrenzung des Begriffes »beträchtlicher Bruchteil« wird besonderen Gesetzen[9] vorbehalten.	
–[11]	§ 134 Jegliche Art gewaltsamer Entnationalisierung ist unerlaubt. Die Nichtbeachtung dieses Grundsatzes kann das Gesetz[12] als strafbare Handlung erklären.	
Artikel 14 Die Tschechoslowakei stimmt zu, daß die Vorschriften der Kapitel I und II, soweit sie Angehörige einer Rassen-, religiösen oder sprachlichen Minderheit betreffen, Verpflichtungen von internationalem Interesse begründen und unter die Garantie des Völkerbundes gestellt werden. Sie dürfen ohne die Zustimmung der Mehrheit des Rates des Völkerbundes nicht abgeändert werden ... Die Tschechoslowakei stimmt zu, daß jedes Mitglied des Rates des Völkerbundes das Recht haben soll, die Aufmerksamkeit des Rates auf jede begangene oder drohende Verletzung irgendeiner dieser Verpflichtungen zu lenken[13], und daß der Rat in einer Weise vorgehen und solche Weisungen erteilen könne, die unter den obwaltenden Umständen geeignet und wirksam erscheinen werden.[14] Die Tschechoslowakei stimmt weiter zu, daß jede		

1. Der Minderheitenschutzvertrag vom 10. 9. 1919:[2]		
Meinungsverschiedenheit, die über eine diese Artikel betreffende Rechts- oder Tatfrage zwischen der tschechoslowakischen Regierung und irgendeiner der alliierten und assoziierten Hauptmächte oder jeder anderen Macht, welche Mitglied des Rates des Völkerbundes ist, entstünde, als ein Streitfall internationalen Charakters im Sinne des Artikels 14 der Völkerbundssatzung[15] anzusehen ist. Die tschechoslowakische Regierung stimmt zu, daß jeder derartige Streitfall, wenn es der andere Teil verlangt, dem ständigen Internationalen Gerichtshof unterbreitet werde, dessen Entscheidung endgültig sein und dieselbe Kraft und Wirksamkeit haben wird wie eine Entscheidung nach Artikel 13 dieser Satzung[15]. . . .		

Anmerkungen und Quellen:

[1] Zum Text der Vertragspräambel: Siehe S. 290.
Die zahlreichen Unterschiede sind praktisch nur Einschränkungen und stehen damit bereits im Widerspruch zu Artikel 1 des Minderheitenschutzvertrages.

[2] Quelle: ČSR-Slg. 1921; Nr. 508 im 134. Stück vom 31. 12. 1921; S. 234 ff.; i. d. F. Epstein: S. 338–340, 800–804.
Zur Fortgeltung der Minderheitenschutzverträge nach dem 2. Weltkrieg stellte ein Gutachten des Generalsekretärs der UNO vom 7. 4. 1950 insgesamt fest, daß die Verträge »durch Verschwinden der Minderheiten obsolet« geworden wären.
Zum Text des Gutachtens: Siehe S. 721.

[3] Um im zeitgenössischen Begriffsbild zu bleiben, wird hier die von der ČSR-Regierung mit »čechoslovakisch« festgelegte, offizielle deutschsprachige Schreibweise verwendet.
Vgl.: Steinitz, Ernst: »Landes- und Staatskunde der čechoslovakischen Republik«; Böhmisch-Leipa, 1935; S. 5; siehe auch S. 183.

[4] Quelle: ČSR-Slg. 1920; Nr. 121 v. 29. 2. 1920 im 26. Stück v. 6. 3. 1920; S. 255–267; i. d. F. Epstein: S. 130–147.

[5] Zu weiteren Bestimmungen der ČSR-Verfassung vom 29. 2. 1920: Siehe S. 289.

[6] Formal wurde diese Auflage grundsätzlich durch die Aufnahme gewisser – und sei es im Wesensgehalt eingeschränkter – Festlegungen in die ČSR-Verfassung (= Grundgesetz) bzw. das Sprachengesetz vom 29. 2. 1920, das Verfassungsrang hatte (siehe S. 290) erfüllt.
Der Begriff Grundgesetz beinhaltet jedoch, daß der Rechtsakt regelmäßig nur durch eine qualifizierte Mehrheit (z. B. ⅔ oder ¾) der jeweils Stimmberechtigten durchgeführt werden kann. Damit will man erreichen, daß für Verfassungs- bzw. Grundgesetze durch Mitwirkung möglichst vieler Betroffener eine erhöhte Akzeptanz sichergestellt ist. Die Wahl des Begriffes Grundgesetz an dieser Stelle des Minderheitenschutzvertrages deutete sehr direkt auf diese Absicht hin.

Der ČSR-Verfassungsgeber hat diesen Sinn der Auflage umgangen; er legte die Stimmberechtigten für die Verabschiedung von Verfassung und Sprachen-(grund-)Gesetz am 29. 2. 1920 willkürlich fest (nur ein Teil der Staatsbürger, v. a. die Tschechen, wurden durch Personen vertreten, die kein Mandat für die Verfassungsgebung besaßen). Das Arbeitsergebnis wurde auch später demokratisch nicht qualifiziert (z. B. durch eine nachträgliche Volksabstimmung), sondern umgekehrt durch die – für eine qualifiziert entstandene Verfassung durchaus übliche – Bestimmung abgesichert, daß $^{3}/_{5}$-Mehrheit (siehe S. 291) zur Änderung erforderlich sei.

[7] So die Meinung der sudetendeutschen Sozialdemokraten: Siehe S. 320 f.

[8] Zum Text: Siehe S. 297.

[9] Zum Text: Siehe S. 291 ff.

[10] Festlegung im Sprachengesetz vom 29. 2. 1920. Zum Text: Siehe S. 291.

[11] Keine vergleichbare Bestimmung.

[12] Ein derartiges Gesetz wurde nie beschlossen.
Auch deswegen bezog sich ein Teil der sog. Volksschutzgesetze der SdP vom 27. 4. 1937 auf diese Verfassungsbestimmung. Zum Text dieser Vorschläge: Siehe S. 365 ff.

[13] In dieser Bestimmung lag eine wichtige Rechtsbasis für die zahlreichen Petitionen an den Völkerbund: Siehe S. 303 ff.

[14] Mit dieser Bestimmung wurde die Möglichkeit eröffnet, auch die Festlegungen des Art. 19 der Völkerbundsatzung (zum Text: siehe S. 12) in die Debatte zu bringen.

[15] Zum Text: Siehe S. 12.

****

Rede[1] **1919, 24. September**

des deutsch-österreichischen Präsidenten Karl Seitz (SPÖ):

Durch Gewaltfrieden geraubtes Selbstbestimmungsrecht wird von der Entwicklung wiedergebracht

. . .

Was nur irgend geschehen konnte, um dem deutschen Volke in den Sudetenländern sein geheiligtes Recht auf Selbstbestimmung zu wahren und durchzusetzen, das haben seine berufenen, von seinem Vertrauen getragenen Vertreter mit einer Pflichttreue, die bis zur Selbstentäußerung ging, getan.

Wenn diesem Werke nicht der angestrebte Erfolg wurde, so liegt das an der höheren Gewalt, der wir uns beugen müssen. Aber ist auch das staatsrechtliche Band, das die deutschen Sudetenländer mit der Republik Deutsch-Österreich vereinigt hat, zerschnitten, unzerreißbar sind die Bande des Blutes, der Sprache, der Kultur und Sitte, die das deutsche Volk südlich und nördlich der Thaya verbinden. Daher bin ich auch überzeugt, daß die unaufhaltsame Entwicklung der Völker und Staaten in Europa auch unseren Brüdern in den Sudetenländern eines Tages das Selbstbestimmungsrecht wiederbringen wird, welches ihm die Gewaltfrieden von Versailles und St. Germain geraubt haben.

Staaten werden und vergehen, davon sind wir lebende Zeugen. Die Völker aber bleiben, und auch davon legen unsere Tage ein unbestreitbares Zeugnis ab: Völker, welche die Willkür zerstückt und erniedrigt hat, erheben sich wieder. Wir hoffen, ja wir wissen es: Noch ist die deutsche Sache nicht verloren!

Anmerkung:

[1] Anläßlich der Verabschiedung der sudetendeutschen Regierungen und Vertretungen in Wien.

Quelle:

Epstein: S. 76 f.

****

Das Parteiprogramm des »Bundes der Landwirte« (BdL): **1920, Januar**[1]
Selbstbestimmungsrecht des deutschen Volkes in den Sudetenländern

Der konstituierende Reichsparteitag des Bundes der Landwirte (Politische Partei des deutschen Landvolkes) beschließt:
Der Bund der Landwirte ist die politische Organisation des deutschen Landvolkes in den Sudetenländern und der Slowakei.
Aus der schweren Not des Krieges heraus entstanden, soll er alle ehrlich schaffenden Stände auf dem Lande umfassen und dem deutschen Landvolke den gebührenden Einfluß im Staate und öffentlichen Leben sichern.
Der Bund der Landwirte soll auch der Damm sein, an dem sich die volksschädlichen Gewalten brechen.
Der Bund der Landwirte ist eine nationale Partei, ist auf demokratisch-freiheitlicher Grundlage aufgebaut und steht auf dem Boden einer wahrhaft christlich-deutschen Weltanschauung.
. . .
In allen nationalen Angelegenheiten wird der Bund der Landwirte in Fühlung mit den übrigen deutschen Parteien treten und geschlossen mit ihnen vorgehen. Der Zusammenschluß aller deutschen Parteien in Lebensfragen des deutschen Volkes ist notwendig und muß bedingungslos erhalten werden.
Aus diesen Erwägungen und Bestrebungen ergeben sich für den Bund der Landwirte folgende

Parteigrundsätze
Staatsrechtliche Forderungen
1. Wir fordern das volle und uneingeschränkte Selbstbestimmungsrecht des deutschen Volkes in den Sudetenländern und der Slowakei.
2. Wir anerkennen die republikanische Staatsform, verlangen aber, daß sie allen Staatsbürgern gleiche Rechte gebe und daß die Staatsbürger sich selbst durch freie Wahl in der gesetzgebenden Versammlung regieren. Die Staatsgewalt soll einzig durch diese gewählte gesetzgebende Versammlung eingesetzt werden und ihr allein verantwortlich sein.
   Diese gewählte gesetzgebende Versammlung hat alle bisher erlassenen Gesetze zu überprüfen von dem Standpunkte ausgehend, daß die bisherige Staatsgewalt lediglich vorübergehende Befugnisse haben konnte und daher die dauernde Regelung erst der gewählten gesetzgebenden Versammlung vorbehalten sein muß.
3. Alle Volksstämme der Republik sollen als gleichberechtigte und vollgültige Glieder des Staates anerkannt und ihnen der zu ihrem Bestande und ihrer kulturellen Entwicklung erforderliche Einfluß auf die Staatsgewalt gesichert und daher die entsprechende Vertretung in der Regierung eingeräumt werden. Dieses Recht der Volksstämme ist in der Verfassung festzulegen und durch Gesetze näher auszuführen.

Forderung der Selbstverwaltung
4. Den Gemeinden ist die Selbstverwaltung ihrer Angelegenheiten in möglichst weitem Umfange sicherzustellen.
5. Innerhalb des Siedlungsgebietes eines jeden Volksstammes verlangen wir die volle Selbstverwaltung in allen nationalen, innerpolitischen, wirtschaftlichen, sozialen und kulturellen Angelegenheiten des Verwaltungsbezirkes. Zu diesem Zwecke sind die Verwaltungsbezirke national einheitlich zu gestalten.
   Als öffentliche Angestellte im Verwaltungsbezirke dürfen nur Angehörige desselben Volksstammes wirken.

Die höheren Verwaltungskörper sind auf dem Grundsatze entscheidender Mitwirkung der vom Volke hiezu gewählten Vertreter unter staatlicher Leitung umzugestalten, wobei auch die nationaleinheitliche Bildung dieser Verwaltungsgebiete durchzuführen ist. Zwischen Verwaltungsbezirk und Staatsregierung soll nur ein Verwaltungskörper eingeschaltet und diesem weitgehendste Machtbefugnisse gegeben werden (Abgliederung).

Minderheitsschutz

6. Der Schutz der sprachlichen Minderheiten ist in Verfassungsgesetze durch die erste gewählte gesetzgebende Versammlung auszusprechen und durch besondere Gesetze näher auszuführen. Der im Friedensvertrage festgesetzte völkerrechtliche Minderheitsschutz ist noch nicht genügend, bedarf daher noch einer Erhöhung und Ausgestaltung. Das Schutzgesetz hat vom Schutz der sprachlichen Minderheiten in der Gemeinde auszugehen und ist auch in den Bezirken und höheren Verwaltungskörpern durchzuführen.

. . .

Anmerkung:

[1] Zu Programmen des BdL aus dem Jahre 1919: Siehe S. 251.

Quelle:

Linz, Norbert: »Der Bund der Landwirte in der Ersten tschechoslowakischen Republik; München, 1982; S. 333 f.

****

Verfassung[1] der Tschechoslowakei: **1920, 29. Februar**

Staatsbasis: Selbstbestimmung; Staatsgebiet: Unteilbar

Wir, die čechoslovakische Nation, haben in der Absicht, die vollkommene Einheit der Nation zu festigen, eine gerechte Ordnung in der Republik einzuführen, die ruhige Entwicklung der čechoslovakischen Heimat zu sichern, das allgemeine Wohl aller Bürger dieses Staates zu fördern und die Segnungen der Freiheit den künftigen Geschlechtern sicherzustellen, in unserer Nationalversammlung am 29. Feber 1920 die Verfassung für die čechoslovakische Republik[2] angenommen, deren Wortlaut folgt.

Hiebei erklären wir, die čechoslovakische Nation, bemüht sein zu wollen, daß diese Verfassung und alle Gesetze unseres Landes in gleicher Weise im Geiste unserer Geschichte wie im Geiste der im Losungsworte Selbstbestimmung[1] enthaltenen modernen Grundsätze durchgeführt werden, denn wir wollen dem Völkerbund als gebildetes, friedliebendes, demokratisches und fortschrittliches Mitglied beitreten.

. . .

§ 3.1). Das Gebiet der čechoslovakischen Republik bildet ein einheitliches und unteilbares Ganzes[3], dessen Grenzen[4] nur durch ein Verfassungsgesetz (Art. I Einf.-Ges.)[4] geändert werden können.

⟨*In den Ziffern 2–9 wurde für Karpatorußland v. a. eine weitestgehende Autonomie*[5]*, ein eigener Landtag und eine möglichst bevölkerungseigene Beamtenschaft festgelegt*⟩

. . .

§ 22.1). Die Mitglieder der Nationalversammlung . . .

. . .

3. In der ersten Sitzung des Hauses, an der sie teilnehmen, leisten sie folgende Angelobung: »Ich gelobe, der čechoslovakischen Republik treu zu sein und die Gesetze zu beobachten und mein Mandat nach bestem Wissen und Gewissen auszuüben.«[6] Die Verweigerung des

Gelöbnisses oder ein Gelöbnis mit Vorbehalt hat ohneweiters den Verlust des Mandates zur Folge.

...

§ 46 Volksabstimmung ⟨*über vom Parlament abgelehnte Gesetze: Möglich*⟩

...

§ 64.1). Der Präsident der Republik
⟨*hatte im wesentlichen*[7] *repräsentative Funktionen*⟩
2). Die gesamte Regierungs- und Vollzugsgewalt steht der Regierung zu ...[7]

...

§ 91 Die Zusammensetzung und den Wirkungskreis der autonomen Verbände regeln besondere Gesetze.[8]

§ 92 Inwieweit der Staat für den durch gesetzwidrige Ausübung der öffentlichen Gewalt verursachten Schaden haftet, bestimmt ein Gesetz.[8]

...

§ 106 Gleichheit aller ⟨*Einwohner*⟩[9]
§ 107 Freiheit der Person
§ 108 ⟨*Niederlassungsfreiheit*⟩
§ 109 ⟨*Eigentumsgarantie und -beschränkungen*⟩
§ 110 ⟨*Grundsätzliche Auswanderungsfreiheit*⟩
§ 111 ⟨*Steuern nur auf gesetzlicher Basis*⟩
§ 112 Freiheit des Hauses ⟨*gemeint: der Wohnung*⟩
§ 113 Pressefreiheit, Versammlungs- und Vereinsrecht
...
2. Ein Verein kann bloß aufgelöst werden, wenn durch seine Tätigkeit das Strafgesetz oder die öffentliche Ruhe und Ordnung verletzt wurde.[10]
§ 114 ⟨*Koalitionsfreiheit*⟩
§ 115 Petitionsrecht
§ 116 Briefgeheimnis
§ 117 Lehr- und Gewissensfreiheit, Freiheit der Meinungsäußerung
§ 118 ⟨*Freiheit von Forschung und Kunst*⟩
§ 119, 120 ⟨*Grundprinzipien des Erziehungswesens*⟩
§ 121–125 ⟨*Glaubens- und Gewissensfreiheit*⟩
§ 126 Ehe, Familie und Mutterschaft stehen unter dem besonderen Schutz des Gesetzes
§ 127 ⟨*Verpflichtung zum Wehrdienst*⟩
§ 128–134 Schutz nationaler, konfessioneller und rassischer Minderheiten[11]

Anmerkungen:

[1] Die Verfassung wurde weder durch ein gewähltes Parlament noch durch einen Volksentscheid der Bürger dieses Staates angenommen; zur Beurteilung dieses Tatbestandes: Siehe S. 320.

[2] In der Präambel des Minderheitenschutzvertrages vom 10. 9. 1919 wurde die Einrichtung der ČSR durch die Alliierten Hauptmächte damit begründet, »daß die Völker Böhmens, Mährens und eines Teiles von Schlesien sowie das Volk der Slowakei aus eigenem Willen ihre Vereinigung zu einem dauernden Bund behufs Schaffung eines einheitlichen, souveränen und selbständigen Staates unter dem Namen ›Tschechoslowakische Republik‹ beschlossen und diese Vereinigung tatsächlich vollzogen haben«.
Zum Text vgl. Epstein; S. 273 f.
Zur Zurückweisung der Begründung durch Sprecher der Sudetendeutschen: Siehe S. 299.

[3] Die Einheitlichkeit des Staatsgebietes wurde durch die »Grenzzone« des ČSR-Gesetzes vom 13. 5. 1936 faktisch aufgehoben.
Zum Text: Siehe S. 352.

[4] a) Diese Bestimmung sollte in der Diskussion nach den Grenzänderungen im Zusammenhang mit dem Münchner Abkommen von 1938 von tschechoslowakischer Seite herangezogen werden: Siehe S. 426.
b) § 33 der Verfassung verlangte für eine Verfassungsänderung die $^3/_5$-Mehrheit.

[5] a) Diese Autonomie für Karpatorußland wurde jedoch erst am 22. 11. 1938 gewährt; siehe dazu S. 426.
b) Die am 30. 5. 1918 vertraglich vereinbarte (zum Text: Siehe S. 228) Autonomie für die Slowakei fand in der ČSR-Verfassung vom 29. 2. 1920 keinerlei Berücksichtigung.
Auch sie wurde erst am 22. 11. 1938 gewährt; siehe dazu S. 426.

[6] Eine derartige Bestimmung für Abgeordnete einer parlamentarischen Demokratie ist als zumindest ungewöhnlich zu bezeichnen; der Ausdruck, »die Gesetze zu beobachten« meint im heutigen Sprachgebrauch »zu beachten«.

[7] Ab 1938 von Bedeutung: Dr. Beneš, am 5. 10. 1938 von dieser Position verfassungskonform zurückgetreten (siehe S. 423), sollte bei Wiederbeanspruchung des Amtes ab 1940 (siehe dazu S. 447) diese Schranken bei gleichzeitiger Betonung des Fortgeltens der bisherigen ČSR-Rechtsordnung völlig negieren.

[8] Auf diese Bestimmungen bezogen sich später die sog. Volksschutzgesetze der SdP vom 27. 4. 1937; zum Text: Siehe S. 365 ff.

[9] Zum Text: Siehe S. 281.

[10] Basis für die Auflösung der DNP und DNSPAP im Jahre 1933; siehe S. 340.

[11] Zum Text: Siehe S. 281 ff.

Quelle:
ČSR-Slg. 1920; Nr. 121 v. 29. 2. 1920 im 26. Stück v. 6. 3. 1920; S. 255–267; i. d. F. Epstein: S. 3 f., 130 ff.

****

ČSR-Gesetz (mit Verfassungsrang): 1920, 29. Februar
Grundsätze des Sprachenrechts
Die staatliche offizielle čechoslovakische Sprache gebrauchend, erfolgen Amtshandlungen in tschechisch oder slowakisch

. . .
§ 1: Die čechoslovakische Sprache[1] ist die staatliche offizielle Sprache der Republik (Art. 7 des zu St. Germain en Laye am 10. September 1919 unterschriebenen Vertrages zwischen den alliierten und assoziierten Hauptmächten und der Tschechoslowakei)[2]. Sie ist daher insbesondere die Sprache,
1. in der mit Vorbehalt dessen, was in §§ 2 und 5 festgesetzt wird, . . . die Amtstätigkeit aller Gerichte, Behörden, Anstalten, Unternehmungen und Organe der Republik vor sich geht und deren Kundmachungen und äußere Bezeichnungen erfolgen,
2. in welcher der Haupttext der Staats- und Banknoten abgefaßt ist,
3. die die Wehrmacht als Kommando- und Dienstsprache gebraucht; im Verkehre mit der dieser Sprache unkundigen Mannschaft kann auch deren Muttersprache gebraucht werden.

Die näheren Vorschriften über die Verpflichtung der Staatsbeamten und Bediensteten der staatlichen Anstalten und staatlichen Unternehmungen zur Kenntnis der čechoslovakischen Sprache werden durch Verordnung[3] geregelt.
§ 2: Bezüglich der nationalen und sprachlichen Minderheiten (1. Hauptstück des Vertrages von St. Germain[2]) gelten folgende Bestimmungen:
Die Gerichte, Behörden und Organe der Republik, deren Wirksamkeit sich auf einen Gerichtsbezirk erstreckt, in dem nach der letzten Volkszählung wenigstens 20 Prozent Staatsbürger derselben, jedoch einer anderen als der čechoslovakischen Sprache wohnen, sind verpflichtet, in allen Angelegenheiten, deren Erledigung ihnen auf Grund dessen, daß ihr Wirkungskreis sich auf diesen Bezirk erstreckt, zusteht, von den Angehörigen der Sprache dieser Minderheit Eingaben in dieser Sprache anzunehmen und die Erledigung dieser Eingaben nicht bloß in čechoslovakischer Sprache, sondern auch in der Sprache der Eingaben herauszugeben. Sofern im Gebiet einer Gemeinde mehrere Bezirksgerichte errichtet sind, gilt die ganze Gemeinde als ein einziger Gerichtsbezirk.
. . .
Unter den gleichen Bedingungen ist der öffentliche Ankläger verpflichtet, die Strafanklage

gegen einen Beschuldigten anderer Sprache auch in dieser Sprache, beziehungsweise nur in dieser Sprache zu erheben.
Die öffentliche Gewalt setzt fest, in welcher Sprache in diesen Fällen die Verhandlung stattfindet.
Geht keine Eingabe der Partei voraus, so ist ihr bei Vorhandensein der übrigen Bedingungen des Abs. 2 nach denselben Grundsätzen die Erledigung auch in ihrer, beziehungsweise nur in ihrer Sprache, sofern diese bekannt ist, zuzustellen, andernfalls auf ihr Verlangen. In den Bezirken mit einer nationalen Minderheit im Sinne des Abs. 2 ist bei den Kundmachungen der staatlichen Gerichte, Behörden und Organe und bei deren äußeren Bezeichnungen auch die Sprache der nationalen Minderheit zu gebrauchen.
§ 3: Die autonomen Behörden, Vertretungskörper und alle öffentlichen Körperschaften im Staate sind verpflichtet, in čechoslovakischer Sprache erfolgte mündliche und schriftliche Eingaben anzunehmen und sie zu erledigen[4]. In ihren Versammlungen und Beratungen kann diese Sprache stets gebraucht werden; in dieser Sprache erfolgte Anträge und Anregungen müssen Gegenstand der Verhandlung werden. Die Sprache der öffentlichen Kundmachungen[5] und äußeren Bezeichnungen der autonomen Behörden wird von der staatlich-öffentlichen Gewalt festgesetzt.
§ 4: Die staatliche, offizielle Sprache gebrauchend, amtieren die Behörden in jenem Gebiet der Republik, das vor dem 28. Oktober 1918 zu den im Reichsrate vertretenen Königreichen und Ländern[6] oder zum Königreich Preußen[7] gehört hat, in der Regel tschechisch, in der Slowakei in der Regel slowakisch.
Eine slowakische amtliche Erledigung einer tschechischen Eingabe oder eine tschechische amtliche Erledigung einer slowakischen Eingabe gilt als Erledigung, die in der Sprache der Eingabe erfolgt ist.
§ 5: Der Unterricht in allen für die Angehörigen der nationalen Minderheiten errichteten Schulen erfolgt in deren Sprache, ebenso werden die für sie errichteten kulturellen Institutionen in dieser Sprache verwaltet (Art. 9 des Vertrages von St. Germain)[1].
. . .
§ 7: Streitigkeiten über den Sprachengebrauch bei den staatlichen Gerichten, Behörden, Anstalten, Unternehmungen und Organen, sowie bei den autonomen Behörden und öffentlichen Körperschaften erledigen die zuständigen staatlichen Aufsichtsorgane[8] als Angelegenheiten der staatlichen Verwaltung abgesondert von der Angelegenheit, in der sie entstanden sind.
§ 8: Die nähere Durchführung dieses Gesetzes erfolgt durch eine Verordnung[2] der staatlich-öffentlichen Gewalt, die im Geiste dieses Gesetzes auch den Sprachengebrauch für die autonomen Behörden, Vertretungskörper und öffentlichen Korporationen (§ 3) sowie für jene Behörden und öffentlichen Organe regelt, deren Wirksamkeit sich auf kleinere Sprengel als es ein Gerichtsbezirk ist, erstreckt, oder die keinen besonderen Sprengel besitzen.
Die Verordnung hat auch Vorschriften darüber zu enthalten, was zur Erleichterung des amtlichen Verkehrs mit Parteien, die der Sprache, in der bei dem betreffenden Gerichte, der Behörde oder dem Organ im Sinne dieses Gesetzes amtiert wird, unkundig sind, sowie zum Schutze der Parteien gegen Rechtsnachteile vorzukehren ist, die ihnen aus der Unkenntnis der Sprache erwachsen könnten.
Durch die Verordnung können auch für die Dauer der ersten fünf Jahre[3] vom Tage des Wirksamkeitsbeginnes dieses Gesetzes die im Interesse einer ungestörten Verwaltung notwendigen Ausnahmen von seinen Bestimmungen zugelassen werden.
Endlich hat die Verordnung auch die zum Zwecke der Sicherstellung seiner erfolgreichen Durchführung notwendigen Vorschriften zu enthalten.
§ 9: Dieses Gesetz tritt mit dem Tage der Kundmachung in Wirksamkeit. Durch dasselbe werden alle Sprachenvorschriften aufgehoben, die vor dem 28. Oktober 1918 in Kraft standen.
. . .

Anmerkungen:

[1] Eine »čechoslovakische« Sprache gab (und gibt) es nicht, weswegen in § 4 eine pragmatische Splittinglösung gefunden wurde.

[2] Zum Text: Siehe S. 280.

[3] Zum Text der ČSR-Regierungsverordnung v. 3. 2. 1926 vgl. ČSR-Slg. 1926; Nr. 17 im 9. Stück v. 4. 2. 1926; S. 65–89.
Die recht umfangreiche Verordnung erweiterte die Problematik:
»Nach ihrem Wortlaut sollte der Zwang zur Ablegung mündlicher und schriftlicher Prüfungen in tschechischer Sprache auch auf Notare, Gerichtsdolmetscher (jeglicher Sprachen), Geometer, Inhaber von Ingenieurbüros, Bergbauingenieure, Distrikts- und Gemeindeärzte ausgedehnt werden ... Dieser Sprachenzwang, der weit über alles hinausging, was im alten Österreich den Tschechen zugemutet wurde, schuf weitverbreitete Verbitterung. Von jedem deutschen Staatsangestellten, Postbeamten oder Eisenbahner, auch soweit sie in rein deutschen Gebieten tätig waren, wurde in der Folgezeit die perfekte Kenntnis der tschechischen Sprache in Wort und Schrift verlangt. Zehntausende verloren ihre Stellung, weil sie nicht genügend sprachlich begabt waren, um neben einer pünktlichen Dienstausübung die schwierige zweite Landessprache noch in fortgeschrittenen Jahren perfekt zu erlernen.«
Vgl. Jaksch: Europa; S. 227.
Zu den Konsequenzen für die Arbeitsplätze der Sudetendeutschen: Siehe S. 1205, 1208.

[4] Durch diese und die parallelen Bestimmungen wurde von jedem, auch Gemeindeangestellten, auch im geschlossenen deutschen Sprachgebiet innerhalb von fünf Jahren die Kenntnis der tschechischen Sprache verlangt. Ein aufmerksamer Beobachter analysierte und berichtete bald:
»Das wichtigste Mittel zur Einschränkung der Zahl der Minderheitsangehörigen im Staatsdienst ist die *Staatsprache*. Ihre vollständige Beherrschung in Wort und Schrift wird von bejahrten Männern, die sie früher nicht gelernt haben, gefordert und ihnen zum Ablegen von oft recht willkürlich gehandhabten Sprachprüfungen eine verhältnismäßig kurze Zeitspanne gelassen. Diese Sprachprüfungen sind der Schrecken der deutschen Beamten und Offiziere und sie lichten ihre Reihen ... Da als Kriterium für den Beamtenabbau auch die Qualität der dienstlichen Verwendbarkeit bestimmt ist, läßt sich aus dieser Bestimmung den deutschen Beamten, welche die Staatsprache minder gut beherrschen, ein Strick drehen. ... Ein Erlaß des Ministeriums für nationale Verteidigung verlangt sogar von *pensionierten* Offizieren, daß sie sich der tschechischen Sprachprüfung unterziehen, widrigenfalls sie ihre Pension einbüßen. ... Bei der Übernahme der *Berufsoffiziere* hatten diese Formulare auszufüllen, auf denen gefragt wurde, zu welcher Nationalität sie sich bekannt hätten, in welche Schule sie ihre Kinder schicken, welchen Vereinen sie angehören, ob sie für tschechische humanitäre Zwecke bereits etwas geleistet hätten usf. Daraus ist zu entnehmen, welche Gesichtspunkte bei der Anstellung maßgebend waren.«
Vgl. Hassinger, Hugo: »Die Tschechoslowakei«; Wien, 1925; S. 459. Hervorhebungen in kursiv im Original.

[5] In diesem Zusammenhang waren natürlich auch Ortsbezeichnungen von Bedeutung.
Siehe dazu den Text des Gesetzes vom 14. 4. 1920, S. 297.
Vorgeschrieben wurde u. a. auch für das geschlossene deutsche Sudetengebiet die allein tschechische Bezeichnung aller öffentlichen Einrichtungen bis hin zu Innenaufschriften in Bahnhöfen, Postämtern, Krankenhäusern und Friedhöfen sowie die tschechische Erstbeschriftung aller konzessionierten Gewerbebetriebe und deren Veröffentlichungen wie z. B. Preislisten und Speisekarten.
In Prag, wo der deutsche Bevölkerungsanteil unter der Maßzahl von 20 % lag, waren Eintrittskarten für eine geschlossene deutsche Veranstaltung nur in tschechischer Sprache abzufassen.
Vgl. Slapnicka, Helmuth: »Verfassungsnorm und Verfassungswirklichkeit in der ČSR« in »Umbruch in Mitteleuropa«; hsg. v. d. Ackermann-Gemeinde; München, 1964; S. 4.

[6] Gemeint: das Kaisertum Österreich.

[7] Gemeint: das »Hultschiner Ländchen«; zur Erläuterung: Siehe S. 278.

[8] Bisher waren dafür Verwaltungsgerichte zuständig.

Quelle:
ČSR-Slg. 1920; Nr. 122 v. 29. 2. 1920 im 26. Stück v. 6. 3. 1920; S. 268–269.

****

ČSR-Gesetz[1] **1920, 29. Februar**
»betreffend die Wahlordnung in das Abgeordnetenhaus«[2]**:**
Verhältniswahlrecht mit Besonderheiten

⟨Die Wahl erfolgte
1. *nach Wahlkreisen mit einer festgelegten Zahl von Abgeordneten sowie in Wahlgängen [sog. Scrutina]*[3].
2. *Nach der eigentlichen Wahl, hier dem sog. ersten Scrutinum, erfolgte durch die Kreiswahlkommission folgendes [§ 46, Abs. 3, 4]:⟩*

(3) Die Summe aller für sämtliche Parteien abgegebenen gültigen Stimmen wird durch die Zahl der Mandate, die in dem betreffenden Wahlkreis zu besetzen sind, geteilt; die sich bei der Teilung ergebende ganze Zahl ohne Bruchteile ist die Wahlzahl.
(4) Durch die Wahlzahl wird die Summe der für jede Kandidatenliste abgegebenen Stimmen geteilt, worauf die Wahlkommission jeder Partei so viele Mandate zuweist, wievielmal die Wahlzahl in der Summe der für diese Partei abgegebenen Stimmen enthalten ist.

⟨In einem zweiten und ggf. dritten Scrutinum wurden durch die Zentralwahlkommission die bisher nicht vergebenen Mandate nach, kurz dargestellt, den im ersten Scrutinum unberücksichtigt gebliebenen Stimmenresten vergeben.⟩

Anmerkungen:
1 Das Gesetz wurde verschiedentlich geändert, z. B . durch ČSR-Gesetz v. 15. 10. 1925, ČSR-Slg. 1925; Nr. 123 im 86. Stück v. 16. 10. 1925; S. 1053–1065. Die Letztfassung war das ČSR-Gesetz Nr. 58 v. 11. 4. 1935 i. d. F. der Kundmachung vom 2. 5. 1935; zum Text vgl. ČSR-Slg. 1935; 31. Stück v. 4. 5. 1935, S. 266–286.
2 Zu den Wahlergebnissen vom 18. 4. 1920, 15. 11. 1925, 27. 10. 1929 und 19. 5. 1935: Siehe S. 1208.
3 a) Wie immer begründet: Das Wahlverfahren führte dazu, daß bereits in den Wahlen von 1920 z. B. die Tschechoslowakische Sozialdemokratische Partei zwar 25,7 % der Stimmen, aber (mit 74 von 281 =) 26,3 % der Mandate erhielt.
b) Diese Besonderheit wurde auch bei den international stark beachteten Wahlen von 1935 deutlich:

	Stimmen		Mandate		Erforderliche Stimmen/Mandat	
	absolut (in Tausend)	Anteil (%)	absolut	Anteil (%)	absolut (in Tausend)	Vergleichs-zahl: %
	1	2	3	4	5 (= 1:3)	6
Alle Parteien zusammen/ durchschnittlich erforderliche Stimmen je Mandat	8,231.4	100,0	300	100,0	27.4	107,0
Geringste Stimmenzahl je Mandat = Slowakische Volkspartei	564.3	6,8	22	7,3	25.8	100,0
Stimmenstärkste Partei = SdP	1,249.5	15,2	44	14,7	28.4	
Mandatstärkste Partei = Tschechoslowakische Agrarier	1,176.6	14,3	45	15,0	26.1	
Größte Stimmenzahl je Mandat = (Sudetendeutscher) Bund der Landwirte	142.4	1,7	5	1,7	28.5	111,3

Quelle zu Spalten 1 und 3: »Statistisches Jahrbuch der Čechoslovakischen Republik«; hsg. v. Statistischen Staatsamt; Prag, 1936; S. 269 f.

Ein Abstand von über 11 % in der Mandatszuteilung (siehe Spalte 6) bescheinigte der Wahl zumindest eine nicht unbeträchtliche Ungleichheit.
Zum Vergleich: Bei der Wahl zum (14.) Deutschen Bundestag 1998 betrug der vergleichbare Abstand etwa 1 %.

c) Es ist zu vermuten, daß dieser Effekt auch in der insgesamt von 1920 bis 1938 unveränderten Abgrenzung der Wahlkreise bzw. Ausstattung der Wahlkreise mit Abgeordnetenmandaten begründet war. Dazu (mit gewissen Vorbehalten) ein Vergleich zweier national unterschiedlich strukturierter Wahlkreise (WK):

	Mandate	ČSR-Bürger:			ČSR-Bürger je Mandat	
		Gesamt	davon: Deutsche			
		absolut (in Tausend)		in %	absolut (in Tausend)	Vergleichszahl in %
	1	2	3	4 (= 3 % v. 2)	5 (= 2 : 1)	6
WK 2 Pardubitz	11	509.3	58.1	11,4	46.3	100
7 Karlsbad	12	570.2	540.1	94,7	47.5	102,6

Quelle:
ČSR-Slg. 1920; Nr. 123 v. 29. 2. 1920 im 27. Stück v. 6. 3. 1920; S. 271 ff.

****

⟨ČSR-⟩»Verfassungsgesetz **1920, 9. April**
mit dem die bisherige Regelung der Erlangung und des Verlustes der Staatsbürgerschaft und des Heimatrechtes (právo domovský) in der ČSR ergänzt und geändert wird«:
Heimatrecht wird bestätigt

. . .

Staatsbürgerschaft

I) Wer sind Čechoslovakische Staatsbürger⟨*?*⟩

§ 1: Čechoslovakische Staatsbürger sind:

1. Seit dem 28. Oktober 1918 Personen, die spätestens am 1. Januar 1910 das Heimatrecht in jenem Gebiet der ehemaligen österreichisch-ungarischen Monarchie hatten, das jetzt zur ČSR gehört und seit damals ununterbrochen beibehielten.
2. Frühere Staatsangehörige des Deutschen Reiches, die ihren rechtlichen Wohnsitz in Gebieten haben, die früher zum Deutschen Reich gehörten und von ihm der ČSR zufallen.[1]

§ 2: Bei Personen, die auf dem Gebiet der ČSR geboren wurden oder werden, wird die ČSR-Staatsbürgerschaft vermutet, wenn nicht nachgewiesen wird, daß der Geborene eine andere Staatsbürgerschaft erwarb.

II) Erwerb und Verlust der ČSR-Staatsbürgerschaft

§ 3: Die bisherigen Regelungen über den Erwerb und den Verlust der Staatsbürgerschaft, sofern durch dieses Gesetz nicht geändert, bleiben gültig.

§ 4: Eine andere Staatsbürgerschaft, als nach den Bestimmungen des Teils I dieses Gesetzes zugehörig, können durch Option wählen:

1) Staatsbürger, aufgeführt in § 1, Abs. 1, die vor dem Zeitpunkt, an dem sie Angehörige irgendeiner Gemeinde in jenem Gebiet wurden, das in § 1, Abs. 1 aufgeführt ist, das Heimatrecht in einem anderen Teil der ehemaligen österreich-ungarischen Monarchie hatten, das außerhalb des Umfangs der ČSR liegt.
2) Ausländer ⟨*mit Heimatrecht in dzt. ČSR-Territorium*⟩

Die Optionszeit beträgt im zutreffenden Falle ein Jahr und erfolgt im Falle Abs. 1 zu Gunsten des Staates, auf dessen Gebiet die frühere Heimatgemeinde liegt, im Falle Abs. 2 zu Gunsten der ČSR.

3) Staatsbürger, die nach Sprache und Rasse (racou) keine Čechoslovaken sind.

4) Ausländer, die nach Sprache und Rasse Čechoslovaken sind und nur deshalb die Staatsangehörigkeit von Italien, Polen, Österreich, Rumänien, Jugoslawien oder Ungarn erwarben, weil sie nach ihrem Heimatrecht zu einer Gemeinde der ehemaligen österreich-ungarischen Monarchie gehörten, die außerhalb des Gebietes der ČSR liegt.

Die Optionszeit beträgt 6 Monate und wird im Falle der Ziffer 3 zu Gunsten von Italien, Polen, Österreich, Rumänien, Jugoslawien oder Ungarn ausgeübt, wenn in diesem Staat die Mehrheit der Bevölkerung die Sprache des Optanten spricht oder seiner Rasse angehört, im Falle ⟨*der Ziffer*⟩ 4 zu Gunsten der ČSR.

...

5) Staatsbürger, die im § 1, Abs. 2 erwähnt wurden.

6) Deutsche Staatsbürger čechoslovakischer Nationalität ...

Die Optionszeit beträgt 2 Jahre und erfolgt im Falle der Ziff. 5 zu Gunsten der deutschen, im Falle der Ziff. 6 zu Gunsten der Staatsbürgerschaft der ČSR.

§ 8: Personen, die für eine fremde Staatsangehörigkeit optierten, sind verpflichtet, ihren Wohnsitz innerhalb von 12 Monaten nach dem Tag der Option in den Staat zu verlegen, für den sie optierten. Sie können ihr hiesiges unbewegliches Eigentum nach den für ČSR-Bürger geltenden Gesetzen behalten und in der angeführten Frist ihr bewegliches Eigentum ohne irgendwelche Ausführabgaben mitführen.

§§ 9 bis 12:[2]

Heimatrecht

§ 13: Die bisherigen Regelungen[3] über Erwerb[4] und Verlust des Heimatrechtes[5], sofern durch dieses Gesetz nicht geändert, bleiben in Geltung.

...[6]

⟨7⟩

Anmerkungen:

[1] Hier handelt es sich um die sog. Hultschiner im vom Deutschen Reich an die ČSR abgetretenen Gebiet.
Zu den einschlägigen Bestimmungen des Friedensvertrages von Versailles vom 28. 6. 1919 und zu den Hultschinern: Siehe S. 277 f.

[2] In den §§ 9 bis 12 folgten Bestimmungen für v. a. Personen, die das Heimatrecht erst nach dem 1. 10. 1910 erworben hatten.

[3] Zum Text der hier gemeinten österreichischen Gesetze vom 3. 12. 1863 und 5. 12. 1896: Siehe S. 197, 201.

[4] Eine wichtige Konsequenz des Heimatrechtes in zeitgenössischer Formulierung:
»Zwischen dem Heimatrecht in einer Gemeinde der Republik und der Staatsbürgerschaft besteht ein enges Verhältnis, eines bedingt das andere, so daß ein Ausländer, der die čechoslovakische Staatsbürgerschaft erwerben will, zunächst nachzuweisen hat, daß ihm von einer Gemeinde des Staates die Aufnahme in ihren Gemeindeverband zugesagt wurde. Wenn ihm dann der Staat die Staatsbürgerschaft gegeben hat, muß ihm diese Gemeinde das Heimatrecht verleihen.«
Vgl. Steinitz, Ernst: »Landes- und Staatskunde der Čechoslovakischen Republik«; Böhm. Leipa, 1933; S. 210.

[5] Ein »Heimatschein« vom 11. 11. 1935, der ausdrücklich das österreichische Gesetz vom 3. 12. 1863 als Rechtsgrundlage angab, ist faksimiliert wiedergegeben auf S. 199.

[6] In § 15 wurde den Bediensteten der ČSR sowie ihrer Einrichtungen und Betriebe das Heimatrecht der Gemeinde ihres ständigen Amts- oder Dienstsitzes zuerkannt, in § 17 den Mitgliedern des Hauses Habsburg-Lothringen das Heimatrecht »auf dem Gebiet der ČSR« verwehrt und aberkannt. Die §§ 16, 18 bis 21 regelten Ein- und Ausführungsfragen.

[7] Insgesamt gesehen und ohne letzte völkerrechtliche Einzelheiten zu beachten, könnten die Regelungen etwa wie folgt zusammengefaßt werden:

<table>
<tr><td rowspan="4">Wann und wo hatten Personen Heimat-recht?</td><td colspan="4">Im Territorium der ČSR von 1919/20?</td></tr>
<tr><td colspan="3">Wenn Ja: . . .</td><td rowspan="3">Wenn Nein: . . .</td></tr>
<tr><td colspan="2">. . .: Erworben vor dem 1. 1. 1910?</td><td rowspan="2">. . .: Erworben nach dem 1. 1. 1910?</td></tr>
<tr><td>(a) In der Masse des Gebietes</td><td>(b) im Hultschiner Ländchen</td></tr>
<tr><td rowspan="2">Diese Personen . . .</td><td>. . . werden ČSR-Staatsangehörige: wenn Deutsche, mit Optionsmöglichkeit nur für Österreich . . .</td><td>. . . werden ČSR-Staatsangehörige mit Optionsmöglichkeit für das Deutsche Reich . . .</td><td colspan="2" rowspan="2">. . . können für die ČSR-Staatsangehörigkeit optieren</td></tr>
<tr><td colspan="2">. . . und Zwang zum Wohnsitzwechsel = Verlassen der Heimat (c), (d)</td></tr>
<tr><td colspan="5">Fundorte der Darstellung:
a) Als Regelung für die Masse der Sudetendeutschen war v. a. im Minderheitenschutzvertrag vom 10. 9. 1919 festgelegt (zum Text von Art. 3, Abs. 2: Siehe S. 282), daß die Sudetendeutschen für jede Staatsbürgerschaft optieren können, »die offen für sie ist«.
Dies hatte die ČSR nur für Österreich zugelassen; siehe oben § 4, Ziff. 3.
b) Die Regelung für die Hultschiner war in den Artikeln 84 und 85 des Versailler Vertrages vom 28. 6. 1919 festgelegt.
Zum Text: Siehe S. 277.
c) Der Zwang zum Wohnsitzwechsel für alle Optanten innerhalb von 12 Monaten (siehe oben § 8) stand bereits im Versailler Vertrag (a. a. O.) bzw. im Minderheitenschutzvertrag (Art. 3, Abs. 3).
d) Die Optionsmöglichkeit von 1938 (siehe S. 430) sollte diesen Zwang zum Wohnsitzwechsel nicht beinhalten.</td></tr>
</table>

Quelle:
ČSR-Slg. 1920; Nr. 236 v. 9. 4. 1920 im 46. Stück v. 21. 4. 1920; S. 527–530.

****

ČSR-Gesetz **1920, 14. April**

»über die Bezeichnung der Städte, Gemeinden, Ortschaften und Straßen sowie die Kennzeichnung der Gemeinden mit Ortstafeln und die Bezifferung der Häuser«

Nur tschechische Ortsbezeichnungen

. . .

Teil 1: Über die Bezeichnung der Städte, Gemeinden und Ortschaften

§ 1: Für jede Stadt, Gemeinde, Ortschaft (Ortschaftsteil) wird ein amtlicher Name festgelegt.[1]
Diese Namen wie auch spätere Änderungen[2] legt der Minister des Innern fest . . .

. . .

§ 3: Die amtlichen Ortsbezeichnungen werden in einer Matrikel ⟨*d. h. Verzeichnis*⟩ des Ministeriums des Innern geführt . . .

§ 4: Die in der Matrikel geführten amtlichen Bezeichnungen müssen von allen Gerichten, staatlichen und öffentlichen Ämtern, Organen, Einrichtungen[3] und Betrieben wie auch im Verkehr mit ihnen benutzt werden.

. . .

Teil 2: Über die Benennung von Straßen und öffentlichen Plätzen

§ 7: Bisherige Bezeichnungen von Straßen und öffentlichen Plätzen, welche nicht im Einklang mit der Geschichte und den heutigen Beziehungen der čechoslovakischen Nation stehen, vor allem solche, die an Personen erinnern, die unfreundliche Gesinnung gegen die čechoslovakische Nation oder die nationale Gemeinschaft offenbarten oder an antistaatliche Ereignisse erinnern, sind nicht erlaubt.[4]
Die Gemeinden sind verpflichtet, innerhalb eines Monats nach Rechtskraft dieses Gesetzes derart fehlerhafte Bezeichnungen zu beseitigen, ihre äußeren Kennzeichen spurlos unkenntlich zu machen und die neue Bezeichnung dem vorgesetzten politischen Amt mitzuteilen.

...

Teil 4: Abschlußbestimmungen

§ 21: Die private Bezeichnung von Gemeinden, Ortschaften ..., Straßen und öffentlichen Plätzen ist nicht erlaubt. Die Gemeinden oder ihre vorgesetzten politischen Ämter sind berechtigt und verpflichtet, private Bezeichnungen auf Kosten und Gefahr des Haus- oder Grundeigentümers zu beseitigen.

§ 22: Der Sprachengebrauch bei der Durchführung des Gesetzes wird durch Verordnung geregelt.

...

Anmerkungen:

[1] Dieser »amtliche Name« war nur tschechisch und mußte für die meisten kleineren Orte im Sudetengebiet einfach erfunden werden.
Zur Basis dieses Vorgehens bei Tolomei um 1914: Siehe S. 217, bei Kuffner 1917: Siehe S. 233.

[2] Die Vorschriften führten zu skurrilen Konsequenzen: So mußte die praktisch rein deutsche Gemeinde Domstadtl (Bezirk Sternberg, Mähren) nacheinander als Tomášov, Domštát und schließlich als Domášov nad Bystřicí bezeichnet werden.
Vgl. Hassinger, Hugo: »Die Tschechoslowakei«; Wien, 1925; S. 458.

[3] Diese Anwendung reichte bis in die öffentlicher Aufsicht unterstehenden Friedhöfe (Bezeichnung für Geburtsorte Verstorbener), in Apotheken und Krankenhäuser.
Zeitweise hatte die ČSR-Post Briefe, die nur deutsche Ortsnamen trugen, nicht befördert bzw. die Postbeamten wurden beauftragt, deutsche Anschriften zu korrigieren.
Vgl. Hassinger: a. a. O.
Es bedurfte langer Bemühungen (und des Druckes ausländischer Touristen), um auf Bahnhöfen und Postanschriften statt mindestens international völlig unbekannter Bezeichnungen wie »Mariánské Lázně« weiter auch »Marienbad« verwenden zu dürfen; auf Poststempeln wurde diese an sich unerlaubte (§ 21) »private Bezeichnung« an die zweite Stelle geschoben.

[4] a) Ziel dieser Bestimmung waren neben z. B. »(Kaiser) Joseph (II.) Straße« und »Maria Theresia Platz« auch »Marburger Straße« und »Bozener Platz«: Sie mußten umbenannt werden in z. B. »Masarykové naměstí« nach dem neuen Präsidenten und »Zborovská třida« nach einem nunmehr bekannt werdenden Überlaufvorgang tschechischer militärischer Einheiten der k. u. k. Armee zum damaligen russischen Kriegsgegner im 1. Weltkrieg.
b) Zum auch daraus resultierenden Denkmalsturm, bei dem an mißliebige Personen erinnernde Denkmäler zerstört wurden: Siehe S. 306.
c) Zur Charakterisierung von Joseph II: Siehe S. 179.
d) Unbelegt blieb folgender unter damaligen Sudetendeutschen oft kolportierter Ablauf: Über die französische Militärmission in Prag habe das ČSR-Kriegsministerium den Präfekten von Paris aufgefordert, die an Napoleons Sieg von 1805 erinnernden Pariser örtlichen Bezeichnungen »Pont« bzw. »Gare d'Austerlitz« in »Pont« bzw. »Gare du Slavkov« umzubenennen. Der Präfekt habe geantwortet: »Wer ist Slavkov?«

Quelle:
ČSR-Slg. 1920; Nr. 266 im 51. Stück v. 14. 4. 1920; S. 595 f.

****

Staatsrechtliche Erklärung **1920, 1. Juni**[1]
des Deutschen parlamentarischen Verbandes[2]
im tschechoslowakischen Parlament[1]**:**
»Niemals aufhören, die Selbstbestimmung zu fordern«

...

Der Vertrag, welchen die Čechoslovakische Republik, die dabei aber nur durch Angehörige des tschechischen Volkes vertreten war, mit den Alliierten und assoziierten Hauptmächten am 10. September 1919 abgeschlossen hat[3], geht von den Erwägungen aus, »daß sich die Völker Böhmens, Mährens und eines Teiles von Schlesien sowie das Volk der Slowakei aus freiem Willen entschlossen haben, sich zu vereinigen und sich tatsächlich zu einem dauernden Bunde zur Schaffung eines einheitlichen, souveränen und unabhängigen Staates unter dem Namen ›Čechoslovakische Republik‹ vereinigt haben«.[4]
Demgegenüber stellen wir fest: Die Deutschen Böhmens, Mährens und Schlesiens und die Deutschen der Slowakei hatten niemals den Willen, sich mit den Tschechen zu vereinigen und einen Bund zur Schaffung einer čechoslovakischen Republik zu bilden. Dagegen haben die in den deutschen Sudetengebieten gewählten österreichischen Reichsratsabgeordneten als berufene Vertreter ihrer Heimat in Ausführung des allgemeinen Volkswunsches, wie er in ungezählten Volksversammlungen und Gemeindebeschlüssen unzweifelhaft zum Ausdruck gekommen ist, nach dem Zerfalle Österreichs ausdrücklich erklärt, sich an Deutschösterreich und zwar als Deutschböhmen, Sudetenland, Deutschmähren und Böhmerwaldgau anzuschließen. Die Čechoslovakische Republik ist daher das Ergebnis eines einseitigen tschechischen Willensaktes und hat diese Gebiete widerrechtlich und mit Waffengewalt besetzt.
Die deutschen Sudetenländer sind in der Tat um ihren Willen niemals befragt worden und das Ergebnis der Friedensverträge ist daher mit Beziehung auf sie die Sanktionierung eines Gewalt-, aber niemals eines Rechtszustandes. Wir verwerfen daher die Fabel vom rein tschechischen Staate und von der »čechoslovakischen Nation«, sowie von der »čechoslovakischen Sprache«[3] als mit den Tatsachen handgreiflich im Widerspruch stehend. Wir werden niemals die Tschechen als Herren anerkennen, niemals uns als Knechte in diesem Staat fügen. Unrecht kann auch durch tausendjährige Übung niemals Recht werden, insolange es nicht von den Betreffenden selbst auf Grund freier Entschließung anerkannt wurde und wir verkünden demnach feierlich, daß wir niemals aufhören werden, die Selbstbestimmung unseres Volkes zu fordern, daß wir dies als den obersten Grundsatz aller unserer Maßnahmen und unseres Verhältnisses zu diesem Staate, den gegenwärtigen Zustand aber als unwürdig und mit den Grundsätzen moderner Entwicklung unvereinbar betrachten. Dies als Vermächtnis jenen zu hinterlassen, welche nach uns kommen werden, halten wir für unsere heilige Pflicht.

Anmerkungen:
[1] Die Erklärung wurde am 1. 6. 1920 vom Abgeordneten Rudolf Lodgman von Auen im Abgeordnetenhaus und am 9. 6. 1920 durch Senator Moritz Vetter-Lilie im Senat abgegeben.
[2] Der Verband umfaßte 41 sudetendeutsche Abgeordnete des BDL, des DCV, des DNP und der DNSAP.
Zur Zahl der Abgeordneten und den Abkürzungen der Parteien: Siehe S. 1208 f.
[3] Zum Text: Siehe S. 281.
[4] Zum Text der Vertragspräambel: Vgl. Epstein; S. 273.

Quelle:
»Stenographische Berichte über die Sitzungen des Abgeordnetenhauses der Nationalversammlung der Čechoslovakischen Republik«; Bd. I; Prag, 1920; S. 28 ff.

****

Rede **1920, 2. Juni**
des Abgeordneten Josef Seliger (DSAP) vor dem Abgeordnetenhaus im tschechoslowakischen Parlament:
»Am Selbstbestimmungsrecht unverrückbar und unverbrüchlich festhalten«

... Ich habe im Auftrag meines Klubs[1, 2] folgende Erklärung abzugeben:
Als unter dem Druck einer der größten Umwälzungen der Geschichte die österreichisch-ungarische Monarchie zerfiel, haben wir deutschen Sozialdemokraten die Befreiung der Nationen aus den jahrhundertealten Fesseln nationaler Unterdrückung freudig begrüßt. Wir anerkannten ohne Vorbehalt und ohne Einschränkung das Recht aller slawischen und romanischen Nationen, ihre eigenen nationalen Staaten zu gründen und nahmen dasselbe Recht in gleichem Maß für unser Volk in Anspruch, indem wir uns mit allen anderen Vertretern des deutschen Volkes in dem Willen und dem Beschlusse einigten, die deutschen Siedlungsgebiete des alten Österreich zu einem deutsch-österreichischen Staat zusammenzufassen.
... Die siegreichen Ententemächte haben durch den Gewaltfrieden von Versailles und St. Germain auch das deutsche Volk in den Sudetenländern der nationalen Fremdherrschaft unterworfen und es gegen seinen Willen und gegen den einmütigen Beschluß seiner berufenen Vertreter in den tschechoslowakischen Staat gezwungen.
In der Stunde, da wir das Parlament der čechoslovakischen Republik betreten, ... erklären wir deutschen Sozialdemokraten feierlichst, daß wir an dem Selbstbestimmungsrecht unseres Volkes unverrückbar und unverbrüchlich festhalten (Beifall aller deutschen Abgeordneten) und daß wir entschlossen sind, auch auf dem Boden dieses neuen Nationalitätenstaates unseren großen geschichtlichen Kampf aufzunehmen ...
...
Meine Herren! Sie haben ein Sprachengesetz[3] beschlossen. Wir sind sehr dafür, daß Regeln festgestellt werden, die im Amtsverkehr, bei Gericht usw. die Anwendung der Sprache bestimmen. Aber dieses Sprachengesetz ist keine Regelung, sondern es ist ein Diktat (Zustimmung aller deutschen Abgeordneten). Sie haben dieses Gesetz in einer Weise geschaffen, daß es zu einer Gefährdung, zu einer Schmälerung nicht nur des sprachlichen, sondern des materiellen Rechtes der deutschen Bürger dieses Staates wird (lauter Beifall aller deutschen Abgeordneten).
Es wird bei anderer Gelegenheit noch darüber zu reden sein, wie Sie deutsche Arbeiter, deutsche Angestellte, deutsche Beamte behandelt haben, wie Sie sie gemaßregelt, von ihren Arbeitsplätzen verjagt[4] und von ihren Posten versetzt haben – nur aus dem Grunde, weil sie (und noch dazu zu einer Zeit, wo Ihnen die Macht über das Gebiet, in dem wir siedeln, noch gar nicht zugesprochen war) sich für das Selbstbestimmungsrecht ihres Volkes eingesetzt haben.
...
... Der Herr Ministerpräsident ⟨*gemeint: Der tschechische Sozialist Vlastimíl Tusař*⟩ ... beruft sich darauf, daß dieser Staat[5] von der Entente anerkannt wurde – noch während des Krieges und dann nach dem Krieg. Es scheint mir, daß darin etwas liegt, was für die Politik des tschechischen Volkes von außerordentlicher Bedeutsamkeit ist. Denn wenn man sich auf den Willen der Entente beruft, so gibt man zu, daß die Quelle der Entstehung dieses Staates außerhalb des Staates liegt und nicht im Staate selbst (Zurufe seitens deutscher Abgeordneter). Wenn es so ist, daß Ihr Staat so, wie er besteht, eben auf Grund des Willens der Entente besteht, wie er im Gewaltfrieden von Paris[5] verankert ist, dann ergibt sich eine Zwangslage – für Sie und für uns ...
... Wir sind durchdrungen von der Überzeugung, daß die Beseitigung dieses Gewaltfriedens eine geschichtliche Notwendigkeit ist, die sich erfüllen wird und muß, weil nicht nur wir und Sie unter ihm nicht friedlich zusammenleben, sondern in ganz Europa die Völker nicht miteinander leben können (Zurufe deutscher Abgeordneter).

Und ich sage, meine Herren: ich würde nicht so reden wie der Herr Ministerpräsident. Denn das bedeutet ja, daß Sie das Schicksal dieses Staates an das Schicksal des Gewaltfriedens von Versailles und St. Germain[6] geknüpft haben ... Wie aber, meine Herren, wenn dieser Gewaltfriede – und das ist keine Utopie – eines Tages zerbricht? (Beifall der deutschen Abgeordneten) und wenn die mit so vieler Kunst aufrechterhaltene Macht der Entente, wie wir sie heute sehen, zusammenstürzt? Was dann kommen wird, weiß ich nicht, aber ich sage mir: wenn ich Tscheche wäre und nicht eingesponnen in die Enge Ihrer Gedankenwelt – wie sich das ja leider aus manchen Umständen ergibt –, so würde ich mich als Tscheche fragen: Wäre es nicht viel vorteilhafter, wäre es nicht eine viel sicherere Zukunft dieses Staates, wenn man aufbauen würde ... auf dem gemeinschaftlichen Willen aller Völker, die diesen Staat bewohnen? ...

Die Lage ist doch so: Dieser Friede von Versailles und St. Germain[6] hat kein europäisches Problem gelöst (Beifall aller deutschen Abgeordneten). Er hat alle Probleme, die durch den Krieg und in der vorausgegangenen Entwicklung aufgeworfen waren, vergewaltigt! ... Was ist dieser Gewaltfriede? Er ist nichts anderes als die Ablösung des alten Gewaltsystems, beruhend auf der Kongreßakte von 1815 und dem ersten Versailler Frieden des Jahres 1871, durch ein neues Gewaltsystem, gegründet auf den Friedensschlüssen von St. Germain und Versailles[6] im Jahre 1920. Ein neues Gewaltsystem hat ein altes abgelöst, und wie jene alten Systeme Imperien geschaffen haben zu dem Zweck, diese Gewaltsysteme aufrechtzuerhalten, so hat auch dieser neue Gewaltfriede[6] solche Imperien geschaffen ... Und von diesem Verrat am Selbstbestimmungsrecht droht der Demokratie in Europa der Tod. Denn alles, was jetzt geschehen wird, ist ausgelöst durch diesen Gewaltfrieden,[6] ist eine allgemeine Bedrohung der Demokratie in ganz Europa, und zwar sehr hart an den Grenzen dieses Staates (Gelächter). Sie sollen nicht lachen, meine Herren (Beifall bei den deutschen Abgeordneten – Lärm) ... Aber wie dieser Verrat am Selbstbestimmungsrecht eine Bedrohung der Demokratie in ganz Europa ist, so ist er auch zur Bedrohung und Gefahr der Demokratie in Ihrem eigenen Staat geworden ... Sie werden ein unglückliches Volk sein, solange Sie nicht begreifen, daß Demokratie nur unter Gleichen möglich ist – nicht aber zwischen Herren und Knechten.

Ich will ... Ihnen klarmachen, welch enger, unlösbarer Zusammenhang besteht zwischen Demokratie und Freiheit und dem Selbstbestimmungsrecht der Völker (Beifall aller deutschen Abgeordneten). Wenn Sie das nicht begreifen, dann ist Ihr Staat, dann sind Sie mit Unglück geschlagen (Beifall aller deutschen Abgeordneten) ...

Anmerkungen:

1 Zur Begründung der gesonderten Stellungnahme der Sozialdemokraten: Sie wollten (siehe S. 324) mit ihrer tschechischen Schwesterpartei die ČSR-Staatsstruktur umbauen.

2 Zeitgenössische Bezeichnung für »Fraktion«. Zur Stärke: Siehe S. 1208.

3 Vom 29. Februar 1920; zum Text: Siehe S. 291.

4 Zu Zahlen: Siehe S. 1205.

5 Gemeint: die Tschechoslowakei.

6 Die Friedensverträge von Versailles (28. 6. 1919) und St. Germain (10. 9. 1919); zum Text: Siehe S. 276, 280.

Quelle:

»Stenographische Berichte über die Sitzungen des Abgeordnetenhauses der Nationalversammlung der Čechoslovakischen Republik«; Bd. I; Prag, 1920; S. 61 ff.

****

Rede **1920, 10. Juni**
des Abgeordneten Franz Křepek (BdL)
vor dem Abgeordnetenhaus im tschechoslowakischen Parlament:
Die Tschechen haben vorgezeichnet, wie man sich gegen die Tschechoslowakei zu verhalten hat

. . .

Sie ⟨*der Redner wandte sich an die tschechoslowakischen Mitglieder des Hauses*⟩ haben sich in diesem alten Österreich bedrückt gefühlt. Sie haben dem Staat vorgeworfen, daß er Ihnen Ihre nationale Entwicklung als Volk vorenthalte, daß er Ihnen Ihre politische Freiheit nicht in jenem Maße gebe, wie es den Bedürfnissen Ihrer Nation entspreche.
Sie haben diesen Vorwurf erhoben, diese nationalen und politischen Forderungen zu Ihrem Programm gemacht und dieses Programm dadurch vertreten, daß Sie als Krönung Ihrer Forderungen die Aufrichtung eines eigenen Staates verlangt haben, als Sie noch österreichische Bürger waren.
Und als im Weltkrieg Not und Gefahr über diesen Staat hereinbrach, haben Sie diesem Programm nicht etwa abgeschworen, sondern Ihre fähigsten Köpfe ins Ausland geschickt, um mit dem Feind zu verhandeln. Sie haben diesem Staat im Innern planmäßig die Mittel zur Kriegsführung versagt und dadurch zu seiner Zertrümmerung beigetragen. Das alles haben Sie getan, weil Sie zu Ihren nationalen Rechten und Freiheiten gelangen wollten.
Und nun haben Sie Ihren eigenen Staat errichtet und uns mit Hilfe der siegreichen Westmächte in diesem Staat festgehalten und heute stehen wir in unserer nationalen Bedrängnis genau dort, wo Sie einst gestanden sind. Sehen Sie denn nicht, daß Sie uns ein Beispiel gegeben haben, das man nur nachzuahmen braucht? Sie haben dem deutschen Volk förmlich vorgezeichnet, wie man sich gegen einen solchen Staat zu verhalten hat! (Zustimmung und Beifall der deutschen Abgeordneten).

. . .

Quelle:
»Stenographische Berichte über die Sitzungen des Abgeordnetenhauses der Nationalversammlung der Čechoslowakischen Republik«; Bd. I; Prag, 1920; S. 254.

****

2. 1920–1938: Die Sudetenfrage in der (ersten) Tschechoslowakei

Kurzbericht: **1920–1931**[2]

Die sudetendeutschen Petitionen[1] an den Völkerbund

Keine Änderung beklagter Sachverhalte

lfd. Nr.	Datum	Verfasser der Petition	Gegenstand der Petition	Behandlung durch den Völkerbund	Änderung der beklagten Sachlage durch den Völkerbund
1	August 1920	Die Abgeordneten und Senatoren des »Deutschen parlamentarischen Verbandes«[3]	Verletzungen der Minderheitenschutzbestimmungen	?	nein
2	Herbst 1921	Arbeitsausschuß der Hultschiner[4]	Bitte um Selbstbestimmungsrecht	?	nein
3	April 1922	Die deutschen Abgeordneten	wie Ziffer 1	intern[5]	nein
4	4. August 1922	Der »Deutsche parlamentarische Verband«[3]	Ergänzung zu Ziffer 3	intern[5]	nein
5	5. August 1922	Reichsverband heimatliebender Hultschiner[4]	Forderung einer Volksabstimmung	?	nein
6	1922	Deutsche Liga in der Tschechoslowakei für den Völkerbund	Verfahrensfragen des Minderheitenschutzes	?	nein
7	Aug./Sept. 1922	1200 Vertreter deutscher Verbände, Gewerkschaften, Städte, Bezirke, Gemeinden und höherer Lehranstalten	Durchführung der ČSR-Bodenreform	intern[5]	nein
8	4. Sept. 1922	Verband deutscher Selbstverwaltungskörper	Verstaatlichung der Grenzwälder	intern[5]	nein
9	September 1922	Deutsche Großgrundbesitzer	Gewaltsame Entnationalisierung durch ČSR-Bodenreform[6]	intern[5]	nein
10	Januar 1923	Deutsche Abgeordnete	Verletzungen der Minderheitenschutzbestimmungen	?	nein
11	März 1924	Bürgermeister von 6 sudetendeutschen Kurorten	ČSR-Gesetzentwurf zur Verstaatlichung und Einführung der ts. Sprachenverordnungen in Heilbädern[7]	intern[5]	nein

lfd. Nr.	Datum	Verfasser der Petition	Gegenstand der Petition	Behandlung durch den Völkerbund	Änderung der beklagten Sachlage durch den Völkerbund
12	Oktober 1924	Vertreter von 13 deutschen politischen und ständischen Organisationen	ČSR-Bodengesetzgebung[6]	intern[5]	nein
13	Januar 1925	Bürgermeister von 6 sudetendeutschen Kurorten	Ergänzungen zu Ziffer 11	?	nein
14	19. Sept. 1925	Minderheitenausschuß der deutschen Parteien	Beschlagnahme des Kurortes Karlsbad	?	nein
15	Oktober 1925	Bürgermeister von 6 sudetendeutschen Kurorten	wie Ziffer 14	?	nein
16	19. Januar 1926	Der Abt des Stiftes Tepl, Dr. Gilbert Helmer	wie Ziffer 14[6]	intern[5]	nein
17	4. Februar 1926	Deutsche Abgeordnete und Senatoren	Ungenügende Finanzierung einer deutschen Hochschule	intern[5]	nein
18	26. April 1926	Der Abt des Stiftes Tepl, Dr. Gilbert Helmer	wie Ziffer 14	?	nein
19	9. Sept. 1926	Deutsche Abgeordnete und Senatoren	wie Ziffer 17	intern[5]	nein
20	4. Februar 1927	Reichsverband heimatliebender Hultschiner[4]	Forderung des Selbstbestimmungsrechtes	?	nein
21	2. Februar 1930	1200 Hultschiner[4]	Protest gegen Einbeziehung in ČSR	[8]	nein
22	23. März 1930	Ortsgruppe Bottrop ⟨*d. h. im Deutschen Reich*⟩ des Reichsverbandes heimatliebender Hultschiner[4]	wie Ziffer 21	?	nein
23	1. Februar 1931	Reichsverband heimatliebender Hultschiner[4]	wie Ziffer 21	?	nein
24	4. Februar 1931	Ortsgruppe Ratibor ⟨*d. h. im Deutschen Reich*⟩ des Reichsverbandes heimatliebender Hultschiner[4]	wie Ziffer 21	?	nein

Anmerkungen:

1 Rechtliche Basis für diese Bittschriften war Art. 14 des Minderheitenschutzvertrages vom 10. 9. 1919; zum Text: Siehe S. 281.
Ohne irgendeine Basis in deren Texten meinte man öfter, die Minderheitenschutzverträge seien eine bloß zeitweilige Übergangslösung:
a) Eine Äußerung in der Ratssitzung des Völkerbundes am 2. 12. 1925 lautete, daß die Verträge »schrittweise den Weg zu Bedingungen vorbereiten, die für die Herstellung völliger nationaler Einheit notwendig sind«.
b) Der britische Außenminister Austen Chamberlain interpretierte trotz (oder wegen?) der vorliegenden Erfahrungen seines Staates mit den Iren auch für die Sudetendeutschen in der ČSR: »Das Ziel der Minderheitenverträge ... ist es, den Minderheiten jenes Maß an Schutz und Gerechtigkeit zu sichern, welches sie schrittweise zum Aufgehen in jener nationalen Gemeinschaft (national community) vorbereitet, zu der sie gehören.«
c) Der brasilianische Delegierte Franco de Mello im Originaltext: »It seems to me obvious that those who conceived this system of protection did not dream of creating within certain states a group of inhabitants who would regard themselves as permanently foreign to the general organization of the country.«
d) Zusammenfassend konnte ein Tscheche daher behaupten: »Dies beweist, daß der Völkerbund das System ⟨*der Minderheitenschutzverträge*⟩ nur als eine vorübergehende Durchgangsphase ansieht.«
Vgl. Rouček, Joseph S.: »The Working of the Minorities System under the League of Nations«; Prag, 1929; S. 72, S. 120, und Macartney, Carlile A.: »National States and National Minorities«; London, 1934; S. 277.
Diese Mentalität konnte die dilatorische Behandlung der Petitionen erklären.

2 Die verwendete Quelle umfaßte nur den Zeitraum bis 1931.
Innerhalb und außerhalb dieses Zeitraumes hat es weitere, nicht registrierte Eingaben gegeben; so z. B. nach den Theaterunruhen in Prag im November 1920 die einer »Austrian Association for a League of Nations« vom Mai 1921.
Teilkopie im Besitz des Verfassers.
Eine Beschwerde der »Deutschen Parlamentarier« der ČSR vom »Sommer 1923« über die ČSR-Volkszählung von 1921 (vgl. Winkler, Wilhelm: »Statistisches Handbuch der europäischen Nationalitäten«; Wien, 1931; S. 113) könnte im Zusammenhang mit der lfd. Nr. 10 der Aufstellung stehen.

3 Zum Umfang dieser Vereinigung: Siehe S. 1208 f.; die Petition wurde als »Denkschrift« bezeichnet und im Eigenverlag publiziert.

4 Zu den Hultschinern: Siehe S. 277.

5 »Intern« bedeutete vermutlich in der Regel folgenden, vom ČSR-Außenministeriums am 4. 6. 1921 vorgeschlagenen, und am 22. 6. 1921 vom Generalsekretär des Völkerbundes dessen Mitgliedern notifizierten Ablauf:
Die Petition wurde der betroffenen Regierung zur Kenntnis gegeben, die zum Inhalt innerhalb von zwei Monaten ihre Meinung äußern konnte.
Das gesamte Material wurde dann vom Generalsekretär des Völkerbundes zunächst allen Mitgliedern, später nur den Mitgliedern des Rates des Völkerbundes zur Kenntnis gegeben.
So Völkerbund-Dok. 41/R3166/13166; Fotokopie im Besitz des Verfassers.
Keine der sudetendeutschen Petitionen wurde jedoch jemals vor irgendeinem Organ des Völkerbundes verhandelt.

6 Zum Inhalt dieser Petitionen vgl. Kaiser, Martin: »Die tschechoslowakische Agrarreform als Rechtsproblem«; Leipzig, 1931; S. 81–83.

7 Zum Text dieser Petition vgl. »Eingabe der Bürgermeister der Kur- und Badestädte Karlsbad, Marienbad, Franzensbad, Teplitz-Schönau, Joachimsthal und Johannisbad in der Tschechoslowakei an den Völkerbundrat wegen drohender Verletzung des Minderheitenschutzvertrages von St. Germain-en-Laye vom 10. September 1919 durch ein bevorstehendes Kurortegesetz«; hsg. v. d. Stadtgemeinde Karlsbad, 1924, 19 Seiten.

8 Mitteilung an den Petenten, daß die Petition nicht annahmefähig sei.
Grund dafür könnte gewesen sein:
Der Rat des Völkerbundes hatte am 5. 9. 1923 auf Antrag der ČSR festgelegt, daß von ihm zu behandelnde Petitionen u. a. nicht Vorgänge bemängeln dürften, die »vor kurzem Gegenstand einer« auch abgelehnten »Petition gewesen sind«. Auch dürften Petitionen, um annahmefähig zu sein, »insbesondere nicht den Bruch der politischen Verbindung verlangen, welche zwischen der betreffenden Minderheit und dem Staate besteht, dem sie angehört«.
Vgl. zum Text des ČSR-Antrages vom 5. 4. 1923 »Journal Officiel« des Völkerbundes; Band IV, Nr. 7; Genf (Schweiz), 1924; S. 717; zum Beschluß: a. a. O.; Nr. 11; S. 1293 f.

Quelle:
Truhart, Herbert von: »Völkerbund und Minderheitenpetitionen«; Wien/Leipzig, 1931; S. 68–77.

****

Kurzbericht: Zur Positionierung von Tschechen und Sudetendeutschen in der ČSR nach 1920 **1920–1930**

A) Vorbemerkung

Es ist öfter zu hören und zu lesen, daß sich das Verhältnis von Tschechen und Sudetendeutschen nach den Tiefpunkten militärischer Besetzung (November 1918)[1] *und des 4. 3. 1919*[2] *zu einem friedlichen Miteinander entwickelte, das erst nach 1933 durch Henlein und Hitler zerstört wurde.*
Die tatsächlichen Abläufe waren differenzierter. Man konnte notieren:

B) Materialien

1) Körperliche Zusammenstöße

a) Iglau (Mittelmähren); 23./24. 6. 1920:
(Auch) religiös motivierte Konfrontationen zwischen tschechischen und slowakischen Soldaten (2 tote Tschechen) eskalierten nach einer deutschen Sonnwendfeier; 1 toter Deutscher.[3]

b) Eger (Westböhmen), Prag; 15./16. 11. 1920:
Nachdem das Denkmal Kaiser Josephs II. in Eger gewaltsam gestürzt und von Egerern wieder aufgestellt worden war, kam es in Prag zu heftigen Angriffen vieler Tschechen auf deutsche Einrichtungen wie z. B. Theatergebäude.[4]

c) Graslitz (Westböhmen), 27. 10. 1921:
Gegen den Restaurationsversuch des Habsburger Kaisers Karl in Ungarn mobilisierte am 23. 10. 1921 die ČSR ihre Armee. Neben zahlreichen Tschechen leisteten auch viele Sudetendeutsche dem Einberufungsbefehl keine Folge. Eine unterstützende Massenversammlung wurde von ČSR-Militärs blutig zersprengt; 15 Tote und 12 schwerverletzte Deutsche.[5]

2) Wandel und Kontinuität

a) Unterwanderung
»Die planmäßig von den neuen staatlichen Gewalten seit 1919 gelenkte tschechische Unterwanderung der deutschbesiedelten Gebiete ... hatte nicht den Charakter einer Industriewanderung, einer Wanderungsbewegung, die auf einem Lohn- und Wirtschaftsgefälle beruht und deshalb als ein natürlicher soziologischer Vorgang erklärt und erklärlich gemacht werden könnte, sondern stellte sich völlig eindeutig als ein mit staatlichen Mitteln und Möglichkeiten unternommener Versuch mit dem nationalistischen Endziel dar, im Sinne des tschechoslowakischen Nationalstaatsgedankens Volksbodengrenze und Staatsgrenze zur Deckung zu bringen. Die Träger dieser Unterwanderungsbewegung sind ... nicht ... Personen, die eines höheren und rascheren Verdienstes wegen, noch mit der Bereitschaft, sich der neuen Umgebung einzupassen ... in fremdvolkliches Siedlungsgebiet hinüberwechseln, sondern ›Hraničáři‹, Grenzler, die völlig freiwillig, ohne persönliche Notwendigkeit, im Bewußtsein einer nationalen Sendung in das deutschbesiedelte Gebiet gingen, um dort als Angehörige der herrschenden Staatsnation aufzutreten und im Sinne der Tschechisierung wirksam zu werden.«[6]

b) Konfessionelle Wandlung
Die Zugehörigkeit zur katholischen Kirche, bisher in Böhmen und Mähren sowohl bei Tschechen (und Slowaken) wie bei Deutschen vorherrschend, ging nach 1919 nur unter

den Tschechen stark zurück: Bis 1930 konvertierten rd. 150.000 Tschechen zum Protestantismus, um sich als tschechische »Evangelische Brüderkirche« organisatorisch von den deutschen Glaubensgenossen zu trennen. Sehr viele Tschechen legten jegliche Konfession ab oder traten einer neugegründeten »Čechoslovakischen Kirche« bei, die sich von Rom abspaltete, die lateinische Kirchensprache durch tschechisch ersetzte, und sich schließlich als »Čechoslovakische hussitische Kirche« bezeichnete.

Bei Aufhebung anderer kirchlicher, aber bisher staatlich anerkannter Feiertage wurde der 6. Juli als Hus-Tag zur Erinnerung an die 1415 erfolgte Verbrennung des Kirchenreformators zum arbeitsfreien Staatsgedenktag erklärt. An diesem wurde dann 1925 die für Katholiken (damals »ketzerische«) Hussitenfahne mit Kelch in Anwesenheit des Staatspräsidenten Masaryk auf dem Prager Hradschin gehißt.

Damit entwickelte sich zwischen Sudetendeutschen (und Slowaken) auch eine neue Barriere zu vielen Tschechen: Die Religion, mindestens aber die Konfession[7].

c) *Besonderheiten in Namen und Siedlungsweise*

Fast humoristische Beiträge zu den ersten ČSR-Sprachverordnungen (siehe S. 291 ff.) lieferten folgende Tatbestände: Ab 1929 saßen in der gleichen tschechoslowakischen Regierung ein sudetendeutscher Minister namens Czech und ein tschechischer Minister namens Němec, dem tschechischen Wort für Deutscher.

Der sudetendeutsche Minister Spina, von Beruf Slawist, mußte und konnte die schwierige tschechische Grammatik in den Aktenvermerken seiner tschechischen Beamten korrigieren.[8]

Zur Siedlungsweise galt generell trotz aller ČSR-Unterwanderungsaktivitäten das Urteil des Prager katholischen Theologen und sudetendeutschen Parlamentariers Hilgenrainer[9] *über das unveränderte, bloße Nebeneinander von Tschechen und Deutschen:*

»So lebten und leben zwei Völker des gleichen Landes ⟨*d. h. Böhmen, Mähren/Schlesien*⟩ und Staates ⟨*d. h. ČSR*⟩ nebeneinander, als lägen Staatsgrenzen zwischen ihnen ... Die Scheidung zwischen den beiden Völkern ist bis heute ⟨*d. h. 1934*⟩ geblieben.«

3) *Schriftliche und mündliche Kommentare*

a) *Ein sudetendeutscher Stoßseufzer*

Im Herbst 1921 mußte der Turm des Rathauses in Saaz erneuert werden, wobei eine verwitterte, unlesbare Pergamenturkunde gefunden und ersetzt wurde. Vom »ersten Bürgermeister-Stellvertreter Johann Heiser« *geschrieben, hieß es in der neuen Urkunde vom 1. 9. 1921 in schönster Sütterlin-Schrift u. a.*[10]:

»Die im heurigen Jahre vorgenommene Volkszählung ergab 16.268 Einwohner der Stadt. Hiervon ist der überwiegende Teil – mehr als 90 von Hundert – Deutsche, der Rest Tschechen.

Bodenständig in Saaz sind nur die deutschen Bewohner, die tschechischen sind in den letzten Jahrzehnten zugewandert, zum ansehnlichsten Teile erst nach Errichtung der tschechoslowakischen Republik hierher amtlich versetzt worden.

Der Friede von Versailles hat Saaz zum Bestandteil der tschechoslowakischen Republik gemacht, die, obwohl mehr als zur Hälfte von anderen Nationen – Deutschen, Ungarn und Slowaken – bevölkert, nur von Tschechen regiert wird, mit allen Mitteln die anderen Nationen unterdrückt und ihrer Rechte beraubt, weshalb sie alle mit Sehnsucht den Tag herbeihoffen, der ihre Befreiung von diesem Staate bringt. –«

⟨*Dann folgten u. a. die Namen der amtierenden Bürgermeister und Stadträte, und es hieß weiter:*⟩

»Diese neue Urkunde wird, wohlverschlossen in einer Metallkapsel, im Knaufe des nunmehr hergerichteten Stadtturmes am heutigen Tage, das ist dem 1. September 1921 ... untergebracht, zu einer Zeit also, da Deutschlands Größe schmählicher darniederliegt als im Zeitalter Ludwigs des XIV. und Napoleons ...

Mögen diejenigen, die diese Urkunde zum erstenmale wieder zu Gesicht bekommen, auf diese Zeit der Schmach nur als auf eine längst vorübergegangene kurze Episode zurückblicken!«

Der Turm mußte im Herbst 1994 neuerlich restauriert werden. Dabei wurde die Urkunde von 1921 gefunden, zeitweise ausgestellt, veröffentlicht und, ergänzt »durch Schriftstücke aus der Gegenwart ... an ihren ursprünglichen Platz im Turmknauf zurück« *verbracht.*[10]

b) *Tschechische Äußerungen*

Die Sudetendeutschen wurden mit zahlreichen bedrohlichen Prognosen und Erfolgsmeldungen konfrontiert. In knapper Auswahl einige Beispiele:

1919: Karel Mareš, *Präsident der tschechischen Völkerbundsliga, im Kulturausschuß der tschechoslowakischen Nationalversammlung*[11]*:*

»Es wäre Wahnsinn, das Streben an den Tag zu legen, die Deutschen für die Republik zu gewinnen. Diese Politik ist absurd. Wer da glaubt, den Deutschen ihren jetzigen Besitzstand im Staat zu lassen, handelt entweder aus Angst vor den Deutschen oder in der Hoffnung auf die Deutschen. Auch eine solche Angst und eine solche Hoffnung ist nationaler Verrat.«

1921: Rudolf Raše, *Abgeordneter der tschechischen Nationalsozialisten, schrieb in der Parteizeitschrift* »Čas« *(Zeit)*[12]*:*

»Wem der Boden ... gehört, dem gehört das Land. Deshalb kommt es darauf an, den Boden ... in die Hand zu bekommen ... Budweis war keine nur deutsch angestrichene Stadt, sondern eine alte deutsche Stadt[13], die schrittweise erobert[14] werden mußte ... In 50jähriger aufreibender Arbeit wurde diese Stadt in eine tschechische verwandelt ...

Für die Zukunft kann man nur eines tun: Boden und Immobilien erwerben, dort Handwerker, Ärzte und Advokaten ansiedeln. Unsere Banken sollten Minderheiten-Garantiefonds zur Sicherung tschechischer Unternehmungen im ›geschlossenen 〈*d. h. deutschen Sprach-*〉Gebiet‹ gründen.«

1921: Die ČSR-Staatszeitung »Československá Republika« *im Oktober*[15]*:*

»Die deutsche Minderheit in Brünn[16] wird wie ein Stück Eis in der Sonne zerschmelzen. Nichts kann sie retten. Auf alle Art zur Beschleunigung[14] dieser Entwicklung beizutragen ist selbstverständliche Pflicht der tschechischen Mehrheit.«

1924: Die rechtssozialistische Monatszeitschrift »28. Říjen« *(28. Oktober*[17]*) im November*[14]*:*

»Selbst wenn es in Eger nur 2 Tschechen gäbe, so würden sie noch niemals eine Minderheit bilden, sondern immer Vertreter des Staatsvolkes, der Herren des Landes bleiben, und die Minderheit wird immer jener Haufen Zugewanderter aus den beiden Reichen der verendeten Adler[18] bleiben, die uns der Wind zugetragen hat.«

1925: Satzung und eine Entschließung der »Národní jednota a Matice v Československé Republice« *(Zentralvereinigung der nationalen Schutzverbände in der ČSR) legten fest*[19]*:*

Wir sind »nicht mehr bloß zum Schutze, sondern zur Eroberung der Grenzbezirke und der uns von den Gegnern entrissenen Sprachinseln« *da, sowie zur* »Wiedereroberung des Gebietes, das uns in jahrhundertelangen Kämpfen entrissen wurde«.

1925: Unwidersprochen ließ sich ČSR-Staatspräsident Tomáš Masaryk nach seinen symptomatischen »Emigranten und Kolonisten« *des Jahres 1918*[20] *in einem Schulbuch wie folgt*[21] *porträtieren:*

»Ein Märchen, wie es die Großmutter ihren Enkeln noch in 100 Jahren erzählen wird.

Es war einmal ein großes Reich, in dem ein hundertköpfiger Drache herrschte ... Man nannte ihn Germania. Er fraß nicht nur einzelne Leute auf, sondern er griff und würgte ganze Völker, die in der Nachbarschaft seines Reiches lebten ...
Es gelüstete ihn auch nach einem kleinen Ländchen, in welchem gute, friedfertige Leute wohnten, die dem Drachen noch niemals einen Schaden zugefügt hatten. In diesem kleinen, aber schönen Ländchen lebte ein armer herrschaftlicher Kutscher mit seinem Weibe. Sie wohnten in einer kleinen, mit Stroh gedeckten Hütte und erzogen einen kleinen Sohn, welchen sie Tomáš nannten. Der kleine Tomáš wuchs heran, und als er 13 Jahre alt war, schickten sie ihn zur Prüfung in die Welt. Er ging nun auf die Wanderschaft. Er kam in eine große Stadt, die man Vindobona ⟨*d. h. Wien*⟩ hieß und wollte dort ein Handwerk erlernen. Aber diese Stadt lag schon im Nachbarreich, wo der häßliche Drache Germania herrschte. Dem kleinen Tomáš gefiel es nicht unter den Dienern dieses Staates, die eine fremde, unbekannte Sprache redeten und jeden Fremden quälten und plagten. Daher schnürte er sein Ränzchen ... und wanderte heimwärts ... bis er wieder ... zu Mutter und Vater kam ... Angekommen sagte er: ›Mutter, ich war in der Welt, und es gefiel mir dort nicht, denn dort herrscht der hundertköpfige Drache Germania und quält alle braven Leute. Wenn ich groß bin, töte ich ihn!‹ Vater und Mutter lächelten traurig. ...
Als einmal Tomáš nach dem Dorfplatz Wasser holen ging, traf ihn ein Greis und fragte ihn: ›Was treibst du, kleiner Tomáš?‹ Da erzählte ihm Tomáš, worauf er sich vorbereitete. Der Greis schüttelte den Kopf und sagte: ›Lieber Junge, diesen Drachen Germania wirst du niemals mit dem Hammer überwinden, denn dieser Drache hat hundert Köpfe, und wenn du einen abschlägst, wachsen zehn neue nach. Suche erst zu lernen, wie du den Drachen schwächen kannst ... Und dann gehe fort über drei Flüsse und drei Berge und suche mächtige Herrscher, die im Herzen jene Kraft haben, die dir den Drachen überwinden hilft.‹
Der kleine Tomáš kam nach Hause und sagte: ›Liebes Väterchen und Mütterchen, seid so gut und laßt mich Weisheit und Wissenschaften studieren.‹ Der Vater stimmte zu und gab ihm seinen Segen ... Tomáš ging in die Welt und kam wieder in die Stadt Vindobona, wo er in die Hochschule eintrat und nichts anderes tat, als zu studieren. Viele Bücher durchforschte er eifrig ... und lernte viel und mehr. Er konnte sieben Sprachen, die in fremden Ländern gesprochen wurden. Dorthin ging er und erfuhr dort auch, daß der Drache Germania Köpfe hatte, die verschiedene Namen trugen, wie Lüge, Haß, Gewalt, Roheit, Knechtschaft, Unehrlichkeit usw. Weiter erkannte er dort, daß diese Köpfe des Drachen nur von Menschen besiegt werden können, die in ihren Herzen Liebe, Wahrheit, Friedseligkeit, Freiheit, Ehrlichkeit als strahlende Göttinnen eingeschlossen haben.
...
Einmal nahm sich der hundertköpfige Drache Germania vor, die ganze Welt zu unterwerfen[22], und er zog in den Kampf.
Da erinnerte sich Tomáš an den Greis und begab sich auf den Weg. Obzwar er schon alt war, wanderte er doch so lange, bis er in ein Reich gelangte, gegen das der Drache Germania auch zu Felde gezogen war[23].
Und dort lebten Leute, die ihr Land liebten und friedlich beisammen wohnten. Da erkannte Tomáš, daß dort alle Menschen im Herzen Wahrheit, Liebe, Freiheit und Ehrlichkeit tragen, sowohl das Volk als auch sein König[24]. Mit ihnen zog er nun in den Kampf. Auch aus seinem Heimatlande kamen ihm Ritter mit glänzend strahlenden Stirnen[25] zu Hilfe, und sie alle zusammen hieben nach den Köpfen des Drachen. Und wie sie einen Kopf abgehauen hatten, bestrahlte diese Stelle sogleich eine der Göttinnen, die sie in ihren Herzen bewahrten, und eine lodernde Flamme,

die aus den Wunden hervorsprang, verbrannte die häßlichen Hälse, so daß keine Köpfe mehr nachwachsen konnten. Ohne jegliche Macht lag der kopflose Drache Germania, und seine Diener flüchteten in Winkel und Löcher vor jenem mächtigen Glanz, welcher herausloderte aus den Herzen der Tomáškämpfer. Der Drache war getötet.

Darauf kehrte Tomáš in seine Heimat zurück, wo das abscheuliche Ungeheuer Germania seine Tatzen noch nicht ausgebreitet hatte. Die Städte jubelten ihm entgegen, aus den Fenstern flatterten die weißroten[26] Fahnen, und er kehrte als Sieger zurück, wie ein König. Jede Mutter zeigte ihn ihrem Kind, all die Frauen und Greise weinten, und den Männern schnürte es vor Rührung die Brust zusammen. Er kehrte zurück, der Held, auf dessen Stirn der Stern erglühte: ›Ehrlichkeit und Wahrheit‹! Der tapfere Mann des Volkes kehrte zurück: Tomáš Masaryk.«

1928: Gegenüber derartigen plastischen Bildern blieben staatsmännische Aussagen des ČSR-Präsidenten eher vage. Er formulierte am 28. 10.[27]*:*

»Nicht nur unsere Deutschen, sondern auch die übrigen Staatsangehörigen sind – wenn auch als kleinere Minoritäten – alle jetzt in gleicher Weise unsere Mitbürger und werden daher demokratische Gleichberechtigung genießen . . . In der Demokratie ist die Vertretung der Minderheiten eine Notwendigkeit. In jedem Fall aber ist es Aufgabe der Majorität, die dem Staat – entsprechend dem demokratischen Mehrheitsgrundsatz – ihren Charakter aufprägt, die Minderheit für den Staat zu gewinnen.«

1930: Masaryk wiederholte am 27. 2.[28]*:*

»Die Verantwortung für die gedeihliche Lösung des Minderheitenproblems fällt in erster Linie auf uns Tschechen-Slowaken, weil wir die Macht in Händen haben.«

1928: Es gab auch Ansätze zu übernationaler, demokratischer Zusammenarbeit, z. B. den ersten Kongreß aller sozialdemokratischen Parteien der ČSR am 28./29. 1. in Prag. Der Kongreß kam jedoch über die Klassenstellung einer sich gegen den KPČ-Anspruch abgrenzenden proletarischen Manifestation internationaler Solidarität nicht hinaus: Die grundlegenden nationalen Probleme des Staates blieben unerörtert.[29]

1930: Zwei Jahre später, bei einer Konferenz der DSAP mit dem (Sudeten-)Deutschen Gewerkschaftsbund am 7. 9. hörten sich anwesende Vertreter der tschechischen Sozialdemokraten widerspruchslos, aber schweigend bittere Worte ihrer sudetendeutschen Genossen an, welche die hohen Verluste an sudetendeutschen Arbeitsplätzen durch die Tschechisierungspolitik des Staates und seiner Einrichtungen beklagten.[30]

1936: Und noch weitere sechs Jahre später schrieb die tschechische nationalsozialistische Zeitschrift »Obrana národa« *(Verteidigung der Nation)*[31]*:*

»Das Grenzlerproblem . . . ist die Besiedelung dieses Drittels[32] mit Menschen aus unserem Volk, ist die Hinausschiebung[14] der heutigen Sprachgrenze bis an die tatsächlichen Staatsgrenzen, ist die Erbauung der stärksten, vollkommen unüberwindlichen und verläßlichen Grenz- und Festungslinie aus Menschen unseres Stammes und unseres Blutes.«

Es gab nur wenige tschechische Stimmen, welche diese Tendenz nicht teilten.

C) Schlußbemerkung:

Zur Beurteilung der Dokumentation »großer Politik« sind diese Ereignisse auf »niedriger Basis« nicht unerheblich: Sie beeinflußten zutiefst jene Atmosphäre täglichen Lebens, in welcher die Menschen dachten und fühlten, schwiegen und handelten.

Quellen und Anmerkungen:

[1] Zum Vorgang: Siehe S. 236 f.

[2] Zum Vorgang: Siehe S. 262 ff.

[3] Vgl. »Aktenmäßige Darstellung der blutigen Vorfälle in Iglau«; hsg. v. d. Deutschpolitischen Arbeitsstelle, Prag; 9. Veröffentlichung; o. J. (ca. 1920); 22 S.

[4] Vgl. Nüsser, Ida: »Der Volkskaiser Joseph II.: Sein Denkmalsturz in Eger« in »Egerer Zeitung« ⟨*MHZ.*⟩; Amberg (Opf.); Jg. 49, Nr. 4 (April 1998); S. 82.
Beim vergleichbaren Vorgang in Asch: 2 tote Deutsche.
Vgl. Tins, Benno: »Die eigenwillige Historie des Ascher Ländchens«; München, 1977; S. 88.

[5] Vgl. »Graslitzer Rundbrief« ⟨*MHZ.*⟩; Aschaffenburg (Ufr.), Jg. 1, Nr. 4 (Oktober 1962); S. 51 f. sowie »Graslitzer Nachrichten« ⟨*MHZ.*⟩; Dettingen (Ufr.), Jg. 2, Nr. 11 (November 1971); S. 267 f.

[6] Vgl. Bohmann: MuG; S. 110 f.

[7] In Zahlen ausgedrückt ergab sich folgendes neue Bild der religiös-konfessionellen Gliederung der Nationalitäten:

	ČSR 1930							
	Gesamt	darunter			Gesamt	darunter		
		Tschechen	Deutsche	Slowaken		Tschechen	Deutsche	Slowaken
	absolut (in Tausend)				Maßzahl (in %)			
	1	2	3	4	5	6	7	8
Bevölkerung	14,730.	7,348.	3,318.	2,409.	100,0	100,0	100,0	100,0
davon:								
1) Konfessionslos	856.	747.	85.	19				
2) Čechoslov. Kirche	794.	778.	1.	14.				
Summe 1 + 2	1,650.	1,525.	86.	33.	11,2	20,8	2,6	1,4

Die Zahlenangaben nach Bohmann: MuG; S. 96, 104.

[8] Vgl. Rhode, Gotthold: »Die Tschechoslowakei von 1918 bis 1939« in »Aus Politik und Zeitgeschichte«; Hamburg, Jg. 1962, H. 48/49; S. 605–639, hier S. 621.

[9] Vgl. Hilgenrainer, Karl: »Die deutschen Katholiken in der Tschechoslowakei« in »Die deutschen Katholiken in der Tschechoslowakischen Republik«; hsg. v. H. Donat; Warnsdorf, 1934; S. 17–28, hier S. 18.
Zu Tradition und Beibehaltung nationaler Abgrenzungen selbst in der an sich eher weltoffenen Stadt Prag mit z. T. skurrilen Erscheinungsformen vgl. Kisch, Egon Erwin: »Deutsche und Tschechen« in »Prag erzählt«, hsg. v. Peter Sacher; Frankfurt/M., 1994; S. 22–28.

[10] Vgl. »Heimatbrief Saazerland« ⟨*MHZ.*⟩, Hannover; Folge 668 (Dezember 1994); S. 6. Text lt. gesonderter Mitteilung; Fotokopie im Besitz des Verfassers.

[11] Vgl. Hassinger, Hugo: »Die Tschechoslowakei«; Wien, 1925; S. 431.

[12] Vgl. »Palčiva otázka« (Brennende Frage) in Jg. 31, Nr. 190 v. 14. 8. 1921; S. 1 f.

[13] Budweis hatte folgende Entwicklung genommen:
1857: rd. 14.800 Einwohner, davon rd. 12.000 Deutsche (= ca. 80 %);
1880: rd. 23.100 Einwohner, davon rd. 13.000 Deutsche (= ca. 50 %);
1921: rd. 35.000 Einwohner, davon rd. 6.700 Deutsche (= ca. 19 %).

[14] Zur Interpretation derartiger Abläufe als natürliche, soziologische Vorgänge: Siehe S. 361.

[15] Vgl. Hassinger: a. a. O.; S. 439 f.

[16] Brünn hatte folgende Entwicklung genommen:
1890: rd. 94.000 Einwohner, davon rd. 62.000 Deutsche (= ca. 70 %);
1910: rd. 120.000 Einwohner, davon rd. 82.000 Deutsche (= ca. 68 %);
1921: rd. 222.000 Einwohner, davon rd. 56.000 Deutsche (= ca. 25 %).

[17] Errichtungstag der ČSR im Jahre 1918 und seitdem Staatsfeiertag.

[18] Vermutlich Anspielung auf die Symbole im Wappen Österreichs und des Deutschen Reiches.

[19] Vgl. Radl, Emanuel: »Der Kampf zwischen Tschechen und Deutschen«; Reichenberg, 1928; S. 140.
Hellsichtig meinte weit vor Hitler dieser Tscheche (vgl. a. a. O., S. 161):
»Deutschland wird sicherlich den Frieden von Versailles korrigieren, und in der Welt wird sich dagegen kein Protest erheben; Österreich wird den Anschluß an Deutschland vollziehen . . . und das Nationalitätenprinzip, das man im Kampfe gegen Deutschland anwendete, wird in dessen Händen zur Waffe werden. Auch zur Waffe gegen die Tschechoslowakei, deren Bevölkerung zu einem Drittel deutsch ist?«

[20] Siehe S. 244.
[21] So Pláček, F.: »Pohádka dluhy« (Rückübersetzung für »Ein Schuldmärchen«) in »České úkoly na školách středních a ústavech učitelských« (Tschechische Aufsätze in Mittelschulen und Lehrerbildungsanstalten); hsg. von Václav Suk und František Šímek; Verlag Jan Svález, Budweis (S.Böhm.); 1925. Wiedergabe nach »Sudetenpost« ⟨*HZ, 14t.*⟩, Linz; Jg. 41, Nr. 24 v. 14. 12. 1995; S. 6.
[22] Offensichtlich gemeint: Der Erste Weltkrieg 1914–1918.
[23] Ob hier Großbritannien oder die USA gemeint: Beide Staaten hatten dem »Drachen Germania« den Krieg erklärt, nicht umgekehrt, wie hier dargestellt.
[24] Anscheinend gemeint: US-Präsident Wilson.
[25] Wohl u. a. gemeint: Dr. Edvard Beneš.
[26] Wohl gemeint: Die Wappenfarben Böhmens, die 1918 die ersten ČSR-Staatsfarben waren.
[27] Vgl. Klepetař, Harry: »Seit 1918. Eine Geschichte der tschechoslowakischen Republik«; Mährisch Ostrau, 1937; S. 266.
[28] Vgl. »Schulthess Europäischer Geschichtskalender«; Bd. 71/Jg. 46 n. R. (1930); München, 1930; S. 259.
[29] Vgl. das Kongreßprotokoll; hsg. vom Parteivorstand der DSAP; Prag, 1928.
[30] Vgl. »Die Wirtschaftskrise und die Sudetendeutsche Arbeiterschaft«; hsg. vom Parteivorstand der DSAP; Prag, 1930. Zu einigen Angaben: Siehe S. 1206.
[31] Vgl. Brutus (Anonymus): »Přikročme k národní rekolonisace pohraničí« (Nehmen wir die nationale Rekolonisierung des Grenzlandes in Angriff) in Jg. 16, Nr. 2 v. 31. 1. 1936; S. 1 f.
[32] Gemeint: von Böhmen und Mähren-Schlesien, d. h. das Sudetengebiet.

****

Volkszählungen in der ČSR: **1921, 15. Februar**
Bestimmungen, Ergebnisse und Beurteilungen **1930, 1. Dezember**
der Nationalitätenerhebung
Zusammenfassende Gegenüberstellung

I. Bestimmungen

1) Ablauf[1]
Bei den Volkszählungen wurde u. a. die Nationalität erhoben;
die Erhebung erfolgte mit Zähl- bzw. Aufnahmebogen;
die Erhebung wurde durch vom Bezirk[2] *ernannte Zählkommissare durchgeführt,*
»welche die Gewähr bieten, daß sie die Zählarbeiten richtig[3] und genau durchführen«;
dienstfrei gestellte Lehrer/Beamte sein konnten;
und ein »Gelöbnis« *zu leisten hatten,* »daß sie ihre Pflichten unparteiisch und gewissenhaft erfüllen und das Amtsgeheimnis wahren werden«.

2) Definition der Nationalität
1921[4]*:*
»Unter Nationalität ist die Stammeszugehörigkeit zu verstehen, deren äußeres Hauptmerkmal in der Regel die Muttersprache ist: Juden können die jüdische Nationalität anführen. Es ist unzulässig, statt der Nationalität die Zugehörigkeit zu einem bestimmten Gebiete[5] anzuführen; es darf somit z. B. nicht eingetragen werden: Hanake, Schlesier u. dgl.«

1930[6]*:*
»Die Nationalität wird in der Regel nach der Muttersprache eingetragen. Eine andere Nationalität als jene, für welche die Muttersprache zeugt, kann nur dann eingetragen werden, wenn die gezählte Person ihre Muttersprache weder in ihrer Familie noch im Haushalte spricht und wenn sie die Sprache jener Nationalität vollkommen beherrscht. Juden können jedoch immer die jüdische Nationalität einbekennen.«

3) Erfassung in Familien: Normalfall für Familienangehörige
1921[7]*:*
»In die Aufnahmebögen darf der Zählkommissar nur diejenige Nationalität eintragen, die

ihm der Haushaltsvorstand für sich, die minderjährigen Familienangehörigen und unzurechnungsfähige Personen angibt. Erwachsene Personen haben dem Zählkommissar ihre Nationalität selbst anzugeben.«

1930: Keine entsprechende Vorschrift

4) Erfassung in Familien: Normalfall für Nicht-Familienangehörige

1921[8]*:*

»Bei der Ausfüllung der Zählbogen ist der Haushaltsvorstand verpflichtet, für Personen, die keine Familienmitglieder sind, jene Nationalität zu erklären, zu der sich diese Personen selbst bekennen. Hat der Zählkommissar Grund zum Zweifel, verhört er diese Personen und erstattet im Falle falscher Nationalitätsaufzeichnung Strafanzeige.«

1930[9]*:*

»Mündige Personen und Personen, die nicht zur Familie des Wohnungsinhabers gehören (Dienstpersonen, Lehrlinge, Aftermieter ⟨*heutiger Sprachgebrauch: Untermieter*⟩ usw.) haben die Nationalität selbst einzubekennen, für unmündige und unzurechnungsfähige Personen hat es ihr gesetzlicher Vertreter zu tun.«

5) Erfassung in Familien: Streitfälle

1921[7]*:*

»In den Zählbögen darf der Zählkommissar die Nationalitätsangabe nur dann ändern, wenn sie offensichtlich unrichtig angegeben ist. In diesem Falle führt er die Änderung mit Zustimmung der betreffenden Person durch, welche dies durch abschließende Unterschrift bestätigt.

Stimmt die Partei ⟨*gemeint: Person*⟩ nicht zu, legt der Zählkommissar die Angelegenheit der vorgesetzten politischen Behörde vor, welche die betreffende Person verhört (ggbf. durch die untergebene Behörde) und innerhalb 14 Tagen entscheidet. Die Berufung gegen diese Entscheidung hat keine aufschiebende Wirkung.«

1930[10]*:*

»Die Eintragung der Nationalität im Zählbogen darf vor dem Kommissär nur mit Zustimmung der gezählten Person, bei einer unmündigen oder unzurechnungsfähigen Person aber nur mit Zustimmung ihres gesetzlichen Vertreters geändert werden. Jede solche Berichtigung muß zum Zeichen der Zustimmung von der Partei ⟨*gemeint: Person*⟩ mit ihrer Unterschrift in der Anmerkungsrubrik bestätigt werden.«

»Beharrt die gezählte Person auf der Eintragung der Nationalität, die der Kommissär nicht für richtig hält, oder weigert sie sich, durch ihre Unterschrift die Zustimmung zur Berichtigung dieser Eintragung zu bestätigen, so hat der Kommissär die Angelegenheit der vorgesetzten politischen Behörde zur Entscheidung vorzulegen, welche die betreffende Person vernimmt und ohne Verzug entscheidet. Eine Berufung gegen diese Entscheidung hat keine aufschiebende Wirkung.«

6) Erfassung in Sammelunterkünften (ohne Hotels, Gasthäuser, Pensionen und Nachtherbergen)

1921[11]*:*

In Krankenhäusern, Gefängnissen, Klöstern »sind keine schriftlichen Erklärungen der einzelnen Insassen erforderlich; alle Bewohner dieser Einrichtungen sind vom Direktor oder Vorsteher der Anstalt (dem führenden Offizier der Kaserne o. ä.) oder ⟨*von*⟩ der durch ihn bestimmten Person unter seiner persönlichen Verantwortung in die gemeinschaftlichen Zählbogen einzutragen«.

»Für Soldaten, die in Kasernen oder anderen militärischen Anstalten (militärische Krankenhäuser, Strafanstalten) untergebracht sind, gilt die gleiche Bestimmung wie für die anderen Anstalten.« ⟨*D. h. wie im vorhergehenden Absatz für zivile Anstalten.*⟩

1930[12]*:*
»In ... Krankenhäusern, Sanatorien, Findelanstalten, Internaten, Klöstern, ... Gefängnissen, Besserungs- und ähnlichen Anstalten sind alle Bewohner ... in die gemeinschaftlichen Zählbogen vom Direktor oder Vorsteher der Anstalt oder von der durch ihn bestimmten Person unter seiner persönlichen Verantwortung nach den Personalausweisen und Vormerken, die von der Anstalt über ihre Insassen, ihre Mitglieder und ihr Personal geführt werden, und nach den mündlichen Angaben der gezählten Person oder ihres gesetzlichen Vertreters, in die Aufnahmsbogen vom Zählungskommissär einzutragen.«
»Hinsichtlich der Zählung der Militärpersonen im aktiven Dienste in den Kasernen und militärischen Anstalten (militärischen Krankenhäusern, Strafanstalten usw.) gelten dieselben Bestimmungen wie hinsichtlich der Zählung in anderen Anstalten (§ 8, Punkt 2 und 3).«

7) Revision
1921 = 1930[13]*:*
〈*Anschließend findet eine*〉 »Revision« 〈*durch spezielle*〉 »Revisoren« 〈*statt. Sie haben*〉 »das ganze Zählmaterial dahin zu überprüfen, ob es vollständig ist und ob es richtig ausgefüllt ist.«

II. Ergebnisse, Bedeutung:

1) Zahlenmäßige Ergebnisse:
1921 und 1930: Siehe S. 1196.

2) Generelle Bedeutung der Ergebnisse:
1921:
Nachweis, daß die Aussagen des ČSR-Außenministers Dr. Beneš über die Zahl der Sudetendeutschen vor der Friedenskonferenz von 1919 in Paris[14] *falsch waren.*

1930:
Nachweis, daß seit 1918/19 rd. 430.000 Tschechen in das Sudetengebiet zugewandert waren.[15]

III. Beurteilungen, ergänzende Informationen

Zu 1921:
1) Die Richtigkeit der Nationalitätenzählung wurde nach zeitgenössischer Darstellung der sudetendeutschen Sozialdemokraten[16] *von den Minderheiten der ČSR »heftig angefochten« und waren darüber hinaus bereits durch die Ergebnisse der ČSR-Parlamentswahlen von 1920*[17] »in hohem Grade erschüttert«.

2) Nach Darstellung der Ergebnisse hieß es in einer anderen Schrift u. a.[18]*:*
»Das Deutschpolitische Arbeitsamt in Prag[19] hat den Bürstenabzug dieses Artikels in freundlicher Weise durchgesehen und hat die Nationalitätenergebnisse der amtlichen tschechoslowakischen Statistik wegen der zahlreichen Übergriffe, die sich die Unterorgane der Volkszählung erlaubt hätten, als durchaus unrichtig bezeichnet. Die deutschen Parteien hätten am 19. Mai 1921 im Prager Abgeordnetenhaus eine mit reichlichem Material belegte Interpellation über die ungesetzlichen Vorgänge bei der Volkszählung an den Minister des Innern gerichtet, doch sei diese Interpellation niemals beantwortet worden, es seien daher auch die darin enthaltenen Angaben von der Regierung offiziell nie bestritten worden. Ferner hätten die deutschen Parlamentarier der Tschechoslowakei im Sommer 1923 eine mit zahlreichem Beweismaterial belegte Beschwerde über die Vorgänge bei der tschechoslowakischen Volkszählung dem Völkerbunde überreicht, doch sei auch diese Beschwerde bis heute unerledigt geblieben.«

Zu 1930:

Zum Volkszählungstermin 1. 12. 1930 wurde berichtet[20]:

»Trautenau ⟨*N.Böhm.*⟩ erhielt ausgerechnet am 1. Dezember 600 tschechische Infanteristen als Verstärkung der ständigen Garnison, obwohl die neue Kaserne noch feucht ist und die Verlegung des Militärs erst für das Frühjahr geplant war. Eine ganze Reihe deutscher Bezirksstädte bekam am 1. Dezember ›Schlafkompagnien‹ tschechischer Eisenbahner und Finanzwächter zu Gast. In Hohenstadt ⟨*Mähren*⟩ allein waren für solche Zählgäste rund 200 Privatquartiere bereitgestellt. Auf diese Weise wurde die tschechische Minderheit in vielen Orten, darunter auch Mährisch-Schönberg ⟨*N.Mähr.*⟩, um 50 bis 70 v. H. erhöht. In Oderfurt ⟨*Schlesien*⟩ zählte man gegen 400 tschechische Streckenarbeiter als dauernd anwesend, obgleich sie nur einige Tage bei der dortigen Bahnverwaltung beschäftigt waren.«

Quellen:

Zu 1921:

A) »Gesetz vom 8. April 1920 über die Volkszählung«; in ČSR-Slg. 1920; Nr. 256 im 50. Stück vom 27. 4. 1920; S. 547.

B) »Verordnung der Regierung der ČSR vom 30. Oktober 1920 zur Durchführung des Gesetzes über die Volkszählung vom 8. April 1920« in ČSR-Slg. 1920; Nr. 592 im 125. Stück vom 5. 11. 1920; S. 1503–1506.

C) »Belehrung und Anleitung zur Ausfüllung des Zählbogens« in »Čechoslovakische Statistik«; Bd. 9, Reihe VI (Volkszählung Heft 1); hsg. v. Statistischen Staatsamt, Prag; 1924, S. 10–16.

Zu 1930:

D) »Gesetz vom 17. März 1927 über die Volkszählung« in ČSR-Slg. 1927; Nr. 47 im 26. Stück vom 4. 5. 1927; S. 451 f.

E) »Regierungsverordnung vom 26. Juni 1930 über die Volkszählung im Jahre 1930; in ČSR-Slg. 1930; Nr. 86 im 37. Stück vom 30. 6. 1930; S. 493–498.

F) »Belehrung und Anleitung, wie der Zählbogen auszufüllen ist« in »Čechoslovakische Statistik«; Band 98, Reihe VI (Volkszählung Heft 7); hsg. vom Statistischen Staatsamt, Prag; 1934; S. XLII.

Anmerkungen:

[1] B: § 3; § 4; § 13, Abs. 2; § 14, Abs. 1, 2; § 15;
E: § 2; § 6; § 5; § 15, Abs. 1, 2; § 16.

[2] Vor 1921 wurden Volkszählungen von den Gemeinden durchgeführt.

[3] Die Abwicklung durch ausgewählte Kommissare, vornehmlich Lehrer/Beamte tschechischer Nationalität, sicherte tendenziell ein wunschgemäßes Ergebnis.
Nach parlamentarischer Anfrage wurde ein vertraulicher Erlaß des ČSR-Innenministeriums bekannt, der für die Volkszählung 1930 festlegte:
»Bei der Ernennung von Funktionären für die Volkszählung muß als richtunggebender Grundsatz gelten, daß diese Aufgabe nur solchen Personen zugeteilt wird, die vom Standpunkte der Staatstreue und auch vom tschechoslowakischen nationalen Standpunkte vollständig verläßlich sind. Ganz besonders ist er auf jene Bezirke zu verwenden, wo die Erstarkung des tschechoslowakischen Elementes erwünscht ist. Dort, wo auch Minderheitensprachen gesprochen werden, muß bei der Ernennung von Kommissären auf solche Personen das Augenmerk gerichtet werden, die tschechoslowakisch national fühlen und die Minderheitensprache beherrschen.«
Vgl. »Volkszählung in der Tschechoslowakei« in »Sudetendeutschland«; ⟨*Monats-*⟩»Zeitschrift der sudetendeutschen Freiheitsbewegung«; Wien; Jg. XII, Nr. 1 (Jänner 1931); S. 1.

[4] C: § 8, Abs. 2.

[5] Obwohl dieses Verbot von 1921 in den Vorschriften von 1930 nicht mehr feststellbar ist, wurde es unverändert praktiziert: Im Hultschiner Ländchen »bekannten« sich 39.010 Personen als »Mährer« und 8.595 als »Tschechoslowaken« (so Detlev Brandes: »Die Zerstörung der deutsch-tschechischen Konfliktgemeinschaft 1938–1947« in »Tschechen, Slowaken und Deutsche«; Bonn, 1995; S. 56); in den offiziellen Ergebnissen wurden 49.316 »Čechoslovaken« und 0 Mährer verzeichnet.
Vgl. »Čechoslovakische Statistik«, Band 98: a. a. O.; S. 32, 65, 76.

[6] E: § 21, Abs. 1.

[7] B: § 20, Abs. 3.

[8] B: § 20, Abs. 2.
[9] E: § 21, Abs. 3.
[10] E: § 22, Abs. 2; § 23.
[11] B: § 10, Abs. 3; § 11, Abs. 1.
Diese Bestimmung sicherte die »čechoslovakische« Nationalität der meisten nichttschechischen Sammelunterkunftsinsassen und Soldaten 1921 derart, daß sie für 1930 wenigstens offiziell ergänzt wurde.
[12] E: § 8, Punkt 2; § 9, Ziff. 1.
[13] B: § 25, Abs. 1.
E: § 26, Abs. 1.
[14] Zu den Aussagen: Siehe S. 245, 255.
[15] Vgl. dazu Habel: MVT; S. 68.
[16] Vom 21. 5. 1923; zum Text: Siehe S. 320.
[17] Die Ergebnisse der (geheimen) Parlamentswahlen von 1920 gaben deutschen Parteien 25,6 % aller Mandate (siehe S. 1208).
Die Ergebnisse der (wie dargestellt abgewickelten) Volkszählung von 1921 ergaben jedoch nur 23,3 % Deutsche (siehe S. 1194).
[18] Vgl. Winkler, Wilhelm: »Statistisches Handbuch der europäischen Nationalitäten«; Wien, 1931, S. 113. (Hervorhebungen im Original)
[19] Einrichtung sudetendeutscher bürgerlicher Parteien; zu deren Umfang: Siehe S. 1208.
[20] Vgl. »Volkszählung ...« (siehe obige Anm. 3): a. a. O.

ČSR-Gesetz **1923, 19. März**
zum Schutz der Republik[1]:
Darstellung der Entstehung der ČSR = Aufwiegelung = Vergehen = Bestrafung: bis 2 Jahre Gefängnis

I. Hauptstück: Anschläge auf die Republik

§ 1 Anschläge
Wer versucht ... mit Gewalt einem fremden Staate das Gebiet der Republik einzuverleiben oder einen Teil davon loszureißen, wird wegen Verbrechens mit schwerem Kerker von fünf bis zu zwanzig Jahren, bei besonders erschwerenden Umständen mit lebenslangem schwerem Kerker bestraft.

§ 2 Vorbereitung von Anschlägen
Wer sich mit jemandem zu Anschlägen auf die Republik vereinigt, wer zu demselben Zwecke mit einer fremden Macht oder mit fremden, namentlich militärischen oder finanziellen Faktoren in unmittelbare oder mittelbare Verbindung tritt, ... wird wegen Verbrechens mit schwerem Kerker von einem bis zu fünf Jahren, bei besonders erschwerenden Umständen mit schwerem Kerker von fünf bis zu zehn Jahren bestraft.

§ 3 Gefährdung der Sicherheit der Republik
1. Wer die Republik mit dem Vorsatze, sie zu schädigen, der Gefahr eines Krieges oder einer feindseligen Handlung einer fremden Macht oder eines bewaffneten Überfalles aussetzt oder eine solche Gefahr erhöht, wird wegen Verbrechens mit schwerem Kerker von fünf bis zu zehn Jahren, bei besonders erschwerenden Umständen mit schwerem Kerker von zehn bis zu zwanzig Jahren oder auf Lebenszeit bestraft.

...

3. Wer zu dem unter Z⟨*iffer*⟩ 1 ... angeführten Zwecke sich mit jemandem vereinigt oder mit einer fremden Macht oder mit fremden, namentlich militärischen oder finanziellen Faktoren in unmittelbare oder mittelbare Verbindung tritt, wird wegen Verbrechens mit schwerem Kerker von sechs Monaten bis zu fünf Jahren bestraft.

II. Hauptstück: Schädigung der Republik und Angriffe auf verfassungsmäßige Faktoren

§ 4 Verräterei

. . .

§ 5 Verrat eines Staatsgeheimnisses

. . .

§ 6 Militärischer Verrat

. . .

III. Hauptstück: Bedrohung des Friedens in der Republik

§13 Unerlaubte Bewaffnung

. . .

§ 14 Störung des allgemeinen Friedens

1. Wer öffentlich oder vor mehreren Leuten oder wer mehrere Leute gegen den Staat wegen seiner Entstehung[2], gegen seine Selbständigkeit, verfassungsmäßige Einheitlichkeit oder demokratisch-republikanische Form aufwiegelt, wird wegen Vergehens mit strengem Arrest von einem Monate bis zu zwei Jahren bestraft.
2. Wer öffentlich zu Gewalttätigkeiten oder anderen feindseligen Handlungen gegen einzelne Gruppen der Bevölkerung wegen ihrer Nationalität, Sprache, Rasse, Religion oder Konfessionslosigkeit aufreizt, wird wegen Vergehens mit strengem Arrest von einem Monate bis zu einem Jahre bestraft.
3. Wer öffentlich zum Hasse gegen einzelne Gruppen der Bevölkerung wegen ihrer Nationalität, Sprache, Rasse, Religion oder Konfessionslosigkeit aufreizt, wird wegen Vergehens mit Arrest von vierzehn Tagen bis zu sechs Monaten bestraft.
4. Wer öffentlich zu Gewalttätigkeiten oder anderen feindseligen Handlungen gegen eine Einzelperson wegen ihrer Nationalität, Sprache, Rasse, Religion oder Konfessionslosigkeit aufreizt, wird wegen Vergehens mit Arrest von acht Tagen bis zu drei Monaten bestraft.
5. Ebenso wird bestraft, wer öffentlich in roher oder verhetzender Weise die Republik, eine Nation oder eine nationale Minderheit derart schmäht, daß es die Würde der Republik herabsetzen oder den allgemeinen Frieden in der Republik oder ihre internationalen Beziehungen bedrohen kann.

. . .

§ 14a)

Wer öffentlich oder vor mehreren Leuten oder wer mehrere Leute zu Gewalttätigkeiten, feindseligen Handlungen oder zum Hasse gegen einzelne Gruppen der Bevölkerung oder gegen Einzelpersonen deshalb aufreizt, weil sie Anhänger der demokratisch-republikanischen Staatsform oder der demokratischen Ordnung der Tschechoslowakischen Republik sind, wird wegen Vergehens mit Arrest von acht Tagen bis zu drei Monaten bestraft.

§ 15 Aufforderung zur Nichterfüllung gesetzlicher Verpflichtungen oder zu strafbaren Handlungen

1. Wer zur massenweisen Nichterfüllung öffentlichrechtlicher Verpflichtungen, die durch ein Gesetz auferlegt sind, auffordert, wird wegen Vergehens mit strengem Arrest von vierzehn Tagen bis zu einem Jahre bestraft.

. . .

§ 16 Billigung strafbarer Handlungen

1. Wer öffentlich ein Verbrechen oder ein Vergehen lobt oder ausdrücklich billigt oder auf andere Weise seine Zustimmung zum Ausdrucke bringt, wer öffentlich den Täter wegen einer solchen Tat lobt oder feiert, wer ohne vorheriges Einvernehmen mit dem Täter ihn in wie immer gearteter Weise für eine solche Handlung belohnt oder ihm, um dadurch die Zustimmung zu seiner Tat kundzugeben, Ersatz für die Geldstrafe oder eine andere ihm durch Urteil des Strafgerichtes auferlegte Zahlung gewährt oder in derselben Absicht öffentlich für eine solche Geldstrafe oder für den Ersatz sammelt, wird wegen Vergehens mit Arrest von acht Tagen bis zu einem Jahre bestraft.
2. Handelt es sich um ein in den §§ 1, 2, 7 oder 8 angeführtes Verbrechen, so wird der Schuldige wegen Verbrechens mit Kerker von sechs Monaten bis zu drei Jahren bestraft.

...

§ 17 Staatsfeindliche Vereinigungen

1. Wer eine geheime Organisation gründet, deren Zweck es ist, die Selbständigkeit, die verfassungsmäßige Einheitlichkeit oder die demokratisch-republikanische Form des Staates zu untergraben, wer in Kenntnis des Zweckes einer solchen Vereinigung ihr beitritt, zu ihr in Beziehungen tritt, an ihrer Tätigkeit in wie immer gearteter Weise teilnimmt, sie oder ihre Mitglieder in ihren umstürzlerischen Bestrebungen materiell oder in anderer wie immer gearteter Weise unterstützt, wird wegen Vergehens mit strengem Arrest von einem Monate bis zu zwei Jahren bestraft.
   Eine geheime Organisation ist auch eine solche, die, während sie in Wirklichkeit den im Abs. 1 angeführten Zweck hat, einen anderen Zweck vorschützt.

...

§ 26 Nichtbeseitigung oder Errichtung unerlaubter Denkmäler

1. Die politische Behörde (staatliche Polizeibehörde) kann die Beseitigung von Denkmälern, Inschriften und anderen Gedenkzeichen, die an einem öffentlichen Orte oder derart angebracht sind, daß sie von einem öffentlichen Orte gesehen werden können, auftragen, wenn sie staatsfeindlichen Charakters sind oder einem Mitgliede der Familien, die in Österreich, Ungarn oder Österreich-Ungarn oder im Deutschen Reiche geherrscht haben, oder einem Mitgliede der Dynastien, die im Jahre 1914 auf dem Boden des Deutschen Reiches geherrscht haben, errichtet wurden.
   Dieselbe Behörde kann auch die Errichtung solcher Denkmäler, Inschriften und Gedenkzeichen für die Zukunft untersagen.
   Als Denkmäler oder Gedenkzeichen gelten namentlich auch Büsten, Tafeln, Bilder, Wappen und Abzeichen.
   Unter einem öffentlichen Orte werden im Sinne dieser Bestimmung Plätze, Gassen, öffentliche Wege, Anlagen, öffentliche Sammlungen, Bäder, Schulen, Schank- und Vergnügungslokalitäten und andere öffentlich zugängliche Räume und Lokalitäten verstanden.
2. Wenn derjenige, dem die Beseitigung eines solchen Denkmals, einer solchen Inschrift oder eines solchen Gedenkzeichens rechtskräftig aufgetragen wurde, dem Auftrage in der festgesetzten Frist nicht nachkommt, wer trotz des Verbotes ein neues derartiges Denkmal, eine Inschrift oder ein Gedenkzeichen errichtet, wird von der politischen Behörde (staatlichen Polizeibehörde) wegen Übertretung mit Geldbuße bis zu 10 000 Kč oder mit Arrest bis zu drei Monaten oder mit beiden Strafen bestraft ...

...

§ 38 Verfolgung von Ausländern

Nach diesem Gesetze wird auch ein Ausländer bestraft, der sich im Auslande einer der in den §§ 1 bis 9 und im § 17 angeführten strafbaren Handlungen schuldig gemacht hat.

...

Anmerkungen:
[1] In interessanter Form mischen sich Tatbestände, die in jedem Staat der Welt verfolgt werden (z. B. Militärischer Verrat, § 6) mit Besonderheiten, die einen Eindruck von den Sorgen der ČSR vermitteln (z. B. Denkmalsbestimmung, § 26).
[2] Die ČSR dürfte der einzige Staat der Welt gewesen sein, gegen den man durch Darstellung seiner Entstehung »aufwiegeln« konnte und sich dadurch strafbar machte.

Quelle:
ČSR-Slg. 1923; Nr. 50 in 23. Stück v. 31. 3. 1923; S. 239–253.

****

Denkschrift **1923, 21. Mai**
der Deutschen Sozialdemokratischen Arbeiterpartei (DSAP) in der ČSR an den Internationalen Sozialistenkongreß in Hamburg:
Forderung nach nationaler Autonomie

. . .

I. Der tschechoslowakische Staat

1. Die Nationalstaatenbildung im allgemeinen

. . .

Die Auflösung der drei großen, halbmittelalterlichen Reiche der Romanow, der Habsburger und der osmanischen Sultane in Nationalstaaten war das Ergebnis geschichtlicher Entwicklung. Daß sie auf Schwierigkeiten in der territorialen Abgrenzung der Siedlungsgebiete stoßen und in allen Neustaaten nationale Minderheiten zurücklassen müssen, war zu befürchten. Wie schmerzlich diese Tatsache ist, wie sehr sie die kulturelle Entwicklung dieser Minderheiten verkümmert, wie hart sie insbesondere proletarische Minderheiten trifft, die nebst ihrer kulturellen Verkümmerung noch sozial durch ihre Hilflosigkeit beeinträchtigt werden, das können die glücklicheren Proletariate, die in ihrem geschlossenen und unbestrittenen einheitlichen Nationalstaat wohnen und arbeiten, nicht wissen, ja kaum ahnen. Darum war den Volksmassen ganz Mittel- und Osteuropas die bekannte Wilsonsche Botschaft[1] eine glückliche Verheißung. Es sollte das Selbstbestimmungsrecht der Völker verwirklicht, es sollte über Landgebiete nicht durch die Intrigen der Geheimdiplomatie entschieden werden, kein Land und Volk sollte wider den Willen seiner Bewohner gezwungen werden, einem fremden Staatsverband anzugehören. Zunächst erkannten in diesen Sätzen Wilsons wohl alle Sozialdemokraten ihr eigenes Programm wieder, und es war zu erwarten, daß alle sozialdemokratischen Parteien Mittel- und Osteuropas ihre gesamten Kräfte aufbieten, um die friedliche Lösung des Grenzproblems mit den Methoden der Demokratie zu verwirklichen, daß sie den Bestrebungen der Diktatoren des Friedens, die sich in Paris vereinigten, um Europa neu zu vermessen, den Bestrebungen, im Osten einen Imperialismus der Kleinvölker aufzurichten zur Stützung des Imperialismus der großen im Westen, mit aller Tatkraft entgegenwirken.
Wie weit das anderwärts geschehen oder nicht geschehen ist, haben wir nicht zu beurteilen. Wir haben nur über die Vorgänge in der Tschechoslowakei zu berichten.

2. Der angebliche tschechoslowakische Nationalstaat

Die tschechischen Machthaber beanspruchten von der ersten Stunde an für den neuen Staat nicht bloß das Wohngebiet der Tschechen, sondern das Gebiet des alten böhmischen Königreiches, das seine Unabhängigkeit im Jahre 1526 – also etwa zur Zeit der Entdeckung Amerikas – verloren hatte, und forderten dazu noch das Gebiet der Slowakei, das seit 896 unter Ungarn gestanden hatte. Sie machten das sogenannte historische Staatsrecht geltend und behandelten die Deutschen, die in ihrem Wohngebiet schon länger seßhaft sind als die Angelsachsen auf dem Boden der Vereinigten Staaten – als fremde Eindringlinge.

Es fällt uns nicht ein, den Streit um das historische Staatsrecht der böhmischen Königskrone hier heranzuziehen. Wir wollen bloß zeigen, was dieser historische Anspruch für die Gegenwart bedeutet.
Auf dem Boden der Tschechoslowakei wohnen teils in Zerstreuung, teils in geschlossenen Siedlungsgebieten an Deutschen allein auf Grund der amtlichen, von den Minoritäten heftig angefochtenen und durch die Wahlergebnisse in hohem Grade erschütterten Volkszählung[2] 3,123.448 Menschen. Die Zahl dieser Deutschen, die man allgemein als Sudetendeutsche[3] (zur Unterscheidung von den Alpendeutschen) bezeichnet, beträgt daher

mehr als die Bevölkerung Dänemarks	mit 2,940.979
mehr als die Bevölkerung Norwegens	mit 2,611.287
mehr als die Bevölkerung Livlands ⟨*gemeint: Estland*⟩	mit 1,000.000
mehr als die Bevölkerung Litauens	mit 1,750.000
fast soviel als die Bevölkerung Finnlands	mit 3,301.000 Einwohnern.

Wenn die Friedensverträge auf Kleinvölker der angeführten Art Rücksicht nehmen und sie sogar würdig und fähig befinden, selbständige politische Gemeinwesen zu begründen: mit welchem Recht kann man diesem Gebiet die Selbstbestimmung und schon gar die Selbstverwaltung absprechen, wie kann man ein Staatswesen, dessen stärkste Minderheit in Wirklichkeit 3½ Millionen Menschen umfaßt und das daneben noch drei andere Minderheitsvölker umschließt, zu einem Nationalstaat machen wollen?
...
(Es folgte eine Darstellung der Ergebnisse der Volkszählung in der ČSR vom 15. 2. 1921[2])
...
Im Staatsgebiet ist jeder vierte Bewohner ein Deutscher und entfallen auf fünf nationale Tschechen rund zwei Deutsche, und wenn alle anderen Nationen berücksichtigt werden, auf 54 nationale Tschechen 46 Nichttschechen. Niemand kann ein solches ethnisches Gebilde einen Nationalstaat nennen. Zu diesem Konglomerat von Völkern kommt noch die Bevölkerung von Karpathorußland, welches Land der Regierung von Prag unterstellt wurde. Die Republik, welche unter dem Prätext eines Nationalstaates begründet worden ist, stellt sich somit als ein typischer Nationalitätenstaat dar, der selbstverständlich alle Schwierigkeiten des alten Österreich-Ungarn wieder birgt.
Wie ist nun dieser Nationalitätenstaat aufgebaut worden? Am 28. Oktober 1918 erfolgte in Prag der Umsturz; an die Stelle der alten regierenden Gewalten trat der Nationalausschuß (Národni výbor), welcher in seinem Gesetz vom selben Tage, Nr. 11 SdG. V., sich zum Vollstrecker der staatlichen Souveränität machte[4]. Er war nur aus Vertretern der tschechischen Parteien – unter Hinzuziehung einiger Slowaken – zusammengesetzt und blieb es auch nach seiner Erweiterung auf 256 und später auf 270 Mitglieder, da er sich Nationalversammlung nannte. Von dieser Versammlung wurde sowohl die Verfassung[5], das Sprachenrecht[6], das Gesetz über die Gau- und Bezirksverfassung und die parlamentarische Geschäftsordnung festgesetzt, ohne daß die Vertreter der anderen Nationen (mehr als ein Drittel der Bevölkerung) auch nur dazu geladen wurden. Selbst das Zentralorgan der tschechischen Sozialdemokratie ,»Právo Lidu«, bezeichnete am 23. Dezember 1919 diese Nationalversammlung als eine »Diktatur der tschechischen Parteien«, und der Chefredakteur dieses Blattes, Abgeordneter Stivin, gab am 28. Februar 1920 in diesem Blatte seinen Befürchtungen Ausdruck, daß die wichtigsten Verfassungsgesetze durch eine nichtgewählte Körperschaft geschaffen wurden und daß die Bürger der nichttschechischen Nationen davon vollständig ausgeschlossen wären.
Trotzdem wird in der Einleitung zur Verfassungsurkunde[5] gesagt, »daß diese Verfassung und alle Gesetze unseres Landes im Geiste der Geschichte gleich wie im Geiste der modernen Grundsätze, welche in dem Losungswort der Selbstbestimmung enthalten sind, durchgeführt werden müssen«.

Die Verfassungsgesetze tragen demgemäß durchaus den Stempel des nationalen Diktats. Während es im Artikel VII des Friedensvertrages von Saint-Germain[7] heißt: »... keinem tschechoslowakischen Staatsangehörigen werden im freien Gebrauch irgendeiner Sprache im Privat- oder Geschäftsverkehr, in Angelegenheit der Presse oder irgendeiner Art von Veröffentlichungen oder in öffentlichen Versammlungen Beschränkungen auferlegt werden«, schränkt § 128, Absatz 4[7], dieses Recht folgendermaßen ein: »Hierdurch werden jedoch die Rechte nicht berührt, die den Staatsorganen in diesen Richtungen auf Grund der geltenden oder künftig zu erlassenden Gesetze aus Gründen der öffentlichen Ordnung und der staatlichen Sicherheit sowie der wirksamen Aufsicht zukommen.« Der Motivenbericht des Verfassungsausschusses rechtfertigt diesen Widerspruch wie folgt: »Im privaten und Handelsleben und bei religiösen Übungen ist der Sprachengebrauch vollkommen frei, handelt es sich aber um Druckschriften und öffentliche Versammlungen, kann die Staatsverwaltung in ihrer Verantwortlichkeit für die Ordnung und Sicherheit des Staates zweckmäßige Verordnungen herausgeben, damit die notwendige Aufsicht erledigt werde. Selbstverständlich, wenn in einem bestimmten Falle der Gebrauch einer bestimmten Sprache verboten werden sollte, wird sich niemand ihrer bedienen dürfen.« Der Bericht ist verfaßt vom Realisten Dr. Bouček[8] und trägt die Unterschrift des damaligen tschechischen sozialdemokratischen Justizministers Dr. Meißner.

Während die Tschechen jahrzehntelang die Festsetzung einer Staatssprache im alten Österreich bekämpft haben und durch die deutschen Sozialdemokraten in ihrem 1899 gemeinsam mit den Sozialdemokraten der anderen Nationen beschlossenen Nationalitätenprogramm ausdrücklich erklärten: »Wir anerkennen kein nationales Vorrecht, verwerfen daher die Forderung einer Staatssprache«[9], bestimmt der § 1 des Gesetzes vom 29. Februar 1920: »Die tschechoslowakische Sprache ist die staatliche offizielle Sprache der Republik.«[6] Dadurch wird versucht, dem Staate das Gepräge eines Nationalstaates zu geben.

...

3. Ein Staat der Gewaltherrschaft

Erst nachdem alle Verfassungsgesetze und eine Unzahl von anderen Gesetzen in Kraft getreten waren, wurden im April 1920, anderthalb Jahre nach Gründung des Staates, die Wahlen ins Abgeordnetenhaus durchgeführt, wobei von 285 Abgeordneten 73 Deutsche[10] und 8 Ungarn gewählt wurden. In den polnischen und karpathorussischen Gebieten des Staates sind die Wahlen jedoch bis heute – viereinhalb Jahre nach der Begründung des Staates – überhaupt nicht durchgeführt worden, so daß die Angehörigen dieser zwei Nationen aller konstitutionellen Rechte beraubt sind. Trotzdem haben die Wahlen in die Nationalversammlung ebenso wie die Volkszählung vom Februar 1921[2] die Fiktion vom Nationalstaat zerstört.

Obwohl also schon die Wahlen bewiesen hatten, daß es sich in der Tschechoslowakei um einen von mehreren Nationen bewohnten Staat handelt, wurde die Politik der nationalen Alleinherrschaft fortgesetzt, eine Koalition aller tschechischen Parteien übte ein Regime der Gewalt aus, die Vertreter der nichttschechischen Nationen wurden nicht zu einer Revision der Verfassung herangezogen, sondern die diktierte Verfassung rücksichtlos durchgeführt – zur Verwaltung des Staates wurden fast nur tschechische Beamte berufen.

Am furchtbarsten aber traf die deutsche Arbeiterschaft die Verfolgung der deutschen Schulen durch die tschechoslowakische Regierung. Bis zum Sommer 1922 wurden insgesamt 193 deutsche Schulen und 1783 deutsche Schulklassen aufgelassen[11]. Das deutsche Schulwesen ist die Beute der Vorsitzenden der Landesschulräte, welche willkürlich Schulen sperren, wenn diese nicht mindestens 40 Schüler haben. Das gilt aber nur für die deutschen Schulen; für tschechische Schulzwecke hat man am 3. April 1919 ein Gesetz[11] geschaffen, wonach der Unterrichtsminister das Recht hat, öffentliche Schulen auch für eine kleinere Anzahl von Kindern zu errichten. Auf Grund dieses Gesetzes wurden auch tatsächlich zahllose tschechische Schulen errichtet. Im Jahre 1922 wurden im Budget an Investitionen für tschechische Schulen 134,975.000 č. K[12] oder 98 Prozent aller Beträge bestimmt, für die deutschen Schulen 3,025.000 č. K oder 2 Prozent. Ende 1919 gab es 7278 deutsche Schulklassen und 387.278 deutsche Schulkinder, das ergibt eine durchschnittliche Zahl von 51.5 deutschen Kindern pro Klasse. Dagegen gab es 705.819 tschechische Kinder und 13.919 Klassen, zuzüglich 491 Minderheitsschulklassen, das ergibt 48,9 tschechische Schüler pro Klasse. Trotzdem also in den tschechischen Schulen auf eine Klasse weniger Schüler entfallen als in den deutschen, werden ununterbrochen deutsche Schulen und deutsche Schulklassen gesperrt – für tschechische Kinder wird aber beispielweise sogar für fünf Kinder (Chvelatitz, Bezirk Znaim), ja für zwei Kinder (Firschau in Mähren) eine Schule errichtet. Ja in demselben Orte werden Deutsche und Tschechen ungleich behandelt. So wurde in Titnei bei Dauba eine tschechische Schule für 17 Kinder errichtet, die deutsche Schule mit 24 Kindern aufgelassen, in Tereschau bei Brünn eine tschechische Schule für 16 Kinder errichtet, die deutsche mit 31 Kindern aufgelassen. Unzählige Fälle lassen sich noch aufzählen, aus denen man sieht, wie brutal der tschechoslowakische Staat die Schulen der Minderheitsnationen behandelt. Ebenso wie die Deutschen wurden die Magyaren und die Polen behandelt. Tausende Schulkinder dieser Nationen wachsen ohne Unterricht in ihrer Muttersprache auf.

...

Den Gipfelpunkt nationaler und sozialer Unterdrückung bildet das sogenannte »Gesetz zum Schutze der Republik«[13]. Dieses Gesetz bedeutet einen schweren Angriff auf die Grundlagen staatsbürgerlicher Freiheit. Nach diesem Gesetz kann jede Obstruktion im Parlament als Verbrechen erklärt und mit lebenslänglichem Kerker bestraft werden. Besonders aufreizend ist aber die Unterdrückung der Preßfreiheit, die in dem Gesetz vorgesehen ist und eine besondere Spezialität der tschechoslowakischen Republik geworden ist. Jeder Redakteur, »der gegen den Staat ... aufwiegelt«, kann mit strengem Gefängnis bis zu einem Jahre bestraft werden. Jedes oppositionelle Wort wird dadurch unmöglich gemacht. Aber der Redakteur kann nicht nur eingesperrt, die Zeitung kann auch eingestellt werden - gegen welche Einstellung gar kein Rechtsmittel besteht. Auch das Schwurgericht, diese Errungenschaft der bürgerlichen Revolution, kann in den meisten Fällen ausgeschaltet werden. Jedes freie Wort soll unmöglich gemacht werden, im Staate soll die Ruhe des Friedhofes herrschen! Die Tschechen versuchen dieses Gesetz mit dem deutschen Gesetz zum Schutze der Republik zu rechtfertigen[14] ...

Obwohl das tschechische Volk selbst jahrhundertelang unter nationaler Fremdherrschaft gelitten hat, wiederholt es jetzt das gleiche Experiment an anderen, ohne daran glauben zu wollen, daß es zu demselben Scheitern verurteilt ist ...

II. Die tschechische Sozialdemokratie

1. Die tschechische Sozialdemokratie vor dem Kriege

...

2. Die tschechische Sozialdemokratie nach dem Kriege

Als der Zusammenbruch da war, im Oktober 1918, war es die deutsche Sozialdemokratie in Österreich, welche, von der Notwendigkeit der Bildung der Nationalstaaten überzeugt, den Deutschen eine einheitliche Republik »Deutschösterreich« aufzurichten unternahm und jeder anderen Nation das gleiche Recht, sich endlich frei auf nationaler Basis einzurichten, mutig zugestand. Anders faßte die tschechische Sozialdemokratie ihre Aufgabe auf. Mit ihrer Bildung brachen die tschechischen Legionen in deutsches Gebiet, welches frei für Deutschösterreich optiert hatte, ein, um es mit Waffengewalt zu unterwerfen.

In jener kritischen Zeit, am 12. Oktober 1918, hat das Aktionskomitee des tschechoslowakischen sozialdemokratischen Rates, unterschrieben von dessen heute im Amt befindlichen Ministern Bechyně, Franke, Stříbrný, von Stivín und Šmeral einen Aufruf erlassen, der die

Aufschrift trägt: »Die tschechischen Proletarier an die deutsche Arbeiterschaft Nordböhmens« und der bekundet:
»Indem wir für uns das nationale Selbstbestimmungsrecht bis zur äußersten Konsequenz des selbständigen tschechoslowakischen Staates verlangen, anerkennen wir dieses Recht der Selbstbestimmung auch für Euch, und wir sind der Ansicht, daß die Vertreter des tschechischen und des deutschen Volkes in dieser geschichtlichen Zeit einzig und allein dazu berufen sind, im Vertragswege für die Zukunft über das gegenseitige Verhältnis der beiden Nationen zu entscheiden.«
Noch waren die Traditionen der Vergangenheit und das Vorbild der deutschen Sozialdemokratie Österreichs in der tschechischen Sozialdemokratie lebendig. Aber als einen Monat später der anerkannte, inzwischen verewigte Führer der deutschen Arbeiterschaft Böhmens, unser unvergeßlicher Josef Seliger, nach Prag kam, um vorbehaltlich der Beschlüsse der späteren Friedensverträge wenigstens ein einstweiliges friedliches Abkommen für die deutschen Landesteile zu erreichen und Blutvergießen zu vermeiden, da antwortete ihm ein bourgeoiser Vertreter des inzwischen eingesetzten allnationalen Ausschusses der Tschechen in Gegenwart des Sozialdemokraten Dr. Soukup: »Mit Rebellen verhandeln wir nicht.«[15] Die tschechische Sozialdemokratie war in Gefolgschaft ihrer Bourgeoisie geraten, machte sich den tschechischen Imperialismus zu eigen und unterließ es, mit den deutschen Sozialdemokraten auch nur zu verhandeln.
Im Gegensatz dazu haben die deutschen Sozialdemokraten Österreichs am 21. Oktober 1918 eine Erklärung beschlossen, die besagt:
»Wir entbieten in dieser Stunde unseren brüderlichen Gruß unseren slawischen und romanischen Genossen und beglückwünschen sie dazu, daß ihre Völker der Verwirklichung des Selbstbestimmungsrechtes endlich nahestehen; wir erkennen dieses Selbstbestimmungsrecht ohne Vorbehalt und Einschränkung an, wir fordern es aber ebenso ohne Vorbehalt und ohne Einschränkung auch für unser deutsches Volk.«
Die Zweite Internationale hat, um die Verwirrung innerhalb der Bruderparteien zu bannen und einheitliche Richtlinien für ihr Verhalten bei den bevorstehenden Friedensschlüssen zu gewinnen, im Frühjahr 1919 eine Konferenz nach Bern berufen, welche beschloß[16]:
»Den zutage tretenden Tendenzen, die Grenzen der Staaten unter Ausnützung der durch den Krieg geschaffenen Machtverhältnisse festzusetzen, stellt die Internationale sozialistische Konferenz folgende Grundsätze gegenüber, indem die Konferenz fordert:
1. zweifellose Geltung des Rechtes der Völker, ihr Schicksal und ihre staatliche Zugehörigkeit innerhalb des Völkerbundes selbst zu bestimmen;
2. in den strittigen Gebieten Entscheidung über die Zugehörigkeit durch Volksabstimmung unter Kontrolle des Völkerbundes, der in letzter Instanz entscheidet.

Die Konferenz protestiert gegen jeden Versuch, diese Grundsätze zu verfälschen und verwirft deshalb:
1. die Festsetzung der Grenzen nach strategischen Gesichtspunkten;
2. gewaltsame oder verschleierte Annexion auf Grund sogenannter historischer Ansprüche oder angeblicher ökonomischer Notwendigkeiten;
3. die Schaffung von vollzogenen Tatsachen durch vorgreifende militärische Besetzung strittiger Gebiete.«

Bei dieser Konferenz waren auch die Delegierten der tschechischen Sozialdemokratie vertreten; diese gaben noch einmal eine beruhigende Erklärung ab:
». . . Für beide Nationalitäten in der tschechoslowakischen Republik – und vor allem für die künftigen Kämpfe – in den proletarischen Schichten wäre es am vorteilhaftesten, wenn sich die Sudetendeutschen aussprechen[17] würden. Die Befürchtungen vor einer Vergewaltigung sind unbegründet. (!) Die tschechoslowakischen sozialistischen Parteien verbürgen den Deutschen volle und gleiche Staatsbürgerrechte, politische und sprachliche Entwicklungsfreiheit. (!) Sie sind gewillt, mit dem deutschen Proletariat zusammenzuarbeiten, um

die tschechoslowakische Republik zu einer modernen Institution auszugestalten, in welcher jede Nationalität über ihre speziellen Angelegenheiten selbst entscheiden wird.
Bern, am 7. Februar 1919.
R. Bechyně, A. Hampl, Dr. Franke, R. Tayerle, A. Němec.«
Aber inzwischen hatte die tschechische Sozialdemokratie in der Konstituierenden Nationalversammlung zu Prag ihren Posten an der Seite ihrer imperialistischen Bourgeoisie bezogen und billigte von dieser Stunde an jede Gewaltmaßregel, der nicht etwa bloß die deutsche Bourgeoisie in Böhmen, sondern vor allem die deutschen Arbeiter ausgesetzt waren. Für sie gab es offenbar Pflichten der Internationalität nicht mehr.

3. Die tschechische Sozialdemokratie im tschechischen Nationalstaat
Von Stunde an beschloß sie jene Verfassungsgesetze, von denen wir im früheren Abschnitt gemeldet haben, ohne Bedenken mit. Ohne alle Bedenken stellte sie die nationale Gemeinschaft mit ihrer Bourgeoisie jeder Rücksicht auf die Arbeiter der anderen Nationen voran und verweigerte den letzteren das Selbstbestimmungsrecht in jeder Form. Als das erste gewählte Parlament zusammentrat, hielten die deutschen Sozialdemokraten sich frei, um eine Verständigung mit den tschechischen zu ermöglichen, sie lehnten den Eintritt in die »deutsche Einheitsfront« ab.[18] Im Namen ihres Klubs haben die Genossen Seliger und Czech den Antrag zur Verfassungsreform eingebracht, durch den den Nationalitäten die Autonomie gewährt werden sollte (5. Juni 1920). Dieser Verfassungsantrag wurde kurzweg über Antrag und mit den Stimmen der tschechischen Sozialdemokratie im Initiativausschuß begraben, er kam also nicht einmal zur parlamentarischen Verhandlung, geschweige denn zur Annahme ...
Es ist unbestreitbar, daß diese Zustände allmählich alle beteiligten Völker mit chauvinistischer Leidenschaft erfüllen müssen, die seit jeher der Vorbote kriegerischer Auseinandersetzungen gewesen, und daß in dieser Atmosphäre die Arbeiterbewegung von ihren ureigenen sozialen Zielen abgelenkt, zerrissen und in Wirrsale gestürzt werden muß.
Trotz der widrigen Erfahrungen von vier Jahren gaben die deutschen Sozialdemokraten die Hoffnung auf eine Annäherung nicht auf. Am 7. November haben sie einen Dringlichkeitsantrag eingebracht, der die Einsetzung eines 24gliedrigen Ausschusses verlangt, welcher Gesetzentwürfe über die Regelung der nationalen Verhältnisse und besonders über die rechtliche Stellung der im Staate lebenden Nationalitäten auszuarbeiten und binnen drei Monaten dem Hause vorzulegen hätte. Einen ähnlichen Antrag haben die Sozialdemokraten aller Nationen, also auch die tschechischen Sozialdemokraten, im alten Österreich im Jahre 1909 eingebracht, das »Právo lidu«[19] hat selbst die Ähnlichkeit beider Anträge zugegeben. Als erstes Blatt trat gegen diesen Antrag das »Právo lidu« auf. Tag für Tag fiel es über den Antrag her ...

4. Gründe und Folgen dieser Politik
...
Es wird zum Dogma gemacht, daß dieser Staat, der nur zu 65 Prozent von Tschechen und Slowaken bewohnt wird, das alleinige Eigentum der tschechischen Nation sei und bleiben müsse, daß alle anderen Eindringlinge, Kolonisten, Fremde sind. Es wird von allen anderen Völkern verlangt, auf ihr Selbstbestimmungsrecht zu verzichten und sich loyal auf den Boden dieses Nationalstaates zu stellen, als ob ein Volk jemals und irgendwo in der Welt auf sich selbst verzichtet hätte oder verzichten könnte. Dieses heuchlerische Gerede von der mangelnden Loyalität der anderen Nationen, das den Vorwand zu ihrer Entrechtung bieten soll, richtet sich von selbst. Übrigens hat keine einzige Nation, so wie es die Tschechen im alten Österreich lange Zeit getan hatten, eine Politik der Abstinenz geübt. Insbesondere die Deutschen haben überall an den Wahlen teilgenommen, arbeiten in den Gemeindevertretungen mit den tschechischen Behörden zusammen, arbeiten im Parlament trotz der widrigsten Geschäftsordnungsschikanen mit, zahlen die Steuern, stellen die Soldaten und

rechnen mit der Tatsache der gegebenen Machtverhältnisse. Trotzdem unternimmt die Republik nicht das geringste, um jene staatlichen Institutionen zu schaffen, auf die die unterworfenen Völker nicht verzichten können. Daß die tschechische Bourgeoisie eine solche Politik betreibt, konnte man voraussehen. Aber daß die tschechische Sozialdemokratie an Regierungen teilnimmt, die diese Politik offensichtlich führen, das ist einfach unfaßbar.
... Wir beantragen daher[20]:
Der internationale Sozialistenkongreß wolle eine Untersuchungs- und Vermittlungskommission einsetzen, welche die politischen Zustände und das Verhalten der sozialdemokratischen Parteien in der Tschechoslowakei prüfen und nach Feststellung der Tatsachen jene Maßregeln anwenden soll, die geeignet sind, die Zusammenarbeit des Proletariats dieses Landes auf der Basis aufrichtiger Internationalität, voller Anerkennung des nationalen Prinzips des Selbstbestimmungsrechtes der Völker und der Notwendigkeit des gemeinsamen Klassenkampfes aller Proletarier wieder sicherzustellen.

III. Die Forderungen der deutschen Sozialdemokratie in der Tschechoslowakei

...
Wir fordern von der tschechischen Sozialdemokratie:
1. daß sie den nationalen Chauvinismus und Imperialismus der tschechoslowakischen Bourgeoisie gemeinsam mit allen sozialdemokratischen Parteien des Landes bekämpfe;
2. daß sie sich auf den Boden der sozialistischen Forderung des Selbstbestimmungsrechtes der Völker stelle, das von uns gemeinsam mit ihr in Brünn[9] erarbeitete nationale Programm verwirkliche, unsere auf unseren Parteitagen in Teplitz und Karlsbad aufgestellten Forderungen prüfe und vor allem das Versprechen einlöse, das sie auf dem internationalen Kongreß in Bern im Jahre 1919[16] vor den sozialistischen Vertretern aller Länder in feierlicher Weise in ihrer Erklärung abgegeben hat. Wir fordern von den tschechischen Sozialdemokraten kein Titelchen eines Rechtes mehr für uns, als wir seinerzeit im alten Österreich ihnen zu geben bereit waren ...

Anmerkungen:
1 Siehe S. 9, 226.
2 Vom 15. 2. 1921; zu den Erfassungsprinzipien: Siehe S. 312; zu den Ergebnissen: Siehe S. 1194.
3 Zum Begriff: Siehe S. 206.
4 Zum Text: Siehe S. 233; »SdG.V.« = ČSR-»Sammlung der Gesetze und Verordnungen«.
5 Zum Text vom 29. 2. 1920: Siehe S. 289, 281.
6 Zum Text vom 29. 2. 1920: Siehe S. 291.
7 Es handelt sich um Artikel 7 des Minderheitenschutzvertrages vom 10. 9. 1919 (zum Text: Siehe S. 281); die Unterschiede der jeweiligen Übersetzung aus dem Französischen verändern den angesprochenen Sinngehalt nicht.
8 Als »Realisten« bezeichneten sich die (in der österreichischen Reichsratswahl von 1907 stark geschwächten) Anhänger der Partei T. G. Masaryks.
Bouček war im 1. Weltkrieg ein führendes Mitglied der tschechischen Untergrundbewegung und trat später den tschechischen Nationalsozialisten bei.
9 Am 18. 9. 1899; zum Text: Siehe S. 212.
10 Zu den Wahlergebnissen: Siehe S. 1208.
11 Bei dieser Zwischenbilanz der Konsequenzen des ČSR-Schulgesetzes vom 3. 4. 1919 (zum Text: Siehe S. 266) ist zu beachten, daß die Maßnahmen auch nach dem Erscheinen der Denkschrift im Jahre 1923 weitergingen.
Zu Gesamtveränderungszahlen nach 1919:
Vgl. Bohmann: SiZ; S. 66 ff.
12 »č. K.« = »čechoslovakische Krone«; Währung der ČSR. 1 č. K. = ab 1924: ca. RM 0,12.
13 Vom 19. 3. 1923; zum Text: Siehe S. 316 ff.
14 Vom 18. 7. 1922. Nach der Ermordung der Politiker Erzberger (26. 8. 1921) und Rathenau (24. 6. 1922) beschlossen.
In der ČSR war am 18. 2. 1923 der Politiker Rašín von einem tschechischen Anarchisten erschossen worden.

[15] a) Die Äußerung wurde von Dr. Soukup am 29. 1. 1928 bestätigt und auf den 4. 11. 1918 datiert. Vgl. »Der erste Kongreß aller sozialdemokratischen Parteien der Tschechoslowakei«; hsg. v. Parteivorstand der DSAP; Prag, 1928; S. 101.
b) Der unbenannt gebliebene »bourgeoise Vertreter« wäre dann der tschechoslowakische Politiker Dr. Alois Rašin (Nationaldemokrat). Zu seinen Äußerungen in diesem Gespräch gehörte auch: »Das Selbstbestimmungsrecht ist eine schöne Phrase – jetzt aber, da die Entente gesiegt hat, entscheidet die Gewalt!«
Vgl. Hofbauer, Josef (m. a.): »Josef Seliger«; Prag, 1930; S. 125.
Neuere Literatur zweifelt an der Richtigkeit der Wiedergabe dieses Gesprächsteiles.
Vgl. Zessner, Klaus: »Josef Seliger und die nationale Frage in Böhmen«; Stuttgart (Verlag Seliger Archiv), 1976; S. 121 ff.

[16] Am 9. 2. 1919; zum Vorgang: Siehe auch S. 258.

[17] Wofür oder wogegen sich die Sudetendeutschen »aussprechen« sollten, blieb unerwähnt. Vermutlich für den »Verbleib« in der ČSR.

[18] Zum Text der daher zwei staatsrechtlichen Erklärungen der Sudetendeutschen im Juni 1920: Siehe S. 299, 300.

[19] D. h. »Recht des Volkes«; Tageszeitung der tschechischen Sozialdemokraten.

[20] In sehr langen Beratungen des Organisationskomitees des Kongresses war es unmöglich, sich »wenigstens vorläufig auf eine gemeinsame Formel über das, was unmittelbar zu geschehen habe, (zu) einigen«. Es wurde daher eine Kommission gebildet.

Quelle:
Text der Denkschrift, 26 Drucks.; Fotokopie im Besitz des Verfassers.

****

Der V. Kongreß der Komintern[1]: 1923, Juni

1. Feststellung des Generalsekretärs Manuilski:

Der tschechoslowakische Staat hat deutsche Industriegebiete mit 3,7 Millionen[2] deutscher Menschen annektiert.

2. Kongreßbeschluß:

. . . daß es eine tschechoslowakische Nation nicht gibt ⟨*in der Tschechoslowakei jedoch zahlreiche Minderheiten leben, und demzufolge die Kommunistische Partei der Tschechoslowakei*[3] *die Aufgabe*[4] *habe*⟩, hinsichtlich dieser Minderheiten das Selbstbestimmungsrecht der Völker zu proklamieren und in die Tat umzusetzen, einschließlich des Rechtes, sich voneinander zu trennen.

. . .

Anmerkungen:

[1] Die sog. Komintern (d. h. Kommunistische Internationale) war am 2. 3. 1919 von den kommunistischen Parteien in Rußland und fünf ausländischen Staaten (darunter Deutschland und Österreich) gegründet worden. Sie wurde auch als III. Internationale bezeichnet, um sich von den fortbestehenden II. Internationalen sozialdemokratischer Parteien zu unterscheiden, von denen sich die kommunistischen Parteien abgespalten hatten.
Die Komintern entwickelte sich nach ihrem 2. Kongreß (19. 7. 1920, Moskau), welcher »21 Bedingungen« für den Beitritt festgelegt hatte, sowie nach Billigung der Annexion des (1918–1921) unabhängigen Georgiens durch die UdSSR zu einem Instrument sowjetischer Außenpolitik.

[2] Diese Zahl von 1910 umfaßte auch die Karpatendeutschen. Zu differenzierten Angaben: Siehe S. 1194.

[3] Die KP der ČSR wurde am 12. 3. 1921 in Reichenberg gegründet, nachdem vorher Abspaltungen der jeweiligen Parteilinken zunächst aus der tschechoslowakischen und dann der deutschen sozialdemokratischen Partei stattgefunden hatten.

[4] Zur Erledigung dieser Aufgabe: Siehe S. 336 f.

Quelle:
»La Question Nationale et Coloniale« (Die nationale und koloniale Frage); hsg. v. Büro der Komintern; Paris, 1924; S. 211, 432.

****

Memorandum[1] **1925, 13. Januar**
von Außenminister Gustav Stresemann (DVP):
Volksgruppenschutz und Grenzrevision

... Diese außerordentlich gefährdete Lage der deutschen Minderheiten in Europa im Zusammenhang mit der unschätzbaren Bedeutung, welche sie im Falle ihrer Erhaltung für das Deutsche Reich politisch, kulturell und wirtschaftlich erlangen können, zwingt das Reich dazu, alles zu tun, um sie im Kampfe um die Erhaltung ihres Deutschtums zu unterstützen und hierbei kein Mittel unversucht zu lassen, auch dann, wenn die Wirksamkeit der Hilfe nicht mit voller Sicherheit vorauszusehen ist und der erhoffte Erfolg langsam eintreten kann ...
Die Schaffung eines Staates, dessen politische Grenze alle deutschen Volksteile umfaßt, die innerhalb des geschlossenen deutschen Siedlungsgebietes in Mitteleuropa leben und den Anschluß an das Reich wünschen[2], ist das ferne Ziel deutschen Hoffens, die schrittweise Revision[3] der politisch und wirtschaftlich unhaltbarsten Grenzbestimmungen der Friedensdiktate (polnischer Korridor, Oberschlesien) das nächstliegende Ziel der deutschen Außenpolitik ...

Anmerkungen:
1 »Vertraulich« für oberste Behörden des Deutschen Reiches.
2 a) Zur Konferenz von Locarno im Oktober 1925 brachte der ČSR-Außenminister Dr. Beneš einen Vertragsentwurf mit, nach dem Deutschland die Unverletzlichkeit der deutsch-tschechoslowakischen Staatsgrenze garantieren sollte. Die unter Leitung Stresemanns stehende deutsche Delegation lehnte es ab, die Grenzgarantie auch nur zu diskutieren.
b) Für den Stellenwert der jeweiligen Beziehungen kann auch das Außenhandelsvolumen beider Staaten herangezogen werden:
Deutschland hatte 1925 am ČSR-Gesamtimport einen Anteil von 40 % und am Gesamtexport von 28 %; der ČSR-Anteil für Deutschland betrug jedoch (wegen des viel größeren Volumens) nur 4–5 %.
Vgl. Mitchell, B. R.: »European Historical Statistics 1750–1970«; London, 1975; S. 493, 513, sowie »Bevölkerung und Wirtschaft 1872–1972«; hsg. v. Statistischen Bundesamt, Wiesbaden; Stuttgart, 1972; S. 198, 200.
3 In der Sitzung des Völkerbundsrates am 6. März 1929 wies Stresemann darauf hin, daß kein einziger politischer Zustand für alle Ewigkeit unbeweglich festgelegt werden könnte. Dieser Gedanke sei sogar in der Satzung des Völkerbundes enthalten.
Gemeint war damit Art. 19; siehe S. 12.

Quelle:
Höltje, Christian: »Die Weimarer Republik und das Ostlocarno-Problem«; Würzburg, 1958; S. 84, 101, 102, 104.

****

Bericht[1] **1925, 6. November**
der ČSR-Gesandtschaft in Berlin an das Außenministerium in Prag:
Tagung der »Deutschen Wacht« in Passau am 28. Oktober 1925
Unterstützung der sudetendeutschen Bemühungen im Deutschen Reich

Eine von der Deutschen Wacht in der Grenzstadt Passau abgehaltene, gegen die Tschechoslowakei gerichtete Tagung wurde absichtlich am 28. Oktober, dem tschechoslowakischen Staatsfeiertag[2], veranstaltet. Anwesend waren:
1. Lt. Regierungsrat Hoffmann von der Reichszentrale für Heimatdienst, Berlin.
2. Regierungsrat Hasteiger von der Bayrischen Zentrale für Heimatdienst, München.
3. Ex-Bundesminister General Wächter von der Sudetendeutschen Landsmannschaft in Wien.
Prof. Dr. Knoll und Sekretär Alois Ciller von der Reichsarbeitsstelle der gleichen Orga-

nisation in Berlin, Major Vogel von der Breslauer, Dr. Leibl und Generalsekretär Fiebinger von der Berliner Ortsgruppe.
4. Baron Wrangel aus Berlin vertrat den Deutschen Schutzbund.
5. Oberstleutnant Hörl aus Regensburg und Dr. Badendiek aus Berlin vertraten den Verein für das Deutschtum im Ausland.

Zahlreiche Vertreter bayrischer Behörden und Mitglieder der bayrischen Zweige der vorerwähnten Organisationen nahmen gleichfalls an der Tagung teil.

...

Sekretär Rückel aus Passau sprach über die guten Beziehungen der sudetendeutschen Irredentisten zur bayrischen Bevölkerung. Die Bayrische Volkspartei (Wittelsbacher Partei) bringt ihnen freundschaftliches Verständnis entgegen, so daß auch die bayrischen Behörden die Separatistenbewegung unterstützen.

Es war auffällig, daß auch fünf katholische Priester die Tagung besuchten.

Rückel berichtete dann über einen von der Passauer Ortsgruppe des SH[3] angeregten Besuch des Böhmerwaldes durch Mitglieder des Bayrischen Landtages. Dabei konnte Rückel 20 Mitglieder des Bayrischen Parlaments persönlich begrüßen. Er vermittelte diesen Vertretern des großbayrisch denkenden Teils der ⟨*bayrischen*⟩ Bevölkerung den Zugang zu den künftigen bayrischen Bezirken Eger und Böhmerwald. Seine ⟨*d. h. Rückels*⟩ Rede über die noch nicht befreiten Brüder auf der anderen Seite des »Bayrischen Waldes« sei von den bayrischen Landtagsmitgliedern ebenso begeistert aufgenommen worden, wie weitere Reden von ihm und MdL Mayer vor dem ständigen ⟨*bayrischen*⟩ Landtagsausschuß für Auslandsdeutsche[4] ...

Die Tagung leitete der Oberbürgermeister von Passau, Weiss, der die Teilnehmer namens der Stadt begrüßte.

Anmerkungen:

1 Der Bericht steht pars pro toto für zahlreiche Nachrichten, mit denen die große Sympathie breiter Kreise der deutschen Öffentlichkeit für die Sudetendeutschen in der Zeit der Weimarer Republik vor 1933 belegt werden kann. Dazu einige Beispiele:

a) Im Februar 1919 war in Wien der »Hilfsverein für Deutschböhmen und das Sudetenland« gegründet worden, welcher unter dem kontaktreichen Vorsitzenden Langenhahn bis 1922 in Österreich 56 und im Deutschen Reich 93 Ortsgruppen (mit jeweils ca. 20 Mitgliedern) aufbaute.

b) In den Jahren von 1922–1925 erfolgte der Aufbau einer auflagestarken Presse (»Der Sudetendeutsche«, später »Sudetendeutsches Echo«) und die Abwicklung einer Reihe von Kongressen in Wien, Leipzig, Salzburg und Berlin.

c) Ein Beispiel der Öffentlichkeitsarbeit dieser Zeit:
Der »Hochschulring Deutscher Art« organisierte am 15. 2. 1925 eine Straßensammlung in München, um Geld zur Unterstützung von »Sudetendeutschland« zu sammeln. Dabei wurden Flugblätter mit folgendem Text verteilt:
»Die Annexion Sudetendeutschlands durch die Tschechoslowakei ist eine dauernde Gefahr für den Frieden in Europa. Durch die gewaltsame Eingliederung Sudetendeutschlands in die ČSR ist dort eine deutsche Anschlußbewegung entstanden. Die Reichsdeutschen müssen diese Anschlußbewegung unterstützen, da die Sudetendeutschen unsere verfolgten Brüder sind, die dafür leiden, daß sie Deutsche sind.«
Die Terminologie dieses Aufrufes war repräsentativ für das Denken aller Schichten der deutschen Bevölkerung. So nannte der »Österreichisch-Deutsche Volksbund« in Berlin unter dem Vorsitz von Reichstagspräsident Paul Löbe (SPD) seine Zeitschrift »Österreich-Deutschland« im Untertitel »Überparteiliches Zentralorgan der Anschlußbewegung«.
Die meinungsbildenden konservativen »Süddeutschen Monatshefte« (München; Schriftleitung u. a. Karl Alexander von Müller) widmeten dem Thema »Sudetendeutschtum« im November 1928 eine ganze Ausgabe (Jg. 26, H. 2).

d) Nach verschiedenen Zwischenstufen (am 1. 1. 1926 Eingliederung der »Egerländer Gmoin« in Deutschland; im folgenden Jahr neuerlich enge Zusammenarbeit mit der bayerischen »Deutschen Wacht« in Passau) und -bezeichnungen wurde in einer Tagung in Hof im Dezember 1928 der »Sudetendeutsche Heimatbund (SHB)« gegründet. Vorsitzender wurde der österreichische Exminister v. Wächter, stellvertretender Vorsitzender der deutsche Exvizeadmiral v. Trotha (gleichzeitig Vorsitzender des »Großdeutschen Jugendbundes«).

e) Der SHB forderte im Interesse arbeitsloser deutscher Schuster zum Boykott tschechischer Bata-Schuhe auf, protestierte z. B. gegen »Verzichtstendenzen« bei Beamten des Auswärtigen Amtes und erreichte eine gewisse öffentlich anerkannte Stellung, so daß Mitgliedschaft in ihm von den polizeilichen Meldepflichten und Sonderabgaben für Ausländer befreite.
Beim Deutschen Turnfest im Februar 1928 in Köln begrüßte der Schirmherr, Oberbürgermeister Konrad Adenauer, die Leitung des SHB und 236 sudetendeutsche Turner aus der ČSR.

f) Unter Erinnerung an die Unterstützung der Anschlußbemühungen ihrer deutsch-böhmischen Nachbarn im Jahre 1918 fanden ab 1928 auch Heimattage in Niederbayern (Zwiesel) und der Oberpfalz (Cham) statt, die Teilnehmer aus dem SHB und aus dem Sudetengebiet mit örtlichen Repräsentanten zusammenführten.

Vgl. César, Jaroslav (m. a.): »Iredentické hnutí německých buržoazních nacionalistů z ČSR v letech (Irredentistische Bewegungen der deutschen bürgerlichen Nationalisten aus der ČSR in den Jahren) 1918–1929« in Československý časopis historicky« (Tschechoslowakische historische Zeitschrift); Jg. 9 (1961), Nr. 6; S. 789–806.
Material verzeichnete auch die im Prozeß vor dem ČSR-Volksgerichtshof in Prag 1947/48 verwendete »Anklageschrift gegen die Abgeordneten und Senatoren der Sudetendeutschen Partei (SdP)«; inoffizielle deutsche Übersetzung, hsg. v. Kendall Foss; München, 1962.
Auch Wiskemann, Elizabeth: »Czechs and Germans«; London, 1938; S. 129 f.
Verbunden mit den klaren Aussagen von Reichsaußenminister Stresemann (siehe S. 327) ergibt sich: Viele Deutsche in der Weimarer Republik betrachteten das Sudetenproblem nicht als innertschechoslowakische, sondern als einen zu gegebener Zeit zu lösenden Teil der deutschen Frage.

2 Wegen Errichtung der ČSR am 28. 10. 1918; siehe S. 233.

3 Gemeint: Der »Sudetendeutsche Heimatverband«.

4 Einen derartigen Ausschuß hatte es vordem nicht gegeben.
Vgl. das »Verzeichnis der Ausschüsse und deren Mitglieder nach dem Stande vom 9. Juli 1924« in den »Verhandlungen des Bayer. Landtags. Stenographische Berichte 1924/25«; Bd. I; München, 1924.

Quelle:
»Germany and Czechoslovakia 1918–1945«; hsg. v. Koloman Gajan (m. a.); Prag, 1965, S. 64 ff.

****

Staatsrechtliche Erklärung deutscher Parteien[1] im tschechoslowakischen Parlament: **1925, 18. Dezember**
Erneuerung der Selbstbestimmungsforderung

Als gewählte Vertreter des sudetendeutschen Volkes erneuern wir im Namen des Bundes der Landwirte, der Deutschen Christlichsozialen Volkspartei, der Deutschen Nationalsozialistischen Arbeiterpartei und der Deutschen Gewerbepartei bei Beginn der zweiten Session in feierlicher Weise die Erklärung, die wir am 1. und 4. Juni 1920 im Parlament abgegeben haben.[2] Gleichzeitig erstrecken wir den Protest gegen die Verletzung des Selbstbestimmungsrechtes des deutschen Volkes auf das Hultschiner Land, Ostschlesien und die ehemals niederösterreichischen Gebiete. Wir erklären neuerlich, die Friedensverträge von Versailles, St. Germain und Trianon als Rechtsquellen nicht anzuerkennen.
Die während des siebenjährigen Bestandes des tschechoslowakischen Staates gemachten Erfahrungen haben gezeigt, daß sein nationalstaatlicher Aufbau und sein einseitig nationalistisches Regierungssystem für die ihm einverleibten Völker unerträglich sind. Wir klagen dieses System an, seinem Wesen und seiner Absicht nach unserem Volke schweres Unrecht und unermeßlichen Schaden zugefügt zu haben. Wir erblicken in der inneren Unwahrheit dieses Regierungssystems die Wurzel aller Übel, an denen dieses Staatswesen krankt. Wir sehen darin vor allem ein mit der Sicherheit und Wohlfahrt des sudetendeutschen Volkes unvereinbarliches Prinzip. Fest auf dem Boden unserer angestammten Heimat stehend, erklären wir, dieses System und seine Auswirkung rücksichtlos gemeinsam bekämpfen zu wollen. Diesen gemeinsamen Kampf werden wir führen, bis das erlittene Unrecht wieder gutgemacht und in allen staatlichen Einrichtungen der Tatsache Rechnung getragen ist, daß die Grenzen dieses Staates mehrere gleich zu wertende und gleichberechtigte Völker umfassen.

Zwangsweise einverleibt in einen national gemischten Staat, erklären wir, unbeschadet des grundsätzlichen Festhaltens an dem Rechte der nationalen Selbstbestimmung, unsere Gleichberechtigung in Sprache, Arbeitsplatz, Schule und Scholle als unser innerpolitisches Ziel.
Das Recht, unsere Sprache im Verkehr mit den Behörden und im öffentlichen Leben überhaupt zu gebrauchen, wurde weit unter das aus dem natürlichen und öffentlichen Recht fließende Maß herabgedrückt. Aber nicht einmal die spärlichen, der deutschen Bevölkerung durch Verfassung[3] und Sprachengesetz[4] gewährleisteten Rechte finden bei den staatlichen Behörden gebührende Beachtung.
Die wirtschaftliche Gesetzgebung ist durchwegs auf die nationale Umschichtung wirtschaftlicher Klassen und Werte gerichtet. Die Praxis der Verwaltung trachtet bei jeder sich bietenden Gelegenheit zugunsten des Staatsvolkes nationalpolitische und nationalwirtschaftliche Vorteile zu erpressen. Aus den Staatsbetrieben wurden erst in letzter Zeit wieder Tausende deutscher Beamten, Angestellter und Arbeiter entlassen[5] und gleich den deutschen Kriegsbeschädigten rücksichtslos dem bittersten Elend preisgegeben. Dafür wurde das deutsche Siedlungsgebiet mit tschechischen Beamten, Angestellten und Arbeitern überschwemmt[5], die zumeist der deutschen Sprache gar nicht mächtig sind und einen dauernden Herd politischer Beunruhigung bilden.
Tausende deutscher Schulen und Schulklassen wurden in den letzten Jahren gesperrt und dadurch die Bildungsmöglichkeit unseres Volkes insbesondere in seinen auf die Volksschulbildung angewiesenen Schichten auf ein Mindestmaß herabgedrückt. Dagegen wurden auf Staatskosten zahllose unnötige tschechische Schulen im deutschen Siedlungsgebiet errichtet[5] und deutsche Kinder durch allerhand Zwangsmaßnahmen diesen Schulen zugeführt.
Gleich unserem kulturellen wurde auch unser materieller Besitzstand auf allen Gebieten, vor allem aber durch die unter der Herrschaft der Bodengesetze unternommene gewaltsame Wälderverstaatlichung und die Entnationalisierung unseres Bodens[5] sowie durch die gewissenlose Entwertung der Kriegsanleihe auf das schwerste geschädigt . . .
Darum wollen wir in geschlossener Einheit kämpfen für die staatsrechtliche Anerkennung der vollen Gleichberechtigung unseres Volkes für seine eigene Schulverwaltung, für die Gleichberechtigung seiner Sprache, für die deutsche Scholle und für den deutschen Arbeitsplatz. Damit wollen wir den nationalen Besitz unseres Volkes schützen und ihm durch die Beseitigung des herrschenden Systems der einseitigen nationalen Gewalt den Weg zur freien Entwicklung bahnen.

Anmerkungen:
[1] Abgegeben durch den Abg. Spina (BdL).
[2] Zum Text: Siehe S. 299.
[3] Zum Text: Siehe S. 289, 281.
[4] Zum Text: Siehe S. 291.
[5] Zu den statistischen Angaben: Siehe S. 1205, 266, 1197.

Quelle:
Jung, Rudolf: »Die Tschechen«; Berlin, 1937; S. 241.

****

Bekenntnis **1926, Mai**
der sudetendeutschen katholischen Jugend:
(Sog. Freiwaldauer[1] Beschlüsse)
Vorstellungen »zur grundsätzlichen und praktischen nationalen Friedensarbeit«

Der Weltkrieg ist beendet. Die Friedensverträge sind unterzeichnet. Der Friede unter den Menschen und Völkern aber ist nicht eingekehrt. Gewitterschwüle lastet über den Völkern der Welt.

Der Rassendünkel benebelt nach wie vor die Gemüter. Nationaler Chauvinismus entrechtet und unterdrückt nationale Minderheiten. Unterdrückte völkische Minderheiten sehen nur die Verletzung ihrer Eigenrechte und predigen die Irredenta. Der Militarismus bedroht ständig den europäischen Frieden. Der Zündstoff für neue kriegerische Verwicklungen wächst von Tag zu Tag.
Der Schöpfer Himmels und der Erde hat die Völkereigenarten in seinem Schöpfungsplane grundgelegt. Durch ihn wurden wir in die Lebensgemeinschaft und Schicksalsgemeinschaft des deutschen Volkes hineingeboren. Er hat uns unsere deutsche Eigenart auf den Lebensweg mitgegeben. Wir haben somit die Pflicht und das Recht als deutsche Menschen zu leben, unsere deutsche Eigenart zu pflegen und zu entfalten und auszuwirken in der deutschen Kultur. Es ist unser gutes Recht und unsere heilige Pflicht, für die Sicherstellung aller Bedingungen der Existenz und des Wachstums unseres Volkes zu arbeiten. Neben dem deutschen Volke aber haben auch alle die anderen Völker, die Tschechen und die Franzosen und die Italiener und die Polen usw. das gleiche Recht wie wir Deutschen auf Leben und Eigenart und Kultur und nationalen Besitz. Die Achtung und das Verständnis für diese Lebensrechte fremder Völker sind zugleich der wirksamste Schutz für die Erhaltung und Entwicklung des eigenen Volkstums.
...
Wir Sudetendeutschen leiden schwer unter dem heute herrschenden nationalen Chauvinismus der Tschechen. Unser nationaler Besitz ist gefährdet. Die Sicherheit des Arbeitsplatzes, des realen Besitzes und damit des Lebens ist uns genommen. Unsere völkischen Rechte werden ständig durch Übergriffe bedroht. Die sudetendeutsche Politik ist nahezu machtlos. Die Wiedergeburt unserer sudetendeutschen Volksgemeinschaft im Geiste Jesu Christi und die moralische Eroberung des tschechischen Volkes für Anerkennung und Schutz der deutschen Lebensnotwendigkeiten müssen darum die beiden Grundpfeiler sein, auf denen wir das Werk unserer nationalen Friedensarbeit aufbauen.
Grunderfordernis einer erfolgreichen Führung des Kampfes gegen den tschechischen Chauvinismus ist die radikale Bekämpfung des nationalen Chauvinismus in unserer eigenen Brust. Sodann müssen wir alles daransetzen, um den tschechischen Hetzern auch den letzten Schein einer Berechtigung ihres nationalen Vernichtungskampfes aus den Händen zu winden. Wir wollen uns klar zu werden suchen über all das, was in unserem eigenen Verhalten den tschechischen Nationalisten berechtigten Anlaß geben könnte zu ihrem immer neuen Mißtrauen. Tschechischer Chauvinismus kann deutscherseits leicht wachgerufen werden durch die mit unserer Zugehörigkeit zum großen deutschen Weltkulturvolke so schnell sich einschleichende völkische Überhebung und durch kränkende Mißachtung des kleineren tschechischen Volkes. Der tschechische Chauvinismus kann gefördert werden durch das einem bedrängten Minderheitsvolke ob der eigenen Not so naheliegende Nur-Betonen der eigenen Volksrechte und das damit verbundene Übersehen der berechtigten fremden Forderungen. Er wird genährt durch jede agitatorische Übertreibung des erlittenen Unrechtes.
Wir wollen nach besten Kräften tschechisch lernen, wollen Einblick gewinnen in das tschechische Geistesleben. – Durch Nachdenken über die Tschechen, Einfühlen in ihre seelische Verfassung und selbstloses Durchleben der sie zum nationalen Kampfe drängenden Beweggründe wollen wir den ersten Schritt tun zur nationalen Verständigung.
Dem Staate gegenüber bekennen wir uns zur Staatslehre Leo XIII.[2] Auf dem Boden des Staates wollen wir uns mit allen sittlich erlaubten Mitteln unser gutes Recht erkämpfen. Wir wollen unbedingt wahrhaftig sein im völkischen Abwehrkampfe. Wir wollen mit ganz reinen Händen kämpfen. Allein sind wir gegenwärtig zu schwach, um uns durchsetzen zu können. Der Kampf um unsere Menschenrechte und um unsere Volksrechte aber ist ein Menschheitskampf, für den es die gesamte gesittete Kulturwelt zu gewinnen gilt, vor allem aber die edel, gerecht und vernünftig denkenden Tschechen. Mit diesen müssen wir Verbindung suchen und finden. Wir müssen feurige Kohlen sammeln auf den Häup-

tern unserer Feinde. Die volle ganze Verständigung fertig zu bringen und dauernd zu sichern, vermag doch nur die konsequente christliche Feindesliebe.
Immer dringender tut es not, daß wir jungen Sudetendeutschen uns abkehren von der protestantisch-preußisch-kleindeutschen (fälschlich »großdeutschen«) Gesinnung. Wir wollen vielmehr zurückkehren zu der aus dem katholischen Gottes- und Kirchengedanken (Gedanken vom Reiche Gottes auf Erden), der synthetischen Veranlagung unseres Volkes und seiner zentralen geographischen Lage im Herzen Europas herauswachsenden übervölkischen Idee, die ein Jahrtausend in unserem Volke lebendig war und den christlichen Völkerbund des Mittelalters trug. Wir wollen mithelfen, ein innerlich großes deutsches Volk aufzurichten, das aufs Neue das Vertrauen der Völker ringsum gewinnt und zum völkerverbindenden Friedenshorte Europas wird. Der alte großdeutsche Gedanke feiert gegenwärtig Auferstehung in den Bestrebungen zur Schaffung der »Vereinigten Staaten Europas«. Aufgabe der katholischen Jugend ist es, diese »Paneuropa«-Bestrebungen durch das Christentum zu läutern und zu vertiefen und weiterzutragen, auf daß durch ein erneuertes Europa der »Friede Christi im Reiche Christi« seiner vollen Verwirklichung nähergebracht werde.
...

I. Pflege der Friedensgesinnung
1. Der Bundestag des Reichsbundes der katholischen deutschen Jugend zu Freiwaldau verpflichtet alle Gruppen, die päpstlichen Rundschreiben und Dekrete in ihre Büchereien einzustellen, sie in Vorträgen, Lesungen und Aussprachen gründlich durchzuarbeiten und zum lebendigen Gemeingut aller Kameraden zu machen. Die Hauptstelle wird in Hinkunft im Jugendsturme auf die päpstlichen Kundgebungen hinweisen und den einzelnen Jugendbünden an die Hand gehen bei der Beschaffung guter und billiger Ausgaben der päpstlichen Enzykliken.
...
5. Der Bundestag beschließt in allen sudetendeutschen Landschaften Führertage abzuhalten mit den Themen: a) Rassenkunde, b) Das großdeutsche Jahrtausend, c) Die nationale Frage, d) Unsere völkische Verständigungsarbeit, e) Vom Genfer Völkerbunde zum christlichen Völkerbunde Benedikt XV.[3]

II. Praktische Verständigungsarbeit
6. Der Reichsbund empfiehlt allen Kameraden die Erlernung der tschechischen Sprache und wird sich bemühen, die Organisation des Tschechisch-Unterrichtes in seinen Gruppen tatkräftig zu unterstützen.
...
9. Der Bundestag bittet alle Gruppenleitungen inständig, zur Bekämpfung der die nationalen Leidenschaften aufwühlenden Schlagworte, Verdrehungen und Übertreibungen die innerhalb ihres Heimatbereiches vorkommenden offensichtlichen nationalen Übergriffe wahrheitsgetreu und völlig sicher schriftlich festzuhalten und an die Hauptstelle weiterzuleiten, zu einer um so wirksameren Verteidigung unserer gottgegebenen völkischen Rechte.

III. Wir und der Staat
10. Für unsere Stellung zum Staate sind die Grundsätze maßgebend, wie sie sich aus den Lehren der katholischen Kirche ergeben und wie sie insbesondere in den Kundgebungen Leo XIII.[2], auf die unsere hochwürdigsten Herren Bischöfe in ihren Hirtenbriefen wiederholtemale hingewiesen haben, klargelegt sind. Diese sagen vor allem:
...
c) »Bleibt die Gerechtigkeit unverletzt, so steht es den Völkern frei, jene Regierungsform bei sich einzuführen, die entweder ihrem Charakter, oder den Gewohnheiten und Sitten der

Vorfahren mehr angemessen ist und entspricht. Ohne weiters kann daher auch zugegeben werden, daß die zur Leitung des Staates zu Berufenden in bestimmten Fällen und auf Grund gewisser gesetzlicher Bestimmungen durch den Willen und nach dem Gutachten des Volkes gewählt werden können.« Enc. Diuturnum ⟨*illud vom 29. 6. 1881*⟩.
d) »Ist die frühere Regierung verdrängt worden, wenn auch mit Gewalt und unter Verletzung des Rechtes, so wird wegen der sonstigen unvermeidlichen Anarchie durch das höchste und entscheidende Kriterium des Gemeinwohles, die Pflicht auferlegt, den neugebildeten Regierungen aufrichtigen Sinnes zu gehorchen.« Enc. Inter graviss.
e) »Wo die Staatsgewalt einen derartigen Druck auf die Bürgerschaft ausübt, daß diese schwer leidet unter ungerechter Gewalt oder der Kirche die ihr gebührende Freiheit versagt, da ist es erlaubt, nach einer andern Verfassung des Staates zu streben, welche eine freie Bewegung gestattet. Denn dann geht das Streben nicht nach jener maßlosen und schlechten Freiheit, sondern nur nach einer Erleichterung im Interesse aller, und zwar allein deswegen, damit die Möglichkeit nicht genommen ist, das Gute zu tun dort, wo für das Böse zügellose Freiheit besteht.« Enc. Libertas ⟨*praestantissimum vom 20. 6. 1888*⟩.

Anmerkungen:
1 Stadt in Nordmähren.
2 Enthalten v. a. in den weiter unten wiedergegebenen Enzykliken (d. h. Rundschreiben des Papstes an alle Bischöfe).
3 Vgl. den Text der Enzyklika »Pacem dei mundus« (Das Geschenk Gottes ist der Frieden) vom 23. 5. 1920.

Quelle:
»Dokumente zur Sudetendeutschen Frage 1916–1967«; hsg. v. Ernst Nittner; München, 1967; S. 94 ff. Hervorhebungen im Original.

****

Presseerklärung **1928, 16. Mai**
(sudeten-)deutscher Mitglieder
der tschechoslowakischen Regierung[1]
Gründe und Grenzen des sog. Aktivismus[2]

Wenn bei einzelnen Völkerbundmitgliedern der Eindruck entstanden sein sollte, daß die Teilnahme deutscher Parteien an der tschechoslowakischen Regierung bereits eine Lösung der hiesigen, äußerst schwierigen Minderheitenfrage bedeute, so ist dies wohl nur auf unzureichende Informationen oder Mißverständnisse zurückzuführen. Unsere Regierungsteilnahme ist unserem Willen zur Mitarbeit am Staat und einer besonderen innenpolitischen Lage[3] entsprungen. Sie kann in nationalpolitischer Hinsicht zwar als bedeutsamer Ansatz zu einer Lösung, aber noch durchaus nicht als eine endgültige Lösung betrachtet werden. Daher sind unseres Erachtens weder Minderheitenschutzverträge noch wesentliche Verbesserungen des Verfahrens in der Minderheitenfrage beim Völkerbund überflüssig geworden. Wenn wir auch hoffen, daß es gelingen kann, das hiesige Nationalitätenproblem bei einigem guten Willen allmählich innenpolitisch zu lösen, so hängt das vor allem vom Entgegenkommen des tschechischen und slowakischen Volkes ab. Da man die Entwicklung in so schwierigen Fragen nie mit Sicherheit voraussagen kann, so ist eine entsprechend verbesserte, weitgehende Garantie des Minderheitenrechtsschutzes durch den Völkerbund stets geboten …

Anmerkungen:
1 Abgegeben durch die Minister Mayr-Harting (DCV) und Spina (BdL), deren Parteien (zur Bedeutung: Siehe S. 1208 f.) im Oktober 1926 in die tschechoslowakische Regierung eingetreten waren.
Zur nationalpolitischen Begründung dieses Schritts hatte der Abgeordnete Windisch (BdL) am

16. 10. 1926 im Abgeordnetenhaus des tschechoslowakischen Parlaments u. a. erklärt: »Zum ersten Mal seit dem Bestand des Staates sieht das sudetendeutsche Volk Vertreter in der Regierung. Bei diesem bedeutungsvollen geschichtlichen Anlaß, den wir als Auswirkung der geänderten politischen Situation betrachten, wurde mir die Ehre zuteil, ernst und der Verantwortung bewußt, namens des Bundes der Landwirte, der Deutschen Christlichsozialen Volkspartei und der Deutschen Gewerbepartei zu erklären, daß wir an der parlamentarischen Arbeit dieser Regierung in positivem Sinn teilzunehmen entschlossen sind. Wenn von unserer Seite diese Zusage erfolgt, so leitet uns hierbei das Bestreben, durch unsere Mitarbeit im Staat dem ganzen deutschen Volk dienlich zu sein . . . Wenn wir uns zu gemeinsamer Arbeit eingefunden haben, so bewegt uns hierzu aber auch die gebieterische Notwendigkeit der Sicherung des Lebens, das heute für weite Schichten der Bevölkerung durch kritische Verhältnisse mannigfacher Art gefährdet ist. Wir erwarten vom heutigen Regime, daß ehrliche Initiative und gute Führung der Staatsgeschäfte völkische Not lindern und beseitigen und jene Aufgaben lösen werden, die aus wirtschaftlichen, sozialen und kulturellen Gründen auf erprobten Grundlagen zu bereinigen sind. Wir wollen dabei mithelfen.
An der Regierung liegt es jedoch, unsere Bereitwilligkeit zur Mitarbeit durch ihr Verhalten unserem Volk gegenüber zu rechtfertigen. Dazu ist vor allem nötig die wirkliche Abkehr von den alten Methoden des Unrechts und die Rückkehr zur Gerechtigkeit. Nur auf diesem Weg werden wir uns zu gemeinsamer Arbeit finden, deren Ziel die wirkliche Demokratie ist, und nur so einen Parlamentarismus erreichen, der erst die wahre Konsolidierung bewirkt.
Bei unserem Beginnen stützen wir uns auf das Verständnis und den Willen des größten Teils des sudetendeutschen Volkes.«
Vgl. »Stenographische Berichte über die Sitzungen des Abgeordnetenhauses der Nationalversammlung der Čechoslovakischen Republik«; 2. Wahlperiode, 43. Sitzung, Prag, 1926; S. 74.

[2] Mit dem Begriff »Aktivisten« wurden bald die grundsätzlich zur Regierungsbeteiligung bereiten sudetendeutschen Parteien bezeichnet, während die dazu unwilligen Parteien »Negativisten« hießen. Dieses Begriffspaar war sprachlich interessant unpassend: Es hätte entweder heißen müssen »Negativisten« – »Positivisten« oder »Passivisten« – »Aktivisten«.
Viele Fragen an Zeitzeugen erbrachten insgesamt das Ergebnis, daß offensichtlich die »Aktivisten« mehr wollten, als nur »positiv« und die »Negativisten« weniger, als nur »passiv« zu sein.

[3] Es erschien politischen Parteien verschiedener Nationalitäten erforderlich, parlamentarische Mehrheiten für zwei primär übernationale Fragen zu erreichen: Die Erhöhung von Getreide- und Viehzöllen und die Einführung staatlicher Priesterbesoldung.
Vgl. Graf, Raimund: »Die politische Vertretung der sudetendeutschen Landwirtschaft von 1919–1938« in »Bauerntum und Landbau der Sudetendeutschen«; hsg. v. Karl Hübl; München, 1963; S. 310–317, hier S. 314 f.
Das Priesterbesoldungsproblem in der ČSR war jedoch Konsequenz einer im Vergleich (zu den Nachbarstaaten Polen, Ungarn und Österreich, aber auch) zu Sudetendeutschen und Slowaken spezifischen tschechischen Entwicklung: Dem Abfall von der katholischen Kirche. Zur Dimension: Siehe S. 311.

Quelle:
»Nation und Staat. Deutsche Zeitschrift für das europäische Minoritätenproblem«; Wien; Jg. 2, H. 10 (Juli 1929); S. 681.

****

Die ČSR-»Bezirksbehörde in Schluckenau« ⟨Nordböhmen⟩: ⟨Betrifft:⟩ »Hitler Adolf, Einreise in die ČSR«: **1929, 31. Oktober**

An alle Gendarmeriestationen.
Das Präsidium der ⟨*ČSR*⟩-Landesbehörde ⟨*in Böhmen*⟩ hat anhier mitgeteilt, daß laut vertraulicher Nachricht die »National-sozialistische Arbeiterpartei« für Adolf Hitler[1] ein neues Triptyk[2] zur Reise in die Tschechoslowakische Republik und Jugoslawien, und zwar für sein zweites Automobil Type Mercedes (6zylindrig) mit der Nummer II A 1936 (mit offener Karosserie) beschafft hat.
Das erste Automobil hat die Nummer II A 6629, 5sitzige Karosserie, Type Daimler Mercedes, offen mit blauem Anstrich.

Der eventuellen Einreise Hitlers oder seines Vertreters in die ČSR ist erhöhte Aufmerksamkeit zu widmen. Eventuell ist Vorsorge zu treffen, dass Hitler als lästiger Ausländer an der Grenze zurückgewiesen werde.
Hiervon ist sofort anhier Bericht zu erstatten.

〈*Rundes Dienstsiegel:*〉
Bezirksbehörde
Schluckenau

Der Bezirkshauptmann
und Rat der politischen Verwaltung:
〈*Unterschrift Dr.*〉 Possig

Anmerkungen:
1 Hitler war zur Zeit der Weisung Führer der im Deutschen Reich völlig bedeutungslosen NSDAP, die bei den letzten vorhergehenden Reichstagswahlen (20. 5. 1928) mit 2,6 % der abgegebenen Stimmen 12 von 491 Mandaten erzielt hatte.
2 Triptyk: Gemeint: Damals üblicher, dreiteiliger Erlaubnisschein zur (zollfreien) Ein- und Ausfuhr eines Kfz.

Quelle:
Rundbrieforiginal in tschechischer Sprache; 1 ms. S.; Aktenzeichen »Nr.: 403 präs.〈*idium*〉 pag. 15«; Fotokopie im Besitz des Verfassers.

****

Programm **1930, 28. Oktober**
der sudetendeutschen Nationalsozialisten (DNSAP)[1]:
Territorialautonomie gefordert

Die sudetendeutschen Nationalsozialisten sagen dem zentralistischen Regierungssystem der Tschechoslowakischen Republik entschlossen Kampf an.
Sie fordern die Beseitigung der zentralistischen Verwaltung des Tschechoslowakischen Staates und seine Ersetzung durch ein System der territorialen nationalen Selbstverwaltung, die den Sudetendeutschen das Recht bringt, daß alle Fragen der Verwaltung, der Schule und sozialen Aufgaben, die heute den tschechischen Landesvertretungen und Landesbehörden übertragen sind, in Zukunft vom sudetendeutschen Landtag und von der sudetendeutschen Landesbehörde erfüllt werden.
Der Parteitag[1] verweist darauf, daß nach dem Friedensvertrag und dem § 3 der Verfassung[2] dem karpathorussischen Volke ein eigenes gesetzgebendes Parlament, mit eigenem Landespräsidenten und eigener Verwaltung garantiert wurde. Dieses autonome Parlament ist zur Beschlußfassung über Gesetze in der Angelegenheit der Sprache, des Unterrichtes, der Religion und der lokalen Verwaltung ausdrücklich berufen. Die Tschechoslowakei wird diese Bestimmungen des Friedensvertrages und der Staatsverfassung, die sie bisher verletzte und ignorierte, erfüllen müssen.
Die Sudetendeutschen fordern für sich das gleiche Recht auf nationale und soziale Selbstverwaltung. Sie fordern daher:
ihren sudetendeutschen Landtag,
ihren sudetendeutschen Landespräsidenten,
ihre sudetendeutsche Hauptstadt,
ihr sudetendeutsches Landesgebiet, kurz:
das sudetendeutsche Gebiet für die Sudetendeutschen!
Gestützt auf das klare Recht der Gleichheit aller Staatsbürger, wie sie der § 128 der Staatsverfassung[2] sichert, erheben sie ihre Forderungen nach gleicher Behandlung aller Völker dieses Staates.
Sie sagen Kampf an allen Regierungen, die ihnen ihr Recht auf volle nationale Selbstverwaltung verweigern.
Sie sagen Kampf an allen Parteien, die Verfälscher des Autonomiegedankens oder Ablenker von dem Wege der nationalen Selbstverwaltung sind.

Sie sagen Kampf an den Gleichgültigen, den Lauen und Faulen.
Sie rufen alle ihrer Verpflichtung vor Volk und Zukunft bewußten Volksgenossen auf.
Es gilt den Endkampf um unsere Heimat, um Schule, Scholle, Sprache und Arbeitsplatz!

Anmerkungen:
[1] Beschlossen und veröffentlicht anläßlich des Parteitages in Freiwaldau (Nordmähren).
[2] Zum Text vom 29. 2. 1920: Siehe S. 289.

Quelle:
Krebs, Hans: »Kampf in Böhmen«; Berlin, 1937; S. 232.

****

Der VI. Parteitag **1931, 7.–11. März**
der Kommunistischen Partei der Tschechoslowakei (KPČ)[1]**:**
Selbstbestimmung bis zur Loslösung

1. Stellungnahme

. . .

Der VI. Parteitag der Kommunistischen Partei der Tschechoslowakei erklärt die Solidarität des Proletariats der Tschechoslowakei mit dem Kampf der deutschen Proletarier für ein Sowjetdeutschland[2]. Diesen Kampf werden wir aktiv unterstützen durch den Kampf für die Sowjetmacht in der Tschechoslowakei, durch den Kampf für das Selbstbestimmungsrecht bis zur Loslösung für jene Teile der deutschen Nation, welche auf dem Gebiet der Tschechoslowakei leben . . .

2. Hauptlosungen

. . .

23. Für die gegenwärtige Phase des Kampfes um die Befreiung der unterdrückten Nationen aus dem nationalen und sozialen Joch in der Tschechoslowakei stellt die Kommunistische Partei der Tschechoslowakei folgende Hauptthesen auf:
Gegen die Besetzung des deutschen Teiles von Böhmen . . . durch die imperialistische tschechische Bourgeoisie und für deren Räumung von Organen der tschechischen Okkupationsmacht
. . .
Für das Selbstbestimmungsrecht der Nationen bis zur Lostrennung vom Staate.
. . .
Gegen die obligatorische Staatssprache.
Gegen das rückschrittliche Sprachengesetz und für freie Verwendung der nichttschechischen Sprachen im amtlichen Verkehr und im öffentlichen Leben.
Gegen die nationalistische Schulpolitik der tschechischen Bourgeoisie in den besetzten Gebieten. Anstelle der Tschechisierungsschulen eine genügende Anzahl von Schulen in der Muttersprache.
Gegen die Säuberung des staatlichen Apparates und der staatlichen Unternehmungen von Angehörigen der unterdrückten Nationen.
. . .
Gegen die nationale Unterdrückung in der Armee.
. . .
Kampf dem bürgerlich-sozialfaschistischen Betrug mit der Losung »Kulturautonomie«.
Kampf dem Betrug mit der Losung »Autonomie« . . . im deutschen Teil von Böhmen.
Kampf dem imperialistischen Betrug mit der tschechoslowakischen Staatsidee.
. . .
[3]

Anmerkungen:
1 Zur Vorgeschichte: Siehe auch S. 326.
2 Siehe Zusatz, S. 1306.
3 Auch 1933 fand sich die sudetendeutsche Frage neben anderen in einer Deklaration der Kommunistischen sog. III. Internationale zum 10. Jahrestag der Besetzung des deutschen Ruhrgebietes durch Frankreich und Belgien. Es hieß darin u. a.:
»Die Konferenz ⟨*der Komintern*⟩ stellt fest, daß das revolutionäre Proletariat Frankreichs, Italiens, Polens, Englands, Belgiens, der Tschechoslowakei, Jugoslawiens und Rumäniens einen schonungslosen Kampf gegen die imperialistische und kriegerische Politik der eigenen Bourgeoisie und die nationale Unterdrückung entfaltet:
gegen die Besetzung des Saargebietes;
gegen die Unterdrückung Elsaß-Lothringens;
gegen die Raubpolitik des polnischen Imperialismus gegenüber Danzig;
gegen die nationale Unterdrückung in Oberschlesien, Pommerellen und Südtirol;
gegen die Versklavung der Völker und nationalen Minderheiten in der Tschechoslowakei;
gegen die Entrechtung des österreichischen Volkes.«
Vgl. »Internationale Presse-Korrespondenz« v. 10. 1. 1933; Wiedergabe nach »Erneuerung und Abwehr – Monatsblatt der evangelischen Notgemeinschaft in Deutschland«; Bonn, Heft 9 (September 1989); S. 22 f.

Quellen:
»Internationale Presse-Korrespondenz« ⟨*deutschsprachiges Organ der Komintern*⟩; Nr. 23 vom 10. 3. 1931.
»Protokol VI. řádného sjezdu KSČ (Protokoll des 6. ordentlichen Parteitages der KPČ) 1931«; hsg. v. Parteivorstand der KPČ, Prag; o. J. (vermutlich 1931); S. 302. Hervorhebungen im Original.

****

Rede **1931, 27. März**
des tschechoslowakischen Abgeordneten Václav Kopecky (KPČ)
vor dem Abgeordnetenhaus im tschechoslowakischen Parlament:
Alle Deutschen, auch die Sudetendeutschen, in einen Staat

. . .
Wir tschechischen[1] Kommunisten . . . erklären . . ., daß wir . . . das Selbstbestimmungsrecht bis zur Abtrennung[2] der vom tschechischen Imperialismus unterdrückten Teile des deutschen Volkes[3] bis zur letzten Konsequenz wahren und durchsetzen werden.
Wir erklären weiter, daß wir in gleicher Entschlossenheit das Recht schützen und durchsetzen werden, alle Teile des deutschen Volkes in einem Staat zu vereinigen.[4]
. . .

Anmerkungen:
1 Im Original: »česky« = »tschechischen«, aber auch »böhmischen«.
Zur semantisch-politischen Problematik: Siehe S. 181.
2 D. h. des Sudetengebietes von der Tschechoslowakei und Anschluß an Deutschland.
3 D. h. der Sudetendeutschen.
4 Eine beachtenswerte Übereinstimmung der Kommunistischen Partei der Tschechoslowakei mit dem Parteiprogramm der NSDAP vom 24. 2. 1920. Zum Text: Siehe S. 210.

Quelle:
Brouček, Miloslav: »Československá tragedie« (Die tschechoslowakische Tragödie); New York, 1956; S. 119.

****

Erklärung **1932, 7. April**
deutscher Fraktionen[1] des Abgeordnetenhauses
im tschechoslowakischen Parlament:
Verfolgungen der Sudetendeutschen

Seit Monaten unternehmen politische Staatsorgane durch Verhöre, Hausdurchsuchungen und Verhaftungen Eingriffe in die Rechte deutscher Staatsbürger; die tschechische Presse bringt täglich unkontrollierte und unkontrollierbare Nachrichten über angebliche hochverräterische oder geheimbündlerische Tätigkeit im deutschen Lager; jede Verdächtigung oder anonyme Anzeige wird zum Ausgangspunkt eines Verfahrens gemacht, das sich oft monatelang hinzieht, ohne daß in der tschechischen Öffentlichkeit verzeichnet würde, daß die anhängigen Fälle fast durchwegs zur Einstellung der Verfahren führen.
Dieses, noch von keiner verantwortlichen Stelle gerügte Verfahren der Behörden und ihrer einzelnen Organe sowie die Verhetzung durch die tschechische Presse hat die politische und nationale Atmosphäre vergiftet und die schwachen Versuche, ein auf ethische und rechtliche Grundsätze aufgebautes Zusammenleben der Völker dieses Staates herbeizuführen, zum Stillstand gebracht.
Indem wir gegen diese neue Welle des Mißtrauens und der Verfolgungen aufs entschiedenste Einspruch einlegen, erklären wir, daß wir dieses Vorgehen als gegen das deutsche Volk, nicht nur gegen einzelne deutsche Volksangehörige gerichtet ansehen und daher durch diese Eingriffe der politischen Verwaltung und die Übergriffe ihrer Organe uns in unserer Gesamtheit getroffen fühlen müssen. Der Umfang und die Rücksichtslosigkeit dieser Verfolgungen zwingen uns, diese Verfolgungen und ebenso das durch sie heraufbeschworene Unrecht als eine gemeinsame sudetendeutsche Angelegenheit anzusehen . . .
Wir verlangen unter gleichzeitiger Verurteilung der Methoden der politischen Verwaltung, insbesondere des Spitzelsystems, daß dem gegenwärtigen aufpeitschenden und unhaltbaren Zustand ein Ende bereitet werde, damit endlich eine gewisse Beruhigung eintritt, die um so mehr notwendig ist, als die Bevölkerung ohnedies genug unter der trostlosen Wirtschaftslage leidet.
Das Vorgehen bei den Untersuchungen könnte den Schluß gestatten, daß es eine Einschüchterung der deutschen Bevölkerung und die Zerreißung der kulturellen Bande mit dem deutschen Gesamtvolk bezweckt. Demgegenüber erklären wir, daß nichts imstande ist, uns von der auf dem Naturrecht beruhenden deutschen Kulturgemeinschaft loszureißen. Wir nehmen für unser Volk unter allen Umständen die gleichen Rechte in Anspruch, die das tschechische Volk heute für sich in Anspruch nimmt und früher in Anspruch genommen hat und die alle anderen Völker für sich ebenfalls fordern, nämlich: den ständigen Kulturaustausch mit dem Gesamtvolk.

Anmerkung:
[1] Alle Fraktionen mit Ausnahme der Sozialdemokraten, d. h. auch die den Staat mitregierenden Parteien BdL und DCV.

Quelle:
»Stenographische Berichte über die Sitzungen des Abgeordnetenhauses der Nationalversammlung der Čechoslovakischen Republik«; 3. Wahl-, 6. Sitzungsperiode; Prag, 1932; S. 31 f.

****

Der europäische Viermächtepakt[1]: **1933, 15. Juli[2]**
. . .
Artikel 2:
In Ansehung der Völkerbundssatzung, insbes. ihrer Artikel 10, 16 und 19[3], beschließen die Hohen Vertragschließenden Teile, unter sich und unter Vorbehalt der nur durch die ordentlichen Organe des Völkerbundes zu treffenden Entscheidungen alle Vorschläge hin-

sichtlich der Methoden und Verfahrensarten zu prüfen, die geeignet sind, diesen Artikeln gehörige Wirksamkeit[4,5] zu verleihen.

...

Anmerkungen:

[1] Abgeschlossen zwischen Großbritannien, Frankreich, Italien und Deutschland; die Anregung kam vom italienischen Ministerpräsidenten Mussolini.
Die Signatarmächte des Abkommens sind identisch mit den Unterzeichnerstaaten des Münchner Abkommens vom 29. 9. 1938; zum Text: Siehe S. 415.

[2] Datum der Unterzeichnung; der Vertrag wurde nicht ratifiziert.

[3] Betraf die Überprüfung unanwendbar gewordener (Friedens-)Verträge; zum Text: Siehe S. 12.
Im Jahre 1938 sollte diese Bestimmung verschiedentlich angesprochen werden.
Der ČSR-Delegierte im Internationalen Ausschuß des Münchner Abkommens, Gesandter Mastny, berichtete aus diesem Gremium am 1. 11. 1938, daß im Zusammenhang mit praktischen Fragen der Festlegung des Gebietes »vorwiegend deutschen Charakters« am 5. 10. 1938 folgende Stellungnahmen abgegeben wurden:
»Der italienische Botschafter ⟨*d. h. Attolico*⟩ erklärte, die anwesenden Botschafter Frankreichs, Englands und Italiens müßten auf der Grundlage des Jahres 1918, bezw. 1910 bestehen, weil die am Abkommen von München beteiligten Großmächte dieses als eine ›Revisions-Vereinbarung‹ angesehen hätten, die das Unrecht des Versailler Friedens wiedergutmachen und den Deutschen das ihnen zustehende, aber verweigerte Selbstbestimmungsrecht nachträglich wiedergeben sollte. In diesem Sinne, so betonte der italienische Botschafter, habe Mussolini und hätten auch die übrigen Regierungschefs die Verhandlungen in München geführt. Der englische Botschafter ⟨*d. h. Henderson*⟩ schloß sich den Ausführungen des italienischen Botschafters sofort rückhaltlos an.«
Vgl. Král, Václav: »Das Abkommen von München 1938«; Prag, 1968; S. 304–315, hier S. 309.
Der britische Botschafter Henderson präzisierte am gleichen Tag in einem Telegramm an den britischen Außenminister Lord Halifax u. a.:
»Ich gehe davon aus, ... daß das Münchner Abkommen eine Vertragsrevision nach Artikel 19 der Völkerbundscharta darstellte. Die strikte Gerechtigkeit erforderte die Rückkehr zum Zustand vor (status quo ante) 1918.«
Vgl. DBFP; 3/III; S. 99.

[4] Bereits vor Unterzeichnung war die ČSR bemüht, das Vertragsvorhaben möglichst zu vereiteln:
Am 31. 3. 1933 berichtete der ČSR-Gesandte in Paris, Osusky, an die Prager Zentrale, der französische Außenminister Boncour habe ihm versichert, daß »Artikel 19 niemals in Wirksamkeit treten wird«.
Die Sorge der ČSR hatte folgenden Grund: Als eine der ersten Maßnahmen war vorgesehen, die deutsch-polnische Grenze umfassend zu korrigieren (v. a. durch Rückgabe Danzigs und einer ca. 10 km breiten Landverbindung zu Ostpreußen an Deutschland).
Vgl. »Europäische Politik 1933–1938 im Spiegel der Prager Akten«; hsg. v. Friedrich Berber; 2. Aufl.; Essen, 1942; S. 23.
Am 4. 4. 1933 berichtete umgekehrt der französische Gesandte in Prag, Noël, folgendes nach Paris:
»Herr Beneš ist über die Verhandlungen bezüglich des Projektes Mussolini sehr besorgt und befragte mich dazu. Seine Feindschaft zu den Ideen, welche von den Herren Mussolini und MacDonald ⟨*britischer Premierminister*⟩ ausgingen, hat sich nach Rückkehr ⟨*aus Genf*⟩ zu seinen Landsleuten noch gesteigert; mehr und mehr wird, wie ich täglich feststelle, jede Andeutung einer Revision der ⟨*Friedens-*⟩Verträge oder über den Artikel 19 des ⟨*Völkerbund-*⟩Paktes nach tschechoslowakischer Auffassung zu einer direkten Bedrohung der Existenz der ⟨*ČS-*⟩Republik.«
Vgl. »Documents diplomatiques français 1932–1939«; 1. Serie, Bd. 2; Paris, 1960; S. 138.

[5] Deutscherseits hatte der Leiter der Ostabteilung des Auswärtigen Amtes am 17. 2. 1932 dem polnischen Botschafter in Berlin eröffnet, daß zwar auch die neue Regierung eine Friedenspolitik betreibe und keinen Krieg wolle, aber die Linie aller bisherigen deutschen Regierungen fortsetzen werde: Keine deutsche Regierung habe die deutschen Ostgrenzen anerkannt.
Vgl.: DGFP; Series C, Bd. I; London, 1957; Nr. 22.
Zur zeitgenössischen deutschen Meinung über die Sudetenfrage: Siehe S. 327 ff.

Quelle:
»Die politisch-militärischen Pakte der Nachkriegszeit im Wortlaut«; hsg. v. Walter Berger; Erlangen (Mfr.), 1936; S. 113 f.

****

Aufruf Konrad Henleins **1933, 1. Oktober**
zur Gründung der »Sudetendeutschen Heimatfront« (SHF):
Die SHF bekennt sich zu Demokratie und Volkstum

...

Die »Sudetendeutsche Heimatfront« erstrebt die Zusammenfassung aller Deutschen in diesem Staate, die bewußt auf dem Boden der Volksgemeinschaft und der christlichen Weltanschauung stehen.
Sie bekennt sich zur deutschen Kultur- und Schicksalsgemeinschaft und erblickt ihre Hauptaufgabe in der Sicherung und dem Ausbau unseres Volksbesitzstandes: unseres Heimatbodens, unserer kulturellen Einrichtungen, unserer Wirtschaft und unseres Arbeitsplatzes.
Sie fordert eine gerechte Lösung der sozialen und wirtschaftlichen Fragen aller Stände. Im besonderen erblickt sie in der wirtschaftlichen und sozialen Sicherung des Arbeiters eine der wichtigsten Voraussetzungen für die Erhaltung unserer Volkskraft. Die »Sudetendeutsche Heimatfront« wird auf dem Boden, auf den uns das Schicksal gestellt hat, unter Anerkennung des Staates, bei Einsatz aller gesetzlich zulässigen Mittel an der Erreichung dieser Ziele arbeiten.
Sie bekennt sich zu den demokratischen Grundforderungen vor allem der Gleichberechtigung der Kulturvölker und erblickt in dem friedlichen Ausbau dieser Grundlagen – unter voller Achtung der Volkspersönlichkeiten – die sichtbarste Gewähr für eine gedeihliche Entwicklung der Völker und Staaten des mitteleuropäischen Raumes.
Die »Sudetendeutsche Heimatfront« wird auf ständischer Grundlage aufgebaut, um die restlose Erfassung aller Volksgenossen zu ermöglichen und dadurch jedem die volle Entfaltung aller seiner geistigen und wirtschaftlichen Kräfte sowohl innerhalb seines Standes als auch des Volksganzen zu gewährleisten.
In der einheitlichen Vertretung aller politischen, kulturellen, sozialen und wirtschaftlichen Belange entscheidet nur das Wohl des gesamten Volkes.
Arbeiter, Bürger und Bauern!
Schließt die Reihen! Alle Arbeit gilt unserer Heimat!

Quelle:
Jahn, Rudolf: »Konrad Henlein spricht«; Karlsbad (W.Böhm.), 1937; S. 9ff.

****

Entscheidung **1933, 7. Oktober**
der tschechoslowakischen Regierung:
Verbot der DNSAP und der DNP in der Tschechoslowakei

Prag. Die Regierung hat am Mittwoch die Deutsche Nationalsozialistische Arbeiterpartei und die Deutsche Nationalpartei aufgelöst. Die Auflösung der DNSAP erfolgte 24 Stunden nach dem Beschluß des Parteivorstandes in Aussig, sich freiwillig aufzulösen.
Die amtliche Mitteilung über die Auflösung der beiden Parteien, die am Donnerstag Vormittag herausgegeben wurde, hat folgenden Wortlaut:
»Am gestrigen Tage wurde die Tätigkeit der Zentrale der Deutschen Nationalsozialistischen Arbeiterpartei und die Tätigkeit aller Orts-, Bezirks-, Kreis- und Landesorganisationen dieser Partei amtlich eingestellt und verboten, da alle Bestrebungen der Deutschen Nationalsozialistischen Arbeiterpartei nach Durchführung ihres territorialen Programms[1] die Vereinigung aller Deutschen schon begriffsmäßig in sich die Zeichen der Gewalt einschließen und sowohl das Strafgesetz als auch die öffentliche Ruhe und Ordnung im Sinn des § 113 der Verfassungsurkunde[2] verstoßen und da deren gesetzwidrige Existenz der öffentlichen Ordnung und Ruhe und der öffentlichen Sicherheit widerspricht. Aus dem

gleichen Grunde wurde auch die Tätigkeit der Deutschen Nationalpartei eingestellt und verboten, welche das öffentliche Bestreben kundgegeben hat, sich mit der Deutschen Nationalsozialistischen Arbeiterpartei zu verschmelzen.«
Wie einer halbamtlichen Äußerung entnommen werden kann, sei die Regierung entschlossen, die Demokratie mit den äußersten Mitteln zu verteidigen. Die Entwicklung der Verhältnisse in einigen Nachbarstaaten, heißt es hier, habe insbesondere in den deutschen Teilen der Republik gewisse Zersetzungserscheinungen gezeitigt, die den aktivistischen Parteien nicht nur ernstliche Sorge bereiten, sondern auch ihre weitere ersprießliche Arbeit für den Staat gefährden. Dem Parlament soll eine Reihe von Anträgen zugehen, die den festen Willen der Regierung bekunden, ihre Autorität zum Schutze der Demokratie in die Waagschale zu werfen.
Befürchtungen, daß es sich hierbei um die gewaltsame Unterdrückung der politischen Parteien überhaupt handeln könnte, seien unbegründet. Die Regierung könne und müsse jedoch von den politischen Parteien verlangen, daß sie sich als Träger der Staatsidee bekennen. Sie erwartet von ihnen, gleichgültig, ob sie sich im Regierungslager oder in der Opposition befinden, daß sie sich vorbehaltlos auf den Boden des Staates stellen, daß sie bedingungslos für die Einheit und Unteilbarkeit des Staates und für dessen Sicherung nach innen und außen eintreten, diese Grundsätze loyal bekennen und sich bereit erklären, am Wohl des Staates mitzuarbeiten. Dieses offene Bekenntnis gelte nicht nur für die Regierungsparteien, sondern auch für die Opposition, unbeschadet der konstruktiven Kritik, die sie im Rahmen des gemeinsamen Zieles jeder Zeit ungehindert ausüben könne, sofern auch ihr als letzte Etappe die gesunde Entwicklung des Staates im Innern und nach außen vorschwebt.
Die Regierung werde mit äußerster Entschlossenheit zum Ausdruck bringen, daß die Demokratie im Rechte ist, wenn sie sich gegen Anarchie, Zersetzung und umstürzlerische Bewegung zur Wehr setzt.
Aus diesem Grunde werde sie den politischen Parteien die Frage vorlegen müssen, ob sie sich ohne jeden Vorbehalt für diesen Staat und für dessen gesunde Entwicklung und für Zusammenarbeit ausspreche. Fällt die Antwort negativ aus, dann ergeben sich die zutreffenden Maßnahmen von selbst ...

Anmerkungen:
[1] Zum Autonomieprogramm der DNSAP: Siehe S. 335.
[2] Zum Text: Siehe S. 290.

Quelle:
Krebs, Hans: »Kampf in Böhmen«; Berlin, 1938; S. 170 (dort verkleinertes Faksimile aus sudetendeutscher Zeitschrift; Hervorhebung im Original).

****

Bericht **1934, 3. März**
des britischen Gesandten in Prag, Sir Joseph Addison, an sein Außenministerium:
Die ČSR ist ein Staat, »der von Tschechen für Tschechen regiert wird«

... Wenn man ein künstliches Gebilde erhalten will, verlangt dies künstliche Unterstützung und so wird jedermann mit einer gewissen Beobachtungsgabe die außerordentlich schwierige Lage feststellen können, in welche dieser Staat ⟨*d. h. die Tschechoslowakei*⟩ durch seine bloße Existenz kommen mußte: Ärgerliche Grenzen, ein mächtiger Nachbar[1] auf drei Seiten, der seine Vernichtung wünscht und zwei weitere Nachbarn[2], die die Tschechoslowakei aus tiefstem Herzen verachten und den gleichen Wunsch haben. Außerdem hat sie ausgedehnte Landgrenzen, an denen hauptsächlich Volksgenossen leben, die – ob zu Recht oder zu Unrecht – sehr illoyal sind und nichts anderes wünschen, als das Verschwinden dieses Staates in seiner derzeitigen Konstruktion.

Für einen Engländer, der in englischen Begriffen denkt, wäre es nun an der Zeit, einzuwenden, daß man den augenblicklichen Zustand der Spannung hätte vermeiden können, wenn man eine weise Politik der Beschwichtigung gegenüber den Minderheiten innerhalb der Staatsgrenzen betrieben hätte ... Für den Realisten bleibt die Tatsache, daß die Tschechoslowakei ihre Minderheiten nicht befriedigt hat ... Durch eine angemessene Behandlung der Minderheiten wäre nämlich die tschechische Minderheitsherrschaft[3] verschwunden, die der Kern des Staatsaufbaues ist ...

Die Lage ist unerfreulich und die herrschende Schicht der Tschechen kann eigentlich nichts tun, um diese unerfreuliche Lage zu ändern. Deswegen mußte sie schließlich zur Erkenntnis kommen, daß Unterstützung für sie nur von außerhalb des Staates kommen kann. Diese Erkenntnis hat zu einem weiteren beunruhigenden Verdacht geführt: nämlich, daß solche Unterstützung nicht in der einzig brauchbaren Form kommen wird. Diese einzig brauchbare Form wäre nämlich die Androhung, Gewalt zur Aufrechterhaltung des jetzigen Zustandes anzuwenden, eines Zustandes, der lebenswichtig zum Fortbestehen der Tschechoslowakei als unabhängiger souveräner Staat ist, der von Tschechen für Tschechen regiert wird ...

Anmerkungen:

[1] Gemeint: Das Deutsche Reich

[2] Gemeint: Polen und Ungarn

[3] Diese wurde zunehmend in Dr. Beneš personifiziert. Seine Redeweise und damit auch Denkart karikierte Addison bereits am 5. 11. 1931 in einer erfundenen Ansprache:

»Was sagt unser Freund, Mr. Eduard Beneš, immer wieder?
(in allgemeinverständliche Sprache übersetzt).
›Meine Herren!

Ich bin ein überzeugter Demokrat. Ich liebe die Demokratie (die mir meinen Posten gegeben hat), den Fortschritt, die Freiheit, die Zusammenarbeit, die brüderliche Liebe, etc. Wir müssen zusammenkommen. Das wollen wir auf jeden Fall tun. Aber, bevor wir das tun, sollen unsere dummen, rückständigen, lästigen, reaktionären Nachbarn eingestehen, daß sie ganz und gar im Unrecht sind. Sie sollen die Rute des Schulmeisters küssen. Die Ungarn sollen bekennen, daß es richtig und schicklich ist, daß ihnen ihre lächerliche Kontrolle über Millionen ungarischer Untertanen entzogen worden ist. Die Österreicher sollen bekennen ... Auch die Deutschen in der Tschechoslowakei sollten unsere Herrschaft segnen und dafür dankbar sein, daß sie Einkommensteuererklärungen in einer Sprache erhalten, die sie nicht verstehen. Die Einwohner von Preßburg sollten glücklich sein, daß der dortige Postdirektor und der Zollbeamte Tschechen aus Prag sind und die örtliche Sprache nicht sprechen. All dies ist demokratisch und trägt zu einem guten Einverständnis bei, et ainsi de suite.

Erst dann, meine Herren, und nur dann, kann ich den großen Plan in Erwägung ziehen, den ich im Sinn habe. Der besagt, daß, nachdem das Vorstehende alles vollendet worden ist, unter meiner Schirmherrschaft und selbstverständlich unter tschechoslowakischer Führung allmählich eine Art von wirtschaftlicher Donauföderation erreicht werden sollte. Ich weiß zwar nicht genau, was ich damit eigentlich meine, aber ich habe mehr oder weniger vor, eine Art Konferenz einzuberufen, der ich vorsitzen werde, und auf der ich versprechen werde, daß zum Beispiel die Ungarn, wenn sie sehr brav und fügsam sind und alle unsere Waren abnehmen, vielleicht ein Maiskontingent erhalten. Nun, ist das nicht nett von mir?‹.«

Das Londoner Außenministerium dankte Addison für die »gelungene Imitation« und stimmte ihr ausdrücklich zu.

Vgl. Franke, Rainer: »Die Tschechoslowakei in der politischen Meinung Englands« in »Die demokratisch-parlamentarische Struktur der Ersten Tschechoslowakischen Republik«; hsg. v. Karl Bosl; München, 1975; S. 247–269, hier S. 254 f. Auslassungszeichen und Hervorhebung im Original.

Quelle:
DBFP; 2/VI; S. 514 ff.

****

Rede[1] **1934, 21. Oktober**
des sudetendeutschen Politikers Konrad Henlein (SHF):
Verhältnis zur ČSR, Abgrenzung zum Nationalsozialismus

... Angesichts aller tatsächlichen und gewollten Mißverständnisse können wir nur neuerlich erklären, daß wir die bisherige sudetendeutsche Politik weder im allgemeinen, noch die Politik im Sinne einer der alten Parteien im besonderen fortzusetzen gewillt sind ... Uns geht es um die Einigung des Deutschtums in diesem Staate im Sinne echter und lebendiger Volksgemeinschaft und um seinen Einsatz als notwendiges staatskonservatives Aufbauelement bei gleichzeitiger Wahrung unserer naturgegebenen Rechte ... Es geht uns um eine Politik, die auf den gegebenen Tatsachen aufbaut und nach der ehrlichen Übereinstimmung der staatlichen Notwendigkeiten mit den eigenen völkischen Lebensnotwendigkeiten sucht im Geiste der Würde und der Verantwortung ...
Wir haben dem Staate gegeben, was des Staates war und haben bis heute alle unsere Pflichten als Staatsbürger treu und ehrlich erfüllt. Um so mehr erwarten wir mit vollem Recht, daß endlich der Staat uns in vollem Maße gibt, was unser ist. Kein vernünftiger Tscheche kann von uns verlangen, daß wir unser Volkstum verleugnen. Schon oft habe ich erklärt, und ich erkläre es nochmals: Wir waren Deutsche, wir sind Deutsche, und wir werden in alle Zukunft Deutsche bleiben.
...
Es entspricht ... unserer grundsätzlichen Überzeugung, daß sowohl Faschismus wie Nationalsozialismus an den Grenzen ihrer Staaten die natürlichen Voraussetzungen ihres Daseins verlieren und daher auf unsere besonders gearteten Verhältnisse nicht übertragbar sind ...
Gegenüber dem reichsdeutschen Nationalsozialismus stehen wir nicht an, grundsätzliche Vorbehalte zu bekunden ...
Trotz gewisser kritischer Vorbehalte gegenüber der liberalen Epoche, deren Versagen heute außer Zweifel steht, muß ich aber eines nachdrücklich unterstreichen: Daß wir nie und nimmer auf die Libertät, d. i. auf die vorbehaltlose Achtung der Persönlichkeitsrechte als einer grundsätzlichen Haltung bei der Bestimmung der Beziehung der Menschen im allgemeinen und der Beziehungen zwischen Staatsbürger und Behörden im besonderen verzichten werden. . .
Aus diesen Feststellungen ergeben sich die fundamentalen Unterschiede, die uns vom Nationalsozialismus unterscheiden.
...
Endlich kann ich in diesem Zusammenhang die sog. Revisionsfrage nicht unerwähnt lassen. Ich kann mich damit begnügen, offen und unzweideutig zu erklären, daß wir an irgendeiner Revision der Grenzen auch nicht das geringste Interesse haben.
... Das Ziel mitteleuropäischer Politik kann deshalb weder die Revision noch die Antirevision sein; weder das Bestreben, Grenzen zu errichten, noch Grenzen zu verändern, sondern ausschließlich das Bestreben, die Grenzen als trennende Mauern unwirksam zu machen.
...
Man muß sich aber doch über das Eine im Klaren sein, daß letzten Endes – und gerade vom Standpunkt der Demokratie! – ein Staat nur dann als konsolidiert betrachtet werden kann, wenn er sich auf die freiwillige und aus der inneren Überzeugung kommende Überzeugung seiner Bürger zu stützen vermag. Bajonette und Zwangsmaßnahmen haben auf die Dauer noch keinen Staat gesichert ...
Im politischen Leben ist es möglich, vorübergehend durch Argumente zu überzeugen. Massen dauernd zu binden, setzt jedoch praktische Ergebnisse voraus als Rechtfertigung einer Politik – praktische Ergebnisse, die ich letztlich nicht auf Grund meines guten Willens, sondern nur auf Grund der Einsicht der tschechoslowakischen Staatsführung werde aufweisen

können. Deshalb bleibt ihr allein die Verantwortung für das Gelingen eines Versuchs, den wir aufrichtig und ohne Hintergedanken gewagt haben.

Wir sind gern bereit, anzuerkennen, daß die Tschechoslowakei jener Staat ist, in dem Tschechen und Slowaken die gesicherte staatliche Grundlage ihres völkischen Lebens gefunden haben. Aber das Bedürfnis eines Volkes, sich auszuleben, muß seine unverrückbaren und unüberschreitbaren Grenzen in den Grundsätzen der Ethik und Humanität finden, auf die man sich tschechischerseits immer wieder beruft. Daß wir Sudetendeutsche die Unantastbarkeit unseres Lebensraumes und unseres Volksbodens, unserer Lebensrechte, unseres kulturellen und wirtschaftlichen Besitzstandes, unseres Arbeitsplatzes fordern – das werden auch unsere tschechischen Mitbürger verstehen: denn diese Forderungen sind so primitive Selbstverständlichkeiten, daß jedes Volk Verachtung treffen würde, wenn es nicht bereit wäre, diese Güter mit allen Mitteln zu bewahren.

...

Das Sudetendeutschtum bietet offen und ehrlich die Hand zum Frieden. Wer sie ausschlägt, muß dafür die Verantwortung übernehmen, wie sich die Zukunft dann entwickeln wird ...

Anmerkung:

[1] Vor ca. 50.000 Zuhörern, einer für damalige Verkehrsverhältnisse sehr hohen Zahl, in Böhmisch-Leipa (Nordböhmen).

Quelle:

Jahn, Rudolf: »Konrad Henlein spricht«; Karlsbad, 1937; S. 22 ff.

****

Vertrag »über gegenseitige Hilfeleistung« zwischen der UdSSR und der ČSR: **1935, 16. Mai**

Militärische Hilfe und Beistand nur, wenn Frankreich[1] diese leistet

...

Art. II. – Für den Fall, daß unter den im Art. 15 § 7 der Völkerbundssatzung[2] vorgesehenen Bedingungen die Union der Sozialistischen Sowjetrepubliken oder die Tschechoslowakische Republik trotz der aufrichtig friedfertigen Absichten beider Länder Gegenstand eines nicht herausgeforderten Angriffs von seiten irgendeines europäischen Staates sein sollte, werden die Tschechoslowakische Republik und entsprechend die Union der Sozialistischen Sowjetrepubliken einander sofort Hilfe und Beistand gewähren.

...

Unterzeichnungsprotokoll

...

2. ... Gleichzeitig erkennen die Regierungen[3] an, daß die Verpflichtungen zu gegenseitiger Hilfeleistung nur insoweit zwischen ihnen gelten werden, als dem angegriffenen Teil unter den in diesem Vertrag vorgesehenen Bedingungen Hilfe durch Frankreich[1] geleistet wird.

...

Anmerkungen:

[1] Gemäß dem Vertrag der ČSR mit Frankreich vom 25. 1. 1924 bzw. der UdSSR mit Frankreich vom 2. 5. 1935.

[2] Streitfragen zwischen Mitgliedern des Völkerbundes, die weder der Schiedsgerichtsbarkeit noch dem gerichtlichen Verfahren (siehe S. 12) zugeführt worden waren, vor dem Rat des Völkerbundes.

[3] D. h. der UdSSR und der ČSR.

Quelle:

»Zeitschrift für ausländisches öffentliches Recht und Völkerrecht«; Berlin; Bd. V (1935); S. 603–606.

****

Ablaufbericht: **1935, 19. Mai**
Von der SHF zur »Sudetendeutschen Partei« (SdP); das Wahlergebnis 1935, seine Bedeutung und Wertung:

. . . Im Jahre 1935 konnte die tschechische Regierung die fälligen Parlamentswahlen nicht mehr länger hinausschieben und setzte diese auf den 19. Mai . . . fest.
. . .
Bis zum letzten Augenblick ⟨*vor der Wahl*⟩ wiegte Dr. Beneš sich selbst in der Hoffnung oder spiegelte diese den anderen deutschen Regierungsparteien vor, er werde noch in letzter Minute das Verbot der Sudetendeutschen Heimatfront durchsetzen. Dieses Vorhaben lehnte Staatspräsident Masaryk ab und stellte sich auf den Boden der Verfassung. Nach diesem Mißerfolg versuchte die Regierung, auf einem anderen Wege die SHF tödlich zu treffen. Alle ihre propagandistischen Vorbereitungen zur Wahl waren abgeschlossen. Da teilte am 19. April der Vizepräsident der Landesbehörde Böhmen, Dr. Graf Boos-Waldeck, den Vertretern der SHF, Dr. Neuwirth und Dr. Sebekovsky, den Regierungsbeschluß mit: Die Sudetendeutsche Heimatfront habe unverzüglich ihren Namen in »Sudetendeutsche Partei, Vorsitzender Konrad Henlein« zu ändern, ebenso ihre von schwarz-rot-schwarz in »Blauweiß« geänderten Farben durch »Rot-Weiß« zu ersetzen, keinerlei Parteidrucksachen einschließlich der Mitgliedskarten und sonstiges Wahlmaterial dürften ohne vorgenannte Änderung verwandt werden. Auch solche Schikanen beeinflußten die Wahl nicht; . . .
Mit 1,249.497 Stimmen bei einer deutschen Gesamtbevölkerung von knapp 3,5 Millionen war die Sudetendeutsche Partei (SdP) nicht nur die stärkste Gruppe ⟨*der Sudetendeutschen*⟩[1], sondern überhaupt die stärkste Partei in der ČSR geworden . . . Mit 44 Mandaten, einem Sitz weniger als die tschechischen Agrarier[2], zog die »Partei einer nationalen Minderheit« ins Parlament ein. 25 besaß sie im Senat . . . Das tschechische Nationalstaatsdogma war durch solchen Ausgang nachhaltig erschüttert, und die Welt, seit der Rede von Böhmisch-Leipa[3] aufmerksam geworden, mußte plötzlich erkennen, daß in der ČSR mehrere Nationen wohnten.[4,5]

Anmerkungen:

1 Zum Gesamtverhältnis der Stimmabgabe: Siehe S. 1208 f.

2 Das ČSR-Wahlrecht war nicht voll proportional. Deswegen entsprach das Stimmenverhältnis nicht exakt dem Mandatsverhältnis im Parlament.

3 Siehe S. 343.

4 Auf Grund des Wahlergebnisses bot Henlein in einem Telegramm vom 20. Mai 1935 an ČSR-Staatspräsident T. G. Masaryk den Regierungseintritt der SdP an. Dieses Telegramm wurde niemals beantwortet. Grund für diese Zurückhaltung der ČSR-Führung könnte ihre Fehlbeurteilung der SdP gewesen sein. Sie ist einem Rundtelegramm des ČSR-Außenministers Beneš vom 22. 5. 1935 an die wichtigsten ČSR-Botschaften im Ausland zu entnehmen:
»Das Ergebnis der Wahlen ist folgendermaßen zu beurteilen:
Die deutsche Bevölkerung ist desorientiert, die Henleinpartei ist nicht irredentisch, und es wäre ein Fehler, sie als irredentisch zu beurteilen und zu erklären. Aber die deutsche Bevölkerung erlag einer im tschechischen Lager abgelehnten Ideologie.
Sonst ändert sich nichts, weder an dem Regime noch an der Struktur des Staates. Die künftige Regierung wird aus den bisherigen vier tschechoslowakischen Parteien zusammengesetzt sein . . . In der Regierung werden alle bisherigen drei deutschen aktivistischen Parteien verbleiben, was ungefähr ein Drittel der deutschen Abgeordneten bedeutet.
Henlein wird in der Opposition sein. Seine Partei besteht aus einem solchen Konglomerat, daß sie bald auseinanderfallen wird. Schließlich werden als solider Henleinblock etwa 25 Abgeordnete übrigbleiben, was der wirklichen Lage entsprechen würde.«
Vgl.: »Europäische Politik 1933–1938 im Spiegel der Prager Akten«; hsg. v. Friedrich Berber; Essen, 1941; S. 49.

5 Die Fehlbeurteilung bestärkte den innenpolitisch mitbedingten Immobilismus der ČSR-Minderheitenpolitik.

Der britische parlamentarische Staatssekretär im Foreign Office, Lord Stanhope, beklagte diese Haltung in einer Niederschrift vom 17. 2. 1936:
»Ich glaube mich des Sprichwortes zu erinnern: wen die Götter verderben wollen, den berauben sie zuvor des Verstandes. Das faßt meiner Ansicht nach die Tätigkeit – eher Untätigkeit – Dr. Beneš zusammen, der sich nicht mit der deutschen Minderheit befaßt, solange noch Zeit ist. Wenn die Tatsachen in England besser bekannt wären, dann würde wohl ein fast einmütiges Gefühl der Hoffnung bestehen, daß Hitler einmarschieren möge, um die Sache in Ordnung zu bringen – ich übertreibe absichtlich, um richtig verstanden zu werden. Wenn die Tschechoslowakei ernstlich mit englischer Hilfe rechnet, dann glaube ich, bedient sie sich der schlechtesten Methode, diese auch sicherzustellen.«
Vgl. Franke, Rainer: »Die Tschechoslowakei in der politischen Meinung Englands« in »Die demokratisch-parlamentarische Struktur der Ersten Tschechoslowakischen Republik«; hsg. v. Karl Bosl; München, 1975; S. 247–269, hier S. 259.

Quelle:
Rönnefarth, Helmuth: »Die Sudetenkrise in der internationalen Politik«; 2 Bde., Wiesbaden, 1961; Bd. 1; S. 140 f.

****

Artikel **1936, 8. April**[1]
des sudetendeutschen Abgeordneten Hans Schütz (DCV):
Die Lage der Sudetendeutschen zwischen Staats- und Sprachgrenze

Zwei Völker und ein Land.[2]
Von Hans Schütz.
Das ist ungenau, ja sogar unrichtig. Denn in unserem schönen Lande wohnen mehr als zwei Völker. Aber ich will nur von den zweien reden, an die ich, als ich die Ueberschrift schrieb, dachte. Von den Deutschen und den Tschechen. Und keine gelehrten Geschichten will ich hierher schreiben, nicht von den Kelten reden und nicht von Groß-Moravien, ja nicht einmal von den Přemisliden und von den Luxemburgern. An unserem Lande haben nahezu eineinhalb Jahrtausende Geschichte gebaut. Manches, was in den dicken Büchern steht, ist heiß umstritten. Ich war leider nicht dabei, und deshalb kann ich es auf Ehre und Gewissen nicht bezeugen. Aber es gibt Dinge, die kann man alle Tage sehen, »dessen sind wir Zeugen«.
In den Pariser Vorortsverträgen von 1919 wurden die Grenzen der tschechoslowakischen Republik gezogen. Unter 14 Millionen Einwohnern sind 3½ Millionen Deutsche. Sie siedeln zum allergrößten Teil in geschlossenen Sprachgebieten. Sie sind das Volk an der Grenze, eingebettet zwischen die Grenzsteine Schlesiens, Sachsens, Bayerns und Oesterreichs und die hartumstrittene Sprachgrenze gegen das Innere des Landes, das in den historischen Ländern (Böhmen, Mähren, Schlesien) von den Tschechen besiedelt ist. Staatsgrenze und Sprachengrenze.[3] Das ist die Zange. Dazwischen eingezwängt sind wir Sudetendeutsche. Seit Jahren wird materiell der eine Zangenbacken immer mehr zugedrückt. Die Sprachgrenze wird in altes deutsches Sprachgebiet vorgetragen. Erst waren es die Bodenreformsiedler und dann die Restgutbesitzer, beides tschechische Mitbürger, die durch die Bodenreform begünstigt wurden und die mitten im deutschen Gebiete auf alten deutschen Volksboden angesiedelt wurden. Dann kamen die Staatsbeamten. Fast alle höheren Staatsbeamten im deutschen Gebiete sind Tschechen. Vielfach der Sprache der Staatsbürger, für die sie da sind, gar nicht kundig. Allmählich aber konsequent werden auch die niederen deutschen Staatsbeamten verdrängt. Der Zuwachs wird abgestoppt. Was nachkommt, sind Tschechen. Der Briefträger, der Gerichtsschreiber, der Richter, der Eisenbahnvorstand, der Verkehrsbeamte, der Steuervorschreiber und der Steuerexekutor, sie sind Tschechen. Selbstverständlich auch der Gendarm und der Zöllner. Für 4, 5 und 6 tschechische Kinder in einem deutschen Orte gibt es einen prächtigen tschechischen Schulpalast. Alles Druck von der Sprachgrenze. Nur ganz zu verstehen, wenn man bedenkt, daß wir Deutsche in Böhmen, Mähren und Schlesien vor allem Industrievolk sind, die wir jetzt schon nahezu 5 Jahre mit unseren dreieinhalb Millionen Köpfen 300 bis 500 Tausend Arbeitslose ertragen

müssen. Da sind in einem Dorfe 50 Arbeitslose, aber ein tschechischer Briefträger. Ein braver Mensch von seinen Vorgesetzten hingesetzt. Jeder der 50 Arbeitslosen glaubt felsenfest daran, daß er Briefträger werden könnte, wenn der Tscheche nicht da wäre. Der Glaube ist falsch. Es könnte nur einer darankommen und 49 blieben arbeitslos. Aber der Glaube ist verständlich. Es gibt aber kaum einen Ort im ganzen, weiten Siedlungsraum unseres schönen Landes, auf den sich nicht dieses Beispiel anwenden ließe. Und so entstand ein Glaube unter den deutschen Arbeitslosen: Schuld an unserer Not sind die Männer in Prag, die uns die Leute von jenseits der Sprachgrenze ins deutsche Gebiet geschickt haben. Sie haben uns das Brot genommen und die Not gebracht. Je länger die Not bleibt und je konsequenter die Tschechen an dem Drucke gegen das Volk an der Grenze festhalten, umso tiefer gräbt sich in die sudetendeutsche Seele der Glaube von der Schuld der Tschechen an der deutschen Not ein.

Auf der anderen Seite aber ist die Staatsgrenze. Des Dritten Reiches zumeist. Sie wirkt wie ein Magnet. Je mehr die Sprachgrenze drückt, umso mehr zieht die Staatsgrenze an. Je mehr die Staatsgrenze anzieht, umso größer wird das Mißtrauen der Tschechen gegenüber ihren deutschen Mitbürgern an der Grenze. Es ist wie ein großes Verhängnis, das über die Deutschen gekommen ist. Ein Verhängnis, das die Herzen und Seelen derer foltert, die dieses Land lieben und die in diesem Lande daheim sein wollen. Damit ich nicht falsch verstanden werde, ich habe Deutschland immer geliebt und werde Deutschland immer lieben, weil es das Land der Deutschen ist, der Balkon, auf dem sich mein Volk, das ich mit allen Fasern meines Herzens liebe, in der Welt vorstellt, der Balkon, auf den alle anderen Völker der Welt blicken, wenn sie Deutschtum sehen wollen. Meine Liebe zu Deutschland wechselt nicht mit dem jeweiligen Kanzler. Deutschland bleibt Deutschland, wer immer dort regiert. Das hindert mich nicht, ebenso freimütig auszusprechen, daß ich eine eigene Meinung über die Hausordnung habe, nach der jeweils im deutschen Staatshause regiert wird. Wenn ich ein deutscher Staatsbürger wäre und mich zu entscheiden hätte, ich würde mich für Weimar entscheiden und nicht für Potsdam. Aber ich habe mich nicht zu entscheiden. Nicht so und nicht so. Gott und die Geschichte haben uns Sudetendeutsche jenseits der reichsdeutschen Grenzen hingestellt. Unsere Aufgabe ist hier und deshalb ist meine Liebe auch hier. Deshalb quält mich der Schmerz doppelt und dreifach, weil die Tschechen so wenig Verständnis für die reine und saubere Liebe der Deutschen zu unserem Lande zeigen. Das Volk zwischen Staatsgrenze und Sprachgrenze hält auf die Dauer dem Druck von innen und der Anziehungskraft von außen nicht stand. Es muß irgendwie an sich und der Geschichte irre werden. Das aber zu verhindern, ist die große historische Aufgabe der Deutschen und der Tschechen in diesem Lande, die sowohl ihr Volk als auch das gemeinsame Heimatland gleicherweise lieben und die an eine europäische Aufgabe des Landes, das als hl. Kleinodien die Leiber des hl. Wenzel, des hl. Norbert, hl. Adalbert und der hl. Ludmilla beherbergt und das Andenken der hl. Cyrill und Method liebevoll pflegt, glauben.

Unmöglich, sagen die Pessimisten, die Verständigung kommt nie. Es kommt der Tag, wo ... Nein, so nicht. Die Verständigung wird und muß kommen. Wir wollen ihr mit der ganzen Liebe ohne Heuchelei und ohne Lug und Trug dienen. Was aber ist notwendig, damit sie kommt?

1. Was sollen die Tschechen tun?[4]

Der Druck von der Sprachgrenze gegen die Menschen hinter der Sprachgrenze muß aufhören. Schule, Scholle und Arbeitsplatz der Deutschen müssen auch in den Augen und Hirnen der Tschechen Heiligtümer werden, unantastbar und autonom. Der gemeinsame Vater Staat hat nur zu wählen, seine Autorität für den Schutz dieser heiligen Werte einzusetzen oder seine Autorität zu verlieren. Es gibt kein Gesetz und keinen Gendarmen, der die dabei verloren gegangene staatliche Autorität wieder herstellen könnte.

2. Was müssen dieDeutschen tun?
Wir Deutsche müssen den Tschechen zugestehen, daß die tschechoslowakische Republik der Balkon ist, auf dem sich die tschechoslowakische Nation dem Auslande vorstellt. Die tschechoslowakische Nation hat sonst keine Möglichkeit, außer durch das Fenster dieses Staatshauses in die Welt zu sehen und von der Welt gesehen zu werden.
3. Wir beide zusammen.
Nach außen also wollen wir Deutsche den Tschechen den Vorantritt lassen. Im Innern aber wollen wir die in der Verfassung garantierten Rechte, hinter denen die Autorität des Völkerbundes und der Friedensverträge steht, wirklich und wahrhaftig verwirklicht sehen. Der Schein muß vom Sein abgelöst werden. Ich glaube, daß auf diesem Boden eine Verständigung möglich ist. Wir Deutsche wollen nicht mehr, wie dieRechte, die uns in den Friedensverträgen und in der Verfassung garantiert sind. Aber um diese Rechte soll es kein Feilschen und kein Deuteln geben.

Anmerkungen:
1 Der Artikel wurde unter den Überschriften »Die Tragik des deutschen Grenzgebietes ⟨–⟩ Druck von allen Seiten« am 8. 4. 1936 in der »Aussiger Deutschen Presse« abgedruckt.
Dabei erfolgte folgender Vorspann:
»Die Regierung hat in den letzten Monaten eine Reihe von Maßnahmen beschlossen, durch die das deutsche Siedlungsgebiet in der Tschechoslowakei unter scharfen Druck gesetzt wird: Verstaatlichung der Polizei und das in Vorbereitung befindliche Staatsverteidigungsgesetz ⟨*vom 13. 5. 1936; zum Text: Siehe S. 351*⟩. Es scheint, daß man sich in tschechischen Kreisen nicht bewußt ist, in welcher seelischer Verfassung sich heute das Deutschtum in den Grenzgebieten befindet. In der ›Sudetendeutschen Arbeit‹ schreibt darüber in ausgezeichneter Weise Abg. Hans *Schütz* (Anm. d. Red.: seit 1935 Abgeordneter der Deutschen christlich-sozialen Volkspartei).«
In dieser Wiedergabe erfolgten zusätzliche Hervorhebungen, mit denen offensichtlich besondere Zustimmung zu den jeweiligen Aussagen signalisiert wurde; sie werden hier nicht wiedergegeben.
2 Wichtige Argumente wurden später auch in Reden verarbeitet; siehe z. B. den Text vom 26. 4. 1936; S. 349.
3 Zu tschechischen Bemühungen, die Sprachengrenze zu Lasten der Deutschen zu verschieben: Siehe S. 306, 308.
4 Diese Frage konnte auch als eine Art von Antwort auf den Leitartikel der »Obrana národa« vom 31. 1. 1936 gewertet werden: In ihm war dazu aufgefordert worden, den Druck auf die Sprachgrenze sogar noch zu verstärken.
Zum Text: Siehe S. 310.
Zur Interpretation dieser ČSR-Politik durch Dr. Beneš als natürlichen Vorgang: Siehe S. 361.

Quelle:
»Sudetendeutsche Arbeit« ⟨*Qu.Z.*⟩; hsg. v. Verband Christlicher Gewerkschaften; Zwittau (N. Mähr.); Jg. 12, H. 1 (1. Q. 1936); S. 47 ff. Hervorhebungen im Original.

****

Reden[1] **1936, 26. April**
der sudetendeutschen Abgeordneten Gustav Hacker (BdL), Hans Schütz (DCV) und Wenzel Jaksch (DSAP):
Das Sudetendeutschtum zwischen Staats- und Sprachgrenze

1. Hacker[2]
. . .
Der deutsche Aktivismus hält sich für berufen, in einer Zeit, in welcher das Staatsverteidigungsgesetz verabschiedet wird, durch welches dem Staate gegeben wird, was des Staates ist, alle verantwortlichen Staatsmänner darauf aufmerksam zu machen, daß es das Lebensrecht unseres deutschen Volkes verlangt, gesetzliche Maßnahmen zu treffen, welche den Bestand des deutschen Volkes in der Tschechoslowakei sicherstellen und geeignet sind, jeden Versuch nationalen Unrechtes auszuschalten.

Das ist eine unabweichliche und unveräußerliche Forderung des deutschen Aktivismus, der sich dauernd bereit erklärt, ein friedliches und glückliches Zusammenleben der Völker zu garantieren, dessen Wille zum Ausgleich und zur Gerechtigkeit nicht in Zweifel zu ziehen ist und dessen Aktionsfähigkeit allerdings auch von der Bereitschaft der Gerechtigkeit auf der anderen Seite abhängig ist.
Weil wir nicht wollen, daß der deutsche Aktivismus, zu dem sich heute ein Großteil der Sudetendeutschen bekennt, scheitert, darum liegt uns an der Erklärung von der Begrenzung des Aktivismus durch dauerndes Unverständnis für seine berechtigten nationalpolitischen Forderungen. Diese Erklärungen sind ebenso ernst, wie die Lage, die wir zur Besserung, zur Gerechtigkeit und zum Frieden der Völker und unseres Staates führen wollen ...

2. Schütz[3]
...
Den Sudetendeutschen war beim Verfassungswerk die subjektive Mitwirkung, die Anerkennung der Volkspersönlichkeit, versagt.
Der jahrhundertlange Streit zwischen Deutschen und Tschechen ging um die Fragestellung »Ich Herr« oder »Du Herr«.
Die neue Formel aber, die die Existenz dieses Landes, das unsere gemeinsame Heimat ist, einzig und allein sicherstellen kann, heißt: »Ich Herr und Du Herr.«
Die in der Verfassung vorgesehene Gleichberechtigumg aller Bürger kann das nationale Problem nicht befriedigend lösen.
So wie die europäische Ordnung nur aufrecht erhalten werden kann, wenn ihr Fundament die Gleichberechtigung ist, so kann die Ordnung in einem Nationalitätenstaat nur dauernd gesichert werden, wenn die soziale und nationale Gleichberechtigung verbürgt ist.
Soziale Revolutionen sind die Folge gesellschaftlicher Unterdrückung. Kriege und Aufruhr aber werden aus nationalem Unrecht geboren. Wer Revolution, Krieg und Aufruhr verhindern will, muß die Quelle des sozialen und nationalen Unrechtes verstopfen.
Es ist heute kein Zweifel, daß auf weite Strecken wirtschaftliche Not und soziales Unrecht in nationaler Ungerechtigkeit ihre Wurzel haben. Der Staat verlangt mit Recht, daß alle Bürger ohne Unterschied und ohne Hintergedanken die Staatsgrenze bejahen.
Der sudetendeutsche Schicksalsraum liegt zwischen der Staatsgrenze und der Sprachgrenze.[4]
Vom tschechischen Volk müssen wir daher die Anerkennung der Sprachgrenze ebenso fordern, wie der Staat von allen Völkern die Respektierung der Staatsgrenzen fordert.
Die Forderung nach Anerkennung des Lebensraumes der Sudetendeutschen enthält keine Spitze gegen die tschechischen Mitbürger, welche seit Generationen dort zu Hause sind. Aber in einer Zeit schwerster und drückendster Wirtschaftsnot bisherige deutsche Arbeitsplätze aus welchen Motiven immer tschechischen Landsleuten in die Hände zu spielen, heißt den sudetendeutschen Aktivismus bei lebendigem Leibe ans Kreuz schlagen ...

3. Jaksch[5]
...
Im Ringen um ihre nationalen Rechte sind die deutschen Arbeiter auf die Bundesgenossenschaft der deutschen Bauern, Handwerker und Intelligenzschichten angewiesen.
Besonders im deutschen aktivistischen Lager ist eine engere Zusammenarbeit notwendig. Das Volk habe keine Ahnung, an welchem Abgrund es vorbeigeht.
Henleins Marsch führt auf den Weißen Berg des sudetendeutschen Schicksals. Seine Politik ist die des nationalen Selbstmordes.
Wir treten ihr entgegen, nicht nur im Interesse der Demokratie und des Sozialismus, sondern auch im Lebensinteresse des Volkes. Es gilt die Sudetendeutschen vor Rückschlägen zu bewahren, die größer sein würden als die Katastrophe der Hussitenzeit oder des Dreißigjährigen Krieges.

Die Frage Krieg oder Frieden bedeutet für die Sudetendeutschen eine innere Entscheidung auf Tod und Leben.
Gestützt auf die eigene Kraft, nehmen wir den Kampf um die Korrektur des unglücklichen Wahlergebnisses vom 19. Mai[6] auf. Das Kampfterrain wird jedoch von den Richtlinien der Staatspolitik aus gemessen.
Der Grad der Einsicht des tschechischen Volkes bestimmt die Stärke unserer sittlichen Waffen.
So stehen wir vor der Aufgabe einer neuen Auseinandersetzung mit den Grundgesetzen der tschechischen Politik.
Das Haupthindernis erfolgreicher nationaler Zusammenarbeit ist darin zu sehen, daß sich der tschechoslowakische Nationalstaatsbegriff nicht mit dem Umfang des Staatswesens deckt. Die Grundfragen des nationalen Zusammenlebens wurden seit 1918 entweder einseitig beantwortet oder sie sind ungelöst geblieben. So geht der nationale Kleinkrieg auf allen Fronten weiter und verpestet die innenpolitische Atmosphäre. Die tschechische Formel, daß die Verpflichtung der Minderheitsverträge erfüllt wurde[7], kann uns nicht befriedigen.
Die Sudetendeutschen sind keine Minderheit im ethnographischen Sinne, sondern ein durchgebildeter Volkskörper.
Seit Jahrhunderten sind sie Träger eines politischen Sonderschicksals. Wer uns als Minderheit abtun will, bedenke, daß in Europa mehrere Völker von geringerer Zahl ihren eigenen Staat besitzen.
Die tschechische Politik ist erkrankt an der Unterschätzung der inneren Staatsprobleme. Unzählige Verträge wurden nach außenhin abgeschlossen, während nach innen nicht die bescheidenste nationalpolitische Vereinbarung getroffen werden konnte.
Es ist unmöglich, im Donauraum die föderalistische Initiative zu ergreifen und zu Hause an einem starren Zentralismus festzuhalten. Die Überspannung des zentralistischen Prinzips führt zu einer unerträglichen Bürokratisierung des ganzen öffentlichen Lebens.
Aus den Reihen der tschechischen Agrarpartei kommt der Ruf nach regionaler Auflockerung und gleichzeitig werden den Deutschen ihre letzten Sektionen bei den Landeskulturräten und in der Pensionsversicherung streitig gemacht.
Neben der legalen gibt es hierzulande eine illegale Nationalitätenpolitik. Offiziell werden die Deutschen als gleich unter Gleichen bezeichnet. Inoffiziell sind die nationalen Kampfvereine als Hüter der Ungleichheit tätig.
Die deutsche Sozialdemokratie hat im Grenzgebiet ein positives Verhältnis zu den historischen tschechischen Minderheiten gesucht und zumeist auch gefunden.
Sie steht aber im schärfsten Widerspruch zu dem Geist jener Minderheitsorganisationen[8], die in jedem Deutschen einen Staatsfeind sehen. Wer den letzten deutschen Briefträger oder Eisenbahner ausrotten will, ist ein Totengräber der Staatsgesinnung im Grenzgebiet.
Vom staatspolitischen Standpunkt aus gesehen ist es heller Wahnsinn, in die übervölkerten Krisengebiete immer neuen Menschenzuzug zu lenken.
Dadurch werden in der deutschen Bevölkerung die Krisenstimmungen immer mehr auf nationales Gebiet verschoben.
Es scheint, daß die meisten tschechischen Politiker die Warnung vom 19. Mai[6] nicht verstanden haben.
Nach dem Wahltag wurden Stimmen der Erkenntnis laut, daß den Deutschen gegenüber schwere Fehler begangen wurden.
Die praktischen Folgerungen sind aber ausgeblieben, und es wurde im Gegenteil die Politik der kleinlichen Nadelstiche fortgesetzt. Die forcierte nationale Durchdringungspolitik in den Grenzgebieten richtet sich in der ersten Linie gegen den staatstreuen deutschen Arbeiter und Angestellten.
Unsere berechtigten Beschwerden sind bisher an einer Mauer des Totschweigens abgeprallt.

Wir müssen aussprechen, was ist; die tschechische Politik steht vor der inneren Entscheidung, ob in ihrer Staatskonzeption für die Sudetendeutschen Platz ist oder nicht.
Dieser Entscheidung kann sie nicht ausweichen.
Es ist die folgenschwerste Entscheidung der tschechischen Politik seit 1918, ob sie Verständigung mit den deutschen Aktivisten sucht, oder die Dinge treiben läßt, bis die Lebensinteressen der Völker den reaktionären faschistischen Spekulationen zum Opfer fallen.
Auch Frankreich hat zu spät für die Weimarer Demokratie optiert[9].
Die deutsche sozialistische Arbeiterschaft fordert in nationaler Beziehung nicht mehr, als sie in dem gemeinsamen Brünner Nationalitätenprogramm vom Jahre 1899[10] für die nichtdeutschen Völker Österreichs gefordert hat.
Nicht die Gleichberechtigung der Bürger bringt die Lösung, sondern der Kern des nationalen Problems besteht darin, ob die qualitative Gleichberechtigung der Völker gesichert werden kann. Wir erklären ganz offen, daß die Benachteiligung der Deutschen im öffentlichen Dienst, in der Sprachenfrage und in der ganzen Verwaltung einen Grad erreicht hat, der allgemein als unhaltbar empfunden wird.
Das Schweizer Beispiel zeigt, daß gerade die stärkste Nation des Völkerstaates mit weiser Mäßigung vorangehen müßte.
. . .

Anmerkungen:
1 Die Reden waren abgesprochen.
Vgl. »Hans Schütz« in »Abgeordnete des Deutschen Bundestages«; Bd. 2; Boppard, 1983; S. 200.
2 Bei der Versammlung der Saazer Hopfenverkehrsgesellschaft in Saaz (N.-Böhm.).
3 Vor einer Konferenz von Vertrauensleuten christlicher Gewerkschaften in Gießhübel (N.-Mähr.).
4 Zur Basis des Gedankenganges:
Siehe den Artikel von Schütz, S. 346.
Zur Notwendigkeit derartiger Änderungen:
Siehe die (für viele stehende) tschechische Stimme auf S. 310.
5 Vor einer Versammlung sozialdemokratischer Vertrauensleute in Bodenbach (N.-Böhm.).
6 Gemeint sind die Parlamentswahlen vom 19. 5. 1935; zu den Ergebnissen: Siehe S. 345, 1208 f.
7 Gemeint ist sowohl der Minderheitenschutzvertrag vom 10. 9. 1919 an sich als auch die ČSR-Behauptung, ihn durch bloße Übernahme in die Verfassung bereits erfüllt zu haben.
Zum Text und zur lediglich eingeschränkten Übernahme: Siehe S. 281 ff.
8 Gemeint: Tschechische, staatlich geförderte Organisationen und Verbände, welche Unterwanderung des sudetendeutschen Gebiets mit Tschechen betrieben.
9 Gemeint: Die Wähler im Deutschen Reich liefen auch deswegen Hitlers NSDAP in großen Scharen zu, weil Frankreich dem Deutschen Reich in Fragen der Gleichberechtigung und Abrüstung zu spät zu wenig zugestand.
10 Zum Text: Siehe S. 212.

Quelle:
»Deutscher Nachrichtendienst« 〈*Gemeinsame Publikation deutscher Parteien in der ČSR*〉; Prag; Jg. 11; 28. 4. 1936.

****

〈ČSR-〉»Gesetz **1936, 13. Mai**
über die Verteidigung des Staates«:
Grenzzone, Verordnungsrecht. Wehrbereitschaft, zivile Arbeitspflicht

I. Hauptstück: Grundbestimmungen.
. . .

II. Hauptstück: Oberster Staatsverteidigungsrat.
. . .

III. Hauptstück: Für die Staatsverteidigung wichtige Unternehmungen.[1]

§ 18. Begriffsbestimmung der für die Staatsverteidigung wichtigen Unternehmungen. ⟨*Diese werden vom*⟩ Ministerium für nationale Verteidigung ⟨*bestimmt*⟩

§ 19. Bestimmungen über die Besitzer von für die Staatsverteidigung wichtigen Unternehmungen.
...
(2) Stellt die Bezirksbehörde (staatliche Polizeibehörde) aus welchem Anlasse immer fest, daß der Besitzer[1] einer für die Staatsverteidigung wichtigen Unternehmung staatlich unverläßlich ist, so hat sie hierüber eine Entscheidung zu fällen, die dem betreffenden Besitzer der Unternehmung zuzustellen ist.
...
(9) Den Grund zur Bezeichnung einer Person als staatlich unverläßlich kann niemals die Angehörigkeit zu einer bestimmten Sprache, Religion oder Rasse bilden. Als staatlich unverläßlich sind namentlich solche Personen anzusehen, von denen mit Grund angenommen werden kann, daß sie ihre Stellung in einem der Staatsverteidigung ungünstigem Geiste mißbrauchen würden, besonders aber jene, welche eine gegen die staatliche Souveränität, die Selbständigkeit, die Integrität und verfassungsmäßige Einheit oder die demokratisch-republikanische Staatsform und die Sicherheit der Čechoslovakischen Republik oder gegen die Staatsverteidigung gerichtete Tätigkeit entfaltet haben oder entfalten, welche zu einer derartigen Tätigkeit anzureizen oder andere Personen zu verleiten suchen oder eine solche Tätigkeit lobenswert heißen oder unterstützen, welche Angehörige einer politischen Partei waren, die nach dem Wirksamkeitsbeginne dieses Gesetzes wegen staatsfeindlicher Tätigkeit behördlich aufgelöst wurde, welche verdächtige Beziehungen zu anderen staatlich unverläßlichen Personen oder zum Auslande haben u. dgl.
...

IV. Hauptstück: ... Allgemeine Bestimmungen über die Staatsverteidigung
...
§ 34. Maßnahmen in der Grenzzone
(1) Grenzzone ist das Gebiet an den Staatsgrenzen, dessen Umfang durch Regierungsverordnung festgesetzt wird[2].
(2) In der Grenzzone ist zur Ausführung von wie immer gearteten Bauten (Hochbauten einschließlich von Eisenbahnen und Wegen aller Art, Wasserbauten, ferner Verkehrs-, Telegraphen- und anderen Verständigungseinrichtungen u. dgl.) und von Bergwerken ... die vorherige Zustimmung der Militärverwaltung erforderlich. Die Militärverwaltung kann bei der Erteilung der Zustimmung im Interesse der Staatsverteidigung Bedingungen vorschreiben ...
(3) Die gleiche Zustimmung ist in der Grenzzone zur Umwandlung von Waldboden in anderen Boden, zur Umwandlung anderen Bodens in Waldboden, sowie zu Förderungen erforderlich, zu denen eine behördliche Bewilligung notwendig ist ...
(4) Erachtet es die Militärverwaltung für notwendig, daß in der Grenzzone bei bereits bestehenden Bauten oder Bergwerken vom Standpunkte der Staatsverteidigung irgendeine bauliche oder sonstige ähnliche Maßnahme vorgenommen werde, so ist der Besitzer des Baues oder Bergwerkes über Auftrag der durch Regierungsverordnung zu bestimmenden Behörde verpflichtet, die aufgetragene Maßnahme durchzuführen ...
...
(8) Wenn es im Interesse der Staatsverteidigung dringend notwendig ist, können in der Grenzzone Liegenschaften für den Staat enteignet werden ...
(9) Die Bewilligung zum Aufenthalte nach dem Gesetze vom 28. März 1935 über den Auf-

enthalt der Ausländer kann Ausländern in der Grenzzone nur mit Zustimmung der Militärverwaltung erteilt werden . . .

. . .

V. Hauptstück: Verteidigung des Staates im Falle der Wehrbereitschaft des Staates.

1. Teil. Allgemeine Bestimmungen über die Wehrbereitschaft des Staates.

§ 57. Begriff der Wehrbereitschaft des Staates, ihr Beginn und ihre Beendigung.
(1) Sobald die Mobilisierung der Wehrmacht kundgemacht oder der Kriegszustand verkündet oder der Krieg erklärt wurde, tritt der Staat in die Wehrbereitschaft, und zwar mit dem Tage, an dem eine der oben angeführten Verfügungen getroffen worden ist.
. . .

2. Teil. Arbeitspflicht, Pflichten der öffentlichen und gewisser anderer Bediensteter (Funktionäre) und persönliche Leistungen im Falle der Wehrbereitschaft des Staates.

1. Abschnitt. Arbeitspflicht im Falle der Wehrbereitschaft des Staates.

§ 60. Der Arbeitspflicht unterliegende Personen.
(1) Im Falle der Wehrbereitschaft des Staates kann für die erforderliche Zeit bestimmt werden, daß die Arbeitspflicht den Personen auferlegt wird, die in jenen Arbeitszweigen beschäftigt sind, welche zur Hintanhaltung von Störungen des normalen Ganges des Lebens im Staate unerläßlich notwendig sind, namentlich in den Einrichtungen zur Beschaffung von Wasser, Licht, Wärme oder Energie für den allgemeinen Gebrauch, bei der landwirtschaftlichen Produktion, im Gesundheitsdienste, bei der Sicherstellung der Versorgung mit Verbrauchsgegenständen u. dgl.; dies geschieht durch eine Regierungsverordnung, die zu bestimmen hat, in welchen Arbeitszweigen diese Verpflichtung auferlegt wird.
(2) Für die Personen, die in registrierten Unternehmungen sowie in anderen für die Staatsverteidigung wichtigen Unternehmungen beschäftigt sind, denen die Verbindlichkeit nach § 98 auferlegt wurde ⟨*gemeint waren hier Amtsträger des Staates, der Länder und der von ihnen betriebenen Unternehmen, z. B. Bahn, Anstalten, z. B. Gefängnisse, und Einrichtungen, z. B. staatliches Tabakmonopol*⟩, gilt im Falle der Wehrbereitschaft des Staates die Arbeitspflicht, ohne daß sie durch Regierungsverordnung besonders auferlegt werden muß.
. . .

⟨*§ 81 ff.: Nach diesen Bestimmungen konnten im Mobilisierungsfalle Sachmittel verschiedener Art, darunter v. a.* [§ 89] Transportmittel, *sogar* Fahrräder, beschlagnahmt werden.[3]⟩
. . .

7. Teil. Außerordentliche Ermächtigung der Regierung.

§ 138. Allgemeine Ermächtigung der Regierung zur Regelung der durch den Zustand der Wehrbereitschaft[4] des Staates hervorgerufenen außerordentlichen Verhältnisse.
(1) Die Regierung wird ermächtigt, zur Regelung der durch den Zustand der Wehrbereitschaft des Staates hervorgerufenen außerordentlichen Verhältnisse dort, wo sonst ein Gesetz erforderlich wäre, mit Zustimmung des Präsidenten der Republik eine Regierungsverordnung[5] zu erlassen.
(2) Die Ermächtigung nach Absatz 1 erstreckt sich nicht auf die Regelung von Verfassungsverhältnissen[5] . . .
(3) Die Regierung ist verpflichtet, die nach Absatz 1 erlassenen Verordnungen binnen vierzehn Tagen vom Tage der Kundmachung beiden Häusern der Nationalversammlung vor-

zulegen. Verweigern beide Häuser durch eine Abstimmung nach § 48, Abs. 1, der Verfassungsurkunde[6] ihre Genehmigung, so treten sie vom Tage dieses Beschlusses außer Kraft. Die Regierung ist verpflichtet, hierauf unverzüglich in der Sammlung der Gesetze und Verordnungen kundzumachen, daß und von wann an die betreffende Verordnung außer Kraft getreten ist.

...

Anmerkungen:

[1] a) Das Gesetz enthielt auch entsprechende Bestimmungen für die Mitglieder der Aufsichtsorgane (§ 20) und die Arbeitnehmer (§ 21) dieser Betriebe.
b) Bei Feststellung »staatlicher Unzuverlässigkeit« waren »die Behörden ... nicht zur Anführung der Gründe für ihre Entscheidung verpflichtet« (§ 19, Abs. 6).
c) Als Konsequenz einer derartigen Feststellung war im Gesetz v. a. der Ersatz der Person durch eine staatlich zuverlässige Person primär durch den Besitzer selbst und sonst durch die Staatsorgane vorgesehen.
d) Faktisch wurden diese Bestimmungen zur Grundlage, um sudetendeutsche Unternehmen und Betriebe weitgehend von Staatsaufträgen auszuschließen.

[2] a) Die »Grenzzone« wurde im § 1 der ČSR-Regierungsverordnung Nr. 155 vom 19. 6. 1936 durch Aufzählung der sie bildenden politischen Bezirke festgelegt.
b) Die »Grenzzone« umfaßte in den historischen Ländern mit über 37.000 km² rd. 47 % der Gesamtfläche und mit 2,645.000 Deutschen rd. 86 % aller Sudetendeutschen.
c) Wegen der dargestellten beträchtlichen Sonderrechte der Militärverwaltung nur im Gebiet der »Grenzzone« konnte argumentiert werden, daß damit ein gesondertes Gebilde innerhalb der ČSR entstand; die Einheitlichkeit und Unteilbarkeit des Staatsgebietes (§ 3 Abs. 1 der ČSR-Verfassung vom 29. 2. 1920, zum Text: Siehe S. 289) waren mindestens unterhöhlt, wenn nicht aufgehoben worden.

[3] Unter Berufung auf diese Bestimmung wurden nach dem 21. 9. 1938 im Sudetengebiet weitgehende Beschlagnahmen durchgeführt.
Vgl. Habel, MVT, S. 149, 170 f., 184 f.

[4] Zur Aufhebung von Bürgerrechten bestand zusätzlich das ČSR-Gesetz Nr. 300 v. 14. 4. 1920 i. d. F. des ČSR-Gesetzes Nr. 125 v. 10. 7. 1933 »über außerordentliche Verfügungen«.
Zur Anwendung im Herbst 1938: Siehe S. 403.

[5] Zum mißbräuchlichen Einsatz dieser Bestimmung(en) durch eine Regierungsverordnung von Dr. Beneš vom 17. 5. 1945: Siehe S. 516.

[6] Die Bestimmung verlangte die absolute Mehrheit in namentlicher Abstimmung.

Quelle:
ČSR-Slg. 1936; Nr. 131 v. 13. 5. 1936 im 35. Stück v. 23. 5. 1936; S. 461–563; hier S. 465 f., 475 f., 486 f., 496, 499 f., 521.

****

Forderungen[1] — 1936, 26. Juni[1]
der Deutschen Christlichsozialen Volkspartei (DCV):
Regierungseintritt an Schritte zur Gleichberechtigung gebunden

I. Politische Wünsche

1. In den Bezirksvertretungen und in den Bezirksausschüssen soll der Einfluß der Beamten zurückgedrängt werden. Ohne Novellierung des Gesetzes durchführbar.
2. Die fortgesetzten Persekutionen wegen kleinlicher politischer Vergehen und die unwürdige Behandlung politischer Untersuchungshäftlinge schädigt den Staatsgedanken.
3. Wenn in Bezirksvertretungen und Landesvertretungen neue Bezirksvertreter und Landesvertreter zu ernennen sind, erheben wir auf diese Stellen in erster Linie Anspruch.

...

II. Nationale Wünsche

A. Schule

1. In jenen Orten, wo sich nach dem dreijährigen Durchschnitt mindestens 15 schulpflichtige deutsche Kinder befinden, müssen diese Kinder eine deutsche Volksschule erhalten (Privatschule oder staatliche Minderheitsschule).

...

3. Die beiden deutschen Technischen Hochschulen in Prag und Brünn sollen weiter bestehen bleiben.
4. Die künftigen Landesschulräte und Bezirksschulräte müssen national getrennt bleiben.
5. Im Schulministerium oder im Ministerratspräsidium möge eine Abteilung für Minderheiten geschaffen werden.

...

B. Anteil an der Staatsverwaltung

9. Neuanstellungen im Staatsdienst (auch im Heer) erfolgen nach dem nationalen Schlüssel.
10. Wir verlangen deutsche Vizepräsidenten in der Brünner Landesbehörde und in den Finanzlandesdirektionen Prag, Brünn und Troppau. Ernennung hoher deutscher Beamten in den Zentralbehörden.

C. Wirtschaft

11. In den Notstandsgebieten sind durch bodenständige Formen und einheimische Arbeiter weit mehr Notstandsarbeiten durchzuführen als bisher.
12. Bei der Vergebung von Staatslieferungen und Investitionen ist der nationale Schlüssel einzuhalten.

...

D. Entnationalisierung, Volkszählung, Radio

17. Im Sinne des Antrags Dr. Luschka (Druck 186 ex 1936) verlangen wir die baldige Vorlage eines Durchführungsgesetzes zum § 134 der Verfassungsurkunde (Verbot der Entnationalisierung).[2]
18. Novellierung des Volkszählungsgesetzes (Nr. 256 ex 1920)[3] in der Weise, daß zur Mitwirkung und Kontrolle auch Organe der Gemeinde herangezogen werden.
19. Wir verlangen einen deutschen Sender.

III. Religiöse Wünsche

1. Im Sinne unserer Forderungen sind die Habrmanschen Verordnungen zu revidieren.
2. Auch in den neuen Landesschulräten sollen die Religionsgemeinschaften vertreten sein.
3. Dem Hilfsverband der deutschen katholischen Erziehungs- und Bildungsanstalten (Sitz Leitmeritz) ist eine entsprechende Subvention zu bewilligen.

IV. Schluß

1. Die gemeinsamen nationalen Forderungen sollen im geeigneten Zeitpunkt von Vertretern der Deutschen Christlichsozialen, der Sozialdemokraten und des Bundes der Landwirte gemeinsam dem Regierungschef vorgetragen werden.
2. Um eine öffentliche Rechtfertigung für unseren Regierungseintritt zu erlangen, möge der Ministerpräsident womöglich in einer Regierungserklärung den Standpunkt der deutschen Parteien zur Geltung bringen.

Anmerkungen:

1 Am 26. 6. 1936 dem tschechoslowakischen Ministerpräsidenten Milan Hodža überreicht.

2 Zum Text vom 29. 2. 1920: Siehe S. 285.

3 Zum Text vom 8. 4. 1920: Siehe S. 312.

Quelle:
Zajiček, Erwin: »Zwei Dokumente zur Geschichte des sudetendeutschen Aktivismus« in »Umbruch in Mitteleuropa«; München, 1960; S. 3 f.

****

⟨ČSR-⟩Regierungsverordnung **1936, 23. Oktober**
»über die Staatsverteidigungswache«[1]
Aufstellung einer paramilitärischen Verfügungstruppe aus auch nichtmilitärischen öffentlichen Bediensteten mit besonderer Vereidigung auf Präsident und Regierung[2]

§ 1.

(1) Es wird eine Staatsverteidigungswache (weiterhin nur Wache) errichtet.
(2) Aufgabe der Wache ist der Schutz der Unverletzlichkeit der Staatsgrenzen und der Unantastbarkeit des Staatsgebietes und die Mitwirkung bei dem Schutze der öffentlichen Ordnung, Ruhe und Sicherheit.
. . .

§ 2.

(1) Die Wache besteht:
a) aus Angehörigen der Gendarmerie, der Polizeiwachkorps, der Gemeindesicherheitswache und aus Militärpersonen.
b) aus Angehörigen der Finanzwache und aus Personen, die die Stellung einer anderen öffentlichen Wache bekleiden, aus anderen Bediensteten des Staates, der staatlichen oder vom Staate verwalteten Anstalten, Unternehmungen und Fonds und der Bediensteten öffentlichrechtlicher Korporationen, Anstalten, Unternehmungen und Fonds, gleichgültig, ob es sich um ein öffentlichrechtliches oder ein privatrechtliches Dienstverhältnis handelt, sofern sie nach ihrem Dienstverhältnisse für die Versehung von Wach-, Polizei- oder ähnlichen Diensten bestimmt sind.
. . .
(4) Die im Absatze 1, lit. a), angeführten Personen werden Angehörige der Wache durch die Bestimmung nach Absatz 3 ⟨durch die Bezirksbehörde⟩, die im Absatze 1, lit. b), angeführten Personen werden Angehörige der Wache für den Bedarfsfall und für die Zeit, die von der Bezirksbehörde bestimmt wird, sowie für die Zeit der notwendigen Ausbildung.
. . .

§ 3.

(1) Die Wache untersteht hinsichtlich des gemäß dieser Verordnung zu leistenden Dienstes den politischen Behörden (staatlichen Polizeibehörden) . . .
. . .

§ 4.

(1) Die Wache ist militärisch organisiert und ausgebildet.
(2) Die Angehörigen der Wache unterliegen bei der Ausübung des Dienstes gemäß dieser Verordnung den Militärstrafgesetzen und Militärstrafgerichten.

§ 5.

. . .
(2) Die Angehörigen der Wache dürfen von der Waffe unter Beobachtung der nach den Umständen des Falles erforderlichen Vorsicht in folgenden Fällen Gebrauch machen:
⟨*a–d: Notwehr, Abwendung gefährlichen Angriffs gegen das bewachte Objekt, Flucht eines Täters oder gefährlichen Verbrechers*⟩

e) zur Vereitlung der Flucht einer Person, die sich an gefährdeten Orten in verdächtiger Weise benimmt und auf den Anruf des Angehörigen der Wache keine befriedigende Antwort gibt, wenn sie sie auf andere Weise nicht anhalten können;

. . .

§ 6.

(1) Das Ministerium des Innern regelt im Einvernehmen mit dem Ministerium für nationale Verteidigung und dem Finanzministerium durch interne Vorschriften die Organisation der Wache . . .

(2) . . . wie die Wache geschult, ausgebildet . . . und ausgerüstet sein soll . . .

§ 7.

Die zu Angehörigen der Wache bestimmten Personen sind verpflichtet, einen Eid nachstehenden Wortlautes abzulegen:

»Ich schwöre bei allem, was mir heilig ist, und in voller Übereinstimmung mit meinem Gewissen und meiner Überzeugung, daß ich dem Präsidenten und der Regierung der Čechoslovakischen Republik und allen meinen Kommandanten und Vorgesetzten gehorsam sein werde; ich schwöre, daß ich ohne Widerrede deren Anordnungen immer und überall, auch in Gefahr, ohne Zögern und Widerstand erfüllen, meine Formation nicht verlassen, sondern auch mein Leben bereitwillig dem Schutze des Vaterlandes und dessen Freiheit opfern werde; ich schwöre, daß ich meine Kameraden lieben, treu zu ihnen stehen, sie in Gefahr nicht verlassen, sondern mit ihnen bis zum Ende kämpfen werde, wie es mir meine Mannesehre und das Bewußtsein der Bürgerpflichten gebietet. So schwöre ich.«

. . .

§ 11.

Als fachmännische Berater, beziehungsweise zur Ausübung der Funktion von Fachreferenten oder Kommandanten werden von der zuständigen Zentralbehörde im Einvernehmen mit dem Ministerium des Innern nach Bedarf diesem Ministerium und den politischen Behörden (staatlichen Polizeibehörden) Offiziere des Heeres . . . zugeteilt . . .

. . .

§ 13.

Das Ministerium für nationale Verteidigung bestimmt im Einvernehmen mit dem Ministerium des Innern, wann, in welchem Umfange und in welcher Weise die Wache dem militärischen Kommando untersteht und die Unterstellung unter die politischen Behörden (staatlichen Polizeibehörden) aufhört.

. . .

Anmerkungen:

1 Die tschechische Bezeichnung »Stráž Obránu Státu« wurde mit »SOS« abgekürzt.

2 Nicht auf die Verfassung.

Quelle:

ČSR-Slg. 1936; Nr. 270 im 77. Stück vom 31. 10. 1936; S. 1171–1173.

****

Memorandum[1] des ZK des KPČ 1936, 6. November
an die Regierung der Tschechoslowakischen Republik:
»Gleichberechtigung für die deutschen Bürger der Republik!«

Im Namen des Zentralkomitees der Kommunistischen Partei der Tschechoslowakei erlauben wir uns, der Regierung der Tschechoslowakischen Republik dieses Memorandum vorzulegen:
Die deutschen Gebiete der Republik sind bereits heute zum Hauptaufmarschraum des Hitler-Imperialismus für seine Offensive gegen die Tschechoslowakei geworden; sie können sich morgen in den Schauplatz eines bewaffneten Aufstands der Hitler-Agenten, oder sogar in den Schauplatz eines kriegerischen Angriffs verwandeln. In dieser Situation ist die Beziehung der deutschen Bevölkerung zur Republik und zu ihrer Verteidigung für das Schicksal der Tschechoslowakei von außerordentlicher Bedeutung.
Die Verletzung der durch die Verfassung gewährleisteten Bürgerrechte der deutschen Bevölkerung in der Tschechoslowakei, die nationale Unterdrückung sowohl in kultureller als auch sozialer Hinsicht, treibt heute Wasser auf die Mühle der Agenten des deutschen Imperialismus. Deshalb ist es unerläßlich, den bisherigen Zustand der nationalen Ungerechtigkeit und der Notlage in den deutschen Gebieten radikal zu ändern, und daß die Regierung bei gleichzeitiger entschiedener Bekämpfung des Terrors der faschistischen Feinde der Republik, den berechtigten politischen und nationalen Forderungen der deutschen Bevölkerung stattgibt. Dadurch würde die Beziehung der deutschen Bevölkerung zur Republik verbessert und die Positionen der Verteidigung der Republik gegen den deutschen Imperialismus gestärkt werden.
Von verschiedenen Seiten wird immer häufiger die Notwendigkeit betont, die grundlegenden Forderungen der deutschen Bürger der Republik zu erfüllen. Verwiesen sei auf die Rede des Präsidenten der Republik, Dr. Eduard Beneš, der bei seinem Besuch in Liberec ⟨*Reichenberg*⟩ die Notwendigkeit der Verbesserung der Beziehung von Tschechen und Deutschen unterstrich[2]. Allein die ständig wachsende Gefahr eines faschistischen Angriffs gegen die Republik verlangt, daß unverzüglich von Worten zu Taten übergegangen wird.
Deshalb wendet sich die KP der ČSR an die Regierung und verlangt, daß sie verwaltungstechnische und legislative Maßnahmen zur Gewährleistung der verfassungsmäßigen staatsbürgerlichen Rechte der deutschen Bevölkerung trifft und ihre grundlegendsten politischen, kulturellen und sozialen Forderungen erfüllt. Die KP der ČSR steht zum Prinzip einer konsequent demokratischen Lösung der Nationalitätenfragen in der Tschechoslowakei und lehnt entschieden alle Versuche ausländischer Eingriffe in Nationalitätenfragen ab. Sie weist auch Separatismus, Föderalismus und Autonomismus zurück, die in der gegebenen Situation auch die faschistischen Feinde der Republik stärken würden. Die heute von der KP der ČSR der Regierung vorgelegten Forderungen enthalten nur die bürgerliche Gleichberechtigung für die deutsche Bevölkerung sowie ihre grundlegenden politischen, kulturellen und sozialen Forderungen und betreffen keine staatsrechtlichen Fragen der Tschechoslowakei. Deshalb würde die Erfüllung der im Memorandum enthaltenen Forderungen noch keine konsequent demokratische Lösung der Nationalitätenfrage im Sinne der Gleichberechtigung des tschechischen und des deutschen Volkes der Republik bedeuten. Wir sind jedoch zutiefst davon überzeugt, daß die Verwirklichung dieser elementaren Voraussetzungen der staatsbürgerlichen Gleichberechtigung die Einstellung der deutschen Bevölkerung zur Verteidigung der Republik schlagartig verbessern, die umstürzlerische Tätigkeit der Hitler-Agenten in den deutschen Gebieten unterbinden sowie den Weg zu einem weiteren versöhnlichen demokratischen Ausgleich zwischen dem tschechischen und dem deutschen Volk bis zur völligen nationalen Gleichberechtigung des tschechischen und des deutschen Volkes und zur Herausbildung ihres Bruderbundes öffnen würde.
Als wichtigste Maßnahmen zur Gewährleistung staatsbürgerlicher Gleichberechtigung der

deutschen Bevölkerung und des Eingehens auf die grundlegenden politischen, kulturellen und sozialen Forderungen betrachten wir folgende:

1. Gewährleistung der staatsbürgerlichen Gleichberechtigung der Deutschen in der Republik
Im Verfassungsgesetz der Tschechoslowakischen Republik heißt es: »Alle Staatsbürger der Tschechoslowakischen Republik sind vor dem Gesetz vollkommen gleich und genießen die gleichen bürgerlichen und politischen Rechte ohne Rücksicht auf ihre Rasse, Sprache oder Religion. Der Unterschied in Religion, Glauben, Bekenntnis und Sprache bildet innerhalb der Grenzen der allgemeinen Gesetze für keinen tschechoslowakischen Staatsbürger ein Hindernis, insbesondere nicht für den Zutritt in den öffentlichen Dienst, zu Ämtern und Würden oder in bezug irgendeines Gewerbes oder Berufes.«[3] Im gleichen Sinne spricht von der völligen Gleichberechtigung aller Bürger der Republik ohne Unterschied der Sprache auch der Wortlaut des Vertrages von Saint Germain[4].
Die tatsächliche Praxis widerspricht jedoch, was die bürgerliche Gleichberechtigung der Deutschen in der Republik anlangt, diesen demokratischen Grundsätzen der Verfassung. Die bürgerliche Gleichberechtigung der Deutschen wird hinsichtlich des Zutritts zum öffentlichen Dienst und zu Ämtern, hinsichtlich der wirtschaftlichen Hilfe und Unterstützung für sozial schwache Schichten, hinsichtlich der Verwendung der deutschen Sprache vor Gerichten und Behörden usw. verletzt.
Wir fordern deshalb: Die Regierung möge Maßnahmen zur Gewährleistung der staatsbürgerlichen Gleichberechtigung der Deutschen in der Republik ergreifen; die Regierung möge alle Taten verhindern und ahnden, die eine politische oder wirtschaftliche Zurücksetzung und Unterdrückung aus nationalen Gründen bedeuten, ebenso wie nationale Hetze, sowie jede Aufforderung zum Boykott von Bürgern anderer Völker u. dgl.

2. Demokratische Novellierung des Sprachengesetzes
Das Gesetz über die Sprachenverwendung in der Tschechoslowakei[5] wurde seinerzeit als Konzession gegenüber den tschechischen chauvinistischen Hetzern angenommen und widerspricht dem Geist der demokratischen Verfassung der Republik.
Dieses Gesetz ist ein ernsthaftes Hindernis des Ausgleichs zwischen Tschechen und Deutschen und wird heute immer mehr zu einem ernsthaften Hindernis im Kampf um die Gewinnung der deutschen Bewohnerschaft für die Belange der Verteidigung der Republik.
Wir fordern deshalb: Das Sprachengesetz möge im Geiste des demokratischen Ausgleichs zwischen Tschechen und Deutschen dermaßen novelliert werden, daß jeder Deutsche die Möglichkeit und das Recht hat, vor Behörden und Gerichten seine Muttersprache zu benützen und daß er in eben dieser Sprache bedient wird (deutsche Anträge, Antworten und Entscheidungen der Behörden usw.). Alle diese Fragen mögen vom Standpunkt der Zweckmäßigkeit behandelt werden und soweit im Verkehr mit Behörden Übersetzungen erforderlich sind, mögen diese auf Staatskosten erstellt werden. Was die Inschriften und Bezeichnungen in deutschen oder gemischtsprachigen Gebieten anlangt, darf nicht vom Standpunkt des nationalen Prestiges, sondern möge im Geiste der nationalen Verträglichkeit derart vorgegangen werden, daß der Kontakt für alle Bürger der Republik erleichtert wird.

3. Allen Kindern deutscher Nationalität den Unterricht in ihrer Muttersprache sichern
Die nationale Unterdrückung an den Schulen war zur Zeit Österreichs eine der brennendsten Fragen des tschechischen Nationallebens. Die Forderung der deutschen Bevölkerung nach muttersprachlicher Bildung für jedes deutsche Kind ist heute für die deutsche Bevölkerung ebenso brennend und muß als einer der Grundsteine eines demokratischen Nationalitätenausgleichs erfüllt werden.
Wir fordern deshalb: Die »Lex Uhlíř«[6] möge aufgehoben und es mögen, dort wo es notwendig ist, Schulen für die nationalen Minderheiten ebenso wie tschechische Minderheitenschulen errichtet werden. Im Rahmen der allgemeinen Gesetze und Verordnungen

möge in allen Fragen des deutschen Schulwesens und Unterrichts nach den Bedürfnissen der deutschen Bevölkerung entschieden werden. Gleichzeitig möge die Kontrolle intensiviert werden, damit der Unterricht dem demokratischen Geist entspricht.

4. Gewährleistung der vollen Unterstützung deutscher kultureller Einrichtungen
... Es mögen ⟨*künftig*⟩ kulturelle Einrichtungen und Vorhaben der deutschen Bevölkerung in der Tschechoslowakei (Theater, Literatur, Kunst, Volksbildung, Sport usw.) proportional ebenso unterstützt werden wie die tschechische Kultur ...

5. Für nationale Gerechtigkeit im Verwaltungsapparat und in staatlichen Betrieben
In sämtlichen Verwaltungsbereichen – bei Bahn, Post, Finanz-, staatlichen Verwaltungs- und Sicherheitsbehörden, Gerichten, kommunalen Dienststellen, in staatlichen Betrieben usw. – möge die Zusammensetzung der Staatsbediensteten nach nationalem Schlüssel erfolgen ... Dabei möge von den Beamten in gemischtsprachigen Gebieten verlangt werden, daß sie die Sprache der Minderheit beherrschen und daß Amtshandlungen auch in dieser Sprache erfolgen.
Die nationale Gerechtigkeit im Verwaltungsapparat und in den Staatsbetrieben soll nicht durch Entlassung tschechischer Arbeitnehmer erzielt werden, sondern durch Verkürzung der Arbeitszeit, Diensterleichterungen, Zurückberufung tschechischer Arbeitnehmer in tschechisches Gebiet, die Neueinstellung deutscher Arbeitnehmer usf.

6. Gewährleistung nationaler Gerechtigkeit in Wirtschaftsfragen und in der Sozialpolitik
Die staatlichen Investitionen und Zuschüsse zu Sozialleistungen mögen national gerecht und unter besonderer Berücksichtigung der Not in den deutschen Gebieten der Republik verteilt werden. Bei Notstandsarbeiten und staatlichen Investitionen auf deutschem Gebiet möge nach nationalem Schlüssel die dortige Bevölkerung beschäftigt werden. Bei der Vergabe von Bauaufträgen, Lieferungen und bei der Erteilung von Lizenzen dürfen deutsche Gewerbetreibende nicht umgangen, sondern sie müssen gerecht berücksichtigt werden. Für große Notstandsgebiete möge eine großzügige staatliche Hilfsaktion durchgeführt werden. Staatliche Mittel sowie Mittel aus verschiedenen Hilfsaktionen mögen von den Gemeinden und Bezirken auf national gerechte Weise verteilt werden. Gesamtstaatliche Wirtschaftseinheiten mögen durch die Regierung angehalten werden, sich im Rahmen ihrer Wirkungsbereiche an Hilfsaktionen für die deutschen Notstandsgebiete zu beteiligen.

7. Verwaltungsreformen zugunsten der deutschen Bevölkerung
Bei sämtlichen Ministerien mögen deutsche Sektionen errichtet werden, nur die besonderen Anliegen der Deutschen zu behandeln und für eine national gerechte Durchführung der Gesetze und Verordnungen zu sorgen. Im Rahmen der Regierung möge ein besonderes Kollegium der deutschen Minister errichtet werden, welches jedes Gesetz und jede Verordnung vor Verabschiedung vom Standpunkt der Bedürfnisse und Rechte der deutschen Bevölkerung prüfen würde. Das deutsche Ministerkollegium und die deutschen Sektionen in den Ministerien dürfen nicht auf bürokratische Weise arbeiten, sondern sollen in engstem Kontakt mit der deutschen Bevölkerung deren Belange in der zentralen Verwaltung des Staates und der Regierung geltend machen.

*

Die Kommunistische Partei der Tschechoslowakei legt diese Forderungen der Regierung sowie der gesamten Öffentlichkeit vor und verlangt ihre Erfüllung im Interesse der Verbesserung der Beziehung der deutschen Bewohnerschaft zur Republik, im Interesse der Vertiefung und Ausweitung der Demokratie in der Tschechoslowakei sowie im Interesse der Wehrhaftigkeit der Republik gegen ihre ausländischen und inneren Feinde.

Für das Zentralkomitee der KPČ
Bruno Köhler Kl. Gottwald

Anmerkungen:

[1] Das Memorandum wurde auch in der Presse veröffentlicht, wobei die drei durch Unterstreichen hervorgehobenen Absätze von der ČSR-Zensur beschlagnahmt wurden und unveröffentlicht blieben.

[2] a) Dr. Beneš war nach dem Rücktritt des (nunmehr 85 Jahre alten) ČSR-Staatspräsidenten T. G. Masaryk am 14. 12. 1935 vier Tage später zu dessen Nachfolger gewählt worden.

b) Zum Text der Rede von Dr. Beneš am 19. 8. 1936:
Vgl. »Bohemia« 〈*TZ.*〉, Prag; Jg. 109, Nr. 193 v. 20. 8. 1936; S. 1–3.
Zum Inhalt: Dr. Beneš lehnte darin (wie auch bei Reden in Südböhmen Anfang Mai 1937) die Autonomie ab und trat statt dessen für einen »vernünftigen wirtschaftlichen und verwaltungsmäßigen Regionalismus« ein.
Vgl. »Schultheß' Europäischer Geschichtskalender«; München, Jg. 77 (1936); S. 212 f.

c) Der ČSR-Ministerpräsident Milan Hodža präzisierte am 11. 11. 1936 u. a.:
»Von der Autonomie und vollen Gleichberechtigung der Deutschen wollen wir in keiner Richtung sprechen.«
Wiedergabe nach »Sudetenland«; hsg. v. Göttinger Arbeitskreis; Kitzingen (Ufr.), 1954; S. 90.

d) Hodža lieferte auch die politologische Überhöhung dieses Konzeptes. In einer für die USA bestimmten Rundfunkrede vom 19. 9. 1937 formulierte er u. a. wie folgt:
»Wir haben in der Tschechoslowakei eine Demokratie ausgebaut, die neben der englischen und französischen einen neuen, besonderen Typ der Demokratie in Europa darstellt. Es ist die disziplinierte Demokratie, die Demokratie der geordneten Freiheit, die sich zur gesetzlichen und moralischen Autorität bekennt.«
Wiedergabe nach Jung, Rudolf: »Die Tschechen«; Berlin, 1937; S. 90.

e) Diese Abdeckung harter politischer Ziele durch zunehmend vornehmlich hochtrabende theoretische Banalitäten führte zu steigender Irritation der westlichen (siehe S. 346) Verbündeten.

[3] Zum Text des hier zitierten § 128, Abs. 1, 2 der ČSR-Verfassung vom 29. 2. 1920: Siehe S. 282.

[4] Zum Text von Art. 7 des Minderheitenschutzvertrages von St. Germain vom 10. 9. 1919: Siehe S. 282.

[5] Zum Text des Gesetzes vom 29. 2. 1920: Siehe S. 291.

[6] Zum Text des hier nach seinem Verfasser benannten ČSR-Gesetzes über Minderheitenschulen vom 3. 4. 1919: Siehe S. 266.

Quelle:
»Prager Wochenblatt – neu«; Nr. 2 v. 10. 7. 1998; S. 14 f.
Dort auch (weitgehende) Faksimilewiedergabe des Originales aus »Rudé právo« (Rotes Recht), Prag 〈*TZ., PO. der KPČ*〉 v. 11. 11. 1936; S. 4.

****

Äußerungen **1936, 18. Dezember**
des ČSR-Staatspräsidenten Edvard Beneš:
Tschechisierung der Sudetendeutschen auf vielen Wegen ist natürlicher, unaufhaltsamer Prozeß

〈*Im Jahre 1936 hatten Prof. Albrecht Haushofer*[1] *und Graf Trautmannsdorf vom Deutschen Auswärtigen Amt mit Wissen Hitlers zwei längere Unterredungen mit Präsident Beneš in Prag, um angeblich wegen eines deutsch-tschechoslowakischen Nichtangriffspaktes zu sondieren.*〉 »Als Voraussetzung war allerdings die Kulturautonomie der Sudetendeutschen angenommen.«[2]
〈*Dr. Beneš*[3] *berichtete über das Gespräch wie folgt: Haushofer und Trautmannsdorf hätten unter Kulturautonomie verstanden*〉 »die Einführung des Schweizer Systems der Kantonalisierung des Landes[4], so daß in einigen Gebieten nur die tschechische Sprache und in anderen nur die deutsche Sprache gelehrt[5] werden würde. Ich[6] wies die Unanwendbarkeit dieses Systems für die Tschechoslowakei nach. Ich erläuterte die historische Entwicklung in der Schweiz und wie andererseits in Österreich[7] sich alles gegen dieses Verfahren entwickelte. Jetzt leben Hunderttausende unseres Volkes im deutschen Gebiet und Tausende von Deutschen in den tschechischen Gebieten, eigentlich Hunderttausende. Abgesehen davon wies ich darauf hin, daß die Tschechisierung nicht über die Erziehung erfolge, da dies

eine lediglich wirtschaftliche Frage sei. Das deutsche Gebiet ist stärker industrialisiert, weswegen die Bevölkerung aus den agrarisierten, wirtschaftlich schwächeren tschechischen Regionen unabwendbar einströmen müsse. Dagegen könne man nichts tun.«
⟨*Trautmannsdorf und Haushofer stellten auch die Hauptfrage,*⟩ »ob die ganze tschechoslowakische Nationalitätenpolitik nicht dazu führe, daß Tschechen ins deutsche Gebiet eindrängen, es unterwanderten und durchsetzten, dadurch das deutsche Gebiet schrittweise einengten und die Deutschen nach Deutschland trieben«.[8]
»Ich[6] stellte fest, daß diese Besorgnis einerseits übertrieben sei, andererseits auf realen zuzugebenden Tatsachen fuße, die jedoch entweder mißverstanden werden oder zum politischen Gebrauch verdreht würden. Ich stellte nochmals offen fest, daß ich nichts verbergen oder die Tatbestände anders darstellen wolle, als sie sind: Es ist Tatsache, daß sich unter der Republik vieles zu Gunsten der Tschechen und gegen die Deutschen gewendet habe, daß die sogenannte ›Tschechisierung‹ auf vielen Wegen durchgeführt werde und daß dieser Prozeß weitergehen werde. Sie[9] sollten sich darüber keinen Illusionen hingeben, denn das ist der eigentliche Kernpunkt. Es ist ein natürlicher[10], moderner, soziologischer, politischer und wirtschaftlicher Prozeß, der nicht aufgehalten werden kann, weil er tiefe Wurzeln in den Lebensbedingungen und der ganzen Entwicklung unseres Staates habe und demzufolge hinzunehmen sei.«[3]
⟨[11, 12]⟩

Anmerkungen und Quellen:

1 1945 durch Organe des NS-Regimes in Berlin erschossen.

2 Vgl. die Erklärung von Graf Trautmannsdorf in Čelovsky, Boris: »Das Münchner Abkommen 1938«; Stuttgart, 1958; S. 96.

3 Vgl. »Germany and Czechoslovakia 1918–1945«; hsg. v. Koloman Gajan (m. a.); Prag, 1965; S. 104.

4 Zu entsprechenden Absichtserklärungen von Dr. Beneš aus dem Jahre 1919: Siehe S. 272.

5 Gemeint vermutlich auch: Offiziell verwendet.

6 D. h. Dr. Beneš.

7 Gemeint: Österreich vor 1918.

8 Zusammenfassung aus Beneš, Edvard: »Paměti (Erinnerungen)«; Prag, 1947; S. 29, und Gajan.

9 D. h. die deutschen Gesprächspartner.

10 Zum Einfluß des Staates über den Einsatz auch von Staatsbediensteten: Siehe S. 1205.

11 Zur weiteren Entwicklung:
Graf Trautmannsdorf ließ den ČSR-Botschafter in Berlin, Mastny, am 9. 2. 1937 »wissen, Hitler habe plötzlich und überraschend die deutschen Sondierungsgespräche mit Prag unterbrochen, da ihm gerade Berichte aus der Sowjetunion über Vorbereitungen zur Entmachtung Stalins und zur Errichtung einer Militärdiktatur zugeleitet worden seien«.
Damit begann die sog. Tuchatschewski-Affäre, die bis zur Hinrichtung des sowjetischen Marschalls und Kriegsministers im Juni 1937 führte.
Das dabei gezeigte Verhalten von Dr. Beneš im Verlauf dieses Vorgangs kann nur als eigenartig bis grob fahrlässig bezeichnet werden.
Vgl. dazu Pfaff, Ivan: »Prag und der Fall Tuchatschewski« in FAZ; Nr. 136 v. 2. 6. 1987; S. 11 f., sowie, titelgleich, in »Vierteljahreshefte für Zeitgeschichte«; München, Jg. 35, H. 1 (Januar 1987); S. 95–134.
Es ist daher nicht auszuschließen, daß die gesamten Sondierungsgespräche von Hitler nur als Auftakt einer ganz anders thematisierten Desinformationskampagne über Beneš auf Stalin angesetzt wurden.

12 Von Dr. Beneš wurde, bezogen auf den staatlichen Fortbestand eines selbständigen Österreichs, häufig der Wunsch »Lieber Hitler als Habsburg!« kolportiert. Sein politisches Urteilsvermögen (siehe S. 342) sollte durch einen Bericht zu einer anderen wichtigen Entwicklung dieser Zeit zusätzlich demonstriert werden.
Der sudetendeutsche Politiker Hans Schütz (DCV) »bereiste in den ersten Wochen des Jahres 1938 ganz Österreich, um die christlichen Demokraten zum Abschluß eines Bündnisses mit den Sozialdemokraten zu bewegen. Im Februar 1938 kehrte Schütz von seiner Reise mit der Botschaft zurück, daß Österreich noch nicht verloren sei, wenn seine militärische Besetzung durch einen entsprechenden Druck auf Hitler verhindert werden könnte. Als Schütz die Eindrücke seiner Reise dem Staatspräsidenten vortrug, zerstreute Beneš lächelnd und ganz in der Art seines gewohnten Optimismus

die außenpolitischen Besorgnisse des Abgeordneten, indem er meinte: ›Hitler wird es niemals wagen, in Österreich einzumarschieren.‹« Das Gespräch fand Anfang März 1938 statt.
Vgl. »Die sudetendeutsche Politik im tschechoslowakischen Staat« in »Bauerntum und Landbau der Sudetendeutschen«; hsg. v. Karl Hübl; München, 1963; S. 344.
Das »Niemals« von Dr. Beneš trat bereits wenige Tage später ein: Am 12. 3. 1938 erfolgte der Einmarsch in Österreich. Der Eindruck dieser Abfolge auch auf die »Jungaktivisten« war verständlich: Siehe S. 380 ff.

****

Memorandum[1] **1937, 27. Januar**
der (sudeten-)deutschen Regierungsparteien[2]
an ČSR-Ministerpräsident Milan Hodža (Agrarier):
Forderungen[3] *zur Verbesserung der Lage der Sudetendeutschen*

Um der Verständigung der Völker unseres Staates zu dienen und damit eine Grundlage für die friedliche Zusammenarbeit aller Nationen zu schaffen, überreichen die deutschen Koalitionsparteien folgende, aus den Lebensbedürfnissen des deutschen Volkes dieses Staates erwachsenen Forderungen:

1. Arbeitsbeschaffung
Organisierung des Investitionsdienstes unter Berücksichtigung der wirtschaftlichen und sozialen Interessen der gesamten Bevölkerung. In diesem Sinne Zuteilung der Staatsaufträge nach den Bedürfnissen aller Nationen des Staates unter besonderer Berücksichtigung der durch die Wirtschaftskrise betroffenen Gebiete.
Gesetzliche Sicherung der Heranziehung der örtlichen Arbeiter und Angestellten zu den in ihrem Lokalbereich durchzuführenden öffentlichen Arbeiten.

2. Öffentlicher Dienst
Sicherung der Anstellungs- und Vorrückungsmöglichkeiten für die Angehörigen aller Nationen sowohl für den Bereich des öffentlichen Dienstes als auch der öffentlichen Betriebe. All dies nach Maßgabe des Anteils jeder Nation an der Gesamtbevölkerung des Staates. Sicherung der Bedürfnisse der nationalen Siedlungsgebiete durch Bestellung von öffentlichen Angestellten und Arbeitern derselben Volkszugehörigkeit. Beschränkung der Sprachprüfungen auf den faktischen Bedarf und dies wieder unter Bedachtnahme auf den für den Prüfungsbewerber in Betracht kommenden Dienst. Abschaffung aller Prüfungswiederholungen nach erfolgter Anstellung, Einräumung von Erleichterungen bei der Ablegung der Prüfung. – Beschaffung der notwendigen Prüfungs- und Dienstbehelfe.

3. Jugendfürsorge
Ausbau der Jugendfürsorge nach dem Grundsatz: Jedem Kind den Fürsorger (Vormund), die Pflegestelle und die Schutzkörperschaft seiner Nation. Gesetzliche Regelung der sozialen und gesundheitlichen Fürsorge für das Kind und die Jugend durch Sicherung ihrer Betreuung durch die eigene Nation. Gesetzliche und finanzielle Fundierung der bestehenden Fürsorgeeinrichtungen und ihrer erforderlichen Ausgestaltung.

4. Schule und Kultur
Gesetzliche Sicherung des Unterrichts für jedes Kind in der Sprache seiner Nation. Sicherstellung einer genügenden Zahl von gut ausgestatteten und leicht erreichbaren Schulen aller Stufen für die Kinder jeder Nation[4]. Ausbau der Schulorganisation unter Anknüpfung an die bestehende und unter Weiterausgestaltung derselben nach den kulturellen Notwendigkeiten jeder Nation und zwar sowohl innerhalb der Schulbehörde als auch der Schulräte in allen ihren Gliederungen und Instanzen.
Finanzielle Sicherung der bestehenden Kultur- und Volksbildungseinrichtungen, sowie ihrer den Bedürfnissen jeder Nation Rechnung tragenden Ausgestaltung.

5. Sprache
Anpassung des Sprachgebrauches nach den für den Verkehr mit den Gerichten, Behörden, Ämtern und öffentlichen Betrieben bestehenden Notwendigkeiten und Interessen der Bevölkerung.
Regelung des Sprachgebrauches der öffentlich-rechtlichen Korporationen nach ähnlichen Gesichtspunkten. Dementsprechende Ergänzung der sprachrechtlichen Normen unter gleichzeitiger Nutzbarmachung aller in den bestehenden Gesetzen vorgesehenen Erleichterungsmöglichkeiten ...

6. Parlament
Ermöglichung der Ausübung der parlamentarischen Funktionen, wie etwa des Berichterstatters, durch die Angehörigen aller Nationen des Staates. Schaffung der notwendigen Sprachenerleichterungen.
Ausdehnung der vom Parlament beigestellten Übersetzungen auf alle parlamentarischen Materialien und insbesondere auch auf den Motivenbericht der Regierungsvorlagen.

7. Parlamentarische Beschwerdekommission
Errichtung einer parlamentarischen Beschwerdekommission zur Entgegennahme aller sich aus der Nichteinhaltung der vorstehend beantragten Normen ergebenden Beschwerden.

Anmerkungen:

1 Beachtenswert erscheint, daß fast zwanzig Jahre nach dem Minderheitenschutzvertrag (vom 10. 9. 1919; zum Text: Siehe S. 280) derartige Forderungen nötig waren.

2 Sozialdemokratische Partei und Christlichsoziale Volkspartei sowie Bund der Landwirte; zur Bedeutung der Parteien: Siehe S. 1208 f.
Prominente Vertreter der drei Parteien (darunter Wenzel Jaksch, Hans Schütz und Gustav Hacker) überreichten das Memorandum.

3 Zur Beantwortung dieser Forderungen: Siehe S. 364.

4 Zur Quantifizierung die einschlägige Forderung der Christlichsozialen Volkspartei vom 26. 6. 1936 (siehe S. 355):
»In jenen Orten, wo sich nach dem dreijährigen Durchschnitt mindestens 15 schulpflichtige Kinder befinden, müssen diese Kinder eine deutsche Volksschule erhalten (Privatschule oder staatliche Minderheitsschule).«

Quelle:
Zajiček, Erwin: »Zwei Dokumente zur Geschichte des sudetendeutschen Aktivismus« in »Umbruch in Mitteleuropa«; hsg. v. d. Ackermann-Gemeinde; München, 1960; S. 6 ff.

****

Äußerungen[1,2] **1937, 12. Februar**
des ČSR-Ministerpräsidenten Milan Hodža (Agrarier)
vor Vertretern der (sudeten-)deutschen Regierungsparteien:
Sudetendeutsche Forderungen legitim

Punkt 1 (Arbeitsbeschaffung), Punkt 2 (öffentlicher Dienst), Punkt 3 (Jugendfürsorge) sind unbestritten.
Punkt 4 (Schule und Kultur) ist für Dr. Hodža unbestritten, muß aber ebenso wie Punkt 5 (Sprache) Gegenstand der Diskussion im politischen Kabinett sein.
Punkt 6 (Parlament) und Punkt 7 (Beschwerdekommission) sollen vor allem von den Präsidien der beiden Kammern besprochen werden.
Punkt 1: Darüber wird in dem beim Ministerratspräsidium zu errichtenden Investitionskomitee beraten.

Punkt 2: Die hier enthaltenen Forderungen sind am wichtigsten. Das, was durchgeführt werden soll, muß eventuell im Sturme genommen werden.
Für die Forderung nach Neuaufnahme Deutscher stimmt der Ministerpräsident mit beiden Händen.
...
Punkt 4: Im Budget des Schulministeriums müssen (intern) etwa 20 % der Ausgaben für die Deutschen reserviert werden.
Punkt 5: Der Ministerpräsident warnt uns, darauf zu bestehen, daß diesbezügliche Gesetze geändert werden. Die tschechische Opposition würde einen derartigen Sturm entfachen, daß dann unsere Forderungen nicht durchdringen würden.
...
[3]

Anmerkungen:
[1] Entsprechend einem »Gedächtnisprotokoll« von ČSR-Minister Erwin Zajiček (DCV).
[2] Die ČSR-Regierung faßte am 18. 2. 1937 einen diesen Äußerungen entsprechenden Beschluß und gab eine Regierungserklärung ab.
Die zur Realisierung v. a. der Punkte 4, 5 und 7 notwendigen Gesetze wurden jedoch erst gar nicht eingebracht, da man die – wohl zutreffende – Meinung Hodžas übernahm, daß sie im ČSR-Parlament abgelehnt werden würden.
Vgl. Slapnicka, Helmuth: Die böhmischen Länder und die Slowakei 1919–1945« in »Handbuch der Geschichte der böhmischen Länder«, hsg. v. Karl Bosl; Bd. IV, Stuttgart, 1969; S. 2–150, hier S. 79.
[3] Die beteiligten sudetendeutschen Regierungsparteien stimmten nach Prüfung der Antworten dem Vorschlag von Wenzel Jaksch (DSAP) zu, eine »Zentralstelle« zur Überwachung der Realisierung der Zusagen der ČSR-Regierung zu schaffen, die ihre Tätigkeit am 1. 4. 1937 aufnahm. Die Zentralstelle richtete dann 81 Bezirksstellen ein.
Dieser Apparat
- konnte innerhalb eines Jahres 1.500 deutsche Beamte und 5.000 deutsche Arbeiter in den Staatsdienst eingliedern (zur Quantifizierung früheren Abbaus: Siehe S. 1205);
- ein Drittel der Staatsinvestitionen für Straßen und Brücken sowie 41 % für Hochbauten in das Sudetengebiet lenken;
- erwartete zum »Jahrestag« ihrer Errichtung, dem 18. 2. 1938, die »rechtliche Verankerung« wenigstens »der Proportionalität im öffentlichen Dienst«;
- mußte jedoch feststellen, daß nichts auf eine Abwendung der Tschechen von der Nationalitätsideologie hindeutete; und
- wurde schließlich durch den dem Anschluß Österreichs an das Deutsche Reich folgenden »Zusammenbruch der aktivistischen Front« (siehe S. 380 ff.) obsolet.

Vgl. Wanka, Willi: »Der sudetendeutsche Aktivismus in der Tschechoslowakischen Republik« in »Letzter Versuch zum deutsch-tschechischen Ausgleich vor 50 Jahren«; hsg. von Olga Sippl im Auftrag der Seliger-Gemeinde; München, 1987, S. 42 ff., und Löwit, Herbert: »Vor 60 Jahren« in »SudetenJB 1997«; S. 44.

Quelle:
Zajiček, Erwin: »Zwei Dokumente zur Geschichte des sudetendeutschen Aktivismus« in »Umbruch in Mitteleuropa«; hsg. v. d. Ackermann-Gemeinde; München, 1960; S. 8.

****

Gesetzentwürfe **1937, 27. April**
der Sudetendeutschen Partei zum Volksschutz[1]:
Personalautonomie

A. Gesetz zum Schutze der Volkstumsrechte durch Bildung von Verbänden öffentlichen Rechtes (Volksschutzgesetz)

I. Hauptstück: Zweck und Grundlage des Verbandes.

§ 1.
Zur rechtlichen Sicherung und praktischen Wirksamkeit des durch die Verfassung verbürg-

ten Grundsatzes der Gleichheit der Staatsbürger und Völker werden im Sinne des § 91 der Verfassungsurkunde[2] Verbände öffentlichen Rechtes durch Zusammenfassung der Staatsbürger gleicher Volkszugehörigkeit geschaffen. Ihre Wirksamkeit wird durch dieses Gesetz bestimmt.

§ 2.
Dem Verbande gehören alle in dem betreffenden nationalen Kataster eingetragenen Staatsbürger an. Die Anlegung und Einrichtung der nationalen Kataster regelt ein besonderes Gesetz.

II. Hauptstück: Wesen, Rechte und Pflichten des Verbandes.

§ 3.
1. Der Verband ist die rechtliche Organisation der Staatsbürger gleicher Volkszugehörigkeit und als solcher Person des öffentlichen Rechtes.
2. Er erhält seinen Namen nach der Volkszugehörigkeit der in ihm organisierten Staatsbürger.

§ 4.
Der Verband hat als Körperschaft das Recht und die Pflicht:
1. für die Pflege und Entwicklung der völkischen Eigenart sowie für die Erhaltung und Förderung des kulturellen, sozialen und wirtschaftlichen Besitzstandes seines Volkstums Sorge zu tragen;
2. die nationalen Interessen seines Volkstums nach dem Grundsatz der Gleichberechtigung gegenüber der Regierung, den übrigen staatlichen Organen, den staatlichen und staatlich kontrollierten Unternehmungen, Anstalten und Fonds und den Organen der Selbstverwaltungskörper wahrzunehmen;
3. seine Angehörigen vor Übergriffen, Ungesetzlichkeiten und Verletzungen des Grundsatzes der Gleichheit vor dem Gesetze sowie bei der Geltendmachung ihrer Ansprüche zu schützen;
4. Ansprüche auf Schadenersatz im Sinne des § 92 der Verfassungsurkunde[2] und auf Grund des hiezu erlassenen Durchführungsgesetzes geltend zu machen;
5. den gleichberechtigten Anteil der in ihm organisierten Staatsbürger gleicher Volkszugehörigkeit sowohl als Gesamtheit als auch der Einzelpersonen an den Leistungen des Staates, seiner Unternehmungen und Einrichtungen sowie an den zur Förderung des allgemeinen Wohles getroffenen Maßnahmen zu sichern;
6. Fragen des Volkslebens, des Schul- und Bildungswesens, der Volkskultur, der sozialen Beziehungen, der Volksgesundheit und der übrigen Interessen der Gesamtheit wie der einzelnen Staatsbürger gleicher Volkszugehörigkeit im übertragenen Wirkungskreis zu regeln;
7. Zwangsverbände sozialer, wirtschaftlicher und kultureller Art zu gründen und bereits bestehende heranzuziehen;
8. gesetzliche oder freiwillige Organisationen kultureller, wirtschaftlicher, sozialer und humanitärer Art zur Mitarbeit heranzuziehen und
9. in den Fällen der Zahl 7 und 8 die Statuten dieser Zwangsverbände, gesetzlichen oder freiwilligen Organisationen im Einklang mit den Interessen seines Volkstums festzulegen.

III. Hauptstück: Bildung des Verbandes.

§ 5.
1. Der Verband wird durch Beschluß einer gründenden Versammlung jener Mitglieder der Nationalversammlung (des Abgeordnetenhauses und des Senates) gebildet, die sich … zur betreffenden Volkszugehörigkeit bekannt haben.

…

IV. Hauptstück: Organe des Verbandes.

§ 6.

Organe des Verbandes sind:

1. Der Vorstand.
2. Der Sprecher.
3. Der Stellvertreter des Sprechers.

§ 7.

1. Der Vorstand besteht aus den Mitgliedern der Nationalversammlung (des Abgeordnetenhauses und des Senats), die sich ... zur betreffenden Volkszugehörigkeit bekannt haben.
2. Die Mitgliedschaft im Vorstand ist gesetzliche Pflicht.

§ 8.

1. Der Vorstand wählt den Vorsitzenden des Vorstandes, den Sprecher und seinen Stellvertreter, nimmt das Gelöbnis des Sprechers und seines Stellvertreters entgegen (§ 14), macht Gebrauch von seinem Rechte gemäß §17, genehmigt den Voranschlag und Rechnungsabschluß.
2. Der Vorstand und seine Mitglieder haben die Pflicht, den Sprecher bei der Erfüllung seiner Aufgaben zu unterstützen.

. . .

§ 14.

Der Sprecher und der Stellvertreter des Sprechers leisten nach der Wahl vor dem Vorstande das Gelöbnis in die Hand des Vorsitzenden des Vorstandes, die Verfassung und die Gesetze zu beachten und in ihrem Rahmen für das Wohl des Staates und ihres Volkstums zu sorgen.

. . .

§ 19.

1. Der Sprecher übt die nach § 4 dem Verbande zustehenden Rechte und Pflichten aus.
2. Er hat insbesondere das Recht:
   a) in ständiger Verbindung mit der Regierung und ihrem Vorsitzenden dahin zu wirken, daß im Interesse der im betreffenden nationalen Kataster eingetragenen Staatsbürger der Grundsatz der Gleichheit faktisch wirksam werde;
   b) die Regierung, Behörden, staatliche oder staatlich kontrollierte Unternehmungen, Anstalten und Fonds oder Organe eines Selbstverwaltungskörpers auf alle Tatbestände aufmerksam zu machen, die diesem Grundsatze widersprechen;
   c) an die Regierung Beschwerden zu richten, wenn dieser Grundsatz durch Verwaltungsanordnungen allgemeiner Art (Rechtsverordnungen, Verwaltungsverordnungen, Erlässe), durch Maßnahmen oder Handlungen einer Verwaltungsbehörde, von staatlichen oder staatlich kontrollierten Unternehmungen, Anstalten und Fonds oder einem Organe eines Selbstverwaltungskörpers gefährdet oder verletzt wird.
   d) gegen Bescheide oder Verfügungen der Behörden und Organe des Staates, ... die ordentlichen oder außerordentlichen Rechtsmittel einschließlich der Beschwerde an das Oberste Verwaltungsgericht zu erheben, wenn er in den angefochtenen Akten eine Verletzung oder Gefährdung des Grundsatzes der Gleichheit erblickt ...;
   e) rechtliche und sachliche Gutachten zu geplanten Gesetzen und Verordnungen abzugeben, die ... die Interessen der durch den Verband repräsentierten Gesamtheit oder einzelner Gruppen der Staatsbürger gleicher Volkszugehörigkeit berühren ...;

f) in dem durch § 4 gekennzeichneten Wirkungskreis unmittelbar Anträge bei der Regierung, den Verwaltungsbehörden, staatlichen oder staatlich kontrollierten Unternehmungen, Anstalten und Fonds und den Organen der Selbstverwaltungskörper einzubringen;
g) die notwendigen Verhandlungen im Sinne des § 4, Zahl 6 und 7, zu führen, um die Übernahme übertragener Wirkungskreise durch den Verband einzuleiten, vorzubereiten und durchzuführen;
h) Vorschläge zu erstatten, die geeignet sind, die Zusammenarbeit der Völker im Staate zu fördern.

...

B. Gesetz, betreffend die Volkszugehörigkeit der Staatsbürger und die nationalen Kataster

§ 1.

1. Jeder Staatsbürger der Tschechoslowakischen Republik, welcher an dem gemäß § 14 festzusetzenden Stichtage das 18. Lebensjahr erreicht hat, hat das Recht und die Pflicht des Bekenntnisses seiner Zugehörigkeit zu dem Volke, dem er von Geburt angehört.
2. Die Ehegattin ist bezüglich ihres Bekenntnisses vom Bekenntnisse des Ehegatten unabhängig.
3. Das Bekenntnis der Volkszugehörigkeit darf nicht willkürlich erfolgen.

§ 2.

1. Eheliche oder ihnen gleich gehaltene Kinder, welche das 18. Lebensjahr noch nicht erreicht haben, folgen, sofern beide Eltern dem gleichen Volke angehören, der Volkszugehörigkeit der Eltern.
2. Bei national gemischten Ehen folgen die Kinder der Volkszugehörigkeit des Vaters, es sei denn, daß sich die Eltern über die Bestimmung der Volkszugehörigkeit ihrer Kinder oder einzelner derselben in dem Sinne geeinigt haben, daß diese der Volkszugehörigkeit der Mutter folgen. Diese Einigung der Eltern ist schriftlich nachzuweisen Eine solche Einigung kann nur bis zum vollendeten 6. Lebensjahr der Kinder erfolgen und innerhalb dieses Zeitraumes von jedem Elternteil widerrufen werden.
3. Uneheliche Kinder folgen der Volkszugehörigkeit der Mutter.

...

§ 3.

1. Eine andere Volkszugehörigkeit als die nach den § 1 und 2 kann nur dann einbekannt werden, wenn der betreffende Staatsbürger seine Muttersprache weder in der Familie noch im Haushalte spricht und die Sprache des beabsichtigten Bekenntnisses vollkommen beherrscht.

...

§ 4.

1. Nach der Eintragung in einen nationalen Kataster ist die Volkszugehörigkeit unwiderruflich.
2. Jeder in einen nationalen Kataster Eingetragene erhält bei seiner ersten Eintragung unter Berücksichtigung der Bestimmungen des § 2, Absatz 2, einen Ausweis über seine Volkszugehörigkeit, der bei der Anmeldung in den Kataster des jeweils neuen Wohnsitzes zugleich mit einer Abmeldebescheinigung vorgelegt werden muß.

...

§ 15: Der zentrale Nationalkataster.
1. Die Staatsbürger gleicher Volkszugehörigkeit werden für das ganze Staatsgebiet in ihrem zentralen Nationalkataster zusammengefaßt.
...
5. Die zentralen Nationalkataster werden beim Statistischen Staatsamte geführt.
...

C. Gesetz, betreffend den Schutz gegen jede Art von Entnationalisierung. Schutz der nationalen Zugehörigkeit der Staatsbürger

§ 1.
1. Wer einen Staatsbürger durch Bedrohen mit Nachteilen oder Versprechen oder Gewährung von Vorteilen oder durch Ausnützung der wirtschaftlichen, sozialen oder sonstigen Abhängigkeit dieses Staatsbürgers oder seiner Angehörigen veranlaßt,
   a) dauernd oder zeitweise sich zu einer anderen Nationalität zu bekennen,
   b) aus einer Organisation oder Vereinigung, deren Geschäftssprache die Sprache seiner Volkszugehörigkeit ist, auszutreten und außerdem einer gleichen oder ähnlichen Organisation oder Vereinigung mit anderer Geschäftssprache beizutreten,
   c) im Verkehr mit Behörden und Organen des Staates, Gerichten, staatlichen oder staatlich kontrollierten Unternehmungen, Anstalten und Fonds oder Organen der territorialen Interessenselbstverwaltung eine andere als seine Muttersprache zu gebrauchen, sofern dies nicht durch die geltenden Rechtsvorschriften geboten ist, macht sich unbeschadet der Strafbarkeit der Handlung nach anderen Strafbestimmungen eines Vergehens schuldig und wird mit Arrest von 14 Tagen bis zu 6 Monaten bestraft.
2. Ist der Täter ein öffentlicher Angestellter oder ein Funktionär beziehungsweise ein Angestellter der territorialen oder Interessenselbstverwaltung, so ist die Strafe verschärfter Arrest in der Dauer von einem Monat bis zu einem Jahr.

§ 2: Schutz der Erziehung in der Sprache der Volkszugehörigkeit.
1. Wer einen Staatsbürger durch Bedrohung mit Nachteilen oder Versprechen oder Gewährung von Vorteilen oder Ausnützung der wirtschaftlichen, sozialen oder sonstigen Abhängigkeit dieses Staatsbürgers oder seiner Angehörigen veranlaßt, seine Kinder in Schulen mit einer anderen Unterrichtssprache als der Sprache ihrer Volkszugehörigkeit zu schicken, wird wegen Vergehens mit Arrest von 14 Tagen bis zu 6 Monaten bestraft.
2. Ist der Täter ein öffentlicher Angestellter (vor allem eine Lehrperson oder ein Seelsorger) oder ein Funktionär beziehungsweise ein Angestellter der territorialen oder Interessenselbstverwaltung, so ist die Strafe verschärfter Arrest in der Dauer von einem Monat bis zu einem Jahr.

§ 3: Schutz des Besitzstandes.
1. Wer durch Bieten eines unangemessenen Entgeltes oder Bedrohen mit Nachteilen oder Versprechen oder Gewährung von Vorteilen einen Staatsbürger bestimmt,
   a) sein Eigentumsrecht an einer Liegenschaft einem andersnationalen Staatsbürger oder einer Vereinigung von solchen zu übertragen, an seiner Liegenschaft solchen Personen oder Vereinigungen Bestandrechte einzuräumen oder solchen Personen oder Vereinigungen zur Benützung zu überlassen,
   b) seinen Gewerbebetrieb oder sein Unternehmen oder Anteile an beiden an andersnationale Staatsbürger oder eine Vereinigung von solchen zu veräußern, wird dann, wenn die Liegenschaft, der Gewerbebetrieb oder das Unternehmen seit mindestens 30 Jahren zum gleichen nationalen Besitzstand gehört, wegen Vergehens mit Arrest von 14 Tagen bis zu 6 Monaten bestraft.

2. Ist der Täter ein öffentlicher Angestellter oder ein Funktionär beziehungsweise ein Angestellter der territorialen oder Interessenselbstverwaltung, so ist die Strafe verschärfter Arrest in der Dauer von einem Monat bis zu einem Jahr.

§ 4: Schutz des Arbeitsplatzes.

1. Wer durch Bedrohen mit Nachteilen oder Versprechen oder Gewährung von Vorteilen, insbesondere durch Ausnützung der wirtschaftlichen, sozialen oder sonstigen Abhängigkeit einen Arbeitgeber oder seine Organe bestimmt, einen Arbeitnehmer wegen seiner nationalen Zugehörigkeit zu entlassen oder Arbeitnehmer einer anderen nationalen Zugehörigkeit in seine Dienste aufzunehmen, wird dann, wenn diese Arbeitsplätze seit wenigstens 20 Jahren zum gleichen nationalen Besitzstand gehören, wegen Vergehens mit Arrest von 14 Tagen bis zu 6 Monaten bestraft.
2. Ist der Täter ein öffentlicher Angestellter (vor allem ein Gewerbeinspektor oder Angestellter einer Arbeitsvermittlungsstelle) oder ein Funktionär beziehungsweise ein Angestellter der territorialen oder Interessenselbstverwaltung, so ist die Strafe verschärfter Arrest in der Dauer von einem Monat bis zu einem Jahr.

§ 5: Vereinigungen zu gesetzwidrigen Zwecken.

1. Wer Vereinigungen gründet oder das Tätigkeitsgebiet von bestehenden Vereinigungen zu dem Zwecke mißbraucht, den Besitzstand des eigenen Volkes auf Kosten des seit wenigstens 30 Jahren bestehenden Besitzstandes eines anderen zu vergrößern, wird wegen Vergehens mit Arrest von 14 Tagen bis zu 6 Monaten bestraft.
2. Ist der Täter ein öffentlicher Angestellter oder ein Funktionär beziehungsweise ein Angestellter der territorialen oder Interessenselbstverwaltung, so ist die Strafe verschärfter Arrest in der Dauer von einem Monat bis zu einem Jahr.
3. Als eine solche Vereinigung ist auch jene anzusehen, die einen anderen Zweck vorschützt, tatsächlich aber den im Absatz 1 angeführten Zweck ausschließlich oder neben anderen Zwecken verfolgt.

...

D. Gesetz zur Verwirklichung des Grundsatzes der Gleichberechtigung in allen Zweigen des öffentlichen Dienstes

§ 1.

Jeder öffentliche Angestellte ist verpflichtet, bei Ausübung seiner Amtstätigkeit die Grundsätze der Gleichberechtigung im Sinne der § 106 und 128 der Verfassungsurkunde[3] einzuhalten.

...

E. Gesetz über die Haftung des Staates und anderer öffentlich-rechtlicher Verbände für Schäden, die durch ihre Organe bei Ausübung der Amtswirksamkeit verursacht werden

§ 1.

Wenn infolge der Verletzung von Rechtspflichten durch staatliche Organe bei Ausübung ihrer Wirksamkeit und daher durch eine gesetzwidrige Ausübung der öffentlichen Gewalt ein Schaden verursacht wird und die zulässigen Rechtsmittel dagegen keine Abhilfe gewähren, so kann der Geschädigte den Ersatz des Schadens vom Staate im Wege der Klage bei den ordentlichen Gerichten begehren.

...

Anmerkungen:

[1] Die fünf Gesetzentwürfe der SdP wurden im tschechoslowakischen Parlament an die Ausschüsse verwiesen und verblieben dort.
Die ablehnende Auffassung der ČSR-Staatsführung, die sich besonders gegen die Pflicht zur Erklärung unveränderbarer Volkszugehörigkeit wandte, ist einer offiziösen Quelle zu entnehmen: Vgl. Sobota, Emil: »Národnostní autonomie v Československů?« (Nationale Autonomie in der Tschechoslowakei?) in der Reihe »Národnostní otázky« (Nationalitäten-Fragen); hsg. von der Tschechoslowakischen Gesellschaft für das Studium von Nationalitätenfragen; Nr. 11, Prag, 1938.
Zum Inhalt der SdP-Entwürfe beachte man die Ähnlichkeiten, aber auch die Unterschiede zum
a) estnischen Volksgruppenrecht vom 3. 3. 1925, zum Text: Siehe S. 13;
b) Karlsbader Programm der SdP vom 24. 4. 1938, zum Text: Siehe S. 385;
c) sog. IV. Plan der tschechoslowakischen Regierung vom 5. 9. 1938, zum Text: Siehe S. 393.

[2] Zum Text vom 29. 2. 1920: Siehe S. 290.

[3] Zum Text vom 29. 2. 1920: Siehe S. 282 f.

Quelle:
Veiter, Theodor: »Nationale Autonomie«; Wien/Leipzig, 1938; S. 275 ff.

****

Aktennotiz **1937, 11. September**
des ČSR-Ministerpräsidenten Milan Hodža:
Die ČSR wird für »ihre Deutschen« keine Volksabstimmung hinnehmen

Es ist möglich, daß die Abschlußkundgebung des Nürnberger Parteitags[1] in eine Lösung der sudetendeutschen Frage durch ein Plebiszit ausklingt. Weil ein Teil der öffentlichen Meinung in England und Frankreich geneigt ist, sich für die Annahme dieser Lösung auszusprechen, ist es nötig, von neuem ganz nachdrücklich die Londoner und Pariser Regierung darauf aufmerksam zu machen, daß ein Plebiszit für uns ganz unannehmbar ist und daß es überdies fast unabwendbar zum Kriege führen würde, den man dadurch abwenden will.

Wir können ein Plebiszit aus sehr wesentlichen Gründen nicht annehmen, von denen folgende die hauptsächlichen sind:

1. Das absolute Fehlen einer Rechtsgrundlage[2], die es der tschechoslowakischen[3] Regierung erlauben würde, ein Plebiszit über einen Teil des Staatsgebietes zuzulassen.
2. Die Sicherheit, daß sich große Teile der tschechoslowakischen Bürger, nicht nur Tschechen und Slowaken, entschieden gegen ein Plebiszit stellen würden, in dem sie einen Angriff auf die Integrität des Staates sähen. Jede Regierung, die es zuließe, würde im Augenblick weggefegt sein. Aller internationaler Druck würde dabei nichts helfen.
3. Das Plebiszit ist technisch unmöglich, weil es kein bestimmt begrenztes, abgerundetes Gebiet[4] gibt, über das abzustimmen wäre. Die Deutschen sind über das ganze Gebiet der Republik verteilt und könnten selbst nicht darüber entscheiden, was mit dem deutschen Grenzgebiet[4] geschehen sollte, um das es vielleicht gehen könnte und das in sich kaum die Hälfte unserer deutschen Mitbürger einschließen könnte.[5] Falls aber alle Bürger unseres Staates abstimmten, ist das Ergebnis von vornherein klar.
4. Das Grenzgebiet mit einer Mehrheit deutscher Bevölkerung war mehr als 1000 Jahre ein Teil des alten Staates und bildete mit den historischen Ländern eine untrennbare geographische und wirtschaftliche Einheit. Seine Abtrennung von der Tschecho-Slowakei und sein Anschluß an Deutschland würden den Weg dafür bereiten, daß die Tschecho-Slowakei unabwendbar in die völlige Botmäßigkeit Deutschlands käme, und diesem so einen freien Zugang nach dem Osten und Südosten Europas ermöglichen.
5. Die Erfolge mit allen bisherigen Plebisziten sind sehr traurig.[6] In diesem Falle würde das Entsetzen vor dem Terror der einen Seite, der deutschen, und das Bewußtsein, daß auf der anderen Seite, der tschechoslowakischen, es diesen Terror nicht gäbe, ganz wesentlich mitspielen.

In diesem Sinne sprach ich mit de Lacroix[7] und werde ich heute auch mit Newton[7] sprechen.

Anmerkungen:

[1] Gemeint: Der vom 6. bis 13. 9. 1937 veranstaltete 9. Reichsparteitag »der Arbeit« der NSDAP. Bei der Abschlußkundgebung wurde dann die Sudetenfrage nicht einmal erwähnt.

[2] Anscheinend kannte der ČSR-Ministerpräsident seine eigene Verfassung nicht:
§ 46 sah das Instrument der Volksabstimmung (über von der Nationalversammlung abgelehnte Regierungsvorlagen; siehe S. 290) durchaus vor. Siehe jedoch außerdem: Zusatz S. 1306.

[3] Der Wiedergeber der Quelle verwendete durchgehend eine »Bindestrich«-Schreibweise; d. h. z. B. tschecho-slowakisch. Sie dürfte jener des Autors Hodža im Jahre 1937 nicht entsprochen haben und wurde daher nicht übernommen.

[4] Die geringe Kenntnis von Gebiet und Bevölkerung trotz der Ergebnisse der ČSR-Volkszählungen 1921 und 1930 illustrierte eine gewisse Bewußtseinssperre auch bei Hodža.

[5] Offensichtlich hatte Hodža ein ziemlich kleines Gebiet im Auge.

[6] Alle Volksabstimmungen nach 1919 und die Saar-Abstimmung 1935 waren zugunsten Deutschlands bzw. Österreichs ausgegangen.

[7] Victor L. de Lacroix war französischer, Basil Newton britischer Gesandter in Prag.

Wiedergabe nach

»Europäische Politik 1933–1938 im Spiegel der Prager Akten«; hsg. v. Friedrich Berber; 2. Aufl., Essen, 1942; S. 74 f.

****

Äußerungen **1937, 5. November**

von Führer und Reichskanzler Adolf Hitler in einer Konferenz[1]:

Niederwerfung der von den Westmächten abgeschriebenen Tschechoslowakei[2]

. . .

Zur Verbesserung unserer militär-politischen Lage müsse in jedem Fall einer kriegerischen Verwicklung unser 1. Ziel sein, die Tschechei[2] und gleichzeitig Österreich niederzuwerfen, um die Flankenbedrohung eines etwaigen Vorgehens nach Westen auszuschalten. Bei einem Konflikt mit Frankreich sei wohl nicht damit zu rechnen, daß die Tschechei am gleichen Tage wie Frankreich uns den Krieg erklären würde. In dem Maße unserer Schwächung würde jedoch der Wille zur Beteiligung am Kriege in der Tschechei zunehmen, wobei ihr Eingreifen sich durch einen Angriff nach Schlesien, nach Norden oder nach Westen bemerkbar machen könne.

Sei die Tschechei niedergeworfen, eine gemeinsame Grenze Deutschland-Ungarn gewonnen, so könne eher mit einem neutralen Verhalten Polens in einem deutsch-französischen Konflikt gerechnet werden. Unsere Abmachungen mit Polen behielten nur so lange Geltung als Deutschlands Stärke unerschüttert sei, bei deutschen Rückschlägen müsse ein Vorgehen Polens gegen Ostpreußen, vielleicht auch gegen Pommern und Schlesien in Rechnung gestellt werden.

Bei Annahme einer Entwicklung der Situation, die zu einem planmäßigen Vorgehen unsererseits in den Jahren 1943/45 führe, sei das Verhalten Frankreichs, Englands, Italiens, Polens, Rußlands voraussichtlich folgendermaßen zu beurteilen:

An sich glaube der Führer, daß mit hoher Wahrscheinlichkeit England, voraussichtlich aber auch Frankreich die Tschechei bereits im Stillen abgeschrieben und sich damit abgefunden hätten, daß diese Frage eines Tages durch Deutschland bereinigt würde . . . Naturgemäß sei eine Abriegelung im Westen in jedem Fall während der Durchführung unseres Angriffs gegen die Tschechei und Österreich notwendig. Hierbei sei zu berücksichtigen, daß die Verteidigungsmaßnahmen der Tschechei von Jahr zu Jahr an Stärke zunähmen und daß auch eine Konsolidierung der inneren Werte der österreichischen Armee im Laufe der Jahre

stattfände. Wenn auch die Besiedelung insbesondere der Tschechei keine dünne sei, so könne die Einverleibung der Tschechei und Österreichs den Gewinn von Nahrungsmitteln für 5–6 Millionen Menschen bedeuten unter Zugrundelegung, daß eine zwangsweise Emigration aus der Tschechei von zwei, aus Österreich von einer Million Menschen zur Durchführung gelange. Die Angliederung der beiden Staaten an Deutschland bedeute militär-politisch eine wesentliche Entlastung infolge kürzerer, besserer Grenzziehung, Freiwerdens von Streitkräften für andere Zwecke und der Möglichkeit der Neuaufstellung von Truppen bis in Höhe von etwa 12 Divisionen, wobei auf 1 Million Einwohner eine neue Division entfalle.
Von der Seite Italiens sei[en] gegen die Beseitigung der Tschechei keine Einwendungen zu erwarten, wie dagegen seine Haltung in der österreichischen Frage zu bewerten sei, entziehe sich der heutigen Beurteilung und sei wesentlich davon abhängig, ob der Duce noch am Leben sei.
...
Trete ⟨*die*⟩ Lahmlegung Frankreichs durch einen Bürgerkrieg ein, so sei infolge Ausfall des gefährlichsten Gegners, die Lage j e d e r z e i t zum Schlag gegen die Tschechei auszunutzen.
...
Wenn Deutschland diesen Krieg[3] zur Erledigung der tschechischen und österreichischen Frage ausnutze, so sei mit Wahrscheinlichkeit anzunehmen, daß England – im Kriege mit Italien liegend – sich nicht zu einem Vorgehen gegen Deutschland entschließen würde. Ohne die englische Unterstützung sei eine kriegerische Handlung Frankreichs gegen Deutschland nicht zu erwarten.
Der Zeitpunkt unseres Angriffs auf die Tschechei und Österreich müsse abhängig von dem Verlauf des italienisch-englisch-französischen Krieges gemacht werden und läge nicht etwa gleichzeitig mit der Eröffnung der kriegerischen Handlungen dieser drei Staaten ...

Anmerkungen:
[1] Zu dieser Konferenz, an der außer Hitler der Kriegsminister v. Blomberg, die Oberbefehlshaber von Heer, Marine und Luftwaffe v. Fritsch, Raeder und Göring sowie der Außenminister v. Neurath teilnahmen, kündigte Hitler zur »Lösung des deutschen Raumproblems« kriegerische Maßnahmen vor allem in Osteuropa bis spätestens 1943/45 an.
Die Niederschrift der Besprechung wurde von Oberst Hoßbach gefertigt, der zur Widerstandsbewegung gegen das NS-Regime gehörte.
[2] Ob Hitler hier tatsächlich durchgängig von »Tschechei« sprach oder ihn Hoßbach nur so zitierte, ist ungeklärt.
Zum Gesamtkomplex der Verwendung der Begriffe: Siehe S. 956.
[3] Hitler unterstellte hier den Fall, daß sich aus dem spanischen Bürgerkrieg (1936–1939) eine kriegerische Verwicklung zwischen Italien und Spanien einerseits und England und Frankreich andererseits ergeben könnte; er skizzierte das ihm dann vorschwebende Verhalten.

Quelle:
ADAP: D/I; S. 25 ff.
[Eckige Klammer] und Hervorhebung im Original.

****

Äußerungen **1937, 19. November**
des britischen Lordsiegelbewahrers Lord Halifax (Konservativer)
zu Adolf Hitler:
In der Tschechoslowakei werden wahrscheinlich Änderungen eintreten;
England nicht am Inhalt, nur an friedlicher Methode interessiert

...
Lord Halifax fragte ... den Führer nach seiner Einstellung zum Völkerbund, ebenso wie zur Abrüstung. Alle anderen Fragen könne man dahingehend charakterisieren, daß sie Änderungen der europäischen Ordnung beträfen, die wahrscheinlich früher oder später ein-

treten würden (fell into the category of possible alterations in the European order which might be destined to come about with the passage of time). Zu diesen Fragen gehöre Danzig und Österreich und die Tschechoslowakei. England sei nur daran interessiert, daß diese Änderungen im Wege friedlicher Evolution zustande gebracht würden (that any alterations should come through the course of peaceful evolution) und daß Methoden vermieden würden, die weitergehende Störungen, wie sie weder der Führer noch andere Länder wünschten, verursachen könnten.

...

Der Führer erwiderte ...

...

Mit der Tschechoslowakei und Österreich würde sich ebenfalls bei vernünftiger Einstellung eine Regelung treffen lassen. Mit Österreich sei das Abkommen vom 11. Juli[1] abgeschlossen worden, das hoffentlich zur Behebung aller Schwierigkeiten führen würde. Die Tschechoslowakei habe es selbst in der Hand, die bestehenden Schwierigkeiten aus dem Wege zu räumen. Sie brauche nur die in ihren Grenzen wohnenden Deutschen gut zu behandeln, dann würden sie durchaus zufrieden sein. Deutschland selbst läge sehr viel an guten Beziehungen mit allen seinen Nachbarn.

...

Anmerkung:

[1] Nach dem mißglückten NS-Putsch in Österreich vom 25. 7. 1934 wurden mit dem hier gemeinten deutsch-österreichischen Abkommen vom 11. 7. 1936 die Beziehungen entspannt; Österreich sagte darin »Bedachtnahme« seiner Außenpolitik auf die deutsche zu und versprach, die »nationale Opposition«, d. h. die NSDAP, an der Politik zu beteiligen.

Quelle:

ADAP: D/II; S. 43–56, hier S. 52 f.

****

Darstellung[1] — 1937, 19. November
des sudetendeutschen Politikers Konrad Henlein[2] (SdP)
für Adolf Hitler:
»Aktuelle Fragen der deutschen Politik in der Tschechoslowakischen Republik«

⟨Die Unterlage stellte zunächst die »grundsätzlich und praktisch antideutsche Konzeption« der Tschechoslowakei dar:⟩

Während zur Zeit der Errichtung der Tschechoslowakei ein geschlossenes deutsches Siedlungsgebiet in Böhmen, Mähren und Schlesien bestand, ist seit 1918 dieses Gebiet planmäßig mit Angehörigen des tschechischen Volkes durchsetzt worden mit dem Erfolge, daß heute in jeder sudetendeutschen Stadt und Gemeinde sich eine tschechische Volkszelle und Position befindet. Damit soll nachträglich jene Fiktion von einem nur »verdeutschten und gemischten Randgebiet« unterbaut werden, die auf Grund der lügenhaften Mémoires Benesch's[3] die Voraussetzung für das Vertragswerk von St. Germain war.

Das System der tschechischen Durchdringungspolitik ist folgendes: In alle staatlichen und unter staatlichem Einfluß stehenden Behörden, Ämter, Anstalten und Betriebe im sudetendeutschen Gebiet – Verwaltung, Gerichtswesen, Steueramt, Post, Eisenbahn, Gendarmerie, Polizei, Finanzwache, Verwaltung der staatlichen Wälder und Güter, Tabakregie usw. – wurden und werden Tschechen mit möglichst kinderreichen Familien versetzt. Durch die Bodenreform wurden ganze tschechische Dörfer im sudetendeutschen Siedlungsgebiet errichtet. Dieses tschechische Element, unterstützt durch tschechische Garnisonen, zieht tschechische Handwerker und Kaufleute nach sich. Für den Nachwuchs müssen Volks-, Mittel- und Fachschulen gebaut werden, deren Lehrer und Professoren die Antrei-

ber und Führer in den tschechischen Eroberungsverbänden werden und die in den örtlichen Vybors (tschechisch-nationale Kampfausschüsse) jene Nebenregierungen bilden, die die lokalen staatlichen Behörden beherrschen, ihre Weisungen von den Prager Zentralämtern erhalten und deren antideutsche Tendenz und Arbeit vom Regime restlos gedeckt und gefördert wird.
⟨*In der Darstellung wurde sodann die Abwehr der Sudetendeutschen gegen diese Entwicklung geschildert, die sich in der SdP konzentriert habe. Die Partei habe für die*⟩ »Neuordnung Europas im Sinne des Nationalsozialismus und der Politik des Reiches« ⟨*bereits Beiträge erbracht, die im einzelnen aufgeführt werden. Dabei stand und stehe sie vor verschiedenen Problemen:*⟩
Die SdP muß ihr Bekenntnis zum Nationalsozialismus als Weltanschauung und als politisches Prinzip tarnen. Als Partei im demokratisch-parlamentarischen System der Tschechoslowakei muß sie sich nach außen, in mündlichen und schriftlichen Äußerungen, in Kundgebungen und in der Presse, im Parlament, in ihrem eigenen Aufbau und bei der Organisation des Sudetendeutschtums der demokratischen Terminologie und demokratisch-parlamentarischer Methoden bedienen. Sie kann deshalb nichteingeweihten reichsdeutschen Kreisen als zwiespältig und unverläßlich erscheinen. Diese Zwiespältigkeit ist aber solange nicht zu vermeiden als:
die Notwendigkeit einer legalen Partei besteht und
der Bestand einer solchen in der Tschechoslowakei das Bekenntnis zur Demokratie voraussetzt.
Die Zwiespältigkeit im äußeren Bild der SdP wird vertieft durch den Umstand, daß sie innerlich nichts mehr ersehnt als die Einverleibung des sudetendeutschen Gebietes, ja des ganzen böhmisch-mährisch-schlesischen Raumes in das Reich, daß sie aber nach außen hin für die Erhaltung der Tschechoslowakei und die Integrität seiner Grenzen eintreten und versuchen muß, ein real erscheinendes innerpolitisches Ziel für ihren politischen Kampf herauszustellen.
Trotzdem sich die Führung der SdP schon auf Grund der reichen geschichtlichen Erfahrung des Sudetendeutschtums von vornherein klar war, daß eine Verständigung zwischen Deutschen und Tschechen in der Tschechoslowakei nicht möglich ist, mußte auf der ersten politischen Großkundgebung der SdP in Böhmisch Leipa 1934[4] die Verständigung als realpolitisches Ziel aufgestellt werden und 1937 die sogenannten »Volksschutzgesetze«[5] in Richtung der Forderung einer sudetendeutschen Autonomie eingebracht werden. Nur so war es möglich, die Tschechen vor der Welt in Unrecht zu setzen und die Aufrollung der sudetendeutschen Frage vor den Garantiemächten des Minderheitsschutzvertrages von St. Germain, vor allem aber gegenüber England, propagandistisch einzuleiten ...
Die SdP ist sich aber heute darüber klar, daß es im Hinblick auf die im ersten Teil unserer Darstellung aufgezeigte Entwicklung immer schwerer wird, ein innerpolitisches Ziel herauszustellen, das als realpolitisches Ziel auch nur mit dem Scheine der Verwirklichbarkeit vor ernsthaften ausländischen Betrachtern, geschweige denn vor der sudetendeutschen Anhängerschaft vertreten werden kann. Es ist realpolitisch sinnlos geworden, für eine Autonomie des sudetendeutschen Gebietes einzutreten, weil gerade dieses Gebiet zum Betonwall und Festungsgürtel des tschechoslowakischen Staates gemacht worden ist. Selbstverständlich muß, wenn dieser Betonwall in den deutschen Gebieten als Tatsache der weiteren Öffentlichkeit in Europa bekannt ist, auch die weitere propagandistische Vertretung des Autonomie-Zieles für die Partei dadurch immer schwieriger werden.
...
Wie bereits dargestellt wurde, wird es für die SdP immer schwerer ein innerpolitisches Ziel als Kampf- und Arbeitsziel der Bewegung herauszustellen, das auch nur den Anschein der Verwirklichung in sich trägt.

Die Entwicklung bringt mit sich:
daß jene Auffassung im Sudetendeutschtum verstärkt wird, die davon ausgeht, daß es unter den angeführten Voraussetzungen immer sinnloser wird, die Mühen der Kleinarbeit, die Schwierigkeiten der innersudetendeutschen Aufbauarbeit und die Gefahren des politischen Alltagskampfes auf sich zu nehmen und daß jene Kreise in ihrer Haltung gestärkt werden, die die Auffassung durchzusetzen versuchten, daß die Zeit illegaler Arbeit gekommen ist. ⟨*Die SdP sei bedroht, da die Prager Regierung ihr entgegenwirke und dabei auch radikale Tendenzen unterstütze:*⟩
Diese Absichten der tschechischen Regierung werden durch folgende Tatsachen unterstützt:
Oppositionelle Elemente in und außerhalb der SdP behaupten offen oder lassen in planmäßiger Flüsterpropaganda durchblicken, daß sie »Beziehungen« zu Reichsstellen haben oder daß sie beauftragt seien, im Sudetendeutschtum und vor allem gegenüber der SdP eine weltanschauliche oder politische Funktion auszuüben – Feststellungen, durch die sie sich auch in ihrer oppositionellen Tätigkeit gegen die SdP zu legitimieren versuchen.
Die SdP-Führung ist solchen Methoden gegenüber machtlos, weil sie mit Rücksicht auf den heiklen und vertraulichen Charakter der Angelegenheit, aber auch aus Verantwortung für das Reich mit Gegenargumenten nicht ankämpfen kann, ohne der tschechischen Regierung die Möglichkeit des Zugriffes auf alle Beteiligten in die Hand zu geben.
Die Darstellung der Lage und politischen Problematik des Sudetendeutschtums und der SdP geschah um aufzuzeigen:
. . .
Die dringende Notwendigkeit einer grundsätzlichen Beratung[6] zwischen Reichsführung und Volksgruppenführung über die Fortführung der Politik der SdP.
. . .

Anmerkungen:
[1] In einem Mantelbrief erwähnte Henlein, er habe eine »zusammenfassende Darstellung ausarbeiten . . . lassen«. Der/die Verfasser blieben unbekannt.
[2] Henleins damalige Bedeutung für Hitler ist auch daraus ablesbar, daß Henlein für die Darstellung nicht einmal eine Empfangsbestätigung erhielt.
Vgl. Smelser, Ronald M.: »Das Sudetenproblem und das Dritte Reich 1933–1938«; München, 1980; S. 185.
[3] Zum Text des »Mémoire III« vom Februar 1919: Siehe S. 244.
[4] Zum Text der Rede vom 21. 10. 1934: Siehe S. 343.
[5] Zu den Texten vom 27. 4. 1937: Siehe S. 365 ff.
[6] Diese Beratung erfolgte erst am 28. 3. 1938. Zum Ergebnis: Siehe S. 385.

Quelle:
ADAP: D/II; S. 40–51. Hervorhebungen im Original.

****

Rede **1938, 20. Februar**
des Führers und Reichskanzlers Hitler vor dem Deutschen Reichstag:
Österreich und das Sudetenland sind nicht allein

. . . Allein zwei der an unseren Grenzen liegenden Staaten[1] umschließen eine Masse von über zehn Millionen Deutschen. Sie waren bis 1866 mit dem deutschen Gesamtvolk noch in einem staatsrechtlichen Bund vereinigt. Sie kämpften bis 1918 im großen Krieg Schulter an Schulter mit dem deutschen Soldaten des Reiches. Sie sind gegen ihren eigenen Willen durch die Friedensverträge[2] an einer Vereinigung mit dem Reiche verhindert worden. Dies ist an sich schmerzlich genug.
Über eines aber darf in unseren Augen kein Zweifel bestehen: Die staatsrechtliche Tren-

nung vom Reich kann nicht zu einer volkspolitischen Rechtlosmachung führen, das heißt die allgemeinen Rechte einer völkischen Selbstbestimmung, die übrigens in den 14 Punkten Wilsons[3] als Voraussetzung zum Waffenstillstand feierlich uns zugesichert worden sind, können nicht einfach mißachtet werden deshalb, weil es sich hier um Deutsche handelt. Es ist auf die Dauer für eine Weltmacht von Selbstbewußtsein unerträglich, an ihrer Seite Volksgenossen zu wissen, denen aus ihrer Sympathie oder Verbundenheit mit dem Gesamtvolk, seinem Schicksal und seiner Weltauffassung fortgesetzt schwerstes Leid zugefügt wird.
Wir wissen genau, daß es eine alle befriedigende Grenzziehung in Europa kaum gibt. Allein um so wichtiger wäre es, unnötige Quälereien von nationalen Minoritäten zu vermeiden, um nicht zum Leid des politischen Getrenntseins auch noch das Leid der Verfolgung wegen der Zugehörigkeit zu einer bestimmten Volksgruppe hinzuzufügen ...
Denn es soll nicht bestritten werden, daß, solange Deutschland selbst ohnmächtig und wehrlos war, es viele dieser fortgesetzten Verfolgungen der deutschen Menschen an unseren Grenzen einfach hinnehmen mußte. Allein so wie England seine Interessen über einen ganzen Erdkreis hin vertritt, so wird auch das heutige Deutschland seine, wenn auch um so viel begrenzteren Interessen zu vertreten und zu wahren wissen. Und zu diesen Interessen des Deutschen Reiches gehört auch der Schutz jener deutschen Volksgenossen, die aus eigenem nicht in der Lage sind, sich an unseren Grenzen das Recht einer allgemeinen menschlichen, politischen und weltanschaulichen Freiheit zu sichern.
...

Anmerkungen:
1 Gemeint: Österreich und die ČSR.
2 Von Versailles vom 28. 6. 1919; zum Text: Siehe S. 276. Von St. Germain vom 6. 9. 1919; zum Text: Siehe S. 280.
3 Zum Text: Siehe S. 226.

Quelle:
»Hitler: Reden und Proklamationen 1932–1945«; hsg. v. Max Domarus; Bd. I, Halbbd. 2; Wiesbaden, 1973; S. 801 f.

****

Regierungserklärung **1938, 4. März**
des ČSR-Ministerpräsidenten Milan Hodža (Agrarier):
Für die Deutschen in der ČSR ist nur die ČSR zuständig

...
Der Herr Reichskanzler[1] hat in seiner Rede vom 20. Feber[2] auf die Tatsache hingewiesen, daß in »zwei Staaten an den deutschen Grenzen« zehn Millionen Angehörige der deutschen Nation leben. Es ist ein historisches Faktum, daß in der Tschechoslowakei mehr als drei Millionen Einwohner deutscher Nationalität ihre Heimat haben. Die Tschechoslowakei gehört zu jenen Ländern, wo auf ganzen großen Gebieten eine Bevölkerung verschiedenen nationalen Ursprungs einander durchdringt. Die Friedenskonferenz konnte daher sicherlich nicht anders, als auch nach dem Weltkriege die vielhundertjährige Situation bestätigen. Es ist einfach eine Selbstverständlichkeit, wenn die Tschechoslowakei – und zwar in vollem Bewußtsein der Tragweite dieser Erklärung – betont, daß ihre Grenzen absolut unantastbar sind. Auch der deutsche Reichskanzler hat keine Zweifel daran erweckt, denn er selbst erklärte direkt: Wir wissen gut, daß es in Europa kaum Grenzen gibt, welche allseits befriedigen könnten. Es ergibt sich jedoch eine andere Frage. Der Herr Reichskanzler erklärte, daß zu den Interessen des Deutschen Reiches auch der Schutz jener fremdstaatlichen Bürger deutscher Nationalität gehört, die aus eigener Kraft nicht im Stande sind, sich innerhalb der Grenzen anderer Staaten das Recht auf allgemein menschliche, politische und weltan-

schauliche Freiheit zu sichern. Wie wir glauben, braucht man die Erklärung des deutschen Reichskanzlers nicht auf die Tschechoslowakei zu beziehen, und zwar aus dem sehr einfachen Grunde, weil man von den Bürgern deutscher Nationalität in der Tschechoslowakei gewiß nicht sagen kann, daß sie aus eigener Kraft nicht im Stande wären, sich das Recht auf allgemein menschliche, politische und weltanschauliche Freiheit zu sichern. Dies schon aus dem Grunde, weil, wie aus dem Begriff der staatlichen Souveränität hervorgeht, der tschechoslowakische Staat für die Sicherung aller nationalen, bürgerlichen Rechte und der Gewissensfreiheit gesorgt hat, sorgt und sorgen wird, in verständnisvoller Zusammenarbeit der Bürger aller Nationalitäten. Im Hinblick darauf jedoch, daß der Herr Reichskanzler von zehn Millionen Deutschen, die sich in zwei Staaten zu den deutschen Grenzen befinden, gesprochen hat, kann trotzdem die Anschauung entstehen, daß der Herr Reichskanzler den Schutz seines Reiches auch im Hinblick auf die Deutschen in der Tschechoslowakei meint. Ein in diesem Sinne formulierter Standpunkt würde einen Eingriff in die inneren Angelegenheiten unseres Staates bedeuten.

...

Die Heimat der seit altersher auf dem Gebiete unseres Staates ansässigen deutschen Bevölkerung liegt im tschechoslowakischen Staate. Es ist daher die Aufgabe dieses, einzig und ausschließlich dieses Staates vom ersten Tage seiner Erneuerung an, sein Verhältnis zu dieser Bevölkerung so zu regeln, daß sie selbst die ewige Wahrheit erfühle und erlebe, daß ihre ewige Heimat in der Tschechoslowakei ist. Diese jetzt bereits durch eine Reihe von Jahren folgerichtig und ehrlich gelöste Aufgabe hat die Tschechoslowakische Republik einerseits deshalb auf sich genommen, weil eine gerechte nationale Politik für unser Volk eine völlige Selbstverständlichkeit ist, andererseits deshalb, weil unser Volk sich selbst aus eigenem Willen und auf Grund seiner Souveränität durch das Verfassungsgesetz eine Rechtsordnung geschaffen hat, die diesem Zwecke und gleichzeitig jener internationalen Verpflichtung entspricht, die wir in dem in St. Germain am 10. September 1919 abgeschlossenen Minderheitenvertrag[3] übernommen haben.

...

Anmerkungen:

[1] D. h. Hitler.

[2] Zum Text: Siehe S. 376.

[3] Zum Text: Siehe S. 280.

Quelle:

»Die neue Situation Europas und die Tschechoslowakei«; Nr. 24 der ⟨*offiziösen*⟩ Reihe »Tschechoslowakische Quellen und Dokumente«; Orbis-Verlag; Prag, 1938; S. 29 ff.

****

Kurzbericht: **1938**

Meinung[1,2] zur Sudetenfrage:

Das Sudetengebiet: Man kann es auch nach einem für Deutschland verlorenen Krieg von Deutschland nicht wieder abtrennen

a) Der britische Gesandte in Prag, Sir Basil Newton, am 15. März 1938 in einem Brief an seinen Außenminister Lord Halifax in London:

»Sollte Krieg kommen ... können wir lediglich darauf hoffen, nach einem langwierigen Kampf einen Zustand wiederherzustellen, der sich bereits als unannehmbar erwiesen und nach seiner Wiederherstellung neuerlich als nicht haltbar erweisen würde.«

b) Der britische Außenminister Lord Halifax im Beisein des Premierministers Neville Chamberlain am 29. April 1938 in London zum französischen Ministerpräsidenten Eduard Daladier und Außenminister Georges Bonnet:

»Wir müssen uns die Frage stellen, ob – selbst am Ende eines siegreichen Krieges – es möglich sein wird, den tschechoslowakischen Staat in seiner derzeitigen Form wiederherzustellen.«

c) Der britische Premierminister Neville Chamberlain (etwa) am 10. Mai 1938 in London bei einem Essen vor prominenten Gästen:

»Selbst wenn ein deutscher Angriff auf die Tschechoslowakei zurückgeschlagen werden würde, könnte der tschechoslowakische Staat in seiner derzeitigen Form nicht weiterbestehen.«

d) Der britische Gesandte in Prag, Sir Basil Newton am 4. September 1938 zum tschechoslowakischen Staatspräsidenten, Edvard Beneš in Prag:

»Was ich ihm deutlich einprägen wollte, war dies: Wie günstig auch immer das Ergebnis dieses Krieges sein möge, es wäre mehr als zweifelhaft, ob die Tschechoslowakei in ihrer derzeitigen Form ... wiederhergestellt werden könnte. Dr. Beneš schien durch meine Darlegungen schmerzlich beeindruckt zu sein.«

e) Der britische Botschafter in Berlin, Sir Neville Henderson am 10. September 1938 in Nürnberg zu deutschen Gesprächspartnern:

»Selbst wenn Deutschland besiegt würde, müßten nach seiner ⟨*Hendersons*⟩ Auffassung in einem Friedensvertrag die sudetendeutschen Gebiete Deutschland gegeben werden, wenn der ewigen Unruhe in Europa ein Ende gemacht werden solle.«

f) Der britische Außenminister Lord Halifax im Beisein des Premierministers Neville Chamberlain am 18. September 1938 in London zum französischen Ministerpräsidenten Eduard Daladier und Außenminister Georges Bonnet:

• nach der britischen Aufzeichnung:

»Bei der Friedenskonferenz, die dem Krieg folgen wird, könne er ⟨*Halifax*⟩ sich nicht vorstellen, daß die daran beteiligten Staatsmänner die heutigen Grenzen der Tschechoslowakei bestätigen würden.«

• Nach der französischen Aufzeichnung:

»Es ist ganz offensichtlich, daß beim Abschluß eines neuen Friedensvertrages die Grenzen der Tschechoslowakei nicht so gezogen werden würden, wie sie derzeit sind.«

g) Der britische Außenminister Lord Halifax über seinen Gesandten in Prag, Sir Basil Newton an die tschechoslowakische Regierung, der dies am 27. September 1938 abends übermittelt wurde:

»Die tschechoslowakische Regierung muß klar erkennen, daß ... es ohne Rücksicht auf den Ausgang ⟨*eines allgemeinen Krieges*⟩ keine Möglichkeit gibt, der Tschechoslowakei ihre heutigen Grenzen zurückzugeben.«[3]

Anmerkungen:

[1] Weitere Stimmen dieser Art sind belegbar.

[2] Beachtenswert erscheint die Entwicklung der Ansichten über den Zeitablauf vom Infragestellen bis zur klaren Unmöglichkeit, das Sudetengebiet bei der Tschechoslowakei zu belassen.
Es ist zu vermuten, daß dies nach 1938 für Dr. Beneš ein wichtiges Motiv wurde, die Sudetendeutschen aus der Tschechoslowakei zu vertreiben, um dadurch das Sudetengebiet behalten zu können.

Quellen:

Zu a): DBFP: 3/I; S. 55 f.
Zu b): DBFP: 3/I; S. 214.
Zu c): Vgl. »Anglo-Reich Deal Expected« in »New York Times« ⟨*TZ.*⟩; Jg. 87, Nr. 29.330 v. 14. 5. 1938; S. 1, 5.
Wiedergabe in Wheeler-Bennett, John: »Munich. Prologue to Tragedy«; New York, 1948; S. 39; 2. Aufl., 1963; S. 52.
Zu d): DBFP: 3/II; S. 226.
Zu e): ADAP: D/II; S. 619.
Zu f): DBFP: 3/II; S. 385. »Documents diplomatiques français«; 2. Serie, Bd. XI; Paris, 1977; S. 321.

Zu g): DBFP: 3. Reihe, Bd. II; S. 571.
In englischer Originalfassung auch in dem (sonst meist deutschsprachigen) »Das Abkommen von München 1938«; hsg. von Václav Král; Prag, 1968; S. 232. Siehe auch S. 1306.

****

Aufzeichnung **1938, 18. März**
des britischen Innenministers Sir Samuel Hoare (Kons.):

... Heute informierten uns Südafrika und Kanada, daß sie sich uns in einem Krieg, der gewisse Deutsche daran hindere, sich ihrem Vaterland wieder anzuschließen, nicht anschließen würden ...

Quelle:
Hoare, Samuel: »Nine Troubled Years«; London, 1954; S. 323.

****

Erklärungen **1938, 22.–25. März**
verschiedener sudetendeutscher Parteien:
Anschluß an die SdP

A) Der Bund der Landwirte (BdL)[1]
Die bereits seit einigen Monaten zwischen der SdP und dem Bund der Landwirte geführten Verhandlungen gelangten am 22. März zum glücklichen Abschluß. Daraufhin ließ der Vorsitzende des Bundes der Landwirte, Gustav Hacker, dem Präsidenten der Republik, der Regierung und der Presse das folgende Kommuniqué zugehen:
»1. Der BdL tritt mit dem heutigen Tage aus der Regierung aus. Der im Jahre 1926 begonnene Versuch[2], im Wege der Mitarbeit in der Regierung zu einer nationalen Befriedigung im Staate und zur Sicherstellung der Lebensrechte der sudetendeutschen Volksgruppe zu gelangen, ist gescheitert. Ebenso hat die Politik, die mit dem Regierungsbeschluß vom 18. Februar 1937[3] eingeleitet wurde, versagt.
2. Der BdL gliedert sich zur Gänze in die Sudetendeutsche Partei unter Führung Konrad Henleins ein. Die Entwicklung der letzten Zeit erfordert die einheitliche Ausrichtung und den geschlossenen Einsatz aller Volkskräfte.
Prag, am 22. März 1938 Gustav Hacker«
...

B) Die Deutsche Gewerbepartei[4]
Am gleichen Tage veröffentlichte die Deutsche Gewerbepartei folgende Kundmachung:
»Herr Alois Stenzl, der von der Reichsparteileitung der Deutschen Gewerbepartei zum bevollmächtigten Sprecher der Partei bestimmt wurde, veröffentlicht nachstehende Erklärung:
Als Bevollmächtigter für die Deutsche Gewerbepartei erkläre ich mit heutigem Tage die Deutsche Gewerbepartei für aufgelöst. Die Entwicklung der letzten Zeit hat eindeutig erwiesen, daß der Kampf des Sudetendeutschtums um seine Zukunft und Existenz nur geschlossen und unter einheitlicher Führung siegreich durchgefochten werden kann. Lage und Schicksal unserer deutschen Handwerker und Kaufleute sind abhängig von dem Ausfall des nationalpolitischen Ringens um unsere politischen, kulturellen und wirtschaftlichen Rechte. Ich fordere die Angehörigen meiner Partei auf, sich in der Sudetendeutschen Partei unter der Führung Konrad Henleins einzugliedern.
Prag, 22. März 1938 Alois Stenzl«

C) Die Deutsche Christlichsoziale Volkspartei (DCV)[1]
Am 24. März fand die Entwicklung des Sudetendeutschtums ihren Abschluß. An diesem Tage gab die Leitung der Christlichsozialen Partei das nachstehende Kommuniqué heraus:

»Die Reichsparteileitung der Deutschen Christlichsozialen Volkspartei hat in ihrer Sitzung am 24. März 1938 einmütig beschlossen:
Die innen- und außenpolitische Lage erfordert unter Wahrung unserer weltanschaulichen Einstellung eine einheitliche Vertretung der Lebensrechte unserer deutschen Volksgruppe im Staate. Daher beauftragt die Reichsparteileitung auf Grund der zwischen der DCV und der SdP getroffenen Vereinbarungen die Mitglieder des Parlamentarischen Klubs der Abgeordneten und Senatoren der DCV, dem Parlamentarischen Klub der Abgeordneten und Senatoren der SdP beizutreten. Wir tragen damit der Enttäuschung Rechnung, welche das Versagen der Februar-Richtlinien[3] in der gesamten sudetendeutschen Bevölkerung ausgelöst hat, so daß das bisherige System des Aktivismus scheitern mußte.
Die DCV scheidet mit dem heutigen Tage aus der Parlamentsmehrheit aus und beruft ihre Vertreter aus der Regierung ab. Die Reichsparteileitung der DCV verfügt, daß die Tätigkeit aller ihr unterstehenden Organe und Gliederungen der Partei ruht. In der einheitlichen Kampffront werden die Abgeordneten und Senatoren der DCV zusammen mit ihren deutschen Volksgenossen die gemeinsamen Forderungen aller Sudetendeutschen – die grundsätzliche Regelung des deutsch-tschechischen Verhältnisses im Wege der Gesetzgebung – mit allen gesetzlichen Mitteln verfechten in der sicheren Erwartung, daß die Einigkeit den ersehnten Erfolg endlich herbeiführt.«
. . .
D) Die Wertung dieser Entwicklung durch die SdP
Konrad Henlein nimmt Stellung.
Am 25. März trat unter dem Vorsitz Konrad Henleins der politische Ausschuß der SdP zu einer Sitzung zusammen, in der Henlein ausführte:
». . .
Der Vollzug der endgültigen Vereinheitlichung und Ausrichtung der gesamten sudetendeutschen Volkskräfte auf einen einzigen politischen Willen und auf eine einzige, nunmehr von der gesamten Volksgruppe anerkannte Führung beschließt endgültig die Epoche eines sudetendeutschen Bruderkampfes im Zeichen der Schwäche und Entmachtung. Er konzentriert den Willen von nunmehr 1,600.000 deutschen Wählerstimmen auf ein politisches Ziel und schafft diesem Willen durch eine Volksvertretung von insgesamt 81 Parlamentariern[5], die von nun an die weitaus stärkste Partei des Staates repräsentieren, den sichtbaren Ausdruck. Er setzt den Schlußstein hinter eine Entwicklung, die wir vorausgesehen, gewollt und mit allen unseren Kräften gestaltet haben.
Es ist künftighin ausgeschlossen, den deutschen Willen zu Ordnung, Rechtlichkeit und Mitgestaltung für politische Konzeptionen zu mißbrauchen, die einer endgültigen Lösung des Nationalitätenproblems ausweichen und die Ideologie des Nationalstaates durch die Anwendung einer ausgeklügelten politischen Taktik durchsetzen wollen. Das Abkommen vom 18. Februar[3], das den letzten Versuch dieser Art dargestellt hat, ist endgültig gescheitert . . . Die beiden letzten deutschen Splitterparteien – die deutsche Sozialdemokratie und die deutschdemokratische Freiheitspartei –, die sich als einzige neben unserer gewaltigen Einheitsbewegung ein erbärmliches Scheindasein bewahrt haben, betrachten wir nicht mehr als zugehörig zur sudetendeutschen Volksgruppe. Vor allem die deutsche Sozialdemokratie, die nicht nur jede Bindung dem Volke gegenüber, sondern vor allem jede Beziehung zum sudetendeutschen Arbeitsmenschen verloren hat, kann dem deutschen Bestande innerhalb dieses Staates nicht mehr zugezählt werden . . .
Es ist Sache des tschechischen Volkes, diese Tatsache zur Kenntnis zu nehmen und nach ihr zu handeln. Es ist Aufgabe der Staatsführung, der neugeschaffenen Lage durch radikale Umstellungen in ihrer bisherigen Politik gerecht zu werden. In jeder echten Demokratie führen strukturelle Veränderungen im politischen Gefüge des Staates, wenn sie sich im Ausmaß der letzten Ereignisse im deutschen Lager vollziehen, zu ebenso selbstverständlichen wie notwendigen Konsequenzen.

Ich fordere daher aus Gründen, deren Berechtigung ebensosehr durch die Interessen des Staates wie durch die Interessen des tschechischen Volkes gegeben sind, fürs erste die Ausschreibung von politischen Wahlen in allen gesetzgebenden und verwaltenden Körperschaften unseres Staates. Nach Recht und Gesetz soll allen Staatsbürgern, vor allem aber dem Sudetendeutschtum, Gelegenheit geboten werden, zu den Ereignissen der letzten Wochen Stellung zu nehmen.
Ich erhebe diese Forderung, weil ich der gesamten Welt, vor allem aber dem tschechischen Volke beweisen will, daß die Konzentration des Sudetendeutschtums keine Angelegenheit des Augenblickes war, daß sie weder durch Zwang noch Terror herbeigeführt wurde, sondern daß sie die Willensentscheidung der ganzen Volksgruppe ist, der in freier Wahl die Möglichkeit gegeben werden muß, die gefallenen Entscheidungen in einwandfreiester Form zu bestätigen.
. . .«

Anmerkungen:
1 Zur politischen Bedeutung dieser Parteien, ausgedrückt in Abgeordneten: Siehe S. 1208 f.
2 Gemeint: Der sog. Aktivismus. Zu Belegen dafür: Siehe z. B. S. 334.
3 Gemeint die ČSR-Regierungserklärung vom 18. 2. 1937; zum Inhalt: Siehe S. 364.
4 Eine sachlich gleiche Erklärung gab am 24. 3. 1938 auch die Deutschsoziale Partei ab.
5 55 (von 300) Abgeordneten und 26 Senatoren.

Quelle:
»Nation und Staat. Deutsche Zeitschrift für das europäische Minoritätenproblem«; Wien; Jg. 11, Nr. 6 (März 1938); S. 354–358.

****

Bericht **1938, 23. März**
des ČSR-Gesandten in Berlin, Vojtěch Mastný,
an Außenminister Kamil Krofta:
Hinweise zur aktuellen[1] *Meinung der französischen und britischen Regierung*

Kulturautonomie für die Sudetendeutschen genügt nicht mehr[2]
Wenn ich daran denke, wie stark verbreitet im Ausland die Theorie ist, daß den Deutschen bei uns tatsächlich Unrecht getan wird (diese These haben namentlich England bzw. seine Diplomaten in Berlin und Prag angenommen), dann ist es in der jetzigen Situation eine unerläßliche Notwendigkeit, daß es möglichst schnell zu einem Ausgleich mit unseren Deutschen kommt. Dabei muß man sich nach meiner Ansicht zwei grundsätzliche Dinge klarmachen. Vor allem, daß hier unter einem Ausgleich mit den Deutschen, wie es schon seit mehr als zwei Jahren ganz offenbar ist und worauf ich ständig von neuem aufmerksam gemacht habe, ein Ausgleich mit den Henleinleuten zu verstehen ist, und zweitens, daß es nicht eigentlich darum geht, ob den Deutschen bei uns Gerechtigkeit widerfährt, sondern darum, ob sie bei uns zufrieden sind. Die erste Voraussetzung ist jetzt durch den Zusammenschluß der deutschen Parteien in der Tschecho-Slowakei[3] praktisch gegeben.[4]
Was den Umfang der Konzessionen an die Sudetendeutschen betrifft, müssen wir daran erinnern, daß bei einem Vergleich mit früheren Ansichten auch in Kreisen nüchterner Deutscher jetzt nach dem Anschluß Österreichs die Forderungen ziemlich gewachsen sind. Es ist wahr, daß Baron Neurath[5] selbst in den vorausgegangenen Unterredungen, aber auch in der letzten Unterredung, nur von gewissen Konzessionen der Kulturautonomie sprach. Ich bezweifle sehr, daß der Reichskanzler[6] eine solche Formulierung billigen würde, und fürchte, daß der neue Außenminister Ribbentrop den deutschen Standpunkt viel radikaler formulieren wird. Der französische Botschafter[7], der früher als ich selbst unverhüllt ein direktes Geständnis darüber erhielt, wie man sich hier in Deutschland die Lösung eines Ausgleichs vorstellt, machte mich darauf aufmerksam, daß er dadurch überrascht sei, zu

sehen, wie auch ernsthafte Faktoren – keine radikalen – extreme Forderungen nach einer Umwandlung der Tschecho-Slowakei in einen neuen Staat schweizerischer Verfassung stellen, und sonst einen Zerfall unserer Republik zugunsten Deutschlands, Polens und Ungarns voraussagen.
Nachdem ich zur Grundlage meines Berichtes die Ansichten des französischen Botschafters genommen habe, schließe ich mit der Anführung der Ansicht des englischen Botschafters.[8]
Die Grundlage seiner persönlichen Ansicht ist ungefähr folgende: England ist ein guter Freund der Tschecho-Slowakei und wird sich immer bemühen, ihr zu nützen; aber es kann sich nicht direkt zu einer Garantie verpflichten . . .
Frankreich machte einen Fehler dadurch, daß es die Tschecho-Slowakei gegen Deutschland aufhetzte und von einer Übereinkunft mit ihm abhielt, die für sie die beste und eigentlich einzige politische und wirtschaftliche Lösung ist. Die kleine Tschecho-Slowakei mit ihren großen Minderheiten kann sich für eine weite Zukunft nicht anders halten als durch Erfassung dieser Situation, der Harmonisierung ihres Verhältnisses zu Deutschland, ebenso wie zu Frankreich. Es ist der Tschecho-Slowakei durch zwanzig Jahre nicht gelungen, die Fragen ihrer Minderheiten zu lösen. Durch eine solche dauernde Last bedroht die Tschecho-Slowakei ernsthaft ihre Zukunft; die Deutschen in der Republik haben bisher ihre Rechte nicht erhalten. England hat darüber ernsthafte Informationen, Henderson selbst hat die Verhältnisse in Karlsbad und anderswo kennengelernt. Die Deutschen müssen in irgendeiner Form eine Autonomie erhalten. Warum nicht lieber rechtzeitig das schweizerische System mit einer eventuellen Änderung der Benennung des Staates nach dem Beispiel Jugoslawiens durchführen? Die Autonomie wünschen ja nicht nur die Deutschen, sondern auch die übrigen Minderheiten und namentlich die Slowaken. Wenn die Tschecho-Slowakei in Wirklichkeit ein Nationalstaat wäre, könnte die Stellung Englands zu ihr entschiedener sein. So aber bleibt die Tschecho-Slowakei eine Sorge Europas. Das sind ungefähr die Ansichten des englischen Botschafters.

Anmerkungen:
1 Am 12./13. 3. 1938: Anschluß Österreichs an das Deutsche Reich.
2 Den Inhalt des Mastný-Berichtes insgesamt zutreffend zusammenfassender Vorsatz des Herausgebers der Quelle.
3 Der Wiedergeber der Quelle verwendet durchgehend diese »Bindestrich«-Schreibweise. Sie dürfte jener des Autors Mastný Anfang 1938 nicht entsprochen haben, blieb jedoch hier ungeändert erhalten.
4 Siehe dazu S. 380 ff.
5 Am 5. 2. 1938 als Außenminister durch Joachim v. Ribbentrop abgelöst.
6 D. h. Hitler.
7 Gemeint: André François-Poncet.
8 Gemeint: Sir Neville Henderson.

Wiedergabe nach:
»Europäische Politik 1933–1938 im Spiegel der Prager Akten«; hsg. v. Friedrich Berber; 2. Aufl.; Essen, 1942; S. 98 f.

****

Rundfunkrede **1938, 28. März**
des ČSR-Ministerpräsidenten Milan Hodža (Agrarier):
Ankündigung eines »Minoritätenstatuts«

. . . Der Vorsitzende der Regierung von Großbritannien[1] hat in seiner Rede vom 24. März ein ganz außerordentliches Interesse für die Minderheiten-Politik der Regierung an den Tag gelegt. Er sagte u. a.: »Was die Tschechoslovakische Republik anlangt, scheint es der Regierung seiner Majestät, daß jetzt der Augenblick gekommen ist, da alle diplomatischen

Mittel im Interesse des Friedens angewendet werden sollten. Die britische Regierung hat gerne zur Kenntnis genommen und unterschätzt in keiner Richtung die definitive Versicherung, die von der deutschen Regierung über ihren Standpunkt gegeben wurde. Andererseits hat sie mit Dank vermerkt, daß die Regierung der Tschechoslovakischen Republik praktische Schritte vorbereitet, die im Rahmen der tschechoslovakischen Verfassung gemacht werden können und die den verständigen Wünschen der deutschen Minderheit entsprechen würden. Ihrerseits wird die Regierung Seiner Majestät immer bereit sein, jegliche Hilfe, die in ihrer Macht steht, durch welche Mittel immer, die ihr zur Lösung aller Fragen geeignet erscheinen würden, welche Schwierigkeiten zwischen der deutschen und der tschechoslovakischen Regierung bewirken könnten, zu gewähren.«
Es muß vor allem betont werden, daß dieses Interesse des britischen Ministerpräsidenten für unsere Minderheitenpolitik eine feste international-rechtliche Basis, und zwar in dem Vertrage über den Minderheitenschutz hat, der am 10. September 1919 in St.-Germain-en-Laye[2] unterzeichnet worden ist. Die Tschechoslovakei hat somit die Erklärung des Vorsitzenden der britischen Regierung mit Freude zur Kenntnis genommen.
Ich weiß und begreife auch vollkommen, daß bei uns viele mit der Minderheitenpolitik nicht übereinstimmen, wie wir sie am 18. Feber 1937[3] ergänzt haben. Sogar die ehemaligen deutschen Aktivisten hielten sich für verpflichtet, ihr Lücken und Unzulänglichkeiten vorzuwerfen. Doch ist es überaus interessant, das Organ der deutschen Christlichsozialen zu lesen, in welchem gerade im Zeitpunkt ihres Eintritts in die Opposition am 25. März d. J. ausdrücklich erklärt wurde, daß »es auch heute Geltung hat, daß seit dem 18. Februar 1937 wertvolle Erfolge erzielt wurden, welche tausenden Volksgenossen Beschäftigung, Arbeit, Brot und Hilfe wiedergebracht haben«.

. . .

Heute ist es an der Zeit, in einem einheitlichen gesetzgebenden Akt alle schon gültigen Minderheitenmaßnahmen, ob sie nun in der Verfassungsurkunde oder dem Sprachengesetz und in einer ganzen Reihe von legislativen und administrativen Teilmaßnahmen enthalten sind, zu einem systematischen Ganzen zusammenzufassen. Wir behaupten mit Recht, daß wir in der Tschechoslovakei den relativ vollkommensten Komplex der Minderheitenrechte geschaffen haben. Weil wir jedoch aus ihnen noch kein kodifiziertes System gemacht haben, kann böser Wille in der uninformierten Welt den Eindruck hervorrufen, daß die Minderheiten bei uns nicht frei atmen können und wenn sie es können – so erst seit dem 18. Februar 1937.
Es ist also ein Gebot der Zweckmäßigkeit und der Ordnung, das wertvolle Werk unserer Minderheitenpolitik auch in formaler Hinsicht zu vollenden. Darum berät die tschechoslovakische Regierung über ein Minoritätenstatut der Republik.[4] Wir werden damit der Propaganda ein Ende bereiten, die von so vielen Seiten gegen unseren guten Willen und gegen unsere ehrliche Arbeit geführt wird.

. . .

Anmerkungen:

[1] Gemeint: Neville Chamberlain.
[2] Zum Text: Siehe S. 279.
[3] Zum Inhalt: Siehe S. 364.
[4] Diese Arbeiten wurden der Beginn der verschiedenen »Pläne« der ČSR-Regierung; zum IV. (letzten) Plan: Siehe S. 393.

Quelle:
»Die neue Situation Europas und die Tschechoslowakei«; Nr. 24 der ⟨*offiziösen*⟩ Reihe »Tschechoslowakische Quellen und Dokumente«; Orbis-Verlag; Prag, 1938; S. 11 ff.

****

Protokoll **1938, 28. März**
einer Unterredung zwischen dem sudetendeutschen Politiker Konrad Henlein (SdP) und Adolf Hitler:
Forderungen der Sudetendeutschen und Begründungen für Vorgehen

Bei der nahezu dreistündigen Besprechung war außer dem Führer noch anwesend der Stellvertreter des Führers, Reichsminister Heß, der Außenminister von Ribbentrop und Obergruppenführer Lorenz. Der Führer erklärte, daß er beabsichtige, das tschechoslowakische Problem in nicht allzu langer Zeit zu lösen. Er könne es nicht mehr dulden, daß Deutsche drangsaliert würden oder auf Deutsche geschossen würde. Er erklärte Henlein, daß er wisse, wie beliebt dieser sei, und daß er der berechtigte Führer des Sudetendeutschtums wäre und auf Grund seiner Beliebtheit und Volkstümlichkeit die Dinge meistern würde. Auf den Einwand Henleins, daß er, Henlein, nur ein Ersatz sein könne, erwiderte Hitler: Ich stehe zu Ihnen, Sie sind auch morgen mein Statthalter. Ich dulde nicht, daß Ihnen innerhalb des Reiches von irgendeiner Stelle Schwierigkeiten gemacht werden.
Die Tendenz der Anweisung, die der Führer Henlein gegeben hat, geht dahin, daß von seiten der Sudetendeutschen Partei Forderungen gestellt werden sollen, die für die tschechische Regierung unannehmbar sind. Henlein beabsichtigt, trotz der günstigen Lage durch die österreichischen Ereignisse, nichts zu überspitzen, sondern nur die alten Forderungen auf Selbstverwaltung und Wiedergutmachung am Parteitag (23./24. April 1938)[1] zu stellen ... Das Reich wird von sich aus nicht eingreifen. Für die Ereignisse sei zunächst Henlein selbst verantwortlich. Es müsse aber eine enge Zusammenarbeit erfolgen. Henlein hat dem Führer gegenüber seine Auffassung folgendermaßen zusammengefaßt: Wir müssen also immer so viel fordern, daß wir nicht zufriedengestellt werden können.[2] Diese Auffassung bejahte der Führer.

Anmerkungen:
1 Zu den Ergebnissen: Siehe den folgenden Beleg.
2 Zu dieser Formulierung heißt es in der Niederschrift einer Unterredung mit Außenminister von Ribbentrop am 29. 3. 1938: »Gefährlich erschiene es, sich frühzeitig mit Zusagen der Tschechoslowakischen Regierung abzufinden, die einerseits gegenüber dem Ausland den Anschein erwecken könnten, als ob eine Lösung gefunden sei, und andererseits die Sudetendeutschen selbst nur teilweise befriedigen würden. Vorsicht sei vor allem auch deshalb am Platze, weil man nach der bisherigen Erfahrung den Zusicherungen Beneschs und Hodzas kein Vertrauen schenken könnte.«
Vgl. ADAP: D/II; S. 163.

Quelle:
ADAP: D/II; S. 158.

****

Die SdP: **1938, 24. April**
Karlsbader Programm[1,2]:
Allgemeine Personalautonomie und Territorialautonomie in festzustellendem Gebiet

1. Herstellung der vollen Gleichberechtigung der deutschen Volksgruppe mit dem tschechischen Volk;
2. Anerkennung der sudetendeutschen Volksgruppe als Rechtspersönlichkeit zur Wahrung dieser gleichberechtigten Stellung im Staate;
3. Feststellung und Anerkennung des sudetendeutschen Siedlungsgebiets;
4. Aufbau einer sudetendeutschen Selbstverwaltung im sudetendeutschen Siedlungsgebiet in allen Bereichen des öffentlichen Lebens, soweit es sich um die Interessen und Angelegenheiten der deutschen Volksgruppen handelt;
5. Schaffung gesetzlicher Schutzbestimmungen für jene sudetendeutschen Staatsangehörigen, die außerhalb des geschlossenen Siedlungsgebiets ihrer Volksgruppe leben;

6. Beseitigung des dem Sudetendeutschtum seit dem Jahr 1918 zugefügten Unrechts und Wiedergutmachung der ihm durch dieses Unrecht entstandenen Schäden;
7. Anerkennung und Durchführung des Grundsatzes: Im deutschen Gebiet deutsche öffentliche Angestellte;
8. Volle Freiheit des Bekenntnisses zum deutschen Volkstum und zur deutschen Weltanschauung.

Anmerkungen:
1 Verkündet auf einem Parteitag in Karlsbad.
2 a) Der tschechoslowakische Ministerpräsident Milan Hodža war von der SdP bereits am 11. 4. 1938 über das Programm informiert worden.
Er erklärte »nach längerer Überlegung (insbesondere zu Punkt 8), daß er vom Standpunkt der Verfassung dagegen keinen Einwand erhebe«.
Vgl. ADAP: D/II; S. 186 f.
b) Der tschechoslowakische Außenminister Kamil Krofta meinte am 26. 4. 1938 zum englischen Gesandten in Prag, Sir Basil Newton, über die tschechoslowakische Haltung zu den einzelnen Punkten:
Zu 1: »bereits angenommen«;
Zu 2: »unannehmbar«;
Zu 3: »abgeschlossene Siedlungsgebiete seien unzulässig«;
Zu 4: keine Stellungnahme, da »er nicht wisse, wie weit das gehen solle«;
Zu 5: »vorhanden«;
Zu 6: »unpraktisch«;
Zu 7: »nicht schwierig, wenn es nicht heißen solle, daß im deutschen Gebiet nur deutsche öffentliche Angestellte sein sollten«;
Zu 8: »sehr weitreichend und gefährlich ...«.
Vgl. DBFP; 3/I; S. 187.

Quelle:
ADAP: D/II; S. 192.

****

Weisungen[1] Adolf Hitlers an die deutsche Wehrmacht: **1938, 20./30. Mai**
»Es liegt nicht in meiner Absicht – Es ist mein unabänderlicher Entschluß«

⟨A) Der Entwurf für die »Weisung Grün« vom 20. Mai[2]:⟩
1. Politische Voraussetzungen
Es liegt nicht in meiner Absicht, die Tschechoslowakei ohne Herausforderung schon in nächster Zeit durch eine militärische Aktion zu zerschlagen, es sei denn, daß eine unabwendbare Entwicklung der politischen Verhältnisse innerhalb der Tschechoslowakei dazu zwingt oder die politischen Ereignisse in Europa eine besonders günstige und vielleicht nie wiederkehrende Gelegenheit dazu schaffen.
...

⟨B) Die nachfolgenden Ereignisse:
Die ČSR-Führung erhielt an 19. Mai Nachrichten über deutsche Truppenbewegungen in Bayern und Sachsen gegen die ČSR. Obwohl die Zuverlässigkeit dieser Nachrichten nicht sofort überprüft werden konnte, ignorierte Dr. Beneš die Erklärung der deutschen Regierung[3], die Nachrichten seien grober Unfug. Unter seinem Vorsitz beschloß ein ČSR-Ministerrat in Anwesenheit hoher Offiziere am 20. Mai um 15.00 Uhr die Teilmobilmachung. Es wurde behauptet, Dr. Beneš habe damit die Gemeindewahlen (am 22. und 29. 5., sowie 12. 6. 1938)[4] beeinflussen wollen.[5]
Sicher ist lediglich, daß spätere Recherchen die Haltlosigkeit der Nachrichten über den vorgeblichen deutschen Aufmarsch ergaben. Darüber hinaus ist verbürgt, daß die in aller Welt versandte Mitteilung über die ČSR-Teilmobilmachung sowie die nicht erfolgende deut-

sche Invasion als Zurückweichen des deutschen Diktators vor der entschlossenen Handlungsweise der ČSR-Staatsführung aufgefaßt wurde. Diese Reaktion soll Hitler beträchtlich erbost haben.
Er verwarf den Entwurf vom 20. 5. (siehe oben) und unterzeichnete statt dessen

C) Die Neufassung der »Weisung Grün« vom 30. Mai:[6]〉
1. Politische Voraussetzungen.
Es ist mein unabänderlicher Entschluß, die Tschechoslowakei in absehbarer Zeit durch eine militärische Aktion zu zerschlagen. Den politisch und militärisch geeigneten Zeitpunkt abzuwarten oder herbeizuführen, ist Sache der politischen Führung. Eine unabwendbare Entwicklung der Zustände innerhalb der Tschechoslowakei oder sonstige politische Ereignisse in Europa, die eine überraschend günstige, vielleicht nie wiederkehrende Gelegenheit schaffen, können mich zu frühzeitigem Handeln veranlassen. Die richtige Wahl und entschlossene Ausnützung eines günstigen Augenblicks ist die sicherste Gewähr für den Erfolg. Dementsprechend sind die Vorbereitungen unverzüglich zu treffen.
. . .

Anmerkungen:
[1] Die Weisungen waren streng geheim.
[2] Der Entwurf war am 21. 4. 1938 von Hitler angefordert worden und sollte die Lage nach dem Anschluß Österreichs berücksichtigen. Zu den Planungsvorstellungen Hitlers: Siehe S. 372.
[3] Vgl. ADAP: D/II; S. 234 ff.
[4] Zum Wahlergebnis: Siehe den nachfolgenden Beleg.
[5] Vgl. »Quellen und Dokumente – Über die Entwicklung im sudetendeutschen Gebiet in der Zeit vom 24. April bis zum 12. Juni 1938«; hsg. v. Christian Sigl; Wien, 1938; S. 15 ff.
[6] Im Mantelschreiben von Generaloberst Keitel, Chef des Oberkommandos der Wehrmacht, hieß es: Die »Ausführung« der Weisung »muß spätestens ab 1. 10. 38 sichergestellt sein«.

Quelle:
ADAP: D/II; S. 236 ff., S. 281 ff.

****

Gemeindewahlen im Sudetengebiet: **1938, 22. Mai**
Ergebnisse und Kommentare
. . .
Am 22. Mai 〈*1938*〉 fand die erste Etappe[1] der Gemeindewahlen in den 〈*sudeten-*〉deutschen Gebieten statt. Sie ergab einen überwältigenden Wahlsieg für die SdP mit 92,59 %[2] als Gesamtdurchschnitt . . .
[3]

Anmerkungen und Quellen:
[1] Diese Gemeindewahlen waren zunächst auf den 14. 11. 1937 verschoben, dann neuerlich verlegt worden und wurden nunmehr am 22. und 29. 5. sowie am 12. 6. 1938 durchgeführt.
[2] a) Bei allen Terminen im Durchschnitt 91,44 %.
Vgl. Rönnefarth, Helmuth: »Die Sudetenkrise in der internationalen Politik«; Wiesbaden, 1961; S. 303; Wiedergabe aus »Archiv für Außenpolitik und Länderkunde«; Berlin, 1938; S. 76.
b) Bei diesen Angaben waren 100 % die Gesamtzahl der für die SdP und die sudetendeutschen Sozialdemokraten (DSAP) abgegebenen Stimmen.
Unbezifferbar mußten die für die übernationale KPČ abgegebenen deutschen Stimmen sowie solche tschechischen Einzel-»Stimmen« bleiben, die in Gemeinden hätten anfallen können, in denen nur ein SdP-Wahlvorschlag vorlag, dem dann alle Stimmen zufielen.
c) Dr. Hodža teilte 1938 dem britischen Gesandten in Prag die Zahl von 86 % für die SdP mit.
Vgl. DBFP 3/I; S. 522.
d) Später wurde auch geschätzt, daß die SdP nur rd. 75 % der (nicht näher definierten) sudetendeutschen Stimmen erhalten hätte.
Vgl. Hahnová, Eva: »Sudetoněmecky problem« (Das sudetendeutsche Problem); Prag, 1996; S. 51.

e) Eine nachprüfbare Wahlstatistik der gesamten Gemeindewahlen 1938 liegt m. W. (bisher) nicht vor. Eine Einzelangabe zu Teilen zweier Bezirke/Landkreise ergab folgendes Bild:

	1939	1938			
	Einwohner	Stimmen für deutsche Parteien			SdP-Anteil in %
		Ges.	davon SdP	DSAP	
Gebiet	1	2	3	4	5 (= 3 in % v. 2)
Bezirk/Landkreis Mähr. Trübau					
Gesamt	36.225				
davon: ausgezählte Gemeinden	14.692	5.304	4.329	975	81,6 %
in %	40 %				
Bezirk/Landkreis Zwittau					
Gesamt	49.640				
davon: ausgezählte Gemeinden	23.055	13.662	12.289	1.373	90,0 %
in %	46 %				

Quelle: »Zwittauer Nachrichten« ⟨*WZ.*⟩; Zwittau (N.Mähr.); Jg. 38; Nr. 22, 23 und 25 v. 28. 5., 4. 6. und 18. 6. 1938; jeweils S. 2; Wiedergabe in Skřivánek, Milan: »Odsun Němců ze Svitavska (Der Abschub der Deutschen aus dem Zwittauer Gebiet) 1945–1947«; Königgrätz (O.Böhm.), 1995; S. 20, 110 f.

Zum Wahlergebnis vom 12. 6. 1938 in Zieditz (Nordböhmen) mit fast 93 % für die SdP vgl. Habel: MVT; S. 170.

f) Man wird daher davon ausgehen können, daß die Größenordnung von über 85 % aller deutschen Stimmen für die SdP wohl erreicht wurde.

[3] Zur Qualifizierung des Ergebnisses in späterer Zeit:
»Die Sudetendeutschen, die Henleins Partei in den Parlamentwahlen von 1934 und den Gemeindewahlen von 1938 wählten, stimmten für ein ausgesprochen (manifestly) tschechoslowakisches und nicht für ein getarntes (camouflaged) Naziprogramm.«
Vgl.: »News Flashes from Czechoslovakia under Nazi-domination«; hsg. v. Czechoslovak National Council of America; Chicago (Ill., USA); ⟨*E.WZ.*⟩; Nr. 87 v. 23. 6. 1941; S. 3.
1934 als Jahr der Parlamentswahlen im Original; richtig 1935.
Ähnlich: »Central European Observer« ⟨*E.Z. 14t., die der ČSR-Regierung nahestand*⟩; London; Bd. XVII, Nr. 19 v. 1. 10. 1940; S. 156, sowie, abgeschwächt, »Two Years of German Oppression in Czechoslovakia«; hsg. v. Czechoslovak Foreign Ministry; London, 1941; S. 25.

****

Leitartikel **1938, 3. Juni**
der Tageszeitung »The Times«, London:
Volksabstimmung

. . . Ein gestern abgedruckter Leserbrief[1] war typisch für viele. Zugleich war er ein wirkungsvoller Ausdruck der Auffassung, daß es den Deutschen in der Tschechoslowakei erlaubt werden müßte, durch eine Volksabstimmung oder auf andere Weise über ihre Zukunft zu entscheiden – sogar, wenn dies ihr Ausscheiden aus der Tschechoslowakei bedeuten würde. Dieser Ansicht stimmt die Mehrheit der Engländer wahrscheinlich zu[2] . . . Als die Friedensbedingungen ⟨*des 1. Weltkrieges*⟩ aufgestellt wurden, galt das Selbstbestimmungsrecht jener Völker ⟨*Gemeint: U. a. Tschechen und Slowaken*⟩ als eine gerechte und geeignete Grundlage. Die Anwendung dieses Grundsatzes wurde jedoch den Deutschen Österreichs und Böhmens kurzsichtig und unklug verweigert. In beiden Ländern versuchten sie, sich durch Wahlen mit den anderen Teilen des deutschen Volkes zu vereinigen – ihren Wünschen wurde nicht stattgegeben[3] . . .
. . . Die tschechische Regierung wird nicht bereitwillig einer Volksabstimmung[3] zustimmen, deren Ergebnis möglicherweise das Verlangen nach dem Anschluß (transfer) der Sudeten-

deutschen an das Reich und der Verlust ihres Gebietes für die Republik sein würde. Sollte sie sich trotzdem zu dieser Lösung bereit finden, und eine ähnliche Wahlmöglichkeit auch den anderen, den ungarischen und polnischen Minderheiten geben[3], so könnten die Herrscher der Tschechoslowakei auf lange Sicht dabei gewinnen: Erhielten sie dadurch doch eine einheitliche und zufriedene Bevölkerung, die noch immer zahlreicher wäre als diejenige Belgiens oder Hollands und doppelt so stark als die Dänemarks oder der Schweiz. Wenn es eine Ungerechtigkeit gewesen war, der neuen Republik jene Minderheiten einverleibt zu haben, so würde diese Ungerechtigkeit damit beseitigt sein; die an ihren Volksgenossen aus völkischen Gründen interessierten Nachbarstaaten müßten nunmehr für sie sorgen und würden jeden Anspruch darauf verlieren, in die Angelegenheiten der Tschechoslowakei einzugreifen. Dies wäre eine drastische Lösung der gegenwärtigen Unruhe, aber vielleicht ist etwas Drastisches notwendig.

Anmerkungen:

1 Von W. R. Matthews, Dekan der anglikanischen St.-Paul's-Kathedrale in London.
Vgl. »The Times«, London; Nr. 48.010 v. 2. 6. 1938; S. 15.

2 Der hier angedeutete Meinungsbildungsprozeß verlief vielseitig: Die gleiche Nummer der »Times« v. 3. 6. 1938 veröffentlichte eine positive Besprechung von E. Wiskemanns »Czechs and Germans« mit klarer Ablehnung jeder Abtretung.

3 Zu den Wünschen: Siehe z. B. S. 243, 273.

4 Zur bereits 1918 erkannten Gefahr von Volksabstimmungen für den Umfang der Tschechoslowakei: Siehe S. 266.

Quelle:
»Problems for Settlement« in »The Times« ⟨*TZ.*⟩, London; Nr. 48.011 v. 3. 6. 1938; S. 15.

****

Bericht des US-Gesandten in Prag, Wilburg J. Carr **1938, 19. Juli**
an das US-Außenministerium:
SdP nicht antisemitisch; hat jüdische Mitglieder

. . .

In einem heute stattgefundenen Gespräch in der Gesandtschaft erklärte Dr. Karl Janovsky, der Leiter der Wirtschaftsabteilung der SdP, daß die Deutschen der Tschechoslowakei weder im allgemeinen gegen die Juden als Rasse[1] noch im besonderen gegen die in den Sudetengebieten lebenden ⟨*Juden*⟩ Widerwillen empfänden (bore ill-will). Dazu verwies er auf eine ganze Anzahl von Juden, die seit deren Entstehen Mitglieder der Partei ⟨*d. h. der SdP*⟩ gewesen[2] seien; einschließlich eines der bekanntesten Prager Rechtsanwälte, Dr. František Wein-Claudi, von denen freilich die meisten jüngst ausgetreten seien.[3]

. . .

Anmerkungen:

1 Die Person des Sudetendeutschen Alfred Schindler, der als ehemaliges SdP- und nunmehriges NSDAP-Mitglied nach 1940 aus anfänglicher Beteiligungslosigkeit heraus und unter Lebensgefahr für jüdische Mitmenschen eintrat, wäre hier als pars pro multi anzuführen.
Die weltweit beachtete Verfilmung durch den Regisseur Steven Spielberg brachte letzterem zahlreiche sog. Oscars sowie am 10. 9. 1998 das Große Verdienstkreuz mit Stern des Verdienstordens der BR Deutschland.

2 Zur positiven Beurteilung der SHF/SdP durch prominente sudetendeutsche Juden vor 1935 gab es ein bemerkenswertes Indiz:
Unter den sudetendeutschen Parteien befand sich auch die liberale »Deutsche Demokratische Freiheitspartei« (DDFP). Ihre vornehmlich jüdischen Mitglieder um Ernst Lustig (Direktor der Witkowitzer Eisenwerke sowie Prokurist einer Versicherung) und Franz Bacher (Redakteur der einflußreichen Tageszeitung »Bohemia«) stellten v. a. in Prag und um Mährisch-Ostrau ein gewisses Wählerpotential.
Vor den Parlamentswahlen 1935 beurteilte die DDFP die SHF derart positiv, daß Lustig an Henlein

herantrat: Sein Vorschlag war, ein prominenter Jude, wohl er selbst, solle auf der SHF-Liste im Wahlkreis 14 – Mährisch-Ostrau kandidieren. Henlein erwiderte, kein Antisemit zu sein; er sah vermutlich die bedeutende Alibifunktion einer jüdischen Kandidatur für die SHF und verhielt sich aufgeschlossen.
Die von Henleins Mitarbeiter Brand weitergeführten Sachverhandlungen scheiterten jedoch, da die SHF ihre Wahlchancen sehr vorsichtig einschätzte und daher sogar die Position des Wahlkreisspitzenkandidaten in Mährisch-Ostrau der DDFP hätte einräumen müssen.
Vgl. »Deutsche Gesandtschaftsberichte aus Prag. Teil IV: 1933–1935«; hsg. v. Stephan Dolezel (m. a.; München, 1991; S. 114 f.
Auch Brand, Walter: »Die sudetendeutsche Tragödie«; Lauf b. Nürnberg, 1949; S. 46; dgl.: »Auf verlorenem Posten«; München, 1985; S. 102.
[3] Zur Selbstverständlichkeit, mit der nach 1945 der Verbleib vieler deutscher Juden in der SdP bis zu deren Auflösung 1938 angenommen wurde: Siehe die Ansicht aus dem Jahre 1945, S. 666.

Quelle:
Bericht der US-Gesandtschaft in Prag Nr. 219 v. 19. 7. 1938 (Archiv-Nr. 860 F. 4016/57 GDG der National Archives, Washington); Fotokopie im Besitz des Verfassers.

****

Vorschlag[1] **1938, 7. August**
des Reichskommissars a. D. Karl Goerdeler[1]
für die britische Regierung:
Widerstand gegen Hitlers Kriegspolitik, Volksabstimmung für die Sudetendeutschen

Goerdelers Botschaft an die britische Regierung[2] lautete: Hitler glaube, daß Frankreich und Großbritannien nur bluffen und er daher in die Tschechoslowakei genauso einmarschieren könne wie in Österreich. Im deutschen Volk wachse die Stimmung gegen den Krieg, auch sei »die große Mehrheit der Generale« – die Goerdeler mehrfach als seine Freunde bezeichnete – gegen einen militärischen Schlag[3]: allerdings wolle der zum Krieg entschlossene Hitler die unentschlossenen hohen Offiziere im Herbst[4] absetzen. Goerdeler empfahl nun eine unzweideutige öffentliche Erklärung – am besten über Rundfunk –, daß die britische Regierung, falls die Verhandlungen in der Tschechoslowakei zwischen der Prager Regierung und der sudetendeutschen Führung nicht den erhofften Erfolg hätten, zwar bereit sei, »wie stets in der Vergangenheit den Frieden zu erhalten«, aber »notfalls vor Anwendung von Gewalt nicht zurückschrecken werde«, um eine »Aggression« zu verhindern. Die öffentliche Verbreitung sei erforderlich, um erstens »den Antikriegsgefühlen im Volk Nachdruck zu verleihen« und um zweitens »die Position der Generale, die sich Hitlers Position widersetzen, zu stärken«. Daneben betonte der ehemalige Oberbürgermeister, daß das Sudetenproblem »auf dem friedlichen Wege einer Volksabstimmung gelöst werden sollte, in der die Sudetendeutschen darüber befinden müßten, ob sie lieber Teil der tschechoslowakischen Republik bleiben oder dem Deutschen Reich angeschlossen werden sollten«.
. . .

Anmerkungen:
[1] Zu einem späteren Vorschlag und zur Person: Siehe S. 455.
[2] Über den einflußreichen britisch-schottischen Industriellen Arthur P. Young.
[3] Viele deutsche Generale hatten große Bedenken, mit der trotz allem Drängen Hitlers noch nicht kriegsbereiten, jungen Wehrmacht die ziemlich aufgerüstete, befestigte und kriegsbereite ČSR anzugreifen.
Für die beiderseitigen Kriegsvorbereitungen und -pläne vgl. u. a. Pfaff, Ivan: »Die Modalitäten der Verteidigung der Tschechoslowakei 1938 ohne Verbündete« in »Militärgeschichtliche Mitteilungen«; hsg. vom Militärgeschichtlichen Forschungsamt, Potsdam (Brdbg.); Jg. 57 (1998), H. 1; S. 23–77.
[4] Tatsächlich trat dann das Haupt der militärischen Fronde, der Chef des Generalstabs des Heeres Generaloberst Beck, am 26. 8. 1938 zurück. Die Vorbereitung der Militärrevolte für den Fall deutscher Aggression wurde unter seinem Nachfolger, General Halder, bis zur Nachricht von der Einberufung der Münchner Konferenz am 29. 9. 1938 aktiv weiter verfolgt.

Quelle:
Aster, Sidney: »Arthur Primrose Young – Die ›X‹-Dokumente«; München, 1989; S. 52 f.

****

Vergleich und Analyse: **1938, 22. August**
Mitteilung des sowjetischen Außenministers Maxim Litwinow:
Die UdSSR für das Selbstbestimmungsrecht

⟨*Vorbemerkung:*
Der nachfolgende Beleg ist von mehrfachem Interesse: Abgesehen von der primären Sachaussage[1] wird deutlich, welche Probleme bei der Wiedergabe von Dokumenten auftreten können. Darüber hinaus kann, damit zusammenhängend, in Anmerkung 5 ein bemerkenswertes Beispiel politisch/diplomatischen Doppelspiels aufgezeigt werden.
Es handelt sich um einen Bericht des deutschen Botschafters in Moskau, Graf von der Schulenburg, vom 23. 8. 1938 an sein Außenministerium über eine Unterredung mit dem sowjetischen Außenminister Litvinow am 22. 8. 1938.
Nachfolgend werden unter Hervorhebung von »Übersetzungsmängeln« jeweils in vergleichbarem Ablauf, wodurch Zusätze und Verkürzungen sichtbar werden, drei verschiedene Fassungen wiedergegeben.
Angeschlossen ist sodann ein weiterer Teil des Originaldokumentes Fassung A.

Fassung A: *Das Originaldokument*	*Fassung B:* *Die Übersetzung*	*Fassung C:* *Die Wiedergabe dieser Übersetzung durch einen kommunistischen Autor[2], der aus der englischen Übersetzung zitiert:*
[In deutscher Sprache; veröffentlicht 1950:]	*[In englischer Sprache; veröffentlicht 1949:]*	*[In deutscher Sprache; veröffentlicht 1962:]*⟩
»Die Sowjetunion betrachtet die sudetendeutsche Frage als innere Angelegenheit der Tschechoslowakei.	»The Soviet Union considers the Sudeten German question to be the domestic concern of Czechoslovakia.	»Die Sowjetunion betrachtet die Frage der Deutschen in der Tschechoslowakei als innere Angelegenheit der Tschechoslowakischen Republik.
Die Sowjetunion hat sich in keiner Weise eingemischt und keinerlei Ratschläge gegeben, weder in der einen noch in der anderen Richtung.	The Soviet Union had not interfered in any way or given any advice whether in the one or the other direction.	Sie hat sich in diese Angelegenheit nicht eingemischt und wird es nicht tun. Sie hat der tschechoslowakischen Regierung keine Ratschläge erteilt, wie sie diese Frage lösen soll und wird dies auch in Zukunft nicht tun.
…[3]	…[3]	Falls jedoch die Tschechoslowakei angegriffen werden sollte, wird die Sowjetunion ihre Bündnisverpflichtungen erfüllen.«

Wenn noch das alte demokratische Deutschland vorhanden wäre, hätte die tschechische Frage für die Sowjetunion ein ganz anderes Gesicht. Wir sind stets für *das* Selbstbestimmungsrecht der Völker eingetreten.

...

Die jüngeren Herren der hiesigen Britischen Botschaft, die sich mit unseren jüngeren Herren besonders gut stehen, haben wiederholt und freundschaftlich gebeten, wir möchten uns doch ja keinem Irrtum hingeben: sollte ein deutsch-tschechischer Krieg ausbrechen, so würde Frankreich ganz sicher marschieren und England ebenso sicher Frankreich unterstützen.[5, 6]

...

If the old democratic Germany still existed, the Czech question would have had quite a different aspect for the Soviet Union. We have always espoused the *cause* of selfdetermination of peoples.«

[4]

Datum des Gesprächs:
22. August 1938

Datum:
22. August 1938

Datum des Gesprächs:
24. August 1938

Anmerkungen:

[1] Frühere kommunistische Stellungnahmen zum Selbstbestimmungsrecht und zur Sudetenfrage: Siehe S. 9 f., 326, 336, 358.

[2] Prof. Jiři S. Hájek. Siehe die Angaben zur Person im »Register«, S. 1242 ff.

[3] An dieser Stelle heißt es in Fassung A und Fassung B: »Auslassungspunkte im Original«.

[4] An dieser Stelle stehen weder Auslassungspunkte noch weiterer Dokumententext.

[5] Den publizierten britischen Akten ist als einziger Bericht innerhalb der vier vorausgegangenen Wochen der Bericht des britischen Botschafters in Moskau, Viscount Chilston, vom 23. 8. 1938 über ein Gespräch seines 3. Sekretärs F. Maclean mit dem Privatsekretär Graf von der Schulenburgs, Hans von Herwarth, auch als »Informant« bezeichnet, am 22. 8. 1938 zu entnehmen. Beim Vergleich ergibt sich, daß die von Schulenburg als feststehend gemeldete britische Kriegsbereitschaft bei Chilston noch nicht ausreichend demonstriert erscheint, weswegen man in London eine hochrangige Demarche dieser Kriegsbereitschaft bei Hitler in Berlin bestellt. Der Bericht Chilstons besagte nämlich: »Dem Führer ⟨*d. h. Hitler*⟩ sei es völlig unverständlich, daß die Briten nicht verstehen könnten, daß Deutschland durch eine Invasion der ČSR ... lediglich dreieinhalb Millionen Deutsche retten wolle, die rechtlich zu ihm ⟨*d. h. Deutschland*⟩ gehörten. Was immer seine ⟨*d. h. Hitlers*⟩ Botschafter ihm berichteten, er könne einfach nicht glauben, daß Großbritannien bereit sei, für die ČSR in den Krieg einzutreten, wenn, wie es ihm erschien, sich Deutschland derart im Recht befände ... Dies, so sagte unser Informant ⟨*d. h. von Herwarth*⟩, beunruhige professionelle Diplomaten, wie seinen Botschafter ⟨*d. h. von der Schulenburg*⟩, sehr, die ihr Land am Rande der Beteiligung an einem Krieg sehen, in denen dessen Chancen ihrer Meinung nach sehr ungünstig seien ... Die Verantwortung dafür, meinten sie ⟨*d. h. die professionellen Diplomaten, wie von der Schulenburg*⟩, würde in gewissem Umfang bei der Regierung Seiner Majestät ⟨*d. h. der britischen*⟩ liegen, die, wie 1914, es versäumt hatte, ihre Position ausreichend klarzustellen. Nach ihrer ⟨*d. h. der professionellen Diplomaten*⟩ Ansicht wäre die einzige Hoffnung, wenn ein Vertreter Ihrer Majestät Regierung den Führer selbst

sehr kategorisch informieren würde, daß unter gewissen Umständen Großbritannien sehr sicher zur Verteidigung der ČSR in den Krieg eintreten würde. Dies könnte wohl die notwendige abschreckende Wirkung haben.«
Vgl. DBFP: 3/II; Nr. 673; S. 140 f.
Zur Darstellung dieses Ablaufes in den Memoiren eines dieser »jüngeren Herren« vgl. Herwarth, Hans von: »Zwischen Hitler und Stalin«; Frankfurt/Main, 1989; S. 131 ff.

6 In einem derartigen Umfeld war dann auch eine nachweisbare Falschmeldung zu verzeichnen. Chilston berichtete am 23. 8. auch (a. a. O.) über die Litvinow-Äußerung, »... if Germany were only democratic, the Soviet attitude towards the Czechoslovak question would be completely different, as the Soviet Union ›had always been in favour of national self-determination‹«. Er setzte hinzu: »Unser Informant ⟨*d. h. von Herwarth*⟩ sagte uns, daß die ⟨*deutsche*⟩ Botschaft diese Bemerkung Litvinows noch nicht nach Berlin telegraphierte, da man meinte, daß sie den Führer nur empören würde.« Das war falsch. Wie das Originaldokument ausweist, wurde auch dieser Teil der Litvinow-Äußerung sofort nach Berlin durchgegeben.

Quellen:
A) ADAP: D/II; S. 482.
B) DGFP: D/II;; S. 604.
C) Hájek, Jiři S.: »Die internationale Stellung der Tschechoslowakei in der Münchner Periode« in »Die Hintergründe des Münchner Abkommens von 1938«; hsg. v. Karl Obermann (m. a.); Berlin(-Ost), 1959; S. 17–50, hier S. 38.
»Angabe: DGFP ⟨*Documents on German Foreign Policy*⟩, ⟨*Band*⟩ II, Nr. 381, S. 604.«
Hervorhebungen bei A, B, C *nicht* im Original.

****

Veröffentlichung der ČSR-Regierung zur Umgestaltung des Staates: **1938, 5. September**[1]

(Der sog. IV. Plan)[2]:
Territorial- und Personalautonomie

...
Bei der Formulierung ihrer Vorschläge ist die Regierung[3] von dem Grundsatz ausgegangen, daß man zu einer sofortigen Lösung der strittigen Hauptfragen konkret und praktisch gelangen müsse, um eine dauernde und wirksame Einigung über die nationalen Fragen in der Republik zu erzielen. Alle übrigen Fragen bleiben weiteren eingehenden Verhandlungen vorbehalten. Bei ihrer Lösung wird immer auf die Souveränität, Integrität und Einheit des Staates geachtet werden.
Für die Lösung der Frage der öffentlichen Angestellten und Arbeiter wurde der Grundsatz zur Geltung gebracht[4], daß alle Nationalitäten auf einen ihrem Prozentsatz unter den Staatsbürgern entsprechenden Anteil am Personalstand der Staatsangestelltenschaft in allen Rangstufen Anspruch haben ... Um möglichst rasch einen dieser Relation entsprechenden Zustand erreichen zu können, wird die nationale Proportionalität bei der Aufnahme neuer Kräfte deutscher Nationalität für die nächsten zehn Jahre so geregelt werden, daß nach zehn Jahren der entsprechende Prozentsatz erreicht wird.
...
Der Grundsatz der Versetzbarkeit von Staatsangestellten wird allgemein gewahrt werden. Jeder Nationalität wird aber im Rahmen dieses Grundsatzes der Anspruch zuerkannt, daß die nationale Zusammensetzung der Staatsangestellten und Arbeiter in den einzelnen Verwaltungsbereichen der nationalen Zusammensetzung der Bevölkerung entspreche. Dieser Grundsatz wird allerdings unter Berücksichtigung der Bedürfnisse des Staates als Ganzes zur Geltung gebracht werden.
...
⟨*Es folgen Vorschläge zur Überwachung der Realisierung dieser Maßnahmen durch gemischte Kommissionen unter Vorsitz eines Sudetendeutschen.*⟩
...

Der Grundsatz der Proportionalität wird auch in der öffentlichen Wirtschaft Geltung haben. Deshalb werden die Ausgabenposten und Kredite im Staatsvoranschlag, die für die Bedürfnisse des Schulwesens und der Volkskultur, des öffentlichen Gesundheitswesens, der sozialen Fürsorge und der öffentlichen Arbeiten bestimmt sind, nach dem nationalen Schlüssel so ausgewiesen und verteilt werden, wie dies dem Prozentsatz der einzelnen Nationalitäten an der Staatsbevölkerung entspricht.

...

Die Regierungsanträge zur Lösung der Nationalitätenprobleme sehen auch eine Neuordnung des Sprachenrechtes vor. Das bisherige Sprachengesetz[5] wird im Geiste der Zweckmäßigkeit und praktischen Gestaltung der Staatsverwaltung so novelliert, daß die Gleichberechtigung der deutschen, russischen (kleinrussischen), ungarischen und polnischen mit der tschechoslowakischen Sprache hergestellt wird.

Ziel der Regierungsbeschlüsse ist die Herstellung der Harmonie und Zusammenarbeit zwischen den einzelnen Nationalitäten im Staate. Darum akzeptieren die Regierungsentwürfe den Grundsatz der nationalen Selbstverwaltung, welche in der Form des Gausystems verwirklicht werden soll.

...

In die Kompetenz der Selbstverwaltung werden alle Angelegenheiten zugewiesen, welche mit Rücksicht auf die Einheit und Sicherheit des Staates nicht unbedingt dem Staate selbst vorbehalten werden müssen und geeignet sind, im Rahmen des gemeinsamen Staates die gleichberechtigte und möglichst vollkommene Entwicklung der Eigenschaften und Kräfte der einzelnen Nationalitäten zu ermöglichen und zu fördern. Die Integrität des Staates und seine Einheit soll damit die wahre Bürgschaft erhalten.

Die territoriale Grundlage der Selbstverwaltung ist womöglich nach der nationalen Zugehörigkeit der Bevölkerung und mit Rücksicht auf die geographische Lage und die Wirtschafts- und Kommunikationsverhältnisse abzugrenzen.

Die nationalen Minderheiten, welche in den einzelnen Selbstverwaltungsgebieten verbleiben, werden durch ein Kurialsystem gesichert und es wird ihnen in den einzelnen Selbstverwaltungsgebieten der Schutz ihrer nationalen Rechte nach dem Grundsatz der Gegenseitigkeit zugesichert.

Die Angehörigen der einzelnen Nationalitäten werden unter den Schutz besonderer Gesetze gestellt, nicht nur, was ihre Zugehörigkeit zu einer bestimmten Nationalität, sondern auch, was ihr Eigentum und den Schutz gegen politische, soziale und wirtschaftliche Unterdrükkung anbelangt. Den Angehörigen der einzelnen Nationalitäten wird die Möglichkeit gegeben, ihre nationalen Rechte als ihren Kollektivbesitz zu verteidigen, falls diese besonderen Gesetze durch irgendeine Maßnahme eines Selbstverwaltungs- oder Staatsorgans verletzt würden. Die Modalitäten dieses Schutzes sind in den Regierungsanträgen genau skizziert.

Die Nationalität eines jeden Staatsbürgers wird durch nationale Kataster sichergestellt.

Die finanziellen Mittel für die Selbstverwaltungsorgane werden durch Zuweisungen aus staatlichen Mitteln oder durch eigene Einnahmen so lange beschafft werden, bis eine Neuregelung des Steuer- und Abgabensystems durchgeführt wird.

Zur Verwirklichung und wirksamen Vertretung der Gleichberechtigung der Nationalitäten und zur Geltendmachung ihrer Grundrechte werden ihnen in allen Selbstverwaltungsorganen bestimmte Kurialrechte eingeräumt.

Zur Erledigung der die einzelnen Nationalitäten betreffenden Angelegenheiten bei den staatlichen Zentralbehörden sollen, soweit dies der Charakter und Umfang der Agenden möglich macht, Abteilungen oder Sektionen errichtet werden, welche mit den Angehörigen der betreffenden Nationalität besetzt werden.

Zur wirksamen Geltendmachung der Ansprüche der Nationalitäten im Bereiche der Staats- und Selbstverwaltung wird das Gesetz über Verfassungsgericht zweckentsprechend novelliert werden.

Kompetenzstreitigkeiten zwischen den Organen der öffentlichen Verwaltung wird ein besonderes Gericht zu entscheiden haben.

Die Gerichte höherer Instanz werden zweckmäßig in nationalen Abteilungen organisiert. Die Sprengel der staatlichen und Selbstverwaltung und die Gerichtssprengel werden einander angepaßt.
Diese Anträge sollen, soweit sie keine legislative Regelung bedürfen, ohne Verzögerung verwirklicht werden. Die erforderlichen neuen Gesetzesvorlagen werden von der Regierung unter Mitwirkung von Vertretern der Nationalitäten ausgearbeitet werden. Die fertiggestellten Gesetzesanträge werden dem Parlament zur Genehmigung vorgelegt.

Anmerkungen:

1 Der Beschluß wurde am 5. 9. gefaßt, am 7. 9. den Vertretern der SdP mitgeteilt und am 10. 9. in Auszügen veröffentlicht.
Man beachte die Ähnlichkeiten – aber auch Unterschiede – z. B.
– zum estnischen Volksgruppenrecht vom 3. 3. 1925, zum Text: Siehe S. 13;
– zu den SdP-Entwürfen zum Volksschutz vom 27. 4. 1937, zum Text: Siehe S. 365;
– zum Karlsbader Programm der SdP vom 24. 4. 1938, zum Text: Siehe S. 385.
Der IV. Plan, dem ein Entwurf der sudetendeutschen Sozialdemokraten zugrunde lag, wurde am 3. 8. 1939 von Dr. Beneš als Instrument zur Demaskierung Henleins bezeichnet. Vgl. Jaksch: Europa; S. 362. Siehe auch S. 1306.

2 Im Laufe des Sommers 1938 hatte es drei vorhergehende Pläne gegeben. Noch der dritte war vom britischen Vermittler Lord Runciman als ungenügend zurückgewiesen worden.

3 Die Veröffentlichung erfolgte auf Beschluß der als Minister tätigen Vorsitzenden der tschechoslowakischen Koalitionsparteien. In der Veröffentlichung wurde erwähnt, daß der Plan »unter Zustimmung der von den Regierungsparteien repräsentierten Mehrheit des tschechoslowakischen Volkes« beschlossen wurde.

4 Nach heutigem Sprachgebrauch etwa: Wird der Grundsatz gelten.

5 Vom 29. 2. 1920; zum Text: Siehe S. 291.

Quelle:
»Prager Presse« ⟨*TZ., ČSR-offiziös*⟩, Prag; Jg. 18, Nr. 226 v. 10. 9.1938; S. 1 f.

****

Leitartikel **1938, 7. September**
der Tageszeitung »The Times«, London:
Abtretung des Sudetengebietes vorgeschlagen

. . . Wenn die Sudetendeutschen jetzt von der tschechischen Regierung mehr verlangen, als diese ihnen anscheinend in ihren letzten Vorschlägen[1] zu geben bereit ist, so kann daraus nur geschlossen werden, daß es den Deutschen um mehr geht als um die Beseitigung von Unzulänglichkeiten (disabilities), sondern daß sie sich in der Tschechoslowakei unbefriedigt fühlen. In einem solchen Fall wäre es für die tschechoslowakische Regierung durchaus zweckmäßig zu überlegen, ob ein Vorschlag, der in einigen Kreisen Beifall fand, völlig ausgeschlossen werden sollte; der Vorschlag, aus der Tschechoslowakei durch die Abtretung[2] jenes Randstreifens fremder Bevölkerung, die ihrem jeweiligen Volk unmittelbar benachbart ist, einen einheitlicheren Staat zu machen. In jedem Fall scheinen die Wünsche der betroffenen Menschen ein entscheidend wichtiges Element jeder Lösung zu sein, die darauf hoffen kann, als dauernd angesehen zu werden . . .

Anmerkung:

1 Bezog sich auf den sog. IV. Plan vom 5. 9. 1938 (Text: Siehe S. 393), der zwar noch nicht offiziell veröffentlicht, aber in seinen Grundzügen sicherlich in London bekannt war.

2 Der Abtretungsvorschlag wurde von Sir Arnold Wilson in einer Rede vor der Völkerbundsunion in London stark unterstützt. Er verwies zur Begründung auch auf die bereits 1919 erfolgte Ablehnung der Einbeziehung der Sudetendeutschen in die ČSR durch den damaligen Premierminister Lloyd George und General Smuts; zu den Texten: Siehe S. 274 f.
Vgl. »The Times«, London; Nr. 48.095 v. 9. 9. 1938; S. 7.

Quelle:
»Nuremberg and Aussig« in »The Times«, London; Nr. 48.093 v. 9. 9. 1938; S. 13.

****

Rede des Führers und Reichskanzlers Hitler vor dem Reichsparteitag der NSDAP in Nürnberg: **1938, 12. September**
Deutsche in der Tschechoslowakei weder wehrlos noch verlassen

...

Ich werde ... unter keinen Umständen gewillt sein, einer weiteren Unterdrückung der deutschen Volksgenossen in der Tschecho-Slowakei in endloser Ruhe zuzusehen.
Herr Benesch treibt Taktik, er redet und will Verhandlungen organisieren, nach Genfer Muster die Frage der Prozeduren klären und kleine Beruhigungsgeschenke geben. So geht das auf die Dauer nicht! Hier handelt es sich nicht um Redensarten, sondern um Recht, und zwar um verletztes Recht. Was die Deutschen fordern, ist das Selbstbestimmungsrecht, das jedes andere Volk auch besitzt, und keine Phrase.
Herr Benesch hat diesen Sudetendeutschen keine Geschenke zu geben, sie haben das Recht, ein eigenes Leben zu beanspruchen, genau wie jedes andere Volk.
...
Ich habe nicht die Forderung gestellt, daß Deutschland 3½ Millionen Franzosen unterdrücken darf, oder die, daß uns etwa 3½ Millionen Engländer zur Unterdrückung ausgeliefert werden; aber ich stelle die Forderung, daß die Unterdrückung der 3½ Millionen Deutschen in der Tschecho-Slowakei aufhört und an dessen Stelle das freie Recht der Selbstbestimmung tritt.
Es würde uns leid tun, wenn darüber unser Verhältnis zu den anderen europäischen Staaten getrübt oder Schaden nehmen würde. Allein die Schuld läge dann nicht bei uns. Im übrigen ist es Sache der tschecho-slowakischen Regierung, sich mit den berufenen Vertretern der Sudetendeutschen auseinanderzusetzen und eine Verständigung so oder so herbeizuführen.
Meine Sache und unser aller Sache, meine Volksgenossen, aber ist es, dafür zu sorgen, daß hier nicht aus Recht Unrecht wird. Denn es handelt sich um deutsche Volksgenossen.
Ich bin keineswegs gewillt, hier mitten im Herzen Deutschlands durch die Tüchtigkeit anderer Staatsmänner ein zweites Palästina entstehen zu lassen.
Die armen Araber sind wehrlos und vielleicht verlassen. Die Deutschen in der Tschecho-Slowakei sind weder wehrlos noch sind sie verlassen. Das möge man zur Kenntnis nehmen.
...

Quelle:
»Hitler: Reden und Proklamationen 1932–1945«; hsg. v. Max Domarus; Bd. I, Halbbd. 2; Wiesbaden, 1973; S. 904.

****

Aufruf von Konrad Henlein (SdP) an die sudetendeutsche Bevölkerung: **1938, 15. September**
»Wir wollen heim ins Reich!«

Meine Volksgenossen!
Als Träger Eures Vertrauens und im Bewußtsein meiner Verantwortung stelle ich vor der gesamten Weltöffentlichkeit fest, daß mit dem Einsatz von Maschinengewehren, Panzerwagen und Tanks[1] gegen das wehrlose Sudetendeutschtum das Unterdrückungssystem des tschechischen Volkes seinen Höhepunkt erreicht hat. Dadurch hat das tschechische Volk aller Welt vor Augen geführt, daß ein Zusammenleben mit ihm in einem Staate end-

gültig unmöglich geworden ist. Die Erfahrungen einer zwanzigjährigen Gewaltherrschaft und vor allem die schweren Blutopfer der letzten Tage verpflichten mich, zu erklären:

1. Im Jahre 1919 wurden wir bei Vorenthaltung des uns feierlichst zugesicherten Rechtes auf Selbstbestimmung gegen unseren Willen in den tschechischen Staat gezwungen.
2. Ohne jemals auf das Selbstbestimmungsrecht verzichtet zu haben, haben wir unter schwersten Opfern alles versucht, im tschechischen Staat unser Dasein zu sichern.
3. Alle Bemühungen, das tschechische Volk und seine Verantwortungsträger zu einem ehrlichen und gerechten Ausgleich zu bewegen, sind an ihrem unversöhnlichen Vernichtungswillen gescheitert.

In dieser Stunde der Not trete ich vor Euch, das deutsche Volk und die gesamte zivilisierte Welt und erkläre: Wir wollen als freie deutsche Menschen leben! Wir wollen wieder Friede und Arbeit in unserer Heimat! Wir wollen heim ins Reich!
Gott segne uns und unseren gerechten Kampf!

Anmerkung:

[1] Nach einer Rede von Hitler vor dem (NSDAP-)Reichsparteitag in Nürnberg am 12. 9. 1938 (zum Text: Siehe S. 396) war es zu Unruhen im Sudetengebiet gekommen, die von den ČSR-Behörden durch die Verhängung von Standrecht am 13. 9. und Einsatz von Militär niedergeschlagen wurden. Zum Stand 16. 9. meldete das ČSR-Innenministerium als Ergebnis der Unruhen insgesamt 28 Tote, davon 12 Sudetendeutsche.
Vgl. ADAP: D/II; S. 649 f.

Quelle:
ADAP: D/II; S. 639 f.

****

Protokoll **1938, 15. September**
der Besprechung zwischen dem britischen Premierminister Sir Neville Chamberlain (Kons.) und Adolf Hitler in Berchtesgaden:
Abtretung – ohne Termin – besprochen

⟨Die Gesprächsteilnehmer legten zunächst die beiderseitigen Standpunkte dar. Hitler machte deutlich, daß er zu gewaltsamem Vorgehen entschlossen sei; Chamberlain betonte, daß er für eine – und sei es zeitlich begrenzte – Ruhepause eintrete, um alle Chancen für eine friedliche Lösung auszuschöpfen.⟩

. . .

Der Führer erwiderte, daß eine sofortige Beruhigung im Sudetengebiet erzielt werden könne, wenn die tschechische Staatspolizei zurückgezogen und die Truppen in den Kasernen behalten würden. Im übrigen scheine ihm, um auf die Frage des weiteren Verlaufs der Besprechungen zu antworten, die Haltung von Wichtigkeit zu sein, die England in bezug auf das Sudetengebiet einnehme. Wolle England einer Loslösung dieser Gebiete und einer Änderung des jetzigen Statuts der Tschechoslowakei zustimmen oder nicht? Wenn England einer derartigen Loslösung zustimmen könne und dies als grundsätzlicher Beschluß der Welt mitgeteilt werden könne, so würde dadurch zweifellos eine große Beruhigung in den betreffenden Gebieten herbeigeführt werden können. Es handele sich daher darum zu wissen, ob England jetzt bereit sei, einer Loslösung der Sudetendeutschen Gebiete auf Grund des Selbstbestimmungsrechtes der Völker zuzustimmen, wobei er (der Führer) bemerken müsse, daß dieses Selbstbestimmungsrecht nicht etwa von ihm im Jahre 1938 eigens für die tschechoslowakische Frage erfunden worden sei, sondern daß es bereits im Jahre 1918 zur Schaffung einer moralischen Grundlage für die Veränderungen auf Grund des Versailler Vertrages ins Leben gerufen wurde. Auf dieser Ebene könnten die Besprechungen weitergehen, aber der britische Premierminister müßte zuerst erklären, ob er diese Grundlage, d. h. die Loslösung des Sudetengebietes auf Grund des Selbstbestimmungsrechtes anerkennen könne oder nicht.

Der britische Premierminister gab seiner Genugtuung darüber Ausdruck, daß man nunmehr endlich auf den Kernpunkt der Frage gekommen sei. Er sei nicht in der Lage, für die gesamte englische Regierung kategorische Erklärungen abzugeben. Außerdem müsse er natürlich auch Frankreich[1] und Lord Runciman[2] befragen. Aber er könne als seine persönliche Meinung erklären, daß er nach Anhörung der Beweggründe des Führers und nachdem er die Gesamtlage in einem klareren Lichte sehe, bereit sei, festzustellen, ob seine persönliche Ansicht auch von seinen Ministerkollegen geteilt würde. Persönlich könne er erklären, daß er den Grundsatz der Loslösung der Sudetengebiete anerkenne. Die Schwierigkeit scheine ihm in der praktischen Durchführung dieses Grundsatzes zu liegen. Er wolle unter diesen Umständen nach England zurückkehren, um der Regierung zu berichten und ihre Billigung seiner persönlichen Stellungnahme einzuholen. Gleichzeitig schlage er vor, daß man sich auf beiden Seiten intern über die praktischsten Methoden zur Durchführung dieses Grundsatzes klar werde, denn es seien eine ganze Reihe von organisatorischen und verwaltungsmäßigen Problemen dabei zu lösen.
Der Führer erklärte, daß er dem britischen Premierminister gern den nochmaligen Weg nach Deutschland ersparen würde, er sei viel jünger und könne derartige Reisen unternehmen, aber er fürchte, daß wenn er sich nach England begebe, deutschfeindliche Demonstrationen die Lage eher komplizierter als einfacher gestalten würden. Um aber dem Premierminister den Reiseweg etwas abzukürzen, schlage er für das nächste Treffen die Gegend des Niederrheins, Köln oder Godesberg[3], vor.
...

Anmerkungen:
[1] Zu den Gesprächen mit der französischen Regierung am 18. 9. 1938: Siehe S. 404.
[2] Zur Meinung von Lord Runciman: Siehe S. 408.
[3] Zum Treffen in Bad Godesberg am 22. 9. 1938: Siehe S. 410 ff.

Quelle:
ADAP: D/II; S. 634 ff.

****

Vergleich und Analyse: **1938, 15./17. September**
Geheimbrief[1] des ČSR-Staatspräsidenten Edvard Beneš:
Teilabtretung bei gleichzeitiger Massenvertreibung

⟨*Vorbemerkung:*
Durch die nachfolgende Gegenüberstellung der (übersetzten) tschechischen Originalfassung und einer späteren Übersetzung ist es möglich, über die Kenntnis von Entwicklungsphasen des Beleges ein vertieftes Verständnis seiner Auswirkungen zu erhalten.

A Das tschechischsprachige Original vom 15. September 1938[2]:

Herrn Minister Nečas[4]
1. Niemals zugeben, daß gesagt werden könnte, der Plan stamme von den Čechosl.
2. Muß äußerst geheim[1] gehalten werden, veröffentlicht werden darf nichts.
3. Der Umfang des Gebietes, das wir abtreten könnten, muß zwischen Franzosen und Engländern nach unseren ge-

B Die französischsprachige Fassung vom 17. September 1938[3]:⟩
Übersetzung
Herrn Minister Nečas,[4,5]
niemals zugeben, daß gesagt werden könnte, der Plan stamme von den Tschechoslowaken.

⟨*Die französische Übersetzung der Ziffern 2 und 3 ist inhaltlich mit dem tschechischen Original identisch.*⟩

nauen Angaben geheim abgesprochen werden. Sonst besteht die Gefahr, daß sie, wenn sie unsere prinzipielle Zustimmung kennen, am Ende Hitler nachgeben und ihm alles geben.	
4. Dann muß der ganze Plan schon fertig Hitler als letzte Konzession mit den anderen Konzessionen aufgezwungen werden.	*⟨In der französischen Fassung fehlt der Inhalt der Ziffer 4 des tschechischen Originales.⟩*
5. Das bedeutet, daß Deutschland so und so viele Tausend km^2 (ich selbst weiß es nicht, aber es würden ungefähr 4.–6.000 km^2 sein – in dieser Sache darf man sich nicht binden) unter der Bedingung erhalten würde, wenigstens 1,500.000 bis 2,000.000 der deutschen Bevölkerung zu übernehmen. Dies würde daher eine Ortsverlagerung der Bevölkerung[6] bedeuten, wobei Demokraten, Sozialisten und Juden bei uns bleiben würden.	Das bedeutet, daß Deutschland so und so viele Tausend km^2 Gebiet erhält. (Ich selbst weiß nicht genau, wieviel, aber wahrscheinlich etwa 4.000–6.000 km^2.) Über diesen Punkt darf man sich nur unter der Bedingung einigen, daß ein beachtenswerter Abzug von mindestens 1,500.000 oder 2,000.000 der deutschsprachigen Bevölkerung erfolgt. Anders ausgedrückt: Es müßte ein Bevölkerungstransfer[6] stattfinden, wobei die Demokraten, Sozialisten und Israeliten innerhalb unserer Gemeinschaft verbleiben würden.
6. Eine andere Lösung ist unmöglich, da sonst die Frage der völligen Aufteilung der Republik entstünde. Deswegen ist dieser ganze Gedanke höchst gefährlich und es wäre katastrophal, wenn er leichtfertig offenbar würde.	*⟨In der französischen Fassung fehlt der Inhalt der Ziffern 6, 7 und 8 des tschechischen Originals.⟩*
7. Achten Sie auch darauf – man könnte Ihnen damit irgendeine Illoyalität vorwerfen – man kann nie wissen.	
8. . . . Eine Volksabstimmung . . . ist technisch, rechtlich und politisch unmöglich. Auch auf Landkarte[7] aufzeigen, wie nach der Volksabstimmung die Form unseres Staates und die Position Deutschlands aussehen würde.	
1. Nicht sagen, daß das von mir kommt.	Nicht zugeben, daß das alles von mir stammt.
2. Osusk.[8] nichts sagen und verlangen, daß mit ihm nicht darüber gesprochen wird.	Kein Wort davon Osusky[8] sagen und verlangen, daß man mit ihm nicht darüber spricht.
3. Diese Papiere vernichten.[9]	Diese Papiere vernichten.[9]

Anmerkungen:

1 Zum Tatbestand, daß der Sachinhalt des Geheimbriefes auch in normale diplomatische Berichte eingespeist wurde: Siehe S. 401.

2 Pachta/Reimann (a. a. O., siehe Quelle; S. 112) berichteten: »Der Brief ist ohne Datum und wurde am 15. September 1938 vor dem Abflug Nečas nach Paris sehr eilig niedergeschrieben.«

3 Datum der französischen Fassung.

4 Jaromír Nečas, Politiker der Tschechoslowakischen Sozialistischen Partei, war vom 14. 6. 1935 bis 22. 9. 1938 Minister für soziale Fürsorge in vier tschechoslowakischen Kabinetten.
Pachta/Reimann (a. a. O.) berichteten: Nach eigenen Angaben sei Nečas von seinem Parteivorsitzenden am 15. 9. 1938 hauptsächlich deshalb nach Paris geschickt worden, »damit sich England und Frankreich auf gar keinen Fall für eine Volksabstimmung aussprächen«.
Dann dürfte er zusätzlich von Staatspräsident Beneš das Geheimschreiben erhalten haben.
»Nečas flog noch am 15. September 1938 nach Paris, wo er am gleichen Abend lange mit Leon Blum (Vorsitzender der französischen Sozialistischen Partei) verhandelte. Am 16. September sprach er mit verschiedenen anderen französischen Politikern und flog am 17. September nach London, wo er Gespräche mit den Labourvorsitzenden Clement Attlee und Hugh Dalton sowie mit führenden Funktionären der liberalen Partei hatte. Per Flugzeug kehrte er am 19. September nach Prag zurück.«

5 Die französischen Herausgeber berichteten (a. a. O., S. 288): »Das Dokument wurde von Präsident Beneš am 17. September seinem Minister für soziale Fürsorge, dem Sozialdemokraten Jaromir Nečas, zur Weitergabe an Leon Blum übermittelt ... ⟨*Dieser*⟩ brachte am 18. September ... das Dokument und eine Landkarte, die das Gebiet umschrieb, das der tschechoslowakische Präsident abzutreten bereit war, zu M. Daladier, der gerade zur Konferenz in London aufbrach.«

6 Ein Zahlenvergleich macht deutlich,

	Gesamt	dav. abzutreten/ zu »übernehmen«	Prozentanteil, der an Deutschland fallen sollte
Fläche des Sudetengebiets:	ca. 27.000 km²	ca. 4.000 bis ca. 6.000 km²	ca. 20 %
Die Deutschen im Sudetengebiet	ca. 3,000.000	ca. 1,500.000 bis 2,000.000	ca. 60 %

daß Dr. Beneš damit die Hergabe einer relativ kleinen Fläche für die Übernahme einer relativ großen Bevölkerungszahl plante. Das wäre nur durch große Umsiedlungen/Vertreibungen möglich gewesen.

7 Die Landkarte ist verlorengegangen. Das Gebiet wurde jedoch von Dr. Beneš umschrieben; siehe S. 402.

8 Gemeint ist der tschechoslowakische Botschafter in Paris, Štefan Osuský. Anscheinend bereits 1938 von Beneš als Gegner angesehen, wurde er während des Zweiten Weltkrieges (1939–1945) aus der Exilarbeit der Tschechoslowaken völlig entfernt.

9 Pachta/Reimann (a. a. O., S. 113) vermerkten: »Es wäre müßig, sich mit der Frage zu befassen, warum diese Instruktionen Beneš' an Nečas nicht vernichtet wurden.«

Quellen:

A) Für das Original:
Pachta, Jan/Reimann, Pavel: »O nových dokumentách k otázce Mnichova« (Über neue Dokumente zur Frage München) in »Přispěvky k dějinám KSČ« (Beiträge zur Geschichte der KPČ); Bd. 1; Prag, 1957; S. 104–133, hier S. 112 f. Hervorhebungen im Original.

B) Für die französischsprachige Fassung:
»Documents diplomatiques français (Französische diplomatische Dokumente) 1932–1939«; 2. Reihe, Bd. XI; Paris, 1977; Nr. 192, S. 288 f.

****

Flankierende diplomatische Berichte zum »Geheim«-Brief von Dr. Beneš: **1938, 15./17. September**
Unterschiedlich dimensionierte Abtretungsgebiete mit z. T. zusätzlichen Vertreibungsangaben

⟨A) *15. 9. 1938, 02.45 Uhr: Telegramm des britischen Gesandten in Prag, Newton, an seinen Außenminister Lord Halifax in London:*⟩
». . .
In unserem Gespräch erwähnte Dr. Benes, daß einige Sudetendeutsche in Gebieten wie dem Egerland lebten, die man seiner Meinung nach aus der Tschechoslowakei hätte ausschließen können, ohne die Existenz des Staates zu gefährden. Während der Friedenskonferenz habe er persönlich die Ausgliederung in privaten Gesprächen oder Briefen vorgeschlagen*, aber sein Vorschlag sei niemals ernsthaft diskutiert worden, noch hätten die anderen Mitglieder seiner Delegation zugestimmt. Eine derartige Ausgliederung sei jetzt natürlich keine ausreichende Lösung und würde in jedem Fall unter den jetzigen Umständen unmöglich, da so ein Präzedenzfall nicht zugestanden werden könnte. Das Parlament und die öffentliche Meinung verlangen als Prinzip, daß die Integrität der Grenze erhalten bleibt.
Für Berlin und Paris wiederholt.

⟨B) *16. 9. 1938, 18.40 Uhr: Telegramm des britischen Gesandten in Prag, Newton, an seinen Außenminister Lord Halifax in London:*⟩
Von einer anderen, aber hochrangigen Quelle[1] erreichte mich ein Hinweis, daß, wenn Herr Hitler als Muß-Bedingung (sine qua non) einer friedlichen Lösung auf einer Gebietsabtretung bestehe, es als letzter Ausweg möglich erschiene, das Egerland und andere Gebiete abzutreten, wie im letzten Absatz meines Telegramms erwähnt ⟨*gemeint: vom 15. 9. 1938; siehe A)*⟩. Die Opposition dagegen würde sehr stark sein, aber nicht unüberwindbar, da viele Tschechen die Eingliederung dieser Gebiete durch die Friedenskonferenz ⟨*von 1919*⟩ kaum erwartet hatten und ihr Ausschluß die Grenze nicht ernsthaft gefährden, sondern eher stärken würde. Die ⟨*Abtretungs-*⟩Gebiete könnten so zugeschnitten werden, daß sie zwischen 800.000 bis zu vielleicht 1,000.000 Einwohner umfassen, in überwältigender Mehrheit Deutsche. Ihre Abtretung sollte daher beträchtliche Genugtuung für das Selbstwertgefühl (amour propre) des ⟨*Deutschen*⟩ Reiches bieten.
Was die restlichen Sudetendeutschen in Gebieten betrifft, die von ihm nicht amputiert werden können, ohne den Staat ⟨*d. h. die ČSR*⟩ zu verstümmeln und seine natürliche, geographische, wirtschaftliche und strategische Einheit zu zerstören, könnte Selbstbestimmung innerhalb des derzeitigen Staates ⟨*d. h. der ČSR*⟩ durch das letzte Regierungsangebot ⟨*gemeint: Anscheinend der sog. IV. Plan der ČSR-Regierung vom 5. 9. 1938; zum Text: Siehe S. 393*⟩ gewährt werden, das schließlich von der Sudeten⟨*-deutschen*⟩ Partei als Basis akzeptiert worden sei. Eine vorstellbare Alternative wäre eine föderale Aufteilung, wobei Verteidigung, auswärtige Angelegenheiten und wichtige Wirtschaftsfragen der Zentralregierung vorbehalten blieben . . .
Für Berlin und Paris wiederholt.

[1] In einem sofort folgenden Telegramm berichtete Mr. Newton: »Der Hinweis wurde mir von Dr. Hodza gegeben, der nicht zitiert werden wollte und betonte, daß er nur laut denke. Er denke, daß das Land, welches für Frieden bete ⟨*d. h. die ČSR*⟩, zu einer derartigen Idee überredet werden könnte, obwohl ein Regierungswechsel erforderlich sein könnte, bevor sie verwirklicht werden könnte.«

⟨C) *17. 9. 1938, 02.40 Uhr: Telegramm des französischen Gesandten in Prag, de Lacroix, an seinen Außenminister Bonnet in Paris:***⟩
. . .

Nicht ohne größeres Zögern erklärte mir schließlich der Präsident ⟨*d. h. Dr. Beneš*⟩ einen Lösungsvorschlag[1] für die Friedenskonferenz ⟨*von St. Germain 1919**⟩, den er an gewisse, von ihm vorhergesehene Konstellationen geknüpft hatte. Es hätte sich um die Abtretung dreier Gebiete mit einer Gesamtfläche von 8.000 km² ⟨*an Deutschland*⟩ gehandelt, die von 800.000–900.000 Deutschen besiedelt waren.

Eines dieser Gebiete, das in der Nordwestecke Böhmens liegt, wird von der sächsischen und bayrischen Grenze und einer Nord-Süd-Linie begrenzt, die Karlovy-Vary ⟨*Karlsbad*⟩ bei der Tschechoslowakei beläßt und gegen Pobezovice ⟨*Ronsperg, Krs. Bischofteinitz*⟩ ausläuft. Das zweite ⟨*Gebiet*⟩, im Nordosten des böhmischen Vierecks gelegen, umfaßt die beiden tschechoslowakischen Spitzen*** und wird im Süden von einer Linie begrenzt, die etwas südlich des Ausgangspunktes dieser Spitzen*** vorbeiläuft.

Das dritte Gebiet, an der schlesischen Grenze und im Süden der Spitze des Glatzer Berglandes gelegen, umfaßt die Gegend, die durch dieses Gebiet, durch die schlesische Grenze bis zu einem zwischen Krnov ⟨*Jägerndorf*⟩ und Opava ⟨*Troppau*⟩ gelegenen Punkt, durch eine in etwa parallele Linie zu dem nordöstlichen und südwestlichen Grenzverlauf des Glatzer Berglandes ...[2] und durch die in Mähren gelegenen Höhenzüge begrenzt ist und von der Südspitze der Glatzer Enklave entlang parallel zur schlesischen Grenze verläuft.

Die Grenzen der Gebiete, deren Abtretung erwogen wird, sind so skizziert, daß die Befestigungsanlagen auf tschechoslowakischem Gebiet verbleiben.

Der Präsident rechnet damit, daß ein Teil der dort ansässigen Deutschen diese Gebiete verlassen würden, um dem Nazi-Regime zu entkommen. Diese könnten durch Mitglieder der SdP, die andere tschechoslowakische Gebiete bewohnen, ersetzt werden. Andererseits müßte das Deutsche Reich angesichts der zugestandenen Gebietsabtretung einwilligen, auf seinem eigenen Gebiet ungefähr eine Million aus dem tschechoslowakischen Territorium stammende Sudetendeutsche aufzunehmen. Die deutsche Minderheit in der Tschechoslowakei wäre somit auf eine Million oder 1.200.000 Personen reduziert, wovon mindestens die Hälfte als Juden oder Anhänger der Sozialdemokratischen Partei zum nationalsozialistischen Regime in Opposition stünden. Diese so reduzierte Minderheit würde keine Gefahr mehr für den tschechoslowakischen Staat darstellen.

H. Beneš untersagte mir nicht, Euere Exzellenz in Kenntnis des mir Anvertrauten zu setzen, beschwor mich aber, daß niemandem die gerade vor mir entwickelte Idee enthüllt werde ...[3] ein Problem, so sehr fürchte er die Forderungen der anderen Nationalitäten.

Ich erkundigte mich bei Hn. Beneš, ob H. Masaryk nicht einst Gebietsabtrennungen zugunsten Ungarns vorgesehen hatte. Der Präsident bestätigte dies, fügte aber hinzu, daß sein Vorgänger trotz der ganzen ihm zukommenden Autorität ⟨*dabei*⟩ immer wieder auf Widerstand gestoßen wäre, den er für zu stark hielt, als daß er überwunden werden könnte. Desweiteren gab er zu verstehen, daß eine derartige Grenzveränderung aufgrund der Einstellung der Slowaken besonders gefährlich sei.

Ich vertraue darauf, daß Eure Exzellenz sehr gewissenhaft die von Herrn Beneš kommende Empfehlung bezüglich der Geheimhaltung handhaben wird ...[2], wenn der in dem hier vorliegenden Telegramm dargelegte Entwurf Eurer Exzellenz als eine mögliche Lösung des tschechischen Problems erscheint. Ich nehme an, daß diese Lösung der Prager Regierung, als von ihren Freunden kommend, nahegelegt werden könnte. Ich würde sie dann zusammen mit Herrn Beneš genauer untersuchen.

Die ⟨*französische*⟩ Regierung wird, dessen bin ich sicher, den souveränen Standpunkt und die vom Präsidenten bewiesenen Versöhnungsbemühungen schätzen.[5]

[1] Im Zusammenhang mit dem »Lösungsvorschlag« wird auf die Anweisungen des tschechoslowakischen Präsidenten an seinen Minister Nečas verwiesen, der in offiziöser Mission in Paris weilte. Vgl. hierzu die nachfolgende Nr. 192. ⟨*Wiedergabe als »französischsprachige Fassung« auf S. 398 f.*⟩

[2] Nicht zu entziffern.

[3] Nicht zu entziffern. Der in der französischen Botschaft in Prag archivierte Text lautet: (niemandem), dem (der Gedanke . . . entwickeln) kam von ihm (so sehr fürchtete er . . .).

[4] Der Wortlaut dieses Telegrammes wurde vor der Parlamentarischen Untersuchungskommission durch Lacroix bestritten, der dem Departement vorwirft, es gefälscht zu haben (Berichte, Band II, S. 267). Vgl. zur Antwort Bonnets Témoignages, Band IX, S. 2713, 2714. Der identische Wortlaut des in den Archiven der Prager Botschaft aufbewahrten Exemplars mit den Exemplaren, die sich in Paris befinden, bestätigen den Irrtum von Lacroix.

Anmerkungen des Verfassers:

* Die Behauptung von Dr. Beneš, 1918/19 Abtretungen von 8.000 km² des Sudetengebietes an das Deutsche Reich vorgeschlagen zu haben, ist falsch.
Aktenkundig ist hingegen sein Hinweis vom 20. 11. 1918 (zum Text: Siehe S. 240), daß alle Sudetendeutschen »entfernt« (d. h. vertrieben) werden könnten.
Zum praktischen Vorgehen von Dr. Beneš ab 1938, v. a. ab 1945: Siehe z. B. S. 457 ff., 513 ff.

** Über den Inhalt dieses Gesprächs gibt es noch weitere Darstellungen:
Zunächst die in Anm. 4 der französischen Edition erwähnten Angaben vor einer französischen, parlamentarischen Untersuchungskommission von Lacroix und Bonnet »Les Événements survenus en France de 1933 à 1945; Témoignages et documents recueillis par la Commission d'enquête parlamentaire« (Die Frankreich von 1933 bis 1945 betreffenden Ereignisse; Vom Parlamentarischen Untersuchungsausschuß gesammelte Zeugenaussagen und Dokumente); Paris, 1947 ff.; Bd. II, S. 266 ff., Bd. IX, S. 2713 f. Sodann solche in den Memoiren von Georges Bonnet: »Defense de la paix« (Verteidigung des Friedens); Bd. 1; Genf, o. J. (ca. 1946), S. 237 f.

*** Diese Gebiete haben insgesamt gewisse Ähnlichkeit mit den Gebietsabschnitten II und IV des Münchner Abkommens vom 29. 9. 1938; siehe die Karte auf S. 417.

Quellen:

Zu A: Vgl. DBFP: 3/II; S. 332 f., hier S. 333.
Zu B: Vgl. DBFP: 3/II; S. 358.
Zu C: Vgl. »Documents diplomatiques français (Französische diplomatische Dokumente) 1932–1939«; 2. Reihe, Bd. XI; Paris, 1977; Nr. 180, S. 273–275, hier S. 274–275.

****

⟨ČSR-⟩Regierungsverordnung, »womit außerordentliche Verfügungen für das Gebiet des ganzen Staates getroffen werden«: **1938, 17. September**
Aufhebung wichtiger Bürgerrechte für drei Monate

Die Regierung der Čechoslovakischen Republik verordnet auf Grund des § 4 des Gesetzes vom 14. April 1920, S. d. G. u. V. Nr. 300, über außerordentliche Verfügungen in der Fassung des Gesetzes vom 10. Juli 1933, S. d. G. u. V. Nr. 125[1], womit das Gesetz über außerordentliche Verfügungen abgeändert wird (des weiteren nur Gesetz über außerordentliche Verfügungen):

§ 1.

(1) Auf Grund eines vom Präsidenten der Republik genehmigten Beschlusses der Regierung der Čechoslovakischen Republik werden gemäß dem Gesetze über außerordentliche Verfügungen für das Gebiet des ganzen Staates auf die Dauer von 3 Monaten vom Tage des Wirksamkeitsbeginnes dieser Verordnung außerordentliche Verfügungen getroffen, durch die zweitweise die durch die Verfassungsurkunde in den §§ 107, 112, 113 und 116[2] und durch das Verfassungsgesetz vom 9. April 1920, S. d. G. u. V. Nr. 293, über den Schutz der Freiheit der Person und des Hauses sowie des Briefgeheimnisses gewährleisteten Freiheiten eingeschränkt oder aufgehoben werden.
(2) Sämtliche in den §§ 5, 6, 7, 8, 9 und 10 des Gesetzes über außerordentliche Verfügungen aufgezählten Wirkungen[3] treten im vollen Ausmaße in Kraft.

§ 2.

Die Landespräsidenten werden ermächtigt, die notwendigen Verfügungen gemäß § 11 des Gesetzes über außerordentliche Verfügungen zu treffen.

§ 3.

Diese Verordnung tritt mit dem Tage der Kundmachung in Wirksamkeit; . . .

Anmerkungen:

[1] Das einfache Gesetz sah die Aufhebung von verfassungsmäßig oder in Verfassungsgesetzen gewährleisteten Rechten in folgenden Fällen vor:
»Während eines Krieges oder wenn im Inneren des Staates oder an dessen Grenzen Ereignisse eintreten, die in erhöhtem Maße die Integrität des Staates, seine demokratisch-republikanische Form, die die Verfassung oder die öffentliche Ruhe und Ordnung bedrohen . . .«

[2] Zum Text: Siehe S. 289, 281.

[3] Diese Wirkungen waren v. a.:
§ 5: Verlängerung zulässiger Untersuchungshaft; Ausschluß der Freilassung aus der Haft gegen Kaution
§ 6: Haus- und Personendurchsuchungen jederzeit und ohne richterliche Verfügung
§ 7: Aufhebung des Briefgeheimnisses
§ 8: Aufhebung der Vereinsfreiheit
§ 9: Aufhebung der Versammlungsfreiheit
§ 10: Aufhebung der Pressefreiheit.

Quelle:
ČSR-Slg. 1938, Nr. 177 im 60. Stück v. 17. 9. 1938; S. 719.

****

Protokoll **1938, 18. September**
der britisch-französischen Regierungsgespräche[1] in London:
Abtretung – ohne Termin – vorzuschlagen

(Chamberlain informierte die französischen Gesprächspartner zunächst über seinen Besuch bei Hitler[2] und über die Meinung von Lord Runciman[3].)

. . .

Lord Runciman habe klar gemacht, daß seiner Meinung nach angesichts der Ereignisse in der Tschechoslowakei in der letzten Woche kein Vermittlungsvorschlag oder ähnliches Vorgehen zwischen Tschechen und Sudetendeutschen irgendeine Erfolgsaussicht böte. Lord Runciman sei jetzt der Meinung, daß die einzige verbleibende Lösungsmöglichkeit irgendein Schema auf der Basis der Verwirklichung des Grundsatzes der Selbstbestimmung sei . . . Der Premierminister meinte daher, daß es sich zunächst um eine ganz einfache Frage handle. Es sei die Frage, ob man das Prinzip der Selbstbestimmung akzeptieren wolle, oder nicht . . .

⟨Das Gespräch konzentrierte sich dann unter zahlreichen französischen Beiträgen darauf, daß sich die tschechoslowakische Regierung einer Volksabstimmung mit Waffengewalt widersetzen werde, da diese die Tschechoslowakei zerstören müsse.[4] Es käme nur eine einfache und auf das Sudetengebiet beschränkte Abtretung in Frage. Daladier meinte,⟩

. . . ohne in der Lage zu sein, eine definierte Aussage zu machen, daß freundschaftlicher Druck auf Prag unter Hinweis auf alle Schwierigkeiten die tschechoslowakische Regierung dazu bringen sollte[5], einem Vorschlag auf Abtretung eines Teiles der Sudetengebiete zuzustimmen . . .

⟨Die Gesprächsteilnehmer einigten sich sodann auf den Text der gemeinsamen Mitteilung[6] an die tschechoslowakische Regierung.⟩

Anmerkungen:

[1] Für Großbritannien nahmen v. a. der Premierminister Neville Chamberlain und der Außenminister Lord Halifax, für Frankreich Ministerpräsident Eduard Daladier und Außenminister Georges Bonnet teil.

[2] Am 15. 9. 1938; zu den Ergebnissen: Siehe S. 397.

[3] Zum Text seines Berichtes vom 21. 9. 1938: Siehe S. 408.
[4] Zur traumatischen Angst der Tschechoslowakei vor einer Volksabstimmung wegen der slowakischen Frage: Siehe u. a. S. 266.
[5] Daladier kannte die (geheime) Bereitschaft von Dr. Beneš zur Teilabtretung vom 15. 9. 1938; siehe S. 398.
[6] Zum Text vom 19. 9. 1938: Siehe S. 405.

Quelle:
DBFP: 3/II; S. 373 ff.

****

Gemeinsame Note **1938, 19. September**
der britischen und der französischen Regierung[1]
an die tschechoslowakische Regierung:
Abtretung – ohne Termin – vorgeschlagen

1. Die Vertreter der französischen und der britischen Regierung haben heute über die allgemeine Lage beraten[2] und den Bericht des britischen Ministerpräsidenten über seine Unterredung mit Herrn Hitler[3] zur Kenntnis genommen. Die britischen Regierungsmitglieder haben ihre französischen Kollegen auch mit den Schlußfolgerungen bekannt gemacht, die sich ihrer Ansicht nach aus dem Schlußbericht über die Arbeit der Mission Runciman[4] ergeben. Wir sind beide davon überzeugt, daß nach den jüngsten Ereignissen nunmehr der Zeitpunkt gekommen ist, an dem das weitere Verbleiben der überwiegend von Sudetendeutschen bewohnten Bezirke innerhalb der Grenzen des tschechoslowakischen Staates nicht mehr länger andauern kann, ohne die Interessen der Tschechoslowakei selbst und den europäischen Frieden zu bedrohen. Im Hinblick hierauf sehen sich die beiden Regierungen zu der Schlußfolgerung gezwungen, daß die Aufrechterhaltung des Friedens sowie die Sicherheit lebenswichtiger Interessen der Tschechoslowakei nicht länger gewährleistet werden können, wenn diese Gebiete nicht auf das Reich übertragen werden.
2. Dies könnte entweder durch unmittelbare Gebietsübertragung oder als Ergebnis einer Volksabstimmung geschehen. Wir sind uns der Schwierigkeiten einer Volksabstimmung bewußt und kennen auch die Gründe, die von seiten der tschechoslowakischen Regierung hiergegen bereits ins Treffen geführt worden sind – insbesondere was die Möglichkeit weitreichender Rückwirkungen[5] betrifft, falls die Angelegenheit auf Grund eines so umfassenden Prinzips geregelt werden sollte. Deshalb glauben wir annehmen zu können, daß – mangels gegenteiliger Beweise – die tschechoslowakische Regierung vorzieht, die sudetendeutsche Frage als Problem eigener Art und durch unmittelbare Gebietsübertragung zu lösen.
3. Das zu übertragende Gebiet würde vermutlich Gebiete mit mehr als 50 Prozent deutscher Bevölkerung zu umschließen haben. Wir hoffen, auf dem Verhandlungswege Bedingungen zu erreichen, durch welche der Grenzverlauf dort, wo die Umstände dies verlangen, von irgendeiner internationalen Körperschaft festgelegt werden würde, welcher auch ein tschechischer Vertreter angehört. Wir sind uns klar darüber, daß die Übertragung eines kleineren Gebietes auf der Grundlage eines höheren Prozentsatzes der Sachlage nicht Rechnung trägt.
4. Die vorerwähnte internationale Körperschaft könnte auch mit der Behandlung von Fragen beauftragt werden, die mit der Möglichkeit eines Bevölkerungsaustausches auf Grund individueller Optionsbefugnisse innerhalb eines begrenzten Zeitraumes zusammenhängen.
5. Wir erkennen an, daß die tschechoslowakische Regierung für den Fall ihres Eingehens auf die vorgeschlagene Maßnahme die Verhältnisse des Staates wesentlich ändert und Sicherungen für die Zukunft zu verlangen das Recht besitzt.

6. Demzufolge wäre S. M. Regierung bereit, sich im Bestreben, zur Befriedung Europas beizutragen, an einer internationalen Garantie der neuen Grenzen des tschechoslowakischen Staates gegen unprovozierte Aggression zu beteiligen. Eine der Hauptbedingungen einer solchen Garantie wäre die Sicherung der Unabhängigkeit der Tschechoslowakei dadurch, daß an die Stelle bestehender Verträge mit gegenseitigen militärischen Verpflichtungen[6] eine allgemeine Garantie gegen unprovozierte Aggression treten würde.
7. Sowohl die französische wie die britische Regierung anerkennen die Schwere des von der tschechoslowakischen Regierung im Interesse des Friedens geforderten Opfers. Da dieses Interesse jedoch sowohl Europa im allgemeinen als auch die Tschechoslowakei im besonderen betrifft, halten sich beide Regierungen für verpflichtet, klare Bedingungen darzulegen, unter denen es allein gewahrt werden kann.
8. Der Premierminister muß die Verhandlungen mit Herrn Hitler spätestens am Mittwoch[7] – und wenn möglich, bereits früher – wieder aufnehmen. Wir glauben daher genötigt zu sein, die Antwort der tschechoslowakischen Regierung zum frühestmöglichen Zeitpunkt zu erbitten.

Anmerkungen:
[1] Die USA waren vom Vorgehen informiert und sollen es gebilligt haben. Vgl.: Dulles, John F.: »War or Peace«; New York, 1950; S. 142.
[2] Gemeint: Am 18. 9. 1938. Zu den Ergebnissen: Siehe S. 404.
[3] Am 15. 9. 1938 in Berchtesgaden. Zu den Ergebnissen: Siehe S. 397.
[4] Zum Text des am 21. 9. 1938 veröffentlichten Berichtes: Siehe S. 408.
[5] Auf v. a. die Slowakei: Siehe S. 266.
[6] Gemeint: Die Verträge mit Frankreich (vom 26. 1. 1924) und der UdSSR (vom 16. 5. 1935); zum Zusammenhang: Siehe S. 344.
[7] D. h. am 21. 9. 1938. Die Note wurde am 19. 9. 1938 um 14.00 Uhr in Prag überreicht.

Quelle:
DBFP: 3/II; S. 404 ff.

****

Aufruf **1938, 20. September**
der sudetendeutschen Sozialdemokraten (DSAP):
»Für Frieden und Freiheit«

Mitbürger!
Es geht um alles!
Die Sudetendeutschen stehen vor historischer Entscheidung.
Es geht um Leben oder Tod unseres Volkes.
Das Tor zur friedlichen Sicherung der sudetendeutschen Lebensinteressen steht weit offen.
Nationale **Gleichberechtigung**, weitgehendste **Selbstverwaltung** unserer Angelegenheiten, wirtschaftlicher **Wiederaufbau** und **soziale Hilfe** können erreicht werden **ohne Krieg**.
Auf der anderen Seite lauert die **tödliche Gefahr**, daß unser Volk als Werkzeug imperialistischer Vorherrschaftspläne mißbraucht und in einen Abgrund der Vernichtung gestürzt wird.
Nur einmal in Jahrhunderten ergibt sich eine solche Gelegenheit, einen dauernden ehrenvollen Frieden mit unserem slawischen Nachbarn zu schließen.
Wir haben die Möglichkeit in der Hand, auf dem heißumkämpften Boden Böhmens und Mährens ein Friedenswerk zu vollbringen und damit einen entscheidenden Beitrag zur friedlichen Neuordnung Europas zu leisten.
Ein Deutschtum aber, welches wieder die verhängnisvolle Bahn der imperialistischen Gewaltpolitik einschlägt, das Gleichberechtigung ablehnt und nach Vorherrschaft über ande-

re Völker strebt, wird früher oder später in einen blutigen Konflikt mit der aufstrebenden slawischen Welt und mit den jungen Völkern des Südostens verstrickt werden.
In einer gewaltsamen Entscheidung wird wieder eine waffenstarrende Welt gegen das deutsche Volk aufstehen.
Die Sudetendeutschen werden das erste Schlachtopfer sein. Ihre Heimat würde im Zusammenprall der Weltkräfte vernichtet, ihre Zukunft ausgelöscht!
Mitbürger, Sudetendeutsche!
Bedenkt es in dieser Schicksalsstunde: Die jugendlichen Fanatiker, die nach der Gewalt rufen, haben keine Ahnung, welche Summe von Grauen und Zerstörung das Wort »Weltkrieg« umfaßt. Sie haben noch kein Trommelfeuer erlebt, sie wissen nicht, wie das Giftgas die Lungen zerfrißt, sie sahen noch keine blühenden Dörfer und Städte in Flammen aufgehen. Das Elend heimatloser Flüchtlinge, das Sterben unschuldiger Kinder, der Schmerz der Frauen und Mütter, die um die zerfetzten Leiber ihrer Liebsten trauern, ist ihnen fremd.
Ihr aber, Männer und Frauen des Sudetenvolkes, habt die Hölle des Krieges kennengelernt. Ihr habt die Sandfelder Galiziens mit euerem Blut getränkt, die Schrecken des Kriegswinters in den Karpathen erlebt, in den Isonzoschlachten die Schädel hingehalten. Ihr habt euch in den Gefangenenlagern in Sehnsucht nach der Heimat verzehrt.
Ihr habt in den Kriegsbetrieben, in den Munitionsfabriken die Peitsche der Kriegsdisziplin ausgekostet. Ihr habt im Hinterlande gedarbt und an den Fronten geblutet wie kein zweites Volk Europas!
Wahrlich, die Toten müßten aus den Massengräbern aufstehen, euch zu warnen und zu beschwören und euch zuzurufen: Laßt euch kein zweites Mal als Opfer des Ehrgeizes unmenschlicher Machtpolitik auf die Schlachtbank führen.
Wir deutschen Sozialdemokraten wollen vor unserem Gewissen und vor der Geschichte rein dastehen.
In Augenblicken, die über Sein oder Nichtsein eines Volkes entscheiden, müssen alle Parteischranken fallen.
Sudetendeutsche!
Ihr alle steht nunmehr vor der Wahl: Gleichberechtigung durch Frieden oder Untergang durch Krieg.
Erfüllt von brennender Sorge um den Frieden Europas und die Zukunft unserer Heimat appellieren wir an euch:
Entscheidet für den friedlichen Ausweg!
Wir rufen alle unsere Mitbürger ohne Unterschied der Weltanschauung und des politischen Bekenntnisses, ob Arbeiter, Bauern, Beamte, Industrielle oder Gewerbetreibende auf, ihren guten Willen zur rettenden Tat zu vereinen, ihre Kräfte zusammenzufassen zur Schaffung eines sudetendeutschen Friedens- und Aufbaublocks.
Wir wenden uns an das Volk mit der Parole:
Vereinigung aller Kräfte für Frieden und Freiheit, für eine bessere Zukunft der Sudetendeutschen, für ein neues Europa gleichberechtigter Völker!
Deutsche Sozialdemokratische Arbeiterpartei
Der Vorsitzende: **Wenzel Jaksch.**

Quelle:
Faksimile des Originals (dort auch Hervorhebungen).
Wiedergegeben in Jaksch: Europa; nach S. 384 als Abb. 36.

****

Schlußbericht **1938, 21. September**
des britischen Lords Runciman (Kons.) an den britischen Premierminister Sir Neville Chamberlain:
Abtretung vorgesehen

...
Es ist ein schweres Los, von einem fremden Volk regiert zu werden, und ich kann den Eindruck nicht loswerden, daß die tschechoslowakische Herrschaft im Sudetenland während der letzten zwanzig Jahre zwar nicht tyrannisch und bestimmt nicht ›terroristisch‹, aber doch gekennzeichnet war durch Taktlosigkeit, fehlendes Verständnis, kleinliche Unduldsamkeit und Benachteiligung, bis der Punkt erreicht war, an dem der Unwille der deutschen Bevölkerung unvermeidlich revolutionäre Bahnen einschlug. Die Sudetendeutschen hatten auch das Gefühl, daß die tschechoslowakische Regierung ihnen in der Vergangenheit viele Versprechen gegeben hatte, daß aber daraufhin nur wenig oder gar nichts erfolgt war. Diese Erfahrung hatte zu einer Haltung unverhüllten Mißtrauens in die führenden tschechischen Staatsmänner geführt. Überdies hat die Sudetendeutsche Partei bei den letzten Wahlen im Jahr 1935 mehr Stimmen als jede andere Partei erhalten[1]; sie war die zweitstärkste Partei im gesamtstaatlichen Parlament. Auf Grund der später erfolgten Beitritte[2] ist sie nunmehr die größte Partei. Trotzdem kann sie jederzeit überstimmt werden, und aus diesem Grund sind viele ihrer Mitglieder der Ansicht, daß ihr die Betätigung auf parlamentarischer Ebene nichts nützen kann.
Zu diesen hauptsächlichen Beschwerden kamen örtliche Ärgernisse hinzu. Tschechische Beamte und Polizisten, die wenig oder gar kein Deutsch sprachen, wurden in großer Zahl in rein deutsche Gebiete versetzt; die Ansiedlung tschechischer landwirtschaftlicher Siedler inmitten der deutschen Bevölkerung auf Ländereien, die auf Grund der Bodenreform an sie übertragen wurden, wurde gefördert, für die Kinder dieser tschechischen Eindringlinge wurden in großem Maßstab Schulen gebaut; es herrscht allgemein die Überzeugung, daß bei der Zuteilung von Staatsaufträgen tschechische vor deutschen Firmen bevorzugt wurden und daß der Staat Tschechen bereitwilliger Arbeit und Unterstützung zuwies, als Deutschen. Ich glaube, daß diese Klagen in der Hauptsache berechtigt sind. Selbst zu so später Zeit, wie es die Zeit meiner Mission war, konnte ich seitens der tschechoslowakischen Regierung keine Bereitschaft feststellen, diese Klagen durch auch nur einigermaßen angemessene Maßnahmen zu beheben.
...
All diese und noch manch andere Beschwerden wurden durch die Wirkungen der Wirtschaftskrisis auf die sudetendeutsche Industrie, die einen wesentlichen Teil des Volkslebens darstellt, nur noch verschärft. Es ist nicht unnatürlich, wenn die Regierung für die daraus folgende Verarmung verantwortlich gemacht wurde. Aus vielen Gründen – einschließlich der vorangeführten – herrschte unter den Sudetendeutschen bis vor ungefähr drei oder vier Jahren ein Gefühl der Hoffnungslosigkeit. Der Aufstieg Nazi-Deutschlands erfüllt sie jedoch mit neuer Hoffnung. Daß sie sich an ihre Landsleute um Hilfe wandten und sich daraus später der Wunsch ergab, mit dem Reich vereint zu werden, sehe ich unter den gegebenen Umständen als natürlich an.
Zur Zeit meiner Ankunft[3] wünschten die gemäßigteren sudetendeutschen Führer noch eine Regelung innerhalb der Grenzen des tschechoslowakischen Staates. Es war ihnen klar, was ein Krieg im Sudetenland, das selbst das Hauptschlachtfeld sein würde, zu bedeuten hätte ... Ich tat mein bestes, um diese Lösung zu fördern – bis zu einem gewissen Punkt mit einigem Erfolg, aber ... ich fühlte, daß jede derartige Regelung auf Zeit abgestellt und nicht endgültig sein würde.
Die ⟨*innerstaatliche*⟩ Lösung in der Form des bekannten »Vierten Planes«[4] brach ... angesichts der gewandelten innen- und außenpolitischen Lage zusammen ...

...
Es ist mir selbsterweislich geworden, daß diesen Grenzgebieten zwischen der Tschechoslowakei und Deutschland, in denen die sudetendeutsche Bevölkerung eine beträchtliche Mehrheit hat, sofort das volle Selbstbestimmungsrecht gewährt werden müßte. Wenn einige Gebietsabtretungen unvermeidlich sind – und ich glaube, sie sind es –, dann wäre es das Beste, dies unverzüglich und ohne Verzögerungstaktik zu tun. Die Fortsetzung des Zustandes der Ungewißheit bringt wirkliche Gefahren mit sich, sogar die Gefahr eines Bürgerkrieges. Infolgedessen liegt für eine Politik sofortigen und gründlichen Handelns aller Grund vor. Jede Art Volksbefragung oder Volksabstimmung hinsichtlich dieser überwiegend deutschen Gebiete wäre meines Erachtens eine reine Formalität. Die überwiegende Mehrheit ihrer Einwohner wünscht die Verschmelzung mit Deutschland. Der mit der Abhaltung einer Volksabstimmung unvermeidlicherweise verbundene Aufschub würde nur dazu dienen, die Bevölkerung noch mehr zu erregen, und das könnte höchst gefährliche Folgen haben. Ich bin deshalb der Ansicht, daß diese Grenzgebiete unverzüglich von der Tschechoslowakei auf Deutschland übertragen werden sollten, und ferner daß Sofortmaßnahmen für ihre friedliche Abtretung einschließlich von Sicherungsmaßnahmen für die Bevölkerung während der Abtretungszeit zwischen den beiden Regierungen abgemacht werden sollten.

Anmerkungen:
1 Zum Wahlergebnis: Siehe S. 345.
2 Im März 1938; siehe S. 380.
3 Am 3. 8. 1938.
4 Vom 5. 9. 1938; zum Text: Siehe S. 393.

Quelle:
»Documents on International Affairs 1938«; hsg. v. Monica Curtis; 2 Bde.; Bd. II; Oxford, 1943; S. 218 ff.
Auch: DBFP 3/II; S. 675 ff.

****

Note **1938, 21. September**
der tschechoslowakischen an die britische und französische Regierung:
Annahme des französisch-britischen Abtretungsvorschlags vom 19. September 1938

Durch die Umstände gezwungen und starkem Druck nachgebend, nimmt die tschechoslowakische Regierung ... die französisch-englischen Vorschläge[1] schmerzerfüllt an, wobei sie davon ausgeht, daß beide Regierungen alles tun werden, um die Lebensinteressen des tschechoslowakischen Staates im Zuge ihrer Durchführung sicherzustellen. Die tschechoslowakische Regierung stellt mit Bedauern fest, daß diese Vorschläge ohne vorherige Fühlungnahme mit ihr erstattet worden sind.
Die Tschechoslowakei bedauert tief, daß ihr Vorschlag eines Schiedsspruches abgelehnt worden ist. Sie nimmt die Vorschläge als Ganzes an, wobei der Grundsatz der Garantie, wie in der Note formuliert, unterstrichen wird. Sie nimmt diese Vorschläge ferner unter der Voraussetzung an, daß beide Regierungen eine deutsche Invasion tschechoslowakischen Staatsgebiets erst zulassen werden, wenn seine Übertragung auf Grund der Festlegung der neuen Grenze durch die in den Vorschlägen erwähnte Internationale Kommission durchgeführt werden wird.[2]
Nach Ansicht der tschechoslowakischen Regierung ist aus den französisch-englischen Vorschlägen auch zu schließen, daß alle praktischen, zu ihrer Durchführung bestimmten Maßnahmen im Einvernehmen mit der tschechoslowakischen Regierung getroffen werden sollen.

Anmerkungen:
1 Vom 19. 9. 38; siehe S. 405.

[2] Daraus ergab sich das Problem der Terminfrage und ein wesentliches Motiv für das Verhalten Chamberlains in Bad Godesberg; siehe S. 410 ff.

Quelle:
DBFP: 3/II; S. 447 f.

****

Gespräche und Schriftwechsel zwischen dem britischen Premierminister Sir Neville Chamberlain und Adolf Hitler in Bad Godesberg: **1938, 22./23. September**
Die Terminfrage

⟨*A) Das erste Gespräch (22. 9. 38)*⟩

Mr. Chamberlain erinnere an die Lage, wie sie bei Abschluß der Unterhaltung mit dem Führer in Berchtesgaden gewesen sei. Er habe seinerzeit, nachdem er persönlich den Grundsatz der Selbstbestimmung anerkannt hätte, zugesagt, sich mit seinen Ministerkollegen und anderen Staatsmännern zu besprechen und deren Zustimmung zu diesem Grundsatz einzuholen. Nach mühevollen Verhandlungen sei es ihm gelungen, nicht nur das britische und französische Kabinett, sondern auch die Tschechoslowakische Regierung dazu zu bringen, grundsätzlich dem zuzustimmen, was der Führer im Verlaufe der letzten Besprechung verlangt hätte. Er, Chamberlain, wolle nunmehr in großen Linien den Vorschlag skizzieren, den er auf Grund dieser Sachlage machen könne.

. . .

⟨*Chamberlain schilderte sodann, daß keine Volksabstimmung*[1]*, sondern eine einfache Abtretung vorgesehen sei.*⟩

. . .

Der Führer sprach dem englischen Premierminister seinen aufrichtigen Dank für seine Bemühungen zur Herbeiführung einer friedlichen Lösung der tschechoslowakischen Frage aus. Es sei ihm bisher nicht recht klar gewesen, welchen Vorschlag England und Frankreich an die Tschechoslowakei gerichtet haben, und er frage daher, ob der soeben von Mr. Chamberlain dargelegte Plan auch der tschechischen Regierung übermittelt worden sei.
Als Mr. Chamberlain dies bejahte, erwiderte der Führer, daß er bedaure, erklären zu müssen, daß dieser Plan nicht aufrecht erhalten werden könne. Die Lage sei vollkommen klar.

. . .

Der Führer wies auf das kritische Stadium hin, in dem sich das sudetendeutsche Problem befände. Ein langer Aufschub sei unmöglich. Das Wichtigste sei, schnell zu handeln. In wenigen Tagen müsse die Entscheidung fallen.

. . .

Der englische Premierminister erklärte, daß er über die vom Führer eingenommene Haltung enttäuscht sei und sie nicht recht begreife. Er ⟨*Chamberlain*⟩ hätte geglaubt, daß der Führer, nachdem die von ihm aufgestellte Forderung der Gebietsabtretung angenommen sei, nunmehr bereit wäre, die Methoden und das Verfahren der Durchführung dieser Forderung mit ihm zu erörtern.

. . .

Der Führer erwiderte, die einzige Möglichkeit zur Vermeidung von Störungen liege darin, sofort eine Grenze in Übereinstimmung mit der Sprachgrenze festzusetzen, bis zu welcher die Tschechoslowaken ihre Truppen und Regierungsorgane zurückzuziehen hätten. In die so entstandene Zone würden dann die Organe des Reiches einziehen.[2]

. . .

Anschließend erläuterte der Führer Mr. Chamberlain im Beisein des Herrn Reichsaußenministers ⟨*von Ribbentrop*⟩, des Herrn Staatssekretärs v. Weizsäcker, des englischen Botschafters Sir Neville Henderson und einigen anderen Herren der deutschen und englischen

Delegation die Karte der abzutretenden sudetendeutschen Gebiete unter teilweiser Wiederholung seiner vorgenannten Gedankengänge.
⟨Das Gespräch wurde sodann auf den nächsten Tag, den 23. September, vertagt.⟩

⟨B) Der Briefwechsel
1) Chamberlain an Hitler⟩
. . .
Ich glaube, es würde zur Klärung der Lage und zur Beschleunigung unserer Besprechung beitragen, wenn ich Ihnen vor der Wiederaufnahme unserer Besprechung am heutigen Vormittag folgendes mitteile.
Ich bin bereit, der tschechischen Regierung Ihren Vorschlag bezüglich der abzutretenden Gebiete zu übermitteln, um ihr Gelegenheit zur Prüfung der vorgeschlagenen provisorischen Grenze zu geben.
. . .
Die Schwierigkeit hinsichtlich des Vorschlages, den Sie mir gestern Nachmittag gemacht haben, ergibt sich meiner Ansicht nach aus der Anregung, daß diese Gebiete sofort von deutschen Truppen zu besetzen wären.[2] Ich erkenne die Schwierigkeiten einer längeren Untersuchung und zweifellos würde der von Ihnen vorgeschlagene Plan, wenn er annehmbar wäre, eine vorläufige Entspannung bedeuten. Aber ich glaube, daß Sie sich darüber nicht klar geworden sind, daß es für mich nur dann möglich ist, einen Plan vorzuschlagen, wenn ich Grund zu der Annahme habe, daß er von der öffentlichen Meinung in meinem Lande, in Frankreich und in der Welt allgemein als ein Plan angesehen wird, der die bereits angenommenen Grundsätze in geordneter Form und ohne Gewaltandrohung durchführt. Ich bin sicher, daß wenn deutsche Truppen sofort Gebiete zu besetzen versuchten, die sowieso im Prinzip unverzüglich ein Teil des Reiches werden und in kürzester Frist auf Grund einer formellen Grenzziehung dem Reich einverleibt würden, dieses als eine unnötige Machtdemonstration beurteilt werden würde.
. . .
Es muß doch sicherlich Alternativen gegenüber Ihrem Vorschlag geben, die nicht zu den von mir vorstehend geschilderten Bedenken Anlaß geben würden. Ich könnte z. B. die tschechische Regierung fragen, ob sie glaube, daß eine Vereinbarung getroffen werden könnte, auf Grund deren die Aufrechterhaltung von Ruhe und Ordnung in gewissen näher zu bestimmenden sudetendeutschen Gebieten den Sudetendeutschen selbst anvertraut werden würde – durch die Schaffung von entsprechenden Formationen oder durch Benutzung bereits bestehender, die möglicherweise ihre Funktionen unter Aufsicht neutraler Beobachter ausüben würden.
. . .
⟨2) Hitler an Chamberlain⟩
Euere Exzellenz versichern mir nun, daß der Grundsatz der Übereignung des sudetendeutschen Gebietes an das Reich an sich bereits akzeptiert sei. Ich darf Euerer Exzellenz hier leider entgegnen, daß die theoretische Anerkennung von Grundsätzen uns Deutschen auch früher schon ausgesprochen worden ist. Im Jahre 1918 wurde der Waffenstillstand abgeschlossen auf der Grundlage von 14 Erklärungen des Präsidenten Wilson, die im Grundsatz von allen anerkannt worden sind. Sie wurden aber in der Praxis dann in der schmachvollsten Weise gebrochen. Was mich, Exzellenz, interessiert, ist nicht die Anerkennung des Grundsatzes, daß dieses Gebiet an Deutschland kommen soll, sondern ausschließlich die Realisierung dieses Grundsatzes und zwar einer Realisierung, die ebenso sehr in kürzester Frist das Leid der unglücklichen Opfer der tschechischen Tyrannei behebt, wie umgekehrt aber auch der Würde einer Großmacht entspricht. Ich darf Euerer Exzellenz noch betonen, daß diese Sudetendeutschen nicht durch eine gnädige oder gütige Sympathie anderer Völker zum Deutschen Reich zurückkehren, sondern auf Grund des im Selbstbestimmungsrecht der

Völker verankerten eigenen Willens und des unerschütterlichen Entschlusses des Deutschen Reiches, diesen Willen zu vollziehen. Es ist aber für eine Nation eine unwürdige Zumutung, eine solche Wiedervereinigung an Bedingungen verknüpft zu sehen, die weder vertraglich vorhanden, noch angesichts der kostbaren Stunden zweckmäßig sind.

...

Ich darf im übrigen Euerer Exzellenz nicht verschweigen, daß ich von dem starken Mißtrauen beseelt bin, daß auch die Annahme des Grundsatzes der Zugehörigkeit Sudetendeutschlands zum Reich von der Tschechischen Regierung nur ausgesprochen wurde in der Hoffnung, dadurch Zeit zu gewinnen, um so oder so wieder eine Wende zu Ungunsten dieses Grundsatzes herbeiführen zu können. Denn wenn es mit dem Grundsatz, daß diese Gebiete zu Deutschland gehören sollen, ehrlich gemeint ist, besteht kein Grund, die praktische Verwirklichung dieses Grundsatzes hinauszuschieben. Die langjährige Kenntnis der tschechischen Praktik in solchen Dingen zwingt mich, so lange an die Unaufrichtigkeit tschechischer Zusagen zu glauben, als sie nicht durch den praktischen Beweis erhärtet sind.

...

Deutschland ist jedenfalls, wenn es – wie es jetzt den Anschein hat – für seine unterdrückten Volksgenossen in der Tschechoslowakei auf dem Verhandlungswege dem klaren Rechte nicht zum Durchbruch verhelfen kann, entschlossen, die dann allein übrig bleibenden Möglichkeiten auszuschöpfen.

...

⟨3) Chamberlain an Hitler⟩

...

In meiner Eigenschaft als Vermittler ist es offensichtlich jetzt meine Pflicht – da Euere Exzellenz den gestern nacht eingenommenen Standpunkt vollkommen aufrechterhalten –, Ihre Vorschläge der Tschechoslowakischen Regierung zu unterbreiten.

Ich bitte daher Euere Exzellenz, die Freundlichkeit zu haben, mir ein Memorandum[3] zu übermitteln, in dem diese Vorschläge auseinandergesetzt sind, sowie eine Karte, die das nach den Ergebnissen der vorgeschlagenen Volksabstimmung zu übergebende Gebiet aufzeigt.

Sobald mir dieses Memorandum vorliegt, werde ich es nach Prag übermitteln und die tschechoslowakische Regierung um eine möglichst schnelle Antwort bitten.

...

⟨C) Das zweite Gespräch (23. 9. 38)⟩

...

Einleitend dankte der Führer zunächst in seinem eigenen Namen sowie im Namen des deutschen Volkes dem englischen Premierminister für seine Bemühungen, eine friedliche Lösung des tschechoslowakischen Problems herbeizuführen.

...

Das deutsche Memorandum[3] wurde hierauf den Engländern übergeben, wobei der Führer erklärte, daß es im wesentlichen die Gedanken und Anregungen enthielte, die er bereits im Verlaufe der vorangegangenen Gespräche vorgebracht habe.

...

Chamberlain fragte den Führer, ob das deutsche Memorandum wirklich sein letztes Wort sei, ob er denn wirklich entschlossen wäre, nicht weiter zu gehen, wo man sich doch schon so nahe gekommen sei.

Der Führer erwiderte, daß das Memorandum allerdings sein letztes Wort sei, und daß er im übrigen wiederholen müsse, daß die Mobilisierung in der Tschechoslowakei ihn zu gewissen militärischen Maßnahmen zwinge.

...

Chamberlain erwiderte, daß er sich fragen müsse, ob unter den militärischen Maßnahmen

Deutschlands gegenüber der tschechischen Mobilisierung, von denen der Führer vorhin gesprochen hätte, nicht etwa ein Einmarsch deutscher Truppen in tschechisches Gebiet zu verstehen sei?
Der Führer erwiderte, daß die militärischen Maßnahmen, von denen er gesprochen hätte, nicht mit einem Einmarsch in die Tschechoslowakei gleichbedeutend seien. Solange die Verhandlungen andauerten, würde er nicht in dieses Land einmarschieren.
Chamberlain erklärte, daß er unter diesen Umständen bereit wäre, dem Vorschlag des Führers gemäß, das deutsche Memorandum der Tschechischen Regierung zu übermitteln und diese um eine baldige Antwort ersuchen würde.
...

Anmerkungen:
[1] Zum Grund: Siehe S. 226, 398 ff.
[2] Gerade diese Lage war von der ČSR nachdrücklich abgelehnt worden; siehe S. 409.
[3] Siehe S. 413.

Quelle:
ADAP: D/II; S. 694 ff.

****

Memorandum **1938, 23. September**
der deutschen Reichsregierung[1]:
Abtretungstermin: 1. 10. 1938[2]

Die von Stunde zu Stunde sich mehrenden Nachrichten über Zwischenfälle im Sudetenland beweisen, daß die Lage für das Sudetendeutschtum völlig unerträglich und damit zu einer Gefahr für den europäischen Frieden geworden ist.
Es ist daher unerläßlich, daß die von der Tschechoslowakei anerkannte Abtrennung des Sudetenlandes nunmehr ohne jede weitere Verzögerung erfolgt.
Auf beiliegender Karte ist das abzutretende sudetendeutsche Gebiet schraffiert.
Die Gebiete, in denen über die zu besetzenden Gebiete hinaus ebenfalls noch abgestimmt werden muß, sind grün schraffiert eingezeichnet. – Die endgültige Grenzziehung muß dem Willen der Betroffenen entsprechen.
Um diesen Willen festzustellen, ist eine gewisse Zeit zur Vorbereitung der Wahl erforderlich, während der Unruhen unter allen Umständen verhindert werden müssen. Es muß eine paritätische Situation geschaffen werden.
Das in der anliegenden Karte bezeichnete deutsche Gebiet wird von deutschen Truppen besetzt, ohne Rücksicht darauf, ob sich bei der Volksabstimmung vielleicht in diesem oder jenem Teil des Gebiets eine tschechische Mehrheit herausstellt.
Andererseits ist das tschechische Gebiet von tschechischen Truppen besetzt ohne Rücksicht darauf, daß innerhalb dieses Gebiets große deutsche Sprachinseln liegen, die bei der Volksabstimmung sich ohne Zweifel in der Mehrheit zum deutschen Volkstum bekennen werden.
Zur sofortigen und endgültigen Bereinigung des sudetendeutschen Problems werden daher von der deutschen Regierung folgende Vorschläge gemacht:

1. Zurückziehung der gesamten tschechischen Wehrmacht, der Polizei, der Gendarmerie, der Zollbeamten und der Grenzer aus dem auf der übergebenen Karte bezeichneten Räumungsgebiet, das am 1. Oktober[2] an Deutschland übergeben wird.
2. Das geräumte Gebiet ist in dem derzeitigen Zustand zu übergeben (näheres siehe Anlage). Die deutsche Regierung ist damit einverstanden, daß zur Regelung der Einzelheiten der Modalitäten der Räumung ein mit Vollmachten ausgestatteter Vertreter der tschechischen Regierung oder des tschechischen Heeres zum deutschen Oberkommando der Wehrmacht tritt.

3. Die tschechische Regierung entläßt sofort alle sudetendeutschen Wehrmachts- und Polizeiangehörigen aus dem gesamten tschechischen Staatsgebiet in ihre Heimat.
4. Die tschechische Regierung entläßt alle wegen politischer Vergehen inhaftierten deutschstämmigen Gefangenen.
5. Die deutsche Regierung ist einverstanden, in den näher zu bezeichnenden Gebieten bis spätestens 25. November eine Volksabstimmung stattfinden zu lassen.
   Die aus dieser Abstimmung sich ergebenden Korrekturen der neuen Grenze werden durch eine deutsch-tschechische oder eine internationale Kommission bestimmt.
   Die Abstimmung selbst findet unter der Kontrolle einer internationalen Kommission statt.
   Abstimmungsberechtigt sind alle in den in Frage kommenden Gebieten am 28. Oktober 1918 wohnhaften oder bis zum 28. Oktober 1918 dort geborenen Personen.
   Als Ausdruck des Wunsches zur Zugehörigkeit der Bevölkerung zum deutschen Reich oder zum tschechischen Staat gilt die einfache Mehrheit aller männlichen und weiblichen Abstimmungsberechtigten.
   Zur Abstimmung wird aus näher zu bezeichnenden Gebieten auf beiden Seiten das Militär zurückgezogen. – Zeitpunkt und Dauer bestimmen die deutsche und tschechische Regierung gemeinsam.
6. Zur Regelung aller weiteren Einzelheiten schlägt die deutsche Regierung die Bildung einer autorisierten deutsch-tschechischen Kommission vor.

. . .

Anmerkungen:
[1] Für den britischen Premierminister Chamberlain (siehe den vorhergehenden Beleg) zur Weiterleitung an seine, die französische und die tschechoslowakische Regierung.
[2] In der ersten Fassung des Memorandums war als Termin der 26.–28. 9. 1938 vorgesehen.

Quelle:
DBFP: 3/II; S. 495 f.

****

Rede **1938, 26. September**
des Führers und Reichskanzlers Hitler im Sportpalast in Berlin:
»Wir wollen gar keine Tschechen!«

(Zum Thema der Sudetendeutschen schilderte Hitler zunächst ihr Schicksal, charakterisierte den tschechoslowakischen Staatspräsidenten Beneš und umriß die bisherigen Verhandlungen:)

. . .

Ich habe nunmehr ein Memorandum[1] mit einem letzten und endgültigen deutschen Vorschlag der britischen Regierung zur Verfügung gestellt . . .
Der Inhalt dieses Memorandums ist nichts anderes als die praktische Ausführung dessen, was Herr Benesch bereits versprochen hat, und zwar unter größten internationalen Garantien.
Herr Benesch sagt nun, dieses Memorandum sei eine ›neue Lage‹. Und worin besteht in Wirklichkeit die ›neue Lage‹? Sie besteht darin, daß das, was Herr Benesch versprochen hat, dieses Mal ausnahmsweise auch gehalten werden soll! Das ist die ›neue Lage‹ für Herrn Benesch. Was hat der Mann in seinem Leben nicht alles versprochen! Und nichts hat er gehalten! Jetzt soll zum ersten Male von ihm etwas gehalten werden.
Herr Benesch sagt: Wir können aus dem Gebiet nicht zurück. Herr Benesch hat also die Übergabe dieses Gebietes so verstanden, daß es dem Deutschen Reich als Rechtstitel gutgeschrieben, aber von den Tschechen vergewaltigt wird. Das ist jetzt vorbei!

Ich habe jetzt verlangt, daß nun nach 20 Jahren Herr Benesch endlich zur Wahrheit gezwungen wird. Er wird am 1. Oktober uns dieses Gebiet übergeben müssen.
Herr Benesch setzt seine Hoffnungen nun auf die Welt, und er und seine Diplomaten machen kein Hehl daraus. Sie erklären: Es ist unsere Hoffnung, daß Chamberlain gestürzt wird, daß Daladier beseitigt wird, daß überall Umstürze kommen. Sie setzen ihre Hoffnung auf Sowjetrußland. Er glaubt dann noch immer, sich der Erfüllung seiner Verpflichtungen entziehen zu können.
Und da kann ich jetzt nur eines sagen: Nun treten zwei Männer gegeneinander auf: Dort ist Herr Benesch! Und hier stehe ich! Wir sind zwei Menschen verschiedener Art. Als Herr Benesch sich in dem großen Völkerringen in der Welt herumdrückte, da habe ich als anständiger deutscher Soldat meine Pflicht erfüllt. Und heute stehe ich nun diesem Mann gegenüber als der Soldat meines Volkes.
Ich habe nur Weniges zu erklären: Ich bin Herrn Chamberlain dankbar für alle seine Bemühungen. Ich habe ihm versichert, daß das deutsche Volk nichts anderes will als Frieden. Allein, ich habe ihm auch erklärt, daß ich nicht hinter die Grenzen unserer Geduld zurückgehen kann.
Ich habe ihm weiter versichert und wiederhole es hier, daß es – wenn dieses Problem gelöst ist – für Deutschland in Europa kein territoriales Problem mehr gibt!
Und ich habe ihm weiter versichert, daß in dem Augenblick, in dem die Tschecho-Slowakei ihre Probleme löst, das heißt, in dem die Tschechen mit ihren anderen Minderheiten sich auseinandergesetzt haben, und zwar friedlich und nicht durch Unterdrückung, daß ich dann am tschechischen Staat nicht mehr interessiert bin. Und das wird ihm garantiert! Wir wollen gar keine Tschechen. Allein, ebenso will ich nun vor dem deutschen Volke erklären, daß in bezug auf das sudetendeutsche[2] Problem meine Geduld jetzt zu Ende ist! Ich habe Herrn Benesch ein Angebot gemacht, das nichts anderes ist als die Realisierung dessen, was er selbst schon zugesichert hat. Er hat jetzt die Entscheidung in seiner Hand! Frieden oder Krieg![3]
Er wird entweder dieses Angebot akzeptieren und den Deutschen jetzt endlich die Freiheit geben, oder wir werden diese Freiheit uns selbst holen!
Das muß die Welt zur Kenntnis nehmen: In viereinhalb Jahren Krieg und in den langen Jahren meines politischen Lebens hat man mir eines nie vorwerfen können: Ich bin niemals feige gewesen!
. . .

Anmerkungen:
1 Vom 23. 9. 1938; siehe den vorhergehenden Beleg.
2 In der Schallplattenaufnahme: »tsche-sudetendeutsche«.
3 Die Schallplattenaufnahme ergab folgenden Eindruck: Die Zuhörer, die sonst an vielen Stellen stark applaudierten, ließen hier eine lange Pause entstehen, bevor ein vereinzelter Heil-Ruf ertönte.

Quelle:
»Hitler: Reden und Proklamationen 1932–1945«; hsg. v. Max Domarus; Bd. I, Halbbd. 2; Wiesbaden, 1973; S. 930 ff.

****

Das Münchner Abkommen: **1938, 29. September**

Deutschland, das Vereinigte Königreich, Frankreich und Italien[1] sind unter Berücksichtigung des Abkommens, das hinsichtlich der Abtretung des sudetendeutschen Gebietes bereits grundsätzlich erzielt wurde[2], über folgende Bedingungen und Modalitäten dieser Abtretung und über die danach zu ergreifenden Maßnahmen übereingekommen und erklären sich durch dieses Abkommen einzeln verantwortlich für die zur Sicherung seiner Erfüllung notwendigen Schritte:

1. Die Räumung beginnt am 1. Oktober[3].
2. Das Vereinigte Königreich, Frankreich und Italien vereinbaren, daß die Räumung des Gebietes bis zum 10. Oktober vollzogen wird, und zwar ohne Zerstörung irgendwelcher bestehender Einrichtungen, und daß die Tschechoslowakische Regierung die Verantwortung dafür trägt, daß die Räumung ohne Beschädigung der bezeichneten Einrichtungen durchgeführt wird.
3. Die Modalitäten der Räumung werden im einzelnen durch einen internationalen Ausschuß festgelegt, der sich aus Vertretern Deutschlands, des Vereinigten Königreichs, Frankreichs, Italiens und der Tschechoslowakei zusammensetzt.
4. Die etappenweise Besetzung des vorwiegend deutschen Gebietes durch deutsche Truppen beginnt am 1. Oktober. Die vier auf der anliegenden Karte[3] bezeichneten Gebietsabschnitte werden in folgender Reihenfolge durch deutsche Truppen besetzt: Der mit I bezeichnete Gebietsabschnitt am 1. und 2. Oktober, der mit II bezeichnete Gebietsabschnitt am 2. und 3. Oktober, der mit III bezeichnete Gebietsabschnitt am 3., 4. und 5. Oktober und der mit IV bezeichnete Gebietsabschnitt am 6. und 7. Oktober. Das restliche Gebiet vorwiegend deutschen Charakters[4] wird unverzüglich von dem oben erwähnten internationalen Ausschuß festgestellt und bis zum 10. Oktober durch deutsche Truppen besetzt werden.
5. Der in § 3 erwähnte internationale Ausschuß wird die Gebiete bestimmen, in denen eine Volksabstimmung[5] stattfinden soll. Diese Gebiete werden bis zum Abschluß der Volksabstimmung durch internationale Formationen besetzt werden. Der gleiche Ausschuß wird die Modalitäten festlegen, unter denen die Volksabstimmung durchgeführt werden soll, wobei die Modalitäten der Saarabstimmung als Grundlage zu betrachten sind. Der Ausschuß wird ebenfalls den Tag festsetzen, an dem die Volksabstimmung stattfindet; dieser Tag darf jedoch nicht später als Ende November liegen.
6. Die endgültige Festlegung der Grenzen wird durch den internationalen Ausschuß vorgenommen werden.[6] Dieser Ausschuß ist berechtigt, den vier Mächten Deutschland, dem Vereinigten Königreich, Frankreich und Italien in bestimmten Ausnahmefällen geringfügige Abweichungen von der streng ethnographischen Bestimmung der ohne Volksabstimmung zu übertragenden Zonen zu empfehlen.
7. Es wird ein Optionsrecht[7] für den Übertritt in die abgetretenen Gebiete und für den Austritt aus ihnen vorgesehen. Die Option muß innerhalb von sechs Monaten vom Zeitpunkt des Abschlusses dieses Abkommens an ausgeübt werden. Ein deutsch-tschechoslowakischer Ausschuß wird die Einzelheiten der Option bestimmen, Verfahren zur Erleichterung des Austausches der Bevölkerung erwägen und grundsätzliche Fragen klären, die sich aus diesem Austausch ergeben.
8. Die Tschechoslowakische Regierung wird innerhalb einer Frist von vier Wochen vom Tag des Abschlusses dieses Abkommens an alle Sudetendeutschen aus ihren militärischen und polizeilichen Verbänden entlassen, die diese Entlassung wünschen. Innerhalb derselben Frist wird die Tschechoslowakische Regierung sudetendeutsche Gefangene entlassen, die wegen politischer Delikte Freiheitsstrafen verbüßen.

ADOLF HITLER – NEVILLE CHAMBERLAIN – MUSSOLINI – ED. DALADIER

Zusatz zu dem Abkommen:

München, den 29. September 1938

Seiner Majestät Regierung im Vereinigten Königreich und die französische Regierung haben sich dem vorstehenden Abkommen angeschlossen auf der Grundlage, daß sie zu dem Angebot[8] stehen, welches im Paragraph 6 der englisch-französischen Vorschläge vom 19. September enthalten ist, betreffend eine internationale Garantie[8] der neuen Grenzen des tschechoslowakischen Staates gegen einen unprovozierten Angriff.

Sobald die Frage der polnischen und ungarischen Minderheiten in der Tschechoslowakei geregelt ist, werden Deutschland und Italien ihrerseits der Tschechoslowakei eine Garantie geben.

⟨Unterschriften, wie unter Abkommen⟩

Zusätzliche Erklärung

München, den 29. September 1938

Die vier anwesenden Regierungschefs sind darüber einig, daß der in dem heutigen Abkommen vorgesehene Ausschuß sich aus dem Staatssekretär des Auswärtigen Amts, den in Berlin beglaubigten Botschaftern Englands, Frankreichs und Italiens und einem von der tschechoslowakischen Regierung zu ernennenden Mitglied zusammensetzt.

⟨Unterschriften, wie unter Abkommen⟩

⟨*Es folgte eine* Zusätzliche Erklärung *zur polnischen und ungarischen Minderheit in der ČSR*⟩

Zusatzerklärung

München, den 29. September 1938

Alle Fragen, die sich aus der Gebietsübergabe ergeben, gelten als zur Zuständigkeit des internationalen Ausschusses gehörig.

⟨Unterschriften, wie unter Abkommen⟩

Anmerkungen:

1 Die Viererkonferenz von München trat in dieser Zusammensetzung auf Anregung des italienischen Duce Mussolini zusammen.
Verfahren und Beteiligte waren bereits fünf Jahre vorher in der internationalen Diskussion: Zum gescheiterten Viererpakt von 1933: Siehe S. 338.

2 Gemeint war der Notenwechsel vom 19./21. 9. 1938 zwischen der britischen und französischen Regierung einerseits und der Tschechoslowakei andererseits; zu den Texten: Siehe S. 405, 409.

3 Die folgende Karte (Abb. 5; aus ADAP: D/II; S. 812 ff.) gab die Etappen bzw. Gebietsabschnitte wieder:

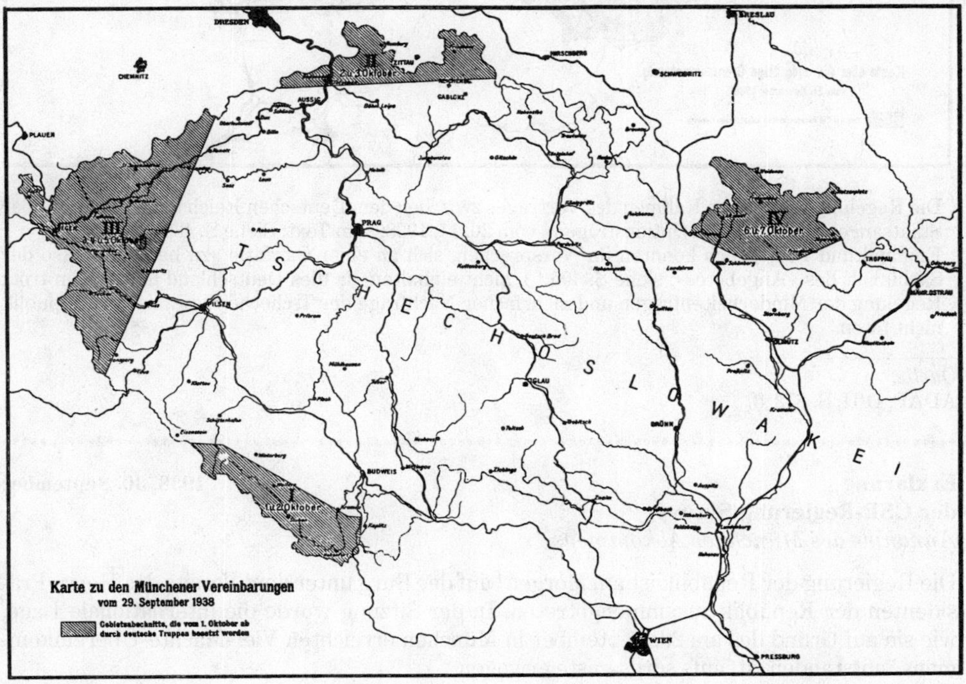

Karte zu den Münchener Vereinbarungen vom 29. September 1938

Gebietsabschnitte, die vom 1. Oktober ab durch deutsche Truppen besetzt werden

4 Der internationale Ausschuß stellte am 6. 10. 1938 das »restliche Gebiet vorwiegend deutschen Charakters« fest, das unmittelbar anschließend von deutschen Truppen besetzt wurde. Dazu Erklärung der ČSR v. 6. 10. 1938; zum Text: Siehe S. 424.

5 Der internationale Ausschuß beschloß am 13. 10. 1938 »einstimmig, . . . daß von Volksabstimmungen abzusehen sei«. Zu den Abläufen: Vgl. Habel: MVT, S. 262.

6 Die endgültige Grenze wurde vom internationalen Ausschuß am 21. 11. 1938 festgestellt; die folgende Karte (Abb. 6; aus »Verhandlungen zur Lösung der sudetendeutschen Frage«; hsg. v. Auswärtigen Amt; Berlin, 1938) gab sie wieder:

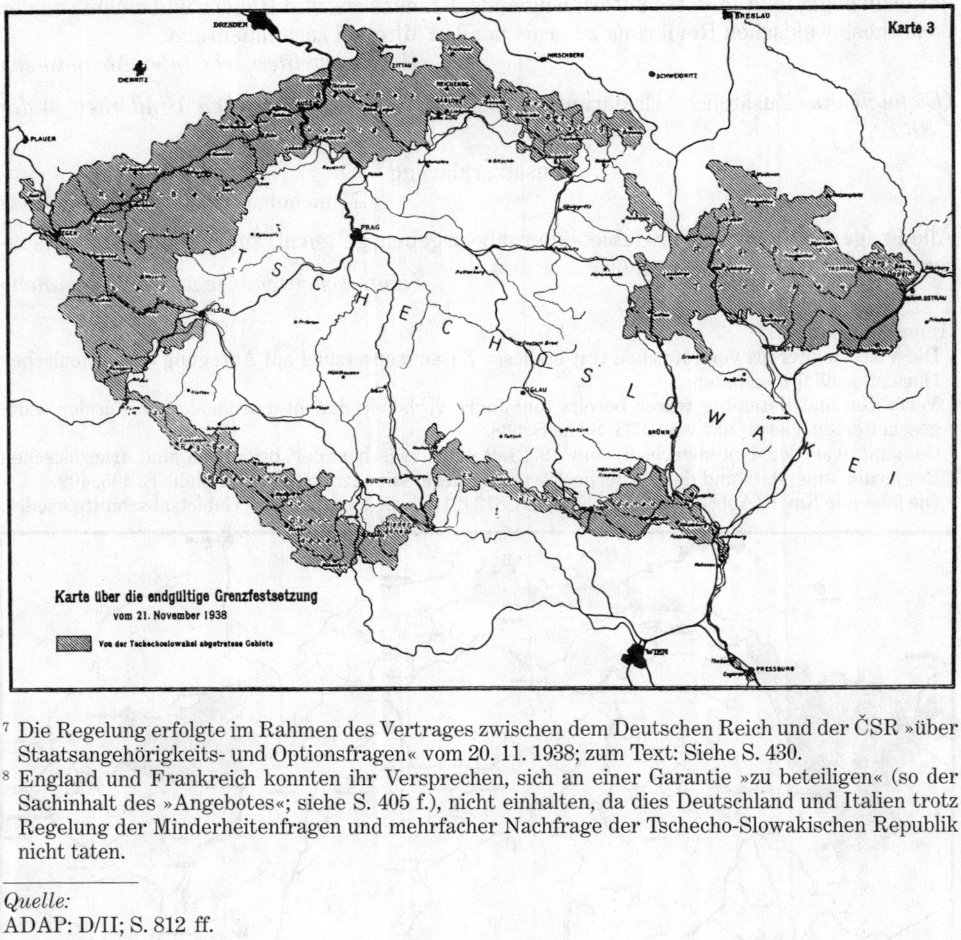

7 Die Regelung erfolgte im Rahmen des Vertrages zwischen dem Deutschen Reich und der ČSR »über Staatsangehörigkeits- und Optionsfragen« vom 20. 11. 1938; zum Text: Siehe S. 430.

8 England und Frankreich konnten ihr Versprechen, sich an einer Garantie »zu beteiligen« (so der Sachinhalt des »Angebotes«; siehe S. 405 f.), nicht einhalten, da dies Deutschland und Italien trotz Regelung der Minderheitenfragen und mehrfacher Nachfrage der Tschecho-Slowakischen Republik nicht taten.

Quelle:
ADAP: D/II; S. 812 ff.

****

Erklärung der ČSR-Regierung Syrový: **1938, 30. September**

Annahme des Münchner Abkommens

Die Regierung der Republik ist am Morgen[1] auf der Burg unter dem Vorsitz des Herrn Präsidenten der Republik zusammengetreten. In der Sitzung wurde die internationale Lage, wie sie auf Grund des am 29. September in München erreichten Vier-Mächte-Übereinkommens[2] entstanden ist, aufs sorgsamste erwogen.

Die Regierung hat dieses Übereinkommen sowie die in diesem Zusammenhang zu berücksichtigenden äußeren Umstände genau überprüft. Nach eingehender Beratung und Erwägung der dringenden Empfehlungen der britischen und der französischen Regierung und im Bewußtsein ihrer geschichtlichen Verantwortung hat die tschechoslowakische Regierung nach einhelliger Zustimmung der verantwortlichen Faktoren der politischen Parteien[3, 4] beschlossen, das Münchner Vier-Mächte-Übereinkommen auch ihrerseits anzunehmen. Sie hat diesen Beschluß im Bewußtsein gefaßt, daß es notwendig ist, die Nation[5] als solche zu erhalten und daß jede andere Entscheidung unmöglich erscheint.
Indem die Regierung der tschechoslowakischen Republik diese ihre Zustimmung bekanntgibt, erhebt sie Einspruch vor der ganzen Welt gegen Entscheidungen, die einseitig und ohne ihre Beteiligung getroffen wurden.

Anmerkungen:

1 Von 09.45 Uhr bis 11.30 Uhr unter Vorsitz des Ministerpräsidenten im Palais Kolowrat; dann ab 11.45 Uhr bis 12.00 Uhr bei Dr. Beneš auf dem Hradschin.

2 Zum Text: Siehe S. 415.

3 Dies erfolgte in einer ab 09.30 Uhr auf dem Hradschin unter Vorsitz von Dr. Beneš stattgefundenen Zusammenkunft.
Es nahmen teil: Milàn Hodža, Rudolf Beran und Josef Černý für die Agrarier, Antonín Hampl, Rudolf Bechyně und Ivan Dérer für die Sozialdemokraten, Jan Šrámek (Volkspartei), Emil Franke (Nationalsozialist), Rudolf Mlčoch (Gewerbepartei) sowie František Ježek und František Hodáč (Nationale Vereinigung).
Diese Parteien kontrollierten 173 Abgeordnete. Bereits mit den 55 Abgeordneten der SdP ergaben sich mit 228 im ČSR-Abgeordnetenhaus weit mehr Sitze, als die verfassungsändernde Mehrheit von $^3/_5$ der Abgeordneten (siehe Art. 3 und 33 der Verfassung vom 29. 2. 1920, S. 290 f.).
Zur formalen Transformierung des Münchner Abkommens in ČSR-Recht: Siehe S. 425.

4 Um 09.30 Uhr bzw. ca. 10.00 Uhr bat Dr. Beneš über den sowjetischen Geschäftsträger in Prag, Sergej S. Alexandrowski, bis 18.00 bzw. 19.00 (Prager Zeit) um Mitteilung, ob die UdSSR die ČSR in einem Krieg mit Deutschland unterstützen würde. Die telegrafische Anfrage wurde von Alexandrowski um 11.45 Uhr abgeschickt.
Aber bereits um ca. 12.00 Uhr teilte der Kanzler von Dr. Beneš, Smutný, dem UdSSR-Vertreter mit, daß die Frage nunmehr gegenstandslos sei, da die ČSR-Regierung die Annahme der Münchner Regelung beschlossen habe.
Vgl. Lukes, Igor: »Benesch, Stalin und die Komintern« in »Vierteljahreshefte für Zeitgeschichte«; München; Jg. 41, H. 3 (Juli 1993); S. 325–354, hier S. 334 f.

5 In einer Rundfunkrede am 30. 9.1938 sagte Ministerpräsident Syrový (auch) in deutscher Sprache zum Begriff der Nation (lt. Tonband im Besitz des Verfassers):
»Wir fordern unsere Nation und unser Volk auf, daß sie ihre Erbitterung, ihre Enttäuschung und ihren Schmerz bewältigen und die Zukunft in unseren neuen Grenzen zu sichern helfen. Es liegt nun in unseren Händen, innerhalb der neuen Grenzen unsere nationale Gemeinschaft neu aufzubauen. Wir werden zwar in engeren Grenzen, aber unter uns sein.«

Quelle:
Ripka, Hubert: »Munich before and after«; London, 1939; S. 231.

****

Erlaß **1938, 1. Oktober**
des Führers und Reichskanzlers Hitler
»über die Verwaltung der sudetendeutschen Gebiete«

§ 1

Mit der Besetzung der sudetendeutschen Gebiete durch deutsche Truppen übernimmt das Deutsche Reich die Verwaltung dieser Gebiete.

§ 2

An die Spitze der Verwaltung dieser Gebiete tritt der ›Reichskommissar für die sudetendeutschen Gebiete‹, sobald und soweit ich den dem Oberbefehlshaber des Heeres erteilten

Auftrag zur vorläufigen Ausübung der Verwaltung zurückziehe.

§ 3

Der Reichskommissar untersteht mir unmittelbar . . .

§ 4

Der Reichskommissar ist befugt, den Dienststellen des Staates, der Gemeinden und der sonstigen Körperschaften des öffentlichen Rechts . . . Weisungen zu erteilen . . .

§ 5

1) Das derzeit in den sudetendeutschen Gebieten geltende Recht bleibt bis auf weiteres in Kraft, soweit es nicht dem Sinne der Übernahme dieser Gebiete durch das Deutsche Reich widerspricht. Der Reichskommissar kann mit Zustimmung des zuständigen Reichsministers und des Reichsministers des Innern durch Verordnung das bestehende Recht ändern.
2) Die Verordnungen werden im »Verordnungsblatt für die sudetendeutschen Gebiete« verkündet. Sie treten, soweit sie nichts anderes bestimmen, mit dem auf die Verkündung folgenden Tag in Kraft.

§ 6

Zum Reichskommissar für die sudetendeutschen Gebiete bestelle ich den Führer der Sudetendeutschen Konrad Henlein.

. . .

§ 9

Der Reichsminister des Innern erläßt die zur Durchführung und Ergänzung dieses Erlasses erforderlichen Rechts- und Verwaltungsvorschriften.

Quelle:
RGBl. 1938; Teil I; S. 1331–1332.

****

Kurzbericht: 1938, (ab) 1. Oktober
Einige Aspekte der Besetzung des Sudetengebietes

Allgemeine Stimmung:
»Die Begeisterung der Bevölkerung war ungeheuer. Der Unterschied gegen Österreich erheblich. Dort waren mehr oder minder die Leute trunken, hier merkte man eine wirkliche Befreiung und ein Aufatmen der Leute nach schwerem Druck.«[1]
»Die ⟨*deutschen*⟩ Truppen waren . . . von der überströmenden Herzlichkeit des Willkommens, das ihnen von den Sudetendeutschen entgegengebracht wurde, zutiefst berührt. Dieses Willkommen überstieg bei weitem selbst den begeisterten Empfang, der dem Einmarsch in Österreich zu Anfang des Jahres entgegengebracht wurde.«[2]

Verhaftungen:
»Am 3. Oktober fuhren wir[3] von Bad Elster nach Marienbad. Dort Rücksprache mit dem Kommandierenden General ⟨*Freiherr v. Weichs*⟩, dem Chef des Stabes und dem Ic des GKdos. ⟨*Generalkommandos*⟩ XIII. Es herrschte beträchtliche Aufregung, weil die Gestapa[4] bereits anfing mit umfangreichen Verhaftungen[5,6] von Leuten der SdP[7]. Auch in Eger hatten wir von Frank[8] gehört, daß Schwierigkeiten entstanden seien. Frank hatte kurzerhand zwei Leute festgesetzt, die im Auftrage des SD gegen Henlein noch in den letzten Tagen gehetzt hatten. Auf Empfehlung des Kommandierenden Generals XIII. AK

⟨*Armeekorps*⟩ fand eine Besprechung mit dem Kreisleiter Senator Frank statt, einem ehemaligen österreichischen Generalstabsoffizier. Dieser sprach sich in den heftigsten Worten gegen die Verhaftungen seitens der Gestapa aus. Es sollen bereits 200 Verhaftungen erfolgt sein. Senator Frank sprach von den ›Lausbuben‹ der Gestapa, die ihm alles zerschlügen. Das Benehmen dieser Leute sei indiskutabel. Senator Frank war selber mit all' seinen politischen Leitern in der ČSR verblieben und hatte ein Freikorps ›Heimatland‹ aufgestellt, das bis zuletzt die Ordnung aufrechterhalten konnte. Senator Frank teilte weiter mit, daß auch innerhalb des Freikorps eine Aufbruch-Clique gebildet sei, die stark gegen Henlein hetzt. Er schilderte weiter, daß ein infamer Machtkampf bereits jetzt ausgebrochen sei. Diese Dinge wurden in Karlsbad dem Oberbefehlshaber [General v. Reichenau] und seinem Chef des Stabes vorgetragen. Der Oberbefehlshaber erklärte sich bereit, Senator Frank am nächsten Tage zu empfangen. Durch den Chef des Stabes, General Bernard, wurde sofort ein Befehl herausgegeben, daß alle Verhaftungen nur mit Wissen der SdP-Kreisleitung und des AOK ⟨*Armeeoberkommandos*⟩ erfolgen dürften.«[9]

⟨*12. 10. 1938:*⟩
»Major Schn.[iewind] hat auf Befehl des O⟨*ber*⟩B⟨*efehlshabers*⟩ Heeresgruppe 3 die Forderung an den Stellvertreter von Oberführer Jost[10] gerichtet, alle Verhaftungen innerhalb von 24 Stunden den örtlichen Kreisleitern usw. der SdP zu melden unter gleichzeitiger Meldung an die Heeresgruppe. Antwort steht noch aus. Sollte sie negativ sein, wird der OB die Durchführung befehlen. Es sollen im Bereich der Heeresgruppe 3 bisher etwa 500 Verhaftungen erfolgt sein. Aber auch Entlassungen sind bereits erfolgt. Ein klares Bild über die gegenwärtige Zahl der Verhafteten ist zur Zeit nicht vorhanden.[11] Der OB hat Befehl erteilt, daß nur amtliche Stellen Verhaftungen vornehmen dürfen.«[12]

⟨*14. 10. 1938:*⟩
»Der III f ⟨*d. h. der für Gegenspionage zuständige Offizier des IV. Armeekorps*⟩ meldet über zahlreiche Verhaftungen von SdP-Mitgliedern und Amtswaltern durch die Gestapa westlich der Elbe im Raume Dux, Brüx. Die Verhaftungen sollen auf Grund des Fahndungsbuches[6] vorgenommen sein. Dieses enthalte offensichtlich zahlreiche Fehler.
...
Nach Aussage des Grafen Yorck ⟨*der Beauftragte des Reichspreiskommissars im Sudetengebiet*⟩ sollen im Friedländer Zipfel über 2500 Verhaftungen vorgenommen sein. Irgendwelche positiven Unterlagen über die Verhaftungen sind an keiner Stelle zu erlangen.«[13]

⟨*Fluchtvorgänge und Konsequenzen:*
Vor dem 1. 10. 1938 waren aus Schicksalssorge vor politischer Verfolgung und vor dem wahrscheinlichen Krieg zahlreiche Menschen aus dem Sudetengebiet in das Deutsche Reich und nach Innerböhmen[14] *ausgewichen/geflohen.*
Nunmehr erfolgten (freiwillige und unfreiwillige) Rückführungsaktionen gemäß dem Regierungsabkommen vom 6. 10. 1938; zum Inhalt: Siehe S. 426.
Ein Bericht darüber besagt u. a.:⟩
»Einer der beiden Flüchtlingszüge aus Neudek bei Karlsbad endete damals ⟨*d. h. vor dem 1. 10. 1938*⟩ am Bahnhof Kladno ... In Přitočno ⟨*nahe Kladno*⟩ wurden sie in Notlagern untergebracht. Die Bevölkerung des Ortes nahm sich sehr um diese Flüchtlinge an und versorgte sie, so gut es ging ... Mehrere junge Männer und auch einige Familien versuchten mehrmals, bis nach Prag durchzukommen, aber alle Straßen, die zur Hauptstadt führten, waren von der Polizei abgesperrt. Dennoch gelang es einigen wenigen, sich über Felder und Buschland durchzuschlagen, zunächst nach Prag und dann bis nach Schweden und England.
Für die Neudeker Flüchtlinge in Přitočno hieß es jedoch eines Tages, von der tschechischen Gendarmerie mit Nachdruck empfohlen, daß sie wieder packen und zum Bahnhof Kladno

zurücklaufen sollten. Dort wartete noch der Sonderzug, der mit seinen verzweifelten Insassen in das inzwischen von Hitlers Wehrmacht besetzte Sudetenland zurückfahren mußte. Im Bahnhof Karlsbad wurden die ersten Männer aus dem Zug geholt. Die übrigen wurden, ebenso wie die vom tschechischen Militär zurückgekehrten Männer, in Neudek ›gefaßt‹. Einige führende Nazis in dem Textil- und Metallarbeiterstädtchen Neudek hatten sie an die Gestapo verraten. Sie wurden, nachdem sie befehlsgemäß in der Meldestelle vorgesprochen hatten, sofort festgenommen und unter dem Gejohle einiger Nazis, die am Marktplatz schon darauf gewartet hatten, zum Gericht hinuntergetrieben. Von dort ging es in den meisten Fällen zunächst ins Zuchthaus Zwickau und dann weiter in das KZ Dachau. Erst im folgenden Frühjahr kehrten die meisten von ihnen nach Neudek zurück, um umgehend zum Arbeitseinsatz ins Reich geschickt oder zur Wehrmacht eingezogen zu werden.«[15]

Eine Empfehlung des ČSR-Verteidigungsministeriums vom 7. 10. 1938 besagte, die »jüdischen und deutschen Flüchtlinge«, *die sich im Gebiet von Kolin, Kuttenberg und Poděbrad* »ballen (hromadí)«, *aus allen tschechischen Gebieten auszuweisen.*[16]

Quellen und Anmerkungen:

1 Vgl. Groscurth, Helmuth: »Tagebücher eines Abwehroffiziers 1938–1940«; Hsg. v. Helmut Krausnick (m. a.); Stuttgart, 1970, S. 131 f.
Groscurth war deutlicher Gegner des NS-Regimes.

2 So der Bericht des britischen Militärattachés in Berlin, Oberst McFarlane, vom 10. 10. 1938 an den britischen Botschafter in Berlin, Sir Neville Henderson; von diesem weitergegeben an den britischen Außenminister Lord Halifax am 12. 10. 1938.
Vgl. DBFP 3/III; S. 161 ff., hier S. 166.
Vgl. auch die Angaben der »Deutschland-Berichte der Sozialdemokratischen Partei Deutschlands«; 5. Jg. 1938; Frankfurt/Main, 1980; S. 1027–1044, 1173–1177.

3 Gemeint u. a. auch Admiral Canaris, Chef der deutschen militärischen Abwehr.

4 Gestapa = »Geheimes Staatspolizei*amt*«, früher Behördenname der Gestapo = Geheime Staatspolizei.
Zu Details vgl. Höhne, Heinz: »Der Orden unter dem Totenkopf«; Gütersloh, 1967; v. a. S. 165 f., 185, 210, 259 usw.

5 Reinhard Heydrich, Chef der Gestapo, hatte insgeheim bereits ab Februar 1938 durch z. B. tschechisch-Unterricht für ausgewählte SS-Offiziere und die laufende Organisationsentwicklung von »Einsatzgruppen« für die Besetzung des Sudetengebietes vorgeplant. Später entwickelte er für seine Konkurrenten im NS-Verantwortungsdschungel nur schlecht zugängliche, durch diese Einsatzgruppen abzuwickelnde »Vorbereitungen zur Beseitigung der deutschen Kommunisten im sudetendeutschen Gebiet«. Die dadurch alarmierte deutsche Wehrmachtführung konnte zwar erreichen, daß offiziell die ihrem Abwehrchef Canaris unterstehende, v. a. aus früheren Beamten der Kriminalpolizei bestehende Geheime Feldpolizei mit dieser Aufgabe betraut wurde.
Heydrich selbst ließ jedoch lediglich versprechen, »alle Vorbereitungen« im Einvernehmen mit der Wehrmacht zu treffen; in seine Maßnahmen ließ er sich offensichtlich nicht hineinreden.
Vgl. Groscurth: a. a. O.; S. 126 f.

6 Die »Einsatzgruppen« kamen mit klaren Richtlinien, wie eine Gestapo-Stelle zu arbeiten. In den Weisungen hieß es u. a.:
»Festnahmen und Durchsuchungen (mit Beschlagnahmen, Sicherstellungen usw.) erfolgen:
a) auf Grund der Sonderfahndungsliste ⟨*auch als* ›Fahndungsbuch‹ *bezeichnet*⟩, die jedem Beamten usw. gegen Quittung ausgehändigt wird und die als geheimer Gegenstand zu behandeln ist,
b) auf Grund erstatteter Anzeigen, in deren Verfolgung sorgfältig und verantwortungsbewußt abzuwägen ist, daß einerseits keinesfalls Unschuldige unnötig schikaniert werden dürfen und daß andererseits der sudetendeutschen Bevölkerung gezeigt werden muß, daß die deutsche Polizei zielklar und kraftvoll durchgreift.«
Außerdem wurden die allgemeinen Schutzhaftbestimmungen durch eine Sonderregelung dahingehend geändert, daß die Dauer der vorläufigen Festnahme von 10 Tagen auf 4 Wochen zu verlängern sei.
Die durchschnittliche Dauer dieser vorläufigen Festnahmen scheint jedoch relativ kurz gewesen zu sein. Nur so ist eine Anweisung im Rundschreiben des Chefs der Sicherheitspolizei vom 30. 10. 1938

zu erklären, die »seit dem Einrücken der deutschen Truppen auf sudetendeutschem Gebiet festgenommenen und inzwischen wieder freigelassenen Personen« zu erfassen.
Vgl. Wlaschek, Rudolf M.: »Juden in Böhmen«; München, 1990; S. 93.
Angaben aus Akten des Bundesarchivs, Koblenz.
In der Gemeinde Rossbach (Kreis Asch) mit rd. 4.200 deutschen Einwohnern wurden nach dem 1. 10. 1938 30 Personen in derart »kurzzeitige Schutzhaft« genommen sowie 28 Personen für längere Zeit in ein KZ eingeliefert; unter den letzteren gab es 4 Tote.
Vgl. Hofmann, Herbert: »Das Heimatbuch von Rossbach«; Hof (Ofr.), 1970; S. 591 f.

7 Die bekannte Abneigung v. a. der SS unter Heinrich Himmler und Heydrich gegen sog. »Bündische Elemente« in der SHF/SdP erstreckte sich auch auf Henlein, der mindestens »bis zum Jahre 1938 von vielen politischen Stellen ⟨*im Dritten Reich*⟩ restlos abgelehnt« wurde.
Vgl. Groscurth: a. a. O.

8 Gemeint: Karl Hermann F., Stellvertreter Henleins; nicht zu verwechseln mit dem nachfolgend erwähnten SdP-Kreisleiter von Karlsbad, Senator Frank.

9 Vgl. Groscurth: a. a. O.; S. 132 f.

10 Jost war der damalige Gebietschef der Auslandsspionage des SD der SS.

11 Das anscheinend bei Verhaftungen in dieser Zeit herrschende Chaos wird auch dadurch gekennzeichnet, daß sich nach einem anderen Bericht in Rückersdorf (Kreis Friedland) der örtliche Bürgermeister Ressel jeder Verhaftung selbst durch die Gestapo erfolgreich widersetzt haben soll.
Vgl. SZ; Nr. 90 v. 20. 4. 1994; S. 11.

12 Vgl. Groscurth: a. a. O.; S. 327.

13 Vgl. Groscurth: a. a. O.; S. 330 f.

14 Vgl. dazu auch das Material in Habel: MVT; S. 80–85.

15 Vgl. »Die Brücke«; Nr. 7 v. 15. 7. 1994; S. 16.
Insgesamt wurden über 25.000 sudetendeutsche Sozialdemokraten in NS-KZs verbracht und fast 1.000 getötet.
Vgl.: Gabert, Volkmar: »Der Kampf der deutschen Sozialdemokraten gegen Hitler und Henlein« in »Sudetenland«; München, Jg. 37 (1995), Nr. 3; S. 303–315.

16 Zum Text vgl. Bubeníčkova, R.: »Deset řijonových dnu roku (10 Tage des Oktober) 1938« in »Odboj a revoluze – zprávy« (Widerstand und Revolution – Nachrichten); Jg. 6 (1968), Nr. 4; Prag; S. 118–183, hier S. 166 f.

****

Rundfunkrede des ČSR-Staatspräsidenten Edvard Beneš[1]: *Rücktritt*[2]

1938, 5. Oktober

. . .
Ich habe dem Herrn Vorsitzenden der Regierung[3] soeben einen Brief gesandt, durch den ich mich meines Amts begebe.[2] Und ich wende mich an Sie, um mich als Präsident von Ihnen zu verabschieden . . .
Wir werden einen Nationalstaat haben, wie das in gewissem Sinne die Entwicklung des Nationalitätenprinzips erfordert. Darin wird große Kraft für unseren Staat und unser Volk liegen. Dies wird ihnen große neue Schöpferkraft und eine starke sittliche Grundlage verleihen, wie sie bisher nicht vorlag. Unsere Nationalkultur wird sich vertiefen und verstärken. Noch sind wir genügend stark an Zahl und Kraft und blicken daher hoffnungsvoll in die Zukunft[4] . . .

Anmerkungen:

1 Die Tschechen hatten von Dr. Beneš in dieser Zeit eine sehr schlechte Meinung. Die von einem hellsichtigen Beobachter im Dezember 1938 skizzierte Atmosphäre – sie führte auch zu zahlreichen Spottgedichten auf den Präsidenten – ist in mancher Hinsicht beachtenswert:
»Ich frage mich, ob sich jemand, der nicht hier gewesen ist, eine Vorstellung von dem Chaos machen kann, das die Münchner Katastrophe im politischen Leben und Denken in der Tschechoslowakei hervorgerufen hat.

All das, was noch Kräfte des Zusammenhaltes ausübte, ist verlorengegangen. Nichts außer Bitterkeit, Verunsicherung und Zweifel bleiben in der Öffentlichkeit zurück.
Jede Vorstellung von Liberalismus und besonders von Demokratie kam hoffnungslos und unwiederbringlich in Verruf. Ich verbrachte Wochenenden auf dem Land, wo die Gäste nichts anderes taten, als in einer vollkommen düsteren Stimmung einen Schnaps nach dem anderen hinunterzustürzen und unzählige Male zu wiederholen: ›Wie ist es nur möglich, daß irgendein Volk sich von so einem 'Sauhund' – so einem internationalen, demokratischen 'Sauhund' – wie Beneš führen lassen konnte? So ein Volk hat kein Existenzrecht. Es sollte vollkommen vernichtet werden‹, usw.
Um die ganze Bedeutung ⟨*dieses Meinungswandels*⟩ zu erkennen, muß man nur daran denken, daß vor wenig mehr als einem Jahr bei Masaryks Begräbnis die ganze Nation in einem Ausbruch von Trauer und Verehrung für den Staat vereint schien und für die politischen Maßnahmen, die er eingeleitet hatte, die natürlich auch die Außenpolitik von Beneš einschlossen.«
Vgl. Kennan, George: »From Prague after Munich. Diplomatic Papers 1938–1940«; Princeton (N. J., USA), 1968; S. 7; der Ausdruck »Sauhund« im Original in deutscher Sprache.

[2] Später sollte Dr. Beneš, der am 22. 10. 1938 ins Exil ging, diesen Rücktritt als erpreßt bezeichnen.

[3] Gemeint: Ministerpräsident Jan Syrový.

[4] Am 30. 11. 1938 richtete Dr. Beneš aus London folgendes Glückwunschschreiben an seinen am gleichen Tage gewählten Nachfolger, Emil Hácha:
»Herr Präsident,
ich weiß genau, welch schweren Aufgaben Sie sich als Präsident der Republik gegenübersehen und wünsche daher der Republik wie auch Ihnen persönlich, daß Ihre heutige Wahl in dieser schweren Zeit vollauf zum Guten gereichen möge. Sie haben dem Vaterland als Präsident des Obersten Verwaltungsgerichts sowohl durch Ihre große Erfahrung und Kenntnis wie auch durch gerechte und mutige Prozeßentscheidungen in manchmal sehr delikaten Verfahren große Dienste erwiesen; die Tatsache Ihrer einstimmigen Wahl macht dies nur noch deutlicher. So wünsche ich Ihnen, daß Ihnen Ihre neue Aufgabe aufs beste geraten möge, auf daß Staat und Volk aus der heutigen Lage so rasch und gut wie möglich hervorgehen.
Mit dem Ausdruck aufrichtiger Verehrung Dr. Edvard Beneš.«
Vgl. Beneš: a. a. O. (siehe Quelle); S. 80 f.

Quelle:
Beneš, Edvard: »Paměti« (Erinnerungen); Prag, 1947; S. 433–437, hier S. 433, 435.

****

Erklärung **1938, 6. Oktober**
der tschechoslowakischen Regierung:
Annahme der neuen Grenze

Mit tiefem Schmerz hat die Tschechoslowakische Regierung von der Entscheidung der vier Großmächte Kenntnis genommen. Sie nimmt die Grenzen des Gebiets an, das vom 7. bis 10. Oktober von den deutschen Truppen zu besetzen ist[1], und verpflichtet sich, die Maßnahmen zu treffen, die diese Entschließung umfaßt.

. . .

Anmerkung:

[1] Gemeint war die Entscheidung des Internationalen Ausschusses v. 6. 10. 1938 über »das restliche Gebiet vorwiegend deutschen Charakters« (siehe S. 418) im Sinne von Ziff. 4, Abs. 3 des Münchner Abkommens (siehe S. 416).

Quelle:
ADAP: D/IV; S. 33.

****

Kurzbericht: 1938–1940
Die internationale Billigung des Münchner Abkommens

Vorbemerkung:
Nachfolgend werden in starker Raffung Billigungserklärungen des Münchner Abkommens durch Regierungen[1] *wiedergegeben.*
Zu den Widerrufserklärungen: Siehe S. 477 f.

1. Tschecho-Slowakei[2]

14. Dezember 1938: *Einstimmige Billigung des Regierungsprogrammes der tschecho-slowakischen Regierung Beran.*
Darin: Verpflichtung zur Durchführung des Abkommens.
Damit: Indirekte[3] *und neuerlich verfassungsändernde*[4] *Genehmigung des Münchner Abkommens.*

2. Großbritannien

4. Oktober 1938: *Billigung eines Regierungsberichtes über die Münchner Verhandlungen und Ergebnisse im Unterhaus*[5] *mit 366 : 144 Stimmen.*

3. Frankreich

5. Oktober 1938: *Billigung eines Regierungsberichtes über die Münchner Verhandlungen und Ergebnisse in der Nationalversammlung mit 535 : 75 Stimmen.*

4. Sowjetunion

1. Januar 1940: *Billigung*[3] *auch der Münchner Verhandlungen und Ergebnisse durch Abbruch der diplomatischen Beziehungen zur ČSR und Aufnahme diplomatischer Beziehungen zur Slowakischen Republik.*[6]

5. USA

Oktober 1938: *Billigung durch US-Präsident Roosevelt*[7].
4. Januar 1940: *Billigung durch Runderlaß des Außenministeriums*[8].

6. Die UNO / Alliierten Siegermächte des Zweiten Weltkrieges

8. August 1945: *Anerkennung der Rechtsgültigkeit*[9]*, da die »Hauptkriegsverbrecher« (Hermann Göring etc.) auch wegen Verletzung des Münchner Abkommens angeklagt werden.*

Quellen und Anmerkungen:
[1] An 1938 noch privaten Stimmen, die später wichtig wurden, seien zum Umfeld damaliger Meinungen nur aufgeführt:
a) John F. Kennedy (US-Präsident 1961–1963) in »Why England Slept«; London, 1940; S. 196: »Ich glaube, daß Chamberlain ehrlich dachte, damit ⟨*durch das Münchner Abkommen*⟩ sei ein großer Schritt zur Heilung eines europäischen Fieberpunktes getan. Ich glaube, daß die englische öffentliche Meinung nicht genügend aufgestachelt war, um ihm in einen Krieg zu folgen. Die meisten Menschen in England meinten: ›Es ist keinen Krieg wert, um die Sudetendeutschen daran zu hindern, nach Deutschland zurückzukehren.‹«
b) Helmut Schmidt (deutscher Bundeskanzler 1974–1982) in »Politischer Rückblick auf eine unpoli-

tische Jugend – Kindheit und Jugend unter Hitler«; hsg. v. Wolf Jobst Siedler; o. O., o. J. (ca. 1992); S. 215:
»Wir glaubten, daß das Sudetenland, das – wie ganz Böhmen – bis 1918/19 zu ⟨*Österreich*⟩ gehört hatte, den Österreichern durch den ›Versailler Schandvertrag‹ widerrechtlich weggenommen worden sei. Und da nun Österreich seit dem März 1938 ein Teil des Deutschen Reiches geworden war, was auch viele Nicht-Nazis unter den österreichischen und deutschen Bürgern begrüßt hatten, erschien es uns lediglich als natürlich, daß das deutschsprachige Sudetengebiet jetzt zum Deutschen Reich kam.«
Im gleichen Band von anderer Autorin (S. 125), 1938 bei Glatz (Schlesien) tätig, eine zeitgenössisch wohl weitverbreitete Ansicht:
»Und so waren wir auch der Überzeugung, daß die Sudetendeutschen von der Prager Regierung schlecht behandelt worden seien, daß sie in ihrem Deutschtum beeinträchtigt und unterdrückt würden. Man las von Übergriffen und Gefangennahmen, bis eines Tages im Spätsommer die ersten Flüchtlinge kamen, Familien mit Sack und Pack, übernächtigt und voller Angst, denn sie waren auf Schleichwegen über die durchgehend bewachte Grenze gekommen. Wir halfen ihnen, ihr Gepäck zu tragen, führten sie zur Verpflegungsstelle und zu den Notlagern in der Schule und am nächsten Tag zur Bahn zum Weitertransport.«

[2] Neuer Staatsname: Durch Č-SR-Verfassungsgesetze Nr. 299 und 328 vom 22. 11. 1938 erhielten die Slowakei und die Karpaten-Ukraine die Autonomie zuerkannt, welche für die Slowakei seit 1918 (siehe S. 228), für die Karpaten-Ukraine seit 1920 (siehe S. 289) versprochen worden war.

[3] Durch sog. »konkludentes Verhalten«; d. h. indem so gehandelt wird, als ob auch formal zugestimmt worden wäre.

[4] Die Verfassung der ČSR (vom 29. 2. 1920, zum Text: Siehe S. 289) verlangte dies in § 3.
Die erste und wegen der Zustimmungsbreite gleichfalls verfassungsändernde Genehmigung erfolgte am 30. 9. 1938. Siehe dazu S. 419.
Demgegenüber Dr. Beneš vor dem ⟨exil⟩-tschechoslowakischen Staatsrat in London am 11. 12. 1940:
»Vor allem haben wir die Münchner Verträge nie angenommen und anerkannt ... Unser Parlament hat niemals etwas davon, was uns geschah, gebilligt oder ratifiziert.«
Vgl. Beneš, Edvard: »Tři roky druhé světové války« (Drei Jahre des Zweiten Weltkrieges); London, 1942; S. 107.

[5] Aus der Debatte sind einige Beiträge wiedergegeben in Jaksch: Europa; S. 338–342.

[6] Die Slowakei hatte sich am 14. 3. 1939 zur unabhängigen Slowakischen Republik erklärt.
Vgl. Beneš, Edvard: »Paměti« (Erinnerungen); Prag, 1947; S. 220.

[7] a) Glückwunschtelegramm an Benito Mussolini
Vgl.: Churchill, Randolph S.: »The Myth of Munich« in »Time« ⟨*WZ.*⟩; New York, Bd. 59, Nr. 23 v. 9. 6. 1952; S. 4.
b) Brief an US-Botschafter in Rom
Vgl. »F. D. R.: His Personal Letters«; hsg. v. Eliot Roosevelt; Bd. II; New York, 1950; S. 818 f.

[8] Vgl. Langer, E.: »Seizure of Territory«; Princeton (N. J., USA), 1947; S. 218.

[9] So die Anklageschrift. Wiedergabe in Heydecker/Leeb: »Der Nürnberger Prozeß«; Köln, 1958; S. 541.

****

Regierungsabkommen **1938, 6. Oktober**
»über die Rückführung von Flüchtlingen[1] aus der Tschechoslowakei nach Sudetenland und in umgekehrter Richtung«:

Unterzeichner:
für die deutsche Regierung:
Reichsbahndirektor Holtz (Reichsverkehrsministerium)
für die tschechoslowakische Regierung:
Sektionschef Ing. Koller (Eisenbahnministerium in Prag)

⟨*Zweck und Inhalt:*
Die Vereinbarung enthielt 4 Artikel. Sie regelte die Rückführung der Flüchtlinge in beiden Richtungen über 7 Eisenbahnstrecken nach jeweils vorangehender Vereinbarung zwischen deutschen und tschechoslowakischen Verbindungsoffizieren sowie die gegenseitige Garantie der Sicherheit des zivilen Eisenbahnpersonals und des Eisenbahnmaterials.⟩

Anmerkung:

[1] Der durch das Abkommen betroffene Personenkreis ist ungewiß. Er könnte auch Transporte jener sudetendeutschen Sozialdemokraten umfaßt haben, die von den ČSR-Behörden unter Asylverweigerung in Innerböhmen in das Sudetengebiet zurückgeschickt wurden.
Siehe dazu S. 421 f.
Zum Umfang sudetendeutscher Rückkehrer aus dem Deutschen Reich sowie zur vorgeblichen Massenvertreibung von Tschechen aus dem Sudetengebiet: Vgl. Habel: MVT.

Wiedergabe
nach Singbartl, Hartmut: »Die Durchführung der deutsch-tschechoslowakischen Grenzregelung von 1938 in völkerrechtlicher und staatsrechtlicher Sicht«; München, 1979; S. 129.

****

Verordnung von Reichskommissar Henlein **1938, 22. Oktober**
»über die Auflösung, Überleitung und Eingliederung von Organisationen in den sudetendeutschen Gebieten«:
Gleichschaltung von Organisationen[1]

Auf Grund des § 5 des Erlasses des Führers und Reichskanzlers über die Verwaltung der sudetendeutschen Gebiete vom 1. Oktober 1938 (Reichsgesetzbl. I S. 1331)[2] wird mit Zustimmung des Reichsministers des Innern und des Reichsministers der Finanzen folgendes verordnet:

§ 1

Der Stillhaltekommissar für Organisationen[3] hat dafür zu sorgen, daß sämtliche Organisationen nationalsozialistisch ausgerichtet und geführt werden.

§ 2

Organisationen im Sinne dieser Verordnung sind sämtliche Vereine und Organisationen mit und ohne Rechtspersönlichkeit, Verbände, Stiftungsfonds und vereinsähnliche Gebilde, die einen Menschenzusammenschluß darstellen, sowie alle mit derartigen Organisationen zusammenhängenden Einrichtungen und Unternehmungen.

§ 3

(1) Der Stillhaltekommissar ist berechtigt, die zur Neuordnung von Organisationen, deren Überführung und Eingliederung in andere Organisationen oder zu deren Auflösung erforderlichen Verfügungen[4] zu treffen. Er kann auch die leitenden Organe abberufen, neue Organe bestellen, die Gebarung überprüfen lassen und die Vorlage aller hierzu erforderlichen Belege anordnen. Die Verfügungen des Stillhaltekommissars ergehen ohne Begründung und sind unanfechtbar.
(2) Auf Antrag des Stillhaltekommissars können die zuständigen Behörden Organisationen auflösen. Der Auflösungsbescheid bedarf keiner weiteren Begründung und ist unanfechtbar.
. . .

Anmerkungen:

[1] Zur »Neuordnung ⟨*des Staats-, Polizei- und Justizapparats*⟩ im Sudetengebiet« berichtete ein Korrespondent aus Berlin:
»Reichsinnenminister Dr. Frick hat zum ständigen und allgemeinen Vertreter des Reichskommissars für die sudetendeutschen Gebiete den Ministerialdirigenten im Reichsministerium des Innern Dr. Bracht bestellt. Gleichzeitig hat der Reichsinnenminister den Stellvertreter Konrad Henleins, Karl Hermann Frank, beauftragt, den Reichskommissar für die sudetendeutschen Gebiete auch im staatlichen Aufgabenbereich im Falle seiner Abwesenheit und bei repräsentativen Angelegenheiten zu vertreten.
Dr. Bracht war unter der Regierung Papen Reichskommissar für Preußen.

Polizeichefs aus dem Altreich
Bei der Dienststelle des Reichskommissars für die sudetendeutschen Gebiete sind zur Wahrnehmung der polizeilichen Aufgaben je ein Befehlshaber der Ordnungspolizei und ein Befehlshaber der Sicherheitspolizei bestimmt worden. Zum Befehlshaber der Ordnungspolizei wurde Generalmajor der Ordnungspolizei Pfeffer-Wildenbruch, zum Befehlshaber der Sicherheitspolizei der SS-Oberführer Oberregierungsrat Jost ernannt. Dem Befehlshaber der Ordnungspolizei unterstehen in den drei künftigen Regierungsbezirken Troppau, Aussig und Karlsbad die zuständigen Abschnittskommandeure der Ordnungspolizei, die vom Sitz des Regierungspräsidenten aus für ihren Bezirk die ordnungspolizeilichen Aufgaben erfüllen. Dem Befehlshaber der Sicherheitspolizei unterstehen die Behörden der Sicherheitspolizei, d. h. die Staatspolizeistellen und die Außenstellen der Reichskriminalpolizei in den sudetendeutschen Gebieten.
In Reichenberg wurde eine Staatspolizeileitstelle sowie in Karlsbad und Troppau je eine Staatspolizeistelle errichtet, denen die Wahrnehmung aller Aufgaben der Geheimen Staatspolizei in ihrem Bezirk obliegt. Die drei eingerichteten Behörden der Geheimen Staatspolizei erhalten unmittelbar vom Chef der Sicherheitspolizei bzw. vom Geheimen Staatspolizeiamt Berlin ihre Weisungen. Zum Leiter der Staatspolizeileitstelle Reichenberg ist der SS-Sturmbannführer Regierungsrat Dr. Kernert ernannt worden. Die Geheime Staatspolizei errichtet Außendienststellen, Grenzpolizeikommissariate und -posten, die den Staatspolizeistellen unterstellt sind. Die südlichen und südwestlichen Teile des Sudetenlandes werden der Staatspolizeileitstelle Wien, der Staatspolizeileitstelle Linz und der Staatspolizeistelle Regensburg angegliedert.
Reichsjustizminister Dr. Gürtner hat sich in Begleitung des Staatssekretärs Dr. Freisler und verschiedener Referenten seines Ministeriums in das Sudetenland begeben, um dem Reichskommissar Henlein einen Besuch abzustatten. Nachdem die vollziehende Gewalt in den sudetendeutschen Gebieten auf die Zivilverwaltung übertragen worden ist, hat der Reichsjustizminister die Verwaltung der Justizbehörden übernommen. Auf Grund der Verordnungen über die Ausübung der Rechtspflege in den sudetendeutschen Gebieten hat Reichsjustizminister Dr. Gürtner den Rechtsanwalt Dr. David aus Leitmeritz zum vorläufigen Leiter des in Reichenberg errichteten oberlandesgerichtlichen Senats berufen und ihm zugleich die alsbaldige Leitung der Justizverwaltung in den sudetendeutschen Gebieten übertragen ...«
Wiedergabe nach »Prager Tagblatt« ⟨*TZ.*⟩, Prag, 63. Jg., Nr. 250 v. 23. 10. 1938; S. 1. Hervorhebungen im Original.

2 Zum Text: Siehe S. 419.

3 Diese Funktion war bereits am 14. 10. 1938 geschaffen worden. Die »Anordnung über die Einsetzung eines Stillhaltekommissars für Organisationen im sudetendeutschen Gebiet« legte fest:
»Im Einvernehmen mit dem Reichsminister des Innern und dem Reichsminister der Finanzen ordne ich für die sudetendeutschen Gebiete folgendes an:

§ 1

Auf dem Gebiete des Organisationswesens bestelle ich den Reichsamtsleiter Albert Hoffmann zum Stillhaltekommissar für Organisationen im sudetendeutschen Gebiet.

§ 2

(1) Die weitere Tätigkeit aller Vereine und Organisationen mit und ohne Rechtspersönlichkeit, aller Verbände, Stiftungen, Fonds, vereinsähnlicher Gebilde, die einen Menschenzusammenschluß darstellen, sowie aller mit derartigen Organisationen zusammenhängenden Einrichtungen und Unternehmungen ist bis auf weiteres von der Genehmigung des Stillhaltekommissars abhängig.
(2) Unter diese Genehmigungspflicht fällt auch jede organisatorische, personelle und finanzielle Veränderung des derzeitigen Zustandes in diesen Organisationen.

§ 3

In dringenden Fällen, in denen die Tätigkeit einer Organisation aus wirtschaftlichen Gründen notwendig erscheint, kann der Bezirkshauptmann die weitere Tätigkeit widerruflich gestatten. Er hat hiervon dem Stillhaltekommissar unverzüglich Kenntnis zu geben.

Der Oberbefehlshaber des Heeres
von Brauchitsch«

Zum Text vgl.: »Verordnungsblatt für die sudetendeutschen Gebiete«; Berlin; Nr. 3 v. 15. 10. 1938, S. 18.

4 Diese Verfügungen wurden durch Vermögenseinzug bei »staatsfeindlichen« Vereinen ergänzt (vgl. RGBl. I, Nr. 91 v. 15. 5. 1939; S. 911 f.) und betrafen alle Nationalitäten.
Zwei Beispiele zur ideologischen und zeitlichen Reichweite:
a) Die sudetendeutschen Sozialdemokraten verloren ihre aus den Beiträgen der jeweiligen Mitglie-

der geschaffenen rd. 20 Volkshäuser und Arbeiterheime, 13 Gewerkschaftshäuser, fast 30 Naturfreundehäuser, 10 Konsumfabriken und über 1.500 Konsumfilialen an das NS-Regime.
Herkunft der Angaben: Mitteilung von Wissensträgern.

b) Der 1189 in Akkon (Palästina) als Bruderschaft gegründete »Deutsche (bis 1918: Ritter-)Orden«, im Kaisertum Österreich unter Sonderstatus mit einem habsburgischen Erzherzog als Spitze, besaß auch in Böhmen und Mähren-Schlesien umfangreichen Besitz, aus dem er u. a. Krankenhäuser, Armenhäuser, das Heilbad Karlsbrunn, Kindergärten und Schulen unterhielt. Durch die ČSR-Bodenreform von 1919 wurde mit über 230 km² ein großer Teil des Grundbesitzes des Ordens, der als ČSR-Sitz Freudenthal (N.-Mähr.) wählte, beschlagnahmt. Den Rest zog das NS-Regime durch Auflösung der Organisation »Deutsch-Orden Freudenthal« am 27. 2. 1939 zugunsten kommunaler Wohlfahrtsverbände ein.
Vgl. Demel, Bernhard: »Der Deutsche Orden in der Tschechoslowakei 1918–1939« in »Archiv für Kirchengeschichte von Böhmen – Mähren – Schlesien«; Königstein (Ts.); Bd. XIV (1997); S. 63–92.
Zur Meinung von Kardinal Beran im Jahre 1947 über das Eigentum des Ordens: Siehe S. 655.

c) Das Eigentum beider Organisationen befand sich 1998 im Besitz der ČR und von ihr ausgewählter Privatpersonen/Verbände; ČR-Ministerpräsident Zeman erklärte im Frühjahr 1999 in Freudenthal, der Orden werde »nicht ein einziges Steinchen« zurückerhalten.
Vgl. SdZ; Nr. 13 v. 2. 4. 1999; S. 2.

Quelle:
»Verordnungsblatt für die sudetendeutschen Gebiete«; Berlin; Nr. 7 v. 26. 10. 1938; S. 35 f.

****

Verordnung **1938, 12. November**
zum Schutz gefährdeten landwirtschaftlichen Grundbesitzes in den sudetendeutschen Gebieten
»Treuhänderische Verwaltung für ein Jahr«

Um die landwirtschaftliche Erzeugung in den sudetendeutschen Gebieten sicherzustellen, verordne ich auf Grund der Verordnung über die Durchführung des Vierjahresplans in den sudetendeutschen Gebieten vom 10. Oktober 1938 (Reichsgesetzbl. I S. 1392) folgendes:

§ 1

(1) Wird ein landwirtschaftlicher Betrieb oder ein landwirtschaftliches Grundstück nicht mehr ordnungsmäßig bewirtschaftet, so kann der Reichskommissar für die sudetendeutschen Gebiete die treuhänderische Verwaltung des Betriebes oder Grundstücks anordnen.
(2) Der Treuhänder wird vom Reichskommissar für die sudetendeutschen Gebiete bestellt und abberufen. Er untersteht dem Reichskommissar und hat seinen Weisungen Folge zu leisten.

§ 2

Während der treuhänderischen Verwaltung ruhen die Befugnisse der Eigentümer und der Nutzungsberechtigten; sie werden vom Treuhänder ausgeübt.

§ 3

Diese Verordnung tritt mit Wirkung vom 10. Oktober 1938 für die Dauer eines Jahres in Kraft.

Der Beauftragte für den Vierjahresplan
Göring
Generalfeldmarschall

Quelle:
»Verordnungsblatt für die sudetendeutschen Gebiete«; Berlin; Nr. 17 v. 18. 11. 1938; S. 170.

****

Vertrag **1938, 20. November**
zwischen dem Deutschen Reich und der Tschechoslowakischen Republik »über Staatsangehörigkeits- und Optionsfragen«
Erwerb der deutschen Staatsangehörigkeit; Option ohne Zwang zum Wohnsitzwechsel

...

§ 1

Diejenigen tschechoslowakischen Staatsangehörigen, die am 10. Oktober 1938 ihren Wohnsitz in einer mit dem Deutschen Reich vereinigten Gemeinde gehabt haben, erwerben unter Verlust der tschechoslowakischen Staatsangehörigkeit mit Wirkung vom 10. Oktober 1938 die deutsche Staatsangehörigkeit, wenn sie

a) vor dem 1. Januar 1910 in dem mit dem Deutschen Reich vereinigten Gebiet geboren sind oder
b) die deutsche Staatsangehörigkeit mit dem 10. Januar 1920 verloren haben oder
c) Kinder oder Enkelkinder einer Person sind, auf die die Voraussetzungen der Buchstaben a oder b zutreffen, oder
d) Ehefrauen von Personen sind, auf die die Voraussetzungen der Buchstaben a, b oder c zutreffen.

Tschechoslowakische Staatsangehörige deutscher Volkszugehörigkeit, die am 10. Oktober 1938 ihren Wohnsitz außerhalb des früheren tschechoslowakischen Staatsgebiets gehabt haben, erwerben unter Verlust der tschechoslowakischen Staatsangehörigkeit mit Wirkung vom 10. Oktober 1938 die deutsche Staatsangehörigkeit, wenn sie am 10. Oktober 1938 das Heimatrecht in einer mit dem Deutschen Reich vereinigten Gemeinde besessen haben.
Eine Ehefrau erwirbt die deutsche Staatsangehörigkeit nicht, wenn sie ihr Ehemann nicht erwirbt.

§ 2[1]

Die Deutsche Regierung kann bis zum 10. Juli 1939 das Verlangen stellen, daß Personen nichtdeutscher Volkszugehörigkeit, die nach den Bestimmungen dieses Vertrages tschechoslowakische Staatsangehörige bleiben und seit dem 1. Januar 1910 in das mit dem Deutschen Reich vereinigte Gebiet zugezogen sind, sowie ihre die tschechoslowakische Staatsangehörigkeit besitzenden Abkömmlinge das Deutsche Reich innerhalb einer Frist von drei Monaten verlassen. Die Tschechoslowakische Regierung wird diese Personen in ihr Gebiet aufnehmen.
Die Tschechoslowakische Regierung kann bis zum 10. Juli 1939 das Verlangen stellen, daß Personen deutscher Volkszugehörigkeit, die zur Zeit des Inkrafttretens dieses Vertrages tschechoslowakische Staatsangehörige sind und seit dem 1. Januar 1910 in das jetzige Gebiet der Tschechoslowakischen Republik zugezogen sind, sowie ihre Abkömmlinge die Tschechoslowakische Republik innerhalb einer Frist von drei Monaten verlassen. Diese Personen verlieren damit die tschechoslowakische Staatsangehörigkeit; die Deutsche Regierung wird sie in ihr Gebiet aufnehmen. Dies gilt nicht für Personen, welche die tschechoslowakische Staatsangehörigkeit nach dem 30. Januar 1933 erworben haben und bis zu dem genannten Zeitpunkt deutsche oder österreichische Staatsangehörige gewesen sind.

§ 3

Personen nichtdeutscher Volkszugehörigkeit, die nach den Bestimmungen des § 1 die deutsche Staatsangehörigkeit erwerben, können bis zum 29. März 1939[2] für die tschechoslowakische Staatsangehörigkeit optieren[3].

§ 4

Deutsche Volkszugehörige, die tschechoslowakische Staatsangehörige bleiben, können bis zum 29. März 1939[2] für die deutsche Staatsangehörigkeit optieren[3]. Dies gilt nicht für Personen, welche die tschechoslowakische Staatsangehörigkeit nach dem 30. Januar 1933 erworben haben und bis zu dem genannten Zeitpunkt deutsche oder österreichische Staatsangehörige gewesen sind.

§§ 5 bis 11 ⟨4⟩

§ 12

Personen, die das Gebiet des Deutschen Reiches oder der Tschechoslowakischen Republik verlassen müssen, weil dieses Verlangen auf Grund des § 2 gestellt worden ist, sowie Optanten, die bis zum 31. März 1940 ihren Wohnsitz in denjenigen Staat verlegen, für den sie optiert haben[5], dürfen das gesamte bewegliche Gut, das sie am Tage der Unterzeichnung dieses Vertrages besessen haben, mitnehmen und brauchen keine Abgaben hierfür zu entrichten. Ausgenommen hiervon sind bares Geld, Wertpapiere und Sammlungen, die für das Ausfuhrland von besonderer historischer oder kultureller Bedeutung sind; die Behandlung dieser Sachen bleibt einer besonderen Vereinbarung vorbehalten.

§§ 13, 14 ⟨6, 7⟩

Anmerkungen:

1 Siehe dazu den Abschnitt I der unter Anm. 7 wiedergegebenen Zusatzvereinbarung.

2 Siehe dazu den Abschnitt II der unter Anm. 7 wiedergegebenen Zusatzvereinbarung.

3 Der Kreis der Optionsberechtigten und die Folgen der Option (für die Tschechen, die für die ČSR optierten, Vermeidung von v. a. Wehrdienst) werden in der Literatur regelmäßig unvollständig bis falsch dargestellt.
Zur Zahl tschechischer Optanten für die ČSR: Siehe Habel: MVT; S. 108 f.
Das ČSR-Außenministerium informierte am 23. 2. 1939 die ČSR-Vertretungen in Deutschland wie folgt:
»Wenn bei Ihnen ein Angehöriger der Tschecho-slowakischen Volksgruppe um Rat in der Optionsfrage ersucht, wirken Sie diskret ein, daß er nicht für die ČSR optiere.
In Berlin wird über die Regelung des Schutzes der tschechoslowakischen Volksgruppe in jeder Richtung verhandelt und auch über die Verlängerung der Optionsfrist bis zum 29. Juni. Man muß sich daher mit der Abgabe der Optionserklärung nicht übereilen.
Die Gewinnung der tschecho-slowakischen Staatsangehörigkeit wird auch nach Ablauf der Optionsfrist erleichtert werden.
Die wirtschaftlichen Verhältnisse in der ČSR sind derzeit schwierig.«
Vgl.: »Das Abkommen von München 1938«; hsg. v. Václav Král; Prag, 1968; Nr. 297, S. 342.

4 Es folgten Bestimmungen, bei welchen Behörden und auf welche Weise (§§ 5, 6, 11) die kostenfreie (§ 8), formell abzugebende (§ 7) und unwiderrufliche (§ 10) Optionserklärung, die auch Familienangehörige umfaßte (§ 9), abzuwickeln ist.

5 Damit war kein *Zwang* zum Wohnsitzwechsel nach Option gegeben, wie dies die Alliierten und die ČSR-Bestimmungen nach 1919 (siehe S. 297) verfügt hatten.

6 Ein gemischter Ausschuß der Vertragspartner (§ 13) sollte auftretende Zweifelsfragen des Vertrages klären, der am 26. 11. 1938 in Kraft trat (§ 14).

7 »Zusatzvereinbarung ⟨*vom 4. 3. 1939*⟩
zu dem am 20. November 1938 zwischen dem Deutschen Reich und der Tschecho-Slowakischen Republik abgeschlossenen Vertrag über Staatsangehörigkeits- und Optionsfragen.
Die Deutsche Regierung und die Tschecho-Slowakische Regierung haben durch ihre unterzeichneten Bevollmächtigten in Bezug auf den Vertrag vom 20. November 1938 zwischen dem Deutschen Reich und der Tschecho-Slowakischen Republik über Staatsangehörigkeits- und Optionsfragen folgendes vereinbart:
I.
Die Deutsche Regierung und die Tschecho-Slowakische Regierung werden – unter Vorbehalt einer anderweitigen Verständigung hierüber – den § 2 des vorgenannten Vertrags vorläufig nicht anwenden.
II.
Die in den §§ 3 und 4 des vorgenannten Vertrags vorgesehenen Fristen werden bis zum 30. Juni 1939 einschließlich verlängert.
Zu Urkund dessen haben die Bevollmächtigten diese Zusatzvereinbarung unterzeichnet.«

Quellen:
a) Vertrag:
»RGBl. 1938«; Teil II; S. 896 ff.; dort auch Text in tschechischer Sprache.
ČSR-Slg. 1938; Nr. 300 im 100. Stück v. 26. 11. 1938; S. 1032 ff.
b) Zusatzvereinbarung: »Akten« A⟨*uswärtiges*⟩ A⟨*mt*⟩, P⟨*olitische*⟩ A⟨*bteilung*⟩, R⟨*egisternummer*⟩ 103758«; Fotokopie im Besitz des Verfassers.

****

Deutsch-tschechoslowakische Erklärung[1] **1938, 20. November**
über den Schutz der beiderseitigen Volksgruppen:
Erhaltung, freie Entwicklung und Betätigung des Volkstums

Die Deutsche Regierung und die Tschechoslowakische Regierung, von dem Wunsche geleitet, im Deutschen Reich und besonders in den sudetendeutschen Gebieten, beziehungsweise in dem Gesamtstaat der Tschechoslowakischen Republik und in deren einzelnen Ländern die Lage der beiderseitigen Volksgruppen im Geist einer verständnisvollen Zusammenarbeit zu regeln, erklären folgendes:

1. Die beiden Regierungen sind gewillt, über die Fragen, die die Erhaltung, freie Entwicklung und Betätigung des Volkstums der oben genannten Volksgruppen betreffen, sich fortlaufend zu verständigen.
2. Es wird ein ständiger deutsch-tschechoslowakischer Regierungsausschuß gebildet, der grundsätzliche und Einzelfragen aller Art, die sich auf das Volkstum der oben genannten Volksgruppen und ihrer Angehörigen beziehen, im Verhandlungswege zu regeln berufen ist.
3. Dieser Regierungsausschuß besteht aus vier ständigen Mitgliedern, nämlich aus je einem Vertreter des Deutschen und des Tschechoslowakischen Außenministeriums und aus je einem Vertreter des Deutschen Reichsministeriums des Innern und des Tschechoslowakischen Innenministeriums in Prag. Erforderlichenfalls wird sich der Regierungsausschuß durch eine beiderseits gleiche Zahl von Vertretern anderer Ressorts ergänzen, sowie Vertreter der oben genannten Volksgruppen und Sachverständige hinzuziehen.
4. Der Regierungsausschuß hält seine Sitzungen unter wechselseitigem Vorsitz abwechselnd in beiden Staaten ab.

. . .

Anmerkung:

[1] Die Erklärung war der Rest eines konzipierten, umfangreichen Volksgruppenschutzvertrages (Stand 2. 11. 1938: 22 Artikel mit mehreren Anhängen) zwischen dem Deutschen Reich und der ČSR, welcher nicht zum Abschluß kam.
Ähnlich blieben mit Wissen Hitlers begonnene weitere Entwürfe im Konzeptstadium stecken, darunter solche
– für einen »Freundschaftsvertrag« (Stand: 25. 11. 1938) mit einseitiger deutscher Garantie des (Rest-) Č-SR Staatsgebietes und einem geheimen militärischen Zusatzprotokoll (Stand: 3. 12. 1938);
– für eine »Wirtschaftsunion« (Stand: 9. 12. 1938) mit Zoll- (Art. 3) und Währungsunion (Art. 10).
Dagegen wurde der Vertrag zwischen dem Deutschen Reich und der ČSR über den Bau einer exterritorialen Autobahn Breslau – Wien sowie eines Oder-Donau-Kanals am 19. 11. 1938 abgeschlossen.
Zu obigen Entwürfen vgl. die z. T. wörtlich zitierende Darstellung in Bodensiek, Heinrich: »Der Plan eines ›Freundschaftsvertrages‹ zwischen dem Reich und der Tschecho-Slowakei im Jahre 1938« in »Zeitschrift für Ostforschung«; Marburg (Hes.); Jg. 10, H. 4 (September 1961); S. 462–476.

Quelle:
Aktenoriginal des Auswärtigen Amtes mit Paginierung »484749«, »484780«; Fotokopie im Besitz des Verfassers.

****

Gesetz des Deutschen Reiches **1938, 21. November**
»über die Wiedervereinigung der sudetendeutschen Gebiete mit dem Deutschen Reich«

Artikel I:
Die heimgekehrten sudetendeutschen Gebiete sind Bestandteil des Deutschen Reiches.

Artikel II:
Durch die Wiedervereinigung sind alle alteingesessenen Bewohner des sudetendeutschen Gebiets deutsche Staatsangehörige nach Maßgabe näherer Bestimmung.
. . .

Quelle:
RGBl. 1938, Teil I; S. 1641.

****

Vereinbarung **1938, 23. November**
zwischen der Deutschen und der Tschecho-Slowakischen Regierung »über die Wiederaushändigung zurückgelassener Wohnungseinrichtungen und persönlicher Gebrauchsgegenstände«

I.
1. Personen, die im Zusammenhange mit den politischen Ereignissen der letzten Wochen unter Zurücklassung beweglichen Eigentums ihren Wohnsitz oder Aufenthaltsort aus dem Deutschen Reich in die Tschecho-Slowakei oder aus der Tschecho-Slowakei in das Deutsche Reich verlegt haben, können ihr zurückgelassenes bewegliches Eigentum nach ihrem jetzigen Wohn- bzw. Aufenthaltsort abbefördern. Es ist wünschenswert, daß die Abbeförderung möglichst beschleunigt wird.
2. Die Abbeförderung beschränkt sich auf Wohnungseinrichtungen und persönliche Gebrauchsgegenstände (Kleider, Wäsche) usw. sowie auf das zur Ausübung eines Berufs notwendige Werkzeug. Bei Gegenständen, die einen Altertumswert besitzen, ist die Einholung einer besonderen Genehmigung gemäß den darüber in beiden Staaten geltenden Bestimmungen erforderlich. Andere bewegliche Vermögenswerte, insbesondere bares Geld und Wertpapiere, dürfen nicht mitgenommen werden. Die allgemeine Auseinandersetzung zwischen beiden Ländern wegen der Transferierung von Vermögen wird hierdurch nicht berührt.
3. Bis zur Durchführung des Abtransports gewährleisten beide Regierungen die Sicherstellung des zurückgelassenen Eigentums, soweit sie für die Verwaltung und die Aufrechterhaltung der Ordnung am Unterbringungsort verantwortlich sind.

II.
1. Die Abbeförderung erfolgt grundsätzlich durch den Eigentümer, der jedoch den Abtransport auf eigene Verantwortung auch durch einen persönlichen Bevollmächtigten oder durch ein Transportunternehmen bewerkstelligen lassen kann.
2. Falls behördlicherseits Bedenken gegen die Einreise des Eigentümers bestehen, kann die Genehmigung zum Abtransport davon abhängig gemacht werden, daß er durch einen persönlichen Bevollmächtigten oder ein Transportunternehmen vorgenommen wird.
. . .

⟨*Antragspflicht*⟩

IV.
1. Die Bezirksbehörde wird eine Ausfertigung des Antrages an die für den betreffenden Antragsteller ehemals zuständige Gemeindebehörde leiten und die zweite Ausfertigung

dem Antragsteller mit dem Vermerk über die getroffene Entscheidung wegen der Durchführung des Abtransport zugehen lassen.[1]
⟨*Es folgten Bestimmungen über die Reisepapiere der Beteiligten.*⟩
4. Für die Reise zum Zwecke der Abbeförderung wird dem Eigentümer bzw. dessen Bevollmächtigten freies Geleit und polizeilicher Schutz zugesichert.

V.

1. Die Abbeförderung kann von der Erfüllung der aus dem Mietvertrage bestehenden Verpflichtungen abhängig gemacht werden. Die Einzahlung rückständiger Mieten erfolgt auf dem Wege über den gegenseitigen staatlichen Verrechnungsverkehr.
2. Beide Regierungen werden dahin wirken, daß langfristige Mietverträge möglichst kurzfristig gelöst werden können. Es besteht Einigkeit darüber, daß die Miete bei einer Weitervermietung der Räume nur bis zum Tage dieser Weitervermietung gefordert werden kann.

VI.
Die vorstehende Vereinbarung gilt für den Abtransport von zurückgelassenem Eigentum, der spätestens bis zum 31. Januar 1939 beantragt wird.
. . .

Anmerkung:
[1] Die Vereinbarung enthielt bei genauer Regelung anderer Details keinerlei Hinweis, was bei einer negativen »Entscheidung« erfolge. Diese war offensichtlich überhaupt nicht vorgesehen.

Quelle:
(Deutscher) »Reichs- und Staatsanzeiger« Nr. 301 vom 27. Dezember 1938; S. 2.

****

ČSR-Regierungsverordnung **1938, 25. November**
»zur Durchführung des Vertrages vom 20. November 1938 zwischen der Čecho-Slovakischen Republik und dem Deutschen Reich über Staatsangehörigkeits- und Optionsfragen«
. . .

§ 1

Die Bestimmungen des zwischen der Čecho-Slovakischen Republik und dem Deutschen Reich am 20. November 1938 abgeschlossenen und in der Sammlung der Gesetze und Verordnungen am 26. November 1938 unter Nr. 300 kundgemachten Vertrages über Staatsangehörigkeits- und Optionsfragen[1] haben auch innerstaatliche Wirksamkeit.

§ 2

(1) Wenn eine Person, die nach den Bestimmungen des im § 1 angeführten Vertrages čechoslovakischer Staatsangehöriger bleibt oder wird, nicht das Heimatrecht in irgend einer Gemeinde im gegenwärtigen Gebiete der Čecho-Slovakischen Republik besitzt, wird ihre Heimatszuständigkeit in nachstehender Reihenfolge bestimmt in der Gemeinde:
a) wo sie zuletzt das Heimatrecht besaß,
b) wo ihre Eltern, gegebenenfalls ihre Großeltern das Heimatrecht besitzen oder zuletzt besaßen,
c) wo sie ihren Wohnsitz hat,
d) wo sie zuletzt ihren Wohnsitz hatte,
e) wo ihre Eltern, gegebenenfalls ihre Großeltern den letzten Wohnsitz haben oder hatten,
f) wo sie ein unbewegliches Vermögen besitzt.
(2) Kann die Heimatszuständigkeit nicht nach Absatz 1 bestimmt werden, so bestimmt sie das Ministerium des Innern nach freiem Ermessen.
. . .

Anmerkung:
[1] Zum Text: Siehe S. 430.

Quelle:
»ČSR-Slg.« 1938; Nr. 301 im 100. Stück v. 26. 11. 1938; S. 1041.

****

Sudetendeutsche Ergänzungswahl zum Großdeutschen Reichstag **1938, 4. Dezember**

⟨A Grundlagen

1) *Basis war das⟩* »Gesetz über die Ergänzungswahlen zum Großdeutschen Reichstag« *⟨vom 11. November 1938.*[1]
In diesem hieß es u. a.:⟩
»§ 2: Wahlberechtigt zur Wahl der sudetendeutschen Abgeordneten sind die spätestens am 4. Dezember 1918 geborenen Männer und Frauen deutschen oder artverwandten Blutes, die durch die Heimkehr der sudetendeutschen Gebiete die deutsche Staatsangehörigkeit erwerben.«
⟨Daher durften sich neben den deutschen und tschechischen Stimmberechtigten im Sudetengebiet auch solche Personen beteiligen, die im »Alt-Reich« oder in Österreich als dem Sudetengebiet zugehörige, bisherige ČSR-Staatsangehörige ansässig gewesen oder dorthin nach diesem Termin verzogen waren.

2) *Eine auf Grund des obigen Gesetzes zur Durchführung herausgegebene Verordnung des Reichsinnenministers vom 21. 11. 1938*[2] *enthielt in § 1:⟩*
»(1) Der Wahlzettel für die Ergänzungswahlen zum Großdeutschen Reichstag am 4. Dezember 1938 hat folgenden Wortlaut:
Sudetendeutsche Ergänzungswahl zum Großdeutschen Reichstag
Wahlzettel
Bekennst Du Dich zu unserem Führer
Adolf Hitler
dem Befreier des Sudetenlandes, und gibst Du Deine Stimme dem Wahlvorschlag der Nationalsozialistischen Deutschen Arbeiterpartei?
Dieser führt an seiner Spitze folgende Namen auf:
1. Adolf Hitler
2. Konrad Henlein
3. Karl Hermann Frank
Ja *⟨großer Kreis⟩* Nein *⟨kleiner Kreis⟩*
(2) Der Wahlzettel besteht aus weißem oder gelblichem Papier.«

⟨3) Damit wird deutlich, daß die nachfolgend dargestellten Ergebnisse nur für Tschechen (bzw. nur für Deutsche) über unterschiedliche Farben der Stimmzettel ermittelt werden konnten.
Eine Festlegung, daß tschechische Stimmberechtigte Wahlzettel mit gelblichem Papier erhalten sollten, konnte jedoch bisher nicht gefunden werden.

4) Die farbliche Unterscheidung der Wahlzettel folgte vermutlich der Methode der Volksabstimmung nach dem Anschluß Österreichs am 10. 4. 1938.[3]

B Ablauf
Zum allgemeinen Ablauf und zu Zwischenfällen während des Vorganges vgl. Habel: MVT; S. 192ff.

C Ergebnisse
4) Die publizierten Ergebnisse[4] *ergaben folgendes Bild (in Tausend Stimmen):⟩*

	Gesamt[4]				
		Davon:			
			im Sudetengebiet		
	Summe	außerhalb des Sudetengebietes	Gesamt	Deutsche	Tschechen[5]
	1 (= 2 + 3)	2	3 (= 4 + 5)	4	5
1. Stimmberechtigte	2,536.	323.	2,213.	•	•
2. Abgegebene Stimmen	2,500.	315.	2,185.	2,039.	146.
3. Ungültige Stimmen	5.	+ 0	5.	2.	3.
4. Abgegebene gültige Stimmen	2,495.	315.	2,180.	2,037.	143.
5. Davon: Ja	2,468.	314.	2,154.	2,036.	118.
Nein	27.	1.	26.	1.	25.

Quellen und Anmerkungen:

[1] Zum Text: Vgl. RGBl. 1938 Teil 1; Nr. 188 v. 12. 11. 1938; S. 1571.

[2] Zum Text: Vgl. RGBl. 1938 Teil 1; Nr. 196 v. 22. 11. 1938; S. 1636–1638, hier S. 1636. Siehe auch Zusätze, S. 1307.

[3] a) Bei dieser Abstimmung hatten die Wiener Tschechen auf eigenen Wunsch gesonderte Wahllokale erhalten.

b) Nach entsprechenden Zusicherungen von NSDAP-Gauleiter und Reichskommissar Bürckel führten die tschechoslowakischen Organisationen eine umfangreiche Propagandaaktion durch, deren Tenor der nachfolgenden Übersetzung eines Flugblattes in tschechischer Sprache zu entnehmen ist, welches zugleich die Methode der Abwicklung aufzeigte:

c) »Die Tschechoslowaken wählen am 10. April natürlich ›JA‹!
Landsleute! Wir erhielten bindende Zusagen der führenden Amtswalter, daß die Zukunft unserer Minderheit verbürgt ist. Weder unsere Schulen noch unsere Minderheitsorganisation und -vereine werden in ihrer Tätigkeit irgendwie eingeschränkt. In der Fabrik, der Werkstatt, dem Handwerk und Gewerbe sind wir vollberechtigte Staatsbürger. Wir müssen jedoch mit einem klaren Abstimmungsergebnis unsere Loyalität zum Staate nachweisen. Denkt daran, daß heute nicht Worte, sondern Taten gelten! Stimmt daher mit uns! Am 10. April müßt Ihr alle mit ›JA‹ antworten! Anfragen können jeden Tag von 6 Uhr bis 10 Uhr abends an die Bezirksagitationskanzleien gerichtet werden.

A) Können in den tschechischen Wahllokalen auch jene Tschechen wählen, die auf ihrem Wahlausweis etwa ein deutsches Wahllokal vermerkt haben?
Ja, sie können.
Sie gehen am Sonntag, dem 10. April 1938 gleich früh morgens in das Wahllokal, das auf ihrem Wahlausweis angegeben ist und erklären dem Vorsitzenden der Stimmkommission in deutscher Sprache: ›Herr Vorsitzender, ich möchte meine Stimme für den Führer in der tschechischen Wahlkommission abgeben.‹ Der Vorsitzende gibt demjenigen, der dies wünscht, auf seinen Wahlausweis den Stempel ›Tsch‹ und der Wähler geht in das tschechische Wahllokal bei der Bezirkshauptmannschaft (Magistrat) weiter, wo er seine Stimme abgibt.

B) Wie wird die Stimmabgabe durchgeführt?
Am Sonntag, dem 10. April morgens sollten Sie Ihre Wohnung so früh verlassen, daß Sie schon nach 7 Uhr morgens in Ihrem Wahllokal sind. Nehmen Sie mit
a) den Wahlausweis;
b) Dokumente (den Reisepaß, den Heimat- oder Geburtsschein, Erkennungskarte, Meldezettel);
c) im Magistratsgebäude gehen Sie in das Lokal, das mit einer tschechischen Aufschrift versehen ist;
d) auf dem Stimmzettel machen Sie ein Kreuz in den Kreis unter ›JA‹, stecken Sie ihn in den Umschlag, den Ihnen der Vorsitzende gab, und geben Sie ihn beim Kommissar ab. Damit haben Sie Ihre Pflicht erfüllt.

Wir verlassen uns auf Sie! Mit Ihrem ›JA‹ im tschechischen Wahllokal entscheiden Sie über die Zukunft der Minderheit!
Der Zentrale Agitationsausschuß des Tschechoslowakischen Minderheitenrates
(Herausgeber: Zentraler Agitationsausschuß des Ts. Minderheitenrates in Wien, für den Inhalt verantwortlich . . .)«

Die »JA« im Text des Originals stets in deutscher Sprache.

d) Auf dem Stimmschein war die Abstimmungsfrage aufgedruckt:
»Bist Du mit der am 13. März vollzogenen Wiedervereinigung Österreichs mit dem Deutschen Reich einverstanden und stimmst Du für die Liste unseres Führers Adolf Hitler?«

e) Insgesamt stimmten über 23.000 Wiener Tschechen ab, davon votierten exakt 23.000 mit »Ja«, 31 mit »Nein«, und 32 Stimmen waren ungültig.

Vgl. Brůhova, Táňa: »Československá menšina po nacistické okupaci Rakouska v březnu (Die tschechoslowakische Minderheit unter der nazistischen Besetzung Österreichs im März) 1938« in »Vídeňské svobodné listý« (Wiener Freie Blätter) ⟨*WZ.*⟩; Wien; Jg. 43, Nr. 9/10 v. 3. 3. 1988; S. 1.

4 Quelle für Gesamtzahlen: »Die Ergänzungswahlen zum Großdeutschen Reichstag am 4. Dezember 1938« in »Statistik des Deutschen Reiches«; hsg. v. Statistischen Reichsamt, Berlin; Bd. 531, 1939; S. 128–135, 138.

5 Wiedergabe für Tschechen nach Bartoš, Josef: »Okupované pohraničí a české obyvatelstvo (Das besetzte Grenzgebiet und die tschechische Bevölkerung) 1938–1945«; Prag, 1978; S. 186. Dortige Quelle: »DBA Koblenc (= Deutsches Bundesarchiv Koblenz), R 43/II 1368: Vorläufige Ergebnisse der Reichstagswahlen vom 4. Dezember 1938.«

****

Brief[1] **1938, Dezember**

des tschechoslowakischen Politikers Hubert Ripka (Nationalsozialist):

Beginn der Vertreibungsplanungen

...

Die Idee der Entfernung eines Teiles der Sudetendeutschen ⟨*aus ihrer Heimat*⟩ war unwillkürlich in die Vorstellungswelt einiger Beobachter des Verhaltens der Sudetendeutschen in den Jahren 1937 und 1938 eingedrungen. Die Tschechen selbst hielten jeden Plan dieser Art erst nach einem Krieg für durchführbar. Beneš und Ripka hatten die erste ernsthafte Diskussion der praktischen Möglichkeiten eines derartigen Vorgehens im Dezember 1938 (3)[1], da beide seit dem Münchner Abkommen den Krieg als unvermeidbar ansahen.

...

(3)[2] So Ripka in einem Brief an die Verfasserin.

...

⟨[3]⟩

Anmerkungen:

1 Vgl. auch Ripkas Buch »Czechoslovakia Enslaved«; London, 1950; S. 26. Dort gleiche Aussage ohne Datierung.

2 Die Fußnote (3) ist im Original enthalten.

3 Im tschechischen Untergrund in Prag verfaßte dann in Beantwortung einer Anfrage von Dr. Beneš bereits im August 1939 Prof. Peška einen »Pamětní spis o vyměně obyvatelstva« (Denkschrift über den Bevölkerungsaustausch), welche – im Gegensatz zum Titel – die einseitige Vertreibung von bis zu 3 Millionen Sudetendeutscher vorsah.
Zum Text vgl. »Češi a sudetoněmecka otázka (Die Tschechen und die Sudetenfrage)«; hsg. v. Jitka Vondrová; Prag, 1994; S. 21–23.

Quelle:

Wiskemann, Elizabeth: »Germany's Eastern Neighbours«; London, 1956; S. 62.

****

3. 1939–1945: Die Zeit des 2. Weltkrieges

»Es gehört zu den sudetendeutschen Fragen nicht das Problem des Protektorats Böhmen und Mähren; es hat ausschließlich mit der imperialistischen Politik des deutschen Reiches zu tun.
Es gehört zum Fragenkomplex auch nicht ›Heydrich und Lidice‹, die für sich zu den Furchtbarkeiten des Zweiten Weltkrieges zählen – sie haben keinen Bezug zur sudetendeutschen Frage.«

Ermacora, Felix: »Die sudetendeutschen Fragen«; München, 1992; S. 15.

****

Beschluß **1939, 22. Februar**
des Vorstandes der DSAP:
Schaffung der »Treuegemeinschaft sudetendeutscher Sozialdemokraten[1]«

Alle Angehörigen der Deutschen sozialdemokratischen Arbeiterpartei in der ČSR, mit welchen aufgrund der gegebenen Voraussetzungen ein organisatorischer oder ideeller Kontakt hergestellt werden kann, werden zusammengefasst in eine »Treuegemeinschaft sudetendeutscher Sozialdemokraten«. Für die Teilnahme an politischen Entscheidungen sind alle Mitglieder des auf dem letzten Parteitage gewählten Parteivorstandes zuständig, die im Rahmen der vorhandenen Möglichkeiten zu Beratungen herangezogen werden können. Mit der organisatorischen Leitung der Treuegemeinschaft werden die Genossen Taub und Paul betraut. Nach Maßgabe der finanziellen und organisatorischen Bedingungen wird auch die Herausgabe eines periodisch erscheinenden Informations-Blattes vorgesehen.
Die Bestimmungen des Standortes der Organisationsarbeit und des Erscheinungsortes des Informationsorgans obliegt einer kollektiven Entscheidung des Parteipräsidiums und des Sekretariates.
Die Zugehörigkeit der sudetendeutschen Sozialdemokratie zur Sozialistischen Arbeiterinternationale bleibt aufrecht.[2]

Anmerkungen:

[1] Die juristische Lage (auch) der sudetendeutschen Sozialdemokraten außerhalb Deutschlands wurde vom Hochkommissar des Völkerbundes für Flüchtlinge, Sir Herbert Emerson, unter Übernahme von Anregungen der britischen und französischen Regierung vom 9./10. 1. 1939 am 17. 1. 1939 in Genf wie folgt definiert:
Sie »sind Flüchtlinge, welche die tschecho-slowakische Staatsbürgerschaft hatten, aber jetzt keine andere als die deutsche besitzen, sowie veranlaßt wurden, das Gebiet, das vordem Teil des Tschecho-Slowakischen Staates war – d. h. das als Sudetenland bekannte Gebiet – in dem sie ansässig waren und das jetzt in Deutschland eingegliedert ist, zu verlassen. Es handelt sich um Personen, die das erwähnte Gebiet zu verlassen sich veranlaßt sahen oder sehen und die den Schutz weder der deutschen noch der tschecho-slowakischen Regierung genießen«.
Der Hochkommissar beantragte beim Rat des Völkerbundes, sein Mandat auf diese Flüchtlinge zu erweitern, und erhielt dies genehmigt.

Vgl. »League of Nations – Official Journal« (Völkerbund-Amtsblatt); Genf (Schweiz), Jg. 20, Nr. 2 (Februar 1939); S. 72 f.

2 Demgegenüber waren die tschechoslowakischen Sozialdemokraten bereits Ende Oktober 1938 aus der Sozialistischen Internationale (SI) ausgetreten.
Vgl. »Dokumente und Diskussionen«; hsg. vom Sekretariat der Sozialistischen Internationale, Paris; Jg. XIV, Nr. 15 v. 16. 11. 1938.

Quelle:
Kern, Karl: »Tschechische und sudetendeutsche Sozialdemokraten« in »Sudetendeutscher Artikeldienst«; hsg. v. Sudetendeutschen Rat, München; Jg. 6, Nr. 9 v. 4. 5. 1957; S. 3–6, hier S. 5.

****

Entscheidung[1] **1939, April**
des Stellvertreters des Führers (der NSDAP), Reichsminister Rudolf Heß:
Die SdP kämpfte in der Tschechoslowakei nur »um die Erhaltung des Deutschtums«

. . .

Abschließend[2] wird mitgeteilt[3], daß die Mitgliedschaft bei der Sudetendeutschen Partei nicht gleichzusetzen ist mit der Mitgliedschaft bei der NSDAP, weil die Sudetendeutsche Partei keinen der Entwicklung der NSDAP vergleichbaren politischen[4] Kampf geführt hat, sondern ausschließlich einen Kampf um die Erhaltung des Deutschtums auf dem Boden der ehemaligen Tschechoslowakei . . .

Anmerkungen:

1 Diese Entscheidung hatte auch den praktischen Sinn, die Mitglieder der SdP gegenüber Mitgliedern der NSDAP durch Verkürzung ihrer Mitgliedschaftsdauer bei der Besetzung öffentlicher Stellen zurückzusetzen.

2 Die Entscheidung war offensichtlich das Ergebnis längerer Überprüfung der SdP durch die NSDAP: Im Oktober 1938 sollte die Übernahme sudetendeutscher Beamter in den Dienst des Deutschen Reiches entschieden werden; eine gemeinsame Verfügung der Reichsminister des Innern (Nr. II SB 4744/38) und der Finanzen (A 4022 Sud-19106/VI) vom 18. 10. 1938 sah diese vor. Bereits damals wurde der Vertreter des Amtes des Stellvertreters des Führers wie folgt zitiert:
»Dr. von Helms will auch die Frage der Übernahme nicht von einem Gutachten der SdP abhängig gemacht haben, da die SdP nicht die Stellung der NSDAP habe und auch nicht im ganzen in die NSDAP übergeleitet werde.«
So der »Bericht über die Besprechung im ⟨*deutschen*⟩ Auswärtigen Amt betreffend die Maßnahmen für die volksdeutschen Beamten in den sudetendeutschen Gebieten« vom 21. 10. 1938; Fotokopie im Besitz des Verfassers.

3 Die Entscheidung dürfte sich auch auf Einsprüche gegen eine Weisung des Reichsschatzmeisters (der NSDAP), Schwarz, vom 7. 12. 1938 über die »Aufnahme sudetendeutscher Volksgenossen in die NSDAP« bezogen haben. In dieser hieß es u. a.:
»Wer kann zur Aufnahme vorgeschlagen werden?
Zur Aufnahme in die Nationalsozialistische Deutsche Arbeiterpartei in den sudetendeutschen Gebieten können vorgeschlagen werden:
Gruppe 1: Amtswalter und Amtswalterinnen der Sudetendeutschen Partei, Amtswalter des Deutschen Turnverbandes, Führer des Freiwilligen Deutschen Schutzdienstes (FS), sowie Führer aller Formationen der Sudetendeutschen Freikorps.
Gruppe 2: Mitglieder der Sudetendeutschen Partei, die bis zum 15. März 1938 dieser angehört haben bzw. bis zum gleichen Tage beigetreten sind, Mitglieder der Deutschen Nationalsozialistischen Arbeiterpartei ohne Rücksicht auf ihre Mitgliedschaft bei der Sudetendeutschen Partei, Mitglieder der Sudetendeutschen Partei, die aktive Angehörige des Freiwilligen Deutschen Schutzdienstes (FS) oder der Sudetendeutschen Freikorps waren, ohne Rücksicht auf den Zeitpunkt ihres Eintritts in die Sudetendeutsche Partei.
Gruppe 3: Mitglieder der Sudetendeutschen Partei, die in der Zeit vom 16. März 1938 bis 10. April 1938 beigetreten sind.
Die in den Gruppen 1–3 nicht genannten SdP-Mitglieder, insbesondere die, welche vom 10. April 1938 bis einschließlich 31. Mai 1938 eingetreten sind, werden durch die Ortsgruppen erfaßt und vorläufig in örtlichen Opferringen zusammengeschlossen.«

Vgl. »Das Dritte Reich. Dokumentarische Darstellung des Aufbaues der Nation«; hsg. »mit Unterstützung des Reichsarchivs« v. Gerd Rühle; Bd. VII (1938); Berlin, 1939; S. 276 f.
Die Daten 15./16. 3. und 10. 4. 1938 könnten sich auf den Anschluß anderer sudetendeutscher Parteien an die SdP bezogen haben (siehe S. 380), das Datum 31. 5. 1938 auf die Gemeindewahlen (siehe S. 387).

[4] Das heißt: Keinen ideologischen (gegen Andersdenkende) und rassistischen Kampf (gegen z. B. Juden), wie die NSDAP im sogenannten Alt-Reich und Österreich.
Zu jüdischen Mitgliedern der SdP: Siehe S. 389.
Zu einer sehr ähnlichen Ansicht der ČSR-Exilregierung noch aus dem Jahre 1941: Siehe S. 388.

Quelle:
Rönnefarth, Helmuth: »Die Sudetenkrise in der internationalen Politik«; Wiesbaden, 1961; S. 132.

****

Erlaß **1939, 7. Juni**
Adolf Hitlers »über die Gewährung von Straffreiheit«
Amnestie für (die meisten) Vorgänge vor dem 1. 12. 1938

Aus Anlaß der Heimkehr der sudetendeutschen Gebiete in das Reich und der Übernahme des Protektorats über Böhmen und Mähren gewähre ich Straffreiheit nach folgender Maßgabe:

Artikel I

Für die sudetendeutschen Gebietsteile, die im Oktober 1938 in das Reich heimgekehrt sind, bestimme ich:

§ 1

(1) Die Teilnahme an der Nationalsozialistischen Deutschen Arbeiterpartei, ihren Gliederungen und angeschlossenen Verbänden in den sudetendeutschen Gebieten sowie an der Deutschen Nationalsozialistischen Arbeiterpartei (DNSAP), der Deutschen Nationalpartei (DNP), der Sudetendeutschen Heimatfront (SHF), der Sudetendeutschen Partei (SdP) und ihren Unterorganisationen, ferner deren Förderung und Unterstützung sind, soweit sie nach den Vorschriften des früheren tschecho-slowakischen Rechts verboten und strafbar waren, auch schon für die Zeit vor der Wiedervereinigung der sudetendeutschen Gebiete mit dem Deutschen Reich rechtmäßig; Verurteilungen, die deswegen ausgesprochen worden sind, gelten als nicht erfolgt.
(2) Darüber hinaus gewähre ich für die Straftaten und Verwaltungsübertretungen, die im Kampfe für die Erhaltung des Deutschtums in den sudetendeutschen Gebieten oder für ihre Heimkehr ins Reich vor dem 1. Dezember 1938 begangen wurden, Straffreiheit mit folgender Maßgabe:

Strafen, die beim Inkrafttreten dieses Erlasses rechtskräftig erkannt und noch nicht vollstreckt sind, werden ohne Rücksicht auf ihre Höhe erlassen. Anhängige Verfahren werden eingestellt, neue Verfahren werden nicht eingeleitet.

§ 2

(1) Über § 1 hinaus gewähre ich für Straftaten und Verwaltungsübertretungen, die von deutschen Staatsangehörigen oder Volksdeutschen vor dem 1. Dezember 1938 aus politischen Beweggründen in den sudetendeutschen Gebieten begangen sind, Straffreiheit, sofern Freiheitsstrafe von nicht mehr als zwei Jahren oder Geldstrafe, allein oder nebeneinander, verwirkt ist. Strafen, die beim Inkrafttreten dieses Erlasses rechtskräftig erkannt und noch nicht vollstreckt sind, werden erlassen. Anhängige Verfahren werden eingestellt, neue Verfahren werden nicht eingeleitet.
(2) Ausgenommen ist Landesverrat zum Nachteil des Deutschen Reichs.

§ 3

(1) Für Straftaten und Verwaltungsübertretungen, die von Angehörigen der ehemaligen tschecho-slowakischen Republik nicht deutscher Volkszugehörigkeit oder von Personen tschechischer Volkszugehörigkeit vor dem 1. Dezember 1938 aus politischen Beweggründen in den sudetendeutschen Gebieten oder im Hinblick auf das Schicksal dieser Gebiete begangen sind, gewähre ich Straffreiheit ohne Rücksicht auf die Art und Höhe der verwirkten Strafe. Strafen, die beim Inkrafttreten dieses Erlasses rechtskräftig erkannt und noch nicht vollstreckt sind, werden erlassen. Anhängige Verfahren werden eingestellt, neue Verfahren werden nicht eingeleitet.

(2) Ausgenommen von der Straffreiheit sind:

a) Verbrechen gegen das Leben,
b) Raub,
c) Sprengstoffverbrechen, wenn durch die Tat ein Mensch getötet oder verletzt worden ist,
d) Handlungen, bei denen die Art der Ausführung oder die Beweggründe eine gemeine Gesinnung des Täters erkennen lassen.

Artikel II

§ 4

Für das Protektorat Böhmen und Mähren bestimme ich:

1. Für Straftaten, die von deutschen Staatsangehörigen oder volksdeutschen Bewohnern des Protektorats dort in der Zeit vor dem 16. März 1939 begangen worden sind, gewähre ich Straffreiheit nach Maßgabe der entsprechend anwendbaren §§ 1 und 2.
2. Für Straftaten, die von den übrigen Bewohnern von Böhmen und Mähren dort in der Zeit vor dem 16. März 1939 begangen worden sind, gewähre ich Straffreiheit nach Maßgabe des entsprechend anwendbaren § 3, soweit sie der deutschen Gerichtsbarkeit unterliegen.

. . .

Quelle:
RGBl. 1939; Teil I; Nr. 108 v. 19. 6. 1939; S. 1023 f.

****

Äußerung **1939, 3. Oktober**
Hermann Görings[1] zum US-Sonderbotschafter[2] William R. Davis:
Neue tschechoslowakische Regierung möglich

. . . Sie können ⟨*dem US-Präsidenten*⟩ Herrn Roosevelt versichern, daß, wenn er vermitteln[3] will, Deutschland einer Anpassung zustimmen wird, wodurch ein neuer polnischer Staat und eine neue unabhängige tschechoslowakische Regierung[4] entstehen wird . . .

Anmerkungen:
1 Designierter Nachfolger Hitlers.
2 Die Funktion und Bedeutung von Davis werden in anderen Darstellungen erheblich unverbindlicher dargestellt.
Vgl. z. B. Higham, Charles: »Trading with the Enemy«; New York, 1995; S. 65 ff.
3 Gemeint ist eine Vermittlung im Zweiten Weltkrieg, der am 1. September 1939 begonnen hatte.
4 In den am 29. 2. 1940 herausgegebenen »Richtlinien des Führers ⟨*d. h. Hitlers*⟩ für die Gespräche mit US-Unterstaatssekretär Sumner Welles«, der im März 1940 eine Informationsreise durch Europa unternahm, hieß es demgegenüber u. a.:
»Eine Diskussion einzelner konkreter politischer Fragen, wie z. B. der Frage eines zukünftigen polnischen Staates, ist nach Möglichkeit zu vermeiden. Falls die Gegenseite derartige Themen anschneidet, wäre zu erwidern, daß solche Fragen von mir entschieden werden. Daß das von England und Frankreich immer wieder aufgeworfene Thema Österreich und Protektorat Böhmen und Mähren für Deutschland außer jeder Diskussion steht, ist selbstverständlich.«
Vgl. ADAP: D/VIII; S. 645.
Siehe auch S. 1307.

Quelle:
Tansill, Charles C.: »Back Door to War«; Chicago (Ill., USA), 1952; S. 560, auch 606 f.

****

Denkschrift sudetendeutscher Sozialdemokraten[1] (im Exil): **1939, 18. Oktober**
Lage der Sudetengebiete nach dem Krieg

. . .

1. Der Wille der Tschechen, einen unabhängigen Staat zu bilden ist evident; wir verstehen und billigen ihn.
2. Wir haben als ein Teil des sudetendeutschen Volkes vor allem aber die Interessen dieses Volkes zu vertreten, und wir müssen es deshalb auf Grund unserer zwanzigjährigen Erfahrungen ablehnen, unter gleichen oder ähnlichen Bedingungen, wie sie zum Münchener Übereinkommen bestanden, das sudetendeutsche Volk einem vorwiegend tschechischen Staat einzugliedern.
3. Die Entscheidung darüber, ob – und wenn ja, unter welchen Bedingungen und Sicherungen – die Sudetendeutschen mit den Tschechen einen gemeinsamen Staat bilden oder sich einem anderen Staat anschließen sollen, muß diesem Volk selbst vorbehalten bleiben. Sie ist durch ein Plebiszit unter internationaler Kontrolle (wie seinerzeit die Abstimmung im Saargebiet) einzuholen.
4. Da es zweckmäßig sein könnte, diese Entscheidung auf einen späteren Zeitpunkt zu vertagen, muß für die – auf längstens fünf Jahre festzulegende – Zwischenzeit die wirtschaftliche, soziale, kulturelle und allgemein bürgerliche Ordnung im Sudetengebiet unter tätiger Hilfe von Organen sichergestellt werden, die der Völkerbund zu bestimmen hätte.

. . .

7. Alle Sympathie für den tschechischen Freiheitskampf kann und darf an der Tatsache nichts ändern, daß wir nicht ein Teil des tschechischen Volkes sind und daß dessen Ziel – die Wiederherstellung eines tschechischen Staates – nicht einfach auch das unsere sein kann . . .
8. . . . Wir müssen – sollten wir überhaupt noch einen Versuch machen, mit den Tschechen einen gemeinsamen Staat zu bilden – darauf bestehen, daß dieser Staat:

a) in keiner offenen oder versteckten Form ein tschechischer Nationalstaat sein dürfe,

. . .

c) daß das sudetendeutsche Gebiet volle Selbstverwaltung mit eigener Regierung, . . . eigener Polizei und eigener Ordnung der wirtschaftlichen, sozialen und kulturellen Angelegenheiten habe,
d) daß außer dem Staatsoberhaupt nur die Außenvertretung, die Staatsbank, die Verwaltung der Zölle und das Militär gemeinsame Staatsangelegenheiten sein würden, . . . wobei jedem der autonomen Teile des Staatsganzen . . . ein Vetorecht einzuräumen wäre,
e) daß die Vereinbarung darüber . . . unter internationalen Schutz gestellt werden würde,
f) daß schließlich innerhalb einer Frist von fünf Jahren die im Punkt 3 vorgesehene Volksabstimmung durchzuführen sei . . .

Anmerkung:
[1] Aus einem Memorandum der Abgeordneten Franz Katz und Eugen de Witte, publiziert in London.

Quelle:
Mitteilungen eines Empfängers; Auszug in »Wenzel Jaksch – Edvard Beneš«; hsg. v. Friedrich Prinz; Köln, 1973; S. 138.

****

SD-Bericht[1] **1939, 13. Dezember**
zu »Gruppierungen der tschechischen Minderheit im Sudetengebiet«[2]
Im ⟨Reichs-⟩Gau Sudetenland[2] *schätzungsweise 400.000 Tschechen*

Die Befreiung des Gaues Sudetenland brachte ein Rückfluten[3] aller der in den letzten Jahren eingedrungenen tschechischen Bevölkerungselemente mit sich, die im sudetendeutschen Gebiet nicht Wurzel gefaßt hatten. Vor allem verließen mit den tschechischen Soldaten das Gebiet die tschechischen Staatsbeamten, die seit 1933 im sudetendeutschen Gebiet dauernd verstärkte Staatspolizei, Gendarmerie, die leitenden Beamten der staatlichen Unternehmungen (Eisenbahn, Post, Bergbau, Forste) und die Leiter der tschechischen Bankfilialen und in früher deutsche Unternehmungen eingedrungene Leute der tschechischen Wirtschaft. Insgesamt verließen, nach Angaben des seinerzeit von den Tschechen aufgezogenen Instituts für Flüchtlingshilfe[4] aus den sudetendeutschen Gebieten 152.000 Tschechen das sudetendeutsche Gebiet. Nach Schätzungen von sudetendeutscher Seite betrug die Zahl der damals zurückgezogenen Tschechen 180.000 bis 200.000.
Zurückgeblieben[3] sind alle diejenigen Tschechen, welche seit längerer Zeit im Sudetenland saßen oder in den letzten Jahren Haus- und Grundbesitz erworben hatten. Es blieb daher zurück die Masse der tschechischen Bauern, ein Teil der aus der tschechoslowakischen Bodenreform mit Grund und Boden beteiligten und seit 1921 eingewanderten Kolonistenbauern und Restgutbesitzer. Es blieben weiter hier die Mehrzahl der tschechischen Arbeiter in der Industrie und im Bergbau; es blieben ferner hier tschechische Eisenbahner, Postangestellte, Hilfsorgane der Verwaltungsbehörden, Handwerker, Gewerbetreibende und Kaufleute.
Diese tschechische Bevölkerung von schätzungsweise 400.000 (die Ergebnisse der Volkszählung vom 17. 5. sind bisher nicht bekannt) verteilt sich über den Gau sehr unregelmäßig. Es gibt gewisse Gebiete des Gaues, die hinsichtlich des hohen Prozentsatzes an tschechischer Bevölkerung als volkspolitische Gefahrenzonen bezeichnet werden müssen. Diese Gefahrenzonen sind ungefähr folgende:
...
1. Das Gebiet von Troppau und Neu-Titschein. In diesen Kreisen bildet die tschechische Bevölkerung die Mehrheit. Zum Großteil handelt es sich um alteingesessenes tschechisches Bauerntum, das eine vollkommen ausgebaute soziale Struktur entwickelt hat. In diesen teilweise über 90% tschechischen Dörfern finden wir neben den Bauern den tschechischen Handwerker, tschechische Gewerbetreibende, den tschechischen Kaufmann, den tschechischen Vieh- und Getreidehändler, ebenso wie die Intelligenz durch den tschechischen Lehrer vertreten ist.
2. Der tschechische Korridor von Hohenstadt. In diesem Gebiet mit ungefähr 80.000 Tschechen, die in 77 zur Mehrheit tschechischen Gemeinden wohnen, liegen die Dinge ähnlich wie im Gebiet Troppau – Neu-Titschein. Allerdings hat hier die Verfestigung des tschechischen Bauerntums durch reichliche Zuteilungen aus der tschechoslowakischen Bodenreform größere Bedeutung als im Troppau – Neu-Titscheiner Abschnitt.
3. Die Gefahrenzone entlang der Iserstraße (von Braunau bis Deutsch-Eiche). Das tschechische Element ist hier beruflich zum Teil als Bauern und Kleinbauern, zum anderen Teil als Arbeiter und Handwerker tätig.
4. Das Dux-Brüxer Kohlenrevier. Seit 1850 wurden in dieses Gebiet Arbeiter aus den anschließenden tschechischen Landschaften Innerböhmens hereingenommen, die auch heute noch dort arbeiten und eine starke und besonders unruhige Minderheit bilden.
5. Das Gebiet vor Pilsen in den Kreisen Mies und Bischofteinitz. Es handelt sich hier teils um Bauern, teils um Arbeiter im Gebiet um Nürschan, Bergarbeiter.
Schließlich gibt es noch einige gefährdete Einbruchsstellen. Vor allem das Elbtor im

Kreis Leitmeritz und entlang der gesamten Protektoratsgrenze unterstützungsbedürftige und bedrohte Gemeinden.
Die Volksdeutschen dieser Gebiete erwarten, daß im Rahmen der Stärkung des deutschen Volkstums im Sudetengau planmäßig an der Durchdringung dieser genannten Gebiete mit deutschem Volkstum und deutschen Kultur- und Wirtschaftsmaßnahmen gearbeitet wird, zumal sich die deutschfeindlichen Aktionen der tschechischen Minderheit seit Kriegsbeginn immer wieder auf die angegebenen Gebiete konzentrierten.

Anmerkungen:

[1] a) Zur Charakterisierung dieser Berichte (in aller Kürze): Etwa 30.000 V⟨*ertrauens*⟩-Leute des S⟨*icherheits-*⟩D⟨*ienstes*⟩ im R⟨*eichs*⟩S⟨*icherheits*⟩H⟨*aupt*⟩A⟨*mt*⟩ waren angewiesen (z. B. in der Arbeitsanweisung des SD-Leitabschnittes Stuttgart vom 12. 10. 1940): »Jeder V-Mann muß überall ... jede Gelegenheit wahrnehmen, um durch Gespräche in unauffälliger Form die tatsächliche stimmungsmäßige Auswirkung aller wichtigen ... innerpolitischen Vorgänge und Maßnahmen zu erfahren.«

b) Der deutsche Historiker Eberhard Jäckel verwendete die SD-Berichte zur Schilderung, »Wie die Deutschen das Ende des Krieges erlebten« (in der Monatszeitschrift »Damals«; Stuttgart, Nr. 5/95; S. 16 ff.), und charakterisierte sie im einzelnen und ihrer Zusammenfassung wie folgt:
»Zwar gab es damals noch keine Meinungsforschung. Aber die ⟨*NS-*⟩Regierung war von Anfang an daran interessiert gewesen zu erfahren, was die Leute dachten, wie ihre Stimmung war. Zahlreiche Behörden, vor allem der SD, der Sicherheitsdienst der Partei, schrieben auf, was ihnen zu Ohren kam. Diese Berichte begannen auf der örtlichen Ebene und wurden dann für größere Gebiete, am Ende für das ganze Reich zusammengefaßt. Tausende solcher Berichte sind erhalten, in vielen Bänden auch veröffentlicht, und wenn man sie liest, bekommt man einen sehr plastischen Eindruck von dem, was die durchschnittlichen Deutschen dachten und fühlten.«

[2] Der Bericht spricht in seiner Überschrift vom »Sudetengebiet«, behandelt jedoch praktisch nur das kleinere Gebiet des Reichsgaues Sudetenland.

[3] a) Zu Zahlen sowohl der »zurückgefluteten« wie auch der »zurückgebliebenen« Tschechen vgl. Habel: MVT; v. a. S. 80 f.

b) Zur Abgrenzung der »Protektoratszugehörigkeit« besagte eine diesbezügliche Regierungsverordnung des Protektorates vom 11. 1. 1940, daß auch alle im Sudetengebiet am 10. 10. 1938 lebenden und nicht für die Č-SR optiert habenden Tschechen »Protektoratszugehörige« seien. Es hieß in ihr v. a.:
»§ 1: Angehörige des Protektorates Böhmen und Mähren wurden mit Wirkung vom 16. März 1939 frühere tschechoslowakische Staatsangehörige, die
a) am 16. März 1939 den Wohnsitz, das Heimatrecht oder den Anspruch auf Heimatzugehörigkeit in einer Gemeinde auf Protektoratsgebiet hatten, oder
b) am 10. Oktober 1938 den Wohnsitz in einer Gemeinde der früheren tschecho-slowakischen Länder Böhmen und Mähren-Schlesien hatten, die damals dem Deutschen Reiche angegliedert wurden, jedoch bei dieser Angliederung die tschecho-slowakische Staatszugehörigkeit beibehielten oder durch Option neuerlich erwarben, oder
c) Angehörige der tschechischen Nationalität sind und am 16. März 1939 das Heimatrecht in der Slowakei oder der Karpatenukraine hatten.
§ 2: Die Erlangung der Protektoratszugehörigkeit durch Personen, die in § 1 aufgeführt sind, erstreckt sich auf Personen, die ihnen nach den geltenden Bestimmungen im Heimatrecht folgen.«
Zum Gesamttext vgl. »Sammlung der Gesetze und Verordnungen des Protektorates Böhmen und Mähren«; Jg. 1940, Teil 4; Prag; Nr. 19 v. 18. 1. 1940; S. 19 f.

c) Das neuerliche »Rückfluten« kurzzeitig abgewanderter, nunmehriger Protektoratsangehöriger in das Sudetengebiet scheint bedeutsam gewesen zu sein. Jedenfalls erließ das Reichsinnenministerium am 19. 3. 1940 folgende »Anweisung« zur »Sicherung der Grenze gegenüber dem Protektorat Böhmen und Mähren«:
»Um eine Überfremdung und weitere Unterwanderung in den an das Protektorat Böhmen und Mähren grenzenden deutschen Gebieten durch Tschechen zu verhindern, werden die Landräte in der Grenzzone gegenüber dem Protektorat Böhmen und Mähren (§ 1 der Grenzzonenverordnung vom 2. 9. 1939 – RGBl. I, S. 1578 –) auf Grund des Gesetzes über die Sicherung der Reichsgrenze ... vom 9. März 1937 (RGBl. I, S. 281) ermächtigt, einzelne Angehörige des Protektorats Böhmen und Mähren, deren Aufenthalt in der Grenzzone unerwünscht ist, aus diesem Gebiet auszuweisen.

Die Ausweisung kann räumlich und zeitlich beschränkt werden. In erster Linie sind die Protektoratsangehörigen aus diesen Gebieten wieder zu entfernen, die aus Anlaß der Eingliederung des Sudetenlandes geflohen waren und seitdem unerlaubt wieder zurückgekehrt sind. Die weiteren Richtlinien über die Handhabung des Ausweisrechts im einzelnen erlassen die zuständigen höheren Verwaltungsbehörden, die auch für die Entscheidung von Beschwerden gegen Ausweisungsverfügungen zuständig sind. Massenausweisungen von Protektoratsangehörigen haben auf alle Fälle zu unterbleiben. Bei der Prüfung der für eine Ausweisung in Frage kommenden Einzelfälle sind die Gesichtspunkte des Arbeitseinsatzes zu berücksichtigen.
Die Befugnisse der Staatspolizeistellen bleiben unberührt.
Die Meldebehörden sind anzuweisen, ihr besonderes Augenmerk darauf zu richten, daß die Protektoratsangehörigen bei der polizeilichen Meldung richtige Angaben über ihre Staatsangehörigkeit machen.
Von einer Veröffentlichung dieser Anordnung ist abzusehen.«
Wiedergabe nach »Die Deutschen in der Tschechoslowakei«; hsg. v. Václav Král; Prag, 1964; S. 400 f.

[4] Zu Einzelheiten vgl. Habel: MVT, S. 292: A V, Tab. 2, Ziff. 2.

Fundstelle:
»Meldungen aus dem Reich«; hsg. v. Heinz Boberach; 17 Bde., Bd. II; Herrsching, 1984; S. 567; Hervorhebungen durch Sperrung: In Fundstelle kursiv.

****

Erklärung **1940, 10. März**
der sudetendeutschen Sozialdemokraten[1] im Exil
(Sog. Holmhurst Declaration[2]):
Für Selbstbestimmungsrecht – gegen »Bevölkerungsaustausch«[3]

. . .
III. Friede durch Gerechtigkeit.
Die Dauerhaftigkeit des Friedens, welcher nach diesem Kriege geschlossen wird, hängt davon ab, ob er unter gleichberechtigter Mitwirkung eines befreiten deutschen Volkes zustande kommt. Wir begrüßen daher alle von autorisierter Seite abgegebenen Erklärungen, daß die demokratischen Westmächte den Krieg nicht gegen das deutsche Volk, sondern ausschließlich gegen das verbrecherische Nazi-Regime führen. Mit besonderer Genugtuung begrüßen wir die von versöhnlichem Geiste erfüllten Friedensziele der britischen und französischen Arbeiterbewegung, wie sie in den Erklärungen C. R. Attlees und Leon Blums niedergelegt sind. Wir reklamieren einen Verständigungsfrieden auch für die Bevölkerung der Sudetengebiete. Über ihre staatliche Zugehörigkeit ist im Verlaufe von zwei Jahrzehnten zweimal einseitig entschieden worden. Durch das Diktat von St. Germain[4] wurde die Tschechoslowakei für zwanzig Jahre mit ungelösten nationalen Problemen belastet. Auch die Entscheidung von München[5] war ein Diktat gegen die demokratischen Sudetendeutschen und gegen das tschechische Volk. Im Interesse des europäischen Friedens sind wir daher bestrebt, eine definitive Entscheidung über das staatliche Schicksal der Sudetengebiete vorzubereiten, welche unter freier und gleichberechtigter Mitwirkung der sudetendeutschen Bevölkerung erfolgt. Wir fordern für die drei Millionen Sudetendeutschen das Selbstbestimmungsrecht. Anknüpfend an die große Tradition unserer Bewegung kämpfen wir für die Anwendung des Selbstbestimmungsrechtes im Geiste der europäischen Solidarität. Deshalb schließt unser Bekenntnis zum Selbstbestimmungsrecht die Anerkennung aller wirtschaftlichen und geographischen Verbundenheiten des Sudetengebietes mit den historischen Räumen Böhmens und Mähren-Schlesiens in sich.

IV. Unsere Stellung zum tschechischen Freiheitskampfe.
Der Anspruch des hochentwickelten tschechischen Volkes auf Freiheit und staatliche Selbständigkeit steht vom demokratischen Standpunkt außer Frage . . . Wir verkennen nicht,

daß die Grenzen von München[5] vielfach unter Verletzung des ethnographischen Prinzipes gezogen wurden und auch für die Zukunft keine gerechte Lösung darstellen. Als ein Teil des sudetendeutschen Volkes haben wir aber vor allem die Interessen unseres Volkes zu vertreten. In dieser Position wollen wir eine Wiederholung der Fehler vermeiden, welche zum Triumphe der Henleinbewegung und zur Katastrophe von München[5] geführt haben. Es war ein Grundfehler der Staatskonstruktion vor München, daß sie zwei Millionen Slowaken alle Vorrechte eines Staatsvolkes einräumte, außerdem einer halben Million Karpathorussen Provinzialautonomie zusicherte, während drei Millionen Sudetendeutsche als ›Minderheit‹ behandelt wurden. Die alte Tschechoslowakei war de facto ein Nationalitätenstaat. Gegen den Willen fast eines Drittels der Bevölkerung wurde die Republik als ein tschechoslowakischer ›Nationalstaat‹ deklariert. Die einseitig bestimmte Form eines zentralistischen Nationalstaates hat die aufopfernden Bemühungen unserer Verständigungspolitik zum Scheitern verurteilt. Auf Grund zwanzigjähriger Erfahrungen können wir daher nicht zustimmen, daß drei Millionen Sudetendeutsche neuerdings nur als Objekt der wirtschaftlichen und historischen Ansprüche der tschechischen Politik behandelt werden. Will die tschechische Politik auf die Methode des einseitigen Diktates verzichten und eine Neuorganisierung des Staates in demokratischen Formen vorbereiten, dann ist es ihre Aufgabe, zur gegebenen Zeit die Vertreter der sudetendeutschen Bevölkerung einzuladen, alle Fragen, betreffend die Grenzen, den Aufbau und den Inhalt des Staates im Wege freier Vereinbarung zu klären. Nur diese Methode würde für die Verständigungskräfte in der sudetendeutschen Bevölkerung den Boden schaffen, für die Anwendung des Selbstbestimmungsrechtes im Sinne der Wiederherstellung einer Staatsgemeinschaft mit dem tschechischen Volke erfolgreich eintreten zu können.

V. Das sudetendeutsche Lebensproblem.
Eine Lösung der deutsch-tschechischen Grenzfragen durch zwangsweisen Bevölkerungsaustausch lehnen wir als undemokratisch und barbarisch ab. In den dicht besiedelten Sudetengebieten lebt eine Bevölkerung, die mit dem Heimatboden durch Jahrhunderte friedlicher Arbeit eng verbunden ist. Es handelt sich vorwiegend um arme Gebirgsgegenden, wo nur ein Fünftel der Bevölkerung von der Landwirtschaft leben kann. Die Existenz ihrer Mehrheit ist auf industrielle Beschäftigung und Qualitätsexport angewiesen ...

VI. Der beste Ausweg: Autonomie im Föderalstaat.
Aus diesen sozialökonomischen Tatsachen, nicht minder aber aus den national-kulturellen Bedürfnissen der Sudetendeutschen ergibt sich die Notwendigkeit der Autonomie in allen Angelegenheiten, die nicht der Natur der Sache nach ausschließlich gesamtstaatlich geregelt werden müssen. Dieses Bedürfnis kann durch ein System der lokalen Selbstverwaltung allein nicht befriedigt werden. Die drei Millionen Sudetendeutschen brauchen daher eine zentrale Repräsentanz ihrer Gesamtinteressen, bestehend aus Landesparlament und Landesregierung. Die Landesregierung würde auch die Aufgabe haben, die deutschen kulturellen und Fürsorge-Einrichtungen in Böhmen und Mähren zu verwalten und den deutschen Gebietskörperschaften übergeordnet sein.
Falls die tschechische Politik eine föderative Staatskonzeption annimmt, werden sich durch eine zweckmäßige Kombination von Territorial- und Personal-Autonomie auch die Fragen der administrativen Abgrenzung erfolgreich lösen lassen. Im Zusammenhang damit ist auch die Demokratisierung und Dezentralisierung der Verwaltung unerläßlich.
So kann das freundschaftliche Zusammenleben der Völker organisiert und der Staat als ihre gemeinsame Heimat aufgebaut werden, in der die Föderalregierung über dem Streite der Nationen steht.
Eine nach dem Föderal-Prinzip reorganisierte Tschechoslowakei wird auch in der Außenpolitik viel weniger Angriffsflächen bieten, als der zentralistische Nationalstaat vor Mün-

chen[5]. Sie wird in dieser Form befähigt sein, mit ihren Nachbarstaaten erfolgreich zusammenzuarbeiten.

VII. Unsere Bereitschaft zu einer größeren Föderallösung.
Die Tendenz zur Schaffung kleinerer, aber wirtschaftlich unselbständiger Nationalstaaten hat in den Friedensschlüssen 1919/20 ihren Höhepunkt erreicht. Nunmehr ringt die Gegentendenz nach Schaffung größerer, lebensfähiger und kooperationsfähiger Wirtschaftsgebiete um ihre Verwirklichung ... Wir bejahen die ultimative Notwendigkeit einer föderalistischen Neuordnung Europas. Der Föderalismus ist an den erfolgreichen Beispielen der Schweiz, der Vereinigten Staaten von Nordamerika und großer britischer Dominien erprobt. Die Friedenssehnsucht des britischen Volkes, die deutsche Gleichberechtigung, die französische Sicherheit sind nur im Rahmen einer totalen europäischen Neuordnung zu erfüllen. Die deutsch-tschechische, die polnisch-deutsche, die polnisch-ukrainische, die slowakisch-ungarische, die ungarisch-rumänische, die rumänisch-bulgarische, die jugoslawisch-italienische Frage sind nur im Rahmen einer demokratischen Verfassung der europäischen Föderation zu lösen.

Anmerkungen:
1 Mehrere tausend sudetendeutscher Sozialdemokraten emigrierten nach 1938/39 vor allem nach England.
2 Die Deklaration wurde im Londoner Vorort Holmhurst beschlossen.
3 Über die Vertreibung muß daher bereits Anfang 1940 diskutiert worden sein. Siehe dazu S. 437.
4 Gemeint: Der Friedensvertrag von St. Germain vom 10. 9. 1919. Zum Text: Siehe S. 280.
5 Gemeint: Das Münchner Abkommen vom 29. 9. 1938. Zum Text: Siehe S. 415.
Man beachte die beginnende Verkürzung auf den bloßen Begriff »München«.

Quelle:
»Der Sozialdemokrat« ⟨*MZ. d. sudetendeutschen Sozialdemokraten*⟩, London; Jg. 1, Nr. 2 v. 16. 4. 1940; S. 29–34, hier S. 32 ff. Hervorhebungen im Original.

****

(Rundfunk-)Rede[1] **1940, 24. Juli**
von Dr. Edvard Beneš:
Theorie der Rechtskontinuität[2]

...
Wir ... vertraten und vertreten ... den Grundsatz, daß die Tschechoslowakische Republik, die Republik Masaryks, auch nach München weitergelebt und weiterexistiert hat. Unser ganzes Rechtssystem[3] geht also völkerrechtlich und politisch weiter: für uns existiert rechtlich mein Abgang vom Amte und aus der Heimat nicht, rechtlich gibt es für uns keine Zerschlagung der Republik, juristisch und politisch existiert für uns nichts, was der gewalttätige Nationalsozialismus nach dem 15. März 1939[4] bei uns durchgeführt hat. Ich erkläre diese unsere politischen und Rechtsgründe feierlich und ich betone, daß sie für alle hier gelten und daß sie für alle Angehörigen unseres Staates und unseres Volkes gelten, für Tschechen, Slowaken, Deutsche[2] und Karpatorussen und alle übrigen bei uns zu Hause.
...

Anmerkungen:
1 Die Rede wurde aus London ausgestrahlt.
2 Die politischen Konsequenzen dieser These wurden wie folgt formuliert:
Die »von Beneš formulierte Theorie der Kontinuität enthielt die folgenden bedeutsamen Behauptungen:
1. Die Tschechoslowakische Republik, die im Jahre 1918 gegründet wurde, ist als eine internationale Rechtsperson bestehen geblieben;

2. die Abtrennung der Slowakei vom März 1939 war ungültig, und der sogenannte slowakische Staat hat keinen rechtsgültigen Bestand;
3. das Münchner Abkommen war *ab initio*, das heißt von Anfang an, ungültig; nicht bloß deshalb, weil es später durch die Besetzung der Tschechoslowakei durch die Nazis im März 1939 verletzt wurde;
4. alle Gebiete der Tschechoslowakei, die auf Grund des Münchner Abkommens und knapp danach an Deutschland, Ungarn und Polen abgetreten wurden, waren und sind auch nach ›München‹ rechtlich Bestandteile der Tschechoslowakei; und
5. Beneš' Rücktritt als Präsident im Oktober 1938 war ungültig. Aus diesem Grunde hat er niemals aufgehört, rechtsgültig der Präsident der Tschechoslowakei zu sein.«

Vgl. Taborsky, Edward: »The Czechoslovak Cause«; London, 1944, S. 349.

3 Zu den trotzdem gerade von Dr. Beneš vorgenommenen Manipulationen methodischer Art: Siehe S. 451.
Darüber hinaus: Nach Auffassung von Dr. Beneš galt somit die ČSR-Verfassung vom 29. 2. 1920, ohnedies praktisch nur von Tschechen erlassen, auch nach dem 1. 10. 1938 weiter. In ihr waren in den §§ 106 und 128 bis 134 in weitgehender Entsprechung zum internationalen Minderheitenschutzvertrag der ČSR vom 10. 6. 1919 umfassende Schutzbestimmungen für z. B. (auch nicht der ČSR staatsangehörige) Deutsche festgeschrieben.
Zu Textauszügen von Verfassung und Minderheitenschutzvertrag: Siehe S. 281.
Die Vertreibungsplanungen von Dr. Beneš widersprachen diesen Verfassungsbestimmungen völlig.

4 Der Beginn dieser später sogenannten »Zeit der Unfreiheit« unterlag im Zeitablauf dem Prinzip »je später, desto früher«:
Hier, im Juli 1940, noch z. T. auf den 15. 3. 1939 fixiert, wurde der Beginn (spätestens) am 3. 8. 1944 auf den 30. 9. 1938 vorgerückt (zum Text: siehe S. 497) und schließlich (spätestens) im Jahre 1947 auf den 19. 9. 1938 gestellt. Dazu hieß es als neuerliche Formulierung des Kontinuitätsprinzips:
»Unser Staat hat rechtlich niemals zu bestehen aufgehört. Kein Tschechoslowake darf dieses Prinzip der Kontinuität aufgeben, sei es im innerstaatlichen oder im internationalen Bereich. Alles, was sich seit dem 19. September 1938 ereignet hat, entbehrt jeglicher Rechtsgrundlage, war verfassungswidrig und wurde uns durch Drohungen, Terror und Gewalt aufgezwungen.«
Vgl. Beneš, Edvard: »Paměti« (Erinnerungen); Prag, 1947; S. 156.
Der nunmehr angeführte 19. 9. 1938 war das Datum der britisch-französischen Noten an die ČSR, mit denen die Abtretung des Sudetengebietes an das Deutsche Reich angestoßen wurde (zum Text: Siehe S. 405). Dr. Beneš ordnete damit (mindestens hier) diesen Mächten die Ursache für das Entstehen einer »rechtlosen Staatsphase« für die ČSR zu. Für den Beginn des »Kriegszustandes«: Siehe S. 1307.

Quelle:
Beneš, Edvard: »Šest let exilu a druhé světové války« (Sechs Jahre des Exils und Zweiten Weltkriegs); Prag, 1946; S. 89.

****

Entscheidung[1] **1940, 23. September**
Adolf Hitlers:
Aussiedlung der Tschechen abgelehnt, würde 100 Jahre dauern

. . .

Zur Frage der Zukunft des Protektorates streifte der Führer folgende drei Möglichkeiten:
1. Belassung einer tschechischen Autonomie, wobei die Deutschen im Protektorat als gleichberechtigte Mitbürger leben. Diese Möglichkeit scheidet aber aus, da immer mit tschechischen Umtrieben gerechnet werden müsse.
2. Die Aussiedlung der Tschechen und die Verdeutschung des böhmisch-mährischen Raumes durch deutsche Siedler. Auch diese Möglichkeit käme nicht in Frage[2], da ihre Durchführung 100 Jahre beanspruchte.
3. Die Verdeutschung des böhmisch-mährischen Raumes durch Germanisierung der Tschechen, d. h. durch ihre Assimilierung. Letztere wäre für den größten Teil des tschechischen Volkes möglich. Von der Assimilierung seien auszunehmen diejenigen Tschechen, gegen welche rassische Bedenken beständen oder welche reichsfeindlich eingestellt seien. Diese Kategorie sei auszumerzen.
Der Führer entschied sich für die dritte Möglichkeit; er ordnete über Reichsminister Lam-

mers an, daß der Vielheit der Pläne über die Aufteilung des Protektorats Einhalt geboten werde. Der Führer entschied ferner, daß im Interesse einer einheitlichen Tschechenpolitik eine zentrale Reichsgewalt in Prag für den gesamten böhmisch-mährischen Raum verbleibt. Es verbleibt somit bei dem bisherigen Status des Protektorates[3] ...

Anmerkungen:

[1] Die Formulierungen entstammen einer amtlichen Notiz des Vertreters des Auswärtigen Amtes beim Reichsprotektor, Ziemke, über den Empfang des Reichsprotektors von Neurath und seines Stellvertreters K. H. Frank bei Hitler zur Besprechung der Zukunft des »Reichsprotektorates Böhmen und Mähren«.

[2] a) Hermann Rauschning (zur Person: Siehe Register, S. 1274) notierte in »Gespräche mit Hitler« (Zürich, 1939) bzw. »Hitler Speaks« (New York, o. J. [ca. 1940]; S. 42), daß der damalige NSDAP-Führer Hitler im Sommer 1932 folgendes Konzept für die Zeit nach seiner Machtübernahme entwickelt haben sollte:

»Das böhmisch-mährische Becken, die an Deutschland grenzenden Ostgebiete werden wir durch deutsche Bauern besiedeln. Wir werden die Tschechen und Böhmen nach Sibirien oder in die wolhynischen Gebiete verpflanzen, wir werden ihnen in den neuen Bundesstaaten Reservate anweisen. Die Tschechen müssen heraus aus Mitteleuropa. Solange sie dort sind, werden sie immer ein Herd hussitisch-bolschewistischer Zersetzung sein.«

Seit 1983 ist erwiesen, daß Rauschnings Berichte mindestens dubios waren: Nachdem Wolfgang Hänel sie als »eine Geschichtsfälschung« bezeichnete (Vortrag in Ingolstadt/Obby. am 14. 5. 1983), wurden sie alternativ qualifiziert als lediglich eine »zeitgenössische Aufklärungsschrift« (A. Cattani in der »Neuen Zürcher Zeitung«; Jg. 206, Nr. 195 v. 26. 8. 1985; S. 6), sicherlich »keine unbedingt verläßliche Quelle« (Ernst Topitsch in der FAZ; Nr. 197 v. 27. 8. 1985; S. 9) oder nichts anderes als »eine Aneinanderreihung von ›Lügen‹ ... Aber inzwischen waren jene ›Hitler-Zitate‹ in so viele Werke eingegangen und so zu geflügelten Worten geworden, daß wahrscheinlich die Wahrheit für viele peinlicher gewesen wäre, als der Fortbestand der Lüge« (Marion Gräfin Dönhoff in »Die Zeit«, Nr. 34 v. 18. 8. 1985; S. 32).

b) Eine Beispielskette für diesen »Fortbestand der Lüge« über Jahrzehnte:

ba) Rauschnings Aussage über die vorgeblichen Pläne Hitlers im Jahre 1932 wurde 1942 wie folgt beleglos anonymisiert:

»At a time when the campaign against Czechoslovakia had not yet been started, Hitler revealed his plans to a number of his associates as follows:

This Bohemian-Moravian Basin will be colonized by German peasants. We shall transplant the Czechs to Siberia and the Volhynian regions. The Czechs must be removed from Central Europe. As long as they remain there, they will always be a centre of Hussite-Bolshevik disintegration.«

Vgl. Erdely, Eugene V.: »Germany's First European Protectorate. The Fate of the Czechs and Slovaks«; London, 1942; S. 29.

Zur Charakterisierung des Autors: Er berichtete u. a. (S. 238), daß im Juli 1939 »die im Sudetengebiet verbliebenen tschechischen Bauern, etwa 40.000« entschädigungslos in das tschechische Binnenland vertrieben wurden.

Zum tatsächlichen fast völligen Verbleib der weit zahlreicheren tschechischen Bauern im Sudetengebiet: Vgl. Habel: MVT.

bb) Erdelys Angabe wurde dann 1957 zum einzigen Beleg für einen Bericht über ein vorgebliches Gedankenspiel Hitlers, das jetzt in den Zeitraum März bis Sommer 1939 verlegt wurde:

»Hitler was in fact toying with the idea of deporting the six million Czechs.«

Vgl. Koehl, Robert L.: »RKFDV: German Resettlement and Population Policy 1939–1945«; Cambridge (Mass., USA), 1957; S. 42; dort auch Bezug auf Erdely.

Zur Charakterisierung des Autors Koehl: Er las (S. 40 f.) in den Vertrag vom 20. 11. 1938 zwischen dem Deutschen Reich und der ČSR über Staatsangehörigkeit und Option die Bestimmung hinein, daß dieser alle nach 1910 in das Sudetengebiet zugewanderten Tschechen zum nunmehrigen Verlassen des Gebietes gezwungen habe.

Zur tatsächlichen, insgesamt völlig gegensätzlichen Vertragsbestimmung: Siehe den Text, S. 430.

bc) 1966 war aus dem Gedankenspiel die (belegte) Diskussion geworden. Man las unter Bezug auf Koehls »Reichskommissar für die Festigung des deutschen Volkstums« (so der komplette Titel dieser Behörde):

»Auch Hitler erörterte schon die Aussiedlung von sechs Millionen Tschechen[13] . . .
[13] Koehl, RKFDV, S. 42.«
Vgl. Höhne, Heinz: »Der Orden unter dem Totenkopf«; Hamburg, 1966; S. 292 bzw. (für die Herkunft) S. 454, 559.
In englischer Sprache: »The Order under the Swastika«; New York, 1970.

bd) 1984 wurde schließlich aus dem Gedankenspiel eine wohlbelegte Vision. Man las, unter Bezug auf Höhne (in der englischsprachigen Übersetzung):
»In March 1939 Hitler envisioned deporting six million Czechs . . .[34]
[34] On Czechs, see Hoehne, The Order, 335.«
Vgl. Gordon, Sarah: »Hitler, Germans and the ›Jewish Question‹«; Princeton (N. J., USA), 1984; S. 101 bzw. (für die Herkunft) S. 345.
Letztere Übernahme erfolgte weder vom zwischenzeitlich widerlegten Rauschning noch vom beleglosen Erdely, noch vom US-Basisautor Koehl, sondern vom Wiedergeber Höhne, womit eine widerlegte zu einer respektabel belegten Behauptung wurde.

Mit der Fortsetzung dieses bzw. mit weiteren derartigen Vorgängen darf gerechnet werden.

c) In »Hitlers Tischgesprächen im Führerhauptquartier« (hsg. v. Henry Picker; 4. Aufl.; Wiesbaden, 1983; S. 412) wird vom 4. 7. 1942 wie folgt berichtet:
»Beim Abendessen erwähnte der Chef ⟨*d. h. Hitler*⟩ anhand einer Depesche, daß die Protektoratsregierung in ganz Böhmen und Mähren die Tschechen in einer riesigen Versammlungswelle zur engsten Zusammenarbeit mit dem Großdeutschen Reich aufgerufen und für die Zukunft jeden, der sich abseits halte, als Verräter am tschechischen Volkstum gebrandmarkt habe.
Die Versammlungswelle sei das Ergebnis einer Aussprache, die er gelegentlich des Staatsaktes für Obergruppenführer Heydrich (9. Juni 1942) mit Staatspräsident Hacha in der Reichskanzlei gehabt habe. Er habe Hacha und den ihn begleitenden tschechischen Regierungsmitgliedern mitgeteilt, daß wir uns weitere schwerwiegende Verletzungen der Reichsinteressen im Protektorat nicht gefallen lassen könnten und gegebenenfalls die Aussiedlung der Tschechen ins Auge fassen würden, die für uns, die wir bereits mehrere Millionen Deutsche umgesiedelt hätten, kein Problem sei. Hacha sei bei dieser Eröffnung förmlich in sich zusammengesackt, ebenso seine Mitarbeiter. Nach einer Pause hätten sie dann gefragt, ob sie – wenigstens teilweise und in entsprechend vorsichtiger Weise – von dieser Mitteilung dem tschechischen Volk gegenüber Gebrauch machen könnten. Da er die Tschechen für fleißige und intelligente Arbeiter halte und ihm die Wiederherstellung der politischen Ruhe in ihrem Volk daher wegen der beiden im Protektorat liegenden besonders großen und wichtigen deutschen Rüstungsfabriken am Herzen liege, habe er einer entsprechenden Aufklärungsaktion der Protektoratsregierung zugestimmt.
Wenn diese Aktion von der Protektoratsregierung mit absolut klarer prodeutscher Tendenz durchgeführt worden sei, so sei das nicht zuletzt auf Staatsminister Meißner zurückzuführen. Nach dem Empfang bei ihm habe dieser nämlich mit den tschechischen Herren noch einen kleinen Rundgang im Garten gemacht und ihnen auf ihre ängstlichen Fragen hin versichert, daß sein – des Chefs ⟨*d. h. Hitlers*⟩ – Hinweis auf eine eventuelle Aussiedlung der Tschechen so, wie er ihn kenne, sein letztes Wort in dieser Sache sei.«
Zur Erläuterung dieser offensichtlich nicht ernst gemeinten Vertreibungsdrohung: Heydrich war am 4. 6. 1942 an den Folgen eines von tschechoslowakischen Fallschirmagenten verübten Attentats gestorben; Hacha war von 1939 bis 1945 Staatspräsident des Reichsprotektorates Böhmen und Mähren; die Rüstungsfabriken waren v. a. die Skoda-Werke in Pilsen und die Waffenwerke in Brünn; Meißner war Chef der Reichskanzlei.

[3] Obwohl das Protektorat nicht zu den sudetendeutschen Fragen gehört (siehe S. 438), sei die Charakterisierung der Lebensbedingungen 1939 bis 1945 im tschechischen »Reichsprotektorat Böhmen und Mähren« im Vergleich zu jenen im polnischen »Generalgouvernement« durch einen Polen wiedergegeben.

a) Man konnte darin u. a. lesen:
»Das ›Protektorat‹ war . . . kein ›Generalgouvernement‹. Die deutschen Unterdrückungsmaßnahmen gegenüber den Tschechen waren erheblich geringer als gegenüber den Polen, ganz zu schweigen von den Juden . . . Die Neigung zum organisierten Widerstand war nicht besonders groß und der tschechische Widerstand beruhte vor allem auf Sabotage in der Produktion.
Das ›Protektorat‹ war für das Dritte Reich eine wichtige Waffenschmiede. Es hatte eine tschechische Verwaltung, . . . Die tschechischen Kriegsverluste waren – trotz der Repressionswellen – relativ gering. Die Tschechen dienten nicht an der Front, die tschechischen Städte wurden wenig bombardiert, im tschechischen Gebiet kam es kaum zu Lebensmittelknappheit und in den kriegswichtigen Betrieben verdienten auch die tschechischen Arbeiter nicht schlecht. Die tschechischen

Gebiete waren die einzige Region in Mitteleuropa, in der in den Jahren 1939–1945 ein Bevölkerungszuwachs zu verzeichnen war.«
Vgl. Krzeminski, Adam: »Die Aussiedlung der Sudetendeutschen. ⟨*Tschechischer*⟩ Schuldkomplex« in »Polityka« ⟨*WZ.*⟩; Warschau, Nr. 13 v. 1. 4. 1995; S. 20.

b) In einer Leserzuschrift des Tschechen Jaroslav Valenta, welche die »Polityka« in ihrer Nr. 17 v. 29. 4. 1995 (S. 21) veröffentlichte, hieß es zu den obigen Argumenten eigentlich eher zustimmend: »Die Aussagen A. Krzeminskis über die Besatzungszeit sind eine Verdrehung der Tatsachen. Sicherlich war das Besatzungsregime unvergleichlich milder als auf dem Territorium Polens. Die tschechischen Verluste in der Bevölkerung sind unvergleichlich geringer als die polnischen, gibt es aber irgendeine ›Norm für Terror‹, die erst mit Straßenjagden und Erschießungen beginnt? Mit einer solchen Auffassung bin ich nicht einverstanden. Es ist einfach nicht wahr, daß es im Protektorat nicht an Lebensmitteln fehlte, obwohl es eine Hungersnot im eigentlichen Sinne nicht gab. Die tschechischen Gebiete hatten wenig unter Luftangriffen zu leiden, weil der ›tschechische Kessel‹ bis 1943 außer Reichweite war oder am Rand des alliierten Bombenteppichs . . . Warum wird das Argument verwendet, daß es den Tschechen gelang, ›nicht an der Front zu dienen‹? Dieses Privileg hat Hitler den Polen doch auch nicht zugestanden! Und soviel noch zum Geburtenanstieg: Nachdem der totale Krieg erklärt worden war, wurden ganze Jahrgänge (1921–1924) junger Leute zur Zwangsarbeit ins Reich gebracht. Die einzige Rettung vor der Deportation war für junge Frauen eine Schwangerschaft, und so wurden unter Druck schnell Ehen eingegangen und man bemühte sich, so schnell wie möglich in guter Hoffnung zu sein.«

c) In aller Kürze: Generell hatten auch bei der im NS-Regime gegen alle Personengruppen verordneten Einschränkungen persönlicher Rechte die Tschechen im Vergleich zu den offiziell eher verachteten Polen oder gar Ostvölkern eine Art von Vorzugsstellung.

Quelle:
»Die Deutschen in der Tschechoslowakei – 1933–1947«; hsg. v. Václav Král; Prag, 1964; S. 426.

****

Verfassungsdekret **1940, 15. Oktober**[1]
»des Präsidenten der Republik[2] **über die vorläufige Ausübung der gesetzgebenden Gewalt«**

Auf Antrag der Regierung bestimme ich:
§ 1. Solange es unmöglich ist, die Bestimmungen des zweiten Abschnittes der Verfassung vom 29. Februar 1920 über die gesetzgebende Gewalt auszuführen, wird der Präsident der Republik jene Amtspflichten, die ihm der § 64, Abs. 1 und Abs. 3 zuordnet[3], soweit es dafür der Zustimmung der Nationalversammlung bedarf, mit Zustimmung der Regierung ausüben.
§ 2. Vorschriften, mit denen Gesetze[4] geändert, aufgehoben oder neu herausgegeben werden[5], werden in der Zeitdauer der Gültigkeit der zeitweiligen politischen Ordnung in notwendigen Fällen vom Präsidenten der Republik auf Antrag der Regierung in Form eines Dekretes herausgegeben, welches der Vorsitzende der Regierung oder jene Regierungsmitglieder, die mit der Ausführung betraut sind, mitunterfertigen.
§ 3. Mit der Ausführung dieses Dekretes, das am Tage der Unterschrift durch den Präsidenten der Republik wirksam wird, ist die gesamte Regierung beauftragt.

Dr. Edvard Beneš

Anmerkungen:
[1] Das Dekret trug zunächst das Datum 21. 7. 1940, wurde jedoch mit dem Datum 15. 10. 1940 am 4. 12. 1940 bekanntgemacht. Zum damit beginnenden Komplex der sog. Beneš-Dekrete: Siehe S. 576 ff.
[2] Gemeint: Dr. Beneš. Seine gesamte Tätigkeit nach 1938 basierte einerseits auf der sog. Theorie der ČSR-Rechtskontinuität (siehe dazu S. 447) und andererseits darauf, die in ihr beschworene Fortführung des ČSR-Rechtssystems aus der Zeit vor 1938 gerade nicht durchzuführen.
Bereits der Titel des hier aufgeführten Papiers beweist das: Es gab im ČSR-Rechtssystem von 1938 keine »Dekrete« und schon gar nicht »Verfassungsdekrete«.

[3] Zum Inhalt: Siehe S. 290.
[4] Das Dekret von Dr. Beneš kannte keinen Unterschied zwischen einfachen und verfassungsändernden Gesetzen.
[5] Die ČSR-Verfassung von 1920 hatte die gesetzgebende Gewalt allein in die Kompetenz des Parlaments gelegt (§ 6), verlangte für Verordnungen die Angabe einer gesetzlichen Basis (§ 55) und für verfassungsändernde Gesetze deren ausdrückliche Kennzeichnung als solche sowie eine $^{3}/_{5}$-Mehrheit (§ 33), verwies den Präsidenten auf eine eher repräsentative Stellung (§ 64) und regelte die Frage seines eventuellen Rücktritts (§ 59) derart, daß dieser bei Dr. Beneš am 5. 10. 1938 (siehe S. 423) eingetreten war.

Quelle:
ČSR-Slg. 1945; Nr. 20 im 10. Stück v. 10. 6. 1945; S. 36 als Nachdruck aus »Úředny věstník československý« (ČSR-Amtsblatt); London; Jg. I; Nr. 10 v. 4. 12. 1940.

****

Brief **1940, 18. November**
von Dr. Beneš an die tschechische Untergrundbewegung:[1]
In der ČSR nach Kriegsende deutsche Gaue[2]

...
2. Ich gebe die historischen Grenzen keineswegs auf, betrachte sie jedoch bloß als eine Opportunitäts- und keine Prinzipienfrage. Hauptsache ist und wird für uns sein, in Hinkunft ein größeres nationaltschechisches Gebiet zu schaffen und es für uns zu sichern. Hierfür wird es nötig sein, das tschechische Gebiet Mährens nach Norden und Süden möglichst auszuweiten und so unsere Umklammerung durch die Deutschen Österreichs und Schlesiens zu beseitigen. Dies wäre auch von großer Wichtigkeit für unsere Zusammenarbeit und eventuelle Föderation mit Polen. Es werden daher die Deutschen aus Nord- und Südmähren inkl. Brünn und Iglau sowie aus Schlesien zwischen Jägerndorf und Ostrau verschwinden müssen. Vom Grulicher Schneeberg an gegen Bodenbach muß die historische Grenze belassen werden, von Neuwelt Harrachsdorf bis Bodenbach muß die neue ethnographische Grenzlinie für uns militärisch annehmbar sein; sodann würde die historische Grenzlinie bis hinter Komotau und Kaaden verlaufen, dann würde eine neue ethnographische Grenze über das Duppauer Gebirge gegen Tachau folgen. Außerhalb des nationaltschechischen Gebietes würden auf diese Art folgende Gaue verbleiben: Jägerndorf, Reichenberg und Karlsbad. Die im Inland inkl. Prag wohnhaften Deutschen müßten entweder auswandern oder bedingungslos das tschechische Regime sowohl in sprachlicher als auch in administrativer Hinsicht ohne Minderheitenrechte innerhalb dieser neuen ethnographischen tschechischen Grenze annehmen. Diese drei deutschen Gaue[2] müßten so begrenzt werden, daß wir in Hinkunft von den Deutschen nicht durch den Umstand terrorisiert werden könnten, daß die Grenzlinien im Falle ihrer Abtrennung eine für die Verteidigung unmögliche Gestalt bekämen – wie nach München. Andererseits würde ich jedoch prinzipiell darauf bestehen, daß diese Gaue auch nach dieser neuen nationalen Abgrenzung weiterhin im Rahmen unseres Staates verbleiben. Es wäre eine Frage der weiteren Entwicklung und der kriegerischen Ereignisse, welchem Regime sie unterstehen würden.
3. Aus diesem Plan ergeben sich folgende weitere Konsequenzen: Wir dürfen uns keinen unmöglichen Hoffnungen hingeben, daß man 3 Millionen Deutsche ausmerzen oder ausweisen könnte, wie es so manche Leute bei uns naiverweise[3] glauben. Man könnte jedoch mit dem Abgang oder der Ausweisung ganzer Hunderttausende kompromittierter Nazideutscher und einer Zwangsübersiedlung weiterer Hunderttausende Deutscher aus den obengenannten Kreisen in die drei deutschen Gaue, nach Österreich oder nach Deutschland rechnen. Diese Übersiedlung würde jedoch schwerlich die Gesamtzahl einer ganzen Million um vieles überschreiten. Und das wäre schon ein beispielloser Erfolg, eine gewaltige Sicherstellung unseres Staates und der Entwicklung unseres inneren nationalen Gebietes. Ich

verhandelte in der Angelegenheit mit den Engländern mit einer Landkarte der Münchner Grenzen in der Hand. Die Münchner Unbill und der jämmerliche Zusammenbruch des Münchner Übereinkommens überzeugte sie, daß dieses Programm im Grunde richtig ist. Man kann nicht voraussehen, welche Folgen die weiteren Ereignisse zeitigen werden, aber vorderhand wird dieses Programm einer Erweiterung des tschechischen Nationalgebietes und dessen dauernder strategischer Sicherung im Grunde hier in England angenommen. Der 15. März 1939 hat alle belehrt und überzeugt.

4. Dies bedeutet also, daß es unser Wunsch ist, wieder Deutsche in der Republik zu haben. Dementsprechend müssen wir also vorgehen. Sonst würde überall die Meinung laut werden, daß wir im vorhinein die historischen Grenzen aufgeben, und es gibt auch hier noch immer Leute – (und wird es namentlich in Frankreich und auch anderwärts solche geben) –, die wünschen, wir sollten einfach zu München zurückkehren, damit sie, wie sie unrichtigerweise schließen, für die weitere Zukunft vor den Deutschen in der ČSR Ruhe hätten. Es wäre daher ein prinzipieller Fehler, die Existenz des Deutschenproblems bei uns zu ignorieren, ganz besonders hier, wo unsere Deutschen als Emigranten leben und arbeiten. Die erste Frage jedes politisch einflußreichen Engländers, die an uns gestellt wird, lautet immer: »Was beabsichtigen Sie mit Ihren Deutschen zu machen? Wenn später einmal die Amerikaner in die Sache eingreifen, wird es noch schwieriger werden!« Dabei hilft uns jedoch sehr das Allgemeinbewußtsein, wie man uns in München geschädigt hat, und ermöglicht es, dieses klare, feste, für uns vorteilhafte, dabei siegreiche und doch nicht übertriebene Programm zu formulieren. Vergessen wir nicht, daß für eine dauernde Regelung nach diesem Kriege die Frage unserer Deutschen neben Danzig und Ostpreußen überhaupt die schwierigste sein wird.

5. Aus diesem Grunde habe ich gleich von Beginn an mit den Deutschen Verbindungen angeknüpft und stehe mit ihnen in Verhandlungen. Ich verspreche im Namen des Volkes nichts und werde auch nichts versprechen. Ich bereite sie auf die Aussiedlung mindestens einer Million wie auch auf die Notwendigkeit eines tschechischen Lebensraumes vor. Prinzipiell habe ich ihnen die Teilnahme im Staatsrate zugesagt, jedoch erst dann, wenn die Sache gereift ist und bei uns zu Hause tragbar sein wird. Sie selbst sind untereinander nicht einig, besitzen im Grunde keinen klaren politischen Plan und kehren zu den alten Formeln einer Föderalisation und Autonomie des Sudetenlandes[4] zurück. Sie befürchten, zu Hause könnten sich Massaker ereignen, und sind sich dessen bewußt, daß der Großteil der Deutschen im Sudetengebiet immer noch sehr nazistisch gesinnt ist. Aus diesen Gründen bekennen sie sich durch Jakschs Mund nur halb zur Republik und warten ab, wie sich die Dinge später entwickeln und welche Hoffnungen ihnen aus den Ereignissen erwachsen werden. Der geringere Teil von ihnen ist bedingungslos republikanisch gesinnt.

. . .

Anmerkungen:

[1] Im »Protektorat Böhmen und Mähren«.

[2] Der hier verwendete tschechische Ausdruck »župy«, mit »Gaue« zutreffend übersetzt, hat hier nur territoriale Bedeutung.
Zum Vorstellungsinhalt: Vgl. den sog. IV. Plan vom 5. 9. 1938; siehe S. 393.

[3] Zu dieser Charakterisierung: Beneš selbst ließ dies gerade planen (siehe S. 437) und verkündete dieses Programm wenig später (siehe S. 457) als sein politisches Ziel.

[4] Gemeint ist anscheinend die Holmhurster Deklaration; siehe S. 445.

Quelle:

Prinz, Friedrich: »Wenzel Jaksch – Edvard Beneš. Briefe und Dokumente aus dem Londoner Exil 1939–1943«; Köln, 1973; S. 95 ff.

****

Rede **1941, 4. März**
von Reichsstatthalter Konrad Henlein[1]:
SdP angeblich[2] ab 1933 nationalsozialistisch

...

Als während der großen Verfolgungswelle im Herbst 1933 die Führer der DNSAP mich aufforderten, die politische Führung des Sudetendeutschtums zu übernehmen, sah ich mich vor die große Frage gestellt: Soll die nationalsozialistische Partei illegal weitergeführt werden oder soll die Bewegung getarnt und nach außen hin voller Legalität den Kampf um die Selbstbehauptung des Sudetendeutschtums und die Vorbereitung für die Heimholung ins Großdeutsche Reich führen. Für uns Sudetendeutsche blieb nur die Wahl des zweiten Weges ... Gewiß, und auch darüber muß in diesem Zusammenhang einmal offen gesprochen werden, wäre es viel leichter gewesen, an Stelle dieses harten, nervenverzehrenden Kampfes die heroische Geste zu wagen, von vornherein das Bekenntnis zum Nationalsozialismus auszusprechen und in die tschechischen Kerker zu gehen. Ob aber durch ein solches Verhalten auch die politische Aufgabe der Zerschlagung der Tschechoslowakei als Sperrfort im Bündnisgürtel gegen das Deutsche Reich so leicht gelöst worden wäre, das erscheint mir zweifelhaft. Jedenfalls steht fest, daß es dem Sudetendeutschtum im Ablauf weniger Jahre gelungen ist, die innere Stabilität der Tschechoslowakei so gründlich zu gefährden und ihre inneren Verhältnisse so sehr zu verwirren, daß sie im Sinne der sich anbahnenden Neuordnung des Kontinents zur Liquidation reif wurde. Die Voraussetzungen für meine Aufgabe waren denkbar schwierig. Das Volk war vielleicht bereit, aber es fehlte an Mitarbeitern, denn durch die brutalen Bestimmungen des Parteiauflösungsgesetzes konnten mir die Männer nicht zur Seite stehen, die in der DNSAP reiche politische Erfahrungen gesammelt hatten ...

Wir wußten, daß wir nur siegen konnten, wenn es uns gelang, aus den 3½ Millionen Sudetendeutschen 3½ Millionen Nationalsozialisten zu machen, und mußten doch zunächst nach außen hin, um das Zugreifen der tschechischen Behörden auf die Auflösung hintanzuhalten, unsere Zugehörigkeit zum Nationalsozialismus ableugnen. Das war die größte seelische Belastungsprobe, der ich meine Gefolgschaft aussetzen mußte. In wundervoller Disziplin und im unerschütterlichen Vertrauen zu mir haben meine Kameraden begriffen, worum es ging, und hinter den taktischen Zügen eines mir aufgezwungenen politischen Handelns das große Ziel unseres Weges gesehen, der heimführen mußte in das Reich Adolf Hitlers.

...

Anmerkungen:

[1] Gehalten in Wiener Neustadt (Niederösterreich).

[2] a) Zunächst ein gutes Beispiel für »logificatio post eventum«; zur tatsächlichen Meinung Henleins: Siehe S. 510.

b) Die Argumentation, stets für das NS-System eingetreten zu sein, erinnert etwas an das vorgeblich ewige Republikanertum von T. G. Masaryk, der 1915 mit dem Ziel eines Königreiches Böhmen unter einem dänischen Prinzen ins westliche Exil gegangen war.

c) Zu den tatsächlichen Gründen dürfte die auch nach zahlreichen Verhaftungen von Ex-SdP-Mitgliedern im Herbst 1938 durch das NS-Regime (siehe S. 420) und offiziellen Abwertung der gesamten SdP-Parteiarbeit im Frühjahr 1939 (siehe S. 439) andauernde Schwäche der Position Henleins im NS-Regime gehört haben, die überkompensiert werden sollte.

d) Dazu trat die Bekanntgabe der »Rassenstruktur«der Sudetendeutschen im Herbst 1940. Diese wegen ihrer zeitgenössischen Bedeutung sehr wesentliche Feststellung der NS-Behörden entstammte einem Vergleich der Sudetendeutschen mit dem »Rassenbild« des tschechischen Volkes. Die Gegenüberstellung hatte ergeben:
»Zusammenfassend kann auf Grund verschiedenerorts im tschechischen Siedlungsgebiet durchgeführter rassenkundlicher Untersuchungen und Beobachtungen des Verfassers dieser Denkschrift, vor allem auch anderer Rassenkundler, in grober Schätzung festgehalten werden, daß sich die Tschechen – einschließlich Prags – heute rassisch etwa folgendermaßen typisieren lassen:

45 % vorwiegend nordische, dinarische oder westische Menschen und an diesen Rassengruppen beteiligte ausgeglichene Mischlinge
40 % unausgeglichene Mischlinge mit vorwiegend ostischen und ostbaltischen Rassenmerkmalen.
15 % rassenfremde Personen.
Nach einer groben, aber vorsichtigen Schätzung, auf Grund bisheriger rassenkundlicher Ermittlungen in den deutschen Sudetenländern selbst lassen sich die Sudetendeutschen rassisch etwa folgendermaßen typisieren:
25 % vorwiegend nordische, dinarische oder westische Menschen und an diesen Rassengruppen beteiligte ausgeglichene Mischlinge
55 % unausgeglichene Mischlinge mit vorwiegend ostischen und ostbaltischen Merkmalen
20 % rassenfremde Personen.
Die Sudetenländer gehören zu den rassisch am meisten geschwächten Landstrichen Deutschlands, weil sie durch ein Jahrhundert keine gesunde Blutzufuhr seitens des deutschen Mutterlandes erhielten, dagegen viel wertvolles Blut durch Abwanderung verloren haben.
Bei grober Schätzung der Rassenzusammenfassung des Sudetengebietes einerseits ist schon rein zahlenmäßig das Rassenbild des tschechischen Volkes heute wesentlich günstiger als das der sudetendeutschen Bevölkerung . . .«
Vgl. König-Beyer, SS-Oberscharführer Dr. Walter: »Denkschrift über die rassenpolitischen Verhältnisse des böhmisch-mährischen Raumes und dessen Neugestaltung« v. 23. 10. 1940 in »Die Vergangenheit warnt«; hsg. v. Václav Král; Prag, 1960, S. 76 ff.

Quelle:
»Das größere Reich«; hsg. v. d. Verwaltungsakademie Wien/Berlin; 1943; S. 36 ff.

****

Rede[1] **1941, 17. Mai**
des stellv. Außenministers der ČSR-(Exil-)Regierung
Hubert Ripka (Nationalsozialist):
Bevölkerungstransfer[1] *notwendig*

. . . Wir hoffen, daß dieser Krieg die Möglichkeit dazu geben wird, die Frage der Sudetendeutschen[2] in der Tschechoslowakei ein für allemal zu lösen . . . Es wird notwendig werden, mit allen hierzu geeigneten Mitteln – einschließlich einer eventuellen organisierten Anwendung des Prinzips des Bevölkerungstransfers[1] – Deutschland daran zu hindern, seine nationalen Minderheiten für seine großdeutschen Ziele zu mißbrauchen. Man sollte in jedem Falle versuchen, die kleinen mitteleuropäischen Staaten so wiederherzustellen, daß sie in nationaler Beziehung so einheitlich wie nur möglich werden und daß die große Bedeutung der Minderheiten in ihnen auf ein Minimum reduziert wird . . .

Anmerkungen:
[1] Vor der »Alliance Française« in Manchester: Erste öffentliche Erwähnung von Vertreibungsplänen.
[2] So in der Erstveröffentlichung »Central European Observer«, London; Jg. 18, Nr. 11 v. 30. 5. 1941; S. 130. In späteren Veröffentlichungen der gleichen Rede stets: »deutsche Minderheit«.

Quelle:
»Czechoslovakia in Post-War Europe«; hsg. v. ČSR-Außenministerium; London, 1942; S. 61.

****

Vorschlag[1] **1941, 30. Mai**
des Reichskommissars a. D. Karl Goerdeler[2]**:**
(Sog. Friedensplan):
Das Sudetenland soll bei Deutschland bleiben

Eine Gruppe deutscher Persönlichkeiten, der führende Männer aller Lebensgebiete angehören, ist bereit, die Verantwortung für die Bildung einer Regierung zu übernehmen, die

zu gegebener Zeit die Bestätigung durch eine freie Willensäußerung des deutschen Volkes nachsuchen würde. Alle diesbezüglichen Schritte würden ausschließlich innerdeutschen Charakter haben. Die maßgebenden Persönlichkeiten wünschen indessen schon jetzt Klarheit darüber zu gewinnen, ob alsbald nach erfolgter Einsetzung einer solchen, den Nationalsozialismus ablehnenden Regierung gemäß früheren Versicherungen der britischen Regierung Friedensverhandlungen aufgenommen werden könnten.
Folgende von der deutschen Gruppe verfolgten Friedensziele werden als Grundlage von Verhandlungen vorgeschlagen:

1. Wiederherstellung der vollen Souveränität der während des Kriegs von den Kriegsparteien besetzten neutralen Länder.
2. Bestätigung der vor dem Kriege erfolgten Anschlüsse von Österreich, Sudetenland, Memelland an Deutschland.
3. Wiederherstellung der Grenzen Deutschlands von 1914 gegenüber Belgien, Frankreich, Polen.
4. Festsetzung der europäischen Ländergrenzen auf Grund des nationalen Selbstbestimmungsrechtes durch eine Friedenskonferenz sämtlicher Staaten.

Anmerkungen:

[1] Gerichtet an die britische Regierung.

[2] Karl Goerdeler war vom deutschen Widerstand gegen das NS-Regime als Reichskanzler einer neuen Regierung vorgesehen.
Nach dem Fehlschlag des Attentats auf Hitler am 20. Juli 1944 wurde er verhaftet, vom Volksgerichtshof zum Tode verurteilt und am 2. Februar 1945 gehenkt.

Quellen:

Hofer, Walter: »Der Nationalsozialismus. Dokumente 1933–1945«; Frankfurt/M., 1958; S. 339.
Ritter, Gerhard: »Carl Goerdeler und die deutsche Widerstandsbewegung«; Stuttgart, 1956; 3. Aufl. München, 1964; S. 511, S. 551 f.

****

»Abkommen[1] **1941, 18. Juli**
zwischen der UdSSR und der Tschechoslowakischen Republik«:
Volle de-jure-Anerkennung der ČSR unter Dr. Beneš durch die UdSSR

Die Regierung der UdSSR[2] und die Regierung der Tschechoslowakischen Republik haben vereinbart, folgendes Abkommen zu unterzeichnen:

1. Beide Regierungen sind damit einverstanden, sofort gegenseitig Gesandte auszutauschen.

. . .

Anmerkungen:

[1] Das Abkommen bedeutete den diplomatischen Durchbruch für die dadurch mindestens aus der Sicht der UdSSR als vollgültig anerkannte Regierung der ČSR unter Dr. Beneš.
Der UdSSR folgten Großbritannien und die USA, z. T. mit gewissen Einschränkungen.

[2] Partei- und Staatsführung der UdSSR scheinen sich hinsichtlich ihrer Einstellung zu den Sudetendeutschen längere Zeit unschlüssig gewesen zu sein.
Am 10. 11. 1941 hatte ein »Sudetendeutscher Freiheitssender« mit der anfangs zweimal täglichen Ausstrahlung von Texten begonnen, die der Vorsitzende der tschechoslowakischen KP, Gottwald, persönlich abzeichnete. 1943 wurde viermal und ab 1944 mit erweiterten Sendezeiten sogar fünfmal täglich gesendet.
Der Tenor der Sendungen vor allem ab Mitte 1942:
»Die Henlein kommen und gehen, die Sudetendeutschen und Tschechen aber werden als gute Nachbarn miteinander weiterleben! Die Sudetendeutschen sollen in Zukunft Herren im eigenen Haus sein!«
Vgl.: Grünwald, Leopold: »Wandlung«; Wien/München, 1979; S. 81 f.; auch Leonhard, Wolfgang: »Die Revolution entläßt ihre Kinder«; Köln, 1955; S. 197.

Diese offensichtlich zögerlich/unklare Haltung der UdSSR wurde im tschechoslowakischen Exil in London wohl beachtet und später (1946) sogar als Basis politischer Angriffe gegen die KPČ verwendet; siehe S. 490 f.
Zur historischen Entwicklung dieser sowjetischen Haltung: Siehe S. 9 f. (für 1913/17), 326 (für 1923), 391 (für 1938); zur KPČ: Siehe S. 336 f. (für 1931/32), 358 (für 1936).

Quelle:
Original des Abkommens; Fotokopie im Besitz des Verfassers.

****

Artikel **1941, September**
von Edvard Beneš über »The New Order in Europe«:
Ich bejahe den Bevölkerungstransfer

...
Die Frage nationaler Minderheiten wird viel systematischer und radikaler durchdacht werden müssen, als dies nach dem letzten Krieg[1] geschah. Ich bejahe das Prinzip der Bevölkerungstransfers[2] ... Wenn man die Frage sorgfältig überlegt und beizeiten kluge Maßnahmen trifft, kann ein Transfer durch anständige menschliche Bedingungen, internationale Kontrolle und Unterstützung tragbar gemacht werden ...

Anmerkungen:
[1] Zur etwa gleichzeitigen, öffentlichen Erinnerung des Autors im Januar 1942 an Vertreibungsplanungen 1918/19: Siehe S. 242.
[2] Zur Vertretung des Prinzips 1938: Siehe S. 398.

Quelle:
»The Nineteenth Century and After« *(MZ.)*, London; Jg. 80, Nr. 9 (September 1941); S. 150–155.

****

»Erinnerungen« (Buch) **1938–1943**
von Edvard Beneš:
Die schrittweise Veröffentlichung[1] des Transferkonzeptes

Mir war sofort nach München klar, daß bei der Beseitigung des Münchner Vertrages[2] und seiner Folgen auch die Minderheitenfrage und besonders die Frage unserer Deutschen in für unseren Staat grundsätzlicher und endgültiger Weise gelöst werden müsse. Von Trauer erfüllt überlegte ich sehr oft das Problem unserer Deutschen und seine Bedeutung für die Existenz unseres Staates und Volkes ...
⟨*Beneš schildert sodann seine Beziehungspunkte zu* »unseren Deutschen« *seit der Zeit seiner Studien in Frankreich 1905/1908 bis 1938:*⟩
...
Als ich im Oktober 1938 ins Ausland ging[3], stellte ich mir daher neuerlich diese entscheidende Frage: Wie können wir endgültig und, soweit wie möglich, gerecht unser Nationalitätenproblem lösen, wenn es nach einer neuen schrecklichen Krise und einem europäischen Krieg zur Beseitigung von München gekommen sein wird? Wie stets, sagte ich mir auch bei diesem so schwer zu lösenden Problem, daß ich zunächst die Methode des Vorgehens finden müsse. Ich mußte das Verfahren und die politische Taktik festlegen, denen ich von den ersten Anfängen bis zur Beendigung unseres Kampfes unwandelbar zu folgen haben würde. Zur gleichen Zeit oder sogar noch früher mußte ich entscheiden, wie die grundsätzliche Lösung des Problems aussehen sollte, und diese mußte unser Ziel sowohl während des neuen Krieges, als auch nach diesem sein. Jedoch würde es auch stets notwendig sein, sich den allgemeinen politi-

schen Entwicklungen und der Entwicklung der Zeit sowie der Entwicklung des Krieges anzupassen.
Von diesen Überlegungen geleitet, entschied ich mich vor allem für die Kontinuität der Vorkriegspolitik. Das bedeutete für mich, daß die Lösung unseres Nationalitätenproblems soweit als möglich von unseren historischen und örtlichen Bedingungen ausgehen sollte; daß sie von absolutem guten Willen und Loyalität gegenüber all unseren Partnern geleitet an jene Haltung anknüpfen müsse, die wir zur Zeit des Kampfes um München einnahmen, als wir in möglichen Kompromissen bis zum äußersten gingen. Gleichzeitig mußte die von uns gewählte und unterstützte Lösung sachlich sein und im politischen Vorgehen so vertreten werden, daß sie allgemein europäisch anwendbar schien: Eine Lösung also, die in der Nachkriegssituation der europäischen Staaten, die nach dieser neuen Katastrophe alle sicherlich große und revolutionäre soziale Änderungen durchmachen würden, für jedermann annehmbar sein würde.
Das bedeutete, daß die Lösung unseres Nationalitätenproblems systematisch mit sozialen und wirtschaftlichen Veränderungen verbunden werden mußte: Die nationale Revolution mußte mit der sozialwirtschaftlichen Revolution zusammenfließen.
Anders ausgedrückt: In den Nationalitätenproblemen müßte auch Fortschritt enthalten sein, tatsächlich menschlicher wie entwicklungsmäßiger Fortschritt.
Praktisch bedeutete das, Engländer, Franzosen, Amerikaner und Russen sowie – falls möglich – auch die Deutschen selbst davon zu überzeugen, daß man im Interesse der Erhaltung der vor-Münchner Tschechoslowakei eine sehr radikale Verminderung des Umfangs ihrer Minderheiten durchführen müsse. Es würde auch notwendig werden, die Tschechoslowaken zu überzeugen, daß sie diesem Ziel ebenfalls einige Opfer bringen müssen.
Dieses politische Ziel, auf das ich während des ganzen Krieges hinsteuerte, wurde so verfolgt, wie es der Fortschritt des Krieges verlangte: Vor und zu Beginn des Krieges vorsichtig und mit Zurückhaltung, während des Krieges entschlossener und grundsätzlicher ...
Wenn der Kampf für die Durchsetzung unserer Ansicht internationalen Widerstand hervorrief, stellte ich jedesmal entschieden, mit völliger Klarheit und vollem Verantwortungsgefühl eine Frage, die jedermann stets bestürzte: Wollen Sie ein neues München vorbereiten? Während des Krieges wurden die Folgen Münchens für ganz Europa überall so genau erkannt, daß diese Frage jedermann verstummen ließ.
Als ich erkannte, daß wir wahrscheinlich mit den Engländern eine befriedigende Lösung des Problems München erreichen würden[4], überzeugte mich das noch mehr von der Richtigkeit meiner überlegten und entschlossenen Haltung in der Nationalitätenfrage ...
Ich entschloß mich, vor niemandem etwas zu verheimlichen – obwohl es sich um sehr delikate diplomatische Fragen handelte –, sondern die ganze Angelegenheit jedermann, besonders auch unseren Deutschen, offen vorzutragen, und zu versuchen, mit ihnen von vornherein Übereinstimmung zu erzielen. Auch hier war mein politisches Prinzip: »Fair Play«.

⟨Dr. Beneš legte anschließend seine Sicht v. a. der Entwicklung der Verhandlungen mit den sudetendeutschen Sozialdemokraten dar[5], die er vergeblich für seine Transferpläne zu gewinnen versuchte:⟩

Ich vertrat diese Lösung auch in allen Gesprächen mit Briten, Amerikanern, Russen und Franzosen. Hierbei ging ich von einem während des Krieges von allen Großmächten übernommenen Grundsatz aus, daß es keine Wiederholung der nach dem Ersten Weltkrieg durchgeführten Versuche mit Minderheitenverträgen[6] unter Unterstützung des Völkerbundes geben werde, da sich dieses Verfahren nicht

bewährt hatte und der Versuch äußerst unbefriedigend verlaufen war. 1938 wurde unser Staat – was für eine unsinnige Absurdität! – durch diese Verträge bis nach München gebracht. Es gibt demnach keine andere Lösung, als die Zahl der Minderheiten in fremden Staaten soweit als möglich durch Bevölkerungstransfers zu vermindern, die möglichst allgemein, anständig und menschlich durchzuführen sind. Die verbleibenden Überreste der Minderheitenbevölkerung sind entweder auf vernünftiger Grundlage zu assimilieren oder sie haben freiwillig auszuwandern, wohin auch immer sie zu gehen wünschen.
Obwohl dies für die betroffenen Personen eine ernste und lange andauernde Krise bedeuten würde, war es eine bessere und menschlichere Lösung als neue unmenschliche Schlächtereien durch Bürgerkrieg und brutale Vergeltung[7] in der Nachkriegszeit sowie weitere Jahrhunderte des Nationalitätenkampfes mit seiner Verhinderung sozialen und wirtschaftlichen Fortschritts der Menschheit. Außerdem könnte ein Transfer genau überwacht und koordiniert und unter anständigen und menschlichen[8] Bedingungen durchgeführt werden.

⟨Dr. Beneš schilderte sodann, daß er ähnliche Transfervorschläge auch für Ungarn und Polen in der ČSR gemacht hatte, um fortzufahren:⟩

⟨Die übersetzte tschechische Fassung:⟩
Zur gleichen Zeit informierte uns Botschafter Nichols, daß die britische Regierung unsere Haltung zum Transfer aus unserer Republik der Minderheitenbevölkerungen, die gegen uns konspiriert hatten, sorgfältig erwogen habe. Angesichts der Ereignisse im Jahre 1938 und während des Krieges sei sie zu dem Schluß gekommen, daß zum Zeitpunkt der Endlösung unserer Minderheitenprobleme nach siegreichem Kriegsende die britische Regierung sich dem Prinzip des Transfers der Minderheitenbevölkerung aus der Tschechoslowakei, um die Tschechoslowakei vom Gesichtspunkt der Nationalität so einheitlich wie möglich zu machen, nicht zu widersetzen beabsichtigte.[9]

⟨Die übersetzte englische Fassung:⟩
Zur gleichen Zeit wurde uns über Botschafter Nichols mitgeteilt, daß die britische Regierung unseren Standpunkt zum Transfer aus der Republik der Minderheitenbevölkerung, die an uns schuldig geworden war, sorgfältig erwogen habe. Angesichts dessen, was uns im Jahre 1938 und während des Krieges geschehen sei, habe sie nicht die Absicht, sich bei der Endlösung unserer Minderheitenfragen nach siegreichem Kriegsende dem Grundsatz des Transfers der Minderheitenbevölkerung aus der Tschechoslowakei, um den tschechoslowakischen Staat nationalitätenmäßig so stammverwandt wie möglich zu machen, zu widersetzen.[9]

. . .
Nach den Verhandlungen mit der britischen Regierung besprach ich die Frage des Transfers unserer Minderheiten auch über Botschafter Bogomolov[10] in allen Einzelheiten mit Moskau, als ich vor meinem Besuch von Washington im Frühjahr 1943 den Text unseres künftigen Bündnisvertrages mit der Sowjetunion[11] aushandelte. Moskau gab die grundsätzliche Zustimmung zum Transfer durch eine Dr. Ripka am 6. Juni 1943 übergebene Erklärung des Botschafters Bogomolov. Auf Verlangen Bogomolovs kabelte mir sie Dr. Ripka am 6. Juni sofort nach Washington, und ich besprach sie gleich darauf mit Präsident Roosevelt.[12, 13]
Nachdem ich dadurch die Stellungnahmen Londons und Moskaus erhalten hatte, unterbreitete ich diese Frage sofort Präsident Roosevelt, der mir seine persönliche Zustimmung[14] auf der Stelle gab. Er fügte hinzu, daß das, was eine derartige Katastrophe verursachte, wie München sie der Welt zugefügt hatte, ein für allemal völlig beseitigt werden müsse. Als ich gegen Ende 1943 in Moskau ankam[12], besprach ich wiederum das gesamte Problem, diesmal mit Stalin und Molotov persönlich. Ich gab

ihnen außerdem ein schriftliches Memorandum zu dieser Frage. Beide bestätigten wiederum die Haltung, die mir Moskau bereits früher mitgeteilt hatte. Die gesamte Frage unserer Deutschen wurde dann[15] im Juli 1945 in Potsdam[16] durch die Sowjetunion, die Vereinigten Staaten und Großbritannien mit dem international beschlossenen Transfer der Deutschen aus unserem Lande entschieden. Er wurde von uns 1945 bis 1946 unter Leitung und voller, dauernder Kontrolle der Vereinigten Staaten durchgeführt.
Ein großes und bedeutungsschweres Kapitel unserer nationalen Geschichte, ein Kapitel, das so oft unsere ganze Geschichte bestimmte – und mindestens zweimal[17] die Vernichtung unserer Nation herbeigeführt hätte – wurde damit endgültig abgeschlossen.
...

Anmerkungen:

[1] Es ist erforderlich, die Darstellung von Dr. Beneš im Rahmen der »Chronologie 1942–1944« (siehe S. 462 ff.) zu betrachten und eher als Entwicklung von Veröffentlichungen zum Thema zu werten: Am 23. 2. 1953 fand in London eine Diskussion statt. Auf Feststellung eines Teilnehmers, daß sich der Standpunkt von Dr. Beneš zur Vertreibung der Sudetendeutschen »im Laufe des Krieges geändert« habe, antwortete der enge Mitarbeiter und Kanzler von Dr. Beneš, Dr. Jaromír Smutný, in imponierender Kürze und Logik, der Teilnehmer habe »insofern recht, als sich der Standpunkt von Dr. Beneš entwickelte, wie die Situation es erlaubte; aber er änderte sich nie in seinem Wesen; denn Dr. Beneš war von Anfang an überzeugt, daß es keine andere Lösung der Beziehungen zwischen Tschechen und Deutschen in der Republik gibt, als die Trennung.«
Vgl. Stránsky, Jaroslav: »Odsun Němců z ČSR z hlediska národního a mezinárodního práva« (Der Abschub der Deutschen aus der ČSR vom Standpunkt des nationalen und internationalen Rechts) in »Doklady a rozpravy« (Nachweise und Abhandlungen); hsg. v. Dr.-Edvard-Beneš-Institut; Nr. 11; London, 1953; S. 28.

[2] Vom 29. 9. 1938; zum Text: Siehe S. 415.

[3] Am 22. 10. 1938; siehe S. 424.

[4] Offensichtlich gemeint: Die britische Lossagung vom Münchner Abkommen am 5. 8. 1942; zum Text: Siehe S. 477.

[5] Siehe z. B. die Grundsatzerklärung vom Sommer 1942, S. 478.

[6] Wie der mit der ČSR vom 10. 9. 1919; zum Text: Siehe S. 281.

[7] a) Mit dieser humanen Haltung der später (1947) erschienenen Memoiren stimmten zeitgenössische Äußerungen von Dr. Beneš kaum überein.
Zu Textbeispielen: Siehe S. 1307 (10. 10. 1942), S. 483 (27. 10. 1943) sowie S. 495 (16. 7. 1944).
b) Schrittweise wurde dieses Konzept dann durch die Wiedereinführung des Begriffes »Säuberung« quasi moralisch überhöht: In London am 27. 10. 1944 wurde nur das »očištění unseres politischen ... Lebens« gefordert. Am 3. 4. 1945 in der Slowakei war »das Vaterland von Elementen zu säubern, die zu uns nicht gehören« und am 5. 4. in Kaschau »das Problem der Säuberung der Republik von allen uns feindlichen ... Deutschen«.
Vgl. Beneš, Edvard: »Šest let exilu a druhé světové války« (6 Jahre Exil und Zweiter Weltkrieg); Prag, 1947; 7. Aufl.; S. 243 sowie »Do nového života republiky« (In das neue Leben der Republik); hsg. v. ČSR-Informationsministerium, Nr. 1; Kaschau (Slowakei), 1945; S. 4, 18.

[8] An dieser Stelle Anmerkung von Dr. Beneš:
»So wurde dann später im Jahre 1946 der Abschub unserer Deutschen auch insgesamt durchgeführt, wie es die Unterlagen der amerikanischen Behörden bezeugen. Ich will nicht abstreiten, daß es auch bei uns zu einigen zahlenmäßig weit übertriebenen Exzessen durch untergeordnete Organe kam. Diesen dem Lande Masaryks unziemlichen Vorgängen habe ich mich jedoch immer sehr ausdrücklich entgegengestellt und sie öffentlich einige Male kategorisch verurteilt und angeprangert (z. B. in meiner Rede in Melnik am 14. Oktober 1945).«
Zur Rede in Melnik: Siehe S. 659; zur Beurteilung von Organisationsgrad und zahlenmäßigem Ergebnis dieser »Exzesse«: Siehe u. a. S. 736, 1210 ff.

[9] Zum Text der britischen Entscheidung vom 6. 7. 1942: Siehe S. 476.
Die Einschränkung Edens vom 13. 9. 1943 (siehe S. 476), die Dr. Beneš mit Sicherheit bekannt wurde, blieb in seinen »Erinnerungen« unerwähnt.

[10] Bogomolov war Botschafter der UdSSR bei der ČSR-⟨Exil-⟩Regierung in London.

[11] Zum zeitparallelen, aber sachlich divergierenden Verhalten der Partei- und Staatsführung der UdSSR: Siehe S. 456 f.
Zum Text des Bündnisvertrages mit der UdSSR vom 12. 12. 1943: Siehe S. 485.

[12] Im Rahmen dieses Gespräches am 7. 6. 1943 soll Dr. Beneš von US-Präsident Roosevelt auch als geheimer Mittelsmann zur zeitweiligen Täuschung v. a. der US-Öffentlichkeit eingesetzt worden sein. Dr. Beneš berichtete nämlich:
»Roosevelt verlangte, daß ich bei meinem Gespräch in Moskau mit Stalin diesem seine Ansichten in Sachen der baltischen Staaten zum Ausdruck bringe. Die USA sind nicht dagegen und haben nicht vor, sich gegen ihren endgültigen Anschluß an die UdSSR zu wenden, müssen aber die öffentliche Meinung der ganzen Welt beachten, so daß es um die Form und das Vorgehen ⟨*bei der Annexion*⟩ gehe, um die öffentliche Meinung ruhig zu halten.«
Vgl. Beneš, Edvard: »Paměti« (Erinnerungen); Prag, 1947, S. 288.

[13] In der eigenen, englischsprachigen Darstellung von Dr. Beneš (»Memoirs«; S. 193, 234, 286) ergab sich aus dem chronologischen Ablauf der Gespräche, der dabei verwendeten Methode und dem Wandel in der Terminologie ein eindrucksvolles Bild:

a) Am 23. 4. 1943 erklärte die Regierung der UdSSR, sich zur Zeit wegen des »Transfers deutscher Faschisten« aus der Tschechoslowakei nicht festlegen zu können.
b) Am 12. 5. 1943 sagte Dr. Beneš dem US-Präsidenten Roosevelt jedoch, daß die UdSSR mit dem »Transfer der Deutschen aus der Tschechoslowakei« einverstanden sei.
c) Am 27. 5. 1943 übermittelte der Stellvertretende Außenminister der tschechoslowakischen (Exil-)Regierung, Ripka, dem sowjetischen Botschafter in London, Bogomolov, daß die britische und die US-Regierung für den »Transfer der tschechoslowakischen Deutschen« seien und nunmehr auch die Zustimmung der UdSSR erwartet werde.
d) Am 5. 6. 1943 teilte daraufhin Bogomolov Ripka mit, daß Moskau jetzt definitiv für den Transfer der »deutschen Nazibevölkerung aus der Tschechoslowakei« sei, und bat um Übermittlung dieser Stellungnahme an Dr. Beneš.

[14] Die dem zeitlichen Ablauf seiner Reisen folgende Darstellung von Dr. Beneš umgeht den eigentlich relevanten Tatbestand, daß die Erklärungen mindestens Großbritanniens und der USA des Jahres 1943 deutlich unverbindlicher und weniger weitreichend gewesen sein müssen, als von Beneš dargestellt: 1944 gab es zum Vertreibungsthema ein umfangreiches ČSR-Memorandum (zum Text vom 23. 11. siehe S. 500); weder Memorandum noch Antworten erwähnten irgendwelche früheren Zusagen.
Im Gegenteil: Zwischen November 1944 und Februar 1945 forderte der britische Außenminister Eden bei Dr. Beneš die Vorlage von Landkarten über einen Gebietsaustausch mit Deutschland (vgl. Brandes, Detlev: »Eine verspätete tschechische Alternative zum Münchner Diktat« in »Vierteljahreshefte für Zeitgeschichte«; Jg. 42, H. 2 [April 1994]; S. 221–242, hier S. 230 f.). In diesem Zusammenhang war der Befehl von Dr. Beneš an seinen Generalstab vom Januar 1945 beachtlich, »das folgende Schema der Lösung des Problems unserer Deutschen auszuarbeiten und auf der Karte einzuzeichnen: 800.000 bleiben am Ort, 1.700.000 werden ausgesiedelt und der Rest von etwa 600.000 fällt an Deutschland mit dem Gebiet, in dem er wohnt.« (Vgl.: Stránsky: a. a. O.; S. 30.) Bei Eden kamen davon nur noch 358.000 Sudetendeutsche an, die mit ihrem Land (vornehmlich die Zipfel von Warnsdorf, Schluckenau und Eger) bei Deutschland verbleiben sollten (vgl. Brandes: a. a. O.).
Zu einer vermutlich ähnlichen Karte Ende 1943 in der Darstellung des KPČ-Politikers Kopecký 1948: Siehe S. 491 f.

[15] Auf nochmaligen Anstoß durch formellen Antrag der ČSR: Siehe S. 538.

[16] Zum Wortlaut der Erklärung über die Konferenz von Potsdam vom 2. 8. 1945: Siehe S. 548.

[17] Wann das erste Mal war, blieb unklar: Vermutlich handelt es sich um die Uminterpretation der katholischen Gegenreformation gegen Protestanten aller Nationalitäten nach 1620 in eine nationale Attacke nur gegen das tschechische Volk.

Quelle:
Beneš, Edvard: »Paměti« (Erinnerungen); Prag, 1947; S. 306, S. 312 ff., 329 ff.; Hervorhebungen im Original.
Englische Fassung: »Memoirs«; London, 1948. Das Zitat: S. 206.

****

Kurzbericht: **1942–1944**
»Chronologie« dreier Jahre
in der Vorbereitung der Vertreibung:
Akteure, Aktionen und Argumente (pro und contra)

Vorbemerkung:
Die nachfolgende Zusammenstellung soll einen gewissen Einblick in die Fülle dokumentarischen Materials bieten, dem die »Dokumente zur Sudetenfrage« nur einen schmalen Ausschnitt entnehmen können. Die Zusammenstellung bietet in der Art des allgemeinen Inhaltsverzeichnisses eine Chronologie über den Zeitraum 1. 1. 1942–31. 12. 1944. Sie erhebt keinen Anspruch auf Vollständigkeit. Sie soll durch Darstellung von gerafften Argumenten pro und contra zu einer vertieften Information über die Hintergründe des gravierendsten Einschnitts der Sudetenfrage, der Vertreibung der Sudetendeutschen, beitragen. Die erforderliche Raffung veranlaßt zur Unterdrückung der an sich oft erforderlichen Vorsetzung von »Exil« bei Ausdrücken wie z. B. »tschechoslowakische Regierung«. Der Ort der Begebenheit, Gespräche, Veröffentlichung ist – soweit bekannt – nur dann gesondert angegeben, wenn er nicht London ist. Darüber hinaus werden die aus dem Inhaltsverzeichnis bekannten Abkürzungen verwendet. Schließlich ist in dieser Chronologie jener Begriff »Transfer« zu finden, mit dem die tschechoslowakische Staatsführung in Antizipierung der »Newspeak« George Orwells die Vertreibung der Sudetendeutschen umschrieb: »Transfer« (so »Webster's Ninth New Collegiate Dictionary«; Springfield [Mass.] USA; 1983; S. 1253) wird wie folgt definiert: »Removal or acquisition of property by mere delivery with intent so transfer title«; d. h. etwa: Entfernung oder Erwerb von Eigentum durch bloße Zustellung mit der Absicht, dieses zu übertragen.
Die Chronologie ermöglicht bemerkenswerte Einblicke in die politische Beweglichkeit von Dr. Beneš, aber auch der Kommunistischen Partei der Tschechoslowakei (KPČ).

Datum	WER ?	WIE ? RS = Rundschreiben Rundf. = Rundfunk	WAS? (Kurzfassung)	Text: Siehe S. ...
1942				
Jan.	Dr. Beneš	Artikel	Vertr. der Sd. schon 1918 vorgeschlagen	241
5. 1.	Die US-Regierung	Beschluß	ČSR in Pacht- und Leihgesetz (= Materialschenkungen)	
7. 1.	Dr. Beneš, Jaksch	Gespräch	B.: Ts. Volk habe »das Auseinandergehen mit den D.« beschlossen; Transf.	
13. 1.	Ts. Min. Ripka	Rede	Lösung des Minderheitenproblems erforderlich	
22. 1.	Dr. Beneš	Rede	2 Mio D., darunter alle jungen D. müssen weg	
22. 1.	Der brit. Außenmin. Eden, Beneš	Gespräch	B.: Transfer von ca. 1,4 Mio Sd.; ca. 0,6 Mio Sd. mit Gebiet an D.	
22. 1.	Die brit., die ts. Regierung	Vertrag	Pauschale Finanzierung der ts. Regierung in Kraft	
23. 1.	Die ts. Regierung	Erklärung	Nach Kriegsende gibt es ts.-polnische Föderation	
23. 1.	Der sd. Abg. Jaksch	Partei-RS.	Ts. Politik erstrebt maxim. nation. Machtgewinn	
Febr. Febr.	Dr. Beneš Dr. Beneš	Interview Artikel (NY.)	D. muß in seine Vor-1938er-Grenzen zurückversetzt werden	
Febr.	Dr. Beneš	Artikel (NY.)	Nach dem Krieg keine d. Minderh. in Mitteleur.	
4. 2.	US-Außenmin. Hull	Memorandum	Vor Friedensvertrag keine Grenzfestlegung	
7. 2.	Dr. Beneš	Feststellung	Entschädigung zu vertreibender Sd. aus ts. Forderungen gegen D. möglich	
18. 2.	Dr. Beneš	Interview	Transfer wegen Hitlers Politik möglich	
14. 3.	Der ts. Politiker Köhler (KP)	Rundf.rede (Moskau)	Die Sd. werden, in »welchem Staatssystem immer«, nach dem Krieg als gute Nachbarn der Ts. leben	
28. 4.	Dr. Beneš	Rede For. Pol. Ass.	D. sollte auf 1937er Grenzen zurückverwiesen werden, dazu Transfer	
5. 5.	Ts. Außenmin. Masaryk	Brief	Nach Kriegsende wollen wir einige D. loswerden, aber keine Juden	474
7. 5.	Dr. Beneš	Rede	D. sollte unbedingt in 1937er Grenzen zurückgeführt werden	
8. 5.	Ts. Außenmin. Masaryk	Interview	»Ich persönlich habe keine Angst vor einer Bolschewisierung Europas« nach dem Kriege	
12. 5.	Dr. Beneš	Rede	D. sollte in 1937er Grenzen zurückgeführt werden	
21. 5.	Brit. Lord Cranborne	Rede Oberh.	Die brit. Regierung steht zur Atlantik-Charta	
26. 5.	Die brit. und die UdSSR-Regierung	Vertrag	Vertragspartner erstreben keine territoriale Erweiterung für sich	
31. 5.	Der ts. Pol. Drtina	Rundf.rede	Es gibt auch anständige D., die deshalb mehr leiden, als wir T.	
Juni	Der sd. Abg. Jaksch	Partei-RS.	Sd. nur dann in ts. Armee, wenn Verhandlungslösung sd. Frage	
2. 6.	Brit. Lord Cranborne	Rede Oberh.	Brit. Reg. zur Durchführung der gesamten Atlantik-Charta verpflichtet	
4. 6.		Vorgang	R. Heydrich stirbt nach Attentat ts. Fallschirmagenten (27. 5. 1942) in Prag	
4. 6.	Eden, Beneš	Gespräch	Transfer der Sd.	
Mitte Juni	Die UdSSR/KPdSU-Führung	Rundfunksendungen	»Sd. Freiheitssender« (UdSSR): Sd. in Zukunft »Herren im eigenen Haus«	456
5. 6.	Der sd. Abg. Jaksch	Brief an ts. Politiker	Protest gegen Mitwirkung an Buch, das sd. Soz.Dem. diffamiert	

Datum	WER ?	WIE ? RS = Rundschreiben Rundf. = Rundfunk	WAS? (Kurzfassung) ...	Text: Siehe S. ...
5. 6.	Ts. Pol. Feierabend	Rede	D. Terror gegen T. darf sich nicht wiederholen	
5. 6.	Sd. Pol. Zinner	Rede	Künftig antifasch. Zusammenarbeit zwischen D. und T.	
6. 6.	Beneš, Jaksch	Gespräch	B.: Transf. von 1 Mio Sd. nötig; J.: Protest	
7. 6.	Die brit. Regierung	Erklärung	Teilnahme sd. Sozdem. an Ts.-Staatsrat vor endgültiger Anerkennung erforderlich; ts. Delegation lehnt entschieden ab	
7. 6.	Die sd. Soz.dem.	Beschluß	Gegen Transfer	475
9. 6.	UdSSR-Außenmin. Molotov, Beneš	Gespräch	UdSSR hat MA. nie anerkannt: Forderung zur Verminderung ts. D. wird unterstützt	
10. 6.		Vorgang	Vernichtung des ts. Dorfes Lidice wird welt-weit bekannt	
13. 6.	Der brit. Dipl. Lockhart	Bericht	B. sagte mir über Gespräch mit Molotov: Transfer ist innerts. Angelegenheit	
13. 6.	US-Marinemin. Knox	Rede (Boston)	»Wenn uns künftige Generationen fragen werden, wofür wir in diesem Krieg kämpften, werden wir ihnen die Geschichte von Lidice erzählen«	
14. 6.	US-Außenmin. Hull	Erklärung	Scharfe Verurteilung Zerstörung Lidices	
16. 6.	Ts. Staatsmin. Ripka	Brief ...	... an Jaksch: Sd. Sozdem. haben gegen Ts. opportunistische Politik betrieben	
17. 6.	Die ts. Regierung	Erklärung	Alle D., die dem NS-System halfen oder es – auch indirekt – billigten, sind für seine Verbrechen persönlich verantwortlich	
18. 6.	Masaryk	Rede (NY.)	Den D. das tun, was sie uns angetan haben	
22. 6.	Der brit. Außenmin. Eden	Entscheidung	Jaksch nicht mehr (wie seit 9. 7. 1941) über deutschen Dienst BBC reden	
23. 6.	Der sd. Abg. Jaksch	Brief ...	... an B.: Gewaltsamer Transfer entzieht der Verständigung Grundlage »für eine Generation«; im wesentlichen Unschuldige betroffen	476
25. 6.	Eden, Beneš	Gespräch	Transfer der Sd.; Widerruf MA.	
Juli	UdSSR-Regierung	Note ...	... an ts. Regierung: Protest gegen ts.-poln. Konföderation nach Kriegsende	
Juli	Der ts. Pol. Bechyně (Soz.Dem.)	Artikel	Aus Lenin und Stalin abgeleitete marxistische These: SR. ist »allgemeinen höheren Interessen« nachzuordnen	
Sommer	Die ts. Regierung	Erklärung	Transfer zwar nicht beschlossen, aber unausweichlich	478
6. 7.	Die brit. Regierung	Beschluß	Transfer, wo dies notwendig und wünschenswert erscheint	476
7. 7.	Eden, Beneš	Gespräch	Information über 6. 7. 1942	476
12. 7.		Umbenennung ...	... der Stadt Stern Park Garden (Ill., USA) in Lidice; Hauptredner: Wendell Willkie (US-Präsidentschaftskandidat)	
15. 7.	Dr. Beneš	Brief ...	... an Jaksch: Bestätigung 23. 6., Ankündigung späterer Antwort (siehe 1942, 2. 12.)	
August	Der ts. Pol. Bechyně (Soz.Dem.)	Artikel »N. svoboda«	Lösung der sd. Frage weder durch Münchner Grenzen oder Autonomie, noch »barbarische Methoden« anzustreben	
1. 8.	Der ts. Publizist Ehrlich	Artikel »Einheit«	Die Sd. wollen mit den T., mit denen sie sich gemeinsam gegen Hitler wehrten, in Frieden leben	

Datum	WER ?	WIE ? RS = Rundschreiben Rundf. = Rundfunk	WAS? (Kurzfassung) ...	Text: Siehe S. ...
5. 8.	Die brit. Regierung	Erklärung	An MA. nicht mehr gebunden	477
5. 8.	Brit. Außenmin. Eden	Brief ...	... an Masaryk: An MA. nicht mehr gebunden	
5. 8.	Masaryk	Brief ...	... an Eden: Zwischen uns ist das MA. »tot«	
8. 8.	Dr. Beneš	Rundf.rede	Wiedergutmachung des MA. und seiner Folgen »einziges Lebensziel«; jetzt juristisch erreicht	
8. 8.	Der sd. Abg. Jaksch	Proteste ...	... gegen Sd. ohne Minderheitenrechte in Ts.	478
15. 8.	Sd. Pol. Winternitz (KP)	Artikel »Einheit«	Kommunisten wissen, daß sd. Frage nicht durch barbarische Nazimethoden gelöst werden kann	
15. 8.	»New States-man and Nation«	Leitartikel	Nach Widerruf MA. Alternative zu Grenzen von Versailles möglich; Jaksch heranziehen!	477
28. 8.	Edvard Beneš	Artikel	MA. hätte bereits am 3. 9. 1939 widerrufen werden sollen	
29. 8.	Ts. Pol. Freund (KP)	Artikel »Einheit«	Sd. sollen im Sinne der Atlantik-Charta selbst entscheiden	
31. 8.	Die ts. Regierung	Beschluß	Begriff »sd. ist verfassungswidrig« und strafbar	
31. 8.	Ts. Pol. Kreibich (KP)	Rede St.R.	Sd.-Problem: »Innenpolitik« der Ts., aber die meisten Sd. sind Demokratie treu geblieben	
4. 9.	Der belg. Pol. Gillon	Rede	Kein Sd. mit Pro-Reichs-Tendenzen darf im Sd.-Geb. bleiben	
9. 9.	Brit. Außenmin. Eden	Rede Unterh.	GB kann derzeit keine einzige Grenze in Mitteleuropa unterstützen	
18. 9.	Dr. Beneš	Mitteilung ...	... an brit. Gesandten: Starker Widerstand gegen Transfer in ts. Regierung	
23. 9.	Ts. Pol. Kreibich (KP)	Rede St.R.	Weder ts. Regierung noch St.R. haben jemals Transfer-Pläne verfolgt	
29. 9.	Der sd. Abg. Jaksch	Äußerung	Ts. Regierung will »Periode der Rache« im Sd.-Gebiet nach Kriegsende kurz halten	
29. 9.	Franz. (Exil-)Reg.	Erklärung	MA. ist nichtig	478
4. 10.	Der sd. Abg. Jaksch	Rede Treuegem.	Kein Transfer: Nazis zur Abrechnung dabehalten bzw. auszuliefern	
7. 10.	Ts. Min. Ripka (NS)	Rede Brit. ts. Klub	Bemühung um Bündnis mit UdSSR; Säuberung Nachkriegs-ČSR von den D.	490
7. 10.	Dr. Beneš	Beschluß	Neueinsetzung des ts. Staatsrates	
7. 10.	Ts. Min. Ripka	Rede ts. St.R.	Sd. Problem: Von allen Alliierten als innerts. Problem anerkannt; bis jetzt noch keine Transferpläne von der ts. Regierung behandelt, da Situation »noch nicht reif genug ist«; alle ts. innenpolitischen Fragen nur vom befreiten Volk in der Heimat zu entscheiden; sd. SR. findet Grenze am t. SR., das zu seiner Realisierung bestimmter Grenzen bedarf	
10. 10.	Dr. Beneš	Botschaft ...	... an ts. Widerstand: Nach Kriegsende Volksrevolution gegen Sd.	460
26. 10.	Die US- an die ts. Regierung	Note	De jure-Anerkennung der ts. Regierung; für Grenze: Eden-Formel vom 5. 8. 42	
27. 10.	Dr. Beneš	Rundf.rede	Wiederherstellung einer gestärkten Ts. zur Schwächung des Pangermanismus; Schicksal der Nationalsozialisten in der Ts. muß dem aller Nationalsozialisten entsprechen	
27. 10.	Dr. Beneš	Beschluß	Befugniserweiterung des ts. St.R.: Beratung und Bericht über Dekrete des Präsidenten	

Datum	WER ?	WIE ? RS = Rundschreiben Rundf. = Rundfunk	WAS? (Kurzfassung) ...	Text: Siehe S. ...
30. 10.	Ts. Min. Ripka	Artikel	Wille des ts. Volkes in der Heimat: Niemand, der dem Henleinismus und Nazismus half, darf in der befreiten ts. Republik bleiben	
7. 11.	Ts. Pol. Freund (KP)	Artikel »Einheit«	Transfer Zukunftsproblem. Lösung der Sd.-Frage nach Vorbild der Lösung der Nationalitätenfrage in der UdSSR	
11. 11.	Der ts. Justizmin. Stránsky (NS)	Rede (Oxford)	Transfer abgelehnt: Schicksalsverbundenheit zwischen T. und Sd.	
12. 11.	Dr. Beneš	Rede ts. St.R.	Derzeit weder Grenzgarantie durch GB und USA noch definierte Pläne für Sd.; Kriegsverbrecherbestrafung. UdSSR wünscht aufrichtig Vertrauen und Freundschaft zu Europa	
13. 11.	Dr. Beneš	Beschluß	Neueinsetzung ts. Regierung	
24. 11.	Die ts. Regierung	Beratung	Transfer der Sd. in großem Umfang	
28. 11.	Der ts. Staatsrat	Vorgang	Verlängerung der Amtszeit von B. als ČSR-Präsident (18. 12. 35 gewählt, 5. 10. 38 zurückgetreten) um 7 Jahre	
2. 12.	Dr. Beneš	Brief ...	... an Jaksch: Keine Vertretung im ts. Staatsrat, wenn nicht bedingungsloses Bekenntnis zur Ts. (bei Unterschrift durch Absender: Umdatierung auf 10. 1. 43)	478 ff.
5. 12.	Dr. Beneš	Rede (Manchester)	Wir kämpfen für moralische Werte; Transfers seit 1918 nicht ausgeschlossen	241
8. 12.	Die ts. Regierung	Beratung	Einige Minister bereit, für Transfer von mehr als 2 Mio. Sd. Grenzvorsprünge von Eger, Schluckenau, Friedland und Braunau abzutreten	
12. 12.	Ts. Min. Ripka (NS)	Rede (Oxford)	Transf. im Interesse europäischen Friedens zufriedenstellendste Lösung des Problems unserer Deutschen	
18. 12.	Brit. Abg. Parker	Rede Unterh.	Zu viele Sd. für Gesamttransfer. Bei Teiltransfer: D. Grenzen nicht unangemessen zurückschieben	

Datum	WER ?	WIE ? RS = Rundschreiben Rundf. = Rundfunk	WAS? (Kurzfassung) ...	Text: Siehe S. ...
1943				
Anfang	Ts. Pol. Beuer (KP)	Broschüre »Sd. wohin?«	»Wir sind gegen Aussiedlungspläne und haben das gesagt«	
5. 1.	Die Alliierten	Deklaration	D. Volk wird seine Kriegsbeute nicht behalten	
5. 1.	ZK der KPC	Beschluß (Moskau)	Sd.: Durch Kampf gegen NS Voraussetzung für Freundschaft mit T. schaffen	
26. 1.	Die Alliierten	Erkl. v. Casablanca	Bedingungslose Kapitulation gefordert	
28. 1.	Ts. Pol. Kreibich (KP)	Rede ts. St.R.	Sd. müssen durch Revolution gegen NS positive Haltung zu Ts. beweisen, sonst Transfer	
29. 1.	Ts. Außenmin. Masaryk	Artikel »Čechoslovák«	Nach Kriegsende: Föderales Europa freier Völker	
19. 2.	Dr. Beneš	Interview »NY Times«	Umfassender Austausch von Minderheiten in 2- bis 3jähr. Waffenstillstandszeit	
23. 2.	Die »New York Times«	Bericht aus London	UdSSR habe Verbleiben Karpaten-Ukraine in ČSR im Rahmen Anerkennung vor-1938er-Grenzen garantiert	
Anf. März	Brit. Dipl. Nichols, Beneš	Gespräch	B.: Es wird nach Kriegsende sd. Abg. in der Ts. geben	
13. 3.	Ts. Pol. Šverma (KP)	Artikel	Sd. sollen sich vom NS lossagen, um für Ts. SR. der Sd. zu kämpfen	
15. 3.	Ts. Pol. Gottwald	Rede (Moskau)	Bereit sein zur endgültigen Abrechnung	
19. 3.	Brit. Außenministerium	Information ...	... des US-Außenmin. über Transferbeschluß der brit. Regierung (6. 7. 42), wo »notwendig und wünschenswert«	477
19. 3.	Dr. Beneš	Frage ...	... an den sowj. Botschafter Bogomolov: Wird die UdSSR unsere Ansicht der Transfer-Notwendigkeit mindestens eines Teiles der Sd., die von der brit. Regierung entschlossen unterstützt wird, auch unterstützen?	
3. 4.	Prem.Min. Churchill, Beneš	Gespräch	Ch.: »Transfer ist notwendig«	
3. 4.	Der sd. Abg. Jaksch	Brief ...	... an Beneš: Antwort auf 2. 12. 42/10. 1. 43	
10. 4.	»Nové Československo«	Leitartikel	Gegen poln. Territorialforderungen, die nicht durch Atlantik-Charta gedeckt sind	
23. 4.	Die UdSSR- an die ts. Regierung	Erklärung	Noch keine endgültige Entscheidung zum Transfer sd. Faschisten	461
1. 5.	Die sozialist. Internationale	Manifest (Stockholm)	Gegen Transfer	481
6. 5.	Dr. Beneš	Vorgang	Staatsbesuch in USA und Kanada (bis 11. 6.)	
8. 5.	Die Regierung der UdSSR	Vorgang	Erstes Auftreten der »Union polnischer Patrioten« ⟨*Kern einer poln. KP-Gegenregierung*⟩ in Moskau	
12. 5.	Roosevelt, Beneš	Gespräch	B.: GB und UdSSR sind für Transf.R.: Ich auch	(461)
13. 5.	Dr. Beneš	Rede (US-Kongreß)	Die Ts. wird dem »democratic way of life« nach Kriegsende treu bleiben	
14. 5.	Dr. Beneš	Rede (Washington)	Für uns, die Ts., »sind Wilsons Prinzipien heute genauso lebendig wie vor einem Vierteljahrhundert«	
18. 5.	US-Außenmin. Hull, Beneš	Äußerung ...	H.: Das MA. ist null und nichtig	

Datum	WER ?	WIE ? RS = Rundschreiben Rundf. = Rundfunk	WAS? (Kurzfassung) ...	Text: Siehe S. ...
19. 5.	Dr. Beneš	Rede (New York)	D. muß alles, was es »über den falschen Weg der Aggression erwarb, zurückgeben, beginnend mit Österreich«	
22. 5.	Dr. Beneš	Rede (Chicago)	Transfers durchzuführen, wenn sie »bleibenden Frieden bewirken«	482
24. 5.	Dr. Beneš	Rede (Chicago)	Nach dem Krieg werden innenpolitische Kriegsverbrecher bestraft werden	
27. 5.	US-Politiker Davis	Rede (New York)	Die Sd. waren vor 1938 nicht alle Nazis. Viele wurden es aus wirtschaftlichen Gründen. »Zusammenarbeit zwischen USA und der UdSSR ist möglich. Dr. Beneš hat dies mehr als irgend ein anderer bewiesen«	
27. 5.	Bogomolov, Ripka	Gespräch	R.: US-Regierung für Transfer ts. D., Zustimmung der UdSSR wird erwartet	461
30. 5.	Dr. Beneš	Interview (Chicago)	Auf »grimmige Transfernotwendigkeit« vorbereitet	
5. 6.	Die UdSSR- an die ts. Regierung	Mitteilung	UdSSR für Transfer der »deutschen Nazi-Bevölkerung aus der Ts.«	461
7. 6.	Roosevelt, Beneš	Gespräch	B.: Information R. über UdSSR Haltung Transf. (5. 6.)	
17. 6.	Dr. Beneš	Bericht ...	... über Reise an ts. Regierung	
28. 7.	Öst. Pol. Kreisky (SPÖ)	Entschließung (Stockholm)	Distanzierung von Jaksch und »Treuegemeinschaft«	482
29. 7.	Ts. Min. Ripka	Rede (London)	Russische Politik seit Sowjetrevolution 1919 nicht mehr imperialistisch	
31. 7.	23 sd. Soz.Dem.	Offener Brief ...	... an Jaksch: Wir verfolgen mit Entsetzen, zu welchen Schandtaten sich die Soz.Dem. verführen lassen	
14. 8.	Ts. Pol. Beuer (KP)	Artikel »Einheit«	Neue Ts. wird zwar Nationalstaat, aber Sd., die gegen Hitler kämpften, werden gleichberechtigt sein	
13. 9.	Die brit. Regierung	Weisung ...	... an Botschaft Washington: Beneš hat falsch informiert; GB zum Transfer auch nur eines Teiles der Sd. nicht verpflichtet	476
13. 9.	Masaryk	Art. (Yorkshire)	Transfer, um kein Trojanisches Pferd zu behalten	
14. 9.	Der sd. Abg. Jaksch	Memorandum	»Die Anwendung der Atlantik-Charta auf das Sudetenproblem«	
15. 9.	Masaryk	Rede	Die Sd. werden ausgewiesen	
17. 9.	Masaryk	Artikel	Sd.: Wer nicht aktiv gegen NS war, raus	
25. 9.	»New Statesman and Nation«	Leitartikel	Wollen die Alliierten wirklich Millionen Menschen vertreiben?	
1. 10.	Die KP der Ts.	Beschluß Moskau	»5 Jahre nach Mch«: Mehrheit der Sd. wollte Ts. nicht zerschlagen	(494)
10. 10.	US-, GB- und UdSSR-Regierung	Beschluß	Errichtung des »European Advisory Committees« (EAC) zur Planung der Nachkriegsbehandlung Deutschlands	
11. 10.	Masaryk	Rede	Wie 13. und 17. 9. 1943	
16. / 17. 10.	Ts. Antifaschistische Konferenz (Ts. AK)	London	Auch d. Teilnehmer (KP und von der Partei abgefallene Soz.Dem.)	
16. 10.	Ts. Pol. Kreibich (KP)	Rede Ts. AK	Transfer: Innenpolitisches Problem der ČSR; vom Volk zu Hause zu entscheiden	
16. 10.	Ts. Min. Ripka	Rede Ts. AK	Befreite ČSR entsteht durch Kampf aller loyalen Bürger; loyale D. werden gleichberechtigt sein, haben nichts zu befürchten	

Datum	WER ?	WIE ? RS = Rundschreiben Rundf. = Rundfunk	WAS? (Kurzfassung) ...	Text: Siehe S. ...
17. 10.	Ts. Pol. Stern (KP)	Rede Ts. AK	Da Nazismus sowjetischen Straftatbestand Banditismus erfüllt, ist Kollektivschuld gegeben	
17. 10.	Sd. Pol. Zinner	Rede Ts. AK	Behandlung der Sd. in ČSR ist innenpolitische Frage	
17. 10.	Der sd. Ausschuß	Gründung ...	... aus Teilnehmern der Ts. AK	
17. 10.	Der sd. Ausschuß	Aufruf ...	... an die Sd.: Revolution, sonst Heimatverlust	
20. 10.	Brit. Staatsmin. Law	Rede Unterh.	Territoriale Änderungen erst nach Friedensvertrag	
23. 10.	Ts. Pol. Smetanka	Rede ts. St.R.	Praktisch gilt Kollektivschuld aller D.	
23. 10.	Ts. Pol. Kreibich (KP)	Rede ts. St.R.	Transfer Problem von internationaler Bedeutung	
23. 10.	Ts. Pol. Laušman (Soz.Dem.)	Rede ts. St.R.	Friedliche Zusammenarbeit zwischen D. und T. in erneuerter Republik; keine Kollektivurteile	
23. 10.	Ts. Pol. Majer (Soz.Dem.)	Rede ts. St.R.	Gruppenbildung nach dem Kriege nicht nach Sprache, sondern nach Schuld	
26. 10.	Ts. Pol. Gottwald (KP)	Artikel »Prawda« (Moskau)	SdP entstand und wuchs im Bestreben, »die Nationalitätsverhältnisse für die D. im Rahmen der Ts.« zu bessern	494
27. 10.	Dr. Beneš	Rundf.rede	Aufforderung zum Massenmord an Sd.	483
Nov.	US-Autoren Fisher/ Mitrany	Wiss. Artikel (Washington)	Aus wirtschaftlichen Gründen gegen Transfer	
Anf. Nov.	Die ts. Regierung	Diskussion ...	... über Vergeltungsgesetz: Justizmin. Stránsky (NS) verteidigt vorgesehene, rückwirkende Geltung	
Anf. Nov.	Dr. Beneš	Memorandum	»10-Punkte-Plan zum Transfer«	483
1. 11.	US-, GB-, UdSSR-Außenmin.	Beschluß	Wiedererrichtung Österreichs	
2. 11.	Der ts. Staatsrat	Protokoll	Diskussion über d. Schuld und ts. Unschuld	
4. 11.	Ts. Pol. Gottwald (KP)	Artikel »Trud« (Moskau)	Nicht die Sd. haben 1938 die Ts. zerstört	493
5.(?) 11.	»Fackförenings-röselsen«	Leitartikel (Stockholm)	Schwedischer Gewerkschaftsbund gegen Transfer	
7. 11.	3. Konf. Treue-gemeinschaft	Beschluß	Nachkriegsts. nach Schweizer Vorbild zu föderalisieren	
12. 11.	Dr. Beneš	Artikel	Wiedergabe der Rede v. 27. 10. 1943	
22. 11.	Ts. Min. Ripka	Rede (Oxford)	Wer aggressive Politik D. unterstützte, wird »transferiert«	
23. 11.	Dr. Beneš	Vorgang	Abflug nach Moskau (dort 11.–23. 12. 1943)	
26. 11.	Die »Großen Drei«	Vorgang	Konferenz von Teheran (Ende 3. 12. 1943)	
12. 12.	Die ts. und die UdSSR-Regierung	Beistand ... (Moskau)	... in Kriegs- und Friedenszeiten	485
14. bis 18. 12.	Dr. Beneš	Gespräche ... (Moskau)	... mit Molotov/Stalin, aber auch Gottwald; Basis für Transferdiskussionen: Ts. Memorandum und Plan der KPČ	486 ff.
20. 12.	US-Dipl. Harriman, Beneš	Gespräch (Moskau)	B.: Bin mit UdSSR über Transf. einig	
21. 12.	Dr. Beneš	Rundf.rede (Moskau)	Ts. wird demokratischer Volksstaat; Ts.-UdSSR-Vertrag bedeutet Verschwinden der D.	
26. 12.	Der brit. Publizist Brailsford	Rede	Die Größenordnung der vorgeschlagenen Transfers beeindruckt mich; Verletzung der Atlantik-Charta	

Datum	WER ?	WIE ? RS = Rundschreiben Rundf. = Rundfunk	WAS? (Kurzfassung) ...	Text: Siehe S. ...
1944				
Anf.	Der ts. Staatsrechtler Taborsky	Buch	»The Czechoslovak Cause«: Atlantik-Charta auf D. nur anwendbar, wenn im Waffenstillstandsabkommen erwähnt	
Anf.	Der brit. Publizist Brailsford	Buch	»Our Settlement with Germany«: Sd. sollen zwischen ts. (dann kulturelle Rechte) und d. (dann raus) Bürgerrecht wählen können	
Anf.	Der brit. Wissensch. Kulisher	Artikel	Gegen Transfer; Bevölkerungsaustausch Unsinn, da keine T. im Vorkriegsreich	
Anf.	Die sd. Soz.Dem.	Vorgang	Erste Gruppe von Agenten aus GB ins Sd.-Gebiet, um vor Transfer zu warnen	
8. 1.	Eden, Beneš	Gespräch	UdSSR hat Transfer der Sd. angenommen	
8. 1.	Der sd. Abg. Jaksch	Leserbrief »New Statesm.«	Gegen Transfer; undurchführbar und ungerecht	
13. 1.	Der ts. Pol. Maxa	Rede	Kein Staat duldet 5. Kolonne; wirkliche Demokraten haben nichts zu befürchten	
13. 1.	Der sd. Pol. Zinner	Rede	Mehrzahl der Sd. ist durch Entscheid gegen ČSR schuldig geworden; zu sühnen	
15. 1.	Ts. Pol. Freund (KP)	Artikel »Einheit«	Die Sd. werden in der neuen Ts. »eine mehr oder weniger starke« demokratische Friedens- und Freiheitsfront haben	
15. 1.	Der sd. Pol. Wiener (Soz.Dem.)	Leserbrief »New Statesm.«	Zitate Ripkas angeführt: Mehrzahl der Sd. war nicht gegen Ts.	
29. 1.	Der ts. Publ. Ehrlich	Artikel	Hunderttausende Sd. aus ČSR zu entfernen	
3. 2.	Dr. Beneš	Rede ts. St.R.	Aufforderung zum Massenmord an Sd.	483
12. 2.	Ts. Pol. Beuer (KP)	Artikel	Neue Ts. von allen aktiven Helfern Hitlers zu säubern	
16. 2.	Die »Times«	Leitartikel	Gegen Massentransfers; »erhöhen Instabilität«	
22./23. 2.	Das brit. Unterhaus	Debatte	Argumente für und gegen Transfer	
26. 2.	Ts. Pol. Kreibich (KP)	Artikel	Transfer aller Deutschen ist »Märchen«	
27. 2.	Der »Sd. Ausschuß« (siehe 17. 10. 1943)	Aufruf ...	... an die Sd.: Revolution, sonst strengste Bestrafung	
28. 2.	Die ts. Regierung	Note ...	... an alle Alliierten Regierungen: Ts. seit 17. 9. 1938 im Krieg mit D.	448
März	Die US-Regierung	Erklärung	Interessen in der Ts. werden von der Schweiz vertreten	
8. 3.	Das brit. Oberhaus	Debatte	Argumente für und gegen Transfer	
10. 3.	»Nove Česko-slovensko«	Leitartikel	Wer zur Zerschlagung der Ts. beitrug, ist mit aller Härte zu bestrafen	
12. 3.	Die ts. Regierung	Aufruf ...	... an T. und Sd.: Sabotage und Aufstand	
15. 3.	Der brit. Premiermin. Churchill	Rede Unterh.	Transfer einzige mögliche Lösung	
17. 3.	Dr. Beneš	Rede (England)	Nach dem 1. Weltkrieg wurden 70–80 % der Sd. zu »konterrevolutionären« Nazis. Nach dem 2. Weltkrieg werden Hunderttausende D. die ČSR verlassen.	
19. 3.	Die sd. Soz.Dem.	Beschluß	T. auch nach Austreibung der Sd. Nachbarn der D.; Kampf gegen Transfer auch für Demokratie nach 2. Weltkrieg erforderlich	
23. 3.	Ts. Pol. Nosek (KP)	Rede ts. St.R.	Antifaschistische Sd. sollen aus neuer, nationaler Ts. vorrangig auswandern	

Datum	WER ?	WIE ? RS = Rundschreiben Rundf. = Rundfunk	WAS? (Kurzfassung) ...	Text: Siehe S. ...
24. 3.	Der brit. Dipl. Nichols, Beneš	Gespräch	Brit. Regierung weiterhin für, brit. Öffentlichkeit zunehmend gegen Transfer	
April	Der brit. Publizist Diamond	Artikel	Nach Kriegsende werden in der Ts. Nationalausschüsse illoyale Personen abschieben	
April	Ts. Pol. Kreibich (KP)	Artikel	Die neue Ts. als Nationalstaat in vor-Münchens Grenzen ist gerecht und richtig	
3. 4.	Beneš, Mitarbeiter	Gespräch	Basis für Transfer: »10-Punkte-Plan«, dafür UdSSR- und KPČ-Unterstützung	
8. 4.		Vorgang	Sowjetische Truppen erreichen slowakische Grenze	
Mai	Dr. Beneš	Interview (mit kanadischen Publizisten)	GB, brit. Labour Party und Roosevelt für Transfer. Wir können mit den Sd. nicht leben und ihnen ihre Gebiete aus wirtschaftlichen und strategischen Gründen nicht geben	
8. 5.	Ts. und UdSSR-Regierung	Vertrag ...	... über Verwaltung der von der UdSSR besetzten ts. Gebiete: Karpaten-Ukraine zu Ts.	
10. 5.	Brit. Labour Party (Exec. Com.)	Beschluß	Transfer möglich. Nor loyale Sd. ohne »besondere Vorrechte« dürfen bleiben	
15. 5.	Ts. Außenmin. Masaryk	Rede (New York)	Obwohl die Ts. ihre Minderheiten anständig behandelte, sind die Sd. weitgehend Nazis geworden und müssen jetzt die Folgen tragen	
23. 5.	Ts. Reg.-Kommission	Grundsätze ...	... zur Behandlung der Sd.: Transfer	494
27. 5.	Dr. Beneš	Rundf.rede	»Überwältigende Mehrheit« der Sd. zu transferieren	
31. 5.	US-Außenmin.	Empfehlung	Massentransf. nach Kriegsende abzulehnen	498
Juni	Ts. Pol. Beuer (KP)	Rede	Bestrafung des Verrats der Sd. an der Ts. nötig	
10. 6.	Dr. Beneš	Rede	Transfer keine Rache, sondern Wiedergutmachung faschistischen Unrechts und Zukunftsvorsorge	
Juli	Die Zeitschrift »New Europe«	Leitartikel (New York)	Transferlösung zunehmend als einziges Mittel für europ. Minderheitenfragen angesehen	
16. 7.	Dr. Beneš	Brief	Erschlagt möglichst viele Sd. bei Kriegsende!	495
24. 7.	Brit. Labour Party (Nat. Com.)	Beschluß	Für Transfers; sind durchführbar	
25. 7.	Die EAC	Anforderung ...	... an All. Regierungen: Hergabe von Vorschlägen für d. Kapitulationsbestimmungen	
29. 7.	Ts. Pol. Beuer (KP)	Artikel »Einheit«	Allgemeiner Transfer der Sd. von der ts. Regierung nicht geplant	
1. 8.	»Democratic Sudeten Committee«	Gründung	Vorsitzender Jaksch, Vizepräsident Reichenberger: Gegen Transfer	
10. 8.	»New York Times«	Bericht aus London	Im Rahmen der Vertreibung von 10 Mio. Ostd. wird ts. Regierung höchstens 1 Mio Sd. dauernden Aufenthalt in Ts. gestatten	497
12. 8.	Ts. Pol. Beuer (KP)	Artikel »Einheit«	Wirkliches Interesse der Sd. nach Kriegsende erfordert nicht Autonomie, sondern Ausscheidung aller Schuldigen und Verbrecher	
16. 8.	Brit. Pol. Attlee (Labour)	Brief ...	... an Jaksch: Sd. sollen sich nun an Ts. wenden; ich kann nichts tun	545
21. 8.	Dr. Beneš	Rede (vor ts. Soldaten)	Nur diejenigen Sd., die mit uns gegen den Nazismus kämpften, werden bei uns bleiben	
24. 8.	Die ts. Regierung	Memorandum ...	... für EAC: Transferplan Sd. in Waffenstillstands-Bed. für D. aufnehmen	

Datum	WER ?	WIE ? RS = Rundschreiben Rundf. = Rundfunk	WAS? (Kurzfassung) ...	Text: Siehe S. ...
26. 8.	Ts. Pol. Šverma (KP)	Artikel (Moskau)	Bedeutendem Teil der Sd. wird die ts. Staatsbürgerschaft entzogen werden	
30. 8.	Ts. Min. Ripka	Rede ts. St.R.	Bekannt, daß Jaksch in GB und USA unterstützt wird. Diese Leute werden nichts erreichen	
30. 8.	Ts. Pol. Klecanda (NS)	Rede ts. St.R.	Haft in Nazi-KZ kein Nachweis für gute ts. Haltung eines Sd.	
30. 8.	Ts. Pol. Frisher	Rede ts. St.R.	Transfer erfolgt nicht wegen Nationalität, sondern wegen politischer Schuld	
Ende Aug.	Politiker der KP	Erklärung (Moskau)	Beteiligung antifaschistischer Sd. an ts. Nationalausschüssen entschieden abgelehnt	
1. 9.	Ts. Dipl. Korbel	Artikel »Cent. Eur. Obs.«	Die Tschechen in der Heimat wünschen den Transfer der Sd.	
2. 9.	Ts. Min. Ripka	Presseerklärung	Existenz des »Democratic Sudeten Committee« gefährdet die Sicherheit der Ts.	
9. 9.	Ts. Pol. Kreibich (KP)	Artikel	Nachkriegsgrenzen zwischen D. und Ts. stehen bereits fest	
11. 9.	Der brit. Diplomat Nichols	Gespräch ...	... mit ts. Beamten: Transfer von 1 Mio »schuldigen« und bis zu 2 Mio »unschuldigen« Sd.	
14. 9.	Ts. Min. Ripka	Rede	Transfer unvermeidbar. Nur diejenigen Sd. bleiben, die nichts getan haben, was ts. Bürgerpflichten widerspricht (später gedruckt)	571
26. 9.	Die ital. Regierung Bonomi	Erklärung	Münchner Abkommen ungültig	
27. 9.	Der sd. Abg. Jaksch, brit. Diplomaten	Gespräch	Versuch sd.-t. Versöhnung gescheitert, Zukunft gehört Extremisten	
29. 9.	Papst Pius XII.	Rede	Frieden auf der Basis gleicher Rechte für alle	
Okt.	Dr. Beneš	Artikel (New York)	»Die Ts. ... plant den Transfer der größtmöglichen Zahl ihrer d. Einwohner, vor allem jener, die sich öffentlich mit dem d. Nazismus solidarisierten ...«	
1. 10.	D. Soz.Dem. Arbeiterpartei aus der Ts. in GB *⟨Gegengründung zu Jaksch/Treugemeinsch.⟩*	Entschließung	Übereinstimmung mit der von den ts. Völkern angestrebten fortschrittlichen Lösung der Sudetenfrage. Bestrafung aller Sd. gefordert, die an der Ts. Hochverrat begingen	
6. 10.	Ts. Regierung	Vergeltungsgesetz	Billigung	529
7. 10.	Ts. Pol. Beuer (KP)	Artikel »Einheit«	Die Sd. sollten zum Transfer wissen, daß auch an die Umsiedlung von Angehörigen slawischer Völker gedacht wird, um offene Fragen ihres Zusammenlebens zu lösen. Denjenigen Sd., die keine Verbrechen begingen, wird bei Evakuierung und Ansiedlung in neuer Heimat geholfen werden	
8. 10.	Ts. Pol. Beuer (KP)	Rede	Viele Sd. haben durch eigenes Verhalten bereits ihre Heimat verloren	
8. 10.	Ts. Min. Ripka	Rede	Für Sd. heute keine »1919 bis 1938er«-Lösung mehr. Jaksch verlangt heute, was Hitler gestern; abzulehnen. Mehrheit der Sd. Nazis, also Mehrheit auszuweisen. Lösung durch Abtretung unmöglich: Auf jedes München folgt ein Protektorat	
11. 10.	Das brit. Unterhaus	Debatte	Transfer: Was geschieht z. B. mit den sd. Soz.Dem.?	

Datum	WER ?	WIE ? RS = Rundschreiben Rundf. = Rundfunk	WAS? (Kurzfassung) ...	Text: Siehe S.
18. 10.	Ts. Pol. Klecanda (NS)	Rede ts. St.R.	Selbst KZ-Haft nicht Beweis für gutes Tschechoslowakentum; deswegen keine Ausnahme vom Transfer	474
28. 10.	Ts. Justizmin. Stránsky (NS)	Interview	Das d. Problem in der Ts. wird sich zum großen Teil vor Transfer lösen: Durch Hunger und Mord	
30. 10.	Ts. Min. Ripka	Artikel »Manch. G.«	Sd. haben verraten und werden deswegen transferiert	
Nov.	Ts. Min. Ripka	Artikel	D. Minderheiten = 5. Kolonne = auszusiedeln	
3. 11.	Der ts. General Ingr	Rundf.rede	Aufruf zum Massenmord an Sd. am Tag X	483
15. 11.	UdSSR-Regierung	Vorgang	Die Bevölkerung der von der UdSSR besetzten Karpaten-Ukraine, die de jure (immer noch) Teil der Ts. ist, wird aufgefordert, in die Wehrmacht der UdSSR einzutreten	
18. 11.	Ts. Pol. Lenk (KP)	Artikel	D. Minderheiten = 5. Kolonne = einheitlich versagt = auszusiedeln	
23. 11.	Die ts. Regierung	Memorandum ...	... für EAC: Transfer	500
25. 11.	Das US-Außenmin.	Erklärung (Washington)	Traditionelle Politik der USA erlaubt es nicht, bestimmte Grenzen zu garantieren	
27. 11.	Eden, Beneš	Gespräch	B.: Zur Abtretung gewisser Grenzzipfel an D. bereit; 800.000 Sd. bleiben in Ts.	461
Dez.	Das US-Außenmin.	Beurteilung	Ts. Memo vom 23. 11. 44: Transfer ist eines von mehreren Übeln	
Dez.	Ts. Pol. Beuer (KP)	Artikel	Sd. Antifaschisten sehen Transfer als großzügige und generöse Planung fortschrittlichen Geistes an; sind dafür	
6. 12.	Ts. Außenmin. Masaryk	Interview	Gute D. dürfen bleiben; ihre Kinder kommen in ts. Schulen	
8. 12.	»Daily Herald«	Bericht	Ts. Regierung hat beim EAC »Ausweisung von 2 Mio Sd.« beantragt	
14. 12.	»National Peace Council«, GB	Erklärung	Transferpläne für Sd. erst nach Kriegsende verfolgen und dann sehr ausführlich besprechen	
15. 12.	Quäker in GB, Friedensausschuß	Erklärung	Alle Transfers verurteilt: Im Widerspruch zur Atlantik-Charta stehende Hitler-Methode	
15. 12.	Das brit. Unterhaus	Debatte	Von Premiermin. Churchill gebilligte Transfers treffen auf starke Bedenken	
23. 12.	Edvard Beneš	Rundf.rede	Vertr. »der« D. sicher	502
31. 12.	»The Observer«	Leitartikel	Als Demokratie sollten wir uns von Hitler-Erfindungen wie Massenzwangswanderungen fernhalten	

****

Brief **1942, 5. Mai**
des ČSR-⟨Exil-⟩Außenministers Jan Masaryk[1]
an einen prominenten Juden

Juden[2] sind »ganz gewiß nicht« *in Bevölkerungsaustauschpläne eingeschlossen*

⟨Vorgeschichte:
Mit Brief vom 14. 4. 1942 hatte Max Weinrich, Forschungsdirektor des Yiddish Scientific Institute – YIVO New York, den ČSR-(Exil-)Außenminister Jan Masaryk wegen der nunmehr offiziellen[3] ČSR-»Bevölkerungsaustausch«-Pläne befragt. Masaryk antwortete wie folgt:⟩

Ich kann verstehen, daß Dr. Beneš's Hinweise auf die Möglichkeit eines Bevölkerungsaustausches angesichts der beispiellos tragischen Umstände, in denen sich das heroische und schwer geprüfte jüdische Volk[4] heute befindet, Anlaß zu Sorgen geben könnten.
Es war mir eine Ehre und ein Vergnügen, während der letzten 25 Jahre für Beneš zu arbeiten, und ich weiß, wenn er von ›Bevölkerungsaustausch‹ spricht, so meint er, daß wir – nach diesem Kriege – im Rahmen des Möglichen versuchen müssen, einen Teil der Deutschen längs der Grenzen von Deutschland, welche niemals besonders gut zu uns gewesen sind, loszuwerden, und ich denke nicht, daß sie ein großer Gewinn für Deutschland sein werden. Natürlich gibt es einige anständige Leute unter ihnen. Nach dem Kriege werden wir sehen, mit wem wir es zu tun haben.
Ich möchte feststellen, und Sie haben meine Genehmigung, diesen Brief ganz nach Ihrem Belieben zu verwenden, daß Juden (Jews)[2] ganz gewiß nicht in diese bis jetzt noch unklaren Pläne eingeschlossen sind. Ich habe Dr. Beneš's Vollmacht, diesen Punkt ausdrücklich zu betonen.
Ich bin im Begriffe, ein Sanatorium aufzusuchen, um mich dort, nach sieben urlaubslosen Jahren, ein wenig zu kurieren. Wenn ich nach New York zurückkomme, möchte ich gerne diese Frage diskutieren, damit jede mögliche Befürchtung, die Sie oder einer Ihrer Freunde nach dem Lesen dieses Briefes noch haben könnten, zerstreut werden.

Anmerkungen:

[1] Sohn des Staatsgründers T. G. Masaryk.

[2] Da bekannt ist, daß Personen jüdischer Konfession durchaus in die Verfolgs- und Vertreibungsmaßnahmen der Jahre 1945/46 gegen Deutsche einbezogen wurden (siehe Nachweise S. 663 ff.), kann diese Zusage von Masaryk/Beneš, wenn keine einfache Unwahrheit, nur die Nutzung eines semantischen Tricks sein.
In der ČSR vor 1938 bestand für Personen beliebiger Konfession die Möglichkeit, sich zur jüdischen Nationalität zu bekennen: Weinreich fragte vermutlich nach Personen jüdischer Konfession; Masaryk antwortete zu Personen jüdischer Nationalität; die Holocaust-Opfer jüdischer Konfession, aber deutscher ČSR-Nationalität blieben unberücksichtigt.
Diese Interpretation paßt auch in das zeitgleiche Denkumfeld der Tschechoslowaken in London: Gutes Tschechoslowakentum, so wurde ausgesagt und niedergeschrieben, sei selbst dadurch nicht nachgewiesen, »daß jemand unter den Nazis gelitten habe, mißhandelt wurde, daß sein Vermögen beschlagnahmt oder daß er in ein KZ gesperrt worden wäre«. Man müsse selbstverständlich solche Fälle »menschlich lösen«. Dies »hänge jedoch nicht mit der Frage der Transferierung ⟨*dieser Personen*⟩ zusammen«, d. h., auch sie seien zu vertreiben.
Wiedergabe eines Diskussionsbeitrags nach »Zprávy Státni rady« (Nachrichten des ⟨Exil-ČSR-⟩ Staatsrates), London; Jg. 4, Nr. 4 v. 18. 10. 1944; S. 22.

[3] Siehe zum Text der Rede des ČSR-Staatsministers Ripka v. 17. 5. 1941, S. 455; zum Text des Artikels von Dr. Beneš v. September 1941, S. 457.

[4] Im Sachzusammenhang steht auch der hohe Ruf, den die Informationsquellen von Dr. Beneš im NS-besetzten Europa in alliierten Kreisen im 2. Weltkrieg hatten.
Diese waren jedoch, bezogen auf das Schicksal der Juden, nicht besonders umfassend, wie die nachfolgende Gegenüberstellung z. T. identischer Formulierungen ergibt:
a) »News of the existence of a ... Nazi plan ... for the systematic extermination of Europe's Jews reached the United States ⟨*über die Schweiz*⟩ in august 1942.«
Vgl. Wyman, David S.: »The Abandonment of the Jews«; New York, 1984; S. 42 f.

b) In einem Brief von Dr. Beneš an den Politischen Sekretär des World Jewish Congress, Easterman, vom 11. 11. 1942 hieß es jedoch:
»According to my reports there seem to be no positive indication that the Germans should be preparing a plan for a wholesale extermination of all the Jews. From the reports which I have at present in hand it would appear that such a plan does not exist and I therefore cannot give you any confirmation of the information which you received in this matter.«
(Fotokopie des Briefes im Besitz des Verfassers.)
c) Dr. Beneš wurde sogar noch per 24. 3. 1944 wie folgt zitiert:
»Der Präsident glaubt nicht, daß die Hinrichtungen von Juden solchen Umfang angenommen haben, wie angegeben wird.«
Vgl. »Einheit« (»Sudeten German Anti-fascist Fortnightly«), London; Jg. 5, Nr. 8 v. 8. 4. 1944; S. 5.

Quelle:
DzASd; S. 516 f.

****

Entschließung **1942, 7. Juni**
der sudetendeutschen Sozialdemokratischen Partei im Exil:
Aus historischer Verantwortung gegen Vertreibung

...
Der Parteivorstand der sudetendeutschen Sozialdemokratie ... legt Wert auf die Feststellung, daß zwei Einladungen zur Mitwirkung sudetendeutscher Sozialdemokraten im tschechoslowakischen Staatsrat unsererseits positiv beantwortet worden sind. Dabei verweist er auf die diesbezüglichen Stellen in den Kundgebungen des Staatspräsidenten Dr. Beneš vor dem Staatsrat am 11. Dezember 1940 und am 25. November 1941. Die Position wurde in der Botschaft des Präsidenten vom 25. November 1941 klargestellt, wo er erklärte:
»Wie ich schon im Vorjahre mitteilte, habe ich auch mit einigen politischen Funktionären unserer demokratischen Deutschen verhandelt. Im gegenseitigen Einvernehmen wurde ihre Mitarbeit auf dem Boden des Staatsrates mit Rücksicht auf die Ereignisse daheim vorläufig aufgeschoben.«
Diese Erklärung deckt sich vollkommen mit der auf der Landeskonferenz der sudetendeutschen Sozialdemokraten am 28. September 1941 in England ausgesprochenen Bereitschaft, »schon im Ausland jenes Maß von Kooperation mit der tschechoslowakischen Staatsführung ins Werk zu setzen, welches durch die psychologischen Voraussetzungen in der Heimat ermöglicht wird«.
Wir enthalten uns jeder Kritik an der Tatsache, daß inzwischen ein Vertreter der Sudeten-Kommunisten[1] in den Staatsrat berufen wurde, ohne einvernehmliche Prüfung, ob diese Entscheidung im Rahmen der vom Staatspräsidenten am 25. November 1941 erwähnten Verabredungen lag oder nicht. Der Parteivorstand übersieht nicht den tragischen Hintergrund, aus dem sich die Schwierigkeiten einer engeren Zusammenarbeit zwischen Tschechen und demokratischen Sudetendeutschen in diesem Stadium ergeben. Er ist überzeugt, daß die formale Frage der Beteiligung oder Nichtbeteiligung am Staatsrat nur eine untergeordnete Bedeutung hat und das Endergebnis unserer Verständigungspolitik von dem Ausmaß des guten Willens auf beiden Seiten bestimmt wird. Das Ziel unserer Arbeit bleibt nach wie vor die Anbahnung eines engen Bündnisses zwischen den demokratisch-sozialistischen Massen der Tschechen und Sudetendeutschen in der Revolution gegen die Hitlertyrannei und nach der Befreiung. Wir wollen aber unsere tschechischen Freunde nicht im Zweifel darüber lassen, daß wir diesem Ziel weder unsere Verbundenheit mit den Helden und Märtyrern des antihitlerischen Kampfes in der Heimat opfern können noch der historischen Verantwortung entsagen wollen, die uns als der stärksten demokratischen Kraft innerhalb der Sudetenbevölkerung auferlegt ist.
Die unbezwungenen Kader unserer Heimatbewegung ... haben unter schwierigsten Bedingungen ausdauernder und nicht weniger aufopferungsvoll gegen den Faschismus ge-

kämpft als die demokratischen Kräfte der Slowaken. Daher müssen wir schon jetzt eine ungleiche Behandlung der demokratischen Sudetendeutschen und Slowaken im neuen Staatsaufbau ablehnen. Insbesondere wenden wir uns dagegen, daß den Sudetendeutschen mit Bevölkerungstransfer gedroht wird, während für die Slowakei der Grundsatz der politischen und juristischen Abrechnung mit den Werkzeugen Hitlers gelten soll.
Der Parteivorstand beauftragt die Parteileitung, den tschechischen Partnern[2] ebenso freundschaftlich wie eindringlich klarzumachen, daß einseitige Machtlösungen der tschechisch-deutschen Frage nach diesem Kriege keinen Bestand haben können und daher auch nicht im Interesse des tschechischen Volkes und des europäischen Friedens liegen.
Die Parteileitung wird ferner ermächtigt, ihre Bemühungen fortzusetzen, im Geiste der Atlantik-Charta und der traditionellen Verständigungspolitik unserer Bewegung eine Vertragslösung des tschechisch-sudetendeutschen Problems vorzubereiten.

Anmerkungen:
[1] Gemeint war Karl Kreibich.
[2] Wenzel Jaksch übermittelte diesen Beschluß am 23. 6. 1942 an Edvard Beneš und führte im Begleitschreiben u. a. aus: »Zu unserer politischen Resolution ... will ich mich nur auf die Mitteilung beschränken, daß in der Sitzung vom 7. Juni die tiefe Enttäuschung unserer Vertrauensmänner über die negative Behandlung aller bisher von unserer Seite erstatteten Vorschläge zum Ausdruck kam. Ich kann nicht verschweigen, daß insbesondere die Propaganda für einen Massentransfer der Sudetenbevölkerung in den Reihen unserer Menschen konsternierend gewirkt hat.«

Quelle:
Prinz, Friedrich: »Wenzel Jaksch – Edvard Beneš. Briefe und Dokumente aus dem Londoner Exil 1939–1943«; Köln, 1973; S. 125 ff.

****

Der britische Außenminister Anthony Eden **1942, 6. Juli**
an das britische Kriegskabinett:
Allgemeine Transferzustimmung erbeten und erteilt

Ich erbitte die Zustimmung meiner Kollegen[1] zum allgemeinen Grundsatz des Transfers von deutschen Minderheiten in Mittel- und Südosteuropa nach Deutschland nach dem Krieg in Fällen, wo dies notwendig und wünschenswert erscheint, und die Ermächtigung, diese Entscheidung in entsprechenden Fällen bekanntzugeben[2].
⟨[3]⟩

Anmerkungen:
[1] Die Zustimmung wurde erteilt.
[2] Ein Sudetendeutscher wandte sich 1954 an das britische Außenministerium und bat unter Bezug auf die tschechische Fassung der »Erinnerungen« von Edvard Beneš um Herausgabe eines belegenden britischen Dokumentes. Das britische Außenministerium antwortete u. a.:
»Ich bin von Außenminister Macmillan beauftragt worden, zu erklären, daß es nicht möglich ist, Ihnen Kopien der nicht veröffentlichten offiziellen Korrespondenz von 1942 zu übermitteln. Aus den Aufzeichnungen über die Gespräche mit Dr. Benesch geht hervor, daß am 7. Juli und nicht am 25. Juni, wie auf Seite 206 der englischen Übersetzung der Memoiren gesagt wird, der Außenminister (Mr., jetzt Sir A. Eden) Dr. Benesch mitteilte, daß seine Kollegen im Prinzip für einen Bevölkerungstransfer seien. Es ist zu beachten, daß diese Erklärung allgemeiner Natur ist und nicht in einer Weise begrenzt war, wie es in den Memoiren zu verstehen gegeben wird.«
Vgl. Storch, Rudolf: »Dr. Benesch und das Foreign Office« in »Der Sudetendeutsche« (*WZ.*); München; Jg. 8, Nr. 44 v. 29. 10. 1955; S. 1.
[3] Dr. Beneš operierte mit der Mitteilung Edens v. 7. 7. 1942 anscheinend ziemlich extensiv. Zur Nutzung gegenüber Stalin und Molotov im Dezember 1943: Siehe S. 460.
Beneš scheint auch nach seinem USA-Besuch (Mai/Juni 1943) geäußert zu haben, er habe neben der von USA und UdSSR auch die Zustimmung Londons zur Aussiedlung der Sudetendeutschen. Daraufhin gab Eden dem britischen Geschäftsträger in den USA, Campbell, am 13. 9. 1943 eine klare Weisung:

»Soweit die tatsächlichen Verpflichtungen der Regierung Seiner Majestät im Vereinigten Königreich in Frage kommen, sind diese Erklärungen mit den Tatsachen nicht voll in Einklang. Es ist möglich, daß Dr. Beneš ähnliche Ansichten während seines Aufenthaltes in den Vereinigten Staaten geäußert hat, und Sie mögen es daher für wünschenswert halten, das Staatsdepartement über die wahre Sachlage ... zu informieren.

...

Die Haltung der Regierung Seiner Majestät mit Bezug auf die mögliche Umsiedlung von Sudetendeutschen aus der Tschechoslowakei nach dem Krieg wurde dem Staatsdepartement zur Zeit meines ⟨*Edens*⟩ Besuches in Washington im März ⟨*1943*⟩ auseinandergesetzt. Sie werden bemerken, daß die Regierung Seiner Majestät nicht verpflichtet ist, die Aussiedlung der ganzen sudetendeutschen Bevölkerung oder einer bestimmten Zahl von Sudetendeutschen zu unterstützen. Sie hat nur den allgemeinen Grundsatz eines Transfers deutscher Minderheiten in Mittel- und Südosteuropa nach dem Krieg in Fällen gebilligt, in denen das notwendig oder wünschenswert erscheint.«
Wiedergabe nach Brügel: a. a. O. (siehe Quelle); S. 172, aus »Foreign Office Akten«; Bd. 34355.

Quelle:
»Dokumente zur Deutschlandpolitik«, I. Reihe, Bd. 3 »Britische Deutschlandpolitik 1. 1.–31. 12. 1942«; hsg. v. Rainer A. Blasius; Frankfurt/M. 1989; S. 554 ff.

****

Erklärung[1] **1942, 5. August**[2]
der britischen Regierung im Unterhaus:
Lossagung vom Münchner Abkommen

Ich möchte namens der Regierung Ihrer Majestät[1] folgende Erklärung abgeben:
Da Deutschland bewußt die Übereinkünfte, die im Jahre 1938 hinsichtlich der ČSR getroffen worden waren und an denen die Regierung Ihrer Majestät beteiligt war, gebrochen hat, erachtet sich die Regierung Ihrer Majestät als frei von allen Bindungen in diesem Zusammenhang.
Bei der endgültigen Festlegung der tschechoslowakischen Grenzen, die am Ende des Krieges vorgenommen werden muß, wird die Regierung Ihrer Majestät sich nicht beeinflussen lassen von irgendwelchen Veränderungen, die im Jahre 1938 und nachher durchgeführt worden sind.
⟨[3, 4, 5]⟩

Anmerkungen:
[1] Abgegeben durch Außenminister Eden.
[2] Zur zeitgenössischen Sicht der damit zusammenhängenden Fragen:
a) Noch am 7. 6. 1942 hatte sich die englische Regierung geweigert, »der ⟨*tschechoslowakischen*⟩ Exilregierung ein Hoheitsrecht über die Sudetendeutschen ⟨*im Exil*⟩ zuzugestehen, solange nicht deutsche Mitglieder in den ⟨*tschechoslowakischen*⟩ Staatsrat ⟨*im Exil*⟩ berufen würden«.
Vgl. Jaksch: Europa; S. 379 f.
b) Zur Grenzfrage hieß es unmittelbar nach der britischen Erklärung in einer »Grabnotiz auf München« einer einflußreichen britischen Zeitschrift u. a.:
Die Eden-Erklärung »besagt nicht, daß die Grenzen in Mitteleuropa für ewig an den Versailler Linien fixiert sein werden ... Viele Faktoren werden die Grenzen beeinflussen, die als militärische und Handelsbarrieren ohnedies überholt sind. Europa wird neue ⟨*Staaten-*⟩Gruppierungen haben, und kluge Herrscher werden um eine bessere Sicherung der allgemein gewünschten Kulturautonomie bemüht sein, als eine Maginotlinie oder ein Gebirgszug bieten können, die ein Junkers ⟨*-Flugzeug*⟩ überfliegt und eine Panzerdivision umgeht . . . Die Atlantik-Charta versprach allen Völkern die Regierung ihrer Wahl. In dieser Beziehung wirft die ČSR viele Fragen auf. Slowakische Truppen ⟨*der Slowakischen Republik*⟩ kämpfen gegen Rußland: Soll die Slowakei ihren ungarisch besiedelten Südteil der Vorkriegszeit behalten? Die Sozialdemokraten des Sudetenlandes haben sich dem Hitlerismus viel stärker widersetzt ... Wird diese demokratische deutsche Minderheit bei der Festlegung ⟨*der ČSR-Grenzen*⟩ angehört werden? ... Ihr Anliegen ... sollte nicht übergangen werden.«
Vgl. »Epitaph on Munich« in »The New Statesman and Nation« ⟨*WZ.*⟩, London; Jg. 24, Nr. 599 v. 15. 8. 1942; S. 102.

[3] Gegen diese Erklärung protestierte Jaksch in einem Telegramm an den US-Außenminister Cordell Hull und den kanadischen Ministerpräsidenten Mackenzie King (zum Text: Siehe S. 524) und in einem ausführlichen Memorandum an das britische Außenministerium: »Ohne Befragung der legitimierten Vertreter der demokratischen Sudetendeutschen« seien »die Minderheitenrechte in einer neuen ČSR« preisgegeben worden.
Vgl. Jaksch: Europa; S. 380 f.

[4] Zur weiteren Entwicklung der offiziellen britischen Meinung zum Münchner Abkommen: Siehe S. 778.

[5] Am 29. 9. 1942 folgte eine entsprechende Erklärung der französischen ⟨*Exil-*⟩Regierung: Namens General de Gaulle teilte der Außenminister Dejean der tschechoslowakischen ⟨*Exil-*⟩Regierung mit, daß das französische Nationalkomitee ⟨= *Exilregierung*⟩ »in Verwerfung der in München am 29. 9. 1938 unterzeichneten Übereinkommen feierlich erklärt, daß es diese Übereinkünfte als null und nichtig betrachtet, ebenso wie alle Akte, die in Anwendung oder in Konsequenz dieser Übereinkünfte durchgeführt worden sind.
Indem es keine territorialen Veränderungen hinsichtlich der ČSR anerkennt, die 1938 oder seitdem eingetreten sind, ist es bereit, alles in seiner Macht Stehende zu tun, um sicherzustellen, daß die Tschechoslowakische Republik innerhalb der vor 1938 geltenden Grenzen alle wirksamen Garantien für ihre militarische und wirtschaftliche Sicherheit, ihre territoriale Unantastbarkeit und ihre politische Einheit erhält.«
Vgl. »War and Peace Aims of the United Nations«; hsg. v. Louise Holborn; 2 Bde.; Bd. I; Boston (Mass., USA), 1943; S. 574.

Quelle:
Korkisch, Friedrich: » Zur Frage der Weitergeltung des Münchner Abkommens« in »Zeitschrift für ausländisches Recht und Völkerrecht«; Berlin; Bd. XII (1944); S. 87 ff.

****

Grundsatzerklärung **1942, Sommer[1]**
der Tschechoslowakischen (Exil-)Regierung
zur Entschließung der sudetendeutschen Sozialdemokratischen Partei:[2]
Vertreibung zwar nicht beschlossen, aber unausweichlich

. . .

Die Entschließung der Sudetendeutschen Sozialdemokratischen Partei vom Juni 1942[2] kritisiert den angeblichen Tatbestand, daß beim Wiederaufbau des Staates ⟨*nach dem Kriege*[3]⟩ die Deutschen nicht auf den gleichen Stand gesetzt werden, wie die Slowaken: Während die Deutschen mit Bevölkerungsaustausch bedroht werden, soll auf die Slowaken ⟨*nur*⟩ politische und juristische ⟨*Einzel-*⟩Bestrafung zutreffen.
Dazu ist zu sagen:

. . .

Dr. Beneš . . . hielt und hält sich heute an das Prinzip, daß in der Frage der Staatstreue . . . keine Bedingungen aufgestellt werden dürfen . . . Unser Staat hat rechtlich nicht aufgehört zu bestehen, und für keinen seiner Bürger wurden seine Verpflichtungen gegenüber diesem Staat gelöst.

. . .

Zur Zeit, als sich der Krieg näherte, und nachdem er bereits begonnen hatte[3], stellten gewisse slowakische und deutsche Politiker gegenüber Dr. Beneš Bedingungen im obigen Sinne auf. Nachdem diese kategorisch abgelehnt wurden, zogen einige ⟨*dieser Politiker*⟩ sie sofort zurück . . . Diejenigen, die Forderungen oder Bedingungen aufstellten, werden von der ⟨*ČSR-Exil-*⟩Regierung nicht zur Mitarbeit herangezogen. Präsident Beneš vertrat und vertritt die Auffassung, daß die ihm vorgelegten Bedingungen zu jenen Fragen gehören, die nur das ganze tschechoslowakische Volk in der Heimat zu entscheiden das Recht hat. Von dieser Auffassung ist er ⟨*d. h. Beneš*⟩ nie abgewichen. Das ist demokratisch und das allein ist politisch korrekt.
Der Präsident vertritt diese Auffassung gebenüber allen Nationalitäten . . . Präsident Be-

neš hatte und hat zwar stets die Haltung derjenigen respektiert, die sich nur als Slowaken ansahen und heute ansehen. Er betrachtet und betrachtete sich jedoch niemals – nicht einmal in seiner Jugend – als Tscheche, sondern als Tschechoslowake (in Österreich pflegten wir ›Tschechoslawe‹ zu sagen); darin stimmt ein großer Teil sowohl der tschechischen wie der slowakischen Politiker mit ihm überein.
... In der Frage der Zerstörung von Nazismus und Faschismus und der Bestrafung der Schuldigen ... muß man sich der Tatsache bewußt sein, daß es um die Frage der Bestrafung von vielen tausenden Nazisten und Faschisten aller Nationalitäten geht ... Sollen sie erschlagen werden oder soll man für sie große Gefängnisse oder Konzentrationslager für Lebenszeit errichten, oder wäre es nicht besser, daß sie für alle Zeiten verschwinden?
Damit ist die Frage des sogenannten Transfers[4] berührt. Es ist festzustellen, daß die tschechoslowakische Regierung bisher in dieser Frage keine Entscheidung getroffen hat, daß Meinungen zum Transfer[4] bisher nur die Meinungen einzelner Politiker darstellen, und daß diese Auffassungen nicht nur von unseren eigenen Leuten, sondern auch in anderen alliierten Nationen vertreten und verbreitet werden ... Es ist schließlich zu unterstreichen, daß es Gegner des Transfers[4] auch unter unseren eigenen Leuten gibt.
... Die Tschechoslowakische Regierung wird ihre endgültige Haltung ⟨*zum Transfer*⟩[4] auf der Grundlage des endgültigen Kriegsausgangs, der Ereignisse in unserem Heimatland und in Übereinstimmung mit der Haltung der anderen siegreichen Mächte bezüglich der Vorbereitung für die Vorverhandlungen und den Frieden[5] festlegen.
Zur Angelegenheit Atlantik Charta[6] informierte Präsident Beneš bereits bei einer früheren Gelegenheit Wenzel Jaksch, daß die Tschechoslowakische Regierung anläßlich der Unterzeichnung der Annahme der zwischen Präsident Roosevelt und Winston Churchill vereinbarten Prinzipien am 14. September 1941 die Einschränkungen formulierte[6], auf denen sie bestand und besteht ... Die tschechoslowakische Nation kann niemals den Grundsatz der Selbstbestimmung für drei Millionen Deutsche akzeptieren, wie er auf der letzten Friedenskonferenz[7] und volle zwanzig Jahre nachher formuliert, interpretiert und gefordert wurde. Daraus haben weder Präsident Masaryk noch Dr. Beneš jemals ein Geheimnis gemacht, da diese Konzeption des Selbstbestimmungsrechtes von vornherein die Selbstbestimmung von 10 Millionen Tschechoslowaken zerstört und die Existenz eines unabhängigen tschechoslowakischen Staates völlig unmöglich macht. Es ist mit Sicherheit zu erwarten, daß nach diesem Krieg[3] das Prinzip der Selbstbestimmung neu definiert und in einer völlig neuen Form angewendet werden wird ...
Zur sogenannten »Vertragslösung des tschechisch-sudetendeutschen Problems«[8] ist zu betonen, daß diese Formel sicherlich zu Mißverständnissen unter unseren Leuten führen wird. Präsident Beneš hat sie abgelehnt, als Slowaken sie ihm vorlegten; in beiderseitigem Übereinkommen wurde sie ⟨*d. h. die Formel*⟩ dadurch ersetzt, daß wir von einer demokratischen Lösung aller politischen, verwaltungsmäßigen und anderen Streitfälle in der Republik sprechen. Eine derartige Formel deckt alles ab, einschließlich des tschechisch-deutschen Problems in den böhmischen Ländern. Bei dieser Gelegenheit ist es vielleicht sachdienlich anzukündigen, daß Präsident Beneš und die Regierung zu gegebener Zeit beabsichtigen, alle unsere deutschen Landsleute aufzufordern oder ihnen nahezulegen, spontan und endgültig von der Benutzung des Ausdruckes »sudetendeutsch«[9] Abstand zu nehmen. Dafür hat er ⟨*d. h. Dr. Beneš*⟩ folgende Gründe:
a) Der wissenschaftliche, geographische, historische Begriff »Sudeten«[9] bezeichnet etwas ganz anderes, als der Sinn, in dem er jetzt benutzt wird.
b) Der Begriff ist Ausdruck eines politischen Betruges, den Henlein und der deutsche Faschismus mit der deutschen Frage in der Tschechoslowakei begingen. Er ⟨*d. h. Henlein*⟩ wollte durch eine besondere Terminologie politische Tatsachen schaffen. Durch ihn

wurde dies zum Betrug, und ein solcher bleibt es auch. Es mag verständlich erscheinen, daß andere Parteien Henleins politischen Tricks entgegenwirken wollten und den Begriff gleichfalls aus taktischen Gründen verwendeten[10]. Das war ein politischer Fehler; mit Schwierigkeiten wird man niemals dadurch fertig, daß man dem Fehler oder der Demagogie des Gegners folgt. Wenn wir uns jedoch endlich vom Henleinismus und Nazismus befreien wollen, sollten wir das konsequent tun und nicht seinen Methoden nachgeben: Laßt uns zu unserer guten, früheren Tradition zurückkehren.

c) Die Begriffe »Sudeten«, »Sudetenland« und »Sudet«[8] werden in den böhmischen Ländern für immer mit den gegen sowohl Tschechen wie demokratische Deutsche in der schicksalhaften Krise vor und nach 1938 begangenen Nazibestialitäten verbunden sein ...

d) Nach dem Krieg[3] werden die Tschechen diesen Begriff nicht akzeptieren und werden ihn verabscheuen. Es liegt daher in unserem Interesse, rechtzeitig dafür zu sorgen, daß dieses Wort aus unserer Politik auf beiden Seiten verschwindet ... Wir glauben, daß unsere deutschen Landsleute diese Auffassung sorgfältig überlegen und alle notwendigen Maßnahmen treffen werden.

Es kann bei niemandem der leiseste Zweifel bestehen, daß Präsident Beneš persönlich stets gegen sogenannte »einseitige Machtlösungen der tschechisch-deutschen Frage«[9] war und ist ... Es wäre jedoch ein verhängnisvoller Fehler, wenn wiederum gesagt werden würde, daß dies allein von den Tschechen abhänge oder davon, was die Republik in der deutschen Frage tue, etc. Es gibt 80 Millionen Deutsche, und die kleine tschechoslowakische Nation kann nicht dauernd mit der auf ihre Brust gerichteten deutschen Pistole leben. Solange die tschechischen Deutschen[11] nicht erkennen, daß die tschechoslowakische Nation politisch nicht unter der dauernden Drohung leben kann, daß sie ⟨*d. h. die Deutschen*⟩ zu gegebener Zeit ihren Staat zerbrechen – und damit die unabdingbare Basis ihrer nationalen Existenz zerstören –, kann es kein Abkommen geben, wird Kampf sein und werden Versuche zu »einseitigen Machtlösungen«[8] stattfinden. Sich auf das sogenannte »Selbstbestimmungsrecht«[8] ohne Rücksicht auf die Tschechen in dem Gebiet, ohne das unser Staat und unsere Nation nicht leben kann, zu berufen – wie das in den letzten zwanzig Jahren der Republik fast alle unsere Deutschen mit der Unterstützung aller anderen Deutschen und deren großem Reich taten – bedeutete und bedeutet eine »einseitige Machtlösung«[8] und wird das stets bedeuten. Hitler setzte nach ausreichender ideologischer Vorbereitung diese »einseitige Machtlösung«[8] mit Gewalt gegen den Rest der Welt durch. Sollte die Proklamation dieser für unseren Staat unannehmbaren Lehren wiederholt werden, wird Hitler wiederholt und auch ein weiterer Weltkrieg.

Man nannte dies das »Recht der Deutschen auf nationale Einheit«, aber das Ergebnis war – gewollt oder ungewollt – politischer Pangermanismus, der echte Vater des Nazismus. Unsere Schlußfolgerung ist, daß die Einwohner unseres Grenzgebietes kein Recht auf kollektive und territoriale Selbstbestimmung ohne die Zustimmung der Tschechen haben, die durch die Anwendung ⟨*dieses Rechtes*⟩ immer wortwörtlich in den Händen des benachbarten Reiches wären und damit ihrer Selbstbestimmung, das heißt Freiheit, beraubt würden.

Jeder von ihnen ⟨*d. h. die Einwohner der ČSR-Grenzgebiete*⟩ kann und muß jedoch das Recht auf individuelle und persönliche Selbstbestimmung haben und kann gerne den Staat und die Umgebung verlassen, in der er politisch nicht so leben kann, wie er will ...

Anmerkungen:

1 Das genaue Datum ist nicht vermerkt; von der Sachlogik müßte es nach dem 5. August 1942 liegen.
2 Zum Text: Siehe S. 475.
3 Gemeint ist der Zweite Weltkrieg 1939–1945.
4 So im Original. Gemeint ist Vertreibung.
5 Gemeint: Der Friedensvertrag mit Deutschland nach dem 2. Weltkrieg.

[6] Zum Text vom 14. 8. 1941: Siehe S. 15.
[7] Gemeint: Die Friedenskonferenzen von Versailles und St. Germain 1919; zu den Vertragstexten: Siehe S. 276, 280.
[8] Bezieht sich auf den in der Entschließung der Sudetendeutschen Sozialdemokratischen Partei vom Juni 1942 verwendeten Begriff; siehe S. 475.
[9] Im Original in deutscher Sprache; zum tatsächlichen Begriffsursprung: Siehe S. 206.
[10] Hinweis auch auf den Parteinamen »Sudetendeutsche Sozialdemokratische Partei«.
[11] Im Original »Czech Germans«. Da der Verfasser des Dokumentes weiter oben den Begriff »Bohemian lands« (übersetzt mit: böhmischen Ländern) verwendete und ihm demzufolge der Unterschied zwischen »böhmisch/Böhmen« und »tschechisch/Tschechen« geläufig war (siehe dazu: S. 181), kann der Singgehalt seiner Aussage an dieser Stelle nur mit »tschechische Deutsche« wiedergegeben werden.

Quelle:
Prinz, Friedrich: »Wenzel Jaksch – Edvard Beneš: Briefe und Dokumente aus dem Londoner Exil 1939–1943«; Köln, 1973; S. 151 ff.
Hervorhebungen in der englischen Wiedergabe des tschechischen Originals.

****

Manifest[1] **1943, 1. Mai**
der »Internationalen Gruppe demokratischer Sozialisten«:
Keine Umsiedlungen

. . .
Das Nationalitätenprinzip kann bei der Festsetzung der neuen Staatsgrenzen in Mittel-, Ost- und Südeuropa nicht allein bestimmend sein. Wie immer auch die Grenzen gezogen werden, wird es weiterhin nationale Minderheiten geben. Föderative Ordnungen sind die einzige vernünftige Lösung dieses Problems.
Minderheiten müssen ihre wirtschaftlichen, sozialen, nationalen und kulturellen Interessen wahrnehmen können, und es muß ihnen Selbstverwaltung eingeräumt werden. Den Bürgern der Minderheiten ist die wirtschaftliche, soziale, nationale und politische Gleichberechtigung im Staate verfassungsmäßig zu sichern. Diese Rechte müssen international garantiert werden.[2]
Durch effektive internationale Organe müssen Garantien dafür geschaffen werden, daß auch kleinere Gruppen und Einzelindividuen ihre nationalen und übrigen Rechte ausüben können. Solche Garantien setzen voraus, daß die betreffende Bevölkerungsgruppe gegenüber dem Staat, dem sie angehört, volle Loyalität wahrt.
Das durch die nationale Aussiedelung und Umsiedelung von Bevölkerungsgruppen entstandene Unrecht muß wiedergutgemacht und es muß verhindert werden, daß neues Unrecht geschaffen wird.
Zu den Prinzipien der neuen internationalen Ordnung muß auch eine größere Freizügigkeit von einem Lande ins andere gehören, als sie in der Zwischenkriegsperiode bestanden hat. Diese Forderung ist in hohem Maße sozialer Art; den breiten Schichten des Volkes müssen die Möglichkeiten der Freizügigkeit gesichert werden.
. . .
In Verbindung mit der organisierten rechtlichen Aburteilung der Kriegs- und Okkupationsverbrechen müssen alle geheimen Dokumente über die Vorgeschichte des Krieges der Öffentlichkeit vorgelegt werden. Neben den erforderlichen internationalen Kontrollmaßnahmen dürfen Strafmaßnahmen gegen ganze Völker oder Bevölkerungsgruppen nicht erfolgen.[2]
. . .

Anmerkungen:
[1] Zu den Mitgliedern des Redaktionskomitees dieser in Stockholm veröffentlichten Entschließung gehörten u. a. Willy Brandt und Bruno Kreisky sowie tschechoslowakische Sozialdemokraten.

[2] Am 28. 7. 1943 distanzierten sich die österreichischen Sozialisten in Stockholm in einer von Bruno Kreisky verfaßten Resolution von diesen Prinzipien.
Zunächst lehnten sie für die Zeit nach Kriegsende »vorbehaltslos ein Verbleiben im Rahmen des deutschen Reiches ab«, forderten die »Wiederherstellung einer selbständigen, unabhängigen, demokratischen Republik ›ÖSTERREICH‹« ⟨*Großbuchstaben im Original*⟩ und verlangten, im ČSR-Staatsrat in London kolportierte gegenteilige Informationen zu korrigieren. Dann werteten sie die eben beschworene Selbständigkeit Österreichs ab:
»3. Wir wissen aus Erfahrung, daß eine demokratische Republik Österreich in ihren alten Grenzen lebensunfähig ist. Wir sind daher für eine wirtschaftliche Union vor allem mit der zukünftigen ČSR, eventuell auch mit anderen demokratisch regierten Nachbarn wie Ungarn, Jugoslavien außer Deutschland und sind bereit auch zu einer politischen Zusammenarbeit mit diesen Staaten.«
Darauf baute dann die implizierte Distanzierung von verfassungsmäßig gesicherten, international garantierten Minderheitenrechten in der ČSR auf. Die Ablehnung der diese allein vertretenden Sudetendeutschen Sozialdemokraten unter Jaksch und die vorbehaltlose Unterstützung der ČSR-(Exil-)Regierung unter Dr. Beneš, der als Strafmaßnahme gegen die ganze Bevölkerungsgruppe der Sudetendeutschen deren Vertreibung in zunehmender Offenheit anstrebte, wurde wie folgt formuliert:
»4. Wir wünschen vollständige Neutralität im bedauernswerten Bruderkampf der deutschen Sozialdemokraten aus der ČSR. Es soll durch politische Bindungen oder nur durch Sympathiebeweise mit der Jakschgruppe der čechischen Regierung kein Anlaß gegeben werden, unsere Erklärung von vornherein zu mißkreditieren und unsere Bereitwilligkeit zur Zusammenarbeit zu kompromittieren.«
Vgl. Kreisky, Bruno: »Zwischen den Zeiten. Erinnerungen aus fünf Jahrzehnten«; Berlin, 1986; S. 390 f.

Quelle:
Paul, Ernst: »Die ›Kleine Internationale‹ in Stockholm«; Bielefeld (NRW.), o. J. (ca. 1958); S. 41.

****

Rede[1] **1943, 22. Mai**
des ČSR-(Exil-)Staatspräsidenten Edvard Beneš:
Vertreibungen können wertvoll sein

⟨*Da die Minderheitenverträge von 1919 versagt haben:*⟩ Wenn eine ⟨*andere*⟩ Lösung des Minderheitenproblems unmöglich ist, bin ich auf die harsche (grim) Notwendigkeit des Bevölkerungstransfers vorbereitet.
... Diese Bevölkerungstransfers ... sind im allgemeinen nicht populär ... Sie können viele Härten und sogar Ungerechtigkeiten verursachen. Ich muß jedoch sagen, daß sie wertvoll[2] sein können, wenn sie helfen, ein dauerhafteres Gleichgewicht und einen bleibenden Frieden zu bewirken.
...

Anmerkungen:
[1] Gehalten vor dem »Council on Foreign Relations« in Chicago, USA.
[2] Eine gewisse Parallele ist erkennbar, wenn man dieser Auffassung die Äußerung Hitlers zum kroatischen Machthaber Pavelič am 6. 6. 1941 über Vertreibungen in Jugoslawien gegenüberstellt:
»Derartige Umsiedlungen seien selbstverständlich im Augenblick schmerzlich, aber sie seien besser als dauerndes Leid ... ⟨*und*⟩ brächten ... bereits für die Kinder der Umgesiedelten große Vorteile mit sich.«
Vgl.: DGFP: D/XII; S. 977 f.; ADAP D/XII/2; S. 814 f.
Das auf dem Original angegebene Datum 7. 6. 1941 ist falsch.
Vgl. »Staatsmänner und Diplomaten bei Hitler«; hsg. v. Andreas Hillgruber; Frankfurt/M., 1967; S. 575.

Quelle:
»President Beneš on War and Peace«; hsg. v. Czechoslovak Office of Information; New York, 1943; S. 55 f.

****

Rundfunkbotschaft **1943, 27. Oktober**
des ČSR-(Exil-)Staatspräsidenten Edvard Beneš:
Mordbefehl(e)[1]

... In unserem Land wird das Ende dieses Krieges mit Blut geschrieben werden. Den Deutschen wird mitleidlos und vervielfacht all das heimgezahlt werden, was sie in unseren Ländern seit 1938 begangen haben. Die ganze Nation wird sich an diesem Kampf beteiligen, es wird keinen Tschechoslowaken geben, der sich dieser Aufgabe entzieht, und kein Patriot wird es versäumen, gerechte Rache für die Leiden der Nation zu nehmen.
...

Anmerkung:
[1] a) Ähnlich Dr. Beneš vor dem ČSR-Staatsrat in London am 3. 2. 1944: Das Kriegsende müsse in der ČSR »gewaltsam, eine große Volksabrechnung und für die Deutschen ... ein wirklich blutiges, unbarmherziges Ende sein«.
Vgl. Beneš, Edvard: »Czechoslovak Policy for Victory and Peace«; London, 1944; S. 42 f.
b) Vergleichbar der ČSR-General Ingr am 3. 11. 1944 über das Rundfunknetz des BBC:
»Wenn unser Tag kommt, wird die ganze Nation dem alten Kriegsruf der Hussiten folgen: ›Schlagt sie, tötet sie, laßt niemanden am Leben!‹ Jedermann sollte sich bereits jetzt nach der bestmöglichen Waffe umsehen, die die Deutschen am stärksten trifft. Wenn keine Feuerwaffe zur Hand ist, sollte man irgendeine sonstige Waffe vorbereiten und verstecken – eine Waffe, die schneidet oder sticht oder trifft.«
Vgl. »News Chronicle« ⟨TZ.⟩; London, 4. 11. 1944.
c) Eine Art von Auslöseparole lag am 17. 4. 1945 in einem Appell der ČSR-Regierung. Er stellte u. a. fest: »Jetzt ist die Zeit der Rache gekommen ... Rechnet mit den Deutschen unbarmherzig für alle Greueltaten ab, ohne Mitleid mit den deutschen Mördern ...«
Vgl. »Česky odboj a květnové povstáni. Sborník dokumentu (Der tschechische Widerstand und der Maiaufstand. Dokumentensammlung) 1943–1945«; Prag, 1973; S. 142.

Quelle:
Vgl. »Central European Observer« ⟨*E.14t.Z.*⟩, London; Bd. XX, Nr. 22 v. 12. 11. 1943; S. 343.

****

Memorandum[2] **1943, Dezember**[1]
des ČSR-(Exil-)Staatspräsidenten Edvard Beneš:
Richtlinien für den Transfer der deutschen Bevölkerung aus der wiedererrichteten Tschechoslowakei

1. Der durch die Gesetze des Deutschen Reiches[3] festgelegte Grundsatz, daß alle[4] Deutschen in der ČSR Reichsbürger sind, wird angenommen. Die tschechoslowakische Regierung behält sich das Recht vor, zu bestimmen, welche Deutschen die tschechoslowakische Staatsbürgerschaft bekommen oder behalten können.
2. Festgelegt wird der Grundsatz, daß innerhalb längstens fünf Jahren diejenigen ⟨*Personen*⟩ das tschechoslowakische Gebiet verlassen, denen die ČSR dies vorschreibt. Es wird festgelegt werden, welche Menge und welche Art von Eigentum sie mitnehmen können. Für alles andere erhalten sie vom tschechoslowakischen Staat eine Bestätigung und die Tschechoslowakei wird dieses Vermögen zur Bezahlung der Reparationen von seiten Deutschlands für die in der ČSR verursachten Schäden benützen. Deutschland wird daher zum Ersatz an diese ehemaligen tschechoslowakischen Bürger verpflichtet sein ...
3. Festgelegt wird der Grundsatz, daß es in der Tschechoslowakischen Republik keine Gemeinde geben darf, die nicht wenigstens 67 % Bevölkerung tschechischer, slowakischer oder karpatorussischer (ukrainischer) Nationalität hätte. Die Regierung wird dementsprechende Vorkehrungen treffen, damit dies innerhalb einer bestimmten Zahl von Jahren verwirklicht wird.

4. Der Staat wird der tschechoslowakische Nationalstaat sein. Die Minderheitsbürger werden alle individuellen demokratischen Bürgerrechte haben, sie werden jedoch gesetzlich nicht als ein nationales und politisches Kollektiv[5] gelten. Vom Staate unterhaltene Schulen werden nur tschechoslowakische und ukrainische sein. Von diesem Grundsatz können nur deutsche Volksschulen ausgenommen werden. Die Sprache der Staats-, Landes- und Kreisbehörden wird nur tschechoslowakisch (und ukrainisch) sein. Im übrigen wird es überall eine volle demokratische Toleranz und Übereinstimmung geben. Der Staat wird dezentralisiert werden und die örtliche Selbstverwaltung eine vollständige sein.
5. Es wird ein detaillierter Plan des Transfers in politischer, wirtschaftlicher, technischer und finanzieller Hinsicht ausgearbeitet werden. Es wird ein umfangreicher Fünfjahresplan im Rahmen des gesamtstaatlichen politischen, wirtschaftlichen und sozialen Fünfjahresplanes sein, der in jeder Beziehung in den allgemeinen Wiederaufbauplan der Republik eingefügt wird.
   Der Hauptteil des Transfers soll innerhalb von zwei Jahren durchgeführt werden. Der wirtschaftliche Grundsatz des Transfers soll sein, daß das gesamte Inventar von Industrieunternehmen, Gewerbebetrieben und landwirtschaftlichen Besitzen an Ort und Stelle bleibt und daß die bisherigen Eigentümer und Verwalter für deren Zustand bis zur Übernahme haften. Wie angeführt, wird das übernommene Eigentum der ausgesiedelten Deutschen und Ungarn als Reparation angesehen und Deutschland und Ungarn gutgeschrieben.
6. Gleich in den ersten Monaten nach Deutschlands Zusammenbruch werden (soweit nicht zwecks Bestrafung in der Republik festzuhalten) bestimmte Kategorien von Bürgern deutscher Nationalität, die es wegen ihres Verhaltens verdienen, aus der Republik ausgewiesen werden:
   a) Alle ehemaligen Bürger der ČSR, die Mitglieder der Gestapo, der SS-Formationen, der deutschen Polizei waren, und alle Beamten deutscher Nationalität, die nach München oder nach dem 15. März 1939 ernannt wurden und diejenigen Beamten, die sich offensichtlich auf die Seite des neuen Regimes schlugen.
   b) Henlein-Funktionäre in der ganzen Republik, Ordner, Hitlerjugend, führende Funktionäre aller anderen Organisationen der Partei (Turner usw.).
   c) Diejenigen, die in uniformierten Verbänden an den Fronten und auch im Hinterland während des Krieges Deutschland dienten, falls sie nicht eine revolutionäre antideutsche Tätigkeit nachweisen oder nachweisen, daß sie tschechischer, slowakischer oder karpatorussischer Nationalität sind.
   d) Lehrer, Professoren, Mitglieder nazistischer Studentenorganisationen, Juristen, Ingenieure – Teilnehmer am Vereins- und politischen Leben nazistischer Fachorganisationen.
   e) Alle Deutschen, die aus der Besetzung der Tschechoslowakei wirtschaftlich und finanziell Nutzen gezogen oder dies versucht haben.
7. In dem wirtschaftlichen und finanziellen Transferplan muß an die Finanzierung des Transfers jenes Teiles der Bevölkerung gedacht werden, der an der gegenstaatlichen Tätigkeit gegen die ČSR nicht teilgenommen hat. Aus diesem Titel Aussiedlern seitens der ČSR zuerkannte Ersatzleistungen (für zurückgelassenes Eigentum u. ä.) werden mit den tschechoslowakischen Forderungen für die durch die Deutschen in der ČSR verursachten Schäden kompensiert.

. . .

Anmerkungen:

[1] Die Niederschrift ist vor diesem Zeitraum entstanden und enthält eine für Dritte bestimmte, zeitgebundene Darstellung.
Zur allgemeinen Meinung des Verfassers Dr. Beneš in seinen »Erinnerungen«: Siehe S. 457 ff.

[2] Übergeben – soweit bekannt – an die Regierung der UdSSR im Dezember 1943 (siehe S. 487) und an die britische Regierung Anfang 1944.

[3] Falsch: Basis war v. a. der Deutsch-Tschechoslowakische Vertrag vom 20. 11. 1938; zum Text: Siehe S. 430.
[4] Falsch: Die Deutschen in der ČSR außerhalb der sog. böhmischen/historischen Länder (d. h. die Karpatendeutschen in der Slowakischen Republik ab 1939 und in den Ungarn ab 1938/39 zugehörigen Gebieten) waren durch Gesetze des Deutschen Reiches in ihrer Staatsangehörigkeit (Slowakische Republik bzw. Ungarn) nicht berührt worden.
[5] Versuch der Herstellung eines falschen Eindrucks: Gerade diese gesetzlich festgelegten Gruppenrechte nationaler und politischer Art hatte es in der ČSR von 1919 bis 1938 nicht gegeben.

Quelle:
Smutný, Jaromír: »Němci v Československu a jich odsůn z Republiky« (Die Deutschen in der Tschechoslowakei und ihr Abschub aus der Republik); London, 1956; S. 64 ff.

****

Vertrag **1943, 12. Dezember**
zwischen der UdSSR und der ČSR
»über Freundschaft, gegenseitige Hilfe und Nachkriegszusammenarbeit«

⟨*In der Präambel wurden u. a. als Zielfunktionen zum Ausdruck gebracht, den ČSR-UdSSR-Vertrag vom 16. 5. 1935*[1]⟩ »zu ergänzen« ⟨*und das ČSR-UdSSR-Abkommen vom 18. 7. 1941*[2]⟩ »zu bestätigen«.

Artikel 1

Die Hohen Vertragschließenden Parteien verpflichten sich im gegenseitigen Übereinkommen zu einer Politik der dauernden Freundschaft und der freundschaftlichen Zusammenarbeit nach dem Kriege sowie gegenseitiger Hilfe militärischer und anderweitiger Art im gegenwärtigen Krieg gegen Deutschland sowie gegen alle jene Staaten, die mit diesem in Aggressionshandlungen in Europa verbündet sind.

Artikel 2

Die Hohen Vertragschließenden Parteien verpflichten sich, für die Zeit des jetzigen Krieges in keinerlei Verhandlungen mit der Regierung Hitler oder jeder anderen Regierung Deutschlands zu treten, die nicht klar allen Aggressionsabsichten entsagt, keine Verhandlungen mit Deutschland oder irgendeinem anderen mit ihm in dessen Aggressionshandlungen verbündetem Staat in Europa zu führen, sowie ohne gegenseitige Absprache keinen Waffenstillstand oder Friedensvertrag zu vereinbaren.

Artikel 3

Indem sie ihre Politik des Friedens und der gegenseitigen Unterstützung in der Vorkriegszeit bestätigen, die in ihrem am 16. Mai 1935 in Paris unterzeichneten Vertrag zum Ausdruck gelangt ist, verpflichten sich die Hohen Vertragschließenden Parteien für den Fall, daß eine von ihnen in der Nachkriegszeit in eine kriegerische Auseinandersetzung mit Deutschland, das seine Politik »Drang nach Osten«[3] erneuern würde, oder mit irgendeinem anderen Staat hineingezogen werden sollte, der sich mit Deutschland direkt oder in irgendeiner anderen Form zu einem solchen Krieg verbünden würde, der anderen, derart in eine kriegerische Auseinandersetzung hineingezogenen Hohen Vertragschließenden Partei unverzüglich jedwede ihr zur Verfügung stehende militärische sowie andere Unterstützung und Hilfe zu leisten.

Artikel 4

Eingedenk der eigenen Sicherheitsinteressen jeder der Hohen Vertragschließenden Parteien sind sie hinsichtlich einer engen und freundschaftlichen Zusammenarbeit und der Wiederherstellung des Friedens übereingekommen sowie über die Grundsätze ihrer Handlungsweise: Gegenseitige Respektierung der Unabhängigkeit und Souveränität sowie Nichteinmischung in innere Angelegenheiten des anderen Staates. Sie sind übereingekommen, in möglichst breitem Maßstab ihre wirtschaftlichen Beziehungen zu entwickeln und einander gegenseitig jedwede mögliche wirtschaftliche Unterstützung nach dem Kriege angedeihen zu lassen.

Artikel 5

Jede der Hohen Vertragschließenden Parteien verpflichtet sich, kein Bündnis einzugehen und sich an keiner Koalition zu beteiligen[4], die gegen die andere Hohe Vertragschließende Partei gerichtet wäre.

Artikel 6

Dieser Vertrag bleibt vom Augenblick der Unterzeichnung zwanzig Jahre lang in Kraft[5], wobei er um weitere fünf Jahre verlängert wird, wenn keine der Hohen Vertragschließenden Parteien 12 Monate vor Ablauf des zwanzigjährigen Zeitabschnittes von ihrem Wunsch Mitteilung macht, den Vertrag zu kündigen. Die Gültigkeit wird jedesmal um weitere fünf Jahre verlängert, sofern nicht eine der Hohen Vertragschließenden Parteien 12 Monate vor Ablauf des laufenden Jahrfünfts schriftlich ihre Absicht kundtut, die Gültigkeit des Vertrages zu beenden.

. . .

6

Anmerkungen:

1 Zum Text: Siehe S. 344.

2 Zum Text: Siehe S. 456.

3 Im tschechischsprachigen Original: Ausdruck in deutscher Sprache.

4 An diese Bestimmung knüpfte der sowjetische Partei- und Staatschef Stalin am 9. 7. 1947 an, als er die ČSR zur Ablehnung des von ihr bereits angenommenen sog. Marshall-Planes zum wirtschaftlichen Wiederaufbau Europas zwang.

5 Der Vertrag wurde am 27. 11. 1963 um weitere 20 Jahre, d. h. bis zum 12. 12. 1983 verlängert.

6 In einem Protokoll zum Vertrag wurde dieser für Drittstaaten geöffnet, die an die ČSR oder die UdSSR angrenzen und im 2. Weltkrieg Gegenstand deutschen Angriffs geworden waren. Diese offensichtlich v. a. an Polen gerichtete Möglichkeit wurde nicht wahrgenommen.

Quelle:

Text des Vertragsoriginals; 7 ms. S.; Fotokopie im Besitz des Verfassers.

****

Niederschrift[1]: **1943, 14. Dezember**

Dr. Beneš in Moskau;

Gespräch[2] mit UdSSR-Außenminister Molotov:

Die Enteignung beginnt bei den zu transferierenden Sudetendeutschen, dann kommen die Tschechen dran

⟨*Hauptgrund des Gespräches sei:*⟩

Der Präsident ⟨*d. h. Dr. Beneš*⟩ will den Standpunkt der Sowjetregierung kennen, damit der tschechoslowakischen Regierung und unseren diplomatischen Vertretern genaue Weisungen gegeben werden können, wie in grundsätzlichen Fragen stets in Übereinstimmung mit den Repräsentanten der Sowjetregierung zu reden und vorzugehen ist. Er versichert die Sowjets der Loyalität unserer Zusammenarbeit sowie unserer Vorgangsweise bei allen künftigen Verhandlungen.

. . .

Präsident: »Punkt vier Minderheiten-Transfer. Auch darüber habe ich, wie Sie sich entsinnen werden, mit Marschall Stalin beim Abendessen gesprochen. Er hat kategorisch erklärt: Wir sind einverstanden. Von den Engländern habe ich eine offizielle Note bekommen, daß sie dafür sind[3]. Sie haben verlangt, daß wir es nicht veröffentlichen sollen, es möge unter

uns bleiben. Aber das britische Kriegskabinett hat darüber diskutiert, als wir die Frage München behandelt haben. Ich kann nicht in die alten Verhältnisse zurückkehren, durch unsere Deutschen ist Hitler 60[4] Kilometer von Prag entfernt, wir müssen die Gebirge in tschechischer Hand haben.«
Diskussion über die Entfernung Berlin – Prag; Molotov interessiert sich für diese Entfernung. Etwa 400 Kilometer. Erklärung – 60[4] Kilometer ist die Entfernung zum Prag nächsten Ausläufer des sudetendeutschen Gebiets. Ansonsten Entfernung zwischen Prag und der Grenze im Durchschnitt 120[4] Kilometer.
Präsident: »Das muß geändert werden. Die Engländer haben bereits begriffen, daß wir nicht zur Situation von 1938 zurückkehren dürfen. Das Kriegskabinett ist mit der Lösung mittels Transfer einverstanden. Churchill hat sich persönlich geäußert: ›Wir werden für den Transfer sein.‹ Eden hat mir sehr kategorisch dasselbe gesagt. Der englische Botschafter hat mir eine persönliche Note überreicht, daß es so sein wird, aber er hat gebeten, daß wir es nicht publizieren. Er hat mir erklärt, daß die Engländer für den Transfer einer möglichst hohen Zahl von Deutschen aus der Tschechoslowakei sind. Das ist eine fertige Sache. Aber die Engländer wollten von mir, daß ich ihnen einen Plan geben soll, wie das konkret durchzuführen ist. Ich habe das vorderhand hinausgeschoben, bevor ich nicht Ihren Standpunkt kennen werde, und ich habe nichts Schriftliches gegeben. Ich muß eingestehen, daß diese meine Pläne einigen Personen im Foreign Office zu radikal schienen und ihnen nicht sehr gefallen haben. Aber ich verbinde die Frage des Transfers mit dem sozialen Problem. Unter unseren Deutschen befinden sich 70 Prozent wohlhabender Leute[5], die müssen in erster Linie fortgeschafft werden, das waren alles Faschisten[6]. Die Tschechen sind Demokraten. Wir haben zwar auch eine Reihe reicher Leute und es gibt bei unseren Leuten auch verschiedene politische Neigungen, aber vom Volk als Gesamtheit kann mit Recht behauptet werden, daß es demokratisch ist. Ich habe also das Problem folgendermaßen gestellt: Den Krieg haben die Deutschen in der Tschechoslowakei begonnen, die tragen die größte Schuld und die müssen bestraft werden. Als ich das alles den Engländern erklärt habe, haben sie letztendlich nicht nein gesagt, sie haben aber eine reservierte Haltung bezogen. Sie verlangen von mir immerzu ein schriftliches Projekt. Ich habe es hier[7]. Es sind darin die Prinzipien des Transfers enthalten – ansonsten wird es eine größere Sache, ein ganzes Buch, wenn über die Grundsätze der Durchführung geschrieben wird –, aber ich will nur, daß Sie die Prinzipien sehen, nach denen wir vorgehen werden. Dann werden Sie uns Ihre Hinweise sagen, Ihre Einwände, und wir werden darüber diskutieren . . .«
Präsident: ». . . Wir haben mit dieser Frage ⟨*d. h. dem Transfer*⟩ begonnen, es ist ein sehr ernsthaftes Problem. Weil die Amerikaner[8] und Engländer an München schuld sind, müssen sie nach dem Kriege beweisen, daß sich das nicht mehr wiederholen darf, unsere Grenzen müssen dort bleiben, wo sie waren, deshalb müssen die Deutschen, die schuld sind, fort.«
Der Präsident überreicht Molotov das Memorandum[7] über den Transfer.
Präsident: »Es ist vorderhand eine vertrauliche Angelegenheit, die erste Konzeption des Planes. Ich selbst halte diese Lösung für radikal und werde glücklich sein, wenn sie verwirklicht werden wird. Obzwar ich in dieser Sache ungern Kompromisse eingehen würde, bin ich Realist und werde deshalb das Maximum zu erreichen suchen, wenn schon nicht alles. Es gibt bei uns etwa 2.800.000 Deutsche. Wenn alle ausgesiedelt werden könnten, wäre es gut; wenn nicht, so mindestens zwei Millionen. Ich bin bereit, auch von unserer Seite Konzessionen zu machen, damit die ganze Sache eher annehmbar, realisierbarer wird. Ich bin überzeugt, daß sich unser Volk das zu eigen machen wird. Ich wiederhole: das ist keine definitive Angelegenheit, nur die erste anfängliche Konzeption, und ich bitte, daß Sie uns offen sagen, was Sie davon halten.
Damit hängt die Frage der Reparationen zusammen. Reparationen haben zweierlei Sinn . . .«

Molotov: »Restitutionen.«
Präsident: »Ja. Erstens die prinzipielle Akzentuierung der Notwendigkeit, daß die Deutschen alles zurückgeben, was sie gestohlen haben. Restitution nach dem 15. März ⟨*vermutlich gemeint: 1939*⟩ bis zum Krieg. Dasselbe wie München.
Zweitens: Dann das, was sie ab Kriegsbeginn getan haben, als sie unsere Länder militärisch besetzt haben. Vorher haben sie einen gewissen Schein von Selbständigkeit gewahrt, aber dann haben sie offen zu plündern, zu stehlen und zu rauben begonnen.
Ich will, daß in den Waffenstillstandsbedingungen festgelegt wird, daß alles zurückerstattet werden muß[9], Waffen und alles, was sie von uns weggeschleppt haben. Ebenso, wie Sie es wohl verlangen werden. Aber ich will, daß die Reparationen so verwirklicht werden, daß das Eigentum der ausgesiedelten Deutschen auf die tschechoslowakische Regierung übergeht. Die Deutschen bekommen von uns eine Bestätigung[10], mit der sie sich dann an die deutsche Regierung um Ersatz wenden können. Ich will nichts derartiges, wie die Reparationen nach dem vergangenen Krieg waren.«
Heiterkeit.
Präsident: »Das ist einfach, ein ganz einfaches Verfahren, und es ist auch radikal. Wir werden den landwirtschaftlichen Boden konfiszieren, die Betriebe, die Berg- und Hüttenwerke, die Banken der Deutschen. Das alles kann dann aber nicht in die Hände von Einzelpersonen gegeben werden, da sonst endlose Kämpfe ausgelöst werden würden. Darum wird alles der Staat übernehmen, alles wird nationalisiert werden. Und wenn ich das erst einmal mit dem deutschen Eigentum gemacht haben werde, kann ich dann dasselbe auch von den Tschechen verlangen.«
Molotov: »Und Sie glauben, daß die damit einverstanden sein werden? Die werden sagen: Gut, das waren Deutsche, aber wir sind Tschechen – ich bediene mich immerzu des Wortes Tschechen, das bedeutet, daß ich damit den fortschrittlichsten Teil meine.«
Präsident: »Ich verstehe, daß das schwer ist und schwer sein wird, aber ich bin überzeugt, daß es uns gelingen wird. Aber wir werden damit beginnen, der Transfer des deutschen Eigentums wird der Beginn unserer Nationalisierung sein. Sie werden folglich verstehen, welche Bedeutung für uns der Transfer noch zusätzlich hat: Tschechisierung, Beginn eines großen sozialen Umsturzes.«
Kornejtschuk[11]: »Und was werden dazu die tschechischen Banker sagen?«
Präsident: »Natürlich wird es ein Kampf sein, aber wir werden ihn gewinnen.«
. . .
Molotov hat auf diese Ausführungen nicht reagiert, nur hie und da durch ein Wort oder ein Lächeln angedeutet, daß er zwar Zweifel hinsichtlich der Verwirklichung dieses Programms hegt, aber daß er begrüßen würde, wenn es gelingen würde.
. . .

Anmerkungen:
1 Die Aufzeichnung des Gespräches stammt offensichtlich vom Kanzler Dr. Beneš', Jaromír Smutný. Diese Aufzeichnung war einerseits zusammenfassend, andererseits zitierend angelegt: Letztere Art wurde hier, wegen darin enthaltener »Zitate im Zitat« in Anführungszeichen gestellt.
2 Vor diesem Gespräch fand am 12. 12. 1943 die Vertragsunterzeichnung statt. Dann gab es eine Unterhaltung mit u. a. Stalin am 12. 12. 1943 in einer Pause einer Vorführung des Bolschoi-Theaters in Moskau, die sich nur auf die Beurteilung der polnischen Emigration in London bezog.
3 Diese Aussage war mindestens übertrieben: Zum bisherigen Ablauf siehe den tatsächlichen Text vom 6. 7. 1942 und die Präzisierung Edens vom 13. 9. 1943 (S. 476), zu für den 14. 12. 1943 zukünftigen Vorgängen die ČSR-Noten vom 23. 11. 1944 (S. 500) und 3. 7. 1945 (S. 538) ohne jeden Bezug auf eine britische Zusage.
4 Dr Beneš war anscheinend selbst die Geographie von Böhmen unbekannt:
Die tatsächliche Entfernung von dem am nächsten gelegenen Ausläufer des Sudetengebietes nach Prag betrug sogar nur rd. 40 km. Bezogen auf eine gedachte Luftlinie Berlin–Prag, war die Grenze zum Sudetengebiet etwa 50 km, die Grenze von 1937 etwa 90 km von Prag entfernt.

[5] Von welchem Maßstab Dr. Beneš bei dieser Aussage ausging, blieb offen: Im Sudetengebiet waren jedenfalls 1939 (von rd. 2,03 Mio. Erwerbspersonen rd. 1,12 Mio. d. h.) über 55 % Arbeiter und Erwerbslose.
Vgl. Bohmann: SiZ; S. 148.
[6] Unter den wie immer zu definierenden »wohlhabenden Leuten« befanden sich auch mehr als nur einzelne Juden, die sicherlich überwiegend keine »Faschisten«, aber gemäß Dr. Beneš eben »fortzuschaffen« waren.
[7] Vermutlich gemeint: Das Memorandum vom Dezember 1943; siehe S. 483.
[8] Für diese Behauptung von Dr. Beneš, daß die am Münchner Abkommen völlig unbeteiligten USA daran sogar »schuld« waren, fehlt jeder Beweis.
[9] Das erfolgte nicht.
[10] Obwohl dies 1945/46 hätte erfolgen können, wurden keine derartigen Bestätigungen ausgegeben.
[11] Alexander J. Kornejtschuk, stellvertretender Außenminister der UdSSR.

Quelle:
Vgl. Mastný, Vojtěch: »Benešove rozhovory se Stalinem a Molotovem« (Die Gespräche von Beneš mit Stalin und Molotov) in »Svědectvi« (Zeugnis) ⟨*Qu.EZ.*⟩, Paris; Jg. 12 (1973/74), Nr. 47; S. 467–498, hier S. 482–488.

****

Niederschrift[1]: **1943, 16. Dezember**
Dr. Beneš in Moskau;
2. Gespräch mit UdSSR-Außenkommissar Molotov:
Beneš zu Gebietsabtretungen an Deutschland bereit, ČSR will nichts von Schlesien[2]

⟨*Das Gespräch umfaßte zahlreiche Themen. U. a. bezweifelte Molotov, ob etwa im Vergleich zur polnischen Resistance gegen die deutsche Besatzung tschechischer Widerstand überhaupt vorhanden wäre; Dr. Beneš behauptete dies, konnte jedoch keine Belege bringen. Später im gleichen Gespräch nach dem Protokoll:*⟩

Beneš: Die letzte Frage ist der Transfer. Ich habe bereits erwähnt, daß ich, wenn nötig, willens bin, Teile der Republik abzutrennen und Deutschland zu übergeben, wenn dies uns helfen würde, alle Deutschen aus der Republik auszuweisen (expel). Aber *ich* bestehe darauf, daß die Bedingungen des Waffenstillstands ⟨*gemeint: mit Deutschland*⟩ unser Recht garantieren, die gesamte vor-Münchner Republik zu besetzen.
Molotov: Das ist in Ordnung.
Beneš: Nachher wollen wir mit Ihnen und mit den Briten die Grenzen vereinbaren. Ich bin, wenn nötig, zum Kompromiß bereit. Dabei denke ich besonders an die Briten und die Amerikaner, von denen ich Schwierigkeiten erwarte; ich denke, sie werden zusammenarbeitsbereiter sein, wenn wir ihnen erklären, daß wir nicht nur die Deutschen auszuweisen wünschen, sondern mit ihnen auch einen Teil des Gebietes abzutreten.
(Auf die Landkarte deutend, erklärt er, welche territorialen Konzessionen er bereit ist, zu machen. Andererseits erwähnt er ⟨*anderes*⟩ deutsches Gebiet, das uns aus strategischen Gründen anzugliedern ist, so daß die Lösung als Gebietsaustausch und nicht als einseitige Konzession unsererseits erscheinen würde.)
Molotov hört sich die Darstellung (exposé) unbewegt an.
Kornejtschuk ⟨*schneidet ein anderes Thema an.*⟩
. . .
Polnische Angelegenheiten . . .
Der Präsident ⟨*d. h. Dr. Beneš*⟩ besteht darauf, daß die Polen genug deutsches Gebiet im Westen bekommen, um ihre Grenze mit Deutschland so kurz wie möglich zu machen; dies bedeutet beträchtliche Korrekturen in den nördlichen und südlichen Teilen jener Grenze.
». . . Als wir mit den Polen ⟨*darüber*⟩ sprachen, drängten sie uns, unser Gebiet in diesem Bereich zu Lasten Deutschlands auszuweiten. Das wollen wir nicht; es würde nur die Zahl

der Deutschen, die wir versuchen, aus unserem Gebiet auszuweisen, weiter erhöhen. Aber lassen Sie das die Polen nehmen[2].«

. . .

Anmerkungen:

[1] Die Aufzeichnung des Gesprächs stammt offensichtlich gleichfalls von J. Smutný.

[2] 1945 sollte die ČSR-Position gegenüber Polen eine deutlich andere werden: Siehe dazu S. 521, 554.

Quelle:

Mastný, Vojtěch: »Benešove rozhovory se Stalinem a Molotovem« (Die Gespräche von Beneš mit Stalin und Molotov) in »Svědectvi« (Zeugnis) 〈*Qu.EZ.*〉, Paris; Jg. 12 (1973/74), Nr. 47; S. 467–498, hier S. 488–496.

****

Rede **1943, Dezember**[1]

des ČSR-Politikers Dr. Ivo Duchaček (VPČ) vor der Vorläufigen Nationalversammlung der ČSR (1946):

Zum Verdienst an der Vertreibung der Sudetendeutschen

. . .

Die Volkspartei betrachtet den Abschub der Deutschen als einen wirklichen historischen Erfolg, der in seiner Bedeutung gleich neben den erfolgreichen Abschluß des Vertrages mit der UdSSR zu stellen ist. Für diesen Erfolg sind wir der Regierung Šrámek[2] sehr verpflichtet . . .

Es lag uns daran, die Deutschen möglichst schnell loszuwerden . . .

Gestatten Sie mir, bei dieser Gelegenheit einen Politiker, der neben Präsident Beneš und Monsignore Šrámek an diesem Abschubplan bedeutungsvoll teilnahm, zu erwähnen. Es ist Herr Minister Dr. Ripka (Beifall). Seit Herbst 1938 war ich sein naher Mitarbeiter. Daher weiß ich, daß Minister Ripka nach Gesprächen mit Präsident Beneš[3] seit Kriegsausbruch im September 1939 am Abschub der Sudetendeutschen arbeitete, da er den gerade ausgebrochenen Krieg als eine wirklich historische Gelegenheit ansah, unsere Länder von dem verräterischen Ballast zu säubern.

Als die Frage des deutschen Abschubs im Sommer 1942 in das Stadium vertraulicher Gespräche mit unseren drei Hauptverbündeten gelangte, nützte Minister Ripka den Umstand, daß damals durch England und Frankreich das Münchner Diktat liquidiert wurde[4], und trug am 7. 10. 1942 eine öffentliche Rede im Britisch-tschechoslowakischen Klub in London vor. In dieser Rede sagte er klar, in welcher Richtung sich die Erwägungen der tschechoslowakischen Regierung in bezug auf unsere Deutschen bewegen.[5]

Es war damals notwendig, die Weltöffentlichkeit in ihrer Meinung auf unsere Forderung vorzubereiten, die auf vertraulichem Wege schon seit längerer Zeit diskutiert wurde. Seit dieser Rede, also seit Oktober 1942, wurde die Frage unserer Deutschen in London jeden Monat offener und klarer diskutiert.

Alle Teile der Nationalen Front haben gegen Ende des Jahres 1943[1] mit dieser Linie voll übereingestimmt, und es ist deshalb der Abschub der Deutschen am Ende der Erfolg der gemeinsamen Bestrebungen aller Gliederungen und Parteien der Nationalen Front.

Wir werden niemandem von diesem Erfolg ausschließen, auch wenn es wahr ist, daß beispielsweise die Kommunistische Partei der Tschechoslowakei in dieser Angelegenheit in den Jahren 1939, 40, 41[6] keine so eindeutigen, kompromißlos slawischen Vorstellungen besaß wie heute.

Nichtsdestoweniger betrachte ich es als eindeutige Fälschung der Historie und Bildung von Legenden, was ich nicht wage nur als Wahlkampf zu bezeichnen, wenn die kommunistische Partei behauptet, daß sie ein ausnehmendes oder fast einziges Verdienst am Abschub der Deutschen habe.

Es ist im harten Widerstreit mit der Wirklichkeit, wenn der Sprecher der KPČ, ihr Generalsekretär Abgeordneter Slánský, am 28. Februar ⟨*1946*⟩ bei der Konferenz der Besiedlungsorgane für die Grenzgebiete folgendes wörtlich erklärte: »Die Aussiedlung der Deutschen ist eine Idee, die unter unseren Politikern in Moskau entstanden ist. Als Präsident Beneš nach Moskau kam, d. i. im Dezember 1943, um den tschechoslowakisch-sowjetischen Vertrag zu unterzeichnen, hat Klement Gottwald zum ersten Mal die Aussiedlung unserer Deutschen aus der Republik formuliert.«
Vergleichen Sie die Worte des Abgeordneten Slánský mit der zitierten Rede Minister Ripkas aus dem Jahre 1942. Dabei zitiere ich hier nicht irgendwelche vertraulichen Elaborate des Außenministeriums, bei denen der Zeitunterschied zwischen den Daten des Generalsekretärs der KPČ und den wirklichen Daten noch auffallender ins Auge fallen würde.
. . .

Anmerkungen:
1 An dieser Stelle eingefügt, da datumsmäßiger (Haupt-)Bezug.
2 Gemeint: Die Exilregierung unter Ministerpräsident Jan Šrámek.
3 Zum Inhalt der Gespräche: Siehe S. 437.
4 Zu den Erklärungen vom 5. 8. und 29. 9. 1942: Siehe S. 477 f.
5 Tatsächlich auch schon früher, nämlich am 17. 5. 1941; siehe S. 455.
6 Aussage gilt z. T. auch für spätere Jahre: Siehe S. 457.

Quelle:
»Těsnopisný zprávy o schůzích Prozatimniho Národniho shromáždění Republiky Československé« (Stenographische Sitzungsberichte der Vorläufigen Nationalversammlung der ČSR); Prag; 8. März 1946.

****

Rede **1943, Dezember**[1]
des ČSR-Politikers Václav Kopecký (KPČ)
vor der ČSR-Nationalversammlung (1948):
Zum Verdienst an der Vertreibung der Sudetendeutschen

. . .
In der tschechoslowakischen Widerstandsbewegung im Ausland während des Krieges dachte in Wirklichkeit niemand anderer an den Abschub der Sudetendeutschen aus dem Grenzgebiet, als gerade wir Kommunisten mit Klement Gottwald an der Spitze[2]. Ich kann Ihnen beweisen, daß die Londoner Gruppe des tschechoslowakischen Widerstandes es nicht gewagt hatte, irgendeine offizielle Äußerung über die Möglichkeit des Abschubes der Deutschen zu tun[3]. Und ich kann Ihnen noch etwas Schlimmeres und Schrecklicheres sagen: Als Präsident Dr. E. Beneš im Dezember 1943[1] in Moskau zu Besuch war, geschah es eines Abends, daß er uns eine Karte[4] der Tschechoslowakei zeigte, wie sie nach der Absicht der Londoner tschechoslowakischen Regierung nach dem Kriege aussehen sollte. Zu unserem großen Entsetzen sahen wir, daß auf der Karte, die uns Beneš zeigte, die Tschechoslowakei im Gegensatz zu ihrer Vorkriegsgestalt abgehackt und in ihren Grenzen abgerundet war. Von unserem Staatsgebiet waren alle vorspringenden Grenzteile abgetrennt und Deutschland zugeschlagen, das gesamte Egerland war abgeschnitten und von der Republik getrennt und an das Deutsche Reich angeschlossen, wie manche andere Teile, welche früher von Sudetendeutschen bewohnt waren. Über den Anblick dieser Karte, die unsere Republik so verstümmelte, waren wir geradezu entsetzt und fragten den Präsidenten, was diese Karte bedeute. Er antwortete uns, daß er sich auf diese Weise die Nachkriegslösung des sudetendeutschen Problems vorstelle. Er erklärte uns ausdrücklich, daß es sein Wille ist, daß die gekennzeichneten Gebiete von der Republik abgeschnitten werden und daß zusammen mit diesen Gebieten die Millionen Deutschen von der Republik abgeschoben werden[4]. K. Gott-

wald zeigte über diese Ausführungen des Präsidenten Dr. Benes größte Verbitterung[5]; wir überschütteten Dr. Beneš mit Vorwürfen und sagten, daß Ingr's[6] Generäle, welche diese Karte[4] der Tschechoslowakei gezeichnet haben, Hochverräter wären und vor Gericht gestellt werden sollten. In unserer berechtigten Verbitterung erklärten wir dem Präsidenten, daß wir es nicht erlauben, die Integrität der böhmischen Länder anzutasten und daß keinesfalls der Boden mit den Sudetendeutschen, sondern die Sudetendeutschen aus unserer Republik abgeschoben werden müssen ...

Anmerkungen:
[1] An dieser Stelle eingefügt, da datumsmäßiger (Haupt-)Bezug.
[2] Falsch; siehe z. B. S. 457.
[3] Falsch; siehe z. B. S. 455.
[4] Eine vermutlich ähnliche Karte hat Dr. Beneš noch Anfang 1945 als Teil eines entsprechenden Konzeptes wunschgemäß dem britischen Außenminister Eden zugestellt; siehe S. 461.
[5] Zu den Gottwald-Beneš-Gesprächen: Siehe S. 492.
[6] Vermutlich gemeint: General Ingr; siehe S. 483.

Quelle:
»Lidové noviny« (Volkszeitung) ⟨*TZ.*⟩; Prag; Jg. 56, Nr. 274 v. 24. 11. 1948; S. 3.

****

Dr. Beneš in Moskau: Gespräch mit KPČ-Chef Klement Gottwald: **1943, 18. Dezember**

Zwei Fassungen: Transferverfechter war 1955 Gottwald, 1965 war es Dr. Beneš[1]

⟨*A) Brief von Gottwald an Parteigenossen in London, veröffentlicht 1955:*⟩

...

Der Herr Präsident hat uns einen Plan[2] für den sogenannten Transfer, d. h. die Abschiebung der Deutschen, dargelegt. Wir sagten ihm, es sei zweckmäßiger, den Vorgang im Rahmen der Aktion zur Bestrafung der Schuldigen am Krieg und an den der Tschechoslowakei angetanen Verbrechen abzuwickeln. Auf antifaschistischer und antinazistischer Grundlage sollten folgende Leitsätze befolgt werden:

a) Alle, die Hitler aktiv geholfen haben und sich des Hochverrats gegen die Republik schuldig machten[3], werden einschließlich Ausweisung aus der Republik und Beschlagnahme des Vermögens bestraft.
b) Den übrigen Bürgern deutscher Nationalität wird die Möglichkeit gegeben, entweder für Deutschland oder für die Tschechoslowakei zu optieren. Dabei behält sich die tschechoslowakische Regierung die Entscheidung in jedem einzelnen Falle vor.
c) Die aktive Teilnahme tschechoslowakischer Bürger deutscher Volkszugehörigkeit am Kampf gegen Hitler sowohl vor als auch nach München führt zum automatischen Anspruch auf die tschechoslowakische Staatsbürgerschaft.
d) Der ganze Vorgang muß unter aktiver Beteiligung der deutschen Antifaschisten abgewickelt werden.

In Beantwortung unserer Ausführungen sagte der Herr Präsident, daß durch die von uns vorgeschlagene Vorgehensweise das ihm vorschwebende Ziel erreicht werden könne. Er unterstrich dabei, daß die Tschechoslowakei am Ende der Säuberungsaktion ein slawischer Nationalstaat sein müsse ...

⟨*B) Gesprächsprotokoll der KPČ Moskau, veröffentlicht 1965:*⟩

...

Anknüpfend an ein vorangegangenes Gespräch mit Genosse Stalin[4] berührte Beneš im Gespräch zuerst die definitive Lösung der Frage der Deutschen in der künftigen Republik. Er

sagte, die Niederlage Deutschlands werde solcherart sein, daß damit eine einmalige historische Gelegenheit für eine radikale Säuberung unseres Staatsgebiets von dem deutschen Element gegeben sein werde. ›Die künftige Republik wird ein Staat der Tschechen, Slowaken und der Karpato-Ukrainer sein. Sie wird ein slawischer Nationalstaat sein.‹ Raus aus der Tschechoslowakei müssen unbedingt alle deutschen Lehrer, Professoren, SS-Leute, Gestapo-Leute, die Hitler-Jugend, alle Aktivisten der Henleinbewegung, die deutsche Bourgeoisie insgesamt, alle reichen deutschen Menschen. Die deutsche Universität, die zwei deutschen technischen Hochschulen, die Mittelschulen usw. müssen verschwinden. Deutsches Eigentum, Bäder, Bergwerke, Fabriken, Großgrundbesitz, das alles wird unter staatliche Verwaltung gestellt. Es wird eine nationale Revolution sein, verbunden mit einer sozialen Revolution.
Maßnahmen nationaler Art und Maßnahmen gegen reiche Deutsche öffnen den Weg für radikale wirtschaftliche Eingriffe und soziale Veränderungen in den tschechischen Gebieten. Auch die Živnobank[5] bekommt ihre Gruben nicht zurück. Die Republik muß in jeder Hinsicht in die Hände des Volkes übergehen. Von der deutschen Bevölkerung bleiben nur die Antifaschisten, Demokraten, Kommunisten, jene, die sich im Ausland am Kampf gegen Hitler beteiligt hatten, bei uns. Beneš betont, für den Transfer der Deutschen aus dem Gebiet der Republik habe er die Zustimmung der Sowjetunion und davor schon die schriftliche Zustimmung Englands und Roosevelts bekommen. Das gleiche Vorgehen, das bei der Frage der Sudetendeutschen angewendet wird, wird auch in der Frage der Magyaren praktiziert werden, wobei hier der Austausch der Bevölkerung magyarischer Nationalität mit Slowaken aus Ungarn ein einfacheres Vorgehen ermöglicht.
Dann formulierte Gottwald unsere Vorschläge in der Frage der Sudetendeutschen und unterbreitete einen Vorschlag für das taktische Vorgehen in dieser Sache. Und zwar in dem Sinne, daß man die Staatsbürgergschaft aller Deutschen allgemein suspendieren würde, und danach bekämen die Sudetendeutschen das Recht, entweder für das Reich oder für die Republik zu optieren, wobei der Anspruch der Sudetendeutschen auf die tschechoslowakische Staatsbürgerschaft individuell zu überprüfen wäre. Alle, die gegen Hitler kämpften, würden die tschechoslowakische Staatsbürgerschaft automatisch bekommen. Die Bestrafung der schuldig gewordenen Sudetendeutschen geschähe nicht unter nationaler Flagge, sondern unter dem Rechtstitel einer Anklage gegen die Demokratie, die Republik und die Menschlichkeit usw. gerichteter Taten. Beneš äußerte sein Einverständnis mit diesem taktischen Vorgehen . . .

Anmerkungen:

1 Bemerkenswert sind v. a.
- a) im Vergleich der beiden Darstellungen die Unterschiede der angegebenen Autorschaft;
- b) im Vergleich beider Darstellungen zu der von Kopecký vom 24. 11. 1948 zum Dezember 1943 (siehe S. 491) das völlige Fehlen der dort heftig kritisierten Abtretungsproblematik;
- c) in der zehn Jahre späteren Fassung B die Fortentwicklung der nationalen in die soziale Revolution.

2 Vermutlich gemeint: Das Memorandum vom Dezember 1943; siehe S. 483.

3 Die Zahl der davon betroffenen Sudetendeutschen wurde in dieser Zeit von Gottwald als eher gering dargestellt, indem er schrieb:
- a) 1938 »organisierte Henlein einen Putsch nach dem Beispiel des Naziputsches in Österreich, um die Abtrennung des Grenzgebietes von der Tschechoslowakei und seine Einverleibung in Hitlerdeutschland zu proklamieren. Dieser vom Reiche aus geleitete und finanzierte Putsch schlug bekanntlich fehl. Die Mehrheit der deutschen Bevölkerung, Mitglieder der Henleinpartei eingeschlossen, unterstützte die Hitleragenten nicht. Nach dem mißglückten Putsch, als es klar wurde, daß Versuche, die Tschechoslowakei von innen zu zerbrechen, keinen Erfolg haben würden, kam Hitlers Diversion auf außenpolitischem Gebiet, München und die darauffolgende Kapitulation und die gewaltsame Abtrennung der Grenzgebiete von der Tschechoslowakei.« Nach einer Bewertung des Abfalls der Slowakei und der Abtrennung ungarischer und polnischer Siedlungsgebiete 1938 und 1939 urteilte Gottwald zusammenfassend: »So ist geschichtlich erwiesen, daß die Tschecho-

slowakei durch keine Intrigen von innen gespalten und zerbrochen werden konnte, daß sie nur unter dem Ansturm der Hitlerbanden von außen fiel.«
Der Artikel war ursprünglich in der Moskauer Gewerkschaftszeitschrift »Trud« (Arbeit) vor dem 25. Jahrestag der UdSSR am 7. 11. 1943 erschienen.
Zum Text vgl. »Einheit«; London; Bd. 4, Nr. 23 v. 6. 11. 1943; S. 6–8, hier S. 7.

b) Am 26. 10. 1943 schrieb Gottwald unter zeitgerechter Reinterpretation der Komintern und des politischen Programmes seiner KPČ (siehe S. 9 f., 326, 336 f., 358, 391), in der ČSR habe es »keine irgendwie ernstzunehmende« Bewegung für einen Anschluß der Deutschen an das Reich gegeben. Er meinte dann in ähnlich souveränem Umgang mit Daten und Namen: »Selbst die Partei, die im Jahre 1934 durch den Hitler-Agenten Henlein als Sudetendeutsche Partei gegründet wurde, entstand und wuchs als eine Partei, die die Besserung der Nationalitätenverhältnisse für die Deutschen im Rahmen der Tschechoslowakei anstrebte.« Daraus war dann für Gottwald als historische Tatsache gegeben, »daß die Tschechoslowakei nicht von innen her als Ergebnis ihrer eigenen Nationalitätengegensätze zerschlagen wurde, sondern von außen durch Druck und Gewalt«.
Zum Text des Aufsatzes über die Vorgeschichte des Münchner Abkommens in der Moskauer Parteizeitschrift »Prawda« (Wahrheit) vgl. die Wiedergabe bei Jaksch: Europa; S. 401.

[4] Aus diesem Gespräch berichtete Dr. Beneš am 26. 1. 1944 dem britischen Publizisten R. W. Seton-Watson u. a.:
»Stalin sprach sich generell dafür aus, alle Staaten so national⟨*-einheitlich*⟩ wie möglich zu machen und dafür das Prinzip des Bevölkerungstransfers einzusetzen. Er bekräftigte seinen Glauben (belief) in die vor-Münchner Grenzen der ČSR und riet Beneš, alle seine Deutschen loszuwerden. Als Beneš sagte, das würde nicht möglich sein und daß er es zweckmäßig finden könnte, gewisse Randgebiete (certain exposed points of territory) an Deutschland zu übertragen, lachte Stalin und sagte: ›Sie sind wahrscheinlich weise‹.«
Vgl. Rychlík, Jan (Hsg. m. a.): »R. W. Seton-Watson and His Relations with the Czechs and Slovaks«; 2 Bde., Bd. II; Prag, 1995; S. 620–623, hier S. 623.

[5] Eine der größten tschechischen Banken.

Quellen:
Klimeš, Miloš (Hsg. m. a.): »Československo na cestě k socialismů« (Die ČSR auf dem Weg zum Sozialismus); 2 Bde.; Bd. I/1 »Cesta ke květnu« (Der Weg zum Mai); Prag, 1965; zu A: S. 59–68, hier S. 67; zu B: S. 40–59, hier S. 56 f.

****

Grundsatzpapier **1944, Ende Mai**
der tschechoslowakischen (Exil-)Regierung[1]
für die Modalitäten des Abschubs der Sudetendeutschen:
Auch »unschuldige« Sudetendeutsche dürfen ihr Land nicht behalten

1. Es ist unerläßlich, die tschechoslowakischen Deutschen geographisch von den Reichsdeutschen zu trennen. Deshalb wird die Schaffung einer Grenzzone vorgeschlagen, in der nur Tschechen wohnen dürfen und aus der alle Deutschen ausgesiedelt werden, also auch die, die sich nichts gegen die Republik und das tschechische Volk zuschulden kommen ließen.
2. Landbesitz soll nirgends in der Republik in den Händen von Deutschen bleiben, auch wenn sie unschuldig sind. Bei seiner Enteignung soll ihnen jedoch, soweit sie ein Recht darauf haben, volle Entschädigung in tschechoslowakischer Währung zuteil werden.
3. Es wird ferner untersucht, in welchen Industriezweigen es ratsam ist, deutsche Arbeiter nicht abzuschieben, um schwere wirtschaftliche Schäden zu verhindern. Ansonsten sind wirtschaftliche Gründe politischen Gesichtspunkten unterzuordnen.
4. Deutsche, bei denen eine gegen den Staat gerichtete Tätigkeit festgestellt wird, verlieren jedes Vermögen entschädigungslos durch Enteignung und werden ausnahmslos abgeschoben. Da sie reichsdeutsche Bürger geworden sind, muß sie das Reich übernehmen.
5. Deutsche, die Mitglieder der Henlein-Partei waren, sich aber nicht gegen den Staat betätigt haben, unterliegen ebenfalls der Enteignung und dem Abschub. Sie erhalten jedoch

volle Entschädigung in Reichsmark, und zwar in Form von Reichsbankanweisungen. Den persönlichen Besitz können sie mit sich nehmen.

6. Deutsche, die Mitglieder der Henlein-Partei waren, sich aber gegen die Nazisten betätigt haben, sowie Deutsche, die nicht Mitglieder der Henlein-Partei waren, können auch weiterhin in der Tschechoslowakei bleiben und erhalten die Garantie der Gleichberechtigung mit Tschechen und Slowaken, allerdings mit der Einschränkung, daß sie keinen Landbesitz haben dürfen und ihre Kinder in Schulen mit tschechoslowakischer Staatssprache schicken müssen, an denen Deutsch unterrichtet wird. Sie werden auch die Möglichkeit erhalten, ihre Kinder in vom Staat bezahlte Sonderkurse zu schicken, in denen ihnen eine allseitige Bildung über die deutsche Kultur zuteil wird.

Anmerkung:

[1] Von einer Sonderkommission hoher ČSR-Beamter ab 1942 mehrfach überarbeitet, später in das Memorandum vom 23. 11. 1944 (zum Text: Siehe S. 500) eingeflossen.

Quelle:

Feierabend, Ladislav: »Prag–London vice-versa«; 2 Bde.; Bd. II; Bonn, 1973; S. 259 f.

****

Notiz **1944, 25. Mai**
für die Alliierten Mächte
(Sog. Friedensplan des Obersten Klaus Graf v. Stauffenberg[1]):
Sudetengebiet bei Deutschland

⟨Mit den »Alliierten«[2] sollte verhandelt werden über⟩

...

4. Dauernde Verteidigungsfähigkeit im Osten, Räumung aller besetzten Gebiete im Norden, Westen, Süden.

...

8. Reichsgrenze von 1914 im Osten, Erhaltung Österreichs und der Sudeten beim Reich.

...

Anmerkungen:

[1] Es handelt sich um eine Notiz des Hauptmanns Hermann Kaiser für die Alliierten Mächte, die Stauffenberg billigte. Stauffenberg selbst, der am 20. Juli 1944 die Bombe in Hitlers Hauptquartier zündete, wurde am gleichen Tage in Berlin erschossen.

[2] Gemeint sind die Westalliierten.

Quelle:

Ritter, Gerhard: »Carl Goerdeler und die deutsche Widerstandsbewegung«; Stuttgart, 1956; 3. Aufl. München, 1964; S. 609.

****

Brief **1944, 16. Juli**
des ČSR-Präsidenten Edvard Beneš
an die tschechoslowakische Untergrundbewegung:
Erschlagt möglichst viele Sudetendeutsche!

...

10. Zur Frage unserer Deutschen gibt Ihnen der Präsident[1] zu dem, was er im Staatsrat gesagt hat, noch folgende Erklärungen:

Soweit es sich um die internationale Lösung dieser Frage handelt, hängt noch viel von der Entwicklung der Endphase des Krieges ab. Das Verhältnis zu den Deutschen und zu Deutschland, zu der Methode, wie mit Deutschland nach dem Krieg verfahren werden soll, also auch zu der Frage, was mit unseren Deutschen zu geschehen hat, nimmt in der ganzen öffentlichen Weltmeinung immer mehr eine Wendung zum Besseren, und zwar so, wie unser Volk es braucht. Wir rechnen heute also mit der Möglichkeit der Durchführung eines Transfers unserer deutschen Bevölkerung. Es kann jedoch heute noch nicht definitiv gesagt werden, daß sämtliche über drei Millionen Deutschen auf Grundlage irgendeiner internationalen Regelung transferiert werden können. Auf diesem Wege wird es vielleicht möglich sein, sie nur zum Teil loszuwerden, maximal vielleicht zwei Millionen[2], und wir können uns daher nicht auf eine internationale Lösung verlassen und können eine solche nicht abwarten. Es ist notwendig, daß wir in den ersten Tagen nach der Befreiung vieles selbst erledigen, daß möglichst viele schuldige Nazisten vor uns fliehen, aus Angst vor einer Bürgerrevolte gegen sie in den ersten Tagen der Revolution, und daß möglichst viele derjenigen, die als Nazisten sich wehren und Widerstand leisten, in der Revolution erschlagen werden[3]. Denken Sie immer daran, darauf muß die ganze Nation vorbereitet sein. Der internationalen Lösung der deutschen Frage bei uns muß daher neben der revolutionären Befreiungsbewegung und später auch neben den ordnungsmäßigen militärischen Operationen, bis unser ganzes Land und das ganze Staatsgebiet militärisch befreit sein werden – hauptsächlich also auch die Grenzgebiete, die durch München von uns abgetrennt wurden – die schnellstmögliche Besetzung und Säuberung auch der Grenzländer vorangehen, wo das tschechische Element immer am stärksten war und wo es praktisch bis zu den Grenzgebirgen reichte (z. B. der Böhmerwald, die Gegend südöstlich des Chodischen, Neuhaus, Znaim, das Thaya-Tal, und im Norden vor allem das Duxer Kohlenbecken, wo das tschechische Element praktisch bereits vor dem Krieg überwog, ferner Starkenbach, das böhmische Riesengebirge überhaupt, die Reichenberger deutsche Sprachinsel und schließlich Hohenstadt und die Umgebung des Glatzer Schneeberges).

Schließlich dann, in der letzten Phase, kommen die innenpolitischen Maßnahmen in bezug auf jene deutschen Bürger, die bei uns geblieben sind. Hier wird es sich vor allem um diejenigen handeln, die mit uns hier im Ausland treu zusammengearbeitet haben und die auch in der Heimat gemeinsam mit uns den Umsturz durchführen und die Idee des Nationalstaates annehmen werden. Aber auch bezüglich dieser Bürger betonen wir den Verbündeten gegenüber, daß sie keine besonderen Minoritätsrechte haben werden, nur die demokratischen Bürgerrechte, keine Mittel- und keine Hochschulen. Aber auch das alles hängt von den Kriegsereignissen ab, und daher will ich mich darüber nicht ganz definitiv äußern. Die öffentlichen Bekanntmachungen des Präsidenten und der Regierung hier in London müssen in dieser Frage immer sehr zurückhaltend sein, und es ist notwendig, sie auch bei uns danach zu beurteilen. Natürlich werden wir uns bemühen, diese Frage so gründlich wie nur möglich zu lösen, und das wichtigste Wort werden die Heimat und diejenigen haben, die unter den Deutschen gelitten haben. Ohne die Heimat können wir dies allein nicht entscheiden.

Es ist die Überzeugung des Präsidenten, der Regierung, des Staatsrats und unserer ganzen politischen Öffentlichkeit im Ausland, daß der künftige Staat ein Nationalstaat sein muß. Im großen ganzen lassen das die Verbündeten gelten. Es ist zu hoffen, daß nach München und nach den furchtbaren Erfahrungen dieses Krieges die alliierte Welt größeres Verständnis für die Notwendigkeit einer Sicherung unserer nationalen Existenz haben wird. Aber, wie bereits gesagt, eine wichtige Rolle in dieser Richtung fällt im Befreiungskrieg dem Volk in der Heimat selbst zu ...

15. ...

Uns handelt es sich hauptsächlich darum, daß der Kampf im letzten Moment entfacht wird, wenn Deutschland erledigt ist und wir Waffen erhalten. Nach diesem Krieg muß bei uns eine bewaffnete Revolution gegen den Nazismus und seine Helfershelfer stattfinden. Wir wissen gut, daß sie stattfinden wird ...

Anmerkungen:
[1] Es handelt sich um einen Brief von Prokop Drtina, Sekretär von Beneš.
[2] Zum Gesamtumfang die Überschrift der »New York Times« vom 10. 8. 1944 (Bd. 93, Nr. 31.610; S. 8): »Czechs, Poles Plan a German Exodus ... Transfers Add Up to 10 Million Deportees«.
[3] Siehe die ähnlichen Belege auf S. 460.

Quelle:
Prečan, Vilem: »Z korespondence Slovensko–Londýn v roce (Aus dem Briefwechsel Slowakei–London im Jahre) 1944« in »Přispěvky k dějinam KSČ« (Beiträge zur Geschichte der KPČ); Prag; Jg. 6 (1964), Nr. 4; S. 913–938, hier S. 927 f. Hervorhebung im Original.

****

Verfassungsdekret **1944, 3. August**
des ČSR-Präsidenten Beneš
»über die Erneuerung der tschechoslowakischen Rechtsordnung«:
Rechtskontinuität[1], »Zeit der Unfreiheit« ab 30. 9. 1938
...
1. Kapitel⟨:⟩ Heimatliche Vorschriften

Art. 1:
(1) Die Verfassungs- und sonstigen Rechtsvorschriften des tschechoslowakischen Staates, die bis zum 29. 9. 1938 erlassen worden sind, beruhen auf dem freien Willen des tschechoslowakischen Volkes und bilden die tschechoslowakische Rechtsordnung.
(2) Vorschriften, die auf dem Gebiet dieser Rechtsordnung in einer Zeit erlassen worden sind, als das tschechoslowakische Volk seiner Freiheit beraubt war (Zeit der Unfreiheit), bilden keinen Bestandteil der tschechoslowakischen Rechtsordnung. Die Zeit der Unfreiheit ist die Zeit ab dem 30. September 1938 bis zu jenem Tag, der mit Regierungsverordnung festgelegt werden wird[2].

Art. 2:
(1) Als Ausdruck tschechoslowakischer Gesetzgebungsmacht sind in der gesamten Übergangszeit[3] von den in Art. 1, Abs. 2 aufgeführten Vorschriften jene weiterhin anzuwenden, die in ihrem Inhalt nicht gegen den Wortlaut oder die demokratischen Grundlagen der tschechoslowakischen Verfassung (Verfassungsurkunde, deren Bestandteile und Verfassungsgesetze, welche sie geändert oder ergänzt haben und bis zum 29. September 1938 herausgegeben wurden) verstoßen[4]. Völlig von der Anwendung ausgeschlossen sind Vorschriften aus der Zeit der Unfreiheit aus dem Bereich der Strafprozeßordnung, des Strafrechtes sowie des Personen- und Familienrechtes.
(2) Durch Gesetz wird festgelegt werden, wann die Übergangszeit des Abs. 1 endet.
...

2. Kapitel⟨:⟩ Vorschriften der ausländischen Staatsordnung

Art. 5:
(1) Das Verfassungsdekret des Präsidenten der Republik vom 21. Juli 1940 über die Einrichtung des Staatsrates als beratendes Gremium der vorläufigen Staatsordnung der ČSR[5], das Verfassungsdekret des Präsidenten der Republik vom 15. Oktober 1940 über die vorläufige Ausübung der gesetzgebenden Gewalt[6] ... wie auch alle anderen Dekrete des Präsidenten der Republik, die gemäß § 2 des Dekretes 2/1940 herausgegeben wurden, werden von den Vorschriften des Art. 1, Abs. 2 dieses Dekretes nicht berührt, unterliegen jedoch ... nachträglicher Billigungsnotwendigkeit[7] durch die Mitglieder der zuständigen Verfassungsorgane ...
...
[8]

Anmerkungen:
[1] Zur Position von Dr. Beneš zu diesem Begriff im Jahre 1940 (24. 7./15. 10.): Siehe S. 450.
[2] Mit ČSR-Regierungsverordnung Nr. 31 vom 27. 7. 1945 wurde das Ende der »Zeit der Unfreiheit« auf den 4. 5. 1945 festgelegt.
Zum Text vgl. ČSR-Slg. 1945; 15. Stück v. 11. 8. 1945; S. 54.
[3] Diese »Übergangszeit« begann am 14. 11. 1944.
[4] Zu einem Fortgeltungsbeispiel: Siehe S. 534.
Die darin herangezogene Protektoratsverordnung, die eine Devisenverordnung mit Anmeldungspflicht erließ, war jedoch nur bei recht weitherziger Interpretation mit § 109 der ČSR-Verfassung vom 29. 2. 1920 (zum Inhalt: Siehe S. 290) vereinbar.
[5] Aufgrund des Dekretes ernannte Dr. Beneš 40 Personen, die ihn als beratendes Organ im Rahmen der vorläufigen ČSR-Staatsstruktur unterstützen sollten.
Zum Text: Vgl. ČSR-Slg. 1947, Anlage; S. 5.
[6] Zum Text: Siehe S. 450.
[7] An dieser Stelle auch der in deutscher Sprache unübliche Ausdruck »ratihabace«, der diesen Vorgang wiedergibt.
[8] Die nachträgliche Billigung erfolgte durch einen bemerkenswerten Ablauf:
a) Am 25. 8. 1945 dekretierte Dr. Beneš die Berufung einer »Vorläufigen Nationalversammlung«, der auch die Funktion des »billigenden zuständigen Verfassungsorgans« zugeschrieben wurde.
Zum Vorgang und Text: Siehe S. 684.
b) Dieses Gremium billigte dann alle sog. Beneš-Dekrete inkl. des Dekretes, das das Gremium berufen und ihm die Billigungsfunktion zugeordnet hatte.
Zum Vorgang und Text: Siehe S. 683.

Quelle:
»Úřední věstník Československý (ČSR-Amtsblatt); London; Nr. 11 in Jg. 5, 3. Stück v. 14. 11. 1944; Wiedergabe in ČSR-Slg. 1945; Anlage zu Nr. 30 im 15. Stück v. 8. 8. 1945; S. 51.

****

Der US-Außenminister Cordell Hull **1944, 28. August**[1]
an US-Präsident Roosevelt:
Memorandum »über Behandlung Deutschlands«[1]**, Teil ČSR:**
Für vor-Münchner Grenze, gegen sofortige Massenumsiedlungen

⟨*A) Memorandum des Ausschusses für Nachkriegsprogramme v.*⟩ 31. 5. 1944[2]:
Die Behandlung Deutschlands: Politische Empfehlungen

I) Langfristige Interessen und Ziele der Vereinigten Staaten

. . .

6) Die vor-Münchner Grenzen der ČSR sollten grundsätzlich wiederhergestellt werden mit Ausnahme solcher kleinerer Berichtigungen, welche die ČSR-Regierung als Teil einer umfassenderen Regelung der Streitfragen zwischen der ČSR und Deutschland vorschlagen sollte.

. . .

8) Diese Regierung ⟨*d. h. die der USA*⟩ sollte es ablehnen, daß gleich nach Beendigung der Feindseligkeiten Massenumsiedlungen (mass transfers) deutscher Bewohner aus den Nachbarländern in das Reich vorgenommen werden, sollte aber dem Abtransport (removal) einzelner oder von Gruppen zustimmen, die ein besonders schwieriges Problem bilden; die Umsiedlung sollte, soweit es möglich ist, unter humanen Bedingungen und ohne Überbeanspruchung der Aufnahmefähigkeit Deutschlands durchgeführt werden. (Als Überlegung zu empfehlen, ein ressortübergreifender Ausschuß für Deutschland, der die folgenden Themen untersucht: a) Kriterien für die Selektion der auszusiedelnden Personengruppen; b) eine interalliierte Besetzung Ostpreußens und c) die Gründung einer interalliierten Kommission zur Überwachung der Bevölkerungsumsiedlungen) . . .

⟨B) Memorandum des Ausschusses für Nachkriegsprogramme v.⟩ 5. 8. 1944[2]:
Die Behandlung Deutschlands
...

II) Langfristige Interessen und Ziele der Vereinigten Staaten
...
6) *⟨1. Absatz inhaltlich wie Ziff. 6, Fassung 31. 5. 1944; dann neuer 2. Absatz:⟩*
Da eine lebensfähige ČSR, zu deren Wiederherstellung diese Regierung *⟨d. h. die der USA⟩* verpflichtet ist, bedeutende deutsche Bevölkerung umfassen muß[3], besteht die Überzeugung, daß die vor-Münchner Grenze mit Deutschland aus historischen, rechtlichen und strategischen Gründen grundsätzlich wiederhergestellt werden sollte. Dieser Grundsatz schließt die Abtretung *⟨von der ČSR an Deutschland⟩* der sechs Nordzipfel (Gebietsumfang: 772 Quadratmeilen; Bevölkerung: 320.000, rd. 96 % Deutsche)[4] nicht aus, welche die ČSR-Regierung mit Deutschland verhandeln würde, oder geringfügige Berichtigungen zugunsten der ČSR. Sollten derartige Berichtigungen zwischen den zwei betroffenen Regierungen vereinbart werden, könnte die Lösung von dieser Regierung *⟨d. h. der USA⟩*, die zur Unterstützung keiner bestimmten Grenze verpflichtet ist, gebilligt werden.
...
8) ... Ein Problem, das mit jenem der Errichtung angemessener Grenzen eng zusammenhängt, stellt die Anwesenheit beträchtlicher deutscher Minderheiten in den verschiedenen Staaten Osteuropas dar. Insbesondere hat die ČSR-Regierung bereits die Absicht angedeutet, einen beträchtlichen Teil der 3,200.000 Deutschen aus diesem Staat abzuschieben (to transfer); Polen wird gleichfalls wünschen, die Deutschen aus Poznan[5] wie aus den neulich erworbenen Gebieten[6] zu entfernen; Jugoslawien könnte vergleichbares Vorgehen anstreben.
⟨Es folgten zwei Absätze, wonach diese Minderheiten das NS-System unterstützten, ihr Transfer zur Beruhigung der Staaten beitragen würde und Hitler selbst Massenzwangswanderungen organisierte, sowie zu den daraus entstehenden wirtschaftlichen Lasten für Deutschland, woraufhin abschließend der Inhalt der Ziff. 8, Fassung 31. 5. 1944, wiederholt wurde.⟩

Anmerkungen:

1 Die beiden Memoranden vom 31. 5. und 5. 8. 1944 wurden von Hull am 28. 8. 1944 bei Roosevelt mit der Bitte um Weisung deponiert.
Ob und, wenn ja, wie Roosevelt reagierte, geht aus den Akten nicht hervor.

2 Zur Meinungsbildung zwischen den beiden Memoranden vom 31. 5. und 5. 8. 1944 ist ein weiteres Memo des gleichen Ausschusses vom 18. 7. 1944 zu beachten.
Auch hierin wird (in Ziff. I/3) die Wiederherstellung der vor-Münchner Grenze vorgesehen. Zu Minderheiten hieß es jedoch eher abwartend:
Ziff. I; »10. Obwohl die US-Regierung anerkennt, daß die Behandlung von Minderheiten in der ČSR vornehmlich deren internes Problem ist, verfolgt sie interessiert die Pläne der ČSR-Regierung, in bezug auf ihre Minderheiten eine stabilere Situation zu schaffen.«
Ziff. II; »20. Sollte der Transfer gewisser Minderheiten aus der ČSR beschlossen werden, dann sollten die USA ihren Einfluß einsetzen, daß derartige Transfers ordnungsgemäß, über einen Zeitraum und unter internationalen Vorzeichen durchgeführt werden.«
Zum Text vgl. FRUS-DP 1945, IV; S. 422–425, hier S. 422–424.

3 Bemerkenswerte Auffassung, daß die ČSR ohne bedeutende deutsche Bevölkerung lebensunfähig sei.

4 Dieses nicht näher definierte Gebiet mußte wegen der Mengenangaben (772 Quadratmeilen × 2,6 = ca.) 2.000 km² mit 320.000 Einwohnern mehr umfassen, als nur die Gebiete Friedland, Rumburg, Schluckenau, Asch und Eger: Letztere hatten zusammen nur rd. 1.200 km² und (1939) 235.000 Einwohner.

5 D. h. Posen. Gemeint ganz Polen in den Grenzen bis 31. 8. 1939 minus Gebiet der Annexion durch die UdSSR seit dem 17. 9. 1939.

[6] Gemeint die territorial noch nicht genau definierten polnischen Annexionen der Ostprovinzen des Deutschen Reiches.

Quelle:
FRUS-DP 1944, I; S. 301–317, hier S. 301–303, 308–310.

****

Memorandum **1944, 23. November**
der ČSR-Regierung
an die Regierungen der Alliierten Mächte[1]**:**
Zum Problem der deutschen Minderheit in der Tschechoslowakei

I.

1. Es gilt jetzt als allgemein anerkannt, daß nationale Minderheiten, d. h. Minderheiten, die sich selbst als nicht zugehörig zu der Nation, auf deren Gebiet sie leben, betrachten und von anderen ebenso als nicht zugehörig angesehen werden, eine ernste Ursache für Spannungen und Konflikte zwischen den Nationen darstellen ...

Dies gilt im besonderen für deutsche Minderheiten ...

2. Offensichtlich kann das Problem nicht durch territoriale Regelungen gelöst werden. Eigentlich haben sich die Minderheitenprobleme durch die Unmöglichkeit ergeben, eine Grenzlinie zu finden, die nicht auf der einen Seite oder auf beiden Seiten Minderheiten schafft, denn europäische Minderheiten leben nirgendwo in geschlossenen, mit anderen Nationalitäten unvermischten Gruppen. Die bloße Tatsache, daß eine Minderheitengruppe in einem bestimmten Bezirk zahlenmäßig überlegen ist, berechtigt sie an sich nicht, dort nationale Souveränität zu beanspruchen, besonders wenn, wie in Böhmen, solche Bezirke des Landes immer mit dem Rest eine geographische, geschichtliche, politische, wirtschaftliche, soziale und kulturelle Einheit innerhalb einer natürlichen Grenze bildeten. Die Nation, die diese Grenze seit dem Beginn ihrer Geschichte gehalten hat und für die sie zur Erhaltung ihrer Unabhängigkeit unentbehrlich ist, kann sie nicht allein deswegen aufgeben, weil die Agitation eines aggressiven Nachbarn in der Bevölkerung der Grenzgebiete den Wunsch nach der Vereinigung mit einem fremden Staat entflammt hat. Eine auf diese Weise erzwungene territoriale Lösung und das damit angesprochene Prinzip würden nur den Keim für neue Konflikte und Kriege in sich tragen.

...

⟨*Sodann wurden unterstützende Argumente dargestellt und durch einen gesonderten, historischen Anhang*⟩ »Der Pan-Germanismus der Deutschen in der Tschechoslowakei« ⟨*ergänzt. Dabei handelt es sich um eine historische Darstellung des deutsch-tschechischen Verhältnisses aus tschechoslowakischer Sicht.*⟩

...

4. Jeder Versuch, die deutsche Minderheit in einem Land zu halten, in dem sie sich so stark bloßgestellt hat wie in der Tschechoslowakei, würde dieses Land in einen Teufelskreis ziehen, aus dem es kaum entkäme, ohne eine neuerliche internationale Krise zu verursachen ...

...

5. Unter diesen Umständen und in Anerkennung der Tatsache, daß keine deutschen Methoden benutzt werden sollen, um die 3 Millionen Deutschen, die auf tschechoslowakischem Gebiet leben, gewaltsam zu assimilieren oder gar auszurotten, stellt die Überführung eines größeren Teiles der deutschen Bevölkerung, die aktiv ihre feindliche Haltung gegenüber dem tschechoslowakischen Staat offenbarte und darauf beharrt, Deutschland als ihre kulturelle und politische Heimat anzusehen, eindeutig eine primäre Notwendigkeit dar ...

...

⟨*In einem weiteren Anhang*⟩ »Diskussion der vorherrschenden Argumente gegen zwangsweise Überführungen« ⟨*wurde darauf hingewiesen, daß diese Gegenargumente nicht überzeugen könnten.*⟩

...

8. Angesichts aller politischen und wirtschaftlichen Erwägungen, besonders der oben erwähnten, glaubt die tschechoslowakische Regierung, daß die Tschechoslowakei etwas weniger als ein Drittel ihrer gegenwärtigen deutschen Minderheit ohne Gefährdung der Sicherheit ihres Staates behalten könnte, d. h. bis zu 800.000[2], aber diese Anzahl nicht überschreitend. Angehörige der deutschen Minderheit bis zu dieser Anzahl können verbleiben, wenn sie sich gegenüber der tschechoslowakischen Republik nicht illoyal erwiesen haben und unter der Bedingung, daß sie ihre Kinder uneingeschränkt im demokratischen Geist der tschechoslowakischen Staatsbürgerschaft erziehen und nichts tun werden, um eine allmähliche Verschmelzung ihrer Nachkommen mit dem tschechoslowakischen Volk zu einer politischen und kulturellen Einheit zu verhindern. Man sollte nicht vergessen, daß ein großer Teil der deutschen Minderheit aus germanisierten Nachkommen der ursprünglichen tschechischen Bevölkerung besteht.

...

⟨*Sodann wurde von 3,2 Millionen Deutschen im Jahre 1930 ausgegangen. 250.000 Kriegsverluste wurden unterstellt; 500.000 der ausgesprochenen »Henleinisten« und anderen Nazis würden von sich aus fliehen, 800.000 dürften bleiben, so daß 1,6 Millionen zu überführen wären.*⟩

...

II.

⟨*Detaillierte Durchführungsvorschriften für die Überführung folgen. Dazu gehörten auch:*⟩

18. Es gibt keine Absicht, das Privatvermögen der zu überführenden Personen zu konfiszieren, es sei denn auf der Basis einer gesetzlichen Strafe[3]. Den Überführten wird regelmäßig erlaubt werden, ihr bewegliches Vermögen mitzunehmen mit Ausnahme von Gütern, deren Ausfuhr allgemein verboten wird (z. B. Nutztiere, Maschinen, verschiedene Devisen, Gold usw.).

19. Als Ausgleich für zurückgelassenes Vermögen, dessen Preis nach einem festzulegenden Standard festgestellt werden wird, werden die Überführten entweder Anweisungen zur Zahlung aus tschechoslowakischen Forderungen gegen den deutschen Staat, die Reichsbank oder deutsche Staatsangehörige erhalten oder mit deutschem Geld bezahlt, das auf tschechoslowakischem Territorium gefunden wird[4].

III.

⟨*Für die in der Tschechoslowakei verbleibenden ca. 0,8 Millionen Deutschen wurden wiederum*[5] *Versprechungen gemacht. Dazu gehörten auch:*⟩ ...

22. ... Deutschen Kindern rein deutscher Herkunft wird, mindestens in der ersten Generation, eine Grundschule in ihrer Muttersprache[6] gewährt ...

IV.

⟨*Die Argumente werden schließlich zusammengefaßt. Darüber hinaus heißt es:*⟩

26. Es ist erforderlich,

a) Deutschland durch die Kapitulationsbedingungen zu verpflichten, die aus der Tschechoslowakei überführten Deutschen auf seinem Gebiet aufzunehmen, als deutsche Staatsbürger anzuerkennen und ihre andauernde Ansiedlung auf seinem Gebiet zu betreiben[7];

b) daß die zuständigen Alliierten Behörden im besetzten Deutschland sowohl dafür sorgen, daß Deutschland diese Verpflichtungen gewissenhaft erfüllt, als auch die Verwirklichung dieses Zieles mit angemessenen, ihnen zur Verfügung stehenden Mitteln selbst betreiben.

8, 9

Anmerkungen:

1 a) Bemerkenswert: Die Adressaten des Memorandums hatten Dr. Beneš nach eigenen Angaben bereits 1943 (siehe S. 459) die Zustimmung zur Vertreibung der Sudetendeutschen gegeben. Diese Zustimmung wurde jedoch im November 1944 nicht einmal erwähnt und damit (dis-)qualifiziert.

b) In seiner Weihnachtsbotschaft über den Rundfunk aus London am 23. 12. 1944 teilte Dr. Beneš den Tschechen mit, daß nach seiner Rückkehr die »Vertreibung der Deutschen« (vyhnáni němců) erfolgen werde.
Vgl. Beneš, Edvard: »Šest let exilu a druhé světové války« (6 Jahre des Exiles und 2. Weltkrieges); Prag, 7. Aufl., 1947; S. 248.

2 Tatsächlich blieben nach Abschluß der Vertreibungsmaßnahmen nur rd. 200.000 Sudetendeutsche in der ČSR; siehe S. 1214 f.

3 Tatsächlich wurde konfisziert; siehe S. 532, 563.

4 Tatsächlich wurde dies nicht durchgeführt.

5 Ähnlich der ČSR nach dem 1. Weltkrieg in ihrer Note vom 20. 5. 1919; siehe S. 272.

6 Tatsächlich erfolgte dies nicht; siehe S. 506.

7 Eine Aufnahme dieser Bestimmungen in die deutsche militärische Kapitulationsurkunde vom 8. 5. 1945 erfolgte nicht.

8 a) In einem Gespräch am 27. 11. 1944 zwischen v. a. Dr. Beneš und dem britischen Außenminister Eden über das Memorandum wurde u. a. seitens Edens das »Transfer«-Prinzip von Dr. Beneš zum mitteleuropäischen Ordnungsmaßstab erhoben. Es hieß nämlich:
»Dann wurde verabredet, eine Formel vorzubereiten, die man auch für den Transfer der Deutschen aus Polen bzw. für den Transfer deutscher Minderheiten aus anderen Staaten verwenden könne.«
Vgl. Vondrová, Jitka (Hsg.): »Češí a sudetoněmecká otázka (Die Tschechen und die sudetendeutsche Frage) 1939–1945«; Prag, 1994; S. 150.

b) Die offizielle britische Antwort vom 17. 1. 1945 auf das Memorandum war eine höfliche Vertagung, wurde auch den Hauptverbündeten zugeleitet und stellte zusammenfassend fest:
»Das tschechoslowakische Memorandum wirft ... sehr wichtige Probleme im Zusammenhang mit der ganzen deutschen Regelung auf, und die Regierung Seiner Majestät fühlt sich nicht in der Lage, irgendwelche Bemerkungen dazu zu machen, ehe sie diese Frage mit den wichtigsten Verbündeten besprochen hat. Für die Zwischenzeit behält sie sich daher ihren Standpunkt zu den tschechoslowakischen Vorschlägen vor.«
Vgl. FRUS-DP 1945, II; S. 1248.
Zum Text der weiteren britischen Note vom 8. 3. 1945: Siehe S. 505.

9 Die Antwort der USA vom 31. 1. 1945 wurde als »vorläufige Ansicht« bezeichnet. Es hieß in ihr u. a.: »Die amerikanische Regierung ist sich der Verletzungen, welche die ČSR durch Deutschland und die deutsche Minderheit etwa im vergangenen Jahrzehnt erlitt, voll bewußt und bereit, das Problem ⟨*des Transfers*⟩ mit dem Ziel zu untersuchen, eine befriedigende Lösung für die Zukunft zu finden ... Zweifellos werden ähnliche Fragen bezüglich des Transfers von Deutschen ⟨*auch*⟩ aus anderen Gebieten entstehen. Da dieses Problem deshalb eine Gesamtheit von mehreren Millionen Menschen betreffen kann, wäre dies eine Angelegenheit großer Sorge für die Besatzungsmächte bei der Aufrechterhaltung der Ordnung in Deutschland während des Einströmens dieser Menschen aus anderen Ländern gleichzeitig mit der Repatriierung oder Wiederansiedlung von Millionen von verschleppten Personen, die gegenwärtig in Deutschland sind.
Die amerikanische Regierung ist deshalb der Meinung, daß Umsiedlungen der Art, wie sie in der Note Eurer Exzellenz ⟨*d. h. Dr. Ripka*⟩ in Erwägung gezogen werden, nur in Ausführung angemessener internationaler Vereinbarungen durchgeführt werden sollten, wie Ihre Rede vom 8. Oktober 1944 ⟨*siehe S. 472*⟩ vorschlug und unter internationalen Vorzeichen ... Solange solche internationalen Vereinbarungen nicht vorliegen, ist die amerikanische Regierung der Meinung, daß keine einseitigen Umsiedlungsaktionen durchgeführt werden sollten, und leitet aus den oben zitierten Stellungnahmen ab, daß die ČSR-Regierung keinerlei einseitige Aktionen dieser Art beabsichtigt.«
Vgl. FRUS-DP 1945, Bd. II; Washington, 1967; S. 1246 f.

Quelle:
Král, Václav: »Die Deutschen in der Tschechoslowakei 1933–1947«; Prag, 1964; S. 538 ff.
auch: FRUS-DP 1945, II; S. 1227–1237.

****

Das US-Außenministerium: **1945, 12. Januar**
Geheimes Vorbereitungspapier (»Briefing Book Paper«)
für die Konferenz von Jalta: »Die Behandlung Deutschlands«
Selektiven Transfer bevorzugen

...

⟨*I: Eigentlicher Text:*⟩

...

III. Grenzregelungen

Das ⟨*US-*⟩Außenministerium glaubt, daß bei der Festlegung der Nachkriegsgrenzen in Europa es die Politik dieser Regierung sein sollte, die Lösung jedes Streitfalles auf den Charakteristika (merits) des jeweiligen Problems und auf dem Verhältnis des ⟨*einzelnen*⟩ Problems zur Gesamtregelung aufzubauen. Das Ministerium glaubt, daß die Hauptkriterien sind (1) die vernünftige Aussicht auf allgemeine Akzeptanz und Stabilität sowie (2) ein maximaler Beitrag zur ungestörten Entwicklung der allgemeinen internationalen Ordnung.

A) Empfehlungen

Von diesen Überlegungen ausgehend unterbreitet das Außenministerium für die Grenzen Deutschlands die folgenden Überlegungen:

...

6. Daß die vor-Münchner Grenzen zwischen der ČSR und Deutschland grundsätzlich wiederhergestellt werden mit Ausnahme solcher kleineren Berichtigungen, welche die ČSR-Regierung vorschlagen sollte.[1]
7. Daß Polen mit Ostpreußen (ohne das Gebiet von Königsberg), der früheren Freien Stadt Danzig, Deutsch-Oberschlesien und dem Ostteil von Pommern ein Gebiet von ungefähr 6.812 Quadratmeilen[2] erwerbe.

...

B) Der Transfer deutscher Minderheiten

Die oben empfohlenen Abtretungen an Polen würden, zusätzlich zu den dort vor dem derzeitigen Krieg ansässigen über 700.000 ⟨*weitere*⟩ ungefähr 3,400.000 Deutsche[2] unter polnische Herrschaft bringen. Sowohl die polnische Exilregierung als auch das Lubliner Komitee haben den Wunsch geäußert, diese deutsche Bevölkerung zu vertreiben (to expel). Ferner wünscht die tschechoslowakische Exilregierung, mehr als 1,5 Millionen Sudetendeutsche zu entfernen (to remove).[3]

Das ⟨*US-*⟩Außenministerium glaubt, daß die unterschiedslose Vertreibung (expulsion) so vieler Menschen während der Endphase des Krieges und in der unmittelbaren Nachkriegszeit wesentlich zur dann vermutlich im Gebiet herrschenden Unordnung beitragen, die öffentliche Gesundheit in großen Teilen Europas bedrohen sowie Frieden und Ordnung des Kontinentes gefährden würde. Trotzdem wird nicht angenommen, daß es für die USA zweckmäßig wäre, gegen derartige allgemeine Transfers zu opponieren, wenn die ČSR- und die polnische Regierung mit Unterstützung der britischen und Sowjetregierung darauf bestehen. Das Außenministerium glaubt vielmehr, daß diese ⟨*d. h. die US-*⟩Regierung soweit irgend möglich Übereinstimmung über einen selektiven Abschub (selected transfer) jener Teile der deutschen Minderheit aus Polen und der ČSR anstreben sollte, deren Abschub zur Verbesserung der Beziehungen zwischen den betreffenden Staaten und zu größerer Stabilität in diesem Teil Europas beitragen sollte. Das Ministerium bevorzugt ein Vorgehen, welches diese Abschübe auf ein Minimum beschränkt, sie schrittweise in geordneter Form durchführt und unter internationalen Vorzeichen, auf die sich die Hauptalliierten einerseits sowie Polen und die ČSR andererseits geeinigt haben.

...

⟨*II. Vorausgestellte Zusammenfassung:*⟩
... Es wird empfohlen, daß sich diese ⟨*d. h. die US-*⟩Regierung einem allgemeinen Transfer der deutschen Minderheiten aus benachbarten Staaten nicht widersetzen sollte. Sie sollte jedoch, soweit wie möglich, einen selektiven Transfer bevorzugen. Wenn eine solche Aktion schrittweise, in geordneter Form und unter internationaler Aufsicht durchgeführt wird, würde sie zu besseren Beziehungen zwischen den betreffenden Staaten beitragen ...

Anmerkungen:

1 Damit waren die Abtretungen der ČSR an Deutschland gemeint, die im US-Memorandum vom 5. 8. 1944 (zum Text: Siehe S. 498) umrissen worden waren.
Diese Auffassung wohl auch Konsequenz des damaligen Verhältnisses der USA zur ČSR, welches ein vorausgegangenes US-Memorandum vom 11. 1. 1945 als »hervorragend« bezeichnete.
Zum Text vgl. FRUS-DP 1945, IV; S. 420–422.

2 Eine Gegenüberstellung zeigt den weiten Abstand zwischen dieser ursprünglich recht begrenzten Empfehlung und den späteren tatsächlichen Fakten auf:

	Gebiet Ostdeutschlands	Bevölkerung (1939) (= praktisch nur Deutsche)
US-Empfehlungen v. 12. 1. 1945	(6.812 Quadratmeilen × ca. 2,6 =) 17.700 km²	3,400.000
Tatsächlich per 2. 8. 1945 (= Potsdam): Ostprovinzen inkl. Danzig	ca. 103.000 km²	8,950.000

Die Angaben zur Quantifizierung des 2. 8. 1945 nach Bohmann, Alfred: »Menschen und Grenzen. Bd. 1: Strukturwandel der deutschen Bevölkerung im polnischen Staats- und Verwaltungsbereich«; Köln, 1965; S. 257, 417.

3 Im US-Memorandum vom 11. 1. 1945 (siehe oben, Anm. 1) hieß es dazu im Kapitel »Derzeitige Politik«: »Zur Frage der Sudetenland-Minderheiten in der ČSR wird diese ⟨*d. h. die US-*⟩Regierung in naher Zukunft ihre Meinung abgeben müssen. Die ČSR-Regierung hat uns formell notifiziert, daß sie beabsichtige, aus der ČSR bis zu zwei Millionen weitere Deutsche zu vertreiben (to eject), welche sie als unzuverlässig ansieht.«
Mit der formellen Notifikation durch die ČSR war wohl deren Note vom 23. 11. 1944 gemeint; zum Text: Siehe S. 500.
Die »Zusammenfassung« des US-Memos vom 11. 1. 1945 (siehe oben, Anm. 1) berichtete nämlich über die Absicht der ČSR-Regierung, »alle unerwünschten Sudetendeutschen (möglicherweise zwei Millionen) nach Deutschland zu vertreiben (to expel) in der Erwartung, daß die drei Besatzungsmächte die Wiederansiedlung dieser Personen in Deutschland ohne jede Änderung der tschechisch-deutschen Grenze von 1937 ermöglichen. Das ⟨*US-*⟩Außenministerium bereitet eine Antwortnote vor, in der Sympathie mit den ČSR-Befürchtungen über die Sudetendeutschen zum Ausdruck kommt, aber alle einseitigen Maßnahmen ⟨*der ČSR*⟩, sie zu bewegen (to move), zurückgewiesen werden, bis eine ordentliche Lösung zwischen der ČSR-Regierung und den für die Aufrechterhaltung der Ordnung für die militärische Sicherheit in Deutschland verantwortlichen Besatzungsbehörden ausgearbeitet werden kann. ⟨*Damit war die US-Note vom 31. 1. 1945 gemeint; zum Text: Siehe S. 500.*⟩
Die Großen Drei sollten überstürzten Maßnahmen dadurch zuvorkommen, daß sie ein Abkommen entsprechend dem gesonderten ⟨*US-*⟩Memorandums über die ›Behandlung Deutschlands‹ schließen, dessen letzter Abschnitt ⟨*siehe oben, Abschnitt I/B*⟩ sich mit der übergreifenden Frage des Transfers von Deutschen aus Polen, Ostpreußen und anderen Gebieten sowie der ČSR beschäftigt, die mit insgesamt nahezu zehn Millionen ⟨*Menschen*⟩ beziffert werden könnten.«
Die abschließende Quantifizierung mit »nahezu 10 Millionen« (die gleiche Zahl in der »New York Times« vom 10. 8. 1944, siehe S. 497) verfehlte die Gesamtzahl der zu vertreibenden Deutschen (mindestens 13 Millionen) immer noch um rund ein Drittel.

Quelle:
»FRUS – The Conferences at Malta and Yalta«; Washington, 1955; S. 178–190, hier S. 179, 188 ff.

****

Note **1945, 8. März**
des britischen Botschafters Sir Philip Nichols
an den Außenminister der tschechoslowakischen (Exil-)Regierung Jan Masaryk:
Vertreibung der Sudetendeutschen noch abzustimmen

. . . Im Auftrage meiner Regierung habe ich die Ehre, mich auf Unterredungen zu beziehen, die Seine Exzellenz, der Präsident der Republik[1] mit dem Außenminister[2] und mir am 23. Februar ⟨*1945*⟩ und bei früheren Gelegenheiten hatte. Im Verlauf dieser Unterredungen hatte Dr. Beneš das Programm bezüglich des Transfers der deutschen Bevölkerung skizziert, das er seinem Volke bei seiner Rückkehr auf das Staatsgebiet bekanntgeben wollte. Die drei Hauptpunkte jeder derartigen Bekanntmachung, die Seine Exzellenz[1] feststellte, machen zu wollen, waren:
Erstens, daß die drei Großmächte[3] prinzipiell Transfers zustimmten;
zweitens, daß allen Personen deutscher Abstammung durch ein zu erlassendes Gesetz die tschechoslowakische Staatsbürgerschaft entzogen[4] und nur jenen ⟨*Personen*⟩, welche die tschechoslowakische Regierung behalten wolle, die Staatsbürgerschaft zurückgegeben werden würde;
drittens, daß sofort ein Verwaltungsablauf geschaffen werden würde, um die organisierte und ordentliche Abwicklung des Transfers sicherzustellen.
2. In diesem Zusammenhang bin ich beauftragt, die tschechoslowakische Regierung an die Auffassung der Regierung Seiner Majestät[5] zu erinnern, wie sie in meiner Note Nr. 3 vom 17. Januar ⟨*1945*⟩[6] Euer Exzellenz dargelegt wurde. In dieser Note bestätigte Seiner Majestät Regierung den Empfang eines Memorandums über die Auffassungen der tschechoslowakischen Regierung zur Frage der deutschen Minderheit in der Tschechoslowakei[7] und stellte fest, daß die Vorschläge des Memorandums mit Sorgfalt und Sympathie geprüft würden. Seiner Majestät Regierung fügte jedoch hinzu, daß sie erst in der Lage sein würde, Stellung zu nehmen, wenn diese Fragen mit ihren Hauptverbündeten besprochen worden seien, da das Memorandum sehr wichtige Fragen im Zusammenhang mit der deutschen Gesamtlösung aufwerfe. Deswegen müsse sich Seiner Majestät Regierung derzeit ihren Standpunkt zu den Vorschlägen des Memorandums der tschechoslowakischen Regierung vorbehalten.
3. Nunmehr habe ich die Ehre hinzuzufügen, daß Seiner Majestät Regierung zwar volles Verständnis für den Wunsch des Präsidenten der Republik habe, seinem Volke eine baldige Bekanntmachung zu dieser Frage zu machen und die ihn dazu treibenden Gründe verstehe. Sie wünscht jedoch klarzustellen, daß mit den Hauptverbündeten noch keine Übereinstimmung über die Methode gefunden wurde, wie dieser Fragenkomplex zu behandeln sei, der wichtige Probleme im Zusammenhang mit der Zukunft Deutschlands und Europas nach dem Krieg aufwerfe. Unter diesen Umständen hält es Seiner Majestät Regierung für notwendig, daß Seine Exzellenz, der Präsident bei jeder Bekanntmachung zu den vorgeschlagenen Themen ganz deutlich mache, es handle sich um einen Überblick des von ihm verfochtenen Programmes und der von ihm vorgesehenen Ziele. Dieses Programm habe er den Hauptalliierten übermittelt, aber bis jetzt deren Zustimmung zu seinen Vorschlägen noch nicht erhalten . . .

Anmerkungen:
1 D. h. Dr. Beneš.
2 Sir Anthony Eden.
3 D. h. die USA, Großbritannien, die UdSSR.
4 Für die Sudetendeutschen bereits v. a. durch den Vertrag v. 20. 11. 1938 erfolgt; zum Text: Siehe S. 430. Anerkannt durch das ČSR-Verfassungsdekret vom 2. 8. 1945; zum Text: Siehe S. 551.
5 D. h. die britische Regierung.
6 Zum Text: Siehe S. 502.
7 Vom 23. 11. 1944; zum Text: Siehe S. 500.

Quelle:
Král, Václav: »Die Deutschen in der Tschechoslowakei 1933–1947«; Prag, 1964; S. 549 f.

****

Programm **1945, 5. April**
der tschechoslowakischen Regierung (sog. »Kaschauer[1] Statut«):
Vorgesehene Behandlung der Deutschen[2]

...

VIII.
Die schrecklichen Erfahrungen, welche die Tschechen und Slowaken mit der deutschen und ungarischen Minderheit erlebten, welche größtenteils zu nachgiebigen Instrumenten einer Eroberungspolitik gegenüber der Republik von außen wurden und von denen besonders die tschechoslowakischen Deutschen ihre Kräfte geradezu zu einem Vernichtungszug gegen das tschechische und slowakische Volk geliehen haben, zwingt die erneuerte Tschechoslowakei zu einem tiefen und dauerhaften Eingriff. Die Republik will und wird ihre loyalen deutschen und ungarischen Staatsbürger nicht strafen, besonders nicht diejenigen, die in den schwersten Zeiten ihre Treue zu ihr bewahrten, mit den Schuldigen wird sie aber streng und unerbittlich umgehen, wie das das Gewissen unserer Völker, das heilige Andenken unserer unzähligen Märtyrer, die Ruhe und Sicherheit der zukünftigen Generation verlangt. Die Regierung wird sich demzufolge nach diesen Regeln richten.
Hinsichtlich der Staatsbürger der Tschechoslowakei deutscher und ungarischer Nationalität, die die tschechische Staatsbürgerschaft vor München 1938 besaßen, wird die Staatsbürgerschaft bestätigt und eine eventuelle Rückkehr in die Republik gesichert: bei Antinazisten und Antifaschisten, bei denen, die schon vor München einen aktiven Kampf gegen Henlein und gegen die ungarischen irredentistischen Bestrebungen und für die Tschechoslowakei führten, die nach München und nach dem 15. März wegen ihres Widerstandes und Kampfes gegen das dortige Regime und für ihre Treue zur Tschechoslowakei verfolgt und in die Gefängnisse und KZ's eingesperrt wurden, oder die vor dem deutschen und ungarischen Terror ins Ausland flüchten mußten und sich dort aktiv am Kampf für die Erneuerung der Tschechoslowakei beteiligt haben.
Bei den übrigen tschechoslowakischen Staatsbürgern deutscher und ungarischer Nationalität wird die tschechoslowakische Staatsbürgerschaft aberkannt.[2] Diese Staatsbürger können erneut für die Tschechoslowakei optieren, wobei sich die Ämter der Republik das Recht der individuellen Entscheidung über jedes Gesuch vorbehalten. Diejenigen Deutschen und Ungarn, die wegen Verbrechen gegen die Republik und gegen das tschechische und slowakische Volk beurteilt und verurteilt werden, werden der tschechoslowakischen Staatsbürgerschaft für verlustig erklärt und werden für immer aus der Republik ausgewiesen, insofern sie keine Todesstrafe erhalten.
Deutsche und Ungarn, die in das Gebiet der Tschechoslowakei nach München 1938 einwanderten, werden, insofern sie nicht einem Strafverfahren unterliegen, gleich aus der Republik ausgewiesen.[3] Eine Ausnahme bilden diejenigen Personen, die zugunsten der Tschechoslowakei gearbeitet haben.

...

IX.
... Es werden Lager zur Konfinierung der deutschen und madjarischen Angehörigen eingerichtet, welche irgendeine Verbindung mit den nazistischen und faschistischen Organisationen, mit deren Apparat und deren bewaffneten und terroristischen Formationen hatten.[4]

...

XV.

...

Alle deutschen und madjarischen Schulen in den tschechischen und slowakischen Städten werden geschlossen[5], darunter auch die Prager Deutsche Universität und die Deutschen Technischen Hochschulen in Prag und Brünn[6], die sich als die übelsten faschistischen und hitlerischen Brutstätten bei uns erwiesen haben. Auch die deutsche Lehrerschaft der Volks- und Mittelschulen gehörte zu den Hauptstützen des Hitlerismus und des Henleinismus in unseren Ländern, und weil das eine Massenerscheinung ist, werden – bis zur endgültigen Entscheidung über die deutsche Frage – überhaupt alle deutschen Schulen geschlossen.[5]

Anmerkungen:

[1] Kaschau (Stadt in der Ostslowakei) war erster Regierungssitz der tschechoslowakischen Regierung im Lande nach der Rückkehr aus London über Moskau.

[2] Die Offizialisierung des Vorgangs, welche dann lediglich eine nachträgliche Anerkennung des Vertrages zwischen dem Deutschen Reich und der ČSR über Staatsbürgerschaft und Option vom 20. 11. 1938 (zum Text: Siehe S. 430) darstellte, erfolgte durch das ČSR-Präsidialdekret vom 2. 8. 1945 (zum Text: Siehe S. 551).

[3] Es erscheint berichtenswert, daß in der ČSR-»Rechts«-Ordnung von 1945 nur an dieser Stelle und in dieser recht eingeschränkten Form der Begriff »Ausweisung« erscheint. Siehe aber auch S. 541. Nach ČSR-Auffassung liegt die Begründung der Vertreibung der Sudetendeutschen nämlich allein in der »Erklärung über die Potsdamer Konferenz« vom 2. 8. 1945 (zum Text: Siehe S. 548).

[4] Die teilweise Offizialisierung erfolgte durch das ČSR-Präsidialdekret vom 27. 10. 1945 (zum Inhalt: Siehe S. 567).

[5] Die Offizialisierung erfolgte durch Erlaß des ČSR-Ministeriums für Schulwesen und Kultur v. 7. 6. 1945, in dem unter Bezug auf Ziff. XV des Kaschauer Programmes die »sofortige« Schließung »bis zur Endlösung der deutschen Frage angeordnet« wurde.
Dies betraf »alle Arten und Klassen von Unterrichts- und Erziehungsanstalten mit deutscher Unterrichts-/Erziehungssprache einschließlich der Anstalten für körperlich oder geistig behinderte Kinder und für Kinderunterricht im Vorschulalter«. Vollzugsmeldung wurde bis 15. 7. 1945 erwartet.
Vgl. »Věstník ministerstva školství a osvěty« (Verordnungsblatt des Ministeriums für Schulwesen und Kultur); Prag, Jg. 1, H. 3 (22. 6. 1945); S. 20 f.

[6] Die Offizialisierung erfolgte durch ČSR-Präsidialdekrete vom 18. 10. 1945 (zum Text: Siehe S. 562).

Quelle:

»Program Československé vlády Národní fronty Čechů a Slováků přijatý na prvé schůzi vlády dne 5. dubna 1945 v Košicích« (Programm der ČSR-Regierung der Nationalen Front von Tschechen und Slowaken, angenommen in der ersten Regierungssitzung am 5. April 1945 in Kaschau); hsg. v. ČSR-Informationsministerium; Prag, 1945; S. 9–29.
In deutscher Sprache: DdV IV/1; S. 184–203; hier S. 192–201.

****

Anweisung **1945, 19. April**
des Oberkommandierenden der Alliierten Streitkräfte in Europa
General Eisenhower[1] zu
»Zivilen Angelegenheiten in den befreiten Gebieten der Tschechoslowakei«[2]:
Sudetengebiet als Teil der ČSR zwar »befreites Gebiet«, aber Schwierigkeiten erwartet

1) Es ist die Politik der Regierungen des Vereinigten Königreiches und der Vereinigten Staaten, daß die Tschechoslowakei als ein von den Alliierten befreiter Staat und das Sudetenland[3] als Teil der Tschechoslowakei behandelt wird. Die deutsche Herrschaft im Sudetenland[3] ist, wie in anderen Gebieten der Tschechoslowakei, eine fremde, die auszuheben und zu zerstören ist. In dieser wie in allen anderen Aspekten ist die Tschechoslowakei einschließlich des Sudetenlandes als von den Alliierten befreites Gebiet anzusehen und zu behandeln.

...

3) So weit wie durchführbar werden Sie[1] wie in anderen, von den Alliierten befreiten Gebieten, vorgefundenen loyalen tschechoslowakischen Amtsorganen (authorities) gestatten, alle Angelegenheiten der Zivilverwaltung abzuwickeln einschließlich der Reorganisation von Verwaltungs- und Gerichtsdiensten und der Ausschaltung von Nazis und Nazikollaborateuren hieraus.

...

5) Es wird den tschechoslowakischen Amtsorganen obliegen, die notwendigen Verwaltungs- und rechtlichen Maßnahmen zu treffen, um Nazi- sowie Feindpersonen und -institutionen zu behandeln. Sie[1] sollten die tschechoslowakischen Amtsorgane anweisen, durch angemessene Schritte deren ⟨*Bank-*⟩Konten und Vermögen einzufrieren (to block) ...

6) Im Sudetenland[3] und anderen Teilen der Tschechoslowakei, die in das ⟨*Deutsche*⟩ Reich eingegliedert wurden, werden Sie vermutlich größere Schwierigkeiten haben[4] als in anderen Gebieten und werden größere Sorgfalt aufwenden müssen, um loyale Tschechoslowaken zu finden, denen Sie[1] die Führung und Reorganisation der Zivilverwaltung anvertrauen können. In diesen ⟨*Gebiets-*⟩Teilen werden Sie auch vermutlich erkennen, daß Sie derartigen loyalen Amtsorganen nach ihrer Einrichtung stärkere Unterstützung geben müssen, als in anderen Gebieten. Das Kontrollprinzip im Sudetenland[3] wie in anderen Gebieten ist jedoch jenes, das in der obigen Ziffer 3 festgestellt wurde.

...[5]

Anmerkungen:

[1] Die Anweisung war an den Kommandierenden General der 12. Armeegruppe, General Bradley, gerichtet und beinhaltete:
»16. Die angemessene Übertragung und Weiterübertragung der hiermit gegebenen Ermächtigungen an unterstellte ⟨*Truppen-*⟩Kommandeure wird bewilligt.«

[2] Zu den Vorbereitungen der Besatzung gehörte auch ein Abkommen vom 8. 5. 1944 über die Verwaltung von ČSR-Gebiet, das von den Truppen der Alliierten besetzt werden würde:
Die offizielle Wiedergabe des Textes beinhaltete stets »Soviet and Allied Forces«.
Vgl. »War and Peace Aims of the United Nations«; hsg. v. Louise W. Holborn; Bd. II; Boston (Mass., USA), 1948; S. 767 ff.
In der Darstellung von Dr. Beneš hieß es stets nur »sovětsky vojsko«.
Vgl. »Šest let exilu a druhé světové války« (Sechs Jahre des Exils und Zweiten Weltkriegs); Prag, 1946; S. 483 f.

[3] Ausdruck so im Original.

[4] Zu dieser Vermutung:
Das Wissen selbst hoher US-Militärs (mit Ausnahme des eher emotionsgesteuerten Generals Patton) um die militärische wie politische Lage in Mitteleuropa war begrenzt: Man starrte auf die NS-»Alpenfestung« (siehe S. 510). Man las, daß die Deutschen »alle Zivilpersonen, Deutsche wie Tschechen aus slowakischen Städten wie Brünn nach Deutschland deportiert haben«, nur der Volkssturm bleibe zurück. (Diese – in mehrfacher Hinsicht – Desinformation in der »New York Times« vom 23. 2. 1945 nach Angaben von Dr. Beneš und »einigen seiner Regierungsbeamten«.)
Aus unveröffentlichten US-Akten wurde auch berichtet, daß am 18. 4. 1945 Eisenhower an Bradley bezüglich der »Politik für die Tschechoslowakei« wie folgt telegraphiert hatte:
Mit den deutschen Bewohnern des Sudetenlandes sei »sehr streng zu verfahren. Mit solchen Personen darf es keine Verbrüderung geben und es ist überdeutlich klar, daß sie keine befreiten Personen sind.«
Vgl. Zayas, Alfred M. de: »Die Anglo-Amerikaner und die Vertreibung der Deutschen«; Frankfurt/M., 1977; 8. Aufl. 1996; S. 179.

[5] Zur späteren Verwaltungs- und sozialen Praxis von US-Truppen im Sudetengebiet: Siehe z. B. S. 520.

Quelle:
Vgl. FRUS-DP 1945, IV; S. 437–439.

****

Note des ČSR-Staatsministers Hubert Ripka an den US-Chargé bei der ČSR-(Exil-)Regierung, Schoenfeld: **1945, 20. April**

W. Jaksch und seinen Anhängern ist der Zutritt zu ČSR-Gebiet zu verwehren

Exzellenz,
die amerikanischen Armeen haben siegreich ihren Weg in unwiderstehlichem Angriff durch Deutschland bis zu den Westgrenzen der ČSR vorgetragen, wo sie ČSR-Gebiet vom Griff des Feindes zu befreien beginnen . . .
Die amerikanischen Armeen erreichen das Gebiet eines befreundeten Staates, aber ich halte es sowohl aus der Sicht der ČSR wie der Alliierten für außerordentlich wichtig, den Tatbestand zu betonen, daß, wie Sie wissen, die Grenzgebiete der ČSR, welche die amerikanischen Truppen jetzt betreten, von einer meistens deutschsprechenden Bevölkerung bewohnt werden und daß sie, obwohl ČSR-Staatsbürger, in ihren politischen Gefühlen mit Ausnahme einer unbedeutenden Minderheit, völlig vom Nazismus und Pan-Germanismus durchsetzt sind . . .
Die ČSR-Regierung sieht die überwältigende Mehrheit dieser Deutschen als staatsfeindliche Elemente an und hat in ihrer Proklamation vom 4. April ihre Politik gegenüber ihnen wie folgt definiert:
⟨*Es folgte ein längeres, wenn auch textlich gegenüber der Ursprungsfassung (siehe S. 506) gekürztes Zitat aus dem Kaschauer Statut vom 5. 4. 1945; dazu gehörte auch die Ankündigung Ripkas, die ČSR-Staatsbürgerschaft nur denen zu erneuern,*⟩ die ins Ausland flüchten mußten, wo sie sich am Kampf für die Erneuerung der Tschechoslowakei beteiligt haben . . .
Ich halte es für notwendig, obiger Stellungnahme hinzuzufügen, daß die ČSR-Regierung als loyale Staatsbürger auch jene nicht ansehen kann, die sich, obwohl in Freiheit im Ausland lebend, nicht so verhielten, wie es einem ČSR-Bürger ziemte. Ich denke hauptsächlich an die Gruppe der sog. Sudetischen Deutschen (so-called Sudetic Germans), die von W. Jaksch, einem früheren sozialdemokratischen Abgeordneten des ČSR-Parlamentes, geführt wird, und erachte es als meine Pflicht, auf diese Gruppe besondere Aufmerksamkeit zu lenken. Obwohl W. Jaksch bis 1938 und während der Münchner Krise eine sehr loyale Haltung zur ČSR aufrechterhielt, wechselte er während seiner Anwesenheit im Ausland seine politische Auffassung (trend) radikal und näherte sich sehr eng den Lehrsätzen des Pan-Germanismus. Er ging tatsächlich so weit, im Ausland lebende Deutsche aus der ČSR aufzufordern, ihre Pflichten in der ČSR-Armee nicht zu erfüllen[1] . . .
Es ist natürlich, daß W. Jaksch und jene, die Auffassungen (sentiments) wie er zeigten, von der ČSR-Regierung nicht als ausreichende (satisfactory) ČSR-Bürger angesehen werden können . . .
Auf diesen Umstand aufmerksam machend, möchte ich sagen, daß ich sehr dankbar wäre, wenn Sie, wo immer notwendig, den Wunsch, den ich namens meiner Regierung ausdrücke, weitergeben würden, daß keinem der sog. Sudetisch-Deutschen, der jetzt in Freiheit im Ausland lebt, ohne die Zustimmung der verantwortlichen ČSR-Behörden erlaubt wird, in das ČSR-Gebiet einzureisen oder dort irgendeine Tätigkeit in einer politischen, verwaltungsmäßigen oder ähnlichen Funktion aufzunehmen . . .

Anmerkung:

[1] Wenzel Jaksch hatte seine Anhänger gebeten, ihren Kampf gegen das NS-Regime im Rahmen irgendeiner alliierten, nicht aber der ČSR-Streitkräfte zu führen, solange die sie befehligende ČSR-(Exil-)Regierung die indiskriminierte Massenvertreibung aller Sudetendeutschen anstrebe.
Vgl. Prinz, Friedrich: »Wenzel Jaksch – Edvard Beneš«; München, 1973; S. 33, 35, 42.

Quelle:
Vgl. FRUS-DP 1945, II; S. 1250–1252.

****

»Appell **1945, 5. Mai**
des Gauleiters« der NSDAP, Konrad Henlein, an die Sudetendeutschen:
»In ernster Stunde«

⟨*Nach einem historischen Rückblick charakterisierte sich Henlein selbst:*⟩
Als Kind meiner Zeit ... habe ich ... immer das Beste gewollt[1] ... Durch die jetzige Lage an den Fronten[2] ist vielleicht bald auch im Sudetenland die Ausschaltung der freien Entscheidung, wenigstens auf einige Zeit, zu befürchten ... Wenn ... unsere Führung nicht mehr Parolen ausgeben, für Euch handeln und Eure Rechte verteidigen kann, dann wird jeder Arbeiter, jeder Bauer, jeder Handwerker, Angestellter oder jeder Betriebsführer auf sich gestellt sein, und es wird auf jeden einzelnen ankommen ...
Für uns kann dieses Abkommen[3] nicht nur ein Stück Papier sein! Für die Welt nicht zu einem Fetzen Papier werden! Die Staaten, die sich 1938 entschlossen haben, die Trennung des deutschen vom tschechischen Gebiet Böhmens, Mährens und Schlesiens um des Friedens willen zu verwirklichen und dazu die Billigung des tschechoslowakischen Staates unter der Präsidentschaft Dr. Beneschs fanden, haben selbst dem Sudetenland seine Grenzen bestimmt und damit eine moralische Garantie übernommen.
...

Anmerkungen:

1 Eindrucksvoll schildert ein Aristokrat seine letzte Begegnung mit Henlein »Ende April oder Anfang Mai 1945:
»Er ging im Zimmer auf und ab, offensichtlich in höchster seelischer Erregung. Plötzlich blieb er stehen, sah mich an, und nun brach ein Strom bitterster Anschuldigungen aus seinem Mund. Ich kann mich an seine Worte im einzelnen nicht mehr erinnern, der Sinn aber war dieser: ›Ich habe das alles nie gewollt, sie haben mich getäuscht, sie haben mich erst belogen, dann haben sie mich entmachtet, sie haben meinen Namen mißbraucht, zu sagen hatte ich längst nichts mehr ...‹ und so noch anderes in diesem oder verwandtem Sinn. Die Szene erschütterte mich zutiefst. Es war mir deutlich, unbedingt deutlich, daß der Mann die Wahrheit sprach, so wie er sie eben erlebt hatte.«
Vgl.: Clary-Aldringen, Alfons ⟨*Graf von*⟩: »Geschichten eines alten Österreichers«; 4. Aufl.; Berlin/Wien, 1977; S. 254 f.

2 a) Die Frontlage Anfang Mai 1945 kann hier nicht im einzelnen nachgezeichnet werden. Als grober Überblick:
An der Ostfront hatte die Rote Armee bereits am 22. 4. Troppau und am 26. 4. Brünn besetzt, konnte jedoch einen bis Mähr. Ostrau und Zlin reichenden Frontbogen wegen zähen deutschen Widerstands nicht eindrücken. Die Sowjets verharrten auch bis etwa 6. 5. nördlich der Linie Dresden – Riesen- – Isergebirge – Glatzer Bergland in Schlesien. Teile der sudetendeutschen Zivilbevölkerung (aus z. B. Olmütz [Mähren] am 22. 4., aus Hohenelbe [Nordböhmen] erst am 7. 5.) wurden evakuiert bzw. flohen.
Der Hauptstoß der US-Truppen der 3. Armee unter General Patton richtete sich gegen die von General Eisenhower ernstgenommene (tatsächlich imaginäre) NS-»Alpenfestung«, die im Süden Bayerns und im Westen Österreichs vermutet wurde. Vorrangig zur Flankensicherung dieses Vorgehens wurde am 21. 4. Asch und am 27. 4. Eger besetzt, dann v. a. südlich parallel zur böhmischen Grenze bis Linz vorgestoßen, aber trotz praktisch keinem Widerstand kaum in das Sudetengebiet eingerückt (maximal war dort die Linie Karlsbad – Pilsen – Budweis in Aussicht genommen). Selbst die strategisch ungemein wichtigen Urangruben von St. Joachimsthal blieben völlig unbeachtet.
Churchills Anregung an Truman vom 30. 4., Eisenhower anzuweisen, »in die ČSR vorzustoßen« (gemeint war damit eine Linie etwa von Aussig über eine Besetzung Prags bis Budweis), wurde von Eisenhower der Roten Armee am 4. 5. mitgeteilt; sie traf dort auf entschiedenen Widerstand. Daraufhin gab Eisenhower Patton am 5. 5. abends den Befehl, wenigstens die ursprüngliche Linie Karlsbad – Pilsen – Budweis zu erreichen (am 6. 5. erfolgt) und entschlossen in Richtung Prag aufzuklären. Die Unterstützung des am 5. 5. begonnenen tschechischen Prager Aufstandes gegen die Deutschen durch sehr wohl mögliche US-Besetzung Prags wurde ihm jedoch untersagt; die militärische Gesamtkapitulation der deutschen Wehrmacht am 8./9. 5. folgte.
Der letzte Bericht des Oberkommandos der deutschen Wehrmacht vom 9. 5. 1945 vermerkte dann u. a.: »Der Aufstand der Tschechen in fast ganz Böhmen und Mähren konnte die Durchführung der

Kapitulationsbedingungen und unsere Verbindungen in diesen Raum behindern. Das Oberkommando hat bis jetzt keinen Bericht über die Heeresgruppe ... Schörner erhalten.«
Vgl. Lüdde-Neurath, Walter: »Regierung Dönitz«; Göttingen (Nds.), 1951; S. 157.

b) Zur Frontlage vgl. die Kartenskizzen in z. B.
Dollinger, Hans: »Die letzten hundert Tage«; Wiesbaden, 1965; S. 215;
Schultz-Naumann, Joachim: »Die letzten dreißig Tage«; München, 1980, 2. Aufl. 1985; S. 154;
Toland, John: »The Last 100 Days«; New York, 1966; Bantam 1967; nach S. 342.

c) Zu politischen und militärischen Abläufen auf (west-)alliierter Seite vgl. u. a.
FRUS-DP 1945, IV; S. 446–451;
Churchill, Winston, S.: »The Second World War«; Bd. VI, Boston (Mass., USA), 1950; S. 442, 506 f.;
Eisenhower, Dwight D.: »Crusade in Europe«; New York, 1952; S. 506 f.;
Patton, George S.: »War as I Knew It«; New York, 1947; Bantam 1980; S. 307 ff.;
Province, Charles M.: »Patton's Third Army«; New York, 1992; S. 263 ff.;
Truman, Harry S.: »Memoirs«, Bd. 1; New York, 1955; S. 316 f.
Zu politischen Abläufen, Verhandlungen und Überlegungen auf deutscher Seite vgl. u. a.
Dennler, Wilhelm: »Die böhmische Passion«; Freiburg/Brsg., 1953; S. 183 ff.;
Dönitz, Karl: »10 Jahre und 20 Tage«; Bonn, 1958; S. 449 f.;
Jaksch: Europa; S. 426–430;
Lüdde-Neurath: a. a. O.; S. 81 f.;
Schultz-Naumann, Joachim: a. a. O.; S. 84;
Speer, Albert: »Erinnerungen«; Berlin, 1969; S. 468, 489, 497 f.;
Steinert, Marlies: »Die 23 Tage der Regierung Dönitz«; Düsseldorf, 1967; S. 190 ff., 221;
Ströbinger, Rudolf: »Poker um Prag«; Zürich (Schweiz), 1985; S. 21 ff.

[2] Gemeint: Das Münchner Abkommen vom 29. 9. 1938; siehe S. 415.

Quelle:
»Die Zeit« ⟨*TZ., PO. d. NSDAP im Reichsgau Sudetenland*⟩; Reichenberg (N.Böhm.), Jg. 11, Nr. 109 v. 8. 5. 1945; S. 1.

****

4. 1945–1955: Die Vertreibung der Sudetendeutschen und der Neubeginn der Sudetenfrage

ČSR-Regierungsverordnung **1945, 5. Mai**
»über die Wahl[1] und Befugnisse der Nationalausschüsse«:
Deutsche von Teilnahme ausgeschlossen

Gemäß dem Verfassungsdekret des Präsidenten der Republik vom 4. Dezember 1944, Nr. 18 des ČSR-Amtsblattes über Nationalausschüsse und die vorläufige Nationalversammlung[2] erläßt die Regierung der ČSR nach Unterschrift des Präsidenten der Republik folgende Verordnung:

§ 1.[1]

1) Auf dem befreiten Gebiet der ČSR werden örtliche, Bezirks- und Landesnationalausschüsse ⟨*MNV, ONV, ZNV*⟩ als Organe der Vertretung und der öffentlichen Verwaltung aller Ressorts eingerichtet und soweit möglich in kürzester Zeit nach Abhaltung von Wahlen nach den Grundsätzen der tschechoslowakischen Wahlordnung und einer gesonderten Regierungsverordnung erneuert.
2) Als Organe der Staatsverwaltung sind die Nationalausschüsse der Regierung unterstellt.
3) Die Nationalausschüsse unterliegen der Kontrolle des Volkes. Das Volk kann ihre Mitglieder abberufen und durch andere ersetzen. Die Art und Weise der Abberufung und des Ersatzes wird durch die Wahlordnung bestimmt.

§ 2.

1) In jeder Gemeinde wird ein Orts-Nationalausschuß (místní národní výbor) ⟨*MNV*⟩ eingerichtet.
2) Der MNV verwaltet im Rahmen seiner Aufgabenstellung alle öffentlichen Angelegenheiten, soweit sie nicht von einem anderen öffentlichen Organ behandelt werden.
3) Der MNV erfüllt neben anderen, ihm durch besondere Vorschriften übertragenen alle Befugnisse, die nach bisherigen Vorschriften der Gemeindevertretung, dem Gemeinderat und dem Bürgermeister oblagen.
4) Mit dem Tag der Errichtung des MNV erlöscht die ⟨*Tätigkeit der*⟩ Gemeindevertretung.
5) Nach dem Erlöschen der Gemeindevertretung wird das Gemeindeamt zum Amt des MNV und führt dessen Entscheidungen und Beschlüsse durch.
6) Der MNV entläßt sofort die Beschäftigten aller Kategorien, welche gegen die nationalen und staatlichen Interessen verstoßen haben.[3]
7) Der MNV ist dem ONV unterstellt.
8) Die Mitgliederzahl[1] des MNV ist die gleiche wie die Mitgliederzahl der ⟨*bisherigen*⟩ Gemeindevertretung.
9) Die Plenarsitzungen des MNV sind öffentlich.

§ 3, § 4.

⟨*Meistens völlig identische, sonst sinngemäß gleiche Bestimmungen für den*⟩ Bezirksnationalausschuß (okresní národní výbor) ⟨*ONV und*⟩ Landesnationalausschuß (zemský národní výbor) ⟨*ZNV*⟩.

§ 5.
Der Innenminister oder ein anderer zuständiger Minister kann im Rahmen seiner Befugnisse Entscheidungen und Beschlüsse des Wirkungskreises der Nationalausschüsse auch unmittelbar treffen, wenn die Regierung oder, bei Gefahr im Verzug, deren Präsidium erkennt,
a) daß dies der ordentliche Ablauf der öffentlichen Verwaltung erfordert, oder
b) daß die Entscheidung oder der Beschluß des Nationalausschusses der demokratischen Ordnung der Republik oder dem öffentlichen Interesse widerspricht.

§ 6.
1) Für die zeitweilige Verwaltung von Gemeinden oder Bezirken, in denen kein Nationalausschuß errichtet werden kann, da die überwiegende Mehrheit der Bevölkerung staatlich unzuverlässig ist[3], werden Verwaltungskommissionen (správni komise) ⟨*MSK*⟩ ernannt, die Vertreter der staatlich zuverlässigen Bevölkerung[4] zur Mitarbeit heranziehen können.
2) Für Bezirke ernennt die Verwaltungskommission das Ministerium des Innern, für Gemeinden der ONV und, wenn ein solcher nicht vorhanden, die OSK.
3) Die Befugnisse der SK gleichen denen der MNV bzw. ONV.
...

Anmerkungen:
[1] Die tatsächliche Zusammensetzung dieser Ausschüsse ergab sich in der Anfangszeit vorrangig aus informellen Absprachen der die neue ČSR tragenden tschechischen politischen Parteien auf Orts- und Bezirksebene unter starker Hervorstellung von Angehörigen der KPČ.
Am 7. 8. 1945 wurde v. a. der § 1 wie folgt ergänzt:
»1. Hinter § 1, Abs. 1 wird ein neuer Absatz mit folgendem Wortlaut eingefügt:
2) Solange genauere Vorschriften zur Organisation und Arbeitsweise der Nationalausschüsse nicht herausgegeben wurden, bestimmt der Innenminister die vorläufige innere Organisation, die Art und Weise ihrer Geschäftsabläufe und die Arbeitsweise ihrer Abteilungen.
Die bisherigen Absätze 2 und 3 werden zu den Absätzen 3 und 4.
2. Der letzte Satz des § 1, Absatz *(neu)* 4 lautet:
Die Art und Weise der Abberufung und des Ersatzes wird durch die Wahlordnung festgelegt werden; solange diese nicht vorliegt, sorgen die jeweils vorgesetzten Organe für die ordentliche Ermittlung, die Abberufung oder die Ergänzung der Nationalausschüsse ...«
Vgl. ČSR-Slg. 1945; Nr. 44 v. 7. 8. 1945 im 22. Stück v. 24. 8. 1945; S. 70 f.
[2] Zum Text vgl. ČSR-Amtsblatt; London; Jg. 5, Nr. 6 vom 20. 12. 1944; Wiedergabe in ČSR-Slg. 1945; Prag; Anlage zu Nr. 43 v. 3. 8. 1945 in 22. Stück v. 24. 8. 1945; S. 69 f.
[3] Damit waren im Sudetengebiet die Sudetendeutschen gemeint.
[4] Die im Sudetengebiet hier theoretisch auch gemeinten sudetendeutschen Antifaschisten blieben m. W. trotz dieser Kannbestimmung auch auf der Ebene der MSK an der Mitarbeit unbeteiligt.

Quelle:
ČSR-Slg. 1945; Nr. 4 in 3. Stück v. 9. 5. 1945; S. 5 f.

****

Reden[1,2] **1945, 12. Mai**
des ČSR-Staatspräsidenten Dr. Beneš:
»Das deutsche Problem in der ČSR muß für immer völlig liquidiert werden«

...
Wir kehren nach sechs Jahren voller Kämpfe und Arbeit in das Vaterland zurück. Wir kehren nach einer der schrecklichsten Katastrophen zurück, die die Menschheit je erlebt hat. Unser tobsüchtiger Nachbar hatte sich 1938 mit den schlimmsten Absichten auf uns gestürzt und dabei die schwerste Katastrophe in seiner ganzen eigenen Geschichte erlebt. Wirtschaftliche Vernichtung, kulturelle Zerrüttung und nationalen Untergang – das alles

bereitete er für uns vor, und hat sich nun selbst ein Schicksal bereitet, an dem er noch viele Jahre schwer zu tragen haben wird. Und er schuf eine Situation, von deren Folgen die heutigen sowie noch künftige Generationen betroffen sein werden. Sie werden diese Folgen als verdiente und gebührende Strafe tragen.
Erinnert ihr euch noch, wie Hitler seit Frühjahr 1938 seine Vorbereitungen gegen uns traf? Erinnert ihr euch noch daran, was Henlein und Frank schon seit 1934 alles unternahmen, ebenso wie auch ihre gesamte Partei, in deren Reihen wir mindestens 80 bis 90 Prozent des deutschen Volkes der Tschechoslowakei wiederfinden? Erinnert ihr euch an die wüsten Nazihetzereien gegen uns, damals, nach dem Nürnberger Parteitag im September 1938? Erinnert ihr euch noch, wie mich Hitler am 26. September 1938 gemein beschimpfte und in aller Öffentlichkeit wie ein Jahrmarktschreier rief, daß zwischen mir und ihm definitiv entschieden werden müsse?[3] ...
Erinnert ihr euch an die gemeinen und niederträchtigen Drohungen all der verschiedenen Henleins und Franks, die sie die ganzen sieben Jahre lang gegen unser Volk ausstießen? An all ihr unmenschliches, barbarisches und unchristliches Wüten, an all die Petschekpalais[4], Gestapogefängnisse und Folterkammern, die Konzentrationslager, Lidice, Ležáky und an all die Massenraserei und das Massenmorden, wie es unsere Geschichte bis dahin nicht gekannt hatte? Und das tägliche Vernichten unserer Kultur, unserer Schulen, unseres nationalen Lebens, dieses tägliche Beleidigen unseres Menschseins, das Treten und Bespucken unseres Volkes durch dieses erlauchte Herrenvolk? ... Dieses deutsche Volk ... hatte in diesem Krieg völlig aufgehört, menschlich zu sein, hatte aufgehört, menschlich erträglich zu sein, und uns erscheint es nur als ein einziges großes menschliches Ungeheuer. Für all das muß dieses Volk eine große und strenge Strafe treffen.
Erinnert ihr euch, daß wir 1938 versucht haben, unsere Deutschen zu überzeugen, zu überreden und dafür zu gewinnen, sich mit uns zu einigen, nicht den Verrat vorzubereiten, nicht ihren Staat und ihren Wohlstand zu vernichten? Und wie sie uns arrogant antworteten und sich schamlos in das eigene Verderben stürzten? Und glaubt ihr, es wäre möglich, das zu wiederholen und wieder mit ihnen zu verhandeln und nach zehn oder zwanzig Jahren wieder das Grauen eines schrecklichen Krieges und einer neuen schrecklichen Katastrophe zu erleiden?
Nein, diese alte Politik, diese unsere alte Erfahrung werden wir nicht mehr wiederholen. Wir haben uns gesagt, daß wir in der Republik das deutsche Problem völlig liquidieren (vylikvidovat) müssen ...

⟨[5]⟩ ... Und wir werden Ordnung bei uns schaffen, besonders auch hier in der Stadt Brünn mit den Deutschen[6] und allen anderen. Mein Programm ist – das verberge ich nicht –, daß wir die deutsche Frage in der Republik völlig liquidieren (vylikvidovat) müssen.
⟨[7]⟩

Anmerkungen:
1 Zu früheren Reden: Siehe S. 460, 483, 495; zu späteren Reden: Siehe S. 526, 560.
2 Rede vor v. a. den Mitgliedern des Landes- und des örtlichen Nationalausschusses im Sitzungssaal des Rathauses in Brünn bei Lautsprecherübertragung in eine nahegelegene Massenversammlung.
3 Zum Text: Siehe S. 414.
4 Sitz der Gestapo in Prag.
5 Rede vom Balkon des Rathauses an die Brünner Tschechen.
6 Zum dadurch vermutlich ausgelösten sog. Todesmarsch der Brünner Deutschen ab 30. 5. 1945: Siehe S. 1220.
7 In einer weiteren Rede am 16. 5. 1945 in Prag, wiederum vor einer Massenversammlung, personalisierte Dr. Beneš sein Programm:
»Es geht um den Aufbau unseres neuen politischen Lebens und die neue Einrichtung unserer Heimat. Es wird notwendig sein ... insbesondere kompromißlos die Deutschen in den tschechischen Ländern und die Ungarn in der Slowakei völlig zu liquidieren (vylikvidovat), soweit diese Liquidierung im In-

teresse des einheitlichen *National*staates der Tschechen und Slowaken überhaupt nur möglich ist. Unsere Losung muß es sein, uns, unser Land *kulturell, wirtschaftlich* und *politisch endgültig zu entgermanisieren.*«
Vgl. ČSR-Informationsministerium (Hsg.): »Projev presidenta Republiky Dr. Edvarda Beneše na Staroměstském naměsti v Praze 16. května 1945« (Rede des Präsidenten der Republik Dr. Edvard Beneš am Altstädter Ring in Prag am 16. Mai 1945); Prag, 1945; S. 16.
Deutsche Teilwiedergabe in »Einheit«; London; Jg. 6, Nr. 11 v. 2. 6. 1945; S. 7.
Hervorhebungen im Original.
Zu den Vorgängen in Prag im Mai 1945: Siehe S. 1222.

Quelle:
»Rovnost« (Gleichheit) 〈*TZ. d. KPČ*〉, Brünn; Jg. 1, Nr. 8 v. 13. 5. 1945, S. 1.
Hervorhebung im Original.

****

Aufruf **1945, 13. Mai**
der Kommunistischen Partei der Tschechoslowakei (KPČ)
an das tschechische Volk:
»Richtet für die verhafteten Deutschen Arbeitslager ein!«
...
Gewährleistet die Sicherheit des befreiten Gebietes von offenen und geheimen Agenten! Errichtet in jedem Ort eine Nationalgarde, die in Zusammenarbeit mit den zentralen Sicherheitsorganen über Ordnung und Sicherheit von Personen und Eigentum wachen soll. Verhaftet sogleich alle Deutschen, welche zu uns nach dem Abschluß des Münchener Vertrages als Okkupanten kamen. Ähnlich geht vor gegen jene »einheimischen« Deutschen, welche Henlein und Frank aktiv unterstützt und sich an dem Ausrottungsfeldzug gegen unser Volk beteiligt haben. Richtet für die verhafteten Deutschen[1] Arbeitslager ein, und zwingt sie, für den Wiederaufbau dessen zu arbeiten, was sie selbst zerstört haben.
Reinigt das Vaterland von den Agenten eines Verrates, wie er in der Geschichte unseres Volkes ohne Beispiel ist! Nehmt unverzüglich alle aktiven Helfer eines Moravec, Bienert und Hácha sowie die ganze sogenannte Protektoratsregierung in Haft, ebenso auch alle Kollaboranten, die mit den Deutschen aktiv zusammenarbeiteten und aus dem Leid der Nation persönlichen Nutzen gezogen haben. Laßt euch nicht täuschen, wenn sich die Verräter und Kollaboranten nun die dreifarbige Kokarde ins Knopfloch stecken und wenn sie sich wie begeisterte Patrioten gebärden. Dieses widerliche Gesindel bleibt, was es ist, ein Geschwür am Volkskörper, und muß ausgemerzt werden, damit die Nation blühen und gedeihen kann. Seid euch dessen bewußt, daß die Reinigung von Verrätern und Kollaboranten die Voraussetzung ist für eine glückliche Zukunft unseres Volkes, unserer Nation und unseres Staates.
Stellt das zusammengestohlene Eigentum der Deutschen[2], der Verräter und Kollaboranten für Nation und Staat sicher! Für alle Eigentumswerte – Fabriksbetriebe, Geldinstitute, landwirtschaftliche Unternehmungen, Gewerbebetriebe, Geschäfte, Hausbesitz usw. – für alles, was sich im Eigentum oder in der Verwaltung von Deutschen, von Verrätern und Kollaboranten befand oder was zurückgelassen wurde, setzt sofort eine Nationalverwaltung ein, die der Nationalausschuß im Einvernehmen mit den Betriebs- und Personalräten ernennt. Die Nationalverwaltung ist dafür verantwortlich, daß die ihr anvertrauten Vermögenswerte nicht verschachert werden und daß die von der öffentlichen Hand verwalteten Industrie- und landwirtschaftlichen Unternehmen, sobald wie nur irgend möglich, mit der Produktion beginnen.
Bereitet die endgültige Wiedergutmachung der Folgen des Weißen Berges[3], die Rückgabe tschechischen Bodens an das tschechische Volk vor! Der fremde deutsche Adel, die Nachkommenschaft der Räuber aus der Zeit nach der Katastrophe am Weißen Berg, wird diesmal vollständig und endgültig ausgemerzt (vymýceni) werden. Dem fremden Adel[2] wird

ersatzlos sein gesamtes Besitztum und insbesondere der ganze Grund und Boden konfisziert. Dasselbe geschieht mit dem Grundbesitz und dem übrigen Eigentum der Reichsdeutschen[2], die sich an unserem Volk und an der Republik schwer versündigt haben. Der Konfiskation verfällt auch der Grund und Boden, der im Besitz von Verrätern[2] ist. Der konfiszierte Grund und Boden wird unter unserem kleinen Landvolk aufgeteilt, unter Häuslern, kleinen und mittleren Bauern, Deputanten und anderen landwirtschaftlichen Arbeitern . . .

Anmerkungen:

[1] Hier wurde die tatsächlich erfolgte Verhaftung zahlreicher Deutscher einfach als Tatsache notiert. Die Deutschen gehörten grundsätzlich zu den »staatlich unzuverlässigen Personen« (so im Dekret v. 19. 5. 1945, § 4; zum Text: Siehe S. 517).
Erst durch Dekret vom 27. 10. 1945 wurde die »Sicherstellung von . . . staatlich unzuverlässigen . . . Personen« für »gesetzmäßig« erklärt.
Zum Inhalt: Siehe S. 567.

[2] Beachtlich erscheint, daß der Boden des Adels, von Reichsdeutschen und »Verrätern« sofort konfisziert (= enteignet), der Grundbesitz anderer Sudetendeutscher jedoch nur »sichergestellt« werden sollte.
Zu den späteren formalen Bestimmungen: Siehe S. 532, 563.

[3] Gemeint: Schlacht am Weißen Berg bei Prag 1620: Niederlage der vornehmlich protestantischen Böhmen gegen die vornehmlich katholischen Habsburger.

Quelle:
»Rudé právo« (Rotes Recht) ⟨*TZ., PO. der KPČ*⟩; Prag; Nr. 7 v. 13. 5. 1945; S. 2. Hervorhebungen: Im Original Fettdruck.

****

ČSR-Regierungsverordnung **1945, 17. Mai**
»über einige Maßnahmen bei der Versorgung der Bevölkerung mit Lebensmitteln«:
Für Deutsche: Judenrationen bei Lebensmitteln

Mit Zustimmung des Präsidenten der ČSR[1] verordnet die Regierung nach § 138, Abs. 1 des ⟨*ČSR-*⟩Gesetzes vom 13. Mai 1936, Nr. 131 Slg. über die Staatsverteidigung[2]:

§ 1

. . .

2) Als Angehöriger der deutschen Nationalität wird jeder angesehen, der im III. Teil des Haushaltsverzeichnisses (listek pro domácnost) als Deutscher eingetragen, d. h. mit dem Buchstaben »D« gekennzeichnet war.
3) Bis auf weiteres erhalten Angehörige deutscher Nationalität ⟨*im Sinne*⟩ (Absatz 2) diejenigen Lebensmittelzuteilungen, welche die Juden erhielten[3,4]; . . .
4) ⟨*Verpflichtung, Lebensmittelkarten für die bis 27. 5. 1945 dauernde 75. Zuteilungsperiode bei den Gemeindeämtern gegen solche mit Überdruck* »JUDE« *auszutauschen*⟩
5) Angehörige der deutschen Nationalität antinazistischer Gesinnung, die beweisen, daß sie der ČSR treu geblieben und aktiv am Kampf um ihre Befreiung teilgenommen haben, können beantragen, daß sich die Bestimmungen der Absätze 3 und 4 auf sie nicht beziehen. Über ihren Antrag entscheidet mit endgültiger Wirkung der Bezirksnationalausschuß nach Begutachtung durch den Ortsnationalausschuß.

§ 2

⟨*Juden erhalten mit sofortiger Wirkung Lebensmittelkarten für Tschechen*⟩

§ 3

⟨*Alle reichsdeutschen Lebensmittelkarten sind ungültig*⟩

. . .

Anmerkungen:
[1] D. h. Dr. Beneš.
[2] Zum Text: Siehe S. 353.
Dort auch Festlegung (§ 138, Abs. 2), daß sich Ermächtigung nicht auf »Verfassungsverhältnisse« bezieht; in der Verfassung vom 29. 2. 1920 Verbot nationaler Diskriminierung; zum Text: Siehe S. 281 f.
[3] Zum Muster einer derartigen Karte: Vgl. Faksimile in DzASd; S. 521.
[4] a) Zur Anweisung eines US-Generals, diese Verordnung nicht durchzuführen: Siehe S. 520 f.
b) Zusätzlich beachtenswert: In dieser Zeit vergab die Hilfsorganisation der Alliierten UNRRA Lebensmittel aus Übersee an ihre europäischen Verbündeten. Die ČSR »verlangte und erhielt« diese »auf der Basis ihrer Vorkriegsbevölkerung von 14,3 Mio. Bürgern«.
Vgl. »Tragedy of a People«; hsg. v. d. »American Friends of Democratic Sudetens«; New York, 1946; S. 26.
Diese Zahl von 1937 umfaßte auch die Sudetendeutschen; von den Zuteilungen in der ČSR blieben sie (natürlich) ausgeschlossen.

Quelle:
ČSR-Slg. 1945; Nr. 6 in 4. Stück v. 23. 5. 1945; S. 11.

****

Dekret von Staatspräsident Beneš **1945, 19. Mai**
»über die Ungültigkeit einiger vermögensrechtlicher Rechtsgeschäfte aus der Zeit der Unfreiheit und über die nationale Verwaltung[1] der Vermögenswerte der Deutschen, der Madjaren, der Verräter und Kollaboranten und einiger Organisationen und Anstalten«:
Nationalverwaltung (auch) sudetendeutschen Eigentums als Vorstufe zur Konfiskation

Auf Vorschlag der Regierung bestimme ich:

§ 1

(1) Ausnahmslos[2] alle Vermögensübertragungen und vermögensrechtlichen Rechtsgeschäfte ohne Rücksicht darauf, ob sie bewegliches oder unbewegliches, öffentliches oder privates Vermögen betreffen, sind ungültig[2], sofern sie nach dem 29. September 1938 unter dem Druck der Okkupation oder der nationalen, rassischen oder politischen Verfolgung vorgenommen wurden.
. . .

§ 2

(1) Das im Gebiete der Tschechoslowakischen Republik befindliche Vermögen der staatlich unzuverlässigen Personen wird gemäß den weiteren Bestimmungen dieses Dekretes unter nationale Verwaltung gestellt.
. . .

§ 3

Der nationalen Verwaltung sind alle Unternehmungen (Betriebe) und alle Vermögensmassen zu unterstellen, bei denen dies der stetige Gang der Erzeugung und des Wirtschaftslebens erfordern, insbesondere die verlassenen Unternehmen, Betriebe und Vermögensmassen oder solche, welche staatlich unzuverlässige Personen besitzen, verwalten oder aber gemietet oder gepachtet haben.

§ 4

Als staatlich unzuverlässige Personen sind anzusehen:
a) Personen deutscher oder madjarischer Nationalität.
b) Personen, die eine gegen die staatliche Souveränität, Selbständigkeit, Integrität, die demokratisch-republikanische Staatsform, die Sicherheit und die Verteidigung der Tschechoslowakischen Republik gerichtete Tätigkeit entfaltet haben, die zu einer sol-

chen Tätigkeit aufreizten oder andere Personen dazu zu verleiten suchten, und planmäßig auf irgendeine Weise die deutschen und madjarischen Okkupanten unterstützten. Als solche Personen sind zum Beispiel die Mitglieder der »Vlajka«, der »Rodobrana«, der Sturmabteilungen der »Hlinkagarde«, die führenden Funktionäre der Gesellschaft für die Zusammenarbeit mit den Deutschen, der Tschechischen Antibolschewistischen Liga, des Kuratoriums für die Erziehung der tschechischen Jugend, der slowakischen Volkspartei Hlinkas, der Hlinkagarde, der Hlinka-Jugend, der nationalen Gewerkschaftszentrale der Arbeitnehmer, des Land- und Fortwirtschafts-Verbandes, der Deutsch-Slowakischen Gesellschaft und anderer faschistischer Organisationen ähnlicher Art anzusehen.

§ 5

Als staatlich unzuverlässig sind von den juristischen Personen diejenigen[3] anzusehen, deren Leitung vorsätzlich und planmäßig der deutschen oder madjarischen Kriegführung oder den faschistischen und nazistischen Zielen gedient hat.

§ 6

Als Personen deutscher oder madjarischer Nationalität sind Personen anzusehen, die sich bei irgendeiner Volkszählung seit dem Jahre 1929 zur deutschen oder madjarischen Nationalität bekannt haben oder Mitglieder nationaler Gruppen, Formationen oder politischer Parteien geworden sind, die sich aus Personen deutscher oder madjarischer Nationalität zusammensetzen.

§ 7

(1) Zur Einführung der nationalen Verwaltung sind zuständig:
a) Bei Geldunternehmungen und -anstalten der Landesnationalrat ...
b) Bei Bergwerksunternehmungen in den Revieren der zuständige Bezirksnationalrat, bei den Zentralorganen der Bergwerksgesellschaften der zuständige Landesnationalrat ...
c) Bei Industrie-, Handels- und sonstigen gewerblichen Unternehmungen
   aa) mit einer Zahl bis zu 20 Arbeitnehmern der Ortsnationalausschuß,
   bb) mit einer Zahl von 21 bis 300 Arbeitnehmern der Bezirksnationalausschuß,
   cc) mit einer höheren Zahl von Arbeitnehmern der Landesnationalausschuß ...

Bei der Bestimmung der Zahl der Arbeitnehmer entscheidet der normale Betrieb im Jahre 1943.

d) Bei land- und forstwirtschaftlichen Vermögen:
   aa) mit einem Ausmaß bis zu 50 ha der Ortsnationalausschuß,
   bb) mit einem Ausmaß über 50 ha bis zu 100 ha der Bezirksnationalausschuß,
   cc) mit einem 100 ha übersteigenden Ausmaß der Landesnationalausschuß ...
e) Bei Wohnhäusern und Bauparzellen der Ortsnationalausschuß, übersteigt der Wert jedoch 5,000.000 K, der Bezirksnationalausschuß.
f) Bei jedem sonstigen Vermögen
   aa) im Werte bis zu 500.000 K der Ortsnationalausschuß,
   bb) im Werte über 500.000 K, aber unter 5 Millionen Kronen der Bezirksnationalausschuß,
   cc) im Werte über 5 Millionen Kronen der Landesnationalausschuß.
g) Haben die unter a) bis f) angeführten Unternehmungen und Vermögen einen gesamtstaatlichen Geschäftsbereich, so führt das ressortmäßig zuständige Ministerium die nationale Verwaltung ein.

...

§ 12

(1) Eine einstweilige nationale Verwaltung ist bei allen Genossenschaftsunternehmungen und -organisationen (landwirtschaftlichen, Konsum-, Kreditgenossenschaften usw.) einzu-

führen. Diese nationale Verwaltung gewährleistet neben der ordentlichen Geschäftsführung des Unternehmens innerhalb von vier Wochen die Durchführung der Wahl eines neuen geschäftsführenden Organs.[4]
(2) Bei Genossenschaften, deren Betrieb den örtlichen Bereich nicht überschreitet, führt die einstweilige nationale Verwaltung der Ortsnationalausschuß ein; bei Genossenschaften, deren Betrieb zwar den örtlichen Bereich, nicht aber das Gebiet des Bezirks überschreitet, der Bezirksnationalausschuß; bei allen übrigen Genossenschaften der Landesnationalausschuß . . .
(3) Vor Einführung der einstweiligen nationalen Verwaltung sind nach Möglichkeit die Mitglieder der Genossenschaft zu hören.
(4) Die einstweilige nationale Verwaltung wird beendigt, sobald die Mitglieder der Genossenschaft eine neue Leitung gewählt haben.

§ 13

Der zuständige Landesnationalausschuß, in der Slowakei der Slowakische Nationalrat, kann aus wichtigen Gründen eine nationale Verwaltung auch bei Berufs-, Wirtschafts-, Kultus- und Interessenorganisationen und -instituten einführen.

§ 14

(1) Die Entscheidungen über die Einführung und Aufhebung der nationalen Verwaltung, über die Einsetzung und Abberufung der nationalen Verwalter müssen schriftlich ergehen.
. . .

§ 15

Auf Grund einer Entscheidung gemäß § 14 vollzieht von Amts wegen:
a) bei Liegenschaften das zuständige Gericht die bücherliche Eintragung der Anmerkung der nationalen Verwaltung in die Grundbücher,
b) bei Bergbauberechtigungen das zuständige Gericht . . .

. . .

§ 24

. . .
(2) Sofern es sich um Arbeiter, Bauern, Gewerbetreibende, kleine und mittlere Unternehmen, Beamte, Angehörige freier Berufe und Personen in einer ähnlichen sozialen Stellung bzw. um ihre Erben handelt, können auch die in § 4 Abs. a) genannten Personen um die Herausnahme ihres Vermögens aus der nationalen Verwaltung und um seine Rückgabe einkommen, wenn sie glaubhaft dartun können, daß sie Opfer der politischen oder rassischen Verfolgung waren und dem demokratisch-republikanischen Staatsgedanken der Tschechoslowakischen Republik treu geblieben sind.
(3) Darüber entscheidet auf Ansuchen das nach § 7 zuständige Organ.

. . .

Anmerkungen:
[1] Von dieser Nationalverwaltung am 19. 5. 1945 vollzog sich dann die Entwicklung über die Konfiskation des landwirtschaftlichen (21. 6. 1945) bis zur Konfiskation des Gesamtvermögens am 25. 10. 1945.
[2] Mit § 1 des ČSR-Gesetzes vom 16. 5. 1946 wurde diese absolute Ungültigkeit wie folgt bedeutungsvoll eingeschränkt:
»es sei denn, daß derjenige, auf den das Vermögen übergegangen ist . . ., eine staatlich unzuverlässige Person ist«.
Zum Text vgl. ČSR-Slg. 1946; Nr. 128 im 55. Stück v. 17. 6. 1946; S. 963–966.
In deutscher Sprache: DdV IV/1; S. 292–298.

Da zu diesen »staatlich unzuverlässigen (juristischen) Personen« auch das Deutsche Reich gehörte, verblieb diesem in dieser ČSR-»Rechts«-Konstruktion zunächst das enteignete jüdische, sozialdemokratische oder katholische Ordensvermögen, um sodann, eben als Vermögen des Deutschen Reiches, von der ČSR enteignet werden zu können.

[3] Diese Einschränkung wurde durch ČSR-Präsidialdekret v. 25. 9. 1945 »über einige Maßnahmen im Vereinswesen« aufgehoben.
Darin hieß es u. a.:
»§ 4
1. Deutsche und madjarische Vereine wie auch Vereine, die von den Bestimmungen des § 5 des Präsidenten der Republik am 19. Mai 1945, Slg. Nr. 5 über ... betroffen sind, werden aufgelöst. Ausgenommen davon sind Vereine, die gemäß dem kaiserlichen Patent vom 26. November 1852, Nr. 253 des ⟨*österreichischen*⟩ RGBl. errichtet wurden.
2. Das Vermögen dieser Vereine unterliegt den Vorschriften über die Sicherstellung und Konfiskation des feindlichen Eigentums.
§ 5
Der § 6 des Gesetzes Nr. 134/1867 des ⟨*österreichischen*⟩ RGBl. wird geändert und lautet künftig so:
›1) Stehen Zweck oder Organisationsaufbau des Vereines der Rechtsordnung ⟨*nunmehr gemeint: der ČSR*⟩ entgegen, oder ist er dem Staate gefährlich oder widerspricht seine Existenz dem öffentlichen Wohle, dann wird seine Gründung behördlich verboten ...‹ ...«
Vgl. ČSR-Slg. 1945; Nr. 81 im 38. Stück v. 10. 10. 1945; S. 151 f.
Das kaiserliche Patent vom 26. 11. 1852 regelte die Errichtung vornehmlich von Banken, Versicherungen u. ä. auf Aktienbasis.

[4] Durch nunmehr nur »staatlich zuverlässige Personen«, d. h. v. a. Tschechen.

Quelle:
ČSR-Slg. 1945; Nr. 5 im 4. Stück v. 23. 5. 1945; S. 4–10.
In deutscher Sprache: DdV IV/1; S. 204–210.

****

Note **1945, 30. Mai**
des amtierenden ČSR-Außenministers Clementis (KPČ)
an die US-Regierung:
Verhalten von US-Offizieren gegenüber Sudetendeutschen gerügt

⟨*Zunächst Beschwerde über das Stoppen des Pkws des ČSR-Vizeministerpräsidenten Široky (KPČ) durch einen US-Militärposten, um eine US-Lkw-Kolonne mit deutschen Gefangenen weiterfahren zu lassen*[1]*; dann folgte:*⟩

Ich fürchte, daß dieser Vorfall symptomatisch für die Haltung der im Raum Prachatice–Český Krumlov[2] stehenden US-Einheiten ist. Die 26. Inf. Division, vordem in Österreich stationiert, scheint zwischen einem befreiten Alliierten und einem besetzten Feindgebiet nicht gut unterscheiden[3] zu können ...; die Aufschriften ihrer Abteilungen sind immer noch nur in Englisch und Deutsch.

Nur nach wiederholten Vorstellungen beim Kommandierenden General[4] wurde es tschechischen Verwaltern erlaubt, statt einem deutschen Landrat[5] und deutschen Bürgermeister[5], Mitglieder der NSDAP und wohlbekannte Tschechen-Hasser, ⟨*deren Stellung*⟩ zu übernehmen. Es gibt immer noch Fälle, daß einigen deutschen burgermeisters[5] von den US-Behörden erlaubt wurde, ihre Amtsstellungen zu behalten, obwohl den US-Dienststellen tschechische Verwalter zur Verfügung gestellt wurden. Den Tschechen wird nur in Ausnahmefällen gestattet, die Kontrolle über konfisziertes deutsches Eigentum (Fabriken usw.) auszuüben. Es gab Fälle gesellschaftlicher Zusammenkünfte, bei denen von den US-Gastgebern nur Deutsche oder Deutsche und Tschechen eingeladen wurden. Ich meine, daß derartige Beziehungen zwischen den US-Armeen und Deutschen nicht nur eine Verletzung der Nicht-Fraternisierungs-Regel darstellen, sondern auch die Gefühle unserer Leute verletzen. Die Deutschen im Gebiet von Český Krumlov[2] erhalten auch auf Grund eines Befehles des Kommandierenden Generals[4] höhere ⟨*Lebensmittel-*⟩Rationen als die Deutschen in anderen Gebieten der ČSR. Die örtlichen tschechischen Verwalter werden dadurch gezwungen, ein ČSR-Gesetz[6] zu verletzen. Auf Grund dieser Haltung wird berichtet, daß die deutsche Bevölkerung dieses Gebietes der US-Zone in der ČSR den Eindruck hat, daß die Region irgendwann zu Österreich und nicht zur ČSR gehören würde.

...

⟨[7]⟩

Anmerkungen:

1 Dieser Vorfall führte zu einer sofortigen offiziellen Entschuldigung der USA.
2 D. h. Prachatitz–Böhmisch Krumau im Böhmerwald.
3 Zum Text der Anweisung General Eisenhowers vom 19. 4. 1945: Siehe S. 507.
4 Generalmajor W. S. Paul.
5 Deutsche Amtsbezeichnungen im englischsprachigen Original.
6 Zum Text der ČSR-Regierungsverordnung vom 17. 5. 1945: Siehe S. 516.
Zur Ablehnung der ČSR-Verordnung auch Ende September 1945: Siehe S. 562.
7 Zu dem beklagten US-Verhalten gegenüber Sudetendeutschen nahm am 6. 7. 1945 US-Generalmajor E. N. Harmon schriftlich Stellung: Er führte aus, daß in manchen Fällen die Zusammenarbeit mit örtlichen tschechischen Beamten dadurch gestört sei, daß diese »Methoden anzuwenden wünschten, die den Idealen Amerikas zuwiderliefen und von den örtlichen amerikanischen Kommandeuren und ihren Truppen verabscheut werden«.
Vgl.: FRUS-DP 1945, IV; S. 470–472, hier S. 470.
Zu weiteren Meldungen von US-Militärorganen über anstößiges tschechisches Verhalten gegenüber Sudetendeutschen: Siehe S. 561 ff., 649. Zu sogar bewaffneten »Zusammenstößen«: Vgl. Staněk, Tomáš: »Persekuce 1945«; Prag, 1996; S. 193.

Quelle:
FRUS -DP 1945, IV; S. 466–468.

****

Note des **1945, 31. Mai**
amtierenden ČSR-Außenministers Clementis an die USA[1]:
Die ČSR will umfangreiche Grenzberichtigungen innerhalb der Grenzen Deutschlands von 1937

...
Die ČSR-Regierung hat immer als Grenzen des Staates die vor München existierenden beansprucht und dabei nie gegenüber den Entscheidungsfaktoren (competent bodies) zu betonen versäumt, daß diese Ansicht künftige Ansprüche auf Grenzberichtigungen nicht ausschließt, die zu passender Zeit in voller Übereinstimmung mit den Alliierten Regierungen zugunsten der ČSR und zu Lasten der Feindstaaten erhoben werden würden. Die Zeit unmittelbar nach dem Ende der Kriegsoperationen wurde unsererseits als für diesen Zweck am besten geeignet betrachtet. Die ČSR-Regierung hat daher Vorschläge dazu vorbereitet, um gehörig begründete Ansprüche allen Alliierten Regierungen vorzulegen und, falls solche Berichtigungen die Grenzen des befreundeten benachbarten polnischen Staates betreffen, natürlich auch der polnischen Regierung.
⟨*Zwischenzeitlich habe Polen*[2] *die Verwaltung des Glatzer Gebietes übernommen. Dann folgten historische Ausführungen, wonach das Gebiet bis 1742*⟩ eine Besitzung von Böhmen (Bohemia)[3] gewesen war, zu dem es auch ethnisch derart gehörte, daß sogar heute ⟨*d. h. 1945*⟩, nach mehr als zweihundert Jahren zwangsweiser Germanisierung, ganze Gruppen von Gemeinden ihres ausgesprochen tschechischen Charakters nicht verloren haben.
... Deshalb haben diese Menschen bei der ČSR-Regierung beantragt, bis zur endgültigen Festlegung der Grenzen die Führung des Glatzer Gebietes zu übernehmen.

Wegen der Tatsache, daß das Glatzer Gebiet auch wirtschaftlich und in seinem Verkehrssystem der ČSR zuneigt, ist es die Absicht der ČSR-Regierung, die Kontrolle des Gebietes, wie in der beigefügten Karte[4] dargestellt, ohne weitere Verzögerung zu übernehmen[5]. Die ČSR-Regierung wird diese Übernahme des Glatzer Gebietes nicht als endgültig ansehen, da ihr völlig klar ist, daß das Problem abschließend durch die Friedenskonferenz gelöst werden muß.
Die ČSR-Regierung, die weiß, daß eine derartige, für sie günstige Regulierung der Nord-Ost-Grenze der ČSR die künftigen polnischen Grenzen betrifft, ist entschlossen, diese Frage in freundschaftlichem Übereinkommen mit der polnischen Regierung zu lösen.[6]
Ich darf hinzufügen, daß die ČSR-Regierung diese Note nicht so ansieht, als ob sie alle[7] Ansprüche auf Grenzberichtigungen enthalten würde, die aus ethnischen, historischen, geographischen, verkehrsmäßigen oder anderen Gründen erhoben werden müßten.
...
⟨8⟩

Anmerkungen:

1 a) Ähnlich formulierte Noten gingen an die Vertreter von Großbritannien, der UdSSR, Frankreichs und Polens.
b) Die Antwort der USA vom 30. 6. 1945 enthielt die Erklärung, daß die Grenzen Deutschlands von 1937 anerkannt würden, in diesem Gebiet der Alliierte Kontrollrat die »supreme authority« habe und keine Änderung ohne Zustimmung aller seiner Mitglieder erfolgen könne.
Vgl. FRUS-DP 1945, IV; S. 517 f.
c) Diese Antwort wurde durch die »Erklärung über die Potsdamer Konferenz« vom 2. 8. 1945 gegenstandslos, als diese in Abschnitt IX (mit Ausnahme des Gebietes Königsberg) das gesamte deutsche Gebiet östlich von Oder und Lausitzer Neiße (damit auch das Glatzer Gebiet) bis zur Friedenskonferenz unter polnische Verwaltung stellte.

2 Das sonst von Dr. Beneš wegen der Slowakei kultivierte ungeteilte Slawentum (siehe z. B. das Wahldekret v. 27. 8. 1945, S. 684) wurde durch diese Territorialforderung nunmehr auch gegen die KP-geführte Regierung Polens behende relativiert. Der damals in London befindlichen polnischen bürgerlichen Exilregierung hatte Dr. Beneš bereits 1940/1942 vorgeschlagen, die Polen aus Teschen (gegen Tschechen aus Wolhynien) auszutauschen.
Vgl. Beneš, Edvard: »Paměti« (Erinnerungen); Prag, 1947; S. 330.

3 Man beachte den Ausdruck.

4 Die Karte wurde nicht abgedruckt.

5 Praktische Maßnahmen, um diese Übernahme von Kladsko, d. h. Glatz, einzuleiten, scheinen mindestens konzipiert worden zu sein.
Ein Aufruf an die »Einwohnerschaft der ehem. Grafschaft Glatz«, den der »Vorläufige Beauftragte für die Zivilverwaltung der ehem. Grafschaft« in Náchod (Nordböhmen) am 20. 5. 1945 herausgab, besagte u. a.:
»Mehr als tausend Jahre gehörte die ehem. Grafschaft Glatz als unteilbarer Bestandteil den böhmischen (českých) Ländern an. Die Gewalt preußischer Könige riß Eure herrliche Heimat mutwillig aus ihrem alten historischen Verbund. Nach mehr als zweihundertjähriger Gefangenschaft kehrt Ihr wieder zu Böhmen (Čechý) zurück und das diesesmal zur ČSR. Der ČSR und dem Wohl aller ihrer Bürger dienend, bestimmen wir wie folgt:
1) Alle bisherigen Rechtsvorschriften gelten weiter, wenn sie den Grundsätzen der Volksdemokratie nicht widersprechen, und zwar so lange, bis nichts anderes bestimmt wurde. Die rechtlichen Vorschriften und Vorkehrungen zur Sicherheit des ehem. deutschen reiches gelten jetzt zum Schutz der ČSR.
2) ⟨–⟩ 4) ⟨*Weitere Tätigkeit aller öffentlichen Verwaltungen, Einrichtungen (Post, Eisenbahn), des Wirtschaftslebens, Beachtung sowjetischer und ČSR-Anordnungen*⟩
5) Alle Handlungen gegen die neue Ordnung werden auf das schärfste bestraft.
6) Diese Bekanntmachung erhält sofortige Wirksamkeit.«
Wiedergabe nach Original; 1 ms. S. in tschechischer Sprache mit Übernahme der Kleinschreibung des Begriffes »Deutsches Reich«; Fotokopie im Besitz des Verfassers.

6 Es kam zunächst Ende Juni 1945 zu diesbezüglichen Verhandlungen der ČSR mit Polen in Moskau, die ergebnislos blieben; die Sowjets verwiesen die ČSR auf die Friedenskonferenz.
Vgl. FRUS-DP 1945, IV; S. 518 f.

[7] Bereits am 29. 5. 1945 hatte ČSR-Informationsminister Kopecký in einer Rede die »allgemeine Berichtigung der Nordwestgrenze unserer Republik« gefordert und angekündigt.
Vgl. Jaksch, Wenzel: »Evidence on the Reign of Racialism in Czechoslovakia«; London, 1945; S. 11.
Am 13. 6. 1945 sollte Clementis in einer Rede die ČSR-Forderungen um solche auf das Gebiet nordwärts Hultschin und um Ratibor ausweiten.
Vgl. FRUS-DP 1945, IV; S. 517.
[8] Zum Gesamtumfang der von der ČSR geforderten Grenzberichtigungen und zum weiteren Ablauf: Siehe S. 553, 554.

Quelle:
FRUS-DP 1945, IV; S. 513 f., 517 f.

****

Das Internationale Komitee des Roten Kreuzes (ICRC):[2] **1945, Ende Mai[1]**
Tätigkeit in ČSR-(Konzentrations-)Lagern 1945/46
Kaum Einwirkung auf ungenügende *Lagerbedingungen möglich*

. . .
Tschechoslowakei. – Es war dieses Land, in dem das ICRC zuerst mit dem Problem nationaler (racial) Minderheiten zu tun hatte. Eine große Anzahl von Menschen wurde sehr schnell (hurriedly) in Lagern interniert, während sie ihre Deportation aus dem Lande erwarteten. Da der alleinige Grund dieser Internierung vor Vertreibung (expulsion) die deutsche Herkunft der Betroffenen war, vertrat das ICRC aus humanitärer Sicht die Auffassung, diese Internierten logischerweise als »Zivilinternierte« zu klassifizieren. Das Komitee trat an die tschechische Regierung heran[1] und versuchte, diese Ansicht angenommen zu erhalten. Es bat auch darum, daß seine Delegation ⟨*in der ČSR*⟩ das Recht erhielte, die Lager zu besuchen.
. . . Die tschechischen Behörden verlangten einzelne Anträge für jeden Besuch. Die Delegierten ⟨*des ICRC*⟩ führten zwischen 2. Juni 1945[1] und 30. Juni 1947 72 Besuche in 56 Lagern durch . . . Über jeden Besuch[2] wurde ein gesonderter Bericht erstellt und den verantwortlichen ⟨*tschechischen*⟩ Behörden mit den Anmerkungen der Delegation ausgehändigt.[3]
Darüber hinaus sandte das ICRC am 14. März 1946 ein allgemeines Memorandum an die Prager Regierung. Das ICRC, darauf verzichten müssend, irgendeine Ansicht zu der Grundsatzentscheidung[4] zu äußern, welche zu den Deportationen[5] geführt hatte, und nur die Auswirkungen auf der humanitären Ebene betrachtend, erinnerte daran, daß es für seine Pflicht halte, bestmöglich beizutragen, den Ablauf des Transfers so menschlich wie möglich durchzuführen. Im allgemeinen war das ICRC der Ansicht, daß in Anbetracht der ungenügenden (unsatisfactory) Bedingungen in diesen Lagern die zeitweilige Internierung so schnell wie möglich beendet werden sollte. Das Memorandum drückte ferner . . den Wunsch aus, daß dem Komitee die Gesamtliste der Lager zugesandt werde . . .
. . .
Die Delegation in der Tschechoslowakei . . . kümmerte sich auch um Mitglieder von nationalen Minderheiten, die oft ohne jede Anklage inhaftiert worden waren, und erreichte die Freilassung von mehreren hundert als Voraussetzung ihrer letztendlichen Deportation.
. . .

Anmerkungen:
[1] Da die Besuche des ICRC in ČSR-Lagern am 2. 6. 1945 begannen, wurde diese Ansicht des ICRC dort datiert.
Am 4. 9. 1945 schrieb der Delegierte des ICRC in der ČSR, Walter Menzel, an ČSR-Innenminister Nosek (KP), ČSR-Gesundheitsminister Procházka (Volkspartei) und den Präsidenten des ICRC Max Huber (Genf). Er berichtete einerseits, daß er Dr. Beneš über die Zustände in den ČSR-KZs für Deutsche informiert habe. Diese belegte er andererseits durch Berichte ausländischer Dritter (siehe

S. 556) und bezeichnete sie, wohl diplomatisch zusammenfassend, als »außerordentlich unbefriedigend«.
Ab 16. 10. 1945 durften dann auch Lager im tschechischen Teil der ČSR vom ICRC besucht werden.
Vgl. Hertl, Hanns (Hsg. m. a.): »Der ›Brünner Todesmarsch‹ 1945«; Schwäbisch Gmünd (Wttbg.), 1998; S. 50 f., 192–197.

2 Von einem Kurzbesuch einer »Autokolonne des Roten Kreuzes mit ausländischen Wagenkennzeichen«, d. h. vermutlich des ICRC, wurde für Dezember 1945 aus einem Aussiger KZ berichtet. Der Lagerarzt Dr. Tauber sprach mit der Kommission. Nach dem Besuch verbesserte sich zeitweise die ausgegebene Verpflegung; der Lagerarzt wurde wegen eines vorgeblichen Fluchtversuches wenige Tage später erschlagen.
Vgl. DzASd; S. 134 f.
Zu einer Liste von Besuchen in Lagern um Brünn nach dem 18. 6. 1946 (bis 24. 2. 1948) vgl. Hertl: a. a. O., S. 65.

3 Generell sind diese Berichte über offizielle CRC-Besuche in ČSR-Lagern m. W. bisher nicht publiziert. Die Berichte scheinen jedenfalls die ČSR-Regierung erreicht zu haben: Sie wurden als »Beschwerden« empfunden und z. B. in der ČSR-Regierungssitzung am 12. 10. 1945 damit abgetan, die ICRC-Delegierten seien »Spione zugunsten der Gestapo«.
Vgl. Hrabovec, Emilia: »Vertreibung und Abschub. Deutsche in Mähren 1945–1947«; Frankfurt/M., 1995; S. 179; siehe auch S. 645.
Beachtenswerte Beobachtungen in den Lagern sind dem Bericht einer Unterorganisation des ICRC zu entnehmen; vgl. »Report of the Joint Relief Commission of the International Red Cross 1941–1946«; Genf (Schweiz), 1948; z. B. S. 103 f.

4 Gemeint ist die Potsdamer Erklärung vom 2. 8. 1945; zum Text: Siehe S. 548.

5 Bei den eigentlichen Vertreibungsvorgängen gaben die ČSR-Behörden dem ICRC keinerlei Mitwirkungsmöglichkeit.
Als der ČSR-Rundfunk dies im Oktober 1945 fälschlicherweise für das Gebiet von Karlsbad behauptete, dementierte die ICRC-Zentrale in Genf:
»Das ICRC möchte seinerseits präzisieren, daß es keinerlei Kontrolle über die Transfers der Bevölkerung deutscher Herkunft aus der ČSR ausübt ... Tatsächlich sind die Entscheidungen bezüglich der Bevölkerungstransfers und ihrer Abwicklung ausnahmslos Sache der daran interessierten Regierungen.«
Vgl. »Revue Internationale de la Croix Rouge«; hsg. v. ICRC, Genf (Schweiz); Jg. 1945, Nr. 11 (November 1945); S. 898 f.

Quelle:
»Report of the ICRC on Its Activities During the Second World War (September 1, 1939 – June 30, 1947)«; hsg. v. ICRC (für die 17. Konferenz des ICRC in Stockholm); Bd. 1; Genf, 1948, S. 675–677.

****

Brief **1945, 7. Juni**
von Wenzel Jaksch u. a.[1]
an den US-Botschafter in London, John D. Winant:[2]
Unterschiedslose ČSR-Vergeltung gegen Sudetendeutsche u. a.

Sehr geehrter Herr Botschafter,
wir nehmen uns die Freiheit, Ihre Aufmerksamkeit auf beunruhigende Berichte aus der ČSR über die völlige Enteignung und Vertreibung von vier Millionen Minderheitsbürgern deutscher und ungarischer Herkunft (stock) zu lenken. Kürzlich erfolgte Ankündigungen der Prager Regierung haben unfehlbar klargemacht, daß die nationalen (racial) Minderheiten der ČSR, ein Drittel der Vor-Münchner Gesamtbevölkerung, jetzt einer verwaltungsmäßigen und militärischen Kampagne unterschiedsloser Vergeltung unterzogen werden.
Wir, die unterzeichneten Parlamentsvertreter der stärksten loyalen Partei innerhalb der Sudetenbevölkerung, die Sozialdemokratische Partei, sind naturgemäß über das Schicksal unserer früheren Wähler sehr besorgt. Anläßlich der Aufkündigung (cancellation) des Münchner Abkommens durch die Regierung des Vereinigten Königreiches im August 1942[3] nahmen wir uns die Freiheit, dem ⟨*US-*⟩Außenminister, Mr. Cordell Hull[4], folgendes Telegramm zu übermitteln:

⟨»⟩ Die unterzeichneten freigewählten parlamentarischen Vertreter von 300.000 demokratischen Sudetendeutschen sind durch die Erklärung Mr. Edens alarmiert, daß das Münchner Abkommen für ungültig (void) erklärt wurde[3], ohne daß die Rechte der Minoritäten in einer neuen ČSR sichergestellt worden wären. Diese Entscheidung wurde ohne Befragung der legitimierten Vertreter der demokratischen Sudetendeutschen getroffen. Sie präjudiziert unserer Ansicht nach in gefährlicher Weise die künftige politische Organisation Zentraleuropas. Wir hoffen, daß die große amerikanische Demokratie die Grundsätze der Atlantik-Charta[5] nicht preisgeben und auch das Vertrauen unserer Freiheitsmärtyrer nicht enttäuschen wird.
Wenzel Jaksch, Eugen de Witte, Franz Katz.⟨«⟩[6]
Unglücklicherweise haben sich unsere Befürchtungen zwischenzeitlich bestätigt. Wie die beigefügten Auszüge[7] zweifelsfrei erweisen, hat das Fehlen irgendwelcher Bestimmungen über Minderheitenschutz im Rahmen der von den Hauptalliierten vereinbarten Übergangsmaßnahmen bereits zu einer tragischen Entwicklung in der ČSR geführt. Das Schicksal von Millionen Angehörigen nationaler Minderheiten wird durch ein fait accompli entschieden. Sie werden schlechter als Kriegsverbrecher behandelt, denen die Gnade einer Anhörung und eines fairen Gerichtsverfahrens nicht verweigert wird. Vergeltung wird gleicherweise an Schuldigen und Unschuldigen geübt. Nach offiziellen Nachrichten aus Prag gibt es davon sogar für frühere Mitglieder der loyalen Minderheitsparteien, die seit Oktober 1938 der Verfolgung durch die Gestapo ausgesetzt waren, keine Ausnahme.
Da wir selbst unserer Verfassungsrechte als Parlamentsmitglieder von der derzeitigen ČSR-Regierung beraubt sind[7], fühlen wir uns getrieben, Maßnahmen alliierten Schutzes für die Minderheitsbevölkerung der ČSR zu verlangen. Natürlich sind darin die Verbrecher, die sich tatsächlich der Straftaten gegen sowohl die tschechische wie die Sudetenbevölkerung schuldig gemacht haben, nicht eingeschlossen.
... Wir bitten um ein kurzes Gespräch mit Ihnen[8] zu einem möglichst baldigen Termin.
...

Anmerkungen:
1 Der Brief war auch von Eugen de Witte und Franz Katz unterschrieben.
2 Ein ähnlicher Brief ging auch an US-Präsident Roosevelt; siehe Anm. 8.
3 Zum Text vom 5. 8. 1942: Siehe S. 477.
4 Das gleiche Telegramm war auch an den kanadischen Ministerpräsidenten Mackenzie King gerichtet worden. Siehe S. 477.
5 Vom 14. 8. 1941; zum Text: Siehe S. 15.
6 Die deutsche Fassung des Telegrammtextes stammte vom Verfasser Jaksch; vgl. Jaksch: Europa; S. 380.
7 Es könnte sich um das Material gehandelt haben, welches Jaksch im Frühsommer 1945 in London in der Broschüre »Evidence on the Reign of Racialism in Czechoslovakia« veröffentlichte.
8 Der von Winant an das US-Außenministerium weitergeleitete Brief wurde am 2. 7. 1945 an Winant wie folgt beantwortet:
»Es ist derzeit wünschenswert, daß dem Brief der Sudetendeutschen Sozialdemokratischen Partei keine weitere Handlung (no further action) folgt. Ein ähnlicher Brief an den Präsidenten ⟨*d. h. Roosevelt*⟩ wurde nicht bestätigt.«
Vgl. FRUS: a. a. O. (siehe Quelle).
Trotzdem schickte Winant eine »persönliche Antwort«.
Vgl. Jaksch: Europa; S. 437.

Quelle:
FRUS-DP 1945, II; S. 1252 f.

****

Tagebuchnotiz **1945, 11. Juni**
des deutschen Schriftstellers Ernst Jünger:
Der britische Rundfunk und Privatinformationen über Vertreibung der Sudetendeutschen

. . . Am Abend meldete der Rundfunk, daß die Austreibung der deutschen Bevölkerung aus dem Sudetenland im vollen Gange ist. Darunter sind ohne Zweifel Millionen Unschuldige, denen eines Tages ein Kläger erwachsen wird. Es gehörte bereits zu den Mißgriffen des Versailler Diktats, sie unter Fremdherrschaft zu stellen; jetzt sollen sie dafür büßen, daß sich das als unsinnig erwies. Unschuldig zahlen sie auch dafür, daß ein schlechter Anwalt[1] sich ihrer gerechten Sache bemächtigte. Das weiß jeder, der diese Menschen kennt und die Art, in der sie unterdrückt wurden. Man hört auch hier von grauenhaften Ausmordungen. Flüchtlinge erzählen Einzelheiten, die alles unterbieten[2], was ich in unserer an solchen Schrecken doch überreichen Zeit seit 1917 vernommen habe, und die ich dem Papier nicht anvertraue, ja löschen möchte aus meinem Innersten. Ich nehme an, daß die große Mehrzahl der Tschechen sie mit ohnmächtigem Grauen betrachtet hat. Man weiß ja, eine wie kleine Schicht von Tätern in labilen Lagen zur Veranstaltung bestialischer Schauspiele genügt.
Die Nachricht kam durch den Londoner Sender, dessen Empörung über die bei uns zulande begangenen Greuel ich während der letzten Jahre oftmals billigte. Was soll man aber von dem Behagen denken, das offenkundig über der Mitteilung dieser neuen Scheußlichkeiten waltete? Während die Stimme des feisten Frühstückers[3] mir das Herz umdrehte, sah ich das namenlose Elend auf den Grenzstraßen. Ich möchte wohl wissen, was Männer, die ich achte, darüber denken, wie etwa Gide.[4] Einäugige Humanität ist widriger als Barbarei.
. . .

Anmerkungen:
[1] Offensichtlich gemeint: Hitler.
[2] Im normalen Sprachgebrauch: überbieten.
[3] Möglicherweise gemeint: Sefton Delmar, Chef und häufiger Sprecher des deutschsprachigen Dienstes der British Broadcasting Corporation (BBC).
[4] André G. (1869–1951); französischer Schriftsteller, 1947 Nobelpreis für Literatur.

Quelle:
Jünger, Ernst: »Sämtliche Werke ⟨–⟩ Erste Abteilung · Tagebücher ⟨–⟩ Band 3 · Tagebücher III ⟨–⟩ Die Hütte im Weinberg«; Stuttgart, 1979; S. 473 f.

****

Rede[1] **1945, 16. Juni**[1]
des ČSR-Staatspräsidenten Dr. Beneš:
Ethnische »Säuberung« und »Entgermanisierung«[2]

A) Die Originalfassung

. . .
Moje druhá poznámka se týká našich Němců. Volal jsem je tehdy ve svě řeči z 21. května ⟨*1938 in Tabor*[3]⟩ k umířněnosti, k smiřlivosti a ke vzájemnému pochopení. Zdůraznil jsem, že politika v demokracii není diktát jed-

B) Eine gekürzte englische Fassung:

»My next remark concerns our Germans. In my speach of May 2nd, 1938 I called for tolerance, forgivingness and mutual understanding.

C) Deutsche Übersetzung der wichtigsten Originalaussagen:

něch proti druhým, nýbrž dohoda a dorozumění, a prohlásil jsem, že se Němci nesmí mýlit, že nic se nemůže dotknout našeho demokratického režimu ... A současně jsem nabízel Němcům dalekosáhlé národní koncese a zrovnoprávnění jejich v našem státě.

Celý svět dnes ví, jak na to opdověděli naši Němci: zradou, násilnictvím, koncentračními tábory pro naše české lidi, nacistickým běsněním, pokusem zničit naši demokracii a zavést u nás nacismus a totalitní režim. Může se tudíž někdo v celém širém světě divit, že se chceme těchto našich Němců navždy zbavit?

The world today knows the German answer to this appeal of mine; their answer spelt terror, treason, concentration camps for us Czechs, Nazi frenzy, an attempt to destroy our democracy and to introduce a Nazi regime. Can it therefore surprise anybody in the whole wide world when we say that we are determined to get rid of these Germans for ever?

Může se někdo pozastavovat nad tím, když žádáme spojenecký svět, aby se postavil za náš požadavek vyčistit české a slovenské země od těch, kteří za této hrozné vražedné války se stali pátou kolonou na zničeni našeho národního života, na definitivní naše zgermanizování a vůbec naše vymazání z mapy a z dějin?
...

Can anyone find fault with our appeal to the allied world to support our demand for cleansing the Czech and Slovak lands from those who in this terrible and murderous war became a fifth column fighting for the destruction of our national life, for our complete germanisation and, in fact, for a complete eradication of our name from the map and history of the world?

Kann irgend jemand etwas gegen unsere Forderung an die alliierte Welt einzuwenden haben, sich hinter uns im Bemühen zu stellen, die böhmischen und slowakischen Länder von denen zu säubern[2], die in diesem schrecklichen Krieg als fünfte Kolonne für die Vernichtung unseres nationalen Lebens kämpften ...?

Chtěl bych ještě dodat pro nás a pro všechny v Československu tyto dvě věci:
1. Nikdy nezapomeňme na to, co s námi Němci v této válce dělali a co zamýšleli s námi učinit. Bylo to tak hrozné a strašné, že toho navždycky musí být vzpomínáno.
2. Rozhodněme se, že musíme republiku odgermanizo-

We shall never forget what the Germans did to us in this war and what they meant to do to us. It was so ghastly and terrible that it must be for ever remembered. –

2. Entschließen wir uns, daß wir die Republik entgerma-

vat, všude a ve všem. Přemýšlejte, jak to učiníme. Půjde o odgermanizování jmen, krajů, měst, zvyků – půjde o všechno, co se vůbec odgermanizovat dá. Dnes přichází pro to doba. Vzpomínejte, co germanizací se nám za ta století od dob husítských stalo. Tož heslem naším bude: Všude a ve všem odgermanizovat republiku.

. . .

We must degermanise our republic, everywhere and in every respect.«

nisieren müssen, überall und in jeder Hinsicht. Denken Sie darüber nach, wie wir das vollbringen. Es geht um die Entgermanisierung der Namen, Landschaften, Städte, Gewohnheiten, es geht um alles, was überhaupt entgermanisiert werden kann. Heute ist die Zeit dafür gekommen. Denken Sie daran, was uns über Jahrhunderte, seit der Hussitenzeit, durch die Germanisierung angetan wurde. Daher wird unser Motto sein: Überall und in allem die Republik zu entgermanisieren.

. . .

Anmerkungen:

1 Diesem Text der Rede in Tabor (S.-Böhm.) steht die sog. »Legendenfassung« gegenüber: Vorgeblicher Verfasser und Ort sind gleich, Datum und Text nicht:
»Eduard Benesch, Staatspräsident der ČSR, in einer großen Versammlung in Tabor am 3. Juni 1945: Ich erteile allen Národní výbor strengen Befehl, unseren Leuten im Grenzgebiet Platz zu verschaffen. Werft die Deutschen aus ihren Wohnungen und macht den unsrigen Platz. Alle Deutschen müssen verschwinden. Was wir im Jahre 1918 schon durchführen wollten, ⟨*siehe dazu für 1918 S. 240, für 1938 S. 398 ff.*⟩ erledigen wir jetzt. Damals schon wollten wir alle Deutschen abschieben, Deutschland aber war noch nicht vernichtet und England hielt uns die Hände, jetzt aber muß alles erledigt werden. Kein deutscher Bauer darf auch nur einen Quadratmeter Boden unter seinen Füßen haben, kein deutscher Gewerbetreibender oder Geschäftsmann darf sein Unternehmen weiterführen. Wir wollten das auf eine etwas feinere Weise zur Durchführung bringen, aber da kam uns das Jahr 1938 dazwischen. All dessen muß sich jeder Národní výbor bewußt sein und rasch handeln. Der Öffentlichkeit wegen muß ich zwar noch bei den Großen Drei die Bewilligung einholen, aber das ändert an all dem nichts mehr, denn es ist alles schon beschlossen.«
Vgl. u. a. Bornemann, Felix: ». . . weil sie Deutscher sind«; Stuttgart, 1964; S. 2.
Zu den verschiedenen Varianten der Weitergabe der »Legendenfassung« der Tabor-Rede wie auch der ebenso apokryphen »Taschentuch«-Aussage zur Enteignung:
Vgl. Habel, Fritz Peter: »Dr. Edvard Beneš: Zwei umstrittene Äußerungen« in »Sudetenland«, München; Jg. 39 (1997), Nr. 3; S. 267–284.

2 Eine ähnliche Formulierung für die in Durchführung begriffene ethnische Säuberung war auch in einer Rede von Dr. Beneš vom 15. 6. 1945 in Pilsen enthalten.
Vgl. »Svobodné noviny« (Freie Zeitung); Prag, Nr. 22 v. 16. 6. 1945; S. 2.

3 Zu Textteilen: Vgl. Sigl, Christian: »Quellen und Dokumente«; Wien, 1938; S. 34–36.

Quelle:

A) Der tschechischen Originalfassung:
»Svobodné slovo« (Freies Wort) ⟨*TZ., SPČ*⟩; Prag, Jg. 1, Nr. 32 v. 17. 6. 1945; S. 1 f. Auch »Mladá fronta« (Junge Front) ⟨*TZ. d. Sozialistischen Jugendverbandes*⟩; Prag, Jg. 1, Nr. 36 v. 17. 6. 1945; S. 2.

B) Der englischen Wiedergabe:
Hanušová, Libuše: »Co s nimi?« (Was soll mit ihnen ⟨*offensichtlich: den Sudetendeutschen*⟩ geschehen?); Prag, 1947; S. 47.
Im Text an keiner Stelle Auslassungszeichen; die Datierung »May 2nd, 1938« offensichtlich falsch.

****

Dekret **1945, 19. Juni**[1]
von Staatspräsident Beneš
»über die Bestrafung der nazistischen Verbrecher,
der Verräter und ihrer Helfershelfer sowie über die außerordentlichen Volksgerichte«
(sog. Großes Retributionsdekret):
Volksgerichtshöfe verwalten die Vergeltung

Nach unnachsichtiger Gerechtigkeit rufen die unerhörten Verbrechen, welche die Nazisten und ihre verräterischen Mitschuldigen der Tschechoslowakei gegenüber begangen haben. Die Verknechtung des Vaterlandes, das Morden, die Versklavung, die Plünderungen und die Demütigungen, deren Opfer das tschechoslowakische Volk war, und alle diese qualifizierten deutschen Bestialitäten, bei denen leider auch untreu gewordene tschechoslowakische Bürger mitgeholfen oder mitgewirkt haben, wobei einige von ihnen auch hohe Ämter, Mandate oder Ränge mißbrauchten, müssen unverzüglich die verdiente Strafe erhalten, damit das nazistische und faschistische Übel von den Wurzeln her zerstört wird. Deshalb bestimme ich auf Vorschlag der Regierung folgendes:

1. Hauptstück: Verbrechen gegen den Staat
§ 1
Wer in der Zeit der erhöhten Bedrohung der Republik (§ 18) auf dem Gebiete der Republik oder außerhalb derselben eines der nachstehenden Verbrechen nach dem Gesetz zum Schutze der Republik vom 19. März 1923[2], Slg. Nr. 50, begangen hat:
Anschläge gegen die Republik (§ 1), wird mit dem Tode bestraft;
wer Anschläge vorbereitet (§ 2), die Sicherheit der Republik bedroht (§ 3), Verrat begangen (§ 4 Nr. 1), sich des Verrates eines Staatsgeheimnisses (§ 5 Nr. 1), des Verrates eines militärischen Geheimnisses (§ 6 Nr. 1, 2 und 3) schuldig gemacht und Verfassungsorganen gegenüber Gewalt angewendet hat (§ 10 Nr. 1), wird mit schwerem Kerker von zwanzig Jahren bis lebenslänglich und bei Vorliegen besonders erschwerender Umstände mit dem Tode bestraft.

§ 2
Wer in der Zeit der erhöhten Bedrohung der Republik (§ 18) Mitglied der Organisationen: »Die Schutzstaffeln der Nationalsozialistischen Deutschen Arbeiterpartei (SS)« oder »Freiwillige Schutzstaffeln (FS)« oder »Rodobrana«[3] oder »Szabadcsapatok«[3] oder anderer hier nicht genannter Organisationen ähnlichen Charakters[4] war, wird, wenn er keine strenger zu bestrafende Handlung begangen hat, wegen Verbrechens mit schwerem Kerker von fünf bis zu zwanzig Jahren und bei Vorliegen besonders erschwerender Umstände mit schwerem Kerker von zwanzig Jahren bis lebenslänglich bestraft.

§ 3
(1) Wer in der Zeit der erhöhten Bedrohung der Republik (§ 18) die faschistische oder nazistische Bewegung propagiert oder unterstützt hat, oder wer in jener Zeit durch Druck, Rundfunk, Film oder Theater, oder auf einer öffentlichen Versammlung die feindliche Herrschaft auf dem Gebiete der Republik oder einzelne gesetzwidrige Handlungen der Okkupationskommandos sowie der diesen unterstellten Behörden und Organe gebilligt oder verteidigt hat, wird, wenn er keine strenger zu bestrafende Handlung begangen hat, wegen Verbrechens mit schwerem Kerker von fünf bis zwanzig Jahren bestraft, hat er jedoch ein solches Verbrechen in der Absicht begangen, das moralische, nationale oder staatliche Bewußtsein des tschechoslowakischen Volkes, insbesondere der tschechoslowakischen Jugend, zu zerstören, so wird er mit schwerem Kerker von zehn bis zwanzig Jahren, und bei Vorliegen besonders erschwerender Umstände mit schwerem Kerker von zwanzig Jahren bis lebenslänglich oder mit dem Tode bestraft.

(2) Wer in dem gleichen Zeitraum Funktionär oder Befehlshaber in den Organisationen »Nationalsozialistische Deutsche Arbeiterpartei (NSDAP)« oder »Sudetendeutsche Partei (SdP)« oder »Vlajka«[3], »Hlinkagarde«[3] oder »Svatoplukgarde«[3] oder in anderen faschistischen Organisationen ähnlichen Charakters[4] war, wird, wenn er keine strenger zu bestrafende Handlung begangen hat, wegen Verbrechens mit schwerem Kerker von fünf bis zwanzig Jahren bestraft.

§ 4
Ein tschechoslowakischer Bürger, der in der Zeit der erhöhten Bedrohung der Republik (§ 18) im Auslande die auf die Befreiung der Tschechoslowakischen Republik in ihrer vor-Münchner Verfassung und Einheit gerichtete Bewegung lähmte, oder in anderer Weise die Interessen der Tschechoslowakischen Republik bewußt schädigte[5], insbesondere wer die Sicherheit der für die Befreiung der Republik in der Heimat arbeitenden Bürger gefährdete, wird, wenn er kein strenger zu bestrafendes Verbrechen begangen hat, mit schwerem Kerker von fünf bis zwanzig Jahren bestraft.
...

§ 14
Veurteilt das Gericht ..., so spricht es zugleich aus:
...
b) daß der Verurteilte einen Teil oder die ganze Freiheitsstrafe in besonderen Zwangsarbeitsabteilungen verbüßt, die durch ein besonderes Gesetz errichtet werden[6];
...

§ 18
Unter der Zeit der erhöhten[7] Bedrohung der Republik ist der Zeitraum vom 21. Mai 1938 bis zu dem Tage zu verstehen, der durch eine Regierungsverordnung bestimmt wird[8].
...

2. Hauptstück: Die außerordentlichen Volksgerichte
§ 21
(1) Den außerordentlichen Volksgerichten steht die Gerichtsbarkeit über alle Verbrechen zu, die nach diesem Dekret strafbar sind ...

§ 22
Zusammensetzung und Sitz der außerordentlichen Volksgerichte
(1) Das außerordentliche Volksgericht übt seine Gerichtsbarkeit in fünfgliedrigen Senaten aus, bestehend aus einem Vorsitzenden, der Berufsrichter (Zivil- oder Militärrichter) sein muß, und vier Laienrichtern.
...

Das Verfahren vor den außerordentlichen Volksgerichten
§ 25
(1) Für das Verfahren vor den außerordentlichen Volksgerichten gelten die Grundsätze des Verfahrens vor den Standgerichten, und zwar in der in den §§ 26 bis 31 dieses Dekretes enthaltenen Fassung. In den Fällen, in denen das Dekret auf die Vorschriften des ordentlichen Verfahrens verweist, sind die Vorschriften der geltenden Strafprozeßordnung gemeint.
(2) Wurde der Angeklagte durch ein Urteil des außerordentlichen Volksgerichts freigesprochen, so ist dadurch seine Verfolgung vor dem zuständigen ordentlichen Gericht, gegebenenfalls vor dem Staatsgericht nach dem Gesetz Nr. 68/1935, oder vor dem für die Rechtsprechung über militärischen Verrat nach dem Gesetz Slg. Nr. 130/1936 und der Regierungsverordnung Slg. Nr. 238/1937 zuständigen Kreisgericht nicht ausgeschlossen ...

§ 26

. . .

(2) Das ganze Strafverfahren findet in der Regel von Anfang bis zum Ende vor dem außerordentlichen Volksgericht in Form einer Hauptverhandlung, soweit möglich ohne Unterbrechung, statt und muß innerhalb von drei Tagen, gerechnet von dem Augenblick, in dem der Angeklagte vor das Gericht gestellt wurde, vollendet sein. Ist das außerordentliche Volksgericht innerhalb dieser Frist zu keinem Urteil gelangt, so tritt es die Angelegenheit an das zuständige ordentliche Gericht ab (§ 25 Abs. 2). Auch nach Ablauf dieser Frist ist jedoch das Verfahren vor dem außerordentlichen Volksgericht fortzusetzen, wenn dies der öffentliche Ankläger beantragt.

. . .

§ 31

(1) Gegen ein Urteil der außerordentlichen Volksgerichte gibt es keine Rechtsmittel. Ein von wem immer eingereichtes Gnadengesuch hat keine aufschiebende Wirkung.

(2) Die Todesstrafe wird in der Regel innerhalb von zwei Stunden nach der Verkündigung vollstreckt. Auf ausdrückliches Ansuchen des Verurteilten kann die Frist um eine weitere Stunde verlängert werden. Wurde das Verfahren in Abwesenheit des Angeklagten abgehalten, so wird das Todesurteil innerhalb von 24 Stunden nach der Ergreifung des Täters vollstreckt.

(3) Das außerordentliche Volksgericht kann auch entscheiden, daß die Todesstrafe öffentlich vollzogen wird. Dies geschieht insbesondere dann, wenn die grausame Art, in der das Verbrechen begangen wurde, oder der ruchlose Charakter des Täters, die Zahl seiner Verbrechen oder seine Stellung für eine öffentliche Vollstreckung des Urteils sprechen. In diesem Falle kann das Gericht, um die Öffentlichkeit des Strafvollzuges zu gewährleisten, die Frist von zwei Stunden verlängern, jedoch nicht über 24 Stunden hinaus.

. . .

Anmerkungen:

1 Die hier belegte Gesetzesfassung, weitgehend identisch mit der Anfangsfassung vom 6. 10. 1944 (zur Billigung durch die ČSR-Exilregierung: Siehe S. 472), gibt den Stand vom 11. 1. 1947 wieder. Die Geltung wurde bis 31. 12. 1948 verlängert.

2 Zum Text: Siehe S. 316.

3 Slowakische, tschechische bzw. ungarische Organisationen.

4 Die Unbestimmtheit dieser Formulierung machte es möglich, z. B. auch Mitglieder der Deutschen Arbeitsfront (DAF: NS-Organisation von Arbeitnehmern und Arbeitgebern mit Zwangsmitgliedschaft) zu verfolgen.

5 Bestimmung, die ziemlich klar auf die Gegner der Vertreibungspolitik von Dr. Beneš, v. a. die sudetendeutschen Sozialdemokraten gezielt war.

6 ČSR-Präsidialdekret 126 v. 27. 10. 1945 legte u. a. in § 4 fest, daß die Sträflinge keinen Anspruch auf Arbeitsentgelt haben, der jedoch zu zahlen und an den Staat (d. h. die ČSR) abzuführen sei.
Zum Text vgl. ČSR-Slg. 1945; 53. Stück v. 13. 11. 1945; S. 298.
In deutscher Sprache: DdV IV/1; S. 277 f.

7 Die Wortwahl konnte nur bedeuten, daß die ČSR auch vor dem 21. 5. 1938 (und nach dem 1. 1. 1948) »bedroht« war.

8 Das Ende des 2. Weltkrieges in Europa war am 8. 5. 1945. Die ČSR-Regierungsverordnung vom 22. 11. 1946 sollte jedoch festlegen, daß die Republik weit darüber hinaus, nämlich bis 31. 12. 1946, unter »erhöhter Bedrohung« stand.
Zum Text vgl. ČSR-Slg. 1946; Nr. 217 im 95. Stück vom 7. 12. 1946; S. 1265.

Quelle:
ČSR-Slg. 1945; Nr. 16 im 9. Stück v. 9. 7. 1945; S. 25–31.
In deutscher Sprache: DdV IV/1; S. 211–224.

****

Verfassungsdekret **1945, 21. Juni**
von Staatspräsident Beneš
»über die Konfiskation und beschleunigte Aufteilung des landwirtschaftlichen[1] Vermögens der Deutschen, Madjaren, wie auch der Verräter und Feinde des tschechischen und des slowakischen Volkes«:
Enteignung der sudetendeutschen Landwirtschaft

Um dem Rufe der tschechischen und slowakischen Bauern und Landlosen[2] nach einer konsequenten Verwirklichung einer neuen Bodenreform entgegenzukommen und geleitet vor allem von dem Streben, ein für allemal den tschechischen und slowakischen Boden aus den Händen der fremden deutschen und madjarischen Gutsbesitzer wie auch aus den Händen der Verräter der Republik zu nehmen und ihn in die Hände des tschechischen und slowakischen Bauerntums und der Landlosen zu geben[3], bestimme ich auf Vorschlag der Regierung:

§ 1

(1) Mit augenblicklicher Wirksamkeit und entschädigungslos wird für die Zwecke der Bodenreform das landwirtschaftliche Vermögen enteignet, das im Eigentum steht:
a) aller Personen deutscher und madjarischer Nationalität, ohne Rücksicht auf die Staatsangehörigkeit[4],
b) der Verräter und Feinde der Republik, gleichgültig welcher Nationalität und Staatsangehörigkeit, die diese Feindschaft vor allem während der Krise und des Krieges in den Jahren 1938 bis 1945 bekundet haben,
c) von Aktien- und anderen Gesellschaften und Korporationen, deren Leitung vorsätzlich und planmäßig der deutschen Kriegführung oder faschistischen und nazistischen Zielen gedient hat.

(2) Personen deutscher und madjarischer Nationalität, die sich aktiv am Kampf für die Wahrung der Integrität und die Befreiung der Tschechoslowakischen Republik beteiligt haben, wird das landwirtschaftliche Vermögen nach Absatz 1 nicht konfisziert.

(3) Darüber, ob eine Ausnahme nach Absatz 2 zulässig ist, entscheidet auf Antrag der zuständigen Bauernkommission der zuständige Bezirksnationalausschuß. Zweifelhafte Fälle legt der Bezirksnationalausschuß dem Landesnationalausschuß vor, der sie mit seinem Gutachten zur endgültigen Entscheidung an das Landwirtschaftsministerium weiterleitet, welches im Einvernehmen mit dem Innenministerium entscheidet.

§ 2

(1) Als Personen deutscher oder madjarischer Nationalität gelten Personen, die sich bei irgendeiner Volkszählung seit 1929 zur deutschen oder madjarischen Nationalität bekannten oder Mitglieder nationaler Gruppen, Formationen oder politischen Parteien wurden, die sich aus Personen deutscher oder madjarischer Nationalität zusammensetzten.

(2) Ausnahmen von der Vorschrift des Absatzes 1 werden durch ein besonderes Dekret festgesetzt.

§ 3

(1) Als Verräter und Feinde der Tschechoslowakischen Republik sind zu betrachten:
a) Personen, die kollektiv oder individuell eine gegen die staatliche Souveränität, die Selbständigkeit, die Integrität, die demokratisch-republikanische Staatsform, die Sicherheit und Verteidigung der Tschechoslowakischen Republik gerichtete Tätigkeit entfaltet haben, die zu einer solchen Tätigkeit aufreizten oder andere Personen dazu zu verleiten suchten und planmäßig und aktiv auf irgendeine Art die deutschen und madjarischen Okkupanten unterstützt haben.

b) von den juristischen Personen diejenigen, deren Leitung planmäßig und aktiv der deutschen oder madjarischen Kriegführung oder den faschistischen und nazistischen Zielen diente.

(2) Darüber, ob eine physische oder juristische Person unter die Vorschriften des Absatzes 1, Buchst. a), b) fällt, entscheidet auf Antrag des zuständigen Bezirksnationalausschusses der Landesnationalausschuß, in dessen Gebiet die betreffende Liegenschaft gelegen ist. Zweifelhafte Fälle legt der Landesnationalausschuß zur endgültigen Entscheidung dem Landwirtschaftsministerium vor, das im Einvernehmen mit dem Innenministerium entscheidet.

§ 4

Unter landwirtschaftlichem Vermögen (§ 1 Abs. 1) ist zu verstehen: der land- und forstwirtschaftlich genutzte Boden, zu ihm gehörende Gebäude und Einrichtungen, die der eigenen land- und forstwirtschaftlichen Wirtschaftsführung dienenden Betriebe, wie auch das bewegliche Zubehör (lebendes und totes Inventar) und alle Rechte, die mit dem Besitz des konfiszierten Vermögens und seiner Teile verbunden sind.

§ 5

(1) Ist das nach § 1 konfiszierte landwirtschaftliche Vermögen vermietet (verpachtet), erlöschen alle Miet- (Pacht-) verträge. Ist jedoch der Mieter (Pächter) eine Person, die einen Anspruch auf Zuteilung von Boden hat (§ 7 Abs. 1), kann ihr die bisherige Nutzung bis zum Ende des Wirtschaftsjahres überlassen werden . . .

. . .

§ 6

(1) Auf Grund von § 1 konfisziertes landwirtschaftliches Vermögen wird bis zur Übergabe an die Zuteilungsempfänger vom Nationalen Bodenfond[5] beim Landwirtschaftsministerium verwaltet, der hiermit errichtet wird. Die Regierung wird ermächtigt, das Statut dieses Fonds zu erlassen.

(2) Zusammenhängende Waldflächen im Ausmaß über 50 ha, die nach § 1 konfisziert sind, übernimmt der Staat. Falls die konfiszierten Waldflächen nicht mit dem staatlichen Waldboden zu einem zusammenhängenden Ganzen vereinigt werden können und falls sie 100 ha nicht übersteigen, übergibt sie der Nationale Bodenfond[5] dem zuständigen Nationalausschuß.

§ 7

(1) Von dem durch den Nationalen Bodenfond[5] verwalteten landwirtschaftlichen Vermögen ist Boden an Personen slawischer Nationalität als Eigentum zuzuteilen:

a) an Deputanten und landwirtschaftliche Arbeiter im Ausmaße bis zu 8 ha Ackerland, oder bis zu 12 ha landwirtschaftlichen Boden entsprechend seiner Bonität,
b) an Kleinlandwirte in einem Ausmaße, das ihnen das bisher in ihrem Eigentum stehende Grundeigentum höchstens auf 8 ha Ackerland oder bis zu 12 ha landwirtschaftlichen Boden entsprechend seiner Bonität ergänzt,
c) an vielköpfige Landwirtsfamilien in einem Ausmaße, das ihnen das bisher in ihrem Eigentum stehende Grundvermögen höchstens bis zu 10 ha Ackerland oder bis zu 13 ha landwirtschaftlichen Boden entsprechend seiner Bonität ergänzt,
d) an Gemeinden und Bezirke für öffentliche Zwecke,
e) an Bau-, Landwirtschafts- und andere Genossenschaften, welche aus den nach den Buchst. a), b), c) und f) berechtigten Bewerbern bestehen,
f) an Arbeiter, öffentliche und private Angestellte und Kleingewerbetreibende für den Bau von Eigenheimen oder für die Anlage von Gärten bis höchstens 0,5 ha.

(2) In Bezirken mit einer überwiegenden Bevölkerungsmehrheit deutscher Nationalität bleibt der Boden unter der Verwaltung des Nationalen Bodenfonds für die Erfordernisse der Innenkolonisation, wenn nicht genügend nach Abs. 1 Buchst. a) bis f) qualifizierte Bewerber tschechischer oder anderer slawischer Nationalität vorhanden sind.
(3) Waldboden bis zu 50, bzw. bis zu 100 ha (§ 6 Abs. 2) kann Gemeinden und Waldgenossenschaften zugeteilt werden. Dieser Boden unterliegt der Staatsaufsicht.
...

Anmerkungen:

1 Zur Enteignung des gesamten Vermögens der Sudetendeutschen: Siehe S. 563.

2 Zum vorausgegangenen, diesbezüglichen »Aufruf« der KPČ: Siehe S. 515.

3 Die Kolchosisierung der Landwirtschaft in der ČSR, welche dann 1948 beginnen sollte, führte in wenigen Jahren sowohl den 1945 von Sudetendeutschen enteigneten wie auch den Besitz aller tschechischen und slowakischen Bauern in Staatseigentum.

4 Dies Bestimmung wurde in einer offiziösen Broschüre aus dem Frühjahr 1946, welche über die bisherigen Ergebnisse der Konfiskation durch Darstellung des faktischen Vorgehens berichtete, weiter ausgeführt:
»Soweit es um die sog. strittigen Fälle geht, ist es notwendig, einige Grundsätze ihrer Behandlung zu erwähnen. Die Staatsangehörigkeit spielt – wie das Dekret ausdrücklich feststellt – keinerlei Rolle, sondern allein entscheidend ist die deutsche Nationalität oder die antistaatliche, verräterische Tätigkeit. Man muß daher die Einsprüche aller Personen deutscher Nationalität zurückweisen, seien sie österreichische, schweizer, italienische oder amerikanische Staatsangehörige ... Es ist auch nötig, die Konfiskation ⟨*in jenen Fällen*⟩ durchzusetzen, in denen nur einer der Mitinhaber Deutscher oder Verräter ist – dabei kann der unbeanstandete Mitinhaber auf die Möglichkeit der Entschädigung durch den Nationalen Bodenfond hingewiesen werden.«
Vgl. Koťátko, Jiří: »Konfiskace, rozdělování a osidlování pudy« (Konfiskation, Verteilung und Besiedlung des Bodens); Prag, 1946; S. 15 f.

5 Zum Statut des Nationalen Bodenfonds beim Landwirtschaftsministerium vgl. die Regierungsverordnung Nr. 70/1945 v. 3. 9. 1945.

Quelle:
ČSR-Slg. 1945; Nr. 12 im 7. Stück v. 23. 6. 1945; S. 17–20.
In deutscher Sprache: DdV, IV/1; S. 225–230.

****

Bekanntmachung[1] **1945, 22. Juni**
des ČSR-Finanzministeriums
»über die Sicherstellung des deutschen ⟨*und ungarischen*⟩ Vermögens«:
Sperrung von Konten, Hinterlegung von Wertgegenständen

Das Finanzministerium verordnet gemäß § 23 Abs. 1 der Regierungsverordnung vom 23. Juni 1939, Slg. Nr. 155[2], durch die eine Devisenordnung erlassen wird:

I. § 1

Auszahlungen oder Überweisungen aller Art aus Einlagen oder Konten, welche bei den Geldinstituten für Deutsche, für deutsche Unternehmungen und deutsche Institutionen gleich welcher Art geführt werden, sind verboten. Ausnahmen können nur das Finanzministerium oder die von ihm ermächtigten Behörden bewilligen[3,4].

§ 2

(1) Eine solche Bewilligung ist nicht erforderlich für Auszahlungen von Konten deutscher Unternehmungen, wenn es sich um die Deckung der tatsächlichen Betriebskosten dieses Unternehmens handelt, deren Notwendigkeit dem die Auszahlung vornehmenden Geldinstitut durch Vorlage von glaubhaften Belegen nachgewiesen wird.
...

§ 3

Jegliche Übertragung inländischer Einlage- (Spar-) Bücher und Einlagescheine, welche Deutschen (deutschen Unternehmungen oder deutschen Institutionen) gehören, auf andere Personen ist verboten ...[3]

II. § 4

Entnahmen aus Schließfächern und Depositen, wie auch die Entnahme von Kautionen, welche Deutschen (deutschen Unternehmungen und deutschen Institutionen) gehören, sind verboten.

...[3]

III. § 5

(1) Sämtliche Zahlungen zugunsten von Deutschen (von deutschen Unternehmungen und deutschen Institutionen) dürfen nur auf ein Sperrkonto des Empfängers bei irgendeiner Geldanstalt erfolgen, welche dazu vom Finanzministerium ermächtigt wird.

(2) Einer solchen Ermächtigung bedürfen Devisenbanken mit tschechischer Verwaltung nicht.

§ 6

Von der Hinterlegung auf ein Sperrkonto (§ 5) sind befreit

a) Auszahlungen von Löhnen, Dienstbezügen und Pensionen, wie auch der Kranken-, Invaliden- und Sozialunterstützungen, welche den Gesamtbetrag von 200 K monatlich nicht übersteigen. Beträge, welche diese Grenze übersteigen, müssen auf ein Sperrkonto hinterlegt werden (§ 5),

b) Zahlungen für Waren des laufenden täglichen Bedarfs und für Leistungen beim Betrieb eines Unternehmens oder eines Berufes, soweit es sich dabei um eine übliche Barzahlung handelt.

...

IV. § 8

(1) Die Deutschen (die deutschen Unternehmungen und deutschen Institutionen) sind verpflichtet, spätestens innerhalb von 15 Tagen nach der Veröffentlichung dieser Bekanntmachung in ein auf ihren Namen lautendes Sperrdepot bei irgendeinem hierzu vom Finanzministerium ermächtigten Geldinstitut zu hinterlegen:

a) in- und ausländische Aktien, Kuxe, festverzinsliche Werte und andere Wertpapiere,

b) Edelmetalle und aus ihnen verfertigte Gegenstände,

c) Edelsteine und Perlen,

d) Wert- und Kunstgegenstände, wie auch Sammlungen solcher Gegenstände,

e) Briefmarkensammlungen und -sätze,

welche sich am Tage des Inkrafttretens dieser Bekanntmachung in ihrem Eigentum, Miteigentum oder Besitz befinden.

...

(3) Für die auf diese Weise errichteten Sperrdepots gelten gleichfalls die Vorschriften des § 4 dieser Bekanntmachung.

...

§ 11

(1) Vom Tage des Inkrafttretens dieser Bekanntmachung an ist den Deutschen (den deutschen Unternehmungen und den deutschen Institutionen) der entgeltliche Erwerb des in § 8 Abs. 1 erwähnten Vermögens im Inlande verboten. Erwerben sie derartiges Vermögen unentgeltlich, so sind sie verpflichtet, es innerhalb von drei Tagen in ein Sperrdepot zu hinterlegen (§ 8).

...[3]

§ 12

(1) Als Deutsche gelten Personen, die sich bei irgendeiner Volkszählung seit dem Jahre 1929 zur deutschen Nationalität bekannt haben oder Mitglieder nationaler Gruppen oder Formationen oder politischer Parteien geworden sind, in denen sich Personen deutscher Nationalität zusammengeschlossen haben (§ 6 des Dekretes des Präsidenten der Republik vom 19. Mai 1945, Slg. Nr. 5)[5].
(2) Was für die Deutschen gilt, gilt auch für das Reich, für die öffentlich-rechtlichen Verbände des Reiches und für andere Organisationen des Reiches.

§ 13

(1) Unter einem deutschen Unternehmen im Sinne dieser Bekanntmachung sind zu verstehen:
a) Fabrikations-, Handels- oder andere Erwerbsunternehmungen, deren Eigentümer ein Deutscher (§ 12) ist,
b) Unternehmungen offener Handelsgesellschaften oder Kommanditgesellschaften, deren Gesellschafter ganz oder zu mehr als der Hälfte Deutsche (§ 12) sind,
c) Unternehmungen von Aktiengesellschaften oder anderen juristischen Personen, in denen Deutsche (§ 12) auf Grund einer überwiegenden Kapitalbeteiligung oder der Mehrheit im Verwaltungs- (Aufsicht-)rat entscheidenden Einfluß haben.
d) Unternehmungen irgendwelcher Art, die ganz oder zum überwiegenden Teil von Deutschen (§ 12) geleitet werden.
(2) In Zweifelsfällen gilt ein Unternehmen als deutsches, wenn es im Laufe des letzten Jahres vor Inkrafttreten dieser Bekanntmachung seine Geschäftsbücher und seine Korrespondenz nur deutsch geführt hat.
(3) Ein Unternehmen, bei dem durch die berechtigten Organe eine nationale Verwaltung eingesetzt worden ist, gilt nicht als deutsches Unternehmen.
(4) Die Zweigniederlassung eines Unternehmens, das seinen Sitz im Reiche hat, gilt als deutsches Unternehmen.

. . .

§ 15

Sämtliche vorstehenden Bestimmungen gelten entsprechend für Madjaren, madjarische Unternehmungen und madjarische Institutionen.

. . .

Anmerkungen:

1 a) Spezifisch für das Sudetengebiet wurde das Beneš-Dekret vom 31. 7. 1945 erlassen. Zum Text: Siehe S. 545.
b) Diese antideutschen (und antiungarischen) Vorschriften gingen später in allgemeine Regelungen ein.
Am 20. 10. 1945 verlangte ein Dekret von jedermann, also auch Tschechen und Slowaken, alle Einlagen bei Geldinstituten, Lebensversicherungen und Wertpapiere anzumelden und letztere, soweit nicht erfolgt, zu hinterlegen. Nichtangemeldete Einlagen, Lebensversicherungen und Wertpapiere verfielen zugunsten der ČSR.
Zum Text vgl. ČSR-Slg. 1945; Nr. 95 im 45. Stück v. 23. 10. 1945; S. 183–190.
Zum Text des ergänzenden Gesetzes v. 22. 11. 1945 vgl. ČSR-Slg. 1945; Nr. 147 im 60. Stück v. 7. 12. 1945; S. 347 f.
Die Ansprüche aus den hinterlegten Vermögenswerten verfielen am 1. 6. 1953; siehe S. 826.

2 Hierbei handelt es sich um eine Verordnung der »Regierung des Reichsprotektorates Böhmen und Mähren«: Dort veröffentlicht in Slg. 1939; 59. Stück v. 10. 7. 1939; S. 557–568.

3 Diese Ausnahmebestimmung auch in § 3 (als Satz 2), § 4 und § 11 (jeweils als Absatz 2).

4 Bereits am 21. 7. 1945 wurden als generelle Ausnahme Freigaben zur Zahlung öffentlicher Steuern, Abgaben und Gebühren genehmigt.

Nach dem 8. 5. 1945 wurden sofort alle öffentlichen Renten- und Pensionszahlungen jeder Art an Deutsche eingestellt (vgl. Jaksch, Wenzel: »Evidence on the Reign of Racialism in Czechoslovakia«; London, 1945; S. 8.). Da auch fast alle Arbeitseinkommen wegen fristloser Beendigung aller öffentlichen (siehe die ČSR-Regierungsverordnung vom 5. 5. 1945, Ziff. 6 der §§ 2, 3, 4; S. 512) und der meisten privaten Arbeitsverhältnisse (legalisiert durch das ČSR-Gesetz vom 11. 4. 1946, siehe S. 552) entfielen, entstand unter den Sudetendeutschen große materielle Not. Daraus ergab sich eine Vielzahl von individuellen Auszahlungsanträgen für deutsche Sparkonten.
Daraufhin gab das ČSR-Finanzministerium am 29. 10. 1945 bekannt, daß ab 1. 11. 1945 an Deutsche, denen durch Bescheinigung des MNV »politische Unbescholtenheit« attestiert worden war, monatlich Kčs 500,– (d. h. rd. 50 RM) zur Bestreitung ihres Unterhalts ausgezahlt werden dürfen.
Vgl. ČSR-Amtsblatt Nr. 363 vom 3. 11. 1945; Aktenzeichen 55.842/45.
In deutscher Sprache DdV, IV/1; S. 279–281.
5 Zum Text: Siehe S. 517.

Quelle:
Nr. 44 im ČSR-Amtsblatt Nr. 83 vom 10. 7. 1945; Aktenzeichen 461/45-IV/5.
In deutscher Sprache: DdV, IV/1; S. 231–234.

****

Mitteilung **1945, 28. Juni**
des US-Geschäftsträgers in der Tschechoslowakei Alfred W. Klieforth an sein Außenministerium:
Vertreibung der Sudetendeutschen für politisches Prestige von Dr. Beneš erforderlich

. . .
Abgesehen von Wichtigkeit und Bedeutung der Beziehungen zwischen der Tschechei[1] und den Russen ist das herausragende Problem für den Wiederaufbau der Tschechei[1] die Lösung der Minderheitenfrage. Diese umfaßt die Überführung (transfer) von ungefahr drei Millionen tschechischer Bürger[2], die etwa 20 % der Bevölkerung des Landes darstellen, nach Deutschland und Ungarn. Die zweite und damit verbundene Phase des Problems stellt der Ersatz der Minderheitenbevölkerung durch die annähernd gleiche Zahl von Tschechoslowaken[3] dar, von denen 90 % entwurzelt und überführt werden müssen. Überführung und Ersatz der Minderheiten wird 40 % der Bevölkerung der Tschechei[1] berühren.
Die Regierung der Tschechei[1] ist sich klar darüber, daß die Überführungen in Übereinstimmung mit den Alliierten Regierungen erfolgen müssen. Es ist jedoch unerläßlich, daß so bald wie möglich in dieser Angelegenheit ein Abkommen erzielt wird. Jeder Wiederaufbau ist so lange Stückwerk, bis das Überführungsproblem geklärt ist. Das Volk der Tschechei[1] verlangt eine baldige Lösung oder wenigstens ein Abkommen über die vorgesehene Abfolge der Überführung und vor allem die voraussichtliche Zeitdauer des Vorganges. Dieses ungelöste Problem stellt für das Ansehen[4] von Präsident Beneš die größte Gefahr dar. Es ist nicht ausgeschlossen, daß die Lage einem dramatischen Führer mit radikaler Unterstützung Gelegenheit bietet, das Volk aufzurütteln und mit Gewalt eine Lösung zu suchen . . .

Anmerkungen:
1 Im Original: »Zecho«.
2 Im Original: »Czech nationals«.
3 Im Original: »Czechos«.
4 Bereits am 3. 6. 1945 wurde Dr. Beneš von Klieforth wie folgt charakterisiert und aus einem Treffen am 30. 5. 1945 zitiert:
»Präsident Beneš . . . ist der hervorragende Mann des Landes. Das Volk sieht ihn als die einzige Person an, die fähig ist, die Schwierigkeiten des Landes zu lösen. Seine Position ist mit der von ⟨*Tomáš G.*⟩ Masaryk im Jahre 1918 zu vergleichen. Seine Popularität überrascht und beeindruckt die Russen. Er sagte mir, daß es ihm nur möglich sei, diese Unterstützung zu behalten, wenn die in der ČSR verbliebenen Deutschen fast augenblicklich (almost immediately) deportiert werden. Er sagte, die Maß-

nahme sei dringend und wichtig, um das Land wieder auf die Füße zu bringen, da er hoffe, daß mit der Entfernung der Deutschen auch die russische und amerikanische militärische Besetzung beendigt würde.«
Vgl. FRUS-DP 1945, IV; S. 455.

Quelle:
»Foreign Relations of the United States – The Conference of Berlin 1945«; Bd. I; Washington, 1960; S. 645.
Auch: FRUS-DP 1945, II; S. 1260.

****

Note[1] **1945, 3. Juli**
der tschechoslowakischen Regierung an die drei alliierten Großmächte[2]**:**
Offizieller Antrag[3]*, auf der Potsdamer Konferenz die Vertreibung zu beschließen*

...
Vor Beendigung der Feindseligkeiten übergaben der Präsident der Tschechoslowakei und die tschechoslowakische Regierung den Alliierten Regierungen ein ausführliches Memorandum[4] über die politische Notwendigkeit, den überwiegenden Teil der deutschen und ungarischen Bevölkerung aus dem Land zu entfernen.
Dabei handelten sie als Vermittler des elementaren und einstimmigen Wunsches der tschechischen und slowakischen Völker, die in Besorgnis über die Zukunft ihres Staates diejenigen Elemente aus ihrer Mitte ausschließen wollen, die sich durch ihr Verhalten als Propagandisten nationalen Hasses, willige Werkzeuge feindlicher Propaganda und Anstifter von Zwietracht zwischen den Staaten erwiesen haben. Die letzte Phase des Befreiungskampfes verstärkte im tschechoslowakischen Volk die Überzeugung, daß ohne die Entfernung einer großen Mehrheit der Deutschen und Ungarn durch Überführung (transfer) keine sichere und friedliche Entwicklung unseres Staates sowie kein dauernder Friede und keine Stabilität in Mitteleuropa gesichert werden können.
Die Vorschläge des obigen Memorandums trafen auf Einverständnis, d. h. es wurden keine besonderen Einwände erhoben.[5] Es wurde lediglich von allen unseren Alliierten darauf hingewiesen, daß die Überführung planmäßig, in organisierter Form und in Übereinstimmung mit den zuständigen alliierten Behörden durchzuführen ist. Da von dieser Überführung 2 bis 2½ Millionen Deutsche und ca. 400 000 Ungarn betroffen sind, kam die tschechoslowakische Regierung zu der Überzeugung, daß es unerläßlich ist, den Vorgang planmäßig und in organisierter Form durchzuführen. Die tschechoslowakische Regierung bereitet einen Plan und eine angemessene Organisation der Überführung vor.
Bezüglich der Überführung der Deutschen aus der Tschechoslowakei würde die tschechoslowakische Regierung vorschlagen, daß die Großmächte, die die Kontrolle über Deutschland ausüben, in Abstimmung mit der tschechoslowakischen Regierung die Anzahl der Menschen festlegen, die in die jeweiligen Besatzungszonen innerhalb bestimmter Zeiträume zu überführen sind ...
Die tschechische und slowakische Nation betrachten, wie oben erklärt, die Überführung der Deutschen und Ungarn einmütig als unerläßliche Voraussetzung der Zukunft des tschechoslowakischen Staates und der Bewahrung des Friedens in Mitteleuropa. Deshalb ist es klar, daß die Aufmerksamkeit der gesamten tschechoslowakischen öffentlichen Meinung sich dieser Frage zuwendet, die zweifellos das brennendste aller Probleme ist, dessen Lösung die tschechoslowakische Regierung zu erreichen versucht. Jede Verzögerung dieser Lösung muß die tschechische und slowakische Bevölkerung stark beunruhigen.
Solange dieses Grundsatzproblem nicht gelöst ist, wird jeder verwaltungsmäßige, wirtschaftliche und soziale Wiederaufbau und die Konsolidierung des Staates behindert und verzögert.
Deshalb wäre ich Ihnen, Herr Geschäftsträger, sehr dankbar, wenn Sie diesen Standpunkt

des Präsidenten der tschechoslowakischen Republik und der tschechoslowakischen Regierung Präsident Truman übermitteln würden, so daß diese Frage bei der nächsten Konferenz der Drei[6] erörtert und entschieden wird.
Eine ähnliche Note wird an die Vertreter der Regierungen Großbritanniens und der UdSSR gerichtet.
⟨7⟩

Anmerkungen:
1 Übermittelt durch den Unterstaatssekretär für auswärtige Angelegenheiten, Vladimir Clementis (KPČ).
2 Hier: An die USA über deren Geschäftsträger in der ČSR, Alfred W. Klieforth.
3 Entsprechende formelle Noten Polens oder Ungarns, obwohl letzteres praktisch vom Sowjetmarschall Woroschilow regiert, wurden nicht vorgelegt.
Zur ungarischen Haltung, welche durch die von der ČSR geforderte Aussiedlung der Ungarn aus der Slowakei nach Ungarn bezüglich der Vertreibung aller Ungarndeutschen beeinflußt sein mußte: Siehe S. 549, Anm. 6.
4 Vom 23. 11. 1944; zum Text: Siehe S. 500.
5 Zum sachlich verhaltenen Tenor der britischen (17. 1. 1945) und der US-Antwort (31. 1. 1945) auf das ČSR-Memorandum vom 23. 11. 1944: Siehe S. 502.
Gleichzeitig kam jedoch die interne alliierte Meinungsbildung der Forderung der ČSR zunehmend entgegen: Am 11. 5. 1945 hatte der britische Premier Churchill dem neuen US-Präsidenten Truman (Roosevelt war am 12. 4. 1945 verstorben) eine Tagesordnung für die nächste Spitzenkonferenz avisiert. Diese war am 30. 5. in Washington eingetroffen und enthielt u. a. den Punkt »Transfer der deutschen Bevölkerung aus Polen und der Tschechoslowakei«.
Das US-Außenministerium teilte Truman am 14. 6. 1945 mit: »Kein Kommentar bezüglich der Einbeziehung dieser Angelegenheiten in die Tagesordnung.«
In einem am 23. 6. 1945 verfaßten »Briefing Book Paper« für die US-Delegation wurde die deutsche Bevölkerung der Tschechoslowakei als »Sudeten German minority« definiert, der ČSR-Vertreibungswunsch notiert und angemerkt: »Falls keine Einigung erzielt wird, dürfte die ČSR-Regierung einseitige Aktionen versuchen.«
Vgl.: »The Conference of Berlin« (siehe Quelle); S. 5 f., S. 158 ff., S. 648 f.
6 Gemeint: Die Konferenz von Berlin/Potsdam; siehe S. 548.
7 Die US-Antwort vom 16. 7. 1945 stimmte dem Erörterungsbedarf der Sudetenfrage zu.
Zum Text: Vgl. Ullmann, Walter: »The United States in Prague 1945–1948«; New York, 1978; S. 65.

Quelle:
»Foreign Relations of the United States – The Conference of Berlin 1945«; 2 Bde.; Bd. 1; Washington, 1960; S. 646 f.
Auch FRUS-DP 1945, II; S. 1261 f.

****

Brief dreier Sudetendeutscher an die Regionaldienststelle der (US-)Militärregierung in Bayern: **1945, 12. Juli**
Erster Organisationsversuch: »Hilfsstelle für Flüchtlinge aus den Sudetengebieten«

To the Regional Military Government, Munich,[1] *Holbeinstr. 11*
Aus den der Hohen Amerikanischen Militärregierung bekannten Gründen findet seit Mai 1945 ein ständiger Zustrom von Flüchtlingen aus der Czechoslowakischen Republik statt, namentlich aus den Randgebieten derselben (Sudeten). Diese, ihrer Heimat, ihres Vermögens und ihrer Existenz verlustig gewordenen Menschen bilden in den von der Zuwanderung betroffenen Gebieten ein Moment der Unsicherheit in der Lebensmittelverteilung, Unterbringung usw.
Sie bedürfen daher a) einer Erfassung und Evidenthaltung, b) einer hygienischen und caritativen Betreuung, c) eines geregelten An- und Abtransportes, d) einer Einschaltung in den Arbeitsprozeß, e) einer Beratung und eventuell f) einer geregelten Um- und Ansiedlung. Dies nicht nur in dem Gebiet der Stadt München, sondern in allen, durch den Zustrom betroffenen Gebieten.

Diese Arbeiten den bayerischen Regierungsstellen und caritativen Anstalten abzunehmen bzw. ihnen darin wesentliche Hilfe zu leisten, nicht nur im Gebiet der Stadt München, sondern in allen, durch amerikanische Truppen besetzten Gebieten, haben sich Flüchtlinge aus dem Sudetengebiet, welche Kenntnis der kulturellen, historischen und wirtschaftlichen Gegebenheiten dieses Gebietes haben, bereit gefunden, diese Arbeiten zu leisten, um diesen armen Menschen zu helfen und dem Bestreben nach Befriedung der Welt zu dienen.
Die Bayerische Staatsregierung bzw. das Bayerische Staatsministerium des Innern, mit welchem sich die Gesuchsteller ins Einvernehmen gesetzt haben, sehen keine Möglichkeit, diesen Plan in seiner Gesamtheit zur Durchführung zu bringen, insolange nicht die Hohe Amerikanische Militärregierung hiezu ihre Zustimmung erteilt hat.
Aus diesem Grunde gestatten sich die gefertigten Gesuchsteller, welche die Billigung ihrer Absicht von den bayerischen kirchlichen Behörden, von dem Bayerischen Staatsministerium des Innern und dem Bayerischen Roten Kreuz zugesagt erhalten haben, die Hohe Amerikanische Militärregierung von diesem Plane in Kenntnis zu setzen und um Billigung[2], Unterstützung und Förderung der Errichtung sowie der Tätigkeit dieser Hilfsstelle zu bitten.
Für den Fall der Billigung dieses Planes erbitten die gefertigten Gesuchsteller zur Durchführung der ihnen obliegenden Arbeit und zur Bereisung der von dem Zustrom betroffenen Gebiete um die Ausstellung von Pässen für die Gesuchsteller und, wenn möglich, um die Beistellung eines geeigneten Transportwagens.
. . .

Anmerkungen:
1 Mit diesem Schreiben (es muß vermutet werden, daß das Original in englischer Sprache abgefaßt war) beantragten drei Sudetendeutsche (Johann und Gustav Schär sowie Roman Herlinger) die Genehmigung durch die Militärregierung.
2 Die Genehmigung wurde erteilt. Die Hilfsstelle wurde jedoch im April 1946 wieder verboten; siehe S. 688 f.

Quelle:
Kornrumpf, Martin: »In Bayern angekommen«; München, 1979; S. 299.

****

Dekret **1945, 17. Juli**
von Staatspräsident Beneš
»über[1] die einheitliche Steuerung der inneren Besiedelung (vnitřního osídlení)«:
Das Sudetengebiet wird dem ursprünglichen slawischen Volk rückerstattet

Auf Vorschlag der Regierung und im Einvernehmen mit dem Slowakischen Nationalrat bestimme ich:

§ 1.
Unter innerer Besiedelung ist die Gesamtheit aller Maßnahmen anzusehen, mit denen gemäß dazu herausgegebener besonderer Vorschriften die Rückerstattung des Gesamtgebietes der ČSR an das ursprüngliche slawische Volk (živel) zu erreichen ist.

§ 2.
1) Zur einheitlichen Steuerung und Gleichschaltung der inneren Besiedelung werden für das Gebiet der Länder Böhmen und Mähren-Schlesien ein Besiedlungsamt mit Sitz in Prag und für die Slowakei ein Besiedlungsamt mit Sitz in Preßburg errichtet.[2] Diese Ämter werden ihre Aufgabe unter der zentralen Führung der Zentralkommission für innere Besiedelung (im folgenden: Zentralkommission) erledigen.

2) Die sachlichen Zuständigkeiten der einzelnen Ministerien und anderer Zentralämter im Bereich der inneren Besiedelung, die durch besondere Vorschriften festgelegt sind, bleiben unberührt. Sie werden jedoch in Abstimmung mit der Zentralkommission und den Besiedlungsämtern wahrgenommen.

§ 3.

1) An der Spitze jedes Besiedlungsamtes steht ein Vorsitzender, den auf Vorschlag der ⟨*ČSR-Staats-*⟩Präsident ernennt. Die Vorsitzenden der Besiedlungsämter nehmen an den Sitzungen der Zentralkommission mit beratender Stimme teil.

2) Zusammensetzung, Organisation und Tätigkeit der Besiedlungsämter regelt das Detailstatut, welches die Regierung auf Vorschlag der Zentralkommission herausgibt und der Innenminister in der Gesetzessammlung veröffentlicht.

§ 4.

1) Beim Innenminister wird die Zentralkommission errichtet. Ihr Vorsitzender ist . . . Ihre Mitglieder sind . . . Die Zentralkommission wählt aus ihrer Mitte den stellvertretenden Kommissionsvorsitzenden; ist der Vorsitzende Tscheche, dann ist sein Stellvertreter Slowake und umgekehrt . . .

§ 5.

1) Auf Vorschlag der Zentralkommission kann die Regierung die Abwicklung von Aufgaben der Besiedlungsämter auf andere öffentliche Ämter oder Organe übertragen oder dazu eigene Ämter oder Organe einrichten.

2) Alle öffentlichen Ämter und Organe sind verpflichtet, auf Verlangen mit der Zentralkommission und den Besiedlungsämtern zusammenzuwirken und diese wirksam bei der Erledigung ihrer Aufgaben zu unterstützen.

. . .

Anmerkungen:

[1] a) In einer Entwurfsfassung vom 14. 6. 1945 hatte das Dekret den Titel »Über den Abschub ausländischer Bevölkerung (odsun cizího obyvatelstva) und innere Besiedelung« und beinhaltete als § 2:
»(1) Der Abschub der Bevölkerung deutscher oder ungarischer Staatsangehörigkeit und sonstiger Deutscher und Ungarn (ohne Rücksicht darauf, ob diese Personen früher die tschechoslowakische Staatsbürgerschaft besaßen oder nicht) aus dem Gebiet, welches der inneren Besiedelung unterliegt, wird durch Richtlinien des zuständigen Organs geregelt . . .
(2) Nicht abgeschoben werden diejenigen Deutschen und Ungarn, denen die tschechoslowakische Staatsbürgerschaft, gemäß § 2 Verfassungsdekret des Präsidenten der Republik über die Regelung der tschechoslowakischen Staatsbürgerschaft, erhalten bleibt, und zunächst auch diejenigen, die gemäß diesem Dekret als tschechoslowakische Staatsbürger zu betrachten sind.«
Mit dem »§ 2 Verfassungsdekret über die Regelung der . . . Staatsbürgerschaft« war offensichtlich bereits am 14. 6. 1945 eine Vorschrift gemeint, die dem Text des endgültigen Dekrets vom 2. 8. 1945 nahekam; zum Text: Siehe S. 551.
Die Herausgeber der Entwurfsfassung dokumentierten Diskussionen über diesen Entwurf in der 30. und 34. Sitzung der ČSR-Regierung am 15. und 26. 6. 1945. Sodann berichteten sie nur aus der 40. Sitzung am 24. 7. 1945:
»Minister V. Nosek informiert auf Frage des Ministerpräsidenten ⟨*d. h. Fierlinger*⟩ die Regierung, daß dieses Dekret vom Präsidenten ⟨*d. h. Dr. Beneš*⟩ bereits am 17. d. M. unterschrieben wurde und sich im Druck befindet. Das entsprechende Stück der Slg. wird möglicherweise schon morgen erscheinen (vyjde asi již zitra).«
Die Herausgeber faßten offensichtlich für die Zeit 14. 6.–17. 7. 1945 zusammen: »Im Verlaufe der Regierungsverhandlungen wurde der Problembereich des Abschubs der ausländischen Bevölkerung sowohl aus dem Titel als auch aus dem Inhalt des Entwurfes weggelassen. Zu den Gründen gehörte offenkundig (zřejme) die Tatsache, daß damals noch nicht bekannt war, welche endgültige Entscheidung in Sachen Abschub die siegreichen Großmächte treffen werden.«

Vgl. »Dekrety prezidenta republiky (Dekrete des Präsidenten der Republik) 1940–1945«; hsg. v. Karel Jech (m. a.); 2 Bde., Brünn, 1995; hier Bd. 1, S. 320–324 (Entwurfstext mit Anm.), S. 324–330 (Regierungsdiskussionen).

b) Zunächst ist auf die Datierung hinzuweisen: Am 24. 7. Mitteilung, ein dann unter dem Datum des 19. 7. veröffentlichtes Dekret werde »möglicherweise schon morgen« erscheinen. Die hier auch zum Ausdruck kommende Schwankungsbreite ist mindestens interessant.
Wichtiger erscheint jedoch die Begründung für den Textfortfall: Mindestens seit 1943 (siehe z. B. S. 459 f.) hatte Dr. Beneš im Exil beharrlich behauptet, die definitive Zustimmung der damaligen alliierten (und jetzt auch siegreichen) Großmächte zum Transfer/odsun, d. h. der Vertreibung der Sudetendeutschen, erhalten zu haben. Auf die Qualität dieser vorgeblichen Zustimmung wirft seine nunmehrige Unsicherheit in der Präsidentensuite des Prager Hradschin neuerlich ein beachtenswertes Schlaglicht.

[2] Dies erfolgte durch ČSR-Regierungsverordnung v. 3. 9. 1945; ČSR-Slg. 1945, Nr. 70 im 31. Stück vom 20. 9. 1945; S. 117–119.

Quelle:
ČSR-Slg. 1945; Nr. 27 im 13. Stück v. 19. 7. 1945; S. 45–46.

****

Dekret von Staatspräsident Beneš **1945, 20. Juli**
»über die Besiedelung des landwirtschaftlichen Bodens der Deutschen, der Madjaren und anderer Staatsfeinde durch tschechische, slowakische und andere slawische Landwirte«:

Auf Vorschlag der Regierung bestimme ich:

§ 1

Das auf Grund des Dekretes des Präsidenten der Republik vom 21. Juni 1945, Slg. Nr. 12[1], über die Konfiskation und die beschleunigte Aufteilung des landwirtschaftlichen Bodens der Deutschen, der Madjaren, wie auch der Verräter und Feinde der tschechischen und der slowakischen Nation, konfiszierte und dem Nationalen Bodenfonds gehörende landwirtschaftliche Vermögen wird, soweit es nicht im Sinne des Konfiskationsdekretes aufgeteilt wird, durch Zuteilung von Boden an berechtigte Bewerber (§ 2) aus Bezirken, in denen ein Mangel an Boden besteht oder in denen für die Landwirtschaft ungünstige Bedingungen herrschen, besiedelt.

§ 2

(1) Um eine Bodenzuteilung im Rahmen der Besiedelung können staatlich und national zuverlässige Angehörige der tschechischen, der slowakischen oder einer anderen slawischen Nation ansuchen[2]; und zwar:
a) Deputanten und landwirtschaftliche Arbeiter,
b) Landwirte mit einem bisherigen Ausmaß[3] landwirtschaftlichen Bodens bis zu 13 ha, sofern sie diesen Boden und die dazugehörigen Baulichkeiten dem Nationalen Bodenfonds übereignen; über das übrige Vermögen können sie frei verfügen;
c) die Familienmitglieder eines Landwirtes gemäß Buchst. b), soweit sie praktische Landwirte sind und das Alter von 18 Jahren erreicht haben;
d) landwirtschaftliche Produktivgenossenschaften, welche aus den unter den Buchstaben a), b) oder c) angeführten berechtigten Antragstellern bestehen;
e) Gemeinden, Bezirke und der Staat für öffentliche Zwecke;
f) andere als die unter Buchst. a) angeführten Arbeiter, öffentliche und private Arbeitnehmer, Kleingewerbetreibende und sozial schwache Angehörige freier Berufe für den Bau eines Eigenheimes oder für die Anlage eines Gartens im Ausmaße bis zu 0,5 ha.

(2) Der gemäß Absatz 1 Buchst. b) dem Nationalen Bodenfonds übereignete Boden wird

nach den im Dekret des Präsidenten der Republik, Slg. Nr. 12/1945, angeführten Bedingungen gegebenenfalls nach diesem Dekret aufgeteilt.
(3) Um eine Bodenzuteilung im Rahmen der Besiedelung können auch Personen ansuchen, welche ihren Wohnsitz am Orte des konfiszierten Vermögens haben, falls sie den in Absatz 1 angeführten Bedingungen entsprechen und sich zur Durchführung einer etwaigen Zusammenlegung der Grundstücke verpflichten.

§ 3

Ein Vorzugsrecht auf Bodenzuteilung nach diesem Dekret haben die berechtigten Bewerber, die sich im nationalen Befreiungskampf ausgezeichnet und verdient gemacht haben, insbesondere Soldaten und Partisanen, ehemalige politische Gefangene und Deportierte, ihre Familienangehörigen und gesetzlichen Erben sowie auch durch den Krieg geschädigte Bauern. Die Voraussetzungen des Vorzugsrechts auf Zuteilung sind ordnungsgemäß nachzuweisen.

§ 4

⟨Beantragungsverfahren für unter Berücksichtigung des Dekretes vom 17. 7. 1945 (siehe S. 540) Zuteilung von bis zu 13 ha landwirtschaftlichen Bodens⟩

§ 5

. . .
(2) Der zugeteilte Boden geht mit dem Tage der Übernahme des Besitzes in das Eigentum des Zuteilungsempfängers über. Der Zuteilungsempfänger ist verpflichtet, den zugeteilten Boden selbst zu bewirtschaften. Er darf ihn nur ausnahmsweise in besonders begründeten Fällen und nur mit Zustimmung des Nationalen Bodenfonds veräußern, verpachten oder in sonstige Nutzung geben. Der zugeteilte Boden darf ohne Genehmigung des Nationalen Bodenfonds, der die Belastung nur in besonders berücksichtigungswürdigen Fällen bewilligen darf, nicht belastet werden.

§ 6

In Gebieten, in denen die bisherige Art der landwirtschaftlichen Erzeugung nicht rentabel ist und in denen die objektiven Gegebenheiten dringend eine Umstellung der landwirtschaftlichen Erzeugung erfordern (Berggebiete u. ähnl.), bleibt der beschlagnahmte Boden bis zur Entscheidung über die Umstellung der landwirtschaftlichen Erzeugung in dem betreffenden Gebiet unter der Verwaltung des Nationalen Bodenfonds.

§ 7

(1) Das landwirtschaftliche Vermögen wird zu Eigentum gegen eine Vergütung zugeteilt, die nach dem Ertrag, der Lage, der Entfernung und dem Zustande der Bearbeitung des Bodens, nach den Familienverhältnissen des Zuteilungsempfängers und in den in § 2 Abs. 1 Buchst. b) angeführten Fällen im Hinblick auf den Wert des überlassenen Bodens festgesetzt wird, und zwar:
a) mindestens in Höhe des Wertes einer Jahres-Durchschnittsernte des beantragten Bodenausmaßes,
b) höchstens in Höhe von zwei Jahres-Durchschnittsernten des beantragten Bodenausmaßes.
(2) Der Wert des überlassenen Bodens (§ 2 Abs. 1 Buchst. b) ist nach den in Absatz 1 angeführten Grundsätzen zu bestimmen.
(3) Die Vergütung für die zugeteilten Baulichkeiten ist in Höhe des ein- bis dreijährigen Mietzinses der zugeteilten Gebäude festzusetzen. Der Mietzins kann in jedem Falle in Naturalien ausgedrückt werden. Die Vergütung für das zugeteilte lebende und tote Inventar

und für andere Einrichtungen ist nach den Richtlinien festzusetzen, die von den Landesnationalausschüssen ausgearbeitet und vom Landwirtschaftsministerium genehmigt werden.
(4) Erhält der Zuteilungsempfänger nicht gleichzeitig mit dem zugeteilten Boden die erforderlichen Gebäude und Einrichtungen, und hat er nachweisbar keine Möglichkeiten zu ihrer Beschaffung aus eigenen Mitteln, kann ihm der Nationale Bodenfonds einen billigen langfristigen Kredit gewähren.
(5) Der Nationale Bodenfonds kann einem Zuteilungsempfänger, der gemäß § 2 Abs. 1 Buchst. b) Boden abgetreten hat, die Vergütung teilweise oder gänzlich erlassen.

§ 8

(1) Die festgesetzte Vergütung (§ 7) zahlen die Bewerber nach ihren wirtschaftlichen Möglichkeiten ab, und zwar entweder
a) auf einmal in Geld oder in Naturalien oder spätestens innerhalb von 12 Monaten seit der Übernahme des Besitzes an der Zuteilung,
b) in Raten, in Geld oder in Naturalien in der Weise, daß 10 % der Vergütung bei der Übernahme des zugeteilten Bodens zu zahlen sind. Auf Antrag des Bezirksnationalausschusses (der Bezirksverwaltungskommission) kann der Nationale Bodenfonds auf Grund eines Gutachtens der Ortsbauernkommission einen Aufschub der ersten Rate auf längstens 3 Jahre bewilligen, der Restbetrag des Entgeltes ist auf Grund eines vom Nationalen Bodenfonds aufgestellten Ratenplanes spätestens innerhalb von 15 Jahren zahlbar, gerechnet vom Tage der Übernahme des Besitzes an dem zugeteilten Vermögen.

(2) In besonders berücksichtigungswürdigen und sozial begründeten Fällen kann der Nationale Bodenfonds nach Durchführung von Erhebungen unter Beteiligung der zuständigen Nationalausschüsse und Bauernkommissionen einem Zuteilungsempfänger, vor allem den in § 3 angeführten Personen, die Vergütung erlassen und das betreffende landwirtschaftliche Vermögen unentgeltlich zuteilen.

§ 9

Die von den Zuteilungsempfängern dem Nationalen Bodenfonds gezahlten Vergütungen (§ 7) verwendet dieser Fonds dazu, die auf den konfiszierten Vermögen lastenden Schulden und Verbindlichkeiten zu bezahlen, soweit diese Schulden und Verbindlichkeiten vom Nationalen Bodenfonds anerkannt und übernommen werden, weiterhin zur Milderung der Kriegsschäden und der Schäden die dem Vermögen der in der Okkupationszeit aus nationalen, politischen oder rassischen Gründen verfolgten Landwirte zugefügt wurden, zur Hebung der landwirtschaftlichen Erzeugung und für die Innenkolonisation. Die Überschüsse des Nationalen Bodenfonds fließen in die Staatskasse.

. . .

Anmerkungen:

[1] Zum Text: Siehe S. 532.

[2] Die entsprechende Aufforderung erfolgte durch Bekanntmachung des ČSR-Landwirtschaftsministeriums vom 3. 8. 1945, veröffentlicht in ČSR-Amtsblatt Nr. 144 v. 10. 8. 1945; in deutscher Sprache in DdV, IV/1; S. 242–244.

[3] Hinter dieser Bestimmung verbarg sich die Möglichkeit für eine Familie »praktischer Landwirte slawischer Nationalität«, bestehend aus den Eltern und zwei Kindern über 18 Jahre, ihr bisheriges Eigentum von z. B. 2 ha geringer Bonität dem Nationalen Bodenfonds zu übereignen, um bis zu (4 × 13 =) 52 ha zugeteilt zu erhalten.

Quelle:
ČSR-Slg. 1945; Nr. 28 im 14. Stück v. 26. 7. 1945; S. 47–49.
In deutscher Sprache: DdV, IV/1; S. 235–239.

****

Bericht **1945, 27. Juli**
des US-Botschafters in der ČSR, Steinhardt
an den US-Außenminister Byrnes:
Britische Labour Party wird bezichtigt, die Sudetendeutschen zu unterstützen

...

Der Geschäftsführende Außenminister ⟨*der ČSR, Clementis, [KP]*⟩ ... drückte als persönliche Meinung aus, daß die Niederlage Churchills[1] tschechoslowakische Interessen im allgemeinen verletzen werde, da die Labour-Partei die sudetendeutschen Sozialdemokraten beschütze[2] und gegen legitime nationale Wünsche und territoriale Forderungen der ČSR in Opposition stehe.

...

Anmerkungen:

[1] Nach Parlamentswahlen im Juli 1945 wurde am 26. 7. 1945 die Regierung Churchill durch ein Labour-Kabinett unter Premierminister Clement Attlee abgelöst.

[2] Die Mängel des Wissensstandes von Clementis wurden dadurch verdeutlicht:
Bereits am 16. 8. 1944 hatte Attlee brieflich Jaksch bezüglich der Lage der Sudetendeutschen abgewiesen: Dies »ist keine Frage, in der ich bereit bin einzugreifen (to intervene), und ich denke, Ihre angemessene Vorgehensweise wäre, Ihre Vorstellungen an die Regierung der ČSR zu richten«.
Vgl. Jaksch: Europa; S. 413, 415.

Quelle:
FRUS-DP 1945, II; S. 1265.

****

Dekret **1945, 31. Juli**
von Staatspräsident Beneš
»über die vorübergehende Beschränkung der Auszahlung von Einlagen bei Geldinstituten (Finanzunternehmen) im Grenzgebiet«[1]:
Auszahlungen und Überweisungen für (u. a.) Deutsche verboten[2]

Auf Vorschlag der Regierung bestimme ich:

§ 1.

1) Geldinstitute und Finanzunternehmen mit Sitz im Grenzgebiet der Länder Böhmen und Mähren-Schlesien[1] wie auch dortige Zweigstellen reichsdeutscher Geldinstitute und Finanzunternehmen dürfen während einer Woche nicht mehr auszahlen oder überweisen als
   a) 5% des Kontokorrentguthabens zum Stand 13. Juli 1945, jedoch höchstens 1.500 K⟨*ronen, d. h. ca. RM 150*⟩;
   b) 500 K⟨*ronen, d. h. ca. RM 50*⟩ aus der Einlage auf Einlage-(Spar-)bücher oder Einlagescheine.

...

§ 2–4.
⟨*Ausnahmen*⟩

§ 5

1) Auszahlungen (Überweisungen) nach den vorhergehenden Bestimmungen sind für staatlich unzuverlässige Personen nicht zugelassen.
2) Unter derartigen Personen sind zu verstehen:
   a) Personen deutscher oder madjarischer Nationalität mit Ausnahme solcher, welche nachweisen, daß sie der tschechoslowakischen Republik treu geblieben sind, sich niemals gegen das tschechische und slowakische Volk vergangen und sich entweder

aktiv am Kampfe um seine Befreiung beteiligt oder unter dem nazistischen oder faschistischen Terror gelitten haben, oder

b) Personen, die eine gegen die staatliche Souveränität, Selbständigkeit, Integrität, die demokratisch-republikanische Staatsform, die Sicherheit und die Verteidigung der Tschechoslowakischen Republik gerichtete Tätigkeit entfaltet haben, die zu einer solchen Tätigkeit aufreizten oder andere Personen dazu zu verleiten suchten, und planmäßig auf irgendeine Weise die deutschen und madjarischen Okkupanten unterstützten, ⟨*sowie*⟩

c) juristische Personen, auf welche die Grundsätze der Absätze a) und b) angewendet werden können, mit Ausnahme derjenigen, die gemäß des Dekrets des Präsidenten der Republik vom 19. Mai 1945, Slg. Nr. 5[3], unter Nationalverwaltung stehen.

3) Für Auszahlungen (Überweisungen) aus den Einlagen staatlich unzuverlässiger Personen gelten besondere Vorschriften[4].

. . .

Anmerkungen:

[1] Selbst ohne Definition im Dekret ist offensichtlich, daß das Sudetengebiet gemeint war.

[2] Zum Vergleich mit den abweichenden Bestimmungen der gleichzeitig geltenden Bekanntmachung des ČSR-Finanzministeriums vom 22. 6. 1945: Siehe deren Text S. 534.

[3] Zum Text: Siehe S. 517.

[4] Diese könnten diejenigen sein, die in den Bekanntmachungen des ČSR-Finanzministeriums vom 22. 6. und 29. 10. 1945 (zum Text/Inhalt: Siehe S. 534 f.) enthalten waren.

Quelle:
ČSR-Slg. 1945; Nr. 35 im 18. Stück v. 14. 8. 1945; S. 59–61.

****

Bericht **1945, Anfang August**[1]
des österreichischen Staatskanzlers Karl Renner[2] **über**
»Drei Monate[1] **Aufbauarbeit«:**
Deutschsprechende Tschechoslowaken eingebrochen

. . .

⟨*Das Staatsgebiet, auf das sich der Staatsregierung*⟩ Arbeit erstrecken konnte, war zunächst nur Wien und Niederösterreich, später ⟨*auch*⟩ Steiermark und das Burgenland[3] . . . Zur Bestürzung der Staatsregierung brachen von allen Seiten Massen von Nichtösterreichern in unser Land . . . Von Norden her, aus der Tschechoslowakei, sollen laut Bericht der Sicherheitsdirektion nach Niederösterreich allein an die 300.000 deutschsprechende Tschechoslowaken[4] in primitivster Kleidung, ohne Geld, ohne Nahrungsmittel, kurz als Bettler, ins Land ⟨*gekommen sein*⟩[5] . . . Dem Vernehmen nach sind auch nach Oberösterreich nicht weniger deutschsprechende Tschechoslowaken eingebrochen. Nach Wien haben sich rund 18.000 eingeschlichen. Alle diese Unglücklichen haben als Staatsfremde keinen Anspruch auf Lebensmittelkarten . . .
⟨[6]⟩

Anmerkungen:

[1] Da der österreichische Staat am 27. 4. 1945 durch die Provisorische Regierung neu proklamiert wurde, müßte das (nicht angegebene) Veröffentlichungsdatum nach dem 27. 7. 1945 liegen.

[2] Zur Beurteilung der Darstellung Renners (zur Person: Siehe Register S. 1245 ff.), der 1938 den Anschluß Österreichs an das Deutsche Reich öffentlich befürwortete, ist einerseits sein Brief vom 15. 4. 1945 an Stalin beachtenswert, in dem er u. a. ausführte: »Das Vertrauen der österreichischen Arbeiterklasse . . . in die Sowjetrepublik ist grenzenlos geworden.«
Vgl. Portisch, Hugo (Hsg. m. a.): »Österreich II«, Wien, 1985; S. 154.
Andererseits ist m. W. bis heute ungeklärt, wer den Bericht verfaßte, der unter Renners Namen erschien.

3 Die Regierung Renner wurde von den Westmächten erst am 20. 10. 1945 anerkannt.
4 Man beachte den Ausdruck.
5 Es gab auch Vorschläge, die Wiener Tschechen als Vergeltung für den sog. »Brünner Todesmarsch« (siehe S. 1220) in die ČSR auszuweisen sowie einen Bevölkerungsaustausch der südböhmischen und südmährischen Sudetendeutschen gegen diese Wiener Tschechen durchzuführen.
Vgl. Hrabovec, Emilia: »Vertreibung und Abschub. Deutsche in Mähren 1945–1947«; Frankfurt/M., 1995; S. 150 ff.
6 Aus 1946 sind tschechische Angaben verzeichnet, die tendenziell eine ähnliche Abgrenzung österreichischer Amtsträger vom Schicksal der Sudetendeutschen besagen sollten:
a) Aus einem Besuch bei Außenminister Gruber (Österreichische Volkspartei) am 2. 2. 1946 wurde durch den ČSR-Bevollmächtigten in Wien Dohalsky berichtet:
»Dr. Gruber eröffnete ⟨*dem ČSR-Legationsrat*⟩ Dr. Černy gegenüber folgendes:
In dem an die Tschechoslowakei anliegenden Grenzgebiet sammeln sich in vielen Dörfern und kleineren Städten aus der Tschechoslowakei ausgesiedelte Deutsche an und beeinflussen durch entstellende oder übertreibende Schilderungen ihrer Lage die ortsansässige Bevölkerung in einer Weise, die unter dem Gesichtspunkt der günstigen Entwicklung der tschechoslowakisch-österreichischen Beziehungen unerwünscht ist. Sie werden daher in absehbarer Zeit, sobald es die Transportverhältnisse gestatten, sukzessive ausgewiesen und nach Deutschland befördert werden. Inzwischen haben jedoch die österreichischen Organe davon Kunde erhalten, daß sich unter diesen Deutschen eine Art Geheimorganisation bildet, die sich neben der erwähnten Beeinflussung der österreichischen Bevölkerung mit dem Sammeln antitschechoslowakischen Materials befaßt und sich auch noch anders antitschechoslowakisch betätigt. In der letzten Zeit soll sie in dieser Hinsicht eine Art Denkschrift herausgegeben haben, die illegal verbreitet wird und wohl die Grundlage einer antitschechoslowakischen Aktion dieser Kreise in der Öffentlichkeit der westlichen Alliierten darstellen soll. Die österreichischen Organe haben bez. dieser Organisation Erhebungen eingeleitet, die jedoch bisher keine positiven Ergebnisse gezeitigt haben.
Nachdem er diese Lage geschildert hatte, ersuchte Minister Dr. Gruber Dr. Černy, er möge die tschechoslowakische Regierung durch das Ministerium für Auswärtige Angelegenheiten im Namen der ganzen österreichischen Regierung davon versichern, daß Österreich selbstverständlich mit der ganzen Aktion, soweit sie den tschechoslowakischen Behörden zu Ohren kommen sollte, absolut nichts Gemeinsames hat. Die österreichische Regierung hoffe, daß durch die Wegschaffung dieser Deutschen aus dem tschechoslowakisch-österreichischen Grenzgebiet der erwähnten Organisation der Boden für ihre Umtriebe entzogen werden wird.«
Vgl. Král, Václav: »Die Deutschen in der Tschechoslowakei 1933–1947«; Prag, 1964; S. 584 f.
b) Von einem weiteren Besuch bei Minister Gruber am 6. 5. 1946 hieß es:
⟨*Für Gruber*⟩ »sei die Frage der Sudetendeutschen eine rein innerpolitische Angelegenheit der Tschechoslowakei, die niemanden etwas angehe. ›Sie wissen sehr gut‹, sagte er wörtlich, ›was ich von den Sudetendeutschen halte. Es waren Leute, die Ihnen immer Schwierigkeiten bereitet haben und sie jedem bereiten würden. Es ist natürlich, daß Sie sie loswerden wollen. Ich versichere Ihnen, daß ich und unsere gesamte Regierung dieses Problem in gleicher Weise beurteilen und daß ich der Sache mit aller Energie nachgehen werde, damit ich solche Elemente, die hier eine gegen die Tschechoslowakei gerichtete Tätigkeit entfalten möchten, rücksichtslos sicherstelle und, falls Sie es wünschen werden, ihre Auslieferung an die Tschechoslowakei veranlasse. In Zusammenhang mit dem Interview des Bundespräsidenten habe ich im Parlament auf diesen Umstand aufmerksam gemacht, und alle Parteien stimmten mit mir überein. Es ist allerdings wahr, daß die langjährigen freundschaftlichen und verwandtschaftlichen Bande, die Hunderte und Aberhunderte von Menschen hüben und drüben der Grenze verbinden, bei den einzelnen Personen und Gruppen das Bestreben erwecken, denen zu helfen, die in ihren persönlichen Verhältnissen durch Ihre Maßnahmen geschädigt worden sind. Dies sind Dinge, die mit dem offiziellen Standpunkt nichts Gemeinsames haben können und auch nicht haben werden. Sie mögen bis zu einem gewissen Grade begreiflich sein, sie können aber auf keinen Fall die Linie beeinflussen, die unsere Regierung und ich vertreten und die wir auch weiter beibehalten werden.‹
Ich habe keinen Grund, über die Zusicherungen des Ministers Gruber die geringsten Zweifel zu hegen.«
Vgl.: Král, a. a. O.; S. 593.
c) Nachforschungen im Index der Protokolle von österreichischem Nationalrat und Bundesrat des Zeitraumes Februar bis Mai 1946 ergaben, daß Gruber im fraglichen Zeitraum zur ČSR überhaupt nicht Stellung nahm. Auch das von ihm erwähnte Interview Bundespräsident Renners war nicht zu finden.
Die Angaben sind daher wohl mindestens dubios.

Quelle:
Renner, Karl: »Drei Monate Aufbauarbeit der Provisorischen Staatsregierung der Republik Österreich«; Wien, 1945; S. 10 f.

****

Erklärung[1] — 1945, 2. August
der drei alliierten Großmächte[2]
(Sog. Potsdamer Erklärung):
Vertreibungsbeschluß

...

XIII. Ordnungsgemäße Überführung (transfer)[3] deutscher Bevölkerungsteile
Die Konferenz[4] erzielte folgendes Abkommen über die Entfernung (removal) Deutscher aus Polen[5], der Tschechoslowakei und Ungarn[6]:
Die drei Regierungen[7] haben die Frage unter allen Gesichtspunkten beraten und erkennen an, daß die Überführung der deutschen Bevölkerung oder Bestandteile derselben, die in Polen, der Tschechoslowakei und Ungarn zurückgeblieben sind, nach Deutschland durchgeführt werden muß.[8] Sie stimmen darin überein, daß jede derartige Überführung, die stattfinden wird, in ordnungsgemäßer und humaner Weise erfolgen soll.
Da der Zustrom einer großen Zahl Deutscher nach Deutschland die Lasten vergrößern würde, die bereits auf den Besatzungsbehörden ruhen, halten sie es für wünschenswert, daß der Alliierte Kontrollrat in Deutschland zunächst das Problem unter besonderer Berücksichtigung der Frage einer gerechten Verteilung dieser Deutschen auf die einzelnen Besatzungszonen prüfen soll. Sie beauftragen demgemäß ihre jeweiligen Vertreter beim Kontrollrat[9], ihren Regierungen so bald wie möglich über den Umfang zu berichten, in dem derartige Personen schon aus Polen, der Tschechoslowakei und Ungarn nach Deutschland gekommen sind, und eine Schätzung über Zeitpunkt und Ausmaß vorzulegen, zu dem die weiteren Überführungen durchgeführt werden könnten, wobei die gegenwärtige Lage in Deutschland zu berücksichtigen ist. Die Tschechoslowakische Regierung, die Polnische Provisorische Regierung und der ⟨*Alliierte*⟩ Kontrollrat in Ungarn werden gleichzeitig von obigem in Kenntnis gesetzt[10] und ersucht werden, inzwischen weitere Vertreibungen (expulsions)[11] der deutschen Bevölkerung einzustellen, bis die betroffenen Regierungen die Berichte ihrer Vertreter an den Kontrollausschuß geprüft haben.
...[12]
⟨[13, 14]⟩

Anmerkungen:
1 Der oft zu findende Ausdruck »Potsdamer Abkommen« ist in beiden Teilen falsch: Zunächst handelte es sich um die »Berlin Conference« bzw. »Tripartite Conference of Berlin« vom 17. 7. – 2. 8. 1945, die in Potsdam lediglich abgehalten wurde. Auf dieser wurde auch kein Abkommen geschlossen, sondern aus dem »Protocol of Proceedings« ein damit textlich nicht identischer »Report« als »Mitteilung« herausgegeben.
Vgl. »FRUS – The Conference of Berlin 1945«; 2 Bde., Bd. 2; Washington, 1960; S. 1478, 1495 f., 1499, 1511.
2 Großbritannien (vertreten durch Winston Churchill, ab 29. 7. Clement Attlee), die UdSSR (Josef W. Stalin) und die USA (Harry S. Truman).
Die französische Regierung erklärte am 7. 8.1945 u. a.:
»Bei der Komplexität des Problems ist die französische Regierung, der die wesentlichen Tatsachen noch nicht zur Kenntnis gebracht worden sind, gegenwärtig nicht in der Lage, zu dieser Frage eine endgültige Stellungnahme abzugeben.«
Vgl.: »Documents français relatifs à l'Allemagne« (Französische Dokumente, die sich auf Deutschland beziehen); Paris, 1947; S. 10 f.
3 a) Der Ausdruck »transfer« der englischen Sprache steht im hier anwendbaren Sinne allgemein für »1. Law. Conveyance from one person to another of property, spec. of shares or stock ...

2. . . . d. The transference of a worker or player from one location, sphere, sports club, etc., to another; a change of place of employment within an organization . . .«
Vgl. »Oxford English Dictionary«; 2. Aufl., 1989; Suppl. 2; S. 395.

b) Zur Verwendung von »transfer« für den Anschluß von Sudetendeutschen und -gebiet an das Deutsche Reich 1938: Siehe S. 395.

[4] a) Die Konferenzteilnehmer hörten am 18. 7. 1945 vom sowjetischen Partei- und Staatschef Stalin u. a. folgende Definition des Begriffes Sudetengebiet:
(Lt. sowjetischer Aufzeichnung:) »Das ist das Gebiet, aus dem die Deutschen die Tschechen vertrieben haben.« (Lt. US-Aufzeichnung:) »Stalin bezog sich auf das Sudetenland, das Deutschland der ČSR abgenommen hatte.«

b) Aus der Diskussion am 25. 7. 1945 ging klar hervor, daß der Anstoß zur Vertreibungsbilligung der Wunsch von Dr. Beneš (siehe S. 537 f.) war.
Zu den Niederschriften vgl. Fischer, Alexander (Hsg.): »Teheran, Yalta, Potsdam«; Köln, 1968, 3. Aufl., 1985; S. 214 (zu 18. 7.), S. 323 (zu 25. 7.) sowie FRUS: a. a. O.; S. 90 (zu 18. 7.), S. 387 (zu 25. 7.).

[5] Die Ausweisung sollte auch die Deutschen der Ostprovinzen des Deutschen Reiches und Danzigs, d. h. der sog. Oder-Neiße-Gebiete betreffen, die Polen bzw. der UdSSR lt. gleicher Potsdamer Erklärung (Ziff. VI, IX-B) nur zur Verwaltung übergeben wurden.

[6] a) Die Ausweisung umfaßte dann tatsächlich (neben zahlreichen Deutschen aus Jugoslawien) nur rd. 200.000 der über 600.000 Ungarndeutschen.

b) Ohne dieses Thema hier weiter vertiefen zu können:
Im Gegensatz zur ČSR-Regierung, welche die Deutschenvertreibung bei den Alliierten verlangte und aktiv betrieb, sollte die ungarische Regierung insgesamt nur zögerlich dem Druck der sowjetischen Besatzungsmacht folgen, Deutschenvertreibungen durchzuführen.
Vgl. z. B. FRUS-DP 1945, II; S. 1254, 1257, 1259, 1268 f.

c) Die ungarische moralische Position wird auch durch andere Vorgänge charakterisiert, welche auf tschechischer und polnischer Seite keine Parallele fanden:
Am 8. 1. 1946 protestierte der katholische Bischof von Székesfehérvár (Stuhlweißenburg), Lajos Shvoj, bei der ungarischen und der US-Regierung gegen die gewaltsame Aussiedlung von Deutschen aus seiner Diözese.
In seiner Antwort vom 24. 1. 1946 zeigte sich der US-Delegierte bei der Alliierten Kontrollkommission in Ungarn »überrascht, zu erfahren, daß Sie annehmen, die amerikanischen Behörden seien für die Aussiedlung verantwortlich. Ich beeile mich darauf hinzuweisen, daß unsere einzige Verantwortung in dieser Angelegenheit ist, die humane Durchführung der Aussiedlung und die ordnungsgemäße Aufnahme und Betreuung in der amerikanischen Besatzungszone in Deutschland sicherzustellen.«
Wiedergabe in der FAZ; Nr. 84 v. 10. 4. 1996; S. 6.
Am 21. 1. 1946 forderten 25 ungarische Intellektuelle die Öffentlichkeit in einem Manifest dazu auf, gegen die Vertreibungen zu protestieren.
Zum Text vgl. »Der Sozialdemokrat«, London; Jg. 7, Nr. 77 v. 28. 2. 1946; S. 1182.
Vgl. zum Gesamtablauf die Arbeiten von Agnes Tóth: Eine Artikelfolge in der in Budapest erscheinenden deutschsprachigen Zeitung »Neuer Pester Lloyd« vom 25. 9. bis 25. 10. 1996 sowie »Zwang oder Möglichkeit?« in »Nationale Frage und Vertreibung in der Tschechoslowakei und Ungarn 1938–1948«; hsg. v. Richard G. Plaschka; Wien, 1997; S. 89–104.

d) Auf der Pariser »Konferenz der 21 Nationen« (29. 7.–17. 8. 1946) wurde der Friedensvertrag u. a. mit Ungarn ausgearbeitet. Dabei bezeichnete der ungarische Außenminister Gyöngyösi die Ausweisung (von Ungarn aus der ČSR) ausdrücklich als »moralisch und politisch ungerecht«. Ein US-Delegationsmitglied erklärte nur ein Jahr nach Potsdam, die USA »werde nicht dulden, daß in die Friedensverträge Bestimmungen über die Zwangs-Umsiedlung von Minderheiten aufgenommen würden«.
Vgl. Reißmüller, Johann G.: »Als die Siegermächte Schuldsprüche fällten und mildernde Umstände formulierten« in FAZ; Nr. 30 v. 5. 2. 1997; S. 3.

[7] a) Die USA begründeten diesen Beschluß später v. a. wie folgt:
»Durch sorgfältige Nachprüfung verfügbarer Protokolle hat dieser Unterausschuß sich vergewissert, daß die Delegation der USA in Potsdam den oben erwähnten Artikel 13 betreffend deutsche Vertriebene nicht unterstützte, um Massenausweisungen zu fördern. Die USA-Delegation unter Führung des Präsidenten der USA stimmte dem Wortlaut des Artikels 13 nur deshalb zu, um
1. die unvermeidliche Vertreibung der noch in Osteuropa verbliebenen Deutschen in geordneterer und humanerer Weise verlaufen zu lassen,
2. um das besetzte Deutschland denen zu öffnen, die mit Deportation nach fernen subarktischen Gebieten Sowjetrußlands bedroht waren, was ihrer Vernichtung gleichgekommen wäre.«
Vgl.: 81. (US-)Kongreß, 2. Sitzungsperiode: »Expellees and Refugees of German Ethnic Origin. Re-

port No. 1841 of a Special Subcommittee of the Committee on the Judiciary⟨,⟩House of Representatives⟨,⟩ pursuant to H⟨*ouse of Representatives*⟩ Res.⟨*olution*⟩ 238«; Washington, 24. 3. 1950; S. 6. Diese nach dem Namen des Unterausschußvorsitzenden als sog. Walter-Bericht bezeichnete Unterlage wurde im Mai 1950 vom Bundesministerium für Vertriebene, Bonn, in die deutsche Sprache übersetzt.

b) Die Ausschußaussage wurde im Januar 1952 vom stellvertretenden US-Außenminister Jack McFall wörtlich bestätigt.
Vgl. »Sudetenbulletin« ⟨*sd. MZ.*⟩; München; Jg. 5, Nr. 1 (Januar 1957); S. 9.

[8] a) Zur moralischen Problematik der fast gleichzeitigen Billigung von Vertreibungen in Potsdam und Verurteilung von Vertreibungen in der Anklageschrift des Internationalen Militärgerichtshofes in Nürnberg die bedenkenswerte Aussage von Papst Pius XII. vom 24. 12. 1945: Siehe S. 21.

b) Zur Völkerrechtswidrigkeit: Vgl. Kimminich, Otto: »Das Vertreibungsverbot in der völkerrechtlichen Entwicklung« in »Flucht und Vertreibung«; hsg. v. Dieter Blumenwitz; Köln, 1987; S. 95–112, hier S. 110 mit Anm. 18.

c) Zur offiziellen Haltung in der (späteren) BR Deutschland: Das Bundesverfassungsgericht stellte die rechtliche Unverbindlichkeit der Potsdamer Erklärung für Deutschland bereits im sog. KPD-Urteil vom 17. 8. 1956 fest.
Zum Inhalt: Vgl. »Europa-Archiv«, Bonn; Jg. 11 (1956); S. 9203–9212. Siehe auch S. 1044.

[9] Dies erfolgte durch den »Plan« des Kontrollrates vom 10. 11. 1945. Zum Text: Siehe S. 569.

[10] a) Das erfolgte durch die Vorabübermittlung des Textes der Ziff. VIII der Potsdamer Erklärung am 31. 7. 1945 (22.00 Uhr), der durch die alliierten Botschafter in Prag dem ČSR-Außenminister Masaryk am 2. 8. 1945 überreicht wurde.

b) Der Bericht des US-Botschafters darüber lautete in mehrfacher Hinsicht bemerkenswert: »Masaryk war über die Vereinbarung erfreut mit Ausnahme der Forderung, weitere Ausweisungen einzustellen, da dies, wie er fürchtete, Unruhe unter der lokalen Bevölkerung hervorrufen könnte. Die ČSR-Regierung werde die Vereinbarung, wenn sie von der Berliner Konferenz veröffentlicht wird, publizieren, aber Masaryk würde es vorziehen, die Erwähnung der Einstellung weiterer Ausweisungen ⟨*aus der Publikation*⟩ herauszulassen, wenn die Konferenz nicht die volle Information freigebe.«
Vgl. FRUS-DP 1945, II; S. 1265, 1267.

c) Für die ČSR waren hier Vorgänge wie die Vertreibungen aus Brünn (30. 5. 1945 ff.; siehe S. 1220), Komotau (9. 6. 1945) und dem Elbetal von Aussig bis Tetschen (11. 6. 1945) gemeint.
Diese Vorgänge umfangmäßig als zu gering bedauernd, hatte am 20. 7. 1945 der ČSR-Staatsminister Ripka dem Korrespondenten von Reuter, Jon Kimche, gesagt:
»Wir waren zu langsam und zu nachsichtig mit den Deutschen ... Die Bevölkerung führte in den ersten zwei Monaten nach der Befreiung den Plan der Regierung nicht durch, und die ganze Operation der Übersiedlung der Deutschen ist daher verlangsamt worden.«
Vgl. »Lidová democracie« (Volksdemokratie) ⟨*TZ.*⟩; Prag; Jg. 1, Nr. 61 v. 22. 7. 1945; S. 2; auch Jaksch: Europa; S. 436.

d) Diesem Ersuchen sind die ČSR-Behörden dann auch nicht nachgekommen:
Im Koordinierungskomitee des Alliierten Kontrollrates für Deutschland berichtete Sowjetgeneral Sokolovsky am 3. 10. 1945, »daß die meisten Flüchtlinge, die jetzt in die Sowjetzone Deutschlands kommen, aus der ČSR kämen«.
Vgl. FRUS-DP 1945, II; Bericht v. 9. 10. 1945; S. 1286–1288, hier S. 1288.

[11] In Abgrenzung zur »Versetzung« (von öffentlichen Bediensteten, auch Militärpersonen, an einen neuen Dienst-/Garnisonsort) und »Abwanderung« (von privaten, zeitweiligen Zuwanderern) wird man als »Vertreibung« nur bezeichnen können, wenn eine Mehrheit langfristig und rechtmäßig ansässiger Privatpersonen gewaltsam bzw. zwangsweise (d. h. unter Sanktionsandrohung) vom jeweiligen Träger faktischer Macht (legitimer oder usurpierter Art) verordnet bekommt, ihre Wohnstätten zu verlassen, behördlich organisiert fortgebracht wird und die Rückkehr verboten bleibt.

[12] Zu den Bestimmungen über Reparationen in Ziff. IV der Erklärung: Siehe S. 676.

[13] Zur sachlichen Dürftigkeit späterer politischer Behauptungen über »Potsdam«:

a) »Die Potsdamer Konferenz im August 1945 beschloß den Abschub aller Angehörigen der deutschen Nationalität mit Ausnahme der Antifaschisten und Deutschen in Mischehen.«
Vgl. Harantová, Emilie: »Pohled z druhé strany« (Die Ansicht der anderen Seite) in »Magazin dnes« ⟨*der*⟩ »Mladá fronta dnes« (Magazin Heute der Jungen Front Heute); ⟨*Wochenendbeilage der TZ.*⟩; Prag; Jg. 5, Nr. 24 v. 16. 6. 1994; S. 18–22, hier S. 22.

b) Zur Behauptung im Jahre 1996, die Potsdamer »decisions« bzw. »conclusions« wären »im Völkerrecht wohlbegründet«: Siehe S. 1044.

[14] Zur korrekteren Interpretation »Potsdams« durch den ČSFR-Staatspräsidenten Havel 1992: Siehe S. 937.

Quelle:
US-Außenministerium (Hsg.): »Foreign Relations of the United States: The Conference of Berlin 1945«; Bd. II; Washington, 1960; »Protocol of the Proceedings of the Berlin Conference«, S. 1478–1498, hier S. 1495 f., »Communiqué«, S. 1499–1514, hier S. 1511.

****

Verfassungsdekret[1] **1945, 2. August**[2]
von Staatspräsident Beneš
»über die Regelung der tschechoslowakischen Staatsbürgerschaft von Personen deutscher und madjarischer Nationalität«:
Staatsangehörigkeitsverlust

. . .

§ 1

1. Die tschechoslowakischen Staatsbürger deutscher . . . Nationalität, die nach den Vorschriften einer fremden Besatzungsmacht die deutsche . . . Staatsangehörigkeit erworben haben, haben mit dem Tage des Erwerbs dieser Staatsangehörigkeit die tschechoslowakische Staatsbürgerschaft verloren.[3]
2. Die übrigen tschechoslowakischen Staatsbürger deutscher . . . Nationalität verlieren die tschechoslowakische Staatsbürgerschaft mit dem Tage, an dem dieses Dekret in Kraft tritt.[4]

(3) Dieses Dekret erstreckt sich nicht auf die Deutschen . . . die sich in der Zeit der erhöhten Bedrohung der Republik (§ 18 des Dekrets des Präsidenten der Republik vom 19. Juni 1945, Slg. Nr. 16, über die Bestrafung der nazistischen Verbrecher,[5] . . . bei der amtlichen Meldung als Tschechen oder Slowaken bekannt haben.

(4) Tschechen, Slowaken und Angehörige anderer slawischer Völker, welche sich in diesem Zeitraum, durch Zwang oder besonders berücksichtigungswürdige Umstände genötigt, als Deutsche . . . bekannt haben[6], werden nicht nach diesem Dekret als Deutsche . . . angesehen, wenn der Minister des Inneren eine Bescheinigung über die nationale Zuverlässigkeit genehmigt, die der zuständige Bezirksnationalausschuß . . . nach Überprüfung der angeführten Tatsachen ausstellt.

§ 2

(1) Personen, welche unter die Bestimmungen des § 1 fallen und nachweisen, daß sie der tschechoslowakischen Republik treu[7] geblieben sind, sich niemals gegen das tschechische und slowakische Volk vergangen und sich entweder aktiv am Kampfe um seine Befreiung beteiligt oder unter dem nazistischen oder faschistischen Terror gelitten haben, bleibt die tschechoslowakische Staatsbürgerschaft erhalten.[7]

(2) Das Gesuch um die Feststellung, daß die tschechoslowakische Staatsbürgerschaft erhalten bleibt, kann innerhalb von 6 Monaten nach Inkrafttreten dieses Dekretes beim örtlich zuständigen Bezirks-Nationalausschuß (Bezirks-Verwaltungskommission) . . . eingebracht werden. Die Entscheidung darüber trifft das Ministerium des Inneren auf Vorschlag des Landesnationalausschusses, . . . Diese Personen sind bis zur Erledigung des Gesuches als tschechoslowakische Staatsbürger zu betrachten, wenn ihnen der Bezirks-Nationalausschuß (die Bezirks-Verwaltungskommission) . . . eine Bescheinigung über die im vorhergehenden Absatz angeführten Umstände ausgestellt hat.

(3) Darüber, ob den Angehörigen tschechoslowakischer militärischer Einheiten, die deutscher . . . Nationalität sind, die tschechoslowakische Staatsbürgerschaft erhalten[7] bleibt, entscheidet binnen kürzester Frist von Amts wegen das Ministerium des Inneren auf Vorschlag des Ministeriums für nationale Verteidigung. Bis zur amtlichen Entscheidung sind sie als tschechoslowakische Staatsbürger zu betrachten.

§ 3

Personen, welche die tschechoslowakische Staatsbürgerschaft nach § 1 verloren haben, können binnen 6 Monaten von dem Tage, der durch Kundmachung des Innenministeriums, abgedruckt in der Sammlung der Gesetze und Verordnungen, bestimmt werden wird, bei dem örtlich zuständigen Bezirks-Nationalausschuß (Bezirksverwaltungskommission) oder der Vertretungsbehörde um deren Rückgabe[8] ansuchen. Über ein solches Gesuch entscheidet nach freiem Ermessen das Innenministerium über Antrag des Landes-Nationalausschusses ...; es darf dem Gesuch aber nicht stattgeben, wenn der Gesuchsteller die Pflichten eines tschechoslowakischen Staatsbürgers verletzt hat ...

...

⟨[9]⟩

Anmerkungen:

1 Sehr detaillierte Ausführungsbestimmungen zum Dekret im Runderlaß des ČSR-Innenministeriums vom 24. 8. 1945 »über die Regelung der ČSR-Staatsbürgerschaft nach dem Dekret vom 2. August 1945«; zum Text vgl. »Věstník ministerstva vnitra ČSR« (Verordnungsblatt des Innenministeriums der ČSR); Jg. XVII, Nr. 3 v. 15. 8. 1945; S. 21–26; in deutscher Sprache: DdV, IV/1; S. 245–258.

2 Die Identität des Datums des Dekrets mit dem Datum der »Erklärung über die Konferenz von Berlin« (siehe S. 548) ist beachtenswert; das Dekret wurde erst am 10. 8. 1945 verkündet.

3 Im Gegensatz zu bisheriger ČSR-Haltung deutliche Anerkennung des Erwerbs der deutschen Staatsangehörigkeit der Sudetendeutschen durch v. a. den Vertrag zwischen dem Deutschen Reich und der ČSR über Staatsangehörigkeits- und Optionsfragen vom 20.11.1938 (zum Text: Siehe S. 430). Dieser fiel jedoch an sich unter jene Vorgänge, welche die von Dr. Beneš vertretene sog. Kontinuitätstheorie der (1.) ČSR über den 29. 9. 1938 hinaus (zum Inhalt: Siehe S. 451, 497) als nichtig ansah.

4 Betraf eigentlich nur die Karpatendeutschen.

5 Zum Text: Siehe S. 529.

6 Die genaue Zahl der dieser Gruppe zuzuordnenden bzw. zugeordneten Personen ist bis heute (1998) nicht publiziert; zu Schätzungen, sämtlich unter 100.000, siehe S. 1216.

7 Im Regierungserlaß (siehe oben, Anm. 1) wurde diese »Treue« auch dann verneint, wenn Personen irgendwann und irgendwo »Mitglied einer ... politischen Gruppe ... waren«, von der »feststeht, ... daß sie »gegen die ... territoriale Integrität ⟨*und*⟩ verfassungsmäßige Einheit« der ČSR »gearbeitet haben«.
Diese nicht anti-NS-, sondern antideutsche Tendenz der Festlegung (hier gegen die emigrierten sudetendeutschen Sozialdemokraten) wurde dadurch unterstrichen, daß nicht einmal den Deutschen in ČSR-Militärverbänden des 2. Weltkrieges die ČSR-Staatsbürgerschaft automatisch erhalten blieb. Selbst das ČSR-Innenministerium mußte offiziell anerkennen, daß auch vielen Antifaschisten die ČSR-Staatsbürgerschaft nicht zurückgegeben werden konnte.
Siehe S. 681 f.

8 Die in der Tschechoslowakei nach der Vertreibung 1945/46 zurückgebliebenen max. 230.000 Sudetendeutschen schienen von dieser Möglichkeit nur wenig Gebrauch gemacht zu haben.
Zur folgenden zwangsweisen Wiedereinbürgerung: Siehe S. 734.

9 Ohne derartige Nuancen des ČSR-»Rechts«-Systems zu überschätzen ist bedenkenswert, wie andere ČSR-Festlegungen mit dem ČSR-Staatsbürgerschaftsentzug vom 2. 8. 1945 umgingen:
Der Entzug wurde bei den Dekreten zu Vermögensfragen, auch später erlassenen, nicht erwähnt. Siehe z. B. den Text des Konfiskationsdekrets vom 25. 10. 1945, S. 563.
Der Entzug wurde demgegenüber zur ausformulierten Grundlage einer Reihe von späteren Dekreten, die früher begonnene Vorgänge legalisieren sollten:
a) Dekret »über die Arbeitspflicht« vom 19. 9. 1945; zum Text vgl. ČSR-Slg. 1945; Nr. 71 im 32. Stück v. 27. 9. 1945; S. 121–122; in deutscher Sprache: DdV, IV/1; S. 259–261.
Das Dekret ordnete für alle 14- bis 60jährigen Männer und 15- bis 50jährigen Frauen, welche die ČSR-Staatsangehörigkeit verloren hatten, Arbeitspflicht an; sie konnte (lt. Bekanntmachung Nr. 500 des ČSR-Innenministeriums vom 2.12.1945; zum Text vgl. DdV, IV/1; S. 282–287) bis 70 Wochenstunden umfassen.
b) Gesetz »über die Arbeits-(Lehr-)Verhältnisse« vom 11. 4. 1946; zum Text vgl. ČSR-Slg. 1946; Nr. 83 im 40. Stück v. 3. 5. 1946; S. 835–836; in deutscher Sprache: DdV, IV/1; S. 288–290.

Das Dekret ordnete für die Arbeits-/Lehrverhältnisse von Personen, welche die ČSR-Staatsangehörigkeit verloren hatten, deren auch rechtliche Auflösung zum Tage ihrer tatsächlichen Beendigung (i. d. R. am 8. 5. 1945) an.

Quelle:
ČSR-Slg. 1945; Nr. 33 v. 2. 8. 1945 im 17. Stück v. 10.8.1945; S. 57–58;
in deutscher Sprache: DdV, IV/1; S. 240 f.

****

Die **1945, 8. August**
ČSR-Zeitung »Národná Obroda« [1]:
Gebietsansprüche der ČSR an Deutschland (in den Grenzen von 1937) und Österreich

⟨*Die in Brünn erscheinende Zeitung der ČSR-christlichen Volkspartei »Nationale Wiedergeburt« veröffentlichte auf der Titelseite eine Karte* [2] *mit der Überschrift:*⟩
»Wir wollen neue, gerechte und strategisch sichere Grenzen der ČSR!«

⟨*Die Karte zeigte u. a. folgende Ansprüche*[2]*:*

Im Norden: *Die Provinzen Ober- und Niederschlesien sowie Teile von Brandenburg und Sachsen bis ca. 100 km nördlich und westlich von Cottbus (Lausitz);*

Im Nordwesten: *Einen 20 bis 50 km breiten Streifen Sachsens von der Elbe bis in das Fichtelgebirge.*

Im Westen und Süden: *Eine Grenzlinie entlang der Flüsse Naab und Regen bis Regensburg, weiter entlang der Donau bis Preßburg; d. h. Vorverlegung der Grenze um durchschnittlich 80 bis 100 km in deutsches Sprachgebiet von Bayern und Österreich.*

Im Süden außerdem: *Eine Territorialverbindung durch Niederösterreich und Burgenland mit Jugoslawien.*⟩

⟨[3]⟩

Anmerkungen:

1 Da die Zeitung »Nationale Verteidigung«, wie alle Presseorgane der ČSR, über Zensur und Papierzuteilung staatlich gesteuert war, handelte es sich um den Public-Relation-Teil offizieller ČSR-Ansprüche.
Zu den offiziellen Vorlagen von Teilen dieser Ansprüche gegenüber Polen: Siehe S. 521, 554.

2 a) Mit einer vermutlich ähnlichen Karte arbeiteten die »Benesch-Anhänger« bereits ab Juli 1945: »Im Schaufenster ihres Verlages ›Melantrich‹ auf dem Prager Wenzelsplatz stellten sie eine große Landkarte aus, welche die Überschrift trug: ›Eine gerechte, große Tschechoslowakei‹. Hier waren die Ober- und Niederlausitz, Teile von Schlesien, das Glatzer Land, österreichische Grenzgebiete und ein Streifen Ostbayerns einbezogen. Das Interesse an dieser Karte war, wie die ›Lidová Demokracie‹ vom 19. Juli ⟨*1945*⟩ bemerkte, so groß, ›daß die davorstehende Volksmenge ein Verkehrshindernis bildet‹. Zur selben Zeit entwickelte Professor Stloukal in den ›Svobodné Noviny‹ ein noch weiter gehendes Eroberungsprogramm, welches das Burgenland bis zum Neusiedler See, Teile Niederösterreichs und einen Zugang zur Donau östlich von Passau forderte. Die Brünner Zeitung ›Rovnost‹ verlangte das österreichische Marchfeld einschließlich der Ölquellen von Zistersdorf.« Ein Politiker aus Tabor (Südböhmen) meinte: ›Wir verlangen nur, daß uns zurückgegeben wird, was bereits unser war: Unser Gebiet bis Krems ⟨*Niederösterreich*⟩ und bis zur Donau.‹ ČSR-Minister Ripka generalisierte: ›Wir verlangen nur das, was für unsere strategische Sicherheit unentbehrlich ist und was wir zur Überwindung unserer Transportschwierigkeiten brauchen. Wir verlangen, daß die Grenze vom Kamm unserer Berge auf den Fuß des Gebirges auf der deutschen Seite verlegt werden soll.‹«
Vgl. Jaksch: Europa; S. 448 f., S. 516. Hervorhebung im Original.

b) Die Ähnlichkeit dieser Ansprüche mit solchen von 1917/19 (siehe S. 223) ist augenfällig.

c) Der Textbeitrag zur Karte besagte nichts dazu, was mit den praktisch nur deutschen Bewohnern dieser Gebiete nach evtl. Erwerb durch die ČSR geschehen sollte.
Da in Potsdam am 2. 8. 1945 der Vertreibung der Deutschen aus der (d. h. der ganzen) ČSR zugestimmt worden war (siehe S. 548), dürfte diese Frage jedoch eher theoretisch sein.

[3] Zu weiteren Schritten der ČSR, die nach der Potsdamer Konferenz für alle ihre Territorialforderungen an Deutschland in den Grenzen von 1937 primär auf den »Rat der Alliierten Außenminister« und sekundär auf die Friedenskonferenz über Deutschland verwiesen war, ist festzuhalten:

a) Bei der ersten Tagung des Rates (11. 9.–2. 10. 1945, London) wurden die ČSR-Forderungen nicht behandelt.
Vgl. FRUS-DP 1945, IV; S. 524, Anm. 48.
b) Am 23. 4. 1946 übergab der ČSR-Außenminister Masaryk den Botschaftern der Alliierten Großmächte in Prag eine Note mit den ČSR-Forderungen für die nächste Tagung des Rates.
Vgl. (Keesings) »Archiv der Gegenwart«; Essen, Jg. 16/17, 23. 4. 1946; Sp. 729 A.
c) Bei dieser 2. Tagung (16. 6.–12. 7. 1946, Paris) wie auch bei der 3. Tagung (4. 11.–11. 12. 1946, New York) wurden die ČSR-Forderungen offensichtlich gleichfalls nicht behandelt.
d) Am 20. 12. 1946 bat ČSR-Staatspräsident Dr. Beneš den US-Botschafter in Prag, Steinhardt, die USA mögen die ČSR-Ansprüche auf »Grenzberichtigungen« gegen Deutschland unterstützen.
Vgl. FRUS-DP 1946, VI; S. 238–241, hier S. 243.
e) Der 4. Tagung des Rates (10. 3.–24. 4. 1947, Moskau) soll ein Memorandum von Masaryk zugeleitet worden sein, das an »Grenzberichtigungen« fast 20.000 km² deutschen Gebietes in den Grenzen von 1937 verlangte.
Wiedergabe der Mitteilung eines tschechischen Studenten, die nicht belegt werden konnte.
Ob dieses auch nur behandelt wurde, ist m. W. unbekannt. Die Konferenz endete ergebnislos und hatte bezüglich der faktischen deutschen Grenzen teilweise einen deutlich anderen Tenor (siehe dazu S. 700).

Quelle:
»Národná obroda« (Nationale Wiedergeburt) ⟨*TZ. d. VPČ*⟩, Brünn; Jg. 1, Nr. 76 v. 8. 8. 1945; S. 1.

****

Note des amtierenden ČSR-Außenministers Clementis an die USA[1]: — 1945, 26. August

Polen terrorisiert die Tschechen in Schlesien und vertreibt sie von dort[2]

⟨*Bezug auf Note vom 31. 5. 1945*[3] *über ČSR-Ansprüche auf das Gebiet von Glatz, am 13. 6. 1945 territorial ausgeweitet auf Gebiete nördlich Hultschin und Ratibor*[3]. *Anerkenntnis der Entscheidung von Potsdam am 2. 8. 1945, daß diese Gebiete unter polnischer Verwaltung stehen, aber*⟩
die endgültige Entscheidung der Westgrenzen Polens und damit die Lösung der Frage, in welchen Staat diese Distrikte eingegliedert werden, wurde ⟨*in Potsdam*⟩ bis zur Friedenskonferenz aufgeschoben. Die Forderungen der ČSR auf Berichtigung der Grenzen in diesen Gebieten sind daher nicht bedeutungslos geworden und der ČSR-Regierung kann es nicht gleichgültig sein, wenn polnische Behörden in den genannten Distrikten Maßnahmen gegen die örtliche tschechische Bevölkerung[4] durchführen, welche den Eindruck erwecken, als Ziel die Austilgung des tschechischen Elements in diesen Regionen zu haben und dadurch die ČSR-Regierung eines der Argumente zu entziehen, das sie zur Begründung ihrer Territorialforderungen vorzubringen beabsichtigt . . .
Nach authentischen Berichten wird die Bevölkerung tschechischer Nationalität in den Gebieten von Glatz, Hultschin und Ratibor durch Behörden des Polnischen Staates systematisch unterdrückt.
. . . In Gemeinden, in denen Tschechen leben, werden polnische Schulen eingerichtet und Gottesdienste in polnischer Sprache eingeführt: Predigten in der Muttersprache der Menschen, seit altersher üblich, sind verboten.

... Die örtliche Bevölkerung wird durch den allgemein herrschenden Terror zur Verzweiflung getrieben. Den Einwohnern werden Bettzeug, landwirtschaftliche Maschinen und Einrichtungen, Vieh (bis zur letzten Kuh) und sogar Saatgut weggenommen. Tschechische Bauernhöfe werden von polnischen Kolonisten aus dem Osten besetzt, welche die tschechische Bevölkerung zwingen, auf den Feldern zu arbeiten; für diese Arbeit erhalten sie weder Essen noch Geld. In einigen Orten werden die Einwohner einfach aus ihren Bauernhöfen und Häusern herausgetrieben, in Lagern zusammengeschafft und dann an unbekannte Empfangsorte verbracht. Bevor die tschechischen Einwohner weggebracht werden, wurden sie in einigen Orten von offiziellen polnischen Organen in dafür besonders ausgestatteten Räumen gefoltert.
... Unter diesen Umständen und aus Angst vor Verbringung nach Polen fliehen die Einwohner, oft nur mit einem kleinen Koffer, über die Grenze in die ČSR.
...
Die polnische Regierung ist nicht bevollmächtigt worden, in diesen Gebieten [5] Änderungen der Lage zu bewirken, welche die Entscheidung der Friedenskonferenz präjudizieren würde. Dies ist jedoch bereits durch die Besiedlung jener Gebiete mit polnischer Bevölkerung der Fall ...

Anmerkungen:
[1] In ihrer Antwort vom 29. 9. 1945 verwiesen die USA die ČSR auf den Rat der Außenminister. Vgl. FRUS-DP 1945, IV; S. 524.
Zur weiteren Behandlung von ČSR-Gebietsansprüchen gegen deutsches Gebiet in den Grenzen von 1937: Siehe S. 554.
[2] Zeitlich und sachlich bis in die Details beachtenswerte Parallele zu den gleichzeitigen Deutschenvertreibungen aus der ČSR.
[3] Siehe S. 523.
[4] Es bleibe offen, ob diese dort 1945 existierte.
[5] Gemeint: Gebiete von Glatz, Hultschin und Ratibor.

Quelle:
FRUS-DP 1945, IV; S. 521–524.

****

Botschaft **1945, 28. August**
Papst Pius XII. an die katholischen Bischöfe der ČSR:
Grenzen gerechter Bestrafung

⟨*Der Papst bezog sich in seinem Brief zum 600. Jahrestag des Hl. Nepomuk auf dessen Wirkenszeit, in welcher der aus Gerechtigkeit und Nächstenliebe erwachsende Friede ein nachahmenswertes Beispiel gab, um dann auf die unmittelbare Gegenwart einzugehen:*⟩
Freilich war alles, was sich an Unglückseligem an den Grenzen Eueres Vaterlandes zugetragen hat, Folge von Rivalitäten und Haß, welche die Glut der Rache entzündeten. Damit aber diese Erregung der Gemüter nicht alles, was Recht ist, überschreite, möge es, verehrte Brüder, nicht an der Mäßigung durch Eure Ratschläge und Gebote fehlen. Ist es nicht der wahre Sieg, von der Gerechtigkeit, von der Liebe besiegt zu werden? Mögen die Schuldigen nicht zusammen mit den Unschuldigen bestraft werden! Und wenn gegen die Schuldigen eingeschritten wird, so möge dies nicht über Maß und Billigkeit geschehen, damit nicht die Bestrafung zu verurteilender, gewalttätiger Menschen zu weiterer Gewalttätigkeit ansteckt und durch die Gewalt, die verurteilenswert ist, das Gefüge des Volkes nicht selbst Schaden leidet, nachdem Samen der Zwietracht gesät worden sind. Vielmehr möge die Begleiterin der Gerechtigkeit, die Nächstenliebe, die öffentlichen und privaten Handlungsweisen mäßigen; jene Nächstenliebe, welche den Anhängern Christi herrliches Zierat und unzweifelbares Kennzeichen ist, den Stachel der Zorn- und Haßausbrüche abschwächt,

die Herzen zur Mäßigung und zur Übereinkunft führt und die Bürger in freundschaftlichen Beziehungen miteinander verbindet, die zusammen mit Frömmigkeit, Rechtschaffenheit und Eintracht für Eure geeinte Bürgerschaft solide Fundamente in reichem Maße gewähren werden. Dabei möge gleichzeitig Freiheit im wahren Sinne blühen, die immer auf der Tugend und der Verehrung des höchsten göttlichen Wesens beruht, damit sie sich nicht, auch wenn sie den gleichen Namen trägt, in zügellose Willkür und Tyrannei verkehrt. Wenn die Kriegswirren nachlassen, möge es Euch möglich sein – so wie Wir es voriges Jahr anläßlich des Festes des Heiligen Wenzel Euren Leuten, die in Rom lebten und zu uns gekommen waren, verkündet haben – mit vollen Freiheitsrechten Euer heimisches Gemeinwesen zu festigen, für die Ausbildung Eurer Söhne Sorge zu tragen, die Ordnung sozialer Angelegenheiten und Eure Einrichtungen richtig zu leiten, nach den Grundsätzen nämlich, die sowohl von Unseren Amtsvorgängern, als auch von Uns selbst dem ganzen Erdkreis vorgelegt wurden und Geist und Lehre Christi Wurzeln verleihen.

. . .

Quelle:
»Acta Apostolicae Sedis«; Jg. 37, Serie II, Bd. XII; Vatikanstadt, 1945; S. 252–254.

****

Berichte, **1945, 4. September**
vom Internationalen Roten Kreuz (ICRC) in Prag offizialisiert, über die Lage in ČSR-Internierungslagern:
Die Bedingungen in den Lagern sind »extremely unsatisfactory«

⟨Vorbemerkung
Mit unterschiedlichen Mantelschreiben in englischer Sprache vom 4. 9. 1945 übersandte der Delegierte des ICRC in der ČSR, Walter Menzel, dem ČSR-Innenminister Nosek (KP), dem ČSR-Gesundheitsminister Prochazka (Volkspartei) und dem Präsidenten des ICRC Huber in Genf (Schweiz) bis zu 15 Anlagen, von denen zwei vorlagen.
Die Berichte wurden dem ICRC anscheinend von außenstehenden Personen zugespielt, die weder Deutsche noch Tschechen waren und beträchtliche medizinische Kenntnisse hatten.
Aus den Berichten wurden vom ICRC Auszüge in französischer Sprache gefertigt.
Aufgrund dieser vom ICRC in Prag anonymisierten und offizialisierten Berichtsauszüge bezeichnete das Mantelschreiben von Menzel an Nosek die Zustände in den ČSR-Lagern als »far from being satisfactory« *und an Huber als* »extremely unsatisfactory«.

Bericht A:⟩
Vertraulich Prag, August 1945

Aus einem von einem ausländischen Beobachter angefertigten Bericht über ein Lager

Ich habe die Ehre, Sie für alle Fälle über die folgenden Tatsachen in Kenntnis zu setzen. Es handelt sich um den Bericht über den Besuch von . . .[1] im Gefangenenlager von . . . am . . . August 1945.

1. Verwaltung. Große Unordnung. Es existiert ein Aufnahmeregister, das ordentlich geführt ist, aber von einem Ausgangsregister scheint man nichts zu wissen. Russische und tschechische Militärs kommen, um jederzeit Arbeiter mitzunehmen, die oft verschwinden. So hat der . . . keinerlei Informationen über einen . . . und einen . . . erhalten können, die ins Lager kamen, dort aber unauffindbar waren.
2. Unterkunft. Unter freiem Himmel. Strohsäcke am Boden, voll Ungeziefer.
3. Verpflegung. Völlig unzureichend, die Gefangenen sind in einem beklagenswerten Zustand.

4. Sanitäre Verhältnisse. Keine Krankenstation, keine Medikamente. Die tuberkulöse ... liegt ohne Pflege auf ihrer Liege, ihr Gesundheitszustand ist erbärmlich.
   Keine Waschgelegenheit, keine Toiletten.
   Es gibt keinerlei Hygiene.
   Die Sterblichkeitsrate, vor allem bei den Kindern, ist äußerst hoch.
5. Lage der Frauen. Ist beklagenswert. Sie dienen als Tiere. Russische und tschechische Militärs kommen und holen sich Frauen für den Zweck, den man sich denken kann. Eine Tschechin, halb verrückt vor Elend, ist gekommen, um dem ... die Lage zu beschreiben. Jeden Abend kommt ein Russe, um sie zu zwingen ... Der ... wurde während seines Besuchs mit beständigen Klagen dieser Art bestürmt.
6. Gründe für die Internierung. Ein Aufseher hat selbst erklärt, daß 90 % der Gefangenen den Grund ihrer Internierung nicht kennen. Was die Deutschen betrifft, ist ihre Nationalität der einzige Grund. Seit drei Monaten ist keine einzige Untersuchung durchgeführt worden. Die Konsularvertreter wurden nicht über die Anwesenheit ihrer Staatsangehörigen[2] in diesen Lagern informiert.
7. Internationales Rotes Kreuz. Scheint über die Lage nicht informiert zu sein und nichts zu tun.

Schlußfolgerung
Die Lage der Frauen ist sicher beklagenswerter als in den deutschen Konzentrationslagern, wo Fälle von Vergewaltigung selten waren.
Dies dürfte wohl die Situation in allen Lagern sein, welche der Aufsicht der Tschechen übertragen sind.
...
⟨*Rundstempel:*⟩ Internationales Komitee – Abordnung in der Tschechoslowakei⟨*; in der Mitte:*⟩ Kreuz

⟨*Bericht B:*⟩
Vertraulich Prag, am ... August 1945

Auszug[3] aus einem von einem ausländischen Beobachter angefertigten Bericht über ein Lager

---

I. Lage. Auf einem Sportgelände. Die Gefangenen hausen auf den Rängen, auf dem Boden ohne Strohsack. Nur ein paar Strohsäcke für die Krankenstation. Keinerlei Schutz gegen schlechtes Wetter oder Kälte.

II. Insassen. Es waren bis zu 5.000. Gegenwärtig verbleiben ungefähr 500 Gefangene. Täglich waren 800 Kranke zu versorgen. ⟨*Die Gefangenen*⟩ sind einige Ausländer, Deutsche und Tschechen. Es ist anzumerken, daß die hier befindlichen Deutschen nur geringfügig schuldig sein können, da die Kollaborateure[4] die Tschechoslowakei seit Januar 1945 verlassen haben. Diese Internierten sind gerade diejenigen, die glaubten, daß ihre Neutralität oder die Hilfe, die sie den Tschechen während der Besatzung zukommen ließen, sie vor jeglicher Verfolgung schützen würde. Jeglicher Rechtsanwalt wird zurückgewiesen.

III. Krankenstation.
a) Raum: feucht, ohne Belüftung und Beleuchtung, unmöglich, in einem Zustand normaler Hygiene zu halten. Er dient sowohl als Krankenzimmer, als Operationssaal und als Behandlungsraum. Einige mit Ungeziefer verseuchte Matratzen, auf Brettern, die nur wenige Zentimeter vom Boden entfernt sind, stellen Krankenbetten dar.
b) Personal: Besteht aus deutschen Ärzten, unter denen ein Professor der Universität Prag und ein Klinikchef aus Prag sind. Sie arbeiten anscheinend mit größter Gewissen-

haftigkeit und mit größtem Erfolg, trotz aller Hindernisse und dem Mangel an Mitteln. Sie sind stolz darauf, keinen einzigen ihrer Kranken verloren zu haben. Wenn es zahlreiche Tote gab, dann ist das nur auf die Greueltaten zurückzuführen. Diese Ärzte haben den besten Eindruck auf mich gemacht.

c) Medikamente: Die Tschechen haben ihnen nur Talk und Insektenpulver geliefert. Die Ärzte mußten heimlich Medikamente kaufen. Dafür verkaufen sie ihren Schmuck[5] und ihre persönliche Habe. Die gekauften Medikamente müssen aus Furcht vor Beschlagnahme versteckt werden. Um Vitamin D zu ersetzen, wird Bier gekauft.

d) Pflege: In diesem primitiven Raum, mit elementaren Mitteln, gelingt es den Ärzten, auf einer Bank[6] als Operationstisch zu operieren. Es sind ihnen Blinddarmoperationen, die Trepanation von Phlegmonen, Amputationen und Entbindungen gelungen. All dies ist auf private Initiative zurückzuführen, ohne irgendeine Unterstützung der Behörden.

e) Krankheitsursachen: In der Regel Schläge und Verletzungen. Die wahre Ursache darf schriftlich nicht festgehalten werden. Es muß heißen: Sturz oder Unfall.

f) Hygiene: Ein einziger Wasserhahn in der Mitte des Sportplatzes für alle.

g) Verpflegung: Völlig unzureichend. Die Gefangenen dürfen nicht erfahren, was ihnen zusteht. Keine Diät für Kranke und Kleinkinder.

IV. Einige besondere Fälle.

a) Ein Tscheche, als deutscher Soldat desertiert, war seit Januar 1945 bei den slowakischen Partisanen, hat dort die ganze Revolution mitgemacht. Jetzt als deutscher Soldat festgenommen.

b) Ein deutscher Arzt hat erreicht[7], daß die Todesstrafe für einen jungen Tschechen in 10 Jahre Gefängnis umgewandelt wurde. Dies ist auf einer Bescheinigung festgehalten. Er hat außerdem eine Bescheinigung von Narodny Vibor[8], daß er während der Revolution mit den Partisanen zusammengearbeitet hat. Er ist als Deutscher eingesperrt.

c) Ein junger deutscher Arzt, der immer mit gleicher Gewissenhaftigkeit Juden, Tschechen und Deutsche behandelte, nahm ebenfalls auf der Seite der Partisanen an der Revolution teil. Dies ist durch Bescheinigungen bestätigt. Er ist zur Zeit aus Gründen, für die bis jetzt kein förmlicher Nachweis erbracht wurde, festgenommen.

V. Beispiele für Exzesse und Greueltaten.

1. Lage der Frauen: Nächtliche Besuche russischer und tschechischer Militärs kommen laufend vor. Sie entführen die schönsten Mädchen, die oft spurlos verschwinden. Es war sogar ein Raum für die Empfänge(?)[9] eingerichtet, in dem etwa fünfzehn Mädchen auf das Eintreffen der Besucher warteten.
2. Eine Frau ist mit der Bitte zu uns gekommen, ihre Tochter zu suchen, die 2 Tage zuvor entführt worden, aber nicht im Bestimmungslager angekommen war. Da sich ein russischer Militär für das Mädchen interessiert hatte, konnte man sich den Zustand der Mutter vorstellen.
3. Vor einem Monat wurde ein Deutscher mit dem Schlagstock verprügelt, bis ihm der Schädel gebrochen war und ihm das Gehirn[10] zur Nase und den Ohren herauskam. Die Ärzte behandelten ihn, worauf man ihm gewaltsam durch einen Schlauch 7 Liter Wasser einflößte. Noch zwei weitere Male wurde er mit dem Schlagstock verprügelt und dann behandelt[11].
4. Während der Massenerschießungen war ein deutscher Arzt beauftragt, den Tod festzustellen. Um ihn dazu zu bringen, nur natürliche Todesursachen festzustellen, hielt ein polnischer Jude dem Arzt eine Pistole vor das Gesicht. Diese Folter dauerte die ganze Nacht.
5. Jemandem, der an einem Phlegmon am Arm litt, wurde die Wunde von einem Aufseher mit dem Taschenmesser operiert.
6. Einem Tschechen hatte man die Fußsohlen verbrannt; um die Folter zu vervollständigen, verbrannte man ihm auch die Nägel.

7. Ein junger Mann wurde an den Füßen aufgehängt, mit einem Haken durch die Achillessehne. Dadurch für immer geschädigt.
8. Regelmäßig werden die Insassen in der Nacht mit Gepäck versammelt. Nach einigen Stunden Wartens werden sie zurückgeschickt.
9. Kranke, darunter viele mit Fieber, wurden gezwungen, die Nacht (21 h bis 5 h) stehend im Regen zu verbringen, mitten auf dem Feld, um auf einen Abtransport zu warten, der nicht stattfand.

Die Zeugen sind zahlreich und sogar die Furcht wird sie nicht zum Schweigen bringen.

⟨*Rundstempel:*⟩ Internationales Komitee – Abordnung in der Tschechoslowakei⟨*; in der Mitte:*⟩ Kreuz

Anmerkungen:

[1] Alle mit . . . gekennzeichneten Auslassungen dieses Berichtes, offensichtlich Anonymisierungen, im Original.

[2] Welche Konsulate und Staatsangehörige hier gemeint waren (z. B. Schweiz, Österreich), blieb unklar.

[3] In welchem Umfang Kürzungen erfolgten, blieb unklar: Keinerlei Auslassungszeichen.

[4] Vermutlich gemeint: Hauptschuldigen.

[5] Im Original: bijoux, d. h. unter Berücksichtigung der Zeitumstände vermutlich Eheringe.

[6] Hervorhebung durch Unterstreichung: Im Original.

[7] Dies muß bei den NS-Behörden vor dem Mai 1945 geschehen sein.

[8] Schreibweise: Im Original.

[9] In Klammern stehendes Fragezeichen: Im Original.

[10] Im Original: cervelle. Nach medizinischer Auskunft sowohl »Gehirn« wie »Gehirnwasser«.

[11] Übersetzung dieses Absatzes: Doppelt überprüft; die Ärzte waren Deutsche (siehe oben, Ziffer III b); mit dem »man« muß tschechisches Bewachungspersonal gemeint sein.

Quelle:
Berichte, wie oben beschrieben; Fotokopie im Besitz des Verfassers.

****

Der politische Berater für Deutschland, Robert Murphy an den Leiter der Europa-Abteilung im US-Außenministerium, Matthews: **1945, 12. Oktober**

Um moralischen Standard der USA bei Mitverantwortung für Massenvertreibungen besorgt

Lieber Doktor,
ich zögerte, Ihnen das anliegende Memorandum zu übersenden, in dem eine Ansicht über die Evakuierung (evacuation) der deutschen Bevölkerung . . . aus der ČSR dargelegt wird, da in Potsdam die amerikanische Delegation tat, was sie nur konnte, um die Akten ausweisen zu lassen, daß wir zwar der politischen Entscheidung zustimmten, ⟨*jedoch*⟩ darauf bestanden, daß die Ausführung ordentlich und human erfolgen muß.

. . .

Was auch Ihnen es wert sein mag: Ich übermittle es Ihnen einfach deswegen, weil mir bei dem Gedanken unbehaglich ist, daß wir irgendwann in der Zukunft mit Nachdruck beschuldigt werden könnten, zugestimmt zu haben, an einem Vorgang beteiligt zu werden, den wir selbst nicht überwachen können und der weitverbreitetes menschliches Leiden verursachte und verursacht. Natürlich besteht das Risiko, wegen der bloßen Erwähnung des Vorgangs der »Weichheit« (softness) gegenüber den Deutschen beschuldigt zu werden . . . Ich bin weniger darüber besorgt, was der deutschen Bevölkerung geschieht, als über unseren eigenen Verhaltensmaßstab (standard of conduct), da ich meine, daß, wenn wir willens sind, gewisse Prinzipien in bezug auf die Deutschen oder irgendein anderes Volk aufzugeben, es uns zunehmend zu leicht werden kann, die gleichen Prinzipien in bezug

⟨*auch*⟩ auf unser eigenes Volk zu opfern. Es gibt jedoch einige Aspekte der amerikanischen Lebensweise, die wir, wie ich weiß, nicht über Bord werfen (to jettison) wollen.

. . .

Memorandum von Robert Murphy

Ich möchte für das ⟨*US-Außen-*⟩Ministerium meine Ansicht zu einem Tatbestand niederlegen, von dem ich weiß, daß ihn unsere ⟨*vorgesetzten*⟩ Behörden im allgemeinen kennen, aber der, wie ich fühle, nur in den Begriffen jenes persönlichen Eindrucks voll verstanden werden kann, den er auf viele Amerikaner macht, welche die täglichen Zeugen dieses allgegenwärtigen Schauspiels (commonplace spectacle) werden.

⟨*Es folgte eine plastische Schilderung von Schicksal, Zustand und Not deutscher Ostflüchtlinge im Herbst 1945:*⟩

Wenn man den Verfall und die Verzweiflung dieser menschlichen Wracks sieht und den Gestank ihrer schmutzigen Körper riecht, schaltet das Gehirn sofort auf Dachau und Buchenwald[1] um. Hier ist auf breiter Front die Vergeltung, aber nicht an Parteibonzen[2], sondern an Frauen und Kindern, Armen und Kranken. Die weit überwiegende Mehrheit sind Frauen und Kinder ... Wie das Ministerium weiß, dauert dies⟨*e Lage*⟩ schon wochenlang an, und, obwohl abnehmend, das Ende ist nicht abzusehen.

⟨*Es folgte die Schilderung von Zustand und Not von den Sowjets entlassener, verwundeter deutscher Kriegsgefangener; die sind jedoch Männer:*⟩

Unsere Psychologie bringt uns zur Erkenntnis, daß Leiden ein Teil des Soldatentums ist – besonders dann, wenn es der Feind ist, von dem wir über viele Monate möglichst viele töten wollten. Aber diese Psychologie verliert manches an Elastizität, wenn wir die stupide Tragödie betrachten, unter der jetzt tausende unschuldiger Kinder und Frauen und Alte leiden. Das Wissen, daß sie die Opfer einer harten politischen Entscheidung sind, die mit äußerster Ruchlosigkeit und ohne Rücksicht auf Menschlichkeit durchgeführt wird, kann diesen Eindruck nicht abfedern. Die Erinnerung kehrt zu anderen Massendeportationen zurück, welche die Welt entsetzten und den Nazis den bösen Ruf (odium) einbrachten, den sie verdienten. Diese von den Nazis durchgeführten Massendeportationen bildeten einen Teil der moralischen Basis, aus der heraus wir den Krieg führten und welche unserer Sache Stärke verlieh.

Jetzt ist die Lage umgekehrt. Wir finden uns in der unangenehmen Lage des Partners im Unternehmen Deutschland (German enterprise) und tragen als Partner die Verantwortlichkeit mit ... Die direkte Verantwortung liegt bei der Provisorischen Polnischen Regierung und in geringerem ⟨*mengenmäßigen*⟩ Ausmaß bei der Tschechischen Regierung. Durch die Deutschen den Polen und Tschechen in jüngster Zeit zugefügte Leiden machen sie unzweifelhaft gefühllos für deutsche Leiden. Obwohl die Sowjetunion anscheinend der Massenbewegung zugestimmt und sie unterstützt hat, wird, soweit wir wissen, der eigentliche Vorgang des Herausjagens der Menschen aus ihren Häusern und von ihren Feuerstellen durch körperliche Gewalt oder wirtschaftlichen Druck von den Polen und den Tschechen durchgeführt ... Daß die Deportationen aus dem Sudetenland nicht weitergingen, ist teilweise auf die Anwesenheit unserer Streitkräfte zurückzuführen, deren Kommandeure den örtlichen Tschechen in freundlicher, aber bestimmter Form erklärten, daß gewisse Handlungen im Namen der Humanität einfach nicht toleriert werden können, obwohl trotzdem rücksichtslose Austreibungen (evictions) in genügend großem Umfang erfolgten, daß viele unserer Soldaten Haß gegen das befreite tschechische Volk empfinden.[3]

. . .

So hilflos die Vereinigten Staaten auch sein mögen, unfähig, einen andauernden grausamen und unmenschlichen Vorgang aufzuhalten, so sollte und könnte unsere Regierung ihre in Potsdam ausgedrückte Haltung unmißverständlich klarstellen. Es wäre außerordentlich unglücklich, wenn die Akten aussagen würden, daß wir an Methoden beteiligt waren, die wir in anderen Zusammenhängen oft verdammten.

⟨[4]⟩

Anmerkungen:
1 Orte, an denen NS-KZs durch US-Truppen befreit wurden.
2 Im Original in deutscher Sprache.
3 Siehe dazu auch S. 561.
4 Das Memorandum Murphys führte zu einer Gegennotiz des US-Botschafters in Prag, Steinhardt und zu einem Protestbrief an Murphy selbst.
Vgl. Ullmann, Walter: »The United States in Prague 1945–1948«; New York, 1978; S. 70 f.
Siehe auch: S. 1238 zu einer Fehlbehauptung über Steinhardt.

Quelle:
FRUS-DP 1945; II; S. 1289–1292.

****

Bericht **1945, 16. Oktober**
des Politischen Beraters der US-Militärregierung für Deutschland, Robert Murphy, an General Eisenhower[1]**:**
US-Truppen in ČSR müssen Deutsche vor Tschechen schützen

⟨*Seit der Kapitulation der deutschen Wehrmacht am 8. 5. 1945 gab es Pläne, im Zuge der Rückführung der US-Streitkräfte aus Europa auch die US-Truppen aus der ČSR zurückzunehmen. Dies erfolgte dann, gleichzeitig mit dem offiziellen Rückzug aller Sowjettruppen, am 1. 12. 1945.*
Das nachfolgende Material ist einem umfangreichen Bericht entnommen, der verschiedene Gründe für und gegen die weitere Anwesenheit von US-Truppen in der ČSR enthielt. Pro-Argumente waren:⟩
3) Nach General Harmon[2] und Mitgliedern seines Stabes wäre ein weiterer Grund für die Beibehaltung unserer Truppen im Gebiet der, daß ihre Anwesenheit tschechische Ausschreitungen gegen die deutsche Minderheit, welche die Bevölkerungsmehrheit des Gebietes darstellt, verhüten könnte[1] ...
4) Ich darf hinzufügen, daß auch behauptet werden kann, daß die US-Zustimmung zu Artikel 13 der Potsdamer Entscheidungen[3] bezüglich der ordentlichen Überführung (transfer) deutscher Bevölkerungsgruppen als ein zusätzlicher Grund für die Beibehaltung von US-Kräften in der ČSR herangezogen werden kann ⟨*da nur bei ihrer Anwesenheit*⟩ die Überführungen ordentlich und menschlich ⟨*erfolgen werden.*⟩ ...
⟨*Contra-Argumente, die quasi spiegelbildlich zu werten sind, waren:*⟩
1) ... Nach General Harmon gibt es in Marienbad ungefähr dreißigtausend Deutsche und rd. eintausend Tschechen ... Die Kontakte unserer Truppen ⟨*mit der Bevölkerung*⟩ sind meistens sozial nach der Art Junge trifft Mädchen ... Unsere Soldaten bevorzugen deutsche Frauen und werden von deren Familien, die in solchen Beziehungen Schutz und Vorteile erkennen, willkommen geheißen, wogegen ähnliche Gemeinschaften zwischen unseren Soldaten und tschechischen Frauen oft von tschechischen Männern als anstößig betrachtet werden.
2) Unsere Offiziere sagen, daß sich unter unseren Truppen, nachdem sie Zeugen solcher Behandlung deutscher Evakuierter (evacuees) durch die Tschechen wurden[4], eine gewisse Feindschaft zu den Tschechen entwickelt hat. Dies deutet die Möglichkeit von Zusammenstößen zwischen unseren Truppen und der tschechischen Bevölkerung an.

...

Anmerkungen:
1 Eisenhower ergänzte in einem Bericht an US-General Marshall vom 17. 10. 1945 u. a.:
»Die Truppen von General Harmon sind zur Zeit in der Lage, die deutschen Minderheiten gegen tschechische Aggression zu schützen.«
Vgl. FRUS-DP 1945, IV; S. 498.

[2] Zu General Harmon: Siehe Anm. 4d.
[3] Zum Text vom 2. 8. 1945: Siehe S. 548.
[4] Zu den Reaktionen der US-Truppen auf ČSR-Übergriffe gegen Sudetendeutsche gibt es mehrere Berichte:
a) Bereits Anfang August 1945 meldete der britische Botschafter in Prag, Nichols, in einem unveröffentlichten Bericht nach London:
Der Tschechen »Verhalten steigert die Entschlossenheit der amerikanischen Truppen in Böhmen, auf ›Gerechtigkeit auch für Deutsche‹ zu bestehen; doch ihre Einstellung verursacht wiederum Spannungen mit den Tschechoslowaken, die den Amerikanern Sympathie mit den Deutschen vorwerfen. Es heißt, daß die Amerikaner ein Dossier mit Fotografien über die tschechoslowakischen Ausschreitungen anlegen.«
Vgl. Zayas, Alfred M. de: »Die Anglo-Amerikaner und die Vertreibung der Deutschen«; München, 1977, 8. Aufl. 1996; S. 151.
b) Öfter griffen US-Soldaten ein, um deutsche Frauen und Kinder vor Übergriffen von ČSR-Bewaffneten zu schützen.
Vgl. »Dokumente der Menschlichkeit«; hsg. v. Karl Kurth; Kitzingen (Ufr.), 1950; S. 1–12.
c) Am 25. 9. 1945 wurde in zwei US-Berichten die schlechte Behandlung der Sudetendeutschen in der ČSR gemeldet.
Vgl. FRUS-DP 1945, II; S. 1280.
d) Am 30. 9. 1945 schrieb US-General Harmon in einem unveröffentlichten Bericht:
»Die Deutschen in der Tschechoslowakei werden wie ein unterjochtes Volk behandelt ... Als das XXII. Korps in die Tschechoslowakei kam, stellten wir fest, daß gemäß Regierungserlaß die Deutschen solche Rationen bekommen sollten, wie diese sie den Juden gegeben hatten. Diese Rationen betrugen etwa 850 Kalorien und wurden von unserem Hauptquartier als Hungerrationen abgelehnt ... Im allgemeinen sind die amerikanischen Offiziere und Soldaten unglücklich über die Behandlung der Deutschen, und es geschehen laufend kleine Zwischenfälle, wo die amerikanischen Soldaten auf der Seite der Deutschen sind ... Man beläßt ihnen nichts außer dem Allernotwendigsten, wobei sich in manchen Fällen diese Beraubung in außerordentlich harter Form abspielt.«
Vgl. Zayas: a. a. O.; S. 163.
Zum Text der (hier gemeinten) ČSR-Regierungsverordnung vom 17. 5. 1945: Siehe S. 516.
e) Schließlich besagte ein Bericht vom 9. 10. 1945:
US-»Militärbehörden stellten fest, daß US-Militärpersonal in der ČSR zu Augenzeugen von Vorgängen wurden, bei denen der deutschen Bevölkerung böhmischer (Czech) Dörfer befohlen wurde, sich an einem bestimmten Sammelplatz einzufinden, um mit Gewalt ausgetrieben (evicted) zu werden, wobei sie oft dort oder auf dem Weg dahin der wenigen persönlichen Besitztümer, die sie bei sich trugen, beraubt und auch geschlagen wurden, wenn Widerstand gegen die Austreibung (eviction) geleistet wurde. Dieses ⟨*tschechische*⟩ Verhalten war in genügender Häufigkeit oder genügend verbreitet zu beobachten, daß es, wie ich informiert wurde, Besorgnis unter US-Militärkommandeuren über die anti-tschechischen Gefühle verursachte, die sich daraufhin unter ihren Mannschaften entwickelten.«
Vgl. FRUS-DP 1945, II; S. 1286–1288, hier S. 1286.
f) Zum Verhalten von US-Kommandeuren gegenüber beteiligten Tschechen: Siehe S. 561.

Quelle:
FRUS-DP 1945, IV; S. 499–502, hier S. 500 f.

****

Dekret **1945, 18. Oktober**
des ČSR-Staatspräsidenten Beneš
»über die Auflösung der Deutschen Universität Prag«[1]**:**

Um die seit langem andauernden historischen Bemühungen des ganzen tschechischen Volkes in der Frage der Prager Universität zum Abschluß zu bringen und die Früchte der nationalen Revolution und des Kampfes um die Befreiung der Tschechoslowakischen Republik rechtlich zu sichern, bestimme ich auf Vorschlag der Regierung:

§ 1

Die Deutsche Universität Prag, die am 5. Mai 1945, dem ersten Tage des Aufstandes der Prager Bevölkerung, zu bestehen aufgehört hat, wird als ein dem tschechischen Volk feindliches Institut für immer aufgelöst.

§ 2

Die wissenschaftlichen Institute und ihre Einrichtungen, wie auch das gesamte Vermögen der Deutschen Universität Prag fallen an die Karlsuniversität.

§ 3

Dieses Dekret tritt am 17. November 1939[2] in Kraft...

Anmerkungen:

[1] Durch ein ähnlich lautendes Dekret vom gleichen Tage wurden auch die Deutschen Technischen Hochschulen in Prag und Brünn aufgelöst.
Zum Text vgl. ČSR-Slg. 1945; Nr. 123 v. 18. 10. 1945 im 53. Stück v. 15. 11. 1945; S. 295.

[2] Das Datum mit lediglich symbolischer Bedeutung sollte an die nach Studentenunruhen erfolgte Schließung aller tschechischen Hochschulen am 17. 11. 1939 durch die NS-Behörden erinnern.

Quelle:
ČSR-Slg. 1945; Nr. 122 v. 18. 10. 1945 im 53. Stück v. 15. 11. 1945; S. 295.

****

Dekret **1945, 25. Oktober**
von Staatspräsident Beneš
»über die Konfiskation des feindlichen Vermögens und die Fonds der nationalen Erneuerung«[1,2]:
Gesamtenteignung (u. a.) der Sudetendeutschen

...

Teil I.

Konfiskation des feindlichen Vermögens.

§ 1

Umfang des konfiszierten Vermögens.

(1) Konfisziert wird ohne Entschädigung – soweit dies noch nicht geschehen ist – für die Tschechoslowakische Republik das unbewegliche und bewegliche Vermögen, namentlich auch die Vermögensrechte (wie Forderungen, Wertpapiere, Einlagen, immaterielle Rechte), das bis zum Tage der tatsächlichen Beendigung der deutschen und madjarischen[3] Okkupation im Eigentum stand oder noch steht:

1. des Deutschen Reiches, ... von Körperschaften des öffentlichen Rechtes nach deutschem Recht, der deutschen nazistischen Partei ... und anderer Formationen, Organisationen, Unternehmungen, Einrichtungen, Personenvereinigungen, Fonds und Zweckvermögen dieser oder der mit ihnen zusammenhängenden Regime, wie auch anderer deutscher ... juristischer Personen, oder
2. physischer Personen deutscher ... Nationalität mit Ausnahme der Personen, die nachweisen, daß sie der Tschechoslowakischen Republik treu geblieben sind, sich niemals gegen das tschechische und slowakische Volk vergangen haben und sich entweder aktiv am Kampfe für deren Befreiung beteiligt oder unter dem nazistischen oder faschistischen Terror gelitten haben, oder
3. physischer Personen, die eine gegen die staatliche Souveränität, die Selbständigkeit, die Integrität, die demokratisch-republikanische Staatsform, die Sicherheit und die

Verteidigung der Tschechoslowakischen Republik gerichtete Tätigkeit entfaltet haben, die zu einer solchen Tätigkeit aufreizten oder andere Personen dazu zu verleiten suchten, planmäßig auf welche Art immer die deutschen ... Okkupanten unterstützt oder die in der Zeit der erhöhten Bedrohung der Republik (§ 18 des Dekretes des Präsidenten der Republik vom 19. Juni 1945, Slg. Nr. 16[4]) ... sich der Tschechoslowakischen Republik oder dem tschechischen oder dem slowakischen Volke gegenüber feindselig verhalten haben ...

(4) Darüber, ob die Voraussetzungen für die Konfiskation nach diesem Dekret erfüllt sind, entscheidet der zuständige Bezirksnationalausschuß. Die Entscheidung kann durch eine öffentliche Bekanntmachung zugestellt werden, auch wenn ⟨*gewisse formale Voraussetzungen*⟩ nicht erfüllt sind. Gegen die Entscheidungen des Bezirksnationalausschusses kann Berufung an den Landesnationalausschuß ... eingelegt werden.

...

§ 2

Ausnahmen von der Konfiskation ...

(1) Von der Konfiskation ausgenommen ist der Teil des beweglichen Vermögens der in § 1 Abs. 1 Nr. 2 und 3 angeführten Personen, der zur Befriedigung der Lebensbedürfnisse oder zur persönlichen Ausübung der Beschäftigung dieser Personen und ihrer Familienmitglieder unumgänglich nötig ist (wie Kleidung, Federbetten, Wäsche, Hausgerät, Nahrungsmittel und Werkzeuge[5]). Die Einzelheiten über den Umfang dieses Vermögens setzt die Regierung auf dem Verordnungswege fest[6].

...

Fonds der nationalen Erneuerung.

§ 3

Errichtung und Organisation der Fonds der nationalen Erneuerung.

(1) Zur Besorgung der mit der vorläufigen Verwaltung des konfiszierten Vermögens und seiner Aufteilung zusammenhängenden Aufgaben wird bei jedem Siedlungsamt ein Fonds der nationalen Erneuerung (weiterhin nur Fonds) errichtet ...

...

§ 5

Wirkungsbereich der Fonds.

(1) Die Fonds sind namentlich zuständig:

1. alles nach diesem Dekret konfiszierte Vermögen zu ermitteln. Die Bezirksnationalausschüsse sind verpflichtet, ein Verzeichnis jeglichen Vermögens anzufertigen, das auf Grund dieses Dekrets in ihrem Zuständigkeitsbereich konfisziert wird, und diese Aufstellung der zuständigen Gebietsdienststelle des Siedlungsamtes und dem zuständigen Fonds vorzulegen[7] ...

...

3. die zum konfiszierten Vermögen gehörenden Verbindlichkeiten aufzuzeichnen und zu begleichen, wobei nach den Richtlinien vorzugehen ist, welche die Regierung im Verordnungswege erläßt; für Verbindlichkeiten, welche bei dieser Auseinandersetzung nicht befriedigt werden, haftet der Staat nicht;
4. die Übergabe des konfiszierten Vermögens auf Grund der Rahmenpläne (§ 6 Abs. 1) und der endgültigen Zuteilungsentscheidung (§ 8 Abs. 6) durchzuführen;

...

Teil III.
Aufteilung des konfiszierten Vermögens.

Abschnitt 1.
Rahmenpläne und Zuteilungsverordnungen.

§ 6

(1) Das Siedlungsamt arbeitet ... Rahmenpläne[8] aus, in denen insbesondere bestimmt wird:
a) wie viele kleine Vermögenseinheiten in den einzelnen Orten zugeteilt und wie die restlichen behandelt werden sollen,
b) welche mittleren Vermögenseinheiten zugeteilt und wie die restlichen behandelt werden sollen,
c) wie die Industrievermögen und die großen Vermögenseinheiten behandelt werden sollen.
(2) In der im vorhergehenden Absatz angegebenen Art und Weise bereiten die Siedlungsämter Vorschläge für die einzelnen Zuteilungsverordnungen ... vor ... und setzen darin ... die Eigenschaften ⟨*fest*⟩, welche die Zuteilungsempfänger der betreffenden Vermögensart besitzen müssen ...
...

Abschnitt 2.
Zuteilungsverfahren.

§ 7
Berechtigung des Bewerbers.

(1) Aus dem nach diesem Dekret konfiszierten Vermögen werden (§ 8) einzelne Vermögenseinheiten in das Eigentum berechtigter Bewerber gegen eine Vergütung als Eigentum zugeteilt.
(3) Bei der Zuteilung konfiszierten Vermögens sind vor allem zu berücksichtigen Teilnehmer am nationalen Widerstand und ihre hinterbliebenen Familienangehörigen, Personen, die durch den Krieg, die nationale, rassische oder politische Verfolgung geschädigt wurden[9], Personen, die ins Grenzgebiet, welches sie zu verlassen gezwungen waren, oder aus dem Auslande in das Vaterland zurückkehren, und Personen, die infolge der Gebietsveränderungen ihren Wohnsitz in das übrige Gebiet der Tschechoslowakischen Republik verlegt haben. Die Voraussetzungen der Vorzugsstellung müssen gehörig nachgewiesen werden.

§ 8
Zuteilungsentscheidung.

(1) Auf Grund der rechtskräftigen Zuteilungspläne (§§ 10 bis 12) teilt die kleinen Vermögenseinheiten der Bezirksnationalausschuß, die mittleren Vermögenseinheiten der Landesnationalausschuß ... und das Industrievermögen sowie die großen Vermögenseinheiten das zuständige Ministerium ...
(2) In der Zuteilungsentscheidung ist anzuführen:
a) woraus die zugeteilte Vermögenseinheit besteht,
b) welche anderen Rechte und Befugnisse mit der Zuteilung verbunden sind,
c) welche Verbindlichkeiten der Zuteilungsempfänger übernimmt,
d) der Tag, an dem das zugeteilte Vermögen übergeben wird,
e) die Höhe der Vergütung (Übernahmepreis) und die Art ihrer Bezahlung,
f) etwaige Beschränkungen des Zuteilungsempfängers oder andere ihm auferlegte Bedingungen.
(3) Der Zuteilungsempfänger haftet nicht für Verbindlichkeiten, die auf dem ihm zugeteilten Vermögen ruhen, soweit er sie nicht auf Grund der Zuteilungsentscheidung übernommen hat.

〈Ziff. 4, 5: Berufungsmöglichkeit gegen Nichtzuteilung〉
〈§ 9: Zuteilungskommissionen〉
〈§§ 10–12: Zuteilungspläne〉

§ 13
Behandlung des zugeteilten Vermögens.

Das nach § 8 zugeteilte Vermögen darf nur nach der in den einzelnen Zuteilungsverordnungen festgesetzten Frist veräußert, vermietet, verpachtet oder belastet werden. Während dieser Frist darf dies nur mit Genehmigung des Fonds geschehen.

§ 14
Die Bezahlung des Übernahmepreises und seine Verwendung.

(1) Die Vergütung (den Übernahmepreis) zahlen die Zuteilungsempfänger dem zuständigen Fonds gemäß der Zuteilungsentscheidung. Ein vom Fonds ausgestellter Nachweis über Rückstände der Vergütung ist im Wege der verwaltungsmäßigen oder der gerichtlichen Zwangsvollstreckung vollstreckbar.

(2) Diese Vergütungen sind zur Bezahlung der auf dem konfiszierten Vermögen ruhenden Verbindlichkeiten zu verwenden, soweit sie bei der Auseinandersetzung (§ 5 Abs. 1 Nr. 3) anerkannt und nicht vom Zuteilungsempfänger übernommen werden, und der Rest ist an die Staatskasse zweckgebunden abzuführen.

. . .

Anmerkungen:

[1] Abgrenzungen und Ergänzungen:

a) Das Dekret vom 25.10.1945 bezog sich (gemäß § 17) nicht auf »landwirtschaftliches Vermögen«; dafür waren nur das Dekret vom 21.6.1945 (zum Text: siehe S. 532) und dessen Folgebestimmungen anzuwenden. Das Dekret vom 25. 10. 1945 betraf (gemäß § 18) auch nicht vom (ČSR-)Gesundheitsminister zu definierendes Vermögen von Heilbädereinrichtungen; darüber wurden Sonderbestimmungen erlassen.

b) Das Dekret wurde mehrfach in Richtung auf v. a. Vereinfachung novelliert: Durch z. B. Gesetz vom 14. 2. 1947 (ČSR-Slg. 1947; Nr. 31 im 16. Stück v. 17. 3. 1947; S. 203–207; deutsche Wiedergabe in DdV, IV/1: S. 299–307) sowie durch Regierungsverordnungen vom 17. 6. 1947 (ČSR-Slg. 1947; Nr. 106 im 50. Stück v. 1. 7. 1947; S. 539–554) und vom 2. 9. 1947 (ČSR-Slg. 1947; Nr. 163 im 78. Stück v. 1. 10. 1947; S. 843–862).

c) Dem Dekret gingen u. a. am 24. 10. 1945 vier Dekrete voraus, in denen über der Unterschrift von Dr. Beneš alle Bergwerke, Teile der Industrie, die Aktienbanken und die privaten Versicherungen ohne Rücksicht auf die Nationalität und Staatsangehörigkeit der Eigentümer »nationalisiert« (d. h. von der ČSR übernommen) wurden; Entschädigung sollte nur an Nichtdeutsche, Nichtungarn und Nichtverräter geleistet werden.
Zu den Dekrettexten vgl. ČSR-Slg. 1945; Nr. 100 bis 103 im 47. Stück v. 27. 10. 1945; S. 207–231.
Dr. Beneš hatte damit nur sein in Moskau bereits 1943 vorgelegtes und gebilligtes Programm in diesem Bereich (siehe S. 488) weitgehend realisiert. Trotzdem beklagte er am 31. 10. 1945 den Umfang der Maßnahmen: »Die Dekrete seien viel weitreichender, als er gewünscht hatte.«
Vgl. FRUS-DP 1945, IV; S. 555.
Die Entschädigungsregelungen für berechtigte ČSR-Inländer wurden 1948 sistiert.
Zur späteren Entschädigung
- von US-Enteigneten; vgl. das Abkommen ČSR – USA v. 14. 11. 1946, erwähnt in FRUS-DP 1946, IV; S. 236;
- von österreichischen Enteigneten durch den Vertrag vom 19.12.1974; zum Text: Siehe S. 826.

d) Darüber hinaus beschlagnahmte die Sowjetarmee 1945 umfangreiche, vom Deutschen Reich während der Besatzung errichtete Industrieunternehmen inkl. deren maschineller Ausrüstung als »Kriegsbeute«.
Niemand Geringerer als US-Außenminister Byrnes schaltete sich ein, als dabei auch Fabriken in Freudenthal (Nordmähren) und Hohenelbe (Nordböhmen) zur Kriegsbeute werden sollten, die zwar direkt deutschen Unternehmen, aber solchen gehörten, welche ihrerseits Eigentum des US-Konzerns International Telephone and Telegraph Company in New York waren.
Zum diesbezüglichen Notenwechsel zwischen 7. 8. und 27. 12. 1945: Vgl. FRUS-DP 1945, IV; S. 530–536.

[2] Beurteilungen v. a. dieses Beneš-Dekretes Nr. 108:
Siehe dazu S. 576 und S. 727.
Zur Diskussion nach 1990: Siehe z. B. S. 918, 970, 979.
[3] Zu Bezügen auf madjarische, d. h. ungarische Personen: Siehe S. 575.
[4] Zum Text: Siehe S. 529.
[5] Diese Bestimmung wurde u. a. (aber nicht nur) im Bereich der Werkzeuge nicht eingehalten.
[6] a) Eine derartige Verordnung blieb, wenn überhaupt erlassen, m. W. unpubliziert.
b) Eine weitere Ausnahme wurde erst 1995 bekannt: Gemäß Presseerklärung des ČR-Finanzministeriums hatten »die sogenannten Beneš-Dekrete, nach denen das Eigentum der Sudetendeutschen konfisziert wurde, keine Wirkung auf ihre Gräber. Der Gegenstand der Verträge zwischen den Hinterbliebenen und der Friedhofsverwaltung war immer eine Regelung der Mietverhältnisse des Grundstückes. Daraus gehe nach der Meinung des Finanzministeriums hervor, daß die Eigentumsverhältnisse unverändert geblieben seien und daß das Nutzungsrecht für das Grab und sein Zubehör – wenn bei dem Vertrag nicht anderes vereinbart wurde – auch weiterhin gelte.«
Quelle: D⟨*eutsche*⟩ W⟨*elle*⟩ Monitor-Dienst vom 17. Februar 1995 einer über RADIO PRAG IS, dt. am 16. 2. 1995 unter 16.11 ⟨*Uhr*⟩ G⟨*reenwich*⟩M⟨*ean*⟩T⟨*ime aufgefangenen Meldung*⟩, gezeichnet Lr/SH.
Daraufhin forderte mindestens ein tschechischer Bürgermeister eines südmährischen, bis 1945 rein deutschen Ortes zur Entrichtung von Grabgebühren für nunmehr über fünfzig Jahre auf.
[7] Damit war ein bewerteter Generalraster des sudetendeutschen Eigentums gegeben.
[8] Beispiele dafür liegen dem Verfasser vor.
[9] Zu nach 1990 vorgebrachten ČSFR/ČR-Wünschen, diesen Personenkreis neuerlich zu entschädigen: Siehe S. 1023 f.

Quelle:
ČSR-Slg. 1945; Nr. 108 im 48. Stück v. 30. 12. 1945; S. 248–254.
In deutscher Sprache: DdV, IV/1; S. 263–275.

****

Verfassungsdekret **1945, 27. Oktober**
des ČSR-Staatspräsidenten Dr. Beneš
»über die Sicherstellung der als staatlich unzuverlässig angesehenen Personen während der Revolutionszeit«:
»Legalisierung« zahlreicher Verhaftungen, um Schadenersatzansprüche auszuschließen

Auf Vorschlag der Regierung bestimme ich:

§ 1

Die Sicherstellung von Personen, die als staatlich unzuverlässig angesehen wurden[1], durch Behörden oder Organe der Republik, auch außerhalb der gesetzlich statthaften Fälle, oder eine Verlängerung ihrer vorläufigen Sicherstellung (Haft) über den gesetzlich zulässigen Zeitraum hinaus wird für gesetzmäßig erklärt. Solche Personen haben wegen dieser Sicherstellung oder einer Verlängerung der vorläufigen Sicherstellung über den gesetzlich zulässigen Zeitraum hinaus keinen Anspruch auf Schadenersatz.

§ 2

Unter einer Sicherstellung (vorläufigen Sicherstellung) im Sinne dieses Dekrets und anderer gesetzlicher Bestimmungen ist nicht die Zusammenziehung ausländischer Staatsangehöriger zu verstehen, die von der zuständigen Behörde an bestimmten Orten zum Zwecke ihrer späteren Abschiebung durchgeführt wurde. Eine solche Zusammenziehung darf ohne jegliche Beschränkung durchgeführt werden.

§ 3

Dieses Dekret gilt nur für die Fälle der Sicherstellung oder der Verlängerung der vorübergehenden Sicherstellung (Haft) über die gesetzlich zulässige Zeit hinaus, die sich vor dem Inkrafttreten dieses Dekrets ereigneten[1].

§ 4

Für die Zeit der Gültigkeit des Dekretes des Präsidenten der Republik vom 19. Juni 1945, Slg. Nr. 16, über die Bestrafung der nazistischen Verbrecher, der Verräter und ihrer Helfershelfer sowie über die außerordentlichen Volksgerichte[2] wird die in § 3 des Verfassungsgesetzes vom 9. April 1920, Slg. Nr. 293, über den Schutz der Freiheit der Person, des Hauses und des Briefgeheimnisses (nach §§ 107, 112 und 116 der Verfassungsurkunde)[3] festgesetzte Frist auf 8 Tage verlängert.

§ 5

Dieses Dekret tritt am 30. Tage nach der Kundmachung in Kraft[4] und gilt in den Ländern Böhmen und Mähren-Schlesien; es wird vom Justizminister und vom Innenminister durchgeführt.

Anmerkungen:

[1] Tatsächlich wurden, wie das Dekret in § 3 einräumt, derartige »Sicherstellungen« in sehr beträchtlichem Umfang seit Mai 1945 durchgeführt.

[2] Zum Text: Siehe S. 529.

[3] Zum Text: Siehe S. 403.

[4] D. h. am 26. 12. 1945.

Quelle:

ČSR-Slg 1945; Nr. 137 im 57. Stück v. 26. 11. 1945; S. 337.
In deutscher Sprache: DdV, IV/1; S. 276.

****

Botschaft **1945, 28. Oktober**
des ČSR-Staatspräsidenten Beneš
an die »Vorläufige ČSR-Nationalversammlung«[1]:
Vertreibung der Sudetendeutschen schon 1918[2] geplant?[3]

. . .

Nach dem Jahre 1918 konnten wir das, was wir heute tun, nicht tun, da sich weder die internationale Welt noch unsere internen Verhältnisse so weit entwickelt hatten, wie dies heute der Fall ist. Seit 1918 waren dann 20 Jahre internen Kampfes vorübergegangen, als ein schrecklicher Krieg die ganze Welt revolutionierte. Nunmehr sind wir mit Problemen konfrontiert, die wir lösen müssen und lösen werden: Neue Probleme, wie die Überarbeitung der Verfassung, Endlösungen für die Beziehungen zwischen Tschechen und Slowaken, das Problem der Deutschen und Ungarn und unseres neuen Nationalstaates, das Problem der Verstaatlichung, das die Schlüsselindustrien, Banken und Versicherungsgesellschaften betreffen wird . . .
Nach dem Jahre 1918[4] . . . wurde der Vorschlag zur Einführung unseres derzeitigen Systems von Nationalausschüssen gemacht. Der Vorschlag wurde hauptsächlich wegen unserer Deutschen und Ungarn zurückgewiesen, denen man damals unmöglich so viel an Freiheit und Demokratie geben konnte. Heute sind die Bedingungen andere. Wir werden einen Nationalstaat haben, und Nationalausschüsse stellen zweifelsohne die höchste Form der Demokratie dar . . .

Anmerkungen:

[1] Zur bemerkenswerten »Rechts«-Basis dieses Gremiums: Siehe S. 684.

[2] Zu Vorschlägen der Jahre 1918/19, die Sudetendeutschen zu vertreiben: Siehe S. 240.

[3] Zur Behauptung ähnlicher Aussagen im vorgeblichen Redetext vom 3. 6. 1945 in Tabor: Siehe S. 527.

[4] Der hier hergestellte Zusammenhang mit 1918 ist beachtenswert:
1918 durfte die damalige ČSR-Führung zwar schon imperialistisch über das Selbstbestimmungs-

recht aller Nichttschechen hinweggehen. Sie mußte andererseits aber das Privateigentum und die Gemeindefreiheit noch achten. 1945 wurden ernannte »Nationalausschüsse« (siehe die Dekrete vom 5. 5. und 27. 8. 1945, S. 512, 684) zur »höchsten Form der Demokratie«, Verstaatlichung wird durchsetzbar und Vertreibung möglich und daher geboten.

Quelle:
»The Opening of the Prague Parliament – Message of President Dr. Edvard Beneš«; hsg. v. ČSR-Informationsministerium; Prag, 1946; S. 25 ff.

****

Der Alliierte Kontrollrat für Deutschland: **1945, 10. November**
»Plan der Umsiedlung der aus Österreich, der Tschechoslowakei, Ungarn und Polen ausgewiesenen deutschen Bevölkerung nach den vier Besatzungszonen Deutschlands« [1]**:**

1. Die gesamte aus Polen ausgewiesene deutsche Bevölkerung (3,5 Mio. Menschen) wird in die sowjetische und in die englische Besatzungszone Deutschlands aufgenommen.
2. Die gesamte aus der Tschechoslowakei, Österreich und Ungarn ausgewiesene deutsche Bevölkerung (3,150.000 Menschen) wird in die amerikanische, französische[2] und sowjetische Besatzungszone Deutschlands aufgenommen.
3. Die vorläufige Verteilung dieser Bevölkerung auf die Zonen wird orientierungsweise folgende sein:
   a) In die sowjetische Zone aus Polen 2,000.000 Menschen;
   in die sowjetische Zone aus der Tschechoslowakei 750.000 Menschen[3],
   b) in die englische Zone aus Polen 1,500.000 Menschen;
   c) in die amerikanische Zone aus der Tschechoslowakei 1,750.000 Menschen[3],
   d) in die französische Zone aus Österreich 150.000 Menschen.
   Die französische Zone wird mit dem Beginn der Aufnahme dieser Bevölkerung nicht früher als am 15. 4. 1946 anfangen. Bis dahin wird die französische Zone, nach Beendigung des Austausches deutscher Flüchtlinge nach dem Grundsatz 1 : 1, etwa 250.000 Flüchtlinge aus der amerikanischen Zone aufnehmen, die früher in der französischen Zone lebten.
4. Es wird für möglich gehalten, nach der Bestätigung dieses grundsätzlichen Planes unverzüglich mit der Aufnahme der Bevölkerung aus den oben erwähnten Staaten laut folgendem Plan zu beginnen:
   Im Laufe des Dezember 1945 .... 10 % der Gesamtzahl
   Im Laufe des Januar 1946 .... 5 % der Gesamtzahl
   Im Laufe des Februar 1946 .... 5 % der Gesamtzahl
   Im Laufe des März 1946 .... 15 % der Gesamtzahl
   Im Laufe des April 1946 .... 15 % der Gesamtzahl
   Im Laufe des Mai 1946 .... 20 % der Gesamtzahl
   Im Laufe des Juni 1946 .... 20 % der Gesamtzahl
   Im Laufe des Juli 1946 .... 10 % der Gesamtzahl
   Änderungen sind infolge der Witterungs- oder Verkehrsverhältnisse sowie bei Vorliegen genauerer Angaben über die Zahl der umgesiedelten Bevölkerung möglich.
   Die britische Zone beginnt die oben erwähnten Flüchtlinge aufzunehmen, wenn dies der Umfang des gegenwärtig stattfindenden Flüchtlingsaustausches gestatten wird. Das Datum des Austauschbeginns wird von dem Chef der Repatriierungsabteilungen der sowjetischen und britischen Seite festgesetzt werden.
5. Die Erfüllung dieses Planes soll nicht die Verwirklichung des früher erzielten Abkommens über den Austausch deutscher Flüchtlinge zwischen den Zonen nach dem Grundsatz 1 : 1 stören.

6. Nach der Bestätigung dieses Planes werden die Regierungen Polens und der Tschechoslowakei sowie die Kontrollkommissionen Ungarns und Österreichs darüber informiert werden.

Anmerkungen:

[1] Der Plan entsprach weder in seinen Zahlen (zu niedrig) noch in seinem Zeitraster (zu kurz) dem tatsächlichen Ausmaß der Massenvertreibung.

[2] In Fortführung der bisherigen französischen Haltung (vom 7. 8. 1945, zum Text: Siehe S. 548) unterstrich die französische Kontrollratsgruppe am 9. 11. 1945:
»Die französische Delegation hat immer deutlich gemacht, daß Frankreich sich nicht an den Beschluß der Potsdamer Konferenz gebunden fühlt, deutsche Minderheiten aus der Tschechoslowakei, aus Polen, aus Ungarn usw. zu überführen.«
Vgl. Kühne, Andrea: »Abschottung und Assimilation. Die Flüchtlingsfrage in der Französischen Zone« in »Die Flüchtlingsfrage in der deutschen Nachkriegsgesellschaft«; hsg. v. Sylvia Schraut (m. a.); Mannheim (Bad.), 1996; S. 193–214, hier S. 196.

[3] Die Zahlen der aus der ČSR ausgewiesenen Deutschen dürften aus einer Note von ČSR-Außenminister Masaryk vom 24. 10. 1945 an den Botschafter der USA in Prag, Steinhardt, stammen: Dort waren 2,5 Mio. Deutsche, unterteilt nach Geschlecht, Alter und Berufsgruppen, aufgeführt.
Vgl. FRUS-DP 1945, II; S. 1298.

Quelle:
»Deklarationen, Gesetze, Befehle«; hsg. v. d. Sowjetischen Militäradministration in Deutschland (SMAD); Berlin (Ost), 1946; S. 65 f.

****

Brief **1945, 15. November**
des sudetendeutschen (ČSR-)Senators Niessner (Sozialdemokrat) an ČSR-Staatspräsident Beneš:
Versprechungen wurden und werden nicht eingehalten

Verehrter Herr Präsident!
Ihrer Großmütigkeit und Einsicht unterbreite ich in aufrichtiger Verehrung die nachstehende Darstellung:
Indem ich, Herr Präsident, Ihre Großmut und Einsicht aufrufe, so geschieht es nicht, weil ich für Unwürdige appellieren will . . . ⟨*Es folgte eine scharfe Verurteilung der NS-Verbrechen.*⟩ Doch es ist nicht recht und billig, in der Beurteilung der Deutschen keine Unterschiede machen zu wollen, sie in Bausch und Bogen zu verdammen, ja wie es vielfach geschieht, sie sogar mit dem Fluche einer eigens dazu erfundenen Rassentheorie vom grundsätzlich verbrecherisch veranlagten deutschen Menschen[1] zu belegen. Haben nicht Zehntausende von Sozialisten, deutschen Juden und freiheitlich Gesinnten das Elend der Emigration auf sich nehmen müssen, lange ehe noch in der übrigen Welt sich der geringste sittliche oder physische Widerstand über das kulturschänderische Treiben der Nazihorden erhob? Viele Jahre waren es ausschließlich deutsche wie österreichische Arbeiter und Juden und auch solche aus unseren Grenzgebieten, die in den Gestapokellern zu Tode gequält wurden oder in den Konzentrationslagern verdarben.
. . .
Das tschechische Volk hat ungeheuer Schweres erduldet, aber war das Leben der erklärten deutschen Hitlergegner in diesen sechs Jahren nicht auch ein Martyrium? Hunderttausende deutscher Menschen sind in dieser Zeit ihres Lebens nicht froh geworden und haben unter der raffinierten Kontrolle der Gestapo mit ihrem ungeheuren Spitzel- und Gewaltapparat in ständiger Angst ihr Dasein gefristet. Ich meine vor allem jene, welche die Standhaftigkeit und Selbstverleugnung besaßen, trotz aller offenen Drohungen und Verlockungen den Beitritt zur NSDAP beharrlich abzulehnen. Wer hier gelebt hat, weiß abzuschätzen, was dies bedeutete. Wer den Beitritt ablehnte, war als Gegner des Systems gekennzeichnet und

galt nicht nur gegenüber seiner Umgebung, sondern auch der Gestapo als erklärter Feind und wurde demgemäß behandelt. Die Nazi ließen ihn dies fühlen, er war mißachtet, er wie auch seine Familie war schwarz angekreidet, manche gerieten in Haft, mußten Hausdurchsuchungen und öfters peinliche Verhöre über sich ergehen lassen. So oft die Türklingel ertönte, durchfuhr der Schrecken die Familienmitglieder, denn immer glaubte man, es seien die Gestaposchergen, die vor der Tür stünden. Die Nichtanmeldung bei der Partei allein war schon das Bekenntnis zur Gegnerschaft, und was ein Gegner früher oder später zu erwarten hatte, das wußten wir alle aus den Erfahrungen in Deutschland und Österreich ...
Darum sollte nicht vergessen werden, daß das Treubleiben für die deutschen Antifaschisten oft schwerer war als für viele Tschechen, die, wenn sie nur vorsichtig waren, oft unbehelligt blieben, während dem deutschen Hitlergegner keinerlei Vorsicht nützte, denn seine Weigerung zum Eintritt in die NSDAP machte ihn von vornherein zum erklärten Feind. Bei gerechter Einschätzung dieses Verhaltens sollte deshalb in Beurteilung und Behandlung dieser Standhaften gegenüber den wirklichen Schuldigen an dem nazistischen Barbarentum ein Unterschied eintreten. Aber das ist bisher leider nur in geringem Maße geschehen. Während des Krieges lauschten unsere Leute voll Genugtuung den Sendungen des ausländischen Rundfunks, aus denen sie die Zuversicht empfingen, es würde das Verhalten jedes einzelnen Deutschen geprüft werden, und keiner, der der Republik und der Demokratie treu blieb, brauchte etwas zu fürchten. Im Jahre 1944 schrieb Herr Minister Hubert Ripka in einer in englischer Sprache erschienenen Broschüre: »Die Zukunft der Deutschen in der Tschechoslowakei« u. a....
»Diejenigen Deutschen, die ehrliche Demokraten sind, die sich treu mit uns vereinen, und besonders jene Deutschen, die vereint mit uns gekämpft haben, haben nichts zu befürchten.«[2]
Hochverehrter Herr Präsident! Es ist bedauerlicherweise anders gekommen, als man nach solchen Versicherungen glaubte erwarten zu können! Aus allen Teilen der Republik kommen auch noch heute mir, der ich wohl der älteste unter den früher im Vordergrunde unserer Bewegung Gestandenen bin, Hilferufe der treuesten meiner Genossen zu, die mich, wegen des bitteren Leides, das aus ihnen spricht, in tiefster Seele erschüttern. In den verschiedenen Lagern befinden sich noch immer viele meiner Gesinnungsgenossen, sie haben nicht nur die Freiheit, sondern auch ihre Wohnung und ihr bißchen Eigentum verloren. Sozialisten und Antifaschisten, darunter solche, die als langjährige Funktionäre der sozialistischen Parteien bekannt sind und von denen manche mit den Waffen in der Hand den nazistischen Banden im Jahre 1938 entgegengetreten sind, werden verhaftet, zusammen mit Faschisten aus ihren Wohnungen gejagt und unbekannt wohin abtransportiert. In der Ernährung sind die Antifaschisten mit den Faschisten auf die selbe Stufe gestellt und beziehen die gekürzten Lebensmittelkarten, die sie zu einem Hungerdasein verurteilen. In vielen Orten müssen sie gleich den Faschisten das Erkennungszeichen »N« (»Němec« – Deutscher) tragen, das sie als diffamiert stigmatisiert. Ein Dekret verordnet die Bildung antifaschistischer Ausschüsse, doch in manchen Orten ist jetzt nach Monaten damit noch kaum ein Anfang gemacht. In den Lagern bei den Abtransporten haben viele unserer Gesinnungsgenossen und Genossinnen ihr Leben eingebüßt. In manchen Orten ist es besser geworden, doch noch immer kommen schwere Härten gegenüber unseren Genossen vor.
Hochverehrter Herr Präsident! Ich und mit mir zahlreiche andere vertrauen auf Ihren Gerechtigkeitssinn, daß Sie erkennen, eine weitere Duldung solcher Erscheinungen sei nicht im Staatsinteresse gelegen. Ich bin überzeugt, daß jene, die im Lande bleiben, bestrebt sein werden, ihre Ergebenheit gegenüber dem Staate zu beweisen. Sie werden dies stets tun, wenn sie nicht als Rechtlose, Vogelfreie, sondern als freie Bürger ihr Leben hier verbringen können.

Hochachtungsvoll
Wilhelm Niessner m. p.[3]

⟨[4]⟩

Anmerkungen:

[1] Deutliche Bezugnahme auf die Rede von Dr. Beneš am 12. 5. 1945 in Brünn; zum Text: Siehe S. 513.

[2] In einem weiteren Brief vom 24. 2. 1946 an Dr. Beneš bezog sich Niessner auch auf die Botschaft von Dr. Beneš an den ČSR-Staatsrat vom 12. 11. 1942; zum Inhalt: Siehe S. 466.

[3] »m. p.« = manum propium = eigenhändig.

[4] Niessner erhielt am 18. 12. 1945 eine Audienz bei Dr. Beneš, der sich den Argumenten jedoch völlig verschloß.

Wiedergabe:

nach Brügel, Johann W.: »Tschechen und Deutsche 1939–1946«; München, 1974; S. 275 ff.

****

1945/1946: Dokumentation der Vertreibung (Ergänzendes Material)

A) Vorbemerkung

Um den Zeitpunkt der militärischen Kapitulation des Oberkommandos der deutschen Wehrmacht am 8. 5. 1945[1] begann die seit langem geplante und vorbereitete[2] Vertreibung der Sudetendeutschen[3].
Der Vorgang erforderte zusätzlich zu den Dokumenten im chronologischen Ablauf eine gesonderte, geschlossene Darstellung, um in Belegen wichtige Aspekte verständlicher werden zu lassen.

B) Wichtige Voraussetzungen

Grundsätzlich ist zu beachten, daß zwischen offiziell dokumentierbarem und tatsächlichem Ablauf der Vertreibung bemerkenswerte Abstände lagen:

1) Bereits sprachlich versuchten mindestens seit 1945 tschechische Verfasser unter Nutzung der Bezeichnung »transfer«[4] über den Ausdruck »odsun« (= Abschub)[5] den Blick auf die Tatsachen zu verstellen; die zutreffende Bezeichnung »vyhnáni« (= Vertreibung) wurde vorsorglich umgangen bzw. mit anderen Begriffsinhalten, als der zwangsweisen, amtlichen Verbringung heimatberechtigter Privatpersonen in andere Gebiete aufgefüllt.
2) Es wurde keine ČSR-Vorschrift veröffentlicht[6], welche die Massenvertreibung der Sudeten- (und Karpaten-)Deutschen festgelegt hätte. Nach ČSR/ČR/tschechischer Auffassung lag und liegt die Berechtigung dafür allein in der »Erklärung über die Berliner Konferenz« vom 2. 8. 1945[7]. Um diesen Standpunkt zu erhalten, blieb die dringliche und einzigartige[8] ČSR-Forderung[9] nach einer derartigen Festlegung praktisch unerwähnt; in kritisch erscheinenden politischen Lagen wurde später der Fortbestand der »Gültigkeit der Potsdamer Beschlüsse« beschworen bzw. ihre Bestätigung angefordert[10].
3) Davon ausgehend entwickelten Dr. Beneš und die ČSR, die sich 1945 totalitär-kommunistisch neu strukturierte[11], ein unter der Kurzbezeichnung »Beneš-Dekrete« bekannt gewordenes Geflecht gesamtstaatlicher ČSR-Vorschriften.

C) Abschnitte

Abschnitt 1: Die ČSR-Vorschriften

Die wichtigsten dieser Vorschriften wurden im Abschnitt 1 (zusätzlich zum Abdruck im chronologischen Ablauf) nach v. a. Inhalt und Absicht charakterisiert.

Abschnitt 2: Lebensumstände der Sudetendeutschen 1945/46

Wichtige Quelle der Lebensumstände waren und bleiben die großen Sammlungen »Dokumente zur Austreibung der Sudetendeutschen« (DzASd) und die »Dokumentation der Vertreibung der Deutschen . . . aus der Tschechoslowakei« (DdV). Weitere Belege zum gleichen Thema werden an anderer Stelle zusammengefaßt nachgewiesen[12].
In Abschnitt 2 wurde ein ergänzender Ansatz gewählt: Der Teil A zeigt in faksimilierter Form zusammengefaßte regionale und lokale Gebote und Verbote für Deutsche. Der Teil B belegt inhaltlich Einzelanweisungen[13].

Abschnitt 3: ČSR-Vertreibungsbefehle 1945/46

Um die zeitgenössischen Begründungen, Begleitumstände und Abläufe wenigstens in einigen Beispielen zu verdeutlichen, wurden im Abschnitt 3 einzelne und pauschale Vertreibungsbefehle aus den Jahren 1945 (auch nach dem 2. 8. 1945[14]) und 1946 belegt[13].

Abschnitt 4: Vertreibungstransporte aus der ČSR in die SBZ Deutschland 1945/46

Nach den sog. »wilden Vertreibungen« bis Ende 1945 erfolgte die Phase der sog. »ordentlichen Ausweisungstransporte« v. a. im Jahre 1946. Diese sind für den Empfangsbereich der US-Zone Deutschlands hinreichend dokumentiert[15].
Ergänzend ist jedoch darauf hinzuweisen, daß die sich hieraus ergebenden Summierungen nicht mit der Gesamtzahl der vertriebenen Sudetendeutschen gleichgesetzt werden können. Neben den Zahlen in den »ordentlichen Transporten« kamen allein vom Dezember 1945 bis 15. 8. 1946 rd. 80.000 »Einzelwanderer und Heimkehrer«[16] nur nach Bayern. Zu dieser schon beträchtlichen Zahl sind die gleiche Personengruppe nach anderen Teilen 4-Zonen-Deutschlands und nach Österreich in und nach diesem Zeitraum zu addieren (v. a. Heimkehrer aus der Kriegsgefangenschaft und der sudetendeutschen Emigration, denen die ČSR-Behörden die Rückkehr verwehrt hatten[17]).
Umgekehrt befanden sich unter den Personen sog. »ordentlicher Ausweisungstransporte« aus der ČSR auch Nichtsudetendeutsche in vermutlich nicht mehr klärbarem Umfang[18].
Im Zuge der Materialbeschaffung für andere Stellen dieser Sammlung konnte auch wenigstens eine Teildarstellung sudetendeutscher Vertreibungstransporte in die Sowjetische Besatzungszone SBZ erfaßt werden, welche bemerkenswerte Einzelheiten[19] ergab; die Ergebnisse bildeten Abschnitt 4.

Abschnitt 5: Wissen von der (und Meinungen zur) Vertreibung der Sudetendeutschen in den Jahren 1945/46

Bereits in der vierten Auflage dieser Sammlung konnten 1984 zahlreiche Meldungen wiedergegeben werden, welche die Vertreibung publizierten. Diese Meinungen konnten ergänzt werden; die Ergebnisse bildeten Abschnitt 5.
Dabei wurden im Teil A Berichte westlicher Medien aufgeführt, welche sich vorrangig negativ v. a. zur sog. »wilden Vertreibung« äußerten. Der Teil B enthält vornehmlich solche feststellbaren tschechischen Stimmen dieser Zeit, welche die Vertreibung an sich oder einzelne Aspekte des Vorgangs (mehr oder minder) deutlich in Frage stellten.

Abschnitt 6: Zu (sudeten-)deutschen Juden in der ČSR 1945/46

Am Beispiel sudetendeutscher Juden wurde exemplifiziert, daß die Vertreibung sich nicht gegen Nazis, sondern gegen alle Deutschen richtete.

Abschnitt 7: Die deutsche Ostgrenze nach dem 2. Weltkrieg in Vorstellungen und Plänen der Jahre 1945 bis 1947

Die Außengrenze des Sudetengebietes war Teil der deutschen Ostgrenze von 1945.
Es war aufzuzeigen, daß 1945–1947 auch gewichtige Personen und Institutionen deutlich andere Vorstellungen von der deutschen Ostgrenze hatten, als sie seit 1945 faktisch bestehen sollte und in späteren Zeiten als alternativelos impliziert wurde.

D) Abgrenzungen

Der Arbeitstitel »Sudetenfrage« verlangte Beschränkungen, die jedoch mindestens grundsätzlich markiert werden sollten:
So war die Vertreibung (fast) aller Sudetendeutscher nach 1945 Teil der Vertreibung (fast) aller Ost- und Südostdeutschen.

So richteten sich Maßnahmen der ČSR-Regierungen gegen die Sudetendeutschen auch gegen die ihr 1919 und 1945 unterstellten Ungarn (und z. T. auch Polen), sowie v. a. ab 1948 gegen mehr als einzelne Tschechen und v. a. Slowaken.
So war die Totalenteignung aller Sudetendeutschen 1945 der Einstieg in die 1945 beginnende und ab 1948 fortgeführte Enteignung von Tschechen und Slowaken.

E) Schlußbemerkung

Natürlich kann der Umfang des Leides der Vertreibung für die Betroffenen dokumentarisch nicht voll wiedergegeben, sondern, quasi im Blitzlicht einzelner belegbarer Vorgänge, nur angedeutet werden.

Anmerkungen und Quellen:

1 Zum Text vgl.: »A Decade of American Foreign Policy: Basic Documents 1941–1949«; hsg. v. US-Senat; Washington, 1951; S. 505.
2 Siehe zu 1918: S. 240; zu 1938: S. 398 ff.; zu 1938–1945: S. 437, 457.
3 Zur Zahl der Sudetendeutschen: Siehe S. 1194 ff.; zu ihren Vertreibungsopfern: Siehe S. 1210 ff.
4 Zur Begriffserläuterung von »transfer«: Siehe S. 548.
5 Zur Begriffsgeschichte von »odsun« vor 1945:
a) Verwendung im militärischen Sprachgebrauch für das Fortschaffen von Verwundeten und beschädigtem militärischem Gerät aus der Frontlinie in das Hinterland.
Vgl. »Masarykův slovník naučny« (M. Konversationslexikon); 7 Bde., Prag, 1925–1933; hier Bd. II, S. 184.
b) Verwendung für die Übersetzung von »Abschiebung« z. B. öffentlicher Dirnen und Landstreicher; zum Text des österreichischen Gesetzes vom 27. 7. 1871 und dessen Anwendung im Jahre 1936: Siehe S. 205.
6 So z. B. die Erklärung des stellv. ČSR-Außenministers Clementis vom 2. 12. 1947, zum Text: Siehe S. 704.
Siehe aber auch S. 541 (17. 7. 1945) für ČSR-Planungen im Sommer 1945.
Ein beachtenswertes Indiz für die dadurch bewirkte Unsicherheit ist auch die unterschiedliche Übertragung des tschechischen Begriffes »odsun« in vorliegenden Vertreibungsbefehlen mit »aus der ČSR herausführen«, oder »Sammeltransport«, »Transport«, »Abtransport«, bzw. »Aussiedlung«, »Abschub« und sogar »Übersiedlung«.
7 Zum Text: Siehe S. 548. Dort auch Material zur Qualifizierung der »Erklärung«.
8 Z. B. im Vergleich zu Ungarn; siehe S. 549.
9 Durch v. a. die ČSR-Note vom 3. 7. 1945; zum Text: Siehe S. 538.
10 So z. B. 1996; siehe dazu S. 1043.
11 Durch ein System ernannter Nationalausschüsse unter Ausschluß aller Nichtslawen sowie andauerndem Verbot wichtiger vorheriger tschechischer und slowakischer Parteien.
12 Siehe die Literatur S. 1226.
13 Fotokopien der Originale befinden sich im Besitz des Verfassers.
14 Termin, ab dem (auch) die ČSR durch die »Erklärung über die Berliner Konferenz« vom 2. 8. 1945 aufgefordert worden war, weitere »Vertreibungen« (expulsions) einzustellen; zum Text: Siehe S. 548.
15 Vgl. Bohmann: SiZ, S. 253–272.
16 Vgl. Bohmann: SiZ, S. 208.
17 Entsprechend der Note von ČSR-Staatsminister Ripka v. 20. 4. 1945; zum Text: Siehe S. 509.
18 So allein im Transport Saaz–Hockenheim (Baden), Grenzübertritt 2. 9. 1946, 8 Schlesier, deren Herkunftsort in den offiziellen ČSR-Transportpapieren als Saaz angegeben worden war (Fotokopie im Besitz des Verfassers).
19 So wurden, im Gegensatz zu den Transporten in die US-Zone, die Transporte in die SBZ meistens kurz hinter der [reichs-]deutschen Grenze in andere Waggongarnituren umgeladen; anscheinend fürchtete die ČSR bei den Sowjets um das eingesetzte rollende Material.

****

Abschnitt 1: Die ČSR-Vorschriften

A) Vorbemerkung

Die hier darzustellenden ČSR-Vorschriften werden häufig unter dem Stichwort »Beneš-Dekrete« behandelt.
Damit sind vom ČSR-Politiker Dr. Beneš, der als Staatspräsident der ČSR auch nach dem 5. 10. 1938 auftrat[1], erlassene Vorschriften gemeint. Insgesamt erließ Dr. Beneš an Dekreten:

	Gesamt	davon Verfassungsdekrete
Im Exil	44	9
Nach Rückkehr bis 28. 10. 1945	98	6
Gesamt	142	15

1) Abgrenzung und Ausweitung

Die nachfolgende Zusammenstellung im Teil B beschränkt sich einerseits auf Charakterisierung jener Dekrete, welche bereits im chronologischen Ablauf wiedergegeben wurden, weil sie (z. T. u. a.) die Sudetendeutschen direkt ansprachen. Indirekt waren die Sudetendeutschen natürlich auch durch z. B. die Bank-, Industrie- und Versicherungsverstaatlichungen der Dekrete 100 bis 103/45 berührt.
Andererseits wurden die Sudetendeutschen auch durch rechtliche Konsequenzen solcher Vorschriften direkt betroffen, die nicht in Dekretform erlassen wurden, sondern in Form von ČSR-Regierungsverordnungen oder als ČSR-Gesetz (z. B. rechtliche Beendigung auch der privaten Arbeitsverhältnisse durch Gesetz vom 11. 4. 1946 wegen des ČSR-Staatsangehörigkeitsverlustes per Dekret vom 2. 8. 1945). Diese wurden daher gleichfalls aufgenommen.
Dekrete, Gesetze und Regierungsverordnungen führten zu einer Flut nachgeordneter ČSR-Richtlinien, Bekanntmachungen, Anordnungen etc. einzelner ČSR-Ministerien oder Gremien, wie z. B. des ČSR-Ansiedlungsamtes. Deren Aufführung mußte, um den Umfang der Zusammenstellung nicht zu vervielfachen, auf ausgewählte Beispiele beschränkt bleiben.

2) Faktische Wirksamkeit und rechtliche Gültigkeit

Zur rechtlichen Gültigkeit dieser faktisch wirksamen (bzw. wirksam gewesenen) ČSR-Vorschriften liegt umfangreiche Literatur vor[2].
Aus dieser Literatur ist unschwer zu ersehen, daß sämtliche die Sudetenfrage berührenden Vorschriften als ex tunc nichtig zu bezeichnen sind:
Sie widersprachen einerseits dem bereits 1945/46 gültigen Kriegs- und humanitären Völkerrecht sowie dem internationalen Privatrecht.[3]
Sie widersprachen und widersprechen sicherlich dem heutigen Kodifizierungsstand des Kriegs- und humanitären Völkerrechts.
Die Vorschriften standen aber auch im Widerspruch zum bis 1938 geltenden ČSR-Staatsrecht, v. a. der ČSR-Verfassung vom 29. 2. 1920[4] und dem damit verbundenen Minderheitenschutzvertrag vom 10. 9. 1919[5], dessen Fortgeltung im Sinne der Kontinuitätstheorie der ČSR[6] ungerührt gleichzeitig behauptet wurde.
Die Vorschriften waren auch in sich widersprüchlich (siehe Teil B, Anm. 12) und versuchten, sich wechselseitig zu legitimieren (siehe Teil B, Anm. 23).

3) Weitere formale Hinweise

Die Daten des Erlasses (wie der Veröffentlichung) der Vorschriften waren regelmäßig wenig relevant. So wurde die erst im Herbst 1945 dekretierte Arbeitspflicht und Sicherstellung (d. h. Lagereinweisung) vieler Deutscher jeweils bereits ab Mai 1945 praktiziert.
Die Definition des jeweils betroffenen Personenkreises (siehe Spalte 4 des Teiles B) war

teilweise unklar und auch der Begriff »Deutscher« teilweise an das Bekenntnis in der ČSR-Volkszählung 1. 12. 1930, teilweise an die Vermerke der Haushaltsstatistik für Lebensmittelkarten von Anfang 1945 und teilweise an beide gebunden. Die Ausnahmeregelungen für NS-Gegner (sog. Antifaschisten), deren Definition v. a. über die geforderte Treue zur ČSR[7] sehr eingeschränkt war, wurden in der Praxis oft mißachtet.

4) Enteignungen: Stichtag, Mitteilung, Rechtsmittel

Bei den Vorschriften gegen deutsches Eigentum (Ziff. III im Teil B) ist zu beachten, daß dieses dem Eigentümer zum Stand Mai 1945 zugeordnet wurde: Wenn das NS-Regime nach dem 1. 10. 1938 z. B. einer natürlichen Person jüdischer »Rasse« oder einem sozialdemokratischen Verein der Sudetendeutschen das Eigentum entzogen hatte, wurde es grundsätzlich als Vermögen des Deutschen Reiches per 19. 5. 1945 unter Nationalverwaltung gestellt und per 25. 10. 1945 konfisziert. Berechtigte Ursprungseigentümer hatten sich dann zu melden und konnten (theoretisch) das Eigentum zurückerhalten, wenn sie komplizierte Bedingungen[8] erfüllten. Diese Rückgabevorschrift blieb daher oft Theorie[9].
Die ČSR-Nationalverwaltung von Eigentum wurde z. T. durch Verfügung an den bisherigen deutschen Eigentümer unter Kopiegabe an den nunmehrigen tschechischen Verwalter durchgeführt, z. T. genau umgekehrt durch Verfügung für den tschechischen Verwalter unter Kopiegabe an den deutschen Eigentümer erklärt. In einem Fall erfolgte der Hinweis auf gegen die Zwangsverwaltung einlegbare Rechtsmittel (S. 611, Anm. 30), in einem anderen Fall kein Hinweis (S. 611, Anm. 33), in einem dritten Fall wurde ausdrücklich erklärt, daß es dagegen keine Rechtsmittel gäbe (S. 611, Anm. 32).
Bei den Vorschriften gegen deutsche Geld-Konten ist darauf zu verweisen, daß diese später in weitere umfangreiche und allgemeine Regelungen[10] aufgingen.

5) Der rechtliche Stand 1999

Zum Stand Anfang 1999 in dieser Frage ist zunächst kommentarlos auf zwei völlig verschiedene Standpunkte zu verweisen:
Einerseits kann argumentiert werden, daß seit der verfassungsmäßigen Übernahme der Menschenrechte durch die ČR per 31. 12. 1991[11] zumindest alle national diskriminierenden Dekrete mindestens ex tunc ungültig wurden und nur die Schadenersatzfrage zu regeln blieb.
Andererseits hat das ČR-Verfassungsgericht noch am 8. 3. 1995, ohne seine Verfassungsmäßigkeit zu prüfen, die fortdauernde Gültigkeit mindestens des Dekretes 108/45 bestätigt[12].
Einerseits zeigt Teil B (in Spalte 7) auf, daß auch unter den v. a. die Sudetendeutschen betreffenden Dekreten/Vorschriften einige bereits aufgehoben und andere geändert wurden.
Andererseits betonen amtliche Stellen der ČR bis heute, die Aufhebung der Dekrete sei unmöglich, da sie das Rückgrat der heutigen ČR-Rechtsordnung[13] darstellten.
Derzeit (Ende 2002) kann daher nur wiederholt werden, daß v. a. die Vermögensansprüche der Sudetendeutschen gegen die ČSR/ČR offen bleiben[14].

Anmerkungen und Quellen:

[1] Zur Frage, ob die Abdankung des damaligen ČSR-Staatspräsidenten Beneš am 5. 10. 1938 rechtlich einwandfrei war: Siehe S. 423.

[2] Vgl. z. B. Raschhofer, Hermann: »Die Sudetenfrage«; München, 1953; 2. Aufl., 1988.
Ermacora, Felix: »Die sudetendeutschen Fragen«; München, 1992; S. 50 ff., auch S. 75 ff.
Blumenwitz Dieter: »Die Beneš-Dekrete aus dem Jahre 1945 unter dem Gesichtspunkt des Völkerrechts«; Bonn, 1993.
Kimminich, Otto: »Die Benesch-Dekrete« in »Sudetenland«, München; Jg. 36 (1994), Nr. 3; S. 214–230.
Veiter, Theodor: »Kein Schlußstrich«; München, 1994; S. 114 ff.

[3] Zur diesbezüglichen Rechtsauffassung des Oberlandesgerichts München vom 14. 6. 1951: Siehe S. 728.

[4] Zum Text: Siehe S. 281, 289.
[5] Zum Text: Siehe S. 281.
[6] Zum Inhalt: Siehe S. 447.
[7] Siehe dazu auch S. 665.
[8] Vgl. § 1, Ziff. 2 des ČSR-Konfiskationsdekretes vom 25. 10. 1945; zum Text: Siehe S. 563.
[9] Zu einem Beispiel: Siehe S. 667.
[10] Vgl. z. B. zum allgemeinen Geldumtausch der ČSR per 1. 11. 1945 den Text des Dekretes Nr. 91 vom 19. 10. 1945 in ČSR-Slg. 1945; 42. Stück v. 20. 10. 1945, S. 169–172, des Gesetzes Nr. 134 vom 15. 5. 1946 über »Abgaben aus dem Vermögenszuwachs und Abgaben aus dem Vermögen« in ČSR-Slg. 1946; 56. Stück v. 18. 6. 1946; S. 971–994, und des Gesetzes Nr. 941 vom 2. 7. 1947 über den »Währungsliquidationsfonds« in ČSR-Slg. 1947; 64. Stück v. 11. 8. 1947; S. 685–688.
[11] Zum Text des ČR-Verfassungsgesetzes vom 9. 1. 1991: Siehe S. 910.
[12] Zum Text des ČR-Verfassungsgerichtes: Siehe S. 993.
[13] Daß Aufhebungen ohne Zerstörung der ČR-Rechtsordnung durchaus möglich sind, belegt die Vorgehensweise des ČR-Parlamentes gegen das fortgeltende Beneš-Dekret zur Verstaatlichung des Filmwesens (Nr. 50 v. 11. 8. 1945; zum Text: Vgl. ČSR-Slg. 1945, 24. Stück v. 28. 8. 1945; S. 85 f.): Das Beneš-Dekret wurde durch ČR-Gesetz Nr. 273 v. 15. 10. 1993 (zum Text: Vgl. ČR-Slg. 1993, 68. Stück v. 11. 11. 1993, S. 1388–1391) einfach aufgehoben und durch reprivatisierende neue Bestimmungen ersetzt.
[14] Wie dies Bundeskanzler Kohl am 21. 1. 1997 in Prag ausdrückte; zum Text: Siehe S. 1077.

B) Tabellarische Zusammenstellung

Datum: 19 . .	VORGANGSART Vorgang	Folgemaßnahmen (z. T. damit begründet)	erfolgt für/durch . . . Gebiet	Personenkreis	Nr. der ČSR-Slg.	Art d. Vorschr.	Aufhebung: »Wodurch?«	Text/ Inhalt (I): Seite . . .	Ergänz. Anmerk.
1	2		3[1]	4[2]	5[3]	6[4]	7[5]	8	9
	I. STAATSKONSTRUKTION								
'40, 15. 10.	Basis »legislativer« Tätigkeit				20/45	1		451	6
'44, 3. 8.	(V. a.) Bis 29. 9. 1938 beschlossene Gesetze etc. weiterhin gültig				31/45	1	nie	497	6, 7
'44, 4. 12.	Nationalausschüsse (NV):	Schaffung, Aufgaben		4	43/45	1		I: 512 f.	6
'45, 5. 5.		Bestimmung Mitglieder		4	4/45	5		512	
'45, 7. 8.		Bestimmung Mitglieder		4	44/45	5		I: 513	
'45, 25. 8.	ČSR-Prov. Nationalversammlung:	Bestimmung Mitglieder		1	47/45	1		683	
	II. GEWALT GEGEN MENSCHEN								
'45, 5. 4.	Lagerverbringung		1	6	.	6	.	506	8
'45, Mai		Auch deutsche Juden und Antifaschisten		9	.	.	.	663 ff.	
'45, 17. 5.	Hunger-Rationen		1	8	6/45	5	.	516	9
'45, 19. 6.	Vergeltung:	(Sog.) Großes Restributionsdekret	1	3	16/45	2	[10]	517	11
'45, 27. 10.		Zwangsarbeit		3	126/45	2	67/50	I: 531	
'45, 27. 10.		Sicherstellung ohne Haftentschädigung		4	137/45	1	87/50	567	
'45, 2. 8.	Staatsangehörigkeit:	Basisdekret	1	5	33/45	1	[12]	551	12
'45, 24. 8.		Durchführungsverordnung		5	.	7	.	552	
'45, 19. 9.		Arbeitspflicht		5	71/45	2	65/65	I: 552	
'45, 2. 12.		Arbeitspflicht: Durchführungsverordnung		5	.	7	.	I: 552	
'46, 11. 4.		Beendigung von Arbeits-Lehrverhältnissen		5	83/46	4	nie	I: 552	
'46, 19. 12.	NS-Wiedergutmachung:	Nicht für die meisten sd. Antifaschisten		9	255/46	4	[13]	690	14
	III. GEWALT GEGEN EIGENTUM (auch juristischer Personen)								
	Einstellung aller Pensions-/Rentenzahlungen an Deutsche		1	8	.	7		I: 537	15
'45, 19. 5.	Nationalverwaltung deutschen Eigentums		1	2	5/45	2	nie	517	
'45, 31. 7.		Plünderungsverbot	1		38/45	2	86/50	I: 582, 616	16
'46, 16. 5.		Erwerb aus Nationalverwaltung			128/46	4		I: 519	
'45, 21. 6.	Konfiskation deutschen landwirtschaftlichen Eigentums		1	2	12/45	2	[17]	532	
'45, 17. 7.		Einheitlichkeit »interner Besiedelung«	1		27/45	2	18/50	540	
'45, 20. 7.		Besiedelung landwirtschaftlichen Bodens	2		28/45	2		542	
'45, 3. 8.		Bewerberanträge, Aufteilung	1		.	7		I: 544	

Datum: 19 . .	VORGANGSART Vorgang	Folgemaßnahmen (z. T. damit begründet)	erfolgt für/durch . . . Gebiet	Personenkreis	Nr. der ČSR-Slg.	Art d. Vorschr.	Aufhebung: »Wodurch?«	Text/ Inhalt (I): Seite . . .	Ergänz. Anmerk.
1	2		3[1]	4[2]	5[3]	6[4]	7[5]	8	9
'45, 3. 9.		Statut Siedlungsamt	2		70/45	7	18/50	I: 542	
'45, 22. 6.	Geld: Kontensperre		1	7		7		534	
'45, 31. 7.	Auszahlungssperre		3	4	35/45	2		545	
'45, 29. 10.		Durchführungsverordnung	1		·	7		I: 546	
'45, 20. 10.	Vermögenswerte	Anmeldung Konten, Lebensvers., Wertpapiere	1		95/45	2		I: 536	
'45, 25. 10.	Konfiskation deutschen Gesamteigentums		1	2	108/45	2	[17]	563	
'47, 14. 2.		Bewerberanträge, Aufteilung			31/47	4		I: 566	
'47, 17. 6.		Bewerberanträge, Aufteilung			106/47	7		I: 566	
	IV. GEWALT GEGEN INSTITUTIONEN (inkl. deren Eigentum)								
'45, 5. 4.	. . . Schulen	Schließung deutscher . . .	1	8	·	6	nie	507	[18]
'45, 7. 6.		Durchführungsverordnung				7		I: 507	
'45, 25. 9.	Deutsche Vereine	Auflösung, Vermögenskonfiskation	1	7	81/45	2	[19]	520	
'45, 18. 10.	Deutsche Karls-Universität, Prag	Auflösung, Vermögenskonfiskation	1	·	122/45	2	nie	562	
'45, 18. 10.	Deutsche technische Hochschulen	Auflösung, Vermögenskonfiskation	1	·	123/45	2	nie	562	[20]
'48, 6. 5.	Deutsche evangelische Kirche	Auflösung, Vermögenskonfiskation	1	·	131/48	4	nie	710	[21]
	V. RECHTMÄSSIGKEIT VON UNRECHT								
'46, 8. 5.	Legalisierung von Straftaten 30. 9. 1938 – 28. 10. 1945		1	·	115/46	4	·	685	[22]
	VI. »PARLAMENTARISCHE« BILLIGUNG								
'46, 28. 3.	(Verfassungs-)Dekrete werden ordentliche (Verfassungs-)Gesetze		1	·	57/46	3	·	683	[23]

Abkürzungen, Anmerkungen, Quellen:

[1] Erläuterung zu Spalte 3 für »Geltungsgebiet«:
1 = Gesamt ČSR
2 = Böhmen, Mähren-Schlesien
3 = Grenzgebiet = Sudetengebiet

[2] Erläuterung zu Spalte 4 für »Betroffener Personenkreis«:
1 = (Gegen Deutsche, Ungarn und Juden gerichtet, nämlich:) »Nicht-Slawen«
2 = (Gegen auch Tschechen und Slowaken, nämlich:) Deutsche, Ungarn, Verräter, Kollaboranten oder Feinde des tschechischen und slowakischen Volkes
3 = (Gegen auch Tschechen und Slowaken, nämlich:) Nazistische Verbrecher, Verräter, Helfershelfer
4 = Gegen staatlich oder national unzuverlässige Personen
5 = (Gegen nur Deutsche und Ungarn, nämlich:) Personen, welche die C˘SR-Staatsbürgerschaft verloren(, als sie die deutsche/ungarische erwarben)
6 = Gegen Deutsche und Ungarn mit nazistischen Verbindungen
7 = Gegen Deutsche und Ungarn
8 = Gegen Deutsche
9 = Gegen deutsche Juden und Antifaschisten

[3] Erläuterung zu Spalte 5 für »Nummer der ČSR-Sammlung«: Z. B. »4/45« = Nr. 4 des Jahres 1945.

[4] Erläuterung zu Spalte 6 für »Art der Vorschrift«:
1 = Verfassungsdekret
2 = Dekret
3 = Verfassungsgesetz
4 = Gesetz
5 = Regierungsverordnung
6 = im sog. Kaschauer (ČSR-Regierungs-)Programm v. 5. 4. 1945; zum Text: Siehe S. 506.
7 = andere Art

[5] Erläuterung zu Spalte 7 für »Aufhebung: Wodurch?«: Z. B. »87/50« = ČSR-Gesetz Nr. 87 des Jahres 1950.

[6] Bereits in der ČSR-Exil-Zeit im damaligen »Úřední vestník« (Amtsblatt), London, veröffentlicht: Nr. 20/45 als Nr. 2/40; Nr. 31/45 als Nr. 11/44; Nr. 43/45 als Nr. 18/44.

[7] Es könnte argumentiert werden, daß mit diesem Grundsatzprinzip die meisten Beneš-Dekrete und vergleichbar rassistische Gesetze und Verordnungen der ČSR von ihr selbst rechtlich als niemals in Kraft gesetzt angesehen wurden.

[8] Zur zeitgenössischen Charakterisierung als in vielen Fällen einem NS-KZ ähnelnd/gleichend: Siehe S. 736; zur Eigenkennzeichnung als KZ: Siehe S. 608 (8. 8. 1945).

[9] Zur zeitgenössischen Charakterisierung und (mindestens zeitweiligem) Anwendungsverbot durch US-Offiziere in Teilen der US-Zone der ČSR: Siehe S. 562, auch 520 f.

[10] Es wurde behauptet, daß das Dekret 16/45 durch ČSR-Gesetz 33/48 aufgehoben worden sei.
Vgl. Jech, Karel (m. a.): »Dekrety prezidenta republiky (Die Dekrete des Präsidenten der Republik) 1940–1945«; 2 Bde., Brünn, 1995; Bd. 2; S. 1033.
Das stimmt nicht; das ČSR-Gesetz 33/48 erneuerte vielmehr die Gültigkeit.
Vgl. zum Text ČSR-Slg. 1948; 15. Stück v. 2. 4. 1948; S. 391 f.

[11] Das weitere, sog. Kleine Retributionsdekret (vom 27. 10. 1945, Nr. 138 im 55. Stück der ČSR-Slg. 1945, vom 26. 11. 1945, S. 338) regelte die »Bestrafung einiger ⟨*tschechischer Personen, denen*⟩ Verstöße gegen die nationale Ehre« in den Ländern Böhmen und Mähren-Schlesien vorgeworfen wurden. Es ergänzte das Dekret über »den Nationalen Gerichtshof« (vom 19. 6. 1945, Nr. 17 im 9. Stück der ČSR-Slg. v. 9. 7. 1945, S. 31–33), welches die Bestrafung der Regierungsmitglieder des Protektorates und hoher Amtsträger NS-freundlicher tschechischer Organisationen der Protektoratszeit formalisierte.

[12] a) Das Dekret 33/45 hatte primär deklarativ/deklamatorischen Charakter: Der Staatsangehörigkeitsübergang war bereits v. a. durch den Vertrag zwischen dem Deutschen Reich und der ČSR vom 20. 11. 1938 (zum Text: Siehe S. 430) erfolgt.
Das Dekret diente jedoch auch als Basis für z. B. Dekret 71/45 v. 19. 9. 1945 über Arbeitspflicht.
b) Das Dekret markierte einen klaren Bruch mit der 1940–1945 gültigen ČSR-Exil-Staatsdoktrin, in welcher die Sudetendeutschen (z. B. für den Wehrdienst) stets als ČSR-Staatsbürger in Anspruch genommen worden waren.
c) Das Dekret 33/45 wurde formal nie aufgehoben: Es wurde obsolet, als mit ČSR-Gesetz 34/1953 v. 24. 4. 1953 (zum Text: Siehe S. 734) die Zwangseinbürgerung der letzten, im ČSR-Verständnis

erst 1945 zwangsausgebürgerten heimatverbliebenen Deutschen in der ČSR erfolgte, obwohl die ČSR durch Gesetz vom 13. 7. 1949 festgelegt hatte (zum Inhalt: Siehe S. 734), daß ihre Staatsbürgerschaft nur Bewerbern verliehen werden dürfe.

[13] Daß das Gesetz von 1946 nicht aufgehoben wurde, ist daraus belegbar, daß das ČR-Gesetz Nr. 217 vom 2. 11. 1994 »über die Gewährung einmaliger Geldbeträge an einige Opfer der nazistischen Verfolgung« die begünstigten »politischen Gefangenen« ausdrücklich dem Personenkreis des ČSR-Gesetzes 255/1946 entnahm.
Zum Text des Gesetzes von 1994: Siehe S. 998.

[9] Das Gesetz schloß die meisten antifaschistischen Deutschen und Ungarn von Wiedergutmachungsleistungen schon deswegen aus, da es nur ČSR-Staatsangehörige berücksichtigte.
Siehe den Textauszug S. 690.

[15] Hierunter befanden sich auch NS-Verfolgte: Siehe S. 663 ff.

[16] Mit dieser Bestimmung wurden auch Sudetendeutsche bedroht, die ihr eigenes, nunmehr von der ČSR beanspruchtes Eigentum verschenkten, beschädigten oder zerstörten.
Belege (in Vertreibungsbefehlen) liegen dem Verfasser vor.

[17] Die Fortgeltung wurde durch Zitierung im ČR-Gesetz Nr. 243 v. 15. 4. 1992 bestätigt.
Zum Text: Siehe S. 944.

[18] Die Schadenersatzpflicht würde hier neben dem Schaden für die Auszubildenden auch den Schaden für die Schulträger (und deren Rechtsnachfolger) umfassen, welche diese Schulen aus (vornehmlich) von Sudetendeutschen erbrachten Steuerleistungen und sonstigen Abgaben erstellten.

[19] Es wurde behauptet, daß das Dekret 81/45 durch die ČSR-Verfassung von 1948 und das ČSR-Gesetz 68/51 aufgehoben worden sei.
Vgl. Jech: a. a. O.; S. 1035.
Das stimmt nicht. Die ČSR-Verfassung vom 9. 5. 1948 versprach zwar in § 24 Versammlungs- und Vereinsfreiheit. Das ČSR-Gesetz 68/51 legte Details und in § 12, 13 aufgehobene Gesetze und Verordnungen fest; das Dekret 68/51 war darin nicht erwähnt.
Vgl. die Texte in ČSR-Slg. 1948, Nr. 150 im 52. Stück v. 9. 6. 1948; S. 1081–1108, hier S. 1091, und ČSR-Slg. 1951, Nr. 68 v. 12. 7. 1951 im 34. Stück v. 30. 7. 1951; S. 215 f.

[20] In Prag und Brünn.

[21] In Böhmen, Mähren und Schlesien.

[22]

a) Man sollte diesen Zeitraum im Zusammenhang mit anderen Zeitspannen beurteilen:	30. 09. 1938–28. 10. 1945
b) Dazu gehören weitere ČSR-Festlegungen:	
Zeit der »erhöhten Bedrohung« der ČSR (siehe S. 530)	21. 05. 1938–31. 12. 1946;
Zeit der »Unfreiheit« der ČSR (siehe S. 448, 497)	13. bzw. 30. 09. 1938–04. 05. 1945;
sowie »Kriegszustand« mit dem Deutschen Reich/Deutschland (siehe S. 171, 448)	17. 09. 1938–04. 02. 1955.
Dazu gehört aber auch als Tatsache: Zeit des 2. Weltkrieges (in Europa)	01. 09. 1939–08. 05. 1945.
c) Der Zeitraum der Straftatenlegalisierung umfaßte daher auch eine Zeitspanne, in welcher die ČSR nach eigener Angabe »frei« war, nämlich den	04. 05. 1945–28. 10. 1945
und schloß eine Zeitspanne aus, in welcher die ČSR nach eigener Angabe von ungenannten Mächten »erhöht bedroht« war, nämlich den	29. 10. 1945–31. 12. 1946.

d) Die kuriosen Konstruktionen belegen neuerlich die innere Widersprüchlichkeit der Vorschriften.

[23] Bemerkenswert ist, daß diese »parlamentarische« Billigung, die alle Beneš-Dekrete zu Gesetzen erklärte, durch das Gremium »Tschechoslowakische Vorläufige Nationalversammlung« erfolgte, welche, ihrerseits durch das Beneš-Dekret 47/45 v. 27. 8. 1945 (zum Inhalt: Siehe S. 684) demokratiefrei installiert, sich damit auch selbst bestätigte.

****

Abschnitt 2: Lebensumstände der Sudetendeutschen 1945/46

1) Vorbemerkung

Zur Gesamtheit der Lebensumstände der Sudetendeutschen 1945/46 gehörten vornehmlich Terror und Todesdrohung.

Zu diesen Aspekten ist auf die oben (siehe S. 573) sowie im Zusammenhang mit den Vertreibungsverlusten (siehe S. 1226) angegebene Literatur zu verweisen. Dort sind im Stile der »oral history« vornehmlich Berichte von Augenzeugen über persönliches Schicksal, gehörte Informationen und erlebte Ereignisse enthalten.

Vor diesem durch Wissensträger belegten Material standen jedoch ČSR-amtliche Verfügungen und Verordnungen, mit denen die damaligen ČSR-Behörden in mannigfacher Art in das Leben der Sudetendeutschen eingriffen.

Die meisten amtlichen Belege darüber sind wegen der langen inzwischen vergangenen Zeit wohl nicht mehr greifbar. Um so wertvoller zum Verständnis dieser Zeit kann der uns überkommene Rest sein, der für die Gesamtheit steht. Abgesehen von seltenen Extremfällen wohl eher spezifischer Art (wie den in Rumburg zu tötenden Brieftauben, siehe S. 589) dürfte nämlich jeder örtliche/gebietliche Beleg für viele weitere aus anderen Kreisen und Bezirken stehen.

Die Gebote und Verbote der ČSR-Behörden werden in zwei Teilen berichtet:

Teil A gibt in faksimilierter Form amtliche, regelmäßig plakatierte Verlautbarungen wieder, in denen jeweils verschiedene Ge- und Verbote zusammengefaßt wurden.

Teil B belegt tabellarisch einzelne Vorgänge, aus denen ggf. der Rückschluß auf die sie auslösenden Ge- oder Verbote möglich ist (z. B. Reisebewilligung = Nachweis des an sich bestehenden Reiseverbotes). Fotokopien der Belege befinden sich im Besitz des Verfassers.

Die im Teil A verzeichneten Verlautbarungen werden im Teil B teilweise nicht mehr vermerkt.

Teil A: Zusammengefaßte Verbote und Gebote (Übersicht)

Herausgabejahr	1945							1946
Herausgabedatum	28. 5.	29. 5.	15. 6.	ca. 15. 7.	20. 7.	18. 9.	15. 10.	ca. April
Herausgeber	ČSR-Militär		MNV[1]	SNB[1]	ONV[1]	ONV[1]	OSK[1]	MNV[1]
Geltungsbereich: Ort (Kreis)	Rumburg etc.	Neustadt a. d. T.	Prag	Troppau	Senftenberg	Aupa (Trautenau)	Tetschen	Selsen (Mähr. Trübau)
Betreffend: Alle D.[2] ohne ...	... Ausnahme	... Ausnahme	·	... Österr.	... Österr.	·	... A., Österr.	·
Herkunft der Angaben	3	4	5	6	7	8	9	10
GEBOTE: Kennzeichnung, Meldung								
Kennzeichnung (Wie?)	·	weiße Armbinde, Hakenkreuz	Hakenkreuz	»N«	»N«	·	weiße Armbinde	gelbe Armbinde
Neuer Ausweis für Deutsche	x				x			
Meldung aller Deutschen			x					
Meldung aller NSDAP-Mitglieder	x	x						
Meldung aller Wehrmachtsangehörigen	x	x						
Unterstützung von Wehrmachtsang. verboten	x							
Örtliche Zwangsarbeit								(x)[11]
VERBOTE: Information								
Rundfungeräte abgeben/Rundfunk hören	x		x				x	
Tschechische[12] Zeitungen kaufen/lesen			x					
Telefon benutzen		x						
Brieftauben: Flügel stutzen/töten	x							
Nachrichtenverbreitung	x				x			
VERBOTE: Bewegung								
Sperrstunde, Ausgangssperre			x	x			x	x
Beherbergung Dritter							x	
Versammlung von mehr als 2 Deutschen	x				x			
Wohnsitzwechsel							x	
Reisen (Bahn, Pkw, Motorrad)	x	x		x	x	x		x

Herausgabejahr	1945							1946
Herausgabedatum	28. 5.	29. 5.	15. 6.	ca. 15. 7.	20. 7.	18. 9.	15. 10.	ca. April
Herausgeber	ČSR-Militär		MNV[1]	SNB[1]	ONV[1]	ONV[1]	OSK[1]	MNV[1]
Geltungsbereich: Ort (Kreis)	Rumburg etc.	Neustadt a. d. T.	Prag	Troppau	Senftenberg	Aupa (Trautenau)	Tetschen	Selsen (Mähr. Trübau)
Betreffend: Alle D.[2] ohne …	… Ausnahme	… Ausnahme	·	… Österr.	… Österr.	·	… A., Österr.	·
Herkunft der Angaben	3	4	5	6	7	8	9	10
VERBOTE (v. a.:) Eigentum								
Vorlage Aufstellung Eigentum			x					
Verbringungsverbot für Möbel, Waren	x						x	
Zweitwohnungsverbot							x	
(Bank-/Sparkassen-)Kontensperrung			x					
VERBOTE: Benutzung								
Arztbesuch – Zeitbeschränkung								x
Einkaufen – Zeitbeschränkung			x	x		x		
Gaststätten, Kino, Theater			x		x		x	
Straßenbahn, Gehwege			x					
öffentliche Bäder, Turn- und Sportanlagen				x			x	
Wäscherei-, Reinigungsbetriebe, Parkanlagen			x					
Friseurbetriebe			x			x		
Waldzutritt		x	x					
Öffentliche Plätze					x			
Samstage in der Stadt								x
VERBOTE und GEBOTE (allgemein)								
Rauchverbot in Öffentlichkeit			x					
Vor t. Offizieren Hut abnehmen				x				
Kontakt von T. mit D. verboten					x			
Gebot für T., bei Übertretung durch D. diese anzuzeigen						x	x	
Gebot für alle, D. d. inkl. aller Ableitungen mit kleinem Anfangsbuchstaben zu schreiben			x					

Anmerkungen, Quellen, Verweise:

[1] MNV = Mistný národní výbor = Örtlicher Nationalausschuß
NV = Národní výbor = Nationalausschuß
ONV = Okresny národní výbor = Bezirksnationalausschuß
OSK = Okresny správni komise = Bezirksverwaltungskommission
Zu diesen Bezeichnungen: Siehe S. 512 f.
SNB = Sbor národní bezpečností = Nationaler Sicherheitsdienst; auch andere ähnliche Bezeichnungen

[2] A. = Antifaschisten.

[3] »Vyhláška« (Kundmachung) des ČSR-Militärbefehlshabers General Fišera an die Sudetendeutschen der Bezirke Rumburg, Warnsdorf und Schluckenau vom 28. 5. 1945; DIN A4 tschechisch, DIN A4 deutsch, auf rotem Papier; faksimilierte Originale in beiden Sprachen in Pfeifer, Wilhelm: »Weißbuch Niederland«; Böblingen (Wttbg.), 1980; S. 250.
Abb. 7, 8; Faksimile S. 588, 589.

[4] »Kundmachung« des Garnisonskommandanten in Neustadt a. d. T. vom 29. 5. 1945; abgedruckt in DdV IV/1; S. 316.
Das Bundesarchiv Koblenz hatte mit Schreiben v. 2. 7. 1997 mitgeteilt, daß das Original »nicht überliefert« sei.
Deutscher Text: Siehe S. 590.

[5] Aufruf des »Örtlichen Nationalausschusses für Prag XII⟨. *Bezirk*⟩« vom 15. 6. 1945; englische Übersetzung in Jaksch, Wenzel: »Evidence on the Reign of Racialism in Czechoslovakia«; London, 1945; S. 3.
Abb. 9; Faksimile: S. 591.
Deutscher Text: Siehe S. 592 f.

[6] »Vyhláška« (Kundmachung) des Nationalen Sicherheitsdienstes in Troppau vom Juli 1945; faksimiliertes tschechisches Original mit späterer (?) deutscher Übersetzung in »Troppauer Heimatchronik«; Juli 1955; S. 107.
Abb. 10; Faksimile: S. 594.
Deutscher Text: Siehe S. 595.

[7] »Nařízeni« (Verordnung) des Bezirksnationalausschusses Senftenberg vom 20. 7. 1945; faksimiliertes tschechisches Original vom Sudetendeutschen Archiv, München; deutsche Übersetzung in »Odsun«; hsg. v. Sudetendeutschen Archiv; München, 1995; S. 143.
Abb. 11; Faksimile S. 596.
Deutscher Text: Siehe S. 597.

[8] »Vyhláška« (Kundmachung) u. a. des Örtlichen Nationalausschusses in Aupa (Trautenau) vom 18. 9. 1945; faksimiliertes tschechisches Original mit späterer deutscher Übersetzung in Bornemann, Felix: »Weil Sie Deutscher sind . . .«; Stuttgart, 1964; S. 209; auch Elsinger, Reiner M.: »Die historischen Ursachen der Vertreibung der Deutschen aus Südmähren 1945–1946 . . .«; Wien, 1996; S. 135.
Abb. 12; Faksimile: S. 598.
Deutscher Text: Siehe S. 599.

[9] »Kundmachung« der Bezirksverwaltungskommission in Tetschen-Bodenbach vom 15. 10. 1945; in »Děčínsko. Věstník okresní správní komise v Děčíně – Podmoklech« (Das Tetschener Land. Verordnungsblatt der Bezirksverwaltungskommission in Tetschen-Bodenbach); H. 7, 15. Oktober 1945; S. 1–2 übersetzt und abgedruckt in DdV IV/1; S. 317–321.
Siehe Anm. 4.
Deutscher Text: Siehe S. 600.

[10] Vom Amtsboten der Gemeinde ausgetragener Brief des Vorsitzenden Vesely des Örtlichen Nationalausschusses in Selsen (1938–1945: Krs. Zwittau), Bezirk Mähr. Trübau, ohne Datumsangabe (nach 13. 3. 1946); fotokopiertes tschechisches Original 2 (schlechterhaltene) ms. Seiten DIN A4; spätere deutsche Übersetzung.
Herkunft: H. S., 76646 Bruchsal.
Abb. 13; Faksimile S. 604.
Deutscher Text: Siehe S. 605.

[11] In einem »Oběznik« (Rundbrief) der Gemeinde von ca. Juni 1946 wurde wie folgt angeordnet:
»Der MNV in Želivsko ⟨*Selsen*⟩ hat beschlossen, daß beschädigte Wege durch die gemeinsame Arbeit aller Einwohner gerichtet werden.
Aus jedem Haushalt beteiligt sich mindestens eine mehr als 15 Jahre alte Person und alle Deutschen von 14 Jahren an . . .«

[12] Deutschsprachige Presse existierte nicht.

****

Vyhláška.

Dnešním dnem nařizuji pro obyvatelstvo německé národnosti býv. polit. okresů Varnsdorf, Rumburk a Šluknov toto:

Chování Němců v pohraničí.

1. Cestování v podúseku více než 6 km od města nebo bydliště jest zakázáno. Cestování se může úplně zakázati neb omeziti na méně než 6 km rozkazem posádkového velitele. Povolení na větší vzdálenost než 6 km vydává se pouze velkoobchodníkům potravinami, členům veřejné správy a lékařům. Toto povelení vydává příslušný posádkový velitel, a kde není, místní národní výbor nebo vládní komisař.

2. Cestování motocyklem, soukromým autem nebo drahou bez zvláštního povolení (viz ad 1), jest zakázáno. Místní všeobecné dopravy se může používati. Veškerá soukramá auta, která nemají povolení k jízdě od nejbližšího posádkového velitelství musí býti ohlášena a umístěna v garáži v ohlášce uvedené. Toto místo nesmí opustiti.

3. Pořádání veřejných zábav zakazuji. Policejní hodina jest od 23 do 5 hod.

4. Rozhlasové přijímací i vysílací zařízení, telegrafní a telefonní zařízení i jiná zpravodajská zařízení, zbraně, náboje, výbušniny a ostastní válečný materiál se musí odevzdati vojenské správě.

5. Zakazuje se nošení a používání fotoaparátů a dalekohledů.

6. Lety poštovní holubů jsou zakázány. Holubi se zabijí, nebo musí míti přistřižena křídla.

7. Poštovní, telefonní, telegrafní, rozhlasové a jiné podávání zpráv může býti povoleno jen posádkovým velitelem a kde tento není, místním národním výborem (správní komisí).

8. Necensurované noviny, vyhlášky nebo plakáty jakéhokoliv druhu se nesmí ani tisknouti ani rozšiřovati a vyvěšovati. Censuru provádí posádková velitelství a kde jich není, národní výbory (správní komise).

9. Vyvěšování praporů, odznaků, veřejné hraní národní hymny a patriotické hudby německé neb jiného národa, který byl se spojeneckými národy ve válečném stavu, se zakazuje. Osoby německé národnosti bez ohledu na politické přesvědčení musí vyvěsiti jen bílé prapory. Německé uniformy neb jejich části se nesmějí nositi.

10. U posádkových čsl. velitelství, kde jich není, u místních národních výborů, se musí do týdne hlásiti tyto osoby:

    a) všichni kdo sloužili v německé armádě po 1. lednu 1933,

    b) kdo jsou nebo byli členy NSDAP, SS, nebo SA.

11. Stejnokroje a odznaky NSDAP, SS, SA nebo jiných organisací, jsoucích ve spojení s NSDAP, jsou zakázány.

12. Kdokoliv ubytuje nebo podporuje ozbrojené příslušníky bývalé německé branné moci včetně zbraní SS a Volkssturmu, Wehrwolfu a kdokoliv o těchto ví a neoznámí to na nejbližší vojenské velitelství, bude potrestán smrtí.

13. Až na další rozkaz jest každé stěhování zboží a majetku jakéhokoliv druhu do jiných obcí a přes státní hranice do Německa zakázáno.

14. Loupež, krádež a plnenění budou trestány smrtí.

15. Za právoplatné průkazy se uznávají pouze ty, které byly potvrzeny a orazítkovány místní vojenskou správou, kde není, národním výborem nebo správní komisí.

Nedodržení ustanovení této vyhlášky se trestá podle vojenských předpisů.

Krásná Lípa, dne 28. května 1945.

gen. Fišera,
velitel oblasti.

Abb. 7: Kundmachung an die Sudetendeutschen der Bezirke Warnsdorf, Rumburg und Schluckenau vom 28. 5. 1945; tschechische Fassung

Kundmachung.

Mit dem heutigen Tage verordne ich der deutschen Bevölkerung der ehemaligen Bezirke Rumburg, Warnsdorf, Schluckenau folgendes:

Verhalten der deutschen Bevölkerung im Grenzgebiete.

1. Reisen in einem Unterabschnitte über mehr als 6 km von der Stadt oder dem Wohnsitz sind verboten. Reisen können auf Befehl des Besatzungskommandanten gänzlich untersagt oder auf weniger als 6 km eingeschränkt werden. Reisebewilligungen für größere Entfernungen als 6 km werden nur an Lebensmittelgroßhändler, Mitglieder der öffentlichen Verwaltung und Ärzte ausgefolgt. Diese Bewilligungen stellt der zuständige Besatzungskommandant aus, wo kein Kommandant ist, der Národní Výbor des Ortes oder der Regierungskommissar.

2. Reisen mit Motorrad, Privatauto oder Bahn ohne besondere Bewilligung (siehe Punkt 1) sind verboten. Örtliche allgemeine Verkehrsmittel dürfen benützt werden. Alle Privatautos, die keine Fahrtgenehmigung haben, müssen gemeldet und in der Meldung bezeichneten Garage eingestellt werden. Sie dürfen von diesem Platz nicht entfernt werden.

3. Öffentliche Veranstaltungen sind untersagt. Die Polizeistunde ist von 23 bis 5 Uhr.

4. Rundfunkempfänger, Sendestationen, Telegraphen- und Telephoneinrichtungen wie auch andere Einrichtungen für öffentliche Nachrichtenübermittelung, Waffen, Munition, Sprengstoffe und sonstiges Kriegsmaterial ist der militärischen Verwaltung abzuliefern.

5. Das Tragen und die Verwendung von Photoapparaten und Ferngläsern ist verboten.

6. Brieftaubenflüge sind verboten. Die Tauben sind zu töten, oder ihnen die Flügel zu stutzen.

7. Die Verbreitung von Nachrichten durch Post, Telephon, Telegraph, Rundfunk oder andere Mittel kann nur durch den Besatzungskommandanten gestattet werden; wo kein solcher am Platze ist, durch den örtlichen Národní Výbor oder die Verwaltungskommission.

8. Nichtzensurierte Zeitungen, Ankündigungen oder Plakate jeglicher Art dürfen weder gedruckt noch verbreitet oder ausgehängt werden. Die Zensur führen die Besatzungskommandanten durch, bezw. der örtliche Národní Výbor oder die Verwaltungskommission.

9. Das Aushängen von Fahnen, Tragen von Abzeichen, Spielen der Nationalhymnen und Nationallieder des deutschen oder eines anderen Volkes, das sich mit den alliierten Völkern im Kriegszustande befand, ist verboten.

   Personen deutscher Volkszugehörigkeit, ohne Rücksicht auf ihre politische Überzeugung, dürfen nur weiße Fahnen aushängen. Deutsche Uniformen oder deren Bestandteile dürfen nicht getragen werden.

10. Bei den čsl. Besatzungskommandos, falls keines am Orte ist, beim zuständigen Národní Výbor, haben sich binnen einer Woche folgende Personen zu melden:

    a) alle, die in der deutschen Wehrmacht nach dem 1. Jänner 1933 gedient haben;

    b) die Mitglieder der NSDAP, SS, oder SA sind oder waren.

11. Uniformen und Abzeichen der NSDAP, SS, SA oder anderer Organisationen, die mit der NSDAP im Zusammenhang stand, sind verboten.

12. Wer bewaffnete Angehörige der ehemaligen deutschen Wehrmacht, einschließlich der Waffen-SS und des Volkssturmes, des Wehrwolfes beherbergt und unterstützt, oder wer von solchen Kenntnis hat und dies nicht dem nächsten Besatzungskommando meldet, wird mit dem Tode bestraft.

13. Bis auf weiteres ist jede Umsiedlung von Waren und Möbeln jeglicher Art in andere Gemeinden wie auch über die Grenzen nach Deutschland verboten.

14. Raub, Diebstahl und Plünderung werden mit dem Tode bestraft.

15. Als gültige Ausweise werden nur jene angesehen, die von der örtlichen Militärverwaltung oder, wo keine vorhanden, vom örtlichen Národní Výbor bezw. von der Verwaltungskommission bestätigt sind.

16. Nichtbeachtung dieser Anordnung wird nach den militärischen Gesetzen bestraft.

Generál Fišera,
velitel oblasti.

Krásná Lípa, am 28. Mai 1945.

Abb. 8: Kundmachung an die Sudetendeutschen der Bezirke (Kreise) Rumburg, Warnsdorf und Schluckenau vom 28. 5. 1945; deutsche Fassung

Kundmachung des Garnisonskommandanten von Neustadt/Tafelfichte.
Fotokopie, 29. Mai 1945, 1 Seite, gedruckt. – In tschechischer und deutscher Sprache. Abdruck des deutschen Wortlauts der Kundmachung.

Garnisonskommando
Nové Město p. Sm.

V Novém Městě, 29. Mai 1945.

Kundmachung Nr. 2.

1. Ich ordne allen Reichsdeutschen an, soweit sie nicht nachweisbar vor dem 30. 9. 1938 auf dem Gebiete der čsl. Republik wohnhaft waren, bis heute 18 Uhr das Gebiet des Čechoslowakischen Staates zu verlassen. Nur das benötigte Handgepäck mit persönlichen Notwendigkeiten im Gewichte von 30 kg ist erlaubt mitzunehmen. Lebensmittel auf 3 Tage.
2. Ich verbiete der gesamten Bevölkerung den Zutritt in den Wald. Arbeitseinheiten aus den Reihen der deutschen Bevölkerung dürfen nur unter Aufsicht der čechischen Wehrmacht den Wald betreten. Durch dieses Verbot, den Wald zu betreten, ist es auch nicht gestattet, Sauerbrunnen zu entnehmen. Jede Unterstützung von Wehrmachtsangehörigen der deutschen Armee, die nicht polizeilich gemeldet sind, in der Form von Lebensmitteln und jeder anderen Hilfe, wird mit dem Tode bestraft.
3. Ich verbiete Privatfahrten auf Motorfahrzeugen. Alle Treibstoffmittel sind an das Garnisonskommando abzuliefern. Kraftfahrzeugbenützung ist nur mit Bewilligung des Garnisonskommandanten erlaubt.
4. Sämtliche privaten Telefongespräche der deutschen Bevölkerung sind verboten.
5. Sämtliche Mitglieder der NSDAP kennzeichnen sich selbst mit dem Hakenkreuz in schwarzer Farbe auf gelben Streifen. Breite der Armbinde 10 cm und Breite der Linie des Hakenkreuzes 15 mm. Diese Armbinde trägt jedes Mitglied der NSDAP – Männer und Frauen – auf dem linken Arm anstatt der weißen Binde. Durchführung bis 16 Uhr. Sämtliche Mitglieder der NSDAP männlich und weiblich, melden sich täglich um halb 8 Uhr früh in der Arbeitsamtsstelle in der Klingerstr.
6. Sollte aus irgendeinem Hause geschossen werden, werden sämtliche Bewohner dieses Hauses erschossen.
7. Für jede Erschießung eines cěchischen Soldaten werden 10 Deutsche erschossen.
8. Jeder von der Wehrmacht zurückgekehrte Soldat hat sich sofort beim Garnisonskommandanten zu melden.
9. Jeder in der letzten Zeit unrechtmäßig erworbene Anzug- und Kleiderstoff ist sofort am Rathaus abzuliefern. Wer die oben angeführten Befehle nicht befolgt, wird verhaftet und bestraft.

Der Garnisonskommandant.

****

The whole German nation is responsible for Lidice!

The President of the Republic, Dr. Edward Beneš at Lidice on 10th June, 1945:

"I hold the German nation as a whole responsible for Nazism and for all its crimes. Early in September, 1938, we had in our negotiations with our Germans come to a point where it was necessary to do something absolutely decisive. On September 2nd, 1938, we offered them the so-called 'Fourth Plan'. Therefore I earnestly advise our Germans to consider this once again. It is not only we who are concerned. And our Germans experience what they have prepared for themselves by their doings. Our Germans cannot complain that they have not been warned in time. At a moment of extreme importance for them and for us."

Citizens of Vinohrady!

The presidium of the Local National Committee for Prague XII has therefore decided to solve the question of Germans, Hungarians and traitors as follows:

1. The term "German" in all its inflections will hitherto be written only with small letters, likewise the term "Hungarian".

2. To Germans, Hungarians and traitors apply in future these provisions—

a) all persons who come under the category German, Hungarian, traitor or collaborator will wear on the left side visibly on white canvas, size 10 : 10 cm., a Swastika together with the number under which they will be registered, and that from the fourteenth year of age. No person marked with the Swastika will receive normal ration cards. The same applies to persons who entered "D" in column 6 (nationality) of their Registration Certificate;

b) no person marked with the Swastika is allowed to use tramway cars except when they go direct to work, then they must do so in the trailer; seats must not be used by these persons;

c) no person marked with the Swastika is allowed to use the pavement—they may move only on the roadway;

d) no person marked with the Swastika is allowed to buy, subscribe to, or read daily or other newspapers; this applies also to sub-tenants, if any, of such persons.

e) no person marked with the Swastika is allowed to stay in, or proceed through, public gardens or parks, or woods, they are not allowed to call at or use barbers' shops, restaurants, places of amusement of any kind, especially theatres, cinemas, lectures etc., likewise they are not allowed to use laundries, cleaners' shops and rolling-presses. Shopping time for these persons is exclusively between 11 a.m. and 1 p.m., and between 3 and 4 p.m. For disregarding the times so defined both buyer and seller will be liable to the same punishment. For dealings with authorities the time between 7.30 and 8.30 a.m. is exclusively fixed for these persons in all offices;

f) no person marked with the Swastika is allowed to be away from his or her home after 8 p.m.;

g) all persons over 14 years of age with the entry "D" in their Registration Certificate report at once, at the latest within two days, to the Control and Report Commission of the L.N.C. for Prague XII (exact address) for the issue of their badges and for registration. Those who fail to report in the set time, and who will be met without the proper badge as prescribed, will be severely punished in the way the Nazi authorities adopted in similar cases. The same punishment will also be meted out to those who abet these persons in any way or associate with them for any purpose whatsoever;

h) all persons with the entry "D" in their Certificates appear without delay before the said Investigation Commission irrespective of whether they have perhaps received a provisional certificate concerning freedom of movement etc. At the same time they submit a proper list of all their property and hand it over, together with all valuables, to the Trustee of National Property of the N.C.XII., likewise also Savings Books and bank or other deposits, if any; they report whether and in what way they have any capital interests, submitting proper evidence; further, they surrender at the same time all wireless sets together with their licences. Any financial transactions are forbidden and void; the Germans are not entitled to tobacco supplies, and they are not allowed to smoke in public or while working.

Citizens, workers and toiling people! We will, in accordance with the principles of our Government, carry out a proper purge and establish order at least in our district. Therefore help us, you too, to make Vinohrady national and ours as soon as possible.

These measures are only temporary, pending the deportation of all these people.

Given in Prague, June 15th, 1945.

Local National Committee for Prague XII.
Oldřich Hlas, chairman.

Printers: "Prace" Prague.

Translation of a Poster displayed in Prague. 3

Abb. 9: Aufruf des Örtlichen Nationalausschusses in Prag XII vom 15. 6. 1945

Übersetzung der Abb. 9:

Das ganze deutsche Volk ist für Lidice verantwortlich!

Der Präsident der Republik, Dr. Edvard Beneš, in Lidice am 10. Juni 1945:
»Ich mache die deutsche Nation in ihrer Gesamtheit für den Nazismus und seine Verbrechen verantwortlich. Anfang September 1938 waren wir in unseren Verhandlungen mit unseren Deutschen an einem Punkt angelangt, an dem es notwendig war, etwas absolut Entscheidendes zu tun. Am 2. September 1938 boten wir ihnen den sog. ›4. Plan‹ an. Deswegen empfehle ich unseren Deutschen, dies neuerlich zu erwägen. Nicht nur wir sind besorgt. Und unsere Deutschen erfahren jetzt das, was sie sich durch ihre Taten selbst vorbereitet haben. Unsere Deutschen können sich nicht beklagen, daß sie nicht zeitgerecht gewarnt wurden. In einem Augenblick extremer Wichtigkeit für sie und für uns.«
⟨*Die Redewiedergabe war ungenau; Auslassungen blieben unvermerkt. Zum Gesamttext vgl.* »Edvard Beneš. Odsun Němcu z Československa« (E. B. Abschub der Deutschen aus der ČSR); hsg. v. Karel Novotny; Prag, 1996; S. 140–145, hier S. 142, 144, 145⟩

Bürger von Weinberge! ⟨*Prager Stadtbezirk*⟩

Das Präsidium des Örtlichen Nationalausschusses für Prag XII hat daher entschieden, die Frage der Deutschen, Ungarn und Verräter wie folgt zu lösen:
1) Der Ausdruck »Deutscher« mit allen seinen Ableitungen wird künftig nur in Kleinbuchstaben geschrieben, desgleichen der Ausdruck »Ungar«.
2) Für Deutsche, Ungarn und Verräter gelten in Zukunft folgende Bedingungen⟨:⟩
   a) Alle Personen ab dem 14. Lebensjahr, die zu den Kategorien Deutsche, Ungarn, Verräter oder Kollaborateure gehören, tragen sichtbar auf der linken ⟨*Brust-*⟩Seite aus weißem Stoff in der Größe 10 × 10 cm ein Hakenkreuz mit der Nummer, unter der sie registriert sind. Niemand, der mit dem Hakenkreuz gekennzeichnet ist, erhält normale Lebensmittelkarten. Das gleiche gilt für Personen, die »D« in der Spalte 6 (Nationalität) ihres Registrierungsausweises eingetragen haben.
   b) Keine mit dem Hakenkreuz gekennzeichnete Person darf die Straßenbahn benutzen, ausgenommen für direkte Fahrten zum Arbeitsplatz, dann jedoch im Anhängerwagen und ohne Nutzung eines Sitzplatzes.
   c) Keine mit dem Hakenkreuz gekennzeichnete Person darf die Bürgersteige benutzen – sie dürfen sich nur auf der Straße selbst bewegen.
   d) Keine mit dem Hakenkreuz gekennzeichnete Person darf Tages- oder andere Zeitungen kaufen, beziehen oder lesen; dies gilt auch für evtl. Untermieter derartiger Personen.
   e) Keine mit dem Hakenkreuz gekennzeichnete Person darf sich in öffentlichen Gärten oder Parkanlagen aufhalten oder sie durchqueren, es ist ihnen nicht erlaubt, Friseure, Restaurants, Unterhaltungsbetriebe jeder Art, besonders Theater, Kinos, Vorträge etc. aufzusuchen oder zu benutzen, gleichfalls dürfen sie Wäschereien, Reinigungsbetriebe und Trocknungsanstalten nicht benutzen. Die Einkaufszeiten für diese Personen sind nur von 11.00 Uhr bis 13.00 Uhr und von 15.00 Uhr bis 16.00 Uhr. Bei Nichtbeachtung dieser Zeiten werden Käufer und Verkäufer gleichermaßen bestraft. Für Vorsprachen bei Behörden ist in allen Amtsstellen allein die Zeit zwischen 7.30 Uhr und 8.30 Uhr festgelegt.
   f) Keine mit dem Hakenkreuz gekennzeichnete Person darf aus seiner oder ihrer Wohnung nach 20.00 Uhr entfernt sein.
   g) Alle Personen über 14 Jahren mit dem Eintrag »D« in ihrem Registrierungsausweis melden sich sofort, spätestens innerhalb zwei Tagen, bei der Kontroll- und Melde-

kommission des gemeindlichen Nationalausschusses für Prag XII ⟨*folgte Anschrift*⟩ zur Ausgabe ihrer Kennzeichen und zur Registrierung. Wer sich innerhalb dieser Zeit nicht meldet und wer ohne das vorgeschriebene Kennzeichen angetroffen wird, wird in der Art, wie es die Nazi-Behörden in ähnlichen Fällen anwendeten, streng bestraft. Der gleichen Bestrafung verfallen jene, die diese Personen irgendwie unterstützen oder sich mit ihnen aus irgendeinem Grund treffen.

h) Alle Personen mit dem Eintrag »D« im Ausweis erscheinen ohne Verzögerung vor der erwähnten Untersuchungskommission, und das auch, wenn sie vielleicht eine provisorische Bestätigung betreffend Bewegungsfreiheit etc. erhalten haben. Gleichzeitig erstellen sie eine genaue Liste ihres gesamten Vermögens und reichen diese, zusammen mit allen Wertgegenständen, etwaigen Sparbüchern und Bankeinlagen, dem Treuhänder des Nationalvermögens des gemeindlichen Nationalausschusses ein, berichten unter Vorlage entsprechender Unterlagen, ob und, wenn ja, welches Kapitalvermögen vorliegt; weiters geben sie dabei alle Rundfunkgeräte mit den Bewilligungen ab. Alle Finanztransaktionen sind verboten und nichtig; die Deutschen erhalten keine Tabakzuteilungen, und es ist ihnen nicht erlaubt, in der Öffentlichkeit oder bei der Arbeit zu rauchen.

Bürger, Arbeiter und schaffende Menschen! Wir werden in Übereinstimmung mit den Prinzipien unserer Regierung mindestens in unserem Bezirk eine angemessene Säuberung durchführen und Ordnung herstellen. Deshalb helft auch Ihr, um Weinberge so schnell wie möglich national und uns gehörig zu machen.
Diese Maßnahmen sind nur zeitweilig und gelten bis zur Deportation all dieser Leute.

Gegeben in Prag, am 15. Juni 1945
Der gemeindliche Nationalausschuß für Prag XII. ⟨*Bezirk*⟩

Oldřich Hlas, Vorsitzender

Druckerei »Prace« Prag
Übersetzung eines in Prag aushängenden Plakats

****

Vyhláška

Nařizuji s okamžitou platností, aby všechny osoby německé národnosti ve stáří od 6 let nosily následující označení: bílý kruh v průměru 15 cm a v něm z černého plátna našité „N" v síle 2 cm, jehož okraje jsou 1 cm od obvodu kruhu. Toto označení se nosí na levé straně prsou. Němci, kteří byli organisováni ve straně NSDAP, v SA, SS, NSV, NSF, NSKK, Hitlerjugend nebo v jiných složkách NSDAP musejí nositi tentýž odznak ještě na zádech (tedy dva, jeden na prsou, druhý na zádech).

Všem Němcům se zakazuje jízda dopravními prostředky, návštěva veřejných a zábavních místností a sadů. Vycházeti z bytů po 20. hodině je všem Němcům zakázáno. Při potkání ruského nebo čsl. důstojníka musejí Němci smeknouti klobouk nebo čepici a v připaženém postoji projíti. Návštěva obchodů se povoluje toliko jednu hodinu před uzavřením.

Odznaky podle nařízeného vzoru musí si každý Němec sám pořiditi. Neuposlechnutí shora uvedených příkazů je trestné. Trestný je rovněž každý občan jiné národnosti, který jakýmkoliv způsobem bude Němcům nadržovati nebo jim pomáhati.

Rakouští příslušníci podléhají ustanovením této vyhlášky jen pokud byli organisováni ve straně NSDAP, v SA, SS, NSV, NSF, NSKK, Hitlerjugend nebo v jiných složkách NSDAP.

N

Náčelník Národní bezpečnostní stráže v Opavě:

Dr. Fr. Grim

Abb. 10: Kundmachung des Nationalen Sicherheitsdienstes in Troppau vom Juli 1945

Übersetzung der Abb. 10:

Kundmachung.

Mit sofortiger Gültigkeit wird angeordnet, daß alle Personen deutscher Nationalität vom 6. Lebensjahr an folgende Kennzeichnung tragen: eine weiße Scheibe im Durchmesser von 15 cm und auf ihr, aus schwarzer Leinwand aufgenäht, ein »N« in der Schriftbreite von 2 cm, dessen Rand 1 cm von der Umrißlinie des Kreises entfernt ist. Diese Kennzeichnung wird auf der linken Brustseite getragen. Deutsche, die in der NSDAP, in der SA, SS, NSV, NSF, NSKK, HJ oder in anderen Gliederungen der Partei organisiert waren, müssen diese Zeichen auch auf dem Rücken tragen (also zwei – eines auf der Brust und das zweite auf dem Rücken).

Allen Deutschen wird die Fahrt mit öffentlichen Beförderungsmitteln, der Besuch öffentlicher und Unterhaltungslokale und Anlagen (Parkanlagen) verboten. Allen Deutschen ist verboten, ab 20 Uhr ihre Wohnungen zu verlassen. Bei Begegnungen eines russischen oder tschechoslowakischen Offiziers müssen die Deutschen den Hut abnehmen und müssen in entsprechendem Abstand vorbeigehen. Der Einkauf in den Geschäften ist eine Stunde vor der Sperre erlaubt.

Die Abzeichen laut angeordnetem Muster muß jeder Deutsche sich selbst anschaffen. Die Nichtbefolgung dieses Befehls ist strafbar. Strafbar macht sich ebenfalls jeder Bürger anderer Nationalität, der auf irgendeine Weise die Deutschen begünstigt oder ihnen hilft.

Die österreichischen Staatsangehörigen unterliegen diesen Bestimmungen nur dann, wenn sie bei der NSDAP, der SA, SS, NSV, NSF, NSKK, HJ oder in einer anderen Gliederung der NSDAP organisiert waren.

Der Hauptmann des Nationalen
Sicherheitsdienstes in Troppau:
Dr. Fr. Grim

****

Okresní národní výbor v Žamberku

Číslo: 172 pres. V Žamberku dne 20. července 1945.

NAŘÍZENÍ O STYKU S NĚMCI.

I.

Každá osoba německé národnosti starší 6 let, bude označena bílou páskou s písmenem „N" opatřenou číslem a razítkem. Kromě toho obdrží každá z těchto osob osobní průkaz. Každá osoba německé národnosti jest povinna přidělenou pásku trvale a viditelně nositi na levém zálokti a kdykoliv se prokázati úředním průkazem. Označení Němců provedou velitelství stanic SNB prostřednictvím Místních národních výborů případně správních komisí.

II.

Osoby německé národnosti nesmí kromě k výkonu práce a cesty do kostela, opustit obec svého bydliště. Výjimky povolují k návrhu Místního národního výboru (správní komise) příslušné SNB stanice.

III.

Osobám německé národnosti jest zakázána návštěva hostinců, divadel, biografů a vůbec zdržování se na veřejných prostranstvích.

IV.

Bez zvláštního povolení nesmějí osoby německé národnosti používati veřejných dopravních prostředků.

V.

Osobám německé národnosti jest zakázáno jakékoliv sdružování nebo debaty ve skupinách. V noční době, t. j. v době pracovního klidu, zakazuje se vycházení.

VI.

Všemu obyvatelstvu bez ohledu na národnost zakazuje se jakýkoliv styk s osobami německé národnosti, kromě nejnutnějších pracovních příkazů. Jakékoliv zprostředkování dorozumění a šíření zpráv, pokud se týká Němců, jest trestné, bez ohledu na národnost.

VII.

Jakékoliv přepravování movitostí, šatstva, potravin atd., bez schválení příslušných úřadů, jest trestné.

VIII.

Toto nařízení nabývá platnosti dnem vyhlášení a neuposlechnutí bude trestáno podle zákona ze dne 14. července 1927, číslo 125 Sb. z. a nař., nepůjde-li v jednotlivých případech o činy přísněji trestné.

Místopředseda: Jandík v. r.

Předseda: Seifert v. r.

Abb. 11: Verordnung des Bezirksnationalausschusses Senftenberg vom 20. 7. 1945

Übersetzung der Abb. 11:

Bezirksnationalausschuß in Senftenberg
Nr. 172 pres. Senfenberg, den 20. Juli 1945

VERORDNUNG
über den Verkehr mit den Deutschen

I.
Jede Person deutscher Nationalität, älter als 6 Jahre, wird mit einer weißen Armbinde gekennzeichnet, die den Buchstaben »N«, versehen mit einer Zahl und einem Stempel, aufweist. Außerdem erhält jede dieser Personen einen persönlichen Ausweis. Jede Person deutscher Nationalität ist verpflichtet, die ihr zugeteilte Binde dauernd und sichtbar am linken Oberarm zu tragen und sich jederzeit mit dem amtlichen Ausweis auszuweisen. Die Kennzeichnung der Deutschen wird durch die Leitung der Polizeistation SNB und durch Vermittlung des Örtlichen Nationalausschusses oder auch die Verwaltungskommission durchgeführt.

II.
Personen deutscher Nationalität dürfen außer zur Verrichtung ihrer Arbeit und den Weg zur Kirche ihren Wohnsitz nicht verlassen. Ausnahmen genehmigt auf Antrag der Örtliche Nationalausschuß (Verwaltungskommission) oder die zuständige Gendarmeriestation SNB.

III.
Personen deutscher Nationalität ist es verboten, Gasthäuser, Theater, Kino zu besuchen, sowie der Aufenthalt auf öffentlichen Plätzen.

IV.
Ohne besondere Genehmigung dürfen Personen deutscher Nationalität keine öffentlichen Verkehrsmittel benutzen.

V.
Personen deutscher Nationalität ist es verboten, sich zu versammeln oder in Gruppen zu debattieren.

VI.
Allen Bewohnern ohne Rücksicht auf Nationalität ist jeglicher Kontakt zu Personen deutscher Nationalität verboten, außer dringenden Arbeitsanweisungen. Jegliche Vermittlungen, Verständigungen und Verbreitung von Nachrichten, soweit sie Deutsche betreffen, sind strafbar, ohne Rücksicht auf Nationalität.

VII.
Jegliche Beförderung beweglichen Gutes, Kleidung, Lebensmittel etc. ohne Genehmigung der zuständigen Behörden ist strafbar.

VIII.
Diese Verordnung erhält Gültigkeit mit dem Tage der Veröffentlichung. Nichtbefolgung wird bestraft laut Gesetz vom 14. Juli 1927 Nr. 125 Slg. Ges.⟨*etze*⟩ und Ver.⟨*ordnungen*⟩, falls nicht in einzelnen Fällen schwerer strafbare Handlungen vorliegen.

Stellvertr. Vorsitzender
gez. Jandik e. h.

Vorsitzender
gez. Seifert

****

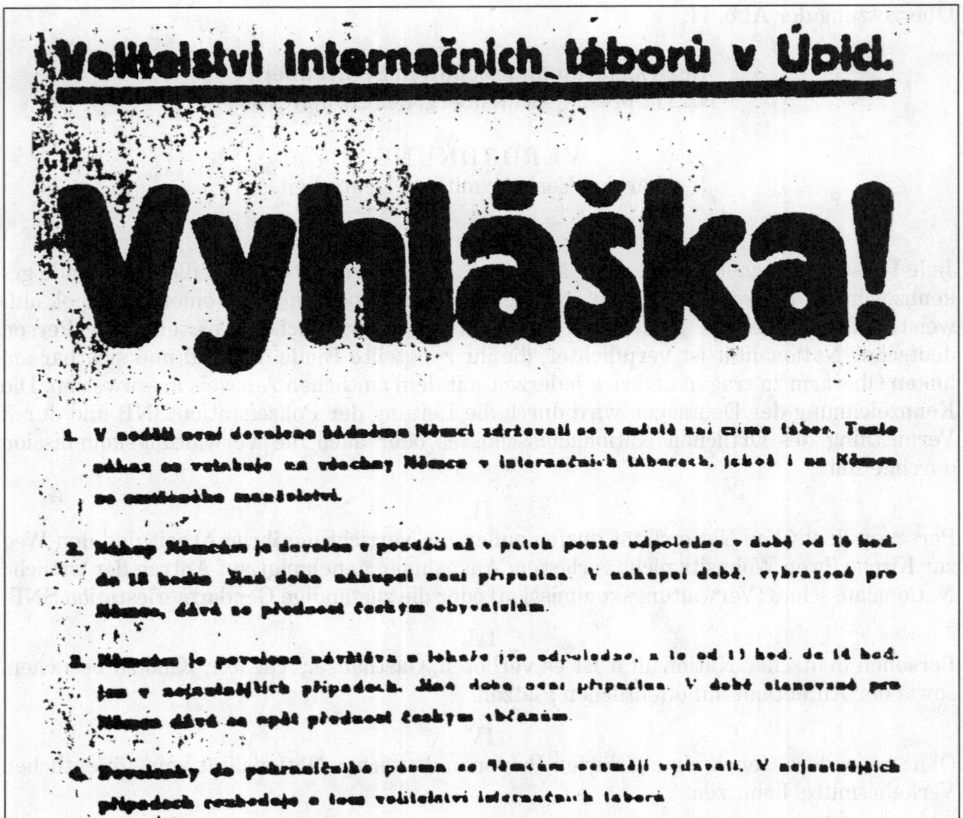

Velitelství internačních táborů v Úpici.

Vyhláška!

1. V neděli není dovoleno žádnému Němci zdržovati se v městě nýbrž mimo tábor. Tento zákaz se vztahuje na všechny Němce v internačních táborech, jakož i na Němce ze smíšeného manželství.
2. Nákup Němcům je dovolen v pondělí až v pátek pouze odpoledne v době od 16 hod. do 18 hodin. Jiná doba nákupní není připuštěna. V nákupní době, vyhrazené pro Němce, dává se přednost českým obyvatelům.
3. Němcům je povolena návštěva u lékaře jen odpoledne, a to od 13 hod. do 14 hod. jen v nejnaléhavějších případech. Jiná doba není připuštěna. V době stanovené pro Němce dává se opět přednost českým občanům.
4. Dovolenky do pohraničního pásma se Němcům nesmějí vydávati. V nejnaléhavějších případech rozhoduje o tom velitelství internačních táborů.
5. Návštěvy v táborech jsou cizím osobám zakázány. V nejnaléhavějších případech rozhoduje o tom velitel pracovního tábora i v tomto případě může zmíněný velitel povoliti nejvýše 15 minut k rozmluvě.
6. Podporování Němců jakýmkoliv způsobem a styk s nimi se strany českého obyvatelstva se přísně zakazuje.
7. K holiči mohou Němci teprve po [illegible] v době od 17 hodin do 18 hodin. Přednost mají opět Češi.
8. Toto nařízení musí býti bezpodmínečně dodržováno. Neuposlechnutí bude přísně stíháno.

V Úpici dne 18. září 1945.

Velitel internačních táborů: [illegible] v. r.

Předseda MNV: Jaroslav [illegible] v. r.

565

Abb. 12: Kundmachung des Örtlichen Nationalausschusses in Aupa (Trautenau) vom 18. 9. 1945

Übersetzung der Abb. 12:

Kommando des Internierungslagers in Aupa

Kundmachung!

1. Am Sonntag ist es keinem Deutschen gestattet, sich in der Stadt oder außerhalb des Lagers aufzuhalten. Dieses Verbot bezieht sich auf sämtliche Deutsche in den Internierungslagern wie auch auf Deutsche aus gemischten Ehen.
2. Der Wareneinkauf ist Deutschen von Montag bis Freitag, aber ausschließlich nachmittags in der Zeit von 16 bis 18 Uhr, gestattet. Eine andere Einkaufszeit wird nicht zugelassen. In der für die Deutschen vorbehaltenen Einkaufszeit ist jedoch tschechischen Einwohnern der Vorrang zu geben.
3. Deutschen ist das Aufsuchen eines Arztes nur nachmittags von 13 bis 14 Uhr lediglich in den allerdringendsten Fällen gestattet. Eine andere Zeit wird nicht zugelassen. Auch in der für die Deutschen bestimmten Zeit ist trotzdem tschechischen Bürgern der Vorrang zu geben.
4. Urlaubsbewilligungen für die Grenzzone dürfen an Deutsche nicht ausgegeben werden. In den dringendsten Fällen entscheidet hierüber das Kommando des Internierungslagers.
5. Besuche in den Lagern sind fremden Personen verboten. In den dringendsten Fällen entscheidet hierüber der Kommandant des Arbeitslagers. Auch in einem solchen Falle kann der betreffende Kommandant allerhöchstens 15 Minuten zu einer Aussprache bewilligen.
6. Unterstützung der Deutschen in irgendwelcher Art und ein Verkehr mit ihnen von seiten der tschechischen Bevölkerung sind strengstens untersagt.
7. Zum Friseur dürfen Deutsche nur nach dem Ende der Beschäftigungszeit von 17 bis 18.30 Uhr gehen. Vorrang haben trotzdem Tschechen.
8. Diese Anordnungen müssen ausnahmslos eingehalten werden. Nichtbefolgung wird streng geahndet.

Aupa, den 18. September 1945.

Kommandant
des Internierungslagers:
Josef Podzimek e. h.

Vorsitzender
des Ortsnationalausschusses:
Jaroslav Metelka e. h.

****

Kundmachung der Bezirksverwaltungskommission von Tetschen-Bodenbach vom 15. Oktober 1945.

Nr. 15.

Um eine erhöhte öffentliche Sicherheit zu gewährleisten, wird angeordnet:

§ 1

Personen, denen ein Rundfunkempfänger abgenommen wurde (oder welchen es nicht erlaubt ist, einen solchen Empfänger zu besitzen – zu benützen), wird das (Rundfunk-)Hören bei anderen Besitzern von Rundfunkempfängern verboten. Verboten wird, solchen Personen das Rundfunkhören zu ermöglichen.

§ 2

Da sich bislang auf dem Gebiete der Republik eine große Zahl von Mitgliedern der Gestapo, von Angehörigen der SS, SA und ähnlicher nazistischer Gliederungen aufhält und sich mit falschen Papieren bewegt, wird jedwede Gewährung von Nachtlager, Wohnung, Nahrungsmitteln, Bekleidungsbestandteilen und ähnlichem an Personen deutscher Nationalität verboten. Jeder, der eine solche staatsfeindliche Person beherbergt oder verbirgt, macht sich des Verbrechens der Begünstigung von Kriegsverbrechern schuldig.

§ 3

Jeder, der vom Beherbergen oder Verbergen von Personen deutscher Nationalität weiß und es nicht den Sicherheitsorganen meldet, wird wegen Verbrechens wie in § 2 dieser Kundmachung verfolgt.

§ 4

Die Angehörigen der deutschen Nationalität sind verpflichtet, in ihren Wohnungen, in denen sie angemeldet sind, zu übernachten. Eine Ausnahme kann in Tetschen-Bodenbach die Direktion der nationalen Sicherheit (Meldeamt) und in den anderen Gemeinden die zuständige SNB-Station bewilligen.
Hat ein deutscher (Volks-)Zugehöriger bislang mehrere Wohnungen, dann ist er verpflichtet, dies sofort der zuständigen Ortsverwaltungskommission zu melden, sich nur eine Wohnung vorzubehalten und die übrigen dem zuständigen Wohnungsreferat zur Verfügung zu stellen. Personen deutscher Nationalität, die im hiesigen Bezirk ohne Anmeldung wohnen, werden nach dieser Kundmachung verfolgt.

§ 5

Wohnungseigentümer dürfen Nachtlager nur jenen Personen tschechischer Nationalität gewähren, die sich mit der Bestätigung über ein ordnungsgemäßes Arbeitsverhältnis ausweisen. Ausnahmen gelten für Personen, die bislang eine Beschäftigung suchen und die sich mit der Bestätigung über eine vorübergehende Unterbringung für die Dauer von längstens drei Tagen ausweisen.
Deutschen Personen darf das Übernachten überhaupt nicht erlaubt werden, wie in § 2 dieser Kundmachung angeführt oder bei den dort festgesetzten Bedingungen.

§ 6

Den in das Reich oder in ein anderes ausländisches Gebiet abgeschobenen Personen ist die Rückkehr auf das Gebiet der Tschechoslowakischen Republik verboten. Zur Rückkehr berechtigt keine Bewilligung, die von reichsdeutschen oder anderen ausländischen Behörden, mit Ausnahme von tschechoslowakischen Vertretungsbehörden, erteilt wurde.

§ 7

Das Aufbewahren, Verbergen von Fahrnissen, Kleidungsstücken und von anderen Gegenständen wie auch immer aus den Wohnungen für abgeschobene Personen ist verboten. Ebenso ist die Gewährung von Nahrungsmitteln, Fahrnissen oder anderen Sachen oder die Vermittlung an diese Personen verboten. Aus diesem Grunde ist Personen deutscher Nationalität der Zutritt zu den Staatsgrenzen auf eine Entfernung von 500 m verboten. Personen deutscher Nationalität, die in der verbotenen Zone arbeiten, weisen sich mit einer Bestätigung der zuständigen SNB-Station aus.
Verboten wird auch die Vermittlung von Korrespondenz oder die Beförderung der erwähnten Gegenstände.

§ 8

Das Überschreiten der Staatsgrenze auf Grund einer ordnungsgemäßen Bewilligung ist nur auf der Straße in Herrnskretschen und am Schneeberg gestattet. Personen deutscher Nationalität ist das Betreten des Waldes streng verboten. Ausnahmen sind nur für Waldarbeiter zulässig, die sich mit einer von der SNB-Station beglaubigten Bestätigung der Forstverwaltung ausweisen.
Gegen eine Person, die die Grenze an anderen Orten überschreitet, und gegen Personen deutscher Nationalität, die zu Unrecht den Wald betreten, wird die Waffe wie gegen einen gefährlichen Verbrecher gebraucht, und sie werden wie ein solcher erschossen.

§ 9

Personen deutscher Nationalität dürfen sich in der Zeit von 20 bis 6 Uhr nicht aus ihren Wohnungen entfernen, mit Ausnahme von Personen, die aus der Arbeit oder in die Arbeit gehen und die sich mit einer Bestätigung des Unternehmens (Betriebsrat) ausweisen, daß sie verpflichtet sind, die Arbeit nach der 20. Stunde zu verlassen oder sie vor der 6. Stunde anzutreten.

§ 10

Den Deutschen wird die Teilnahme an öffentlichen Kundgebungen, allen Unterhaltungen, Film- und Theatervorstellungen, sowie die Benützung von öffentlichen Badeanstalten, Bädern, von Erholungs-, Turn- und Sportunternehmen und -einrichtungen verboten. Gasthausbetriebe dürfen nur jene Personen deutscher Nationalität besuchen, die aus Gründen der Verköstigung auf diese angewiesen sind.

§ 11

Tschechen haben bei Einkäufen, auf den Ämtern und wo immer sonst den Vorzug vor den Deutschen.

§ 12

Die für die Deutschen festgesetze Einkaufszeit von 15 bis 18 Uhr und am Samstagnachmittag bleibt in Gültigkeit.
Bei Nichteinhaltung wird sowohl der kaufende Deutsche wie auch der Kaufmann bestraft. Ausnahmen gelten nur für die Personen deutscher Nationalität, die sich mit einer besonderen Bestätigung der Bezirksverwaltungskommission ausweisen.

§ 13

Alle Ausländer, die sich bis jetzt nicht bei der Direktion des Nationalen Sicherheitsdienstes (Ausländerabteilung – Zimmer Nr. 15) in Bodenbach angemeldet haben, wie auch diejenigen, die sich zwar angemeldet haben, denen aber der weitere Aufenthalt in dem hiesigen Bezirke nicht bewilligt (verlängert) wurde, werden zwangsweise ausgesiedelt.

§ 14

Die gesamte Zivilbevölkerung wird aufmerksam gemacht, daß das Tragen jedweder Bestandteile militärischer Uniformen, sowohl der tschechoslowakischen Armee wie auch der ehemaligen deutschen Wehrmacht, SS, SA und ähnlicher Gruppen verboten ist. Desgleichen ist es der Zivilbevölkerung, die nicht eben Militärdienst leistet, verboten, die Uniform der tschechoslowakischen Armee zu tragen.

Jeder, der irgendeinen Bestandteil einer militärischen Uniform, Ausrüstung, auch der ehemaligen deutschen Wehrmacht, der SS und ähnl. besitzt, ist verpflichtet, ihn unverzüglich in Tetschen – Schloß – beim Verwalter des Militärmagazins, Herrn Kahoun, abzugeben.

Zuwiderhandeln gegen diese Anordnung wird nicht nur von den zivilen, sondern auch von den militärischen Behörden verfolgt. Ausnahmen gelten nur für die Organe der SNB; für die übrigen öffentlichen Wachen nur, soweit ihnen das Tragen einer Uniform von der Bezirksverwaltungskommission im Einvernehmen mit dem Garnisonskommando in Tetschen erlaubt wird.

§ 15

Jeder Bürger ist verpflichtet, die Bestätigung über sein Arbeitsverhältnis, die keineswegs älter sein darf als einen Monat, bei sich zu tragen. Diese muß monatlich erbeten, gegebenenfalls verlängert werden.

§ 16

Jede von einem Deutschen besetzte Stelle ist als freie Stelle anzusehen. In dem Falle, daß das Ansuchen eines qualifizierten Tschechen, der sich für den Posten eines Deutschen meldet, abgelehnt wird, hat der Abgelehnte das Recht, von dem nationalen Verwalter und von dem Betriebsrat des Unternehmens eine schriftliche Begründung zu verlangen.

Das Sicherheitsreferat der Bezirksverwaltungskommission wird aus diesem Paragraphen die schärfsten Konsequenzen ableiten.

§ 17

Eine Scheinbeschäftigung, wessen immer, ist sowohl für den Arbeitnehmer wie auch für den Arbeitgeber und die Mitglieder des Betriebsrates strafbar. Die Umgehung dieses Paragraphen wird Abschub in Bergwerke bestraft. Die Betriebsräte fordern augenblicklich die Verzeichnisse der Arbeitnehmer an, überprüfen sie und melden Flüchtige (Deserteure) und scheinbeschäftigte Personen dem Sicherheitsreferenten der Bezirksverwaltungskommission in Tetschen.

§ 18

Die Eigentümer – nationalen Verwalter – der unter wirtschaftlichen Gesichtspunkten erstrangigen Unternehmen (Chemie, Metallindustrie, Glasindustrie und ähnl.) sowie der für den täglichen Ablauf des öffentlichen Lebens wichtigen Unternehmen (Verkehr, Gesundheitswesen und ähnl.) legen bis zum 1. November 1945 schriftliche Anträge auf Ausstellung von Schutzbriefen für unersetzliche Fachleute (Erfinder, einmalige Spezialisten, Glasmacher, Ärzte und ähnl.) und für die Angehörigen ihrer Familien vor.

§ 19

Personen deutscher Nationalität müssen, wenn sie beabsichtigen, freiwillig das Gebiet der Republik zu verlassen, auf dem vorgeschriebenen Vordruck, den sie bei der örtlichen Verwaltungskommission erhalten, die Bewilligung zur Abreise von der Bezirksverwaltungskommission in Tetschen-Bodenbach einholen.

§ 20

Die weißen Armbinden, die die Personen deutscher Nationalität zu tragen verpflichtet sind, müssen eine Breite von 10 cm haben und dürfen mit keinerlei Ergänzungen versehen sein (mit Ausnahme von Ärzten, die berechtigt sind, auf der weißen Binde das Rote Kreuz zu haben). Die Binde ist am oberen Teil des Armes so zu tragen, daß sie sich, auch bei der Arbeit, nicht zusammenrollt.

§ 21

Die Eigentümer – nationalen Verwalter – von Gebäuden, Fabriken, Fabriksobjekten, Grundstücken und Wäldern sind für die Überprüfung und Meldung an die SNB-Station verantwortlich, daß sich auf diesen Objekten nicht Munition, Waffen, Sprengmittel und andere Detonations- und Vernichtungseinrichtungen befinden.

§ 22

Die in dieser Kundmachung angeführten Beschränkungen für Personen deutscher Nationalität beziehen sich nicht auf deutsche Ehefrauen und minderjährige Kinder tschechoslowakischer Staatsangehöriger, soweit sie sich mit einer Bestätigung der Bezirksverwaltungskommission ausweisen, daß sie als tschechoslowakische Staatsbürger anzusehen sind, weiters nicht auf die Eigentümer der blauen Antifaschistenausweise und auf die Eigentümer österreichischer »Bescheinigungen«, die von dem Bevollmächtigten für die Wahrung der Interessen österreichischer Staatsangehöriger ausgegeben worden sind.

§ 23

Die Verletzung dieser Kundmachung oder die Nichtbefolgung wird nach dem Gesetze zur Verteidigung des Staates, dem Gesetze über die Organisation der politischen Verwaltung, dem Gesetze zum Schutz der Republik und nach den übrigen Strafvorschriften mit Geld- oder Freiheitstrafen, gegebenenfalls mit beiden Strafen und insbesondere mit der Übergabe an ein Internierungslager bestraft.

§ 24

Diese Kundmachung tritt mit dem Tage der Verkündung, d. i. dem [15.] Oktober 1945 in Kraft. Mit dem Inkrafttreten dieser Kundmachung werden die Bestimmungen früherer Kundmachungen, soweit sie im Widerspruche zu dieser Kundmachung stehen, aufgehoben.

§ 25

Durch diese Kundmachung soll die tschechische Bevölkerung geschützt und unterstützt werden. Helft uns und euch selber und meldet jeden, der die Bestimmungen dieser Kundmachung umgeht.

Der Referent für die innere Sicherheit
Jar. Hrůza e. h.

Der Vorsitzende der Bezirksverwaltungskommission
JUDr. Doležal e. h.

****

celé [illegible]

[illegible]zd[illegible]sti, že Němci, kteří jsou na svých bývalých hospo[illegible]vi, zanedbávají, vyhýbají se práci pod růz-n[illegible]luvami, na [illegible] jim bylo řečeno, aby se připravovali [illegible] o[illegible] a pod., prodávají nebo rozdávají zabavený majetek a zemědělské produkty, nebo je znehodnocují, na př. máslo spa[illegible]ovánám a t.d. Tkové počínání je kvalifikováno jako sabotáž a kdo se ho napříště d[illegible]usti, bude jako sabotér pohnán k odpovědnosti a s ním i ten, kdo [illegible]mcům v takovém jednání napomáhá, nebo mlčením jim tuto rozvratnou činnost umožnuje.

2./ Důrazně upozorňuji, že Němci se nesmějí vzdáliti z obce bez platné propustky, t.j. bez propustky, která je registrována v kanceláři MNV. Každá jiná propustka je neplatná a kdo takové propustky použije bude okamžitě předán bezpečnostním orgánům a s ním i ti, kdo propustky "na černo" vydávají.
<u>Napříště budou Němcům vydány propustky pouze na písemné svolení národních správců.</u>

3./ Znovu a naposledy připomínám, že Němci musejí býti stále označeni žlutou páskou doma, v obci, v poli i mimo obec. Kdo bude bez pásky přistižen, bude ihned předán do internačního tábora.

4./ Dále Němcům důrazně připomínám, že v době od 22 hodin do 6 hodin ráno musejí se zdržovati doma, t.j. ve svých bytech. Ti Němci, kteří docházejí do práce mimo obec vyžádají si od svých zaměstnavatelů potvrzení pro každý týden v které dni a od kdy do kdy pracují a na základě tohoto potvrzení jim MNV vydá propustku pro ten týden. [illegible] platné propustky přistižen v této době mimo domov, bude oznámen SNB.

5./ Každá cizí osoba, která za jakýmkoliv účelem nebo pod jakoukoliv záminkou příjde do obce, je povinna hlásiti osobně svůj příchod a odchod z obce v kanceláři MNV. Osoby, které tuto povinnost nevykonají, budou jako osoby podezřelé oznámeny bezpečnostním orgánům. Toto opatření je přechodné. Hlášení odpadá při návštěvě zábav a j. podniků veřejně plakátovaných nebo jinak veřejně oznámených. Vyzývám proto všechny občany, aby každou cizí osobu, která do obce příjde, na tuto povinnost upozornili a neuposlechne-li, aby to sami ihned ohlásili v kanceláři MNV.

6./ Občané české národnosti v zájmu národa a státu a v zájmu svém vlastním budou bedlivě sledovati život v obci a na každé jednání proti zájmu národa a státu ihned upozorní. Zvýšenou pozornost budou věnovati též osobám, které za špiclování a zrádcování v českém táboře a jiné službičkování pro Němce požívaly různých výhod a znemožní jim dostati se na vedoucí místo, poněvadž ten, kdo zrazoval včera, není spolehlivým Čechem ani dnes a ten, kdo ještě včera poníženě lízal paty zabijáckému diktátorovi, nebude dnes poctivě a oddaně sloužiti lidu a hájiti jeho práv, která si lid svou krví a bezměrným utrpením draze vykoupil.

Lid moudře rozhodne, dá-li při volbě svých zástupců do MNV přednost lidem skromným, nehlučným, avšak poctivým pracovníkům a nesmlouvavým vlastencům před mnohomluvnými a vlastenecky lhostejnými egoisty, kteří znají jen jeden cíl - vytěžiti z každé situace co nejvíce pro sebe - a jejich činnost veřejná se vybíjí v negaci, t.j. mnohomluvným nicneděláním a pomlouváním a ostouzením těch, kteři poctivě sledují zájem lidu, národa státu a nemíní podříditi zájem veřejný jejich hrabivému a sobeckému zájmu osobnímu.

Abb. 13: Amtsbrief des Örtlichen Nationalausschusses in Selsen (Zwittau) vom Frühjahr 1946

Übersetzung der Abb. 13:
⟨Der evtl. Briefkopf und der Anfang der ersten drei Zeilen fehlen; sie wurden offensichtlich abgerissen⟩

»⟨1⟩ ... mehren sich die Beschwerden, daß die Deutschen, die sich auf ihren ehemaligen *⟨Höfen⟩* befinden, ihre Landwirtschaften vernachlässigen, der Arbeit unter verschiedenen Ausreden – z. B. es sei ihnen gesagt worden, sie sollten sich auf den Abschub vorbereiten u. ä. – aus dem Weg gehen, beschlagnahmtes Eigentum und landwirtschaftliche Produkte, z. B. ersparte Butter, verkaufen oder verschenken usw. Dieses Verhalten ist als Sabotage einzustufen, und wer das trotzdem zuläßt, wird als Saboteur zur Verantwortung gezogen werden und mit ihm auch derjenige, welcher den Deutschen bei diesen Handlungen hilft oder durch Schweigen ihnen diese verräterische Tätigkeit ermöglicht.

2) Nachdrücklich weise ich darauf hin, daß die Deutschen ohne gültigen Passierschein sich nicht aus der Gemeinde entfernen dürfen, d. h. ohne Passierschein, der im Büro des MNV registriert ist. Jeder andere Passierschein ist ungültig, und wer solche Passierscheine benutzt, wird sofort den Sicherheitsorganen übergeben und mit ihm auch die, welche Passierscheine »schwarz« ausgeben.
In Zukunft werden Deutschen Passierscheine nur mit schriftlicher Zustimmung der Nationalverwalter ausgegeben werden.

3) Neuerlich und letztmalig erinnere ich daran, daß Deutsche ständig durch eine gelbe Armbinde gekennzeichnet sein müssen, zu Hause, in der Gemeinde, auf dem Feld und außerhalb der Gemeinde. Wer ohne Armbinde angetroffen wird, wird sofort in das Internierungslager überstellt werden.

4) Die Deutschen erinnere ich nachdrücklich, daß sie in der Zeit von 22 Uhr bis 6 Uhr morgens sich zu Hause, d. h. in ihren Wohnungen, aufhalten müssen. Jene Deutschen, die außerhalb der Gemeinde zur Arbeit gehen, haben von ihren Arbeitgebern wöchentlich eine Bescheinigung zu verlangen, an welchen Tagen und von wann bis wann sie arbeiten. Aufgrund dieser Bestätigung wird ihnen der MNV für diese Woche einen Passierschein geben. Wer ohne gültigen Passierschein außerhalb seiner Heimatgemeinde angetroffen wird, wird dem SNB gemeldet.

5) Jede fremde Person, die zu welchem Zweck oder unter welchem Vorwand immer in die Gemeinde kommt, ist verpflichtet, Ankunft und Weggang aus der Gemeinde im Büro des MNV zu melden. Personen, die diese Pflicht nicht erfüllen, werden den Sicherheitsorganen als verdächtige Personen angezeigt. Das ist eine vorübergehende Bestimmung. Die Meldung entfällt beim Besuch von Vergnügungs- und anderen Veranstaltungen, die öffentlich plakatiert oder sonstwie öffentlich angekündigt wurden.
Ich fordere daher alle Bürger auf, daß sie jede fremde Person, die in die Gemeinde kommt, auf diese Pflicht aufmerksam machen und im Falle des Nichtbefolgens diese sofort im Büro des MNV melden.

6) Die Bürger tschechischer Nationalität werden im Interesse des Staates und in ihrem eigenen Interesse das Leben in der Gemeinde sorgfältig beobachten und auf jede Handlung gegen die Interessen des Volkes und Staates sofort aufmerksam machen. Erhöhte Aufmerksamkeit werden sie auch Personen widmen, die durch Spitzelei und Verrat im tschechischen Lager und andere Liebedienerei für die Deutschen verschiedene Vorteile genossen haben und es ihnen unmöglich machen, auf führende Posten zu kommen: Denn weder ist jener, welcher gestern verriet, heute ein zuverlässiger Tscheche, noch wird jener, welcher gestern noch ergeben die Ferse des mörderischen Diktators leckte, heute ehrlich und ergeben dem Volk dienen und dessen Rechte wahren, welche das Volk durch sein Blut und unermeßliches Leiden teuer erkauft hat. Das Volk wird klug entscheiden, ob es bei der Wahl seiner Vertreter in den MNV den ein-

fachen Leuten, den nichtschreienden, aber ehrlichen Arbeitern und kompromißlosen Patrioten den Vorzug gibt vor den vielredenden und patriotisch gleichgültigen Egoisten, die nur ein Ziel kennen – aus jeder Lage möglichst viel herauszuholen – und deren öffentliche Tätigkeit sich auf Verneinung beschränkt, d. h. in vielredendem Nichtstun, in Verleumdung und Verunglimpfung jener, die ehrlich das Interesse des Volkes verfolgen, der Nation und des Staates, sowie das öffentliche Interesse nicht ihrem persönlichen, rafferischen und egoistischen Interesse unterordnen.

⟨Folgt: Unleserliche Unterschrift⟩«

****

Abschnitt 2, Teil B: Einzeldokumente (Übersicht)

Datum	VORGANGSART	Herausgeber …				Herkunft:	
		… war:		… legte wie fest:		Wissensträger bzw. Veröffentlichung	Ergänzende Anmerkung
19 . .	Vorgang	Stelle[1]	Ort (Kreis)	Art[2]	Sprache(n)[3]		
1	2	3	4	5	6	7	8
	BESTRAFUNG						
'45, 28. 5.	15 SS-Ang. (z. T. wg. bloßer Zugehörigkeit) = Tod	ONV-Mil	Kaaden	4	d.	J. K., 04107 Leipzig	
'46, 8. 1.	Blockleiterin NS-Frauenschaft = 5 Jahre	VGH	Olmütz	1	t.	H. G., 75391 Gechingen	4
27. 5.	Stellv. Blockleiter NSDAP = Freilassung	BG	Freudenthal	1	t.	H. S. P., 28259 Bremen	
11. 3.	Pflichtbesuch des Filmes »Die Gerechtigkeit naht«	(MNV)	Schönlinde (Rumb.)	6	t.	[5], S. 246	6
	KENNZEICHNUNG, KATEGORISIERUNG						
'45, 15. 5.	Kennzeichnung: Antifaschisten mit roter Armbinde	MNV	Braunau	2	t.	E. W., 80336 München	
29. 5.	–: Deutsche mit Hakenkreuz	Mil	Neustadt/TF.	4			7
5.	–: Deutsche mit »N«	AA	Karlsbad	6	.		8
15. 10.	–: Deutsche mit weißer Armbinde	ONV	Tetschen	4			
'46, (1.) 4.	–: Deutsche mit gelber Armbinde	MNV	Selsen (Zwittau)	2			9
'45, 2. 7.	Zeitweiser Ausweis: Vorname tschechisiert	MNV	Schönlinde	3	t.	[5], S. 246	
7. 7.	Neuer Ausweis: Frauenname tschechisiert	MNV	Klostergrab (Dux)	3	t.	O. S., 36142 Tann	10
9. 8.	–: Frauenname tschechisiert	MSK	Tachau	2	t., e.	[11], S. 166	
'45, 15. 5.	Antifaschisten: Bestätigung des Status	MNV	Braunau	2	t.		
11. 7.	–: Erklärung zum Antifaschisten	ONV	u. a. Rumburg	4	t., d.	[5], S. 186 f.	
2. 8.	–: Lichtbildausweis mit Ausnahmeregelung	MNV	Aussig	3	t., d.	E. W., 80336 München	
'46, Anf.	–: Bescheinigung früherer KPČ-Mitgliedschaft	KPČ	Schüttenhofen	1	d.	[12]	
'45, 13. 7.	ČSR-Staatsbürgerschaft: Antragsabgabe	MNV	Brüx	3	t.	R. W., 82284 Grafrath	
23. 11.	–: Als ČSR-Staatsangehörige anzusehen	OSK	Graslitz	3	t.	[13]	
'46, 28. 3.	Personalausweis	MSK	Neuhäusl (Tachau)	2	t.	[11], S. 144	
24. 4.	Arbeitsausweis mit Fahrradberechtigung	BR	Kopitz (Brüx)	1	t.	[15], S. 112	
ca. 4.	Arbeitsausweis mit Nutzung des d. Firmenemblems	t. T.	Tachau	3	t.	[11], S. 166	14
31. 10.	Ausweis, daß vom »Odsun« ausgenommen	SNB	Komotau	3	t.	[15], S. 107	
'45, 22. 5.	Ein französischer Militärarzt darf tätig sein[16]	ONV	Wilsdorf (Tetschen)	1	t., d.	A. G., F-76600 Le Havre	
20. 8.	A.inhaber: »Anständig«, weder SdP- noch NSDAP-Mitgl.	MNV	Schlowitz (Mies)	1	t., d.	[17]	
6. 10.	Neuer Geburtsschein: Tschechisierter Frauenname	PfA	Kunnersdorf (Gabel)	5	t.	W. M., 63796 Kahl	
25. 10.	Führungszeugnis	MSK	Tachau	3	t.	[11], S. 163	
'46, 2. 2.	A.inhaber: »Treue Glieder der katholischen Kirche«	PfA	Stiedra (Luditz)	1	d.	R. B., 55756 Herrstein	

Datum	VORGANGSART	Herausgeber …				Herkunft:	
		… war:		… legte wie fest:		Wissensträger bzw. Veröffentlichung	Ergänzende Anmerkung
19 . .	Vorgang	Stelle[1]	Ort (Kreis)	Art[2]	Sprache(n)[3]		
1	2	3	4	5	6	7	8
	ABSCHRECKUNG VON TSCHECHEN						
'45, 20. 7.	Vorsprachen für D. durch T. verboten					[18]	
7. 8.	Vorsprachen von T. für D. bei Strafe verboten	ONV	Friedek	4	t.	[19]	
	DISKRIMINIERUNG						
'45, 29. 5.	Lager: Alle d. Männer 14–60 Jahre in Lager	ZNV	Mähren		t.	[20]	
15. 6.	–: Alle D. sofort ins Lager	(O)NV	Prag	4	t.	[21]	
8. 8.	–: Entlassung aus ČSR-KZ wg. v. a. Säugling	K-KZ	Brünn	1	t.	[15], S. 51	
'46, 5. 1.	–: Insassenbescheinigung in ČSR-Lager	SNB	Graslitz	2		[23], S. 372	
'45, 27. 6.	Arbeitspflicht: Alle D. von 10–60 Jahren	AA	Mähr. Schönberg	4	(t.), d.	[22]	
10. 12.	–: Einzelperson unter Strafandrohung	AA	Graslitz	3	t., d.	[13]	
'45, 28. 5.	Lebensmittelzuteilung: »Hungerrationen«[24] für D.	Min	Gesamte ČSR	5	t.	[25]	[26]
10. 9.	–: Basis Haushaltsliste	MSK	Freudenthal	5	t.	H. S., 28259 Bremen	
10. 12.	–: Kinderkarte	Min	Gesamte ČSR	5	t.	[15], S. 40	
	BEWEGUNGSVERBOT						
'45, 2. 6.	Reiseerlaubnis für Kurzstrecke	GA	Schönbüchel (Rumb.)	2	t.	[5], S. 255	
15. 6.	Generelles Reiseverbot	(O)NV	Prag	4		[21]	[27]
20. 8.	Reiseerlaubnis in die Sowjet-Zone der ČSR	US	Tachau	3	e.	[11], S. 160	
4. 10.	Reiseerlaubnis in die US-Zone Deutschlands	US	Tachau	3	e.	[11], S. 161	
15. 11.	Ausreiseerlaubnis in die US-Zone Deutschlands	US-MSK	Tachau	3	t., e.	[11], S. 161	
'46, 11. 7.	Übersiedlungserlaubnis zum gemeinsamen Abschub	MNV	Mattersdorf (Reichenberg)	1	t.	[15], S. 74	
	ENTZUG BEWEGLICHEN EIGENTUMS						
'45, 13. 5.	»Fahrrad darf nicht entzogen werden«	MNV	Friedland	1	r., t.	Anony., CZ-Anony	
18. 5.	Abgabebestätigung: Radio Philips	MSK	Rosental (Reichenberg)	2	t.	W. M., 63796 Kahl	[28]
28. 5.	»Übernahme« von Rädern, Büromaschinen	MNV	Lang-Ugest (Bilin)	1	d.	O. S., 36142 Tann	
26. 6.	Abgabebestätigung: Radio Telefunken	(M)NV	Chotieschau (Mies)	2	t.	F. V., 61250 Usingen	
(30. 6.)	Abgabebestätigung: Musikinstrumente	MSK	Graslitz	3	t.	[23], S. 366	
5. 9.	Wohnungseinrichtungen von D. an T.	MSK	Mähr. Schönberg	4	t.	E. S., 65189 Wiesbaden	

Datum 19..	VORGANGSART Vorgang	Herausgeber … … war: Stelle[1]	Ort (Kreis)	… legte wie fest: Art[2]	Sprache(n)[3]	Herkunft: Wissensträger bzw. Veröffentlichung	Ergänzende Anmerkung
1	2	3	4	5	6	7	8
	ENTZUG VON IMMOBILIEN 1945						
'45, 23. 6.	Nationalverw.: T. Verwalter zu übergeben	(M)SK	Großtajax (Znaim)	2	t., d.	[29]	[30]
23. 8.	–: Entzugsbescheid	MSK	Asch	3	t.	[31]	[32]
27. 9.	–: Entzugsbescheid	MNV	Prachatitz	2	t.	G. D., 94252 Eisenstein	[33]
10. 10.	–: T. Verwalter im Grundbuch festzulegen	OSK	Graslitz	1	t.	J. S., 91278 Pottenstein	
23. 10.	–: T. Verwalter im Grundbuch festzulegen	OSK	Graslitz	3	t.	J. S., 91278 Pottenstein	[34]
	MIETE FÜR EIGENES EIGENTUM[35]						
'46, 4. 2.	Mietzahlung an MNV	MNV	Chotieschau (Mies)	3	t.	F. V., 62150 Usingen	
6. 2.	Miete für eigenes Haus	OSK	Graslitz	2	t.	J. S., 91278 Pottenstein	
	ENTZUG VON IMMOBILIEN 1946 ff.						
'46, 1. 3.	ČSR-Besitzurkunde	Min	Zechsdorf (Troppau)	5	t.	A. T., 90765 Fürth	[36]
2. 3.	T. Verwalter im Grundbuch	GrA	Freudenthal	5	t.	H. S. P., 28259 Bremen	
2. 10.	Vertrag: Gemeinde wird verwalten	MNV	Tachau	2	t., d.	[11], S. 186	
'47, Som.	ČSR-Aufforderung: Erwerb sd. Handwerksbetriebe	BA	[37]	5	t.	[38]	
'93, 19. 10.	ČR-Grundbuchauszug 1928–1993	GrA	Freudenthal	5	t.	H. S. P., 28259 Bremen	[39]
	SPARKASSENGUTHABEN						
'45, 2. 11.	Auszahlungsschein (auch für Umtausch RM in Kčs)	Min	Weipert	5	t.	M. W., 70437 Stuttgart	[40]
27. 11.	Anmeldung	Min	Deutsch Gabel	5	t.	A. P., 22885 Barsbüttel	[41]
	ENTZUG GESAMTVERMÖGEN						
'46, 2. 4.	Meldeformblatt	Min	B. Hammer (Pressnitz)	5	t., d.	M. W., 70437 Stuttgart	[42]
	HEIMATVERBLIEBENE						
'47, 23. 1.	Ausweis über Gleichberechtigung in Beschäftigung	Min	Reichenberg	5	t.	[15], S. 46	
'48, 14. 5.	Ausreiseerlaubnis	ONV	Teplitz	5	t., r., e.	[12], S. 178	
'50, 3. 3.	Arbeitsverpflichtung in Landwirtschaft	ONV	Sternberg	5	t.	[15], S. 102	
'51, 21. 4.	Ausreiseverweigerung trotz Einreiseerlaubnis nach D.	ONV	Sternberg	1	t.	[15], S. 94	

Abkürzungen, Anmerkungen, Quellen:

1 Abkürzungen in Spalte 3 für herausgebende »Stelle«:
MNV = Mistný národní výbor = Örtlicher Nationalausschuß
MSK = Mistný správní komise = Ortsverwaltungskommission
NV = Národni výbor = Nationalausschuß
ONV = Okresný národní výbor = Bezirksnationalausschuß
OSK = Okresný správní komise = Bezirksverwaltungskommission
SK = Správni komisař = (faktisch) Bürgermeister)
ZNV = Zemský národní výbor = Landesnationalausschuß
Zu diesen Bezeichnungen: Siehe S. 512 f.
AA = Arbeitsamt
BA = Bodenamt, Prag
BGer = Bezirksgericht
BR = Betriebsrat
GA = Gemeindeamt
GrA = Grundbuchamt
KPČ = Kommunistische Partei der ČSR
K-KZ = Kommandant des (ČSR-)KZ: »Konzentrační tábor« in Briefkopf und Stempel
Mil = Militärbehörde
Min = (ČSR-)Ministerium
PfA = Pfarramt
SNB = Sbor národní bezpečnosti = Nationaler Sicherheitsdienst
Sp = Sparkasse
t. Th. = tschechischer Treuhänder
US = US-Militärregierung
VGH = (ČSR-)Volksgerichtshof

2 Abkürzungen in Spalte 5 für Veröffentlichungsarten nach Öffentlichkeitswirkung:
1: = Auf Einzelperson abgestellte hs. oder ms. Bestätigung/Mitteilung o. ä.
2: = Ms., örtliches/bereichliches Formblatt, o. ä., auch hs./ms. ausgefüllt
3: = Gedrucktes, örtliches/bereichliches Formblatt o. ä., hs./ms. ausgefüllt
4: = Gedrucktes, örtliches/bereichliches Plakat o. ä.
5: = Gedrucktes, überbereichliches Formblatt o. ä. mit oder ohne Ausfüllung
· = Sonstiges

3 Abkürzungen in Spalte 6 für »Sprache(n)«:
d. = deutsch
e. = englisch
r. = russisch
t. = tschechisch

4 Für diesen (niedrigsten Rang dieser) Unterorganisation der NSDAP erfolgte aufgrund des hier dokumentierten Antrages später Verurteilung zu fünf Jahren Straflager.
Mitteilung des Wissensträgers.

5 Vgl. Pfeifer, Wilhelm: »Weißbuch Niederland«; Böblingen (Württ.), 1980, 3. Aufl. 1995; S. . . . (Seitenangabe in Tabelle).

6 Sonst keine Lebensmittelmarken.

7 Siehe auch S. 591, Abb. 9 v. 15. 6. 1945 für Prag.

8 Vgl. Theisinger, Hugo: »Erinnerungen an Böhmen«; Lahntal (Hess.), 1978; S. 120.
Siehe auch S. 594, Abb. 10 für Troppau sowie S. 596, Abb. 11 für Senftenberg.

9 a) Siehe S. 604, Abb. 13.
Auch bei Staněk, Tomáš: »Persekuce (Verfolgung) 1945«; Prag, 1996; S. 53 für Ronsberg (Bischofteinitz) nach 24. 6. 1945.
b) Zur (wohl dubiosen) Vorgeschichte dieses Kennzeichnungstyps aus der Chronik der Stadt Friedeck-Mistek (Nordmähren):
Im März 1939 trugen die Deutschen, um sich dadurch als Angehörige des »Herrenvolkes« (im Original in deutscher Sprache) klar von den Tschechen zu unterscheiden, »gelbe Armbinden mit der Aufschrift ›Wir danken unserem Führer‹«. Diese Armbinden wurden 1945 im Sekretariat der NSDAP gefunden, und der Národni výbor gab die Anweisung, daß »die Deutschen jene Schmuckstücke wieder tragen, auf die sie früher so stolz waren«.
Wiedergabe nach »Moravsko-slezský den« (Mährisch-Schlesischer Tag) ⟨*TZ.*⟩; Mährisch Ostrau (N.Mähr.) v. 11. 5. 1996; S. 1.

10 Weitere derartige Ausweise vom 8. 6. und 9. 7. 1945 lagen vor.

11 Vgl. Hamperl, Wolf D.: »Vertreibung und Flucht aus dem Kreis Tachau im Egerland 1945–1948«; Trostberg (Obb.), 1996; S. . . . (Seitenangabe in Tabelle).

12 Vgl. Frank, Maria: »Als wir aus dem Böhmerwald vertrieben wurden«; Grafenau (Ndby.), 1991; S. 172.

[13] Vgl. SdZ; Nr. 33 v. 15. 8. 1997; S. 6.
[14] Diese Ausweise hatten v. a. den Zweck, bei ČSR-Personenkontrollen von der Deporation zu landwirtschaftlicher Tätigkeit in Innerböhmen ausgenommen zu werden.
[15] Vgl. »Zeugen der verschwiegenen Vergangenheit«; hsg. v. d. Landesversammlung der Deutschen in Böhmen, Mähren und Schlesien; Prag, 1996; S. ... (Seitenangabe in Tabelle).
[16] Auch für Deutsche.
[17] Vgl. SdZ; Nr. 38 v. 19. 9. 1997; S. 6.
[18] Siehe S. 597.
[19] Vgl. Staněk, Tomáš: »Odsun Němcu z Československa (Der Abschub der Deutschen aus der Tschechoslowakei) 1945–1947«; Prag, 1991; nach S. 344.
[20] Vgl. »Jak to bylo s odsunem« (Wie das mit dem Abschub war) in »Rudé právo« (Rotes Recht), Prag; Jg. 70, Nr. 4 v. 5. 1. 1990; S. 4.
[21] Vgl. Jaksch, Wenzel: »Evidence on the Reign of Racialism in Czecho-Slovakia«; London, Juli 1945; S. 8.
[22] Wiedergabe nach DdV IV/1; S. 322 f.
Das Bundesarchiv Koblenz hatte mit Schreiben v. 2. 7. 1997 mitgeteilt, daß das tschechische Original »nicht überliefert« sei.
[23] Vgl. Schmidt, Theoderich: »Graslitz«; Karlstein (Ufr.), 1983; S. 372; auch S. 604, Abb. 13 vom März 1946 für Mährisch Trübau.
[24] Zeitgenössische Bezeichnung durch US-Offiziere; dazu und zum (mindestens zeitweiligen) Anwendungsverbot in Teilen der US-Zone der ČSR: Siehe S. 562, auch 520 f.
[25] Wiedergabe nach DzASd; S. 521.
[26] Eine überschlägige Umrechung der auszugebenden Lebensmittelmengen pro Monat ergab ca. 600 bzw. 820 Kalorien pro Tag.
Demgegenüber: »Eine Lebensmittelration von 2.000 Kalorien pro Tag ... wurde von Ernährungsexperten als Minimum pro Person ohne ungewöhnliche Tätigkeit angesehen.«
Vgl. Zink, Harold: »The United States in Germany 1944–1955«; Princeton (N.J., USA), 1957; S. 20.
[27] Auch S. 588, Abb. 7 vom 28. 5. 1945 für Rumburg etc.;
S. 590 vom 29. 5. 1945 für Neustadt/Tafelfichte;
S. 594, Abb. 10 vom Juli 1945 für Troppau;
S. 596, Abb. 11 vom 20. 7. 1945 für Senftenberg;
S. 598, Abb. 12 vom 18. 9. 1945 für Aupa (Trautenau);
S. 604, Abb. 13 vom April 1946 für Selsen (Zwittau).
[28] Auch vom 18. 5. 1945 aus Schönbüchel (Rumburg), und zwar auf entwertetem »Bezugsschein für Spinnstoffwaren« des ehem. Deutschen Reiches; auch vom 12. 7. 1945 aus Duschowitz (Bergreichenstein).
[29] Vgl. Bornemann, Felix: »Weil Sie Deutscher sind ...«; Stuttgart, 1964; S. 211; ähnlich Hamperl: a. a. O.; S. 167.
[30] a) Der tschechische Verwalter kam aus Kuřím (Tischnowitz) in Mittelmähren.
b) Gegen den Entzug war lt. Bescheid »Odvolání«, d. h. Berufung möglich.
[31] Vgl. Arndt, Werner: »Ostpreußen, Westpreußen, Pommern, Schlesien, Sudetenland 1944/1945«; Friedberg (Ts.), o. J. (ca. 1960); S. 164.
[32] a) Der tschechische Verwalter kam aus Prag.
b) Gegen den Entzug war lt. Bescheid kein »opravný prostředek«, d. h. Rechtsmittel zugelassen.
[33] a) Der tschechische Verwalter kam aus Prachatitz.
b) Der Entzugsbescheid enthielt zu Einspruchsmöglichkeiten keine Angabe.
[34] Inkl. Zustellung dieser Verfügung per eingeschriebenem Brief.
[35] Da nach ihrer Enteignung 1945 die Sudetendeutschen nur mehr als »Mieter« angesehen wurden, mußten sie (zumeist bis zur »körperlichen« Vertreibung im Laufe des Jahres 1946) Miete für ihr »früheres« Eigentum zahlen.
[36] Die graphisch ausgestaltete Urkunde erhielt der neue tschechische Besitzer.
[37] Für vordem Sudetendeutschen gehörige, v. a. Handwerksbetriebe in zahlreichen Gemeinden der Kreise Aussig, Leitmeritz, Luditz, Markt Eisenstein, Römerstadt, Tepl, Teplitz-Schönau und Tetschen.
[38] Vgl. »Osidlování« (Besiedelung); hsg. v. ČSR-Bodenamt, Prag; Jg. 2 (1947), Nr. 17, 18; S. 789–828; hier S. 789.
[39] Enthält Eintrag neuer Eigentümer per 27. 2. 1950; Abschluß per 17. 1. 1966; Fassung v. 27. 10. 1993.
[40] Auch vom 28. 10. 1945 aus Graslitz.
[41] Auch vom 28. 11. 1945 aus Weipert, vom 29. 11. 1945 aus Schmiedeberg (Pressnitz).
[42] Auch (offensichtlich Konzeptexemplar) ohne Datum aus Rumburg sowie (ohne Eintragungen) vom 27. 3. 1946 aus Ketzelsdorf (Königinhof).

****

Abschnitt 3: ČSR-Vertreibungsbefehle 1945–1946

1) Vorbemerkung

Da sich die ČSR-/ČR-Behörden sogar oft rühmten, 1945/46 Vertreibungen angeordnet zu haben, könnte es als müßig erscheinen, dies zu belegen.
Man sollte jedoch auch die Methoden, Begründungen und Einzelheiten dieses Vorgangs »für alle Zeiten« aufbewahren.
Dabei geht es nicht so sehr um allgemeine Aktionen, wie interne Militärbefehle[1] oder gebietliche Praktiken in Südmähren[2] und Nordböhmen[3], obschon diese sich mit der Darstellung an manchen Stellen überlappen. Hier sollte es der Literatur vorbehalten bleiben, die Handlungsmotive (»warum so und nicht anders«) und die Befehlsstränge nachzuzeichnen.
Zur Darstellung kommt vorrangig das schriftliche Erscheinungsbild der Vertreibung gegenüber den Vertriebenen. Als Dokumente werden primär nachweisbare schriftliche Befehle konkreter ČSR-Behörden an einzelne oder Gruppen von Sudetendeutschen aufgeführt, ihre heimatlichen Wohnstätten für immer zu verlassen.
Die dazu ermittelten, bisher verstreut oder erstmalig publizierten Anweisungen wurden auch tabellarisch aufbereitet, um die Durchsicht zu erleichtern. Man kann daraus ersehen, daß der Vertreibungsvorgang keine »Nacht-und-Nebel-Aktion« war, sondern wohlpubliziert verlief. Es wird auch ersichtlich, daß die Vertreibung nach der Potsdamer Konferenz weiterging (Belege vom 5. 9., 22. 9., 22. 10. 1945). Bei allen Unterschieden der Mitnahmevorschriften[4] wird eine einheitliche Linie bürokratisch organisierter Beraubung bis hin zum Laufzettel durch teilnehmende Behörden mit Mietenabrechnung für das bisherige Wohnen im eigenen Haus ersichtlich (Belege vom 8. 5. und 25. 6. 1946). Die Warnung vor Beschädigung etc. des zurückzulassenden Eigentums (bis zum Verbot des Zerschneidens von Matratzen) war derart häufig, daß Rückschlüsse auf derartiges Handeln erlaubt sein müssen. Aus der Abschwächung der Sanktionsandrohung von zunächst der Todesstrafe bis zum späteren bloßen »Bestraftwerden«, oft nur für »Plünderung« des eigenen Eigentums, ist ein weiterer Rückschluß erlaubt: Die zu vertreibenden Sudetendeutschen suchten offensichtlich den als andauernd und unerträglich empfundenen terrorisierenden Lebensumständen zu entgehen.

Anmerkungen:

[1] So z. B. der Befehl General Novaks, Leiter eines nicht näher definierten Kommandos ALEX, vom 15. 5. 1945.
Nachweis bei Pilous, Jiří F.: »Právo a státní terorism jedno jsou« (Das Recht und der Staatsterrorismus sind das gleiche) in »Necensurované noviny« (Unzensierte Zeitung); Prag, 1994; Nr. 52, S. 8–10.
Auch ein Befehl von General Spaniel, Militärkommandeur in Nordwestböhmen.
Nachweis bei Holub, Petr: »Revolucionaří a mstitele« (Revolutionäre und Rächer) in »Respekt« ⟨*WZ., u.*⟩, Prag; Jg. 8, Nr. 27 v. 30. 6. 1997; S. 9–11, hier S. 10.

[2] Vgl. die Technik (mit z. B. Geiselnahme und unmittelbar hinterher erfolgender Vertreibung nach Österreich) in zahlreichen Orten Südmährens; aus Zeugenberichten dargestellt bei Bornemann, Felix: »Weil Sie Deutscher sind ...«; Stuttgart, 1964.

[3] Frühe Transportnachweise (siehe S. 619) und Einzelbefehle (siehe S. 613) sind beachtenswert.

[4] Im Vergleich zwischen 1945 und 1946 wurden v. a. beim erlaubten Bargeld gewisse Lockerungen deutlich.

2) Vertreibungsbefehle etc. (Übersicht)

Datum	VORGANGSART	Herausgeber Vertreibungsbefehl . . .							Herkunft:	
		. . . war:		. . . legte wie was fest:						
	Betroffene Personengruppe bzw. Vorgangsinhalt	Stelle [1]	Ort (Kreis)	Art[2]	Sprache(n)[3]	Mitnahme Gepäck: kg, t[4]	Mitnahme Bargeld: RM[5]	Sanktion:[6]	Wissensträger bzw. Veröffentlichung	Ergänzende Anmerkung
1	2	3	4	5	6	7	8	9	10	11
1945:	VERTREIBUNGSBEFEHLE									
30. 5.	D.: »Aus der Stadt geführt«	ZNV	Mähren für Brünn	2	t.	t	.	.	[7]	
7. 6.	D. Pensionisten, Beamte, Lehrer	MNV	Dallwitz (Karlsbad)	2	t., d.	[8]	70	6	[9]	
9. 6.	Alle d. Männer von 13–65 Jahren	MNV	Komotau	4	t.	.	.	6	P. P., 18435 Stralsund	
13. 6.	Alle deutschen Frauen	(M)NV	Saaz	4	t., d.	25	.	6	J. K., 04107 Leipzig	
14. 6.	Alle D. (mit berufl. Ausnahmen)	Mil	Böhm. Leipa, Niemes	4	t., d.	t	100	4	[10], S. 325–327	[11]
15. 6.	Deutsche Familie	OSK	Friedland	1	t., d.	30	.	6	[10], S. 325	
22. 6.	Sd. Familie angemeldet	GA	Zehren (Sa.)	.	.	.	.	.	A. L., 06547 Stolberg	[12]
4. 7.	D.: Als Ausländer aus ČSR	(M)NV	Zwickau (D. Gabel)	3	t.	30	.	.	R. G., 36166 Haunetal	
5. 7.	Deutsche Familie	MSK	Landskron	3	t.	[13]	u	1	[10], S. 324	
25. 7.	Alle Deutschen	MNV	Oberleutensdorf (Brüx)	4	t.	30	u	.	Ch. B., 83727 Schliersee	
25. 7.	Deutsche Familie	OSK	Ringelhain	2	t.	30	u	.	[10], S. 327	
5. 9.	Deutsche Familie	MSK	Herrndorf (D. Gabel)	2	t., d.	t	a	.	M. P., 42657 Solingen	[14]
22. 9.	Deutsche Frau	MSK	Einsiedel (Schluck.)	2	t., d.	.	.	6	P. P., 18435 Stralsund	
22. 10.	Sd. erhält »Umsiedler-Paß«	GA	Freiberg (Sa.)	.	.	.	.	.	I. K., 77654 Offenburg	[12, 14, 15]
10. 11.	Sd. Familie (am 15. 11.) angemeldet	GA	Mörtitz (Delitz, Sa.)	.	.	.	.	.	[16]	[12, 14, 17]
21. 12.	»Übersiedlung« nach Bayern	MSK	Graslitz	1	+	.	.	.	[18]	
1946:	RAHMENUNTERLAGEN ČSR									
	»Transportzettel für Evakuanten«				t., e., d.				H. S., 28259 Bremen	[19]
	»Evidenzblatt« für Familien				t., d.				[20], S. 170	[21]
	»Transport« (Wagenkennzeichnung)				t., e., d.				[22], S. 187	
3. 7.	Verzeichnis auszuweisender D.	MSK	Schönwald (Tachau)		t.				[23], S. 113	
18. 3.	Personenverzeichnis: Ms. informal				d.				[24]	
17. 4.	Personenverzeichnis: Ms. informal				t., e., d.				[25]	
24. 7.	Personenverzeichnis: Hs. formal				d.				W. H., 22417 Hamburg	
15. 9.	Transportbegleitpapiere				t., r., d.				F. P., 70499 Stuttgart	
13. 10.	Antifaschistentransport				t., e., d.				[23], S. 187–199	

Datum	VORGANGSART Betroffene Personengruppe bzw. Vorgangsinhalt	Herausgeber Vertreibungsbefehl . . . . . . war: Stelle [1]	Ort (Kreis)	. . . legte wie was fest: Art[2]	Spra-che(n)[3]	Mitnahme Ge-päck: kg, t[4]	Bar-geld: RM[5]	Sank-tion:[6]	Herkunft: Wissensträger bzw. Veröffentlichung	Ergänzende Anmerkung
1	2	3	4	5	6	7	8	9	10	11
	VERTREIBUNGSBEFEHLE U. Ä.									
11. 2.	»Abgeschoben nach Deutschland«	MNV	Bennisch (Freudenthal)	2	t.	70	500	bis 6	[22], S. 195	
(15. 2.)	»Für den Abtransport bestimmt«	OSK	Graslitz	4	t., d.	70	.	[26]	[27]	[28]
(15. 2.)	»Für den Abtransport bestimmt«	OSK	Graslitz	4	t., d.	50	.	[29]	[10], S. 342	[30]
(24. 2.)	Transfer in Heimat, »heim ins Reich«	MSK	Radischen (Kaplitz)	3	t., d.	50	u	1	[10], S. 337	
10. 3.	»Sammeltransport auf d. Gebiet«	MSK	Jokes (St. Joachimsthal)	2	t., d.	30	1.000	.	O. G., 64372 O.Ramstadt	[31]
(15. 3.)	Gepäck-Volumensvorschriften	ONV	Falkenau	2	t., d.	.	.	.	[10], S. 341	[31]
1. 4.	Ausreiseerlaubnis f. Antifaschisten	ONV	Brüx	1	t.	.	.	.	R. W., 82284 Grafrath	
9. 4.	»Aus der ČSR abgeschoben«	(M)NV	Olmütz	3	t., d.	50	1.000	2	[32]	
11. 4.	Wäschemitnahme f. kgf. Söhne	MSK	Reichenberg	1	t.	.	.	.	W. M., 63796 Kahl	[33]
(15. 4.)	»Aussiedlung aus der ČSR«	MNV	Mähr. Trübau	3	t., d.	30	1.000[35]	1	[10], S. 338 f.	[34]
8. 5.	»Auss.«: Nach Bezahl. aller Rechn.	MSK	Jokes (St. Joachimsthal)	2	(t.), d.	30	.	.	O. G., 64372 O.Ramstadt	[36]
9. 5.	»Aussiedlung« nach D.	MSK	Jokes (St. Joachimsthal)	3	t., d.	50	1.000	3	O. G., 64372 O.Ramstadt	[37]
15. 5.	»Abtransport nach D.«	ONV	Prachatitz	4	(t.), d.	50	1.000	4	[38], S. 248	
14. 6.	»Übersiedlungs-Anzeige«	ONV	Hohenstadt	3	t., d.	60	1.000	5	[9]	[39, 40]
21. 6.	»Übersiedlung« sofort einzustellen	MNV	Brüx	1	t.	.	.	.	R. W., 82284 Grafrath	[40]
25. 6.	Vorschriften zum »odsun«	OSK	Graslitz	3	t., d.	50	.	2	[41], S. 364 f.	
(25. 6.)	Verz. zurückgelassenen Eigentums	OSK	Graslitz	3	t., d.	.	.	.	[41], S. 368–371	
5. 7.	»Abschub hinter ČSR-Grenze«	OSK	Bärn	3	t., d.	50	.	2	[9]	
9. 7.	»Abtransport nach Deutschland«	OSK	Leitmeritz	3	t., d.	50	1.000	4	[9]	[42]
24. 7.	»Geregelte Aussiedlung der D.«	MSK	Neuhäusl (Tachau)	2	t., d.	50	1.000	4	[23], S. 142	
25. 7.	»Aussiedlung nach D.«	MSK	Pochlowitz (Falkenau)	3	(t.), d.	50	.	3	[10], S. 339 f.	
27. 7.	Lagerentlassung zum »odsun«	K-KZ	Tachau	2	t.	.	.		[23], S. 145	
2. 8.	Lagerentlassung zum »odsun«	AA	Mährisch Ostrau	3	t.	.	.		H. B., 75031 Eppingen	
5. 8.	»Zum odsun eingeteilt«	MNV	Selsen (Zwittau)	2	t.	.	.		H. S., 76646 Bruchsal	
16. 8.	»In das d. Reichsgeb. übersiedelt«	MNV	Türrnitz (Aussig)	3	t., d.	50	.	2	[10], S. 340 f.	
1. 9.	»Aus Gebiet der ČSR abgeschob.«	ONV	Königinhof	3	t.	50	1.000	4	P. P., 18435 Stralsund	
1. 9.	»In d. D. Reich übersiedelt«	ONV	Aussig	3	t., d.	30	.	5	[44]	
17. 9.	Lagerentlassung zum »odsun«	ONV	Böhm. Leipa	2	t.	.	.	2	[45]	

Datum	VORGANGSART Betroffene Personengruppe bzw. Vorgangsinhalt	Herausgeber Vertreibungsbefehl ... war: Stelle [1]	Ort (Kreis)	... legte wie was fest: Art[2]	Sprache(n)[3]	Mitnahme Gepäck: kg, t[4]	Mitnahme Bargeld: RM[5]	Sanktion:[6]	Herkunft: Wissensträger bzw. Veröffentlichung	Ergänzende Anmerkung
1	2	3	4	5	6	7	8	9	10	11
1945:	AUFNAHME IN DEUTSCHLAND									
Juli	»ČSR-Ausgewiesene« sofort weiter	Bgm	Geising (Sa.)	4	d.			[45]	[46]	[47]
1946:	AUFNAHME IN DEUTSCHLAND									
13. 4.	Gesundheitsbescheinigung	BRK	Furth/W. (Bay.)	3	d.				[20], S. 176	[48]
15. 5.	»Zeitw. Registrierungskarte«	Bgm	Blasbach (Hes.)	3	d., e.				E. S., 65189 Wiesbaden	[49]
31. 7.	»Gesundheitsschein«	BRK	Furth/W. (Bay.)	3	d.				H. S., 28259 Bremen	[50]
1. 8.	»Flüchtlingspaß«	Bgm	Falkenberg (Sa.)	3	d.				A. L., 06547 Stolberg	[51]
(Sept.)	(Flüchtlings-)»Laufzettel«	Flü-L	Karlsruhe (Bad.)	3	d.				[20], S. 177	[52]
21. 9.	»Vorl. Umsiedler-Ausweis«	Bgm	Stralsund (Pom.)	2	d.				P. P., 18435 Stralsund	[53]
1948:	AUFNAHME IN DEUTSCHLAND									
20. 4.	Anmeldung Vermögen in ČSR	US	Militärregierung	5	e., d.				E. S., 65189 Wiesbaden	[54]

Abkürzungen, Anmerkungen, Quellen:

[1] Abkürzungen in Spalte 3 für herausgebende »Stelle«:
MNV = Mistný národní vcýbor = Ortsnationalausschuß
MSK = Mistný správní komise = Ortsverwaltungskommission
NV = Národni výbor = Nationalausschuß
ONV = Okresný národní výbor = Bezirksnationalausschuß
OSK = Okresný správní komise = Bezirksverwaltungskommission
SK = Správni komisař = (faktisch) Bürgermeister
ZNV = Zemský národní výbor = Landesnationalausschuß
Zu diesen Bezeichnungen: Siehe S. 512 f.
AA = Arbeitsamt
Bgm = Bürgermeister
BRK = Bayerisches Rotes Kreuz
Flü-L = Flüchtlingslager
GA = Gemeindeamt
K-KZ = Kommandant des (ČSR-)KZ
Mil = Militärbehörde
US = US-Militärregierung

[2] Abkürzungen in Spalte 5 für Veröffentlichungsarten nach Öffentlichkeitswirkung:
1: = Auf Einzelperson abgestellte hs. oder ms. Bestätigung/Mitteilung o. ä.
2: = Ms., örtliches/bereichliches Formblatt, o. ä., auch hs./ms. ausgefüllt
3: = Gedrucktes, örtliches/bereichliches Formblatt o. ä., hs./ms. ausgefüllt
4: = Gedrucktes, örtliches/bereichliches Plakat o. ä.
5: = Gedrucktes, überbereichliches Formblatt o. ä. mit oder ohne Ausfüllung
· = Sonstiges

[3] Abkürzungen in Spalte 6 für »Sprache(n)«:
d. = deutsch
e. = englisch
r. = russisch
t. = tschechisch

[4] In Spalte 7 für »Gepäck« je Person: kg
t = tragen; Formulierungen: »Alles, was Sie tragen können«; »Menge, die Person selbst tragen kann« o. ä.

[5] In Spalte 8 für »Bargeld« je Person: RM
u = unbeschränkt
a = angemessen

[6] In Spalte 9 für »Sanktion« = angedrohte Strafen bei Nichtbefolgung:
a) In vielen Dokumenten waren neben der generellen Nichtbefolgung auch spezifische Vorgänge mit Strafandrohung belegt. Zu diesen gehörten:
Nichterscheinen;
Verstöße gegen Mitnahmevorschriften, insbes. Verheimlichung von Wertsachen;
Beschädigung, Zerstörung, Versteck von zurückzulassendem Eigentum bzw. Weitergabe an Dritte, auch als »Plünderung« bezeichnet;
Rückkehr in die ČSR.
b) Zur Erleichterung der Übersicht wurde nur die hauptsächliche Strafandrohung und diese wie folgt vermerkt: Wer nicht befolgt, wird
1) = bestraft
2) = gesetzmäßig bestraft mit ausdrücklichem Vermerk, daß dies erfolge wegen ČSR-Dekret 38/45 (vom 31. 7. 1945 »über strenge Bestrafung der Plünderung«, Text: ČSR-Slg. 1945; 19. Stück v. 22. 8. 1945; S. 63); z. T. auch wegen ČSR-Dekret 108/45 (vom 25. 10. 1945, zum Text: Siehe S. 563).
3) = gesetzmäßig bestraft ohne erläuternden Vermerk
4) = streng bestraft, hart bestraft
5) = strengstens bestraft
6) = mit dem Tode bestraft

Den Befehlen sind auch weitere Umstände (wie z. B. Zeit zwischen Benachrichtigung und Vorgangsbeginn, Abgabe von Haustieren, Verbleib von Wohnungsschlüsseln etc.) zu entnehmen.

[7] Vgl. Hertl, Hanns (Hsg. m. a.): »Der Brünner Todesmarsch 1945«; Schwäb. Gmünd (Wttbg.), 1998; S. 185–188.

Die Vertreibungsverfügung wurde u. a. in der Brünner Tageszeitung »Slovo národa« (Wort des Volkes) publiziert; vgl. dort Jg. 1, Nr. 20 v. 31. 5. 1945, S. 1; zum Gesamtvorgang siehe S. 1220 mit Anm.

8 Nur: Aufgezählte Kleidungsstücke.

9 Eigenarchiv Verfasser.

10 Vgl. zur deutschen Übersetzung DdV, IV/1; S. 325 ff.
Das Bundesarchiv Koblenz hatte mit Schreiben vom 2. 7. 1997 mitgeteilt, daß das Original »nicht überliefert« sei.

11 Vom gleichen »pplk.« (d. h. podplukovník = Oberstleutnant) Voves sind fast identisch formulierte Befehle überliefert, nämlich
a) vom 21. 6. 1945 für verschiedene Gemeinden der Kreise Friedland, Tetschen, Rumburg und Warnsdorf;
vgl. Pfeifer, Wilhelm: »Weißbuch Niederland«; 3. Aufl., Böblingen (Wttbg.), 1995; S. 252 f.
b) vom 23. 6. 1945 für Rumburg selbst und umgebende Gemeinden;
vgl. Pfeifer: a. a. O.; S. 140 f.
Textunterschiede gegenüber dem Befehl für Böhmisch-Leipa vom 14. 6. 1945 waren lediglich:
In a) hieß es als letztem Satz des Gesamtbefehls zusätzlich: »Jede Rückkehr über die Staatsgrenze der ČSR wird bestraft.«
In b) war das als erlaubt mitzunehmende Bargeld mit »400 RM pro Kopf« beziffert.

12 Impliziert vorhergehende Vertreibung.

13 »Lebensmittel, soviel Sie tragen können«, sowie weitere Gegenstände.

14 Dokumentarischer Beleg, daß die ČSR, der Potsdamer Erklärung vom 2. 8. 1945 zuwiderhandelnd (zum Text der Einstellungsaufforderung: Siehe S. 548), im September 1945 die Vertreibungen fortsetzte.

15 Hier wurde am 22. 10. 1945 bereits der Begriff »Umsiedler« verwendet. Zur weit späteren, nämlich noch am 1. 8. 1946, Verwendung des Begriffes »Flüchtling«: Siehe Anm. 51.

16 Vgl. Plato, Alexander v. (m. a.): »Ein unglaublicher Frühling«; Bonn, 1997; S. 253.

17 Die Vertriebene mußte Teplitz-Schönau am 10. 11. 1945 verlassen.

18 Vgl. Schmidt, Theoderich: »Graslitz«; Karlstein (Ufr.), 1983; S. 362.

19 Mehrere weitere derartige Dokumente liegen vor.

20 Vgl. Frank, Maria: »Als wir aus dem Böhmerwald vertrieben wurden«; Grafenau (Ndb.), 1991; S. ... (Seitenangabe in Tabelle).

21 Ein weiteres derartiges Dokument mit dem Aufdruck »Kategorie 2« aus Uschau (Tachau) liegt vor.

22 Vgl. Arndt, Werner: »Ostpreußen, Westpreußen, Pommern, Schlesien, Sudetenland 1944/1945«; Friedberg (Ts.), o. J. (ca. 1960); S. ...

23 Vgl. Hamperl, Wolf D.: »Vertreibung und Flucht aus dem Kreis Tachau im Egerland 1945–1948«; Trostberg (Obby.), 1996; S. ...

24 Über O. G., 64372 Ober-Ramstadt, aus dem ČR-Staatlichen Gebietsarchiv in Pilsen, Zweigstelle Luditz (14. 3. 1996).

25 Vgl. Stich, Karl: »Heimat in Böhmen«; Regensburg, 1985; S. 310.

26 Androhung von Zwangsarbeit bei Vergehen gegen Eigentumsvorschriften.

27 Vgl. Borth, Fred: »Aus der Heimat vertrieben«; Bisamberg b. Wien, 1993; S. 76; auch »Odsun«; hsg. v. Sudetendeutschen Archiv; München, 1995; S. 249; auch Arndt: a. a. O.; S. 173.

28 Der Befehl enthielt kein Datum. Der erste Transport aus Graslitz überschritt am 28. 2., der letzte am 2. 10. 1946 die Grenze der US-Zone Deutschlands.

29 Zusätzlich zu Anm. 26: Zwangsvorführung bei Nichtmeldung.

30 Der Befehl war mit der Zeitangabe »Sommer 1946« versehen.

31 Die Unterlagen enthielten kein Datum. Die ersten Transporte aus dem Egerland überschritten im März 1946 die Grenze der US-Zone Deutschlands.

32 Vgl. Ertl, Karl: »Der Prager Maiaufstand 1945«; Rosenheim (Obby.), 1996; S. 28 f.

33 Eine zur Vertreibung eingeteilte Mutter beantragte für ihre in Kriegsgefangenschaft befindlichen zwei Söhne die Mitnahme von Zivilkleidung und Wäsche; es wurden je 60 kg bewilligt.

34 Das Dokument war mit »April 1946« datiert. Transporte aus Zwittau sind für den 5. 4., 15. 4., 24. 4. und 2. 5. 1946 belegt.

35 Betrag für die ganze Familie; 4 Personen.

36 Der Befehl war mit einer Art Laufzettel verbunden, über den u. a. die Abgabe von Haustieren inkl. Futtermitteln, Bezahlung aller Mieten, Gebühren für Strom etc. nachgewiesen werden mußte.

37 Der tschechische Ausdruck, der mit »Einberufungsschein« zu übersetzen ist, lautete »Svolávací lístek«.

38 Vgl. »Odsun«: a. a. O.; S. 248.

[39] Inhaltlich identisch und vom gleichen Herausgeber vom 30. 6. 1946 bei Dědinova, Sidonie: »Slyšme i druhou stranu« (Hören wir auch die andere Seite); Budweis (S.-Böhm.), 1991; S. 279 f.

[40] Der Einstellungsbescheid für eine Familie wurde dann im Herbst 1946 aufgehoben und die Familie nach Bayern abgeschoben.

[41] Vgl. Schmidt, Theoderich: »Graslitz«; Karlstein (Ufr.), 1973; S. 364 f.

[42] Liegt textlich identisch und vom gleichen Herausgeber auch vom 14. 5. 1946 vor.

[43] Vgl. Nordbruch, Claus: »Der deutsche Aderlaß«; Tübingen (Wttbg.), 2001; S. 224; dort Faksimile. (Nicht ganz korrekte) Wiedergabe der deutschen Fassung bereits in DdV IV/1; S. 340 f.

[44] Vgl. »Intolerance – Intoleranz«; hsg. v. Vladimír Kaiser; Aussig (N.-Böhm.), 1998; S. 119 f.

[45] Vgl. Pfeifer; a. a. O.; S. 292 f.

[46] »Merkblatt für Ausgewiesene aus der ČSR«; Plakat der Gemeinde Geising; Abdruck in »Heimat-Chronik: Komotauer Zeitung«; Jg. 51, Nr. 7 (Juli 1997); Nürnberg; S. 38.

[47] Aus dem Inhalt:
»1. ČSR-Ausgewiesene dürfen sich in der Stadt Geising im Höchstfalle 24 Stunden aufhalten ...
10. Jede Rückkehr nach Geising ist strengstens verboten.«

[48] Beinhaltete Zuzugsgenehmigung in Marburg (Hes.).

[49] Von der US-Militärregierung herausgegeben; Verlassen neuen Wohnorts verboten.

[50] Auch aus Wiesau (Opf.) vom 9. 5. 1946 vorliegend.

[51] Zur hier am 1. 8. 1946 erfolgten Verwendung des Begriffes »Flüchtling« siehe auch die oben (Anm. 15) am 22. 10. 1945 verzeichnete Verwendung des Begriffes »Umsiedler«.
Weitere vorliegende Flüchtlingspässe, ausgestellt in Torgau und Bernburg, tragen die Daten vom 31. 8. und 4. 10. 1946.

[52] Inhalt: Vom Nachweis der antibakteriellen »Puderung« (mit DDT) bis zur »Einweisung (zukünftiger Wohnort)«.

[53] Berechtigte zur vorläufigen Unterbringung.

[54] Erfolgte gemäß US-Mil-Reg Gesetz Nr. 53: Dieses war zur Erfassung der bestehenden Auslandsguthaben von Einwohnern der US-Zone Deutschlands erlassen und wurde trotz deren ČSR- (= alliierten) Enteignung auch auf die Sudetendeutschen angewendet.

****

Abschnitt 4: Vertreibungstransporte in die Sowjetische Besatzungszone (SBZ) Deutschlands (soweit festgestellt)

(Abkürzungen nachfolgend)

lfd. Nr.	Abgang		Grenzübergang[1]		Umladung		Transportende:		Dann: Verteilung in …		Perso-nenzahl (Tsd.)	Herkunft der Angaben:
	Datum	Ort (Kreis), Gebiet	Wo?[2]	Da-tum	Wo?[2]	Da-tum	»Quarantänelager« Ort, (Kreis), Land[4]		(Kreis), Land[3]			Wissensträger bzw. Veröffentlichung
1	2	3	4	5	6	7	8		9		10	11
	1945											
1	24. 6.	Hohenelbe	.	.	keine	.	Sohland	Sa.	.		1.5	K. F., 85567 Grafing
2	24. 6.	Rumburg	.	.	.	.	Hermsdorf	Sa.	.		2.0	[4]
3	26. 6.	Tetschen	[5]	.	.	.					.	G. T., 04105 Leipzig
4	29. 6.	Eiland (Tetschen)	[6]	.	.	.						M. N., 04808 Wurzen
5	Ende 6.	Auscha (Teplitz)	[7]	.	.	.	Falkenberg (Torgau)	S.A.	.		.	E. W., 07747 Jena
6	19. 7.	[Reichenberg]	[8]	.	.	.					0.5	Bericht: Siehe S. 625
7	12. 8.	Rumburg	.	.	.	.					0.8	[4]
8	Ende 8.	Troppau	[9]	.	.	.	Berlin	Br.	.		2.4	Bericht: Siehe S. 637
	1946											
1	?	[Adlergebirge]	.	.	.	.	.		(Usedom)	M.	.	P. P., 18435 Stralsund
2	?	[Adlergebirge]	.	.	.	.	.		(Usedom)	M.	.	P. P., 18435 Stralsund
3	?	Friedland	.	.	.	.	Damgarten	M.	.		1.2	P. P., 18435 Stralsund
4	?	Braunau	.	.	.	.	Barth	M.	.		1.2	P. P., 18435 Stralsund
5	?	Königinhof	.	.	.	.	Bitterfeld	S.A.	.		.	[10]
6	23. 5.	Hohenelbe	.	.	.	.	.		.		.	[11]
7	15. 6.	Aussig	BB	.	.	.	Nordhausen	Th.	.		1.16	[12]
8	15. 6.	Prag	BB	.	.	.	.				1.2	[12]
9	22. 6. (?)	Hohenelbe	.	.	.	.	Heiligenstadt	Th.	(Eichsfeld)	Th.	.	[11]
10	25. 6.	Friedland	(BS)	26.	Pi	.	Brahlsdorf (Zarrentin)	M.	(Zarrentin)	M.	1.0	W. H., 22417 Hamburg
11	2. 7. (?)	Leitmeritz	.	.	.	.	.		.		.	[12]
12	3. 7.	Aussig	BS	.	.	.	Wismar	M.	.		.	[12]
13	4. 7.	Rumburg	BS	.	Pi	.	Henningsdorf	Br.	.		1.2	E. P., 40591 Düsseldorf
14	5. 7.	Aussig	BS	.	BS	.	Wismar	M.	.		1.2	[12]
15	9./10. 7.	Aussig	.	.	.	.	Swinemünde Altwarp	M.	(Magdeburg)	S.A.	1.28	[12]
16	10. 7.	Hohenelbe	.	.	.	.	Köthen	S.A.	Anhalt	S.A.	.	[11]
17	10. 7.	Reichenberg	BS	.	[13]	.	Pasewalk	M.	Verschieden		1.0	F. R., 04109 Leipzig

lfd. Nr.	Abgang		Grenzübergang[1]		Umladung		Transportende:	Dann: Verteilung	Personenzahl (Tsd.)	Herkunft der Angaben:
	Datum	Ort (Kreis), Gebiet	Wo?[2]	Datum	Wo?[2]	Datum	»Quarantänelager« Ort, (Kreis), Land[4]	in ... (Kreis), Land[3]		Wissensträger bzw. Veröffentlichung
1	2	3	4	5	6	7	8	9	10	11
18	11. 7.	Komotau	BB	12.	[13]	13.	Torgau S.A.	.	1.2	F. K., 63688 Gedern
19	13. 7.	Aussig	BS	.	.	.	Seltz (Altentreptow) M.	.	1.2	[12]
20	17. 7.	Aussig	(BS)	.	BS	.	Seltz (Altentreptow) M.	um Demmin M.	1.2	[12]
21	19. 7.	Hohenelbe	.	.	.	.	Kirchmöser Br.	Altmark Br.	.	[11]
22	20. 7.	Aussig	.	.	.	.	Wismar M.	.	1.2	[12]
23	24. 7.	Friedland	(BS)	25.	Pi	25.	Belzig Br.	Kr. Potsdam Br.	1.2	W. H., 22417 Hamburg
24	24. 7.	Aussig	(BS)	.	BS	.	.	.	1.2	[12]
25	24. 7. (?)	[Erzgebirge]	.	.	.	.	Belzig Br.	Kr. Potsdam Br.	.	W. H., 22417 Hamburg
26	27. 7.	Aussig	.	.	.	.	.	.	1.2	[12]
27	30. 7.	Hohenelbe	.	.	.	.	.	Oberröblingen Sa.	.	[11]
28	31. 7.	Lešan (Prag)	BS	.	.	.	Demmin M.	.	.	G. T., 04105 Leipzig
29	31. 7.	Aussig	(BS)	.	BS	.	Neustrelitz M.	Neustrelitz M.	1.2	J. H., 04207 Leipzig
30	1. 8.	Aussig	BS	.	.	.	Pasewalk M.	.	1.0	[12]
31	6. 8.	Aussig	.	.	.	.	Gera Th.	.	1.2	[12]
32	9. 8.	Hohenelbe	.	.	.	.	Brahlsdorf (Zarrentin) M.	Ganze SBZ	.	[11]
33	9. 8.	Tepl	BB	.	.	17.	Blankenburg S.A.	ab 5. 9.: S.A.	1.2	W. R., 77791 Berghaupten
34	10. 8.	Aussig	BS	.	.	.	.		1.2	[12]
35	14. 8.	Deutsch-Gabel	.	15.	BS	17.	Güstrow M.		.	H. H., 80997 München
36	14. 8.	Aussig	BS	.	.	.	Pasewalk M.		1.22	[12]
37	16. 8.	Friedland	BS	.	BS	18.	Neustrelitz M.		.	A. B., 22309 Hamburg
38	18. 8.	Aussig	BS	.	.	.	.		1.2	[12]
39	20. 8.	Tachau	BB	.	.	.	Bernburg S.A.		1.2	[14]
40	21. 8.	Saaz	BB	.	.	24.	Aschersleben S.A.	ab 14. 9.: S.A.	1.2	J. K., 04107 Leipzig
41	22. 8.	Aussig	BS	.	.	.	.		1.2	[12]
42	26. 8.	Aussig	BS	.	BS	.	Schwerin/Rostock M.		1.2	[12]
43	29. 8.	Karlsbad	BS	.	.	.	Torgau S.A.		.	[15]
44	30. 8.	Aussig	BS	.	.	.	Swinemünde Altwarp M.		1.2	[12]
45	2. 9.	Aussig	.	.	.	.	.		1.2	[12]
46	3. 9.	Reichenberg	(BS)	.	Pi	7.	Questin (Grebesmühlen) M.	ab 11. 10.: Nord-M.	1.2	I. L., 04157 Leipzig
47	5. 9.	Aussig	.	.	.	.	.	u. a. Ludwigsld M.	1.2	[12]
48	7. 9.	Tachau	BB	.	.	.	.	Eisleben S.A.	1.2	[15]

lfd. Nr.	Abgang		Grenzübergang[1]		Umladung		Transportende: »Quarantänelager«		Dann: Verteilung in …		Perso-nenzahl (Tsd.)	Herkunft der Angaben:
	Datum	Ort (Kreis), Gebiet	Wo?[2]	Da-tum	Wo?[2]	Da-tum	Ort, (Kreis), Land[4]		(Kreis), Land[3]			Wissensträger bzw. Veröffentlichung
1	2	3	4	5	6	7	8		9		10	11
49	8. 9.	Königinhof	BS	·	·	10.	Stralsund	M.	·		~ 1.0	P. P., 18435 Stralsund
50	8. 9.	Jechnitz (Poders.)	·	·	·	19.	Unterröblingen	S.A.	ab 6. 10.: S.A.		·	O. S., 36143 Tann
51	9. 9.	Aussig	BS	·	BS	·	Sternberg	M.	Pasewalk	M.	1.2	12
52	ca. 10. 9.	Tetschen	·	·	·	·	Eggesin	M.	u. a. Ueckermde.	M.	·	16
53	11. 9.	Aussig	BS	12.	BS	·	·		u. a. Wesenberg	M.	1.2	12, auch E. M., 04249 Leipzig
54	15. 9.	Königinhof	·	·	·	·	Ribnitz	M.	·		·	P. P., 18435 Stralsund
55	15. 9.	Aussig	(BS)	·	BS	·	Malchin	M.	·		1.2	12
56	15. 9.	Lešan (Prag)	·	·	·	·	Gera	Th.	u. a. Sandersleben	S.A.	1.2	F. P., 70499 Stuttgart
57	16. 9.	Hohenelbe	·	·	·	·	Schwerin	M.	·		0.4	11
58	18. 9.	Aussig	BB	·	·	·	Gera	Th.	auch Wesenberg	M.	1.2	12
59	6. 10.	Neuhaus [S.Böhm.]	·	·	·	·	Hildburghausen	Th.	u. a. Zeitz	S.A.	·	W. J., 04179 Leipzig
60	13. 10.	Aussig	BS	·	·	·	Wismar	M.	Insel Rügen	M.	1.2	12
61	17. 10.	Rochlitz	·	·	·	·	·				·	12

Abkürzungen, Anmerkungen und Quellen:
1 Auch Besonderheiten.
2 Abkürzungen in Spalten 4 und 6: »Wo?« Grenzübergang bzw. Umladung; in
BB = Bad Brambach (Sachsen)/Voitersreuth (Sachsen)
BS = Bad Schandau (Sachsen)
Pi = Pirna (Sachsen)
3 Abkürzungen der (Aufnahme-)Länder in Spalten 8 und 9:
Br. = Brandenburg
M. = Mecklenburg
Sa. = Sachsen
S.A. = Sachsen-Anhalt
Th. = Thüringen
4 Vgl. Pfeifer, Wilhelm: »Weißbuch Niederland«; Böblingen (Württ.), 3. Aufl., 1995; S. 191.
5 Fußmarsch bis Schmilka (Sachsen); dann bis Pirna Elbekahn.
6 Übergang in Peterswald-Rundteil (Sachsen); dann bis Kühnitzsch (bei Winzen, Sachsen) Fußmarsch.
7 Übergang in Geising (Sachsen); dann ab nicht mehr erinnerlichem Ort Viehwagen. In Falkenberg (SA) und Dommitzsch (SA) zahlreiche Typhustote.
8 Übergang in Hartau (Sachsen); weiterer Weg nicht mehr bekannt.
9 In diesem Transport mehr als 1.000 Tote.
10 Vgl. Exner, Rosa: »Wir kamen aus dem Sudetenland«; Berlin, 1986; S. 100.
11 Vgl. Pichler, Hans: »Die alte Heimat Rochlitz«, Marktoberdorf (Schw.) 1991; S. 643.
12 Vgl. Bohmann, Alfred: »Die Ausweisung der Sudetendeutschen dargestellt am Beispiel des Stadt- und Landkreises Aussig«; Marburg (Hes.), 1955; S. 77–88, 96.
13 Rensdorf, Krs. Zeitz
14 Vgl. Hamperl, Wolf: »Vertreibung und Flucht aus dem Kreis Tachau im Egerland«; Trostberg (Obby.), 1996; S. 207.
15 Vgl. Röska, Günther: »Transport 1946« in »Geschichte – Erziehung – Politik«, Berlin; Heft 3 (März) 1992; S. 170–175, hier S. 171–173.
16 Vgl. Zenkert, Arnold: »Heimkehr aus der Kriegsgefangenschaft und der Haß der Goldgräber« in »SudetenJB«; Jg. 48; S. 110–114, hier S. 114.

****

Abschnitt 5
Veröffentlichungen aus den Jahren 1945/1946 über die Vertreibung

A) Vorbemerkung

Ein großer Teil der im generellen chronologischen Ablauf wiedergegebenen Dokumente wurde erst Jahre bzw. Jahrzehnte nach den Vorgängen publiziert, welche sie beschrieben, oder blieben weiteren Kreisen unbekannt.

Deswegen soll ergänzend auch der Wissensstand der Jahre 1945/46 selbst umrissen werden.

Im Teil B wurde durch allgemein zugängliche, vornehmlich Pressemeldungen wichtiger westlicher Zeitungen belegt, welcher Wissens- und Meinungsstand zur Vertreibung v. a. der Sudetendeutschen zeitgleich erhältlich war und vorlag. Dabei kam es weniger auf die sachliche Richtigkeit der Meldungen, sondern primär darauf an, daß zahlreiche derartige Berichte (auch von einflußreichen Personen) erfolgten. Die Zusammenstellung ist trotzdem sicher nicht umfassend.

Im Teil C wurden Berichte aufgeführt, die 1945 bis 1947 von Tschechen vornehmlich in der tschechischen Presse erschienen.

Derartige Berichte müssen spezifisch gewürdigt werden. Siehe dazu die Einführung S. 648.

B) Westliche Berichte

Meldungen 1945:

5. 6.: *Im britischen* »Manchester Guardian« *berichtete*[1] *sein* »Diplomatischer Korrespondent« *unter dem Titel* »Großer Wandel in Osteuropa. Tschechischer Ehrgeiz« *über in London aufgefangene ČSR-Rundfunksendungen, welche* »starken, an Neo-Imperialismus grenzenden Nationalismus ausstrahlen. In allen laufenden Sendungen wird die Bedeutung des vereinigten Slawischen Blockes von 200,000.000 europäischer Slawen unterstrichen.«
Der Korrespondent zitierte als Beleg zunächst ČSR-Erziehungsminister Zdeněk Nejedly (KPČ):
»›Wir sind nur von Kulturschrott (cultural debris) umgeben. Wir werden unsere Zivilisation in die Grenzgebiete tragen ... Was können die Deutschen ⟨*dagegen*⟩ tun? Für keinen einzigen von ihnen gibt es eine Zukunft. Durch unsere Kultur überragen wir sie, wir sind größer. Und ihr ⟨*Tschechen*⟩ werdet sehen, daß sie ⟨*gemeint: die Deutschen*⟩ in ihrer hoffnungslosen Lage nur zu gerne unserer Führung folgen werden.‹
Grenze zu Deutschland
Sein Kollege, der Informationsminister Václav Kopecký (KPČ) verdeutlichte diese Politik wie folgt: ›Das Problem der Endlösung der nordöstlichen Grenzen unserer Politik muß so geregelt werden, daß wir von der deutschen Einkreisung für immer befreit werden ...‹«

Sommer: *Eine Gruppe von US-Senatoren besuchte Europa. Aus dem Bericht von Senator Eastland*[2] *war u. a. zu entnehmen:*
»Wir wurden durch die Politik der russischen Regierung gehindert, in Ostdeutschland einzureisen. ... Nach Augenzeugenberichten bilden Raub und Plünderungen, Krankheiten, Vergewaltigungen und unterschiedslose Morde eines der schrecklichsten Kapitel in der menschlichen Geschichte. Mit Worten lassen sich die Verhältnisse dort nicht wiedergeben. Die Tugend der Frauen und der Wert des menschlichen Lebens sind die heiligsten Güter des zivilisierten Menschen, doch in dem von Rußland besetzten Deutschland von heute sind sie das Wertloseste ... Tausende sind ermordet worden, Tausende von Frauen vergewaltigt, und es herrschen Lebensbedingungen, die über die Vorstellungskraft der zivilisierten Welt hinausgehen.«

11. 6.: *Der britische Rundfunk berichtete*[3] *über die Vertreibung der Sudetendeutschen.*

15. 6.: (ca.) *Die britische Nachrichtenagentur Reuter veröffentlichte einen Beitrag des Journalisten John Kimch*[4]*, in dem die Vertreibungspraktiken der Tschechoslowakei kritisiert wurden.*[5]

17. 6.: *Der Londoner* »Observer« *berichtete*[6] *unter der Überschrift* »Beneš steht im Sudetenland vor einer Krise« *über eine britische offizielle Note an Prag zur* »Deportation von 2,000.000 Sudetendeutschen aus tschechischem Gebiet«, *in der es u. a. hieß:*
»Die britische Regierung hat der Politik der Massendeportationen nicht zugestimmt; und I. M. Regierung hält in jedem Fall diese Angelegenheit für eine solche der Kontrollmächte, nämlich Rußland, Frankreich, den USA und Großbritannien und nicht für eine der ČSR-Regierung allein.«

Der »Observer« *fuhr fort:* »Als Folge ⟨*dieser Note*⟩ hat die ČSR-Regierung anscheinend zugestimmt, die Entfernung (removal) der Sudetendeutschen trotz Meinungsunterschieden zu dieser Frage in der Regierung von Präsident Beneš zu verlangsamen.
Die Vertreibungen ... der Sudetendeutschen aus ihren Heimstätten ... erfolgen unter großer Härte und bisher nur geringer Zurückhaltung (discretion). Augenzeugen beschreiben Züge von Viehwagen voller Kinder ohne persönliches Eigentum und Lebensmittel. Viele Tausend Sudetendeutscher befinden sich in Konzentrationslagern und ... zweifelsohne ist die britische Regierung über die unterschiedslose Anwendung rassistischer (racial) Prinzipien besorgt.
Dieses Vorgehen hat offensichtlich sogar bei der loyalen tschechischen Bevölkerung Widerstand hervorgerufen. Die Prager Zeitung ›Lidova Democracie‹ druckte am letzten Dienstag in der Form eines Leitartikels eine Warnung an jene Tschechen, die angesichts der Behandlung der Sudetenbevölkerung ›moralische Bedenken fühlten‹. ⟨*Zum Text: Siehe S. 649.*⟩
Der gesamte Tenor des Artikels erinnerte an die Art, in der oft die Nazi-Presse Deutsche zurechtwies, die Anteilnahme am Leiden von Juden oder Ostarbeitern zeigten.«
Außerdem wurde über den nunmehr »energisch verfolgten ⟨*ČSR-*⟩Anspruch auf ganz Schlesien ... und gewisse weitere Gebiete« *berichtet, sowie* »tschechische Befehle ... zur Vertreibung der Polen aus Teschen und dem Grenzgebiet«, *die mit polnischen Ansprüchen auf Oberschlesien kollidieren und der* »Schlichtung« *durch die Sowjetregierung bedürften.*

18. 6.: *Der* »politische Korrespondent« *des britischen* »Daily Express« *meldete*[7] *unter dem Titel* »Tschechen stoppen die Ausweisung der Deutschen« *ähnlich:*
»Präsident Beneš und seine Regierung wurden davon in Kenntnis gesetzt, daß die britische Regierung jeden weiteren Versuch zur Deportation von etwa zwei Millionen Sudetendeutschen mißbilligt – und Herr Beneš hat zugestimmt, diesen Prozeß, der bereits eingeleitet war, aufzuhalten.
Es ist die britische Auffassung, daß keine Massendeportationen in einer Zeit stattfinden sollen, da ganz Europa in Aufruhr ist, daß jede Entscheidung, ganze Bevölkerungen zu transferieren, den maßgebenden Kontrollmächten (Großbritannien, Rußland, USA und Frankreich) zusteht und daß alle derartigen Fragen bis zur Friedenskonferenz zurückgestellt werden sollten.«

27. 6.: *Der britische Dienst des ČSR-Rundfunks erklärte*[8]*:*
»Jene Deutschen, welche für die Republik arbeiteten und gegen den Anschluß an das Reich waren, haben nichts zu befürchten. Die Tschechoslowakei eines Masaryk und Benesch wird sich nicht zu den Methoden Hitlers erniedrigen. Doch dieses kleine Land hat ein Recht, die großen Alliierten um Hilfe zu ersuchen, damit es sich jener deutschen Elemente entledigen kann, die für die Gesundheit des Staates genau so gefährlich sind, wie eine Epidemie für die Gesundheit des Menschen.«[8]

30. 6.: *Im britischen* »New Statesman and Nation« *erstattete*[9] *ein* »Czech Correspondent« *einen* »Bericht aus Prag«, *in dem sich ein friedliches Bild böte. Das* »traditionelle deutsche Problem« *existiere für die Tschechen nicht mehr. Während des Krieges hätten sich nur* »sehr wenige der Sudetendeutschen anständig gegenüber einfachen Tschechen verhalten; diese werden verschont. Was die anderen betrifft: Man kann endlose Kolonnen deutscher Zivilisten sehen, die nur

mit dem, was sie tragen können, auf dem Marsch zu den ČSR-Grenzen sind. Jetzt, da die Aufregung der ersten Tage vorbei ist, schauen die ⟨*tschechischen*⟩ Leute nicht einmal hin und keiner hat Mitleid.«

20. 7.: *Im Londoner* »Daily Express« *meldete*[10] »Peter Smollet, Sudetenland[11]« *unter der Überschrift* »Die Rache für Lidice ist Massenvertreibung. Millionen müssen innerhalb von drei Stunden fort (get 3 hours notice)« *wie folgt:*
»Den ganzen gestrigen Tag verbrachte ich mit 518 Deutschen, die bei glühender Sonne vom Sudetenland[11] ins sowjetbesetzte Deutschland marschierten. Sie waren alt und jung, Männer, Frauen und kleine Kinder.
Sie zogen Schubkarren und schoben Kinderwagen mit ihren Besitztümern. Niemand durfte mehr mitnehmen, als er tragen konnte.
Die ganz Alten und die ganz Jungen durften auf pferdebespannten Wagen sitzen. Alle andern mußten gehen. Sie wurden von tschechoslowakischen Bewachern bis 12 Meilen ⟨*d. h. ca. 20 km*⟩ jenseits der Grenze begleitet.
Ich war bei ihnen von 5.30 Uhr ⟨*morgens*⟩, als sie von tschechischer Polizei aus dem Bett geholt wurden und gesagt bekamen, daß sie packen und innerhalb von drei Stunden verschwinden müßten. Ich verließ sie um 6 p. m. ⟨*d. h. 18.00 Uhr*⟩ in Hartau[12], Sachsen, in der Sowjetzone.
Was ich sah, war ein frühes Beispiel für den großen Bevölkerungstransfer, der gerade beginnt. Die Tschechen sind entschlossen, 2,500.000 Deutsche auszutreiben (evict). Die Bühne ist bereit. Die Vorbereitungen sind abgeschlossen.«

20. 7.: *Die britische Nachrichtenagentur Reuter veröffentlichte*[13] *ein Interview, das ČSR-Staatsminister Ripka dem diplomatischen Korrespondenten Jon Kimche über u. a. Vertreibungsverzögerungen gab.*

28. 7.: *Im* »Manchester Guardian« *berichtete*[14] *ein Sonderkorrespondent, später als Ralph Parker*[15] *identifiziert, unter dem Titel* »Ein Volk ohne Vaterland – Tschechische Vorwürfe gegen Sudetendeutsche« *aus Prag u. a.:*
»Es gab in letzter Zeit hartnäckige Gerüchte über organisierten deutschen Widerstand gegen die ČSR-Behörden in den Grenzgebieten ... Die Leidenschaften wurden durch Angriffe auf tschechische Offiziere, manchmal mit tödlichen Folgen, durch Verwendung von geheimen Radiosendern und durch Angriffe von Marodeursbanden unter Führung der deutschen Armee nicht beruhigt.«
In der Londoner »Times« *vom gleichen Tag enthielt dieser Bericht*[17] *die geographische Angabe* »Städte und Dörfer im Elbetal«. *Dortige ČSR-Behörden* »behaupteten, die Zusammenarbeit zwischen dem lokalen Deutschen Anti-Faschistischen Ausschuß und den ›Werwölfen‹[18] aufgedeckt zu haben«.

30. 7.: *Die Londoner* »Times« *veröffentlichte*[16] *aus Berlin:*
»Es wird gesagt, daß die Konferenz[19] durch vertrauenswürdige Reisende aus dem Osten über die erschreckenden Verhältnisse auf den Landstraßen unterrichtet wurde, die sich nach der Evakuierung der deutschen Städte Liegnitz, Hirschberg, Bunzlau und Görlitz durch polnisches Militär ergaben. Die Ströme dieser Flüchtlinge treffen sich mit den aus der Tschechoslowakei vertriebenen Sudetendeutschen. Frauen und Kinder sterben nach diesen Berichten in den Straßengräben, und dieselben Dinge sollen sich in Frankfurt an der Oder und in Stettin ereignen.«

(ca. 1. 8.): *Im britischen* »News Chronicle« *berichtete Stefan Litauer*[16] *über die Explosion im Aussiger Vorort Schönpriesen*[20] *u. a.:*

»Die Polizei stellt fest, daß diese Brände das Resultat von Sabotage durch deutsche Werwölfe[18] sind.«

Die britische Nachrichtenagentur Reuter meldete[16] *demgegenüber, die tschechischen Behörden hätten nicht bewiesen, wie das Feuer ausgebrochen ist.*

6. 8.: *In der britischen Zeitung* »Daily Mail« *berichtete*[21] *Rhona Churchill unter der Überschrift* »›Raus in 10 Minuten‹ – Befehl an die Deutschen: ›Auge um Auge‹ im Sudetenland« *über die* »derzeitigen Bedingungen in der Tschecho-Slowakei« *nach der »Potsdamer Konferenz«*[19]*. Man las u. a.:*

»Mehrere Millionen Deutsche, die von Hitler ausgesandt worden waren, um die Tschecho-Slowakei, Polen und die Baltischen Staaten zu ›kolonisieren‹[22], sind nun gezwungen, volle Wiedergutmachung für die entsetzlichen Verbrechen zu leisten, die sie und ihre Landsleute im Namen Hitlers begingen.

Das Schicksal der 6,000.000 Deutschen, die über das Sudetenland und andere Teile der Tschecho-Slowakei und Polen vertreut sind, ist gleichfalls entsetzlich, aber niemand kann behaupten, daß es das uralte Prinzip Auge um Auge übersteigt.

Tschechen und Polen nennen es die Politik der Säuberung.

Genauso wie die Deutschen ihre Länder von Juden und Antifaschisten ›säuberten‹, so versuchen nunmehr sie ⟨*gemeint: die Tschechen*⟩, jede Stadt, jede Gemeinde und jeden Ort von Deutschen zu säubern, und tun dies nach den Vorbildern, welche ihnen die Deutschen in den letzten sechs Jahren gelehrt haben.

Hier, zum Beispiel, die Ereignisse vom vergangenen Monat in Brno ⟨*Brünn*⟩, als junge Revolutionäre der tschechischen Nationalgarde beschlossen, die Stadt zu ›säubern‹.

Kurz vor neun Uhr abends marschierten sie durch die Straßen und riefen alle deutschen Bürger auf, um neun Uhr vor ihren Häusern zu stehen, ein Gepäckstück in jeder Hand, bereit, die Stadt auf immer zu verlassen. Den Frauen blieben zehn Minuten, die Kinder zu wecken, sie anzuziehen, ein paar Habseligkeiten zusammenzupacken und sich auf die Straße zu stellen.

Hier mußten sie alle Schmuck, Uhren, Pelze und Geld den Nationalgardisten ausliefern, bis auf den Ehering; dann wurden sie mit vorgehaltenen Gewehren in Marsch gesetzt, der österreichischen Grenze entgegen.

Es war stockfinster, als sie die Grenze erreichten[23], die Kinder weinten, die Frauen stolperten vorwärts. Die tschechischen Grenzwachen drängten sie über die Grenze den österreichischen Grenzwachen entgegen. Da kam es zu neuer Verwirrung. Die Österreicher weigerten sich, die Leute aufzunehmen, die Tschechen, sie wieder ins Land zu lassen. Sie wurden für die Nacht auf ein offenes Feld getrieben. Am nächsten Morgen erschienen ein paar Rumänen als Wache.

Sie sind immer noch auf diesem Feld, das zum Konzentrationslager geworden ist. Sie haben nur zu essen, was ihnen die Wachen gelegentlich bringen. Rationen erhalten sie nicht.

Jetzt wütet eine Typhusepidemie unter ihnen, und es heißt, daß täglich hundert sterben.

Fünfundzwanzigtausend Männer, Frauen und Kinder haben diesen Gewaltmarsch aus Brünn mitgemacht, darunter eine Engländerin, die mit einem Nazi verheiratet ist, eine Österreicherin von siebzig Jahren, eine sechsundachtzigjährige Italienerin.

Überall im Lande werden jetzt Konzentrationslager für Deutsche eingerichtet. Man schickt die Leute unterschiedslos hinein, während sie auf ihr Visum für Deutschland warten. Sogar deutsche Juden und Nazigegner, die erst kürzlich aus den Konzentrationslagern der SS befreit wurden, sind nicht sicher, dasselbe gilt für britische Frauen, die mit Deutschen verheiratet sind.«

7. 8.: *Die britische Zeitung* »Times« *berichtete*[24] *u. a.:*

a) »Immer noch laufen aus allen Teilen der Erde die Nachrichten ein, die den Widerhall auf die Potsdamer Verlautbarungen[19] verzeichnen. Die uneingeschränkteste Zustimmung finden diese vielleicht in Polen und in der Tschechoslowakei. Die Regierungen beider Länder nehmen an, daß ihre Pläne hinsichtlich der Vertreibung mehrerer Millionen Deutscher aus ihrem Staatsgebiet vollinhaltlich gutgeheißen worden sind.«

b) *Sonderkorrespondent Parker*[15] *meldete*[25] *unter dem Titel* »Die Sudetendeutschen. Geltendmachung tschechischer Autorität« *aus Aussig u. a.:* »Dreißigtausend Tschechen sind nach Usti (Aussig) und über 10.000 nach Litomerice ⟨*d. h. Leitmeritz, beide N.-Böhm.*⟩ zurückgekehrt [returned].[26] Ein deutscher Kurzwellensender arbeitet immer noch in der Grenzstadt Dečin ⟨*d. h. Tetschen*⟩, tschechische Offiziere wurden erschossen [have been shot] und eine Gruppe von Werwölfen[18] versuchte vor einiger Zeit, Gefangene aus der Internierung zu befreien. In Podmokly (Bodenbach) zeigte man uns geschickt gefälschte Mitgliedskarten der Kommunistischen Partei, mit denen sich einige der deutschen Einwohner versorgten.«

8. 8.: *Die britische Zeitung* »Times« *berichtete*[27] *aus Berlin:*
»Zwischen 12,000.000 und 14,000.000 Deutsche, bereits in Bewegung oder gezwungen, sich aus den östlichen Teilen von Deutschland zu entfernen, die jetzt unter polnischer oder tschechischer Kontrolle stehen, schaffen ein gigantisches Flüchtlingsproblem in Deutschland. Sie sind meistens alte Menschen, Frauen und Kinder.«

11. 8.: *Der britische* »Economist« *prüfte*[28] *in einem Leitartikel* »Die deutsche Vereinbarung« *die Potsdamer Erklärung*[19] *und meinte unter Erwähnung noch zu befriedigender tschechischer Gebietsansprüche an Deutschland*[29] *zusammenfassend:*
»Am Ende eines machtvollen Krieges, der geführt wurde, um den Hitlerismus zu besiegen, machen die Alliierten einen Hitlerischen Frieden. Dies ist die tatsächliche Bezeichnung ihres Versagens.«

11. 8.: *Im britischen* »New Statesman and Nation« *berichtete*[30] »ein Korrespondent, der kürzlich in der Tschechoslowakei« *war, unter der Überschrift* »Tschechen und Deutsche« *vorrangig aus Marienbad*[31] *über die Vertreibung der ansässigen Sudetendeutschen u. a.:*
»Die Mehrheit der Menschen auf den Straßen tragen ein weißes oder gelbes Armband, was bedeutet, daß sie Deutsche sind und irgendwann der Ausweisung unterliegen werden . . .
Die tschechische Begründung ist, in Kürze, daß der Deutsche in der Tschechoslowakei sich weigerte, assimiliert zu werden . . . Allgemein gesagt trifft es zu, daß die Sudetendeutschen – abgesehen von einer aktiven und heroischen sozialdemokratischen und kommunistischen Minderheit – nach 1918 die Statusgleichheit von Slawen und Germanen (Teutons) niemals akzeptierten und den

Zweiten Weltkrieg als Chance ansahen, ihren alten Status ⟨*der Vorherrschaft*⟩ zurückzuerlangen. Sie haben den Krieg verloren und zahlen nun den Preis dafür . . .

Es gibt eine Ausnahme von dem Dekret (decree)[32], daß alle Deutschen weggehen müssen. Jene, die sich als aktiv antifaschistisch erwiesen und in Verteidigung der Republik kämpften, sollen einen den Bürgern tschechoslowakischer Herkunft gleichen Status erhalten. Diese Ausnahme wird jedoch weit weniger Deutsche betreffen, als man erwarten dürfte . . . Von den 10.000 Deutschen in Marienbad haben unter diesem Titel nämlich nur rd. . . . 180 Personen um Anerkennung gebeten. Die meisten dieser Anträge wurden deswegen abgelehnt, da der Nachweis ihres ›Kampfes‹ für die Republik nur darin bestand, daß sie die Auslandssendungen der B.B.C.[33] abhörten. Wenn die Ziffern für das Gesamtgebiet damit vergleichbar sind, können sich möglicherweise nur 5 von 10.000 Deutschen für die Rechte eines Tschechoslowaken qualifizieren.«

13. 8.: *Das US-Nachrichtenmagazin* »Time« *beschrieb*[34] *die Ausweisung von* »zehn Millionen Deutschen« *und bedauerte, daß die UNRRA*[35] *ihnen nicht helfen dürfe.*

15. 8.: *In der* »New York Times« *erschien*[36] *ein Leserbrief von Alexander Lipsett, in dem die Vertreibungen als* »die größte Massenauswanderung in der Geschichte des Menschengeschlechtes« *bezeichnet wurden.*

»Die Potsdamer Beschlüsse[19] sind eine neue Demonstration des Satzes, daß Macht Recht macht. Wenn das allgemein üblich wird, wehe uns, wenn wir den nächsten Krieg verlieren!«

15. 8.: (etwa) *Im britischen* »Spectator« *erschien*[37] *ein Leserbrief des Lordbischofs von Chicester, George Bell, der die Vertreibungen scharf verurteilte.*

16. 8.: *Der konservative Politiker Winston Churchill erklärte*[38] *im britischen Unterhaus:*

»Besonders besorgt machen mich in diesem Augenblick Berichte, die uns über die Bedingungen zukommen, unter denen die Vertreibung und der Auszug der Deutschen aus dem neuen Polen durchgeführt werden. Vor dem Krieg lebten acht bis neun Millionen Menschen in diesen Gebieten. Die polnische Regierung sagt, von diesen befänden sich noch 1,500.000, die bisher nicht vertrieben wurden, innerhalb der neuen Grenzen. Weitere Millionen müssen ⟨*bereits*⟩ hinter den britischen und amerikanischen Linien Zuflucht genommen haben, wodurch sie die Lebensmittelknappheit in unserer Zone erhöhten. Eine enorme Anzahl dieser Menschen ist vermißt. Wohin haben sie sich gewandt und was war ihr Schicksal? Die gleichen Zustände können sich in veränderter Form bei der Ausweisung einer großen Anzahl sudetendeutscher und anderer Deutscher aus der Tschechoslowakei wiederholen. Spärliche und vorsichtige Berichte über die Dinge, die vor sich gingen und gehen, sind durchgesickert; es ist aber nicht ausgeschlossen, daß eine Tragödie ungeheuren Ausmaßes sich hinter dem Eisernen Vorhang, der Europa gegenwärtig entzweischneidet, abspielt.«

23. 8.: *Die Schweizer Tageszeitung* »Neue Zürcher Zeitung« *berichtete*[39] *mit der Überschrift* »Traktanden für die Londoner Konferenz der Außenminister[40]. Die Massenvertreibung von Deutschen« *u. a.:*

»Britische Beobachter in Wien teilen mit, daß auch nach der Erklärung von

Potsdam[19], die einen geregelten Transfer vorschrieb, Hunderttausende von Vertriebenen die österreichische Grenze überschritten haben. Es wird ausdrücklich festgestellt, daß die Vertreibungen nicht, wie Churchill annahm, auf russischen Befehl, sondern auf Veranlassung der örtlichen tschechischen Behörden erfolgen, welche Prag nicht wirksam zu kontrollieren vermögen. Im Bericht eines Holländers, der aus der Tschechoslowakei eintraf, heißt es, daß die tschechische Miliz ihre Opfer häufig in die nächstliegenden Häuser und Höfe treibt, wenn russisches Militär sich nähert, und ihnen verbietet, sich bemerkbar zu machen. In Berlin und vom Mecklenburgischen bis nach Sachsen treffen Kolonnen halbverhungerter Menschen ein, die von Stadt zu Stadt, von Dorf zu Dorf weitergeschickt werden. Tausende erreichen überhaupt kein Ziel mehr und leben in Straßengräben und Wäldern.«
Die Zeitung sah die »Massenvertreibung von Deutschen ... aus dem Sudetenland« *auch als* »Problem für die nächste Konferenz der ⟨*alliierten*⟩ Außenminister«.

24. 8.: *Der Vorsitzende des Republikanischen Nationalkomitees der USA, Herbert Brownell, verurteilte*[41] *die Vertreibungen in einer Radioansprache und sagte dabei:*
»Wenn wir die gewaltigen Gebietsübertragungen und Massendeportationen betrachten, die offenbar unter Duldung der Regierung vor sich gehen, so erinnern wir uns, daß in vergangenen Zeiten durch ähnliche Akte die Saat bitteren Hasses gesät worden ist. Es kam uns zum Bewußtsein, daß die Entwurzelung eines Volkes und einer Kultur aus einem Boden, in dem sie jahrhundertelang gewurzelt hatten, Haß und Begierde nach Vergeltung zur Folge haben.«

24. 8.: *In der britischen Zeitung* »News Chronicle« *berichtete*[42] *Norman Clark aus Berlin zunächst über das erschütternde Schicksal eines Vertriebenentransportes, der unversorgt sieben Tage unterwegs war, um dann wie folgt zusammenzufassen:*
»Hier in Berlin leben wir im Schatten von Hunger und Mangel, im Schatten des Todes und der Epidemien, wie sie die Welt in der uns überlieferten Geschichte nicht erlebt hat ...
Die Massenvertreibungen der deutschen Bevölkerung werden eine Tragödie unermeßlichen Ausmaßes verursachen ... Wenn man die aus der ČSR ausgewiesenen Sudetendeutschen hinzunimmt, beläuft sich ihre Zahl ... auf mindestens 13,000.000 Menschen.
Deutsche werden buchstäblich fristlos aus ihren Häusern und Wohnungen hinausgeworfen. Das steht doch im krassen Widerspruch zu der Potsdamer Erklärung[19], in der betont wird, daß Bevölkerungsüberführungen ›ordentlich und menschlich‹ durchgeführt werden sollen.«

28. 8.: *In der* »New York Times« *erschien*[43] *ein sehr umfangreicher Leserbrief von H. F. March zur* »Sudetendeutschen Frage«, *in dem nach Darstellung der Vorgeschichte dem US-Außenminister Byrnes vorgeschlagen wurde, die Sudetendeutschen in ihrer Heimat zu belassen.*

Herbst: *Prominente US-Amerikaner*[44] *bildeten die* »American Friends of Democratic Sudetens«, *veröffentlichten die Broschüre* »Tragedy of a People. Racialism in Czechoslovakia« *und gründeten das* »American Committee against Mass Expulsions«, *wodurch beträchtliches öffentliches Interesse entstand.*

4. 9.: *In der* »New York Times« *veröffentlichte*[45] *John MacCormac ein Interview mit Dr. Beneš, in dem dieser u. a. im Zusammenhang mit der Vertreibung von Deutschen und Ungarn wie folgt argumentierte:* »Minderheiten müssen wie in den USA behandelt werden, d. h., daß sie Sprache, Gesetze und die Einrichtungen ihrer Mitbürger annehmen müssen.«

6. 9.: *In der* »New York Times« *berichtete*[46] *Sidney Gruson aus London von Forderungen des ČSR-Ministerpräsidenten Fierlinger und des Ministers Masaryk an die britische Regierung, v. a. die Vertreibung der großen Mehrheit der Sudetendeutschen bald durchzuführen (60.000 seien schon ausgewiesen) und die Bemühungen um die Annexion des Gebietes von Glatz*[47] *zu unterstützen.*

7. 9.: *In der* »New York Times« *berichtete*[48] *wiederum Sidney Gruson aus London, ČSR-Ministerpräsident Fierlinger habe nunmehr 1,2 Mio. bereits vertriebene Deutsche genannt, unter ihnen ca. 1 Mio. reichsdeutsche Oberschlesier und 200.000 Sudetendeutsche,* »die in der ČSR ansässig waren«.

7. 9.: *Der Korrespondent der* »Neuen Zürcher Zeitung« *präzisierte*[49] *die Formulierung aus der Londoner Pressekonferenz Fierlingers:*
»200.000 bis 300.000 ›unserer Deutschen haben sich bis jetzt evakuiert‹, wie sich Fierlinger ausdrückte.«

(vor) 8. 9.: *Der Korrespondent der US-Zeitung* »Chicago Times« *berichtete*[50] *aus Prag, daß es in den ČSR-Grenzgebieten derzeit zum* »Zusammenprall zweier auseinandergerissener Welten« *komme.*

10. 9.: *Im britischen* »Manchester Guardian« *erklärte*[51] *der anglikanische Geistliche Rev. Carter vom* »Christian Council of Refugees« *unter dem Titel* »Plünderung oder Verhungern« *u. a.:*
»Tausende besitzloser Deutscher, die aus den besetzten Ostgebieten in das Reich geflüchtet sind, leben im Zustand der Anarchie und haben nur die Alternative zwischen Plünderung oder Verhungern.«

10. 9.: *Die Londoner* »Times« *veröffentlichte*[52] *aus Berlin über Vertreibungsvorgänge und meinte zusammenfassend:*
»Man darf sich sicherlich nicht damit beruhigen, daß die Deutschen sich dieses Elend selbst zuzuschreiben haben; Brutalität und Zynismus, gegen die der Krieg geführt wurde, sind in Europa immer noch am Werke, und wir werden Zeugen von menschlichem Leiden, das schon fast an das von den Nazis verursachte heranreicht. Vollständige Informationen über diese Massenvertreibungen sind dringend notwendig.«

11. 9.: *Die* »New York Times« *publizierte*[53] *einen Leserbrief von Pfarrer Harrington, in welchem der Vertreibungsbegründung von Dr. Beneš (siehe oben, 4. 9.) entschieden widersprochen wurde. Es hieß u. a., in die USA seien die Nationalitäten freiwillig gekommen, der ČSR jedoch ihre Minderheiten 1919 gegen deren Willen zugewiesen worden.* »Deutschland ist zwar besiegt, doch die Nazi-Pest hat ganz Europa infiziert. Sie bemächtigte sich sogar eines solchen Staatsmannes wie Dr. Beneš von der ČSR … Die gegenwärtige sowie die beabsichtigte Behandlung der Minderheiten in der ČSR vollzieht sich in bester Nazi-Tradition.«

12. 9.: *In Londoner Tageszeitungen erschien*[54] *ein Aufruf gegen die Vertreibung von 13 Mio. Ost- und Sudetendeutschen und zur Gründung einer privaten Hilfsorganisation im Rahmen des Hilfswerkes* »Save Europe Now«. *Zu den Unterzeichnern gehörten u. a. der Lordbischof von Chichester, George Bell*[55], *Victor Gollancz und Lord Bertrand Russell.*[56]

12. 9.: *Die britische Zeitung* »News Chronicle« *zitierte*[57] *unter der Überschrift* »Hilferuf für deutsche Kinder. Ihrer ist keine Schuld, sagt J. B. Priestley« *den bekannten englischen Schriftsteller. Auf einer Reise nach Moskau* »zur Förderung der englisch-russischen Verständigung« *machte er in Berlin einen eintägigen Zwischenaufenthalt, um* »die Lager zu sehen, in denen vorübergehend die kindlichen Opfer (child victims) der Massenvertreibung von Deutschen aus Ostdeutschland versorgt werden.« *Daraufhin meinte er:*
»Was ich gesehen und von verantwortlichen Fürsorgern gehört habe, erschüttert das Gewissen, und würde das Gewissen jedes Engländers bestürzen, der Berlin besuchen und dies selbst sehen könnte.«

12. 9.: *Der britische* »Manchester Guardian«
a) *schrieb*[58] *u. a.:*
»Es gibt genügend triftige Gründe zu bezweifeln, daß die Potsdamer Bestimmungen[19] bezüglich humaner Durchführung des Bevölkerungstransfers wirklich beachtet werden. Menschen werden von Haus zu Haus ausgetrieben und lediglich mit ihrem Handgepäck zum Bahnhof dirigiert. Die meisten dieser Flüchtlinge sind Frauen und Kinder.«
b) *ließ*[59] *von seinem Sonderkorrespondenten aus Berlin unter der Überschrift* »Deutsche Ostflüchtlinge. Täglich erreichen immer noch 10.000 Berlin; ein neues Kapitel menschlichen Unglücks« *u. a. berichten:*
»Die Potsdamer Erklärung[19] ... forderte ... die ⟨*vertreibenden*⟩ Staaten auf, weitere Vertreibungen zu verschieben. Es gibt keinerlei Beweis, daß diese Bestimmungen (orders) beachtet werden.«
⟨*Nach Schilderung von Schicksalen einzelner Frauen und Kinder hieß es:*⟩
»Es ist sicherlich nicht ausreichend zu sagen, daß sich die Deutschen dieses Unglück selbst zuzuschreiben haben. Brutalität und Zynismus, gegen die der Krieg geführt wurden, gehen in Europa immer noch um, und wir beginnen, Zeugen menschlichen Leids zu werden, das beinahe alles übersteigt, was die Nazis anrichteten.«

14. 9.: *Die Londoner Tageszeitung* »News Chronicle« *meldete*[60] *eine Delegation von 21 Bischöfen aller britischen Kirchen unter Führung des Erzbischofs von York habe beim britischen Premierminister vorgesprochen. Sie habe hingewiesen* »auf die bejammernswerte Lage deutscher Flüchtlinge, die aus Polen, an Polen abgetretenen Gebieten und aus dem Sudetenland ausgewiesen wurden«. *Premierminister Attlee, der in Gegenwart des Staatsministers Noel-Baker die Abordnung empfing, erklärte ihr, daß für* »das besondere Problem der deutschen Flüchtlinge aus Osteuropa die ⟨*britische*⟩ Regierung in keiner Weise verantwortlich sei. Auf der Berliner Konferenz[19] seien bereits Schritte unternommen worden, weitere Austreibungen vorläufig einzustellen, während diese Angelegenheit von der Kontrollkommission in Deutschland und von den betreffenden Regierungen geprüft würde. Die britische Regierung hoffe, daß auf Grund des Berliner Beschlusses[19] vorläufig keine weiteren Austreibungen erfolgen würden.«

15. 9.: *Der britische* »Economist« *meinte*[61] *unter dem Titel* »Massenvertreibungen in Osteuropa« *u. a.:*

»Obwohl die Potsdamer Erklärungen[19] das Einstellen von ungeordneten und unmenschlichen Massenvertreibungen der Deutschen verlangen, geht die gewaltsame Abschiebung aus den Provinzen Ostpreußen, Pommern, Schlesien und Teilen von Brandenburg – die 1939 eine Bevölkerung von gut neun Millionen hatten – weiter. Auch die Vertreibung der dreieinhalb Millionen Sudetendeutschen aus der Tschechoslowakei wird fortgesetzt … Die Zahl der Alten und Kinder, die am Straßenrand sterben, muß sehr groß sein …

Der Rat der Außenminister[40] muß dieser erschütternden Tragödie ein Ende machen. Die in diesen Landstrichen umherziehenden Millionen sind praktisch ohne Nahrung und Unterkunft. Die bewohnbaren Teile der städtischen Zentren waren schon vor ihrer Ankunft überfüllt, und das flache Land kann sie nur begrenzt aufnehmen. Unweigerlich werden deshalb Millionen an Hunger und Erschöpfung sterben.

Selbstverständlich haben die Deutschen Strafe verdient, aber keine Folterung dieser Art. Wenn die Polen und Tschechen für zivilisierter als die Nazis gelten möchten, werden sie die Vertreibung sofort unterlassen.«

15. 9.: *Die britische Zeitschrift* »New Leader« *berichtete*[62] *zu den Vertreibungen:*

»Hunderte von Leichen werden aus der Elbe und der Oder geborgen. Täglich erliegen Hunderte Menschen dem Hunger- oder Seuchentod.«

Oktober: *In einer englischsprachigen Sonderausgabe der Zeitschrift* »Der Sozialdemokrat«, *London, mit dem Titel* »Deportation Drama in Czechoslovakia« *beschrieben*[63] *deutsche antifaschistische Insassen barbarische Zustände in ČSR-KZ für Sudetendeutsche.*

2. 10.: *Die US-Tageszeitung* »Washington Post« *meldete*[64]*:*

Die »Tschechen führen die Massenenteignung und Massendeportation von $3^1/_2$ Millionen Sudeten⟨*deutschen*⟩ durch.«

9. 10.: *Der britische* »Daily Herald« *veröffentlichte*[65] *einen Augenzeugenbericht des bekannten antinazistischen Publizisten G. E. R. Gedye*[66] *über die Lage der Deutschen in der ČSR:*

»Präsident Beneš versprach, daß die Ausweisung der ČSR-Bürger deutscher Nationalität (race) ›schrittweise und human‹ erfolgen würde.

Ich bin nach meinen Untersuchungen in der ČSR vollkommen überzeugt, daß die von ihm ⟨*d. h. Dr. Beneš*⟩ festgelegten Grundsätze von den örtlichen Dienststellen in weiten Gebieten des Landes unbeachtet bleiben … Die Durchführungsmethode der Deportationen ist folgende: In gewissen Gebieten werden Straßenblöcke abgesperrt. Alle darin befindlichen Deutschen müssen Koffer mit einem Höchstgewicht von 50 lb. ⟨*d. h. ca. 23 kg*⟩ packen und ihr anderes Eigentum zurücklassen. Dann müssen sie in eines dieser KZ marschieren und sich dort bis zur Deportation aufhalten.

Ich war in der Lage, eines dieser Konzentrationslager zu besuchen, und möchte sofort sagen, daß es kein Belsen[67] war. Niemand wurde dort gefoltert, niemand ermordet, keine unbeerdigten Leichen lagen herum.

Aber dennoch zögere ich nicht, es als ›Lager des Grauens‹ zu bezeichnen, obwohl alle Insassen zustimmten, daß es im Vergleich zu anderen, in denen sie sich befanden, ein ›gutes‹ Lager wäre.

Sie ⟨*d. h. die Insassen*⟩ waren in Baracken (huts) ohne Rücksicht auf Alter und Geschlecht zusammengepfercht. Sie schliefen in zweistöckigen Holzkojen auf Strohsäcken – wie die ›Halbjuden‹, die dort während des Krieges von den Nazis festgehalten wurden. Ihr Alter schwankte zwischen vier Tagen und 80 Jahren. Jeder sah verhundert aus.
⟨*Es folgten Einzelschicksale, v. a. von Säuglingen.*⟩
Kaum ein Tag vergehe, sagten sie ⟨*d. h. die Lagerinsassen*⟩, ohne ein oder zwei Tote in jeder Baracke.
Ich fragte, was das Internationale Rote Kreuz[68] tue. Keiner der Insassen hatte jemals einen Besucher des Roten Kreuzes gesehen.
Ich habe keine Angst, sentimentalen Mitgefühls für Nazis beschuldigt zu werden, wenn ich diese Lager als Herausforderung der Menschheit und des guten Rufes der ČSR bezeichne.
Weder die ⟨*ČSR-*⟩Regierung[69] noch breitere Kreise der Öffentlichkeit können dieses Grauens bewußt sein, da es sonst morgen gestoppt werden würde.«

10. 10.: *Das britische Unterhaus diskutierte*[70] »die Grausamkeiten, die deutschen Frauen und Kindern im Zusammenhang mit ihrer Vertreibung zugefügt werden«.

10. 10.: *Die britischen Zeitungen* »Manchester Guardian« *und* »East Anglian Daily Times« *veröffentlichten*[71] *einen Augenzeugenbericht des Labour-Abgeordneten Richard R. Stokes:*
»Vor Monaten erfuhr ich von den tschechischen Praktiken, junge Männer, die auf Grund ihrer Volkszugehörigkeit gemäß den Potsdamer Beschlüssen ausgesiedelt werden sollten, zusammenzufassen und sie in Arbeits-Konzentrationslager zu verschicken. In der Tat wurden viele sudetendeutsche Sozialdemokraten, die wegen ihrer antinazistischen Gesinnung in KZs gebracht worden waren, jetzt in tschechische Arbeitslager eingewiesen, aus dem einzigen Grunde, weil sie Deutsche waren. Ich versuchte daher einige dieser sogenannten politischen Internierungslager ausfindig zu machen und hatte das Glück, eines in Hagibor, in der Nähe Prags zu finden. Das Lager bestand in der Hauptsache aus zehn großen Baracken, in denen je 70 bis 80 Personen untergebracht waren. Bei meinem ersten Besuch um 9 Uhr früh am 12. 9. waren die meisten Insassen auswärts auf Arbeit. Die Baracken sind typische KZ-Lager-Baracken mit Drei-Stock-Betten, ohne primitivste Annehmlichkeiten und mit den schrecklichsten sanitären Einrichtungen. Ich fand alle Arten von Menschen im Lager vor; einige von ihnen waren erst einige Tage dort, andre bereits Monate, und keiner, mit dem ich sprach, hatte die geringste Ahnung, aus welchem Grunde er festgehalten wurde.«
Stokes fand unter den Lagerinsassen neben den Sudetendeutschen eine 72jährige kranke Österreicherin, einen 70jährigen, russischstämmigen, fast erblindeten jugoslawischen Professor, die 75jährige Witwe eines russischen Admirals sowie junge Juden aus Polen, die man auf dem Weg nach Palästina aufgegriffen hatte.
»Was diese Menschen, die typische Beispiele von vielen sind, die ich sah, getan haben, um so eine Behandlung zu verdienen, möchte ich sehr gern wissen, ich konnte es jedoch nicht feststellen.
Als ich diese Angelegenheit im ⟨*ČSR*⟩-Innenministerium vortrug, versprach man eine Untersuchung.
In der ČSR befinden sich 51 derartige Lager, in denen Tausende von Menschen schmachten und hungern; wenn ich hungern sage, dann meine ich es wörtlich!«

Stokes errechnete aus der Insassenzahl und dem Gesamtlebensmittelverbrauch eines Tages eine Tagesration je Person von 750 Kalorien, »also unter der im ⟨*NS-KZ*⟩ Belsen.

Es ist deshalb kein Wunder, wenn sich die Lagerinsassen zur Sklavenarbeit hergeben, da außerhalb des Lagers der Arbeitgeber Nahrung liefern muß, um überhaupt Arbeiter zu bekommen ...

Die Methoden, wie die Sklaven ausgewählt wurden, konnte ich beobachten, als ich zum Erstaunen der Lagerleitung zwei Tage später um 5.30 Uhr in der Früh im Lager auftauchte. Um 6 Uhr kamen die ersten Arbeitgeber mit Autos und Lastautos in das Lager, um die Sklaven auszusuchen und sie abzutransportieren. Sie wurden in den Vorraum einer der größten Baracken geführt, die, wie ich an den Tagen vorher feststellen konnte, ganz leer war. 3⟨*00*⟩–400 Sklaven wurden dann von der Lagerseite hereingelassen, und die Besucher trafen ihre Auswahl und gaben für die Menschen, die sie mitnahmen und am Ende des Tages wieder zurückbrachten, schriftliche Bestätigungen. Ich bewegte mich frei zwischen Arbeitgebern und Sklaven und mir wurde gesagt, daß jene, die nur irgendein Zeichen des Unwillens, auf Arbeit zu gehen, zeigten, eine außerordentliche Tracht Prügel bekämen. Diese Praxis wurde zu Ehren meines Besuches an diesem Morgen nicht beibehalten. Die Sklaven erhalten keinerlei Bezahlung.

...

Ich kann nur annehmen, daß die Verhältnisse in allen anderen Lagern ähnlich sind.

Die Beamten, die mir die Informationen über die Anzahl gaben, taten dies ohne Scham, und es würde mich interessieren zu wissen, ob es Dr. Beneš bekannt ist, daß diese furchtbaren Dinge geschehen. Da er von Prag abwesend war, konnte ich ihn leider nicht sehen, aber ich habe Berichte beim Außen- und Innenministerium zurückgelassen.«

10. 10. *Im britischen* »Manchester Guardian« *berichtete*[72] *ein* »Sonderkorrespondent« *aus Prag unter dem Titel* »Die Sudetendeutschen. Tschechen nehmen eine ›europäische Haltung‹ ein« *u. a., daß die ČSR die Potsdamer Verschiebungsanordnung des Transfers*[19] *loyal erfülle,*

»so daß derzeit weder ein offizieller noch ein inoffizieller Zustrom von Sudetendeutschen in das eigentliche Deutschland erfolge[73].

Es gibt keinen Zweifel, daß bis Ende Juli die Tschechen die Sudetendeutschen mit nur geringer Gnade behandelten. Vieles, was in dieser Zeit erfolgte, war im Bezug auf zivilisierte Verhaltensnormen abstoßend, aber niemand kann die entsetzliche Behandlung vergessen, welche die Deutschen den Tschechen zufügten ... Eine Brutalität kann eine andere zwar nicht entschuldigen, aber vielleicht erklären ... Das jetzige Leben der Sudetendeutschen, die ihre Deportation erwarten, ist vermutlich nicht angenehm, aber lebensermöglichend (liveable).«

⟨*Es folgten übertriebene bis falsche Aussagen zu Entlohnung, Lebensmittelrationen, Antifaschisten-Anerkenntnis und Kennzeichnungspflicht über Armbänder.*⟩

»Die Sudetendeutschen sehen einer ungewissen Zukunft aus einer unangenehmen Gegenwart entgegen, aber ihre Aussichten, das nächste Frühjahr lebend zu erleben, sind beträchtlich größer als die sehr vieler Deutscher anderswo.«

12.–17. 10.: *Berichte des US-Diplomaten Robert Murphy und von US-General Eisenhower.* ⟨*Zu den Texten: Siehe S. 559 ff.*⟩

13. 10.: *Der britische* »Economist« *meinte*[74] *in einem Leitartikel* »Politik für Deutschland« *u. a.:*
»Bei jeder Politik im Hinblick auf Deutschland ist es am wichtigsten, die Russen, Tschechen und Polen davon zu überzeugen, daß sie die Vertreibungen einstellen müssen.«

22. 10.: *Das britische Unterhaus wurde informiert*[75], *daß* »nach einem Bericht des Internationalen Roten Kreuzes Proteste gegen unorganisierte Deportationen von Deutschen durch Polen und Tschechen ohne Wirkung geblieben sind, daß immer noch Flüchtlinge nach Berlin strömen und zu Tausenden auf den Straßen sterben«.

23. 10.: *Die britische* »Times« *veröffentlichte*[76] *einen Leserbrief von Bertrand Russell, in dem es u. a. hieß:*
»In Osteuropa werden jetzt von unseren Verbündeten Massendeportationen in einem unerhörten Ausmaß durchgeführt, und man hat ganz offensichtlich die Absicht, viele Millionen Deutsche nicht durch Gas zu vertilgen, sondern dadurch, daß man ihnen ihr Zuhause und ihre Nahrung nimmt und sie einem langen schmerzhaften Hungertod ausliefert. Das gilt nicht als Kriegsakt, sondern als Teil einer bewußten ›Friedens‹politik ... Sind Massendeportationen dann Verbrechen, wenn sie von unseren Feinden im Kriege getan werden und gerechtfertigte Mittel gesellschaftlicher Neuordnung, wenn sie von unseren Verbündeten in Friedenszeiten durchgeführt werden? ... Das sind Fragen, die man jetzt in England weit mehr diskutiert, als die vergangenen Sünden der Nazis.«

26. 10.: *Die Londoner* »Times« *berichtete*[77]:
Premierminister Attlee habe eine von Sir William Beveridge geführte Deputation von 21 Persönlichkeiten empfangen. Zu ihr gehörten u. a. sieben Abgeordnete beider Parteien, darunter R. Stokes, vier Bischöfe, darunter der Erzbischof von Westminster und der Bischof von Coventry, sowie die Verleger und Publizisten Brailsford und Gollancz.
Die Deputation drängte darauf, daß angesichts der unmittelbar drohenden Hungersnot und des Elends von Millionen Menschen die britische Regierung »mit der russischen, der polnischen und der tschechoslowakischen Regierung verhandeln solle, um zu erreichen, daß sofort und den ganzen Winter hindurch keine Deutschen aus ihrer Heimat in Osteuropa vertrieben werden und daß eine gemeinsame interalliierte Politik in dieser Frage noch vor dem Frühjahr entwickelt wird«.

26. 10.: *Der britische* »Manchester Guardian« *veröffentlichte*[78] *unter dem Titel* »Die neue Tschechoslowakei« *den Teil II eines Reiseberichtes von Sheila Grant-Duff* »Das Schicksal der deutschen Minderheit«. *Darin hieß es u. a.:*
»Die Sudetendeutschen tragen diskriminierende Armbinden. Sie erhalten solche Lebensmittelzuteilungen, die sie selbst den Juden während des Krieges gaben. Sie werden aus ihren Wohnungen hinausgeworfen und ohne Aussicht auf Abhilfe wie Vieh zur Arbeit geschickt. Ihr Eigentum wird einfach konfisziert und ihre Arbeitsbedingungen sind wenig besser als die von Sklaven. Aber in zwei Aspekten ist ihr Schicksal menschlich besser als jenes, das sie den Juden bereiteten. Erstens, die Tschechen ... sind keine Nazis. Ich bin nicht einem einzigen Fall von organisiertem Prügeln auf die Spur gekommen. Ich

habe, sobald die Revolten vorbei waren, von keinem Akt absichtlicher Grausamkeit oder Brutalität gehört ... Und zweitens, die Deutschen haben Hoffnung auf Entkommen, welche die Juden niemals hatten. Die Tschechen bitten nämlich nur um eines: Nehmt uns diese Deutschen so bald wie menschenmöglich ab ...

Deutsche, die das Land ›freiwillig‹ verlassen wollen und die notwendigen Vorkehrungen für den Transport zur Grenze und Aufnahme drüben machen können, erhalten Erlaubnisscheine zum Verlassen des Landes in tschechisch und russisch. Nördlich von Reichenberg ⟨*N.-Böhm.*⟩ prüfte ich sowohl den Straßen- wie den Eisenbahnübergang in die Russische Zone Deutschlands. An diesem einen Punkt kreuzen täglich ungefähr zweihundert Personen. Sie besitzen wenig mehr als die Kleider, die sie anhaben, und die für die Reise als nötig angesehenen Lebensmittel. Ganze Familien reisen zusammen, obwohl aus einer oder zwei Familien, mit denen ich sprach, einer der Männer, der mit wichtigen Arbeiten beschäftigt war, zurückbleiben mußte. Keiner dieser Menschen hatte irgendwelche Schwierigkeiten, von den örtlichen tschechischen Behörden die Ausreiseerlaubnis zu erhalten.«

27. 10.: *Die Londoner* »Times« *berichtete*[79] *unter der Überschrift* »25,000.000 Heimatlose in Europa« *ausführlich über eine Unterhausdebatte zum deutschen Teil des Problems, das von Außenminister Bevin mit rd. 15 Millionen Vertriebenen beziffert wurde. Darunter befänden sich 3 Mio.* »Sudetendeutsche, die nach Österreich verbracht werden (being moved over into Austria)«[80].

30. 10.: *Die Londoner* »Times« *veröffentlichte*[81] *die Zustimmung des bekannten englischen Schriftstellers T. S. Eliot zur Zuschrift Lord Russells vom 23. 10. 1945.*

November: *Der Herausgeber der britischen Monatszeitschrift* »The Nineteenth Century and After«[82], *F. A. Voigt, berichtete in einer Artikelfolge mit der Gesamtüberschrift* »Orderly and Humane«[83] *aus dem Sudetengebiet*[84] *u. a.:*

»Die im Abkommen von Potsdam[19] erwähnten Deutschen aus der Tschechoslowakei sind tatsächlich die Österreicher im Sudetengebiet der Tschechoslowakei ... Die Deutschen zu verjagen und sie in Deutschland anzusiedeln, bedeutet, sie ihres Besitzes zu berauben und sie in ein ihnen fremdes Land zu vertreiben ...

Zu den Hochburgen der sudetendeutschen Arbeiterbewegung gehörte Bodenbach. Als es von den Russen besetzt wurde, entwickelte sich ein Terrorregime mit Plündern und Schänden von Frauen. Die Tschechen litten ebenso darunter wie die Deutschen. Gegen die Deutschen wurden besondere Maßnahmen ergriffen, doch viele von ihnen erhielten einen Ausweis als ›Antifaschisten‹ und blieben verschont. Als die neuen tschechischen Behörden die Macht übernahmen, wurden diese Ausweise eingezogen, die Deutschen vertrieben oder in Konzentrationslager gebracht, ohne Rücksicht auf ihre mutmaßliche Vergangenheit ...

Am 31. Juli kam es zu einer Explosion im Kabelwerk von Usti (Aussig an der Elbe)[20]. Die ›Wehrwölfe‹ sollten sie verursacht haben, wofür es allerdings keinerlei Hinweise gab. Ein Blutbad folgte. Frauen und Kinder wurden von der Brücke in den Fluß gestürzt, Deutsche auf der Straße erschossen. Man schätzt, daß zweitausend bis dreitausend Menschen umgebracht wurden.

Wir haben darüber zwei voneinander unabhängige Berichte; beide von zuverlässigen Personen. Einer stammt von einem britischen Offizier, der im September 1945 eine Erkundungsreise ins Sudetenland unternahm ⟨*Nach Staněk, Tomáš (»Odsun ...«; Prag, 1991; S. 77) namens Alan Curtis; vermutlich Almar Reitzner*⟩.

...

Ungefähr ⟨*Ende August*⟩ kam ⟨*in Berlin*⟩ ein Transport mit sudetendeutschen Männern, Frauen und Kindern aus Troppau an. Sie waren achtzehn Tage lang in offenen Viehwagen unterwegs gewesen. Zweitausendvierhundert Menschen hatten die Fahrt angetreten, eintausenddreihundertfünfzig erreichten Berlin. Es sind also mehr als tausend unterwegs gestorben.«

10. 11.: *Der britische* »Economist« *fragte nach der* »Heimat für verdrängte Deutsche« *und stellte*[86] *u. a. fest:*
»Es ist eine unangenehme, aber feststehende Tatsache, daß die Proteste der Westmächte gegen die sofort vorgenommenen Vertreibungen von Deutschen aus den Gebieten an Oder und Neiße und aus dem Sudetenland unwirksam waren. Die Vertreibungen gehen weiter.«

12. 11.: *Die US-Wochenzeitung* »Time« *berichtete*[87] *über die Massenvertreibungen von Deutschen.*

13. 11.: *Die* »New York Times« *veröffentlichte*[88] *einen Bericht von Ann O'Hare McCormick über die Ausweisungen. Es hieß darin u. a.:*
»Wenn die alliierten Staatsmänner sich hätten vorstellen können, wie schwer diese wandernde Masse hilfloser Menschen auf sie selbst zurückschlüge, dann würden sie nicht so leichtherzig die moralische und historische Verantwortung für die unmenschlichste Entscheidung übernommen haben, die jemals von Regierungen, die für die Verteidigung der Menschenrechte eintreten, getroffen wurde.«

26. 11.: *In der Londoner Central Hall fand*[89] *wiederum*[90] *eine derart stark besuchte Großveranstaltung des Komitees* »Safe Europe Now« *statt, daß zwei Parallelversammlungen organisiert werden mußten. Die Forderung der Teilnehmer:* »Sofortige Einstellung der Deportationen«.

28. 11.: *Ein Bericht über die Vertreibungen in der protestantischen US-Wochenzeitschrift* »Christian Century«, *New York, gipfelte in der Frage:* »Sollen die Kirchen Mithelfer am Morden werden?«[91]

4./11. 12.: *Der US-Senat debattierte*[92] *den Bericht von Senator Eastland (siehe S. 623) und nahm weitere Vertreibungsberichte zur Kenntnis.*

15. 12.: (ca.) *Der aus Deutschland vor dem NS-Regime in die Schweiz geflüchtete Volkswirtschaftler Röpke veröffentlichte*[93] *in einem weitbeachteten Buch folgende Meinung:*
»In der Tat ist kein Wort scharf genug, um die Potsdamer Beschlüsse[19] und die im schlimmsten Nazigeist vorgenommene Vertreibung der Deutschen aus Polen und der Tschechoslowakei zu kennzeichnen.«

15. 12.: (ca.) *In norwegischer Sprache berichtete Willy Brandt*[95] *aus Hof (Ofr.) über die* »Transporte« *mit Sudetendeutschen, welche die ČSR verlassen mußten. Ausführlich wurde mit zahlreichen Beispielen geschildert, daß den inhuman abge-*

wickelten Vertreibungen »unheimliche Übergriffe« *des Terrors auch amtlicher ČSR-Stellen vorausgegangen waren.*[96]

26. 12.: *Ein Leitartikel der US-Wochenzeitschrift* »Christian Century« *informierte*[97] *aus dem Bericht dreier evangelischer US-Bischöfe über die Lage in Deutschland u. a.:*
»In ganz Deutschland führt die Vertreibung (expulsion) von Millionen aus ihren Wohnstätten in bisher deutschen Gebieten zu unaussprechbaren Härten. Diese Millionen ... wurden ihres persönlichen Eigentums beraubt, ... sie sind ohne Lebensmittel, Medikamente, ausreichende Kleidung und Unterkunft ... Die Grausamkeit, die ihre Evakuierung (evacuation) begleitet, wird auf ganz Europa ausstrahlen und ... sich in zukünftigem Haß niederschlagen. Es ist nicht allgemein bekannt, daß die UNRRA[98] weder Lebensmittel noch Kleidung für Deutsche bereitstellt.«

Meldungen 1946:

Januar: *Die britische Presse berichtete*[99] *über eine Protestversammlung des Komitees* »Safe Europe Now« *in der Londoner Albert Hall mit rd. 15.000 Teilnehmern, darunter Abgeordneten beider Parteien, Victor Gollancz und dem Vizeluftmarschall de Crespingny. Die erneute Forderung:*
»Sofortige Einstellung der Deportationen«.

26. 1.: *Die Londoner* »Times« *meldete*[100], *daß* »mit 1.209 Sudetendeutschen[101], meistens Frauen und Kindern[102], der Abschub (transfer) in die US-Zone Deutschlands bei schmalem Zugeständnis an Handgepäck in Viehwaggons begann«.

29. 1.–1. 2.: *Im* US-Repräsentantenhaus *wurde zur Vertreibung u. a. in das Protokoll genommen*[103]: »Die schlimmsten Greuel in der modernen Geschichte finden in Ostdeutschland statt.«

30. 1.: *Im* britischen Oberhaus *protestierte*[104] *der Lordbischof von Chicester, George Bell, zunächst gegen die Vertreibung an sich:* »Um etwas zu den derzeitigen Bevölkerungstransfers Vergleichbares zu finden, muß man in die asiatische Urgeschichte zurückgehen ... Es ist außerordentlich schwierig, sie grundsätzlich von jenen Massendeportationen von Zivilbevölkerungen zu unterscheiden, für welche die NS-Führer jetzt als Kriegsverbrecher in Nürnberg vor Gericht stehen.« *Dann wies er auf die Mitverantwortung der alliierten Hauptmächte für den von u. a. der ČSR mit* »Rücksichtslosigkeit und ungesteuertem Rassismus« *eingerichteten Nationalstaat sowie die Bedeutung des Präzedenzcharakters für andere Staaten hin. Schließlich führte er zahlreiche Beispiele, auch aus dem ersten sog. ordentlichen Transport vom 26. 1. 1946 dafür auf, daß die Vertreibungen in der Methode weder ordentlich noch human seien.*

1. – 5. 2.: *Im* US-Senat *wurde, v. a. in einer Rede von Senator Langer, die Notlage der Vertriebenen in Deutschland behandelt, durch Vorlage vieler Berichte belegt und Abhilfe gefordert.*[105]

Februar: *Der Herausgeber der britischen Monatszeitschrift* »The Nineteenth Century and After« *F. A. Voigt berichtete*[106] *unter der Überschrift* »Dunkle Orte« *über das Vertriebenenproblem.*

4\. 2.: *In der* »New York Times« *informierte*[107] *Ann O'Hare McCormick aus Deutschland u. a.:*

»In Potsdam[19] war man auch übereingekommen, daß die erzwungene Auswanderung in ›humaner und geregelter Weise‹ durchgeführt werden sollte. Aber wie jedermann weiß, der den schrecklichen Anblick der Empfangsstellen in Berlin und München erlebt hat, vollzieht sich der Exodus unter alptraumhaften Zuständen, ohne internationale Beaufsichtigung oder auch nur vorgespiegelte humane Behandlung. Wir sind mitverantwortlich für Greuel, die nur den Grausamkeiten der Nazis zu vergleichen sind.«

6\. 3.: *Der britische Politiker Winston Churchill erwähnte*[108] *in Fulton (Miss., USA) u. a.*

»Massenausweisungen von Millionen von Deutschen von furchtbarem, bisher nie geahntem Ausmaß finden gegenwärtig statt.«

10\. 3.: *Der britische* »Manchester Guardian« *berichtete*[109] *über inhumane Vertreibungstransporte.*

20\. 3.: *Ein Bericht*[110] *von Robert Root in der US-Wochenzeitschrift* »Christian Century« *stellte als Titel die Frage* »Sind die Tschechen Christen?«. *In ihm wurde u. a. ausgeführt:*

»Oft wird gesagt, daß die Tschechen den Menschen deutscher Herkunft in der ČSR das antun, was die Nazis den Juden antaten. Die Tschechen haben noch nicht auf Gaskammern zurückgegriffen, aber sie sind entschlossen, diese Menschen aus ihrem ⟨*gemeint: der Tschechen*⟩ Land zu entfernen ... Dies kann ohne fürchterliche Härten nicht erfolgen. Trotzdem; es geschieht ... Ein derartiges Vorgehen läßt für die daran beteiligten Christen entsetzliche Zwiespälte entstehen ...

Nach den Vorbildern der Nazis

Die Tschechen selbst erzählen, wie oft die Vorgehensweisen diejenigen der Nazis nachahmen ... Wie vordem die Juden müssen alle Deutschen, ohne Rücksicht auf die politische Einstellung, zur Kennzeichnung Armbänder tragen: In roter Farbe für nachgewiesene Antifaschisten, in gelb für immer noch beim Staat angestellte und in weiß – am häufigsten – für eben Deutsche ... Deutsche erhalten ›Juden‹-Rationen an Lebensmitteln, rund die Hälfte der tschechischen Zuteilungen, so wie die Juden unter den Nazis. Der Überdruck auf den Lebensmittelmarken heißt ›Deutsch‹ wie vordem ›Jude‹. Wie die Nazis das jüdische Eigentum konfiszierten, konfiszierten die Tschechen das deutsche Eigentum. Ausweisungsbefehle, manchmal binnen einer oder zwei Stunden zu befolgen, kommen plötzlich. Bis zu der Eigenheit, diese Befehle mitten in der Nacht mit bedrohlichem Klopfen an die Tür zu überbringen, kopieren die Tschechen manchmal die Hitleristen.«

⟨*Der Bericht ging dann u. a. auf die Lage der sudetendeutschen Protestanten ein und referierte deren Probleme aus einem Gespräch mit Superintendent Erich Wehrenfennig in Gablonz.*

Es folgten tschechische Begründungen für die Vertreibung: Sie löse ein⟩ »uraltes Problem ...

Der antideutsche Johann Hus

Aus der Geschichte kann man sogar religiöse Unterstützung für antideutsche Handlungen finden. Junge Führer der Tschechoslowakischen Kirche[111], die mit einer Million Mitgliedern zwischen Orthodoxie und Liberalität schwankt, nann-

ten die Deportation ⟨*der Sudetendeutschen*⟩ eine ›Erfüllung der hussitischen Revolution‹ . . .
Daher unterstützen tschechische ⟨*protestantische*⟩ Geistliche die Deportationen . . . Gebe es dagegen mehr als den Hauch einer Frage, dürfte man erwarten, daß die Superpatrioten und die tschechischen Kommunisten über ⟨*damit erwiesene*⟩ Weichheit und sogar Kollaboration aufheulen würden. Mich beeindruckte jedoch, daß die Entscheidung der Geistlichen nicht von der Angst vor Kritik, sondern von Überzeugung diktiert ist.

Unsichere tschechische Gewissen

Trotzdem gibt es Unsicherheiten des Gewissens. Ein Amerikaner, der zur gleichen Zeit in Prag war, bemerkte eine Art von ›Schamgefühl‹ unter Christen über diese Angelegenheit. Ich erhielt den gleichen Eindruck aus der Art, wie sie das Thema behandelten und welche Verteidigung sie aufbauten. Grundsätzlich suchen diejenigen, die ernsthaft darüber nachdenken, eine Rechtfertigung, und diese auf bekannter Ebene – das kleinere Übel. ›Natürlich ist es ein Übel, das zu tun‹, sagte ein nachdenklicher junger tschechoslowakischer Pfarrer. ›Aber es ist ein kleineres Übel, als sie hier zu lassen, um in 25 Jahren Leid und Krieg über unsere eigenen Kinder zu bringen.‹
. . .
Etwas von dem geistigen Kampf dieser Männer, welche die Welt als Demokraten ansah, drückt sich in der anscheinend wahren Geschichte über eine nichtöffentliche Bemerkung von ⟨*ČSR-*⟩Außenminister ⟨*Jan*⟩ Masaryk aus: ›Ich wurde in den Prinzipien liberaler Religion erzogen, und es schmerzt mich, das tun zu müssen, was wir diesen Menschen antun, aber‹ – seine Faust ballend – ›sie müssen weg.‹«

29. 3.: *In das Protokoll des* US-Senates *wurden*[112] *weitere Vertreibungsberichte eingefügt.*

Mai: *In der britischen Zeitung* »The Labour Woman« *berichtete*[113] *Mary Sutherland über eine Versammlungsreise in die Tschechoslowakei. Sie war dort über die Einstellung der Labour Party zu den Sudetendeutschen gefragt worden und erklärte, sie hätte auf die Billigung der Ausweisungen durch eine Parteikonferenz im Jahre 1944 hingewiesen. Daraufhin wäre in den ČSR-Versammlungen laut applaudiert worden.*

31. 5.: *Im* britischen Unterhaus *wurden*[114] *im Rahmen einer Deutschlanddebatte auch die Deutschenvertreibungen erörtert.*

4. 6.: *Die* »Süddeutsche Zeitung« *in München veröffentlichte*[115] *einen Leitartikel von Werner Friedmann, in dem es unter dem Titel* »Sie ernten den *Haß« u. a. hieß:*
»Zu Hunderttausenden werden sie über die Grenze gejagt, in Viehwagen gestopft, heimatlos geworden . . . Hitler war es, der die Volksbewegung unserer Zeit entdeckte. Mit Methoden, über die uns Nürnberg[116] belehrt. Er säte den Haß, den jetzt viele unschuldige Vertriebene ernten. In einer Form freilich, die den Gesetzen der Humanität kaum weniger Hohn spricht als die Barbarei der SS. Wir berichten auf dieser Seite über das Eintreffen eines Zuges mit Vertriebenen aus der Tschechoslowakei in München. Unser Mitarbeiter Joachim Slawik hatte nun eine große Anzahl dieser unglücklichen Menschen (die sehr wohl wissen, wem sie ihr Schicksal zu verdanken haben) nach ihren Erlebnissen befragt und diesen Bericht wortgenau aufgeschrieben. Wir haben uns nach

reiflicher Überlegung entschlossen, diese Schilderung nicht zu veröffentlichen ... weil ihre grauenhafte Darstellung eine einzige Anklage gegen die Menschheit und Menschlichkeit ist, nicht anders als die Anprangerung der Nazi-Greueltaten à la Lidice.

Ein geschlagenes Volk ... hat ... noch keine Kraft zur Anklage, ... aber wir wollen wünschen, daß die Berichte dieser Flüchtlinge in allen ihren Einzelheiten den Besatzungsmächten nicht vorenthalten bleiben. Es kann nicht ihr Wille sein, daß man es Frauen, Greisen und Kindern furchtbar entgelten läßt, was ein verbrecherisches Regime verschuldet hat ... Eine Welt, die bemüht ist, eine bessere Zukunft zu schaffen, kann an derartigen Dingen nicht vorbeigehen – um der christlichen Nächstenliebe willen, ohne die eine bessere Zukunft nicht denkbar ist.«

25. 7.: *Im* britischen Unterhaus *sagte*[117] *Außenminister Bevin im Rahmen einer Südtiroldebatte u. a.:*

»Seit ich mich im Amte befinde, sah ich über zwei Millionen Sudetendeutsche aus der Tschechoslowakei fortziehen, ich sah Millionen Menschen von Ort zu Ort gejagt, und wer immer schuldig oder unschuldig sein mag, ich vermag aus meinem Sinn nicht die Überzeugung herauszubringen, daß einfache Männer und Frauen niemals für Kriege verantwortlich sind. Sie mögen aufgepeitscht werden, diesen oder jenen Führer zu unterstützen, sie mögen auf diese oder jene Art organisiert sein, um einen bestimmten Nationalismus zu vertreten, doch wenn man sie allein lassen würde, wären sie einfache ehrliche Leute, die ein einfaches ehrliches Leben führen. Es gibt keine großen Unterschiede zwischen diesen Völkern, wenn man sie in Ruhe läßt.«

29. 7., 2. 8.: *In das Protokoll des* US-Senates *wurden*[118] *weitere Vertreibungsberichte eingefügt.*

Oktober: *Der britische Publizist Victor Gollancz veröffentlichte*[119] *das vielbeachtete Buch* »Our Threatened Values« *mit zahlreichen Vertreibungsberichten. Seine Zusammenfassung zur ČSR besagte u. a.:*

»Wir hatten die Tschechoslowakei früher als anständig und tolerant angesehen, als einen Musterstaat der liberalen Demokratie. Und was geschieht heute? Ungeachtet seiner während des Krieges in London gehaltenen Vorträge hat Dr. Beneš sofort nach seiner Rückkehr die fast ausnahmslose Massenvertreibung der gesamten sudetendeutschen Bevölkerung eingeleitet. Augenzeugen haben mir die abscheulichen Grausamkeiten geschildert, mit denen die Vertreibung durchgeführt wird. Daß die ⟨*sudetendeutsche*⟩ Arbeiterbewegung ihr Alles für die Bekämpfung des Nationalsozialismus gegeben hatte, gilt heute für nichts. Es scheint Dr. Beneš' ausdrücklicher Wunsch zu sein, sein Land von allen nichtslawischen Elementen ›zu befreien‹. Einschließlich der Sudetendeutschen sind rund 14 Millionen Deutsche von den Massenvertreibungen betroffen. Sollte das Weltgewissen eines Tages wieder auferstehen, wird man dieser Vertreibungen gedenken, zur ewigen Schande aller, die sie durchgeführt oder geduldet haben.«

12. 10.: *In der englischen* »East Anglian Daily Times« *schrieb*[37] *der britische Abgeordnete Richard Stokes u. a.:*

»Jede Vertreibung – wie gut auch immer durchgeführt – muß unmenschlich sein. Mit welchem anderen Ausdruck könnte man sonst einen Befehl bezeichnen, der zur gewaltsamen Vertreibung von Millionen Menschen aus Heimstätten führt, in denen sie (und ihre Vorfahren) Jahrhunderte gelebt haben.«

23. 10.: *In der* »New York Times« *meinte*[120] *Ann O'Hare McCormick zu den Vertreibungen u. a.:*
»Niemand, der dieses furchtbare Geschehen mitangesehen hat, kann daran zweifeln, daß es ein Verbrechen gegen die Menschlichkeit ist, dem eine furchtbare Vergeltung folgen wird.«

6. 11.: *Die* katholischen Bischöfe der USA *erklärten*[121] *auf ihrem Jahreskonvent in Washington:*
»Durch Übereinkommen der Siegermächte werden Millionen Deutsche, die seit Jahrhunderten in Osteuropa leben, gezwungen, ihre Heimat mittellos zu verlassen und werden in das Innere Deutschlands verjagt. Wir rühmen uns unserer Demokratie, aber bei dieser Verpflanzung von Menschen haben wir uns vielleicht unwissentlich von der Herdentheorie einer herzlosen, totalitären politischen Philosophie beeinflussen lassen.«

Anmerkungen und Quellen:

1 Vgl. »Big Change in E.⟨*astern*⟩ Europe« in »Manchester Guardian«, ⟨*TZ.*⟩; Nr. 30.784 v. 5. 6. 1945; S. 6.
Teilwiedergabe in Löwit, Herbert: »Englische Stimmen zur Vertreibung« in »SudetenJB«; Jg. 45; S. 70–76, hier S. 72. Im folgenden zitiert: Löwit.

2 Aus dem »Congressional Record« des US-Senats v. 4. 12. 1945; S. 11.372.
Wiedergabe nach Zayas, Alfred M. de: »Die Anglo-Amerikaner und die Vertreibung der Deutschen«; Frankfurt/M., 1977, 8. Aufl. 1996; S. 293.

3 Aussage der Tagebuchaufzeichnung von Ernst Jünger; zum Text: Siehe S. 526.

4 Zu diesem Journalisten, dort als Jon Kimche bezeichnet, siehe auch weiter unten, S. 625.

5 Wiedergabe nach Hrabovec, Emilia: »Vertreibung und Abschub. Deutsche in Mähren 1945–1947«; Frankfurt/M., 1995; S. 106.

6 Vgl. »Benes Faces Crisis in Sudetenland« in »Observer« ⟨*TZ.*⟩, London; Nr. 8.038 v. 17. 6. 1945; S. 1.
Erwähnung bei Jaksch: »Europa«; S. 438; sowie Hrabovec: a. a. O.; S. 106.

7 a) Vgl. »Czechs Stop Moving Germans out« in »Daily Express« ⟨*TZ.*⟩, London; Nr. 14.051 v. 18. 6. 1945; S. 1.
Teilwiedergabe in »Zehn Jahre«; S. 107; auch Jaksch: »Europa«; S. 438; Erwähnung bei Hrabovec: a. a. O.; S. 106.
b) Die berichtete Zustimmung von Dr. Beneš ist sicher eine Falschmeldung.
c) Bei Hrabovec (a. a. O.) auch Hinweis auf (undatierte) Debatte im britischen Unterhaus, »Parliamentary Debates« (Hansard) Bd. 411, Sp. 1652–1653. Dabei »ertönten Stimmen, die die gegenwärtigen Vertreibungen aus der ČSR für ein selbstherrliches und rechtswidriges Vorgehen Prags hielten«.
d) Bei Hrabovec (a. a. O.) schließlich die Darstellung der Reaktion der ČSR-Regierung aus deren Sitzungsprotokoll:
»Die Regierung erkannte den Ernst der Lage und widmete ihr am 18. Juni praktisch eine ganze Sitzung; hinter manch einer Prag-feindlichen Äußerung im Ausland vermutete sie die Hand Wenzel Jaksch' oder des tschechischen Emigranten und Widersachers der jetzigen politischen Garnitur in Prag, General Lev Prchala. Die Minister waren sich zwar darüber einig, daß man vorsichtig vorgehen müsse, doch beschlossen sie zugleich, in einem Kommuniqué die Öffentlichkeit zu informieren, daß die Regierung fest entschlossen sei, ›ihr Programm des Abschubs der Deutschen wie angekündigt durchzuführen‹.«

8 Vgl. Jaksch, Wenzel (Hsg.): »Evidence on the Reign of Racialism in Czecho-Slovakia · Special Edition of Der Sozialdemokrat«; Publikation der »Sudeten German Social Democratic Party«; London, Juli 1945; S. 1.
Auch: »Zehn Jahre«; S. 107 f.

9 Vgl. »Report from Prague« in »The New Statesman and Nation« ⟨*WZ.*⟩, London; Jg. 29, Nr. 749 v. 30. 6. 1945; S. 418.
Erwähnt in Jaksch: »Evidence . . .«; S. 1.

[10] a) Vgl. Jaksch: »Evidence . . .«; Innentitelseite.
b) Unterhalb der Wiedergabe folgte, quasi als Kommentar des Herausgebers: »ZUM VERGLEICH: Lidice war eine kleine Ortschaft mit rund 1.000 Einwohnern. Die Sudetendeutschen leben in 3.350 Ortschaften und Städten. Für ein Lidice – 3.350! Ist das Gerechtigkeit?«
c) Der Bericht soll auch in der US-Militärzeitung »Stars and Stripes« (vom 23. 7. 1945) und der »Washington Post« (vom 28. 7. 1945) erschienen sein.

[11] Ausdruck im Original.

[12] Ortschaft südlich Zittau an der Görlitzer Neiße.

[13] Zum Text: Siehe S. 550.

[14] Vgl.: »A People without a Country. Czechs' Objections to the Sudeten Germans« in »Manchester Guardian«; Nr. 30.830 v. 28. 7. 1945; S. 6.

[15] Nach Jaksch (»Europa«; S. 439) später offener Sowjetagent, der 1949 Anklagen gegen die Politik des Westens im sowjetischen Auslandsverlag »New Times« unter dem Titel »Verschwörung gegen den Frieden« veröffentlichte.

[16] Wiedergabe nach Jaksch: »Europa«; S. 437 f.

[17] Vgl. u. a. »Czechs Border Incidents. Organized German Resistance. Sudeten Difficulties« in »The Times«, London; Nr. 50.206 v. 28. 7. 1945; S. 3.

[18] a) Der hier genutzte Begriff »Werwolf« hatte ähnliche Ursprünge, Inhalte und Konsequenzen wie der Begriff »Alpenfestung«: Vom agonierenden NS-Regime ab 1944 eingeführt, blieben beide insgesamt inhaltslose Chimären. Die »Alpenfestung« beeinflußte jedoch die westalliierte Kriegsführung Eisenhowers (siehe S. 510); die »Werwölfe« wurden v. a. von ČSR-Politikern als Begründung für Exzesse an deutschen Zivilisten ausgiebig genutzt.
Vgl. die Rede von ČSR-Minister Ripka vom 20. 8. 1945, zum Text: Siehe S. 658.
b) Vgl. auch Biddiscombe, Perry: »Werwolf. The History of the NS Guerilla Movement 1944–1946«; Cardiff (GB.), 1988. Dort eigenes Kapitel »Czechia and the Sudetenland« (S. 226–244) mit zeitgenössischen Pressemeldungen aus z. T. erfundenen Orten. Angaben ähnlich dubioser Art in Beuer, Gustav: »New Czechoslovakia and Her Historical Background«; London, 1947; S. 187 f. und Drška, Pavel: »Československa armáda v národní a demokratické revoluci (Die ČSR-Armee in der nationalen und demokratischen Revolution) 1945–1948«; Prag, 1979; S. 63–67.

[19] Gemeint: Die Potsdamer Konferenz vom 18. 7.–2. 8. 1945; zum Text der Erklärung: Siehe S. 548.

[20] Anlaß für das sog. Aussiger Massaker v. 31. 7. 1945; siehe dazu S. 1220 mit Anm. 19.

[21] Vgl. »›Out in 10 minutes‹ order to Germans. ›Eye for an eye‹ in Sudetenland« in »Daily Mail« ⟨*TZ.*⟩, London; Nr. 15366 v. 6. 8. 1945; S. 1, 4.
Teilwiedergabe in Gollancz, Victor: »Our Threatened Values«; London, 1946; in deutscher Sprache »Unser bedrohtes Erbe«; Zürich (Schweiz), 1947; S. 158 f. Auch Jaksch: »Europa«; S. 446; und Löwit; S. 72.

[22] An späterer Stelle des Artikels wurde diese Angabe für die ČSR wie folgt präzisiert und aufgegliedert:
»Ungefähr 3,000.000 Deutsche leben jetzt im Sudetenland und wurden informiert, daß sie zurück nach Deutschland müssen. Sie gehören zu drei Kategorien: Jene, deren Familien dort schon Generationen wohnten und fanatische Nazisten waren, als Hitler das Sudetenland für Deutschland beanspruchte; andere, die nach der Münchner Lösung zuwanderten und reich und fett wurden, während die Tschechen hungerten; und schließlich Flüchtlinge aus den bombardierten Städten Westdeutschlands.«

[23] Der Bericht erweckte den unzutreffenden Eindruck, daß praktisch keine Entfernung zwischen Brünn und der österreichischen Grenze lag; tatsächlich waren es über 50 km. Die Lagervorkommnisse sind eine Zusammenfassung der Ereignisse in Pohrlitz und an der österreichischen Grenze.
Zu diesen Abläufen: Siehe S. 1220 mit Anm. 15–17.

[24] Vgl. »Germans in East Europe. Many Expulsions« in »The Times«, London; Nr. 50.214 v. 7. 8. 1945; S. 4.

[25] Vgl. »The Sudeten Germans. Enforcement of Czech Authority« in »The Times«, London; Nr. 50.214 v. 7. 8. 1945; S. 5. Teilwiedergabe in Jaksch: »Europa«; S. 439.

[26] Die Zahl der Tschechoslowaken bei der letzten ČSR-Volkszählung 1930 betrug jedoch in Leitmeritz, einer Garnisonsstadt, 8.700 und in Aussig nur 6.500. Dorthin kehrten demnach fast fünfmal soviel Tschechen »zurück«, als 1930 ansässig waren.

[27] Vgl. »Refugees in Berlin. Millions on the Move. Evicted by Poles and Czechs« in »The Times«, London; Nr. 50.215 v. 8. 8. 1945; S. 4. Teilwiedergabe in Löwit; S. 72.

[28] Vgl. »The German Settlement« in »The Economist« ⟨*WZ.*⟩, London; Jg. 149, Nr. 5.320 v. 11. 8. 1945; S. 177–179. Teilwiedergabe in Jaksch: »Europa«; S. 446; auch Hrabovec: a. a. O.; S. 148.

[29] In den Grenzen vom 31. 12. 1937; siehe S. 553 f.

[30] Vgl. »Czechs and Germans« in »The New Statesman and Nation«; Jg. 30, Nr. 755 v. 11. 8. 1945; S. 90 f. Erwähnung bei Jaksch: »Europa«; S. 446; auch Hrabovec: a. a. O.; S. 148.

[31] a) Dabei Feststellung zu dieser Stadt in Nordwestböhmen:
»In Marienbad ... war 1938 etwa ein Viertel der Bevölkerung Tschechen.«
Dazu Aussage der ČSR-Statistik für Gerichtsbezirk, Stand 1930:
ČSR-Staatsbürger Gesamt: 17.190; davon »čechoslovakischer« Nationalität: 754; d. h. 4,3 %.
b) An anderer Stelle folgende Zahlenangaben:
»Von den 10 Mio. Tschechen und Slowaken wurden 1,3 Mio. während des Krieges zur Arbeit nach Deutschland verbracht, von denen nur rd. 0,7 Mio. zurückkehrten. Vom Rest ⟨*d. h. rd. 0,6 Mio.*⟩ wird angenommen, daß er gestorben ist.«
Zu den tatsächlichen, beträchtlich niedrigeren Verlustzahlen: Siehe S. 1231 ff.

[32] Was hier gemeint war, blieb unklar: Es wurde jedenfalls kein ČSR-/Beneš-Dekret publiziert, welches diese Festlegung beinhaltete.
Siehe dazu jedoch auch S. 541.

[33] Gemeint wohl British Broadcasting Corporation = Britische Rundfunkgesellschaft.

[34] Vgl. »TIME«, New York ⟨*WZ.*⟩; Bd. 46, Nr. 7 v. 13. 8. 1945; S. 27.
Wiedergabe nach »Zeittafel und Bibliographie zum Vertriebenenproblem«; hsg. v. Bundesministerium für Vertriebene etc.; Bonn, 1959; S. 24.

[35] UNRRA = United Nations Relief and Rehabilitation Administration; zur Nichtbetreuung deutscher Vertriebener durch sie: Siehe S. 700.

[36] Teilwiedergabe in »Zehn Jahre«; S. 117 f.

[37] Mitteilung eines Wissensträgers; unbelegt.

[38] a) Vgl. »Parliamentary Debates (Hansard)« Unterhaus, Bd. 414, Sp. 83 f.
Im folgenden: »Hansard«.
Auch de Zayas; S. 152 f.; auch Jaksch: »Europa«; S. 439 f.
In der bis zum 20. 8. 1945 andauernden Debatte beklagten auch Außenminister Bevin (Labour) und der Konservative Eden die Entwicklung.
Vgl. Hansard, a. a. O.; Sp. 293 ff., 318 f.
b) Sowohl Churchill wie Eden hatten vordem die Vertreibung der u. a. Sudetendeutschen jedoch nicht besonders behindert; siehe z. B. S. 502, 505.

[39] Vgl. »Neue Zürcher Zeitung«; Zürich (Schweiz), ⟨*TZ.*⟩; Jg. 166, Nr. 1279 v. 23. 8. 1945; S. 1.
Teilwiedergabe in de Zayas; S. 140.

[40] a) Zur nicht erfolgten Behandlung in der hier gemeinten ersten Tagung des Rates der Außenminister (11. 9.–2. 10. 1945 in London): Siehe S. 554.
b) Grund dafür könnte gewesen sein, daß nur mit Zustimmung aller Mitglieder Tagesordnungspunkte aufgenommen werden konnten.
Vgl. »Manchester Guardian«; Nr. 30.869 v. 12. 9. 1945; S. 8.

[41] Wiedergabe nach Jaksch: »Europa«; S. 445.
Der Rundfunkrede waren Artikel in der »New Yorker Staatszeitung« (vom 8. 9. 1946; siehe S. 708) und der »New Yorker Volkszeitung« vorausgegangen.

[42] Vgl. »25.000 seek food every day at the gates of Berlin« in »News Chronicle« ⟨*TZ.*⟩, London; Nr. 30973 v. 24. 8. 1945; S. 1, 4.
Teilwiedergabe in Löwit; S. 72, und de Zayas; S. 155 f.

[43] Vgl. die deutsche Übersetzung in der SdZ; Nr. 11 v. 27. 3. 1998; S. 10.

[44] Vgl. Jaksch: »Europa«; S. 446.

[45] Vgl. »All Parties to Sit in Prague Cabinet« in »New York Times«; Jg. 94, Nr. 32.000 v. 4. 9. 1945; S. 10.
Siehe auch folgende Anm. 53.

[46] Vgl. »Czechs Ask Haste in Exiling 2,000.000. Officials Tell British of Peril in Waiting Till Homes for Sudetens Are Found« in »New York Times«; Jg. 94, Nr. 32.002 v. 6. 9. 1945; S. 7.
Deutsche Übersetzung: »SdZ«; Nr. 12 v. 20. 3. 1998; S. 4.

[47] Zu gleichen Forderungen mehrerer ČSR-Minister siehe S. 553 f.

[48] Vgl. die deutsche Übersetzung in der »SdZ«; Nr. 12 v. 20. 3. 1998; S. 4.

[49] Vgl. »Die Vertreibung der Sudetendeutschen« in »Neue Zürcher Zeitung«; Jg. 166, Nr. 1353 v. 7. 9. 1945; S. 1.

[50] Wiedergabe aus »Obzory« (Rundschau); Prag; Jg. 1, Nr. 3 v. 8. 9. 1945; S. 3.

[51] Vgl. »Loot or Starvation« in »Manchester Guardian«, Nr. 30.867 v. 10. 9. 1945; S. 4.
Erwähnung in »Zehn Jahre«; S. 368.

[52] Wiedergabe nach de Zayas; S. 156 f. aus Gollancz, S. 162; auch Löwit; S. 72.

[53] Vgl. die deutsche Übersetzung in der »SdZ«; Nr. 14 v. 10. 4. 1998; S. 10.

[54] Vgl. Jaksch: »Europa«; S. 443 f.

[55] Lordbischof George Bell hatte am 8. 9. 1945 dem Berliner Propst Grüber u. a. geschrieben:
»Ich darf Ihnen sagen, daß die Erzbischöfe von Canterbury und York ihrerseits tiefstens berührt sind und zusammen mit den Führern der evangelischen Freikirche und dem katholischen Erzbischof von Westminster eine gemeinsame Demarche unternehmen wollen ... Ich fühle die Unmenschlichkeit der Vertreibungen aufs Tiefste mit Ihnen und habe bereits über diesen Punkt im Oberhaus gesprochen, indem ich ausführte, daß die Entwurzelung von Millionen aus rassischen Gründen unvereinbar sei mit den Idealen, für welche die Vereinten Nationen gekämpft haben.«
Wiedergabe nach »Zehn Jahre«; S. 367 f.
Zur Demarche bei Premierminister Attlee: Siehe S. 631 mit Anm. 60; die Rede im Oberhaus vor dem 8. 9. konnte nicht gefunden werden; zu einer späteren Rede vom 30. 1. 1946: Siehe S. 638.

[56] Bertrand Russell erhielt 1950 den Nobelpreis für Literatur.

[57] Vgl. »Plea for German children. Theirs not the guilt, says J. B. Priestley« in »News Chronicle«, London; Nr. 30.989 v. 12. 9. 1945; S. 1.
Teilwiedergabe in Löwit; S. 72; Erwähnung bei de Zayas; S. 294.

[58] Wiedergabe in Löwit; S. 73.

[59] Vgl. »German Refugees From East. 10.000 a Day Still Reaching Berlin; a New Chapter of Human Misery« in »Manchester Guardian«; Nr. 30.869 v. 12. 9. 1945; S. 8.

[60] Vgl. »Church leaders see Attlee« in »News Chronicle«, London; Nr. 30.991 v. 14. 9. 1945; S. 1.
Erwähnung bei Jaksch: »Europa«; S. 445; auch Hrabovec; S. 148.

[61] Vgl. »Mass Expulsions in Eastern Europe« in »The Economist«, London; Jg. 149, Nr. 5.325; S. 369.
Teilwiedergabe in de Zayas; S. 140.

[62] Wiedergabe nach Löwit; S. 73.

[63] Vgl. Jaksch: »Europa«; S. 444.

[64] Vgl. Ullmann, Walter: »The United States in Prague 1945–1948«; New York, 1978; S. 71.
Daraufhin beschwerte sich der US-Botschafter in Prag, Lawrence A. Steinhardt, bei seiner Zentrale in Washington und meinte, derartige Berichte schädigten die Interessen der USA.

[65] Vgl. »This Is An Outrage To Humanity« in »Daily Herald«, ⟨*TZ.*⟩, London; Nr. 9242 v. 9.10.1945, S. 1, 4.
Teilwiedergabe in Jaksch: »Europa«; S. 446 f.; auch Löwit; S. 63.

[66] Weit verbreitet war seine engagierte Darstellung der Vorgänge des Jahres 1938 um Österreich und das Sudetengebiet »Betrayal in Central Europe«; New York, 1939.
In deutscher Sprache: »Als die Bastionen fielen«; Wien, 1981.

[67] Gemeint: Das NS-KZ Bergen-Belsen in Niedersachsen.

[68] Zu Bemühungen des Internationalen Roten Kreuzes: Siehe S. 556 ff.

[69] Wiedergabe nach Löwit; S. 73. Auch Jaksch: »Europa«; S. 446.
Die ČSR-Regierung widmete der Kritik wiederum (siehe S. 642, Anm. 7 d) eine ganze Regierungssitzung am 12. 10. 1945:
»Der Ministerpräsident Fierlinger selbst ließ dabei zu, daß die Kritik ›teilweise begründet‹ sei und mit Berichten übereinstimme, die ihm einige tschechische Ärzte zukommen ließen. Er bedauerte, daß auf diese Weise der gute Name der ČSR geschädigt werde. Die ⟨*ČSR-*⟩nationalsozialistischen Minister Ripka und Stránský hielten die Verhältnisse in den Lagern ebenfalls für ›unbefriedigend‹ und führten konkrete Beispiele von Fällen an, bei denen unschuldige Menschen, darunter auch Antifaschisten, betroffen waren. Der Justizminister Stránský sprach sich sogar für die gänzliche Liquidierung ⟨*gemeint wohl: Auflösung*⟩ der Internierungslager aus.« Die KP-Minister Nosek und Kopecky widersprachen. »Vizepremier Gottwald sah die Dinge realistischer und pflichtete den Kritikern insofern bei, da er ebenfalls dagegen war, daß Deutsche von Wachmannschaften körperlich bestraft oder gar gefoltert werden.«
Vgl. Hrabovec; S. 178 f.

[70] Vgl. »Hansard«; Bd. 414, Sp. 241.

[71] Wiedergabe nach DzASd; S. 525 f., auch Jaksch: »Europa«; S. 447 und »Zehn Jahre«; S. 380.

[72] Vgl. »The Sudeten Germans. Czechs Adopt a ›European Sense‹« in »Manchester Guardian«; Nr. 30.893 v. 10. 10. 1945; S. 4.

[73] Diese Behauptung war falsch.
a) Siehe den Bericht von Sheila Grant Duff vom 26. 10. 1945; S. 635.
b) Im Zeitraum 1. 7.–15. 12. 1945 kamen über 31.000 Sudetendeutsche allein nach Bayern.
Vgl. Bohmann: SiZ; S. 209.
c) Ausweisungsbefehle und Ausreiseerlaubnisse aus dem Zeitraum September bzw. November 1945 liegen vor.
Siehe S. 608, 613.

[74] Vgl. »German Politics« in »The Economist«, London; Jg. 149, Nr. 5.329; S. 514–516, hier S. 514. Teilwiedergabe in de Zayas; S. 291.

[75] Vgl. »Hansard«; Bd. 414, Sp. 1816.

[76] Vgl. »Mass Deportations« in »The Times«, London; Nr. 50.280 v. 23. 10. 1945; S. 5. Teilwiedergabe in de Zayas; S. 154 f.

[77] Wiedergabe nach de Zayas; S. 142.

[78] Vgl. »The New Czechoslovakia. II. The Fate of the German Minority« in »Manchester Guardian«; Nr. 30.907; S. 4.
Teilwiedergabe in Löwit; S. 73.

[79] Vgl. »25,000.000 Homeless in Europe ... Food Prospects' Seriously Disquieting« in »The Times«, London; Nr. 50.284 v. 27. 10. 1945; S. 4.
Zum Text der Redebeiträge vgl. »Hansard«; Bd. 414, Sp. 2351–2414.
Auszüge bei de Zayas; S. 141 f., 158. Auch Hrabovec; S. 148. Teile der Aussagen wurden in den (US-)Congressional Record vom 11. 12. 1945 und 29. 1. 1946 (siehe S. 637 f. mit den folgenden Anm. 92, 103) übernommen.

[80] Diese Falschangabe könnte Indiz für den Wissensstand des Ministers sein.

[81] Vgl. »Mass Deportations« in »The Times«, London; Nr. 50.286 v. 30. 10. 1945; S. 5.
Erwähnung bei de Zayas, S. 294.

[82] Es handelt sich um die gleiche Zeitschrift, in der Edvard Beneš vier Jahre vorher öffentlich die Vertreibung propagierte; siehe S. 457.

[83] Offensichtliche Anspielung auf die in der Potsdamer Erklärung vom 2. 8. 1945 verwendete Formulierung für die Modalitäten der Vertreibung; zum Text: Siehe S. 548.

[84] Vgl.: »The Nineteenth Century and After«; London, Bd. 84 (1945); Nr. 425; S. 193–205; Nr. 426; S. 263–274. Hier S. 200, 203 f.
Teilwiedergabe bei de Zayas; S. 150, 157 f. und in »Zehn Jahre«; S. 370. Aus dem Bericht wurde auch in den (US-)Congressional Record vom 29. 3. 1946 (siehe S. 640) übernommen.

[85] Zu den Vorgängen und ihrer Dimension: Siehe S. 1220.

[86] Vgl. »Homes for Displaced Germans« in »The Economist«, London; Jg. 149, Nr. 5.333 v. 10. 11. 1945; S. 671–672, hier S. 671.
Teilwiedergabe in de Zayas; S. 143.

[87] Wiedergabe nach Jaksch: »Europa«; S. 446.

[88] Wiedergabe nach »Zehn Jahre«; S. 369.

[89] Wiedergabe nach Jaksch: »Europa«; S. 447.

[90] Über eine frühere, ähnliche Doppelveranstaltung in der Londoner Conway und der Holborn Hall war bereits berichtet worden. Bei dem Treffen in der Conway Hall hatte Victor Gollancz die »›abwartende‹ Haltung gegenüber den Schrecknissen für die Vertriebenen ⟨*Deutschen*⟩ auf dem ⟨*europäischen*⟩ Kontinent« beklagt, bei »gleichzeitiger Verdammnis der Deutschen, daß sie Verbrechen nicht stoppten, von denen sie wegen der ⟨*NS-*⟩Diktator nichts wußten.«
Die Versammlung verlangte in einer Entschließung u. a. ein Ende der Vertreibungen aus der ČSR.
Vgl. »Plea For Refugees« in »Daily Herald«; Nr. 9242 v. 9. 10. 1945; S. 4.

[91] Wiedergabe nach »Zehn Jahre«; S. 370.

[92] Vgl. Congressional Record, Senat, 4. 12. 1945, S. 11372 f. Congressional Record, Senat, 11. 12. 1945, Appendix A-5417/18. Wiedergabe nach de Zayas; S. 295.

[93] Vgl. Röpke, Wilhelm: »Die deutsche Frage«; Zürich, 1945; S. 255.

[94] Zu einer späteren Wiedergabe: Vgl. »Informationen des BdV Bayern«, München; Jg. 1995, Nr. 1/2; S. 46 f.
Für Bemühungen um den norwegischen Originaltext dankt der Verfasser dem »Willy-Brandt-Archiv im Archiv der sozialen Demokratie der Friedrich-Ebert-Stiftung«, Bonn, und dem »Arbeiderbevegelsens Arkiv« in Oslo. Die Bemühungen blieben ergebnislos.

[95] Bundeskanzler der BR Deutschland 1969–1974, Friedensnobelpreisträger 1971.

[96] Unterschiedlich umfangreiche Übersetzungen erschienen dann:
a) In deutscher Sprache in den USA. Zu dieser Fassung »Sudetendeutsche Tragödie« vgl. »Der Wanderer«, »ältestes katholisches Wochenblatt im Nordwesten der USA« (St. Paul, Min.); Jg. 79, Nr. 4077 v. 10. 1. 1946; S. 8.
b) In englischer Sprache in London.
Zu diesem Text »Hitler's Spirit Lives On! Report on a Visit to the Border of Czechoslovakia« vgl. »Der Sozialdemokrat«, London; Jg. 7, Nr. 77 v. 28. 2. 1946; S. 1180–1182.

[97] Vgl. »What is Mass Starvation?« in »The Christian Century«, New York v. 26. 12. 1945; S. 1439–1441, hier S. 1440.

[98] Zur UNRRA/IRO und dieser Beschränkung auf Nichtdeutsche: Siehe S. 517, 700.
[99] Wiedergabe nach Jaksch: »Europa«; S. 447.
[100] Erwähnung in der Rede des Lordbischofs von Chicester, George Bell, im britischen Oberhaus am 30. 1. 1946; zum Text vgl. »Hansard« (Oberhaus); 5. Serie Bd. 139, Sp. 68–90, hier Sp. 71.
[101] Es dürfte sich um den Transport von Budweis nach Würzburg gehandelt haben, der am 25. 1. 1946 mit 1.200 Personen die Grenze zur US-Zone Deutschlands überquerte.
Vgl. Bohmann, SiZ; S. 253.
[102] General Clay, damals stellvertretender US-Militärgouverneur, berichtete später:
»Besondere Schwierigkeiten gab es mit den Tschechen; nicht nur der persönliche Besitz der Sudetendeutschen, auch junge kräftige Arbeiter wurden zurückgehalten, während man uns die Alten, die Frauen und die kleinen Kinder schickte. Erst als wir aus diesem Grunde die Transporte zeitweise einstellten, erreichten wir durch Verhandlungen, daß diese Zustände geändert wurden.«
Vgl. Clay, Lucius: »Decision in Germany«; New York, 1950; S. 349.
[103] Wiedergabe (aus US-Congressional Record vom 29. 1. 1946; S. 511, und vom 1. 2. 1946, A-397, A-398) nach de Zayas; S. 158, 295.
[104] Vgl. Hansard-Oberhaus: a. a. O.; v. a. Sp. 70 f. Auch »Archiv der Gegenwart«; Jg. 16/17; 30. 1. 1946; Spalte 631 A.
[105] Wiedergabe (aus US-Congressional Record, Senat, 1. 2. 1946; S. 1541–1565) nach de Zayas; S. 295. Auch Senat 5. 2. 1946; S. 878 f., 894 f., 900 f.
[106] Vgl. »Dark Places« in »The Nineteenth Century and After«; Bd. 139, Nr. 828 v. Februar 1946; S. 49–65.
Erwähnung bei de Zayas; S. 294.
[107] Wiedergabe nach de Zayas; S. 167.
[108] Vgl. Wiskemann, Elizabeth: »Germany's Eastern Neighbours«; London, 1956; S. 134.
[109] Ausführliche Darstellung bei de Zayas; S. 165 f.
[110] Vgl. »Are the Czechs Being Christian?« in »The Christian Century«, New York v. 20. 3. 1946; S. 366–368, hier S. 366–367.
[111] Zur »Tschechoslowakischen Kirche«: Siehe S. 306 f., 311.
[112] Dies erfolgte auf S. 2805 f.; Wiedergabe nach de Zayas; S. 294, S. 295.
[113] Wiedergabe nach Jaksch: »Europa«; S. 450.
[114] Erwähnung bei Jaksch: »Europa«; S. 440.
[115] a) Vgl. SZ; Jg. 2, Nr. 45 v. 4. 6. 1946; S. 4.
Die US-Militärregierung erteilte dem Verfasser einen Verweis; die Zeitung mußte Auflagebeschränkungen hinnehmen.
b) Wenige Tage später meldete die »Neue Zürcher Zeitung« (Nr. 1056 v. 15. 6. 1946; S. 2) übereinstimmende Berichte sudetendeutscher Vertriebener: Die Zustände in ČSR-Lagern ähnelten den in NS-KZ.
Vgl. (Keesings) »Archiv der Gegenwart«; Jg. 16/17 v. 15. 6. 1946; Sp. 781 J.
[116] Offensichtlich gemeint: Das Internationale Kriegsverbrechertribunal in Nürnberg 1945/46, das (auch) wegen Deportationen Todesurteile verhängte.
[117] Vgl. Jaksch: »Europa«; S. 440.
[118] Nr. A-4772 lt. de Zayas; S. 295; Nr. A-4778/79 lt. de Zayas; S. 297.
[119] London, Oktober 1946. In deutscher Sprache: »Unser bedrohtes Erbe«; Zürich (Schweiz), 1947. Wiedergabe nach Löwit; S. 73 f. Mehrfache Erwähnung bei de Zayas (z. B. S. 147), auch »Zehn Jahre«; S. 380.
[120] Erwähnung in »Zehn Jahre«; S. 380.
[121] Vgl. Reece, Carol: »Das Schicksal der Sudetendeutschen«; hsg. v. Sudetendeutschen Rat; München, 1960; S. 29.

****

C) Tschechische Berichte

Einführung

Die nachfolgenden Meldungen müssen sinnvoll in das spezifische Umfeld der ČSR von 1945 eingeordnet werden.

Anfang Mai 1945 waren ČSR-Staatspräsident Dr. Beneš und die von ihm ernannten Minister meistens über Moskau in das von der UdSSR-Armee befreite Prag zurückgekehrt.

Diese neuen Machthaber, welche ähnlich dem untergegangenen NS-Regime alle Medien beherrschten und zensierten, trommelten gegen die Deutschen und alles »Germanisierte«[1]; *ihre Reden waren eindeutig*[2]. *Zur Begründung wurden ohne Umschweife NS-Begriffe herangezogen, nämlich* »daß die Deutschen keine menschlichen Wesen sind, sondern nur Halb-Menschen«[3]. *Die KPČ stempelte die meisten Deutschen zu* »landfremden, reichen Ausbeutern«[4] *um, und auch in christlichen Kreisen wurde die* »Kollektivschuld«[5] *bemüht.*

Dieses Propagandatrommelfeuer konnte bei den Tschechen mit zutiefst aufgewühlten Adressaten rechnen. Viele von ihnen mußten unsicher sein, wie ihr Verhalten während der Zeit des gerade untergegangenen NS-Regimes von den neuen Machthabern und ihren örtlichen Landsleuten[6] *gewertet werden würde. Fast jeder Tscheche wußte, was mit den Sudetendeutschen geschah und noch geschehen sollte. An ihrem praktisch vogelfreien Eigentum, vom Grundstück bis zur Küchenuhr, wollten viele ihren Anteil haben.*

Angesichts allgemeinen Terrors gegen die Deutschen bei materiellen Aussichten und ideologischen Angeboten für die Tschechen ist beachtenswert, daß sich offensichtlich mehr als einzelne Tschechen für einzelne Deutsche bei den ČSR-Behörden einsetzten. Anders ist nicht zu erklären, daß ČSR-Nationalausschüsse mit harter Strafandrohung ausgestattete Befehle plakatierten, wonach »jede Vorsprache ⟨*bei Ämtern*⟩ zugunsten der Deutschen streng verboten«[7] *sei. Die tschechische Presse publizierte, daß Tschechen, die sich Deutscher annähmen, als nationale Verräter zu diesen in die ČSR-KZ gehörten*[8], *und das ČSR-Verteidigungsministerium wollte* »jede Begünstigung von Deutschen« *mit hohen Strafen bedroht wissen*[9].

Beachtet werden muß, daß die Formulierungen dieser Verbote die ganzen historischen Länder betrafen (demnach mußten Vorgänge dieser Art an mindestens mehreren Orten geschehen sein) und alle Deutschen zum Ziel hatten, demnach auch ausgewiesene Gegner des NS-Regimes und sogar Juden[10].

In einer derart zu charakterisierenden Umwelt mußten nach Vorzensur publizierte Meinungen, welche wenigstens Ansätze zur Menschlichkeit für die Deutschen vertraten, selten bleiben. Sie waren mit »einerseits – andererseits« zu umschreiben und mußten meistens bei der Kritik von Details und Methoden oder bei der Darstellung ausländischer Ablehnung stehenbleiben. Die Ablehnung des Vertreibungsprinzips an sich war innerhalb der ČSR 1945/46 praktisch unmöglich: Ein bedeutender Nachweis des totalitären Charakters dieser staatlichen Konstruktion.

Meldungen 1945:

12. 6.: *In der Prager* »Lidová democracie« (Volksdemokratie) *verteidigte und begründete*[11] *ein Leitartikel unter dem Titel* »Wie wir uns das vorstellten« *das Verhalten und die Maßnahmen gegen die Sudetendeutschen unter dem Motto:* »Wir haben berechtigten Grund, die Deutschen nicht als Menschen anzusehen«. *Dann hieß es u. a.:*
»Interessanter ist, daß auch bei uns Humanisten aufzutauchen beginnen, die behaupten, daß den Deutschen wohl Unrecht geschehe, wenn man sie mit bewaffneter Begleitung zur Arbeit führt. Sie ⟨*d. h. die Humanisten*⟩ sagen, daß sie völlig einsehen, daß es sich dabei um bloßes Streicheln im Verhältnis dazu handle, wie man mit uns umgegangen ist, aber sie sehen solchen Dingen angeblich ungern zu. Und schließlich seien unter den Deutschen auch unschuldige Leute, die mit dem Nazismus nicht übereinstimmten.«

Juli: *Die vervielfältigte Hauszeitschrift von Pater* Přemysl Pitter[12] »Posel s Milíčová domu« (Bote aus dem Militsch-Haus[13]) *informierte unter implizierter starker Mißbilligung v. a. christliche Kreise über die menschenunwürdigen Verhältnisse in Prager Lagern für Deutsche und erhielt auch Informationen darüber zugeleitet.*[14]

22. 7.: *In der Prager* »Lidová democracie« *berichtete*[15] *Pavel Nerad unter der Überschrift* »In Böhmen unter Amerikanern« *u. a. über das Verhalten der US-Truppen beim Einmarsch in das Sudetengebiet: Sie hätten nicht gewartet, bis sie* »alliiert denkende Bevölkerung« *vorfanden und* »es geschah, daß amerikanische Soldaten beim Überschreiten der ⟨*bayrisch-böhmischen*⟩ Grenze begannen, an Sudetendeutsche (Sudet'ákům) Zigaretten zu verteilen und nicht verstehen konnten, daß in einem alliierten Land so viel nichtalliierte Bevölkerung sei.«
⟨*Das habe sich nach neuen Weisungen der US-Militärführung geändert, und die seitherige Unterstützung der neuen ČSR-Behörden durch die US-Besatzungstruppen werde dankbar anerkannt:*⟩
»Wenn es Kritik gibt, so bezieht sich diese vor allem auf das amerikanische Verhältnis zur deutschen Frage. Und die Amerikaner kritisieren uns dafür gleichfalls. Es ist nicht wahr, daß die Amerikaner die Deutschen bevorzugen, wie dies tendenziöse Propaganda laufend behauptet. Aber es ist Tatsache, daß die Amerikaner ... den harten Umgang unserer Wachen mit inhaftierten (concentrovaných) Deutschen kritisieren und entrüstet darauf beharren: ›Wir sind nicht in den Krieg gezogen, damit die Tschechen viele Buchenwalds[16] machen können, sondern dafür, daß es überhaupt kein Buchenwald gibt.‹«
⟨*Anschließend wurde die Informationswirkung derart denkender US-Truppen u. a. wie folgt charakterisiert:*⟩
»Die amerikanische Armee ist nämlich die meistschreibende Armee der Welt ... Ihre Soldaten und Offiziere schrieben zehntausende von Briefen[68] ⟨*aus dem Sudetengebiet der ČSR*⟩, hunderttausende amerikanischer Muttis, Vatis und Brüder haben sie gelesen und Millionen ⟨*US-Amerikaner*⟩ haben darüber geredet. In den örtlichen Zeitungen amerikanischer Kleinstädte ist es noch immer üblich, interessant geschriebene Briefe von Frontsoldaten abzudrucken. Auf diesem Weg kamen Nachrichten aus der Tschechoslowakei bis in Gebiete, wo selbst der aufmerksamste Stab tschechoslowakischer Nachrichtenvermittler keine Aufklärung über die ČSR verteilen könnte. Daher bleiben diese Nachrichten für Millionen ⟨*US-Amerikaner*⟩ unwidersprochen.«

7. 8. *Der ČSR-Bezirksnationalausschuß in Friedek (Nordmähr.) ließ nur in tschechischer Sprache eine* »Vyhláška« *plakatieren*[17]. *Die deutsche Übersetzung:*

»Kundmachung

Der Bezirksnationalausschuß in Friedek macht die gesamte Einwohnerschaft darauf aufmerksam, daß alle

Vorsprachen zugunsten von Deutschen

streng verboten sind. Die Nichtbefolgung dieses Verbotes wird nach Art. III. des Organisationsgesetzes[18] mit einer Geldstrafe bis 5.000 K⟨*ronen = ca. RM 500*⟩ oder Haft bis 14 Tagen bestraft.

Für den Bezirksnationalausschuß:

Dr. Mir. Houška m.p.[19] Ing. Vl. Chamrad m.p.[19]
Rechtsreferent Vorsitzender«

September: *Unter dem Titel* »Gericht und Barmherzigkeit« *schrieb*[20] *der evangelische Theologe und Kirchenhistoriker* Rudolf Říčan *in einer christlichen Zeitschrift zunächst über die gemeinsame Geschichte von Deutschen und Tschechen, um dabei unter anderem zu erinnern:*

»Bekennen wir wahrheitsgemäß, daß zu Beginn des 30jährigen Krieges neben den Tschechen auch die böhmischen Deutschen gegen Ferdinand II.[21] kämpften und gemeinsam am Altstädter Ring[22] bluteten, während andere gemeinsam ins Exil gingen.«

⟨*Dann kommentierte Říčan die aktuelle Ausweisungspraxis:*⟩ »Wenn wir schon wegen der furchtbaren Spannung und des tödlichen Kampfes der letzten Jahre das Zusammenleben beenden, das 700 Jahre gedauert hat, sollten wir das so vollziehen, daß wir auch den Schlicks[23] und den Bolzanos[24] in die Augen sehen können. Beendigen wir die Art, die das erste Halbjahr unserer neuen Republik mit beklagenswerten Schatten maßloser Grausamkeiten und mit einer Unzahl von Fehlgriffen auf Menschen[25] verdunkelte, für die wir uns schämen müssen, und die wir nunmehr als Goldgräber vertreiben, nachdem sie unser moralisches Konto mit diesen Greueltaten belasten. Nicht nur wegen unseres Erscheinungsbildes vor dem Ausland, sondern auch wegen unseres Gewissens sollten wir die Praxis und Vorbereitungen des Transfers revidieren: Ist es erforderlich, die Deutschen derart eilig aus ihren Wohnungen zu jagen? Wie lebt man in den Sammellagern, und wie wird man im Winter dort leben? Muß die Beschlagnahme des Eigentums die Wegnahme so vieler Dinge bedeuten, von denen ein großer Teil keinem durch Krieg und Verfolgung Geschädigten zu Gute kommt – derer sich ⟨*ohnedies*⟩ wohltätige Sammlungen annehmen –, sondern verlorengehen oder einfach gestohlen werden? Legen Sie 30 kg Ihrer Sachen auf einen Haufen, und beurteilen Sie selbst, ob es in den Grenzen der Menschlichkeit bleibt, die der Präsident der Republik so dringlich in Melnik[26] für das Verhalten gegenüber den Deutschen proklamierte, Menschen in den Winter, in ein vom Krieg verwüstetes Land mit so wenig Habe zu schicken! Sollen wir Hunderttausende Frauen und Kinder, die wir nur wegen der Kollektivschuld ihres Deutschtums anklagen, so entlassen? Ist das unser Beitrag zur Umerziehung der Deutschen? Oder haben wir uns den Nazismus bereits derart angezogen, daß wir nicht mehr einzusehen vermögen, wo der Weg zum besseren Menschen liegt? Seid denn Ihr, auch Ihr, ohne Sünden?[27] Und wozu erziehen wir die eigene Nation durch die jähe Bereicherung so vieler unserer ⟨*tschechischen*⟩ Landsleute? . . .«

1. 9.: *In der Zeitschrift* »Obzory« (Rundschau)[28] *erschien ein Artikel* »Der Transfer der Deutschen und die Presse«, *in dem u. a. festgestellt*[29] *wurde:*
»Eine harte Strafe ist mehr als eine zufällige Vergeltung. Unser nationales und politisches Ziel ist es, daß: 1. der Großteil der Deutschen von uns wegzieht und 2. Deutschland niemals mehr zu einem aggressiven Reich emporwächst, das seine Nachbarn verschlucken und einen neuen kriegerischen Konflikt hervorrufen würde. Doch beides kann durch unmenschliche Behandlung der Deutschen, die zum Transfer bestimmt sind, nicht gelöst werden. Es geht auch nicht darum, was das Ausland dazu sagt, sondern darum, was dazu unser Gewissen und unsere humanitäre Tradition sagen.«

Oktober: *Der sozialdemokratische Volkswirt Jan Maček schrieb*[30] *über die mit der Deutschenvertreibung fortfallenden Bremsen für das politische Temperament der Tschechen:*
»Der national gemischte Charakter der Tschechoslowakischen Republik verlieh unserer Demokratie ein besonderes Gepräge ... Die Rücksicht auf andersnationale Schichten der Bevölkerung mäßigte den tschechoslowakischen Nationalismus, dämpfte politische Leidenschaften, mahnte zur politischen Vernunft. Das Nationalitätenproblem war ein beständiges Memento für unsere Innenpolitik. Dieses Mementos werden wir nun los.«

6. 10.: *Die Zeitschrift* »Obzory« (Rundschau) *druckte*[31] *einen Leserbrief von* Ivo Hais:
»Wir haben am 9. Mai 1945 Menschen in den Straßen von Prag lebendig verbrannt, die mit einem Fuß an Straßenlaternen gehängt waren. Wir haben andere zu Tode geprügelt, die ausgesucht waren, um die Barrikaden wegzuräumen ... Sogar im Juni wurden deutsche Frauen in den Straßen von Prag bei einem Transport von einem Gefangenenlager ins andere durch Schüsse der revolutionären Garde getötet.«

28. 10.: *Aus einem Hirtenbrief zum ČSR-Staatsfeiertag wurde der Olmützer Erzbischof* Leopold Prečan *u. a. dahingehend zitiert*[32], »daß die neu gewonnene Freiheit dem Volke nicht nur Rechte bringe, sondern auch Pflichten auferlege. Sie verlange den Menschen ein großes Verantwortungsbewußtsein ab, dessen Prüfstein die Barmherzigkeit mit den Leidenden sei. Der Stärkere neige oft dazu, den Schwächeren seine Macht spüren zu lassen und ihn zu behandeln, als ob er sämtlicher Menschenrechte entblößt wäre, als ob ihn jeder und auf jede nur erdenkliche Weise strafen könnte und nicht nur ordentliche Gerichte und Behörden. Prečans deutliche Anspielung auf die Behandlung der Deutschen endete mit dem Aufruf: ›Wir sind alle Kinder Gottes! Wohl denen, die barmherzig sind; denn sie werden Erbarmen finden (Mt. 5, 7).‹«

10. 11.: *Das in Olmütz erscheinende* »religiöse Wochenblatt für das katholische Volk Rozsévač« (Sämann) *veröffentlichte zwei Leserbriefe*[33]*:*
a) *Der Olmützer Theologieprofessor* Antonín Kleveta, *ehemaliger Häftling des NS-Regimes, schrieb:*
»Die Frage der Enteignung des Eigentums durch den Staat und die mit ihr verbundene Evakuierung ⟨*Ausdruck für die Vertreibung der Sudetendeutschen*⟩ ist ein schwieriges Problem sowohl in der Theorie als auch in der Praxis. Millionen sind heute dadurch betroffen, und doch ist das Maß der Schuld der einzelnen unterschiedlich: unter den Betroffenen sind Verbrecher ... andere waren den Verbrechern nur indirekt behilflich, andere wie-

derum haben das nazistische Regime nur gebilligt, andere billigten es nicht, und es gibt sogar solche, die auch gelitten haben . . . Eine gerechte theoretische Lösung dieser Probleme würde unbedingt eine genaue Unterscheidung erfordern . . .
Und was wird geschehen, wenn sich zur sogenannten korrekten Durchführung des harten Gesetzes die Grausamkeit und Rachesucht einiger einzelner gesellt, physische sowie psychische Folter, Plünderung und verschiedene Unsittlichkeiten, die auch die tschechische Presse im Grenzgebiet zugibt . . .? Wer von den Internierten wagt es, sich zu beschweren? Vieles geschieht ohne Zeugen. Die verschiedenen groben Übergriffe, über die hier Gerüchte umlaufen, sind allerdings oft treue Kopien der Methoden der Gestapo. Und das Ergebnis? Die gegenseitige Verachtung und die Kluft zwischen den Völkern ist größer denn je! . . .
Es war ehrenhaft, unter dem bestialischen Nazismus unschuldig für die Gerechtigkeit zu leiden. Es wäre jedoch schade um unser Leiden, wenn unsere nationale Ehre durch die Verbrechen von einzelnen beschmutzt werden sollte.«

b) *Ein anderer Leser schrieb:*
»In der Stadt B begann ein tschechischer Zuwanderer ›Gottesdienste‹ zu gestalten, den Gläubigen das Lesen des Evangeliums in ihrer Muttersprache zu verbieten, obwohl es Tschechen in der Kirche nicht gab. Auch durfte in der Kirche nicht deutsch gesungen werden. Dieser Mensch spielte sich als eifriger Volksparteiler und Katholik auf. Wir haben uns über seine Vergangenheit erkundigt, denn solche Menschen können keinen katholischen Geist haben. Er war aus der Stadt L. übersiedelt[6], wo er unter dem deutschen Regime tschechischen Priestern mit der Gestapo gedroht hatte.«

10.11.: *In der Zeitschrift* »Obzory« (Rundschau) *erschien*[34] *ein Artikel über westliche Kritik an der Vertreibung. Der Ruf der ČSR im Westen sei noch niemals so schlecht gewesen wie jetzt.*

14.11.: *Die erste Nachkriegskonferenz der* katholischen ČSR-Bischöfe *erließ*[35] *einen* Hirtenbrief *zur Verlesung in allen Kirchen. In diesem wurde von der Botschaft Papst Pius XII. vom 28. 8. 1945 an die Bischöfe ⟨zum Text: Siehe S. 555⟩ ausgegangen und wie folgt ergänzt:*
»Nicht ein Schatten der Grausamkeit der gewesenen Konzentrationslager darf uns beflecken, weil die Geschichte einen durchdringenden Blick hat und in den späteren Jahren jeden Übergriff so auf den Pranger stellen würde wie heute die Grausamkeit der Lager in Dachau, Auschwitz und anderswo.«

7.12.: *In einem Leserbrief von* Bedřich Bobek, *den die Zeitschrift* »Obzory« (Rundschau) *veröffentlichte*[36], *hieß es zu den von Tschechen begangenen Unmenschlichkeiten u. a.:*
»Komme niemand mit der Entschuldigung, daß das die Deutschen auch gemacht haben! Mögen wir auch ihre berechtigten Richter sein, aber dann dürfen wir nicht sein wie sie, oder wir sind wie sie, aber dann haben wir kein Recht zu richten . . . Will bei uns jemand, daß wir enden wie Deutschland?«

13. 12.: *Eine gemeinsame* »Tschechisch-Polnische Erklärung« *wurde in London von General* Lev Prchala[37], *mehreren seiner politischen Freunde und einigen polnischen Exilpolitikern unterzeichnet und veröffentlicht*[38]. *Sie besagte u. a.:*

»An alle Vereinten Nationen.
Wir, die Unterzeichneten, erklären feierlich, daß weder die tschechische noch die polnische Nation irgendwelche Verantwortung für die Art tragen, in der Deutsche jetzt aus tschechischem und polnischem Gebiet deportiert werden. Die Befehle, durch welche diese Deportationen durchgeführt werden, wurden von der ›Tschechoslowakischen Regierung in Prag‹ und der ›Provisorischen Polnischen Regierung in Warschau‹ gegeben. Keine dieser Regierungen wurde in Übereinstimmung mit dem frei ausgedrückten Willen der Bewohner errichtet.«

Meldungen 1946:

3. 2.: *Die tschechische Wochenzeitschrift* »Katolík« *schrieb*[39] *unter dem Titel* »Sind auch wir Rassisten?« *u. a.:*
»Wie immer du auch sein magst, du bist ein Jude, das genügt. Hier ist es auch so: Wie immer du auch sein magst, du bist ein Deutscher, das genügt. Es ändert nichts daran, daß, wenn ⟨*der Deutsche*⟩ tatsächlich und nachweisbar ein Antifaschist war, daß er eigentlich ein großer Held war, weil es einen ungeheuren Heldenmuts bedarf, gegen den Strom zu schwimmen, mit dem die überwiegende Mehrheit des Volkes geht. Wo sind alle Losungen über die Gleichheit der Menschen, für die das Christentum seit dem heiligen Paulus kämpft, für die die besten Menschen Europas gekämpft und die unserem nationalen Erwachen und unserer staatlichen Freiheit die Hauptgrundlage gegeben hat?«

3. 2.: *Ein an viele Pfarrer weitergegangener* »Endbericht«[40] *der Brünner katholischen Diözese zur Säuberung der Pfarrämter von deutschen Priestern,* »die eifrige Vollzieher des Willens des verbrecherischen Nazi-Regimes waren«, *stellte*[41] *fest:*
»In den Pfarren im Grenzgebiet der Brünner Diözese gibt es keine[42] Vollzieher des Willens des verbrecherischen Nazi-Regimes. Diejenigen, die mit ihm vielleicht sympathisiert hatten, sind selber über die Grenze gegangen. Diejenigen, die als des Nazismus verdächtig untersucht wurden, sind als naiv entlassen worden. Die Dekane bestätigen, daß Priester bei Pfarrvisitationen ausnahmslos[42] ihre Ablehnung des rücksichtslosen, gewalttätigen nazistischen Regimes bekundet hatten. Einige wurden von der Gestapo untersucht und verfolgt, zwei waren während des ganzen Krieges im KZ Dachau, einer in einem Lager in der Steiermark. Es gibt kein einziges Kloster, das ein Nest des Nazismus gewesen wäre. Männerklöster widmeten sich der Seelsorge, Frauenklöster wiederum in Not geratenen Bürgern und alten Menschen, und um die Politik kümmerten sie sich nicht.«

(Nach) 6. 2.: *In der Prager Tageszeitung* »Lidová democracie« *wurde ein Rundschreiben abgedruckt*[43], *welches die ČSR-Öffentlichkeit in ziemlicher Breite über die Maßnahmen gegen die Deutschen informierte:*
»Der Landesnationalausschuß in Brünn hat mit Zuschrift vom 6. Februar 1946, Gz. 852-II-60-1946 ein Rundschreiben bekanntgegeben, das an alle Bezirksnationalausschüsse, Direktionen und Ämter der Nationalen Sicherheit gerichtet ist und folgenden Wortlaut hat:
›Der Rat des Mährischen Nationalausschusses hat nach zahlreichen Beschwerden die Frage der Behandlung der Deutschen und die Ausstattung[44] der Deutschen, die zur Ausweisung bestimmt sind, verhandelt und folgenden Beschluß

gefaßt: Dem Nationalausschuß gehen zahlreiche Beschwerden über die Ungebührlichkeiten zu, die besonders in den Grenzbezirken durch unverantwortliche Elemente begangen wurden. Die Beschwerden weisen insbesondere auf die Plünderungen von Wohnungen und Häusern, unberechtigte Beschlagnahmen von Kleidung und Wäsche, Schuhwerk, Möbeln, Hausgeräten, Apparaten, Lebensmitteln, Haustieren, auf eigenmächtige Beschlagnahmen von Wohnungen, auf die unmenschliche Entfernung der deutschen Benützer hin und auch darauf, daß mit den Deutschen bei der Umsiedlung ihres Eigentums unmenschlich umgegangen wird. Die Deutschen pflegen aus den Wohnungen hinausgejagt zu werden und sind bei der Unmöglichkeit, ein anderes Obdach zu finden, sich selbst überlassen oder werden zuhauf in kleine, gesundheitsschädliche Räume gepfercht. Bei Hausdurchsuchungen werden sie geprügelt.
Diese Mißstände schädigen in ihren Folgen die nationale Ehre, nehmen dem Nationaleigentum wesentliche Werte und gefährden vor allem auch die Durchführung des Abschubs der Deutschen, welche ohne hinreichende Bekleidung, Wäsche und Schuhwerk aus der ČSR nicht ausgewiesen werden können. Solche Ungebührlichkeiten werden aus den Grenzgebieten ins Ausland weiterberichtet und dort zu einer ČSR-feindlichen Propaganda ausgenützt.
Der Rat des Landesnationalausschusses hält es daher für notwendig, daß diese Mißstände unter Mitwirkung des SNB ⟨*Nationaler Sicherheitsdienst*⟩ in Zukunft unterbunden werden und daß gegen die Täter und Schädlinge mit aller Strenge eingeschritten wird.‹«

4. 6.: *Die* »Lidová democracie« *ließ durch einen katholischen Moraltheologen unter der Überschrift* »Der Abschub der Deutschen und die christliche Sittenlehre« *die Vertreibung der Deutschen begründen. Man konnte aus dem Beitrag ohne größere Mühe in der versuchten Widerlegung jene Bedenken herauslesen, die offensichtlich mehr als einzelne Tschechen hatten. Es hieß*[45] *u. a.:*
»Wenn wir die historische Gelegenheit benutzen und uns unserer verräterischen ehemaligen Mitbürger entledigen, so tun wir das keineswegs aus Haß oder Rachsucht, sondern in dem Bewußtsein wahrer Gerechtigkeit und völliger moralischer Berechtigung zu dieser Handlung. Wenn wir alle Deutschen ausweisen (odsunujeme), so tun wir das auf der Grundlage jenes Prinzips, welches nach diesem Kriege immer deutlicher im internationalen Recht hervortritt und welches eine sichere und feste Stütze in der katholischen Moral hat, ⟨*nämlich*⟩ daß eine Kollektivschuld auch eine Kollektivstrafe nach sich ziehen muß.
Wenn wir die Deutschen aus dem Gebiete unseres Staates ausweisen, so leitet uns auch der Drang der Selbsterhaltung; denn wir sind überzeugt, daß bei nächster Gelegenheit die verräterischen Deutschen sich wieder an die Reihe unserer Feinde stellen würden. Die Deutschen auf unserem Gebiete waren schließlich die unmittelbare Ursache des Zweiten Weltkrieges; sie würden weiterhin ein Brandherd lebendiger Unruhe bleiben. Es ist ein anerkannter Grundsatz der katholischen Moral, daß das Allgemeinwohl den Vorzug hat vor dem Wohl des Einzelnen. So hat das Wohl Europas und unseres Volkes den Vortritt vor dem Wohl der Minderheit, einer zahlenmäßig kleinen, öfters treulosen nationalen Gruppe.«
⟨*Der Autor ging auch auf die Frage des Eigentums ein:*⟩
»Wenn wir das Eigentum der verräterischen deutschen Mitbürger enteignen, so ist das nur ein teilweiser Ersatz der Schäden, welche Besetzung und nachfolgende wirtschaftliche Ausplünderung und Aussaugung unserer Länder bewirkten. Diese wirtschaftlichen Schäden und entgangenen Gewinne können

nicht beziffert und werden nie auch nur im entferntesten ersetzt werden, selbst wenn, wie vorgesehen, unser Staat an den Reparationen aus dem besiegten Deutschland teilhat. Die Großmächte rechnen dieses Eigentum *⟨d. h. der Sudetendeutschen⟩* auch nicht in unseren Reparationsanspruch ein[46], denn es geht dabei um Eigentum und Kapital, das aus der Arbeit auch tschechischer Hände und der Wirtschaft unseres Gebietes entstand. Verursachten Schaden zu ersetzen, Schulden zu bezahlen und entgangenen Gewinn auszugleichen, sind allgemeine Grundsätze des Naturrechtes, auf welchem die katholische Sittenlehre beruht.«

⟨Zusammenfassend kam der Autor wieder zur Kollektivstrafe für Kollektivschuld zurück:⟩

»Daher erklären die tschechoslowakischen Katholiken jede andere Anschauung zum Abschub der Deutschen als die einer gerechten Kollektivstrafe für Kollektivschuld zu einer unserem Staate feindlichen, da sie ihm keine Gerechtigkeit widerfahren läßt. Der Abschub der Deutschen, seine Begründung und seine Durchführung entsprechen den strengsten Maßstäben internationalen Rechtes, wie sie auch die Regeln der christlichen Sittenlehre in keiner Weise verletzen. Für die tschechischen und slowakischen Katholiken ist es ein schmerzliches Bewußtsein, daß wenig Verständnis bei den Katholiken im Ausland für diese Lebensfrage unseres Staates vorliegt.«

27. 6.: *In der liberalen Zeitschrift* »Dnešek« (Heute)[47] *begann*[48] *der Abdruck einer Artikelserie* »Ich komme von der Peripherie der Republik« *von* Michal Mareš. *Der Autor berichtete*[49], *daß man* »die Vertreibung überstürzt und panikartig durchführt«. *Damit würde ein doppelter Fehler begangen. Einerseits schädige man die tschechische Wirtschaft, indem* »deutsche Bergleute gegen den Widerstand tschechischer Bergleute vertrieben werden«; *andererseits vertreibe man potentielle Landsleute:* »In diesen Menschen kreist viel tschechisches Blut. In einigen Jahren könnte es zu einer völligen Re-Tschechisierung kommen.«

Von Mareš aufgedeckte Mißstände bei der Vergabe des den Sudetendeutschen entzogenen Grundbesitzes und in der Qualifikation der ČSR-Sicherheitskräfte führten zu zahlreichen Leserbriefen.

September: *In der Zeitschrift* »Obzory« (Rundschau) *beklagte*[50] Ludek Forman *unter dem Titel* »Moral und Politik«, *in den als* »revolutionäre Wende« *bezeichneten Ereignissen von 1945/1946 seien die* »alten tschechischen Werte« *verlorengegangen. Der Weg der neuen politischen Praxis heiße:* »Alle Mittel sind gut und recht, wenn nur das Ziel erreicht wird.«

Meldungen 1947:

⟨Wegen der Bedeutung der Person des späteren Kardinals und zur Aufzeigung des Abstandes seiner Argumente von denen anderer nachfolgend ein Vertreter des Vertreibungskonzeptes:⟩

25. 3.: *In der Schweizer Tageszeitung* »Die Tat« *wurde ein Interview mit dem Prager Erzbischof* Rudolf Beran[51] *zur Frage* »Marxismus und christliche Weltanschauung« *veröffentlicht, in dem es u. a. hieß*[52]:

»Dann kam das Gespräch auf die Nationalisierung der Industrie, und wie diese mit dem Grundsatz der Kirche von der Unantastbarkeit des Privateigentums zu vereinbaren sei.

Es sei ein Irrtum, meinte der Erzbischof, daß die Kirche grundsätzlich[53] Nationalisierung ablehne. Auf die Enzyklika Quadragesimo anno[54] hinweisend fordere sie nur, daß die Nationalisierung sozial begründet und im Interesse des Volkes sei. Ihre Grenze – und diese gäbe es zweifellos – läge im Naturrecht des Menschen auf sein eigenes, individuelles Eigentum. Naturrecht komme von Gott und dürfe daher nicht verletzt werden.
Wie sich die Kirche zur Konfiskation ihrer Güter stelle? Natürlich ablehnend; denn die Enteignung, die den ›Deutschen Ritterorden‹[55] und die ›Zisterzienser‹ betrifft, soll auf Grund des Gesetzes über die Enteignung deutschen Besitzes durchgeführt werden. Die Kirche ist aber nicht national und die Güter sind ihr Eigentum, nicht aber das zufällig deutscher Kleriker.
Erzbischof Beran versicherte, daß weder der Transfer der Sudetendeutschen, noch die Konfiskation ihres Eigentums Haßgefühlen entspringen. Er anerkannte die Härte, die dies für den einzelnen bedeute, doch wäre es ungerecht, ja unmoralisch, über dem Einzelschicksal das eines ganzen Volkes zu vergessen und zu übersehen, daß auch die Forderung nach Wiedergutmachung ein integrierender Bestandteil der Gerechtigkeit sei. Soll deutsches bewegliches Eigentum freigegeben, um in mühseligen Verhandlungen wieder gefordert zu werden?
Individuelle Übergriffe sind sicherlich vorgekommen, ja, selbst Einzelfälle, die sich in nichts von den Missetaten der SS-Männer unterscheiden. Doch waren es Einzelfälle, die ausnahmslos verurteilt wurden; aber auch diese, sicherlich bedauernswerten Vorkommnisse, sind anders zu beurteilen. Sie waren nicht das Ergebnis planmäßiger Grausamkeit, sondern die Reaktion auf Taten, die einfach als unmenschlich zu bezeichnen sind. Die Furcht, daß sich die Irredenta – von der sich der Erzbischof schon 1929 persönlich in Stuttgart überzeugen konnte[56] – wiederholen würde, macht den Transfer zur imperativen Notwendigkeit.«

23. 5.: *In der sozialdemokratischen Zeitschrift* »Cíl« (Ziel) *veröffentlichte* Jiří Veltrusky *einen Artikel mit dem Titel* »Die nichtvollzogene Säuberung«[57]. *In ihm hieß es nach Ausführungen zum Abschluß der ČSR-Volksgerichtshofverfahren gegen Tschechen u. a.*:
»Wenn wir heute sagen können, daß die Säuberung von jenen Elementen, die in der Besatzungszeit zu einer Schande der Nation geworden sind, insgesamt ausgeführt ist, kann man dies absolut nicht von jenen sagen, die den guten Namen der Nation nach der Befreiung besudelt haben: Diebe und Gestapisten[47].
Einigen Journalisten ist zu danken, daß sie das Wüten dieser Elemente rücksichtslos anprangerten, so daß die Wahrheit zumindest teilweise zum Vorschein kam. In vielen Fällen zeigte sich jedoch, daß man überhaupt keine Lust zur Bestrafung dieser Verbrechen hatte, obwohl sie gut bekannt waren. Das zeigt zum Beispiel der Fall in Česka-Kamenice[58] sowie neuerdings in Kolin. Dabei ist mehr als gewiß, daß nur ein kleiner Teil der Verbrechen aufgedeckt wurde, während der weitaus größere Teil auch weiterhin verborgen bleibt. Wer hat z. B. ein Wort über jene Bestie geschrieben, die in einem Bezirk des Grenzgebietes alle dortigen Deutschen zusammentreiben ließ, insgesamt 1.500 Menschen, die an Ort und Stelle erschossen wurden? Dieses fürchterliche Gemetzel dauerte nach Angaben volle drei Tage[59].
Solange diese Verbrechen nicht gerecht bestraft sein werden, bleibt unsere Revolution von Diebstahl und gestapistischer Bestialität schändlich befleckt.

〈*Der Autor schilderte sodann aus Walter Reeds idealisiertem Bericht* »Ten Days that Shook the World« *die Sicherung des zaristischen Winterpalais in St. Petersburg im Oktober 1917. Er meinte dazu:*〉
So handelt also eine wahrhafte Revolution. Gestohlene Sachen werden sichergestellt und dem besiegten Feind wird keine Gewalt angetan.
〈*Der Autor ließ dann ein völlig konträres Beispiel aus dem Prager Aufstand vom 6. 5. 1945 folgen. Dazu bemerkte er:*〉
Vor allem muß festgestellt werden, daß es in der überwiegenden Zahl der Fälle nicht Barrikadenkämpfer waren, die deutsche Wohnungen ausraubten, die deutsche Zivilisten unter niederträchtigen Mißhandlungen zu den Polizeistationen schleppten, sie beim Abräumen der Barrikaden quälten usw. usw. Wir waren Zeugen dessen, wie überall nach dem Verklingen der letzten Schüsse menschliche Ratten ihre unterirdischen Verstecke verließen, noch zitternd vor Angst, um sich niederträchtig auf die besiegten Feinde zu stürzen, um an ihnen die eigene Feigheit fürchterlich zu rächen. Wir sahen auch uniformierten und nichtuniformierten Pöbel, der sich frech die Armbinden der Revolutionsgarden umband, um die bereits geräumten deutschen Wohnungen bis auf den letzten Faden leerzuplündern. Ein rechtes Eldorado begann für dieses Gesindel, nachdem der Aufstand beendet war; während die siegreichen Kämpfer erschöpft waren, wurden massenweise die Armbinden der Revolutionsgarden an jeden verteilt, der sich meldete. So entstand der Begriff ›Plündergarden‹ (rabovací gard)[60], die größte Schmach, die den Helden des Aufstands angetan wurde. Was dann folgte, ist allgemein bekannt. Der Aufruf des Generals Kutlvašr[61], der in kürzester Zeit die Revolutionsgarden mehr als verzehnfachte, die massenhafte Vermehrung von Partisanen, deren es während des Protektorats nur eine Handvoll gab, und am Ende das gelobte Land[62] – das Grenzgebiet.
Man kann nicht die Revolution anschwärzen, indem man Bestialitäten und Plünderungen zu ihren unweigerlichen Weggenossen erklärt. Deshalb muß die praktische Aufgabe erfüllt werden, alle diese Verbrechen aufzuklären und gerecht zu bestrafen. Gewiß werden sich auch Verteidiger der Untaten finden, die alle Greueltaten aufzählen werden, welche die Besatzer tschechischen Menschen angetan haben. Sie werden auf Lidice und Ležáky hinweisen, auf Heydrichs Wüten in Prag, auf die Schrecken der Konzentrationslager, auf die Bestialitäten der SS usw. usw. Ist das jedoch eine Entschuldigung? Haben nicht gerade die Untaten der Hitlerleute warnend gezeigt, zu welchem Ende ein Regime verurteilt ist, das Menschlichkeit mit Füßen treten läßt? Der schreiende Gestapismus, der zufällig in der Causa Cadek-Volf[63] in die Öffentlichkeit gedrungen ist, beweist, daß die bisherige Straflosigkeit der Bestialitäten, die in den ersten Tagen verübt worden sind, bereits Früchte zu tragen beginnt. Schließlich werden sich auch Stimmen finden, die sich auf das bekannte Dekret des Präsidenten berufen, das verschiedene Taten aus den ersten Monaten der Republik für straffrei erklärt hat[64]. Wir sahen übrigens bereits ein Militärgerichtsurteil, das aufgrund dieses Dekrets Pilsner Polizisten befreite, die ihrer Aufsicht anvertraute Häftlinge niederträchtig quälten. Dazu muß nur so viel gesagt werden, daß dieses Dekret ausdrücklich für jene Taten bestimmt ist, die in ›guter Absicht der nationalen Säuberung‹ (v dobrém umyslú národní očisty) begangen worden sind. Kann man so z. B. eine Massenhinrichtung von eineinhalbtausend Menschen klassifizieren?[59] Außerdem, wieso betrifft es[64] gewöhnliche Diebstähle?
Zögern wir also nicht und beginnen wir unsere Nation von derartigen Elementen zu säubern ...

Wie könnte diese Aufgabe praktisch gelöst werden? Es würde genügen, einen Parlamentsausschuß[65] zu bilden, der in enger Zusammenarbeit mit den breitesten Kreisen der Bevölkerung gründlich und unvoreingenommen alle begangenen Verbrechen untersuchen und das so gewonnene Material an die zuständigen Behörden weiterleiten würde, damit alle Schuldigen ohne Rücksicht auf ihre Parteibücher gebührend bestraft werden. Dazu brauchten wir keinerlei außerordentliche Gerichte, denn es handelt sich insgesamt um kriminelle Fälle. Bevor wir diesen letzten Akt der Läuterung nicht durchgeführt haben, kann keine Rede davon sein, die schändlichen Überreste des Protektorats seien liquidiert worden.«

Etwa Juni: *Der Budweiser Bischof* Josef Hlouch *schrieb*[66] *in einem* Hirtenbrief: »Es ist schrecklich, Freunde, Bequemlichkeit, Linderung um den Preis des Lebens eines anderen zu suchen. Es ist besser, viele Leben zur Sorge zu haben als eines auf dem Gewissen.«

Schlußbemerkung

Es war später einfach, festzustellen, daß z. B. Erzbischof Beran *kein* Kardinal Mindszenty *war, der 1946 scharf und öffentlich die Aussiedlung von Deutschen aus Ungarn verurteilte*[67]*. Auch Kirchenfürsten sind Menschen.*

Die schriftlichen Zeugnisse und der Mut eines Bedřich Bobek, Ivo Hais, Michael Mareš *und* Jiří Veltrusky *sollten darüber nicht verlorengehen.*

⟨69⟩

Anmerkungen und Quellen:

[1] a) Der Begriff »Deutscher« (mit allen Ableitungen) durfte nur mehr mit kleinem Anfangsbuchstaben geschrieben werden.
Vgl. »Evidence on the Reign of Racialism in Czecho-Slovakia. Special Edition of Der Sozialdemokrat«; Publikation der Sudeten German Social Democratic Party«; hsg. v. Wenzel Jaksch; London, Juli 1945; S. 3.
b) Tschechen mit deutschem Namen wurden aufgefordert, ihren Namen zu tschechisieren. Priester mußten, wenn sie weiter wirken wollten, schriftlich erklären, keine Deutschen zu sein.
Vgl. Hrabovec, Emilia: »Vertreibung und Abschub«; Frankfurt/M., 1995; S. 204, 338.

[2] Vgl. die Reden von Dr. Beneš am 12. 5. 1945 in Brünn, am 16. 5. 1945 in Prag, am 15. 6. in Pilsen, am 16. 6. in Tabor; zu den Texten: Siehe S. 513, 514, 526, 528.
Seine Minister ergänzten: Am 28. 7. 1945 sagte der ČSR-Informationsminister Kopecky (KPČ) in einer Rede in Reichenberg:
»Wir werden alle Deutschen vertreiben, wir werden ihren Besitz beschlagnahmen, wir werden nicht nur die Städte, sondern das ganze Gebiet entdeutschen . . ., damit der siegreiche Geist des Slawentums das Land von den Grenzgebieten bis ins Innere durchdringen wird.«
Vgl. Gollancz, Victor: »Unser bedrohtes Erbe«; Zürich (Schweiz), 1947; S. 70.
Auch ČSR-Minister Ripka (NSČ) legte nach: In seiner Rundfunkrede vom 20. 8. 1945 hieß es unter Benutzung des Werwolfmythos und des Aussiger Massakers:
»Unser Volk ist beunruhigt . . . über die Verzögerung der Umsiedlung. . . . Man sollte Verständnis für die Gefühle unseres Volkes aufbringen, das ständig durch Werwolf-Organisationen angegriffen und dessen Eigentum immer noch zerstört wird. Wir erleben großangelegte Sabotageakte wie kürzlich in Usti nad Labem. Viele Angehörige unseres Volkes fühlen sich nicht sicher, bis sie wissen, daß die Deutschen fortziehen.«
Vgl. »War and Peace Aims of the United Nations«; hsg. v . Louise W. Holborn; 2 Bde.; Boston (Mass., USA), 1943/1948; Bd. 2; S. 1048.

[3] a) So in der Prager Tageszeitung »Svobodný směr« (Freiheitlicher Kurs) am 18. 7. 1945; Wiedergabe nach de Zayas; S. 152.
b) Ähnlich weiter unten, Anm. 11 (: Koželuhova v. 12. 6. 1945).

[4] »Daß die Sudetendeutschen einen prozentual höheren Arbeiteranteil aufwiesen als die Tschechen, fiel dabei nur wenigen auf«, kommentierte später eine tschechische Historikerin zutreffend.
Vgl. Hrabovec; S. 207.

[5] Siehe weiter unten, Anm. 45 (: Horalik v. 4. 6. 1946).
[6] Es gibt mehrere Berichte, daß tschechische Helfershelfer des NS-Regimes schnell an einen anderen Ort umzogen, um dort die Deutschen besonders grausam zu verfolgen.
Vgl. z. B. die Darlegungen in Pospišil, Jaroslav: »Hyeny« (Hyänen); Visovice (Ostmähren), 1996. Auch weiter unten; Anm. 33 (: Leserbrief v. 10. 11. 1945).
[7] Siehe weiter unten, Anm. 17 (: Mistek v. 7. 8. 1945).
[8] Die »Einheit« (London; Jg. 6, Nr. 12 v. 16. 6. 1945) berichtete dies aus tschechischen Zeitungen, u. a. der »Mladá fronta« (Junge Front) vom 30. 5. 1945.
Dort (Jg. 1, Nr. 20; S. 1) Aufforderung an Tschechen, die Deutschen jetzt bescheinigten, sich in der Okkupationszeit »anständig (vzorně)« verhalten zu haben: »Dann sollen sie mit ihnen weggehen«.
[9] Der dafür am 14. 9. 1945 geforderte Strafrahmen umfaßte Gefängnis bis ein Jahr und Geldstrafe bis 1 Mio. Kronen (d. h. 100.000 RM).
Vgl. Hrabovec: a. a. O.; S. 215 f.
[10] Siehe dazu S. 663 ff.
[11] Vgl. Koželuhová, Helena: »Jak jsme si to představovali« in »Lidová democracie« (Volksdemokratie), ⟨*TZ. d. VPČ*⟩, Prag; Jg. 1, Nr. 28 v. 12. 6. 1945; S. 1.
Zur Beurteilung dieser Aussagen im britischen »Observer« vom 17. 6. 1945: Siehe S. 623.
[12] Pater Přemysl Pitter war als Leiter einer christlichen Mission bereits vor 1945 für jüdische Kinder eingetreten. Er führte dies nach 1945 durch Pflege jüdischer Kinder, die NS-KZs überlebt hatten, fort und erweiterte seine Tätigkeit durch Sorge um über 400 deutsche Kinder, deren Eltern vornehmlich den Prager antideutschen Exzessen im Mai 1945 zum Opfer gefallen waren.
[13] Name des Zentrums der Tätigkeit von Pater Přemysl Pitter in Prag-Žižkov.
[14] Vgl. Pasák, Tomáš: »Přemysl Pitters Initiative bei der Rettung deutscher Kinder im Jahre 1945 und seine ablehnende Haltung gegenüber der inhumanen Behandlung der Deutschen in den tschechischen Internierungslagern« in: »Der Weg in die Katastrophe«; hsg. v. Detlev Brandes m. a.; Essen, 1994; S. 201–213.
Pitter wurde im September 1945 wegen »Begünstigung von Deutschen und Kollaborateuren« scharf angegriffen und im Wirkungskreis eingeengt.
[15] Vgl. Nerad, Pavel: »V Čechach mezi Američany« in »Lidová democracie«, Prag; Jg. 1, Nr. 61 v. 22. 7. 1945; S. 1 f.
Erwähnung bei Jaksch: »Europa«; S. 438.
[16] Ort eines NZ-KZs nahe Weimar (Thür.).
[17] Originalplakat DIN A5; Fotokopie im Besitz des Verfassers.
Zu einer ähnlichen Festlegung vom 18. 9. 1945 aus Aupa (Trautenau, N.-Böhm.): Siehe S. 598.
[18] Welches Gesetz hier gemeint war, blieb offen.
[19] »m.p.« = manum proprium = eigenhändig (unterschrieben).
[20] Vgl. Ričan, Rudolf: »Soud a milosrdenstvi« in »Křestanska revue« (Christliche Revue) ⟨*Evang. MZ.*⟩, Prag; Jg. 13 (1946), Nr. 1; S. 14 f.; Wiedergabe nach Podlešák, Jan: »Na dějinné křižovatce« (Zum Jahrestag der Kreuzigung) in »Tvar« (Gestalt), Prag; Jg. 1, Nr. 10 v. 9. 5. 1994; S. 8 f., hier S. 9.
[21] 1578–1637; ab 1619 katholischer Kaiser des Hauses Habsburg.
[22] In Prag: Hinrichtungsstätte für prominente böhmische Protestanten.
[23] Böhmisches Grafengeschlecht, das u. a. die Entwicklung der Bergstadt St. Joachimsthal förderte.
[24] Gemeint v. a. Bernhard Bolzano, katholischer Reformer im 19. Jahrhundert.
[25] Gemeint: Offensichtlich die Sudetendeutschen.
[26] Vermutlich gemeint: Rede von ČSR-Präsident Beneš am 14. 10. 1945 in Melnik (Nordböhmen), in der er u. a. ausführte: »All our proceedings connected with the transfer . . . ⟨*of*⟩ . . . our Germans . . . must be carried out in a humane, fair and correct way and on a moral basis.«
Auszugsweise Textwiedergabe in Beuer, Gustav: »New Czechoslovakia«; London, 1947; S. 185 ff., hier S. 186.
[27] Vermutlich Paraphrase von »Wer unter euch ohne Sünde ist, der werfe den ersten Stein«; Joh. 8,7.
[28] Wochenblatt, das durch den Exekutivausschuß der VPČ herausgegeben wurde; bekannt wurden Dr. Bohdan Chudoba, Dr. Ivo Ducháček, Dr. Helena Koželuhová, Dr. Jan Strakoš, Pavel Tigríd.
[29] Vgl. »Obzory« (Rundschau), ⟨*WZ.*⟩, Prag; Jg. 1, Nr. 8 v. 1. 9. 1945; S. 116.
[30] Vgl. Maček, Jan: »Rozhledy: Po politice vnitřní« (Überblicke: Zur Innenpolitik) in »Naše doba« (Unsere Zeit) ⟨*MZ.*⟩, Prag; Jg. 52, Nr. 1 (Oktober 1945); S. 26–29, hier S. 27.
Erwähnung bei Hrabovec: a. a. O.; S. 205.
[31] a) Vgl. »Obzory«; Jg. 1, Nr. 12 v. 6. 10. 1945; S. 177.

Wiedergabe nach »Die Brücke« vom 4. 6. 1955 in »Zehn Jahre«; S. 108. Auch Jaksch: »Europa«; S. 515. Auch »SudetenJB«; Jg. 44; S. 28.
Der Eindruck dieses Artikels wurde in der gleichen Nummer durch die Feststellung zu kompensieren versucht:
»Niemand zweifelt daran, daß die Deutschen aus der Tschechoslowakei weg müssen. Der Vorwurf, daß es dabei unmenschlich zugehe, sei übertrieben und bezwecke, die Republik im Ausland zu diskriminieren.«
Wiedergabe aus »Obzory«: a. a. O.; nach Ohlbaum, Rudolf: »Die katholische Kirche und die Vertreibung der Ost- und Sudetendeutschen« in »Olmützer Blätter« ⟨*MHZ.*⟩; Jg. 41, Nr. 9/10 (September 1993); Vaterstetten (Obby.); S. 188–192, hier S. 190.

b) Zu vermutlich diesem Artikel wurde auch von einem Leserbrief berichtet, den »Obzory« am 20. 10. 1945 veröffentlichte und in dem es (in textlicher Straffung) u. a. hieß:
»... muß ich Ihnen zu meinem Bedauern mitteilen, daß ich mit Ihnen nicht übereinstimme, und zwar deswegen, weil es nicht diplomatisch ist, Sachen auf das Weltforum hinauszutragen, die unsere Geheimnisse bleiben sollten, auch wenn wir sie verurteilen. Daß es sich bei den Leuten, welche diese Verbrechen begangen haben, größtenteils um Leute handelt, die Ihnen unsympathischen Parteien angehörten, entschuldigt Sie nicht. Sie wissen ganz genau, daß Sachen, die geschehen sind und die noch heute teilweise geschehen, nicht mehr gutzumachen sind und die Leute, die diese Sachen machen, sich durch Ihren Artikel nicht ändern werden. Sie haben dadurch den Deutschen lediglich gedrucktes Beweismaterial in die Hände gespielt, welches sie später einmal mit Sicherheit gegen uns selbst verwenden werden. Und ich weiß nicht, wie sich unser Volk dann bei Ihnen bedanken wird. Den größten Schaden werden dadurch Sie haben, denn die Sympathie, die Ihre Zeitung bei vielen Leuten unseres Volkes genossen hat, wird dadurch auf Null sinken.«
Wiedergabe nach Reichenberger, Emanuel: »Europa in Trümmern«; Graz, 1950; S. 210; Hervorhebung im Original.

[32] Wiedergabe nach Hrabovec: a. a. O.; S. 355 aus »Acta Curiae Episcopalis Brunensis« (Kirchenakten der Diözese Brünn); Jg. 1945; S. 141–144.
Auch »Rozsévač« (Sämann), ⟨*kath. WZ.*⟩, Olmütz (N.Mähr.); Jg. 4, Nr. 5 v. 24. 10. 1945; S. 34.

[33] Wiedergabe aus »Rozsévač« (Sämann), Olmütz; Jg. 4, Nr. 6 v. 31. 10. 1945; Hrabovec: a. a. O.; S. 356.

[34] Wiedergabe nach Jaksch: »Europa«; S. 447.

[35] Zum Text der Papstbotschaft: Siehe S. 555; der ČSR-Bischöfe: Vgl. »Acta Archiepiscopalis Curie Olomucensis« (Amtsblatt der Erzdiözese Olmütz); Nr. 12 v. 7. 12. 1945; S. 143–146.

[36] Vgl. »Obzory« (Rundschau), Prag; Jg. 1, Nr. 14 v. 7. 12. 1945; S. 219.
Die Zeitung steuerte redaktionell u. a. damit gegen, daß sie (S. 209 f.) schrieb:
»Es ist ein wirklich großer und historischer Erfolg, daß der Abschub von dreieinhalb Millionen Deutschen aus den böhmischen (českých) Ländern mit den Verbündeten nun endgültig ausgehandelt ist, und zwar nicht nur grundsätzlich, sondern auch technisch ... Letztlich beruht dieser Erfolg auf den Nürnberger Prozessen, aus denen deutlich hervorgeht, daß die deutsche Minderheit bei uns ein williges Werkzeug des pangermanischen Planes zur Ausrottung des tschechischen Volkes gewesen war.«

[37] Armeegeneral Prchala drängte ČSR-Präsident Dr. Beneš im Herbst 1938 zum Widerstand gegen Hitler. 1939 ging er nach London in die Emigration, geriet – auch wegen dessen Vertreibungsplänen – in Gegensatz zu Dr. Beneš und wurde 1945 aus der tschechoslowakischen Armee ausgestoßen.
Später bezeichnete man ihn beleglos als »durch Kollaboration mit den Nazis belastet«.
Vgl. Filip, Ota: »Die stillen Toten unterm Klee«; München, 1992; S. 54.

[38] Wiedergabe nach Jaksch: »Europa«; gegenüber S. 385.

[39] Wiedergabe nach Hrabovec: a. a. O.; S. 356.

[40] Der Bericht war vom tschechischen Volkstums- und Propagandaverband »Svaz národních jednot a matic« (Verband nationaler Vereine) bei Dr. Beneš Ende Juni 1945 angeregt und daraufhin vom ČSR-Kultusministerium angeordnet worden.

[41] Wiedergabe nach Hrabovec: a. a. O.; S. 339.

[42] Im Original hervorgehoben.

[43] Wiedergabe nach Hertl, Hanns (Hsg. m. a.): »Der ›Brünner Todesmarsch‹ 1945«; Schwäbisch-Gmünd (Wttbg.), 1998; S. 191.

[44] a) Gemeint: Mit zu belassendem Handgepäck.
b) In diesem Zusammenhang ist auch eine später publizierte Meldung aus dem Bestand »Odsun Němců« (Abschub der Deutschen) des Bezirksnationalausschusses Mährisch-Trübau im Staatsarchiv Zámrsk (Bezirk Mährisch-Weißkirchen) von Interesse:

»In Brünn erschienen am 20. Mai 1945 Weisungen, in denen uns nichts begegnet, das irgendwelche Gewaltanwendungen gegenüber der deutschen Bevölkerung bezeugen würde. Nach den Hinweisen sollten alle Männer im Alter von 14–60 Jahren in Arbeitslagern konzentriert (soustředěni) werden, in denen für geregelte Unterkunft und Verpflegung zu sorgen war. Über die Behandlung dieser Personen hieß es in den Weisungen: ›In diesen Lagern werden die Deutschen hart behandelt, um die Disziplin aufrechtzuerhalten, aber menschlich und gerecht. Jede Mißhandlung oder Folter der konzentrierten Personen ist unzulässig. Wachpersonal aus den Reihen der Nationalen Sicherheitswache, die dieses strenge Verbot übertreten, werden vor Gericht gestellt. Unter keinem Umstand dürfen gegen die Deutschen in diesen Lagern die unselig-berühmten deutschen faschistischen Methoden der Mißhandlung und Austilgung (hubení) der Menschen angewendet werden.‹«
Vgl. »Jak to bylo s odsunem« (Wie das mit dem Abschub war) in »Rudé právo« (Rotes Recht), Prag; Jg. 70, Nr. 4 v. 5. 1. 1990; S. 4.
Zu den gerichtsbekannten tatsächlichen Umständen in mindestens mehreren dieser Lager: Siehe S. 727, 736.

45 Vgl. Horalík, Karel: »Odsun Němců a křesťanská morálka« in »Lidová democracie«, Prag; Jg. 2, Nr. 129 v. 4. 6. 1946; S. 1.

46 Vermutlich Anspielung auf das Interalliierte Reparationsabkommen vom 14. 1. 1946; zum Text: Siehe S. 676.

47 Herausgegeben von Ferdinand Peroutka, mit der dieser die Tradition der vor 1938 berühmten Zeitschrift »Přitomnost« (Gegenwart) fortsetzen wollte. Peroutka war durchaus für die Vertreibung der Deutschen, monierte jedoch Übergriffe und Machtmißbrauch des ČSR-Staatsapparates, der unter dem Stichwort »Gestapismus« zunächst gegen die Deutschen, später und hauptsächlich gegen nichtkommunistische Tschechen eingesetzt wurde. Zur Verwendung des Begriffes: Siehe S. 656.

48 In Jg. 1, ab Nr. 14; S. 214–217 mit Fortsetzungen und Leserbriefen bis (mindestens) Nr. 36 v. 28. 11. 1946. Zur Beachtung im Ausland: Vgl. »Ein rechtes Wort« in »Die Furche«, Wien; Nr. 26 v. 5. 7. 1947; S. 2.

49 Wiedergabe nach Oschließ, Wolf: »Tschechische Stimme gegen die Vertreibung der Sudetendeutschen« in »Mitteilungen des Sudetendeutschen Archivs«, München; Heft 74 (April–Juni 1985); S. 5 ff.

50 Vgl. »Obzory« (Rundschau), Prag; Jg. 2, Nr. 37 (Sept. 1946); S. 583 f.

51 Beran war im NS-KZ inhaftiert gewesen, hatte das Manifest der tschechischen Geistlichkeit vom 2. 6. 1945 unterzeichnet, in dem er sich zur bedingungslosen Loyalität gegenüber der volksdemokratischen ČSR bekannte, vom zur Abdankung gezwungenen deutschen Bischof von Leitmeritz das Ordinariat der Diözese übernommen und auch sonst einen Koexistenzkurs der katholischen Kirche mit der KPČ nach Kräften gefördert. Die ganze ČSR-Regierung mit Gottwald war im Prager St.-Veits-Dom anwesend gewesen, als Beran am 8. 12. 1946 zum Erzbischof geweiht worden war.

52 Vgl. »Die Tat«; Zürich (Schweiz); 12. Jg., Nr. 83 v. 25. 3. 1947; S. 1 f.
Der Verfasser/Interviewer wurde nur als »unser Prager Berichterstatter« bezeichnet und nicht namentlich identifiziert.

53 Im Original hervorgehoben.

54 Sozialenzyklika von Papst Pius XI. aus dem Jahre 1931.

55 Zur Enteignung des »Deutschen Ordens«: Siehe S. 429.

56 Was Beran hier meinte, ist unklar.
Eine Vermutung: Das von ihm erwähnte Stuttgart wurde auch als »Stadt der Auslandsdeutschen« bezeichnet. Hatte der damals rd. 40jährige Beran 1929 in Stuttgart eine Zusammenkunft von Volksdeutschen mit sudetendeutscher Beteiligung beobachtet?

57 Vgl. Veltrusky, Jiři: »Očista, ktera nebyla provedena« (Die nichtvollzogene Säuberung) in »Cíl« (Ziel), ⟨*WZ.*⟩, Prag; Jg. 3, Nr. 19 v. 23. 5. 1947; S. 292–294.
Wiedergabe nach »Die Brücke«; Nr. 7 v. 15. 7. 1994; S. 7.
Erwähnung bei Jaksch: »Europa«; S. 515 und Hrabovec: a. a. O.; S. 206.

58 D. h. Böhmisch Kamnitz (Tetschen).

59 Dieser Vorgang konnte in DzASd und DdV zwar nicht lokalisiert werden: Es ist denkbar, daß der Autor hier Saaz/Postelberg (siehe S. 1218 mit Anm. 6) meinte, wie Tomáš Staněk (»Persekuce 1945«; Prag, 1996; S. 110) annimmt.

60 Abschätzige Abwandlung der offiziellen Bezeichnung »Revoluční gardy«, d. h. Revolutionsgarden.

61 Einer der Befehlshaber des sog. Prager Aufstandes ab 4. 5. 1945.

62 Gemeint war das Sudetengebiet, das wegen der dort nach dem 8. 5. 1945 praktisch unbeschränkten Plünderungsmöglichkeiten von vielen Tschechen durchaus als »gelobtes Land« angesehen werden konnte.

[63] Was hier gemeint war, ist unbekannt.

[64] Hier dürfte das ČSR-Gesetz (nicht Präsidentendekret) vom 8. 5. 1946 gemeint gewesen sein, welches Verbrechen bis zum 28. 10. 1945 legalisierte.
Zum Text: Siehe S. 685.

[65] Eine derartige Kommission des Sicherheitsausschusses der provisorischen ČSR-Nationalversammlung wurde am 10. 7. 1947 geschaffen, aber nach der offenen KP-Machtübernahme im Februar 1948 wieder aufgelöst.
Aus ihren wie immer erhaltenen und überkommenen Arbeitsergebnissen sind bisher m. W. nur Andeutungen veröffentlicht worden.
Vgl. z. B. Kučera, Jaroslav: »Odsunové ztraty sudetoněmeckého obyvatelstva« (Die Abschubverluste der sudetendeutschen Bevölkerung); Prag, 1992; S. 25 f., auch Holub, Petr: »Revolučionary a mstititele« (Revolutionäre und Rächer) in »Respekt«, ⟨*WZ.*⟩, Prag; Jg. 8, Nr. 27 v. 30. 6.(–6. 7.) 1997; S. 9–11, hier S. 11.

[66] Wiedergabe aus »Rozsévač« (Sämann); Olmütz; Jg. 6 (1947), Nr. 43; S. 340 nach Ohlbaum: a. a. O.; S. 189 f.

[67] Siehe S. 842. Auch für den Bischof von Stuhlweißenburg: Siehe S. 549.

[68] Ein Beispiel derartiger Briefe war der eines US-Offiziers, der zunächst im tschechischen Sprachgebiet stationiert gewesen war:
»Dort kamen wir mit den Tschechen gut aus und mochten sie sogar sehr. Aber hier im Sudetenland ist es fürchterlich. Die tschechischen Grausamkeiten sind entsetzlich, die Sudetens ⟨*d. h. Sudetendeutschen*⟩ werden wie Hunde herumgeprügelt.
Es ist uns nicht erlaubt, irgendwie in tschechische Maßnahmen einzugreifen, und wir haben Befehle höherer Hauptquartiere, alle ihre Handlungen zu billigen. ⟨*Es folgten Beispiele für Übergriffe.*⟩
Die ganze Situation macht mich wild (furios). Ich dachte, ich bin herübergekommen und bin durch diese ganze Hölle gegangen, um solche Sachen zu beenden. Wo auf Gottes Welt bleiben da alle unsere amerikanischen Ideale? . . . Ja, ja, ich weiß, die Tschechen waren unsere Verbündeten, aber jetzt mögen wir von ganzem Herzen die Sudetens und verachten die Tschechen. (Ich meine deren Mächtige, die sind ⟨*es folgen drei Punkte, vermutlich für* »shit«⟩) . . .
O. K., meine Hände sind gebunden und ich kann nichts tun, als meckern (bitch). Ich bin nur froh zu wissen, daß die Leute zu Hause informiert werden, was hier geschieht . . .«
Vgl. »Tragedy of a People. Racialism in Czecho-Slovakia«; hsg. von den »American Friends of Democratic Sudetens«; New York, 1946; S. 33.

[69] Als zusammenfassender Nachsatz wäre für die Folgezeit festzuhalten:
Oft wurde geäußert (siehe z. B. S. 793), die Sudetenfrage sei in der ČSR/ČSSR der Jahre 1948 bis 1989 völlig verschwiegen worden.
Das ist in dieser Form falsch. Über sie wurde öfter berichtet, wenngleich regelmäßig in der Form, daß sie mit dem »Abschub« erledigt sei. Als Belege für derart »offizielle« Darstellungen: Vgl. z. B. Arbeiten von Bohumil Černý (1966, 1969), Antonín Faltys (1984, 1986), Jan Křen (1965, 1967), Josef Kudrna (1965), Ladislav Němec und Otokár Novák (1986), Vilém Pláček (1969) sowie Jan Šindelka (1972).
Ausnahmen bildeten v. a. die »offene« Darstellung des »Host do domů«-Kreises 1968 (zum Text: Siehe S. 791) und die 1978 aus dem damaligen Untergrund beginnenden »Danubius«- und »Bohemus«-Diskussionen (zu den Texten: Siehe S. 840 und 849).

****

Abschnitt 6
Deutsche Juden aus dem Sudetengebiet 1945/46 in ČSR-KZs und Vertreibungstransporten

A) Vorbemerkung

Unter Bezug auf einschlägige ČSR-Bestimmungen, welche offiziell nachweisbare Gegner und Opfer des NS-Regimes von antideutschen Maßnahmen ausnahmen[1], werden die Terrorhandlungen und -unterlassungen der ČSR nach dem Mai 1945 als vergangenheitsgesteuerte, antifaschistische Konsequenzen gegen den Nazismus, der durch Antisemitismus[2] bis zum Holocaust gekennzeichnet war, interpretiert.
Diese These wurde, neben dem Rückkehrverbot für antifaschistische Emigranten[3], auch durch die Organisation eigener Transporte für ausgewiesene Antifaschisten[4] widerlegt, welche diese zu Zehntausenden aus ihren Wohnsitzen in der neuen ČSR fortschafften. Die offiziellen Bestimmungen über die der Vertreibung vorausgehenden Restriktionen waren ohnedies von den ČSR-Behörden oft nicht eingehalten worden.

B) Materialien

1) Zahlen und Grundprinzipien

Das gilt in besonderem Maße für diejenigen der sudetendeutschen Juden, die den Holocaust überlebten[5]. Die Zahl der nach dem 8. 5. 1945 in die ČSR zurückgekehrten[6] deutschen Juden[7] ist m. W. unbekannt; für Mai 1946 wird sie mit ca. 3.000 »deutschsprachigen«[8], zum 1. 11. 1946 mit 1.876 »deutschen Juden«[9], zum 30. 12. 1946 mit der gleichen Zahl »Deutscher jüdischen Ursprungs«[10] und im Oktober 1947 mit 750 »Juden, ›nichtslawischer Zugehörigkeit‹«[11] angegeben.
Das generelle Bild deutscher Juden in der ČSR nach 1945 schien selbst durch den Holocaust unverändert. Das entscheidende Kriterium, nach wie vor, »was that of nationality: the Jews who lived there were hated because they were regarded as Germans! There was no change in this attitude after the war, and since the hatred for all things German was fierce and directed at everything German, it extended also to those Jewish citizens of Czechoslovakia who had declared themselves members of the German nationality group in the 1930 census. During the first few months following the war, it happened that Jews who had just taken off the yellow badge of shame hat to wear a white armband with the letter ›N‹ for Nemec (›German‹). They were in danger of being deported to Germany. Jews who had held professorships at universities in Czechoslovakia before the war and had listed the German language as their mother tongue were now denied the pensions to which they were entitled as Czechoslovak citizens under Czechoslovak law.«[12]

2) Bekannte Anweisungen, Definitionen und Vorgänge aus den Jahren 1945 und 1946

Einzelne Meldungen differenzieren diese generelle Haltung nur wenig.
Am 22. 5. 1945 instruierte zwar der KPČ-Vorsitzende Gottwald den ČSR-Landesnationalausschuß (ZNV) für Mähren in Brünn, »Juden, die sich zur deutschen Nationalität bekannten[13]«, bei Nachweis von NS-KZ-Zeit »als gleichberechtigte Bürger der ČSR« anzuerkennen.[14]
Anfang Juni 1945 waren jedoch im ČSR-KZ Theresienstadt (Nordböhmen) sechs namentlich benannte deutsche Juden inhaftiert, von denen einer, der fünf Jahre NS-KZ überlebt hatte, nach sechs Monaten im ČSR-KZ »infolge vieler Prügel und wenig Essen« starb.[15]
Zur gleichen Zeit wurde in einem Prager Lager auch eine vom NS-Regime verfolgte deutsche Halbjüdin festgehalten.[16]

Am 6. 6. 1945 wurde ein Prager deutscher Halbjude, der Theresienstadt und Auschwitz überlebt hatte, trotz eintätowierter Häftlingsnummer als Nazi verhaftet und monatelang in einem Arbeitslager festgehalten.[17]
Am 8. 6. 1945 befahl das ČSR-Innenministerium nach zahlreichen Anfragen von Nationalausschüssen und Verwaltungskommissionen:
»Von den Maßnahmen, die gegen Deutsche durchgeführt werden, sind auszunehmen 1.) diejenigen ⟨*Personen*⟩, welche aus ⟨*NS-*⟩KZ und Gefängnissen zurückkehrten, wenn sie sich dort in Auswirkung politischer oder rassischer Verfolgung befanden . . .«[18]
Im Sommer 1945 erstellten ČSR-Behörden zwecks Vertreibung Transportlisten von Sudetendeutschen. In der Spalte »letzter Wohnort« sollen öfter »Auschwitz« oder »Theresienstadt« verzeichnet gewesen sein.[19]
Aus dem Sommer 1945 liegen auch mehrere Nachrichten vor, wonach die Herausgabe des vom NS-Regime beschlagnahmten Eigentums aus Westemigration bzw. NS-KZ zurückgekehrten sudetendeutschen Juden, z. T. zwischenzeitlich französischer und US-Staatsangehörigkeit, von den ČSR-Behörden verweigert wurde.[20]
Im August 1945 befand sich im ČSR-KZ Jauernig (Freiwaldau) ein aus Auschwitz zurückgekehrter sudetendeutscher Jude[21] aus Böhmen, der auf dem Weg in seine Heimat verhaftet worden war.
Am 6. 8. 1945 veröffentlichte die britische Journalistin Rhona Churchill in der Londoner »Daily Mail« über die Einweisung in überall in der ČSR errichtete Lager: »Sogar deutsche Juden und Antinazis, die erst kürzlich aus Konzentrationslagern der Gestapo befreit wurden, sind davor nicht sicher.«[22]
Im Herbst 1945 ordnete das ČSR-Verteidigungsministerium, anscheinend in mehreren Fällen, deutsche Nationalität auch bei jüdischer Konfession vor der Loyalität zur ČSR ein: »Der Betreffende sei nur deswegen ins Ausland geflohen und der ⟨*ČSR*⟩-Auslandsarmee beigetreten, um als Jude der rassischen Verfolgung zu entgehen, und nicht deswegen, um für die tschechoslowakische Staatsidee zu kämpfen.«[23]
Am 29. 11. 1945 erging ein Schreiben des ČSR-Innenministeriums an die unterstellten Behörden: Da »sogar Juden, die aus den KZs zurückkehrten, genötigt werden, weiße Binden zu tragen«, wurden diese Stellen angewiesen, »von diskriminierenden Aktionen ihnen gegenüber abzulassen«[24], was demnach vordem erfolgt war.
Im Dezember 1945 berichtete der tschechische Pater Přemysl Pitter von zwei sudetendeutschen Juden, die Theresienstadt und Auschwitz bzw. Ravensbrück überlebten, aber sich nunmehr in Haft bzw. im Lager Modřany bei Prag befänden und »zur Abschiebung ins Reich als Deutsche vorgesehen« seien.[25]
Im März 1946 wurde der damalige Polizeipräsident von Kladno, Škach, informiert, daß sich im ČSR-KZ für Deutsche in Kladno-Motičín mehrere sudetendeutsche Juden und eine Jüdin befänden.[26]
Am 4. 9. 1946 verfügte ein Erlaß des ČSR-Innenministeriums zur Behandlung einheimischer Juden, »daß einzig das nationale Bekenntnis für die Lage der Person ausschlaggebend sei und die Zugehörigkeit zur jüdischen Gemeinschaft im ethnischen oder konfessionellen Sinne an dieser Tatsache nichts ändere«. Der Erlaß bestimmte, daß »bei einer Anzahl von Personen deutscher Nationalität, die jüdischer Herkunft und Konfession sind und um die tschechoslowakische Staatsbürgerschaft nicht angesucht hatten bzw. diese nicht zuerkannt bekamen, die Voraussetzungen für die Abschiebung[27] erfüllt sind«. Da es sich jedoch um Personen handelte, deren Verfolgung und Leiden unter dem NS-Regime außer Zweifel standen, genehmigte das Ministerium eine »Sonderaktion«.[28] Gemeint war die Abschiebung in Transporten ähnlich denen der Antifaschisten.[29]
Am 10. 9. 1946 hob das ČSR-Innenministerium seinen eigenen Erlaß vom 4. 9. auf und ließ die ONV wissen, »daß der Abschub von Juden unabhängig von ihrer Nationalität und ihrem Bekenntnis in der Volkszählung 1930 strengstens verboten sei«.[30]

Am 13. 9. 1946 veröffentlichte das ČSR-Innenministerium den endgültigen Erlaß. Darin wurde u. a. folgendes festgelegt:[31]
»Juden, die sich 1930 als Angehörige jüdischer Nationalität bezeichnet ⟨*und nicht* »germanisiert«[32]⟩ hatten, galten als Personen anderer als deutscher oder magyarischer Nationalität, so daß sich auf sie keine antideutschen ... Maßnahmen und Bestimmungen beziehen konnten und sie alle bürgerlichen Rechte genießen durften, sofern diese nicht explizit den Angehörigen slawischer Nationalität vorbehalten[33] waren.«
Juden deutscher Nationalität erfüllten allein auf Grund der bekannten Tatsache ihrer Verfolgung unter dem NS-Regime die wesentliche Voraussetzung für die Anerkennung als Antifaschisten und die Befreiung von der Konfiskation des Eigentums.[34] Dann erfolgte die Trennung in verschiedene Gruppen:
a) Personen, welche der ČSR treu geblieben waren, nicht »germanisiert« und um die ČSR-Staatsbürgerschaft angesucht hatten, v. a. wenn sie aktiv gegen das NS-Regime gekämpft und sich an der Tätigkeit der Exilregierung beteiligt hatten, waren von Abschub und Konfiskation freizustellen.
b) Personen, welche die Zeit der NS-Verfolgung im freien Ausland verbracht und weder vor ihrer Ausreise unter dem NS-Regime gelitten noch sich im Ausland aktiv militärisch oder politisch im Kampf gegen Deutschland beteiligt hatten, konnten nicht als Antifaschisten anerkannt und von der Konfiskation des Eigentums befreit werden. Eine Ausnahme bildeten lediglich Personen, die diesen Pflichten des tschechoslowakischen Staatsbürgers ohne eigenes Verschulden nicht hatten nachkommen können (Frauen, Kinder, Greise, Kranke).

Das ČSR-Innenministerium bestimmte weiter, daß die aus dem antifaschistischen Status hervorgehenden Rechte und Ansprüche der Personen jüdischer Herkunft, die infolge des NS-Terrors oder während des Kampfeinsatzes im Ausland ums Leben gekommen waren, auf ihre nächsten hinterbliebenen Familienangehörigen übergingen, sofern auch diese nicht »germanisiert« und der Republik die Treue gehalten hatten.
Unter dem für einige Fälle gerade deutscher Juden wichtigen Begriff der »Germanisierung«[32] wurde im ČSR-Erlaß vom 13. 9. 1946 jede »Tätigkeit verstanden, welche die Ausdehnung des Deutschtums in den slawischen Ländern zum Ziel hatte«, und zwar sowohl vor 1918 als auch zwischen 1918 und 1938.
Als konkrete Beispiele der »Germanisierung«[32] wurde an erster Stelle die Gründung von deutschen Schulen und kulturellen Einrichtungen (Schulverein, Turnverein, Nordmark, Kulturverein u. ä.) in slawischen Gemeinden angeführt. Als Germanisierung war auch jede außerordentliche, insbesondere finanzielle Unterstützung dieser Institutionen vermerkt. Als ganz besonders deutlicher Fall von Germanisierung wurde die finanzielle (wirtschaftliche) oder moralische Unterstützung der »deutschen Irredenta« genannt.

C) Schlußbemerkung

Terrorisierung, Vertreibung und Enteignung der Sudetendeutschen waren keine antinazistischen Maßnahmen, sondern Vorgänge, die sich gegen alle Deutschen richteten, was auch mit der insgesamt vergleichbaren Behandlung vieler deutscher Juden 1945 und 1946 belegt werden kann.[35]

Anmerkungen und Quellen:
1 Z. B. die Bestimmungen im ČSR-Beneš-Dekret vom 2. 8. 1945 über Staatsbürgerschaft (zum Text: Siehe S. 551) und im ČSR-Beneš-Dekret vom 25. 10. 1945 über Enteignungen (zum Text: Siehe S. 563).
2 Die SdP wurde von ziemlich unterschiedlichen Instanzen gleichermaßen als nicht antisemitisch angesehen:
Vom US-Geschäftsträger in Prag im Sommer 1938 (siehe S. 389),
von der NSDAP-Spitze in München Ende 1938/Anfang 1939 (siehe S. 439) sowie vom

ČSR-Juristen Vladimír Hönig im Herbst 1945. Er schrieb bei der Definition des für die ČSR-Staatsbürgerschaft wichtigen Begriffes der Treue zur Republik, d. h. der ČSR ganz unbefangen:
Die Erfüllung dieser Voraussetzung »ist besonders wichtig bei Personen, die zwar aus rassischen Gründen Schaden erlitten, aber schon zu Zeiten der Republik Mitglieder der SdP waren ⟨*d. h. zwischen 1935 und 1938*⟩. Diese konnten ⟨*der ČSR*⟩ nicht treu bleiben, da sie ihr schon damals nicht treu waren«.
Vgl. »Předvoj« (Vorhut), Aussig (N.-Böhm.); Jg. 1, Nr. 35 v. 27. 10. 1945; S. 1.

[3] Ausgedrückt z. B. in der Note des ČSR-Staatsministers Ripka vom 20. 4. 1945; zum Text: Siehe S. 590.

[4] Siehe die Texte vom 24. 11. und 26. 11.1945 sowie vom 17. 1., 15. 2. und 7. 3. 1946, S. 680 ff.

[5] Es war behauptet worden, daß alle rd. 6.000 Juden und Mischlinge, die am 17. 5. 1939 im Sudetengebiet festgestellt worden waren, »Opfer der nazistischen Rassen-. . .Verfolgung« wurden.
Vgl. Kučera, Jaroslav: »Odsunové ztraty sudetoněmeckého obyvatelstva« (Die Abschubverluste der sudetendeutschen Bevölkerung); Prag, 1992; S. 17, 30.
Ohne den Umfang des Holocausts im mindesten einzugrenzen: Diese Behauptung war sicherlich falsch.
Es war nämlich bereits vorher für mehrere Deportationstransporte sudetendeutscher Juden aus Aussig und Karlsbad nach Theresienstadt in den Jahren 1942–1945 das weitere Schicksal der Insassen über Namenslisten verfolgt und zusammengefaßt worden: Von rd. 530 Personen wurden über 220 als 1945 »zurückgekommen« bzw. »gerettet in der Schweiz« festgestellt.
Vgl. Wlaschek, Rudolf: »Juden in Böhmen«; München, 1990; S. 165 ff.

[6] Einem nicht genau definierten Personenkreis der Juden war 1942 vom ČSR-Außenminister Jan Masaryk im Namen von Dr. Beneš versprochen worden, von der Vertreibung ausgenommen zu bleiben. Siehe S. 474.

[7] Auf Definitionsprobleme für diesen Personenkreis sei nur hingewiesen:
a) In der Ausgangslage der ČSR-Volkszählung 1930 bekannten sich Personen zu jüdischer oder anderer Konfession sowie zu deutscher, tschechoslowakischer oder jüdischer Nationalität.
b) Die Verfolgungsmaßnahmen des NS-Regimes ab 1938/39 trafen völlig anders abgegrenzte sog. Rasse-Juden.
Vgl. dazu Habel: MVT; S. 81 mit Anmerkungen.
Die Differenzierung dieser Kategorien in der ČSR-Amtssprache ging bis in die Orthographie: Personen jüdischer Konfession wurden als »žid«, Personen jüdischer Nationalität als »Žid« bezeichnet.

[8] Assor, Reuven (Zentner, Hans): »›Deutsche Juden‹ in der Tschechoslowakei 1945–1948« in »Sudetenland«, München; Jg. 1993, H. 2; S. 161–165, hier S. 164.

[9] Vgl. Kučera: a. a. O.; S. 17.

[10] Vgl. Assor: a. a. O.; S. 165.

[11] Vgl. Assor: a. a. O.

[12] Vgl. Wehle, Kurt: »The Jews in Bohemia and Moravia 1945–1948« in »The Jews of Czechoslovakia«; hsg. v. Avigdor Dagan; 3 Bde., Philadelphia (Pa., USA), 1984, Bd. 3; S. 499–530, hier S. 509.

[13] Vermutlich gemeint: Bei der ČSR-Volkszählung 1930.

[14] a) Vgl. Hrabovec, Emilia: »Vertreibung und Abschub. Deutsche in Mähren 1945–1947«; Frankfurt/M., 1995; S. 93 f.
Angabe aus bislang unveröffentlichten Akten.
b) Gottwald dürfte damit jedoch nicht den allgemeinen Parteistandpunkt vertreten haben.
Wenige Monate vorher hatte der nunmehrige Informationsminister Kopecký grundsätzlich jede Berücksichtigung jüdischer KZ-Haft ausgeschlossen:
». . . Die Bekämpfung des Antisemitismus bedeutet nicht, daß man eine privilegierte Stellung der jüdischen Staatsbürger zuläßt, die sich zum Deutschtum bekennen, ebensowenig wie man zulassen kann, daß die selbständige jüdische Nationalität zum Deckmantel für Deutschtum oder Ungarntum werde. Die Bekämpfung des Antisemitismus bedeutet nicht, daß wir eine Verletzung des nationalen slawischen Charakters der künftigen CSR zulassen.
Ebenso ist es auch im sozialen Sinne klar, daß die Bekämpfung des Antisemitismus nicht bedeutet, die jüdischen Großkapitalisten, Ausbeuter, Spekulanten, Profitjäger und verschiedene Geschäftemacher in Schutz zu nehmen. Diesen gilt unser entschiedener Widerstand und Kampf, aber nicht deshalb, weil sie Juden, sondern deshalb, weil sie Ausbeuter, Spekulanten und Geschäftemacher sind, ebenso wie dies auch die Arisatoren und Angehörige anderer Nationalitäten und Religionen sein können.«
Vgl. Kopecký, Václav: »Der Weg zur Lösung der Judenfrage« in »Einheit«, London; Jg. 5, Nr. 20 v. 23. 9. 1944; S. 6–8, hier S. 7.

[15] a) Vgl. DzASd; S. 150.

b) Eine andere Angabe berichtete zu Theresienstadt laut Karteivermerken von zwei »Juden«, elf »jüdischen Mischlingen« und zwei Personen mit jüdischen Ehegatten, die im Mai/Juni 1945 eingeliefert und vor dem 13. 9. 1946 entlassen wurden.
Vgl. Poloncarz, Marek: »Das Internierungslager für die deutsche Bevölkerung – Die kleine Festung Theresienstadt 1945–1948«; Theresienstadt (N.-Böhm.), 1997; S. 39.

[16] Vgl. DdV, IV/2; S. 121.

[17] Vgl. Scholten, Gerhard: »Zwischen allen Lagern«; München, 1988; v. a. S. 149 ff.

[18] Vgl. »Mladá fronta« (Junge Front), ⟨*TZ. d. ČSR-Jugendverbandes*⟩, Prag; Jg. 1, Nr. 30 v. 10. 6. 1945; S. 1. Auch Hrabovec; S. 108.

[19] Vgl. Rakušanová, Ludmilla: »Gerechtigkeit als Beutekunst« in PZ; Nr. 10 v. 15. 3. 1997; S. 3.

[20] Vgl. DzASd; S. 219, 386, 407 für Trautenau, S. 255 für Friedland, S. 425 für Reichenberg; auch »Duchcov a Židé« (Dux und die Juden); Dux (N.-Böhm.) 1998; S. 16.

[21] Vgl. DzASd; S. 233.
Bei Hrabovec S. 92 unter Verweis auch auf ČSR-Akten sogar (Plural) »Juden«.

[22] Vgl. DdV IV/1; S. 100 f.

[23] Vgl. Hrabovec; S. 211, S. 309.

[24] Vgl. Assor; S. 164.

[25] a) Vgl. Pasák, Tomáš: »Přemysl Pitter ...« in »Der Weg in die Katastrophe«; hsg. v. Detlef Brandes (u. a.); Essen, 1994; S. 201–213, hier S. 211.
b) Zu inhaltlich ähnlichen Berichten noch vom April 1946 des Generalsekretärs jüdischer Gemeinden in der ČSR, Winterstein, und der Jüdischen Hilfsorganisation in London: Vgl. »New York Times« v. 10. und 23. 4. 1946; Wiedergabe nach »Tragedy of a People«; New York, 1946; S. 25.

[26] Angabe von Wissensträger E. K. (damals Karlsbad), 81476 München, vom Mai 1994.

[27] Gemeint: In den üblichen Vertreibungstransporten für Sudetendeutsche.

[28] Wiedergabe des Erlasses Nr. B-300/9753-46-ref. B nach Hrabovec: a. a. O.; S. 310.

[29] Zu den gegenüber den üblichen Transporten verbesserten Bedingungen; siehe die Texte der Dokumente in Anm. 4.

[30] Wiedergabe des Erlasses Nr. B-300/10690 – Ref. B nach Hrabovec; S. 310.

[31] Wiedergabe des Erlasses Nr. Z/S-3559/89-17/9-46 nach Hrabovec: a. a. O.

[32] Dieser Begriff ist von durchaus bis in die Gegenwart reichender, praktischer Bedeutung:
Der Vater von Eliška F. besaß ein Gut von 270 ha nahe Iglau (Westmähren), bekannte sich 1930 zur jüdischen Nationalität, wurde vom NS-Regime enteignet und nach Auschwitz verschleppt, kam dort 1942 mit mehreren Familienmitgliedern um; Eliška und ein Bruder überlebten. Vater F. wurde im Juli 1945 posthum trotzdem zum »Verräter« und »Deutschen« erklärt, da er insgesamt eben »germanisiert« habe; sein Gut wurde 1945 deswegen neuerlich enteignet, an Tschechen verteilt, später kolchosisiert; der Protest der überlebenden Geschwister einschließlich der Nachweise über ihren tschechischen Schulbesuch wurde 1951 sogar vom Obersten Verwaltungsgericht der ČSR verworfen.
Nach 1990 wirkte die »Germanisierung« nach: Zwar wurde 1994 amtlich festgestellt, daß Vater F. nicht »germanisiert« habe, aber die Enteignungen vor dem 25. 2. 1948, dem Tag der offenen Machtübernahme der KP in der ČSR, waren in der Rechtsordnung der ČR von 1995 selbst dann unantastbar, wenn sie, wie hier ČR-erwiesen, durch klare Beugung des ČSR-»Rechts« von 1945 zustande kamen.
Das Verfahren lief noch Mitte Juli 1998; die Erbin Eliška F. war nunmehr 82 Jahre alt.
Vgl. FAZ; Nr. 73 v. 27. 3. 1995; S. 8; auch PZ; Nr. 10 v. 15. 3. 1997; S. 3 und SdZ; Nr. 37 v. 11. 9. 1998; S. 4.

[33] Wie z. B. das aktive und passive Wahlrecht laut ČSR-Beneš-Dekret vom 27. 8. 1945; zum Text: Siehe S. 684.

[34] Im Erlaßzeitpunkt sowohl das landwirtschaftliche (ČSR-Beneš-Dekret vom 21. 6. 1945; zum Text: Siehe S. 532) als auch das gesamte Eigentum (ČSR-Beneš-Dekret vom 25. 10. 1945; zum Text: Siehe S. 563).

[35] Zum Verhalten der ČSFR-/ČR nach 1990 gegenüber jüdischem Eigentum vor 1938/39: Siehe S. 961.

****

Abschnitt 7
Die deutsche Ostgrenze nach dem 2. Weltkrieg in v. a. Vorstellungen und Plänen der Jahre 1945–1947

A) Vorbemerkung

Die Vertreibung der Sudetendeutschen wie der Ostdeutschen 1945/46 steht in unmittelbarem Zusammenhang mit der 1945 de facto festgelegten und seither bestehenden[1] neuen Ostgrenze Deutschlands. Aus politischen Gründen, nämlich zur Stabilisierung und Zementierung eines ohne jede Mitwirkung der heimat- und selbstbestimmungsberechtigten Bevölkerung entstandenen Zustandes, wurde später, vornehmlich nach 1989, oft impliziert, zu dieser Grenzfestlegung habe es selbst zeitgenössisch »keine Alternative« gegeben.
Wie bei fast jeder Verwendung dieses modernen politischen Schlagwortes stimmt dies auch in diesem Fall nicht. Durchaus kompetente Beteiligte entwickelten 1945–1947 auch ziemlich andere Vorstellungen, die, soweit bekannt, anschließend dargestellt werden.

B) Materialien

1. Das Sudetengebiet und die Grenze Deutschland – ČSR

In das Sudetengebiet strahlte bis Anfang 1945 aus der UdSSR ein »Sudetendeutscher Freiheitssender« Rundfunkbeiträge aus. Ihr Tenor: »Die Sudetendeutschen sollen in Zukunft Herren im eigenen Haus sein!«[2]
Der britische Außenminister Eden erhielt auf sein Verlangen noch am 13. 2. 1945 von Dr. Beneš eine Landkarte mit den zur Abtretung an Deutschland vorgesehenen Teilen des Sudetengebietes.[3]
Diese ČSR-Position änderte sich nach dem 8. 5. 1945 völlig. Nunmehr verlangte die ČSR, auch zu Lasten des polnischen Verwaltungsgebiets und Österreichs, z. T. sehr beträchtliche »Grenzberichtigungen«.[4]

2. Die Gruppe Ulbricht und die Oder-Neiße-Linie 1945

Noch am 20. 2. 1945 wurde von der im Auftrag der UdSSR operierenden sog. »Gruppe Ulbricht« ganz Niederschlesien und Pommern in alle Aufbauplanungen für die spätere SBZ territorial und personell voll einbezogen; Ulbricht selbst war für den Einsatz in Breslau vorgesehen.[5]
Anfang Juli 1945 fand in Weimar (Thüringen) eine Sitzung der KPD und SPD Berlins statt. Ein Wissensträger berichtete[6]:
»Ich erinnere mich noch ganz gut an die damaligen Teilnehmer dieser Sitzung: Von der SPD aus Berlin waren gekommen: Otto Grotewohl, Max Fechner, Erich Gniffke; von der KPD waren erschienen: Wilhelm Pieck, Walter Ulbricht und Fred Oelßner.
Während des Gesprächs brachte ein Bote eine Meldung für Wilhelm Pieck. Der las die Meldung und wurde feuerrot im Gesicht, was einen starken Kontrast zu seinen weißen Haaren ergab. Dann schrie er los: ›Genossen, mir wird soeben mitgeteilt, daß die Polen Stettin besetzt haben! Das ist ein Übergriff, den wir uns nicht bieten lassen werden! Und überhaupt‹, so fuhr der wütende Pieck fort, ›werden wir uns alles wieder zurückholen, was uns die Pollacken geraubt haben; auch meine Heimatstadt Guben!‹
In der Runde gab es den gleichen Protest, wie er von Pieck artikuliert war. Hermann Ludwig Prill mit seiner Stentorstimme übernahm die Wortführung und schlug vor, in einem einmütigen Protest bei der sowjetischen Besatzungsmacht Unterstützung zu erbitten, die Polen wieder aus Stettin zu verjagen. Dem wurde allgemein zugestimmt. Nur Walter Ulbricht äußerte Bedenken. Man müsse die außenpolitische Bedeutung der Angelegenheit berücksichtigen, und außerdem hätte man kein Mandat für solche Protestschreiben der beiden Parteien.
Er schlüge vor, Pieck und Grotewohl sollten bei dem nächsten Gespräch mit Oberst Tulpanow die Sache ansprechen.«

Der von Pieck als Übergriff bezeichneten polnischen Besetzung Stettins, das im wesentlichen westlich der Neiße lag, war ein mehrfaches Hin und Her vorausgegangen: Polen hatten dort am 30. 4. 1945 seine Flagge gehißt, aber nach einer Demonstration der örtlichen KP-Deutschlands am 1. 5. 1945 war von der sowjetischen Militärkommandantur am 3. 5. der Deutsche Erich Spiegel (zugehörig dem sowjetgesteuerten »Nationalkomitee Freies Deutschland«) als Bürgermeister eingesetzt und mit dem Aufbau einer Stadtverwaltung beauftragt worden. Als Polen versuchten, ab 8. 5. ihre Verwaltung in Stettin aufzubauen, mußten sie auf sowjetischen Befehl bis 19. 5. die Stadt wieder verlassen. Am 26. 5. wurde der Deutsche Erich Wiesner (KPD) neuer Bürgermeister. Am 9. 6. versuchten die Polen neuerlich, die Stadt zu übernehmen; am 19. 6. mußten sie – wiederum auf sowjetische Weisung – abziehen. Erst am 3./5. 7. wurde den Polen endgültig die Verwaltung übertragen, was zu Piecks obigem Ausbruch in Weimar führte; eine polnisch-sowjetische Übereinkunft vom 21. 9. führte dann am 19. 11. 1945 zur Vertreibung der Deutschen auch aus einem rd. 850 km^2 großen Brückenkopf westlich der Oder.[7]

3. Stalin und die Oder-Neiße-Linie in Potsdam[8] 1945

Auch UdSSR-Partei- und Staatschef Stalin selbst schaltete sich in die Verhandlungen über die Oder-(Görlitzer oder Lausitzer)Neiße-Linie ein und handelte eine interessante Alternative aus. Der polnische stellv. Ministerpräsident Mikolajczyk vermerkte[13] während der Potsdamer Konferenz am 29. 7. 1945:
»Am Abend wurde H. Bierut[9] eingeladen, Marschall Stalin zu besuchen, der ihn informierte, daß die Amerikaner ihren Grenzvorschlag vorgelegt hatten, der auf der Unteren ⟨*d. h. Glatzer*⟩ Neiße und der Linie der Oder, einschließlich Stettin[10], aufbaut. Marschall Stalin fragte, ob angesichts des weitreichenden[11] amerikanischen Vorschlags die polnische Seite nicht zu gewissen Konzessionen bereit sein würde, z. B. der Linie Queiss [Kwisa][12] statt der Lausitzer Neiße. Nach Beratungen mit Experten wurde entschieden, daß wir möglicherweise einverstanden wären, aber nicht mit der Unteren Neiße, sondern nur mit der Wasserscheide zwischen der Queiss und der Lausitzer Neiße. Dies würde uns zwar einige Wasserwerke entziehen, aber die Industrie Schlesiens nicht beeinflussen.«
Stalin mußte dieses Angebot, welches die Oder-Neiße-Linie zu einer Art von Oder-Bober-Queiss-Linie hätte machen können, aus hier nicht relevanten Gründen nicht verwenden; das polnische Zugeständnis von 1945 blieb auch nach 1989 offensichtlich vergessen.

4. Die SED[14], Polen und die Oder-Neiße-Linie 1946

Angesichts des Verhaltens der SED ab 1950 in dieser Frage könnte man meinen, daß die nachfolgenden Äußerungen aus dem Jahre 1946 durchgängig politisches Spielmaterial waren.
Dabei muß zunächst beachtet werden, daß die am 21./22. 4. 1946 in Berlin in der SED mit der KPD zwangsvereinigte SPD der Sowjetischen Besatzungszone unter dem moralischen Druck der SPD in Westdeutschland stand: Deren Vorsitzender, der charismatische Kurt Schumacher, hatte sich stets klar gegen die Hinnahme der neuen Grenzen ausgesprochen: »Die deutsche Sozialdemokratie hat 1945 als erster Faktor Deutschland und der Welt erklärt, die Oder-Neiße-Linie ist unannehmbar als Grenze.«[15]
Es ist auch deswegen nicht auszuschließen, daß die SED-Erklärungen mindestens zum Teil und beträchtliche Zeit nach der Potsdamer Erklärung vom 2. 8. 1945[8] ernsthafte Pläne ausdrückten.
Am 5. 5. 1946 sagte[16] der SED-Vorsitzende Pieck in seiner Heimatstadt Guben u. a.:
»Freunde, Ihr habt es hier wohl am schwersten. Ihr habt am eigenen Leibe erlitten, was der Krieg Hitlers bedeutet, daß er unsere Heimatstadt mitten durchgeschnitten hat, daß der schönste Teil unserer Stadt, der ihr den Namen ›Perle der Niederlausitz‹ verschafft hat, nicht mehr in unseren Händen ist, sondern losgerissen in Händen eines fremden ... Staates.

Wie auch die Friedensverhandlungen ausgehen werden und ... über die Grenzen entschieden wird, so bin ich fest überzeugt, daß diese Arbeit uns auch den Gutschein verschaffen wird, daß wir später einmal wieder unsere gesamte Stadt in der Verwaltung haben werden.«
Auf einer Kundgebung am Nachmittag ging Pieck noch konkreter auf die Grenzproblematik ein und rief[16] u. a. aus:
»Hitler hat einen großen Teil des deutschen Landes im Osten verspielt ... ⟨*doch*⟩ auf der Krim[17] und in Berlin[17] ist festgelegt worden, daß die Ostgrenze Deutschlands bei der ersten Friedenskonferenz festgesetzt werden soll. Wir wissen, daß wir nicht den gesamten Teil Ostdeutschlands zurückerhalten werden ... aber wir wollen ... das Vertrauen erwerben, daß man bei der Festlegung der Ostgrenze auf die Lebensbedürfnisse ⟨*unseres*⟩ Volkes Rücksicht nimmt.«
Auf Plakaten der SED, »Bezirksvorstand Cottbus« hieß[16] es unter der Überschrift »Die SED und die deutsche Ostgrenze: Wilhelm Pieck verkündet auf Massenkundgebungen in Guben und Cottbus den Standpunkt des Parteivorstandes« u. a.:
»Die Sozialistische Einheitspartei ist für eine Revision der Ostgrenze ... Die Sozialistische Einheitspartei tritt entschieden dafür ein, daß auf der kommenden Friedenskonferenz die Ostgrenze einer Revision im Interesse des deutschen Volkes unterzogen wird.«
Nachdem US-Außenminister Byrnes am 6. 9. 1946 in Stuttgart die Änderung der Oder-Neiße-Linie bei der bevorstehenden Friedensregelung mit Deutschland in Aussicht gestellt hatte[18], wurde in mehreren Reden weiterer SED-Spitzenfunktionäre[19], aber auch von Offizieren der Sowjetischen Besatzungsmacht[20] die Endgültigkeit der Oder-Neiße-Linie bezweifelt. Der SED-Parteivorstand formalisierte diese Meinungen in seinem Beschluß »Die SED zur Grenzfrage« vom 19. 9. 1946. Zum politischen Ziel der Partei wurde erklärt, »daß bei den bevorstehenden Friedensverhandlungen das deutsche Volk einen erträglichen Friedensvertrag erhält und auch bei der Festsetzung der Ostgrenzen auf die Lebensnotwendigkeiten des deutschen Volkes Rücksicht genommen und eine entsprechende Regelung der jetzt gezogenen polnischen Verwaltungsgrenzen zugelassen wird.«[21]
Ein gewisser Wendepunkt dieser Entwicklungen[22] war der Januar 1947 mit Stalins offizieller Absage an diese nach damaliger SED-Meinung Lebensnotwendigkeit des deutschen Volkes[23].
Trotzdem gab es beharrende Elemente: Am 7. 2. 1947 veröffentlichte die polnische Militärmission eine Erklärung, daß die Oder-Neiße-Grenzen »vorläufig nur einen formalen Charakter tragen, da sie noch durch die Friedenskonferenz bestätigt werden müssen«.[24]
Noch am 12. 3. 1947 wurde Grotewohl wie folgt zitiert: »Die SED bedauert jede Grenzveränderung. Die Oder-Neiße-Linie wird von ihr genau so abgelehnt, wie Grenzveränderungen im Westen.«[25]

4. Schlußbemerkung

Mindestens bis zur letzten, der 5. Tagung des »Rates der Außenminister« (25. 11. – 15. 12. 1947) traten dann die Vertreter der USA und Großbritanniens öffentlich für die Änderung der faktisch bestehenden deutschen Ostgrenze ein.[26]

Anmerkungen und Quellen:
1 Zur Qualifizierung der offiziellen Anerkennung durch die BR Deutschlands siehe S. 961.
2 Siehe S. 456.
3 Siehe S. 461.
4 Siehe S. 521, 553 f.
5 Vgl. Keiderling, Gerhard (Hsg.): »›Gruppe Ulbricht‹ in Berlin April bis Juni 1945«; Berlin, 1993; S. 240.
6 Bericht von Hermann Kreutzer: »Landraub der Polen empörte Wilhelm Pieck« in »Märkische Zeitung« ⟨*MHZ.; O. d. Landsmannschaft Berlin-Mark Brandenburg*⟩, Berlin; Jg. 44, Nr. 9 v. 10. 9. 1993; S. 4. Auch »Pommersche Zeitung«, ⟨*WHZ.; O. d. Landsmannschaft Pommern*⟩, Kiel; Jg. 43, Nr. 42 v. 23. 10. 1993; S. 8.

[7] a) Die Darstellung ist ein Auszug umfassender Berichte in den Wochenzeitungen »Die Zeit« (Hamburg; Jg. 50, Nr. 25 v. 16. 6. 1995; S. 42), »Pommersche Zeitung« (Kiel; Jg. 45; Nr. 28 v. 15. 7. 1995; S. 16 sowie Nr. 31 v. 5. 8. 1995; S. 1) und DOD; Nr. 48 v. 1. 12. 1995; S. 7.
Vgl. auch Breyer, Richard: »Die Oder-Neiße-Linie bei Stettin« in »Recht im Dienste der Menschenwürde«; hsg. v. Göttinger Arbeitskreis; Würzburg, 1964; S. 423–443.
b) Zur fortbestehenden deutschen Verwaltung Stettins nach dem 8. 5. 1945: Der Bereich blieb z. B. Teil des deutschen Postgebietes; tatsächlich gelaufene Poststücke mit Stempeln bis zum 8. 11. 1945 liegen vor. Farbabbildungen im Archiv des Verfassers.

[8] Zum Text der Erklärung über die Potsdamer Konferenz (17. 7.–2. 8. 1945) vom 2. 8. 1945: Siehe S. 548.

[9] Damals Ministerpräsident Polens, Kommunist.

[10] D. h. der US-Vorschlag hätte auch den größeren Teil Stettins bei Deutschland belassen.

[11] Ursprünglich wollten die USA nur Oberschlesien und den Ostzipfel Pommerns von Deutschland an Polen übertragen.
Vgl. die Karte in FRUS »The Conference of Berlin 1945«; 2 Bde. Washington, 1960; Bd. 1; gegenüber S. 748.

[12] Der in deutscher Sprache als Queis bezeichnete Fluß mündet bei Sagan in den Bober; der Bober mündet bei Crossen in die Oder.

[13] Vgl. FRUS-DP 1945, II; S. 1539.

[14] SED = »Sozialistische Einheitspartei Deutschlands«; Staatspartei der (späteren) DDR.

[15] a) Vgl. Schumacher, Kurt: »›Politik macht man nicht mit den Beinen, sondern mit dem Kopf‹« in Scholz, Adolf (Hsg. m. a.): »Turmwächter der Demokratie. Ein Lebensbild von Kurt Schumacher«; Bd. II »Reden und Schriften«; Berlin, 1953; S. 510.
b) Namens der SPD sagte Schumacher am 25. 11. 1946 bei einer Großkundgebung in München, »daß Deutschland verlangen muß, daß das Potsdamer Abkommen überhaupt nicht angewendet wird«. Vgl. »Der Tagesspiegel« ⟨*TZ.*⟩, Berlin v. 26. 11. 1946.
c) In dem vom Dortmunder Parteitag 1952 angenommenen Aktionsprogramm hieß es:
»Die SPD kämpft für die Wiedergutmachung des Unrechtes, das den Opfern der Potsdamer Austreibungsbeschlüsse angetan worden ist. Sie bejaht ihr Heimatrecht im Osten und ihr Lebensrecht im Westen.«
Wiedergabe nach eigener Aufzeichnung des Verfassers.

[16] Zum gesamten Material (das Plakat in verkleinertem Faksimile): Vgl. Stephan, Ulrich: »Guben und die Oder-Neiße-Grenze« in »Gubener Heimatkalender«; 39. Jg. (1995); S. 40–47, hier S. 44–46.

[17] Gemeint: Die Konferenz von Jalta, 4.–11. 2. 1945.

[18] Zur Rede des US-Außenministers am 6. 9. 1946 in Stuttgart: Siehe S. 700.

[19] a) Z. B. Otto Grotewohl am 12. 9. 1946 in Rostock, Max Fechner am 13. 9. 1946 in Berlin.
Vgl. »Neues Deutschland« ⟨*TZ., PO. d. SED*⟩; Berlin(-Ost); Jg. 1, Nr. 122 v. 14. 9. 1946; S. 1.
b) Fechner sagte recht präzise:
»Zur deutschen Ostgrenze möchte ich erklären, daß die Sozialistische Einheispartei Deutschlands sich jeder Verkleinerung deutschen Gebietes entgegenstellen wird. Die Ostgrenze ist nur provisorisch und kann erst auf der Friedenskonferenz unter Mitwirkung aller großen Siegerstaaten endgültig festgelegt werden.«

[20] Im Bericht der Umsiedlerabteilung der Landesverwaltung Sachsen über die Landrätekonferenz in Dresden am 15. 9. 1946 hieß es dazu:
»Demnach habe ein Major Wallew als Vertreter der SMA gegen Konferenzende erklärt: ›Es gibt einige reaktionäre Elemente in Polen, die gegen uns arbeiten und die bestrebt sind, daß die Umsiedler nicht wieder nach Schlesien zurückkehren können.‹ Deshalb bleibe, so das Fazit des sowjetischen Offiziers gegenüber den deutschen Verwaltungsvertretern, ›uns nichts anderes übrig, als die Umsiedler aufzunehmen und anzusiedeln‹.
Der erste, Polen betreffende Satz wurde im Berichtsexemplar der ZVU unterstrichen und mit der Frage versehen: ›Protokoll falsch?‹«
Quelle: Vom Institut für Zeitgeschichte, Außenstelle Potsdam am 29. 9. 1995 übermittelte Aktenabschrift »BAP, DO 1–10 Nr. 35, Blo. . . . 128 f.«
Darin:
»Umsiedler« = SBZ-amtliche Bezeichnung für Vertriebene; SMA = Sowjetische Militäradministration (für Deutschland); ZVU = Zentralverwaltung Umsiedler in Berlin(-Ost).

[21] a) Wiedergabe des Beschlußtextes nach Mitteilung eines Wissensträgers aus »Stiftung Archiv der Parteien der DDR im Bundesarchiv«; Archiv-Bezeichnung NY 4036/743.
b) In der veröffentlichten Fassung endete der Satz mit »erhält«. Dann hieß es erheblich beiläufiger: »Die SED wird alles tun, damit auch in den Fragen der künftigen Grenzen Deutschlands die Stimme des deutschen Volkes auf der Friedenskonferenz Gehör findet.«
Vgl. »Neues Deutschland«, Berlin(-Ost); Jg. 1, Nr. 128 v. 21. 9. 1946; S. 1.

[22] a) Am 14. 11. 1946 beschloß der Parteivorstand der SED den »Entwurf einer Verfassung für die Deutsche Demokratische Republik«, womit das gesamte Deutschland gemeint war. Angaben zu

Grenzen oder Grenzziehungsprinzipien (wie z. B. Selbstbestimmung) des alternativ mit »Deutschland«, »Deutscher Republik« oder »Republik« bezeichneten, vorgesehenen Staates erfolgten nicht. Vgl. ZK der SED (Hsg.): »Dokumente der SED«; Berlin(-Ost), 1948; S. 108–129.

b) Andererseits dauerte die Ablehnung der ab 1948 offiziell zur »Friedensgrenze« umetikettierten Oder-Neiße-Grenze auch innerhalb der SED bis weit später.
Wissensträger berichteten dem Verfasser z. B. von 16 Arbeitern eines einzigen Betriebes in Leipzig, die Ende 1951 aus der SED ausgeschlossen wurden, weil sie mit der Oder-Neiße als Grenze nicht einverstanden waren.

23 Als die SED-Führung den UdSSR-Partei- und Staatschef fragte: »Kann man mit kleinen Korrekturen hinsichtlich der Ostgrenze rechnen?«, erfolgte die Antwort: »Ich fürchte, daß daraus nichts wird.« Vgl. Bonwetsch Bernd (m. a.): »Stalin und die SBZ. Ein Besuch der SED-Führung in Moskau vom 30. Januar – 7. Februar 1947« in »Vierteljahreshefte für Zeitgeschichte«; Jg. 42, H. 2 (April 1994); S. 279–304, hier S. 301.

24 Vgl. »Europa-Archiv«, Bd. 1946/47; S. 607, wiedergegeben in »Oder-Neiße-Linie«; hsg. v. d. Ostabteilung des Auswärtigen Amtes, Bonn; 2. Aufl. 1959; S. 145.

25 Vgl. »Stuttgarter Zeitung«, ⟨TZ.⟩; Jg. 3, Nr. 20 v. 13. 3. 1947; S. 2.

26 Siehe z. B. S. 700.

****

Schlußbemerkung
(zu »1945/46: Dokumentation der Vertreibung«)

Es wurden Nachweise vorgelegt zu:

a) ČSR-»Rechts«-Vorschriften, welche die Enteignung und Vertreibung der Sudetendeutschen 1945/46 regelten und rechtswidrig waren.

b) Den Lebensumständen der Sudetendeutschen 1945/46, die als menschenverachtend bezeichnet werden dürfen.
Ergänzend dazu stehen an anderer Stelle die Literaturangaben (siehe S. 1226) sowie die Urteile von Gerichten: Das OLG Karlsruhe im Vorgang Kouřil vom 4. 6. 1951 (siehe S. 727), das OLG München zur Enteignung vom 14. 6. 1951 (siehe S. 728) sowie der US-Court of the Fifth District im Vorgang Hrneček vom 16. 5. 1954 (siehe S. 736).
Sachadäquate Urteile tschechischer oder internationaler Gerichte stehen (2000 noch) aus.

c) Den in ČSR-Vertreibungsbefehlen der Jahre 1945/46 enthaltenen zeitgenössischen Begründungen, Begleitumständen und Abläufen der Vertreibung.

d) Den an fast 70 ČSR-Vertreibungstransporten in die SBZ-Deutschlands 1945/46 noch feststellbaren, spezifischen Usancen.

e) Dem Wissen von der Vertreibung der Sudetendeutschen in der Welt (und einigen Meinungen aus der ČSR) der Jahre 1945/46, das umfangreicher war, als viele auch heute noch annehmen.

f) Dem Schicksal (sudeten-)deutscher Juden in der ČSR 1945/46, das ersichtlich machte, daß sich die Vertreibung und die sie flankierenden Maßnahmen nicht gegen Nazis, sondern gegen Deutsche schlechthin richteten.

g) Alternativen Planungen für die deutsche Ostgrenze nach dem 2. Weltkrieg aus den Jahren 1945 bis 1947.

Generell sei festgehalten:
Ohne die bisherigen Erkenntnisse grundsätzlich zu verändern, ist es ein differenziertes Bild der Abläufe, das es zu bewahren gilt.
Darüber hinaus zur historischen Einordnung: Zu den hier belegten Vorgängen gab es im böhmisch-mährischen Raum als Vorläufer nur den NS-Holocaust an den (auch sudeten-)deutschen Juden. Dieser war viel tödlicher und wurde auch viel publizitätsscheuer abgewickelt. Für Tschechen im Sudetengebiet der Jahre 1938/39 gab es jedoch nicht einmal im Ansatz denen der Sudetendeutschen der Jahre 1945/46 vergleichbare Lebensumstände und sonstige Maßnahmen.

****

Protokoll **1946, 9. Januar**
der Besprechung zwischen Vertretern der amerikanischen Militärregierung in Deutschland und Vertretern der ČSR »über die Modalitäten der Ausweisung von Sudetendeutschen und ihrer Übernahme in die amerikanische Besatzungszone Deutschlands«:

...

1. Besprechungsthemen am 8. Januar 1946:

a) Personalfeststellung.
Die Tschechen gaben die von ihnen vorbereiteten Kennkarten[1] bekannt. Die USA-Vertreter legten die Anforderungen der USA für Personalerfassung dar und bezeichneten die Art der Kennkarten, welche jetzt von den Tschechen in Druck gegeben wurden, als ausreichend. Zusätzlich zu der persönlichen Kennkarte verlangten die Vertreter der USA Namenslisten[1] für jeden Flüchtlingszug in dreifacher Ausfertigung. Die Tschechen erklärten sich damit einverstanden. Eine ärztliche Bescheinigung für jede Gruppe wird Teil dieser Namensliste sein.

b) Kleidung.
Alle Auswandernden sollen nach Übereinkunft mit hinreichender Kleidung ausgerüstet werden, wie Unterwäsche, passende Anzüge, Mäntel und Schuhe. Soweit die Auswanderer im Besitz dieser Kleidungsstücke sind, wird ihnen die Mitnahme gestattet. Wenn ihnen wesentliche Teile davon fehlen, werden die Tschechen die mangelnden Teile bereitstellen.

c) Gepäckbeschränkung.
Die Tschechen erklären, daß das Gepäck auf 30 kg je Person beschränkt sein wird. Die Vertreter der USA wiesen darauf hin, daß dieses Gewicht nicht ausreicht, um genügend Kleidung, Bettzeug, Küchengeschirr und die notwendigsten Gegenstände mitzunehmen, welche bei Niederlassung dieser Auswanderer erforderlich sind, ohne daß sich die Notwendigkeit ergibt, diese wichtigen Gegenstände bei ihrer Ankunft in Deutschland neu zu beschaffen. Es wurde darauf hingewiesen, daß diese Auswanderer gezwungen sind, sich in einem verwüsteten Deutschland niederzulassen und daß alle diese Gegenstände dort nicht erhältlich sind. Die Vertreter der USA forderten, daß ein Minimum von 50 kg pro Person zugelassen würde, und die Tschechen willigten darin ein, mehr als 30 kg[2] zu gestatten, um den Anforderungen gerecht zu werden, daß zum mindesten die notwendigsten Lebensgüter den Auswanderern in Deutschland zur Verfügung stehen.

d) Geld und Eigentum.
Die Tschechen fordern, daß jede Familie einen maximalen Geldbetrag von 1000 RM pro Person[3] mitnehmen darf, dagegen keine Wertgegenstände wie Juwelen, teure Pelze, wertvolle Besitz- oder Museumsstücke. Die Vertreter der USA äußerten sich nicht hierzu, da die Frage als eine rein tschechische angesehen wird.[4] Die Auswanderer werden Eigentum in dem Umfang mitnehmen dürfen, welcher vom tschechischen Finanzministerium[5] gestattet wird.

e) Lebensmittelversorgung.
Die Tschechen geben an, daß jede Familie soviel Nahrungsmittel mitnehmen darf, als sie für ihre Lebensmittelkarten erwerben können. Auf der Fahrt werden sie an den tschechoslowakischen Bahnhöfen mit heißer Mahlzeit versehen. Die Vertreter der USA schlagen vor, daß auf ihren Wunsch hin alle Auswanderer an den Sammelstellen

mit einem Vorrat von mindestens dreitägiger Ernährung eintreffen. Die Tschechen erklärten sich damit einverstanden und werden allen Auswanderern, die nicht über diese Verpflegungsmenge verfügen, die fehlende Menge in jedem Zuge ausgeben (Zuteilung gemäß den tschechischen Rationen für Deutsche)[6].

f) Ärztliche Fürsorge und Gesundheitsüberwachung.
Man kam überein, daß die ersten Transporte nur solche Auswanderer umfassen, die bei guter Gesundheit, frei von ansteckenden Krankheiten und ohne Krankenhausbehandlung nach unmittelbarem Eintreffen an ihrem Bestimmungsziel sowie ohne Geisteskrankheiten sind. Schwangere Frauen werden nicht transportiert, wenn sie ihre Niederkunft innerhalb sechs Wochen erwarten oder vor mindestens sechs Wochen niedergekommen sind. Die Tschechen warfen dann die Frage auf, zu welchem Zeitpunkt sie die Kranken, die Hospitalfälle und die Geisteskranken abtransportieren könnten. Die Vertreter der USA verlangten, daß keiner dieser Fälle während der ersten Transporte befördert würde und auch nicht, bevor die verlangten Unterlagen zur Verfügung ständen und die Vertreter der USA ihre Genehmigung gegeben hätten. Die Tschechen erklärten sich damit einverstanden.

g) Waggonmaterial.
Die Tschechen erklärten, daß der Durchschnittszug aus 40 Wagen mit 1.200 Leuten bestehen würde. Die USA-Vertreter gaben an, daß dies den USA-Spezifikationen von 30 Personen pro Waggon entspräche. Sie wiesen ferner darauf hin, daß bei schlechtem Wetter die USA darauf bestehen, daß alle Transporte von Flüchtlingen nur in geheizten Wagen durchgeführt werden dürfen. Nach einer langen Debatte willigten die tschechischen Vertreter darin ein, und sie bemerkten, daß der erste Flüchtlingszug Ende Januar[7] bereitgestellt werden könnte und wahrscheinlich eine Höchstzahl von zehn heizbaren Zügen bis zum 15. März.

h) ⟨*Übergangsort*⟩ Furth im Walde ⟨*vereinbart*⟩
Hof und Bebra ⟨*vorgeschlagen*⟩

i) Die Tschechen erklären sich damit einverstanden, daß Vertreter der USA die Züge vor ihrem Übergang nach Deutschland inspizieren, aber dulden nicht, daß deutsches Personal für diese Tätigkeit innerhalb der Tschechoslowakei Verwendung findet.

...

k) USA-Vertreter verweisen darauf, daß angemessenes Begleitpersonal vorzusehen ist, um zu verhindern, daß nicht zugelassene Personen die Züge benützen[9] und damit niemand innerhalb Deutschlands vor Ankunft am Bestimmungsort den Zug verläßt. Die Tschechen erklären sich bereit, pro Zug einen Offizier und zehn Mann als Begleitpersonal[10] zu stellen.

l) Gestellung von Eisenbahnmaterial.
USA-Vertreter geben bekannt, daß im Augenblick keinerlei Bahnmaterial zur Benützung innerhalb der Tschechoslowakei zur Verfügung gestellt werden kann und daß die Tschechen dieses bereitstellen müssen, um die Auswanderer zu den Empfangsstationen in Deutschland zu bringen... Man kam darin überein, daß das tschechische Waggonmaterial und die Lokomotiven bis zu den Empfangsstationen[11] fahren und daß die Vertreter der USA dafür garantieren, daß das gesamte Bahnmaterial und Begleitpersonal pünktlich zurückgelangen.

...

m) Die USA-Vertreter warfen sodann die Frage auf, welche Pläne die Tschechen hätten, um die Zahl der Ausgewiesenen im richtigen Verhältnis auf die US- und die russische Zone zu verteilen. Die Vertreter der USA legten dar, daß die Erklärung von Potsdam, wonach die USA-Zone 1,75 Mill. und die Sowjet-Zone 750.000 Flüchtlinge aufnehmen[12], dahingehend ausgelegt wird, daß 70 Prozent nach der US- und 30 Prozent nach der russischen Zone kommen . . .

Die Sitzung wurde sodann auf den 9. Januar 1946 – 10 Uhr – vertagt.

2. Die Sitzung wurde zu dem vorgenannten Zeitpunkt wieder aufgenommen.

. . .

e) Die Vertreter der USA fragten, wieviel Flüchtlinge bereits offiziell in die Sowjet-Zone befördert wurden. Die Tschechen gaben an, daß 70.000–75.000 in organisierten Transporten seit dem Potsdamer Abkommen[13] ausgewiesen wurden . . .

f) . . . Die USA-Vertreter fragten nach der Zahl der Waisen. Die Tschechen erwiderten, daß kein Kind ohne Begleitung fahren wird. Alle Waisen oder unehelichen Kinder befinden sich bei Familien.[14] Sämtliche Kinder werden von Erwachsenen begleitet, und die USA-Behörden werden im voraus davon in Kenntnis gesetzt.

. . .

h) . . . Es wird angenommen, daß die Verschickung etwa am 25. Januar[7] im Umfang von einem Zug pro Tag beginnen könne.

i) Reihenfolge der Transporte.
Die Vertreter der USA verlasen das Schreiben DNAN/MEMO (45) 2 des Alliierten Kontrollrates vom 18. Dezember 1945 betreffend das Vorrecht der Verschickung gewisser Kategorien von Deutschen aus der Tschechoslowakei[15]. Die tschechischen Vertreter erklärten, daß es für sie sehr schwierig sei, Unterscheidungen zu treffen und Transporte besonderer Kategorien[16] durchzuführen. Nach längerer Erörterung kam man zu dem Schluß, daß der beste Vorschlag der ist, gebietsweise zu evakuieren und keine Unterscheidungen zu machen . . . Die Tschechen werden besonders geeignete Arbeiter nicht aussondern, sondern ganze Gemeinden verschicken, was auch eine gleichmäßigere Evakuierung zur Folge hat und eine praktische Methode darstellt.

. . .

Anmerkungen:

1 Verschiedene Exemplare liegen in Fotokopie vor.

2 Siehe dazu die Angaben in den Ausweisungsbescheiden, S. 612 ff.

3 In einer späteren Vereinbarung vom 23. 4. 1946 wurde diese Summe auf RM 500,– je »Flüchtling« vermindert.
Vgl. DdV, IV/1; S. 335.

4 In der Vereinbarung vom 23. 4. 1946 hieß es zusätzlich:
»Die Tschechen verpflichten sich, den Flüchtlingen jene Sparguthaben und Scheckbücher zu belassen, die auf reichsdeutsche Banken ausgestellt sind.«
Vgl. DdV, IV/1; S. 335.
Dieser Verpflichtung ist die ČSR nicht nachgekommen: In sämtlichen Angaben der vorliegenden Ausweisungsbescheide wurde die Abgabe aller Sparbücher gefordert.

5 Siehe dazu die Angaben in den Ausweisungsbescheiden.

6 Gemeint: Die seit dem 17. 5. 1945 bestehende ČSR-Regelung, den Deutschen beträchtlich niedrigere Rationen als den Tschechen zuzuteilen; zum Text: Siehe S. 516.

7 Tatsächlich begannen die Transporte am geplanten 25. 1. 1946.
Vgl. Bohmann: SiZ; S. 252–273.

8 Tatsächlich wurde neben dem vereinbarten Furth im Walde nur das Lager Wiesau (Tirschenreuth, Oberpfalz) ab 25. 2. 1946 als Übergangsort verwendet.

[9] Dazu hieß es in der Vereinbarung vom 23. 4. 1946:
»3. Es wird vereinbart, daß die Amerikaner Reichsdeutsche aufnehmen, die nach ihrer Aussage in der amerikanischen Besatzungszone wohnten. Sie werden in normalen Flüchtlingszügen verfrachtet, unter der Bedingung, daß sie von den Sudetendeutschen getrennt und eigens aufgeführt werden. Ihre Transporte werden nach den deutschen Ländern, aus denen sie stammen, zusammengestellt, und wenn es möglich ist, nach Reg.-Bezirken. Ungefähr 8.000 sind für die amerikanische Zone vorgesehen. Die Amerikaner verpflichten sich, den britischen und französischen Vertretern des Repatriierungsausschusses nahezulegen, die Reichsdeutschen in ihrer Zone aufzunehmen. Sie werden für die britische Zone auf 4.000 und für die französische Zone auf 1.500 Menschen geschätzt.«
Vgl. DdV, IV/1; S. 335.

[10] Ab 1. 5. 1946 wurden Begleitpersonal und Lokomotiven bereits vom Übergangsort (Furth/Walde, Wiesau) zurückgeschickt, während die Güterwagen regelmäßig bis zur Endstation in der US-Zone (z. B. Augsburg oder Würzburg o. ä.) durchliefen.

[11] Das war bei den Transporten in die SBZ offensichtlich meistens anders: Die Insassen wurden an der Grenze umgeladen. Siehe S. 619 ff.

[12] Offensichtlich falsche Aussage: Die »Erklärung von Potsdam« enthielt keine Zahlenangaben; zum Text: Siehe S. 548.
Diese Zahlen waren erst im Plan des Alliierten Kontrollrates für Deutschland vom 10. 11. 1945 enthalten; zum Text: Siehe S. 569.

[13] Es blieb unklar, ab wann die Alliierten, hier die UdSSR, der ČSR entgegen Wortlaut Potsdamer Erklärung vom 2. 8. 1945 (zum Text: Siehe S. 569) die Ausweisung freigaben oder ob die ČSR lediglich dem Wunsch der Alliierten, weitere Anweisungen einzustellen, nicht entsprach.

[14] Unklare Aussage: Mehr als nur einzelne deutsche Waisenkinder verblieben in der ČSR und wurden in tschechische Familien implantiert.
Siehe z. B. S. 1230 f.

[15] Es blieb unklar, um welche Kategorien (z. B. Berufe) es sich hier handelte.

[16] Vermutlich Falschaussage, da über gesonderte Transporte der Personenkategorie »Antifaschisten« bereits im November 1945 (siehe S. 681) verhandelt worden war.

Wiedergabe:
Nach den im Bundesministerium für Vertriebene, Flüchtlinge und Kriegsgeschädigte befindlichen Akten des Länderrats der US-Zone Deutschlands, Ausschuß für Flüchtlingswesen in DdV IV/1; S. 328–333.
Dieses Protokoll war von der US-Militärregierung in Deutschland den Länderregierungen der US-Zone zugestellt worden.

****

Abkommen alliierter Staaten **1946, 14. Januar**[1]
»über Reparationen von Deutschland, über die Errichtung einer Interalliierten Reparationsagentur und über die Rückgabe von Münzgold«

Die Regierungen von Albanien, den Vereinigten Staaten von Amerika, Australien, Belgien, Canada, Dänemark, Ägypten, Frankreich, dem Vereinigten Königreich von Großbritannien und Nordirland, Griechenland, Indien, Luxemburg, Norwegen, Neuseeland, den Niederlanden, der Tschechoslowakei, der Südafrikanischen Union und Jugoslawien,
in der Absicht, die Gesamtheit der Guthaben gerecht unter sich zu verteilen, die gemäß den Bestimmungen des vorliegenden Abkommens und der zu Potsdam am 1. August 1945 zwischen den Regierungen der Vereinigten Staaten von Amerika, dem Vereinigten Königreich von Großbritannien und Nordirland und der Sowjetunion vereinbarten Bestimmungen[2] als von Deutschland zu leistende Reparationen (nachstehend »deutsche Reparationen« genannt) für verfügbar erklärt wurden oder erklärt werden,
in der Absicht, eine Interalliierte Reparationsagentur zu errichten,
in der Absicht, ein gerechtes Verfahren für die Rückgabe des Münzgoldes festzusetzen,
haben das folgende Abkommen geschlossen:

Teil I
Deutsche Reparationen.

Art. 1. Reparationsquoten.

A. Die deutschen Reparationen (mit Ausnahme der nach Artikel 8 des Teils I dieses Abkommens zu verteilenden Werte) werden in die folgenden Kategorien eingeteilt:
Kategorie A. Diese umfaßt alle Arten von deutschen Reparationen unter Ausschluß der in Kategorie B erfaßten.
Kategorie B. Diese umfaßt alle Industrieausrüstungen und andere Ausrüstungsgüter, die aus Deutschland entnommen wurden, sowie die Handelsschiffe und die Fahrzeuge der Binnenschiffahrt.

B. Jede unterzeichnete Regierung hat einen Anspruch auf den Prozentsatz des Gesamtwertes der Güter der Kategorien A und B, der für jede dieser Regierungen in den entsprechenden Spalten der nachfolgenden Aufstellung angezeigt ist.

Aufstellung der Anteile

Land	Kategorie A	Kategorie B
Albanien	,05	,35
Vereinigte Staaten v. Amerika	28,00	11,80
:		
Frankreich	16,00	22,80
Vereinigtes Königreich	28,00	27,80
:		
Tschechoslowakei	3,00	4,30
Jugoslawien	6,60	9,60
Insgesamt	100,00 ⟨%⟩	100,00 ⟨%⟩

...

B. Die obigen Bestimmungen des Paragraphen A sollen nicht präjudizieren:

...

(iii) Jegliche Ansprüche politischer, territorialer oder anderer Art, die eine Signatarmacht bezüglich des Friedensschlusses mit Deutschland erheben könnte.

C. Ungeachtet der obigen Bestimmungen des Paragraphen A soll das vorliegende Abkommen nicht berühren:

...

(ii) Die Forderungen von Sozialversicherungseinrichtungen der Signatarmächte oder ihrer Staatsangehörigen gegen die Sozialversicherungseinrichtungen der deutschen Regierung.

(iii) Die Banknoten der Reichsbank und der Rentenbank, wobei selbstverständlich ihre Realisierung nicht die ungerechtfertigte Verminderung der Reparationsmasse zur Folge haben und nur im Übereinkommen mit dem Kontrollrat in Deutschland vorgenommen werden darf.

D. Ungeachtet der Bestimmungen des Paragraphen A dieses Artikels kommen die Signatarmächte – soweit es sie betrifft – überein, daß die tschechoslowakische Regierung berechtigt ist, über das Girokonto der tschechoslowakischen Nationalbank[3] bei der Reichsbank zu verfügen, in dem Falle, daß diese Maßnahme von der tschechoslowakischen Regierung beschlossen und vom Kontrollrat in Deutschland gebilligt werden sollte[4] im Zusammenhang mit der Umsiedlung ehemaliger tschechoslowakischer Staatsangehöriger von der Tschechoslowakei nach Deutschland.

...

Art. 6 Deutsche Auslandswerte[5]

A. Jede Signatarmacht soll nach einem Verfahren ihrer Wahl die deutschen Feindwerte innerhalb ihres Zuständigkeitsbereiches einbehalten oder darüber verfügen derart, daß diese Werte nicht wieder deutsches Eigentum werden oder unter deutsche Kontrolle zurückkehren können. Sie soll die in Frage kommenden Werte auf ihren Reparationsanteil anrechnen ...

B. Die Signatarmächte sollen der Interalliierten Reparationsagentur alle Informationen übermitteln, welche diese über den Betrag dieser Werte und über den von Zeit zu Zeit durch die Liquidation dieser Werte erzielten Erlös verlangt.[6,7]

...

D. Bei der Anwendung der Bestimmungen des obigen Paragraphen A werden Werte, die nicht das Eigentum Deutschlands, sondern das Eigentum eines Mitgliedstaates der Vereinten Nationen oder eines seiner Staatsangehörigen im Augenblick der Annexion oder der Besetzung dieses Landes durch Deutschland oder seines Kriegseintritts waren, nicht auf sein Reparationskonto angerechnet ...

...

Teil II
Interalliierte Reparationsagentur.

Art. 1. Errichtung der Agentur.

Die Signatarmächte dieses Abkommens errichten eine Interalliierte Reparationsagentur (nachstehend die Agentur genannt). Jede von ihnen ernennt einen Delegierten bei der Agentur ...

Art. 3. Interne Organisation der Agentur.

A. Die Organe der Agentur sind die Versammlung und das Sekretariat.
B. Die Versammlung besteht aus Delegierten ...

Art. 4. Funktionen des Sekretariats.

Das Sekretariat hat die folgenden Aufgaben:

...

B. Die Führung genauer Unterlagen über die als deutsche Reparationen zur Verfügung stehenden Vermögenswerte und über bereits verteilte derartige Güter.

...

⟨8⟩

Anmerkungen

1 a) Das Abkommen wurde von den wichtigsten Teilnehmern am 14. 1. 1946 unterzeichnet, trat aber erst am 24. 1. 1946 in Kraft, es wird deshalb auch mit dem Datum des 24. 1. 1946 zitiert.
b) Der Auffassung, daß das Abkommen an sich, wie auch die Basisabsprachen in Potsdam (siehe Anm. 2), dem Art. 46 bei der Haager Landkriegsordnung vom 18. 10. 1907 (zum Text: Siehe S. 7) mindestens teilweise widersprachen, ist zuzustimmen.

2 Die relevanten Basisabsprachen in Potsdam waren:
A) Die UdSSR wird ihre und die Reparationsansprüche Polens
a) befriedigen aus
aa) 10 % der für die Friedensproduktion unnötigen Industrieanlagen der Westzonen Deutschlands,

ab) den Sowjetzonen Deutschlands und Österreichs,
ac) den deutschen Auslandswerten in Bulgarien, Finnland und Rumänien.
b) Großbritannien und die USA verzichten auf die Vermögen der Ziff. A.
B) Die USA, Großbritannien »und andere reparationsberechtigte Staaten« werden ihre Ansprüche
a) befriedigen aus
aa) den Westzonen Deutschlands
ab) deutschen Auslandswerten aller Länder mit Ausnahme Ziff. Aac.
b) Die UdSSR verzichtet auf die Vermögen der Ziff. B.
Vgl. FRUS: »The Conference of Berlin 1945«; 2 Bde.; Bd. II, Washington, 1960); »Protocol ...«; S. 1485 ff.; »Communique«; S. 1505 f.

3 Natürlich hatte bei der am 8. 5. 1945 untergegangenen Reichsbank des Deutschen Reiches zu diesem Zeitpunkt kein Konto einer damals gar nicht bestehenden ČSR-Nationalbank bestehen können; diese wurde erst durch ČSR-Gesetz vom 19. 9. 1945 (neu) begründet.
Zum Text vgl. ČSR-Slg. 1945; Nr. 139 im 57. Stück v. 26. 11. 1945; S. 338.
Gemeint sein dürfte ein evtl. Girokonto der Zentralbank des Protektorates Böhmen und Mähren.

4 Über Beschlüsse der ČSR-Regierung und/oder des Alliierten Kontrollrates zu diesem Thema ist m. W. nichts veröffentlicht worden; Nachforschungen bei einem potentiellen Wissensträger verliefen ergebnislos.

5 Durch Art. 6, Abschnitt D war das Vermögen der Deutschen in der ČSR 1938 bis 1945 von der Anrechnung auf Reparationskonto ausdrücklich ausgenommen.
Ein Tscheche kommentierte den Art. 6 D wie folgt:
»Der Zweck dieser Klausel bestand gerade darin, der ČSR zu gestatten, sich wenigstens teilweise außerhalb der Reparationen aus dem Vermögen der sog. Sudetendeutschen für ihre enormen Verluste zu entschädigen.«
Wiedergabe nach Seidl-Hohenveldern, Ignaz: »Entschädigungspolitik der Bundesrepublik für reparationsentzogenes Auslandsvermögen«; Heidelberg (Bad.), 1962; S. 132.

6 Folgerichtig meldete die ČSR per 31. 12. 1949 nur rd. 3,2 Mio US $ (Kurs 1938) als »deutsches, im Mitgliedstaat gelegenes Auslandsvermögen«, das die ČSR eingezogen habe.
Vgl. Seidl: a. a. O.; S. 131.

7 Aus verschiedenen Unterlagen kann zu den in Frage stehenden Beträgen entnommen werden:
a) Von der ČSR wurden als Summe an »Kriegsgesamtschäden« angegeben »im großen und ganzen 308 Mrd. Kčs (in neuer Währung)«.
Vgl. »Motivenbericht der ČSSR-Regierung« an das ČSSR-Parlament zum 1. Prager Vertrag vom 11. 12. 1973, Drucksache 66 v. 22. 3. 1974;
Wiedergabe nach Sudetendeutscher Rat (Hsg.): »Der Prager Vertrag in den Parlamenten«; München, 1975; S. 208.
Eine andere Schätzung bezifferte »die festgestellten Kriegsschäden« mit »330 Mrd. Vorkriegskronen«.
Vgl. Škorpíl, Pavel: »Několik (sporných?) faktů o odsunu« [Einige (umstrittene?) Tatsachen über die Abschiebung] in »Lidová demokracie« (Volksdemokratie) *⟨TZ.⟩*, Prag; Jg. 46, Nr. 52 v. 2. 3. 1990; S. 10.
b) Der ČSSR-Erhalt wurde beziffert mit 277 Mio. Kčs (Motivenbericht von 1974) bzw. 682 Mio Kčs (Škorpíl a. a. O.).
c) Zum Wert des sudetendeutschen Vermögens: Siehe S. 1240; hier zum Vergleich nur die Angabe von 210 Mrd. Kčs des Jahres 1938.
Demgegenüber soll das »Internationale Reparationsamt (IARA)« den Wert des konfiszierten Eigentums der »tschechoslowakischen Deutschen« mit (nur) »mehr als 424 Mio. Vorkriegskronen« beziffert haben, die in obigen Gesamterhalt der ČSSR einbezogen wurden (Škorpíl a. a. O.).
d) Die weit differierenden Beträge dürften auf völlig unterschiedliche Erfassungsumfänge und/oder Bewertungssysteme zurückzuführen sein.
e) Darüber hinaus könnten auch Informationslücken vorliegen:
So erklärte die Regierung der ČSSR bereits 1974 für die ČSSR öffentlich, von der BR Deutschland DM 7,5 Mio. für durch »pseudomedizinische Versuche« geschädigte ČSSR-Bürger erhalten zu haben (vgl. Motivenbericht: a. a. O.). Demgegenüber beschwerte sich der tschechische Anspruchssteller Dr. Ladislav Velan aus Eger noch 1990: »Mir wurde *⟨von ČSSR-Stellen⟩* immer die lapidar formale Antwort gegeben, daß es zu keiner Entschädigung gekommen ist.«
Vgl. »Hlas revoluce« (Stimme der Revolution), *⟨WZ. d. ČSR-Antifaschisten⟩*, Prag; Nr. 5 v. 30. 1. 1990; S. 4.

8 Zur Behandlung damit zusammenhängender Fragen im sog. Überleitungsvertrag v. 23. 10. 1954: Siehe S. 739; im sog. 2+4-Vertrag v. 12. 9. 1990: Siehe S. 893.

Quelle:
»Deutsches Vermögen im Ausland – Internationale Vereinbarungen und ausländische Gesetzgebung«; Nr. 6; hsg. v. Bundesministerium der Justiz, Bonn; o. J. (ca. 1960); S. 11 ff.
Auch: ČSR-Slg. 1947; Nr. 150 v. 21. 12. 1945 im 71. Stück v. 27. 8. 1947; S. 763 ff.

****

⟨ČSR⟩-Regierungsbeschluß[1] **1946, 15. Februar**
»über die Aussiedlung deutscher Antifaschisten aus der tschechoslowakischen Republik in die russische und amerikanische Zone Deutschlands«

Zu dem Zweck, den Okkupationsorganen in Deutschland eine wirksame Unterstützung bei der Bildung demokratischer Verhältnisse in Deutschland mit Hilfe der in der ČSR befindlichen Personen deutscher Nationalität antifaschistischer Gesinnung zu gewähren, beschließt die Regierung der Čsl. Republik dieses:

Art. 1

Personen deutscher Nationalität, antifaschistischer Gesinnung, werden zu den in diesem Beschluß erwähnten Bedingungen aus der allgemeinen Evakuierung der Deutschen aus dem Gebiete der Čsl. Republik ausgenommen und können im Rahmen einer besonders organisierten Aktion in die russische oder amerikanische Zone auswandern.

Art. 2

Auswahl der Personen und Bedingungen der Ausfuhrbewilligung:

Für die Aktion kommen in Frage nur Personen deutscher Nationalität, antifaschistischer Gesinnung, soweit sie vor der Okkupation Mitglieder der kommunistischen oder Deutschen Sozialdemokratischen Arbeiterpartei waren.[2]
Die Aufnahme dieser Personen führen die Bezirks-Sekretariate der zugehörigen politischen Parteien durch.
Unter dem Begriff Antifaschist ist im Sinne der Bestimmungen § 1 Abs. 1 Nr. 2 des Dekretes Nr. 108/1945 Slg.[3] und § 2 Abs. 1 des Verfassungsdekretes Nr. 33/1945 Slg.[4] sowie der Weisungen im Rundschreiben des Innenministeriums vom 24. August 1945 Nr. A-4600-16/8-45 ref. A[5], zu verstehen eine physische Person deutscher Nationalität, die nachweist, daß sie der Čsl. Republik treu geblieben ist, sich nie gegen die tschechische oder slowakische Nation vergangen hat und sich entweder aktiv am Kampfe um ihre Befreiung beteiligt oder unter dem faschistischen Terror gelitten hat. (Diese Bedingungen entsprechen jenen, unter welchen einer Person deutscher Nationalität eine Bescheinigung nach Muster B ausgestellt werden kann, die an jene ausgegeben wird, die ein begründetes Ansuchen um die Beibehaltung der čsl. Staatsbürgerschaft nach § 2 des Verfassungsdekretes Nr. 33/1945 Slg.[4] abgegeben haben)[6].
Die Sekretariate der kommunistischen Partei und der čsl. Sozialdemokratie geben das Verzeichnis der nach ihrer Feststellung in Frage kommenden Personen in zweifacher Ausfertigung den zugehörigen O⟨*kresní*⟩ N⟨*árodní*⟩ V⟨*ýbor = Bezirksnationalausschuß*⟩ . . ., die daraus ausschließen:

1. Personen, die nicht nachweisen, daß sie Antifaschisten sind, d. h. auf die Ausgabe der Bescheinigung nach Muster B im Sinne des § 2 des Verfassungsdekretes Nr. 33/1945 Slg. keinen Anspruch haben.[6] . . .
2. Personen, die bei den Volksgerichten als Zeugen gebraucht werden.
3. Personen, die in für das Wirtschaftsleben besonders wichtigen Betrieben beschäftigt sind als Spezial-Fachleute oder besonders qualifizierte Kräfte.

Art. 3
Besitzabfertigung:

Die deutschen Antifaschisten, denen das Innenministerium die Aussiedlungsbewilligung erteilt hat, können, soweit es die Transportverhältnisse zulassen, ihr bewegliches Eigentum einschließlich Möbel, Radioapparate, Fahrräder, Schreib- und Nähmaschinen, sowie Geräte, die zur Ausübung des Berufes ihrer und ihrer Familienmitglieder notwendig sind, mitnehmen.

...

Soweit die Vorschriften der geltenden Devisenordnung bzw. eine besondere Maßnahme der Čsl. Nationalbank nicht ausdrücklich die Ausfuhr größerer Beträge erlauben, kann jede abgehende Person aus ihrem eigenen Vermögen 1000 RM mitnehmen.

Durchaus unzulässig ist die Mitnahme jenes beweglichen Besitzes, dessen Verzeichnis in den Richtlinien[7], die einen untrennbaren Bestandteil dieses Beschlusses bilden, enthalten ist, außer, wenn das Finanzministerium nach Abs. III, Pkt. 4 der Richtlinien die Ausfuhr erlaubt.

Sämtlicher in der ČSR verbleibender beweglicher und unbeweglicher landwirtschaftlicher und nichtlandwirtschaftlicher Besitz wird durch den Besitzer genau aufgenommen und das Eigentumsrecht ordnungsgemäß nachgewiesen (bei unbeweglichen Gütern durch Auszug aus dem Grundbuch). Der Besitzer bestimmt einen Bevollmächtigten, dem er eine ordentlich gestempelte und unterfertigte Vollmacht übergibt. Die Besitzaufnahme wird in drei Ausfertigungen hergestellt, von denen eine der Besitzer behält, die zweite der bevollmächtigte Treuhänder bekommt und die dritte bei dem zuständigen ONV (OSK) hinterlegt wird. Die Aufnahme wird im Beisein von Organen des MNV (MSK) durchgeführt, welche ihre Richtigkeit auf allen drei Ausfertigungen bestätigen.

Art. 4
Durchführung des Transportes[8]:

...

Jeder Zugtransport wird etwa 200 Personen enthalten, nach Möglichkeit in Familien gruppiert. Die Personen werden in Personenwagen, ihr Besitz in geschlossenen Güterwagen befördert.

Für einen Transport in diesem Umfange werden 3–4 Personenwagen und die erforderliche Anzahl von Güterwagen (Reihe Z) verwendet ...

Dabei soll ein Güterwagen annähernd für die Übersiedlung des Besitzes von 4 Familien dienen.

...

Anmerkungen:

[1] Zum Thema des Beschlusses gab es bereits frühere Festlegungen: V. a. einen ČSR-Regierungsbeschluß vom 24. 11. 1945, Nr. Z. 1011/geh./-45, einen ČSR-Innenministeriumserlaß vom 26. 11. 1945, Nr. B 300/1477/45 »über die Aussiedlung von deutschen Antifaschisten in die SBZ« (zum Text: Siehe DdV IV/1; S. 346 f.), aufgehoben am 23. 2. 1946, und die Richtlinie des ČSR-Innenministeriums vom 17. 1. 1946, Nr. B 800/1527 »über die Aussiedlung deutscher Antifaschisten nach Deutschland« (zum Text: Siehe DdV IV/1; S. 348–351).

[2] Die Zahlen waren in der ČSR-Richtlinie vom 17. 1. 1946 – anscheinend nach Angaben des jeweiligen Parteisekretariats bei Eigenmeldung sich zugehörig fühlender Personen – unter Einschluß der Familienangehörigen mit ca. 45.000 KPČ-Mitgliedern und ca. 50.000 DSAP-Mitgliedern beziffert worden.

[3] Zum Text: Siehe S. 563.

[4] Zum Text: Siehe S. 551.

[5] Zum Inhalt: Siehe S. 552.

[6] Bei der Prüfung stellte sich die Haltlosigkeit des ČSR-Prinzipes heraus, daß Antifaschismus mit begründetem Ansuchen zur Rückgabe der ČSR-Staatsbürgerschaft zusammenfiel: Das ČSR-Innenministerium mußte mit Erlaß vom 7. 3. 1946 erklären:

»Unter jenen Personen, die sich zum freiwilligen Transport nach Deutschland gemeldet haben, sind viele, welche die Bedingungen für die Erhaltung der čsl. Staatsbürgerschaft nicht erfüllt haben, trotzdem sie Antifaschisten sind.
Mit Rücksicht darauf, daß es sich um Personen handelte, welche sich zur Aussiedlung nach Deutschland mit ihren Familien gemeldet haben, damit sie dort am Aufbau eines neuen demokratischen Deutschlands arbeiten können, ersuchen wir, daß solchen Personen keine Schwierigkeiten bereitet werden und daß ihnen die Aussiedlung mit ihrem sämtlichen beweglichen Vermögen gestattet wird.«
Zum Gesamttext: Siehe DdV IV/1; S. 352 f.

7 Um welche Richtlinien es sich hier handelte blieb unklar. Ihr Inhalt dürfte aber dem des Erlasses vom 26. 11. 1945 (siehe oben, Anm. 1) entsprochen haben:
»Die Personen können ohne Sonderbewilligung des Finanzministeriums nicht mitnehmen:
1. Gegenstände, deren Abgabe in gebundene Aufbewahrung durch Kundmachung des Finanzministeriums vom 22. 6. 1945, ZL 461/45-IV-/5 ⟨*zum Text: Siehe S. 534*⟩ angeordnet worden ist, und zwar:
a) In- und ausländische Aktien, Kurse, fest verzinsbare Werte und andere Wertpapiere;
b) Edelmetalle und daraus angefertigte Gegenstände;
c) Edelsteine und Perlen;
d) wertvolle und künstlerische Gegenstände, sowie auch Sammlungen solcher Gegenstände;
e) Markensammlungen und komplette Sammlungen.
2. Bargeld in Kronen oder anderen Währungen außer Mark, Einlagebücher, wertvolle Teppiche und wertvolle Pelze.
In keinem Fall aber, und zwar ohne Rücksicht auf eine günstigere Bewilligung des Finanzministeriums, dürfen mitgenommen werden:
a) Verschiedene Gegenstände, Urkunden (Rezepte für Spezialerzeugung, Patente u. ä.), deren Preisgabe im Ausland die Konkurrenzfähigkeit beim Export einiger wichtiger inländischer Erzeugnisse gefährden könnte.
b) Sämtliche Urkunden und Schriftstücke von historischer Bedeutung oder politisch staatsfeindlichen und tschechenfeindlichen Inhaltes.«

8 Zur Transportdurchführung in die US-Zone wurde am 23. 4. 1946 mit den Vertretern der US-Militärregierung abgestimmt:
»Es wird vereinbart, daß die Amerikaner in Furth und Wiesau wöchentlich zwei Züge mit je 300 Antifaschisten im Monat Mai übernehmen. Außerdem wird Furth und Wiesau täglich ein Geleit Antifaschisten aufnehmen. Jedes Geleit besteht aus höchstens 12 LKW. Es wird in Eger und Taus, noch bevor es die ČSR verläßt, von einem amerikanischen Offizier inspiziert. Personal und Ausrüstung dieser motorisierten Geleite gehen auf tschechische Kosten. Die LKW mit Antifaschisten rollen bis zum Bestimmungsort, wo die Wagen freigegeben [werden] und sofort nach der ČSR zurückkehren. Die im Abkommen vom 9.–11. 1. 1946 getroffenen Vereinbarungen über Ausweise, ärztliche Begutachtung und Zusammenlassung von Familien werden gewahrt. Die LKW kehren auf gleichem Wege in die ČSR zurück. Die M⟨*ilitär-*⟩-R⟨*egierung*⟩ von Bayern verhandelt direkt mit den tschechischen Behörden, um diese Bewegung vorzubereiten und ins Werk zu setzen.«
Vgl. DdV IV/1; S. 335.

Wiedergabe:
Nach DdV IV/1; S. 352–355.
Dort Vermerk: »Dieser Regierungsbeschluß war als Anlage einem Rundschreiben des Ministeriums des Innern vom 23. Februar 1946 (Nr. B – 300/1290 ref. B) beigefügt, in dem die Annullierung des Erlasses des Ministeriums des Innern vom 26. November 1945 bekanntgegeben wurde.«

****

Rede[1] **1946, 27. März**
von Klement Gottwald (Vorsitzender der KPČ):
Ausnutzung der militärischen Niederlage Deutschlands zur Vertreibung der Sudetendeutschen

. . .
Die zweite Aufgabe nach der Befreiung der Republik bestand darin, die militärische Niederlage Hitlerdeutschlands und seiner Satelliten vollständig auch in dem Sinn auszunutzen, daß wir die Republik von der Fünften Kolonne in der Form der deutschen Minderheit befreiten.

Das Vorrücken der deutschen und in einem erheblichen Maße auch der madjarischen Minderheit in den für uns tragischen Tagen von München und während der Okkupation hat deutlich gezeigt, daß es für uns Tschechen und Slowaken unmöglich ist, mit diesen Minderheiten unter einem Dach zu leben. Daraus ergab sich eindeutig unsere kategorische Forderung nach Abschub der Deutschen und nach Besiedelung unserer Grenzgebiete mit tschechischen und slowakischen Landsleuten. Es ist notwendig, daß unser Volk weiß, daß diese unsere nationale und staatliche Forderung vom ersten Augenblick[2] an dem vollen Verständnis und der Unterstützung der Sowjetunion begegnete und daß es Genosse Stalin persönlich war, der auf der denkwürdigen Konferenz von Potsdam[3] auch England und Amerika für die Anerkennung unserer Forderung nach Abschub der Deutschen gewonnen hat, wodurch unser Recht auf den Abschub der Deutschen international anerkannt wurde. Es ist nunmehr eine Frage der technischen Durchführung, der Organisation und des Transports, wie auch der Übereinkunft mit den alliierten Dienststellen in Deutschland, wann und wie wir den Abtransport der Deutschen durchführen können.
Gleichzeitig mit dem Abschub der Deutschen kommt mit Riesenschritten das große geschichtliche Werk der Neubesiedlung des tschechischen Grenzgebietes mit tschechischen Menschen auf uns zu. Wir werden die einst deutschen Anwesen, Werkstätten und Geschäfte zu außergewöhnlich günstigen Bedingungen in die Hände kleiner Leute, Landwirte, Handwerker und Kaufleute legen.[4] Wir werden die konfiszierten deutschen Industrien und das Geldwesen in den Sektor unserer nationalisierten Wirtschaft eingliedern, wir werden für den Staat die riesigen Waldkomplexe, die großen Bäderzentren und den gesamten unterirdischen Reichtum sicherstellen.

Anmerkungen:
1 Rede vor dem VIII. ordentlichen Parteitag der KPČ in Prag. Zu ähnlichen, aber auch völlig anderen Aussagen im Jahre 1943: Siehe S. 493 f.
2 Zu den Auseinandersetzungen um das »Erstgeburtsrecht« an der Vertreibungsidee: Siehe S. 460, 492 f.
3 Text der Erklärung vom 2. 8. 1945: Siehe S. 548.
4 Text der Enteignungsdekrete vom 21. 6. und 25. 10. 1945: Siehe S. 532, 563.

Quelle:
Gottwald, Klement: »Deset let. Sbornik nástavky a projevů (10 Jahre. Sammlung von Aufsätzen und Vorträgen) 1936–1946«; Prag, 1949; S. 422.

****

ČSR-Verfassungsgesetz **1946, 28. März**
»durch das die Dekrete des Präsidenten der Republik gebilligt und verkündet werden«:
Legalisierung aller Beneš-Dekrete[1]

Die Vorläufige Nationalversammlung der ČSR[1] hat folgendes Verfassungsgesetz beschlossen:

Artikel 1:
1) Die Vorläufige Nationalversammlung billigt die Verfassungsdekrete und Dekrete des Präsidenten der Republik, die auf der Grundlage des § 2 des Verfassungsdekrets des Präsidenten der Republik vom 15. Oktober 1940, Nr. 2 des ČSR-Amtsblattes (Nr. 20/1945 der ČSR-Slg.)[2] über die zeitweilige Ausübung der gesetzgebenden Gewalt herausgegeben wurden, und erklärt sie, einschließlich des erwähnten Verfassungsdekrets, soweit dies noch nicht geschah, zu Gesetzen.
2) Alle Dekrete des Präsidenten der Republik sind seit ihrem Inkrafttreten als Gesetze, alle Verfassungsdekrete als Verfassungsgesetze anzusehen.

3) Die räumliche und zeitliche Gültigkeit der in den vorhergehenden Absätzen aufgeführten Vorschriften bleibt unverändert.

...

Artikel 3:

1) Die in Artikel 1 erwähnten Verfassungsdekrete und Dekrete des Präsidenten der Republik werden, soweit dies noch nicht erfolgte, innerhalb von 18 Monaten in der Sammlung der Gesetze und Verordnungen der ČSR abgedruckt.

...

Anmerkungen:

[1] Die Legalisierung der Dekrete erfolgte durch eine Versammlung, die ihrerseits durch eines dieser Dekrete eingerichtet worden war.
Zum Text des Verfassungsdekretes vom 25. 8. 1945 über die Berufung der »Vorläufigen Nationalversammlung« vgl. ČSR-Slg. 1945; Nr. 47 im 23. Stück v. 27. 8. 1945; S. 79–80.
Die Mitglieder wurden aus den Nationalausschüssen berufen; sie mußten gemäß § 6 der Regierungsverordnung »national, staatlich und demokratisch verläßliche Staatsbürger der ČSR tschechischer, slowakischer oder anderer slawischer Nationalität« sein.
Zum Text der dies festlegenden Regierungsverordnung, gleichfalls vom 25. 8. 1945 über die »Wahl der Vorläufigen Nationalversammlung« vgl. ČSR-Slg. 1945; Nr. 48 im 23. Stück v. 27. 8. 1945; S. 80–82, hier S. 81.

[2] Zum Text: Siehe S. 451.

Quelle:
ČSR-Slg. 1946; Nr. 57 im 28. Stück v. 3. 4. 1946; S. 283.

****

»Hirtenwort« **1946, 9. April**
der katholischen »Bischöfe Bayerns«[1, 2]
Vertreibungen rückgängig machen

...

Das Furchtbarste, was die Nachkriegszeit mit sich gebracht hat, ist das wahrhaft grauenvolle und im vollen Sinne des Wortes unmenschliche Elend der Flüchtlinge. Ein Riesenstrom von ärmsten Menschen ergießt sich aus dem Osten über unser Vaterland. Sie alle sind verstoßen aus Heim und Heimat, mußten verlassen den teuren Boden, den schon ihre Vorfahren durch Generationen und Jahrhunderte hindurch bebaut haben und mit dem sie mit allen Fasern ihrer Seele verwachsen sind. Sie müssen die Heimat verlassen als Bettler, kaum notdürftig gekleidet; Tausende wurden bereits Opfer der unmenschlichen Formen und Methoden, in denen die Vertreibung vor sich geht. Kinder und Greise werden in den sicheren Tod getrieben, weil sie die furchtbaren Entbehrungen und Härten dieser neuesten und schrecklichsten Völkerwanderung nicht aushalten können. Das um $1/5$ seines Umfanges verkleinerte Deutschland kann die vielen Millionen der Wanderer nicht unterbringen, noch weniger auf die Dauer ernähren und beschäftigen. Sollen sie wirklich zum Tode durch Hunger und Elend verurteilt sein? Wer kann ein solches Todesurteil verantworten? Man sagt: Das ist die Strafe für die Greuel, die die Deutschen in anderen Ländern verübt haben. Niemand kann diese Greuel schärfer verurteilen und tiefer bedauern als wir es tun. Aber was haben Säuglinge und kleine Kinder, Greise und Mütter und ein Riesenheer unschuldiger Menschen mit den Untaten der Mordgesellen Hitlers und Himmlers zu tun? Und wenn sie keine Schuld haben, so ist doch eine so entsetzlich harte und grausame Bestrafung rechtlich und sittlich nicht erlaubt. Diese Wahrheit und Mahnung sprach auch der Heilige Vater aus mit den Worten:[3] »Wer Sühne für Schuld verlangt durch gerechte Bestrafung der Verbrecher nach dem Maße der Verbrechen, muß peinlich darauf achten, daß er nicht das gleiche tue, was er den anderen als Schuld oder Verbrechen vorhält[4]. Wer Wiedergutmachung will, muß sie fordern auf Grund der Sittenordnung, der Achtung vor den unerläßlichen Naturrechten, die auch jenen noch verbleiben, die sich dem Sieger bedingungslos ergeben haben. Wer Sicherheit für die Zukunft verlangt, darf nicht vergessen: Die einzig zuverlässige Sicherung liegt in ... der aufrichtigen Verständigung von Staat zu Staat, von Volk zu Volk.«

... Daher richten wir an die Staatsmänner, die über die Geschichte der Menschheit entscheiden, die dringlichste Bitte, den Millionen vertriebener Deutschen ihr Land und ihre Heimat wieder zurückzugeben und sie vor der Verzweiflung zu retten.

...

Anmerkungen:

1 Bereits am 8. 10. 1945 waren durch die katholischen Diözesen Westdeutschlands für die Flüchtlinge/Vertriebenen sog. »Kirchliche Hilfsstellen« in Frankfurt/M. und München errichtet worden.
Vgl. Reichert-Flögl, Ute: »Unter dem weißblauen Schild«; München, 1984; S. 85.
Ein anderer Bericht besagt, daß am 6. 10. 1945 die »Kirchliche Hilfsstelle« in München nach Muster der bereits bestehenden und von der katholischen Fuldaer Bischofskonferenz autorisierten Stelle in Frankfurt/M. gegründet wurde.
Vgl. Mai, Richard: »Ursprung und Entwicklung der Kirchlichen Hilfsstelle in München« in »Ein Leben – Drei Epochen«; hsg. v. Horst Glassl u. a.; München, 1971; S. 507–512, hier S. 508 f.
Zur Darstellung der Tätigkeit der Hilfsstellen aus ČSR-Sicht im Dezember 1947: Siehe S. 706.

2 Zu einigen der weiteren Äußerungen und Maßnahmen von katholischer Seite:
»Kanzelverkündung« deutscher Bischöfe vom 30. 1. 1946, in der sie u. a. fragten: »Seit wann ist es erlaubt, sich an Unschuldigen zu rächen und Verbrechen durch Verbrechen zu sühnen?«
Vgl. Lorenz, Franz (Hsg.): »Schicksal – Vertreibung«; Köln, 1980; S. 61.
Vertretung des Heimatrechtes durch Papst Pius XII. am 20. 2. 1946, siehe S. 22.
Petition deutscher Bischöfe gegen die Vertreibung vom 3. 7. 1946, siehe S. 689.
Ernennung von Bischof Maximilian Kaller (Ermland, Ostpreußen) durch Papst Pius XII. zum Flüchtlingsbischof in Deutschland am 15.9.1946 und von Joseph Kardinal Frings zum Hohen Protektor für die gesamten Flüchtlingsprobleme Deutschlands.
Vgl. »Zehn Jahre«; S. 380, 401.

3 Als den katholischen »Kirchlichen Hilfsstellen« entsprechende Einrichtung auf evangelischer Seite wurde am 31. 7. 1946 der »Kirchliche Hilfsausschuß für Ostvertriebene – Ostkirchenausschuß« in Frankfurt/Main gegründet.
Seine Aufgabe war die geistliche Lenkung der Arbeit der Hilfskomitees der evangelischen Vertriebenen-Kirchen und die Beratung der kirchlichen Organe in Vertriebenenfragen.
Vgl. »Zehn Jahre«; S. 377.

4 Zum Zusammenhang mit dem Verfahren vor dem Internationalen Militärtribunal in Nürnberg 1945/46: Siehe S. 21.

Quelle:
»Amtsblatt« der Erzdiözese München und Freising; Jg. ⟨19⟩46, Nr. 4 vom 20. 4. ⟨1946⟩, Beilage; S. 6 ff.
Hervorhebung im Original.

****

Gesetz **1946, 8. Mai**
der Vorläufigen Nationalversammlung
der Tschechoslowakischen Republik über die »Rechtmäßigkeit von Handlungen, die mit dem Kampf um die Wiedergewinnung der Freiheit der Tschechen und Slowaken zusammenhängen«:
Legalisierung von Vertreibungsverbrechen[1]

§ 1

Eine Handlung, die in der Zeit vom 30. September 1938 bis zum 28. Oktober 1945[2] vorgenommen wurde und deren Zweck es war, einen Beitrag zum Kampf um die Wiedergewinnung der Freiheit der Tschechen und Slowaken zu leisten, oder die eine gerechte Vergeltung für Taten der Okkupanten oder ihrer Helfershelfer zum Ziel hatte, ist auch dann nicht widerrechtlich, wenn sie sonst nach den geltenden Vorschriften strafbar gewesen wäre.

§ 2

(1) Ist jemand für eine solche Straftat bereits verurteilt worden, so ist nach den Vorschriften über die Wiederaufnahme des Strafverfahrens vorzugehen.[3]

Anmerkungen:

[1] Eine Gegenüberstellung macht deutlich, worin das Vorbild dieses Gesetzes zu finden war und wie es seinerseits zur späteren Unterdrückung der Tschechen und Slowaken in der ČSR beitrug:

	NS-Gesetz vom 3. 7. 1934	ČSR-Gesetz vom 8. 5. 1946	ČSR-Gesetz vom 21. 7. 1948
Vorgang	»Vollzogene Maßnahmen« ⟨*in der Zeit vom*⟩	»Eine Handlung« ⟨*in der Zeit vom*⟩	»Eine Handlung von Aktionsausschüssen« ⟨*in der Zeit vom*⟩
Zeitraum	»30. 6. – 2. 7. 1934«	»30. 9. 1938 – 28. 10. 1945«	»20. 2. – 8. 8. 1948«
Zweck	»zur Niederschlagung hoch- und landesverräterischer Angriffe«	*zur* »gerechten Vergeltung für Taten der Okkupanten«	*zur* »Sicherung der volksdemokratischen Ordnung oder zur Säuberung des öffentlichen Lebens«
Konsequenz	»sind als Staatsnotstand rechtens.«	»ist auch dann nicht widerrechtlich, wenn sie sonst nach den geltenden Vorschriften strafbar gewesen wäre.«	»ist rechtmäßig, und das auch in solchen Fällen, in denen sie sonst nicht im Einklang mit den einschlägigen Vorschriften gewesen wäre.«

Zum Text des NS-Gesetzes von 1934, mit dem die Morde auch an z. B. General Schleicher im Zusammenhang mit der sog. Röhm-Affäre legalisiert werden sollten:
Vgl. RGBl. 1934; Teil I; S. 529.
Zum Text des ČSR-Gesetzes von 1948, mit dem auch die Arbeitsverhältnisse tschechischer öffentlich Bediensteter der ČSR, die der KPČ mißliebig waren, fristlos gelöst wurden:
Vgl. ČSR-Slg. 1948; Nr. 213 im 75. Stück v. 8. 8. 1948; S. 1425 f.

[2] Zum Datum ist bemerkenswert, daß gemäß ČSR-Regierungsverordnung Nr. 31/1945 (v. 31. 7. 1945 im 15. Stück der ČSR-Slg. v. 15. 8. 1945; S. 54) die Zeit der ČSR-Unfreiheit (doba nesvobody) mit dem 4. 5. 1945 zu Ende ging.
Zu den damit seither legalisierten blutigen Verlusten der Sudetendeutschen in der »Zeit der ⟨*ČSR-*⟩ Freiheit« nach dem 4. 5. 1945: Siehe S. 1210 ff.

[3] Daraus könnte abgeleitet werden, daß derartige Verfahren vor ČSR-Gerichten zwischen dem 8. 5. 1945 und dem 8. 5. 1946 stattfanden.

Quelle:
ČSR-Slg. 1946; Nr. 115 im 51. Stück v. 4. 6. 1946; S. 922;
in deutscher Sprache: DdV IV/1; S. 291.

****

Wahlen[1] **1946, 26. Mai**[2]
in der ČSR zur
Verfassunggebenden Nationalversammlung:
Tschechische Neusiedler im Sudetengebiet wählen weit überproportional die KPČ[3]

Gebiet	1946: Stimmenanteil der KPČ (%)	1946: Unter Wählern: »Neusiedler« (%)	1930: Deutscher Bevölkerungsanteil (%)
A) ČSR – gesamt	38⟨,0⟩[4]		
B) darin Böhmen, Mähren-Schlesien	42⟨,0⟩		
C) davon im Sudetengebiet			
Karlsbad	52,2		
Aussig	56,5		
Reichenberg	48,3		
Deutsch-Gabel	64,7	89,9	94,2
Böhmisch-Leipa	60,5	88,0	83,4
Friedland	60,1	95,0	91,2
davon im tschechischen Sprachgebiet			
Pardubitz	35,7		
Mähr. Ostrau	37,9		
Zlin	30,9		
Semily	42,2	1,1	0,8
Turnau	35,8	2,7	2,1

Anmerkungen:

1 Bei diesen Wahlen waren nur Kandidaten 1946 staatlich zugelassener Parteien wählbar; die bis 1938 wichtigste tschechische Partei, die Agrarier (siehe S. 1208), blieb verboten.
Bei diesen Wahlen waren nur ČSR-Staatsbürger »tschechischer, slowakischer und anderer slawischer Nationalität« wahlberechtigt (Art. 3) und wählbar; Juden, Ungarn und Deutsche, auch nachgewiesene Antifaschisten, waren ausgeschlossen.
Zum Text des ČSR-Verfassungsgesetzes Nr. 65 v. 11. 4. 1946 vgl. ČSR-Slg. 1946; 32. Stück v. 18. 4. 1946; S. 701–702.
Darüber hinaus wurde auch zahlreichen Slowaken und vielen Tschechen das aktive Wahlrecht wegen des sog. Kleinen Restitutionsdekretes (ČSR-Slg. 1945; Nr. 138 v. 27. 10. 1945, siehe S. 581, auch 709) entzogen; die Gesamtzahl ist m. W. nie publiziert worden, allein in Prag sollen es um 20.000 an sich wahlberechtigte Tschechen gewesen sein.
Vgl. Jiřík, Václav: »Retribuční realita a Chebsko« (Die Realität der Vergeltung und das Egerland) in »Velké Dějiny – Malý Národ« (Große Geschichte – Kleines Volk); hsg. v. Frank Boldt; o. O. (vermutlich: Eger), 1995; S. 204–221, hier S. 207.

2 Am 14. 10. 1945 waren in offener und indirekter Form die Mitglieder der seit dem 28. 10. 1945 amtierenden Vorläufigen Nationalversammlung durch Wahlmänner der Nationalausschüsse bestimmt worden.

3 Dies geht aus den Zahlenvergleichen deutlich hervor.

4 Die KPČ erhielt 114 von 300 Mandaten.

Wiedergabe nach:
Kuhn, Heinrich: »Die Vertreibung der Deutschen aus der Tschechoslowakei und ihre Folgen« in »Schicksalsjahre der Tschechoslowakei 1945–1948«; hsg. v. Nikolaus Lobkowicz und Friedrich Prinz, München, 1981; S. 45–63, hier S. 61.

****

Der **1946, 12. Juli**
Hauptausschuß der Flüchtlinge und Ausgewiesenen in Bayern:
Zur Gründungsgeschichte dieser Organisation

. . .
Mit Lizenz der Amerikanischen Militärregierung für Bayern nahmen im August 1945 eine »Hilfsstelle für Flüchtlinge aus den Sudetengebieten«[1] und kurz danach eine »Hilfsstelle Südost« mit Unterstützung des Bayerischen Roten Kreuzes (BRK) ihre Tätigkeit als Selbsthilfeorganisationen auf. Eine schlesische Hilfsstelle war in Vorbereitung.[2] Aber am 1. Juli 1946 mußte das BRK diese Hilfsstellen »ausgliedern«; denn die Militärregierung[3] verbot landsmannschaftliche Zusammenschlüsse, und die wirtschaftliche Beratung, Arbeitsbeschaffung usw. »seien nicht rotkreuz-eigene Aufgaben und fielen im wesentlichen dem Staat zu« . . .

Der ⟨*bayrische*⟩ Staatskommissar ⟨*für das Flüchtlingswesen, Günter Jaenicke*⟩ und der ⟨*bayrische*⟩ Wirtschaftsminister ⟨*Ludwig Erhard*⟩ wollten auf sachverständigen Rat[4] ⟨*bei der Lösung der immensen Aufgabe*⟩ nicht verzichten. Alle, die dazu in der Lage waren, versuchten daher, General Walter J. Muller, den Chef der Militärregierung für Bayern, von der politischen Harmlosigkeit derartiger Stellen einerseits und ihrer wirtschaftlichen Bedeutung andererseits zu überzeugen. Schließlich erreichte Muller bei General Lucius D. Clay, daß er seine Entscheidung änderte. Am 11. Juli 1946 erhielt der Ministerpräsident ⟨*Wilhelm Högner*⟩ den ersehnten, fast möchte man sagen »bestellten«, Befehl, die Vertriebenen müßten in jenen Ausschüssen unmittelbar vertreten sein, die sich mit Flüchtlingsfragen befaßten, aber auch in beratenden Ausschüssen der Ministerien, sofern Fragen des Wohnungsbaues, der Fürsorge und des Arbeitsmarktes behandelt würden. Zuständigkeitshalber gab die Staatskanzlei den Befehl an Jaenicke weiter, der schon am 17. Juli[5], also sechs Tage später, die Gründung eines »Hauptausschusses für das Flüchtlingswesen«[6] dem Ministerpräsidenten mitteilen konnte . . .[7]

Gleich bei der ersten Zusammenkunft wurde festgestellt, daß es nicht genüge, vier Sudetendeutsche und vier Schlesier zu berufen; auch die anderen Vertriebenengruppen und vor allem die politischen Parteien sollten beteiligt werden. Die im August 1945 zugelassenen Parteien, die im April und Mai 1946 Kommunalwahlen und dann am 30. Juni 1946 die erste Wahl auf Landesebene (zur Verfassunggebenden Landesversammlung) durchführen konnten, gewannen an politischem Gewicht, wie diese Entscheidung andeutet.

Statt acht wurden fünfzehn Mitglieder berufen und die Bezeichnung geändert: Statt »für das Flüchtlingswesen« hieß es nun »Hauptausschuß der Flüchtlinge und Ausgewiesenen in Bayern«. Berufen wurden die Mitglieder durch den Ministerpräsidenten. Je fünf Vertriebene wurden von der CSU und SPD und je einer von der FDP, der KPD und der WAV (Wirtschaftliche Aufbauvereinigung von *Alfred Loritz*) vorgeschlagen, dazu je ein Repräsentant der Volksdeutschen aus Südost- und aus Nordost-Europa. Zu Vorsitzenden wurden der Sudetendeutsche *Hans Schütz* (CSU) und der Schlesier Dr. *Willibald Mücke* (SPD) gewählt. Dem ersten Vorstand gehörten ferner der Sudetendeutsche *Peter Stark* (SPD), der Schlesier Dr. *Walter Rinke* (CSU) und der Schlesier *Georg Weidner* (FDP) an . . .

Anmerkungen:

1 Zum Text des Antrages vom 12. 7. 1945: Siehe S. 539.

2 Im Februar 1946 hatten sich gebildet:
In Hamburg die »Arbeitsgemeinschaft deutscher Flüchtlinge«, in Württemberg-Hessen die »IDAD – Interessengemeinschaft der ausgesiedelten Deutschen«, in Hessen die »AGO – Arbeitsgemeinschaft der Ostvertriebenen«, in Niedersachsen der »Hauptausschuß der Ostvertriebenen«.
Vgl.: »Zehn Jahre«; S. 372.

3 Zu deren Haltung: Siehe S. 700, 702.
Es wurde weiters berichtet:
»April 1946⟨:⟩ Die weitere Tätigkeit der im August 1945 örtlich errichteten Hilfsstellen der Sudetendeutschen, Schlesier und der Volksdeutschen aus Südosteuropa in Bayern wird auf Betreiben der

Ausweisungsländer durch den Alliierten Kontrollrat verboten.«
»Mai 1946: Britische Kontrollkommission untersagt Bildung und fordert Auflösung von Vereinigungen der Vertriebenen in der britischen Zone.«
Vgl.: »Zehn Jahre«; S. 373, 375.

4 Dazu gehörten neben persönlicher Beratung v. a. zwei Denkschriften:
Hilfsstelle für Flüchtlinge aus den Sudetengebieten (Hsg.): »Denkschrift – Vorschläge betreffend die Unterbringung der deutschen Flüchtlinge aus der ČSR und deren Einbau in den Sozial- und Wirtschaftsorganismus Bayerns«; München, 1946; 24 ms. S.
Wirtschaftshilfe GmbH (Hsg.): »Probleme der Umsiedlung« ⟨*erweiterte 2. Aufl. der Denkschrift der Sudetendeutschen*⟩; München, 1946; 86 ms. S.

5 Als »Errichtungsdatum« wurde der 12. 7. 1946 angegeben.
Vgl.: »Zehn Jahre«; S. 376.

6 Dieser staatlich mitfinanzierte Hauptausschuß war und blieb die einzige Einrichtung dieser Art in Deutschland; zur Tätigkeit: Siehe S. 1311.

7 Zur zeitlich parallelen Entwicklung der Gesetzgebung: Siehe S. 694.

Quelle:
Kornrumpf, Martin: »In Bayern angekommen«; München, 1979; S. 131 f.

****

Brief **1946, 15. Juli**
des stellvertretenden US-Militärgouverneurs in Deutschland, Gen. Lucius D. Clay an Konrad Kardinal von Preysing:
Die Deutschenvertreibungen waren und sind zur Friedenssicherung notwendig

Ew. Eminenz!i

General Keating hat mir die an den Präsidenten der Vereinigten Staaten gerichtete Bittschrift[1] vorgelegt, unterzeichnet durch Ew. Eminenz und durch S. Eminenz, Kardinal Faulhaber, den Erzbischof von Köln, den Erzbischof von Freiburg, den Erzbischof von Paderborn und den Erzbischof von Bamberg. In dieser Bittschrift fordern Sie nachdrücklich Hilfe für die aus der Tschechoslowakei, aus Polen und Ungarn nach Deutschland gebrachte Bevölkerung und weisen darauf hin, daß viel Leid entsteht, wenn nicht für Hilfe gesorgt wird oder weitere Ausweisungen verhindert werden.

Ich bedauere, Ihnen mitteilen zu müssen, daß ich nicht gewillt bin, diese Bittschrift an den Präsidenten der Vereinigten Staaten weiterzuleiten.

Die Umsiedlung der betreffenden Deutschen wurde in Potsdam beschlossen als notwendig für die zukünftige Stabilität Europas. Die Gegenwart einer deutschen Minderheit hatte, z. B. in der Tschechoslowakei, zu vorsätzlicher Unruhe und umstürzlerischer Tätigkeit gegen die bestehende Regierung[2] geführt. Wo diese Minderheiten in anderen Ländern Europas bestanden, haben sie bewiesen, daß sie nicht willens waren, voll die Verantwortung für das ihnen verliehene[3] Bürgerrecht zu übernehmen. Sie trugen nicht nur zu dauernder Unruhe bei, sondern begünstigten auch ungestüm die Bestrebungen der deutschen Kriegführung, sich gegen ihre eigenen Länder zu wenden. Wenn auch viele dieser Menschen zweifellos persönlich an solchen Aktionen unschuldig sind, so wäre es doch unmöglich, individuelle Schuld festzustellen.

Darüber hinaus ist es offenkundig, daß diese Minderheiten das Vertrauen der Völker, unter denen[4] sie wohnten, in einem Grade verloren haben, daß ihr dauerndes Verweilen in diesen Ländern nur dazu dienen würde, Haß und Groll zu mehren.

Es scheint klar, daß die polnische Regierung, wohl wissend um die Geschichte der Minderheiten, nicht willens war zu erlauben, daß, als Resultat der Übertragung verwaltungsmäßiger Verantwortlichkeit für das Gebiet, in dem sie wohnten[5], auf die Regierung Polens, eine Minorität mit solchen Tendenzen eine durch Polen zu verantwortende Aufgabe würde.

Das Potsdamer Abkommen sah vor, daß die zu unternehmende Ausweisung in so menschlicher und geordneter Weise unternommen werden solle, wie es unter den herrschenden

Umständen möglich wäre. Die amerikanische Militärregierung hat alle Anstrengungen gemacht, um einen humanen und geordneten Transport der für ihr Besatzungsgebiet bestimmten Menschen zu sichern . . .
Seien Sie überzeugt, daß die amerikanische Militärregierung auch in Zukunft die äußersten Anstrengungen machen wird, um das internationale Abkommen durchzuführen, durch das sie damit betraut ist, dafür zu sorgen, daß die Umsiedlung der Ausgewiesenen in humaner und geordneter Weise vor sich geht. Auch wird sie, im größtmöglichen Umfange, den deutschen Behörden, die mit dem Problem der Rücksiedlung sich befassen, ihre Unterstützung leihen.

. . .

⟨[6]⟩

Anmerkungen:

1 Vom 3. 7. 1946.
2 Ein mit dieser Auffassung konfrontierter US-Historiker äußerte dazu vornehmlich seine Freude, daß die USA ihren Unabhängigkeitskrieg 1783 gewannen und nicht verloren.
3 Richtig wäre: oktroyiert.
4 Richtig wäre: mit denen in einem Staate nebeneinander zu wohnen sie gezwungen wurden.
5 Zu ergänzen wäre: das von einem fremden Staat annektiert werden soll.
6 Es ist unklar, ob die Petition den Ablauf des nachfolgend markierten Transfer-Endes beeinflußte.
  a) 28. 10. 1946: Radio-Rede von ČSR-Staatspräsident Beneš besagte u. a. das »Odsun«-Ende: »Jetzt verlassen die letzten Züge mit den früheren deutschen Einwohnern des Staates das Gebiet der Republik.«
  28. 10. 1946: CSR-Innenminister Václav Nosek: Der Transfer »wird in einigen Stunden abgeschlossen sein«.
  Zu Textauszügen: Vgl. »Neue Zürcher Zeitung«; Jg. 167, Nr. 2143 v. 25. 11. 1946; S. 2.
  b) 12. 11. 1946: »Abkommen über die zeitweilige Unterbrechung des Transfers der Deutschen aus der ČSR in die US-Zone Deutschlands« (abgeschlossen zwischen der US-Militärregierung für Deutschland und der ČSR-Regierung): Nach spätestens im Februar 1947 zu beginnenden Abwicklungsgesprächen wird der Transfer am 1. 4. 1947 wieder aufgenommen.
  c) Frühjahr 1947: Der ČSR-Wunsch, vereinbarungsgemäß den Transfer wiederaufzunehmen, wird von General Clay wegen der ČSR-Äußerungen zum 28. 10. 1946 abgelehnt.
  Vgl. Ullmann, Walter: »The United States in Prague 1945–1948«; New York, 1978; S. 69.

Quelle:
2 ms. S.; Abschrift der deutschen Übersetzung; Fotokopie im Besitz des Verfassers.

****

ČSR-Gesetz **1946, 19. Dezember**
»über die Angehörigen der ČS-Armee im Ausland und einige
einige andere Teilnehmer am nationalen Kampf um die Befreiung«
Viele sudetendeutsche NS-Gegner[1] bleiben von den Wiedergutmachungsleistungen[2] ausgeschlossen.

. . .

§ 1

⟨*Absatz*⟩ 1:
Teilnehmer am nationalen Kampf um die Befreiung ist, wer
1) in den Jahren 1939–1945
  a) Angehöriger der ČS-Armee im Ausland war . . .,
  b) Militärdienst in einer Verbündeten Armee leistete[3],
  c) Angehöriger der ersten ČS-Armee in der Slowakei war,
  d) tschechoslowakischer Partisan war (§ 1 des Gesetzes vom 14. Februar 1946, Nr. 34 der Slg.[4] . . .),
  e) mindestens 3 Monate an systematischer Tätigkeit der ausländischen oder heimatlichen ⟨*Widerstands-*⟩Bewegung derart teilnahm, daß dies vorrangig auf die Befreiung der

ČSR abzielte ... mit dem Ergebnis, daß diese Tätigkeit nachweisbar bei ihm oder seiner Familie zu Schäden am Leben, der persönlichen Freiheit oder Gesundheit führte,
f) am Aufstand im Mai 1945 teilnahm, ...,
g) tschechoslowakischer politischer Gefangener war,
2) tschechoslowakischer Freiwilliger in Spanien in den Jahren 1936 bis 1939[5] war.

⟨*Absatz*⟩ 2:
Den Teilnehmern am nationalen Kampf um die Befreiung sind gleichgestellt die Mitglieder der durch Regierungsverordnung vom 23. Oktober 1938[6], Slg. Nr. 270 geschaffenen Staatsverteidigungswache, die im Jahre 1938 im Zusammenhang mit dem Kampf gegen feindliche, antistaatliche Tätigkeit im Grenzgebiet Schäden am Leben, der persönlichen Freiheit oder Gesundheit erlitten.

⟨*Absatz*⟩ 3:
Die Eigenschaft einer Person, wie sie in den Absätzen 1 und 2 aufgeführt wurden, kann auch bei Erfüllung der Voraussetzungen dieser Absätze nicht erwerben,
a) wer Militärdienst in einer feindlichen Armee leistete, ...,
b) ⟨*bis*⟩ d)⟨*: Weitere Ausschlußgründe für 1939–1945 in Böhmen, Mähren-Schlesien und der Slowakei verbliebene Personen, v. a. tschechische und slowakische sog. Kollaboranten*⟩
e) wer direkt oder indirekt ... durch Handlungen oder Worte das Regime der Nazisten, Faschisten, Verräter und Kollaboranten unterstützte oder verteidigte oder sich als antidemokratische, volksfeindliche oder staatlich bzw. national unzuverlässige Person erwies,
f) wer deutscher oder ungarischer Nationalität ist, außer er habe sich nie gegen das tschechische und slowakische Volk oder die Selbständigkeit der ČSR vergangen und freiwillig am nationalen Kampf für die Befreiung in der Art teilgenommen, wie sie in § 1, Abs. 1, Ziff. 1, Buchstabe a), d), e) und g) aufgeführt sind.

⟨*Absatz*⟩ 4:
Die Bestimmungen des Absatzes 1, Ziff. 1, Buchstaben b) bis g), der Ziff. 2 und des Absatzes 2 betreffen lediglich tschechoslowakische Staatsangehörige.

§ 2

⟨*In diesem § wurden die Begriffe des § 1, Abs. 1, Ziff. 1, Buchstabe a–g definiert; darunter zu Buchstaben g):*⟩

Nach diesem Gesetz ist ...
5. tschechoslowakischer politischer Gefangener[7]:
Wer im Zeitraum zwischen dem 15. März 1939 und dem 4. Mai 1945 wegen antifaschistischer kämpferischer oder politischer Tätigkeit, die vorrangig gegen die nazistischen oder faschistischen Besatzer, ihre Helfershelfer oder die Verräter des tschechischen oder slowakischen Volkes oder aus Gründen politischer, nationaler, rassischer oder religiöser Art in seiner persönlichen Freiheit durch Inhaftierung, Internierung, Verschleppung oder anderswie eingeschränkt war, wenn diese Einschränkung der persönlichen Freiheit mindestens drei Monate andauerte, oder auch eine kürzere Zeitdauer, falls er beachtliche Gesundheits- oder Körperschäden erlitt oder als Folge der Einschränkung der persönlichen Freiheit starb.

...

Anmerkungen:
1 Die generelle Beschränkung auf ČSR-Staatsangehörige (in § 1, Abs. 4) schloß alle sudetendeutschen emigrierten NS-Gegner aus, die nicht in der ČS-Armee im Ausland gedient hatten.
2 Diese waren v. a. vererbbarer Vorrang bei Beschäftigung im öffentlichen Dienst der ČSR, Zuteilung von Gewerbebewilligungen, landwirtschaftlichem Exfeindeigentum etc.

[3] Dieser Militärdienst wurde nur berücksichtigt, wenn die betreffende Person keinerlei in ihrer Macht liegende Möglichkeit zum Eintritt in die ČS-Armee hatte oder die zuständigen ČSR-Organe im Ausland ihre Zustimmung erteilt hatten (§ 2, Abs. 1, Ziff. 3).

[4] Zum Text vgl. ČSR-Slg. 1946, 16. Stück v. 4. 3. 1946, S. 244–246.
Voraussetzung für die Anerkennung war hierin, daß die betreffende Person ein »staatlich zuverlässiger ČSR-Staatsbürger war«, womit wiederum die meisten sudetendeutschen NS-Gegner grundsätzlich ausgeschlossen wurden.

[5] D. h. Mitglied der sog. Internationalen Brigaden auf republikanischer Seite im Spanischen Bürgerkrieg.

[6] Das Datum war ein Druckfehler: Gemeint war die ČSR-Regierungsverordnung vom 23. 10. 1936; zum Text: Siehe S. 356.

[7] a) An diese Bestimmung wurde fast fünfzig Jahre später angeknüpft:
In § 2 des ČR-Gesetzes 217/94 vom 2. 11. 1994 »über die Gewährung einmaliger Geldbeträge an einige Opfer der nazistischen Verfolgung« wurde der Begriff »tschechoslowakischer politischer Häftling nach gesondertem Gesetz[1]« bestimmt. In der Fußnote wurde der Begriff wie folgt definiert: »1) § 2, Abs. 1, Ziff. 5 des ⟨*ČSR-*⟩Gesetzes Nr. 255/1946 Slg. über die Angehörigen der ČS-Armee im Ausland und einige andere Teilnehmer am nationalen Kampf um die Befreiung.«
Zum Text: Siehe S. 988.

b) Da § 2, Abs. 1, Ziff. 5 des ČSR-Gesetzes Nr. 255/1946 keine nationale Diskriminierungen enthielt (diese standen in § 1, Abs. 3 Buchstabe f und § 1, Abs. 4 und bezogen sich ohnedies nur auf das ČSR-Gesetz Nr. 255/1946), wären allein nach § 2 des ČR-Gesetzes 217/94 auch z. B. sudetendeutsche NS-KZ-Häftlinge aus diesem Gesetz gegen die ČR anspruchsberechtigt geworden.

c) Gegen auch derartige Anspruchsentstehungen bestimmte daher § 1 des ČR-Gesetzes 217/94, daß nur ČR-Bürger per 2. bzw. 30. 11. 1994 anspruchsberechtigt wurden.

Quelle:
ČSR-Slg. 1946, Nr. 255 im 107. Stück v. 31. 12. 1946; S. 1677–1685, hier S. 1677 f.

****

»Vermächtnis«[1] **ca. 1947**

des sudetendeutschen Dichters Hans Watzlik:

Das Schicksal der Vertreibung annehmen, meistern und überwinden

Landsleute!

Ein unsagbares Unglück hat uns betroffen, ein Unglück, wie es nicht größer ein Volk berühren kann: wir sind aus der Heimat vertrieben worden. In dumpfer, niemals berechtigter Rachsucht hat man uns von einer Stätte verjagt, die wir in tausendjähriger härtester und entsagungsvollster Mühsal aus Fels und Dorn und Sumpf zur bewohnbaren, fruchtbaren Landschaft umgeschaffen, die wir aus öder, feindseliger Wildnis herausgehackt haben, auf daß sie die Menschen nähre und erfreue.

Wir hatten dieses Land niemandem weggenommen, wir hatten niemand daraus verdrängt. Wir hatten dieses Land rechtmäßig aus Gottes Hand erworben und es dankbar und würdig und in Ehren verwaltet. Mit seinen einsamen Gipfeln, seinen dunklen Wäldern, mit den innigen Flußtälern und schwermütigen Seen, den schlichten, grauen Walddörfern und den altertümlichen Städtlein dünkte es uns das schönste Land auf Erden, und wir liebten es wie ein Kind seine gute Mutter, und wir lebten freudig darin und hofften, einst in seiner warmen Erde die letzte Ruhe zu finden neben den Hügeln der Ahnen. Es ist anders gekommen. Es ist fürchterlich anders gekommen. Landsleute, ein grauenhaftes Unrecht ist uns angetan worden.

Nachdem wir alle ererbte und erworbene Habe verloren hatten, wurden wir in andere unglückliche Länder hineingepreßt, die ohnehin schon bersten vor Überbevölkerung, in Länder, die sich kaum ernähren konnten. Wir sind, gestehen wir es uns offen, nicht gerade gern gesehene Gäste. Und Tausende und Abertausende von uns können keine Arbeit finden, und viele leben in menschenunwürdigen Wohnungen. Und viele starren, der Verzweiflung nahe, in die graue Zukunft und hegen keine Hoffnung mehr.

Da müssen wir uns fragen: Was haben wir zu tun in dieser bitteren Lage? Was hilft uns, die äußerste Not zu bannen? Wie haben wir uns zu halten?
Vor allem: Verzweifeln wir nicht! Was mit uns geschieht und ob wir oder unsere Kinder einmal wieder heimkehren werden in unser unvergeßliches Land, darüber entscheiden wir nicht, darüber entscheiden andere Gewalten, darüber wird die unerforschliche Weisheit des Allmächtigen das letzte Wort sprechen. Aber eines können und müssen wir versuchen: durchzuhalten! Drum lasset uns in der neuen Heimat so leben und so handeln, als ob wir für immer hier bleiben müßten und es keine Rückkehr gäbe! Arbeiten wir! Greifen wir rüstig zu! Und wenn uns ein Plan, eine Absicht fehl schlägt, lassen wir uns nicht entmutigen! Auch im Böhmerwald daheim ist kein Baum auf den ersten Schlag gefallen. Und geben wir vor allem nicht Veranlassung, daß man uns verachtet! Durch unsern Fleiß, durch Treue, Redlichkeit, Hilfsbereitschaft und durch eine bescheidene, anständige, würdige Haltung wollen wir der altgesessenen Bevölkerung Achtung abzwingen, und sie soll erkennen, daß wir keine Müßiggänger, keine Schmarotzer, Schieber, Schwarzhändler oder Ämtleinhascher, sondern von ernstem, bestem Willen beseelte Menschen sind.
Und seien wir nicht allzu empfindlich, wenn das Unverständnis mancher, die noch nichts erlebt und erlitten haben, unser verbittertes Herz kränkt oder beleidigt! Wir wollen die Widerstrebenden mit nicht nachlassender Geduld gewinnen und, wie schwer es auch fallen mag, jene Herzenshärte, die uns manchmal entgegenstößt, durch Liebe entwaffnen! Und erziehen wir die Kinder, die uns als einziges, letztes, höchstes Gut geblieben sind, zu ordentlichen Menschen! Und singet mit ihnen jeden Abend, ehe ihr sie schlafen legt, das Lied der Heimat! Das Heimweh soll in ihnen lebendig bleiben! Hat man uns die Heimat entrissen, das Heimweh kann uns niemand nehmen, und es soll wie ein Samenkorn zu einer schöneren Zukunft in uns keimen. Und lasset uns jene geheime Macht, die den Völkern das Schicksal verhängt, lasset uns Gott bitten, daß er uns, ehe wir eingehen in die ewige Heimat, in die irdische Heimat zurückführe, ohne die wir in der ganzen weiten Welt kein rechtes Glück finden können.
Und so wollen wir in Hoffnung und Geduld ausharren. Du aber, Gott, erhöre uns!

Anmerkung:
[1] Es handelt sich um einen in vielen, z. T. unterschiedlichen Abschriften zirkulierten Aufruf des 1948 verstorbenen Watzlik, der einen eindrucksvollen Beleg für Denken, Fühlen und Handeln der Sudetendeutschen in jener Zeit darstellt.

Quelle:
Zeitgenössische ms. Vervielfältigung; Abdruck in DzS, 4. Aufl.; S. 298 f.

****

Thesen **1947**[1]
der (sudetendeutschen) Seliger[1]**-Gemeinde:**
Selbstbestimmungsrecht innerhalb und außerhalb der Heimat

I.
Der Erfahrungsschatz der sudetendeutschen Arbeiterbewegung ist ein wertvoller Besitzstand des europäischen Sozialismus.
Die Seliger-Gemeinde erblickt ihre Aufgabe darin, dieses Vermächtnis zu wahren und zu mehren.
Sie wird versuchen, diese Verpflichtung zu erfüllen.

II.
Hauptaufgabe der Seliger-Gemeinde wird sein, das Gedankengut des gesamtösterreichischen und des sudetenländischen Sozialismus in den Dienst einer föderalistischen Neugestaltung Gesamteuropas zu stellen.

Sie betrachtet das Selbstbestimmungsrecht der Völker als das einzig zulässige demokratische Ordnungsprinzip bei der Schaffung übernationaler Schicksalsgemeinschaften.

III.
Die Seliger-Gemeinde wird aber bei ihrem Wirken von der Überzeugung ausgehen, daß die Verwirklichung des Selbstbestimmungsrechtes keine isolierte Aufgabe der Sudetendeutschen ist.
Es ist das gute Recht der Ausgetriebenen und Unterdrückten, ihre freie Selbstbestimmung auf angestammten Heimatboden zu fordern. Gleichzeitig aber müssen in Europa die geistigpolitischen und die moralischen Voraussetzungen für die Anwendung des Selbstbestimmungsrechtes geschaffen werden.

IV.
Solange den Sudetendeutschen durch die Machttatsachen des Eisernen Vorhanges die Geltendmachung des Selbstbestimmungsrechtes in der alten Heimat versagt ist, müssen sie von ihrer geistigen Selbstbestimmung Gebrauch machen und sich in die geistigpolitischen Kampffronten Westdeutschlands und Westeuropas einreihen.

...

VII.
Im Geiste Josef Seligers[2] wird die Seliger-Gemeinde durch ihr ganzes Wirken unter Beweis stellen, daß Volksverbundenheit und sozialistische Gesinnungstreue die Grundwerte des Sozialismus sudetendeutscher Prägung waren und sind. Aus dieser Orientierung heraus bejaht sie die Schicksalsverbundenheit der vertriebenen Deutschen mit dem ganzen deutschen Volke. Sie bekennt sich in brüderlicher Verbundenheit zur deutschen Arbeiterbewegung, deren Kraft und Einfluß für die Zukunft der Freiheit von größter Bedeutung sein wird. Die Seliger-Gemeinde appelliert an alle Sudetendeutschen, ihr geistiges Selbstbestimmungsrecht zugunsten einer Stärkung des deutschen Sozialismus und der europäischen Demokratie in die Waagschale zu werfen.

Anmerkungen:
[1] Formal wurde die Seliger-Gemeinde erst am 4. 6. 1951 in München gegründet und am 10. 11. 1951 in Brannenburg (Obby.) konstituiert.
[2] Zum hier gemeinten sudetendeutschen Politiker Josef Seliger: Siehe S. 300.

Quelle:
Ms. Vervielfältigung; Abdruck in DzS, 4. Aufl.; S. 299 f.

****

Bayrisches Gesetz Nr. 59 **1947, 19. Februar**
»über die Aufnahme und Eingliederung deutscher Flüchtlinge«[1]
(Flüchtlingsgesetz)
Begriffsbestimmung, Wahlrecht

Die Staatsregierung des Freistaates Bayern[2] hat mit Ermächtigung und auf Anordnung der Militärregierung[3] gemäß deren Schreiben vom 24. Januar 1947 das folgende Gesetz erlassen:

§ 1
Geltungsbereich

(1) Der Regelung dieses Gesetzes unterliegen als Flüchtlinge:
1. alle Personen deutscher Staats- und Volkszugehörigkeit, welche am 1. Januar 1945 ihren dauernden Wohnsitz außerhalb der Grenzen des Deutschen Reiches nach deren Stand vom 1. März 1938 hatten und von dort geflüchtet oder ausgewiesen oder aus der Kriegsgefangenschaft entlassen sind, in ihre Heimat nicht zurückkehren können und ihren ständigen Aufenthalt in Bayern genommen haben.

2. Alle Personen deutscher Staatsangehörigkeit, die am 1. Januar 1945 in den deutschen Ostprovinzen östlich der Oder und Görlitzer Neiße (Gebietsstand 1. September 1939) beheimatet waren und von dort geflüchtet oder ausgewiesen oder aus der Kriegsgefangenschaft entlassen sind, in ihre Heimat nicht zurückkehren können und ihren ständigen Aufenthalt in Bayern genommen haben.
3. Personen, auf die – ohne daß sie zu den vorgenannten Gruppen gehören – das Gesetz durch das Staatsministerium des Innern ganz oder teilweise für anwendbar erklärt wird.

(2) Der Regelung dieses Gesetzes unterliegen nicht die evakuierten Personen. Als evakuiert gelten Personen, die nach dem 1. September 1939 infolge der Kriegsereignisse durch behördliche Maßnahmen oder freiwillig ihren Aufenthalt in Bayern genommen haben.

Eingliederung[3]

§ 2

Die Eingliederung der Flüchtlinge soll ihr organisches Aufgehen in der einheimischen Bevölkerung[3] gewährleisten.

§ 3

Flüchtlingsausweis

Die in § 1 aufgeführten Personen erhalten einen Flüchtlingsausweis. Die Erteilung dieser Urkunde begründet die Anerkennung als Flüchtling. Sie ist widerruflich.

§ 4

Einbürgerung

(1) Die in § 1 aufgeführten Personen sind, soweit sie nicht schon die deutsche Staatsangehörigkeit besitzen, vorbehaltlich der endgültigen gesetzlichen Regelung ihrer Staatsangehörigkeit den deutschen Staatsangehörigen in ihren Rechten und Pflichten gleichgestellt.
(2) Sie erhalten das aktive und passive Wahlrecht unter den gleichen Voraussetzungen wie die übrige Bevölkerung.

Soziale Leistungen

§ 5

(1) Bei Vorliegen von Hilfsbedürftigkeit sind Leistungen aus der öffentlichen Fürsorge entsprechend den allgemein geltenden Bestimmungen zu gewähren.
...
(3) Neben den in Absatz 1 angeführten Leistungen können in besonderer Notlage Sonderleistungen zur Beschaffung von Kleidung, Wäsche, Möbeln und Hausrat sowie zur Bestreitung dringender Lebensbedürfnisse gewährt werden.
(4) Die Unterstützung arbeitsfähiger Flüchtlinge kann durch Zuweisung von Arbeit gemeinnütziger Art gewährt oder von der Leistung solcher Arbeit abhängig gemacht werden (Reichsverordnung über die Fürsorgepflicht vom 13. 2. 1921, RGBl. S. 100) . . .

Aufnahme

§ 6

(1) Flüchtlinge sind alsbald angemessen unterzubringen.
(2) Sofern als erste Maßnahme die Unterbringung in Not- oder Sammelunterkünften durchgeführt werden muß, ist ihre Dauer auf ein Mindestmaß zu begrenzen. Diese Unterbringung soll nur der ersten Betreuung, der ärztlichen Untersuchung sowie der Erfassung und Registrierung dienen.
Ist die alsbaldige endgültige Unterbringung der Flüchtlinge nicht möglich, so hat ihre vorläufige Unterbringung in geeigneten und menschenwürdigen Unterkünften zu erfolgen.

§ 7

(1) Die Inanspruchnahme, Erstellung und Einrichtung der Unterkünfte ist eine vordringliche öffentliche Aufgabe.
(2) Die Behörden sind verpflichtet, für die Einrichtung solcher Unterkünfte zu sorgen. Die unteren Dienststellen des Flüchtlingswesens können die Beschlagnahme der für die Einrichtung solcher Unterkünfte notwendigen Gegenstände, soweit sie für die Besitzer entbehrlich sind, zum Zwecke der Gebrauchsüberlassung auf bestimmte Zeit und gegen angemessene Vergütung bei den ordentlichen Verwaltungsbehörden (Landrat, Oberbürgermeister) beantragen.
...
(3) Die Flüchtlinge sind hinsichtlich der Versorgung mit den notwendigen Bekleidungs-, Gebrauchs- und Einrichtungsgegenständen den bevorzugten Einheimischen gleichzustellen. Die Versorgung wird durch Eintragung in den Flüchtlingsausweis überwacht.

Unterkunft

§ 8

Für die Beschaffung der erforderlichen Wohnräume sind alle verfügbaren und geeigneten Räume nach den Vorschriften des Kontrollratsgesetzes Nr. 18 (Wohnungsgesetz) zu erfassen ...

Organe

§ 10

Die Staatsregierung ernennt einen Staatsbeauftragten[4] für das Flüchtlingswesen. Er ist dem Staatsminister des Innern unmittelbar unterstellt.
...

§ 12

(1) Zur Unterstützung und Beratung des Staatsbeauftragten wird ein Beirat geschaffen.
(2) Ihm gehören neben dem Staatsbeauftragten an:
a) die Vertreter der Staatsministerien:
jedes beteiligte Staatsministerium bestellt einen Vertreter als Mitglied des Beirats;
b) die Präsidenten der Landesarbeitsämter,
c) die Leiter der anerkannten freien Wohlfahrtsorganisationen;
d) Personen, die auf Grund ihrer Tätigkeit, ihrer Kenntnisse und besonderen Eignung durch den zuständigen Staatsminister in den Beirat berufen werden. Mindestens die Hälfte von ihnen müssen Flüchtlinge sein. Die Gesamtzahl der nach d) zu berufenden Personen hat der Personenzahl nach a bis c gleichzukommen
...

§ 14

(1) Zur Unterstützung der Tätigkeit der unteren Dienststellen für das Flüchtlingswesen der Stadt- und Landkreise sowie zur Beratung der Flüchtlinge wird in jedem Stadt- und Landkreis ein Ausschuß gebildet. Er besteht aus mindestens sechs Mitgliedern.
(2) Die Mitglieder des Ausschusses werden auf Vorschlag der im Kreise bestehenden Parteien aus den Flüchtlingen[5] und der einheimischen Bevölkerung zu gleichen Teilen vom Oberbürgermeister oder Landrat berufen.

Anmerkungen:
[1] Am 14. 12. 1945 hatte die US-Militärregierung über den bayerischen Ministerpräsidenten Högner bereits das »Gesetz Nr. 5 über die Befugnisse des Staatskommissars für das Flüchtlingswesen, der Regierungsflüchtlingskommissare und der Flüchtlingskommissare bei den Landräten und Oberbürgermeistern (Flüchtlingsnotgesetz)« erlassen, welches diesen Kommissaren sehr umfangreiche Vollmachten übertrug. Wegen der damaligen allgemeinen Verhältnisse trat das Gesetz »mit dem Tage der Verkündigung im Rundfunk« (§ 4) am 18. 12. 1945 in Kraft.

Zum Text vgl. »Bayerisches Gesetz- und Verordnungsblatt«; Jg. 1946, Nr. 1 v. 15. 1. 1946; S. 4. Dieses Gesetz Nr. 5 wurde durch das Gesetz Nr. 59 v. 19. 2. 1947 aufgehoben.

2 Gleichlautende Gesetze wurden auch in den anderen Ländern der US-Zone Hessen und Württemberg-Baden erlassen.

3 Konzept und Diktion sind deutlich von den zeitgleichen Ansichten der US-Militärregierung geprägt.

4 Der Titel »Staatsbeauftragter« löste auf der Landesebene den bisherigen Begriff »Staatskommissar« ab.

5 Später wurde dieses Vertretungssystem auf der gemeindlichen Ebene durch sog. »Flüchtlingsobleute« ergänzt, die nur von den »Flüchtlingen« zu wählen waren.

Quelle:
»Bayerisches Gesetz- und Verordnungsblatt«; Jg. 1947, Nr. 5 v. 27. 2. 1947; S. 51–52.

****

Petition **1947, 1. März**
»an die Unterzeichnermächte des Potsdamer Übereinkommens und den Generalsekretär der Vereinten Nationen für das Sudetenvolk«, überreicht von den Vertretern der sudetendeutschen Sozialdemokraten«

Sudetenfrage auf Friedenskonferenz, um Rechte im Heimatland zu sichern

⟨*Vorspruch der Petition:*⟩ Nothing is finally settled until it is justly settled.

Abraham Lincoln

Wir, die Unterzeichneten, waren frei gewählte Vertreter der sozialdemokratischen Sudeten-Arbeiter im letzten Vorkriegs-Parlament der Tschechoslowakei. Unsere Partei blickt auf ein halbes Jahrhundert brüderlicher Zusammenarbeit mit der tschechischen Arbeiterklasse zurück. Sie war ein treuer Verbündeter des tschechischen Volkes in dessen schwersten Stunden.

Aus dieser Vergangenheit sollten wir wohl das Recht ableiten dürfen, als Sprecher des Sudetenvolkes bei der Friedensregelung gehört zu werden. Wir glauben und hoffen zuversichtlich, daß die Unterzeichner-Mächte des Potsdamer Übereinkommens und die anderen hohen Mitgliedsstaaten der Vereinten Nationen es nicht ablehnen werden, die Sache eines zentraleuropäischen Volkes zu überprüfen, das mehr als drei Millionen Menschen zählt, und das seit 1918 dreimal schon das Objekt willkürlicher Entscheidungen anderer war.

Wenzel Jaksch — Eugen de Witte, Dr. Robert Wiener — Franz Katz

⟨*Der Inhalt der Petition ist aus den Kapitelüberschriften zu ersehen:*⟩

I. Die Sache der Sudeten-Demokraten
Der geschichtliche Hintergrund
Nach dem ersten Weltkrieg
Vor-Münchener Entwicklungen
Die sudetenländischen Opfer Münchens

II. Der Anspruch auf eine Revision der Volksabschiebungsklausel im Potsdamer Übereinkommen
Wie viele Sudetendeutsche waren »staatsfeindlich«? – Das Zeugnis eines tschechischen Ministers
Sudeten-Nazis hatten tschechische Unterstützung
Der »Kardinalfehler« der tschechischen Politik
Figuren in einem Spiel
Wiederaufnahme des Falles

III. Ein viertausend Millionen Dollar umfassendes Wiedererstattungsproblem.
Werte, um die es geht
Weitere Schätzungen
Anti-Nazi-Eigentum
Die Rechtslage
Zweifache Reparation

IV. Die sittliche Bedeutung des Sudetenfalles
Die Massenumsiedlung und die moralische Grundlage der »Vereinten Nationen«
Unparteiische Beobachter richten die Deportationspolitik

V. Abschließend unsere Vorschläge
Wir, die Unterzeichneten, haben Jahrzehnte hindurch uns dem öffentlichen Leben und dem Dienste für echte internationale Zusammenarbeit gewidmet. Wir geben uns nicht der Illusion hin, daß dieser Aufschrei eines hingeopferten und gemarterten Dreimillionen-Volkes Zentraleuropas ein praktisches Ergebnis zur Folge haben könnte, so lange die siegreichen Nationen nicht eine allen legalen und sittlichen Prüfungen standhaltende Rechtfertigung ihrer Politik gegenüber den Unterlegenen suchen. Uns, die wir unter Hitler in Verbannung lebten, und die wir nun, da wir unsere alte Heimat verloren haben, weiter im Exil zu leben gezwungen sind, uns kommt es nicht zu, in allen Einzelheiten die Mittel und Wege vorzuschlagen, mittels derer die Ungerechtigkeiten wieder behoben werden könnten, die wir in diesem Dokument – immer noch unzulänglich freilich – beschrieben haben.

Wir unterbreiten darum auch nur die folgenden allgemeinen Vorschläge:
1. Unter dem Schutz der Vereinten Nationen wäre eine unparteiische Untersuchung einzuleiten, deren Aufgabe es wäre, angesichts der vielen quälenden Berichte klarzustellen, ob die Deportation der Sudetendeutschen in einer wirklich humanen und ordentlichen Art durchgeführt wurde.
2. Der Fall der Sudetendeutschen – hinsichtlich des mit ihnen geborenen Heimatrechtes im Sudetenland, ihrer Heimstätten, ihres Eigentums und ihres zukünftigen Platzes in einem friedlichen Europa – sollte während der Friedenskonferenz neuerlich erwogen werden, um eine gerechte und dauernde Lösung zu sichern. Frei gewählte Vertreter des Sudetenvolkes sollten zur Konferenz zugezogen werden.
3. Diese Untersuchung und Wiedererwägung müßte zu dem Ziele führen, für eine Wiedergutmachung der den Sudetendeutschen seit dem Kriegsende zugefügten Ungerechtigkeiten Vorsorge zu treffen und unter der Oberaufsicht und Garantie der Vereinten Nationen dem Sudetenvolke die individuellen, bürgerlichen und nationalen Rechte in dessen Heimatland zu sichern.

Quelle:
Text der Petition; 39 ms. S.; Fotokopie im Besitz des Verfassers.

****

Anweisung **1947, 5. März**[1]
des Direktors der US-Militärregierung für Großhessen[2]**,**
James R. Newman, an den Hessischen Ministerpräsidenten Georg A. Zinn
betreffend »Vereine der Flüchtlinge und Ausgewiesenen«:
Flüchtlingsvereine für soziale Zwecke erlaubt, politische Betätigung verboten

1. Die Militärregierung hat nichts dagegen einzuwenden, daß sich Flüchtlinge und Ausgewiesene innerhalb von Kreisen oder diesen untergeordneten Verwaltungseinheiten zum Zwecke der sozialen und öffentlichen Fürsorgearbeit oder zu wirtschaftlichen Unterneh-

mungen zusammenschließen. Für die betreffenden Vereine gelten die Bestimmungen des Schreibens der Militärregierung vom 2. 8. 1946 betreffend deutsche Sozial- und Bruderschaftsgruppen . . .
2. Als Vereine von Flüchtlingen oder Ausgewiesenen ist es diesen nicht gestattet, sich politisch zu betätigen oder für die Rückkehr der Ausgewiesenen in ihre frühere Heimat[3] und für Abänderungen des einschlägigen Viermächte-Abkommens[4] Propaganda zu treiben.
3. Verstöße gegen diese Anordnung unterliegen der gerichtlichen Verfolgung durch die Militärregierung.
4. Bis zum 1. April 1947 ist diesem Hauptquartier eine Liste einzureichen, die alle bereits bestehenden Vereine von Ausgewiesenen und Flüchtlingen unter Angaben ihrer Adresse und der Namen der Gründer enthält. Über alle nach dem 1. 4. 1947 entstehenden Vereine ist bei Gründung zu berichten.
5. Der Inhalt dieses Schreibens ist allen Landräten und Oberbürgermeistern zur Kenntnis zu bringen.

Anmerkungen:
[1] Datum:
»Erst am 19. März 1947 wurde in der US-Zone den Flüchtlingen die Bildung nichtpolitischer Organisationen gestattet.«
Vgl. Krause, Martha: »Der Flüchtlingsbeauftragte« in »Ein Leben – Drei Epochen«; hsg. v. Horst Glassl u. a.; München, 1971; S. 549–560, hier S. 558.
[2] Zur Formulierung der Richtlinie für die ganze US-Zone: Siehe S. 700.
[3] Zum Vorgang:
»4. 12. 1946⟨:⟩ Die Sudetendeutschen in Hessen bitten den Länderrat, bei der bevorstehenden Friedenskonferenz das Recht auf die Rückkehr in die Heimat unter Gewährung von Autonomie zu vertreten.«
Vgl. »Zehn Jahre«; S. 381.
[4] Hiermit dürfte die »Erklärung über die Potsdamer Konferenz« vom 2. 8. 1945 gemeint sein; zum Text: Siehe S. 548.

Quelle:
Hessisches Hauptstaatsarchiv, Wiesbaden; Abt. 503, Nr. 79;
Wiedergabe nach: Messerschmidt, Rolf: »›Wenn wir nur nicht lästig fallen . . .‹«; Frankfurt/M., 1991; S. 232.

****

Memorandum des ČSR-Außenministers Jan Masaryk für den Ständigen Rat der Außenminister der Alliierten Großmächte: **1947, 10. März**[1]
ČSR will rd. 20.000 km² Deutschlands (Grenzen von 1937)

. . .
In der Nachkriegszeit . . . rechnete die Tschechoslowakei . . . mit wesentlichen Grenzberichtigungen zu ihren Gunsten. Im Jahre 1947 legte der čsl. Außenminister Jan Masaryk dem Rat der Außenminister der vier Siegermächte ein Memorandum vor, in dem er verlangte, daß der Tschechoslowakei rund 20 000 Quadratkilometer deutschen Gebietes[2] zugestanden wird. Dieses Verlangen wurde mit der Notwendigkeit begründet, alle Grenzausläufer zu begradigen und dadurch einerseits die Abwehrfähigkeit des Staates, andererseits die der čsl. Landwirtschaft während des Krieges zugefügten Schäden zu ersetzen. Beneš war sicher, daß die Verbündeten dem Antrag stattgeben werden. Die Entwicklung[3] hat die Verhandlung dieser Forderung nicht ermöglicht . . .

Anmerkungen:
[1] Datum des ersten Konferenztages.
[2] Die Forderung schließt an solche vom 8. 8. 1945 (zum Inhalt: Siehe S. 553) an.
[3] Gemeint: Die Einbeziehung der ČSR in den Ostblock.

Wiedergabe nach:
Bericht von Richard Král im »Rudé právo« (Rotes Recht) ⟨*TZ., ab 1. 7. 1991 »unabhängig«*⟩, Prag; Jg. 1, Nr. 226 v. 27. 9. 1991; S. 8 f.

****

Richtlinien **1947, 1. April**
der US-Militärregierung für Deutschland[1]**:**
Vertriebenenparteien werden nicht genehmigt

...
Politische Parteien von Vertriebenen und Flüchtlingen. Um die Einfügung der Vertriebenen und Flüchtlinge in das Leben des deutschen Volkes[2] zu erleichtern, werden politische Parteien[3], als deren Hauptziel die Förderung von Interessen von Vertriebenen und Flüchtlingen anzusehen ist, nicht genehmigt.
...

Anmerkungen:
1 »Military Government Regulations; Title 3; Political Activities«.
2 Auch im internationalen Bereich wurden die deutschen Vertriebenen weiterhin diskriminiert. Die Nachfolgerin der seit 1943 bestehenden »United Nations Relief and Rehabilitation Administration« (UNRRA), die seit 1. 7. 1947 bestehende »International Refugee Organization« (IRO), legte im Anhang 1 ihrer Satzung unter den Personen, »um die sich die Organisation nicht zu bekümmern hat«, u. a. fest:
»4. Persons of German ethnic origin, whether German nationals or members of German minorities in other countries who:
(a) have been or may be transferred to Germany from other countries;
(b) have been, during the second world war, evacuated from Germany to other countries;
(c) have fled from, or into Germany, or from their places of residence into countries other than Germany in order to avoid falling into the hands of Allied armies.«
Vgl. Radspieler, Tony: »The Ethnic German Refugee in Austria 1945 to 1954«; Den Haag, 1955; S. 71 f.
3 Zur Haltung gegenüber unpolitischen Vereinigungen mit ähnlicher Zielsetzung: Siehe S. 703.

Quelle:
»Die Deutschen in der Tschechoslowakei 1933–1947«; hsg. v. Václav Král; Prag, 1964; S. 621.

****

Rede **1947, 9. April**
des US-Außenministers George Marshall[1] **(Republ.)**
auf der Moskauer Außenministerkonferenz:
Meinung der Vertriebenen berücksichtigen

⟨*Zur Festlegung neuer Grenzen*⟩ ... Wir müssen die Meinung der evakuierten Bevölkerung und die Bedeutung für die allgemeine wirtschaftliche und politische Stabilität Europas berücksichtigen ... Wir müssen uns ... ernstlich davor hüten, bei der Grenzziehung[2] Grundsätze der Atlantik-Charta[3] zu verletzen ...

Anmerkungen:
1 Marshall erweiterte damit den bereits früher festgestellten diplomatischen Spielraum der US-Außenpolitik:
Am 6. 9. 1946 hatte der US-Außenminister James F. Byrnes (Demokrat. Partei) in einer Rede in Stuttgart bereits darauf hingewiesen, daß der Umfang der von Deutschland abzutretenden Gebiete erst »bei der Friedensregelung« bestimmt werden müsse. »Aus den Protokollen der Potsdamer Konferenz ergibt sich, daß die ⟨*alliierten*⟩ Staatschefs nicht übereingekommen sind, bei der Friedensregelung die Abtretung der ⟨*lediglich*⟩ zu Verwaltungszwecken übergebenen Gebiete von Schlesien und anderer ostdeutscher Gebiete zu unterstützen.«

Die Ausführungen wurden unter dem beachtenswerten Titel »Restatement of U.S. Policy on Germany« veröffentlicht.
Vgl. »Osteuropa-Handbuch«; hsg. v. Werner Markert; Bd. 2, »Polen«; Köln, 1959; S. 161.
[2] Marshall forderte u. a. den Verbleib Schlesiens und Pommerns bei Deutschland.
[3] Zum Text: Siehe S. 15.

Quelle:
Maass, Johannes: »Dokumentation der deutsch-polnischen Beziehungen nach dem Zweiten Weltkrieg«; Bonn, 1960; S. 11.

****

Verschiedene Sudetendeutsche: 1947, 14. Juli
Gründung eines
»Arbeitsausschusses zur Wahrung sudetendeutscher Interessen«
Pressemitteilung[1] *anläßlich der Gründung*

Am Montag, den 14. 7. 47 fand im Staatssekretariat für das Flüchtlingswesen, von Herrn Reitzner[1] einberufen, eine Zusammenkunft statt, an der für die CSU Herr Schütz[1] und Herr Dr. Ziegler, für die SPD Herr Reitzner, ferner Herr Dr. Franzel[1] ⟨*aus*⟩ Weilheim und Herr Dr. Becher[1] teilnahmen.
Es wurde ein »Arbeitsausschuß[2] zur Wahrung sudetendeutscher Interessen« gegründet, der die Aufgaben[3] hat,
1. das gesamte Material für die Vorbereitung einer kommenden Friedenskonferenz authentisch zu sammeln und herauszugeben und
2. in allen politischen, wirtschaftlichen und kulturellen Fragen eine gesamtsudetendeutsche Ausrichtung aller Einzelaktionen in die Wege zu leiten.

Vorsitzender des Arbeitsausschusses ist Herr Reitzner, Schriftenempfänger Herr Dr. Ziegler, München, Trogerstr. 40.
Der Ausschuß wird u. a. die Finanzierung sämtlicher zur Ausarbeitung der Dokumentensammlung nötigen Arbeiten übernehmen.
Er wurde für die gesamte US-Zone konstituiert und wird als solcher bei der Bayerischen Staatsregierung und bei der US-Militärregierung angemeldet werden. In den nächsten Tagen wird eine dementsprechende Notiz der Presse zur Veröffentlichung übergeben werden.

Anmerkungen:
[1] Datum der Pressemitteilung: 16. 7. 1947.
[2] Der Arbeitsausschuß rekonstituierte sich Anfang 1948 als »Arbeitsgemeinschaft« mit dem Vorstand Reitzner, Schütz und (ab 27. 7. 1948) Dr. Lodgman von Auen.
Zu den Beteiligten: Siehe Register S. 1245 ff.
Eine weitere Rekonstituierung zum nunmehr Sudetendeutschen Rat erfolgte am 3. 4. 1955, siehe S. 742.
[3] Die Aufgaben können auch durch ihre Bearbeitung aus der Sicht des politischen Gegners charakterisiert werden: Siehe dazu die dem »Übersichtsbericht« des ČSR-Außenministeriums entnommene Darstellung S. 726.

Quelle:
Maier, Erich: »40 Jahre Sudetendeutscher Rechtskampf«; München, 1987; S. 181.

****

Memorandum **1947, 6. Oktober**
der ČSR-Militärmission
beim Alliierten Kontrollrat in Berlin an die US-Militärregierung in Deutschland:
Sudetendeutsche Organisationen in Deutschland zu verbieten

Bis vor kurzem verhinderte die Politik der Amerikanischen Militärregierung die Organisation von Vereinigungen derjenigen Deutschen, die aus der Tschechoslowakei nach Deutschland überführt worden waren. Anscheinend ist diese Politik geändert worden.
Vor kurzer Zeit wurde die Mission darüber informiert, daß jetzt politische Vereinigungen der überführten Deutschen aufgebaut werden.
1. »Landsmannschaftliche Vereinigung der Ostsudetendeutschen«. Die Amtsträger und führenden Mitglieder dieser Vereinigung sind:
Josef Ertel aus Krnov[1], jetzt Nördlingen; Adolf König aus Opava, jetzt Freising; Otto Kreisel aus Vitkov, jetzt Malzstätten; Dr. Rhomberg, Memmingen; Otto Schürer aus Opava, jetzt Waldheim, Fürstenzell; Rudolf Paloschek, Memmingen; Wilhelm Thanel; Rudolf Tallaschek; Dr. Felix von Luschka aus Opava, jetzt Zeil a. M.; Friedrich Graf Stolberg von Stolberg; Rudolf Mader aus Opava, jetzt Friesenhausen Nr. 60, Kreis Hofheim, Unterfranken.
Einer der Gründer, Adolf König, erklärte am 10. Juni 1947 in München, das Ziel der Vereinigung sei, die Deutschen ihre frühere »Heimat« nicht vergessen zu lassen und sie auf eine baldige Rückkehr vorzubereiten. Bei dieser Gelegenheit erklärte König, daß Opava eine deutsche Stadt sei und die Deutschen deshalb berechtigt seien, dort zu leben. Die ganze Rede war ein Schrei nach Rache.
Die oben erwähnte Vereinigung organisiert die überführten Deutschen in ganz Bayern. Auch frühere Mitglieder der Nazipartei dürfen ihr beitreten.
Die Vereinigung hat Zweigstellen in München mit 2500 Mitgliedern, in Eßlingen mit 400, in Liessen[2] mit 500 und in Schweinfurt mit 300 Mitgliedern.
2. Die Tschechoslowakische Militärmission erhielt Informationen über eine ähnliche lokale Vereinigung in Dingolfing, »Verein der Sudetendeutschen Dingolfing, e. V.«. Die Amtsträger dieser Organisation heißen Frydecky, Piesche, Stummvoll und Alfred Czerny. Ziele und Maßnahmen dieser Vereinigung decken sich mit denen der oben angeführten.
Die Tschechoslowakische Militärmission hat die Ehre, die amerikanische Militärregierung um das Verbot aller Vereinigungen überführter Deutscher zu ersuchen[3] . . .

Anmerkungen:
[1] Die Ortsbezeichnungen aus dem Sudetengebiet wurden nicht übersetzt.
[2] Es handelt sich vermutlich um Dießen/Ammersee (Obby.).
[3] Zur Antwort der US-Militärregierung in Deutschland vom 21. Oktober 1947: Siehe S. 702.

Quelle:
»Die Deutschen in der Tschechoslowakei 1933–1947«; hsg. v. Václav Král; Prag, 1964; S. 618.

****

Die US-Militärregierung in Deutschland **1947, 21. Oktober**
an die ČSR-Militärmission
beim Alliierten Kontrollrat für Deutschland:
Sudetendeutsche politische Organisationen nicht erlaubt

. . .
Bezug genommen wird auf das Memorandum mit Datum 6. Oktober 1947[1] . . ., das die Organisation von Vereinigungen von »Volksdeutschen«[2] betrifft, die aus der Tschechoslowakei nach Deutschland überführt[3] wurden. Hinsichtlich der Aussage, die Politik der US-Regierung sei anscheinend dahingehend geändert worden, die Bildung solcher Vereinigungen zu

erlauben, dürfte ein Mißverständnis bestehen. Die US-Militärregierung hat die Bildung von Gruppen dieser Personen nie verboten, soweit ihr Zweck der Schutz des materiellen Wohlergehens ihrer Mitglieder war. Nicht gestattet sind Organisationen[4], deren Hauptzweck politische Aktivitäten und deren Mitgliedschaft auf Vertriebene[5] beschränkt ist. Die US-Militärregierung beabsichtigt, diese Leute in die deutsche Wirtschaft und Gesellschaftsstruktur zu assimilieren und ihre Interessen denjenigen Deutschlands[6] so rasch wie möglich anzugleichen. Wir wollen dies jedoch in demokratischer Weise tun, um damit ein Beispiel für ihr künftiges Verhalten und ihre künftigen Handlungen zu setzen.
Sie werden verstehen, daß diese Ziele angesichts des Durcheinanders und der Ungewißheit, die mit der Entwurzelung einhergehen, nicht sofort erreicht werden können.
Unter diesen Umständen können einzelne oder Gruppen von Zeit zu Zeit in Versuchung geraten, ihre Unzufriedenheit über ihr Los auszudrücken. Sie werden jedoch unter Beobachtung gehalten . . .

Anmerkungen:
1 Zum Text: Siehe S. 702.
2 Im Original in deutscher Sprache.
3 Im Original »transferred«.
4 Zur US-Haltung: Siehe S. 698, 700.
5 Im Original »expellees«.
6 So Original.

Quelle:
»Die Deutschen in der Tschechoslowakei 1933–1947«; hsg. v. Václav Král; Prag, 1964; S. 619.

****

Die ČSR[1]-Militärmission in Berlin an den Alliierten Kontrollrat für Deutschland: **1947, 23. Oktober**
Landsmannschaftliche Organisationen zu verbieten

. . .
Die Regierung der Tschechoslowakischen Republik verfügt über bestimmte Beweisstücke für illegale Betätigungen von Ausgesiedelten, von illegal gedruckten Flugblättern, Versammlungen und Vereinigungen. Die Tschechoslowakische Regierung ist überzeugt, daß die jetzigen gesetzlichen Vorkehrungen nicht genügen, um die Rache- und Revisionsbestrebungen der Ausgesiedelten zu bekämpfen und den Frieden in Deutschland zu stärken. Wenn ein solches Verhalten auf die Dauer stillschweigend übersehen wird, wird es höchstwahrscheinlich die Wiedergeburt von militantem Pangermanismus fördern und eine ständige Gefahr für Deutschlands friedliebende Nachbarn und den generellen Weltfrieden bedeuten. Die Tschechoslowakische Militärmission erkennt das Recht auf Freiheit des Ausdrucks an, erhebt aber Einspruch gegen seinen Mißbrauch durch revisionistische und rachedurstige Slogans in Wort und Schrift.
Die Tschechoslowakische Militärmission möchte darauf hinweisen, daß der Nazismus ganz ähnlich begann: In kleinen regionalen Vereinigungen und mit Flugblättern in derselben rachedurstigen und revisionistischen Tonart. Deshalb erscheint es notwendig, die neue Propaganda schon im Ansatz zu stoppen.
Der jetzige Frieden schließt eine Bildung von Organisationen aus, die eine Ausdehnung Deutschlands über seine Grenzen hinaus anstreben. Mit ihrer tausendjährigen Erfahrung deutscher Expansionsmethoden legt die Tschechoslowakei größten Wert darauf, der Neubildung von revisionistischen Vereinigungen nicht stillschweigend zuzusehen, die – unter Vorwand von kulturellen, sozialen oder anderen scheinbar friedlichen Aktivitäten – nur die Wiedergeburt revisionistischer Tendenzen fördern würden. Man muß stark annehmen, daß Vereinigungen der Ausgesiedelten ohne Rücksicht auf ihre Art und ihr Vorbringen der

friedlichen Entwicklung in Deutschland entgegenstehen. Die Tschechoslowakische Militärmission ist zutiefst davon überzeugt, daß die Errichtung eines Ausschusses der ausgesiedelten Deutschen (»Flüchtlingsausschuß«)[2] in irgendeiner Besatzungszone sich nicht nur als ein ernstes Hindernis auf dem Weg zu rascher und vollständiger Assimilierung der Ausgesiedelten, sondern auch als eine Ursache zukünftiger Differenzen zwischen Deutschland und seinen Nachbarn erweisen würde. Deshalb meint die Tschechoslowakische Militärmission, daß alle Anstrengungen unternommen werden sollten, um eine durchgreifende Assimilierung der Ausgesiedelten in kürzestmöglicher Zeit zu unterstützen. Dieses Ziel bleibt unerreicht, solange sie nicht dieselbe Rechtsstellung und die gleichen wirtschaftlichen Rechte wie die ansässige Bevölkerung erhalten. Die Tschechoslowakische Militärmission erkennt die Bemühungen der Besatzungsmächte bezüglich des Verbotes von Vereinigungen der Ausgesiedelten voll an. Trotzdem erscheint die Wichtigkeit des Problems für ganz Deutschland und jede friedliebende Nation in seiner Nachbarschaft entscheidend genug, um nach einer allgemeinen Lösung zu verlangen. Diese sollte ein Gesetz sein, das den Ausgesiedelten die vollen Rechte der ansässigen Bevölkerung gibt und jedermann der Bestrafung aussetzt, der sich auf der Grundlage von Regionen außerhalb Deutschlands (mit anderen) verbindet oder diesbezügliche Werbung betreibt.
Deswegen beehrt sich die Tschechoslowakische Militärmission zu verlangen, daß ein Gesetz erlassen werde, in dem

1. jede revisionistische und revanchistische Propaganda bei Bestrafung Zuwiderhandelnder verboten wird,
2. ausgesiedelten Deutschen verboten wird, sich auf Grundlage ihrer territorialen Herkunft zu vereinigen und Zuwiderhandelnde bestraft werden,
3. den ausgesiedelten Deutschen dieselbe Rechtsstellung wie dem Rest der deutschen Bevölkerung zuerkannt und die Schaffung oder Aufrechterhaltung von Unterschieden zwischen ausgesiedelten Deutschen und der ansässigen Bevölkerung für strafbar erklärt wird.

Anmerkungen:

[1] Eine gleiche oder ähnliche Note dürfte auch die polnische Militärmission an den Alliierten Kontrollrat gerichtet haben; siehe S. 706.

[2] Im Original in deutscher Sprache.

Quelle:

»Die Deutschen in der Tschechoslowakei 1933–1947«; hsg. v. Václav Král; Prag, 1964; S. 619 f.

****

Rede **1947, 2. Dezember**
des stellvertretenden tschechoslowakischen Außenministers
Vladimir Clementis (KPČ)[1]:
Sudetendeutsche Reaktionen auf ihre Vertreibung

. . . Zum Teil wegen der Bedeutung dieser Angelegenheit, teilweise aber auch deswegen, weil das Thema verständliche Aufmerksamkeit erregt, möchte ich an dieser Stelle das Problem der abgeschobenen Deutschen anschneiden, das sich wie folgt darstellt:
I. Den tschechoslowakischen Angaben zufolge wurden insgesamt 2,256.000[2] Personen nach Deutschland ausgesiedelt, davon in die amerikanische Zone 1,464.000, in die sowjetische 792.000. Die zuständigen Stellen der Okkupationsmächte geben an: für die amerikanische Zone 1,641.000, für die sowjetische 814.000, insgesamt 2,455.000.[2]
Die rechtliche Grundlage der Aussiedlung bilden der Beschluß der Potsdamer Konferenz[3] und das Abkommen mit dem Alliierten Kontrollrat[4]. Ergänzende Normen sind die Dekrete Nr. 33/45 Slg. über die Staatsbürgerschaft[5], 12/45 Slg. und 108/45 Slg. über die Beschlagnahme deutschen Eigentums.[6]

II. In der Sowjetzone wurden die transferierten Personen soweit wie möglich planmäßig in das Wirtschaftsleben eingefügt, indem sie je nach Beruf in die einzelnen Industriezweige eingegliedert wurden. Der Plan, die Ausgesiedelten rasch zu assimilieren, hat auch dort gute Erfolge, wo sie im Zuge der Bodenreform Land erhalten konnten. Eine Benachteiligung oder Bevorzugung der Ausgesiedelten gegenüber der heimischen Bevölkerung wird von der Okkupationsverwaltung geahndet, und die Bildung politischer Organisationen außerhalb der bestehenden deutschen politischen Parteien ist unzulässig.
In der US-Zone hingegen wurden die Ausgesiedelten der heimischen Bevölkerung nicht voll gleichgestellt und nicht als deutsche Staatsbürger angesehen.[7] Dieser Dualismus in der Staatsbürgerschaft hemmt die Assimilation der Ausgesiedelten und erhält in ihnen die Vorstellung, daß der gegenwärtige Stand der Dinge ein vorübergehender ist. Dies fördert auch die Bestrebungen, eine antitschechoslowakische Betätigung organisatorisch zu begründen und zu entfalten, deren Ziel es wäre, eine Änderung der gegenwärtigen Lage herbeizuführen und die Rückkehr in die einstigen Wohnsitze zu erreichen. Den Feststellungen der amerikanischen Information Control Division zufolge halten 95% der Ausgesiedelten den Transfer für unberechtigt und ungerecht.[8]
III. Ein Teil der ehemaligen sudetendeutschen Sozialdemokraten hat politische Funktionen in der SPD übernommen. Durch die Zuerkennung des Wahlrechts[9] erhielten die Ausgesiedelten die Möglichkeit, in die bestehenden politischen Parteien einzudringen und so ihre deutsche Umwelt in tschechoslowakeifeindlichem Sinne zu beeinflussen. Die Hauptziele der revisionistischen und irredentistischen Tätigkeit sind:
a) Rückkehr in das Sudetengebiet,
b) Aufstellung eines Verzeichnisses der in der ČSR verbliebenen Vermögenswerte zwecks Kompensation mit tschechoslowakischen Reparationsansprüchen,
c) eine Dokumentation über die Art der Aussiedlung zusammenzustellen und zu veröffentlichen,
d) Protest gegen die Umsiedlung des Restes der in der Tschechoslowakei verbliebenen Deutschen ins Binnenland; Gewährung von Minoritätsrechten für diese Gruppe.
Zur Erreichung dieser Zwecke verwenden sie
1. legale Mittel, a) legale politische Organisationen, b) caritative und soziale Organisationen;
2. illegale Mittel, a) illegale und irredentistische Organisationen, b) Flugschriften, Unterschriftensammlungen und andere Aktionen, Kettenbriefe usw.
Obwohl es offiziell keine politischen Organisationen der Ausgesiedelten gibt, stehen Nachrichten darüber zur Verfügung, daß die Ausgesiedelten innerhalb der deutschen politischen Parteien ihre Stützpunkte haben und daß sich die Angehörigen der ehemaligen sudetendeutschen politischen Parteien gelegentlich unter dem Deckmantel caritativer und sozialer Interessen treffen. Bei der Landesregierung der angloamerikanischen Zonen sind Arbeitsausschüsse für das Flüchtlingswesen tätig, denen die soziale und wirtschaftliche Fürsorge für die Ausgesiedelten obliegt. Diese Organisationen wurden von allem Anfang an für die politischen Ziele der Ausgesiedelten mißbraucht. Davon zeugen besonders die Resolutionen von den Konferenzen, die auf Veranlassung der deutschen politischen Parteien zwecks Lösung der sozialen Probleme der Ausgesiedelten einberufen werden. Vertreter der Flüchtlingsausschüsse aus den Ländern der verbundenen Westzone, die bei der Konferenz – einberufen von der CDU/CSU – am 18./19. Juli 1947 in München anwesend waren, entschlossen sich, eine Entschließung zu verabschieden, in der unter anderem die »Rückgabe ihrer Heimat«[10] verlangt wurde. In den Unterlagen, die bei der Konferenz verteilt wurden, finden sich Ausdrücke, wie »Wir werden und wir können unsere Heimat (unser Grenzland) niemals aufgeben«.[11]
Der Besuch, den Wenzel Jaksch zu Anfang des Jahres 1947 in Deutschland machte[12], bedeutete eine Stärkung der antitschechoslowakischen Tendenzen der Ausgesiedelten, da sie

in Jakschs Persönlichkeit den führenden Geist ihrer revisionistischen Ziele sehen. Für ihre Programme finden die Ausgesiedelten eine Quelle in der Petition[13], welche von der in London beheimateten »Treugemeinschaft«[10], einer Organisation der Deutschen Sozialdemokraten aus der Tschechoslowakei in England, verfaßt wurde. Einige Gedanken dieser Petition leiten die breiten Massen der Ausgesiedelten in ihrer revisionistischen Tätigkeit gegen die Tschechoslowakei.
Wolfgang Jänicke, Staatssekretär im bayrischen Innenministerium, richtete ein Gesuch an die US-Militärverwaltung mit der Bitte um Bewilligung einer Zusammenstellung des Vermögens, das die Ausgesiedelten in der Tschechoslowakei zurückgelassen hatten.[14] Obwohl das Gesuch abgelehnt wurde, wird die Zusammenstellung solcher Listen weiter versucht. Kirchliche Organisationen, wie die sogenannten »Kirchlichen Hilfsstellen«[15], führen unter Leitung von Monsignore K. H. Buttner in Frankfurt/Main die Dokumentation der Art durch, in der die Aussiedlung durchgeführt wurde. Sie geben sogar gedruckte Richtlinien heraus, wie die Dokumentation durchzuführen ist. (Richtlinien über gesamte Dokumentation der Ausweisung von Sudetendeutschen aus der tschechoslowakischen Republik.)[10, 16] Das so erhaltene Material wird regelmäßig an katholische Kreise aller Länder versandt.
Die Tätigkeiten der illegalen Organisationen bestehen aus dem Verfassen von irredentistischen Broschüren, wobei sie versuchen, Kontakte mit den Überresten der Deutschen in der Tschechoslowakei herzustellen. Zusammen mit dem Sudetendeutschen Arbeitsausschuß in Hamburg[17] werden Unterschriftssammlungen in beiden westlichen Besatzungszonen für Petitionen an den Alliierten Kontrollrat durchgeführt.
Darin verlangen sie, in ihre Heimat zurückzukommen; Autonomie für das »Sudeten«land unter alliierter Kontrolle; Rückgabe ihres beschlagnahmten Eigentums oder Entschädigung dafür. Außerdem werden viele Kettenbriefe abgeschrieben und provokative Artikel umhergesandt, die von Deutschen aus der Tschechoslowakei im Ausland verfaßt werden. Hervorhebenswert sind die Arbeiten des Verlegers Stampfer und des Pastors Reichenberger in Amerika und Auszüge aus Jakschs in London regelmäßig erscheinenden »Treugemeinschaft«[10], die unwahre Behauptungen über die Tschechoslowakei enthalten. Außerdem dreht es sich um Auszüge aus der westlichen Presse, in denen die Tschechoslowakei angegriffen wird, vor allem in der Frage der Aussiedlung der Deutschen.
IV. Die Tätigkeit bedeutet augenblicklich keine politische oder militärische Gefährdung oder Bedrohung der Tschechoslowakei.[18] Selbst wenn nicht mehr dahinterstecken würde – und es steckt mehr dahinter – sind solche Tätigkeiten dem alliierten Interesse beschleunigter Einschmelzung der abgeschobenen Personen in ihrer neuen Umgebung entgegengesetzt und widersprechen auch der damit beabsichtigten Schaffung von Vorbedingungen für ihre Demokratisierung und ihren Einbau beim Aufbau eines neuen demokratischen und friedliebenden Deutschlands. Es liegt deshalb in unserem direkten Interesse, in geeigneter Form bei den alliierten Behörden vorstellig zu werden, um diese schädlichen Tätigkeiten der Ausgesiedelten, die wir sehr genau beobachten, zu beenden.
Vor ähnlichen Problemen steht auch Polen, weshalb wir mit diesem Land ein gemeinsames Verfahren in bezug auf Austausch von Informationen eingerichtet haben. Im Geiste dieses Übereinkommens haben wir dem Alliierten Kontrollrat eine gemeinsame Note überreicht, in der wir gegen die revisionistischen Tätigkeiten der ausgesiedelten Deutschen protestieren. Nach gemeinsamer Abfassung wurde diese Note dem Alliierten Kontrollrat am 23. Oktober 1947[19] übergeben. Unter Berücksichtigung der Tatsache, daß die deutschen Bemühungen gegen die tschechoslowakische Republik ausschließlich in der amerikanischen Zone stattfanden, wurden wir gleichzeitig bei der Politischen Abteilung des OMGUS[20]-Hauptquartiers vorstellig, der wir am 6. Oktober 1947[21] ein Memorandum übergaben. ⟨*Es folgten eine Inhaltsangabe der beiden erwähnten Unterlagen und der Antwort der US-Militärregierung vom 21. Oktober 1947.*[22]⟩ Was wir in dieser amerikanischen Note besonders begrüßen, ist die Tatsache, daß sie wie wir auch den Schwerpunkt auf die Notwendigkeit der

Einschmelzung der Abgeschobenen in ihrer neuen Umgebung legt. Es wird unsere Aufgabe sein, die Aufmerksamkeit der amerikanischen Besatzungsbehörden auf alle Tatsachen zu lenken, die dieser Entwicklung im Wege stehen, und es wird die Aufgabe jener Behörden sein, diese Hindernisse zu entfernen.

Wie ich bereits feststellte, können uns die gegen uns gerichteten revisionistischen Ziele der abgeschobenen Deutschen nicht unbeteiligt lassen; sei es die absurde Idee ihrer Rückkehr oder irgendwelche ihrer Finanzforderungen, die weder eine moralische noch eine rechtliche Grundlage haben; sie werden niemals auch nur im geringsten Ausmaß verwirklicht werden. Für uns wie für den Rest der Welt ist dieses Kapitel endgültig abgeschlossen.

Die Lösung unseres deutschen Problems, wie sie durchgeführt wurde, wurde von den Großmächten während des Krieges gefunden, wie es Präsident Beneš in seinen Erinnerungen[23] beschreibt.

Anmerkungen:

1 Die Rede wurde vor dem Außenausschuß des ČSR-Parlamentes gehalten. In der nachfolgenden Diskussion wurden weitere Beispiele sudetendeutscher Aktivitäten dargestellt.

2 Zur Gesamtzahl sudetendeutscher Vertriebener (inkl. z. B. zurückgekehrter Kriegsgefangener): Siehe S. 1194 ff.

3 So die offizielle ČSR-Terminologie: Siehe dazu S. 573.
Zum Text vom 2. 8. 1945: Siehe S. 548.

4 Ein Abkommen mit dem Alliierten Kontrollrat über die »Aussiedlung« an sich gab es nicht.
Zum Text des hier vermutlich gemeinten Umsiedlungsplanes vom 10. 11. 1945: Siehe S. 569.

5 Vom 2. 8. 1945. Zum Text: Siehe S. 548.

6 Die angeführten Dekrete vom 21. 6. 1945 (zum Text: Siehe S. 532) und 25. 10. 1945 (zum Text: Siehe S. 563) legten nicht (nur) die Nationalverwaltung/Beschlagnahme, sondern auch die Konfiskation des Vermögens fest.

7 Falschaussage: Die Flüchtlingsgesetze der US-Zone (in Bayern vom 19. 2. 1947) taten genau das.
Zum Text: Siehe S. 694.

8 Diese Auffassung sollte sich noch jahrelang fortsetzen:
In den von der US-Militärregierung forcierten sog. Town-Hall-Meetings (d. h. später: Bürgerversammlungen; allein in Baden-Württemberg zwischen November 1947 und Juni 1949 fast 2.000 Veranstaltungen mit unterschiedlicher Beteiligung der Gesamtbevölkerung und hohem Zustrom von Vertriebenen) gab es regelmäßig diesen Ausdruck des Unrechts, verbunden mit der Anklage an die US-Vertreter, der sich in deren internen Berichten niedergeschlagen haben dürfte.
Zu öffentlich zugänglichen Quellen: Vgl. z. B. »Rhein-Neckar-Zeitung« ⟨*TZ.*⟩, Heidelberg; Nr. 88 v. 16. 5. 1949, S. 5; Nr. 111 v. 14. 6. 1949,S. 2; Nr. 179 v. 5./6. 6. 1950, S. 2; zu einem Muster der Argumente: Siehe S. 715.

9 Widerspruch zur Aussage in Anm. 7.

10 Im englischen Original in deutscher Sprache.
In einer Note des ČSR-Außenministeriums an die US-Botschaft in Prag vom 17. 12. 1947 wurde die Entschließung und ihre Verbreitung wie folgt beschrieben (um das Spezifische zu vermitteln, im Original belassen):
»In the resolution passed by that congress and published in issue No. 2 of the journal entitled ›Der Neubürger‹, they say: ›The expulsion of more than 14 million Germans from their traditional („angestammten") homeland is in conflict with every natural and international law. It has rendered more acute the desperate plight of the German people in an unbearable manner. There is only one satisfactory solution: the handing back of their homeland.‹ This like other declarations that were made at the congress and were published by the German press, are directly aimed at the territorial integrity of the Czechoslovak Republic (see speech by delegate Georg Nentwig).«
Zum Text: Vgl. Král: a. a. O.; S. 624 ff.

11 Aus dem zeitlichen und sachlichen Umfeld wird in der ČSR-Note v. 17. 12. 1947 weiter angegeben und mit Anlagen belegt:
»Of the like tenor is the declaration of the Bavarian Prime Minister, Dr. Ehard, as published in the ›Süddeutsche Zeitung‹, issue No. 26 of March, 15, 1947, under the title ›Die Lösung der Flüchtlingsfrage‹, which amongst other things says as follows:
›Only a return of the Germans to their own, centuries-old homeland can represent a just and humanly worthly solution‹ . . .

Prime Minister Dr. Ehard also mentioned this theme in his governmental declaration done on 24th of October 1947 before the Bavarian Provincial Diet, by saying: ›We hope that the future peace negociations will make it possible for all who were banished from their homes to return to their homeland.‹
The New York paper ›Staatszeitung und Herold‹, published in the German language by the State Herold Corporation of New York, brought in its issue No. 36 ⟨*vom 8. 9. 1946*⟩ an article by Friedrich Stampfer, a former German from Czechoslovakia and now an American citizen, under title ›Die sudetendeutsche Tragödie‹, in which the author delivers a scathing attack against Czechoslovakia. A verbatim reprint of this slanderous mischiefmaking article appeared in the German periodical ›Der Lichtblick‹, which is being published by the ›Wirtschaftliche Aufbauvereinigung‹ and the responsible editor of which is Alfred Noske, a member of parliament (Enclosure 4).«

[12] Die ČSR-Note vom 17. 12. 1947 ergänzte, daß sich Jaksch im Herbst 1947 in Schweden aufhielt und seine Reise nach Deutschland im März und April 1947 stattfand.

[13] Es ist zu vermuten, daß hier die »Petition« der »Vertreter der sudetendeutschen Sozialdemokraten« vom 1. 3. 1947 gemeint war.
Zu Text und Inhalt: Siehe S. 697.

[14] Es ist zu vermuten, daß hier erste Bemühungen um das 1951 von der »Arbeitsgemeinschaft zur Wahrung sudetendeutscher Interessen« (siehe S. 701) bearbeitete »Volksvermögen der Sudetendeutschen« gemeint waren.

[15] Zu den »Kirchlichen Hilfsstellen«: Siehe S. 685.

[16] Es ist zu vermuten, daß hier Vorarbeiten für die von der Arbeitsgemeinschaft vorbereiteten »Dokumente zur Austreibung der Sudetendeutschen« gemeint waren: Siehe dazu S. 701.

[17] Über diesen Ausschuß ist m. W. nichts publiziert worden.

[18] Dieser Satz ist nur in der Wiedergabe von 1964 enthalten.

[19] Zum Text: Siehe S. 703.

[20] OMGUS = O⟨ffice of⟩ M⟨ilitary⟩ G⟨overnment of the⟩ U⟨nited⟩ S⟨tates for Germany⟩.

[21] Zum Text: Siehe S. 702.

[22] Zum Text: Siehe S. 702.

[23] Zum Text: Siehe S. 457.

Quellen:

1. Czechoslovak Ministry of Foreign Affairs (Hsg.): »Czechoslovak Sources and Documents«; Nr. 29; Prag, 1947; S. 21 ff.
2. »Die Deutschen in der Tschechoslowakei 1933–1947«; hsg. v. Václav Král; Prag, 1964; S. 622 ff.

****

Anweisung **1948, 10. März**[1]
der US-Militärregierung für Bayern[2] **über die**
»Behandlung ⟨*in die US-Zone Deutschlands*⟩ hereinkommender ČSR-Angehöriger«
ČSR-Staatsangehörige und Sudetendeutsche sind zu trennen

1) Eine beträchtliche Anzahl ČSR-Angehöriger sind in letzter Zeit in Bayern eingetroffen[1], und es erscheint angebracht, weiteren Zustrom anzunehmen. Diese Personen haben den Status von Angehörigen der Vereinten Nationen, die nicht von der IRO[3] betreut werden können (United Nations nationals ineligible for IRO care) . . .
2) Bis auf weiteres sind alle ČSR-Angehörigen, die Bayern betreten, der nächsten CIC[4]-Dienststelle zur Überprüfung zuzuführen. Die von der CIC entlassenen Personen, die für ihren eigenen Unterhalt nicht selbst sorgen können, sind den ⟨*deutschen*⟩ Flüchtlingsbehörden zur Betreuung zu überstellen. Die bayrischen Flüchtlingsbehörden wurden angewiesen, für diese Personen auf der gleichen Basis Verantwortung zu übernehmen, wie für ⟨*deutsche*⟩ Vertriebene, aber sie dürfen nicht in den Lagern mit Sudetendeutschen aus der Tschechoslowakei untergebracht werden[5]. Kennkarten[6] und andere für normales Leben erforderliche Dokumente werden an sie auf der gleichen Basis ausgegeben werden, wie für andere Angehörige der Vereinten Nationen, die von der deutschen Wirtschaft leben. ⟨*US*⟩-Sicherheitsoffiziere werden die Lager und Unterkünfte, in

denen jüngst angekommene ČSR-Angehörige untergebracht sind, überprüfen, um sicherzustellen, daß sie nicht diskriminiert werden.

...

Anmerkungen:

1 Am 25. 2. 1948 hatte ČSR-Präsident Beneš nach Rücktritt nichtkommunistischer Minister eine von der KPČ diktierte neue Regierung gebilligt, wodurch der KP-Putsch (im Protest der Westmächte USA, Großbritannien und Frankreich vom 26. 2. 1948 als »Diktatur einer Partei unter dem Vorwand einer Regierung der nationalen Einheit« bezeichnet) erfolgreich abgeschlossen war, die KPČ offen die Macht übernahm und die ČSR auch äußerlich und endgültig in den Ostblock einbezogen wurde.
Daraufhin weitete sich die bestehende Verfolgung gegen antikommunistische Tschechen (vgl. das sog. kleine Vergeltungsdekret von Präsident Beneš vom 27. 10. 1945, ČSR-Slg. 1945; Nr. 138 im 55. Stück vom 26. 11. 1945; S. 338) aus. In aller Kürze:
Im innerstaatlichen Bereich wurden in der Zeit bis 1968 mehrere hunderttausend Tschechen und Slowaken, oft in früher mit Sudetendeutschen belegten Lagern und Gefängnissen eingekerkert (darunter der bisherige General und spätere ČSR-Staatspräsident Svoboda sowie der Literatur-Nobelpreisträger von 1984 Jaroslav Seifert).
Instruktiv für die dabei vorherrschende Mentalität ist der Bericht über das Schicksal eines Brünner Tschechen nach 1948 im Pilsener Zuchthaus Bory: »Die Wächter haben keinerlei nationale Probleme, nach den Deutschböhmen nun tschechische Christen, Nichtkommunisten und sonstige Klassenfeinde zu schikanieren. Alles dasselbe Ungeziefer!«
Vgl. Wulffen, Barbara von: »Der Mährer Zdeněk Rothrekl und seine ›Böhmische Folklore‹« in »Sudetenland«; München; Jg. 36 (1994), Heft 1; S. 71.
Zu einem spektakulären Schauprozeß vgl. den auch in deutscher Sprache vorliegenden Verhandlungstext über den »Prozeß gegen die Leitung des staatsfeindlichen Verschwörerzentrums mit Rudolf Slánský an der Spitze« [20.–27. 11. 1952]; hsg. v. ČSR-Justizministerium; Prag, 1953; 670 S.; zum Gesamtkomplex vgl. Kaplan, Karel: »Die politischen Prozesse in der Tschechoslowakei 1948–1954«; München, 1986.
Insgesamt wurden über 200.000 Personen aus politischen Gründen inhaftiert und verurteilt, darunter, in Fortführung des antikatholischen Kurses der Vorkriegs-ČSR (siehe S. 311), allein über 6.000 Priester und Ordensleute; Josef Kardinal Beran wurde am 19. 6. 1949 interniert; im Juli 1954 waren 13 Bischöfe amtsbehindert, fünf im Gefängnis, bei den anderen war der »Aufenthaltsort unbekannt«.
Bis 1952 wurden über 200 Todesurteile verhängt. Von 1948 bis 1968, als über 160.000 Personen entlassen wurden, verstarben über 2.000 Tschechen in den Gefängnissen.
Zahlenangaben v. a. nach Hejl, Václav: »Zpráva o organizovaném násilí« (Berichte über organisierte Gewalt); Prag, 1990; S. 129, 231, 234; auch »Osservatore Romano«, Vatikanstadt v. 24. 7. 1954.
Andere Angaben berichteten von 190 gefällten und 148 vollzogenen Todesurteilen.
Vgl. »Die SED und der ›Prager Frühling‹ 1968«; hsg. v. Lutz Prieß (m. a.); Berlin, 1996; S. 27.
Die bereits im Februar 1948 begonnene Verfolgung (zur Legalisierung nach Muster der vorausgehenden Maßnahmen an den Sudetendeutschen u. a. am 21. 7. 1948: Siehe S. 686) führten auch dazu, daß sich v. a. demokratisch exponierte Tschechen bemühten, die ČSR zu verlassen. Mehreren zehntausend gelang dies, wodurch das 3. ČSR-Exil (1.: nach 1914, 2.: nach 1938) entstand.
Zu weiteren Tätigkeiten und Ansichten dieses 3. Exils: Siehe S. 733, 759; auch 740.

2 Die Anweisung erging vom US-Militärgouverneur für Bayern, Murray D. van Wagoner an einen Verteiler, welcher die Bezirks- und Kreisgouverneure sowie alle Militär-, Militärpolizei- und Geheimdienststellen der USA in Bayern umfaßte.

3 Der Grund dafür dürfte darin liegen, daß 1948 im Apparat der hier gemeinten »Internationalen Flüchtlingsorganisation« die Ostblockländer gewissen, wenn nicht starken Einfluß hatten.

4 CIC = Counter Intelligence Corps = US-Geheimdienst.

5 Der Grund dafür dürfte gewesen sein, daß sich unter den ČSR-Flüchtlingen zahlreiche Personen befanden, die 1945/46 tätlich gegen Sudetendeutsche vorgegangen waren.
Zu den einschlägigen Vorgängen Kouřil und Hrneček: Siehe S. 727, 736.

6 Im englischsprachigen Original in deutscher Sprache.

Quelle:
Hoffmann, Roland F.: »Die Anfänge der Emigration aus der Tschechoslowakei 1948«; Prag, 1996; S. 9 f.

****

ČSR-Gesetz **1948, 6. Mai**
»über die Liquidierung der Rechtsverhältnisse der Deutschen Evangelischen Kirche in Böhmen, Mähren und Schlesien«

Die Verfassunggebende Nationalversammlung der Tschechoslowakischen Republik hat folgendes Gesetz beschlossen:

§ 1

Die Deutsche Evangelische Kirche in Böhmen, Mähren und Schlesien (weiterhin nur »Kirche« genannt) hat am 4. Mai 1945 aufgehört zu bestehen.

§ 2

Die Matrikeln[1] der Kirche verwalten die Bezirksnationalausschüsse.

§ 3

(1) Das gesamte unbewegliche und bewegliche Vermögen, namentlich auch die Vermögensrechte, das bis zum 4. Mai 1945 im Eigentum der Kirchengemeinden (der Pfarr- oder Kreisgemeinden oder allgemeinen Gemeinden) der Kirche oder ihrer Anstalten, Stiftungen und Fonds stand, geht in das Eigentum des Tschechoslowakischen Staates über.
(2) Das Ministerium für Schulwesen und Kultur bestimmt im Einvernehmen mit dem Ministerium des Inneren, welches Vermögen gemäß Absatz 1 in das Eigentum des Tschechoslowakischen Staates übergegangen ist.

§ 4

Für das in § 3 angeführte Vermögen gelten entsprechend die Bestimmungen der Teile II bis IV des Dekretes des Präsidenten der Republik vom 25. Oktober 1945, Slg. Nr. 108, über die Konfiskation des feindlichen Vermögens und die Fonds der nationalen Erneuerung[2] . . .

§ 5

(1) Durch dieses Gesetz wird die Gültigkeit von Handlungen, die bei der Führung der kirchlichen Matrikeln vorgenommen wurden, sowie die Gültigkeit der Ehen, die vor den Seelsorgern der Kirche bis zu dem Tage geschlossen wurden, an dem dieses Gesetz in Kraft getreten ist, nicht berührt.
. . .

Anmerkungen:
[1] Bezeichnung für die Kirchenbücher, in denen Geburten, Ehen und Sterbefälle dokumentiert wurden.
[2] Zum Text: Siehe S. 563.

Quelle:
ČSR-Slg. 1948; Nr. 131 im 48. Stück v. 4. 6. 1948; S. 1027 f.
In deutscher Sprache: DdV IV/1; S. 310 f.

****

Die Verfassung der ČSR: **1948, 9. Mai**[1]
Die Deutschen werden zum Urfeind der Tschechen erklärt

Präambel (Prohlášení)
⟨*Nach einer nationalistisch und kommunistisch eingefärbten Darstellung der tschechischen und slowakischen Geschichte vom Großmährischen Reich bis zum* »schändlichen Übereinkommen von München« *hieß es u. a.:*⟩

Dadurch wurde dem Urfeind ⟨*gemeint: Die Deutschen*⟩ der Weg zum heimtückischen Überfall auf unseren friedliebenden Staat freigemacht, wobei die Nachkommen der fremden

Kolonisten eifrig halfen, die unter uns ansässig waren und gemäß Verfassung alle demokratischen Rechte im gleichen Maße wie wir genossen. Während der schrecklichen Ereignisse des Zweiten Weltkrieges erhoben sich unsere beiden Nationen[2] zum Befreiungskampf, der nach zahllosen Opfern unserer besten Menschen und mit Hilfe der Verbündeten, vor allem der slawischen Großmacht der Union der Sozialistischen Sowjetrepubliken, mit dem slowakischen und tschechischen Aufstand der Jahre 1944 und 1945 in der nationalen und demokratischen Revolution unseres Volkes seinen Höhepunkt erreichte und mit der Befreiung Prags durch die Rote Armee am 9. Mai 1945 seinen siegreichen Abschluß fand.
Nunmehr haben wir uns entschlossen, daß unser befreiter Staat ein Nationalstaat sein wird, der, ledig aller feindlichen Elemente, mit der Familie der slawischen Staaten in enger Verbundenheit und mit allen friedliebenden Nationen der Welt in Freundschaft leben wird.
Wir wollen, daß es ein Staat der Volksdemokratie sei, in dem sich das Volk durch seine Vertreter die Gesetze nicht nur gibt, sondern sie durch seine Vertreter auch selbst vollzieht.
Wir wollen, daß es ein Staat sei, in dem die gesamte Wirtschaft dem Volke dient und so geleitet wird, daß der allgemeine Wohlstand zunehme, daß es keine Wirtschaftskrisen gebe und daß das Nationaleinkommen gerecht verteilt werde. Auf diesem Wege wollen wir zu einer Gesellschaftsordnung gelangen, in der die Ausbeutung des Menschen durch den Menschen vollständig beseitigt wird – zum Sozialismus.
...

Anmerkungen:
[1] Zur folgenden ČSSR-Verfassung vom 11. 7. 1960: Siehe S. 760.
[2] In der Verfassung selbst wurde außer den hier gemeinten Tschechen und Slowaken keine andere Nationalität der ČSR erwähnt.

Quelle:
ČSR-Slg. 1948; Nr. 150 im 52. Stück v. 9. 6. 1948; S. 1081–1108, hier S. 1086.

****

Entschließung **1948, 12. Juni**
der sudetendeutschen Heppenheimer Tagung[1]:
Menschenrechte, Heimatrecht, Selbstbestimmungsrecht gefordert

Die in Heppenheim a. d. B. am 12. Juni 1948 versammelten sudetendeutschen Männer und Frauen sind überzeugt, daß zur Wahrung ihrer Lebensinteressen der Augenblick gekommen ist, um die Bildung eines überparteilichen, provisorischen Ausschusses, der den Namen »Sudetenländischer Ausschuß« erhält, durchzuführen.[2] Dieser Ausschuß hat die Aufgabe, vorerst in einer Entschließung die Weltöffentlichkeit von dem politischen Wollen der Sudetendeutschen zu unterrichten.
Die Entschließung muß enthalten:
1. Die Geltendmachung des Rechtes der Selbstbestimmung.
2. Die Geltendmachung des Rechtes auf Heimat und Vollwiedergutmachung im Sinne der Menschenrechte.

Anmerkungen:
[1] Es handelte sich um ein Treffen von »256 sudetendeutschen Männern und Frauen, teils als Bevollmächtigte größerer Flü⟨chtlings⟩-Verbände der verschiedensten Richtungen, teils als Exponenten des ehemaligen sudetendeutschen politischen, kulturellen und wirtschaftlichen Lebens« (vgl. Quelle, S. 2).
Das Hauptreferat über »Die völkerrechtlichen Grundlagen des Sudetenproblems und die politische Entwicklung seit 1945« hielt Rudolf Lodgman von Auen, 1919 Landesobmann von Deutsch-Böhmen (zur Person: Siehe Register, S. 1245 ff.).
[2] Der »Sudetenländische Ausschuß« und seine vorgesehenen Arbeiten gingen dann in neuen Organisationen der Sudetendeutschen auf:

a) Der Sudetendeutschen Landsmannschaft (SL):
Am 21. 4. 1948 wurde als erster der Kreisverband Memmingen (Bayern) von der US-Militärregierung »lizenziert« (d. h. genehmigt); am 18. 9. 1948 der Bezirksverband Schwaben gebildet und am 16. 1. 1949 der Landesverband Bayern gegründet und Rudolf Lodgman von Auen zum Vorsitzenden bestellt; siehe S. 713.
b) Der »Arbeitsgemeinschaft zur Wahrung sudetendeutscher Interessen«:
Siehe S. 701.

Quelle:
Petsch, Heinrich: »Bericht von der sudetendeutschen Tagung in Heppenheim ⟨*Baden*⟩ am 11./12. Juni 1948«; Sinsheim (Bad.), 1948; S. 14.

****

ČSR-Gesetz **1948, 30. Juni**
»über die Aufhebung des Heimatrechts«

§ 1

(1) Das Heimatrecht wird aufgehoben.
(2) Die örtlichen Nationalausschüsse schließen zum 31. 12. 1948 die Verzeichnisse der Personen ab, die an diesem Tage in der Gemeinde das Heimatrecht besitzen, und nehmen die Verzeichnisse in sorgfältige Verwahrung.
(3) Bis zur Änderung der Vorschriften, die an das Heimatrecht anknüpfen, ist nach den nachstehenden Bestimmungen zu verfahren.

§ 2

(1) Soweit nach geltenden Vorschriften das Heimatrecht entscheidend für die tschechoslowakische Staatsbürgerschaft ist, erfolgt die Feststellung des Heimatrechts auf die gleiche Weise wie bisher.[1]
. . .

. . .

§ 5

Aufgehoben werden alle Vorschriften, die diesem Gesetz entgegenstehen.[1] Insbesondere werden aufgehoben:
a) Art. II und III des Gesetzes vom 5. 3. 1862, Nr. 18 ⟨*österr.*⟩ RGBl., betr. die Grundsätze für die Regelung der Gemeindeangelegenheiten;
b) das Gesetz vom 3. 12. 1863, Nr. 105 ⟨*österr.*⟩ RGBl.[2], betr. die Regelung der Heimatverhältnisse;
c) das Gesetz vom 5. 12. 1896, Nr. 222 ⟨*österr.*⟩ RGBl.[3], wodurch einige Bestimmungen des Gesetzes vom 3. 12. 1863, Nr. 105 ⟨*österr.*⟩ RGBl., betr. die Regelung der Heimatverhältnisse, abgeändert werden;
d) § 11 des böhmischen, § 11 des mährischen und § 10 des schlesischen Gemeindegesetzes;
e) die §§ 5 bis 18 des Gesetzartikels XXII/1886 über die Gemeinden;
f) § 17 des Gesetzes vom 4. 5. 1926, Nr. 87 Slg., betr. den Hausierhandel, jedoch nur, soweit es sich um die Zuerkennung von Erleichterungen für die Aufnahme und den Betrieb des Hausierhandels durch solche Personen handelt, die in einer Gemeinde armer Gegenden ein deritativ erworbenes Heimatrecht hatten oder haben und in dieser Gemeinde ständig wohnen.

§ 6

Dieses Gesetz tritt am 1. 1. 1949 in Wirksamkeit . . .

Anmerkungen:
[1] Möglicherweise erfolgte wegen dieser Bestimmungen keine Aufhebung des ČSR-Gesetzes vom 9. 4. 1920 (zum Text: Siehe S. 295).
[2] Zum Text: Siehe S. 197.
[3] Zum Text: Siehe S. 201.

Quelle:
ČSR-Slg. 1948; Nr. 174 im 62. Stück v. 20. 7. 1948; S. 1292 f.
In deutscher Sprache: Schmied, Erich: »Das Staatsangehörigkeitsrecht der Tschechoslowakei«; Frankfurt/M., 1956; S. 102 f.

****

Protokoll **1949, 16. Januar**
der Gründungsversammlung[1]
der Landesgruppe Bayern der Sudetendeutschen Landsmannschaft
Landsmannschaft möge »der sudetendeutsche Volkskörper werden«

. . .
Tagesordnung:
1. Wahl des Vorsitzenden der gründenden Versammlung.
2. Bericht über die am Aufbau geleistete Arbeit.
3. Beschlußfassung über die Satzung.
4. Wahl des Landesvorstandes.
. . .
5. Anträge, Anfälliges.
(Unter Punkt 1 der Tagesordnung wurde Rudolf Lodgman von Auen einstimmig zum Vorsitzenden gewählt.)
. . .

Zu Punkt 2) der Tagesordnung:
Dr. Hampel gibt einen Bericht über die Entstehungsgeschichte und den Werdegang der Landsmannschaft und die bisher vom Memminger Arbeitskreis[2] geleistete Arbeit, spricht über die Schwierigkeiten, die überwunden werden mußten. Er dankt Herrn Dr. Lodgman für seine bei der Aufbauarbeit geleistete Unterstützung.

. . .
Der Vorsitzende . . . stellt fest: . . .
»Ich . . . möchte sagen, daß wir anstreben, daß die sudetendeutsche Landsmannschaft der sudetendeutsche Volkskörper werde, den wir heute auf Heimatboden nicht mehr haben; daher wollen wir die verlorene Heimat ersetzen, und zwar durch eine Organisation. Etwas anderes können wir ja nicht machen, aus dieser Organisation soll sich alles andere entwickeln. Die Landsmannschaft an sich muß überparteilich sein, sonst könnte sie ja nicht den Nährboden abgeben für die verschiedenen Interessen und Anschauungen, die in jedem Volkskörper vorhanden sind.« (Beifall)
. . .

Zu Punkt 3 der Tagesordnung:
Ing. Schmidt trägt das Wesentliche der Satzung vor.
»Auf die Frage, was der Zweck dieses Verbandes ist, kann man nur die Antwort geben: ›Er ist der Zusammenschluß aller Sudetendeutschen zur Wahrung ihrer sozialen, wirtschaftlichen und kulturellen Belange. Damit ist alles ausgesprochen, was irgendwie die Frage des Lebens unserer Volksgruppe berührt.
Das Wort ›Verein‹ wurde absichtlich vermieden, wir sind eine Landsmannschaft und jeder

Sudetendeutsche, der sich zu dieser Landsmannschaft bekennt, ›Landsmann‹ und Mitglied dieser Gemeinschaft. Der Aufbau erfolgt von unten, Kreis-, Bezirks-, Landesverband, darüber hinaus der Zonenverband. Ordentliches Mitglied ist jeder Sudetendeutsche, soweit er den gesetzlichen Voraussetzungen entspricht. Eine wesentliche Sache ist auch die Herausstellung der Arbeitsgebiete: Sozialwesen, Wirtschaft, Kultur und die Bestellung von Sachbearbeitern für diese.«

...

(Nach Diskussion wurde die Satzung bei einer Stimmenthaltung angenommen.)

Zu Punkt 4) der Tagesordnung:

...

Wahlergebnis:

Vorsitz: 47 Stimmen für Dr. Lodgman, 1 Stimme für Dr. Hampel.

...

Dr. Lodgman nimmt die Wahl an und dankt den Anwesenden für ihr Vertrauen.

Anmerkungen:

[1] Bereits am 29. 8. 1947 war in Regensburg ein bayrischer Landesverband der SL gegründet worden. Vgl.: Hemmerle, Rudolf: »Sudetenland-Lexikon«; Mannheim, 1984; S. 27, 431.

[2] Seit dem 20. 2. 1947 hatten sich Sudetendeutsche in Memmingen regelmäßig getroffen. Der daraus entstandene »Memminger Arbeitkreis« versuchte bereits im Sommer 1947, eine Landsmannschaft zu gründen, war jedoch von der dafür zuständigen US-Besatzungsmacht abgewiesen worden.
Zur Entstehungsgeschichte sudetendeutscher Organisationen:
Vgl.: Habel, Fritz Peter: »Historische, politische und soziale Voraussetzungen des Zusammentreffens zwischen Bayern und Sudetendeutschen nach 1945«; München, 1968; S. 252 ff.

Quelle:

Sudetendeutsche Landsmannschaft, Landesgruppe Bayern (Hsg.): »Verhandlungsschrift« [Umfang: Sechs ms. Seiten, Anlage zu Rundschreiben 2/49]; München, 26. 1. 1949; S. 2 f.

****

Rede[1] **1949, 9. März**

Rudolf Lodgman von Auens:

Das landsmannschaftliche Prinzip

...

Den Landsmannschaften wird vielfach der Vorwurf des Separatismus gemacht, indem man die Heimatvertriebenen aller Gegenden Europas als eine einzige Volksgruppe auffaßt und dann die naturgegebenen heimatlichen Verschiedenheiten als Separatismus brandmarkt. Ein solcher Vorwurf entspringt wahrscheinlich weit mehr der Angst um den Verlust wohlerworbener Rechte, als ernstzunehmenden Erwägungen. Er kann uns auch vollständig kalt lassen, denn wir haben bis zum Überdruß immer wieder und wieder betont, daß es bei der Geltendmachung der Vertriebeneninteressen auf deutschem Boden keine landsmannschaftlichen Unterschiede gibt und zu geben braucht und daß daher die Zusammenarbeit der Landsmannschaften miteinander auf diesem Boden eine Selbstverständlichkeit sein muß. Wer glaubt, beim neubürgerlichen Interesse verbleiben zu sollen, den können wir daran nicht hindern, wir verzichten auch auf Auseinandersetzungen mit ihnen, sondern wollen an der landsmannschaftlichen Organisation ohne solche ruhig weiterarbeiten, denn wir haben die Überzeugung, daß der gottgegebene Heimatgedanke desto mehr in den Vordergrund treten wird, je mehr sich die wirtschaftlichen Verhältnisse bessern und je mehr er zu einem Teilproblem der Außenpolitik wird – und nach beiden Richtungen arbeitet die Zeit. Das Chaos, die Kinderkrankheit der Vertriebenenorganisation, muß überwunden werden, wenn die Vertriebenen selbst zur Geltung kommen wollen ...

Anmerkung:
1 In Landshut (Niederbayern).

Quelle:
Vervielfältigtes ms. Manuskript; Abdruck in DzS, 4. Aufl.; S. 309.

****

Entschließung **1949, 19. September**
der ersten Großkundgebungen der Sudetendeutschen[1]
Vertreibung rückgängig machen, Selbstbestimmungsrecht geben

Wir Sudetendeutschen sind seit 1918 das Objekt internationaler Politik. Damals wurden wir entgegen dem vom Präsidenten Wilson verkündeten Selbstbestimmungsrecht der Völker gegen unseren Willen mit einer Million Madjaren, zwei Millionen Slowaken und den Ukrainern der Karpathen in die damals neugebildete Tschechoslowakei hineingepreßt. Der Senat der USA hat die Friedensverträge nicht ratifiziert und damit seine Mißbilligung ausgesprochen. Unsere in den Jahren von 1918 bis 1938 an den Völkerbund gerichteten Hilferufe[2], in denen wir darauf hingewiesen hatten, daß der Zwangsstaat der Tschechen eine Gefahr für den Frieden Europas bilde, verhallten ungehört. Nach der Erstarkung des Deutschen Reiches wurde unser Problem von Großbritannien, Frankreich, Italien und Deutschland aufgegriffen, durch den Münchner Vertrag[3] wurde das sudetendeutsche Gebiet ohne Volksabstimmung[4] von der Tschechei getrennt und Deutschland zugeteilt. Schon 1939 wurden wir so in den Zweiten Weltkrieg und 1945 in die Niederlage Deutschlands hineingerissen. Durch die zwischen Roosevelt, Truman, Churchill/Attlee und Stalin vereinbarten Programme von Jalta und Potsdam[5] sind wir abermals der hemmungslosen Willkür des tschechischen Panslawismus preisgegeben und aus der Heimat vertrieben worden.

Diese unter unmenschlichen Begleitumständen erfolgte Austreibung aus der Heimat widerspricht allen humanitären Anschauungen, den Grundsätzen der Atlantik-Charta[6], der UN[7], dem Geiste der Haager Landkriegsordnung[8], der Amerikanischen Verfassung[9], der englischen Magna Charta libertatum von 1215[10], der französischen Déclaration des droits de l'homme et du citoyen von 1789.[11] Sie steht auch im Widerspruch zu den Zusicherungen, die vor dem Eintritt der USA in die Kriege von 1914/18 und 1939/45 dem amerikanischen Volke gemacht worden sind, die es bewogen haben, für Freiheit, Menschenwürde und Demokratie und gegen die Tyrannei in die Schranken zu treten. So blicken die aus ihrer Heimat Vertriebenen in ihrer hoffnungslosen Lage auf die Tradition des Senats der USA, der schon wiederholt bewiesen hat, daß er Verbrechen gegen die Menschenrechte auch dann nicht zu billigen bereit ist, wenn sie von amerikanischen Staatsbürgern veranlaßt, gebilligt oder begangen worden sind. Er kann der gequälten Menschheit Europas den Glauben an die unparteiische Gerechtigkeit wiedergeben, der durch diese Vorkommnisse verlorengegangen ist, ohne den Europa nicht wieder aufgebaut werden kann und die abendländische Kultur dem Untergang geweiht ist. In dieser Überzeugung wenden wir Sudetendeutschen uns an die Weltöffentlichkeit und rufen:

Macht das Unrecht wieder gut[12], das eine kurzsichtige Politik an uns begangen hat. Gebt uns das Selbstbestimmungsrecht und widerruft die Beschlüsse von Jalta und Potsdam! Ohne Lösung des Vertriebenen-Problems wird es keine Neuordnung Europas geben!

Anmerkungen:
1 a) Die Kundgebungen fanden im August und September 1949 statt; der hier wiedergegebene Text wurde am 19. 9. 1949 in München gebilligt.
b) Die Entschließung wurde am 1. 10. 1949 u. a. der UNO zugeleitet, deren »Abteilung für Menschenrecht« am 3. 11. 1949 (Aktenzeichen CGS/317/02/LC) die Aufnahme in UNO/ECOSOC Dok. 75 (V. Sitzungsperiode) bestätigte.
Vgl. »Volksbote«, ⟨*WHZ.*⟩, Günzburg (Schw.); Jg. 1, Nr. 8 v. 20. 11. 1949; S. 1.
2 Gemeint anscheinend die Petitionen an den Völkerbund; siehe S. 303.

[3] Vom 29. 9. 1938; zum Text: Siehe S. 415.
[4] Grund: Siehe z. B. S. 266.
[5] Vom 2. 8. 1945; zum Text: Siehe S. 548.
[6] Vom 14. 8. 1941; zum Text: Siehe S. 15.
[7] Zum Text der Charta vom 26. 6. 1945: Siehe S. 17.
[8] Vom 18. 10. 1907; zum Text: Siehe S. 7, auch 29.
[9] Zum Text der Unabhängigkeitserklärung vom 4. 7. 1776: Siehe S. 3.
[10] Zum Text: Siehe S. 2.
[11] Zum Text: Siehe S. 4.
[12] Als Teil ihrer Besatzungspolitik hatte die US-Militärregierung zur Demokratisierung der Deutschen sog. Town-Hall-Meetings (d. h. »Landgemeinden« oder »Foren«) eingeführt, die sich später als Bürgerversammlungen fortsetzten. Aus einer derartigen Versammlung des Jahre 1950 stammte der folgende Bericht:
»Es ist ein erschütternder Augenblick, wenn auf dem Forum der Landgemeinden regelmäßig ein alter Mann aufsteht und die Militärregierung fragt: ›Wann können die Flüchtlinge wieder in ihre Heimat zurückkehren?‹ Ein andermal stellt er die Frage auch so: ›Warum haben die Westmächte es zugelassen, daß die Sudetendeutschen aus ihrer Heimat vertrieben wurden, wo sie schon Jahrhunderte gelebt hatten?‹ Dem gewöhnlichen Forumsbesucher und mehr noch dem politisch Geschulten erscheint die Frage einfältig, und er neigt zum Lächeln. Wie es aber der alte Mann sagt, das läßt ihn verstummen. In der Regel ist es ein Bauer, der so spricht, der von einem großen Hof und Haus vertrieben wurde und jetzt mit seiner Frau hilflos und wurzellos in einer Kammer bei fremden Leuten haust und nicht weiß, was er mit seinem Leben anfangen soll. Seine einfachen Worte sind so ernst gesprochen, als rufe er den Herrgott zum Richter an und frage die Herren der Welt, wie sie das, was mit ihnen geschehen ist, vor Gott und der Welt verantworten wollen. Im Saal herrscht für eine Minute lautlose Stille. Der Amerikaner sagt darauf ruhig mit ebenso schlichten Worten – in seiner landfremden Sprache, die gleich übersetzt wird – einige nackte Wahrheiten über die deutsche Geschichte des Dritten Reiches. Er findet warme Worte für die Tragödie des Menschen, die er bedauert und nicht ändern kann, und meint am Schluß: Das gegenseitige Verständnis und die gegenseitige Hilfe der Alt- und Neubürger sei das einzige Mittel, mit dem man das Unheil nicht verschlimmern, sondern bessern könne. Die Vertreter der deutschen Regierung weisen meistens darauf hin, daß doch eine ansehnliche Zahl von Flüchtlingen schon eine neue Existenz gefunden hätte, und daß man hoffen müsse, auch für die anderen mit einiger Anstrengung einen neuen Lebensanfang zu schaffen. Wenn die Worte ›verschmelzen‹ und ›heimisch werden‹ fallen, kommt über die Lippen des Flüchtlings oft das verzweifelt bittere Wort ›niemals‹, und wenn die Klagen über die Zustände im Dorf aufgezählt werden, öffnet sich ein Abgrund, vor dem das ganze Forum keine rechte Antwort mehr auszusprechen weiß . . .«
Zum Text vgl. Knorr, Herbert: »Aus der Heimat vertrieben« in »Rhein-Neckar-Zeitung«, Heidelberg 〈*TZ.*〉; Nr. 179 v. 5./6. 6. 1950; S. 2. Hervorhebung im Original durch Sperrung.

Quelle:
»Volksbote«, Günzburg (Schw.); Jg. 1, Nr. 4 v. 20. 9. 1949; S. 1.

****

Rede von Bundeskanzler Konrad Adenauer in der Aussprache zur Regierungserklärung: **1949, 29. September**
Verständnis für Rückkehrwunsch der Sudetendeutschen in freie Heimat

. . .
Meine Damen und Herren, jeder von uns wird mit den vertriebenen Sudetendeutschen empfinden und fühlen, und jeder wird mit ihnen übereinstimmen, wenn sie verlangen, in ihre Heimat, in ihre freie Heimat zurückkehren zu können.
(Bravorufe und Händeklatschen in der Mitte und rechts)
Aber lassen Sie mich das ausdrücklich betonen: das hat mit Plänen, mit Gedanken und Gedankengängen, wie sie früher bei den Alldeutschen und später bei den Nationalsozialisten bestanden haben, gar nichts zu tun.
(Sehr richtig! in der Mitte)
Das ist lediglich ein Ausdruck der Liebe zur heimatlichen Scholle und weiter nichts.
. . .

Quelle:
Deutscher Bundestag: »Stenographische Berichte«; 1. WP., 10. Sitzung; S. 186 C.

****

Entschließung[1] **1949, 30. November**
sudetendeutscher Politiker und Wissenschaftler:
(Sog. Eichstätter Adventdeklaration)
Rückgabe der Heimat gefordert

...

Wir Sudetendeutsche wollen nicht Vergeltung, sondern Gerechtigkeit. Sosehr das elementare Rechtsempfinden eine gerichtliche Bestrafung krimineller Handlungen verlangt, so wenig wollen wir dazu beitragen, daß durch die Angst dieser Völker ⟨*der Tschechen und Polen*⟩ vor Kollektivrache ihre Loslösung von den kommunistischen Diktaturen aufgehalten werde.
Unsere unabdingbare Forderung ist die Rückgabe der Heimat in den Sprachgrenzen und Siedlungsverhältnissen von 1937. Dabei verkennen wir nicht die historisch-geographischen Gegebenheiten in Böhmen und Mähren und im Karpathenraum. Auch der uralten Schicksalsverbundenheit der Donauvölker sind wir uns nach wie vor bewußt. Keine Neugestaltung Europas kann an dem zentralen Problem einer neuen staatsrechtlichen Ordnung des Donauraumes und der übrigen von der Sowjetunion seit 1945 besetzten und beherrschten Gebiete vorübergehen. Gleichzeitig aber geht es um die Herstellung eines tragbaren Verhältnisses zwischen Deutschland und seinen westslawischen Nachbarn. Die Voraussetzung auch dafür wäre die Bereitschaft der Tschechen und Polen, den vertriebenen Deutschen ihre Heimat zurückzugeben. Alle diese Aufgaben können nur im Rahmen einer föderalistischen Gesamtordnung Europas gelöst werden, die jede Hegemonialstellung irgendeiner Großmacht ausschließt.
Unsere Landsleute werden verstehen, daß ihr gesamtes Verhalten diesen außenpolitischen Notwendigkeiten unterzuordnen ist.
Von dieser Überzeugung geleitet, wollen wir innerhalb unserer Volksgruppe und bei allen Vertriebenen dafür wirken, daß sie den Kampf um die Wiedergewinnung ihrer Heimat einordnen in das große Ringen um die christlich-humanistische Wiedergeburt Europas.

Anmerkung:
[1] Die Deklaration wurde bei einer Zusammenkunft sudetendeutscher Politiker und Wissenschaftler (u. a. Wenzel Jaksch und Richard Reitzner, Hans Schütz und Hermann Götz, Walter Becher und Walter Brand) beschlossen.

Quelle:
»Baugesetze einer neuen Ordnung«; hsg. v. d. Sudetendeutschen Ackermann-Gemeinde; München, 1950; S. 15 f.

****

Grundsätze **1950**
des (sudetendeutschen) Witiko-Bundes:
Adalbert Stifters Symbolfigur als »Sinnbild und Ausrichtung«

1. Der Witiko-Bund ist eine Vereinigung von Menschen, die aus der Tradition des früheren Selbstbehauptungskampfes in ihrer sudetendeutschen Heimat die Verpflichtung in sich fühlen, auch künftighin am Schicksal der heute aus ihrer alten Heimat vertriebenen Volksgruppe auf allen Lebensgebieten gestaltend mitzuwirken.
Der Name »Witiko«, dem Geschichtsroman des großen Heimatsohnes Adalbert Stifter ent-

lehnt, soll Sinnbild und Ausrichtung bedeuten; Verbundenheit mit dem Land ihrer Herkunft und Anerkennung der gültigen Gesetze eines organischen Wachsens und Reifens, gleichweit entfernt von zerstörerischer Überstürzung wie untätiger Resignation. Der Name soll zugleich hinweisen auf das Land, das seit beinahe einem Jahrtausend ihre Heimat umschloß; er ist zugleich Hinweis darauf, daß Böhmen umd Mähren aus der Berührung mit deutschem Wesen höchste Befruchtung und Förderung erfahren haben und unlöslich der Welt des abendländischen Geistes zugehören.
Wenn sich der Witiko-Bund so zunächst an die Menschen aus dem Sudetenland wendet, so sucht er in voller Aufgeschlossenheit Anschluß an alle jene Kräfte des deutschen Volkes und der übrigen Völker Europas, die noch nicht fatalistisch vor den Aufgaben der Gegenwart kapitulieren, sondern noch den Glauben an eine menschenwürdige Zukunft in sich tragen und bereit sind, sich dafür einzusetzen.
2. Der Witiko-Bund sieht sein Hauptarbeitsgebiet zunächst im Rahmen der sudetendeutschen Volksgruppe, ist sich jedoch bewußt, daß eine ausschließliche Beschränkung auf diesen Aufgabenbereich eine geistige und wirkungsmäßige Verkümmerung in sich schließen würde. Er weiß nur zu gut, daß die Fragen des Sudetendeutschtums untrennbar mit allen jenen Fragen verwoben sind, die auf Grund der Entscheidung von Yalta und Potsdam für alle Menschen des deutschen Ostens ausgelöst wurden. Darum bekennt er sich im Bewußtsein der unlöslichen Gebundenheit an die eigene Volksgruppe auch zur Schicksalsgemeinschaft aller Heimatvertriebenen. Er weiß darüber hinaus, daß die Fragen der Heimatvertriebenen, insbesondere die Frage der Rückgliederung jener Länder, die durch die allem menschlichen und göttlichen Recht widersprechende Gewaltlösung dem deutschen Volk und damit Europa verlorengingen, nicht aus ihren eigenen Kräften gelöst werden können, sondern daß es dazu der Unterstützung des ganzen deutschen Volkes bedarf. Die Lösung dieses Problemes betrachtet der Witiko-Bund darüber hinaus als eine Aufgabe des ganzen westlichen Kulturkreises im Rahmen der erstrebten Neuordnung auf der Grundlage von Gerechtigkeit und Menschlichkeit. Daß die Wiederherstellung der Einheit Deutschlands in Freiheit und Selbstbestimmung die unerläßliche Voraussetzung für eine Wiedergesundung ganz Europas ist, muß nicht nur für jeden Deutschen, sondern auch für jeden gerecht und politisch vernünftig denkenden Menschen eine Selbstverständlichkeit sein.
Es ist sein, wie aller besonnenen Menschen heißester Wunsch, daß sich diese Neuordnung ohne gewaltsame oder gar kriegerische Auseinandersetzung vollziehen möge. Der Witiko-Bund weiß, daß jene Ideenwelt, die den Gedanken des autarken Nationalstaates hervorbrachte, keinen Weg mehr in die Zukunft weist.
3. Der Witiko-Bund bekennt sich daher zu allen jenen Bestrebungen in Europa und der Welt, die eine neue Einheit Europas auf der Grundlage des christlich-abendländischen Kulturgutes und der Anerkennung der gleichberechtigten Völker als der gottgeschaffenen natürlichen Einheiten im Wege der föderalistischen Gestaltung anstreben.
...
5. Der Witiko-Bund ist an keine Partei oder sonstige Organisation gebunden. Er sieht seine wesentliche Aufgabe darin, eine Gemeinschaft darzustellen, in der sich die schöpferischen, aufgeschlossenen, unvoreingenommenen und lebendigen Kräfte nicht nur aus dem Sudetendeutschtum, sondern aus dem ganzen deutschen Volke zu fruchtbarer Begegnung und Arbeit zusammenfinden können, um in gemeinsamem Bemühen jene Grundsätze und Richtlinien zur Lösung der Zeitprobleme zu erarbeiten, die nach der jeweils gegebenen Lage als die sachlich richtigen zu erkennen sind. Er beansprucht in keiner Weise irgendein »Meinungsmonopol« und wird sich jederzeit mit allen sachlichen Argumenten ernsthaft auseinandersetzen. Der einzelne sieht im Bund den geeigneten Ort der Klärung und Prüfung der Ansichten und Meinungen.
Eine besonders entscheidende Aufgabe sieht der Witiko-Bund auch darin, die deutsche Jugend, die durch den Zusammenbruch aller bisher gültigen Werte in eine beinahe aus-

weglose innere Lage gedrängt wurde, anzusprechen und sie für eine wertvolle und verantwortungsvolle Mitarbeit an der Zukunft des deutschen Volkes wiederzugewinnen.

6. Der Witiko-Bund ist sich bewußt, daß alle klare Überzeugung und alles Theoretisieren für das geschichtliche Wirken belanglos bleiben, wenn die als richtig erkannten Ergebnisse nicht durch die Tat verwirklicht werden. Er erwartet daher von allen seinen Mitgliedern, daß sie die in gemeinsamer Arbeit herausgestellten Grundsätze in ihrem jeweiligen Arbeitsgebiet, wo immer sie auch stehen mögen, zu verwirklichen trachten.

...

8. Als wesentlichstes Kennzeichen erscheint dem Witiko-Bund gegenüber parteiischen oder sonstigen zweckbestimmten Organisationen, daß er eine echte menschliche Gemeinschaft darstellen will, daß daher sein Tun und Handeln innerhalb seines eigenen Wirkungsbereiches auf der Grundlage der Aufgeschlossenheit, der Ehrlichkeit und der Anständigkeit zu erfolgen hat, und daß daher in seinen eigenen Reihen die im sonstigen politischen und öffentlichen Leben vielfach üblichen Methoden der Intrige, des Doppelspiels und der Hinterhältigkeit usw. keinen Platz haben.

...

10. Der Witiko-Bund erkennt seine Aufgabe im Dienste an der sudetendeutschen Volksgruppe als dem auch ihn tragenden, nährenden Mutterboden; am ganzen deutschen Volke, dem auch seine Mitglieder als deutsche Menschen unlöslich verbunden bleiben, und im Dienste an allen jenen Bestrebungen in allen Völkern, die das Göttliche, Edle und Schöne, das Wahre und das Gerechte nicht jenen Kräften ausliefern wollen, die die Welt aller höheren Werte entkleiden und sie nur als Entwicklung und Machtkampf materieller Kräfte sehen. In diese große weltweite Front reiht sich auch der Witiko-Bund ein, an jener Stelle, die ihm durch die Tradition seiner Vorläufer in der Heimat, durch die Herkunft und das bisherige Wirken seiner Menschen und durch die heutige geschichtliche Lage vorgezeichnet ist, wohl wissend, daß er niemals sein Blickfeld in kleinlicher Beschränktheit einengen darf, da er sonst zwangsläufig in Unfruchtbarkeit verkümmern müßte, sondern, daß er seinen Blick immer auf die großen Zeitströmungen und -bewegungen gerichtet halten muß, in die sinnvoll sich einzuordnen allein Gewähr bieten kann, daß auch im kleineren Wirkungsbereich die großen Aufgaben der Zeit mitgestaltet werden.

Quelle:
Ms. Vervielfältigung des Witiko-Bundes; Abdruck in DzS, 4. Aufl.; S. 312 f.

****

Erklärung[1] **1950, 25. Januar**
der Sudetendeutschen Landsmannschaft:
(Sog. Detmolder Erklärung[1])
Rechtsanspruch auf die Heimat, Selbstbestimmung

Die Sudetendeutsche Landsmannschaft betrachtet sich als die außerhalb der Heimat gegebene Gestaltung der sudetendeutschen Volksgruppe und diese als Glied des deutschen Volkes. Sie ist sich, erst recht in der Notzeit, der Schicksalsverbundenheit mit Deutschland bewußt. Sie ist bereit, mit allen übrigen aus der Heimat vertriebenen Deutschen zur Vertretung gemeinsamer Interessen zusammenzuarbeiten.

Die sudetendeutsche Volksgruppe betrachtet es als ihre Aufgaben, sich selbst dem deutschen Volk zu erhalten, ihr Heimatbewußtsein und den Rechtsanspruch auf ihre Heimat wachzuhalten und ihr grenzdeutsches Erfahrungsgut dem Deutschtum zu vermitteln. Ihr Ziel ist die Wiedergewinnung der Heimat. Im Kampf um die Erreichung dieses Zieles erwartet sie die Unterstützung des ganzen deutschen Volkes wie auch die aller anderen Völker, die für Recht und Menschenwürde einzutreten bereit sind.

Die Erfüllung der Aufgabe, Existenz und Substanz der Volksgruppe zu sichern, setzt die

Erhaltung und Förderung jedes Einzelnen voraus und verpflichtet alle Sudetendeutschen ohne Unterschied der Herkunft, der Konfession, der Parteizugehörigkeit und des sozialen Standes zu gegenseitiger Hilfeleistung und zum Zusammenstehen auf allen Lebensgebieten. Die Existenzen müssen durch eine planmäßige gegenseitige Wirtschaftshilfe gesichert, das Heimatbewußtsein durch den Einsatz aller kulturellen, der Rechtsanspruch auf die Heimat durch den Einsatz aller politischen Kräfte wachgehalten werden.
In der Erkenntnis, daß Deutschland und die sudetendeutsche Volksgruppe in erhöhtem Maße nicht mehr Subjekt, sondern nur Objekt der internationalen Politik sind, sieht die sudetendeutsche Volksgruppe in der Arbeit an ihrem inneren Aufbau und in der Aufklärungsarbeit in aller Welt ihre derzeit beste Außenpolitik. Sie will zum Zeitpunkt einer Gestaltungsmöglichkeit, die ihr die Wiedergewinnung ihrer Heimat verspricht, geschlossen bereitstehen, um dann ihr künftiges Schicksal aus eigener Verantwortung selbst entscheiden zu können. Sie lehnt daher einen Streit um außenpolitische Wunschbilder, Theorien und Doktrinen ab, zumal durch ihn die erforderliche Einheit der Volksgruppe gefährdet und ihre Aufspaltung unvermeidlich wäre.
Die sudetendeutsche Volksgruppe ist gewillt, mit allen geistigen, wirtschaftlichen und sittlichen Kräften an einer Neugestaltung Europas zu einem einheitlichen Wirtschaftsgebiet auf der Grundlage der Selbstbestimmung seiner Völker mitzuarbeiten. Da die Anerkennung einer Kollektivschuld allen gesitteten Auffassungen widerstreitet, betont die Volksgruppe trotz aller furchtbaren Erfahrungen seit 1945, daß sie Europa nicht auf Vergeltung und Rache, Haß und Ressentiments, sondern auf Rechtsgrundsätzen und der Wahrung der Menschenwürde unter allen beteiligten Völkern aufgebaut wissen will.

Anmerkung:
1 Abgegeben bei der Gründung des Hauptverbandes der Sudetendeutschen Landsmannschaft in Detmold (NRW).

Quelle:
»Volksbote«, Günzburg (Schw.); Jg. 2, Nr. 3 v. 10. 2. 1950; S. 3.

****

Übereinkommen **1950, 31. Januar**
der US-Hochkommission für Deutschland[1] mit der ČSR-Regierung »über die Zusammenführung von 20.000 Deutschen aus der ČSR mit ihren Familienangehörigen in Westdeutschland«

Am 26. 10. 1949 bat die Bundesregierung die Alliierte Hohe Kommission, der Überführung von 45.000 Deutschen und Volksdeutschen aus der ČSR, Polen und den deutschen Gebieten unter polnischer Verwaltung zuzustimmen. Sie schätzte, daß 20.000 Personen aus der ČSR und 25.000 aus Polen und den besetzten deutschen Ostgebieten kommen würden. Zweck der Umsiedlung war, die betreffenden Personen mit ihren bereits in Westdeutschland durch die Aussiedlung im Jahre 1945 und 1946 ansässig gewordenen Angehörigen zusammenzuführen.
Der Rat der Alliierten Hohen Kommission stimmte diesem Ansuchen am 25. 11. 1949 zu und beschloß in der vierten Sitzung des Komitees für Flüchtlinge und DP's[2] am 14. 12. 1949, »den Briten die Führung der Verhandlungen mit den polnischen Behörden und den Amerikanern die Führung der Verhandlungen mit den tschechoslowakischen Behörden zu übertragen«.
Am 31. 1. 1950 erzielten das Permit Office[3] der Alliierten Hohen Kommission in Prag und ein Vertreter der Abteilung für verschleppte Personen[2] der US-Hohen Kommission mit der tschechoslowakischen Regierung ein Übereinkommen über die technischen Einzelheiten bei der Umsiedlung der 20.000 in der ČSR befindlichen Personen. Den Unterhandlungen wohnten auch Vertreter des Internationalen Roten Kreuzes bei.

Dies ist der Text des Übereinkommens:
»Im Zusammenhang mit der Auswanderung aus der ČSR im Zuge der Familienzusammenführung der bereits in Deutschland ansässig gewordenen Deutschen von 20 000 Personen deutscher Volkszugehörigkeit werden zwischen dem Permit Office der Alliierten Hohen Kommission einerseits und dem tschechoslowakischen Innenministerium andererseits folgende Verfahren und technische Einzelheiten festgelegt:
1. Allgemeines:
A. Daß die Auswanderung seitens der Betreffenden freiwillig ist und sich gemäß der tschechoslowakischen Auswanderungsbestimmungen vollzieht.
B. Daß hinsichtlich der Eigentums- und Vermögenswerte der Betreffenden die bestehenden Zollbestimmungen für Auswanderung aus der ČSR angewandt werden.
2. Durchführungsbestimmungen:
A. Das ⟨*ČSR*⟩- Innenministerium wird dem Permit Office der Alliierten Hohen Kommission nach und nach Listen der betreffenden Personen (insgesamt 20 000) liefern.
B. Nach der Genehmigung werden diese Listen vom Permit Office der Alliierten Hohen Kommission dem ⟨*ČSR*⟩- Innenministerium zurückgegeben. Auf Grund dieser genehmigten Listen wird das Innenministerium wenigstens einen, ungefähr 400 Personen umfassenden Transport wöchentlich abfertigen, der über Furth i. W. nach Deutschland geleitet wird. Der erste Transport wird Mitte März 1950 stattfinden.
⟨*Es folgten Abwicklungseinzelheiten*⟩
G. Das Internationale Rote Kreuz wird den Aussiedelnden bei der Anfertigung der erforderlichen Unterlagen behilflich sein.
H. Technische Abänderungen dieser Bestimmungen können erst 14 Tage nach Übereinkunft in Kraft treten.«
. . .

gez. McCloy[4]

Anmerkungen:
[1] Die Hochkommission trat am 21. 9. 1949 nach der Teilsouveränität der BR Deutschland durch das Besatzungsstatut an die Stelle der bisherigen Militärregierung.
[2] DP = Displaced Persons = verschleppte Personen: Es handelte sich um nichtdeutsche Personen, die vom NS-Regime nach Deutschland verbracht worden oder mit der deutschen Wehrmacht mitgezogen waren und nach 1945 in ihre unter UdSSR-Herrschaft oder Oberhoheit stehenden Heimatgebiete nicht zurückkehren wollten, insoweit die Westalliierten dieses Verlangen berücksichtigten.
[3] Nach 1949 geschaffene und bis 1954 bestehende Einrichtung der Hochkommission zur Visaerteilung für Reisen aus und in die BR Deutschland.
[4] John J. McCloy war der Hohe Kommissar der USA.

Quelle:
DdV IV/1; S. 356 f.

****

Gutachten **1950, 7. April**
des Generalsekretärs der UNO
»über die Festlegung eingegangener Minderheitenverpflichtungen«[1]

⟨*A) Vorgang und generelle Ergebnisse:*
Mit Entschließung 116 C [IV] vom 1. 3. 1948 hatte der Wirtschafts- und Sozialrat der UNO [ECOSOC] den Generalsekretär der UNO um Studium der Frage gebeten, ob und, wenn ja, in welchem Umfang die 1927 beim Völkerbund vorliegenden Schutzabkommen für Minderheiten⟩ »als noch in Kraft befindlich angesehen werden können«.
⟨*Der UNO-Generalsekretär beantwortete die Frage in einem Gutachten. Dabei ergänzte er den Umfang der Betrachtung auf den Stand September 1945 und insgesamt 17 Staaten bzw. Gebiete.*

Das Gutachten[2] bezeichnete die Schutzverpflichtungen in drei Fällen (Finnland, Griechenland, Türkei) als fortbestehend und in zwei Fällen (Albanien, Irak) als suspendiert, bis die UNO sich formell an Stelle des Völkerbundes zur Schutzmacht erkläre[3]. Bezogen auf Jugoslawien, wurde der Minderheitenschutzvertrag von 1919 mindestens für Deutsche[2] und Italiener als »nicht mehr anwendbar« (no longer applicable) *befunden.*
In den elf anderen Fällen wurden die Schutzverpflichtungen mit folgenden Hauptbegründungen als erloschen erklärt: Für Bulgarien, Österreich, Rumänien und Ungarn, da die Friedensverträge von 1947[4] bzw. der vorgesehene Staatsvertrag keine ausdrückliche Feststellung der Fortdauer enthielten, für Danzig, Estland, Lettland, Litauen und Memel wegen Eingliederung nach Polen und der UdSSR und in den zwei Fällen Polen und ČSR vornehmlich wegen Transfers der Deutschen nach dem Potsdamer Abkommen[5].

B) Die Beurteilung des Potsdamer Abkommens:
Das Gutachten formulierte [S. 33]:⟩
»Es wird angenommen, daß die Entscheidungen betreffend ... Bevölkerungstransfers in allen Fällen aus Sicht des Völkerrechtes gültig waren.«

⟨*C) Die Begründung für das Erlöschen im Falle der ČSR [S. 62 ff.] lautete:*⟩
a) Übliche (ordinary) Gründe für den Untergang von Verpflichtungen
Es wurden internationale Abkommen abgeschlossen, welche die Lage der verschiedenen Minderheiten in der ČSR berührten.
i) Deutsche Minderheiten
Die Lage ist die gleiche, wie im Fall der durch das Abkommen von Potsdam erfaßten deutschen Minderheiten in Polen.
⟨*Dazu war auf S. 60 angeführt:*⟩ Die Entscheidung, eine Minderheit aus dem Staatsgebiet zu entfernen, muß so interpretiert werden, daß das Minderheitsschutzsystem für diese Bevölkerung unanwendbar (inapplicable) wird, und zwar für die transferierten Personen und jene, denen als Gunst erlaubt wurde, zu bleiben.
ii) Ungarische Minderheiten
⟨*Unter Bezugnahme auf Art. 5 des Friedensvertrages mit Ungarn vom 10. 2. 1947 wurde ausgesagt,*⟩ daß die Verfasser des Vertrages das Minderheitenschutzsystem, mindestens für die ungarische Minderheit, als nicht mehr in Kraft ansahen.
iii) Ukrainische Minderheit
⟨*Durch den Abtretungsvertrag über die Karpatenukraine vom 29. 6. 1945 zwischen der ČSR und der UdSSR habe sich die Lage wesentlich geändert. Als Frage bleibe:*⟩
Haben sie damit den Minderheitenvertrag von 1919[1] gekündigt?
iv) Polnische Minderheit
⟨*Durch ein Zusatzprotokoll zum Freundschaftsvertrag ČSR – Polen vom 10. 3. 1947, welches die Frage der wechselseitigen Minderheiten*⟩ anders als durch Bevölkerungstransfer lösen sollte, ⟨*habe sich die Lage wesentlich geändert. Als Frage bleibe:*⟩
Hat dieses Protokoll den Vertrag von 1919[1] implizit gekündigt?
v) Jüdische Minderheit
Die jüdische Minderheit wurde während des Zweiten Weltkrieges weitgehend zerstört, aber gewisse Elemente blieben vorhanden. Es gibt keine Entscheidung bezüglich eines neuen ⟨*Schutz-*⟩Systems für diese Minderheit. Die gleiche Beobachtung trifft auch auf die anderen religiösen Minderheiten zu.

b) Änderung der Verhältnisse
i) Allgemeine Umstände, die alle Verpflichtungen betreffen
1) Die Auflösung des Völkerbundes.
2) Die in der UN-Charta[6] erfolgte Anerkennung der Menschenrechte und des Grundsatzes der Nicht-Diskriminierung.

ii) Umstände, die mehr oder minder allein die besondere Verpflichtung ⟨*der ČSR auf Vertragseinhaltung*⟩ betreffen
   1) Die Handhabung (operation) des Minderheitenschutzsystems in der ČSR, die durch einen Spannungszustand gekennzeichnet war, welcher zwischen gewissen Minderheiten, besonders der deutschen Minderheit, und dem Staat bestand.
   2) Änderungen in der territorialen Zusammensetzung der ČSR und Bevölkerungstransfers.
   Die Minderheitenbevölkerung ist durch den Transfer der deutschen Bevölkerung und die Eingliederung der Karpatenukraine in die UdSSR beträchtlich verringert worden.
   3) Betreffend die ungarischen und polnischen Minderheiten wurden neue Abkommen geschlossen.

Schlußfolgerung:
1) Was die üblichen Gründe für den Untergang von Verpflichtungen anbetrifft, scheint es, daß die Verpflichtungen betreffend die deutschen Minderheiten durch das Potsdamer Abkommen[5] untergegangen (extinguished) sind.
2) Es hat weitreichende Änderungen der Verhältnisse gegeben und man darf annehmen, daß das im Vertrag von 1919[1] festgelegte ⟨*Schutz-*⟩System nicht mehr anwendbar (applicable) ist.
. . .

Anmerkungen:
1 Darunter auch der Minderheitenschutzvertrag der Alliierten mit der ČSR vom 10. 9. 1919, zum Text: Siehe S. 281.
2 Das Gutachten berücksichtigte in seiner Gliederung deutlich, ob der betreffende Staat im 2. Weltkrieg den Alliierten oder den Achsenmächten angehörte.
3 Dies ist m. W. in keinem Falle erfolgt.
4 Die im Friedensvertrag mit Italien neu festgelegte Minderheitenverpflichtung Italiens für Südtirol vom 5. 9. 1946 (zum Text: Siehe S. 22) wurde im Gutachten überhaupt nicht erwähnt.
5 Vom 2. 8. 1945; zum Text: Siehe S. 548.
6 Vom 26. 6. 1945; zum Text: Siehe S. 17.

Quelle:
UN-ECOSOC: »Study on the Legal Validity of the Undertakings Concerning Minorities«; Dok. E/CN.4/367; 71 ms. Seiten.
In deutscher Sprache Inhaltswiedergabe in »Zeitschrift für ausländisches öffentliches Recht und Völkerrecht«; Bd. 15 (1953/54); S. 521–540.

****

Erklärung[1] **1950, 14. Juli**
des (1.) Deutschen Bundestages:
(Sog. Obhutserklärung):

Die Scheinregierung der von russischen Truppen besetzten Zone Deutschlands hat der Preisgabe der deutschen Gebiete östlich der Oder-Neiße-Linie das Prager Abkommen vom 23. Juni 1950[2] folgen lassen, mit dem die völkerrechtswidrige und unmenschliche Austreibung der Sudeten- und Karpatendeutschen als »gerecht und unabänderlich« anerkannt wird. Der Deutsche Bundestag erklärt aus diesem Anlaß erneut, daß jene Scheinregierung weder politisch noch moralisch befugt ist, im Namen des deutschen Volkes zu sprechen und Abkommen zu schließen.
Das Prager Abkommen ist nicht vereinbar mit dem unveräußerlichen Anspruch des Menschen auf seine Heimat. Der Deutsche Bundestag erhebt deshalb feierlich Einspruch gegen die Preisgabe des Heimatrechtes der in die Obhut der Deutschen Bundesrepublik gegebe-

nen Deutschen aus der Tschechoslowakei[3] und stellt die Nichtigkeit des Prager Abkommens fest.
Der Deutsche Bundestag begrüßt die Ablehnung des Prager Abkommens durch die Hohen Kommissare. Er richtet an die Gesamtheit der freien Völker den Appell, im Geiste der Atlantik-Charta[4] für eine Friedensordnung einzutreten, in der die natürlichen Rechte auch der Deutschen gewahrt sind.

Anmerkungen:

[1] Diese Erklärung wurde mit über 350 gegen die 15 Stimmen der kommunistischen Abgeordneten gebilligt.

[2] Das Abkommen enthielt folgende wesentlichen Aussagen:
»Die Regierung der Tschechoslowakischen Republik und die Provisorische Regierung der Deutschen Demokratischen Republik sind überzeugt, daß ihre gemeinsame Verpflichtung, den Frieden zu erhalten und zu sichern, dadurch erleichtert und gleichzeitig gefestigt wird, daß es zwischen ihren beiden Staaten keine strittigen und offenen Fragen gibt. Unsere beiden Staaten haben keine Gebiets- oder Grenzansprüche, und ihre Regierungen betonen ausdrücklich, daß die durchgeführte Umsiedlung der Deutschen aus der Tschechoslowakischen Republik unabänderlich, gerecht und endgültig gelöst ist. Diese Erklärung steht in voller Übereinstimmung mit der Politik, die die DDR von Anbeginn durchgeführt und die den Umsiedlern ⟨*Bezeichnung für Vertriebene in kommunistischem Sprachgebrauch*⟩ volle Möglichkeit und Unterstützung geboten hat, sich in den Aufbau einzuschalten und in der Deutschen Demokratischen Republik eine neue Heimat zu finden.«

[3] Am 10. 6. 1984 führte Bundesinnenminister Friedrich Zimmermann vor den Teilnehmern des 35. Sudetendeutschen Tages in München u. a. aus: »Der Deutsche Bundestag hat im Jahr 1950 mit den Stimmen aller demokratischen Parteien die Sudetendeutschen in die Obhut der Bundesrepublik Deutschland genommen. So wird es auch in Zukunft bleiben, weil alle Deutschen in einer Kette der Generationen stehen. Wir alle haben ein Erbe übernommen, das es zu bewahren und weiterzugeben gilt.« Vgl. »Bulletin«; Nr. 71 v. 14. 6. 1984; S. 631.

[4] Zum Text: Siehe S. 15.

Quelle:
Deutscher Bundestag: »Stenographische Berichte«; 1. WP., 75. Sitzung; S. 2689 A.

****

Abkommen **1950, 4. August**
zwischen dem Tschechischen Nationalausschuß, London[1] und der Arbeitsgemeinschaft zur Wahrung sudetendeutscher Interessen, München[2]
(Sog. »Wiesbadener Abkommen« oder »Lodgman-Prchala-Abkommen«):
Heimat- und Selbstbestimmungsrecht für beide Partner

1. Beide Teile stehen auf dem Boden der demokratischen Weltanschauung und lehnen jedes totalitäre System ab. Beide Teile betrachten eine demokratische Ordnung der Verhältnisse im böhmisch-mährisch-schlesischen Raum als einen Teil des Kampfes für ein einheitliches Europa.[3] Dieses kann nach ihrer Überzeugung nur dadurch erreicht werden, daß sich seine Völker ohne Zwang in Ausübung ihres Selbstbestimmungsrechtes zusammenfinden.
2. Beide Teile anerkennen den Grundsatz, daß in der Emigration niemand berechtigt sei, ein Volk zu verpflichten. Es ist der berufene Herr seines Schicksals und soll sich frei entscheiden können, welchen Weg es gehen will. Nur ein Volksentscheid kann endgültig bestimmen.
3. Beide Teile betrachten die Rückkehr der vertriebenen Sudetendeutschen in ihre Heimat als gerecht und daher selbstverständlich. Sie sind sich dessen bewußt, daß diese Rückkehr nur dann erfolgen kann, wenn auch das tschechische Volk befreit ist. Deshalb wollen sie alles tun, um seine Befreiung zu verwirklichen.
4. Beide Teile lehnen die Anerkennung einer Kollektivschuld und des aus ihr fließenden Rachegedankens ab; sie verlangen aber die Wiedergutmachung der Schäden, die das tschechische Volk und das sudetendeutsche Volk erlitten haben und die Bestrafung der geistigen

Urheber und der ausführenden Organe der begangenen Verbrechen. Diese Maßnahmen erscheinen beiden Teilen notwendig, weil die Geschehnisse der letzten Jahrzehnte ein freundschaftliches Nebeneinanderleben beider Völker unmöglich machen, solange die jetzige Generation lebt, weil sie an der Begehung der Verbrechen an Gut und Leben unmittelbar beteiligt war, entweder als Täter oder als Opfer und weil sie auf beiden Seiten die Erinnerung an diese Ereignisse nicht auslöschen können, auch wenn sie es wollten, wenn sich nicht ihr wertvoller Teil von den Verbrechern trennt. Die Durchführung dieser Maßnahmen sollte nach Ansicht beider Teile durch die eigenen Volksgenossen erfolgen, die Verbrechen sind ja nicht nur gegen das andere, sondern auch gegen das eigene Volk begangen worden, dessen Ruf und Ansehen in den Augen aller anständigen Menschen schwer geschädigt wurden.

5. Beide Teile sind darin einig, daß über die endgültigen staatspolitischen Verhältnisse gemäß Punkt 2 beide Völker entscheiden sollen, sobald die Befreiung des tschechischen Volkes und die Rückkehr der Sudetendeutschen erfolgt sein werden. Da die Voraussetzung heute nicht überblickt werden kann, beide Völker nun ein Jahrtausend im böhmisch-mährisch-schlesischen Raum in engster Nachbarschaft gelebt haben und auch in Zukunft leben werden, so haben beide Teile beschlossen, einen Föderativausschuß einzusetzen, der die Voraussetzungen hierfür schaffen soll. Beide Teile nehmen an diesem Ausschuß gleichberechtigt teil.

Anmerkungen:

[1] Vertreten durch General Lev Prchala.
Dieser hatte bereits am 12. 12. 1945 in London eine Erklärung veröffentlicht, in der gegen die Vertreibung der Deutschen »from Czech territory« protestiert wurde.
Zum Text: Siehe S. 652.
Zur Bitte um Vergebung aus 1955: Siehe S. 745.
Zur offiziellen Beurteilung durch die ČSR 1951: Siehe S. 726.

[2] Vertreten durch Rudolf Lodgman v. Auen, Richard Reitzner und Hans Schütz.
Zur »Arbeitsgemeinschaft«: Siehe S. 701; sie war Vorgängerin des Sudetendeutschen Rates (ab 3. 4. 1955, siehe S. 742).

[3] Am 5. Juli 1953 kam es zu einer Vereinbarung, die sich auf ein benachbartes Gebiet bezog:
»Im Vertrauen auf Gott, im Sinne einer 800jährigen gemeinsamen Geschichte und im Zeichen des friedlichen und fruchtbaren Zusammenlebens des slowakischen Volkes mit den Deutschen aus der Slowakei schließt der Slowakische Nationalrat im Ausland ⟨*vertreten durch seinen Vorsitzenden Karol Sidor*⟩ mit der Karpatendeutschen Landsmannschaft Slowakei ⟨*vertreten durch ihren Sprecher Anton Birkner*⟩ dieses Abkommen ab:

1. Die beiden, das Abkommen schließenden Parteien bekennen sich zur Idee einer europäischen Föderation.
2. Die Lebensbedingungen sowohl des slowakischen Volkes als auch der Bürger deutscher Nationalität der Slowakei können nur in einem selbständigen Slowakischen Staate voll gesichert werden.
3. Der Slowakische Nationalrat im Ausland anerkennt die volle staatsbürgerliche Gleichberechtigung der Deutschen aus der Slowakei, einschließlich des Rechtes auf kulturelle Autonomie.
4. Der Slowakische Nationalrat im Ausland verurteilt die kollektive Persekution der slowakischen Staatsbürger deutscher Nationalität, der diese seit dem Jahre 1944 ausgesetzt waren. Der Slowakische Nationalrat im Ausland anerkennt das Recht auf Entschädigung aller geschädigten Staatsbürger der Slowakei ohne Rücksicht auf ihre nationale und religiöse Zugehörigkeit.
5. Der Slowakische Nationalrat im Ausland wird sich bemühen, die erwähnten Grundsätze in die Verfassung und die Gesetze des Slowakischen Staates einzufügen, die Karpatendeutsche Landsmannschaft wird sich bemühen, den Slowakischen Nationalrat im Ausland im Kampfe um einen selbständigen Slowakischen Staat zu unterstützen.«

Diese Vereinbarung wurde am 30. 7. 1961 und letztmalig am 4. 5. 1984 vom Weltkongreß der Slowaken in Toronto (Kanada) bekräftigt.
Zu Vorgängen nach 1989: Siehe S. 908.

Quelle:
»Genossenschaft gleichberechtigter Völker«; hsg. v. Sudetendeutschen Rat; München, 1956; S. 105 f.

****

Die »Arbeitsgemeinschaft zur Wahrung sudetendeutscher Interessen«:[2] ca. 1951[1]
Bisherige Arbeitsergebnisse aus ČSR-Sicht

⟨*Einem undatierten* »Übersichtsbericht« *des ČSR-Außenministeriums* »über die Tätigkeit der Revanchisten in Westdeutschland bis zum Jahre 1950« *war nach allgemeiner Charakterisierung von Vertriebenenorganisationen zu entnehmen:*⟩
...
Von diesen Organisationen ist der Hauptträger des Revisionismus die »Arbeitsgemeinschaft zur Wahrung sudetendeutscher Interessen«, die sich als »überparteiische« Einheit aus den führenden Funktionären der Ausgesiedelten, die in den politischen Parteien und Landsmannschaften tätig sind, und als »einziger Repräsentant der Sudetendeutschen auf dem Gebiet der Außenpolitik« konstituiert hat. Im Rahmen ihrer Tätigkeit, die vor allem darauf ausgerichtet ist, die Frage der ausgesiedelten Deutschen zu einem Weltproblem zu erheben, unterbreitete die Arbeitsgemeinschaft bereits im Jahre 1948[3] der Londoner Außenministerkonferenz ein Memorandum über die politische und rechtliche Stellung der ausgesiedelten Deutschen. Gemeinsam mit dem »Büro für Friedensfragen« verfaßte die Arbeitsgemeinschaft eine Denkschrift über die ausgesiedelten Deutschen, die der Organisation der Vereinten Nationen vorgelegt wurde. Im November 1949 veröffentlichte sie die sog. Eichstädter Resolution[4], deren Hauptpostulat die »Wiederherstellung der Heimat in den Sprachgrenzen und nach dem Besiedlungsstand vom Jahre 1937« ist.
Im Laufe des Jahres 1950 wurde von der Gemeinschaft ein umfangreiches dokumentarisches Werk, »Die Deutschen in Böhmen und Mähren«[5] – eine wirtschaftliche, kulturelle und politische Geschichte der Sudetendeutschen –, in Druck gegeben. Das Werk erschien im Dezember 1950. Druckreif sind ferner die Werke »Das verlorene Volksvermögen der Sudetendeutschen« und »Dokumente der Austreibung« – ein Weißbuch[6] –, die Anfang 1951 erscheinen werden.
Als ihr Meisterwerk bezeichnet diese Organisation die mit der von Prchala[7] angeführten Emigrantengruppe am 4. August 1950 in München[8] getroffene Vereinbarung. Das Illusorische[9] dieses Abkommens erhellt aus Punkt 3, in dem es wörtlich heißt:
»Beide Parteien betrachten die Rückkehr der vertriebenen Sudetendeutschen in ihre Heimat als gerechtfertigt und daher als selbstverständlich. Sie sind sich dessen bewußt, daß sich diese Heimkehr erst dann verwirklichen lassen wird, wenn auch die tschechische Nation befreit sein wird. Daher wollen sie alles tun, um die Befreiung der Tschechen[9] herbeizuführen.«
...

Anmerkungen:
1 Das Datum des Entstehens kann aus dem Inhalt ungefähr rückerschlossen werden.
2 Zum Entstehen: Siehe S. 701.
3 Im Jahre 1948 fand überhaupt keine Außenministerkonferenz statt. Die Konferenz in London wurde vom 25. 11. – 15. 12. 1947 abgehalten.
4 So im Original. Zum Text der »Eichstätter Erklärung« vom 30. 11. 1949: Siehe S. 717.
5 Erschienen in Gräfelfing (bei München), 1950.
6 Die »Dokumente zur Austreibung der Sudetendeutschen« erschienen 1951 in München.
7 An dieser Stelle befand sich im Original folgende Fußnote:
»Lev Prchala, ehem. General, Faschist, wurde im Jahre 1940 aus der tschechoslowakischen Armee in England ausgestoßen. Seit der Zeit stand er zur tschechoslowakischen Regierung in England in Opposition. Nach dem Kriege sammelte er um sich aus den Reihen der Flüchtlinge faschistische Elemente und gründete ein Sonderkomitee.«
8 Das Abkommen wurde nicht in München, sondern in Wiesbaden geschlossen; zum Text: Siehe S. 724.
9 Die »illusorische« Selbstbefreiung der Tschechen erfolgte Ende 1989.

Quelle:
»Die Deutschen in der Tschechoslowakei 1933–1947«; hsg. v. Václav Král; Prag, 1964; S. 628 ff., hier S. 631.

****

Urteil **1951, 4. Juni**
des Oberlandesgerichtes in Karlsruhe (Baden):
ČSR-KZ sind Schande der Menschheit

Das Karlsruher Schwurgericht verurteilte in der vorigen Woche den tschechischen Staatsangehörigen Johann Kouřil wegen seiner in den Jahren 1945 bis 1946 an deutschen Staatsangehörigen und Sudetendeutschen begangenen Verbrechen zu 15 Jahren Zuchthaus. Der 39-jährige Angeklagte wurde für schuldig erklärt, den Sudetendeutschen Kaleus durch einen Spatenhieb totgeschlagen zu haben, an dem gemeinschaftlichen Angriff mit tödlichen Verletzungen auf den Buchhalter Beinhauer beteiligt gewesen zu sein und in weiteren 28 Fällen den Internierten der Brünner Lager Kleidovka[1], Kaunitz-Kolleg und Julienfeld einfache oder gefährliche Körperverletzungen zugefügt zu haben. Der Vorsitzende des Schwurgerichts betonte in der Urteilsbegründung, daß das Gericht den Angeklagten in allen jenen Fällen freigesprochen habe, für die keine Augenzeugen vorhanden waren. Milderungsgründe wären jedoch für seine Verbrechen nicht zu finden gewesen, selbst wenn berücksichtigt würde, daß er sie in einer Zeit des Umsturzes verübt habe.
. . .
Der Prozeß war wahrscheinlich nur deshalb möglich, weil der Angeklagte nicht aus politischen Gründen, sondern aus persönlichen Motiven nach Westdeutschland kam.[2] Während seiner »Tätigkeit« in den Lagern verliebte er sich in ein gefangenes deutsches Mädchen, das er später heiraten wollte. Da er für sie jedoch den Aufenthalt in der Tschechoslowakei nicht erreichen konnte, reiste er ihr nach Westdeutschland nach.
Im Jahre 1949 wurde einem in München tätigen Dentisten von einem Insassen eines IRO[3]-Lagers Bruchgold zum Verkauf angeboten. Als der Dentist später mit dem Verkäufer zusammentraf, erkannte er in diesem den früheren stellvertretenden Kommandanten des Lager Kleidovka[1], Johann Kouřil, wieder, der einen Beutel ausgebrochener Goldzähne und Brücken an den Mann bringen wollte. Später wurde Kouřil, der sich unangemeldet in dem badischen Dorf Spöck aufhielt, von Heimatvertriebenen gesehen und bei der Staatsanwaltschaft angezeigt. Im Verlaufe der Ermittlungen meldeten sich über 200 Menschen, die damals in den angegebenen Lagern gefangengehalten wurden. Kouřil konnte aus der ihm vorgelegten Namensliste nicht einen einzigen Entlastungszeugen benennen. Die Vernehmung der Zeugen war ein Aufzählen von Quälereien, wie sie zu allen Zeiten begangen worden sind, wenn Sadismus und Menschenjagd zur patriotischen und religiösen Pflicht gemacht wurden.
Kouřil war der Schrecken des Lagers. Auf seinen Befehl wurde geschlagen, getreten und gefoltert. ⟨*Es folgte die Darstellung sadistischer Foltermethoden.*⟩ Der einstige Totengräber des Lagers Kaunitz-Kolleg⟨, *Josef Sigan,*⟩ gab an, während seiner Tätigkeit die Leichen von etwa 1800 aufgehängten und erschlagenen Deutschen, darunter 250 den Tschechen übergebenen Soldaten, abtransportiert zu haben.
Der Angeklagte leugnete alle ihm zur Last gelegten Verbrechen und gab lediglich eine, dann drei und schließlich hundert Ohrfeigen zu. Seine stereotype Antwort war: »Der Zeuge berichtet Märchen. Er wird schwachsinnig sein, ich kenne ihn gar nicht.« »Der Zeuge gräbt sich selbst eine Grube mit seinen Lügen.« »Die Aussagen der Zeugen sind eine große Schande« usw.
Es ist interessant, aber nicht überraschend, daß der Verteidiger Kouřils zur Entschuldigung dieselben Argumente vorgebracht hat, der sich auch die wegen Verbrechen angeklagten Gestapoleute usw. bedienen. Danach sei Kouřil als ein Opfer zu betrachten, der dem Befehl seiner Regierung spontan Folge geleistet habe. Der Staatsanwalt hielt zwar auch die Haltung der damaligen tschechischen Regierung für die Ursache der deutschen Passion, bei dem Angeklagten seien jedoch, so führte er weiter aus, keine politischen Taten, sondern Verbrechen abzuurteilen, für die in den Gesetzbüchern aller Staaten harte Strafen vorgesehen sind.

...

Der Angeklagte, dem unter der deutschen Herrschaft kein Haar gekrümmt worden sei, wie er selbst zugab, sei kein tschechischer Patriot gewesen, sondern er habe sich als Sklavenhalter angeboten, um nachträglich seine nationale Gesinnung nachzuweisen. Als sadistisch und grausam veranlagter Mensch hat er an dem blutigen Handwerk, das in den tschechischen Internierungslagern ausgeübt wurde, seine Freude gehabt. Konzentrationslager sind schon an sich zu verabscheuen, wenn sie aber zu einer Stätte gemacht werden, in der sich die Grausamkeit austoben darf, dann kann man sie nur als eine Schande der Menschheit bezeichnen.

...

[4]

Anmerkungen:

[1] Offizielle Bezeichnung (siehe S. 608):
»Koncentrační tábor Němců Malá Klajdůvka«, d. h. Konzentrationslager der Deutschen Kleine Kleidovka.

[2] Sonst wäre der Prozeß von der US-Besatzungsmacht, wie im Falle Hrneček (siehe S. 736) an sich gezogen worden.

[3] IRO = International Relief Organization, Nachfolger der UNRRA.

[4] Das weitere Schicksal von Kouřil ist m. W. unbekannt.

Quelle:
»Die Brücke«; Nr. 21 v. 10. 6. 1951; S. 1.

****

Entscheidung **1951, 14. Juni**
des Oberlandesgerichtes in München:[1]

»Beneš-Dekrete« völkerrechtswidrig und in Deutschland unwirksam

⟨A) Vorgeschichte

Dem Prozeß lag folgender Tatbestand zugrunde: Ein heimatvertriebener Sudetendeutscher, dessen Mobiliar enteignet und einem anderen Sudetendeutschen, der dann auch ausgewiesen wurde, zugewiesen worden war, hatte sein Eigentum von letzterem zurückverlangt.

Das Oberlandesgericht hatte die Berufung des Beklagten gegen das Urteil 1. Instanz als Berufungsgericht zu behandeln. Es hat diese als unbegründet zurückgewiesen und damit den Anspruch des Klägers auf Herausgabe seiner Möbel als rechtens anerkannt.

B) Wesentliche Entscheidungsgründe des Oberlandesgerichts waren:[1]⟩

Gegenüber dem Herausgabeanspruch des Klägers beruft sich der Beklagte nach wie vor auf die Dekrete des Präsidenten der tschechoslowakischen Republik vom 19. 5. 1945 und vom 25. 10. 1945, von welchen das erstere die Beschlagnahme (Entziehung der Verfügungsgewalt), das letztere die Konfiskation (Entziehung des Eigentums) des gesamten Eigentums der Sudetendeutschen zugunsten der tschechoslowakischen Republik zum Gegenstande hat.[2]

Nach § 1 des letztgenannten Dekrets ist das gesamte Vermögen der Sudetendeutschen, soweit sich dieses z. Zt. der Erlassung dieser Maßnahme auf dem Gebiete der Tschechoslowakei befunden hat, ohne Ersatz für die tschechoslowakische Republik konfisziert worden. Unter der Voraussetzung der Rechtswirksamkeit dieses Erlasses hätte damit der Kläger sein Eigentum an den streitbefangenen Gegenständen verloren. Das Landgericht hat jedoch die Rechtswirksamkeit der tschechoslowakischen Enteignungsmaßnahmen verneint. Dieser Rechtsauffassung ist im Ergebnis zuzustimmen. Der Senat folgt dabei weitgehend den Ausführungen von Prof. Dr. Beitzke in der Zeitschrift für ausl. u. intern. Privatrecht

1949/50, 15. Jhrg., Heft 1 S. 145ff., der dort u. a. zu 2 Entscheidungen der Amtsgerichte Waiblingen zum 26. 6. 48 und Dingolfing vom 14. 12. 48 Stellung nimmt, die ebenfalls[3] die Rückgabe des Eigentums Sudetendeutscher zum Gegenstande haben, das auf Grund der oben erwähnten Dekrete des Präsidenten der tschechoslowakischen Republik enteignet und über das anderweitig verfügt wurde.
⟨*Den Dekreten kann mit*⟩ der Vorbehaltsklausel des Art. 30 EGBGB[4] begegnet werden. Diese ist im vorliegenden Falle gerechtfertigt und zwar aus folgenden Gründen: Zunächst bestehen gegen die Enteignungsmaßnahmen der tschechoslowakischen Republik gegenüber dem Vermögen der Sudetendeutschen eine Reihe schwerwiegender völkerrechtlicher Bedenken. Dabei ist davon auszugehen, daß die Sudetendeutschen, die auf Grund der Staatsverträge zwischen dem Deutschen Reich und der Tschechoslowakei aus den Jahren 1938 und 1939 die deutsche Reichsangehörigkeit erworben haben, nach dem tschechoslowakischen Verfassungsdekret vom 2. 8. 1945 deutsche Staatsangehörige geblieben und damit in den tschechischen Staatsverband nicht wieder zurückgekehrt sind. Die beiden Dekrete des tschechoslowakischen Staatspräsidenten vom 19. 5. und 25. 10. 1945 stellen daher eine *ausländische diskriminierende Sondergesetzgebung* dar, die nach einem ganz allgemein anerkannten Rechtsgrundsatz des internationalen Privatrechts im Inlande, d. i. im vorliegenden Falle in Deutschland, *ohne Wirkung* bleibt. Dabei ist nach Ansicht des Senats die Anwendung des Grundsatzes, daß unbeschadet dessen im Auslande bereits wirksam gewordene Rechtsveränderungen bestehen bleiben sollen, jedenfalls dann nicht berechtigt, wenn, wie im vorliegenden Falle, die eigenen Staatsangehörigen betroffen werden. Selbst wenn man es aber auch für bedenklich hält, die Vorbehaltsklausel gegenüber Konfiskationen ganz allgemein anzuwenden, so müssen solche Konfiskationen wenigstens im Verhältnis der von ihnen betroffenen Deutschen zueinander – also ohne daß der konfiszierende Staat, dessen Angehörige oder die Angehörigen dritter Staaten davon berührt werden – ohne Wirkung bleiben. Insoweit ist der ursprüngliche Eigentümer der konfiszierten Sache als näher berechtigt anzusehen als der neue Erwerber und dieser kann sich ersterem gegenüber nicht auf das nach der Konfiskation erworbene Eigentum berufen.
Wie das Landgericht weiter zutreffend dargelegt hat, steht die durch die Erlasse des Präsidenten der tschechoslowakischen Republik vom 19. 5. und 25. 10. 1945 angeordnete entschädigungslose Enteignung deutscher Staatsangehöriger in Widerspruch zu der in Art. 14 des Grundgesetzes vom 25. 5. 1949 niedergelegten deutschen Rechtsauffassung über den Schutz des Eigentums, wonach eine entschädigungslose Enteignung schlechthin unzulässig ist. Darüber hinaus findet die Maßnahme der tschechoslowakischen Republik aber auch im internationalen Recht keine Stütze. Abgesehen davon, daß die entschädigungslose Enteignung von Ausländern im allgemeinen weitgehend als *völkerrechtswidrig* angesehen wird, kann sie sich weder auf einen den letzten Krieg abschließenden Staatsvertrag noch auf Vereinbarungen zwischen den Siegermächten als Rechtsgrundlage berufen. Das Berliner Protokoll vom 2. 8. 1945[5] sieht lediglich Bevölkerungsverschiebungen »in ordnungsmäßiger und humaner Form« vor. Eine restlose und entschädigungslose Wegnahme der gesamten Habe ist aber mit diesen Richtlinien *unvereinbar*. Auch das Kontrollratsgesetz Nr. 5 greift nicht Platz, weil es nur Entziehung des Auslandsvermögens von in Deutschland lebenden Personen vorsieht. Darüber hinaus verstößt – unter dem Gesichtspunkt des Kriegsrechts betrachtet – die völlige entschädigungslose Enteignung *gegen die Haager Landkriegsordnung*[6] und die darin niedergelegten Grundsätze des Gewohnheitsrechts. Eine Rechtfertigung der Enteignung als »Repressalie« scheitert einmal daran, daß Repressalien nur zulässig sind, um den Gegner zur Einhaltung des Rechtes während der Kampfhandlungen zu zwingen, nach Beendigung der Kampfhandlungen und nach Kapitulation des Gegners für Repressalien somit kein Raum mehr ist. Zum anderen müssen auch Repressalien stets mit *den Grundsätzen der Menschlichkeit vereinbar* sein, was jedoch bei den Enteignungsmaßnahmen der tschechoslowakischen Republik *nicht zutrifft*. Ein Vergleich mit früheren Be-

völkerungsverschiebungen zeigt, daß regelmäßig die Mitnahme oder die entgeltliche Veräußerung der Habe gestattet wurde. Eine Ausweisung mit unentgeltlicher Konfiskation der Habe widerspricht offensichtlich den in langjähriger Praxis entwickelten Grundsätzen des Minderheitenschutzes. Schließlich handelt es sich auch nicht um eine Eigentumsentziehung im Zuge allgemeiner Sozialisierungsmaßnahmen; im übrigen ist in diesem Rahmen nicht einmal die Sowjetunion so weit gegangen, wie hier die Tschechoslowakei gegenüber den Sudetendeutschen. Die diesen gegenüber vorgenommenen Konfiskationen haben ihren Grund lediglich in der Zugehörigkeit der Eigentümer zum deutschen Volkstum. Sie wirken den Betroffenen gegenüber wie eine Kollektivstrafe, ohne daß ersichtlich wäre, wodurch diese eine so harte Behandlung verdient hätten. Dabei ist besonders darauf hinzuweisen, daß selbst bei den sehr weit gehenden Maßnahmen der Besatzungsmacht in der Ostzone gegen Kriegsverbrecher Hausrat und Mobiliar grundsätzlich belassen wurde, so daß die aus der Tschechoslowakei ausgewiesenen Sudetendeutschen *härter bestraft sind als Kriegsverbrecher.*

Die Dekrete des Präsidenten der tschechoslowakischen Republik vom 19. 5. und vom 25. 10. 1945 verstoßen somit nicht nur gegen anerkannte Grundsätze des Völkerrechts, sondern auch des Naturrechts. Die Anwendung der Vorbehaltsklausel des Art. 30 EGBGB ist somit auch unter diesem Gesichtspunkte nach Ansicht des Senats gerechtfertigt.

Ist nun aus den vorangeführten Gründen die von der tschechoslowakischen Republik im Jahre 1945 ausgesprochene entschädigungslose Enteignung sudetendeutschen Eigentums *rechtsunwirksam,* so ist einerseits der Kläger Eigentümer der z. Zt. im Besitze des Beklagten befindlichen Möbel u. Einrichtungsgegenstände geblieben und daher gem. § 985 BGB berechtigt, vom Beklagten die Herausgabe seines Eigentums zu fordern. Andererseits hat die Rechtsunwirksamkeit der Konfiskation auch zwangsläufig die *Rechtsunwirksamkeit* der Eigentums- und Besitzzuweisung seitens des Narodni Vybor an den Beklagten zur Folge, so daß dieser hieraus keine Besitzrechte gegenüber dem Kläger gem. § 986 BGB ableiten kann.

⟨*Der erkennende Senat des Oberlandesgerichtes hielt es dann*⟩ mit Rücksicht auf die grundsätzliche Bedeutung der im vorliegenden Fall zur Erörterung stehenden Rechtsfragen für angezeigt, die Revision gegen das vorstehende Urteil an den Bundesgerichtshof in Karlsruhe zuzulassen.

⟨[7, 8]⟩

Anmerkungen:

[1] Das Urteil hatte das Aktenzeichen 4 U 157/51.

[2] Zum Text der Dekrete: Siehe S. 517, 563.

[3] Daraus ist ableitbar, daß diese Weitergabe konfiszierten Vermögens häufiger erfolgte.

[4] Art. 30 des *E*inführungs*g*esetzes zum *B*ürgerlichen *G*esetz*b*uch (EGBGB) vom 18. 8. 1896 lautete in der 1951 gültigen Fassung:
»Die Anwendung eines ausländischen Gesetzes ist ausgeschlossen, wenn die Anwendung gegen die guten Sitten oder gegen den Zweck eines deutschen Gesetzes verstoßen würde.«

[5] Man beachte die bereits im Titel »Berliner Protokoll« zum Ausdruck kommende sachverständige Zurückhaltung.

[6] Zum Text siehe S. 7.

[7] a) Der Bundesgerichtshof hob das Urteil auf und verwies es an das OLG zur Neuverhandlung zurück: Durch Gesetz Nr. 63 der ⟨West-⟩Alliierten Hohen Kommission vom 31. 8. 1951 seien Klagen wegen deutschen Eigentums, über das eine alliierte Regierung (d. h. auch die der ČSR) »im Zusammenhang mit dem Krieg gegen Deutschland« verfügt hatte, der deutschen Gerichtsbarkeit an sich entzogen.
Es müsse jedoch folgendes noch geprüft werden: Das AHK-Gesetz entzöge nur solche Vorgänge deutscher Gerichtsbarkeit, die entsprechend alliiertem Recht, in diesem Fall dem ČSR-(d. h. Beneš-) Dekret vom 25. 10. 1945 erfolgten. Letzteres nahm jedoch Teile des beweglichen Vermögens, darunter möglicherweise auch Teile der verfahrensstrittigen Gegenstände, von der Konfiskation aus (§ 2, Ziff. 1) und verlangte die formale Zustellung der Enteignungsentscheidung (§ 1, Ziff. 4).

In dieser Entscheidung vom BGH nicht ausgesprochene Konsequenz: Wenn nur eine dieser beiden Bedingungen nicht erfüllt sei, liege deutsche Gerichtsbarkeit vor.
Vgl. Urteil des IV. Zivilsenats des Bundesgerichtshofes v. 29. 1. 1953; Aktenzeichen IV ZR 201/51.
b) Die daraufhin erfolgte neuerliche Entscheidung des OLG München konnte nicht (mehr) ermittelt werden: Urteile werden nach 30 Jahren vernichtet.

[8] Die ⟨West-⟩Alliierte Hohe Kommission wurde durch die sog. Pariser Verträge vom 19. / 23. 10. 1954 (speziell Prot. C, Nr. 2, Art. 1; dort Liste I, Art. 1) mit Wirkung vom 5. 5. 1955 aufgelöst.
Ohne weitere Prüfung der Fortgeltung von Urteilen auf Grund von Gesetzen der (West-)Alliierten Hohen Kommission ist jedenfalls beachtenswert, daß die internationalem Privatrecht folgende Entscheidung des OLG München vom 14. 6. 1951 die stehende deutsche Rechtsmeinung war und ist.
Siehe auch S. 739.

Fundstelle:
»Ascher Rundbrief« ⟨*HZ.*⟩, München; Jg. IV, Folge 5 v. 8. 3. 1952; S. 1 ff. Hervorhebungen im Original.

****

Entschließung sudetendeutscher Parlamentarier[1, 2]**:** **1952, 31. Mai**
Forderung nach Heimat- und Selbstbestimmungsrecht

⟨*Die Entschließung nahm zunächst Bezug auf die Eichstätter*[3] *sowie die Detmolder*[4] *Erklärung und das Wiesbadener Abkommen*[5]*:*⟩
Die sudetendeutschen Abgeordneten aller Parteien bekennen sich zu den Grundsätzen, die in diesen Erklärungen und Abkommen verkündet wurden. Sie halten es darüber hinaus für ihre Pflicht, in Fortführung dieser Gedanken klar auszusprechen, daß der gesamte mittel- und osteuropäische Raum nicht mehr nach den politischen Prinzipien des 19. Jahrhunderts befriedigt und geordnet werden kann, sondern nur durch einen entschlossenen und konsequenten Vorgriff in die Gedankenwelt echter europäischer Integration. Heute erheben die sudetendeutschen Mitglieder des Deutschen Bundestags und der deutschen Länderparlamente erneut vor dem deutschen Volke und vor der Welt Anklage wegen des Unrechtes, das den Deutschen Böhmens, Mährens, Schlesiens und der Slowakei in den Jahren 1945/46 durch die Diktate der Beneš-Regierung und durch die von Stalin inaugurierten Beschlüsse der Konferenz von Potsdam[6] zugefügt wurde.
Wir klagen die Urheber dieser Diktate und Beschlüsse, wir klagen die Machthaber der militärischen und staatlichen Exekutive der Tschechoslowakei von 1945/46 an, das Völkerrecht und die Menschenrechte mit Füßen getreten, Völkermord, Raub und Vergewaltigung an wehrlosen Bürgern begangen und damit die Voraussetzung für die Eingliederung der böhmischen Länder in den Machtbereich des Bolschewismus wirksam vorbereitet zu haben.
Es ist unsere Überzeugung und weitgehend die Ansicht führender Historiker und Politiker der freien Welt, daß die gegenwärtigen Zustände im östlichen Mitteleuropa ihre Ursachen bereits in den verfehlten und das Selbstbestimmungsrecht der Völker verletzenden Bestimmungen der Diktate von 1919 haben.
. . .
Insbesondere die Tschechoslowakei hat sich in der 1919 geschaffenen Form als lebensunfähiges Gebilde erwiesen.
Dieser Staat hat niemals eine demokratische, von einer gewählten Volksvertretung beschlossene Verfassung besessen.
Von kleinen Gremien ernannte Delegierte haben die tschechoslowakische Verfassung[7] ohne Mitwirkung der Sudetendeutschen geschaffen. Schließlich ist die erste Tschechoslowakei an ihren Widersprüchen in der staatsrechtlichen Konstruktion, an denen sie allzu lange festgehalten hatte, zugrunde gegangen. Um diese Widersprüche zu beseitigen, hat die zweite Tschechoslowakei ein Drittel der Staatsbevölkerung in den »historischen Ländern« entrechtet, seines Eigentums beraubt, Zehntausende dieser Menschen ermordet oder ins Konzentrationslager gesperrt und gegen 3 Millionen aus ihrer Heimat vertrieben.

Wir klagen das Regime Edward Beneš' der groben Verfälschung der Geschichte, der Konspiration mit dem Stalinismus, der Auslieferung seines eigenen Volkes an die bolschewistische Diktatur, des Völkermordes und der millionenfachen Verletzung der Menschenrechte an.
Zu diesem Zeitpunkt, da sich der Zusammenschluß der europäischen Völker vorbereitet, erklären wir, daß es keine echte und dauernde Integration Europas ohne die Befreiung der europäischen Völker hinter dem Eisernen Vorhang, ohne die Wiederherstellung der Menschenrechte in Mittel- und Osteuropa gibt.
Wir fordern die Anerkennung des Heimatrechtes der Sudetendeutschen, wir fordern das Recht der freien Selbstbestimmung aller mitteleuropäischen Völker im Rahmen der föderativen Staatsbildungen, die allein das friedliche Zusammenleben der Nationen dieses Raumes und ihre Eingliederung in die größere europäische Völkergemeinschaft, wie in das System der freien Welt überhaupt ermöglichen ... Die staatlichen Grenzen von einst können keine Grundlage mehr für eine Neuordnung abgeben.
Wenn einmal die Vereinigung Europas Wirklichkeit werden sollte, dann werden die Siedlungsgebiete von Völkern, die ihrer geographischen Lage, ihren wirtschaftlichen und verkehrsgeographischen Gegebenheiten und ihrer gemeinsamen Geschichte nach eine Einheit bildeten oder bilden können, Lebensgemeinschaft eines geeinten Europas sein. Die Tagung stimmt darin überein, daß die sudetendeutschen Parlamentarier sich für eine Unterstützung und Förderung der sudetendeutschen Interessen durch die deutsche Bundesregierung einsetzen sollen.
Insbesondere wird erwartet, daß die deutsche Bundesregierung:
...
2. der fortgesetzten Propagandatätigkeit des Tschechoslowakischen Nationalrates[8] durch eine wirksame Gegenarbeit entgegentritt,
3. in der freien Welt durchsetzt, daß die Urheber und die Schuldigen der grausamen Austreibung vor ein internationales Tribunal gestellt[9] werden.

An die freie Welt aber appellieren wir mit großem Ernst und aus echtem Verantwortungsbewußtsein:
Wenn es nicht zu einer Wiederholung der Auseinandersetzungen des letzten Jahrhunderts kommen soll, dann kann dies nur möglich sein, wenn die Eigenständigkeit eines jeden Volkes in seiner Eigenart und seiner kulturellen Besonderheit gesichert und ihm die freie Entfaltung seiner schöpferischen Fähigkeiten garantiert ist. Als selbstverständlich ist die Forderung anzusehen, daß eine Neuordnung Europas in Ausübung eines echten Selbstbestimmungsrechtes mit dem frei geäußerten Willen der in Frage kommenden Völker übereinstimmt.
...

Anmerkungen:

[1] Es handelte sich um 55 Parlamentarier, darunter 13 Bundestagsabgeordnete. Die 42 Landtagsabgeordneten kamen aus Bayern (22), Baden-Württemberg (9), Hessen (8), Niedersachsen, Rheinland-Pfalz und Schleswig-Holstein (je 1). Die Parlamentarier gehörten dem BHE, der CDU, der CSU, der DG, der DP, der FDP und der SPD an.

[2] Die Entschließung wurde anläßlich des 3. Sudetendeutschen Tages in Stuttgart gefaßt.

[3] Vom 30. 11. 1949; zum Text: Siehe S. 717.

[4] Vom 25. 1. 1950; zum Text: Siehe S. 719.

[5] Vom 4. 8. 1950; zum Text: Siehe S. 724.

[6] Zum Text der Erklärung vom 2. 8. 1945: Siehe S. 548.

[7] Vom 29. 2. 1920; zum Text: Siehe S. 281, 289.

[8] Vorläufer des späteren »Rates der freien Tschechoslowakei«, zu Beispielen seiner Tätigkeit: Siehe S. 733, 759.

[9] 1952 theoretisch vorstellbare Rechtsbasis: Die UNO-Konvention gegen Völkermord v. 9.12.1948; zum Text: Siehe S. 24.

Quelle:
»Vier Dokumente zur außenpolitischen Lage der Sudetendeutschen«; hsg. v. Sudetendeutschen Rat; München, o. J. (ca. 1955); S. 3 ff.

****

Gründungserklärung des »Rates der freien Tschechoslowakei«[1]: **1952, 4. Juli**
Vertreibung der Sudetendeutschen unwiderruflich

...
Wir betrachten die Aussiedlung der Deutschen aus der Tschechoslowakei als unwiderruflich. Diese Aussiedlung wurde auf Grund der Billigung der amerikanischen, britischen und französischen Regierungen[2] und in Übereinstimmung mit den Beschlüssen der Potsdamer Konferenz[3] und den Regelungen des Alliierten Kontrollrates[4] durchgeführt. Durch diesen Entscheid haben die Großmächte offensichtlich beabsichtigt, in Zukunft zu verhindern, daß gewisse Elemente in der Tschechoslowakei und anderen Staaten wieder das Werkzeug einer fremden Politik, die auf die Zerstörung dieser Staaten abzielt, werden ... Wir vertrauen darauf, daß ... nichts die Tschechoslowakei hindern wird, mit einem demokratischen Deutschland zu einer Abmachung[5] über eine freundschaftliche Zusammenarbeit zu kommen, von der beide Nachbarvölker profitieren würden und die sehr zu einer friedlichen Entwicklung Europas beitragen würde.
...

Anmerkungen:
[1] Organisation tschechoslowakischer Exilpolitiker, die nach dem Putsch der ČSR-KP am 25. 2. 1948 ins Ausland emigriert waren (siehe dazu S. 708 f.) und sich im April 1952 (neu) konstituiert hatten; Aktivitätsschwerpunkt in den USA.
[2] Die Billigung der sowjetischen Regierung, die als einzige uneingeschränkt war und blieb, fehlte hier. Zur Begründung der Billigung der US-Regierung und zur abwartenden Stellungnahme der französischen Regierung: Siehe S. 548 f.
[3] Zum Text der Erklärung vom 2. 8. 1945: Siehe S. 548.
[4] Zu den Zahlen vom 10. 11. 1945: Siehe S. 569.
[5] Der Weg zu und der Inhalt einer derartigen Abmachung soll zeitgenössisch wie folgt gesehen worden sein:
»Die Benesch-Gruppe der Tschechoslowakischen Emigration, die für die Austreibung der sudetendeutschen Volksgruppe die Hauptverantwortung trägt, betrachtet die sudetendeutsche Frage als gelöst. Ein früherer Minister der ersten Prager Regierung nach 1945 führte u. a. aus: Es sei nicht notwendig, sich über die sudetendeutsche Frage den Kopf zu zerbrechen. Bis zu einer Befreiung der Tschechoslowakei würden noch etwa 10 Jahre vergehen. Bis dahin würden aber etwa 30 % der Sudetendeutschen, die 1945 noch in ihrer Heimat lebten, gestorben sein. Weitere 30 v. H. würden dann in Westdeutschland ein so gutes Auskommen gefunden haben, daß sie schon deshalb nicht mehr zurückkehren würden. Weitere 20 v. H. würden durch Zwischenheiraten in der westdeutschen Bevölkerung aufgegangen sein. Nur die restlichen 20 v. H. müßten dann schlimmstenfalls durch irgendwelche Entschädigungen beruhigt werden.«
Vgl. »Archiv – Informationsdienst des Göttinger Arbeitskreises« vom 31. 3. 1955, Wiedergabe in »Zehn Jahre«; S. 166.

Quelle:
SdZ; Nr. 29 v. 19. 7. 1952; S. 1.

****

ČSR-Gesetz, »durch das einige Personen die tschechoslowakische Staatsbürgerschaft erwerben« **1953, 24. April**

. . .

(1) Die Personen deutscher Nationalität, welche die tschechoslowakische Staatsbürgerschaft nach dem Dekret Slg. Nr. 33/1945[1] verloren haben und an dem Tage, an dem dieses Gesetz in Kraft tritt, ihren Wohnsitz im Gebiete der Tschechoslowakischen Republik haben, werden tschechoslowakische Staatsbürger[2], sofern sie die tschechoslowakische Staatsbürgerschaft nicht bereits früher[3] erworben haben.
(2) Gemeinschaftlich mit dem Ehemann, gegebenenfalls gemeinschaftlich mit dem Vater oder der Mutter, werden die Ehefrau und die minderjährigen Kinder der im vorhergehenden Absatz angeführten Personen tschechoslowakische Staatsbürger, sofern sie das nicht bereits nach dem genannten Absatz geworden sind, falls sie ihren Wohnsitz im Gebiete der Tschechoslowakischen Republik haben und nicht Angehörige eines anderen Staates sind.
. . .

Anmerkungen:
[1] Vom 2. 8. 1945; zum Text: Siehe S. 551.
[2] Diese Bestimmung stand im Widerspruch zum tschechoslowakischen Staatsbürgerschaftsgesetz vom 13. 7. 1949, nach dem die Staatsangehörigkeit nur Bewerbern verliehen werden konnte.
Vgl.: ČSR-Slg. 1949; Nr. 194 im 58. Stück v. 10. 8. 1949; S. 563–565, hier § 3.
Die Zwangseinbürgerung betraf vermutlich etwa 200.000 Sudetendeutsche.
[3] Es hatte mehrmalig Aufforderungen an die in der ČSR zurückgehaltenen Sudetendeutschen gegeben, dies zu tun, z. B. durch:
a) Regierungsverordnung v. 13. 4. 1948; zum Text vgl. ČSR-Slg. 1948; Nr. 76 im 31. Stück v. 26. 4. 1948; S. 781 f.; in deutscher Sprache: DdV IV/1; S. 308 f.
b) Erlaß des Innenministers v. 18. 5. 1949; zum Text vgl. ČSR-Slg. 1949; Nr. 119 im 39. Stück v. 25. 5. 1949; S. 400.
c) Regierungsverordnung v. 29. 11. 1949; zum Text vgl. ČSR-Slg. 1949; Nr. 252 im 80. Stück v. 13. 12. 1949; S. 707 f.; in deutscher Sprache: DdV IV/1; S. 312 f.
d) Erlaß des Innenministers, der eine Beantragungsendfrist setzte, v. 5. 4. 1950; zum Text vgl. ČSR-Slg. 1950; Nr. 40 im 17. Stück v. 24. 4. 1950; S. 74.
Die ČSR-Aufforderungen dürften nicht zum Erfolg geführt haben, weswegen Zwangseinbürgerung erfolgte.

Quelle:
ČSR-Slg. 1953; Nr. 34 im 19. Stück v. 7. 5. 1953; S. 198.
In deutscher Sprache: DdV IV/1; S. 314.

****

Außenpolitische Entschließung[1] der Sudetendeutschen Landsmannschaft: **1954, 2. Mai**
Ziel der SL: Heimat- und Selbstbestimmungsrecht

Im Bewußtsein der demokratischen Verantwortlichkeit der Bundesversammlung gegenüber der durch die Sudetendeutsche Landsmannschaft vertretenen sudetendeutschen Volksgruppe gibt die 1. Bundesversammlung folgende Erklärung zur sudetendeutschen Heimatpolitik ab:

1. Gemäß der Satzung der Sudetendeutschen Landsmannschaft, die als Zweck des Zusammenschlusses die Vertretung des Rechtsanspruches auf die Heimat, des Selbstbestimmungsrechtes und die Mitwirkung an einer gerechten Völkerordnung Europas festsetzt, erklärt die Bundesversammlung, daß sie sich als das oberste demokratisch legitimierte Gremium der Volksgruppe betrachtet.
2. Die Bundesversammlung ist der Ansicht, daß die Grundlage jeder sudetendeutschen Heimatpolitik die Verfechtung des Rechtes auf Selbstbestimmung zu sein hat.

3. Die Bundesversammlung ist der Ansicht, daß eine staatspolitische Festlegung verbindlich und rechtsgültig nur auf demokratischem Weg durch die gesamte Volksgruppe vorgenommen werden kann. Ein Streit über Konzeptionen und künftige staatspolitische Verhältnisse der Sudetendeutschen ist daher müßig und sollte innerhalb der Volksgruppe vermieden werden.
4. Die Bundesversammlung ist der Ansicht, daß eine staatspolitische Festlegung der sudetendeutschen Volksgruppe von der weltpolitischen Lage abhängt und somit Zeitpunkt und Richtung der Festlegung zu einem wesentlichen Teil unserem Einfluß entzogen sind. Es ist daher Aufgabe der Gremien der Volksgruppe, ohne Rücksicht auf Ideologien oder Theorien so tätig zu sein, daß diese überhaupt erst in eine Lage versetzt wird, in der es ihr möglich ist, die Anerkennung ihres Rechts auf Rückkehr in die Heimat und Selbstbestimmung durch die politischen Mächte Europas und der Welt zu erreichen.

Die Bundesversammlung gedenkt der Opfer des 17. Juni 1953 und bekräftigt ihre Verbundenheit mit den Brüdern und Schwestern jenseits der Zonengrenzen. Sie ist davon überzeugt, daß ein einheitliches Europa nur auf der Grundlage gleichberechtigter Völker zustande kommen kann. Diese Forderung auf absolute Gleichberechtigung für das heute zwischen Westen und Osten geteilte deutsche Volk beinhaltet, daß nur ein Friedensvertrag mit einem vereinten Deutschland und einem souveränen deutschen Volk über die Regelung der deutschen Grenzfragen entscheiden kann.

Die Bundesversammlung der Sudetendeutschen Landsmannschaft erklärt ihre Bereitschaft, nach Kräften an der Befreiung der Völker jenseits des Eisernen Vorhangs mitzuarbeiten und warnt davor, sich dabei jener Elemente zu bedienen, die über diese Völker das Unglück des Bolschewismus gebracht haben. Die Bundesversammlung erklärt aber andererseits ausdrücklich, daß das vereinte Europa nur dann geschaffen werden kann, wenn alle Völker bereit sind, den nationalen Egoismus zu überwinden und einander über die Kluft, die Haß und Verbrechen aufgerissen haben, die Hände zu reichen. Dies trifft auch auf die künftige Gestaltung des mittel- und osteuropäischen Raumes zu.

Die tragische Gestaltung seit 1945 bedroht die politische Freiheit des Erdteils, die die Grundlage abendländischen Denkens ist. Nur auf dieser Grundlage sind die verlorenen Heimatgebiete wiederzuerlangen, sich dafür einzusetzen, betrachtet die Bundesversammlung als ihre vornehmste Pflicht.

Anmerkung:

[1] Diese Entschließung wurde anläßlich der 1. Sitzung der 1. Bundesversammlung der SL gefaßt.

Quelle:

Mitt.Bl. SL; Nr. 1 v. 15. 7. 1954.

****

Satzung der Sudetendeutschen Landsmannschaft (SL): **1954, 2. Mai**

§ 1 Begriff

1. Die Sudetendeutsche Landsmannschaft betrachtet sich als die Gestaltung der sudetendeutschen Volksgruppe außerhalb der Heimat.
2. Die Sudetendeutsche Landsmannschaft schließt die Sudetendeutschen (§ 4), unbeschadet der konfessionellen, weltanschaulichen und parteipolitischen Einstellung des einzelnen, in einer Organisation zusammen.

...

§ 3 Zweck[1]

Zweck der Sudetendeutschen Landsmannschaft ist:

a) an einer gerechten Völkerordnung Europas mitzuwirken;

b) den Rechtsanspruch auf die Heimat, deren Wiedergewinnung und das damit verbundene Selbstbestimmungsrecht der Volksgruppe durchzusetzen;
c) den Anspruch der Volksgruppe und der einzelnen Landsleute auf Rückerstattung des geraubten Vermögens und die sich daraus ergebenden Entschädigungsansprüche zu vertreten;[2]
d) die Landsleute wirtschaftlich und sozial zu betreuen;
e) die Belange der Volksgruppe in den Aufnahmegebieten zu wahren;
f) die Überlieferung (Sitten, Brauchtum, Mundart, Kulturgut usw.) der Heimat zu erhalten, der Jugend weiterzugeben und das kulturelle Leben der Volksgruppe zu fördern.

§ 4 Volksgruppenzugehörigkeit
1. Sudetendeutscher ist ein Deutscher, der in einer Gemeinde der Länder Böhmen, Mähren oder Schlesien geboren ist oder das Heimatrecht hatte.
2. Als Sudetendeutscher gilt ein Deutscher, der von mindestens einem Eltern- oder Großelternteil, der Sudetendeutscher ist, abstammt oder mit einem Ehegatten, der Sudetendeutscher ist oder als Sudetendeutscher gilt, verheiratet ist.
3. Als Sudetendeutscher gilt auch ein Deutscher, der in einer Gemeinde der Länder Böhmen, Mähren oder Schlesien längere Zeit gewohnt hat und seine Verbundenheit mit der sudetendeutschen Volksgruppe bekundet.

. . .

Anmerkungen:
[1] Dieser Eingangssatz wurde 1978 zum Erhalt der steuerlichen Gemeinnützigkeit wie folgt geändert: »Die Sudetendeutsche Landsmannschaft verfolgt ausschließlich und unmittelbar gemeinnützige Zwecke im Sinne des § 52 Abgabenordnung.
Diese Zwecke sind: . . .«
Der weitere Text blieb unverändert.
[2] Dieser Absatz mußte aus dem gleichen Grund im März 1997 geändert werden und lautet seither: »c) die Rückgabe des konfiszierten Vermögens auf der Basis einer gerechten Entschädigung zu vertreten;«

Quelle:
Mitt.Bl. SL; Nr. 1 v. 15. 7. 1954.

****

Urteil[1] **1954, 16. Mai**
eines US-Gerichtes:
Zustände in tschechoslowakischem Internierungslager[1] ähnelten NS-KZ

. . .

Dieser Geist . . . der Bestrafung und Vergeltung . . . fand seinen Ausdruck im Jahre 1945, nachdem tschechische Behörden die Verwaltung des Landes übernommen hatten, in einem Programm von Massenverhaftungen und Deportationen von Sudetendeutschen und Verhandlungen vor den Volksgerichten nach dem sogenannten »Vergeltungsdekret« (Gesetz Nr. 16 vom 19. Juni 1945)[2] gegen diejenigen Personen, die der Teilnahme an den Gestapo- und SS-Greueln beschuldigt wurden. Die Durchführung dieses Programmes lag in den Händen der örtlichen und Bezirks-Nationalausschüsse, »Národni Výbor« genannt.
Die Einrichtung von Internierungslagern war eine der Maßnahmen, zu denen man zur Durchführung dieses Programmes griff. Sie dienten dazu, Deutsche[3] während schwebender Ermittlungen und Verfahren und bis zur Deportation festzuhalten . . .
Das Budweiser Internierungslager ähnelte während der ersten Stadien seines Betriebes vielfach einem deutschen KZ[4], wie man nach den Aussagen der Zeugen in diesem Fall urteilen kann. Obwohl es keine Gaskammern enthielt und nicht ein Ort organisierter und systema-

tischer Ausrottung war, so diente es doch als Zentrum von Brutalität, Gewalt und Sadismus. Die Sendung, die es ursprünglich erfüllen sollte, wurde durch das über dem Tor angebrachte Motto enthüllt »Aug' um Auge, Zahn um Zahn«. Menschliche Werte und Würde hatten innerhalb seiner Schranken keine Bedeutung.

...

Wir, die wir stolz darauf sind, einer demokratischen Gemeinschaft anzugehören, die auf den unveräußerlichen Menschenrechten und der Anerkennung der Menschenwürde beruht, müssen sorgfältig darauf bedacht sein, nicht von dem Pfad des Rechts abzuweichen, wenn wir denen, die sich Greuel zu Schulden kommen ließen, die notwendige Strafe zumessen.

...

Obwohl Gerechtigkeit durch Mitleid gemildert werden sollte, kann sie sich doch nicht ausschließlich durch Sympathie, Großzügigkeit und Milde beherrschen lassen. Eine mißverstandene Milde würde die Gerechtigkeit zum Gespött machen ... Das Gericht ist sich der Tatsache bewußt, daß die Furcht vor Strafe eine wichtige Rolle bei der Abschreckung der meisten Leute von der Übertretung des Gesetzes spielt und daß dies einer der Zwecke der Bestrafung ist.

...

⟨[5]⟩

Anmerkungen:

[1] Es handelt sich um die Urteilsbegründung im Prozeß gegen Václav Hrneček (1945/46: Stellv. Leiter des Lagers Budweis, Südböhmen), der an Morden und Grausamkeiten gegen Lagerinsassen beteiligt war. 1950 in München von Überlebenden erkannt, wurde er von der deutschen Polizei verhaftet sowie anschließend in der noch nicht souveränen BR Deutschland wegen »Displaced Person«-Status vor ein US-Gericht gestellt.

[2] Zum Text: Siehe S. 529.

[3] Die Insassen derartiger »Internierungslager« waren in vielen Fällen deutsche Männer von 14 bis 65 und Frauen von 16 bis 55 Jahren eines gewissen Gebietes.

[4] 1941 bis 1945 bestand in der alten Festung Theresienstadt (Nordböhmen) ein Nazi-KZ für Juden. Der Chronist (Adler, H. G.: »Theresienstadt 1941–1945«; Tübingen, 1955; S. 214) berichtete, wie im Mai 1945 die tschechoslowakischen Behörden das Nazi-KZ für Juden nahtlos in ein ČSR-KZ für Deutsche überführten:
»In die ›Kleine Festung‹ wurden Deutsche des Landes und reichsdeutsche Flüchtlinge eingeliefert. Bestimmt gab es unter ihnen welche, die sich während der Besetzungsjahre manches hatten zuschulden kommen lassen, aber die Mehrzahl, darunter viele Kinder und Halbwüchsige, wurde bloß eingesperrt, weil sie Deutsche waren. Nur weil sie Deutsche waren ...? Der Satz klingt erschreckend bekannt; man hatte bloß das Wort ›Juden‹ mit ›Deutschen‹ vertauscht. Die Fetzen, in die man die Deutschen hüllte, waren mit Hakenkreuzen beschmiert. Die Menschen wurden elend ernährt, mißhandelt, und es ist ihnen um nichts besser ergangen, als man es von deutschen Konzentrationslagern her gewohnt war. Der Unterschied bestand lediglich darin, daß der herzlosen Rache, die hier am Werke war, das von der SS zugrunde gelegte großzügige Vernichtungssystem fehlte.«

[5] Der Angeklagte wurde zu insgesamt acht Jahren Zuchthaus verurteilt. Nach Verbüßung von nur sieben Monaten wurde er durch Gnadenerweis der Alliierten Hohen Kommission am 23. 12. 1954 unter der Bedingung entlassen, Deutschland innerhalb von 48 Stunden zu verlassen. Die Entlassung, die der »Rat der Freien Tschechoslowakei« bewirkt haben soll, wurde geheimgehalten und löste nach Bekanntwerden in der deutschen Öffentlichkeit beträchtliche Entrüstung aus.
Vgl. den Bericht von Richard Reitzner (MdB-SPD) in der »Brücke«; Nr. 12 v. 26. 3. 1955; S. 1.
Hrneček erhielt ein US-Visum, soll sich anschließend – nach nicht verifizierbaren Mitteilungen – im US-Staat Illinois angesiedelt haben und dort 1956/57 unter niemals voll aufgeklärten Umständen gestorben sein.

Quelle:

Office of the United States High Commissioner for Germany, plaintif (Ankläger) vs. Václav Hrneček, defendant (Beschuldigter): »Opinion, Findings of Fact, Conclusion of Law and Sentence«; Court of the Fifth District, Presiding Judge Leo M. Goodman; Crim 52-A5-486; Munich (Germany); May 16, 1954. Amtliche deutsche Übersetzung; 171 vervielfältigte Seiten; S. 45 f., 165, 169.

****

Die Schirmherrschaft des Freistaates Bayern über die sudetendeutsche Volksgruppe **1954, 6. Juni**

⟨A) Verkündung durch Ministerpräsident Hans Ehard (CSU) vor den Teilnehmern des 5. Sudetendeutschen Tages in München:⟩

...

Bayern ist stolz auf den Fleiß, die Ausdauer und die Ergebnisse sudetendeutscher Arbeit, Bayern ist glücklich über den kulturellen Reichtum, der durch Sie in unser Land gekommen ist ...

Eingedenk der geschichtlichen Verbundenheit, eingedenk auch der Tatsache, daß mehr als die Hälfte der Heimatvertriebenen in Bayern Sudetendeutsche sind, habe ich mich bereit erklärt, der an mich ergangenen Bitte zu entsprechen, namens der Bayerischen Staatsregierung die Schirmherrschaft über die große Gemeinschaft der sudetendeutschen Volksgruppe zu übernehmen. Ich bitte Sie, darin das Zeichen der bayerischen Verbundenheit, bayerischer Aufrichtigkeit und bayerischen Dankes zu sehen. Das bayerische Volk weiß sich mit Ihnen einig in dem heißen Wunsch um Erhaltung des Friedens und um Lösung aller weltpolitischen Probleme.

...

Bayern dankt in dieser Stunde allen, die in der neuen Heimat zu deren wirtschaftlichem Wiederaufbau mitgearbeitet haben. Eine Patenschaft stellt ein besonderes Verhältnis zwischen dem, der sie übernimmt, und dem, über den sie übernommen wird, her. Dieses Verhältnis hat in Vergangenheit und Gegenwart zwischen Bayern und den Sudetendeutschen bereits bestanden. Indem es heute sichtbaren Ausdruck erhält, bekundet die Bayerische Staatsregierung und das bayerische Volk, daß es an der endgültigen Lösung des Problems der Heimatvertriebenen mit ganzem Herzen arbeiten will. Möge diese Stunde ein großer Augenblick sudetendeutscher Verantwortung und europäischer Gesinnung sein!

⟨B) Text der Schirmherrschafts-Urkunde[1]:⟩

Eingedenk der jahrhundertealten historischen und kulturellen Bindungen zwischen den bayerischen und den böhmischen Ländern und der verwandtschaftlichen Beziehungen der Altbayern, Franken und Schwaben zu den Deutschen in Böhmen, Mähren und Schlesien und als Zeichen der Anerkennung des Freistaates Bayern und der bayerischen Bevölkerung für die Verdienste der Mitbürger aus dem Sudetenland, hat die Bayerische Staatsregierung anläßlich des fünften Sudetendeutschen Tages zu Pfingsten 1954 in München die Schirmherrschaft über die Sudetendeutsche Volksgruppe übernommen.

München, den 7. November 1962
Der Bayerische Ministerpräsident
Dr. Ehard

Die Bayerische Staatsregierung verleiht mit der Übernahme dieser Schirmherrschaft sichtbaren Ausdruck, vor allem ihren Dank dafür, daß die heimatvertriebenen Sudetendeutschen einen wertvollen Beitrag auf politischem, kulturellem und sozialem Gebiet zum Wiederaufbau des Freistaates Bayern geleistet und sich als eine zuverlässige Stütze unserer freiheitlichen demokratischen Ordnung bewährt haben. Die Bayerische Staatsregierung betrachtet die sudetendeutsche Volksgruppe als einen Stamm unter den Volksstämmen Bayerns. Sie bekennt sich zum Heimat- und Selbstbestimmungsrecht der Sudetendeutschen, das sie jederzeit mit dem ganzen Gewicht ihres Einflusses vertreten will. Sie wird stets bestrebt sein, das Volkstum der Sudetendeutschen zu erhalten und ihre Landsmannschaft und deren Einrichtungen als Vertretung der sudetendeutschen Volksgruppe bei der Wahrnehmung der heimatpolitischen, kulturellen und sozialen Aufgaben ideell und finanziell zu fördern.

Anmerkung:
[1] Dem Bundesvorstand der SL übergeben am 7. 11. 1962.

Quellen:
A) SdZ; Nr. 24 v. 12. 6. 1954; S. 2.
B) Böhm, Franz: »Weg und Ziel«; München, 1974; S. 158 f.

****

Vertrag **1954, 23. Oktober**
zwischen der Bundesrepublik Deutschland,
den USA, Großbritannien und Frankreich:
»zur Regelung aus Krieg und Besatzung entstandener Fragen«
Sudetengebiet gehörte (mindestens zeitweilig) zu Deutschland

. . .

5. Teil: Äußere Restitutionen
⟨*In den Artikeln 1 bis 4 verpflichtet sich Deutschland, eine Behörde zu errichten, die nach festgelegtem Verfahren die Rückerstattung bestimmter Wertgegenstände und Kulturgüter durchführt, welche während*⟩ »der Besetzung eines Gebietes von den Gruppen oder Behörden Deutschlands« ⟨*durch erzwungene Besitzentziehung erlangt und entfernt wurden:*⟩

Artikel 5
(1) Die Bestimmungen dieses Teils finden auf folgende Länder und von den folgenden Zeitpunkten ab Anwendung:

Land	Zeitpunkt	Land	Zeitpunkt
Österreich	12. März 1938	Griechenland	28. Oktober 1940
Tschechoslowakei	1. April 1939[1]	Jugoslawien	6. April 1941
Polen	1. September 1939	Union der Sozialistischen	
Dänemark	9. April 1940	Sowjet-Republiken	22. Juni 1941
Norwegen	9. April 1940	Italien	3. September 1943
Belgien	10. Mai 1940	Rumänien	12. September 1944
Luxemburg	10. Mai 1940	Finnland	19. September 1944
Niederlande	10. Mai 1940	Bulgarien	28. Oktober 1944
Frankreich	17. Mai 1940	Ungarn	20. Januar 1945

. . .

6. Teil: Reparationen
. . .
Artikel 3[2,3]
(1) Die Bundesrepublik wird in Zukunft keine Einwendungen gegen die Maßnahmen erheben, die gegen das deutsche Auslands- oder sonstige Vermögen durchgeführt worden sind oder werden sollen, das beschlagnahmt worden ist für Zwecke der Reparation oder Restitution oder auf Grund des Kriegszustandes oder auf Grund von Abkommen, die die Drei Mächte mit anderen alliierten Staaten, neutralen Staaten oder ehemaligen Bundesgenossen Deutschlands geschlossen haben oder schließen werden.
. . .
(3) Ansprüche und Klagen gegen Personen, die auf Grund der in Absatz (1) dieses Artikels bezeichneten Maßnahmen Eigentum erworben oder übertragen haben, sowie Ansprüche und Klagen gegen internationale Organisationen, ausländische Regierungen oder Personen, die auf Anweisung dieser Organisationen oder Regierungen gehandelt haben, werden nicht zugelassen.
. . .

9. Teil: Gewisse Ansprüche gegen fremde Nationen und Staatsangehörige[2, 3]

Artikel 1
Vorbehaltlich der Bestimmungen einer Friedensregelung mit Deutschland dürfen deutsche Staatsangehörige, die der Herrschaftsgewalt der Bundesrepublik unterliegen, gegen die Staaten, welche die Erklärung der Vereinten Nationen vom 1. Januar 1942 unterzeichnet haben oder ihr beigetreten sind ... sowie gegen deren Staatsangehörige keine Ansprüche irgendwelcher Art erheben wegen Maßnahmen, welche von den Regierungen dieser Staaten oder mit ihrer Ermächtigung in der Zeit zwischen dem 1. September 1939 und dem 5. Juni 1945 wegen des in Europa bestehenden Kriegszustandes getroffen worden sind; auch darf niemand derartige Ansprüche vor dem Gericht in der Bundesrepublik Deutschland machen.
...

Anmerkungen:
[1] Das verwendete Datum für den »Besetzungs«-Beginn, 1. April 1939, welches dem 14./15. März 1939 (faktischer Zerfall der Tschecho-Slowakei durch Souveränitätserklärung der Slowakei und Errichtung des »Reichsprotektorates Böhmen und Mähren«) nahe steht, berechtigte zur Folgerung, daß das Sudetengebiet nach Auffassung der vertragschließenden Staaten zwischen dem 1. 10. 1938 und dem 1. 4. 1939 nicht Teil der ČSR war.
[2] Eine objektive Prüfung, ob die Bestimmungen des 6. Teiles, Art. 3, Ziff. 1 und 3 sowie des 9. Teiles, Art. 1 das Eigentum der Sudetendeutschen überhaupt betrafen, müßte, selbst ohne Klärung ihrer Abdeckung durch 1954 geltendes Völkerrecht, beachten:
a) Die ČSR hat die Eigentumskonfiskation durch Dekret Nr. 108/45 v. 25. 10. 1945, das durch Verkündung am 30. 10. 1945 in Kraft trat, vorgenommen.
Zum Text und Verkündungsdatum: Siehe S. 563.
Dieser Zeitpunkt lag außerhalb des Zeitraumes 1. 9. 1939 und 5. 6. 1945; d. h., 9. Teil, Art. 1 trifft nicht zu.
b) Die ČSR hat die Eigentumskonfiskation darüber hinaus ohne jede Begründung vorgenommen. Insbesondere fehlten im ČSR-Dekret alle klar definierten Begriffe des 6. Teiles, Art. 3, Ziff. 1, wie »Reparation«, »Restitution«, »Kriegszustand« oder »internationales Abkommen«; d. h., 6. Teil, Art. 3 trifft gleichfalls nicht zu.
c) Die denkbare ČSR-/ČSSR-/ČSFR-/ČR-Argumentation, die Eigentumskonfiskation sei unter die Rubrik »Abkommen, die die drei Mächte mit anderen alliierten Staaten ... geschlossen haben« einzureihen und das gemeinte Abkommen sei das Interalliierte Reparationsabkommen vom 14. 1. 1946 (zum Text: Siehe S. 676) wäre m. E. unbegründet: M. W. existiert keine ČSR-etc.-»Rechts«-Vorschrift, die den im ČSR-Dekret vom Oktober 1945 fehlenden Bezug auf ein internationales Abkommen durch spätere derartige Festlegung rückwirkend geheilt hätte.
Demzufolge ist bis zum schlüssig begründeten Nachweis des Gegenteils zu unterstellen, daß der Vertrag vom 23. 10. 1954 das Eigentum Sudetendeutscher überhaupt nicht betraf.
[3] Zur Übernahme dieser Bestimmungen in die Rechtslage nach 1990: Siehe S. 896.
Zur (m. E. fehlerhaften) Vertragsinterpretation i. d. F. ab 1990 durch das deutsche Bundesverfassungsgericht 1998: Siehe S. 1108.

Quelle:
BGBl. 1955; Teil II; S. 405 ff.; hier S. 436, 440, 445.

****

Schreiben[1] **1954, November**
der »Tschechischen Christlich-Demokratischen Bewegung im Exil« an Bundeskanzler Adenauer:
Verurteilung der Vertreibung der Sudetendeutschen

...
Freiheit im tiefsten Sinne beinhaltet aber die Anerkennung und Verwirklichung der Menschenrechte für alle Bürger, ohne Rücksicht auf ihre Religion oder Volkszugehörigkeit. Wir

betrachten das Heimatrecht, den unabdingbaren Anspruch aller Völker und Volksgruppen auf ihr Siedlungsgebiet, als eines der grundsätzlichen Menschenrechte.

. . .

Als tschechische Patrioten verurteilen wir auf das schärfste den Völkermord, der 1945–1948 an den Sudetendeutschen durch die Kommunisten und ihre Helfershelfer begangen wurde. So wie wir früher dem nationalsozialistischen Terror entgegenarbeiteten, so geloben wir, uns für die Aufhebung aller seit April 1945 durchgeführten Enteignungs- und Ausbürgerungsmaßnahmen einzusetzen.

Wir hoffen, die rückkehrenden Sudetendeutschen in einem freien Heimatlande willkommen heißen und mit ihnen einen neuen Staat auf der Grundlage der Gleichberechtigung aller Völker aufbauen zu können . . .

Anmerkung:

[1] Des Vizepräsidenten Josef Kalvoda.

Quelle:

»Rheinischer Merkur« ⟨*TZ.*⟩, Köln; Jg. 9, Nr. 47 v. 19. 11. 1954; S. 4.

****

Gesetz **1955, 22. Februar**

zur Regelung von Fragen der »Staatsangehörigkeit«[1]**:**

Sudetendeutsche seit 1938 deutsche Staatsangehörige

§ 1

(1) Die deutschen Volkszugehörigen, denen die deutsche Staatsangehörigkeit auf Grund folgender Bestimmungen verliehen worden ist:

a) Vertrag zwischen dem Deutschen Reich und der Tschechoslowakischen Republik über Staatsangehörigkeits- und Optionsfragen vom 20. November 1938 (Reichsgesetzbl. II S. 895).

. . .

c) Verordnung über den Erwerb der deutschen Staatsangehörigkeit durch frühere tschechoslowakische Staatsangehörige deutscher Volkszugehörigkeit vom 20. April 1939 (Reichsgesetzbl. I S. 815) in Verbindung mit der Verordnung zur Regelung von Staatsangehörigkeitsfragen gegenüber dem Protektorat Böhmen und Mähren vom 6. Juni 1941 (Reichsgesetzbl. I S. 308).

. . .

sind nach Maßgabe der genannten Bestimmungen deutsche Staatsangehörige geworden, es sei denn, daß sie die deutsche Staatsangehörigkeit durch ausdrückliche Erklärung ausgeschlagen haben oder noch ausschlagen.

(3) Dasselbe gilt für die Ehefrau und die Kinder eines Ausschlagungsberechtigten, soweit sie nach deutschem Recht ihre Staatsangehörigkeit von ihm ableiten, unabhängig davon, ob er von seinem Ausschlagungsrecht Gebrauch macht. Ehefrauen, die im Zeitpunkt der Eheschließung die deutsche Staatsangehörigkeit besaßen, haben diese behalten.

. . .

Anmerkung:

[1] Basis der Staatsangehörigkeitsregelungen in Deutschland war v. a. das Reichs- und Staatsangehörigkeitsgesetz vom 22. 7. 1913 (Zum Text vgl. RGBl. 1913; Teil I; S. 583 ff.).
Gemäß § 25, Abs. 1 verliert ein Deutscher seine Staatsangehörigkeit, wenn er auf Antrag eine ausländische Staatsangehörigkeit erwirbt *und* seinen Wohnsitz/dauernden Aufenthalt ins Ausland verlegt. Doppelstaatsangehörigkeit ist daher für Deutsche nach deutschem Recht (1998) unmöglich, wenn der ausländische Staat seine Staatsangehörigkeitsverleihung vom Wohnsitz in seinem Inland abhängig macht.

Darüber hinaus ist Deutschland Vertragsstaat des europäischen »Übereinkommens über die Verringerung der Mehrstaatigkeit« vom 6. 5. 1963 (zum Text: Siehe S. 57), in dem grundsätzlich ohne Rücksicht auf den Wohnort der Person der Verlust der eigenen bisherigen bei Erwerb der Staatsangehörigkeit eines Vertragspartners festgelegt wurde.

Quelle:
BGBl. 1955; Teil I; S. 65 ff. Später in anderen Bestimmungen öfters geändert.

****

Der Sudetendeutsche Rat: **1955, 3. April**
Pressemitteilung anläßlich der Gründung: Darstellung eigenen Selbstverständnisses

Der Sudetendeutsche Rat wurde am 3. April 1955 in München gegründet. 10 Jahre nach dem Ende des Zweiten Weltkrieges haben sich die aus ihrer Heimat vertriebenen dreieinhalb Millionen Sudetendeutschen in ihm ein Zentralorgan für die Durchführung ihrer heimatpolitischen Belange gegeben. 10 Mitglieder des neuen Gremiums wurden von der Bundesversammlung der Sudetendeutschen Landsmannschaft, 10 Mitglieder wurden von den im Bundestag vertretenen politischen Parteien bestellt. 10 weitere Mitglieder sind von diesen 20 als Fachleute gewählt worden. Der Sudetendeutsche Rat ist somit nach streng demokratischen Gesichtspunkten gewählt worden. Er vereinigt die Legitimation aus der Volksgruppe mit der gesamtdeutschen Legitimation über die politischen Parteien. An seiner Spitze stehen vier Mitglieder eines Präsidiums, die einander im Geschäftsführenden Vorsitz halbjährig abwechseln. Der Sprecher der Sudetendeutschen Landsmannschaft, Dr. Rudolf Lodgman v. Auen, ist kraft Amtes Mitglied des Präsidiums, gewählt wurden des weiteren die Bundestagsabgeordneten Hans Schütz (CSU/CDU), Dr. Johannes Strosche (GB/BHE) und Richard Reitzner (SPD), der zur Zeit als erster Geschäftsführender Vorsitzender wirkt. Dem Plenum des Sudetendeutschen Rates gehören Landsleute aus allen Teilen der Bundesrepublik an, u. a. Bundesverkehrsminister Dr. Ing. Hans-Christoph Seebohm, der bayerische Staatsminister für Arbeit und soziale Fürsorge, Walter Stain, sowie mehrere Bundes- und Landtagsabgeordnete. Zum Generalsekretär wurde Dr. Walter Becher, München, gewählt.
Der Sudetendeutsche Rat übernimmt die Tradition der bereits 1947 gegründeten »Arbeitsgemeinschaft zur Wahrung sudetendeutscher Interessen« [1] und hat sich laut Satzung[2] die Aufgabe gestellt, für die Verfechtung des Rechtsanspruches auf die Heimat auf der Grundlage des Selbstbestimmungsrechtes der Völker einzutreten und die Gestaltung dieses Zieles zu einer gesamtdeutschen und europäischen Aufgabe zu machen.
Die Sudetenfrage ist nach der Überzeugung der Mitglieder des Sudetendeutschen Rates ein Schlüsselproblem des europäischen Wiederaufbaues, der nur dann von Dauer sein kann, wenn das durch Jalta und Potsdam[3] hervorgerufene Unrecht wiedergutgemacht ist.
Der Sudetendeutsche Rat hat das im Jahre 1950 zwischen der »Arbeitsgemeinschaft zur Wahrung sudetendeutscher Interessen« und dem Tschechischen Nationalausschuß General Prchalas geschlossene Übereinkommen[4] übernommen und bestätigt. Er bekennt sich damit in der Auseinandersetzung mit den östlichen Nachbarn des deutschen Volkes zum Gedanken der Partnerschaft und friedvollen Zusammenarbeit. Dieser Gedanke bestimmt sein Verhältnis auch zu den Vertretern jener Völker, die hinter dem Eisernen Vorhang unter der Knechtschaft der bolschewistischen Machthaber leben. In Dokumentenwerken, Aufklärungsschriften, Memoranden will der Sudetendeutsche Rat dazu beitragen, die gesamte freie Welt davon zu überzeugen, daß die Sache der Sudetendeutschen auch ihre Sache ist. So wie sich die dreieinhalb Millionen aus ihrer Heimat vertriebenen Deutschen aus den Ländern Böhmen, Mähren und Schlesien seit 1945 am Wiederaufbau der Bundesrepublik und der westlichen Welt an vorderster Stelle beteiligt haben, so wollen sie das Ihre dazu beitragen, ganz Europa und damit auch ihre Heimat auf den Boden einer Ord-

nung zu stellen, die auf der Grundlage des freien Rechts und der Selbstbestimmung aufgebaut ist.

Anmerkungen:
[1] Zur »Arbeitsgemeinschaft ...« und ihrer Tätigkeit: Siehe S. 701, 726.
[2] Diese besagte in § 3 (Stand: Dezember 1976):
Der SR »ist für die Koordinierung der heimatpolitischen Bestrebungen der Sudetendeutschen Landsmannschaft mit den Auffassungen der politischen Parteien zuständig. Sein Ziel und Zweck ist die Durchsetzung des Rechtsanspruches auf die Heimat auf der Grundlage des Selbstbestimmungsrechtes der Völker und die Gestaltung dieses Zieles zu einer gesamtdeutschen und europäischen Aufgabe. Insbesondere obliegt ihm die Abgabe verbindlicher Erklärungen und der Abschluß von verbindlichen Übereinkommen auf dem Gebiete der Heimatpolitik.«
Vgl. Maier; a. a. O. (siehe Quelle); S. 164.
[3] Zum Text vom 2. 8. 1945: Siehe S. 548.
[4] Zum Text vom 4. 8. 1950: Siehe S. 724.

Quelle:
Maier, Erich: »40 Jahre Sudetendeutscher Rechtskampf«; München, 1987; S. 199 f.

****

5. 1955–1989: Die Sudetenfrage im geteilten Deutschland

Einschaltung[1] des US-Abgeordneten Usher L. Burdick in das US-Kongreßprotokoll (»Congressional Record«): »Die sudetendeutsche Frage« **1955, 25. April**

⟨*Von Dr. Walter Becher verfaßt, der als*⟩ Mitglied des Bayrischen Landtages in München, Deutschland ⟨*bezeichnet wurde, befaßte sich der umfangreiche Artikel mit der Entwicklung der Sudetenfrage aus der Sicht der Exil-Tschechoslowaken und der Sudetendeutschen und schloß mit folgender Gegenüberstellung:*⟩

Und schließlich muß noch erwähnt werden, daß es zwei Darstellungen der Geschichte der Länder Böhmen und Mähren gegeben hat und daß es – analog – zwei Programme für die Zukunft geben muß, zwei vollkommen gegensätzliche Programme.
Das eine Programm, vorgelegt von den kommunistischen Helfershelfern Ripka, Zenkl und Lettrich, fordert den Weiterbestand der Tschechoslowakei, der tschechischen Herrschaft über die Slowaken, die Verewigung der Vertreibung der Sudetendeutschen und Magyaren, die Sozialisierung und die volle oder teilweise Abschaffung der politischen Freiheit durch die Nationale Front und die Kommunisten, selbst nach einer eventuellen Beseitigung der unmittelbaren kommunistischen Herrschaft über die Tschechoslowakei. Ein Programm, das bestenfalls die Ablösung des reinen Kommunismus durch einen Halb-Kommunismus fordert, in Wirklichkeit tritt es aber damit für die ewige Herrschaft des Kommunismus im Osten ein, da der Halb-Kommunismus niemals den Kommunismus überwinden kann.
Das andere Programm ist ein Programm, das die Slowaken, Magyaren, Sudetendeutschen und ebenso viele Tschechen gemeinsam haben: Dieses Programm besagt, daß *nichts*, was von der kommunistischen Nationalen Front geschaffen wurde, beibehalten werden kann, daß alles kommunistische Unrecht abgeschafft werden muß, daß das Eigentum an seine tschechischen und slowakischen Besitzer rückerstattet werden muß und daß den Sudetendeutschen und den Ungarn das Recht zu ihrer Rückkehr wie auch die Rückgabe ihres gesamten Besitzes gewährt wird; daß Freiheit und Recht, Privateigentum und freies Unternehmertum in diesem bolschewisierten Land wiederhergestellt werden müssen. Ein Programm, das besagt, daß Freiheit und das Recht auf Selbstbestimmung auf alle Völker anzuwenden ist, auch auf die Völker der früheren Tschechoslowakei, unabhängig davon, ob diese Völker in einem Staatenbund verbleiben wollen oder ob der imperialistische tschechische Staat – bekannt als Tschechoslowakei – völlig zerfallen wird.
In den kommenden Monaten und Jahren wird der Kampf zwischen diesen beiden Programmen ausgefochten werden müssen. Es gibt keine Möglichkeit, weder für die tschechoslowakischen Demokraten einerseits, noch für die Sudetendeutschen, Slowaken, Magyaren und die anständigen Tschechen andererseits, ihr Programm zu erzwingen. Im Hinblick auf die gegenwärtige, wie auch die zukünftige internationale Lage wird letztlich das amerikanische Volk der Richter sein. Das letzte Wort in diesem Kampf, die Entscheidung, welches Programm den Sieg davontragen wird, wird in den Händen des Kongresses der Vereinigten Staaten liegen.

Anmerkung:
1 Der hier auszugsweise wiedergegebenen Einschaltung waren mehrere andere derartige Vorgänge vorausgegangen:
a) 1953, 3. 8. Abg. Usher L. Burdick;
b) 1954, 25. 3. Abg. Usher L. Burdick;
c) 1954, 22. 6. Abg. Timothy P. Sheehan;
d) 1954, 5. 8. Abg. John J. Rhodes.
Zu den Texten vgl. stets die »Congressional Records – House of Representatives« des entsprechenden Tages.
Außerdem in deutscher Sprache:
Zu b: Sudetendeutscher Rat (siehe Quelle) a. a. O.; S. 37–46.
Zu d: Sudetendeutscher Rat (siehe Quelle) a. a. O.; S. 47–62.

Quelle:
»Carroll Reece: Das Schicksal der Sudetendeutschen«; hsg. v. Sudetendeutschen Rat; München, 1960; S. 63–103, hier S. 103.

****

Rede **1955, 29. Mai**
des Vorsitzenden des Tschechischen Nationalausschusses,
Lev Prchala, vor den Teilnehmern des 6. Sudetendeutschen Tages in Nürnberg[1]**:**
Bitte um Verzeihung

...
Als Mensch und Europäer verurteile ich die Verbrechen, die 1945[2] an den Sudetendeutschen begangen wurden. Als Tscheche und Christ fühle ich mich verpflichtet, Sie, sudetendeutsche Männer und Frauen, um Verzeihung[3] zu bitten. Dies tue ich aus freiem Willen, ohne Furcht und ohne Zwang, weil mein Gewissen rein ist.
...

Anmerkungen:
1 Eine inhaltlich fast gleichlautende Erklärung hatte General Prchala bereits am 18. 12.1950 vor einer Pressekonferenz im Bundesratssaal des Bundeshauses in Bonn abgegeben.
Vgl. »Münster'sche Zeitung« 〈*TZ.*〉, Münster (NRW.); Jg. 80, Nr. 286 v. 21. 12. 1950 sowie »Solinger Tagblatt« 〈*TZ.*〉, Solingen (NRW.); Jg. 142, Nr. 252 v. 21. 12. 1950.
2 Zum bereits 1945 erhobenen Protest gegen die Vertreibung: Siehe S. 652.
3 Zur ersten Antwort hierauf 1956: Siehe S. 749; zur offiziellen SL-Erklärung für die Sudetendeutschen: S. 771.

Quelle:
Mitt.Bl. SL; Nr. 7 v. 15. 7. 1955; S. 2.

****

Rede **1955, 30. Mai**
des bayrischen Ministerpräsidenten Wilhelm Högner (SPD)
vor den Teilnehmern des 6. Sudetendeutschen Tages in Nürnberg:
»Der Tag, an dem die Sudetendeutschen wieder in ihre Heimat ziehen«

...
Die Ereignisse vor zehn Jahren haben uns gelehrt, daß es außer den Menschenrechten unserer Verfassungen noch ein ebenso wichtiges Recht gibt, das noch höher im Range steht, nämlich das Recht der Völker auf ihre Heimat, das Recht auf den Boden, in dem die Geschlechter ihrer Vorfahren begraben liegen, auf den Boden, den sie Urwäldern abgerungen und bebaut haben, auf den Boden, auf dem sie die ersten Schritte ihrer Kindheit und auf dem ihre Großväter die letzten Schritte ihres Alters getan haben. Auf den Boden, auf den der Schweiß ihrer Arbeit, die Tränen ihres Glücks und ihres Unglücks geflossen sind. Das

sind die grünen Wälder, die Hügel und weiten Fluren, die Flüsse und Bäche, die Dörfer und Städte, die sie geschaut und erlebt haben und mit denen ihr Sein, ihr Leben innig verwoben ist. Dieser Heimatboden gehört ihnen, er ist ihr Eigen, weil er ein Teil ihres Seins geworden ist. Wer ihnen diesen Heimatboden nimmt, der nimmt ihnen einen Teil ihres physischen und geistigen Lebens. Er begeht ein Verbrechen, das Verbrechen bleibt, wenn auch ein armseliges Völkerrecht keine Sühne für dieses Verbrechen kennt.
Das Recht auf die Heimat ist unverjährbar.[1] Es besteht fort, auch wenn es durch rohe Gewalt vorübergehend beeinträchtigt wird.[2] Was sind schon zehn Jahre im Laufe der Geschichte? Was bedeutet schon Macht, wenn sie nicht auf geistigen und sittlichen Grundlagen beruht? Im Jahre 1812 lag Europa einem Napoleon zu Füßen, und ein Jahr später lag er am Boden, zerschmettert durch Gottes Zorn. »Nichts auf Erden ist dauernd, alles, was besteht, vergeht, und was niemand ahnt, kann geschehen.« Der deutsche Name ist durch die Ereignisse nach 1933 befleckt, er ist aber nicht ausgelöscht, er wird eines Tages wieder im alten Glanz erstrahlen. Denn das deutsche Volk ist ein großes und gutes Volk, seine Leistungen in Vergangenheit und Gegenwart sichern ihm einen Ehrenplatz in der Geschichte der Völker. Im Glauben an die Größe des deutschen Volkes sehen wir den Tag kommen, an dem die Sudetendeutschen wieder in ihre alte Heimat ziehen werden, um die unterbrochene Arbeit wiederaufzunehmen, den Boden ihrer Väter wieder zu bebauen, im Frieden mit ihren slawischen Nachbarn deutsche Sitte und Kultur wieder zu pflegen und die alten Lieder der Heimat wieder zu singen.
. . .

Anmerkungen:

1 Zum Heimatrecht sagte Högner vor dem ersten Bundestreffen der sudetendeutschen Seliger-Gemeinde in Geislingen (Württ.) am 1. 7. 1955:
»Das Recht auf die Heimat ist unveräußerliches Recht, und es ist nur zu bedauern, daß sich das Völkerrecht des Rechtes der Heimatvertriebenen auf ihre Heimat noch nicht angenommen hat. Ich denke immer an die Worte eines Vandalenhäuptlings, der auf die Frage, ob die Vandalen ihre Heimatsitze in Schlesien endgültig aufgeben wollten, antwortete: ›Nichts ist auf Erden dauernd, alles was besteht, vergeht, und was niemand ahnt, kann geschehen.‹ Ich glaube, heute ist wieder der Zeitpunkt gekommen, an dem die Sudetendeutschen das Recht haben, an ihr Recht auf ihre Heimat zu erinnern. Dieses Recht ist um so bedeutsamer, als die Sudetendeutschen das Land, das sie bewohnten, nicht durch kriegerische Eroberungen, sondern durch den Fleiß ihrer Handwerker, Bürger und Bauern erworben haben. Sie haben die Tschechen nicht mit Gewalt aus der Mitte ihres Landes getrieben, sondern sie haben die Urwälder gerodet, die Bergwerke aufgemacht und die Städte gegründet. Selbst Prag war im Mittelalter eine Stadt deutscher Kultur bis in die neueste Zeit hinein.«
Der Vorsitzende der SPD, Erich Ollenhauer, ergänzte anläßlich der nämlichen Veranstaltung:
»Die Sozialdemokratische Partei Deutschlands bekennt sich heute wie vom ersten Tage an zu diesem Recht auf Heimat, weil wir meinen, dieses Recht kann und darf auf die Dauer von der freien Welt nicht verweigert und nicht bestritten werden, wenn sie ihren eigenen Grundprinzipien nicht untreu werden will. Die SPD bejaht dieses Recht aus Respekt vor dem Recht jedes Menschen und jeden Volkes auf seine Heimat und auf seine Selbstbestimmung.
Der Kampf um die Erreichung dieses Zieles wird jedoch von zwei grundsätzlichen Überlegungen bestimmt: Es soll niemals mit den Mitteln der Gewalt bzw. durch einen neuen Krieg herbeigeführt werden. Jede Lösung staatsrechtlicher Probleme muß auf dem Wege der Verständigung und der Freundschaft mit jenen Völkern gefunden werden, mit denen wir entweder als gute Nachbarn, oder gemeinsam in einer staatlichen Ordnung zusammenleben wollen. Das mag ein langer Weg sein, aber es ist der einzig sichere und zugleich der einzige mögliche, der allen Völkern in Europa Sicherheit und Frieden zu geben vermag.«
Vgl. »Zehn Jahre«; S. 33 f., S. 45.

2 Gegen diese Beeinträchtigungen wurden Rechtsverwahrungen eingelegt:
Zur Aufnahme diplomatischer Beziehungen zwischen der BR Deutschland und der UdSSR am 13. 9. 1955 nahm die UdSSR ohne völkerrechtlich relevanten Kommentar folgenden Vorbehalt von Bundeskanzler Adenauer entgegen:
»1. Die Aufnahme der diplomatischen Beziehungen zwischen der Regierung der Bundesrepublik Deutschland und der Regierung der UdSSR stellt keine Anerkennung des derzeitigen beidersei-

tigen territorialen Besitzstandes dar. Die endgültige Festsetzung der Grenzen Deutschlands bleibt dem Friedensvertrag vorbehalten.

2. Die Aufnahme diplomatischer Beziehungen mit der Regierung der Sowjetunion bedeutet keine Änderung des Rechtsstandes der Bundesregierung in bezug auf ihre Befugnisse zur Vertretung des deutschen Volkes in internationalen Angelegenheiten und in bezug auf die politischen Verhältnisse in denjenigen deutschen Gebieten, die sich gegenwärtig außerhalb der effektiven Hoheitsgewalt befinden.«

Vgl.: »Zehn Jahre«; S. 160.

Die Außenminister der USA, Großbritanniens und Frankreichs sekundierten am 28. 9. 1955:

»Schließlich bestätigten die drei Außenminister im Zusammenhang mit einer Erklärung über die deutschen Grenzen, die unlängst in der sowjetischen Presse erschien, die wiederholt zum Ausdruck gebrachte Auffassung ihrer Regierungen, daß die endgültige Festlegung der deutschen Grenzen erst in einem Friedensvertrag für Gesamtdeutschland geregelt werden kann.«

Vgl. Bulletin; Nr. 134 v. 30. 9. 1955.

Quelle:
Högner, Wilhelm: »Der schwierige Außenseiter«; München, 1959; S. 332 f.

****

Leitsätze **1956**
der (sudetendeutschen) Ackermann-Gemeinde:
Heimatrecht – persönliches Beispiel

Die Aufgabe

Schon 1946[1] in Ingolstadt, wo sich über 100 Männer und Frauen aus allen katholischen Bünden und Gruppen der alten Heimat trafen, haben wir darauf verwiesen, daß das Flüchtlingsproblem über das Caritative und Soziale hinaus vor allem eine Aufgabe der Erziehung und der Menschenführung ist. Im Bewußtsein der Verantwortung des gläubigen Christen für sein Volk haben wir bereits damals einen Kreis gebildet, den wir in Erinnerung an den »Ackermann von Böhmen«, der größten spätmittelalterlichen Dichtung unseres Volkes und unserer Heimat, »Ackermann-Gemeinde« genannt haben. Unsere Gemeinschaft ist äußerlich gewachsen, innerlich gereift und hat ihre Überzeugung vielfach überprüft und vertieft. Die Erfahrungen haben sich zu Leitsätzen verdichtet, mit denen wir heute vor unsere Landsleute treten wollen, weil wir glauben, daß sie unserer Volksgruppe den Weg in die Zukunft weisen können.

Unsere Leitsätze

1. Mit der Vertreibung aus jahrhundertealter Heimat ist uns bitterstes Unrecht geschehen. Naturrecht, Moral und Humanität verteidigen ebenso wie die Kirche als Lehrerin der Völker das Recht eines Volkes auf seine Heimat, das Recht des Kindes auf sein Vaterhaus, das Recht der Familie auf Heimstätte, Arbeitsplatz und auf die Gräber der Verstorbenen. Der Heilige Vater erklärte Weihnachten 1945 vor den neuernannten deutschen Kardinälen: »Jeder Mensch hat ein Recht auf seine angestammte Heimat, und es ist Unrecht, ihn von dort zu vertreiben, wenn er sich nicht durch persönliche Schuld dessen unwürdig gemacht hat.«

2. Wir werden nie das Recht auf unsere Heimat aufgeben. Wir wenden uns aber entschieden gegen alle Illusionen, die eine baldige Heimkehr versprechen oder gar von einem dritten Weltkrieg etwas für unsere Heimat erhoffen. Wir lassen uns auch nicht zur Heimkehr verlocken, wenn wir nicht nur auf unser Volkstum, sondern auch auf die besten abendländischen Traditionen verzichten müssen.

Im Kampf um unsere Heimat lehnen wir Rache und Vergeltung ab, nicht nur aus christlicher Überzeugung, sondern auch weil Rache nicht aufbaut. Rache weckt nur abermals Vergeltung und wendet sich zurück gegen ihren Urheber und dessen Kinder. Wer Haß

und Rache predigt, verringert nur die wenigen noch vorhandenen Möglichkeiten der Rückkehr. Wie könnten uns die Weltmächte die Heimat zurückgeben, wenn sie dadurch neue Gewalttat befürchten müßten! Doch stehen wir zu dem sittlichen Gesetz, daß verletzte Gerechtigkeit auch in unserem Falle Wiedergutmachung fordert.
3. Wenn wieder Friede und Ordnung unter den Völkern einkehren sollen, müssen die Fehler überwunden werden, die uns alle in das gegenwärtige Elend geführt haben. Darum müssen die Völker Mitteleuropas, Deutsche, Slawen und Magyaren erkennen, daß sie mit ihrem übersteigerten Nationalismus seit etwa 100 Jahren nicht nur die föderativen Grundlagen ihres tausendjährigen Zusammenlebens und damit die Voraussetzung eines relativen Wohlstandes und inneren Friedens aller beteiligten Völkerschaften zerstört, sondern auch diesen Raum schließlich zum ohnmächtigen Spielball in den Auseinandersetzungen der Großmächte gemacht und sich selbst ins Verderben gestürzt haben. Es ist daher eine unserer wichtigsten Aufgaben, aus der Geschichte die Baugesetze der tausendjährigen Völkerordnung Mitteleuropas darzulegen und dadurch eine Neugestaltung dieses Raumes vorzubereiten, die diesem wieder sein eigenes Gewicht in den Spannungen zwischen West und Ost zurückgibt und dabei die berechtigten Ansprüche aller seiner Volksstämme erfüllt. Dabei wird auch unser sudetendeutsches Anliegen am ehesten wieder zur Geltung kommen können.
4. Unsere Heimat – das ist nicht nur verlorenes Land, verlorener Besitz, das sind vor allem die Menschen, in ihrem Charakter, ihrem Können, ihrer Arbeit, besonders aber unsere Jugend, die das Erbe unserer Vorväter in die Zukunft tragen soll. Deshalb ist unsere wichtigste Sorge, daß die Menschen unserer Heimat hier und heute nicht physisch oder moralisch zugrunde gehen, daß insbesondere die Familien der Notzeit gewachsen bleiben ...
7. Sind wir auch materiell verarmt, so bleiben uns doch die geistig-kulturellen Werte der Heimat und unseres Volkes. Wir müssen die Welt darüber aufklären, daß wir Sudetendeutsche kein geschichtsloses Volk sind. Durch Jahrhunderte haben wir der geschichtlichen Gesetzlichkeit des böhmischen Zweivölkerraumes gedient und dort durch unsere Kulturarbeit nicht nur eine deutsche, sondern auch eine abendländische Aufgabe erfüllt. Mit Entschiedenheit weisen wir die Propagandalüge zurück, als hätten wir uns in der alten Heimat mit unserem slawischen Nachbarn nicht vertragen können oder wollen. Der Beitrag, den wir Sudetendeutsche zum Werden und Aufstieg des tschechischen Volkes geleistet haben, gibt uns neben dem naturrechtlichen noch einen historisch-rechtlichen Anspruch auf unsere Heimat. Bis zur Erfüllung dieses Anspruches wollen wir die Geschichte unserer Heimat in Geist und Wort, in Fest und Arbeit unter uns und im gesamtdeutschen Bewußtsein lebendig erhalten.
8. Wir Heimatvertriebene dürfen nicht jahrelang untätig auf eine Änderung der Verhältnisse warten, sondern müssen ehestens den materiellen Verlust der Heimat durch vermehrte Anstrengung um den Aufbau einer neuen Existenz ausgleichen, um unseren Kindern wieder eine neue Heimstätte zu schaffen. In diesem Streben muß uns für den Augenblick jede Arbeit recht sein. Jede Arbeit, mit der wir uns und unserer Familie das tägliche Brot verdienen, hat ihre Ehre. Was Übergang ist, wollen wir daher nicht als Degradierung empfinden. Wir wollen, wenn notwendig, auch zu einer Umschulung bereit sein. Trotzdem dürfen wir immer bemüht sein, in unseren eigentlichen Beruf zurückzukommen und die frühere Stellung wieder zu erringen, weil wir dabei unsere Erkenntnisse und Erfahrungen am besten zur Geltung bringen können.
Im wirtschaftlichen Neuaufbau werden uns der erfinderische Sinn, die Strebsamkeit sowie die Erfahrungen und Fertigkeiten, auf denen die Leistungen unserer heimischen Industrie beruhen, vielfach zustatten kommen. Darum müssen wir auch diese Eigenschaften und Kenntnisse durch eine gut geleitete Berufsausbildung unserer Jugend weiter vermitteln. Das ist um so wichtiger, als tüchtige Handwerker und Facharbeiter bei der durch die

Kriegsfolgen erzwungenen Umstellung der deutschen Wirtschaft auf Veredelung dringend gebraucht werden. Durch die Erhaltung unserer heimatlichen handwerklichen und industriellen Tradition kommen wir nicht nur einem augenblicklichen Bedürfnis der deutschen Wirtschaft entgegen, sondern helfen mit, in der Erziehung unseres Volkes das alte Meisterprinzip zu erneuern, das den Menschen und seine Arbeit in ein sinnvolles Ganzes einordnet und daher vom Geistigen den Kollektivismus überwindet.

. . .

Wir verpflichten uns zu einem einfachen, anspruchslosen Leben in tätiger Bruderliebe. Im privaten und öffentlichen Leben wollen wir unbedingte Vorkämpfer der Gerechtigkeit und Sauberkeit sein.

Jeder von uns betrachtet sich überall als Sachwalter seiner notleidenden Schicksalsgefährten. Wer bereits eine Stellung gefunden hat, ist verpflichtet, von dort aus anderen Notleidenden zu helfen. Wer von unseren Freunden ein öffentliches Amt hat, darf es nicht mißbrauchen, um sich persönlich zu bereichern oder sich eine persönliche Machtstellung zu verschaffen.

Anmerkung:

[1] Die erste Zusammenkunft einer Gruppe von 60 katholischen Sudetendeutschen um Hans Schütz hatte bereits am 13. 1. 1946 in München stattgefunden. Das Datum war der 80. Jahrestag des Erscheinungsfestes Mariens im nordböhmischen Philippsdorf (Krs. Tetschen), dem bald und bis 1945 bedeutendsten Wallfahrtsort des Sudetengebietes. Die Gemeinschaft gab sich nach einiger Zeit – man berichtet, am 8. 8. 1946 – den Namen »Ackermann-Gemeinde«.
Vgl. »Mitteilungsblatt«; hsg. v. d. Ackermann-Gemeinde; München, Jg. 47, Nr. 1 (Januar 1996); S. 1 f.
Auch: Schütz, Hans: »Die Ackermann-Gemeinde« in »Volkstum zwischen Moldau, Etsch und Donau«; hsg. von Theodor Veiter; Wien, 1971; S. 137–148, hier S. 142.
Auch: »Zehn Jahre«; S. 378.

Quelle:

»Baugesetz einer neuen Ordnung. Leitsätze der Ackermann-Gemeinde«; Selbstverlag, als Manuskript gedruckt; München, 1956. Hervorhebungen im Original.

****

Artikel **1956, Mai**
eines Sudetendeutschen:
»Wider die Konzeption der Konzeptionslosigkeit«
Zum politischen Ziel der Sudetendeutschen:

. . .

Das Selbstbestimmungsrecht der Völker ist allgemein; es gilt im konkreten Fall für Deutsche und Tschechen . . . Die Sudetendeutschen werden dem nicht ohne Grund mißtrauischen tschechischen Volke klipp und klar zu erklären haben, daß sie die Errichtung des Protektorats durch Adolf Hitler scharf verurteilten und verurteilen und nicht daran denken, das selbstverständliche Recht des tschechischen Volkes auf eigene Gestaltung seiner staatlichen Ordnung anzutasten.

Die Sudetendeutschen werden aber ebenso klipp und klar zu sagen haben, daß sie auf der Grundlage des gleichen Selbstbestimmungsrechtes ein abgegrenztes und garantiertes Siedlungsgebiet innerhalb des böhmisch-mährischen Raumes für sich und ihre Nachkommen fordern werden.

. . .

Die Sudetendeutschen sollten sich darüber Gedanken machen, welche Garantien von tschechischer Seite ihnen die Rückkehr in einen föderalisierten böhmisch-mährischen Gesamtstaat möglich machen würden. Ein böhmisch-mährisch-slowakischer Staat ist zwar nicht ausgeschlossen, bedarf aber eines freien Entscheids des befreiten slowakischen Volkes, das

1945 um seine vom Vatikan und der UdSSR anerkannte Unabhängigkeit kam. Sollten die von den Tschechen angebotenen Garantien nicht genügen, dann werden die Sudetendeutschen klar zu sagen haben, daß sie sich den Anschluß ihres Gebietes an Deutschland vorbehalten. Es ist sinnlos, Partnerschaft zu mimen, wenn die Grundlagen dafür nicht gegeben sein sollten. Den Tschechen muß gesagt werden, daß dieser Anschluß an ein Deutschland erfolgen würde, das sich von dem Hitlers durch so ziemlich alles unterscheidet, wodurch sich zwei Staaten unterscheiden können.
Als letzte, aber nicht als schlechteste Möglichkeit der Lösung bliebe ein Kondominium, d. h. gemeinsame Herrschaft über das sudetendeutsche Siedlungsgebiet durch den böhmisch-mährisch(-slowakischen) Staat einerseits und Deutschland andrerseits unter Garantie des Heimatrechts der Sudetendeutschen …

Quelle:
»Der Pfeil« ⟨*MZ.; O. d. DJO*⟩; Hameln (Nds.), Mai 1956; S. 2 f.

****

Erklärung **1956, Juni**
der Sudetendeutschen Jugend zum 7. Sudetendeutschen Tag in Nürnberg:
(Sog. Bekenntnis der Jugend)
Den Rechtsanspruch der Tschechen achten

Wir Mädel und Jungen und wir von der jungen Generation haben uns in der schwersten Zeit des Sudetendeutschtums zu unserer Volksgruppe bekannt. Wir sind bereit, den Rechtskampf um die Jahrtausende alten Siedlungsgebiete der Deutschen in Böhmen, Mähren und Sudetenschlesien sowie um die gesamten deutschen Ostgebiete in die Zukunft zu tragen.
…
Wir werden diese Aufgabe nur … im Einvernehmen mit dem tschechischen Volk lösen können, und zwar im Sinne eines vereinten Europa, dessen gottgewollte Bausteine die Völker sein sollen und dessen Grundpfeiler das Recht ist. Aus der Vergangenheit wollen wir nur das in die Zukunft tragen, was uns dessen wert erscheint. Weil wir in den Völkern gottgewollte Bausteine einer übernationalen Ordnung sehen, wollen wir echtes Volksbewußtsein, aber keinen Nationalismus. Wir wollen gemeinschaftsgebundene Persönlichkeiten, aber nicht die zügellose Freiheit des einzelnen. Das besagt zugleich Absage an jede Art von Diktatur; es besagt aber auch, daß wir den Anspruch auf staatsbürgerliche Rechte nur von der Erfüllung staatspolitischer Pflichten herleiten. Weil wir an eine neue Völkerordnung glauben, verzichten wir aus innerer Freiheit und nicht aus außenpolitischen Erwägungen auf Rache und Vergeltung. Die Politik der letzten Jahrzehnte hat eine Partnerschaft zwischen den Völkern erschwert. Wir sind entschlossen, neue Wege der Zusammenarbeit mit der Jugend aller Völker, auch mit der Jugend des tschechischen Volkes, zu suchen. Die Voraussetzung hierzu ist die Bereitschaft zur Lösung der durch den Krieg und Gewaltakte aufgeworfenen Fragen auf friedlichem Wege. Dabei sind die Grundrechte aller Menschen in allen Gebieten zu achten. Wir wollen keine politische Neuordnung, die nicht auch von den Besten unserer Nachbarvölker mitgetragen werden kann. So wie wir selbst bereit sind, jenen Ballast aus der Vergangenheit über Bord zu werfen, der einer neuen Völkerverständigung im Wege steht, bitten wir auch die Jugend der anderen Völker, dies zu tun, damit der Weg frei werde für eine Zukunft, die allen erstrebenswert ist. Staatsrechtliche Konstruktionen der Vergangenheit können nicht Vorbild einer neuen Lösung sein. Wir werden dort zum Verzicht bereit sein, wo wir dem unbestreitbaren Rechtsanspruch eines anderen Volkes begegnen. Wir werden aber mit allen uns zur Verfügung stehenden friedlichen Mitteln für die Gebiete einstehen, in denen unser geschichtliches und gegenwärtiges Recht nicht bestritten werden kann.

Diese Gedanken wollen wir nicht als theoretische Grundsätze verkünden, sondern in allen Bereichen unseres Lebens verwirklichen. Im Vertrauen auf unser Recht, im Wissen um unsere Pflicht und im Glauben an Gott wollen wir gemeinsam mit der älteren Generation den Rechtskampf um die Wiedergewinnung unseres Sudetenlandes so lange führen, bis es mit dem wiedervereinigten Deutschland seinen Platz in einem freien und friedlichen Europa gefunden hat. Entscheiden werden diesen Kampf nicht die besseren Waffen, sondern die stärkeren Herzen. Dafür stehen wir bereit!

Quelle:
Eigene Aufzeichnung des Verfassers; Abdruck in DzS, 2. Aufl.; S. 136 f.

***

Rede[1] **1956, 11. Dezember**
des Außenministers der Regierung der Republik China,
Tingfu F. Tsiang, vor der 11. Generalversammlung der Vereinten Nationen:
Deportationen, wie die der Sudetendeutschen, sind alltäglich geworden

...
Ich erinnere mich an eine Äußerung des Vertreters von, ich glaube, Neuseeland von vor etwa einer Woche über gewisse sowjetische Methoden der Deportation. Jetzt haben die Satellitenstaaten die Nachahmung dieser sowjetischen Methode begonnen. Heute sind neun Millionen Deutsche in Westdeutschland, die von diesem oder jenem kommunistischen Regime deportiert wurden. Zwei Millionen Sudetendeutsche wurden aus der Tschechoslowakei nach Deutschland deportiert. Daß eine derart schreckliche Methode so alltäglich geworden ist, sollte eine Tatsache sein, die die Vereinten Nationen nicht einen einzigen Augenblick aus den Augen verlieren sollte. Wir sollten ununterbrochen wiederholen, daß die Deportation schrecklich ist, verurteilt und gestoppt werden muß. Ich bin daher enttäuscht, daß die Antragsteller der Entschließung es für unnötig befanden, unseren Standpunkt zu Deportationen zu wiederholen.
...

Anmerkung:
[1] In der Debatte zur Entschließung, mit der 19 Staaten die Invasion der UdSSR in Ungarn verurteilten.

Quelle:
UN-GA-Dok. XVPR. 6; 11. Sitzungsperiode.

***

Funkgespräch[1] **1957, 7. April**
mit deutschen »Abgeordneten«[2] **im tschechoslowakischen Parlament:**
Deutsche Sprachzirkel an unseren (tschechischen) Schulen

...
Frage:
Können Sie mir vielleicht einige praktische Beispiele aus der letzten Zeit geben, wo es Ihnen gelungen ist, irgendwelche besondere Interessen Ihrer deutschen Mitbürger hier im tschechoslowakischen Parlament zu vertreten?
Antwort[3]*:*
Nun, ich möchte sagen: Als ich noch nicht Abgeordneter war, schon bereits im Jahre 1952, und ich in der Gewerkschaft arbeitete, haben wir vorgeschlagen, daß eine deutsch geschriebene Zeitung erscheint. Seit dieser Zeit haben wir heute in unserem ganzen Staatsgebiet die deutsch geschriebene Zeitung »Aufbau und Frieden«. Genauso haben wir natürlich unsere verantwortlichen Stellen aufmerksam gemacht auf ein eigenes Kulturleben unserer deut-

schen Menschen, das heute im großen Maßstabe verwirklicht ist. Wir haben hier von seiten unseres Staates keinerlei Schwierigkeiten. Man versteht das und unterstützt die Sache.
Frage:
Und wie sehen Sie persönlich das Problem von deutschen Schulen?
Antwort[3]*:*
Die Sache ist folgendermaßen: Die deutsche Bevölkerung hier, die deutsche Bevölkerung verlangt in erster Linie, daß ihre Kinder deutsch lesen und schreiben können. Das war früher nicht so. Heute haben wir an unseren Schulen, wo mehr als zehn deutsche Kinder sind, extra deutsche Sprachzirkel, wo die Kinder deutsch lesen und schreiben lernen.
Frage:
Und Sie sind der Meinung, daß das genügt?
Antwort[3]*:*
Nun, das ist eine Frage, die die Zukunft entscheiden muß und die auch viel abhängt von den Menschen selber. Die Menschen selber sind heute damit zufrieden.[4]
. . .

Anmerkungen:
[1] Es handelt sich um ein über den Bayrischen Rundfunk gesendetes Interview. Die Fragen stellte für diesen Sender Wolf Posselt.
[2] Johann Jungbauer (Wahlkreis Dux/Teplitz); Rudolf Müller (Wahlkreis Gablonz 3); Josef Pötzl (Wahlkreis Asch-Graslitz) waren zum Zeitpunkt des Interviews die drei deutschen (von 468) »Abgeordneten« im tschechoslowakischen Parlament.
[3] Nach dem akustischen Eindruck des Interviews wurden alle – auch die hier nicht wiedergegebenen – Antworten von einer einzigen Person gegeben.
[4] Zur tatsächlichen Lage der Sudetendeutschen in der ČSR: Siehe S. 762, 853.

Quelle:
Eigene Aufzeichnung des Verfassers; Abdruck in DzS, 3. Aufl.; S. 174 f.

****

Stellungnahme **1957, 17. April**
des Präsidiums des Sudetendeutschen Rates:
Sudetenproblem basiert auf Heimat- und Selbstbestimmungsrecht

Der Sudetendeutsche Rat hält es für unzweckmäßig, das Sudetenproblem von der Frage der Grenzen aus zu erörtern. Die Grenzfrage ist nach seiner Auffassung eine völkerrechtlich zumindest offene Frage. Der Sudetendeutsche Rat bekennt sich erneut zu dem im August 1950 mit dem Tschechischen Nationalausschuß geschlossenen Übereinkommen[1] und den darin festgelegten Prinzipien.
Der Sudetendeutsche Rat erinnert daran, daß den Sudetendeutschen die freie Grundsatzentscheidung über ihre Zukunft durch die am 28. 9. 1956 vor dem Deutschen Bundestag abgegebene Regierungserklärung zugesichert wurde, in der es u. a. heißt: »Das Recht auf die Heimat und das Selbstbestimmungsrecht sind unabdingbare Voraussetzungen für die Lösung des Schicksals der in der Vertreibung oder in der Unfreiheit lebenden Menschen und Völker.«[2]
Auf das damit angesprochene Heimat- und Selbstbestimmungsrecht berufen sich die Sudetendeutschen. Diesem Rechte aber widerspricht es, wenn die Lösung des Sudetenproblems über ein Minderheitenrecht angestrebt wird. Unabhängig davon, welchem Staatsverband die Sudetendeutschen in Zukunft auf immer angehören sollten, lehnen sie es ab, Bürger minderen Rechtes zu sein.
Das Bekenntnis zum Selbstbestimmungsrecht wird ein kommendes freies Europa ermöglichen, in dem auch die Sudetenfrage friedlich gelöst werden kann.

Anmerkungen:
[1] Zum Text: Siehe S. 724.
[2] Zum Text: Siehe S. 45.

Quelle:
Vervielfältigte Pressemitteilung des Sudetendeutschen Rates.

****

Entschließung sudetendeutscher Parlamentarier [1,2]: **1957, 8. Juni**
Forderung nach Heimat- und Selbstbestimmungsrecht

1. Die ... zu ihrer zweiten Tagung[3] zusammengetretenen Bundes- und Landtagsabgeordneten sudetendeutscher Herkunft fordern:
a) die Wiederherstellung des Heimatrechts der Vertriebenen und die Verwirklichung ihres Selbstbestimmungsrechtes;
b) die Wiederherstellung der Menschenrechte hinter dem Eisernen Vorhang und damit die Befreiung der Völker Ostmitteleuropas.
...
4. Für die Sudetenfrage machen wir uns die Entschließung des Sudetendeutschen Rates vom 17. April 1957[4] zu eigen. Es besteht keine zwingende Veranlassung, die sudetendeutsche Frage ausschließlich in dem Sinn zu erörtern, welches die rechtmäßige Staatsgrenze zwischen der Tschechoslowakei und Deutschland heute ist. Diese Frage ist zumindest offen und wird erst durch einen Friedensvertrag mit Gesamtdeutschland ihre Lösung finden.
Wir unterstreichen andererseits aber jene Worte unserer eigenen Entschließung vom 31. Mai 1952[3], wonach staatliche Grenzen von einst keine tragfähige Grundlage mehr für die Neuordnung Mitteleuropas abzugeben vermögen.
Wir wollen in unsere Heimat zurückkehren und als freie Menschen unser Selbstbestimmungsrecht ausüben, nicht aber dort als geduldete Minderheit unser Leben fristen. Von der Deutschen Bundesrepublik sowie von den Parteien in der Bundesrepublik erwarten wir eine Politik, die weder ein rechtsabträgliches Präjudiz setzt, noch eine dem Recht auf Selbstbestimmung wie auf Heimat zuwiderlaufende Verhandlungsposition bereitet.
5. Das Heimatrecht ist unserer Auffassung nach die Grundlage der menschlichen Freiheits- und Bürgerrechte. Wir wollen daher, daß unseren sudetendeutschen Menschen, wenn sie in ihre angestammte Heimat zurückkehren, diese Menschenrechte gesichert sind und bleiben. Wir verlangen diese nicht nur für uns, denn die Freiheit ist unteilbar. Sie wäre gefährdet, solange nicht auch der Nachbar sich ihrer in gleicher Weise erfreut. Unsere Forderung auf Wiederherstellung des Heimatrechts für die Vertriebenen ist daher naturnotwendig und untrennbar mit der Forderung auf Wiederherstellung der Menschen- und Freiheitsrechte für die Völker Ostmitteleuropas und daher insbesondere für Tschechen und Slowaken verbunden.
Damit führen wir einen wichtigen Grundgedanken der Charter der deutschen Heimatvertriebenen[5] – die Ablehnung von Rache und Vergeltung – fort und erweitern ihn zu einem Grundsatz: die Völker Ostmitteleuropas sollen wissen, daß die Wiederherstellung des Rechts der Deutschen auf ihre Heimat und die Wahrung des Selbstbestimmungsrechts der heimatvertriebenen deutschen Volksgruppen nicht nur kein Grund zur Besorgnis, sondern ein entscheidender Beitrag zur Wiederherstellung der Freiheit für sie selbst bedeuten würde[6].
Diese Freiheit wird keine deutsche und keine tschechische, slowakische oder polnische, sondern eine europäische Freiheit sein. Sie wird auf dem ungeschmälerten, verantwortungsbewußt ausgeübten Selbstbestimmungsrecht friedlich lebender, im angestammten Heimatboden verwurzelter Völker beruhen. Sie wird sich ferner auf das Bewußtsein grün-

den, daß Genuß und Sicherheit dieses Selbstbestimmungsrechts solidarisch sein muß. So ausgeübt, wird es die freien Völker dieses Raumes nicht trennen und zu Gegnern machen, sondern sie zu beständiger vertrauensvoller Zusammenarbeit zwischen Gleichen vereinen und dem Endziel – einer wahren Partnerschaft freier europäischer Völker – entgegenführen. Wir fordern alle Menschen guten Willens auf, sich mit uns im Streben nach Verwirklichung dieses Gedankens und eine auf Recht und Gerechtigkeit gegründete und somit friedliche und dauerhafte Neuordnung Ostmitteleuropas zu vereinen.

Anmerkungen:

1 Es handelte sich um 63 Parlamentarier, darunter 23 Bundestagsabgeordnete. Die 40 Landtagsabgeordneten kamen aus Bayern (22), Baden-Württemberg und Hessen (je 7), Nordrhein-Westfalen (2), Rheinland-Pfalz und Schleswig-Holstein (je 1).
Die Parlamentarier gehörten der DP, der CDU, der CSU, der FDP, dem GB/BHE und der SPD an.

2 Die Entschließung wurde in Stuttgart gefaßt.

3 Zur ersten Tagung am 31. 5. 1952 und ihrer Entschließung Siehe S. 731.

4 Zum Text: Siehe S. 752.

5 Vom 4. 8. 1950; zum Text: Siehe S. 31.

6 So im Original.

Quelle:
»Sudetendeutscher Artikeldienst« ⟨*Presseinformationen des Sudetendeutschen Rates*⟩; München; Jg. 6, Nr. 12 v. 15. 6. 1957; S. 1–4.

****

Einschaltung[1] **1958, 22. April**
des US-Abgeordneten Carroll Reece
in das US-Kongreßprotokoll (»Congressional Record«)
»Das Schicksal der Sudetendeutschen«

⟨*Nach ausgiebiger Darstellung des Themas hieß es in der Zusammenfassung u. a.:*⟩
Die Sudetendeutschen wurden aus einem Gebiet vertrieben, in das ihre Vorfahren nicht als Aggressoren, sondern vor acht Jahrhunderten als hartarbeitende Pioniere gekommen waren und das sie auch durch ihre eigene Tüchtigkeit und eigenen Fleiß, durch friedliche und geduldige Arbeit zu einem hohen Zivilisationsstand entwickelt hatten. Diese Tatsache kann nicht bestritten werden. Obgleich dieses Gebiet in den Tagen vor Hitler ein Teil der Tschechoslowakischen Republik war, war die Vertreibung der Sudetendeutschen aus ihrer uralten Heimat, wie ich hier aufzeigte, eine abscheuliche Verletzung des Selbstbestimmungsrechts und ein Verbrechen gegen das Völkerrecht. Die Sudetendeutschen haben deshalb weiter den begründeten Rechtsanspruch auf ihre Heimat, aus der sie gesetzwidrig ausgewiesen wurden.
Herr Präsident, es ist meine wohlüberlegte Meinung, daß die deutschen Vertriebenen darin bestärkt werden sollten, fest auf ihrem Recht zu beharren. Es gehört zur besten Tradition der amerikanischen Außenpolitik, das Unrecht zu bekämpfen und das Recht zu stützen. Ein Schwanken würde eine verstärkte Unterdrückung aller vom Kreml geknechteten Menschen nach sich ziehen und damit den sowjetischen Imperialismus unterstützen.
. . .

Anmerkung:

1 Der hier auszugsweise wiedergegebenen Einschaltung waren mehrere derartige Vorgänge vorausgegangen bzw. sollten ihr folgen:
a) Siehe S. 744. Außerdem:
b) Abg. Albert H. Bosch (1956, 21. 6.; 1957, 21. 6.; 1958, 18. 2.; 1958, 25. 2.; 1959, 21. 7.);
c) Abg. Usher L. Burdick (1956, 2. 7.; 1957, 16. 7.; 1958, 11. 3.);
d) Abg. Carroll Reece (1957, 16. 5.; 1961, 20. 1.);

e) Abg. Daniel J. Flood (1957, 11. 7.; 1959, 27. 4.; 1959, 7. 7.);
f) Abg. Timothy P. Sheehan (1957, 5. 8.; 1958, 14. 5.);
g) Abg. Lawrence H. Smith (1957, 22. 8.);
h) Senator Herman E. Talmadge (1958, 19. 2.);
i) die Senatoren Strom Thurmond, Homer E. Capehart, Karl E. Mundt (1958, 24. 2.);
j) die Abgeordneten Gordon H. Scherer, Joseph W. Martin jun. (1958, 24. 2.);
k) Senator Frank A. Barrett (1958, 25. 2.);
l) Abg. Frank M. Clark (1958, 25. 2.);
m) Abg. John R. Pillion (1958, 20. 3.);
n) Abg. Thomas B. Curtis (1958, 9. 6.);
o) Abg. Lawrence Brock (1959, 18. 5.);
p) Senator Robert C. Byrd (1959, 8. 6.; 1959, 11. 8.);
q) Senator Milton R. Young (1959, 21. 7.);
r) Abg. Paul B. Dague (1959, 21. 7.).

Zu den Texten vgl. die »Congressional Records« des jeweiligen Tages.

Quelle:
»Carroll Reece: Das Schicksal der Sudetendeutschen«; hsg. v. Sudetendeutschen Rat; München, 1960; S. 7–36, hier S. 35.

****

Rede[1] **1958, 31. August**
des Vorsitzenden der SPD, Erich Ollenhauer:
Heimatrecht der Vertriebenen vertreten, Realisierungsrahmen skizziert

. . .

Die SPD anerkennt und vertritt das Recht auf die Heimat. Dieses Recht darf nicht verweigert werden, denn die Vertreibung aus der Heimat bleibt ein Unrecht; die Verwirklichung dieses Zieles ist die Aufgabe einer nüchternen und praktischen Politik nach folgenden Gesichtspunkten:

1. Das Problem muß auf friedliche Weise gelöst werden.
2. Eine Lösung ist nur in einer Atmosphäre der Entspannung möglich. Wir müssen mit den Völkern, mit denen wir uns über die Zukunft der Heimatvertriebenen verständigen müssen, in vernünftiger Weise nebeneinander leben.
3. Die Lösung des Vertriebenen-Problems wird nur möglich sein im Zusammenhang mit der Wiederherstellung der Einheit Deutschlands. Die Aufrechterhaltung der Teilung Deutschlands schließt auch konstruktive Entwicklungen in Osteuropa aus, die dauernden Bestand haben könnten.
4. Es muß eine europäische Lösung gefunden werden, das heißt, die Beziehungen zwischen allen europäischen Völkern müssen neu geordnet und die Zusammenarbeit enger gestaltet werden.
5. Die Lösung muß im Zusammenhang mit den Grundsätzen gefunden werden, die in der Charta der Vereinten Nationen über die Menschenrechte aufgestellt worden sind.
6. Die Verwirklichung dieser Ziele erfordert eine ständige politische Anstrengung, damit diese Grundsätze auch die Grundlage der Politik der Regierung in der Bundesrepublik und der Regierungen anderer Länder bilden . . .

Anmerkung:
[1] Anläßlich des Bundestreffens der sudetendeutschen Seliger-Gemeinde in Rothenburg (Mfr.).

Quelle:
Gabert, Volkmar (Hsg.): »Für Heimatrecht und Selbstbestimmung«; München, 1959; S. 17 f.

****

Entschließung **1958, 28. Oktober**
der »Tschechoslowakischen Christdemokraten im Exil«
(Sog. Passauer Manifest):

...
Als Christen verurteilen wir eine politische Moral, die den Grundsatz der Kollektivschuld aufstellte. Ihre Anwendung erfolgte vor allem durch die Massenausweisung der nichtslawischen Bevölkerung aus der Tschechoslowakei, wobei unter oft unmenschlichen Umständen ohne hörbaren Protest der Mehrheit der politischen und moralischen Autoritäten (des Landes) auch diejenigen Bürger vertrieben wurden, die sich gegenüber dem tschechischen Staat nichts zu schulden hatten kommen lassen...

Quelle:
»Demokracie v exilů« (Die Demokratie im Exil) ⟨*E.MZ.*⟩; München, Jg. 15, Nr. 3 (Juni 1972); S. 3.

****

Entwurf **1959, 10. Januar**
der Regierung der UdSSR zu einem
Friedensvertrag mit Deutschland:
Ungültigkeit des Münchner Abkommens[1]

...
Artikel 10
Deutschland erkennt die Ungültigkeit des Münchner Abkommens[1] mit allen sich aus ihm ergebenden Folgen an und erklärt, daß es das Territorium des ehemaligen sogenannten Sudetengebiets immer als unantastbaren Bestandteil des Staatsgebiets der Tschechoslowakischen Republik anerkennen wird.
...

Artikel 17
Deutschland verpflichtet sich, das Wiedererstehen, die Existenz und Tätigkeit der Nationalsozialistischen Partei und ihrer Gliederungen oder unter ihrer Kontrolle befindlicher Organisationen auf dem Territorium Deutschlands einschließlich der politischen, militärischen und halbmilitärischen Organisationen, wie auch die Entstehung und Tätigkeit anderer ähnlicher Parteien und Organisationen und insbesondere revanchistischer Parteien und Organisationen, die eine Überprüfung der Grenzen Deutschlands fordern oder territoriale Ansprüche an andere Staaten zum Ausdruck bringen, unter der Androhung strafrechtlicher Verfolgung nicht zuzulassen.
...

Artikel 20
Deutschland verpflichtet sich, keine, wie auch immer geartete Propaganda zuzulassen, die das Ziel verfolgt oder geeignet ist, eine Bedrohung des Friedens, eine Verletzung des Friedens oder einen Akt der Aggression zu schaffen oder zu verstärken, einschließlich der Kriegspropaganda[2] wie auch jeglicher Art revanchistischen Auftretens mit der Forderung auf Revision der Grenzen Deutschlands oder der Anmeldung territorialer Ansprüche an andere Länder.
...

Artikel 37
Deutschland verzichtet auf alle Ansprüche staatlichen Charakters, Ansprüche öffentlicher deutscher juristischer Personen, Ansprüche deutscher privater juristischer Personen und deutscher Bürger, die mit den Gebieten verbunden sind, die anderen Staaten zurückgegeben und ihrer Souveränität unterstellt wurden.

Artikel 38
Die Staaten, auf die die Souveränität über einen Teil des ehemaligen Territoriums Deutschlands überging, tragen keine Verantwortung für Verpflichtungen, die sich aus Schulden des deutschen Staates, der deutschen Städte und Gemeinden und der deutschen öffentlichen Einrichtungen ergeben sowie aus anderen öffentlich-rechtlichen und privatrechtlichen Fragen, die bis zum 8. Mai 1945 entstanden und mit diesem Territorium verbunden sind.
. . .

Anmerkungen:
[1] Zum Text: Siehe S. 415.
[2] In Abhängigkeit von der jeweiligen politischen Lage kann von kommunistischer Seite auch die Aufforderung, eine internationale Frage durch Volksabstimmung der Betroffenen zu lösen, als Kriegspropaganda gewertet werden.
Vgl.: Zourek, Jaroslav: »Das Münchner Abkommen im Lichte des internationalen Rechts« in »Die Hintergründe des Münchner Abkommens von 1938«; hsg. v. Karl Obermann (m. a.); Berlin(-Ost), 1959; S. 131–150, hier S. 135.
Zur flexiblen Handhabung dieser Fragen durch die UdSSR: Siehe z. B. S. 391.

Quelle:
»Dokumentation zur Deutschlandfrage«; hsg. v. Heinrich Siegler; Bonn, 1959; S. 923 ff.

****

Presseerklärung **1959, 18. April**
der Bundesregierung Adenauer III:

Die Bundesregierung nimmt zur Kenntnis, daß die völkerrechtliche Gültigkeit des Münchner Abkommens bestritten wird. Das hindert die Bundesregierung jedoch nicht, die Forderungen der in ihre Obhut gelangten Sudetendeutschen auf Heimat- und Selbstbestimmungsrecht zu vertreten. Die Bundesregierung hält unverändert an der Auffassung fest, daß die Grenzfrage nur in einem Friedensvertrag mit ganz Deutschland geregelt . . . werden kann.

Quelle:
SZ; Nr. 93 v. 19. 4. 1959; S. 7.

****

Feststellung **1960, 15. Januar**
der Sudetendeutschen Jugend:
»Das politische Ziel der Sudetendeutschen« [1]

Die Hauptjugendführung der Sudetendeutschen Jugend stellt hiermit bis zur endgültigen Festlegung des politischen Zieles der Sudetendeutschen durch die Bundesversammlung der SL [2] folgendes fest:

1. Seit vielen Jahrhunderten siedelten im Sudetenraum Böhmen und Mähren friedlich arbeitend in geschlossenem Gebiet zahlreiche Menschen deutscher Sprache.
   Im Jahre 1919 – nach dem Zusammenbruch der monarchischen Ordnung des Kaiserreiches Österreich-Ungarn – wurden diese nunmehr über 3 Millionen Menschen, die sich den Namen Sudetendeutsche gaben, gegen den erklärten Willen ihrer rechtmäßigen Vertreter in den neuerrichteten Staat Tschechoslowakei hineingezwungen.
   Im Jahre 1938 wurden die Siedlungsgebiete der Sudetendeutschen durch internationalen Entscheid dem Deutschen Reich zugesprochen.
   In den Jahren nach 1945 wurden von der politischen Führung des neugebildeten Staates Tschechoslowakei
   a) die Siedlungsgebiete der Sudetendeutschen wiederum besetzt,
   b) die etwa 3,5 Millionen Sudetendeutschen selbst gezwungen, diese Gebiete zu verlassen.

2. Nach ihrer Vertreibung sammelten sich die Sudetendeutschen in der freien Welt auf dem Boden der Bundesrepublik Deutschland und bekundeten wieder und wieder ihren unerschütterlichen Willen, diese Vertreibung nicht als end- und rechtsgültig anzusehen.
3. Dieser zunächst einseitige Wille der Sudetendeutschen wird durch eine Reihe von rechtlichen Tatbeständen objektiviert; nämlich durch
   das Heimatrecht des Menschen[3],
   das Selbstbestimmungsrecht der Gruppe von Menschen[4],
   das Recht der politischen Gemeinschaft auf gebietsmäßige Unverletzlichkeit.
4. Aus dem Willen der Sudetendeutschen und den ihn objektivierenden Rechtstatbeständen ergibt sich die Notwendigkeit und Möglichkeiten zu definiertem politischen Anspruch.
5. Die Sudetendeutschen[5] wollen
   auf Grund des Heimatrechtes in ihre Heimat im böhmisch-mährisch-sudetenschlesischen Raum zurückkehren,
   auf Grund des Selbstbestimmungsrechtes die zukünftige politische Stellung ihrer Heimat in freier und unbeeinflußter Volksabstimmung selbst bestimmen[6].
   Dabei wird das Selbstbestimmungsrecht
   a) für die Gesamtheit der Heimatberechtigten[7],
   b) auf dem Territorium aller Gemeinden, die in der tschechoslowakischen Volkszählung des Jahres 1930 eine deutsche Bevölkerung von 50 % und mehr hatten,
   gefordert.
6. Die Sudetendeutschen wollen ihr politisches Ziel
   auf friedlichem Wege unter Prüfung aller praktischen Vorschläge, die obigen Rechtssätzen entsprechen und
   möglichst im Zusammenwirken mit den Vertretern des freien und gleichberechtigten tschechischen und slowakischen Volkes erreichen.
7. Die Sudetendeutschen streben ihr politisches Ziel deswegen an, um ihr Schicksal der Vertreibung anderen Gruppen von Menschen zu ersparen.

Anmerkungen:

1 Zur Vorgeschichte:
a) Das erste Konzept wurde im Mai 1956 veröffentlicht, zum Text: Siehe S. 749.
b) Die Ziffern 1–4 der »Feststellung« beruhen auf einer gleichlautenden Erklärung des Bundesverbandes des »Arbeitskreises Sudetendeutsche Studenten« (ASSt) vom 2.11.1958.

2 Die dritte Tagung der 2. Bundesversammlung der SL (2./3. April 1960; München) beschloß einstimmig, die »Feststellung« dem Bundesvorstand der SL zur weiteren Veranlassung zuzuleiten (Beschluß Nr. BV II/3 – 12/60).
Zum weiteren Verlauf: Siehe S. 767.

3 Zur Definition: Siehe S. 46.

4 Zur Definition: Siehe S. 46.

5 In einer Anlage zum Dokument wurde der Begriff wie folgt umschrieben:
»Als ›Sudetendeutsche‹ im Sinne des ›Politischen Zieles der Sudetendeutschen‹ gelten:
1. alle Deutschen, die in einer Gemeinde der Länder Böhmen, Mähren und Mährisch-Schlesien geboren wurden oder dort das Heimatrecht erwarben,
2. alle Deutschen, die mit einem Sudetendeutschen lt. Ziffer 1 verheiratet sind oder von ihm abstammen, sofern sie – wenn über 21 Jahre alt – keinen gegenteiligen Willen zum Ausdruck bringen.«

6 Als Begründung kann der »Arbeitsbericht Heimatpolitik des 3. Heimatpolitischen Seminars des ASSt« (19. 1. 1958; München) angeführt werden; dort u. a. auch denkbare Konsequenzen:
»2. Die Sudetendeutschen sehen infolge ihrer geschichtlichen Erfahrungen ihr Heimatrecht nach Rückkehr in ihre Heimat nur dann als gesichert an, wenn sie sich auf Grund des Selbstbestimmungsrechts zu einem freiheitlich-demokratischen Gemeinwesen auf dem Boden des geschlossenen, mehrheitlich deutschen Sprachgebietes zusammenschließen können.
Ohne die Möglichkeiten der staatsrechtlichen Lösung erschöpfend aufzählen zu wollen, wurde u. a. darüber gesprochen, daß dieses Gemeinwesen sein könnte:

a) Bundesstaat einer entsprechend geordneten, freiheitlich-demokratischen Föderation auf Teilen oder dem Gesamtgebiet der heutigen Tschechoslowakei, die ihrerseits Teil einer Europäischen Föderation sein sollte;
b) Bundesstaat des freiheitlich-demokratischen Deutschlands, das seinerseits Teil einer Europäischen Föderation sein sollte.«

[7] In einer Anlage zum Dokument wurde der Begriff wie folgt umschrieben:
»Als ›Heimatberechtigte‹ im Sinne des ›Politischen Zieles der Sudetendeutschen‹ gelten:
1. alle Sudetendeutschen lt. Absatz A;
2. Deutsche zur Zeit nicht sudetendeutscher Volksgruppenzugehörigkeit bis zur zahlenmäßigen Höhe der sudetendeutschen Vertreibungsopfer (d. h. ca. 241.000 Personen), die das Heimatrecht in einer sudetendeutschen Gemeinde erwerben wollen und erwerben
3. tschechische Einwohner sudetendeutscher Gemeinden, die ununterbrochene Ansässigkeit seit dem Jahre 1930 nachweisen können oder von Personen abstammen, bei denen diese Voraussetzung zutrifft;
4. tschechische Bewohner des Sudetengebietes zum Zeitpunkt der nationalen Rekonstitution, die das Heimatrecht in einer sudetendeutschen Gemeinde erwerben wollen und erwerben.«

Quelle:
Eigene Aufzeichnung des Verfassers; Abdruck in DzS, 2. Aufl.; S. 161 ff.

****

Botschaft **1960, 6. Juni**
der Sudetendeutschen Jugend vom 11. Sudetendeutschen Tag in München an die tschechische Jugend:
Aufforderung zur Partnerschaft

Tschechische Jugend!
Wir grüßen Euch von unserem Treffen zu Pfingsten 1960 in München.
Dieses Treffen ist der jährliche Höhepunkt unserer ununterbrochenen Arbeit.
Diese Arbeit soll dazu beitragen, eine neue Völkerordnung der Achtung, Toleranz und Partnerschaft aller Völker zu schaffen.
Weil wir an diese neue Völkerordnung glauben, haben wir aus innerer Freiheit und nicht aus außenpolitischen Erwägungen auf Rache und Vergeltung für unsere Vertreibung verzichtet.
Als unsere Partner rufen wir Euch, die tschechische Jugend!
Wir wissen, daß Euer berechtigter Wunsch nach Freiheit auf die Dauer nicht unterdrückt werden kann.
Wenn aber Euer Freiheitstag gekommen ist, wollen wir gemeinsam eine neue, bessere Zukunft im freien Europa von morgen schaffen.
Wir stehen für diese Arbeit bereit.

Quelle:
Eigene Aufzeichnung des Verfassers; Abdruck in DzS, 2. Aufl.; S. 142.

****

Memorandum **1960, Juni**
des »Rates der freien Tschechoslowakei«[1]:
Keine Revision des Abschubs der Sudetendeutschen

. . .
In ihrem Kampf um die Rückkehr machen die Sudetendeutschen die Forderung auf Anerkennung als besondere ethnische Gruppe geltend . . . Durch die Forderung auf Anerkennung als besondere ethnische Gruppe wollen sie das Recht auf Selbstbestimmung erlangen . . . verstehen sie unter Selbstbestimmungsrecht ausdrücklich das Recht und die Verfügungsgewalt über jenen Teil des tschechoslowakischen Gebietes, in welchem sie, vermischt mit

der tschechischen Bevölkerung, bis zu ihrem Abschub siedelten. Nach den Erfahrungen aus dem Jahre 1938 bedeutet das in den Augen eines jeden Tschechoslowaken notwendigerweise eine neue Zerschlagung der Tschechoslowakei und die Vernichtung der Republik ... Falls es zu einem Anschluß des tschechoslowakischen Grenzgebietes an Deutschland käme, wäre die Tschechoslowakei wirtschaftlich und verkehrsmäßig ebenso verstümmelt, wie dies nach München der Fall war ... Wenn den Sudetendeutschen erlaubt würde, zurückzukehren und sich in einem föderativen[2] Zusammenschluß in der Tschechoslowakei zu konstituieren, würden von neuem[2] leidenschaftliche tschechoslowakische Nationalitätenkämpfe entbrennen ... Die Befriedigung der sudetendeutschen Forderungen in dieser oder jener Form wäre daher am Ende nur um den Preis der Vernichtung der Tschechoslowakei möglich ...
Aus dieser grundlegenden Ursache ist es unbedingt notwendig, daß der Westen an seiner Zustimmung zum Abschub nichts mehr ändert und die sudetendeutsche Frage als gelöst ansieht. Aber auch aus taktischen Gründen ... Jedwedes Zugeständnis ... würde die Massen des tschechischen und des slowakischen Volkes zwingen, sich mit der kommunistischen Regierung zu identifizieren, gegen die sie sich jetzt entschlossen stellen.
...
Weil eine Revision des Abschubs derartige Folgen hätte, bedeutet dies im Falle der Tschechoslowakei, daß Deutschland den Abschub der Sudetendeutschen als eine definitiv geregelte Frage anerkennen sollte. Eine solche Anerkennung wird auch die festeste Grundlage für wirklich freundschaftliche Beziehungen zwischen dem freien Deutschland und der freien Tschechoslowakei sein ...

Anmerkungen:
1 Zum »Rat der freien Tschechoslowakei«: Siehe S. 733, 759.
2 Die Nationalitätenauseinandersetzungen in der ČSR von 1919–1938 waren bekanntlich darauf zurückzuführen, daß die ČSR nicht föderativ organisiert war.

Quelle:
»České slovo« (Tschechisches Wort) 〈*Ab 1954: Auch E.WZ.*〉, München; Jg. 6, Nr. 6 (Juni 1960); S. 1 f.

****

Verfassung[1] **1960, 11. Juli**
der Tschechoslowakischen Sozialistischen Volksrepublik (ČSSR):

...
Art. 25:
Den Bürgern ungarischer, ukrainischer und polnischer Nationalität[2] sichert der Staat alle Möglichkeiten und Mittel zur Bildung in ihrer Muttersprache und zu ihrer kulturellen Entwicklung.
...
〈[3]〉

Anmerkungen:
1 Die Verfassung der ČSR vom 9. 5. 1948 enthielt keine vergleichbare Bestimmung.
Zum Text: Siehe S. 710.
2 Zu den heimatverbliebenen Sudetendeutschen schrieb Prof. Procházka in der Einleitung des Verfassungstextes:
»Was die ehemalige deutsche Minderheit anbelangt, geht die Verfassung von der Tatsache aus, daß die Bürger deutscher Nationalität in der Tschechoslowakei kein ethnisches Ganzes bilden. Die deutsche Frage wurde hier durch das Potsdamer Abkommen gelöst ... Die durchgeführte Umsiedlung der Deutschen aus der Tschechoslowakei war ein Akt historischer Gerechtigkeit.«
3 Zur Aufhebung des Art. 25 durch Art. 6 des ČSR-Verfassungsgesetzes vom 27. 10. 1968, in Kraft seit 1. 1. 1969, unter Erwähnung der Deutschen: Siehe S. 797.

Quelle:
»Die Verfassung der Tschechoslowakischen Sozialistischen Republik vom 11. Juli 1960«; hsg. v. Jan Grensky; Prag, 1960; S. 68.

****

Note **1960, 29. Dezember**
der Regierung der ČSSR (über die US-Regierung)
an die Bundesregierung Adenauer III:
Staatsangehörigkeit der Sudetendeutschen, Münchner Abkommen

...

Auf Grund von Informationen tschechoslowakischer Bürger deutscher Nationalität[1] haben die zuständigen tschechoslowakischen Behörden festgestellt, daß das Bundesverwaltungsamt in Köln a. R. Bestätigungen westdeutscher Staatsangehörigkeit an tschechoslowakische Bürger ausgegeben hat. Diese Bestätigungen werden an tschechoslowakische Bürger in die Tschechoslowakische Sozialistische Republik gesandt.

Das Vorgehen der Behörden der Bundesrepublik Deutschland ist ein weiterer Fall schwerer Verletzung der souveränen Rechte der Tschechoslowakischen Sozialistischen Republik. Jeder Staat ist berechtigt, staatenlosen Personen und Ausländern die Staatsbürgerschaft zu verleihen. Die Ausübung dieses Rechtes ist jedoch gewissen Bedingungen unterworfen. Geschieht so ein Vorgehen mit der Absicht, daß seine Auswirkungen im Territorium eines anderen Staates ohne dessen Zustimmung rechtserheblich werden sollen, so handelt es sich um eine Verletzung der souveränen Rechte und der Souveränität des anderen Staates.

Die feindlichen Absichten der Regierungsbehörden der Bundesrepublik Deutschland werden besonders durch die Tatsache unterstrichen, daß im Falle älterer Personen die oben erwähnten Bescheinigungen als Tag des Erwerbes der deutschen Staatsbürgerschaft den 10. Oktober 1938 oder den 16. März 1939 angeben. Im Falle von später geborenen Personen wird festgestellt, daß sie geborene Deutsche sind. Die Daten des Erwerbes der deutschen Staatsangehörigkeit durch die tschechoslowakischen Bürger gründen sich daher auf illegalen Gesetzen, die das hitleristische Deutschland während der Besetzung erließ.

Das Datum 10. Oktober 1938 hat als »Grundlage« das sogenannte »Abkommen zwischen der Tschechoslowakischen Republik und dem Deutschen Reich über Staatsangehörigkeits- und Optionsfragen« vom 20. November 1938.[2] Dieses »Abkommen« ergänzte das gegen die Tschechoslowakische Republik gerichtete Münchner Diktat[3] auf dem Gebiete der Staatsangehörigkeitsrechte. Es bestimmte in Artikel I, daß tschechoslowakische Bürger, die am 10. Oktober 1938 Heimatrecht in einer von Deutschland besetzten Gemeinde hatten, die deutsche Staatsangehörigkeit am 10. Oktober 1938 erwarben. Das Abkommen wandte diese Bestimmungen sogar auf die Kinder und Enkel dieser Bürger an. Dieses »Abkommen« ist direkt auf dem Münchner Abkommen aufgebaut. Die Umstände, unter denen das Münchner Abkommen abgeschlossen wurde, lassen keinen Zweifel daran, daß dieses Abkommen von Anbeginn an null und nichtig war. Dies ist inter alia aus der Tatsache zu folgern, daß sein Abschluß ein Teil der Bemühungen darstellte, die als internationales Verbrechen angesehen werden müssen[4], daß es im absoluten Gegensatz zu den grundlegenden Prinzipien des Völkerrechtes stand, daß es grundsätzlich den aus dem Völkerbundsvertrag erwachsenen Verpflichtungen widersprach und daß es der Tschechoslowakei durch wiederholte Drohung mit Gewalt auferlegt wurde. Gleichermaßen null und nichtig sind alle nachfolgenden Abkommen, die das Münchner Abkommen ergänzten. Unter diese Abkommen gehört auch der Vertrag vom 20. November 1938 über Staatsangehörigkeitsfragen von Personen, die in den mit Gewalt von der Tschechoslowakei abgetrennten Gebieten wohnten.[5]

Aus dem obigen ist zu folgern, daß die Bundesrepublik Deutschland auch heute noch das verbrecherische Münchner Diktat als gültig ansieht und es gegen die Tschechoslowakische Sozialistische Republik anwendet ...

...

Die Regierung der Bundesrepublik Deutschland, die sich als einzige Regierung bisher niemals klar von dem verbrecherischen Münchner Diktat distanziert hat und nie erklärte, daß sie diesen Unrechtstatbestand nicht anerkennt, hat damit zu erkennen gegeben, daß sie das sogenannte Münchner Abkommen als gültig ansieht und es darüber hinaus als Grundlage zur Verfolgung einer rachelüsternen Politik benützt.

...

Die Regierung der Tschechoslowakischen Sozialistischen Republik ... protestiert energisch gegen die Ausstellung sogenannter Bescheinigungen westdeutscher Staatsangehörigkeit an Bürger der Tschechoslowakischen Sozialistischen Republik und erklärt, daß solche »Bescheinigungen« völlig wertlose Papiere darstellen, die von keiner tschechoslowakischen Behörde als Beweisunterlage westdeutscher Staatsangehörigkeit anerkannt werden ... ⟨6⟩

Anmerkungen:

1 Beachtenswert, daß hier eine Nationalität erwähnt wird, die in der ČSSR im Umkehrschluß aus ihrer Verfassung vom 11. 7. 1960 (siehe S. 760) nicht existiert.

2 Zum Text des Vertrages: Siehe S. 430.

3 Gemeint: Das Münchner Abkommen vom 29. 9. 1938; zum Text: Siehe S. 415.

4 Die Hauptkriegsverbrecher in Nürnberg wurden 1946 auch wegen *Bruchs* dieses Münchner Abkommens angeklagt (siehe S. 425).

5 Das Dekret von Präsident Beneš (vom 2. August 1945; zum Text: Siehe S. 551) entzog den Sudetendeutschen deswegen die tschechoslowakische Staatsbürgerschaft, weil sie die deutsche Staatsbürgerschaft »entsprechend den Vorschriften der fremden ⟨*d. h. deutschen*⟩ Besatzungsmacht erwarben«.
Wenn diese deutschen Vorschriften seit 1938 null und nichtig wären, wäre die Entzugsbasis 1945 rechtlich nicht vorhanden gewesen und alle Sudetendeutschen weiterhin, mindestens bis 1960 tschechoslowakische Staatsbürger geblieben.

6 Zum Text der Antwort v. 18. 2. 1961: Siehe S. 765.

Quelle:

»Menschen vor dem Volkstod«; hsg. v. Sudetendeutschen Rat; München, 1961; S. 88 ff.

****

Kurzbericht: 1961

Die kulturelle und wirtschaftliche Lage der Deutschen in der ČSSR:

(Schulen:)[1]

...

Schulen in deutscher Muttersprache, die elementarste Voraussetzung einer noch so bescheidenen Respektierung einer Minderheit durch den Staat, gibt es immer noch nicht. Sie wird es auch nach dem Willen des ZK der KPTsch niemals geben. Nach wie vor existieren an jenen Orten, wo eine relativ starke deutsche Bevölkerung lebt, an den Grundschulen Sprachzirkel in deutscher Sprache, die jedoch niemals mehr als zwei Wochenstunden ausmachen. Diese Sprachzirkel werden auf Antrag der Eltern auf Grund einer Mindestzahl von Anmeldungen im Einvernehmen mit der Bezirksschulinspektion des jeweiligen Bezirksnationalausschusses und nach Genehmigung durch die Sektion Schulwesen und Kultur des zuständigen Kreisnationalausschusses errichtet. Eine weitere Voraussetzung hierfür ist, daß eine Lehrkraft vorhanden ist, die den Unterricht für den deutschen Sprachzirkel durchführen kann. Oft sind es tschechische Lehrkräfte, der deutschen Sprache nur sehr unvollkommen mächtig, die den Kindern Deutschunterricht erteilen. Das hat sich seit Einführung der deutschen Sprachzirkel wenig geändert, obzwar zu wiederholen Malen betont wurde, daß genügend Lehrkräfte mit guten deutschen Sprachkenntnissen zur Verfügung stehen. Weit mehr fällt jedoch dabei in das Gewicht, daß die Eltern über Interesselosigkeit der Kinder selbst bereits Klage führen.

Über die Situation des Deutschunterrichts nur einige wenige Beispiele: Im alten Kreis Reichenberg (der Kreis wurde nach der Gebietsneugliederung aufgelöst) werden an 57 Schulen 1077 Kinder in deutschen Sprachzirkeln unterrichtet. Ein Vergleich zu den Tschechisch-Kursen für Erwachsene: An 15 Orten werden 19 Kurse für 316 Bürger veranstaltet.

(Zeitungen:) [1]

. . .

Der seit 1960 verstärkte Umfang der Zeitung »Aufbau und Frieden«, die gegenüber 1959 im Jahr um rund 70 Druckseiten vermehrte Seitenzahl, kann nicht darüber hinwegtäuschen, daß die Sprachhilfe, und als solche muß »Aufbau und Frieden« zuerst angesehen werden, nur für eine begrenzte Zeit gedacht ist ... Für die deutschen Kinder erscheint noch als »Sprachhilfe« die Zeitschrift »Freundschaft«.

. . .

(Rundfunk und Fernsehen:) [1]

. . .

Der Hunger nach Kontakten mit der deutschsprachigen Außenwelt äußert sich auch in der Tatsache, daß z. B. die Fernseh-Austauschprogramme zwischen der SBZ und der ČSSR sich einer großen Beliebtheit erfreuen. In den grenznahen Gebieten West- und Südböhmens können auch die Fernsehprogramme der Deutschen Bundesrepublik, in Südmähren die des Österreichischen Fernsehens empfangen werden. Entsprechendes gilt natürlich auch für den Rundfunk.
Der Rundfunk der ČSSR bietet den Deutschen zwar täglich Nachrichtensendungen; es scheint jedoch, daß diese Nachrichtensendungen mehr mit Wirkung auf das deutschsprechende Ausland gestaltet werden.

(Film:) [1]
Vielfach werden auch Filme aus der »DDR« (in deutscher Sprache) gezeigt. Es handelt sich dabei zumeist um Propagandafilme. Was an Filmen aus der Deutschen Bundesrepublik gezeigt wird, ist nicht dazu angetan, ein objektives Bild über das Leben bei uns zu vermitteln. Nur aus Österreich werden zuweilen untendenziöse Unterhaltungsfilme gezeigt.

(Bücher:) [1]
Die für das Inland bestimmte deutschsprachige Buchproduktion ist auf gewerkschaftliche und sozialpolitische Informationsbehelfe für den nicht-tschechisch sprechenden Teil der Deutschen beschränkt. Die zahllosen, für unsere Verhältnisse relativ preisgünstigen deutschsprachigen Veröffentlichungen, die über das Außenhandelsunternehmen »Artia« auch in der Bundesrepublik vertrieben werden, kommen kaum den Deutschen in der ČSSR zu Gesicht. Was an Büchern in deutscher Sprache vorhanden ist, wird aus der Sowjetzone eingeführt. Daß es sich dabei nur zu einem geringen Teil um (ohnehin parteipolitisch gefärbte) Belletristik, zum überwiegenden Teil aber um Ausgaben der Klassiker des Marxismus-Leninismus und um politische Tendenzliteratur handelt, leuchtet ein.
Nur in den Bibliotheken, die vielfach – und besonders dort, wo die Deutschen noch einen erheblichen Teil der Gesamtbevölkerung ausmachen – zu finden sind, haben sich bisweilen Restbestände von Büchern aus der Vergangenheit erhalten, vor allem Belletristik. Daß diese Bibliotheken sich einer regen Inanspruchnahme erfreuen, kann daher nicht wunder nehmen.
So wurden im Bezirk Gablonz an der Neiße im Jahre 1959 7860 Lesern 230.000 Bücher ausgeliehen; im Jahre vorher entliehen 6800 Leser 204.000 Bücher. Im Bezirk Karlsbad (nach der Gebietsneugliederung) verwalten 17 deutsche Bibliothekare deutsche Buchabteilungen.

. . .

(Theater:)[1]
Außer einem »Staatlichen deutschen Wandertheater« mit Sitz in Prag, das eine sehr rege Tätigkeit entfaltet, gibt es zahlreiche deutsche Laienspielgruppen und Volkskunstgruppen. Diese Kulturgruppen sind wahrscheinlich die einzige Möglichkeit für die Deutschen, sich unter Landsleuten (und auch nur zu einem bestimmten Zweck und für begrenzte Zeit) zusammenzufinden. Das scheinen die erstaunlich hohen Besucherzahlen dieser Veranstaltungen zu beweisen.
...

(Berufliche Verteilung)[2]
Wie schon Untersuchungen über die räumliche Verteilung der Deutschen erkennen lassen, sind offenbar die meisten deutschen Bergarbeiter im Lande geblieben ...
Sehr hoch ist der Anteil deutscher Arbeiter in der chemischen, in der Textil- und Glasindustrie, im Musikinstrumentenbau und in der Gablonzer Industrie. Auch in der chemischen Industrie (vor allem in Maltheuern, Aussig und Falkenau) gibt es noch deutsche Arbeiter, ebenso in der Maschinenindustrie. Es gibt Betriebe, wo noch immer die meisten Arbeiter Deutsche sind und wo daher auch die Betriebszeitungen zweisprachig herausgegeben werden müssen, damit sie von den Arbeitern gelesen werden können ...

Anmerkungen:
[1] Verfasser: Kuhn, Heinrich: »Die kulturelle Lage der Deutschen in der ČSSR« in Sudetendeutscher Rat (siehe Quelle); a. a. O.; S. 48–58.
[2] Verfasser: Urban, Rudolf: »Die wirtschaftliche und soziale Stellung der Deutschen in der ČSSR« in Sudetendeutscher Rat (siehe Quelle); a. a. O.; S. 59–69.

Quelle:
»Menschen vor dem Volkstod«; hsg. v. Sudetendeutschen Rat; München, 1961; S. 48–69.

****

Erklärung **1961, 22. Januar**
des Präsidiums der SPD und des Bundesvorstandes der SL
(Sog. Bergneustädter Erklärung):
Deutschland in Grenzen von 1937 »schließt Heimat- und Selbstbestimungsrecht der Sudetendeutschen nicht aus«

Auf Einladung der Friedrich-Ebert-Stiftung fand an diesem Wochenende in Bergneustadt eine Begegnung[1] zwischen dem Bundesvorstand und dem Präsidium der Bundesversammlung der Sudetendeutschen Landsmannschaft und Mitgliedern des Präsidiums der SPD[2] statt. Nach der Begrüßung durch Alfred Nau vom Vorstand der Stiftung und Erich Ollenhauer[3], den Vorsitzenden der SPD, hielten Herbert Wehner, MdB, für die SPD und Bundesverkehrsminister Dr.-Ing. Hans Christoph Seebohm für die Sudetendeutsche Landsmannschaft einleitende Referate, denen sich eine ausführliche und in freimütiger Offenheit geführte Diskussion anschloß.
Beide Gesprächspartner waren sich über folgende Punkte einig:
1. Die sudetendeutsche Frage ist durch die Vertreibung der Sudetendeutschen micht erledigt. Die Vertreibung war widerrechtlich; sie muß auf friedlichem Weg wiedergutgemacht werden, ohne daß anderen Menschen aufs neue Unrecht geschieht.
2. »Wiedergutmachung der Vertreibung« heißt: Rückkehr der Vertriebenen, d. h. Verwirklichung ihres »Rechts auf die Heimat«.
3. Das »Recht auf die Heimat« kann erst dann als verwirklicht gelten, wenn alle politischen und menschlichen Freiheitsrechte in der Heimat verwirklicht und gewährleistet sind.
4. Neben dem »Recht auf die Heimat« wird der Grundsatz des Selbstbestimmungsrechts der Völker verfochten.

5. Das Selbstbestimmungsrecht ist eine umfassende Idee; sie läßt im gegebenen Fall verschiedene staats- und völkerrechtliche Lösungen zu.
6. Die Feststellung, wonach Deutschland in den Grenzen von 1937 rechtlich fortbesteht, schließt das Heimat- und Selbstbestimmungsrecht der Sudetendeutschen nicht aus.
7. Die offene Entnationalisierung der heute noch in der ČSSR zurückgehaltenen Deutschen widerspricht den Grundsätzen eines auf den Menschenrechten gegründeten Volksgruppenrechts, zu denen sich die SPD in ihrem Godesberger Grundsatzprogramm[4] bekannt hat.

Anmerkungen:
1 Derartige Begegnungen hatte die Sudetendeutsche Jugend am 9. 9. 1956 angeregt.
2 Für die SPD nahmen darüber hinaus u. a. teil: Volkmar Gabert, Adolf Hasenöhrl, Wenzel Jaksch, Ernst Paul, Reinhold Rehs und Richard Reitzner.
3 Zu dessen Bekenntnis zum Heimatrecht vom 31. 8. 1958: Siehe S. 755.
4 Zum Text vom 15. 11. 1959: Siehe S. 49.

Quelle:
»Sudetendeutscher Artikeldienst«; hsg. v. Sudetendeutschen Rat, München; Jg. 10, Nr. 2 v. 25. 1. 1961; S. 5.

****

Note[1] **1961, 18. Februar**
der Bundesregierung Adenauer III
(über die französische Regierung) an die Regierung der ČSSR:
Staatsangehörigkeit der Sudetendeutschen

. . .

Die kollektive Einbürgerung tschechoslowakischer Staatsangehöriger in den deutschen Staatsverband ⟨*mit Wirkung*⟩ vom 10. Oktober 1938 wurde von der Regierung der Tschechoslowakischen Republik zur Grundlage ihrer eigenen gesetzlichen Maßnahmen gemacht, indem durch Dekret des Präsidenten der Tschechoslowakischen Republik vom 2. August 1945[2] alle tschechoslowakischen Staatsangehörigen, die durch die genannte Maßnahme vom 10. Oktober 1938 die deutsche Staatsangehörigkeit erworben hatten, mit Nachwirkung auf den Tag des Erwerbs der deutschen Staatsangehörigkeit ihrer tschechoslowakischen Staatsangehörigkeit für verlustig erklärt wurden. Diese Maßnahmen allein – keinesfalls das von der tschechoslowakischen Regierung erwähnte Abkommen vom 20. November 1938[3] – haben für die Bundesrepublik Deutschland die Notwendigkeit und Berechtigung zur Folge gehabt, die im Jahre 1938 erfolgte Einbürgerung des in Frage stehenden Personenkreises in den deutschen Staatsverband durch besonderes Gesetz[4] als rechtswirksam anzuerkennen, sofern die Einbürgerung dem Willen der Betreffenden entsprach.
Zwar hat die Regierung der Tschechoslowakischen Republik durch Gesetz vom 24. April 1953[5] das Ausbürgerungsdekret insoweit rückgängig gemacht, als sie denjenigen Ausgebürgerten, die bei Inkrafttreten des Gesetzes noch auf ihrem Staatsgebiet ansässig waren, die tschechoslowakische Staatsangehörigkeit kollektiv wieder verlieh.
Durch die kollektive Wiederverleihung der tschechoslowakischen Staatsangehörigkeit wurde jedoch die einmal erworbene deutsche Staatsangehörigkeit nicht berührt, weil das Wiederverleihungsgesetz für eine individuelle Willensbetätigung keinen Raum ließ. Diese Rechtsfolge ergibt sich aus dem bereits am 22. Juli 1913 erlassenen deutschen Staatsangehörigkeitsgesetz. Der Erwerb einer fremden Staatsangehörigkeit hat nach den innerstaatlichen deutschen Vorschriften den Verlust der deutschen Staatsangehörigkeit nur dann zur Folge, wenn er auf Grund einer dahingehenden Willensäußerung des Betroffenen eingetreten ist. Der gekennzeichnete Personenkreis besitzt also die deutsche Staatsangehörigkeit und – soweit ihm die tschechoslowakische Staatsangehörigkeit nach tschechoslowakischem Recht wiederverliehen ist – gleichzeitig auch die tschechoslowakische Staatsangehörigkeit.

Nach anerkanntem völkerrechtlichen Grundsatz bestimmt jeder Staat selbst, unter welchen Voraussetzungen seine Staatsangehörigkeit erworben oder verloren wird. Dieser Grundsatz hat keinen Einfluß auf den daneben bestehenden Grundsatz des internationalen Rechts, wonach jeder Staat gegenüber seinen eigenen Staatsangehörigen die Berufung auf eine fremde Staatsangehörigkeit unbeachtet lassen kann.
Jeder deutsche Staatsangehörige hat nach deutschem innerstaatlichen Recht einen Rechtsanspruch auf Erteilung einer Staatsangehörigkeitsurkunde. Diese wird an Deutsche, die sich im Ausland aufhalten, in Form eines Heimatscheines erteilt. Heimatscheine werden seit vielen Jahren an deutsche Staatsangehörige in allen Staaten der Welt ausgestellt, ohne daß bisher ein einziger Staat diese Praxis als unzulässig bezeichnet hat. Dem in einigen Heimatscheinen enthaltenen Datum des Erwerbs der deutschen Staatsangehörigkeit kann keinerlei politische Bedeutung beigemessen werden. Die Angabe des Datums hatte den ausschließlichen Zweck, gleichzeitig über die deutsche Staatszugehörigkeit etwaiger Abkömmlinge Klarheit zu schaffen.
Aus dem Vorstehenden ergibt sich, daß die Übersendung von Heimatscheinen an deutsche Staatsangehörige, die in der Tschechoslowakei ansässig sind, im Einklang mit den Gepflogenheiten der internationalen Staatenpraxis steht und keine Verletzung der tschechoslowakischen Hoheitsrechte darstellt. Ganz besonders ergibt sich jedoch aus dem dargestellten Sachverhalt, daß die Ursache der von der Tschechoslowakischen Regierung beanstandeten Maßnahme ausschließlich in den Kollektivausbürgerungsmaßnahmen der Tschechoslowakischen Regierung zu suchen ist. Die genannten Maßnahmen der Tschechoslowakischen Regierung hätten Millionen Menschen zu Staatenlosen gemacht, wenn nicht die Regierung der Bundesrepublik Deutschland die Kollektiveinbürgerungen in den deutschen Staatsverband ⟨*mit Wirkung*⟩ vom 10. Oktober 1938 rückwirkend bestätigt hätte.[6] Die gesetzgebenden Organe der Bundesrepublik Deutschland sind zu diesem Schritt durch das Tschechoslowakische Dekret vom 2. August 1945[2] gezwungen worden.
Alle politischen Unterstellungen, mit denen die Tschechoslowakische Regierung in ihrer Note vom 29. Dezember 1960 das rechtlich einwandfreie Verhalten der Bundesregierung zu diskreditieren versucht, entbehren – wie aus den dargelegten Umständen hervorgeht – jeder Grundlage und werden nachdrücklich zurückgewiesen . . .

Anmerkungen:
[1] Antwort auf die Note der ČSSR vom 29. 12. 1960; zum Text: Siehe S. 761.
[2] Zum Text: Siehe S. 551.
[3] Zum Text: Siehe S. 430.
In diesem hier als Abkommen bezeichneten Vertrag war das Wirkungsdatum 10. 10. 1938 enthalten.
[4] Zum Text des Gesetzes v. 22. 2. 1955: Siehe S. 741.
[5] Zum Text des ČSR-Gesetzes: Siehe S. 734.
[6] Durch das Gesetz vom 22. 2. 1955; siehe Anm. 4.

Quelle:
»Menschen vor dem Volkstod«; hsg. v. Sudetendeutschen Rat; München, 1961; S 92 f.

****

Pressemitteilung der offiziellen ČSSR-Nachrichtenagentur: **1961, 27. Februar**
Forderung nach Heimat- und Selbstbestimmungsrecht ist »Kriegspropaganda«

Die tschechoslowakische Nachrichtenagentur Četeka hat am Montag die Sudetendeutschen in der Bundesrepublik beschuldigt, sie wollten mit ihren Forderungen nach Heimatrecht und Selbstbestimmung die Pläne der Nationalsozialisten verwirklichen: die Ausrottung des tschechoslowakischen Volkes und die völlige Germanisierung des Landes. Eine Rückkehr der Flüchtlinge in die Länder, aus denen sie ausgewiesen worden seien oder die sie freiwillig verlassen hätten, stehe jedoch im Gegensatz zu »gültigen internationalen Abmachungen«[1]. Unter diesen Umständen sei klar ersichtlich, daß »die Revanchisten und ihre Beschützer« ihre Ziele nur durch Krieg erreichen könnten. Objektiv gesehen sei also die Forderung der Heimatvertriebenen auf Heimatrecht und Selbstbestimmung Kriegspropaganda ... In Wien sagte ein Sprecher der Prager Botschaft, individuellen Ersuchen Sudetendeutscher um Repatriierung stehe seine Regierung verständnisvoll gegenüber. Allerdings sei die Tatsache, daß zwischen Prag und Bonn keine diplomatischen Beziehungen bestehen, für Gespräche über dieses Thema »außerordentlich hinderlich«.

Anmerkung:
[1] Gemeint war vermutlich die Erklärung über die Potsdamer Konferenz vom 2. 8. 1945; zum Text: Siehe S. 548.

Quelle:
SZ; Nr. 50 v. 28. 2. 1961; S. 1.

****

Stellungnahme **1961, 7. Mai**
des Sudetendeutschen Rates[1] zur Sudetenfrage
(Sog. 20 Punkte):
Politisches Ziel: Heimat- und Selbstbestimmungsrecht unabhängig vom »umstrittenen Münchner Abkommen«

I. Rückblick

1. Die Sudetenfrage – und damit auch die »Sudetenkrise« im Herbst 1938 – kann nur auf dem Hintergrund der Entstehung der Tschechoslowakei im Jahre 1918/19 richtig verstanden werden.
2. Seit mehr als 700 Jahren siedelten Deutsche in Böhmen, Mähren und Schlesien. Diese Länder gehörten bis 1806 zum Römisch-deutschen Reich, bis 1866 zum Deutschen Bund und bis 1918 zu Österreich-Ungarn.
3. Unter Berufung auf das von dem amerikanischen Präsidenten Woodrow Wilson verkündete Selbstbestimmungsrecht der Völker[2] haben die Gründer der Tschechoslowakei bei den Friedensverhandlungen 1918/19 durchgesetzt, daß Böhmen, Mähren und Österr.-Schlesien von Österreich, die Slowakei und die Karpatenukraine von Ungarn abgetrennt wurden.
   Unter Mißachtung des Selbstbestimmungsrechtes haben die Gründer der Tschechoslowakei durchgesetzt, daß 3,5 Millionen Sudetendeutsche und 1,3 Millionen Magyaren, Ukrainer und Polen gegen ihren erklärten Willen in einen Vielvölkerstaat kamen, der aber als »tschechoslowakischer« Nationalstaat konstruiert worden ist.
   Damit fanden jahrzehntelange Bemühungen um einen deutsch-tschechischen Ausgleich ein jähes Ende.
4. Nach der tschechoslowakischen Volkszählung von 1930 umfaßten die geschlossenen sudetendeutschen Gebiete 50 politische Bezirke (Landkreise) oder 120 Gerichtsbezirke oder 3.338 Gemeinden mit einer deutschen Bevölkerungsmehrheit von durchschnittlich mehr als 80 %. Die Größe dieses Territoriums beträgt 25.775 qkm.
   Außerdem gab es noch 59 sudetendeutsche Sprachinselgemeinden. Ferner lebten 313.666 Sudetendeutsche als örtliche Minderheiten im tschechischen Sprachgebiet.[3]
5. Die Sudetendeutschen haben vergeblich versucht, auf dem Boden der ihnen oktroyierten tschechoslowakischen Verfassung die Sicherung ihrer wirtschaftlichen, sozialen und nationalen Existenz, die Autonomie ihres kulturellen Lebens und eine proportionale Beteiligung an den staatlichen Mitteln, Einrichtungen und Beamtenstellen zu

erreichen. Von 1926 bis 1938 haben sich deutsche Parteien an der Regierung der Tschechoslowakischen Republik beteiligt; sie repräsentierten bis 1935 75% der sudetendeutschen Wähler.[3] Erst das Mißlingen dieser Bemühungen, der zur Dauererscheinung gewordene soziale Notstand und die Ablehnung der autonomistischen Lösungsvorschläge der Sudetendeutschen Partei[4] haben die Mehrheit der Sudetendeutschen unter dem Einfluß der politischen und wirtschaftlichen Entwicklung im benachbarten Deutschen Reich in zunehmendem Maße veranlaßt, eine andere Lösung anzustreben.

6. Die Sudetendeutschen waren im Jahre 1938 ebenso nur Objekt der Politik der Großmächte wie am Ende des Ersten Weltkrieges. Hitler hat mit dem Schicksal der Sudetendeutschen ein gewissenloses Spiel getrieben und die Entwicklung zum Münchener Abkommen erzwungen.
   England und Frankreich hätten jedoch der Tschechoslowakei niemals eine Abtretung der sudetendeutschen Gebiete auferlegt, wenn nicht die Befreiung der Sudetendeutschen von der tschechischen Vorherrschaft dem Grundsatz des Selbstbestimmungsrechtes entsprochen hätte.
7. Die Vernichtung der Freiheit und Eigenstaatlichkeit des tschechischen Volkes durch das nationalsozialistische Regime im März 1939 war ein gegen das Selbstbestimmungsrecht gerichteter, verwerflicher Gewaltakt, dessen Wiedergutmachung im Rahmen des Völker- und Menschenrechtes wir ohne Einschränkung bejahen.
   Wir verurteilen auch rückhaltlos alle Maßnahmen und Vorhaben des nationalsozialistischen Regimes, die gegen die Menschenrechte und die nationale Existenz des tschechischen Volkes gerichtet waren.[5]
8. Der expansive tschechische Nationalismus benützte 1945 im Bunde mit dem sowjetischen Imperialismus den Zusammenbruch des Deutschen Reiches, um die Sudetendeutschen aus ihrem angestammten Siedlungsgebiet zu vertreiben und sie ihres Volksvermögens zu berauben. Dieser Vorgang ist – ganz abgesehen von den dabei vorgekommenen Grausamkeiten und Morden – eine millionenfache Verletzung der menschlichen Grund- und Freiheitsrechte.
9. Heute leben über 2 Millionen Sudetendeutsche in der Bundesrepublik Deutschland, davon eine Million in Bayern. Etwa 800.000 Sudetendeutsche leben in der Sowjetzone Deutschlands, 140.000 in Österreich, 24.000 in anderen europäischen und überseeischen Ländern und an 200.000 in der Tschechoslowakei. Rund 240.000 Sudetendeutsche kamen bei der Vertreibung ums Leben.[3]
10. Die zunehmende wirtschaftliche, soziale und politische Eingliederung der Sudetendeutschen in der Bundesrepublik Deutschland und der allmähliche Generationswechsel führen keineswegs zu einer »Erledigung« der Sudetenfrage. Die Festigung ihrer Existenz gibt ihnen vielmehr die Möglichkeit, ihre Rechte zu vertreten und politische Aktivität zu entwickeln. Die Zerstreuung der Sudetendeutschen und ihre neuen gesellschaftlichen Bindungen bewirken, daß die Anteilnahme des deutschen Volkes an der Sudetenfrage heute breiter ist als jemals zuvor.

II. Ausblick

11. Nicht nur die Sudetendeutschen, sondern das deutsche Volk in seiner Gesamtheit werden sich niemals mit der Vertreibung der Sudetendeutschen aus ihrer jahrhundertealten Heimat abfinden. Ebensowenig werden sie sich damit abfinden, daß dem tschechischen Volk Freiheit und Unabhängigkeit vorenthalten werden.
    Der Ruf nach Gerechtigkeit und Selbstbestimmung für alle und nach einem »Revisionismus für die Freiheit« wird nicht mehr verstummen.
12. In Übereinstimmung mit der Charta der Vertriebenen[6] lehnen wir jeden Gedanken an Rache und Vergeltung ab. Wir kennen keine Kollektivschuld des tschechischen Volkes an unserer Vertreibung und beurteilen alle Personen danach, wie sie heute über die

Vertreibung denken und wofür sie sich heute aufrichtig einsetzen. Den Vorwurf des »Revanchismus« können wir daher guten Gewissens zurückweisen.
Auf Wiederherstellung des durch die Vertreibung verletzten Rechtes und die Wiedergutmachung der erlittenen Schäden werden wir hingegen nicht verzichten.

13. Von der Bundesregierung erwarten wir, daß sie niemals die Vertreibung und Enteignung von mehr als 3 Millionen deutscher Staatsbürger in Böhmen, Mähren und Schlesien hinnimmt, sondern daß sie deren Rechte in jeder Beziehung wirksam vertritt. Das gilt auch für den Fall einer Aufnahme diplomatischer Beziehungen mit der Tschechoslowakei.
14. Unsere politischen Bestrebungen gründen sich auf das Recht auf die Heimat und auf das Selbstbestimmungsrecht der Völker im Rahmen einer europäischen Integration, und zwar unabhängig von dem umstrittenen Münchner Abkommen von 1938.[7]
15. Wir bekennen uns sowohl zu dem naturrechtlichen Anspruch jedes Menschen auf unbehelligte Ansässigkeit an seinem rechtmäßigen Wohnsitz als auch zu dem Recht der Völker und der ethnischen, rassischen und religiösen Gruppen auf unbehelligte Ansässigkeit in ihren angestammten Siedlungsgebieten (Recht auf die Heimat). In unserem Fall verstehen wir darunter das Recht der sudetendeutschen Volksgruppe auf Rückkehr in ihre Heimat und auf ein ungestörtes Leben daselbst in freier Selbstbestimmung. Die Verhältnisse in Europa – auch das zwischen der Bundesrepublik Deutschland und der Tschechoslowakei – können erst dann als normalisiert angesehen werden, wenn dieses Recht verwirklicht sein wird.
16. Wir bekennen uns zum Selbstbestimmungsrecht als dem Recht der Völker und Volksgruppen, ihren politischen, wirtschaftlichen, sozialen und kulturellen Status frei zu bestimmen. Über das Schicksal der Sudetendeutschen und ihres Territoriums darf daher nur mit ihrer ausdrücklichen Zustimmung verfügt werden.
17. Wir haben den aufrichtigen Wunsch, mit der Lösung der Sudetenfrage einen Beitrag zum Frieden unter den Völkern zu leisten; wir halten es für eine europäische Aufgabe, den aus dem Nationalismus des 19. Jahrhunderts stammenden deutsch-tschechischen Gegensatz zu überwinden und durch ein Verhältnis guter Nachbarschaft zu ersetzen. Darum betrachten wir diejenige Lösung als die beste, der beide Völker frei zustimmen können.
18. Unter den besonderen geographischen Bedingungen des böhmisch-mährisch-schlesischen Raumes läßt der Grundsatz des Selbstbestimmungsrechtes der Völker verschiedene staats- und völkerrechtliche Lösungen zu. Eine dem Selbstbestimmungsrecht entsprechende Lösung ist jedoch unvereinbar mit dem Versuch, Deutsche und Slowaken in einen zentralistischen tschechischen Nationalstaat einzubeziehen, in dem ihnen eine minderberechtigte Stellung zugemutet wird (»Tschechoslowakismus«).
19. Auch eine staatsrechtliche Gemeinschaft mit dem tschechischen und mit dem slowakischen Volk wird nicht von vornherein ausgeschlossen, sofern sie auf der Grundlage gleichberechtigter, freier Partnerschaft, das heißt auf freier Willensäußerung der Beteiligten beruht und diese von der Gemeinschaft der freien Völker Europas garantiert wird.
20. Das zukünftige Verhältnis zwischen Sudetendeutschen, Tschechen und Slowaken kann nur im Rahmen einer gesamteuropäischen Integration befriedigend geordnet werden. Das setzt eine auf lange Sicht angelegte Versöhnung zwischen dem deutschen Volk und seinen östlichen Nachbarn voraus.

Anmerkungen:

[1] Die Stellungnahme wurde am 15. 1. 1961 vom Plenum des Sudetendeutschen Rats beschlossen und am 7. 5. 1961 von der Bundesversammlung der Sudetendeutschen Landsmannschaft zustimmend zur Kenntnis genommen.

[2] Zu den Formulierungen: Siehe S. 9, 226.

[3] Zu den statistischen Angaben: Siehe S. 1194 ff.

[4] Vom 27. 4. 1937; zum Text: Siehe S. 365.

[5] Zur darauf gestützten Formulierung von SL-Sprecher Seebohm v. 2. 6. 1963: Siehe S. 771.
[6] Vom 5. 8. 1950; zum Text: Siehe S. 31.
[7] Vom 29. 9. 1938; zum Text: Siehe S. 415.

Quelle:
Eigene Aufzeichnung des Verfassers; Abdruck in DzS, 3. Aufl.; S. 141 ff.
Hervorhebungen im Original.

****

Erklärung **1961, 3. Juni**
der CSU und der SL:
Anerkennung des Heimat- und Selbstbestimmungsrechtes der Sudetendeutschen

Auf Einladung des Vorsitzenden der Christlich-Sozialen Union (CSU), Bundesminister Dr. h. c. Franz Josef Strauß, fand ein Gespräch mit Vertretern der Sudetendeutschen Landsmannschaft über gemeinsam interessierende Fragen statt. Teilnehmer waren auf seiten der CSU außer dem Vorsitzenden noch die Herren Oberbürgermeister Dr. Hans Weiß (Stellvertretender Vorsitzender), Staatssekretär Dr. Franz Heubl und Generalsekretär Dr. Zimmermann. Als Gesprächsergebnis halten die Teilnehmer in gegenseitiger Übereinstimmung folgendes fest:

1. Die Sudetendeutschen haben einen maßgebenden Beitrag zum sozialen, wirtschaftlichen und kulturellen Leben des Freistaates Bayern und der Bundesrepublik Deutschland geleistet. Sie sind ein Element der Ordnung und Stabilität in unserem demokratischen Staat.
2. Die Gesprächsteilnehmer sehen in dem Bekenntnis der Sudetendeutschen zu einem freien Europa, das auf der Partnerschaft gleichberechtigter Völker und Volksgruppen beruhen soll, einen entscheidenden Beitrag für die Neuordnung Europas.
3. Die Treue der Sudetendeutschen zu ihrem Recht und Volkstum dient in hohem Maße der Erhaltung gesamtdeutschen Bewußtseins, damit der Wiedervereinigung Deutschlands und der Freiheit Berlins.
4. Die CSU anerkennt das Heimat- und Selbstbestimmungsrecht der Sudetendeutschen und sieht in der SL die legitime Vertretung der sudetendeutschen Volksgruppe in der Vertreibung. Sie tritt für die Erhaltung der sudetendeutschen Volksgruppe als ethnische Gruppe ein und wertet sie als vierten Stamm Bayerns. Sie wird sich in der Bundesregierung für die Rechte der Sudetendeutschen einsetzen, auch bei einer etwaigen Aufnahme diplomatischer Beziehungen zur Tschechoslowakei.[1] Sie wird sich weiterhin dafür verwenden, daß die Bundesrepublik über das Schicksal der Sudetendeutschen und ihrer Heimat stets nur im Einvernehmen mit ihnen verhandeln wird.
5. In staatspolitischem Verantwortungsbewußtsein fühlt sich die CSU mit den Sudetendeutschen besonders verbunden. Beide Gesprächspartner sind sich darüber einig, daß die Maßnahmen, die sich aus der Schirmherrschaft des Landes Bayern über die sudetendeutsche Volksgruppe[2] ergeben, weiter ausgebaut werden sollten. Die CSU ist bereit, entsprechende Anträge der Sudetendeutschen Landsmannschaft mit besonderer Bereitwilligkeit zu unterstützen.

Anmerkungen:
[1] Die weitere Entwicklung kann wie folgt belegt werden:
a) Oktober 1966:
»CSU-Vorsitzender Franz Josef Strauß bezeichnete das Münchner Abkommen als ein ›völkerrechtlich absolut gültiges Dokument‹, dessen Annullierung nie die Zustimmung der CSU finden werde. Das Münchner Abkommen ist nun einmal ein völkerrechtlich wirksamer Vertrag, der auch dann rechtsgültig bleibt, wenn er von einem Vertragspartner – nämlich Hitler als er im Frühjahr 1939 die Rest-Tschechoslowakei durch deutsche Truppen besetzen ließ – willkürlich und in eindeutiger Absicht gebrochen wurde.«
Vgl.: SZ; Nr. 251 v. 20. 10. 1966; S. 2.

b) Januar 1978:
Ein deutschlandpolitisches Grundsatzpapier der CSU stellte u. a. fest, daß »die Frage ... solcher Reichsteile, die außerhalb der ⟨*deutschen*⟩ Grenzen vom 31. 12. 1937 liegen, von großer Wichtigkeit ist«.

c) Anfang 1984:
»Die CSU steht solidarisch zu den Heimatvertriebenen und Flüchtlingen und tritt für die Durchsetzung des Rechts auf nationale Selbstbestimmung und des Rechts auf die angestammte Heimat für alle Deutschen ein. Gemeinsam mit ihnen wird die CSU eine dauerhafte Friedensregelung in einem freien und vereinten Europa sowie eine gute Nachbarschaft, eine vertrauensvolle Partnerschaft, einen gerechten Ausgleich und eine ehrliche Verständigung mit unseren östlichen Nachbarvölkern anstreben. Die CSU tritt für die Erhaltung, Pflege und schöpferische Weiterentwicklung des deutschen Kulturerbes aller vertriebenen und geflüchteten Deutschen ein. Sie setzt sich für die Eingliederung der Vertriebenen (einschließlich der Aussiedler) und Flüchtlinge auf allen Gebieten unseres wirtschaftlichen, sozialen und staatlichen Lebens ein.«
Vgl. »Informationen zur Deutschlandpolitik«; hsg. v. Arbeitskreis »Deutschland- und Außenpolitik der CSU«; Heft 20; München, 1984; S. 11 f.

[2] Zum Text: Siehe S. 738.

Quelle:
DOD; Jg. 3, Nr. 24 v. 12. 6. 1961; S. 7.

****

Rede[1] **1963, 2. Juni**
des Sprechers der SL, Bundesminister Hans-Christoph Seebohm[2]**:**
Bitte an das tschechische Volk um Verzeihung[1] *für Protektoratserrichtung und Verbrechen*

...

Die Voraussetzungen einer Verständigungspolitik müssen wir schon heute schaffen, müssen wir immer wieder erneuern, indem wir die geistigen Grundlagen einer Partnerschaft von Volk zu Volk verkünden. Dies ist die Aufgabe, die gemeinsam mit uns, aber auch direkt der ausgleichsbereiten tschechischen Emigration zufällt. Wir müssen die Vergangenheit gemeinsam bewältigen, im gegenseitigen Verstehen und Verzeihen. Wir müssen sie überwinden durch Taten, nicht durch Worte. Dies allein ist der Weg in die Zukunft. Unser großer tschechischer Freund, Lev Prchala, der selbst an der Entnationalisierung der Sudetendeutschen während der Zeit der ersten Tschechoslowakischen Republik und der Vertreibung nach dem Zweiten Weltkrieg unschuldig[3] ist und der sein Volk immer vor diesen Maßnahmen gewarnt hat, hat beim Sudetendeutschen Tag 1955 in Nürnberg den Mut gehabt, sich aus christlichem Geiste bei seinen sudetendeutschen Landsleuten für die Verbrechen des Herrn Benesch und seiner Helfer zu entschuldigen und um Verzeihung zu bitten[4]. Auch wir Sudetendeutschen bekennen uns zu dieser Geisteshaltung; wiewohl wir Sudetendeutsche an der Errichtung des Reichsprotektorates Böhmen und Mähren im Jahre 1939 und den während seines Bestandes am tschechischen Volk begangenen Verbrechen völlig unschuldig sind, möchte ich als der legitime Sprecher der Sudetendeutschen außerhalb der Heimat bekennen, obwohl ich so wenig wie General Prchala mit all diesen Vorkommnissen zu tun habe, daß ich in christlichem Geiste das tschechische Volk für das damals ihm zugefügte Unrecht[5] als Deutscher und als Sudetendeutscher um Verzeihung bitte, damit aus dem gegenseitigen Verzeihen die Grundlage für eine Völkerversöhnung erwachsen kann.

...

⟨[6]⟩

Anmerkungen:

[1] Anläßlich des 14. Sudetendeutschen Tages in Stuttgart.

[2] Vor dieser für die Sudetendeutschen repräsentativen Aussage soll es bei einzelnen Heimattreffen ähnliche Äußerungen gegeben haben.

[3] Zum Protest Prchalas gegen die Vertreibung bereits am 1. 12. 1945: Siehe S. 652.
[4] Zum Text: Siehe S. 745.
[5] Inhaltlich Kurzfassung der Ziff. 7 der sog. 20 Punkte des SR vom 7. 5. 1961; zum Text: Siehe S. 767.
[6] Von dieser Verzeihungsbitte wurde die tschechische Öffentlichkeit natürlich nicht informiert. Die zeitgenössische Berichterstattung stand vielmehr unter dem üblichen Titel: »Bonner Minister ... verteidigt die Revanche«. Vgl. »Mladá fronta«, Prag; Jg. 19, Nr. 132 v. 4. 6. 1963; S. 2.

Quelle:
Vervielfältigtes Redemanuskript; 10 Drucks.; Hervorhebungen im Original. Fotokopie im Besitz des Verfassers.

****

Entschließung **1963, 10. August**
der (sudetendeutschen) Ackermann-Gemeinde
(Sog. Entschließung von Fulda, Hessen):
Bekenntnis zu Heimat- und Selbstbestimmung und zur Verständigung

1. Wir in der Ackermann-Gemeinde zusammengeschlossenen sudetendeutschen Katholiken bekennen uns zu unserer Herkunft aus den Ländern Böhmen, Mähren und Schlesien. Wir pflegen das deutsche Erbe dieses Raumes, die Verbundenheit mit unserer Volksgruppe und die Bereitschaft zu einer guten Nachbarschaft mit dem tschechischen Volk. Der Kirche der böhmischen Länder wissen wir uns zugehörig.
2. Wir vertreten das Recht auf ungestörte Ansässigkeit jedes Menschen an seinem rechtmäßigen Wohnsitz und jeder Volksgruppe in ihrem angestammten Siedlungsgebiet.
   Daß dieser Anspruch heute nicht realisierbar ist, ändert nichts an seiner Rechtmäßigkeit. Er ist in den Menschenrechten begründet. Dafür einzutreten, ist uns eine sittliche Verpflichtung.
   Ebenso bekennen wir uns zum Selbstbestimmungsrecht als einem Ordnungsprinzip der Völkergemeinschaft. Wir geben die Hoffnung nicht auf, daß für Europa eine Zeit kommen wird, in der Recht und Würde des Menschen ernst genommen werden. Es wird die Einsicht sich durchsetzen, daß ein Unrecht, welches nicht gutgemacht wird, ein Hindernis bleibt für jeden Neuaufbau.
3. Wir leben in der Obhut der Bundesrepublik Deutschland. Sie ist der freie Teil des größeren deutschen Vaterlandes. Wir nehmen teil am kulturellen Leben der Nation, stehen tätig im kirchlichen Leben, arbeiten mit an der politischen und wirtschaftlichen Entwicklung des Staates, der uns als seine Bürger aufgenommen hat und uns die Verbindung zur freien Welt ermöglicht. Für seinen Aufbau und seine Sicherheit wollen wir unsere Kräfte voll einsetzen.
4. In der auswärtigen Politik gilt das besondere Interesse den Bestrebungen, die auf eine Verständigung »in Wahrheit, Gerechtigkeit, Liebe und Freiheit« gerichtet sind (Formulierung von Papst Johannes XXIII. in seinem Rundschreiben »Pacem in terris«)[1]. Den politischen Zusammenschluß Europas auf föderativer Grundlage, die deutschfranzösische Verständigung, die Festigung der Europäischen Wirtschaftsgemeinschaft, die Hilfe für die Entwicklungsländer werten wir nicht nur als notwendige innere Festigung der freien Welt, sondern auch als Vorbilder für das Zusammenleben im östlichen Mitteleuropa.

Anmerkung:
[1] Zum Text vom 11. 4. 1963: Siehe S. 56.

Quelle:
»Volksbote«, München; Jg. 15, Nr. 32 v. 10. 8. 1963; S. 8.

****

Regierungserklärung **1963, 18. Oktober**
von Bundeskanzler Erhard (CDU):
Verhältnis zu Osteuropa verbessern

...
Die Bundesregierung wird der weiteren Verbesserung des Verhältnisses zwischen der Bundesrepublik Deutschland und den osteuropäischen Staaten ihre volle Aufmerksamkeit widmen. Sie ist bereit, mit jedem dieser Staaten Schritt für Schritt zu prüfen, wie man auf beiden Seiten Vorurteile abbauen und vorhandenen Sorgen und Befürchtungen den Boden entziehen kann ...

Quelle:
Bulletin; Nr. 186 v. 19. 10. 1963; S. 1623.

****

Rundbrief der SL: **1964, Februar**
Die Sudetenfrage[1] *im Deutschen Fernsehen*[2]

An die Gliederungen der Sudetendeutschen Landsmannschaft.
Betrifft: Petition an das Deutsche Fernsehen
Das Deutsche Fernsehen hat in der Reihe »Panorama« am 27. Januar 1964 eine Sendung über das Verhältnis der Sudetendeutschen zur Tschechoslowakei ausgestrahlt, die mit Hilfe von einseitig und tendenziös ausgewählten Ausschnitten die kommunistischen Machthaber in Prag als friedliebende Menschen, die Sudetendeutsche Landsmannschaft und ihren Sprecher aber als Revanchisten und Kriegstreiber darstellt. Die vom Fernsehen in der Bundesrepublik befragten Landsleute wurden über die Verwendung ihrer Aussagen getäuscht und aus ihren Äußerungen wurden nur jene Bruchstücke verwendet, die in den Rahmen der tendenziösen Sendung paßten. Die Unterdrückung des Selbstbestimmungsrechtes in der Tschechoslowakischen Republik und die völkerrechtswidrige, mit Mord, Totschlag und Beraubung durchgeführte Austreibung von 3 Millionen Deutschen blieb unerwähnt.

Landsleute!
Die Sudetendeutsche Landsmannschaft ist nicht gewillt, eine derart entstellende Behandlung des Sudetenproblems und die Verunglimpfung führender Landsleute durch maßgebliche Träger der öffentlichen Meinungsbildung widerspruchslos hinzunehmen. Sie verlangt energisch, daß im Deutschen Fernsehen unser Problem und die Zielsetzung der Landsmannschaft in historischer und politischer Wahrhaftigkeit dargestellt werden.

Amtsträger!
Sorgt bitte dafür, daß diese Forderung der Sudetendeutschen Landsmannschaft durch tausende Unterschriften von Mitgliedern und anderen deutschen Mitbürgern unterstützt wird. Geht selbst mit den Listen von Haus zu Haus und sprecht bei den Besuchen über unsere sudetendeutsche Sache!
Eile tut not! Je früher der Bundesvorstand im Besitz der Unterschriften[3] ist, desto wirkungsvoller wird die Aktion sein! Ihre Initiative und Ihr Einsatz sind entscheidend für den Erfolg.[4]

Anmerkungen:
1 Die zunehmende Aversion vieler deutscher Massenmedien gegen rechtlich fundierte deutsche Ostpolitik schlug sich in oft wenig objektiver Berichterstattung und hämisch angelegter Kommentierung von Arbeit und Treffen der Vertriebenenverbände nieder. Die Empörung darüber hatte sich im Zusammenhang mit einer Fernsehsendung vom 7. 5. 1963 über Breslau beim Schlesiertreffen in Köln am 10. 6. 1963 in heftigen Angriffen gegen den Reporter Jürgen Neven du Mont entladen.

Vgl. »Die SPD-Fraktion im Deutschen Bundestag. Sitzungsprotokolle 1961–1966«; hsg. v. Heinrich Potthoff; 2 Bde.; Bd. 1; Düsseldorf, 1993; S. 308.
Jetzt war in ähnlicher Weise über das deutsch-tschechische Verhältnis berichtet worden.
Erst nach 1990 sollte aus Stasi-Akten die DDR-Steuerung und -finanzierung vieler Journalisten, Redakteure und Herausgeber deutlich werden, die zusätzlich in einigen Fällen wegen ihrer NS-Vergangenheit in den Propagandakompanien von Dr. Joseph Goebbels erpreßbar waren.

[2] Bis 1963 war in der BR Deutschland nur ein einziges Fernsehprogramm empfangbar: Das damalige »Deutsche Fernsehen« der ARD war der Vorläufer des heutigen (1998) »Ersten deutschen Fernsehens«.
Die große Bedeutung dieser damaligen Monopolstellung ist aus der Entwicklung der Zahl der Fernsehgenehmigungen ablesbar. Sie betrugen (in Mio): 1954: 0,08; 1958: 2,1; 1962: 7,2; 1966: 12,7.

[3] Die SL übergab der ARD ca. 108.000 Unterschriften. Daraufhin erfolgte nicht einmal eine Empfangsbestätigung.

[4] Das praktische Ergebnis der Aktion kann nicht besser charakterisiert werden als durch die bittere Klage, die der bayerische Staatsminister Hans Schütz wenige Monate später gegen den Bayerischen Rundfunk führte:
»Du sollst kein falsches Zeugnis geben!
Das Bayerische Fernsehen kündigte für den 21. 5. 1964 einen Bildbericht über den Verlauf des Sudetendeutschen Tages an. Er enttäuschte. Wieder einmal.
Es mag sein, daß dem Bayerischen Rundfunk als einer Anstalt des öffentlichen Rechts die Meinung derer, die ihre ›Ware‹ abzunehmen genötigt sind, schnuppe ist. Trotzdem sollte man immer wieder sagen: Kommt Zeit, kommt Rat. Auch für die verantwortlichen Leute einer Monopolanstalt.
Als das Bild aufblendete, sah man die Ruinen auf dem ehemaligen Reichsparteitagsgelände. Das war sozusagen für das Bayerische Fernsehen das Stigma des Sudetendeutschen Tages. Dann kamen die Trommelbuben. Der Rundfunk mokierte sich an den grauen Hemden und den Pfadfinderknoten. Dann erschien ein Mädchen. Da sah man nur das Gesicht. Nebenbei ein schönes Gesicht. Das ganze Mädchen zeigte man nicht, weil man an ihrem Dirndlkleid vorläufig beim allerbesten Willen nicht herummeckern konnte. Das aber wollte man. Die Sache ist ernster, als die leichtsinnigen Filmschneider sich vorstellen. Da sind etwa 10.000 junge Menschen bei diesem Sudetendeutschen Tag. Die Stadtverwaltung, deren Entgegenkommen man immer wieder betonen muß, weist für das Zeltlager jedes zur Verfügung stehende Gelände an. Die Jungen zelten. Die Jungen, die zumeist nach 1940 geboren sind. Die bei Gott nichts mit dem Nationalsozialismus zu tun hatten und die deshalb auch keine Vergangenheit zu bewältigen haben. Aber sie werden verleumdet. Kennen die verantwortlichen Leute im Bayerischen Fernsehen jenes achte Gebot nicht mehr, daß man ›kein falsches Zeugnis geben darf wider seinen Nächsten‹ und daß die Verleumdung im politischen Leben zu den abscheulichsten Dingen gehört?
...
Nichts berichtete das Fernsehen über die Karlspreisverleihung an den 86jährigen jüdischen Professor Hertz, der sowohl Kaiser Franz Josef als auch den Sozialdemokraten Karl Renner beraten hatte. Der durch über 50 Jahre gradlinig für ein föderatives Mitteleuropa eingetreten ist und diese Thesen auch an britischen Universitäten verkündete.
Nichts hatten die Berichterstatter von dem hervorragenden Vortrag des Bayerischen Kultusministers Prof. Maunz gehört, den er aus Anlaß der Verleihung des Kulturpreises an das Köckert-Quartett und der Förderpreise an Künstler hielt. Auch den Bayerischen Ministerpräsidenten Goppel hat das Fernsehen weder gehört noch gesehen.
Nur die Dinge, die das Fernsehen glaubt für seine überwiegend negative Meinung zurechtbiegen zu können, sind ihm deutlich geworden.
Es war ein falsches Zeugnis, das hier abgelegt wurde. Und widersprach daher dem Gebot, das auch für Intendanten des Bayerischen Rundfunks und für alle seine Mitarbeiter immer noch gilt.«
Vgl. »Der Volksbote«, München; Jg. 16, Nr. 22 v. 30. 5. 1964; S. 1.

Quelle:
Eigene Aufzeichnung des Verfassers; Abdruck in DzS, 4. Aufl.; S. 351 f.

****

Rede[1] **1964, 11. Juni**
von Bundeskanzler Ludwig Erhard (CDU):
Münchner Abkommen von Hitler zerrissen

...
Der einzige unmittelbare Nachbar der Bundesrepublik unter den osteuropäischen Staaten ist heute die Tschechoslowakei. Die Politik der Bundesrepublik Deutschland diesem Staat gegenüber ist in der letzten Zeit bedauerlicherweise ins Zwielicht geraten. Ich erkläre daher hier ausdrücklich und eindeutig: Das Münchner Abkommen vom Jahre 1938 ist von Hitler zerrissen worden. Die Bundesregierung erhebt gegenüber der Tschechoslowakei keinerlei territoriale Forderungen und distanziert sich ausdrücklich von Erklärungen, die zu einer anderen Deutung geführt haben.
...

Anmerkung:
[1] Vor dem »Council on Foreign Relations« in New York.

Quelle:
Bulletin; Nr. 93 v. 12. 6. 1964; S. 849–852, hier S. 851.

****

Erklärung der FDP: **1964, 15. Oktober**
Anerkennung von Heimat- und Selbstbestimmungsrecht der Sudetendeutschen

Am 15. Oktober 1964 fand in Bonn ein Gespräch zwischen dem Bundesvorstand der Freien Demokratischen Partei (FDP) und dem Bundesvorstand der Sudetendeutschen Landsmannschaft (SL) statt.
Die Vertreter der FDP gaben in der gemeinsamen Sitzung folgende Erklärung ab:
1. Die FDP anerkennt die positive politische Haltung der sudetendeutschen Vertriebenen, die einen wesentlichen Beitrag zum deutschen Wiederaufbau und zur Stärkung der Demokratie im freien Teil Deutschlands geleistet haben.
2. Die FDP erneuert nachdrücklich ihre Stellungnahme, die sie im Bundestag anläßlich der gemeinsamen Verabschiedung der Erklärung zur sudetendeutschen Frage vom 14. Juli 1950[1] abgegeben hat. Unverändert lehnt die FDP es ab, daß die völkerrechtswidrige und unmenschliche Austreibung der Sudetendeutschen als unabänderlich, gerecht und endgültig anerkannt wird, wie es das Sowjetzonenregime getan hat. Unverändert stellt die FDP fest, daß eine solche Anerkennung »nicht vereinbar mit dem unveräußerlichen Anspruch des Menschen auf seine Heimat« ist.
3. Die FDP wird sich auch weiterhin für dieses unveräußerliche Menschenrecht und für das hieraus erwachsende Selbstbestimmungsrecht der sudetendeutschen und darüber hinaus aller anderen Volksgruppen einsetzen.
4. Die FDP wird sich dafür einsetzen, daß das IV. Ergänzungsprotokoll zum Europäischen Abkommen über den Schutz der Menschenrechte und Grundfreiheiten vom 16. September 1963, dessen Art. 3 und 4 dem Heimatrecht für die beigetretenen Staaten aufs neue eine feste völkerrechtliche Gestalt verleiht[2], vom Deutschen Bundestag so bald wie möglich ratifiziert wird.
5. Die zukünftige deutsche Friedensregelung muß, wenn sie diesen Namen wirklich verdienen will und dauerhaft sein soll, dem Heimat- und Selbstbestimmungsrecht aller Deutschen Rechnung tragen. Das deutsche Volk ist aufgerufen, diesen Anspruch immer wieder aufs neue zu bekunden. Die deutsche Außenpolitik hat jeden ihrer Schritte vorher darauf zu prüfen, ob er geeignet sein könnte, die Verwirklichung dieses Anspruchs zu erschweren. Die FDP wird sich auch weiterhin jedem Versuch widersetzen, die deutsche Außenpolitik durch Verzichterklärungen einzuengen.

6. Auch die sudetendeutsche Frage kann nur im Zuge der allgemeinen deutschen Friedensregelung endgültig gelöst werden. Die FDP bekräftigt die Entschließung ihres Bundeskongresses für Vertriebene und Flüchtlinge vom 6. September 1964 in Braunschweig, wonach die Diskussion über die Gültigkeit des sogenannten »Münchner Abkommens« den Anspruch auch der Sudetendeutschen auf ihr Heimat- und Selbstbestimmungsrecht in keiner Weise berührt.
7. Die FDP hat zur Kenntnis genommen, daß die Sudetendeutsche Landsmannschaft als die legitime heimatpolitische Vertretung der Sudetendeutschen diejenige Lösung der Sudetenfrage als die beste betrachtet, der auch das tschechische Volk im Geiste einer gesamteuropäischen Verständigung frei zustimmen kann (Punkt 17 und 20 der landsmannschaftlichen »20 Punkte zur Sudetenfrage« von 1961)[3]. Die FDP unterstützt die Sudetendeutsche Landsmannschaft in dieser Auffassung und erwartet, daß sie diesen verantwortungsbewußten Geist in den Reihen der in Freiheit lebenden Sudetendeutschen auch in Zukunft lebendig hält. Die FDP wird das Ihre dazu beitragen, der Sudetendeutschen Landsmannschaft die Erfüllung aller damit verbundenen Aufgaben zu ermöglichen und zu erleichtern.

Anmerkungen:
1 Zum Text der sog. Obhutserklärung: Siehe S. 723.
2 Zum Text: Siehe S. 57; das Genehmigungsgesetz der BR Deutschland wurde am 9. 5. 1968 verabschiedet.
3 Zum Text: Siehe S. 767.

Quelle:
»Die politischen Parteien und die Sudetenfrage«; hsg. v. Erich v. Hoffmann; Bonn, 1966; S. 22 ff.

****

Feststellung **1964, 16. Oktober**
von Bundeskanzler Erhard (CDU)[1] vor dem
Präsidium des Sudetendeutschen Rates[2] und dem Vorsitzenden der SL:
Fehlen territorialer Forderungen schließt Heimat- und Selbstbestimmungsrecht der Sudetendeutschen nicht aus

Der Bundeskanzler empfing das Präsidium des Sudetendeutschen Rates und den Vorsitzenden des Bundesvorstandes der Sudetendeutschen Landsmannschaft zu einer eingehenden Aussprache, die in offener und vertrauensvoller Atmosphäre stattfand. Der Bundeskanzler würdigte den großen Beitrag, den die Sudetendeutschen zum Wiederaufbau unseres Landes und zur Festigung seiner freiheitlich-demokratischen Grundordnung geleistet haben.
Der Bundeskanzler stellte fest, daß die Bundesrepublik Deutschland keine territorialen Forderungen an die Tschechoslowakei erhebt. Diese Feststellung schließt das Heimat- und Selbstbestimmungsrecht der Sudetendeutschen nicht aus.
Die Vertreter der Sudetendeutschen bekräftigen ihren Willen, ausschließlich auf friedlichem Wege für ihre Rechte einzutreten. Die Gesprächsteilnehmer stimmten überein, auf dem Wege der Verständigung eine dauerhafte, gerechte und einem wahren Frieden dienende Ordnung zu schaffen. Sie stellten ferner fest, daß die Lösung der aus der ungerechten Vertreibung entstandenen Probleme Sache des ganzen deutschen Volkes und seiner verfassungsmäßigen Organe ist.

Anmerkungen:
1 In Anwesenheit u. a. der Bundesminister Lemmer und Westrick sowie der Staatssekretäre Prof. Carstens, Nahm und Krautwig.
2 Wenzel Jaksch, Hans Schütz, Hans Christoph Seebohm.

Quelle:
Aufzeichnung eines Gesprächsteilnehmers; Abdruck in DzS, 4. Aufl.; S. 354.

****

Erklärung der CDU: **1964, 16. November**
Heimat- und Selbstbestimmungsrecht der Sudetendeutschen

Auf Einladung des Vorsitzenden der Christlich-Demokratischen Union, Bundeskanzler a. D. Dr. Adenauer, und des Geschäftsführenden Vorsitzenden Josef Hermann Dufhues fand am 16. November 1964 in Bonn ein Gespräch bevollmächtigter Vertreter der CDU mit den Vertretern der Sudetendeutschen Landsmannschaft statt.
Als Ergebnis des Gesprächs halten die Teilnehmer in gegenseitiger Übereinstimmung fest:

1. Die CDU erkennt an, daß die Sudetendeutschen einen maßgeblichen Beitrag zum sozialen, wirtschaftlichen und kulturellen Wiederaufbau der Bundesrepublik Deutschland geleistet haben und daß sie sich stets als ein Element der Ordnung und Stabilität in unserem demokratischen Staat bewährt haben und bewähren. Insbesondere würdigt die CDU das Bekenntnis der Sudetendeutschen zu einem freien Europa, das auf der Partnerschaft gleichberechtigter Völker und Volksgruppen beruhen soll, als einen entscheidenden Beitrag für die Neuordnung Europas.
   Die Treue der Sudetendeutschen zu ihrer Heimat, ihrem Recht und ihrem Volkstum dient in hohem Maße der Erhaltung des gesamtdeutschen Bewußtseins und damit der Wiedervereinigung Deutschlands und der Freiheit Berlins.
2. Die CDU anerkennt die Sudetendeutsche Landsmannschaft als die legitime heimatpolitische Vertretung der Sudetendeutschen Volksgruppe in der Vertreibung. Die CDU bekräftigt ihre offiziellen Erklärungen zu den Fragen der deutschen Heimatvertriebenen. Sie will weiterhin für die soziale Eingliederung und die Gleichstellung der heimatvertriebenen Staatsbürger mit den einheimischen Staatsbürgern eintreten und sich grundsätzlich für die Anerkennung und Durchsetzung des Heimatrechts und des Selbstbestimmungsrechts aller europäischen Völker und Volksgruppen, in Sonderheit aller deutschen Volksgruppen, einsetzen. Daher vertritt die CDU nach den Grundsätzen ihres Parteiprogramms das Recht der Sudetendeutschen auf ihre angestammte Heimat und das Selbstbestimmungsrecht der sudetendeutschen Volksgruppe in ihrer Heimat. Dabei erinnert die CDU an die Erklärung des Deutschen Bundestages vom 14. 7. 1950[1], nach der die Sudetendeutschen insgesamt in die Obhut der Bundesrepublik Deutschlands genommen wurden. Die CDU ist der Auffassung, daß jede deutsche Bundesregierung die Pflicht hat, das Heimatrecht und das Selbstbestimmungsrecht der Sudetendeutschen zu vertreten, und wird sich dafür einsetzen und sich dafür verwenden, daß die Bundesrepublik Deutschland über das Schicksal der Sudetendeutschen und ihrer Heimat nur im Einvernehmen mit den Sudetendeutschen verhandeln wird.
3. Die CDU wird sich dafür einsetzen, daß das IV. Ergänzungsprotokoll zum Europäischen Abkommen über den Schutz der Menschenrechte und Grundfreiheiten vom 16. 9. 1963[2], dessen Art. 3 und 4 dem Heimatrecht für die beigetretenen Staaten aufs neue eine feste völkerrechtliche Gestalt verleihen, von der Bundesrepublik Deutschland so bald wie möglich ratifiziert wird.
4. Die CDU stellt fest, daß mit der widerrechtlichen Vertreibung der Sudetendeutschen aus ihrer angestammten Heimat die sudetendeutsche Frage nicht erledigt ist.
5. Die Auffassung des völker- und staatsrechtlichen Fortbestehens Deutschlands in den Grenzen von 1937[3] schließt eine völker- und staatsrechtliche Lösung auf der Grundlage des Heimat- und Selbstbestimmungsrechts für die Sudetendeutschen nicht aus.
6. Die CDU ist davon überzeugt, daß die Sudetendeutschen auch in Zukunft auf allen Lebensgebieten eine friedliche Politik verfolgen, die der Freiheit und Einheit des deutschen Volkes, der Integration Europas und der Erhaltung der Bundesgenossenschaft mit der westlichen Welt dient.

Anmerkungen:
1 Zum Text: Siehe S. 723.
2 Zum Text: Siehe S. 57; Genehmigungsgesetz der BR Deutschland v. 9. 5. 1968.
3 Die weitere Entwicklung kann durch folgende Pressemeldung über eine Feststellung des CDU-Parteitags in Düsseldorf im März 1971 belegt werden:
»Das Münchner Abkommen von 1938 sehen wir in seinen territorialen Auswirkungen als nicht mehr gültig an.«

Quelle:
»Die politischen Parteien und die Sudetenfrage«; hsg. v. Erich v. Hoffmann; Bonn, 1966; S. 25 f.

****

Stellungnahme der britischen Regierung[1] zum Münchner Abkommen: **1965, April**
Münchner Abkommen ist tot, aber nicht nichtig

Die derzeitige britische Regierung halte das sogenannte Münchner Abkommen[2] . . . für abscheulich und ungerecht und betrachte es als seit vielen Jahren tot.[3] Gleichzeitig weigerte sich Stewart[4] jedoch, das Abkommen als von Anfang an null und nichtig zu erklären: Es mache einen erheblichen Unterschied, ob man ein völkerrechtliches Abkommen als ungerecht oder ob man es als niemals abgeschlossen bezeichnet; letzteres würde einen gefährlichen Präzedenzfall hinsichtlich des Grundsatzes der Heiligkeit der Verträge darstellen. ⟨[5]⟩

Anmerkungen:
1 Abgegeben durch Außenminister Michael Stewart anläßlich eines Besuches in Prag gegenüber ČSSR-Außenminister Václav David.
2 Zum Text vom 29. 9. 1938: Siehe S. 415.
3 Zum Text der britischen Erklärung vom 5. 8. 1942: Siehe S. 477.
4 In einer späteren Sendung des Zweiten Deutschen Fernsehens (ZDF) am 20. 1. 1971 präzisierte Stewart u. a.:
»Wir können alle, soviel und so oft wir wollen, sagen, daß dieses Abkommen niemals gültig war, nichtsdestoweniger, es würde nicht wahr sein; es ist tatsächlich geschehen. Es wäre, als ob wir sagten, daß der einzige Weg, auf dem zwei Leute geschieden werden können, der ist, zu behaupten, sie seien gesetzlich nie verheiratet gewesen.«
Wiedergabe nach eigener Aufzeichnung des Verfassers.
5 Zur weiteren Entwicklung der britischen Meinung: Siehe S. 788 sowie (für 1990–1996) S. 945 f.

Quelle:
»The Times« ⟨*TZ.*⟩; London; Nr. 56.304 v. 24. 4. 1965; S. 8.

****

»Übersicht« des Staatssicherheitsdienstes (Stasi) der DDR[1] »über die feindliche Tätigkeit der revanchistischen Landsmannschaften, ihrer Organisationen und Einrichtungen gegen die DDR«[2] **1965, Juli**
Jährlicher, verdeckter »Kleiner sudetendeutscher Tag« im Leipziger Zoo

Vorbemerkung:
In diesem Material wird nicht die gesamte, gegen die DDR und gegen andere sozialistische Länder gerichtete Tätigkeit der revanchistischen Landsmannschaften, Organisationen usw. behandelt. Der Zweck dieser Übersicht besteht vielmehr darin, die Schwerpunkte der Tätigkeit der revanchistischen Organisationen zur Beeinflussung und Ausnutzung von DDR-Bürgern für die Bonner Revanchepolitik herauszuarbeiten und – soweit möglich – die Wirksamkeit dieser feindlichen Tätigkeit einzuschätzen.
. . .

Mit der von den sogen. Vertriebenen-Landsmannschaften nach wie vor betriebenen systematischen Erfassung ehem. Umsiedler werden weitere Voraussetzungen geschaffen, um durch die personelle Erfassung von DDR-Bürgern, Feststellungen von Konzentrationen ehem. Umsiedler usw. Anhaltspunkte für die Ausnutzung von DDR-Bürgern für eine feindliche Tätigkeit zu gewinnen.
In den »Heimat«- bzw. »Heimatortskarteien«, die größtenteils nach Orten und Kreisen der ehem. deutschen Ostgebiete gegliedert sind, sind viele in der DDR lebende ehem. Umsiedler mit genauen Personalien erfaßt.[3] Auch jetzt werden noch große Anstrengungen unternommen, um diese Karteien zu ergänzen und zu vervollständigen. Es liegen zahlreiche Hinweise vor, nach denen DDR-Bürger brieflich um Angaben ihnen bekannter ehem. Umsiedler und Anschriften usw. gebeten werden. Vielfach werden zu diesen Zwecken Fragebogen, Erhebungsblätter usw. – die Formen sind nicht einheitlich – zugeschickt. Auch hier treten die »Landsmannschaft Schlesien« und die »Sudetendeutsche Landsmannschaft« am aktivsten in Erscheinung. Private Briefe vom kirchlichen Suchdienst werden ebenfalls für diese Zwecke ausgenutzt.

...

Als zahlenmäßig größte Zusammenkünfte sind die jährlich jeweils am 1. Sonntag nach Pfingsten stattfindenden Treffen ehem. Umsiedler aus der CSSR[4] im Leipziger Zoo anzusehen. Der Teilnehmerkreis umfaßt immer mehrere hundert Personen aus verschiedenen Bezirken der DDR. Die revanchistischen Ziele der Landsmannschaften werden hier in individuellen Gesprächen diskutiert. Es ist bekannt, daß dieses Treffen jedes Jahr ohne vorherige Einladung stattfindet. Bestimmte Organisatoren dieser Zusammenkünfte wurden bisher nicht bekannt. Verbindungen nach Westdeutschland oder Westberlin wurden ebenfalls noch nicht festgestellt. (Operative Bearbeitung erfolgt.)
Ein Lehrer aus dem Kreis Röbel, der mit der »Sudetendeutschen Landsmannschaft« in Verbindung steht und bis zum 13. 8. 61 regelmäßig an Revanchistentreffen teilgenommen hatte, verfolgt die Absicht, im Kreis Röbel ein Treffen ehem. Umsiedler zu organisieren (wird z. Zt. operativ bearbeitet).

...

Der DDR-Bürger ⟨[5]⟩ (Berlin-Wilhelmsruh, beschäftigt im VEB Großdampferzeugerbau) unterhielt bis zum 13. 8. 61 Beziehungen zu der sogen. Vertriebenenorganisation der »Egerländer«, deren Geschäftsführer ⟨[5]⟩ ist. ⟨[5]⟩ hat verwandtschaftliche Verbindungen nach Österreich und weilte dort bereits zu Besuch. Im Jahre 1964 fuhr er in die CSSR. Er verfügt über Adressenmaterial aus der CSSR. (⟨[5]⟩ wird von der Verw.Gr.Bln des MfS z. Zt. »nicht direkt« operativ bearbeitet.)

...

Anmerkungen und Quellen:

[1] Der Verfasser hatte den »Bundesbeauftragten für die Unterlagen des SSD der ehemaligen DDR« (sog. Gauck-Behörde) im August 1993 um Einsicht gebeten in die vorliegenden »Materialien zur Ausspähung von ⟨1.⟩ Vertriebenen in der ehem. DDR und ⟨2.⟩ Vertriebenenorganisationen/-einrichtungen und deren Mitgliedern in den alten Ländern der BR Deutschland«.
Zum Materialienbereich 2 wurde erklärt, daß dieser in der Stasi-H(aupt)A(bteilung) 12 des Spionagechefs Markus Wolf bearbeitet worden war, deren Unterlagen vollkommen vernichtet worden wären.
Zum Materialienbereich 1 wurden Unterlagen aus den Beständen der HA 8 (Observation und Kontrolle von Personen), 20/4 (Kirchen) und 22 (Terrorabwehr) sowie der Z(entralen)A(uswertungs- und) I(nformations-)G(ruppe) vorgelegt.
Die hier teilweise wiedergegebene »Übersicht« ist die inhaltlich bemerkenswerteste, entstammt den Beständen ZAIG, trägt die Ordnungsnummer 4625, hat den Umfang von 28 ms. Seiten und enthält als hs. Vermerk auf S. 1 rechts oben »7 Ex« sowie links unten »Verteiler: 1.⟨–⟩4. ⟨*ohne Angabe*⟩, 5. ⟨*und*⟩ 6. HA XX/5, 7. Ablage«. Hervorhebung im Original.
Daraus wurden S. 1 und 24–28 teilweise wiedergegeben.

[2] Nach Lage der Dinge muß angenommen werden, daß es zu diesem Thema weitere Berichte vergleichbaren Präzisionsgrades gab, die möglicherweise künftig erschlossen werden.

[3] Die Angabe traf (und trifft) für die »Heimatortskartei der Sudetendeutschen« in Regensburg durchaus zu: Sie erfaßte bereits um 1964 über 330.000 Sudetendeutsche in der damaligen DDR.
[4] Da die Sudetendeutschen Tage in der BR Deutschland/Österreich jährlich zu Pfingsten stattfanden, ist die Annahme zulässig, daß die Terminierung der Zusammenkünfte im Leipziger Zoo jeweils eine Woche nachher hiermit im Zusammenhang stand.
Informationen hierzu liegen jedoch nicht vor.
[5] An diesen Stellen enthaltene Angaben wurden aus Datenschutzgründen gelöscht.

****

Denkschrift **1965, 15. Oktober**
des Rates der Evangelischen Kirche in Deutschland (EKD):
»Die Lage der Vertriebenen und das Verhältnis des deutschen Volkes zu seinen östlichen Nachbarn«
Der »negative Begriff ›Verzicht‹« ist durch Versöhnung zu ersetzen

...

Die Überprüfung der völkerrechtlichen und der theologisch-ethischen Aspekte hat gezeigt, daß die Frage der deutschen Ostgrenzen sich nicht mit absoluten Argumenten des Rechtes und der Ethik[1], mit den Mitteln einer Theologie der Schöpfung und der Geschichte lösen läßt. Von hier aus kann nur eine Hilfe für Entscheidungen geleistet werden, denen das deutsche Volk und seine Nachbarn[2] nicht ausweichen können. Es handelt sich dabei um politische Entscheidungen, die in vernünftiger Einschätzung der Situation und in verantwortungsvoller Mitarbeit an einer dauerhaften Friedensordnung zwischen den Völkern getroffen werden müssen. Die in dieser Denkschrift dazu aufgeführten rechtlichen, ethischen und theologischen Überlegungen, die auch in ein politisches Handeln eingehen müssen, sollen dahin wirken, eine neue Bewegung in die politischen Vorstellungen des deutschen Volkes hineinzubringen[3] und auch den Nachbarn im Osten einen Dialog auf neuer Ebene anzubieten ...
Eine künftige haltbare Friedensordnung kann im Verhältnis des deutschen Volkes zu seinen östlichen Nachbarn[2] nur im Zeichen eines neuen Anfanges verwirklicht werden. Über den gegenwärtigen Zustand einer so gut wie völligen Entfremdung und gegenseitiger Furcht- und Haßgefühle[4] hinaus muß es zu einer Versöhnung kommen, die auch zwischen Völkern[2] möglich ist. Dem Frieden der Welt und einer Neuordnung Europas sind die beteiligten Völker[2] ein äußerstes Maß an Anstrengung schuldig, die zwischen ihnen stehenden Fragen unter Berücksichtigung der beiderseitigen Standpunkte zu erörtern und neu zu regeln.
...
Der Wert dieser Regelungen ist von der beiderseitigen Einsicht in ihre Notwendigkeit und von der beiderseitigen Zustimmung zu dem damit angestrebten neuen Anfang abhängig. An dieser Stelle wird auch deutlich, daß der negative Begriff »Verzicht«[5] eine ganz und gar unzulängliche Bezeichnung für den deutschen Beitrag zu einer Friedensregelung ist, die eine neue Partnerschaft zwischen Völkern[2] begründen soll. Wenn die künftige Regelung der Gebietsfragen das Verhältnis zwischen den beteiligten Völkern[2] stabilisieren soll, dann muß sie das Ergebnis eines wirklichen Dialogs und Ausdruck des Willens zur Versöhnung sein ...
Das formale Argument, daß nur eine künftige gesamtdeutsche Regierung zu so weittragenden Entscheidungen befugt sei, kann es nicht länger rechtfertigen, auch die Klärung der hier auf dem Spiele stehenden Grundsatzfragen auf unbestimmte Zeit zu verschieben. Das deutsche Volk muß auf die notwendigen Schritte[3] vorbereitet werden, damit eine Regierung sich ermächtigt fühlen kann zu handeln, wenn es not tut. Solche Vorbereitung ist auch darum unabweisbar geworden, weil die weltpolitische Situation sich gegenüber den 50er Jahren deutlich verändert hat. Während sich damals in Ost und West zwei ideologisch bestimmte Machtblöcke gegenüberstanden, die ein selbständiges Handeln einer deutschen

Regierung nahezu ausschlossen, sind heute die Fronten in Bewegung geraten. In dieser Lage erwarten auch die westlichen Verbündeten der Bundesrepublik Deutschland von dieser einen Beitrag zur Entspannung, der nur möglich ist, wenn die Regierung damit rechnen kann, im deutschen Volk Verständnis und Zustimmung[3] zu einem Schritt im Geiste der Versöhnung gegenüber unseren östlichen Nachbarvölkern[2] zu finden.
Welche Schritte im einzelnen das Ziel der Versöhnung und Neuordnung am besten fördern, kann wiederum nicht in dieser Denkschrift erörtert werden. Sicher ist nur, daß es nicht genügen wird, den deutschen Rechtsstandpunkt starr und einseitig zu betonen, daß auf der anderen Seite aber einer deutschen Regierung auch nicht zugemutet werden kann, ihren Rechtsstandpunkt von vornherein und bedingungslos preiszugeben. Vielmehr wird es zunächst darauf ankommen, im deutschen Volk selbst und nach außen eine Atmosphäre[3] zu schaffen, in der dann auch in einzelnen Schritten Akte der Versöhnung mit den östlichen Nachbarn[2] möglich werden ...
Die vorliegende Denkschrift ... sieht eine Aufgabe der Kirche darin, dem deutschen Volk die Ziele, auf die es ankommt, deutlicher bewußt zu machen, als das in der innerdeutschen Diskussion meist geschieht, und die in dieser Diskussion so oft zutage tretenden Widerstände gegen diese Ziele auszuräumen. Ist damit der Handlungsraum der Politiker erweitert[3], so bleibt es ihre Aufgabe, von dieser Möglichkeit den rechten Gebrauch zu machen.[6]
...

Anmerkungen:

[1] Zur dazu erforderlichen Relativierung von Grundwerten ein Beispiel der Denkschrift:
»Der Glaube an Gott begründet ein solches Verhältnis zur Heimat, daß der Christ zum gehorsamen Gebrauch ihrer Güter ebenso in der Lage ist, wie er zum Verzicht auf sie bereit sein muß.«

[2] Die Denkschrift strebte eine »Regelung der Gebietsfragen« an. Die Begriffe, die dabei für Ostmitteleuropa ausschließlich verwendet wurden, waren »Nachbarn«, »Völker« und »Nachbarvölker«.
Daß Regelungen von Grenzfragen nur mit (zeitweiligen) Regierungen – 1965 eben kommunistisch/atheistischen Minderheitsdiktaturen – hätten erfolgen können, fand in der Denkschrift keine Erwähnung.

[3] Das politische Ziel der Denkschrift konnte aus deren Formulierungen unschwer abgelesen werden: Es bestand darin, »Bewegung in die politischen Vorstellungen des deutschen Volkes« durch dessen Vorbereitung »auf die notwendigen Schritte« zu bringen, indem über die Schaffung einer »Atmosphäre« von »Verständnis und Zustimmung« für »die notwendigen Schritte« der »Handlungsraum der Politiker« in Richtung auf Verzicht erweitert werden sollte.
Dafür war auch das Politikverständnis der Denkschrift recht dubios. Zunächst wurden die politischen Amtsträger zu bloßen Manipulatoren reduziert:
»An einer politischen Neuordnung ... wirken ... eine Reihe von rechtlichen, politischen und menschlichen Faktoren mit, deren Zusammenspiel zu dirigieren und im rechten Augenblick zu Entscheidungen zu bringen Aufgabe der politischen Führung ist.« Sodann wurden die rechtlichen Faktoren eliminiert und die politisch-menschlichen mit Ewigkeitswert ausgestattet:
»Die Opfer, die von dem deutschen Volk erwartet werden, leistet es nur, wenn es geschichtlich denkt und sich darin der Einsicht in eine höhere Notwendigkeit beugt.«
Damit wurde politisches Handeln über seine Entmoralisierung zum Vollzugsvorgang einer Art von vorgegebenem historischem Karma denaturiert.

[4] Worauf diese Gefühle beruhten, wurde in der Denkschrift nicht untersucht.

[5] Demgegenüber schrieben die SPD-Spitzenpolitiker Erich Ollenhauer, Willy Brandt und Herbert Wehner dem Deutschlandtreffen der Schlesier am 7.–9. 6. 1963: »Verzicht ist Verrat, wer wollte das bestreiten.«
Vgl. Jahn, H. E.: »Die deutsche Frage von 1945 bis heute«; Mainz/Rh., 1985; S. 290.
Der Regierende Bürgermeister von Berlin, Willy Brandt, wiederholte dies in seiner Rede zum »Tag der Heimat« im September 1965 in Berlin.

[6] Dieser »rechte Gebrauch« wurde dann auch bald gemacht: Siehe S. 782 ff.

Quelle:
Henkys, Reinhard: »Deutschland und die östlichen Nachbarn«; Stuttgart, 1966; S. 176 ff.

****

Note[1] der Bundesregierung Erhard **1966, 25. März**
an zahlreiche andere Regierungen über die deutsche Friedenspolitik
(Sog. Friedensnote):
Münchner Abkommen von Hitler zerrissen, keine territorialen Ansprüche

...
Die Bundesregierung hat in den vergangenen Jahren mit Polen, Rumänien, Ungarn und Bulgarien amtliche Beziehungen aufgenommen. Sie bemüht sich um solche Beziehungen auch zur Tschechoslowakei[2] und würde es begrüßen, wenn sich wieder ein freundlicheres Verhältnis zwischen der Bevölkerung jenes Staates und dem deutschen Volk ergeben würde.
Die Bundesregierung ist der Auffassung, daß das Münchner Abkommen aus dem Jahre 1938[3] von Hitler zerrissen wurde und keine territoriale Bedeutung mehr hat. Sie erhebt[4] daher, wie sie mehrfach erklärt hat, gegenüber der Tschechoslowakei keine territorialen Ansprüche; sie betont, daß dies die verantwortliche Darstellung der deutschen Politik ist.
Die Bundesregierung verfolgt weder eine Revanchepolitik noch eine restaurative Politik. Ihr Blick ist nicht rückwärts, sondern vorwärts gewandt. Ihr Ziel ist eine gerechte, auf friedlichen Vereinbarungen beruhende europäische Ordnung, in der alle Völker frei und als gute Nachbarn miteinander leben können. Auch die Sowjetunion und die osteuropäischen Staaten sind Teil Europas.
...

Anmerkungen:
1 Die Note entstand in dem durch die EKD-Denkschrift vom 15. 10. 1965 (zum Text: Siehe S. 780) geprägten Umfeld: In diesem meinte ein Referatsleiter der Ostabteilung des deutschen Auswärtigen Amtes, »die Vertriebenenverbände einzeln knacken ⟨*zu sollen*⟩. Wenn wir den Polen in bestimmterer Sprache gegenübertreten, haben wir – wie ich hoffe – jetzt nur noch die Sudetendeutschen gegen uns.«
Blasius, Rainer A.: »Erwin Wickert und die Friedensnote der Bundesregierung vom 25. März 1966« in »Vierteljahreshefte für Zeitgeschichte«; Jg. 43, Nr. 3 (Juli 1995); S. 539–554, hier S. 548.
2 Zur Antwort der ČSSR: Siehe S. 783.
3 Zum Text: Siehe S. 415.
4 In der Referatsfassung des Auswärtigen Amtes hieß es: Die Bundesregierung »hat und erhebt ...«

Quelle:
Meissner, Boris: »Die deutsche Ostpolitik 1961–1970«; Köln, 1970; S. 121.

****

Brief[1] **1966, 29. April**
Bundeskanzler Ludwig Erhards (CDU) an die SL:
Heimat- und Selbstbestimmungsrecht der Sudetendeutschen konnten in »Friedensnote« nicht erwähnt werden

...
In der Besprechung am 16. Oktober 1964[2] habe ich festgestellt, daß die Bundesrepublik Deutschland keine territorialen Forderungen an die Tschechoslowakei erhebt. Diese Feststellung schließe das Heimat- und Selbstbestimmungsrecht der Sudetendeutschen nicht aus. An diesem Standpunkt hält die Bundesregierung auch heute noch fest. Durch die Note der Bundesregierung vom 25. März 1966[3] hat sich daran nichts geändert. Ich bitte Sie zu bedenken, daß diese Note an rund 100 ausländische Regierungen gegangen ist. Darauf mußte bei der Abfassung der Note Rücksicht genommen werden. In der Note konnten nicht alle Einzelprobleme und daher auch nicht die für die Sudetendeutsche Landsmannschaft bedeutsame Erklärung vom 16. Oktober 1964 angesprochen werden ... Die Bundesregierung hat nicht die Absicht, von der bisher verfolgten Linie ihrer Politik abzuweichen.
...

Anmerkungen:
1 Antwort an den Vorsitzenden des Bundesvorstandes, Franz Böhm, der die Formulierung der sog. Friedensnote vom 25. 3. 1966 (siehe S. 782) mit der Feststellung Bundeskanzler Erhards vom 16. 10. 1964 (siehe S. 776) kritisch konfrontierte.
2 Zum Text: Siehe S. 776.
3 Zum Text: Siehe S. 782.

Quelle:
Böhm, Franz: »Weg und Ziel«; München, 1974; faksimilierte Wiedergabe S. 26.

****

Note der ČSSR-Regierung[1]: **1966, 5. Mai**

Münchner Abkommen von Anfang an als ungültig erklären

...

Wenn die Bundesregierung eine tatsächliche Verbesserung der Beziehungen zwischen der ČSSR und der BRD wünscht, und wenn sie beweisen will, daß – wie sie behauptet – sie weder eine Revanchepolitik noch eine restaurative Politik verfolgt, dann ist es unerläßlich, daß sie das sogenannte Münchner Abkommen vorbehaltlos verurteilt und seine von Anfang an bestehende Ungültigkeit[2] ausdrücklich anerkennt.

...

Anmerkungen:
1 Es handelte sich um die Antwort auf die »Friedensnote« der Bundesregierung vom 29. 4. 1966, zum Text: Siehe S. 782.
2 Ein Beispiel zeitgenössisch publizierter Konsequenzen:
»Die tschechoslowakische Regierung, die von der Ungültigkeit des Münchner Abkommens von Anbeginn ausgeht und daher auch von der Ungültigkeit aller Naturalisationsakte, die sich daraus ergaben, vertritt die Ansicht, daß die tschechoslowakischen Deutschen, als ihnen das Eigentum konfisziert wurde, rechtsgültig Bürger der Tschechoslowakei waren. Das bedeutet, daß ihnen der tschechoslowakische Staat für den an der Tschechoslowakei begangenen Verrat als Staatsangehörige der ČSSR das Eigentum konfiszierte, was in der Macht der tschechoslowakischen Behörden lag, und nicht als Ausländern. «
Vgl. Riečan, Jan: »Co brani normalizacii?« (Was steht der Normalisierung im Weg?) in »Pravda« (Wahrheit), ⟨*TZ. d. slowakischen KP*⟩, Preßburg; 13. 6. 1967.

Quelle:
»Weltgeschehen«; hsg. v. Heinrich Siegler; Bd. III; Bonn, 1966; S. 347 ff.

****

Gespräch in Prag zwischen dem Vorsitzenden der SPD-Fraktion im Deutschen Bundestag, Helmut Schmidt, und dem Mitglied des ZK der KPČ, František Kriegel: **1966, Juni**

Ein Gespräch in zwei Darstellungen

⟨*Die nachfolgende Gegenüberstellung weist zunächst die Problematik privater Niederschriften über längere offiziöse Gespräche nach: Die unterschiedlichen Schwerpunkte (bzw. einfachen Auslassungen) sind deutlich feststellbar.*
Darüber hinaus ist die im Berichtsumfeld vermerkte, stark personifizierte Sicht der Sudetenfrage des späteren Bundeskanzlers Schmidt beachtenswert:

A: Eine Darstellung von tschechischer Seite:⟩
»Im Jahre 1966 war er ⟨*d. h. Kriegel*⟩ Vorsitzender des Auslandsausschusses in der ⟨*ČSSR-*⟩ Nationalversammlung. Im Sommer des gleichen Jahres weilte der damalige Vorsitzende

der Bonner Parlamentsfraktion der SPD, Helmut Schmidt (später wurde er Bundeskanzler), mit Gattin und Tochter zu einem sog. privaten Besuch in Prag. Ich begleitete die Familie Schmidt während der ganzen Woche ihres Aufenthaltes, ich zeigte ihnen die Prager Sehenswürdigkeiten, besuchte mit ihnen Lidice und einige unserer Politiker. Großes Interesse hatte Helmut Schmidt gerade an einem Treffen mit dem Vorsitzenden des Auslandsausschusses der Nationalversammlung. Und so empfing ihn Doktor Kriegel. Das Gespräch begann auf eine etwas seltsame Weise: H. Schmidt kam mit der Anregung, wir (d. h. die Tschechoslowaken und die Deutschen[1]) sollten uns gegenseitig verzeihen, was wir uns angetan haben. Doktor Kriegel antwortete ruhig mit einer Frage: Herr Vorsitzender, Sie haben uns etwas zu verzeihen? H. Schmidt begriff sofort seinen Fehler und sprach sein Bedauern aus. Dieses wurde angenommen, und dann unterhielten sich beide über die Möglichkeiten einer Normalisierung der Beziehungen zwischen der ČSSR und der BRD und über internationale Probleme. Es wurde auch die Notwendigkeit erwähnt, daß die Bundesregierung auf die Gültigkeit des Münchner Abkommens von Anfang an verzichtet. Ich glaube, daß beide Partner mit diesem Treffen zufrieden waren.«

⟨*B: Die Darstellung*[2] *von Helmut Schmidt inkl. ihres Umfeldes:*⟩
»...
Eigentlich hätten nach 1945 die aus der wiedererstandenen Tschechoslowakei vertriebenen Führer der deutschen Minderheiten nach Österreich gehen müssen, denn Böhmen und Mähren waren ja erst 1938[2] vom Deutschen Reich okkupiert worden, während sie bis 1918 undenkliche Zeiten zur österreichisch-ungarischen Monarchie gehört hatten. Daß sie statt dessen nach Deutschland gingen, hatte – neben sehr praktischen Gründen – seine Ursache wohl auch darin, daß sich das nationalsozialistische Großdeutsche Reich zum räuberischen Anwalt der deutschsprachigen Staatsbürger der Tschechoslowakei gemacht hatte. So fühlten sich die nationalistischen Vertriebenenpolitiker Jaksch, Czaja und Becher, Mitglieder des Bundestages, möglicherweise als ehemalige Reichsdeutsche und nicht als ehemalige Deutsch-Österreicher. Solche Gedanken sind mir 1966 durch den Kopf gegangen, als ich mich auf den Besuch in Prag vorbereitete.«
⟨*Es folgten Erkenntnisse des »privaten« Besuches:*⟩
»František Kriegel ... hat auf mich den stärksten Eindruck gemacht ...
Kriegel war im Gespräch mit mir zunächst mißtrauisch und vorsichtig. Seine antideutschen Gefühle, aus denen er kein Hehl machte, konnte ich gut verstehen. Vermutlich war er anfangs auch unsicher, wie er mich einschätzen sollte. Ich weiß nicht, ob Kriegel am Schluß unseres mehrstündigen Gespräches etwas freundlicher über mich dachte als am Anfang. Immerhin hatte ich sehr offen die innenpolitische Lage der Bundesrepublik Deutschland – wir befanden uns in der deutlichen Niedergangsphase der Regierung Erhard/Mende – und die von der SPD beabsichtigte Ostpolitik geschildert. Wahrscheinlich hielt mich Kriegel aufgrund meiner Überzeugung, daß eine Regierungsbeteiligung der Sozialdemokraten unmittelbar bevorstehe, für einen Phantasten oder doch für einen großen Optimisten.
Was die Herstellung normaler diplomatischer Beziehungen zwischen unseren beiden Staaten betraf, blieb Kriegel skeptisch. Ich erläuterte unsere Vorstellungen, daß das Münchener Abkommen, mit dem Hitler und Chamberlain 1938 nicht nur die Abtretung des sogenannten Sudetenlandes, sondern praktisch auch das Schicksal der Tschechoslowakei besiegelt hatten, für ungültig erklärt werden müßte. Tatsächlich hat die Regierung Kiesinger/Brandt 1967 das Münchener Abkommen für erledigt (nicht aber für nichtig)[3] erklärt. Bis zur endgültigen einvernehmlichen Regelung und bis zur Herstellung diplomatischer Beziehungen hat es dann noch bis Ende 1973 gedauert. Auch den damals geschlossenen Gewaltverzichtsvertrag[4] mit der ČSSR hatten Kriegel und ich sieben Jahre zuvor schon ziemlich vollständig skizziert.
...

Natürlich habe ich nach meiner Rückkehr sowohl Außenminister Schröder als auch dem SPD-Parteipräsidium ausführlich über meine Prager Gespräche berichtet, außerdem der Presse. Ebenso hart, wie ich vor der Abreise durch die SED diffamiert worden war, wurde ich nunmehr von rechten Flügelmännern der CDU/CSU kritisiert – und von dem meiner eigenen Partei angehörenden Vertriebenenpolitiker Wenzel Jaksch[5]. Entspannungspolitik erschien verbohrten Leuten[5] wie diesen als schwere Gefährdung deutscher Interessen.«

Anmerkungen:

[1] Offensichtlich gemeint: Schmidt regte zunächst an, die Deutschen sollten den Tschechen die Vertreibung der Sudetendeutschen verzeihen, da diese, so implizierte Schmidt, ein Unrecht gewesen sei. Das lehnte Kriegels Frage ab, und Schmidt wich sofort zurück.

[2] Die Fehler im geschichtlichen Wissen (z. B. natürlich nicht ganz Böhmen und Mähren durch das Deutsche Reich 1938 okkupiert, sondern z. T. erst 1939 zum Protektorat gemacht) blieben hier unkommentiert.
Zu einer differenzierteren, aber ebenfalls primär etatistischen Sicht Schmidts: Siehe S. 425.

[3] Tatsächlich hat die Regierung Kiesinger/Brandt 1966 lediglich »der Auffassung zugestimmt«, das Münchner Abkommen sei »nicht mehr gültig«.
Zum Text vom 13. 12. 1966: Siehe S. 786.

[4] Der sog. Gewaltverzicht wurde im 1. Prager Vertrag v. 20. 6. 1973 erst im Artikel III behandelt, während die Artikel I und II dem hauptsächlich relevanten Münchner Abkommen vorbehalten waren.
Zum Text: Siehe S. 810 ff., hier S. 811.

[5] Die Rechtsargumente, die v. a. Jaksch motivierten (siehe S. 785 unten), hatten für Schmidt offensichtlich keinerlei Bedeutung.

Quellen:
Zu A:
Šteindler, Stanislav: »Vzpomínka na doktora Kriegla« (Erinnerungen an Dr. Kriegel) in »Hlas revoluce« (Stimme der Revolution), Prag; Nr. 4 v. 23. 1. 1990; S. 5.
Zu B:
Schmidt, Helmut: »Menschen und Mächte«; 2 Bde., Berlin, 1990; Bd. 2: »Die Deutschen und ihre Nachbarn«; S. 522 f., 526 ff.

****

Rundfunkrede[1] **1966, 21. November**
des sudetendeutschen Politikers[2] Wenzel Jaksch (SPD):
Vom Rechtsstandpunkt nicht abgehen

... Es kommen von allen Seiten Versuchungen an uns heran, etwa in dem Sinne, daß wir durch Vorleistungen ein besseres Klima gegenüber dem Ostblock schaffen und nach irgendwelchen Wartezeiten dafür durch Entgegenkommen belohnt werden sollen. Unser Standpunkt im Bund der Vertriebenen[2] ist der, daß wir in erster Linie die Aufgabe haben, die Stabilität der Bundesregierung zu sichern, um damit das Bollwerk gegen ein Vordringen des Kommunismus nach Westeuropa zu erhalten.
Diese Aufgabe kann nur auf der Basis des unerschütterlichen Rechtsstandpunktes gelöst werden. Sobald wir anfangen, von diesem Rechtsstandpunkt abzugehen, etwa einmal die deutschen Ostgebiete abzuschreiben oder zu sagen, das sudetendeutsche Heimatrecht sei ausgelöscht, wenn wir damit anfangen, kennen wir bereits das Ende. Wir begeben uns auf die schiefe Bahn des Ausverkaufs, des Totalverzichts und schließlich der Anerkennung des Status quo, wie er heute ist. Wir würden die Schleusen der Unmenschlichkeit weiter öffnen. Die Bejahung der Selbstbestimmung ist der einzig denkbare politische und rechtliche Ausdruck des Selbstbehauptungswillens eines Volkes. Wir stehen hier in Deutschland vor der Entscheidung zwischen dauernder Fremdbestimmung, und man kann über diesen Zustand der Fremdbestimmung über große Teile Deutschlands nur hinwegkommen, indem man das Recht auf Selbstbestimmung, auch des deutschen Volkes, vertritt. Ein Drittes gibt es nicht.
...

Anmerkungen:
[1] Aus einem von Herbert Hupka (MdB der SPD; ab 1972 der CDU) kurz vor dem Tode von Jaksch aufgenommenen Interview für US-Rundfunkstationen.
[2] Jaksch war ab 1964 auch Präsident des »Bundes der Vertriebenen«.

Quelle:
Teilabschrift aus Tonbandaufnahme v. 8. 7. 1966; 10 ms. S.; Bestand des Sudetendeutschen Archivs, München; dortige Archiv-Nr. T 91.

****

Regierungserklärung **1966, 13. Dezember**
der Bundesregierung Kiesinger/Brandt:
Münchner Abkommen nicht mehr gültig, aber Obhutspflicht

. . .
Auch mit der Tschechoslowakei möchte sich das deutsche Volk verständigen. Die Bundesregierung verurteilt die Politik Hitlers, die auf die Zerstörung des tschechoslowakischen Staatsverbands gerichtet war. Sie stimmt der Auffassung zu, daß das unter Androhung von Gewalt zustande gekommene Münchner Abkommen nicht mehr gültig ist. Gleichwohl bestehen noch Probleme, die einer Lösung bedürfen, wie zum Beispiel das des Staatsangehörigkeitsrechts. Wir sind uns unserer Obhutspflicht gegenüber den sudetendeutschen Landsleuten wie gegenüber allen anderen Vertriebenen und Flüchtlingen bewußt und nehmen sie ernst. Diese Vertriebenen haben, wie das tschechoslowakische Volk zuvor, bitteres Leid und Unrecht erfahren. Der Bundesregierung liegt daran, dieses trübe Kapitel der Geschichte unserer Völker zu beenden und ein Verhältnis vertrauensvoller Nachbarschaft herzustellen.
. . .

Quelle:
Meissner, Boris: »Die deutsche Ostpolitik 1961–1970«; Köln, 1970; S. 162.

****

Entschließung **1967, 19. Februar**
der Bundesversammlung der SL:
Sudetendeutsche stützen sich auf Heimat- und Selbstbestimmungsrecht

. . .
5. Die im Jahre 1945 vorgenommene Annexion der dem Deutschen Reiche im Jahre 1938 zugesprochenen sudetendeutschen Gebiete durch die tschechoslowakische Republik erfolgte ohne vertragliche Regelung. Die von der tschechoslowakischen Regierung durchgeführte gewaltsame Vertreibung und Enteignung der Sudetendeutschen war ein Verbrechen gegen die Menschlichkeit und eine Verletzung des Völkerrechtes. Die von den Regierungen der Vereinigten Staaten von Amerika, der Sowjetunion und Großbritannien im Potsdamer Abkommen vom 2. August 1945[1] gegebene Zustimmung zur Vertreibung der Sudetendeutschen war ebenfalls eine Verletzung des Völkerrechtes. Diese Maßnahmen beruhen auf Vereinbarungen unter Dritten.
6. Eine zukünftige Lösung der Sudetendeutschen Frage gründet primär auf dem Heimatrecht und auf dem Selbstbestimmungsrecht der Sudetendeutschen in ihren angestammten Volksgebieten und nur sekundär auf dem Münchener Abkommen vom Jahre 1938. Eine Annullierung des Münchener Abkommens in jeder Form seitens der Regierung der Bundesrepublik Deutschland wäre ein unzulässiger Eingriff in die Entscheidungsfreiheit einer künftigen gesamtdeutschen Regierung und deshalb für diese nicht bindend.
7. Die derzeitige tschechoslowakische Forderung auf Annullierung des Münchener Abkommens durch die Regierung der Bundesrepublik Deutschland ist ein Versuch der Regie-

rung der Tschechoslowakischen Sozialistischen Republik, die Vertreibung und Enteignung der Sudetendeutschen nachträglich durch die Bundesrepublik Deutschland, die die Sudetendeutschen in ihre Obhut genommen hat, anerkennen zu lassen und der Tschechoslowakischen Sozialistischen Republik die Möglichkeit zu geben, zusätzliche Reparationsforderungen an die Bundesrepublik Deutschland stellen zu können. Wir begrüßen daher die neuerliche Bekundung der Bundesregierung[2], daß die Obhuterklärung des Deutschen Bundestages vom 14. Juli 1950[3] ihre volle Gültigkeit besitzt und daß sie die daraus erwachsene Obhutspflicht sehr ernst nimmt. Die Sudetendeutschen erwarten, daß sie in dem Bemühen, das Unrecht der Vertreibung mit friedlichen Mitteln wiedergutzumachen, nicht nachläßt.

8. Aus diesen Gründen leistet die sudetendeutsche Volksgruppe auf keinen Rechtstitel Verzicht, der ihr auf Grund international anerkannter Völkerrechtsgrundsätze zusteht.

Anmerkungen:
[1] Zum Text: Siehe S. 548.
[2] Vom 13. 12. 1966; siehe S. 744.
[3] Zum Text: Siehe S. 723.

Quelle:
Eigene Aufzeichnung des Verfassers; Abdruck in DzS, 4. Aufl.; S. 360 f.

****

Gespräch **1967, 21. Februar**
von Bundeskanzler Kiesinger (CDU) und Bundesaußenminister Brandt (SPD) mit Vertretern des Sudetendeutschen Rates und der SL:
Obhutserklärung, Volksgruppenrecht; keine Anerkennung des »Verbrechens der Vertreibung«

1. Die offizielle Verlautbarung:
Bundeskanzler Kurt Georg Kiesinger empfing am Dienstag, dem 21. Februar 1967 die Vertreter des Sudetendeutschen Rates und der Sudetendeutschen Landsmannschaft zu einer Aussprache. An ihr nahmen teil: Bundeskanzler Kurt Georg Kiesinger, der Bundesminister für Auswärtige Angelegenheiten, Willy Brandt, der Bundesminister für gesamtdeutsche Fragen, Herbert Wehner, und der Staatssekretär im Bundesvertriebenenministerium, Dr. Peter Paul Nahm. Von sudetendeutscher Seite waren anwesend: Dr. Johannes Strosche, Bundesminister a. D. Dr. Ing. Hans-Christoph Seebohm, Staatsminister a. D. Hans Schütz, Ernst Paul, MdB, Siegfried Zoglmann, MdB, Dr. Franz Böhm und Dr. Walter Becher, MdB. Ausgehend von der Regierungserklärung vom 13. Dezember 1966[1] bekundeten die Gesprächspartner den Willen zur Fortsetzung einer europäischen Friedenspolitik und zu einer Verständigung mit allen Nachbarn Deutschlands. Das Gespräch fand in einer vertrauensvollen Atmosphäre statt. Die Teilnehmer stimmten überein, den Kontakt fortzusetzen.

2. Zusatzinformationen:
Im Gespräch erläuterte der Sprecher der Sudetendeutschen Landsmannschaft, Hans-Christoph Seebohm, den Standpunkt der Sudetendeutschen zur Friedenspolitik und zum Problem der Aufnahme diplomatischer Beziehungen mit Prag. Er vertrat dabei die von der Bundesversammlung der Sudetendeutschen Landsmannschaft am 19. Februar 1967 in ihrer Entschließung niedergelegten heimatpolitischen Grundsätze[2].
Bundeskanzler Kurt Georg Kiesinger unterstrich die Pflicht der Bundesregierung, sich im Sinne der Obhuterklärung[3] vor die Heimatvertriebenen zu stellen. Er erläuterte seine Ausführungen in der Regierungserklärung vom 13. Dezember 1966 zur sudetendeutschen Frage.[1] Mit den Mitgliedern seiner Regierung sei er sich in dem Gedanken einig, daß in einer kommenden europäischen Friedensordnung das Heimat- und Selbstbestimmungs-

recht auch im Rahmen eines echten Volksgruppenrechtes seinen Platz finden müsse. Übereinstimmung bestand darin, daß das Verbrechen der Vertreibung nicht anerkannt werden könne.
Der Bundesminister für Auswärtige Angelegenheiten, Willy Brandt, erläuterte die Grundsätze der von der Bundesregierung vertretenen Außen- und Ostpolitik. Er unterstrich den Willen der Bundesregierung, die Sudetendeutschen vor Entscheidungen, die mit ihrem Schicksal zusammenhängen, zu konsultieren. Dies betrifft insbesondere notwendige Rechtsvorbehalte, die bei einer Aufnahme diplomatischer Beziehungen mit der ČSSR angemeldet werden müßten.

Anmerkungen:
[1] Zum Text: Siehe S. 786.
[2] Zum Text: Siehe S. 786.
[3] Vom 14. 7. 1950; zum Text: Siehe S. 723.

Quelle:
SdZ; Nr. 8 v. 24. 2. 1967; S. 1.

****

Erklärung **1967, 4. April**
des britischen Außenministeriums
zu den Grenzen der ČS(S)R:
Endgültige Festsetzung erst im Friedensvertrag

Am 4. April 1967 erklärte der Sprecher des britischen Außenministeriums, daß die Änderungen der ⟨*ČSR-*⟩Grenzen im Jahre 1938 erfolgt sind und später nicht beachtet werden sollten, gleichwohl aber, daß »die endgültige Festsetzung der tschechoslowakischen Grenzen mit Deutschland[1] und Polen formal nicht beendet werden kann, bevor nicht ein Friedensvertrag abgeschlossen wird«. Inoffiziell haben die britischen Repräsentanten immer erklärt, daß sie mit der Anerkennung der Ungültigkeit des Münchener Abkommens[2] von Anfang an eine Reihe rechtsungleicher Verträge, die sie selbst während ihrer kolonialen Ära aushandelten, in Frage stellen würden.

Anmerkungen:
[1] Im Juni 1966 hatte die einflußreiche britische Zeitung »Observer« über den Sudetendeutschen Tag berichtet:
»300.000 Sudetendeutsche sind in München zusammengekommen, um der alten Tage zu gedenken und um ihre Führer anzuhören, die ihnen das Recht auf Rückkehr in ihre Heimat versprechen. In Deutschland wohnen zwei Millionen Sudetendeutsche. Sie sind fleißig und tüchtig, die meisten von ihnen würden es sich gut überlegen, ihre guten Posten hier aufzugeben, um als Pioniere nach Böhmen und Mähren zurückzukehren. Aber ihre Dachorganisation, die Sudetendeutsche Landsmannschaft, hält an ihren Forderungen fest: Die Tschechen müssen den Deutschen die Rückkehr ermöglichen und ihnen erlauben, ihr eigenes politisches System zu wählen. Dies dürfe jedoch nur ohne Gewalt geschehen und ohne eine zweite Vertreibung der nun im Sudetenland ansässigen Tschechen. Über das praktische ›Wie‹ schweigt man sich allerdings aus. Die Sudetendeutschen betrachten sich als Brücke zwischen den deutschen und anderen (ost- und südosteuropäischen) Volksgruppen. Es ist kein Zufall, daß Dr. Otto von Habsburg heuer einer der Hauptredner war.«
Vgl.: »SudetenJB«; Jg. 45; S. 74.
[2] Vom 29. 9. 1938; zum Text: Siehe S. 415.

Wiedergabe nach:
Bericht von Richard Král in »Rudé právo« (Rotes Recht), Prag; Jg. 1, Nr. 226 v. 27. 9. 1991; S. 8 f.

****

»Erklärung **1967, 26. April**
für den Frieden und die Sicherheit in Europa«
der europäischen kommunistischen Parteien unter Führung der KPdSU:
(Sog. Karlsbader Erklärung)
»Aktionsprogramm für ein System der kollektiven Sicherheit« erfordert »Anerkennung der Ungültigkeit des Münchner Diktats vom Augenblick seines Abschlusses«

. . .

Teil II:
Die kommunistischen und Arbeiterparteien Europas unterbreiten der öffentlichen Meinung und allen interessierten politischen und gesellschaftlichen Kräften ein Aktionsprogramm für die Schaffung eines Systems der kollektiven Sicherheit zur Erörterung, dem die Grundsätze der friedlichen Koexistenz von Staaten unterschiedlicher Gesellschaftsordnung zugrunde liegen. Dies setzt vor allem voraus, daß von allen europäischen Ländern die reale Lage respektiert wird, wie sie sich nach dem Kriege entwickelt hat. Das bedeutet: die Anerkennung der Unantastbarkeit der bestehenden Grenzen in Europa und insbesondere der Grenze an Oder und Neiße sowie der Grenze zwischen den beiden deutschen Staaten; die Anerkennung der Existenz zweier souveräner und gleichberechtigter deutscher Staaten: der Deutschen Demokratischen Republik und der westdeutschen Bundesrepublik, was von der Bundesrepublik den Verzicht auf die Alleinvertretungsanmaßung erfordert; die Verhinderung des Zutritts der Bundesrepublik zu Kernwaffen in jeglicher Form, darunter in der sogenannten europäischen multilateralen oder atlantischen Form; Anerkennung, daß das Münchner Diktat vom Augenblick seines Abschlusses an ungültig ist. – Vor der europäischen Arbeiterbewegung und allen friedliebenden und demokratischen Kräften erhebt sich die Aufgabe, nach der Entfaltung friedlicher Beziehungen und der Zusammenarbeit zwischen allen europäischen Staaten auf der Grundlage der Prinzipien der Souveränität und Gleichberechtigung zu streben. Zu diesem Zweck ist es erforderlich, für eine Reihe von Zielen zu kämpfen, die in der neuen Lage erreichbar sind. Insbesondere: der Abschluß eines Vertrages zwischen allen Staaten Europas über den Verzicht auf die Anwendung oder Androhung von Gewalt in den gegenwärtigen Beziehungen sowie auf Einmischung in die inneren Angelegenheiten, eines Vertrages, der im Einklang mit den Grundsätzen der UN-Charta die Lösung aller strittigen Probleme ausschließlich mit friedlichen Mitteln gewährleisten würde; die Normalisierung der Beziehungen zwischen allen Staaten und der DDR, wie auch zwischen den beiden deutschen Staaten und zwischen der besonderen politischen Einheit Westberlin und der DDR; die konsequente Verteidigung und Entwicklung der Demokratie in der Bundesrepublik, die zu fordern den Völkern die Erfahrungen der Geschichte und die entsprechenden internationalen Abkommen nach dem II. Weltkrieg das Recht geben. Dies bedingt die allseitige Unterstützung des Kampfes der fortschrittlichen Kräfte in der Bundesrepublik für das Verbot neonazistischer Organisationen und jeglicher revanchistischer Propaganda, für den Verzicht auf die Notstandsgesetze, für die Gewährleistung freier Betätigung für die demokratischen und friedliebenden Kräfte und für die Legalisierung der KPD; den Abschluß eines Vertrages über die Nichtweiterverbreitung von Kernwaffen als weittragenden Schritt auf dem Wege der Beendigung des Wettrüstens. Das System der europäischen Sicherheit muß die Anerkennung des Prinzips der Neutralität und der bedingungslosen Respektierung der Unantastbarkeit der neutralen Länder einschließen. ... Wir unterstützen völlig den Vorschlag der Einberufung der Konferenz aller europäischen Staaten, die den Problemen der Sicherheit und der friedlichen Zusammenarbeit in Europa gewidmet ist. Unterstützung verdient ebenfalls die Initiative zur Einberufung einer Konferenz der Vertreter aller europäischen Parlamente.

Teil III:

...

Quelle:
(Keesings) »Archiv der Gegenwart«, Essen; Jg. 37, 27. 4. 1967; S. 13.139–13.141, hier S. 13.140.

****

Brief[1] **1967, 15. September**
des Vorsitzenden der Seliger-Gemeinde, Ernst Paul (MdB SPD)
an den Ministerpräsidenten der ČSSR, Jozef Lenárt (KPČ):
Vorschlag: Feststellung beiderseitigen Unrechts durch neutrale Kommission

Sehr geschätzter Herr Ministerpräsident!
Über den tschechoslowakischen Rundfunk und durch Presseberichte sind Sie sicherlich über das 5. Bundestreffen der Seliger-Gemeinde, der Gesinnungsgemeinschaft sudetendeutscher Sozialdemokraten, das vom 25. bis 27. August in Hof/Saale stattfand, unterrichtet worden. Wir legen aber Wert darauf, Ihnen die Kenntnis über dieses Bundestreffen auch noch in dieser Form zu erweitern.
Im Auftrag des Bundesvorstands der Seliger-Gemeinde erlaube ich mir daher, Ihnen einen wichtigen Beschluß zu übermitteln, den unsere Bundesversammlung in Hof/Saale einstimmig gefaßt hat. Dieser Beschluß lautet: »Die Bundesversammlung der Seliger-Gemeinde als Gesinnungsgemeinschaft sudetendeutscher Sozialdemokraten vertritt die Auffassung, daß eine Versöhnung zwischen dem deutschen und dem tschechischen Volk nur auf Grund einer Bestandsaufnahme dessen möglich sein wird, was an Unrecht auf beiden Seiten geschehen ist. Diese Bestandsaufnahme sollte einer aus neutralen Persönlichkeiten bestehenden Kommission übertragen werden.« In meinen Ausführungen bei der großen Kundgebung, auf welcher auch der Minister für Gesamtdeutsche Fragen, Herbert Wehner, und der frühere österreichische Außenminister und derzeitige Vorsitzende der Sozialistischen Partei Österreichs. Dr. Bruno Kreisky, gesprochen haben, wurde von mir der vorstehende Beschluß zitiert und durch eine lebhafte Zustimmung der ganzen Massenkundgebung unterstrichen.
Sehr geehrter Herr Ministerpräsident, es wäre für uns sehr wertvoll, in dieser Sache Ihre Meinung[1] zu hören. Wir würden es außerordentlich begrüßen, wenn von unserer Anregung, eine neutrale Kommission zur Prüfung des von beiden Seiten begangenen Unrechts einzusetzen, Gebrauch gemacht würde.
Zu Ihrer Unterrichtung erlaube ich mir, Ihnen den Text meiner Rede in Hof beizulegen und ebenso eine von mir verfaßte und veröffentlichte Broschüre »Es gibt nicht nur ein Lidice«.[2]
Ich bitte Sie zur Kenntnis zu nehmen, daß wir den ernsten Willen haben, durch eine politische Bestandsaufnahme die Voraussetzungen für eine dauernde Verständigung zwischen dem tschechoslowakischen und dem deutschen Volke zu schaffen.
Mit dem Ausdruck meiner besonderen Hochachtung
...

Anmerkungen:
[1] Der Brief wurde nie beantwortet. Ein Grund dafür war aus einem erneuten Schreiben von Ernst Paul für die Seliger-Gemeinde vom 3. 5. 1968 an den Nachfolger Lenárts, Ministerpräsident (8. 4.–27. 12. 1968) Oldřich Černík, zu entnehmen, in dem es u. a. hieß:
»Mit meinem Schreiben vom 15. 9. 1967 hatte ich Ihren Vorgänger, Herrn Ministerpräsidenten Jozef Lenárt, über einen Entschluß der Seliger-Gemeinde in Hof unterrichtet.
...
Im Auftrag meiner Gesinnungsfreunde erlaube ich mir, sehr geehrter Herr Ministerpräsident, den im Schreiben vom 15. 9. 1967 gemachten Vorschlag zu erneuern. Es ist uns sehr daran gelegen, die Beziehungen der ČSSR und der Bundesrepublik von allen Belastungen der Vergangenheit zu befreien.

...
Da wir erfahren haben, daß uns deshalb keine Antwort auf unser Schreiben vom 15. 9. 1967 erteilt worden ist, weil wir dieses veröffentlicht haben, erkläre ich hiermit verbindlich, daß dieses an Sie gerichtete Schreiben unsererseits streng vertraulich behandelt wird ...«
Dieser zweite Brief Pauls blieb gleichfalls unbeantwortet, obwohl er erst dreißig Jahre später veröffentlicht wurde.

[2] Die 1958 herausgegebene Broschüre Pauls (ca. 20 Seiten) enthielt v. a. Berichte ortsanwesender sudetendeutscher Sozialdemokraten über den sog. Todesmarsch der Brünner ab dem 30. 6. 1945 und das Massaker in Aussig am 30. 7. 1945 (zu beiden Vorgängen: Siehe S. 1220 mit Anm.).

Quelle (auch für Anm. 1):
»Ein Sohn des Volkes – Ernst Paul zum 100. Geburtstag«; hsg. v. Olga Sippl; München, 1997; S. 159–162. Hervorhebung im Original.

****

»Trialog[1] **1968, Januar**
über das Jahr 1945«:
Verantwortung für die Vertreibung

⟨*Ausgangspunkt des Gespräches waren die* »Mythen und unkritischen Auslegungen« *verschiedener Ereignisse um 1945:*⟩

Procházka[2]*:*
Die Legende vom tschechischen Widerstand
... Als der Krieg endete (ich war 16 Jahre alt), begann ich, aus Zeitungen, aus dem Rundfunk, aus Broschüren und auf Versammlungen zu erfahren, welch unermeßlichen Heldenkampf wir in der Zeitspanne der Besetzung führten. Von diesem Kampf hatte ich jedoch um mich herum entweder überhaupt nichts oder nur sehr wenig gesehen. Es begann mir zu scheinen, daß alle außerhalb unseres Städtchens gekämpft hatten und daß nur mein Geburtsort eine untypische Ausnahme war. Das verwirrte und verunsicherte mich: Ich sang im Kinderchor bei der Festlichkeit in der Turnhalle, als ortsansässige Widerstandskämpfer ausgezeichnet wurden. Vielleicht hatten sie die tschechoslowakische Flagge versteckt, ich gebe es zu. Ich weiß, daß in der Nähe eine Gruppe existierte, der es gelang, zwei Tage vor Kriegsende sechs Brücken in die Luft zu sprengen, von denen wir bisher ⟨*d. h. 1968*⟩ drei nicht erneuert haben. Diese Leute flüchteten aus Wien, wo sie eingesetzt waren, versteckten sich in Wäldern, überfielen Gaststätten, Trafiken, Gehöfte. Nach diesen »Aktionen« gaben sie an die Betroffenen Bestätigungen aus, daß das, was sie wegtrugen, zugunsten des Widerstandskampfes beschlagnahmt worden war.
Als ich mich später, im Erwachsenenalter, dieser Problematik wieder zuwandte, wurde mir endgültig bewußt, daß jener unermeßliche Heldenkampf eine reine Legende war. Ich las in einer Studie, daß das gesamte Protektorat bloße fünftausend deutsche Polizisten bewachten. Ich erfuhr, daß strenge Richtlinien für den nazistischen Sicherheitsdienst existierten, damit auf dem Protektoratsgebiet ausschließlich Leute verhaftet wurden, die eine wirkliche Gefahr darstellten. Die nazistische Verwaltung wollte einfach nicht ihre Kader zur Bewachung weniger gefährlicher Tschechen in Gefängnissen verschwenden ...

Blažek[3]*:*
Die Tschechen und der NS-Staat
... Der nazistische Staat ⟨*bis 1945*⟩ war eine Einrichtung, für die das Verbrechen die Grundlage zur Erreichung politischer, militärischer, wirtschaftlicher, nationaler und anderer Ziele wurde. Dies fühlten offenbar unsere Leute im Jahre 1945 und jeder, der in Diensten dieses Staates stand, wurde für die öffentliche Meinung selbst zum Verbrecher, zum Teilhaber eines Verbrecherstaates.

Bei dieser Betrachtung hat man aber zwei »Kleinigkeiten« übersehen: Einmal, daß während der Besatzungszeit der überwiegende Teil des tschechischen Volkes im Dienste dieses Verbrecherstaats stand (und dafür vom nazistischen Staat »entlohnt« wurde), und zum anderen, daß der Staat, auch ein totalitärer Staat, niemals mit dem Volk gleichzusetzen ist ...

Blažek:
Pöbel, Psychose und Parteien
... In dem Städtchen, in dem ich zu Kriegsende lebte, sah ich, wie ein bewaffneter »Revolutionär« mit roter Armbinde und einem alten Gewehr auf dem Rücken ein nazistisches Oberhaupt durch die Straßen führte. Der ortsansässige Nazist war barfuß, abgerissen, der Revolutionär hielt ihn an einem Strick. In den Gassen mußte der Nazist bekunden, daß er sich verschiedenartiger Verbrechen schuldig gemacht habe und bei Vorübergehenden Abbitte leisten. Dieser Mann bat um Gnade: Aber die Verbrechen, deren er angeklagt war (Tod und Kerker etlicher Ortsbewohner), hat er entschieden nicht begangen. Wer war jedoch jener »Revolutionär« mit der roten Armbinde? Es war ein Angehöriger des Pöbels. Als die Austreibung begann, roch das Gesindel Blut und wurde Anhänger der Revolution. So war es übrigens auch bei allen bewaffneten Revolutionen. Auch unsere Revolution vermochte sich nicht von diesem Pöbel zu distanzieren und zu reinigen. Das, was mit der Vertreibung begann, setzte sich später fort. Die KPTs., die Partei der intellektuellen und kulturellen Elite, des fortschrittlichsten Teiles der Arbeiterschaft wurde – leider – auch Partei des Pöbels und unterwarf sich ihm. Und selbstverständlich war es nicht nur die KPTs., die sich im Jahre 1945 dem Pöbel unterwarf. Die übrigen Parteien waren nicht besser ...

Hübl[4]*:*
Psychose und Verbrechen
... Ich erlebte die Besetzung und das Jahr 1945 in Brünn. Bei uns in der Gasse wohnten zwei deutsche Familien. Vor dem Krieg waren es saubere, ordentliche Leute; sie sprachen selbstverständlich auch tschechisch. Während des Krieges wurden aus ihnen die größten Bestien, Kollaborateure der Gestapo, vor denen niemand etwas zu sagen wagte ... Wenn die Abschiebung psychologisch erklärlich ist, wenn es unbestreitbar ist, daß wir mit drei Millionen Deutschen innerhalb der neuen Republik viele Komplikationen erlebt hätten, bedeutet das entschieden nicht, daß die Lösung, die wir im Jahre 1945 gewählt haben, optimal war ... Eine Psychose kann kein Verbrechen entschuldigen. Der Historiker beschäftigt sich im übrigen nicht mit Entschuldigungen. Er erklärt, warum die Massenpsychose dieser Art entstand, und sollte auch beurteilen helfen, inwieweit es langfristig vorteilhaft war, daß die offizielle Politik dieser Massenpsychose unterlag ...

Procházka:
Die Vertreibung[5]
... Oder die Aussiedlung. Selbstverständlich war sie eine Entscheidung der Großmächte. Kann uns jedoch jemand von unserer Mitverantwortung befreien? Ich hätte verstanden, wenn es zu einem Nationalitätenausgleich der Bevölkerung im tschechischen Binnenland gekommen wäre. In dem Städtchen, das ich im Sinne habe, lebten sieben deutsche Familien; für sie hätte man eine Wanderungslösung erwägen können.
Wir aber haben ein ganzes Volk aus ⟨*national*⟩ geschlossenen Wohngebieten, aus Städten, Städtchen und Dörfern vertrieben. Jedem bewilligten wir fünfzig Kilogramm Gepäck, ob er schuldig oder unschuldig war. Dabei war der Mehrheit dieser drei Millionen ausgesiedelter Deutschen der Krieg zumindest gleichgültig und sie hatten sich nachgewiesenermaßen an keinem Verbrechen beteiligt. Das ist völlig unannehmbar: Eine Politik, wie immer begründet, die auf den Einzelmenschen keine Rücksicht nimmt, die sich nur um die Erreichung globaler Ziele bemüht, ohne Rücksicht auf das konkrete Schicksal konkreter Menschen, eine solche Politik ist tragisch und letzten Endes eine schlechte Politik ...

Procházka:
1945 und 1968
... Im Jahre 1945 hatten wir verschiedene Möglichkeiten, unsere Perspektiven zu konzipieren. Auch heute bestehen noch einige offene Möglichkeiten. Aber keine von ihnen ist real, falls wir unsere Beziehungen zum deutschen Volk nicht in Ordnung bringen.
Wir können doch das deutsche Volk nicht liquidieren, aus Europa heraustreiben. Die Deutschen haben selbstverständlich die Pflicht, sich mit dem Erbe des Nazismus auseinanderzusetzen, uns müssen vor allem die eigenen Pflichten interessieren ...

〈*Das Gespräch ging dann zu innenpolitischen Themen der ČSSR über und endete mit Vorstellungen, wie sie für den sogenannten Prager Frühling von 1968 charakteristisch wurden:*〉 »Sozialismus 〈*d. h. Kommunismus*〉 mit menschlichem Antlitz«.[6]

Anmerkungen:
1 Es handelt sich um ein Gespräch von drei Personen, das im Januar 1968 in der Redaktion der Zeitschrift aufgenommen und im Mai 1968 veröffentlicht wurde.
Die Gesprächsteilnehmer waren:
2 Procházka, Jan (1929–1971); Schriftsteller. 1962–1967 Kandidat des ZK der KPČ, dann ausgeschlossen, im Mai 1968 rehabilitiert; Januar bis Oktober 1968 stellvertretender Vorsitzender des Verbands tschechoslowakischer Schriftsteller, 1969 Mitunterzeichner des »Manifests der 2000 Worte«; 1970 neuerlich aus der KPČ ausgeschlossen.
3 Blažek, Vratislav (1925–1973); Mitarbeiter der Zeitschrift und Assistent der Philosophie an der Universität Brünn. Nach dem Verbot der Zeitschrift 1969 emigriert.
4 Hübl, Milan (geb. 1927); 1961–1967 Dozent der Politischen Hochschule des ZK der KPČ, 1967 von Partei und Staatschef Nowotny scharf angegriffen und entlassen. Mai 1968 rehabilitiert und Rektor bis Anfang 1969, abgesetzt, aus der KPČ ausgeschlossen, 1970 zu sechseinhalb Jahren Gefängnis verurteilt; 1977 Mitunterzeichner der »Charta 77«.
5 Ohne vorliegende Arbeiten zu beachten (siehe S. 662), hatten ziemlich übereinstimmend 1967/68 verschiedene ČSSR-Autoren festgestellt, daß die tschechische und die Geschichtsschreibung der anderen »sozialistischen« Staaten den »Transfer der Deutschen 1945/46 bisher überhaupt nicht behandelt, sondern völlig den Westdeutschen und den ČSR-Emigranten überlassen hätten«.
In einer Besprechung wurde das zu behandelnde Arbeitsfeld abgesteckt:
»Gewiss wäre es nicht untunlich, auch einige weitere Fragen der deutsch-tschechoslowakischen Entwicklung ins Auge zu fassen.
Meines Erachtens werden wir diese Tatsache 〈*d. h. den Transfer/die Vertreibung*〉 nicht bloss aus der historischen Analyse einer einzigen Generation erklären können. Der deutsche Soziologe Lemberg konstatierte, dass der Nationalismus eine Geissel des zwanzigsten Jahrhunderts darstellt. Das tschechisch-deutsche Problem spitzte sich bereits im 19. Jahrhundert zu (Palacký contra Schusselka, Engels' Aspekt des ›tschechischen kontrarevolutionären Volkes‹, zwanziger Jahre u. a.). Ausserdem sollte man geeigneterweise die Nationalitätenpolitik der tschechischen Parteien untersuchen. So behandelte z. B. im Jahre 1931 der VI. Parteitag der PKTsch die Nationalitätenfrage und V. Kopecký führte ihre Analyse durch 〈*siehe S. 336 f.*〉. Der Parteitag beschloss sodann die These vom ›Selbstbestimmungsrecht der Völker bis zur völligen Trennung‹, was sich voll und ganz auf die Sudetendeutschen bezog. Die Besetzung des Grenzgebietes durch tschechoslowakische Truppen im Jahre 1918 wurde als imperialistische Tat bezeichnet. Ausserdem erhebt sich auch noch eine andere Diskussionsfrage. Kann man im Zeitraum der Republik vor München von einer deutschen Nationalität als Minorität sprechen? Wenn wir die Konzeption von der Existenz zweier Nationen (Tschechen und Slowaken) akzeptieren, bedeutet dies, dass die Deutschen im Verhältnis zu den Slowaken eine Majorität darstellten. Es gab nämlich 2½ Millionen Slowaken, aber 3¼ Millionen Deutsche. Bereits eine blosse arithmetische Vergleichung zeigt, dass die ›deutsche Minorität‹ grösser war als das ›Volk der Slowaken‹.
Ausserdem schuldet die tschechoslowakische Historiographie auch in der Frage des Transfers eine objektive Erklärung. Der Transfer war im wesentlichen eine kriegerische Lösung der Nationalitätenfrage. Es war dies sicherlich eine ungewohnte Lösung. Gegenwärtig existiert vorderhand in der Tschechoslowakei kein zusammenfassendes Werk über dieses Problem, aber einige regionale Untersuchungen zeigen, dass wir bei dieser Untersuchung um Äusserungen eines tschechischen Nationalismus nicht herumkommen. Das gilt auch für die Anarchie, die unmittelbar nach dem Kriege im Grenzgebiet herrschte. Ausserdem wird man auf die theoretische Formulierung des Transfers während des

Krieges, auf die Einstellung der Widerstandsbewegung daheim gegenüber dem Transfer der Deutschen u. a. hinweisen müssen.«
Vgl. Pasák, Tomáš: »R. Luža, The Transfer of the Sudeten Germans« in »Die Entstehung der Tschechoslowakischen Republik – ihre internationale und politische Stellung« in der Reihe »Acta Universitatis Carolinae«; Nr. 2–3/1968; Prag, 1968; S. 247–249.
[6] Zur weiteren Entwicklung: Siehe S. 795.

Quelle:
»Host do domu« (Gast im Haus), ⟨*MZ. d. ČSR-Schriftstellerverbandes*⟩, Brünn; Jg. 15, Nr. 5 (Mai 1968); S. 22–29.
Wiedergabe nach: »Übersetzungs- und Informationsdienst«, hsg. vom Sudetendeutschen Archiv, München; Nr. 94; Dezember 1968; S. 43–57. Übersetzung aus Originaltext korrigiert.

****

Das Strafgesetzbuch der DDR: **1968, 12. Januar**
Vertreibung mit besonders schweren Folgen: Todesstrafe

. . .
§ 91
Verbrechen gegen die Menschlichkeit
(1) Wer es unternimmt, nationale, ethnische, rassische oder religiöse Gruppen zu verfolgen, zu vertreiben, ganz oder teilweise zu vernichten oder gegen solche Gruppen andere unmenschliche Handlungen zu begehen, wird mit Freiheitsstrafe nicht unter fünf Jahren bestraft.
(2) Wer durch das Verbrechen vorsätzlich besonders schwere Folgen verursacht, wird mit lebenslänglicher Freiheitsstrafe oder mit Todesstrafe bestraft.
. . .

Quelle:
Gesetzblatt der DDR; Teil 1, Nr. 1; S. 23.

****

Äußerung **1968, 5. Juli**
Bundeskanzler Kiesingers (CDU) vor einer Pressekonferenz in Bonn:
Münchner Abkommen politisch »nicht existent«, aber Rechtsposition der Sudetendeutschen zu verhandeln

. . .
Warum das Münchner Abkommen null und nichtig sein soll, ist mir schlechterdings unverständlich. Wir kennen die Begleitumstände, unter denen es zustande gekommen ist, und ich billige diese Begleitumstände ganz und gar nicht. Aber in der Geschichte der Völker sind unzählige Abkommen und Verträge unter ähnlichen Umständen zustande gekommen, und niemand hat gedacht zu sagen, deswegen seien sie von Anfang an null und nichtig gewesen. Die politische Aussage scheint mir die wichtigere zu sein, die nämlich, daß für unsere Politik dieses Abkommen politisch nicht existent ist. Wenn dann noch Zweifel übrigbleiben, dann ist es auf der einen Seite die Frage: Was bedeutet das für die Rechtsposition unserer Sudetendeutschen? Also ganz schlicht gesagt etwa: Sind sie dann tschechoslowakische Staatsbürger geblieben? Eine solche Möglichkeit ist auszuschließen. Offenbar hat man in Prag gewisse Sorgen wegen des Zeitpunktes, das heißt also, von wann ab betrachten wir dieses Abkommen für politisch nicht mehr praktikabel? Über eine solche Frage läßt sich unschwer unter zwei Seiten, die eine Verständigung erreichen wollen, auch eine solche Verständigung erzielen.
. . .

Quelle:
Bulletin; Nr. 86 v. 9. 7. 1968; S. 750 f.

****

Erklärung **1968, 28. August**
der Bundesregierung Kiesinger/Brandt
zur Lage in der Tschechoslowakei:
Invasion rückgängig machen

1. Die völkerrechtswidrige[1] Invasion der Tschechoslowakei[2] hat deren Souveränität tiefgreifend verletzt[3,4] und eine schwere internationale Krise hervorgerufen.
   Diese Krise kann infolgedessen nur beendet werden, wenn die Souveränität des tschechoslowakischen Volkes vollständig wiederhergestellt und die Invasion rückgängig gemacht wird.
   Die Bundesregierung hofft, daß diese Erkenntnis sich auch in der Führung der Sowjetunion durchsetzen wird.
2. Die Sicherheit der Bundesrepublik Deutschland ist durch das Nordatlantische Bündnis gewährleistet, das in der Lage ist, Freiheit und Sicherheit aller seiner Mitglieder wirksam zu verteidigen.
3. Die Vorgänge in Osteuropa haben gezeigt, daß es mehr denn je notwendig ist, rücksichtslose Machtpolitik durch eine dauerhafte Friedensordnung zu ersetzen, die allen europäischen Staaten Sicherheit verbürgt. Die Bundesregierung wird daher ihre bisherige realistische und illusionslose Arbeit für eine europäische Friedensordnung fortsetzen.
4. Diese Politik kann ohne gefährliches Risiko und mit der Aussicht auf Erfolg nur geführt werden auf der festen Grundlage der Europäischen Gemeinschaft und des Atlantischen Bündnisses.
   Die Bundesregierung wird dafür eintreten, daß diese Fundamente der deutschen, europäischen und alliierten Politik verstärkt werden.
5. Die Bundesregierung bekräftigt ihre Entschlossenheit, auf dem Wege zu einer Friedensordnung alle offenen oder strittigen Fragen unter Verzicht auf Gewalt ausschließlich mit friedlichen Mitteln durch Verhandlungen zu lösen.

Anmerkungen:
[1] Die Invasoren behaupteten, auf Wunsch »fortschrittlicher Kräfte der KPČ.« einmarschiert zu sein. Der diesbezügliche, datumslose Brief von fünf KPČ-Funktionären, darunter Vasil Bilak, am 3. 8. 1968 in Preßburg verdeckt dem UdSSR-KP- und Staatschef Breschnew überreicht, wurde aus offensichtlichen Gründen geheimgehalten. Zur ergebnislosen Forderung der (späteren) »Charta '77« aus dem August 1988, seine Existenz zu dementieren oder ihn zu publizieren, siehe S. 871.
Erst 1992 wurde das Schreiben vom russischen Präsidenten Boris Jelzin der ČSFR-Führung zurückgereicht und anschließend veröffentlicht.
Übersetzter Abdruck mit Faksimile der Unterschriften in »Deutschland-Archiv« ⟨*MZ.*⟩, Köln; Jg. 27, Nr. 12 (Dezember 1994); S. 1252–1255, hier S. 1253.
Sämtliche ČSSR-Instanzen des August 1968 lehnten die Invasion ab; als »gesetzwidrig« bzw. »im Widerspruch stehend nicht nur zu den Grundprinzipien der Beziehungen zwischen sozialistischen Staaten, sondern auch zu den Grundnormen des internationalen Rechts«.
Vgl. Dubček, Alexander: »Kein Kuß für Breschnew« in »Der Spiegel« ⟨*WZ.*⟩, Hamburg; Jg. 47, Nr. 9 v. 1. 3. 1993; S. 174–186, hier S. 178.
[2] Ab 20. 8. 1968 durch Truppen verschiedener Staaten des von der UdSSR dominierten sog. Warschauer Paktes.
Die lange behauptete Beteiligung der N[ationalen] V[olks] A[rmee] der damaligen DDR am Truppeneinmarsch selbst fand wohl nicht statt; zwei NVA-Divisionen standen in Sachsen lediglich in Bereitschaft. Vgl. z. B. Wenzke, Rüdiger: »Die NVA und der Prager Frühling 1968«; Berlin, 1995.
Die DDR griff jedoch propagandistisch in der ČSSR ein: Vom 22. 7. 1968 – 12. 2. 1969 durch Rundfunksendungen aus Dresden in tschechischer Sprache, die sich ab 21. 8. 1968 als vom in der ČSSR be-

findlicher Sender »Vltava« (= Moldau) ausgestrahlt ausgaben, und durch den Druck der achtseitigen Zeitung »Zprávy« (= Nachrichten) des angeblichen »Redaktionsrates bei den sowjetischen Truppen«, deren hohe Auflage bis 11. 5. 1969 (zeitweise direkt durch Sowjetsoldaten) in der ČSSR verteilt wurde.
Beide Organe dienten vornehmlich als Sprachrohr der moskauhörigen KPČ-Funktionäre um Vasil Bilák, welche den Einmarsch bestellt hatten.
Vgl. Püschner, Manfred: »Dresden als Vorposten gegen den ›Prager Frühling‹ 1968« in »Dresdner Hefte«; hsg. v. Dresdner Geschichtsverein; 14. Jg., H. 48 (April 1996); S. 82–89, hier S. 85 f.

[3] Vom 20. 8. bis 3. 9. 1968 gab es als Einmarschfolgen unter Tschechen und Slowaken 72 Tote, davon 45 durch Schüsse, 267 Schwer- und 440 Leichtverletzte.
Vgl. Tantzscher, Monika: »Staatssicherheit mit ›menschlichem Antlitz‹« in »Deutschland Archiv«, Köln; Jg. 31, Nr. 7 (Juli 1998); S. 533–546, hier S. 544.
Angabe aus Unterlagen des ČSSR-Innenministeriums.
Bis Mitte Oktober erhöhte sich die Zahl der Toten auf 90, darunter 9 unter 18 Jahren.
Vgl. SZ; Nr. 193 v. 23. 8. 1994, S. 7.

[4] Dem Zugriff der ausländischen Okkupanten und ihrer inländischen Kollaborateure entzogen sich durch Flucht oder Nichtrückkehr aus dem Westen rd. 30.000 ČSSR-Staatsangehörige, darunter über 150 Offiziere, Soldaten und Zivilangestellte der ČSSR-Streitkräfte.
Vgl. Tantzscher: a. a. O.; S. 545.
Damit entstand das 4. tschechische Exil des 20. Jahrhunderts (1: 1914–1918; 2. 1939–1945; 3.: ab 1948).

Quelle:
Bulletin; Nr. 106 v. 29. 8. 1968; S. 905.

****

Entschließung **1968, 25. September**
des (5.) Deutschen Bundestages:
Aussöhnung mit den Völkern der ČSSR

. . .

9. Der Deutsche Bundestag bekräftigt die Erklärung der Bundesregierung vom 13. Dezember 1966[1] über unseren Willen zur Aussöhnung und zum friedlichen Zusammenleben des deutschen Volkes mit dem polnischen Volke und mit den Völkern der ČSSR.

. . .

Anmerkung:
[1] Zum Text: Siehe S. 786.

Quelle:
Bulletin; Nr. 123 v. 1. 10. 1968; S. 1068.

****

Artikel **1968, 17. November**
von Staatssekretär (im Auswärtigen Amt) Gerhard Jahn (SPD):
Heimat- und Selbstbestimmungsrecht mit Auseinandersetzung um Münchner Abkommen nicht vermengen

. . .

Es geht bei unserer Friedenspolitik nicht nur um Grenzfragen. Unser Verhältnis zu unseren östlichen Nachbarn wirft weitere Fragen auf. So steht im Verhältnis zur ČSSR die Frage des Münchner Abkommens. Beide Seiten müssen an einer sauberen Klärung der damit verbundenen Probleme arbeiten. Zunächst muß allgemein festgestellt werden: Wir haben keine territorialen Forderungen gegenüber irgend jemanden.
Das hat die Bundesregierung wiederholt feierlich versichert. Das gilt auch gegenüber der ČSSR. Das Münchner Abkommen ist nach Auffassung der Bundesregierung nicht mehr gültig, d. h. es ist ungültig. Alle ehemaligen Signatarstaaten haben sich von dem Abkommen

losgesagt, nachdem offenkundig geworden war, daß Hitlers Politik auf die Zerstörung des tschechoslowakischen Staates gerichtet war.

...

Die Bundesregierung verurteilt jede Unrechtspolitik – nicht, weil Deutschland den Krieg verloren hat, sondern weil die Geschichte lehrt, daß aus Unrecht kein Friede erwachsen kann.

Deshalb ist es falsch und gefährlich, so wichtige Fragen wie die des Rechtes auf Heimat und auf Selbstbestimmung mit der Auseinandersetzung um das Münchner Abkommen zu vermengen. Die völkerrechtliche Durchsetzung dieser Rechte ist eine viel zu ernste und schwierige Frage, als daß wir auch nur Bezug nehmen dürften auf etwas, das in der ganzen Welt als Unrecht angesehen wird. Es geht nicht an, daß wir uns durch derartige Argumentationen um unsere Glaubwürdigkeit bringen lassen – hinsichtlich unserer Friedenspolitik wie unseres Bemühens um Recht und Gerechtigkeit zwischen den Nationen, wozu die Anerkennung von Selbstbestimmungs- und Heimatrecht gehört.

Wir betrachten den Unterschied zwischen dem Standpunkt der Bundesregierung, die das Münchner Abkommen als ungültig betrachtet, und dem Standpunkt der tschechoslowakischen Regierung, die das Abkommen für von Anfang an nichtig hält, nicht als politisches Problem, sondern als eine Frage der Rechtsfolgen. Die Bundesregierung ist sich ihrer Obhutspflicht gegenüber den Sudetendeutschen bewußt und nimmt sie ernst.

Eine rückwirkende Nichtigkeitserklärung setzt nach unserer Auffassung eine Einigung mit der tschechoslowakischen Regierung voraus, die nachteilige Rechtsfolgen für die betroffenen Personen ausschließt. Wir sind zu Gesprächen hierüber bereit, denn, so heißt es bereits in der Regierungserklärung vom 13. Dezember 1966, »der Bundesregierung liegt daran, dieses trübe Kapitel der Geschichte unserer Völker zu beenden und ein Verhältnis vertrauensvoller Nachbarschaft herzustellen«.

Es geht um einvernehmliche Lösungen der strittigen Fragen. Der starke Versöhnungswille des deutschen Volkes, zu dem sich auch die Vertriebenen bekennen, muß auch politisch wirksam werden.

Quelle:
Bulletin; Nr. 138 v. 19. 11. 1968; S. 1288.

****

Verfassungsgesetz **1969, 1. Januar**[1]
der ČSSR über die rechtliche Stellung nationaler Minderheiten:
Theoretisches[2] *»Recht auf Bildung in der Muttersprache«*
auch für (erstmals erwähnte[3]*) Deutsche*

Art. 1.
Die Tschechoslowakische Sozialistische Republik gewährleistet im Geiste des Grundsatzes der Gleichberechtigung zwischen Nationen und Nationalitäten der magyarischen, deutschen[3], polnischen und ukrainischen Nationalität die Möglichkeiten und Mittel einer allseitigen und gleichberechtigten Entwicklung.

Art. 2.
1. Die Nationalitäten sollen im Verhältnis zu ihrer Zahl in politischen Organen, Vertretungskörperschaften und in den übrigen Staatsorganen vertreten sein; sie sollen im wirtschaftlichen und kulturellen Leben eine gleichberechtigte Stellung haben.
2. Durch besondere Gesetze des Tschechischen Nationalrats[4] und des Slowakischen Nationalrats wird bestimmt, bei welchen Vertretungskörperschaften und Vollzugsorganen besondere Organe geschaffen werden, welche die Verwirklichung der Rechte der Nationa-

litäten sichern und in dem durch das Gesetz bestimmten Umfang selbständig über ihre spezifischen Interessen entscheiden werden.

Art. 3.
Den Bürgern magyarischer, deutscher, polnischer und ukrainischer Nationalität werden im Umfang und unter den vom Gesetz festgesetzten Bedingungen folgende Rechte gewährleistet:

das Recht auf Bildung in der Muttersprache[2],
das Recht auf Erhaltung des Kulturlebens,
das Recht, die Muttersprache im Verkehr mit Ämtern und anderen staatlichen Organen anzuwenden,
das Recht, sich in nationalen gesellschaftlich-kulturellen Organisationen zusammenzuschließen,
das Recht, periodische und nichtperiodische Zeitschriften herauszugeben und die Massenkommunikationsmittel zu benützen.

Art. 4.
1. Jeder Bürger entscheidet frei nach eigener Überzeugung über seine Nationalität.
2. Verboten sind alle Formen von Zwangsmitteln, die auf Entnationalisierung gerichtet sind.[5]
3. Die Angehörigkeit zu jeder beliebigen Nationalität darf keinem Bürger zum Schaden gereichen.

. . .[3]

Anmerkungen:
[1] Datum des Inkrafttretens. Beschlossen am 27. 10. 1968.
[2] Tatsächlich: Weiterhin gab es keine einzige deutsche Schule in der ČSSR. Die bedrängte Lage (siehe S. 762 ff.) blieb insgesamt unverändert.
Unbekümmert um die Tatsachen, demgegenüber noch 23 Jahre später das deutsche Nachrichtenmagazin »Der Spiegel« am 8. 7. 1991 (Jg. 45, Nr. 28; S. 26):
»Minderheitenschutz genießen die rund 53.000 Deutschstämmigen in der ČSFR bereits seit 1968.«
[3] Durch Art. 6 wurde der Artikel 25 der bisherigen ČSSR-Verfassung vom 11. 7. 1960 (zum Text: Siehe S. 760), der die Deutschen nicht erwähnte, aufgehoben.
[4] Am 18. 2. 1970 erfolgte der Erlaß eines Gesetzes zur Bildung eines Nationalitätenrates: 16 Mitglieder, davon 3 Deutsche, wurden ernannt.
[5] Vergleichbar mit § 134 der ČSR-Verfassung vom 29. 2. 1920; siehe S. 285.

Quelle:
ČSSR-Slg. 1968; Nr. 144 im 41. Stück v. 4. 11. 1968; S. 402 f.

****

Entschließung[1] **1969, 18. April**
eines außerordentlichen Parteitages der SPD:
Münchner Abkommen – ohne weitere Nachteile für Betroffene – auszulöschen

. . .
4. Die SPD setzt sich in Bundesregierung und Bundestag dafür ein, daß
. . .
das unter Androhung von Gewalt zustande gekommene Münchener Abkommen, das von Anfang an ungerecht war und ungültig ist, ausgelöscht wird durch vertragliche Regelungen, die ein für allemal jede auf die Zerstörung des tschechoslowakischen Staatsverbandes gerichtete Politik unmöglich machen.
Dabei wird es auch darum gehen, in Erfüllung der Obhutspflicht[2] gegenüber den Vertriebenen dafür zu sorgen, daß den von den Folgen des Münchener Abkommens und der Nachkriegszeit betroffenen Menschen keine weiteren Nachteile entstehen.
. . .

Anmerkungen:
[1] Der als Antrag A273 eingebrachte Text des Parteivorstandes wurde vom Außerordentlichen Parteitag einstimmig angenommen.
[2] Bezug auf die sog. Obhutserklärung vom 14. 7. 1950; zum Text: Siehe S. 723.

Quelle:
»Außerordentlicher Parteitag der Sozialdemokratischen Partei Deutschlands vom 16.–18. April 1969 in der Stadthalle von Bad Godesberg – Protokoll der Verhandlungen – Anträge«; hsg. v. Parteivorstand; o. O. (vermutlich Bonn); o. J.; S. 490 ff.

****

Entschließung des Bundesvorstandes der SL: **1969, 19. April**
SPD-Parteitagsbeschluß vom 18. 4. 1969 »unannehmbar«

Der außerordentliche Parteitag der SPD hat in Bad Godesberg eine Resolution[1] gefaßt, in der es heißt, daß »das unter Androhung von Gewalt zustande gekommene Münchner Abkommen, das von Anfang an ungerecht war und ungültig ist, ausgelöscht wird durch vertragliche Regelungen, die ein für allemal jede auf die Zerstörung des tschechoslowakischen Staatsverbandes gerichtete Politik unmöglich machen«.
Der Bundesvorstand der Sudetendeutschen Landsmannschaft anerkennt, daß der Parteitag der SPD neben dieser Formulierung sich für die Obhutspflicht gegenüber den Vertriebenen aussprach und dafür sorgen will, »daß den von den Folgen des Münchner Abkommens und der Nachkriegszeit betroffenen Menschen keine Nachteile entstehen«.
Gleichwohl stellt er fest, daß die obengenannte Resolution – ebenso wie ähnliche Erklärungen aus den Reihen anderer Parteien – für die Sudetendeutsche Landsmannschaft unannehmbar ist. Sie widerspricht der historischen Wahrheit wie auch den rechtlichen Gegebenheiten. Wenn etwas von Anfang an ungerecht war, dann ist es die Behandlung der Deutschen Böhmens, Mährens und Schlesiens gewesen, die 1918 unter Bruch des Selbstbestimmungsrechtes in einen Staat gezwungen wurden, den sie nicht wollten und der die Slowaken, Magyaren, Polen und andere Volksgruppen zu Minderheiten degradierte.
Man kann sich nicht zum Selbstbestimmungsrecht für alle Deutschen bekennen, dennoch aber Unrechtstatbestände, die Millionen Deutschen dieses Recht verweigerten, stillschweigend übergehen oder in das Gegenteil umwandeln.
Der Bundesvorstand der Sudetendeutschen Landsmannschaft erinnert in diesem Zusammenhang an den 4. März 1919[2]. Damals demonstrierten eine halbe Million Sudetendeutsche unter Initiative der Sozialdemokratischen Partei für dieses Recht. Unter den Gewehrkugeln tschechischer Okkupanten erlitten sie ungefähr so viele Opfer an Toten und Verwundeten wie die Tschechen 1968 im Zeichen der sowjetischen Invasion.
Die Sudetendeutsche Landsmannschaft hat sich in Kenntnis der »Böhmischen Tragödie« und im freien Selbstverständnis nach dem 21. August 1968 hinter das Freiheitsanliegen der Tschechen und Slowaken gestellt. Sie tut es auch heute im Hinblick auf die jüngsten Ereignisse in Prag. Die von ihr angesprochene Möglichkeit einer partnerschaftlichen Wiederbegegnung mit dem tschechischen Volk wird durch die zitierte Resolution des SPD-Parteitages indes eher erschwert als erleichtert.
Die Sudetendeutsche Landsmannschaft tritt für eine Partnerschaft auf freier Selbstbestimmung zwischen dem deutschen Volk und seinen östlichen Nachbarn ein und glaubt, daß diese Überzeugung auch dem Godesberger Programm der SPD[3] entspricht. Eine solche Partnerschaft ist indes nur auf der Grundlage der Selbstachtung möglich.

Anmerkungen:
[1] Siehe S. 798.
[2] Zu den Vorgängen: Siehe S. 262 f.
[3] Zum Text v. 15. 11. 1959: Siehe S. 49.

Quelle:
SdZ; Nr. 17 v. 25. 4. 1969; S. 1.

****

Politisches Programm des Tschechischen Nationalausschusses[1,2]**:** **1969, 17. Mai**
Vertreibung rückgängig machen

⟨*Nach einer Analyse der Vergangenheit wird festgestellt, daß eine bloße Rückkehr zu den Verfassungsgesetzen der ČSR von 1920 wegen der zwischenzeitlichen Entwicklung der slowakischen Frage nicht möglich sei. Methodisch erfolgt dann folgende Feststellung:*⟩

Keine Exilorganisation hat das Recht, dem Volk zu Hause eine politische oder soziale Verfassung vorzuschreiben, die sie sich ausgedacht hat und die sie der Nation aufzwingen will. Sie darf daher nur ein Programm ausarbeiten, dessen Annahme sie der Nation empfehlen kann. Der Tschechische Nationalausschuß legt deshalb diese Anleitung für einen Weg in eine bessere Zukunft vor.

⟨*In diesem Sinne wurden dann Grundprinzipien eines freiheitlich-demokratischen Rechtsstaates als politisches Programm entwickelt. Zur sudetendeutschen Frage heißt es:*⟩

Neben den Tschechen und Slowaken bewohnen das Gebiet der Republik in den böhmischen Ländern Deutsche und Polen, in der Slowakei Magyaren, Deutsche und Ukrainer. In einem Rechtsstaat müssen alle volle und gleiche Bürgerrechte haben. Die neue Verfassung muß demokratisch entstehen und verkündet werden, u. zw. unter Mitwirkung aller Staatsbürger. Sie darf nicht aufgezwungen werden. Der Zwang ist die Wurzel für den Ausbruch unzufriedener politischer Kräfte. In den gesetzgeberischen Bereichen muß eine Majorisierung der nationalen Gruppen und Minderheiten, die ihre kulturelle und politische Existenz bedroht, vermieden werden. Nur auf diese Weise wird die Republik tatsächlich ein gemeinsamer Staat aller, und sie erwirbt damit das Recht, von allen ihren Bürgern ungeteilte Loyalität und Zuneigung zu verlangen.
Ein beträchtlicher Teil der Angehörigen nationaler Gruppen wurde nach dem Kriege rücksichtslos und kollektiv vertrieben. Ihre Rückkehr soll auf Grund demokratischer, gerechter und anständiger Vereinbarungen mit den rechtsgültigen Vertretern der Vertriebenen geregelt werden. Die Verhandlungen müssen geführt werden im Geiste der Verträge der Vereinten Nationen, die in der Welt-Deklaration über die Menschenrechte[3] zum Ausdruck kommen, im Geiste der Konvention über wirtschaftliche, soziale und kulturelle Rechte[4] und im Geiste des Europäischen Vertrages über den Schutz der Menschenrechte und der Grundfreiheiten[5] sowie der Europäischen Sozial-Charta. Man kann mit Sicherheit annehmen, daß alle diese internationalen Verträge von der Republik nach Wiederherstellumg der vollen staatlichen Souveränität der Republik und nach ihrer Eingliederung in die westeuropäische Zivilisation, wohin sie im Geiste der alten tschechischen und republikanischen Tradition schon immer gehörte, angenommen werden.
...

Anmerkungen:
1 Zum Tschechischen Nationalausschuß in London: Siehe S. 724.
2 Das Programm wurde in Forchheim veröffentlicht.
3 Zum Text vom 10. 12. 1948: Siehe S. 25.
4 Zum Text vom 19. 12. 1966: Siehe S. 60.
5 Zum Text vom 4. 11. 1950 und 16. 9. 1963: Siehe S. 32, 57.

Quelle:
Ms. Vervielfältigung; Abdruck in DzS, 4. Aufl.; S. 371 f.

****

Regierungserklärung **1969, 28. Oktober**
von Bundeskanzler Brandt (SPD):
Ankündigung »neuer Ostpolitik«

...

In Fortsetzung der Politik ihrer Vorgängerin erstrebt die Bundesregierung gleichmäßig verbindliche Abkommen über den gegenseitigen Verzicht auf Anwendung oder Androhung von Gewalt. Die Bereitschaft dazu gilt – ich darf es wiederholen – auch gegenüber der DDR. Ebenso unmißverständlich will ich sagen, daß wir gegenüber der uns unmittelbar benachbarten Tschechoslowakei zu den Abmachungen bereit sind, die über die Gegenwart hinausführen.

...

Quelle:
Bulletin; Nr. 132 v. 29. 10. 1969; S. 1125.

****

Kurzbericht **1969–1974**
Die neue deutsche Ostpolitik:
Zusammenhänge in zeitlicher Abfolge

Vorbemerkung:

1. *Eine Dokumentensammlung stellt ihren thematischen Sachverhalt grundsätzlich durch (ggf. gekürzte) Einzeldokumente dar. Dabei können beträchtliche Erkenntnis- und Verständnisprobleme entstehen, wenn der Sachverhalt in komplexer Abhängigkeit zu anderen Entwicklungslinien steht und diese Abhängigkeit nicht mehr allgemein bekanntes Grundwissen darstellt.*
   Beispiel 1: Die Entwicklung der Sudetenfrage von etwa 1933 bis 1938 ist ohne Beachtung der generellen Politik der nationalsozialistischen Führung des Deutschen Reiches nicht voll zugänglich. Diese kann jedoch heute als bekannt vorausgesetzt werden.
   Beispiel 2: Im Gegensatz dazu scheint es nicht mehr zulässig, die – natürlich nur erkenntnismethodische – Einbettung der Entwicklung zum 1. Prager Vertrag von 1973[1] *in die »neue deutsche Ostpolitik« vergleichbar vorauszusetzen.*
2. *Der nachfolgende Zeit- und Sachraster soll daher in geraffter Form vor allem aufzeigen:*
   - *Zwischen 1969 und 1975 stand die (für die Sammlung wichtige) Entwicklungslinie zum 1. Prager Vertrag von 1973 im Schlagschatten weltpolitischer Zusammenhänge und bedeutsamer innerdeutscher Ereignisse und Entwicklungen.*
   - *Die Probleme des Prager Vertrages wurden zwar 1969 ziemlich zeitgleich mit anderen Fragen aufgegriffen, jedoch zeitlich zuletzt abgeschlossen.*
3. *Darüber hinaus sollte beachtet werden:*
   - *Es gab bereits vor 1969 bedeutsame Ansatzpunkte zur neuen deutschen Ostpolitik von deutscher*[2] *und sowjetischer*[3] *Seite.*
   - *Die Darstellung schließt zwar mit der »In-Kraft-Setzung« der Verträge für die Bundesrepublik Deutschland ab.*
     Das Bundesverfassungsgericht beschäftigte sich jedoch anschließend mit verschiedenen Verträgen und erklärte sie entweder aus aufgeführten Gründen mit dem Grundgesetz vereinbar oder wies die Beschwerden gegen sie zurück:
     Den Vertrag mit der UdSSR (Moskauer Vertrag) und mit Polen (Warschauer Vertrag) am 7. 7. 1975, den Grundvertrag mit der DDR am 21. 7. 1973 und den Vertrag mit der ČSSR (1. Prager Vertrag) am 11. 7. 1974 und 25. 1. 1977.[4]

4. *Bereits zeitgleich wurde offensichtlich, daß der Einfluß (menschen-)rechtlicher Argumente auf die Abläufe*[5] *wenig relevant war.*
   Erst nach 1990 konnte in vollem Umfang deutlich werden, wie sehr die in Bonn in Erscheinung tretende »neue deutsche Ostpolitik« nur die zeitgemäße Form ziemlich alter russisch-sowjetischer Weltpolitik aus Moskau über Ostberlin war.[6]
5. *Wichtig wäre auch, die Hintergründe und Argumente der Diskussion innerhalb der Bundesrepublik Deutschland mit dem zeitgleichen Eindruck zu konfrontieren, den sie im Ausland machten*[7] *und den dort sofort sichtbaren Konsequenzen.*
6. *Der gesamte Ablauf der neuen deutschen Ostpolitik vollzog sich in der rechtsstaatlich-parlamentarischen, vom Wählerwillen gesteuerten Bundesrepublik Deutschland.*
   Deswegen ist es bedeutsam, auch den Akzeptanzvorgang zu belegen, der durch die langfristige Umpolung und biologische Umwandlung einer durch Recht (und eigenes Erleben) bestimmten Mehrheit von Wählern in eine von anderen Leitsätzen gesteuerte Mehrheit erfolgte.
   Dies kann aus den Jahrbüchern des »Instituts für Demoskopie« in Allensbach (Bad.)[8] *erfolgen, in denen über Jahrzehnte hinweg die Ergebnisse von Meinungsumfragen unter einem repräsentativen Querschnitt der Erwachsenen (= Wählern) der BR Deutschland publiziert wurden.*
   Die Problematik derartiger Umfragen wird an wissensbezogenen und zeitlich punktuellen Fragestellungen besonders deutlich:
   Auf die Frage »Hat eigentlich die Mehrheit der Deutschen vor der Machtübernahme durch Hitler für die Nationalsozialisten gestimmt?« *antworteten 1990 41 Prozent:* »Mehrheit hat dafür gestimmt« *und 34 Prozent:* »Ich weiß es nicht«. *Nur 25 Prozent gaben die richtige Antwort:* »Mehrheit hat nicht dafür gestimmt«, *denn der Anteil, den die NSDAP in der letzten freien Reichstagswahl im Herbst 1932 erhielt, hatte 33 Prozent betragen.*
   Bei meinungsbezogenen Fragen, die über lange Zeit gestellt wurden, gilt diese Problematik weniger bis überhaupt nicht. Deswegen ist auch für die Sudetenfrage die Entwicklung der Antworten auf folgende (wenig geänderte bzw. mit Blick auf die UdSSR und/oder die Wiedervereinigung variierte) Frage beachtenswert: Sollen wir uns mit der Oder-Neiße-Linie als Grenze abfinden?
   Die Zahlenreihen lassen den Einschnitt zwischen 1966 und 1967 deutlich erkennen, auf den die »neue deutsche Ostpolitik« aufsetzte:

Zeitraum der Antworten	*Ja*	*Prozent Nein*	*Weiß nicht*
1950, März	*8*	*80*	*12*
1952, April	*3*	*84*	*13*
1953, August	*11*	*66*	*23*
1955, August	*10*	*69*	*21*
1956, Dezember	*9*	*73*	*18*
1959, September	*12*	*67*	*21*
1962, März	*26*	*50*	*24*
1964, September	*22*	*59*	*19*
1965, Juni	*21*	*60*	*19*
1966, Februar	*27*	*54*	*19*
1967, November	*46*	*35*	*19*
1969, Mai	*42*	*38*	*20*
1970, März	*58*	*25*	*17*
1972, Mai	*61*	*18*	*21*

7. *Als interessante Relativierung dieser Entwicklung wurde vom gleichen Institut mehr als zwei Jahrzehnte später, nämlich im April 1995 die Frage gestellt*[9]*:*

»War die Entscheidung der Anerkennung der Oder-Neiße-Linie
richtig 34
oder falsch?« 32
〈*weiß nicht*〉 〈*34*〉

8. *Schließlich geht es darum, dem unhistorischen (und unlogischen) Anspruch entgegenzutreten, es habe keine Alternative zur »neuen deutschen Ostpolitik« gegeben.*
Die grundsätzliche Alternative war immer ganz klar: Wenn nicht das getan bzw. vertraglich festgelegt werden kann, was den eigenen Zielen entspricht, ist es stets besser, nichts zu tun bzw. vertraglich festzulegen, als ohne Not die politischen Ziele des anderen anscheinend zu übernehmen bzw. vertraglich zu akzeptieren[10]*:* »Es ist etwas anderes zu dulden und etwas anderes, ja zu sagen«, *meinte – bezogen auf die Anerkennung von Ostgrenze und Deutschenvertreibung – der Philosoph Karl Jaspers bereits 1947*[11]*:*
»Kein Deutschland 〈*so meinte er, die damalige Meinung wohl zutreffend wiedergebend,*〉 . . . wird in der Lage sein, 〈*dies*〉 vertraglich anzuerkennen.«

9. *Daher ist darauf hinzuweisen, daß die Sudetendeutschen den 1. Prager Vertrag vom 11. 12. 1973*[1] *stets als irrelevant ansahen; die Sudetendeutschen haben nicht verzichtet und gegen den bloßen Anschein protestiert*[12]*. Die Geschichte habe gelehrt, daß ohne Beteiligung der Betroffenen zwar Verträge geschlossen, aber keine wirklichen Regelungen von Fragen des Heimat- und Selbstbestimmungsrechtes erreicht werden können.*

Anmerkungen und Quellen:

1 Vom 11. 12. 1973; zum Text: Siehe S. 810, 820.

2 Z. B. die sog. »Friedensnote« vom 18. 10. 1963; zum Text: Siehe S. 773.

3 Z. B. das Karlsbader Programm der Kommunistischen Parteien Europas vom 26. 4. 1967; zum Text: Siehe S. 789.

4 Zu den Texten: Siehe S. 816 und 834.

5 Siehe z. B. S. 782.
Vgl. auch Schmid, Günther: »Entscheidung in Bonn«; Köln, 1979; S. 247.

6 a) Bereits zeitgleich war eine Manipulation des Abstimmungsergebnisses vom 27. 4. 1972 über das entscheidende sog. konstruktive Mißtrauensvotum vermutet worden.
Nach der Wende in Ostmitteleuropa 1989/90 wurde festgestellt, daß die Stimme (mindestens) eines Abgeordneten der CDU vom Staatssicherheitsdienst der DDR für Bundeskanzler Brandt gekauft worden war.
Vgl. »Die Welt«; Nr. 52 v. 27. 2. 1991; S. 1.
b) Generell ist die (an sich bescheiden-zurückhaltende) Antwort des damaligen DDR-Spionagechefs Markus Wolf zu beachten:
Frage: »Wenn es Ihren Geheimdienst nicht gegeben hätte, wäre dann die Geschichte anders verlaufen?«
Wolf: ». . . Jetzt könnte ich über die Ostpolitik Brandts reden, die mein Dienst vielleicht befördern konnte. Aber es wäre sicher eine sehr gewagte Behauptung, daß irgend etwas in der Geschichte anders verlaufen wäre, wenn es den Dienst nicht gegeben hätte.«
Vgl. SZ; Nr. 266 v. 19. 11. 1997, S. 10.

7 a) Das ist selbst heute (2002) nicht voll möglich: Die Akten sind noch nicht ganz publiziert.
Erste Hinweise belegten starkes Mißtrauen gegen die v. a. von den USA »nicht gewollte« und als unprofessionell bewertete »neue deutsche Ostpolitik«.
Vgl. »Der Spiegel«; Jg. 53, Nr. 3 v. 18. 1. 1999; S. 102.
b) Signifikant auch die Neufestlegung der Bistumsgrenzen der katholischen Kirche bereits am 28. 6. 1972: Eine derartige Entscheidung war früher nur nach formellem Friedensvertrag erfolgt.
Vgl. »Vatikanische Ostpolitik unter Johannes XXIII. und Paul VI. 1958–1978«; hsg. v. Karl Joseph Hummel; Paderborn (NRW.), 1999.

8 Vgl. »Jahrbuch der öffentlichen Meinung«; hsg. v. Elisabeth Noelle (m. a.); mehrere Bände; Allensbach (Bad.), 1956 ff. Auch »The Germans. Public Opinion Polls 1947–1966«; hsg. v. Elisabeth Noelle (m. a.); Allensbach (Bad.), 1967.

9 Vgl. FAZ; Nr. 102 v. 3. 5. 1995; S. 5.

10 Ein Beispiel zu solchem Verhalten ist Japan: Siehe S. 1165.

11 In einem Brief vom 11. 3. 1947 an den Rektor der Universität Heidelbert, Karl Bauer.
Vgl. FAZ; Nr. 38 v. 15. 2. 1983; S. 17.

12 Durch z. B. die Erklärungen vom 14. 7. 1973; zum Text: Siehe S. 814 f.

Die zeitliche Abfolge[1]:

	Bundesrepublik Deutschland: Staatspolitik	4 Mächte: Berlin-Abkommen	Bundesrepublik Deutschland und … … UdSSR	… Polen	… DDR: Verkehrsvertrag	… DDR: Grundvertrag[2]	… UN-Mitgliedschaft (auch DDR)[2]	… ČSSR	
1969		6. 8.: VV-West							1969
	21. 10.: Regierung Brandt/Scheel I: 254 Abgeordnete (CDU/CSU Opp. 242)	12. 9.: VV-UdSSR	← 28. 10.: Regierungserklärung von Bundeskanzler Brandt[3] →						
			15. 11.: VV-D	25. 11.: VV-D					
1969								10. 12.: VV-D	1969
1970			31. 1.: GB					14. 1.: VV-ČSSR	1970
				5. 2.: GB					
		26. 3.: GB			19. 3.: Treffen Erfurt 12. 5.: Treffen Kassel				
			← 22. 5.: Bahr-Papier[4] →						
			26. 7.: VB 12. 8.: Unterz.						
1970				2. 11.: VB 7. 12.: Unterz.	27. 11.: GB			13. 10.: GB	1970
1971 1971		5. 2.: VB 3. 9.: Unterz.							1971 1971
1972					16. 1.: VB				1972
	27. 4.: »Konstruktives Mißtrauensvotum«: 248 : 248 : 0		17. 5.: Billigung Bundestag 248 : 10 : 238 | 248 : 17 : 231 Gem. Entschl.[5] 491 : 5 : 0						
		3. 6.: in Kraft	3. 6.: Verträge in Kraft		26. 5.: Unterz. 22. 9.: 473 : 0 : 9 17. 10.: in Kraft	15. 6.: GB 16. 8.: VB			
	21. 9.: Vertrauensfrage: 233 : 248 : 0								
1972	19. 11.: Wahlen: Regierung Brandt/Scheel II: 272 Abgeordnete (CDU/CSU Opp. 224 Abgeordnete)					2. 12.: Unterz.			1972

			Bundesrepublik Deutschland und . . .						
	Bundesrepublik Deutschland: Staatspolitik	4 Mächte: Berlin-Abkommen	. . . UdSSR	. . . Polen	. . . DDR: Verkehrs-vertrag	Grund-vertrag[2]	. . . UN-Mitgliedschaft (auch DDR)[2]	. . . ČSSR	
1973						11. 5.: 268 : 217 : 0 21. 6.: in Kraft	11. 5.: 364 : 121 : 0 10. 6.: in Kraft	7. 5.: VB 20. 6.: Paraphierung[6] 11. 12.: Unterz.[7]	1973
1973									1973
1974	6. 5.: Rücktritt Bundeskanzler Brandt 16. 5.: Regierung Schmidt/Scheel							20. 6.: 232 : 190 : 0 1. 7.: Einspr. B.Rat 10. 7.: ZW 262 : 167 : 0 19. 7.: in Kraft	1974
1974									1974

Abkürzungen: VV = Verhandlungsvorschlag; GB = Gesprächsbeginn; VB = Verhandlungsbeginn; ZW = Zurückweisung Bundesratseinspruch durch Bundestag
Zahlen = Bundestagsabgeordnete, die »Ja : Nein : Enthaltung« stimmten.

Anmerkungen und Quellen:

1 Quellen:
Zündorf, Benno: »Die Ostverträge«; München, 1979 und eigenes Archivmaterial.

2 Durch den auf Initiative der BR Deutschland entstandenen Grundvertrag wurde der Weg für die UN-Mitgliedschaft und die damit zusammenhängende internationale Anerkennung der DDR freigemacht: Bis 1971 war die DDR nur von den Satellitenstaaten der UdSSR und mit ihnen verbundenen Staatsgebilden der sog. Dritten Welt anerkannt worden (insgesamt ca. 30). In den Jahren 1972–1975 folgten fast 90 Anerkennungen; die (bis 1990 andauernde) Teilung Rest-Deutschlands wurde international zur Kenntnis genommen.

3 Zum Text: Siehe S. 801.

4 Zum Text: Siehe S. 806

5 Zum Text: Siehe S. 809.

6 Zum Text: Siehe S. 810.

7 Zum Text dabei mitunterzeichneter Zusatzdokumente: Siehe S. 820.

****

Vorschlag[2] **1970, Frühjahr**[1]
von Staatssekretär (im Auswärtigen Amt) Egon Bahr (SPD)
für ein Gesamtkonzept der Ostverträge
(Sog. Bahr-Papier[2]):
Mit der Ungültigkeit des Münchner Abkommens verbundene Fragen

...

8. Zwischen der Regierung der Bundesrepublik Deutschland und der Regierung der Union der Sozialistischen Sowjetrepubliken besteht Einvernehmen darüber, daß die mit der Ungültigkeit des Münchner Abkommens verbundenen Fragen in Verhandlungen zwischen der Bundesrepublik Deutschland und der Tschechoslowakischen Sozialistischen Republik in einer für beide Seiten annehmbaren Form geregelt werden sollen.

...

Anmerkungen:
[1] Die Gespräche des Staatssekretärs Bahr in Moskau dauerten (mit Unterbrechungen) vom 30. 1. bis 22. 5. 1970.
[2] Unter diesem Stichwort ist eine Unterlage zu verstehen, die Ausgangspunkte für die Detailverhandlungen der einzelnen Ostverträge festschrieb. Ihre Existenz wurde regierungsseitig zunächst bestritten.

Quelle:
Zündorf, Benno: »Die Ostverträge«; München, 1979; S. 47.

****

Entschließung **1970, 5. September**
des Bundesvorstandes der Seliger-Gemeinde:
Münchner Abkommen nicht von Anfang an ungültig

...

Der Bundesvorstand erneuert seine Erklärung, daß das Münchner Abkommen nicht ›von Anfang an‹ als ungültig betrachtet werden kann. Die sudetendeutschen Sozialdemokraten waren ein Opfer dieses von Hitler erzwungenen Vertrages; Zehntausende ihrer Anhänger büßten nach München ihren Einsatz für die Demokratie mit Verfolgung und Konzentrationslager, Tausende mußten den harten Weg ins Exil beschreiten. Die Seliger-Gemeinde wird nie ihre Zustimmung zu einer Geschichtsfälschung geben.

...

Quelle:
Ms. Vervielfältigung; Abdruck in DzS, 4. Aufl.; S. 376.

****

Memorandum **1970, 16. Oktober**
der SL für Bundeskanzler Brandt (SPD)[1]**:**
Sudetenfrage bis zum Friedensvertrag offen

1. Die »Sudetendeutsche Landsmannschaft« als die legitimierte freigewählte Vertretung der sudetendeutschen Volksgruppe tritt im Geiste der Charta der Vertriebenen[2] und des Wiesbadener Abkommens aus dem Jahre 1950[3] für die Aussöhnung und Wiederbegegnung mit den Nachbarvölkern ihres Heimatraumes auf der Basis des Rechts ein. Ein Europa der Partnerschaft freier Völker und Volksgruppen ist dabei ihr erstrebenswertes Leitbild. Dieses Europa soll nach den Grundsätzen des Völkerrechts, der Menschen- und Freiheitsrechte sowie eines neu zu entwickelnden Volksgruppenrechts gestaltet sein. Es wäre u. a. eine Aufgabe der sog. Friedensforschung, diese Grundsätze zu erarbeiten.

2. Verhandlungen mit der Tschechoslowakei sollten eine bessere nachbarschaftliche Kooperation ermöglichen. Abmachungen zwischen Bonn und Prag könnten folgende Gegenstände betreffen:
   a) Bestandsaufnahme und Überprüfung der zwischen beiden Staaten bestehenden Streitfragen;
   b) Bestandsaufnahme der bestehenden zweiseitigen Vereinbarungen und der gemeinsamen Bindungen beider Staaten an multilaterale Verträge;
   c) Versuch, die Wiederanwendung zweiseitiger Verträge zu vereinbaren (z. B. Schiedsabkommen von Locarno v. 16. Oktober 1925);
   d) Abschluß von Vereinbarungen über Zusammenarbeit auf allen Gebieten, die von praktischer Bedeutung für die Verbesserung der Beziehungen sind. So sollten die Möglichkeiten gegenseitiger Behördenhilfe bei der Feststellung sozialrechtlicher sowie wirtschaftlicher Tatbestände (Rentenbescheide, Spareinlagen usw.) ebenso erörtert werden wie menschliche Probleme, die mit dem Status der in der Heimat verbliebenen Deutschen sowie derer, die sich um eine Aussiedlung in die Bundesrepublik bemühen, zusammenhängen.
   e) Eine Aussiedlung von Sudetendeutschen aus der Tschechoslowakei gegen ihren Willen darf nicht erfolgen. Die Menschen- und Freiheitsrechte der noch in der Tschechoslowakei lebenden Sudetendeutschen sind im Rahmen eines Volksgruppenrechtes sicherzustellen.
   f) Gegenseitige Erklärung, wonach beide Staaten sich in ihren Beziehungen jetzt und künftig ausschließlich an die in Art. 2 und 33 Abs. 1 der UNO-Satzung[4] enthaltenen Grundsätze halten werden und übereinkommen, daß zur gerichtlichen Entscheidung von Streitigkeiten der Internationale Gerichtshof in Den Haag in Betracht kommt, soweit nicht auf Grund anderweitiger vertraglicher Vereinbarung ein anderes Gericht ausdrücklich bestimmt ist.
   (Gegenseitige Erklärung nach Art. 36 Abs. 2 der Satzung des Internationalen Gerichtshofs.)
3. Im Hinblick auf die staats- und völkerrechtliche Problematik vertritt die sudetendeutsche Seite die Anschauung, daß die Grundrechte der im Sudetengebiet beheimateten Menschen unabhängig von der Frage gültig sind, zu welchem Staatsvertrag diese Gebiete gehörten bzw. gehören.
4. Vor und nach dem Münchner Abkommen[5] ist 1938 durch Vereinbarungen, an denen die Tschechoslowakei beteiligt war, über die Zugehörigkeit der sudetendeutschen Gebiete zum Deutschen Reich entschieden worden[6]. Solange diese erfüllten Vereinbarungen nicht durch neue völkerrechtlich gültige Vereinbarungen ersetzt werden, ist die völkerrechtliche Zugehörigkeit der Sudetengebiete eine offene Frage. Sie kann nur durch einen Friedensvertrag mit einer gesamtdeutschen Regierung unter Berücksichtigung des Selbstbestimmungsrechts gelöst werden.
   Die Anwendung des Selbstbestimmungsrechts, d. h. des Rechtes der Völker und Volksgruppen, ihren politischen, wirtschaftlichen, kulturellen und sozialen Status frei zu bestimmen[7] bedeutet im vorliegenden Fall, daß über das Schicksal der Sudetendeutschen und ihres Gebietes nicht ohne ihre ausdrückliche Zustimmung verfügt werden darf.
5. Die Feststellung, wonach die Bundesrepublik Deutschland keine territorialen Forderungen an die Tschechoslowakei erhebt, schließt das Heimat- und Selbstbestimmungsrecht der Sudetendeutschen nicht aus. Sie kann den sonstigen zivil- und öffentlichrechtlichen Status der Sudetendeutschen als deutsche Staatsangehörige in keiner Beziehung berühren. Auch kann die Geltungskraft öffentlicher und privater Rechtshandlungen, die zwischen 1938 und 1945 im Vertrauen auf Bestand und Gültigkeit der damals für die Sudetengebiete maßgeblichen rechtlichen Ordnung vorgenommen worden sind, nicht in Frage gestellt werden.

6. Die Vertreibung hat die Heimat-, Menschen- und Freiheitsrechte der Sudetendeutschen verletzt. Eine Regelung der sich daraus ergebenden Fragen darf nicht im Widerspruch stehen
   a) zum völkerrechtlichen Verbot der Zwangsaussiedlung (Art. 6 der Satzung des Internationalen Militärgerichtshofs von Nürnberg[8], das u. a. durch das Weltabkommen zur Verhinderung der Verjährung von Kriegsverbrechen und Verbrechen gegen die Menschlichkeit (Anlage zur UNO-Vollversammlung Entschl⟨*-ießung*⟩ vom 26. November 1968, Nr. 2391 – XXIII, Art. 1)[9] umfassend in Geltung gesetzt werden soll;
   b) zum völkerrechtlichen Verbot der Zwangsaussiedlung, das für die Bundesrepublik Deutschland gemäß der Art. 3 und 4 des IV. Ergänzungsprotokolls zum Europäischen Abkommen zum Schutz der Menschenrechte und Grundfreiheiten[10] (Genehmigungsgesetz vom 9. Mai 1968, BGBl. II S. 422) partikular bereits in Geltung steht, wobei klargestellt worden ist, daß dieses Verbot nicht etwa durch das Ergänzungsprotokoll selbst vereinbart worden ist, sondern bereits vorher gegolten hat (Ziff. 33 des Sachverständigenberichts ans Europäische Ministerkomitee vom 21. Februar 1963, CM 63–69) und auch dann verletzt wird, wenn der Tatbestand des Vertreibungszustandes – sei es durch dessen Anerkennung als endgültig, sei es durch Infragestellung des seit 1938 gegebenen Rechtsstatus der Sudetendeutschen – sanktioniert würde;
   c) zum Bekenntnis des Bundesverfassungsgesetzgebers zu den unverletzlichen und unveräußerlichen Menschenrechten als Grundlage jeder menschlichen Gemeinschaft, des Friedens und der Gerechtigkeit in der Welt (Art. 1 Abs. 2 GG);
   d) zu ihrem Anspruch auf Entschädigung der durch die Zwangsaussiedlung erlittenen Verluste.
7. Die Sudetendeutschen erwarten daher von der Bundesregierung, daß sie in Ausführung ihrer Obhutspflicht keiner Legalisierung der Vertreibung zustimmt. Eine »Legalisierung« würde u. a. der jüngst gefaßten Entschließung der UNO-Vollversammlung zur zehnjährigen Wiederkehr der »Erklärung über die Verselbständigung kolonialer Gebiete und Völker« (Nr. 2548–XXIV vom 11. 12. 1969)[11] widersprechen. Deren § 9 »verurteilt jede Politik . . . der planmäßigen Einschleusung fremder Einwanderer bei gleichzeitiger Vertreibung (›transferring‹), Entfernung und Umsiedlung der eingesessenen Einwohner in andere Gegenden«.
   Da Vertreibungen allgemeinen Grundsätzen des Völkerrechts widersprechen, würde eine »Legalisierung« oder Anerkennung der Vertreibung der Sudetendeutschen als »endgültig« eine Verletzung des Art. 25 GG darstellen.
8. Eine Normalisierung der deutsch-tschechoslowakischen Beziehungen wird weder von den Potsdamer Beschlüssen noch von einer Nichtigkeitserklärung des Münchner Abkommens von Anfang an ausgehen können. Es ist nur eine Lösung denkbar, zu der Sudetendeutsche und Tschechen ja zu sagen vermögen. Sie kann sich nicht aus der nachträglichen Streichung eines völkerrechtlich gültig zustande gekommenen Vertrages und seiner für die Betroffenen wichtigen Rechtsfolgen ergeben.
9. Hinsichtlich dieser Folgen einer Nichtigerklärung des Münchner Abkommens von Anfang an verweisen wir auf die von in- und ausländischen Völkerrechtlern erstellten Gutachten zum Münchner Abkommen (Gutachten zum Münchner Abkommen – Aus dem Blickpunkt allgemeiner Rechtsgrundsätze –, München, Universitätsbuchdruckerei und Verlag Dr. C. Wolf & Sohn, 1967).
10. Der zwischen der Bundesrepublik Deutschland und der Tschechoslowakischen Republik zu schließende Vertrag sollte den Prozeß der Aussöhnung zwischen den Sudetendeutschen und dem tschechischen Volk berücksichtigen bzw. fördern. Dies ist nur möglich, wenn er von den Bemühungen um eine internationale Friedensordnung ausgeht, die dem geltenden Völkerrecht entspricht und einen Beitrag zu seiner Fortbildung im Geiste des Menschenrechtsgedankens liefert.

Anmerkungen:
1 Es handelt sich um den Text eines Memorandums, das dem Bundeskanzler von einer Delegation übergeben wurde.
2 Vom 5. 8. 1950; zum Text: Siehe S. 31.
3 Vom 4. 8. 1950; zum Text: Siehe S. 724.
4 Vom 26. 6. 1945; zum Text: Siehe S. 17.
5 Vom 29. 9. 1938; zum Text: Siehe S. 415.
6 V. a. Notenwechsel zwischen Großbritannien und Frankreich einerseits und der Tschechoslowakei andererseits vom 19./21. 9. 1938; zum Text: Siehe S. 405, 409.
7 Formulierung der UN-Pakte für Menschenrechte vom 19. 12. 1966; zum Text: Siehe S. 60.
8 Vom 8. 8. 1945; siehe S. 21.
9 Zum Text der UN-GA-Entschließung 23/2391: Siehe S. 63.
10 Vom 16. 9. 1963; zum Text: Siehe S. 57.
11 Zum Text der UN-GA-Entschließung 24/2548: Siehe S. 65.

Quelle:
Sudetendeutsche Landsmannschaft, Bundesverband (Hsg.): »Sudetendeutsche Rundschau« ⟨*MitgliederZ., u.*⟩; Jg. 10, Nr. 2; München, Herbst 1970; S. 2.

****

Entschließung **1971, 24. Januar**
von Führungskräften der Ackermann-Gemeinde:
Münchner Abkommen nicht nichtig

. . .
Die Ackermann-Gemeinde müßte es für eine Manipulation der geschichtlichen Wahrheit halten, wenn das Münchner Abkommen für null und nichtig erklärt würde. Als tragbar würde sie eine Einigung erachten, die davon ausgeht, daß das Münchner Abkommen nicht mehr gültig ist, und die Verpflichtung der Bundesrepublik Deutschland enthält, aus dem Münchner Abkommen keine territorialen Ansprüche abzuleiten. Das würde erfordern, daß auch die Tschechoslowakei aus ihrer Auffassung keine Rechte gegen Deutschland oder Deutsche geltend macht.
Die Ackermann-Gemeinde ist der Auffassung, daß alle Fragen, die sich aus der völkerrechtswidrigen Vertreibung der Sudetendeutschen ergeben, für eine einvernehmliche Lösung im Geiste der Gerechtigkeit und der Verständigung offen bleiben müssen.
. . .

Quelle:
Ms. Vervielfältigung; Abdruck in DzS, 4. Aufl.; S. 379.

****

Entschließung[1] **1972, 17. Mai**
des (6.) Deutschen Bundestages
zur Abstimmung über die Ostverträge[2]
(Sog. Gemeinsame Entschließung)
Verträge[2] *keine Rechtsgrundlage für heutige Grenzen*

. . .
2. Die Verpflichtungen, die die Bundesrepublik Deutschland in den Verträgen eingegangen ist, hat sie im eigenen Namen auf sich genommen. Dabei gehen die Verträge von den heute tatsächlich bestehenden Grenzen aus, deren einseitige Änderung sie ausschließen. Die Verträge nehmen eine friedensvertragliche Regelung für Deutschland nicht vorweg und schaffen keine Rechtsgrundlage für die heute bestehenden Grenzen.
3. Das unveräußerliche Recht auf Selbstbestimmung wird durch die Verträge nicht berührt. Die Politik der Bundesrepublik Deutschland, die eine friedliche Wiederherstel-

lung der nationalen Einheit im europäischen Rahmen anstrebt, steht nicht im Widerspruch zu den Verträgen, die die Lösung der deutschen Frage nicht präjudizieren. Mit der Forderung auf Verwirklichung des Selbstbestimmungsrechts erhebt die Bundesrepublik Deutschland keinen Gebiets- oder Grenzänderungsanspruch.

4. Der Deutsche Bundestag stellt fest, daß die fortdauernde und uneingeschränkte Geltung des Deutschlandvertrages[3] und der mit ihm verbundenen Abmachungen und Erklärungen von 1954 sowie die Fortgeltung des zwischen der Bundesrepublik Deutschland und der Union der Sozialistischen Sowjetrepubliken am 13. September 1955 geschlossenen Abkommens von den Verträgen nicht berührt wird.
5. Die Rechte und Verantwortlichkeiten der Vier Mächte in bezug auf Deutschland als Ganzes und auf Berlin werden durch die Verträge nicht berührt. Der Deutsche Bundestag hält angesichts der Tatsache, daß die endgültige Regelung der deutschen Frage im Ganzen noch aussteht, den Fortbestand dieser Rechte und Verantwortlichkeiten für wesentlich.

...

Anmerkungen:
[1] Zum Abstimmungsergebnis über die Entschließung: Siehe S. 804.
[2] Gemeint sind die Verträge mit der UdSSR vom 12. 8. und Polen vom 7. 12. 1970.
[3] Vom 23. 10. 1954; zu einem Textauszug: Siehe S. 739.

Quelle:
Parlament; Nr. 21/22 v. 20. 5. 1972; S. 13.

***

Regierungserklärung von Bundeskanzler Brandt (SPD): **1973, 18. Januar**
Münchner Abkommen soll aufhören, das Verhältnis zur ČSSR zu belasten

... Wir werden eine breite Zusammenarbeit auf wirtschaftlichem, wissenschaftlich-technischem und auf kulturellem Gebiet mit den Staaten Osteuropas suchen. Die Bundesregierung wird sich gleichzeitig weiterhin um die Linderung humanitärer Probleme bemühen, die bei der Umsiedlung und Familienzusammenführung noch ungelöst sind, und sie wird jede Möglichkeit zur Verbesserung der menschlichen Kontakte nutzen. Das Gefüge unserer bilateralen Verträge zum Gewaltverzicht, der mit der Sowjetunion zuerst vereinbart wurde, verlangt nach einem Abschluß mit der benachbarten Tschechoslowakischen Sozialistischen Republik. Die Bundesregierung hofft, in absehbarer Zeit eine Vereinbarung erreichen zu können, durch die das Münchner Abkommen aufhört, das Verhältnis der beiden Staaten zu belasten ...

Quelle:
»Archiv der Gegenwart«, Bonn; Jg. 43 v. 18. 1. 1973; S. 17601 f.

***

Vertrag über die gegenseitigen Beziehungen zwischen der Bundesrepublik Deutschland[2] und der Tschechoslowakischen Sozialistischen Republik **1973, 20. Juni[1]**
(Sog. 1. Prager Vertrag):

Die Bundesrepublik Deutschland
und die
Tschechoslowakische Sozialistische Republik –

- in der historischen Erkenntnis, daß das harmonische Zusammenleben der Völker in Europa ein Erfordernis des Friedens bildet,
- in dem festen Willen, ein für allemal mit der unheilvollen Vergangenheit in ihren Beziehungen ein Ende zu machen, vor allem im Zusammenhang mit dem Zweiten Weltkrieg, der den europäischen Völkern unermeßliche Leiden zugefügt hat,
- anerkennend, daß das Münchner Abkommen vom 29. September 1938 der Tschechoslowakischen Republik durch das nationalsozialistische Regime unter Androhung von Gewalt aufgezwungen wurde,
- angesichts der Tatsache, daß in beiden Ländern eine neue Generation herangewachsen ist, die ein Recht auf eine gesicherte friedliche Zukunft hat,
- in der Absicht, dauerhafte Grundlagen für die Entwicklung gutnachbarlicher Beziehungen zu schaffen,
- in dem Bestreben, den Frieden und die Sicherheit in Europa zu festigen,
- in der Überzeugung, daß die friedliche Zusammenarbeit auf der Grundlage der Ziele und Grundsätze der Charta der Vereinten Nationen dem Wunsche der Völker sowie dem Interesse des Friedens in der Welt entspricht –

sind wie folgt übereingekommen:

Artikel I

Die Bundesrepublik Deutschland und die Tschechoslowakische Sozialistische Republik betrachten des Münchner Abkommen vom 29. September 1938 im Hinblick auf ihre gegenseitigen Beziehungen nach Maßgabe dieses Vertrages als nichtig (nulitní).

Artikel II

(1) Dieser Vertrag berührt nicht die Rechtswirkungen, die sich in bezug auf natürliche oder juristische Personen aus dem in der Zeit vom 30. September 1938 bis zum 9. Mai 1945 angewendeten Recht ergeben.
Ausgenommen hiervon sind die Auswirkungen von Maßnahmen, die beide vertragsschließenden Parteien wegen ihrer Unvereinbarkeit mit den fundamentalen Prinzipien der Gerechtigkeit als nichtig betrachten.

(2) Dieser Vertrag läßt die sich aus der Rechtsordnung jeder der beiden Vertragsparteien ergebende Staatsangehörigkeit lebender und verstorbener Personen unberührt.

(3) Dieser Vertrag bildet mit seinen Erklärungen über das Münchner Abkommen keine Rechtsgrundlage für materielle Ansprüche der Tschechoslowakischen Sozialistischen Republik und ihrer natürlichen und juristischen Personen.

Artikel III

(1) Die Bundesrepublik Deutschland und die Tschechoslowakische Sozialistische Republik lassen sich in ihren gegenseitigen Beziehungen sowie in Fragen der Gewährleistung der Sicherheit in Europa und in der Welt von den Zielen und Grundsätzen, die in der Charta der Vereinten Nationen niedergelegt sind, leiten.

(2) Demgemäß werden sie entsprechend den Artikeln 1 und 2 der Charta der Vereinten Nationen alle ihre Streitfragen ausschließlich mit friedlichen Mitteln lösen und sich in Fragen, die die europäische und internationale Sicherheit berühren, sowie in ihren gegenseitigen Beziehungen der Drohung oder der Anwendung von Gewalt enthalten.

Artikel IV

(1) In Übereinstimmung mit den vorstehenden Zielen und Grundsätzen bekräftigen die Bundesrepublik Deutschland und die Tschechoslowakische Sozialistische Republik die Unverletzlichkeit (neporušitelnost) ihrer gemeinsamen Grenze jetzt und in der Zukunft und verpflichten sich gegenseitig zur uneingeschränkten Achtung ihrer territorialen Integrität.

(2) Sie erklären, daß sie gegeneinander keinerlei Gebietsansprüche haben und solche auch in Zukunft nicht erheben werden.

Artikel V
(1) Die Bundesrepublik Deutschland und die Tschechoslowakische Sozialistische Republik werden weitere Schritte zur umfassenden Entwicklung ihrer gegenseitigen Beziehungen unternehmen.
(2) Sie stimmen darin überein, daß eine Erweiterung ihrer nachbarschaftlichen Zusammenarbeit auf den Gebieten der Wirtschaft, der Wissenschaft, der wissenschaftlich-technischen Beziehungen, der Kultur, des Umweltschutzes, des Sports, des Verkehrs und ihrer sonstigen Beziehungen in ihrem beiderseitigen Interesse liegt.

Artikel VI
Dieser Vertrag[3] bedarf der Ratifikation und tritt am Tage des Austausches der Ratifikationsurkunden in Kraft[4], der in Bonn stattfinden soll.

Anmerkungen:
1 Datum der Paraphierung; die Unterzeichnung erfolgte am 11. 12. 1973.
2 Zur besonderen Sensibilität der Böhmen/Tschechen für geographisch/politische Begriffe: Siehe S. 181 ff.
Daher erschien ihnen beachtlich, daß im Vertragstext und auch sonst an offiziellen Stellen (z. B. Botschaftsschild in Prag) von deutscher Seite die Bezeichnung »Spolková republika Německa« akzeptiert wurde: Dies heißt nämlich (nur) »Bundesrepublik Deutschlands«.
3 Gemäß Unterzeichnungprotokoll vom 11. 12. 1973 wurde gleichzeitig u. a. ein Briefwechsel über humanitäre Fragen ausgetauscht und ein Brief der ČSSR-Regierung über Fragen der Strafverfolgung überreicht; zum Text: Siehe S. 820.
4 Am 19. Juli 1974 erfolgt.

Quelle:
BGBl. 1974; Teil II; S. 989 ff.

****

Reden von KPČ-Politikern anläßlich einer Tagung des Zentralkomitees der Partei: **1973, 6. Juli**
Münchner Abkommen hat rechtlich nie existiert

a) Vasil Bilák, Präsidialmitglied und Sekretär des ZK der KPČ:
. . .
Der Vertrag über die gegenseitigen Beziehungen zwischen der ČSSR und der BRD ist ein wahrhaftig historisches Dokument, weil nach 35 Jahren ein Punkt hinter ein Verbrechen gesetzt wird, welches am tschechoslowakischen Volk begangen worden ist.
Die grundlegende Frage der ganzen Verhandlungen mit der BRD war, auf welche Weise in dem vorbereiteten Vertrag die Ungültigkeit des Münchner Diktates, diese Ziellösung, und grundlegende politische Forderung der Tschechoslowakei bei der Regelung und Normalisierung der Beziehungen mit der BRD rechtlich verankert werden soll.
Heute können wir sagen, daß nach schwierigen Verhandlungen, in welchen es notwendig war, anspruchsvolle geschichtliche, politische und international-rechtliche Fragen, welche in der Welt keine Analogie haben, zu lösen, eine Übereinkunft über die Formulierung der Nullität des sogenannten Münchner Abkommens erreicht wurde.
Das sogenannte Münchner Abkommen wird hier in der gleichen Weise verurteilt, in der im Friedensvertrag mit Ungarn aus dem Jahre 1947 die Frage der sogenannten Wiener Arbitrage vom 2. November 1938 gelöst worden war, welche infolge Münchens zur Abtrennung eines Teiles der Slowakei an Horthy-Ungarn geführt hatte, und die ebenfalls als nichtig erklärt wurde. Nach der Regel, welche allgemein im internationalen Recht akzeptiert ist und

auch im Artikel 69[1] der Wiener Vertragsrechts-Konvention bestätigt wurde, hat ein nichtiger Vertrag keine Rechtswirkung, und man betrachtet ihn so, als hätte er nie existiert. Die grundlegende politisch-rechtliche Bedeutung der Nullität des Münchner Diktates liegt absolut eindeutig in der Anerkennung und Bekräftigung der Tatsache, daß die gewaltsam abgetrennten tschechoslowakischen Grenzgebiete nie rechtmäßig zum Deutschen Reiche gehörten.
. . .

b) Lubomir Štrougal, Präsidialmitglied des ZK der KPČ und Ministerpräsident der ČSSR:
. . .
Obwohl wir bei den Verhandlungen mit der BRD auf einige Kompromisse eingehen mußten, entsprechen die Gesamtergebnisse den Zielen, die wir uns vorgenommen hatten. Wir haben die Anerkennung der Nullität des Münchner Abkommens und auch seiner ausdrücklichen moralisch-politischen Verurteilung erreicht. Wir haben keine Formulierung zugelassen, aus der man, sei es auch indirekt, eine rechtliche Anerkennung der territorialen Änderungen der damaligen Tschechoslowakischen Republik hätte ableiten können.
Der neuralgische Punkt in Europa, den das Münchner Abkommen darstellte, steht also nicht mehr einem friedlichen Zusammenleben und einer friedlichen Zusammenarbeit im Wege.
. . .

c) Partei- und Staatschef Husak:
. . .
Über die positiven Resultate in der Außenpolitik, über die Erfolge der Friedenspolitik der Sowjetunion, über die Ergebnisse des koordinierten Vorgehens der sozialistischen Länder, welches sich ausdrucksvoll besonders in der letzten Zeit manifestierte, sprachen die Genossen Bilák, Strougal und weitere Genossen. Es sind – von einem Blickpunkt vor zwei oder drei Jahren her gesehen – fast unerhörte Erfolge, die zu erreichen gelungen und die, wie wir voraussetzen, sich weiter entwickeln werden. Natürlich wird die Entwicklung nicht gradlinig, ohne Widersprüche, sein.
Wir sprachen auch über die Paraphierung des Vertrages mit der Deutschen Bundesrepublik. Wenn wir überlegen, daß es im Herbst 35 Jahre seit dem schändlichen Münchner Diktat gegenüber dem tschechoslowakischen Staat sein werden, durch welches ein schwerer Leidensweg des tschechischen und slowakischen Volkes begonnen hat, und daß diese Frage so viele Jahre lang offen und unlösbar war, so ist es wirklich ein großer Erfolg, wenn es gelungen ist, diese Frage durch eine Annullierung Münchens zu lösen und dadurch die Bedingungen für die Entwicklung normaler Beziehungen zu der Deutschen Bundesrepublik zu schaffen. Es ist auch ein Ergebnis des solidarischen Vorgehens der sozialistischen Länder und der großen Unterstützung seitens der Sowjetunion.
. . .

Anmerkung:
[1] Fehlaussage: Gemäß Art. 69 der Konvention vom 23. 5. 1969 war Voraussetzung, daß die »Ungültigkeit auf Grund dieses Übereinkommens festgestellt wird«.
Das war jedoch nicht nur nicht der Fall, sondern Art. I des Vertrages vom 20. 6./11. 12. 1973 grenzte die Ungültigkeit zusätzlich zweifach ein: »Im Hinblick auf ihre ⟨*d. h. die deutsch-ČSFR*⟩ gegenseitigen Beziehungen« sowie »nach Maßgabe dieses Vertrages«.
Zum Textzusammenhang: Siehe S. 65.

Quelle:
»Rudé Právo« (Rotes Recht), Prag; Jg. 53, Nr. 159 v. 6. 7. 1973; S. 4 ff. sowie Nr. 160 v. 7. 7. 1973; S. 3.

****

Erklärung des Sudetendeutschen Rates[1] **1973, 14. Juli**
zu dem paraphierten »Vertrag über die gegenseitigen Beziehungen zwischen der Bundesrepublik Deutschland und der Tschechoslowakischen Sozialistischen Republik«:
Vertrag gilt nicht für den »Gesamtdeutschen Souverän«

Der Sudetendeutsche Rat hat sich am 14. Juli 1973 in München mit dem am 20. Juni 1973 in Bonn paraphierten Text des ›Vertrages über die gegenseitigen Beziehungen zwischen der Bundesrepublik Deutschland und der Tschechoslowakischen Sozialistischen Republik‹ befaßt und dabei festgestellt, daß er ebenso wie der dazu gehörende Schriftwechsel in wesentlichen Teilen das Schicksal der aus ihrer Heimat vertriebenen Sudetendeutschen betrifft. Nach seiner Satzung ist der ›Sudetendeutsche Rat‹ legitimiert und verpflichtet, eine Erklärung dazu abzugeben. Im Zeichen der Verantwortung gegenüber der Zukunft und der Achtung vor einer 800jährigen Geschichte des von ihm vertretenen Volksteiles, nehmen wir deshalb wie folgt Stellung:

1. Die Bundesregierung schließt den genannten Vertrag nur für die Bundesrepublik Deutschland ab. Er gilt daher nicht für den Gesamtdeutschen Souverän und läßt die endgültige Regelung der sudetendeutschen Frage offen.
   Die im Artikel IV des Vertrages bekräftigte Unverletzlichkeit der Grenzen und die bekundete Achtung der territorialen Integrität schließt das Heimat- und Selbstbestimmungsrecht der Sudetendeutschen nicht aus.
   Dies ist ein, unabhängig vom Münchner Abkommen des Jahres 1938 und von anderen Verträgen, unabdingbares Menschenrecht. Es kann daher nicht preisgegeben werden.
2. In der Entschließung vom 14. Juli 1950 hat der Deutsche Bundestag gegen die zwischen der Regierung der Tschechoslowakischen Republik und der provisorischen Regierung der Deutschen Demokratischen Republik am 23. Juni 1950 veröffentlichte ›Prager Erklärung‹ Stellung genommen, in welcher die völkerrechtswidrige und unmenschliche Austreibung der Sudetendeutschen als ›unabänderlich, gerecht und endgültig‹ anerkannt wurde. Wir gehen davon aus, daß die Bundesregierung nach wie vor den damals bekundeten feierlichen Einspruch des Deutschen Bundestages gegen die Preisgabe des Heimatrechtes der in die Obhut der Bundesrepublik Deutschland gegebenen Deutschen aus der Tschechoslowakei beachtet und als gültig anerkennt.
3. Nach Überzeugung des Sudetendeutschen Rates darf der Vertrag die Auffassung nicht berühren, daß das Münchener Abkommen von 1938 gültig zustande gekommen ist und dadurch die sudetendeutschen Gebiete Bestandteil des Deutschen Reiches geworden sind.
4. Soweit der Vertrag Gefahren für die Rechtspositionen der Sudetendeutschen und aller Deutschen begründet und die noch ungelösten Probleme der fortbestehenden Sudetenfrage übergeht, legen wir gegen ihn Rechtsverwahrung ein.
5. Nach Auffassung des Sudetendeutschen Rates enthält die Präambel des Vertrages eine falsche Darstellung des geschichtlichen Ablaufes der Entwicklung der Sudetenfrage. Das Münchener Abkommen wurde nicht nur von dem nationalsozialistischen Regime, sondern auch von der Einsicht der englischen und französischen Vertragspartner in das den Sudetendeutschen 1918/1919 angetane Unrecht erzwungen.
6. Die Bundesregierung wird aufgefordert, klarzustellen, daß der Vertrag die Vertreibung der Sudetendeutschen weder legitimiert noch legalisiert.
7. Wir appellieren an die Bundesregierung, in dem vorgesehenen Briefwechsel über humanitäre Angelegenheiten nicht nur die Probleme der Familienzusammenführung verbindlich zu regeln, sondern für die rund hunderttausend in der ČSSR zurückgebliebenen Deutschen Möglichkeiten der kulturellen und sozialen Hilfe sowie der freien Ausreise sicherzustellen.

8. Wir haben den aufrichtigen Wunsch, den aus dem Nationalismus des 19. Jahrhunderts stammenden deutsch-tschechischen Gegensatz zu überwinden. Seit dem im August 1950 in Wiesbaden mit dem Tschechischen Nationalausschuß geschlossenen Übereinkommen sind wir der Überzeugung, daß dies nur auf der Basis gegenseitiger Wahrhaftigkeit und der Beachtung der Menschenrechte möglich ist.
9. Dem Sudetendeutschen Rat liegt ein Memorandum zu dem deutsch-tschechischen Vertrag vor[2]. Er bittet die Bundesregierung, dazu Stellung zu nehmen und ihm diese Stellungnahme[3] noch vor der Unterzeichnung des Vertrages bekanntzugeben.

Anmerkungen:

[1] Die Erklärung wurde gegen die Stimmen der SPD-Delegation des Sudetendeutschen Rates angenommen.
Die SPD-Delegation hatte nachfolgenden Entwurf vorbereitet, der gegen ihre Stimmen abgelehnt wurde:
»Für die Sudetendeutschen ist der ›Vertrag über die gegenseitigen Beziehungen zwischen der Bundesrepublik Deutschland und der Tschechoslowakischen Sozialistischen Republik‹ Schlußstrich unter eine Entwicklung, in der sie dann vom nationalsozialistischen Regime Deutschlands in einen Krieg hineingezogen wurden. Sie haben diese Entwicklung von 1918 bis 1945 auf besonders leidvolle Art mit der Vertreibung aus ihrer angestammten Heimat bezahlen müssen.
Die Sudetendeutschen hoffen, daß dieser Vertrag für die beiden Staaten und ihre Völker die Grundlage für ein Verhältnis schafft, das trotz aller Unterschiede in der gesellschaftlichen Ordnung aus den Verstrickungen der Vergangenheit herausführt und einen Prozeß der nachbarlichen Aussöhnung einleitet. Die Sudetendeutschen sind nicht Gegner eines solchen Prozesses, sondern dessen Befürworter. Auch nach der Vertreibung fühlen sich die Sudetendeutschen ihrer angestammten Heimat eng verbunden. Diese Verbundenheit legt den Sudetendeutschen eine besondere Verpflichtung auf. Sie sind bereit, ihren Beitrag zu leisten.
Die Sudetendeutschen setzen voraus, daß die Bundesregierung auf die sorgsame Anwendung des Vertrages achtet und in strittigen Fällen, die beim Umfang der vereinbarten Regelung nicht auszuschließen sind, sofort zugunsten der Betroffenen eingreift.
Die Sudetendeutschen erwarten von der Bundesregierung, daß sie ihre Obhutspflicht gegenüber den Sudetendeutschen in angemessener Weise erneuert.
Die Sudetendeutschen würden es begrüßen, wenn sich die Regierung der ČSSR zu einer Bekundung entschließen könnte, die das Unrecht der Vertreibung verurteilt und die Sudetendeutschen als aufrichtige Partner in den Bemühungen um einen Brückenschlag zwischen Deutschen wie Tschechen und Slowaken betrachtet.
Von der Regierung der ČSSR erhoffen sich die Sudetendeutschen, daß sie es Bürgern und Vereinigungen der Bundesrepublik Deutschland möglich macht, die zwischenmenschlichen Beziehungen zu den deutschen Bürgern der ČSSR individuell und kollektiv herzustellen und auszubauen.
Die Sudetendeutschen wissen, daß die Ausfüllung des Vertrages samt seinen übrigen Dokumenten viel guten Willen auf beiden Seiten voraussetzt. In dem Vertrag sehen die Sudetendeutschen brauchbare Ansätze für eine der Zukunft zugewandten Politik, die mithilft, eine europäische Friedensordnung zu schaffen, die auf Gerechtigkeit und Menschlichkeit beruht.«

[2] Inhaltlich ähnlich dem SL-Memorandum vom 16. 10. 1970; zu diesem Text: Siehe S. 806.

[3] Zum Text der Stellungnahme vom 28. 8. 1973: Siehe S. 818.

Quelle:
Eigene Aufzeichnung des Verfassers; Abdruck in DzS, 4. Aufl.; S. 384 f.

****

Erklärung **1973, 14. Juli**
der Bundesversammlung der SL:
Über Prager Vertrag wird Geschichte hinweggehen

Die Bundesversammlung der Sudetendeutschen Landsmannschaft hat am 14. 7. 1973 den Text des am 20. Juni 1973 in Bonn paraphierten Vertrages über die gegenseitigen Beziehungen zwischen der Bundesrepublik Deutschland und der ČSSR geprüft.

Sie nahm das Memorandum des Referates für rechtliche Grundsatzfragen des Bundesvorstandes vom 8. Juli 1973 zur Kenntnis und billigte die Stellungnahme des Sudetendeutschen Rates vom 14. Juli 1973 zu diesem Vertrag. Die Bundesversammlung erklärt:

1. 1918/19,1938/39, 1945/48 und 1968 versuchten die jeweiligen Machthaber, das politische Schicksal der im böhmisch-mährisch-schlesischen Raum rechtmäßig ansässigen Menschen zu entscheiden.
   Alle diese Versuche sind gescheitert. Sie mußten scheitern, weil den betroffenen Völkern und Volksgruppen die freie Mitwirkung versagt war.
2. Auch der 1973 geschlossene Vertrag zwischen Bonn und Prag entstand letztlich ohne die gleichzeitige freie Mitbestimmung der Sudetendeutschen und des tschechischen Volkes. Er widerspricht ihren Interessen und den universalen Prinzipien von Recht und Gerechtigkeit. Der Vertrag birgt auch die Gefahr in sich, die Vertreibung der Sudetendeutschen zu legalisieren und die Unfreiheit des tschechischen Volkes zu stabilisieren.
3. Beachtliche Einzelheiten des Vertragstextes wie doppeldeutige Formulierungen, völkerrechtliche Fragwürdigkeiten und geschichtliche Entstellungen sind von den zuständigen Fachleuten – nicht nur der Sudetendeutschen – bereits herausgestellt worden (siehe dazu das Memorandum des Bundesvorstandes vom 8. Juli 1973).
   Sie treten in ihrer politischen Bedeutung jedoch hinter der Hauptfrage zurück: Soll über das Schicksal des tschechischen Volkes und der Sudetendeutschen wiederum ohne ihre freie Mitwirkung entschieden werden?
4. Die Antwort ist klar:
   Die sudetendeutsche Volksgruppe und das tschechische Volk werden durch den Vertrag zwischen Bonn und Prag, über den die Geschichte hinweggehen wird, weder verpflichtet noch berechtigt. Beide in Böhmen, Mähren und Schlesien beheimateten Partner sind und bleiben in ihren Entschlüssen zur friedlichen Verwirklichung des Heimat- und Selbstbestimmungsrechtes ohne Rücksicht auf den Inhalt irgendwelcher ohne sie abgeschlossener Verträge völlig frei.
5. Die Sudetendeutsche Landsmannschaft wird als Volksgruppenorganisation die Interessen der Landsleute auch weiterhin mit dem Ziel vertreten, ihnen Gerechtigkeit widerfahren zu lassen und den Ausgleich mit dem tschechischen Volke auf der Grundlage des Rechtes herbeizuführen.
   Wir erwarten, daß alle freiheitlich denkenden Menschen das Heimat- und Selbstbestimmungsrecht der Sudetendeutschen weiterhin genauso vertreten, wie die Sudetendeutschen für Freiheit und Recht aller Völker einstehen.

Quelle:
Eigene Aufzeichnung des Verfassers; Abdruck in DzS, 4. Aufl.; S. 385 f.

****

Entscheidung **1973, 31. Juli**
des Bundesverfassungsgerichtes[1]**:**
Wiederherstellung der staatlichen Einheit ist Verfassungsgebot

. . .

1. Das Grundgesetz – nicht nur eine These der Völkerrechtslehre und der Staatsrechtslehre! – geht davon aus, daß das Deutsche Reich den Zusammenbruch 1945 überdauert hat und weder mit der Kapitulation noch durch Ausübung fremder Staatsgewalt in Deutschland durch die alliierten Okkupationsmächte noch später untergegangen ist; das ergibt sich aus der Präambel, aus Art. 16, Art. 23, Art. 116 und Art. 146 GG[2]. Das entspricht auch der ständigen Rechtsprechung des Bundesverfassungsgerichts, an der der Senat festhält. Das Deutsche Reich existiert fort[3], besitzt nach wie vor Rechtsfähigkeit, ist allerdings als Gesamtstaat mangels Organisation, insbesondere mangels institutionalisierter Organe selbst

nicht handlungsfähig. Im Grundgesetz ist auch die Auffassung vom gesamtdeutschen Staatsvolk und von der gesamtdeutschen Staatsgewalt »verankert«[3]. Verantwortung für »Deutschland als Ganzes« tragen – auch – die Vier Mächte[3].
Mit der Errichtung der Bundesrepublik Deutschland wurde nicht ein neuer westdeutscher Staat gegründet, sondern ein Teil Deutschlands neu organisiert[3]. Die Bundesrepublik Deutschland ist also nicht »Rechtsnachfolger« des Deutschen Reiches, sondern als Staat identisch mit dem Staat »Deutsches Reich« – in bezug auf seine räumliche Ausdehnung allerdings »teilidentisch«, so daß insoweit die Identität keine Ausschließlichkeit beansprucht. Die Bundesrepublik umfaßt also, was ihr Staatsvolk und ihr Staatsgebiet anlangt, nicht das ganze Deutschland, unbeschadet dessen, daß sie ein einheitliches Staatsvolk des Völkerrechtssubjekts »Deutschland« (Deutsches Reich), zu dem die eigene Bevölkerung als untrennbarer Teil gehört, und ein einheitliches Staatsgebiet »Deutschland« (Deutsches Reich), zu dem ihr eigenes Staatsgebiet als ebenfalls nicht abtrennbarer Teil gehört, anerkennt. Sie beschränkt staatsrechtlich ihre Hoheitsgewalt auf den »Geltungsbereich des Grundgesetzes«[3], fühlt sich aber auch verantwortlich für das ganze Deutschland (vgl. Präambel des Grundgesetzes). Derzeit besteht die Bundesrepublik aus den in Art. 23 GG genannten Ländern, einschließlich Berlin; der Status des Landes Berlin der Bundesrepublik Deutschland ist nur gemindert und belastet durch den sog. Vorbehalt der Gouverneure der Westmächte[3]. Die Deutsche Demokratische Republik gehört zu Deutschland und kann im Verhältnis zur Bundesrepublik Deutschland nicht als Ausland angesehen werden[3,4]. Deshalb war z. B. der Interzonenhandel und ist der ihm entsprechende innerdeutsche Handel nicht Außenhandel[3].
2. Zum Wiedervereinigungsgebot und Selbstbestimmungsrecht, das im Grundgesetz enthalten ist, hat das Bundesverfassungsgericht bisher erkannt und daran hält der Senat fest: Dem Vorspruch des Grundgesetzes kommt nicht nur politische Bedeutung zu, er hat auch rechtlichen Gehalt. Die Wiedervereinigung ist ein verfassungsrechtliches Gebot . . .
Aus dem Wiedervereinigungsgebot folgt zunächst: Kein Verfassungsorgan der Bundesrepublik Deutschland darf die Wiederherstellung der staatlichen Einheit als politisches Ziel aufgeben, alle Verfassungsorgane sind verpflichtet, in ihrer Politik auf die Erreichung dieses Zieles hinzuwirken – das schließt die Forderung ein, den Wiedervereinigungsanspruch im Innern wachzuhalten und nach Außen beharrlich zu vertreten – und alles zu unterlassen, was die Wiedervereinigung vereiteln würde . . . Eine Grenze, die . . . das Bundesverfassungsgericht deutlich zu machen, zu bestimmen und u. U. durchzusetzen hat, liegt im Rechts- und Verfassungsstaat der Bundesrepublik Deutschland darin, daß die Verfassung verbietet, daß die Bundesrepublik auf einen Rechtstitel (eine Rechtsposition) aus dem Grundgesetz verzichtet, mittels dessen sie in Richtung auf Verwirklichung der Wiedervereinigung und der Selbstbestimmung wirken kann, oder einen mit dem Grundgesetz unvereinbaren Rechtstitel schafft oder sich an der Begründung eines solchen Rechtstitels beteiligt, der ihr bei ihrem Streben nach diesem Ziel entgegengehalten werden kann. Es ist ein Unterschied, ob man – solange daraus nicht die Gefahr der Verwirkung des Rechtstitels erwächst – politisch von einem Rechtstitel keinen Gebrauch macht oder ihn derzeit oder für absehbare Zeit nicht als politisches Instrument für tauglich hält, sich also damit abfindet, daß mit ihm kein politischer Erfolg erzielt werden kann, oder ob man auf ihn im Rechtssinn verzichtet.
Man kann sich in diesem Sinne also politisch mit Realitäten abfinden. Das Grundgesetz verlangt aber, daß insoweit kein in ihm begründeter Rechtstitel preisgegeben wird, der jetzt oder später ein Argument zur Förderung des Bestrebens nach Wiedervereinigung bieten kann. Und Entsprechendes gilt für den umgekehrten Fall: Politisches Verhalten mag sich später als »falsch kalkuliert« herausstellen und der Bundesregierung von anderen in ihrem Bemühen um Wiedervereinigung politisch entgegengehalten werden können; dieser – vom Verfassungsgericht mit keinem Wort zu kommentierende – Tatbestand unterscheidet

sich wesentlich von dem anderen, daß die Bundesrepublik Deutschland mitwirkt bei einem Rechtsinstrument, das ihr von anderen in ihrem Bemühen um Wiedervereinigung entgegengehalten werden kann. Daraus ergibt sich beispielsweise: Die klare Rechtsposition jeder Regierung der Bundesrepublik Deutschland ist: Wir haben von der im Grundgesetz vorausgesetzten, in ihm »verankerten« Existenz Gesamtdeutschlands mit einem deutschen (Gesamt-)Staatsvolk und einer (gesamt-)deutschen Staatsgewalt auszugehen. Wenn heute von der »Deutschen Nation« gesprochen wird, die eine Klammer für Gesamtdeutschland sei, so ist dagegen nichts einzuwenden, wenn darunter auch ein Synonym für das »deutsche Staatsvolk« verstanden wird, an jener Rechtsposition also festgehalten wird und nur aus politischen Rücksichten eine andere Formel verwandt wird. Versteckte sich dagegen hinter dieser neuen Formel »deutsche Nation« *nur* noch der Begriff einer im Bewußtsein der Bevölkerung vorhandenen Sprach- und Kultureinheit, dann wäre das rechtlich die Aufgabe einer unverzichtbaren Rechtsposition. Letzteres stünde in Widerspruch zum Gebot der Wiedervereinigung als Ziel, das von der Bundesregierung mit allen erlaubten Mitteln anzustreben ist. Ebenso verhielte es sich, wenn die Verweisung auf die Viermächte-Verantwortung für Gesamtdeutschland bedeuten würde, künftig sei sie allein noch eine (letzte) rechtliche Klammer für die Fortexistenz Gesamtdeutschlands; verfassungsgemäß ist nur – wie es auch die Bundesregierung selbst versteht –, daß sie eine weitere Rechtsgrundlage für das Bemühen der Bundesregierung um Wiedervereinigung bildet, nämlich eine »völkerrechtliche« neben der staatsrechtlichen.

. . .

Anmerkungen:

[1] Die Bayerische Staatsregierung hatte das Bundesverfassungsgericht am 28. 5. 1973 angerufen, um den Vertrag zwischen der BR Deutschland und der DDR vom 21. 12. 1972 (sog. Grundlagenvertrag) als mit dem Grundgesetz nicht vereinbar und deshalb nichtig zu erklären.
Das Bundesverfassungsgericht erklärte den Vertrag wegen »der sich aus den Gründen ergebenden Auslegung mit dem Grundgesetz vereinbar«: In diesen Gründen wurden das Rechtsverständnis des Grundgesetzes und die Rechtspflichten aller Verfassungsorgane zu den Fragen »Deutschland/Deutsches Reich« und Wiedervereinigung präzisiert.

[2] Zu den Texten: Siehe S. 27.

[3] An dieser Stelle Bezugnahmen auf frühere Entscheidungen des Bundesverfassungsgerichtes.

[4] In dieser Auffassung war die Wiedervereinigung von 1990 juristisch vorgeprägt.

Quelle:
Bundesverfassungsgericht: »Entscheidungen«; Aktenzeichen 2 BvF 1/73. Hervorhebungen im Original.

****

Brief[1] **1973, 28. August**
von Staatssekretär (im Auswärtigen Amt) Paul Frank[2]:
Münchner Abkommen »rechtswirksam zustande gekommen«; Vertreibung nicht rechtmäßig

. . .

Ich danke Ihnen, auch im Auftrage des Herrn Bundesministers des Auswärtigen, für Ihre Schreiben vom 17. Juli 1973, mit denen Sie im Auftrage des geschäftsführenden Vorsitzenden des Sudetendeutschen Rates, Herrn Götz MdB, und als Sprecher der Sudetendeutschen Landsmannschaft die am 14. Juli 1973 beschlossenen Erklärungen des Sudetendeutschen Rates und der Bundesversammlung der Sudetendeutschen Landsmannschaft sowie ein Memorandum der Rechtsabteilung der Sudetendeutschen Landsmannschaft übersandt haben. Von den darin enthaltenen Ausführungen habe ich mit Interesse Kenntnis genommen. Wie Sie wissen, habe ich während der Sondierungsgespräche und Verhandlungen mit der ČSSR mit dem Sudetendeutschen Rat und der Sudetendeutschen Landsmannschaft stets Kontakt gehalten und ihre Ansichten und Wünsche soweit wie möglich in unsere Verhandlungsführung einbezogen. Auch die Bundesregierung ist davon ausgegangen, daß der Vertrag über die gegenseitigen Beziehungen zwischen der Bundesrepublik Deutschland und der ČSSR die berechtigten Interessen der Sudetendeutschen, die die Hauptbetroffenen des Münchner Abkommens waren, nicht beeinträchtigen darf. Wie den Vertretern des Sudetendeutschen Rates und der Sudetendeutschen Landsmannschaft bereits mündlich erklärt worden ist, stellt der am 20. Juni 1973 in Bonn paraphierte und demnächst zu unterzeichnende Vertrag mit der ČSSR den gegebenen Rechtszustand in keinem der in Betracht kommenden Bereiche in Frage. Die Bundesregierung hat in den Verhandlungen darüber hinaus unmißverständlich klargestellt, daß sie die Vertreibung der Sudetendeutschen im Jahre 1945 nicht als rechtmäßig anerkennt und dies auch nicht durch diesen Vertrag tut. Die Bundesregierung wird im übrigen durch den Abschluß dieses Vertrages nicht gehindert, auch in Zukunft ihrer Obhuts- und Fürsorgepflicht, die ihr für alle Deutschen obliegt, gegenüber den Sudetendeutschen im Rahmen des effektiv Möglichen nachzukommen.

Sodann möchte ich an dieser Stelle nochmals klarstellen, daß die Bundesrepublik Deutschland ihren Rechtsstandpunkt, daß das Münchener Abkommen vom 29. September 1938 seinerzeit rechtswirksam zustande gekommen war und zum Übergang der Gebietshoheit in den Sudetengebieten auf das Deutsche Reich geführt hatte, in den Verhandlungen nicht aufgegeben hat. Sie hat sich mit der ČSSR lediglich darüber geeinigt, wie das Münchener Abkommen und seine Rechtsfolgen in den gegenseitigen Beziehungen künftig behandelt werden sollen, um den Streit darüber zwischen den beiden Vertragspartnern im Interesse einer friedlichen Zukunft aus dem Wege zu räumen. Individualrechte werden dadurch nicht betroffen.

In diesem Zusammenhang frage ich mich, aus welchen Gründen unter Ziffer 1 der Erklärung des Sudetendeutschen Rates die Feststellung getroffen wird, die Bundesrepublik schließe den Vertrag nur für die Bundesrepublik Deutschland ab. Denn da die von dem Münchener Abkommen betroffenen Gebiete außerhalb der von den Siegermächten nach 1946 und von allen Bundesregierungen seit 1949 für maßgeblich angesehenen Grenzen des Deutschen Reiches vom 31. Dezember 1937 liegen, besteht im Verhältnis Deutschlands – und nicht nur der Bundesrepublik Deutschland – zur Tschechoslowakei – im Unterschied zum deutsch-polnischen Verhältnis – kein Territorialproblem.

Im übrigen möchte ich Sie um Verständnis dafür bitten, daß die Bundesregierung im gegenwärtigen Zeitpunkt zwischen der Paraphierung und Unterzeichnung des Vertrages davon absehen muß, zur Interpretation einzelner Vertragsartikel und Zusatzdokumente öffentlich Stellung zu nehmen. Das Memorandum der Rechtsabteilung des Sudetendeutschen Rates wird vom Auswärtigen Amt und den anderen beteiligten Ressorts der Bundesregierung im einzelnen geprüft. Die darin behandelten Fragen werden zu gegebener Zeit im Rahmen der parlamentarischen Behandlung des Vertrages erörtert werden, nachdem bereits im Auswärtigen Ausschuß des Deutschen Bundestages und in besonderen Besprechungen mit Vertretern der Sudetendeutschen Landsmannschaft über manche dieser Fragen gesprochen worden ist. Die entscheidenden Punkte der rechtlichen Bedeutung und der Interpretation des Vertrages werden in der Denkschrift behandelt werden, die von der Bundesregierung zusammen mit dem Entwurf des Vertragsgesetzes zu gegebener Zeit den gesetzgebenden Körperschaften vorgelegt werden wird.

. . .

Anmerkungen:

1 An Walter Becher (MdB/CSU), Sprecher der SL.

2 Paul Frank war ein wichtiger Unterhändler des 1. Prager Vertrages. In seinen Memoiren (»Entschlüsselte Botschaft«; Stuttgart, 1981) notierte er wiederholt (S. 201, 303) seine Grundstimmung bei den Verhandlungen:
»Es ist nicht einfach, mit Vertretern eines Volkes hart verhandeln zu müssen, für das man Mitgefühl empfindet wegen des Unrechts, das ihm angetan worden ist.«
Darüber hinaus vermerkte er, daß wesentliche Vertragsbestandteile in einem Godesberger Hotel mit dem Repräsentanten der ČSSR beim Bier auf einem Tischtuch skizziert wurden (S. 307).

Quelle:
»Rechtsverwahrung der Sudetendeutschen«; hsg. v. Bundesverband der SL; München, o. J.; S. 35 f.

****

Zusatzdokumente[1] **1973, 11. Dezember**[1]
zum 1. Prager Vertrag:

1. Unterrichtung durch die ČSSR über Fragen der Verjährung nach tschechoslowakischem Strafrecht[1]

. . .

Von den in den Jahren 1938 bis 1945 verübten strafbaren Handlungen können nach gültigem tschechoslowakischen Recht gegenwärtig nur noch solche Taten verfolgt werden, die nach dem tschechoslowakischen Strafgesetz strafbar sind, für die das Gesetz die Todesstrafe vorsieht und die zugleich die Merkmale von Kriegsverbrechen oder Verbrechen gegen die Menschlichkeit im Sinne des Artikels 6 Buchstaben b und c des Statuts des Internationalen Militärgerichtshofs in Nürnberg[2] erfüllen. Für Taten dieser Art verjährt die Strafverfolgung nicht.
In allen übrigen Fällen ist die Strafverfolgung spätestens im Jahre 1965 verjährt. An diesem Zustand wird dieser Vertrag nichts ändern.

. . .

2. Briefwechsel[3] über humanitäre Fragen

. . .

1. Im Rahmen ihrer Bemühungen um die Entwicklung der gegenseitigen Beziehungen werden die Regierung der Bundesrepublik Deutschland und die Regierung der Tschechoslowakischen Sozialistischen Republik den humanitären Fragen Aufmerksamkeit zuwenden.
2. Die tschechoslowakische Seite hat erklärt, daß die zuständigen tschechoslowakischen Stellen Anträge tschechoslowakischer Bürger, die aufgrund ihrer deutschen Nationalität die Aussiedlung in die Bundesrepublik Deutschland wünschen, im Einklang mit den in der Tschechoslowakischen Sozialistischen Republik geltenden Gesetzen und Rechtsvorschriften wohlwollend beurteilen werden.
   Die deutsche Seite hat erklärt, daß in Übereinstimmung mit den in der Bundesrepublik Deutschland geltenden Gesetzen und Rechtsvorschriften Personen tschechischer oder slowakischer Nationalität, die dies wünschen, in die Tschechoslowakische Sozialistische Republik aussiedeln können.
3. Es gibt keine Einwände seitens der beiden Regierungen, daß das Deutsche Rote Kreuz und das Tschechoslowakische Rote Kreuz die Lösung der oben erwähnten Fragen fördern.
4. Beide Regierungen werden den Reiseverkehr zwischen den beiden Ländern weiterentwickeln, einschließlich der Verwandtenbesuche.
5. Beide Regierungen werden Möglichkeiten technischer Verbesserungen im Reiseverkehr prüfen, einschließlich einer zügigen Abfertigung an den Grenzübergangsstellen sowie der Eröffnung weiterer Grenzübergänge.
6. Der Inhalt dieses Briefwechsels wird sinngemäß entsprechend dem Viermächte-Abkommen vom 3. September 1971 in Übereinstimmung mit den festgelegten Verfahren auch auf Berlin (West) angewandt.

. . .

Anmerkungen:

1 Beide Dokumente wurden bei der Unterzeichnung des Prager Vertrages am 11. 12. 1973 zwischen den Außenministern Chňoupek und Genscher ausgetauscht.

2 Vom 8. 8. 1945; zum Text: Siehe S. 21.

3 Beim Warschauer Vertrag vom 12. 8. 1970 hatte sich die Bundesregierung noch mit einer einseitigen Mitteilung begnügt.

Quelle:

BGBl. 1974; Teil II; S. 989 ff.

****

Regierungserklärung **1974, 17. Mai**

von Bundeskanzler Helmut Schmidt[1] (SPD):

Prager Vertrag: Ergebnis unserer Entspannungsbemühungen

. . .

26. Auf dem festen Fundament unseres Bündnisses im Nordatlantikpakt pflegen wir ein gutes Verhältnis zur Sowjetunion und zu den Staaten des Warschauer Paktes. Die Bundesregierung mißt der Konferenz über Sicherheit und Zusammenarbeit in Europa (KSZE)[2] eine vertrauensbildende Bedeutung zu. Die außenpolitische Zusammenarbeit der Länder der Europäischen Gemeinschaft hat sich auf dieser Konferenz bewährt. Es ist unser Ziel, über bloße Entschließungen hinaus zu praktischen Ergebnissen zu gelangen, um der Entspannungspolitik in Europa mehr Substanz zu geben. Unser Wille zur Zusammenarbeit gilt nicht weniger jenen Staaten in Europa, die selbst keiner der politischen oder militärischen Gruppierungen angehören, aber deshalb nicht weniger an Fortschritten der Entspannung und Friedenssicherung interessiert sind. Wir werden unsere guten und bewährten Beziehungen zu diesen Staaten weiterhin pflegen, deren Bedeutung wir hoch einschätzen.

27. Die internationale Entwicklung zeigt uns, daß es richtig war, mit der Vertragspolitik gegenüber unseren östlichen Nachbarn die Chance nicht zu versäumen, unsere eigenen Interessen mit dem weltweiten Entspannungsprozeß zu verbinden. Die Verträge von Moskau und Warschau sowie der noch nicht ratifizierte Vertrag von Prag[3] sind Ergebnisse unserer internationalen Entspannungsbemühungen. Das daraus resultierende Viermächteabkommen über Berlin hat die Lebensfähigkeit dieser Stadt auf eine sichere Basis gestellt und zur Befriedung in Mitteleuropa beigetragen. Die Bundesregierung wird ihrerseits alles tun, um die Lebensfähigkeit Berlins zu sichern, das Vertrauen der Berliner in die Zukunft zu stärken und die Bindungen ihrer Stadt an die Bundesrepublik Deutschland aufrechtzuerhalten und zu entwickeln.

28. Die sozial-liberale Koalition hat mit ihrer Vertragspolitik, insbesondere durch den Abschluß des Vertrages über die Grundlagen der Beziehungen zwischen der Bundesrepublik Deutschland und der DDR der Politik den praktischen Weg eröffnet, in Deutschland zu einem geregelten Miteinander zu kommen. Wir werden trotz aller Schwierigkeiten und Rückschläge nicht in dem Bemühen nachlassen, die gegenseitigen Beziehungen zu verbessern. Wir bleiben dabei, daß die Beziehungen zwischen der Bundesrepublik Deutschland und der DDR solche von besonderer Art sind. Wir haben im Geiste der Entspannungspolitik und im Interesse aller Deutschen mit der DDR Verträge geschlossen, diese Verträge bestehen nicht nur aus Buchstaben. Beide Vertragspartner müssen sich auch an den Geist abgeschlossener Verträge halten. Mit diesem Geist ist der schwerwiegende Spionagefall nicht vereinbar, der die Menschen in Ost und West in diesen Tagen tief beunruhigt[4]. Wir kennzeichnen ihn in aller Offenheit als eine ernste Belastung des Verhältnisses zwischen den Vertragspartnern, zumal wir von unserer Seite entschlossen sind, den Vertrag nach Buchstaben und Geist voll zu erfüllen.

29. Wir haben ein unverändertes lebenswichtiges Interesse an einer gerechten und dauerhaften Friedensregelung im Nahen Osten. Ich bekräftige die Politik meines Amtsvorgän-

gers. Wir unterstützen, genau wie bisher, die Friedensbemühungen in dieser Region und wollen zusammen mit unseren Partnern bei der Suche nach dem Frieden mithelfen.

Anmerkungen:
[1] Zur Auffassung von Schmidt über die Sudetenfrage 1938: Siehe S. 425.
Zur Beurteilung der Vertreibung der Sudetendeutschen durch Schmidt im Jahre 1966: Siehe S. 783.
[2] Zum Text der am 1. 8. 1975 beschlossenen Erklärung: Siehe S. 67.
[3] Zum Text des 1. Prager Vertrages: Siehe S. 810.
[4] Am 6. 5. 1974 war Bundeskanzler Brandt nach Bekanntwerden der jahrelangen Spionagetätigkeit seines Referenten Günther Guillaume für die DDR zurückgetreten.

Quelle:
»Archiv der Gegenwart«, Bonn; Jg. 44 v. 17. 5. 1974; S. 18679.

****

Einspruch **1974, 20. Juni**
sudetendeutscher Abgeordneter der CDU/CSU[1]
gegen den 1. Prager Vertrag:
Begründung der Ablehnung

⟨Nachdem sich die Abgeordneten der Rechtsverwahrung von Sudetendeutschem Rat und SL vom 14. 7. 1973[2] *angeschlossen hatten, stellten sie zunächst die Vorgeschichte des deutsch-tschechischen Problems ab 1848 und die Unterstützung des Deutschen Bundestages*[3]*, der CDU*[4]*, der CSU*[5]*, der FDP*[6]*, der SPD*[7] *und des Freistaates Bayern*[8] *für das Heimat- und Selbstbestimmungsrecht der Sudetendeutschen dar. Dann ging die Erklärung auf den Vertrag selbst ein:⟩*

II.

Ein Vertrag mit der Tschechoslowakei, der dem harmonischen Zusammenleben der Völker in Europa und der Schaffung dauerhafter Grundlagen für die Entwicklung gutnachbarlicher Beziehungen dienen soll[9], muß alle wesentlichen Ereignisse und die Rechte und die Haltung der Sudetendeutschen berücksichtigen und bewerten. Die isolierte Betrachtung einzelner, wenn auch noch so bedeutender Geschehnisse, kann die Grundlage für einen dauerhaften Ausgleich nicht schaffen. Der Vertrag hat die am deutlichsten in den Karlsbader Beschlüssen der kommunistischen Parteien Europas vom 27. April 1967[10] niedergelegte sowjetische Konzeption übernommen und nicht den Gedanken des Gewaltverzichts, sondern eine nachträgliche Korrektur der Geschichte, nämlich des Münchener Abkommens vom 29. September 1938[11], zum Kernstück seiner Aussagen gemacht. Das in dem deutsch-tschechoslowakischen Vertrag behandelte Münchener Abkommen vom 29. September 1938 ist weder der Anfang noch das Ende der deutsch-tschechischen Beziehungen.
Wir stellen fest, daß durch den deutsch-tschechoslowakischen Vertrag vom 11. Dezember 1973 und die durch ihn bekräftigte Unverletzlichkeit der Grenzen der Tschechoslowakei das Selbstbestimmungsrecht und das Recht auf Heimat der Sudetendeutschen nicht betroffen ist. Diese Rechte, die wir nicht preisgeben, werden durch Aussagen über das Münchener Abkommen vom 29. September 1938 nicht berührt, sie stellen auch keine territorialen Forderungen der Bundesrepublik Deutschland dar.
Wir befürchten, daß der Vertrag das hochgesteckte Ziel, »dauerhafte Grundlagen für die Entwicklung gutnachbarlicher Beziehungen zu schaffen«[9] nicht verwirklicht, da einzelne Vorschriften politisch unausgewogen und rechtlich mehrdeutig sind, so daß in vielen Bestimmungen der Keim zu neuem Zwist liegt. Der Vertrag ist zudem in Leistung und Gegenleistung nicht ausgewogen.

Der Vertrag enthält eine einseitige historische und rechtliche Aussage zur Problematik des Münchener Abkommens vom 29. September 1938, das seinerzeit lediglich der Durchführung der von der Tschechoslowakei, England und Frankreich in einem Notenwechsel am 19./21. September 1938[12] zugestandenen Gebietsabtretung diente, die durch eine Reihe von Nachfolgeverträgen vollzogen wurde. Wir sind mit der Bundesregierung der Auffassung, daß dieses Münchener Abkommen gültig zustande gekommen ist und Rechtswirkungen entfaltet hat. Dem steht der Standpunkt der Tschechoslowakei gegenüber, wonach das Münchener Abkommen von Anfang an nichtig mit allen sich daraus ergebenden Konsequenzen sein soll. Wir würdigen den Standpunkt der Bundesregierung, sind jedoch der Meinung, daß die vertragliche Regelung die Gefahr in sich birgt, daß der tschechoslowakische Partner seine Auffassung, insbesondere wegen der Wortwahl »nichtig« für die künftige Behandlung des Münchener Abkommens in den gegenseitigen Beziehungen, bestätigt sieht. Die tschechoslowakische Auffassung, derzufolge das Münchener Abkommen »niemals existent« und unwirksam war, ist nicht ausgeräumt.[13] Nach ihr gehörten die Sudetengebiete zwischen 1938 und 1945 zur tschechoslowakischen Republik, die Sudetendeutschen waren illoyale tschechoslowakische Staatsbürger, die man 1945 ausbürgerte. Nach dieser Auffassung war die Enteignung und Vertreibung der Sudetendeutschen dann nicht nur eine »gerechte Strafe« für ihr Verhalten, sondern auch eine rein innertschechoslowakische Angelegenheit. Wir bedauern deshalb, daß das Verbrechen der Vertreibung in dem Text des Vertrages nicht ebenso verurteilt wurde wie die Gewalttaten Hitlers. Eine Begründung für dieses Unterlassen, die Untaten des Nationalsozialismus seien schrecklicher gewesen als die an den Vertriebenen begangenen Verbrechen, ist deshalb unmoralisch, weil einerseits Unrecht darauffolgendes Unrecht nicht zu rechtfertigen vermag, andererseits die Unschuld der Opfer auf beiden Seiten eine Wertung nicht zuläßt. Wir weisen eine solche Haltung daher als moralische Diskriminierung der deutschen Vertreibungsopfer entschieden zurück. Wir tun dies auch deshalb, weil der Vertrag in seinem Gesamtzusammenhang als einseitiges Schuldanerkenntnis der deutschen Seite gewertet werden könnte, obwohl zur Bereinigung des deutsch-tschechoslowakischen Verhältnisses auch die Aufarbeitung jener Vergangenheit gehört, die vielen deutschen Menschen Leid und Unrecht gebracht hat . . .

Wir gehen davon aus, daß die Sudetendeutschen nach wie vor in die Obhut der Bundesrepublik Deutschland mit all ihren Rechten gegeben sind. Wir erwarten, daß weder jetzt, noch später der vorliegende deutsch-tschechoslowakische Vertrag oder andere Handlungen als Legitimierung d. h. Rechtfertigung, oder Legalisierung, d. h. endgültige Regelung, der Vertreibung oder ihrer Folgen angesehen werden können. Ein anderes Verhalten würde nicht nur gegen die Bestimmungen der Europäischen Konvention zum Schutz der Menschenrechte und Grundfreiheiten, insbesondere ihres 4. Zusatzprotokolls[14], sondern auch gegen den Grundgedanken der Freizügigkeitsbestimmungen des internationalen Paktes vom 19. Dezember 1966 über bürgerliche und politische Rechte der Vereinten Nationen[15], deren Partner die Bundesrepublik Deutschland ist, verstoßen.

Wir vertreten die Auffassung, daß mit diesem Vertrag das Sudetenproblem als Anruf an Menschenrechte, menschliche Solidarität und Ausgleich zwischen Volksgruppen nicht erledigt ist. Wir sind bereit zum Ausgleich auf der Basis der Wahrung der Menschenrechte für alle, auch für die Deutschen und Tschechen aus Böhmen, Mähren und Schlesien. Die Sudetendeutschen werden Partner einer guten Nachbarschaft zu dem tschechischen und slowakischen Volk sein.

Anmerkungen:

1 Formal handelte es sich um eine »Erklärung nach § 59 der Geschäftsordnung« des Deutschen Bundestages.
Derartige Erklärungen konnten nach Schluß der Aussprache vor der Abstimmung abgegeben werden und durften nicht mehr als 5 Minuten Redezeit umfassen.

Es handelte sich um die Abgeordneten Baier, Dr. Becher, Dr. Götz, Dr. Klepsch, Kunz, Dr. Riedl, Werner, Dr. Wittmann und Zoglmann.

[2] Zu den Texten: Siehe S. 814 f.

[3] Durch die sog. Obhutserklärung vom 14. 7. 1950; zum Text: Siehe S. 723.

[4] Durch z. B. die Entschließung vom 16. 11. 1964; zum Text: Siehe S. 777.

[5] Durch z. B. die Entschließung vom 3. 6. 1961; zum Text: Siehe S. 770.

[6] Durch z. B. die Entschließung vom 15. 10. 1964; zum Text: Siehe S. 775.

[7] Durch z. B. die Entschließung vom 22. 1. 1961; zum Text: Siehe S. 764.

[8] Durch v. a. die Schirmherrschaftserklärung vom 7. 11. 1962; zum Text: Siehe S. 738.

[9] Vertragszweck lt. Präambel.

[10] Zum Text: Siehe S. 789.

[11] Zum Text: Siehe S. 415.

[12] Zu den Texten: Siehe S. 405, 409.

[13] Dazu lagen entsprechende Änderungen führender ČSSR-Politiker aus der Zeit 6.–12. 7. 1973 vor; zu den Texten: Siehe S. 812.

[14] Vom 4. 11. 1950 bzw. 16. 9. 1963; zu den Texten: Siehe S. 32, 57.

[15] Zum Text: Siehe S. 60.

Quelle:
»Der Prager Vertrag in den Parlamenten«; hsg. v. Sudetendeutschen Rat; München, 1975; S. 168 ff.

****

Einspruch des Freistaats Bayern[1] im Deutschen Bundesrat gegen den 1. Prager Vertrag: **1974, 21. Juni**
Begründung der Ablehnung

...
Die Tschechoslowakei ist der unmittelbare Nachbar Bayerns. Geschichte, Kultur und Wirtschaft verbinden uns in vielfältiger Weise. Wir wünschen sehr, mit diesem Land in Frieden und Freundschaft zu leben und die bestehenden Beziehungen im Interesse der Menschen auf beiden Seiten zu verbessern und auszubauen. Vertragliche Vereinbarungen sind ein Weg zu diesem Ziel. Aber nicht jeder Vertrag dient der dauerhaften Normalisierung der Verhältnisse zwischen den Staaten. Nur ein fairer Vertrag, der die Interessen beider Seiten zu einem Ausgleich bringt und der nicht auf einer Seite neue Verstimmung zurückläßt, ist ein tragfähiges Fundament für eine gute Zukunft in einer friedlichen Nachbarschaft.

Der vorliegende Vertrag wurde eingehend geprüft. Das Ergebnis ist leider negativ. Die Bedenken gegen diesen Vertrag überwiegen die positiven Seiten, die wir nicht verkennen. Trotz des Bemühens der Bundesregierung, einen besseren Vertrag auszuhandeln, als diejenigen mit Moskau und Warschau waren, enthält dieser dennoch Mängel[2], die uns schon von den übrigen Ostverträgen her bekannt sind. Dieser Vertrag ist wieder unklar und mehrdeutig, wahrt nicht ausreichend unsere Interessen und gibt der anderen Seite Handhaben, unsere eigene Politik zu beeinflussen.

Der Hauptdifferenzpunkt bei den Gesprächen mit der ČSSR war die Frage der Ungültigkeit des Münchner Abkommens. Hier standen und stehen die Rechtsauffassungen beider Seiten offenbar unüberbrückbar gegeneinander. Die ČSSR ist der Meinung, das Münchner Abkommen sei von Anfang an ungültig, so daß die Sudetengebiete niemals zum Deutschen Reich gehört hätten, während die Bundesrepublik davon ausgeht, daß die Unwirksamkeit des Münchner Abkommens erst nachträglich eingetreten ist. Die Bundesregierung glaubte, diesen fundamentalen Dissens durch eine mehrdeutige Formulierung lösen zu können, nämlich durch die Formulierung, daß das Münchner Abkommen in den gegenseitigen Beziehungen als »nichtig« betrachtet werden soll. Das Ziel, so zu einem Ende des Streites zu kommen, wurde nicht erreicht. Vielmehr hat die Auseinandersetzung um die Auslegung dieser Vorschrift bereits begonnen, bevor der Vertrag in Kraft getreten ist. Denn die ČSSR sieht ihre Auffassung in dem Vertrag bestätigt[3]. Der deutsche Standpunkt hätte daher im Vertragstext mindestens so abgesichert werden müssen, daß er sich gleichberechtigt neben dem tschechoslowakischen behaupten kann.

...

Der Briefwechsel über humanitäre Fragen[4], der schon in den Verhandlungen und im Vertragswerk als ein Annex von sekundärer Bedeutung erscheint, verbirgt unter vielen schönen Worten, daß für die Deutschen in der ČSSR wenig erreicht worden ist: kein Rechtsanspruch auf Ausreise, keine Garantie ihrer elementaren Menschenrechte, keine Verbesserung ihres Minderheitenstatus.

Die Bundesregierung hat sich mit weichen Formulierungen zufriedengegeben, zum Beispiel, daß die ČSSR die Ausreiseanträge der Deutschen »wohlwollend beurteilen« werde. Und das nach den Erfahrungen mit der »Information der Volksrepublik Polen« über die Ausreisemöglichkeiten im Zusammenhang mit dem Warschauer Vertrag, die nicht verhindert hat, daß die Ausreise aus Polen fast zum Erliegen gekommen ist! Ich[1] bedauere, daß diese Fehlschläge nicht zu einer veränderten Politik geführt haben. Auch hier geben wir wieder dem Vertragspartner eine Handhabe, von uns neue Leistungen zu fordern. Dies ist ein politischer Fehler. Wir können nur hoffen, daß die ČSSR sich großzügiger und loyaler verhalten wird als andere Staaten des Warschauer Paktes. Aber Hoffnungen sind kein Fundament für Verträge, nicht für die andere Seite und nicht für uns.

Meine Damen, meine Herren! Unsere Kritik richtet sich auch gegen die Präambel des Vertrages. Damit keine Mißverständnisse entstehen: Niemand bestreitet, daß das Münchner Abkommen der ČSSR durch das nationalsozialistische Regime unter Androhung von Gewalt aufgezwungen wurde. Wir sind aber dennoch dafür, daß die historische Wahrheit nicht verkürzt wird. Die Präambel durfte – wenn sie schon eine ausdrückliche Feststellung zur Vorgeschichte des Abkommens enthält – nicht verschweigen, daß die Sudetendeutschen 1919 gegen ihren Willen in die ČSR einverleibt wurden. Deshalb – und auch nur deshalb – ist es auch verständlich, daß Großbritannien, Frankreich und Italien sich an dem Münchner Abkommen beteiligt haben und der Präsident des Völkerbundes es damals begrüßt hat. Wer die historische Wirklichkeit nur aus seinem eigenen Blickwinkel sieht, löst die Probleme nicht, sondern schafft ein falsches Bild.

Wir stellen die Frage: Wird nicht die Normalisierung der Beziehungen beider Staaten auf dem Rücken der Vertriebenen erfolgen? Nach dem Kommuniqué vom 12. Dezember 1973[5] soll der Vertrag einen »Schlußstrich unter die Vergangenheit« ziehen. Dabei ist aber nicht klargestellt, daß die Ansprüche der Vertriebenen, ihr Selbstbestimmungs- und Heimatrecht unberührt bleiben. Wenn der ehemalige Bundeskanzler ⟨*gemeint: Willy Brandt; am 6. 5. 1974 zurückgetreten*⟩ in seiner Ansprache an die Bürger der Bundesrepublik bei der Unterzeichnung erklärt hat, der Vertrag sanktioniere geschehenes Unrecht nicht, er bedeutet also auch nicht die nachträgliche Legitimierung der Vertreibung, dann ist uns das zu wenig, zu wenig angesichts der Gefahr, daß die ČSSR die Vertreibung jetzt als innerstaatliche Maßnahme gegen illoyale Staatsbürger hinstellen könnte.

...

Dieser Vertrag bringt uns einer wirklichen Normalisierung nicht in dem Maße näher, wie es nötig wäre. Es ist nicht gesichert, daß für die Menschen hier oder drüben die Lage besser wird. Der Vertrag wird sein selbstgesetztes Ziel – so fürchten wir – so nicht erreichen[6]. Sosehr wir es begrüßen würden, wenn lange Jahre nach Kriegsende nun eine allseits befriedigende Regelung mit der ČSSR gefunden würde, können wir doch für den vorliegenden Vertrag die Verantwortung nicht übernehmen und machen daher von unserem Recht Gebrauch, den Vermittlungsausschuß anzurufen[7]...

Anmerkungen:
[1] Zugleich für die Länder Baden-Württemberg, Rheinland-Pfalz, Saarland und Schleswig-Holstein durch den bayerischen Ministerpräsidenten Goppel.
[2] Wichtiger Hinweis auf den Zusammenhang mit den anderen Ostverträgen.
[3] Dazu lagen entsprechende Änderungen führender ČSSR-Politiker aus der Zeit vom 6. bis 12. 7. 1973 vor; zu den Texten: Siehe S. 812.
Auch SR: a. a. O. (siehe Quelle); S. 202–243.
[4] Zu den Texten: Siehe S. 820.
[5] der Bundesregierung anläßlich der Vertragsunterzeichnung.
[6] Weder konnten (Vertragspräambel) »dauerhafte Grundlagen ... gutnachbarlicher Beziehungen« erreicht noch (Kommuniqué) ein »Schlußstrich unter die Vergangenheit« gezogen werden; weitere Papiere wurden erforderlich.
Siehe dazu für 1992 S. 929 und für 1997 S. 1073.
[7] Das Verfahren endete mit der Zurückweisung des Bundesratseinspruchs am 10. 7. 1974; siehe S. 805.

Quelle:
»Der Prager Vertrag in den Parlamenten«; hsg. v. Sudetendeutschen Rat; München, 1975; S. 176–178. Hervorhebungen im Original.

****

Vertrag **1974, 19. Dezember**[1]
zwischen der Republik Österreich und der ČSSR
»zur Regelung bestimmter finanzieller und vermögensrechtlicher Fragen«[2]**:**
ČSR-Entschädigung für Alt-Österreicher

...

Artikel 1

Die Tschechoslowakische Sozialistische Republik wird die Ansprüche der Republik Österreich sowie österreichischer physischer und juristischer Personen gegen die Tschechoslowakische Sozialistische Republik sowie gegen tschechoslowakische physische und juristische Personen, die bis zum Tag der Unterzeichnung dieses Vertrages dadurch entstanden sind, daß österreichische Vermögenschaften, Rechte und Interessen tschechoslowakischen Konfiskations-, Nationalisierungs- oder ähnlichen gesetzlichen Maßnahmen unterzogen worden sind, global und endgültig erledigen.

Artikel 2

(1) Österreichische Personen im Sinne dieses Vertrages sind physische Personen, die am 27. April 1945 nach den Bestimmungen des § 1 des Staatsbürgerschaftsüberleitungsgesetzes, StGBl. Nr. 59/45 in der Fassung BGBl. Nr. 276/49 die österreichische Staatsbürgerschaft besessen und diese auch am Tag der Unterzeichnung dieses Vertrages besessen haben[3], sowie juristische Personen, die an diesen Stichtagen ihren Sitz auf dem Gebiet der Republik Österreich gehabt haben.
(2) Absatz 1 gilt sinngemäß für Rechtsnachfolger der oben genannten Personen, wenn diese Rechtsnachfolger am Tag der Unterzeichnung dieses Vertrages entweder als physische Personen die österreichische Staatsbürgerschaft oder als juristische Personen ihren Sitz auf dem Gebiet der Republik Österreich gehabt haben.

Artikel 3

Die sich aus Artikel 1 ergebende Globalentschädigung wird folgendermaßen bestimmt:
(1) Die Tschechoslowakische Sozialistische Republik verzichtet mit dem Tag des Inkrafttretens dieses Vertrages auf vermögensrechtliche Ansprüche gegen die Republik Österreich. Die Tschechoslowakische Sozialistische Republik überläßt der Republik Österreich

ferner mit demselben Tag im eigenen Namen sowie im Namen tschechoslowakischer physischer und juristischer Personen alle in der Republik Österreich gelegenen Vermögenschaften, Rechte und Interessen, die nach tschechoslowakischer Rechtsansicht auf Grund der tschechoslowakischen Konfiskations-, Nationalisierungs- oder ähnlicher gesetzlicher Maßnahmen beansprucht werden. Die Regelung der Ansprüche dieser tschechoslowakischen physischen und juristischen Personen ist Sache der Tschechoslowakischen Sozialistischen Republik.
(2) Die Tschechoslowakische Sozialistische Republik wird der Republik Österreich die Summe von einer Milliarde österreichische Schilling bezahlen.

⟨In den weiteren Artikeln 4 bis 13 wurden v. a. Details, auch der wechselseitigen Anspruchsfreistellung geregelt.
Zu dem im Zusammenhang mit dem Abschluß geführten umfangreichen Briefwechsel gehörten auch zwei Schreiben des ČSSR-Außenministers Chňoupek an seinen österreichischen Amtskollegen Erich Bielka, die von letzterem mit jeweils gleichlautendem Brief bestätigt wurden. Die Texte lauteten:

A⟩ Ich beehre mich mitzuteilen, daß keine tschechoslowakische Leistung erbracht wird für Vermögenschaften, Rechte und Interessen, die durch im Artikel 1 des Vertrages genannte Maßnahmen in Anspruch genommen, in der Folge aber durch das tschechoslowakische Gesetz Nr. 41/1953 Slg.[4] betroffen worden sind. Dies bezieht sich nicht auf Aktien und Kuxe, wenn diese gemäß tschechoslowakischem Dekret Nr. 95/1945 Slg.[5] registriert und hinterlegt worden sind.

⟨*B*⟩ Ich beehre mich mitzuteilen, daß Gegenstand einer vertraglichen Regelung nicht sein können:
1. Vermögenschaften, Rechte und Interessen im Sinne des Artikels 1 des Vertrages, die auf eine Weise erworben worden sind, die nach internationalen Vereinbarungen als nichtig anzusehen ist,
2. Lieferungen, Leistungen und Forderungen aller Art, die für oder im Auftrage des ehemaligen Deutschen Reiches, seiner Einrichtungen oder deutscher Personen in der Tschechoslowakei bis zum Ende des Zweiten Weltkrieges erbracht worden oder entstanden sind,
3. in der Tschechoslowakei emittierte auf Reichsmark lautende Schuldverschreibungen jeglicher Art.

Anmerkungen:
1 Der Vertrag trat für Österreich am 9. 9. 1975 in Kraft; das österreichische Gesetz Nr. 452 vom 3. 7. 1975 »über die Gewährung von Entschädigungen« auf Grund des »Entschädigungsgesetzes ČSSR« regelte die Einzelheiten.
Vgl. BGBl. für die Republik Österreich (siehe Quelle); S. 1983–1989.
2 Diese Überschrift des Vertrages war in der österreichischen Veröffentlichung um den Passus »samt Anlagen mit Briefwechsel« ergänzt worden, die dann textlich anschlossen.
3 Diese Vorschrift lautete:
»Abschnitt I.
§ 1 Österreichische Staatsbürger sind ab 27. April 1945
a) die Personen, die am 13. März 1938 die österreichische Bundesbürgerschaft besessen haben;
b) die Personen, die in der Zeit vom 13. März 1938 bis 27. April 1945, bei Weitergeltung des Bundesgesetzes vom 30. Juli 1925, B. G. Bl. Nr. 285, über den Erwerb und den Verlust der Landes- und Bundesbürgerschaft in der am 13. März 1938 geltenden Fassung die Bundesbürgerschaft durch Rechtsnachfolge nach einem österreichischen Bundesbürger (Abstammung, Legitimation, Ehe) erworben hätten;
alle diese Personen jedoch nur dann, wenn in ihrer Person vor dem 27. April 1945 kein Tatbestand eingetreten ist, mit dem nach den Bestimmungen des in lit. b genannten Gesetzes der Verlust der Bundesbürgerschaft verbunden ist. Hiebei ist der Verlust der Bundesbürgerschaft durch freiwilligen

Eintritt in den Militärdienst eines fremden Staates nicht eingetreten bei Personen, die in den Armeen der Vereinten Nationen gedient haben.«
Vgl. BGBl. für die Republik Österreich Jg. 1949; Nr. 276 »Kundmachung der Bundesregierung vom 4. November 1949 über die Wiederverlautbarung von Rechtsvorschriften auf dem Gebiet des Staatsbürgerschaftsrechtes« im 59. Stück v. 31. 12. 1949; S. 1169 ff., hier S. 1170.

[4] Durch ČSR-Gesetz 41/1953 v. 30. 5. 1953 (zum Text vgl. ČSR-Slg. 1953; 25. Stück v. 30. 5. 1953; S. 223 f.) wurde eine Währungsreform zum 1. 6. 1953 verkündet und im Zusammenhang damit u. a. die Sperrguthaben aus dem Jahre 1945 eingezogen.

[5] Vom 20. 10. 1945. Zum Text: Siehe S. 536. Zur Basis v. 22. 6. 1945: Siehe S. 534.

Quelle:
»Bundesgesetzblatt für die Republik Österreich«; Jg. 1975; Nr. 451 im 152. Stück v. 26. 8. 1975; S. 1965–1989, hier S. 1965 f., 1976 f.

****

Petition[1] **1975, 17. Januar**
von Sudetendeutschen an die Vereinten Nationen[2]:
Auch die Sudetendeutschen wollen ihre unveräußerlichen Rechte wiederhergestellt sehen

Die aus ihrer Heimat in Böhmen, Mähren und Schlesien vertriebenen Sudetendeutschen und ihre Freunde in aller Welt appellieren hiermit an die Vereinten Nationen, den freigewählten Vertretern dieser Volksgruppe Gehör zu schenken und ihre Forderungen nach Wiederherstellung der Rechte der Sudetendeutschen und Wiedergutmachung des Unrechts zu unterstützen:
Sie tun dies in dem Bewußtsein, daß den 3½ Millionen Sudetendeutschen seit 1918 das Recht auf Selbstbestimmung über das Schicksal ihres Landes und in ihrem Lande selbst vorenthalten wird, das sie in mehr als siebenhundertjähriger Arbeit selber kultiviert haben. Sie tun dies im Hinblick auf die Tatsache, daß Regierung und Organe der Tschechoslowakei nach dem 8. Mai 1945 mehr als drei Millionen Sudetendeutsche aus ihrer Heimat vertrieben haben, wodurch 241 000 Menschen ihr Leben verloren und zahlreiche Familien- sowie alle Stadt- und Dorfgemeinschaften zerrissen wurden.
Ein Teil der restlichen Angehörigen dieser Volksgruppe wurde über ein Jahrzehnt lang in Gefängnissen, in Lagern oder in den Uranbergwerken des Erzgebirges zurückbehalten. Andere wurden gegen ihren Willen in landwirtschaftlicher Zwangsarbeit oder als Spezialisten verwendet, welche die Fortführung der enteigneten Industriebetriebe sicherzustellen hatten. Alle, die in der alten Heimat verblieben, wurden einem gezielten Prozeß der Entnationalisierung ausgesetzt und um ihre Identität gebracht.
Noch heute verweigert die Regierung der ČSSR den in der Heimat verbliebenen Deutschen das Recht auf Unterricht ihrer Kinder in eigenen Schulen und die freie Pflege ihrer Sprache und Kultur. Im Jahre 1974 konnten nur 350 von ihnen ihren Wohnsitz in die Bundesrepublik Deutschland verlegen, um wieder unter Deutschen leben zu können.
Das private und öffentliche Vermögen der Sudetendeutschen wurde entschädigungslos enteignet. Sein Wert beträgt nach heutigen Berechnungen rd. 120 Milliarden DM[3].
Diese Vorgänge verstoßen gegen die fundamentalen Prinzipien der Menschenrechte, wie sie
- in den Verfassungen aller zivilisierten Staaten enthalten sind und
- in der »Allgemeinen Erklärung der Menschenrechte« vom 10. Dezember 1948[4],
- in den Menschenrechtskonventionen vom 16. Dezember 1966[5] der Vereinten Nationen sowie
- in der Europäischen Konvention zum Schutze der Menschenrechte und Grundfreiheiten vom 4. November 1950[6] sowie deren Zusatzprotokollen[7] niedergelegt wurden.

Die Vertreibung und Enteignung der Sudetendeutschen ist danach nicht zu vereinbaren mit
- dem Recht auf Leben, Freiheit, Gleichheit, Achtung der Würde und Sicherheit aller Menschen ohne Rücksicht auf Sprache oder nationale Herkunft;

– dem Recht auf Unterlassung unterschiedlicher Behandlung und auf Schutz vor Diskriminierungen und Handlungen, die die menschlichen Grundrechte verletzen;
– dem Recht auf Schutz vor willkürlicher Festnahme und Haft sowie vor willkürlichem Eingriff in seine Familie und sein Heim;
– dem Recht, seinen Wohnsitz frei zu wählen, sein Land zu verlassen oder in sein Land zurückzukehren.

Das unveräußerliche Recht auf Selbstbestimmung, auf nationale Unabhängigkeit, das Recht auf Rückkehr in die angestammte Heimat und auf Rückgabe des Eigentums wurde zuletzt in der Entschließung Nr. 3236 vom 22. November 1974[8] von der Vollversammlung der Vereinten Nationen gegenüber dem palästinensischen Volk anerkannt.

Da ihre unveräußerlichen Rechte durch die Vertreibung und Enteignung in gleicher Weise mißachtet und verletzt wurden, erheben die 3½ Millionen Sudetendeutschen[9] den gleichen Anspruch auf Wiederherstellung ihrer Rechte.

Durch unsere Unterschrift unterstützen wir die Forderung der Sudetendeutschen, von den Vereinten Nationen gehört zu werden, nach Wiederherstellung ihrer Menschenrechte und nach Wiedergutmachung des an ihnen begangenen Unrechts: . . .

⟨[10]⟩

Anmerkungen:

1 Es handelt sich um eine Petition der Sudetendeutschen, deren Text vom Bundesvorstand der SL am 17. 1. 1975 beschlossen wurde.

2 Am 2. 12. 1975 wurde der Text der Petition in New York dem Stellvertretenden Generalsekretär der UN, Bradford Morse, und den UN-Delegationen der Bundesrepublik Deutschland, der USA, der Republik Österreich und des Heiligen Stuhls überreicht. SL und Sudetendeutscher Rat waren vertreten durch Walter Becher (MdB/CSU), Fritz Wittmann (MdB/CSU) und Almar Reitzner (SPD).
Am 3. 12. 1975 nahm die sudetendeutsche Abordnung als Gäste an einer Plenarsitzung der UN teil und hörte u. a. eine Rede des Vertreters der Regierung der ČSSR, Vladimir Hulinsky, in russischer Sprache.
Dieser unterstützte die UN-GA-Entschließungen 29 – 3236 vom 22. 11. 1974 (zum Text: Siehe S. 1179) und 30 – 3376 vom 10. 11. 1975 (zum Text: Siehe S. 1180) und bezog sich auf seine Stellungnahme vor der UN-Generalversammlung am 6. 11. 1975. In letzterer hatte der ČSSR-Vertreter aus der UN-GA-Entschließung 29 – 3236 zitiert, die Verwirklichung des unveräußerlichen Rechtes der Palästinenser auf Rückkehr in ihre Heimat gefordert und hinzugefügt:
»An dieser Stelle möchte ich sofort unterstreichen: Die tschechoslowakische Delegation unterstützt die Forderung, daß die Ergebnisse der Diskussionen der Palästinafrage in den Vereinten Nationen durchgängig respektiert werden . . . Die ČSSR betrachtet sich als integralen Teil derjenigen Kräfte, die eine politische Lösung der gesamten komplexen Situation im Mittleren Osten mit friedlichen Mitteln anstreben. Wir dürfen diese Forderung deswegen aufstellen, da unsere grundsätzliche Außenpolitik von dem Bemühen um Frieden, Sicherheit und Fortschritt beherrscht wird.«
Vgl.: »UN-(GA-)Doc. A/PV. 2396 ⟨*und*⟩ 2426«; 30. Sitzungsper. (1975).

3 Zum Errechnungsweg: Siehe S. 1240.

4 Zum Text: Siehe S. 25.

5 Zum Text: Siehe S. 60.

6 Zum Text: Siehe S. 32.

7 Zum Text des 4. Protokolls: Siehe S. 57.

8 Zum Text: Siehe S. 1179.

9 Den derart auch international agierenden Sudetendeutschen wurde in dieser Zeit gleichzeitig bescheinigt, daß 1945 auch ihr Selbstbestimmungsrecht mißachtet worden war und sie selbst seither völlig verschwunden seien:
»Die Erfahrung mit Hitler überzeugte die Alliierten, daß die unterschiedslose Befürwortung des Prinzips der Selbstbestimmung Staaten hervorbrachte, die entweder zu groß und gefährlich für den Frieden in Europa oder zu klein waren, um eigenständig bestehen zu können. Folgerichtig wurde in den territorialen Veränderungen am Ende des Zweiten Weltkriegs die Selbstbestimmung weitgehend mißachtet. Es wurden nicht nur Österreich und die Tschechoslowakei wiederhergestellt, sondern auch Deutschland selbst geteilt. Bevölkerungstransfers gewaltigen Ausmaßes, die zehn Millio-

nen Menschen betrafen, sicherten homogene Staaten. Drei Jahrzehnte später gibt es keine Spur von den Sudetendeutschen, die in der Bundesrepublik Deutschland vollständig aufgesaugt wurden.« Vgl. Schoenberg, Hans W.: »Limits of Self-Determination« in »Israel Yearbook on Human Richts«; Jerusalem, Jg. 6 (1976); S. 91–103, hier S. 100.

10 Es folgte Platz für Unterschriften und Anschriften.
Am 8. 7. 1976 wurde die Petition mit am 2. 7. 1976 notariell beglaubigten rd. 240.000 Unterschriften aus der Bundesrepublik Deutschland, der Republik Österreich und der autonomen Region Südtirol der Republik Italien durch Vertreter der SL und des Sudetendeutschen Rates der Kommission für Menschenrechte der UN in Genf übergeben.

Quelle:
Original der Petition; 2 S.; Abdruck in DzS, 4. Aufl.; S. 393 f.

****

Manifest **1977, 1. Januar**
von ca. 300 Tschechen und Slowaken in der ČSSR
(Sog. »Manifest der ›Charta‹ '77«):
ČSSR verletzt systematisch die Menschenrechte)

Am 13. Oktober 1976 wurden in der Sammlung der Gesetze der Tschechoslowakei (Nr. 120) der »Internationale Pakt über bürgerliche und politische Rechte«[1] sowie der »Internationale Pakt über wirtschaftliche, soziale und kulturelle Rechte« veröffentlicht, beide im Jahre 1968 im Namen unserer Republik unterzeichnet, im Jahre 1975 in Helsinki bestätigt[2] und bei uns am 23. 3. 1976 in Kraft gesetzt. Seither haben auch unsere Bürger das Recht und unser Staat die Pflicht, sich danach zu richten. Die Freiheiten und Rechte des Menschen, die von diesen beiden Pakten garantiert werden, sind wichtige zivilisatorische Werte, auf die in der Geschichte das Bemühen vieler fortschrittlicher Kräfte gerichtet war und deren Kodifizierung die humane Entwicklung unserer Gesellschaft bedeutend fördern kann. Daher begrüßen wir, daß die Tschechoslowakische Sozialistische Republik diesen Pakten beigetreten ist.

Ihre Veröffentlichung ruft uns aber zugleich mit neuer Eindringlichkeit in Erinnerung, wie viele Grundrechte des Bürgers in unserem Land vorerst – leider – nur auf dem Papier gelten. Völlig illusorisch ist zum Beispiel das Recht auf freie Meinungsäußerung, das von Artikel 19 des ersten Paktes garantiert wird.

Zehntausenden von Bürgern wird es nur deshalb unmöglich gemacht, in ihrem Fach zu arbeiten, weil sie Ansichten vertreten, die sich von den offiziellen Ansichten unterscheiden. Zudem werden sie häufig Objekt vielfältigster Diskriminierung und Schikane seitens der Behörden und gesellschaftlichen Organisationen; jedweder Möglichkeit der Verteidigung beraubt, werden sie praktisch zu Opfern einer Apartheid.

Hunderttausenden anderer Bürger wird die »Freiheit von Furcht« (Präambel des ersten Paktes) verweigert, weil sie gezwungen sind, in der beständigen Gefahr zu leben, Arbeits- und andere Möglichkeiten zu verlieren, falls sie ihre Meinung äußern.

Im Widerspruch zu Artikel 13 des zweiten Paktes, der allen das Recht auf Bildung zusichert, werden zahllose junge Menschen nur wegen ihrer Meinungen oder sogar wegen der Ansichten ihrer Eltern nicht zum Studium zugelassen. Unzählige Bürger müssen in der Furcht leben, daß, falls sie sich ihrer Überzeugung entsprechend äußern, sie selbst oder ihre Kinder des Rechts auf Bildung beraubt werden könnten.

Die Geltendmachung des Rechts, »Informationen und Gedanken aller Art ohne Rücksicht auf Grenzen zu ermitteln, anzunehmen und zu verbreiten, sei es mündlich, schriftlich oder in gedruckter Form« oder »vermittels der Kunst« (Punkt 2, Artikel 13 des ersten Paktes), wird nicht nur außergerichtlich, sondern auch gerichtlich verfolgt, häufig unter dem Deckmantel krimineller Beschuldigung (wovon unter anderem die eben gegen junge Musiker geführten Prozesse zeugen).

Die Freiheit der öffentlichen Meinungsäußerung wird von der zentralen Verwaltung aller Informationsmittel sowie der publizistischen und kulturellen Einrichtungen unterdrückt ...
Die Bekenntnisfreiheit, nachdrücklich in Artikel 18 des ersten Paktes zugesichert, wird von machthaberischer Willkür systematisch eingeschränkt ...
Geraten Organisationen oder Bürger bei der Auslegung ihrer Rechte in Widerspruch zur Direktive ... des Apparates der herrschenden Partei, ... können sie sich an keine unparteiische Instanz wenden, weil keine existiert. Durch all dies werden ernstlich jene Rechte eingeschränkt, die sich aus Artikel 21 und Artikel 22 des ersten Paktes ergeben (Versammlungsfreiheit und das Verbot jedweder Einschränkung von deren Ausübung), sowie aus Artikel 25 (Gleichheit des Rechts, sich an der Führung öffentlicher Angelegenheiten zu beteiligen) und aus Artikel 26 (Gleichheit vor dem Gesetz). Dieser Zustand verwehrt es auch Arbeitern und anderen Berufstätigen, zum Schutz ihrer wirtschaftlichen und sozialen Interessen ohne jedwede Einschränkung gewerkschaftliche und andere Organisationen zu gründen und frei das Streikrecht (Punkt 1, Artikel 8 des zweiten Paktes) anzuwenden.
Weitere Bürgerrechte, einschließlich des ausdrücklichen Verbots »willkürlicher Eingriffe in Privatleben, Familie, Heim oder Korrespondenz« (Artikel 17 des ersten Paktes) werden auch dadurch bedenklich verletzt, daß das Innenministerium auf unterschiedlichste Weise das Leben der Bürger kontrolliert ...
In Fällen politisch motivierter Strafverfolgung verletzen Ermittlungs- und Justizorgane die Rechte der Beschuldigten und ihrer Verteidigung, die von Artikel 14 des ersten Paktes sowie von tschechoslowakischen Gesetzen gewährleistet werden. In den Gefängnissen behandelt man solcherart verurteilte Menschen auf eine Weise, welche die Menschenwürde der Inhaftierten verletzt, ihre Gesundheit gefährdet und darauf abzielt, sie moralisch zu zerbrechen.
Allgemein verletzt wird auch Punkt 2, Artikel 12 des ersten Paktes, der dem Bürger das Recht garantiert, sein Land frei zu verlassen; unter dem Vorwand des » Schutzes der nationalen Sicherheit« (Punkt 3) wird dieses Recht an verschiedene unstatthafte Bedingungen geknüpft. Willkürlich verfahren wird auch bei der Erteilung von Einreisevisa an Angehörige fremder Staaten, von denen viele die Tschechoslowakei zum Beispiel nur deshalb nicht besuchen können, weil sie beruflich oder freundschaftlich mit bei uns diskriminierten Personen verkehrt haben.
Manche Bürger weisen – sei es privat, am Arbeitsplatz oder öffentlich, was praktisch nur in ausländischen Kommunikationsmitteln möglich ist – auf die systematische Verletzung der Menschenrechte und der demokratischen Freiheiten hin und fordern in konkreten Fällen Abhilfe; ihre Stimme findet jedoch meist keinen Widerhall oder sie werden zum Gegenstand von Ermittlungen.
Die Verantwortung für die Einhaltung der Bürgerrechte im Lande obliegt selbstverständlich vor allem der politischen und staatlichen Macht. Aber nicht nur ihr. Jeder trägt sein Teil Verantwortung für die allgemeinen Verhältnisse und somit auch für die Einhaltung kodifizierter Pakte, die dazu übrigens nicht nur Regierungen, sondern alle Bürger verpflichten. Das Gefühl dieser Mitverantwortlichkeit, der Glaube an den Sinn bürgerlichen Engagements und der Wille dazu, sowie das gemeinsame Bedürfnis, dafür einen neuen wirksameren Ausdruck zu finden, hat uns auf den Gedanken gebracht, die Charta 77 zu bilden, deren Entstehung wir heute öffentlich anzeigen.
Die Charta 77 ist eine freie, informelle und offene Gemeinschaft von Menschen verschiedener Überzeugungen, verschiedener Religionen und verschiedener Berufe, verbunden durch den Willen, sich einzeln und gemeinsam für die Respektierung der Bürger- und der Menschenrechte in unserem Land und in der Welt einzusetzen – jener Rechte, die dem Menschen von beiden kodifizierten internationalen Pakten, von der Abschlußakte der Konferenz in Helsinki[2], von zahlreichen weiteren internationalen Dokumenten gegen Krieg, Gewaltanwendung und soziale und geistige Unterdrückung zugestanden werden, und die zusam-

menfassend von der »Allgemeinen Erklärung der Menschenrechte«[3] der UNO zum Ausdruck gebracht werden.
Die Charta 77 fußt auf dem Boden der Solidarität und Freundschaft von Menschen, die von der gemeinsamen Sorge um das Geschick der Ideale bewegt werden, mit denen sie ihr Leben und ihre Arbeit verbunden haben und verbinden.
Die Charta 77 ist keine Organisation, hat keine Statuten, keine ständigen Organe und keine organisatorisch bedingte Mitgliedschaft. Ihr gehört jeder an, der ihrer Idee zustimmt, an ihrer Arbeit teilnimmt und sie unterstützt.
Die Charta 77 ist keine Basis für oppositionelle politische Tätigkeit. Sie will dem Gemeininteresse dienen wie viele ähnliche Bürgerinitiativen in verschiedenen Ländern des Westens und des Ostens. Sie will also nicht eigene Programme politischer oder gesellschaftlicher Reformen oder Veränderungen aufstellen, sondern in ihrem Wirkungsbereich einen konstruktiven Dialog mit der politischen und staatlichen Macht führen, insbesondere dadurch, daß sie auf verschiedene konkrete Fälle von Verletzung der Menschen- und Bürgerrechte hinweist, deren Dokumentation vorbereitet, Lösungen vorschlägt, verschiedene allgemeine Vorschläge unterbreitet, die auf Vertiefung dieser Rechte und ihrer Garantien abzielen und als Vermittler in anfallenden Konfliktsituationen wirkt, die durch Widerrechtlichkeit verursacht werden können.
Durch ihren symbolischen Namen betont die Charta 77, daß sie an der Schwelle eines Jahres entsteht, das zum Jahr der Rechte politischer Gefangener erklärt wurde und in dessen Verlauf die Belgrader Konferenz die Erfüllung der Verpflichtungen von Helsinki prüfen soll.
Als Signatare dieses Manifests[4] bevollmächtigen wir Prof Dr. Jiři Hájek, Dr. Václav Havel und Prof. Dr. Jan Patočka als Sprecher der Charta 77. Diese Sprecher sind bevollmächtigt, die Charta 77 sowohl vor staatlichen und anderen Organisationen als auch vor unserer und der Weltöffentlichkeit zu vertreten, und garantieren durch ihre Unterschrift die Authentizität der Charta 77-Dokumente. In uns und weiteren Bürgern, die sich anschließen[4], werden sie Mitarbeiter finden, die mit ihnen zusammen die erforderlichen Aktionen unterstützen, Einzelaufgaben übernehmen und alle Verantwortung mit ihnen teilen werden.
Wir glauben daran, daß die Charta 77 dazu beitragen wird, daß in der Tschechoslowakei alle Bürger als freie Menschen arbeiten und leben können.

Anmerkungen:

[1] Zum Text vom 19. 12. 1966: Siehe S. 60.
Die ČSSR-Veröffentlichung trug das Datum 10. 5. 1976, wurde per 23. 3. 1976 in Kraft gesetzt, aber erst am 13. 10. 1976 veröffentlicht.
Vgl. ČSSR-Slg. 1976; Nr. 120 im 23. Stück v. 13. 10. 1976; S. 570–583.

[2] Gemeint und nachfolgend als »Zweiter Pakt« bezeichnet: Die Schlußakte der Konferenz von Helsinki vom 1. 8. 1975; zum Text: Siehe S. 67.

[3] Vom 10. 12. 1948; zum Text: Siehe S. 25.

[4] Das Manifest war bei Herausgabe im Jahre 1977 von rund 300 Tschechen und Slowaken bei gleichzeitiger Berufsangabe unterschrieben worden. Diese Zahl hatte sich bis Ende 1983 auf über 1000 erhöht. Vgl. FAZ; Nr. 68 v. 20. 3.1984; S. 1.
Zu den Unterzeichnern gehörte auch der damalige Schriftsteller Václav Havel. Dieser hatte bereits 1975 in einem Brief an ČSSR-Präsident Gustav Husák auf den Abstand zwischen verordnetem »Pseudogeschehen« und »wirklicher Geschichte« hingewiesen und damit hellsichtig die Ereignisse 1989/90 vorausgesehen:
»Je rationaler jener offizielle Kalender des Pseudogeschehens jahrelang aufgebaut worden ist, um so irrationaler gestaltet sich dann der plötzliche Einbruch der wirklichen Geschichte. Ihre ganze jahrelang unterdrückte Einzigartigkeit und Unberechenbarkeit, ihr ganzes jahrelang verleugnetes Geheimnis bricht in einem einzigen Augenblick hervor: und während uns jahrelang nichts Geringfügiges und Alltägliches zu überraschen vermochte, erleben wir jetzt eine einzige große Überraschung – und die hat es in sich. Die ganze ›Unordnung‹ der Geschichte, jahrelang durch künstliche Ordnung unterdrückt, schießt plötzlich hervor.«
Vgl. Kriseová, Eda: »Václav Havel – Dichter und Präsident – Die autorisierte Biographie«; Berlin, 1991; S. 101.

Quelle:
»Mitteilungen des Sudetendeutschen Archivs«; München; Sonderfolge Februar 1977.
Basierend auf Originaltext in »České slovo« (Tschechisches Wort), München; Jg. 23, Nr. 2 (Februar 1977); S. 5 f.

****

Entscheidung **1977, 25. Januar**
des Ersten Senats des Bundesverfassungsgerichtes[1]**:**
Ob Prager Vertrag[2]*, der Grundrechte nicht einschränkt, Abtretung bewirkte, bleibt offen*

. . .
Die Verfassungsbeschwerden[3] sind unzulässig.
Die Beschwerdeführer sind durch das Zustimmungsgesetz zum deutsch-tschechoslowakischen Vertrag nicht in ihren Grundrechten betroffen. In dem Zustimmungsgesetz ist nichts enthalten, was unmittelbar nachteilige Wirkung für den Schutzbereich der von den Beschwerdeführern als verletzt gerügten Grundrechte erzeugen könnte . . .[4]

I.
Handlungs- oder Verhaltenspflichten, die geeignet wären, die Rechte der Beschwerdeführer aus Art. 6 und 9 GG zu beeinträchtigen, werden durch den deutsch-tschechoslowakischen Vertrag nicht begründet, da der Vertragstext keinerlei Formulierungen enthält, die auf derartige rechtliche Verbindlichkeiten hindeuten könnten . . .[4] Aus völkerrechtlichen Verträgen wie dem deutsch-tschechoslowakischen Vertrag können unmittelbare Handlungs- oder Verhaltenspflichten einzelner Bürger nur abgeleitet werden, wenn und soweit dies der Vertragstext unzweideutig zum Ausdruck bringt. Auch aus der in Art. IV des Vertrags enthaltenen Bekräftigung der Unverletzlichkeit der gemeinsamen Grenzen läßt sich ebensowenig wie aus Art. 3 des Moskauer Vertrags eine solche unmittelbare Verpflichtung Einzelner herleiten . . .[4]

II.
Die Beschwerdeführer sind durch das Zustimmungsgesetz zum deutsch-tschechoslowakischen Vertrag auch nicht in ihrem durch Art. 14 GG geschützten Eigentum betroffen.
1. Die Beschwerdeführer haben ihren in den Sudetengebieten gelegenen Grundbesitz durch Konfiskationsmaßnahmen der tschechoslowakischen Behörden in der Nachkriegszeit verloren. Die Beeinträchtigung ihres Eigentums ist also nicht auf das Zustimmungsgesetz oder den deutsch-tschechoslowakischen Vertrag, sondern auf Maßnahmen zurückzuführen, die als Akte ausländischer öffentlicher Gewalt an Art. 14 GG nicht gemessen werden können . . .[4]
2. Der Abschluß des deutsch-tschechoslowakischen Vertrags kann auch nicht als ein Mitwirken der Bundesregierung an den tschechoslowakischen Konfiskationsmaßnahmen gedeutet werden. Der Vertrag selbst enthält keine Bestimmung, die sich auch nur entfernt auf Fragen des deutschen Privateigentums bezieht. Die Bundesregierung hat auch bei Vertragsabschluß keine auf die von den tschechoslowakischen Behörden vorgenommenen Konfiskationsmaßnahmen bezügliche Willenserklärung abgegeben und insbesondere keine Billigung oder Anerkennung dieser Maßnahmen ausgesprochen.
3. Dem Vertrag kann auch nicht die Wirkung beigemessen werden, in sonstiger Weise eine Veränderung der eigentumsrechtlichen Lage zum Nachteil der Beschwerdeführer herbeigeführt zu haben. Dabei kann offenbleiben, ob der deutsch-tschechoslowakische Vertrag einen Wechsel des staats- und völkerrechtlichen Status der Sudetengebiete im Sinne des Vortrags der Beschwerdeführer bewirkt hat. Jedenfalls hat eine nachträgliche Legalisierung der gegen das Grundeigentum der Beschwerdeführer gerichteten tschechoslowakischen Konfiskationsmaßnahmen im Zusammenhang mit dem Vertrag nicht stattgefunden. Ebensowenig enthält der Vertrag eine Bestimmung, die als Verzicht auf die Geltendma-

chung etwaiger daraus resultierender Ansprüche verstanden werden könnte. Soweit also den Beschwerdeführern bei Vertragsabschluß hinsichtlich ihres Vermögens noch Eigentumsrechte oder Rückgewähr- und Entschädigungsansprüche zustanden, hat sich die Rechtslage durch den Abschluß des Vertrags nicht verändert.

4. Die Bundesrepublik Deutschland ist gegenüber der Tschechoslowakischen Sozialistischen Republik weiterhin berechtigt, für die Belange der Beschwerdeführer einzutreten. Denn diese sind als Sudetendeutsche deutsche Staatsangehörige ...[4] Daran hat der deutsch-tschechoslowakische Vertrag nichts geändert, da er nach seinem Artikel II Abs. 2 »die sich aus der Rechtsordnung jeder der beiden Vertragsparteien ergebende Staatsangehörigkeit lebender und verstorbener Personen unberührt« läßt.

Bei dieser Sachlage kann die Rüge der Beschwerdeführer, die Bundesregierung habe bei Vertragsabschluß die verfassungsrechtliche Pflicht zur Gewährung diplomatischen Schutzes ihnen gegenüber verletzt, nur bedeuten, daß die Beschwerdeführer die verfassungsgerichtliche Feststellung anstreben, es hätte eine bestimmte sachliche Regelung zu ihren Gunsten bei den Vertragsverhandlungen erreicht werden müssen und im Abschluß des Vertrags ohne diese Regelung sei ein Verfassungsverstoß zu sehen, der die Unwirksamkeit des ganzen Vertrags zur Folge hätte. Soweit eine Verfassungsbeschwerde sich auf eine solche Rüge stützt, kann sie nicht als zulässig angesehen werden ...[4]

III.

Das Recht der Beschwerdeführer auf Freizügigkeit wird durch den deutsch-tschechoslowakischen Vertrag nicht beeinträchtigt. Dieses Recht garantiert nach Maßgabe des Art. 11 Abs. 1 GG die Freizügigkeit im Bundesgebiet, d. h. das Recht, ungehindert durch die deutsche Staatsgewalt an jedem Ort innerhalb des Bundesgebiets Aufenthalt und Wohnsitz zu nehmen, auch zu dem Zweck, in das Bundesgebiet einzureisen; ...[4] dazu gehören die Sudetengebiete nicht.

Auch eine Verletzung des Art. 2 Abs. 1 GG kommt nicht in Betracht; soweit die Beschwerdeführer gehindert sind, die Sudetengebiete aufzusuchen, ist dies nicht auf den Vertrag zurückzuführen.

Auf das Wiedervereinigungsgebot des Grundgesetzes kann eine Verfassungsbeschwerde schon deswegen nicht gestützt werden, weil dieses Gebot nicht Grundrechte gewährleistet. ...

Anmerkungen:

[1] Am 11. 7. 1974 hatte der Erste Senat des Bundesverfassungsgerichtes den Erlaß einer einstweiligen Verfügung gegen die Ratifikation des Prager Vertrages aus v. a. folgenden Gründen verworfen: »Der Vertrag vom 11. Dezember 1973 in Verbindung mit dem dazu ergangenen Zustimmungsgesetz enthält keine Bestimmungen, die geeignet sein könnten, den Antragsteller in seiner Meinungs- oder Vereinigungsfreiheit einzuschränken. Eine einstweilige Anordnung kann daher nicht ergehen ... Soweit der Antragsteller vom Inkrafttreten des Vertrages zwischen der Bundesrepublik Deutschland und der Tschechoslowakischen Sozialistischen Republik den endgültigen Verlust von Grundeigentum in dem hiervon betroffenen Gebiet befürchtet, kann die Zulässigkeit seines Antrages dahingestellt bleiben. Auch wenn zu seinen Gunsten davon auszugehen wäre, daß das Inkrafttreten des Vertrages die von ihm beanspruchte vermögensrechtliche Position unmittelbar verschlechterte, könnte nicht außer Betracht bleiben, daß einerseits die Rechte, die er durch den Vertrag beeinträchtigt sieht, schon bisher faktisch nicht ausgeübt werden konnten und daß andererseits die Möglichkeit eines irgendwie gearteten Ausgleichs durch die Ratifizierung des Vertrages jedenfalls nicht ausgeschlossen wird ...« Vgl. BVerfGE; Band 38; S. 51.

[2] Vom 20. 6. 1973; zum Text: Siehe S. 810.

[3] Von fünf Bürgern der BR Deutschland.

[4] An diesen Stellen: Bezugnahmen auf frühere Entscheidungen des Bundesverfassungsgerichtes.

Quelle:
Bundesverfassungsgericht: »Entscheidungen«; Band 43; S. 208 ff.

****

Rechtsverwahrung der Bundesversammlung der SL: **1978, 28. Januar**
Aufrechterhaltung der Vermögensansprüche der Sudetendeutschen

Die aus ihrer Heimat in Böhmen, Mähren und Sudeten-Schlesien sowie den übrigen Gebieten der Tschechoslowakei nach dem 8. Mai 1945 vertriebenen mehr als 3 Millionen Sudetendeutschen, ihre Erben und das deutsche Volk erheben – unbeschadet des Rechts auf die Heimat – Anspruch auf das im Gebiet der Tschechoslowakei enteignete individuelle und Gemeinschaftsvermögen der Sudetendeutschen.[1]
Das überwiegend von Sudetendeutschen besiedelte Gebiet hat eine Fläche von 27 000 Quadratkilometern; es entspricht etwa der Fläche des Königreichs Belgien (32 000 qkm) oder des Königreichs der Niederlande (32 000 qkm). In diesem Gebiet lebten vor dem Zweiten Weltkrieg 3,3 Millionen Sudetendeutsche, weitere 200 000 Sudetendeutsche lebten in anderen Gebieten der Tschechoslowakei. Diese Zahl entspricht ungefähr der Einwohnerzahl Dänemarks und Norwegens vor dem Zweiten Weltkrieg.
Die Höhe des genannten Vermögens ergibt sich aus der Tatsache, daß die Heimat der Sudetendeutschen zu den am höchsten industrialisierten Gebieten Mitteleuropas gehörte. Ein hoher Prozentsatz der Industrie in der Tschechoslowakei war vor dem Kriege im Besitz der Sudetendeutschen und lag in den sudetendeutschen Gebieten; so zum Beispiel 80 % des Braunkohlebergbaus, 75 % der chemischen Industrie, 86% der Glasindustrie, 90 % der Textilindustrie und je 90 % der Porzellanindustrie und der Musikinstrumentenerzeugung.

Wir stellen fest:

1. Die Enteignung oder Vernichtung des Vermögens der Sudetendeutschen widerspricht
   - dem allgemeinen Völkerrecht sowie den
   - in Artikel 17 der Allgemeinen Erklärung der Menschenrechte vom 10. Dezember 1948[2]
   - in den Artikeln 46, 55 und 56 des IV. Haager Abkommens vom 18. Oktober 1907[3]
   - in Artikel 1 des Zusatzprotokolls vom 13. Dezember 1957 zur Europäischen Konvention zum Schutze der Menschenrechte und Grundfreiheiten vom 4. November 1950[4] und
   - zuletzt in der Entschließung Nr. 3236 vom 22. November 1974 von der Vollversammlung der Vereinten Nationen für das palästinensische Volk[5]

   anerkannten Grundsätzen des Rechts.
2. Der Anspruch auf Rückgabe des völkerrechtswidrig enteigneten Vermögens oder auf Schadensersatz für zerstörtes Vermögen der Sudetendeutschen ist unverjährbar. Er erlischt nicht mit dem Tode des unmittelbar Geschädigten und beinhaltet auch eine Entschädigung für entgangene Nutzung.
3. Die Gewährung und Annahme von Leistungen aus dem Lastenausgleich in der Bundesrepublik Deutschland und in der Republik Österreich, die lediglich der Eingliederung der vertriebenen Sudetendeutschen und der Beseitigung sozialer Nachteile dienen, bedeuten entsprechend dem Gesetzestext keinen Verzicht auf die Geltendmachung der Ansprüche auf Rückgabe oder Schadensersatz.

   Diese Ansprüche stehen den geschädigten Personen, ihren Erben und in Wahrnehmung ihres völkerrechtlichen Schutzrechtes der Bundesrepublik Deutschland zu.

Die Vermögensverluste setzen sich (zu Preisen des Jahres 1939 gemäß den von den Sudetendeutschen bereits 1947 veröffentlichten Unterlagen)[6] wie folgt zusammen:
. . .[7]
Vermögensverluste insgesamt 69,524 Milliarden Reichsmark[8]
Nach der am 4. April 1945 erfolgten letzten Feststellung des Wechselkurses der Deutschen Reichsmark zum US-Dollar (1 Dollar = 2,50 Reichsmark) beziffern sich die Vermögensverluste:

Privatvermögen	26,2676 Milliarden US-Dollar
Öffentliches Vermögen	1,5420 Milliarden US-Dollar
Gesamtvermögensverlust	27,8096 Milliarden US-Dollar

Wollte man das verlorene Vermögen auf den Wiederbeschaffungswert der Gegenwart umrechnen, so würde der Vermögensverlust 130 Milliarden Deutsche Mark[8] bzw. 53,3 Milliarden Gold-Dollar betragen.

Die Sudetendeutschen wurden weder durch den Lastenausgleich[9] noch durch ein sonstiges Verfahren für den Verlust ihres Vermögens entschädigt. Sie legen deshalb unter Bezugnahme auf die vorstehend gemachten Angaben gegen die totale Enteignung Rechtsverwahrung ein und bitten die Vereinten Nationen, den Europa-Rat, die Regierung der Bundesrepublik Deutschland sowie die Regierungen aller jener Staaten, in denen heute Sudetendeutsche leben, um deren Kenntnisnahme und Unterstützung.

Anmerkungen:
1 Zu den Enteignungsdekreten der ČSSR: Siehe S. 532, 563.
2 Zum Text: Siehe S. 25.
3 Zum Text: Siehe S. 7 f.
4 Zum Text: Siehe 32.
5 Zum Text: Siehe S. 1179.
6 Vgl. DzASd; S. 557 f.
7 An dieser Stelle wurde ein Aufriß des Privat- und des öffentlichen Vermögens nach Einzelkategorien wiedergegeben.
8 Zum Gesamtkomplex der Vermögensverluste inkl. Aktualisierung bis 1998: Siehe S. 1240. Zu den weit geringeren Angaben der ČS(S)R: Siehe S. 679.
9 Zum Text des Gesetzes vom 14. 8. 1952: Siehe S. 39.

Quelle:
Mitt.Bl. SL; Nr. 23 (Februar/März 1978); S. 12 ff.

****

Erklärung **1978, 26. Februar**
tschechoslowakischer Exilpolitiker
(Sog. »Opus Bonum«[1]-Erklärung[2]):
Von der Vergeltung 1945 über 1948 und 1968 bis zur »Charta 77«

30 Jahre nach der Errichtung der totalitären politischen Diktatur in der Tschechoslowakei kamen Menschen zusammen, die als politische Exilanten ihr Vaterland verlassen mußten. Es trafen sich diejenigen, welche die Diktatur der KPTsch im Jahre 1948[3] aus dem Vaterland verjagt hatten, und diejenigen, welche vor 30 Jahren zum politischen Lager der damaligen Sieger gehört hatten und aus dem Vaterland erst durch die sowjetische Okkupation vom August 1968[4] und durch das anschließend eingesetzte Regime verjagt wurden.

Das Treffen war vom Bemühen aller Teilnehmer geleitet, die Illusionen und Mythen über die Vergangenheit und die Gegenwart der Tschechoslowakei zu überwinden. Die Teilnehmer gingen von dem Bewußtsein aus, daß man die Vergangenheit nicht aus der Geschichte und nicht aus dem Leben der Einzelnen löschen kann und daß man die alten Irrtümer und Fehler sowie die alte Schuld rückwirkend nicht abzuändern vermag. Gleichzeitig jedoch gingen sie auch von der Überzeugung aus, daß die Vergangenheit keine unüberwindbare Last für die Zukunft darstellt. Beim Rückblick auf die Vergangenheit aber muß die Wahrheit siegen – wen auch immer sie treffen mag. Für die Zukunft dann darf der Wille nicht fehlen, vergangene Fehler nicht mehr zu wiederholen.

Der Februar 1948[3] war die Niederlage der demokratischen und humanitären Ideale einschließlich der sozialistischen demokratischen Ideale. Er war der Sieg des totalitären Prin-

zips, das die Unteilbarkeit der Menschenrechte und der politischen Freiheiten leugnet: es schließt nach und nach immer mehr Gruppen von Bürgern aus der Demokratie aus, stellt sie außerhalb der Gesetze und macht am Ende die ganze beherrschte Gesellschaft rechtlos.
Nach dem Jahr 1945 wurden in der Tschechoslowakei zuerst Millionen Mitbürger deutscher Nationalität außerhalb der Gesetze gestellt, und das Prinzip der Vergeltung siegte über das Prinzip der Gerechtigkeit und des Rechts.
Nach dem Februar 1948[3] wurden diejenigen Bürger, in denen die Diktatur eine politische Opposition gegen den Kommunismus sah, außerhalb der Gesetze gestellt; in den nachfolgenden Jahren galt dies für alle, die kritisch gegenüber der herrschenden totalitären Macht auftraten – bis nach dem August 1968[4] schließlich zusammen mit den anderen Bürgern auch ein großer Teil der Kommunisten selbst betroffen war. Das Prinzip des Ausschlusses derjenigen Gruppen von Bürgern, die der Diktatur unbequem sind, aus den politischen Freiheiten und Rechten ist auch weiterhin die grundlegende Stütze der totalitären Diktatur in der Tschechoslowakei und der völligen Unterordnung dieses Landes unter die sowjetische Oberherrschaft. Eine demokratische Perspektive und eine Perspektive der nationalen und staatlichen Souveränität ist ohne Überwindung dieses Prinzips unmöglich. Ausgangspunkt für die Zukunft kann darum nur die Anerkennung der Unteilbarkeit der Menschenrechte und der politischen Freiheiten für sämtliche Bürger sein, gleichgültig welchen Glauben, welche philosophische und politische Überzeugung sie haben. Die »Charta '77« hat bewiesen, daß die Anhänger demokratischer und humanitärer Ideale in der Tschechoslowakei zu dieser Erkenntnis gelangt sind. Desgleichen sehen die im politischen Exil lebenden Anhänger dieser Ideale den weiteren Sinn ihrer Bestrebungen für die Zukunft darin, die Unteilbarkeit der Menschenrechte und der politischen Freiheiten zum gemeinsam anerkannten Grundwert zu machen ohne Unterschied von Glauben, von philosophischer und politischer Überzeugung.

Anmerkungen:

1 Das »Opus Bonum« war eine der (sudetendeutschen) Ackermann-Gemeinde nahestehende Vereinigung.

2 Es handelte sich um eine Erklärung der tschechischen Teilnehmer an einem Symposion von »Opus Bonum«, das im Prälat-Hacker-Haus im Fichtelgebirge abgehalten wurde.
Die Erklärung wurde unterzeichnet u. a. von Zdeněk Mlynář, Anástas Opásek, Luděk Pachman und Pavel Tigrid.
Zur Tagung: Vgl. Bericht in der FAZ; Nr. 47 v. 27. 2. 1985; S. 5.

3 Offene Machtübernahme der Kommunisten in der ČSR; siehe S. 709.

4 Einmarsch der Truppen des Warschauer Paktes in der ČSSR: Siehe S. 795.

Quelle:
»Im Zeichen der Partnerschaft«; hsg. v. Sudetendeutschen Rat; München, 1980; S. 108 f.

****

»Gemeinsame Erklärung«[2] 1978, 11. April[1]
von Bundeskanzler Helmut Schmidt (SPD) und
dem tschechoslowakischen Partei- und Staatschef Gustav Husák (KPČ):
»Zur Politik der Entspannung besteht keine vernünftige Alternative«

Beide Seiten stellen übereinstimmend fest, daß die grundsätzliche Bedeutung des Vertrages über die gegenseitigen Beziehungen zwischen der BR Deutschland und der ČSSR vom 11. Dezember 1973[3] für die Gestaltung der Beziehungen zwischen den beiden Nachbarländern durch die seit seiner Unterzeichnung eingetretene Entwicklung voll bestätigt worden ist ... Beide Seiten betonten die wichtige Funktion, die dem regelmäßigen politischen Meinungsaustausch für die Förderung der Zusammenarbeit und für ein besseres gegenseitiges Verständnis zukommt. Besondere Bedeutung messen sie dabei den Begegnungen der führenden politischen Persönlichkeiten beider Länder zu. Sie bewerten den bisherigen Meinungsaustausch zwischen den Außenministern beider Länder als sehr konstruktiv und haben beschlossen, künftig mindestens einmal jährlich Begegnungen der Außenminister in Bonn oder Prag vorzusehen Beide Seiten unterstützen Bemühungen, die geeignet sind, die Kontakte zwischen den Menschen in beiden Ländern zu entwickeln. Als nutzbringend betrachten sie auch Partnerschaften zwischen Städten ... *(und)* die guten und nützlichen Kontakte zwischen den Gewerkschaften. Beide Seiten halten es für zweckmäßig, diese Kontakte fortzuführen. Für ein besseres gegenseitiges Verständnis zwischen den Völkern messen beide Seiten dem Jugendaustausch besondere Bedeutung bei. Sie wollen deshalb die Zusammenarbeit zwischen Jugendorganisationen und entsprechenden Institutionen in beiden Ländern fördern. Beide Seiten erörterten eingehend den gegenwärtigen Stand der beiderseitigen Wirtschaftsbeziehungen sowie die Möglichkeiten ihrer zukünftigen Entwicklung. Beide Seiten stimmen darin überein, daß Vorkehrungen zur Verbesserung des nachbarlichen Zusammenlebens an der Grenze sowie Maßnahmen zur Verhütung und Beilegung von Grenzzwischenfällen getroffen werden sollen ... Beide Seiten brachten zum Ausdruck, daß das Abkommen zwischen der Regierung der Bundesrepublik Deutschland und der Regierung der ČSSR über kulturelle Zusammenarbeit, das während dieses Besuchs von den beiden Außenministern unterzeichnet wurde[4], den Austausch in diesem Bereich zur gegenseitigen Bereicherung und zum besseren Verständnis zwischen den beiden Staaten und ihren Bürgern fördern wird. Beide Seiten vertraten die Auffassung, daß die Öffentlichkeitsmedien eine wesentliche Rolle für das bessere Kennenlernen und gegenseitige Verständnis zwischen den Völkern spielen. Sie betonten die Bedeutung objektiver und sachlicher Information über das jeweils andere Land. In diesem Zusammenhang sprechen sie sich dafür aus, die Arbeitsmöglichkeiten für Journalisten im Einklang mit der Schlußakte von Helsinki[5] zu verbessern. Beide Seiten würdigen die positiven Ergebnisse, die bei der Durchführung der Vereinbarungen über humanitäre Fragen vom 11. Dezember 1973[6] erzielt worden sind, und bekräftigen ihre Absicht, auch weiterhin im Einklang mit diesem Briefwechsel zu verfahren.

... Beide Seiten ... sind überzeugt, daß zur Politik der Entspannung keine vernünftige Alternative besteht ...

Beide Seiten stellten mit Genugtuung fest, daß die Gespräche in konstruktiver und sachlicher Atmosphäre[7] geführt wurden. Sie sind überzeugt, daß dieser Besuch zur weiteren Entwicklung der Zusammenarbeit, zur Vertiefung der Beziehungen zwischen den beiden Nachbarländern und zur Stärkung der Entspannung und Zusammenarbeit in Europa beigetragen hat ...

Anmerkungen:

[1] Die Terminierung des Staatsbesuches ist zu beachten: Erst vier Jahre später – im November 1982 – erlaubte das zweite westliche Land, das neutrale Österreich, Husák die Einreise.

[2] Nach Husáks Staatsbesuch in Bonn.
Die Londoner Tageszeitung »The Times« erläuterte und kommentierte Besucher und Besuch u. a. wie folgt:
»Präsident Husák der ČSSR ist ein sehr gewöhnlicher Bösewicht, ein begrenzter und engstirniger Opportunist, der über 9 Jahre unterdrückender Immobilität geherrscht hat. Nun kommt er blinzelnd aus seinem verdunkelten Land zu seinem ersten offiziellen Besuch in ein NATO-Land – 4 Tage in Bonn. Dieser Besuch ist in Westdeutschland mit dem sehr guten Grund kritisiert worden, es sei das gegenwärtige Regime in der ČSSR keines, mit dem ehrbare Menschen vertraulich plaudern könnten. Es genießt praktisch keine Unterstützung seiner Bürger und unternimmt nichts Wirksames, um ihre Wünsche zu beantworten oder ihre Interessen zu fördern. Der Besuch könnte jedoch zu gutem Nutzen gewendet werden, wenn er die Menschen daran erinnert, was in der ČSSR geschieht und Husák einigen direkten Fragen und Kommentaren deutscher Politiker aussetzt. In mancher Hinsicht erinnert die Lage in der ČSSR an jene in den frühen ⟨*19*⟩60er ⟨*Jahren*⟩, als das wirtschaftliche Wachstum knirschend unter der gleich einfallslosen Herrschaft von Novotny zum

Stillstand kam. Es gibt das gleiche Gefühl, das nichts anständig funktioniere, Menschen mit Talent auf allen Ebenen von der Verantwortlichkeit ausgeschlossen sind, und die Kultur mundtot gemacht ist . . . Veränderung wird auf Veränderungen in Moskau zu warten haben. In der Zwischenzeit werden Menschen wegen wesentlich politischer Taten verfolgt und ins Gefängnis geworfen, während Hunderte von hochqualifizierten Menschen wegen ihrer politischen Haltung von angemessenen Arbeitsplätzen oder manchmal von der Arbeit überhaupt ausgeschlossen bleiben. Die Kultur der Nation dämmert vor sich hin. Für den einzigen Lichtschimmer sorgen die Tätigkeiten der Charta '77, jenes losen Zusammenschlusses von Bürgerrechtsaktivisten, die damit fortfahren, die rücksichtslosen und oftmals illegalen Verstöße des Regimes gegen das Recht der Bürger zu dokumentieren und bekanntzumachen. Es ist zu hoffen, daß die westdeutsche Regierung Husák von ihrer Besorgnis um diese Menschen unterrichtet hat.«

[3] Zum Text: Siehe S. 810.

[4] Am 11. 4. 1978. Es hieß darin u. a. in Artikel 3:
»Die Vertragsparteien bemühen sich, dazu beizutragen, die Darstellung der Geschichte, Geographie und Kultur der anderen Seite in den Lehrbüchern in einer Weise zu gestalten, daß sie ein besseres gegenseitiges Verständnis fördert.«

[5] Zum Text vom 1. 8. 1975: Siehe S. 67.

[6] a) Zum Text: Siehe S. 810.
b) Zum in der Erklärung nicht ausdrücklich erwähnten, aber hier wohl gemeinten Problem der Familienzusammenführung sagte Bundespräsident Scheel in seiner Tischrede am 10. 4. abends u. a.:
»Eine beträchtliche Zahl von Ausreiseanträgen wurde auf Grund des Briefwechsels über humanitäre Fragen genehmigt. Jeder Einzelfall wiegt schwer für die betroffenen Menschen. Wir würdigen deshalb Ihre Bemühungen um die Lösung humanitärer Fragen als einen wichtigen Beitrag zu einem gutnachbarlichen Verhältnis.«
Bundeskanzler Schmidt führte in seiner Tischrede am 11. 4. mittags u. a. aus:
»In dem Zusammenhang will ich wiederholen, daß wir uns auch in Zukunft weiterhin um die Lösung humanitärer Probleme insonderheit auf dem Felde der Familienzusammenführung bemühen müssen.«
Partei- und Staatschef Husák ging in seinen Antwortreden auf die Frage nicht ein.

[7] Dazu trug sicherlich bei, daß die deutschen Teilnehmer weder die Verletzungen der erwähnten Schlußakte von Helsinki in der ČSSR, noch die Charta '77 und kaum die Vertreibung der Sudetendeutschen erwähnten, sich aber dafür ausgiebig mit Mittelalter und Nationalsozialismus befaßten.
So sagte Bundespräsident Scheel u. a.: »Wir wollen die dunklen Epochen der Vergangenheit und die Hemmnisse in der Gegenwart nicht leugnen. Aber wir sollten das Verbindende im Zusammenleben unserer Völker wieder in den Vordergrund treten lassen. Deutsche, Tschechen und Slowaken haben sich jahrhundertelang gegenseitig geistig bereichert und angeregt. Karl IV. – dessen 600. Todestag in diesem Jahr begangen wird und dessen erste Königskrönung im Jahre 1346 hier im Bonner Münster stattfand –, Hus und Comenius, Stifter und Dvořák, Kafka, Zweig und Čapek sind einige, die diese engen Wechselbeziehungen bestimmt haben und die selbst auch von ihnen geprägt wurden. Das Werk dieser Männer sollte von unseren Völkern als Teil der eigenen wie der gemeinsamen europäischen Kultur begriffen werden. Erst ein übersteigerter Nationalismus hat dieses fruchtbare Miteinander zerstört. Er hat unsere Staaten und Völker in katastrophale Entwicklungen gestürzt. Wir müssen uns die ganze lange Vergangenheit der Beziehungen zwischen Deutschen, Tschechen und Slowaken bewußt machen, um zu wissen, wo wir anknüpfen wollen und was sich nicht wiederholen darf. Nach dem nationalsozialistischen Angriff auf Ihr Land, nach dem vielfältigen Unheil, das sich daraus für beide Völker ergab, und unter den Bedingungen eines politisch gespaltenen Europa konnte der Wille zum Neubeginn in den deutsch-tschechoslowakischen Beziehungen nur allmählich Gestalt gewinnen. Auch müssen wir nüchtern sehen, daß unsere Beziehungen davon bestimmt werden, daß die Grenze zwischen uns zugleich die Grenzlinie zweier unterschiedlicher Bündnisse und Gesellschaftssysteme bildet. Sicherlich gibt es bei Ihnen wie bei uns Bürger, die durch das erlittene Unrecht verbittert sind und bleiben.«
Bundeskanzler Schmidt (zu seinem Verhalten 1966: Siehe S. 783) führte u. a. aus:
»Wir empfinden die dunklen Stunden der gemeinsamen Geschichte, und ich denke dabei insbesondere an das, was dem tschechoslowakischen Staat und seinen Bürgern durch den Nationalsozialismus zugefügt worden ist, als eine Mahnung und zugleich auch als eine Verpflichtung, was die Gestaltung der Zukunft angeht.«
Partei- und Staatschef Husák mußte daher lediglich unterstreichen und auf die Zukunft hinweisen. Er sagte u. a.:

»Die Geschichte der hundertjährigen gegenseitigen Beziehungen der Völker beider Länder ist durch viele positive Einflüsse gekennzeichnet, die die kulturelle und wirtschaftliche Entwicklumg gefördert haben. Für die Bevölkerung unseres Landes ist sie jedoch auch durch schwere und tragische Prüfungen gekennzeichnet, die immer noch in ihrem Bewußtsein nachklingen. Es ist allgemein bekannt, welche Leiden unser Volk im Laufe des Zweiten Weltkrieges erdulden mußte. Es geht uns aber heute nicht um eine Rekrimination der Vergangenheit. Das Wichtigste in der gegenwärtigen Zeit ist es vorwärtszuschreiten, aktiv auf die Herausbildung guter Voraussetzungen für die Entwicklung unserer Zusammenarbeit und unseres nachbarlichen Zusammenlebens einzuwirken und in dieser Richtung auch auf das Bewußtsein der Bevölkerung unserer beiden Länder Einfluß zu nehmen ... In diesem Sinne zielen unsere Gespräche darauf hin, für gegenwärtige und künftige Generationen ein glücklicheres Leben im Frieden zu sichern. Dieses Akzentuieren der Gegenwart sowie der Zukunft ist Ausdruck des Interesses, die Erinnerungen aus der Vergangenheit zu überwinden, die bisher im Bewußtsein unserer Menschen leben. Ich möchte jedoch betonen, daß wir die Vergangenheit nicht deshalb ins Gedächtnis rufen, um Leidenschaften wachzurufen und alte Wunden aufzureißen, sondern deshalb, um zu deren Überwindung, zu einer solchen Entwicklung der Beziehungen gemeinsam zu wirken, die es gewährleisten würde, daß den nächsten Generationen die Leiden unserer Generationen erspart bleiben.«

Quelle (auch der Anmerkungen 2 sowie 4–7):
»Archiv der Gegenwart«, Bonn; Jg. 48 v. 13. 4. 1978; S. 21.702–21.705.

****

DANUBIUS[1]**:** **1978, Dezember**[2]
»Thesen zur Aussiedlung der tschechoslowakischen Deutschen[3]**«**

⟨I. *Vertreibungen in der Geschichte*
Der Verfasser schilderte zunächst Vertreibungen in der und durch die UdSSR und fuhr dann fort:⟩
»Die Aussiedlungen ... der mitteleuropäischen Deutschen ... haben die orientalisch-asiatischen des russischen Imperiums durch ihr Ausmaß (sie betrafen mehrere Staaten – Polen, Tschechoslowakei, Ungarn) und durch das Prinzip der Kollektivschuld (aller Deutschen an dem Ausbruch des Zweiten Weltkrieges und seinen Massakern) übertroffen. Die moralische Last und die Pflicht, sich mit diesen Problemen, nämlich weitreichendster Verletzungen der Menschenrechte, auseinanderzusetzen, belastet das Kulturerbe derjenigen Völker, in deren Namen die Aussiedlungspolitik durchgeführt worden ist.«
⟨*Der Verfasser ging sodann auf die bisherige Behandlung des Vertreibungsthemas in der Literatur ein, erwähnte die Stellungnahmen des russischen Literaturnobelpreisträgers von 1970, Solschenizyn, deutsche Forschungen und den Ansatz in der »Host do domu«-Diskussion von 1968*[4]*, um dann das seitherige tschechische Schweigen zur Aufgabenstellung zu machen:*⟩
»Für die tschechoslowakische Gesellschaftswissenschaft, für ihre verfolgten Einzelpersonen und Gruppen, entsteht die Pflicht, sich ehrlich und würdig mit dem Problem der Aussiedlung der tschechoslowakischen Deutschen auseinanderzusetzen, dem Volk zu helfen, sich von einer Schuld zu befreien, die in ein kollektives Schweigen und stille Billigung verhüllt ist, was das Regime letzten Endes in seinem Sinne als Unterstützung interpretiert. Aber auch hier, in der Gesamtheit des Volkes, zeichnet sich eine vor der Okkupation ⟨*von 1968*⟩ kaum bemerkbare Differenzierung ab: Anfang der siebziger Jahre, als im Zusammenhang mit der Normalisierung der Beziehungen zur BRD in einer begrenzten und streng geheimgehaltenen innerstaatlichen Meinungsumfrage die Frage gestellt worden ist: »Was halten Sie von der Aussiedlung der tschechoslowakischen Deutschen?«, hat mehr als ein Drittel der Befragten geantwortet, daß sie eine nutzlose, ökonomisch und moralisch schädliche Tat war.[5] Die Aussiedlungspolitik wurde dabei im Prinzip verurteilt. Diese Meinungen sind nicht an die Öffentlichkeit gedrungen, das all-

gemeine Schweigen und Zögern angesichts dieses offenen Problems verlängert die Herrschaft einer moralisch untragbaren Situation.«

〈II. *Entwicklung der (sudeten)deutsch-tschechischen Beziehungen*
Der Verfasser stellte zunächst fest:〉
»Die Aussiedlung von drei Millionen tschechoslowakischen Deutschen (offizielle Quellen geben 2 296 000 Personen an[6]) bedeutete die Aussiedlung tschechoslowakischer Bürger deutscher Nationalität.«
〈*Der Verfasser ging dann auf die Geschichte der Deutschen in Böhmen und Mähren seit dem 13. Jahrhundert ein und bezeichnete Konrad Henlein und Karl Hermann Frank als eine*〉 »vorübergehende Anomalie ohne Zusammenhang mit dem echten Sinn der geschichtlichen Kontinuität der tschechoslowakischen Deutschen . . . Fünf oder sieben Jahre der jüngsten geschichtlichen Entwicklung können nicht den Sinn und die Richtung von fünf bis sieben Jahrhunderten historischer Entwicklung der Deutschen umkehren. So bedeutete die Aussiedlung der tschechoslowakischen Deutschen den Verzicht auf einen Teil der eigenen tschechoslowakischen Bevölkerung, auf die Zivilisation dieses Raumes, die sich in dieser geographisch-historischen Region entwickelt hat. Auch deswegen ist sie vor allem eine tschechoslowakische Angelegenheit, die nicht nur vom Standpunkt der Population (erst nach 40 Jahren wurde der Stand von 1935 – 15 Millionen Einwolmer – erreicht), sondern auch von wirtschaftlichen, politischen und besonders moralischen Gesichtspunkten zu lösen ist.«
〈*Der Verfasser würdigte die Bereitschaft der Sudetendeutschen zur Zusammenarbeit mit der tschechoslowakischen Regierung nach 1919*[7]*, erinnerte an die KPČ-Parolen um 1930 nach Selbstbestimmung für die Sudetendeutschen*[8] *und fuhr dann fort:*〉
»Die Schuld der tschechoslowakischen Deutschen an der Sprengung der ČSR ist in großem Maß auch die Schuld der Politik des Regimes und der Politik der Staatsregierungen, einschließlich der Politik des Präsidenten der ČSR. Was Präsident Dr. Edvard Beneš den tschechoslowakischen Deutschen in der Zeit der Not und Wirtschaftskrise im Jahre 1938 in einigen seiner Pläne vorgelegt hat[9], hätte schon viele Jahre früher vorgelegt werden sollen, was wieder in großem Maß Henlein den Wind aus den Segeln genommen hätte.«
〈*Sodann konzipierte der Verfasser im Jahre 1945 denkbare Alternativen zur Vertreibung, kritisierte die willkürliche Zuweisung von Personen zu den auszuweisenden Sudetendeutschen und konfrontierte ihre Vertreibung mit den gegen die Ungarn aus der Slowakei 1945 ergriffenen Maßnahmen.*

III. *Kollektivschuld und Vertreibung*
Der Verfasser setzte sich mit den Motiven der Vertreibungsbefürworter (u. a. der UdSSR) auseinander und beschrieb sodann die Vorgänge:〉
»Die Aussiedlung der tschechoslowakischen Deutschen erfolgte in der Zeit der Freiheit des tschechischen und slowakischen Volkes . . . In dieser Zeit wurden die Aussiedlungen vorgenommen: Das Massaker von Aussig a. d. Elbe und der Brünner (südmährische) Todesmarsch[10] sind nur die sichtbarsten Höhepunkte dieser Tragödie von Tausenden Geschlagener und Erschlagener während der ›wilden‹ Phase der Aussiedlung (Mai – November 1945); hinzu gehören Hunderte von Selbstmorden infolge der Aussiedlungen, das Wüten der ›Revolutionären Garde‹ in den Sammellagern, das keinesfalls hinter den faschistischen KZs zurückgeblieben ist[10] . . . Zu Menschenverbrennungen an Laternen in Prag und öffentlichen Hinrichtungen, die Kinder mitansehen mußten, ist es vor allem in den ersten Wochen nach der Befreiung gekommen: aber noch im Juli 1946 war es möglich, einen Deutschen öffentlich auf der Straße zu erschießen . . . Deutsche aller Schichten und Klassen wurden genauso behandelt, wie die Juden von deutschen Faschisten und von der Gestapo; einschließlich öffentlicher Kennzeichnung (Armbinden), besonderer Lebensmittelkarten, der

erlaubt mitzunehmenden Menge von Personengepäck, Transporten in Güterwagen (›Viehwagen‹), Konzentrierung in Sammellagern. Sie wurden genauso wie die Häftlinge in den KZs Nazideutschlands gegen Ende des Krieges behandelt, einschließlich Todesmärschen. All dies wurde gegenüber tschechoslowakischen Deutschen angewandt, die sich nur durch ihre Nationalität schuldig gemacht hatten, und deswegen stellt es das erschütterndste Kapitel der tschechoslowakischen Geschichte dar. Die volle Verantwortung für dieses Wüten lastet auf den tschechoslowakischen Nachkriegsregierungen des Sozialdemokraten Fierlinger und des Kommunisten Klement Gottwald, auf den Machtorganen des Staates (unter der Leitung des Innenministers, des Kommunisten Nosek) und den Spezialeinheiten der tschechoslowakischen Armee des Generals Svoboda, die den Abschub organisiert und vollzogen haben. In einem allgemeinen Sinne kann man es aber auch als ein Scheitern des Volkes in einer Zeit, als andere Völker bereits befreit waren, bezeichnen ... Die Entwicklung vieler retardierter Elemente in unserem Volksorganismus, die in der ersten Hälfte der fünfziger Jahre ihren Höhepunkt erreichten und in vieler Hinsicht bis heute fortleben, fängt nicht nach der kommunistischen Machtübernahme 1948, sondern bereits im Jahre 1945 an.«

⟨IV. *Der Hauptinitiator: Edvard Beneš*
Der Verfasser stellte die Rolle des Staatspräsidenten eingehend dar.

V. *Der Hauptnutznießer: Die KPČ*
Der Verfasser begründete seine These.

VI. *Wem hatte die Vertreibung noch genützt?*⟩
»Die Aussiedlung der tschechoslowakischen Deutschen wurde ⟨*1945*⟩ in der ganzen tschechoslowakischen Gesellschaft im allgemeinen als unvermeidlich und gerecht anerkannt«, ⟨*war die Eingangsbewertung des Verfassers. Sodann stellte er das Verhalten von Erzbischof Beran*[11]*, der die Vertreibung unterstützte, den scharfen Protesten gegenüber, die Kardinal Mindszenty dagegen einlegte, schilderte die zeitgenössische Kritik tschechoslowakischer Zeitschriften*[12]*, um abschließend eine Kollektivschuld der Tschechen im Jahre 1945 an der Vertreibung ebenso abzulehnen wie eine solche der Sudetendeutschen für die Vorgänge 1939 bis 1945.*⟩

⟨VII. *Die Vertreibung hat der Tschechoslowakei geschadet*
Der Verfasser bezeichnete die Vertreibung für die Tschechoslowakei und ihre Gesellschaft als⟩ »auf weite Sicht hin katastrophal«.

⟨*Als Gründe dieser Beurteilung wurden aufgeführt:*
1. *Außenpolitische Motive:*⟩
»Um den mitteleuropäischen Raum, den die Tschechen und Slowaken bewohnen, wird so lange gekämpft werden, wie die beiden Großmächte[13] existieren, gleichgültig, ob sie siegreich oder besiegt, stark oder geschwächt sind. Und wenn also die Tschechen und Slowaken weiterhin okkupiert bleiben wollen, so werden sie passiv von der einen auf die andere Seite geschoben: falls sie jedoch nicht nur okkupiert sein wollten und doch eine gewisse Alternative von Freiheit und Selbständigkeit im Rahmen der Nachbarschaft der beiden Großmächte wählen sollten, so dürfen sie in ihrer Geschichte keine Präzedenzen schaffen, die ihnen von einer der Großmächte später als eine unbezahlbare Rechnung vorgelegt werden können. Im Sinne des Gleichgewichtes müssen sie ein reines Gewissen gegenüber beiden Nachbarländern bewahren und beide Alternativen der Zusammenarbeit mit beiden Großmächten in Bereitschaft haben, sich dabei nach ihrem Aufschwung oder Rückgang richtend. Durch die Aussiedlungen wurde jedoch die Möglichkeit zu beiden

Alternativen zugunsten einer historisch vorgezogenen Alternative vernichtet. Besonders für die Tschechen wurde die deutsche Alternative zu einer Zusammenarbeit, zum Zusammenleben, zu einem garantierten Verhältnis, durch die Aussiedlungen vernichtet, und ihre Tragkraft, potentielle Kraft und Variabilität hat die östliche, russische Variante übernommen.«

⟨2. *Verfall des politischen und gesellschaftlichen Wertsystems:*
Die Art der Verwirklichung der Aussiedlung mit ihrer ganzen Brutalität hatte für die Entwicklung der Č(S)SR nach dem Kriege eine fatale Bedeutung, die bisher allgemein bagatellisiert wurde:⟩
»Während der Aussiedlung ist es zu einer bisher nie dagewesenen Zerstörung von Werten, wertbildenden Systemen und zivilisatorischen Bindungen gekommen. Dieser Wertverlust war eine Folge der Nichtrespektierung und Mißachtung der Rechte der menschlichen Persönlichkeit, deren Würde und Mündigkeit, im Verständnis vom Menschen als Menschen. Den tschechoslowakischen Deutschen gegenüber durfte sich nach dem Mai 1945 jeder erlauben, was er wollte, niemand hat es verhindert, ein solches Verhalten wurde sogar von der Staatsmacht gebilligt und unterstützt. Und wenn dadurch die tschechoslowakische Bevölkerung gelernt hat, auf diese Art und Weise Fremde zu behandeln, wo war dann eine Garantie, daß sich die verübten Gewalttaten nicht auch gegen sie selbst richten würden? Einige Jahre später hat die Geschichte eine mehr als anschauliche Antwort auf diese Frage gegeben: Das Volk, das sich brutal gegenüber einem andern Volk verhalten hat, wird durch das Gift dieses Verbrechens selbst vergiftet ... Während der ›Endlösung der deutschen Frage‹ in der Tschechoslowakei, d. h. während der Aussiedlung der tschechoslowakischen Deutschen, hat sich in diesem Lande eine bis dahin nie dagewesene Gewalttätigkeit eingenistet, die sich die Tschechen und Slowaken in großem Maß angeeignet und die sie exekutiert haben ...
Die Folgen für die Gesellschaft waren grauenhaft. Das, was die Untersuchungsbehörden und die ›Revolutionären Garden‹ in den deutschen Sammellagern nach dem Krieg gelernt hatten, schienen sie nach dem Jahre 1948 bereits gefestigt und vollendet in den Folterkammern von Jàchymov, Ruzyné oder Ilava[14] vorzufinden.
...
Aus der Praxis einer permanenten Gewalt hat sich die kommunistische Macht gefestigt. Die Leute hatten die Empfindungen der ersten Okkupation noch in frischer Erinnerung, und fingen daher ganz logisch an, den neuen Herren zu fürchten, der getrampelt und geschrien, gebrandmarkt und geschlagen hat! Und aus einem völlig menschlichen Gesichtspunkt, nämlich aus Zivilisationsopportunismus, dieser Frucht der Totalität, gaben sie ihm ihre Stimmen, um Ruhe zu haben, und führten seinen Sieg herbei.«

⟨3. *Ungeheure materielle Verluste:*⟩
»Die gewaltsame Aussiedlung der tschechoslowakischen Deutschen brachte der tschechoslowakischen Gesellschaft nicht nur die Zerstörung der Beziehung zu menschlichen, nationalen und staatlichen Werten, sondern es hat sich hier auch eine Devastation der Beziehung zu jeglichen materiellen Werten herangebildet. Der ganze Besitz der Deutschen wurde durch ein einziges Dekret des Präsidenten der ČSR beschlagnahmt[15]. Der von Generationen von Familien gewonnene Besitz wurde durch ein Papier, durch eine Unterschrift weggenommen. In einem Staat von 15 Millionen Einwohnern wurde auf einen Schlag die bewegliche und unbewegliche Habe einem ganzen Fünftel der Bevölkerung abgenommen. Sie ist – von einem kleinen Anteil an Antifaschisten abgesehen – zu einem Ränzchen von 30 kg zusammengeschrumpft. Der tschechoslowakische Staat ist dadurch in die Rolle eines Räubers geraten, der den Besitz von Arm und Reich mit einem Schlag nur deswegen weggenommen hat, weil man sich des Verbrechens, einer Nationalität anzugehören, schuldig

gemacht hat. Und dann verteilte der Staat diesen Besitz großzügig. So wurde den kleinen und großen Dieben eine solche kolossale Gelegenheit zum Stehlen gegeben, wie sie die Geschichte vorher nicht gekannt hat ... Die Folge der Aussiedlungen war die Vernichtung enormer materieller Werte im Gebiet des tschechoslowakischen Staates. Ganze Exportzweige der Leichtindustrie, die im industriellen nordböhmischen Grenzgebiet konzentriert waren (Glas, Porzellan, Keramik, Bijouterie, Textil u. a.) wurden vernichtet. Tausende Hektar landwirtschaftlichen Bodens sind verwildert; sie sind entweder von der Armee besetzt worden oder man hat sich nicht um sie gekümmert ... So sind Hunderte Dörfer und Städtchen von der Erdoberfläche verschwunden, die Felder wurden von Unkraut und Holzbestand überwachsen und die Wiesen sind versauert. Über vielen auseinanderfallenden Fabriken ragen tote Schornsteine. Die Grenzgebiete sind wirtschaftlich verödet, trotz aller Bemühungen der Regierung, sie wieder zu beleben. Ein Besucher der Tschechoslowakei, der an der bayerischen oder österreichischen Grenze eine zivilisierte Landschaft verläßt, kommt in eine andere Zivilisationszone, vergleichbar mit den zurückgebliebenen Teilen Asiens. Das Land, das von Generationen tschechoslowakischer Deutscher im Laufe der Jahrhunderte kultiviert worden war, wurde lieblos für Jahrzehnte hoffnungsloser Devastation ausgesetzt. Was hat das Volk vom Besitz der drei Millionen Deutschen profitiert? Diese Frage kann kaum positiv beantwortet werden. Es hat dadurch nicht nur moralischen, sondern auch materiellen Verlust erlitten.«

〈VIII. *Die Vertreibung: Tschechische Tragödie und Schuld*〉
»Die Aussiedlung der tschechoslowakischen Deutschen bedeutete die Verletzung eines elementaren Menschenrechtes: des Rechts auf ein Heim, des Rechts auf Heimat.

...
Sofern wir uns heutzutage vehement zu den Menschenrechten bekennen und für ihre Einhaltung kämpfen, müssen wir das Recht auf ein Heim und auf die Heimat für ein erstrangiges Postulat nicht nur im gegenwärtigen, sondern auch im historischen Sinne anerkennen. Dadurch werden wir nicht zu Verteidigern der nazistischen und faschistischen Mörder, die den Namen des großen deutschen Volkes vor der Geschichte geschmäht haben. Sie sind bestraft worden, und die Geschichte wird noch über sie richten. Gleichzeitig dürfen wir aber nicht die Tatsache außer acht lassen, daß es in unserem Land, in unserer unmittelbaren Vergangenheit zu einem Verbrechen gekommen ist, das sich an uns in verschiedenen Formen bis heute rächt und unsere Zukunft und den Frieden unserer Nachkommen trübt.

...
Die Aussiedlung der tschechoslowakischen Deutschen ist nicht nur eine deutsche, sondern auch unsere eigene Tragödie, mit der und deren Folgen wir uns vor allem unter uns und für uns auseinandersetzen müssen. Was den Deutschen an Gutem und Bösem aus ihrer Geschichte gehört, das überlassen wir den Deutschen. Unsere Schuld müssen wir, falls wir die Fortsetzung der Tragödie nicht erleben wollen, selbst bekennen und sie mit voller Verantwortung wiedergutmachen.«
〈16〉

Anmerkungen:

1 Der Verfasser dieser in slowakischer Sprache verfaßten Arbeit wurde später als Jan Mlynarik, Historiker aus Preßburg (geb. 1933) identifiziert, am 5. 5. 1981 in der ČSSR inhaftiert und im Dezember 1982 in die BR Deutschland ausgewiesen.
Vgl. SZ; Nr. 294 v. 22. 12. 1982; S. 6.

2 Vor den »DANUBIUS«-Thesen war in der Pariser Zeitschrift »Svědectví« (Zeugnis) [Jg. 14 (1977/78), Nr. 55, S. 371–396] ein Artikel von Jan Přibram »Přiběh s nedobrým koncem« (Eine Begebenheit mit ungutem Ende) erschienen:
Er hatte eine Beschreibung der vornehmlich mit den Protektoratserfahrungen der Tschechen begründeten Vertreibung der Sudetendeutschen und Betrachtungen über die negativen Auswirkungen des Vorgangs auf Rechtsbewußtsein und Rechtssicherheit in der ČSR/ČSSR enthalten.

[3] Zur Begründung dieses Ausdruckes: Siehe S. 858.
[4] Siehe S. 791.
[5] Diese Meinungsumfrage wurde m. W. auch nach 1990 nicht veröffentlicht.
[6] Die Differenz betraf v. a. Kriegsgefangene, aber auch Emigranten, welche in die ČSR nicht mehr zurückkehren durften.
[7] Zu den Belegen: Siehe S. 333.
[8] Zu den Belegen: Siehe S. 336 f.
[9] Gemeint ist vermutlich auch der sog. »4. Plan« vom 5. 9. 1938; zum Text: Siehe S. 393.
[10] Zu Aussig und Brünn: Siehe S. 1220 mit Anm.; zu KZ: Siehe S. 727, 736.
[11] Zu Berans Äußerungen: Siehe S. 655.
[12] Siehe dazu S. 648–663.
[13] Gemeint: Deutschland und die Sowjetunion.
[14] Gemeint: Die ČSR-Zuchthäuser in St. Joachimsthal (N.Böhm.), Rusín (Vorort Prags) und Ilava (Bezirk Sillein, Slowakei), in denen nach dem kommunistischen Putsch von 1948 tschechische und slowakische Gegner bzw. Opfer des KPČ-Regimes inhaftiert und umgebracht wurden.
[15] Zum Text des Enteignungsdekretes vom 25. 10. 1945: Siehe S. 563.
[16] Nach Veröffentlichung der »DANUBIUS«-Thesen gab es eine weltweite Diskussion verschiedenster Autoren:
Zu ihnen gehörte der emigrierte Professor Luža (New Orleans), ein Sprecher der Charta '77 Ladislav Heydanek (Prag) sowie das Ex-Mitglied des ZK der KPČ Zdeněk Mlynař (Wien). In der Pariser Zeitschrift »Svědectví« diskutierten, als ob es keinen Eisernen Vorhang (mehr) gäbe, Prager Kommunisten verschiedener Generationen (der damals 30jährige Petr Uhl, zeitweise Sprecher der Gruppe Charta '77, mit dem 56jährigen Luboš Kohout, früher Dozent, 1980 Hilfsarbeiter). Auch die »Viděnské svobodné listý« (Wiener freie Blätter), das Londoner »Pravo lidu« (Volksrecht), das Prager »Rudé pravo« (Rotes Recht) und die FAZ öffneten dem Thema ihre Spalten.
Die Qualität der Diskussion war unterschiedlich: Zu Auszügen: Siehe S. 848, 851.

Quelle:
»Svědectví« (Zeugnis), ⟨*E.Qu.Z.*⟩, Paris; Jg. 15 (1978–80); Nr. 57; S. 105–122.
Übersetzung: »Deutschland Archiv«, Köln; Jg. 12, Nr. 7 (Juli 1979); S. 712 ff. Hervorhebungen im Original.

****

»Manifest '79« — 1979, 3. Juni[1]
der SL und des Sudetendeutschen Rates[1]:
Die Sudetendeutschen bestehen auf ihrem Heimat- und Selbstbestimmungsrecht

Sechzig Jahre nach der Verweigerung ihres Selbstbestimmungsrechts durch den Vertrag von St. Germain und länger als dreißig Jahre nach ihrer Vertreibung haben die Sudetendeutschen als Teil des deutschen Volkes ihren Zusammenhalt bewahrt. Sie trugen wesentlich dazu bei, die von ihnen mitgestalteten Gemeinwesen aus den Trümmern des Zweiten Weltkrieges aufzubauen. Sie entwickelten darüber hinaus wegweisende Gedanken zur Gestaltung einer freien Zukunft der Völker und Volksgruppen.
Der 30. Sudetendeutsche Tag veranlaßt uns, die Sudetendeutschen, unseren Standort, unser Selbstverständnis, unsere Aufgaben und Ziele erneut kundzutun.

1. Seit dem Beginn des Atomzeitalters bleibt die Menschheit aufgerufen, die Gefahren des atomaren Untergangs durch ein gerechtes, friedliches Zusammenleben zu überwinden, das nur dann gesichert ist, wenn es auf einer Partnerschaft freier Völker und Volksgruppen beruht. Dieser auch von den Sudetendeutschen erarbeitete Leitgedanke muß die gleiche Bedeutung erlangen wie die von ihnen seit Jahrzehnten vertretenen Prinzipien des Selbstbestimmungsrechts und des Volksgruppenrechts.

2. Alle Völker und Volksgruppen haben das Recht auf Selbstbestimmung. Es erhält besondere Bedeutung dann, wenn sie ihre Heimat selbst kultiviert und durch friedliche Ar-

beit in Jahrhunderten geschaffen haben. Für die Sudetendeutschen trifft dies zu: Nicht mit dem Schwert des Soldaten, sondern mit dem Pflug des Bauern, als friedliche Bergleute und Bürger, Handwerker und Kaufleute haben ihre Vorfahren das Land geprägt und gestaltet.

3. Diese Leistungen begründen, unabhängig von Abkommen und Verträgen, den legitimen Anspruch der Sudetendeutschen auf ihre angestammte Heimat.

4. Die Vereinten Nationen haben diesen Anspruch anderen Völkern und Volksgruppen zuerkannt, so den Palästinensern die Forderungen »auf Rückkehr in ihre Heimstätten und auf Rückgabe des ihnen geraubten Vermögens« in der Resolution Nr. 3236 vom 22. November 1974[2]. Der Grundsatz »Gleiches Recht für alle« bewog uns, diesen Anspruch in der am 5. Dezember 1975 eingereichten Petition an die Vereinten Nationen[3] auch für die 3½ Millionen Sudetendeutschen zu erheben. Unsere Forderung kann nicht deshalb geringeres Gewicht haben, weil wir sie stets ohne Anwendung von Gewalt vertraten.
In einer besonderen Rechtsverwahrung bekunden wir unseren Anspruch auf das entzogene private und öffentliche Eigentum.

5. In einer Zeit, die zahlreichen Völkern und Volksgruppen Entkolonialisierung und Freiheit im Sinne des Selbstbestimmungsrechts brachte, dürfen weder das deutsche Volk noch Teile unseres Volkes von dieser Entwicklung ausgeschlossen bleiben. Es geht daher nicht an, die Rechte und Ansprüche der Sudetendeutschen zu verschweigen oder über sie ohne ihre Zustimmung zu verfügen. Die Lage in Europa – auch das Verhältnis zwischen Deutschland und der Tschechoslowakei – kann erst dann als normalisiert gelten, wenn auch die Rechte und Ansprüche der Sudetendeutschen beachtet werden.

6. Dem Recht auf die Heimat entspricht das Recht auf Wahrung der Identität. Diese zu hegen und zu erhalten steht allen Menschen zu, die sich zu einer gemeinsamen Heimat bekennen. Sie ist für uns Sudetendeutsche ein Teil der Identität des gesamten deutschen Volkes und begründet den Schutz durch den Staat. Er wurde in der Obhutserklärung des Deutschen Bundestages vom 14. Juli 1950[4] und in der Schirmherrschaft des Freistaates Bayern über die Sudetendeutschen, verkündet am 6. 6. 1954[5], bekundet.

7. Wir verweisen auf die Feststellungen, die der Sudetendeutsche Rat und die Sudetendeutsche Landsmannschaft in den am 15. Januar/7. Mai 1961 veröffentlichten »Zwanzig Punkten zur Sudetenfrage«[6] getroffen haben, und unterstreichen erneut unseren Wunsch, das deutsch-tschechische Verhältnis auf der Grundlage guter Nachbarschaft in eine echte Partnerschaft zu verwandeln. Das ist nur mit den Sudetendeutschen, nicht aber ohne sie möglich.

8. Eine Partnerschaft setzt voraus, daß die beteiligten Völker Untaten verurteilen, die unter ihrem Namen begangen wurden. Die deutsche Seite hat dies getan und in zahlreichen Gerichtsverfahren berücksichtigt. Es ist an der Zeit, daß sich auch die tschechische Seite von den in ihrem Namen begangenen Untaten distanziert, vor allem aber den völkerrechtswidrigen Vorgang der Vertreibung klar und eindeutig verurteilt.
Wir begrüßen es, daß dies bereits von namhaften Persönlichkeiten und Gruppen des tschechischen Volkes ausgesprochen worden ist.

9. Die Vertreibung ist im 20. Jahrhundert zu einer Geißel der Völker geworden. Wir treten daher für ihr internationales Verbot ein.

10. Eines der Mittel, Vertreibungen zu verhindern, sind internationale Gesetze zum Schutze der Volksgruppen. Das Volksgruppenrecht ermöglicht auch den Menschen in Mehrvölkerstaaten, ein autonomes, kulturell erfülltes und wirtschaftlich gesichertes Leben zu führen.

11. Selbstbestimmung von Menschen, Volksgruppen und Völkern umschließt die Möglichkeit, sie in einer größeren Gemeinsamkeit mit anderen Völkern zu entfalten. Die Erfahrungen der Geschichte lehren gerade uns, die Sudetendeutschen, diesen Weg mit Umsicht und Willenskraft zu beschreiten. Sie bestärken unsere tatkräftige Mitwirkung beim Aufbau eines freien Westeuropas als den ersten Schritt zu Gesamt-Europa und zur Verwirklichung einer interkontinentalen Partnerschaft.

12. Ein freies Europa wird auch die angestammten Völker unseres Heimatraumes wieder zusammenführen und den Tatbestand beseitigen, daß die Sudetendeutschen aus ihrer Heimat vertrieben wurden, Tschechen und Slowaken aber ihre Freiheit verloren. Nicht Trennung, sondern Wiederbegegnung dient dem Wohle dieser Völker.

13 Im konkreten Verhältnis des deutschen Volkes zum tschechischen Volk betrachten wir jene Lösung als die beste, der beide Völker in freier Willensentscheidung zuzustimmen vermögen. Diese Lösung ist auch nach dem Prager Vertrag von 1973[7] noch zu finden.

14. Ein auf den Grundlagen des Rechts und der Freiheit entstandenes neues Europa wird auch die Länder unserer Heimat umschließen und vor allem jungen Menschen die Chance geben, das Sudetenland wieder zu einem gesunden und blühenden Kern unseres Erdteils zu gestalten.

Wir, die Sudetendeutschen des Jahres 1979, bekennen uns erneut zu unserer Heimat, zum Land unserer Herkunft. Wir werden weiterhin Wahrheit, Gerechtigkeit und Freiheit zur Grundlage unseres Handelns machen, damit ein friedliches Zusammenleben aller Völker möglich und eine freie Heimat in einem freien Europa Wirklichkeit wird.

Anmerkungen:

1 Es handelt sich um einen Text, den eine gemeinsame Kommission von SL und SR verfaßte und der bei der Großkundgebung anläßlich des 30. Sudetendeutschen Tages (Pfingsten 1979, München) von den ca. 250 000 Teilnehmern angenommen wurde.

2 Zum Text: Siehe S. 1179.

3 Zum Text: Siehe S. 828.

4 Zum Text: Siehe S. 723.

5 Zum Text: Siehe S. 738.

6 Zum Text: Siehe S. 767.

7 Zum Text: Siehe S. 810.

Quelle:

Eigene Aufzeichnung des Verfassers; Abdruck in DzS, 4. Aufl.; S. 409–412.

****

Erklärung **1979, 4. November**

sudetendeutscher und tschechischer (Exil-)Politiker

(Sog. Kommuniqué von Endorf[1]):

Prinzip Selbstbestimmung, Verurteilung der Vertreibung

1. Nach jahrhundertelangem Zusammenleben haben die Folgen des Zweiten Weltkrieges die Tschechen um ihre Freiheit, die Sudetendeutschen um ihre Heimat gebracht. Der Eiserne Vorhang trennt sie ebenso wie ganz Europa.
2. Die Tragödie der Völker einer gemeinsamen Heimat hat viele Ursachen. Eine der wichtigsten ist der übertriebene Nationalismus, der die legitimen Kräfte der nationalen Erweckung pervertierte. Deutsche und Tschechen sind für diese Entwicklung mitverantwortlich. Wir lehnen daher jede Art von nationalem Egoismus ab und vertreten das Prinzip der Partnerschaft freier Menschen und Völker. Wir verurteilen Diskriminierung und

Entnationalisierung ebenso wie Aggression und Völkermord. Wir bekennen uns zu den Grund- und Menschenrechten – auch in den Beziehungen zwischen den Völkern.

3. Die Aussöhnung – die bereits in erfreulichem Umfang stattgefunden hat – begreifen wir als eine beiderseitige Bewältigung der Vergangenheit. Wir verurteilen Verbrechen, die im deutschen Namen am tschechischen Volk und ebenso jene Verbrechen, die im tschechischen Namen an den Sudetendeutschen begangen worden sind.
4. Wir lehnen entschieden jede Gewaltanwendung als Methode zur Lösung internationaler Probleme ab und betrachten die Selbstbestimmung in einem freien, föderalistisch vereinten Europa als tragendes Prinzip der Zukunft. Die europäische Integration ist daher Voraussetzung für eine friedliche und dauerhafte Lösung aller nationalen Probleme. Sie erfordert die geistige, moralische und politische Auseinandersetzung mit den Kräften des totalitären Kommunismus.
5. Die aus ihrer Heimat vertriebenen Sudetendeutschen verurteilen das dem tschechischen Volk insbesondere in der Protektoratszeit zugefügte schwere Unrecht und treten für dessen Freiheit und Selbstbestimmung ein. Ebenso verurteilen wir Tschechen die Vertreibung als Verbrechen gegen die Menschenrechte.
6. Wir bekunden unsere Solidarität mit allen, die sich unerschrocken zu den Prinzipien der Menschenrechte bekennen und sich für deren Verwirklichung auf der Grundlage der KSZE-Schlußakte von Helsinki[2] einsetzen. Wir verabscheuen insbesondere die gegen die Unterzeichner der »Charta '77«[3] und anderer Bürgerrechtsgruppen ergangenen Urteile und Unterdrückungsmaßnahmen.
7. Wir wollen in Zusammenarbeit zwischen Tschechen umd Sudetendeutschen zur Klärung gemeinsamer wichtiger Fragen der Vergangenheit, Gegenwart und Zukunft beitragen. Deshalb wird ein tschechisch-sudetendeutscher Gesprächskreis gegründet, der sich um die Verwirklichung dieser Aufgaben bemühen soll.

Anmerkungen:

[1] In Endorf (Obb.) fand eine Tagung von Sudetendeutschen und Tschechen statt, an deren Schluß diese Erklärung veröffentlicht wurde.

[2] Vom 1. 8. 1975; zum Text: Siehe S. 67.

[3] Vom 1. 1. 1977; zum Text: Siehe S. 830.

Quelle:

Eigene Aufzeichnung des Verfassers; Abdruck in DzS, 4. Aufl.; S. 412 f.

****

Leserbrief **1979, Dezember**

»Hraničař ve Svědectví«:

[»Ein Grenzbewohner *[Pseudonym]* **im Zeugnis«[1]]**

Vertreibung der Sudetendeutschen ist nicht endgültig

Ich wohne und lebe seit langer Zeit in den Sudeten und in einem Haus, welches früher den Deutschen gehörte. Habe ich also ein Recht, in die Diskussion einzugreifen? Ich glaube, daß ich dieses Recht habe, auch wenn ich kein Intellektueller oder ein ehemaliger Politiker bin. Manche, wie ich im »Svědectví«[1] las, bewerten die Vertreibung der Deutschen als eine endgültige Lösung, die im Interesse der Sicherheit und der Souveränität des tschechoslowakischen Staates notwendig war. Da ich im einstigen Sudetenland wohne, sehe ich alles anders. Ich kann beim besten Willen nichts Positives an der Vertreibung der Deutschen aus diesem Gebiet erkennen. Das Hab und Gut der Deutschen wurde zum größten Teil gestohlen und bildete nicht den Grundstein zur ökonomischen Prosperität der Republik. Das Grenzgebiet ist verkommen, die einst herrlichen Wälder in einem erbärmlichen Zustand, die Wiesen sind schon zum Sumpf geworden, die Felder durch Unkraut überwuchert, oder dienen als

militärische Übungsplätze. Das ganze Grenzland, mit Ausnahmen einiger Städte und Erholungszentren, stellt heute in Mitteleuropa eine absurde Kuriosität dar: Ein verwildertes Land.
Und wie es ist mit der Sicherheit, Souveränität und Integrität der heutigen Tschechoslowakei? Davon ist nicht viel übriggeblieben. Die sowjetische Weltmacht, die uns bei der Vertreibung der Deutschen im Jahr 1945 den Rücken deckte, ist später zum Totengräber unserer Freiheit, unserer Souveränität und unserer Integrität geworden. Jetzt sind wir nur ein Satellit im Machtbereich eines der ekelhaftesten Regimes auf diesem Planet und bleiben in ihm noch einige Zeit hängen. Ich will jetzt ganz offen fragen: Worüber schreibt ihr, oder besser gesagt, schwätzt ihr, tschechische Intellektuelle? Und wie ist es mit der »endgültigen historischen Lösung«? Die idiotische tschechische Politik hat 1946 einen Präzedenzfall geschaffen, der auch nach Jahrhunderten wie ein Bumerang auf die Köpfe unserer Enkelkinder einschlagen kann. Ich bin mit Ihnen, Milan Hübl, Professor Luža und Dr. Luboš Kohout[2] nicht einverstanden. Auch wenn ich mir wünschte, daß die Vertreibung der Deutschen eine endgültige Lösung wäre, weiß ich ganz genau: Sie ist es nicht!! Für unser Volk ist die Vertreibung eine offene Wunde, die immer noch eitert. Für mich, einen tschechoslowakischen Bürger, der im Grenzgebiet wohnt, bedeutet die Vertreibung der Deutschen aus ihrer Heimat nur eine zeitlich begrenzte Unterbrechung eines Zusammenlebens mit Bürgern deutscher Nationalität. Wehe uns, wenn sich diese Unterbrechung genau wie unsere »ewige Freundschaft« zur UdSSR ausdehnen sollte! Das wäre für uns schlimm! Sucht also schnell nach Alternativen und merkt euch: Wenn jemand unsere Ehre beschmutzt, dann sind es diejenigen, die die volle Verantwortung für die Vertreibung der Deutschen tragen und bis heute nicht klug und vernünftig reden und handeln können. Wir haben das Recht, Professor Luža zu fragen: Was habt ihr uns hier zu Hause hinterlassen? Als es 1948 hart auf hart im Kampf gegen die Kommunisten ging, seid ihr alle rechtzeitig nach Amerika geflohen und jetzt redet ihr in unserem Namen! Ihr habt unsere Existenz im Land, das auch wir als unsere Heimat betrachten, auf ewige Zeiten gefährlich gemacht. Wieso ist der Sozialdemokrat Luža, der entschiedene Antikommunist, so plötzlich mit dem linken Dogmatiker Hübl und Kohout einig geworden? Was vereint sie vom Moldauufer bis zum Karibischen Meer? Ja, das böse Gewissen wird wohl noch lange Zeit ein Phänomen jeder tschechischen Generation bleiben.

Anmerkungen:
[1] Der Verfasser bezog sich auf die vornehmlich in der Pariser Zeitschrift »Svědectví« (Zeugnis) abgewickelte DANUBIUS-Folgediskussion: Siehe dazu S. 845.
Zum Ausgangstext: Siehe S. 840.
[2] Teilnehmer dieser Diskussion.

Quelle:
»Svědectví« (Zeugnis), Paris; Jg. 15 (1978–1980); Nr. 59; S. 583–585.

****

Die »BOHEMUS«-Studie: **1980, Januar**
Vertreibung weder »glücklich« noch »unausweichlich«, sondern »Tragödie«

Vorwort der Redaktion
Das »Právo lidu«[1] hat bisher in die Diskussion nicht eingegriffen, die zu Hause wie auch im Exil durch die Veröffentlichung der Danubius-Studie[2] über den Abschub (die Aussiedlung) der Deutschen aus der Tschechoslowakei in den Jahren 1945/46 hervorgerufen wurde. Neben einer Reihe von im Grunde zustimmenden Reaktionen hat die Studie auch den heftigen Widerspruch einer buntscheckig zusammengesetzten Gruppe hervorgerufen: Gegen die »Moralisierung der Geschichte« stellten sich Organe der Staatssicherheit (StB)[3], die an-

fingen, den Autor vehement zu suchen, das »Rudé právo«[4] und die »Tribuna«[5], aber auch eine Trinität der Prager Eurokommunisten-Historiker und einige Funktionäre von Exilorganisationen in Amerika.

Damit unser Schweigen nicht als Identifizierung mit dem gräßlichen Prinzip der Kollektivschuld und als nachträgliche Zustimmung zu den Hitler-Stalinschen »Endlösungen« interpretiert werden kann, widmen wir diese außerordentliche Beilage des »Právo lidu« der »Stellungnahme«, die von einem qualifizierten Prager Autorenkollektiv unter dem Pseudonym Bohemus[6] ausgearbeitet wurde. Wir sind nämlich der Meinung, daß vor allem die Heimat, die bis heute unter den Folgen der aus der Pandora-Büchse des Abschubs in die Welt gelassenen Übels zu leiden hat, berechtigt und befähigt ist, ein angemessenes Urteil abzugeben.

⟨*Es folgten umfangreiche Abschnitte mit folgenden Überschriften:*⟩
– Aus der Geschichte des tschechisch-deutschen Zusammenlebens
– Auf den Grundsätzen des Selbstbestimmungsrechtes
– Über das Wesen des Zweiten Weltkrieges
– Die politischen Folgen (innenpolitisch und außenpolitisch)
– Die wirtschaftlichen Folgen
– Die soziologisch-bevölkerungsmäßigen Folgen
⟨*Der letzte Abschnitt hatte die Überschrift:*⟩
Schlußfolgerungen

In der Einstellung der tschechischen Gesellschaft zur Aussiedlung der deutschen Bevölkerung erkennen wir also aus unbequem intimer Nähe einige ihrer Wesenszüge. Die entscheidende Rolle spielte hier vor allem die Unreife, insbesondere die politische: die unzulängliche Verwurzelung und Erfahrung mit der Demokratie und damit das unzureichende Vertrauen zu dieser, welches nicht zu überwinden war und wodurch es nicht gelang, das allgemeine Niveau des Fühlens, Denkens und Handelns der tschechischen Gesellschaft zu einer höheren, den damaligen Problemen entsprechenden Stufe zu führen. Dazu kam noch die bittere Erfahrung aus sechs Jahren Okkupation, während der die Nation an der eigenen Haut die bislang schwerste nationale Unterdrückung und die Wirksamkeit eines totalitären Druckes kennenlernte. Dies alles ließ die unglückselige Theorie von der Kollektivschuld des gesamten deutschen Volkes am Aufkommen und der gewaltsamen Expansion des Nazismus entstehen und belebte sie.

...

Wir sind selbstverständlich unter den demokratisch denkenden tschechischen Intellektuellen nicht die einzigen, welche die Ansicht vertreten, daß die Ausweisung der deutschen Bevölkerung in der Perspektive eines weiteren geschichtlichen Rückblicks nicht als eine glückliche, ja nicht einmal als eine unausweichliche Begebenheit erachtet werden darf. Es ist eher vonnöten, auf diese Lösung wie auf eine Tragödie zu blicken, welche zumindest erst noch genau beschrieben werden muß.

Denn es ist ja doch wohl eine Tragödie, wenn sich Nationen, die bisher durch Jahrhunderte gemeinsam lebten und vieles gemeinsam erreichten, sei es nun in Wettbewerb oder aber auch in gegenseitigen Konflikten oder Zusammenstößen, auf einmal trennen mußten ... Daß es eine dauerhafte Trennung sein sollte, ist eine nicht wegzudiskutierende Tatsache, ein machtpolitisches Faktum, bestätigt durch internationale Verträge und durch das gegenwärtige globale Kräfteverhältnis, und darum kann auch kein wie immer auch geartetes Offenlegen und schließlich auch gründliches Überprüfen der Aussiedlungsproblematik mit den Mitteln, die dem Historiker zur Verfügung stehen, von sich aus diesen Tatbestand ändern oder auch nur gefährden.

...

Die Aussiedlung der deutschen Bevölkerung aus der Tschechoslowakei war das Resultat einer verworrenen außen- und innenpolitischen Konstellation der Kräfte, wie sie sich zum Ende des Zweiten Weltkrieges herausgebildet hatte ... Die politischen Parteien erlagen einer Massenpsychose und begaben sich – der Wählermassen wegen – auf den populäreren Weg der Aussiedlung, der Beschlagnahme des Eigentums und des Bodens, des Aberkennens der bürgerlichen Rechte für eine ganze Volksgruppe. Sie beabsichtigten, aus der Aussiedlung für sich politisches Kapital zu schlagen. Das aber gelang nur einer Partei unter ihnen. Mit den anderen wurde schon bald nach nunmehr bewährtem Muster verfahren: Sie wurden von der Teilhabe an der politischen Macht »abgeschoben«, aus allen wichtigeren Institutionen des öffentlichen Lebens. Einzelne – es ging aber um Millionen – wurden aus ihren wirtschaftlichen Positionen »ausgewiesen«, des Eigentums und des Bodens beraubt. Viele wurden dann ins Gefängnis »abgeschoben«, in die Lager für Zwangsarbeiter, schließlich sogar Kommunisten selbst.

Dieses alles, was geschehen ist, gibt uns Anlaß zu begreifen, daß die Grundwerte der Demokratie wahrhaft unteilbar sind. Darum auch haben wir diesen Standpunkt zum Problem der Aussiedlung der Deutschen formuliert.

Anmerkungen:

1 Hierbei handelte es sich um die Zeitschrift der tschechoslowakischen Sozialdemokraten im Exil mit Redaktionssitzen in Zürich (Schweiz), Arnheim (NDL.) und Wien.

2 Zum Text: Siehe S. 840.

3 StB = Státní bezpečnost = Staatssicherheit; Nachfolgeorganisation des SNB.

4 Gemeint war das Zentralorgan der KPČ; hsg. in Prag.

5 Gemeint war das Zentralorgan der KP der Slowakei; hsg. in Preßburg.

6 Die Autoren wurden nach 1990 wie folgt identifiziert:
Toman Brod, Jiří Doležal, Milán Otáhal, Petr Pithart, Miloš Pojar, Petr Příhoda.
Vgl. »Češi – Němci – Odsun« (Tschechen, Deutsche, Abschub); hsg. v. Bohumil Černy (m. a.); Prag, 1990; S. 179.

Quelle:
»Právo lidu« (Recht des Volkes), ⟨*E.MZ.*⟩, London; Jg. 83, Nr. 1 (Januar 1980); S. 3 f.
Übersetzte Wiedergabe nach »Die Brücke«; Nr. 10 v. 15. 3. 1980; S. 9 f.

****

Artikel **1980, Juni**
von Jaroslav Strnad (tschechoslowakischer Exilpolitiker):
»Die Vertreibung der Deutschen – eine schwere Last der tschechischen Geschichte«

Es könnte scheinen, daß der Abschub der deutschen Mitbürger aus der Nachkriegsrepublik, den die Opfer, ich denke zu Recht, nüchterner »Vertreibung« nennen, eine erledigte Sache sei, eine definitive, im Hinblick auf die drängenden aktuellen Probleme gänzlich unzeitgemäße Sache, die nur einige Historiker interessiere. Gegen eine Revision dieses Abschubs wird argumentiert, daß die Abgeschobenen (Vertriebenen) langsam, aber sicher ausstürben und ihre Nachkommen eine junge westdeutsche Generation würden, die in der DBR so fest Wurzeln schlage, daß ihr nicht einmal einfalle, dorthin zurückzukehren, wo ihre Vorfahren gelebt hätten; daß sich die erdrückende Mehrheit eine so solide Existenz aufgebaut habe, daß sie nicht einmal im Traum daran denke, erneut in einem fremden Land von vorne anzufangen. Und ich höre auch, daß die Tschechen angeblich »niemals die Rückkehr zulassen würden« und daß sich eine solche, auch wenn sie sie aus irgendeinem Grund erlauben wollten, in der Praxis wegen unermeßlicher Komplikationen, besonders vermögensrechtlicher Art, nicht durchführen ließe.

Hauptsächlich der erste Grund ist wahrscheinlich richtig: Nach einer Rückkehr in die Republik – selbstverständlich in eine von Kommunisten gesäuberte – sehnt sich heute nurmehr eine dünne Schicht »sudetendeutscher Politiker«, die in dieser Forderung einen reizvollen

Wahlschlager sehen und sich bemühen, damit die Stimmen nicht allzu urteilsfähiger Wähler herauszuschlagen. In der sogenannten sozialistischen Republik wird darüber offiziell nicht diskutiert, die Rückkehr der Deutschen ist angeblich ein ausreichend zuverlässiges Schreckgespenst geworden, und weil die Kommunisten am Ruder sind (und ich fürchte, daß sie es auch noch einige Zeit sein werden), ist die Hoffnung, daß der Abschub anders bewertet werde, im Schwinden, und damit verliert auch die Idee einer Rückkehr von ihrer Dringlichkeit.

Und dennoch gingen gerade von dort, aus dem »Paradiesland« hinter den Stacheldrähten und Wachtürmen, in der letzten Zeit ernste Impulse zu einer neuen Betrachtung dieser »Episode« der tschechoslowakischen Nachkriegsgeschichte aus (Danubius in »Svědectví«[1], Bohemus in »Pravo lidu«[2]) und elektrisierten die Exulanten zu leidenschaftlichen Polemiken. Die Impulse und die Reaktionen zeugen davon, daß dieses Kapitel nicht die »Historiker« von weitem angeht, sondern daß es im Bewußtsein (oder eher im Gewissen) wenigstens einiger Angehöriger des tschechischen Volkes brennt. Es sind deren nicht viele, aber Gott sei Dank, daß es sie gibt. Es ist notwendig, nach dem Grund zu forschen.

Der Abschub ist eine historische Tatsache, läßt sich nicht ungeschehen machen, und zwar nicht allein wegen der Unmöglichkeit, das Vermögen vollständig zurückzugeben. Er wird der ungenügenden politischen Voraussicht, der Reaktion auf die Leiden zugeschoben, durch die das Volk (nicht das ganze – denken wir nur an die tschechischen » Stachanowzen« in den Fabriken, die unaufhörlich für den Sieg des Reiches schufteten) in sechs Kriegsjahren hindurchging. Tatsache: Die tschechischen Politiker, die im Ausland die Befreiung vorbereiteten, waren überhaupt nicht weise, blickten nicht allzu weit. Statt sich von humanistischen Idealen leiten zu lassen, erlagen sie ihrer beleidigten Eitelkeit und beglichen vermeintliche und tatsächliche Rechnungen. Und wir, die Bürger, klatschten ihnen Beifall, weil wir andere Interessen hatten oder uns auf leicht erworbene Besitztümer freuten. Frucht der Rachsucht waren nicht nur der Abschub der deutschen Mitbürger, sondern auch die beiden Retributionsdekrete, die rechtliche Unglaubwürdigkeit der Gesetze, die wieder galten und sich auf Taten bezogen, die zu einer Zeit begangen worden waren, als das Gesetz noch nicht erlassen war. Für die wirklichen Verbrechen genügte das normale Strafgesetzbuch, und die Paragraphen, die etwas so Undefinierbares wie die Versündigungen gegen die nationale Ehre betrafen, hatte kein Jurist zu stilisieren, kein demokratisches Parlament zu beschließen. Waren die Retributionsdekrete eine Rache an den einzelnen, so war der Abschub eine globale Rache. »Die Sudetendeutschen«, sagte man, »wollten ›heim ins Reich‹, riefen Hitler herbei; mögen sie also dort sein, wohin sie das Herz zieht!« Die Nation fraß selbstverständlich diese These, wie man sagt, »samt der Spule«. War sie jedoch unbestritten?

Heute wissen wir durchaus sicher, daß Hitler keine Fünfte Kolonne brauchte. Und wenn unsere Deutschen bis zum letzten Mann ganz zuverlässige Bürger der Tschechoslowakischen Republik gewesen wären (was sie, meiner Seel', nicht waren), er hätte einen Vorwand für den Überfall gefunden, wie er ihn in anderen europäischen Ländern fand, die seinen verrückten Plänen hinderlich waren. Die Henleinleute erleichterten ihm freilich das Suchen nach Vorwänden. Sie ließen sich durch die ebenso lockende wie falsche Vorstellung von der nationalen Unabhängigkeit manipulieren. Aber haben wir denn nicht mit eigener Haut in der eigenen Republik 1946 und 1948 erlebt, wie leicht ein wendiger Propagandist die Massen für niedrige Absichten zu gewinnen vermag? Und wissen wir denn nicht schon hinreichend, daß die UdSSR keine Verbündeten in einem fremden Land, das ihr ein Dorn im Auge ist, braucht, damit sie es schlucken könne. So leicht ist das bei Diktatoren . . .

Bis auf ein paar einzelne Leute (an den Fingern ließen sie sich zusammenzählen) haben wir zu diesen niedrigen Rachetaten geschwiegen. Kaum einer ist sich bewußt geworden, daß sich der Abschub hätte individuell durchführen lassen: Wer sich nach dem Strafgesetz schuldig gemacht hatte (und deren gab es wahrlich genug), sollte verurteilt und allenfalls abgeschoben werden. Zeit dazu war reichlich.

Nur haben wir eben versagt. Und wir haben gleich zweimal versagt: Wir schwiegen zu dem illegalen »Eingriff in die Rechtssicherheit« (Bohemus[2]), und mit Schweigen duldeten wir auch die Brutalitäten der Internierungslager und den grandiosen staatlichen Diebstahl beim letzten Akt der Tragödie. Wir sollten dagegen protestieren, daß sich einige konkret auf das Schwejksche Sprichwort berufen: »Ihr habt uns den Hus verbrannt, so kriegt ihr eine übers Maul!« Kein Verbrechen, und sei es noch so schlimm, läßt sich durch Unrecht, durch ein anderes Verbrechen, kompensieren.
Der Abschub läßt sich nicht wiedergutmachen. Es ist traurig, daß sich deswegen manche stolz an die Brust schlagen und ganz ernsthaft sagen: »Da sind wir also damals doch Mordskerle gewesen.« Nicht einmal Weinen über die vergossene Milch ist da am Platz, denn Kollektivschuld ist Unsinn; an sie glauben nicht einmal die größten politischen Naivlinge. Es besteht jedoch ganz gewiß eine kollektive Sittlichkeit, die alle verpflichtet. Sehen wir endlich ein, daß wir mit dem Abschub in überflüssiger, unsittlicher, nicht vorausschauender und dummer Weise auf unsere bessere Vergangenheit gespuckt haben. Die Vertreibung der Deutschen aus der Nachkriegsrepublik wird eine ewige und unermeßlich schwere Last unserer Geschichte sein. Sie wird jedoch eine noch schwerere moralische Belastung sein, der wir uns nicht dadurch entledigen können, daß wir sie leugnen oder uns bemühen, aus ihr einen ruhmvollen Sieg zu machen. Sie war in Wirklichkeit ein schrecklicher Verlust. (Um argwöhnischen Spekulationen vorzubeugen: Ich habe mich lange genug in Dachau aufgehalten – und zwar nicht des Schwarzhandels wegen. Und: Ich lebe in der Schweiz.)

Anmerkungen:
[1] Zum Text: Siehe S. 840.
[2] Zum Text: Siehe S. 849.

Quelle:
Strnad, Jaroslav: »Tauben in uns« in »Československy zpravodaj« (Tschechoslowakischer Berichterstatter); ⟨*E.MZ. in der Schweiz*⟩; Juni 1980.
Übersetzte Wiedergabe nach: »Mitteilungen des Sudetendeutschen Archivs«, München; 61. Folge; Okt./Dez. 1980; S. 5 ff.

****

Entschließung der Bundesversammlung der Seliger-Gemeinde: **1980, 1. November**
Rechte der Deutschen in der ČSSR verwirklichen

In der Tschechoslowakei leben nach amtlichen Angaben noch rund 75.000 Deutsche (tatsächlich noch etwa 100.000). Diesen in der alten Heimat verbliebenen Sudetendeutschen ist mit dem Verfassungsgesetz vom 1. Januar 1969[1] erstmals seit 1945 ein Minderheitenschutz zugebilligt worden. Dieses Gesetz gewährleistet den Deutschen unter anderem das Recht auf Bildung in der Muttersprache. In entsprechenden Richtlinien, die beispielsweise der für Böhmen zuständige Minister für Schulwesen am 1. 1. 1971 erlassen hat, wurde den Deutschen zugesichert, daß sie ihre Kinder an Grundschulen, in Sonderschulen, an Gymnasien und in Lehrlingsanstalten in ihrer Muttersprache unterrichten lassen können.
Trotz dieses verbrieften Rechtes folgten keine entsprechenden Maßnahmen. Es gibt in der Tschechoslowakei bisher nicht eine einzige Schulklasse mit deutscher Unterrichtssprache. Die Lage der Deutschen in der Tschechoslowakei unterscheidet sich auch in dieser Hinsicht nachteilig gegenüber den ⟨*d. h. der Lage der*⟩ Deutschen in Ungarn oder Rumänien.
Wir bitten die Bundesregierung[2], diesem Problem ihre besondere Aufmerksamkeit zu widmen, bei der Regierung in Prag zu intervenieren und das Problem nach Möglichkeit auch auf dem KSZE-Nachfolgetreffen in Madrid zur Sprache zu bringen. Wir bitten auch zu prüfen, wie weit das deutsch-tschechoslowakische Kulturabkommen Möglichkeiten bietet, den

Deutschen in der ČSSR beizustehen. Die Seliger-Gemeinde ist an diesen Fragen besonders interessiert, da es sich bei dem überwiegenden Teil der heute noch in der Tschechoslowakei lebenden Deutschen um ehemalige Mitglieder der sudetendeutschen Sozialdemokraten handelt.

Anmerkungen:
[1] Zum Text: Siehe S. 797.
[2] Die Entschließung wurde der Bundesregierung zugeleitet.

Quelle:
»Die Brücke«; Nr. 19 v. 15. 11. 1980; S. 1.

****

Regierungserklärung **1982, 23. Oktober**
von Bundeskanzler Helmut Kohl (CDU):
Ostverträge: Modus vivendi

. . .
Jeder Mensch hat ein Recht, in seiner Heimat[1] leben zu dürfen.
. . .
Jede Bundesregierung muß der besonderen Verantwortung Rechnung tragen, die sich durch die Teilung unseres Landes und seine Lage an der Nahtstelle zum Osten ergibt. Aktive Friedenspolitik gegenüber den Staaten Mittel- und Osteuropas ist eine bleibende Aufgabe deutscher Außenpolitik. An erster Stelle steht für uns dabei das Interesse der Menschen.
(Zustimmung bei Abgeordneten der CDU/CSU.)
Auf der Grundlage der geschlossenen Verträge[2] und der Schlußakte von Helsinki[3] wird sich die Bundesregierung um echte Entspannung bemühen. Wir wollen das in unseren Kräften Stehende dazu beitragen, die Teilung Deutschlands und Europas, die schwere Last unserer Geschichte, für die betroffenen Menschen erträglicher zu machen und gute Beziehungen zu unseren Nachbarn in Mittel- und Osteuropa zu unterhalten.
. . .
Für uns alle gilt die Präambel des Grundgesetzes:
Das gesamte Deutsche Volk bleibt aufgefordert, in freier Selbstbestimmung die Einheit und Freiheit Deutschlands zu vollenden.
. . .
Der Wille des Grundgesetzes hat . . . auch in die Verträge mit den östlichen Nachbarn Eingang gefunden.
. . .
Mit dem Osten ist ein Modus vivendi vereinbart. Wir stehen zu diesen Verträgen, und wir werden sie nutzen als Instrumente aktiver Friedenspolitik.
. . .
Der Brief zur deutschen Einheit vom 12. August 1970, der zu den Vertragswerken gehört, formuliert unzweideutig das Ziel unserer Politik:
. . . auf einen Zustand des Friedens in Europa hinzuwirken, in dem das deutsche Volk in freier Selbstbestimmung seine Einheit wiedererlangt.
. . .

Anmerkungen:
[1] In den der Regierungserklärung vorausgegangenen Vereinbarungen zwischen CDU/CSU und FDP war auch festgelegt worden:
»Die Bundesregierung wird eine Initiative ergreifen, um im Ausland lebenden Deutschen das Wahlrecht zu gewähren.«
Vgl. SZ; Nr. 224 v. 29. 9. 1982; S. 10.

[2] Zum zeitlichen Ablauf der gesamten hier gemeinten Ostverträge: Siehe S. 801; zum Text des Prager Vertrages vom 20. 6. 1973: Siehe S. 810.
[3] Zum Text: Siehe S. 67.

Quelle:
Parlament; Nr. 42 v. 23. 10. 1982; S. 3 ff.

****

Entschließung **1982, 31. Oktober**
der Seliger-Gemeinde:
Münchner Abkommen erst ab 11. 12. 1973 ungültig

Wir erwarten von der SPD, daß sie die Heimatvertriebenen, Flüchtlinge und Spätaussiedler als »Zielgruppe« beachtet und anspricht.

Wir erwarten vom Sudetendeutschen Rat, daß ein gemeinsamer Standpunkt zum Heimat- und Selbstbestimmungsrecht der Sudetendeutschen erarbeitet wird, der zukunftsweisend ist und Gespräche zwischen den Sudetendeutschen und den Tschechen ermöglicht.
Wir erwarten vom Sudetendeutschen Rat, daß er die Gespräche mit dem tschechischen Exil[1] fortsetzt.
Wir erwarten vom Sudetendeutschen Rat, daß er dafür Sorge trägt, daß der Vertrag über das Münchner Abkommen zwischen der tschechoslowakischen Republik und der Bundesrepublik Deutschland[2] einheitlich dahingehend ausgelegt wird, daß das Münchner Abkommen mit dem Vertrag »nicht von Anfang an« für ungültig erklärt wurde, sondern daß das Münchner Abkommen erst vom Zeitpunkt des Vertrages, der am 11. Dezember 1973 geschlossen wurde, ungültig ist.
Wir unterstützen die Bestrebungen des tschechischen und slowakischen Volkes nach mehr Freiheit und Demokratie.
Wir fordern die tschechische Regierung auf, nach 45 Jahren den in der ČSSR lebenden Deutschen die ihnen verfassungsmäßig zustehenden[3] nationalen und kulturellen Rechte endlich zu gewähren.
Wie das tschechische Volk haben auch die Sudetendeutschen ein Recht auf ihre Heimat.

Anmerkungen:
[1] Wie z. B. im sog. Endorfer Gespräch vom 4. 11. 1979; zum Gesprächsergebnis: Siehe S. 847.
[2] Gemeint ist der Vertrag »über die gegenseitigen Beziehungen zwischen der Bundesrepublik Deutschland und der Tschechoslowakischen Sozialistischen Republik« vom 11. 12. 1973; zum Text: Siehe S. 810.
[3] Siehe S. 797.

Quelle:
Ms. Vervielfältigung; Abdruck in DzS, 4. Aufl.; S. 419 f.

****

Rede[1] **1983, 1. Februar**
von Außenminister Hans-Dietrich Genscher (FDP):
1. Prager Vertrag ist tragfähiges Fundament

. . .
In diesem Jahr wird sich zum zehnten Male der Tag der Unterzeichnung des deutsch-tschechoslowakischen Vertrages[2] jähren. Wir haben uns mit diesem Vertrag gemeinsam auf den Weg der Verständigung begeben, um ein neues Kapitel der Beziehungen unserer Völker aufzuschlagen und damit einen Beitrag zum Frieden in Europa zu leisten.
Mit diesem Vertrag wurde ein tragfähiges Fundament für eine gedeihliche Entwicklung

der Beziehungen zwischen der Bundesrepublik Deutschland und der Tschechoslowakischen Sozialistischen Republik gelegt. Die Grenze, die die Menschen unserer Länder auf schmerzvolle Weise trennte, ist wieder durchlässiger geworden. Der Briefwechsel über humanitäre Fragen hat es ermöglicht, daß viele Familien, die durch die Kriegs- und Nachkriegsereignisse getrennt worden waren, wieder zusammengeführt werden konnten.
Auch in Zukunft sollten Ausreiseanträge tschechoslowakischer Bürger, die auf Grund ihrer deutschen Nationalität die Aussiedlung wünschen, wohlwollend beurteilt werden.

...

Wir lassen uns in allen unseren Bemühungen von den Grundsätzen des Gewaltverzichtes, des Selbstbestimmungsrechtes der Völker und den Menschenrechten leiten, so wie sie in der Charta der Vereinten Nationen[3] und in der Schlußakte von Helsinki[4] verankert sind. Die Bundesrepublik Deutschland leistet ihren Beitrag zu Stabilität und Frieden auch durch ihre gefestigte demokratische Ordnung, in der die Menschen frei von Angst und Verfolgung leben können. Wir scheuen keinen Vergleich, wenn mit den Maßstäben gemessen wird, die sich die Mitglieder der UNO und die Teilnehmer der KSZE gegeben haben.
Wir appellieren an alle Staaten, diese Prinzipien ebenfalls zur Richtschnur ihres Handelns zu machen und weltweit Mäßigung und Zurückhaltung zu üben. Die Botschaft, die von unserem Land ausgeht, an unsere Verbündeten wie an unsere Nachbarn, lautet: Die Deutschen wollen nichts anderes, als in Frieden und in Freiheit leben und arbeiten, und wir wollen allen gute Nachbarn sein. Unsere Politik des Dialogs und der Zusammenarbeit ist langfristig angelegt und keinen konjunkturellen Schwankungen unterworfen.
Wir werden die von uns mit den Ländern des Warschauer Paktes geschlossenen Verträge nicht nur einhalten, was selbstverständlich ist, sondern auch weiterhin mit Leben erfüllen. Auf uns ist Verlaß, das Rad der Geschichte wird nicht zurückgedreht ...

Anmerkungen:
1 Bei einem diplomatischen Abendessen in Prag.
2 Gemeint: Der 1. Prager Vertrag vom 11. 12. 1973; zum Text: Siehe S. 810.
3 Vom 26. 6. 1945; zum Text: Siehe S. 17.
4 Vom 1. 8. 1975; zum Text: Siehe S. 67.

Quelle:
Bulletin; Nr. 16 v. 5. 2. 1983; S. 153.

****

Rede[1] **1983, 6. Februar**
des Sprechers der Sudetendeutschen,
Staatsminister a. D. Franz Neubauer:
Auseinandersetzung mit Entspannungspolitik, Dank an DANUBIUS/Prof. Mlynarik, sudetendeutscher Generationenwandel

...

Es gibt wohl niemanden unter uns, der nicht für Entspannung zwischen West und Ost wäre, aber diese darf nicht auf der Einbahnstraße fahren und nur der einen Seite Vorteile gewähren. Sie muß vielmehr auf Gegenseitigkeit beruhen. Vor allem muß Entspannung unteilbar sein und auf einem annähernd militärischen Gleichgewicht zwischen den beiden großen Blöcken beruhen ...
Wir wenden uns gegen die Verfälschung von Begriffen und Verdrehung der Tatsachen. Zu diesen Begriffen gehört auch der des Selbstbestimmungsrechts. Ministerpräsident Strauß hat in seiner letzten Regierungserklärung[2], in der er sich erneut zu den Verpflichtungen gegenüber dem Vierten Stamm Bayerns bekannte, das Selbstbestimmungsrecht für alle Völker und Volksgruppen, also auch für das deutsche Volk und die Vertriebenen, gefordert.

Von gewissen deutschen Politikern hört man solche Forderungen gewöhnlich nur, wenn es sich um das Selbstbestimmungsrecht der Palästinenser handelt. Niemand von uns wird es ihnen verwehren wollen, aber wir sind dagegen, daß man die Verletzung ihres Selbstbestimmungs- und Heimatrechts beklagt, während man das des deutschen Volkes, vor allem aber der deutschen Vertriebenen, ignoriert.
Wiegen die Rechte von dreieinhalb Millionen Sudetendeutschen weniger als die von dreieinhalb Millionen Palästinensern? Wegen letzteren haben die Vereinten Nationen, der Europarat und zahlreiche andere internationale Institutionen Resolutionen über Resolutionen gefaßt. Was aber hört man über die Verletzung der Rechte der Sudetendeutschen? Im Dezember 1975 überreichte eine Delegation unserer Landsmannschaft und des Sudetendeutschen Rates dem Generalsekretariat der Vereinten Nationen in New York und den bei der UNO akkreditierten Botschaften die Petition der Sudetendeutschen[3], mit der die Anerkennung des Heimat- und Selbstbestimmungsrechts sowie die Entschädigung des enteigneten Vermögens gefordert wurde. Dies entspricht den Prinzipien der allgemeinen Menschenrechte, wie sie in der Menschenrechtskonvention der Vereinten Nationen[4] wie auch in der Europäischen Konvention über die Menschenrechte und Grundfreiheiten[5] festgelegt sind. Außer höflichen Empfangsbestätigungen gab es dazu kein nennenswertes Echo. Man wußte wohl in New York – wie auch in Genf, wo unsere Delegation im Frühjahr danach vorsprach –, daß die damalige Bundesregierung, die deutsche Interessen bereits in den Ostverträgen preisgegeben hatte, gar nicht den Willen besaß, sich rückhaltlos für die aus ihrer Heimat vertriebenen Staatsbürger einzusetzen, weil dies die von ihr praktizierte Entspannungspolitik gefährdet hätte . . .
Die Behandlung der sudetendeutschen Frage durch die abgelöste Bundesregierung wie auch durch einen großen Teil der westlichen Öffentlichkeit war nicht zuletzt auch darauf zurückzuführen, daß es der Propaganda Prags und Moskaus gelungen war, unsere Vertreibung als »gerecht« und als Folge der »Unbotmäßigkeit« gegenüber dem tschechoslowakischen Obrigkeitsstaat hinzustellen.
Erst während des »Prager Frühlings« im Jahre 1968 wandten sich einige tschechische Zeitungen und Zeitschriften gegen die Vertreibung, aber nur unter dem wirtschaftlichen Gesichtspunkt, das heißt im Hinblick auf den Schaden, den die tschechoslowakische Wirtschaft durch sie erlitt. Der rechtliche und moralische Aspekt dieses Verbrechens gegen die Menschenrechte wurde nur in einer einzigen Zeitschrift angedeutet[6]. Diese wurde dafür nach der Besetzung des Landes durch die Sowjettruppen als eine der ersten verboten. Unter den Tschechen und Slowaken, die nach dieser Besetzung in den Westen flohen, konnte man eine Sinnesänderung zum Vertreibungsproblem feststellen. Es kam zu gemeinsamen Tagungen und Symposien von Sudetendeutschen auf der einen und Tschechen wie auch Slowaken auf der anderen Seite, auf denen die Frage der Vertreibung freimütig erörtert wurde[7].
Es war für uns aber eine Überraschung, daß die ernsthafteste und entschiedenste Verurteilung der Vertreibung von einem Mann kam, der unter dem Pseudonym »Danubius« im Dezember 1978 in der in Paris erscheinenden tschechischen Zeitschrift »Svědectví« seine »Thesen zur Aussiedlung der tschechoslowakischen Deutschen«[8] veröffentlichte . . . Er heißt Prof. Jan Mlynarik . . .
Wir Sudetendeutschen haben seit der Vertreibung den Standpunkt vertreten, daß die Anerkennung der historischen Wahrheit die erste Voraussetzung für eine Aussöhnung zwischen uns und den Völkern der Tschechoslowakei sei. Prof. Mlynarik hat den Mut gehabt, diese historische Wahrheit auszusprechen, und er hat damit auch ein Signal gegeben, wie das lebhafte Echo bei den Tschechen diesseits und jenseits des Böhmerwaldes bewies. Ich möchte nur daran erinnern, daß ein halbes Jahr[9] nach der Veröffentlichung des Aufsatzes von Mlynarik auch die in London erscheinende tschechische Zeitung »Právo lidu« unsere Vertreibung mit rechtlich und historisch begründeten Thesen verurteilte. Unter dem

Pseudonym »Bohemus«[10] verbirgt sich ein Kollektiv von Historikern und Politologen, die heute noch in der Tschechoslowakei leben.
Das läßt darauf schließen, daß die Vertreibungsfrage zu einem Zentralproblem des Widerstandes gegen die kommunistische Gewaltherrschaft geworden ist. Für uns Sudetendeutsche bedeutet dies, daß die Wiederherstellung der demokratischen Ordnung in unserem Nachbarland, auf die wir hoffen, auch die Voraussetzung für eine Bereinigung des Vertreibungsproblems durch Prag sein wird.
Prof. Mlynarik hat in seiner Studie den terminus technicus »tschechoslowakische Deutsche« gebraucht. In seiner Pressekonferenz in München erklärte er kürzlich, das sei aus taktischen Gründen geschehen, denn der kommunistischen Propaganda sei es gelungen, den Begriff »Sudetendeutsche« verächtlich zu machen. Wir, liebe Freunde, sind stolz, diesen Namen tragen zu dürfen, denn wir sehen darin den Ausdruck unserer Schicksalsgemeinschaft, die durch den gemeinsamen nationalen Abwehrkampf und durch das gemeinsam erlittene Schicksal der Vertreibung geprägt wurde ...
Ich betone das deshalb, weil wir heute im Zeichen des Generationenwechsels stehen. Die Bekennergeneration löst die Erlebnisgeneration ab. Damit übernimmt die jüngere Generation die Verpflichtung, die Tradition der Volksgruppe zu wahren und hochzuhalten. In den Monaten, seit ich das Sprecheramt ausübe, habe ich erst richtig erkannt, wie schwer diese Aufgabe ist und welche Kräfte sie erfordert, um sie zu erfüllen ...

Anmerkungen:

1 Vor der 7. Bundesversammlung der SL in München.

2 Vom 20. 10. 1982.
Ähnlich der damalige Bundesinnenminister Zimmermann (CSU) am 29. 1. 1983:
»Die Vertriebenen können gewiß sein, daß die neue Bundesregierung sich nachhaltig für ihre Belange einsetzen wird. Sie wird im Sinne der Präambel des Grundgesetzes handeln, die die Verpflichtung zur Wahrung der nationalen und staatlichen Einheit ebenso zum Ausdruck bringt wie die Verpflichtung, in freier Selbstbestimmung die Einheit und Freiheit Deutschlands zu vollenden. Sie wird ferner stets mit der gebotenen Deutlichkeit klarstellen, daß die Ostverträge und der Grundlagenvertrag mit der DDR weder eine Friedensregelung für ganz Deutschland vorwegnehmen noch eine solche Regelung ersetzen. Dabei wird sie keinen Zweifel lassen, daß sie bei der Offenhaltung der deutschen Frage von der im Grundgesetz vorausgesetzten, in ihm verankerten Existenz Gesamtdeutschlands bei einem deutschen (Gesamt-)Staatsvolk und einer (gesamt-)deutschen Staatsgewalt ausgeht. Diese Rechtsposition hat die Bundesregierung erst kürzlich im Deutschen Bundestag mit aller Deutlichkeit klargestellt. Tendenzen, die deutsche Frage auf die Bundesrepublik Deutschland und die DDR zu beschränken und die ostdeutschen Gebiete jenseits von Oder und Neiße nicht einzubeziehen, wird es bei der neuen Bundesregierung nicht geben.
Wir werden auch keinen Zweifel daran aufkommen lassen, daß die Vertreibung von Deutschen und die entschädigungslose Enteignung ihres Grundeigentums sowie anderer Vermögenswerte völkerrechtswidrig ist.«
Quelle: Redemanuskript; Abdruck in DzS, 4. Aufl.; S. 423.

3 Vom 17. 1. 1975; zum Text: Siehe S. 828.

4 Vom 19. 12. 1966; zum Text: Siehe S. 60.

5 Vom 4. 11. 1950/16. 9. 1963; zum Text: Siehe S. 32, 57.

6 Nämlich im »Hlas do domu« im Januar 1968, zum Text: Siehe S. 791.

7 Texte dazu: Siehe S. 836, 847.

8 Vom Dezember 1978; zum Text: Siehe S. 840.

9 Tatsächlich vergingen zwischen dem Erscheinen der »Danubius«- und dem der »Bohemus«-Studie mehr als ein Jahr.

10 Von Anfang 1980; zum Text: Siehe S. 849.

Quelle:
Mitt.Bl. SL v. 15. 2. 1983.

****

Bericht von **1983, 23. Juni**
Bundeskanzler Helmut Kohl (CDU)
»Zur Lage der Nation im geteilten Deutschland«:
Menschenrechte und Selbstbestimmungsrecht auch für Deutsche

Mit diesem Bericht zur Lage der Nation kehrt die Bundesregierung zum ursprünglichen Auftrag des Deutschen Bundestages zurück, alljährlich einen Bericht zur Lage der Nation im gespaltenen, im geteilten Deutschland vorzulegen.
In den siebziger Jahren hatte der Bericht nur noch den Titel »Bericht zur Lage der Nation« getragen. Der Hinweis auf das geteilte Deutschland war unterblieben. Der Schwerpunkt der Berichterstattung und damit auch der Diskussion hatte sich zunehmend auf die politische Lage der Bundesrepublik Deutschland verlagert.
Heute wenden wir uns wieder dem eigentlichen Zweck dieser Berichterstattung zu. Es geht um Deutschland. Es geht um Selbstbestimmung, um Menschenrechte, und es geht um die Einheit unserer geteilten Nation.
Wir finden uns nicht damit ab, daß deutschen Landsleuten das Recht auf Selbstbestimmung vorenthalten und daß ihre Menschenrechte verletzt werden.
Wir Deutsche finden uns mit der Teilung unseres Vaterlandes nicht ab.
Wir werden den Auftrag des Grundgesetzes zielstrebig und beharrlich weiter verfolgen, »in freier Selbstbestimmung die Einheit und Freiheit Deutschlands zu vollenden«. Wir resignieren nicht, denn wir wissen die Geschichte auf unserer Seite. Der gegenwärtige Zustand ist nicht unabänderlich.
Aus geschichtlicher Erfahrung sind wir uns bewußt, daß die Wiederherstellung der Einheit Deutschlands in Frieden und Freiheit nur im Rahmen einer gesamteuropäischen Friedensordnung zu verwirklichen ist.
Meine Damen und Herren, die Teilung Deutschlands ist immer zugleich die Teilung Europas. Deutschlandpolitik muß sich deshalb immer auch als Beitrag zum europäischen Einigungswerk und damit als europäische Friedenspolitik verstehen.
Die ersten, die nach dieser Einsicht gehandelt haben, waren die Vertriebenen und Flüchtlinge, die als Folge des Zweiten Weltkrieges ihre Heimat verloren hatten. Sie haben damals mit großem Lebensmut die Bundesrepublik Deutschland als ihre neue Heimat angenommen und mit aufgebaut.
Für die Überwindung der deutschen Teilung brauchen wir den Rückhalt im Atlantischen Bündnis und in der Europäischen Gemeinschaft. Das Bündnis und das geeinte Europa, wir brauchen sie mehr als andere.

Lage in Deutschland
1. Gemeinsame Geschichte
Es gibt zwei Staaten in Deutschland. Aber es gibt nur eine deutsche Nation. Ihre Existenz steht nicht in der Verfügung von Regierungen und Mehrheitsentscheidungen. Sie ist geschichtlich gewachsen, ein Teil der christlichen, der europäischen Kultur, geprägt durch ihre Lage in der Mitte des Kontinents.
Die deutsche Nation war vor dem Nationalstaat da, und sie hat ihn auch überdauert; das ist für unsere Zukunft wichtig.
...[1]

Anmerkung:
[1] An der dem Bericht folgenden Aussprache im Deutschen Bundestag beteiligte sich auch der Vorsitzende der CDU/CSU-Fraktion Alfred Dregger. Er führte u. a. aus:
»Da wir uns zugleich zu Deutschland bekennen, bekennen wir uns auch zur Solidarität mit dem Teil der deutschen Nation, der nach dem Kriege aus der angestammten Heimat vertrieben worden ist.
(Beifall bei der CDU/CSU)

Leider, Herr Kollege Vogel, haben Ihre Freunde das in den letzten Jahren allzusehr vergessen.
(Wolfram, Recklinghausen, SPD: Das ist unverschämt!)
Bei dem Schlesier-Treffen jetzt in Hannover war wieder ein Bundesminister vertreten, seit 15 Jahren der erste Bundesminister.
(Hört! Hört! bei der CDU/CSU)
Meine Damen und Herren, man kann über 12 Millionen Menschen, die vertrieben worden sind und die trotz der Vertreibung als erste auf Rache und Vergeltung verzichtet haben, nicht in dieser Weise hinweggehen.
(Beifall bei der CDU/CSU)
Wir bekennen uns auch zur Solidarität mit denen, die in den abgetrennten Ostgebieten ausharren ...
Wir Deutschen in der Bundesrepublik Deutschland fühlen uns nicht nur für die Deutschen verantwortlich, die wie die Deutschen in der DDR und in den abgetrennten deutschen Ostgebieten mit uns die fortbestehende deutsche Staatsangehörigkeit teilen. Wir stehen auch den Deutschen bei, die loyale Glieder anderer Staatsvölker sind, die aber um ihre deutsche Sprache und Kultur kämpfen müssen. Das gilt insbesondere für die Deutschen in Ost- und Südosteuropa. Es galt zeitweise auch für die Südtiroler, deren Autonomie inzwischen gesichert scheint, wofür wir der Republik Italien dankbar sind ...
Dabei beanspruchen wir keine Ausschließlichkeitsrolle. Was z. B. die Republik Österreich für die ihr benachbarten Deutschen in Südtirol, aber auch für die mit ihr geschichtlich eng verbundenen Sudetendeutschen in großer innerer Souveränität moralisch leistet, findet unsere volle Genugtuung.
...«
Vgl. Parlament; Nr. 28/29 v. 16./23. 7. 1983; S. 4.

Quelle:
Bulletin; Nr. 68 v. 24. 6. 1983; S. 629 f.

****

Entschließung **1984, 9. Juni**
der Teilnehmer der Europa-Kundgebung des 35. Sudetendeutschen Tages in München:
Schutz der Minderheiten, Rechte der Volksgruppen und Regionen

Die Teilnehmer ...
– betonen, daß es u. a. die Sudetendeutschen waren, die in der Charta der Heimatvertriebenen[1] und im Wiesbadener Abkommen[2] mit den in der Freiheit lebenden Tschechen bereits 1950 Gewaltverzicht erklärt und Versöhnung angeboten haben,
– unterstreichen, daß auch heute, fast vier Jahrzehnte nach der Vertreibung, die Heimatvertriebenen unverbrüchlich an diesen Grundsätzen festhalten, die Aussöhnung und einen solchen Frieden in Freiheit anstreben, der nur auf der Grundlage der Europäischen Konvention der Menschenrechte[3] einschließlich des Rechtes auf die Heimat und des Schutzes vor Vertreibung[4] geschaffen werden kann.

Die Teilnehmer ...
2. fordern die Völker der Europäischen Gemeinschaft und ihre Vertreter auf, sich dessen bewußt zu sein, daß die derzeitige Europäische Gemeinschaft nur Teile der Westhälfte unseres Kontinents umschließt: Österreich, die Schweiz, die Iberische Halbinsel und – mit Ausnahme Dänemarks – die skandinavischen Länder fehlen. Darüber hinaus muß die Europäische Gemeinschaft alles tun, um ihre Verantwortung gegenüber den Völkern Mittel- und Osteuropas wahrzunehmen und die Wiedervereinigung Europas vorzubereiten.
3. bitten die Partner in der Europäischen Gemeinschaft, im Rahmen dieser Verantwortung auch das Schicksal unseres mehrfach geteilten Volkes im Auge zu behalten und das Recht des deutschen Volkes auf freie Selbstbestimmung zu unterstützen.
4. wissen, daß eines der wesentlichen Probleme der europäischen Einigung der Schutz der Minderheiten und das Recht der Volksgruppen ist. Ein natürlich gewachsenes Europa muß Volksgruppen und Regionen zur Kenntnis nehmen.

5. erinnern daran, daß es der Mährische Ausgleich von 1905[5] im sudetendeutschen Raum war, der Grundsätze enthält, die wegweisend sein könnten für die zukünftigen Lösungen eines gerechten Volksgruppen- und Minderheitenrechtes.
   Deshalb werden die Sudetendeutschen auch weiterhin im Rahmen der Föderalistischen Union Europäischer Volksgruppen (FUEV)[6] ihre Kräfte dafür einsetzen, daß diese Erfahrungen in einer zu schaffenden »Europäischen Volksgruppen-Charta«[7] Berücksichtigung finden.
6. weisen darauf hin, daß Dr. Alfons Goppel dem Ersten Europäischen Parlament einen Bericht zum Volksgruppenproblem vorlegte, und fordern die Parlamentarier auf, seine Überlegungen in das Zweite Parlament erneut einzubringen, damit Völker, Volksgruppen und Regionen zu Bestandteilen der europäischen Verfassung[7] werden.

. . .

Anmerkungen:
1 Vom 5. 8. 1950; zum Text: Siehe S. 31.
2 Vom 4. 8. 1950; zum Text: Siehe S. 724.
3 Vom 4. 11. 1950; zum Text: Siehe S. 32.
4 Bezug auf das 4. Protokoll der Europäischen Konvention vom 16. 9. 1963, zum Text: Siehe S. 57.
5 Zu Vorgang und Inhalt: Siehe S. 214.
6 Text der letzten Fassung vom 16. 9. 1979: Siehe S. 81.
7 Texte zum Stand 1983/84: Siehe S. 81 ff.

Quelle:
Eigene Aufzeichnung des Verfassers; Abdruck in DzS, 4. Aufl.; S. 425 f.

****

Rede[1] **1984, 10. Juni**
von Bundespräsident Karl Carstens:
Aufgaben der Landsmannschaften, insbesondere der SL

Sehr gerne habe ich Ihre Einladung angenommen. Ich bekunde damit erneut meine Verbundenheit mit den Heimatvertriebenen. Diese Verbundenheit wird auch nach dem Ende meiner Amtszeit weiterbestehen.
Voller Bewunderung stehe ich, stehen wir alle, vor den großen Leistungen der Heimatvertriebenen. Trotz Verfolgung, Vertreibung und vielfältig erfahrenem Leid waren Sie zur Versöhnung mit den Völkern Osteuropas bereit.
Schon im Jahre 1950 haben Sie in der »Charta der deutschen Heimatvertriebenen«[2] verkündet, daß die Schrecken des Krieges und der Vertreibung nicht zu Grundlagen neuen Hasses und der Rache werden dürfen. Früh und eindeutig haben Sie vielmehr zur Versöhnung und Zusammenarbeit aufgerufen.
. . .
Heute erstreben wir in Westeuropa die Einigung der europäischen Länder in Frieden und Freiheit. In der Europäischen Gemeinschaft sind wir auf dem Weg zu diesem Ziel weit fortgeschritten. Aber die Gemeinschaft blickt über ihre Grenzen hinaus nach Osten. Sie strebt friedliche Zusammenarbeit mit den Völkern Osteuropas an. Hierbei kommt uns Deutschen und den deutschen Landsmannschaften eine besondere Rolle zu.
Die Landsmannschaften können uns alle daran erinnern, daß das Verhältnis von Deutschen und Tschechen, Deutschen und Polen, Deutschen und den anderen Völkern im Osten Europas ein Verhältnis von Nachbarn ist, die auf Jahrhunderte gemeinsamer Geschichte und ineinander verwobener Kultur zurückblicken. Dazu dienen auch die vielen Besuche der Heimatvertriebenen in der alten Heimat und die Kontakte mit den jetzt dort lebenden Menschen.
Die Landsmannschaften können in besonderem Maße dazu beitragen, den Gedanken der

Versöhnung und Völkerfreundschaft fest einzupflanzen. Sie treten für die Bewahrung der Menschenrechte und Volksgruppenrechte ein. Sie haben darüber hinaus viele praktische Hilfen für Menschen in den Ostgebieten bereitgestellt. Ich begrüße dies ausdrücklich. Die Sudetendeutsche Landsmannschaft wird, wie alle Landsmannschaften der Vertriebenen, auch in der Zukunft segensreich wirken können.
Es hat mich gefreut zu erfahren, daß gerade bei den sudetendeutschen Organisationen, die die nachwachsenden Generationen sammeln, die Stammeszugehörigkeit keine unbedingte Voraussetzung für die Mitgliedschaft ist. Jeder, der sich diesem Volksteil verbunden fühlt, ist als Freund zur Mitarbeit eingeladen. So bleibt das sudetendeutsche Erbe nicht Sondergut einer Gruppe, sondern kann als wertvoller Besitz der gesamten Nation fruchtbar gemacht werden.
...

Anmerkungen:
1 Vor den Teilnehmern des 35. Sudetendeutschen Tages in München.
2 Vom 5. 8. 1950; zum Text: Siehe S. 31.

Quelle:
Bulletin; Nr. 71 v. 14. 6. 1984; S. 630 f.

****

Der Sudetendeutsche Rat: **1984, Mitte**
Was ist die Sudetenfrage?
»Die Sudetenfrage Mitte der 80er Jahre«

Die Sudetenfrage bezieht sich auf diese Sudetendeutschen und ihr rund 27.000 km² umfassendes Heimatgebiet[1] ..., das heute von der Tschechoslowakischen Sozialistischen Republik (Československá Socialistická Republika = ČSSR) beherrscht wird.
Dieses Sudetengebiet, vorher fast menschenleerer Urwald und Einöde, wurde vom 11. bis zum 13. Jahrhundert n. Chr. von Menschen deutscher Sprache besiedelt, erschlossen und kultiviert. Nach rund acht Jahrhunderten ständiger Seßhaftigkeit zählten ihre Nachfahren am Ende des Ersten Weltkrieges mehr als drei Millionen und stellten über 90 % der Bevölkerung des Sudetengebietes. 1919 wollten sich die Sudetendeutschen gemäß dem Selbstbestimmungsrecht gemeinsam mit den Deutsch-Österreichern der Deutschen Republik (von Weimar) anschließen. Die Siegermächte des Ersten Weltkrieges verboten den Anschluß durch Drohung mit Waffengewalt. Sie wiesen das Sudetengebiet einem neuen Staat zu, der gegenüber »seinen Deutschen« unter dem offiziellen Namen »Čechoslovakische Republik« (ČSR) auftrat. Durch die Verweigerung des Selbstbestimmungsrechtes für die Sudetendeutschen entstand die Sudetenfrage.
Der Vielvölkerstaat ČSR wurde trotz demokratischer Staatsstruktur von ca. 51 % Tschechen nur für Tschechen regiert. Dadurch verschärfte sich die Sudetenfrage. Abhilfebemühungen der Sudetendeutschen blieben erfolglos. Im Jahre 1938 wurde das Sudetengebiet ohne formelle Befragung der Sudetendeutschen durch Notenwechsel zwischen Frankreich/Großbritannien und der ČSR dem Deutschen Reich angeschlossen. Nach Drohung mit Beistandsentzug durch die Westmächte stimmte die ČSR der Abtretung zu. Damit schien die Sudetenfrage erledigt zu sein.
Nach dem Ende des Zweiten Weltkrieges wurde jedoch 1945 das Sudetengebiet wiederum der Tschechoslowakei zugewiesen. Auf Antrag der ČSR wurde darüber hinaus auf der Potsdamer Konferenz im August 1945 die Vertreibung (engl.: »transfer«, tschech.: »odsun«) der etwa 3,5 Millionen Sudetendeutschen aus dem Sudetengebiet gestattet[2], bei deren Vorbereitung und Durchführung 1945/46 rund 250.000[3] Sudetendeutsche umkamen. Die Vertreibung, ihre Begleitumstände und Folgen sind als Deportation von Angehörigen der Zi-

vilbevölkerung aus besetzten Gebieten gemäß dem Statut des Internationalen Militärgerichtshofes in Nürnberg (vom 8. 8. 1945)[4], dem auch die ČSR beitrat, als Verbrechen gegen die Menschlichkeit bzw. Kriegsverbrechen zu bestrafen.
Die politische Führung der (seit 1960) ČSSR sowie ihre kommunistischen Verbündeten in Ost und West sehen zwar im »odsun« die Endlösung der Sudetenfrage. Demgegenüber betrachten die Sudetendeutschen trotz ihrer Vertreibung die Sudetenfrage als offen. Diese Auffassung wurde von der Entwicklung des rechtspolitischen Bewußtseins der Welt nach 1945, das sich auch in vielen (von der ČSSR unterstützten) Beschlüssen der Generalversammlung der Vereinten Nationen zur Palästinafrage ausdrückte, zunehmend eingeholt und abgedeckt. Mehr als ein Drittel der derzeit 157 Mitgliedsstaaten der Vereinten Nationen haben weniger Einwohner[5], als es Sudetendeutsche gibt.
Konkret stellt sich die Sudetenfrage Mitte der 80er Jahre wie folgt dar: Die etwa 3,5 Millionen Sudetendeutschen (davon rund 2,7 Millionen in der Bundesrepublik Deutschland)[6] haben das Recht und erheben den Anspruch, das Sudetengebiet als ihr Heimatland tatsächlich zu besitzen. Sie wollen aufgrund ihres Heimatrechtes friedlich in das Sudetengebiet zurückkehren und ihre zukünftige politische Stellung und Zugehörigkeit aufgrund ihres Selbstbestimmungsrechtes selbst bestimmen.
Die Lösung der Sudetenfrage wird heute vornehmlich dadurch verhindert, daß die derzeitige Regierung der ČSSR ihr Eintreten für das Heimat- und Selbstbestimmungsrecht in anderen Teilen der Welt (z. B. Palästina) nicht auf die Sudetenfrage überträgt. Die Sudetendeutschen lehnen es auch bekanntlich entschieden und beharrlich ab, Gewalt zur Durchsetzung ihres berechtigten politischen Anspruchs anzuwenden, selbst in einer Zeit des Terrors und bewaffneter Auseinandersetzungen bei politischen Streitigkeiten. Diese Haltung hat die irrige Auffassung entstehen lassen, die Sudetendeutschen hätten auf ihre Heimat verzichtet. Demgegenüber ist aus dem »Manifest '79« der Sudetendeutschen Landsmannschaft und des Sudetendeutschen Rates[7] festzuhalten:
»Wir, die Sudetendeutschen des Jahres 1979, bekennen uns erneut zu unserer Heimat, zum Land unserer Herkunft. Wir werden weiterhin Wahrheit, Gerechtigkeit und Freiheit zur Grundlage unseres Handelns machen, damit ein friedliches Zusammenleben aller Völker möglich und eine freie Heimat in einem freien Europa Wirklichkeit wird.«

Anmerkungen:

1 Nachweis für Böhmen: Siehe S. 222 f., für Gesamt: S. 1194.
An dieser Stelle des Beleges wird darüber hinaus auf eine Karte verwiesen: Siehe Vorsatz hinten.
2 Zum Text vom 2. 8. 1945: Siehe S. 548.
3 Zur Zahl: Siehe S. 1212 ff.
4 Zum Text: Siehe S. 21.
5 Als Auswahl für Mitgliedstaaten der UN Einwohnerzahlen zum Stand ca. 1978:

Irland	3,2 Mio.
Nicaragua	2,9 Mio.
Libanon	2,7 Mio.
Zypern	0,7 Mio.
Grenada	0,1 Mio.
Nauru (Insel im Pazifik)	7.200

Vgl. »The Statesman's Yearbook 1980/81«; hsg. v. John Paxton; London, 1980; verschiedene S.
6 Zu den Zahlen: Siehe S. 1196.
7 Vom 3. 6. 1979; zum Text: Siehe S. 845.

Quelle:
»Die sudetendeutsche Frage«; hsg. v. Sudetendeutschen Rat; 4. Aufl.; München, 1984; S. 3f.

****

Aufruf **1985, 11. März**
von 45 tschechischen Bürgerrechtlern[1] in Prag
(sog. Prager Aufruf):
Teilung Deutschlands wegen Selbstbestimmungsrecht der Deutschen beenden, aber andere Grenzen beibehalten

...

Wir können bisherigen Tabus nicht aus dem Wege gehen. Eines davon ist die Teilung Deutschlands. Wenn man in der Perspektive der europäischen Einigung niemandem das Recht auf Selbstverwirklichung bestreiten kann, dann gilt dies auch für die Deutschen

...

Wie alle anderen, so kann auch dieses Recht nicht auf Kosten anderer geltend gemacht werden. Wir erklären daher eindeutig, daß der Ausweg nicht in einer nochmaligen Revision der Grenzen in Europa gesucht werden kann. Grenzen sollen im Rahmen der europäischen Annäherung immer weniger bedeutsam werden, doch auch das soll nicht als Anlaß zu Rückfällen in den Nationalismus ausgelegt werden.
Erkennen wir aber offen den Deutschen das Recht zu, sich frei zu entscheiden, ob und in welcher Form sie die Vereinigung ihrer beiden Staaten in ihren heutigen Grenzen wollen. Nach den Ostverträgen Bonns[2] und nach Helsinki[3] könnte der Abschluß eines Friedensvertrages mit Deutschland eines der wichtigsten Instrumente eines positiven Wandels in Europa werden.

...

Anmerkungen:

[1] Darunter auch Václav Havel (siehe S. 832), ein schon damals international bekannter Schriftsteller durch z. B. »In der Wahrheit leben«; Hamburg, 1982. Havel war 1979 zu viereinhalb Jahren Gefängnis verurteilt worden.
Um 1960 hatte sich der damalige Dissident für den (bis 1963) verbotenen deutschen Schriftsteller Franz Kafka interessiert und, damit zusammenhängend, auch für den Wohnort seiner Schwester Ottla in einem westböhmischen Ort. Dort wurde das Vorbild für das berühmte »Schloß« Kafkas vermutet. Mit dem später als Filmregisseur weltbekannt werdenden Miloš Forman reiste er hin, aber ihre Nachforschungen nach Kafkas »Schloß« blieben erfolglos, denn:
»Niemand von denen, die vor dem ⟨*2. Welt-*⟩Krieg im Ort ansässig gewesen waren, lebte mehr hier. 1938 hatten die Deutschen die Tschechen vertrieben und 1945 hatten die Tschechen die Deutschen aus dem Dorf gejagt.«
Der westböhmische Ort hieß im Vorabdruck von Havels autorisierter Biographie von 1991, in welcher Begebenheit und Ergebnis berichtet wurden, nur Siřem; in der Buchfassung bereits »Siřem (Zürau)«.
Zum Vorabdruck vgl. »Die Welt«; Nr. 73 v. 27. 3. 1991; S. 8; zur Buchfassung Kriseová, Eda: »Václav Havel«; Berlin, 1991; S. 19.
Die Fakten: Für Zürau im Kreise Podersam stellte die Volkszählung von 1910 keinen einzigen tschechischen und 358 deutsche Einwohner fest. Die letzte ČSR-Volkszählung von 1930 erbrachte bei 366 Sudetendeutschen 13 tschechische Zuwanderer. 1939 zählte man 318 Deutsche, 1947 224 Tschechen.
Zu direkten Äußerungen Havels zur Sudetenfrage ab 1989:
Siehe S. 874, 877.

[2] Darunter auch der 1. Prager Vertrag v. 20. 6. 1973; zum Text: Siehe S. 810.

[3] Gemeint anscheinend die Schlußakte vom 1. 8. 1975; zum Text: Siehe S. 67.

Wiedergabe nach
Grünwald, Leopold: »Wir haben uns selbst aus Europa vertrieben«; München, 1985; S. 42 f. Hervorhebung im Original.

****

Rede[1] **1985, 8. Mai**
von Bundespräsident v. Weizsäcker
»zum 40. Jahrestag der Beendigung des Krieges in Europa und der NS-Gewaltherrschaft«
Fehlaussagen[2] *und Tatsachen*

⟨1) Aussage zu Vertreibungen 1945/46:⟩
Der erzwungenen Wanderschaft von Millionen Deutschen nach Westen folgten Millionen Polen und ihnen wiederum Millionen Russen.[3]

⟨2) Aussage zu den deutschen Vertriebenen 1950:⟩
Früh und beispielhaft haben sich die Heimatvertriebenen zum Gewaltverzicht bekannt.[4]

⟨3) Feststellung in 1985:⟩
Auf vielen alten Friedhöfen im Osten finden sich heute schon mehr polnische als deutsche Gräber.[5]

⟨4) Appell in 1985:⟩
Gewaltverzicht heute heißt, den Menschen dort, wo sie das Schicksal nach dem 8. Mai *⟨1945⟩* hingetrieben hat und wo sie nun seit Jahrzehnten leben, eine dauerhafte, politisch unangefochtene Sicherheit für ihre Zukunft zu geben.[6]

Anmerkungen:

[1] Zur Vorbereitung der Rede »hatte ich *⟨d. h. v. Weizsäcker⟩* Gespräche aller Art geführt und viel gearbeitet, am intensivsten zusammen mit Michael Engelhardt, einem Diplomaten unseres auswärtigen Dienstes, den Walter Scheel mir empfohlen hatte und der dank seiner vollkommenen Unabhängigkeit im Denken und der Schärfe seines gewissenhaften Urteils ein unentbehrlicher Partner geworden war. Dennoch hatte ich mir keinerlei Vorstellung davon gemacht, daß die Rede schließlich so oft gedruckt und in zahlreiche andere Sprachen übersetzt werden sollte.«
Vgl. Weizsäcker, Richard von: »Vier Zeiten«; Berlin, 1977; S. 323.

[2] Als Prinzip der Rede notierte von Weizsäcker später »den Gedanken einer Religion, der ich nicht angehöre, eine alte jüdische Weisheit: Das Vergessenwollen verlängert das Exil, und das Geheimnis der Erlösung heißt Erinnerung. Wir können uns nicht selbst erlösen. Auch können wir nichts ungeschehen machen. Wir haben das Abgründige erfahren, an ihm teilgenommen. Eines aber können und müssen wir tun: ihm mit Wahrhaftigkeit ins Auge sehen. Darum ging es um seiner selbst und nun um der Zukunft willen.«
Vgl. Weizsäcker: a. a. O.; S. 322.
Die folgenden Auszüge belegen, daß Erinnerung ohne Wissen fast zwangsläufig in die Unwahrheit führt.

[3] Die falsche, weil unvollständige und unklare Aussage belegte mangelnde Vorbereitung; sie berücksichtigte nämlich nicht:
a) Unter den rd. 12 Millionen vertriebenen Deutschen waren auch über drei Millionen Sudetendeutsche. Ihnen »folgten« von v. Weizsäcker nicht erwähnte Tschechen, die von niemanden dazu gezwungen wurden.
b) Den fast 7 Millionen aus dem polnischen Machtbereich vertriebenen Deutschen folgten durch ein polnisches Binnenland, das 1939–1945 rd. vier Millionen Tote des Krieges und Terrors betrauerte, ganze 1,5 Millionen Polen aus den 1918–1921 eroberten und 1939 von der UdSSR reannektierten Gebieten Litauens, Weißrußlands und der Ukraine.
Zur Zahl der Polen vgl. Czerniakiewicz, J.: »Repatriacja ludnosci polskiej z ZSSR (Die Repatriierung polnischer Menschen aus der UdSSR) 1944–1948«; Warschau, 1987; S. 54.

[4] Die falsche, weil unvollständige Aussage belegte mangelnde Vorbereitung; sie berücksichtigte nämlich nicht:
Der Verzicht von 1950 auf »Rache und Vergeltung« stand gleichberechtigt neben der Forderung nach Anerkennung des Rechtes auf die Heimat.
Zum Text: Siehe S. 31.

[5] Die durch Auslassung eines wichtigen Grundes unvollständige Aussage belegte mangelnde Vorbereitung; sie berücksichtigte nämlich nicht:
»Auf den Dörfern *⟨der deutschen Ostprovinzen⟩* wurden in den ersten Nachkriegsjahren ganze Friedhöfe umgepflügt oder die deutschen Inschriften auf Grabsteinen mit Zement zugeschmiert.«

Vgl. Wiedemann, Erich: »Ojottchen, im Reich haben sie uns verjessen« in »Die Vertriebenen«; hsg. v. Siegfried Koglfranz; Hamburg, 1985; S. 101–114, hier S. 108.

[6] Aus falschen, weil unvollständigen Aussagen, die Begründung für zukunftsweisende Politik abzuleiten, disqualifiziert nicht nur den Redner, sondern auch seine Empfehlung.

Quelle:
Weizsäcker, Richard v./Herzog, Roman: »Die Deutschen und das Kriegsende«; Paderborn (NRW.), 1997; S. 18 f.

****

Erklärung[1] **1985, 3. August**
tschechischer und deutscher Katholiken
»zum 40-Jahres-Gedenken von 1945«:
Selbstkritik und geschichtliche Wahrheit

Die katholischen Verbände:
– die von vertriebenen Sudetendeutschen gegründete Ackermann-Gemeinde und
– das von tschechischen Exulanten getragene Opus Bonum[2]
halten sich für verpflichtet, im Zusammenhang mit den Ereignissen vor 40 Jahren
– aus der Kraft des Glaubens
– in Verpflichtung für Recht und Wahrheit und
– in Verantwortung für ihre Völker
gemeinsam ein Wort an die Öffentlichkeit zu richten.

I.
Die Ereignisse des Jahres 1945 – mit ihren Ursachen und Folgen – stellen für beide Völker eine tiefe Zäsur in einer über tausendjährigen gemeinsamen Geschichte dar.
Die beiden Gemeinschaften erkennen in diesen Ereignissen, die Millionen Menschen Unrecht und Not, Heimatlosigkeit und Verzweiflung gebracht haben,
– die Folge eines von Feindseligkeit und Haß geprägten Geschichtsbildes sowie einer gottfernen und daher menschenfeindlichen Ideologie;
– den Sieg eines nationalen Fanatismus und Egoismus über Mitmenschlichkeit und Gemeinwohl
– und den Triumph kollektiver Schuldzuweisung und Gewaltanwendung mit der Anmaßung, über Leben und Glück von Mitmenschen verfügen und über christliche Wertvorstellungen und das Recht hinweggehen zu können.

II.
Die beiden Repräsentanten des katholischen Teiles ihrer Völker halten sich für verpflichtet, kritische und auch selbstkritische Überlegungen über ihre Vergangenheit anzustellen. Der Blick auf die tausendjährige Nachbarschaft von Tschechen und Deutschen läßt zwar einerseits soziale, politische und nationale Verirrungen und Fehlentwicklungen, Gewalt, Unrecht und Schuld – also menschliches Versagen – erkennen, andererseits jedoch sind in der deutsch-tschechischen Nachbarschaft immer wieder für den Menschen segensbringende hohe Zeiten des Glaubens, der kirchlichen Erneuerung, des sozialen Fortschritts und kultureller Leistungen von europäischer Bedeutung gerade aus der Wechselseitigkeit des Gebens und Empfangens erwachsen. Es ist notwendig, das Bewußtsein jahrhundertelangen gemeinsamen Kulturschaffens lebendig zu erhalten!

III.
Schuld und Leid, die vor vier Jahrzehnten den Weg der beiden Völker gekennzeichnet haben, werden auch dieses Mal nicht das letzte Wort der Geschichte sein! Deutsche und Tschechen waren, sind und bleiben Nachbarn in Europa.

Wirklicher Friede in diesem Europa wird entscheidend von der christlichen Substanz und von einer Bereinigung der zwischen Deutschen und ihren slawischen Nachbarn bestehenden Konflikte und Kontroversen abhängig sein. Aus dem Glauben muß die Kraft zur Überwindung nationaler Enge und zur Verzeihung wachsen. Die Erinnerung an die Patrone Europas – Benedikt, Cyrill und Method – sollte für Tschechen und Deutsche hilfreich sein. Künftige Generationen junger Menschen in den Völkern müssen sich im Willen zu Gerechtigkeit und Wahrheit und im Verlangen nach Partnerschaft und Frieden verständigen und aussöhnen.

IV.
Die sudetendeutsche Ackermann-Gemeinde und das tschechische Opus Bonum bekennen sich ohne Verdrängung und Beschönigung zur ganzen geschichtlichen Wahrheit, sie wenden sich gegen Lüge und Desinformation. Sie sehen in der Freiheit und Selbstbestimmung der Völker und Volksgruppen eine entscheidende Grundlage für die Zukunft Mitteleuropas und der böhmischen Länder. Sie warnen vor Illusionen, vor Vereinfachungen, aber auch vor ängstlicher Opportunität.
Sie erwarten von den Verantwortlichen Besonnenheit, Realitätsbezug, Gesprächsbereitschaft und sachliche Arbeit auf lange Sicht.
Sie sind der Überzeugung, daß Begegnungen und ein immer intensiveres deutsch-tschechisches Gespräch, d. h. Information, Gedankenaustausch – auch im Bereich der historischen Forschung – vor allem auch die Gemeinschaft im Glauben – den Boden bereiten werden, auf dem Überlegungen für die Gestaltung der Zukunft und die Sicherung des Friedens in Mitteleuropa angestellt werden können.

Anmerkungen:
[1] Die Erklärung wurde in Passau (Ndby.) abgegeben.
[2] Zu einer Erklärung des »Opus Bonum« aus dem Februar 1978: Siehe S. 836.

Quelle:
Gedrucktes Faltblatt der Ackermann-Gemeinde, München, mit deutschem und tschechischem Text; 2 S.; Exemplar im Besitz des Verfassers.

****

Die Londoner Zeitung »The Times« über die Sudetendeutschen **1986, Juni**

Bei vergleichbarem Schicksal keine vergleichbare Beachtung der Sudetendeutschen

⟨In einem Bericht über den 37. Sudetendeutschen Tag in München wurde wie folgt resümiert:⟩

. . . Immer wieder weisen die Sudetendeutschen darauf hin, daß es nicht ihre Schuld war, daß ihr Schicksal so lange unbeachtet blieb, bis Hitler in Deutschland an die Macht kam. Unter den Habsburgern waren sie glücklich gewesen. Dann hatten tschechische Nationalisten die Alliierten überredet, das Sudetenland in die Tschechoslowakei einzuverleiben und hatten dabei eine Art Schweiz versprochen. In Wirklichkeit wurde der Staat tschechisiert, deutsche Schulen geschlossen und tschechische Minderheitsschulen errichtet. Hitler hat diese Beschwerden für seine Zwecke mißbraucht. Im Jahre 1945 haben die Alliierten, gemeinsam mit den Tschechen, 3 ½ Millionen Sudetendeutsche ausgetrieben, wobei ungefähr 250.000 Menschen, darunter Kinder, oft unter grauenhaften Umständen ums Leben kamen. Dazu zwei Wahrnehmungen: erstens, daß diese Schilderung der Wahrheit entspricht, und zweitens, daß es den Sudetendeutschen bisher nicht gelungen ist, die Außenwelt von diesen Tatsachen zu überzeugen. Denn sie gehören – genauso wie die nordirischen Protestanten und die Buren in Süd-Afrika – zu den unpopulärsten Volksgruppen der Welt (the world's most unfashionable ethnic groups). Es existieren keine ihnen wohlgesonnene

Schankstuben in New York oder Los Angeles[1], es gibt keine Balladen von romantischen sudetendeutschen Freiheitskämpfern[2] ...

Anmerkungen:
[1] Wie für Iren.
[2] Wie, zeitgleich, von schwarzen Südafrikanern oder später Tschetschenen.

Wiedergabe nach
Löwit, Herbert: »Englische Stimmen zur Vertreibung« in SudetenJB; Jg. 45; S. 70–76, hier S. 74 f.

****

Frage eines Tschechen im Sudetengebiet: »Was sind die Sudetendeutschen heute, und was wollen sie?« **1987**

⟨Der Verfasser berichtete über eine Wanderung zu einem seiner Meinung nach heruntergekommenen Dorf tschechischsprechender Menschen im Böhmerwald:⟩
...
Ich besuchte den kleinen Dorffriedhof und sah dort alte, zerschlagene oder umgeworfene Grabsteine mit deutschen Aufschriften; auf der Erde lagen Menschenknochen herum. Es wurde mir klar: Ich bin in meiner Heimat, und sie wurde tatsächlich von Barbaren geschändet.
In diesem Augenblick fuhr ins Dorf ein Bus mit Touristen aus der Bundesrepublik. Die Touristen stiegen aus und gingen langsam zum Friedhof. Was sollte ich tun? Ich fühlte mich unangenehm überrascht oder wie bei einer Schandtat erwischt. Wie sollte ich den Besuchern aus der Bundesrepublik Deutschland erklären, daß ich mit dem verwüsteten Friedhof nichts zu tun habe? Sollte ich weglaufen? – Die Touristen betraten den Friedhof. Es waren ältere, unauffällige Leute. Eine Frau erzählte: »Meine Tochter, die ganz jung starb, liegt hier begraben.« Sie grüßte mich, und zwar zuerst und tschechisch: »Dobrý den!« (Guten Tag!) Ich weiß nicht mehr, wie ich es damals geschafft habe, den Friedhof zu verlassen und zu verschwinden.
Diese Episode belehrte mich, und sie erläuterte mir etwas, das heute in der Beziehung zu meinem Volk eine wesentliche Rolle spielt. Es ist nämlich ein Schamgefühl! Es ist aber nicht das Schamgefühl eines nachlässig Gekleideten gegenüber gut und elegant angezogenen Leuten; gegen solche Gefühle bin ich immun. Es war auch nicht die Scham eines naiven Einfaltspinsels vor kultivierten Leuten; ich war mir damals auf dem Friedhof ziemlich sicher, daß ich mich in Sachen auskenne, von denen die bundesdeutschen Touristen keine Ahnung hatten. Es war auch nicht das Schamgefühl eines Barbaren vor zivilisierten Bürgern.
...
Ich schämte mich für mein Volk, aus dem ich zwar nicht aussteigen will, in dem ich mich aber heute nicht mehr wohl fühle; es war ein Schamgefühl für den Verfall unserer Sitten und für unsere moralischen Schwächen.
Ich habe nicht im Sinn, mich den Sudetendeutschen anzubiedern oder gar zu »verkaufen«. Verkaufen können hätte ich mich viel leichter hier, zu Hause. Ich denke an die Sudetendeutschen, weil sie hier hartnäckig verschwiegen werden. Nur »Rudé právo«, das Zentralorgan der KP, schweigt ab und zu nicht, es verdammt sie und schreibt »sudeťáci« mit einem kleinen »s«. Ähnlich schreibt das Blatt über das Jahr 1968, über die Charta 77, übers Exil und so weiter ...
Das sudetendeutsche Problem ist für unser Volk – vermute ich – das, was das Lateinische als »pars pro toto« bezeichnet, also ein Teil vom Ganzen, in dem sich das Ganze mit seinen charakteristischen Merkmalen widerspiegelt. Das Verschweigen dieses Problems ist ein Schweigen über etwas, was inhaltlich auch uns einschließt; es ist ein Schweigen über uns

selbst. Es ist ein Schweigen darüber, wie wir uns einst verhalten haben und wie wir uns damals hätten verhalten sollen. Es ist ein Stück unseres Schweigens über die Voraussetzungen unseres Versagens in unserer Situation.

. . .

Ich möchte wissen: Was sind die Sudetendeutschen heute, wie haben sie sich entwickelt, und was wollen sie? Ich höre, daß sie immer weniger werden – aber sie existieren. Weiter höre ich, daß sie sich in Deutschland nicht ganz zu Hause fühlen und daß sie leider erst zu spät begriffen haben, daß sie ein eigenständiger Volksstamm sind, der nicht dorthin, sondern hierher gehört; sie sollen, so höre ich weiter, von einem souveränen freien Europa oder von Mitteleuropa träumen – und das ist heute auch mein Traum. Ich möchte aber wissen: Ist das nicht nur eine List, hinter der sich ein neuer großdeutscher Traum versteckt, in dem wir Tschechen (češy) und Mährer wieder einmal keinen Platz bekommen – denn wir sind ja sowieso dazu verurteilt, uns im deutschen Meer aufzulösen? Oder haben die Sudetendeutschen aus der Geschichte, die ihnen einen noch böseren Streich als uns spielte, die richtige Lehre gezogen?

Ich begreife nicht, weshalb ich die Antworten auf meine Fragen nicht erfahren darf. Aber wie und wo soll ich sie erfahren? Auf den Seiten unserer Exilzeitschriften, die ich hier in der ČSSR ab und zu lesen kann? Aber zum sudetendeutschen Problem schweigen auch sie. Haben unsere Exilzeitschriften vor unseren Vorfahren, die ja soviel in der Geschichte vermasselt haben, auch Angst bekommen? Oder wollen sie uns verschonen, weil sie meinen, wir seien für die Wahrheit zu schwach? Sind wir wirklich für eine volle Wahrheit zu schwach? Ich gestehe: Wir sind wirklich ein bißchen zu schwach geworden. Sollte ich mein Interesse für die sudetendeutsche Frage öffentlich aussprechen, würden mich bestimmt noch vor meiner Verhaftung durch die Geheimpolizei meine Mitbürger spontan und sanft belehren: Über diese Sache redet man bei uns nicht!

. . .

Quelle:
»Svědectví« (Zeugnis), Paris; Jg. 21 (1987/88); Nr. 82; S. 281–296, hier S. 288 ff.
Deutsche Übersetzung in FAZ; Nr. 100 v. 29. 4. 1988; S. 11.

****

Die SL: **1987, 18. Oktober**

»Regensburger Manifest«

120 sudetendeutsche Vereinigungen sehen in der SL die legitime Vertretung der Sudetendeutschen

〈Aus der Präambel des Manifests:〉

42 Jahre nach der Vertreibung haben auf dem Sudetendeutschen Kongreß vom 16. bis 18. Oktober 1987 in ihrer Patenstadt Regensburg 350 Vertreter von 120 sudetendeutschen Vereinigungen zusammen mit den demokratisch gewählten Führungskräften der Sudetendeutschen Landsmannschaft – die gemeinsam etwa 400.000 Mitglieder vertreten – die Einheit der sudetendeutschen Volksgruppe und die Vielfalt der sudetendeutschen Vereinigungen demonstriert. Der Fortbestand der sudetendeutschen Volksgruppe erfordert aber einen noch engeren Zusammenhalt der sudetendeutschen Vereinigungen.

〈Aus dem Text des Manifests:〉

Die in ihrer Patenstadt Regensburg versammelten Vertreter der verschiedenen Organisationen und Vereinigungen sehen – wie dies die Bayerische Staatsregierung bereits in der Schirmherrschaftsurkunde[1] feststellt – in der Sudetendeutschen Landsmannschaft die legitime, demokratisch gewählte Vertretung der Sudetendeutschen. Sie bekunden einmütig, daß sie für die Rechte dieser Volksgruppe auch in Zukunft geschlossen eintreten werden.

Anmerkung:
[1] Vom 7. 11. 1962; zum Text: Siehe S. 738.

Quelle:
Eigene Aufzeichnung des Verfassers.

****

Presseerklärung des Sprechers der SL Staatsminister a. D. Franz Neubauer: »Wir Sudetendeutschen bieten dem tschechischen Volk das Gespräch an« **1988, 26. September**

Internationales Historikergremium und Begegnungsmaßnahmen vorgeschlagen

⟨Nach Darstellung der Ereignisse 1918, 1938 und 1945/46 hieß es:⟩

Trotz all dieser schlimmen Erfahrungen seit 1918 sind wir Sudetendeutsche jedoch der Auffassung, daß niemand allein im Blick auf die Vergangenheit verharren darf, sondern daß Wege in eine Zukunft gefunden werden müssen, in der die aufgerissenen Gräben zugeschüttet werden, und die einen tragfähigen und produktiven Neuanfang zwischen beiden Beteiligten – Sudetendeutschen wie Tschechen – ermöglichen. So wie wir es bereits 1950 im »Wiesbadener Abkommen«[1] bewiesen haben, bieten wir Sudetendeutsche auch heute dem tschechischen Volk den Dialog an, als erste Stufe der Aufarbeitung der Vergangenheit und als Einstieg in zukunftsorientierte Entwicklungen. Die Aufarbeitung der Vergangenheit auf der Grundlage historischer Wahrheit sowie moralischer und rechtlicher Prinzipien ist zwischen den unmittelbar Beteiligten erforderlich und unumgänglich – Verträge zwischen Regierungen vermögen dies nicht zu ersetzen.

Als konkreten Schritt in diese Richtung schlagen wir vor, ein internationales Historikergremium[2] mit der Aufgabe zu betrauen, die gegenseitigen Auffassungen zu vergleichen und allmählich zu einer gemeinsamen Bewertung der Ereignisse im böhmisch-mährischen Raum und ihrer Ursachen zu gelangen. Wir Sudetendeutschen sind dabei zur fairen Mitarbeit bereit.

Da vor allem die jüngere tschechische und sudetendeutsche Generation sich gezwungenermaßen getrennt entwickelte und wenig voneinander weiß, scheint uns gerade die Begegnung in diesem Bereich der nachwachsenden Generation von Bedeutung. In Anknüpfung an die von der »Sudetendeutschen Jugend« angeregte Gründung eines »deutsch-tschechisch-slowakischen Jugendwerkes«[3] schlagen wir daher als ersten konkreten Schritt auf diesem Gebiet

- die Bildung eines sudetendeutsch-tschechischen Ausschusses der jüngeren und mittleren Generation vor, der Begegnungsmaßnahmen beraten, planen, anregen und durchführen sollte.

Die Sudetendeutschen haben in den Jahren nach 1918 den Ausgleich mit den Tschechen gewollt und angeboten. Daß ihr Angebot damals ignoriert wurde, hat in der Folge für Sudetendeutsche wie für Tschechen gleichermaßen zu Entwicklungen geführt, die negativ, schmerzlich und tiefgreifend waren.

Wir erneuern heute unser Angebot zum Ausgleich und zur Versöhnung, deren erste Voraussetzung das Gespräch auf der Grundlage der Wahrheit ist. Wir sind bereit, dieses Gespräch ohne alle Berührungsängste mit jedem zu führen, der gesprächsbereit ist. Es gibt zwischen Sudetendeutschen und Tschechen weder eine Kollektivschuld noch eine Erbfeindschaft. Das heutige Böhmen und Mähren liegt im Herzen und im Zentrum Europas. Es ist ebenso Heimat der Tschechen wie der Sudetendeutschen, und dies seit Jahrhunderten. Ein Ausgleich und ein neuer Anfang der Nachbarschaft und des Miteinanders wären beispielhafte und bedeutende Impulse für das Zusammenleben der Völker unseres Kontinents. Wir Sudetendeutschen sind bereit zum Gespräch, bereit zum Ausgleich und bereit zur Versöhnung.

Anmerkungen:

[1] Zum Text: Siehe S. 724.

[2] Zum Text eines ähnlichen Vorschlags der Seliger-Gemeinde vom 15. 9. 1967: Siehe S. 790; zum Aufgreifen durch den ČSSR-Außenminister Dienstbier am 19. 12. 1989: Siehe S. 875.

[3] Zu Vorschlägen bereits aus dem Jahre 1956: Siehe den Text auf S. 750.

Quelle:

Mitt.Bl. SL; Jg. 1989, Nr. 9; S. 167 f. Hervorhebungen im Original.

****

Presseerklärung **1989, 16. Januar**
der SL: Protest gegen brutales Vorgehen der ČSSR-Polizei in Prag gegen Demonstranten

Auch Forderung nach Versammlungs- und Meinungsfreiheit in der ČSSR

Die Sudetendeutsche Landsmannschaft verurteilt das brutale Vorgehen der Prager Polizei gegen friedliche Demonstranten am 20. Jahrestag der Selbstverbrennung Jan Palachs.[1] Der Einsatz von Hunden und Schlagstöcken gegen die friedlichen Kundgebungsteilnehmer und gegen das ARD-Fernsehteam zeigt, wie weit das Prager Regime von »glasnost« und »perestrojka«[2] entfernt ist. Die Sudetendeutsche Landsmannschaft fordert von der Regierung der ČSSR die unverzügliche Freilassung der 91 Inhaftierten, eine Wiedergutmachung für alle Opfer des Polizeieinsatzes und die Gewährung von Versammlungs- und Meinungsfreiheit[3] für alle Bürger der ČSSR.

Anmerkungen:

[1] Der tschechische Student Jan Palach hatte sich am 15. 1. 1969 aus Protest gegen den Einmarsch der Warschauer-Pakt-Staaten in die ČSSR nach dem Vorgehensmuster buddhistischer Mönche in Saigon (Vietnam) auf dem Prager Wenzelsplatz selbst verbrannt.

[2] Diese von UdSSR-Partei- und Staatschef Gorbatschow seit 11. 3. 1985 politisch eingesetzten Begriffe der russischen Sprache für »Offenheit« und »Wandel« wurden zunehmend international verwendet.

[3] Zum Bemühen um Meinungsfreiheit in der ČSSR vor 1989 sind folgende Vorgänge besonders beachtenswert:

a) Bereits im November 1987 hatte in der ČSSR eine landesweite große Unterschriftenaktion begonnen. Bis Ende März 1988 hatten rd. 450.000 Personen in der ČSSR »Forderungen der Katholiken in der Tschechoslowakei« unterschrieben, die in insgesamt 31 Punkten u. a. umfaßten: Freiheit bei der Ernennung von Bischöfen, Pfarrern, Auswahl von Theologiestudenten und Tätigkeit aller religiösen Orden, Religionsunterricht (in Pfarrhäusern und Kirchen), religiöse Betreuung in Gefängnissen und Krankenhäusern, religiöse Sendungen in Fernsehen und Rundfunk, Rückgabe des verstaatlichten Kirchenbesitzes.
Die ČSSR-Behörden antworteten hierauf mit zunehmenden Repressionen, was das Europäische Parlament am 14. 4. 1988 mit einer Entschließung »zur Unterdrückung der Christen in der ČSSR« verurteilte.
Zum Text vgl. Amtsblatt der EG; Nr. C 122 v. 9. 5. 1988; S. 128.

b) Am 15. 8. 1988 war die Bewegung »Charta '77« (zum Statut: Siehe S. 830) mit einer »Erklärung« an die Öffentlichkeit getreten, in der die Veröffentlichung der Wahrheit über die Invasion vom 21. 8. 1968 (siehe dazu: S. 795) gefordert wurde. Es hieß darin u. a.:
»Sollte wirklich jemand die fremden Truppen in unser Land geholt haben, wie gelegentlich offiziell behauptet wird, so möge er endlich aus der feigen Anonymität hervortreten, sich dazu bekennen und seine Vorgangsweise erklären. Hat aber niemand diese Truppen gerufen, so sollte dies endlich laut und deutlich gesagt werden. Je länger die gegenwärtigen Machthaber die Wahrheit, die der ganzen Gesellschaft bekannt ist, in Abrede stellen, um so größer wird ihre Isolation sein, um so dramatischer kann sich der künftige Weg zu einer Erneuerung gestalten und um so größer wird die Schande sein, mit der einmal diejenigen von ihren Funktionen abtreten werden müssen, die – von der Okkupation eingesetzt – 20 Jahre lang das schöpferische Potential unseres Volkes unterdrückt haben.«
Zum Gesamttext vgl. FAZ; Nr. 191 v. 18. 8. 1988; S. 5.

c) Im Oktober 1988 hatte die »Bewegung für bürgerliche Freiheiten« (HOS) zum Jahrestag der Gründung der Tschechoslowakischen Republik 1918 das Manifest »Demokratie für alle« veröffentlicht, in dem die Voraussetzungen für eine geforderte offene demokratische Gesellschaft formuliert wurden.
Zum Gesamttext vgl. Institut für Zeitgeschichte der Akademie der Wissenschaften, Prag (Hsg.): »Hnutí za občanskou svobodu« (Bewegung für bürgerliche Freiheiten); Maxdorf (Mfr.), 1994; S. 11.

d) Im Dezember 1988 war die ČSSR der UdSSR insoweit gefolgt, daß sie die systematische Störung aus dem Ausland kommender Rundfunksendungen in tschechischer und slowakischer Sprache einstellte.

Quelle:
Text der Presseerklärung; 1 ms. S.; Fotokopie im Besitz des Verfassers.

****

Erklärung[1] des **1989, 26. April**
»Tschechischen Freundeskreises der Paneuropa-Union in Prag«:
Rückkehrrecht aller Vertriebenen

Die Art der Entstehung unseres selbständigen Staates trug von Beginn an die Möglichkeiten seines Unterganges in sich. Die Führung unseres Staates hat im Jahre 1918 in ihrem überspannten Nationalismus die Erklärung Präsident Wilsons über das Selbstbestimmungsrecht der Völker für sich beansprucht, aber zugleich auf das Gröbste verletzt, in dem die ČSR nicht als Bundesstaat errichtet wurde, sondern als Staat des tschechoslowakischen Volkes – obwohl unsere Vertreter auf den Nachkriegskonferenzen zur Neuordnung Europas sich verbal verpflichtet hatten, aus der ČSR einen föderativen Staat nach Schweizer Muster zu machen. Durch die Nichteinhaltung dieser Verpflichtung gegenüber den nationalen Minderheiten der Slowaken, der Deutschen, der Magyaren und der Karpato-Ukrainer, die auf dem Gebiet der ČSR siedelten, wurde das Selbstbestimmungsrecht mit Füßen getreten.
Die Auswüchse der gewaltsamen Vertreibung der deutschen Minderheit aus den Grenzgebieten haben im Bewußtsein unseres Volkes eine Entfremdung von den Werten der europäischen Kultur bis zum Zerfall der eigenen Identität ausgelöst. Wir müssen den Weg zurückfinden zu den ursprünglichen Werten des europäischen Humanismus und programmatisch den Weg zurück nach Europa suchen. Bei dieser Wegsuche müssen wir notwendigerweise bei uns selbst anfangen, mit der Ausarbeitung eines alternativen Programmes, dessen Grundidee eine Charta des Zusammenlebens sein muß, in der die Unteilbarkeit von Individual- und Nationalrechten festgeschrieben ist. Ohne den Frieden zwischen den Einzelnen kann es auch keinen Frieden zwischen den Staaten und Völkern geben und umgekehrt. Das bedeutet, in unserem Staat auch neu die Volksgruppenrechte zu postulieren, einschließlich des Rechts zur Rückkehr in die angestammte Heimat für all jene, die wir vertrieben haben. Wir Tschechen sind uns bewußt, daß wir in der Mitte Europas leben, daß Europa nicht ohne seine Mitte existieren kann und wir nicht ohne Europa – und das gilt für die Geschichte wie für die Geographie. Das ist unser Programm.

Anmerkung:
[1] Die hier auszugsweise wiedergegebene Erklärung wurde im Juli 1989 von der Prager Untergrundzeitschrift »Střední Evropa« (Mitteleuropa) publiziert.

Quelle:
Mitt.Bl. SL; Jg. 1989, Nr. 9; S. 176.

****

Rede[1] **1989, 14. Mai**

des Sprechers der SL, Staatsminister a. D. Franz Neubauer:

Ausgleichsbereitschaft und Ausgleichserfordernisse

...

Wir Sudetendeutsche – das möchte ich hier ganz deutlich betonen – sind für Ausgleich und Versöhnung auch mit den Tschechen. Das haben wir bereits im Jahre 1950 im Wiesbadener Abkommen[2] betont und das habe ich als Sprecher dieser Volksgruppe im vergangenen September anläßlich der fünfzigjährigen Wiederkehr des Münchner Abkommens[3] mehrfach öffentlich wiederholt. Wir haben sogar konkrete Vorschläge für den Beginn dieses Aussöhnungsprozesses gemacht, ohne daß dazu bisher von Prag auch nur ein Wort der Erwiderung oder gar des Entgegenkommens geäußert worden wäre ...

Ausgleich und Versöhnung können aber nicht um jeden Preis erfolgen. Sie können auf Dauer nur gelingen auf dem Boden von Recht und Moral, der Anerkennung des Selbstbestimmungs- und Heimatrechtes und auf der Grundlage der historischen Wahrheit. Außerdem müssen sie die Einsicht in geschehenes Unrecht sowie das Bedauern darüber und den Willen zur Wiedergutmachung einschließen. Das ist es, was wir von den Tschechen erwarten ...

So wie unser Sudetenland geographisch das Herzland Europas ist, so zählt die sudetendeutsche Frage zu den Kernfragen einer gerechten Völkerordnung in Mitteleuropa. Wir sind keine Nachhut der Vergangenheit, sondern mit unserem Einsatz für unsere mißhandelte Heimat leisten wir unseren Beitrag zum großen europäischen Aufbauwerk. In diesem Bemühen wissen wir uns Seite an Seite mit allen Menschen guten Willens in Europa ...

Wir rufen von diesem 40. Sudetendeutschen Tage dem tschechischen Volk in Böhmen und Mähren zu, und wir wenden uns dabei vor allem an all jene, die nachdenklich sind und mit gutem Willen nach einem neuen Anfang suchen: Böhmen und Mähren ist unsere gemeinsame Heimat! Über viele Jahrhunderte hinweg haben unsere Vorfahren dort gemeinsam gelebt.

Die Gräben zwischen den Völkern in Böhmen, Mähren und Schlesien sind nicht Jahrhunderte alt, sie sind erst im letzten Jahrhundert aufgerissen und mit der Vertreibung in schrecklicher Weise vertieft worden. Blicken wir angesichts unserer gemeinsamen Sehnsucht nach einem Europa in Frieden und Freiheit über diese Gräben hinweg sowohl auf unsere jahrhundertealte gemeinsame Vergangenheit, aber auch in eine Zukunft, die wieder möglich ist, wenn wir die Gräben überwinden. Versuchen wir nicht, das Rad der Geschichte rückwärts, sondern helfen wir, es vorwärts zu drehen ...

Anmerkungen:

[1] Anläßlich des 40. Sudetendeutschen Tages in Stuttgart.

[2] Zum Text: Siehe S. 724.

[3] Zum Text: Siehe S. 870.

Quelle:

Mitt.Bl. SL; Jg. 1989, Nr. 9; S. 169.

****

Beschluß **1989, 11. Juni**

der tschechoslowakischen Sozialdemokraten im Exil[1]**:**

Eine Vertreibungsverurteilung: Vorgeschichte[2] *und Folgen*[3]

...

Wir verurteilen ... die Vertreibung von Einzelnen und ganzen Völkern aus ihrer Heimat, ebenso wie das Aufzwingen einer fremden Sprache und Kultur ...

⟨3⟩

Anmerkungen:

[1] Es handelt sich um einen einstimmigen Beschluß des 23. Parteitages der Tschechoslowakischen Sozialdemokraten, der im Exil in Heidelberg (Bad.) abgehalten worden war.

[2] Bereits am 8./9. 7. 1959 hatte der ČSSD-Funktionär Vilém Bernard bei einem Treffen mit sudetendeutschen Sozialdemokraten in Wiesbaden zum »Transfer« der Deutschen aus der ČSR erklärt: »Es war ein brutaler Akt, der im Widerspruch zu den grundlegenden Prinzipien der Demokratie und Menschlichkeit gewesen ist.«
Diese Äußerung bewirkte lang andauernde Angriffe auf Bernard aus der eigenen Partei.

[3] Die Auffassung dieses Parteitagsbeschlusses von 1989 sollte nach 1990 in der ČSSD der ČSFR keine Mehrheit finden.

Quelle:
Brücke; Nr. 7 v. 15. 7. 1989; S. 14; sowie Nr. 6 v. 15. 6. 1999; S. 2.

****

Brief des tschechischen Schriftstellers Václav Havel[1] an Bundespräsident von Weizsäcker **1989, 15. Oktober**

Vertreibung zutiefst unmoralisch mit großem Schaden für Tschechen

⟨*In diesem Brief teilte Havel*⟩ seine Freude über den ihm soeben verliehenen Friedenspreis des deutschen Buchhandels[2] und zugleich die Gründe mit, weshalb er den Preis nicht selbst in Frankfurt entgegennehmen konnte.[3] Die Prager Kommunisten, die ihn so oft und so lange eingesperrt hatten[4], wollten ihn nur ausreisen, aber nicht zurückkehren lassen. Der Inhalt des Schreibens war ein sorgfältig begründetes Zeichen der Versöhnung an uns Deutsche, treu der Mahnung des böhmischen Bischofs Comenius folgend: »Mit der Verbesserung muß jeder bei sich selbst anfangen.« So nannte Havel die Untaten der eigenen böhmischen Seite beim Namen, wie es zuvor keiner[5] getan hatte. Er schrieb mir: »Ich persönlich – ebenso wie viele meiner Freunde – verurteile die Vertreibung der Deutschen nach dem Krieg. Sie erschien mir immer als eine zutiefst unmoralische Tat, die nicht nur den Deutschen, sondern vielleicht in noch größerem Maße den Tschechen selbst Schaden zugefügt hat[6].«
⟨[7]⟩

Anmerkungen:

[1] Zur Vorgeschichte Havels: Siehe S. 832, 864, auch Register; S. 1245 ff.

[2] Die Verleihung fand am 15. 10. 1989 statt.

[3] Seine Dankesrede »Ein Wort über das Wort« wurde in der Frankfurter Paulskirche vom Schauspieler Maximilian Schell vorgetragen.
Zum Text vgl. FAZ; Nr. 240 v. 16. 10. 1989; S. 13 f.

[4] Die letzte Verurteilung Havels erfolgte im Februar 1989 zu sieben Monaten Gefängnis der »zweiten Erziehungsstufe für rückfällige Straftäter«.
Vgl. FAZ; Nr. 46 v. 23. 2. 1989; S. 7.

[5] Die Erklärungen des tschechischen Generals Lev Prchala vom 13. 12. 1945 (siehe S. 652) und 29. 5. 1955 (siehe S. 745) waren Bundespräsident von Weizsäcker offensichtlich unbekannt.

[6] In seiner Weihnachtsansprache am 22. 12. 1989 zitierte von Weizsäcker zusätzlich aus Havels Brief. Es hieß weiter:
». . . und zwar sowohl moralisch als auch materiell. Auf Böses wiederum mit neuem Bösen zu antworten, bedeutet, das Böse nicht zu beseitigen, sondern es auszuweiten.«
Vgl. Bulletin; Nr. 151 v. 27. 12. 1989; S. 1270.

[7] Zu weiteren Äußerungen Havels zu diesem Thema:
Siehe u. a. S. 877, 887, 907, 989.

Quelle:
Weizsäcker, Richard v.: »Vier Zeiten«; Berlin, 1997; S. 383 f.

****

Presseerklärung der SL: **1989, 1. Dezember**
Solidarität mit Demokratiebewegung[1] in der ČSSR bekräftigt

Die Sudetendeutsche Landsmannschaft hat der Demokratiebewegung[2] in der Tschechoslowakei Solidarität zugesichert. Die Organisation stehe »ohne Einschränkung auf der Seite jener«, die sich in der Tschechoslowakei »für Freiheit, Demokratie und Rechtsstaatlichkeit einsetzen«, sagte ihr Sprecher Neubauer. Die Sudetendeutschen fühlten sich durch die politischen Entwicklungen in besonderer Weise betroffen, »da sie sich in einem Raum vollziehen, in dem auch unsere Heimat liegt«. Die Landsmannschaft hoffe angesichts der politischen Veränderungen, daß es »zu fairen Gesprächen, zu einer Aufarbeitung der Vergangenheit und zu einem Ausgleich zwischen Sudetendeutschen und Tschechen kommen kann, der die Voraussetzung darstellt für ein neues Miteinander«.

Anmerkungen:

[1] Gemeint war eine durch die Ereignisse in Polen, Ungarn und der DDR angestoßene Entwicklung auch in der ČSSR:
Was sich am 28. 10. 1989 bei der Kundgebung zum Jahrestag der Gründung der Tschechoslowakei in Prag durch Rufe nach Freiheit angedeutet hatte, war am 17. 11. anläßlich des »Internationalen Studententages« zur Erinnerung an die Schließung der tschechischen Hochschulen durch das NS-Regime 1939 zu einer großen Demonstration auf dem Wenzelsplatz geworden. Der brutale Einsatz der Polizei hatte offenen Widerstand gegen die Unterdrückung hervorgerufen; am 21. 11. demonstrierten neuerlich über 200.000 Menschen. Dieser Druck führte am 24. 11. zu einer Umbildung der Partei-, Staats- und Regierungsspitze (Übergangsregierung Adamec). Am 10. 12. wurden die nach dem »Prager Frühling« ausgeschlossenen KPČ-Mitglieder, darunter auch Alexander Dubček, rehabilitiert, stalinistische Abgeordnete durch Dissidenten ersetzt und Marian Čalfa (vom oppositionellen »Bürgerforum«) als Ministerpräsident vereidigt.

[2] Zu einer früheren Solidaritätserklärung: Siehe S. 871.

Quelle:
FAZ; Nr. 280 v. 2. 12. 1989; S. 7.

****

Rede des ČSFR-Außenministers Jiři Dienstbier[1] im ČSFR-Parlament: **1989, 19. Dezember**
Historikerkommission vereinbart/vorgesehen, Entschuldigung für Vertreibung

. . .
Zur Anfrage der Abgeordneten J. Moltašová (KPČ), wonach einige westdeutsche Politiker fordern, daß sich die Tschechoslowakei für die Vertreibung der Bürger deutscher Nationalität nach dem Zweiten Weltkrieg entschuldigt, erläuterte Minister J. Dienstbier: Herr M. Streibl[2], bayerischer Ministerpräsident, hat keineswegs den richtigen Zeitpunkt gewählt, zu fordern, daß sich unsere Regierung nach drei Tagen Amtszeit zu dieser Frage äußert. »Am Sonntag habe ich mit dem österreichischen Außenminister A. Mock vereinbart, daß eine Kommission von Historikern geschaffen werden soll, die diese Frage nach einer Überprüfung definitiv abschließen wird. Am Samstag möchte ich bei der Schaffung der Historiker- und Juristenkommission mit Herrn Minister Genscher zu einer Vereinbarung[3] gelangen.« Weiter stellte der Minister fest: »So, wie es die Deutschen versuchen – und in manchem es bereits geschafft haben –, sich zu dem nationalsozialistischen Unrecht gegenüber unseren Völkern zu bekennen, ist es unsere moralische Pflicht, uns dazu zu äußern, was im Jahre 1945 gegenüber unschuldigen deutschen Frauen und Kindern in der Umgebung von Znaim, südlich von Brünn und in manchen anderen Gegenden geschah. Ich meine, daß es unsere moralische Pflicht ist, denn nur so können wir uns von dieser Erbschaft befreien und

mit wirklich reinem Tisch zur Erneuerung und Verbesserung der Beziehungen unserer Völker gelangen.«

Anmerkungen:
1 In der Regierung von Marian Čalfa.
2 Der bayerische Ministerpräsident Streibl (CSU) hatte in einer Regierungserklärung vor dem Bayerischen Landtag am 13. 12. 1989 die Entwicklung in der ČSFR begrüßt und dann ausgeführt: »Zu einem partnerschaftlichen Verhältnis gehört allerdings auch, daß sich die Tschechoslowakei zu den dunklen Punkten in der Geschichte von Deutschen und Tschechen bekennt. Es wäre ein gutes Zeichen, wenn sie ein offenes Wort des Bedauerns zur Vertreibung der Sudetendeutschen fände, so wie wir uns zum nationalsozialistischen Unrecht bekennen. Hilfreich wäre es auch, wenn die tschechoslowakische Führung die Sudetendeutschen als Gesprächspartner und Mittler in die Entwicklung der Beziehungen einbinden würde.«
Wiedergabe nach eigener Aufzeichnung des Verfassers.
3 Die Kommission wurde am 29. 12. 1989 vereinbart, nahm am 20. 6. 1990 ihre Arbeit auf und wurde später im 2. Prager Vertrag vom 27. 2. 1992 bestätigt.
Zum Text: Siehe S. 932.

Wiedergabe nach:
»Schválen program vlády« (Billigung des Regierungsprogrammes) in »Lidová demokracie« (Volksdemokratie), Prag; Jg. 46, Nr. 2 v. 3. 1. 1990; S. 1.

****

Presseerklärung der SL: **1989, 21. Dezember**

Dienstbiers Äußerungen begrüßt, Bereitschaft zu Mitarbeit und Gesprächen

Der Sprecher der sudetendeutschen Volksgruppe, Franz Neubauer, erklärte gestern in München: »Die jüngsten Äußerungen Jiři Dienstbiers über die moralische Pflicht der Tschechen, sich auf dem Boden der historischen Wahrheit mit der Vertreibung der Sudetendeutschen auseinanderzusetzen, sind ein großer Fortschritt in den gegenseitigen Beziehungen.«
Neubauer begrüßte ferner die Bereitschaft des neuen Außenministers der Tschechoslowakei, eine deutsch-tschechoslowakische Historikerkommission zur Untersuchung der Vertreibungsverbrechen zu vereinbaren. »Bereits im September 1988 hatte ich der damaligen Regierung der ČSSR die Bildung einer solchen Kommission vorgeschlagen[1], allerdings vergebens«, erklärte Neubauer.
Die Sudetendeutschen seien nicht nur zur Mitarbeit in einer solchen Kommission bereit, sondern sie stellten dafür gern das bereits publizierte umfangreiche wissenschaftliche Material über ihre Vertreibung zur Verfügung, sagte Neubauer.
»Das offene Gespräch über die Vergangenheit bereitet den Boden für eine echte Aussöhnung und Verständigung in Gegenwart und Zukunft«, fügte er hinzu.
Der Sprecher der sudetendeutschen Volksgruppe erklärte: »Wir Sudetendeutschen erwarten von der Tschechoslowakei ein offenes Wort des Bedauerns über die völkerrechtswidrige Vertreibung von 3,5 Millionen Deutschen aus Böhmen und Mähren, bei der über 240.000 Menschen ums Leben kamen.« Nachdrücklich begrüßte Neubauer die »atemberaubende Entwicklung zu mehr Freiheit und Demokratie in der ČSSR«. Diese Entwicklung sei von den Sudetendeutschen von Anfang an mit Anteilnahme verfolgt und unterstützt worden. Von ihr erhoffe man sich die Bereitschaft der Tschechen zu einem »fairen und gerechten Ausgleich« mit den Sudetendeutschen.
. . .
»Wir Sudetendeutsche sind zu direkten Gesprächen mit den Tschechen bereit«, betonte Neubauer.

Anmerkung:
[1] Zum Text des Vorschlages: Siehe S. 870.

Quelle:
Text der Presseerklärung; Fotokopie im Besitz des Verfassers.

****

Äußerung des tschechoslowakischen Politikers Václav Havel[1] im Fernsehen der ČSFR: **1989, 23. Dezember**

Keine Rückkehr der Sudetendeutschen, aber Entschuldigungsverpflichtung[2]

Viele Leser fragten an, wie der genaue Wortlaut zur Notwendigkeit einer Entschuldigung gegenüber den abgeschobenen Sudetendeutschen lautete, den Václav Havel am 23. 12. im tschechoslowakischen Fernsehen geäußert hat. Wir geben sie nach der Videoaufzeichnung wieder. In seiner Antwort auf eine der Fragen der Fernsehzuschauer, die von M. Skarlandtová vorgetragen wurden, antwortete V. Havel:

»Ich möchte mich mit diesem Thema nicht befassen; mir steht nur zu, meine persönliche Meinung zu sagen. Ich denke, daß die Grenzen der Tschechoslowakei nicht geändert werden dürfen. Ich denke, daß keiner der Abgeschobenen zurückkehren sollte; ich meine aber, daß wir verpflichtet sind, uns gegenüber den Deutschen, die nach dem Zweiten Weltkrieg abgeschoben wurden, zu entschuldigen. Weil der Entzug der Heimat einiger Millionen Menschen ein sehr harter Akt[3] und dieses Böse eigentlich eine Vergeltung für das vorangegangene Böse war. Und ich denke, daß wir das Böse, falls wir darauf mit Bösem antworten, nur weiter und weiter verlängern. Und das ist – ich wiederhole es – meine persönliche Meinung. Zu welchem Ergebnis Gesetzgeber, Regierung, Fachkommissionen und Öffentlichkeit kommen, ist eine andere Sache.«

Anmerkungen:
[1] Am 29. 12. 1989 wurde (nach der Wahl Alexander Dubčeks zum Parlamentspräsidenten) Havel zum Staatspräsidenten gewählt.
Die Sudetendeutschen gratulierten mit folgendem Telegramm vom 30. 12. 1989:
»Sehr geehrter Herr Staatspräsident,
zu Ihrer Wahl zum Präsidenten der Tschechoslowakei darf ich Sie namens der Sudetendeutschen – deren gewählter Sprecher ich bin – herzlich beglückwünschen.
Mit Ihnen ist ein Mann mit Augenmaß, politischer Vernunft und mit einem ausgeprägten Gerechtigkeitssinn an die Spitze des tschechoslowakischen Staates gewählt worden, der geeignet ist, das Gespräch auch zwischen Sudetendeutschen und Tschechen mit dem Ziel der Aufarbeitung der Vergangenheit, der Verständigung, eines vernünftigen und gerechten Ausgleiches sowie einer zukunftsorientierten erneuerten Partnerschaft in Gang zu bringen.
Wir Sudetendeutsche sind zu einem derartigen Gespräch bereit.
Mit vorzüglicher Hochachtung
Ihr
Franz Neubauer, Sprecher der Sudetendeutschen«
Das Telegramm wurde nie beantwortet.
[2] Die persönliche Meinung Havels löste im Ausland praktisch nur Zustimmung, in der ČSFR vornehmlich Ablehnung aus.
Als besondere Aktion war ein öffentlicher Hungerstreik der Tschechen Miroslav Klen Anfang Januar 1990 am Prager Wenzelsplatz vor dem Hus-Denkmal gegen die eventuelle offizielle Entschuldigung der Regierung zu verzeichnen.
Nachdem ihm Havel seine Meinung »ausführlich erklärte«, entschied sich Klen, »den Hungerstreik augenblicklich zu beenden«.
Vgl. »Po rozmluvě s prezidentem konec hladovky – Tečka za diskusi« (Nach dem Gespräch mit dem Präsidenten Ende des Hungerstreiks – Schlußpunkt hinter der Diskussion) in »Svobodné slovo« (Freies Wort), ⟨*TZ. der ts. Sozialisten*⟩, Prag; Jg. 46, Nr. 4 v. 5. 1. 1990; S. 1 f.

[3] An anderer Stelle erläuterte Havel, was seiner Meinung nach mit den Sudetendeutschen 1945/46 hätte geschehen sollen:
»Nach meiner Meinung ist das Prinzip der kollektiven Schuld, das einer der Gründe zur Vertreibung war, ein unmoralisches Prinzip. Es war eine Fortsetzung des Bösen, das im Zweiten Weltkrieg begangen wurde. Alle Bürger der Tschechoslowakischen Republik, die sich durch Verrat oder andere Taten schuldig gemacht hatten, hätten vor unabhängige Gerichte gestellt werden müssen. Aber sie hätten nicht nach dem Prinzip der kollektiven Schuld um ihr Zuhause gebracht werden dürfen. Unter den vertriebenen Deutschen gab es eine große Zahl von Menschen, die sich schuldig gemacht haben. Aber wenn unter den vertriebenen Deutschen auch nur einer wäre, der unschuldig vertrieben wurde, dann ist das ein Beweis der Ungerechtigkeit. Es geht aber um Gerechtigkeit und nicht um Rache.«
Vgl. »Stern« ⟨*WZ.*⟩, Hamburg; Jg. 43, Nr. 3 v. 11. 1. 1990; S. 18 ff.

Quelle:
»Na dotaz čtenáře – K omluvě sudetským Němcům« (Auf Leseranfragen – Zur Entschuldigung gegenüber den Sudetendeutschen) in »Rudé právo« (Rotes Recht), Prag; Jg. 70, Nr. 2 v. 3. 1. 1990; S. 3.

****

Kurzbericht **1978–1990**
zur allgemeinen politischen Entwicklung bis Ende 1989
und zeitgenössischen Ansichten v. a. zur staatlichen Einheit Deutschlands

A) Vorbemerkung

An dieser Stelle kann natürlich keine Geschichte der Entwicklung bis zur deutschen Vereinigung geschrieben werden. Es muß jedoch das auch für die Sudetenfrage ungemein bedeutsame internationale und nationale politische Umfeld mindestens skizziert werden. Dieser Rahmen ist (in aller Kürze) durch v. a. zwei Aspekte gekennzeichnet:
Zeitlich gab es zunächst einen längeren Vorlauf von Ereignissen (ab etwa 1975 bis 1978), der dann in den Jahren 1989 und 1990 sehr schnell kulminierte; die Vorgänge sind bis Ende 1989 wenigstens datenmäßig zu belegen; dies erfolgte im Abschnitt B.
Von besonderer Bedeutung sind die hieran beteiligten deutschen Politiker, die bereits vor 1989 tätig und auch heute (2002) noch aktiv oder einflußreich sind. Es ist beachtenswert, wie sie sich selbst im Spannungsfeld von Menschenrechten und Totalitarismus positionierten und welche Ansichten sie vor und in der sog. »Wende«-Zeit äußerten: Fehlurteile zur deutschen Frage (siehe dazu Abschnitt C), welche von ihnen regelmäßig nicht korrigiert wurden, implizieren mit hoher Wahrscheinlichkeit auch solche zur Sudetenfrage. Schon die bisher vorliegende Literatur zu diesen Sachkomplexen ist umfangreich[1]; weitere Aussagen sind zu erwarten.

B) Ereignisse

Datum	Ort	Beteiligte	Ereignis
1978, 16. 10.	Rom	Karol Kardinal Woytila …	… wird Papst Johannes Paul II.
1979, 2.–10. 6.	Polen	Johannes Paul II.	1. Polen-Reise
1983, Juni	Polen	Johannes Paul II.	2. Polen-Reise
1985, 11. 3.	Moskau	Michail Gorbatschow …	… wird Generalsekretär der KPdSU
1987, Juni	Polen	Johannes Paul II.	3. Polen-Reise
1987, 12. 6.	Berlin-West	US-Präsident Reagan	»Mr. Gorbatchov: Tear down this wall!«
8. 12.	Washington	Gorbatschow – Reagan	Beseitigung Mittelstreckenraketen in Europa
1988, Dez.	New York	Gorbatschow – Reagan	Begrenzung von Interkontinentalraketen
1989, 15. 1.	Wien	Staaten der KSZE	Menschenrechte neuerlich garantiert
6. 2.	Warschau	Reg. und »Solidarnocz«	Sog. »Runder Tisch«
31. 5.	Berlin-West	US-Präsident Bush	»Mr. Gorbatchov: Tear down this wall!«
4.–18. 6.	Polen	»Solidarnocz«	Bei Parlamentswahlen stärkste Partei
4. 6.	Peking	Regierung, Dissidenten	Massaker auf Platz des Himmlischen Friedens
27. 7.	Moskau	Gorbatschow	Autonomie für baltische UdSSR-Republiken
24. 8.	Warschau	T. Mazowiecki (Solidarnocz)	… wird Ministerpräsident Polens
11. 9.	Budapest	Regierung Ungarns	Freie Ausreise für D. aus der DDR
25. 9.	Leipzig	Rd. 5.000 Bürger	1. Montagsdemonstration
1. 10.	Prag	Regierung ČSSR	Freie Ausreise für D. aus der DDR
18. 10.	Berlin-Ost	Erich Honecker …	… durch Egon Krenz ersetzt
23. 10.	Leipzig	Rd. 300.000 Bürger	5. Montagsdemonstration
4. 11.	Berlin-Ost	Bürgerversammlung	Rd. 500.000 für demokratische Reformen
9. 11.	Berlin-Ost	Regierung DDR	Öffnung innerdeutscher Grenze
21. 11.	Prag	Bürgerversammlung	Rd. 200.000 für demokratische Reformen
10. 12.	Prag	Parlament ČSSR	KP-Abgeordnete durch bish. Dissidenten ersetzt
19. 12.	Dresden	Kohl – Modrow	D.-d. »Vertragsgemeinschaft« geplant
25. 12.	Bukarest	Diktator Ceauçescu …	… wird hingerichtet
28. 12.	Prag	Václav Havel …	… wird ČSSR-Präsident

C) Positionen und Ansichten:

1. *1986, 31. 1.: Gerhard Schröder (SPD) nach Besuch in Ostberlin in einem Brief (auf Briefpapier der MdB) an Egon Krenz, Mitglied des SED-Politbüros*[2]*:*

»Lieber Egon Krenz:
für Deinen freundlichen Willkommensgruß bedanke ich mich sehr herzlich. Es war schade, daß wir uns nicht persönlich treffen konnten. Aber das läßt sich sicher bei einer anderen Gelegenheit nachholen.
Die Gespräche in der DDR waren offen und informativ. Besonders war ich von Erich Honecker beeindruckt.
Durchstehvermögen, das Du mir wünschst, brauche ich in diesem arbeitsreichen Wahlkampfjahr ganz bestimmt. Aber auch Du wirst für Euren Parteitag und die Volkskammerwahlen sicher viel Kraft und vor allen Dingen Gesundheit benötigen. Beides wünsche ich Dir von ganzem Herzen.
Mit freundlichen Grüßen ...«

2. *1986, Ende: Redakteure der Wochenzeitschrift »Die Zeit« nach längerer Reise durch die DDR in einem Buch*[3]*:*

»Leben unter Honecker: Die Bürger des anderen deutschen Staates bringen ihm fast so etwas wie stille Verehrung entgegen.«

3. *1987, 1. 7.: Das MdB Gerhard Heimann (SPD), stellvertretender Vorsitzender des Ausschusses für Deutschlandpolitik im SPD-Pressedienst*[4]*:*

»... Heimann sprach sich ... dagegen aus, am Auftrag des Grundgesetzes, die Einheit in Freiheit zu erstreben, festzuhalten. Statt dessen fordert er dazu auf, die Teilung auf Dauer zu bejahen. Die Deutschen sollen anerkennen, daß die Normalität aller anderen europäischen Nationen, nämlich die staatliche Einheit, für sie nicht gelten dürfe. Heimann wertet die Teilung sogar als vorteilhaft, weil sie es der Bundesrepublik erlaube, ›als treibende Kraft‹ die Entwicklung der Europäischen Gemeinschaft zu einer politischen Union voranzutreiben. ›Die Frage des Selbstbestimmungsrechts wird sich unter solchen Voraussetzungen in einem historischen Sinne von selbst erledigen.‹«

4. *1987, 24. 8.: Oskar Lafontaine (SPD) in einem Artikel*[5]*:*

»Die DDR ist nicht das flüchtige ›Phänomen‹, das einst der Bundeskanzler Kiesinger in ihr zu sehen glaubte. Sie ist unter Erich Honecker ein wirtschaftlich leistungsfähiger, innenpolitisch stabiler und außenpolitisch selbstbewußter Staat geworden, was der Sicherheit in Europa zugute kommt.«

5. *1987, Ende: Die Meinung der (West-)Deutschen*[6]*:*

»Als langfristiges Ziel unterstützen die Bundesbürger die Wiedervereinigung in ihrer ganz großen Mehrheit. Je nach Ermittlungsform und aktuellem Umfeld ergeben sich Größenordnungen um 70 bis 80 Prozent, die sich als ausdrückliche Befürworter der Wiedervereinigung bezeichnen. Der Kreis der Wiedervereinigungsgegner umfaßt insgesamt weniger als ein Zehntel der Bevölkerung, liegt bei der Generation der unter 30jährigen etwas über, bei den älteren entsprechend unter dem Durchschnitt.«

6. *1988, 27. 11.: Egon Bahr (SPD) in einer Rede*[7]*:*

»Es gibt keine Chance, die beiden deutschen Staaten zusammenzuführen. Die alte deutsche Frage liegt hinter uns ... Die Fortsetzung der öffentlichen Sonntagsrederei, wonach die Wiedervereinigung vordringlichste Aufgabe deutscher Politik bleibt ⟨, *ist*⟩ ... objektive und subjektive Lüge⟨,⟩ ... Heuchelei ... und politische Umweltverschmutzung.«

7. *1989, 20. 1.: Marion Gräfin Dönhoff veröffentlichte in der* »Zeit« *einen Leitartikel mit dem Titel* »Von der Geschichte längst überholt. Wiedervereinigung oder Europäische Union – keine Alternative mehr«[8]. *In diesem wurde u. a. ein Vorschlag von Bundeskanzler Kohl hinterfragt:*
»Eine Wiedervereinigung unter europäischem Dach? Als Anschluß der DDR zu westlichen Bedingungen an eine in Europa integrierte Bundesrepublik – also Preisgabe ihrer von aller Welt anerkannten Eigenstaatlichkeit? Totale Kapitulation mitten im Frieden? Das kann doch wohl im Ernst kein Mensch glauben.
⟨*Dann vertrat Gräfin Dönhoff ihr Modell: Es*⟩ »geht von zwei deutschen Staaten und nicht von einem wiedervereinigten Deutschen Reich aus, das in Ost und West doch nur Schrecken erregt und auf härtesten Widerstand stieße«.

8. *1989, Mai: Das deutsche Bundesland Berlin stellte die Beitragsleistung für die Zentrale Erfassungsstelle von Verbrechen gegen die Menschlichkeit in der DDR, die in Salzgitter (Niedersachsen) arbeitete, ein.*[9]

9. *1989, 28. 7.: Joschka (Josef) Fischer, Fraktionsvorsitzender der Grünen im Hessischen Landtag*[10]*:*
»Wir sollten das Wiedervereinigungsgebot aus der Präambel des Grundgesetzes streichen.«

10. *1989, 14. 9.: Der Regierende Bürgermeister von Berlin, Walter Momper (SPD)*[11]*, in einer Rede:*
»Die zur Zeit stattfindenden Übungen in Wiedervereinigungsrhetorik helfen niemandem. Im Gegenteil, sie sind geeignet, mögliche Reformansätze in der DDR zu blockieren ... Es geht nicht um die Wiedervereinigung, sondern es geht darum, daß die DDR ihre Krise löst.«

11. *1989, 19. 12.: Oskar Lafontaine in einem Artikel des SPD-Presseservices*[8]*:*
»Der ›Berater‹ von Helmut Kohl, Herr Teltschik, gab in der Bildzeitung zum besten: ›Vereinigtes Deutschland ja, aber in der Nato!‹ Welcher historische Schwachsinn!«[12]

12. *1989, 20. 12.: Beim SPD-Parteitag in Berlin, der bereits in Anwesenheit von Vertretern der SPD der DDR stattfand, wollte Bundesgeschäftsführerin Anke Fuchs per Video eine Rede von Erich Ollenhauer vom Godesberger Parteitag 1959 mit einem Bekenntnis zur Wiedervereinigung*[13] *einspielen. Dies wurde wegen dieser Aussage von der Parteitagspräsidentin Heidemarie Wieczorek-Zeul verhindert*[14].

13. *1990, 6./7 1.: Antje Vollmer, »Vorsitzende der Fraktion der Grünen im Bundestag der BRD«, in einem Artikel*[15]*:*
»Wenn nur der Traum der alten Männer nicht so dicht bei meinem Alptraum läge! Und als das Volk von Dresden so ganz von Herzen ›Deutschland, Deutschland‹ rief und dazu die funkelnagelneuen schwarz-rot-goldenen Fahnen mit den blitzend gold-schwarz gelackten Stangen (made in West-Germany) lustig schwenkte, da dachte ich bei soviel Glück ans Desertieren[16] – und wußte nicht wohin.«

D) Quellen und Anmerkungen:

[1] Als kleine Auswahl vgl. (Aufführung in der Reihenfolge des Erscheinens) u. a.:
Teltschik, Horst: »329 Tage«; Berlin, 1991.
Ash, Timothy: »Im Namen Europas«; München, 1993.
Beschloß, Michael u. a.: »Auf höchster Ebene«; Düsseldorf, 1993.
Hacker, Jens: »Deutsche Irrtümer«; Berlin, 1992.

Walters, Vernon: »Die Vereinigung war vorhersehbar«; Frankfurt/M., 1994.
Potthoff, Heinrich: »Bonn und Ost-Berlin 1969–1982«; Bonn, 1997.
Hutchings, Robert L.: »Als der Kalte Krieg zu Ende war«; Berlin, 1999.

[2] a) Wiedergabe nach Brieforiginal; Fotokopie im Besitz des Verfassers.
b) Während der späteren Bundeskanzlerschaft des Briefabsenders wurde 1999 der Briefempfänger, für Handlungen und Unterlassungen auch in der Zeit des Briefversandes, zu 6½ Jahren Gefängnis verurteilt.

[3] Abgedruckt in Sommer, Theo (Hsg.): »Reise ins andere Deutschland«; Hamburg, 1986.

[4] Wiedergabe nach FAZ; Nr. 148 v. 1. 7. 1987; S. 3.

[5] Vgl. »Der Spiegel«, Hamburg; Jg. 41, Nr. 35 v. 24. 8. 1987; S. 34–46, hier S. 46.

[6] Vgl. Herdegen, Gerhard: »Perspektiven und Begrenzungen – Eine Bestandsaufnahme der öffentlichen Meinung zur deutschen Frage« in »Deutschland Archiv«, Köln; Jg. 20, Nr. 4 (Dezember 1987); S. 1259–1273, hier S. 1263.

[7] Vgl. Bahr, Egon: »Reden über das eigene Land«; München, 1988; S. 103 ff.

[8] a) Vgl. »Die Zeit«; Nr. 4 v. 20. 1. 1989; S. 1.
b) Es dauerte nur rd. 18 Monate, und was »kein Mensch glauben« konnte, wußten alle; was vorgeblich auf »härtesten Widerstand« stoßen sollte, wurde allgemein begrüßt.

[9] Vgl. Sauer, Heiner (m. a.): »Der Salzgitter Report«; Esslingen, 1991; S. 235–248.
Bereits 1988 hatten dies die von der SPD geführten Bundesländer Bremen, Hamburg, Nordrhein-Westfalen und Saarland, Anfang 1989 auch Schleswig-Holstein getan.

[10] Wiedergabe nach »Die Welt«; Nr. 174 v. 29. 7. 1989; S. 8.
Bereits im November 1984 soll die damalige Sprecherin der Grünen im Deutschen Bundestag, Antje Vollmer, ausweislich eines DDR-Protokolls die Nähe der Grünen zur SED betont haben: »In wesentlichen politischen Auffassungen stände man sich doch viel näher als mit Politikern der ›etablierten‹ Bonner Parteien.« Zusammen mit dem zwischenzeitlich als Stasi-IM enttarnten, damaligen deutschlandpolitischen Sprecher der Grünen, Schneider: »Antje Vollmer und Dirk Schneider beteuerten ⟨*wiederholt*⟩, man könne ihnen trauen . . . Sie seien verläßlicher, als sie erscheinen.«
Vgl. SZ; Nr. 57 v. 10. 3. 1994; S. 3. Dort auch ein nunmehriges »kategorisches Dementi« von Frau Vollmer.

[11] Vgl. Winters, Peter J.: »Die Deutschlandpolitik des Berliner Senats« in »Deutschland Archiv«, Köln; Jg. 22, Nr. 11 (November 1989); S. 1226–1230, hier S. 1230.

[12] Der hier als »historisch« angeprangerte »Schwachsinn« wurde bloße sechs Monate später, nämlich am 3. 6. 1990, durch Erklärung Gorbatschows zur politischen Realität.

[13] Die Redepassage Ollenhauers von 1959 lautete:
»Das neue Grundsatzprogramm der Sozialdemokratie ist das Programm der Sozialdemokratischen Partei Deutschlands in der Bundesrepublik. Wir sind uns dieser tragischen Unzulänglichkeit bewußt, und wir möchten unseren Genossen und Freunden in der Zone die selbstverständliche und undiskutierbare Gewißheit geben, daß wir mit ihnen gemeinsam die programmatischen Grundlagen der deutschen Sozialdemokratie neu diskutieren werden, wenn die Stunde gekommen ist, in der wir alle als freie Menschen in einem freien und wiedervereinigten Deutschland die Positionen und die Aufgaben des demokratischen Sozialismus neu bestimmen können.«

[14] Zum Vorgang vgl. Fuchs, Anke: »Mut zur Macht«; Hamburg, 1991; Wiedergabe nach »Aus Politik und Zeitgeschichte« (Beilage zur Zeitschrift »Das Parlament«, Bonn); Nr. 5/92 v. 24. 1. 1992; S. 12.

[15] »Die Träume der alten Männer« im Zentralorgan der SED »Neues Deutschland«, Berlin (noch Ost-); Jg. 45, Nr. 5 v. 6./7. 1. 1990; S. 6.

[16] Frau Vollmer vergaß ihr Desertionsvorhaben bald. Sie versöhnte sich vielmehr mit der erweiterten Bundesrepublik derart innig, daß sie sich im Oktober 1990 als Bundestagsvizepräsidentin bewarb (und gewählt wurde).

****

6. Ab 1990: Die Sudetenfrage zur Zeit des wiedervereinigten Deutschlands

Vorbemerkung:
Die Sudetenfrage ab 1990 war durch zwei Tatbestände gekennzeichnet, die sie von der Zeit vorher wesentlich unterschieden:

- *Die in vergleichsweise sehr kurzer Zeit erfolgende, vergleichsweise sehr tiefgreifende Änderung der weltpolitischen Rahmenbedingungen. Sie sind allgemein bekannt und mit knappen Stichworten zu kennzeichnen: Niedergang der Sowjetunion und Ende des sog. Kalten Krieges, Wiedervereinigung (Rest-)Deutschlands, Demokratisierung und Föderalisierung der Tschechoslowakischen Sozialistischen Volksrepublik (ČSSR) zur Tschechischen und Slowakischen Föderativen Republik (ČSFR) sowie deren friedlichen Zerfall zur Slowakischen Republik (SR) einerseits und Tschechischen Republik (ČR) andererseits.*
- *Für die Sudetenfrage in dieser ČR ergab sich jedoch in dieser Zeit ein (angesichts anderer Ereignisse wie z. B. Golfkrieg, blutiger Zerfall Jugoslawiens) bemerkenswerter zweiter Tatbestand: In verhältnismäßig kurzer Zeit gab es zu ihr verhältnismäßig sehr viele Ereignisse wie Reden, Erklärungen, Briefe, Medienberichte und Manifeste, auch kontroverser Art. Mit den Begriffen des nunmehrigen tschechischen Präsidenten Havel ausgedrückt: Ab 1990 wurde das bisherige »offizielle Pseudogeschehen«, das fast ein halbes Jahrhundert durch die herrschende »künstliche Ordnung unterdrückt« worden war, von der »wirklichen Geschichte« mindestens eingeholt. In »überraschender« und »unordentlicher«[1] Weise.*

  Diese »Unordnung« stellte den Chronisten vor gewisse Schwierigkeiten: Die Darstellung aller wichtigen Dokumente und Ereignisse, wie in anderen Zeitspannen, war schwer bis unmöglich. Es war daher zunächst vornehmlich[2] offizielles Material darzustellen, soweit anzunehmen war, daß dies auch zeitübergreifend sein dürfte. Manche veröffentlichten Darstellungen und Meinungen waren zwar z. T. sehr zeitcharakteristisch[3], doch bleibt ebensosehr zu hoffen, daß sie nicht zeitübergreifend werden mögen.

Anmerkungen:

[1] Zum Zusammenhang des Textes aus dem Jahre 1975: Siehe S. 832.

[2] Zum Wissen und zur Meinung der Tschechen nach 1990:
»Wer heute in Böhmen und Mähren unter 50 ⟨*Jahren alt*⟩ ist, der weiß in der Regel nichts vom Unrecht an den böhmischen und mährischen Deutschen, und viele wollen auch nichts davon wissen ... Viele Prager glauben, Deutsche seien in ihre Stadt erst unter Hitler gekommen. In den Schulbüchern der Tschechoslowakei findet sich kein Wort über den Beitrag der Deutschen zur Geschichte des Landes.«
So Ota Filip in der FAZ; Nr. 57 v. 8. 3. 1991; S. 3.

[3] Als unkommentierte Beispiele zeitcharakteristischer Äußerungen mit jeweils hohem Grad der Verschiebung historischer Fakten in eher romanhafte Fiktion seien angeführt:

a) 1992: Rede des Oberbürgermeisters von München, Christian Ude:
». . . München als ehemalige ›Hauptstadt der Bewegung‹ und als Stadt, deren Namen auch in jenem Abkommen festgeschrieben ist, mit dem 1938 die Zerschlagung der Tschechoslowakei besiegelt wurde, trägt dafür eine ganz besondere Verantwortung.
Wie schon im Vertrag zwischen Bonn und Prag von 1973 wurde auch im ›Vertrag über gute Nachbarschaft und freundschaftliche Zusammenarbeit‹ das Münchner Abkommen für nichtig erklärt. Ungeschehen gemacht ist das Diktat der Abtretung des Sudetenlandes damit nicht. Faktum ist und bleibt, daß das Münchner Abkommen von 1938, die Vertreibung von drei Millionen Sudetendeutschen 1945, das Verschwinden der Tschechoslowakei hinter dem ›Eisernen Vorhang‹ und letztlich auch das brutale Niederwalzen des ›Prager Frühlings‹ 1968 eine gemeinsame Wurzel hat-

ten: Die gewissenlose Machtpolitik Hitlers, die auf die Vernichtung der slawischen und jüdischen Bevölkerung gerichtete nationalsozialistische Gewaltherrschaft.«
Wiedergabe nach Pressemitteilung des Redemanuskriptes; Archivmaterial des Verfassers.

b) 1994: Stichwort im »Geschichtslexikon« (Hsg. v. Heinrich Pleticha); Frankfurt/M.:
»**Sudetenfrage** Das seit Mitte des 19. Jh.s gespannte Verhältnis zwischen Tschechen und Deutschen hatte sich durch den Versailler Vertrag und den Frieden von St. Germain mit Österreich noch verschärft. Als dann die außenpolitischen Erfolge Hitlers es als möglich erscheinen ließen, die Friedensverträge zu revidieren, organisierten sich viele Deutsche in der Tschechoslowakei unter Führung Konrad Henleins und begannen, den Anschluß ans Reich zu fordern und den tschechoslowakischen Staat von innen her zu zerstören. Hitler konnte die einstigen Siegermächte England und Frankreich zunächst unter Hinweis auf das Selbstbestimmungsrecht der Völker zum Stillhalten gegenüber seiner Politik bewegen und erreichte 1938 im Münchner Abkommen den Anschluß des fast ausschließlich von Deutschen bewohnten Sudetenlandes an das Deutsche Reich. Als er im Frühjahr 1939 auch den Rest der Tschechoslowakei als → Protektorat annektierte, erkannten die Alliierten die Aussichtslosigkeit ihrer → Appeasementpolitik (Beschwichtigungspolitik). 1945/47 bereinigten die Tschechen die Sudetenfrage gewaltsam durch Vertreibung der Deutschen aus ihrer Heimat. 1990 hat die neue tschechoslowakische Regierung das den deutschen Vertriebenen angetane Unrecht zutiefst bedauert.«

c) 1996: Schrifttafel der Jubiläumsausstellung »1000 Jahre Österreich« in St. Pölten und Neuhofen a. d. Ybbs (Niederösterreich) zur Entwicklung 1918/19:
»1918 zerfiel die Monarchie ⟨*Gemeint: Österreich-Ungarn*⟩. Die junge Republik – die im wesentlichen nur mehr den deutschsprachigen Teil der ehemaligen Habsburgermonarchie umfaßte – wollte sich zuerst an Deutschland anschließen und nannte sich ›Deutsch-Österreich‹. Doch die Alliierten beharrten auf dem alten Namen. Seit September 1919 heißt der Staat ›Republik Österreich‹ . . .«

****

Erklärung **1990, 12. Januar**
des Prager Erzbischofs der katholischen Kirche,
František Kardinal Tomášek:
Entschuldigung Havels begrüßt, deutsche Entschuldigung erwartet

. . .

Der Präsident der ČSSR, Václav Havel, sprach neulich seine persönliche Entschuldigung[1] den Bürgern der Tschechoslowakischen Republik aus, die nach Beendigung des 2. Weltkrieges aus dem Staatsgebiet vertrieben wurden. Die Entschuldigung betrifft das Unrecht und das Leiden, das hierbei viele von ihnen von tschechischer Seite erlebten. Diese ehrenhafte Äußerung des Herrn Präsidenten begrüße ich als bedeutenden Schritt zur Lösung der Beziehungen zwischen tschechischem und deutschem Volk. Es ist dies ein Problem, das nach 40 Jahren unter den Ablagerungen von Propaganda und von Vorurteilen beider Seiten bestehengeblieben ist.

. . .

Es ist nicht meine Aufgabe, schwierige internationale Probleme zu lösen, aber ich muß ein grundsätzliches Wort zu den erweckten Emotionen sagen, gegen die nicht einmal gläubige Christen immun sind.
Vor allem möchte ich mein volles Verständnis ausdrücken für unsere tiefe Trauer und Erbitterung aus mehr als sechs Jahren grausamer Unterdrückung mit vielen Opfern an Leben unter schrecklichen Umständen während der nazistischen Okkupation. Das tschechische Volk erwartet mit Recht eine Entschuldigung für das alles von offiziellen Sprechern des deutschen Volkes[2], auch wenn die Nachfolger dieses Staates keinen Anteil daran hatten.
Die Gerechtigkeit fordert aber, daß wir, die Tschechen, nicht den unheilbaren Schmerz der einstigen Mitbürger und ihrer Kinder weiter anfachen.
Viele von diesen drei Millionen konnten ruhig weggehen, aber viele erfuhren harte, ja tyrannische Behandlung, die viele nicht überlebten. Dabei fielen nicht nur Deutsche, die tatsächlich schuldig waren, der Rachsucht zum Opfer, sondern auch solche, die zu den Tschechen ein gutes Verhältnis hatten oder sogar aktive Gegner des Hitlerregimes waren.

Es ist wahr, daß die Vollstrecker dieser Rechte eher zweifelhafte Mitglieder des tschechischen Volkes waren, häufig Kollaboranten, die ihre Tätigkeit in entgegengesetzter Richtung verwischen wollten. Trotzdem bleiben diese antirechtlichen, inhumanen Taten ein Schandfleck auf unserer nationalen Ehre. Das kann man nicht durch Schweigen übergehen oder durch Hinweise auf die Unrechtshandlungen, die uns angetan wurden, sondern nur durch objektive Anerkennung der ganzen Wahrheit und durch Distanzierung von der eigenen Schuld. Das ist der Sinn der Entschuldigung, auch wenn sie anstelle der Attentäter häufig gerade die ehrenhaften Leute aussprechen, denen es um die sittliche Gesundheit und die Ehre der Nation geht.

...

Das Herz Europas, aus dem einige Male in der Geschichte der Haß in kriegerischem Morden hervorquoll, sollte nun anfangen, im Rhythmus der Freundschaft zu schlagen.

... Wir knüpfen an Werte an, die aus den gemeinsamen christlichen Wurzeln der europäischen Geschichte und der modernen Zivilisation gewachsen sind, und wir sollten nur den einzigen Ehrgeiz haben: uns bei der Schaffung einer Zivilisation der Liebe gegenseitig zu übertreffen.

Anmerkungen:

1 Zum Text: Siehe S. 877.

2 Die Entschuldigung des SL-Sprechers Seebohm vom 2. 6. 1963 (zum Text: Siehe S. 771) war Kardinal Tomášek offensichtlich unbekannt.
Zur Rede von Bundespräsident von Weizsäcker am 15. 3. 1990 in Prag: Siehe S. 888.

Quelle:

»Lidová democracie« (Volksdemokratie), Prag; Jg. 46, Nr. 10 v. 12. 1. 1990; S. 1 f.

****

Erklärung des Sudetendeutschen Rates: **1990, 26. Januar**

»Diejenige Lösung die beste, der beide Völker frei zustimmen können«

Das Präsidium des Sudetendeutschen Rates nimmt großen Anteil an der Entwicklung zu einem demokratischen Neubeginn, der den Völkern in der Tschechoslowakei die Freiheit bringt. Die zukunftsweisenden Worte des Staatspräsidenten Václav Havel schaffen die Grundlage für eine gute Nachbarschaft der Völker und Volksgruppen in der Mitte Europas. Das Präsidium begrüßt die Einrichtung einer gemeinsamen wissenschaftlichen Kommission, wie sie von den Außenministern anläßlich der Öffnung des Grenzzaunes zwischen der Tschechoslowakei und der Bundesrepublik Deutschland vereinbart wurde.

Zu dem künftigen Verhältnis zwischen Tschechen und Sudetendeutschen bekräftigt das Präsidium des Sudetendeutschen Rates die bereits 1961 durch sein Plenum und die Bundesversammlung der Sudetendeutschen Landsmannschaft getroffene Feststellung[1], daß diejenige Lösung die beste ist, der beide Völker frei zustimmen können. Damit stellt sich die Grenzfrage nicht.[2] Das zukünftige Miteinander kann nur im Rahmen einer gesamteuropäischen Integration befriedigend getroffen werden.

Anmerkungen:

1 Gemeint waren die sog. 20 Punkte zur Sudetenfrage vom 7. 5. 1961; zum Text: Siehe S. 767.
Die angeführte »Feststellung« war hierin wörtlich nicht enthalten.

2 Diese Konsequenz war nicht zwingend zu ziehen.
Wenige Tage später war es ein emigrierter sudetendeutscher Sozialdemokrat, der dazu aus London deutlich formulierte. »... Unsere Volksgruppe kann sich natürlich nicht damit zufrieden geben, daß die neue tschechoslowakische Staatsführung die Vertreibung verurteilt hat. Wir sollten die Tschechen nicht darüber im unklaren lassen, daß es unser Ziel ist, Territorium in sudetendeutsche Souveränität zurückzubekommen, denn ohne Territorium können die Sudetendeutschen als Volks-

gruppe nicht überleben. Diese harte Wahrheit läßt sich nicht durch nebelhafte Formulierungen übertünchen, und es ist viel ehrlicher, dies offen auszusprechen als damit hinterm Berg zu halten. Die Rückwanderung einiger einzelner Sudetendeutscher oder deren Nachkommen in die böhmischen Länder aufgrund einer etwaigen Einladung der tschechoslowakischen Regierung mit wie immer verbrieften Rechten wäre kein Ersatz für den Verlust des Gebiets ...

Wir wollen jedoch den Tschechen nichts zumuten, was sie für unannehmbar halten. Wir glauben daher, daß es jetzt unser Nahziel sein sollte, eine Vereinbarung zwischen der Führung der sudetendeutschen Volksgruppe und der tschechoslowakischen Regierung zu erzielen, worin wir uns über zwei Punkte einigen:

1. Es wird anerkannt, daß das Sudetenproblem eine offene, ungelöste Frage ist und daß es einer Lösung bedarf.
2. Diese Lösung ist in Verhandlungen zwischen der tschechoslowakischen Regierung und der sudetendeutschen Volksgruppe, bzw. ihrer Führung zu erzielen und erlangt nur dann Gültigkeit, wenn ihr beide Seiten in freier Entscheidung zugestimmt haben ...«

Vgl. Hochfelder, Harry: »Was nun?« in »Sudetenbote« ⟨*Zeitschrift d. sd. Sozialdemokraten*⟩, Pounce Coupe (B. C., Kanada); Jg. 26, Nr. 7/8 v. Januar/Februar 1990; S. 1, 3 f.

Quelle:
Mitt.Bl. SL; Nr. 1/90, S. 16.

****

Feststellungen **1990, 23. Februar**
des Bundesvorstandes der SL und des Präsidiums des SR:
Gespräch mit fortschrittlichen und reformerischen Tschechen angestrebt

1. Die Wiederherstellung der Menschenrechte und der Demokratien im Herzen Europas sind die Voraussetzungen für ein Europa freier Völker und Volksgruppen. Deshalb erklären sich die Sudetendeutschen solidarisch mit der Demokratiebewegung in der Tschechoslowakei.
   Sie stellen fest, daß die Festigung der Demokratie in der Tschechoslowakei im ureigensten Interesse der Sudetendeutschen ist, denn dies ist die Voraussetzung, um die offenen Probleme zwischen Sudetendeutschen und Tschechen in voller Gleichberechtigung und mit Blick auf die Zukunft friedlich lösen zu können.
2. Die Sudetendeutschen ... treten im Geiste des zwischen ihnen und denen in der Freiheit lebenden Tschechen abgeschlossenen Wiesbadener Abkommens[1] und der Charta der deutschen Heimatvertriebenen[2] aus dem Jahre 1950 für eine Aussöhnung und Wiederbegegnung mit den Nachbarvölkern ihres Heimatraumes auf der Basis des Rechtes ein. Ein Europa der Partnerschaft freier Völker und Volksgruppen ist dabei ihr erstrebenswertes Leitbild. Dieses Europa soll nach den Grundsätzen des Völkerrechtes, der Menschen- und Freiheitsrechte sowie eines neuentwickelten Volksgruppenrechtes gestaltet sein.
3. Die Sudetendeutschen appellieren heute – 70 Jahre nach dem Abschluß des Vertrages von St. Germain[3] – an das tschechische Volk, auch aus der Vergangenheit zu lernen und mit ihnen neue Wege der Zusammenarbeit zu gehen. Sie haben den aufrichtigen Wunsch, mit der Lösung der Sudetenfrage einen Beitrag zum Frieden unter den Völkern zu leisten. Es gilt, den aus dem Nationalismus des 19. Jahrhunderts stammenden deutsch-tschechischen Gegensatz zu überwinden und durch ein Verhältnis guter Nachbarschaft zu ersetzen.
4. ... Staatsrechtliche Konstruktionen der Vergangenheit können nicht Vorbild für die Zukunft sein. Nur diejenige Lösung ist die beste, der sowohl Tschechen als auch Sudetendeutsche frei zustimmen können. Eine zukünftige Lösung der sudetendeutschen Frage gründet auf dem Recht auf die Heimat und dem Selbstbestimmungsrecht, wie es bereits in der Satzung der SL[4], ... heißt.
5. Wir bekennen uns mit Nachdruck zu dem Gedanken der Partnerschaft freier Völker und Volksgruppen in einem vereinten Europa, dem allein ein Verständigungsfriede entspringen kann. Dieser setzt die Wiederherstellung des Rechtes, den Verzicht auf Rache

und Vergeltung, wirtschaftliche Zusammenarbeit und jenes Ausmaß an inner- und außerstaatlicher Föderalisierung und Regionalisierung voraus, das in den bisherigen Formen europäischer Zusammenarbeit bereits deutlich sichtbar wird.

6. Die Feststellung, wonach die Bundesrepublik Deutschland keine territorialen Forderungen an die Tschechoslowakei erhebt, schließt das Heimat- und Selbstbestimmungsrecht der Sudetendeutschen nicht aus.
7. Die Sudetendeutschen begrüßen die Bekundungen der Bundesregierung und der Bayerischen Staatsregierung, daß die Obhutserklärung des Deutschen Bundestages vom 14. Juli 1950[5] ihre volle Gültigkeit besitzt. Sie erwarten, daß die Bundesregierung und die Bayerische Staatsregierung sie in dem Bemühen unterstützen, das Unrecht der Vertreibung mit friedlichen Mitteln wiedergutzumachen.
   Die Erklärungen von Präsident Havel[6] und Außenminister Dienstbier[7] zur Vertreibung der Sudetendeutschen haben mit großer moralischer Qualität eine Grundlage für künftige Gespräche geschaffen.
8. Die beiden Gremien werden Schritte unternehmen, um in ein Gespräch mit den fortschrittlichen und reformerischen Kräften in der Heimat einzutreten.[8]

Anmerkungen:
[1] vom 4. 8. 1950; zum Text: Siehe S. 724.
[2] vom 5. 8. 1950; zum Text: Siehe S. 31.
[3] vom 10. 9. 1919; zum Text: Siehe S. 280.
[4] vom 2. 5. 1954; zum Text: Siehe S. 735.
[5] Zum Text: Siehe S. 723.
[6] vom 15. 10. und 23. 12. 1989; zum Text: Siehe S. 874, 877.
[7] vom 19. 12. 1989; zum Text: Siehe S. 876.
[8] Zu Bemühungen und Ansätzen: Siehe z. B. S. 906, 921.

Quelle:
Vervielfältigter Beschlußtext; 3 ms. S.; Fotokopie im Besitz des Verfassers.

****

Rede[1] **1990, 15. März**
des ČSSR-Staatspräsidenten Václav Havel:
Ansichten zu 1938/39 und 1945/46

. . .
⟨*Wer, so fragte Havel, habe am 15. 3. 1939 Hitler in die Prager Burg eingelassen?*⟩

Vor allem war es der Teil seiner Mitbürger[2], der seinem primitiven Appell an die tückischen Seiten ihres Fühlens, an archetypische Visionen und nationale und soziale Sehnsüchte erlag.
. . .
Und schließlich war es die Furcht unserer eigenen Staatsführung, sich gegen die Übermacht aufzulehnen und großes Unverständnis und große Opfer zu riskieren. Eine Furcht untermalt vielleicht von der geahnten Mitverantwortung für die überhebliche Beziehung unseres damaligen Staates zu den Rechten der nationalen Minderheiten, die ohne Zweifel Einfluß darauf hatte, daß sich so viele tschechoslowakische Bürger deutscher Nationalität[2] mit jenem Wahnsinnigen gegen ihren eigenen Staat verbündeten.
Sein Krieg gegen die zivilisierte Welt begann zwar erst am 2.[3] September, doch erklärt wurde er eigentlich schon am 15. März. Und zwar hier, auf der Prager Burg.
. . .
⟨*Dann wandte sich Havel dem willkommenen deutschen Gast von 1990, Bundespräsident von Weizsäcker*[4]*, zu:*⟩
Wir sind uns darin einig, daß die Grundvoraussetzung für die wirkliche Freundschaft unserer Völker die Wahrheit ist. Wie hart auch immer, soll sie doch gesagt werden.

Unser Gast hat für seine Nation schon viele harte Wahrheiten[5] über das Leid ausgesprochen, das der Welt insgesamt und uns im besonderen viele Deutsche angetan haben. Oder genauer: viele Vorfahren der heutigen Deutschen.
Ist es auch uns gelungen, für unsere Seite alles zu sagen, was wir hätten sagen sollen? Ich bin mir dessen nicht sicher.
Sechs Jahre nazistischen Wütens haben zum Beispiel ausgereicht, daß wir uns vom Bazillus des Bösen anstecken ließen, daß wir uns gegenseitig während des Krieges und danach denunzierten, daß wir – in gerechter, aber auch übertriebener Empörung – uns das Prinzip der Kollektivschuld zu eigen machten. Anstatt ordentlich all die zu richten, die ihren Staat verraten haben, verjagten wir sie aus dem Land und belegten sie mit einer Strafe, die unsere Rechtsordnung nicht kannte.
Das war keine Strafe, das war Rache. Darüber hinaus verjagten wir sie nicht auf der Grundlage erwiesener individueller Schuld, sondern einfach als Angehörige einer bestimmten Nation. Und so haben wir in der Annahme, der historischen Gerechtigkeit den Weg zu bahnen, vielen unschuldigen Menschen, hauptsächlich Frauen und Kindern, Leid angetan.
Und wie es in der Geschichte zu sein pflegt, wir haben nicht nur ihnen Leid angetan, sondern mehr noch uns selbst. Wir haben mit der Totalität so abgerechnet, daß wir ihren Keim in das eigene Handeln aufgenommen haben und so auch in die eigene Seele, was uns kurz darauf grausam zurückgezahlt wurde in der Form unserer Unfähigkeit, einer anderen und von anderswoher importierten Totalität entgegenzutreten. Ja noch mehr: Manche von uns haben ihr aktiv auf die Welt geholfen.
Doch auch in anderer Weise hat sich unsere damalige Entscheidung nicht ausgezahlt: Dadurch, daß wir plötzlich ein umfangreiches Stück unseres Landes verwüstet haben, haben wir unwillkürlich das Unkraut der Verwüstung in unsere ganze Heimat eingelassen.
Die Opfer, die eine Wiedergutmachung[6] verlangt, werden also – unter anderem – auch der Preis für die Irrtümer und Sünden unserer Väter sein.
Wir können die Geschichte nicht umkehren, und so bleibt uns neben der freien Erforschung der Wahrheit nur das eine: immer wieder freundschaftlich die zu begrüßen, die mit Frieden in der Seele hierherkommen, um sich vor den Gräbern ihrer Vorfahren zu verneigen oder anzusehen, was von den Dörfern übriggeblieben ist, in denen sie geboren wurden.
. . .

Anmerkungen:

[1] im Prager Hradschin.

[2] Ambivalente Darstellung der Sudetendeutschen:
  a) Am 15. 3. 1939 waren auch die meisten von ihnen »Mitbürger« Hitlers.
  b) Zugleich werden sie als ČSR-Bürger bezeichnet.

[3] Offensichtlich gemeint: Das Datum des Beginns des 2. Weltkrieges, also der 1. September 1939.

[4] a) Dieser erwiderte die Rede Havels zu 1939 und 1945 v. a. wie folgt:
  b) »Die Namen ehrbarer Dörfer und Städte bei Ihnen und bei uns von Lidice bis Dachau wurden zu Mahnmalen von Brutalität und Verachtung der Humanität. Es hat auch schwere Opfer unzähliger unschuldiger Deutscher gegeben. Wir können der Opfer und der Leidtragenden aller Seiten nur in tiefem Schmerz und in Ehrfurcht gedenken. Wir schulden ihnen die Erinnerung, wir brauchen ihre Mahung.
  Wir wollen die Geschichte nicht zur Verteidigung, zur Anklage oder zur Aufrechnung mißbrauchen. Dessen bedarf die Geschichte nicht, und uns würde es nicht weiterhelfen. Wenn wir uns in Frieden und Freundschaft begegnen wollen, dann brauchen wir Aufrichtigkeit sowohl miteinander als auch jeder für sich mit seiner eigenen Vergangenheit.
  ›Mit der Verbesserung muß jeder bei sich selbst beginnen‹, so sagt es Ihr großer Denker Comenius. Auf den Menschen kommt es an. Schuld ist, wie Unschuld, niemals kollektiv, sondern persönlich. Gemeinsam aber tragen wir die Verantwortung für das, was wir aus dem Erbe der Geschichte in der Gegenwart machen.
  . . .
  Mit Ihnen wollen wir eine Brücke der Verständigung bauen, und ich möchte auch den Sprechern

der Sudetendeutschen für ihre aufrechten und guten Worte danken. Es ist ermutigend, beiderseits von der Anregung zu einer ›Volksdiplomatie‹ zu hören, also von der Absicht zu gegenseitigen Einladungen und Besuchen, zu Dialog und Verständnis, zu neuen freundschaftlichen Bindungen. Wir haben die Zuversicht, daß daraus eine grundlegende, in den Empfindungen unserer Völker wachsende Wende zum Guten eintreten kann.

...

Wir Deutschen haben mehr Nachbarn als jedes andere europäische Volk. Unsere Lage hat eine geschichtliche Entwicklung hervorgebracht, die stets von wechselseitigen Einflüssen und Eingriffen zwischen den Nachbarn und uns geprägt war. Unsere Geschichte hat uns noch nie allein gehört. Auch heute, und heute erst recht, gibt es keine isolierte nationale Politik für uns. Die Epoche, in der sich ein guter Patriotismus in einen bösen Nationalismus gegen die Nachbarn verwandelt und dann zu zerstörerischen europäischen Bruderkriegen geführt hat, liegt hinter uns. So wie Deutsche und Franzosen sie miteinander überwunden haben, so soll es auch zwischen Ihnen und uns werden. Unsere Bürger, zumal unsere Jugend, wollen und können es ...«

c) Die Rede v. Weizsäckers enthielt keine (an sich erwartete) offizielle deutsche Entschuldigung für die Verbrechen des NS-Regimes.

d) Die vorgeschlagene Orientierung des künftigen deutsch-tschechischen Verhältnisses am deutsch-französischen Verhältnis übersah, wie regelmäßig, daß Frankreich nach 1945 keine Massenvertreibung vorgenommen hatte, sondern, im Gegenteil, dem Saargebiet und seinen nichtvertriebenen Deutschen 1956 die Selbstbestimmung gab.

[5] Zur Qualität mancher dieser Aussagen: Siehe die Anmerkungen zur Rede vom 8. 5. 1985: Siehe S. 865.

[6] Der Redner ließ offen, wem Wiedergutmachung wofür zusteht.

Quelle (auch für Anm. 4):
Bulletin; Nr. 36 v. 17. 3. 1990; S. 277 f.

****

Beschluß[1] **1990, 14. Juli**
des Parteitages der CSU:
Achtung von Heimat-, Selbstbestimmungs- und Rückkehrrecht sind Voraussetzungen für Kooperation mit EU

...

Immer mehr streben die Staaten Ost- und Mitteleuropas eine enge Zusammenarbeit mit den Staaten der Europäischen Gemeinschaft an. Wir sind zur Kooperation bereit. Dies setzt aber voraus:

- Die Achtung und den Schutz der Menschenrechte,
- die Anerkennung des Selbstbestimmungsrechts und des Rechts auf die Heimat,
- die Gewährung und Respektierung umfassender Volksgruppen- und Minderheitenrechte,
- volle Freizügigkeit in Europa und die Möglichkeit in die angestammte Heimat zurückzukehren.

...

Ein wirksamer Minderheitenschutz und angemessene Volksgruppenrechte sind unverzichtbar für das friedliche Zusammenleben der Völker und Volksgruppen in Europa. Nur so können dauerhaft Verständigung und Versöhnung erreicht werden.

Nach der Aussöhnung mit dem Westen streben wir ein gutes Miteinander mit unseren östlichen Nachbarstaaten an. Wirkliche Aussöhnung kann nur auf der Grundlage der vollen geschichtlichen Wahrheit geschehen. Wir haben nie die Verbrechen, die im deutschen Namen begangen wurden, geleugnet. Václav Havel hat mit seinen Worten[2] zur Vertreibung der Sudetendeutschen einen entscheidenden Beitrag zur Aussöhnung zwischen Deutschland und der Tschechoslowakei geleistet.

...

Wenn in einem zusammenwachsenden Europa die Grenzen immer mehr an Bedeutung verlieren, muß es möglich sein, daß Deutsche, die dies wollen, in ihre Heimat zurückkehren dürfen.

Das Heimatrecht ist ein anerkannter Grundsatz des Völkerrechts, der für alle Völker und Volksgruppen gilt. Die politischen Verhältnisse in Ost- und Mitteleuropa müssen so gestaltet werden, daß das Recht auf die angestammte Heimat vernünftig realisiert werden kann.
. . .

Anmerkungen:
[1] Der einstimmige Beschluß ging auf einen Antrag zurück, der v. a. von Erwin Huber, Franz Neubauer, Theo Waigel und Fritz Wittmann gestellt worden war.
[2] Zum Text: Siehe S. 874, 877 f.

Quelle:
Vervielfältigter Antrag; 5 ms. S.; Fotokopie im Besitz des Verfassers.

****

Vertrag **1990, 31. August**
zwischen der Bundesrepublik Deutschland und der Deutschen Demokratischen Republik »über die Herstellung der Einheit Deutschlands«
(sog. Einigungsvertrag)[1]
Die Länder der bisherigen DDR treten der Bundesrepublik Deutschland bei

Die Bundesrepublik Deutschland und die Deutsche Demokratische Republik –
entschlossen, die Einheit Deutschlands in Frieden und Freiheit als gleichberechtigtes Glied der Völkergemeinschaft in freier Selbstbestimmung zu vollenden,
. . .
im Bewußtsein der Kontinuität deutscher Geschichte und eingedenk der sich aus unserer Vergangenheit ergebenden besonderen Verantwortung für eine demokratische Entwicklung in Deutschland, die der Achtung der Menschenrechte und dem Frieden verpflichtet bleibt,
in dem Bestreben, durch die deutsche Einheit einen Beitrag zur Einigung Europas und zum Aufbau einer europäischen Friedensordnung zu leisten, in der Grenzen nicht mehr trennen und die allen europäischen Völkern ein vertrauensvolles Zusammenleben gewährleistet,
in dem Bewußtsein, daß die Unverletzlichkeit der Grenzen und der territorialen Integrität und Souveränität aller Staaten in Europa in ihren Grenzen eine grundlegende Bedingung für den Frieden ist –
sind übereingekommen, einen Vertrag über die Herstellung der Einheit Deutschlands mit den nachfolgenden Bestimmungen zu schließen:

Kapitel I⟨:⟩ Wirkung des Beitritts

Artikel 1⟨:⟩ Länder

(1) Mit dem Wirksamwerden des Beitritts der Deutschen Demokratischen Republik zur Bundesrepublik Deutschland gemäß Artikel 23 des Grundgesetzes am 3. Oktober 1990 werden die Länder Brandenburg, Mecklenburg-Vorpommern, Sachsen, Sachsen-Anhalt und Thüringen Länder der Bundesrepublik Deutschland . . .
(2) Die 23 Bezirke von Berlin bilden das Land Berlin.

Artikel 2⟨:⟩ Hauptstadt, Tag der Deutschen Einheit

. . .

Kapitel II⟨:⟩ Grundgesetz

Artikel 3⟨:⟩ Inkrafttreten des Grundgesetzes

. . .

Artikel 4⟨:⟩ Beitrittsbedingte Änderungen des Grundgesetzes

Das Grundgesetz für die Bundesrepublik Deutschland wird wie folgt geändert:

1. Die Präambel wird wie folgt gefaßt:
   »Im Bewußtsein seiner Verantwortung vor Gott und den Menschen,
   von dem Willen beseelt, als gleichberechtigtes Glied in einem vereinten Europa dem Frieden der Welt zu dienen, hat sich das Deutsche Volk kraft seiner verfassungsgebenden Gewalt dieses Grundgesetz gegeben.
   Die Deutschen in den Ländern Baden-Württemberg, Bayern, Berlin, Brandenburg, Bremen, Hamburg, Hessen, Mecklenburg-Vorpommern, Niedersachsen, Nordrhein-Westfalen, Rheinland-Pfalz, Saarland, Sachsen, Sachsen-Anhalt, Schleswig-Holstein und Thüringen haben in freier Selbstbestimmung die Einheit und Freiheit Deutschlands vollendet. Damit gilt dieses Grundgesetz für das gesamte Deutsche Volk.«
2. Artikel 23 wird aufgehoben.
3. Artikel 51 Abs. 2 des Grundgesetzes wird wie folgt gefaßt: ⟨*Stimmenverteilung im Bundesrat*⟩

4., 5. ⟨*Spezielle Vorschriften*⟩

6. Artikel 146 wird wie folgt gefaßt:
   »Artikel 146
   Dieses Grundgesetz, das nach Vollendung der Einheit und Freiheit Deutschlands für das gesamte deutsche Volk gilt, verliert seine Gültigkeit an dem Tage, an dem eine Verfassung in Kraft tritt, die von dem deutschen Volke in freier Entscheidung beschlossen worden ist.«

Artikel 5⟨:⟩ Künftige Verfassungsänderungen

...

Artikel 6⟨:⟩ Ausnahmebestimmung

...

Artikel 7⟨:⟩ Finanzverfassung

...

Kapitel III ⟨*bis*⟩ VIII⟨:⟩ Rechtsangleichung

Völkerrechtliche Verträge und Vereinbarungen ⟨*Fortgeltung*⟩
Öffentliche Verwaltung und Rechtspflege
Öffentliche Vermögen und Schulden
Arbeit, Soziales, Familie, Frauen, Gesundheitswesen und Umweltschutz
Kultur, Bildung und Wissenschaft, Sport

Kapitel IX⟨:⟩ Übergangs- und Schlußbestimmungen

Artikel 40⟨:⟩ Verträge und Vereinbarungen

...

Artikel 41⟨:⟩ Regelung von Vermögensfragen

(1) Die von der Regierung der Bundesrepublik Deutschland und der Regierung der Deutschen Demokratischen Republik abgegebene Gemeinsame Erklärung vom 15. Juni 1990 zur Regelung offener Vermögensfragen (Anlage III) ist Bestandteil dieses Vertrages.

(2) Nach Maßgabe besonderer gesetzlicher Regelung findet eine Rückübertragung von Eigentumsrechten an Grundstücken oder Gebäuden nicht statt, wenn das betroffene Grundstück oder Gebäude für dringende, näher festzulegende Investitionszwecke benötigt wird, insbesondere der Errichtung einer gewerblichen Betriebsstätte dient und die Verwirklichung dieser Investitionsentscheidung volkswirtschaftlich förderungswürdig ist, vor allem Arbeitsplätze schafft oder sichert. Der Investor hat einen die wesentlichen Merkmale des Vorhabens aufzeigenden Plan vorzulegen und sich zur Durchführung des Vorhabens auf dieser Basis zu verpflichten. In dem Gesetz ist auch die Entschädigung des früheren Eigentümers zu regeln.
(3) Im übrigen wird die Bundesrepublik Deutschland keine Rechtsvorschriften erlassen, die der in Absatz 1 genannten Gemeinsamen Erklärung widersprechen.

Artikel 42 ⟨bis⟩ 45⟨:*Weitere Übergangs- und Schlußbestimmungen*⟩

Anlage I⟨:⟩ Besondere Bestimmungen zur Überleitung von Bundesrecht

...

Anlage II⟨:⟩ Besondere Bestimmungen für fortgeltendes Recht der DDR

...

Anlage III

Gemeinsame Erklärung[2]
der Regierungen der Bundesrepublik Deutschland
und der Deutschen Demokratischen Republik
zur Regelung offener Vermögensfragen
vom 15. Juni 1990

Die Teilung Deutschlands, die damit verbundene Bevölkerungswanderung von Ost nach West und die unterschiedlichen Rechtsordnungen in beiden deutschen Staaten haben zu zahlreichen vermögensrechtlichen Problemen geführt, die viele Bürger in der Deutschen Demokratischen Republik und in der Bundesrepublik Deutschland betreffen.
Bei der Lösung der anstehenden Vermögensfragen gehen beide Regierungen davon aus, daß ein sozial verträglicher Ausgleich unterschiedlicher Interessen zu schaffen ist. Rechtssicherheit und Rechtseindeutigkeit sowie das Recht auf Eigentum sind Grundsätze, von denen sich die Regierungen der Deutschen Demokratischen Republik und der Bundesrepublik Deutschland bei der Lösung der anstehenden Vermögensfragen leiten lassen. Nur so kann der Rechtsfriede in einem künftigen Deutschland dauerhaft gesichert werden.
Die beiden deutschen Regierungen sind sich über folgende Eckwerte einig:

1.
Die Enteignungen auf besatzungsrechtlicher bzw. besatzungshoheitlicher Grundlage (1945 bis 1949) sind nicht mehr rückgängig zu machen. Die Regierungen der Sowjetunion[2] und der Deutschen Demokratischen Republik sehen keine Möglichkeit, die damals getroffenen Maßnahmen zu revidieren. Die Regierung der Bundesrepublik Deutschland nimmt dies im Hinblick auf die historische Entwicklung zur Kenntnis. Sie ist der Auffassung, daß einem künftigen gesamtdeutschen Parlament eine abschließende Entscheidung über etwaige staatliche Ausgleichsleistungen vorbehalten bleiben muß.

2. ⟨*bis*⟩ 14.⟨: *Regelungen für Enteignungen u. ä. nach 1949*⟩

Anmerkungen:

[1] Der am 31. 8. 1990 unterzeichnete Vertrag war sehr umfangreich; er umfaßte rd. 250 Druckseiten. Da er bereits wenige Wochen später (am 20. 9. 1990) vom Bundestag (gegen die Stimmen der »Grünen«) gebilligt wurde, ist auszuschließen, daß seine sämtlichen Bestimmungen angemessen gewürdigt werden konnten.

[2] a) Der Ausgangspunkt dieses Teiles des Einigungsvertrages vom 31. 8. 1990 und der Gemeinsamen Erklärung vom 15. 6. 1990 war ein Brief des damaligen DDR-Ministerpräsidenten Modrow an Bundeskanzler Kohl vom 2. 3. 1990. In letzterem wurden sowjetische Besatzung und Sowjetunion nicht einmal erwähnt; es hieß vielmehr u. a.:

»... möchte ich Sie darüber informieren, daß meine Regierung zunehmend von großer Sorge getragene Fragen von Bürgern, gesellschaftlichen Vereinigungen und Parteien erreichen, in denen Rechtssicherheit zu den Eigentumsverhältnissen in der Deutschen Demokratischen Republik im Zusammenhang mit den aufgenommenen Verhandlungen über eine Währungsunion und Wirtschaftsgemeinschaft gefordert wird.

Darüber hinaus scheint es mir nicht nur unter dem Gesichtspunkt des deutschen Einigungsprozesses, sondern auch im Hinblick auf einen weiteren konstruktiven Verlauf der gesamteuropäischen Zusammenarbeit erforderlich, die nach dem Zweiten Weltkrieg in der Deutschen Demokratischen Republik entstandene Eigentumsordnung nicht in Frage zu stellen.

Ich darf die Erwartung zum Ausdruck bringen, daß auch die Regierung der Bundesrepublik Deutschland unter Beachtung aller Umstände und Konsequenzen sowie in dem Bestreben, die Einigung Deutschlands zu fördern, sich diesem Standpunkt anschließt und ihn in den weiteren Verhandlungen zwischen beiden Staaten mit zugrunde legen wird.«

Vgl. Nakath, Detlev: »Countdown zur deutschen Einheit«; Berlin, 1996, S. 312.

b) Nach Umetikettierung der daran Interessierten von (am 2. 3. 1990) u. a. »gesellschaftlichen Vereinigungen der DDR« in (am 15. 6. 1990) die »Regierung der Sowjetunion« wurde das Begehren (am 12. 9. 1990; siehe S. 895) den 4 Mächten notifiziert und seither von der deutschen Regierung in letzterer Form selbst vor dem Bundesverfassungsgerichtshof (Urteile z. B. v. 23. 4. 1991, 18. 4. 1996) verständlicherweise tapfer und erfolgreich verteidigt: Sie übernahm das Eigentum, um es dann bestmöglich zu verkaufen.

Zum Protest des damaligen UdSSR-Staats- und Regierungschefs Gorbatschow gegen diese Inanspruchnahme und zum weiteren Ablauf: Siehe S. 1133.

c) Inhalt und weiteres Schicksal der deutsch-deutschen Erklärung vom 15. 6. 1990 wurden in der ČSFR intensiv und interessiert beachtet (siehe S. 919): Hier war in Methode und Ergebnis ein nachahmungswürdiges Muster für die Behandlung z. B. sudetendeutscher Eigentumsansprüche vorgezeichnet worden.

Quelle:

Bulletin; Nr. 104 v. 6. 9. 1990; S. 877–1120. Hervorhebungen im Original.

****

Vertrag **1990, 12. September**
zwischen zwei Staaten in Deutschland
und vier Hauptalliierten des 2. Weltkrieges
»über die abschließende Regelung in bezug auf Deutschland«
(sog. Zwei-plus-Vier-Vertrag):
Deutschland hat »volle Souveränität[1] über seine inneren und äußeren Angelegenheiten«

Die Bundesrepublik Deutschland, die Deutsche Demokratische Republik, die Französische Republik, das Vereinigte Königreich Großbritannien und Nordirland, die Union der Sozialistischen Sowjetrepubliken und die Vereinigten Staaten von Amerika –

in dem Bewußtsein, daß ihre Völker seit 1945 miteinander in Frieden leben,

...

unter Berücksichtigung der Rechte und Verantwortlichkeiten der Vier Mächte in bezug auf Berlin und Deutschland als Ganzes und der entsprechenden Vereinbarungen und Beschlüsse der Vier Mächte aus der Kriegs- und Nachkriegszeit,

entschlossen, in Übereinstimmung mit ihren Verpflichtungen aus der Charta der Vereinten

Nationen freundschaftliche, auf der Achtung vor dem Grundsatz der Gleichberechtigung und Selbstbestimmung der Völker beruhende Beziehungen zwischen den Nationen zu entwickeln und andere geeignete Maßnahmen zur Festigung des Weltfriedens zu treffen,

...

in Würdigung dessen, daß das deutsche Volk in freier Ausübung des Selbstbestimmungsrechts seinen Willen bekundet hat, die staatliche Einheit Deutschlands herzustellen, um als gleichberechtigtes und souveränes Glied in einem vereinten Europa dem Frieden der Welt zu dienen,

...

sind wie folgt übereingekommen[2]

Artikel 1 ⟨*Grenzen*⟩

(1) Das vereinte Deutschland wird die Gebiete der Bundesrepublik Deutschland, der Deutschen Demokratischen Republik und ganz Berlins umfassen. Seine Außengrenzen werden die Grenzen der Deutschen Demokratischen Republik und der Bundesrepublik Deutschland sein und werden am Tage des Inkrafttretens dieses Vertrages endgültig sein. Die Bestätigung des endgültigen Charakters der Grenzen des vereinten Deutschland ist ein wesentlicher Bestandteil der Friedensordnung in Europa.
(2) Das vereinte Deutschland und die Republik Polen bestätigen die zwischen ihnen bestehende Grenze in einem völkerrechtlich verbindlichen Vertrag.
(3) Das vereinte Deutschland hat keinerlei Gebietsansprüche gegen andere Staaten und wird solche auch nicht in Zukunft erheben.
(4) Die Regierungen der Bundesrepublik Deutschland und der Deutschen Demokratischen Republik werden sicherstellen, daß die Verfassung des vereinten Deutschland keinerlei Bestimmungen enthalten wird, die mit diesen Prinzipien unvereinbar sind. Dies gilt dementsprechend für die Bestimmungen, die in der Präambel und in den Artikeln 23 Satz 2 und 146 des Grundgesetzes für die Bundesrepublik Deutschland niedergelegt sind.
(5) Die Regierungen der Französischen Republik, des Vereinigten Königreichs Großbritannien und Nordirland, der Union der Sozialistischen Sowjetrepubliken und der Vereinigten Staaten von Amerika nehmen die entsprechenden Verpflichtungen und Erklärungen der Regierungen der Bundesrepublik Deutschland und der Deutschen Demokratischen Republik förmlich entgegen und erklären, daß mit deren Verwirklichung der endgültige Charakter der Grenzen des vereinten Deutschland bestätigt wird.

Artikel 2 ⟨*Friedenserklärung*⟩

Die Regierungen der Bundesrepublik Deutschland und der Deutschen Demokratischen Republik bekräftigen ihre Erklärungen, daß von deutschem Boden nur Frieden ausgehen wird. Nach der Verfassung des vereinten Deutschland sind Handlungen, die geeignet sind und in der Absicht vorgenommen werden, das friedliche Zusammenleben der Völker zu stören, insbesondere die Führung eines Angriffskrieges vorzubereiten, verfassungswidrig und strafbar. Die Regierungen der Bundesrepublik Deutschland und der Deutschen Demokratischen Republik erklären, daß das vereinte Deutschland keine seiner Waffen jemals einsetzen wird, es sei denn in Übereinstimmung mit seiner Verfassung und[2] der Charta der Vereinten Nationen.

Artikel 3 ⟨*Deutscher Verzicht auf Massenvernichtungswaffen und Begrenzung konventioneller Streitkräfte*⟩

Artikel 4 ⟨*Sowjetischer Truppenabzug bis Ende 1994*⟩

Artikel 5 ⟨*Deutsche Streitkräfte bis und nach Ende 1994 in bisheriger DDR*⟩

Artikel 6 ⟨*Bündnisfreiheit*⟩

Das Recht des vereinten Deutschland, Bündnissen mit allen sich daraus ergebenden Rechten und Pflichten anzugehören, wird von diesem Vertrag nicht berührt.

Artikel 7 ⟨*Beendigung der Rechte der Vier Mächte; Deutschland voll souverän*⟩

(1) Die Französische Republik, das Vereinigte Königreich Großbritannien und Nordirland, die Union der Sozialistischen Sowjetrepubliken und die Vereinigten Staaten von Amerika beenden hiermit ihre Rechte und Verantwortlichkeiten in bezug auf Berlin und Deutschland als Ganzes. Als Ergebnis werden die entsprechenden, damit zusammenhängenden vierseitigen Vereinbarungen, Beschlüsse und Praktiken beendet und alle entsprechenden Erklärungen der Vier Mächte aufgelöst.
(2) Das vereinte Deutschland hat demgemäß volle Souveränität[1] über seine inneren und äußeren Angelegenheiten.

Artikel 8 ⟨*bis*⟩ 10⟨: *Ratifikations- und Schlußbestimmungen*⟩

Gemeinsamer Brief
des Bundesministers des Auswärtigen, Hans-Dietrich Genscher,
und des amtierenden Außenministers der DDR,
Ministerpräsident Lothar de Maizière,
an die Außenminister der Sowjetunion, Frankreichs,
Großbritanniens und der Vereinigten Staaten
im Zusammenhang mit der Unterzeichnung des Vertrages
über die abschließende Regelung in bezug auf Deutschland

Herr Außenminister,
im Zusammenhang mit der heutigen Unterzeichnung des Vertrages über die abschließende Regelung in bezug auf Deutschland möchten wir Ihnen mitteilen, daß die Regierungen der Bundesrepublik Deutschland und der Deutschen Demokratischen Republik in den Verhandlungen folgendes dargelegt haben:

1. Die Gemeinsame Erklärung der Regierungen der Bundesrepublik Deutschland und der Deutschen Demokratischen Republik zur Regelung offener Vermögensfragen vom 15. Juni 1990 enthält unter anderem folgende Aussagen:
   ⟨*Es folgte der Text der Ziff. 1 der Anlage III zum Einigungsvertrag v. 31. 8. 1990; siehe S. 892.*⟩
   Gemäß Artikel 41 Absatz 1 des Vertrages zwischen der Bundesrepublik Deutschland und der Deutschen Demokratischen Republik über die Herstellung der Einheit Deutschlands vom 31. August 1990 (Einigungsvertrag) ist die genannte Gemeinsame Erklärung Bestandteil dieses Vertrages. Gemäß Artikel 41 Absatz 3 des Einigungsvertrages wird die Bundesrepublik Deutschland keine Rechtsvorschriften erlassen, die dem oben zitierten Teil der Gemeinsamen Erklärung widersprechen.
2. Die auf deutschem Boden errichteten Denkmäler, die den Opfern des Krieges und der Gewaltherrschaft gewidmet sind, werden geachtet und stehen unter dem Schutz deutscher Gesetze.
   Das Gleiche gilt für die Kriegsgräber, sie werden erhalten und gepflegt.
3. Der Bestand der freiheitlich-demokratischen Grundordnung wird auch im vereinten Deutschland durch die Verfassung geschützt. Sie bietet die Grundlage dafür, daß Parteien, die nach ihren Zielen oder nach dem Verhalten ihrer Anhänger darauf ausgehen,

die freiheitlich-demokratische Grundordnung zu beeinträchtigen oder zu beseitigen, sowie Vereinigungen, die sich gegen die verfassungsmäßige Ordnung oder gegen den Gedanken der Völkerverständigung richten, verboten werden können. Dies betrifft auch Parteien und Vereinigungen mit nationalsozialistischen Zielsetzungen.

4. ⟨*Zur Fortgeltung bzw. Anpassung von Verträgen der Deutschen Demokratischen Republik*⟩

⟨*Unterschriften*⟩

Anmerkungen:

[1] In Widerspruch zu dieser »vollen Souveränität« stand eine Regierungsvereinbarung zwischen Deutschland und den drei (West-)Mächten vom 28. 9. 1990.
Zum Text vgl. BGBl. 1990, Teil II; S. 1386–1388.
Danach blieben u. a. aus dem 6. Teil der Art. 3, Abs. 1 und 3 sowie aus dem 9. Teil der Art. 1 des sog. Überleitungsvertrages vom 23. 10. 1954 weiterhin in Kraft.
Zum Text: Siehe S. 739 f.
Bereits dort jedoch auch die Feststellung, daß die Bestimmungen sudetendeutsches Vermögen nicht betrafen.
Zur mindestens insoweit fehlerhaften Behandlung durch das Bundesverfassungsgericht am 28. 1. 1998: Siehe S. 1108.

[2] Manche Vertragsbestimmungen waren wohl eher deklamatorischer Art:
a) Der Schlußsatz des Art. 2 wurde sogar offensichtlich obsolet.
Am 24. 3. 1999 begann die BR Deutschland als Teil der NATO ohne ausreichendes UN-Mandat (zu den Vorschriften: Siehe S. 17) mit Waffeneinsatz gegen Jugoslawien. Dies wurde ihr von keinem Staat der Welt vorgehalten.
b) Auch Art. 1 war völkerrechtlich bestenfalls als dubios anzusehen:
Es verstieß gegen die UN-Prinzipien »Kein Gebietserwerb durch Krieg« (siehe S. 1175) sowie »Nichtigkeit zwingendem Völkerrecht widersprechenden Verträgen« (siehe S. 934, Anm. 5 d).

Quelle:
Bulletin; Nr. 109 v. 14. 9. 1990; S. 1153–1167.

****

Brief **1990, 20. September**
der katholischen Bischöfe der ČSFR an die
Deutschen Bischofskonferenzen ⟨*der BR Deutschland und der DDR*⟩:
Mitschuld durch Schweigen

. . .

I. Die Ereignisse der letzten Zeit haben uns alle mit neuer Hoffnung erfüllt und unseren Glauben an die wirksame Gegenwart Gottes in der Geschichte der Menschheit gestärkt. In eigener Erfahrung haben wir deutlich erkannt, daß der Mensch nicht dauernd mit der Lüge leben und sich mit Haß nähren kann . . . Mit Freude haben wir das Einreißen der Berliner Mauer beobachtet, die das Symbol des geteilten Volkes innerhalb der Nation war und das Merkmal der geteilten Welt. Ihr Sturz war der Auftakt zur Bildung neuer Beziehungen in Europa.

. . .

II. Ihre Erklärung[1] als Antwort auf den ersten Schritt von Seiten des Herrn Präsidenten Havel[2] und des Herrn Kardinal Tomášek[3] empfinden wir als Ausdruck Ihrer Bereitschaft, mit uns in dieser Frage auf der Position der Wahrheit und Liebe zum Evangelium Christi zu arbeiten. Auch wir sind uns wohl bewußt, daß uns in diesem Augenblick irgendwelche rein menschlichen, rationalen Analysen nicht helfen können, nicht das Wägen von Schuld auf der einen und der anderen Seite und das Buchen auf den Seiten von »Soll« und »Haben«. Hiermit lehnen wir die Anstrengungen der Historiker und Politiker auf diesem Gebiet nicht ab

und unterschätzen sie nicht, sondern drücken die tiefe Überzeugung aus, daß diese Einstellung zu Vergebung und Liebe die ersten Voraussetzungen für alles andere sein muß.
Wir danken aufrichtig dafür, daß Sie mit Bedauern bei den Verbrechen verweilen, »die in der Zeit der Okkupation im Namen des deutschen Volkes am tschechischen Volk verübt wurden durch Mißachtung seines Rechtes der Selbstbestimmung«, und ebenso bei allen anderen Verbrechen, die in der Zeit des Nationalsozialismus an unseren beiden Nationen verübt wurden. Alle diese Taten riefen kritiklosen Haß hervor, zu dem auch Christen mitgerissen wurden, weil die Grundprinzipien des Evangeliums in unserem Leben nicht in ihrer befreienden und lebensspendenden Gestalt gelebt wurden.
Diese Ihre Worte befreien uns und öffnen den Weg, damit auch wir bei einem Rückblick auf alles, was geschehen ist, Bedauern zeigen über die Austreibung der Deutschen aus ihrer Heimat, wobei das ungerechte Prinzip der Kollektivstrafe angewandt wurde, das schuldlose Menschen, unter ihnen viele Gläubige und eine Reihe von Priestern betroffen hat. Die damalige Obrigkeit nutzte die allgemeine Atmosphäre des Zornes aus und, ausgehend von unchristlichen Grundsätzen, unternahm Schritte im Interesse ihrer Politik ohne Rücksicht auf Gerechtigkeit.
Die Diözesen waren zu dieser Zeit zum großen Teil ohne Bischöfe und die damaligen Repräsentanten der Ortskirchen fanden in der Situation, die eingetreten war, nicht den Mut, ein entscheidendes Wort[4] zu sprechen. So wurden wir als Christen durch unser Schweigen mitschuldig an dem Racheakt gegenüber den Deutschen. In konkreten Fällen haben sich einige unserer Gläubigen damit identifiziert, ja auch direkt an dieser Tat des Hasses und der Lieblosigkeit beteiligt.
Wir bekennen daher eine Mitschuld der Gläubigen und Repräsentanten der Kirche und erklären, daß wir alles zutiefst bereuen, was geschehen ist. Wir sind uns dessen bewußt, daß alle Verbrechen auf beiden Seiten aus Systemen und Mentalitäten entsprangen, die wesentliche christliche Prinzipien verleugnet haben und allein auf menschlichen Grundlagen erbaut waren. Wir fühlen schmerzlich, daß der Mangel eines entfalteten christlichen Lebens in dieser Zeit in bedeutendem Maße diesen unchristlichen Einstellungen Raum geboten haben.
Diese schmerzlichen Zeitzeichen und bitteren Erfahrungen sind für uns beredte Belehrungen für die Gegenwart und den Weg in die Zukunft.

III. ⟨*Dank für Hilfe*⟩ in den vierzig Jahren der Unfreiheit ⟨*unter besonderer Erwähnung der*⟩ Ackermanngemeinde.

IV. . . .
In Europa sind die Mauern gefallen, die ohne Gott errichteten Systeme, die den Osten vom Westen getrennt haben. Es bleibt jedoch, ja es wächst sogar der Konsum-Materialismus, der die Menschen von Gott und voneinander trennt. Es gibt hier noch Barrieren, die durch Egoismus, Lieblosigkeit, durch den Verlust des lebendigen Glaubens an Gott, durch Veränderung des Lebensziels und eine Wertverschiebung verursacht werden.
Europa wird erst glücklich werden, wenn auch diese Hindernisse gefallen sind. Darin sehen wir unsere gemeinsame Aufgabe – das Werk, an dem wir mit Ihnen mitarbeiten wollen.

Anmerkungen:
1 Gemeint: Ein Brief der deutschen katholischen Bischöfe vom 8. 3. 1990 an Kardinal Tomášek.
2 Zu den Texten: Siehe S. 874, 877 f.
3 Zum Text vom 12. 1. 1990: Siehe S. 884.
4 Zu Äußerungen katholischer Bischöfe aus dieser Zeit: Siehe S. 651 f., 655.

Quelle:
»Deutsche Tagespost«; Würzburg (Ufr.); Jg. 43, Nr. 114 v. 22. 9. 1990; S. 5.

****

ČSFR-Gesetz Nr. 427 **1990, 25. Oktober**[1]
»betreffend die Übertragung bestimmter in Staatseigentum befindlicher Gegenstände auf andere juristische oder natürliche Personen«
(sog. Kleines[2] Privatisierungsgesetz):

ERSTER TEIL
Grundlegende Bestimmungen

§ 1

Das Gesetz stellt die Bedingungen fest, unter denen das Staatseigentum an bestimmten Gegenständen, über die bis zum 1. November 1990 staatliche Betriebe, Budget- und Subventionsorganisationen und Nationalausschüsse (im folgenden nur »Organisationen«) ein Verfügungsrecht hatten, auf natürliche oder juristische Personen, die im folgenden zu definieren sind, übertragen wird.

§ 2

(1) Gegenstand der Eigentumsübertragung gemäß diesem Gesetz sind bewegliche und unbewegliche Gegenstände, die als Vermögenssubstanz im Betriebsbereich von Organisationen, die auf dem Gebiet der Dienstleistungen, des Handels oder nichtlandwirtschaftlicher Produktion ein Unternehmen bilden, oder bilden könnten, der eine geschlossene wirtschaftliche Einheit oder Vermögenseinheit darstellt (im folgenden nur »Betriebseinheit«).
(2) Gegenstand der Eigentumsübertragung können nicht Betriebseinheiten sein, auf die Personen, deren Wohnort oder Sitz sich auf dem Gebiet eines anderen Staates befindet, ein Nutzungsrecht besitzen.
(3) Gegenstand der Eigentumsübertragung können nicht solche Betriebseinheiten sein,
a) auf die sich das Gesetz über die Milderung von Folgen gewisser Unrechtsentscheidungen in Eigentumsfragen[3] bezieht, und zwar solange ein Anspruch berechtigter Personen auf deren Herausgabe besteht.
. . .

§ 3

Eigentümer von Betriebseinheiten, sofern nicht durch dieses Gesetz anders bestimmt, können physische Personen werden, die Staatsbürger[4] der Tschechischen und Slowakischen Föderativen Republik sind, oder nach dem 25. Februar 1948 tschechoslowakische Staatsbürger[4] waren, und des weiteren, juristische Personen, deren Teilhaber oder Gesellschafter ausschließlich solche natürliche Personen sind (im folgenden nur »Person«).

ZWEITER TEIL
Öffentliche Versteigerung von Betriebseinheiten

§ 4

(1) Die Organisationen führen den Verkauf von Betriebseinheiten in einer öffentlichen Versteigerung durch.
(2) Die zuständigen Organe der Tschechischen Republik oder die zuständigen Organe der Slowakischen Republik organisieren die öffentliche Versteigerung (im folgenden nur »zuständiges Organ der Republik«).
(3) Die zuständigen Organe der Republik erstellen und bestätigen die Verzeichnisse der Betriebseinheiten, die zum Verkauf angeboten werden. Die Verzeichnisse müssen enthalten:

*⟨Es folgte eine sehr detaillierte Beschreibung;
§ 5 bis § 12 regelten die Details bis zum Gefahrenübergang, § 10 die Möglichkeit, den Ausrufpreis um bis zu 50 % zu senken⟩*

§ 13

(1) Die zuständigen Organe der Republik fertigen Verzeichnisse jener Gegenstände an, bei denen es nicht gelungen war, sie nach § 4 bis § 12 zu versteigern, dann entscheiden sie, welche von ihnen neu versteigert werden. Auch bei einer wiederholten Versteigerung wird nach § 4 bis § 12 vorgegangen.
(2) Wird erneut dieselbe Betriebseinheit versteigert, können deren Eigentümer nicht nur Personen werden, die unter § 3 genannt wurden, sondern auch weitere natürliche Personen und juristische Personen, deren Teilhaber oder Gesellschafter ausschließlich natürliche Personen sind.
(3) Sind die Teilnehmer der wiederholten Versteigerung nur Personen, die in § 3 genannt werden, kann der Lizitator den Ausrufpreis nach § 10 herabsetzen, mit dem Unterschied, daß der herabgesetzte Preis bis zu 80 % des Ausrufpreises ausmachen kann.

⟨§ 14 bis § 16 legten u. a. die Möglichkeit freihändigen Verkaufs an einen zeitweisen Nutzer fest⟩

DRITTER TEIL
Weitere Verpflichtungen des Erwerbers einer Betriebseinheit

§ 17

(1) . . .
(2) Falls die Organisation vor der Versteigerung die Betriebseinheit ganz oder teilweise zum Verkauf von Grundnahrungsmitteln benutzte, ist der Erwerber verpflichtet, diesen Verkauf weiter zu betreiben, beginnend mit dem siebten Arbeitstag nach der Versteigerung, und zwar für die Dauer eines Jahres, sofern die Gemeindevertretung diese Frist auf seinen Antrag hin nicht verkürzt.
(3) . . .

§ 18 . . .

VIERTER TEIL
Die Liquidierung von staatlichen Unternehmen

§ 19

Der Leiter[5] eines staatlichen Unternehmens, dessen Betriebseinheiten nach vorliegendem Gesetz verkauft wurden, beurteilt die Stichhaltigkeit einer weiteren Existenz des staatlichen Unternehmens. Beschließt der Leiter[5] seine ⟨*d. h. des Unternehmens*⟩ Auflösung[6], so führt er die Liquidierung nach Sondervorschriften durch[6]; der Enderlös aus der Liquidierung wird auf ein Sonderkonto[6] überwiesen. Sofern der Erlös aus der Liquidierung nicht ausreicht, alle restlichen Forderungen zu begleichen, so werden sie durch den Staat, nämlich das zuständige Organ der Republik, befriedigt.

FÜNFTER TEIL
Schlußbestimmungen

§ 20

(1) Der Reinerlös aus dem Verkauf von Betriebseinheiten gemäß dem vorliegenden Gesetz wird auf ein Sonderkonto des zuständigen Organs überwiesen.
(2) Die Mittel aus diesem Sonderkonto können zwei Jahre lang zu keinem anderen Zweck benützt werden, als zur Begleichung der Ansprüche und Forderungen, die durch die Anwendung dieses Gesetzes entstanden sind.

§ 21

Auf Verlangen der zuständigen Organe der Republik sind die Arbeitnehmer von Organisationen und Betriebseinheiten verpflichtet, die verlangten Informationen, Unterlagen und Dokumente zu beschaffen und den Zutritt in die Betriebseinheiten zu ermöglichen.

§ 22

Die arbeitsrechtlichen Beziehungen der Arbeitnehmer der Organisationen werden durch dieses Gesetz nicht berührt.

§ 23 ⟨*bis*⟩ § 26

⟨*Weitere Schlußbestimmungen*⟩

[7]

Anmerkungen:

[1] Das Gesetz trat gemäß § 26 am 1. 12. 1990 in Kraft.

[2] Das sog. Große Privatisierungsgesetz wurde am 26. 2. 1991 beschlossen. Es sah in knapper Zusammenfassung vor, die bisherige Staatsindustrie, Geldinstitute und Versicherungen in privatisierungsfähige Gesellschaften des privaten Rechts zu zerlegen. An alle in der ČSFR wohnhaften Staatsbürger wurden »Coupons« ausgegeben, mit denen Eigentum an derartigen Gesellschaften erworben werden konnte.
Zum Text vgl. ČSFR-Slg. 1991, 20. Stück; S. 452–459.

[3] Gemeint: Das ČSFR-Gesetz Nr. 403/1990 v. 2. 10. 1990 »über die Milderung gewisser Unrechtsmaßnahmen, die das Eigentums betrafen«.
Zum Text vgl. ČSFR-Slg. 1990, 69. Stück; S. 1466–1470.
Diese »Unrechtsmaßnahmen« waren u. a. die Verstaatlichungsgesetze des Jahres 1948 Nr. 114, 118, 120, 121, 123, 124, 155 und 173 (mit weiteren Folgebestimmungen), mit denen u. a. noch nicht »nationalisierte« Industrie, Handel, Bauwesen sowie Gaststätten und Hotels enteignet worden waren.

[4] a) Damit waren u. a. die Sudetendeutschen, aber auch viele Juden von einer Beteiligung am Verfahren ausgeschlossen.

b) Bereits im Vorfeld hatte der Sprecher der SL Neubauer mit Schreiben vom 16. und 17. 10. 1990 an v. a. ČSFR-Präsident Havel, Bundeskanzler Kohl, Außenminister Genscher und den bayerischen Ministerpräsidenten Streibl gegen diese ČSFR-Gesetzgebung protestiert.
In Zusammenfassung der Briefe und anderer Proteste: Bisher nicht in der Verfügungsgewalt einzelner Tschechen, sondern in der des Staates stehendes sudetendeutsches Eigentum dürfe nicht gerade dann an Privatpersonen verkauft werden, wenn die ČSFR glaubwürdig zu demokratischen Grundprinzipien zurückkehren wolle, zu denen auch das Eigentumsrecht gehöre; nunmehriger Eigentumswechsel sei daher doppelt illegitim.

c) Von der SL wurde z. B. auch vorgebracht:
»Jedwede neuen gesetzgeberischen Maßnahmen der ČSFR können die ursprünglichen Rechte der Deutschen, zumindest das Recht auf Entschädigung nicht tangieren, da es sich um völkerrechtswidrige Enteignungen handelt, die nicht verjährt sind und die auch nicht durch Rechtshandlungen der Bundesrepublik Deutschland verwirkt sind.«
So Text der Presseerklärung der SL vom 31. 10. 1990 über einen Brief an Bundesaußenminister Genscher; Fotokopie im Besitz des Verfassers.
»Wir halten die zwischen 1945 und 1948 erfolgte Konfiszierung sudetendeutschen Eigentums nach wie vor für widerrechtlich. Daher werden wir zum gegebenen Zeitpunkt vor nationalen und internationalen Gerichten unsere Ansprüche geltend machen.
Dieses Gesetz wird nun nicht nur erhebliche Zweifel an der Rechtsstaatlichkeit der neuen ČSFR hervorrufen; vielmehr begibt sich jeder, der nun ursprüngliches sudetendeutsches Eigentum erwirbt, damit auf rechtlich äußerst unsicheren Boden und muß mit Rechtsstreitigkeiten um seine Erwerbung rechnen.«
Wiedergabe aus einem Brief von SL Sprecher Neubauer vom 9. 11. 1990 an ČR-Ministerpräsident Pithart (siehe auch S. 907); Fotokopie im Besitz des Verfassers.

d) Zur Diskussion über eine damit zusammenhängende evtl. Neuverleihung der ČSFR-Staatsbürgerschaft an Sudetendeutsche: Siehe S. 909.

e) Formal wurde die Diskussion wie folgt beendigt:

Der bayerische Regierungschef Streibl deutete in seinem Antwortschreiben vom 19. 10. 1990 an SL-Sprecher Neubauer den Lösungsweg durch neuerliche Verhandlungen an:
»Ich bin mit Ihnen der Auffassung, daß in der Frage des sudetendeutschen Vermögens nicht durch eine radikale und übereilte Entscheidung Fakten geschaffen werden dürfen, die später nicht mehr rückgängig gemacht werden können. Das würde den jetzt erfreulicherweise in Gang gekommenen Versöhnungsprozeß zwischen Sudetendeutschen und Tschechen erheblich beeinträchtigen, wenn nicht gar zum Erliegen bringen. Ich habe daher Bundeskanzler Kohl gebeten, sich sofort dieser Angelegenheit anzunehmen und Gespräche zwischen der Bundesregierung und der Tschechoslowakischen Regierung über die bisher auch im Prager Vertrag von 1973 nicht geregelten vermögensrechtlichen Probleme aufzunehmen. Ich hoffe, daß damit die Angelegenheit auf den richtigen Weg gebracht wird. Wir können es auf keinen Fall zulassen, daß die Ansätze für eine gute Lösung im Verhältnis zwischen der Bundesrepublik Deutschland und der Tschechischen und Slowakischen Föderativen Republik, in dem die Sudetendeutschen eine wichtige Rolle spielen, bereits in diesem frühen Stadium zunichte gemacht werden.
. . .«
Wiedergabe nach Zitat von SL-Sprecher Neubauer in der »Sitzungs-Niederschrift« der 4. Tagung der 9. Bundesversammlung der SL am 21. 10. 1990; Kopie im Besitz des Verfassers.
Die Lösung wurde dann wie folgt berichtet:
»Prag und Bonn verhandeln über Ansprüche der Sudetendeutschen
Die von der Sudetendeutschen Landsmannschaft erhobenen Ansprüche würden zwischen den Regierungen in Prag und Bonn erörtert. Darüber habe er sich auf der Pariser KSZE-Konferenz mit Bundeskanzler Kohl geeinigt, sagte der tschechoslowakische Präsident Havel nach seiner Rückkehr in Prag, wie die Nachrichtenagentur ADN am Donnerstag meldete. Fachleute beider Seiten würden die Ansprüche prüfen. Bei einem beiderseits akzeptierten Ergebnis könnte dies dann in den angestrebten neuen deutsch-tschechoslowakischen Vertrag eingehen, sagte Havel. Ein neuer Vertrag, der den 1973 geschlossenen ›Normalisierungsvertrag‹ ablösen soll, könnte bereits Ende März 1991 zu erwarten sein, war nach dem Treffen Kohls mit Havel in Paris bekanntgeworden. Der Vertrag solle die Grundlage der tschechoslowakisch-deutschen Beziehungen sein und die Vergangenheit ein für allemal überwinden, hieß es.«
Vgl. FAZ; Nr. 273 v. 23. 11. 1990; S. 9.
Zu weiteren Äußerungen: Siehe S. 905 ff.
Der hier angesprochene neue Vertrag wurde dann erst im Februar 1992 abgeschlossen.
Zum Text, inkl. der Nichtbefassung mit Vermögensfragen: Siehe S. 929.

5 Im Original »zakladatel«, d. h. Gründer, was dem Sachverhalt nicht gerecht wird.

6 Im Original sind hier in Fußnoten die entsprechenden ČSSR- und ČSFR-Gesetzesbestimmungen verzeichnet.

7 Spätere, gesonderte Zusatz- und Folgebestimmungen waren u. a. das ČSFR-Gesetz 87 vom 21. 2. 1991 (zum Text: Siehe S. 918), das Gesetz 229 vom 21. 5. 1991 (zum Text: Siehe S. 919), das Gesetz 93 vom 14. 2. 1992 (zum Text: Siehe S. 920) sowie das ČR-Gesetz 243 vom 15. 4. 1992 (zum Text: Siehe S. 944).

Quelle:
ČSFR-Slg. 1990; Nr. 427 im 73. Stück; S. 1547–1550.

****

Die SL: **1990, 26. November**

»Memorandum zur sudetendeutschen Frage«[1]

Bisherige staats- und völkerrechtliche Lage; Ziel: Heimat-, Selbstbestimmungsrecht und Vermögensregelung

Die Beziehungen der drei größten Völker in Böhmen, Mähren, Schlesien und der Slowakei – der Tschechen, Slowaken und Deutschen – wurden in diesem Jahrhundert mehrmals durch einseitige Gewaltlösungen bestimmt, die den betroffenen Völkern zum Unheil wurden.
Das Unrecht der Vertreibung von mehr als 3,5 Millionen Sudetendeutschen und Karpatendeutschen und der Enteignung ihres Vermögens[2] wurde von der nunmehr freien Tschechischen und Slowakischen Föderativen Republik (ČSFR) in Stellungnahmen ihres Staats-

präsidenten und weiterer politischer Repräsentanten bedauert. Diese Stellungnahmen lösen aber die bestehenden Probleme nicht. Daher gilt es nunmehr, eine friedliche Lösung der noch offenen Fragen durch die einvernehmliche Anwendung der europäischen und internationalen Rechtsnormen herbeizuführen. Zur Vorbereitung dessen sollten je eine sudetendeutsch-tschechische und eine karpatendeutsch-slowakische Kommission gebildet werden, die unter Schutz der Bundesrepublik Deutschland und der ČSFR die offenen Probleme beraten und eine Lösung herbeiführen.
In diesem Zusammenhang muß auf folgende Tatsachen hingewiesen werden:

1. Nach wie vor gilt die Erklärung des Deutschen Bundestages aus dem Jahre 1950. Darin heißt es[3]: »Der Deutsche Bundestag erhebt deshalb feierlich Einspruch gegen die Preisgabe des Heimatrechts der in die Obhut der Deutschen Bundesrepublik gegebenen Deutschen aus der Tschechoslowakei.
   Der Deutsche Bundestag begrüßt die Ablehnung des Prager Abkommens durch die Hohen Kommissare. Er richtet an die Gesamtheit der freien Völker den Appell, im Geiste der Atlantik-Charta für eine Friedensordnung einzutreten, in der die natürlichen Rechte auch der Deutschen gewahrt sind.«
   Seither haben sich alle Bundesregierungen zu dieser Obhutserklärung bekannt. Die Sudetendeutschen erwarten daher, daß auch die jetzige und die kommende Bundesregierung sich dieser Tatsache bewußt sind.
2. Die Bayerische Staatsregierung übernahm die Schirmherrschaft über die sudetendeutsche Volksgruppe. In der Schirmherrschaftsurkunde heißt es u. a.[4]: »Die Bayerische Staatsregierung betrachtet die sudetendeutsche Volksgruppe als einen Stamm unter den Volksstämmen Bayerns. Sie bekennt sich zum Heimat- und Selbstbestimmungsrecht der Sudetendeutschen, das sie jederzeit mit dem ganzen Gewicht ihres Einflusses vertreten will. Sie wird stets bestrebt sein, die Sudetendeutsche Landsmannschaft und deren Einrichtungen als Vertretung der sudetendeutschen Volksgruppe bei der Wahrnehmung der heimatpolitischen, kulturellen und sozialen Aufgaben ideell und finanziell zu fördern.«
   Die sudetendeutsche Volksgruppe erwartet daher in dieser entscheidenden Stunde, in der es um eine künftige Friedensordnung in Europa geht, daß sowohl die Bundesregierung als auch der Freistaat Bayern sich für die Rechte der Sudetendeutschen einsetzen. Dies schließt auch die Erwartung ein, daß die Sudetendeutschen bei allen bilateralen Verhandlungen und Projekten beteiligt werden, die ihre Interessen berühren.
3. Bisher konnte man durch die Erklärungen der nunmehr freien und demokratisch gewählten Politiker der ČSFR bei Gesprächen und Verhandlungen davon ausgehen, daß die Probleme der Sudetendeutschen im Geiste der Versöhnung sowie auf der Basis von Wahrheit und Recht angesprochen und im Sinne einer friedlichen Wiedergutmachung und Neuordnung geregelt werden können.
   Durch die vor kurzem vom Föderalparlament der ČSFR beschlossenen Gesetze zur Privatisierung von Eigentum[5], die auch das konfiszierte sudetendeutsche Privat- und Gemeineigentum betreffen, wird diese Bereitschaft in Frage gestellt. Diese einseitig seitens der ČSFR getroffenen Maßnahmen stehen im krassen Gegensatz zur immer wieder betonten Bereitschaft der Sudetendeutschen, einvernehmliche Lösungen herbeizuführen und zu einem fairen Ausgleich zu gelangen. Die Irritationen, die durch diese Vorgehensweise sowohl bei der Bundesregierung als auch bei der Regierung des Freistaates Bayern aufgetreten sind, sollten den tschechischen und slowakischen Gesprächspartnern in aller Klarheit übermittelt werden. Wir Sudetendeutsche erwarten – und bitten hierin Bundesregierung und bayerische Staatsregierung um Unterstützung –, daß diese Gesetze mit einer Ausnahmeregelung versehen werden, die das Problem des sudetendeutschen Eigentums betreffen, und die sicherstellen, daß sie hinsichtlich des Vermögens und Eigentums der Sudetendeutschen nicht vollzogen werden. Die Fragen des

sudetendeutschen Eigentums müssen offen und späteren Verhandlungen vorbehalten bleiben.
Die Eigentumsfragen der Sudetendeutschen wurden weder in dem 1973 abgeschlossenen »Prager Vertrag«[6] noch durch Reparationsvereinbarungen berührt. In der Entscheidung des ersten Senats des Bundesverfassungsgerichts vom 25. Januar 1977 heißt es u. a.[7]: »Die Bundesregierung hat auch bei Vertragsabschluß keine auf die von den tschechoslowakischen Behörden vorgenommenen Konfiskationsmaßnahmen bezügliche Willenserklärungen abgegeben, und insbesondere keine Billigungen oder Anerkennung dieser Maßnahmen ausgesprochen. Jedenfalls hat eine nachträgliche Legalisierung der gegen das Grundeigentum der Beschwerdeführer gerichteten tschechoslowakischen Konfiskationsmaßnahmen im Zusammenhang mit dem Vertrag nicht stattgefunden. Soweit also den Beschwerdeführern bei Vertragsabschluß hinsichtlich ihres Vermögens noch Eigentumsrechte oder Rückgewähr- und Entschädigungsansprüche zustanden, hat sich die Rechtslage durch den Abschluß des Vertrages nicht geändert.«
In Punkt 4 wird ausdrücklich darauf hingewiesen, »die Bundesrepublik Deutschland ist gegenüber der Tschechoslowakischen Sozialistischen Republik weiterhin berechtigt, für die Belange der Beschwerdeführer einzutreten, denn diese sind als Sudetendeutsche deutsche Staatsangehörige«. Soweit zum Prager Vertrag von 1973.
In einer Entschließung der Bundesversammlung der Sudetendeutschen Landsmannschaft vom Januar 1978 wurde Rechtsverwahrung gegen die Enteignung des Vermögens der Sudetendeutschen eingelegt[8], weil sie dem allgemeinen Völkerrecht sowie der Erklärung der Menschenrechte, dem Artikel 4 des Haager Abkommens sowie dem Zusatzprotokoll von 1957 zur Europäischen Konvention zum Schutz der Menschenrechte und Grundfreiheiten und auch entsprechenden Entschließungen der Vollversammlung der Vereinten Nationen widerspricht.
In dieser Rechtsverwahrung wird ausdrücklich darauf hingewiesen, daß der Anspruch auf Rückgabe des völkerrechtswidrig enteigneten Vermögens oder auf Schadenersatz für zerstörtes Vermögen der Sudetendeutschen unverjährbar ist. In Punkt 3 dieser Entschließung wird außerdem ausdrücklich festgestellt, daß die Gewährung und Annahme von Leistungen aus dem Lastenausgleich entsprechend dem Gesetzestext keine Entschädigung und auch keinen Verzicht auf die Geltendmachung auf Rückgabe oder Schadenersatz darstellt.

4. Seit der Gründung der Sudetendeutschen Landsmannschaft 1948 treten die Sudetendeutschen für die europäische Einigung ein und bekräftigen bis zum heutigen Tag, daß sie diesen Weg im Einklang mit den Menschenrechten, die für alle Menschen in allen Gebieten gelten sollen, gehen wollen. Sie haben deshalb alle Bemühungen der frei gewählten deutschen Regierungen unterstützt, gemeinsam mit den der Freiheit verpflichteten Staaten Europas eine Gemeinschaft freier Völker und Volksgruppen zu schaffen. Die bereits bestehenden europäischen Zusammenschlüsse und Organisationen sind nicht nur wirtschaftliche, sondern vor allem Wertegemeinschaften.
Da nunmehr auch die Staaten Mittel-, Ost- und Südosteuropas den Weg nach Europa gehen wollen, muß darauf hingewiesen werden, daß ein solcher Beitritt die Anerkennung der freiheitlich-demokratischen Rechtsordnung voraussetzt. Dies bedeutet, daß die europäischen und internationalen Rechtsnormen ebenfalls anerkannt werden müssen. Nach Europa gibt es keinen freien Eintritt. Wir fordern deshalb die Bundesregierung und die Regierung des Freistaates Bayern auf, diesen Maßstab auch anzulegen, wenn die ČSFR dem Europarat und der Europäischen Gemeinschaft beitreten will.
Zu den international anerkannten Grundrechten gehört neben dem Selbstbestimmungsrecht auch die Verwirklichung des Rechtes auf die angestammte Heimat sowie ein damit verbundenes Volksgruppenrecht. Dies bedeutet, daß den vertriebenen Sudetendeutschen und ihren Nachkommen nicht nur das Recht auf Rückerstattung ihres Eigentums

zugestanden werden muß, sondern daß jeder von ihnen, der dies wünscht, das Recht erhalten muß, frei und im Rahmen eines geregelten Volksgruppenrechtes in Böhmen, Mähren oder Sudetenschlesien zu leben.
Sollten diese Grundsätze nicht auch bei der Regelung der noch offenen Fragen die Grundlage bilden, müßte sowohl die Bundesregierung als auch der Freistaat Bayern eine Unterstützung der ČSFR auf den verschiedenen Gebieten in Frage und gegebenenfalls einstellen.

5. Es sollte eine gegenseitige Erklärung angestrebt werden, wonach beide Seiten sich in ihren Beziehungen jetzt und künftig ausschließlich auf die in den Artikeln 2 und 33 Abs. 1 der UNO-Satzung[9] enthaltenen Grundsätze stützen werden und übereinkommen, daß zur gerichtlichen Entscheidung von Streitigkeiten der Internationale Gerichtshof in Den Haag in Frage kommt, soweit nicht aufgrund anderweitiger vertraglicher Vereinbarungen ein anderes Gericht ausdrücklich bestimmt ist (gegenseitige Erklärung nach Artikel 36 Abs. 2 der Satzung des Internationalen Gerichtshofes).
6. Die Feststellung, wonach die Bundesrepublik Deutschland keine territorialen Forderungen gegenüber der Tschechoslowakei hat, läßt das Heimat- und Selbstbestimmungsrecht der Sudetendeutschen unberührt. Sie berührt auch in keiner Beziehung den sonstigen zivil- und öffentlich-rechtlichen Status der in der Bundesrepublik lebenden Sudetendeutschen als deutsche Staatsangehörige.
Die Verwirklichung des Heimat- und Selbstbestimmungsrechtes der Sudetendeutschen sowie der vermögensrechtlichen Ansprüche schließt jene Sudetendeutschen mit ein, die derzeit als Bürger der ČSFR dort wohnen.
7. Die Sudetendeutschen legen Wert auf die Feststellung, daß sie stets erklärt haben, daß jene Lösung der noch offenen Probleme die beste und anzustreben sei, der sowohl Sudetendeutsche wie Tschechen gleichermaßen zustimmen können.
8. Der zwischen der Bundesrepublik Deutschland und der ČSFR ins Auge gefaßte umfassende Vertrag sollte den Prozeß des Ausgleichs zwischen Sudetendeutschen und Tschechen sowie eines neuen Anfanges ihrer Nachbarschaft in Böhmen, Mähren und Sudetenschlesien berücksichtigen und fördern. Dies ist nur möglich, wenn er von den Bemühungen um eine internationale Friedensordnung getragen wird, die dem geltenden Völkerrecht entspricht und die einen Beitrag zu einer Fortbildung im Geiste des Menschenrechtsgedankens liefert.
9. Besondere Beachtung im Hinblick auf jene Sudetendeutschen und deren Nachkommen, die nicht mehr in ihre Heimatgebiete zurückkehren wollen, verdient die Äußerung des ungarischen Außenministers Jeszenszky am 14. 10. 1990, er strebe eine »gerechte Entschädigung«[10] der aus Ungarn vertriebenen deutschen Bevölkerung durch die neue demokratisch gewählte ungarische Regierung an. Ungeachtet der schwierigen wirtschaftlichen Situation wolle sein Land damit einen »Beitrag zur Heilung der Wunden der Vergangenheit« leisten.

Die Sudetendeutsche Landsmannschaft als der Repräsentant der sudetendeutschen Volksgruppe ist zu offenen, vorurteilslosen und konstruktiven Verhandlungen mit der ČSFR und den Repräsentanten des tschechischen Volkes und der Tschechischen Republik bereit. Sie erwartet von der deutschen Bundesregierung und der Regierung des Freistaates Bayern, derartige Verhandlungen als Schutzmacht und als Schirmland zu vermitteln und unterstützend zu begleiten.
Wir sind der Überzeugung, daß sowohl in der Frage des sudetendeutschen Eigentums wie auch des Heimat- und Selbstbestimmungsrechtes der Sudetendeutschen einvernehmliche Lösungen herbeigeführt werden können, die insgesamt auch der Tschechischen Republik und der ČSFR dienlich sein werden. Dabei braucht kein heute im sudetendeutschen Gebiet ansässiger Tscheche zu befürchten, daß er im Frieden seines Wohnsitzes gefährdet würde. Die sudetendeutsche Frage nicht zu lösen oder einseitig als erledigt zu erklären bzw. eine

solche einseitige Erklärung zuzulassen, würde den Prozeß der Aussöhnung zwischen den Betroffenen – der unerläßlich ist für das gedeihliche Zusammenleben in Mitteleuropa – und auch den innerdeutschen Konsens unmöglich machen. Deshalb appellieren wir an alle Beteiligten, die jetzt gegebene Chance einer zukunftsorientierten Lösung auf der Grundlage von Recht und Moral zu nutzen.

Anmerkungen:
1 Das Memorandum wurde mit Mantelbrief vom 26. 11. 1990 an Bundeskanzler Kohl und den bayerischen Ministerpräsidenten Streibl zur Vorbereitung auf den Besuch von ČSFR-Ministerpräsident Čalfa in München und Bonn übermittelt.
2 Stellungnahmen von Staatspräsident Havel oder anderer politischer Repräsentanten der ČSFR, welche auch die Vermögensenteignung der Sudetendeutschen bedauerten, konnten nicht gefunden werden.
3 Vom 14. 7. 1950; zum Text: Siehe S. 723.
4 Zum Text, übergeben am 7. 11. 1962, siehe S. 738.
5 Vom 25. 10. 1990; zum Text: Siehe S. 898.
6 Gemeint: Der sog. 1. Prager Vertrag vom 20. 6. 1973; zum Text: Siehe S. 810.
7 Zum Text: Siehe S. 833.
8 Vom 28. 1. 1978; zum Text: Siehe S. 835.
9 Vom 26. 6. 1945; zum Text: Siehe S. 17.
10 Zum (späteren) ungarischen Gesetz über Wiedergutmachung von Schäden der Jahre 1939–1945 vom 7. 4. 1992: Siehe S. 942.

Quelle:
Text des »Memorandums«; 5 ms. S.; Fotokopie im Besitz des Verfassers.

****

Kurzbericht: **1990/1991**
Ereignisse und Aussagen

Wiederum ist es unmöglich, alle auch bedeutungsvollen Vorgänge in üblicher Form zu dokumentieren.
An die Stelle solcher Ereignisse, die nicht gesondert verzeichnet werden konnten, tritt daher eine, soweit erforderlich, belegte Chronik der Inhalte.

1990,
2. 1.: *Erste Auslandsreise führte den neugewählten ČSSR-Präsidenten Havel nach München und Berlin.*

27. 1.: *Freiheitliches Wahlgesetz mit 5 %-Klausel in der ČSSR.*

21. 2.: *Die ČSSR tritt dem Europa-Rat bei.*

28. 3.: *Eine neue Verfassung wandelte die ČSSR in die ČSFR um.*

22. 4.: *Staatspräsident Havel begrüßte Papst Johannes Paul II. in Prag u. a. mit den Worten:*
»Ich weiß nicht, ob ich weiß, was ein Wunder ist. Trotzdem wage ich zu sagen: In diesem Augenblick erlebe ich ein Wunder.«[1]

5. 5.: *Der offizielle Vertreter der* »Slowakischen Regierung des Nationalen Einverständnisses«, *Dr. Pavel Pollák, bezeichnete bei der kulturellen Arbeitstagung der Karpatendeutschen Landsmannschaft in Stuttgart deren Vertreibung 1944 bis 1946 als* »Tragödie«, *für die sich die Slowaken* »ehrlich entschuldigten«.[2]

30. 5.: *Beim 41. Sudetendeutschen Tag in Nürnberg (Motto:* »Gemeinsam die Zukunft gestalten«; *Europäischer Karlspreis: Dem ungarischen Volke) berichtete u. a. der stell. SL-Vorsitzende MdB Wittmann in Anwesenheit des ČSFR-Botschafters in Bonn über ein Gespräch* »offener Fragen« *mit ČSSR-Ministerpräsidenten Čalfa in Prag in* »aufgeschlossener Atmosphäre«.
SL-Sprecher Neubauer verlangte die einvernehmliche Lösung »der anstehenden Fragen« *und definierte sie u. a. als* »Anerkennung des Selbstbestimmungs- und Heimatrechts ⟨*sowie*⟩ des Rechts auf Eigentum«.[3]

8./9. 6.: *Wahlen in der ČSFR, Beteiligung 97 %.*
Von 22 sich bewerbenden Parteien erhielten 7 mehr als 5 %; das »Bürgerforum« *erhielt 46 %, die KPČ 14 %.*

28. 6.: *In der ČSFR drei Regierungen ernannt:*
Bundesregierung: Min.-Präs. Čalfa, Finanzminister Klaus.
Tschechische Regierung: Min.-Präs. Pithart.
Slowakische Regierung: Min.-Präs. Meciar, ab 23. 4. 1991 Čarnogursky.

11. 7.: *Staatsbesuch des ČR-Ministerpräsidenten Pithart im Freistaat Bayern. Dabei auch in Anwesenheit von Ministerpräsident Streibl Treffen mit SL-Sprecher Neubauer.*
Pithart beklagte v. a. das mangelnde Wissen der tschechischen Öffentlichkeit über die »schmerzlichen Prozesse« *der Vergangenheit. Er wies darauf hin, daß er die Übersetzung der Vertreibungsbroschüre des sudetendeutschen Sozialdemokraten Paul* »Es gibt nicht nur ein Lidice!« *in die tschechische Sprache und ihre Zustellung an alle Abgeordneten des tschechischen Parlaments veranlaßt habe. Er forderte dazu auf, die* »Fragen und Antworten ⟨*zu*⟩ wiederholen und erneut ⟨*zu*⟩ formulieren«.
Die SL veröffentlichte daher beim Sudetendeutschen Tag 1991 ein Flugblatt in auch tschechischer Sprache mit dem Titel »Auch wir sind Kinder dieses Landes«.

5. 9.: *Brief von SL-Sprecher Neubauer an ČSFR-Staatspräsidenten Havel:*
». . . Sehr geehrter Herr Staatspräsident, Sie haben mir durch Ihren Botschafter in der Bundesrepublik Deutschland mitteilen lassen, daß Sie zu einem Zusammentreffen und einem Gespräch mit mir bereit sind. Ich freue mich darüber und . . . sehe darin auch einen wichtigen ersten Schritt zur Lösung der zwischen Tschechen und Sudetendeutschen bestehenden Probleme. Darin eingeschlossen sind vor allem die Fragen des Heimatrechtes der Sudetendeutschen, ihrer Volksgruppenrechte innerhalb des tschechoslowakischen Staatsverbandes, ihres Besitzes und der Revitalisierung ihrer Heimatgebiete.
. . .
Es würde mich freuen, sehr geehrter Herr Staatspräsident, wenn wir vielleicht schon in den nächsten Wochen zusammentreffen könnten. Die Sudetendeutsche Landsmannschaft steht mit ihren Repräsentanten und Mitarbeitern zur Verfügung wie für etwaige Folgegespräche auf anderen Ebenen.
. . .«[4]
Der Brief wurde nicht beantwortet.

18. 10.: *Während bereits Andeutungen über die vorgesehene Privatisierung in der ČSFR vorlagen (siehe 25. 10. 1990), führte eine SL-Delegation unter MdB Wittmann Gespräche im ČR-Nationalrat in Prag.*

Die Sudetendeutschen »betonten die Rechtswidrigkeit ihrer Enteignung. Sie wiesen auf die 1978 in der UNO eingebrachte ›Rechtsverwahrung‹[5] hin, in der die Vermögens- und Eigentumsrechte der Sudetendeutschen bekräftigt werden. Ferner teilt Dr. Wittmann mit, daß er die andere Seite über die Aufgaben und den Sinn des Lastenausgleichsgesetzes[6] informiert habe. Er stellt fest, daß der Schutz des privaten Eigentums auch im Zusatzprotokoll Nr. 2 zur Menschenrechtskonvention[7] zugesichert ist. Dieser Konvention beabsichtigt die ČSFR beizutreten ... Die Delegation war der Meinung, daß man bei der Regierung der ČSFR auf eine moralische Grundauffassung stoßen wird. Diese Annahme hat sich voll bestätigt. Die Deutsche Botschaft war ebenfalls informiert und hat den zuständigen Stellen in Bonn darüber berichtet. Lm. Dr. Wittmann erläutert gängige Begriffe wie ... Gewährleistungspflicht, Rückerstattungsgesetz u. ä. m. ...«[8]

25. 10.: *ČSFR-Gesetz über sog. Kleine Privatisierung einschließlich erster Diskussionsteile: Siehe S. 898.*

9. 11.: *Brief von SL-Sprecher Neubauer an ČR-Ministerpräsident Pithart.*
Im Brief bedauerte Neubauer zunächst die Verabschiedung des ČSFR-Gesetzes vom 25. 10. 1990 und fuhr dann fort:
»Besonders schlimm ist jedoch, daß durch diese einseitige Entscheidung der ČSFR der so gut begonnene Prozeß der tschechisch-sudetendeutschen Annäherung und Aussöhnung einen empfindlichen Rückschlag erlitten hat. Die Glaubwürdigkeit der Repräsentanten der neuen ČSFR steht auf dem Spiel, und es besteht die Gefahr, daß eine große historische Chance vertan wird.
In Erinnerung an unsere Begegnung in München[9] schmerzt mich dies außerordentlich. Doch vielleicht kann noch ein Weg gefunden werden, den Schaden zu begrenzen und das Werk des Ausgleichs dennoch fortzusetzen.
Ich bin bereit zu einer weiteren Begegnung mit Ihnen als dem Repräsentanten der Tschechischen Republik, die ja für uns Sudetendeutsche der unmittelbare Partner in unseren sudetendeutschen Anliegen ist, liegt doch unsere Heimat innerhalb Ihrer Republik. Diese Begegnung könnte gerne gleich nach den Kommunalwahlen in Ihrem Land stattfinden, und vielleicht könnten von ihr beruhigende und wegweisende Impulse nach beiden Seiten ausgehen.
Ich würde mich über eine Nachricht über Ihre Auffassung freuen ...«[10]
Der Brief wurde nicht beantwortet.

29. 11.: *Gespräch zwischen dem ČSFR-Min.-Präs. Čalfa und SL-Sprecher Neubauer in München: Bestätigung des Vorhabens, alle Entschädigungsforderungen der Sudetendeutschen im angestrebten Generalvertrag zwischen Bonn und Prag abschließend zu regeln.*[11]
Čalfa erklärte dabei, die ČSFR wolle in der Privatisierung nicht weiter als bis zum Jahre 1948 gehen. Vor 1948 gebe es allzu viele unklare Eigentumsverhältnisse. Ihre Lösung würde die tschechische Seite allzusehr beschweren. Die ČSFR gelangte zu dem Schluß, daß sie für einen Vertrag mit der Bundesrepublik Deutschland freie Hand brauche.[12]

3. 12.: »Der tschechische Präsident Havel hat die Ansprüche der Sudetendeutschen Landsmannschaft auf Entschädigung für die Vertreibung abgelehnt und sich damit hinter Ministerpräsident Čalfa gestellt. Im Rundfunk sagte Havel: ›Wir fordern von Deutschland keine Reparationen, lehnen aber auch die sudetendeutschen Forderungen ab. Wir waren uns mit Bundeskanzler Kohl einig, daß die Vergangenheit endgültig abgeschlossen werden muß, um vorwärtszukommen. Wenn eine der beiden Seiten abermals mit Forderungen kommen würde, würden wir uns ewig im alten Kreis drehen, Schuld gegen Schuld abrechnen und niemals zu einem Ergebnis kommen.‹«[13]

5. 12.: »Die Tschechoslowakische Volkspartei ⟨*ČSL*⟩ und die Sudetendeutschen.
Am 30. 11. 1990 veröffentlichte die Zeitung ›Špígl‹ ⟨, *Prag*⟩ schon zum zweiten Mal eine unwahre und demagogische Information über angebliche geheime Vereinbarungen zwischen der Tschechoslowakischen Volkspartei und den Repräsentanten der Sudetendeutschen Landsmannschaft ...
Es bleibt uns nichts anderes übrig, als das zu wiederholen, was schon mehrmals gesagt wurde. Die ČSL hat mit Repräsentanten der Sudetendeutschen keine Vereinbarung – weder politischen noch wirtschaftlichen Charakters – abgeschlossen. Die ČSL äußerte ihren Standpunkt zur Frage der Rückgabe des Vermögens der abgeschobenen Sudetendeutschen eindeutig schon z. B. in der ⟨*Sendung*⟩ ›Frage der Woche‹ des ČSFR-Fernsehens, die in den meisten Tageszeitungen am 7. 11. 1990 veröffentlicht wurde. Die ČSL ist der Meinung, daß man nicht daran denken sollte, den abgeschobenen Deutschen eine Entschädigung zu gewähren, solange die Frage der Entschädigung für die durch Okkupation und Kriegsereignisse entstandenen Schäden nicht für beide Seiten befriedigend gelöst wurde. Eine weitere Frage besteht darüber hinaus in einer objektiven, wahrhaften und allseitigen, historischen Analyse aller Umstände der Abschiebung und ihres Verlaufes.
Die ČSL ist der Meinung, daß die abgeschobenen Sudetendeutschen ein Recht auf moralische Satisfaktion haben. Das wurde jedoch schon mehrmals getan, z. B. durch Präsidenten Václav Havel, durch eine Reihe von Kirchenvertretern usw. Dasselbe Recht haben gleichzeitig auch die Opfer der Naziwillkür in der Tschechoslowakei. Die ČSL stimmt voll überein und unterstützt die Schritte, die in dieser Frage die Regierung unter der Führung von Ministerpräsident M. Čalfa unternimmt. Die ČSL stimmt mit dem Standpunkt überein, daß das Recht auf die Heimat ein unveräußerliches Menschenrecht ist und seine Nichtrespektierung Wiedergutmachung verlangt. Wir streben ein Europa ohne undurchlässige Grenzen an, und es gibt demnach keinen vernünftigen Einwand dagegen, daß auch unsere ehemaligen sudetendeutschen Mitbürger oder ihre Nachfahren zu uns ziehen, jedoch unter gleichen Bedingungen wie jeder andere Europäer.
Die Vertreter der Sudetendeutschen Landsmannschaft äußerten ihr Interesse an einer Begegnung mit den Repräsentanten der ČSL. Wir sind der Meinung, daß es notwendig ist, mit jedem der guten Willen zeigt, über jede, auch unangenehme Frage zu verhandeln und eine politische Lösung zu suchen. Deshalb kam am 12. 11. 1990 in Prag die Delegation der ČSL unter der Leitung des 1. Vizepräsidenten mit der Delegation der Sudetendeutschen Landsmannschaft zusammen. Die ČSL repräsentierte hier aber eindeutig die oben erwähnte Haltung, die von den sudetendeutschen Vertretern nicht akzeptiert wurde. Man schloß kein Abkommen ab und in diesem Sinn wurde der ČTK auch unser Dementi gegen die unwahrhaften Aufsätze in ›Špígl‹ und ›Express‹ übergeben.
...«[14]

1991,
12. 2.: *In einer* »Erklärung des Slowakischen Nationalrates zur Abschiebung der Deutschen aus der Slowakei« *nach 1945 wurde als* »besonders bedauernswert« *be-*

zeichnet, daß davon »meist unschuldige, arbeitsame Menschen betroffen waren, gerade diejenigen, die nach Beendigung des Krieges sich freiwillig entschieden, in die Slowakei zurückzukehren, weil sie dort ihre Heimat sahen«.

Dann hieß es u. a.: »Es ist fast ein halbes Jahrhundert vergangen, viele Wunden sind vernarbt und neue Generationen sind unter neuen Verhältnissen herangewachsen.

Wir, die Repräsentanten der freien demokratischen Slowakei, wollen in die Völkergemeinschaft mit sauberer Vergangenheit eintreten.

Wir verurteilen das Prinzip der kollektiven Schuld, mit welchen Argumenten auch immer man es begründen mag.

Wir sind uns dem bewußt, daß durch die Evakuierung und die darauffolgende Vertreibung der deutschen Mitbürger die Slowakei eine ethnische Gruppe verlor, die Jahrhunderte hindurch Anteil am gemeinsamen Zivilisationsbemühen hatte und die in hervorragender Weise zu der Vielfältigkeit des kulturellen Kolorits unseres Landes beitrug.

Heute reichen wir Ihnen allen, den Zeitgenossen der alten Zwistigkeiten, den Vertriebenen, auch ihren Nachkommen, die freundschaftliche Hand aus der Slowakei. Versuchen wir Streitigkeiten und Unrecht zu vergessen: Lassen Sie uns gemeinsam am Aufbau des alten Heimatlandes arbeiten! Eine Brücke der Verständigung zwischen unseren Völkern möge den versiegenden Fluß des Kriegshasses für immer überspannen.« [15]

4. 3.: *In Kaaden (Nordböhmen) erinnerte eine öffentliche Gedenkfeier an die dortigen Toten des 4. März 1919.* [16]

In verschiedenen mährischen Städten verlangten insgesamt rd. 50.000 Demonstranten eine eigene mährische Republik. [16]

12./14. 3.: *Die slowakische politische Führung fordert einen eigenen Staat; rd. 100.000 meist jugendliche Demonstranten unterstützen dies öffentlich in der Hauptstadt Preßburg.* [16]

6. 5.: *MdB Peter Glotz eröffnete dem Deutschen Bundestag:*

»Als Präsident Václav Havel den Karlspreis in Aachen erhielt [17], hat er in Bonn persönlich dem Bundeskanzler ⟨*d. h. Helmut Kohl*⟩ den Vorschlag gemacht, daß alle Sudetendeutschen, die bis zum 8. Mai 1945 auf dem ehemaligen Staatsgebiet geboren wurden, auf bloßen Antrag hin die tschechoslowakische Staatsbürgerschaft erhalten und die bundesdeutsche behalten können. Mag sein, daß dieser Vorschlag mit Bedingungen verknüpft war, die wir nicht hätten akzeptieren können. Aber daß die Bundesregierung, vor allem aus Angst vor der Doppelstaatsbürgerschaft [18], diesen Vorschlag weder aufgegriffen, noch mit den Sudetendeutschen besprochen noch publik gemacht hat, ist eine kleinliche und schädliche Taktik, die die Versöhnung unserer Völker behindert.« [19]

11. 6.: »Der tschechoslowakische Staatspräsident Havel hat die Vertreibung der Sudetendeutschen aus der Tschechoslowakei nach dem Zweiten Weltkrieg abermals als unmoralisch bezeichnet. Presseberichten vom Montag zufolge unterstrich Havel auch die Notwendigkeit einer Auseinandersetzung mit der ›historischen Wahrheit‹. Diese Gelegenheit sei 1918 bei der Gründung der Tschechoslowakei und 1945 verpaßt worden.« [20]

25. 6.: ». . . Der Präsident der ČSFR, Václav Havel, ⟨*hat*⟩ die Rückgabe von früherem

Grundbesitz Sudetendeutscher erneut kategorisch ausgeschlossen. In einem Rundfunkinterview, über das Prager Zeitungen berichteten, sagte er: ›Wir gedenken keinesfalls, den Deutschen ein Stück unseres Landes[21] abzugeben.‹ Er fügte hinzu: ›Es wird niemand kommen und die Tschechen im Grenzgebiet aus ihren Heimstätten verjagen.‹ Havel sagte weiter, beim Neuaufbau der Beziehungen zwischen Bonn und Prag komme es auf ›gegenseitiges Vertrauen‹ an. Das gehe nicht, ohne ›die Dinge beim Namen zu nennen‹.«[22]

Anmerkungen und Quellen:

1 Vgl. FAZ; Nr. 94 vom 23. 4. 1990, S. 3.
2 Vgl. »Karpatenpost« ⟨*MHZ. d.Karpatendeutschen Landsmannschaft*⟩, Stuttgart; Jg. 41, Nr. 6 (Juni 1990); S. 1.
3 Vgl. Mitt.Bl. SL; Nr. 3–4/90 v. Juni 1990; S. 51, 76 f.
4 Wiedergabe aus dem Brief, Fotokopie im Besitz des Verfassers.
5 Zum Text vom 28. 1. 1978: Siehe S. 835.
6 Zum Text vom 14. 8. 1952: Siehe S. 39.
7 Zum Text vom 20. 3. 1952: Siehe S. 37.
8 Wiedergabe des Berichtes von Dr. Wittmann nach der Sitzungs-»Niederschrift« der 4. Tagung der 9. BV der SL am 21. 10. 1990; Fotokopie im Besitz des Verfassers.
9 Siehe S. 906.
10 Wiedergabe aus dem Brief; Fotokopie im Besitz des Verfassers.
11 Vgl. FAZ; Nr. 280 v. 1. 12. 1990; S. 1.
12 Wiedergabe nach SdZ; Nr. 48 v. 7. 12. 1990; S. 1.
13 Vgl. FAZ; Nr. 282 v. 4. 12. 1990; S. 1.
14 Vgl. »Lidová democracie« (Volksdemokratie), Prag; Jg. 46, Nr. 285 v. 5. 12. 1990; S. 1, 3.
15 Slowakischer Nationalrat, 9. Wahlperiode, Verlautbarung Nr. 272/1991; Kopie des Erklärungstextes; im Besitz des Verfassers.
16 Verschiedene Tageszeitungen.
17 Im Mai 1991.
18 Die Bundesregierung war lange Zeit, wie offiziell auch viele Staaten des Europarates, gegen »Mehrstaatigkeit«.
Siehe den Text der Europäischen Konvention vom 6. 5. 1963, S. 57.
19 Vgl. Deutscher Bundestag – 12. Wahlperiode – Protokoll der 90. Sitzung; Bonn; 6. 5. 1992; S. 7377, im Abschnitt D.
Seitens der Bundesregierung und der Regierungsparteien blieb die Aussage m. W. mehrere Jahre ohne jeden Kommentar.
Es darf bezweifelt werden, daß Havels Vorschlag in der ČSFR 1991 mehrheitsfähig gewesen wäre. Er scheint nach verschiedenen Berichten in deutschen und österreichischen Zeitungen (»Die Welt«, Hamburg; »Presse«, »Standard«, »Kurier«, Wien) vom Ende Februar 1992 etwa folgendes umfaßt zu haben:
Havel verlangte die Ungültigkeitserklärung des Münchner Abkommens ex tunc. Dann sollten jene Sudetendeutschen, die am 8. Mai 1945 noch die ČSR-Staatsbürgerschaft besaßen (eine unterschiedlich interpretierbare Personengruppe) und sich in der ČSFR körperlich ansiedelten, auf Antrag die ČSR-Staatsbürgerschaft unter ČSFR-seitiger Duldung der Beibehaltung der deutschen erneuert werden. Sie wären in Folge bei der Privatisierung von Staatseigentum den Tschechoslowaken gleichgestellt worden.
20 Vgl. FAZ; Nr. 132 v. 11. 6. 1991; S. 1.
21 Fast wörtliche Gleichheit der Aussage mit jener von Tomáš G. Masaryk, dem ersten Präsidenten der ČSR am 23. 12. 1918; zum Text: Siehe S. 244.
22 Vgl. SZ; Nr. 145 v. 26. 6. 1991; S. 2.

****

ČSFR-Verfassungsgesetz Nr. 23 **1991, 9. Januar**
»zur Einführung der Charta der Grundrechte und -freiheiten«
Entgegenstehende Gesetze etc.: Ab 31. 12. 1991 ungültig

Die Föderale Versammlung hat das nachstehende Verfassungsgesetz verabschiedet:

§ 1

(1) Verfassungsgesetze, andere Gesetze und andere Rechtsnormen, ihre Auslegung und Anwendung müssen mit der Charta der Grundrechte und Grundfreiheiten in Einklang stehen.
(2) Die in der Charta der Grundrechte und Grundfreiheiten aufgeführten Grundrechte und Grundfreiheiten werden durch das Verfassungsgericht[1] geschützt.

§ 2

Von der Tschechischen und Slowakischen Föderativen Republik ratifizierte und verkündete völkerrechtliche Verträge über Menschenrechte und Grundfreiheiten sind auf ihrem Staatsgebiet allgemein verbindlich und gehen ihren eigenen Gesetzen vor.

. . .

§ 6

(1) Gesetze und andere Rechtsnormen sind spätestens bis zum 31. Dezember 1991 in Einklang mit der Charta der Grundrechte und Grundfreiheiten zu bringen. Vorschriften, die nicht in Einklang mit der Charta der Grundrechte und Grundfreiheiten stehen, treten zu diesem Tag außer Kraft.[2]

. . .

§ 7

Dieses Verfassungsgesetz und die Charta der Grundrechte und Grundfreiheiten treten am Tag ihrer Verkündung in Kraft.

Charta der Grundrechte und Grundfreiheiten

Die Föderale Versammlung,
handelnd auf der Grundlage von Entwürfen des Tschechischen Nationalrats und des Slowakischen Nationalrats,
in Anerkennung der Unverletzlichkeit der natürlichen Rechte der Menschen, der Rechte der Staatsbürger und des souveränen Charakters des Rechts,
ausgehend von den weltweit geteilten Wertvorstellungen der Menschheit und den demokratischen und selbstverwaltenden Traditionen unserer Völker,
eingedenk der bitteren Erfahrungen, die gewonnen werden mußten, als Menschenrechte und Grundfreiheiten in unserem Land unterdrückt waren,
in der Hoffnung, daß diese Rechte durch die gemeinsamen Anstrengungen aller freien Völker gewahrt werden,
in Ausübung des Rechts des tschechischen und des slowakischen Volkes auf Selbstbestimmung,
erinnernd an ihre Verantwortung gegenüber künftigen Generationen für das Schicksal des Lebens auf dieser Erde, und als Ausdruck ihrer Entschlossenheit, daß sich die Tschechische und Slowakische Föderative Republik in Würde dem Kreis der diese Werte achtenden Staaten anschließen sollte,
hat diese Charta der Grundrechte und Grundfreiheiten verabschiedet:

KAPITEL 1
Allgemeine Bestimmungen

Artikel 1
Alle Menschen sind frei und gleich in ihrer Würde und in ihren Rechten. Ihre Grundrechte sind ihnen angeboren, unveräußerlich, unbeschränkbar und unentziehbar.

Artikel 2

(1) Der Staat gründet sich auf demokratischen Werten und darf nicht an eine ausschließliche Weltanschauung oder eine besondere Religion gebunden sein.
(2) Die Staatsgewalt darf nur in gesetzlich bestimmten Fällen und innerhalb der gesetzlich bestimmten Schranken und in gesetzlich bestimmter Art und Weise ausgeübt werden.
(3) Jedermann ist frei zu tun, was vom Gesetz nicht verboten ist, und niemand darf gezwungen werden, etwas zu tun, was das Gesetz nicht anordnet.

Artikel 3

(1) Die Grundrechte und Grundfreiheiten sind für jedermann gewährleistet, ohne Unterschied von Geschlecht, Rasse, Hautfarbe, Sprache, Glaube, Religion, politischer oder anderer Überzeugung, ethnischer oder sozialer Herkunft, Zugehörigkeit zu einer nationalen oder ethnischen Minderheit, Eigentum, Geburt oder sonstigen Status.
(2) Jedermann hat das Recht auf freie Wahl seiner Nationalität. Jegliche Form der Einflußnahme auf diese Wahl ist verboten, ebenso wie jede Form der Ausübung von Druck, die auf die Unterdrückung der nationalen Identität einer Person zielt.
(3) Niemand darf in seinen Rechten beeinträchtigt werden, weil er seine Grundrechte und Grundfreiheiten ausübt.

Artikel 4

(1) Pflichten dürfen nur durch Gesetz und nur innerhalb gesetzlich bestimmter Schranken auferlegt werden und nur, wenn die Grundrechte und Grundfreiheiten des Individuums respektiert werden.
(2) Jegliche Einschränkungen der Grundrechte und Grundfreiheiten müssen gesetzlich bestimmt sein und in Einklang stehen mit den von dieser Charta der Grundrechte und Grundfreiheiten gesetzten Voraussetzungen.
(3) Jegliche gesetzliche Einschränkungen der Grundrechte und Grundfreiheiten müssen in gleicher Weise auf alle Fälle Anwendung finden, welche die vorgegebenen Voraussetzungen erfüllen.
(4) Bei der Anwendung der die Grundrechte und Grundfreiheiten einschränkenden Bestimmungen muß der Wesensgehalt dieser Rechte und Freiheiten gewahrt bleiben. Solche Einschränkungen dürfen nicht für andere als die vorbestimmten Zwecke genutzt werden.

KAPITEL 2
Menschenrechte und Grundfreiheiten

Teil 1
Grundrechte und Grundfreiheiten

Artikel 5

Jedermann hat die Fähigkeit, Rechte zu besitzen.

Artikel 6

(1) Jedermann hat das Recht auf Leben. Das menschliche Leben genießt den Schutz schon vor der Geburt.
(2) Niemand darf seines Lebens beraubt werden.
(3) Die Todesstrafe ist abgeschafft.
(4) Wurde jemand seines Lebens in Zusammenhang mit einer Handlung beraubt, die nach dem Gesetz nicht strafbar ist, stellt dies keine Verletzung von Rechten nach den Vorschriften dieses Artikels dar.

Artikel 7

(1) Die Unverletzlichkeit der Person und ihrer Privatsphäre wird gewährleistet. Sie darf nur in gesetzlich vorgesehenen Fällen eingeschränkt werden.
(2) Niemand darf der Folter oder unmenschlicher oder erniedrigender Behandlung unterworfen werden.

Artikel 8

(1) Die persönliche Freiheit wird gewährleistet.
(2) Niemand darf angeklagt oder seiner Freiheit beraubt werden, es sei denn aus gesetzlich bestimmten Gründen und unter Beachtung des im Gesetz vorgeschriebenen Verfahrens. Niemand darf seiner Freiheit beraubt werden, nur weil er nicht in der Lage ist, eine vertragliche Verpflichtung zu erfüllen.
(3) ⟨*und*⟩ (4)⟨*: Recht auf richterlichen Entscheid in spätestens 24 Stunden nach Festnahme*⟩
(5) Niemandem darf seine Freiheit entzogen werden, es sei denn aus gesetzlich bestimmten Gründen und aufgrund einer gerichtlichen Entscheidung.
(6) ⟨*Richterliche Zustimmung für Verbringung in medizinische Einrichtungen*⟩

Artikel 9

(1) Niemand darf gezwungen werden, Zwangs- oder Pflichtarbeit zu verrichten.
(2) Die Bestimmung des Absatz 1 gilt nicht für
a) Arbeiten, die in Übereinstimmung mit dem Gesetz von Personen verlangt werden, die eine Freiheitsstrafe oder andere Strafen verbüßen, die anstelle einer Freiheitsstrafe verhängt wurden;
b) Militärische Dienstleistungen oder ⟨*vergleichbares*⟩;
c) Dienstleistungen aufgrund gesetzlicher Vorschrift in Fällen von Naturkatastrophen ⟨*oder vergleichbarem*⟩;
d) Handlungen, die vom Gesetz zum Schutz des Lebens, der Gesundheit oder von Rechten anderer gefordert werden.

Artikel 10

(1) Jedermann hat Anspruch auf Schutz seiner Menschenwürde, seiner persönlichen Integrität, seiner Ehre und seines Namens.
(2) Jedermann hat Anspruch auf Schutz vor unerlaubtem Sammeln, Veröffentlichen oder anderen Mißbräuchen seiner persönlichen Daten.

Artikel 11

(1) Jedermann hat das Recht auf Eigentum. Die Eigentumsrechte aller Eigentümer haben den gleichen gesetzlichen Inhalt und genießen den gleichen Schutz. Das Erbrecht wird gewährleistet.
(2) Das Gesetz bestimmt, welches zur Sicherung der Bedürfnisse der ganzen Gesellschaft, der Entwicklung der Volkswirtschaft und der öffentlichen Wohlfahrt notwendige Eigentum ausschließlich im Eigentum des Staates, der öffentlichen Hand oder bestimmter juristiger Personen stehen darf; das Gesetz kann auch bestimmen, daß bestimmte Gegenstände nur im Eigentum von Bürgern oder juristischen Personen stehen dürfen, die ihr Domizil in der Tschechischen und Slowakischen Föderativen Republik haben.
(3) Eigentum verpflichtet . . .
(4) Eine Enteignung oder andere zwangsweise Beschränkung des Eigentumsrechts ist nur zulässig aus Gründen des öffentlichen Interesses und auf gesetzlicher Grundlage, sowie gegen Entschädigung.
(5) Steuern und Abgaben dürfen nur auf gesetzlicher Grundlage erhoben werden.

Artikel 12

(1) Die Wohnung ist unverletzlich. ...

Artikel 13〈*: Brief- und Telefongeheimnis*〉

Artikel 14

(1) Bewegungsfreiheit und Freiheit der Wohnsitznahme werden gewährleistet.
(2) Jedermann, der sich rechtmäßig im Staatsgebiet der Tschechischen und Slowakischen Republik aufhält, steht es frei, dieses zu verlassen.
(3) Diese Freiheiten dürfen durch Gesetz nur eingeschränkt werden, wenn dies zum Schutz der Sicherheit des Staates, zur Aufrechterhaltung der öffentlichen Ordnung, zum Schutz der Rechte und Freiheiten anderer sowie in besonders abgegrenzten Gebieten auch zu Zwecken des Naturschutzes notwendig ist.
(4) Jedem Staatsbürger steht es frei, in das Staatsgebiet der Tschechischen und Slowakischen Föderativen Republik einzureisen. Kein Staatsbürger darf zum Verlassen seiner Heimat gezwungen werden.
(5) Ausländer dürfen nur in den gesetzlich bestimmten Fällen ausgewiesen werden.

Artikel 15

(1) Gedanken-, Gewissens- und Religionsfreiheit werden gewährleistet. Jedermann hat das Recht, seine Religion oder seinen Glauben zu wechseln oder keine religiöse Überzeugung zu haben.
(2) ...

Artikel 16

(1) Jedermann hat das Recht, seine Religion oder Weltanschauung allein oder in Gemeinschaft mit anderen, öffentlich oder privat, durch Gottesdienst, Unterricht, religiöse Handlungen oder Bräuche zu bekunden.
(2) Kirchen und religiöse Vereinigungen regeln ihre inneren Angelegenheiten, insbesondere die Ernennung ihrer Organe und ihrer Seelsorger und die Errichtung religiöser Orden und anderer kirchlicher Einrichtungen, unabhängig von den Organen des Staates.
(3) Die Bedingungen des Religionsunterrichts an staatlichen Schulen werden durch Gesetz geregelt.
(4) Die Ausübung der vorstehenden Rechte darf durch Gesetz im Fall von Maßnahmen eingeschränkt werden, die in einer demokratischen Gesellschaft zum Schutz der öffentlichen Sicherheit und Ordnung, Gesundheit und Moral, oder der Rechte und Freiheiten anderer notwendig sind.

Teil 2

Politische Rechte

Artikel 17

(1) Die Meinungsfreiheit und das Recht auf Information werden gewährleistet.
(2) Jedermann hat das Recht, seine Meinung durch Wort, Schrift, Druck, in Bildern oder in jeder anderen Form frei zu äußern, sowie ohne Rücksicht auf die Staatsgrenzen Ideen und Informationen sich frei zu beschaffen, zu empfangen und weiterzugeben.
(3) Zensur ist nicht gestattet.
(4) Die Meinungsfreiheit und das Recht, Informationen sich zu beschaffen und weiterzugeben, dürfen durch Gesetz im Fall von Maßnahmen eingeschränkt werden, die in einer demokratischen Gesellschaft zum Schutz der Rechte und Freiheiten anderer, der Sicherheit des Staates, der öffentlichen Sicherheit, Gesundheit und Moral notwendig sind.

(5) Die Organe des Staates und der örtlichen Selbstverwaltung geben in angemessener Weise Auskunft über ihre Tätigkeiten. Die Voraussetzungen und die Art der Verwirklichung dieser Verpflichtung werden durch Gesetz geregelt.

Artikel 18

(1) Das Petitionsrecht wird gewährleistet; . . .

Artikel 19

(1) Das Recht, sich friedlich zu versammeln, wird gewährleistet.
(2) Dieses Recht darf durch Gesetz im Fall von Versammlungen auf öffentlichen Plätzen eingeschränkt werden, wenn Maßnahmen betroffen sind, die in einer demokratischen Gesellschaft zum Schutz der Rechte und Freiheiten anderer, der öffentlichen Ordnung, Gesundheit, Moral, Wohlfahrt oder der Sicherheit des Staates notwendig sind. Eine Versammlung darf jedoch nicht von der Erlaubnis eines Organs der öffentlichen Verwaltung abhängig gemacht werden.

Artikel 20

(1) Die Vereinigungsfreiheit wird gewährleistet. Jedermann hat das Recht, sich mit anderen in Vereinen, Gesellschaften und anderen Vereinigungen zusammenzuschließen.
(2) Die Staatsbürger haben auch das Recht auf Gründung politischer Parteien und politischer Bewegungen und sich in solchen zusammenzuschließen.
(3) Die Ausübung dieser Rechte darf nur in den gesetzlich vorgesehenen Fällen eingeschränkt werden, wenn Maßnahmen betroffen sind, die in einer demokratischen Gesellschaft zum Schutz der Sicherheit des Staates, der öffentlichen Sicherheit und Ordnung, zur Verbrechensverhütung oder zum Schutz der Rechte und Freiheiten anderer notwendig sind.
(4) Politische Parteien und politische Bewegungen sowie andere Vereinigungen sind vom Staat getrennt.

Artikel *21*

(1) Die Staatsbürger haben das Recht, an der Gestaltung der öffentlichen Angelegenheiten unmittelbar oder durch frei gewählte Vertreter teilzunehmen.
(2) Wahlen müssen in Zeitabständen abgehalten werden, welche die gesetzlich vorgesehenen Wahlperioden nicht überschreiten.
(3) Das Wahlrecht ist allgemein und gleich und wird durch geheime Stimmabgabe ausgeübt. Die Voraussetzungen, unter denen das Wahlrecht ausgeübt wird, regelt das Gesetz.
(4) Die Staatsbürger haben unter gleichen Bedingungen Zugang zu allen Wahl- und sonstigen öffentlichen Ämtern.

Artikel 22

Die gesetzlichen Bestimmungen zur Regelung aller politischen Rechte und Freiheiten, ihre Auslegung und Anwendung ermöglichen und schützen den freien Wettbewerb zwischen den politischen Kräften in einer demokratischen Gesellschaft.

Artikel 23

Die Staatsbürger haben das Recht zum Widerstand gegen jeden, der es unternimmt, die demokratische Ordnung der Menschenrechte und Grundfreiheiten zu beseitigen, wie sie von dieser Charta der Grundrechte und Grundfreiheiten errichtet ist, wenn die Arbeit der Verfassungsorgane und ein effektiver Gebrauch der rechtlichen Möglichkeiten vereitelt sind.

KAPITEL 3
Rechte der nationalen und ethnischen Minderheiten

Artikel 24

Die nationale oder ethnische Identität einer Person darf nicht zu ihrem Nachteil mißbraucht werden.

Artikel 25

(1) Den Staatsbürgern, die eine nationale oder ethnische Minderheit bilden, wird umfassende Entwicklung gewährleistet, insbesondere das Recht, gemeinsam mit anderen Angehörigen der Minderheit ihre eigene Kultur zu entwickeln, das Recht, in ihrer Sprache Informationen zu verbreiten und zu empfangen, und das Recht, sich in ethnischen Vereinigungen zusammenzuschließen. Genauere Bestimmungen hierzu trifft das Gesetz.
(2) Den Staatsbürgern, die nationalen und ethnischen Minderheiten zugehören, wird unter den vom Gesetz bestimmten Voraussetzungen auch gewährleistet:
a) das Recht auf Erziehung in ihrer Sprache;
b) das Recht auf Gebrauch ihrer Sprache im öffentlichen Verkehr;
c) das Recht auf Teilnahme an der Regelung von die nationalen und ethnischen Minderheiten betreffenden Angelegenheiten.

KAPITEL 4
Wirtschaftliche, soziale und kulturelle Rechte

Artikel 26⟨*: Berufsfreiheit für*⟩ jedermann⟨*, aber:*⟩

(4) Hiervon abweichende Regelungen für Ausländer können durch Gesetz bestimmt werden.

Artikel 27⟨*: Koalitionsfreiheit, Streikrecht*⟩
Artikel 28⟨*: Anspruch angemessener Entlohnung*⟩
Artikel 29⟨*: Anspruch auf erhöhten Gesundheitsschutz am Arbeitsplatz für Frauen, Heranwachsende, Behinderte*⟩
Artikel 30⟨*: Anspruch auf Unfall- und Rentenversorgung*⟩
Artikel 31⟨*: Recht auf Gesundheitsschutz*⟩
Artikel 32⟨*: Elternschaft und Familie*⟩

Artikel 33

(1) Jedermann hat das Recht auf Bildung. Schulpflicht besteht für eine gesetzlich bestimmte Zeit.
(2) Die Staatsbürger haben das Recht auf unentgeltlichen Besuch von Grund- und weiterführenden Schulen sowie, abhängig von ihren Fähigkeiten und den gesellschaftlichen Möglichkeiten, auch von Hochschulen.
(3) Andere als staatliche Schulen dürfen nur eingerichtet und Unterricht dort angeboten werden unter gesetzlich bestimmten Bedingungen; die Ausbildung an solchen Schulen darf gegen Schulgeld gewährt werden.
(4) Die Bedingungen, unter denen die Staatsbürger Anspruch auf staatliche Unterstützung während ihrer Studien haben, sind gesetzlich geregelt.

Artikel 34⟨*: Recht auf geistige Leistungen*⟩
Artikel 35⟨*: Recht auf geschonte Umwelt*⟩

KAPITEL 5
Recht auf gerichtlichen und anderen Rechtsschutz

Artikel 36

(1) Jedermann darf nach dem vorgeschriebenen Verfahren sein Recht vor einem unabhängigen und unparteiischen Gericht und in besonderen Fällen vor einem anderen Organ geltend machen.
(2) Jeder, der behauptet, durch eine Entscheidung der öffentlichen Gewalt in seinen Rechten verletzt zu sein, kann sich an ein Gericht zur Überprüfung der Rechtmäßigkeit einer solchen Entscheidung wenden, es sei denn, das Gesetz bestimmt etwas anderes. Die Überprüfung von Entscheidungen, welche die in dieser Charta enthaltenen Grundrechte und Grundfreiheiten betreffen, darf jedoch nicht der Zuständigkeit der Gerichte entzogen werden.
(3) Jedermann hat Anspruch auf Ersatz für den ihm durch eine ungesetzliche Entscheidung eines Gerichts, eines anderen Organs des Staates oder der öffentlichen Verwaltung oder durch fehlerhaftes amtliches Verfahren zugefügten Schaden.
(4) Die Bedingungen und näheren Vorschriften hierzu regelt das Gesetz.

Artikel 37〈: *Recht auf Aussageverweigerung, Rechtsbeistand, ggf. Dolmetscher*〉

Artikel 38〈: *Recht auf gesetzlichen Richter und Öffentlichkeit der Verhandlung*〉

Artikel 39

Nur das Gesetz bestimmt, welche Handlungen ein Verbrechen darstellen und welche Strafen oder andere Nachteile für Rechte und Eigentum ihretwegen verhängt werden dürfen.

Artikel 40〈: *Recht auf Gericht, Unschuldigkeit bis zum rechtskräftigen Urteil, ausreichende Verteidigung, ggf. Pflichtverteidiger*〉

(5) Niemand darf strafrechtlich wegen einer Handlung verfolgt werden, wegen der er bereits rechtskräftig verurteilt oder freigesprochen worden ist. Diese Regel schließt nicht die Anwendung besonderer, in Einklang mit dem Gesetz stehender Rechtsbehelfe aus.
(6) Die Frage, ob eine Handlung strafbar ist oder nicht, ist zu entscheiden und Strafen sind zu verhängen in Übereinstimmung mit den gesetzlichen Bestimmungen, die zur Zeit der Begehung der Handlung in Kraft waren. Ein späteres Gesetz ist anzuwenden, wenn es für den Täter günstiger ist.

KAPITEL 6
Gemeinsame Bestimmungen

Artikel 41〈: *Gesetzliche Einschränkungen zu Art. 26–33, 35*〉

Artikel 42

(1) Wo immer diese Charta den Begriff »Staatsbürger« verwendet, ist hiermit ein Staatsbürger der Tschechischen und Slowakischen Föderativen Republik zu verstehen.
(2) Ausländer genießen in der Tschechischen und Slowakischen Föderativen Republik die in dieser Charta gewährleisteten Menschenrechte und Grundfreiheiten, soweit nicht solche Rechte und Freiheiten ausdrücklich allein den Staatsbürgern gewährt sind.
(3) Wo immer die geltenden Bestimmungen den Begriff »Staatsbürger« verwenden, ist hiermit jeder Mensch gemeint, dem diese Charta ungeachtet seiner Staatsangehörigkeit Grundrechte und Grundfreiheiten verleiht.

Artikel 43

Die Tschechische und Slowakische Föderative Republik gewährt Ausländern, die wegen der Ausübung politischer Rechte und Freiheiten verfolgt werden, Asyl. Asyl kann einer Person verweigert werden, die im Widerspruch zu grundlegenden Menschenrechten und Grundfreiheiten gehandelt hat.

Artikel 44⟨*: Gesetzliche Einschränkungen zu Art. 20, Abs. 2 und 27 sowie für Militärpersonen zu Art. 18, 19 und 27*⟩

Anmerkungen:

[1] Zu einer Nichtbeachtung dieser Schutzvorschrift: Siehe S. 993.

[2] a) Aus dieser Bestimmung konnte zunächst abgeleitet werden, daß die sog. Beneš-Dekrete etc. der Jahre 1945/46 (siehe dazu S. 576 ff.), die neben dem Art. 3 zahlreiche weitere Vorschriften dieses Verfassungsgesetzes verletzten, zum 31. 12. 1991 außer Kraft traten.

b) Demgegenüber wurde jedoch in der ČR-Gesetzgebung nach dem 1. 1. 1992 von der Fortgeltung solcher Bestimmungen ausgegangen; zu einem Beispiel: Siehe S. 944.

c) Aus der ČSFR wurde zu den sog. Beneš-Dekreten gemeldet:

»›Einige von den Dekreten des Präsidenten Beneš aus dem Jahr 1945 gelten nicht mehr‹, sagte auf der Prager Burg Petr Hunčik, der Mitarbeiter der Sektion für die Menschenrechte der Kanzlei des Präsidenten. Er ist Leiter der Kommission, welche die Dekrete prüft. Er spezifizierte nicht, um welche es sich handelt, er sagte aber, daß ... die Kommission untersuche, für welche Dekrete die Gültigkeit am 31. Dezember d. v. J. im Zusammenhang mit der Liste des Grundrechtes und der Freiheit endete. Diese Kommission wurde aufgrund einer Entscheidung des Präsidenten V. Havel durch die Kanzlei des Präsidenten gegründet.

Die Mitglieder der Kommission sind zwei Juristen aus der Tschechischen Republik und zwei aus der Slowakischen Republik. Eine Reihe von Konsultanten steht auch zur Verfügung. Die Kommission soll allein die Rechtsseite der Dekrete untersuchen, nach denen der tschechische Staat nach dem Krieg, als das Parlament nicht funktionierte, geleitet wurde.«

Auf Rückfragen wurde zunächst geantwortet:

»Über die Deutschen, besonders die Sudetendeutschen, hat die Kommission nicht verhandelt. Aber niemand schränkt die Kommission ein.«

Dann hieß es noch:

»Die Beschlüsse werden keine Folgen für die Außenbeziehungen oder Regelungen der Verträge und Vereinbarungen haben, da sie nur die Personen betreffen sollen, die damals tschechoslowakische Bürger waren und auch heute die tschechoslowakische Staatsbürgerschaft besitzen.«

Wiedergabe aus »Rudé právo« (Rotes Recht), Prag; Jg. 2, Nr. 65 v. 17. 3. 1992; S. 1; nach SdZ; Nr. 14 v. 3. 4. 1992; S. 3.

Quelle:

ČSFR-Slg. 1991; Nr. 23 im 6. Stück v. 8. 2. 1991; S. 114–121.

****

ČSFR-Gesetz Nr. 87 **1991, 21. Februar**

»über außergerichtliche Wiedergutmachung«

Sudetendeutsche von Wiedergutmachung ausgeschlossen

...

§ 1:

(1) Das Gesetz umfaßt die Milderung der Folgen einiger eigentumsbezogener und anderer Unrechtstatbestände, die aus bürgerlichrechtlichen und arbeitsrechtlichen Amtshandlungen und Rechtsakten, getroffen im Zeitraum ab 25. Februar 1948[1] bis 1. Januar 1990 (im folgenden nur »Entscheidungszeitraum«) hervorgingen und im Gegensatz zu den Grundlagen der demokratischen Gesellschaft standen, welche die Bürgerrechte respektiert, wie sie in der Charta der UN[2], der Allgemeinen Erklärung der Menschenrechte[3] und der darauf aufbauenden Internationalen Pakte über bürgerliche, politische, wirtschaftliche, soziale und kulturelle Rechte[4] niedergelgt worden waren.

. . .
(4) Dieses Gesetz wird nicht auf die Erleichterung der Folgen von Unrechtstatbeständen angewendet, die aus der Übernahme landwirtschaftlichen Bodens, genutzt für landwirtschaftliche Erzeugung einschließlich der dazugehörigen Wohn- und Betriebsgebäude, Waldungen und Wasserflächen entstanden.
(5) Dieses Gesetz darf nicht auf Vorgänge angewendet werden, in denen das Eigentum von in der Zeit der Unfreiheit[5] staatlich unzuverlässigen Personen[6] oder in Folge rassischer Verfolgung[7] eingezogen wurde.
. . .

§ 3 Berechtigte Personen
(1) Berechtigt ist eine natürliche Person, deren Sachen in das Eigentum des Staates in Vorgängen überging, die in § 6 des Gesetzes[8] aufgeführt sind, wenn diese Staatsbürger der ČSFR ist und ihren dauernden Wohnsitz auf ihrem Gebiet[9] hat.
. . .

Anmerkungen:
1 Durch diese Zeitmarkierung (25. 2. 1948: Tag der offiziellen Machtübernahme der KP in der ČSR) wurden u. a. die Sudetendeutschen von jeder Wiedergutmachung deswegen ausgeschlossen, da die entsprechenden Rechtsvorschriften der ČSR (zu den sog. Beneš-Dekreten: Siehe S. 576 ff.) vor diesem Zeitpunkt erlassen worden waren.
Rechtstechnisch ähnelte die Methode jener, die in Deutschland mit den SBZ-Vermögensenteignungen 1945 bis 1949 nach 1990 praktiziert und vom deutschen Verfassungsgericht gebilligt worden war; siehe dazu S. 893:
»Das Karlsruher Urteil zu Enteignungen vor 1949 findet in Prag aufmerksame Leser« betitelte die SZ; Nr. 101 v. 2. 5. 1991; S. 4 einen längeren Bericht.
2 vom 26. 6. 1945; zum Text: Siehe S. 17.
3 vom 10. 12. 1948; zum Text: Siehe S. 25.
4 vom 19. 12. 1966; zum Text: Siehe S. 60.
Der ČSFR-Gesetzestext enthielt an dieser Stelle als Anmerkung 1 den Hinweis auf deren Veröffentlichung als Bekanntgabe des ČSSR-Außenministeriums in der ČSSR-Slg. mit der Nr. 120/1976.
5 Diese war auf den Zeitraum 20. 9. 1938 bis 4. 5. 1945 datiert; siehe S. 582.
6 Dazu gehörten auch die Sudetendeutschen; siehe S. 581.
7 Die nahe Zusammenführung von NS-Maßnahmen der rassischen Verfolgung mit ČSR-Maßnahmen nationaler Diskriminierung ist beachtenswert.
8 Hier, wie an anderen Stellen des Gesetzes, wurden Vorgangsarten aufgeführt, durch welche Eigentum entzogen worden war.
9 Diese Wohnsitzbestimmung des Gesetzes wurde vom ČR-Verfassungsgerichtshof in Brünn im Juli 1994 auf Antrag von 53 Abgeordneten des ČR-Parlaments gestrichen.
Vgl. PZ; Nr. 29 v. 21. 4. 1994; S. 1.

Quelle:
ČSFR-Slg. 1991; Nr. 87 im 19. Stück v. 21. 3. 1991; S. 433–441, hier 433 f.

****

ČSFR-Gesetz Nr. 229 **1991, 21. Mai**
»über die Regelung von Eigentumsbeziehungen zum Boden und anderem landwirtschaftlichen Besitz«
Berücksichtigung auch heimatvertriebener Sudetendeutscher

. . .
Erster Teil
§ 1 Umfang der Wirksamkeit des Gesetzes
(1) Das Gesetz bezieht sich auf
a) Boden, der zum landwirtschaftlichen Bodenfond gehört . . .,

b) Wohngebäude, ... die zu landwirtschaftlichen Betrieben gehören ...,
c) Wirtschaftsgebäude ..., die der landwirtschaftlichen Produktion ... gehören ...,
...

Zweiter Teil
§ 4 Berechtigte Personen
(1) Eine berechtigte Person ist ein Staatsbürger der ČSFR, der seinen dauernden Wohnsitz auf deren Gebiet hat und dessen Boden inkl. Gebäude und Bauten zum Zwecke landwirtschaftlicher Betätigung im Zeitraum 25. Februar 1948 bis 1. Januar 1990 aus in § 6 Abs. 1 aufgeführtem Grund auf den Staat oder eine andere juristische Person überging.
...

§ 6 Herausgabe der unbeweglichen Güter
(1) Den berechtigten Personen werden jene unbeweglichen Güter herausgegeben, die auf den Staat oder eine andere juristische Person übergingen als Folge von ⟨*hier wurden mehrere Gesetze der Jahre 1947–1958 sowie zahlreiche Vorgangsarten wie*⟩ Enteignung ohne Auszahlung der Entschädigung ⟨*aufgeführt*⟩.
(2) Vergleichbar wird auch in Fällen vorgegangen, in denen natürlichen Personen ein Anspruch auf Verschonung von der Konfiskation landwirtschaftlichen Besitzes gemäß gesonderter Vorschriften[1] entstand.
⟨*Zusatz durch* ČSFR-Gesetz 93/1992 vom 18. 2. 1992[2]:⟩
9. In § 6 Abs. 2 wird am Schluß der Satz hinzugefügt:
»Als solche Personen ... müssen für die Zwecke dieses Gesetzes auch Staatsangehörige der ČSFR mit ständigem Wohnsitz in der ČSFR angesehen werden, denen der landwirtschaftliche Besitz konfisziert wurde und die nicht nach gesonderten Vorschriften[1] verurteilt wurden ...«

§ 7
Die Erleichterung weiterer eigentumsbezogener Unrechtstatbestände, die während der Gültigkeit oder durch gesonderte Anwendung einiger Rechtsvorschriften oder auf anderer Grundlage nur auf dem Gebiet der Tschechischen oder der Slowakischen Republik entstanden, regelt der Tschechische oder der Slowakische Nationalrat mit gesondertem Gesetz[3].
⟨*Zusatz durch* ČSFR-Gesetz 93/1992 vom 18. 2. 1992[2]:⟩
11. Im § 7 wird der bisherige Text als Abs. 1 bezeichnet und um einen neuen Absatz 2 ergänzt, der besagt:
»(2) Der Tschechische Nationalrat wird ermächtigt, durch Gesetz[3] die Rückgabe des Eigentums tschechoslowakischer Bürger mit dauerndem Wohnsitz auf dem Gebiet der Tschechischen Republik zu regeln, welche ihr Eigentum durch Präsidialdekret 12/1945[4] ... oder 108/1945[5] ... verloren, sich gegen den Tschechoslowakischen Staat nicht vergingen und die Staatsbürgerschaft durch Gesetz ... 194/1949[6] ... oder Gesetz 34/1953[7] ... neuerlich erwarben, sofern dies nicht bereits mit Verfassungspräsidialdekret 33/1945[8] ... erfolgt war.«
...
[9]

Anmerkungen:
[1] Im Gesetz waren in Fußnoten hier nur Vorschriften mit Gültigkeit für die Slowakei aufgeführt.
[2] Zum Text vgl. ČSFR-Slg. 1992; Gesetz Nr. 93 im 23. Stück v. 28. 2. 1992; S. 580–582, hier S. 581.
[3] Zum darauf aufbauenden ČR-Gesetz Nr. 243/92: Siehe S. 944.
[4] Vom 19. 5. 1945; zum Text: Siehe S. 517.
[5] Vom 25. 10. 1945; zum Text: Siehe S. 563.
[6] Vom 13. 7. 1949; zum Inhalt: Siehe S. 734.

[7] Vom 24. 4. 1953; zum Text: Siehe S. 734.
[8] Vom 2. 8. 1945; zum Text: Siehe S. 551.
[9] Zusammenfassend:
Durch diese Bestimmungen erhielten auch in der nunmehrigen ČR heimatverbliebene Sudetendeutsche ihr landwirtschaftliches Eigentum von 1945 zurück, wenn sie
a) die ČSR-Staatsbürgerschaft spätestens 1949 wiedererwarben oder sich gegen die ČSR nicht vergangen hatten und deren Staatsbürgerschaft spätestens 1953 erwarben; sowie
b) 1991 Staatsbürger der ČSFR mit dortigem, ständigem Wohnsitz waren.

Quelle:
ČSFR-Slg. 1991; Gesetz Nr. 229 im 45. Stück v. 24. 6. 1991, S. 1062–1071.

****

Brief **1991, 29. Mai**
des Sprechers der SL, Staatsminister a. D. Franz Neubauer, an den Ministerpräsidenten der ČR, Petr Pithart:[1]
Aus geschichtlicher Erfahrung abgeleitetes Zukunftskonzept

Sehr geehrter Herr Ministerpräsident,
für Ihr Schreiben vom 3. Mai aus Anlaß des 42. Sudetendeutschen Tages möchte ich mich hiermit bedanken. Unsere sudetendeutschen Landsleute haben Ihre guten Wünsche aufmerksam registriert, wie auch die Teilnahme einer offiziellen Delegation des Tschechischen Nationalrates[2] und die Grußworte ihres Leiters von den rund 100.000 Teilnehmern in Nürnberg mit großer Zustimmung zur Kenntnis genommen worden sind. Wir haben darin ein ermutigendes Zeichen für eine weitere positive Entwicklung gesehen.
Ich habe in meiner Rede in Nürnberg davon gesprochen, daß es nun eine wirklich historische Chance gäbe – und ich bezog mich dabei auf Böhmen und Mähren/Schlesien –, daß dieses Land, das »durch das Gegeneinander seiner beiden Völker dem Untergang nahegebracht wurde, durch ein neues Miteinander wieder zum Blühen gebracht werden kann«.
Als im Jahre 1918 die erste tschechisch-slowakische Republik entstand, lebten im damaligen Böhmen, Mähren und Schlesien rund 6,8 Millionen Tschechen und 3,2 Millionen Deutsche. Beide Völker waren seit Jahrhunderten ansässig und heimisch. Es ist im Rückblick als tragisch zu werten, daß die Gründerväter dieser ersten Republik sich zwar der Zustimmung der in der Slowakei lebenden rund 2 Millionen Slowaken zu einem gemeinsamen Staat versicherten[3], die deutsche Bevölkerungsgruppe des vorgesehenen Staatsgebietes jedoch nicht in die gemeinsamen Überlegungen einbezogen wurde. Die Besetzung der deutschen Siedlungsgebiete Böhmens und Mähren-Schlesiens durch tschechisches Militär[4], die Einbeziehung in den neuen Staat ohne demokratische Volksabstimmung und die Schüsse des 4. März 1919 auf waffenlose Zivilisten mit 54 Todesopfern[5] ließen ein tiefes Trauma bei den Sudetendeutschen entstehen, das die Hinwendung zum neuen Staat nicht eben erleichterte.
Die Zurückweisung der noch bis 1937 andauernden Ausgleichsversuche seitens aller sudetendeutschen Parteien[6] durch die damaligen Regierungen der ČSR trug verständlicherweise nicht zum Abbau des Traumas und des Mißtrauens bei, sondern verstärkten es allenfalls noch. Den Höhepunkt des tragischen Zwistes markieren die Jahreszahlen 1938, 1939 und 1945/46.
Heute nun, da die jahrzehntelange kommunistische Diktatur in Böhmen und Mähren/Schlesien einer demokratischen Entwicklung gewichen ist, bin ich der Auffassung, daß uns als den politischen Repräsentanten der beiden traditionellen Völker des böhmisch-mährischen Raumes die Aufgabe übertragen ist, nicht nach tagespolitischen Nützlichkeits-Erwägungen zu handeln, sondern mit Weitsicht und in Verantwortung sowohl vor der Geschichte wie vor der Zukunft von Land und Menschen die Vergangenheit zu bereinigen und einen neuen Anfang zu finden.

Es ist ohne Zweifel, daß niemand von uns der Vergangenheit entfliehen kann. Auch Völker können dies nicht. Natürlich kann man das Rad der Geschichte nicht zurückdrehen, und natürlich kann man Geschehenes nicht ungeschehen machen. Die Folgen jedoch können verändert werden, und das ist meines Erachtens ein notwendiger und für die Zukunft der Menschen und des Landes nahezu unumgänglicher Schritt.
Ich habe immer wieder betont – und dies ist mir außerordentlich ernst –, daß wir Deutschen aus Böhmen und Mähren/Schlesien nichts Unmögliches erwarten und verlangen, und auch nichts, was dem Lande schaden würde. Aber allein mit dem Ausdruck des Bedauerns über alles Geschehene hinwegzugehen und selbst den kleinsten Schritt zum konkreten Ausgleich abzulehnen, hieße, das Prinzip von Gewalt und Unrecht zu legalisieren und zum zulässigen Mittel im Umgang zwischen Menschen und Völkern zu machen.
Wir haben nun die konkrete Chance, diesen Teufelskreis zu durchbrechen, indem wir gemeinsam eine Formel für Ausgleich und Neuanfang finden, der Tschechen und Sudetendeutsche gleichermaßen zustimmen können.
Lassen Sie mich unsere Vorstellungen hierzu in aller Kürze zusammenfassen:

- Die Einheit der böhmischen Länder wird von uns nicht in Frage gestellt.
- Wer von uns in seiner ursprünglichen Heimat leben will, soll dies frei und ungehindert als gleichberechtigter Bürger des Landes tun können.
- Die kulturelle Eigenart der Völker des böhmischen Raumes muß für alle gleichermaßen – und damit auch für die Deutschen – gesichert sein.
- Das Recht, im Lande zu leben, muß auch für die Deutschen aus diesem Lande und ihre Nachkommen als ein originäres Heimatrecht anerkannt sein und darf sich nicht aus staatlichen Erlaubnisakten ableiten.
- Privates Eigentum muß gewährleistet sein. Die Enteignungen von 1938, 1939 ff. und 1945 ff. waren, ebenso wie die ab dem Februar 1948, ein unrechtmäßiger Zugriff staatlicher Instanzen auf privates Eigentum. Wo dies möglich ist und von den Betroffenen gewünscht wird, sollten diese Enteignungen rückgängig gemacht werden. Allerdings sollen dadurch im guten Glauben neu erworbene Eigentumsansprüche Dritter nicht angetastet, ebensowenig inzwischen erfolgte öffentliche Nutzung in Frage gestellt werden. Zurückgegebenes Eigentum soll so genutzt werden, daß es dem Aufbau des Landes dienlich ist.

Sehr geehrter Herr Ministerpräsident, Sie ersehen aus diesen wenigen Punkten, daß unsere Vorstellungen weder auf eine Schädigung von Land und Staat noch auf eine Beeinträchtigung seiner Menschen zielen.
Natürlich bin ich mir dessen bewußt, daß Desinformation der Bevölkerung und in der kommunistischen Zeit bewußt geförderte Vorurteile gegenüber uns Sudetendeutschen eine offene Diskussion dieser Fragen erschweren. Dennoch hielte ich es für zweckdienlich, in einer gemischten tschechisch-sudetendeutschen Kommission die offenen Fragen und denkbare Lösungsmöglichkeiten[7] zu erörtern.
Da die Slowakische Republik von den mit den Sudetendeutschen zusammenhängenden Fragen nicht betroffen[8] ist, scheint mir die Erörterung im Rahmen einer Kommission[7], deren tschechische Teilnehmer durch Sie berufen werden, am zweckmäßigsten zu sein.
Es ist meine feste Überzeugung, daß wir gemeinsam alles daransetzen sollten, die Vergangenheit so zu überwinden, daß auf keiner Seite Bitterkeit und das Gefühl zurückbleiben, Opfer zu sein, ohne selbst je persönlich schuldig geworden zu sein.
Die Gestaltung der Zukunft liegt jetzt auch mit in unserer Hand. Aus dieser Verantwortung heraus wende ich mich an Sie. Es würde mich freuen, Ihre Stellungnahme[7] erfahren zu dürfen.
Mit vorzüglicher Hochachtung
...

Anmerkungen:

[1] Zum Treffen Pithart–Neubauer am 11. 7. 1990: Siehe S. 906; zum Brief vom 9. 11. 1990: Siehe S. 907.
[2] Beim 41. Sudetendeutschen Tag 1990 war auch der ČSFR-Botschafter in Bonn anwesend gewesen.
[3] Gemeint: Der sog. Pittsburger Vertrag vom 30. 5. 1918; zum Text: Siehe S. 228.
[4] Zu den Vorgängen: Siehe S. 236.
[5] Zu den Vorgängen: Siehe S. 262.
[6] Zu den Vorgängen: Siehe S. 363 ff.
[7] In der Beantwortung des Briefes, die Pithart von seinem Pressesprecher Přihoda am 19. 6. 1991 vornehmen ließ, wurde der Vorschlag dieser offenkundig vornehmlich zukunftsgerichteten politischen Kommission abgelehnt. Neben einem Verweis auf die bestehende »unabhängige Kommission von Historikern der ČSFR und der BRD«, die bereits vom Namen her vergangenheitsbezogene Aufgaben haben mußte, hieß es nämlich: »Die generelle Regelung der Beziehungen zwischen unseren zwei Staaten muß aus Verhandlungen zwischen den Regierungen der ČSFR und der BRD hervorgehen.« Vgl. »Rude právo« (Rotes Recht), Prag; Jg. 1, Nr. 148 v. 26. 6. 1991; S. 1.
[8] Zu dieser Meinung der slowakischen Regierung im Juni 1991: Siehe S. 934.

Quelle:
Text des Briefes; 5 ms. S.; Fotokopie im Besitz des Verfassers.

****

Rechtsgutachten[1] des Völkerrechtlers Prof. Felix Ermacora[3]: »Die sudetendeutschen Fragen«[4] **1991, 22. August[2]**

Vertreibung und Enteignung waren und bleiben Völkermord

. . .

V) Leitsätze und Forderungskatalog

A) Zur Selbstbestimmung und dem Recht auf die Heimat

. . .

B) Zum Minderheitenschutz

. . .

C) Die sudetendeutsche Vermögensfrage

Selbstbestimmungsrecht, Recht auf die Heimat und wirksamer Minderheitenschutz mögen zum Teil variable Größen sein. Die im Gefolge der Vertreibung eingetretene Globalvernichtung sudetendeutschen Vermögens ist ein nichtvariables völkerrechtliches Rechtsproblem. Was die Politik daraus macht, ist ihre Verantwortung.

1. Der durch die Vertreibung und in ihrem Gefolge eingetretene Vermögensverlust sudetendeutschen Vermögens wird mit über 100 Milliarden DM[5] zu berechnen sein.
2. Der globale Vermögensentzug hat fremde Staatsangehörige betroffen, weil die Tschechoslowakei durch Kollektivausbürgerung[6] die allergrößte Mehrheit der Sudetendeutschen, die im Jahre 1938 die deutsche Staatsangehörigkeit erworben hatten, ausgebürgert hat.
3. Der Vermögensentzug fand in zwei Wellen statt. Die erste Welle war die Inbesitznahme von sudetendeutschen Gütern durch faktische Vorgänge[7], die zweite Welle war die Inbesitznahme von sudetendeutschen Gütern kraft präsidentieller Dekrete[8] und Gesetze.
4. Der Vermögensentzug war Konfiskation fremden Vermögens im Rechtssinne, weil er ohne Entschädigung erfolgt ist. Das Völkerrecht wertet Konfiskationen des Gutes von Fremden als völkerrechtswidrig.

5. Das Völkerrecht anerkennt jedoch den durch Konfiskationen erfolgten Eigentumsübergang, sofern die Konfiskation dem »ordre public« entspricht. Im Falle des sudetendeutschen Völkermordes kann jedoch deshalb ein Eigentumsübergang nicht eingetreten sein, weil dieser Völkermord der europäischen »ordre public« nicht entsprechen kann und heute auch der tschechoslowakischen ordre public entgegensteht, wenn bedacht wird, daß die Tschechoslowakei Mitglied des Europarates geworden ist[9], die Europäische Menschenrechtskonvention ausdrücklich die Eigentumsgarantie betont[10] und die Kollektivausbürgerungen verbietet[11]. Konfiskation als Teil eines Völkermordes begründet keinen für den Eigentumserwerb gültigen Rechtstitel. Eigentum ist zu restituieren.
6. Teilt man diese Auffassung nicht, so verlangt das Völkerrecht für Konfiskationen jedenfalls Entschädigung. Wie die Höhe einer Entschädigung auszusehen hat – »prompt, adequate, effective« oder »angemessen« –, ist eine Streitfrage. Sie ist jedenfalls im Verhandlungswege abzuklären.
7. Güter des Deutschen Reiches auf ehemaligem sudetendeutschem Territorium und in der Tschechoslowakei gelten als entschädigungslos konfisziert. Das wird entsprechend der ordre public auch für Güter der NSDAP und ihrer Gliederungen zu gelten haben.
8. Die Entschädigungspflicht ist durch deutsche Lastenausgleichs-, Reparations-, Restitutionsregelungen nicht aufgehoben. Tschechoslowakische Gegenforderungen können sich nur auf das Reichs- bzw. Bundesvermögen, aber nicht auf das Vermögen von Privaten beziehen. Das Urteil des BVerfG v. 23. 4. 1991, das die Enteignungen in der SBZ aufrechterhält, ist kein Präjudiz für die sudetendeutsche Vermögensfrage.
9. Nach Völkerrecht hat der konfiszierende Staat die Pflicht, sein Rechtssystem zur Verfügung zu stellen, damit Restitutions- oder Entschädigungsansprüche geltend gemacht werden können. Vermag der konfiszierende Staat dies nicht, so obliegt es dem Staat, dem der Träger des konfiszierten Gutes angehört[12], Maßnahmen zu ergreifen, um die entsprechende Entschädigung herbeizuführen. Da der ÜV[13] eine Rechtsweg-Präklusion für Vermögensentziehungen für einen bestimmten Zeitraum enthält, ohne daß er durch Vorbehalte abgedeckt wäre, ist die Präklusion im Lichte der Europäischen Menschenrechtskonvention bedenklich.
10. Sie hindert nicht, die europäischen Instanzen anzurufen, da jedes Handeln und Unterlassen Deutschlands in bezug auf die sudetendeutschen Vermögensfragen einen »link« zwischen dem Vermögensentzug und der Haltung Deutschlands in der sudetendeutschen Vermögensfrage herstellt.
11. Die völkerrechtliche Praxis und die Staatenpraxis der Nachkriegsepoche kennt Vermögensverträge zwischen Staaten, die die Entschädigungsprobleme durch Globalsummenverträge zu lösen suchen. Die Bedeutung des sudetendeutschen Vermögens und die Stellung der Tschechoslowakei in der neuen europäischen Staatengemeinschaft verbieten aber die Leistung einer »lump sum«. Die Lösung der Vermögensfrage ist jedenfalls für die Zeit nach der Anwendung der tschechoslowakischen Konfiskationsdekrete und -gesetze technisch machbar, weil es genaue Richtlinien über die Konfiskation und die Verwertung der entzogenen Güter gibt und die neue Tschechoslowakei die Wiedergutmachung kommunistischen Unrechts am Vermögen gegenüber tschechoslowakischen Staatsbürgern sehr wohl in Angriff genommen hat.
12. Bei der Lösung der vermögensrechtlichen Probleme ist auf die Natur der Güter, auf den Status der Betroffenen, auf den Zeitpunkt des jeweiligen Vermögensentzuges Bedacht zu nehmen. Wiedergutmachung des im Gefolge der Vertreibung eines Völkermordes eingetretenen Globalvermögensentzuges kann kein Unrecht begründen, sondern dient der Bewahrung des durch europäisches Völkerrecht vorgezeichneten Rechtsstandpunktes.

D) Forderungskatalog

1. Die Vertreibung ist als ein unverjährbarer Akt des Völkermordes zu werten. Null-und-Nichtig-Erklärung der Vertreibung ist ein moralisches Gebot.
2. »Das Recht auf die Heimat« ist kein territorialer staatlicher Anspruch, sondern ein individuelles und kollektives Recht auf Ausübung der Selbstbestimmung mit den Forderungen nach:
   - Einreisefreiheit,
   - Wohnsitzfreiheit,
   - Freizügigkeit des Vermögens.
3. Die Ermöglichung eines erleichterten Staatsbürgerschaftserwerbs ist anzustreben.
4. Ausbau eines grenzüberschreitenden Regionalismus, an dem die Länder Bayern, Sachsen aus Deutschland, Ober- und Niederösterreich aus Österreich beteiligt sein sollten; grenzüberschreitender Regionalismus soll aufgrund der Regionalismuskonvention des Europarates aufgebaut werden.
5. Für die (verbliebene) deutsche Volksgruppe in der ČSFR ist Aufbau eines wirksamen Volksgruppenschutzes mit Recht auf die Heimat notwendig.
6. Die Enteignungsdekrete von 1945 sind aufzuheben. Die Totalkonfiskation von beweglichen und unbeweglichen Gütern im Zuge der Vertreibung teilt ihren Charakter als Völkermord und ist unter Bedachtnahme auf die allgemein anerkannten Regeln des Völkerrechtes und das Recht internationaler Organisationen zu widerrufen und wiedergutzumachen. Sei es, daß Eigentum zu restituieren ist, sei es, daß für die Vermögensverluste adäquate Entschädigung zu leisten ist.
7. Nach der derzeitigen Rechtslage wird das Individuum weder ein gehöriges Verfahren noch ein kompetentes Gericht finden, Vermögensrechte geltend zu machen. Dasselbe gilt für die BRD und Österreich. Daher ist ein solches zu vereinbaren.
8. Vergleichbare Beispiele zeigen, daß Globalentschädigungsabkommen einen Weg darstellen, Vermögensfragen zu regeln. In diesem Zusammenhang ist die Klärung der Staatsangehörigkeit der Enteignungsopfer im Zeitpunkt der Enteignung und die Abstellung darauf von vordringlicher Bedeutung.
9. Obwohl die Europäische Menschenrechtskonvention einen Eigentumsschutz gewährt (Art. 1 I. ZP), könnte eine wirksame Einrede »ratione temporis« im Falle einer Beschwerde nicht von der Hand gewiesen werden. Es sei denn, es würde ein »link« zwischen Vermögensentzug und dem Handeln bzw. Unterlassen Deutschlands bestehen. Einem csl Vorbehalt zur Wirksamkeit des Eigentumsrechtes zu Lasten sudetendeutschen Volksvermögens ist im Falle des Ratifikationsverfahrens zur MRK durch die Tschechoslowakei entgegenzutreten.
10. Der empfehlenswerte Weg ist, die Bundesrepublik – als Schirmmacht der Sudetendeutschen – zu ersuchen, alle anstehenden Fragen, die sich aus dem vorliegenden Fragenkomplex ergeben, im Vertragswege zu klären und zu lösen. Das unter Mitwirkung der Schirmherrschaft Bayern und der legitimen Vertretung der Sudetendeutschen.

Anmerkungen:

[1] Auftraggeber war die Bayerische Staatsregierung.

[2] Datum der öffentlichen Vorstellung des Gutachtens in München.

[3] Der Autor war als Professor für Völkerrecht langjähriger österreichischer Vertreter in der Menschenrechtskommission der UN.

[4] Der Autor hatte das Thema wie folgt definiert:
»Es gehört zu den sudetendeutschen Fragen nicht das Problem des Protektorats Böhmen und Mähren; es hat ausschließlich mit der imperialistischen Politik des deutschen Reiches zu tun.
Es gehört zum Fragenkomplex auch nicht ›Heydrich und Lidice‹, die für sich zu den Furchtbarkeiten des Zweiten Weltkrieges zählen – sie haben keinen Bezug zur sudetendeutschen Frage.«
Vgl. Ermacora: a. a. O. (siehe Quelle); S. 15.

[5] Dazu: Siehe auch S. 676.
[6] Vom 2. 8. 1945; zum Text: Siehe S. 551.
[7] Gemeint: Ein Tscheche besetzte die Wohnung, den Bauernhof, die Arztpraxis o. ä. des Sudetendeutschen.
[8] Zu den hier v. a. gemeinten ČSR-Präsidenten-Dekreten Nr. 5 v. 19. 5. 1945, Nr. 12 v. 21. 6. 1945 und Nr. 108 v. 25. 10. 1945: Siehe S. 517, 532, 563; auch 576 ff.
[9] Am 21. 2. 1991; vgl. BGBl. 1991, Teil II, S. 763.
[10] In Art. 1 des 1. Zusatzprotokolls vom 20. 3. 1952; zum Text: Siehe S. 37.
Für die ČSFR ohne Einschränkung in Kraft seit 18. 3. 1992, vgl. BGBl. 1992, Teil II, S. 1064; von der ČR per 1. 1. 1993 übernommen, vgl. BGBl. 1994, Teil II; S. 352.
[11] Von Inländern im 4. Protokoll vom 16. 9. 1963, von Ausländern im 7. Protokoll vom 22. 11 .1984; zum Text: Siehe S. 57 f.
[12] Gemeint: V. a. Deutschland und Österreich.
[13] Gemeint: Der sog. Überleitungsvertrag vom 23. 10. 1954; zu Text und Bedeutung: Siehe S. 739.

Quelle:
Ermacora, Felix: »Die sudetendeutschen Fragen«; München, 1992; S. 237–241.

****

Schriftliche Antwort[1] des österreichischen Bundeskanzlers Franz Vranitzky (SPÖ) zur »Diskriminierung von Altösterreichern« in der ČSFR: **1991, 10. September**

Vertreibung und Enteignung »gravierende Völkerrechtsverletzungen«, *Wiedergutmachungshinweise an ČSFR erfolgten, keine Bereitschaft*

...

⟨Frage:⟩

3. Teilen Sie die Meinung der Fragesteller, daß die entschädigungslose Massenenteignung von Zivilpersonen – noch dazu mitten im Frieden – nur wegen ihrer Sprachzugehörigkeit, ohne daß sie eine persönliche Schuld in welcher Richtung immer getroffen hat oder dies auch nur behauptet worden wäre, rechtlich, insbesondere auch menschenrechtlich, ungedeckt bzw. rechtswidrig gewesen ist und auch noch ist?

⟨Antwort⟩ Zu Frage 3:

Es steht außer Zweifel, daß Vertreibungen, Zwangsausbürgerungen und Enteignungen immer eine gravierende Völkerrechtsverletzung darstellen.

...

⟨Fragen:⟩

6. Teilen Sie die Ansicht der Fragesteller, daß Vermögen, das Privatpersonen aus rassischen und religiösen Gründen oder wegen ihrer Sprachzugehörigkeit etc., ohne persönliche Schuld der Betroffenen, entschädigungslos enteignet worden ist, jedenfalls der Rückstellung bzw. der Wiedergutmachung zuzuführen ist?
7. Teilen Sie die Meinung der Fragesteller, daß sich ein Staat, der sich zu Demokratie und Rechtsstaatlichkeit bekennt und nach Europa strebt, der Wiedergutmachung dergestalt begangenen Unrechts nicht entziehen kann, sohin auch die ČSFR nicht?

⟨Antwort⟩ Zu den Fragen 6 und 7:

Es wäre zu begrüßen, wenn der genannte Personenkreis von den neuen Restitutionsgesetzen nicht ausgeschlossen bliebe, sondern in der einen oder anderen Form eine Wiedergutmachung erhalten würde.

⟨Frage:⟩

8. Welche Schritte haben Sie bisher in die Wege geleitet, um gegenüber der ČSFR zu bewirken, daß sie ihrer selbstverständlichen Pflicht auf Wiedergutmachung des begangenen Unrechts – der Einfachheit halber zunächst durch simple Rückstellung seinerzeit entschädigungslos enteigneter Grundstücke an die rechtmäßigen Eigentümer bzw. deren

Erben – gegenüber den Tausenden Betroffenen, die nunmehr österreichische Staatsbürger sind, nachkommt?

⟨*Antwort*⟩ Zu Frage 8:

Die betroffene Personengruppe besaß zum Schädigungszeitpunkt nicht die österreichische Staatsbürgerschaft, eine formelle Geltendmachung ihrer Ansprüche durch Österreich gegenüber der ČSFR ist daher nicht möglich. Dessenungeachtet haben ich, der Herr Bundesminister für auswärtige Angelegenheiten[3] sowie hochrangige österreichische Beamte schon seit geraumer Zeit in ihren Kontakten mit tschechoslowakischen Gesprächspartnern auf das bestehende Problem einer Wiedergutmachung an die Heimatvertriebenen hingewiesen. Eine tschechoslowakische Bereitschaft zu konkreter Wiedergutmachung an die Betroffenen konnte bisher allerdings noch nicht festgestellt werden.

. . .

Anmerkungen:

[1] Die Antwort erging an den Präsidenten des österreichischen Nationalrats Heinz Fischer (SPÖ) auf eine Anfrage der Abgeordneten Ofner und Kollegen (FPÖ) vom 10. 7. 1991, Nr. 1488/J.

[2] Der Personenkreis wurde in der Antwort wie folgt definiert:
»Es wird in der Folge davon ausgegangen, daß in der Anfrage unter ›Altösterreichern‹ jene Personen anzusehen sind, die noch selbst oder deren Eltern österreichische oder ungarische Staatsangehörige zur Zeit der Monarchie waren, die aus Böhmen, Mähren oder der Slowakei stammten, in der Zwischenkriegszeit in aller Regel zu tschechoslowakischen Staatsangehörigen wurden und Deutsch als ihre Muttersprache hatten, nicht jedoch Personen, die am 27. April 1945 oder vorher Staatsbürger der Republik Österreich waren.«

[3] Gemeint: Alois Mock (ÖVP).

Quelle:

Schreiben Vranitzky an Nationalratspräsident Fischer, Aktenzeichen »Zl. 353.110/116-I/6/91«; Vermerk: »II-3306 der Beilagen zu den Stenographischen Protokollen des Nationalrates XVIII. Gesetzgebungsperiode«; 5 ms. S.; Fotokopie im Besitz des Verfassers.

****

Die Bundesversammlung der SL: 1991, 29. September

»Erklärung zur Versteigerung sudetendeutschen Eigentums«

Protest; jetzige Erwerber müssen mit rechtlichen Schritten rechnen

Die Bundesversammlung der Sudetendeutschen Landsmannschaft hat mit Befremden und Empörung davon Kenntnis genommen, daß in der ČSFR[1] in zunehmendem Maße Objekte aus ursprünglich sudetendeutschem Eigentum durch Staat und Kommunen zur öffentlichen Versteigerung ausgeschrieben werden[2].

Die Bundesversammlung weist als legitimierte Vertretung der sudetendeutschen Volksgruppe mit allem Nachdruck darauf hin, daß die Frage des sudetendeutschen Eigentums nach wie vor offen ist. Die 1945 und später erfolgte Konfiskation sudetendeutschen Eigentums durch den tschechoslowakischen Staat war nach herrschender Völkerrechtslehre rechtswidrig (vergleiche auch das Gutachten des Wiener Völkerrechtlers Professor Dr. Felix Ermacora über die sudetendeutschen Fragen[3]. Diese Konfiskation muß ebenso wie die nach 1948 durch das kommunistische Regime in der Tschechoslowakei erfolgten Enteignungen rückgängig gemacht werden. Der tschechoslowakische Staat und seine Kommunen haben nicht das Recht, konfisziertes sudetendeutsches Eigentum zu veräußern.

Die Bundesversammlung erklärt unmißverständlich, daß jeder, der heute ursprünglich sudetendeutsches Eigentum durch Kauf oder Ersteigerung erwirbt, mit rechtlichen Schritten der ursprünglichen Eigentümer oder ihrer Erben vor nationalen und internationalen Instanzen zur Sicherung ihrer Eigentumsansprüche rechnen muß. Das Völkerrecht und die Europäische Charta der Menschenrechte sichern ausdrücklich das Recht des einzelnen auf

sein Eigentum. Wer unrechtmäßig konfisziertes Eigentum erwirbt, kann daraus keinen Rechtstitel auf dieses Eigentum ableiten.
Die Sudetendeutschen sind bereit, die Frage ihres Eigentums mit Augenmaß und einvernehmlich zu lösen. Sie sind jedoch nicht bereit, den Versuch hinzunehmen, durch einseitige Versteigerungen ihres Eigentums vollendete Tatsachen schaffen zu wollen. Dagegen werden sie sich mit allen rechtlichen Mitteln zur Wehr setzen.

Anmerkungen:

[1] In der Aussprache zur Erklärung wurde von verschiedenen Rednern das Verhalten der ČSFR in dieser Frage mit der völlig anderen Haltung z. B. der Regierung Litauens konfrontiert, in welcher vertriebenen Deutschen ihr zurückgelassenes Eigentum zurückgegeben werde.
Vgl. die Erklärung des litauischen Präsidenten Landsbergis in der FAZ; Nr. 180 v. 6. 8. 1991; S. 1.
Zur Haltung und den Maßnahmen der Republik Ungarn: Siehe S. 942.

[2] Gemeint war das ČSFR-Gesetz v. 25. 10. 1990; zum Text: Siehe S. 898.

[3] Vom 22. 8. 1991; zum Text: Siehe S. 103, 438, 923.

Quelle:
SdZ; Nr. 40 v. 4. 10. 1991; S. 1.

****

Erklärung **1991, 7. Dezember**[1]
des Sudetendeutschen Rates zum Vertrag
zwischen Deutschland und der ČSFR[1]**:**
Weitere Anstrengungen erforderlich

Der Sudetendeutsche Rat[2] . . . hat sich heute mit dem deutsch-tschechoslowakischen Nachbarschaftsvertrag befaßt. Er betrachtet es als Fortschritt, daß
- im Vertrag die Vertreibung erstmals in einem offiziellen Dokument als solche bezeichnet wird,
- den in der ČSFR lebenden Deutschen individuelle Minderheitenrechte eingeräumt werden und ein Streitschlichtungsverfahren dafür[3] vorgesehen ist,
- kein endgültiger Schlußstrich unter die sudetendeutsche Frage gezogen und damit der Weg zu ihrer Regelung einschließlich der Vermögensfrage offengehalten wird.

Der Sudetendeutsche Rat bedauert, daß im Vertrag zwischen der ČSFR und der Bundesrepublik Deutschland insbesondere zum Recht auf die Heimat und zur Regelung der Vermögensfragen keine Vereinbarungen erreicht wurden.
Der Vertrag kommt allerdings der Forderung nach Wahrhaftigkeit insofern entgegen, als zum ersten Mal in einem deutsch-tschechoslowakischen Übereinkommen Unrecht und Leid der Vertreibung angesprochen werden. Die gemeinsame Verpflichtung, die deutsche Kultur in den sudetendeutschen Siedlungsgebieten wachzuhalten und die deutsche Volksgruppe in der ČSFR zu fördern, ist ein Bekenntnis zu der gemeinsamen Vergangenheit und zu der gemeinsamen Zukunft von Deutschen und Tschechen. Der Sudetendeutsche Rat erwartet jedoch, daß
1. möglichst bald Gespräche zwischen der Bundesregierung und der Regierung der ČSFR über die noch offenen Fragen aufgenommen werden. Es kommt jetzt darauf an, Modelle für die Verwirklichung des Rechtes auf die Heimat der Sudetendeutschen zu entwickeln, denen Tschechen und Sudetendeutsche zustimmen können. Dasselbe gilt auch für die Vermögensfrage. Der Sudetendeutsche Rat hält es für notwendig, daß auch direkte Gespräche zwischen Sudetendeutschen und Tschechen über diese Fragen geführt werden.
2. die Bundesregierung die sofortige Einstellung der Versteigerung des sudetendeutschen Vermögens in der ČSFR fordert. Andernfalls würden durch die Versteigerungen vollendete Tatsachen geschaffen, welche die bei den Vertragsverhandlungen vereinbarte Offenhaltung der Vermögensfrage unterlaufen würden.

3. beide Regierungen sich nicht nur darum bemühen, den Vertrag mit Leben zu erfüllen, sondern klarmachen, daß zur Herbeiführung von Verständigung und Versöhnung zwischen Deutschen und Tschechen noch zusätzliche Anstrengungen unternommen werden müssen.
4. die Bundesregierung bei der Bildung der vorgesehenen gemeinsamen Kommission[4] auch Sudetendeutsche beteiligt.

...

Anmerkungen:

[1] Der hier gemeinte 2. Prager Vertrag wurde zwar erst am 27. 2. 1992 unterzeichnet, sein Text war jedoch bereits nach seiner Paraphierung am 7. 10. 1991 veröffentlicht worden.
Zum Vertragstext: Siehe S. 929.

[2] Der SR bezeichnete sich an dieser Stelle selbst als »Vertretung der Parteien im Deutschen Bundestag und der Sudetendeutschen Landsmannschaft zur Koordinierung der heimatpolitischen Bestrebungen am 14. 7. 1947 gebildet«.

[3] Der Vertrag vereinbarte lediglich (Art. 34) ein allgemeines KSZE-Verfahren zur »Friedlichen Regelung von Streitfragen«.

[4] Die im Art. 11 vereinbarten regelmäßigen »Konsultationen« betrafen nur Beamte. Über diese Treffen wurde nie berichtet; ob sie überhaupt stattfanden, ist unbekannt.
Im Art. 11 waren auch im Plural »bestehende« und bedarfsweise neu zu bildende »gemischte Kommissionen« erwähnt, über deren Aufgaben nichts ausgesagt wurde.

Quelle:
Text der Erklärung; 2 ms. S.; Fotokopie im Besitz des Verfassers.

****

Vertrag **1992, 27. Februar**[1]
zwischen der Bundesrepublik Deutschland[2]
und der Tschechischen und Slowakischen Föderativen Republik
»über gute Nachbarschaft und freundschaftliche Zusammenarbeit«
(Sog. 2. Prager Vertrag)

Die Bundesrepublik Deutschland und die Tschechische und Slowakische Föderative Republik –
entschlossen, an die jahrhundertelangen fruchtbaren Traditionen gemeinsamer Geschichte und an die Ergebnisse der bisherigen Zusammenarbeit anzuknüpfen sowie ihre gegenseitigen Beziehungen im Geiste guter Nachbarschaft und freundschaftlicher Zusammenarbeit auf eine zukunftsweisende Grundlage zu stellen,
eingedenk der zahlreichen Opfer, die Gewaltherrschaft, Krieg und Vertreibung[3] gefordert haben, und des schweren Leids, das vielen unschuldigen Menschen zugefügt wurde,
in dem festen Willen, ein für allemal der Anwendung von Gewalt, dem Unrecht und der Vergeltung von Unrecht mit neuer Ungerechtigkeit ein Ende zu machen und durch gemeinsame Bemühungen die Folgen der leidvollen Kapitel der gemeinsamen Geschichte in diesem Jahrhundert zu bewältigen,
...
in Anerkennung der Tatsache, daß der tschechoslowakische Staat seit 1918 nie zu bestehen aufgehört hat[4],
in Bestätigung des Vertrags vom 11. Dezember 1973 über die gegenseitigen Beziehungen zwischen der Bundesrepublik Deutschland und der Tschechoslowakischen Sozialistischen Republik auch hinsichtlich einer Nichtigkeit des Münchner Abkommens vom 29. September 1938,
eingedenk des bedeutsamen Beitrags der Vollendung der Einheit Deutschlands und der demokratischen Veränderungen in der Tschechischen und Slowakischen Föderativen Repu-

blik für ein geeintes demokratisches Europa,
... –
sind wie folgt übereingekommen[5]:

Artikel 1

(1) die Vertragsparteien ...
(2) Sie streben die Schaffung eines Europas an, in dem die Menschenrechte und Grundfreiheiten sowie die Grundsätze der Demokratie und der Rechtsstaatlichkeit geachtet werden und in dem die Grenzen ihren trennenden Charakter durch gegenseitiges Verständnis verlieren und auch durch den Abbau wirtschaftlicher und sozialer Unterschiede überwunden werden.

Artikel 2

Die Vertragsparteien lassen sich bei der Gestaltung ihrer Beziehungen und in Fragen des Friedens, der Sicherheit und Zusammenarbeit in Europa und in der Welt insbesondere von folgenden Grundsätzen leiten:
...
Sie stellen den Menschen, seine Würde und seine Rechte, die Sorge für das Überleben der Menschheit und die Erhaltung der natürlichen Umwelt in den Mittelpunkt ihrer Politik.
Sie handeln in Übereinstimmung mit dem Völkerrecht, insbesondere der Charta der Vereinten Nationen, und erfüllen ihre völkerrechtlichen Verpflichtungen nach Treu und Glauben. Sie lassen sich leiten von der Schlußakte von Helsinki vom 1. August 1975[6] und den in der Folgezeit angenommenen KSZE-Dokumenten, insbesondere der Charta von Paris für ein neues Europa vom 21. November 1990[7].
Sie bekräftigen das Recht aller Völker, ihr Schicksal frei und ohne äußere Einmischung zu bestimmen[5] und ihre politische, wirtschaftliche, soziale und kulturelle Entwicklung nach eigenen Wünschen zu gestalten.

Artikel 3

(1) Die Vertragsparteien bestätigen die zwischen ihnen bestehende[8] Grenze. Sie bekräftigen, daß sie gegeneinander keinerlei Gebietsansprüche haben und solche auch in Zukunft nicht erheben werden.
(2) Sie verpflichten sich, die Souveränität und territoriale Integrität der anderen Vertragsparteien uneingeschränkt zu achten.
(3) ...

Artikel 4 ⟨*Gewaltverzicht*⟩
Artikel 5 ⟨*Unterstützung der KSZE-Bemühungen*⟩
Artikel 6 ⟨*Förderung kooperativer Sicherheitsstrukturen*⟩
Artikel 7 ⟨*Verbindungsaufnahme bei Friedensbedrohung*⟩
Artikel 8 ⟨*Eintreten für Rüstungskontrolle*⟩
Artikel 9 ⟨*Unterstützung der Entwicklung zu einer vollentwickelten sozialen Marktwirtschaft in der ČSFR*⟩

Artikel 10

(1) Mit dem Abschluß eines Assoziierungsabkommens zwischen den Europäischen Gemeinschaften und der Tschechischen und Slowakischen Föderativen Republik legen die Europäischen Gemeinschaften, ihre Mitgliedsstaaten und die Tschechische und Slowakische Föderative Republik die Grundlage für eine politische und wirtschaftliche Heranführung der Tschechischen und Slowakischen Föderativen Republik an die Europäischen Gemeinschaften.

(2) Die Bundesrepublik Deutschland wird die Bemühungen der Tschechischen und Slowakischen Föderativen Republik um die Herbeiführung von Bedingungen für ihre volle Eingliederung in die Europäischen Gemeinschaften unterstützen.

Artikel 11 ⟨*Regelmäßige Gespräche z. B. der Regierungschefs jährlich*⟩

Artikel 12–19 ⟨*Kontakte der Parlamente, Zusammenarbeit der Regionen, im Rahmen internationaler Organisationen, bei Wirtschaft und Finanzen, Wissenschaft und Technologie, im Umweltschutz, der Transport- und Kommunikationsverbindungen und der Raumplanung*⟩

Artikel 20

(1) Die Vertragsparteien erfüllen mindestens die in den KSZE-Dokumenten, insbesondere dem Dokument des Kopenhagener Treffens über die menschliche Dimension der KSZE vom 29. Juni 1990[9], verankerten politischen Verpflichtungen als rechtlich verbindliche Verpflichtungen.

(2) Die Angehörigen der deutschen Minderheit in der Tschechischen und Slowakischen Föderativen Republik, das heißt Personen tschechoslowakischer Staatsangehörigkeit, die deutscher Abstammung sind oder die sich zur deutschen Sprache, Kultur oder Tradition bekennen, haben demzufolge insbesondere das Recht, einzeln oder in Gemeinschaft mit anderen Mitgliedern ihrer Gruppe ihre ethnische, kulturelle, sprachliche und religiöse Identität frei zum Ausdruck zu bringen, zu bewahren und weiterzuentwickeln, frei von jeglichen Versuchen, gegen ihren Willen assimiliert zu werden. Sie haben das Recht, ihre Menschenrechte und Grundfreiheiten ohne jegliche Diskriminierung und in voller Gleichheit vor dem Gesetz voll und wirksam auszuüben.

(3) Die Zugehörigkeit zur deutschen Minderheit in der Tschechischen und Slowakischen Föderativen Republik ist persönliche Entscheidung jedes einzelnen, die für ihn keinen Nachteil mit sich bringen darf.

(4) Jeder Angehörige der deutschen Minderheit in der Tschechischen und Slowakischen Föderativen Republik ist nach Maßgabe vorstehender Bestimmungen gehalten, sich wie jeder Staatsbürger der Tschechischen und Slowakischen Föderativen Republik zu verhalten, indem er sich nach den Verpflichtungen richtet, die sich auf Grund der Gesetze dieses Staates ergeben.

(5) Die Tschechische und Slowakische Föderative Republik ermöglicht und erleichtert im Rahmen ihrer geltenden Gesetze der Bundesrepublik Deutschland Förderungsmaßnahmen zugunsten der deutschen Minderheit oder ihrer Organisationen.

Artikel 21 ⟨*Dem Artikel 20 entsprechende Rechte von Personen tschechischer und slowakischer Abstammung in Deutschland*⟩

Artikel 22

⟨*(1) Intensivierung des Kulturaustausches*⟩

(2) Die bestehende Gemischte Kommission wird künftig mindestens einmal jährlich zusammentreten, um den Stand des Kulturaustauschs in allen Bereichen zu prüfen und Vereinbarungen über die nächsten Vorhaben zu treffen.

(3) Die Vertragsparteien werden die Zusammenarbeit zwischen kulturellen Institutionen und Organisationen, Vereinigungen von Künstlern sowie direkte Kontakte zwischen Künstlern beider Länder unterstützen.

Artikel 23

Die Vertragsparteien werden das Abkommen über die gegenseitige Errichtung und Tätigkeit von Kultur- und Informationszentren für eine umfassende Tätigkeit dieser Institutionen voll ausschöpfen.

Artikel 24

(1) Die Vertragsparteien ...

(2) ...

(3) Sie werden sich insbesondere der auf ihrem Gebiet befindlichen Orte und Kulturgüter, die von geschichtlichen Ereignissen sowie kulturellen und wissenschaftlichen Leistungen und Traditionen der anderen Seite zeugen, besonders annehmen und zu ihnen freien und ungehinderten Zugang ermöglichen. Die genannten Orte und Kulturgüter stehen unter dem Schutz der Gesetze.

Artikel 25

(1) Die Vertragsparteien ...

(2) Sie setzen sich mit Nachdruck dafür ein, den Unterricht der Sprache des anderen Landes an Schulen und anderen Bildungseinrichtungen zu erteilen. Sie werden auch Initiativen zur Gründung von Schulen mit Unterricht in beiden Sprachen unterstützen. Sie werden sich bemühen, an ihren Hochschulen die Möglichkeiten des Studiums der Kultur, Literatur und Sprachen des anderen Landes, das heißt der Germanistik beziehungsweise der Bohemistik und Slowakistik, auszubauen.

(3) ...

Artikel 26

(1) Die Vertragsparteien werden die Zusammenarbeit im schulischen Bereich vertiefen. Sie werden die Entsendung von Lehrern sowie den Austausch von Schülern und Lehrern ausbauen und die Anknüpfung von Schulpartnerschaften unterstützen.

(2) Sie streben eine erhebliche Erweiterung der wissenschaftlichen Zusammenarbeit auf allen Ebenen und zwischen entsprechenden Institutionen beider Seiten an. Sie werden die unmittelbare Zusammenarbeit zwischen Hochschulen und wissenschaftlichen Forschungsinstitutionen fördern und weiter ausbauen, und zwar sowohl durch den Austausch von Studenten und wissenschaftlichen Lehrkräften als auch durch gemeinsame Vorhaben.

(3) Sie messen der Zusammenarbeit in der beruflichen Bildung große Bedeutung bei und werden sie wesentlich ausbauen und vertiefen.

Artikel 27

Die Vertragsparteien werden alle Aktivitäten unterstützen, die zu einem gemeinsamen Verständnis der deutsch-tschechoslowakischen Geschichte, vor allem dieses Jahrhunderts, beitragen. Dazu gehört auch die Arbeit der gemeinsamen Historikerkommission [10] und der unabhängigen deutsch-tschechoslowakischen Schulbuchkonferenzen.

Artikel 28

(1) Die Vertragsparteien ...

(2) Sie unterstützen die enge Zusammenarbeit zwischen den politischen Parteien, Gewerkschaften, Kirchen und Glaubensgemeinschaften, Stiftungen, Sportorganisationen, sozialen Einrichtungen, Frauen-, Umweltschutz- und anderen gesellschaftlichen Organisationen und Verbänden.

Artikel 29

Die Vertragsparteien sind davon überzeugt, daß die künftige Gestaltung der beiderseitigen Beziehungen wesentlich von dem gegenseitigen Verständnis und der aktiven Beteiligung der jungen Generation abhängt. Sie treten deshalb für umfassende und enge Kontakte der deutschen mit der tschechischen und slowakischen Jugend ein. Sie werden daher die Begegnung, den Austausch und die Zusammenarbeit von Jugendlichen unterstützen und fördern.

Artikel 30

(1) Die Vertragsparteien erklären, daß deutsche und tschechoslowakische Gräber auf ihrem Gebiet in gleicher Weise geachtet und geschützt werden; ihre Pflege wird ermöglicht.
(2) Die Gräber deutscher beziehungsweise tschechoslowakischer Opfer der Kriege und der Gewaltherrschaft, die sich auf ihrem Gebiet befinden, stehen unter dem Schutz der Gesetze und werden erhalten; ihre Erfassung und Pflege wird ermöglicht.
(3) Die Vertragsparteien werden die Zusammenarbeit zwischen den Organisationen, die für die Pflege dieser Gräber zuständig sind, unterstützen.

Artikel 31 ⟨*Vereinfachung des Rechtshilfeverkehrs*⟩
Artikel 32 ⟨*Zusammenarbeit in sozialer Sicherung*⟩
Artikel 33 ⟨*bis*⟩ 35 ⟨*Schlußbestimmungen*⟩

⟨*Zusatzbrief*⟩

Der Bundesminister
des Auswärtigen

Prag, den 27. Februar 1992

Sehr geehrter Herr Minister,
im Zusammenhang mit der heutigen Unterzeichnung des Vertrags zwischen der Bundesrepublik Deutschland und der Tschechischen und Slowakischen Föderativen Republik über gute Nachbarschaft und freundschaftliche Zusammenarbeit möchte ich in Erinnerung rufen, daß während der Verhandlungen folgende Erklärungen abgegeben wurden:

1. Die Regierung der Tschechischen und Slowakischen Föderativen Republik erklärt, daß die in Artikel 10 erwähnte Perspektive der vollen Eingliederung der Tschechischen und Slowakischen Föderativen Republik in die Europäischen Gemeinschaften in wachsendem Maße die Möglichkeit schaffen wird, daß sich auch Bürger der Bundesrepublik Deutschland in der Tschechischen und Slowakischen Föderativen Republik niederlassen können.
2. Beide Seiten erklären übereinstimmend: Dieser Vertrag befaßt sich nicht mit Vermögensfragen[11].

Genehmigen Sie, Herr Minister, die Versicherung meiner ausgezeichneten Hochachtung.

Hans-Dietrich Genscher

Seiner Exzellenz
dem Stellvertreter des
Vorsitzenden der Regierung der ČSFR
und Minister für Auswärtige
Angelegenheiten
Herrn Jiri Dienstbier
Prag

⟨*Einen gleichlautenden Brief unter gleichem Datum richtete ČSFR-Außenminister Dienstbier an den deutschen Außenminister Genscher*⟩

Anmerkungen:

[1] Der Vertrag wurde am 7. 10. 1991 paraphiert, am 27. 2. 1992 in Prag unterzeichnet, am 23. 4. vom ČSFR-Föderalparlament (mit 144 Ja- gegen 80 Nein-Stimmen und Enthaltungen), am 20. 5. in 3. Lesung im Deutschen Bundestag und am 20. 6. gegen den Einspruch Bayerns (siehe dazu S. 946) im Bundesrat gebilligt. Er trat am 14. 9. 1992 (vgl. BGBl. 1992, Teil II; S. 1099) in Kraft.

[2] Während im 1. Prager Vertrag vom 11. 12. 1973 die Bonner Unterhändler hinnahmen, die BR Deutschland im tschechischen Text als »Spolková republika Německa«, also »Bundesrepublik Deutschlands« bezeichnen zu lassen (siehe S. 812), hieß es nunmehr korrekt »Spolková republika Německo«.

[3] Um den Begriff »Vertreibung«, der in der tschechischen Fassung korrekt mit »vyhnáni« wiedergegeben wurde, gab es wegen des Unterschiedes zum bisherigen (und auch späteren), beschönigenden Begriff »odsun« (»Abschub«) erbitterte Diskussionen, als ein offizielles ČSFR-Papier »Vertreibung«/»vyhnáni« zugleich einschränkte, fehlinterpretierte und ausweitete.
Siehe dazu S. 935.

[4] Diese unhistorische Behauptung wurde vom Ministerpräsidenten der Slowakei, Jan Čarnogursky im Vorfeld des Abschlusses und vom späteren Regierungschef Vladimir Mečiar nach Ratifizierung unter Verweis auf die slowakische Unabhängigkeit 1939 bis 1945 bestritten.
Vgl. SZ; Nr. 235 v. 11. 10. 1991; S. 8 sowie v. 26./27. 1. 1991.
Čarnogursky bestritt auch die Notwendigkeit eines Vertrages von Deutschland mit der ČSFR, da es offene Fragen deutscherseits nur mit der Tschechischen, nicht aber der Slowakischen Republik gebe.
Vgl. SZ; Nr. 130 v. 8./9. 6.1991; S. 2.

[5] Es ist festzuhalten, daß die Sudetendeutschen am Vertrag nicht beteiligt waren:

a) Bundesinnenminister Schäuble (CDU) erklärte zwar öffentlich vor den Teilnehmern des 42. Sudetendeutschen Tages am 19. 5. 1991 in Nürnberg:
»Ohne die Mitwirkung der am härtesten Betroffenen, ohne die Einbeziehung der Heimatvertriebenen, kann es keine wirkliche Aussöhnung zwischen den Völkern geben. Deshalb ist es für Bundeskanzler Helmut Kohl eine Selbstverständlichkeit, die Vertriebenen am Dialog mit den osteuropäischen Staaten zu beteiligen.«
Wiedergabe nach dem vom Pressereferat des Bundesministeriums des Innern gefertigten Redetext.

b) Demgegenüber hatte Bundeskanzler Kohl dem Sprecher der SL, Neubauer, bereits am 11. 12. 1990 brieflich mitgeteilt:
»Die Bundesregierung ist gerne bereit, die Vorstellungen Ihrer Landsmannschaft im Vorfeld der anstehenden Vertragsverhandlungen entgegenzunehmen und Sie über deren Fortgang zu unterrichten. Eine Beteiligung von Vertretern der Landsmannschaft an den Verhandlungen selbst ist jedoch nicht möglich.«
Wiedergabe nach Text des Briefes; Fotokopie im Besitz des Verfassers.

c) Selbst die teilweise Unterrichtung von SL und SR durch die geheim verhandelnden Bonner Emissäre mußte trotz mehrfacher Anmahnung durch die Bayrische Staatsregierung als »zögerlich« bezeichnet werden.
Vgl. z. B. den Bericht von SL-Sprecher Neubauer vor der Bundesversammlung der SL am 29. 9. 1991 in SdZ; Nr. 40 v. 4. 10. 1991; S. 2.
Zu einem Beispiel dafür, daß tschechische Verhandlungsvorschläge den Vertretern der Sudetendeutschen offensichtlich nicht mitgeteilt wurden, siehe S. 909.

d) Deswegen ist der Vertrag völkerrechtlich wohl als nichtig anzusehen, da insbesondere jede Grenzfestlegung bzw. -bestätigung ohne Zustimmung der rechtmäßig ansässigen, betroffenen Menschen – und nur dieser – dem Selbstbestimmungsrecht widerspricht, das (mindestens) seit den Menschenrechtspakten der UN (vom 19. 12. 1966) zwingendes Völkerrecht ist. Verträge, die dagegen verstoßen, sind (mindestens) seit der Wiener Vertragsrechtskonvention (vom 23. 5. 1969) nichtig.
Zu den Texten: Siehe S. 60, 65.

[6] Zum Text, der in Art. VIII auch die Achtung des Selbstbestimmungsrechtes der Völker vorsah: Siehe S. 67.

[7] Zum Text, der in der Form der Bekräftigung des Freizügigkeitsrechtes für jedermann auch das Verbot von Vertreibungen enthielt: Siehe S. 98.

[8] Der Ausdruck »bestehende Grenze« war im deutsch-tschechischen Verhältnis neu; im 1. Prager Vertrag vom 20. 6. 1973 war in Art. 4 der Ausdruck »gemeinsame Grenze« verwendet worden.
Zum Text: Siehe S. 811.
Der Ausdruck »bestehende Grenze« war vordem freilich u. a. im Art 3 des deutsch-deutschen sog. Grundlagenvertrages vom 21. 12. 1972 verwendet worden.
Zum Text: Vgl. BGBl. 1973, Teil II; S. 421 ff.
Diese »bestehende Grenze« war am 31. 8. 1990 mit Wirkung vom 3. 10. 1990 obsolet geworden.

[9] Zum Inhalt:

a) Im Kopenhagener Dokument der KSZE waren als »Mindest-Standard« u. a. eigene Schulen in der Muttersprache der Minderheit bei öffentlicher, finanzieller Unterstützung (Ziff. 32.2) sowie der Mutterssprachengebrauch bei Behörden (Ziff. 34) vorgesehen.
Zum Text vom 29. 6. 1990: Siehe S. 96 f.
Beide Rechte wurden im Vertrags-Artikel 20, Abs. 2 nicht einmal erwähnt, sind im Vertrags-Art. 25 nicht abgedeckt und sind auch bis heute (Ende 1998) für die Deutschen in der ČR nicht einmal geplant.

b) Der den Vertrag ratifizierende Deutsche Bundestag hatte am 18. 6. 1991 die Bundesregierung aufgefordert »daß über den individualrechtlichen Ansatz« von Kopenhagen »hinausführend anerkannt wird, daß gewisse den Angehörigen nationaler Minderheiten zustehende Individualrechte sinnvoll nur gemeinschaftlich ausgeübt und genossen werden können«.
Zum Text: Siehe S. 100.
Diese Aufforderung wurde bei der legislativen Behandlung des 2. Prager Vertrages im Deutschen Bundestag bis zur Billigung am 20. 5. 1992 nicht einmal erwähnt; sie war offensichtlich nur für innerdeutschen Konsum bestimmt.

10 Zur Entstehung der Historikerkommission aus ursprünglich sudetendeutschen Vorschlägen:
Siehe für 1967 S. 790, für 1988 S. 870.
Zur Einrichtung 1989: Siehe S. 876.
Zu späteren Arbeitsbeispielen: Siehe S. 1005, 1057 und 1212 ff.

11 a) Zur Vorgeschichte dieser Ausklammerung: Siehe S. 901.
b) Der Deutsche Bundestag erklärte in einer Entschließung aus Anlaß der Billigung am 20. 5. 1992 u. a. zu dieser Frage folgendes:
»Der Deutsche Bundestag ist sich bewußt, daß in den Vertragsverhandlungen nicht für alle offenen Fragen, darunter auch Vermögensfragen, eine Regelung gefunden werden konnte. Er unterstreicht seine Erwartung, daß im Zuge einer vertrauensvollen, immer enger gestalteten Zusammenarbeit und in der Perspektive des Beitritts der Tschechischen und Slowakischen Föderativen Republik zur Europäischen Gemeinschaft weitere Fortschritte möglich werden. Es sollte alles unterlassen werden, was dem entgegensteht.«
Vgl. BTDs. 12/2624; S. 3.
c) Im Herbst 1994 befragte u. a. Fritz Wittmann (MdB-CSU) die Bundesregierung zur weiteren Entwicklung:
»In welcher Weise hat die Bundesregierung gegenüber der tschechischen Regierung bisher klargemacht, daß die Weiterentwicklung des deutsch-tschechischen Verhältnisses nicht ungeachtet einer Regelung der offenen Fragen (vgl. die Resolution des Deutschen Bundestages vom 20. Mai 1992) erfolgen kann?
Und wie will sie diese Regelung in Zukunft erreichen?«
Die Bundesregierung antwortete:
»Sowohl während der Verhandlungen zum deutsch-tschechoslowakischen Nachbarschaftsvertrag als auch anläßlich der Unterzeichnung dieses Vertrages und bei allen anschließenden hochrangigen politischen Kontakten mit der tschechoslowakischen und später der tschechischen Regierung hat die Bundesregierung stets darauf hingewiesen, daß die Entwicklung der bilateralen Beziehungen nicht losgelöst von den historisch bedingten offenen Fragen im bilateralen Verhältnis betrachtet und betrieben werden kann. Dabei kann es für beide Seiten nicht darum gehen, Vorbedingungen für die konkrete weitere Entwicklung der bilateralen Beziehungen zu stellen.
Die Bundesregierung hat gegenüber der tschechischen Seite wiederholt einen Dialog ohne Vorbedingungen auf breiter Basis und unter Einschluß der politischen Ebene zu diesen offenen Fragen angeregt. Die Bundesregierung ist hierzu weiter mit der tschechischen Seite im Gespräch.
Die Bundesregierung geht schließlich davon aus, daß im Zuge der weiteren europäischen Einigung und der schließlichen Aufnahme auch der Tschechischen Republik in die Europäische Union einvernehmliche Lösungen der jetzt noch nicht lösbaren Fragen möglich werden.«
Vgl. SdZ; Nr. 40 v. 7. 10. 1994; S. 2.

Quelle:
BGBl. 1992, Teil II, Nr. 21 v. 15.7.1992; S. 462–473; dort auch Abdruck der Fassung in tschechischer Sprache.

****

Die Regierung der ČSFR: **1992, März**

»Motivenbericht«[1] zum Vertrag zwischen der ČSFR und Deutschland[2]:

Offene Dissense mindestens in den Vertragsbegriffen »Vertreibung«/»vyhnáni«[3] und »Nichtigkeit«/»nulita«[4] sowie der Vermögensfrage[5]

. . .

Die Präambel des Vertrages verweist . . . auf die zahlreichen Opfer, die Gewaltherrschaft,

Krieg und Vertreibung (vyhnáni)[3] gefordert haben ... Der Ausdruck vyhnáni hat moralische Bedeutung, und es sind mit ihm keinerlei rechtliche Folgerungen verbunden[6].
Die Entscheidung über den Abschub (odsun) der Deutschen aus Polen, Ungarn und der ČSR trafen die großen Siegermächte im Potsdamer Abkommen vom 2. August 1945 im Namen der internationalen Gemeinschaft[7]. Das Potsdamer Abkommen billigte auch den odsun, der vor seinem Abschluß durchgeführt wurde, und an dessen Realisierung sich die großen Siegermächte gleichfalls beteiligten[8]. Der odsun sollte nach dem Potsdamer Abkommen ordnungsgemäß und menschlich durchgeführt werden und war in dieser Form völlig legitim[9]. Bei seiner Realisierung kam es jedoch unzweifelhaft, sei es bereits als Folge des gerechten Zorns, sei es durch Mißgriffe, zu Gewalttätigkeiten, für die es keine Rechtfertigung gibt. Diese Exzesse[10] bei der Realisierung des odsuns, zu denen es besonders in der Phase bis zur Annahme des Potsdamer Abkommens kam, sind durch das Wort vyhnáni ausgedrückt. Der Begriff vyhnáni schließt aber auch das vyhnáni tschechoslowakischer Bürger aus dem tschechoslowakischen Grenzland[11] ein, das nach dem Münchner Abkommen von Deutschland besetzt wurde.
...
Der Ausdruck Ungültigkeit (nulita)[4] ... des Münchner Abkommens ... bedeutet[12], ... daß dieses tschechoslowakische Grenzgebiet rechtlich niemals Bestandteil Deutschlands war.
...
In den Briefen ⟨*zum Vertrag*⟩ erklären beide Seiten weiter, daß dieser Vertrag sich nicht mit eigentumsrechtlichen Fragen befaßt. Diese Feststellung bezieht sich einerseits auf tschechoslowakische Ansprüche, als da besonders sind Reparationen, durch das Münchner Abkommen bewirkte Schäden und nicht reparationsfähige Vorkriegsforderungen, andererseits auf angebliche Ansprüche von Sudetendeutschen. Hierzu muß angemerkt werden, daß die Konfiskation ihrer Vermögen im Einklang mit internationalem Recht und auf der Grundlage der tschechoslowakischen Rechtsvorschriften ohne Anspruch auf Entschädigung vorgenommen wurden. Dieser Standpunkt stützt sich auf das Pariser Reparationsabkommen[13], das die ČSR ermächtigte, das Eigentum von Personen, die ihre Staatsangehörige zu der Zeit, als es zu ihrer Okkupation kam, waren, zu behalten und zu liquidieren, d. h. der Sudetendeutschen.
...
Falls angebliche Ansprüche von Sudetendeutschen in der Zukunft durch Vermittlung der Regierung der BRD geltend gemacht werden sollten, würden gegen sie tschechoslowakische Reparationsansprüche, die Schäden aus dem Münchner Abkommen und Forderungen ohne Reparationscharakter aufgerechnet werden.
...

Anmerkungen:

[1] Im Original »Důvodová zpráva«.
Es handelte sich hierbei um ein offizielles Regierungsdokument, das vergleichbaren Zwecken dient, wie in der BR Deutschland die »Denkschriften« der Regierung, welche Gesetzesvorhaben begleitend erläutern.
Die deutschen Beispiele zum Deutsch-ČSFR-Vertrag vom 27. 2. 1992 waren die Bundestagsdrucksache 12/2468 v. 27. 4. 1992 und die Bundesratsdrucksache 229/92 v. 3. 4. 1992 (jeweils 4 Seiten), welche auf einem Deckblatt, ebenso kurz wie falsch, zum Vertragsvorhaben vermerkten: »Alternativen – keine⟨;⟩ Kosten – keine«.

[2] Vom 27. 2. 1992; zum Text: Siehe S. 929.

[3] Gegen die ČSFR-Interpretation der Vertreibung (siehe Anm. 6 bis 11) gab es viele unterschiedlich formulierte Einsprüche auch im Deutschen Bundestag:
Außenminister Genscher verwies dort am 6. 5. 1992 auf den Vertragstext:
»Beide Seiten gedenken des Unrechts der Vertreibung, und das ohne jede Einschränkung. So bringt es der Vertrag zum Ausdruck. Keine andere Deutung findet in dem Vertrag eine Stütze. Keine andere Interpretation kann den Vertrag in dieser für das Rechtsbewußtsein so wichtigen Frage verändern.«

MdB Glotz (SPD) bezeichnete die ČSFR-Interpretation als »ganz und gar unhaltbar« sowie »unakzeptabel«; sie könne »nicht hingenommen werden«.
MdB Werner (CDU) meinte am 20. 5., der Motivenbericht »sollte im Interesse der Wahrhaftigkeit durch die bald neu gewählte Regierung in Prag möglichst revidiert werden«.
Vgl. 12. Deutscher Bundestag, Protokolle vom 6./20. 5. 1992; S. 7374, 7377, 7627.

4 Zur Meinung z. B. des bayerischen Ministerpräsidenten Streibl dazu: Siehe S. 947.

5 Zur Meinung z. B. des Deutschen Bundestages dazu: Siehe S. 935.

6 Hiermit wurde ein politisch verständlicher tschechoslowakischer Wunsch ausgedrückt, der ohne Rücksicht auf die Bezeichnung des Vorgangs rechtlich irrelevant war und ist:

a) Bereits die Haager Landkriegsordnung vom 18. 10. 1907 (zum Text: Siehe S. 7) hatte implizit (in der Präambel) Vertreibungen verboten und explizit (in Art. 46) Privateigentum geschützt, sowie (in Art. 56) diesem Gemeinde-, Kirchen- und (auch staatliches) Universitätseigentum gleichgestellt.

b) Ausdrücklich war im Friedensvertrag von Versailles vom 28. 6. 1919 zwischen dem Deutschen Reich und u. a. der ČSR sogar die Wiedergutmachung von »Schäden« vereinbart worden, »die ... Zivilpersonen ... zugefügt sind ... infolge von Verschickung, Internierung, Abschiebung ...«.
Zum Text: Siehe S. 13.

c) In juristischer Fortführung war dann unter Mitwirkung der ČSR bis 1945 das Statut des Internationalen Militärtribunals (IMT) in Nürnberg erarbeitet worden: Die Hauptschuldigen des 2. Weltkrieges in Europa sollten auch deswegen 1946 z. T. zum Tode verurteilt und hingerichtet werden, weil sie der »Deportation ... von Angehörigen der Zivilbevölkerung ... in besetzten Gebieten« in Zeiten des Krieges als überführt galten.
Zum Text: Siehe S. 21.
Verurteilungen und Hinrichtungen in Nürnberg 1946 erfolgten ziemlich gleichzeitig mit der Deportation der Ost- und Sudetendeutschen in Zeiten ohne offenen, bewaffneten Konflikt. Damit waren jedoch nicht die Hauptkriegsverbrecher von Nürnberg exkulpiert, sondern umgekehrt der damalige Rahmen internationalen Rechts zur Beurteilung der Deutschenvertreibungen 1945/46 umrissen.

d) Diese rechtliche Lage wurde ab 1948 weiter verstärkt. Siehe dazu S. 24 ff.

7 Hier wurde unvollständig Unzutreffendes in unrichtiger Formulierung vertreten:

a) § 106 der Verfassung der ČSR vom 29. 2. 1920, die nach Meinung auch aller damaligen und seitherigen Machthaber der ČSR bis 1948 in Kraft war (siehe S. 497) und durch seine Herkunft aus Art. 2 des Minderheitenschutzvertrages zwischen der ČSR und den Alliierten und Assoziierten Hauptmächten des 1. Weltkrieges vom 10. 9. 1919 internationales Recht war, hatte die ČSR u. a. verpflichtet, »allen Einwohnern ohne Unterschied der ... Staatsangehörigkeit, ⟨*und der*⟩ Sprache ... vollen und ganzen Schutz von Leben und Freiheit zu gewähren«.
Zu den Texten: Siehe S. 281. Die Einrede der Obsoletheit dieses Vertrages kann nicht greifen, da diese, wenn überhaupt wirksam, erst später festgestellt wurde (siehe dazu S. 721).

b) Diesem Gebot zuwiderhandelnd hatte die ČSR-(Exil-)Regierung seit mindestens 1938 die teilweise Deportation der Sudetendeutschen geplant. Später wurde dieses Vorhaben trotz der Möglichkeit zu friedlichem Ausgleich mit den Vertretern demokratischer Sudetendeutscher (vor allem Wenzel Jaksch) sogar schrittweise in Richtung auf die totale Vertreibung auch ausgewiesener NS-Gegner ausgeweitet.
Zu den Belegen: Siehe S. 398 ff., 437, 452 ff.

c) Im Unterschied zum Vorgehen der Exilregierung Polens (Ungarn wurde seit Dezember 1944 auch de jure von einer Alliierten Kontrollkommission unter Sowjetmarschall Woroschilow regiert) richtete nur die Exilregierung der ČSR wiederholte formelle Anträge an die Regierungen der Hauptsiegermächte des 2. Weltkrieges, »to evacuate« die Sudetendeutschen bzw. ihr »removal« zugestatten.
Zum Text der ČSR-Noten vom 23. 11. 1944 und 3. 7. 1945: Siehe S. 500, 538.

d) Die Regierungen haben demzufolge keine »Entscheidung« getroffen, sondern »recognized« (anerkannt), daß der Transfer auch der Sudetendeutschen »will have to be undertaken« (durchzuführen ist).
In der Formulierung von ČSFR-Präsident Havel:
«Die Potsdamer Konferenz nahm die laufende Abschiebung als eine Tatsache zur Kenntnis und hat sie lediglich irgendwie legalisiert. Die Initiative jedoch ging nicht von ihr aus. Der einzige, der die Abschiebung wirklich aus Überzeugung unterstützte, war selbstverständlich Stalin.«
Vgl. »Respekt« Prag; Jg. 1992, Nr. 9 v. 2. 3. 1992; S. 6; auf Frage von Zbyněk Petráček.

e) Darüber hinaus war die Reihenfolge des Textes falsch: Sie lautete im Original »Poland, Czechoslovakia and Hungary«.

Auch die Behauptung, die »großen Siegermächte« hätten »im Namen der internationalen Gemeinschaft« gehandelt, blieb im historischen Text ohne jeden Beleg.
Vgl. FRUS – »The Conference of Berlin 1945«; 2 Bde., Bd. II; Washington, 1960; S. 1478, S. 1495 f., S. 1499, S. 1511.
Zur deutschsprachigen Übersetzung: Siehe S. 548.

f) Schließlich täuschte die Bezeichnung »Potsdamer Abkommen« einen nicht vorhandenen internationalen Vertrag vor und war in beiden Bezeichnungsteilen falsch: Es handelte sich um die »Berlin Conference« bzw. »Tripartite Conference of Berlin«, von der ein »Protocol of Proceedings« und ein mit diesem textlich nicht identischer »Report« erstellt wurde (deswegen nachfolgend »PP/R der TC of Berlin«).
Inhaltlich ist »PP/R der TC of Berlin« ein Konglomerat von auch Wünschen und Ankündigungen. Die Anerkenntnisse konnten freilich nur in den Grenzen der allgemeinen Regeln des Völkerrechts bedeutsam werden; Verbrechen gegen die Menschlichkeit, wie Deportationen (siehe oben), fielen aus diesem Rahmen heraus.
Da »PP/R der TC of Berlin« selbst formal keinen Vertrag darstellt, ist es auch in der amtlichen Dokumentenniederschrift dieser Zeit, den »U[nited] N[ations] T[reaty] S[eries]« nicht enthalten, obwohl dort z. B. sogar die (bloße) Erklärung der »Übernahme der deutschen Staatsgewalt durch die Alliierten« vom 5. 6. 1945 verzeichnet ist.
Vgl. UNTS, Bd. II; S. 230.
Zum Umfeld der Potsdamer Zusammenkunft: Siehe S. 549 ff., auch 668 ff.

g) Da es im (generell dubiosen) ČSR-»Recht« von 1945 zwar Bestimmungen zu u. a. Vermögensentzug und Bestrafung der Sudetendeutschen, nicht aber zur Vertreibung als Massendeportation an sich gab, dürften fortlaufend Bemühungen erfolgen, das »PP/R der TC of Berlin« aufzuwerten und neu bestätigt in die jeweils aktuelle Diskussion einzubringen.
Zu einem derartigen Versuch aus dem Jahre 1996: Siehe S. 1043.

h) Jedenfalls hat die BR Deutschland dem »PP/R der TC of Berlin« vom 2. 8. 1945 mindestens bezüglich der Deutschenvertreibung niemals rechtliche Wirkung zuerkannt, sondern es stets als eine (eigentlich sogar doppelt nichtige, weil einerseits menschenrechtswidrige und zudem Absprache nur unter Dritten) angesehen.
Siehe dazu S. 550, 1044.
Zur daher insgesamt zutreffend qualifizierenden Bezeichnung durch ein deutsches Gericht als »Berliner Protokoll«: Siehe S. 729.

[8] Das war eine Falschaussage:
»PP/R der TC of Berlin« enthielt keine »Billigung« bisheriger (d. h. vor dem 2. 8. 1945 erfolgter) »Abschübe«, sondern forderte vielmehr auch die Regierung der ČSR auf, »to suspend further expulsions«, d. h. weitere Vertreibungen aufzuschieben.
Vgl. FRUS; S. 1495 f., S. 1511.
Daran hat sich die ČSR ohnedies nicht gehalten: Siehe S. 613 ff.
An diesen Vertreibungen waren die Siegermächte höchstens derart »beteiligt«, daß sie ihnen zugeschobene Flüchtlinge übernahmen.

[9] Wiederum ein politisch verständlicher tschechoslowakischer Wunsch, der rechtlich unerfüllbar war und ist:
Massenvertreibungen von In- oder Ausländern konnten nach dem dargestellten Stand des ČSR- und internationalen Rechts von 1945 ohne Rücksicht auf die Umstände weder legal noch legitim sein.

[10] Der Gesamtvorgang »Massenvertreibung« sollte damit auf derartige »Exzesse« vornehmlich vor dem 2. 8. 1945 reduziert werden, wie es z. B. der sog. »Todesmarsch der Brünner« und das Massaker von Aussig (siehe S. 1220 mit Anm.) darstellten.

[11] Zum behaupteten vergleichbaren Vorgehen gegen die Tschechen im Sudetengebiet nach dem 1. 10. 1938: Vgl. die völlig gegenteiligen Belege in Habel: MVT.

[12] Zur fast identischen KPČ-Begründung aus dem Jahre 1973: Siehe S. 812.

[13] Vom 14. 1. 1946; zum Text: Siehe S. 676. Dort auch Hinweise zur Beurteilung dieser ČSR- bis ČR-Auffassung.

Quelle:
»Důvodová zpráva« (Motivenbericht) der ČSFR-Regierung an die Föderalversammlung der ČSFR [zum Vertrag mit Deutschland vom 27. 2. 1992]; Nr. 1373; o. O. [Prag]; o. J. [1992], 5 ms. S., hier S. 2. Fotokopie im Besitz des Verfassers.

****

Note **1992, 18. März**

der Regierung der ČSFR an den Europarat:

Einschränkungen zur Europäischen Konvention der Menschenrechte und Grundfreiheiten

⟨Der formal komplizierte, inhaltlich eindeutige Sachverhalt zerfällt in folgende Einzelprobleme:

1) Die ČSFR war am 21. 2. 1991 dem Europarat und der Europäischen Konvention zum Schutze der Menschenrechte und Grundfreiheiten sowie der Protokolle hierzu beigetreten.

2) Die Gesamtheit der Beitrittsmaterialien umfaßte u. a.:

– das Zusatzprotokoll vom 20. 3. 1952 über u. a. Eigentumsschutz[1]*,*

– das 4. Protokoll vom 16. 9. 1963 über u. a. das Verbot der Inländervertreibung[2]*,*

– das 7. Protokoll vom 22. 11. 1984 über u. a. das Verbot der Ausländervertreibung[3]*.*

3) Bei der Hinterlegung der Ratifikationsurkunde am 18. 3. 1992 machte die ČSFR

a) nach deutscher amtlicher Verlautbarung[4]	*b) nach amtlicher Verlautbarung des Europarates*[5]
• neben einem Vorbehalt zu Art. 5 und 6 der Konvention[6]	
• keinen weiteren Vorbehalt	*• weitere Vorbehalte*

zur Zuständigkeit europäischer Instanzen gemäß Art. 25 und 46.

4) Die unterschiedlichen Texte lauteten:⟩

»Gleichzeitig ⟨*d. h. am 18. 3. 1992*⟩ hat die Tschechoslowakei mit Erklärung vom 13. März 1992 die Zuständigkeit der Europäischen Kommission für Menschenrechte nach Artikel 25 und die Zuständigkeit des Europäischen Gerichtshofs für Menschenrechte nach Artikel 46 der Konvention vom 4. November 1950 zum Schutze der Menschenrechte und Grundfreiheiten – letztere unter der Bedingung der Gegenseitigkeit –

mit Wirkung vom 18. März 1992

für einen Zeitraum von fünf Jahren, der sich stillschweigend um jeweils weitere 5 Jahre verlängert, sofern nicht die Tschechoslowakei ihre Erklärung vor Ablauf des jeweiligen Zeitraums zurücknimmt, anerkannt.

Die Erklärung der Tschechoslowakei erstreckt sich auch auf die Artikel 1 bis 4 des Protokolls Nr. 4 vom 16. September 1963 zu dieser Konvention.«

»Die Tschechische und Slowakische Föderative Republik erklärt für eine Periode von fünf Jahren, die sich stillschweigend um jeweils weitere fünf Jahre erneuert, es sei denn die Tschechische und Slowakische Föderative Republik zieht ihre Erklärung vor dem Ende einer solchen Periode zurück,

a) daß sie die Zuständigkeit der Europäischen Menschenrechtskommission anerkennt, gemäß Artikel 25 der Konvention Gesuche von jeder natürlichen Person, nichtstaatlichen Organisation oder Personenvereinigung zu empfangen, welche behauptet, Opfer einer Verletzung der in der Konvention zum Schutze der Menschenrechte und Grundfreiheiten, der in den Artikeln 1 bis 4 des Zusatzprotokolls Nr. 4 und in den Artikeln 1 bis 5 des Zusatzprotokolls Nr. 7 anerkannten Rechte zu sein, falls die Verletzung der in diesen Dokumenten garantierten Rechte nach ihrem Inkrafttreten in der Tschechischen und Slowakischen Republik erfolgte,

b) daß sie unter der Bedingung der Gegenseitigkeit die Gerichtsbarkeit des Europäischen Menschenrechtsgerichtshofs anerkennt, gemäß Artikel 46 der Konvention zum Schutze der Menschenrechte und Grundfreiheiten die Konvention, die Artikel 1 bis 4 des Zusatzprotokolls Nr. 4 und die Artikel 1 bis 5 des Zusatzprotokolls Nr. 7 zu interpretieren und anzuwenden, falls die Verletzung der in diesen Texten garantierten Rechte nach ihrem Inkrafttreten in der Tschechischen und Slowakischen Föderativen Republik erfolgte.«

⟨5) *Die deutsche amtliche Verlautbarung gab den ČSFR-Vorbehalt zu Art. 5 und 6 der Konvention wörtlich wieder, obwohl das außertschechoslowakische Interesse an dem angesprochenen Sachverhalt wohl als gering bezeichnet werden muß.*
Demgegenüber wurde der ČSFR-Vorbehalt zu Art. 25 und 46 der Konvention trotz naturgemäß erheblich höherem Interesse an diesen Sachverhalten in der deutschen Öffentlichkeit nur in indirekter Rede und um wichtige Angaben verkürzt wiedergegeben. Eine stichhaltige Begründung dafür konnte nicht gefunden werden.[7]

6) *Die Vorbehalte der ČSFR wurden nach der Staatsauflösung per 1. 1. 1993 durch die ČR übernommen.*[8]

7) *Schließlich ist die Neuentwicklung ab 11. 5. 1994 zu beachten. Durch die mit diesem Datum auch von der ČR beschlossene Neufassung (siehe S. 35 ff.) der Art. 19–56 wurden die Vorbehalte der ČSFR/ČR obsolet.*⟩

Quellen und Anmerkungen:

1 Zum Text: Siehe S. 37.

2 Zum Text: Siehe S. 57.
Dort zeitgenössische Feststellung, daß auch frühere Vertreibungen rechtswidrig waren.

3 Zum Text: Siehe S. 58.

4 Vgl. »Bekanntmachung« des Auswärtigen Amtes im BGBl. 1992, Teil II; S. 1064 f.

5 Vgl. Europarat, Straßburg (Hsg.): »Feuille d'information N° 30 ⟨–⟩ Droits de l'Homme« (Informationsblatt Nr. 30 – Menschenrechte); Januar–Mai 1992; S. 6.

6 a) Text in der Übersetzung des BGBl. a. a. O.:
»Die Tschechische und Slowakische Föderative Republik macht nach Artikel 64 der Konvention zum Schutze der Menschenrechte und Grundfreiheiten einen Vorbehalt zu den Artikeln 5 und 6 dahingehend, daß diese Artikel die Verhängung von Disziplinarstrafen nach Artikel 17 des Gesetzes über bestimmte Wehrdienstbedingungen, Nr. 76/1959 der Gesetzessammlung, nicht verhindern.«
Der Text des Art. 17 des ČSSR-Gesetzes über Wehrdienstbedingungen Nr. 76/Slg. 1959 wurde wie folgt wiedergegeben:
»Disziplinarstrafen
(1) Disziplinarstrafen sind Verweis, Übertretungsstrafen, Freiheitsstrafen, Rückstufung um einen Dienstgrad und bei Unteroffizieren auch Herabstufung im Dienstgrad.
(2) Disziplinarfreiheitsstrafen sind Arrest nach dem Dienst, Arrest und Hausarrest.
(3) Die Höchstdauer einer Disziplinarfreiheitsstrafe beträgt 21 Tage.«
b) Zu diesem, kommunistische Bestimmungen festschreibenden Vorbehalt ist zu beachten, daß auch das ČSFR-Verfassungsgesetz vom 9. 1. 1991 über die »Charta der Grundrechte und -freiheiten« in Art. 44 Einschränkungen für Militärpersonen vorsah.
Zum Text: Siehe S. 918.

7 Auf Anfrage des Verfassers vom 18. 2. 1996 bestätigte das Auswärtige Amt der BR Deutschland mit Antwortschreiben vom 15. 3. 1996, daß der Vorbehalt der ČSFR zu Art. 25 und 46 bestehe. Es behauptete jedoch, seine Bekanntmachung im Bundesgesetzblatt (siehe oben links) gäbe zwar »nicht den vollständigen Wortlaut der Erklärung« der ČSFR, wohl aber »den Inhalt« (siehe oben rechts) wieder.
Eine neuerliche Anfrage des Verfassers vom 31. 3. 1996 bat darum, auf einer beigefügten Kopie der Bekanntmachung konkret die Stelle zu bezeichnen, aus der der Inhalt hervorgehe.
Das Antwortschreiben des Amtes vom 15. 4. 1996 enthielt zunächst eine Eigenkorrektur: Seine Bekanntmachung »enthalte in der Tat keinen Hinweis darauf«, daß die ČSFR die Zuständigkeit der europäischen Instanzen nur ab Inkrafttreten für die ČSFR anerkannte. Dann teilte es u. a. mit, daß die Nichterwähnung »keinen politischen Grund« habe.

8 Vgl. BGBl. 1993, Teil II; S. 2337; auch 1994, Teil II; S. 352, 3623.

****

Die SL: **1992, 6. April**
»Argumentations-Papier«
zum Deutsch-ČSFR-Nachbarschaftsvertrag[1]:
Vertrag weder zufriedenstellend noch problemlösend[2]

1. Der Vertrag ist von vornherein nicht zufriedenstellend und nicht problemlösend, da er u. a. zwei wesentliche Problembereiche völlig ausklammert:
   a) Die Frage des Heimatrechtes und des damit verbundenen Rückkehrrechtes der Sudetendeutschen in ihre Heimatgebiete.
   (Der Verweis auf künftige EG-Freizügigkeit[3] kann hier nicht greifen, da diese von wesentlich minderer Qualität ist als originäres Heimatrecht.)
   b) Die Frage des 1945/46 konfiszierten Eigentums und Vermögens der Sudetendeutschen (siehe zur Rechtswidrigkeit dieser Konfiskation bzw. Enteignung das Rechtsgutachten von Prof. Dr. Ermacora)[4].

   Hinsichtlich des Münchner Abkommens verweist der Nachbarschaftsvertrag auf den Prager Vertrag von 1973.[5] Die dort gewählte Formulierung hat es ermöglicht, daß von tschechischer Seite das Münchner Abkommen von Anfang an (ex tunc) als ungültig betrachtet wird. Diese Auffassung wurde bei der jetzigen Vertragsverhandlung von tschechischer Seite weiterhin vertreten. Durch die jetzige offizielle Auffassung der Regierung der ČSFR betrachtet diese im Unterschied zur Regierung der Bundesrepublik Deutschland das Münchner Abkommen nach wie vor als von Anfang an ungültig. Dies findet in dem von der Regierung der ČSFR dem Parlament vorgelegten Motivenbericht[6] zum Nachbarschaftsvertrag seine ausdrückliche Bestätigung. Der Nachbarschaftsvertrag aus dem Jahre 1991/92 zwischen zwei demokratischen Regierungen geht also mit keinem Schritt über das hinaus, was 1973[5] von der sozial-liberalen Regierung mit der damaligen kommunistischen Regierung der ČSSR vereinbart wurde.
2. Darüber hinaus wird der ausgehandelte Vertrag bereits vor seiner Ratifizierung durch die tschechisch-slowakische Seite negiert und unterlaufen . . .
   a) Der im Vertrag festgeschriebene Schutz der deutschen Minderheit in der ČSFR erweist sich als sehr fragwürdig . . .
   b) Die ausgeklammerte und damit einer späteren Lösung vorbehaltene Frage des sudetendeutschen Eigentums[3] wird ungeachtet dessen durch die tschechische Seite bereits heute einer irreparablen »Endlösung« dadurch zugeführt, daß nach wie vor und unbeeindruckt von allen Vorhaltungen in der Tschechischen Republik sudetendeutsches Eigentum durch Staat und Kommunisten weiter an Dritte versteigert und damit einer einvernehmlichen Lösung entzogen wird. Im Motivenbericht[6] der Regierung der ČSFR wird die auch nach Ansicht der Bundesregierung völkerrechtswidrige Konfiskation des sudetendeutschen Vermögens für rechtens erklärt.
   c) Durch den »Motivenbericht[6]« der Regierung der ČSFR wird die »Aussiedlung« als auf Grund des Potsdamer Abkommens völlig legitim bezeichnet. Lediglich für die »Exzesse bei der Realisierung der Aussiedlung« sei das Wort Vertreibung gerechtfertigt.
   (Demgegenüber wird bezeichnenderweise das Wort »Vertreibung« auf die tschechoslowakischen Bürger, die nach 1938 die Sudetengebiete verlassen haben, uneingeschränkt angewandt.)
   Damit setzt sich die ČSFR-Regierung nicht nur in Gegensatz zu ihrem eigenen Staatspräsidenten, der weiter uneingeschränkt beim Begriff Vertreibung[7] bleibt, vielmehr wird dadurch ein eklatanter Widerspruch zur Rechtsauffassung der Bundesregierung herausgestellt, die Vertreibung und Konfiskation des Eigentums der Sudetendeutschen als völkerrechtswidrig bezeichnet.

Anmerkungen:

[1] Vom 27. 2. 1992; zum Text: Siehe S. 929.

[2] Dazu meinte das Sudetendeutsche Priesterwerk in einer Entschließung vom März 1992: »Zwischen der Bundesrepublik Deutschland und der ČSFR ist ein ›Vertrag über gute Nachbarschaft und freundschaftliche Zusammenarbeit‹ abgeschlossen worden und steht vor der Ratifizierung. Der Vertrag ist aus der Sicht unserer Landsleute nicht befriedigend, weil sie in ihm zu grundlegenden Fragen klare Aussagen vermissen.

Wir sudetendeutsche Priester teilen diese Enttäuschung. Wir wissen aus vielen Begegnungen bei Heimattreffen und Wallfahrten, daß Tausende von Landsleuten von uns dazu eine Stellungnahme und ein seelsorgerliches Wort erwarten. Viele von uns Priestern haben seit langem Initiativen in Gang gebracht, um Brücken in die alte Heimat zu bauen. Tausende von Landsleuten haben freundschaftliche Beziehungen zum Nachbarland und sehen sie durch unbefriedigende Ergebnisse des Vertragswerkes gefährdet. Wir bedauern insbesondere, daß zum Heimatrecht der Sudetendeutschen keine Aussagen gemacht werden und daß immer noch die Ausweisungs- und Enteignungs-Dekrete der Jahre 1945/46 gelten sollen.

Es ist nicht nur mit dem christlichen Menschenbild, sondern auch mit den allgemeinen demokratischen Prinzipien unvereinbar, daß weiterhin das Dekret vom 8. Mai 1946 alle Verbrechen gegen die Deutschen während der Vertreibung billigt. Nicht nur aus heimatpolitischen, sondern auch und gerade aus moralischer Sicht haben unsere Gläubigen vom Vertrag mehr erwartet. Für uns ist das Heimatrecht Bestandteil der Menschenrechte.

Trotz dieser Enttäuschung rufen wir unsere Landsleute auf, sich nicht irremachen zu lassen bei ihren Bemühungen um den Wiederaufbau einer neuen Nachbarschaft und der Versöhnung der Völker. Wir werden weiterhin für einen gerechten Ausgleich mit dem tschechischen Nachbarvolk auf der Grundlage von Wahrheit, Gerechtigkeit und Liebe eintreten, die Voraussetzungen für einen echten Frieden sind.«

Wiedergabe aus Archivmaterial des Verfassers.

[3] Gemeint: Die Feststellung im Briefwechsel der Außenminister der BR Deutschland und der ČSFR vom 27. 2. 1992; zum Text: Siehe S. 933.

[4] Vom 22. 8. 1991; zum Text: Siehe S. 103, 438, 923.

[5] Im Vertrag vom 20. 6. 1973; zum Text: Siehe S. 810.

[6] Vom März 1992; zum Text: Siehe S. 935.

[7] Z. B. am 11. 6. 1991; zum Text: Siehe S. 909.

Quelle:

Text des Papieres; 3 ms. S.; Fotokopie im Besitz des Verfassers.

****

Das ungarische Parlament[2]: **1992, 7. April**[1]

Gesetz XXIV[3] **»zur teilweisen Entschädigung der Schäden, die vom Staat unrechtmäßig am Eigentum der Staatsbürger verursacht wurden«:**

Teilentschädigung für Konfiskationen zwischen 1939 und 1949 durch sog. Entschädigungsscheine

Im Interesse der Schaffung von Sicherheit
– geleitet vom Prinzip der Rechtsstaatlichkeit, unter Berücksichtigung gleicherweise des Gerechtigkeitssinns wie der Belastbarkeit der Gesellschaft
– den Bestimmungen unter § 1 Absatz (3) des Gesetzes XXV aus dem Jahr 1991[4] entsprechend zum Zwecke der Abhilfe der durch die in der Zeit vom 1. Mai 1939 bis 8. Juni 1949 geschaffenen Rechtsvorschriften vom Staat unrechtmäßig am Eigentum der Staatsbürger verursachten Schäden
– beschließt das Parlament folgendes Gesetz:

§ 1 (1): Aufgrund dieses Gesetzes steht denjenigen natürlichen Personen[5] teilweise Entschädigung (im weiteren: Entschädigung) zu, deren Privateigentum infolge der Anwendung von in der Zeit vom 1. Mai 1939 bis 8. Juni 1949 vom Staat geschaffenen Rechtsnormen beschädigt wurde.

(2): Zur Abhilfe der im Absatz (1) bestimmten Schädigungen sind die Bestimmungen des Gesetzes XXV aus dem Jahr 1991[4] (im weiteren: EG/Entschädigungsgesetz) mit den in diesem Gesetz bestimmten Abweichungen und Ergänzungen anzuwenden.

§ 2 (1): Die Gültigkeit des Gesetzes erstreckt sich auf die innerhalb der im Pariser Friedensvertrag[6] festgesetzten Grenzen Ungarns erlittenen Vermögensschäden.

(2): Keine Entschädigung gebührt einer Person, die wegen Kriegs- oder volksfeindlichen Verbrechen rechtskräftig verurteilt wurde, insofern die Vermögensschädigung im Zusammenhang damit erfolgte.

...

§ 3: Die Höhe des unter Anwendung der Ziff. 6 der Anlage 1 des EG und der Ziff. 2, 4 und 6 der Anlage 2 dieses Gesetzes bezeichneten, durch eine pflichtmäßige Hinterlegung bzw. Beschlagnahme anordnende Rechtsnorm verursachten Schadens[7] ist gemäß den Bestimmungen der Anlage 3 festzustellen.

...

§ 6: Der Berechtigte kann den Antrag auf Entschädigung innerhalb von 120 Tagen nach Inkrafttreten dieses Gesetzes[8] bei dem zuständigen Komitats- (hauptstädtischen) Schadensregelungsamt stellen[9, 10].

§ 7 (1): Dieses Gesetz tritt am 30. Tag nach seiner Verkündigung in Kraft.

...

(4): Zur Feststellung der Durchführungsbestimmungen[5] erhält die Regierung Vollmacht.

⟨11⟩

Anmerkungen:

1 Das Gesetz wurde am 8. 5. 1992 im Ungarischen Gesetzblatt »Magyar Közlöny« Nr. 47/92 verkündet und trat am 7. 6. 1992 in Kraft.

2 Bereits am 14. 3. 1990 hatte das Parlament einen »Beschluß über die Wiedergutmachung des Kollektivunrechts an der deutschen Minderheit in Ungarn« gefaßt. In diesem hieß es v. a.:

»1. Das Parlament stellt fest, daß die 1944 begonnene Verschleppung und die dann folgende Umsiedlung der Ungarndeutschen ein die Menschenrechte schwer verletzendes, ungerechtes Verfahren war. Die Betroffenen mußten unschuldig wegen ihrer Nationalitätenzugehörigkeit leiden. Diese Maßnahmen waren Zeichen des kollektiven Zur-Verantwortung-Ziehens der Ungarndeutschen. Deshalb spricht das Parlament den Angehörigen der Verstorbenen sein Beileid und den die Leiden Überlebenden sein Mitgefühl aus.

2. Das Parlament fordert den Ministerrat auf, einen Gesetzesvorschlag zur Entschädigung zu unterbreiten, der besagt, daß die Ungarndeutschen der gleichen Beurteilung teilhaftig werden, wie jene ungarischen Staatsbürger nichtdeutscher Nationalität, denen ähnliches Unrecht widerfuhr.«

3 Das Gesetz XXIV/92 war nur eine von mehreren Regelungen der Folgen von Unrecht in der Zeit von 1939–1989:
Dazu gehörten z. B. die Gesetze XXXI und XXXII vom 5. und 12. 5. 1992, die auch ungarndeutschen politisch Verhafteten Rentenentschädigungen zubilligten.

4 Dieses sog. Entschädigungsfeststellungsgesetz XXV vom 26. 6. 1991 mit seinen Anlagen 1–3 legte Grundprinzipien der Schadensfeststellung fest.

5 Durchführungsverordnungen legten als Begünstigte alle Personen fest, die am oder nach dem 1. 5. 1939 die ungarische Staatsbürgerschaft hatten, ohne Rücksicht auf Staatsbürgerschaft und Wohnort im Jahre 1992.

6 Gemeint war der Friedensvertrag nach dem 2. Weltkrieg mit Ungarn vom 10. 2. 1947, welcher Ungarn insgesamt auf seine Grenzen vom 1. 1. 1938 reduzierte.

7 Die Abwicklung geschah (in sehr geraffter Darstellung teilweise recht komplizierter und umfangreicher Vorschriften) insgesamt wie folgt:

a) Zunächst war ein Antragsformular auszufüllen, in dem jeder seinerzeitige Eigentümer oder seine Erben bis zum Urenkel Angaben über Verluste an Landwirtschaft, Grundvermögen und Betriebsvermögen zu machen hatte.

b) Entschädigungsbasis war beim Betriebsvermögen die Zahl der seinerzeit Beschäftigten, beim Grundvermögen, auch einer Mietwohnung, pauschal 500 Forint pro Quadratmeter und in der Landwirtschaft, wo die ungarischen Grundbuchämter helfen sollten, über ein komplexes Umrechnungsverfahren für ca. zwanzig ha Besitz ca. 250.000 Forint.

Zur Beurteilung der Höhe der Beiträge ist beachtenswert, daß oft Naturalrestitution erfolgte.

[8] Der Termin wurde zugunsten v. a. der Antragsteller aus dem Ausland nicht sehr streng eingehalten.

[9] Regelmäßig wurde der Schaden anerkannt; im Ablehnungsfall war der Bescheid einspruchsfähig und justitiabel.

Es gab dann eine Teilentschädigung durch (ab 10. 8. 1992 verzinsliche) »Entschädigungsscheine«. Hierbei handelte es sich um Wertpapierzertifikate, die zum Nennwert eine Forderung gegen den ungarischen Staat begründete.

[10] Die »Entschädigungsscheine« konnten nur in Ungarn und dort wie folgt eingesetzt werden:

a) Zur Bezahlung bei der Teilnahme an der Privatisierung von staatlichen Vermögenswerten sowie zum Erwerb von Aktien oder Geschäftsanteilen neuer Unternehmen (z. B. Hotels) o. ä.
Hierbei konnten auch hinzuerworbene Zertifikate verwendet werden oder mehrere Berechtigte ihre Scheine gemeinsam nutzen, woraus sich für diese ein gewisser Markt ergab.

b) Durch Teilnahme an Versteigerungen von landwirtschaftlichem Boden.
Hierbei konnten sich an der Auflösung des Besitzes von LPG (landwirtschaftlichen Produktionsgenossenschaften) nur solche Geschädigten beteiligen, deren früheres Eigentum im Gebiet der LPG lag; an den Staatsgütern alle Zertifikatsbesitzer. Ausrufpreis für ca. 20 ha waren je nach Bodengüte 200.000–300.000 Forint, die über- oder unterboten werden konnten. Erworbener Boden mußte fünf Jahre lang landwirtschaftlich genutzt werden und war dann frei verkäuflich.

c) Durch Umwandlung in eine Rente.

[11] Die gesamte Aktion verlief weitestgehend außerhalb des Wahrnehmungsvermögens der meisten deutschen Medien; die »Süddeutsche Zeitung«, München, brachte keinen einzigen Bericht. Von etwa 1,3 Millionen bis Mitte 1995 gestellten Anträgen (davon viele von Ungarndeutschen) waren damals schon rd. 95 %, meistens positiv, erledigt; bereits 1993 hatten allein fast 200.000 Personen mit den zugewiesenen Zertifikaten landwirtschaftlichen Boden in Ungarn erworben.

So Dr. Nagy, Präsident des Ungarischen Entschädigungsamtes in einer Rede in Dresden; vgl. DOD; Nr. 28 v. 14. 7. 1995; S. 11.

Quelle:
Binder, Paul: »Das zweite ungarische Entschädigungsgesetz mit Berücksichtigung der vertriebenen Ungarndeutschen« in »Unsere Post« ⟨*MHZ. d. Ungarndeutschen*⟩, Ostfildern (Wttbg.); Jg. 1992, Nr. 7 (Juli); S. 5.

****

Gesetz[1] des tschechischen Nationalrats (= Parlament der ČR)[1] Nr. 243 »zur Regelung einiger Fragen, die mit dem Gesetz 229/1991[2] zusammenhängen . . .« **1992, 15. April**

Auch heimatverbliebene Sudetendeutsche restitutionsfähig

§ 1

Zweck des Gesetzes ist die Milderung der Folgen einiger weiterer eigentumsbezogener Unrechtstatbestände, welche während der Gültigkeit oder besonderen Anwendung einiger Rechtsvorschriften auf dem Gebiet der Tschechischen Republik entstanden im Rahmen der festgestellten Zuständigkeit der Organe der ČR bei der Durchführung des Gesetzes 229/1991[2] . . . in der Fassung des Gesetzes 93/1992[3].

§ 2

(1) Eine berechtigte Person ist ein Staatsbürger der ČSFR mit ständigem Wohnsitz im Gebiet der ČR[4], der Eigentum durch Präsidialdekret 12/1945[5] . . . oder 108/45[6] verlor, sich gegen den Tschechoslowakischen Staat nicht verging[7] und die Staatsbürgerschaft durch Gesetz . . . 194/1949[8] . . . oder Gesetz 34/1953[9] . . . neuerlich erwarb[4], sofern dies nicht bereits durch Verfassungspräsidialdekret 33/1945[10] . . . erfolgt war und dessen Eigentum, im Umfang bestimmter, eigener Vorschriften[11] auf den Staat überging.

(2) ⟨*Erbregelungen für den Fall, daß die berechtigte Person vor dem in § 11 festgelegten Verfallsdatum starb: Vorrang für über Testament nachweisbare Erben*⟩

§ 3 ⟨*bis*⟩ § 10 ⟨*u. a. Entschädigungsregelung, falls das Eigentum vom Staat bereits im Zuge der sog. kleinen Privatisierung*[12] *auf Privatpersonen übergegangen war*⟩

§ 11

Die nach diesem Gesetz berechtigte Person muß die Ansprüche bis zum 31. Dezember 1992 geltend machen. Innerhalb dieser Frist nicht geltend gemachte Rechte gehen unter.

. . .

Anmerkungen:

1 a) Das Gesetz durchbrach die bisherige ČSFR-/ČR-Staatsauffassung, wonach nur nach der offenen KPČ-Machtübernahme (25. 2. 1948) erfolgte Konfiskationen korrigiert werden können. Zu prominenter Feststellung dieses Prinzipes: Siehe S. 907.

b) Vom Gesetz wurde nur die Rückgabe des landwirtschaftlichen Eigentums der heimatverbliebenen u. a. Sudetendeutschen als natürliche Personen geregelt.
Die Rückgabe betraf weder das nichtlandwirtschaftliche Eigentum der heimatverbliebenen u. a. Sudetendeutschen (z. B. Hauseigentum in Städten) als natürliche Personen (zu einem Beispiel der Folgen: Siehe S. 993) noch das Eigentum juristischer Personen, wie z. B. der katholischen Kirche oder der jüdischen Kulturgemeinden; diese Frage ist derzeit (Ende 2002) noch grundsätzlich offen.

2 Vom 21. 5. 1991; zum Text: Siehe S. 919.

3 Vom 18. 2. 1992; zum Text: Siehe S. 920.

4 a) Das ČR-Verfassungsgericht erklärte am 12. 12. 1994 in Entscheidung Nr. 164 das gesetzliche Erfordernis des ständigen Wohnsitzes als verfassungswidrig.

b) Das ČR-Parlament strich daraufhin mit Gesetz 30 v. 9. 2. 1996 die Wohnsitzklausel, um gleichzeitig als neues Erfordernis die ununterbrochene ČSR-/ČSSR-Staatsbürgerschaft ab Kriegsende 1945 bis zum 1. 1. 1990 einzufügen.

5 Vom 19. 5. 1945; zum Text: Siehe S. 532.

6 Vom 25. 10. 1945; zum Text: Siehe S. 563.

7 Die »Stellungnahme« des ČR-Landwirtschaftsministeriums Nr. 9223/92-130 vom 12. 11. 1992 legte dazu fest: Personen, welche die ČSR-Staatsbürgerschaft gemäß des ČSR-Dekretes 33/1945 oder durch das ČSR-Gesetz 194/1949 neuerlich erwarben, hatten mit dem Nachweis des Erwerbes durch diese Vorschriften und den Nachweis des Nicht-Vergehens gegen die ČSR erbracht, da dies dabei geprüft worden war. Bei Erwerb entsprechend ČSR-Gesetz 34/1953 müsse dieses Wohlverhalten jedoch nunmehr nachgewiesen werden.

8 Vom 13. 7. 1949; zum Inhalt: Siehe S. 734.

9 Vom 24. 4. 1953; zum Text: Siehe S. 734.

10 Vom 2. 8. 1945; zum Text: Siehe S. 551.

11 Hier Fußnote im Gesetz: »§ 1, Abs. 1, Buchstaben a), b) und c) des Gesetzes 229/1991« vom 21. 5. 1991; zum Inhalt: Siehe S. 919.

12 Durch ČSFR-Gesetz 427/1990 vom 25. 10. 1990; zum Text: Siehe S. 898.

Quelle:
ČSFR-Slg. 1992; Gesetz Nr. 243 im 49. Stück v. 29. 5. 1992; S. 1267–1268.

****

Deklaration **1992, 28. Mai**
des britischen Premierministers John Major[1]**:**
Münchner Abkommen von 1938 von Anfang an ungültig

Großbritannien betrachtet das Münchner Abkommen von 1938, in dem der Tschechoslowakei die Abtretung der sogenannten Sudetengebiete aufgezwungen wurde, »von Anfang an« *(ex tunc)* für ungültig. Der britische Premierminister John Major hat bei seinem Besuch in

Prag eine Deklaration[2] dieses Inhalts unterzeichnet. Damit hat der dritte und letzte nichtdeutsche Signatarstaat[3] des sogenannten Münchner Diktats diese Formel anerkannt[4]. Bonn hatte bei den Verhandlungen über den deutsch-tschechoslowakischen Vertrag Prag diese Formulierung um keinen Preis zugestehen wollen. Hintergrund sind rechtliche Bedenken, da sich aus dieser Formulierung historische Konsequenzen für die Staatsbürgerschaft der ehemaligen Sudetendeutschen ergaben.

...

Anmerkungen:

[1] Nach anderen Meldungen von Major und dem ČSFR-Präsidenten Havel gemeinsam unterschrieben.

[2] Trotz längerer Bemühungen war es selbst dem britischen Generalkonsulat in München nicht möglich, das Textoriginal der Deklaration zu beschaffen.

[3] a) Am 27. 9. 1990 hatte die britische Premierministerin Margaret Thatcher vor dem ČSFR-Parlament in Prag u. a. erklärt:

»Wir haben Sie im Jahre 1938 hintergangen, als die tragische Beschwichtigungspolitik es Hitler ermöglicht hat, Ihre Unabhängigkeit auszulöschen. Churchill hat es danach bald abgelehnt, das Münchner Abkommen anzuerkennen. Doch wir denken an Sie ständig mit einem Gefühl der Scham.«

Vgl. »Die Brücke«; Nr. 9 v. 15. 10. 1990; S. 8.

b) Das geschichtliche Wissen von Lady Thatcher war bereits früher deutlich geworden: Am 21. 3. 1990 hatte sie in London ihren Amtssitz Downing Street 10, ihren Vorgänger Neville Chamberlain und das Münchner Abkommen dem sie besuchenden ČSFR-Präsidenten Havel mit folgenden Worten dargestellt:

»In diesem Haus hat einer meiner Vorgänger im Jahre 1938, aus München kommend, seine schicksalsschweren Worte ausgesprochen, daß der Vertrag, den er mit Herrn Hitler abgeschlossen hatte, und der die Tschechoslowakei an das Dritte Reich auslieferte, ›Frieden für unsere Zeit‹ bedeute. Ich glaube, daß jeder einzelne von uns sich immer noch für den Abschluß dieses Vertrages schämt.«

Vgl. »Die Brücke«; Nr. 9 v. 15. 9. 1998; S. 5.

Chamberlain bezog sich jedoch bei dem zitierten Ausspruch nicht auf das Münchner Abkommen, sondern auf die von ihm selbst verfaßte sog. »Deutsch-Englische Erklärung« vom 30. 9. 1938, die er sich von Hitler hatte unterschreiben lassen. Der Ausspruch erfolgte erstmalig bereits auf dem (damaligen) Londoner Zentralflughafen Croydon.

Zum Text vgl. DBFP, 3. Serie, Bd. 2; S. 640; zum Vorgang Feiling, Keith S.: »The Life of Neville Chamberlain«; London, 1947; S. 382.

[4] Erheblich zutreffender besprach S. M. Elisabeth II. von Großbritannien und Nordirland das englisch-tschechische Verhältnis, als sie bei einem Dinner anläßlich ihres Staatsbesuches in Prag am 27. 3. 1996 u. a. meinte:

»Mein Land hat die Entstehung der ersten ČSR unter Präsident Masaryk, die nur tragisch kurzen Bestand hatte, aktiv unterstützt. Die Vorgänge, welche ihr Ende herbeiführten, sind der einzige Schatten auf unserem Verhältnis und ich verstehe und sympathisiere mit den Gefühlen in diesem Land zum Münchner Abkommen.«

Wiedergabe nach Kopie des Redetextes, freundlicherweise beschafft vom Britischen Generalkonsulat in München am 29. 9. 1997.

Wiedergabe:
nach SZ; Nr. 123 v. 29./30. 5. 1992; S. 8.

****

Rede des Ministerpräsidenten Bayerns, Max Streibl (CSU) im Deutschen Bundesrat zum (2.) Prager Vertrag: **1992, 26. Juni**

Begründung der Ablehnung

⟨*Nach Darstellung gewisser Fortschritte und der Schwierigkeit der Gesamtfrage meinte der Redner:*⟩

»In diesem Sinne hat der deutsch-tschechoslowakische Vertrag[1] zu viele Rechtspositionen offengelassen. Zu vieles blieb unklar, als daß dieser Vertrag der letztendliche Bei-

trag zum Frieden, zur Verständigung und zur Versöhnung zwischen Tschechen und Sudetendeutschen wäre. Der »Motivenbericht«[2] hat das in aller Deutlichkeit gezeigt.
Ich sehe es daher als notwendig an, im Namen der Bayerischen Staatsregierung nochmals unsere Positionen zum deutsch-tschechoslowakischen Vertrag klarzulegen:
Erstens. Der Vertrag ist das Ergebnis der augenblicklichen Situation in beiden Staaten – nicht mehr und nicht weniger ... Der Vertrag ... soll die Tschechoslowakei näher an Europa heranführen. Das bedeutet aber auch: Die Tschechoslowakei muß die »europäische Hausordnung«, wie wir sie nun einmal haben, anerkennen.
Zweitens. Der Vertrag spricht in der Präambel von der »Vertreibung«, die als geschichtliche Tatsache ohnehin nicht wegdiskutiert werden kann. Dabei geht es – nach den Verhandlungen – um das Vertreibungsunrecht an den Sudetendeutschen. Die Staatsregierung weist den Versuch in dem Motivenbericht[2] zurück, den Begriff »Vertreibung« nur auf die Exzesse nach dem 8. Mai 1945 bis zum Abschluß des Potsdamer Abkommens zu beziehen. Die Vertreibung von über drei Millionen Sudetendeutschen soll damit sogar legitimiert werden. Ich meine, die Vertreibung war und bleibt völkerrechtliches Unrecht!
Drittens. Die Staatsregierung ist im Gegensatz zu dem Motivenbericht weiterhin der Auffassung, daß das Münchner Abkommen rechtswirksam zustande gekommen ist. Sie bedauert es, daß der Vertrag den Dissens über den Zeitpunkt der Ungültigkeit des Münchner Abkommens[3] hier fortschreibt.
Viertens. Der Vertrag hat das Problem des Heimatrechts der sudetendeutschen Volksgruppe nicht angepackt. Er hat für die Niederlassungsfreiheit auf das künftige Europa verwiesen, obwohl es für die Sudetendeutschen um etwas ganz anderes geht, nämlich um das Recht auf die Heimat, die seit Jahrhunderten durch Deutsche und Tschechen geprägt wurde.
Das Recht auf Heimat in Verbindung mit der Gewährung von Menschenrechten ist heute ein zentrales Problem in der gesamten östlichen Hälfte Europas, vom Baltikum bis nach Bosnien-Herzegowina. Hier hätte im Herzen Europas ein Zeichen gesetzt werden können, das Recht auf Heimat wieder in seine Würde einzusetzen. Wenn Europa Heimatrecht für Kurden und Palästinenser fordert, wenn es Heimatrecht für die Menschen in Kroatien, im Kosovo, in Bosnien-Herzegowina fordert, dann muß es auch den Vertriebenen des Zweiten Weltkrieges Heimatrecht einräumen.
Fünftens. Der Vertrag hat im Begleitbrief die mit der Vertreibung zusammenhängenden Vermögensfragen ausgeklammert. Er hat damit klargestellt, daß Vermögensfragen noch bestehen. Die Staatsregierung wendet sich deshalb dagegen, daß mit den jetzt laufenden Versteigerungsaktionen dieser Vertrag unterlaufen wird und hier vollendete Tatsachen geschaffen werden. Die ČSFR erschwert damit zunehmend eine gedeihliche, beiderseits tragbare Lösung.
Wir begrüßen gleichwohl einen ersten Schritt, den die Tschechoslowakei getan hat, indem sie den in der ČSFR lebenden Deutschen mit tschechoslowakischer Staatsangehörigkeit, zum mindesten zum Teil, ihr Vermögen zurückgibt. Dies, meine ich, ist ein ermutigendes und auch ein erfreuliches Zeichen[4].
Sechstens. Die Staatsregierung erkennt es ausdrücklich an, daß der Vertrag für die deutsche Minderheit Rechte nach europäischem Standard, einschließlich der Einrichtung einer Schiedsstelle[5], schafft. Die deutsche Minderheit kann sich jetzt ungehindert entfalten, auch – das müssen wir sehen – wenn noch viel Angst dahintersteckt, sich als Deutsche zu bekennen. Notwendig wären daher jetzt auch ermunternde Gesten seitens der tschechoslowakischen Regierung, vor allem endlich die Umsetzung der vertraglich festgelegten Minderheitenrechte in innerstaatliches Recht.
...
Wir wollen, daß das Versöhnungswerk mit unseren tschechischen Nachbarn gelingt. Voraussetzung hierfür aber ist die Wahrheit. Aus dem Motivenbericht[2] der ČSFR-

Regierung aber spricht genau die gegenteilige Auffassung. Aus ihm spricht noch die alte Denkweise. Das können wir nicht unwidersprochen hinnehmen.
Darum wollen wir ein Zeichen oder, wenn Sie so wollen, ein Signal setzen. Wir wollen ein gutes Verhältnis zu unserem Nachbarland. Wir wollen es aber nicht zu Lasten unserer sudetendeutschen Landsleute. Daher können wir diesem Vertrag so nicht zustimmen.
...«

Anmerkungen:
[1] Vom 27. 2. 1992; zum Text: Siehe S. 929.
[2] Gemeint: Der »Motivenbericht« der ČSFR-Regierung vom März 1992; zum Text: Siehe S. 935.
[3] Ministerpräsident Streibl hatte in einer Rede am 7. 6. 1992 beim 43. Sudetendeutschen Tag in München den bedauerten Dissens erweitert um »die Geltung der deutschen Rechtsordnung von 1938 bis 1945 in den sudetendeutschen Gebieten«.
Wiedergabe nach dem vervielfältigten Redetext.
[4] Bereits an früherer Stelle seiner Rede vom 26. 6. 1992 hatte Streibl auf die Vorbildfunktion Ungarns (siehe S. 942 ff.) hingewiesen:
»Wir sehen gerade am Beispiel Ungarn und am neuen ungarischen Entschädigungsgesetz, daß die Folgen der als Unrecht erkannten Vertreibung durchaus überwunden werden können. Auch Lettland bemüht sich darum, ab 1940 begangenes Unrecht wiedergutzumachen.«
[5] Der Vertrag vom 27. 2. 1992 schuf keine spezifische Schiedsstelle für Minderheitsfragen.
Gemeint sein dürfte ein im Art. 34 vereinbartes, allgemein anwendbares Verfahren der KSZE über die »Friedliche Regelung von Streitfragen«.

Quelle:
Deutscher Bundesrat: Protokoll der 644. Sitzung; S. 320 f.
Hervorhebungen im Original.

****

Erklärung **1992, 27. Juni**
des Bundesvorstandes der Ackermann-Gemeinde:
»Herausforderungen und Ziele ⟨–⟩ Positionspapier 1992«

1. Standort
Die Ackermann-Gemeinde ist eine katholische Gemeinschaft, die 1946 aus einem Kreis sudetendeutscher Vertriebener entstand. Diese empfanden ihre Herkunft aus Böhmen und Mähren/Schlesien als Verpflichtung für ihr Wirken in Kirche, Volk, Staat und Gesellschaft. Die Mitglieder bemühen sich um ein Leben aus dem Glauben und streben danach, die öffentliche Ordnung nach den Grundsätzen christlicher Ethik zu gestalten. Sie sind deshalb bereit, für Verständigung und Versöhnung zwischen Menschen und Völkern einzutreten, wissen aber auch um Erfahrungen von Schuld, Leid, Vergebung und Opfer.

2. Herausforderungen
Seit ihrer Gründung ist die Ackermann-Gemeinde eingetreten für
– Menschenrechte und Demokratie,
– Sicherung der Volksgruppenrechte und des Selbstbestimmungsrechts der Völker,
– Wahrung der Rechte der Sudetendeutschen und Pflege ihres kulturellen Erbes,
– Gelingen der deutsch-tschechischen Nachbarschaft.
Dies wird sie auch weiterhin tun. Begegnung und Dialog sind heute ohne Einschränkung möglich, um Belastungen der Vergangenheit aufzuarbeiten, jahrzehntelange Desinformation zu korrigieren und einen Neuanfang zu suchen. Die Ackermann-Gemeinde will die neuen Chancen einer gedeihlichen Zusammenarbeit mit dem tschechischen und dem slowakischen Volk nutzen, um zu einer freundschaftlichen Nachbarschaft zu gelangen. Sie ruft alle Gleichgesinnten, insbesondere die junge Generation, zur Mitwirkung auf.

3. Hilfe beim Wiederaufbau in den böhmischen Ländern
Die Ackermann-Gemeinde fühlt sich mitverantwortlich für die Bewahrung und Weitergabe der gemeinsamen Kultur der böhmischen Länder ... Sie ist deshalb bereit, mit allen Gruppen und Kräften zusammenzuarbeiten, welche den weiteren Ausbau der Tschechischen Republik zu einem freiheitlichen, demokratischen und sozialen Rechtsstaat unterstützen, die deutsche Minderheit fördern und die deutsch-tschechischen Beziehungen auf der Grundlage von Wahrhaftigkeit und Gerechtigkeit weiterentwickeln wollen ...

4. Kirche in der Tschechoslowakei
... Dankbar hat die Ackermann-Gemeinde gemeinsam mit ... der verfolgten Kirche ... in der Tschechoslowakei ... in der Wende von 1989 auch das Wirken Gottes in unserer Zeit gesehen ...

5. Historische Wahrhaftigkeit
Heute stehen Deutsche und Tschechen am Anfang einer neuen Epoche ihrer Beziehungen. Die kommunistische Diktatur in der Tschechoslowakei hat den deutschen Anteil an der Geschichte des Landes und die Vertreibung totgeschwiegen. In Deutschland hat man sich nur wenig für böhmische Geschichte interessiert. Deshalb ist heute vielen Menschen in beiden Völkern unbekannt, daß Tschechen und Deutsche – auch Juden – seit dem Mittelalter in den böhmischen Ländern überwiegend friedlich zusammenlebten.
Dies verpflichtet beide Völker dazu, ihre Geschichte gemeinsam und vorurteilsfrei zu untersuchen.
Keine Seite darf die andere dabei menschlich, politisch oder materiell überfordern. Dies gilt insbesondere für die Umsetzung von Vereinbarungen.

6. Wiederherstellung des Rechtsfriedens
Um gute Nachbarschaft zwischen Deutschen und Tschechen neu zu begründen, ist die Wiederherstellung des Rechtsfriedens notwendig.
Der Verlust der Heimat, die mehr ist als Eigentum, hat bei vielen Menschen Verletzungen verursacht, die über den rein materiellen Schaden hinaus in tiefe seelische Schichten reichen. Die deutsche Seite muß die den Tschechen angetane Gewalt ebenso als Unrecht anerkennen wie die tschechische Seite die Vertreibung. Beide Seiten müssen bereit sein, begangenes Unrecht im Rahmen des Möglichen wiedergutzumachen. Die Sudetendeutschen haben durch die völkerrechtswidrige Vertreibung ihr Recht auf die angestammte Heimat nicht verloren. Die Ackermann-Gemeinde fordert, daß jene Landsleute, die in ihrer alten Heimat ansässig werden wollen, dies schon vor einer EG-rechtlichen Regelung tun können. Dabei steht für die Ackermann-Gemeinde eineVeränderung der bestehenden Grenze nicht zur Diskussion. Auch darf keinerlei erneute Vertreibung oder Enteignung stattfinden. Bei einer eventuellen Entschädigung der Vertriebenen ist keine Regelung vertretbar, die den wirtschaftlichen oder demokratischen Wiederaufbau des tschechischen Staates behindern würde. Denkbar sind verschiedene Formen von Teilentschädigungen, die das Vermögen im Lande belassen und Investitionsanreize bieten.

7. Volksgruppen und Minderheitenrechte
Die Ackermann-Gemeinde setzt sich ein für die Kodifizierung eines europäischen Volksgruppen- und Minderheitenrechts. Die Umwälzungen in Ost- und Südosteuropa machen deutlich, daß viele Völker glauben, ihre Identität und ihr Selbstbestimmungsrecht nur in einem eigenen Staat behaupten zu können. So lebt hier der Nationalstaatsgedanke wieder auf, den viele Menschen angesichts bereits bestehender übernationaler Ordnungen in Europa als überholt angesehen hatten. Um so wichtiger ist deshalb die Verankerung wirkungsvoller Volksgruppen- und Minderheitenrechte in den Verfassungen der Staaten.

8. Regionalismus und Föderalismus
Regionale Selbstverwaltung, föderative Strukturen und Heimatbewußtsein sind Voraussetzung für ein freiheitliches und bürgernahes Europa. Regionalismus und Föderalismus sind geeignet, Konflikte zwischen Volksgruppen und Völkern zu vermeiden oder zu entschärfen.
Die Ackermann-Gemeinde plädiert deshalb für die Schaffung und den Ausbau der grenzüberschreitenden regionalen Zusammenarbeit, wie sie z. B. in der Euregio Egrensis auf einem guten Weg ist.

9. Europäische Ordnung
Die Ackermann-Gemeinde setzt sich ein für den Zusammenschluß aller freiheitlichen Staaten in einem demokratischen Gesamt-Europa. Sie begrüßt daher das Streben der Tschechen und der Slowaken, Mitglieder der Europäischen Gemeinschaft zu werden. Mit ihrem Beitritt zur EG werden viele heute noch offene Fragen gelöst werden können.
Die europäische Einigung ist nicht nur eine politische und wirtschaftliche Frage. Die Ackermann-Gemeinde ist überzeugt, daß Europa die Freiheit und die Wohlfahrt seiner Bürger nur dann sichern kann, wenn es auf der Basis des christlichen Menschenbildes weiterentwickelt wird. Sie sieht es daher als vorrangige Aufgabe an, sich für die Bewahrung der Schöpfung, für Frieden in Wahrheit, Freiheit, Gerechtigkeit und Mitmenschlichkeit einzusetzen.

10. Offen für Zusammenarbeit
Als katholische Gesinnungsgemeinschaft wird sich die Ackermann-Gemeinde im geeinten Deutschland und in der Tschechischen und der Slowakischen Republik verstärkt darum bemühen, nicht nur Bürger sudetendeutscher Herkunft, sondern alle jene für eine Mitarbeit zu gewinnen, die sich für ein Gelingen guter Nachbarschaft einsetzen wollen.
Die Ackermann-Gemeinde bietet darüber hinaus allen Gruppen die Zusammenarbeit an, die demokratisch sind, den überzogenen Nationalismus ablehnen und sich zu einer christlichen Werteordnung bekennen.

Quelle:
Von der Ackermann-Gemeinde herausgegebenes Faltblatt des Textes; 4 S.

****

Gespräch **1992, 15. Juli**
des österreichischen Bundespräsidenten Thomas Klestil
mit ČSFR-Präsident Havel:
Entschädigung der Sudetendeutschen

Bundespräsident Thomas Klestil traf bei einem inoffiziellen Abendessen im südmährischen Groß-Seelowitz den tschechischen Präsidenten Havel. Zur Sprache kam auch das Thema der rd. 100.000 in Österreich lebenden, 1945 von der ČSR vertriebenen Sudetendeutschen. Klestil wurde dazu wie folgt zitiert: »Die Frage ihrer Entschädigung[1] wird in absehbarer Zeit gelöst werden.«

Anmerkung:
[1] a) Zu bisherigen Bemühungen, dargestellt im Text der Antworten Bundeskanzler Vranitzkys vom 10. 9. 1991: Siehe S. 926.
b) Zur bereits erfolgten Entschädigung der sog. Alt-Österreicher durch den Vertrag v. 19. 12. 1974: Siehe S. 826.

Wiedergabe nach:
»Oberösterreichische Nachrichten«, ⟨*TZ.*⟩, Linz v. 16. 7. 1992; S. 1.

****

Artikel **1992, 29. Oktober**
von Jelena Bonner, der Witwe des Nobelpreisträgers[1] Andrej Sacharow:
»Junge Staaten haben das Recht auf Selbstbestimmung[2]«

Bei meinen Aufenthalten im Westen irritiert mich immer wieder die oberflächliche und zum Teil völlig fehlgeleitete Berichterstattung über Ostmitteleuropa und die ehemalige Sowjetunion. Da ist von einer eklatanten Zuspitzung der Nationalitätenkonflikte die Rede oder von einer Verschärfung nationaler Tendenzen. Eine solche Sichtweise ist in meinen Augen absolut falsch. Vielmehr handelt es sich bei diesen Entwicklungen um den natürlichen Wunsch der Völker, Eigenstaatlichkeit und Selbstbestimmung zu erringen.
Heute herrscht die Tendenz vor, die Globalisierung und Integration von Völkern und Staaten als positive Entwicklung zu betrachten, während der Wunsch zu nationaler Selbstbestimmung[2] eher negativ bewertet wird. In Wahrheit aber handelt es sich um ein und denselben Prozeß. Je mehr wir uns der Gemeinsamkeit der Sorgen und Gefahren bewußt werden, desto mehr strebt auch jede Nation, jedes Volk danach, seine eigene Entwicklung zu sichern.
Vor diesem Hintergrund entscheiden die Völker, die jahrzehntelang unter einem totalitären Joch lebten, ganz natürlich über den Weg der eigenen nationalen Staatwerdung. Die internationalen Organisationen und Institutionen aber, allen voran die UNO und die KSZE, handeln immer noch im Geist der alten Weltkonzeption, deren Hauptprinzipien die Unantastbarkeit der Grenzen und die territoriale Integrität waren . . .
Als Slowenien und Kroatien auf parlamentarischem Wege ihre Unabhängigkeit erklärten, taten das demokratische Europa und die USA kund, ihre Sympathie gelte einem »vereinten Jugoslawien«. Das heißt, sie gaben der jugoslawischen Armee gleichsam eine carte blanche für den Beginn militärischer Sanktionen, und so haben wir heute in Südosteuropa einen Kriegsherd mit Zerstörungen, die in manchen Regionen schlimmere Ausmaße erreicht haben als die des Zweiten Weltkrieges.
⟨Es folgten Hinweise auf ähnliches westliches Denken und Verhalten gegenüber Selbstbestimmungsansprüchen[2] der Völker der Sowjetunion.⟩
Ich weiß nicht, wie in die Satzungen der UNO die Regelungen bezüglich der Unverletzbarkeit der Grenzen und der territorialen Integrität hineingeraten sind. Ich hege den Verdacht, daß seinerzeit Stalin der UNO diese Texte unterschoben hat, wie er auch in seine Verfassung die territoriale Integrität der Republiken und das Recht auf Selbstbestimmung hineinschrieb. Doch diese Rechte stellen einen Widerspruch in sich dar und schaffen die Möglichkeit zu einem Krieg.
In Zukunft müssen beide Rechte streng voneinander getrennt werden. Die Unantastbarkeit der Grenzen muß selbstverständlich gewahrt bleiben. Aber die territoriale Integrität kann aufgehoben werden, sobald ein Bevölkerungsanteil in einem Land seinen Willen nach Selbstbestimmung bekundet. Andrej Sacharow schrieb schon 1968: »Alle Völker haben das Recht, ihr Schicksal durch freie Willensäußerung zu bestimmen. Dieses Recht muß durch eine internationale Kontrolle über die Einhaltung der Menschenrechte seitens aller Regierungen garantiert werden. Die internationale Kontrolle sieht sowohl den Einsatz von Wirtschaftssanktionen als auch die Verwendung von UNO-Streitkräften zur Verteidigung der Menschenrechte vor.«
Heute besteht die Gefahr darin, daß wir im Feuer von lauter Kleinkriegen umkommen, wenn wir nicht allen Völkern das Recht zugestehen, über ihr Schicksal frei zu bestimmen.

Anmerkungen:
[1] Friedensnobelpreis 1975.
[2] Der Eindruck von Frau Bonner, daß der Westen nach 1990 dem Streben der Völker nach Selbstbestimmung bestenfalls ängstlich-neutral, kaum aber positiv gegenüberstand, wurde auch durch zahlreiche Äußerungen prominenter Politiker bestätigt. Einige Beispiele:

a) So warnte Anfang 1991 der in Eger gebürtige Deutsche Peter Glotz während der EG-Präsidentschaft des Zwergstaates Luxemburg die weit zahlreicheren Slowaken vor der »Selbstbestimmung«, indem er Masaryk als (wohl eher dubiosen) Zeugen aufrief:
»... Als Prinzip der Völkergemeinschaft ist das ›Selbstbestimmungsrecht der Völker‹ unantastbar. Wer es aber für Völkermischzonen wie Ostmitteleuropa, Mittelasien oder auch Afrika als schlichtes Recht auf Lostrennung, auf Sezession, auf die staatliche Selbständigkeit jedes interpretieren wollte, müßte blutig scheitern.
Man muß sich die Lage in Europa ohne beschönigende Floskeln klarmachen ... Was ist mit den Iren? Was tun wir, wenn sich die Slowaken ernsthaft von der Tschechoslowakei lösen wollen? Wie verhalten wir uns gegenüber den Kurden, verteilt auf vier unterschiedliche Staaten? Und wie gegenüber dem baskischen und dem korsischen Volk?
Es gibt in der Geschichte einen berühmten Präzedenzfall. Als 1918 der neue Staat Tschechoslowakei aus der österreich-ungarischen Monarchie herausgelöst wurde, wollten die dreieinhalb Millionen Sudetendeutschen zu Österreich.
Darauf antwortete der erste tschechoslowakische Präsident, der hochgebildete Nationalist Tomáš G. Masaryk: ›Die Selbständigkeit des Ganzen und der Teile wird nicht allein durch das eigene Recht bestimmt, sondern auch durch das Recht der anderen, und über die Selbständigkeit entscheiden stets und überall nicht allein nationale und sprachliche Rücksichten, sondern auch wirtschaftliche. Die Frage unserer deutschen Minderheit ist eine Frage des Rechtes nicht nur der Deutschen, sondern auch unseres Rechtes der Tschechen und eine Frage der beiderseitigen Vorteile.‹ Ob sich die Nationalisten von heute durch einen großen Nationalisten von gestern überzeugen lassen? ...«
Vgl. »Die Welt«; Nr. 16 v. 19. 1. 1991; S. 18.

b) Am 8. 10. 1991 benutzte der deutsche Bundespräsident v. Weizsäcker vor dem ČSFR-Parlament in Prag ein rhetorisches Mittel: Unter schlichter Ergänzung des Art. 1 der UN-Charta (zum Text: Siehe S. 17) um darin zwar nicht enthaltene, ihm jedoch genehm erscheinende, allgemeine Einschränkungen meinte er u. a.:
»Jedes Volk hat einen fundamentalen Anspruch auf Freiheit und Selbstbestimmung und zugleich eine nicht minder tiefgehende Verantwortung in der Ausübung dieser Rechte. Der Triumph der ersehnten und nun erlangten Freiheit über die Fremdherrschaft sollte das Augenmaß für Realitäten und Zusammenhänge nicht trüben. Dies gilt schon für die Freiheits- und Menschenrechte des einzelnen Bürgers in ihrer Auswirkung auf den Mitbürger. Ebenso haben die Völker in ihrem Verhältnis zu anderen Völkern und zu Volksgruppen, benachbart oder in ihrer Mitte, auf solche Auswirkungen zu achten. Die Satzung der Vereinten Nationen macht in ihrem ersten Artikel deutlich, daß das Recht auf Selbstbestimmung allen Völkern zusteht, daß seine Verwirklichung jedoch nicht im luftleeren Raum geschehen kann.«
Vgl. »Bulletin«; Nr. 113 v. 16.10. 1991; S. 391. Hervorhebung nicht im Original.

c) Am 28. 5. 1992 nahm dann der britische Premierminister Major in Prag gegenüber den Slowaken eine fast drohende Haltung ein.
»Major ermahnte die slowakischen Nationalisten, die gemeinsame ČSFR nicht zu sprengen. Die EG habe einen Assoziierungsvertrag mit ›nur einem Völkerrechtssubjekt‹ geschlossen.«
Vgl. SZ; Nr. 123 v. 29./30. 5. 1992; S. 8.

d) Zwischenzeitlich haben die Slowaken ab 1. 1. 1993 durch Schaffung der souveränen Slowakischen Republik ihr Selbstbestimmungsrecht friedlich ausgeübt.

Quelle:
»Die Welt«, Nr. 253 v. 29. 10. 1992; S. 44.

****

Verfassung **1992, 16. Dezember**[1]
der Tschechischen Republik (ČR):
Erklärungen zur Geschichte, Bestimmungen zu u. a. Rechtsstaatlichkeit

Präambel

In der Zeit der Erneuerung des selbständigen tschechischen Staates
nehmen wir, die Bürger der Tschechischen Republik in Böhmen, Mähren und Schlesien,
getreu allen guten Traditionen der historischen Staatlichkeit der Länder der Böhmischen ⟨*Českých*⟩ Krone wie auch der tschechoslowakischen Staatlichkeit,
entschlossen, die Tschechische Republik im Geiste der unantastbaren Werte der Menschenwürde und der Freiheit,
als Heimat gleichberechtigter, freier Bürger,
die sich ihrer Pflichten anderen gegenüber und ihrer Verantwortung gegenüber der Gesamtheit bewußt sind,
als freien und demokratischen, auf der Achtung der Menschenrechte und den Prinzipien der Bürgergemeinschaft begründeten Staat und Bestandteil der Familie der Demokratien Europas und der Welt aufzubauen, zu schützen und weiter zu entwickeln,
entschlossen, den geerbten natürlichen und kulturellen, materiellen und geistigen Reichtum gemeinsam zu hüten und zu entfalten, entschlossen, uns nach allen bewährten Grundsätzen des Rechtsstaates zu richten,
mittels unserer frei gewählten Vertreter
die folgende Verfassung der Tschechischen Republik an:

Erster Teil
Grundbestimmungen

Art. 1

Die Tschechische Republik ist ein auf der Achtung der Rechte und Freiheiten des Menschen und Bürgers begründeter souveräner, einheitlicher und demokratischer Rechtsstaat.

Art. 2

(1) Das Volk ist die Quelle der gesamten Staatsgewalt; es übt sie mittels der Organe der gesetzgebenden, vollziehenden und richterlichen Gewalt aus.
...

Art. 3

Die Konvention zum Schutz der Menschenrechte und Grundfreiheiten[2] bildet einen Bestandteil der Verfassungsordnung der Tschechischen Republik.

Art. 4

Die Grundrechte und Grundfreiheiten stehen unter dem Schutz der richterlichen Gewalt.

...

Art. 10

Ratifizierte und verkündete internationale Abkommen zum Schutz der Menschenrechte und Grundfreiheiten, durch die die Tschechische Republik gebunden ist[3], sind unmittelbar verbindlich und haben Vorrang vor dem Gesetz.

...

Zweiter Teil
Gesetzgebende Gewalt

Art. 15

(1) Die gesetzgebende Gewalt in der Tschechischen Republik obliegt dem Parlament.
(2) Das Parlament setzt sich aus zwei Kammern, und zwar der Abgeordnetenkammer und dem Senat, zusammen.

...

Art. 23

(1) Der Abgeordnete legt bei der ersten Sitzung der Abgeordnetenkammer, an der er teilnimmt, das Gelöbnis ab.
(2) Der Senator legt bei der ersten Sitzung des Senats, an der er teilnimmt, das Gelöbnis ab.
(3) Das Gelöbnis des Abgeordneten und des Senators hat folgenden Wortlaut: »Ich gelobe Treue der Tschechischen Republik. Ich gelobe, daß ich ihre Verfassung und ihre Gesetze wahren werde. Ich gelobe bei meiner Ehre, daß ich mein Mandat im Interesse des Volkes und nach bestem Wissen und Gewissen ausüben werde.«

...

Dritter Teil
Vollziehende Gewalt

Der Präsident der Republik

Art. 54

(1) Der Präsident der Republik ist das Oberhaupt des Staates.
...

...

Art. 65

(1) Der Präsident der Republik kann weder in Haft genommen, noch strafrechtlich verfolgt, noch wegen Vergehen oder anderer Verwaltungsdelikte belangt werden.
(2) Der Präsident der Republik kann wegen Hochverrats, und zwar vor dem Verfassungsgericht aufgrund einer Klage des Senats, verfolgt werden. Als Strafe kann auf Verlust des Präsidentschaftsamtes und auf Verbot seiner Wiedererlangung erkannt werden.
(3) Eine Strafverfolgung wegen während der Ausübung des Amtes des Präsidenten der Republik verübter Straftaten ist für immer ausgeschlossen.

...

Vierter Teil
Richterliche Gewalt

Art. 81

Die richterliche Gewalt üben im Namen der Republik unabhängige Gerichte aus.

...

Das Verfassungsgericht

Art. 83

Das Verfassungsgericht ist Organ der Rechtsprechung zum Schutze der Verfassungsordnung.

...

Art. 87

(1) Das Verfassungsgericht befindet

a) über die Aufhebung von Gesetzen oder ihrer einzelnen Bestimmungen, wenn sie im Widerspruch zum Verfassungsgesetz oder zu einem internationalen Abkommen gemäß Art. 10 stehen,

b) über die Aufhebung anderer Rechtsvorschriften oder ihrer einzelnen Bestimmungen, wenn sie im Widerspruch zum Verfassungsgesetz oder zu einem internationalen Abkommen gemäß Art. 10 stehen,

c) über Verfassungsbeschwerden der Organe der territorialen Selbstverwaltung gegen ungesetzliche Eingriffe des Staates,

d) über Verfassungsbeschwerden gegen eine rechtskräftige Entscheidung und andere Eingriffe der Organe der öffentlichen Gewalt gegen die verfassungsmäßig gewährleisteten Grundrechte und Freiheiten.

...

Art. 88

(1) Das Gesetz legt fest, wer und unter welchen Bedingungen berechtigt ist, einen Antrag auf Verfahrensaufnahme zu stellen, und bestimmt die Regeln für das Verfahren vor dem Verfassungsgerichtshof.

(2) Die Richter des Verfassungsgerichtshofes sind in ihren Entscheidungen nur durch die Verfassungsgesetze und die internationalen Abkommen gemäß Art. 10 und durch das Gesetz gemäß Abs. 1 gebunden.

...

Die Gerichte

Fünfter ⟨*bis*⟩ Achter Teil
Die oberste Kontrollbehörde
Die tschechische Nationalbank
Territoriale Selbstverwaltung
Übergangs- und Schlußbestimmungen

Art. 112

(1) Die Verfassungsordnung der Tschechischen Republik bilden diese Verfassung, die Konvention zum Schutz der Menschenrechte und Grundfreiheiten[2], die nach dieser Verfassung verabschiedeten Verfassungsgesetze und die Verfassungsgesetze der Nationalversammlung der Tschechoslowakischen Republik, der Föderativen Versammlung der Tschechoslowakischen Sozialistischen Republik und des Tschechischen Nationalrats, die die Staatsgrenze der Tschechischen Republik festlegen, und die nach dem 6. Juni 1992 verabschiedeten Verfassungsgesetze des Tschechischen Nationalrats.

(2) Die bisherige Verfassung, das Verfassungsgesetz über die tschechoslowakische Föderation, die Verfassungsgesetze zu ihrer Änderung und Ergänzung und das Verfassungsgesetz

des Tschechischen Nationalrates Nr. 67/1990 Ges.-Slg. über die Hoheitszeichen der Tschechischen Republik werden aufgehoben.
(3) Die übrigen am Tage des Inkrafttretens dieser Verfassung auf dem Territorium der Tschechischen Republik geltenden Verfassungsgesetze[4] haben Gesetzeskraft.

Art. 113

Diese Verfassung tritt mit dem Tag des 1. Januar 1993 in Kraft.

Anmerkungen:

[1] Tag der Beschlußfassung im Tschechischen Nationalrat.

[2] Gemeint: Die Europäische Konvention vom 4. 11. 1950 mit ihren Zusatzprotokollen; zu den Texten: Siehe S. 32, 37, 57.
Zu den von der ČR übernommenen, von der ČSFR erklärten, zeitweisen Wirkungseinschränkungen: Siehe S. 936.

[3] Gemeint v. a.: Die UN-Menschenrechtspakte vom 19. 12. 1966; zum Text: Siehe S. 60.
Zur Publikation in der (damaligen) ČSSR im Jahre 1976: Siehe S. 832.

[4] Dazu gehörte u. a. das Verfassungsgesetz v. 9. 1. 1991 über die Grundrechte; zum Text: Siehe S. 910.

Quelle:

ČR-Slg. 1993; Nr. 1 im 1. Stück v. 28. 12. 1992; S. 2 ff.

****

Kurzbericht **1993, 1. Januar**

Kurzbezeichnung für die »Tschechische Republik« [(ČR), Kfz-Kennzeichen und Postkurzbezeichnung CZ] in der deutschen Umgangssprache: »Tschechei« oder »Tschechien«?

A. Vorbemerkung, Problemstellung

Das intensive Interesse der jeweiligen tschechischen politischen Führung, (ihr Volk und) ihren Staat auch und gerade in deutscher Sprache politisch einsetzbar darzustellen, wurde bereits mehrfach erwähnt[1]; ein weiteres Beispiel wird später folgen[2].
Vor dieser Frage stand die Führung der neuen ČR auch Anfang 1993. In ansprechender Zusammenführung der relevanten Einflußgrößen war in einer deutschen Tageszeitung dazu u. a. zu lesen[3]:
»Offiziell handelt es sich ... beim östlichen Nachbarn Deutschlands um die ›Tschechische Republik‹. Das Problem: Die Kurzform ›Tschechei‹ – bisher im deutschsprachigen Raum als Bezeichnung für die untergegangene Tschechoslowakei sehr verbreitet – stößt einigen Zeitgenossen und Leserbrief-Schreibern unangenehm auf. ›Gezielte Beleidigung‹. ›Nazi-Schimpfwort‹, empören sie sich.
Tatsache ist, daß das Wort ›Tschechei‹ bei vielen Tschechen verpönt ist. Zu sehr fühlen sie sich – so das Institut für deutsche Philologie an der Universität München – von diesem Ausdruck ›emotional berührt‹, an Hitlers Haßtiraden (›Zerschlagung der Resttschechei‹) und an die Zeiten der Okkupation ihres Landes durch die Nazis erinnert.
Ganz offiziell hat sich das Außenministerium in Prag deshalb gegen die Verwendung des Begriffes ausgesprochen, auch wenn, so die tschechische Botschaft in Bonn, »das Wort ›Tschechei‹ philologisch nicht falsch ist.«
Entstanden ist die Kurzform im deutschen Sprachgebrauch allerdings nicht unter Hitler. Nach Angaben der Gesellschaft für deutsche Sprache in Wiesbaden tauchte die Benennung ›Tschechei‹ ... nach dem 1. Weltkrieg auf ⟨*und*⟩ bezeichnete im Deutschen, so die Experten, zunächst den tschechischen Teil dieses Staates. In den 20er Jahren habe sich der Begriff allerdings für den ganzen tschechoslowakischen Staat eingebürgert.
Nach der Machtergreifung der Nationalsozialisten sei ›Tschechei‹ schließlich offizieller Sprachgebrauch geworden. Die ›Auflösung‹ der Tschechoslowakischen Republik, insbeson-

dere die Annexion tschechischer Gebiete durch Hitler, macht ›Tschechei‹ nach Meinung der Gesellschaft für deutsche Sprache zu einem historisch belasteten Begriff: ›Dies dürfte die Ursache dafür sein, daß die Nachschlagwerke der Nachkriegszeit das Stichwort ‚Tschechei' getilgt haben. Weder im Duden, noch in geographischen Lexika, in Enzyklopädien oder Wörterbüchern ist die Benennung noch verzeichnet.‹
Linguisten der Prager Karls-Universität empfehlen dem deutschsprachigen Raum als Alternative ›Tschechien‹ . . .
In Österreich wird der Begriff . . . in den meisten Medien benutzt, und auch in der Schweiz wird er verwendet. Ob er sich auch hierzulande durchsetzt, scheint zweifelhaft[4], gibt doch selbst die Botschaft der Tschechischen Republik zu, daß ›Tschechien etwas merkwürdig klingt‹.«
〈Nachfolgend werden so reizvolle Probleme wie philologische Gesichtspunkte der deutschen Sprache oder die Kombination zwischen offenen Einwirkens tschechischer Instanzen[4] und dem emsigen Hintergrundwirken deutscher »Sprachregler« bewußt ausgeklammert. Es geht auch nicht um Hitler an sich.
Unter Hinzufügung früheren Materials soll lediglich geprüft werden, ob die Bezeichnung »Tschechei« *von NS-Größen häufig öffentlich verwendet wurde oder ob eine Begriffslegende nach fünfzig Jahren aus Public-Relations-Gründen reanimiert werden sollte.〉*

B. Das Material

1. Vor 1918

Bisher ist m. W. in deutscher Sprache weder die Verwendung von »Tschechei« *noch von* »Tschechien« *belegt worden.*

2. Nach 1918

2.1 »Tschechien«

a) Der Begriff wurde in der von Anton Klement *1922 angefertigten deutschen Übersetzung von* Hanuš Kuffners »Náš stát a světovy mír« *(Unser Staat und der Weltfrieden)*[5] *durchgängig für* »Čechy« *verwendet.*
Der Begriff stand jedoch weder für das tschechische Sprachgebiet noch für die ČSR im Gebietsstand 1921–1938. Der Begriff sollte vielmehr ein anzustrebendes, weit darüber hinausreichendes Staatsgebilde bezeichnen, welches große Teile der (damaligen und heutigen) Länder Brandenburg, Sachsen, Bayern, Ober- und Niederösterreich umfaßte.

b) Im diplomatischen Sprachgebrauch des Deutschen Reiches war der Begriff »Tschechien« *nur in der Umbruchszeit der Jahre 1918/19 ausnahmsweise allein für das tschechische Sprachgebiet, vorrangig jedoch für die gesamte ČSR zu finden; dann trat* »Tschechoslowakei« *für den Gesamtstaat an deren Stelle*[6].

c) Behauptete Verwendungen von »Tschechien« *der Jahre 1919–1924 beziehen sich, sofern sie zutreffen, stets auf den Gesamtstaat ČSR*[7].

2.2 »Tschechei – Tschechien«

Die vermutlich zutreffende Aussage zum allgemeinen deutschen Sprachgebrauch der Zeit vor 1933 ist einem großen deutschen Konversationslexikon zu entnehmen. Es heißt darin als Stichwort: »Tschechei (Tschechien), volkstümliche Bezeichnungen für Tschechoslowakei.«[8]

2.3 »Tschechei«

Der Begriff Tschechei entspricht sicherlich dem durchgängigen und üblichen deutschen Ausdruck im deutschen Sprachraum v. a. in Schlesien, Sachsen und Bayern für vornehmlich das benachbarte tschechische Sprachgebiet der Tschechoslowakei/ČSR. Es war ein

Volkswort, dessen vorzeichenloses Kürzungsverfahren dem vom »Personenkraftwagen« *über* »Kraftwagen« *zu* »Wagen« *und* »Kfz« *entsprach (und entspricht).*

3. 1933–1938

3.1 »Tschechien«
Eine Verwendung fand m. W. nicht statt.

3.2 »Tschechei«
3.2.1 Verwendung allgemein
Das seit 1923 im »Brockhaus«*-Lexikon*[9] *verwendete Stichwort* »Tschechei« *ist erst in der Auflage von 1938/39 nicht mehr enthalten, dafür nunmehr ein mehrspaltiges Stichwort* »Tschecho-Slowakei«.[10]

3.2.2. Verwendung durch Hitler
In ca. 25 Texten Hitlers[11] *fand das ČSR-Gesamtgebiet insgesamt 95 Erwähnungen: 78 Bezeichnungen mit* »Tschechoslowakei« *und 10 mit* »Tschechoslowakischer Staat« *standen nur sieben Verwendungen – sämtlich nichtöffentlich – von* »Tschechei« *gegenüber.*

3.2.3. Verwendung durch andere
a) Als Beispiel der Verwendung ist der Staatssekretär im deutschen Auswärtigen Amt, Erich von Weizsäcker, deswegen wichtig, weil er einerseits kaum öffentlich auftrat bzw. sprach, jedoch zahlreiche Schriftstücke hinterließ, die zwar praktisch nur von Historikern gelesen wurden, sich aber für politische Öffentlichkeitsarbeit gut verwenden ließen.
b) In den sog. Weizsäckerpapieren[12] *fand das ČSR-Gesamtgebiet 62 Erwähnungen; die Wiedergabe war 57mal* »Tschechei«, *viermal* »Tschechoslowakei« *und einmal* »Tschechenland«.
In den ADAP schrieb v. Weizsäcker praktisch immer die Begriffe »Tschechei«/»tschechisch« *statt* »Tschechoslowakei«/»tschechoslowakisch« *nieder, berichtete in dieser Form auch die Äußerungen seiner Gesprächspartner*[13] *und verkürzte sogar Hitler.*[14] *Diese Kürzungsmethode wurde verschiedentlich übernommen; in der Hitze diplomatischer Briefwechsel des Jahres 1938*[15] *wie auch in späteren Dokumentationen*[16].

3.2.4. Die »Rest-Tschechei«
Dieser häufig zitierte Begriff (siehe auch oben) ist als öffentliche Äußerung von Hitler oder sonstwem unbelegt.
Er wurde nur in internen Notizen[17] *und der streng geheimen Hitler-Weisung an die Wehrmacht vom 21. 10. 1938*[18] *verwendet.*

4. 1990–1992
Die Föderalisierung der demokratischen ČSFR führte zu Bezeichnungsnotwendigkeiten im deutschen Sprachraum: Der slowakische Teil wurde als Slowakei, der tschechische Teil[19] *als Tschechei bezeichnet.*

C. Zusammenfassung
Für das tschechische Sprachgebiet ist historisch im deutschen Sprachgebrauch vorrangig die Bezeichnung »Tschechei« *zu belegen. Hitler hat diese Bezeichnung öffentlich nicht gebraucht.*
Der ab 1992 medienoffiziell im deutschen Sprachgebiet benützte Begriff »Tschechien« *hat historisch nur eine andere, nämlich imperiale Bedeutung. Ob die tschechische Favorisierung dieses Begriffes damit zusammenhängt, ist unbekannt.*

Anmerkungen:
[1] a) Zu Bestrebungen vor 1918, den tschechischen Ausdruck »česky« in deutscher Sprache nicht mit »tschechisch«, sondern mit »böhmisch« wiedergeben zu lassen: Siehe S. 181.

b) Zur erfolgten Festlegung der ČSR, ihre nach 1918 tschechischsprachige Staatsbezeichnung »Československa republika« in deutscher Sprache nicht mit »Tschechoslowakische R.«, sondern mit »Čechoslovakische R.« wiedergeben zu lassen: Siehe S. 286.
c) Zum Erfolg bei der ähnlichen Bestrebung, den Staatsnamen in deutscher Sprache »Bundesrepublik Deutschland« 1973 (in Rückübersetzung aus der tschechischen Fassung) mit »Bundesrepublik Deutschlands« wiederzugeben: Siehe S. 812.

[2] Zur aus dem Umfeld Václav Havels stammenden Fehlverwendung von »Vaterland« statt »Heimat« im Jahre 1997: Siehe S. 1089.

[3] Vgl. Acker, Michael: »›Tschechei‹ gab es schon vor Hitler – Begriff wurde aus Nachschlagewerken getilgt – ›Tschechien‹ als Ersatz« in »Münchner Merkur« ⟨*TZ.*⟩; Nr. 91 v. 21. 4. 1993.

[4] Drei Jahre später bestätigte der ČR-Ministerpräsident Klaus: »Die Bezeichnung Tschechei erweckt bei den Tschechen böse Erinnerungen, weil Hitler das Land nach dem ›Anschluß‹ des Sudetenlandes an das Deutsche Reich 1938 ›Rest-Tschechei‹ genannt hatte.«
Deswegen erhebe er »Einspruch« gegen die Bezeichnung Tschechei. »Gegen . . . das im Deutschen neu eingeführte Tschechien protestiere er nicht.«
Vgl. »Die Brücke«; Nr. 2 v. 15. 2. 1996; S. 2.

[5] Siehe dazu S. 223.

[6] Vgl. Alexander, Manfred (Hsg.): »Deutsche Gesandtschaftsberichte aus Prag; Teil I«; München, 1983; S. 579.

[7] Lemberg, Hans: »Haben wir wieder eine ›Tschechei‹? Oder: Wie soll das Kind denn heißen?« in »Bohemia-Jahrbuch«, Bd. 34; München, 1993; S. 106–114, hier S. 112, Anm. 33.
Die dort enthaltenen Angaben eines Dritten zu den Handelskammern Zittau und Solingen erwiesen sich als unzutreffend:
Zittau verwendete statt des behaupteten »Tschechiens« den Begriff »Tschecho-Slowakei« und im Inhaltsverzeichnis (S. 6) »Tschechei«; Solingen durchgehend »Tschechoslowakei«.
Diesen sowie andere wertvolle Hinweise verdanke ich dem Wissensträger J. K., 04109 Leipzig.

[8] Vgl. »Meyers Lexikon«, Bd. VII; Leipzig, 1930; S. 114. Hervorhebung im Original.

[9] Das »Brockhaus«-Lexikon führte ab 1923 das Stichwort »Tschechei«, das auch in Lene Voigt: »Sächsische Loreley«, Dresden, 1925, verwendet wurde.

[10] Vgl. »Der Neue Brockhaus – Allbuch in vier Bänden und einem Atlas«, 4. Band; Leipzig, Copyright 1938; S. 480–482.

[11] Wissensträger J. K. wertete nach eigenen Angaben aus:
a) ADAP: D/II, IV.
b) Blasius, Rainer A.: Für Großdeutschland – Gegen den großen Krieg. Ernst v. Weizsäcker in den Krisen um die Tschechoslowakei und Polen«; Köln, 1981.
c) Domarus, Max: »Hitler. Reden und Proklamationen«, Bd. I; Würzburg, 1962.

[12] Vgl. Hill, Leonidas L. (Hsg.): »Die Weizsäcker-Papiere«, 2 Teile; Berlin, 1974, 1982.

[13] a) Am 1. 7. 1938 des britischen Botschafters Henderson in ADAP: D/II; S. 357.
b) Am 26. 7. 1938 des belgischen Botschafters Davignon in ADAP: D/II; S. 411.
c) Am 25. 8. 1938 des ungarischen Außenministers Kanya in ADAP: D/II; S. 497.

[14] Der am 28. 5. 1938 von der »Tschechoslowakei« sprach (vgl. Blasius: a. a. O.; S. 40) und von Weizsäcker am 31. 5. 1938 mit »Tschechei« wiedergegeben wurde (vgl. Hill: a. a. O.; T. 2; S. 129.

[15] Im Briefwechsel Hitler–Chamberlain am 26. 9. 1938 in Bad Godesberg waren folgende Bezeichnungsfrequenzen für jeweils die Gesamt-ČSR feststellbar:

	tschechoslowakisch	tschechisch
Chamberlain	4	7
Hitler	2	2

Vgl. ADAP: D/II, Nr. 572–574; S. 708 ff.

[16] Vgl. z. B. zum 20. 5. 1942 bei Picker, Henry: »Hitlers Tischgespräche«; Stuttgart, 1983; S. 321: Hitler sprach von »Tschechoslowakei«, der Herausgeber im Kolumnentitel von »Tschechei«.
Auch zum 28. 4. 1939 bei Domarus: a. a. O., Bd. 3; S. 1157: Hitler sprach vom »letzten Restgebiet der ehemaligen Tschecho-Slowakei«, der Herausgeber resümierte im Folgesatz mit »Resttschechei«.

[17] a) Am 8. 6. 1938; zum Text: Vgl. Hill, a. a. O.; T. 2; S. 131.
b) Am 19. 9. 1938; zum Text: Vgl. ADAP: D/ II, Nr. 536; S. 672–675, hier S. 674.
c) Am 20. 9. 1938; zum Text: Vgl. ADAP: D/ II, Nr. 547; S. 683.
d) Am 24. 9. 1938; zum Text: Vgl. ADAP: D/ II, Nr. 587; S. 731–733, hier S. 732 f.

[18] Zum Text: Vgl. Domarus, Bd. II; S. 960.

[19] Vgl. textlich z. B. »Brockhaus-Enzyklopädie«, Bd. 23; Mannheim, 1993.
Auch karthographisch; z. B. »Heimat und Welt« ⟨*Weltatlas der Fa. Westermann*⟩; Braunschweig, 1992.
In tschechischer Sprache dürfte dieser tschechische Teil, entsprechend »Slovensko« für den slowakischen Teil, die Kurzbezeichnung »Česko« erhalten.

****

Äußerungen des ČSFR-Präsidenten Havel in Wien[1]**:** **1993, 15. März**
Aussiedlungen gutzuheißen bedeutet, ethnische Säuberungen in Bosnien zu unterstützen

... Wir bauen einen neuen und demokratischen Rechtsstaat auf. Wir bauen eine Bürgergesellschaft. Dieser Staat darf nicht auf Irrlehren, Lügen oder Vorurteilen aufgebaut werden, denn das fiele tragisch auf uns zurück. Es geht mir um die Hygiene unseres Selbstverständnisses. Dazu gehört die Fähigkeit, auch der eigenen Vergangenheit ins Gesicht zu blicken. Der gewaltsame Abschub (odsun) von Millionen Menschen, begründet auf einem rein nationalen Prinzip, also auf dem Prinzip der Kollektivschuld, ist moralisch fehlerhaft[2]. So etwas gutzuheißen bedeutet indirekt, auch die gewaltsamen Aussiedlungen von Juden, Tataren, Litauern und anderer Nationen aus ihren Heimatländern zu billigen. Das bedeutet auch, die ethnischen Säuberungen in Bosnien gutzuheißen. Eine Bürgergesellschaft kann man nicht auf der Billigung solch gefährlicher nationaler Akte aufbauen. So, wie das nationale Selbstverständnis nicht auf gefälschten Manuskripten[2] basieren kann, kann es auch auf keinem anderen nationalen Vorurteil begründet werden. Es ist notwendig, sich noch viel mehr unangenehme Sachen sagen zu können. Zum Beispiel, daß wir in der ersten Republik nicht imstande waren, die Frage der Minderheiten zufriedenstellend zu lösen. Daß man auch die Slowakei nicht immer gut behandelte und daß unsere Widerstandskämpfer weder während des Krieges noch während des Kommunismus mit einer allzu großen Unterstützung der Öffentlichkeit rechnen konnten. Die Leute gingen ihnen eher aus dem Weg, ein großer Teil der Öffentlichkeit wählte die Kommunisten. Wir haben zugelassen, daß das Leiden der Juden[3] verheimlicht werden konnte, daß auch während des Krieges nicht viele Tschechen sie unterstützten und daß nach dem Münchner Diktat viele Tschechen und tschechische Organisationen dem schändlichsten Antisemitismus verfielen. Wir sind nicht schlimmer als andere, aber wir sind auch nicht besser. Auf diese unpopulären Dinge hinzuweisen, gehört meines Erachtens zu den Pflichten des Präsidenten.

Anmerkungen:

[1] Der Anlaß war ein offizieller Besuch.

[2] Aus dieser Feststellung wollte Havel jedoch keine praktischen Konsequenzen ziehen:

a) Die ČSR war aus Wien bereits 1991 (siehe S. 926) und 1992 (siehe S. 950) auf die offene Vermögensentschädigung für die Sudetendeutschen hingewiesen worden.

b) Nunmehr sprach ihn der österreichische Bundespräsident Klestil in seiner Tischrede im Zusammenhang mit den »furchtbaren Ereignissen im früheren Jugoslawien« neuerlich an:
»Eine offene und ehrliche Diskussion wird auch ganz wesentlich zur Bewältigung des Erbes der Vergangenheit beitragen. Dazu zählt sicher auch die Vertriebenenfrage. Nur wenn wir alle vor unserer Geschichte in Wahrheit leben, können wir die Fehler der Vergangenheit vermeiden und eine bessere gemeinsame Zukunft aufbauen.«
Wiedergabe nach Redemanuskript Klestils; 3 ms. S., hier S. 2; Fotokopie im Besitz des Verfassers.

c) Daraufhin wurde Havel aus Wien dahingehend zitiert, es sei heute nicht mehr möglich, dieses von einer demokratischen Regierung vor dem Beginn der kommunistischen Ära begangene Unrecht wiedergutzumachen.
Vgl. »Lidové noviny« (Volkszeitung), Prag; Jg. 6, Nr. 62 v. 16. 3. 1993; S. 1.
Havel wiederholte gegenüber Bundeskanzler Kohl am 28. 4. 1993 in Bonn, daß die tschechische Regierung im Zusammenhang mit der Frage der Entschädigung der Sudetendeutschen nicht hinter den Stichtag des 25. Februar 1948 zurückgehen könnte.
Vgl. »Lidové noviny« (Volkszeitung), Prag; Jg. 6, Nr. 93 v. 29. 4. 1993; S. 1.

d) In einem Brief des Büros des österreichischen Bundeskanzlers Vranitzky vom 30. 7. 1993 wurde daher einerseits »die Frage der Wiedergutmachung an die zu österreichischen Staatsbürgern gewordenen Heimatvertriebenen durch ihre früheren Heimatländer, darunter auch durch Tschechien«, zum »besonderen Anliegen der österreichischen Bundesregierung« erklärt.
Dann hieß es: »Der Herr Bundeskanzler hat daher schon sehr bald nach der grundlegenden politischen Änderung gegenüber dem damaligen tschechoslowakischen Ministerpräsidenten Čalfa das Problem zur Sprache gebracht und in der Folge immer wieder, zuletzt gegenüber Staatspräsident

Havel und Premierminister Klaus bei deren jüngsten Österreich-Besuchen, auf die Notwendigkeit einer zukunftsorientierten europäischen Lösung hingewiesen.
Die Reaktionen waren, wie Sie den Medien sicher entnommen haben, so, daß leider ⟨*keine*⟩ unmittelbaren Maßnahmen zugunsten der Heimatvertriebenen erwartet werden können, da deutlich wurde, daß das Thema der Vertreibung der Sudetendeutschen in der tschechischen Republik ein ganz heikles innenpolitisches Thema darstellt, das durch Jahrzehnte hindurch völlig tabuisiert war . . .«
Vgl.: »Rundbrief« ⟨*MHZ. d. SDJ-Österreich*⟩, Nr. 184; Wien, Oktober 1993; S. 1 f.

e) Zum Volumen der Ansprüche nach Österreich vertriebener Sudetendeutscher und ihrer Erben war 1992 eine umfangreiche offiziöse Erfassung für alle Vertreiberstaaten eingeleitet worden.
Die dabei erhobene Stichprobe von ca. 10 % der Anspruchsberechtigten hatte rd. 1.800 Immobilien in der ČR ergeben, für die vorrangig Nationalrestitution gefordert wurde.
Das Ergebnis wurde am 21. 9. 1994 in Form einer Dokumentation dem österreichischen Außenminister Mock als Basis künftiger Entschädigungsverhandlungen übergeben.
Vgl.: »Neues Volksblatt«, ⟨*TZ.*⟩; Linz; Jg. 120, Nr. 219 v. 21. 9. 1994; S. 5.

f) Österreichisches Drängen auf sowohl Besprechung sd. Eigentumsfragen wie Abhaltung offizieller t.-sd. Gespräche war auch bei einem Besuch des österr. Bundeskanzlers Vranitzky am 11. 5. 1995 festzustellen.
Vgl. »Der Standard« sowie »Kurier«, ⟨*TZ.en*⟩, Wien; Nr. 1958 bzw. 129 v. 11. 5. 1995; S. 2 bzw. 4.

g) Zu weiteren österreichischen Bemühungen in dieser Frage: Siehe S. 1007.

[3] a) Zwischen dem Staate Israel und dem Jüdischen Weltkongreß in New York war am 8. 2. 1993 vereinbart worden, gemeinsam auch von der ČR die Rückgabe jüdischer Besitztümer und Vermögen zu fordern, die zunächst vom NS-Regime und sodann von der ČSR-Regierung beschlagnahmt worden waren.
Vgl. SZ; Nr. 22 v. 10. 2. 1993; S. 8.

b) Dabei handelte es sich allein in Prag um rd. 50 und in Südmähren um weitere etwa 300 Objekte.

c) Während ČR-Ministerpräsident Klaus dies zunächst scharf ablehnte (vgl. »Frankfurter Rundschau« vom 12. 2. 1993) sprach sich Präsident Havel in einer Rundfunkrede für die Rückgabe aus: Formell sei dies bereits vor 1948 erfolgt, doch hätte die KPČ das Eigentum nach ihrer Machtübernahme neuerlich konfisziert.
Vgl. SZ; Nr. 213 v. 15. 9. 1993; S. 9.

Wiedergabe nach:
ČR-Rundfunk, Prag: Sendung »Radiožurnal« am 29. 3. 1993 in »Die Brücke«; Nr. 4 v. 15. 4. 1993; auch PZ; Nr. 14 v. 8. 4. 1993; S. 1, 3.

****

Statut **1993, 23. April**[1]
der »Landesversammlung der Deutschen in Böhmen, Mähren und Schlesien:
Aufgaben und Organisation

I. Vorwort

1) Die Landesversammlung der Deutschen in Böhmen, Mähren und Schlesien . . . ist das demokratisch gewählte Gremium der Deutschen in Böhmen, Mähren und Schlesien.
. . .
2) Der Sitz der Landesversammlung ist Prag . . .

II. Aufgaben und Ziele der Landesversammlung

1) Das grundlegende Ziel der Landesversammlung ist die erfolgreiche Selbstverwirklichung der deutschen Volksgruppe. Zur Erreichung dieses Ziels wird sich die Landesversammlung insbesondere einsetzen für:
   a) die kulturelle Befriedigung der Bedürfnisse der deutschen Minderheit durch die Verbreitung ihrer kulturellen Werte aller Zeiten, besonders der deutsch schreibenden Autoren aus den böhmischen Ländern und die Mitwirkung bei der Herausgabe ihrer Werke,

b) die Mitwirkung bei der Herausgabe von Zeitungen, Zeitschriften und Bulletins in deutsch und die Herausgabe von Publikationen, die die Traditionen der deutschen Minderheit in unseren Ländern beschreiben und abbilden,
c) eine aktive Tätigkeit bei der Pflege deutscher Kultur und Sprache, aber auch der internationalen Kultur, besonders aus Gebieten deutsch sprechender Länder,
d) die Unterstützung und Zusammenarbeit mit Kulturinstitutionen anderer, besonders deutsch sprechender Länder, die Unterstützung des Kulturaustauschs zwischen einzelnen Personen, Organisationen und Vereinigungen auf der Grundlage internationaler Verträge, Abkommen und privater Initiativen,
e) die Unterstützung bei der Errichtung und beim Betrieb von Begegnungszentren in der Tschechischen Republik. Deren Tätigkeit bindet sie in die eigene kulturelle Tätigkeit ein,
f) die Gründung von Interessenzirkeln für regionale Kultur,
g) die Zusammenarbeit mit Behörden und staatlichen Institutionen auf dem Gebiet der Erziehung und Ausbildung und die aktive Hilfe bei der Gründung bilingualer tschechisch-deutscher Schulen mit Anschluß einer weiteren Bildung in schulischen Einrichtungen in Deutschland,
h) die Aufnahme der Landesversammlung in internationale Volksgruppen-Organisationen (z. B. FUEV[2]) und aktive Arbeit mit ihnen,
i) die Sorge um die Identität der Volksgruppe auf der Grundlage der Anerkennung voller Gleichberechtigung mit dem Mehrheitsvolk,
j) die gezielte Unterstützung der Angehörigen der nationalen Minderheit auf den Gebieten:
   1. Unternehmertum
   2. Bildung
   3. soziale Angelegenheiten.

   Dabei übernimmt sie jedoch auf diesen Gebieten keinesfalls anstelle des Staates die Verantwortung.

   Zur Erfüllung dieser Ziele kann die Landesversammlung Stiftungen oder weitere dafür erforderliche Institutionen gründen.

2) Bei der Durchsetzung ihrer Ziele hält sie die Verfassung der ČR ein[3], orientiert sich nach internationalen Rechtsnormen über Menschenrechte und -freiheiten sowie auch über die Rechte der nationalen Minderheiten. Ihre Tätigkeit stützt sie auf den Vertrag über gute Nachbarschaft, den 1992 die damalige ČSFR und die BRD abschlossen[4]. Sie lehnt grundsätzlich die Entfachung von Haß nationalen und anderen Charakters ⟨*sowie*⟩ Unverträglichkeit ab.
3) Sie setzt eine wirksame Zusammenarbeit sowohl mit tschechischen Mitbürgern, Mitbürgern der anderen Nationalitäten, die auf dem Territorium der ČR leben, als auch mit Vereinigungen von Landsleuten, vor allem in der Bundesrepublik Deutschland und Österreich, durch.

III. Organisatorischer Aufbau der Landesversammlung

1) Die Landesversammlung setzt sich aus 51 Vertretern der deutschen Volksgruppe, die in Böhmen, Mähren und Schlesien lebt, zusammen. Die Anzahl der Mitglieder ist durch das Verhältnis 1 Delegierter auf 1.000 Angehörige der deutschen Volksgruppe entsprechend den statistischen Ergebnissen der Volkszählung (die letzte des Jahres 1991) festgelegt.
2) Die Landesversammlung ist ein eingetragener Verein gemäß ⟨*ČR-*⟩Gesetz 83/90 Gbl.
3) Mitglied der Landesversammlung können ausschließlich Bürger der ČR, Vertreter der deutschen Minderheit, werden. Die Mitgliedschaft entsteht aufgrund der in den einzelnen registrierten Verbänden durchgeführten Wahl, die im Sinne des Statuts dieser Verbände gültig sein muß. Über die durchgeführte Wahl der Vertreter in die Landesversammlung informiert der Verband die Landesversammlung . . .

4) Der Funktionszeitraum der Landesversammlung ist drei Jahre ...
5) Die Vertreter sind durch die registrierten Verbände (Vereine) delegiert. Die Anzahl der Vertreter der einzelnen Gebiete ist gegeben durch die Verhältnisvertretung der deutschen Volksgruppe gemäß Punkt 1 dieses Teils des Statuts. Die Anzahl der Vertreter der einzelnen registrierten Verbände (Vereine) wird aufgrund einer Empfehlung einer Arbeitsgruppe durch das Präsidium so bestimmt, daß sie den einzelnen Verbänden spätestens 6 Monate vor Beendigung der Wahlperiode mitgeteilt werden kann.

...

IV. Organe der Landesversammlung

1) Die Organe der Landesversammlung sind die Tagung der Landesversammlung ..., das Präsidium und der Präsident.
2) Die Tagung ist das höchste Organ der Landesversammlung ..., die der Präsident einberuft. Die Tagung nimmt grundsätzliche Entscheidungen zur Tätigkeit der deutschen Volksgruppe auf dem Territorium von Böhmen, Mähren und Schlesien an und billigt den Tätigkeitsplan der Landesversammlung als ihr grundlegendes Dokument für den gesamten Funktionszeitraum. Aus ihrer Mitte wählt sie durch geheime Abstimmung für den gesamten Funktionszeitraum das Präsidium und aus den gewählten Mitgliedern des Präsidiums den Präsidenten.
Sie billigt den Tätigkeitsplan der Landesversammlung und seiner Organe und wertet ihn aus.

...

3) Das Präsidium sichert die Tätigkeit der Landesversammlung im Zeitraum zwischen den einzelnen Tagungen. Das Präsidium hat 11 Mitglieder. Aus seiner Mitte wählt es zwei Vizepräsidenten, weiterhin ernennt es den Schriftführer und den Rechnungsführer, die keine gewählten Mitglieder des Präsidiums sein müssen. Für seine Tätigkeit nimmt es eine Geschäftsordnung an. Tagungen des Präsidiums beruft der Präsident mindestens viermal jährlich ein.

...

4) Der Präsident ist der offizielle Repräsentant und Sprecher der Landesversammlung. Er tritt im Namen der ganzen deutschen Volksgruppe in der Tschechischen Republik auf und handelt im Namen der Landesversammlung und des Präsidiums. Er wacht darüber, daß die Landesversammlung zu ihrer ordentlichen Sitzung im ersten, spätestens jedoch im zweiten Vierteljahr des laufenden Jahres einberufen wird. Wenn mindestens 7 Mitglieder die Einberufung einer Tagung der Landesversammlung fordern, beruft er die Landesversammlung zu einer außerordentlichen Tagung ein. In seiner Abwesenheit kann einer der Vizepräsidenten oder ein beauftragtes Mitglied des Präsidiums handeln.

...

Anmerkungen:

[1] Nach einer Fassung vom 7. 11. 1992, zu der das ČR-Innenministerium Abänderungen forderte, wurde durch die LV ein neuer Text vorgelegt, der am 19. 1. 1993 gebilligt und am 23. 4. 1993 von der LV angenommen wurde.

[2] Gemeint ist die »Föderalistische Union Europäischer Volksgruppen«; die LV war 1992 assoziiertes Mitglied geworden und beantragte 1996 die Vollmitgliedschaft.

[3] Vom 16. 12. 1992; zum Text: Siehe S. 953.

[4] Vom 27. 2. 1992; zum Text: Siehe S. 929.

Quelle:

Von der LV mit Datum 14. 1. 1998 herausgegebene Fassung in 5 unpaginierten ms. S.; Exemplar im Besitz des Verfassers.

****

Rede[1] **1993, 29. Mai**
des Bundesfinanzministers Theo Waigel (CSU):
Volksgruppencharta, Heimatrecht[2]

...

1919 ist vieles getrennt worden, was besser nicht getrennt worden wäre. Und vieles ist gegen den Willen der Betroffenen zusammengefügt worden, was mit Blick auf die Geschichte nie Beständigkeit verhieß. 1945 hat man Staatsgrenzen und Völker neuerlich verschoben und die Vertreibung als Mittel der Politik gebilligt. Man hat zugelassen, daß die Hälfte unseres Kontinents unter eine totalitäre Herrschaft gelangte. Versäumnisse und Fehlentscheidungen von gestern erweisen sich als Probleme von heute.

Diese Probleme gilt es zu lösen. Und es gilt auch, die Frage der europäischen Vertriebenen in dieses Problem miteinzubeziehen. Nur in einer befriedigenden Lösung der Nationalitätenfrage, wie es Franz Neubauer vor wenigen Wochen bei einem CSU-Kongreß formulierte, kann in Europa ein dauerhafter Frieden geschaffen und der Grundstein für ein wirklich geeintes Europa gelegt werden. Eine friedliche Lösung der vorhandenen und aufbrechenden Nationalitätenkonflikte ist aber nur möglich, wenn es gelingt, den Sprengsatz diskriminierter Volksgruppen und Minderheiten zu entschärfen. Es ist daher erforderlich, eine Volksgruppencharta für Europa zu verabschieden, die folgende Punkte zum Inhalt haben muß:

- Alle gewachsenen nationalen und ethnischen Gruppen und Minderheiten haben Anspruch auf Anerkennung nach innen und außen. Die Respektierung der Volksgruppen- und Minderheitenrechte sowie die Gewährleistung der ungehinderten Entfaltung ihrer kulturellen Identität müssen Bestandteil dieser Charta sein.
- Veränderungen in der Zusammensetzung der Bevölkerung eines Gebietes dürfen nicht ohne Zustimmung der Betroffenen vorgenommen werden, vor allem dann nicht, wenn im Zielgebiet andere Volksgruppen zu Hause sind.
- Vertreibungen, Zwangsassimilierungen oder die Vernichtung von Volksgruppen müssen in einer europäischen Volksgruppencharta geächtet werden.
- Das Recht auf Selbstbestimmung darf nicht dazu führen, das Recht auf Heimat[1] außer Kraft zu setzen. Das Recht auf die angestammte Heimat zählt zu den vitalsten Rechten der Menschen und hat erst sekundär mit politischer Grenzziehung zu tun.

...

Anmerkungen:

[1] Anläßlich des 44. Sudetendeutschen Tages in Nürnberg.

[2] Nachdem sich auch der bayrische Ministerpräsident Edmund Stoiber auf der Hauptkundgebung zum Heimatrecht der Sudetendeutschen bekannte, wurde in der Presse berichtet, daß sich ČR-Ministerpräsident Klaus durch diese Reden »verletzt« fühlte. Der ČR-Außenminister Josef Zieleniec verlangte von seinem deutschen Amtskollegen Klaus Kinkel »Aufklärung über den von einigen deutschen Politikern verwendeten Begriff ›Heimatrecht‹«.
Vgl. SZ; Nr. 136 v. 17. 6. 1993; S. 8; auch FAZ; Nr. 147 v. 29. 6. 1993; S. 3.

Quelle:
Mitt.Bl. SL; Nr. 6/93; S. 128 f.

****

Festlegung des **1993, 19. Juni**
Sudetendeutschen Rates:
Arbeitsgruppen zur Vorbereitung[1] *des deutsch-tschechischen*[2] *Dialogs*

In einem Seminar am 19. 6. 1993 einigte sich das Plenum des Sudetendeutschen Rates darauf, daß möglichst bald Arbeitsgruppen zur Vorbereitung des sudetendeutsch-tschechischen Dialogs eingesetzt werden sollten. Zu den Themen Heimatrecht, Doppelstaatsbür-

gerschaft und vermögensrechtliche Fragen sollen auch außerhalb der Volksgruppe stehende Fachleute hinzugezogen werden.
Aus der Sicht des Sudetendeutschen Rates sollte der sudetendeutsch-tschechische Dialog über folgende Punkte geführt werden:
- Einstellung der Versteigerungen,
- Aufhebung der Benesch-Dekrete,
- Ablehnung einseitiger Entschädigungen,
- Anerkennung, daß Heimatrecht auch Rückkehrrecht beinhaltet,
- Möglichkeiten und Folgen einer Doppelstaatsbürgerschaft für Sudetendeutsche,
- Unterstützung der deutschen Volksgruppe in der Tschechischen Republik, z. B. durch Aufnahme der Minderheitenrechte in die Verfassung und Regelung der Vermögensfragen für die Volksgruppe,
- Einbeziehung der Sudetendeutschen in die Euroregionen,
- Einladung der Patenschaftsbürgermeister im Rahmen der »Volksdiplomatie«.

Die Teilnehmer des Seminars haben sich nach gründlicher Aussprache auch dahingehend verständigt, daß die am 15. Januar 1961 vom damaligen Rats-Plenum verabschiedeten und am 7. Mai 1961 von der Bundesversammlung der Sudetendeutschen Landsmannschaft angenommenen »20 Punkte«[3] auch weiterhin als Grundlage der heimatpolitischen Arbeit fortgelten sollten.

Anmerkungen:

[1] Nach Gesprächen z. B. mit der ČSL (siehe S. 908) hatte Anfang April 1993 auch ein Gespräch zwischen »Vertretern sudetendeutscher und tschechischer Organisationen und Institutionen auf Nichtregierungsebene« stattgefunden.
Die Teilnehmer, darunter Funktionsträger der Sudetendeutschen Landsmannschaft und der Vorsitzende des »Tschechischen Verbandes der Kämpfer für Freiheit«, Jakub Čermin, »begrüßten die jüngsten Ausführungen von Premier Václav Klaus über die Notwendigkeit der direkten gegenseitigen Erläuterung der Standpunkte und Meinungen und den entschiedenen Standpunkt des Präsidenten Václav Havel zu dieser Problematik.
Notwendigkeit und Nützlichkeit des gegenseitigen Dialogs zwischen Tschechen und Sudetendeutschen betonte einleitend auch der Vizepräsident des Tschechischen Parlaments Pavel Tollner ... Abgelehnt wurden alle Erscheinungen politischen Extremismus auf beiden Seiten.
Abschließend einigten sich die Teilnehmer darauf, ähnliche tschechisch-sudetendeutsche Treffen auf Nichtregierungsebene fortzusetzen und zu erweitern.«
Vgl. PZ; Nr. 14 v. 8. 4. 1993; S. 1.

[2] Zur tschechischen Seite wurde bekannt:
a) Bereits Ende Mai hatten sich die Vorsitzenden der vier ČR-Parteien, die gegenwärtig die Regierung bilden, auf die Einsetzung einer Kommission geeinigt, welche mit sudetendeutschen Organisationen Gespräche über offene bzw. ungeklärte Fragen des tschechisch-sudetendeutschen Verhältnisses führen soll. ČR-Ministerpräsident Klaus hatte dabei betont, daß für die tschechische Regierung Verhandlungspartner nicht eine Vertretung der Sudetendeutschen, sondern die Regierung der BR Deutschland sei.
Vgl. »Lidové noviny« (Volkszeitung), Prag; Jg. 6, Nr. 125 v. 1. 6. 1993; S. 1.
b) Am 27. 6. 1993 sagte Klaus, die »Äußerungen deutscher Politiker auf dem 44. Sudetendeutschen Tag in Nürnberg« (siehe S. 964) hätten ihn dazu veranlaßt, »die vorgesehenen Kontakte zwischen einer Arbeitsgruppe der Prager Koalitionsparteien mit Vertretern der nach dem Zweiten Weltkrieg aus der Tschechoslowakei vertriebenen Sudetendeutschen ... erst einmal nicht zu gestatten.«
Vgl. FAZ; Nr. 147 v. 29. 6. 1993; S. 3.

[3] Zum Text: Siehe S. 767.

Quelle:
Mitt.Bl. SL; Nr. 8 und 9/93; S. 192.

****

ČR-Gesetz Nr. 198 **1993, 9. Juli**
»über die Rechtswidrigkeit des kommunistischen Regimes[1]
sowie zum Widerstand dagegen«
Wegen aufgeführter Tatbestände war das Regime »verbrecherisch und illegitim«[2]

...
Das Parlament
stellt fest, daß die kommunistische Partei der Tschechoslowakei[3], ihre Führung und Mitglieder für die Regierungsführung in unseren Ländern in den Jahren 1948–1989 verantwortlich waren, und dabei insbesondere für die überlegte Zerstörung der traditionellen Werte der europäischen Zivilisation, für die bewußte Verletzung der Menschenrechte und -freiheiten ...
und erklärt, daß es in seiner weiteren Tätigkeit von diesem Gesetz ausgehen wird.[3]

§ 1

§ 1 (1) Das kommunistische Regime und diejenigen, die es aktiv unterstützten
a) haben den Bürgern jegliche Möglichkeit des freien Ausdrucks politischen Wollens aberkannt ... und das durch Verfolgung oder Drohung mit Verfolgung gegen diese *(d. h. die Bürger)* selbst, ihre Familien und die ihnen Nahestehenden,
b) haben systematisch und andauernd die Menschenrechte verletzt ...,
c) verletzten die Grundlagen des demokratischen Rechtsstaates, internationale Verträge sowie ihre eigenen Gesetze ...,
d) nutzten zur Verfolgung der Bürger alle Mittel der Macht und dabei insbesondere
  – richteten sie hin, ermordeten sie und kerkerten sie in Gefängnisse und Zwangsarbeitslagern ein, wobei sie während Untersuchungs- und Inhaftierungszeit brutale Methoden einschließlich körperlicher und psychologischer Folter anwendeten und unmenschliche Strapazen verhängten,
  – beraubten sie mutwillig ihres Eigentums und verletzten ihre Besitzrechte,
  ...
  – entzogen ihnen die freie Ausreise ins Ausland und die freie Rückkehr,
  ...

§ 2 (1) Vor allem wegen der Tatsachen, die in § 1, Abs. 1 dieses Gesetzes aufgeführt sind, war das auf der kommunisten Ideologie aufgebaute System, welches vom 25. Februar 1948 bis zum 17. November 1989 die Staatsführung und das Schicksal der Bürger in der Tschechoslowakei bestimmte, verbrecherisch und illegitim und ist verabscheuungswürdig.[2]
...
§ 3 Der Widerstand gegen dieses Regime ... auf dem Gebiet des Staates und im Ausland und das auch in Verbindung mit fremden, demokratischen Mächten, war legitim, gerecht und moralisch berechtigt und verdient Hochachtung.
§ 4 Jeder, der vom kommunistischen Regime rechtswidrig geschädigt und verfolgt wurde und sich an den in § 1, Abs. 1 dieses Gesetzes aufgeführten Tatbeständen nicht beteiligte, verdient Anteilnahme und Genugtuung.
§ 5 In die Verjährungsfrist strafbarer Handlungen wird die Zeit vom 25. Februar 1948 bis 29. Dezember 1989 nicht einbezogen, wenn es aus politischen und mit den Grundlagen des demokratischen Rechtsstaates unvereinbaren Gründen zu keiner rechtskräftigen Verurteilung oder Anklagebefreiung kam.
...
⟨[3]⟩

Anmerkungen:
[1] Im Jahre 1990 war mehrfach von ČSFR-Parteien, Massenversammlungen und der Prager Staatsanwaltschaft gefordert worden, die KPČ zu verbieten und als »faschistische Organisation« aufzulösen. Vgl. SZ; Nr. 90 v. 19. 4. 1990; S. 2; auch FAZ; Nr. 111 v. 14. 5. 1990; S. 3; sowie v. 19. 5. 1990; S. 5.

[2] Bei Unterstellung, daß In- und Ausländer grundsätzlich identische Menschenrechte haben, war damit auch das ČSR-Regime 1945–1948 wegen seines Verhaltens v. a. gegen Deutsche und Ungarn »verbrecherisch, illegitim und verabscheuungswürdig«.
[3] Zum weiteren Ablauf:
Im Jahre 1995 wurden Hochverratsprozesse u. a. gegen Miloš Jakeš geplant, aber nicht begonnen.
Im Sommer 1998 erzielte die KP der ČR rd. 11% der Wählerstimmen.
Vgl. PZ; Nr. 9 v. 25. 2. 1999.

Quelle:
ČR-Slg. 1993; 51. Stück v. 30. 7. 1993; S. 1010–1011.

****

Rede[1] **1993, 4. September**
von Bundesaußenminister Klaus Kinkel (FDP):
Zeit für konkrete Vermögensverhandlungen auch mit ČR noch nicht gekommen

. . .

In einem begleitenden Briefwechsel zu den Nachbarschafts- bzw. Partnerschaftsverträgen mit Polen, Ungarn und der früheren Tschechoslowakei[2] hält die Bundesregierung ausdrücklich fest, daß die eigentumsrechtlichen Fragen von diesen Verträgen nicht berührt werden. Die Bundesregierung hat das Unrecht der Vertreibung und die entschädigungslose Enteignung deutscher Vermögenswerte nach dem Krieg niemals anerkannt. Diese Auffassung ist den genannten Regierungen bekannt und mehrfach in Erinnerung gerufen worden. Die Zeit, konkrete Verhandlungen über Rückgabe oder Entschädigung enteigneter Vermögenswerte aufzunehmen, ist noch nicht gekommen. Die großen Erschütterungen und Veränderungen der letzten Zeit müssen zur Ruhe kommen. Sie können sicher sein, daß die Bundesregierung Ihre Interessen immer im Auge behält und nach bestem Wissen und Gewissen zu verwirklichen sucht.

. . .

Anmerkungen:
[1] Anläßlich des Tages der Heimat in Karlsruhe (Baden).
[2] vom 27. 2. 1992; zum Text: Siehe S. 933.

Quelle:
»Mitteilung für die Presse«; hsg. v. Auswärtigen Amt, Bonn; Nr. 1105/93 v. 4. 9. 1993; 11 ms. Seiten, hier S. 10.

****

(1.) Brief von **1993, 7. September**
Rudolf Müller (MdB-SPD) an
Bundesaußenminister Klaus Kinkel (FDP):
Hinweis auf Verhalten Ungarns zu Beneš-Dekreten, Frage nach deutschem Vorgehen

Sehr geehrter Herr Minister,
der Beschluß der Parlamentarischen Versammlung des Europarates vom Sommer dieses Jahres zu den sog. Benesch-Dekreten von 1945[1] zu dem es aufgrund einer Initiative Ungarns kam, veranlaßt mich zu der Frage, ob die Bundesrepublik Deutschland diese Initiative der Ungarn nachhaltig unterstützt hat, bzw. warum sie es nicht tat?
In der erwähnten Entschließung des Europarats heißt es, die Parlamentarische Versammlung ermutige die Autoritäten der Slowakischen Republik, ihre Anstrengungen fortzusetzen, mit denen sie begonnen haben, aus der slowakischen Gesetzgebung all diejenigen Gesetze oder Dekrete zu entfernen, die von früheren Regierungen verabschiedet wurden und Elemente beinhalten, die eine Gruppe von Personen oder eine ethnische nationale Gemeinschaft . . . diskriminieren«.

Diesen Beschluß setzte Ungarn anläßlich der Aufnahme der Slowakischen Republik in den Europarat zum Schutz der ungarischen Minderheit in der Slowakei durch. Ein gleiches Engagement hätte ich mir von deutscher Seite sowohl für die deutsche Minderheit in der Tschechischen Republik als auch für die in der Bundesrepublik lebenden Sudetendeutschen gewünscht.

Anfang dieses Jahres äußerte der tschechische Präsident Václav Havel (laut einer Meldung der Nachrichtenagentur AP), »die Vertreibung nach dem Krieg sei eine Ungerechtigkeit gewesen. Die heutige demokratische Regierung ... könne jedoch nicht die Schuld einer demokratischen Regierung vor der kommunistischen Machtergreifung im Februar 1948 ausgleichen. Die damalige demokratische Regierung habe zudem mit der Unterstützung der Großmächte gehandelt.«[2]

Ich muß gestehen, daß ich diese Argumentation nicht verstehe – so wenig wie ich die Logik des Restitutionsgesetzes von 1991[3] verstehe, das auch nur die Rückgabe von nach 1948 verstaatlichtem Privateigentum vorsieht, zugleich aber die Benesch-Dekrete[1] unangetastet läßt[4].

Diese im August 1945 von der Regierung Benesch erlassenen Beschlüsse und das von der tschechoslowakischen Nationalversammlung im März 1946 verabschiedete Gesetz[5] legalisierten die kurz nach Kriegsende Mitte Mai 1945 einsetzende Verfolgung und Massenaustreibung der Sudetendeutschen, die sog. »wilde Vertreibung« ... Der ›Säuberung‹ fielen 240.000 Menschen[6] zum Opfer, mehr als drei Millionen[6] wurden enteignet und vertrieben. Die Benesch-Dekrete[1] deckten diese Vorgänge und amnestierten die Täter.

Es geht mir zuallererst nicht um materielle Entschädigung – wer wie wofür entschädigt werden soll oder um die Frage der Priorität zwischen Rückgabe und Entschädigung. Die Frage, die sich mir vor allem stellt, lautet ganz einfach: Ist unter diesen Umständen eine vertrauensvolle Zusammenarbeit in supranationalen Institutionen und Zusammenschlüssen möglich?

In der Charta von Paris für ein neues Europa von 1990 heißt es u. a.:[7]

Ich denke daher, daß es nun an der Zeit ist, endlich einige Dinge klarzustellen und zu bereinigen.

Die Tschechische Republik sollte sich – insbesondere unter dem Gesichtspunkt der von allen gewünschten Integration Europas – an den Satz aus der Präambel der Charta von Paris erinnern: ›Europa befreit sich vom Erbe der Vergangenheit‹. Was zwischen Frankreich und Deutschland gelang, sollte auch zwischen der Tschechischen Republik und Deutschland möglich sein. Aber dazu bedarf es eben auch der Bereitschaft auf beiden Seiten, Unrecht als solches nicht nur einzugestehen (dies ist sicherlich schwer genug), sondern auch die sich aus dem Vertreibungsverbot ergebenden Konsequenzen zu ziehen.

Innerhalb der Europäischen Gemeinschaft gibt es keinen Staat, der im Bereich seines gültigen Rechts einen derartigen Verstoß gegen elementare Prinzipien des Völker- und Menschenrechts konserviert hat. Und es ist undenkbar, daß ein derartiger Verstoß sich auch noch explizit gegen ein anderes Mitglied der Gemeinschaft richten soll. Sollte die Regierung der Tschechischen Republik einen Aufnahmeantrag für die Europäische Gemeinschaft stellen, so muß sie zuvor, damit die EG – und damit auch die Bundesregierung – zustimmen kann, formell die Benesch-Dekrete[1] aufheben, die heute noch die deutsche Minderheit in der Tschechischen Republik und die Sudetendeutschen in der Bundesrepublik Deutschland diskriminieren.

Ich wäre Ihnen, sehr geehrter Herr Minister Kinkel, deshalb sehr verbunden, wenn Sie mir nicht nur die Haltung der deutschen Regierung anläßlich der ungarischen Initiative im Europarat erläutern, sondern darüber hinaus eine Antwort[8] auf meine grundsätzlichen Fragen geben könnten.

Anmerkungen:
1 Zum Gesamtkomplex der sog. Beneš-Dekrete: Siehe S. 576 ff.
2 Zu diesen oder ähnlichen Äußerungen: Siehe S. 960.
3 vom 25. 10. 1991; zum Text: Siehe S. 898.
4 Beachtenswert war, daß ziemlich nahe am Datum des Briefes, am 15. 10. 1993, das Parlament der ČR ohne größeres Aufheben den Kern eines (die Deutschen freilich kaum betreffenden) Beneš-Dekrets einfach kassierte: Das Dekret Nr. 50 v. 11. 8. 1945 »über Maßnahmen im Bereich des Filmes« wurde durch § 15 des ČR -Gesetzes Nr. 273 v. 15. 10. 1993 »über einige Bedingungen bei der Herstellung, Verbreitung und Archivierung audiovisueller Werke« aufgehoben.
Zum Text: Vgl. ČR-Slg 1993; Nr. 273 im 68. Teil v. 11. 11. 1993; S. 1388–1392.
5 Offensichtlich gemeint: ČSR-Gesetz Nr. 115 v. 8. 5. 1946; zum Text: Siehe S. 685.
6 Zu den Zahlen: Siehe S. 1196 f., 1210 ff.
7 Es folgte ein Zitat aus der Charta v. 21. 11. 1990; zum Text: Siehe S. 98.
8 a) Die Frage wurde nicht beantwortet.
b) Bundesaußenminister Kinkels Antwortschreiben vom 23. 9. 1993 lautete nämlich:
»Ich teile Ihre Einschätzung der Benesch-Dekrete – auch wenn wir uns bewußt bleiben sollten, daß diese Dekrete eine Vorgeschichte hatten. Die Bundesregierung hat das Unrecht der Vertreibung und die entschädigungslose Enteignung deutscher Vermögenswerte nach dem Krieg niemals anerkannt. In den mit Polen und der Tschechoslowakei geschlossenen Nachbarschaftsverträgen konnte diese Problematik nicht abschließend geregelt werden. Daß diese Tatsache in begleitenden Briefwechseln und einer entsprechenden Offenhalte-Klausel ausdrücklich festgehalten wurde, war an sich bereits ein großer Verhandlungserfolg.
Die Verträge sind eine Option auf die Zukunft. Sie stehen am Anfang einer Entwicklung gutnachbarschaftlicher und freundschaftlicher Beziehungen, die schließlich auch eine Lösung der jetzt noch nicht lösbaren Probleme möglich machen wird.
Die Bundesregierung hat sich – dem Geist und Buchstaben des Nachbarschaftsvertrages entsprechend – für die rasche und gleichzeitige Aufnahme der Tschechischen und der Slowakischen Republik in den Europarat eingesetzt. Diesen Beitritt mit der Forderung nach Aufhebung der Benesch-Dekrete zu verknüpfen, hielt die Bundesregierung nicht für angemessen. Diese Forderung würde zu erheblichen Belastungen des beiderseitigen Verhältnisses führen. Die ersten Erfolge im Prozeß des Aufeinanderzugehens würden dadurch in Frage gestellt. Das liegt nicht in unserem Interesse.«
Wiedergabe nach »Die Brücke« (siehe Quelle).
c) Zu einem weiteren Brief des MdB Müller an Außenminister Kinkel: Siehe S. 969 unten.

Quelle:
Brücke; Nr. 10 v. 15. 10. 1993; S. 5.

****

(2.)[1] Brief von Rudolf Müller[2] (MdB-SPD) an Bundesaußenminister Kinkel (FDP): **1994, 25. Februar**
Sind Beneš-Dekrete mit Europarats-Aktion gegen Rassismus vereinbar?

Sehr geehrter Herr Minister,
ich danke Ihnen für Ihre Antwort vom 23. September 1993 auf meinen Brief[1] zu den sog. Benesch-Dekreten[3]. Leider jedoch hat mich Ihre Auskunft nicht befriedigt, die Bundesregierung halte eine Verbindung ihrer Zustimmung zur Aufnahme der Tschechischen Republik in den Europarat mit der Forderung nach Aufhebung der Benesch-Dekrete nicht für angemessen. Deshalb möchte ich heute noch einmal auf dieses Thema zurückkommen.
Die Tschechische Republik hat m. W. bei dem Wiener Gipfeltreffen des Europarates im vergangenen Oktober den »Aktionsplan« gegen Rassismus, Fremdenfeindlichkeit, Antisemitismus und Intoleranz«[4] unterzeichnet, mit dem sich die Unterzeichnerstaaten zur Aufhebung national diskriminierender Gesetze und Vorschriften verpflichten ...
Faktisch bedeutet dies eine Verpflichtung der Tschechischen Republik zur Aufhebung der Benesch-Dekrete, die zweifellos national diskriminierende Regelungen sind. Ich wäre

Ihnen daher verbunden, wenn Sie mir in diesem Zusammenhang folgende Fragen[5] beantworten würden:
– Teilen Sie meine Auffassung hinsichtlich der Unvereinbarkeit der Benesch-Dekrete mit dem »Aktionsplan« vom Oktober 1993?
– Beabsichtigt die Bundesregierung möglicherweise Schritte zu unternehmen, um die tschechische Regierung zur offiziellen Zurücknahme der Benesch-Dekrete zu bewegen – und an welche Schritte denkt sie gegebenenfalls?
– Wäre die Bundesregierung auch bereit, sich einer Aufnahme der Tschechischen Republik in die EU zu widersetzen, falls diese zu einer Umsetzung des »Aktionsplanes« nicht bereit ist, d. h. eine offizielle Aufhebung der Benesch-Dekrete ablehnt?
. . .

Anmerkungen:

[1] Zum 1. Brief vom 7. 9. 1993: Siehe S. 967.

[2] Der Bundesvorstand der Seliger-Gemeinde unterstützte in seiner Tagung am 14. 5. 1994 die Bemühungen Müllers »auf das entschiedenste«.
Die Pressemitteilung der Seliger-Gemeinde besagte v. a., ein Schreiben an den Parteivorstand mit folgendem Inhalt gerichtet zu haben:
»Der Bundesvorstand der Seliger-Gemeinde appelliert an die SPD mitzuhelfen, daß Hindernisse auf diesem Weg zur Verständigung durch ehrliche Gespräche zwischen Tschechen und Deutschen weggeräumt werden können. Er fordert den Parteivorstand . . . auf, die demokratischen tschechischen Parteien darauf hinzuweisen, daß die immer noch geltenden Benesch-Dekrete ein großes Hindernis darstellen. ›Das tschechische Parlament muß geeignete Wege finden, diese Dekrete außer Kraft zu setzen. Sie können heute nicht mehr angewandt werden. Sie sind auch ein Hindernis auf dem Weg der Tschechischen Republik nach Europa, da sie eine pauschale Diskriminierung der Angehörigen des deutschen und des ungarischen Volkes darstellen‹, heißt es in dem Schreiben an die SPD-Führung.
Der Bundesvorstand der Seliger-Gemeinde unterstützt die Bemühungen des SPD Bundestagsabgeordneten Rudolf Müller zur Aufhebung dieser Dekrete auf das entschiedenste. Die sudetendeutschen Sozialdemokraten, die leidenschaftlich die 1. Tschechische Republik gegen Hitler und Henlein verteidigten und von denen deswegen Zehntausende in die Konzentrationslager des 3. Reiches gebracht wurden, haben die moralische Legitimation, dieses Thema anzusprechen und eine Lösung im Sinne der Völkerverständigung zu verlangen, wird in dem Schreiben abschließend erwähnt.«
Wiedergabe nach Brücke (siehe Quelle).
Zu Reaktionen des SPD-Parteivorstandes: Siehe S. 979 f., 1008.

[3] Zu den sog. Beneš-Dekreten: Siehe S. 576 ff.

[4] Zur sog. »Wiener Erklärung« des Europa-Rates vom 9. 10. 1993: Siehe S. 135.

[5] Die Antwort von Außenminister Kinkel vom 16. 3. 1994 besagte u. a.:
»Ich danke Ihnen für Ihr erneutes Schreiben vom 25. Februar 1994 zum Thema der ›Benesch-Dekrete‹. Sie gehen in Ihrem Schreiben davon aus, daß die Unterzeichner des ›Aktionsplanes gegen Rassismus, Fremdenfeindlichkeit, Antisemitismus und Intoleranz‹ sich zur Aufhebung diskriminierender Gesetze und Vorschriften verpflichtet haben. Daraus leiten Sie die Unvereinbarkeit der ›Benesch-Dekrete‹ mit dem ›Aktionsplan‹ ab.
Diese Rechtsauffassung dürfte international nicht auf Zustimmung stoßen. Der ›Aktionsplan‹ richtet sich gegen das gegenwärtige Wiederaufleben von Rassismus, Fremdenfeindlichkeit, Antisemitismus und Intoleranz. Die Bundesregierung hat sich seinerzeit für die rasche und gleichzeitige Aufnahme der Tschechischen und Slowakischen Republik in den Europarat eingesetzt, ohne dies mit der Forderung nach Aufhebung der Benesch-Dekrete zu verknüpfen. Dem Geist und Buchstaben des Nachbarschaftsvertrages entsprechend, setzt die Bundesregierung auf die Entwicklung eines gutnachbarschaftlichen Verhältnisses zur Tschechischen Republik, das dann auch die Lösung von Problemen erleichtern wird, die jetzt noch nicht lösbar sind.
Dieser notwendige Prozeß würde nicht gefördert, sondern eher behindert, wenn die Bundesregierung pauschal die Aufhebung der Benesch-Dekrete, die eine komplexe, die gesamte gesetzgeberische Tätigkeit der ČSR nach dem 2. Weltkrieg umfassende Materie sind, im Rahmen des ›Aktionsplanes‹ zur Sprache bringen würde.
Ich werde allerdings, wie in der Vergangenheit so auch in Zukunft, darauf drängen, daß eine distan-

zierende Geste zumindest zu einzelnen Dekreten oder Gesetzen aus dieser dunklen Zeit gemeinsamer Geschichte möglich wird, ohne daß neues Unrecht geschaffen wird.
Die Politik der Bundesregierung zielt auf eine Aussöhnung von Sudetendeutschen und Tschechen. Um dieses Ziel zu erreichen, müssen zunächst auf beiden Seiten Unkenntnis und Mißverständnisse beseitigt werden. Dazu bedarf es eines Dialogs zwischen Tschechen und Sudetendeutschen. Dieser Dialog wird nach meiner Auffassung nur erschwert, wenn er durch Forderungen und Gegenforderungen überfrachtet wird.
Die Aufnahme der Tschechischen Republik und anderer mitteleuropäischer Länder in die Europäische Union liegt im deutschen Interesse.«
Wiedergabe nach Brücke (siehe Quelle).
Das im 5. Absatz behauptete, mehrfache »Drängen« Kinkels wurde von seinem ČR-Amtskollegen Zieleniec entschieden bestritten.
Er sagte in einem Interview, das in der »Frankfurter Rundschau« vom 28. 9. 1994 abgedruckt wurde, auf die Frage nach dem Beginn von Regierungsverhandlungen über u. a. Beneš-Dekrete und Ausweisung der Sudetendeutschen recht deutlich:
»Ich treffe Herrn Minister Kinkel relativ oft. Die deutsche Regierung hat keine von diesen Fragen aufgetischt ... Weder die Ausweisung der Sudetendeutschen noch die Benesch-Dekrete waren jemals Gegenstand von Verhandlungen mit Herrn Kinkel ... Die deutsche Bundesregierung hat die Fragen, die Sie angesprochen haben, nicht aufgetischt.«
Wiedergabe nach Brücke; Nr. 10 v. 15. 10. 1994; S. 2.
Das öffentliche Dementi Außenminister Zielenics wurde von Außenminister Kinkel seinerseits m. W. nie dementiert.

Quelle:
Brücke; Nr. 6 v. 15. 6. 1994; S. 6.

****

Brief **1994, 19. April**
des Sudetendeutschen Rates[1]
an die Mitglieder des (12.) Deutschen Bundestages:
Informationen über sudetendeutsche Anliegen

⟨Nach Hinweis auf einige Anlagen und Selbstvorstellung hieß es:⟩
Der Sudetendeutsche Rat ist der Meinung, daß die Benesch-Dekrete[2] von der Tschechischen Republik in geeigneter Form außer Kraft gesetzt werden müssen. Das wird ohnedies zwingend notwendig sein, wenn die Tschechische Republik über einen Beitritt zur Europäischen Union verhandelt, da in Beitrittsverhandlungen die Europäische Union regelmäßig verlangt, daß diskriminierende Gesetze gegenüber anderen Völkern und Volksgruppen außer Kraft gesetzt werden.
Der Sudetendeutsche Rat ist der Meinung, daß das Recht auf die Heimat im Falle der Tschechischen Republik differenzierter erörtert werden muß. Jeder Mensch hat ein Recht auf seine Heimat. Es kommt darauf an, in welcher Form das im Völkerrecht allgemein anerkannte Recht auf die Heimat verwirklicht werden kann. Wir sind der Meinung, daß schon im Hinblick auf die kommende europäische Entwicklung jeder Sudetendeutsche, der dies will, das Recht und die Möglichkeit haben muß, in seine alte Heimat zurückzukehren. Dabei gehen wir davon aus, daß es weder einen Freistaat Sudetenland geben wird, noch daß die Sudetenländer an die BRD angeschlossen werden. Wer dieses Heimatrecht wahrnimmt, wird also in die Tschechische Republik gehen. Der Sudetendeutsche Rat und die Sudetendeutsche Landsmannschaft haben schon vor längerer Zeit einmütig erklärt, daß sich die Grenzfrage für sie nicht stellt[3].
Der Sudetendeutsche Rat wird alle Verbindungen ausschöpfen, um endlich die Beschlußfassung über den im Europäischen Parlament bereits seit Jahren vorliegenden Entwurf einer Charta des Europäischen Volksgruppenrechts zu erreichen. Eine solche Charta wird als Grundlage für die nationalen Volksgruppenrechte dienen, und daher Konflikte reduzieren.

Von uns werden direkte Gespräche mit demokratischen tschechischen Parteien und Persönlichkeiten angestrebt[4]. Es ist unsere Meinung, daß solche Gespräche dringend erforderlich sind, denn nur durch Gespräche werden ungelöste Probleme einer Lösung zugeführt werden können, die die Zustimmung aller Gesprächspartner findet.

...

Anmerkungen:

1 Der Brief war unterschrieben vom Geschäftsführenden Präsidialmitglied Franz Neubauer (Sprecher der SL und Minister a. D.), dem Präsidiumsmitglied Herbert Werner (MdB CDU und Vorsitzender der Ackermann-Gemeinde), dem Plenumsmitglied Volkmar Gabert (SPD und Vorsitzender der Seliger-Gemeinde) sowie dem Generalsekretär Heinz Kraus.

2 Zum Gesamtkomplex: Siehe S. 576 ff.

3 Wann das wie erfolgt sein sollte, konnte auch von Generalsekretär Kraus nicht geklärt werden: Die SL-SR Erklärung vom 23. 2. 1990 (zum Text: siehe S. 886) enthielt dazu jedenfalls nichts.

4 Zu früheren Gesprächen: Siehe S. 908; zu 1993 in der ČR eingeleiteten Schritten: Siehe S. 965. Zum Brief an die Vorsitzenden der demokratischen Parteien vom 19. 4. 1994: Siehe S. 972 unten.

Quelle:

Text des Originalschreibens; 2 ms. S.; Fotokopie im Besitz des Verfassers.

****

Brief **1994, 19. April**
des Sudetendeutschen Rates[1]
an die Vorsitzenden der tschechischen demokratischen[2] **Parteien:**
Gesprächsvorschlag

Sehr geehrter Herr Vorsitzender,
in den tschechischen Medien wird die sudetendeutsche Problematik immer wieder aufgegriffen und diskutiert. Auch in der Bevölkerung selbst findet diese Diskussion statt, durchsetzt mit Vermutungen und Ängsten[3].
Dies zeigt, daß die sudetendeutschen Fragen tatsächlich ein Problem sind, das noch der Lösung bedarf, um eine ruhige und erfolgreiche weitere Entwicklung der Tschechischen Republik und ihrer Beziehungen zu Deutschland gewährleisten zu können.
Die Sudetendeutschen hatten schon seit langer Zeit und wiederholt den sudetendeutsch-tschechischen Dialog vorgeschlagen und angeboten[4]. Denn allein der Dialog, der ohne Vorbedingungen und Beschuldigungen begonnen wird, überwindet Vorurteile, beseitigt Mißverständnisse und bringt Probleme einer Lösung näher.
Gerade wegen der vielen Mißverständnisse verweisen wir noch einmal darauf, daß der Sudetendeutsche Rat schon vor langer Zeit erklärt hat, daß sich für ihn die Grenzfrage nicht stellt[5]. Das heißt, daß bei allen Gesprächen davon ausgegangen werden muß, daß alle diskutierten Lösungsmodelle innerhalb der Tschechischen Republik überlegt werden müssen.
Während nun auf unterer Ebene und zwischen den Menschen dieser Dialog längst begonnen hat[6], wird er im politischen Bereich nach wie vor leider noch abgelehnt[7]. Dies stößt nicht nur bei uns Sudetendeutschen auf Unverständnis, sondern auch in weiten Kreisen der deutschen und österreichischen Politik.
Wir laden Sie daher zur Aufnahme eines umfassenden tschechisch-sudetendeutschen Dialogs ohne Vorbedingungen ein! Dabei sind wir sicher, daß auch Sie die Notwendigkeit eines solchen Dialogs zur Verbesserung des deutsch-tschechischen Verhältnisses sehen. Es würde uns sehr freuen, wenn Sie diese Einladung zum Gespräch annehmen würden.
Es wäre sicherlich sinnvoll, wenn dieser Dialog bald beginnen könnte.
Wir schlagen vor, zunächst in einer kleineren Gesprächsgruppe von Repräsentanten der im Tschechischen Nationlrat vertretenen demokratischen[2] Parteien und des Sudetendeut-

schen Rates eine Abstimmung über Teilnehmer, Themen und Termin eines Dialoges herbeizuführen.
Auf Ihre baldige Stellungnahme[8] freuen wir uns...

Anmerkungen:

[1] Der Brief war unterschrieben vom Geschäftsführenden Präsidialmitglied Franz Neubauer (Sprecher der SL und Minister a. D.), dem Präsidiumsmitglied Herbert Werner (MdB CDU und Vorsitzender der Ackermann-Gemeinde), dem Plenumsmitglied Volkmar Gabert (SPD und Vorsitzender der Seliger-Gemeinde) sowie dem Generalsekretär Heinz Kraus.

[2] Darunter wurden alle Parteien der ČR mit zwei Ausnahmen verstanden:
Die KSČM, d. h. die umfirmierte KPČ. Zum Text der Verurteilung ihres »kommunistischen Regimes« durch das ČR-Parlament mit ČR-Gesetz 198 v. 9. 7. 1993: Siehe S. 966.
Die Republikaner. Zu dubiosen Aktivitäten dieser Partei: Siehe S. 1022.

[3] Zu Ergebnissen von Meinungsumfragen: Siehe S. 1004.

[4] Siehe dazu z. B. S. 886.

[5] In der Erklärung vom 26. 1. 1990 als Konsequenz der Feststellung, »daß diejenige Lösung die beste ist, der beide Völker frei zustimmen können«.
Zum Text: Siehe S. 885.

[6] Einige Beispiele dafür waren: Gemeinsame Ausstellungen und Schriftstellertreffen erfolgten, eingeebnete Friedhöfe und verfallene Kirchen im Sudetengebiet wurden restauriert und neu geweiht, grenzüberschreitende Zusammenarbeit im Egerland, Nord- und Südböhmen begann (sog. »Euro-Regionen«; siehe S. 89). Tausende Tschechen kamen zur Arbeit nach Bayern und Österreich. Konzepte gemeinsamer Naturparks und der Nachbarschaftshilfe im Böhmerwald wurden entwickelt und neue Autobahnen Dresden-Prag, Waidhaus-Prag, Wien-Brünn und Wien–Preßburg gingen in die Planung. Öffentliche Gedenkfeiern bereits im Jahre 1991 hatten an die Toten des Jahres 1919 in Kaaden (4. 3.), an den gemeinsamen Kampf deutscher und tschechischer Sozialdemokraten im Jahre 1938 (Karlsbad, 11. 5.) und an die Toten des Jahres 1945 in Aussig (2. 8.) erinnert. Das Denkmal Walther von der Vogelweide in Dux war erneuert (8. 3.), jedoch wenig später wieder zerstört, und das bei Kremsier gelegene Grab der geborenen Gräfin Dubsky und späteren Dichterin Maria von Ebner-Eschenbach mit tschechischen und sudetendeutschen Mitteln wiederhergestellt (7. 5.) worden. Viele tschechische Gymnasiasten wählten nunmehr Deutsch als erste Fremdsprache. Seit Herbst 1990 waren private Schulen mit deutscher Unterrichtssprache an verschiedenen Orten sowie ein deutscher Jugendclub in Prag, zweisprachige und deutschsprachige Zeitungen sowie eine Reihe von Begegnungszentren entstanden.

[7] Siehe dazu S. 965.

[8] a) Ministerpräsident Klaus lehnte derartige Gespräche »sofort hart ab«.
Vgl. Loewy, Jiří: »›Mit Rebellen wird nicht verhandelt‹« in »Reflex« ⟨*WZ.*⟩, Prag; Jg. 3 (1994), Nr. 24.

b) Die Antwort der Christlich-Sozialen Partei (KDS) vom 2. 6. 1994 verwies zunächst auf laufende Gespräche unter der Schirmherrschaft der Konrad-Adenauer-Stiftung in Prag sowie der tschechisch-deutschen Historikerkommission. Dann hieß es: »Die KDS hat immer Interesse an einem Dialog auf entsprechender Ebene gezeigt und war bemüht, die Antworten auf alle Fragen der tschechisch-deutschen Beziehungen zu finden. Leider sind in der letzten Zeit unsere Bemühungen durch die Aufstellung unannehmbarer Forderungen unterlaufen worden, konkret der Eigentumsforderungen einiger Vertreter der Sudetendeutschen Landsmannschaft gegen unsere Republik und ihre Bürger. Ich bin auch der Meinung, daß unsere europäische Gegenwart niemanden zu der Erwartung berechtigen könnte, daß die ČR in der Zukunft irgendeine Revision der Nachkriegsentscheidungen der siegreichen Anti-Hitler-Koalition anzweifeln und daß die ČR über Themen Diskussionen führen könnte, die notwendigerweise Interesse von dritten Staaten berühren. Ich befürchte auch, daß es eine ernsthafte Gefährdung für die Stabilität in Europa sein könnte, diese Entscheidungen in Frage zu stellen.
Ich möchte Ihnen, geehrte Herren, versichern, daß wir uns einem zur positiven Entwicklung der tschechisch-deutschen Beziehungen führenden Dialog auf keinen Fall verweigern werden. Es spricht also nichts dagegen, daß sich einzelne Mitglieder unseres Abgeordnetenklubs intensiver an Diskussionen über die aktuellen Fragen der Vergangenheit und der Zukunft, mit ihren Partnern beteiligen könnten, also mit den Abgeordneten des Bundestages, die an einem solchen Dialog Interesse zeigen.
Natürlich ist uns allen die Bedeutung der gleichberechtigten und gegenseitig vorteilhaften tschechisch-deutschen Beziehungen bewußt, deren Teil auch selbstverständlich die Beziehungen mit

den Sudetendeutschen sind. Ich kann Ihnen versichern, daß wir uns weiterhin um die Entfaltung dieser Beziehungen bemühen werden. Es ist jedoch notwendig, daß man diese Verhandlungen auf entsprechender politischer Ebene führt. Als eine solche Ebene für den Vorsitzenden des Abgeordnetenklubs der KDS halte ich die Führung der CDU/CSU-Fraktion im Bundestag, deshalb kann ich Ihre Einladung zu den von Ihnen vorgeschlagenen Gesprächen nicht annehmen.

...«

c) Die Antwort der Christlich-Demokratischen Union – Tschechische Volkspartei (KDU-CSL) vom 14. 7. 1994 war ähnlich:

»...

Wir vertreten die Meinung, daß sich zwischen der Tschechischen Republik und Deutschland ... freundschaftliche Beziehungen entfalten. Unsere politische Partei unterstützt diesen Prozeß voll, wobei die Diskussion über die Problematik, die Sie in Ihrem Brief erwähnten, ein Teil ist.

Wir stellen gern fest, daß es kein Hindernis ... und auch keinen Grund gibt, der unseren Abgeordneten nicht erlauben würde über jene Frage der gemeinsamen Beziehungen mit Bundestagsabgeordneten zu diskutieren, wenn diese für eine solche Diskussion Interesse zeigen.

...«

Wiedergabe zu b + c:
Nach Text der Schreiben; je 2 ms. S.; Fotokopie im Besitz des Verfassers.

Quelle:
Text des Schreibens; 2 ms. S.; Fotokopie im Besitz des Verfassers.

****

Rede[1] des österreichischen Außenministers Alois Mock (ÖVP): **1994, 22. Mai**

Wegen historischer und sehr aktueller Erfahrungen – Vertreibung der Sudetendeutschen nicht zu rechtfertigende Unrechtstat

...

Die Völker des Donauraumes, deren Gegenwart und Vergangenheit auf vielfältigste Weise verknüpft ist, können mit Recht darauf verweisen, daß ihnen die Geschichte eine besonders reiche transnationale Erfahrung hinterlassen hat.

Sie wissen aber auch, daß die Donaumonarchie nicht bloß am Ersten Weltkrieg zerbrochen ist, sondern auch daran, daß es ihr nicht gelang, die nationalen Anliegen aller ihrer Völker auf eine, für jedes gleich befriedigende Weise zu lösen.

Gerade auch für die Sudetendeutschen ist der Blick in die Geschichte noch immer durch die Erinnerung an schweres Unrecht belastet. Auch hier meine ich, daß wir die Verpflichtung zu einer ehrlichen Auseinandersetzung mit der Vergangenheit haben.

Es steht für mich nämlich außer Zweifel, daß die gewaltsame Vertreibung der Sudetendeutschen einen namhaften Platz in der langen Liste der großen Unrechtstaten einnimmt, welche die europäische Geschichte unseres Jahrhunderts – bedauerlicherweise bis in die Gegenwart – verdunkeln.

Wie ich schon vor einigen Monaten ... betont habe, bin ich mir freilich bewußt, daß die Vertreibung aller Volksdeutschen nicht möglich gewesen wäre, wenn nicht zuvor Adolf Hitlers Kampf um den »deutschen Lebensraum im Osten« ganz Europa in Flammen gesteckt hätte.

...

Trotzdem lehne ich es ab, wenn versucht wird, die Aussiedlung der Sudetendeutschen gegen die vorangegangenen Verbrechen des Nationalsozialismus aufzurechnen.

Eine Politik, die zum Tod von über zweihunderttausend unschuldigen Männern, Frauen und Kindern geführt und drei Millionen Menschen aus einer seit Jahrhunderten angestammten Heimat vertrieben hat, kann wohl niemals durch den Verweis auf andere Untaten oder gar durch Argumente der »Kollektivschuld« gerechtfertigt werden.

...

Unmittelbar nach 1945 hatten viele – unter Berufung auf die Beschlüsse von Potsdam[2] – noch versucht, wegzuschauen und die eigenen Hände in Unschuld zu waschen. Heute kann allerdings nicht einmal mehr der Versuch einer juristischen Rechtfertigung unternommen werden. Heute liegen ungezählte Entschließungen des Sicherheitsrates der Vereinten Nationen und anderer Gremien vor, welche die verbrecherischen Vertreibungshandlungen der letzten Jahre unmißverständlich verurteilen.
Ich bin jedenfalls überzeugt, daß es katastrophal wäre, wenn Europa noch einmal die gleichen Fehler beginge, die es in den dreißiger und vierziger Jahren begangen hat.
Was zur Lösung der Probleme im ehemaligen Jugoslawien vorgeschlagen wird, so fragt man sich, ob nicht eine österreichische Dichterin, Ingeborg Bachmann, recht hatte, als sie einmal formulierte: »Die Geschichte lehrt dauernd, aber sie findet keine Schüler.«
Das tragische Geschick vor Augen, das so vielen Völkern und Volksgruppen im Laufe dieses Jahrhunderts widerfahren ist, müssen wir uns überdies vordringlich um ein funktionierendes europäisches Volksgruppen- und Minderheitenrecht bemühen. Es ist dies ein Ziel, für welches sich die österreichische Außenpolitik seit langem aktiv einsetzt.
Deshalb messen wir dem Auftrag des Wiener Gipfeltreffens der Staats- und Regierungschefs der Mitgliedsstaaten des Europarates[3], den Minderheitenschutz zum Gegenstand einer eigenen Rahmenkonvention sowie eines Zusatzprotokolls zur Europäischen Menschenrechtskonvention zu machen, absolut prioritäre Bedeutung bei.
. . .

Anmerkungen:
[1] Anläßlich des 45. Sudetendeutschen Tages in Nürnberg.
[2] Zum Text vom 2. 8. 1945: Siehe S. 548.
[3] Zum Text vom 9. 10. 1993: Siehe S. 135.

Quelle:
SdZ; Nr. 21 v. 27. 5. 1994; S. 3 f.

****

Rede[1] des **1994, 22. Mai**
bayrischen Ministerpräsidenten Edmund Stoiber (CSU):
Notwendigkeit des Dialoges, Vermögensfragen, Beněs-Dekrete

. . .
Freiheit für das östliche Europa war immer die Voraussetzung, um überhaupt in einen ernsthaften, auf dauerhafte Verständigung ausgerichteten Dialog eintreten zu können.
Diese Freiheit ist jetzt da. Und die Beziehungen zwischen Deutschland, zwischen Bayern und der Tschechischen Republik und den anderen Staaten haben sich seit 1990 auch stark belebt . . .
Aber, ich weiß sehr wohl, zwischenstaatliche Beziehungen erschöpfen sich nicht in Handelsbeziehungen, in der Planung grenzüberschreitender Verkehrswege und so weiter. Die Sudetendeutschen, die vernünftigen und verantwortlichen Politiker hier und auch in der Tschechischen Republik wissen und spüren, hier fehlt etwas. Was fehlt, ist der politische Dialog der tschechischen Regierung, des tschechischen Parlaments mit den gewählten Repräsentanten der Sudetendeutschen Landsmannschaft[2], für den ich sofort nach meiner Wahl in das Amt des Bayerischen Ministerpräsidenten meine Moderation und Begleitung angeboten habe. Was fehlt, ist der Dialog über die historische und psychologische Dimension unserer Beziehungen, in dem gemeinsame Vergangenheit, Vorurteile und Bilder voneinander eine Rolle spielen. Es fehlt der Dialog mit den Betroffenen, mit Ihnen.
Und ohne diesen Dialog wird sich das Verhältnis nicht so entwickeln, wie wir es alle haben wollen. Das müssen alle wissen. Das müssen die Verantwortlichen in Prag wissen, wenn sie gute Beziehungen mit Deutschland anstreben, und das ist ja das Selbstverständlichste von

der Welt. Dann müssen sie natürlich auch zu ihrer Geschichte stehen. Ich appelliere von hier, auch in großem Verantwortungsbewußtsein: für den Bogen unserer Beziehungen fehlt der Schlußstein, der das Ganze trägt, der aus Beziehungen gute Beziehungen, aus bloßer Nachbarschaft gute Nachbarschaft, aus Normalität Verständigung macht . . .
Den Dialog, das ist das, was die Sudetendeutschen und Tschechen brauchen. Nicht Flucht aus der Geschichte, nicht Dialogverweigerung[3] führt in die Zukunft, sondern Annahme der Geschichte. Dialogverweigerung löst keine Probleme. Dialogverweigerung ist keine Politik . . . Dialog ist offen. Er darf auch keine Themen aussparen. Beide Seiten können ihre Themen einbringen.
Aus unserer Sicht gehören dazu jene beiden Punkte, die im Briefwechsel zum Deutsch-Tschechoslowakischen Vertrag dezidiert angesprochen wurden. Ich zitiere aus dem Brief[4] . . .
Diesen Begleitbrief zum Vertrag hat der damalige Tschechoslowakische Außenminister, Jiří Dienstbier, unterschrieben. Damit hat die tschechische Seite, der demokratische Tschechoslowakische Staat, 1992 selbst anerkannt, daß hier noch offene Fragen bestehen, die einer Lösung harren. Gilt dieser Briefwechsel für die heutige Tschechische Regierung etwa nicht?
Und zu den Themen gehören nicht zuletzt und vor allem die Beneš-Dekrete[5]. Hier geht es doch darum, daß fortdauernde Unrechtsdekrete, die einfach nicht mehr in die europäische Landschaft des ausgehenden 20. Jahrhunderts passen, aufgehoben werden. Es geht darum, daß ein demokratischer Staat, der Mitglied des Europarates ist, dieses Unrecht, das die Sudetendeutschen kollektiv traf, erkennt, benennt und sich davon distanziert, wie es sofort nach dem Fall des Eisernen Vorhanges Staatspräsident Václav Havel für seine Person tat[6]. Seinen Mut haben bislang leider andere nicht aufgebracht.
. . .
Ich habe das auch bald nach dem letztjährigen Sudetendeutschen Tag, im August des vergangenen Jahres, Ministerpräsident Klaus in einem ausführlichen und sachlichen Gespräch dargelegt. Ich hatte seinerzeit den Eindruck, daß Ministerpräsident Klaus mein Angebot ernsthaft bedenken wollte. Ich erwarte deshalb ein Signal[7] der tschechischen Seite.
. . .

Anmerkungen:
1 Anläßlich des 45. Sudetendeutschen Tages in Nürnberg.
2 Zur letzten Einladung dazu: Siehe S. 972.
3 Zur Ablehnung von Gesprächen mit SL/SR: Siehe z. B. S. 973.
4 Zum Text vom 27. 2. 1992 über Ansiedlung und Nichtbefassung mit Vermögensfragen: Siehe S. 933.
5 Zum Komplex der sog. Beneš-Dekrete: Siehe S. 576 ff.
6 Zum Text vom 23. 12. 1989: Siehe S. 877.
7 Als derartige Signale, freilich negativer Art, konnten verstanden werden:
a) Die in KPČM umbenannte bisherige KPČ meldete in ihrem nunmehr verkürzt firmierenden Organ »Pravo« (Recht) am 13. 7. 1994 (Jg. 4, Nr. 162; S. 1):
»Eine Fortsetzung des von Staatspräsident Václav Havel 1969 eingeleiteten Prozesses der moralischen Entschuldigung für die Vertreibung von über drei Millionen Sudetendeutschen aus der Tschechoslowakei nach dem Zweiten Weltkrieg hat die Prager Regierungskoalition angeblich abgelehnt . . .
Ein entsprechender Vorschlag Havels sei am Montag bei einer vertraulichen Sitzung der vier Koalitionsparteien, in der über Geheimmaterial des Außenministeriums zur Deutschland-Politik gesprochen worden sei, zurückgewiesen worden. Dagegen seien sich die Politiker einig gewesen, daß die Ausweisung der Sudetendeutschen unter Berücksichtigung der Entwicklung vor, während und nach dem Krieg gesehen werden müsse . . .
Alle Teilnehmer des Treffens bekannten sich . . . zu zwei Grundsätzen der Tschechischen Republik in diesen Fragen: Zu der Unantastbarkeit der Benesch-Dekrete sowie zu der Zeitgrenze des 25. Februar 1948 für die Rückgabe von Vermögen, die unter den Kommunisten beschlagnahmt worden waren.«
Wiedergabe nach SZ; Nr. 160 v. 14. 7. 1994; S. 7.
b) Die Äußerungen des ČR-Außenministers Zieleniec von Anfang August 1994; siehe S. 984.

Quelle:
SdZ; Nr. 21 v. 22. 5. 1994; S. 6 f.

****

Rede[1] des **1994, 22. Mai**
Sprechers der SL, Staatsminister a. D. Franz Neubauer:
Fortdauernde Gesprächsbereitschaft, Entschädigung für alle NS-Opfer, Beneš-Dekrete, Recht auf Heimat

...
Wir haben aufrichtigen Herzens die den Tschechen und Slowaken zuteil gewordene Freiheit begrüßt. ... Die Entwicklung begann auch durchaus hoffnungsvoll. Der damalige tschechoslowakische Botschafter nahm offiziell am ersten Sudetendeutschen Tag nach der Revolution teil. Er wurde von uns allen herzlich willkommen geheißen ... Am zweiten Sudetendeutschen Tag nach dem Ende der kommunistischen Herrschaft in der Tschechoslowakei nahm noch eine Delegation des tschechischen Nationalrates teil, deren Leiter bei der damaligen Hauptkundgebung ein Grußwort sprach.
Zum diesjährigen Sudetendeutschen Tag haben wir ... die Parteien der derzeitigen tschechischen Koalitionsregierung eingeladen ... Ob die Einladung einer seit Jahrzehnten um Ausgleich bemühten Organisation durch ihre demokratisch gewählten Organe an demokratisch gewählte Parteien eines Nachbarlandes als – wie es Herr Klaus[2] formulierte – Provokation zu werten ist, bleibt dem Urteil des Einzelnen überlassen. Und eines steht fest: Eine besondere Gesprächsbereitschaft wird in dieser Reaktion auch bei wohlwollendster Beurteilung nicht zu erkennen sein.
Somit müssen wir heute leider feststellen – ohne aber dadurch etwa zu resignieren –, daß von der damaligen Offenheit und Gesprächsbereitschaft tschechischer Politiker uns gegenüber nichts mehr übriggeblieben zu sein scheint ...
Wir haben von Anfang an unser Angebot zu einem sudetendeutsch-tschechischen Dialog ohne Vorbedingungen und Tabus unterbreitet. Von tschechischer Seite ist sowohl Bundeskanzler Kohl, Bundesaußenminister Kinkel, dem früheren Bayerischen Ministerpräsidenten Dr. Streibl, als auch dem jetzigen Bayerischen Ministerpräsidenten Dr. Edmund Stoiber die Bereitschaft zur Führung dieses Dialogs signalisiert worden. Diese Zusagen oder Andeutungen wurden nicht nur nicht eingehalten; vielmehr hat der tschechische Außenminister[3] sogar rundweg erklärt, für einen solchen Dialog »gebe es keinen Bedarf«. Der gleiche Außenminister, der aber andererseits völlig zu Recht die Vertreibung auf dem Gebiet des zerbrochenen Jugoslawiens verurteilt und die Bestrafung der Schuldigen bei den dortigen unglaublichen Gewalttaten fordert, hält also die nach dem Urteil aller Völkerrechtslehrer völkerrechtswidrige Vertreibung der Sudetendeutschen für gerechtfertigt.
Lassen Sie mich hier einige Dinge zurechtrücken, die uns Sudetendeutsche und insbesondere der Sudetendeutschen Landsmannschaft von tschechischen und auch von einigen deutschen Medien[4] und Politikern immer wieder unterstellt werden.
So wird behauptet, wir Sudetendeutsche hätten – nachdem der tschechische Staatspräsident Václav Havel unsere Vertreibung als zutiefst unmoralische Tat bezeichnet hat[5] – nicht adäquat geantwortet. Diese Behauptung ist falsch. Wir haben lange vor dieser Äußerung Václav Havels – die wir im übrigen als großartiges und zukunftsweisendes Wort sehr begrüßt haben – sehr wohl in aller Deutlichkeit und wiederholt nicht nur das an uns Sudetendeutschen verübte Unrecht angeprangert, sondern ebenso das von Deutschen – wo immer auch – verübte Unrecht. Konkret hat die Sudetendeutsche Landsmannschaft zum Beispiel schon vor Jahrzehnten gesagt, daß sie die Besetzung der tschechisch besiedelten Gebiete Böhmens, Mährens und Schlesiens durch die Deutschen und die Errichtung des Protektorates Böhmen und Mähren als rechtswidrige Verletzung des Selbstbestimmungsrechtes

der Tschechen verurteilt[6]. Ich kann das hier nur wiederholen[7]: Diese Vorgänge waren eindeutig Unrecht, sie sind zu bedauern und zu verurteilen.
Auch wurde und wird in tschechischen und in einigen deutschen Medien behauptet, wir Sudetendeutsche würden verhindern, daß die tschechischen NS-Opfer von der Bundesrepublik Deutschland entschädigt würden[8]. Auch dies ist so, wie es dargestellt wird, falsch. Wir haben ausdrücklich erklärt – und ich betone dies hier nochmals –, daß wir nichts gegen eine Entschädigung tschechischer NS-Opfer einzuwenden haben. Aber es ist niemand zu vermitteln und auch durch nichts zu rechtfertigen, daß die Opfer von Unrecht und Gewalt der einen Seite entschädigt werden, während die Opfer der anderen Seite vielleicht nicht einmal der Erwähnung wert wären. Unrecht bleibt Unrecht, gleichgültig, wer es erlitten hat. Daher müssen in eine Entschädigungsregelung auch die deutschen Opfer einbezogen werden . . .
Und noch eines möchte ich feststellen: Es trifft nicht zu, daß wir Sudetendeutschen die Außerkraftsetzung der berüchtigten Benesch-Dekrete[9] zur Vorbedingung für den tschechisch-sudetendeutschen Dialog machen. Ich habe vielmehr wiederholt eindeutig klargelegt, daß wir bereit sind, einen Dialog ohne Vorbedingungen zu führen.
Aber eines steht fest: Die Außerkraftsetzung der Benesch-Dekrete ist schlechterdings unverzichtbar. Diese Dekrete, die auf kollektiven Schuldzuweisungen beruhen und kollektive Vertreibung und Enteignung anordnen, verstoßen gegen elementare Prinzipien des Völker- und Menschenrechts. Sie sind ebenso völkerrechtswidrig wie das Amnestiegesetz von 1946, das Gewalttaten an Deutschen und anderen nicht nur straffrei stellt, sondern sogar für rechtens erklärt. Und ein Staat, der sich wie die heutige Tschechische Republik als Rechtsstaat[10] sieht, müßte sich schon von sich aus um der eigenen Glaubwürdigkeit willen von den Benesch-Dekreten und von dem Amnestiegesetz distanzieren . . .
Im Mittelpunkt unserer heimatpolitischen Vorstellungen steht nach wie vor und unverrückbar das Recht auf unsere Heimat . . .
Wir werden oft gefragt, was wir unter dem Recht auf die Heimat verstehen[11]. Dies ist einfach zu beantworten: Unter Recht auf Heimat verstehen wir das Recht, in unserer Heimat zu leben und sich dort auf der Grundlage gesicherter Volksgruppenrechte unter Verwendung der eigenen Muttersprache und Pflege der eigenen Kultur in jeder Weise frei entfalten zu können . . .
So gesehen ist das Recht auf die Heimat keine Frage von Grenzveränderungen. Aber das Recht auf die Heimat ist selbstverständlich weit mehr als die Freizügigkeit und Niederlassungsfreiheit innerhalb der Europäischen Union, der die Tschechische Republik wohl einmal angehören wird. Mit dem Hinweis auf eine – wann eigentlich kommende – europäische Niederlassungsfreiheit kann man das Recht auf die Heimat nicht einfach beiseite schieben . . .
Auch in der Eigentumsfrage, die im deutsch-tschechischen Nachbarschaftsvertrag ausgeklammert wurde und die daher auch nach Ansicht der Bundesregierung nach wie vor offen ist, sind durchaus Lösungen denkbar, die von beiden Seiten akzeptiert werden können. Solche Lösungen würden letztlich auch im Interesse des Wiederaufbaus des Landes liegen.
. . .

Anmerkungen:
1 Anläßlich des 45. Sudetendeutschen Tages in Nürnberg.
2 Gemeint: Der ČR-Ministerpräsident Václav Klaus.
3 Gemeint: Der ČR-Außenminister Josef Zieleniec.
4 Als beachtenswertes Beispiel die SZ (Nr. 256 v. 7. 11. 1994; S. 4), die aus Prag(er Sicht) distanzlos von »unrealistischen Maximalforderungen sudetendeutscher Vertriebenenfunktionäre« und »unausgegorenen sudetendeutschen Gegenforderungen« berichtete.
5 Zum Text vom 23. 12. 1989: Siehe S. 877.
6 Am 7. 5. 1961 in den sog. »20 Punkten zur Sudetenfrage«; zum Text: Siehe S. 767.

[7] Aus der Rede des damaligen SL-Sprechers Bundesminister Seebohm am 2. 6. 1963; zum Text: Siehe S. 771.
[8] Siehe dazu S. 984.
[9] Zum Komplex der sog. Beneš-Dekrete: Siehe S. 576 ff.
[10] Bereits im April 1994 war zum Verhältnis der sog. Beneš-Dekrete zur ČR-Verfassung von 1992 ausgeführt worden:
»Die vom früheren tschechoslowakischen Staatspräsidenten Beneš 1945 und 1946 erlassenen Dekrete zur Enteignung und Vertreibung der sudetendeutschen Volksgruppe aus ihrer angestammten Heimat widersprechen der tschechischen Verfassung. Diese Ansicht hat der stellvertretende Bundesvorsitzende der Sudetendeutschen Landsmannschaft und bayerische Landesvorsitzende des Bundes der Vertriebenen (BdV), Wittmann, vertreten ... Der Jurist Wittmann sagt ..., daß nach Artikel 10 der tschechischen Verfassung ⟨*vom 16. 12. 1992; zum Text: Siehe S. 953*⟩ ratifizierte internationale Abkommen Vorrang vor tschechischen Gesetzen hätten und nach den Artikeln 3 und 112 der tschechischen Verfassung die Europäische Menschenrechtskonvention sogar ausdrücklich zum Bestandteil der Verfassung erklärt worden sei. Die ›Beneš-Dekrete‹, die seinerzeit als ›Rechtsgrundlage‹ für die Enteignung und Vertreibung der Sudetendeutschen gedacht gewesen seien, verstießen jedoch gegen das Erste Zusatzprotokoll der Konvention, in der das Eigentum geschützt werde, und gegen das Vierte Zusatzprotokoll, das ein Vertreibungsverbot enthalte, schreibt Wittmann im ›Deutschen Ostdienst‹ des BdV. Auch das tschechoslowakische Gesetz vom 8. Mai 1946, in dem alle Straftaten gegen Deutsche und Ungarn zwischen 1938 und dem Oktober 1945 ausdrücklich für Rechtens erklärt würden ... sei rechtsstaatswidrig und widerspreche dem Diskriminierungsverbot, sagte Wittmann. Er fordert, daß aus den Verstößen gegen die Europäische Menschenrechtskonvention ›Konsequenzen gezogen werden‹. Den Sudetendeutschen gehe es aber ›nicht in erster Linie um materielle Fragen‹, sondern ›vor allem um die Wiederherstellung eines Rechtsbewußtseins‹, schreibt Wittmann.«
Vgl. FAZ; Nr. 80 v. 15. 4. 1994; S. 5.
[11] Zu dieser Frage von ČR-Außenminister Zieleniec: Siehe S. 964.

Quelle:
SdZ; Nr. 21 v. 27. 5. 1994, S. 5 f.

****

Brief[1] des **1994, 3. Juni**
SPD-Parteivorstandsmitglieds Karsten Voigt:
Beneš-Dekrete durch tschechisches Parlament aufzuheben

...
Ich vertrete die Auffassung, daß Vertreibung und sogenannte ethnische Säuberungen niemals Grundlage einer demokratischen Politik sein dürfen. Dazu gehört auch die willkürliche Enteignung der Opfer einer solchen Vertreibung. Schon zum ersten deutsch-tschechischen Vertrag[2] hat Willy Brandt in seiner Rede in Prag klargestellt, daß dieser Vertrag keine nachträgliche Billigung der Vertreibung bedeutet. Die SPD hat es auch begrüßt, daß im deutsch-tschechischen Freundschaftsvertrag der Begriff »Vertreibung« verwendet worden ist[3] und daß in der Präambel Verbrechen verurteilt werden, die wechselseitig beiden Völkern angetan worden sind.
Die Benesch-Dekrete von 1945[4] sind in vielen Teilen zweifellos diskriminierende Gesetze, die meiner Meinung nach aufgehoben werden sollten, was natürlich eine Angelegenheit des tschechischen Parlamentes ist. Die damalige tschechoslowakische Regierung unter Präsident Beneš hat im übrigen selbst gegen diese Gesetze verstoßen. In den Dekreten wird ausdrücklich zum Ausdruck gebracht, daß Einzelpersonen und Organisationen nicht darunter fallen, die sich für die Tschechoslowakische Republik eingesetzt und gegen den Nationalsozialismus gekämpft haben. Alle Angehörigen der sudetendeutschen Sozialdemokratie und ihrer vielen Organisationen hätten also nach diesen Dekreten gar nicht vertrieben werden[4] und auch ihr Eigentum hätte niemals beschlagnahmt werden dürfen[5]. Es wäre zweifellos im Sinne der Aussöhnung zwischen unseren Völkern und im Sinne einer euro-

päischen Lösung, wenn die tschechische Republik einen Weg finden würde, um diese unseligen Dekrete aufzuheben. Die Frage des Vermögens der Sudetendeutschen[6] wird sicher noch Gegenstand von Gesprächen am besten zwischen Tschechen und Sudetendeutschen sein. Es ist notwendig, daß Tschechen und Sudetendeutsche in dieser Frage Modelle erarbeiten, denen beide zustimmen können, wobei jedem klar sein wird, daß es keine volle Entschädigung für beschlagnahmtes Vermögen geben wird. Es sollte aber ein Versuch gemacht werden, um einen Stein aus dem Wege zu räumen, der noch auf der Straße der Verständigung liegt.

. . .

Anmerkungen:

[1] Antwort auf den Brief des Sudetendeutschen Rates vom 19. 4. 1994; zum Text: Siehe S. 971.
[2] Vom 20. 6. 1973; zum Vertragstext: Siehe S. 810.
[3] Zum Text der Präambel des Vertrages vom 27. 2. 1992: Siehe S. 929.
[4] Zum Komplex der sog. Beneš-Dekrete: Siehe S. 576 ff.
[5] Gemeint: § 1, Abs. 2 des Konfiskationsdekretes vom 25. 10. 1945; zum Text: Siehe S. 563.
[6] Dazu hatte der SPD-Vorsitzende Rudolf Scharping bei einem Besuch in Prag am 5. 4. 1994 erklärt: »Von uns Sozialdemokraten werden Sie – auch im Falle einer Regierungsbeteiligung – solche Entschädigungsforderungen nicht hören«, wobei er vorrangig sudetendeutsches Eigentum von 1945 meinte.
Vgl. SZ; Nr. 79 v. 7. 4. 1994; S. 7; auch PZ; Nr. 15 v. 14. 4. 1994; S. 2.

Quelle:
SdZ v. 3. 6. 1994; auch Brücke; Nr. 7 v. 15. 7. 1994; S. 6.

****

Anträge **1994, 23. Juni**[1]
von SPD-Abgeordneten im (12.) Deutschen Bundestag:
Förderung nur bei Anerkennung neuer Grenze[2]*; § 96 BVFG*[3] *streichen*

⟨*A*⟩ Drucksache 12/59[4]:
Der Bundestag wolle beschließen:
Die Bundesregierung wird aufgefordert, als Konsequenz aus dem Vertragswerk mit der Republik Polen im Bereich der ostdeutschen Kulturarbeit nur noch solche Verbände und Organisationen zu fördern, die eindeutig die Gültigkeit der polnischen Westgrenze anerkennen.

⟨*B*⟩ Drucksache 12/6901[5]:
Der Bundestag wolle beschließen:
I. Der Deutsche Bundestag stellt fest:
Nach der deutschen Einigung[6] und der Öffnung der Staaten in Ostmittel-, Südost- und Osteuropa für Demokratisierung und den europäischen Gedanken hat sich die Grundlage für die in der Bundesrepublik Deutschland bisher betriebene Pflege der deutschen Kultur der ehemaligen DDR, der früheren deutschen Gebiete und der deutschen Siedlungsgebiete entscheidend verändert: Nachdem über Jahrzehnte die kulturellen Leistungen der Deutschen in der ehemaligen DDR und im östlichen Europa wegen Entvölkerung[7], Zerstörung, Mißachtung oder gar Unterdrückung nur unzureichend gewürdigt werden konnten, kann sich jetzt die Kulturarbeit ungehindert über die Grenzen hinweg entfalten. Gleichzeitig besteht ein lebhafter Wunsch der osteuropäischen Staaten nach einer Wiederanknüpfung an das europäische Kulturerbe. Der Kulturarbeit mit den Staaten Ostmittel-, Südost- und Osteuropas kommt daher als eine Politik des Friedens, der Versöhnung, der Verständigung und der Zusammenarbeit im europäischen Zusammenhang künftig große Bedeutung zu.

. . .

Ziel deutscher Politik muß es sein, auf der Grundlage von Verträgen, die von der KSZE zum Minderheitenschutz entwickelt worden sind, eine das Vertrauen der Nachbarstaaten erweckende Kulturpolitik zu betreiben. Sie darf unter dem Eindruck der neuen Entwicklungen nicht länger als Bestandteil einer überholten Vertriebenenpolitik betrieben werden. Aus diesen Erkenntnissen sind nach Auffassung des Deutschen Bundestages neue Konsequenzen zu ziehen:

– Durch die historischen Veränderungen sind die Grundlagen für die bisher nach § 96 des Bundesvertriebenen- und -flüchtlingsgesetzes[3] geförderte Kulturarbeit, die zum Ziel hat, das Kulturgut der Vertreibungsgebiete in dem Bewußtsein der Vertriebenen und Flüchtlinge, des gesamten deutschen Volkes und des Auslandes zu erhalten, weggefallen. Die Verpflichtung nach § 96 BVFG ist demzufolge aufzuheben . . .

. . .

II. Der Deutsche Bundestag wolle beschließen:

1. Bisherige Kulturarbeit nach § 96 des Bundesvertriebenengesetzes (BVFG)
   Nach den Umwälzungen in der früheren DDR und in den Staaten Ostmittel-, Südost- und Osteuropas ist die historische Rechtfertigung für den § 96 BVFG weggefallen:
   . . .
   – Die Kultur der ehemals deutschen Ostgebiete und deutschen Siedlungsgebiete im östlichen Europa kann bei fortschreitender Demokratisierung in den ostmittel-, südost- und osteuropäischen Staaten zunehmend mehr in den Herkunftsgebieten selbst gefördert werden, da sie jetzt als Bestandteile der Gesamtgeschichte und -kultur dieser Regionen anerkannt wird[8]. Sie bleibt dadurch auch im Bewußtsein des Auslandes erhalten.

   Damit kann die Aufgabe des § 96 BVFG als erfüllt gelten. Dennoch werden auch in Zukunft Hilfen seitens der Bundesrepublik Deutschland zur kulturellen Selbstfindung sowie zur Suche und Entwicklung einer eigenen regionalbezogenen Identität[9] unverzichtbar sein, die sich aus der eigenen Geschichte und Kultur, aber auch aus dem Miteinander von nationalen Mehrheiten und Minderheiten, aus Neuansiedlern[10] und Altsiedlern[10], aus Vergangenheit und Gegenwart bildet und aus der dann gemeinsame Zukunft gestaltet werden kann.

   Die Förderung grenzüberschreitender Kulturmaßnahmen darf jedoch nicht länger in den Rahmen der überholten Vertriebenenpolitik eingespannt werden. Vielmehr können die im Juni 1990 niedergelegten Minderheitenbestimmungen der KSZE[11] sowie die bilateralen Vereinbarungen, die die Rahmenbedingungen für die Arbeit der Bundesregierung zugunsten der deutschen Minderheiten verbessert haben, künftig die Basis bilden. Ergänzend sollten Bund und Länder entsprechend der durch das Grundgesetz vorgegebenen Aufgabenverteilung im In- und Ausland Maßnahmen, die Elementen des bisherigen § 96 BFVG entsprechen, nur dann fördern, wenn in Übereinstimmung mit den Nachbarstaaten in diese ⟨*Maßnahmen*⟩ Institutionen, Personen oder Kulturgüter aus den Herkunftsländern[12] im Geiste der Völkerverständigung einbezogen sind. Das ist insbesondere der Fall bei
   – der Einrichtung und Ausstattung deutscher Kultur- und Begegnungsstätten im Herkunftsland (z. B. Bibliotheken, Theater etc.),
   – Veranstaltungen, bei denen Staatsangehörige der Herkunftsländer beteiligt sind,
   – Ausstellungen mit Ortswechsel zwischen In- und Herkunftsland,
   – dem zeitweiligen oder dauernden Austausch von Kulturgütern mit dem Herkunftsland und
   – der Verleihung von Kulturpreisen im bisherigen Sinne des § 96 BVFG im Herkunftsland.

   Plurale Angebote erfordern eine Pluralität der Träger. Einen Alleinvertretungsanspruch (z. B. der Vertriebenenverbände) darf es bei diesen Maßnahmen nicht geben. Der Deutsche Bundestag hält es darüber hinaus für selbstverständlich, daß kein Träger Steuergelder erhalten darf, der die mit den östlichen Nachbarn vertraglich festgelegten Grenzen nicht anerkennt.

...

⟨*C*⟩ Drucksache 12/8059[13]:

Der Bundestag wolle beschließen

...

2. Die deutsche Kultur im östlichen Europa ist Teil der deutschen und der europäischen Kultur. Sie darf nicht der Vergessenheit anheimfallen. Bund und Länder bleiben daher weiterhin verpflichtet, das deutsche Kulturerbe aus dem Osten zu bewahren und im allgemeinen Bewußtsein zu erhalten. Für diese Aufgabe bietet der § 96 BVFG die Grundlage.
   Heimatvertriebene, deren Kinder und Kindeskinder, Aussiedler und Spätaussiedler haben auf dieser Grundlage durch ihre Mitwirkung zur Bewahrung, Tradierung und Präsentation des deutschen kulturellen Erbes im und aus dem östlichen Europa entscheidend beigetragen. Ihr Interesse, ihre Verbundenheit mit den Wurzeln ihres eigenen Lebens, ihr Wissen waren wichtiger Antrieb für ihr Engagement und sind auch in Zukunft unverzichtbar. Die Bindung dieser Kulturarbeit an eine eigene gesetzliche Grundlage und angemessene Haushaltsmittel müssen weiterhin gewährleistet werden.
3. Aufgrund der deutschen Einheit und der Veränderungen in Ostmittel-, Ost- und Südosteuropa haben sich neue Möglichkeiten eröffnet. Der Reichtum der alten deutschen Kulturlandschaften ist endlich wieder auch für die Menschen aus dem westlichen Teil Deutschlands und Europas zugänglich geworden und die Begegnung mit den jetzt in diesen Gebieten wohnenden Menschen kann gesucht und gepflegt werden. Versöhnung, Verständigung, Zusammenarbeit werden gerade auch von den Deutschen, die aus diesen Gebieten stammen, als neue Aufgaben gesehen und wahrgenommen.

...

Quellen und Anmerkungen:

[1] Datum der Beschlußfassung im Plenum des Bundestages, Tagesordnungspunkt 9.

[2] In der gleichen Sitzung wurde unter Tagesordnungspunkt 10 der auf einer Vorlage der Fraktion der SPD basierende Antrag gebilligt, eine internationale Konvention anzustreben. Durch sie sollten Vertreibungen geächtet und geahndet, das Rückkehrrecht statuiert sowie die Wiedergutmachungs- und Entschädigungsverpflichtungen der »Vertreiber« geregelt werden.
Zum Text: Siehe S. 138.

[3] D. h. Bundesvertriebenengesetz vom 19. 5. 1953; zum Text: Siehe S. 40.

[4] Der Antrag war bereits am 22. 2. 1991 von Abgeordneten sowie der Fraktion der SPD eingebracht, aufrechterhalten und am 21. 6. 1994 vom federführenden Innenausschuß »als erledigt erklärt« worden.
Vgl. Bundestagsdrucksache 12/8026; S. 5.
Das Plenum des Bundestages stimmte der Ausschußempfehlung (offensichtlich nun mehrheitlich) zu.
Vgl. Protokoll – Deutscher Bundestag – 12. Wahlperiode – 235. Sitzung – S. 20644, Abschnitt D.

[5] Der Antrag war am 25. 4. 1994 von Abgeordneten sowie der Fraktion der SPD und am 15. 6. 1994 vom federführenden Innenausschuß mehrheitlich abgelehnt worden.
Das Plenum des Bundestages stimmte der Ausschußempfehlung (offensichtlich nun mehrheitlich) zu.
Vgl. Quellen zur obigen Anm. 4.

[6] Gemeint: Der Beitritt der Länder der bisherigen DDR zur BR Deutschland per 3. 10. 1990, allgemein als »Wiedervereinigung« bezeichnet.

[7] Wohl gemeint: Vertreibung der Heimatberechtigten.

[8] Wohl programmatisch gemeint, da nur in spezifischen Ausnahmefällen bereits gültig.

[9] Wohl nur in Ausnahmefällen, z. B. Oberschlesien von gewisser Bedeutung, die zudem von der jeweiligen Herrschaftsmacht öfter eher mißtrauisch betrachtet werden.
[10] Wohl euphemistisch für »polnische/tschechische Zuwanderer nach 1945« und »heimatverbliebene Deutsche«.
[11] vom 29. 6. 1990; zum Text: Siehe S. 101.
[12] Mit dem Ausdruck konnten nur Staaten gemeint sein, die im zeitlich parallelen Konventionsentwurf vom 23. 6. 1994 (siehe Anm. 2) als »Vertreiber«-Staaten bezeichnet wurden.
[13] Der Antrag war am 22. 4. 1994 von Abgeordneten sowie den Fraktionen der CDU/CSU und der FDP eingebracht worden.
Er war federführend an den Innenausschuß verwiesen, dort später mit Mehrheit gebilligt worden, was am 23. 6. 1994 auch im Plenum erfolgte.

****

Brief **1994, 1. Juli**[1]
des »Kreises der im Jahre 1938 aus dem Grenzgebiet vertriebenen Bürger der ČR«[2] an die SL:
Geschichtsdarstellung[3], *Diskussions-*[4] *und Zusammenarbeitsvorschlag*

Sehr geehrte Damen und Herren,
die Tschechen wurden bereits mehr als ein Jahr vor Beginn des Zweiten Weltkrieges die ersten Opfer der nazistischen Gewaltherrschaft und wurden im wahrsten Sinne des Wortes aus ihren Heimen vertrieben (vyhnáni). Größtenteils mit einer kärglichen Habe, die sie schafften in ein Bündel zu schnüren und mitzunehmen. Dabei spielten sich viel schrecklichere Szenen ab, als im Laufe der sog. »wilden Vertreibung« (tzv. divokém odsunu) der Deutschen nach dem Mai 1945, die übrigens vom »Kreis« aufs schärfste verurteilt wird.
Mußte es überhaupt zu diesen tragischen Ereignissen des Jahre 1938 kommen? Die sog. Sudetendeutschen waren doch vor dem Münchener Diktat die Deutschen mit den größten bürgerlichen Freiheiten weltweit! Ihr habt aber diese Freiheiten wissentlich verstoßen und gerufen: »Heim ins Reich!« Damals lehntet Ihr alle ab, Bürger der ČSR zu sein!
Immer häufiger taucht z. Zt. eine vollkommen neue Idee auf: Sieben Jahrhunderte lang lebten innerhalb der Länder der böhmischen Krone Tschechen und Deutsche friedlich und in Eintracht nebeneinander. Der Nationalsozialismus brachte jedoch in die Entwicklung der tschechisch-deutschen Beziehungen etwas qualitativ Neues insofern ein, daß er das weitere Zusammenleben der Tschechen und Deutschen in einem Staatgebilde unmöglich machte!
Die Nazi-Greueltaten wurden nicht nur weltweit, sondern nach Kriegsende sogar von einem Großteil der Deutschen aufs schärfste verurteilt. Vor Kriegsausbruch präsentierten sich als erste Äußerungen dieses Wütens die Attacken der fanatisierten Sudetendeutschen gegen die Tschechen im Jahre 1938, die auch nachher fortgesetzt worden sind. Nach sechs schrecklichen Kriegsjahren legten während der sog. »wilden Vertreibung der Deutschen« im Jahre 1945 einige der Tschechen mit angeborener Brutalität ein ähnliches Gehabe an den Tag. Leider ahmten sie die Nazi-Deutschen nach! Es handelte sich dabei um eine kurzfristige Explosion der während des Krieges angehäuften Leidenschaften. Ließe sich das Leben quantifizieren, wurde den Tschechen tausendfach mehr zugefügt. Soweit zur Historie. Unser Kreis wurde keinesfalls zum Zweck der Auflistung der Opfer gegründet.
Unsere Ziele sind auf gutnachbarliche Beziehungen zu unserem Nachbarn – der Bundesrepublik Deutschland ausgerichtet. Wir sind deshalb bereit, als gleichberechtigte Partner die strittigen Fragen, die die Bürger und Regierungen unserer beider Staaten interessieren, auszudiskutieren. Auf tschechischer Seite besteht der gute Wille zu vergessen und die Zukunft ins Auge zu fassen.
Demgegenüber lehnt die Regierung der BRD die Entschädigung der Nazi-KZ- und Zuchthausopfer ab, obwohl es frühere BRD-Regierungen für Bürger aller Länder der Welt bereits getan hatten. Die Sudetendeutsche Landsmannschaft reißt alte Wunden durch absurde Ansprüche nicht nur in politischer Hinsicht auf: Heimatrecht und Volksgruppe mit dem

Selbstbestimmungsrecht, das auf die Abtrennung von der ČR hinzielt. Aber gleicherweise auf wirtschaftlichem Gebiet ist es der Ruf nach Eigentumsausgleich. Es scheint, als wäre der Beschluß der Pariser Konferenz über Reparationsverpflichtungen vom 21. 12. 1945 in Vergessenheit geraten. Die damalige ČSR sollte als Siegerstaat 360 Milliarden der damals dollarorientierten, sehr wertvollen Kronen als Reparationsleistungen für die durch das Nazideutschland verursachten Verwüstungen erhalten. Es blieb letztendlich bei lächerlichen 0,187 %.

Auf dem Wege des Rechts arrangierte sich die Potsdamer Konferenz in puncto der Niederlage Deutschlands u. a. mit der Entscheidung über die Abschiebung (rozhodnutím o odsunu) von 12 Millionen Deutschen aus den Ostgebieten. Diese wurden nach dem Kriege von der deutschen Regierung finanziell entschädigt.

Wahrscheinlich wäre es nicht müßig, sich diese Ausgangsrealitäten als Grundlage für den beidseitigen Dialog zu vergegenwärtigen. Wir freuen uns aufrichtig auf die Zusammenarbeit unserer Organisationen – die Mitglieder beider Vereine wurden doch (wenn auch unter differenzierten Umständen) gezwungen ihre Heime zu verlassen – und eben dies erleichtert die Annäherung unserer Organisationen. Wir bedanken uns im voraus für Ihre entgegenkommenden Schritte.

Mit freundschaftlichen Grüßen

Ing. Josef Jánský, Dr. phil. Pavel Macháček, Kreis der im Jahre 1938 aus dem Grenzgebiet vertriebenen (vyhnáných) Bürger der ČR

Anmerkungen:

1 Datum der Absendung lt. Angabe in »Zprávy z kruhu« (Nachrichten aus dem Kreis); Hsg. vom »Kreis . . .« (siehe Titel), Prag; Nr. 2/95; S. 9.
Kurzdarstellung in Radio Prag, deutsche Sendung vom 3. 8. 1994, 16.03 Uhr GMT.

2 Zur Organisationsbezeichnung ist zu präzisieren, daß es 1938 natürlich noch keine ČR gab.
Zur darüber hinaus darin enthaltenen Sachbehauptung:
Vgl. Habel: MVT.

3 Die Darstellung wurde auch an solchen Stellen unkommentiert belassen, an denen Auslassungen oder Falschaussagen vorliegen.

4 Der »Kreis . . .« gab an, trotz mehrfacher eingeschriebener Briefe erst unter dem Datum 11. 7. 1995 eine grundsätzlich zustimmende Antwort von SL-Sprecher Neubauer erhalten zu haben.
Trotz weiterer mehrfacher Kontaktversuche konnte jedoch auch bis (mindestens) April 1996 kein beiderseits akzeptabler Gesprächsort und -termin gefunden werden.
Vgl. »Zprávy . . .«, a. a. O.; auch Nr. 1/96; S. 2.

Quelle:
»Český-Böhmen EXPRESS – Monatsmagazin in tschechischer, slowakischer und deutscher Sprache«; Pilsen (W.Böhm.), Oktober 1994; S. 23.

****

Äußerungen des ČR-Außenministers Josef Zieleniec: **1994, 9. August**
Entschädigung tschechischer NS-Opfer

Der tschechische Außenminister Zieleniec hat eine Entschädigung der tschechischen Opfer der deutschen Besatzung[1] und Vermögensfragen[2] als die noch offenen Fragen der tschechisch-deutschen Beziehungen bezeichnet. Nach einem Bericht der Tageszeitung »Rude Pravo« vom Montag sagte Zieleniec, die »Unveränderlichkeit der Folgen des Zweiten Weltkriegs und die Zeitgrenze für die Rückgabe verstaatlichten (deutschen) Privateigentums vom 25. Februar 1948« blieben dagegen konstante Größen der tschechischen Außenpolitik. Die von dem tschechischen Präsidenten Havel ausgesprochene Entschuldigung für die Vertreibung von über drei Millionen Sudetendeutschen nach dem Zweiten Weltkrieg ist nach Ansicht des Ministers von Deutschland nicht angemessen beantwortet worden.[3]

Zieleniec sagte weiter, es sei notwendig, daß die Regierungen in Prag und in Bonn die Vergangenheit übereinstimmend auslegten . . .
1963 hatte der damalige Sprecher der Sudetendeutschen, Bundesverkehrsminister Seebohm, die Tschechen um Vergebung gebeten.[4] In tschechischen Medien wurde diese Entschuldigung jedoch niemals erwähnt.

Anmerkungen:

[1] Der tschechischen Öffentlichkeit war zu dieser Frage offensichtlich nicht vermittelbar bzw. vermittelt worden, daß
a) nach § 7 des Beneš-Dekretes Nr. 108 vom 25. 10. 1945 NS-Verfolgte Vorrang bei der Bedienung aus konfisziertem deutschem Vermögen haben sollten; zum Text: Siehe S. 565.
b) Leistungen der BR Deutschland an z. B. NS-Medizingeschädigte bereits vor 1989 erfolgt und in der ČSSR verschwiegen worden waren; zum Nachweis: Siehe S. 679.
c) weitere deutsche Leistungen nach 1989 erfolgt waren:
»Die deutsche Unterstützung (nur Bund) für den Reformprozeß in der ČSFR (eine haushaltsmäßige Aufschlüsselung nach Tschechischer bzw. Slowakischer Republik erfolgt erst ab Haushaltsjahr 1994) beläuft sich seit Ende 1989 einschließlich der in 1993 geplanten Verpflichtungen auf insgesamt 5,8 Mrd. DM. Diese Summe umfaßt u. a. Hermes-Exportbürgschaften, Kapitalanlagegarantien, technische Hilfe und Beratungsleistungen.«
Vgl. schriftliche Antwort des Staatsministers im Auswärtigen Amt Helmut Schäfer vom 15. 9. 1993 auf Anfrage von MdB Wittmann; Fotokopie im Besitz des Verfassers.
Zur legislativen Vorabbehandlung dieser Frage durch das ČR-Parlament: Siehe S. 988.

[2] Aus weiteren, hier nicht wiedergegebenen Äußerungen war zu entnehmen, daß dabei mindestens vorrangig an ČR-Ansprüche gegen Deutschland gedacht war.

[3] Siehe dazu im Bericht weiter unten.

[4] Am 2. 6. 1963; zum Text: Siehe S. 771.

Quelle:
FAZ; Nr. 183 v. 8. 9. 1994; S. 5.

****

Europagespräch in Alpbach (Tirol): Der slowenische Präsident Kucan und ČR-Präsident Havel über einen »europäischen Versöhnungspakt«: **1994, 22. August**

〈Vorbemerkung:
Die Präsidenten verschiedener Staaten Mitteleuropas waren 1993 auf Einladung des österreichischen Bundespräsidenten Klestil in Salzburg und 1994 auf Einladung des ČR-Präsidenten Havel im Schloß von Leitomischl (O.Böhm.)[1] *zu Gesprächsrunden zusammengetroffen.*
In dieser Gesprächsserie lud dann neuerlich Klestil seine Kollegen aus Deutschland, Italien, Liechtenstein[2]*, der Schweiz, Sloweniens, der Slowakei und der Tschechischen Republik zu einem »Europagespräch« nach Alpbach (Tirol) ein.*
Im Verlauf eines vom Österreichischen Rundfunk-Fernsehen übertragenen Gesprächs sagte dann der Slowene Kucan:〉
Ich glaube, daß die europäischen Staaten den Willen zur Zusammenarbeit, zur Übernahme gemeinsamer Verantwortung für die Zukunft so zum Ausdruck bringen könnten, daß sie eine – ich möchte es eine »gesamteuropäische Versöhnung« nennen – beschließen: Eine Versöhnung mit der Vergangenheit und eine Versöhnung unter den Völkern trotz der Vergangenheit, die sehr oft unfreundlich war, zum Zweck der Freundschaft.
Die Vergangenheit ist geschehen, man kann sie nicht mehr rückgängig machen oder korrigieren. Obwohl es in Europa sehr viele Politiker gibt, die meinen, daß in dieser Übergangsphase dieses Unrecht irgendwie wiedergutgemacht werden kann und die deshalb diese Übergangszeit zur Durchsetzung eigener Träume und Verwirrungen der Vergangen-

heit auszunutzen versuchen. Wir tragen nicht die Verantwortung für die Vergangenheit, sondern für die Zukunft. Und im Namen dieser gemeinsamen Zukunft müßte man eine solche Versöhnung versuchen.
In der Vergangenheit haben sich die europäischen Völker gegenseitig sehr viel Unrecht angetan. Man kann dieses Unrecht nicht korrigieren. Man kann aber andrerseits nicht mit der moralischen und politischen Hypothek dieses Unrechts leben – weder auf der Seite der Opfer noch auf der Seite jener, die dieses Unrecht zugefügt haben. Man kann das nur beseitigen, wenn man den Mut und die Gnade hat, um Verzeihung zu bitten – so wie das vor kurzem zu unser aller Bewunderung und Hochachtung Präsident Herzog in Polen getan hat. Andrerseits muß man auch bereit sein zu verzeihen.
Auch mein Volk, das in der Vergangenheit nie jemanden bedroht hat, war sehr oft Opfer aggressiver Begierden – auch seiner Nachbarn.
Ich glaube, wir könnten diesen Willen zur politischen Versöhnung vielleicht im Rahmen einer Deklaration im Europarat oder in der KSZE verwirklichen. Diese Deklaration müßte dann von den nationalen Parlamenten verabschiedet werden, die dann auch die moralische und rechtliche Verantwortung übernehmen. Das kommende Jahr – 50 Jahre Ende des Faschismus – wäre ein gutes Datum für eine solche Deklaration. Die Staaten, die wir hier vereinigt sehen, fühlen sich alle den gleichen Werten verbunden, und wir verfolgen auch die gleichen Ideen!
⟨Diesen Gedanken griff dann nicht der Italiener Scalfaro, der mit Slowenien wegen der italienischen Istrienvertriebenen von 1945 Probleme hatte, auf, sondern der Tscheche Havel. Er meinte:⟩
Mir scheint es, daß das Prinzip der Subsidiarität auch in den sogenannten bilateralen Fragen gelten sollte. Mir scheint es, daß es bestimmte Probleme gibt, die die einzelnen Länder untereinander haben und die sich lange dahinschleppen. Es scheint mir außerordentlich gefährlich zu sein, wenn diese Probleme dann auf die Ebene der EU übertragen werden. Denn dort ist das Finden eines Konsenses noch ungleich schwieriger als jetzt. Wenn die Länder untereinander gewisse Sorgen haben, dann sollen sie das untereinander regeln, das sollte aber keinen Einfluß haben auf ihre Mitgliedschaft oder ihren Zugang zur EU.
Die zweite Bemerkung: Wenn irgend so ein Dokument entstünde, das die europäischen Grundwerte artikulieren und verbreiten würde, so sollte dieses Dokument durchdrungen sein von jenem Geist der Versöhnung, von dem Herr Präsident Kucan gesprochen hat. Es scheint mir, daß eben jetzt, 50 Jahre nach dem Zweiten Weltkrieg, ein sehr geeigneter Zeitpunkt dafür gekommen ist. In einer Zeit, wo die Völker sich wieder ihre Geschichte vergegenwärtigen, sie reflektieren und wo viele früher unterdrückte Völker ihre Identität suchen, wäre es wichtig zu sagen, daß es bestimmte Ordnungen gibt, z. B. die Nachkriegszeit mit den damaligen Verträgen und Systemen. Man sollte sie nicht problematisieren und abreißen lassen, denn daraus könnte ein Orkan entstehen, und wir können nicht absehen, wo das endet. Das könnte sogar die harten Grundlagen, auf denen nach dem Krieg der Gedanke der europäischen Integration entstanden ist, zerstören. Das betrachte ich deshalb als sehr wichtig – und deshalb ist auch dieser Geist der Versöhnung so wichtig. Man soll wahrheitsgemäß alles benennen, was wer wem angetan hat, aber man sollte nicht von neuem die neuen Grenzen und Verträge und die Ordnung problematisieren, die nach dem Krieg geschaffen wurden.
. . .

Anmerkungen:
[1] Bundespräsident von Weizsäcker und seinem Büro war unbekannt, daß dieses Schloß im Jahre 1945 als Zwischen-KZ für rd. 2.000 Landskroner Deutsche vor ihrer Deportation über Auschwitz nach Sibirien diente.
Vgl. »Schönhengster Heimat«, ⟨*MHZ.*⟩, Ulm (Wttbg.); Jg. 44, Nr. 10 (Oktober 1995); S. 15.

In von Weizsäckers Memoiren wurde jedoch über die Gemäldeausstattung des Tagungsraumes berichtet und ein Gastgeschenk beschrieben.
Vgl. Weizsäcker, Richard von: »Vier Zeiten«; Berlin, 1997; S. 454–456.
[2] Über evtl. Gespräche des hier von ČR-Präsident Havel ganz selbstverständlich als nichtdeutschem Staatsoberhaupt anerkannten Regierenden Fürsten Hans Adam II. von Liechtenstein wegen seines von der ČSR 1945 konfiszierten Eigentums wurde m. W. nichts publiziert.
Siehe dazu S. 1108.

Quelle:
Wörtliche Niederschrift der TV-Diskussion; 20 ms. S., hier S. 6, 16 f.; Hervorhebung im Original. Fotokopie im Besitz des Verfassers.

****

Gesetz **1994, 23. September**[1]
der BR Deutschland
»über eine einmalige Zuwendung an die im Beitrittsgebiet[2] lebenden Vertriebenen«

§ 1 ⟨:⟩ Grundsatz
Die durch den Zweiten Weltkrieg und seine Folgen besonders betroffenen Vertriebenen erhalten eine einmalige Zuwendung. Die einmalige Zuwendung dient zugleich der innerstaatlichen Abgeltung[3] aller materiellen Schäden und Verluste, die mit den Ereignissen und Folgen des Zweiten Weltkrieges in Zusammenhang stehen.

§ 2 ⟨:⟩ Berechtigte
(1) Die einmalige Zuwendung wird an Vertriebene im Sinne des § 1 des Bundesvertriebenengesetzes gewährt, die nach der Vertreibung ihren ständigen Wohnsitz im Beitrittsgebiet vor dem 3. Oktober 1990 genommen und ihn dort bis zu diesem Zeitpunkt ohne Unterbrechung innegehabt haben. Ausgenommen sind Vertriebene, die nach dem 8. Mai 1945 rechtsbeständig Bodenreformland oder nach dem 3. Oktober 1990 eine Zuwendung aus Landesmitteln erhalten haben. Liegt die Zuwendung unter der Berechnung gemäß § 3, so wird der Unterschiedsbetrag gewährt.
(2) Die einmalige Zuwendung erhalten solche Vertriebene nicht, die vor oder nach Ende des Zweiten Weltkriegs einem totalitären System erheblich Vorschub geleistet oder durch ihr Verhalten gegen die Grundsätze der Menschlichkeit oder der Rechtsstaatlichkeit verstoßen haben.
. . .

§ 3 ⟨:⟩ Höhe der einmaligen Zuwendung, Gewährung der Leistung
(1) Die einmalige Zuwendung für jeden Berechtigten beträgt 4000 Deutsche Mark und wird durch Bewilligungsbescheid zuerkannt . . .
(2) Der Zuwendungsbetrag wird fällig
1. am 1. Januar 1994 für Berechtigte der Geburtsjahrgänge vor 1919,
2. am 1. Januar 1995 für Berechtigte der Geburtsjahrgänge vor 1925,
3. am 1. Januar 1996 für Berechtigte der Geburtsjahrgänge vor 1931,
4. am 1. Januar 1998 für alle übrigen Berechtigten.
. . .

Anmerkungen:
[1] Datum des Beschlusses; das Gesetz trat am 1. 10. 1994 in Kraft.
[2] D. h. die Länder der vormaligen DDR.
[3] Damit wurde eine zwischenstaatliche Entschädigung nicht präjudiziert.

Quelle:
SdZ; Nr. 40 v. 7. 10. 1994; S. 2.

****

ČR-Gesetz Nr. 217 **1994, 2. November**

»über die Gewährung einmaliger[1] Geldbeträge an einige Opfer der nazistischen Verfolgung«[2]

Nationale Diskriminierung sudetendeutscher NS-Opfer beibehalten

Im Bewußtsein
des unwiedergutmachbaren historischen Unrechts, das den Opfern nazistischer Verfolgung zugefügt wurde,
der Notwendigkeit, dieses Problem wegen des Alters der Personen, die von der nazistischen Verfolgung betroffen wurden, vorrangig zu lösen,
der Tatsache, daß dieses Gesetz keine Bedeutung für die Begleichung der Ansprüche von Bürgern der Tschechischen Republik hat, und das weder im Sinne geltender völkerrechtlicher Bestimmungen, noch im moralisch-politischen Bereich,
der Unmöglichkeit, mit Hilfe dieses Gesetzes alle Leiden zu lindern, welche Bürgern der Tschechischen Republik die nazistische Verfolgung zufügte
hat das Parlament dieses Gesetz der Tschechischen Republik beschlossen:

§ 1 Die betroffenen Bürger oder ihre Witwen, Witwer und Waisen haben unter den in diesem Gesetz festgelegten Bedingungen das Recht auf Gewährung einmaliger Geldbeträge, wenn sie im Zeitpunkt des Entstehens des Anspruches Bürger der ČR sind.

§ 2 Ein betroffener Bürger ist für die Zwecke dieses Gesetzes ein Bürger, der entsprechend einem besonderen Gesetz[3] tschechoslowakischer politischer Häftling ist.

§ 3 Der Anspruch auf die Gewährung einmaliger Geldbeträge steht zu
a) den betroffenen Bürgern, die für ihren Schaden keine Entschädigung eines anderen Staates erhielten[4],
b-d) ⟨*Regelung für Witwen und Witwer, sowie für Hingerichtete und Verstorbene und deren Witwen, Witwer und Waisen*⟩

§ 4 ⟨*Für jeden auch angefangenen Monat Haft Kč 2.300, im Todesfall Kč 100.000*⟩[5]

. . .

Anmerkungen:

[1] Zur laufenden Entschädigung (bei Rentnern):
Das Formblatt »Rentenbescheid« (rozhodnuti) des ČR-Sozialversicherungsamtes (Česká správa sociálniho zabezpečení), das 1997 im Gebrauch war, enthielt folgende Zeile:
»Erhöhung für . . . Jahr(e) Widerstandstätigkeit des Widerstandsteilnehmers . . . Kčs . . . monatl.«
Wiedergabe nach Formblatt mit Verwendungsdatum 1. 6. 1977; Fotokopie im Besitz des Verfassers.
Es wurde berichtet, daß derartige Zusatzzahlungen sowie Bevorzugung bei Wohnungszuteilung und bei Kuren auch im aktiven Arbeitsleben stehenden Tschechen zustünden.

[2] Zur (nicht weitergegebenen) Entschädigung der tschechischen Opfer von NS-Medizinversuchen: Siehe S. 679; zum Komplex der Entschädigung von tschechischen Zwangsarbeitern: Siehe S. 984.

[3] An dieser Stelle Fußnote:
»§ 2 Abs. 1 Ziff. 5 des Gesetzes Nr. 255/1946 Slg. über die Angehörigen der ČS-Armee im Ausland und einige andere Teilnehmer am nationalen Kampf um die Befreiung.«
Zum Text dieses Gesetzes, das Nicht-Staatsangehörige der ČSR aus dem Kreis der »Teilnehmer am nationalen Kampf« ausschloß: Siehe S. 690.
Damit wurde noch 1994 die nationale Diskriminierung (auch) deutscher NS-Gegner und Opfer aufrechterhalten.

[4] Aus dieser Bestimmung könnte abgeleitet werden, daß Entschädigungsleistungen der BR Deutschland vorlagen.

[5] Zur Beurteilung: Kurs (im November 1994) 1 DM = ca. 17 Kč.

Quelle:
ČR-Slg. 1994; Nr. 217 im 67. Stück v. 30. 11. 1994; S. 2112 f.

****

Rede[1] **1995, 17. Februar**
des ČR-Präsidenten Václav Havel:
Schlußstrich unter Entschuldigungen für unabänderbare Vergangenheit mit Vertreibung und Beneš-Dekreten

. . .
Unsere Generationen leben in einer Zeit, . . . in der eine neue internationale Ordnung mühsam zur Welt kommt, . . . in der sogar eine Suche nach einem neuen Geist des Zusammenlebens von Menschen, Völkern[2], Kulturen und ganzen Zivilisationskreisen auf diesem Planet vonstatten geht . . .
Es geht nicht nur darum, daß der bevorstehende fünfzigste Jahrestag des Endes des Zweiten Weltkrieges zum Nachdenken auffordert . . . Es geht auch nicht nur darum, daß der fünfte Jahrestag des Falls der Berliner Mauer sowie des Endes des Kalten Krieges . . . uns zur Überlegung veranlaßt, was die jüngsten Ereignisse . . . bedeuten und vor welche Aufgaben[2] sie uns stellen. Es geht um mehr: Wir müssen alle diese Geschehnisse in den breiteren und tieferen geschichtlichen Kontext setzen . . .
Ich möchte mit ein paar Bemerkungen zu den tschechisch-deutschen Beziehungen dazu beitragen . . .
⟨*Havel schilderte dann die ambivalente Bedeutung Deutschlands für die Tschechen. Ohne die Art des Kommens der Deutschen zu erwähnen, charakterisierte er ihr*⟩ tausendjähriges Zusammenleben . . . in einem Staatsgebilde, . . . unserem Land, . . . dem Königreich Böhmen ⟨*mit*⟩ internationaler Stellung ⟨*als*⟩ nicht immer idyllisch oder einfach ⟨*, aber*⟩ in einer besonderen Art schöpferisch, . . . so daß man sogar von einer Art Symbiose sprechen kann. ⟨*Zur Zeit ab etwa 1800 seien schon*⟩ viele Bücher geschrieben worden . . .
Ich werde mich deshalb auf die Zusammenfassung einiger weniger allgemeiner Fakten beschränken, die meiner Meinung nach außer Zweifel stehen und die, wie es scheint, heutzutage von der tschechischen Seite erneut betont werden sollten.

1) Wenn zuweilen jemand behauptet, daß die Tschechoslowakische Repubik – als Ergebnis des Selbstbewußtwerdens und Selbstbefreiungsstrebens der Tschechen und der Slowaken und als Produkt des Friedens von Versailles – ein Irrtum[3] und dadurch die Ursache der späteren Katastrophen wäre, verrät er bloß seine eigene Unkenntnis. Die Entstehung der Republik ist nicht nur auf den Realismus zurückzuführen, welcher den Bestrebungen der Tschechen und der Slowaken Rechnung trug, ihre Eigenständigkeit zu entfalten, sich von der Vorherrschaft der österreichisch-ungarischen Monarchie, die ihnen keine angemessene Stellung bot, zu befreien und ihre neue, lebensfähige staatliche Existenz auf ihrer Verbindung in einem Staat[3] zu bauen. Nicht weniger wichtig, wenn nicht noch wichtiger, war die Tatsache, daß hier planmäßig ein moderner, demokratischer, liberaler Staat gegründet wurde, der auf denjenigen Werten beruhte, zu denen sich jetzt das ganze demokratische Europa bekennt, und in welchen es seine Zukunft sieht. Die Gründer dieses Staates nahmen an, daß er sich – vor dem Hintergrund einer sich sowohl innenals auch außenpolitisch stabilisierenden Situation – zu einem wahren Bürgerstaat[3] entwickeln und sich auf die schöpferische Zusammenarbeit all seiner Bürger und auf Respekt der einen für die nationale Eigenständigkeit der anderen stützen würde. Die Tschechoslowakische Republik hatte natürlich auch ihre Mängel – z. B. brachte sie nie eine völlig zufriedenstellende Lösung ihrer Nationalitätenprobleme[3] zustande; die Ursache dieser Mängel lag jedoch nicht in den Werten, welche ihr in die Wiege gelegt wurden und ihr den Weg wiesen, den sie gehen sollte, sondern in der Unfähigkeit einiger politischer Kräfte, großzügig und im Geiste jener Werte kleine Innenprobleme zu bewältigen, bevor sie von Feinden der Freiheit zu großen Außenproblemen gemacht wurden . . .
2) Es wäre eine gefährliche Vereinfachung, wenn man das tragische Ende des tausendjährigen Zusammenlebens der Tschechen mit den Deutschen ausschließlich in der Aus-

siedlung der Deutschen nach dem Krieg sähe. Ohne Zweifel stellte die Aussiedlung das physische Ende dieses Zusammenlebens in einem gemeinsamen Staat dar, denn dadurch ging das Zusammenleben in der Tat zu Ende. Der tödliche Schlag, der es verursachte, wurde ihm jedoch durch etwas anderes versetzt, und zwar durch ein fatales Versagen eines großen Teils unserer Bürger deutscher Nationalität, die der in Hitlers Nationalsozialismus[4] verkörperten Diktatur, Konfrontation und Gewalt den Vorzug vor Demokratie, Dialog und Toleranz gaben. Während sie sich auf ihr Recht auf Heimat beriefen, sagten sie sich in Wirklichkeit von ihrer Heimat los ... So mangelhaft die Lösung der Nationalitätenfrage in der Vorkriegs-Tschechoslowakei auch gewesen sein mag, kann sie dieses Versagen nie rechtfertigen. Diejenigen, die es begingen, stellten sich nicht nur gegen ihre Mitbürger, gegen die Tschechoslowakei als Staat und gegen ihr eigenes Bürgerrecht in diesem Staat, sondern auch gegen die Grundlagen der Menschlichkeit selbst. Sie nahmen eine perverse rassistische Ideologie an und begannen auch gleich mit deren praktischen Anwendung ...

Wir können unterschiedliche Ansichten über die Nachkriegs-Aussiedlung haben – meine eigene kritische Haltung ist allgemein bekannt –, wir können sie jedoch nicht aus dem geschichtlichen Kontext lösen. Wir können sie nicht getrennt sehen von all den Schrecken, die sich davor abgespielt hatten und ihre Ursachen darstellten ..., daß das Böse ansteckend ist und daß das Böse der Aussiedlung nur eine traurige Folge des ihr vorausgegangenen Bösen war. Darüber, wer als erster den Dschinn eines tatsächlichen Nationalhasses aus der Flasche ließ, kann kein Zweifel bestehen. Und wenn wir – als Tschechen – unseren Teil der Verantwortung in den böhmischen Ländern anerkennen sollen, müssen wir der Wahrheit halber auch sagen, daß wir uns zwar von dem heimtückischen Virus der ethnischen Auffassung von Schuld und Bestrafung anstecken ließen, daß wir diesen Virus jedoch nicht – wenigstens nicht in dessen moderner verheerenden Form – in unser Land gebracht haben.

3) Meine dritte Bemerkung zum Thema Ende des tschechisch-deutschen Zusammenlebens bezieht sich auf das Münchner Abkommen. Ich bin nicht sicher, ob es einigen Menschen, insbesondere auf der deutschen Seite, genügend bewußt ist, daß München nicht bloß eine ungerechte Lösung einer strittigen Minderheitsfrage, sondern die letzte und in gewisser Hinsicht ausschlaggebende Konfrontation der Demokratie mit der Nazidiktatur war. Damals kapitulierte die Demokratie vor der Diktatur und öffnete ihr dadurch den Weg zu jenem unerhörten Anschlag auf all die grundlegenden Werte der Zivilisation, sogar auf das eigentliche Wesen der menschlichen Koexistenz – wohl dem schwersten Schlag dieser Art, der in der Geschichte geführt wurde ... Während im militärischen Sinne der Weltkrieg mit dem Überfall Polens begann, begann er politisch ohne Zweifel mit dem Münchner Diktat ... Die Mitwirkung so vieler unserer damaligen deutschen Mitbürger an der Vorbereitung Münchens sowie an dessen Folgen kann deswegen nicht auf einen Kampf für deren Minderheitsrechte reduziert werden. Damals ging es weder um die böhmischen Deutschen noch allein um eine Verstümmelung der Tschechoslowakei als Vorspiel zu deren späteren Okkupation. Damals wurde ganz unzweideutig und auf internationaler Ebene der menschlichen Freiheit und Würde der Kampf angesagt. Waren die deutschen Nazi-Gegner nicht die ersten, an denen sich die Nazis in Böhmen rächten? Für manche Deutsche, insbesondere für diejenigen, die durch die Aussiedlung betroffen wurden, mag es vielleicht bis heute nicht einfach sein, dies zuzugeben, ebenso wie es für manche Tschechen, die dazu noch durch die Jahrzehnte der Unfreiheit gehandikapt sind, während derer dieses Thema tabu war, nicht einfach ist, zuzugeben, welchen Schaden sie der Demokratie und dadurch auch sich selbst angetan haben, indem sie die Idee der Vertreibung der Deutschen von deren Heimat nach dem Krieg annahmen ...

4) ... Wovon sollen wir ausgehen, wenn wir eine neue Beziehung zwischen unseren Völkern aufbauen wollen? Welchen Weg sollen wir gehen?

Vor allem sollten wir versuchen, uns darauf zu einigen, welche Rolle eigentlich der Vergangenheit beizumessen ist. Auf keinen Fall können wir sie vergessen ... Wir müssen unsere Vergangenheit und unsere Geschichte kennen und unsere eigene Meinung dazu bilden. Das bedeutet jedoch nicht, daß wir uns in unsere Geschichte zurückversetzen müssen, daß wir versuchen sollten, uns in unsere Vorfahren zu verwandeln ... ⟨*Dieses Verhalten würde hinlenken*⟩ zu dem Prinzip einer endlosen Fortführung der Blutrache, wenn neue Generationen von Enkeln immer wieder andere Enkel für Verbrechen bestrafen, die die Großväter der letzteren an den Großvätern der ersteren begangen haben.
Übereinstimmung in dieser Angelegenheit könnte mehrere bedeutende Folgen haben. Vor allem würde es bedeuten, daß die Zeit der Entschuldigungen zu Ende geht und eine Zeit der sachlichen Suche nach der Wahrheit kommt. Die Bedeutung der Worte, mit welchen sich die Vertreter des demokratischen Deutschlands bei allen Völkern sowie bei den eigenen Bürgern für das, was der Nationalsozialismus ihnen angetan hat, entschuldigten, war groß und hat den Weg zu einem neuen Zusammenleben geebnet. Alles, was unsererseits über die Nachkriegsaussiedlung gesagt wurde, hat dasselbe Ziel verfolgt. Jetzt sind wir aber nach meinem Dafürhalten bereits weiter fortgeschritten. Jetzt bedarf es einer sachlichen und unvoreingenommenen Analyse und der Fähigkeit, daraus brauchbare Erkenntnisse zu gewinnen.
Kurz gesagt, es ist erforderlich, ein für allemal klar zu sagen, was in die Geschichte gehört und als Geschichte behandelt werden sollte.
...
Eine solche Vorgehensweise bringt auch weitere praktische Folgen mit sich.
Vom tschechischen Standpunkt gesehen gehört zu deren bedeutenden und logischen Konsequenzen eine eindeutige Ablehnung aller Versuche, aus längst vergangenen historischen Ereignissen oder Ungerechtigkeiten einen ganzen Komplex von aktuellen politischen oder rechtlichen Forderungen und Ansprüchen herauszuholen, welche selbst die Grundlage der Nachkriegsordnung Europas in Frage stellen ...
Wenn eine Schuld in Form von Entschädigung der verbleibenden Opfer der Nazi-Willkür zu begleichen bleibt, so soll sie bezahlt werden. Aber keine Geldsumme in keiner Währung wird je all das wiedergutmachen, was wir oder unsere Vorfahren durch das Verschulden des Nationalsozialismus durchmachen mußten. ⟨*Deswegen*⟩ halten wir all die Versuche, von uns entweder in materieller oder anderer Form Ersatz für die Nachkriegsaussiedlung[5] zu verlangen, für um so absurder. Der Nationalsozialismus, München, der Krieg und all dessen bittere Früchte gehören in die Geschichte und das einzige, was wir tun können und auch tun wollen, ist, uns zu bemühen, diese Geschichte zu begreifen und alles dafür zu tun, daß sie sich nie mehr wiederholt ... Wir haben versucht, unseren Teil der Verantwortung für all das Ungute, was nach dem Krieg geschah, zu beschreiben, aber wir haben nicht die geringste Absicht, die Geschichte zurückzudrehen, unsere vor langer Zeit legitim durch das Parlament angenommenen Rechtsakte – über welche die darauffolgende Geschichte bereits Schichten ganz anderer Akte angehäuft hat – aufzuheben[6], neue Stürme im Bereich der Eigentumsverhältnisse ausbrechen zu lassen und dadurch all den bösen Geistern der Vergangenheit den Weg zu ebnen ... Was die Aussiedlung betrifft, müssen wir die unangenehme Wahrheit zugeben und dabei keine Rücksicht darauf nehmen, welche verrückten Folgerungen jemand aus unseren Worten ziehen mag ...
Diejenigen, die aus unserem Land einst vertrieben oder ausgesiedelt wurden, sowie deren Nachkommen sind bei uns willkommen, ebenso wie alle Deutschen hier willkommen sind. Sie sind willkommen als Gäste, die das Land, in dem Generationen ihrer Vorfahren gelebt haben, in Ehren halten, die Stätten betreuen, an die sie sich gebunden fühlen, und als Freunde mit unseren Bürgern zusammenarbeiten ...

So wie die Zeit der Entschuldigungen und der Aufstellung von Rechnungen für die Vergangenheit enden, und die Zeit einer sachlichen Debatte über sie beginnen sollte, muß auch die Zeit der Monologe und einsamer Aufrufe enden und durch eine Zeit des Dialogs ersetzt werden. Der Dialog hat ja schon seit langem begonnen – unter Bürgern, örtlichen Selbstverwaltungsbehörden, Historikern und sogar unter Politikern. Ich bin ein Befürworter dessen ständiger Erweiterung und Vertiefung. Es muß jedoch ein wahrer Dialog sein. Das heißt, daß wir Informationen, Erfahrungen, Kenntnisse, Analysen, Anregungen und Programme austauschen, sie vergleichen, Einklang suchen und all das Gute in die Tat umsetzen, worauf wir uns einigen, ohne daß sich entweder der eine oder der andere – nicht einmal andeutungsweise – als eine Geisel des anderen, oder eine Geisel unserer unheilvollen Geschichte fühlt.
Mit anderen Worten gesagt, die Zeit der Konfrontation muß ein für allemal zu Ende gehen, und eine Zeit der Kooperation beginnen. Je unzweideutiger sich die Beteiligten auf beiden Seiten zu der Idee des Bürgerstaates und der Bürgergesellschaft bekennen, desto besser wird ihre Zusammenarbeit gedeihen.

. . .

⟨7⟩

Anmerkungen:

1 Die Rede trug den Titel »Die Tschechen und die Deutschen auf dem Weg zur guten Nachbarschaft« und wurde in der Prager Karlsuniversität gehalten.

2 In den Reaktionen auf die Rede wurde Havel u. a. vorgeworfen, gerade diesen von ihm früher (siehe S. 960) eindringlich hergestellten Kontext zwischen der eigenen Geschichte (= Vertreibung der Sudetendeutschen 1945/46) und den Maßstäben neuer internationaler Ordnung (= aktuelle Vertreibungen in Jugoslawien) übersehen zu haben.

3 Der »Irrtum« lag wohl bei Havel selbst, der – sicherlich nicht aus Unkenntnis – ab dieser Stelle seiner Rede durch das Verschweigen der selbstbestimmungswidrigen Einbeziehung der Sudetendeutschen in die ČSR 1918/19 die gesamte spätere Entwicklung (»ein Staat«, »Bürgerstaat«, ungelöste »Nationalitätenprobleme«) mindestens einseitig, wenn nicht falsch darstellte.

4 Zur früheren ambivalenten Meinung Havels 1990: Siehe S. 887.

5 Ein Schadensersatz für ihre Vertreibung an sich war seitens offizieller Vertreter der Sudetendeutschen m. W. nie verlangt worden.

6 Anscheinend gemeint: Der Komplex der sog. Beneš-Dekrete; siehe dazu S. 576 ff.

7 Die Rede fand in der ČR ein zustimmendes, in Deutschland ein vornehmlich ablehnendes Echo: Die Bayerische Staatsregierung bezeichnete die Rede als »enttäuschend und nicht zukunftsgerichtet« und ließ verlautbaren:
»Die Staatsregierung tritt für eine umfassende und die Verantwortung beider Seiten einschließende Aufarbeitung der Vergangenheit ein. Wenn aber jetzt einseitig das angebliche ›fatale Versagen eines großen Teils unserer Bürger deutscher Nationalität‹ in den Mittelpunkt gerückt wird und damit der früher erhobene Kollektivschuldvorwurf erneut aufscheint, ist das kein Beitrag zur Verständigung. Solche Äußerungen widersprechen der geschichtlichen Wahrheit und werden deshalb von der Staatsregierung zurückgewiesen. Einseitige und pauschale Schuldzuweisungen verkennen, daß den Sudetendeutschen in der ersten Tschechoslowakischen Republik ihre Rechte als Volksgruppe verweigert wurden.« Als unhaltbar bezeichnet die Staatsregierung auch die »Ablehnung jeglicher Wiedergutmachung – auch der moralischen – für deutsche Opfer tschechischer Unrechtstaten. Wenn für deutsches Unrecht Ersatz gefordert wird, sollte dies für tschechisches Unrecht nicht einfach verweigert werden, damit der Weg zur Aussöhnung, den die Bayerische Staatsregierung und vor allem auch die Sudetendeutschen gehen wollen, nicht behindert wird.«
Vgl. »Bayernkurier«, ⟨*WZ., P.O. d. CSU*⟩, München; Jg. 46, Nr. 8 v. 25. 2. 1995; S. 2.

Quelle:
SdZ; 28. 4. und 5. 5. 1995; jeweils S. 3 f.

****

Entscheidung des ČR-Verfassungsgerichtes: **1995, 8. März**
Antrag auf Aufhebung des Beneš-Dekretes Nr. 108/1945 abgelehnt

Das Verfassungsgericht hat im Plenum ⟨*folgen Namen*⟩ in der Sache des Antrages Rudolf Dreithaler ⟨*folgen Anschrift und Anwalt*⟩ auf Aufhebung des Dekretes des Präsidenten der Republik Nr. 108/1945 Slg. über die Konfiskation des feindlichen Vermögens und über die Fonds der nationalen Erneuerung[1] unter Beteiligung der Abgeordnetenkammer des Parlaments der Tschechischen Republik als Verfahrensteilnehmer und der Nebenteilnehmer ⟨*folgen Namen, Anschriften und Anwälte*⟩ wie folgt entschieden:
Der Antrag wird abgelehnt.

Begründung

Der Antragsteller Rudolf Dreithaler stellte unter Hinweis auf § 74 des Gesetzes Nr. 182/1993 Slg.[2] neben einer Verfassungsbeschwerde gegen das Urteil des Kreisgerichts in Aussig a. d. Elbe, Nebenstelle Reichenberg, vom 26. 10. 1993, Az.: 29 Co 647/93–30, gleichzeitig auch einen Antrag auf Einleitung eines Verfahrens gemäß § 64 Abs. 1 Buchst. d) des zitierten Gesetzes. In seinem Antrag führte er aus, daß die Erklärungen des Kreisgerichts in Aussig an der Elbe, das Dekret Nr. 108/1945 Slg.[1] sei ein gültiger Bestandteil »unserer Rechtsordnung« und dieses Dekret sei als »der Gesetzesakt, auf dessen Grundlage das Vermögen konfisziert wurde«, anzusehen, im Widerspruch sowohl zum derzeit als auch zu dem im Jahre 1945 geltenden Verfassungsrecht stehen. Nach der Verfassungsurkunde aus dem Jahr 1920[3] habe die gesetzesgebende Gewalt nur der Nationalversammlung und ihren beiden Kammern oblegen. ⟨*Es folgte eine Darstellung der Regelung für den Zeitraum zwischen Legislaturperioden gemäß § 54 der ČSR-Verfassung von 1920.*⟩
Kein anderes Verfassungsorgan, außer der ebengenannten Nationalversammlung bzw. ihrem vierundzwanzig Mitglieder starken Exekutivausschuß, habe gesetzgebende Gewalt innegehabt. Es komme also gar nicht darauf an, ob Dr. Edvard Beneš in der entscheidenden Zeit, in der er die Dekrete verfaßte, überdies Präsident gewesen sei (Präsident war er nach der Rechtsauffassung des Antragsstellers nicht und konnte es auch nicht sein, da er am 5. 10. 1938 zurückgetreten[4] und ihm ein anderer rechtmäßig gewählter Präsident der Tschechoslowakischen Republik nachgefolgt sei), denn weder als Privatperson noch als Präsident der Tschechoslowakischen Republik habe er gesetzesgebende Gewalt besessen. Jedwede von ihm erlassenen Akte seien also allenfalls Verwaltungsakte der Regierungs- oder Exekutivgewalt gewesen, die zudem in Widerspruch zum damals gültigen Verfassungsrecht gestanden hätten und somit von Anfang an nichtig gewesen seien[5] ... Das Dekret Nr. 108/1945 Slg., das im zitierten Urteil des Kreisgerichtes in Aussig a. d. Elbe, Nebenstelle Reichenberg, Anwendung fand, widerspreche den Artikeln 2, 3, 4, 11 und 24 der Charta der Menschenrechte und Grundfreiheiten[6], welche die Anwendung und Grenzen der Staatsgewalt, die Nationalitätenrechte, die Grenzen der Grundrechte und -freiheiten, wie auch das Recht auf Eigentum betreffen.
Aus allen diesen Gründen beantragt der Antragsteller, das Verfassungsgericht möge das Dekret Nr. 108/1945 Slg. zu einem von Anfang an nichtigen Akt erklären. Falls das Verfassungsgericht entgegen den Rechtsgrundsätzen der zivilisierten Gesellschaften Europas meint, es handele sich um einen Rechtsakt, ja sogar um ein Gesetz, wird beantragt, diese Rechtsnorm aufzuheben.
...
Die Abgeordnetenkammer der Tschechischen Republik, vertreten durch ihren Vorsitzenden PhDr. Milan Uhde erklärte, daß das Dekret des Präsidenten der Republik Nr. 108/1945 Slg. im Rahmen der Kompetenzen des Staatsoberhauptes zu einer Zeit erlassen worden sei, in der die Nationalversammlung noch nicht konstituiert gewesen sei und einen gültigen Be-

standteil unserer Rechtsordnung darstelle. Die Berechtigung des Präsidenten der Republik, während der Geltung der provisorischen Staatsordnung in unvermeidlichen Fällen auf Vorschlag der Regierung Vorschriften in Form von Dekreten, die vom Ministerpräsidenten bzw. von den für ihre Durchführung zuständigen Ministern gegengezeichnet worden seien, zu erlassen, wodurch Gesetze geändert, aufgehoben oder neu erlassen worden seien, sei durch das Verfassungsdekret des Präsidenten der Republik vom 15. 10. 1940[7] . . ., gegeben gewesen. Alle Dekrete des Präsidenten der Republik seien schließlich durch die Provisorische Nationalversammlung der Tschechoslowakischen Republik gebilligt worden, und zwar durch Verfassungsgesetz Nr. 57 vom 28. 3. 1946[7], durch das alle Dekrete des Präsidenten der Republik verabschiedet und ihnen Gesetzeskraft verliehen worden sei. Die Dekrete des Präsidenten der Republik seien also auf verfassungsmäßige Art und Weise erlassen und gebilligt worden und seien ein gültiger Bestandteil unserer Rechtsordnung.

. . .

Die erste Grundsatzfrage in der Verhandlung ist die Frage, ob das angefochtene Dekret des Präsidenten der Republik, das Dekret vom 25. 10. 1945 Nr. 108/1945 Slg.[1] . . . im Rahmen der legitim festgelegten Kompetenzen erlassen wurde, oder umgekehrt, wie der Antragsteller behauptet, es hierzu in Widerspruch zu den rechtsstaatlichen Grundsätzen kam, weil seine Verabschiedung durch das Organ der Exekutivgewalt in Widerspruch zu damals geltendem Verfassungsrecht erfolgte. In diesem Zusammenhang ist festzustellen, daß das Fundament, auf dem die Rechtsordnung der Tschechoslowakischen Republik ruhte, durch das Gesetz Nr. 11 vom 28. 10. 1918 über die Errichtung eines selbständigen tschechoslowakischen Staates[8] gebildet wurde.

Wie bereits festgestellt, wurde in der Verfassungsurkunde von 1920[3] der Grundsatz der demokratischen Legitimität der Staatsordnung verankert, ein Grundsatz, der bereits in der Präambel dieser Urkunde (»denn wir wollen dem Völkerbund als gebildetes, friedliebendes, demokratisches und fortschrittliches Mitglied beitreten«) die Bindung an das Wertesystem bekräftigte, das die Grundlage auch der Völkerrechtsordnung bildet. Dieses Wertefundament der Verfassungsurkunde von 1920 und ihre Offenheit gegenüber dem Völkerrecht wird auch ohne jeden Zweifel durch ihre Regelung der Grundrechte und -freiheiten, wie auch ihre Regelung des Schutzes für die nationalen, religiösen und rassischen Minderheiten dokumentiert[9]. Diese Wertanschauung[9], wie sie sich während des Zweiten Weltkrieges und kurz danach herausgebildet hatte, beinhaltete im Gegenteil die Überzeugung von der Unerläßlichkeit der Verfolgung des nazistischen Regimes und der Entschädigung oder zumindest Linderung des durch dieses Regime und die Kriegsereignisse verursachten Schadens.

Auch in dieser Richtung widerspricht also das Dekret des Präsidenten der Republik Nr. 108/1945 Slg. . . . »nicht den in diesem Jahrhundert geltenden Rechtsgrundsätzen der zivilisierten Gesellschaften in Europa«, sondern ist ein sich auch auf internationalen Konsens stützender Rechtsakt seiner Zeit.

⟨*Es folgten längere Darstellungen zur ČSR-Exil-Regierung und deren Tätigkeit ab 1938/1940.*⟩

Aus der Sicht der formalen Rechtskontinuität, d. h. der Anknüpfung an die Rechtsordnung vor München besitzt auch das Verfassungsdekret vom 3. 8. 1944 Nr. 11 des tschsl. Amtsbl. (veröffentlicht unter Nr. 30/1945 Slg.) über die Erneuerung der Rechtsordnung[10], das sowohl die »inländischen Vorschriften« als auch die »Vorschriften der ausländischen Staatsordnung« behandelte, grundsätzliche Bedeutung. Dieses Dekret unterscheidet zwischen drei Arten von Rechtsvorschriften, nämlich den tschechoslowakischen Verfassungsvorschriften und anderen Rechtsvorschriften bis 29. 9. 1938 (Recht vor München), weiter den im Bereich der tschechoslowakischen Rechtsordnung (d. h. auf dem Territorium der ČSR) während der Zeit der Unfreiheit (also vom 30. 9. 1938 bis 4. 5. 1945) durch die Organe der zweiten Republik, des Deutschen Reiches, des Protektorats und der Slowakischen Republik erlassenen Vorschriften (Recht aus der Zeit der Unfreiheit) und schließlich den in Form von Dekreten des Präsidenten der Republik gemäß der Londoner Verfassung erlassenen Vorschriften (Recht der ausländischen Staatsordnung)... Aus der Sicht der zu behandelnden Sache ist aber wichtig, was dieses Dekret in Artikel 2[11] über die Vorschriften der »ausländischen Staatsordnung« bestimmt: Wenn diese Vorschriften Gesetzeskraft besitzen, sind sie ein Bestandteil der tschechoslowakischen Rechtsordnung, sie unterliegen aber der Ratihabition[12], d. h. der Zustimmung durch die zuständigen Verfassungsrepräsentanten.

...

Bei der Beantwortung der weiteren Behauptung des Antragstellers, daß nämlich das Dekret Nr. 108/1945 Slg., sowie andere von Dr. Edvard Beneš erlassene Dekrete den Rechtsgrundsätzen der zivilisierten Gesellschaften in Europa widersprächen und deshalb gar nicht als Rechts-, sondern als Gewaltakte zu betrachten seien, mit anderen Worten, daß sie überhaupt den Rechtscharakter vermissen ließen, ist es notwendig, und zwar auch grundsätzlich, das entscheidende Moment für jede Bewertung der Vergangenheit zu betonen: Was immer aus der Vergangenheit kommt, muß zwar aus der Sicht der Gegenwart prinzipiell wertemäßig bestehen, diese Bewertung des Vergangenen darf jedoch nicht zur Verurteilung der Vergangenheit durch die Gegenwart führen. Mit anderen Worten: Eine vergangene Ordnung kann nicht von einer gegenwärtigen verurteilt werden, die weitere Erfahrungen gemacht hat, aus diesen Erfahrungen Nutzen zieht und einige Erscheinungen mit zeitlichem Abstand betrachtet und bewertet. Aus diesem Blickwinkel betrachtet und im Kontext aller Zusammenhänge und Ereignisse während der Nazi-Okkupation und der unmittelbaren Folgezeit ist auch das Dekret vom 25. 10. 1945 Nr. 108/1945 Slg. ... zu beurteilen, das nichts anderes als eine Maßnahme in dieser historischen Situation und auf der Basis der damals gültigen Rechtsordnung darstellt...

Eine weitere Grundsatzfrage ist, ob zwischen der Zielsetzung, nämlich dem Ausbau eines demokratischen Rechtsstaates und dem angewandten Mittel, in unserem Falle der Konfiskation des feindlichen Vermögens, eine notwendige, sachgerechte, wechselseitige Beziehung besteht, mit anderen Worten, ob das angewandte Mittel der Zielsetzung entspricht, oder ob zwischen ihnen ein solches Verhältnis besteht, daß das angewandte Mittel im Verhältnis zum Ziel unangemessen erscheint...

Was die o. g. Frage angeht, ist zu betonen..., daß der maßgebliche Gesichtspunkt bei der Bestimmung der Subjekte des konfiszierten Vermögens ihre Feindschaft gegenüber der Tschechoslowakischen Republik oder dem tschechischen oder slowakischen Volke ist, eine Tatsache, die im Falle der unter § 1 Abs. 1 des Dekretes angeführten Subjekte, – d. h. Deutsches Reich... ⟨*es folgten die anderen juristischen Personen; siehe Dekrettext S. 563*⟩ – unwiderlegbaren Charakter hat, dagegen bei den in § 1 Abs. 1 Nr. 2 des Dekretes angeführten Subjekten, d. h. bei natürlichen Personen deutscher oder ungarischer Nationalität einen widerlegbaren[13] Charakter und zwar dahingehend, daß das Vermögen dieser Personen dann nicht konfisziert wird, wenn sie nachweisen, daß sie der Tschechoslowakischen Republik treu geblieben sind, sich niemals an dem tschechischen und slowakischen Volke vergangen haben und sich entweder aktiv am Befreiungskampf beteiligt oder unter dem nazistischen oder faschistischen Terror gelitten haben. Das Feindverhältnis ist also im Dekret Nr. 108/1945 Slg. nicht auf der Grundlage der Nationalität konzipiert, denn als Feind gilt hier in erster Linie das nazistische oder faschistische System, und zwar, wie bereits angeführt, unwiderleglich, und das Objekt, das es zu verteidigen gilt, ist hier vor allem die demokratisch-republikanische Staatsform... Als Trennungslinie gilt hier, auf welcher Seite jemand stand: Deshalb wird auch derjenige nicht als Feind angesehen, der, obwohl deutscher Nationalität, aktiv für die Verteidigung der Demokratie eingetreten war oder selbst durch das totalitäre Regime betroffen war[14]...

... Von Anfang an ist hier zu betonen, daß es sich auch bei Personen deutscher Nationalität

nicht um eine »Schuldvermutung«, sondern um eine »Verantwortlichkeitsvermutung« handelt. ... Für die Bestimmung der Kategorie der Verantwortlichkeit ist das Bewußtsein maßgeblich, daß der einzelne für seine Lebensmaximen, für seine sozialen und Werteentscheidungen selbst verantwortlich ist ... Zum Schicksal jedes Menschen gehört, daß er in Machtverhältnisse eingebunden ist und aus dieser seiner Stellung erwächst die Verantwortlichkeit, für diejenige Macht einzutreten, die die Menschenrechte[15] verwirklicht. Der Grund für das Entstehen einer sozialen, politischen, moralischen und in einigen Fällen auch rechtlichen Verantwortlichkeit ist eben auch die Vernachlässigung der Mitwirkung bei der Gestaltung der Machtverhältnisse, Untätigkeit im Machtkampf im Sinne des Dienstes für das Recht ...
⟨*Es folgten längere Ausführungen, mit denen die N. S.-*⟩Konzentrationslager und Massenmorde ⟨*der kollektiven*⟩ Verantwortlichkeit ... des deutschen Volkes ⟨*zugewiesen wurden. Zu den Sudetendeutschen hieß es:*⟩
Das gilt auch für die deutschen Bürger in der Vorkriegs-Tschechoslowakei und zwar besonders für sie, denn der Brand, der durch den Nazismus entflammt war, war das Werk des überwiegenden Teiles ihres Volkes und seiner Führer. Um so mehr hätten sie ihre Treue der Tschechoslowakischen Republik gegenüber, deren Staatsbürger sie waren, bekunden sollen, ihre Treue zum vielleicht letzten demokratischen System in Mitteleuropa[16], und hätten diese Treue zu ihrem politischen Grundprinzip erheben sollen.
Wie war es tatsächlich? ... Der tschechisch-deutsche Konflikt, ... in den krisenreichen Dreißiger Jahren ... inhaltlich schon ein Konflikt zwischen Demokratie und Totalitarismus, endete für die Tschechoslowakische Republik erst durch das Münchner Abkommen katastrophal mit u. a. der Folge des zwangsweisen Wegganges (nucený odchod) von etwa einer halben Million Tschechen aus den Grenzgebieten in den Rest der Republik[17]. Während die Tschechoslowakische Republik nur als Objekt dieses Abkommens behandelt wurde, läßt sich dies für die Bürger der Tschechoslowakei deutscher Nationalität nicht feststellen. Sie wirkten bei der Abtretung der Grenzgebiete von der Tschechoslowakei und ihre Eingliederung in das Deutsche Reich als bedeutende Akteure, bedeutend deshalb, weil sie mit ihrer politischen Haltung[18] Hitler das vom Westen akzeptierte Argument für die Beschneidung der Tschechoslowakei geliefert haben. Die Tschechoslowakische Republik war in dieser kritischen Periode ein Staat, dessen demokratische Fundamente außer Zweifel[19] standen. Auch wenn sie vielen unserer Bürger deutscher Nationalität in dieser Periode noch immer als ein fremdes Element erschien, gewährte sie durch die Struktur ihres politischen Systems einen ausreichenden und wirksamen Verfassungsraum, um ihre Führer abzulehnen und ihre von deren Standpunkten deutlich abweichende Meinung zu äußern, nämlich, daß sie nicht ins Deutsche Reich wollten und den Anschluß an dieses nicht wünschten eben wegen seines damals schon offenkundigen, durch Gewalt und Brutalität gekennzeichneten totalitären Charakters. Die Entwicklung ging nach 1938 in eine andere Richtung. Während in den ehemaligen Grenzgebieten die dortige deutsche Bevölkerung eine völlige[20] Loyalität gegenüber Nazi-Deutschland demonstrierte, begannen im Protektorat Böhmen und Mähren Verfolgung und Terror ...
... Daß das Dekret Nr. 108/1945 Slg. von der Vermutung der Verantwortlichkeit von Personen deutscher Nationalität ausgeht, hat daher im Hinblick auf die angeführten Tatsachen keinen diskriminierenden Charakter und bedeutet keine nationale Rache, sondern ist lediglich eine angemessene Reaktion auf die Aggression des nazistischen Deutschlands, eine Reaktion, die sich zum politischen und wirtschaftlichen Ziel gesetzt hatte, die Folgen der Okkupation zu lindern, neuen möglichen Anfängen des Totalitarismus zuvorzukommen und das gesellschaftliche und moralische Bewußtsein mit der Bekräftigung dessen zu stärken, daß auf die Verletzung jedweder Verantwortlichkeit immer eine Sanktion folgen muß. Wenn das Dekret Nr. 108/1945 Slg. ... überhaupt den Begriff der deutschen Nationalität verwendet, so ist diese Tatsache auch auf die Nachkriegsverhältnisse zurückzuführen, als

das besiegte Deutschland unter der Verwaltung der Siegermächte stand und später in Zonen aufgeteilt wurde, und als die Verwendung des Begriffes der deutschen Staatsangehörigkeit in einer Situation, in der der deutsche Staat nicht existent war, sehr problematisch gewesen wäre. Die Verschiebung zum Begriff der »deutschen Nationalität« bedeutete also im Dekret keine »genetische« Verurteilung, sondern lediglich eine Reaktion auf die Nachkriegsverhältnisse, besonders auf die Problematik der deutschen Staatsangehörigkeit. Aus ebendiesem Grunde kann das Dekret nicht als irgendein Gesetz des Völkermordes betrachtet werden, war es doch gegen diejenigen gerichtet, die durch ihr Verhalten, in welcher Form auch immer, den nazistischen Staat unterstützt haben[21]. Mit dieser Verschiebung von der nationalen zur staatsbürgerlichen Ebene verschwindet, was die Vermutung der Verantwortlichkeit bei Personen deutscher Nationalität betrifft, auch die scheinbare Ungleichheit zwischen »Tschechen« und »Deutschen«[22]. Wesentlich bleibt die Tatsache, daß den Deutschen[22] die Pflicht, den Absichten des totalitären Staates entsprechend zu handeln, schon aus ihrer Staatsbürgerschaft erwuchs, die eine solche loyale Haltung gegenüber dem Deutschen Reich unbedingt verlangte, wogegen die Tschechen[22] und Angehörige anderer Nationalitäten, die durch die Verfassung zur Treue gegenüber der Demokratie verpflichtet waren, aus eigenem Willen gegen die tschechoslowakische Staatlichkeit und Demokratie handeln mußten.

...

Mit der Kategorie der Verantwortlichkeit wird die Sanktion verbunden. Sie ist die Grundvoraussetzung dafür, daß die Kategorie ⟨*der Verantwortlichkeit*⟩ ihre soziale Funktion erfüllt. Verantwortlichkeit ohne Sanktion würde sich auf das gesellschaftliche Bewußtsein so negativ niederschlagen, daß sie wahrscheinlich zumindest in bestimmten Bereichen seine Zerstörung bewirken würde. Das Dekret Nr. 108/1945 Slg. ... stellt zweifellos eine solche Sanktion dar: Auch wenn es auf den ersten Blick nur »Vermögenscharakter« besitzt, umfaßt es zweifellos auch eine wichtige soziale und ethische Bedeutung. Im Hinblick auf den Charakter der in diesem Falle analysierten Verantwortlichkeit kann man das Dekret nicht als Strafnorm oder Strafsanktion ansehen, obwohl die Konfiskation des Vermögens ohne Entschädigung erfolgte ... Diese Konfiskation stand offensichtlich in Zusammenhang mit den der Tschechoslowakischen Republik durch die nazistische Aggression und Okkupation zugefügten Schäden (siehe Potsdamer Abkommen vom 2. 8. 1945, Abkommen über Reparationen von Deutschland, über die Gründung eines Alliierten Reparationsamtes und die Rückgabe des Währungsgoldes, veröffentlicht unter der Nr. 150/1947 Slg.[23]).

Eine weitere Grundsatzfrage ist also: Können solche Sanktionen überhaupt prinzipiell in Widerspruch zu den Rechten und Freiheiten derer stehen, die sie offensichtlich verletzen und deshalb dafür auch selber Verantwortung tragen. Mit anderen Worten: Darf zum Beispiel derjenige Freiheitsrechte einklagen, der sie mit seiner Haltung selbst zerstört? Es waren die Grausamkeit des nazistischen Regimes und die Ereignisse des Zweiten Weltkrieges und alle Erfahrungen dieser Epoche, die sich als Antwort auf diese Frage bereits in Artikel 30 der Allgemeinen Erklärung der Menschenrechte[24] niedergeschlagen hatten und, an diesen Artikel anknüpfend und mit ihm identisch, in Artikel 5 Abs. 1 des Internationalen Pakts über bürgerliche und politische Rechte[25] und des Internationalen Pakts über wirtschaftliche, soziale und kulturelle Rechte, sowie in Artikel 17 des Abkommens über den Schutz der Menschenrechte und Grundfreiheiten in der Fassung des Protokolls Nr. 3, 5 und 8[26], in dem es heißt: »Nichts in diesem Abkommen darf so ausgelegt werden, daß es einem Staat, einer Gruppe oder einem Einzelnen das Recht einräumen würde, eine Tätigkeit auszuüben oder Taten zu vollbringen, die auf die Zerstörung einer der hier gewährten Rechte oder Freiheiten oder ihre erhebliche Einschränkung über die Bestimmungen dieses Abkommens hinaus gerichtet ist.« Auf eben dieser Ebene läßt sich die Zielrichtung von Schlußfolgerungen allgemeiner Art auch für die zu untersuchende Sache finden: Wenn sich die ehemaligen tschechoslowakischen Bürger deutscher Nationalität an der Zerstörung der

Rechte und Freiheiten anderer Bürger der Tschechoslowakischen Republik beteiligt haben[18, 20], dann ist es nur konsequent, daß auch ihre Rechte und Freiheiten in dieser Richtung während des noch andauernden Konfliktes nicht voll geschützt werden konnten, natürlich unter Wahrung der Verhältnismäßigkeit von Zweck und Mittel, denn eine solche soziale, aber eben auch destruktive »Naivität«[27] würde zu einer Katastrophe führen. Zu den »in diesem Jahrhundert geltenden Rechtsgrundsätzen der zivilisierten Gesellschaften in Europa«, auf die sich der Antragsteller beruft, gehört eben auch das Recht, Angriffe auf Demokratie, Menschenrechte und Freiheiten mit den unerläßlichen Sanktionen zu belegen. Hierzu ist anzumerken, daß die Vermögenssanktionen, wie sie die Konfiskation des sich auf dem Gebiet der Tschechoslowakischen Republik befindlichen feindlichen Vermögens darstellt, ihren historischen Zusammenhang vor allem in dem Potsdamer Abkommen vom 2. 8. 1945 hat, wo die Abschiebung der deutschen Bevölkerung oder Teile derselben aus Polen, der Tschechoslowakei und Ungarn nach Deutschland beschlossen[28] wurde (Kapitel XIII). Gleichzeitig wurde mit diesem Abkommen auch über deutsche Reparationen im Sinne des Beschlusses der Jalta-Konferenz entschieden, wonach Deutschland gezwungen werden sollte, in größtmöglichem Umfang die Schäden und das Leid, die der Völkergemeinschaft von ihm zugefügt wurden und deren Verantwortung sich das deutsche Volk nicht entziehen könne, wiedergutzumachen (Kapitel IV). An diese Punkte des Potsdamer Abkommens knüpft auch das Abkommen über Reparationen durch Deutschland, über die Gründung eines alliierten Reparationsamtes und über die Rückgabe des Währungsgoldes, das am 21. 12. 1945 in Paris zwischen 18 Staaten unter Teilnahme der Tschechoslowakei getroffen wurde, veröffentlicht unter Nr. 150/1947 Slg.[23] *⟨Es folgten Zitate aus Teil I, Art. 6 A und 6 D⟩* In der verhandelten Angelegenheit hat also die Konfiskation des feindlichen Vermögens nicht nur eine innerstaatliche Rechtsgrundlage in Dekret Nr. 108/1945 Slg.... sondern sie basiert darüber hinaus auf einem internationalen Konsens, der in den zitierten Dokumenten der Potsdamer Konferenz und des Pariser Abkommens zum Ausdruck kommt. Zu einer willkürlichen Beschlagnahme von Vermögen, deren Unzulässigkeit in Artikel 17 der Allgemeinen Erklärung der Menschenrechte[24] festgelegt wurde, ist es also nicht gekommen...

⟨Es folgten umfangreiche Darlegungen, daß der ČSR im Interesse der Demokratie nichts anderes übrigblieb, als Dekret 108/45 zu erlassen.⟩

Aufgrund dieser Feststellungen und Überlegungen kam das Verfassungsgericht zu dem Schluß, daß das Dekret des Präsidenten der Republik Nr. 108/1945 Slg. ... zum Zeitpunkt seines Erlasses nicht nur ein legaler, sondern auch ein legitimer Akt war. In Hinblick darauf, daß dieser normative Akt seinen Zweck bereits erfüllt hat und seit mehr als vierzig Jahren keine Rechtsbeziehungen mehr begründet[29] und auch sonst keinen konstitutiven Charakter mehr hat, kann man in der heutigen geschichtlichen Situation nicht seinen Widerspruch zum Verfassungsgesetz oder zu internationalen Abkommen gemäß Artikel 10 der Verfassung (Art. 87 Abs. 1 Buchst. a der Verfassung der ČR) untersuchen[30], weil ein solches Vorgehen jegliche rechtliche Funktion vermissen ließe. Täte man dies, so würde der Grundsatz der Rechtssicherheit in Zweifel gezogen, der eine der Grundvoraussetzungen der heutigen demokratischen Rechtssysteme ist.

Aus allen angegebenen Gründen hat deshalb das Verfassungsgericht den Antrag von Rudolf Dreithaler auf Aufhebung des Dekretes des Präsidenten der Republik Nr. 108/1945 Slg. ... gemäß § 70 Abs. 2 des Gesetzes Nr. 182/1993 Slg.[2] über das Verfassungsgericht abgelehnt.

Die Nebenteilnehmer Richard Bouska und JUDr. Jan Slaba werden auf diese Entscheidung verwiesen.

Gegen die Entscheidung des Verfassungsgerichts ist kein Widerspruch zulässig.

⟨[31, 32]⟩

Anmerkungen:

1 Vom 25. 10. 1945; zum Text: Siehe S. 563.
2 Vom 16. 6. 1993 »über das Verfassungsgericht«; zum Text vgl. ČR Slg. 1993, im 46. Stück, S. 914–933.
3 Vom 29. 2. 1920; zum Text: Siehe S. 281, 289.
4 Zum Vorgang: Siehe S. 523.
5 Das Nichtigkeitsbegehren für das Beneš-Dekret 108/45 ging daher primär vom eher formalen, in der usurpierten Funktion von Dr. Beneš 1945 liegenden Argument aus. Es wurde nur angedeutet, daß der Inhalt des Dekretes der 1945 gültigen ČSR-Verfassung von 1920 widersprach.
6 Offensichtlich gemeint: Das ČSFR-Verfassungsgesetz Nr. 23 v. 9. 1. 1991; zum Text: Siehe S. 910. Es ist beachtenswert, daß die Verfassungsbeschwerde nur auf diese für 1945 nachträgliche Vorschrift und nicht auf die entsprechenden Bestimmungen der Verfassung der ČSR von 1920 abstellte, die 1945 gerade nach ČSR-Auffassung volle Gültigkeit hatten und zusätzlich durch den Minderheitenschutzvertrag vom 10. 9. 1919 (zum Text: Siehe S. 281) international abgesichert waren.
7 Zum Text von 1940: Siehe S. 451; zum Text von 1946: Siehe S. 683.
8 a) Zum Text: Siehe S. 233.
b) Dubioses »Fundament«, denn Art. 1 dieses Gesetzes war bereits durch das ČSR-Gesetz 37/1918 v. 13. 11. 1918, das gesamte Gesetz durch Art. 9 Einführungsgesetz zur ČSR-Verfassung vom 29. 2. 1920 aufgehoben worden.
Zu den Texten: Siehe S. 233 f.
c) Es ist auch beachtenswert, daß das ČR-Verfassungsgericht die ČSR-Verfassung vom 29. 2. 1920 zunächst umging und einfach auf ein früheres, durch sie aufgehobenes Gesetz von 1918 zurückgriff: Dieses enthielt weder Bürgerrechte noch Minderheitenschutzvorschriften, welche den Gedankengang des ČR-Verfassungsgerichtes hätten stören können.
9 a) Es wurde vom Verfassungsgericht aus offensichtlichem Grund nicht einmal ansatzweise geprüft, ob das Beneš-Dekret 108/1945 den Minderheitenschutzbestimmungen der ČSR-Verfassung von 1920 entsprach, die nunmehr gleichzeitig ungerührt in Anspruch genommen wurden.
b) Wie sich eine »Werteanschauung« von 1920 aus erst ab 1939 sichtbar werdenden Elementen hätte bilden sollen, überließ das Verfassungsgericht der Phantasie seines Publikums.
10 Zum Text: Siehe S. 497.
11 Im Original: »v článku 2 dekretu«.
Damit falsche Zitierung. Tatsächlich gemeint: »2. oddíl-článek 5« (2. Abschnitt, Artikel 5).
12 a) Gemeint: Rückwirkende Zustimmung.
b) Zum Verständnis der Problematik muß hier hinzugesetzt werden: Diese nachträgliche Zustimmung eines 1945 ungewählt zusammengetretenen Gremiums heilte, auch ohne Prüfung der Konformität dieses Gesetzes mit der Verfassung von 1920 für ein als demokratisch-rechtsstaatlich firmierendes Verfassungsgericht von 1995 alle Verfassungsfragen.
13 Eine falsche Behauptung; die Vertreibung der Sudetendeutschen 1945/46 erfolgte regelmäßig, ohne daß eine Aufforderung zur Abgabe vorausging sowie Zeit und Möglichkeit des hier geforderten Nachweises gegeben war.
14 Eine falsche Behauptung; auch die Antifaschisten (z. B. Sozialdemokraten und Kommunisten unter den Sudetendeutschen) wurden regelmäßig, wie bekannt, enteignet.
15 Eine Kollektivverantwortungsthese, welche für die ČSR von 1919 und 1945/46 recht gefährlich werden kann: Nur diejenigen Tschechen, welche gegen die menschenrechtswidrige Verweigerung des Selbstbestimmungsrechtes nach 1919 sowie gegen die Vertreibung Sudetendeutscher 1945/46 mit dem öffentlichen Aufruf zur Revolution gegen die ČSR reagierten, sind demnach nach Meinung des ČR-Verfassungsgerichtes von 1995 ohne Schuld/Verantwortung für die Fehlhandlungen/Verbrechen ihrer jeweiligen politischen Führung.
16 Eine falsche Behauptung: Auch Dänemark und die Schweiz gehörten zum Begriff Mitteleuropa.
17 Eine falsche Behauptung: Vgl. Habel; MVT.
18 Eine falsche Behauptung: Die ČSR hatte den Sudetendeutschen noch 1940 (siehe S. 345, 388), der KPČ-Vorsitzende Gottwald noch 1943 (siehe S. 494) das Gegenteil attestiert.
19 Eine falsche Behauptung : Gerade 1938 war deutlich geworden, daß bei der Fundamentierung der ČSR demokratische Grundprinzipien gravierend verletzt worden waren. Siehe z. B. S. 379.
20 Eine falsche Behauptung: Mehrere tausend Sudetendeutsche verschiedener politischer Überzeugung (siehe S. 423) wurden 1938 sofort in NS-KZs verbracht.
21 Eine falsche Behauptung: Das Dekret richtete sich klar und kollektiv gegen v. a. Deutsche, die – umgekehrt – nicht nachweisen konnten, bei der Verteidigung der ČSR aktiv mitgewirkt zu haben. Dazu waren sie jedoch meistens, spätestens ab 10. 10. 1938 (Datum des Staatsangehörigkeitsüberganges auf das Deutsche Reich auch lt. ČSR-Dekret 33 v. 2. 8. 1945; zum Text: Siehe S. 551), nicht mehr verpflichtet.

[22] Die Begriffe blieben unklar. Anscheinend waren gemeint:
mit »Deutschen«: Staatsangehörige des Deutschen Reiches vor 10. 10. 1938;
mit »Tschechen«: Staatsangehörige der ČSR vor 10. 10. 1938.
[23] Vom 14. 1. 1946; zum Text: Siehe S. 676.
[24] Vom 10. 12. 1948; zum Text: Siehe S. 27.
[25] Vom 19. 12.1966; zum Test: Siehe S. 60.
[26] Das Protokoll Nr. 3 v. 6. 5. 1963; zum Text vgl. BGBl. 1968, Teil II; S. 1111.
Das Protokoll Nr. 5 v. 20. 1. 1966; zum Text vgl. BGBl. 1968, Teil II; S. 1111, 1120.
Das Protokoll Nr. 8 v. 19. 3. 1985; zum Text vgl. BGBl. 1989, Teil II; S. 546.
[27] Vermutlich gemeint: Ein evtl. ČSR-Verzicht auf »Bestrafung« aller Sudetendeutschen durch Vertreibung.
[28] »Beschlossen« ist eine falsche Behauptung: Siehe S. 548.
[29] Eine falsche Behauptung: Zur Anwendung des Dekretes Nr. 108/1945 z. B. im ČR-Gesetz Nr. 243 v. 15. 4. 1992: Siehe S. 944.
[30] a) Zum Verfassungstext vom 16. 12. 1992: Siehe S. 953.
b) Siehe auch oben; Anm. 6.
c) Die Konformität der Vorschriften des Dekrets 108/1945 mit den Geboten der ČR-Verfassung von 1992 wurde daher überhaupt nicht geprüft.
[31] Die Entscheidung des ČR-Verfassungsgerichtes wurde in Deutschland überwiegend negativ aufgenommen.
In einer Regierungserklärung vom 17. 3. 1995 zum »Bericht der Bundesregierung zu den deutsch-tschechischen Beziehungen« sagte Außenminister Kinkel (FDP) u. a.:
»Unabhängig von der rechtlichen Würdigung der Beneš-Dekrete: Ein klares Wort der Distanzierung von der kollektiven Schuldzuweisung und zu dem fragwürdigen Charakter damaliger Amnestieregelungen wäre ebenfalls eine wichtige Geste. Ich will ganz offen sagen, daß uns das Urteil des tschechischen Verfassungsgerichts zur Rechtsgültigkeit des Beneš-Dekrets Nr. 108 betroffen macht. Gewiß, wir haben das Urteil eines unabhängigen Gerichts zu respektieren. Wir appellieren jedoch an die tschechische Regierung, aus diesem Urteil keinen neuen Unfrieden entstehen zu lassen.«
Vgl. Bulletin; Nr. 21 v. 20. 3. 1995; S. 172–174, hier S. 174.
Unter Verweis auf die Signalwirkung aktueller Vertreibungen in Ex-Jugoslawien, »bedauerte« für die SPD im Deutschen Bundestag MdB Verheugen, »daß sich das tschechische Verfassungsgericht nicht dazu durchringen konnte, die entsprechenden Artikel der Beneš-Dekrete, die heute noch in Kraft sind, für Unrecht zu erklären«.
Vgl. Parlament; Nr. 13/14 v. 24./31.3.1995; S. 7.
[32] Durch spätere Entscheidungen räumte das Gericht verschiedene Ausnahmen vom Verstaatlichungsgebot auch vor dem 25. 2. 1948 ein: Z. B. den Mißbrauch zu politischen Zwecken, oder die Nichtanwendung auf Personen, die nur zeitweise Deutsche waren.

Quelle:
Text der Entscheidung; 34 ms. S.; Fotokopie im Besitz des Verfassers.

****

»Gemeinsames Wort«[1] **1995, 9. März**
der tschechischen und deutschen katholischen Bischöfe[2]
»aus Anlaß des fünfzigjährigen Gedenkens an das Ende des Zweiten Weltkrieges«:
Umsiedlung und Vertreibung sind Unrecht

Fünfzig Jahre sind seit dem Ende des Zweiten Weltkrieges vergangen. In der Geschichte unserer beiden Völker steht dieser Krieg mit seiner Vorgeschichte und seinen Folgen für bis dahin ungekanntes Unrecht. Jene Jahre bewirkten die tiefste Entzweiung und Entfremdung auf dem tausendjährigen gemeinsamen Weg der Tschechen und der Deutschen . . .
⟨*Anschließend wurde die Zeit bis 1990 als begegnungsbehindernd charakterisiert, sodann aus dem Briefwechsel des Jahres 1990*[2] *zitiert und damit angestoßenes Zusammenwirken begrüßt. Es hieß dann weiter:*⟩
Nach wie vor müssen wir auf spürbare Hindernisse und Belastungen im Verhältnis beider Völker hinweisen. Dabei handelt es sich ebenso um die Erwartungen der tschechischen

Opfer des nationalsozialistischen Unrechtsregimes wie um die vertriebenen Sudetendeutschen. Beide Probleme haben ihre Wurzeln in den gleichen Verstrickungen des nationalistischen und totalitären Ungeistes und lassen sich daher nicht voneinander trennen.
Es kann nicht die Aufgabe der Kirche sein, dafür juristische, ökonomische und politische Lösungen anzubieten. Wohl aber kommt es ihr zu, dabei auf die grundlegenden Prinzipien hinzuweisen, denen solche Lösungen im Interesse der einzelnen Menschen und des Gemeinwohls verpflichtet sein müssen.
Wiedergutmachung zwischen den Menschen verschiedener Völker ist vor allem »ein geistiger Vorgang«. Eine Revision all dessen, was vor fünfzig Jahren geschah, ist kaum möglich ... Es liegt daher bei den verantwortlichen Politikern in beiden Ländern, der gemeinsamen und konstruktiven Erörterung der strittigen Fragen nicht auszuweichen und die daraus folgenden Konsequenzen zu ziehen. Dabei müssen die berechtigten Anliegen aller beteiligten Seiten Gehör finden. Nur solche Lösungen werden Bestand haben, die dem Gemeinwohl beider Staaten und Europas verpflichtet sind. Sie müssen die jeder menschlichen Gerechtigkeit gesetzten Grenzen beachten, deshalb dürfen sie nichts Unerfüllbares fordern und müssen die Folgen für alle Betroffenen bedenken ...
Erzwungene Umsiedlung und Vertreibung sind Unrecht, wo immer sie geschehen sind und in unseren Tagen geschehen. Sie trafen viele Tschechen während der deutschen Okkupation und sie trafen die Sudetendeutschen nach dem Ende des Zweiten Weltkriegs. Auch heute darf dieses Mittel der Gewaltpolitik von niemandem für Recht erklärt werden. Die Rechte der nationalen Minderheiten und Volksgruppen müssen besser geschützt werden, um für die Zukunft den Frieden innerhalb der Staaten und zwischen den Gliedern der Staatengemeinschaft zu erhalten.
Tschechen, Deutsche und Juden haben gemeinsam Kultur und Geschichte Böhmens, Mährens und Schlesiens gestaltet. Erst einem zerstörerischen Nationalismus und den Ideologien unseres Jahrhunderts blieb es vorbehalten, dieses Zusammenleben zum Schaden aller auszuhöhlen und schließlich zu zersprengen ...
⟨*Es folgte ein Rückblick auf gemeinsame Glaubens- und Kirchengeschichte:*⟩
Es ist ein zukunftsweisendes Glaubenszeugnis, wenn Sudetendeutsche in ihrer alten Heimat die dort oft seit langem in entchristlichter Umgebung lebenden Katholiken durch ein sichtbares Bekenntnis zu Jesus Christus stärken. Die Nachbarschaft in der Grenzregion bringt eine Reihe konkreter Schwierigkeiten mit sich. Hier Zeichen der Verständigung und des Friedens zu setzen, ist eine besondere Herausforderung an die Kirche.
Versöhnung ist nicht nur eine Aufgabe zwischen Sudetendeutschen und Tschechen und zwischen den Menschen in der Grenzregion. Deutsche und Tschechen sind in ihrer Gesamtheit dazu aufgerufen, in einem zusammenwachsenden Europa ein Beispiel gelingender Verständigung zu geben. Das Wissen voneinander muß in der Breite unserer beiden Gesellschaften noch vielfältig vertieft und bereichert werden, damit gemeinsam mit unseren Nachbarn in Europa der Weg zu einer wirklichen Einheit unseres Kontinents fortgesetzt werden kann.
...

Anmerkungen:
[1] Zur Ablehnung des »Gemeinsamen Worts« durch ČR-Ministerpräsident Klaus: Siehe S. 1003.
[2] Zu den Texten: Siehe S. 896.

Quelle:
Brücke; Nr. 4 v. 15. 4. 1995; S. 8.

****

Initiative sudetendeutscher und tschechischer Persönlichkeiten[1] **1995, 28. März**
»Versöhnung '95«:
Geschichtsdarstellung; Vorschlag zu unverzüglichen Gesprächen der tschechischen Regierung mit politischen Vertretern der Sudetendeutschen

Im Jahr 1995 gedenken wir des 50. Jahrestages des Endes des Zweiten Weltkrieges...
Vor einem halben Jahrhundert ordnete die damalige tschechoslowakische Regierung die Vertreibung von mehr als drei Millionen Deutschen aus den böhmischen Ländern und der Slowakei unter Zustimmung der Mehrheit der tschechischen Bevölkerung sowie mit Billigung der Siegermächte an. Sieben Jahre vorher wurde das Land durch das der Tschechoslowakischen Republik aufgezwungene Münchner Diktat der Großmächte zerteilt, was zur Wehrlosmachung des Staates und schließlich zum Verlust seiner Freiheit führte. Die Mehrheit der Sudetendeutschen begrüßte und unterstützte diese Politik der Teilung. Zwanzig Jahre zuvor wurden diese Sudetendeutschen gleichfalls unter Zwang dem tschechoslowakischen Nationalstaat einverleibt. Und noch vorher unter der Österreichisch-Ungarischen Monarchie scheiterten alle tschechisch-deutschen Ausgleichsversuche im Rahmen der böhmischen Länder. Das alles ist zwar schon Geschichte, aber nicht bloß Geschichte: Zur Geschichte werden diese Ereignisse erst dann, wenn die beiden Parteien, die Sudetendeutschen und die Tschechen, einen gemeinsamen Schlußpunkt gesetzt haben.
In einer nahezu 150jährigen Entwicklung haben sich die Deutschen der böhmischen Länder und die Tschechen so auseinandergelebt, daß es schließlich zur zweifachen Trennung im Bösen kam – 1938 und 1945. Die offensichtlichen Folgen dieser vergangenen Entscheidungen vergiften die Atmosphäre in Mitteleuropa und beeinflussen die deutsch-tschechischen Beziehungen in ungünstiger Weise. Es ist notwendig, daß Sudetendeutsche und Tschechen gemeinsam den guten Willen finden und sich die Hand zur Versöhnung und zur Bereitschaft zur Zusammenarbeit im Geiste des deutsch-tschechischen Vertrags über gute Nachbarschaft und freundliche Zusammenarbeit reichen.
Wir schlagen deshalb vor, unverzüglich Gespräche zwischen der tschechischen Regierung und der politischen Repräsentation der Sudetendeutschen zu eröffnen. Inhalt dieser Gespräche sollten alle Fragen sein, die zumindest eine der Seiten für noch offen hält. Für unerläßlich halten wir insbesondere die Formulierung eines gemeinsamen Standpunktes zur Problematik der Entscheidungen der Vergangenheit, der sich auf die anerkannten Normen der Menschen- und Bürgerrechte stützt. Weiter schlagen wir vor, daß sich die Gespräche beider politischer Repräsentationen darauf konzentrieren, ein gemeinsames Programm der Zusammenarbeit zwischen den Sudetendeutschen und den Tschechen zu entwickeln. Dieses Programm sollte die Möglichkeit der Rückkehr jener Vertriebenen einschließen, die das wünschen und zwar unter der Bedingung der Gleichberechtigung der Rückkehrer mit der übrigen Bevölkerung der Tschechischen Republik. Wir schlagen weiter vor, eine gemeinsame deutsch-tschechische Stiftung mit staatlicher Beteiligung zu schaffen, die konkrete Projekte im tschechischen Grenzgebiet unterstützen soll. Schließlich schlagen wir vor, daß Sudetendeutsche und Tschechen gemeinsam die Erweiterung und institutionelle Verankerung der bereits bestehenden grenzüberschreitenden Zusammenarbeit der benachbarten Regionen der Tschechischen Republik und der Bundesrepublik unterstützen, damit sie schrittweise jene Gestalt annehmen, die in Teilen Westeuropas schon seit Jahren eine Reihe funktionierender Euroregionen haben – dies bei Respektierung der in beiden Staaten geltenden Rechtsordnung.
⟨[2]⟩

Anmerkungen:
[1] Zu den über 100 Unterzeichnern auf deutscher Seite gehörten die MdB Glotz (SPD) und Jüttner (CDU), die Landtagsabgeordneten Friedrich (Hessen), Goldmann und Harbich (Nordrhein-Westfalen), der

Staatsekretär Wabro (Baden-Württemberg) und der Staatssekretär a. D. Egerter (Thüringen). Auf tschechischer Seite unterschrieben 67 Persönlichkeiten, darunter der ehemalige ČR-Ministerpräsident Petr Pithart und der ehemalige Chefberater des ČR-Ministerpräsidenten Klaus, Bohumil Doležal.

2 Die Aktion wurde in der ČR offiziell abgelehnt.

Zu weiteren Bemühungen des Initiatorenkreises: Siehe S. 1054, 1060.

Quelle:
Vervielfältigter Text der Initiative; 2 ms. S.; Fotokopie im Besitz des Verfassers.

****

Artikel **1995, 1. April**
des ČR-Ministerpräsidenten Václav Klaus:
»Gemeinsames Wort« der katholischen Bischöfe[1] abgelehnt[2]

...

»Ich bestehe auf wahrhaft nachbarschaftlichen Beziehungen. Daher verstehe ich es nicht, wenn die Bischöfe[1] von dem ›gemeinsamen Weg der Tschechen und der Deutschen‹ sprechen. Vielleicht ist es nur eine banale, unterbewußte oder anderweitig ersonnene Formulierung, aber sie ist präzise. Wir wollen auch zu Slowaken, Polen und Österreichern die fruchtbarsten und freundschaftlichsten nachbarschaftlichen Beziehungen, aber ich habe dennoch nicht das Gefühl, daß wir von einem gemeinsamen Weg sprechen sollten ...
Gute Nachbarschaft in einem Wohnblock bedeutet, daß man sich freundlich grüßt, in Angelegenheiten von gemeinsamem Interesse zusammenarbeitet, sich in Notfällen hilft und einander zum Kaffee einlädt, aber es kann nicht bedeuten, daß man Türen, Türgriffe und Schlösser abschafft und daß alle zusammenleben.
Ich würde sie bitten zu versuchen, in ihren Erwägungen wenigstens ein bißchen zu differenzieren, im Hinblick auf die Schuld unserer beiden Völker nicht eine Art von Symmetrie zu konstatieren und ihre Erwägungen zumindest um ein kleines Element der zentralen Aufeinanderfolge der verschiedenen Ereignisse, vor allem aber um ein Element der Ursächlichkeit zu ergänzen«, erklärte Klaus.
Ich kann der These nicht zustimmen, daß es sich um Dinge handele, deren ›Wurzeln in einem nationalistischen und totalitären Geiste des Bösen miteinander verstrickt‹ seien und sich daher ›nicht voneinander trennen lassen‹.«
Klaus erklärte anschließend, er kenne niemanden, der die Vertreibung der Sudetendeutschen »heute als rechtmäßig« erkläre[3].
»In dem Text ist von Aussöhnung die Rede, aber ich weiß wirklich nicht, wer sich da mit wem aussöhnen soll. Wenn irgend jemand den Eindruck hat, man sei nicht miteinander versöhnt, so sollen sie sich miteinander aussöhnen.«
...

Anmerkungen:
1 Zum Text: Siehe S. 1000.
2 Dem Wort der Bischöfe setzte Klaus am 6. 5. 1995 in einer Rede im bayerischen Furth im Walde u. a. entgegen:
»Die Zeit, an die wir uns heute erinnern, war nicht nur der Sieg der Freiheit und der Anfang eines großen Friedens. In den ersten Jahren der Nachkriegsära gab es weitere Opfer und Unrechtsvorgänge. Und manche Unschuldige auf der Seite unserer ehemaligen Mitbürger. Niemand bei uns kann diese Untaten ohne Bedauern erwähnen. Sie sollten nie geschehen. Sie gehören zu keinem guten Kapitel unserer Geschichte.
Trotzdem bin ich der Meinung, daß wir beide in die Zukunft schauen müssen. Wir müssen die schmerzhaften Erinnerungen bekämpfen und in positive Taten umwandeln. Jeder muß bei sich selbst anfangen. Und nicht damit, was ihm angetan wurde, sondern damit, was er selbst anderen angetan hat. Diese Regel ist zwar alt, aber gut. Einseitige Rechnungen führen zu keiner Lösung. Sie verderben hingegen das Klima unserer Zusammenarbeit.
Unsere ehemaligen Landsleute, die ihre alte Heimat, so wie sie heute ist, mögen und sich mit ihr per-

sönlich verbunden fühlen, werden bestimmt auf tschechischer Seite Partner und Freunde finden. Diese neue Annäherung müssen wir erleichtern, es gibt hierfür jedoch keine kollektive Lösung, sie wird immer individuell sein.«
Vgl. CDU/CSU Fraktion im Deutschen Bundestag (Hsg.): »Botschafter der Aussöhnung«; Bonn, 1995; S. 61.

[3] Diese Erklärung war wohl polemisch gemeint.
Die nachfolgenden, sie widerlegenden Meinungsumfragen unter Tschechen der Jahre 1993–1998 müssen zwar mit methodischen (z. T. auf 100% nicht einmal additionsfähig, »Weiß nicht«/»Keine Meinung«/?–Angaben dubios) und inhaltlichen Vorbehalten gewertet werden. Im Gegensatz zur Meinung von 1975 (siehe S. 840) ergaben sich jedoch nunmehr beachtenswerte Mehrheiten dafür, daß die Vertreibung der Sudetendeutschen 1945/46 von Tschechen der 90er Jahre als »gerecht«, »gerechtfertigt«, »rechtens« und »richtig« angesehen wurde:

Zeit-raum	Ergebnis (Klammerzahlen: Eigene Zusammenfassungen, Ergänzungen)					Wieder-gabe nach
	»richtig«		»falsch«		?	
	%	Qualifikation	%	Qualifikation	%	
Befragungen im Gesamtgebiet der ČR:						
1993, VII	49	»gerechtfertigt«	3	»falsch«	(48)	A
1994, VIII	52	»rechtens«	(28)		20	B
			24	unkorrigierbares Unrecht		
			3	entschuldigungsbedürftiges Unr.		
			1	entschuldigungs- und wiedergutmachungsbedürftiges Unrecht		
1995, III	75	»richtig«	6	»eher falsch«	(19)	C
1995, VII	68	»berechtigte Vergeltung«	16	ungerechter Gewaltakt	16	D
1998, V	(83,2)		(16,8)		(0) [!]	E
	42,0	»sicherlich richtig«	14,4	»eher unrichtig«		
	41,2	»eher richtig«	2,4	»sicherlich unrichtig«		
Befragungen nur im Grenz- (d. h. Sudeten-)Gebiet:						F
1991	(66,5)		(16,0)		14,0	
	27,0	»gerecht«	6,2	»ungerecht, aber so von Alliierten entschieden«		
	39,5	»gerecht, aber Vorbehalte« gegen Durchführung	6,4	»ungerecht«		
			3,2	»ungerecht und grausam«		
1994	(65,1)		(18,4)		12,6	
	28,1	»gerecht«	10,8	»ungerecht, aber . . .«		
	37,0	»gerecht, aber . . .«	4,7	»ungerecht«		
			2,9	»ungerecht und grausam«		
1996	(73,1)		(15,0)		7,9	
	30,3	»gerecht«	10,1	»ungerecht, aber . . .«		
	42,8	»gerecht, aber . . .«	2,3	»ungerecht«		
			2,6	»ungerecht und grausam«		

Wiedergabe der Zahlenangaben nach
A) »Leipziger Volkszeitung«, ⟨*TZ.*⟩; Jg. 93, Nr. 172 v. 27. 7. 1993.
B) »Prager Wochenblatt«; Jg. 5, Nr. 4 v. 8. 1. 1995; S. 7.
C) »Münchner Merkur«, ⟨*TZ.*⟩; Nr. 70 v. 24. 3. 1995.
D) Friedrich-Naumann-Stiftung (Hsg.): »Beziehungen der tschechischen Gesellschaft zu Deutschland«; Prag, 13. 7. 1995; 23 unpag. S.
E) »Lidové noviny« (Volkszeitung), Prag; Jg. 11, Nr. 107 v. 9. 5. 1998; S. 3.
F) Houžvička, Václav: »Deutschland mit den Augen eines Einwohners des Grenzgebietes« in »Deutsche und Tschechen. Zeit nach der Erklärung«; Hsg. v. d. Bernard-Bolzano-Stiftung; Prag, 1997; S. 152–160, hier S. 159.

Wiedergabe:
nach »Lidové noviny« (Volkszeitung), Prag; Jg. 8, Nr. 78 v. 1. 4. 1995; S. 3; auch DOD Nr. 14 v. 7. 4. 1995; S. 3.
Zum Ergebnis von Befragungen aus den Jahren 2001/2002: Siehe S. 1311.

****

Beschluß **1995, 12. April**
der ČR-Regierung: Schreibweise des Familiennamens:
Völkerrechtswidrige Tschechisierung bleibt bestehen

...

⟨*Frage und Bitte an ČR-Minister Igor Němec, Vorsitzender des Nationalitätenrates:*⟩
Die ČR trat dem Rahmenabkommen des Europarates über die Volksgruppen[1] bei. Welche Veränderungen[2] ergeben sich daraus? Vielfach möchten Angehörige der Minderheiten ihren Töchtern nicht die Endung -ová zum Familiennamen geben.
Němec: Die Regierung hat am 12. April auf ihrer Sitzung mit Abstimmung beschlossen, die gegenwärtige Rechtslage als gegeben anzuerkennen. Die heutige Norm wird als definitiv betrachtet, bei Frauennamen wird also auch in Zukunft die Endung -ová angefügt.

...

⟨[3]⟩

Anmerkungen:
1 Gemeint: Das ER-»Rahmenübereinkommen zum Schutz nationaler Minderheiten« vom 1. 2. 1995; zum Gesamttext: Siehe S. 143.
Das Abkommen verpflichtete die Vertragsparteien in Art. 11, Abs. 1, »anzuerkennen, daß jeder Angehörige einer nationalen Minderheit das Recht hat, ... seinen Familiennamen ... in der Minderheitensprache zu führen«.
2 Das ungarische Parlament hatte in seinem Minderheitenschutzgesetz bereits am 7. 7. 1993 in Art. 12, Abs. 1 das Recht festgelegt, den Vor- und Zunamen »entsprechend den Regeln der Muttersprache ... zu führen«.
Zum Gesamttext: Siehe S. 124.
3 Bemühungen, die ČR-Regierung zu vertragskonformem Verhalten zu bewegen, führten nach fünf Jahren zum Erfolg: Das entsprechende Gesetz Nr. 301 wurde am 2. 8. 2000 verabschiedet.

Quelle:
»Landesanzeiger«; hsg. von der Landesversammlung der Deutschen in Böhmen, Mähren und Schlesien, Prag; Jg. 1, Nr. 2 (April 1995); S. 1.

****

Erklärung **1995, 29. April**
der deutsch-tschechischen Historikerkommission[1]:
Abgegeben »aus Anlaß des 50. Jahrestages der Beendigung des 2. Weltkrieges«[2]:
Geschichtsdarstellung

...

II.

Das jahrhundertelange Zusammenleben[3] von Tschechen, Deutschen und Juden in einem Land, die tausendjährige Nachbarschaft von Deutschen, Tschechen und Slowaken in unterschiedlichen staatlichen Organisationsformen müssen im unbefangenen Rückblick trotz aller Spannungen als für alle Seiten förderlich bezeichnet werden. Im Zusammenhang der europäischen Geschichte gesehen, war das historische Miteinander[3] in den böhmischen Ländern, im habsburgischen Vielvölkerstaat und in der regionalen Nachbarschaft zwischen Bayern, Sachsen und Schlesien ein unverzichtbarer Bestandteil der Entwicklung ihrer Völker.

...

IV.

Die Gründung der Tschechoslowakischen Republik aufgrund der Pariser Verträge[4] eröffnete Möglichkeiten demokratischer Entwicklung[5] in den böhmischen Ländern und in der Slowakei, die aber im Hinblick auf die Minderheitenbevölkerung[5] nicht wahrgenommen wurden. Da es nicht gelang, erträgliche Kompromisse zu finden oder anzubieten, blieben die Minderheiten im neuen Staatswesen unzureichend integriert. Trotz gewisser Erfolge staatsbejahender deutscher Mitarbeit und Regierungsbeteiligung verschlechterte sich die Lage der beinahe ein Viertel der Bevölkerung umfassenden deutschen Minderheit, besonders, als die Weltwirtschaftskrise die exportabhängige Industrie in den deutschen Siedlungsgebieten erfaßte und die Massenarbeitslosigkeit soziale Destruktion auslöste. In dieser Situation weckte der Aufstieg Hitlers in unmittelbarer Nachbarschaft politische Erwartungen, so daß eine antiparlamentarische, nach dem »Führerprinzip« organisierte sudetendeutsche Sammlungsbewegung zum Ansatzpunkt für Hitlers Expansionspolitik werden konnte. Damit gewann der nationale Konflikt den Charakter einer Auseinandersetzung zwischen Demokratie und Diktatur, in dem sudetendeutsche Demokraten trotz ihrer Verbindungen zu Tschechischen Demokraten schließlich unterlagen, zumal eine Lösung der Nationalitätenfrage[5] in der tschechoslowakischen Republik nicht erreicht wurde.

V.

Die Zerstörung des tschechoslowakischen Staates durch das von den europäischen Großmächten gebilligte Münchner Abkommen vom 30. September 1938 mit seinen Folgeereignissen bis zum 15. März 1939 wurde für die Beziehungen der Tschechen und Deutschen zum Beginn der Katastrophe und war zugleich das Vorspiel des 2. Weltkrieges. Der Krieg, die Okkupation mit ihrem Terror, die verbrecherische Tötung von mehr als 300.000 tschechoslowakischen Staatsbürgern meist jüdischer Herkunft[6] sowie die »Eindeutschung« der böhmischen Länder und die geplante Liquidierung des tschechischen Volkes haben zwischen den beiden Völkern einen beispiellosen Abgrund aufgetan. Auf der Grundlage alliierter Entscheidungen, unter dem Eindruck des gesteigerten Terrors, in den letzten Kriegstagen sowie des Bekanntwerdens der nationalsozialistischen Verbrechen, setzte eine wilde Vertreibung der Deutschen ein, die ebenfalls von großen Brutalitäten und beträchtlichen Menschenverlusten[6] begleitet war; diese Vorgänge gingen später in eine gezielte Aussiedlung über. Beide Vorgänge bedeuteten das Ende des vielhundertjährigen Zusammenlebens von Deutschen mit Tschechen und Slowaken in einem gemeinsamen Staat. Nach der alliierten Befreiung Europas und der Wiederherstellung der Tschechoslowakei folgte eine Verweigerung[7] zwischen Deutschen und Tschechen. 50 Jahre nach dem Ende des 2. Weltkrieges sind die völkertrennenden Gegensätze und Spannungen zurückgetreten und besteht aller Anlaß, an die nach 1938 zerstörten Gemeinsamkeiten wieder anzuknüpfen, ohne die Ergebnisse der Nachkriegsordnung anzutasten.

VI.

Davor lag eine jahrzehntelange Periode des Schweigens zwischen Deutschen und Tschechen, auch wegen der deutschen Teilung und weil die Nachkriegstschechoslowakei, zunächst mit breiter Zustimmung der Bevölkerung, der sowjetischen Einflußsphäre des fortan geteilten Europas angehörte. Nach jahrzehntelangem Widerstand tschechischer und slowakischer Demokraten, in deren Reihen auch die Vertreibung der Deutschen als Verstoß gegen die heute im allgemeinen anerkannten Prinzipien von Menschenrecht und Menschenwürde verurteilt worden war, gelang der Tschechoslowakischen Republik beim Zerfall des sowjetischen Imperiums 1989 eine demokratische Regeneration, die in die Existenz zweier demokratischer Republiken auf ihrem Boden mündete . . .

Anmerkungen:

[1] a) Zur Entstehung der Kommission: Siehe S. 935, Anm. 10.
b) Als Mitglieder wurden Mitte 1995 angegeben:
Auf deutscher Seite:
Prof. Dr. Rudolf Vierhaus (Vorsitzender); Max-Planck-Institut für Geschichte; Göttingen
Prof. Dr. Detlef Brandes; Institut für Kultur und Geschichte der Deutschen im östlichen Europa, Heinrich-Heine-Universität; Düsseldorf
Prof. Dr. Hans Lemberg; Seminar für osteuropäische Geschichte, Philipps-Universität; Marburg/L.
Prof. Dr. Hans Mommsen; Institut für Neuere Geschichte II, Ruhr-Universität; Bochum

Prof. Dr. Jörg Hoensch; Fachbereich Geschichte, Abt. Osteuropa; Universität des Saarlandes; Saarbrücken
Prof. Dr. Ferdinand Seibt; Collegium Carolinum; München
Auf tschechischer Seite:
Prof. Dr. Jan Křen, (Vorsitzender); Institut für internationale Studien, Lehrstuhl für deutsche und österreichische Studien an der Sozialwissenschaftlichen Fakultät der Karls-Universität; Prag
Dr. Václav Kural; Institut für internationale Beziehungen der Akademie der Wissenschaften der Tschechischen Republik [ist dem tschech. Außenministerium zugeordnet]; Prag
Dr. Stanislav Biman; Ministerium des Auswärtigen der Tschechischen Republik; Prag
Dr. Jiří Pešek; Institut für internationale Studien, Lehrstuhl für deutsche und österreichische Studien an der Sozialwissenschaftlichen Fakultät der Karls-Universität; Prag
Dr. Jiří Malíř; Philosophische Fakultät der Masaryk-Universität; Brünn
c) Zum Stand Mai 1996 traten hinzu:
Auf deutscher Seite:
Prof. Dr. Monika Glettler; Historisches Seminar der Universität, Neuere und Osteuropäische Geschichte; Freiburg i. Br.
Prof. Dr. Ludolf Herbst; Institut für Geschichtswissenschaften, Zeitgeschichte; Humboldt-Universität; Berlin
Auf tschechischer Seite:
Dr. Zdeněk Beneš; Institut für tschechische Geschichte; Karls-Universität; Prag
Dr. Vilém Prečan; Institut für Zeitgeschichte der Akademie der Wissenschaften der ČR; Prag.

2 Nachdem hier keine Eingrenzung »in Europa« erfolgte, war der 2. 9. 1995 (1945 Tag der Kapitulation Japans) gemeint.

3 Man wird hier wohl eher von einem »Nebeneinander« zu berichten haben (siehe S. 307, Anm. 9), um nicht in den völlig unzutreffenden Ausdruck der »Symbiose« (so dann bei MdB Vollmer, siehe S. 1029) abzugleiten.

4 Von Versailles vom 28. 6. 1919 (zum Text: Siehe S. 276) und von St. Germain vom 10. 9. 1919 (zum Text: Siehe S. 280).
Die ČSR entstand jedoch bereits vorher, nämlich am 28. 10. 1918 (siehe S. 233).

5 Die »demokratische Entwicklung« war v. a. durch die selbstbestimmungsinkonforme Grenzforderung und -ziehung vorbelastet, die zu unnötigen »Minderheiten« führte und eine »Nationalitätenfrage« entstehen ließ.

6 Zu den Zahlen: Siehe S. 1231 ff., 1212 ff.

7 Was hier gemeint war, blieb unklar.

Quelle:
Vervielfältigter Text; 4 ms. S.; Fotokopie im Besitz des Verfassers.

****

Der **1995, 11. Mai**[1]
österreichische Bundeskanzler Franz Vranitzky (SPÖ) in Prag:
Gespräch mit dem ČR-Ministerpräsident Václav Klaus

. . .
Mit Premier Václav Klaus will Vranitzky auch über das sudetendeutsche Problem[2,3] sprechen. Der Zeitpunkt ist an sich nicht ungünstig, denn am Wochenende bedauerte Klaus im bayerischen Furth im Wald öffentlich »das Unrecht und die Opfer«, zu denen es bei der Vertreibung »auf Seiten unserer früheren Mitbürger« gekommen ist[4]. Das darf wohl als Geste des guten Willens interpretiert werden. Daß dieser jedoch so weit reicht, auch über Eigentumsfragen zu debattieren, wie Vranitzky im Zusammenhang mit den Sudetendeutschen gegenüber Rudé Právo ausdrücklich erwähnt, ist unwahrscheinlich.
. . .
Die österreichische Seite begreift . . . nicht die kategorische Ablehnung der Prager Regierung, an einem Dialog mit den Sudetendeutschen teilzunehmen. In Österreich leben 180.000 Vertriebene, viele von ihnen haben Ansprüche beim tschechischen Staat geltend gemacht.
. . .

Anmerkungen:
[1] Datum der Veröffentlichung.
[2] Zu früheren Erklärungen österreichischer Spitzenpolitiker: Siehe S. 926, 950, 960, 974.
[3] Zu behaupteten, vergleichbaren Vorsprachen des deutschen Außenministers Kinkel: Siehe S. 970 f.
[4] Zum Text vom 6. 5. 1995: Siehe S. 1003.

Quellen:
»Der Standard«, Wien; Nr. 1958 v. 11. 5. 1995; auch »Kurier«, Wien; Nr. 129 v. 11. 5. 1995.

****

Gemeinsame Erklärung **1995, 30. Mai**
der SPD und der Tschechischen Sozialdemokratischen Partei:
Vertreibungen an sich zu verbieten, die der Sudetendeutschen »abgeschlossen«

Die deutschen und tschechischen Sozialdemokraten erklären übereinstimmend, daß die Verbrechen des Nationalsozialismus nicht vergessen werden dürfen. Gerade im Zusammenhang mit dem 8. Mai 1945 müssen die Erfahrungen des NS-Regimes an die gegenwärtige und die nächsten Generationen weitergegeben werden.
Dabei stellen beide Parteien fest, daß die ersten Häftlinge in den Konzentrationslagern deutsche Hitler-Gegner gewesen sind, die Mehrheit von ihnen Sozialdemokraten. Beide Parteien erkennen an, daß die Tschechoslowakei zu den ersten Opfern der Nazi-Okkupation gehörte und Hunderttausende ihrer Bürger in Konzentrationslagern, in tschechoslowakischen Einheiten der alliierten Truppen und im Widerstand im eigenen Land ihr Leben ließen. Beide Parteien befürworten mit Nachdruck eine vorbehaltlose, rasche Entschädigung der tschechischen NS-Opfer durch Deutschland.
. . .
Beide sozialdemokratischen Parteien haben sich immer für den Frieden eingesetzt. Heute geben sie die feierliche Erklärung ab, daß sie sich dafür einsetzen werden, den Frieden in Europa zu erhalten und alle offenen Probleme demokratisch und mit Mitteln der Politik zu lösen. Es darf keinen dritten Weltkrieg geben, und es darf niemals mehr Massenmord und Konzentrationslager geben. Beide Parteien wenden sich energisch gegen Diktatur. Diese Haltung haben beide Parteien bereits gegenüber der NS-Diktatur und der kommunistischen Diktatur eingenommen.
Beide Parteien bekennen sich zu den Grundsätzen der Sozialistischen Internationale. Die Sozialistische Internationale bekannte sich – ausgelöst durch den Krieg im früheren Jugoslawien – in ihrer Erklärung vom 17. September 1992 zu folgenden allgemeingültigen Prinzipien: »Das Verbot jeglicher Vertreibung oder Zwangsumsiedlung ist, wie im kürzlich von allen KSZE-Teilnehmerstaaten unterschriebenen Dokument der KSZE und im Artikel 13 des Internationalen Übereinkommens über Bürgerrechte und politische Rechte festgestellt, eine unabdingbare Voraussetzung. Die Sozialistische Internationale wird alle Bemühungen unterstützen, ein UN-Übereinkommen gegen jegliche Form der Vertreibung von Minderheiten ins Leben zu rufen.«[1]
Beide Parteien sind sich der tragischen Kapitel ihrer gemeinsamen Geschichte im historischen Gesamtkontext bewußt, sie verstehen sie als abgeschlossen und als Lehre für die Zukunft. Beide Parteien wollen den Gefahren des Nationalismus durch einen permanenten Dialog vorbeugen.

Anmerkung:
[1] Zum Text: Siehe S. 85.

Quelle:
Brücke; Nr. 6 v. 15. 6. 1995; S. 5.

****

Anträge der **1995, 31. Mai**
Fraktionen des (12.) Deutschen Bundestages:
Vertriebene um Mitarbeit gebeten – Alle Vertreibungen ächten

⟨*A:*⟩ Antrag der Fraktionen der CDU/CSU und FDP[1]:

. . .
Der Deutsche Bundestag stellt mit Genugtuung fest, daß die politischen Veränderungen in Mittel- und Osteuropa auch dort zu einer immer unbefangeneren Befassung mit dem deutschen Vertreibungsschicksal geführt haben. Er dankt den zahlreichen politischen, kirchlichen, wissenschaftlichen und publizistischen Vertretern unserer östlichen Nachbarn für ihre Worte des Bedauerns und des Mitgefühls gegenüber den deutschen Heimatvertriebenen und ihrem Schicksal.
Eingedenk der Last der Verbrechen, die von Deutschen und im deutschen Namen begangen wurden, und in dem Geiste der Verträge, die die Bundesrepublik Deutschland mit allen ihren östlichen Nachbarn abgeschlossen hat, bekräftigt der Deutsche Bundestag seine Verantwortung für Demokratie und Frieden in Europa und seinen Willen zu Verständigung und Versöhnung.
Viele deutsche Heimatvertriebene haben die Chance der Neugestaltung der Beziehungen Deutschlands zu seinen östlichen Nachbarn nach den historischen Umbrüchen der Jahre 1989 und 1990 genutzt und sind durch unzählige Begegnungen mit den in ihrer angestammten Heimat lebenden Menschen zu Botschaftern der Aussöhnung und Verständigung geworden. Der Deutsche Bundestag unterstreicht erneut die wichtige Brückenfunktion, die die deutschen Heimatvertriebenen und die bis heute in Mittel- und Südosteuropa sowie in der Gemeinschaft Unabhängiger Staaten lebenden Deutschen für die Beziehungen Deutschlands zu diesen Ländern haben. Zugleich erkennt der Deutsche Bundestag im Schutz der Rechte nationaler Minderheiten einen wichtigen Beitrag zur Festigung einer friedlichen und freiheitlichen Ordnung in Europa.
Der Deutsche Bundestag bittet die Heimatvertriebenen, sich weiter unablässig in das politische, kulturelle und gesellschaftliche Leben unseres Landes und in die Ausgestaltung der Beziehungen zu unseren östlichen Nachbarstaaten in einem Europa des Friedens, der Zusammenarbeit und der Verständigung einzubringen. Der Deutsche Bundestag wird sie bei diesen Bemühungen voll und ganz unterstützen.

⟨*B:*⟩ Antrag der Fraktion der SPD[1]:

. . .
Der Bundestag wolle beschließen:

I. Der Deutsche Bundestag stellt fest:
Jeder Akt der Vertreibung ist ein Verbrechen gegen die Menschlichkeit. Die Terrorisierung und Vertreibung von Gruppen aufgrund ihrer Herkunft, ihres religiösen oder kulturellen Hintergrundes muß international geächtet und sowohl völkerrechtlich wie strafrechtlich geahndet werden.
Drangsalierung und Vertreibung von Bevölkerungsgruppen sind nicht allein Terrorakte im Rahmen bestehender Staatlichkeit, es sind von einzelnen begangene Verbrechen . . . Ein internationales Strafrecht, das die Einzeltäterschaft in den Vordergrund stellt und die Berufung auf den Befehlsnotstand nicht zuläßt, könnte die menschenverachtende Praxis, Terror gegen die Zivilbevölkerung als Mittel zur Verfolgung politischer Interessen einzusetzen, eindämmen.
Neben der Bestrafung des Verbrechens der Vertreibung müssen künftig weitaus energischere Bemühungen der Staatengemeinschaft um die Beendigung bewaffneter Auseinandersetzungen und um den Schutz vor Vertreibung, Diskriminierung und Menschenrechtsverletzungen an erster Stelle stehen.

II. Der Deutsche Bundestag begrüßt die Maßnahmen, die in den vergangenen Jahren international oder bilateral zwischen einzelnen Staaten zur Fortentwicklung des Menschen- und Minderheitenrechtsschutzes sowie zur Bestrafung von Kriegsverbrechen und Verbrechen gegen die Menschlichkeit ergriffen wurden. Dazu gehören insbesondere

. . .

– Die Einsetzung des Internationalen Strafgerichtshofes zur Ahndung schwerer Verstöße gegen das humanitäre Völkerrecht im ehemaligen Jugoslawien[2] und die Einsetzung des Internationalen Kriegsverbrechertribunals für Ruanda, die in den Jahren 1993 bzw. 1994 vom VN-Sicherheitsrat beschlossen wurden,
– die Entschließung der Interparlamentarischen Konferenz von Canberra gegen Vertreibung[3] im Jahr 1993,
– die Verabschiedung einer Rahmenkonvention des Europarates zum Schutz nationaler Minderheiten[4] im Jahr 1994,
– die Annahme des Stabilitätspaktes für Europa[5] durch die 52 Staaten der OSZE im März 1995 zur Vertiefung der gutnachbarlichen Beziehungen einschließlich der Regelung der Rechte der Angehörigen nationaler Minderheiten,

. . .

Er begrüßt ferner die Arbeit der Völkerrechtskommission der Vereinten Nationen am Statut für einen ständigen Internationalen Strafgerichtshof sowie am Kodex der Verbrechen gegen den Frieden und die Sicherheit der Menschheit[6].

III. Der Deutsche Bundestag fordert die Bundesregierung unter Bekräftigung des einstimmigen Beschlusses des 12. Deutschen Bundestages vom 23. Juni 1994[7] auf, die Bemühungen um eine Normierung des völkerrechtlichen Schutzes vor Vertreibung aktiv voranzutreiben, um die völkerrechtliche und strafrechtliche Ahndung des Verbrechens der Vertreibung zu erreichen.
Dazu gehört die Prüfung, inwieweit Ergänzungen der bestehenden völkerrechtlichen Verpflichtungen (Konvention über die Verhütung und Bestrafung des Völkermordes von 1948, IV. Genfer Abkommen und II. Zusatzprotokoll zu den Genfer Abkommen) vorgeschlagen werden können, die das Ausmaß der aktuellen Vertreibungstatbestände erfassen und auf deren Grundlage Vertreibung als materieller Straftatbestand definiert und mit Strafandrohung belegt wird. Ziel dieser Bemühungen sollte eine eigene Konvention gegen Vertreibung im Rahmen der Vereinten Nationen sein.

Anmerkungen:

[1] Die Anträge wurden am 1. 6. 1995 an Ausschüsse verwiesen und erst am 28. 2. 1997 endgültig behandelt. Zum Ergebnis: Siehe S. 138.
[2] Zum Text vom 3. 5. 1993: Siehe S. 122.
[3] Zum Text vom 16. 9. 1993: Siehe S. 134.
[4] Zum Text vom 1. 2. 1995: Siehe S. 143.
[5] Zum Text vom 20. 3. 1995: Siehe S. 138.
[6] Zu Vorgängen und Ergebnissen: Siehe S. 166.
[7] Zum Text: Siehe S. 138.

Quellen:
Zu A: BTDs. 13/1566.
Zu B: BTDs. 13/1539.

****

Regierungserklärung **1995, 1. Juni**
von Bundeskanzler Kohl (CDU) und Debatte:
»Beitrag der deutschen Heimatvertriebenen zum Wiederaufbau in Deutschland und zum Frieden in Europa«

A) Bundeskanzler Kohl (CDU):

...

Auch unser Verhältnis zu unseren tschechischen Nachbarn wollen wir im Geist der guten Nachbarschaft und des friedlichen Miteinanders gestalten. Was bei der Vertreibung der Deutschen dort geschah, war Unrecht. Ich bin Präsident Havel[1] und Ministerpräsident Klaus[2] für ihre Worte dazu dankbar. Wir wollen und werden die ausgestreckte Hand ergreifen. Auf der Grundlage beiderseitiger Wahrhaftigkeit läßt sich eine gute Zukunft für die Menschen in beiden Ländern gewinnen und sichern. Wir wollen und werden in diesem Geiste mit Tschechien zu vernünftigen Regelungen kommen. Ich hoffe, dies wird bald möglich sein.

...

Die Bundesrepublik Deutschland hat sich mit besonderem Nachdruck und, so glaube ich, erfolgreich dafür eingesetzt, daß jetzt endlich ein Übereinkommen des Europarats zum Schutz nationaler Minderheiten vorliegt. Wie wenig selbstverständlich solche Regelungen sind, wird uns derzeit täglich ins Bewußtsein gerufen. Jeden Tag werden wir durch das Fernsehen Zeugen der grausigen Realität auf dem Balkan. »Ethnische Säuberung«, ein Begriff aus dem Wörterbuch der Unmenschlichkeit, gehört leider immer noch nicht endgültig der Vergangenheit an.

Die Vereinten Nationen haben bekanntlich das Recht kodifiziert[3], das eigene Land zu verlassen. Angesichts der Erfahrungen der jüngeren und der jüngsten Vergangenheit scheint es mir an der Zeit, daß die Völkergemeinschaft noch ein anderes Menschenrecht festschreibt[3], nämlich das Recht, im eigenen Land zu bleiben. (Beifall bei der CDU/CSU, der F.D.P., der SPD und dem Bündnis 90/Die Grünen sowie bei Abgeordneten der PDS)

...

B) MdB Glotz (SPD):

...

Die gewaltsame Vertreibung von Menschen ... ist ein Verbrechen ... Man darf die Vertreibungen von gestern nicht rechtfertigen, weil man sonst die Vertreibungen von heute rechtfertigen würde.

...

Im übrigen müssen wir logisch bleiben. Unsere Ablehnung von Vertreibung hat eine[4] Kehrseite. Wer Vertreibung ablehnt, muß Vermischungen akzeptieren[4]. Das bedeutet den Abschied vom Ideal einer einheitlichen, homogenen Gesellschaft. Das ... muß bedeuten, daß man eingesessene Minderheiten als eigene Nationen akzeptiert, die einen wichtigen Teil ihres Lebens selbständig regeln, und daß man sich von der unmenschlichen Idee der Entmischung, der »Purifizierung« des »Volkskörpers«, wie das bei den Nazis hieß, endgültig trennt ... Die Kinder eines mährischen oder nordböhmischen Zuwanderers, den es 1945 nach Westböhmen, ins frühere Sudetenland, verschlagen hat, empfinden Westböhmen genauso als ihre Heimat wie die Kinder jener Sudetendeutschen, deren Familien dort Jahrhunderte gelebt haben. Da dürfen wir nicht anfangen, die Einwurzelung mit dem Rechenschieber zu bestimmen: Braucht es eine, zwei, drei Generationen? Die Trennung von der Vorstellungswelt des einnationalen Staates wird eine gewaltige Kraftanstrengung von uns fordern. Aber wir werden in Europa Frieden nur bekommen, wenn wir uns diese Anstrengung zumuten.

Machen wir uns bitte nichts vor, dieses Thema ist nicht abgehakt ...

Ich bleibe bei den Beziehungen zwischen Tschechen und Deutschen. Herr Bundeskanzler, . . ., daß Ihre Regierung auf die beeindruckende Rede von Václav Havel von 1990 fünf Jahre lang keine offizielle Antwort[5] gegeben hat, war ein großer politischer Fehler. Herr Bundeskanzler, das Verhältnis zu unseren tschechischen Nachbarn hat Ihre Regierung leider verschlampen lassen. Es sieht inzwischen so aus, als ob Sie das selbst erkannt hätten. Das entnehme ich auch Ihrer Regierungserklärung und den Hinzufügungen zum schriftlichen Text. Das begrüßen wir.

Unserer Überzeugung nach sind jetzt zwei Schritte notwendig: Der erste muß von uns Deutschen gegangen werden. Wir müssen das De-facto-Junktim[6] zwischen den Entschädigungsforderungen von Sudetendeutschen und einer Entschädigung der NS-Opfer endgültig aufgeben. Wir müssen endlich gegenüber den Tschechen, die in deutschen Konzentrationslagern und Zuchthäusern gesessen haben, genauso handeln[6] wie gegenüber Polen oder gegenüber Russen. Nur eine derartige Geste kann das Eis brechen, und wir müssen das Eis brechen!

Im zweiten Schritt ist ein ungeschminkter Dialog ohne Vorbedingungen zwischen Deutschen, und zwar einschließlich der Sudetendeutschen, und Tschechen notwendig. Das Ergebnis eines solchen Dialogs könnte eine Stiftung sein, auf die Zukunft gerichtet, um gemeinsame Projekte beider Völker voranzutreiben. Sie sollte – ich sage jetzt: ungeachtet der juristischen Wertung der sogenannten Beneš-Dekrete[7] – auch für die Opfer der sogenannten wilden Vertreibung im Sommer 1945 Entschädigungen vorsehen. Wenn Sie eine solche Politik betreiben, Herr Bundeskanzler, werden Sie die volle Zustimmung der sozialdemokratischen Bundestagsfraktion haben.

. . .

C) MdB Schäuble (CDU/CSU):

. . .

⟨Nach Würdigung der Aufbauleistung der Vertriebenen seit 1945, positiver Erwähnung der Erklärungen des ČR-Ministerpräsidenten Klaus vom 6. 5. 1995 (zum Text: Siehe S. 1003) und des Aufrufes »Versöhnung '95« vom 28. 3. 1995 (zum Text: Siehe S. 1002) sagte er u. a.:⟩

Toleranz gegenüber Minderheiten – das ist die eine Lehre, die Europa aus den Schrecknissen der Vergangenheit ziehen muß. Das bedingungslose Eintreten für die Menschenrechte ist eine zweite Lehre, die es zu ziehen gilt. Das »Principiis obsta«, das »Wehret den Anfängen«, ist die dritte Lehre. Mitten in Europa, eine Stunde Flugzeit von uns entfernt, werden heute wieder Städte und Dörfer zerstört, werden unschuldige Menschen terrorisiert und getötet, aus ihrer Heimat vertrieben. Im ehemaligen Jugoslawien ereignen sich vor unser aller Augen Dinge, von denen wir geglaubt haben, daß sie wenigstens bei uns in Europa längst der Vergangenheit angehören, die wir niemals mehr dulden wollten.

. . .

Die Erfahrung der NS-Vergangenheit lehrt uns, daß Unrecht nur verhindert werden kann, wenn man ihm rechtzeitig entgegentritt. Menschenwürde, Frieden und Freiheit sind nichts Naturgegebenes. Sie müssen immer wieder von neuem verteidigt werden . . .

D) MdB Vollmer (Bündnis 90/Die Grünen):

. . .

Kommen wir zur Gegenwart. Seit 1989 ist eines klar: Das letzte Wort zum Thema Vertriebene ist noch nicht gesprochen . . . Eine Lösung zeigt auch nicht der ziemlich karge Absatz, den Sie, Herr Bundeskanzler, den Problemen mit den Tschechen gewidmet haben.

Es geht um den Wiederaufbau jener europäischen Bürgergesellschaften der Toleranz, der kulturellen Symbiose und der friedlichen Nachbarschaft der Völker, und es geht um die Versöhnung mit unseren unmittelbaren Nachbarn im Osten, vor allem mit den Tschechen

. . .

Hier haben die Vertriebenen durch eine Gunst der Stunde eine einmalige Schlüsselrolle. Sie können den Weg frei machen, aus den alten Fesseln von Vergangenheitsansprüchen, elenden Junktims und Wenn-aber-Erklärungen herauszukommen . . .
An dieser Stelle ein Wort zu dem für die Vertriebenen so wichtigen Recht auf Heimat, so wie ich es am letzten Wochenende interpretiert gehört habe. Ja, es stimmt: Menschen brauchen eine Heimat so wie Brot und Luft zum Atmen und Freiheit. Wenn aber das Recht auf Heimat als immerwährender materieller Eigentums- und Wiedererstattungsanspruch verstanden wird, wenn das Recht auf Heimat für Enkel und die Kinder der Enkel[8] reklamiert wird, die längst in anderen Heimaten geboren wurden, wenn das Recht auf Heimat nicht anerkennt, daß in den ehemaligen deutschen Gebieten heute neue Heimatrechte entstanden sind, die auch berücksichtigt werden müssen, dann liegt kein Segen darauf. Dann würde es selbst zum zerstörerischen Moment für die Zukunftsperspektiven der nächsten Generation . . .
Aus diesem Haus sollte und muß ein Appell an das Sudetendeutsche Treffen am Pfingstwochenende ausgehen. Er muß lauten: Schlagen Sie diese Chance für das richtige Wort zur richtigen Zeit nicht aus! Verzichten Sie endlich auch öffentlich auf verunsichernde Beiträge, auf unrealistische[9] Eigentumsansprüche, von denen Sie alle genau wissen – das äußern Sie in privaten Gesprächen auch –, wie unerfüllbar sie sind! Erkennen Sie an: Nicht jene sind Ihre Freunde, die Ihnen weiterhin schöne, illusionäre Versprechen machen, die sie doch nicht halten werden und auch gar nicht halten können! So sind nämlich die Realitäten. In der Wahrheit leben heißt auch, in der real existierenden Gegenwart mit ihren politischen Möglichkeiten und ihren politischen Fesseln anzukommen. Die Zukunft ist zu kostbar, als daß wir weiterhin in vergangenheitsbezogenen Luftschlössern leben und darin alte Gespenster füttern dürften.
. . .

E) Der bayerische Ministerpräsident Stoiber (CSU):
. . .
Bei der Entwicklung der Beziehungen zwischen Deutschland und den östlichen Nachbarländern ist das Verhältnis zu Tschechien jenes, das bisher am wenigsten vorangekommen ist. Sie machen es sich zu einfach, Frau Vollmer und Herr Glotz, wenn Sie dies so pauschal in den Verantwortungsbereich der deutschen Bundesregierung schieben . . .
Ich habe seit 1993 als Schirmherr der Sudetendeutschen mehrmals erklärt: Ich stehe für einen offenen, an keine Vorbedingungen geknüpften Dialog . . . Deswegen habe ich mich relativ rasch nach meinem Amtsantritt mit dem Ministerpräsidenten der Tschechischen Republik, Václav Klaus, getroffen und stundenlang auch über die Probleme . . . gesprochen und sie in einem offenen Dialog erörtert. Ich habe mich damals als bayerischer Ministerpräsident als . . . Moderator . . . zwischen den Sudetendeutschen und den Tschechen angeboten. Dieses Dialogangebot wurde von der tschechischen Seite niemals aufgegriffen. Selbst der von der tschechischen Seite 1993 angebotene Gesprächsfaden auf Parteienebene wurde sehr schnell wieder gekappt, als man darauf zu sprechen gekommen ist . . .
Deswegen sage ich von dieser Stelle aus erneut: Treten wir, Deutsche und Tschechen, jetzt endlich ein in Gespräche, Verhandlungen, in den Dialog. Jede Seite kann dabei das einbringen, was aus ihrer Sicht einem Ausgleich im Wege steht.
Ich wiederhole abermals – darin besteht auch Konsens mit der Bundesregierung –: Die Betroffenen sind zu beteiligen. Zu den Themen – ich sage nicht: zu den Ergebnissen – gehören dabei gewiß die Beneš-Dekrete[7], die erhobenen Forderungen nach Aufhebung oder Distanzierung. Ferner gehört vor allem die Aufhebung des Amnestiegesetzes vom 8. Mai 1946[10] dazu, das . . . auf keinen Fall Bestand haben kann, weil das zur Hausordnung der Europäischen Union gehört. Und daran müssen wir uns alle halten.
Es gehören zur Diskussion weiterhin das Heimatrecht der Sudetendeutschen . . .

Anmerkungen:
[1] Vermutlich gemeint: Die Vertreibungsverurteilung von 1989; zum Text: Siehe S. 874, 877.
[2] Vermutlich gemeint: Die Rede vom 6. 5. 1995; zum Text: Siehe S. 1003.
[3] Beachtenswerter Fortentwicklungsvorschlag: Der hier als Basis festgestellter UN-Kodifikation allein denkbare Art. 12 der UN-Konvention v. 19. 12. 1966 gab bereits »jedermann« das Recht, »jedes Land einschließlich seines eigenen zu verlassen« und »in sein eigenes Land einzureisen«.
Zum Textzusammenhang: Siehe S. 60.
[4] Unzutreffende Einschränkung politischer Alternativen: Es war und ist natürlich möglich, Vertreibungen durch selbstbestimmungskonforme Maßnahmen zwischen Personalautonomie und Gebietsabtretung zu vermeiden.
[5] a) Vermutlich gemeint: Havels Rede vom 15. 3. 1990; zum Text: Siehe S. 887.
b) Da Havel Staatspräsident war, richtete sich der Vorwurf protokollarisch an Bundespräsident von Weizsäcker.
[6] Für diese Behauptungen, nämlich seitens der BR Deutschland Junktim und Ungleichbehandlung, gab es keinen Beleg.
[7] Zum Komplex der sog. Beneš-Dekrete: Siehe S. 576 ff.
[8] Eine vergleichbare Äußerung von MdB Vollmer zum Heimatrecht z. B. der aus Äthiopien nach Palästina »rückgewanderten« Israelis ist m. W. (noch?) nicht publiziert.
[9] Verhalten und Maßnahmen der Republik Ungarn (siehe S. 942) erwiesen die diese Aussage bedingende mangelnde Faktenkenntnis.
[10] Zum Text: Siehe S. 685.

Quelle:
Parlament; Nr. 24 v. 9. 6. 1995; S. 2 ff.

****

Rede[1] **1995, 3. Juni**
des Bundesministers und Parteivorsitzenden Theo Waigel (CSU):
Vorschläge für die Zukunft

. . .
Äußerungen von Ministerpräsident Václav Klaus vor wenigen Wochen in Furth im Wald zum Unrecht der Vertreibung der Sudetendeutschen[2] stellen einen wichtigen Schritt zur Normalisierung des deutsch-tschechischen Verhältnisses dar.
Daher wäre es nur konsequent, wenn sich das demokratische Tschechien von den völkerrechtswidrigen »Benesch-Dekreten«[3] und dem Amnestie-Gesetz[4] distanzieren und diese für ungültig erklären würde. Dies ist nicht nur eine rechtliche, sondern vor allem eine moralische Frage.
Ich bin der festen Meinung: Heute, nach 50 Jahren, ist es an der Zeit, in einer gemeinsamen Erklärung beider Parlamente das Unrecht[5], das Tschechen im deutschen Namen angetan wurde, und die Vertreibung[5] zu verurteilen. . . . Wir wollen Fortschritte im deutsch-tschechischen Verhältnis, die gerade für Sie als Sudetendeutsche von größter Bedeutung sind.
Was können wir konkret tun?
Ich schlage die Berufung eines Beauftragten der Bundesregierung für das deutsch-tschechische Verhältnis[6] vor. Ihm zugeordnet eine deutsch-tschechische Expertenkommission, der auch Vertreter der Sudetendeutschen angehören sollen. Ich halte die Einbindung der Sudetendeutschen in diesen neuen Dialog für unverzichtbar, weil ich der Überzeugung bin, daß eine gedeihliche Zusammenarbeit nicht unter Ausgrenzung der Betroffenen stattfinden kann. Das habe ich Ministerpräsident Klaus in aller Deutlichkeit gesagt.
Dem Vorschlag des tschechischen Außenministers Zieleniec, einen Zukunftsfonds[5] zu bilden, stehe ich positiv gegenüber. Damit könnte erstens ein materieller und immaterieller Ausgleich für beiderseits erlittenes Unrecht verbunden sein. Ich denke dabei auch an die Möglichkeit der Einrichtung von Pflege- und Altenheimen für tschechische und deutsche Opfer des Nationalsozialismus in der Tschechischen Republik.

Zweitens sollte mit diesem Zukunftsfonds die gemeinsame Jugendarbeit und der Dialog zwischen Sudetendeutschen und Tschechen im Sinne der Aufarbeitung der gemeinsamen Geschichte gefördert werden.

. . .

Anmerkungen:

[1] Anläßlich des 46. Sudetendeutschen Tages in München.

[2] Zum Text vom 6. 5. 1995: Siehe S. 1003.

[3] Zum Komplex der sog. Beneš-Dekrete: Siehe S. 576 ff.

[4] Vom 8. 5. 1946; zum Text: Siehe S. 685.

[5] Mit der Vergangenheitsverurteilung und dem »Zukunftsfonds« waren wichtige Elemente angesprochen, die in der deutsch-tschechischen Erklärung vom 21. 1. 1997 behandelt werden sollten. Zum Text: Siehe S. 1073.

[6] Von diesem Vorschlag war später nichts mehr zu hören.

Quelle:
Mitt.Bl. SL; Nr. 5/95; S. 170–174, hier S. 173.

****

Rede[1] **1995, 4. Juni**

des Sprechers der SL, Staatsminister a. D. Franz Neubauer:

Stand der und Ausblick auf sudetendeutsch-tschechische Gespräche

Vor 50 Jahren endete der Zweite Weltkrieg – der schrecklichste Krieg in der Menschheitsgeschichte.

Am 8. Mai 1945 endete auch eine menschenverachtende Diktatur, die von Deutschland aus unsägliches Leid und eine beispiellose Katastrophe über zahlreiche Völker gebracht hatte. Leider bedeutete dieser Tag nicht das Ende von Unrecht und Gewalt.[2] Vielmehr brachte das Kriegsende für Millionen von Menschen neuen Terror, neue Verfolgung und neue Unterdrückung . . .

Die Sieger des Zweiten Weltkrieges waren angetreten gegen Unrecht und Tyrannei, für Recht und Menschlichkeit. Aber nach dem Ende des Krieges duldeten sie es, daß Deutsche, aber auch Angehörige anderer Völker und Volksgruppen, enteignet, unmenschlich gequält und von Haus und Hof vertrieben wurden. Dies hatte den Tod von insgesamt mehr als zwei Millionen Vertriebenen zur Folge.

Die Vertreibung kann auch nicht einfach mit den vorausgegangenen Verbrechen des NS-Regimes, die nicht in Frage gestellt, noch bagatellisiert werden dürfen, begründet werden. Wir haben die Aufgabe, den Teufelskreis von Gewalt und Gegengewalt zu durchbrechen und ein für allemal damit Schluß zu machen.

Hier läßt die jüngste Aussage des Hohen Kommissars für Menschenrechte bei den Vereinten Nationen, Jose Ayala Lasso, eines kolumbianischen Diplomaten, aufhorchen[3] . . .

Diese Worte aus der Führungsspitze der Vereinten Nationen gewinnen dramatische Aktualität durch die Vorgänge vor unserer Haustüre in Bosnien-Herzegowina und in den serbisch besetzten Teilen Kroatiens, wo Menschen nur deswegen von Haus und Hof vertrieben werden, weil sie einer anderen Nationalität, einer anderen Religion angehören.

. . .[4]

Berechtigterweise ist darum auch das jüngste Urteil des tschechischen Verfassungsgerichtes in Brünn[5] international auf Unverständnis und Ablehnung gestoßen, weil es im Benesch-Dekret Nr. 108[6], dem Enteignungs-Dekret, »nicht nur einen legalen, sondern auch einen legitimen Akt« sieht und dies damit begründet, daß die enteignete und vertriebene Bevölkerung (ich zitiere): »der Demokratie und ihrer Wertordnung feindlich gegenüberstand und in der Folge einen Angriffskrieg unterstützte«.

Der bekannte Staats- und Völkerrechtler Prof. Dr. Dieter Blumenwitz kritisierte in seiner

Rede am 28. Mai 1995 in der Frankfurter Paulskirche dieses Urteil unter anderem deshalb, weil es (Zitat) »alle Heimatvertriebenen als Friedensbrecher abstempelt«. Und Blumenwitz fährt fort: »Das Urteil jedenfalls macht viele Deutsche, die Tschechien den Weg nach Europa ebnen wollen, ratlos: War die Vertreibung ›großes Unrecht‹ (Havel), gab es ›bedauernswerte Verbrechen bei der Vertreibung‹ (Klaus) oder war alles ›legal‹ und ›legitim‹ (das Verfassungsgericht)? Die Brünner Begründung bedeutet schließlich einen bedauernswerten Rückschlag in der europäischen Menschenrechtsentwicklung. Im Rahmen selbstgesetzter Prämissen und historiographischer Deutung wird immer auch ein Karadzic oder Mladic Begründungen für ›ethnische Säuberungen‹ finden[7], und das Übel wird weiter wuchern.

...

Im Vorfeld gerade dieses Sudetendeutschen Tages 1995 ist von einzelnen Medien und in einigen Bereichen der Politik[8] die Meinung vertreten worden, es läge einzig an den Sudetendeutschen, »jetzt durch eine Geste der Versöhnungsbereitschaft« – so wird formuliert – »endlich den Weg zu einem raschen und nachhaltigen Ausgleich im sudetendeutsch-tschechischen Verhältnis zu öffnen«. Wer so argumentiert, kennt unsere Haltung nicht. Ausgerechnet den Sudetendeutschen unzureichende Versöhnungsbereitschaft zu unterstellen, spricht den tatsächlichen Gegebenheiten geradezu Hohn.

...[9]

Daß in der Zeit der kommunistischen Herrschaft unsere Versöhnungsangebote ohne jede Resonanz aus Prag blieben, war nicht anders zu erwarten. Aber mit der politischen Wende 1989/90, mit der Entstehung demokratischer Rechtsstaaten jenseits des früheren Eisernen Vorhangs, war die Chance gegeben, zu einem Neuanfang zu kommen. Immer wieder haben wir seither den neuen politischen Führungen, erst der Tschechoslowakei und später der Tschechischen Republik den Dialog angeboten, vorurteilsfrei und ohne Vorbedingungen[10]. Und ebensooft haben wir aus dem Munde tschechischer Politiker – wenn überhaupt eine Antwort – nur Abweisungen erhalten. Gemeinsam mit dem Sudetendeutschen Rat habe ich darüber hinaus Briefe an die Vorsitzenden der wichtigsten tschechischen Parteien[11] mit dem Vorschlag gerichtet, Gespräche aufzunehmen. Auch diese Initiative erbrachte ebenso nur Absagen wie die im vergangenen Jahr ebenfalls an die Parteivorsitzenden gerichteten Einladungen zum Sudetendeutschen Tag, die der tschechische Ministerpräsident Klaus gar als – so wörtlich! – »Provokation« bezeichnete. Dabei ist der Dialog ein selbstverständliches und unverzichtbares Wesensmerkmal der Demokratie.

... Bedauerlicher- und unverständlicherweise ... sperrt sich die politische Führung der Tschechischen Republik – jedenfalls bisher – ... nach wie vor gegen jedes Gespräch mit den unmittelbar Betroffenen.

Inzwischen gibt es aber genügend Beispiele dafür, daß Konflikte und Probleme durch Gespräche zwischen Regierenden auf der einen und ethnischen oder politischen Gruppierungen auf der anderen Seite[12] gelöst werden können. Muß es nicht nachdenklich stimmen, wenn im Nahen Osten Völker wie Palästinenser und Israelis, die über Jahrzehnte hinweg Todfeinde waren, sich zum Dialog zusammenfinden, um eine konstruktive Lösung des Zusammenlebens zu erarbeiten? Und ist es nicht bemerkenswert, daß auch in Südafrika nach jahrelangen blutigen Auseinandersetzungen durch Gespräche aller Betroffenen ein friedlicher Wandel herbeigeführt wurde?

Die in die politische Wende in Europa gesetzten Hoffnungen haben sich bisher leider im sudetendeutsch-tschechischen Verhältnis nicht erfüllt. Auch ursprünglich hoffnungsvolle politische Entwicklungen sind zum Stillstand gekommen. Führende tschechische Politiker sind wieder hinter zunächst geäußerte Positionen zurückgegangen ...[13]

Um die Ernsthaftigkeit unserer Gesprächsbereitschaft erneut zu beweisen, haben daher das Präsidium des Sudetendeutschen Rates und der geschäftsführende Bundesvorstand der Sudetendeutschen Landsmannschaft vor wenigen Tagen einmütig die Bildung einer ge-

meinsamen Dialog-Gruppe beschlossen, die für Gespräche mit der tschechischen Seite ab sofort zur Verfügung steht.
An dieser Stelle sei im übrigen folgendes richtiggestellt: Immer wieder wird behauptet, nach den früheren bedauernden Worten Václav Havels zur Vertreibung der Sudetendeutschen sei ein entsprechendes Wort des Bedauerns für die an Tschechen verübten Untaten von sudetendeutscher Seite ausgeblieben. Dies ist falsch. Ein derartiges Wort des Bedauerns, ja eine Entschuldigung gegenüber dem tschechischen Volk, hat bereits der damalige Sprecher der Sudetendeutschen, Dr. Hans Christoph Seebohm, im Jahre 1963 vor aller Öffentlichkeit anläßlich des Sudetendeutschen Tages ausgesprochen[14]. Dieses Wort gilt heute noch so wie damals.

...

Zur Frage der Entschädigung tschechischer NS-Opfer darf ich folgendes feststellen: Behauptungen, wir hätten ein Junktim zwischen der Entschädigung tschechischer NS-Opfer und der sudetendeutschen Frage im allgemeinen bzw. den sudetendeutschen Eigentums- und Vermögensfragen hergestellt, treffen nicht zu. Ein solches Junktim hat es nie gegeben. Aber: Für Opfer gleichartiger Gewalttaten hüben und drüben muß gleiches Recht gelten. Es kann nicht Opfer erster und Opfer zweiter Klasse geben[15]. Es würde jedem Rechtsempfinden widersprechen und wäre niemandem zu vermitteln, die tschechischen Insassen deutscher Konzentrationslager zu entschädigen, aber gleichzeitig über die deutschen Insassen tschechischer Konzentrationslager entschädigungslos hinwegzugehen und sie vielleicht nicht einmal einer Erwähnung zu würdigen.
Wir stimmen auch als Sudetendeutsche voll der Auffassung der Bundesregierung und der bayerischen Staatsregierung zu, daß der Beitritt der Tschechischen Republik zur Europäischen Union zu unterstützen ist. Allerdings setzt eine Mitgliedschaft in der Europäischen Union voraus, daß jedes Beitrittsland die europäische Hausordnung anerkennt.
Daher stehen wir nach wie vor auf dem Standpunkt, daß die Tschechische Republik das Straffreiheitsgesetz vom Mai 1946[16], das fälschlicherweise als Amnestiegesetz bezeichnet wird, nicht aufrechterhalten kann. Dieses Gesetz, das heute noch Verbrechen an Deutschen und Magyaren für rechtens und straffrei erklärt, kann in einem demokratischen Rechtsstaat keinen Bestand haben und muß aufgehoben werden.
Das gleiche gilt für die sog. »Benesch-Dekrete«[17], soweit sie kollektive Enteignung und Vertreibung betreffen. Diese auf der unhaltbaren Kollektivschuldthese beruhenden Dekrete sind nach Meinung aller namhaften Staats- und Völkerrechtler eindeutig völkerrechtswidrig.
Es wäre eine Geste guten Willens der tschechischen Seite, wenn diese sich in einem ersten Schritt zumindest moralisch von diesen Dekreten distanzieren würde. Über die praktischen Folgen einer Aufhebung dieser Dekrete muß verhandelt werden.

...

Die laut Pressemeldungen vom tschechischen Außenminister kürzlich unterbreiteten Vorschläge der Errichtung einer gemeinsamen Stiftung und eines tschechisch-deutschen Jugendwerkes, beurteilen wir positiv. Dabei ist es sicher von Interesse, festzustellen, daß wir als Sudetendeutsche ein tschechisch-deutsches Jugendwerk bereits beim Sudetendeutschen Tag 1986[18] ... vorgeschlagen haben.

...

Daß sich aus der Vertreibung ganzer Volksgruppen entstandene Probleme in der Tat auch heute noch lösen lassen, hat zum Beispiel die Republik Ungarn[19] gezeigt. In der Slowakei hat nicht nur der Staatspräsident, sondern hier hat auch das Slowakische Parlament[20] als oberster Repräsentant des Volkes die Vertreibung verurteilt. Warum, so muß man sich fragen, soll der Tschechischen Republik nicht möglich sein, was den Slowaken und Ungarn inzwischen längst möglich war?
In unserem Bemühen zur Lösung der offenen sudetendeutschen Fragen haben wir im

Schirmland Bayern seit eh und je bis zum heutigen Tag einen treuen Partner, dem wir dankbar sind und unter dessen Schirm wir uns geborgen fühlen können. Daß dies auch in Zukunft so sein wird, hat das entschiedene Eintreten des bayerischen Ministerpräsidenten in der Bundestagsdebatte vom vergangenen Donnerstag eindeutig bewiesen.
Daß auch der Bundesrepublik Deutschland an einer befriedigenden Lösung der sudetendeutschen Frage gelegen ist, hat die jüngste Regierungserklärung von Bundeskanzler Kohl und die anschließende Debatte im Deutschen Bundestag[21] erneut deutlich gemacht.
Dies zeigt in aller Klarheit:
Die Obhutserklärung des Deutschen Bundestages über die Sudetendeutschen[22] gilt nach wie vor, ebenso die Entschließung[23] des Deutschen Bundestages anläßlich der Ratifizierung des deutsch-tschechoslowakischen Nachbarschaftsvertrages.
Auf der Grundlage dieser Entschließung müssen Bundestag und Bundesregierung unter voller Einbeziehung der Sudetendeutschen und ihres Schirmlandes Bayern die Lösung der unverändert offenen sudetendeutschen Fragen voranbringen.
...

Anmerkungen:

1 Anläßlich des 46. Sudetendeutschen Tages in München.

2 Eine bemerkenswerte Kombination von Befreiung für die einen und Tod für die anderen notierte fünfzig Jahre später ein befreiter tschechischer Publizist:
»Von der Herrschaft des Dritten Großdeutschen Reiches unter Adolf Hitler wurde ich, im Mai 1945 fünfzehn Jahre alt, gleich dreimal befreit. Am 5. Mai 1945 um 10 Uhr vormittags, als in Prag der Aufstand der tschechischen Bevölkerung gegen die Deutschen losging, kam unser Hausmeister, Herr František Vodička, mit Gewehr und in einer erbeuteten Uniform des deutschen Afrikakorps – ein Magazin der Wehrmacht am Masaryk-Bahnhof war schon um acht Uhr geplündert worden – zu uns und sagte: ›Jetzt befreie ich unser Haus von den Nazis!‹ Herr Vodička, der revolutionäre Gardist, ging in den zweiten Stock, wo die Ärztin Birgit Hahn wohnte, eine Deutsche. Ihr Mann war Ende März 1945 an der Westfront gefallen. Mitte April hatte Frau Hahn einen Buben namens Walter zur Welt gebracht.
Im zweiten Stock hörten wir Frau Dr. Birgit Hahn fürchterlich schreien; wir liefen mit Mutter aus unserer Wohnung ins Treppenhaus hinaus. Gerade in diesem Augenblick flog Frau Dr. Hahns Säugling namens Walter mit einem leisen Winseln durch den breiten Lichtschacht an uns vorbei in die Tiefe. Auf dem kostbaren, strahlend weißen Marmorboden ein Stockwerk unter uns ist bis heute ein rotgelber Fleck zu erkennen. Dann hörten wir oben einen Schuß; Frau Dr. Hahn wurde still. Hausmeister Vodička, seit zehn Minuten im Aufstand gegen die Nazis, schrie durchs ganze Haus: ›So, jetzt habe ich mit den Nazis abgerechnet! Wir sind frei!‹
Vom Hausmeister Vodička befreit, saßen wir dann drei Tage und Nächte im Keller; in Prag wurde gekämpft.
Im Morgengrauen des 8. Mai 1945 tauchte am südlichen Rand der Stadt die sogenannte Wlassow-Armee auf. ... russische Soldaten unter dem Kommando des ... Generals Wlassow, ... der ⟨*ab 1942*⟩ ... mit der Wehrmacht gegen die Bolschewiki kämpfte⟨, *der Wehrmacht im*⟩ April 1945 kündigte⟨, *um sich*⟩ mit seiner Armee zu den Amerikanern durchzuschlagen. Sie befreite dabei, wahrscheinlich eher durch Zufall, Prag, die Goldene Stadt an der Moldau. Ich wurde also in drei Tagen zweimal befreit, zum zweiten Mal von einer Armee, die ... hoffte, durch Prags Befreiung ... bei den Amerikanern Gnade zu finden.
... Einen Monat später waren sie alle tot. Die Wlassow-Armee ergab sich bei Pilsen den Amerikanern: Ende Mai übergaben die Amerikaner sie geschlossen den Sowjets, und Mitte Juni wurden die letzten Wlassow-Soldaten, so habe ich es dreißig Jahre später gelesen, ... erschossen ...
Meinen ersten Befreier, unseren Hausmeister František Vodička, den revolutionären Gardisten, seit 5. Mai 1945 zehn Uhr vormittags im Kriegszustand mit Deutschland, sah ich am 8. Mai 1945 am unteren Ende des Wenzelsplatzes einen mit Benzin begossenen deutschen Soldaten mit dem Kopf nach unten an einer Laterne hochziehen. ›Nieder mit den Deutschen! Wir sind frei!‹ schrie unser Hausmeister und zündete den Soldaten am Laternenmast an.
Am 9. Mai 1945 wurde ich in vier Tagen zum dritten Mal befreit, diesmal von den Panzersoldaten der Roten Armee.
Wenn ich über meine drei Befreiungen im Mai 1945 heute nachdenke, dann will bei mir keine richti-

ge Freude erwachen: Ich wurde von den Nazis zuerst von einem blutrünstigen Hausmeister befreit, der seine unterdrückten Mordgelüste erst als revolutionärer Gardist entfalten konnte, drei Tage später befreiten mich erbärmliche russische Verräter, und zum dritten Mal wurde ich von der Roten Armee befreit, die mich und meine Heimat für die nächsten 44 Jahre in Unfreiheit stürzte.
Wenn ich also an den 8. Mai 1945 zurückdenke, fühle ich mich von der Geschichte um eine richtige Befreiung, auf die ich als fünfzehnjähriger Junge an der Schwelle des Lebens und des Friedens im Mai 1945 Anspruch und Recht hatte, betrogen.«
Vgl. Filip, Ota: »Prag im Mai 1945 – Meine drei Befreiungen« in »Die Zeit«; Jg. 50, Nr. 19 v. 5. 5. 1995; S. 59.

[3] Es folgte ein längeres Zitat aus der Rede des (tatsächlich) ecuadorianischen Diplomaten; zum Text: Siehe S. 148.

[4] Es folgten Zitate aus der Rede des österreichischen Außenministers Mock vom 22. 5. 1994 (zum Text: Siehe S. 974) und dem Gutachten von Prof. Ermacora vom 22. 8. 1991 (zum Text: Siehe S. 103, 438, 923).

[5] Zum Text vom 8. 3. 1995: Siehe S. 993.

[6] Zum Text vom 28. 10. 1945: Siehe S. 563.

[7] Zum Ausspruch des kroatischen Präsidenten Tudjman, der dies in direktem Bezug auf die Sudetendeutschen tun sollte: Siehe S. 1100.

[8] Zu vergleichbaren Vorschlägen von MdB Vollmer vom 1. 6. 1995: Siehe S. 1011.

[9] Es folgte eine Darstellung der Versöhnungsbemühungen vor 1990 unter besonderer Erwähnung der »Charta der deutschen Heimatvertriebenen vom 5. 8. 1950; zum Text: Siehe S. 31.

[10] Zu einigen dieser Ansätze: Siehe die Texte vom 21. 12. 1989, S. 876; 23. 2. 1990, S. 886; 5. 9. 1990, S. 906; 9. 11. 1990, S. 907 usw.

[11] Zum Text vom 19. 4. 1994: Siehe S. 972.

[12] Trotz der hier aufgeführten (um Nordirland zu ergänzenden) Beispiele wurden von deutschen Experten, wie dem außenpolitischen Sprecher der FDP, MdB Ulrich Irmer, Gespräche zwischen amtierenden Regierungen und Gruppen, wie der PLO, dem ANC oder der IRA, schlichtweg negiert, um vergleichbares Verlangen zwischen der SL/SR und der ČR-Regierung als »abstrus« disqualifizieren zu können.
Vgl. Interview in der »Nordwest-Zeitung« ⟨*TZ.*⟩, Oldenburg (Nds.); Jg. 48, Nr. 124 v. 1. 6. 1993.

[13] Es folgte eine Darstellung widersprüchlicher tschechischer Signale zu sudetendeutsch-tschechischen Gesprächen an sich und deren evtl. Inhalte.

[14] Zum Text vom 2. 6. 1963: Siehe S. 771.

[15] Zur diesbezüglichen Feststellung eines sudetendeutschen Zwangsarbeiters nach 1945: Siehe S. 1023.

[16] Zum Text vom 8. 5. 1946: Siehe S. 685.

[17] Zum Gesamtkomplex der Beneš-Dekrete: Siehe S. 576 ff.

[18] Als Konkretisierung der Zusammenarbeit der Jugend beider Länder, zu welcher schon 1960 aufgerufen wurde. Zum Text: Siehe S. 759.

[19] Gemeint: Das ungarische Gesetz vom 7. 4. 1992 über Teilentschädigung bei Vermögensverlusten; zum Text: Siehe S. 942.

[20] Gemeint: Die Erklärung des Slowakischen Nationalrates vom 12. 2. 1991; zum Text: Siehe S. 908.

[21] Am 1. 6. 1995; zum Text: Siehe S. 1011.

[22] Vom 14. 7. 1950; zum Text: Siehe S. 723.

[23] Vom 20. 5. 1992; zum Text: Siehe S. 935.

Quelle:
Mitt.Bl. SL; Nr. 6/95; S. 195–202.

****

Rede[1] des **1995, 4. Juni**
Bayerischen Ministerpräsidenten Edmund Stoiber (CSU):
Notwendigkeit und Inhalte sudetendeutsch-tschechischer Gespräche
...
Grundlage für eine ehrliche, aufrichtige und dauerhafte Versöhnung ist die Bereitschaft aller Beteiligten – auch in den Vertreiberstaaten – zur historischen Wahrheit und zur Anerkennung von Unrecht und Verantwortung. Jahrzehnte sind verlorengegangen, in denen kommunistische Geschichtsfälscher einen aufrichtigen Dialog verhindert haben. Dieses Jahr, in dem beiderseits soviel Erinnerung, Trauer und Nachdenken liegt, bietet sich für eine solche Versöhnung an wie keines zuvor.

Deshalb appelliere ich heute und von dieser Stelle an die deutsche und an die tschechische Regierung: Treten wir ohne Vorbedingungen ein in offene, faire, vom nachbarschaftlichen Geist getragene Gespräche und Verhandlungen zwischen unseren Staaten. Ich habe zu Beginn dieses Gedenkjahres gleich im Januar Außenminister Kinkel aufgefordert, in Verhandlungen mit der Tschechischen Regierung einzutreten und die Sudetendeutschen darin einzubinden ... Es darf nicht mehr sein – um es vorsichtig zu beschreiben –, daß ein tschechischer Außenminister sagen kann, die sudetendeutsche Frage habe auf der Verhandlungsebene[2] nie im Vordergrund der Diskussionen gestanden. Die Zeit ist reif, die offenen Fragen konkret auf den Verhandlungstisch zu legen.

Jetzt sollte Prag nicht mehr länger zögern. Wenn die Beziehungen zwischen Deutschland und Tschechien so gut sind, wie Ministerpräsident Klaus in Furth im Wald am 6. Mai dieses Jahres sagte[3], was hindert dann die tschechische Regierung daran, in guter Nachbarschaft die Verhandlungen über die offenen Fragen aufzunehmen?

Über was ist in gemeinsamen Verhandlungen mit der tschechischen Regierung zu sprechen? ...

1. Es ist zu verhandeln über die Beneš-Dekrete[4] und das sogenannte »Amnestiegesetz«[5]. Ich unterstreiche das Wort sogenannte. Die tschechische Regierung bleibt aufgefordert, nach Wegen zu suchen, daß das »Unrecht als Unrecht« aufgehoben wird, wie Fritz Wittmann[6] es einmal ausdrückte. Die Beneš-Dekrete trafen kollektiv die Sudetendeutschen und die Ungarn. Sie widersprechen bis heute eklatant der europäischen Werte- und Rechtskultur, der sich die Tschechen eigentlich immer zugehörig gefühlt haben. Besonders das »Amnestiegesetz« vom 8. Mai 1946, soweit es die an Deutschen während der Vertreibung begangene Verbrechen nachträglich für rechtmäßig erklärt hat, verletzt jegliches Rechtsgefühl und es kann ... keinen Bestand haben. Das ist für mich eine absolute Notwendigkeit, dieses auch[7] hier und heute auszudrücken ... Dieses ⟨*Gesetz*⟩ kann keinen Bestand haben. Es widerspricht der europäischen Hausordnung und es ist eine generelle Frage des Selbstverständnisses, wie Völker miteinander umgehen, wenn man darauf beharrt. Unrecht ist Unrecht, es muß als solches benannt werden, es darf nicht verdrängt werden, es kann nicht durch Gesetz wie mit einem Federstrich aufgehoben werden. Aus Unrecht kann nicht Recht werden, auch 50 Jahre danach nicht.

Ich bedaure zutiefst, daß das tschechische Verfassungsgericht diese rechtswidrigen und unmoralischen Dekrete[4] heute, 50 Jahre nach Kriegsende, im gewandelten und zusammenwachsenden Europa, rechtfertigt und für legitim erklärt[8]. Kein rechtsstaatlich denkender Mensch kann eine derartige Auffassung und Begründung hinnehmen. Sie atmet den unseligen Geist der Kollektivschuld.

Daher auch meine klare Erwartung als Schirmherr: Die tschechische Regierung muß sich vom Unrecht der Beneš-Dekrete in einem ersten Schritt distanzieren und das sogenannte »Amnestiegesetz« aufheben. Das ist notwendig, um das verletzte Rechts- und Ehrgefühl der Sudetendeutschen, derjenigen, die hier leben, und derjenigen, die noch in der Tschechischen Republik leben, zu heilen. Ich wiederhole es zum dritten oder vierten Male: Jedes

Volk muß sich zu seiner ganzen Geschichte bekennen. Nachbarschaft und Freundschaft können nur auf einem Fundament der Wahrhaftigkeit aufgebaut werden.
2. Mit der Vertreibung ist auch das Recht auf Heimat verletzt worden. Die Vorgänge im ehemaligen Jugoslawien gebieten aufs neue, Vertreibung zu ächten und das Recht auf Heimat zu achten. Und wer von den Sudetendeutschen dieses Recht wahrnehmen möchte – und dies ist mit Sicherheit heute, 50 Jahre danach, eine Minderheit, wenn überhaupt –, wer von den Sudetendeutschen jedoch dieses Recht wahrnehmen möchte, dem sollte dazu Gelegenheit gegeben werden . . .
3. Natürlich muß auch über die tschechischen Anliegen, insbesondere über die Entschädigung von tschechischen Opfern des NS-Terrors verhandelt und entschieden werden, und in die Richtung entschieden werden, die Franz Neubauer[9] angesprochen hat. Soweit sich das Leid von Menschen, die unter den Nazis gelitten hatten, materiell überhaupt wiedergutmachen läßt, hat sich Deutschland im Rahmen der finanziellen Möglichkeiten dieser Aufgabe gestellt . . . Die Glaubwürdigkeit Deutschlands verlangt es, daß auch für die tschechischen NS-Opfer eine Fonds- bzw. Stiftungslösung angestrebt und gefunden werden muß. Dagegen, . . . damit hier keine Legenden überhaupt entstehen können, dagegen war die bayerische Staatsregierung niemals. Wir haben dem immer das Wort geredet, natürlich ohne ein Junktim herzustellen. Man kann nicht das eine nur sehen und das andere verweigern. Das ist der Punkt, um den es gegangen ist und der heute – glaube ich – auch so gesehen wird.
Angesichts dieses dunklen Kapitels im Zusammenleben der Deutschen und Tschechen und des beiderseits erlittenen Leids schlage ich einen gemeinsamen Versöhnungsfonds vor, der ein gemeinsames Versöhnungswerk in Gang setzt. Aus diesem Fonds könnten individuell Opfer beider Seiten bedacht werden, die heute noch besonders unter den Folgen des damals begangenen Unrechts leiden. Zudem könnten aus diesem Fonds auch Projekte im Sozial-, Kultur- und Jugendbereich gefördert werden.
Diese drei Punkte müssen zwischen europäischen Demokratien verhandelbar und in einem Paket für beide Seiten befriedigend gelöst werden. Ein derartiges Verhandlungsergebnis sollte nach unserer Auffassung durch eine Entschließung beider Parlamente begleitet werden, damit es auf eine möglichst breite, tragfähige und dauerhafte Basis gestellt wird.
. . .
Was bleibt in Mitteleuropa noch zu tun? Es bleibt die aufrichtige Verständigung mit den östlichen Nachbarn. Dazu bedarf es der gegenseitigen Anerkennung von Unrecht und Verantwortung und des Bekenntnisses auch zu den dunklen Stellen der eigenen Geschichte. Zur Aussöhnung gehört auch die Wiederaufnahme der Sudetendeutschen in die Geschichte und in die Gegenwart Böhmens als ihrer Heimat. Aus der historischen Kenntnis und Erkenntnis müssen Kraft und Wille zur gegenseitigen Annahme wachsen.

Anmerkungen:
[1] Anläßlich des 46. Sudetendeutschen Tages in München.
[2] Anscheinend Anspielung auf eine diesbezügliche, m. W. nie dementierte Äußerung von ČR-Außenminister Zieleniec vom September 1994; zum Text: Siehe S. 971.
[3] Zum Text: Siehe S. 1003.
[4] Zum Komplex der sog. Beneš-Dekrete: Siehe S. 576 ff.
[5] Vom 8. 5. 1946; zum Text: Siehe S. 685.
[6] Zur Person: Siehe Register, S. 1288.
[7] Zur gleichen Meinung vor dem (13.) Deutschen Bundestag am 1. 6. 1995: Siehe S. 1013.
[8] Zur Entscheidung vom 8. 3. 1995: Siehe S. 993.
[9] Siehe die vorhergehende Rede S. 1015.

Quelle:
Mitt.Bl. SL; Nr. 6/95; S. 207–219.

****

Die tschechische Partei »Republikaner«: **1995, 18. Juli**[1]
Ein gefälschter Brief

⟨*Vorbemerkungen:*
1) Der Vorsitzende der ČSFR-Partei »Republikaner« Miroslav Sládek hatte am 15. 3. 1990 bei einer Veranstaltung der deutschen Partei »Die Republikaner« in München die Sudetendeutschen im Rahmen einer »flammenden Versöhnungsrede« positiv dargestellt und durchblicken lassen, seine Partei werde in Prag als Befürworter des Münchner Abkommens von 1938 »verteufelt«. Sládek traf sich am 5. 7. 1991 mit dem damaligen deutschen Republikanerchef Franz Schönhuber und wollte finanzielle Unterstützung. Diese konnte nicht gegeben werden; dann brachen die Kontakte ab.[2]
2) Mitte 1995 wurde ein von Sládek unterzeichnetes Flugblatt in der ČR weit verbreitet. Es zeigte einen stilisierten Adler mit überdimensionierten Krallen; sein Federkleid bestand aus ineinander verschränkten Mitgliedsabzeichen der SdP und Hakenkreuzen. Der Text lautete:⟩

»Nein den Sudetaken (sudeťákům).
Die Sudetendeutschen konnten wählen zwischen Hitler und der Tschechoslowakischen Republik. Die Mehrheit hat sich für Hitler entschieden. Also war der Abschub eine gerechte und sehr milde Strafe für das Unrecht, das uns die Sudetaken angetan haben. Sie haben kein Recht auf Rückkehr. Jeden Minister oder Abgeordneten, der sich mit ihnen einlassen sollte, betrachten wir als Landesverräter, und für Landesverrat gibt es die einzig mögliche Strafe – die höchste. Beschleunigt müssen wir auch die deutsche Regierung zur Zahlung einer Entschädigung für unsere Opfer im Zweiten Weltkrieg sowie zum Ersatz aller durch das nazistische Deutschland in der ehemaligen Tschechoslowakei verursachten Schäden zwingen.«

⟨*3) Um den 18. 7. 1995 tauchte dann in der ČR ein weiteres Flugblatt auf, von dem sich bald herausstellte, daß es vom ČR-republikanischen Abgeordneten Jan Vlk mit der Auflage von 1 Mio. Stück in Druck gegeben worden war. Vlks parlamentarische Immunität wurde aufgehoben, ein Prozeß wegen Volksverhetzung verlief nach seiner Wiederwahl im Sande.*
Der Inhalt des Flugblattes versuchte, bevorstehende Wahlen in der ČR in desinformatorischer Tradition[3] *dadurch zu beeinflussen, daß über eine frei erfundene Mitteilung der (deutschen) Bundesregierung an die SL mehreren tschechischen Parteien konspirative Zusammenarbeit mit Bonn unterstellt wurde. Der Text lautete:*⟩

Vertraulich!

Information der Bundesregierung für die Leitung der
Sudetendeutschen Landsmannschaft

Unter Berücksichtigung des zukünftigen Schicksals der Sudetendeutschen und ihrer in Vorbereitung stehenden Rückkehr in die Tschechische Republik ist es unbedingt notwendig, bei den Parlamentswahlen, die in der Tschechischen Republik im Juni 1996 stattfinden werden, die regierende Bürgerliche Demokratische Partei und ihre Koalitionspartner – die Bürgerliche Demokratische Allianz ⟨*sowie*⟩ die Christlich Demokratische Union Tschechoslowakische Volkspartei – zu unterstützen. Einzig ihr Sieg ist die Garantie zur Schaffung von Bedingungen für die Wiedergutmachung des Unrechts, das die Tschechen an unseren Mitbürgern begangen haben.
Es wurde deshalb bei Verhandlungen der Spitzenrepräsentanten der Bundesrepublik Deutschland und der Tschechischen Republik folgendes Vorgehen vereinbart und bestätigt:

1. Die Bundesrepublik entschädigt die tschechischen Kriegsopfer symbolisch.
   Termin – Jahreswende 95/96 in Abstimmung mit dem Verlauf des Wahlkampfes in der Tschechischen Republik

Betrag – Sollte ein Hunderttausendstel des Betrages nicht übersteigen, den die Sudetendeutsche Landsmannschaft in Kompensationsform nach Rückkehr ihrer Mitglieder in die Tschechische Republik erwartet

2. Die gegenwärtige Führung der ČR wird sofort nach ihrem unterstellten Sieg in den Parlamentswahlen folgende Schritte unternehmen:
   a) Billigung des Gesetzes über Doppelstaatsbürgerschaft in der Tschechischen Republik Termin: August – September 1996;
   b) Verleihung der Staatsbürgerschaft an Sudetendeutsche zum Stand 30. September 1938, Termin: Oktober – November 1996;
   c) Billigung des Gesetzes über die Eigentumsrückgabe zum Stand 30. September 1938, Termin: Dezember 1995.

Aufgrund eines Geheimabkommens, abgeschlossen auf der Ebene der Vorsitzenden dieser Parteien, ist die Realisierung der oben angeführten Forderungen auch für den Fall einer möglichen, breiten Regierungskoalition in der Tschechischen Republik, bestehend aus der Bürgerlichen Demokratischen Partei und der Tschechischen Sozialdemokratischen Partei, gesichert.

Wir hoffen, daß die derartig behandelte Problematik die Forderungen der Leitung der Sudetendeutschen Landsmannschaft in allen Punkten befriedigen wird.

H. Kohl, m. p.[4]

T. Waigel, m. p.[4]

⟨5⟩

Anmerkungen:

1 Datum, das aus Presseberichten über den Vorgang (z. B. FAZ; Nr. 165 v. 19. 7. 1995) als wahrscheinlich anzunehmen ist.

2 Wiedergabe nach »Egerer Zeitung«, Amberg (Opf.); Jg. 47, Nr. 2 (Februar 1996); S. 24 f.

3 Bereits 1956 bis 1958 waren Briefe des damaligen US-Kardinals Spellman und des SL-Sprechers Lodgman in Westdeutschland aufgetaucht, die anscheinend vom ČSR-Geheimdienst gefälscht worden waren.
Vgl. Unterlagen »Nachlaß Lodgman« im Sudetendeutschen Archiv, München; dortige Archiv-Nr. CV 1a, Abteilung XX/3 »gefälschte Briefe«.

4 Im Original »v. r.« = m. p. = »eigenhändig« unterschrieben.

5 Zu weiteren Äußerungen aus dem Kreis der tschechischen Partei »Die Republikaner«: Siehe S. 1114 f.

Quellen (zu Ziff. 2 und 3):
Text der Flugblätter; 1 bzw. 2 gedr. S.; Fotokopien im Besitz des Verfassers.

****

Brief **1995, 23. Juli**
des Sudetendeutschen Josef Pschorn an Außenminister Kinkel (FDP):
Forderung nach Entschädigung für Zwangsarbeit[1]

. . .

Auf diesem Wege ersuche ich Sie, bei den zukünftigen Verhandlungen mit der tschechischen Regierung in Prag auch unsere Anliegen, die Anliegen der ehemaligen sudetendeutschen Zwangsarbeiter bezüglich Entschädigungsforderungen und Zahlungen zu berücksichtigen.

Die Entschädigungsforderungen der tschechischen Regierung für ehemalige KZ-Häftlinge[2] finde ich korrekt, aber die bevorstehenden Forderungen, tschechische Bürger, welche während des Krieges in Deutschland arbeitsverpflichtet waren, als Zwangsarbeiter anzuerkennen und zu entschädigen, finde ich unverschämt und grotesk.

Ich bin einer von den ca. 220.000 ehemaligen Sudetendeutschen, welche durch Erlaß und

Dekret der damaligen tschechoslowakischen Regierung[3] als Zwangsarbeiter und Spezialisten zurückbehalten wurden. So mußte ich schon mit 16 Jahren eine Tätigkeit im Uranerzbergbau aufnehmen. Bis zum Jahre 1948 wurden mir jeden Monat 25 % meines Lohnes als »Wiedergutmachungszahlung« einbehalten. Daher fordere ich den gleichen Anspruch für mich und meine Leidensgenossen, so wie es einige tschechische Bürger zur Zeit in Erwägung ziehen. Gleiches Recht für alle! Wir waren zu dieser Zeit rechtlos und staatenlos und im wahrsten Sinne des Wortes »Zwangsarbeiter«. Meine Frau wurde als Sechzehnjährige bei Nacht abgeholt und mußte zwei Jahre ohne jede Entlohnung in der tschechischen Landwirtschaft arbeiten. Erst im Jahre 1947 konnte sie zu ihren Eltern zurückkehren und mußte anschließend in der Wollkammspinnerei Neudek, wo auch ihre Eltern beschäftigt waren, eine Tätigkeit aufnehmen.

Im Jahre 1953 wurden wir durch Dekret des tschechoslowakischen Innenministeriums[4] tschechoslowakische Staatsbürger zweiter Kategorie, denn in unseren Legitimationen stand der Vermerk: Staatsbürger – Deutscher Nationalität. Eine Ablehnung dieser Annahme der Staatsbürgerschaft war unter Androhung von Gefängnis nicht möglich. Am 1. 1. 1966 verkündete der damalige Staatspräsident Novotny in seiner Neujahrsansprache, daß alle Staatsbürger deutscher Nationalität auf Wunsch und Antrag die Tschechoslowakische Republik verlassen und zu ihren Angehörigen in die Bundesrepublik aussiedeln könnten. In den darauffolgenden Jahren haben bis 1969 ca. 140.000 ehemalige Sudetendeutsche diese Möglichkeit genützt, um endlich zu ihren Angehörigen zu kommen und freie Menschen zu sein.

Nach der Antragstellung auf Aussiedlung ⟨*wurden*⟩ 90 % der Antragsteller . . . entlassen. Wir verloren unsere Arbeitsstellen mit der Begründung, daß wir nicht mehr zuverlässig genug seien, unsere frühere Tätigkeit auszuführen und für den volkseigenen Betrieb ein politisches Risiko darstellen würden! (Wörtlich übersetzte Wiedergabe unseres Entlassungsgrundes.)

Für die Rückgabe der uns 1953 aufgezwungenen Staatsbürgerschaft mußte ich mit meiner Frau 12.000 Kronen bezahlen, wir mußten uns also buchstäblich loskaufen. Um die Unkosten der Aussiedlung zu finanzieren, mußten wir alle, durch unsere jahrelange Arbeit erworbenen Gegenstände, Kleidung, Geschirr etc. verkaufen. Als deutsche Staatsbürger im Ausland hatten wir keinen Anspruch mehr auf Entschädigung bzw. auf den Bezug der sog. »Joachimsthaler Rente«.

Im Namen vieler Spätaussiedler kann ich zwar keine Entschädigung für verlorengegangene Güter und Grundstücke fordern, aber wenigstens eine gerechte Anerkennung und Entschädigung für unsere mehr als 20jährige Arbeit für den tschechischen Staat sowie für unsere verlorengegangene Jugend und Gesundheit durch die langjährige Tätigkeit im Uranerzbergbau, denn die Reihen unserer Kameraden werden immer lichter. Die Spätschäden durch den Uranerzbergbau zeigen sich jetzt nach 30 Jahren am härtesten.

Daher noch einmal: Wenn Forderungen, dann nur nach dem Gleichheitsprinzip und keine Anerkennung von Forderungen ohne uns!

⟨[5]⟩

Anmerkungen:

[1] Zum Komplex »Entschädigung für Widerstand gegen das NS-Regime«: Siehe S. 988.

[2] Dazu wurde u. a. vom Vorsitzenden des Sudetendeutschen Archivs, Jörg Kudlich, darauf hingewiesen, daß die Entschädigung dafür bereits nach dem ČSR-Dekret 108/1945 v. 25. 10. 1945 aus konfisziertem sudetendeutschem Vermögen erfolgt sei.
Vgl. FAZ; Nr. 196 v. 24. 8. 1995; S. 8.

[3] Gemeint war:
a) Das ČSR-Dekret 71/1945 vom 19. 9. 1945; zum Text und zur Begründung: Siehe S. 552.
b) Die Bekanntmachung Nr. 500 des ČSR-Innenministeriums vom 2. 12. 1945; zum Text: Siehe a. a. O. Diese Bekanntmachung legte die Wochenarbeitszeit bei ausdrücklich erlaubter Sonn- und Feiertagsarbeit und ausdrücklich verbotenem bezahltem Urlaub auf bis zu 70 Stunden fest.

Nach ihr hatte der tschechische Arbeitgeber zu entrichten:
- Lohnsteuer an das Finanzamt;
- Sozialversicherungsbeiträge an den Sozialversicherungsträger;
- den ortsüblichen, nach Arbeitsbereichen festgesetzten Lohn inkl. aller Zulagen für Überstunden, Nacht-, Sonn- und Feiertagsarbeit.

Von letzterem gingen 20 % der Gesamtvergütung inkl. aller Zuschläge plus dem ersparten Urlaubsentgelt an den Bezirksnationalausschuß und der Rest bei im Arbeitslager befindlichen Deutschen an die Lagerverwaltung.

[4] Gemeint: Das ČSR-Gesetz 34/1953 vom 24. 4. 1953; zum Text: Siehe S. 734.

[5] a) Es wurde keine Antwort von Außenminister Kinkel bekannt.

b) Der Brief ging in Kopie auch an den SPD-Parteivorsitzenden Scharping. Im Mantelschreiben dazu hieß es u. a.:

»Aufgrund Deiner Äußerungen in Prag ... bezüglich der von Dir vorgeschlagenen Anerkennung und Entschädigung von ehemaligen ›zwangsverpflichteten‹ tschechoslowakischen Bürgern während des Krieges in Deutschland müssen ich und weitere 220.000 sudetendeutsche ehemalige Zwangsarbeiter Dein Ansinnen entschieden zurückweisen ... Es wäre besser, wenn man sich erst mit der Geschichte und den geschichtlichen Vorfällen vertraut machen und die Zeitzeugen zu Wort kommen lassen würde, bevor man Versprechen in einem solchen Ausmaß in die Welt setzt. Ich selbst war Mitglied der SPD und bin Mitglied der ›Seliger Gemeinde‹. Daher wundere ich mich, daß ein so bedeutender Politiker, ohne die genauen geschichtlichen Vorkommnisse zu kennen, so etwas einleiten bzw. aussprechen kann.«

Vgl.: Quelle.

Bei den Prager Äußerungen Scharpings dürfte es sich um solche in Zusammenhang mit der gemeinsamen Erklärung der SPD und der tschechischen Sozialdemokraten vom 30. 5. 1995 gehandelt haben.

Zum Text: Siehe S. 1008.

Quelle:
Mitt.Bl. SL; Nr. 9/95; S. 270.

****

Rede **1995, 24. September**[1]
des ČR-Landwirtschaftsministers Josef Lux:
Endlösung sudetendeutscher Ansprüche durch Landverkauf nur an tschechische Einzelpersonen

...

Der tschechische Landwirtschaftsminister, stellvertretende Ministerpräsident und Vorsitzende der regierenden Volkspartei (KDU-ČSL) Lux hat sich dafür ausgesprochen, den Disput mit den vertriebenen Sudetendeutschen über ihr Eigentums- und Heimatrecht durch vollendete Tatsachen zu beenden. Bei einem Agrarkongreß im nordmährischen Olmütz (Olomouc) sagte der konservative Politiker, das Problem könne durch die geplante Privatisierung von einer halben Million Hektar landwirtschaftlicher Fläche gelöst werden. Ein Großteil dieses Landes, das sich gegenwärtig noch im Staatsbesitz befindet, liegt in den ehemaligen und nach der Vertreibung oft verwahrlosten Sudetengebieten. Lux äußerte, sobald diese Flächen in das Eigentum von Privatbesitzern übergegangen seien, werde es nichts mehr geben, worüber man mit den Sudetendeutschen oder ihren Nachfahren debattieren könne. Das Land werde ausschließlich an natürliche oder juristische Personen aus der Tschechischen Republik verkauft[2]. Der staatliche Bodenfonds verwaltet gegenwärtig noch 800.000 Hektar Land. 200.000 Hektar sollen als Reserve für tschechische Restitutionsfälle zurückbehalten werden ...
⟨[3]⟩

Anmerkungen:
[1] Datum des Berichtes.

[2] Dazu stellte MdB Egon Jüttner (CDU) Außenminister Kinkel (FDP) folgende Frage:
»Was unternimmt die Bundesregierung gegen die Absicht der tschechischen Regierung, ca. 500.000 ha Boden im Grenzgebiet zu Deutschland, der nach der Vertreibung der Sudetendeutschen in Staatsbesitz übergegangen ist, völkerrechtswidrig an tschechische Bürger und Firmen zu verkaufen, um – laut Landwirtschaftsminister Josef Lux – die sudetendeutsche Frage ›lösbar‹ zu machen?«
Staatsminister Werner Hoyer (FDP) erklärte für die Bundesregierung am 5. 10. 1997:
»Die von Ihnen zitierte Aussage des tschechischen Landwirtschaftsministers ändert nichts an der Haltung der Bundesregierung, die die Vertreibung der Deutschen und die entschädigungslose Einziehung deutschen Vermögens stets als völkerrechtswidrig verurteilt hat. Sie hat diesen Standpunkt gegenüber der Tschechoslowakei stets mit Nachdruck vertreten und tut dies auch gegenüber der Tschechischen Republik.«
Wiedergabe nach Text von Anfrage und Antwort; Fotokopie im Besitz des Verfassers.

[3] a) Auf einen interessanten Aspekt verwies S. K. H. Otto von Habsburg (MdEP-CSU):
»Nach Ansicht von Habsburg gäbe es eine Parallele zwischen dem sudetendeutschen Besitz in der Tschechei und dem einstigen italienischen Besitz in Slowenien. Italien verbindet den Assoziierungsvertrag zwischen der EU und Slowenien mit der Forderung, daß den Italienern ein Vorkaufsrecht in bezug auf das ehemalige Eigentum im slowenischen Teil von Istrien eingeräumt werde, das nach dem Zweiten Weltkrieg konfisziert wurde.
Habsburg selbst sprach über diese Angelegenheit in der vergangenen Woche im Europaparlament in Straßburg. Der EU-Vertreter, der Spanier Carlos Westendorp, antwortete diesbezüglich, die Frage des ehemaligen sudetendeutschen Besitzes in der Tschechei könnte dann auf die Tagesordnung kommen, wenn Deutschland dies wünsche. Nun fordert Habsburg Bonn in diesem Sinne auf.«
Vgl. »Mladá fronta dnes« (Die junge Front – Heute), Prag; Jg. 6, Nr. 275 v. 26. 9. 1995; S. 8.
b) Von irgendeiner Reaktion der Bundesregierung in Bonn wurde nichts bekannt.
c) Damit setzte sich die enthaltsame Linie, welche Außenminister Kinkel gegenüber dem SPD-MdB Müller 1993 in Richtung ER trotz des Beispiels Ungarn vertreten hatte (siehe S. 970), nun in Richtung EU trotz auch des Beispiels Italien fort.

Quelle:
FAZ; Nr. 223 vom 25. 9. 1995; S. 8.

****

Äußerungen des ČR-Staatspräsidenten Václav Havel zu den sog. Beneš-Dekreten[2]: **1995, 27. September[1]**
Zögerliche Teildistanzierung

⟨*Vorgeschichte und Meinung:*⟩
Anfang September 1995 hatte das Prager Institut für Zeitgeschichte seine neue, zweibändige Publikation »Dekrety presidenta republiky«[3] *der sog. Beneš-Dekrete der Jahre 1940–1945 vorgestellt.*
Die Äußerungen Havels fielen anläßlich der späteren Überreichung eines Exemplars an ihn. Die Dekrete seien nach seiner Ansicht oft als »eine verbrecherische Quelle des Bösen dämonisiert« *oder umgekehrt von anderen* »als etwas Unantastbares, etwas Heiliges verehrt« *worden. Beides sei Havels Meinung nach nicht richtig, denn von den 143 Dekreten hätten bereits viele von sich aus ihre Wirksamkeit verloren und andere seien zum konstitutiven Bestandteil der tschechischen rechtlichen Existenz geworden, was jedoch nicht bedeute, daß man nicht dieses oder jenes Dekret kritisieren könne. Die Hauptbedeutung der Dekrete sehe der Präsident in der juristischen Erneuerung der tschechoslowakischen Staatlichkeit unter den Bedingungen der Unfreiheit sowie darin, daß sie die Möglichkeit der Existenz der Tschechoslowakei in der Nachkriegszeit als eines Siegerstaates begründet habe.*
Auf die Frage des Vertreters der Zeitung »Lidové noviny«, *ob es ein Dekret gebe, das er nicht unterschreiben würde, gab er zu, daß er sich eine ähnliche Frage des öfteren selbst stelle. Er meine jedoch, er stelle sie sich zu Unrecht, denn 1940 bis 1945 sei er nicht Bestandteil des*

zeitgenössischen Kontextes gewesen: »Ich verhehle nicht, daß es in den sog. Beneš-Dekreten genügend Dinge gibt, zu denen ich eine kritische Beziehung habe, jedoch weiß ich nicht, inwieweit ich als neunundfünfzigjähriger Mensch gegen Ende des 20. Jahrhunderts ein Recht habe, Akte zu beurteilen, die vor fünfzig und mehr Jahren entstanden sind.«

Anmerkungen:
1 Datum der Berichte.
2 Zum Komplex der sog. Beneš-Dekrete: Siehe S. 576 ff.
3 Hsg. v. Karel Jech und Karel Kaplan; 2 Bde., 1071 S. Von den insgesamt 143 Dekreten (davon 45 im Exil erlassen) wurden darin 45 aus beiden Zeiträumen mit ausgewählten Dokumenten zur Entstehung dieser Dekrete abgedruckt.

Wiedergabe:
zusammengefaßt nach den Prager Tageszeitungen »Lidové noviny« (Volkszeitung); Jg. 8, Nr. 228 v. 27. 9. 1995; S. 16 und »Právo«; Jg. 5, Nr. 226 v. 27. 9. 1995, S. 1 f.

****

Schriftliche Antwort **1995, 30. September**[1]
des ČR-Ministerpräsidenten Václav Klaus auf Frage im ČR-Parlament:
Für Sudetendeutsche weder Heimatrecht noch Staatsbürgerschaftserleichterung; Beneš-Dekrete bleiben, nur »Abschub/Aussiedlung« keinesfalls »Vertreibung«

Der Prager Regierungschef Václav Klaus hat Forderungen von Sudetendeutschen nach Heimatrecht in der Tschechischen Republik eine klare Absage erteilt. In einer schriftlichen Antwort auf eine entsprechende Parlamentarier-Anfrage wandte sich Klaus gegen den von Außenminister Josef Zieleniec erwogenen erleichterten Zugang zur tschechischen Staatsbürgerschaft für Sudetendeutsche, wie die Zeitung *Hospodarske noviny* berichtete. Seine Kabinett denke nicht an eine Gesetzesänderung, um den »ehemaligen Sudetendeutschen irgendeine Ausnahme im allgemeingültigen rechtlichen Rahmen«[2] zu verschaffen.
Wie Klaus weiter schrieb, hält Prag die von Präsident Eduard Benesch 1945 erlassenen Dekrete[3] für einen Bestandteil der tschechischen Rechtsordnung ... Was die Ausweisung der Sudetendeutschen anbelange, so halte sein Kabinett die Begriffe »Abschub« beziehungsweise »Aussiedlung« und keinesfalls »Vertreibung[4]« für angemessen, betonte Klaus. Erwägungen über den gleichen Schuldanteil des tschechischen und des deutschen Volkes weise die Regierung zurück, da es ohne den Nationalsozialismus nicht zum »Abschub« der Deutschen gekommen wäre.

Anmerkungen:
1 Datum der Veröffentlichung.
2 Bedingungen für die Erteilung der tschechischen Staatsbürgerschaft waren im September 1995 ein fünfjähriger, ständiger Aufenthalt in der Tschechischen Republik, der Nachweis tschechischer Sprachkenntnisse sowie nicht vorbestraft zu sein.
3 Zum Komplex der sog. Beneš-Dekrete: Siehe S. 576 ff.
4 »Bayerns Ministerpräsident Edmund Stoiber (CSU) hat angesichts der jüngsten Äußerungen des tschechischen Ministerpräsidenten Klaus zur Frage der Sudetendeutschen weitere Vertragsverhandlungen mit der Regierung in Prag für sinnlos erklärt. Stoiber zeigte sich am Wochenende in Hof enttäuscht, daß der tschechische Regierungschef nicht bereit sei, über Entschädigungen zu reden und das Wort ›Vertreibung‹ durch Begriffe wie ›Abschub‹ beziehungsweise ›Aussiedlung‹ ersetzen wolle. ›Ich werde das nicht akzeptieren, daß überhaupt keine Bereitschaft besteht, aufeinander zuzugehen‹, sagte Stoiber ...«
Wiedergabe nach »Münchner Merkur«; Nr. 227 v. 2./3. 10. 1995.

Quelle:
SZ; Nr. 226 v. 30. 9./1. 10. 1995; S. 8.

****

Rede[1] **1995, 3. Oktober**
des estnischen Staatspräsidenten Lennart Meri:
Heimatrecht der aus Estland stammenden deutschen Vertriebenen bleibt bewahrt und kann wahrgenommen werden

...
Der Fall der Mauer in Berlin hat eine politische Zeitenwende herbeigeführt, die am 3. Oktober 1990 durch die Deutsche Einheit und am 31. August 1994 durch den Abzug der letzten russischen Soldaten aus Estland und aus Deutschland besiegelt wurde ...
In dieser Situation gewinnen Prinzipien eine Bedeutung, die von den physikalischen Maßstäben ihres Trägers nicht abhängen. Es geht um Prinzipien, die das Nationalbewußtsein, die Staatsordnung und gesellschaftliche Verantwortung gleichermaßen fördern. Unter den Nationalhymnen der westlichen Welt ist es das Deutschlandlied, wo jene Prinzipien des Abendlandes – Einigkeit und Recht und Freiheit – auf prägnante Art und Weise ihren Ausdruck gefunden haben! Unsere Aufgabe als Europäer setzt voraus, sich auch in den Zeiten einer geschürten Geschichtslosigkeit oder orientierungslosen Alltagshektik immer dieser Grundprinzipien zu entsinnen und sie stets mit lebendigem Inhalt zu erfüllen ...
Am frühen Morgen des 18. Oktobers 1939 begannen gemäß dem erpreßten Beistandspakt zwischen Estland und der Sowjetunion 25.000 sowjetische Soldaten die Grenze zu überschreiten ...
Am späten Abend desselben Tages verließ ... das erste Schiff mit den deutschbaltischen Umsiedlern den Revaler Hafen. Etwa 12.000 estnische Bürger waren gezwungen, sich von ihrer Heimat Estland loszusagen ... Wie stark das Heimatgefühl bei den estnischen Deutschbalten eigentlich war, beweist die Tatsache, daß ein Drittel – etwa 6.000 Männer und Frauen von ihnen – dem Aufruf »Heim ins Reich« zunächst keine Folge leisteten. Sie mußten 1941 als Nachumsiedler nach Deutschland ziehen, kurz vor dem Ausbruch des Krieges zwischen dem Deutschen Reich und Sowjetrußland.
Was nach dem Kriege folgte, war für die Sowjetunion nur eine Frage ... des Ausradierens der historischen Rolle der Deutschbalten aus dem Bewußtsein und Identitätsgefühl der Esten ...
Heute können wir mit aller Eindeutigkeit feststellen, daß dies den totalitären Gesinnungspolizisten nicht gelungen ist. Heute können wir wieder mit Verantwortung sagen: Das Land der Esten war, ist und bleibt gleichfalls die Heimat der Deutschbalten ... Die Konsequenz ist klar und eindeutig: Estland befindet sich nicht auf dem Weg »zurück nach Europa«. Estland ist seit langem – und vor allem dank der Deutschbalten – ein in Europa eingebundenes Land ...
Zu den europäischen Grundsätzen gehört unverzichtbar das Recht auf die Heimat. Aber nur ein freies und demokratisches Land ist imstande, dieses Recht zum Leitsatz seines politischen Verhaltens zu machen. Das demokratische Estland ist wieder ein solches Land. Als Präsident Estlands will ich den heutigen bedeutungsstarken Tag in Berlin zum Anlaß nehmen und der deutschen Öffentlichkeit versichern, daß der Freistaat Estland ein weltoffenes Land ist, wo das Recht auf die angestammte Heimat ebenso bewahrt ist wie die sämtlichen Rechte, die eine conditio humana auch in der Tat menschenwürdig gestalten. Estland ist und bleibt offen für alle Deutschen, die heute willig sind, von ihrem Recht auf ihre Heimat Gebrauch zu machen ...
Vor allem von den Deutschen erwarten wir, daß sie sich verantwortungsbewußt den sicherheitspolitischen Herausforderungen unserer Zeit stellen ... Es ist unübersehbar, daß Vertrauen zu einer Nation nur dann entsteht, wenn sie auf eine verantwortungsvolle Art und Weise, ohne Vorurteile, begleitet von der friedensstiftenden Kraft des Rechts, im Interesse des Gemeinwesens und der Freiheit imstande ist, entschieden über ihre Machtmittel zu verfügen.

Als Este sage ich dies, und ich frage mich, warum zeigen die Deutschen so wenig Respekt vor sich selbst? Deutschland ist eine Art Canossa[2]-Republik geworden, eine Republik der Reue. Aber wenn man die Moral zur Schau trägt, riskiert man, nicht ernst genommen zu werden. Als Nicht-Deutscher erlaube ich mir die Bemerkung: Man kann einem Volk nicht trauen, das rund um die Uhr eine intellektuelle Selbstverachtung praktiziert. Diese Haltung wirkt auf mich wie ein Ritual, wie eine Pflichtübung, die überflüssig und sogar respektlos ist gegenüber unserem gemeinsamen Europa.
Um glaubwürdig zu sein, muß man auch bereit sein, alle Verbrechen zu verurteilen, überall in der Welt, auch dann, wenn die Opfer Deutsche waren oder sind. Für mich als Este ist es kaum nachzuvollziehen, warum die Deutschen ihre eigene Geschichte so tabuisieren, daß es enorm schwierig ist, über das Unrecht gegen die Deutschen zu publizieren oder zu diskutieren, ohne dabei schief angesehen zu werden – aber nicht etwa von den Esten oder Finnen, sondern von Deutschen selbst! Bevor wir überhaupt an eine »neue Weltordnung« zu denken beginnen, brauchen wir vor allem historische Aufrichtigkeit und Objektivität.

Anmerkungen:
1 Anläßlich einer Feier zum 5. Jahrestag der Deutschen Einheit in Berlin.
2 Gemeint ist der Zielort einer mehrwöchigen, winterlichen Büßerreise des deutschen Königs Heinrich IV. im Dezember 1076/Januar 1077 aus Speyer am Rhein nach Canossa in Norditalien zu Papst Gregor VII., um durch Reuebezeigung die Lossprechung von Strafe (sog. Bann) wegen (aus päpstlicher Sicht) Verfehlung im Streit zwischen königlichem und päpstlichem Machtanspruch zu erreichen.

Quelle:
»Deutschland-Magazin«, ⟨*MZ.*⟩, Prien (Obby.); Jg. 24, Nr. 11 (November 1995); S. 18.

****

Rede[1] 1995, 5. Oktober
der deutschen Politikerin Antje Vollmer[2] (Bündnis 90 – Die Grünen) zum Thema: »Ende der Zweideutigkeiten – Offene Antworten auf offene Fragen im tschechisch-deutschen Verhältnis«:
Geschichtsdarstellung, Politikempfehlungen

. . .
Das Verhältnis zwischen den Tschechen und den Deutschen ist nicht zuletzt deswegen so schwierig und so schwer wiederherstellbar, weil es eine zerbrochene Symbiose[3] ist . . .
Die erste tschechoslowakische Republik war eine Demokratie[4], die im Vergleich zu den damals existierenden Demokratien respektabel abschnitt, auch wenn sich viele ihrer deutschsprachigen Bürger nach 1918 in einer Volksabstimmung vermutlich eher für einen Anschluß an Deutschösterreich ausgesprochen hätten und wenn sie sich – zu Recht – weitergehende Autonomierechte wünschten[4] . . .
Mit dem Münchner Abkommen[5] begann die Niederlage der Demokratie vor der Tyrannei. Damals[5] begann politisch bereits der Weltkrieg, auch wenn Europa das noch nicht begreifen wollte.
So eindeutig die Frage von Macht und Ohnmacht auf der staatlichen Ebene zwischen den Tschechen und den Deutschen verteilt war – schließlich hat Hitler-Deutschland die tschechoslowakische Republik überfallen und nicht umgekehrt[6] . . .
Zwischen der Demütigung des Jahres 1938 und dem wiedererlangten Stolz und Freiheitswillen der Jahre 1968 und 1989 lag noch etwas: nämlich die Vertreibung der Deutschen aus der tschechoslowakischen Republik[7].
Die Idee der Vertreibung, der ethnischen Säuberung, ist – da besteht kein Zweifel – Teil der totalitären Verbrechen dieses Jahrhunderts . . . ⟨*Damit ist sie*⟩ das genaue Gegenteil des großen Kulturprozesses, durch den die europäischen Bürgergesellschaften[8] einst überhaupt entstanden, die ja geradezu die Kunst kultiviert hatten, eine Vielfalt von Religionen

und Nationalitäten innerhalb einer Stadtmauer[8] in Frieden miteinander leben und voneinander lernen zu lassen. Vertreibung war der Bruch mit der europäischen Zivilisation und damit ein Rückfall in die Barbarei.
Wie konnte gerade zu Beginn dieses Jahrhunderts diese lang geübte Fähigkeit zur Integration zerbrechen? Was zerstörte die Toleranz unter den verschiedenen Nationalitäten? Was ist da eigentlich passiert?
Die Ursache liegt im Nationalismus[9], in seinen immer möglichen Entgleisungen. Mit der Vertreibung enthüllt der Nationalismus seinen inhumanen Kern ...
Als die[10] Tschechen und Slowaken in den Jahren 1945 und 1946 ihre deutschen Mitbürger aus dem Land vertrieben, taten sie dies sicher nicht, weil die Potsdamer Konferenz es erlaubt oder weil ein Edikt des Präsidenten Beneš[11] dazu aufgefordert hatte. Sie taten es wahrscheinlich auch nicht im Bewußtsein der Kollektivschuld[10] aller Deutschen an den Nazi-Verbrechen. Sie taten es nicht einmal allein aus Gründen der Rache, der Vergeltung für eigene, durch die Deutschen erlittene Vertreibungen und Unrechtserfahrungen. Sie taten es vermutlich vor allem aus Gründen der Angst und der Schwäche. Sie fühlten sich nicht stark und selbstbewußt genug, um noch einmal mit diesen Deutschen in einem Staat zusammenleben zu können[12].
⟨*Es folgten längere Ansichten zur Befindlichkeit der Vertriebenen und der Sudetendeutschen nach 1945. Es hieß dann weiter: Die Sudetendeutschen*⟩ könnten die Zukunft freigeben und sie könnten aufgrund ihrer geschichtlichen Verwurzelung und ihrer Kenntnis des Raumes Böhmen und Mähren eine wichtige Mittlerfunktion für die Neugestaltung dieses mitteleuropäischen Raumes einnehmen. Diese Klärung – das mute ich ihnen zu – ist auch innerhalb der Verbände notwendig. Es ist eine Entscheidungssituation: zurück in ein Land, das es nicht mehr gibt[13], und zu Ansprüchen, die sicher niemand[14] erfüllen wird, oder vorwärts in ein neu zu gestaltendes offenes Mitteleuropa ...
...
Die tschechische Republik ⟨*kann*⟩ erwarten, daß sie in bezug auf die Nichtrevidierbarkeit der Nachkriegsordnung in den ihre Existenz betreffenden Grundfragen Rechtssicherheiten und Bestandsgarantien von Deutschland erhält ...
Vor allem gibt es bis heute keine Klarheit über die Eigentumsansprüche. Ich will es deutlich sagen, ich halte diesen Zustand für unhaltbar. Deswegen einige Worte zur Rechtslage: ...
Schon im Jahre 1973 wurde mit dem deutsch-tschechoslowakischen Vertrag im Rahmen der Ostverträge festgestellt, daß das Münchner Abkommen insofern als nichtig angesehen werde, als keineswegs damit die tschechoslowakische Republik »untergegangen« sei, also aufgehört hätte zu existieren[15].
...
Die Sudetendeutschen aber waren Bürger dieser tschechoslowakischen Republik, sie wurden zu »deutschen« Staatsbürgern nur aufgrund des Münchner Abkommens und der deutschen Okkupation[16], also aufgrund höchst zweifelhafter Rechts- oder genauer gesagt: »Unrechts«-Akte.
Nun ist es aber so: In völkerrechtlichen Verträgen hat die Bundesregierung grundsätzlich keinen Einfluß auf die Gesetzgebung oder Maßnahmen anderer ausländischer Staaten gegenüber ihren Mitbürgern. Sie kann sie mißbilligen, sie kann sie aber nicht annullieren ...
Kann die Bundesrepublik also, und das ist die entscheidende Frage, solche Ergebnisse, die sie nicht billigt, verbindlich akzeptieren?
Daß die Bundesrepublik bis zur Erlangung der deutschen Einheit und zu Zeiten der Herrschaft der Kommunisten sich in völkerrechtlichen Verträgen nicht in diesem Sinne eindeutig erklären mochte, war innen- wie außenpolitisch richtig. Das sehe ich heute[17] so ...
Nach Erlangung der deutschen Einheit sieht das allerdings anders aus, und darauf kommt es mir an. So hat nämlich die Bundesregierung mit dem Einigungsvertrag vom 15. Juni

1990 selbst erklärt: »Die Enteignungen auf besatzungsrechtlicher bzw. besatzungshoheitlicher Grundlage (aus den Jahren 1945 bis 1949) sind nicht mehr rückgängig zu machen ... Die Regierung der Bundesrepublik nimmt dies im Hinblick auf die historische Entwicklung zur Kenntnis«[18] ... Wenn dies, bestätigt durch das Bundesverfassungsgericht (1991), gegenüber den Enteignungen an deutschen Staatsbürgern auf immer noch deutschem Territorium gilt, wie sollte es gegenüber Enteignungen auf fremden Territorien eigentlich ungültig sein?

Es kommt also auf den politischen Willen zur Eindeutigkeit an. Und diesen politischen Willen wünsche ich mir von meiner Regierung und auch von der tschechischen Regierung.

...

Ich bewundere den großen Freiheitswillen des tschechischen Volkes, und ich habe großen Respekt vor der moralischen Neubegründung der demokratischen Politik in Ihrem Land, die auch in der Bereitschaft zur Versöhnung[19] mit dem ehemaligen Gegner und Unterdrücker sich ausdrückt. Ich vertraue fest darauf, daß Sie dieses Werk der Versöhnung fortsetzen können und werden und dafür auch die letzten Schritte vollziehen für den schwierigsten Punkt der Versöhnung mit den ehemaligen deutschen Mitbürgern.

...

Es ist uns ja nicht erlaubt, eine Politik zu machen, die unterhalb der Möglichkeiten unseres Verstandes, unserer Vernunft und der historischen Notwendigkeiten bleibt.

⟨[20]⟩

Anmerkungen:

1 In der Karls-Universität in Prag.

2 Zu früheren Äußerungen des MdB Vollmer: Siehe S. 881, 1012.

3 Der Ausdruck »Symbiose« und seine Konstruktionen, wurde auf drei Druckseiten der Rede fast zehnmal für das frühere Verhältnis »der Tschechen« zu »den Deutschen« verwendet. Er bedeutet etwa, zu gegenseitigem Nutzen zusammenzuleben.
Wie der Fischer aus Husum, zweifellos ein Deutscher, mit dem Bauern aus Kremsier, zweifellos ein Tscheche, dies getan haben sollten, wurde nicht dargestellt.
Zum tatsächlichen Verhältnis, dem Nebeneinanderleben selbst in Böhmen und Mähren-Schlesien: Siehe S. 307 mit Anm. 9.

4 Die Aussage im ersten Teil des Satzes wurde bereits im dritten und vierten Teil des Satzes bemerkenswert disqualifiziert.

5 Beachtenswerter Provinzialismus: Der (Zweite) <u>Welt</u>krieg endete erst mit der Kapitulation Japans am 2. 9. 1945 auch gegenüber China; der dortige Kriegszustand hatte jedoch bereits 1937, wenn nicht gar 1931 begonnen.

6 Zunächst hatte die Masaryk-ČSR 1918 die Sudetengebiete militärisch besetzt.
Siehe dazu S. 236.

7 Beachtenswerte Umgehung des Begriffes (etwa) »aus ihrer seit Jahrhunderten angestammten Heimat« zugunsten einer kurzlebigen und bereits aufgelösten politischen Einrichtung.

8 Ein unzutreffender Begriff: Er schließt aus dem europäischen Kulturprozeß zunächst die Arbeiterklasse sowie, in der Verengung auf die Stadt, auch den Bauernstand aus.

9 Eine falsche Aussage: Er deckt weder die rassistische Judenvernichtung noch das gesamte imperiale Ausgreifen europäischer Mächte in außereuropäische Kulturen ab.

10 Bemerkenswerte Kollektivschuldthese gegen Tschechen und Slowaken.

11 Eine fehlleitende Aussage: Es gab weder ein »Edikt« noch ein Dekret von Dr. Beneš mit diesem Inhalt, jedoch in mehreren Reden Verfolgungsempfehlungen bis zur Ausrottung der Deutschen.
Siehe z. B. S. 513 f.

12 Eine unvollständige Aussage: Bei Anerkenntnis der bestehenden Grenze wäre keine Vertreibung notwendig gewesen.

13 Eine falsche Aussage: Natürlich existieren die rd. 27.000 km^2 des Sudetengebietes weiter.

14 Eine unvollständige Aussage: Die Ungarn, die dies im vergleichbaren Falle taten (siehe S. 942), sollten nicht als »niemand« bezeichnet werden; vollständig hätte es daher etwa heißen müssen: »Ansprüche, die heute von der Mehrheit der diese Güter besitzenden Tschechen im Gegensatz zu anderen Völkern abgelehnt werden«.

[15] Eine falsche Aussage: Der 1. Prager Vertrag vom 11. 12. 1973 erklärte das Münchner Abkommen »nach Maßgabe dieses Vertrages als nichtig«; im Vertrag war vom »Untergang« der ČSR nicht die Rede.
Im 2. Prager Vertrag vom 27. 2. 1992 »anerkannten« die Vertragsparteien in der Präambel zunächst, »der tschechoslowakische Staat ⟨*habe*⟩ seit 1918 nie zu bestehen aufgehört«; dann wurde der Vertrag vom 11. 12. 1973 »auch hinsichtlich einer Nichtigkeit des Münchner Abkommens . . . bestätigt«, ohne daß es ein Junktim zwischen der »Anerkennung« und der »Bestätigung« gab.
Zu den Gesamttexten: Siehe S. 810, 929.

[16] Eine falsche Aussage: Die Mehrheit der faktischen Einwohner des Sudetengebietes, ob Deutsche oder Tschechen, wurden deutsche Staatsbürger durch den Deutsch-Tschecho-Slowakischen Vertrag über Staatsangehörigkeits- und Optionsfragen vom 20. 11. 1938; der Verlust der ČSR-Staatsangehörigkeit aufgrund (daher auch mit Wirkung) dieses Vorganges wurde schließlich selbst durch das ČSR-Dekret von Dr. Beneš vom 2. 8. 1945 bestätigt.
Zu den Texten: Siehe S. 430, 551.

[17] Zur früheren reservierten Haltung der Rednerin selbst gegenüber der Wiedervereinigung: Siehe S. 881.

[18] Zur Zweifelhaftigkeit der Erklärung: Siehe S. 893.

[19] a) Die hier der ČR attestierte Bereitschaft zur«Versöhnung« führt zur Frage, was die Rednerin mit diesem Begriff meinte.

b) Sie schien diese Frage mit einem Satz ihrer Rede im Deutschen Bundestag am 31. 1. 1996 zu beantworten:
»Versöhnen kommt von Verzeihen, und Verzeihen geht nicht ohne Verzicht.«

c) Das Wort »versöhnen« ist jedoch die neuhochdeutsche Form von »versühnen«, d. h. Sühne leisten. Verzeihen setzt demnach (mindestens Bemühen um Teil-)Entschädigung voraus.

d) Die Aussage von MdB Vollmer war zeitlich von einem Interview mit dem Bonner »Generalanzeiger« begleitet, das am gleichen 31. 1. 1996 morgens veröffentlicht worden war. Dort war u. a. zu lesen: »Versöhnung heißt verzeihen und verzeihen heißt Verzicht.« Diese Aussage stammte von Jiří Gruša, dem Botschafter Prags in Deutschland. Der für seine Gedichte in deutscher Sprache sogar mit dem Andreas-Gryphius-Preis ausgezeichnete Gruša galt zugleich als guter Kenner der deutschen Politszene.

e) Nun wäre es eine politische Sensation gewesen, wenn MdB Vollmer und der tschechische Botschafter in Bonn Anfang 1996 die Tschechen zu Entschädigung (an die Sudetendeutschen) und zum Verzicht (auf das Sudetengebiet) aufgefordert hätten.
Das taten sie auch nicht: Ihre Entschädigungsforderung ging an die deutsche Seite und ihre Verzichtsaufforderung an die Sudetendeutschen.

f) Demnach muß offenbleiben, was MdB Vollmer in ihrer Rede zum Thema »Ende der Zweideutigkeiten« mit ihrer Aufforderung zu weiterer Versöhnung an die dazu bereiten Tschechen meinte.

[20] MdB Vollmer erhielt für ihre Rede vom 5. 10. 1995 den »Cicero Rednerpreis 1996«. Dieser ist nach einem berühmten römischen Redner benannt, nach dessen schriftlich vorliegender Überzeugung »eine umfassende Bildung das unabdingbare Fundament wahrer Redekunst sei« [Cicero (106–45 v. Chr.), »De oratore«, Vorrede des 1. Buches].

Quelle:
»Cicero Rednerpreis 1996 – Die Preisreden«; hsg. v. Verlag Rentrop; o. O., o. J. (vermutlich 1996); S. 25–45. Hervorhebung im Original.

****

Rechtsgutachten von Prof. Christian Tomuschat **1995, 11. Dezember**
»zur Frage des Bestehens von Rechtsansprüchen der vertriebenen Sudetendeutschen gegen die Tschechische Republik, gegen Einzelpersonen in der Tschechischen Republik und gegen die Bundesrepublik Deutschland«
Unterschiedliche Beantwortung

⟨*Das von »Bündnis 90/Die Grünen« bestellte, von diesen auch verbreitete*[1] *und ansonsten eher abgelehnte Gutachten kam zu folgendem*⟩ »Gesamtergebnis«:
1) Die Vertreibungs- und Konfiskationsmaßnahmen der Tschechoslowakischen Republik gegen die im Sudetenland[2] ansässigen Personen deutscher Volkszugehörigkeit verstießen in vielfacher Hinsicht gegen geltendes Völkerrecht. Eine Rechtfertigung für diese Maßnahmen gab es nicht. Sie läßt sich auch nicht aus den Potsdamer Beschlüssen[3] der drei Siegermächte des Zweiten Weltkrieges entnehmen.
2) Individualansprüche wegen der von ihnen erlittenen Schäden stehen den Opfern dieser Maßnahmen nicht[4] zu.
3) Auch die Vermögenspositionen der Betroffenen sind als individuelle Berechtigungen erloschen[4]. Nach heutigem Völkerrecht sind selbst entschädigungslose Eigentumsentziehungen nicht als nichtig zu betrachten[5].
4) Der Bundesrepublik Deutschland ist aus den Vertreibungs- und Konfiskationsmaßnahmen zu Lasten der Sudetendeutschen ein völkerrechtlicher Deliktsanspruch entstanden[5], der sich heute überwiegend gegen die Tschechische Republik als Nachfolgerin der Tschechoslowakischen Staaten richtet.
5) Die Tschechische Republik besitzt Gegenansprüche gegen die Bundesrepublik Deutschland, deren Höhe bisher unbestimmt[6] ist, die aber von manchen Beobachtern als der Höhe nach zumindest gleichrangig angesehen werden.
6) Eine »Schlußstricherklärung«, mit der die Bundesrepublik Deutschland und die Tschechische Republik feststellen würden, daß sie keine Rechtsansprüche gegeneinander haben und solche auch in Zukunft nicht geltend machen werden, würde weder eine Amtspflichtverletzung[7] darstellen noch einen Eingriff in bestehende Vermögenspositionen bedeuten, der zum Ausgleich nach den Grundsätzen über den enteignenden oder gar den enteignungsgleichen Eingriff verpflichten könnte.
7) Schon heute haben die sudetendeutschen Vertriebenen ganz ohne Rücksicht auf eine zwischen der Bundesrepublik Deutschland und der Tschechischen Republik vereinbarte »Schlußstricherklärung« Anspruch[8] auf eine Behandlung, wie sie allen anderen Personen zuteil geworden ist, die durch Kriegseinwirkungen, durch Besatzungseingriffe oder wegen Reparationsmaßnahmen Vermögensverluste erlitten haben.

Anmerkungen:
1 Vornehmlich durch das MdB Vollmer.
Vgl. z. B. SZ Nr. 294 v. 21. 12. 1995; S. 2.
2 Unrichtige Bezeichnung: Die Maßnahmen der ČSR richteten sich gegen die Deutschen in der gesamten ČSR.
3 Zum Text v. 2. 8. 1945: Siehe S. 548.
Dazu hieß es im Gutachten:
»Kaum ein Satz ist indes so fest gegründet im Völkerrecht wie derjenige, daß Verträge für dritte nichtbeteiligte Staaten keine Verpflichtungen zu schaffen vermögen ... Es ist insgesamt ein Ding rechtlicher Unmöglichkeit, die Schlußfolgerung zu ziehen, daß die vertraglichen Teilelemente der Potsdamer Beschlüsse qua Vertrag für Deutschland rechtliche Verpflichtungen begründet und der Tschechoslowakei einen gegenüber Deutschland wirksamen Rechtstitel verschafft hätten. Die Potsdamer Beschlüsse waren für Deutschland eine res inter allos acta ⟨*d. h. Angelegenheit, die zwischen anderen erfolgte*⟩. Dabei ist es auch geblieben. Die Bundesrepublik Deutschland hat die Rechtswirkung der Potsdamer Beschlüsse niemals anerkannt.«
4 Das davon abweichende Verhalten der Republik Ungarn wurde vom Gutachter nicht erwähnt.
Zum Text des ungarischen Gesetzes vom 7. 4. 1992: Siehe S. 942.

[5] Der hier ersichtliche Widerspruch wurde im Gutachten nicht aufgelöst.
[6] Zur Höhe dieser Forderungen gemäß später m. W. nicht zurückgezogenen Angaben aus dem Jahre 1973: Siehe S. 679.
[7] In Kenntnis von Ziff. 4 der eigenen Schlußfolgerungen wohl eher extensive Auslegung.
[8] Gemeint: Gegen die BR Deutschland.

Quelle:
Text des Gutachtens, 84 ms. S.; Fotokopie im Besitz des Verfassers.

****

Gespräch des österreichischen Bundespräsidenten Thomas Klestil mit ČR-Staatspräsident Václav Havel: **1995, 12. Dezember**[1]
Vermögensfragen der Sudetendeutschen

...

Wie bei jedem ⟨*ihrer*⟩ Treffen sprach Klestil auch diesmal ⟨*das*⟩ bilaterale Reizthema Sudetendeutsche ... an. Havel meinte bei einer gemeinsamen Pressekonferenz im Schloß Seefeld, er könne sich in der Frage der Sudetendeutschen zwar eine ähnliche Erklärung zwischen Wien und Prag vorstellen, wie sie derzeit mit Bonn ausgearbeitet wird[2]. Allerdings sehe er im Verhältnis zu Wien keinen so dringenden Bedarf, so Havel, unter Verweis auf einen Vertrag von 1974, in dem der Verzicht auf gegenseitige finanzielle Forderungen vereinbart wurde[3]. Er bekräftigte seine »kritische Haltung zur Aussiedlung« der Sudetendeutschen, woraus man aber keine rechtlichen und finanziellen Ansprüche ableiten dürfe ...

Anmerkungen:
[1] Datum der Veröffentlichung.
[2] Hinweis auf die Deutsch-Tschechische Erklärung, die am 21. 1. 1997 unterschrieben werden sollte. Zum Text: Siehe S. 1073.
[3] Eine falsche Angabe. Der Vertrag vom 19. 12. 1974 betraf nur Personen, die bereits vor dem 27. 4. 1945 die österreichische Staatsangehörigkeit besaßen. Zum Text des Vertrages: Siehe S. 826.

Quelle:
»Die Presse«, Wien; Nr. 14 339 v. 12. 12. 1995; auch »Der Standard«, Wien; Nr. 2135 v. 12. 12. 1995.

****

Entschließung des 5. Europäischen Parlaments: **1995, 14. Dezember**
Rückgabe von jüdischem und anderem Eigentum durch die Staaten Mittel- und Osteuropas gefordert

Das Europäische Parlament

A. unter Hinweis auf das erste Zusatzprotokoll zur Europäischen Menschenrechtskonvention (Paris 1952), insbesondere Artikel 1 dieses Protokolls, wonach »jede natürliche oder juristische Person ein Recht auf Achtung ihres Eigentums hat«[1];
B. unter Hinweis auf den Einsatz der Europäischen Union für die Achtung und Wahrung der Menschenrechte;
C. unter Hinweis darauf, daß die Europäische Union stets den Standpunkt vertreten hat, daß das Geschehene nicht vergessen werden darf;
D. in Anbetracht der politischen Umwälzung in Mittel- und Osteuropa seit 1989;
E. unter Hinweis darauf, daß bestimmte Staaten Mittel- und Osteuropas, die zur Demokratie zurückgekehrt sind, mit ihrem Beitritt zum Europarat die Europäische Menschenrechtskonvention (1950) ratifiziert haben[2];

F. angesichts der Tatsache, daß das Eigentum jüdischer Gemeinden zweimal der Plünderung anheimfiel, einmal unter der NS-Herrschaft oder unter kollaborierenden Regimes und ein zweites Mal unter den kommunistischen Regimes;

G. in der Erwägung, daß unter den kommunistischen Regimen viele andere Menschen unterschiedlicher Herkunft, Gemeinschaften und Religionen sowie viele Organisationen, vor allem christliche Kirchen[3], ihres Eigentums beraubt wurden:

1. begrüßt die Tatsache, daß einige osteuropäische Staaten, insbesondere Ungarn und Rumänien, den Grundsatz der Gerechtigkeit und Moral akzeptiert und sich mit der Rückgabe des Eigentums jüdischer Gemeinden an dessen rechtmäßige Besitzer einverstanden erklärt haben;
2. begrüßt es, daß mehrere mittel- und osteuropäische Staaten sich für die während des Zweiten Weltkriegs an Juden begangenen Verbrechen öffentlich entschuldigt und ihre Verantwortung an diesen Verbrechen anerkannt haben;
3. fordert, daß alle Staaten Mittel- und Osteuropas, die dies noch nicht getan haben, geeignete Rechtsvorschriften über die Rückgabe entwendeten Eigentums erlassen, damit das Eigentum jüdischer Gemeinden[4] nach den Grundsätzen von Gerechtigkeit und Moral den jüdischen Einrichtungen zurückerstattet wird;
4. fordert ferner, daß alle mittel- und osteuropäischen Länder, die dies noch nicht getan haben, geeignete Rechtsvorschriften erlassen, um weiteres Eigentum, das von Kommunisten oder Nazis oder deren Komplizen geraubt wurde[5], seinen rechtmäßigen Eigentümern zurückzugeben;

. . .

Anmerkungen:

[1] Zum Text vom 20. 3. 1952: Siehe S. 37.

[2] Zum Verhalten der ČSFR am 18. 3. 1992: Siehe S. 936.

[3] In der ČSFR hatte die katholische Kirche, nachdem ihr 1990/91 rd. 150 Liegenschaften zurückgegeben worden waren, 1993 ihre noch unbearbeiteten Rückgabeforderungen auf rd. 50.000 ha Ackerland und Gärten sowie 175.000 ha Wald beziffert.
Vgl. »Lidové noviny« (Volkszeitung), Prag; Jg. 6, Nr. 17 v. 22. 1. 1993; S. 3; und Nr. 113 v. 18. 5. 1993; S. 3.
Die Rückgabefrage ist bis heute (Ende 2002) ungelöst.

[4] Zur zustimmenden Haltung von ČSFR/ČR-Präsident Havel und zur Ablehnung durch ČSFR/ČR-Ministerpräsident Klaus: Siehe S. 961.

[5] Unter dem von Nazis geraubten Eigentum konnte auch das z. B. des Deutschen Ordens (siehe S. 429), unter dem von Kommunisten und deren Komplizen das der Sudetendeutschen verstanden werden.

Quelle:
Mitt.Bl. SL; Nr. 1/96; S. 1 f.

****

Antworten **1995, 14. Dezember**[1]
österreichischer politischer Parteien auf Fragen des »Verbandes der Volksdeutschen Landsmannschaften Österreichs«[2]**:**
Unterstützung zugesagt

. . .

2. ⟨*Frage*⟩ In den verschiedenen Nach- und Nachnachfolgestaaten der ehemaligen österreichisch-ungarischen Monarchie bestehen noch immer rassistische und diskriminierende Dekrete und Beschlüsse in deren Rechtsordnungen (zum Beispiel Beneš-Dekrete[3] und AVNOJ-Beschlüsse), welche ausdrücklich die deutschsprachige Bevölkerung betreffen. Diese waren Grundlage von kollektiver Enteignung und Vertreibung. Solche Rechtsnormen widersprechen jedwedem rechtsstaatlichen Prinzip und sind auch nicht mit den in Öster-

reich und in der EU geltenden Rechtsnormen vereinbar. Wird Ihre Partei dafür eintreten, daß diese Länder erst nach Aufhebung dieser Dekrete und Beschlüsse in die Europäische Union und andere europäische Gremien aufgenommen werden können?

⟨*Antworten:*⟩

ÖVP:

Die ÖVP tritt dafür ein, daß – wie schon bisher – die bilateralen Kontakte auf verschiedenen staatlichen und gesellschaftlichen Ebenen auch dazu benutzt werden, die sich aus den Beneš-Dekreten ... ergebenden Probleme einer Lösung zuzuführen ... Einen unmittelbaren Zusammenhang mit einem möglichen EU-Beitritt dieser Länder sehe ich allerdings nicht: Im Gegenteil bin ich davon überzeugt, daß gerade der dialogische Prozeß der Aufarbeitung der gemeinsamen jüngeren Vergangenheit im Rahmen der Gemeinschaft ... gelöst werden kann.

⟨4⟩

FPÖ:

Wir verpflichten uns, die Interessen der Vertriebenen gegenüber den jeweiligen Nachfolgestaaten der österreichisch-ungarischen Monarchie und deren Rechtsnachfolgern, vor allem im Zuge allfälliger Beitrittsverhandlungen der betroffenen Länder mit der EU, mit Nachdruck auf allen politischen und diplomatischen Ebenen zu vertreten. Dazu zählt unter anderem die Beseitigung aller noch existierenden menschen- und völkerrechtswidrigen Unrechtsgesetze, wie z. B. die Beneš-Dekrete ...

SPÖ:

Die SPÖ lehnt die Beneš-Dekrete ... ab, da sie auf dem Prinzip einer Kollektivschuld beruhen und dem heutigen Verständnis der Menschenrechte widersprechen. Gleichzeitig hat Österreich aber größtes Interesse daran, daß die ost- und zentraleuropäischen Länder möglichst rasch in die europäische Integration einbezogen werden, weil nur damit Stabilität und Sicherheit für die zukünftigen Generationen sichergestellt werden können. Aus diesem Grund erscheint eine Koppelung des Beitritts an bilaterale Bedingungen nicht zielführend. Im übrigen wird gerade der EU-Beitritt mit der damit verbundenen Freiheit des Grunderwerbs und der Niederlassung dem Recht auf Heimat neue Möglichkeiten eröffnen.

3. ⟨*Frage:*⟩ Sind Sie bereit, sich für die Anerkennung des an uns Altösterreichern begangenen Unrechts und für eine moralische und rechtliche Wiedergutmachung – auch und gerade seitens der Enteigner- und Vertreiberstaaten – auf allen Ebenen einzusetzen?

⟨*Antworten:*⟩

ÖVP:

Ja.

FPÖ:

⟨*Antwort auf Fragen 3 und 4:*⟩ Wir treten gegenüber den Verursacherstaaten der Vertreibung bzw. deren Rechtsnachfolgern für moralische und rechtliche Wiedergutmachung, d. h. auch Eigentumsrückgabe und die Respektierung der Erbrechte ein. Diesbezügliche Verhandlungen sollen unter Einbeziehung der Geschädigten geführt werden.

SPÖ:

Die österreichische Bundesregierung hat sich immer wieder mit Nachdruck dafür eingesetzt, daß das an den Vertriebenen begangene Unrecht auch als Unrecht anerkannt wird und es zu einer moralischen und rechtlichen Wiedergutmachung kommt. Die SPÖ wird diese Bemühungen auch in Zukunft unterstützen.

4. ⟨*Frage:*⟩ Sollte es zu bilateralen Verhandlungen in uns betreffenden Angelegenheiten kommen, sind Sie dann bereit, Vertreter des VLO mit einzubeziehen?

⟨*Antworten:*⟩

ÖVP:

Für den Fall des Zustandekommens solcher Verhandlungen bin ich selbstverständlich bereit, in die innerösterreichischen Vorbereitungen auch Vertreter des Verbandes der Volksdeutschen Landsmannschaften Österreichs einzubeziehen.

FPÖ:

⟨*Siehe oben:*⟩

SPÖ:

Sollte es zu bilateralen Verhandlungen über diese Fragen kommen, liegt es auf der Hand, daß dies in enger Zusammenarbeit mit den Betroffenen geschieht.

...

Anmerkungen:

1 Tag der Veröffentlichung eingegangener Antworten in der Reihenfolge des Eingangs.

2 Die Sudetendeutsche Landsmannschaft Österreichs war Mitglied der VOL.

3 Zum Komplex der sog. Beneš-Dekrete: Siehe S. 576 ff.; zu den regelmäßig miterwähnten AVNOJ-Beschlüssen: Siehe S. 1159.

4 Später wurde Außenminister Wolfgang Schüssel (ÖVP), der Nachfolger von Alois Mock, vom ÖVP-Abgeordneten Josef Höchtl in der Debatte des Österreichischen Nationalrates am 10. 10. 1997 wie folgt zitiert:

»Außenminister Schüssel hat in seiner Eigenschaft als Außenminister klar gesagt, daß Österreich – und er identifiziert sich mit dieser Haltung – seine ablehnende Haltung gegenüber den Benesch-Dekreten der tschechischen Seite erstens immer wieder zur Kenntnis gebracht hat und zweitens diese Haltung auch weiterhin vertreten wird.«

Wiedergabe nach Nationalratsprotokoll lt. SdZ; Nr. 47 v. 21. 11. 1997; S. 1.

Quelle:

»Sudetenpost«, Linz; Jg. 41, Nr. 34 v. 14. 12. 1995; S. 2.

****

Stellungnahme der SL zur Eigentumsfrage: **1995, 20. Dezember**

»Im Vordergrund steht das Recht auf die Heimat«

1. Grundsätzliches

Die Eigentumsfrage steht für uns nicht im Mittelpunkt. Zentral ist für uns vielmehr das Recht auf die Heimat, das im Selbstbestimmungsrecht der Völker enthalten ist. Das Recht auf die Heimat geht über ein bloßes Niederlassungsrecht im Rahmen der EU, das die Sudetendeutschen in ihrer Heimat mit beliebigen anderen EU-Bürgern gleichstellen würde, hinaus. Vielmehr schließt dieses Recht ein Volksgruppenrecht ein, wie es etwa die Sorben oder Dänen in Deutschland oder die Südtiroler in Italien genießen. Kernelement eines Volksgruppenrechts wiederum ist die Berücksichtigung der Kultur und Sprache der Minderheit bzw. Volksgruppe in Schule, Verwaltung und öffentlichem Leben (z. B. bei der Beschilderung).

Wir bedauern die schroffe Ablehnung jedes Entgegenkommens seitens der Prager Regierung – nicht nur in der Frage des Heimatrechts und in Eigentumsfragen, sondern auch in der fehlenden Bereitschaft, die Vertreibung überhaupt als Unrecht anzuerkennen und das direkte Gespräch mit uns zu führen. Wir sind seit jeher zum Dialog ohne jede Vorbedingung bereit und lassen uns von der derzeitigen tschechischen Verweigerungshaltung, die völ-

kerrechtlich fragwürdig und nicht besonders europäisch ist, in keiner Weise entmutigen. Diese Haltung hat keine Zukunft.
Ein wichtiger Schritt für eine echte Versöhnung wäre die Aufhebung einiger Benesch-Dekrete[1], darunter vor allem die Aufhebung des unsäglichen Legalisierungsgesetzes (sog. »Amnestiegesetz«) vom 8. 5. 1946, das praktisch alle an Deutschen und Ungarn im Zuge der Vertreibung begangenen Verbrechen für rechtmäßig erklärt (also nicht etwa nur amnestiert)[2]. Wir sind froh, daß vor wenigen Tagen auch Richard v. Weizsäcker in Prag die Benesch-Dekrete scharf als »nachträgliche Kriegshandlung«[3] verurteilt hat.

2. Zur Eigentumsfrage
Mehrere Benesch-Dekrete betreffen die praktisch vollständige Enteignung der sudetendeutschen Volksgruppe. Mit ihnen wurde der Volksgruppe die materielle Lebensgrundlage radikal entzogen, so daß einige Völkerrechtler sie als Teil eines Völkermordes (im völkerrechtlichen Sinne) ansehen, zumindest aber als Teil eines internationalen Verbrechens mit der Folge, daß diese Enteignungen niemals anerkannt werden dürfen. Dies ist auch die Ansicht der CDU/CSU-Bundestagsfraktion sowie aller bisherigen Bundesregierungen. Wir sind der Ansicht, daß weder die Bundesregierung noch selbst die SL auf diese individuellen Ansprüche auf privates Eigentum rechtsverbindliche Verzichtserklärungen abgeben können.
Dennoch sind politisch viele Möglichkeiten eines Ausgleichs denkbar, die die Rechte und Interessen auch der heutigen tschechischen Bewohner/Benutzer sudetendeutschen Eigentums wahren würden und insbesondere keine »zweite Vertreibung« bedeuten würden. Hierzu sind von sudetendeutscher Seite eine Reihe durchaus konkreter Vorschläge gemacht worden.
Die derzeitige tschechische Restitutionspolitik ist im übrigen von einigen krassen Ungerechtigkeiten und Widersprüchlichkeiten gekennzeichnet, dazu in Stichworten:
a) Die derzeitige Stichtagsregelung führt dazu, daß nicht nur die Sudetendeutschen, sondern auch mehrere andere vor dem Stichtag (25. 2. 1948) enteignete Gruppen nicht restituiert werden, darunter u. a. die Kirchen und sogar die zunächst zwischen 1938 und 1945 von den Deutschen enteigneten Juden, was besonders ungerecht erscheint.
b) Entgegen der Stichtagsregelung erhalten dennoch einige vor dem 25. 2. 1948 enteignete Adelsgeschlechter (darunter die Familien Schwarzenberg, Lobkowicz und Czernin) z. T. sehr umfangreiche Vermögenswerte zurück.
c) Nicht etwa nur die vertriebenen, sondern sogar die noch rund 100.000 im Lande verbliebenen Deutschen, die 1945 ebenfalls restlos enteignet wurden, sind von der Restitution ausgeschlossen. Im Gegensatz zu den Vertriebenen hatten sie nicht die Möglichkeit, später wieder Eigentum zu erwerben.
d) Das v. a. von Frau Vollmer vorgebrachte Argument, ein tschechisches Entgegenkommen in der Eigentumsfrage sei »völlig unrealistisch«[4] bzw. würde die Grundlagen des tschechischen Staates erschüttern, wird durch das Beispiel Ungarns widerlegt: Ungarn hat – leider weitgehend unbeachtet von der deutschen Öffentlichkeit – in den letzten Jahren den vertriebenen Ungarndeutschen gewisse Entschädigungen[5] zukommen lassen (z. B. in Form von Beteiligungen an zu privatisierenden Unternehmen). Dies hat zu einer weitgehenden Versöhnung mit den Ungarndeutschen geführt und überdies viele Investitionen im Lande bewirkt. Die Vorschläge der SL zielen in dieselbe Richtung.
Fazit:
Bei vernünftiger Betrachtung sollte ein sudetendeutsch-tschechischer Ausgleich gerade an der Eigentumsfrage nicht scheitern. In der starken Fixierung vieler tschechischer und leider auch mancher deutscher Politiker auf dieses Problem sehen wir teilweise den Versuch, von unserem Kernanliegen, dem Recht auf die Heimat, abzulenken.

Anmerkungen:

[1] Zum Komplex der sog. Beneš-Dekrete: Siehe S. 576 ff.

[2] Zum Text: Siehe S. 685.

[3] Bundespräsident v. Weizsäcker meinte am 14. 12. 1995 in Prag, die sog. Beneš-Dekrete waren »keine Rechtsakte, sondern nachträgliche Kriegshandlungen, bei denen, wie im heißen Krieg, nicht nach Schuld oder Unschuld der Opfer gefragt wird«. ⟨*Er fuhr fort:*⟩ »Deshalb hat uns auch das diesjährige Urteil des Gerichtshofs in Brünn so verstört, weil es noch nach 50 Jahren von einer angeblichen Kollektivverantwortung ausgeht und weil es offensichtliche damalige Unrechtsakte strafrechtlich gutheißt.«
Vgl. »Die Welt«; Nr. 293 v. 15. 12. 1995; S. 2.
Zum erwähnten Urteil des Gerichtshofes in Brünn: Gemeint war der ČR-Verfassungsgerichtshof; zum Text der Entscheidung vom 8. 3. 1995: Siehe S. 993.

[4] So am 1. 6. 1995 im Deutschen Bundestag; zum Textzusammenhang: Siehe S. 1012.
Ähnlich am 5. 10. 1995 in Prag; siehe S. 1031.

[5] Zum Text des ungarischen Gesetzes vom 7. 4. 1992: Siehe S. 942.

Quelle:
DOD; Nr. 3 v. 19. 1. 1996; S. 3.

****

Thesen des Gregor-Mendel-Kreises (Grüne Sudetendeutsche)[2] **1996, 18. Januar**[1]
»zur Versöhnung zwischen Deutschen, Tschechen und Sudetendeutschen (Deutschböhmen und Deutschmährern)«

Forderungen an Tschechen, Deutsche und Sudetendeutsche

A. Forderungen an die Tschechen:

1. Anerkennung der Vertreibung als völkerrechtswidriges Unrecht . . . (Vertreibungsverbot ergibt sich bereits aus der Haager Landkriegsordnung von 1907[3]);
2. Anerkennung des Heimatrechtes aller Deutschböhmen / Deutschmährer und ihrer Nachkommen in der Tschechischen Republik;
3. Offizielle Aufforderung zur Rückkehr durch Beschluß des tschechischen Parlaments;
4. Verleihung der tschechischen Staatsbürgerschaft mit allen Rechten (z. B. Teilnahme an Versteigerungen) ohne irgendwelche Vorbedingungen (z. B. Wohnsitz in der Tschechischen Republik, Beherrschung der tschechischen Sprache etc.) und ohne daß die deutsche Staatsbürgerschaft aufgegeben werden muß;
5. Gewährung einer weitgehenden kulturellen Autonomie und Anerkennung als eigenständige Volksgruppe nach dem europäischen Volksgruppenrecht (Recht auf Existenz, Nichtdiskriminierung, Sprache, Schule, politische Vertretung, Mitbestimmung etc.) bis hin zu zweisprachigen Ortsschildern und Straßennamen im ehemaligen deutschen Sprachgebiet und einer deutschsprachigen Universität, die die kulturelle Eigenständigkeit und Vielfalt von Deutschböhmen/Deutschmähren sicherstellt;
6. Erklärung der tschechischen Regierung, daß die strittigen Benesch-Dekrete und Amtsblattverlautbarungen (Ab) Nr. 5[4], 12[5], 31[6], 33[7], 83 Ab[8], 108[9], 115[10], 122[11], 126[12], 131[13], 500 Ab[14] (Enteignung, Aberkennung der Staatsbürgerschaft, Zwangsarbeit etc.) heute nicht mehr gültig sind;
7. Aufhebung des Straftatenlegalisierungsgesetzes vom 8. 5. 1946[10], das die an den Sudetendeutschen begangenen Verbrechen für rechtens erklärt, und Umwandlung in ein Amnestiegesetz, außer bei ganz schweren Vergehen gegen die Menschlichkeit, die noch verfolgt werden müssen. Davon ausgenommen sind eindeutige Widerstandstaten bis zum 8. 5. 1945.

B. Forderungen an die Deutschen:

1. Angemessene Entschädigung der noch lebenden tschechischen Opfer der national-sozialistischen Gewaltherrschaft;

2. Angemessene Entschädigung der sudetendeutschen Opfer der nationalsozialistischen Gewaltherrschaft und der tschechischen Gewaltvertreibung und Zwangsarbeitslager;
3. Angemessene Entschädigung der sudetendeutschen Vermögensverluste (Lastenausgleich war nur eine Nutzungsentschädigung)[15] bei Verzichtserklärung der Bundesregierung[16];
4. Finanzierungsfonds für Rückkaufwillige und Rückkehrwillige;
5. Gewährung der doppelten Staatsbürgerschaft für die rückkehrwilligen Sudetendeutschen;
6. Gewährung von Wirtschaftshilfe an die tschechische Republik und Hilfe für ökologische und kulturelle Projekte vor allem in den ehemaligen deutschsprachigen Gebieten;
7. Förderung der Aufnahme der tschechischen Republik in die EU;
8. Verleihung der deutschen Staatsbürgerschaft an die heimatverbliebenen Sudetendeutschen (Deutschböhmen und Deutschmährer).

C. Forderungen an die Sudetendeutschen (Deutschböhmen und Deutschmährer):
1. Anerkennung des psychologischen Zusammenhanges zwischen Vertreibung (Racheakt) und Hitlerfaschismus und zwischen Vertreibung und Mitwirkung der Sudetendeutschen an der Unterdrückung des tschechischen Volkes während des Protektorats; der langjährige Vertreibungswille der Tschechen vor dem Auftreten Hitlers wird dabei nicht verkannt;
2. endgültiger Verzicht der Sudetendeutschen auf tschechische Entschädigung ihrer Vermögensverluste bzw. Rückgabe ihres ehemaligen Besitztums;
3. Verzicht auf die Eigenstaatlichkeit von Deutschböhmen und Deutschmährern;
4. Verzicht auf die Bildung einer sudetendeutschen Exilregierung;
5. Bewahrung der kulturellen Eigenständigkeit (deutschböhmischen/deutschmährischen Kulturvielfalt) in Deutschland und in den Vertreibungsgebieten;
6. Loyalität gegenüber der Tschechischen Republik (»Böhmisch-Mährische Republik«).

Anmerkungen:

1 Vom Herausgeber Karlheinz Wunderlich als »Derzeitiger Diskussionsstand (18. 1. 1996)« bezeichnet.
2 Im September 1995 als »Gesprächskreis« gegründet.
3 Zum Text vom 18. 10. 1907: Siehe S. 7.
4 Gemeint: ČSR-Dekret 5/45 vom 19. 5. 1945; zum Text: Siehe S. 517.
5 Gemeint: ČSR-Dekret 12/45 vom 21. 6. 1945; zum Text: Siehe S. 532.
6 Gemeint: ČSR-Dekret 31/45 vom 27. 7. 1945; zum Inhalt: Siehe S. 498.
7 Gemeint: ČSR-Dekret 33/45 vom 2. 8. 1945; zum Text: Siehe S. 551.
8 Gemeint: ČSR-Gesetz 83/46 v. 11. 4. 1946; zum Inhalt: Siehe S. 552.
9 Gemeint: ČSR-Dekret 108/45 v. 25. 10. 1945; zum Text: Siehe S. 563.
10 Gemeint: ČSR-Gesetz 115/46 v. 8. 5. 1946; zum Text: Siehe S. 685.
11 Gemeint: ČSR-Dekret 122/45 v. 18. 10. 1945; zum Text: Siehe S. 562.
12 Gemeint: ČSR-Dekret 126/45 v. 27. 10. 1945; zum Text: Siehe S. 531.
13 Gemeint: ČSR-Gesetz 131/48 v. 6. 5. 1948; zum Text: Siehe S. 710.
14 Gemeint: Bekanntmachung Nr. 500 des ČSR-Innenministeriums vom 2. 12. 1945: Siehe S. 552, 1023 ff.
15 Gemeint: Das LAG-Gesetz v. 14. 8. 1952; zum Text: Siehe S. 39.
16 Gemeint: gegenüber der ČR.

Quelle:

Text der »Thesen«; 1 ms. S.; Fotokopie im Besitz des Verfassers.

****

Erklärung **1996, 31. Januar**
von Außenminister Kinkel (FDP) vor dem Deutschen Bundestag:
Ziele einer geplanten deutsch-tschechischen Erklärung

Vor dem Hintergrund unserer gemeinsamen schwierigen Geschichte ist für uns das Verhältnis zu unseren tschechischen Nachbarn von zentraler Bedeutung. Wir wollen es so eng und freundschaftlich gestalten, wie es uns auch gegenüber unseren westlichen Nachbarn gelungen ist.
Der Nachbarschaftsvertrag von 1992 hat uns dabei ein gutes Stück vorangebracht. Wir haben gute politische Beziehungen ...
Die Schatten der jüngsten unheilvollen Vergangenheit konnten wir leider noch nicht ganz verscheuchen, ja. Deshalb ist es das gemeinsame Bemühen beider Regierungen, die volle Aussöhnung von Tschechen und Deutschen durch eine gemeinsame Erklärung zu erreichen, die aber über den Vertrag von 1992[1] hinausreichen muß. Zentraler Punkt ist die Wiedergutmachung für die Opfer des nationalsozialistischen Unrechts. Die meisten Punkte der angestrebten Erklärung, die in die Zukunft weisen sollen, sind praktisch unstrittig: Die Ausgestaltung eines Zukunftsfonds, aus dem Jugendbegegnungen, die Pflege von Baudenkmälern und Grabstätten, Partnerschaftsprojekte, Sprachunterricht, wissenschaftliche Projekte, grenzüberschreitende Zusammenarbeit und auch die Einrichtung eines deutsch-tschechischen Gesprächsforums gefördert werden sollen.
Noch immer aber läßt uns die Vergangenheit nicht ganz los. Wir Deutsche haben den Tschechen schlimmes Unrecht angetan. Wunden geschlagen, die noch nicht verheilt sind und die noch schmerzen. Aber auch den Sudetendeutschen ist durch Vertreibung und Enteignung Unrecht geschehen.
Leider ist es uns trotz größter Bemühungen bisher nicht gelungen, eine inhaltliche Einigung und gemeinsame Sprache über die Vermögensfrage und das Unrecht, das den Sudetendeutschen angetan wurde, zu finden. Ich frage: Wen kann das wundern angesichts der schwierigen Geschichte der Deutschen und der Tschechen ... vor, in und nach dem Zweiten Weltkrieg? ...
Ich muß als Verhandlungsführer völker- und verfassungsrechtliche Probleme beachten sowie politisch Machbares auf beiden Seiten berücksichtigen. Ich muß aber vor allem das Ziel im Auge behalten, zu einer Lösung zu kommen, die Deutsche und Tschechen wirklich miteinander aussöhnt und nicht erneut spaltet – und das bei hoher Sensibilität auf beiden Seiten.
...

Anmerkung:
[1] Zum Text vom 27. 2. 1992: Siehe S. 929.

Quelle:
Deutscher Bundestag – 13. Wahlperiode – Protokoll 82. Sitzung; S. 7190 f.

****

Beschluß **1996, 10. Februar**
der Bundesversammlung der SL
zur sog. Schlußstricherklärung[1]**:**
Echte Lösung durch Gespräche angemahnt

Seit dem Frühjahr 1995 verhandelt die Bundesrepublik Deutschland auf tschechischen Wunsch mit der Tschechischen Republik, um in einer gemeinsamen »Schlußstrich«-Erklärung die Kluft der Vergangenheit zu überwinden und sich einer für beide Seiten fruchtbringenden Zusammenarbeit zuzuwenden.
Was auf den ersten Blick positiv aussieht, verhüllt aber eine sehr konkrete Absicht: Die Tschechische Republik will ein Problem loswerden, ohne es zu lösen. Sie verlangt von der

Bundesrepublik Deutschland eine rechtsverbindliche Erklärung, daß diese in Zukunft »weder politisch noch juristisch« die auch im Nachbarschaftsvertrag von 1992[2] offengebliebenen Rechte der vertriebenen sudetendeutschen Volksgruppe jemals zur Verhandlung bringt.

Im Klartext heißt das, daß – in einer Zeit, in der weltweit die Überzeugung zu wachsen beginnt, daß Vertreibungen – heute als »ethnische Säuberungen«[3] bezeichnet – das Jahrhundertverbrechen darstellen – die Bundesrepublik Deutschland von tschechischer Seite aufgefordert wird,

1. die Vertreibung der Sudetendeutschen zu legalisieren und damit das zu tun, was selbst die Alliierten im Zeitpunkt des durch den Krieg zutiefst aufgestauten Hasses ablehnten, als die tschechische Exilregierung in London im November 1944 von ihnen die Hineinnahme der Zwangsaussiedlung der Sudetendeutschen in die Kapitulationsbedingungen verlangte[4], und

2. das gleiche zu tun, was die DDR lakaienhaft 1950 im Prager Abkommen[5] tat, wogegen sich damals der gesamte Deutsche Bundestag in seiner Obhutserklärung[6] mit Ausnahme der Kommunisten wandte, nämlich der Vertreibung der Sudetendeutschen definitiv zuzustimmen.

Wie die bisherigen Verhandlungen zwischen Bonn und Prag zeigen, ist die Tschechische Republik nicht bereit zuzugeben, daß diese Vertreibung und die Vermögenskonfiskationen, d. h. die totale Entrechtung einer Volksgruppe von über drei Millionen Menschen, ein Verbrechen und völkerrechtliches Delikt war. Ein bloßes Abrücken von den Begleitumständen, z. B. von dem Rechtfertigungsgesetz[7], das Morde als rechtmäßig erklärt, oder von der sogenannten »wilden Vertreibung«, ist nicht nur völlig ungenügend, es würde, wenn man das als ausreichend akzeptiert, sogar die Vertreibung als solche rechtfertigen.

Wir danken dem Bundeskanzler, dem bayerischen Ministerpräsidenten als Schirmherrn der Sudetendeutschen und dem Bundesaußenminister, daß sie am Recht festhalten und eine direkte oder indirekte Legalisierung dieser »ethnischen Säuberung« verweigern.

Ein Staat, der noch heute die Entscheidungen einer »ethnischen Säuberung« als rechtsgültig erachtet und sich weigert, davon abzurücken, kann nicht Mitglied der Europäischen Union werden.

. . .

Die Sudetendeutsche Landsmannschaft . . . bietet der tschechischen Regierung erneut Gespräche an.

. . .

Unser Ziel ist eine Regelung, der Sudetendeutsche und Tschechen zustimmen können, um damit auch ein neues Verhältnis zwischen dem deutschen und dem tschechischen Volk einzuleiten.

Die Bundesversammlung begrüßt in diesem Zusammenhang ausdrücklich die Erklärung einer Gruppe tschechischer Intellektueller, die diese am 8. 2. 1996 in einem offenen Brief unter der Überschrift »Der Weg zur Versöhnung«[8] an die Regierung der Tschechischen Republik richtete.

. . .

Anmerkungen:

[1] Diese wurde erst am 20. 12. 1996 paraphiert; zum Text: Siehe S. 1073.

[2] Vom 27. 2. 1992; zum Text: Siehe S. 929.

[3] So bezeichnete die Vertreibung der Sudetendeutschen am 22. 1. 1996 der ehem. ČSFR-Außenminister Dienstbier in einem Interview mit dem Hamburger Nachrichtenmagazin »Der Spiegel« (Jg. 50, Nr. 4; S. 29 f.) und trotz tschechischer Proteste neuerlich am 5. 2. 1996.
Vgl. »Generalanzeiger« ⟨*TZ.*⟩, Bonn; Jg. 106, Nr. 32243 v. 8. 2. 1996.

[4] Zum Vorgang: Siehe S. 501.

[5] Vom 23. 6. 1950; zum Text: Siehe S. 724.

[6] Vom 14. 7. 1950; zum Text: Siehe S. 723.
[7] Vom 8. 5. 1946; zum Text des ČSR-Gesetzes Nr. 115: Siehe S. 685.
[8] Der Text des Aufrufes von 93 Tschechen begann mit der Feststellung, »daß die Verhandlungen über eine gemeinsame tschechisch-deutsche Erklärung in eine Sackgasse geraten sind. Die tschechische Seite trägt an diesem Zustand Schuld, insbesondere durch hartnäckiges Forcieren eines sogenannten dicken Strichs hinter der Vergangenheit, was bedeuten sollte, daß man die offenen Probleme zwischen Tschechen und Deutschen künftig beiderseitig ignoriert.
Ein dicker Schlußstrich kann allerdings erst dann gezogen werden, wenn alle offenen Fragen ehrlich und für beide Seiten annehmbar gelöst sind. In erster Linie geht es hierbei um eine Verurteilung der Vertreibung der Sudetendeutschen aus der ČSR und alles dessen, was mit diesem verhängnisvollen Akt verbunden war.
Es handelt sich nicht allein um ein moralisches, sondern zugleich auch um ein politisches Problem. Die tschechische politische Repräsentanz (einschließlich der demokratischen Opposition) mißachtet eine ihrer wichtigsten Aufgaben – die Sicherstellung der internationalen Position sowie der Sicherheit des tschechischen Staates. Dazu gehört insbesondere die Pflege guter Beziehungen zu jenen Nachbarn, mit denen uns gleiche oder ähnliche Interessen verbinden. Das demokratische Deutschland steht unter ihnen an herausragender Stelle.
Sollten die Kontroversen mit dem deutschen Nachbarn über ungelöste Fragen eskalieren, wird es immer schwerer werden, eine wirkliche Versöhnung zu erlangen. Die Zeitspanne, während der die Verhandlungen festgefahren sind, sollte daher zu einer Analyse dessen, was in der Vergangenheit geschehen ist, sowie zu einer realistischen Wahl der Partner genutzt werden. Die tschechische politische Repräsentanz wird ohnehin früher oder später feststellen, daß ohne Teilnahme der Vertretung der aus der ČSR nach dem Zweiten Weltkrieg vertriebenen Sudetendeutschen keine Übereinkunft erreicht werden kann.«
Vgl. Brücke; Nr. 3 v. 15. 3. 1996; S. 6.

Quelle:
Mitt.Bl. SL; Nr. 2/96; S. 49 f.

****

Erklärungen[1] **1996, 14. Februar**
der britischen und der US-Botschaft in Prag:
Potsdamer Entscheidungen von 1945[2] *»im Völkerrecht wohlbegründet«*[3]

⟨A) Der US-Text:⟩
Washington, 14. Februar 1996 – Die Entscheidungen (decisions), die in Potsdam im Juli und August 1945 durch die Regierungen der USA, des Vereinigten Königreiches und der damaligen Sowjet-Union getroffen wurden, waren im Völkerrecht wohlbegründet (were soundly based in international law).[3] Die Schlußfolgerungen (conclusions) der Konferenz wurden seit damals in verschiedenen mehrseitigen und zweiseitigen Zusammenhängen (contexts) gebilligt (endorsed).[4]
. . .[5]
Die Schlußfolgerungen der Potsdamer Konferenz sind ein historisches Faktum (fact), und die USA sind überzeugt, daß kein Land sie in Frage zu stellen beabsichtigt.[6]
⟨B) Der britische Text:⟩
14. Februar 1996 – Die Schlußfolgerungen (conclusions) des Potsdamer Abkommens (agreement) wurden von den Regierungen des UK, der USA und der UdSSR in Potsdam im Juli/August 1945 gebilligt (endorsed). Soweit es das Vereinigte Königreich betrifft, waren die Schlußfolgerungen im Völkerrecht wohlbegründet.[3]
. . .[5]

Anmerkungen:
[1] Der Anlaß der Erklärungen kann wie folgt skizziert werden:
a) Bereits Ende 1991 hatten sich einige ČSFR-Abgeordnete ihre Interpretation der Vertreibung der Sudetendeutschen 1945/46 als »odsun« (tschechisch für »Abschub« als Übersetzung des englischen

Begriffes »transfer«) aus dem Wortlaut der Erklärung über die Potsdamer Konferenz vom 2. 8. 1945 durch v. a. die US-Botschafterin in Prag bestätigen lassen.
Zum Vorgang vgl. »Rudé právo« (Rotes Recht), Prag; Jg. 2, Nr. 53 v. 3. 3. 1992; S. 1.

b) Am 18. 1. 1996 berichtete die FAZ (Nr. 15; S. 1 f.) aus einem Gespräch mit Bundesaußenminister Kinkel u. a.:
»Die Prager Regierung sei bisher nicht bereit, in der ⟨*geplanten deutsch-tschechischen*⟩ Erklärung auszusprechen, daß durch die Vertreibung Unrecht geschehen sei. Offenkundig hält Prag am Begriff der ›zwangsweisen Aussiedlung‹ mit Berufung auf das Potsdamer Abkommen fest. Nach deutscher Auffassung bedeutet das Potsdamer Abkommen nicht die rechtliche Anerkennung der Vertreibung, sondern war nur eine politische Erklärung.«

c) Ende Januar 1996 wurde diese Haltung bekräftigt:
»In der Tat sind Kinkel und das Auswärtige Amt folgender Auffassung: ›In Übereinstimmung mit der deutschen Völkerrechtswissenschaft hat die Bundesregierung die Vertreibung der Deutschen nach Kriegsende immer als völkerrechtswidrig verurteilt. Sie hat die Potsdamer Beschlüsse nie als eine Rechtfertigung dieser Vorgänge angesehen.‹
Dieser Satz ist die Quintessenz einer umfassenden rechtlichen Analyse. Tatsächlich hatten schon die Vorgängerregierungen die Auffassung vertreten, daß die Vertreibung der Deutschen nach dem Zweiten Weltkrieg völkerrechtswidrig war – und zwar nicht allein die ›wilde Vertreibung‹ vor den Beschlüssen von Potsdam, sondern auch die Vertreibung danach. Juristisch sei maßgebend, daß die Vertreibung die völkergewohnheitsrechtlich anerkannten Grundsätze des Selbstbestimmungsrechts verletzt habe, die Potsdamer Absprachen über eine geordnete Übersiedlung nicht eingehalten worden seien und das Abkommen eine ›res inter allos acta‹ sei, also ein, weil zu Lasten Dritter gehender, unwirksamer Vertrag.«
Vgl. »Generalanzeiger«, Bonn; Jg. 106, Nr. 32236 v. 31. 1. 1996.

[2] Zum Text der Potsdamer Erklärungen vom 2. 8. 1945: Siehe S. 548.

[3] a) Mit eingeschriebenen Briefen vom 20./22. 11. 1996 bat der Verfasser die US- und die britische Botschaft in Bonn unter Bezug auf die Vertreibungsverbote der Haager Landkriegsordnung von 1907 (zum Text: Siehe S. 7) und des Statuts des Internationalen Militärgerichtshofes Nürnberg 1945 (zum Text: Siehe S. 21) um Mitteilung, durch welches Völkerrecht die Vertreibungsbilligungen von Potsdam »wohlbegründet« seien.

b) Die US-Botschaft antwortete trotz mehrfacher Nachfragen überhaupt nicht.

c) Die Antwort der britischen Botschaft vom 3. 1. 1997 wurde u. a. zur Sache zunächst energisch, dann sophistisch; die gestellte Frage wurde nicht beantwortet:
»In Ihrem Schreiben behaupten Sie ferner, die drei Regierungen hätten gegen die Satzung des Internationalen Militärgerichtshofs und die Haager Landkriegsordnung von 1907 verstoßen. Die britische Regierung weist jeden Vorwurf energisch zurück, die drei Regierungen hätten, als sie das Potsdamer Abkommen schlossen, nicht im Einklang mit dem Völkerrecht gehandelt. Die von Ihnen angesprochenen Übereinkünfte bezogen sich auf Handlungen der Kriegsvorbereitung und -führung und hatten keine Bedeutung für die Regelungen, die bei der Potsdamer Konferenz von den drei Regierungen im Hinblick auf den Frieden nach der Beendigung des Krieges in Europa getroffen wurden.«

d) Der Verfasser antwortete am 12. 2. 1997 wiederum per eingeschriebenem Brief, u. a.:
»Die Regelungen der Potsdamer Konferenz wurden am 2. 8. 1945 getroffen, der Kriegszustand in Europa endete, gemäß Erklärung u. a. Ihrer Majestät Regierung, erst am 9. 7. 1951; darüber hinaus sind mir aus dem Text weder des Haager Abkommens von 1907 noch der IMT-Satzung von 1945 Bestimmungen bekannt, die ihre Geltung für die Zeit zwischen Waffenstillstand und Friedensschluß einschränkten oder ausschlössen.
Deswegen ist es nunmehr prima facie sachdienlich anzunehmen, (auch) die Regierung Ihrer Majestät habe mit der Billigung des Aussiedlungsprogramms der Regierung der ČSR gegen die HLKO von 1907 und das Statut des IMT von 1945 verstoßen. Bis zur Vorlage von unzweifelhaften Bestandteilen des internationalen Rechts, die Deportationen von Zivilbevölkerungen in der Zeit zwischen Waffenstillstand und Friedensschluß billigen, ist weiters anzunehmen, daß die (mitwirkende) Billigung derartiger Vorgänge nicht im Einklang mit dem Völkerrecht steht. Die entgegengesetzte Auffassung des Official Statements vom 14. 2. 1996 ist bis dahin unbewiesen und falsch.«

e) Das Schreiben des Verfassers vom 12. 2. 1997 blieb ohne Antwort.

f) Eine etwa gleichzeitig ergangene Note der Russischen Regierung beschränkte sich auf die Faktizität der »Potsdamer Beschlüsse« bzw. »Potsdamer Vereinbarungen«.

Quellen:
Zu a, c, d: Originalschreiben bzw. Fotokopien davon; im Besitz des Verfassers.
Zu f: Blumenwitz, Dieter: »Interessenausgleich zwischen Deutschland und den östlichen Nachbarstaaten«; Köln, 1998; S. 145.

4 Mit Ausnahme von verschiedenen »Abkommen« innerhalb des bis 1989/90 bestehenden sog. »Ostblocks« der damaligen Warschauer-Pakt-Staaten wurden nur Vereinbarungen bekannt, welche auf den Potsdamer Erklärungen fußten (z. B. das Interalliierte Reparationsabkommen vom 14. 1. 1946; zum Text: Siehe S. 676 ff.), nicht aber solche, welche sie billigten oder bestätigten.

5 Es folgten Textauszüge der Erklärung in indirekter Rede.

6 a) Am 16. 2. 1996 gab die FAZ (Nr. 40; S. 3) folgende Position bekannt:
»Die Bundesregierung betrachtet die Potsdamer Erklärung nicht als rechtliche Anerkennung der Vertreibung, sondern nur als politische Erklärung.«

b) Am 22. 4. 1996 erläuterte die Bundesregierung mit Schreiben des Auswärtigen Amtes auf eine »kleine Anfrage« der PDS, es gehe um »angemessene Worte zum schweren Schicksal der vertriebenen Sudetendeutschen«. Es hieß dann weiter:
»Nur in diesem Zusammenhang wurden die Potsdamer Beschlüsse erwähnt. Der Bundesminister des Auswärtigen, Dr. Klaus Kinkel, erläuterte dies in einem Interview mit den ›Stuttgarter Nachrichten‹ vom 20. Februar d. J.:
›In Übereinstimmung mit der deutschen Völkerrechtswissenschaft haben alle früheren Bundesregierungen und auch die jetzige Regierung die Vertreibung der Deutschen nach Kriegsende immer als rechtswidrig verurteilt und die Beschlüsse der Potsdamer Konferenz vom 2. August 1945 nicht als Rechtfertigung der Vertreibung angesehen.‹
Dies entspricht weiter der Haltung der Bundesregierung. Sie hat diese Position auch in den Gesprächen mit der tschechischen Regierung vertreten.«
Vgl. Deutscher Bundestag: BTDs. 13/4439 v. 23. 4. 1996; S. 3.

Quelle:
Zu A: Botschaft der USA (in Prag) (Hsg.): »Official Statement« v. 14. 2. 1996; 1 ms. S.; Fotokopie im Besitz des Verfassers.
Zu B: Britische Botschaft in Prag (Hsg.): »The British Government's View of the Potsdam Agreement«; ohne Datum; 1 ms. S.; Fotokopie im Besitz des Verfassers.

****

Erklärung des Sudetendeutschen Priesterwerkes »zum deutsch-tschechischen Verhältnis: Versöhnung in Wahrheit und Gerechtigkeit«: **1996, 14. Februar**

In den bisher erfolglosen Gesprächen um eine gemeinsame deutsch-tschechische Erklärung wird fast durchweg die Vertreibung der Sudetendeutschen als Reaktion auf die Verbrechen dargestellt, die 1938 bis 1945 in deutschem Namen begangen wurden. Dagegen gibt es Tatsachen und Belege, daß die Vertreibung der Sudetendeutschen aus ihrer Heimat schon seit Gründung der Tschechoslowakei im Jahre 1918 betrieben wurde. Diese Fakten wurden bisher nicht berücksichtigt. Das läßt uns sudetendeutsche Priester nicht länger schweigen. Wir sind die 46 gewählten Delegierten der sudetendeutschen Priester aus unseren Herkunftsdiözesen in der Tschechoslowakei und die gewählten Delegierten der Priester in den Aufnahmediözesen in Deutschland und Österreich sowie die Vertreter der Ordensgemeinschaften. Auf unserer Delegiertenkonferenz vom 11. bis 14. Februar 1996 in Brannenburg am Inn haben wir folgende Erklärung verabschiedet, die nicht aufrechnen will, sondern sachlich einige Tatsachen dieser zielstrebigen »Entgermanisierung« durch die Tschechen nennt:
⟨Es folgte eine eingehende Darstellung – hier in chronologischer Reihenfolge – der ČSR-Maßnahmen ab 1918 gegen die Sudetendeutschen; zum Ausgangspunkt 1918 wurde z. B. ausgesagt:⟩
Die Wurzeln der Vertreibung beginnen mit der Gründung der Tschechoslowakei. Die Tschechen, die die Donaumonarchie als Völkerkerker betrachteten, beanspruchten mit Recht

einen eigenen Staat auf Basis der vom amerikanischen Präsidenten Wilson verkündeten 14 Punkte zum Selbstbestimmungsrecht der Völker. Die Tschechen wollten jedoch auch die von den Sudetendeutschen bewohnten Randgebirgslandschaften des Böhmerwaldes, des Iser- und Riesengebirges sowie der Sudetengebirge im Norden Mährens und Sudetenschlesiens als natürlichen Schutzwall haben.

⟨Die Erklärung schilderte auch die dubiosen ČSR-Unterlagen 1918/19 in Paris, Pläne Masaryks 1919 sowie die Ereignisse des 4. 3. 1919[1]*, die Nutzung von Bodenreform, öffentlichen Bediensteten und tschechischen Minderheitsschulen bei der Tschechisierung im Sudetengebiet*[2]*, das ansonsten in Infrastruktur und Elektrifizierung zurückblieb, die nationalpolitische Funktion der Wirtschaftskrise über Arbeitslosigkeit*[3] *und Staatsaufträge. Die Umstände und Verhandlungen des Jahres 1938 wurden dargestellt; es hieß u. a.:⟩*

Der Anschluß an das Reich wurde im Sudetenland als eine Befreiung von der Sorge um die Existenz befunden. Es muß daher auch festgehalten werden, daß das Bekenntnis der Sudetendeutschen dem Mutterland, nicht dem Regime galt; jeder anderen deutschen Regierung, die den Anschluß vollzogen hätte, wäre die gleiche Begeisterung zuteil geworden.

⟨Die Zeit seit der Vertreibung der Sudetendeutschen 1945/46 wurde dann wie folgt beschrieben:⟩

50 Jahre lang haben wir und unsere verstorbenen Mitbrüder uns bemüht, den Geist der »Charta der Vertriebenen«[4] mit Verzicht auf Rache und Vergeltung in den Herzen der vertriebenen Landsleute, die ja zu mehr als 90 % katholisch waren, zu verankern. Wir haben sie ermuntert, dieses Versprechen in Gesinnung und Tat zu verwirklichen, um die Spirale der Ungerechtigkeiten zu durchbrechen – nicht ohne Erfolg. Als seit 1964 der Besuch der alten Heimat mit Visum möglich wurde, haben wir begonnen, die Pfarreien in unserer alten Heimat mit Opfern unserer Landsleute zu unterstützen, unter Gefahren für uns und unsere tschechischen Mitbrüder. Manche Kirche konnte vor dem Verfall bewahrt werden ...

Nach der »samtenen Revolution« 1989 haben viele Vertriebene ihre Heimat besucht. Sie haben die Verwüstung gesehen: Die Zerstörung vieler Ortschaften, die Schändung von Kirchen und Friedhöfen, weil man deutsche Aufschriften beseitigen wollte, um zu dokumentieren, daß hier schon immer tschechisches Land gewesen sei. Spontan haben die Vertriebenen mit dem Restaurieren begonnen. Im Kontakt mit den Bischöfen, Bürgermeistern, Denkmal- und Genehmigungsämtern haben sie zusammen mit tschechischen Bauarbeitern, die mit sudetendeutschen Spenden bezahlt wurden, die Aufbauarbeit begonnen. Im Böhmerwald und Egerland, wo es wegen der Grenznähe zur Bundesrepublik Deutschland zu besonders verheerenden Verwüstungen gekommen war, wurden weit über 50 Kirchen wiederhergestellt. Manche Pfarrgemeinschaften brachten persönlich und mit Unterstützung von deutschen Aufnahme-Diözesen dafür über 100.000,– DM auf.

In diesen erneuerten Kirchen treffen sich fast jedes Jahr die Pfarrgemeinschaften der Vertriebenen. In den Gottesdiensten zusammen mit den jetzt dort ansässigen Tschechen entstanden Vertrauen, ja Freundschaften zwischen Deutschen und Tschechen. Unter Freunden wird auch die Frage angesprochen, wie sie – die Tschechen – unsere Vertreibung erlebt hätten. Dabei wurde wiederholt gesagt: Uns ging es mit der Vertreibung so, wie es wahrscheinlich euch Deutschen mit der Judenverfolgung ging. Ihr wußtet, daß Juden verfolgt wurden, aber das Ausmaß habt ihr erst nach dem Krieg erfahren. Wir Deutsche haben uns dazu bekannt, was den Juden in deutschem Namen angetan wurde, und alle Bürger Deutschlands beteiligen sich an Wiedergutmachungsleistungen, soweit solche Verbrechen gutgemacht werden können. Es betrübt uns aber sehr, daß heute noch mehr als zwei Drittel der tschechischen Bevölkerung die Vertreibung für rechtens hält[5], obwohl heute das Ausmaß ihres Unrechts mehr und mehr bekannt wird.

Viele Tschechen erkennen die Schuld ihres Volkes an, sie wagen aber nicht, gegen die öffentliche Meinung anzugehen. Der tschechische Repräsentant der Evangelischen Kirche, der böhmische Bruder Přemysl Pitter, schreibt in der Festschrift für Kirchenpräsident

D. Wehrenpfennig[6] 1963: »Vielleicht hat sich unser Volk niemals so schuldig gemacht wie nach seiner Befreiung aus der nazistischen Knechtschaft. Wie Raubtiere stürzten sich manche auf fremdes Eigentum und sanken in Gewalttätigkeiten auf das Niveau derer, die uns mordeten. Hunderte Kinder starben an Hunger in Internierungslagern für Deutsche, Tausende von Greisen, Greisinnen und Kranken gingen ohne Hilfe zugrunde. ›Was, um Gottes Willen, macht Ihr denn dort mit den Deutschen?‹, mit diesem verzweifelten Vorwurf[7] wandte sich Jan Masaryk (der Sohn des ersten Präsidenten der Tschechoslowakei) an mich, als ich ihn in jener Zeit in London besuchte. Diese brennende Frage hörte ich damals ständig von den Freunden unseres Volkes. Es ist unmöglich, der Mitschuld dadurch zu entfliehen, daß wir die eigentliche Verantwortlichkeit auf andere abwälzen.« Gemeint ist hier die Potsdamer Konferenz vom 2. August 1945[8]. Die Schuld an der Vertreibung nur dieser Konferenz zuzuschieben, geht nicht. Denn bis zu diesem Zeitpunkt hatten die Tschechen schon fast eine Million Deutsche vertrieben. Alle – Deutsche und Tschechen – haben versagt, sei es durch die Tat oder durch Schweigen. Alle tragen wir gemeinsam die Schuld und die Verantwortung vor Gott, und so tragen wir gemeinsam die Folgen. Im 1. Johannesbrief 1,9 heißt es: »Wenn wir unsere Sünden bekennen, ist er treu und gerecht; er vergibt uns die Sünden und reinigt uns von allem Unrecht.«
Wir Deutsche und Tschechen sind Nachbarn und wollen Partner im gemeinsamen Haus Europa werden. Es gibt nur einen Weg in die Zukunft: den des friedlichen Zusammenlebens, eine Versöhnung in Wahrheit und Gerechtigkeit.

Anmerkungen:
1 Gemeint u. a. das Memoire III vom Januar 1919 (zum Text: Siehe S. 247) und das Interview des Präsidenten vom 12. 1. 1919 (zum Text: Siehe S. 251); zum 4. 3. 1919: Siehe S. 262 ff.
2 Zur Bodenreform: Siehe S. 269, 1197; zu öffentlichen Bediensteten: Siehe S. 291, 1205; zu Minderheitsschulen: Siehe S. 266, 321.
3 Siehe dazu S. 1200.
4 Vom 5. 8. 1950; zum Text: Siehe S. 31.
5 Siehe dazu die Ergebnisse von Meinungsumfragen unter Tschechen, S. 1004.
6 Gemeint: Erich Wehrenfennig.
7 Zu einer (zwar nur kolportierten, aber) deutlich anderen Äußerung aus dieser Zeit: Siehe S. 640.
8 Zum Text der Erklärung: Siehe S. 548.

Quelle:
Sudetendeutsches Priesterwerk (Hsg.): »Mitteilungen«; Königstein/Ts., Nr. 1 (März) 1996; S. 3–7. Hervorhebung im Original.

****

Beschluß des Präsidiums des BdV **1996, 25. April**
»zu den Fragen des Beitritts ostmitteleuropäischer Staaten zu EU und NATO«:

Der Bund der Vertriebenen verlangt nach wie vor von der Bundesregierung, sich in allen bilateralen Gesprächen mit den ostmitteleuropäischen Staaten sowie im Rahmen der Europäischen Union in Wahrnehmung ihrer Schutz- und Obhutspflicht gegenüber allen Deutschen, damit auch den deutschen Heimatvertriebenen, für eine angemessene Berücksichtigung der berechtigten Anliegen der Vertriebenen einzusetzen.
Die noch nicht aufgearbeiteten und nachwirkenden Unrechtsfolgen der Massenvertreibungen Deutscher am Ende des Zweiten Weltkrieges und in den Jahren danach können heute und auch in Zukunft nicht durch einen »Schlußstrich« erledigt werden.
Zunächst erwarten wir von der Bundesregierung, daß sie sich in den aktuellen Verhandlungen mit der Tschechischen Republik – als einem Nachfolgestaat der ČSSR – über eine »gemeinsame Erklärung« mit Nachdruck für die Anliegen der sudetendeutschen Heimatvertriebenen, für Schritte zu machbarer und zumutbarer Wiedergutmachung und zu kon-

kreten Maßnahmen in Richtung einer Verwirklichung des Rechtes auf die Heimat der Vertriebenen einsetzt.
Die Bereitschaft der Tschechischen Republik, sich deutlich vom Nachkriegsunrecht der Vertreibung der Deutschen aus ihrem Staatsgebiet zu distanzieren und an einer Wiederaufarbeitung der Unrechtsfolgen mitzuwirken, wird zeigen, ob dieser Staat reif ist für eine Aufnahme in die Rechtsgemeinschaft der Europäischen Union.
Ein weiteres Festklammern an den völkerrechtswidrigen, menschenrechtswidrigen sogenannten Benesch-Dekreten[1] der Jahre 1945/46 wäre unvereinbar mit einer Mitgliedschaft in der Europäischen Union.
Wir erwarten von der Bundesregierung, daß sie von dem Vorhaben einer gemeinsamen Erklärung Abstand nimmt, wenn dies auch 50 Jahre nach der Vertreibung in menschenrechtskonformer Weise und als ehrliche Heilung verletzten Rechtsempfindens noch nicht möglich sein kann. Die Verantwortung für ein Nicht-Zustandekommen läge dann eindeutig auf der Seite der Tschechischen Republik.
. . .
Wir erwarten, daß die Bundesregierung, die wiederholt die Völkerrechtswidrigkeit der Vertreibung und der entschädigungslosen Enteignungen festgestellt hat, konsequenterweise diese Fragen nicht nur »offenhält«, sondern die Lösung dieser Fragen zum Gegenstand ihrer operativen Politik macht.
. . .
Der Bund der Vertriebenen bekräftigt nochmals, daß ostmitteleuropäische Staaten nur dann Voll-Mitglieder der Europäischen Union und auch der NATO werden können, wenn als Voraussetzungen erfüllt sind:

- innerstaatlich auch durch Minderheitengesetze garantierte und in der Praxis funktionierende Volksgruppen- und Minderheitenrechte für die in den Heimatgebieten lebenden Landsleute, worunter auch rückkehrende Vertriebene zu verstehen sind,
- angemessene und gemeinwohlverträgliche Wiedergutmachung materieller und immaterieller Schäden an Leib, Leben und Eigentum Deutscher durch die Schädiger (das Beispiel Ungarn[2] hat gezeigt, daß Ansätze hierzu möglich sind, ohne daß die staatlichen Grundlagen erschüttert werden),
- strafrechtliche Ermittlung und Ahndung von Verbrechen gegen die Menschlichkeit im Zusammenhang mit der Vertreibung Deutscher und anderer Volksgruppen,
- gemeinsam mit den östlichen Nachbarstaaten und unter Einbeziehung der Vertriebenen sowie unter Berücksichtigung ihrer Interessen Möglichkeiten und Modalitäten einer sinnvollen und humanen Wiederherstellung des Rechtes auf die Heimat und deren gemeinsamen Wiederaufbau zu finden,
- Erhalt der deutschen Staatsangehörigkeit auch für die Nachkommen in den Wohnsitzstaaten.

Wir appellieren, sich die Haltung Italiens[3] zum Vorbild zu nehmen, das sich bezüglich des Aufnahmebegehrens Sloweniens von der noch nicht erfolgten Wiedergutmachung für das an Zehntausenden von Italienern verübte Vertreibungsunrecht leiten läßt.

Anmerkungen:
[1] Zum Komplex der sog. Beneš-Dekrete: Siehe S. 576 ff.
[2] Zum diesbezüglichen Gesetz vom 7. 4. 1992: Siehe S. 942.
[3] Zur bereits durch MdEP Otto von Habsburg erfolgten Anregung im September 1995: Siehe S. 1026.

Quelle:
SdZ; Nr. 18 v. 10. 5. 1996; S. 3.

****

Meinungsumfrage **1996, 27. April**[1]
unter Sudetendeutschen in Bayern:
Organisationsgrad, Rückkehrbereitschaft, Eigentumsentschädigung

⟨A) Vorgeschichte:
Im Auftrag des Nachrichtenmagazins »Der Spiegel«, Hamburg, befragte zwischen dem 6. 2. und 27. 4. 1996 das Meinungsforschungsinstitut EMNID insgesamt 3.525 über 18jährige Bayern zunächst darüber, ob sie selbst oder ihre Eltern oder ihre Großeltern nach eigener Angabe »aus dem Sudetenland« stammen: 80,1 % verneinten die Frage, 6,8 % machten keine Angabe und 418, d. h. 13,1 % bejahten die Frage für sich bzw. ihre Vorfahren[2]*. Diese 418 wurden dann weiter befragt. Zu den Ergebnissen gehörte:⟩*

Fragen:	Antworten:	
	Alle Altersgruppen	Alter: 18–24 Jahre
Sind Sie in der SL organisiert?	8 % Ja	
Nehmen Sie an sudetendeutschen Veranstaltungen teil?		
Regelmäßig	9 % Ja	25 % Ja
Selten	17 % Ja	.
Fühlen Sie sich durch die SL vertreten?	28 % Ja	28 % Ja
	18 % k. A.	.
	54 % Nein	.
Wenn nein: Warum nicht?		
Weiß nicht/keine Angabe	26 %	40 %
Bezugsverlust	25 %	
Fehlendes Interesse	20 %	14 %
SL hat falsche Ansichten	15 %	
Fehlender Kontakt	10 %	
Fehlende Information	4 %	25 %
Würden Sie gerne wieder in Ihrer alten Heimat oder der Heimat Ihrer Eltern leben, wenn dies möglich wäre?[3]	9,9 % Ja	24,7 % Ja
Wenn ja: Würden Sie dafür auf Ihre deutsche Staatsbürgerschaft verzichten?	46 % Ja .	
	48 % Nein	
Fordern Sie von den Tschechen Entschädigung für enteignetes Eigentum?[4]	18 % Ja	
	76 % Nein	
Besuchten Sie Ihre alte Heimat?		
Regelmäßig	19 %	25 %
Selten	27 %	25 %
Erst einmal	15 %	
Noch nie	37 %	

Anmerkungen:
[1] Datum des Abschlusses der Befragung.
[2] Zu Definitionsproblemen der Frage sowie Hochrechnungen auf die Anzahl der »Bekenntnis«-Sudetendeutschen 1996: Siehe S. 1196.

[3] Die Fragestellung war, da praktisch konditionslos, eigentlich nicht zu beantworten; um so beachtenswerter das Ergebnis.
[4] Es ist beachtenswert, daß die Fragestellung anonymisiert (»für enteignetes Eigentum«) und nicht personalisiert (»für Ihr bzw. das Ihren Eltern enteignete Eigentum«) war.

Quelle:
Mitt.Bl. SL; Nr. 4/96; S. 101–105. Teilwiedergabe in: »Der Spiegel«; Jg. 50, Nr. 21 v. 20. 5. 1996; S. 32–35, hier S. 33.

****

Botschaft[1] **1996, 25. Mai**
⟨*der Sudetendeutschen*⟩ an das tschechische Volk:
Programm friedlicher Versöhnung durch Wiedergutmachung und partnerschaftliche Begegnung

1996, fünf Jahrzehnte nach der Vertreibung aus unserer angestammten Heimat in Böhmen, Mähren und Sudetenschlesien, appellieren wir Sudetendeutsche an das freie tschechische Volk, gemeinsam mit uns einen neuen Weg der Zusammenarbeit zu gehen.
Beide Völker dieses Raumes mußten in ihrer Heimat, einem Herzland Europas, den Irrweg durch Nationalismus, Diktatur und Krieg gehen, um zu erkennen, daß Frieden in Europa nicht durch Vertreibung und Enteignung geschaffen werden kann, sondern nur dadurch, daß Haß, Chauvinismus und Intoleranz aus den Herzen der Menschen verbannt werden.
Wir Sudetendeutsche haben uns in den zurückliegenden 51 Jahren bemüht, aus den Fehlern der Vergangenheit zu lernen, und bieten erneut, 51 Jahre nach dem Ende des Zweiten Weltkrieges, dem seit sechs Jahren freien tschechischen Volk die Hand zur Versöhnung.
Alle Gewaltakte und alles Unrecht, welche in der Vergangenheit vom nationalsozialistischen Deutschland den Tschechen und vom tschechoslowakischen Staat den Sudetendeutschen zugefügt wurden, aber auch die Untaten einzelner, müssen geächtet werden. Es darf nie wieder Diktatur, Krieg und Vertreibung in Böhmen, Mähren und Sudetenschlesien geben.
Begangene Verbrechen und Verletzungen der Menschenrechte müssen – soweit dies möglich ist – mit friedlichen, rechtsstaatlichen Mitteln wiedergutgemacht werden. Nur damit wird der Weg frei, um eine Partnerschaft zwischen den Völkern und Volksgruppen Europas aufzubauen. Wer Europa bauen will, muß seine Völker versöhnen!
Die Verständigung von Sudetendeutschen, Deutschen und Tschechen ist keine lokale Frage, sondern eine von europäischer Bedeutung. Der Grundgedanke einer europäischen Partnerschaft muß auch von unten nach oben getragen werden. Deshalb wenden wir uns an alle demokratischen Kräfte mit dem Appell, sich zu einer Koalition der Zukunft zusammenzufinden, die auch von Extremisten nicht beeinträchtigt werden kann.
Was immer geschehen sein mag, die Zukunft in Europa gehört jenen, die den Mut aufbringen, gemeinsam neue Formen des Zusammenlebens zu schaffen.
Staatsrechtliche Konstruktionen der Vergangenheit können nicht Vorbild einer neuen Lösung sein.
Das Interesse an unserer Heimat ist von der Liebe zu ihr bestimmt und nicht von Rache und Vergeltung. Niemand von uns will eine erneute Vertreibung. In diesem Sinne wird auch die Begegnung zwischen uns und der tschechischen Bevölkerung in unseren Heimatgebieten durchgeführt und immer wieder angestrebt.
Geben wir Sudetendeutschen und Tschechen, als die beiden Betroffenen, hierfür ein Beispiel. Beginnen wir mit offiziellen Gesprächen, denn ein Neubeginn – und diesen wollen wir, keinen Schlußstrich unter mehr als 800 Jahre gemeinsamer Kultur und Geschichte – kann nur gelingen, wenn alle offenen Fragen ehrlich und für beide Seiten annehmbar gelöst sind. Dies wurde auch von weit mehr als einhundert Intellektuellen im Februar 1996[2] in Prag gefordert!
Wir Sudetendeutsche sind dazu bereit!

Anmerkungen:
[1] Anläßlich des 47. Sudetendeutschen Tages in Nürnberg beschlossen von der Bundesversammlung der SL.
[2] Zum Text: Siehe S. 1043; die Zahl der Unterschriften hatte sich zwischenzeitlich erhöht.

Quelle:
Text der Botschaft; 2 ms. S.; Fotokopie im Besitz des Verfassers.

****

Rede[1] **1996, 26. Mai**
des Sprechers der SL, Staatsminister a. D. Franz Neubauer:
Ethnische Säuberungen, Verständigung, Dialog

Das zwanzigste Jahrhundert, das in Kürze zu Ende geht, wird in die Geschichte nicht eingehen als ein Jahrhundert der Menschlichkeit, des Friedens und der Gerechtigkeit. Es wird vielmehr in Erinnerung bleiben als ein Jahrhundert der Unmenschlichkeit, des Massenmordes, der Verfolgung Unschuldiger – und vor allem als ein Jahrhundert der Massenvertreibungen und sog. »ethnischen Säuberungen«.
Es gab und gibt viele Anstrengungen zur Wiedergutmachung. So leistet die Bundesrepublik Deutschland zu Recht seit Jahrzehnten moralische und materielle Wiedergutmachung für die Verbrechen des Dritten Reiches. Die unmenschlichen »ethnischen Säuberungen« auf dem Balkan versucht man gegenwärtig soweit möglich wieder rückgängig zu machen. Und einige jener Staaten, aus denen nach dem Ende des Weltkriegs die Deutschen vertrieben wurden, haben zumindest den Unrechtscharakter dieser Vertreibung eindeutig festgestellt und sich im Bemühen um Verständigung und Versöhnugn an die Vertriebenen gewandt.
⟨*Der Redner würdigte anschließend das Verhalten von Estland*[2]*, der Slowakei*[3] *und Ungarn*[4]*, konfrontierte es mit den Äußerungen der tschechischen Regierung und positionierte die Anliegen der Sudetendeutschen in der europäischen Werte- und Rechtsgemeinschaft. Er fuhr fort:*⟩
Eine der entscheidenden Voraussetzungen für eine wirkliche Versöhnung ist und bleibt der Dialog. Wir betonen an dieser Stelle erneut, daß wir Sudetendeutsche ohne Vorbedingungen zu einem direkten Dialog mit den Verantwortlichen in der Tschechischen Republik bereit sind. Die Erfahrung der letzten Jahre an vielen Orten der Welt zeigt, daß es zum direkten Gespräch der Betroffenen keine Alternative gibt: Ob Nordirland, Südafrika, Bosnien oder Nahost, ohne Dialog mit den Betroffenen ist ein friedlicher Ausgleich undenkbar. Die Einsicht, daß dies im sudetendeutsch-tschechischen Verhältnis nicht anders ist, gewinnt erfreulicherweise in der Tschechischen Republik selbst zunehmend an Boden. Neben einer wachsenden Zahl vielfach junger Wissenschaftler und Journalisten ist dies auch die Haltung der katholischen Bischöfe des Landes. Sie alle müssen für diese versöhnliche Einstellung viele Anfeindungen ertragen und verdienen unseren Respekt. Die deutsche Außenpolitik sollte alles daran setzen, diese zukunftsgewandten, europäisch denkenden Kräfte zu ermutigen, indem sie ihrerseits diesen Dialog zwischen den Betroffenen konsequent einfordert.
. . .

Anmerkungen:
[1] Anläßlich des 47. Sudetendeutschen Tages in Nürnberg.
[2] Ausgedrückt in der Rede von Staatspräsident Meri am 3. 10. 1995; zum Text: Siehe S. 1228.
[3] Ausgedrückt im Beschluß der Slowakischen Regierung vom 5. 5. 1990; zum Text: Siehe S. 905.
[4] Ausgedrückt in der teilweisen Vermögensentschädigung durch Gesetz vom 7. 4. 1992; zum Text: Siehe S. 942.

Quelle:
Text der Pressemitteilung; 7 ms. S.; Fotokopie im Besitz des Verfassers.

****

Rede[1] **1996, 26. Mai**
des bayerischen Ministerpräsidenten Edmund Stoiber:
»Vier Eckpunkte«

. . .
51 Jahre nach Kriegsende gibt es nach wie vor Probleme zwischen Tschechen und Sudetendeutschen. Und diese Fragen müssen einvernehmlich und im Konsens gelöst werden, und sie müssen von den Betroffenen akzeptiert und mitgetragen werden. Wir haben doch inzwischen gesehen, daß der Deutsch-Tschechoslowakische Nachbarschaftsvertrag von 1992[2] die offenen Probleme jedenfalls nicht gelöst, sondern ganz bewußt ausgeklammert hat. Nicht weil wir gegen die Aussöhnung zwischen Tschechen – damals Tschechoslowaken – und Deutschen gewesen wären, sondern aus unserer Verantwortung als Schirmherr der Sudetendeutschen, weil wir sahen, daß das bei weitem nicht ausreichend genug war, haben wir damals unsere Zustimmung nicht gegeben. Und wenn jetzt neu verhandelt wird, so erwarten wir, daß die angestrebte Erklärung deutlich über diesen Vertrag hinausgeht. Unsere Eckpunkte dazu sind seit Jahren klar und bekannt. Und ich will sie . . . heute coram publico noch einmal nennen . . .

1. Eckpunkt
Seit 1993, seit meiner ersten Rede vor Ihnen als Schirmherr hier in dieser Frankenhalle, fordere ich die Einbindung der Sudetendeutschen in den deutsch-tschechischen Dialog. Es erzeugt Unruhe und es dient nicht dem Ausgleichswerk, wenn an den elementar Betroffenen vorbei verhandelt wird, wenn sie sozusagen ausgegrenzt werden. Auf Ausgrenzungen – und diese haben die Vertriebenen ja in den letzten 50 Jahren auch im eigenen Land erfahren – reagieren sie zu Recht mit Bitterkeit.
Deshalb: Entscheidend ist der Dialog mit und zwischen den Betroffenen. Natürlich ist es richtig und wichtig, daß die Regierungen miteinander verhandeln. Aber es geht hier um von der Geschichte leidvoll geprüfte Menschen, die das Ergebnis akzeptieren und mittragen müssen, auf beiden Seiten. Nur dann macht eine Erklärung Sinn, nur dann kann sie ihre friedensstiftende und zukunftsorientierte Wirkung entfalten.
. . .
2. Eckpunkt
Es ist schwer vorstellbar, daß es zwischen zwei demokratischen Nationen in Mitteleuropa über einen Unrechtstatbestand wie die Vertreibung unterschiedliche Rechtsauffassungen gibt. Es ist in der Tat unvorstellbar für mich. Und es ist schwer vorstellbar, daß dies so bleibt. Europa, das gegenwärtig unter den Vertreibungen in Ex-Jugoslawien so leidet, . . . weil es dabei machtlos zugesehen hat, diesem Europa würde ein guter und großer Dienst erwiesen, wenn in dieser Frage endlich ein Durchbruch gelänge. Deshalb: Die Vertreibung insgesamt, von Anfang bis Ende – und nicht nur die sie begleitenden Grausamkeiten und Exzesse –, nein, insgesamt, sie war und sie ist Unrecht und sie muß auch als solches genannt werden. Wir wollen da auch begriffliche Wahrheit, begriffliche Klarheit. Das war kein Abschub, das war keine zwangsweise Abschiebung, es war eine Vertreibung . . . Und wir reichen nicht die Hand für Geschichtsklitterung oder für Verharmlosungen. Wir haben immer gesagt: Diese Vertreibung – wie jede Vertreibung auch sonst – war und ist Unrecht. Und aus Respekt vor den Toten und aus Respekt vor Ihnen, den Opfern dieser Vertreibung, weichen wir von dieser Kernaussage nicht ab.
. . .

3. Eckpunkt
Aus dem eben Gesagten folgt, daß das Heimatrecht der Sudetendeutschen anerkannt werden muß. Würde man auf das Heimatrecht verzichten, so würde man Ihre Vertreibung und Vertreibungen überhaupt als Mittel der Politik anerkennen. Man würde anerkennen, daß Probleme auf gewaltsame Weise gelöst werden können. Und das ist für mich der entscheidende Punkt. Wer sich aber – und das wollen wir doch in Europa – einer Politik friedlicher Konfliktlösung verschreibt, der muß das Recht auf Heimat gerade für die anerkennen, die einer gewaltsamen Konfliktlösung in Form der Vertreibung zum Opfer fielen.
Heimatrecht heißt Option, heißt die Möglichkeit zur Rückkehr in die Heimat unter rechtsstaatlichen Rahmenbedingungen. Diejenigen Vertriebenen, die das wünschen, sollten die Möglichkeit erhalten, dort wieder Wohnsitz zu begründen und sich dauerhaft aufzuhalten, wo sie sich zugehörig fühlen. Und bereits der Nachbarschaftsvertrag hat ja hier Perspektiven aufgezeigt. Wir warten jetzt auf die Einlösung und nicht erst, wenn das Thema im Rahmen des EU-Beitritts Tschechiens zwangsläufig auf die Tagesordnung kommt! Ich frage alle: Sollen die kommenden Beitrittsverhandlungen überschattet sein von diesen offenen Fragen?
...

4. Eckpunkt
Im Zusammenhang mit der Vertreibung stehen Dekrete und Gesetze im Raum, die unser aller Rechtsgefühl, und nicht nur das der Sudetendeutschen, verletzen. Ich wiederhole, weil man es immer wiederholen muß, damit nicht der Eindruck entsteht, man würde etwas aufgeben:
Das sogenannte »Amnestiegesetz« vom 8. Mai 1946[3], nunmehr mehr als 50 Jahre alt, paßt ebensowenig in das heutige demokratische und rechtsstaatliche Europa wie die Benesch-Dekrete[4] über Ausbürgerung und Enteignung. Diese Gesetze und Dekrete stehen unserem europäischen Rechts- und Werteverständnis diametral entgegen. Erst vor wenigen Wochen hat das Europäische Parlament mit Blick auf den Beitritt der östlichen Nachbarländer erklärt – ich zitiere aus dem Beschluß des Europäischen Parlaments: »daß sie nicht nur einer Wirtschaftsgemeinschaft, sondern auch einer Wertegemeinschaft beitreten«. Deshalb sollte ... ein Weg gefunden werden, »das Unrecht als Unrecht«[5] aus der Welt zu schaffen.
...
Ich bin mir der Verpflichtung sehr wohl bewußt, die aus der Schirmherrschaft für die Sudetendeutschen gerade in der jetzigen Zeit erwächst. Und ich sage Ihnen hier: Seien Sie versichert, daß der Freistaat Bayern zu der übernommenen Schirmherrschaft ohne Wenn und ohne Aber steht ...

Anmerkungen:
[1] Anläßlich des 47. Sudetendeutschen Tages in Nürnberg.
[2] Zum Text: Siehe S. 929.
[3] Zum Text: Siehe S. 685.
[4] Zum Komplex der sog. Beneš-Dekrete: Siehe S. 576 ff.
[5] Neuerliche Zitierung von Dr. Wittmann (MdB-CSU); siehe S. 1020.

Quelle:
Mitt.Bl. SL; Nr. 6–7/96; S. 207–222, hier S. 213–221.

****

Erklärung **1996, 27. Juni**
von Sudetendeutschen und Tschechen
»zur Gründung des ›Forum Versöhnung‹«:
Bürgerinitiative zur gegenseitigen Verständigung

Die politische Entwicklung in den letzten Jahren führte leider nicht zur Annäherung der Standpunkte zwischen Sudetendeutschen und Tschechen. Dies wirkt sich auch auf die Beziehungen zwischen der Bundesrepublik Deutschland und der Tschechischen Republik aus. Deshalb hat sich die Gruppe von Sudetendeutschen und Tschechen, die die Erklärung »Versöhnung 95«[1] unterzeichnete, entschlossen, das »Forum Versöhnung« als eine Initiative von Bürgern zu gründen, die helfen will, daß sich die Hindernisse auf dem Weg der gegenseitigen Verständigung zwischen Sudetendeutschen und Tschechen verringern.
Inhalt der Tätigkeit des Forums wird vor allem eine Analyse der Probleme, das Suchen, Formulieren und Veröffentlichen gemeinsamer Standpunkte sein[2]. Das Forum Versöhnung kann und will nicht die bereits im Manifest »Versöhnung 95« für unerläßlich erklärten Gespräche zwischen der offiziellen sudetendeutschen und tschechischen Repräsentanz ersetzen. Es soll eine der Plattformen für das Gespräch sein, das allein in der Zukunft in einen versöhnlichen und für beide Seiten annehmbaren Ausgleich münden wird.
〈*Erklärt u. a. von:*〉
Oskar Böse, Direktor a. D.
Leopold Chalupa, General a. D.
Wolfgang Egerter, Staatssekretär a. D.
Volkmar Gabert, Landtagsvizepräsident a. D.
Prof. Dr. h. c. Josef Stingl, Präsident der Bundesanstalt für Arbeit a. D.
Emanuel Mandler, Historiker, Publizist
Petr Placák, Journalist
Bohumil Doležal, Politologe
Milan Churaň, Historiker
Doc. Dr. Rudolf Kučera, Politologe

Anmerkungen:
[1] Zum Text vom 28. 3. 1995: Siehe S. 1002.
[2] Zum Text einer ersten gemeinsamen Erklärung vom 17. 9. 1996: Siehe S. 1060.

Quelle:
Text der Erklärung; 2 ms. S.; Fotokopie im Besitz des Verfassers.
****

Kurzbericht: **1993–1998**
Die Sudetenfrage in der ausländischen Presse

〈A) *Vorbemerkung*
Gelegentlich wird die Auffassung vertreten, daß die Sudetenfrage um 1996 ein provinziell mitteleuropäisches Problem minimalen Interesses für andere Teile der Welt geworden wäre.
Für diese Auffassung spricht manches: Die Sudetenfrage war weder durch Krieg (wie in Bosnien, in Kurdistan und im Kosovo), Aufruhr (wie in Palästina und Nordirland), vielfachen Sprengfallen (wie etwa im Baskenland) gekennzeichnet; sie spielte sich auch nicht in exotischen Gegenden (wie in Tibet oder Timor) ab.
Trotzdem fand die Sudetenfrage auch in internationalen Medien deutlich mehr an Bedeutung, als etwa das zahlenmäßig bedeutungsvollere Problem der Ostdeutschen in bzw. aus den Ostprovinzen des Deutschen Reiches 1919–1938 (zu einigen der Gründe: Siehe S. 1083).

Nachfolgend seien daher – unter bewußter Ausklammerung der österreichischen und tschechischen Presse sowie kurzer Erwähnungen v. a. Sudetendeutscher Tage – wenigstens ausschnitthaft und mit ihren Überschriften größere Meldungen ausländischer Print-Medien des obigen Zeitraumes wiedergegeben.
Natürlich stehen diese Artikel regelmäßig den sudetendeutschen Anliegen ähnlich zurückhaltend bis negativ gegenüber, wie den Selbstbestimmungsbestrebungen von Kurden, Albanern und Tibetern. Selbst diese Darstellungsweise ist jedoch beachtenswerter als völliges Verschweigen.〉

1993,

1) 5. 12.: »Independent on Sunday«; London:
»Czech victims of Nazis get no compensation«

1994,

2) 20. 1.: »Independent«; London:
»Ethnic Germans greet Czech deal for Jews«

3) 7. 5.: »Independent«; London:
»Bohemian rhapsodies.〈*Der Berichterstatter*〉 David Bowen motors through Bohemia, to find ... potent reminders of the region's chequered past«

4) 21. 5.: »The Economist«; London:
»It still hurts«
(Gemeint: Die Sudetendeutschen schmerzt ihr Heimatverlust immer noch)

5) 23. 5.: »Independent«; London:
»Bavarians stir up Sudeten Germans now«

6) 15. 6.: »The Christian Science Monitor«; USA:
»Sudeten Germans Still Want to Go Home.... Germans expelled from Czechoslowakia after World War II want compensation ...«

7) 15. 7.: »The Wall Street Journal«; New York:
»Tale of 2 Houses. Czech Republic Fields Demands of Germans, Jews for Lost Homes«

8) 19. 7.: »Los Angeles Times«; USA:
»Ethnic Discord: Back to Sudetenland? The pressure is building on Czechs to return homes and property they seized from Germans after World War II or to at least compensate the victims«

9) 21. 8.: »Sunday Times«; London:
»Europe's great luck is that Germany wants less, not more, power«
(Darstellung des deutschen Vertriebenenproblems und der Sudetenfrage ausgehend von abstoßend dargestellten Protesten tschechischer Skinheads gegen eine sudetendeutsche Gedenkveranstaltung in Theresienstadt)

1995,

10) 18. 3.: »Independent«; London:
(Darstellung des Sudetenproblems nach dem Urteil des ČR-Verfassungsgerichtes vom 8. 3. 1995)

11) 1. 4.: »Polityka«; Warschau:
〈*Übersetzung des Titels:*〉 »Die Aussiedlung der Sudetendeutschen.

⟨*Tschechischer*⟩ Schuldkomplex«
⟨*Textauszug: Siehe S. 450*⟩

12) 3. 4.: »TIME«; New York:
»Minorities: Can Neighbours Be Friends?«

13) 30. 6.: »Tokyo Shimbun – Chunichi Shimbun«; Tokio:
⟨*Übersetzung:*⟩ »Die Vertreibung der Sudetendeutschen: ›Ganz wie die Gewalttaten der Nazis!‹ Verhärtung zwischen Sudetendeutschen und Tschechen – Fünfzig Jahre nach Kriegsende zeichnet sich eine Lösung des Problems ab«

1996,
14) Febr.: »Le Monde Diplomatique«; Paris:
⟨*Übersetzung:*⟩ »Deutsche und Tschechen stehen ihrer Vergangenheit gegenüber«

15) 9. 2.: »The New York Times«; USA:
»Memories of Wartime Brutalities Revive Czech – German Animosity«
(Auch ausführliche Darstellung der Sudetenvertreibung)

16) 12. 2.: »International Herald Tribune«; USA:
»For Germans and Czechs, Some War Wounds that Just Won't Heal«

17) 11. 4.: »Le Monde«; Paris:
⟨*Übersetzung:*⟩ »Die Sudetendeutschen: Die Geister von Eger«
(Gemeint: Rückkehrende Sudetendeutsche werden angeblich von den jetzt dort wohnenden Tschechen als Rachegeister gefürchtet)

18) 11. 4.: »Washington Post«; USA:
»Shrine for a New Era: Czech, German Rebuild Chapel, Ethnic Trust«
(Gemeint: Der Wiederaufbau der Maria-Loretto-Kapelle bei Eger)

19) 22. 7.: »San Francisco Chronicle«, USA:
»Czech-German Tensions Flare«

20) 5. 8.: »TIME«; New York:
»The Sudeten Standoff: Germany and the Czech Republik still can't heal deep wounds dating back to World War II«

21) 25. 11.: »The Wall Street Journal«; New York:
»Germans, Czechs Are Hobbled by History as Europe Moves Toward United Future«

1996/1997; »Foreign Policy«; New York; Nr. 105, S. 162–178:
22) Winter »Dateline Sudetenland: Hostages to History«

1997,
23) 7. 1.: »The Sacramento Bee«; Calif., USA:
»Germany asserting its right to an apology«
(Gemeint: für die Sudetenvertreibung)

24) 22. 1.: »The New York Times International«; USA:
»Germans and Czechs Try to Heal Hatred of the Nazi Era«

Quellen:
Original (Übersetzung) des jeweiligen Berichtes; (Fotokopie) im Besitz des Verfassers.

****

Die Deutsch-Tschechische Historikerkommission[1]**: »Skizze**[2] **einer Darstellung der deutsch-tschechischen Geschichte seit dem 19. Jahrhundert«** **1996, September**

1. Die gescheiterte Ausgleichspolitik
...

2. Der Erste Weltkrieg und die Staatsgründung der ČSR
...
Die Niederlage der Mittelmächte, die unbefriedigenden Angebote Kaiser Karls I. zum Staatsumbau, die Notwendigkeit, Ruhe und Ordnung aufrechtzuerhalten, wie auch das Streben der tschechischen Gesellschaft nach Eigenstaatlichkeit waren mit ausschlaggebend für die spontan erfolgte[3] Ausrufung der Tschechoslowakischen Republik (ČSR) am 28. Oktober 1918. In ihrer Enttäuschung über den Zusammenbruch und aus Furcht vor den Folgen einschneidender politischer und sozialer Veränderungen wurde in den mehrheitlich von Deutschen bewohnten Randgebieten der böhmischen Länder unter Berufung auf das von Wilson vorgeschlagene[4] und von der jungen Sowjetmacht zunächst proklamierte Selbstbestimmungsrecht der Völker der Anschluß an die neu gegründete Republik Deutsch-Österreich und damit letztlich an das Deutsche Reich beschlossen; tschechische Angebote zur Regierungsbeteiligung wurden abgelehnt[5]. Die in einigen Städten blutige Niederwerfung deutscher Demonstrationen am 4. März 1919[6] errichtete weitere politische Barrieren. Die Durchsetzung der tschechoslowakischen Nationalstaatskonzeption in den historischen Grenzen der böhmischen Länder auf der Pariser Friedenskonferenz rief beträchtliche Enttäuschung unter den Deutschen der böhmischen Länder hervor. Zugleich wuchs aufgrund der Erfahrungen aus der Kriegszeit und des deutschen Verlangens nach einem Anschluß an Deutsch-Österreich auf tschechischer Seite starkes Mißtrauen.
Nicht zuletzt aufgrund ihrer ablehnenden Haltung dem neu gegründeten Staat gegenüber wurden keine Vertreter der Deutschen in die Revolutionäre[7] Nationalversammlung der ČSR berufen[8], die am 29. Februar 1920 eine parlamentarisch-demokratische, wenngleich vornehmlich auf das »tschechoslowakische« Staatsvolk zugeschnittene Verfassung[9], verabschiedete. Der ČSR gelang es trotz gelegentlicher Unruhen im Vergleich zu ihren Nachbarn rasch, sich als Rechts- und Sozialstaat zu konsolidieren und ihre Volkswirtschaft zu stabilisieren.

3.
Die Nationalitätenpolitik im politischen System der Ersten Tschechoslowakischen Republik

Obgleich die neue »tschechoslowakische« Staatsnation nur zwei Drittel der Bevölkerung ausmachte, waren in der Verfassung selbst den fast ein Viertel der Staatsbürger stellenden Deutschen unter Berufung auf Masaryks Aussage, daß sie »deutschsprechende Tschechoslowaken« seien, zwar individuelle, aber nur wenige kollektive Minderheitenrechte eingeräumt worden. Auch Magyaren, Ruthenen, Polen und Juden erhielten keine gesonderten Gruppenrechte, sie konnten ihre Interessen allerdings ebenso wie die Deutschen durch ihre Parteien im parlamentarischen System[10] ungehindert wahrnehmen.
Die ČSR hatte den vom Völkerbund garantierten Minderheitenschutzvertrag[11] unterzeichnet und in der Verfassung verankert[11]. Deren vergleichsweise weitgehende Bestimmungen wurden jedoch durch eine kleinliche Nadelstichpolitik seitens tschechoslowakischer Behörden nicht selten entwertet. Selbst die im Prinzip korrekte Sprachengesetzgebung[12] wurde in der Anwendung häufig unterlaufen. Das rief bei den Deutschen Erbitterung hervor,

zumal Fälle von Benachteiligung der Nicht-Tschechen im öffentlichen Leben[13] als politische Tendenz wahrgenommen und verallgemeinert wurden. Die Ängste vor einem Verlust an Einfluß und Ansehen standen auch hinter den Protesten gegen die angeblich auf Kosten der Deutschen und der katholischen Kirche durchgeführte Bodenreform[14], wie auch die laizistische Religionspolitik[15] auf weitverbreitete Ablehnung sowohl unter Slowaken als auch bei der deutschen Minderheit stieß.

Infolge des Abbaus der überdimensionierten öffentlichen Verwaltung[13] sank der deutsche Anteil bei den Staatsbediensteten unter den Bevölkerungsproporz. Gleichwohl hatte die überwiegende Mehrheit der Deutschen auch weiterhin die Möglichkeit, ihre Muttersprache als Amtssprache zu benutzen. Eine gezielte soziale oder wirtschaftliche Diskriminierung fand nicht statt. Gerade die deutsche Minderheit konnte ihr gut entwickeltes Schul-[15] und Bildungssystem, die kulturellen Einrichtungen und ein breites Pressespektrum[16] in der Ersten Republik mit relativ großzügiger staatlicher Förderung[16] aufrechterhalten, wenn auch Klagen über Behinderungen nie verstummten.

Obschon im Vergleich zu den anderen »Nachfolgestaaten« der Habsburgermonarchie die Nationalitätenpolitik der ČSR weitgehend korrekt gehandhabt wurde, gelang es den Prager Regierungen[17] in der vergleichsweise kurzen Frist nicht, den Widerspruch zwischen der Konzeption eines National- und ⟨*der Realität*⟩ eines Nationalitätenstaates aufzulösen und ein uneingeschränktes Bekenntnis aller Minderheiten zum Staat und Vertrauen in seine politischen Institutionen herzustellen[17]. Dabei hätte eine friedliche und einvernehmliche Beilegung der nationalen Streitpunkte realistische Chancen besessen[18], wenn nicht in den 1930er Jahren die an einer Schwächung der ČSR interessierten Nachbarstaaten, insbesondere das Deutsche Reich, verstärkten Interventionsdruck ausgeübt und die nationalen Minderheiten in der ČSR instrumentalisiert hätten.

...[19]

15.

Die Vertreibung und Aussiedlung der Deutschen

Die Vertreibung (vyhnáni) und Aussiedlung der deutschen (und ungarischen) Bevölkerung aus der ČSR war im tschechischen Exil[20] von langer Hand vorbereitet worden, gewann im Laufe des Krieges Gestalt, namentlich in der von englischer Seite betriebenen Nachkriegsplanung, und wurde unter dem Druck der Widerstandsbewegung ausgeweitet.

...

Die Propagierung einer Beendigung des konfliktreichen Zusammenlebens mit den Deutschen in der ČSR[21] war das Ergebnis der Erfahrungen mit der Politik der Sudetendeutschen Partei und der radikalen deutschen Besatzungspolitik[22]. Vor der Befreiung durch die sowjetische Armee war ein großer Teil der Slowakeideutschen evakuiert worden, und viele der am meisten belasteten Sudetendeutschen waren geflohen. Der Ruf nach Rache, der sowohl spontan erhoben als auch von der Regierung und den meisten politischen Parteien, in besonders scharfer Form[23] jedoch von den Kommunisten und den Nationalen Sozialisten gezielt eingesetzt wurde, um die deutsche Bevölkerung zur Flucht zu bewegen, löste gewalttätige Aktionen mit zahlreichen Todesopfern wie in Prerau, Aussig, Brünn oder, unter anderen Voraussetzungen, in Prag aus.

Die Siegermächte suchten im Artikel 10[24] ihrer Übereinkünfte von Potsdam am 2. August die Aktionen in ihrem Interesse zu regulieren. Ihre Aufforderung, diese unkontrollierten Vertreibungsvorgänge zu stoppen, lag besonders im Interesse der Ordnungserhaltung im von ihnen okkupierten Deutschland.

Zweifellos verstoßen alle Vertreibungen und Zwangsaussiedlungen gegen grundlegende Vorstellungen von Menschenrechten. Vor fünfzig Jahren gehörten sie zu den Konsequenzen des von der deutschen politischen Führung ausgelösten Krieges und der in seinem Zusammenhang durchgeführten Umsiedlungsaktionen, schließlich der Vernichtung ganzer Bevölkerungsteile.[25,26]

...[27]

Anmerkungen:

[1] Zur Entstehung der Kommission: Siehe S. 932; zu ihren Mitgliedern: Siehe S. 1006.

[2] Von einem der Erarbeiter wurde zunächst die »Skizze« wie folgt charakterisiert: »Keine wissenschaftliche Arbeit, sondern ein Kompromißpapier«. Anschließend hieß es für die Erarbeiter, eine »national indifferente Gruppe«, anscheinend die meisten deutschen Professoren, habe einer »national engagierten« Gruppe, anscheinend die tschechischen Professoren, gegenübergestanden. Der »Nationalismus auf leisen Sohlen« der zweiten Gruppe habe sich durchgesetzt.
Vgl. Kleine-Brockhoff, Thomas: »Versöhnung und Wissenschaft« in »Die Zeit«; Nr. 44 v. 25. 10. 1996; S. 7.
»Die immerhin 91 Seiten umfassende Broschüre liest sich, mehr oder weniger, als eine Rechtfertigung des ›odsun němců‹ nach dem Krieg. Warum dem so ist, kann man nur mutmaßen.«
Vgl. Leingärtner, Inge: »Unterschwellig den ›Abschub‹ rechtfertigend« in FAZ; Nr. 258 v. 5. 11. 1996; S. 12.

[3] Zur vorgeblichen Spontaneität des 28. 10. 1918: Neben dem Ablauf der gesamten Geschichte des 1. tschechoslowakischen Exils ab 1914/1915 beachtenswert, daß die Unabhängigkeitserklärung bereits am 18. 10. 1918 in Washington erfolgte; zum Text: Siehe S. 231.

[4] Die Formulierung »vorgeschlagen« impliziert Unverbindlichkeit.
Demgegenüber war das Selbstbestimmungsrecht der Völker als Teil der Ansprache des US-Präsidenten Wilson an den US-Kongreß vom 8. 1. 1918 sowie der Grundsätze seiner späteren Ansprachen (siehe dazu S. 9, 226) seit 5. 11. 1918 alleinige und verbindliche »Friedensgrundlage« bzw. Teil der »Friedensbedingungen«.
Siehe dazu S. 273.
Diese wurden von den Alliierten und Assoziierten Mächten einschließlich der ČSR nicht eingehalten.

[5] Zu dieser Behauptung: Siehe u. a. S. 323.

[6] Zur unerwähnten, vorausgegangenen militärischen Besetzung des Sudetengebietes: Siehe S. 236; zu den Vorgängen des 4. 3. 1919 S. 262 ff.

[7] Inkorrekte Bezeichnung: In ihren Gesetzen bezeichnete sie sich selbst (nur) als »Narodní shromáždění«; d. h. Nationalversammlung.

[8] Alle Mitglieder dieser Nationalversammlung waren berufen; ihr Mandat für Gesetzgebung und Verfassungsbeschluß nach demokratischen Maßstäben wohl dubios.

[9] Zum Text: Siehe S. 281, 289.

[10] Da dieser zentralistisch organisiert wurde, wurden die Minderheiten in der nationalpolitischen Position zur permanenten parlamentarischen Minorität.

[11] Zu Text des Vertrages vom 10. 9. 1919 und Einschränkungen bei der Übernahme in die Verfassung: Siehe S. 281, 289.

[12] Zum Text des ČSR-Sprachengesetzes vom 29. 2. 1920: Siehe S. 291.
Zum Text der Durchführungverordnung vom 3. 2. 1926: Siehe S. 293.

[13] Die Zahl der ČSR-Staatsbediensteten stieg demgegenüber von 1921 bis 1930 von 33.300 Personen auf 37.500 an; der deutsche Anteil fiel von 29,4 % auf 15,5 %.
Siehe dazu S. 1205.

[14] Zum Text des ČSR-Gesetzes v. 16. 4. 1919: Siehe S. 269.
Zu den Ergebnissen: Siehe S. 1197.

[15] Siehe dazu S. 266 ff.

[16] Welcher Teil des deutschen Pressespektrums in der ČSR großzügig staatlich gefördert wurde, blieb offen.

[17] Durch welche Maßnahmen dies die Prager Regierungen versucht haben sollen, blieb offen.

[18] Zum Inhalt der mit offensichtlich realistischen Chancen ausgestatteten, aber uneinvernehmlichen Beilegung: Siehe die Äußerungen von ČSR-Staatspräsident Dr. Beneš am 18. 12. 1936; S. 361.

[19] Die weiteren Kapitel trugen folgende Überschriften:
»4. ›Negativismus‹ und ›Aktivismus‹ der deutschen Parteien in der ČSR
5. Die Weimarer Republik und die Tschechoslowakei
6. Die Weltwirtschaftskrise und ihre politischen Auswirkungen
7. Die Folgen der Machtergreifung Hitlers für die Tschechoslowakei und deren Beziehungen zum Deutschen Reich

8. Die deutsche Minderheit und die Wandlungen ihrer Orientierung
9. Das Münchner Abkommen und die Zerschlagung der ČSR
10. Grundzüge der NS-Besatzungsherrschaft im ›Protektorat Böhmen und Mähren‹
11. Widerstand und Kollaboration im Protektorat
12. Die abgetrennten sogenannten Sudetengebiete
13. Das Kriegsende
14. Der Bevölkerungstransfer in den Planungen der Alliierten und der tschechoslowakischen Exilregierung«

[20] Gemeint: Das 2. ČSR-Exil 1938–1945.

[21] Diese Beendigung in der ČSR war bereits 1938 erfolgt.

[22] Zum Vergleich der NS-Radikalität mit der in Polen: Siehe S. 450.

[23] Die besonders scharfen Reden von ČSR-Präsident Dr. Beneš (siehe z. B. S. 513 f.) blieben unerwähnt.

[24] Tatsächlich: Artikel 13; zum Text: Siehe S. 548.
Der Fehler wurde in der Folgeausgabe korrigiert.

[25] Daß die von der »deutschen politischen«, d. h. NS-Führung im Zusammenhang mit dem 2. Weltkrieg durchgeführten Deportationen zeitlich parallel zur Vertreibung der u. a. Sudetendeutschen zur Anklage vor dem Internationalen Militärtribunal in Nürnberg und Hinrichtung der Verantwortlichen führte, blieb unerwähnt.

[26] Es folgte eine Schätzung der Vertreibungstoten der Sudetendeutschen und der tschechischen NS-Verluste; siehe dazu S. 1212 ff., 1231 ff.

[27] a) Die weiteren Kapitel hatten folgende Überschriften:
»16. Art und Umfang der materiellen Verluste
17. Die Integration der Vertriebenen in die deutsche Gesellschaft und die Entwicklung des Grenzlandes der Tschechoslowakei
18. Die Entwicklung des Verhältnisses zwischen den beiden deutschen Staaten und der Tschechoslowakei und die Bedeutung der deutschen Wiedervereinigung für das deutsch-tschechische Verhältnis
19. Die tschechisch-deutschen Beziehungen in der Geschichtswissenschaft«.

b) In Kapitel 18 wurde als offenes Problem wissenschaftlich notiert:
»Die ungenügende Aufarbeitung der Vergangenheit und ihrer Belastungen«.
Zur widersprüchlichen politischen Notifizierung in der deutsch-tschechischen Erklärung vom 21. 1. 1997: Siehe S. 1076.

Quelle:
»Konfliktgemeinschaft, Katastrophe, Entspannung«; hsg. v. d. Gemeinsamen deutsch-tschechischen Historikerkommission; München, 1996; S. 20 ff., 67 ff.
Die Publikation stellte die tschechischsprachige der deutschsprachigen Fassung der »Skizze« drucktechnisch gegenüber.
(Ohne Herkunftsangabe): Die deutschsprachige Fassung auch in »Deutsch-tschechische Beziehungen. Arbeitstexte zur politischen Bildung«; hsg. von der Sächsischen Landeszentrale für politische Bildung; Dresden, 1998; auch Lizenzausgabe der Bundeszentrale für politische Bildung; Bonn, 1998; S. 9–36.

****

Erklärung **1996, 17. September**
des »Forums Versöhnung[1]«
»zu den deutsch-tschechischen Beziehungen«:
Positionsbestimmung und Vorschläge

Das mehr als 800jährige deutsch-tschechische Zusammenleben wurde in diesem Jahrhundert durch mehrere Gewaltakte von deutscher wie von tschechischer Seite beendet. Vor allem ist es die deutsche Okkupation Böhmens und Mährens sowie die nach dem Zweiten Weltkrieg erfolgte Vertreibung von mehr als drei Millionen Sudetendeutschen aus der Tschechoslowakei. In den vier Jahrzehnten kommunistischer Herrschaft in Mittel- und Osteuropa blieben die grundsätzlichen Probleme ungelöst. Es gab keine Möglichkeit, Mißtrauen, Vorurteile und Feindschaft allmählich zu beseitigen. Die tschechische sowie auch die sudetendeutsche Seite hielten an ihrer unterschiedlichen Auslegung der Schlüsselereignisse des 20. Jahrhunderts fest. Die Kommunikation zwischen ihnen war und ist unzureichend.

In dieser Situation halten wir es für notwendig,

- daß beide Seiten grundsätzlich von allen Akten abrücken, die die eine oder andere Seite in diesem Jahrhundert als gegen sich gerichtete Gewalt ansieht, und zwar unter Einhaltung des Grundsatzes, daß keine Rechtswirkungen, die durch diese Akte entstanden sind, aufgehoben werden können, und daß der status quo ante heute nicht wiederherstellbar ist,
- daß aber dabei der gemeinsame Wille zum Ausdruck kommt, im Rahmen des Möglichen erlittenes Unrecht aufgrund politischer Entscheidungen auf beiden Seiten zu mildern
- und daß dabei die ehemaligen deutschen Bürger der böhmischen Länder Partner solcher Regelungen sein werden, weil ohne ihre aktive Teilnahme alte Wunden nicht geheilt werden.

Das sudetendeutsch-tschechische Forum Versöhnung versagt sich derzeit eine Beurteilung der Verhandlungen, die zwischen der tschechischen und der deutschen Regierung geführt werden, vor allem auch deshalb, weil es die Ergebnisse der Verhandlungen nicht kennt. Unter bestimmten Umständen könnte eine Deklaration zur Milderung der aufgeführten Zwistigkeiten, Gegensätze und Schwierigkeiten beitragen. Deren Beseitigung und eine echte Versöhnung zwischen Tschechen und Sudetendeutschen kann aber nur das Ergebnis eines langen Prozesses sein. Das Forum Versöhnung ist bereit, diesen Prozeß im Rahmen seiner Möglichkeiten zu unterstützen.

Die Lösung einiger brennender Probleme kann schon jetzt angegangen werden. Es geht vor allem um die Realisierung des ursprünglichen Vorschlages der Petition Versöhnung 95[1], direkte Gespräche zwischen den politischen Repräsentanten der Tschechen und der Sudetendeutschen aufzunehmen. Das Forum Versöhnung ist keine offizielle Institution und bietet damit einen um so geeigneteren Boden für solche Begegnungen. Aufrichtig bietet es diesen Boden sowohl tschechischen Verfassungsorganen als auch den Repräsentanten der Sudetendeutschen an.

Das Forum Versöhnung will insbesondere dazu beitragen, den Weg zu weiteren positiven Verhandlungen freizumachen. Dabei erscheint den Teilnehmern des Forums als besonders wichtig:

- die moralische Distanzierung der Tschechischen Republik von der Vertreibung der Deutschen aus der Tschechoslowakei nach dem Zweiten Weltkrieg und von jenen Dekreten des Präsidenten der Republik, oder ihren Teilen, die Repressionen gegen die deutsche Bevölkerung, insbesondere dann die Konfiskation des Eigentums, gesetzlich verankert haben;
- daß die Sudetendeutschen verstehen, daß es für das bei der Vertreibung erlittene Unrecht real nur eine symbolische Entschädigung geben kann;
- von beiden Seiten die Schaffung von Voraussetzungen für die Rückkehr jener Sudetendeutschen, die daran interessiert sind, und für die anderen günstige Bedingungen für die Teilnahme am wirtschaftlichen und kulturellen Leben der böhmischen und mährischen Grenzgebiete;
- die Entschädigung der tschechischen Nazi-Opfer, wobei bereits berücksichtigt wird, daß auch diese Entschädigung nur eine symbolische Bedeutung hat.

Das Forum Versöhnung wird alle Projekte, Aktionen und Unternehmungen unterstützen, die zu einer Verständigung und zu einem besseren Verstehen der tschechischen, sudetendeutschen und deutschen Seite führen . . .

Anmerkung:
[1] Zum »Forum Versöhnung« und dessen Text vom 28. 3. 1995: Siehe S. 1002.

Quelle:
Text der Erklärung; 2 ms. S.; Fotokopie im Besitz des Verfassers.

****

Brief **1996, 18. Oktober**
des MdB Hans Klein (CDU) an Bundeskanzler Kohl
zur »deutsch-tschechischen Erklärung«:
Bitte um nochmaliges Einwirken

...

Namens der sudetendeutschen Kollegen unserer Fraktion, Georg Janovsky, Helmut Jawurek, Prof. Dr. Egon Jüttner, Eduard Lintner, Rudolf Meinl, Dr. Erich Riedl, Kurt Rossmanith, Dr. Fritz Wittmann, und in meinem eigenen Namen erlaube ich mir, Ihnen die folgenden sehr ernsten Erwägungen zu der ominösen deutsch-tschechischen Erklärung[1] zu unterbreiten:

Die jüngsten tschechischen Auseinandersetzungen um das Vorhaben belegen deutlich, daß es zur Unzeit in Angriff genommen worden ist. Der parteipolitische Streit, der sich auf deutscher wie auf tschechischer Seite daran entzündete, ebenso wie die meist kontroverse Publizität, welche die Verhandlungen begleitete, waren der Versöhnung unbestreitbar abträglich.

Ohnehin beweisen die vielfach freundschaftlichen Kontakte zu Tschechen bei den jährlich Hunderttausenden von Besuchsreisen Sudetendeutscher in ihre alte Heimat und die Millionen DM an Spenden, die von vertriebenen Sudetendeutschen für Restaurierung oder Wiederaufbau von Kirchen und anderen Kulturdenkmälern in Böhmen, Mähren und Sudetenschlesien aufgebracht wurden, daß Versöhnung eine Angelegenheit der Menschen und nicht eines mühsam ausgehandelten und womöglich gegensätzlich interpretierbaren Papiers ist.

Natürlich haben die Initiatoren, meine Kollegin Antje Vollmer[2] und Bündnis 90/Die Grünen, Ex-Bundespräsident Dr. Richard von Weizsäcker[3], die Bertelsmann-Stiftung, Fürst Karl Schwarzenberg und einige wenige Tschechen, zu denen wohl Václav Havel, nicht aber Ministerpräsident Václav Klaus gehörten, für öffentlichen Druck gesorgt.

Die Motive für die Forderung nach einem solchen Papier sind im einzelnen sicher unterschiedlich. Offenkundig aber ist die Kluft zwischen gutem Willen und Kenntnis der differenzierten historischen Zusammenhänge.

Da Sie, sehr verehrter Herr Bundeskanzler, diese Kenntnis besitzen, bitten wir Sie eindringlich, darauf hinzuwirken, daß

- legitimierte Vertreter der sudetendeutschen Volksgruppe vor Verabschiedung eines deutsch-tschechischen Papiers der tschechischen Seite im direkten Gespräch[4] ihren Standpunkt darlegen können,
- das Papier den Sudetendeutschen, die 1918 gegen ihren Willen und unter Mißachtung des Selbstbestimmungsrechtes in die neu gegründete Tschechoslowakische Republik hineingezwungen wurden und zwei Jahrzehnte lang (übrigens gemeinsam mit Slowaken, Ungarn, Polen, Ruthenen und anderen) Objekt tschechischer Dominanzpolitik waren, nicht die Schuld am Münchner Abkommen zuweist,
- keine im Zusammenhang mit dem Einmarsch der deutschen Wehrmacht 1938 stehende Vertreibung von Tschechen konstatiert wird, weil es sie nicht gegeben hat[5], wiewohl viele aus dem inneren Böhmens und Mährens wenige Jahre vorher in die Sudetengebiete verpflanzte Tschechen vor den Deutschen geflohen sind,
- der Tatbestand der Vertreibung, ohne Unterscheidung zwischen »wilder Vertreibung« und »zwangsweiser Aussiedlung«, als Verbrechen bezeichnet wird[6],
- die tschechische Seite eine klare Distanzierung von den sogenannten Beneš[7]-Dekreten mit ihren Enteignungs- und Entrechtungsmaßnahmen gegenüber Deutschen und Ungarn vornimmt[6],
- das Gesetz vom 8. Mai 1946 mit seiner Ex-tunc-Straffreistellung begangener und seiner Totalamnestierung bereits judizierter Verbrechen an Deutschen oder Ungarn nicht nur bedauert, sondern aufgehoben wird[6],

– von deutscher Seite die Forderung eingebracht wird, tschechische Staatsbürger deutscher Volkszugehörigkeit nicht entgegen allen internationalen Normen als Menschen minderen Rechts zu behandeln.

Die Sudetendeutschen haben 1949 bereits, wenige Jahre nach ihrer Vertreibung, in der sogenannten »Eichstätter Advents-Deklaration«[8] erklärt, sie wollten »nicht Vergeltung, sondern Gerechtigkeit«. Das Dokument spiegelte den gemeinsamen Willen der sudetendeutschen Volksgruppe. Es trägt die Unterschriften von Vertretern der christlich-sozialen, der sozialdemokratischen und der nationalen Gesinnungsrichtungen. Diese Deklaration mit ihren Bekenntnissen zur Wiedergeburt eines christlich-humanistischen Europas, zu Menschenrechten und Weltfrieden wurde zur Grundlage der ein Jahr später verabschiedeten »Charta der deutschen Heimatvertriebenen«[9].

Das in Jahrhunderten gewachsene Identitätsbewußtsein der Sudetendeutschen ist in den 50 Jahren seit ihrer Vertreibung nicht schwächer geworden. Die nach der Vereinigung Deutschlands in den neuen Bundesländern entstandenen Verbände der Sudetendeutschen Landsmannschaft belegen dies eindrucksvoll.

Und seien Sie versichert, sehr verehrter Herr Bundeskanzler, daß die Führung der Sudetendeutschen Landsmannschaft die Auffassung der überwältigenden Mehrheit der sudetendeutschen Volksgruppe ausdrückt. Krass nach links oder rechts abweichende Einzelstimmen sollten niemanden darüber hinwegtäuschen, daß diese geschlossene Überzeugung auch von den meisten Mitgliedern der unterschiedlichen Gesinnungsgemeinschaften geteilt wird.

Die deutschen Vertriebenen, vor allem auch die Sudetendeutschen, gehörten – entgegen dem Kalkül Stalins – stets zum staatstragenden Teil unseres Volkes. Seit Beginn der Verhandlungen über die deutsch-tschechische Erklärung kommt aber aufgrund durchgesickerter Informationen über ihren Inhalt und aufgrund verschiedener öffentlicher Erklärungen in Prag und Bonn ein immer bitterer werdendes Gefühl der Enttäuschung in unseren Kreisen hoch.

Die Sudetendeutschen sind geschichtserfahren genug, um Verbrechen nicht zu leugnen, sondern zu bekennen und zu bedauern, die im deutschen Namen und von Deutschen begangen wurden. Sie wehren sich aber gegen eine Geschichtsinterpretation, die an den Anfang ausschließlich deutsche Schuld setzt und die Verbrechen an Deutschen rechtfertigt. Und sie wollen nicht hinnehmen, daß ohne sie, über sie und gegen sie verhandelt und entschieden wird.

Deshalb, sehr verehrter Herr Bundeskanzler, bitten wir Sie, sich dieser nicht nur für die sudetendeutsche Volksgruppe folgenschweren Frage noch einmal selbst anzunehmen.

Anmerkungen:

1 Gemeint: Die Erklärung, die dann am 21. 1. 1997 in Prag unterzeichnet wurde. Zum Text: Siehe S. 1073.
2 Zu Erklärungen von MdB Vollmer: Siehe S. 881, 1012, 1029.
3 Zu Äußerungen von Weizsäckers: Siehe S. 888, 952, 1039.
4 Ein solches Gespräch fand nicht statt.
5 Die Vertreibung von Tschechen 1938 wurde in der Erklärung trotzdem behauptet; siehe S. 1074.
6 Das erfolgte in der Erklärung nicht; siehe S. 1074.
7 Zum Komplex der sog. Beneš-Dekrete: Siehe S. 576 ff.
8 Zum Text vom 30. 11. 1949: Siehe S. 717.
9 Zum Text vom 5. 8. 1950: Siehe S. 31.

Quelle:
DOD; Nr. 50 v. 13. 12. 1996; S. 2.

****

Erklärung **1996, 12. Dezember**
der SL und des Sudetendeutschen Rates
»zur veröffentlichten ›Deutsch-Tschechischen Erklärung«[1]**:**
Ablehnung

1. Die Sudetendeutschen bedauern, daß die Bundesregierung während der Verhandlungen den Vertretern der Volksgruppe keinerlei Mitgestaltungsmöglichkeit eingeräumt hat. Eine ausreichende Information fand erst statt, als der Text so gut wie fertiggestellt war. Die Sudetendeutschen sehen darin einen Mangel an Vertrauen und protestieren nachdrücklich.
2. Grundlage eines jeden gerechten Ausgleiches ist der Mut zur Wahrheit. Die Deklaration ist geprägt durch eine Geschichtsdarstellung, die willkürlich und teilweise falsch ist. Die Geschichte kennt keine historischen Automatismen, wie sie die Deklaration unterstellt. In ihr wird das Schicksal der Sudetendeutschen in der ersten Tschechoslowakischen Republik von 1919 bis 1938 verschwiegen und die gesamte Entwicklung des Verhältnisses zwischen Sudetendeutschen und Tschechen auf die Zeit nach 1938 begrenzt. Aus dem Denken in den Kategorien von Ursache und Wirkung heraus übernimmt die deutsche Seite sogar die Verantwortung für die Vertreibung der Sudetendeutschen. Die Verantwortung der Regierung von Präsident Benesch für die völkerrechtswidrige Vertreibung der Sudetendeutschen nach Kriegsende wird in der Deklaration völlig ausgeblendet.
3. Die Erklärung hat keine völkerrechtliche Wirkung, sie bleibt in entscheidenden Fragen hinter dem deutsch-tschechischen Nachbarschaftsvertrag von 1992[2] zurück. Im Gegensatz zu diesem wird in der Erklärung der Begriff Vertreibung auf die sog. »wilde Vertreibung« begrenzt. Die Erklärung verurteilt weder die Vertreibung als solche, noch stellt sie fest, daß Vertreibungen niemals Mittel der Politik sein dürfen. Dabei gibt es keine »Schuld«, die es rechtfertigen würde, Menschen zu vertreiben. Alle Opfer der Vertreibung sind deshalb auch »unschuldige« Opfer. Die Spitzfindigkeit, zwischen »unschuldigen Menschen« und anderen zu unterscheiden, offenbart die Verlegenheit der tschechischen Seite, das Unrecht der Vertreibung beim Namen zu nennen.
   Das erstmals bekundete Bedauern der tschechischen Seite über das durch die Vertreibung zugefügte Leid und Unrecht, sowie über die Exzesse kann diesen schweren Mangel nicht heilen.
   Aus der Zusicherung beider Regierungen, daß aus der Vergangenheit stammende politische und rechtliche Fragen die Gestaltung der zukünftigen Beziehungen nicht belasten sollen, entsteht die Gefahr, daß die Bundesregierung sich die Hände bindet und die grundlegenden Rechte der sudetendeutschen Volksgruppe de facto nicht mehr entsprechend bei der Tschechischen Republik einfordert. Dies bedarf einer unverzüglichen Klarstellung durch die Bundesregierung und das Schirmland Bayern.
4. In der Deklaration wird weder das Menschenrecht auf die Heimat und das Recht auf Rückkehr erwähnt, noch wird die Bereitschaft auch nur angedeutet, daß die Verantwortlichen auf der tschechischen Seite offizielle Gespräche mit den Vertretern der sudetendeutschen Volksgruppe über die Klärung und Regelung aller offenen Fragen aufnehmen wollen. Die Zusicherung, Sudetendeutsche in ihrer angestammten Heimat durch Aufenthaltsbewilligungen im Rahmen des tschechischen Ausländerrechtes dulden zu wollen, unterstreicht dies nur. Das Recht auf die Heimat ist viel umfassender, da es u. a. die Regelung des Schutzes der Volksgruppe und die Heilung von Rechtsverletzungen beinhaltet.
   Die Sudetendeutschen stellen fest, daß der Tschechischen Republik das Gespräch über diese Fragen nicht erspart werden darf, zumal sie bei ihrem Beitritt in die EU deren Werte- und Rechtsordnung ohne Einschränkung anerkennen muß.

5. Die Sudetendeutschen begrüßen konkrete Maßnahmen, die beide Regierungen in der Deklaration vereinbaren (z. B. Schaffung eines gemeinsamen Fonds, wobei über dessen konkrete Ausgestaltung zwischen Sudetendeutschen und Bundesregierung gesprochen werden soll; Förderung des Jugendaustausches, Pflege von Kultur, Baudenkmälern und Grabstätten etc.). Diese entsprechen den wiederholt vorgetragenen Vorschlägen der Sudetendeutschen. Dabei müssen auch die sudetendeutschen Opfer angemessen berücksichtigt werden.
Gleichzeitig unterstreichen die Sudetendeutschen, daß die Errichtung eines Gesprächsforums für alle interessierten Gruppen die baldige Aufnahme des direkten Dialogs zwischen den Vertretern der Sudetendeutschen und der Tschechen nicht ersetzen kann.
6. In der Gesamtwürdigung der gemeinsamen Erklärung kommen die Sudetendeutschen zu dem Ergebnis, daß diese Deklaration weder den berechtigten Anliegen der Sudetendeutschen gerecht wird, noch der echten Aussöhnung zwischen dem deutschen und tschechischen Volk dient. Daher stimmen die Sudetendeutschen der Erklärung nicht zu. Sie betrachten die Erklärung – nach dem Vertrag von 1992[2] – lediglich als weiteres kontroverses Element in dem langwierigen Verständigungsprozeß.
Gleichzeitig erklären die Sudetendeutschen ihre Entschlossenheit, auf allen Ebenen weiter für die Versöhnung zwischen Deutschen, Sudetendeutschen und Tschechen zu arbeiten. Auch zukünftig werden wir die Rechte der sudetendeutschen Volksgruppe mit Augenmaß und Bereitschaft zum gerechten Ausgleich vertreten.

[3]

Anmerkungen:

[1] Gemeint: Die Erklärung vom 21. 1. 1997, deren Text (siehe S. 1073) Anfang Dezember 1996 veröffentlicht worden war.

[2] Zum Text vom 27. 2. 1992: Siehe S. 929.

[3] Die Erklärung wurde bei einer Enthaltung angenommen.

Quelle:
Mitt.Bl. SL; Nr. 12/1996; S. 373–375.

****

Stellungnahme **1996, 16. Dezember**
der Ackermann-Gemeinde zur Deutsch-Tschechischen Erklärung[1]:
Wird z. T. begrüßt, z. T. nicht geteilt

1. Die Ackermann-Gemeinde anerkennt in dieser Deutsch-Tschechischen Erklärung das Bemühen der deutschen wie der tschechischen Regierung, den Prozeß der Verständigung und Aussöhnung zwischen dem deutschen und dem tschechischen Volk voranzutreiben. Dieser Prozeß kann nur erfolgreich sein, wenn in ihm die Rechte und Gefühle der Sudetendeutschen wie der Tschechen eine angemessene Berücksichtigung finden. Die Ackermann-Gemeinde begrüßt jene Teile der Erklärung, die diesen Prozeß beschleunigen. Die Erklärung enthält aber auch Aussagen und Wertungen, die die Ackermann-Gemeinde nicht teilen kann. Auch finden sich in ihr Formulierungen, die Mißverständnissen offenstehen und unterschiedliche Interpretationen erlauben. Die Ackermann-Gemeinde bedauert, daß die Erklärung seitens der Bundesregierung ohne besondere Mitwirkung der Vertreter der sudetendeutschen Volksgruppe, auch der Verantwortlichen der Ackermann-Gemeinde, ausgehandelt wurde.
2. Die Erklärung verlangt eine differenzierte Bewertung, zumal sie aus gemeinsamen und aus korrespondierenden jeweils einseitigen Erklärungen beider Regierungen besteht. Auch wenn sie eine hohe politisch-moralische Bedeutung hat, eine besondere völkerrechtliche Bindungskraft kommt ihr nicht zu.
Das uneingeschränkte Streben nach Wahrhaftigkeit ist eine Voraussetzung für jede Ver-

söhnung. Wir begrüßen, daß in der Erklärung die gemeinsame Vergangenheit von beiden Regierungen angesprochen wird. Leider wird aber die historische Entwicklung verkürzt auf die Zeit nach 1938 dargestellt, für die die deutsche Seite die Verantwortung übernimmt. Anzuerkennen ist, daß die tschechische Regierung zum ersten Mal vor ihrer eigenen und der deutschen Öffentlichkeit offiziell bedauert, daß mit der Vertreibung »unschuldigen Menschen viel Leid und Unrecht« zugefügt wurde, und daß aufgrund des Gesetzes vom 8. Mai 1946 Exzesse nicht bestraft wurden (Ziffer 3). Gleichwohl läßt diese Formulierung ersehen, daß die tschechische Seite sich noch nicht dazu durchringen konnte, Verantwortung für die Vertreibung der Sudetendeutschen zu übernehmen und die Vertreibung als solche als Unrecht zu bezeichnen. Im Hinblick auf die heutigen Vertreibungen in der Welt ist damit in dieser Erklärung eine Chance vertan worden!

Mit den Formulierungen (Zi. 4), jede Seite respektiere die Rechtsauffassung der anderen Seite, sowie politische und rechtliche Fragen aus der Vergangenheit sollten die zukünftigen Beziehungen nicht belasten, bleibt im unklaren, was dies – sowohl im zwischenstaatlichen als auch im innerstaatlichen Bereich – im Hinblick auf eine Regelung der 1992[2] als offen bezeichneten Fragen bedeutet. Hier erwarten wir von der Bundesregierung im Rahmen ihrer Obhutspflicht eine Klarstellung!

Die Erklärungen zum Aufenthalt (Zi. 6) in Verbindung mit dem EU-Niederlassungsrecht und der tschechischen Rechtsordnung stellen Schritte in die richtige Richtung dar. Eine Erfüllung des von der Ackermann-Gemeinde vertretenen Rechts auf die Heimat und auf Rückkehr sind sie jedoch nicht!

Wir begrüßen die Schaffung eines deutsch-tschechischen Gesprächsforums für alle interessierten Kreise (Zi. 8), an dem die Ackermann-Gemeinde mitzuwirken bereit ist. Ein Ersatz für den direkten Dialog zwischen den Vertretern der Tschechen und der Sudetendeutschen, der eine Voraussetzung für die einvernehmliche Regelung der offenen Fragen ist, ist dies nicht.

Positiv zu werten ist die Schaffung des gemeinsamen Fonds (Zi. 7), der neben einer Vielzahl zukunftsgerichteter Aufgaben u. a. die Förderung des Jugendaustausches, die Minderheitenförderung sowie die Finanzierung von Projekten für die tschechischen NS-Opfer erfüllen soll (hierbei vermissen wir allerdings die Einbeziehung von sudetendeutschen Vertreibungsopfern). Die Ackermann-Gemeinde erhebt aufgrund ihrer bisherigen Tätigkeiten in der Zusammenarbeit von Deutschen und Tschechen den Anspruch, in diesem Fonds mitzuarbeiten.

3. Wir bedauern, daß die Erklärung die Grundforderungen der Sudetendeutschen nicht erfüllt. Gleichwohl bringt sie einzelne Fortschritte. Sie ist ein weiteres Zeugnis dafür, wie schwierig es auch heute noch ist, Ängste und emotionale Blockaden abzubauen. Die Ackermann-Gemeinde läßt sich nicht entmutigen. Sie wird ihre bisherige Versöhnungsarbeit zwischen Tschechen und Sudetendeutschen fortsetzen! Sie ist davon überzeugt, daß auf den vielen Wegen und Ebenen der sog. Volksdiplomatie Verständigung und Versöhnung erreichbar sind. Nicht nur die verhängnisvollen Verstrickungen in der Vergangenheit, sondern vor allem die Verantwortung für die kommenden Generationen verpflichten Tschechen und Deutsche, insbesondere auch Sudetendeutsche, dazu, im Geiste der Verständigung die Zukunft Europas gemeinsam zu gestalten.

Anmerkungen:

[1] Gemeint: Die Erklärung vom 21. 1. 1997, deren Text (siehe S. 1073) Anfang Dezember 1996 veröffentlicht worden war.

[2] Zum Text vom 27. 2. 1992: Siehe S. 929; hier v. a. der Anhangbrief (S. 933) gemeint.

Quelle:

Mitt.Bl. SL; Nr. 12/1996; S. 378–380.

****

Die Bayerische Staatsregierung zur Deutsch-Tschechischen Erklärung[1]**:** **1996, 17. Dezember**
Bedenken und Mängel, aber auch Chancen und Möglichkeiten

Der Ministerrat befaßte sich heute eingehend mit der deutsch-tschechischen Erklärung. Ministerpräsident Dr. Edmund Stoiber hob bei der Kabinettsberatung, an der der Sprecher der Sudetendeutschen Landsmannschaft, Franz Neubauer, teilnahm, die Bedeutung der Sudetendeutschen als »vierter Stamm Bayerns« hervor, die in der Schirmherrschaft der Staatsregierung ihren sichtbaren Ausdruck gefunden habe. »Den Sudetendeutschen ist durch die Vertreibung nach dem Zweiten Weltkrieg Leid und Unrecht angetan worden. Trotzdem haben sie sich frühzeitig zur Versöhnung bekannt und ihre Bereitschaft zur Verständigung erklärt. Die Überwindung der Spaltung Europas hat für die Bundesrepublik Deutschland den Weg der Zusammenarbeit mit den jetzt freien Nachbarn im Osten eröffnet. Die Bundesrepublik Deutschland nimmt in dieser historischen Phase ihre Verantwortung für Frieden und Ausgleich in Europa wahr«, erklärte Stoiber.
In diesem Sinne hat die Bundesregierung beinahe zwei Jahre mit der Tschechischen Regierung über eine deutsch-tschechische Erklärung zur Lösung der nach dem Vertrag von 1992 offengehaltenen sudetendeutschen Fragen[2] verhandelt.
Das Ergebnis der Verhandlungen ist ein Kompromiß, der nach Auffassung der Staatsregierung nicht zu allen offenen Fragen zufriedenstellende Aussagen enthält. Entscheidende Formulierungen zu historischen Zusammenhängen und zur historischen Verantwortung seien unklar oder unausgewogen. Die Staatsregierung habe Verständnis dafür, so Stoiber, daß diese Erklärung vor allem die Sudetendeutschen, die die Vertreibung am eigenen Leib erlebt haben, nicht zufriedenstellen kann. Die Erklärung ist jedoch kein Schlußstrich, sondern vielmehr ein Baustein für die Zukunft.
Die Staatsregierung bedauert, daß die Sudetendeutschen von der Bundesregierung nicht früher und intensiver einbezogen wurden und daß die tschechische Seite nicht zu dem erbetenen Dialog bereit war.
Die Bayerische Staatsregierung war an den Verhandlungen nicht beteiligt. Der Bayerische Ministerpräsident als Schirmherr der Sudetendeutschen wurde jedoch von dem deutschen Unterhändler und vom Bundesaußenminister mehrmals über den Stand der Verhandlungen informiert. Durch ihren Einsatz in der Koalition haben Ministerpräsident Dr. Edmund Stoiber und der CSU-Vorsitzende Dr. Theo Waigel Veränderungen des Textes im Sinne der Sudetendeutschen erreicht. Der Bayerische Ministerpräsident und die Staatsregierung haben sich stets nachhaltig für die Belange der Sudetendeutschen eingesetzt und werden dies auch künftig tun.
Trotz erheblicher Bedenken sieht die Staatsregierung in der deutsch-tschechischen Erklärung einen weiteren Schritt im Verständigungsprozeß zwischen den Deutschen, insbesondere den Sudetendeutschen und den Tschechen in einer Phase, in der die Menschen und Völker Europas mehr Gemeinsamkeit und Zusammenarbeit suchen.
Die Erklärung muß daran gemessen werden, mit welchem Geist die Partner dieses Abkommens an die Realisierung herangehen und ob sich der Versöhnungswille in der praktischen Ausgestaltung des nachbarschaftlichen Verhältnisses bewährt. Die Staatsregierung kann die Erklärung nur dann akzeptieren, wenn Bayern als Schirmland der Sudetendeutschen und die offiziellen Repräsentanten der sudetendeutschen Volksgruppe an den Projekten aus dem Zukunftsfonds und an dem vorgesehenen deutsch-tschechischen Gesprächsforum beteiligt werden. Die Staatsregierung erwartet, daß spätestens mit der Unterzeichnung der Erklärung eine Zusage für das Gespräch der tschechischen Seite mit den Repräsentanten der Sudetendeutschen Volksgruppe erfolgt.

Zu einzelnen Aussagen der Erklärung stellt die Staatsregierung fest:
– Die deutsche Seite bekennt sich deutlich zur Verantwortung Deutschlands für die Ver-

brechen während der Nazi-Zeit. Die Staatsregierung vermißt, daß die tschechische Seite ihrerseits nicht eindeutig und klar die Vertreibung der Sudetendeutschen als Unrecht verurteilt. Immerhin ist es ein wichtiger Schritt der tschechischen Seite, daß sie erstmalig das Leid und Unrecht bedauert, das durch die Vertreibung der Sudetendeutschen entstanden ist. Die Staatsregierung fordert aber, daß das deutsche Wort »Vertreibung« nicht durch die tschechische Übersetzung abgeschwächt wird, damit die Erklärung in diesem Punkt nicht hinter den Deutsch-Tschechoslowakischen Vertrag von 1992[2] zurückfällt.

- Für die Staatsregierung ist es ein Mangel, daß die Erklärung die historische Entwicklung zum Teil nicht korrekt wiedergibt.Es hätte der Klarheit und dem Verständnis gedient, wenn auch der Weg der umstrittenen Nationalitätenpolitik in der ersten Tschechoslowakischen Republik korrekt wiedergegeben worden wäre.
- Ein wichtiger Schritt hin zur geschichtlichen Wahrheit ist es, daß erstmals die Dekrete über die Enteignung und Ausbürgerung, der kollektive Charakter dieser Dekrete, die Exzesse während der Vertreibung und das Gesetz vom Mai 1946, das diese Verbrechen von Strafe freistellte, bedauert werden.
- Die Staatsregierung hält an der Auffassung fest, daß die Erklärung keinen Verzicht auf Individualansprüche, die das Vermögen betreffen, darstellt.
- Das Recht auf Heimat als kollektives Rückkehrrecht ist nicht erreicht worden. Es sind jedoch tragfähige praktische Regelungen gefunden worden, die vertriebenen Sudetendeutschen und ihren Familienangehörigen eine Möglichkeit eröffnen, unter Beibehaltung der deutschen Staatsangehörigkeit in ihrer früheren Heimat leben zu können.

Die Erklärung bietet Zukunftschancen und Entwicklungsmöglichkeiten, die genutzt werden sollten:

- Mit der Erklärung wird ein deutsch-tschechisches Gesprächsforum eingerichtet, das vielfältige Gelegenheiten zur Begegnung und zum partnerschaftlichen Dialog bietet, für den wir in besonderer Weise die Sudetendeutschen als Mittler brauchen.
- Mit dem Zukunftsfonds können Projekte der Jugendbegegnung, des Sprachunterrichts, der Altenfürsorge, aber auch die Pflege von Baudenkmälern unterstützt werden. Das ist ein wichtiger Beitrag zur Erhaltung des kulturellen Erbes, das Deutsche und Tschechen verbindet.

Im bayerisch-tschechischen Verhältnis hat sich seit 1990 eine gute Nachbarschaft entwickelt (zum Beispiel über 100 Schulpartnerschaften, Lehreraustausch, der Energieverbund mit Strom und Erdöl, neue und bessere Verkehrswege, Verbesserungen im Umweltschutz vor allem bei Kohlekraftwerken, grenzüberschreitende Zusammenarbeit in Euroregionen). Die deutsch-tschechische Erklärung schafft weitere Grundlagen, diese fruchtbare Partnerschaft auch auf nationaler Ebene fortzuentwickeln.

Die Staatsregierung hält daran fest, daß den Sudetendeutschen in der bayerisch-tschechischen Nachbarschaft auch künftig eine besondere Aufgabe zukommt. Sie können Brücken bauen zwischen Bayern und Tschechen, zwischen Westeuropäern und Mitteleuropäern. Die Staatsregierung bekräftigt die Schirmherrschaft über die sudetendeutsche Volksgruppe. Sie wird den Sudetendeutschen weiterhin ein verläßlicher Partner sein.

Anmerkungen:

1 Gemeint: Die Erklärung vom 21. 1. 1997, deren Text (siehe S. 1073) Anfang Dezember 1996 veröffentlicht worden war.

2 Zum Text, auch des Anhangbriefes, vom 27. 2. 1992: Siehe S. 929.

Quelle:

Mitt.Bl. SL; Nr. 12/1996; S. 375–378.

****

Motivenbericht **1996, 17. Dezember**
der ČR-Regierung zur »Deutsch-Tschechischen Erklärung«[1]:
Erläuterungen und Fehlinterpretationen

〈*Der Bericht begann mit einer Darstellung der dynamischen Entwicklung der deutsch-ČSSR/ČSFR/ČR-Beziehungen seit 1989:*〉
Diese positive Entwicklung der gegenseitigen Beziehungen wurde durch die mit der tragischen Vergangenheit in beiden Ländern belasteten Frage gestört. Der Zweite Weltkrieg beeinflußte in erheblichem Maße nicht nur die Weltgeschichte, sondern besonders menschliche Schicksale. Das gegenseitige Verhältnis zwischen der Tschechoslowakei und Deutschland wurde jahrzehntelang durch die Traumata der Kriegsleiden und Nachkriegsereignisse belastet ...
Die bisherigen Versuche, den Inhalt der gegenseitigen tschechoslowakisch-deutschen Beziehungen neu zu definieren, hatten immer Vertragscharakter. Ob es sich um den Vertrag über die gegenseitigen Beziehungen zwischen ČSSR und BRD vom 11. 12. 1973[2] handelte, der die Aufnahme diplomatischer Beziehungen zwischen beiden Staaten auf Botschafterebene ermöglichte, das Münchner Abkommen von 1938 für null und nichtig erklärte, oder der Vertrag zwischen ČSFR und BRD über gute Nachbarschaft und freundschaftliche Zusammenarbeit vom 27. 2. 1992[3], der die neuen Bedingungen der gegenseitigen Beziehungen nach dem Fall des Eisernen Vorhangs und des Kommunismus reflektierte – immer waren es Verpflichtungen auf zwischenstaatlicher Ebene.
Beiden Seiten gelang es jedoch nicht, einige, insbesonders vermögensrechtliche Fragen aus der Vergangenheit zu lösen. Auf der einen Seite stehen Ansprüche der ČR gegenüber der BRD für die unbestrittenen Schäden durch das Münchner Abkommen von 1938, Krieg und Okkupation und die individuellen Ansprüche tschechischer Bürger auf Entschädigung wegen nationalsozialistischer Verfolgung, wobei die Individualansprüche der tschechischen Bürger nur einen unwesentlichen Teil der Gesamtansprüche der ČR gegenüber BRD bilden, auf der anderen Seite die vermeintlichen individuellen Vermögensansprüche der nach dem Krieg aus der damaligen Tschechoslowakei ausgesiedelten Deutschen.
Die Verabschiedung der Begleitresolution des Deutschen Bundestages zum Vertrag von 1992[4] und besonders einige Aussagen deutscher Politiker zum sog. Recht auf die Heimat[5] sowie zur Notwendigkeit, die Vermögensfrage zu stellen und zu lösen, riefen auf tschechischer Seite Unsicherheit und Besorgnis hervor, daß dieser Standpunkt der BRD die tschechischen Interessen bedrohen und die sich intensiv entwickelnden deutsch-tschechischen Beziehungen dauerhaft beschädigen und sich zu einem Störfaktor bei der Integration der ČR in die europäischen Strukturen entwickeln könnte. Obwohl die deutsche Seite bei den Verhandlungen mit den tschechoslowakischen und später tschechischen Vertretern diese Fragen niemals offiziell und explizit aufgeworfen hatte, wurden sie immer wieder seitens bestimmter Interessengruppen in beiden Ländern belebt. Die Annahme, daß der Faktor »Zeit« alles regeln werde, hat sich nicht bestätigt.
...
Nach der Entstehung der selbständigen ČR 〈*und*〉 nach einer Reihe mit der deutschen Seite auf der Regierungs- und Parlamentsebene geführten Sondierungsgespräche wurde die Idee geboren, die Fragen der Vergangenheit und der Zukunft komplex zu lösen und zwar nicht durch ein völkerrechtliches Abkommen, dessen Abschluß mit Rücksicht auf die abweichenden Rechtspositionen unrealistisch wäre, sondern in Form einer gemeinsamen politischen Erklärung der Regierungen der ČR und BRD, die durch die Parlamente beider Staaten bestätigt werden sollte.
Die im Juli 1995 begonnenen bilateralen Verhandlungen auf der Ebene der Staatssekretäre der Außenminister bestätigten die Schwierigkeiten bei der Lösung der angeführten deutsch-tschechischen Probleme.

Für die tschechische Seite wurde das Erreichen von Übereinstimmung bei der Fassung des Punktes IV der Deklaration, der die eindeutige Willenserklärung beider Seiten beinhaltet, ihre Beziehungen nicht mit aus der Vergangenheit herrührenden politischen und rechtlichen Fragen zu belasten, zur Kardinalfrage. Die Bestätigung des politischen Willens der Regierungen beider Staaten, ihre gegenseitigen Beziehungen nicht mit Diskussionen[6] über diese Streitfragen auf Staats- und Regierungsebene zu belasten, betrifft unmittelbar auch die vermögensrechtlichen Fragen. Daß beide Seiten anerkennen, daß sie jeweils an ihre Rechtsordnung gebunden sind, bedeutet, daß die deutsche Seite anerkennt, daß die ČR u. a. an die Dekrete des Präsidenten der Republik und an die Entscheidung des Verfassungsgerichts vom 8. März 1995[7] gebunden ist. Es handelt sich um eine politische Erklärung, die im Gegenteil zu einem völkerrechtlichen Vertrag zu keiner Lösung der strittigen Fragen rechtlichen Charakters führt, sie stellt lediglich fest, daß die etwaigen unterschiedlichen Ansichten der Vergangenheit angehören und so lange über sie keine beiderseitige Übereinstimmung erzielt wird, in Zukunft nicht mehr auf zwischenstaatlicher oder Regierungsebene über sie diskutiert[6] werden soll.
Diese übereinstimmende Erklärung ermöglichte es beiden Seiten, sich ebenfalls zur moralisch-politischen Beurteilung der gemeinsamen Vergangenheit zu äußern und die Frage der moralischen und materiellen Genugtuung für die tschechischen Opfer der nazistischen Verfolgung seitens der BRD abzuschließen. Diese Themen werden in den Punkten II, III und VII der Deklaration behandelt.
Punkt II beinhaltet die politische, historische und moralische Selbstbetrachtung der deutschen Seite über ihre Verantwortung für die historische Entwicklung, die zum Münchner Abkommen 1938, zu Flucht und Vertreibung (vyhánění) von Menschen aus dem tschechoslowakischen Grenzgebiet, zur Zerstörung der Tschechoslowakei und zur Besetzung führte. Gleichzeitig bedauert die deutsche Seite die Nazi-Verbrechen. Er enthält zugleich eine Bekundung der moralischen Genugtuung für die Opfer der nazistischen Verfolgung und die Anerkennung des antinazistischen Widerstandes. ⟨*Im Text folgten hier Hinweise auf den Zukunftsfonds des Punktes VII und dessen vereinbarter, finanzieller Ausstattung.*⟩
Dem Punkt II, in dem die ursächliche Wirkung zwischen den Kriegsereignissen und der Aussiedlung (vysídlení) der Deutschen nach Kriegsende bestätigt wird, folgt Punkt III, der die politische, historische und moralische Selbstdarstellung der tschechischen Seite ausdrückt. Der Sinn dieses Artikels besteht nicht in einer Beurteilung der Akte der zwangsweisen Aussiedlung (Transfer), der Konfiskationen oder des Entzugs der Staatsangehörigkeit oder der Rechtsnormen oder Akte, auf deren Grundlage dies geschah. Die Grundsatzentscheidung zur Durchführung dieser Maßnahmen war Teil eines Maßnahmenkomplexes, der infolge der Verantwortlichkeit Deutschlands für die Entfesselung des Weltkrieges auf breiter Basis verabschiedet wurde. Ihre Gültigkeit, einschließlich der Gültigkeit der Beschlüsse der Potsdamer Konferenz[8, 9] bleibt davon unberührt. Der Sinn dieser Deklarationsbestimmungen besteht darin, unschuldigen Menschen, denen infolge der Vertreibung (vyhánění) nach Kriegsende, Zwangsaussiedlung, Konfiskation und des Entzuges der Staatsangehörigkeit Leid und Unrecht widerfahren sind, Bedauern zum Ausdruck zu bringen.
Die gewählten Ausdrücke spiegeln das menschliche Verhalten und die Gefühle wider. Man kann sie nicht mit entsprechenden internationalen Dokumenten und mit der darin verwendeten Terminologie vergleichen. Mit dem Begriff »Vertreibung« wird der sog. »wilde Abschub« bezeichnet, der bis zur Verabschiedung des Protokolls vom 2. August 1945 über die Verhandlungen der Berliner Konferenz (Potsdamer Protokoll)[9] stattfand. Für die Maßnahmen, die nach der Verabschiedung des Potsdamer Protokolls durchgeführt wurden, wurde in der Deklaration der Begriff zwangsweise Aussiedlung verwendet. Im Protokoll der trilateralen Potsdamer Konferenz[9] wurden für diese Ereignisse analog die englischen Begriffe »expulsion« und »transfer« (Art. XII) verwendet. Ebenso verwendet der Vertrag zwi-

schen der BRD und Polen über die Staatsgrenze von 1990 die Begriffe »Vertreibung« und »Aussiedlung« (wypedzenie/wysiedlenie, Vertreibung/Aussiedlung).
Die den sog. »wilden Abschub« von Sudetendeutschen (Morde, Vergewaltigungen, Raub usw.) begleitenden Exzesse Einzelner fielen mit vielen Straftaten und Verbrechen zusammen, die auch damals nach dem tschechoslowakischen Strafrecht strafbar waren. Das Gesetz Nr. 115/1946 Slg. über die Rechtmäßigkeit der mit dem Kampf um die Wiedergewinnung der Freiheit der Tschechen und Slowaken in Zusammenhang stehenden Handlungen[10] postulierte ex post das Widerstandsrecht in der Form, daß solche Taten, die sonst strafbar wären, jedoch in der Zeit vom 30. September 1938 bis 28. Oktober 1945 verübt wurden zum Zwecke, den Kampf um die Wiedergewinnung der Freiheit der Tschechen und Slowaken zu unterstützen, oder die eine gerechte Vergeltung für die Taten der Okkupanten zum Ziele hatte, nicht rechtswidrig sind (mit anderen Worten, sie werden nicht als Straftaten angesehen). Hinter diesem Gesetz wurden jedoch oft Taten versteckt, die mit einer gerechten Vergeltung nichts gemeinsam hatten. In der Deklaration wird nicht das Gesetz als Ganzes verurteilt, es ist jedoch an der Zeit, Bedauern darüber auszudrücken, daß die in ihm verwendeten Formulierungen seinen etwaigen Mißbrauch und deshalb auch die Nichtbestrafung der Täter von solchen Exzessen ermöglichten.
Das Hauptziel der Deklaration besteht jedoch in der Ausrichtung der gegenseitigen Beziehungen auf die zukünftige Zusammenarbeit. Aus dieser Sicht ist die in der Präambel der Deklaration zum Ausdruck gebrachte volle Unterstützung der Aufnahme der ČR in EU und NATO durch die BRD von besonderer Bedeutung.
...
Die Formulierungen in Punkt VIII schaffen die Bedingungen für einen zukünftigen Dialog über historische, aber auch gegenwärtige und zukünftige Themen des Zusammenlebens und der Zusammenarbeit ... Beide Seiten treten für die weitere historische Erforschung der Entwicklung der deutsch-tschechischen Beziehungen ein und bekräftigen ihr Interesse an der weiteren Tätigkeit der deutsch-tschechischen Historikerkommission.
Die Gemeinsame deutsch-tschechische Deklaration ist kein völkerrechtlicher Vertrag, sondern ein politisches Dokument, eine Erklärung, die keinen rechtsverbindlichen Charakter besitzt. Die tschechische Seite gibt durch die Deklaration ihre Rechtsdoktrin nicht auf, sie zieht ihre Rechtsvorschriften nicht in Zweifel, ebensowenig ihre bestehenden Verpflichtungen, oder ihre Rechte nach dem Völkerrecht, respektive die Legitimität der im Interesse der Völkergemeinschaft verabschiedeten Völkerrechtsakte. Durch die Deklaration, einschließlich der Verpflichtungen aus dem Begleitschreiben zu Punkt VI werden keine Rechtsbeziehungen begründet, verändert oder aufgelöst und damit der Rahmen des bisherigen Rechtszustandes nicht überschritten.
Die gemeinsame Deklaration besitzt vor allem eine moralische Dimension. Ihr Ziel besteht nicht darin, die doktrinären Positionen zu wiederholen, sondern eine gemeinsame Sprache für die Zukunft zweier Nachbarstaaten und ihrer Bürger zu finden. Der Charakter einer starken und beiderseitigen politischen Verpflichtung, die Punkt IV beinhaltet und deren Beständigkeit durch die voraussichtliche Bestätigung der Deklaration seitens der Parlamente bekräftigt wird, verleiht diesem Dokument das Gewicht.
...

Anmerkungen:
1 Gemeint: Die Erklärung vom 21. 1. 1997, deren Text (siehe S. 1073) Anfang Dezember 1996 veröffentlicht worden war.
2 Zum Text: Siehe S. 810.
3 Zum Text: Siehe S. 929.
4 Zum Text vom 20. 5. 1992: Siehe S. 935.
5 Zur Frage von ČR-Außenminister Zieleniec vom Juni 1993: Siehe S. 964.
Zur Antwort von SL-Sprecher Neubauer vom 22. 5. 1994: Siehe S. 978.

[6] Daß derartige Fragen nicht einmal diskutiert werden sollen, wird durch den Erklärungstext nicht abgedeckt.
[7] Zum Text: Siehe S. 993.
[8] Vom 2. 8. 1945; zum Text: Siehe S. 548.
[9] Interessant die unterschiedliche Bezeichnung: Zunächst »Beschlüsse der Potsdamer Konferenz«, dann »Protokoll ... über die Verhandlungen der Berliner Konferenz (Potsdamer Protokoll)« und schließlich »Protokoll der ... Potsdamer Konferenz«.
[10] Zum Text vom 8. 5. 1946: Siehe S. 685.

Quelle:
Mitt.Bl. SL; Nr. 2/1997; S. 32–38.

****

Entschließung **1996, 19. Dezember**
des Präsidiums der Seliger-Gemeinde
zur Deutsch-Tschechischen Erklärung[1]:
Ein Kompromiß mit Mängeln und Fortschritten

Das Präsidium der Seliger-Gemeinde hat sich in seiner Sitzung am 19. 12. 1996 in Stuttgart mit dem aktuellen Stand der deutsch-tschechischen Erklärung befaßt. Die Seliger-Gemeinde ist die Gesinnungsgemeinschaft der sudetendeutschen Sozialdemokraten, die sich in der Ersten Tschechoslowakischen Republik für eine Zusammenarbeit mit der tschechoslowakischen Regierung und dem tschechischen Volk ausgesprochen hat. Sie hat sich für den Erhalt der tschechoslowakischen Demokratie trotz ihrer Mängel eingesetzt und leidenschaftlichen Widerstand gegen Hitler, Henlein und die nationalsozialistischen Machthaber geleistet. Dafür wurden fast dreißigtausend sudetendeutsche Sozialdemokraten in Gefängnissen und Konzentrationslagern inhaftiert. Viele haben im Widerstand ihr Leben verloren. Über fünftausend gingen den Weg der Emigration. Die sudetendeutschen Sozialdemokraten waren die einzige deutsche Partei der Tschechoslowakei, die sich 1938 nicht aufgelöst hat, um sich der Henlein-Partei anzuschließen.
Das Präsidium der Seliger-Gemeinde sieht die deutsch-tschechische Erklärung als einen kleinen Schritt vorwärts an. Sie ist leider nicht der große Wurf geworden, der sie hätte sein können. Es gibt aber in dieser Erklärung einige Punkte, die einen Fortschritt im Verhältnis zwischen dem deutschen und dem tschechischen Volk darstellen. Das Präsidium ist sich bewußt, daß die Erklärung einen Kompromiß darstellt, der von beiden Seiten Abstriche verlangt.
Einige Punkte hätten jedoch besser geklärt werden können, wenn die Bundesrepublik von vornherein das Gespräch mit Vertretern der sudetendeutschen Gruppen gesucht hätte. Insbesondere vermißt das Präsidium eine Verurteilung jeglicher Vertreibungen als Unrecht. Weiterhin bedauert das Präsidium, daß der geschichtliche Rückblick willkürlich im Jahr 1938 einsetzt und nicht auch die Jahre seit 1918 berücksichtigt. Es bedauert, daß keine ausdrückliche Distanzierung von jenen Präsidialdekreten ausgesprochen wird, welche 1945 Enteignungen und Zwangsmaßnahmen aufgrund der ethnischen Zugehörigkeit anordneten[2]. Auch hält es das Präsidium für bedenklich, daß lediglich von dem NS-Unrecht gesprochen wird, welches dem tschechischen Volk zugefügt wurde. Da in der Tschechoslowakischen Republik Bürger verschiedener Nationalitäten lebten, werden dadurch alle NS-Opfer ausgegrenzt, die anderen Volksgruppen angehörten, darunter deutsche Sozialdemokraten und viele Juden.
In der Erklärung gibt es eine Reihe von allgemeinen Formulierungen, die bei entsprechender Bereitschaft und gutem Willen eine Verbesserung in der Praxis der Beziehungen herbeiführen können. Dazu zählt die Möglichkeit eines individuellen Rückkehrrechtes für Sudetendeutsche, die willens sind, in der Heimat ihrer Vorfahren als Bürger der Tschechischen Republik zu leben. Dazu zählt auch die individuelle Entschädigung der NS-Opfer.

Das Präsidium begrüßt, daß die Vertreibung von tschechischer Seite in einem bisher nicht praktizierten Maß bedauert wird. Es begrüßt die Einrichtung eines Zukunftsfonds und deutsch-tschechischer Gesprächsforen. Und es begrüßt auch die ausdrückliche Anerkennung der deutschen Minderheit und die Herausstellung des kulturellen Erbes, das Deutsche und Tschechen verbindet.
Das Präsidium der Seliger-Gemeinde sieht hier Ansatzpunkte für die kommenden Jahre. Es geht davon aus, daß sudetendeutsche Einrichtungen namentlich in die Tätigkeit der Gesprächsforen und des Zukunftsfonds eingebunden werden. Und es appelliert an die tschechischen Parteien, nun auch direkte Gespräche mit Vertretern der sudetendeutschen Gruppen zu suchen.

Anmerkungen:
1 Gemeint: Die Erklärung vom 21. 1. 1997, deren Text (siehe S. 1073) Anfang Dezember 1996 veröffentlicht worden war.
2 Gemeint sind die sog. Beneš-Dekrete (zum Problemkomplex: Siehe S. 576 ff.), denen hier von NS-Gegnern neuerlich die ethnisch-diskriminierende Basis attestiert wurde.

Quelle:
Mitt.Bl. SL; Nr. 12/1996; S. 380–381.

****

Die BR Deutschland und die Tschechische Republik: »Deutsch-Tschechische Erklärung«[2] **1997, 21. Januar[1]**
Mehrere Auslassungen und Widersprüche

Die Regierungen der Bundesrepublik Deutschland und der Tschechischen Republik
– Eingedenk des Vertrages vom 27. Februar 1992[3] über gute Nachbarschaft und freundschaftliche Zusammenarbeit zwischen der Bundesrepublik Deutschland und der Tschechischen und Slowakischen Föderativen Republik, mit dem Deutsche und Tschechen einander die Hand gereicht haben,
In Würdigung der langen Geschichte fruchtbaren und friedlichen Zusammenlebens von Deutschen und Tschechen, in deren Verlauf ein reiches kulturelles Erbe geschaffen wurde, das bis heute fortwirkt,
In der Überzeugung, daß zugefügtes Unrecht nicht ungeschehen gemacht, sondern allenfalls gemildert werden kann, und daß dabei kein neues Unrecht entstehen darf[4],
Im Bewußtsein, daß die Bundesrepublik Deutschland die Aufnahme der Tschechischen Republik in die Europäische Union und die Nordatlantische Allianz nachdrücklich und aus der Überzeugung heraus unterstützt, daß dies im gemeinsamen Interesse liegt,
Im Bekenntnis zu Vertrauen und Offenheit in den beiderseitigen Beziehungen als Voraussetzung für dauerhafte und zukunftsgerichtete Versöhnung –
erklären gemeinsam[5]:

I[6]

Beide Seiten sind sich ihrer Verpflichtung und Verantwortung bewußt, die deutsch-tschechischen Beziehungen im Geiste guter Nachbarschaft und Partnerschaft weiter zu entwickeln und damit zur Gestaltung des zusammenwachsenden Europas beizutragen.
Die Bundesrepublik Deutschland und die Tschechische Republik teilen heute gemeinsam demokratische Werte[7], achten die Menschenrechte, die Grundfreiheiten und die Normen des Völkerrechts und sind den Grundsätzen der Rechtsstaatlichkeit und einer Politik des Friedens verpflichtet. Auf dieser Grundlage sind sie entschlossen, auf allen für die beiderseitigen Beziehungen wichtigen Gebieten freundschaftlich und eng zusammenzuarbeiten.

Beide Seiten sind sich zugleich bewußt, daß der gemeinsame Weg in die Zukunft ein klares Wort zur Vergangenheit erfordert[8], wobei Ursache und Wirkung in der Abfolge der Geschehnisse[9] nicht verkannt werden dürfen.

II

Die deutsche Seite[5] bekennt sich zur Verantwortung Deutschlands für seine Rolle[9] in einer historischen Entwicklung, die zum Münchner Abkommen von 1938, der Flucht und Vertreibung[10] von Menschen aus dem tschechoslowakischen Grenzgebiet[11] sowie zur Zerschlagung und Besetzung der Tschechoslowakischen Republik[12] geführt hat.
Sie bedauert das Leid und das Unrecht, das dem tschechischen Volk durch die nationalsozialistischen Verbrechen von Deutschen angetan worden ist. Die deutsche Seite würdigt die Opfer nationalsozialistischer Gewaltherrschaft und diejenigen, die dieser Gewaltherrschaft Widerstand geleistet haben.
Die deutsche Seite ist sich auch bewußt, daß die nationalsozialistische Gewaltpolitik gegenüber dem tschechischen Volk dazu beigetragen hat, den Boden für Flucht, Vertreibung[10] und zwangsweise Aussiedlung[13] nach Kriegsende zu bereiten[4].

III

Die tschechische Seite[5] bedauert[14], daß durch die nach dem Kriegsende erfolgte Vertreibung[10] sowie zwangsweise Aussiedlung[13] der Sudetendeutschen[15] aus der damaligen Tschechoslowakei, die Enteignung[16] und Ausbürgerung unschuldiger Menschen viel Leid und Unrecht zugefügt wurde, und dies auch angesichts des kollektiven Charakters der Schuldzuweisung. Sie bedauert insbesondere die Exzesse, die im Widerspruch zu elementaren humanitären Grundsätzen und auch den damals geltenden rechtlichen Normen gestanden haben, und bedauert darüber hinaus, daß es aufgrund des Gesetzes Nr. 115 vom 8. Mai 1946[17] ermöglicht wurde, diese Exzesse als nicht widerrechtlich anzusehen, und daß infolge dessen diese Taten nicht bestraft wurden.

IV

Beide Seiten stimmen darin überein, daß das begangene Unrecht der Vergangenheit angehört und werden daher ihre Beziehungen auf die Zukunft ausrichten[16]. Gerade deshalb, weil sie sich der tragischen Kapitel ihrer Geschichte bewußt bleiben, sind sie entschlossen, in der Gestaltung ihrer Beziehungen weiterhin der Verständigung und dem gegenseitigen Einvernehmen Vorrang einzuräumen, wobei jede Seite ihrer Rechtsordnung[7] verpflichtet (vazany) bleibt und respektiert, daß die andere Seite eine andere Rechtsauffassung hat. Beide Seiten erklären deshalb, daß sie ihre Beziehungen nicht mit aus der Vergangenheit herrührenden politischen und rechtlichen Fragen belasten werden[16].

V

Beide Seiten bekräftigen ihre Verpflichtungen aus den Artikeln 20 und 21 des Vertrages vom 27. Februar 1992[3] über gute Nachbarschaft und freundschaftliche Zusammenarbeit zwischen der Bundesrepublik Deutschland und der Tschechischen und Slowakischen Föderativen Republik, in denen die Rechte[18] der Angehörigen der deutschen Minderheit in der Tschechischen Republik und von Personen tschechischer Abstammung in der Bundesrepublik Deutschland im einzelnen niedergelegt sind.
Beide Seiten sind sich bewußt, daß diese Minderheit und diese Personen in den beiderseitigen Beziehungen eine wichtige Rolle spielen und stellen fest, daß deren Förderung auch weiterhin im beiderseitigen Interesse liegt.

VI

Beide Seiten sind überzeugt, daß der Beitritt der Tschechischen Republik zur Europäischen Union und die Freizügigkeit in diesem Raum das Zusammenleben von Deutschen und Tschechen weiter erleichtern wird.

...

VII

Beide Seiten werden einen deutsch-tschechischen Zukunftsfonds[19] errichten. Die deutsche Seite erklärt sich bereit, für diesen Fonds den Betrag von 140 Mio DM zur Verfügung zu stellen. Die tschechische Seite erklärt sich bereit, ihrerseits für diesen Fonds einen Betrag von (20 bzw. 25 Mio) DM zur Verfügung zu stellen. Über die gemeinsame Verwaltung dieses Fonds werden beide Seiten eine gesonderte Vereinbarung treffen.
Dieser gemeinsame Fonds wird der Finanzierung von Projekten gemeinsamen Interesses dienen (Jugendbegegnung, Altenfürsorge, Sanatorienbau und -betrieb, Pflege und Renovierung von Baudenkmälern und Grabstätten, Minderheitenförderung, Partnerschaftsprojekte, deutsch-tschechische Gesprächsforen, gemeinsame wissenschaftliche und ökologische Projekte, Sprachunterricht, grenzüberschreitende Zusammenarbeit).
Die deutsche Seite bekennt sich zu ihrer Verpflichtung und Verantwortung gegenüber all jenen, die Opfer nationalsozialistischer Gewalt geworden sind. Daher sollen die dafür in Frage kommenden Projekte insbesondere Opfern nationalsozialistischer Gewalt zugute kommen.

VIII

Beide Seiten stimmen darin überein, daß die historische Entwicklung der Beziehungen zwischen Deutschen und Tschechen insbesondere in der ersten Hälfte des 20. Jahrhunderts der gemeinsamen Erforschung bedarf[8] und treten daher für die Fortführung der bisherigen erfolgreichen Arbeit der deutsch-tschechischen Historikerkommission ein.
Beide Seiten sehen zugleich in der Erhaltung und Pflege des kulturellen Erbes, das Deutsche und Tschechen verbindet, einen wichtigen Beitrag zum Brückenschlag in die Zukunft.
Beide Seiten vereinbaren die Einrichtung eines deutsch-tschechischen Gesprächsforums[20], das insbesondere aus den Mitteln des gemeinsamen deutsch-tschechischen Zukunftsfonds gefördert wird, und in dem unter der Schirmherrschaft beider Regierungen und Beteiligung aller an einer engen und guten deutsch-tschechischen Partnerschaft interessierten Kreise der deutsch-tschechische Dialog gepflegt werden soll.

Anmerkungen:

1 Die Erklärung war am 20. 12. 1996 paraphiert worden.
Zur Ratifizierungsdebatte im Deutschen Bundestag am 30. 1. 1997: Siehe S. 1078, 1083.
Zum »Motivenbericht« der ČR-Regierung vom 17. 12. 1996: Siehe S. 1069.
Zur Ratifizierung im ČR-Abgeordnetenhaus am 14. 2. 1997: Siehe S. 1083.

2 Zur kritischen Würdigung ist zu verweisen auf:
Blumenwitz, Dieter: »Die deutsch-tschechische Erklärung vom 21. Januar 1997« in »Bayerische Verwaltungsblätter«, München; H. 6 (15. März 1997); S. 161–165, (erweitert) in »Archiv des Völkerrechts«; Bd. 36; H. 1. (März 1998); S. 19–43 sowie dgl.: »Interessenausgleich zwischen Deutschland und den östlichen Nachbarstaaten«; Köln, 1998; v. a. S. 101–122.
Kimminich, Otto: »Zur deutsch-tschechischen Erklärung aus völkerrechtlicher Sicht« in: »Deutsche und Tschechen – Zeit nach der Erklärung«; Hsg. v. d. Bernard Bolzano Stiftung, Prag; 1997; S. 196–201 (anschließend in tschechischer Sprache).

3 Zum Text: Siehe S. 929.

4 Nicht unbeträchtlicher Widerspruch zwischen
a) einem Prinzip: Bei Milderung zugefügten Unrechts »darf kein neues Unrecht entstehen«; gegen
b) späterer Hinnahme: NS-Gewaltpolitik »bereitete den Boden für Vertreibung« nach 1945.

5 Nicht unbeträchtlicher Widerspruch zwischen
a) »erklären gemeinsam«; sowie später
b) »die deutsche Seite« bzw. »die tschechische Seite«.

[6] Im deutschen Text hier (und im folgenden) nur die römische Zahl; im tschechischen Text hier (und im folgenden) stets »Bod« I, II usf., d. h. »Punkt« I, II usf.

[7] Nicht unbeträchtlicher Widerspruch zwischen
a) »gemeinsamen demokratischen Werten« etc., gegen später
b) »jede Seite« bleibe eigener Rechtsordnung »verpflichtet und respektiert« Rechtsauffassung der »anderen Seite«.

[8] Nicht unbeträchtlicher Abstand zwischen:
a) »klares Wort zur Vergangenheit« erforderlich, d. h. heute bereits möglich. Später jedoch
b) »historische Entwicklung bedarf der gemeinsamen Erforschung«; d. h. »klares Wort« noch gar nicht möglich.

[9] Nicht unbeträchtlicher Widerspruch zwischen
a) völliger Ausklammerung der Geschehnisse ab 1918/19 in der ČSR, gegen
b) späteres Prinzip: »Ursache und Wirkung in der Geschehnisabfolge dürfen nicht verkannt werden«.

[10] a) Im tschechischen Text nicht »vyhnáni«, sondern »vyhaněni«.
b) Letzterer Begriff ist im »Langenscheidts Taschenwörterbuch der tschechischen und deutschen Sprache« (Berlin, 1978, S. 488) nicht aufgeführt; es dürfte etwa »Verdrängung« bedeuten.

[11] Gemeint: Das Sudetengebiet.
Zur vorgeblichen Vertreibung von Tschechen im Jahre 1938: Vgl. Habel: MVT.

[12] Eine ungenaue Formulierung:
Die aus Teilen der vorherigen ČSR am 14. 3. 1939 hervorgegangene Slowakische Republik wurde (bis 1944) nicht besetzt.

[13] Im tschechischen Text: »nucené vysídleni«.

[14] a) Die tschechische Seite befaßte sich mit der Vertreibung an sich überhaupt nicht; sie wurde weder als Unrecht bezeichnet noch bedauert. Der Text bedauerte lediglich dadurch zugefügtes Leid und Unrecht sowie sog. Exzesse.
b) ČR-Staatspräsident Havel interpretierte daher in einem Rundfunkinterview am 9. 2. 1997, d. h. zwischen der (uneingeschränkten) Billigung der Erklärung im Deutschen Bundestag und der (eingeschränkten) Zustimmung im ČR-Parlament, insgesamt zutreffend:
«Jeder Deutsche, ob jung oder alt, ob links oder rechts stehend, jeder Deutsche wird Ihnen sagen, daß der nach dem Krieg stattgefundene Abschub Unrecht war, daß dies etwas Unmoralisches war. Trotzdem hat die demokratische Repräsentanz des demokratischen Deutschlands, das heißt der Bundestag – das Parlament – mit erdrückender Mehrheit eine Deklaration angenommen, die diesen Abschub nicht als Unrecht bezeichnet, die nur die Exzesse, die sogenannten Übergriffe, verurteilt, zu denen es während dieses Abschubs gekommen ist. Das ist ein ungeheueres Zugeständnis, das die deutsche Seite der Tschechischen Republik macht . . .«
Quelle: Aufzeichnung des Rundfunktextes; Fotokopie im Besitz des Verfassers.
c) Zu Meinungen inkl. Fehlinterpretationen im Deutschen Bundestag am 30. 1. 1997: Siehe S. 1078.
d) Zur Behandlung im Abgeordnetenhaus des ČR-Parlamentes am 14. 2. 1997: Siehe S. 1083.
e) Zur »Sollkonsequenz« auch bloßen Bedauerns im allgemeinen Rechtsverständnis: Siehe S. 1077.

[15] Beachtenswert, daß
a) m. W. erstmals in einem internationalen Papier der Ausdruck »Sudetendeutsche« verwendet wurde; sowie
b) gerade neben einem Hinweis auf die »›damalige‹ Tschechoslowakei« die Karpatendeutschen völlig unerwähnt blieben.

[16] Den Fortbestand der durch die Enteignung von 1945 entstandene Vermögensfrage trotz 1997 vereinbarter »Zukunftsausrichtung der Beziehungen« ohne »Belastung durch Fragen aus der Vergangenheit« stellte Bundeskanzler Kohl fest. Zum Text: Siehe S. 1077.

[17] Zum Text: Siehe S. 685.

[18] Beachtenswert, daß kein Bezug auf die zwischenzeitlich, nämlich am 1. 2. 1995 abgeschlossene ER-Rahmenkonvention zum Minderheitenschutz erfolgte.
Zu deren Text: Siehe S. 143, zu einem langanhaltenden ČR-Verstoß dagegen: Siehe S. 1005.

[19] Dieser wurde durch deutsch-tschechischen Notenwechsel vom 28. 12. 1997 gegründet.
Vgl. SZ; Nr. 299 v. 30. 12. 1997; S. 6.
Zu den am 26. 1. 1998 berufenen Verwaltungsräten gehörten neben den Tschechen Dagmar Burešová, Miroslav Kunstat, Miloš Pojar und Miloš Rejchrt auch die Sudetendeutschen Johann Böhm und Volkmar Gabert; Geschäftsführer wurden der Tscheche Tomaš Kafka und der Sudetendeutsche Herbert Werner.

[20] Wiedergabe nach Pressemitteilung des Auswärtigen Amtes 37/98 v. 26. 1. 1998. Das Gesprächsforum wurde am 5. 2. 1998 durch Benennung von je 20 Mitgliedern beider Seiten für einen sog. Koordinierungsrat aktiviert.
Zu ihnen gehörten auch die tschechischen Abgeordneten Petr Charvát, Jiři Payne und Petr Příhoda sowie Pavel Tigrid. Als v. a. Sudetendeutsche wurden Franz Neubauer, Walter Piverka, Bernd Posselt, Josef Stingl und Fritz Wittmann benannt.

Quelle:
Bulletin; Nr. 7 v. 24. 1. 1997; S. 1 f.

****

Erklärung **1997, 21. Januar**
von Bundeskanzler Helmut Kohl (CDU):
»Die Vermögensfrage bleibt natürlich offen«

An Bundeskanzler Kohl wurde auf einer Pressekonferenz in Prag anläßlich der Unterzeichnung der deutsch-tschechischen Erklärung die Frage[1] gerichtet: »Bedeutet die Formulierung in der Gemeinsamen Erklärung, wonach es juristische und politische Fragen aus der Vergangenheit gibt, die die Zukunft nicht belasten sollen, daß Sie die Eigentumsansprüche von Vertriebenen gegenüber der Tschechischen Republik künftig nicht mehr geltend machen werden?« Kohl verwies in seiner Antwort darauf, daß die Erklärung »kein Vertrag« sei und es »eine Reihe von Fragen gibt, die wir durch diese Erklärung nicht aus der Welt schaffen«; dazu gehöre »die Vermögensfrage, die bleibt natürlich offen«.
2, 3, 4, 5

Anmerkungen:
[1] Die Fragestellung von Michael Leh, Redakteur der »Sudetendeutschen Zeitung«, München bei der Pressekonferenz im Prager Liechtenstein-Palais am 21. 1. 1997 auch in FAZ; Nr. 36 v. 12. 2. 1997; S. 8.
Eine große US-Zeitung zitierte Kohl wie folgt:
»At a news conference after the signing ceremony, Chancellor Kohl said: ›Property matters remain open. This is not an agreement, it's a declaration.‹«
Vgl. »New York Times International« v. 22. 1. 1997; S. 8.
[2] Als »Sollkonsequenz« für die Vermögensfrage eines bloßen Bedauerns für frühere politische Verfehlungen erscheint beachtenswert:
Vergleichbar zum Bedauern des ČR-Parlaments 1997 (nach dem von Präsident Havel 1989) über die Vertreibung der Sudetendeutschen 1945/46 hatte Anfang 1997 US-Präsident Clinton gegenüber den Afro-Amerikanern die Sklaverei bedauert (offizielles Ende 1863), jedoch jede Wiedergutmachung abgelehnt.
Aus den dazu publizierten Reaktionen traf jene einer weltweit beachteten Zeitschrift mit dem Titel »Bedauern genügt nicht« durch Darstellung des internationalen Rechtsverständnisses und konkreter Beispiele genau das Problem.
»Ohne irgendeine Art der Wiedergutmachung bleibt das bloße Bedauern eines historischen Unrechts eine inhaltslose Geste ... Unser Rechtssystem beinhaltet nämlich, daß Reue ohne Wiedergutmachung lediglich zum Wohlbefinden des sich Entschuldigenden führt, ohne dem Opfer etwas zu bringen. Deswegen hat die US-Regierung sich bei den japanisch-stämmigen Amerikanern, die man im 2. Weltkrieg in KZs steckte, nicht nur entschuldigt, sondern ihnen auch jeweils 20.000 US $ gezahlt. Deswegen hat sich Deutschland bei den Juden nicht nur für den Nazi-Holocaust entschuldigt, sondern ihnen mehr als 60 Milliarden an Wiedergutmachung geschickt. Herr Präsident, wenn Sklaverei ein so großes historisches Vergehen war, wie Sie es darstellen – und das war es zweifelsohne – müssen diese Präzedenzfälle gelten. Sie, Herr Präsident, haben aber deutlich erklärt, daß Sie Wiedergutmachung ablehnen. Wenn es Ihnen mit dem Bedauern wirklich ernst ist, müssen Sie diese Haltung überdenken.«
Vgl. White, Jack E. in »TIME«, New York; Bd. 149, Nr. 24 v. 30. 6. 1997; S. 33.
[3] Die tschechische Seite machte wiederholt sehr deutlich, daß sie die Lage völlig anders sehe als Bundeskanzler Kohl.
[4] Außenminister Kinkel ging demgegenüber noch weiter, als Bundeskanzler Kohl:
In Inhaltsverkehrung der Papiere von 1992 und 1997 meinte er in einem Brief an den BdV vom

9. 7. 1997, in der »deutsch-tschechischen Erklärung« von 1997 habe die Bundesregierung »erreicht«, »daß darin die Offenhaltung der vermögensrechtlichen Fragen ausdrücklich verankert wurde, was über den deutsch-tschechoslowakischen Nachbarschaftsvertrag ⟨*von 1992*⟩ hinausgeht«.
Wiedergabe nach Fotokopie des Briefes, im Besitz des Verfassers.
1997 gab es jedoch nur die obige, einseitige Erklärung Kohls; 1992 waren diese Fragen noch in Briefen wechselseitig notifiziert worden.

[5] Zur weiteren Entwicklung dieser Frage: Siehe auch S. 1145.

Quelle:
DOD; Nr. 2 v. 24. 1. 1997; S. 3 ff.

****

Debatte **1997, 30. Januar**

zur Deutsch-Tschechischen Erklärung[1] im Deutschen Bundestag:

Mit großer Mehrheit bedingungslose Billigung[2]

⟨*In der Debatte wurden vornehmlich allgemeine Gedanken zum u. a. deutsch-tschechischen Verhältnis dargeboten. Aussagen zur Erklärung selbst waren:*

Bundeskanzler Helmut Kohl:⟩
... Die tschechische Seite bezeichnet erstmals Vertreibung, Enteignungen und Ausbürgerung als Unrecht[3]...

⟨*MdB Wolfgang Schäuble (CDU/CSU):*⟩
... Der vorliegende Text ist ein Kompromiß ...

⟨*MdB Antje Vollmer (Bündnis 90/Die Grünen):*⟩
...
Damit komme ich nun zum Inhalt, zur Formulierung der Erklärung. Vielleicht hat Herr Reißmüller von der FAZ recht, wenn er schreibt, eigentlich hätten überhaupt nur zwei Sätze formuliert werden müssen, nämlich:

1. Die Deportation der deutschen Minderheit aus der Tschechoslowakei verstieß, so wie die Deportation von Tschechen aus den Sudetengebieten[4] gegen Recht und Moral.
2. Gegen die Tschechische Republik wird es keine materiellen Ansprüche ... geben.

Es ist wahr: Vieles wäre einfacher gewesen, wenn es für diese beiden Sätze in beiden Parlamenten eine Mehrheit hätte geben können. Wir wissen aber, daß solche Mehrheiten auf beiden Seiten, und zwar aus den unterschiedlichsten, zu respektierenden Verfassungsgrundsätzen nicht möglich waren ...
Diese Erklärung enthält die weitestmögliche Annäherung an diese zwei einfachen Sätze. Faktisch stimmen wir damit zu, daß Vertreibungen gegen Recht und Moral der Völker verstoßen und daß sie dennoch – um des Friedens willen – nicht wieder rückgängig gemacht werden können.
Darf eine deutsche Regierung, darf ein deutsches Parlament einer solchen Erklärung zustimmen? Ja, wir dürfen und wir müssen es sogar, im Interesse der eigenen Nation und auch im europäischen Interesse.

⟨*MdB Wolfgang Gerhardt (FDP):*⟩
... Wir stimmen dem Vertrag ... Wort für Wort zu.
⟨*Außerhalb der Debatte gab es verschiedene Aussagen, die schriftlich zu Protokoll gingen. Dazu gehörten u. a.:*
1) Eine Erklärung von 55 MdB der CDU/CSU mit gemeinsamem Inhalt und unterschiedlicher Folgerung. Im Inhalt hieß es u. a.:⟩

Erstens ... Die Deutsch-Tschechische Erklärung bedeutet weder Schlußstrich noch Abschluß im deutsch-tschechischen Verhältnis. Sie ist eine politische Absichtserklärung der Regierungen, die die Gültigkeit von Verträgen und individuellen Rechtsansprüchen nicht berührt und zu den offenen Fragen des deutsch-tschechischen Verhältnisses keine abschließende Regelung enthält.
Zweitens. Die Darstellung der historischen Abläufe in der Erklärung ist nicht vollständig. Die Geschichte hat nicht erst 1938 begonnen ...
Drittens. Das Recht auf die Heimat ist durch die Erklärung nicht verwirklicht. Wir anerkennen allerdings, daß durch die Erklärung ... Wege zu einem Daueraufenthaltsrecht in der Tschechischen Republik eröffnet werden, wodurch auch Eigentumserwerb möglich wird. Wir erwarten, daß in der weiteren Ausgestaltung der deutsch-tschechischen Beziehungen vor allem im Vorfeld der Mitgliedschaft der Tschechischen Republik in der EU weitere konkrete Möglichkeiten zur Verwirklichung des Heimatrechts folgen.
Viertens ... Die Erklärung spricht klar aus, daß durch die Vertreibung unschuldigen Menschen viel Leid und Unrecht zugefügt wurde. Vertreibung läßt sich durch nichts rechtfertigen. Die Vertreibung der Sudetendeutschen war völkerrechtswidriges Unrecht.
Die Erklärung bezeichnet auch die Folgen der Vertreibung. Enteignung und Ausbürgerung, als Quelle von Leid und Unrecht unschuldiger Menschen. Wir begrüßen dies als Distanzierung von den sogenannten Beneš-Dekreten[5, 6]. Erstmals bedauert die tschechische Seite explizit den kollektiven Charakter der Schuldzuweisung an die Sudetendeutschen. Mit Genugtuung sehen wir, daß sich die Tschechische Republik vom sogenannten Amnestiegesetz von 1946 distanziert und dessen rechtsstaatswidrigen Kern bloßlegt, der im Klima des Hasses und der Revanche der Nachkriegszeit wurzelt.
Die Erklärung bedeutet keine Billigung der nach dem Krieg erlassenen tschechoslowakischen Gesetze, die sich auf die Vertreibung der Sudetendeutschen beziehen, oder die Anerkennung der auf deren Grundlage ergangenen Rechtsprechung.[6]
Fünftens. Wir begrüßen die Schaffung eines deutsch-tschechischen Zukunftsfonds ...
Die Sudetendeutschen müssen darin einen nach Geschichte und Tradition angemessenen Platz finden. Die Mittel des Zukunftsfonds müssen auch den Anliegen der Sudetendeutschen zugute kommen. Aus den Mitteln des Zukunftsfonds sollten auch Projekte finanziert werden, die Sudetendeutschen zugute kommen, die von der Vertreibung besonders schwer und nachhaltig betroffen wurden.
...
In der Absicht zu einer gemeinsamen Zukunft in Europa beizutragen, stimmen wir der Deutsch-Tschechischen Erklärung trotz ihrer Schwächen zu.
⟨Es folgten 48 Unterschriften, darunter die von Theodor Waigel, Michael Glos und Hartmut Koschyk.
Demgegenüber hieß es bei den anderen 7 MdB:⟩
Der Interpretation und Bewertung der Deutsch-Tschechischen Erklärung schließen wir uns an und unterstützen die darin ausgedrückten Erwartungen an die künftigen deutsch-tschechischen Beziehungen.
In Abwägung des Leides und Unrechts, das durch Vertreibung den Sudetendeutschen geschehen ist, können wir wegen der Schwächen der Deutsch-Tschechischen Erklärung nicht zustimmen.
⟨Es folgten 7 Unterschriften, darunter die von Josef Hollerith und Gerd Müller.

2) In einer anderen Erklärung von 13 MdB der CDU/CSU, darunter Egon Jüttner, Erich Riedl, Erika Steinbach und Fritz Wittmann, die ihr Nein zur Erklärung begründeten, wurde u. a. den die Erklärung billigenden Kollegen mangelnde politische Logik bescheinigt:⟩
...

Es ist ein nicht auflösbarer Widerspruch, wie die parlamentarische Billigung der Erklärung zu vereinbaren sein soll mit der einstimmig angenommenen Entschließung des Deutschen Bundestages vom 23. Juni 1994 (BT-Drucksache 12/3369)[7] mit dem dort enthaltenen Auftrag an die Bundesregierung, »... sich für die bessere Durchsetzung der bestehenden völkerrechtlichen Schutzmechanismen vor Vertreibung einzusetzen; ... über die Durchsetzung des Rückkehrrechts in die Heimat hinaus Möglichkeiten zu prüfen, wie Wiedergutmachungs- und Entschädigungsverpflichtungen der Vertreiber geregelt werden können ...«

Anmerkungen:
1 Zum Text vom 21. 1. 1997: Siehe S. 1073.
2 Zum Stimmenverhältnis und Text des Beschlusses, (der zur vollen Würdigung mit den entsprechenden Ergebnissen im Abgeordnetenhaus des ČR-Parlamentes zu konfrontieren ist): Siehe S. 1083.
3 Zu anderen Auffassungen:
a) Deutlich textgenauer: Über 50 MdB der CDU/CSU am 30. 1. 1997; zum Text: Siehe S. 1079.
b) Völlig anderer Meinung: ČR-Staatspräsident Václav Havel am 9. 2. 1997; zum Text: Siehe S. 1076.
c) Von den Auffassungsunterschieden unberührt: Nach Außenminister Klaus Kinkel in Brief an den BdV vom 9. 7. 1997 hatte sich in der Erklärung »die tschechische Seite förmlich vom Vertreibungsunrecht distanziert«.
Wiedergabe nach Text des Briefes; Fotokopie im Besitz des Verfassers.
4 Eine solche fand bekanntlich nicht statt.
5 Zum Komplex der sog. Beneš-Dekrete: Siehe S. 576 ff.
6 Diese Interpretationen waren, zumindest am 30. 1. 1997, eher als Aufforderungen, denn als Aussagen zu werten.
7 Zum Text: Siehe S. 138.
Diese, der Deutsch-Tschechischen Erklärung vom 21. 1. 1997 ziemlich widersprechende Auffassung wurde vom Deutschen Bundestag am 28. 2. 1997 ungerührt neuerlich vertreten; zum Text: Siehe S. 157.

Quelle:
Deutscher Bundestag – 13. Wahlperiode – Protokoll der 154. Sitzung; Bonn, 30. 1. 1997; S. 13810–13844 sowie Anlagen 3 und 4.

****

Die SL: **1997, 8. Februar**
»Manifestation« zur »Deutsch-Tschechischen Erklärung«[1]
Ablehnung

Die Bundesversammlung der Sudetendeutschen Landsmannschaft, das oberste gewählte parlamentarische Organ der sudetendeutschen Volksgruppe, macht sich die einstimmig gefaßte Erklärung des erweiterten Bundesvorstands und des Ältestenrats der Bundesversammlung der Sudetendeutschen Landsmannschaft sowie des Präsidiums des Sudetendeutschen Rates vom 14. 12. 1996 zu eigen, wonach die Sudetendeutschen der »Deutsch-Tschechischen Erklärung«, die am 21. 1. 1997 unterzeichnet worden ist,
nicht zustimmen können[2],
und beschließt dazu folgende

Manifestation:

1. Ebenso wie bei der zwangsweisen Eingliederung in die Tschechoslowakische Republik 1918/1919 und bei den Regelungen um das Münchner Abkommen 1938 ist auch über die jetzige Deutsch-Tschechische Erklärung ohne die aktive Mitwirkung der Repräsentanten der sudetendeutschen Volksgruppe entschieden worden. Die Sudetendeutschen waren wiederum nur Objekte der politisch Handelnden, was den Grundprinzipien des Selbstbestimmungsrechts und der Menschenwürde widerspricht.

Diese erneute Politik über die Köpfe der Betroffenen hinweg verletzt zutiefst das Selbstbewußtsein der Sudetendeutschen.
2. In der Deutsch-Tschechischen Erklärung übernimmt die deutsche Seite die Verantwortung für Verletzungen der internationalen Rechtsordnung, der Menschenrechte und der Menschenwürde im böhmisch-mährisch-sudetenschlesischen Raum in den Jahren 1938–1945. Sie enthält jedoch keine Hinweise auf die tschechische Verantwortung für die vorangegangenen Verletzungen des Selbstbestimmungsrechts, der Menschenrechte und der Menschenwürde der Sudetendeutschen in den Jahren 1918 bis 1938, die eine Entwicklung zu den Regelungen des Münchner Abkommens überhaupt erst möglich gemacht haben, sowie für die Vertreibung der Sudetendeutschen in den Jahren 1945/46.
Diese geschichtliche Unwahrheit und das Messen mit zweierlei Maß verletzen das Geschichtsempfinden der Sudetendeutschen.
3. Die Deutsch-Tschechische Erklärung enthält – erstmals in einem offiziellen tschechischen Dokument – ein Bedauern über das Leid und das Unrecht, das Sudetendeutschen im Zusammenhang mit der Vertreibung zugefügt worden ist. Sie umgeht aber eine klare Verurteilung der völkerrechtswidrigen entschädigungslosen Eigentumskonfiskation und der Vertreibung der ganzen sudetendeutschen Volksgruppe mit mehr als drei Millionen Menschen durch die tschechoslowakische Regierung in den Jahren 1945/46 sowie deren Rechtfertigung durch die einschlägigen Beneš-Dekrete[3] und das sogenannte Amnestiegesetz[4] in den Jahren 1945/1946. Sie begnügt sich statt dessen mit unterschiedlich auszulegenden[5] Formulierungs- und Übersetzungstricks.
Dieser leichtfertige Umgang mit einem schwerwiegenden völkerrechtlichen Delikt verletzt – gerade in Anbetracht der aktuellen Reaktionen der internationalen Politik und internationaler Gerichtshöfe auf die ethnischen Säuberungsprozesse im ehemaligen Jugoslawien, in Ruanda oder in anderen Teilen der Welt – zutiefst das Rechtsempfinden der Sudetendeutschen.
4. Eine Wiedergutmachung der Vertreibung der Sudetendeutschen, das heißt
– das Recht auf die Heimat, also auf Rückkehr einer widerrechtlich vertriebenen Volksgruppe in ihre über Jahrhunderte angestammte Heimat und die Verwirklichung ihres Selbstbestimmungsrechts,
– das Recht auf widerrechtlich konfisziertes Eigentum insbesondere von Privatpersonen, die auch in dem deutsch-tschechoslowakischen Nachbarschaftsvertrag vom 27. Februar 1992[6] offengehalten wurde, ist in der Deutsch-Tschechischen Erklärung keiner Lösung zugeführt worden, sondern wurde durch ein Respektieren, daß der andere Vertragspartner eine andere Rechtsordnung habe, oder durch Verweis auf die künftige europäische Freizügigkeit in bestürzender Weise beiseite geschoben. Die damit verbundene mögliche Verletzung des diplomatischen Schutzgebotes des Staates gegenüber seinen Bürgern widerspricht dem anders gearteten Verhalten der deutschen Bundesregierung bei anderen internationalen Konflikten und wird juristisch von den betroffenen Sudetendeutschen zu überprüfen sein. Völliges Unverständnis besteht bei den Sudetendeutschen dafür, daß sie sich trotz des bislang ergebnislosen Ringens um ihre Eigentumsrechte nun auch noch mit ihren Steuergeldern an der Finanzierung eines unausgewogen bestückten Zukunftsfonds beteiligen müssen.
In ihrer tiefen Enttäuschung hat sich bei sehr vielen Sudetendeutschen der Eindruck festgesetzt, daß sie von den politischen Führungskräften in der Bundesrepublik Deutschland im Stich gelassen worden sind. Sie mahnen für die Zukunft erneut die uneingeschränkte Solidarität der Bundesregierung und der Bayerischen Staatsregierung – insbesondere aus der Obhutserklärung vom 14. 7. 1950[7] und der Schirmherrschafts-Urkunde vom 7. 11. 1962[8] – an.
5. Die Deutsch-Tschechische Erklärung enthält materielle und ideelle Perspektiven für den Abbau von Belastungen aus der Vergangenheit und für die Stabilisierung einer vertrauensvollen Nachbarschaft in der Zukunft. Die verschiedensten Gliederungen der sudeten-

deutschen Volksgruppe und unzählige sudetendeutsche Privatpersonen haben sich bereits seit Jahrzehnten mit vielen Millionen DM materiell und auf verschiedenen Ebenen ideell für das Ende der Zerstörungen und für den Wiederaufbau von kulturellen und wirtschaftlichen Objekten in ihrer Heimat eingesetzt und vertrauensvolle Beziehungen zu Menschen und Institutionen im böhmisch-mährisch-sudetenschlesischen Raum neu aufgebaut. Sie ist auch in der Zukunft bereit, einen engagierten Beitrag für eine solide Partnerschaft von Deutschen und Tschechen zu leisten.
Deshalb erwarten und fordern die Sudetendeutschen jenseits der gemeinsamen Erklärung und unter Nutzung aller sich aus ihr ergebenden Möglichkeiten die Verwirklichung folgender Punkte:

– Einleitung eines Prozesses der offenen und ehrlichen Aufarbeitung der gemeinsamen Geschichte.
– Aktive Mitgestaltungsmöglichkeit der Sudetendeutschen Landsmannschaft und ihrer Repräsentanten beim offiziellen Dialog zwischen Deutschen und Tschechen.
– Bei Maßnahmen, die aus den Mitteln des Zukunftsfonds finanziert werden, müssen insbesondere die Sudetendeutschen berücksichtigt werden, die durch das Schicksal der Vertreibung besonders schwer und nachhaltig betroffen wurden. Die Sudetendeutsche Landsmannschaft ist bereits an den Vorbereitungsarbeiten zum Zukunftsfonds zu beteiligen und muß in seinen Gremien durch von ihr vorgeschlagene Repräsentanten vertreten sein.
– Die in ihrer angestammten Heimat verbliebenen Sudetendeutschen müssen ihre sprachliche und kulturelle Identität bewahren und ihre Volksgruppen- und Bürgerrechte ohne Einschränkung wahrnehmen können.
– Für das unveräußerliche Recht auf die Heimat und das Selbstbestimmungsrecht der Sudetendeutschen müssen in der weiteren Ausgestaltung der deutsch-tschechischen Beziehungen vor allem im Vorfeld einer EU-Mitgliedschaft der Tschechischen Republik in der EU konkrete Möglichkeiten der Verwirklichung geschaffen werden.

Die Bundesversammlung der Sudetendeutschen Landsmannschaft stellt zusammenfassend fest, daß mit der Deutsch-Tschechischen Erklärung – die keinen völkerrechtlichen Vertrag darstellt – weder ein historischer Schlußstrich gezogen noch eine veränderte völker- oder privatrechtliche Situation für die deutsch-tschechischen Beziehungen geschaffen worden ist und Verbrechen gegen die Menschlichkeit nicht verjähren. Die sudetendeutschen Fragen bleiben weiterhin offen und harren einer vertrauensvollen Lösung unter aktiver Beteiligung der gewählten Repräsentanten der sudetendeutschen Volksgruppe.

Anmerkungen:

[1] Die SL hatte bereits am 10. 12. 1996 durch ihren Sprecher Neubauer erklärt, der Erklärung in der »vorgelegten Fassung« nicht zustimmen zu können und dies ähnlich wie in dieser »Manifestation« vom 8. 2. 1997 begründet.
Vgl. »Pressemitteilung«, Text in Mitt.Bl. SL; Nr. 12/96; S. 383.

[2] Zum Text: Siehe S. 1073.

[3] Zum »Komplex der sog. Beneš-Dekrete«: Siehe S. 576 ff.

[4] vom 8. 5. 1946; zum Text: Siehe S. 685.

[5] Bereits bekanntgewordene Beispiele hatte die SL in einer Pressemitteilung vom 21. 1. 1997 gegenübergestellt, in der es u. a. hieß:
»Anläßlich der heutigen Unterzeichnung der deutsch-tschechischen Erklärung erklärt der Sprecher der Sudetendeutschen, Franz Neubauer:
Noch ehe die Unterschrift geleistet ist, gibt es unterschiedliche Auslegungen der deutsch-tschechischen Erklärung in zentralen Punkten.
So erklärte der tschechische Ministerpräsident Klaus am 17. 12. 〈*1996*〉, das Dokument schließe die Vergangenheit ab und die tschechische Seite habe nicht vor, zu diesem Thema zurückzukehren. Dagegen erklärte Kanzler Kohl am 9. 1. 〈*1997*〉 in Bonn, es gäbe noch eine Menge Probleme, die nicht mit der Erklärung erledigt seien, was in Prag sehr kritisch vermerkt wurde.

Während in Bonn betont wird, daß mit dem Dokument kein Verzicht ausgesprochen worden sei, erklärte der tschechische Außenminister Zieleniec am 15. 12. ⟨*1996*⟩ öffentlich: ›Die Erklärung beendet eindeutig die Eigentumsfragen‹ und: ›Die Erklärung beinhaltet die Feststellung, daß beide Seiten die Rechtsordnung der jeweils anderen Seite anerkennen.‹ Diese Interpretationen werden von dem Text eindeutig nicht gedeckt. Eine Bestätigung des deutschen Standpunkts wäre um so wichtiger.«

[6] Zum Text: Siehe S. 1029.

[7] Zum Text: Siehe S. 723.

[8] Zum Text: Siehe S. 738.

Quelle:
Mitt.Bl. SL; Nr. 1/97; S. 16–19.

****

Erklärung des ČR-Abgeordnetenhauses: **1997, 14. Februar**

Voraussetzungen[1] der Zustimmung zur tschechisch-deutschen Erklärung

Die Abgeordnetenkammer des Parlamentes der Tschechischen Republik stimmt[2] nach Anhörung des Ministerpräsidenten der Regierung der ČR[3] und des Außenministers[4] und auf der Grundlage dieser Regierungsbegründung[5] der tschechisch-deutschen Erklärung zu, die durch die Regierungen beider Länder am 21. Januar 1997 unterzeichnet wurde und die den Willen beider Staaten zum Ausdruck bringt, zu verhindern, daß die Vergangenheit zur Belastung der gemeinsamen europäischen Zukunft[6] wird.

Anmerkungen:

[1] Im Gegensatz dazu hatte der Deutsche Bundestag am 30. 1. 1997 die Erklärung bedingungslos angenommen. Der dies dokumentierende Text lautete:
»Der Deutsche Bundestag stimmt der am 21. Januar 1997 von Bundeskanzler Dr. Helmut Kohl und Bundesaußenminister Dr. Klaus Kinkel, sowie Ministerpräsident Václav Klaus und Außenminister Josef Zieleniec unterzeichneten Deutsch-tschechischen Erklärung über die gegenseitigen Beziehungen und deren künftige Entwicklung – Drucksache 13/6787 – zu.«
Quelle: Deutscher Bundestag: BTDs. 13/6848 v. 29. 1. 1997.
Das Stimmenverhältnis im Deutschen Bundestag nach mehrstündiger Debatte lautete: Ja 578, Nein 20, Enthaltungen 23.

[2] Das Stimmenverhältnis im ČR-Abgeordnetenhaus nach dreitägiger Debatte lautete: Ja 131, Nein 59.

[3] Gemeint: Václav Klaus, der u. a. die große Mehrheit im Deutschen Bundestag für die Erklärung hervorhob.

[4] Gemeint: Josef Zieleniec.

[5] Diese folgte im wesentlichen dem sog. Motivenbericht der ČR-Regierung vom 17. 12. 1996; zum Text: Siehe S. 1069.
Die dort enthaltenen Abweichungen des Motivenberichtes vom Erklärungstext und der ähnliche Tenor der Reden von Klaus und Zieleniec erlaubten die Feststellung, daß in der ČR über einen anderen Text abgestimmt wurde als im Deutschen Bundestag.

[6] Recht verkürzt zusammengefaßte Wiedergabe von verschiedenen Passagen der Erklärung unter Übergehung des als erforderlich angesehenen »klaren Wortes zur Vergangenheit«, dem sich die tschechische Seite offensichtlich verweigerte.

Wiedergabe nach:
»Mladá fronta dnes« (Die Junge Front heute), Prag; Jg. 8, Nr. 39 v. 15. 2. 1997; S. 2.

****

Artikel: **1997, 21. Februar**

Fünfzehn Gründe, warum die sudetendeutsche Frage virulenter ist als die Frage der Vertriebenen aus den Oder-Neiße-Gebieten

Häufig wird die Frage gestellt, warum die dreieinhalb Millionen Sudetendeutschen politisch soviel präsenter sind als die über neun Millionen Vertriebenen aus den Oder-Neiße-

Gebieten (Schlesien, Pommern, West- und Ostpreußen, Ostbrandenburg, Randgebiete des Posener Landes und Sachsens).

In Böhmen wird manchmal die These geäußert, hinter dieser Tatsache stehe ein nationalistisches deutsches Kalkül: Man habe sich bewußt die ČR als »schwächsten Gegner« herausgesucht, um an ihr exemplarisch den Versuch einer Revision der Vertreibung zu starten.

Diese Vermutung ist abwegig, schon weil (leider!) keinerlei Anstrengungen der deutschen Bundesregierung sichtbar sind, aktiv die ungeregelten Vertreibungsfolgen im Interesse aller Beteiligten ... zu überwinden. Vielmehr erklärt sich dieser in der Tat bemerkenswerte Unterschied leicht durch eine ganze Reihe Faktoren, deren nachfolgende Auflistung keinen Anspruch auf Vollständigkeit erhebt.

1. Die Sudetendeutschen wurden weniger stark als die Oder-Neiße-Vertriebenen (im folgenden: die Ostdeutschen) zerstreut.

Über eine Million der drei Millionen Sudetendeutschen fanden im Freistaat Bayern ein neues Zuhause, wo sie über 10 Prozent der Bevölkerung stellen. Ähnliche Zahlen gibt es für keine andere vertriebene Gruppe. Die Sudetendeutschen wurden so zu einer Gruppe, die Bayern und die bayerische Identität mitprägen ... Sichtbaren Ausdruck fand dieses besondere Verhältnis in der Schirmherrschaft des Freistaats Bayern.

2. Die Entfernung der Sudetendeutschen zu ihrer Heimat ist geringer – Böhmen ist das westlichste aller Vertreibungsgebiete –, damit blieb die Bindung an diese stärker. Ausdruck von 1. und 2. ist auch die Tatsache, daß sich die Sudetendeutschen jedes Jahr treffen, ...

3. Es gab in den böhmischen Ländern ein krasses Mißverhältnis zwischen dem unter deutscher Besatzung erlittenen Leid und der nachfolgenden Rache an den Deutschen, gerade im Vergleich zu den Verhältnissen zwischen Polen und Ostdeutschen. Kaum ein von Deutschland besetztes Land hatte so schwer zu leiden wie Polen[1], dagegen hatte wohl nur Dänemark ein weniger drückendes Besatzungsregime als das Protektorat.

4. Die schlimmsten Verbrechen an den Ostdeutschen wurden überwiegend von Angehörigen der Sowjetarmee und nicht von Polen begangen, in den böhmischen Ländern war es gerade umgekehrt. Dort sind sogar eine Reihe von Fällen dokumentiert, in denen Angehörige der Roten Armee gegen Exzesse an Sudetendeutschen einschritten.

5. Die polnische und die tschechische Exilregierung in London während des Zweiten Weltkrieges nahm zur Vertreibung eine sehr unterschiedliche, zur Frage des Verhältnisses zur Sowjetunion sogar eine entgegengesetzte Haltung ein.

Die polnische Exilregierung war antikommunistisch eingestellt. Sie stand großen Vertreibungsplänen lange Zeit reserviert gegenüber, weil sie erkannte, daß diese das Land in Abhängigkeit von Moskau führen müßten. Die Politik der tschechischen Exilregierung unter Edvard Benesch war diametral entgegengesetzt: Die Vertreibung der Sudetendeutschen war ab einem frühen Zeitpunkt ihr Hauptziel, und dafür wurde eine weitgehende Abhängigkeit von der Sowjetunion nach dem Kriege bewußt in Kauf genommen ...

6. Den Ostdeutschen wurde anders als den Sudetendeutschen nie ein Kollektivschuldvorwurf gemacht. Ihnen wurde nie eine Verantwortung für ihre Vertreibung gegeben.

Der unsägliche Kollektivschuldvorwurf gehört zu den stärksten Triebkräften der Arbeit der Sudetendeutschen. Eigentlich blamabel für jeden, der ihn erhebt, hört dieser Vorwurf nicht auf, die Sudetendeutschen zusammenzuhalten und zu motivieren.

7. Die Vertreibung war für die meisten Ostdeutschen die erste und auch letzte Erfahrung mit Polen. Dagegen kennen sich Tschechen und Sudetendeutschen seit Jahrhunderten. Eine Diskriminierung der Sudetendeutschen hat es bereits lange vor 1945 gegeben, nämlich während der Zeit von 1918 bis 1938. Aus dieser Zeit stammen Erfahrungen im – defensiv geführten! – Nationalitätenstreit, an die nach der Vertreibung angeknüpft werden konnte.

8. Die Nähe von Tschechen und Sudetendeutschen hatte u. a. zur Folge, daß es viele Verwandtschaften gab. Die Vertreibung der Sudetendeutschen hat Tausende Familien auseinandergerissen, was besonders tiefe Wunden hinterlassen, was aber auch den Kollektivschuldvorwurf besonders lächerlich erscheinen lassen mußte ...
9. Die Vertriebenen aus dem Gebiet des heutigen Polens teilen sich auf ein halbes Dutzend Verbände auf, die nicht einheitlich agieren. Dagegen werden die Vertriebenen aus dem Gebiet der heutigen ČR von einer Landsmannschaft vertreten, eben von der SL.
10. Polen hatte eigene Vertriebene, tschechische Vertriebene gab es dagegen nicht.
Polen konnte so die durch Vertreibung entleerten Gebiete teilweise mit eigenen Vertriebenen wieder besiedeln: Einerseits mit ca. 1,5 Millionen ostpolnischen Vertriebenen, andererseits mit ca. 800.000 aus dem Osten des heutigen Polens, d. h. innerhalb des Landes vertriebenen Weißrussen und Ukrainern[2]. Diese bildeten einen zufälligen Bevölkerungsquerschnitt und konnten auch psychologisch die von Deutschen verlassenen Häuser leichter annehmen, da sie selbst alles verloren hatten.
Dagegen gab es keine tschechischen Vertriebenen, die guten Gewissens in die deutschen Geisterstädte hätten ziehen können. Dies hat Folgen bis heute: In das Sudetenland gingen Tschechen, die von ihren eigenen Landsleuten abschätzig »Goldgräber« genannt wurden und auch überproportional viele Roma. Nur die größeren Städte haben ⟨*heute*⟩ die alte Bevölkerungszahl wieder erreicht, und über 500 Orte sind völlig von der Landkarte verschwunden. Manche Tschechen reden bis heute von einer »Halbbesiedelung der Grenzgebiete« ...
11. Konfessionelle Gründe spielen ebenfalls eine Rolle: Über 90 Prozent der Polen gehören heute einer christlichen Konfession an, aber nur etwa 20 Prozent der Tschechen. Der verbreitete Atheismus in Böhmen hat die tschechische Gesellschaft seit langem ideologisch anfälliger sein lassen als die polnische. Auch eine geringere Gelassenheit mag darin eine Ursache haben ...
Umgekehrt sind die meisten Sudetendeutschen katholisch, die meisten Ostdeutschen hingegen evangelisch. Auch dies hatte und hat Folgen. Aus Gründen, die hier nur angedeutet werden können, sind Katholiken bei der Verfechtung ihres Heimatrechtes zäher als Protestanten. Stärkere Verwurzelung des Katholizismus in naturrechtlichen Vorstellungen, universalistisch-übernationale Prägung des Katholizismus, geringere Abhängigkeit für Schwankungen des Zeitgeistes. Die Ostdenkschrift der EKD von 1965 mit ihrer fragwürdigen, da auf das Diesseits projizierten und zudem kollektiven Argumentation von Schuld und Sühne wäre von katholischer Seite nicht vorstellbar.
12. Weitere Gründe liegen in der unterschiedlichen Politik der SL und der ostdeutschen Landsmannschaften.
Die SL ist seit Jahrzehnten proeuropäisch eingestellt. Sie sieht den Nationalstaat mit einiger Skepsis, da die Sudetendeutschen in ihrer Geschichte mit (tatsächlichen oder vorgeblichen) Nationalstaaten schlechte, mit übernationalen Staaten dagegen gute Erfahrungen gemacht haben. Dagegen waren die ostdeutschen Landsmannschaften traditionell eher am Nationalstaat orientiert ...
Eng damit verwandt ist die unterschiedliche Einstellung zur Grenzfrage. Für die SL spielt diese Frage – unbeschadet ihres Festhaltens am Selbstbestimmungsrecht – seit langem keine Rolle mehr bzw. gilt als erledigt. ... Dagegen waren die ostdeutschen Landsmannschaften aus verständlichen Gründen lange Zeit stark auf diese Frage konzentriert ... Oder wie es einmal formuliert wurde: Die SL verlangt nur halb so viel wie die Schlesier, aber das doppelt so intensiv.
13. Die Auflösung der Tschechoslowakei 1992 stellt festgefügte »Gründungsmythen« der tschechischen Gesellschaft in Frage. Mit der Fragwürdigkeit der Legitimität der 1. ČSR (die Slowaken hätten in einer freien Abstimmung diesen Staat wahrscheinlich nicht gewollt) und der notwendigen Neubewertung des tschechisch-slowakischen Verhältnisses

vor 1938 stellen sich auch Fragen des tschechisch-sudetendeutschen Verhältnisses in dieser Zeit neu. Ausdruck der damit verbundenen Unsicherheiten ist die Tatsache, daß Kritik an der 1. ČSR in der ČR heute weitgehend tabu ist, jedenfalls als politisch nicht korrekt gilt ...

14. Die Enteignung der Ost- bzw. Sudetendeutschen durch Polen bzw. die ČSR folgte einem völlig unterschiedlichen Ansatz, der auch ein Schlaglicht auf die unterschiedlich starke Motivation der Vertreibung der beiden Länder (vgl. Punkt 5) wirft: Polen bezeichnet in den einschlägigen – kaum bekannten – Enteignungsdekreten das von den Deutschen zurückgelassene Eigentum als »verlassenes« bzw. »herrenloses Gut«. Diese Dekrete stellen den Eigentumsübergang als eher unvermeidliche Folge der Abwesenheit der Deutschen dar. Die Tschechoslowakei unter Benesch dagegen hat das Mittel des Eigentumsentzugs ... als Mittel der Vertreibung eingesetzt: Der Entzug der physischen Lebensgrundlage sollte ein Verbleiben im Lande unmöglich machen.

Dies hat eine konkrete Auswirkung bis heute: Während die ca. 750.000 Deutschen im heutigen Polen normalerweise noch über ihr Eigentum verfügen, sind die ca. 100.000 Deutschen in der ČR bis heute ihres Eigentums beraubt. Eine nahezu beispiellose Lage in ganz Ostmittel- und Osteuropa.

Hinzu kommen eine Reihe von Enteignungsexzessen in der ČSR, die ebenfalls in Polen keine Parallele haben: Nicht nur die ca. 700.000 Ungarn in der Südslowakei wurden enteignet ... sondern auch die kleine kroatische Volksgruppe in Südmähren ... und teilweise die ca. 60.000 Polen im Olsa-Gebiet (mit unbekannter Begründung). Ferner wurde nicht nur das Vermögen der ermordeten Juden restlos »übernommen«, sondern es wurde auch den jüdischen Überlebenden regelmäßig die Herausgabe ihres Eigentums verweigert (gegen den Wortlaut der Benesch-Dekrete); einige ermordete deutschsprachige Juden wurden sogar nachträglich mittels der Benesch-Dekrete enteignet. Schließlich gab es aufgrund der Benesch-Dekrete Enteignungen von Staatsangehörigen ganz unbeteiligter Länder, namentlich einiger italienischer natürlicher und juristischer Personen ... und des Fürsten von Liechtenstein (wg. angeblich deutscher Volkszugehörigkeit)[3].

...

Ein weiterer Enteignungsexzeß trifft schließlich direkt eine Gruppe von Sudetendeutschen, nämlich die Nazi-Verfolgten und Nazi-Gegner (größte Gruppe unter ihnen sind die Sozialdemokraten), die laut Benesch-Dekreten nicht hätten enteignet werden dürfen und dennoch enteignet worden sind. Wer nach 1938 wegen seiner Loyalität zur ČSR von den Nazis verfolgt wurde (ca. 1000 sudetendeutsche Sozialdemokraten kamen dabei ums Leben) und dennoch nach 1945 wegen Verrats an der ČSR enteignet wurde, muß sich ungerecht behandelt fühlen.

...

Da die ČSR aber offenkundig Unschuldige, ja gänzlich Unbeteiligte aus verschiedensten Gruppen mitenteignet hat, ist die sudetendeutsche Eigentumsfrage heute so unvergleichlich viel komplexer als die ostdeutsche Eigentumsfrage. Eine Folge ist auch, daß jede nichtsudetendeutsche Person oder Gruppe, die Enteignungen im Gebiet der ČR zwischen 1945 und 1948 rechtlich oder politisch zu korrigieren versucht, durch Schaffung von Präzedenzfällen das sudetendeutsche Anliegen fördert. Hier sind einige bemerkenswerte Vorgänge im Gange, die ebenfalls keine Parallele in Polen haben.

15. Der unterschiedlichen Herangehensweise Polens und der ČR an die Vertreibung und die Enteignung zur Tatzeit entspricht eine unterschiedliche Politik heute. Polen verfolgt eine Politik des »Gras-Darüber-Wachsen-Lassens«, die zwar einer Aufarbeitung des Vertreibungsunrechts ausweicht, aber auch neue Verletzungen der ostdeutschen Vertriebenen zu vermeiden versucht.

Die Tschechische Republik ist dagegen aktiver in dem Sinne, daß ausdrücklich ein »Schlußstrich« angestrebt wurde bzw. immer noch angestrebt wird. Polen will die endgültige Lö-

sung der Probleme durch Zeitablauf, die ČR wollte sie durch eine förmliche Verzichtserklärung der Bundesrepublik Deutschland.
Als Zwischenbilanz (Anfang 1997) läßt sich sagen, daß die von der ČR mit Bonn ausgehandelte politische Erklärung keinen rechtlichen Verzicht beinhaltet. Soweit dieses Dokument als politische Willenserklärung Deutschlands interpretiert wird, sudetendeutsche Rechtspositionen nicht aktiv zu vertreten, stellt sich die Frage, wie groß der Nutzen für Prag wirklich ist, denn dies schien auch vorher schon festzustehen – im Falle eines eventuellen Regierungswechsels in Bonn in Zukunft um so mehr. Der politische Preis war jedenfalls hoch, weil die sudetendeutsche Frage zwei Jahre lang international die größte Aufmerksamkeit seit 1938 hatte, was für die ČR unvorteilhaft war.
Der Wortlaut der Erklärung legt aber ohnehin eher die Interpretation nahe, daß die fortbestehenden sudetendeutschen Rechtspositionen in Zukunft nur noch in einer Weise vertreten werden sollen, die die beiderseitigen Beziehungen nicht belastet. Diese Interpretation ist aus sudetendeutscher Sicht aber eigentlich unbedenklich, da die SL nicht ihre Forderungen, sondern das fortbestehende Vertreibungsunrecht als Belastung ansieht und mithin in der Umsetzung ihrer Forderungen kein Problem, sondern eine Problemlösung sieht, die auch und gerade nach der »Gemeinsamen Erklärung« erstrebenswert ist.

Anmerkungen:
[1] Zur viel härteren Besatzungspolitik des NS-Regimes in Polen als im »Protektorat«: Siehe S. 450.
[2] a) Zu den Zahlen: Siehe S. 865.
b) Die in Polen innerhalb seines Territoriums ab 1945 verschleppten Ukrainer forderten wenig später Eigentumsrückgabe und Verurteilung ihrer Verschleppung als Verbrechen.
Vgl. SZ; Nr. 80 v. 8. 4. 1997; S. 7.
[3] Vgl. dazu Blumenwitz, Dieter: »Die tschechisch-liechtensteinischen Beziehungen« in »Wandel durch Beständigkeit«; Hsg. v. L. Kick (m. a.); Berlin, 1998; S. 347–362.
Siehe auch S. 1108.

Quelle:
Badenheuer, Konrad: »Deutsche, Tschechen, Ostdeutsche« in SdZ; Nr. 8 v. 21. 2. 1997; S. 6.

****

Rede[1] 1997, 24. April
des ČR-Staatspräsidenten Václav Havel:
Ersatz von Heimat durch Vaterland und Europa

. . .
Freiheit im tiefsten Sinne des Wortes bedeutet jedoch mehr, als ohne Rückhalt zu sagen, was ich denke. Freiheit bedeutet auch, daß ich den anderen sehe, mich in seine Lage hineinzuversetzen, in seine Erfahrungen hineinzufühlen und in seine Seele hineinzuschauen vermag und imstande bin, durch einfühlsames Begreifen von alledem meine Freiheit auszuweiten . . . Konkret bedeutet es auch, daß wir in der Zukunft jene Begriffe oder Schlagwörter meiden sollten, die unter anderem dank ihrer poetischen Nebelhaftigkeit in dem historischen Bewußtsein der anderen eine andere Bedeutung als bei uns haben, oft sogar eine sehr negative Bedeutung. Sie wissen wohl, daß ich über solche Wortverbindungen wie zum Beispiel »Schlußstrich« spreche, verstanden in Deutschland als ein Ausdruck für den Versuch, böse Dinge zu vergessen, oder »Recht auf Heimat«[2], was bei uns als gehobene Bezeichnung für einen schlichten territorialen Anspruch betrachtet wird.
. . .
Der Mensch ist, wie bekannt, keine Erscheinung an sich, deren Identität in keinem Zusammenhang mit ihrer Umgebung stünde und davon völlig unabhängig wäre. Im Gegenteil: Unsere Identität wird durch zahlreiche Schichten oder Kreise dessen mitgestaltet, was im

allgemeinen als unser Zuhause bezeichnet werden kann. Unsere Familie; der Kreis unserer Freunde oder unserer Glaubensbrüder; das Haus, in dem wir leben ...

Nur eine dieser Schichten – und es ist die Frage, wie wichtig sie für uns im Vergleich mit den anderen ist – nennen wir Heimat[3]. Gewöhnlich verstehen wir darunter das Land, in dem das Volk lebt, dem wir angehören. Als sich allmählich Nationen im modernen Sinne des Wortes zu konstituieren begannen und Eigenstaatlichkeit gewannen und dadurch moderne Nationalstaaten entstanden, wurde unter dem Begriff Heimat offensichtlich immer deutlicher der eigene Nationalstaat verstanden und unter dem Begriff Patriotismus die Gefühlsverbundenheit sowohl mit dem eigenen Volk und dem von ihm bewohnten Land als auch – in zunehmendem Maße – mit dem Staat, welchen dieses Volk aufbaut, beschützt oder um welchen es kämpft.

Ich glaube, wenn man heute »Heimat« sagt, verbinden damit die meisten Menschen eben die zuletzt beschriebene Bedeutung. Anders gesagt, sie sehen die Heimat als eine praktisch abgeschlossene, feststehende, genau definierbare Struktur, die zu keinen weiteren Überlegungen anregt: Jeder weiß doch, wie sich ein Tscheche von einem Deutschen unterscheidet und wo die Tschechische Republik endet und die Bundesrepublik Deutschland beginnt.

Ist eine solche Einstellung zur Heimat die einzig mögliche, richtige und zukunftsorientierte Haltung? Ist es nicht angebracht, das Phänomen Heimat zumindest noch einmal zu untersuchen und uns die Frage zu stellen, welcher Weg uns jetzt offensteht: Sollen wir die Festigkeit, Abgeschlossenheit und Unmöglichkeit der Problematisierung der Heimat einfach als Tatsache akzeptieren und diese Auffassung lediglich weiterhin bekräftigen; oder kann man auch anders vorgehen?

»Heimat«, das am häufigsten benutzte und am besten zutreffende deutsche Wort für das, was im Tschechischen »vlast« genannt wird«[3], ist vom urgermanischen »haima« abgeleitet, welches nicht nur die uns nahestehende und vertraute Welt, also eine Schicht unseres Zuhauses bezeichnete, sondern auch die Welt und das Weltall in ihrer Gesamtheit, das heißt das Universum[4]. Ähnlich bedeutet das altisländische Wort »heimspekja«, über das Heim und die Heimat zu sprechen, aber auch über das Weltall nachzudenken, das heißt zu philosophieren.

...

Sie werden mir bestimmt glauben, daß ich keinem Menschen empfehle, sich von seiner Heimat loszusagen.

Ich glaube nur, daß die Zeit für eine – wohl eher gefühlsmäßige als verbale – Neudefinition reif geworden ist. Die Landschaft, die wir als ein unverkennbares Merkmal unserer Heimat empfinden und lieben, sollten wir immer deutlicher als einen unverkennbaren Bestandteil und ein unverkennbares Beispiel des gesamten Wunders der Natur wahrnehmen, ebenso unverwechselbar, wie zahlreiche andere Landschaften unverwechselbar sind ...

In gewisser Hinsicht mag dies weniger sein als das, was die Heimat für unsere Vorfahren vor hundert Jahren bedeutete. Sie ist nicht mehr ein Gegenstand der Vergötterung. Andererseits ist es aber unendlich mehr: Die Heimat als eine offene Struktur ist doch ein Bindeglied, das uns mit dem Universum verbindet, und eine der vielen konkreten Bemühungen um ein sinnvolles Dasein auf dieser Welt.

...

Der bewundernswerte Prozeß der europäischen Vereinigung konzentriert sich heutzutage auf die institutionelle, wirtschaftliche, legislative und politische Vereinigung. Auf all diesen Ebenen kann er jedoch kaum erfolgreich sein, falls er nicht systematisch von einer Suche nach den vereinigenden Motiven im Bereich des Fühlens und des Denkens begleitet wird. Anders gesagt: Früher oder später werden die Europäer auch Europa als ihre Heimat, wenn auch besonderer Art, oder als eine gemeinsame Heimat ihrer Heimaten empfinden müssen.

Dies ist jedoch nur dann denkbar, wenn sie Heimat als eine offene Struktur betrachten, offen nicht nur in dem Sinne, daß ein Teil der Gefühle, die bisher dem Nationalstaat gewidmet waren, auch einer Region oder andererseits dem ganzen Kontinent gelten kann, sondern hauptsächlich in jenem tieferen Sinne, über welchen ich hier gesprochen habe. Europa sollte viel deutlicher zur Heimat unserer gemeinsamen Werte werden, so wie sie aus unseren besten geistigen Traditionen und den erworbenen geschichtlichen Erfahrungen erwachsen.

. . .

Anmerkungen:

[1] Anläßlich der Deutsch-Tschechischen Erklärung vor den Mitgliedern des Deutschen Bundestages und Bundesrates in Bonn.

[2] Im Original: »právo na vlast«, d. h. Recht auf Vaterland.
»Recht auf Heimat« heißt in tschechischer Sprache eindeutig »právo na domov« bzw. »domovské právo«.
Die unzutreffende deutsche Übersetzung aus dem Tschechischen war von der Presseabteilung der Kanzlei des ČR-Präsidenten vorgegeben (Fotokopie im Besitz des Verfassers) und wurde von den aufgeführten Quellen übernommen.

[3] Im Original: »vlast«, d. h. Vaterland; »Heimat« wäre »domov«.
Beispiele für übliche Übersetzungen sind: Smetanas symphonische Dichtung »Ma vlast« wurde stets mit »Mein Vaterland« übersetzt und die ČSR- bis ČR-Nationalhymne »Kde domov můj?« mit »Wo ist meine Heimat?«
Die Fehlübersetzung wird in der gesamten Rede beibehalten.

[4] Eine präzisere, vermutlich übersehene Ableitung, da zu »Grundbesitz« führend, lautet:
»Heimat *f.* ahd. *hẹimõti, -uoti*, mhd. *hẹimõt, -uot(e), -üete n. f.*, mnd. *hẽmöde n. f.* (got. nur die im zweiten Glied abweichende Zusammensetzung *haimõpli n.* ›Grundbesitz‹, die in ahd. *hẹimõdil*, oberösterr. *hoamatl* n. ›Gut, Anwesen‹ wiederkehrt): . . . zu germ. **haima*, -i, s. Heim . . .«
Vgl. Kluge, Friedrich: »Etymologisches Wörterbuch der deutschen Sprache«, 18. Aufl., Berlin, 1960; S. 299.

Quelle:
»Ansprachen aus Anlaß der Deutsch-tschechischen Erklärung vor den Mitgliedern des Deutschen Bundestages und des Bundesrates am 24. April 1997 in Bonn und den Abgeordneten und Senatoren des Tschechischen Parlaments am 29. April 1997 in Prag«; hsg. v. Deutschen Bundestag; Bonn, 1997; S. 39–48, hier S. 44 f. Abdruck der Reden und Übersetzungen.
Nur in deutscher Sprache: »Bulletin«, Nr. 35 v. 7. 5. 1997, S. 367–370.

****

Rede[1] **1997, 29. April**
des deutschen Bundespräsidenten Roman Herzog:
Gegen Unwahrhaftigkeit, für großmütige Vorleistungen

. . .
Wir bedauern das Leid und wir bedauern das Unrecht, das dem tschechischen Volk zugefügt wurde, und uns ist auch bewußt, daß diese Politik der Gewalt und des Verbrechens es war, die den Boden für die nachfolgende Flucht und Vertreibung geebnet hat.

. . .
Rache, gegenseitige Schuldvorwürfe, Aufrechnungen, sind keine politischen Kategorien, die Zukunft schaffen. Aus diesem Grunde haben unsere Vertriebenen schon in ihrer Stuttgarter Erklärung von 1950[2] feierlich auf Haß und Vergeltung verzichtet und sich trotz des Verlustes ihrer Heimat von einem Geist des Friedens und der Verständigung leiten lassen. Ich glaube, auf diesem Dokument kann man aufbauen. Die jetzige deutsch-tschechische Erklärung setzt diesen Weg fort. Wir sollten jeden Menschen guten Willens auf diesem Weg mitnehmen. Wir sollten aber auch diejenigen einbeziehen, die sich noch ausgegrenzt fühlen. Die gemeinsame Erklärung stellt ein zukunftsweisendes Angebot für alle dar. Wer sich

jetzt ausschließt, der beraubt sich selbst der Möglichkeit, die Zukunft der Deutschen und Tschechen mitzugestalten.
Meine Damen und Herren, wir wollen und können heute nicht von Schlußstrichen reden; das wäre unhistorisch gedacht. Aber die Bereitschaft, großmütig zu sein, auch einmal Vorleistungen zu erbringen, damit eine Entwicklung beginnen kann, ist eine historische Notwendigkeit. Das sage ich in beide Richtungen, vor allem aber an meine deutschen Landsleute. Haben nicht Deutsche diesen Kontinent in Not und Elend gestürzt? Haben nicht die Westdeutschen 50 Jahre lang alle Vorzüge der Freiheit genießen können, während Millionen von Europäern östlich des eisernen Vorhangs ebenso lang Unterdrückung und Not zu erleiden hatten?
Auf Unwahrhaftigkeit, aber auch auf Engherzigkeit und Angst kann man keine Zukunft aufbauen. Deshalb kommt es jetzt darauf an, Angst, Fremdheit, Vorurteile abzubauen, wo immer wir sie finden. Begegnungen, Begegnungen zwischen und mit allen Beteiligten sind der beste Weg dazu.
...
Die Bundesrepublik Deutschland ist ein demokratisches Staatswesen, und es wird daher immer, auch in der Zukunft, Stimmen geben, die dissonante Forderungen erheben, nicht anders als in Ihrem Land. Wir können und wollen um unserer demokratischen Prinzipien willen diese Stimmen nicht unterbinden. Die Bürgerinnen und Bürger der Tschechischen Republik können aber davon überzeugt sein, daß die ganz überwältigende Mehrheit der Deutschen, auch der Sudetendeutschen, Aussöhnung und gute Nachbarschaft mit Ihnen wünscht. Und von unseren tschechischen Nachbarn haben wir dieselbe Überzeugung. Warum also sollte im deutsch-tschechischen Verhältnis nicht möglich sein, was Deutschen und Franzosen, Deutschen und Niederländern[3] ... bereits gelungen ist?
...

Anmerkungen:
[1] Anläßlich der Deutsch-Tschechischen Erklärung vor den Mitgliedern des ČR-Parlamentes in Prag.
[2] Zum Text vom 5. 8. 1950: Siehe S. 31.
Die von den Vertriebenen gleichzeitig erhobene Forderung nach Achtung des Heimatrechtes wurde, wie 1985 durch Bundespräsident von Weizsäcker (siehe S. 865), nicht erwähnt.
[3] Die Beispiele waren unzutreffend, da weder Franzosen noch Niederländer nach 1945 Massenvertreibungen von Deutschen durchführten.
Ähnlich unzulässiger Vergleich mit Frankreich durch den späteren Außenminister Fischer (Bündnis 90/Die Grünen) am 15. 1. 1999 in Bonn.
Vgl. SZ; Nr. 12 v. 16./17. 1. 1999; S. 6.

Quelle:
Bulletin; Nr. 35 v. 7. 5. 1997; S. 370–373, hier S. 372.

****

Bekanntmachung **1997, 6. Mai**
des Bayerischen Staatsministeriums für Unterricht etc. zur
»Förderung der Kenntnisse über Ostmittel- und Osteuropa (Ostkunde)«

Die Verwirklichung der staatlichen Einheit am 3. Oktober 1990 hat Deutschlands Rolle in Europa verändert. Die Bundesrepublik Deutschland sieht sich heute auf Grund ihrer zentralen Lage vor die Aufgabe gestellt, als Mittler zwischen den Völkern das Hineinwachsen der Staaten des ehemaligen Ostblocks in ein freiheitliches Europa zu fördern. Bayern kommt dabei auf Grund seiner Geschichte, seiner jahrhundertealten Nachbarschaftsbeziehungen und der durch die Integration von mehr als zwei Millionen Flüchtlingen und Heimatvertriebenen geprägten Zusammensetzung seiner Bevölkerung eine besondere Bedeutung zu. Der Geschichte, dem kulturellen Erbe und dem Schicksal dieses Teils einer Bevöl-

kerung weiß sich Bayern verpflichtet, zumal damit nicht zuletzt einem wichtigen bundesgesetzlichen Auftrag (Vgl. hierzu § 96 des Bundesvertriebenengesetzes ⟨BVFG⟩ n. F.)[1] entsprochen wird.
Die tiefgreifenden politischen Veränderungen in den östlichen Nachbarländern in den letzten Jahren haben neue Möglichkeiten der Begegnung und Zusammenarbeit über die Grenzen hinweg geschaffen. Das große Interesse an deutscher Sprache und Kultur und die Wiederbesinnung auf die jahrhundertelang miteinander durchlebte, von vielen gegenseitigen Verbindungen geprägte Geschichte eröffnen neue Möglichkeiten für die Pflege der zum Teil fruchtbarem Zusammenwirken geschaffenen Kultur als gemeinsames Erbe. Ebenso große Bedeutung kommt der Kenntnis der aktuellen Gegebenheiten in unseren östlichen Nachbarländern, ihrer naturräumlichen Gliederung, ihrer Sprachen sowie ihrer wirtschaftlichen und politischen Entwicklung zu. Den mit der Vermittlung dieser Kenntnissse verbundenen Aufgaben muß in allen Bildungseinrichtungen der angemessene Platz eingeräumt werden.
Dabei sind folgende Grundsätze zu beachten:

1. Die Beschäftigung mit den genannten Völkern und Kulturen setzt die Kenntnis der geographischen, geschichtlichen, kulturellen und wirtschaftlichen Gegebenheiten voraus. Ziel muß die Vermittlung eines möglichst objektiven Bildes sein, das wissenschaftlich fundiert ist und durch den offenen Dialog mit den dort lebenden Menschen ergänzt wird.
2. Die oft einseitige nationalgeschichtliche und nationalstaatliche Betrachtungsweise eines vergangenen Zeitalters ist durch das Studium von nationenübergreifenden Prozessen und Fragen des friedlichen und gleichberechtigten Zusammenlebens der Völker und Volksgruppen zu überwinden. Die gegenseitige kulturelle Durchdringung und Befruchtung, die wirtschaftliche und gesellschaftliche Entwicklung, Reformbewegungen und Revolutionen sowie die ihnen zugrunde liegenden politischen Theorien müssen ebenso beachtet werden wie die Schwierigkeiten, die die Staaten des ehemaligen Ostblocks nach dem Zusammenbruch des sowjetischen Hegemonialsystems und der kommunistischen Regime zu bewältigen haben.
3. Da sich, vor allem in Ostmitteleuropa, ein bedeutender Teil der deutschen Geschichte in vielfacher Verflechtung mit den im Osten lebenden Völkern und Volksgruppen vollzogen hat, gehört es zu einem ausgewogenen Geschichtsbewußtsein, Rolle und Schicksal der Deutschen in diesen Räumen im Unterricht zu berücksichtigen. Die Deutschen insgesamt sollen sich der Tatsache bewußt sein, daß die früheren deutschen Staatsgebiete und weitere Siedlungsräume im Osten für Teile ihres Volkes jahrhundertelang Heimat waren, aus der sie vertrieben worden sind. Ihre Geschichte und Kultur gehören zum Erbe aller Deutschen.
4. Ungeachtet der Veränderungen nach 1945 leben noch heute Deutsche in ihren östlichen Heimatgebieten. Als nationale Minderheiten kommt ihnen neben den Flüchtlingen und den Vertriebenen eine besondere Brückenfunktion im Verhältnis Deutschlands zu seinen östlichen Nachbarn zu. Dasselbe gilt auch für diejenigen, die als Aussiedler unter uns leben. Die Vermittlung von Kenntnissen über ihr Schicksal soll auch dazu beitragen, die Integration dieser Bevölkerungsgruppe zu erleichtern.

…

8. Die Behandlung ostkundlicher Stoffe erfolgt als fachübergreifendes Prinzip durch Eingliederung in den Erdkunde-, Geschichts- und Sozialunterricht, den Unterricht in Wirtschafts- und Rechtslehre, den Deutsch- und Fremdspracheunterricht, die Kunsterziehung, den Musikunterricht sowie in geeigneten schulischen Veranstaltungen. Im Geschichts- und Sozialkundeunterricht ist über die Deportation, Flucht und Vertreibung der Deutschen aus dem Osten hinaus das weltweite Problem der Vertreibung zu behandeln. Für eine friedvolle Entwicklung, nicht nur im europäischen Raum, ist die Kenntnis

der Rechtsgrundlagen eines gedeihlichen Zusammenlebens von Völkern und Volksgruppen ein wesentlicher Bestandteil dieser Bildungsaufgabe.

9. Aus den vorgenannten Grundsätzen ergibt sich ein entsprechender Bildungsauftrag an die Aus- und Weiterbildung der Lehrer aller Schularten sowie an außerschulische Bildungsträger, d. h. an Museen, Bibliotheken, Archive und an Einrichtungen der Jugend- wie Erwachsenenbildung.

Anmerkung:
1 Zum Text vom 19. 5. 1953: Siehe S. 40.

Quelle:
Mitt.Bl. SL; Nr. 8/97; S. 222–224.

****

Rede[1] **1997, 17. Mai**
von Volkmar Gabert, Vorsitzender der sudetendeutschen Seliger-Gemeinde (SPD):
Künftige Gespräche nicht ohne die Sudetendeutschen

⟨Der Redner ging zunächst ausführlich auf die historische Entwicklung des Nationalitätenproblems in Österreich-Ungarn ein. Er beklagte, daß weder Österreich das Brünner Nationalitätenprogramm von 1899[2] *eingeführt, noch die Alliierten nach 1918 das Selbstbestimmungsrecht durch Autonomie für die Sudetendeutschen realisierten, erwähnte die tschechische militärische Besetzung des Sudetengebietes*[3]*, würdigte die Ereignisse des 4. 3. 1919*[4] *und die prophetische Rede Josef Seligers vom 2. 6. 1920*[5] *und charakterisierte das Verhalten der Sudetendeutschen aller Richtungen gegen die kurzsichtige Politik der ČSR-Regierung von 1919–1938. Bezogen auf die ČSR fuhr er fort:⟩*

Die Vorenthaltung der nationalen Rechte für Millionen von Menschen bedeutete einen Sprengsatz für den neuen Staat, der letztlich zur krisenhaften Entwicklung von 1938 geführt hat. Adolf Hitler konnte die ungelösten Nationalitätenprobleme für seine Kriegsvorbereitungspolitik mißbrauchen. Damit hat diese Entwicklung auch mit zum Zweiten Weltkrieg geführt. Das Münchner Abkommen war letztlich auch eine Folge dieser verfehlten Politik, wobei klargestellt werden muß: Das Münchner Abkommen war nicht eine verspätete Verwirklichung des Selbstbestimmungsrechts der Sudetendeutschen, wenn auch die Mehrheit der Volksgruppe dies so gesehen hat. Das war ein tragischer Irrtum dieser Mehrheit. Zum Selbstbestimmungsrecht gehört auch Freiheit und Selbstverwaltung, und die Gegner des Münchner Abkommens hätten niemals von den Nationalsozialisten verfolgt und in den Konzentrationslagern gequält werden dürfen.

Es sei auch daran erinnert, daß Gruppierungen der Sudetendeutschen Partei in die Konzentrationslager eingeliefert worden sind, wenn ich nur an Walter Brandt und seine Freunde denke. Er hat 1948 ein Buch veröffentlicht unter dem Titel »Die sudetendeutsche Tragödie«[6]. Er ist wohl als einer der engsten Mitarbeiter Konrad Henleins ein unverfänglicher Zeuge dafür, daß eben die Verwirklichung des Münchner Abkommens nichts mit Selbstbestimmungsrecht zu tun hatte. Ich zitiere jetzt aus seinem Buch: ». . . Eine der größten Rechtsbruchaffären des Dritten Reiches, deren Kronzeugen noch unter den Lebenden sind, nahm unter Ausschluß der Öffentlichkeit von Dresden aus ihren Lauf und schaltete viele Hunderte aufrechter Menschen aus dem weiteren politischen Leben aus. Viele bezahlten diese ihre aufrechte Haltung mit Gefängnis und Konzentrationslager. Von den alten Freunden Konrad Henleins war einige Monate nach dem 1. Oktober 1938 kaum noch einer in Amt und Würden. Dafür aber regierten in Reichenberg, genauso wie in Wien und sonstwo, nur noch ausschließlich der Marschbefehl und der uniformierte SS-Geist, dessen Träger wahrhaftig symbolisch den Totenkopf mit den gekreuzten Knochen auf ihren Mützen trugen.«
. . .

Wäre die Tschechoslowakische Republik von Anfang an auch mit einer Autonomie der Sudetendeutschen im Rahmen des Staatsverbandes aufgebaut worden, dann wäre uns und Europa viel erspart geblieben.
Diese Fehlentscheidungen haben sich fortgesetzt, denn die große Chance nach dem Zweiten Weltkrieg wurde genausowenig genutzt, um ein Europa aufzubauen, in dem Völker frei miteinander leben können. Es kam wieder zur Gründung von Nationalstaaten und sogar zu einer brutalen Vertreibung von gesamten Volksgruppen. Damit wurde auch die Machtübernahme des Kommunismus in Mittel- und Osteuropa vorbereitet. Wer sich mit all diesen Fragen beschäftigt, der kann nicht erst 1938 mit der mitteleuropäischen Geschichte beginnen, der muß eben auch Kenntnis haben von all dem, was ich jetzt vorgetragen habe. Das sage ich insbesondere an die Adresse der Bundesregierung.
Die deutsche Bundesregierung hat zwei Jahre mit der tschechischen Regierung über eine gemeinsame Erklärung verhandelt. Hätte man verhandelt auf der Basis der historischen Fakten und der Wahrheit, dann hätte diese Erklärung ein großer Wurf werden können. Sie ist es leider nicht geworden und damit wird es immer wieder neue Diskussionen zwischen Deutschen und Tschechen geben. Ich mache hier in erster Linie der Bundesregierung den Vorwurf, daß sie bei diesen langen Verhandlungen erst in den letzten vierzehn Tagen, als eigentlich alles schon unterschriftsreif war, Gespräche mit den Repräsentanten der Sudetendeutschen geführt hat. Das war zu einer Zeit, wo nichts mehr geändert werden konnte. Ich bedauere diesen schlechten Stil der Bundesregierung. Wer, wie wir alle, eine Freundschaft mit dem tschechischen Volk haben möchte, der kann nicht über die Köpfe der Betroffenen hinweg verhandeln. Das ist die größte Schwäche der deutsch-tschechischen Erklärung.
Eine Schwäche ist auch, daß Mitglieder der Bundesregierung und der bayerischen Staatsregierung in dieser Frage bei Reden, auch auf den Sudetendeutschen Tagen, den Mund sehr voll genommen haben, aber dann letztlich dem vorliegenden Erklärungstext zustimmten. Das hat bei den Sudetendeutschen allgemein eine Enttäuschung hervorgerufen. Wer Reden hält, der muß auch wissen, ob er das, was er sagt, verantworten und durchsetzen kann.
...
Es ist zu begrüßen, daß der deutsche Bundestag in den letzten zwei, drei Jahren zweimal einstimmig eine Verurteilung der Vertreibungen als Mittel der Politik beschlossen hat und auch die Ächtung von Vertreibungen verlangt hat. Trotzdem ist in der deutsch-tschechischen Erklärung ein solch entscheidender Satz nicht enthalten. Diese Erklärung hätte beginnen müssen mit der Feststellung, daß die Verhandlungsparteien jede Vertreibung als Unrecht bezeichnen und daß Vertreibungen niemals mehr Mittel der Politik sein dürfen. Diese Feststellung steht, wie bereits erwähnt, nirgends.
...
Ich will jetzt nicht mehr kritische Bemerkungen zu der deutsch-tschechischen Erklärung machen. Dazu ist eigentlich alles schon gesagt worden. Jetzt kommt es darauf an, daß die Bundesregierung ihr Versprechen hält, daß künftige Gespräche zwischen Deutschen und Tschechen niemals mehr ohne die Sudetendeutschen stattfinden. Das gilt für die Strukturen des sogenannten Zukunftsfonds und das gilt für die Schaffung der deutsch-tschechischen Diskussionsforen. Hier müssen bei den Vorbereitungen bereits die Sudetendeutschen mitbeteiligt werden. An meine Landsleute appelliere ich, sich jetzt nicht an eine selbst erbaute Klagemauer zu begeben, sondern die Mitwirkung an der Schaffung der erwähnten Foren und des Zukunftsfonds anzubieten in Bonn und Prag. Wir brauchen das Gespräch zwischen den Vertretern der betroffenen Völker und nicht nur der Regierungen.
Im Zusammenhang mit der deutsch-tschechischen Erklärung ist leider das eingetroffen, was der Sudetendeutsche Rat immer zum Ausdruck gebracht hat, nämlich, daß in dieser Erklärung unpräzise formuliert worden ist und daß sie die Gefahr in sich birgt, verschie-

dene Auslegungen zuzulassen. Gerade deswegen sind die künftigen Gespräche zwischen Tschechen und Deutschen und Tschechen und Sudetendeutschen von so großer Bedeutung für alle, die ein freundschaftliches Verhältnis zwischen den Völkern haben wollen.
⟨*Der Redner schloß mit einer respektvollen Würdigung des sudetendeutschen Widerstandes gegen das NS-Regime und seiner Hoffnung auf eine europäische Zukunft des Miteinanders.*⟩

Anmerkungen:
1 Anläßlich der Verleihung des Karlspreises der SL beim 48. Sudetendeutschen Tag in Nürnberg.
2 Zum Text vom 13. 9. 1899: Siehe S. 212.
3 Zum Ablauf: Siehe S. 236.
4 Zum Vorgang: Siehe S. 262 ff.
5 Zum Text: Siehe S. 300.
6 Erschienen in Lauf bei Nürnberg, 1949.

Wiedergabe nach:
Brücke; Nr. 6 v. 15. 6. 1997; S. 2 f.; auch Mitt.Bl. SL; Nr. 6–7/1997; S. 176–185; auch SdZ v. 13. 6. 1997; S. 3 f.

****

Rede[1] **1997, 18. Mai**
des Sprechers der SL, Staatsminister a. D. Franz Neubauer:
Deutsch-Tschechische Erklärung[2]*, Heimat und Heimatrecht*

. . .

Eine ehrliche deutsch-tschechische Erklärung hätte den Anfang eines solchen Weges markieren können. Ja, sie hätte der Anfang dieses Weges sein müssen. Doch die Chance blieb ungenutzt, schlimmer noch: Dem Ziel, zu einer Verständigung zwischen Deutschen und Tschechen beizutragen, wurde durch das jetzt verabschiedete Papier Schaden zugefügt! Wie glaubte man zu Verständigung oder gar Versöhnung kommen zu können, wenn man gleichzeitig uns Sudetendeutsche von der Mitwirkung an diesen Gesprächen ausschloß? . . . Zwar sehen wir auch gewisse positive Punkte in der Erklärung, wie z. B. ein Abrücken von der Kollektivschuldthese und das geplante Dialogforum. Insgesamt können die Sudetendeutschen dieser Erklärung jedoch nicht zustimmen, weil in ihr die Geschichte unvollständig und zum Teil unrichtig dargestellt wird. So läßt die Erklärung die Darstellung des deutsch-tschechischen Verhältnisses mit dem Münchner Abkommen von 1938 beginnen. Daß die Sudetendeutschen 1918/19 gegen ihren Willen durch militärische Besetzung in einen Staat gezwungen wurden, in dem sie nicht leben wollten, daß sie von der Mitwirkung an der Verfassung des neuen Staates ausgeschlossen wurden, daß das Zusammenleben von Deutschen und Tschechen mit den schrecklichen Ereignissen des 4. März 1919 (54 Tote und mehrere hundert Verletzte) begann, daß die Deutschen von 1918 bis 1938 einem Prozeß schwerwiegender Benachteiligungen ausgesetzt waren und daß ihnen der Wunsch auf Autonomie nachhaltig verweigert wurde, wird unterschlagen.
Eine weitere Geschichtsklitterung in der Erklärung ist die Formulierung »Vertreibung von Menschen aus dem tschechoslowakischen Grenzgebiet« in bezug auf das Spätjahr 1938. Diese Behauptung ist historisch und rechtlich unhaltbar. Eine Vertreibung der Tschechen 1938 hat es nicht gegeben[3] . . .
Die Erklärung geht sogar hinter den Vertrag von 1992 zurück, weil nunmehr zwischen »Vertreibung« sowie »zwangsweiser Aussiedlung« unterschieden wird. Damit wird der Begriff der Vertreibung auf die sog. wilde Vertreibung beschränkt und die weitere Vertreibung als »zwangsweise Aussiedlung« verharmlost. Mit dieser Unterscheidung wird – mit Ausnahme der sog. wilden Vertreibung – die Verantwortung für die Vertreibung inzidenter den Siegermächten aufgrund des Potsdamer Protokolls[4] zugeschoben.

Dies wird vom tschechischen Ministerpräsident Václav Klaus in einem von ihm unterzeichneten Begründungsbericht zur deutsch-tschechischen Erklärung[5] ganz ungeniert bestätigt. Ich zitiere: »Für die Maßnahmen, die nach der Verabschiedung des Potsdamer Protokolls durchgeführt wurden, wurde in der Deklaration der Begriff zwangsweise Aussiedlung verwendet.« …

Bei der Bundestagsdebatte über die deutsch-tschechische Erklärung am 30. Januar[6] meinten noch Redner aus allen Fraktionen, nun sei endlich die Vertreibung als solche verurteilt worden. Nur zehn Tage später wurden sie vom tschechischen Präsidenten Václav Havel Lügen gestraft. Er empfahl in einem Rundfunkinterview den tschechischen Abgeordneten die Annahme des Papiers ausdrücklich deswegen, weil darin nur die Gewaltexzesse bei der Vertreibung verurteilt werden, nicht aber die Vertreibung selbst[7].

… Damit ist eigentlich alles gesagt: Prag denkt überhaupt nicht an eine Verurteilung der Vertreibung als solcher und hält ausdrücklich an den Benesch-Dekreten[8] fest. Angesichts dieser Tatsachen ist es von entscheidender Bedeutung, daß der deutsch-tschechischen Erklärung keinerlei Rechtswirkung zukommt. Aber auch politisch wurde ihr der Boden entzogen. Bei der Abstimmung im tschechischen Parlament wurde nämlich der Erklärung ein Einführungssatz vorangestellt, der der Zustimmung zum Text interpretierende Äußerungen von Außenminister Zieleniec und Ministerpräsident Klaus zugrunde legt[9]. Diese Äußerungen widersprechen aber nicht nur der deutschen Rechtsauffassung, sondern teilweise sogar dem Erklärungstext selbst. Beide Parlamente haben somit über zwei verschiedene Erklärungen abgestimmt.

Was ist eine Erklärung über die deutsch-tschechische Verständigung wert, die jede Seite, schon bevor die Tinte trocken ist, anders versteht und interpretiert? Wie soll diese Erklärung, die nur hierzulande als Versöhnungserklärung bezeichnet wurde, angesichts dieser Vorgänge und der unwürdigen Szenen bei der Verabschiedung im Prager Parlament wirklich Versöhnung stiften? Statt dem Willen zur Verständigung wurde das Nichtverstehen dokumentiert, statt einer Versöhnung den Weg zu bereiten, wurde polarisiert.

… Man hat versucht, eine Brücke zu schlagen, und dabei vergessen, daß diese Brücke Pfeiler braucht, auf denen sie ruht. Verständigung läßt sich eben nicht durch politische Erklärungen verordnen, Versöhnung kann durch diplomatische Noten allenfalls dokumentiert, aber nicht beschlossen werden!

Wir haben vor diesem Risiko gewarnt, solange es noch Zeit war – man wollte nicht auf uns hören. Auch unser verstorbener Freund Hans Klein hat zusammen mit acht Abgeordneten davor gewarnt. In einem Schreiben an den Bundeskanzler, abgefaßt nur wenige Tage vor seinem Tode, warnte Klein eindringlich vor der »ominösen deutsch-tschechischen Erklärung«, wie er sie nannte[10]. …

Man hat trotzdem diesen Weg beschritten. Nun kann niemand von uns erwarten, daß wir wie die Lemminge hinterherrennen, wenn uns die Außenpolitiker beider Staaten eine Sackgasse als den Weg in die Zukunft anpreisen …

Wir glauben unverändert an die Notwendigkeit und an die Möglichkeit einer ehrlichen Verständigung mit unseren tschechischen Nachbarn! Gerade deshalb lehnen wir diese Erklärung ab …

Präsident Havel hat in seiner Rede vor dem Deutschen Bundestag[11] … das Recht auf Heimat als ein Schlagwort bezeichnet, das man, da es in der Tschechischen Republik als gehobene Bezeichnung für einen schlichten territorialen Anspruch betrachtet wird, besser meiden solle. Auch die Juristen in der tschechischen Präsidentenkanzlei wissen, daß dies falsch ist.

Das Recht auf die Heimat ist schlichtweg ein elementares Menschenrecht.

- Es ist die Ächtung der Vertreibung, jeder Vertreibung – auch wenn sie verharmlosend Transfer, Odsun oder ethnische Säuberung genannt wird.
- Es beinhaltet die Verpflichtung jedes Staates, seine Bürger nicht wegen ihrer Rasse, ihrer Religion oder ihrer Nationalität zu diskriminieren.

– Es ist das Recht jeder Volksgruppe, in der angestammten Heimat zu leben und sich dort frei und unter Respektierung der Nachbarn zu entfalten.
– Es garantiert das Recht jedes einzelnen, allein und ausschließlich selbst zu entscheiden, ob er in seiner Heimat leben mag oder nicht. Er allein trifft die Entscheidung zu bleiben oder zurückzukehren.

Das ist das Recht auf die Heimat, dessen Verwirklichung wir fordern, dessen Umsetzung wir erwarten und in dem wir die Zukunft sehen.

...

Über mehr als 40 Jahre trennte uns ein Eiserner Vorhang von unserer Heimat ... Seit sieben Jahren sind die Verhältnisse grundlegend anders; dies ist eine verhältnismäßig kurze Zeitspanne. Sie hat in der Tschechischen Republik noch nicht ausgereicht, um alte und festgefügte Zerrbilder zu überwinden. In den meisten Nachbarländern der Tschechischen Republik ist das anders. Dort werden dunkle Kapitel nicht mehr geleugnet, Unrecht wird offen benannt und Versuche der Wiedergutmachung gewagt. Sehr früh hat Ungarn die Vertreibung der Ungarndeutschen verurteilt und sogar eine gewisse materielle Entschädigung geleistet[12]. In der Slowakei hat schon 1991 das Parlament deutlich die Vertreibung der Karpatendeutschen verurteilt[13]. Gespräche des slowakischen Staates mit den Karpatendeutschen werden unbefangen geführt. Estland[14] ist am weitesten gegangen, Staatspräsident Meri hat die Estlanddeutschen zur Rückkehr aufgefordert, Estland gibt sogar Eigentum zurück. Auch Lettland[15] und Litauen[16] haben ebenfalls die Deutschen zur Rückkehr eingeladen. Und erst vor wenigen Tagen hat in Rumänien die neugewählte Regierung den Mut gefunden, sich zur vollen Wahrheit zu bekennen. Sie ist dabei, ihr Verhältnis zu den Rumäniendeutschen auf eine neue Grundlage des Miteinander zu stellen.

Die Tschechische Republik ist heute tatsächlich das einzige Land, das die Vertreibung der Deutschen noch zu rechtfertigen versucht. Aber, davon sind wir überzeugt: Nachdem das Eis im Umfeld der Tschechischen Republik längst schmilzt, werden die Eisschollen des Leugnens und Verdrängens in Prag mit Sicherheit nicht dauerhaft Bestand haben.

...

Die Botschaft dieses Sudetendeutschen Tages ist klar:
– Den Schlußstrich haben wir gemeinsam verhindert,
– unsere Stärke, unsere Geschlossenheit werden wir bewahren,
– zum Neubeginn sind wir bereit.

...

Anmerkungen:

[1] Anläßlich des 48. Sudetendeutschen Tages in Nürnberg.
[2] Vom 21. 1. 1997; zum Text: Siehe S. 1073.
[3] Zu den Belegen: Vgl. Habel: MVT.
[4] Vom 2. 8. 1945; zum Text: Siehe S. 548.
[5] Vom 17. 12. 1996; zum Text: Siehe S. 1069.
[6] Zu Textauszügen der Debatte vom 30. 1. 1997: Siehe S. 1078.
[7] Zum Text vom 9. 2. 1997: Siehe S. 1076.
[8] Zum Komplex der sog. Beneš-Dekrete: Siehe S. 576 ff.
[9] Zu diesem »Einführungssatz« vom 14. 2. 1997: Siehe S. 1083.
[10] Zum Text des Briefes vom 18. 10. 1996: Siehe S. 1062.
[11] Am 24. 4. 1997; zum Text: Siehe S. 1087.
[12] Mit Gesetz vom 7. 4. 1992; zu den Regelungen: Siehe S. 942.
[13] Am 12. 2. 1991; zum Text: Siehe S. 908.
[14] Zur Rede des Staatspräsidenten Meri vom 3. 10. 1995: Siehe S. 1028.
[15] Siehe dazu S. 1130.
[16] Siehe dazu die Berichte in SZ; Nr. 63 v. 17. 3. 1997; S. 5. Auch: SdZ; Nr. 12 v. 21. 3. 1997; S. 1. Auch: FAZ; Nr. 85 v. 12. 4. 1997; S. 5. Schließlich: SZ; Nr. 101 v. 3./4. 5. 1997; S. 4, 6 mit einer formellen Regierungserklärung der Entschuldigung für die Vergangenheit und Rückkehraufforderung bei Vermögensrestitution.

Quelle:
Mitt.Bl. SL; Nr. 6–7/1997; S. 193–201.

****

Rede[1] **1997, 18. Mai**
des bayerischen Ministerpräsidenten Edmund Stoiber (CSU):
Deutsch-Tschechische Erklärung[2], *»Eckpunkte«*[3], *Heimatbegriff*

. . .

Die Deutsch-Tschechische Erklärung hat viele von Ihnen im Innersten aufgewühlt. Aus den vielen Briefen, die mich erreicht haben, kann ich Ihre Stimmungslage sehr gut ablesen, und sie erwarten von diesen Tagen hier in Nürnberg zurecht offene Worte. Sie erwarten auch eine Positionsbestimmung.

. . .

Mir war es wichtig, daß in Bayern die Sudetendeutschen, unser vierter Stamm, in die Meinungsbildung zur Erklärung einbezogen wurden: Ich rede von Bayern! Deshalb habe ich auch Franz Neubauer gebeten, die Haltung der Sudetendeutschen im bayerischen Kabinett ausführlich darzulegen[4]. Und ich will nochmals erwähnen: Wo hat es das sonst in Deutschland gegeben, daß der Sprecher einer Landsmannschaft an einer Kabinettssitzung teilgenommen hat und daß seine Überlegungen in die Entscheidung der Regierung eingeflossen sind? . . .

Natürlich bin ich mir bewußt, daß Sie heute mit besonderer Spannung auf den Schirmherrn blicken . . . Ich bekenne mich aus echter Überzeugung zu dieser Schirmherrschaft. Ich nehme dieses Amt sehr ernst . . .

Ich muß und will mich an dem messen lassen, was ich vor einem Jahr an dieser Stelle gesagt habe. Damals[3] habe ich u. a. vier Eckpunkte für die Verhandlungen genannt:

1. Die Vertreibung als Ganzes bedauern. 2. Die Benesch-Dekrete und das Gesetz vom 8. Mai als Unrecht aus der Welt schaffen. 3. Das Heimatrecht anerkennen. 4. Die Sudetendeutschen in die Verhandlungen einbeziehen und den direkten Dialog zwischen den gewählten Repräsentanten der Sudetendeutschen und der tschechischen Seite aufnehmen.

Was konnte davon erreicht werden?

. . .

Die Erklärung hat gewiß Mängel, das hat Franz Neubauer sehr ausführlich heute[5] und in den letzten Wochen und Monaten deutlich gemacht, aber sie bringt unbestreitbar – auch das hat er heute wieder gesagt – Fortschritte. Ich meine, die deutsch-tschechische Erklärung führt über den jahrelangen Schwebezustand hinaus, wie er seit 1992[6] geherrscht hat. Sie eröffnet neue Chancen. Deswegen hat die Bayerische Staatsregierung, wenngleich nicht leichten Herzens, mit vielen Bedenken und nach langem Ringen zugestimmt.

1. Die Tschechische Republik bedauert erstmals die Vertreibung und zwangsweise Aussiedlung[7]. Sie bedauert das Leid und das Unrecht, das vielen unschuldigen Menschen dadurch zugefügt wurde. Sie bedauert den kollektiven Charakter der Vertreibung. In Verbindung mit der Achtung des Völkerrechts, für das Vertreibung klipp und klar Unrecht ist, ist das die bislang weitestgehende Aussage von offizieller tschechischer Seite zum Vertreibungsunrecht.

   . . .

2. Die tschechische Seite bedauert ferner die Enteignung und Ausbürgerung und die Vertreibungsverbrechen, die durch das Gesetz vom Mai 1946[8] von Strafe freigestellt wurden. Ich verstehe – und so hat es auch die Staatsregierung verstanden und ich wiederhole auch mein Motiv hier – dies als Distanzierung von den Benesch-Dekreten[9]. Auch hier sind wir weiter als 1992[6].
3. Beim Heimatrecht gab es allenfalls eine kleine Vorwärtsbewegung. Der Durchbruch gelang freilich nicht. Aber die tschechische Seite erklärte sich bereit, verwandtschaftliche

Beziehungen, familiäre und weitere Bindungen, das heißt die Bindung an den Geburtsort, besonders zu berücksichtigen ...

Das ist das Positive an der Erklärung. Daneben habe ich immer gesagt: Es darf keinen Schlußstrich geben. Darüber ist lange gerungen worden. Und die Erklärung ist kein Schlußstrich. Die deutsch-tschechische Erklärung ist kein völkerrechtlicher Vertrag, sondern – ich hätte fast gesagt »nur« – sie ist nur eine politische Erklärung. Deshalb werden auch die individuellen Vermögensansprüche der Sudetendeutschen davon nicht berührt[10]. Daß die tschechische Seite das wollte, ist die eine Seite, daß sie es nicht erreicht hat, ist die andere Seite.

Das Positive soll nicht die Defizite verdecken, aber umgekehrt sollen auch die Defizite nicht das Positive verdrängen. Zwischen dem Fortschritt und den Mängeln ist eben abzuwägen. Und Mängel hat die Erklärung zweifelsohne.

Historische Zusammenhänge und historische Verantwortung sind in der Erklärung völlig unausgewogen dargestellt ... Man hätte sich eine objektivere Darstellung gewünscht, die nicht einfach bei 1938 beginnt und mit der Vertreibung endet. In diese Erklärung hätte auch ein Wort zur Vorgeschichte von 1938 und zu 1918/1919 gehört. Im übrigen: Die sudetendeutsche Geschichte in Böhmen umfaßt nicht nur acht Jahre, sie umfaßt achthundert Jahre.

Über eine korrekte Darstellung der Geschichte muß im Gesprächsforum[11] weiter gesprochen werden. Beide Seiten – und das ist die Chance, wenn sie nicht realisiert wird, wird die Erklärung ihre Wirkung nicht entfalten – haben sich der ganzen Geschichte zu stellen, den guten wie den schlechten Epochen, sind der Wahrheit verpflichtet. Daran werden wir auch das Gesprächsforum messen.

⟨*4.*⟩ Ein weiteres Manko ist, das räume ich ein, daß die Sudetendeutschen von der Bundesregierung nicht früher und nicht intensiver in den Verhandlungsprozeß eingebunden wurden. Ich habe das mehrmals mit Nachdruck eingefordert. Das ist nicht erreicht worden. Hier wurde, das habe ich mehrfach als großen Mangel dargestellt, über die Köpfe der Betroffenen hinweg verhandelt. Und ich möchte auch hier einmal feststellen: Die Bayerische Staatsregierung selbst war an den Verhandlungen zwischen der Bundesregierung und der tschechischen Regierung nicht beteiligt. Allerdings wurde ich mehrmals von der Bundesregierung informiert und in einigen Koalitionsrunden wurde der Verhandlungsstand intensiv erörtert. Es ist dem Einsatz von Theo Waigel, es ist meinem Einsatz zu verdanken, daß überhaupt in der Erklärung steht, was heute positiv herausgestellt wird.

Ohne den Einsatz der Staatsregierung, ohne den Einsatz des CSU-Vorsitzenden, stünde in der Erklärung nicht das Wort Vertreibung, stünde kein Bedauern über die Enteignung und Ausbürgerung, stünde kein Wort in Richtung Heimatrecht.

...

Und im übrigen, ich sage das nur sozusagen nebenbei: Wenn irgendwo das deutsch-tschechische Verhältnis oder das sudetendeutsche Verhältnis im Deutschen Bundestag auf der Tagesordnung stand, dann habe ich, der Schirmherr für die Sudetendeutschen, alle Termine hinausgeschmissen, und ich habe mich im Deutschen Bundestag[12] für diese Interessen – ich erlaube mir das auch einmal zu sagen – immer wieder geschlagen. Von allen bin ich dabei nicht unterstützt worden, das nur mal mit Verlaub.

...

Und deshalb werde ich mich auch allen Uminterpretationen dieser Erklärung widersetzen. Ich habe das auch im Deutschen Bundestag deutlich gemacht. Es gilt allein der Text, Wortlaut und Geist dieser Erklärung, sonst nichts – kein Motivenbericht der tschechischen Regierung[13], keine Reden des tschechischen Ministerpräsidenten oder seines Außenministers ... Diese Spitzfindigkeiten machen wir nicht mit.

...

Es bleibt unsere Forderung nach Verwirklichung des Rechts auf Heimat ... Erlauben Sie mir ⟨*dazu*⟩ eine intellektuelle Auseinandersetzung mit Václav Havel.

Eines ist klar, und das haben wir, das habe ich immer wieder gesagt. Das Recht auf Heimat impliziert keinen territorialen Anspruch. Wenn Havel in seiner Rede[14] sagt, daß das Recht auf Heimat in Tschechien als »schlichter territorialer Anspruch« betrachtet wird, so kann sich diese Auffassung auf keine einzige offizielle deutsche Stimme berufen ...
Präsident Havel setzt in seiner Bonner Rede bei einem Heimatbegriff an, der nicht der unsrige ist. Havel setzt zunächst Heimat mit dem Nationalstaat gleich. Da dieser im Zuge der europäischen Einheit an Bedeutung verliert, europäisiert Havel sozusagen die Heimat, erhebt sie in das Reich des Ideellen. Wer von einem solchen Heimatbegriff ausgeht, für den mag Heimatliebe zum Böhmerwald, zum Egerland nur schwer verständlich sein.
... Wenn wir von Heimat reden, dann meinen wir Bayern, Schlesien, Ostpreußen, Sachsen, das Sudetenland – oder noch näher – Franken, Schwaben, den Bayerischen Wald, den Böhmerwald, das Egerland oder das Erzgebirge. Für uns Deutsche sind, weil wir ein ausgeprägtes föderales und regionales Bewußtsein haben, Heimat die kleinen Einheiten innerhalb der Nation. Hier hat der Mensch Maß und Orientierung gewonnen, hier hat er Geschichte, Sprache und kulturelle Prägung empfangen. Deshalb bleibt ein Bayer auch Bayer, wenn ihn die Wege aus der Heimat wegführen sollten. Und erst recht bleiben diejenigen, denen man mit Gewalt die Heimat weggenommen hat, Schlesier, Ostpreußen, Pommern und Sudetendeutsche.
Der Versuch, Heimat als abstrakte Idee zu sehen oder sie zu internationalisieren, wird sich nicht durchsetzen ... Das entspricht nicht dem Erleben und Empfinden der Menschen. Wir werden in Europa vielmehr eine umgekehrte Entwicklung erleben. Je größer die Räume und Dimensionen werden, durch die Globalisierung, durch die Eine Welt, durch die europäische Einigung, um so mehr erhält Heimat, erhält das Regionale, erhalten die kleineren, überschaubaren Einheiten für den Menschen Gewicht. Die Heimatbindung befähigt den Menschen doch erst, sich in der größeren Welt zurechtzufinden. Bewußte Heimatbindung hat überhaupt nichts mit Enge oder Provinzialität zu tun. In der Heimat findet der Mensch Geborgenheit, nur hier fühlt er sich letztlich aufgehoben ...
Wenn Heimat nicht mit Nation gleichgesetzt wird, ... dann wird auch das Recht auf Heimat ... bei unseren östlichen Nachbarn ... mit neuen Augen gesehen werden müssen. Ein solches Heimatverständnis eröffnet dann auch eher den Weg zur Anerkennung des Heimatrechts. Auch im zusammenwachsenden Europa braucht der Mensch konkrete Heimat. Er hat ein Recht darauf, in Deutschland, in Europa.
...

Anmerkungen:

1 Anläßlich des 48. Sudetendeutschen Tages in Nürnberg.
2 Vom 21. 1. 1997; zum Text: Siehe S. 1073.
3 der Rede Stoibers am 26. 5. 1996; zum damaligen Text: Siehe S. 1052.
Diese »Eckpunkte« wurden in der nunmehrigen Rede vom 18. 5. 1997 aufgegriffen und in geänderter Reihenfolge behandelt.
4 Am 17. 12. 1996; zur Verlautbarung darüber: Siehe S. 1067.
5 Siehe S. 1094.
6 Gemeint: Der sog. Nachbarschaftsvertrag v. 27. 2. 1992; zum Text: Siehe S. 929.
7 Der Erklärungstext (siehe S. 1074) deckte diese Aussage nicht ab.
8 Zum Text vom 8. 5. 1946: Siehe S. 685.
9 Zum Komplex der sog. Beneš-Dekrete: Siehe S. 576 ff.
Hier wurde ein Verständnisdissens deutlich: Die tschechische Seite hatte sich im Erklärungstext mit ihrem Bedauern für das z. B. durch die Enteignung zugefügte Leid weder von der Enteignung selbst noch von den sie bewirkenden Beneš-Dekreten distanziert.
10 So die Erklärung von Bundeskanzler Kohl am 21. 1. 1997; zum Text: Siehe S. 1077.
11 Dieses war durch Ziff. VIII, Abs. 3 der Erklärung vom 21. 1. 1997 beschlossen worden.
12 So z. B. am 1. 6. 1995; zum Text: Siehe S. 1013.
13 Vom 17. 12. 1996; zum Text: Siehe S. 1069.
14 Vom 24. 4. 1997; zum Text: Siehe S. 1087.

Quelle:
Mitt.Bl. SL; Nr. 6 u. 7/1997; S. 202–216.

****

Äußerung des Staatspräsidenten Kroatiens, Franjo Tudjman: **1997, 26. Mai**
Die Anerkennung der Vertreibung der Sudetendeutschen[1] wird zum internationalen Vorbild

Der kroatische Präsident Franjo Tudjman hat zum Ausdruck gebracht, daß er die große Masse der Serben nicht wieder aufnehmen will, die aus Kroatien nach Serbien geflüchtet waren. In einem Gespräch mit Journalisten sagte Tudjman, Zagreb werde zwar die Rückkehr solcher Serben ermöglichen, die in Ostslawonien[2] Zuflucht gefunden hatten und bei der jetzigen Wiedereingliederung dieses Gebiets die kroatische Staatsbürgerschaft annehmen. Es sei jedoch »unvernünftig«, eine Rückkehr aller Serben zu verlangen. »Niemand stellt ja auch die Forderung, daß die Sudetendeutschen zurückkehren«, sagte er. ⟨[3]⟩

Anmerkungen:

[1] Ausgangspunkt der Aussage war, daß vor der Unabhängigkeit Kroatiens in dessen von Marschall Tito 1973 fixierten Grenzen unter den rd. 5 Mio. Einwohnern ca. 600.000 Serben etwa 12 Prozent der Gesamtbevölkerung stellten, davon in einigen Teilgebieten fast 100 Prozent.
Bis zum Ende der Feindseligkeiten war die Zahl der Serben im nunmehr souveränen Kroatien im Zuge wechselseitiger »ethnischer Säuberungen« auf weniger als 200.000 gesunken; die Zahl der von Kroatien aufgenommenen Kroaten aus den neuen Staaten Serbien – Montenegro sowie Bosnien-Herzegowina wurde nicht erwähnt.
Die EU und die UN hatten den »ethnischen Säuberungen« im Gebiet Ex-Jugoslawiens kein Konzept der Grenzanpassung zur mindestens teilweisen Lösung entgegengesetzt, sondern stets die völlige Rückkehr der Vertriebenen in ihre nunmehr oft im jeweiligen »Feind«-Staat liegenden Heimatgebiete gefordert.
Zu den Texten: Siehe z. B. S. 109, 122.
Diesem Druck begegnete nun Tudjman mit dem Verweis auf die vergleichbare Fernhaltung der Sudetendeutschen aus deren Heimatgebiet in der nunmehrigen ČR.

[2] D. h. Serben, die aus einem Teil Kroatiens in einen anderen Teil geflohen waren.

[3] Die Äußerung Tudjmans führte im Mai 1998 zu einer Anfrage des MdL Christian Knauer (CSU) an die Bayerische Staatsregierung, der nach Zitat Tudjmans zu wissen begehrte:
»Wie kann nach Auffassung der Staatsregierung verhindert werden, daß das den Sudetendeutschen und anderen Vertriebenen widerfahrene Unrecht heute als Rechtfertigung für ähnliche Vorgänge herhalten muß?«
Die Antwort lautete.
»Vertreibungen dürfen sich nicht lohnen. Solange diesem Grundsatz nicht Rechnung getragen wird, muß befürchtet werden, daß sich entsprechende Vorgänge wiederholen und nicht zuletzt mit der Hinnahme zurückliegenden Unrechts durch die Völkergemeinschaft gerechtfertigt werden. Ethnische Probleme lassen sich nicht über Vertreibungen lösen, und Vertriebene bleiben so lange vertrieben, bis ihnen das Recht auf die Heimat gewährt wird. Daher setzt sich die Staatsregierung seit jeher für die Verwirklichung dieses elementaren Rechts und seinen internationalen Schutz ein. Es zählt zu den Rechten, die den Menschen auch über den Ausgang von Kriegen zustehen. Der Konsens hierüber in Wort und Tat, aber auch ein europaweit geltendes Volksgruppenrecht, sind die sicherste Vorkehrung gegen die Wiederholung der Tragödien, die Vertreibung, ethnische Säuberung oder sogenannter Bevölkerungsaustausch immer bedeuten. Daher ist es notwendig, daß auch solche Länder die Vertreibung als Unrecht bezeichnen, die selbst Vertreibungen vorgenommen haben. Die Staatsregierung bekräftigt, daß die Verwirklichung des von ihr geforderten Rechts auf die Heimat kein neues Unrecht hervorrufen darf. Offene Fragen in der Mitte Europas sind eine große geistige Herausforderung, die zu bestehen angesichts weltweiter Krisenherde eine vordringliche Aufgabe ist. Ihre Lösung kann nur einvernehmlich erfolgen.«
Vgl. SdZ; Nr. 21 v. 22. 5. 1998; S. 1.

Wiedergabe nach:
SZ; Nr. 119 v. 27. 5. 1997; S. 7.

****

Stellungnahme der EU-Kommission zum ČR-Beitrittsgesuch zur EU: **1997, Juni**[1]
Die ČR ist grundsätzlich aufnahmefähig

⟨Vorbemerkung:
Nachdem die ČR am 17. 1. 1996 den Antrag auf Beitritt zur EU gestellt hatte, prüfte die Kommission der EU[2]*, ob die ČR die Mitgliedschaftsvoraussetzungen*[3] *erfülle, welche als sog. »europäische Rechtsstandards«/»europäische Hausordnung«*[4] *oder auch als »Rechtsordnung«/»Rechtsauffassung«*[5] *bezeichnet wurden.*
Die Kommission der EU veröffentlichte ihre »Stellungnahme« Mitte 1997. Aus ihr sind einige Punkte bemerkenswert:⟩

A. Einleitung
. . .
b) Beziehungen zwischen der Europäischen Union und der Tschechischen Republik
Historischer und geopolitischer Kontext
Mit der Krönung Ferdinands I. zum König von Böhmen im Jahre 1527 wurden die tschechischen Lande für vier Jahrhunderte Teil des Habsburgerreichs. Im 19. Jahrhundert nahmen die Bestrebungen der Tschechen nach größerer Autonomie innerhalb des Kaiserreichs zu. Im Oktober 1918 wurde die Tschechoslowakische Republik ausgerufen. Sie war ein Vielvölkerstaat: Nach einer Volkszählung von 1921 waren 51% ihrer Einwohner Tschechen, 23% Deutsche, 14% Slowaken und 5,5% Ungarn. Sie übernahm 60–70% der Industrieanlagen Österreich-Ungarns.
In den 30er Jahren führte die Forderung der Sudetendeutschen nach Autonomie zu wachsenden Spannungen. Nach dem Münchner Abkommen und dem Wiener Schiedsspruch von 1938 wurden die an Deutschland grenzenden und überwiegend von Deutschen bewohnten Gebiete an Deutschland und ein Viertel der slowakischen Lande an Ungarn abgetreten. Im März 1939 besetzten deutsche Truppen die übrigen tschechischen Lande. Nach dem Krieg wurde die Tschechoslowakische Republik in ihren Vorkriegsgrenzen wiedererrichtet, mit Ausnahme der Karpato-Ukraine, die von der Sowjetunion annektiert wurde. Bei Kriegsende erließ die Regierung ein Dekret zur Enteignung der Sudetendeutschen; fast alle wurden gezwungen, das Gebiet der Tschechoslowakei zu verlassen.[6]
. . .

B. Beitrittskriterien
1 Politische Kriterien

. . .
1.1 Demokratie und Rechtsstaatlichkeit[7]
Mit der im Dezember 1992 vom Nationalrat der Tschechischen Republik verabschiedeten Verfassung[8] sowie der Charta der Grundrechte[9], die einen festen Bestandteil der Verfassung bildet, wurde eine parlamentarische Demokratie geschaffen. Die tschechischen Verfassungsorgane funktionieren ordnungsgemäß, und die verschiedenen Gewalten achten die Grenzen ihrer Befugnisse und sind um Zusammenarbeit bemüht.
. . .

1.2 Menschenrechte und Minderheitenschutz

In der Tschechischen Republik wurde eine Reihe innerstaatlicher Normen zur Wahrung der Menschenrechte und der Rechte von Minderheiten erlassen. Der Schutz dieser Rechte ist außerdem durch die Anwendung bestimmter internationaler Konventionen gewährleistet, zu denen in erster Linie die Europäische Menschenrechtskonvention[10] und deren wichtigste Zusatzprotokolle[11] gehören. Die Gesamtheit dieser Normen ist nach Artikel F des Vertrages über die Europäische Union[2] Bestandteil des Gemeinschaftsrechts: Jeder Staat, der der Europäischen Union beitreten will, muß diese Konventionen zuvor ratifiziert haben.

Die Tschechische Republik, seit 1993 Mitglied des Europarates, ist aufgrund der von der damaligen Tschechoslowakei vorgenommenen Ratifikationen seit März 1992 Vertragspartei der Europäischen Menschenrechtskonvention[10] und ihrer Zusatzprotokolle.[11] Ferner räumt sie ihren Bürgern die Möglichkeit[12] ein, den Europäischen Gerichtshof anzurufen, wenn sie der Meinung sind, daß ihre Rechte aus dieser Konvention verletzt werden.

Von den übrigen internationalen Übereinkünften zum Schutz der Menschen- und Minderheitenrechte hat die Tschechische Republik das Europäische Übereinkommen zur Verhütung von Folter ratifiziert und das Rahmenübereinkommen zum Schutz nationaler Minderheiten[13] und die Europäische Sozialcharta unterzeichnet, aber noch nicht ratifiziert. Sie hat ferner die wichtigsten im Rahmen der Vereinten Nationen geschlossenen Menschenrechtskonventionen ratifiziert.

In der Tschechischen Republik haben die Bestimmungen der internationalen Menschenrechtsübereinkünfte gemäß Artikel 10 der Verfassung[8] Vorrang vor den Bestimmungen des innerstaatlichen Rechts und gelten unmittelbar.

Bürgerrechte und politische Rechte

...

Das Recht auf Eigentum ist garantiert, und eine Enteignung darf nur dann vorgenommen werden, wenn das öffentliche Interesse dies gebietet und eine angemessene Entschädigung erfolgt. Was die Rückgabe enteigneter Güter betrifft, sollte daran erinnert werden, daß sie nur bei solchen Gütern möglich ist, die nach dem 25. Februar 1948[14] konfisziert wurden, und daß sie nur zugunsten tschechischer Bürger[15] erfolgen kann. Betroffene können zwischen der Rückgabe und einer nach gesetzlich festgelegten Kriterien berechneten finanziellen Entschädigung wählen. Das Verfassungsgericht hat mit seinem Urteil aus dem Jahre 1996 die Bestimmung abgeschafft, nach der das Rückgabegesetz[16] nur Personen zugute kommen kann, die einen Wohnsitz in der Tschechischen Republik haben. Was die Güter betrifft, die der katholischen Kirche gehörten[17], so herrscht immer noch Streit über die Anzahl der Gebäude und die Fläche der Wälder, die ihr zurückgegeben werden müssen. Die tschechischen Behörden sind zur Zeit dabei, das Kataster zu informatisieren und zu aktualisieren.

...

Minderheitenrechte und Minderheitenschutz

Die Minderheiten in der Tschechischen Republik machen etwa 7% der Bevölkerung aus. Die größten Gruppen bilden eindeutig die Slowaken (4%) und die Sinti und Roma (Schätzungen zufolge 2 bis 3%).[18]

Der Minderheitenschutz kann zuallererst durch internationale Vorschriften sichergestellt werden. Die Tschechische Republik hat das Rahmenübereinkommen zum Schutz nationaler Minderheiten des Europarats nicht ratifiziert.[13] Außerdem ist die Empfehlung 1201 der Parlamentarischen Versammlung des Europarats, die eine Anerkennung der kollektiven Minderheitenrechte vorsieht, rechtlich nicht bindend.

Die Grundrechtscharta gesteht den Minderheiten das Recht zu, ihre eigene Identität zu bewahren, in ihrer Sprache unterrichtet zu werden und diese im Umgang mit der Verwaltung zu gebrauchen. Es gibt keine Sonderregelungen, mit denen die Vertretung der Minderheiten im Parlament sichergestellt wird. Alle Minderheiten sind im 1992 geschaffenen Minderheitenrat vertreten, der von der Regierung in allen sie betreffenden Fragen konsultiert wird. Ferner verfügt jede Kammer über einen ständigen Ausschuß für Menschen- und Minderheitenrechte.

. . .

1.3 Allgemeine Bewertung

. . .

Die Tschechische Republik besitzt die Merkmale einer Demokratie mit stabilen Institutionen, die die Rechtsstaatlichkeit[7], die Menschenrechte und die Achtung und den Schutz von Minderheiten garantieren.

. . .

C) Zusammenfassung und Schlußfolgerung

. . .

Schlußfolgerung

Vor dem Hintergrund dieser Erwägungen ergibt sich für die Kommission, daß

- die Tschechische Republik über die Merkmale einer Demokratie mit stabilen Institutionen verfügt, die die rechtsstaatliche[7] Ordnung, die Menschenrechte und die Achtung von Minderheiten und ihren Schutz gewährleisten[19];

. . .

In Anbetracht dieser Überlegungen empfiehlt die Kommission die Eröffnung von Beitrittsverhandlungen mit der Tschechischen Republik.

Die verstärkte Heranführungsstrategie wird der Tschechischen Republik helfen, sich besser auf die Erfüllung der mit der Mitgliedschaft verbundenen Verpflichtungen vorzubereiten und Maßnahmen zu ergreifen, die in der Stellungnahme identifizierten Mängel[20] zu verbessern. Die Kommission wird spätestens Ende 1998 einen Bericht über die von ihr erreichten Fortschritte vorlegen.

Anmerkungen:

1 So als Stand der gemachten Angaben in S. 15 der »Stellungnahme« vermerkt.

2 Die einschlägige Bestimmung im Maastrichter Gründungsvertrag der EU vom 7. 2. 1992 war Art. O. Sie legte (in der Fassung des Amsterdamer Vertrages vom 2. 10. 1997, dort Art. 49) v. a. fest: »Jeder europäische Staat, der die in Artikel 6 Absatz 1 genannten Grundsätze achtet, kann beantragen, Mitglied der Union zu werden . . .«
Art. 6 Abs. 1 lautete:
»Die Union beruht auf den Grundsätzen der Freiheit, der Demokratie, der Achtung der Menschenrechte und Grundfreiheiten sowie der Rechtsstaatlichkeit; diese Grundsätze sind allen Mitgliedstaaten gemeinsam.«
Vgl. BGBl. 1998, Teil II; S. 386 ff.

3 Diese Voraussetzungen waren vertrags- und beschlußgemäß:
a) Der Maastrichter Gründungsvertrag der EU vom 7. 2. 1992 hatte von Mitgliedern der EU im hier relevanten Bereich in Art. F, Abs. 2 verlangt:
»Die Union achtet die Grundrechte, wie sie in der am 4. November 1950 in Rom unterzeichneten Europäischen Konvention zum Schutze der Menschenrechte und Grundfreiheiten gewährleistet sind und wie sie sich aus den gemeinsamen Verfassungsüberlieferungen der Mitgliedstaaten als allgemeine Grundsätze des Gemeinschaftsrechts ergeben.«
Die Bestimmung wurde als Art. 6, Abs. 2 in den Amsterdamer EU-Vertrag vom 2. 10. 1997 übernommen.
b) Die Staats- und Regierungschefs der damaligen EU-Länder hatten als »Europäischer Rat« auf ihrer Tagung im Juni 1993 in Kopenhagen als Mitgliedschaftsvoraussetzung formuliert:

»Als Voraussetzung für die Mitgliedschaft muß der Beitrittskandidat eine institutionelle Stabilität als Garantie für die demokratische und rechtsstaatliche Ordnung, für die Wahrung der Menschenrechte sowie die Achtung und den Schutz von Minderheiten verwirklicht haben.«
Vgl. Europäische Kommission (Hsg.): a. a. O. (siehe Quelle); S. 7.

4 Aus diesem Begriff zog der bayerische Ministerpräsident Stoiber Ende Juni 1998 folgende definierende Konsequenz:
»Die Benesch-Dekrete genügen wegen ihres Unrechtscharakters und damit ihrer Völkerrechtswidrigkeit nicht den gemeinsamen europäischen Rechtsstandards und entsprechen damit nicht der europäischen Hausordnung. Deshalb gehört diese Frage in die anstehenden Verhandlungen zum EU-Beitritt Tschechiens.«
Vgl. SdZ; Nr. 27 v. 3. 7. 1998; S. 1.

5 Deutschland und die ČR haben mit der Deutsch-Tschechischen Erklärung vom 21. 1. 1997 zu gewisser Rechtsverwirrung beigetragen: Einerseits wurde darin nämlich erklärt, beide Seiten teilten »heute gemeinsam demokratische Werte, achten die Menschenrechte, die Grundfreiheiten und die Normen des Völkerrechts«. Andererseits bescheinigte man sich wechselseitig, daß »jede Seite ihrer Rechtsordnung verpflichtet bleibt und respektiert, daß die andere Seite eine andere Rechtsauffassung hat«.
Zum Gesamttext: Siehe S. 1073.
Da davon auszugehen war, daß die in Deutschland als Gründungsmitglied der EU herrschende Rechtsordnung/gültige Rechtsauffassung der in der EU gültigen entsprach, konnte abgeleitet werden, daß die am 21. 1. 1997 herrschende ČR-Rechtsordnung jener der EU nicht entsprach.

6 Man könnte diese Darstellung als lückenhaft und terminologisch eher schwach bezeichnen: Wer wohnte denn vor und nach 1527 in den wohl »böhmischen« und nicht »tschechischen« Landen? Wer rief für wen 1918 die ČSR aus? Gab es 1921 keine Polen, Juden und Ukrainer in der ČSR? Was erfolgte 1939 mit den »slowakischen« Landen? Wer erließ 1945 das Enteignungsdekret?
Dabei kamen die Sudetendeutschen in dieser EU-Stellungnahme zur ČR insgesamt noch gut weg: In der EU-Stellungnahme zum Beitrittsgesuch von Polen hieß es an der vergleichbaren Stelle nämlich in ganzen vier Sätzen lapidar:
»Nach dem Ersten Weltkrieg konstituierte sich die Republik Polen als parlamentarische Demokratie. 1939 wurde Polen erneut geteilt und von Deutschland und der Sowjetunion annektiert. Nach dem Zweiten Weltkrieg erlangte Polen seine Unabhängigkeit wieder. Innerhalb seiner neugezogenen Grenzen lagen auch ehemalige deutsche Gebiete.«

7 Ohne auf Details einzugehen wird man die Rechtsstaatlichkeit der ČR per Juni 1997 aus von der EU-Kommission nicht beachteten Gründen wohl verneinen müssen.
Die ČR hat in ihrer jetzigen Verfassung einerseits die (Europäische) »Konvention zum Schutz der Menschenrechte und Grundfreiheiten« an zwei Stellen (Art. 3, Art. 112; siehe S. 953, 955) einschränkungslos zum »Bestandteil der verfassungsmäßigen Ordnung« erklärt.
Gleichzeitig (und bis heute) hat die ČR jedoch im Widerspruch dazu gehandelt und Unterlassungen begangen: Sie hat die sog. Beneš-Dekrete (siehe S. 576 ff.), welche diese Konvention vielfach verletzen, weiterwirken und Dekret 108 von ihrem Verfassungsgerichtshof sogar bestätigen lassen (siehe S. 993); das ist eine andauernde Verletzung des Rechtsstaat-Gebots.
Die ČR hat darüber hinaus durch die Fortwirkung sog. Beneš-Dekrete das von ihr per 1. 1. 1993 als einschränkungslos fortgeltend anerkannte Internationale Übereinkommen gegen Rassendiskriminierung vom 7. 3. 1966 (zum Text: Siehe S. 59) verletzt, das die Aufhebung derartiger Bestimmungen verlangt; das ist ein andauernder Bruch des Völkerrechts.
Schließlich hat die ČR durch vorhandene Gesetze und Verwaltungspraxis alle Nicht-Tschechen, darunter auch die Deutschen, erheblich diskriminiert; das ist eine Verletzung der Menschenrechte und des Minderheitenschutzes.
Zur detaillierten Belegung von über 30 aktuellen Völkerrechtsverstößen der ČR vgl. die Zusammenstellungen von Konrad Badenheuer in SdZ v. 11. 9., 2. 10. und 9. 10. 1998 sowie im »Mitt.Bl. der SL«, Nr. 12/1998, S. 359–375.

8 Zum Text vom 16. 12. 1992: Siehe S. 953.

9 Zum Text vom 9. 1. 1991: Siehe S. 910.

10 Zum Text vom 4. 11. 1950: Siehe S. 32.

11 Zu Texten vom z. B. 20. 3. 1952, 16. 9. 1963, 22. 11. 1984: Siehe S. 37, 57, 58.

12 Etwas unpräzise Darstellung; zum Text vom 18. 3. 1992: Siehe S. 936.

13 Zum Text vom 1. 2. 1995: Siehe S. 143;
zu einer Verletzung des Übereinkommens per 12. 4. 1995: Siehe S. 1005.

[14] Warum dieser Termin (Stichtag der offenen Machtübernahme in der ČSR) derart feststeht, wurde nicht ausgeführt.
[15] Diese offensichtlich national diskriminierende und auch den EU-Vertrag verletzende Politik wurde offensichtlich nicht einmal hinterfragt.
[16] Anscheinend gemeint: Das ČSFR-Gesetz Nr. 403 v. 2. 10. 1990; zum Text: Siehe S. 898.
[17] Siehe dazu S. 1035.
[18] Daß im Juni 1997 auch Deutsche in der ČR lebten, war der »Stellungnahme« nicht zu entnehmen.
[19] Diese Aussage führte zu einer Anfrage im Deutschen Bundestag.
Das MdB Egon Jüttner (CDU/CSU) begehrte unter Bezugnahme auf die dem Parlament vorgelegte Fassung zu wissen:
»Hält die Bundesregierung die Tatsache, daß in der Tschechischen Republik tschechische Staatsbürger deutscher Nationalität aufgrund ihrer deutschen Herkunft unter Bezugnahme auf die Beneš-Dekrete ihr nach dem Zweiten Weltkrieg konfisziertes Eigentum auch weiterhin nicht zurückerhalten, für vereinbar mit der von der Kommission der Europäischen Gemeinschaften in der ›Agenda 2000. Eine stärkere und erweiterte Union‹ getroffenen Feststellung ›Die tschechische Republik weist die Merkmale einer Demokratie mit stabilen Institutionen auf, die Rechtsstaatlichkeit, Wahrung der Menschenrechte sowie Achtung und Schutz von Minderheiten gewährleisten.‹ (s. Drucksache 13/8391, S. 77)?«
In der Antwort der Bundesregierung, welche am 7. 1. 1998 Staatsminister Werner Hoyer gab, wurde die politische Formulierung der Deutsch-Tschechischen Erklärung vom 21. 1. 1997 (zum Text: siehe S. 1074) genutzt, um den logischen Abstand zwischen Fortgeltung völkerrechtswidriger Vorgänge und gleichzeitig behaupteter Rechtsstaatlichkeit im EU-Sinne notdürftig zu überbrücken. Es hieß nämlich:
»Die Bundesregierung hat die entschädigungslose Enteignung deutschen Vermögens immer als völkerrechtswidrig verurteilt. Die tschechoslowakische bzw. tschechische Regierung war und ist aber nicht bereit, die Beneš-Dekrete aufzuheben. Die auf die von der deutschen abweichende tschechische Rechtsauffassung zurückzuführende Tatsache, daß in der Tschechischen Republik lebende tschechische Staatsangehörige deutscher Volkszugehörigkeit ihr nach dem Zweiten Weltkrieg enteignetes Eigentum auch weiterhin nicht zurückerhalten, widerspricht nach Auffassung der Bundesregierung nicht der in Ihrer Frage zitierten grundsätzlichen Feststellung der EU-Kommission. Ich verweise in diesem Zusammenhang auf Ziffer IV der Deutsch-tschechischen Erklärung über die gegenseitigen Beziehungen und deren künftige Entwicklung vom 21. Januar 1997.«
Zum Text von Anfrage und Antwort: Vgl. BTDs 13/9674.
[20] a) Generell ist von einem längeren Zeitraum bis zum evtl. Beitritt der ČR in die EU auszugehen; die formalen Aufnahmeverhandlungen begannen am 10. 11. 1998.
Vgl. Brücke; Nr. 11 v. 15. 11. 1998; S. 7.
b) Das Europäische Parlament erinnerte präventiv in einer Entschließung vom 7. 4. 1998, dem sog. Posselt-Bericht, u. a. »die Kommission an ihre Verpflichtung, in den jährlichen Gutachten über die Entwicklung der zehn Kandidatenländer ein besonderes Gewicht auf die Durchsetzung der Grundfreiheiten, der Menschenrechte, . . ., die Minderheitenrechte, die Festigung der Rechtsstaatlichkeit, die Beseitigung diskriminierender Bestimmungen und die umfassende Übernahme des sich ständig erweiternden gemeinschaftlichen Bewußtseinstandes (acquis communautaire) zu legen«.
Zum Text: Vgl. »Paneuropa Deutschland«, ⟨*Qu.Z.*⟩, München; 2. Qu. 1998; S. 14–17, hier S. 16.

Quelle:
Europäische Kommission, Brüssel (Hsg.): »Stellungnahme der Kommission zum Antrag der Tschechischen Republik auf Beitritt zur Europäischen Union«; Bulletin der EU, Beilage 14/97; [gestützt auf Dokument KOM (97) 2009 endg.]; Luxemburg (ca. Juni) 1997; verschiedene aus den insgesamt 117 S.

****

Antwort[1] der Bundesregierung Kohl **1997, 12. Oktober**
zur »Normierung des völkerrechtlichen Schutzes vor Vertreibung«
Regierung weiter darum bemüht

Mit Ihrem an Herrn Bundesminister Dr. Kinkel gerichteten Schreiben vom 21. August 1997 erinnern Sie an den Beschluß des 12. Deutschen Bundestages vom 23. Juni 1994[2], mit dem die Bundesregierung aufgefordert wurde, die Bemühungen um eine Normierung des völkerrechtlichen Schutzes vor Vertreibung aktiv voranzutreiben, um die völkerrechtliche und strafrechtliche Ahndung des Verbrechens der Vertreibung zu erreichen, und dem Bundestag über die Bemühungen zu berichten.
Hierzu möchte ich zunächst feststellen, daß die Bundesregierung ihrer aus dem Bundestagsbeschluß vom 23. Juni 1994 folgenden Berichtspflicht im Rahmen des 3. Menschenrechtsberichts der Bundesregierung (BT-Drucksache 13/3312 vom 12. Dezember 1995, Abschnitt C 2.4. »Weiterentwicklung der Kontrollmechanismen der Vereinten Nationen«) nachgekommen ist. Bereits auf Anfrage von MdB Frau Angelika Pfeiffer hatte die Bundesregierung ihre Absicht mitgeteilt, zum Themenbereich »Konvention gegen Vertreibung« im Rahmen des folgenden Menschenrechtsberichts der Bundesregierung Stellung zu nehmen (meine Antwort vom 28. November 1994; BT-Drucksache 13159).
Die Verbesserung des völkerrechtlichen Schutzes vor Vertreibung bleibt weiterhin ein wichtiges Ziel. Die Bundesregierung setzt sich insbesondere für eine verbesserte Durchsetzung und Ahndung von Verstößen gegen bestehende Völkerrechtsnormen, wie z. B. Artikel 12 und 17 des Internationalen Pakts über bürgerliche und politische Rechte[3], Artikel 49 des IV. Genfer Rotkreuz-Abkommens[4] oder Artikel 17 des Zusatzprotokolls II zu den Genfer Rotkreuz-Abkommen, ein. Der von der Völkerrechtskommission der Vereinten Nationen anläßlich ihrer 48. Sitzung im Jahre 1996 vorgelegte Entwurf des »Kodex der Verbrechen gegen den Frieden und die Sicherheit der Menschlichkeit«[5] bezeichnet die Vertreibung von Menschen aus ihrer angestammten Heimat als besonders gravierende Menschenrechtsverletzungen bzw. als internationales Verbrechen. Bei den derzeitigen Verhandlungen in den Vereinten Nationen zur Schaffung eines Ständigen Internationalen Strafgerichtshofs[6], bei denen der Entwurf dieses Kodex eine bedeutsame Rolle spielt, setzt sich die Bundesregierung mit Nachdruck dafür ein, dem Schutz vor Vertreibung dienende materielle Straftatbestände in das Statut des künftigen Gerichtshofs aufzunehmen und mit Strafandrohung zu belegen.
Auf Initiative der Bundesregierung wurde in die Schlußerklärung des Treffens der Staats- und Regierungschefs der Teilnehmerstaaten der OSZE am 2. und 3. Dezember 1996 in Lissabon folgender Abschnitt aufgenommen:
»Vor dem Hintergrund der jüngsten Flüchtlingstragödien in der OSZE-Region und in Anbetracht der Frage der Zwangsemigration verurteilen wir erneut jegliche Politik der ›ethnischen Säuberung‹ oder Massenvertreibung und verpflichten uns feierlich, davon Abstand zu nehmen. Unsere Staaten werden Flüchtlingen und Binnenvertriebenen die Rückkehr in Sicherheit und Würde entsprechend internationalen Standards ermöglichen. Ihre Wiedereingliederung in ihren Heimatorten muß ohne Diskriminierung betrieben werden.«
Die Bundesregierung beabsichtigt, über ihre Bemühungen zur Weiterentwicklung des Völkerrechts in diesem Bereich auch im Rahmen des kommenden 4. Berichts über die Menschenrechtspolitik in den auswärtigen Beziehungen zu berichten.

Anmerkungen:
1 Auf eine Anfrage von MdB Hartmut Koschyk (CSU) erging die folgende Antwort durch den Staatsminister im Auswärtigen Amt der BR Deutschland, Helmut Schäfer.
2 Zum Text: Siehe S. 138.
3 Vom 19. 12. 1966; zum Text: Siehe S. 60.
4 Vom 12. 8. 1949; zum Text: Siehe S. 29.

[5] Zum Text: Siehe S. 171.
[6] Als Ergebnis der Text vom 17. 7. 1998 (siehe S. 168), welcher Vertreibung oder Deportation oder Transfer als Kriegsverbrechen bzw. Verbrechen gegen die Menschlichkeit unter Strafe stellte.

Quelle:
DOD; Nr. 43 v. 24. 10. 1997; S. 78.

****

Rede [1] **1997, 16. Oktober**
von Bundespräsident Roman Herzog:
Probleme der Niederschrift gemeinsamer europäischer Geschichte

...
Die Sudetendeutschen haben einen Anspruch darauf, daß ihre Meinung Gehör findet ...
Historische und zukünftige Aspekte sind mir dabei gleichermaßen wichtig. Denn die Zukunft gestalten kann nur, wer die Vergangenheit kennt und der geschichtlichen Wahrheit nicht ausweicht. Das habe ich auch in Prag[2] gesagt ...
Besonders wichtig ist, daß nicht Unversöhnlichkeit, sondern die fortgesetzt ausgestreckte Hand die Sudetendeutschen charakterisierte. Ich erwähne nur die Charta der Heimatvertriebenen vom 5. August 1950, die auch im Namen der Sudetendeutschen den Verzicht auf Rache und Vergeltung erklärte. Und sie bekannte sich zugleich zum Aufbau eines geeinten Europas[3]. Vor dem Hintergrund des Erlebten waren diese Bekenntnisse alles andere als selbstverständlich. Sie verpflichten uns noch heute zu Dank und Respekt. Ich sage das nicht nur hier, sondern ich habe das auch in meiner Prager Rede vom 29. April 1997 unmißverständlich[4] zum Ausdruck gebracht.
Geschichte kennt kein Anfangsdatum. Auch die Vertreibung nach 1945 hat deshalb eine Vor-Geschichte. Den Tschechen war in den Jahren zuvor durch Deutsche bitteres Unrecht geschehen. Aber natürlich begann die Geschichte auch nicht 1939 oder 1938! Sie begann auch nicht 1918. Über Jahrhunderte hatte es – im Guten und Bösen – eine wechselseitige Beeinflussung von Deutschen und Tschechen gegeben – mit vielen Zeugnissen eines fruchtbaren Miteinanders, mit Zeiten des Nebeneinanders und auch mit Belegen für ein Gegeneinander, das durchaus auch früher nicht nur von einer Seite ausging.
...
⟨Eine der nachfolgenden Passagen der Rede des Bundespräsidenten wurde offiziell anders wiedergegeben, als sie tatsächlich gehalten wurde.
Zunächst die offizielle Fassung:⟩
Aber nicht minder wichtig ist mir die kulturelle Dimension. Lassen Sie mich nur stichwortartig die Arbeit der gemeinsamen Schulbuchkommission hervorheben. Aber ich will auch die deutsch-tschechisch-slowakische Historikerkommission erwähnen. Ich weiß, daß manche von Ihnen das anders sehen, und es muß auch nicht immer alles richtig sein, was Wissenschaftler formulieren. Aber es ist doch wichtig, trotz unterschiedlicher Interpretationen an einer gemeinsamen europäischen Geschichte zu schreiben.
⟨Die tatsächlich gehaltene Fassung[5] lautete:⟩
Aber nicht minder wichtig ist mir die kulturelle, die historische Dimension. Lassen Sie mich nur stichwortartig die gemeinsame Schulbuchkommission erwähnen, aber auch – ich weiß, daß ich damit vielen von Ihnen Ärger bereite – die Arbeit der deutsch-tschechisch-slowakischen Historikerkommission. Nicht alles, was ein Historiker sagt, meine Damen und Herren, muß richtig sein; überhaupt nicht alles, was ein Wissenschaftler sagt, muß richtig sein *⟨starker Beifall im Publikum⟩* – ich habe das jetzt nicht konkret gemeint *⟨Heiterkeit im Publikum⟩* – ich weiß nicht, was Sie meinen – aber dann muß man streitig diskutieren und das Ziel ist doch letzten Endes, wie ich landauf und landab immer wieder sage: Es muß eine Geschichtsschreibung ohne Ausklammerung von irgendwelchen Fakten geben.

⟨*Nunmehr wieder offizielle = tatsächlich gehaltene Fassung:*⟩
Das Ziel ist doch letzten Endes, daß wir auch eine gemeinsame europäische Geschichte schreiben. Es kann doch nicht sein, daß auf die Dauer die Franzosen und die Deutschen und die Tschechen und die Polen und die Dänen usw. jeweils ihre eigene europäische Geschichte schreiben. Man kann die Dinge möglicherweise unterschiedlich interpretieren, unterschiedlich bewerten, aber über die Fakten muß man doch reden, um zu einer richtigen Erkenntnis kommen zu können.
...
⟨[6]⟩

Anmerkungen:
1 Anläßlich des fünfzigjährigen Bestehens des Sudetendeutschen Rates in München.
2 Am 29. 4. 1997; zum Text: Siehe S. 1089.
Aussagen, daß nur der die Zukunft gestalten könne, wer die Vergangenheit kenne und der geschichtlichen Wahrheit nicht ausweiche, waren in der Rede nicht zu finden.
3 Wie bei der Prager Rede des Bundespräsidenten am 29. 4. 1997 blieb auch hier selektiv die gleichzeitig erhobene Forderung nach Achtung des Heimatrechtes unerwähnt.
4 Die Sachaussagen der letzten zwei Sätze (Charta von 1950 nicht selbstverständlich und noch heute dankenswert) waren in der Prager Rede vom 29. 4. 1997 nicht enthalten.
5 Lt. eigener Zeugenschaft und Mitschrift im »Mitteilungsblatt« der SL; Nr. 10/1997; S. 306 f.
6 Am 4. 12. 1998 meinte Bundespräsident Herzog anläßlich der 1. Jahrestagung des Deutsch-Tschechischen Gesprächsforums in Dresden u. a.:
»Dialog bedeutet nicht Verdrängung, meine Damen und Herren, denn Verdrängung birgt das Risiko neuer Ressentiments. Dialog bedeutet den Willen zum Neubeginn, zu einer besseren Zukunft. Am Anfang und im Mittelpunkt des Dialogs müssen Neugierde, Zweifel und Fragen stehen. Sonst wird das Urteil falsch, bleibt es Vorurteil, und auf Vorurteilen kann man keine Zukunft aufbauen. Tiefergehende Beziehungen zwischen Völkern vertragen auch keine Tabuisierungen, keine ungeklärten Fragen der Vergangenheit, die den Weg in die gemeinsame bilaterale und europäische Zukunft versperren. Wir müssen die Schützengräben des Provinzialismus verlassen. Wenn wir aber den Dialog freimütig und offen führen, und wenn wir alle am deutsch-tschechischen Verhältnis interessierten gesellschaftlichen Gruppen daran beteiligen, dann wird er ein Beitrag zur politischen Kultur der Demokratie sein. Kritische Einrede darf dabei nicht fehlen. Wobei auch im politischen Leben für mich der bessere Teil der Kritik immer die Selbstkritik ist.
...
Es ist Zeit für einen ernsthaften, reifen Dialog zwischen Tschechen und Deutschen. Ich bin sicher, daß das Gesprächsforum seinen Beitrag dazu leisten wird.«
Vgl. Bulletin; Nr. 3 v. 19. 1. 1999; S. 29 f., hier S. 30.

Quelle:
Bulletin; Nr. 83 v. 21. 11. 1997; S. 959–961.

****

Beschluß[1] **1998, 28. Januar**
des Bundesverfassungsgerichtes:
Verfassungsbeschwerden gegen ČSR-Enteignungen dürfen nicht behandelt werden

In dem Verfahren über die Verfassungsbeschwerde des Herrn L. ...[1] – Bevollmächtigte: Rechtsanwälte ⟨*es folgten Namen und Anschrift*⟩ gegen
a) den Beschluß des Bundesgerichtshofs vom 25. September 1997 – II ZR 213/96 –,
b) das Urteil des Oberlandesgerichts Köln vom 9. Juli 1996 – 22 U 215/95 –,
c) das Urteil des Landgerichts Köln vom 10. Oktober 1995 – 5 O 182/92 –
hat die 3. Kammer des Zweiten Senats des Bundesverfassungsgerichts durch die Richterin Präsidentin Limbach, die Richterin Graßhof, den Richter Kirchhof gemäß § 93 b in Verbindung mit § 93 a BVerfGG in der Fassung der Bekanntmachung vom 11. August 1993 (BGBl I S. 1473) am 28. Januar 1998 einstimmig beschlossen:

Die Verfassungsbeschwerde wird nicht zur Entscheidung angenommen.

Gründe:

Die Verfassungsbeschwerde betrifft den Klagausschluß nach Teil VI Art. 3 Abs. 1 und 3 des Überleitungsvertrages (Vertrag zur Regelung aus Krieg und Besatzung entstandener Fragen in der gemäß Liste IV zu dem am 23. Oktober 1954 in Paris unterzeichneten Protokoll über die Beendigung des Besatzungsregimes in der Bundesrepublik Deutschland geänderten Fassung; BGBl 1955 II, S. 405)[2]. Nach dieser Vorschrift können Klagen wegen bestimmter, im Zusammenhang mit dem Zweiten Weltkrieg gegen Deutschland gerichteter Maßnahmen in Deutschland nicht erhoben werden.

I.

Nach dem Zweiten Weltkrieg enteignete die Tschechoslowakei auf ihrem Staatsgebiet gelegenes Vermögen des Vaters des Beschwerdeführers, des damaligen Staatsoberhaupts von Liechtenstein. Die Maßnahme wurde damit begründet, daß der Vater des Beschwerdeführers unabhängig von seiner Staatsangehörigkeit die deutsche Nationalität besitze. Die Enteignung betraf u. a. ein Bild im Wert von DM 500.000. Nachdem dieses als Leihgabe vorübergehend nach Deutschland gelangt war, klagte der Beschwerdeführer vor deutschen Gerichten auf Herausgabe. Die Zivilgerichte wiesen die Klage nach Teil VI Art. 3 Abs. 3 Überleitungsvertrag[2] als unzulässig ab. Die Bestimmung sei nach Ziff. 3 der Vereinbarung vom 27./28. September 1990 zu dem Vertrag über die Beziehungen zwischen der Bundesrepublik Deutschland und den Drei Mächten (in der geänderten Fassung) sowie zu dem Vertrag zur Regelung aus Krieg und Besatzung entstandener Fragen (in der geänderten Fassung) (BGBl 1990 II, S. 1386; im folgenden: Notenwechsel)[3] weiterhin in Kraft. Zwar betreffe Teil VI Art. 3 Abs. 1 und 3 Überleitungsvertrag nur Maßnahmen gegen das deutsche Auslandsvermögen. Dazu genüge[4] es aber, daß das Vermögen als deutsches Vermögen beschlagnahmt worden sei. Über die Rechtmäßigkeit der Einordnung als deutsches Vermögen hätten die deutschen Gerichte gerade nicht zu entscheiden.

II.

Gründe für die Annahme der Verfassungsbeschwerde nach § 93 a Abs. 2 BVerfGG liegen nicht vor. Die Verfassungsbeschwerde hat keine Aussicht auf Erfolg.

1. Nach Ansicht des Beschwerdeführers verstoßen die Entscheidungen gegen drei allgemeine Regeln des Völkerrechts i. S. von Art. 25 GG[5], nach denen erstens das Vermögen von Angehörigen neutraler Staaten von den Siegern eines Krieges nicht konfisziert werden dürfe, zweitens völkerrechtliche Verträge zu Lasten dritter Staaten verboten seien, und drittens die Frage, welche Staatsangehörigkeit eine natürliche Person habe, sich ausschließlich nach dem Recht des die Staatsangehörigkeit vermittelnden Staates beantworte. Die Zivilgerichte hätten die nach Art. 100 Abs. 2 GG[6] erforderliche Vorlage an das Bundesverfassungsgericht unterlassen und den Beschwerdeführer so in seinem Recht aus Art. 101 Abs. 1 Satz 2 GG[7] verletzt.

Für die zivilgerichtlichen Entscheidungen kam es jedoch auf das Bestehen oder Nichtbestehen solcher völkergewohnheitsrechtlichen Regeln nicht an. Die behaupteten Regeln zur Konfiszierung neutralen Vermögens und zur Bestimmung der Staatsangehörigkeit betreffen die Frage nach der materiellen Rechtmäßigkeit der Enteignung durch die Tschechoslowakei, zu der die Zivilgerichte gerade nicht Stellung genommen haben. Hierzu waren nach Völkerrecht die Gerichte auch nicht verpflichtet (vgl. dazu Verdross/Simma, Universelles Völkerrecht, 3. Aufl., 1984, S. 778; Seidl-Hohenveldern, Völkerrecht, 9. Aufl., 1997, S. 274; vgl. dazu auch BVerfGE 84, 90 ⟨123 f.⟩).

Soweit nach Auffassung der Zivilgerichte die Enteignung eine Maßnahme gegen das deutsche Auslandsvermögen i. S. von Teil VI Art. 3 Abs. 1 Überleitungsvertrag darstellt, liegt darin ausdrücklich keine eigenständige Bewertung der Staatsangehörigkeit des Vaters des

Beschwerdeführers. Vielmehr werden aufgrund einer zweckorientierten Auslegung unter »Maßnahmen gegen das deutsche Auslandsvermögen« alle Maßnahmen verstanden, die nach der Intention des handelnden Staates gegen deutsches Vermögen gerichtet waren (vgl. BGHZ 32, 170 ⟨172 f.⟩). Diese Auslegung der Zivilgerichte ist von Verfassungs wegen nicht zu beanstanden.
Die Klagsperre stellt auch keinen Vertrag zu Lasten Liechtensteins dar, da sie nur für die Bundesrepublik Deutschland und ihre Gerichte, nicht aber für Liechtenstein eine vertragliche Pflicht begründet.

2. Das Bundesverfassungsgericht hat bereits entschieden, daß der Klagverzicht im Überleitungsvertrag nicht gegen Art. 14 GG[8] verstößt. Eine Bindung der Bundesrepublik Deutschland an Art. 14 GG entfällt jedenfalls, weil die vertraglichen Klauseln und der Vertragsabschluß im ganzen der Abwicklung von Vorgängen aus der Zeit vor der Entstehung des Grundgesetzes dienen (BVerfGE 41, 126 ⟨168⟩; vgl. dazu auch BVerfGE 84, 90 ⟨122⟩).[9]

3. Daß die Entscheidungen der Zivilgerichte schlechterdings unvertretbar wären und deshalb gegen Art. 3 Abs. 1 GG[10] verstießen (vgl. BVerfGE 4, 1 ⟨7⟩), ist nicht ersichtlich.

4. Ein Verstoß gegen Art. 2 Abs. 1[11] i.V.m. Art. 59 Abs. 2 Satz 1 GG[12] kommt schon deshalb nicht in Betracht, weil Teil VI Art. 3 Abs. 1 und 3 Überleitungsvertrag[2] innerstaatlich gültig ist. Ziff. 3 des Notenwechsels[3] bedurfte entgegen der Ansicht des Beschwerdeführers keines Zustimmungsgesetzes gemäß Art. 59 Abs. 2 Satz 1 GG. Der Notenwechsel bekräftigt in Ziff. 3 lediglich klarstellend, daß eine bereits geltende, völkerrechtliche Regelung fortbesteht.
Teil IV Art. 3 Abs. 1 und 3 Überleitungsvertrag wurde nicht bereits durch Art. 7 Zwei-plus-Vier-Vertrag[13] aufgehoben. Art. 7 Abs. 1 Zwei-plus-Vier-Vertrag betrifft nur Vereinbarungen der vier Mächte, nicht solche der drei Westmächte, wie den Überleitungsvertrag. Art. 7 Abs. 2 Zwei-plus-Vier-Vertrag zieht nur die sich »demgemäß« ergebende Konsequenz. Deutschland hat durch den Wegfall der Verantwortung der vier Mächte in bezug auf Berlin und Deutschland als ganzes sowie der damit zusammenhängenden Vereinbarungen, Beschlüsse und Praktiken die volle Souveränität über seine inneren und äußeren Angelegenheiten wiedererlangt. Seine Bindung an völkerrechtliche Verträge mit den drei Westmächten ist dadurch nicht betroffen.
Dies entspricht auch der Rechtsauffassung der Bundesrepublik Deutschland und der drei Westmächte selbst, die anderenfalls den Wegfall von Teilen des Überleitungsvertrages nicht eigenständig im Notenwechsel hätten vereinbaren müssen. Dem engen historisch-politischen, inhaltlichen und zeitlichen Zusammenhang von Notenwechsel und Zwei-plus-Vier-Vertrag würde die Annahme nicht gerecht, daß die drei Mächte und die Bundesrepublik Deutschland einerseits mit ihrer Beteiligung am Zwei-plus-Vier-Vertrag die uneingeschränkte Aufhebung des Überleitungsvertrages vereinbaren wollten, sich andererseits aber im unmittelbaren zeitlichen und inhaltlichen Zusammenhang dazu in Widerspruch setzten und über Ziff. 3 des Notenwechsels Teile des Überleitungsvertrages wieder aufleben ließen. Ziff. 3 des Notenwechsels begründete somit auch im Hinblick auf Art. 7 Abs. 2 Zwei-plus-Vier-Vertrag keine neue völkervertragsrechtliche Bindung der Bundesrepublik Deutschland.

Diese Entscheidung ist unanfechtbar.
⟨[14]⟩

Anmerkungen:
[1] Der Beschluß hatte das AZ. 2 BvR 1981/97; er betraf Fürst Adam II. von Liechtenstein.
[2] Zum Text vom 23. 10. 1954: Siehe S. 739.
[3] Zum Text: Siehe S. 896.

[4] Eine bis zum Rechtsirrtum verkürzte Begründung: Der Text des Vertrages bindet die Klagsperre an klar definierte Vorgaben, welche die ČSR 1945 sachlich und z. T. auch terminlich nicht erfüllte. Siehe dazu S. 740.
[5] GG = Grundgesetz der BR Deutschland; zum Text von Art. 25: Siehe S. 28.
[6] Der Text von Art. 100, Abs. 2 GG lautet:
»(2) Ist in einem Rechtsstreite zweifelhaft, ob eine Regel des Völkerrechtes Bestandteil des Bundesrechtes ist und ob sie unmittelbar Rechte und Pflichten für den Einzelnen erzeugt (Artikel 25), so hat das Gericht die Entscheidung des Bundesverfassungsgerichtes einzuholen.«
[7] Der Text von Art. 101, Abs. 1 GG lautet:
»(1) Ausnahmegerichte sind unzulässig. Niemand darf seinem gesetzlichen Richter entzogen werden.«
[8] Der Text von Art. 14 GG lautet:
»(1) Das Eigentum und das Erbrecht werden gewährleistet. Inhalt und Schranken werden durch die Gesetze bestimmt.
(2) Eigentum verpflichtet. Sein Gebrauch soll zugleich dem Wohle der Allgemeinheit dienen.
(3) Eine Enteignung ist nur zum Wohle der Allgemeinheit zulässig. Sie darf nur durch Gesetz oder auf Grund eines Gesetzes erfolgen, das Art und Ausmaß der Entschädigung regelt. Die Entschädigung ist unter gerechter Abwägung der Interessen der Allgemeinheit und der Beteiligten zu bestimmen. Wegen der Höhe der Entschädigung steht im Streitfalle der Rechtsweg vor den ordentlichen Gerichten offen.«
[9] Spätestens an dieser Stelle hätte eigentlich die Verfassungsmäßigkeit des Gesetzes von 1954 i. d. F. des Notenwechsels von 1990 geprüft und verneint werden müssen. Siehe auch S. 1311.
[10] Der Text von Art. 3, Abs. 1 GG lautet:
»(1) Alle Menschen sind vor dem Gesetz gleich.«
[11] Der Text von Art. 2, Abs. 1 GG lautet:
»(1) Jeder hat das Recht auf die freie Entfaltung seiner Persönlichkeit, soweit er nicht die Rechte anderer verletzt und nicht gegen die verfassungsmäßige Ordnung oder das Sittengesetz verstößt.«
[12] Der Text von Art. 59, Abs. 2 GG lautet:
»(2) Verträge, welche die politischen Beziehungen des Bundes regeln oder sich auf Gegenstände der Bundesgesetzgebung beziehen, bedürfen der Zustimmung oder der Mitwirkung der jeweils für die Bundesgesetzgebung zuständigen Körperschaften in Form eines Bundesgesetzes.«
[13] Zum Text vom 12. 9. 1990: Siehe S. 895.
[14] Durch diese, m. E. fehlerhafte Entscheidung wurde für Anspruchsberechtigte der deutsche Rechtsweg erschöpft; sie können sich nunmehr an internationale Instanzen wenden. Dazu: Siehe S. 1371.

Quelle:
Beschlußtext; 8 ms. S.; Fotokopie im Besitz des Verfassers.

****

Erklärung[1] der Bundesregierung Kohl V zum UN-Entwurf von 1997 über Heimatrecht[2]: **1998, 16. Februar**

Keine rückwirkende Bedeutung

⟨*1.) Frage*[3]*:*⟩
Wie steht die Bundesregierung zum Entschließungsentwurf der VN-Unterkommission für Diskriminierungsverhütung und Minderheitenschutz vom 22. August 1997[2], in dem in Artikel 8 festgestellt wird, daß jeder Mensch das Recht hat, in freier Entscheidung und in Sicherheit und Würde in das Land seiner Herkunft und den Ort seiner Herkunft zurückzukehren, sowie darüber hinaus das Recht einer angemessenen Wiedergutmachung für Güter und jegliches Eigentum, die ihm im Zusammenhang oder als Ergebnis des »Bevölkerungstransfers« nicht zurückgegeben werden könnten?

⟨*2.) Antwort*[1]*:*⟩
Bei dem von Ihnen zitierten VN-Dokument handelt es sich um einen Entwurf, den der Sonderberichterstatter für die menschenrechtlichen Dimensionen des Bevölkerungstransfers,

Awn Shawkat Al-Khasawneh, im Juni 1997 der Unterkommission für Diskriminierungsverhütung und Minderheitenschutz der Menschenrechtskommission der Vereinten Nationen als Annex zu seinem Bericht vorgelegt hat. Mit Beschluß vom 28. August 1997[2] hat die Unterkommission den Bericht und den Entwurf einer »Erklärung zu Bevölkerungstransfer und Siedlungsaktivitäten« als ersten Schritt zur Definierung von Standards und Rechtsnormen zu Bevölkerungstransfer und Freizügigkeit begrüßt. Der Beschluß der Unterkommission verleiht dem Erklärungsentwurf keinerlei Bindungswirkung für die Mitgliedstaaten der Vereinten Nationen. Es handelt sich um eine Expertenmeinung, die, anders als in jüngster Zeit in verschiedenen Pressemeldungen behauptet wurde, keinerlei völkerrechtliche Bindungswirkung entfaltet.
Die Bundesregierung begrüßt die Bemühungen der Unterkommission um einen sich in der Staatengemeinschaft herausbildenden Konsens der umfassenden Ächtung von Vertreibung, auch wenn ihr keine rückwirkende Bedeutung bezüglich der im Zusammenhang mit dem Zweiten Weltkrieg stehenden Vertreibungsereignisse zukommt.
⟨[4]⟩

Anmerkungen:
[1] des Staatssekretärs im Auswärtigen Amt der BR Deutschland, Hans Friedrich von Ploetz.
[2] Zum Text (mit Vorgeschichte ab 1990 und weiterem Ablauf): Siehe S. 150 ff., 165 ff.
[3] Die Frage stellte das MdB Erika Steinbach (CDU/CSU).
[4] Eine deutliche Ablehnung erfuhr der UN-Entwurf beim Bundesparteitag von »Bündnis 90/Die Grünen« (Partei der Bundestagsvizepräsidentin Vollmer) am 15./16. 11. 1997 in Kassel:
Karlheinz Wunderlich, Mitglied des »Gregor-Mendel-Kreises«, einer Vereinigung »grüner« Sudetendeutscher (siehe S. 1039) wollte bei dieser Veranstaltung eine Zusammenfassung des neuen UNO-Dokuments über Bevölkerungstransfers verteilen, in dem das Recht auf die Heimat und das Rückkehrrecht aller Vertriebenen festgelegt ist.
Daraufhin trat ihm ein weibliches Mitglied des Parteitagspräsidiums mit zwei Saalordnern entgegen und verbot die Verteilung mit dem Ausspruch: »Solchen Schweinkram wollen wir hier nicht!«
Nur der Hinweis Wunderlichs, daß die Blätter sein Eigentum seien, hielt die Partei-Funktionäre davon ab, das Material gleich einzuziehen. Auch Wunderlichs Einlassung, es handele sich doch um die Rechtspositionen der Vereinten Nationen, eine Art Weltmoral, über die sich die Deutschen nicht hinwegsetzen sollten, half nichts: »Das ist nicht unsere Politik«, war diesmal die Antwort.
Wunderlich verteilte seine Blätter daraufhin draußen vor der Tür. Als der grüne Sudetendeutsche dann wieder im Tagungslokal angekommen war, polterte die Diskussionsleiterin vom Podium herunter: »Da sind zwei Papiere hier, die wir ablehnen. Dieses hier ... (ein rotes Flugblatt hochhaltend) ... und dieses von den S ... (das »Unwort« Sudetendeutsche fiel nicht) – werft sie in den Müll.«
Was die Grünen den UN-Menschenrechts-Dokumenten vorziehen, konnte Wunderlich noch auf demselben Parteitag feststellen. Zur gleichen Zeit wurde nämlich eine Broschüre mit dem Zeichen der linken Terrorgruppe »Rote Armee Fraktion« (RAF) verkauft.
Wiedergabe (geringfügig gekürzt) nach
»Das Ostpreußenblatt« ⟨*HWZ. der Landsmannschaft O.*⟩, Hamburg; Jg. 48, Nr. 49 v. 6. 12. 1997; S. 10.

Quelle:
Deutscher Bundestag: BTDs. 13/9962; auch Brücke; Nr. 4 v. 15. 4. 1998; S. 1.

****

Rede[1] **1998, 6. März**
des Sprechers der SL, Staatsminister a. D. Franz Neubauer:
Analyse und Ausblick

...
Auch in den vergangenen Jahren, bei den Verhandlungen über den Nachbarschaftsvertrag[2] und zuletzt bei der deutsch-tschechischen Erklärung[3] wurde wieder ohne echte Beteiligung der Betroffenen über ihre Köpfe hinweg Politik gemacht.

Wir haben dieser Erklärung nicht zustimmen können, da sie unserer festen Überzeugung nach nicht der Versöhnung dient, sondern auf beiden Seiten zu neuen Belastungen führt. Darin sehen wir uns durch die Entwicklung der vergangenen 15 Monate bestätigt. Bei der Umsetzung des wenigen, was konkret vereinbart wurde, hat sich nach über einem Jahr so gut wie nichts bewegt. Die Art und Weise, wie dieses Thema im tschechischen Parlament behandelt wurde, ist geradezu erschreckend und stellt auch nach Ansichten unbeteiligter Dritter die Europareife des Landes in Frage.
Bei aller Klarheit war unsere Kritik an der Erklärung aber differenziert. Einzelne Abmachungen wie das Gesprächsforum[3] und den sog. Zukunftsfonds[3] haben wir begrüßt. Deswegen ist es erfreulich, daß in diesen Gremien Vertreter der sudetendeutschen Volksgruppe nun angemessen vertreten sind. Man sollte das eigentlich für eine Selbstverständlichkeit halten, aber es war keine. Nicht nur von tschechischer Seite, sondern sogar im Deutschen Bundestag gab es Versuche, unsere Beteiligung an diesen Gremien zu verhindern. Es ist paradox, daß diese Bestrebungen ausgerechnet von denjenigen kamen, die nicht müde wurden, die deutsch-tschechische Erklärung als »Versöhnungserklärung« zu bezeichnen.
... Ohne die Unterstützung von CSU und CDU und ohne Ihr persönliches Engagement, sehr geehrter Herr Ministerpräsident Stoiber, wären die Sudetendeutschen nicht so, wie es nun der Fall ist, im deutsch-tschechischen Gesprächsforum und im Zukunftsfonds vertreten. Dafür gilt Ihnen unser Dank.
... Wir können von diesen Gremien keine Wunder erwarten. Das Gesprächsforum könnte allenfalls Impulse geben oder eingefahrene Vorurteile überwinden helfen. Aber die sudetendeutsche Frage kann vom Gesprächsforum selbstverständlich nicht gelöst werden. Dazu sind und bleiben direkte Gespräche der Betroffenen mit tschechischen Regierungsvertretern unverzichtbar. Es ist daher notwendig, daß die von Ministerpräsident Dr. Stoiber und von Bundesminister Dr. Waigel mehrfach erhobene Forderung nach solchen Gesprächen aufrechterhalten und durchgesetzt wird.
Was den Zukunftsfonds angeht, so darf ich festhalten, daß wir uns nie gegen eine Entschädigung tschechischer NS-Opfer ausgesprochen haben. Wir erwarten aber, daß gleichartige sudetendeutsche Opfer von Nationalsozialismus und Vertreibung in gleicher Weise entschädigt werden.
Unrecht ist Unrecht, gleichgültig, an wem es verübt wird. Es darf nicht Opfer I. und II. Klasse geben. Es darf aber auch nicht sein, daß die Opfer in eine Auseinandersetzung untereinander hineingetrieben werden.
... Die Umsetzung der deutsch-tschechischen Erklärung wird zumindest sicherstellen, daß die sudetendeutsche Frage auf Jahre hinaus ein politisches Thema bleibt.
Das ist wichtig, denn vor kurzer Zeit haben die ersten Gespräche zur Vorbereitung des EU-Beitritts der Tschechischen Republik begonnen. Die Sudetendeutschen begrüßen die Perspektive einer EU-Mitgliedschaft der Tschechischen Republik. Wir wollen die Einbeziehung unserer Heimat in das gemeinsame Europa mit den sich daraus ergebenden Chancen. Aber Europa darf nicht nur eine Wirtschafts- und Währungsunion sein. Europa muß vor allem eine Rechts- und Wertegemeinschaft sein auf Grundlage christlich-abendländischer Kultur und Geistes.
Die Fortgeltung der völkerrechtswidrigen Benesch-Dekrete[4] oder des sog. Amnestiegesetzes[5] ist mit einer Mitgliedschaft unvereinbar. Deswegen kann es einen Beitritt der Tschechischen Republik »ohne Wenn und Aber« nicht geben.
Ein Beitritt ohne Wenn und Aber wäre ohnehin etwas völlig neues: Jeder Mitgliedstaat muß schon jetzt eine Vielzahl von Bedingungen erfüllen. Die geforderten Anpassungen betreffen oft weit unwichtigere Dinge als die Benesch-Dekrete. Mir ist deswegen schlechterdings unverständlich, wie man einen EU-Beitritt der Tschechischen Republik bei Fortgeltung der Dekrete und vor allen Dingen des sog. Amnestiegesetzes für denkbar halten kann. Ohnehin ist die Osterweiterung der EU im Gegensatz zum NATO-Beitritt ein komplizier-

ter und langwieriger Vorgang. Die ersten Länder werden voraussichtlich frühestens in fünf Jahren aufgenommen.
Auch politische Skandale wie der Freispruch des tschechischen Rechtsextremisten Sladek zum Vorwurf der Volksverhetzung vor wenigen Tagen bleiben in der EU nicht unbeachtet. Sladek hat immerhin behauptet, wenn nach dem 2. Weltkrieg[6] alle Sudetendeutschen erschossen worden wären, wäre heute Ruhe. – Wir sind der CSU und ihrem Vorsitzenden Waigel dankbar für die Deutlichkeit, mit der er vor wenigen Tagen zu diesem unsäglichen Urteil Stellung genommen hat.
... Wir können erfreulicherweise sehen, daß das Recht auf die Heimat weltweit Fortschritte macht. Eine Unterkommission der UN-Menschenrechtskommission hat im Sommer 1997 ein Dokument über »Bevölkerungstransfers und die Seßhaftmachung von Siedlern« vorgelegt[7], das unseren Vorstellungen weitgehend entspricht ...
Selbstverständlich erwarten wir den vollen Einsatz der deutschen Politik[8] für dieses Dokument, das ja ganz auf der Linie der Bundestagsentschließungen gegen Vertreibungen vom Juni 1994[9] und Februar 1997[10] liegt.
Die Grünen allerdings scheinen dieses Dokument inzwischen zu bekämpfen.[11] Dies ist ein Verstoß gegen alle Prinzipien, für die die Grünen vor Jahren angetreten sind. Es geht hierbei nicht nur um das Heimatrecht der deutschen Vertriebenen, es geht um elementare Rechte von inzwischen 50 Millionen Betroffenen weltweit. Die Ablehnung des Rechts auf die Heimat ist ein politischer Skandal ersten Ranges, der in den kommenden Wahlkämpfen ein Thema sein sollte.
Aber nicht nur das Völkerrecht, sondern auch die praktische Politik bewegt sich erfreulicherweise vielerorts auf die Anerkennung des Rechts auf die Heimat zu. Das Friedensabkommen von Dayton von 1995 sieht ausdrücklich die Rückkehr und Eigentumsrückgabe für die Vertriebenen im ehemaligen Jugoslawien vor.
Die meisten Länder in Osteuropa sind inzwischen dabei, einen Ausgleich mit den aus ihrem Land vertriebenen Deutschen – aber auch anderen Minderheiten – zu suchen. Ungarn[12] und Estland[13] stehen an der Spitze dieser Entwicklung[14] ... Ähnliches gilt für Lettland, Litauen und teilweise auch für die Slowakei und Rumänien. In den zurückliegenden Monaten sind Bulgarien und Slowenien neu hinzugekommen: Slowenien akzeptiert jetzt die Existenz einer deutschen Minderheit und will in Einzelfällen Entschädigung leisten. Bulgarien hat die Ausbürgerung von Angehörigen nationaler Minderheiten widerrufen und will alle kommunistischen Enteignungen aufheben.
... Man muß sich schon wundern, warum über diese guten Beispiele in den deutschen Medien so wenig zu hören und zu lesen ist. Mir ist auch nicht bekannt, daß sich einmal der deutsche Außenminister beim ungarischen oder estnischen Präsidenten für deren echte Versöhnungsbereitschaft öffentlich bedankt hätte. Dies wäre auch ein Beitrag zu einem menschlichen Europa und zu dessen vielbeschworener Rechts- und Wertegemeinschaft.
...
Wenn schon das Unrecht, das unsere Volksgruppe nach dem Ersten Weltkrieg zu erleiden hatte[15], sich nicht durch Zeitablauf erledigt hat, um so weniger werden die durch das Verbrechen der Vertreibung nach dem Zweiten Weltkrieg geschaffenen Probleme ohne eine echte Wiedergutmachung zu lösen sein. Und so ist diese heutige Kundgebung – zusammen mit den zahllosen Versammlungen in anderen sudetendeutschen Gemeinschaften – nicht nur eine Demonstration für das Selbstbestimmungsrecht der Völker, sondern auch für den Zukunftswillen unserer Volksgruppe.
Wir vertrauen dabei auf die Unterstützung des Freistaates Bayern und auf dessen Schirmherrschaft über die Sudetendeutschen, die Sie durch Ihre heutige Anwesenheit, sehr geehrter Herr Ministerpräsident, so deutlich dokumentieren.

Anmerkungen:

[1] In München anläßlich der Feierstunde zum 4. 3. 1919; zu den Ereignissen dieses Tages: Siehe S. 262 ff.
[2] Zum Text vom 27. 2. 1992: Siehe S. 929.
[3] Zum Text vom 21. 1. 1997: Siehe S. 1073.
[4] Zum Komplex: Siehe S. 576 ff.
[5] Vom 8. 5. 1946; zum Text: Siehe S. 685.
[6] a) Der gerichtsnotorische Text der Behauptung Sladeks vom 21. 1. 1997 war: »Kdybychom tehdy postříleli všechny sudet'áky, byl by dneska pokoj«; d. h.: Wenn man damals alle Sudetendeutschen erschossen hätte, wäre heute Ruhe.
b) Sladek behauptete vor Gericht, er habe mit »tehdy/damals« die Zeit im 2. Weltkrieg gemeint. Dies war nach heutiger, von der BR Deutschland seit der Deutsch-Tschechischen Erklärung vom 21. 1. 1997 offiziell zu respektierender ČR-Rechtsauffassung unnötig: Zu dieser Rechtsauffassung gehörte nämlich 1997 auch das sog. Amnestiegesetz vom 8. 5. 1946, welches derartige Taten selbst im Zeitraum vom 8. 5. 1945 bis 28. 10. 1945 als »nicht widerrechtlich« erklärte, wenn sie denn nur als »gerechte Vergeltung für Taten der Okkupanten oder ihrer Helfershelfer« bezeichnet werden.
[7] Zum Text vom 17. 4. 1997 (mit Vorgeschichte und weiterem Ablauf): Siehe S. 150 ff., 165 ff.
[8] Zur eher zurückhaltenden Wertung durch das deutsche Auswärtige Amt vom 16. 2. 1998: Siehe S. 1111.
[9] Zum Text vom 23. 6. 1994: Siehe S. 138.
[10] Zum Text vom 28. 2. 1997: Siehe S. 157.
[11] Zu Vorgängen auf dem Parteitag am 15. 11. 1997: Siehe S. 1112.
[12] Zum ungarischen Wiedergutmachungsgesetz vom 7. 4. 1992: Siehe S. 942.
[13] Zum estnischen Rückkehr- und Rückerstattungsangebot vom 3. 10. 1995: Siehe S. 1028.
[14] Zur Darstellung diesbezüglicher Entwicklungen auch in Kroatien, Lettland, Litauen und Rumänien: Siehe S. 1130.
[15] Wozu auch der 4. 3. 1919 gehörte, der den Anlaß der Rede bildete.

Quelle:
Mitt.Bl. SL; Nr. 2/98; S. 27–31.

****

Rede[1] **1998, 6. März**
des bayerischen Ministerpräsidenten Edmund Stoiber:
»Sozialwerk für sudetendeutsche Opfer«, Beneš-Dekrete

. . .
Spätestens seit der deutsch-tschechischen Erklärung[2] ist die Sudetendeutsche Frage auch in der Tschechischen Republik auf dem Tisch. Die sudetendeutschen Anliegen werden in ihrer alten Heimat mehr als je zuvor in der Öffentlichkeit diskutiert. Daß wegen Franz Neubauer eine Parlamentsdebatte unterbrochen wurde, daß über den Sprecher der vertriebenen sudetendeutschen Volksgruppe im tschechischen Parlament diskutiert wurde – lassen wir einmal Ton und Sprache beiseite – ist doch höchst erstaunlich. 45 Jahre lang war die Sudetendeutsche Frage im Nachbarland tabuisiert – und jetzt sind die Sudetendeutschen in Presse, Funk und Fernsehen voll präsent. Das heißt doch auch: Die Vertreibung läßt sich nicht mehr länger verdrängen oder verschweigen; sie zwingt die tschechische Öffentlichkeit zur Auseinandersetzung. Die Diskussion ist im Gange, sie wirkt bewußtseinsverändernd.
Wir haben immer gesagt, der Wert dieser Erklärung erweist sich erst dann, wenn sie mit Leben erfüllt wird. Das zeichnet sich jetzt ab. Zwei neue Gremien[3] nehmen nun gemäß der deutsch-tschechischen Erklärung die Arbeit auf. Am letzten Sudetendeutschen Tag habe ich gefordert, daß die Sudetendeutschen in beiden Gremien angemessen vertreten sein müssen. Ganz konkret habe ich auch verlangt, daß Franz Neubauer Mitglied des Gesprächsforums sein muß. Mehrmals seit dem Sudetendeutschen Tag habe ich mit dem Bundeskanzler[4] ausführlich darüber gesprochen, habe beim Bundesaußenminister[4] interveniert. Es hat zwar etwas lange gedauert. Aber heute kann ich feststellen: Der Einsatz des

Schirmherrn hat sich gelohnt. Ich denke, daß die Sudetendeutschen mit ihrer Vertretung sowohl im Verwaltungsrat wie auch im Gesprächsforum sehr zufrieden sein können.

...

Jetzt kommt es darauf an, daß beide Gremien in Ruhe, mit Sensibilität und Gespür die Arbeit aufnehmen. Das Schirmland hat die für Ihre Fragen zuständige Ministerin in das Gesprächsforum entsandt. Seien Sie versichert, daß Barbara Stamm und ich, daß die gesamte Staatsregierung die Arbeit der beiden Gremien mit großer Sorgfalt begleiten werden. Die Projekte des Zukunftsfonds müssen jetzt konkret für beide Seiten sichtbar machen, daß der Wille zum Ausgleich vorhanden ist. Die Bayerische Staatsregierung hat den Sudetendeutschen und den deutschen Mitgliedern des Zukunftsfonds bereits erste Vorschläge für Projekte unterbreitet. Keinesfalls stelle ich die Entschädigung für die tschechischen NS-Opfer in Frage. Hierüber bestand immer Klarheit. Aber Opfer gab es auch auf der sudetendeutschen Seite. Deshalb habe ich ein Projekt für ein »Sozialwerk für sudetendeutsche Opfer« ausgearbeitet, da ich der Auffassung bin, daß auch Sudetendeutsche, die unter der NS-Herrschaft wie unter der Vertreibung in besonderer Weise gelitten haben und dauerhaft gesundheitliche Schäden davongetragen haben, eine Entschädigung erhalten sollen. Dieses Projekt sollte, von der Sudetendeutschen Landsmannschaft konkretisiert, an den Verwaltungsrat herangetragen werden. Soweit ich höre, besteht im Verwaltungsrat des Zukunftsfonds grundsätzliches Einverständnis, sudetendeutsche NS-Opfer, auch solche, die außerhalb des tschechischen Staatsgebietes wohnen, in eine humanitäre Lösung einzubeziehen. Das ist ein wichtiger, erster Schritt. Dabei darf es aber nicht bleiben. Auch die Vertreibungsopfer gehören dazu. Man muß an die Opfer beider Seiten denken – und nicht nur an die der einen Seite. Das ist der Weg zur Verständigung.

...

Parallel zur Arbeit dieser beiden Institutionen laufen ja auch die Verhandlungen zum Beitritt Tschechiens zur Europäischen Union ...

Bei der Entscheidung über einen EU-Beitritt werden alle Kandidaten auch an ihrer rechtsstaatlichen Ordnung und den verfassungsrechtlichen Grundlagen gemessen. In der deutsch-tschechischen Erklärung[2] hat sich zwar die tschechische Seite vorsichtig von den Benesch-Dekreten[5] distanziert. Der Weg nach Europa wäre für die Tschechische Republik aber weniger beschwerlich, wenn der heutige demokratische tschechische Staat sich dieser Last gänzlich entledigen würde.

...

Anmerkungen:

1 In München anläßlich der Feierstunde zum 4. 3. 1919; zu den Ereignissen: Siehe S. 262 ff.

2 Vom 21. 1. 1997; zum Text: Siehe S. 1073.

3 Gemeint der Verwaltungsrat/Geschäftsführung des Deutsch-Tschechischen Zukunftsfonds und der Koordinierungsrat des Deutsch-Tschechischen Gesprächsforums; siehe dazu S. 1076 f.

4 Helmut Kohl bzw. Klaus Kinkel.

5 a) Zum Komplex der sog. Beneš-Dekrete: Siehe S. 576 ff.

b) Das bayerische MdL Konrad Kobler fragte Anfang Mai 1998 die Bayerische Staatsregierung: »Das Auswärtige Amt hat wiederholt ⟨*z. B. am 23. 9. 1993; siehe S. 969*⟩ deutlich gemacht, daß es einen Beitritt der Tschechischen Republik zur Europäischen Union nicht von einer vorherigen Klärung völkerrechtswidriger Benesch-Dekrete abhängig macht. Teilt die Staatsregierung diese Auffassung?«

⟨*Antwort von Staatsministerin Barbara Stamm:*⟩

»Die Staatsregierung hat sich stets für einen Beitritt der Tschechischen Republik zur EU ausgesprochen ... Ein geeintes und freies Europa ohne den tschechischen Nachbarn ist schwerlich vorstellbar. Um so wichtiger ist es, daß das Fundament, auf dem das Europa der Zukunft errichtet werden soll, auf Dauer tragfähig ist. Daher sollten Probleme, die noch bestehen, einer einvernehmlichen und fairen Lösung zugeführt werden.

Wesentliche Voraussetzungen eines Beitritts sind gemäß den Vorgaben des Europäischen Rates vom Juni 1993 in Kopenhagen das Bekenntnis, die Beachtung und die Durchsetzung von Menschenrechten, Demokratie, Rechtsstaat und Marktwirtschaft sowie die Übernahme des gesamten Besitzstandes der EU an Gemeinschaftsvorschriften und -politiken ⟨*zum Text: Siehe S. 1103 f.*⟩.

Bei der Tschechischen Republik wird die EU ebenso wie bei jedem anderen Beitrittskandidaten prüfen, ob diese Voraussetzungen erfüllt sind. In diese Prüfung wird die heute geltende innerstaatliche Rechtsordnung einbezogen, d. h. alle Gesetze und Rechtsnormen, die der Beitrittskandidat als Teil seiner Rechtsordnung bezeichnet.«

Wiedergabe nach SdZ; Nr. 21 v. 22. 5. 1998; S. 1.

Quelle:
Mitt.Bl. SL; Nr. 2/98; S. 32–40, hier S. 33, 36, 38.

****

Rede[1] **1998, 21. März**
des Sprechers der SL, Staatsminister a. D. Franz Neubauer:
Deutsch-tschechische Erklärung ohne staatsrechtliche Bedeutung; eigentlich über zwei verschiedene Texte abgestimmt

. . .

Wir haben dann weiter festgestellt, daß diese deutsch-tschechische Erklärung[2] zurückfällt hinter den deutsch-tschechoslowakischen Vertrag[3] aus dem Jahre 1992, denn immerhin war in der Präambel, wenn Sie sich erinnern, dieses Vertrages das Wort Vertreibung noch erschienen, wenn auch später durch den damaligen Motivenbericht[4] wieder nach der bekannten Methode alles in Frage gestellt wurde. Aber immerhin war im Vertrag von 1992 in der Präambel das Wort Vertreibung enthalten.

Wie war das in der Erklärung?[2] In der Erklärung ist zwar im deutschen Text von Vertreibung die Rede, dort wird aber schon unterschieden zwischen Vertreibung und zwangsweiser Aussiedlung. Und wir haben von Anfang an ja darauf hingewiesen, in den wenigen Gesprächen, die stattgefunden haben, daß dies nichts anderes bedeutet, als daß der Begriff der Vertreibung von vornherein beschränkt werden soll auf die sog. wilde Vertreibung, für die es ja nach tschechischer Version keine politischen Verantwortlichen gibt. Und daß dann die sog. zwangsweise Aussiedlung nach der Potsdamer Konferenz als etwas Geordnetes in Erscheinung treten sollte, für das dann eben die Siegermächte verantwortlich wären. Also hat diese Unterscheidung zwischen Vertreibung und zwangsweiser Aussiedlung letztlich das Wegschieben *jedweder* Verantwortung für die Vertreibung gebracht. Und das für uns völlig Unverständliche war, daß ja dann in der tschechischen Übersetzung, wie Sie sich alle erinnern, das genaueste tschechische Wort für Vertreibung[5] nicht verwendet wurde. Sondern anstelle dieses Synonyms für Vertreibung ein anderes, ungebräuchliches Wort[6] mit einem anderen Wortsinn im Sinne von Verdrängung, Wegschieben usw. Diejenigen, die die tschechische Sprache beherrschen, kennen diese Ausdrücke und haben sich sehr eingehend damit befaßt. Also, daß diese Übersetzungssemantik hinzukam, ist schlechtweg unverständlich, und daß das Auswärtige Amt dieses mitmachen und mittragen konnte.

Die Vertreibung als solche ist in der Erklärung nicht bedauert worden . . . Auch wenn manche heute vielleicht noch der Meinung sind, dort wäre ein Bedauern der Erklärung ausgesprochen, ist das leider nicht der Fall. Und . . . wenn heute jemand sagt, auch noch aus dem politischen Bereich[7], die Vertreibung als solche sei bedauert worden, dann kann man ja als Gegenzeugen Václav Havel[8] benennen, der im Zusammenhang mit der Diskussion um die Erklärung kurz nachher gesagt hat, man müsse der deutschen Politik ja sehr herzlich danken, daß sie ein Bedauern der Vertreibung als solcher nicht gefordert habe . . . Wenn das so eindeutig von tschechischer Seite erklärt wird, dann kann man sich doch nicht guten Gewissens auf den Standpunkt stellen, den Text so auslegen zu können, daß man daraus ein Bedauern der Vertreibung im ganzen herauslesen kann. Das ist dort nicht enthalten.

Das Recht auf die Heimat ist nicht verwirklicht, überhaupt keine Rede davon, auch nicht

andeutungsweise. Und in der Eigentumsfrage ist nicht einmal ein Ansatz in dieser Erklärung enthalten. Es ist immer wieder diskutiert worden ... Welche Bedeutung hat die Erklärung? Wir sind uns einig, daß sie keine staatsrechtliche Bedeutung hat, sie ist eine Erklärung ohne staatsrechtliche Bedeutung. Natürlich sollte sie eine politische Bedeutung haben. Nur ... wir sollten die Erklärung jetzt nicht so hochhängen, wir sollten zur Tagesordnung übergehen.
Wir sollten diese Erklärung schon deswegen nicht so hochhängen, weil sie auch politisch letztendlich keine Bedeutung haben sollte, und zwar deswegen, weil – und das ist ja auch so ein Kapitel für sich und wird einmalig sein in der diplomatischen Geschichte der Bundesrepublik Deutschland – weil eigentlich über zwei verschiedene Erklärungen abgestimmt worden ist. Im deutschen Parlament über die Erklärung, wie sie in der deutschen Fassung vorlag. Im tschechischen Parlament, jetzt einmal abgesehen von der erwähnten Übersetzungssemantik, war es ja bekanntlich so, daß eine Mehrheit nur zustande zu bringen war auf dem Umweg, daß man erklärt hat, auch die vorausgegangenen Reden des tschechischen Außenministers[9] und des Ministerpräsidenten, damals noch Klaus, mit zum Gegenstand der Abstimmung[10] zu machen und damit zur Erklärung. Und in diesen Reden sind Äußerungen gefallen, die sich zum Teil mit der Erklärung nicht decken, zum Teil mit der Erklärung im Widerspruch stehen. Und ... wenn dann auch diese Reden mit zur Grundlage der Abstimmung gemacht werden, dann ist meiner festen Überzeugung nach dort über etwas anderes abgestimmt worden als im Deutschen Bundestag. Und das allein sollte ausreichen, ... um diese Erklärung so einzuschätzen, daß sie auch politisch, auch wenn das anders gewollt war, eben nicht ernst genommen werden kann. Und ich bin der festen Überzeugung, wir sollen uns auf diesen Standpunkt stellen, er ist rechtlich haltbar und er ist fundiert, und ich bin der Meinung, wir sollten diese Erklärung nicht zu sehr hochstilisieren.
...

Anmerkungen:
1 Vor der 3. Sitzung der 11. Bundesversammlung der SL.
2 Vom 21. 1. 1997; zum Text: Siehe S. 1073.
3 Vom 27. 2. 1992; zum Text: Siehe S. 929.
4 Vom März 1992; zum Text: Siehe S. 935.
5 Gemeint: vyhnáni.
6 Gemeint: vyháněni.
7 Gemeint: u. a. Bundeskanzler Kohl am 30. 1. 1997; zum Text: Siehe S. 1078.
8 Am 9. 2. 1997; zum Text: Siehe S. 1076.
9 Gemeint: Josef Zieleniec.
10 Zum Text der Abstimmungsfrage vom 14. 2. 1997: Siehe S. 1083.

Quelle:
Mitt.Bl. SL; Nr. 4/98; S. 77–90, hier S. 77–79.

****

Erklärungen[1] **1998, 23. März**
der Bundesregierung Kohl V zur
Annullierung der Beneš-Dekrete:
Dissens mit ČR über Beneš-Dekrete bleibt ohne Auswirkung auf EU-Beitritt der ČR

⟨*A) Frage 1*[2]*:*⟩
Welche außenpolitischen und völkerrechtlichen Wege sieht und verfolgt die Bundesregierung, um die Regierung der Tschechischen Republik zu einer Annullierung der sogenannten »Beneš-Dekrete«[3] aus den Jahren 1945/46, besonders des sogenannten Amnestiegesetzes vom 8. Mai 1946[4] zu bewegen?

⟨B) Antwort zu Frage 1[1]:⟩
Die Bundesregierung hat wiederholt deutlich gemacht, daß sie die Beneš-Dekrete, soweit sie sich auf Vertreibung, Ausbürgerung und Enteignung von Deutschen in der ehemaligen Tschechoslowakei beziehen, als völkerrechtswidrig betrachtet.
Über diese Frage gibt es jedoch einen grundsätzlichen Dissens auch mit der heutigen tschechischen Regierung. In der Deutsch-Tschechischen Erklärung von 1997[5] wird hierauf in Ziffer IV ausdrücklich Bezug genommen, indem es dort heißt, daß »... jede Seite ihrer Rechtsordnung verpflichtet bleibt und respektiert, daß die andere Seite eine andere Rechtsauffassung hat.«
Auch an ihrer Haltung zu dem »Gesetz über die Rechtmäßigkeit von Handlungen, die mit dem Kampf gegen die Wiedergewinnung der Freiheit der Tschechen und Slowaken zusammenhängen« vom Mai 1946 hat die Bundesregierung nie einen Zweifel gelassen. Sie hat erreicht, daß sich die tschechische Regierung in Ziffer III der Deutsch-Tschechischen Erklärung von Folgen dieses Gesetzes distanziert. Die tschechische Seite erklärt dort, daß sie »... bedauert ..., daß es aufgrund des Gesetzes Nr. 115 vom 8. Mai 1946 ermöglicht wurde, diese Exzesse als nicht widerrechtlich anzusehen, und daß infolge dessen diese Taten nicht bestraft wurden.«
Insbesondere haben beide Seiten aber auch erklärt, daß sie die Gestaltung ihrer Beziehungen »nicht mit aus der Vergangenheit herrührenden politischen und rechtlichen Fragen belasten werden«.

⟨C) Frage 2[2]:⟩
Besteht aus Sicht der Bundesregierung ein Zusammenhang zwischen der Annullierung der »Beneš-Dekrete« durch die Regierung der Tschechischen Republik und dem Beitrittsbegehren dieses Landes zur Europäischen Union?

⟨D) Antwort zu Frage 2[1]:⟩
Der in der Antwort auf Frage *⟨1⟩* dargestellte Auffassungsunterschied bezüglich der Völkerrechtswidrigkeit der Beneš-Dekrete darf nach Ansicht der Bundesregierung nicht dazu führen, daß der Beitritt der Tschechischen Republik zur Europäischen Union von einer vorherigen Klärung dieser Frage abhängig gemacht wird. Der Beitritt der Tschechischen Republik zur Europäischen Union liegt im deutschen und im europäischen Interesse.

Anmerkungen:
1 des Staatssekretärs im Auswärtigen Amt, Peter Hartmann (CDU).
2 Die Fragen stellte das MdB Rainer Jork (CDU/CSU).
3 Zum Komplex der sog. Beneš-Dekrete: Siehe S. 576 ff.
4 Zum Text: Siehe S. 685.
5 Zum Text vom 21. 1. 1997: Siehe S. 1074.

Quelle:
Deutscher Bundestag: BTDs. 13/10362; darin Fragen 6 und 8; S. 3 f.

****

Erklärungen[1] **1998, 21. April**
der Bundesregierung Kohl V zu
Entschädigungsleistungen für sudetendeutsche Vertreibungsopfer:
Tschechische Seite lehnte ab

⟨A) Frage 1[2]:⟩
Trifft es zu, daß der Bundesminister des Auswärtigen, Dr. Klaus Kinkel, am 23. März 1998 im Münchener Presseclub auf die Frage, ob eine Entschädigung sudetendeutscher Ver-

treibungsopfer aus dem deutsch-tschechischen Zukunftsfonds möglich sei, erklärt hat, daß eine solche Entschädigung nicht vorgesehen sei?

⟨B) Antwort[1] zu Frage 1:⟩

Bundesaußenminister Kinkel hat bei seinem Gespräch im Münchner Presseclub am 23. März 1998 noch einmal deutlich gemacht, daß die dem deutsch-tschechischen Zukunftsfonds zur Verfügung gestellten finanziellen Mittel laut Ziffer VII der Deutsch-Tschechischen Erklärung vom 21. Januar 1997[3] insbesondere für Projekte zugunsten Opfern nationalsozialistischer Gewalt verwendet werden sollen. Entschädigungen sieht die Erklärung nicht vor. Der Verwaltungsrat des Zukunftsfonds hat in seiner Sitzung vom 4. März 1998 allerdings die Bereitschaft bekundet, in besonderen Härtefällen auch NS-Opfer deutscher Staatsangehörigkeit auf Antrag analog der Regelungen zu behandeln, wie sie für das NS-Opfer-Sozialwerk gelten werden.

⟨C) Frage 2[2]:⟩

Hat die Bundesregierung jemals im Rahmen der Verhandlungen über die deutsch-tschechische Erklärung die Frage nach einer Entschädigung sudetendeutscher Vertreibungsopfer aus dem deutsch-tschechischen Zukunftsfonds zur Sprache gebracht?

⟨D) Antwort[1] zu Frage 2:⟩

Die Bundesregierung hat den Komplex der sudetendeutschen Fragen in den Verhandlungen über die Deutsch-Tschechische Erklärung ausdrücklich und mehrfach zur Sprache gebracht. Die tschechische Regierung war aber nicht bereit, Rückgewähr- und Entschädigungsansprüche Deutscher anzuerkennen.

⟨E) Frage 3[2]:⟩

Hält die Bundesregierung es für gerechtfertigt, daß für besonders geschädigte sudetendeutsche Vertreibungsopfer keine entsprechende Entschädigung im Rahmen des deutsch-tschechischen Zukunftsfonds vorgesehen ist?

⟨F) Antwort[1] zu Frage 3:⟩

Siehe Antwort zu Frage 2.

⟨G) Frage 4[2]:⟩

Was unternimmt die Bundesregierung, damit sudetendeutsche Vertreibungsopfer, die über die Konfiszierung ihres Eigentums hinaus von tschechischer Seite physisch und psychisch in besonderer Weise geschädigt worden sind, entschädigt werden?

⟨H) Antwort[1] zu Frage 4:⟩

Es ist bekannt, daß die Bundesregierung die Vertreibung der Deutschen und die entschädigungslose Enteignung deutschen Vermögens immer als völkerrechtswidrig verurteilt hat und diesen Standpunkt auch gegenüber der ČSFR bzw. Tschechischen Republik stets mit Nachdruck vertreten hat. Die tschechoslowakische bzw. tschechische Regierung war und ist aber nicht bereit, Rückgewähr- und Entschädigungsansprüche Deutscher anzuerkennen. Zu Rückgewähr- und Entschädigungsansprüchen Deutscher ist auch der immaterielle Schaden zu zählen, das heißt Ansprüche, die sich aus der Verletzung von Leib und Leben im Rahmen der Vertreibung ergeben.

Anmerkungen:

1 des Staatssekretärs im Auswärtigen Amt, Peter Hartmann (CDU).
2 Die Fragen stellte das MdB Egon Jüttner (CDU/CSU).
3 Zum Text: Siehe S. 1075.

Wiedergabe nach:

SdZ; Nr. 18 v. 1. 5. 1998; S. 3.

****

Entschließung[1] **1998, 29. Mai**
des Deutschen Bundestages zu v. a.
Vertriebenen und deutschen Minderheiten:
Nach EU-Beitritt ČR gelten dort »europäische Grundfreiheiten« auch für Deutsche

. . .

Die deutschen Heimatvertriebenen, die in der Bundesrepublik Deutschland lebenden Aussiedler, aber auch die deutschen Minderheiten in Mittel- und Osteuropa haben sich von Anfang an zu der Politik der Öffnung für die Staaten in Mittel- und Osteuropa bekannt und diesen Prozeß aktiv mitgestaltet. Heute erleben wir, daß die Charta der deutschen Heimatvertriebenen vom 5. August 1950[2] Wirklichkeit wird, in der sich die Vertriebenen bereits wenige Jahre nach Krieg, Flucht und Vertreibung für ein Europa ausgesprochen haben, »in dem die Völker ohne Furcht und Zwang leben können«. Der Deutsche Bundestag fordert die Bundesregierung auf, ihre beständige Politik gegenüber den deutschen Heimatvertriebenen, Spätaussiedlern und deutschen Minderheiten im Osten aktiv fortzusetzen und die berechtigten Anliegen dieser Gruppen auch weiterhin wirksam zu vertreten.

1. Der Deutsche Bundestag tritt dafür ein, die deutschen Heimatvertriebenen, Aussiedler und die deutschen Minderheiten in Mittel- und Osteuropa beim Zusammenwirken Deutschlands mit seinen östlichen Nachbarn möglichst umfassend einzubeziehen. Der Deutsche Bundestag begrüßt die Einbeziehung der Repräsentanten der Sudetendeutschen in die durch die deutsch-tschechische Erklärung vom 21. Januar 1997[3] geschaffenen Einrichtungen. Die Mitwirkung maßgeblicher Vertreter der Sudetendeutschen im Verwaltungsrat des deutsch-tschechischen Zukunftsfonds und im Koordinierungsrat des deutsch-tschechischen Gesprächsforums sind ein wichtiger Beitrag zur Aussöhnung und Verständigung sowie für einen fruchtbaren Dialog zwischen Deutschen und Tschechen.
2. Schon während der politischen Wende in Ostmittel-, Ost- und Südosteuropa, besonders jedoch nach dem Fall von Mauer und Stacheldraht, haben sich die deutschen Heimatvertriebenen nachhaltig um Kontakte in ihre angestammte Heimat und zu den dort lebenden Menschen bemüht und vielfältige Unterstützung geleistet. Der Deutsche Bundestag bekräftigt seine einmütige Entschließung vom 28. Februar 1997 zum »Beitrag der deutschen Heimatvertriebenen zum Wiederaufbau in Deutschland und zum Frieden in Europa«[4].
   Das Zusammenwachsen Europas erleichtert schon heute die Pflege deutschen Kulturgutes in den Heimatgebieten der Vertriebenen. Der Deutsche Bundestag begrüßt, daß sich immer mehr staatliche und private Einrichtungen in Mittel- und Osteuropa, vor allem auf dem Gebiet der Wissenschaft, Kunst und Kultur mit dem dort erhaltenen deutschen Kultur- und Geschichtserbe beschäftigen und engagiert mit Kultur- und Wissenschaftseinrichtungen in Deutschland, darunter besonders denen der Heimatvertriebenen, zusammenarbeiten. Er erwartet, daß Bund, Länder und Kommunen dies auch künftig fördern.
3. Der Deutsche Bundestag hat im Zusammenhang mit den vertraglichen Vereinbarungen mit den Staaten Mittel- und Osteuropas, zuletzt bei der Ratifizierung des deutsch-polnischen bzw. deutsch-tschechoslowakischen Nachbarschaftsvertrages[5], bekräftigt, daß im Zuge der Aufnahme unserer östlichen Nachbarstaaten in die Europäische Union und in die NATO europäische Grundfreiheiten[6] selbstverständlich und unabdingbar für alle Bürger in den alten und neuen Mitgliedstaaten, also auch für die deutschen Heimatvertriebenen Geltung haben müssen. Der Deutsche Bundestag hegt die Hoffnung, daß die mit einem Beitritt Tschechiens und Polens zur Europäischen Union einhergehende Übernahme des gemeinschaftlichen Besitzstandes durch die neuen Mitglieder die Lösung noch offener, bilateraler Fragen erleichtern wird. Dies schließt das Recht auf Freizügigkeit und die Niederlassungsfreiheit ein. Sie sind wesentliche Elemente, um das Ziel

eines einigen Europas der Vielfalt zu verwirklichen, in dem Völker und Volksgruppen mit ihren unterschiedlichen Kulturen und Traditionen einträchtig zusammenleben können, unter Berücksichtigung der historischen Gemeinsamkeiten und bei wechselseitiger Achtung und Förderung der jeweiligen Identität. Sie sind damit auch Elemente, die geeignet sind, die Folgen von Krieg und Vertreibung überwinden zu helfen.

4. Vertreibung darf kein Mittel der Politik sein. Der Deutsche Bundestag teilt deshalb die Auffassung der Bundesregierung – wie auch aller früheren Bundesregierungen –, die die im Zusammenhang mit dem Ende des Zweiten Weltkrieges erfolgte Vertreibung von Deutschen aus ihrer angestammten Heimat stets als großes Unrecht und als völkerrechtswidrig angesehen und auch so bezeichnet hat. Er fordert die Bundesregierung auf, sich auch weiterhin im Dialog mit den Regierungen unserer östlichen Nachbarstaaten für die legitimen Interessen der Heimatvertriebenen einzusetzen.
5. Für eine dauerhafte europäische Friedensordnung ist die Lage von Minderheiten von entscheidender Bedeutung. Diese können eine wichtige Brücke zwischen den europäischen Staaten und Völkern sein. Die in Europa beheimateten Minderheiten und Volksgruppen können ihrer Brückenfunktion um so eher gerecht werden, je mehr sie in ihrer kulturellen, sprachlichen, religiösen und ethnischen Identität respektiert und geschützt werden.

   Der Deutsche Bundestag begrüßt, daß das Rahmenübereinkommen des Europarates vom 1. Februar 1995[7] zum Schutz nationaler Minderheiten, das im Jahr 1997 auch von der Bundesrepublik Deutschland ratifiziert wurde, am 1. Februar 1998 in Kraft getreten ist. Dabei gibt der Deutsche Bundestag seiner Hoffnung Ausdruck, daß auch unsere östlichen Nachbarn, wie z. B. Polen, Lettland und Litauen, dieses Dokument alsbald ratifizieren werden. Ebenso wie die Europäische Charta der Regional- oder Minderheitensprachen des Europarates vom 5. November 1992[8], die sich gegenwärtig in Deutschland in Ratifizierungsverfahren befindet, wird die Rahmenkonvention dazu beitragen, die rechtliche Lage auch der deutschen Volksgruppen und Minderheiten in Mittel- und Osteuropa weiter zu verbessern und abzusichern, sowohl im Hinblick auf ihre Rechtsstellung und politische Vertretung wie auch im Hinblick auf die Pflege ihrer Kultur und Sprache. In diesem Zusammenhang fordert der Deutsche Bundestag die Bundesregierung auf, ihre Politik zur Unterstützung der deutschen Minderheiten in Mittel- und Osteuropa aktiv fortzusetzen.

...

Anmerkungen:

[1] Die Entschließung wurde mit den Stimmen von CDU/CSU und FDP angenommen; die SPD enthielt sich der Stimme; Bündnis 90/Die Grünen und PDS stimmten dagegen.

[2] Zum Text: Siehe S. 31.

[3] Zum Text: Siehe S. 1073.

[4] Zum Text: Siehe S. 157.

[5] Vom 27. 2. 1992; zum Text: Siehe S. 929.
Hier offensichtlich auch gemeint: Die Entschließung des Deutschen Bundestages vom 20. 5. 1992 zur Erwartung einer Regelung offener, u. a. Vermögensfragen.
Zum Text: Siehe S. 935.

[6] Diese Bekräftigung führte im polnischen Parlament nach erregter Debatte zu einer Resolution, Deutschland solle die »Unantastbarkeit der polnischen Rechte an Immobilien« garantieren.
Vgl. SZ; Nr. 151 v. 4./5. 7. 1998; S. 1.

[7] Zum Text: Siehe S. 143.

[8] Datum der Auflegung zum Beitritt; zum Text v. 8. 10. 1992: Siehe S. 112.

Quelle:
Deutscher Bundestag: BTDs. 13/10845.

****

Rede[1] **1998, 31. Mai**

des Sprechers der SL, Staatsminister a. D. Franz Neubauer:

Gesprächsforum, Zukunftsfonds, sog. »Aufenthaltserlaubnis«

. . .

Das Jahr 1998 ist gekennzeichnet durch die ersten Schritte zur Umsetzung der »Deutsch-Tschechischen Erklärung« vom Januar 1997[2], mit der die tschechische Seite vergeblich versucht hat, den sog. Schlußstrich unter die sudetendeutsche Frage zu ziehen. Bekanntlich haben wir dieser Erklärung nicht zustimmen können, da sie unserer festen Überzeugung nach nicht der Versöhnung dient, sondern auf beiden Seiten zu neuen Belastungen führt. Darin sehen wir uns durch die Entwicklung der inzwischen vergangenen fast eineinhalb Jahre bestätigt. Alles, was in dieser langen Zeit zustande kam, ist die Benennung der Mitglieder des Gesprächsforums[2] und des Zukunftsfonds[2] sowie der Beginn der Tätigkeit dieses Zukunftsfonds. Die lautstarken Begleitumstände im tschechischen Abgeordnetenhaus bei der Bekanntgabe der sudetendeutschen Vertreter in den beiden Gremien sind geradezu erschreckend. Sie stellen auch nach Ansicht unbeteiligter Dritter die Europafähigkeit des Landes in Frage.

Bei aller Klarheit unserer Kritik an der Erklärung – und diese Kritik halten wir aufrecht – waren wir aber von Anfang an bereit, am Gesprächsforum und am Zukunftsfonds mitzuwirken. Mit unserer Teilnahme an diesen Gremien dokumentieren wir erneut unsere Verständigungsbereitschaft. Aber nicht nur von tschechischer Seite, sondern sogar von einigen deutschen Politikern gab es Versuche, unsere Beteiligung an diesen Gremien zu verhindern. Es ist paradox, daß diese Bestrebungen ausgerechnet von denjenigen kamen, die nicht müde wurden, die Deutsch-Tschechische Erklärung als »Versöhnungserklärung« anzupreisen. Selbstverständlich kann die sudetendeutsche Frage vom Gesprächsforum nicht gelöst werden. Dieses Gremium kann allenfalls Impulse geben und Vorurteile überwinden helfen. Daher bleibt der direkte Dialog der unmittelbar Betroffenen mit tschechischen Regierungsvertretern unverzichtbar. Dies zeigt aktuell und überzeugend das Beispiel Nordirland. Dort haben sowohl die britische als auch die irische Regierung erkannt, daß eine dauerhafte Befriedung nur mit Einbeziehung der betroffenen Bevölkerung im Sinne des Selbstbestimmungsrechts möglich ist. Es ist daher notwendig, daß unsere auch von Ministerpräsident Stoiber und Bundesfinanzminister Waigel vertretene Forderung nach solchen Gesprächen aufrechterhalten und durchgesetzt wird.

Was den Zukunftsfonds angeht, darf ich erneut feststellen, daß wir uns nie gegen eine Entschädigung tschechischer NS-Opfer ausgesprochen haben. Wir erwarten aber, daß gleichartige sudetendeutsche Opfer von Nationalsozialismus und Vertreibung in gleicher Weise entschädigt werden. Unrecht ist Unrecht, gleichgültig an wem es verübt wird. Es darf nicht Opfer erster und zweiter Klasse geben. Wir sind dem bayerischen Ministerpräsidenten Dr. Stoiber dankbar, daß er dieses Anliegen bereits seit längerem mit allem Nachdruck unterstützt.

Das in der Deutsch-Tschechischen Erklärung vorgesehene sog. »Aufenthaltsrecht«[2], das von manchen als Vorstufe zum Niederlassungsrecht im Rahmen der EU – von anderen sogar als Vorstufe zum Recht auf die Heimat – dargestellt wurde, hat keinerlei Fortschritt gebracht. Wer als Sudetendeutscher in seine Heimat zurückkehren will, muß weiterhin – wie jeder andere Ausländer – um eine Aufenthaltserlaubnis nach tschechischem Ausländerrecht nachsuchen.

Und obwohl in diesem Zusammenhang immer von einem Daueraufenthaltsrecht die Rede ist, ist der Aufenthalt nach dieser Regelung strikt befristet. Außenminister Kinkel ließ auf eine entsprechende Anfrage mitteilen, daß es sich bei dieser Frage um eine innere Angelegenheit der Tschechischen Republik handle, auf die Behörden eines dritten Staates grundsätzlich keinen Einfluß nehmen könnten. Es fragt sich dann aber, welchen Sinn diese Regelung überhaupt haben sollte.

. . .

Anmerkung:
[1] Anläßlich des 49. Sudetendeutschen Tages in Nürnberg.
[2] Zum Text vom 21. 1. 1997, auch zu »Gesprächsforum«, »Zukunftsfonds« und »Aufenthaltsrecht«: Siehe S. 1073 ff.

Quelle:
Mitt.Bl. SL; Nr. 9/1998; S. 258–267, hier S. 260–262.

****

Rede[1] **1998, 31. Mai**
des bayrischen Ministerpräsidenten Edmund Stoiber (CSU):
Es wird keinen bedingungslosen EU-Beitritt der ČR geben

...

In den letzten Jahren hat das Heimatrecht international immer mehr an Bedeutung gewonnen. Ich erinnere an das bemerkenswerte Wort des UN-Hochkommissars für Menschenrechte, Ayala Lasso, am 28. Mai 1995 in der Paulskirche[2]. Ich erinnere daran, daß die UN-Menschenrechtskommission in den letzten Monaten und Jahren mehrfach konkret zum Recht von Vertriebenen auf Heimat Stellung genommen hat und daß sich dabei die Anerkennung des Heimatrechts immer mehr durchsetzte. Vertreibung wird von der UN-Menschenrechtskommission als verbrecherische Handlung und als massenhafte Verletzung von Menschenrechten bezeichnet[3]. Daß wir heute im Völkerrecht so weit sind, und da waren wir doch vor 30 Jahren noch nicht, haben wir auch der jahrzehntelangen, beharrlichen Arbeit der Heimatvertriebenen zu verdanken.

... Ich bitte Sie alle, nicht immer nur zu sehen, was nicht erreicht worden ist, sondern zu sehen, daß Sie alle und Ihre Repräsentanten, wie auch immer sie geheißen haben, ... eine Menge erreicht haben. Die Frage Vertreibung ist heute ein weltweiter Unrechtsbegriff, und deswegen können sich die Sudetendeutschen auch viel leichter über das Unrecht der Vertreibung mit anderen auseinandersetzen, als das noch vor 20 oder 30 Jahren der Fall gewesen war. Das ist ein Erfolg ihrer beharrlichen Arbeit, und das ist auch ein Erfolg für die sudetendeutschen Pfingsttreffen, wenn ich das so sagen darf. Wo ja manche geglaubt haben, das würde sich so langsam im Jahre 1970, 72, 73 biologisch erledigen. Das wird sich nicht biologisch erledigen, weil auch die Nachkommen mit den Problemen ihrer Eltern aufwachsen, es vielleicht etwas anders beurteilen, aber das Problem wird auch von den nachfolgenden Generationen immer wieder erfaßt und wird zu lösen versucht ... Und man muß in einem freien Europa, es gab erst vor wenigen Jahren wiederum Massenvertreibungen im ehemaligen Jugoslawien, auch im Abstand von 50 Jahren Überlegungen anstellen, wie die Folgen der Vertreibung überwunden werden können. Ein Weg dazu ist sicherlich, den Vertriebenen das Recht auf Heimat einzuräumen. Vom Recht auf Heimat geht doch heute in Mitteleuropa keinerlei Bedrohung aus. Heimatrecht darf kein neues Unrecht hervorbringen, schon gar nicht im Abstand von 50 Jahren. Niemand in Tschechien oder Polen wird durch das Heimatrecht etwas verlieren, niemand wird dadurch selbst vertrieben. Aber zu einem Europa freier Völker und Demokratien mit Volksgruppen- und Menschenrechten gehört auch das Recht auf Heimat.

Das Motto des 49. Sudetendeutschen Tages[4] verweist auf die europäische Dimension der sudetendeutschen Fragen ... Unsere Erwartungen orientieren sich – und das hängt sicher mit unserer eigenen Geschichte zusammen – auch an ganz klaren Rechtspositionen. Das muß die Europäische Union im Zuge der Aufnahmeverhandlungen prüfen. Der Gipfel von Kopenhagen ... hat dazu 1993 auch klare Aussagen getroffen. Danach sind das Bekenntnis, die Beachtung und die Durchsetzung von Menschenrechten, Demokratie und Rechtsstaat wesentliche Voraussetzungen für einen Beitritt[5] ... Das EU-Parlament hat vor kurzem beschlossen, daß die Kommission in ihren jährlichen Gutachten über die Entwicklung der

zehn Kandidatenländer Gewicht »auf die Durchsetzung der Grundfreiheiten, der Menschenrechte, insbesondere die Beseitigung diskriminierender Bestimmungen«[6] legen soll. ... Von diesem Maßstab kommt die EU, auch wenn sie wollte, nicht runter. Und dieser Maßstab ist natürlich auch Maßstab für die Beitrittsverhandlungen der osteuropäischen Staaten mit der EU für alle. Es gibt also, und das sage ich auch an die Adresse des Bundesaußenministers – er sollte dann sicherlich die Protokolle der Gipfel etwas sorgfältiger lesen – es gibt also kein »Ohne Wenn und Aber«.[7] Wir erwarten zu Recht, daß die EU nach ihren eigenen Vorgaben sehr sorgfältig die Beitrittskandidaten prüft. Darauf, und darauf können Sie sich verlassen, werden wir drängen. Darauf werden wir sehr genau achten. Sie wissen, daß ich mit besonderer Aufmerksamkeit die Tätigkeit der Europäischen Kommission und die europäische Entwicklung verfolge und mich da auch schon relativ gut, wenn ich das so sagen darf, auskenne. Und ich werde mit besonderer Akribie jeden Vorgang der Verhandlungen zwischen den osteuropäischen Ländern und der EU ... verfolgen und ich werde bei jeder Abweichung von diesen Grundsätzen eine öffentliche Diskussion in diesem Lande lostreten oder weiterführen, damit die Rechtspositionen, die die Europäer haben, dann nicht nur für andere Länder gelten, sondern auch für Tschechien im Zusammenhang mit den Sudetendeutschen. Darauf müssen wir immer deutlich hinweisen ...
In einer EU, die Vertreibung ächtet und die das Heimatrecht einfordert, können keine Gesetze und Dekrete Bestand haben, die diesen eindeutigen Menschenrechtsgrundsätzen widersprechen. Dazu zählen nach meiner Auffassung auch jene Dekrete über Ausbürgerung und Enteignung, die Sie, die Sudetendeutschen, betroffen haben. Ich sage ganz bewußt, dazu gehören selbstverständlich die Benesch-Dekrete[8] und das sog. Amnestiegesetz vom 8. Mai 1946[9] ...
Und selbstverständlich sehe ich meine Aufgabe als Schirmherr darin, über die Bundesregierung ebenfalls entsprechend einzuwirken. Ich sage das noch einmal, ich will nicht – und so sehe ich meine Aufgabe – daß hier nur über die Vergangenheit geredet wird mit relativ geringer Ausstrahlung in die Öffentlichkeit. Sondern mit dem, was ich hier heute gesagt habe im Zusammenhang mit der Europäischen Union – Beitritt, welche Voraussetzungen – wird sich von diesem Sudetendeutschen Tag aus eine leidenschaftliche Diskussion in Europa bzw. in Deutschland[10] und weit über Ihre Interessen hinaus ergeben. Und das ist doch eigentlich die Aufgabe eines Schirmherrn, politische Anstöße nach vorne und für das Übermorgen zu geben, damit Ihre Interessen, die auch unsere und meine sind, verbessert und gewahrt werden. Von dem Thema wird niemand mehr herunterkommen: Was ist mit den Benesch-Dekreten[8] und was ist mit dem Amnestiegesetz?[9] Das kann nicht Teil der EU sein, das ist völlig unmöglich! Und das ist unsere große Chance und Aufgabe, das jetzt weiterzutreiben. Sie können sich darauf verlassen, ich darf das sagen, ich werde mich auch in Zukunft, ob in Bonn oder Berlin oder in Brüssel, in die Diskussion einbringen.
...
⟨[10]⟩

Anmerkungen:
1 Anläßlich des 49. Sudetendeutschen Tages in Nürnberg.
2 Zum Text: Siehe S. 148.
3 Zum Ablauf und den Texten: Siehe S. 150 ff., 165 ff.
4 Das Motto lautete: »Wahrheit und Recht – Fundamente für Europa«.
5 Zum Text v. Juni 1993: Siehe S. 1103 f.
6 Zum Text v. 7. 4. 1998: Siehe S. 1105.
7 Anspielung auf verschiedene Stellungnahmen von Bundesaußenminister Klaus Kinkel (FDP), wonach Deutschland die Aufnahme der ČR in die EU »ohne Wenn und Aber« anstrebe; zu offiziellen Formulierungen siehe z. B. S. 998.
8 Zum Komplex der sog. Beneš-Dekrete: Siehe S. 576 ff.
9 Zum Text vom 8. 5. 1946: Siehe S. 685.
10 a) Die Äußerungen Stoibers nannte der frühere Außenminister Genscher (FDP) »unverantwort-

lich«, der amtierende Außenminister Kinkel (FDP) »Wahlkampftheater« und der FDP-Generalsekretär Guido Westerwelle »Ausdruck rückwärtsgewandter Politik«.
Vgl. SZ; Nr. 124 v. 2. 6. 1998; S. 6.

b) Der FDP-Bundesparteitag in Leipzig faßte am 28. 6. 1998 folgenden Beschluß:
»Die F.D.P. unterstützt uneingeschränkt die Politik des Bundesaußenministers Dr. Klaus Kinkel gegenüber der tschechischen Republik. Die F.D.P. stellt fest, daß demgegenüber das Verhalten des bayerischen Ministerpräsidenten Dr. Edmund Stoiber in den letzten Wochen den wirklichen Interessen der Sudetendeutschen geschadet hat.
Begründung: Bayerns Ministerpräsident Stoiber hat in den letzten Wochen, insbesondere auf dem Pfingsttreffen der Sudetendeutschen in Nürnberg, wiederholt gefordert, den EU-Beitritt der Tschechischen Republik mit der Aufhebung der Benesch-Dekrete zu verknüpfen.
Damit weckt der bayerische Ministerpräsident unerfüllbare Erwartungen bei den Betroffenen. Spätere Enttäuschungen sind damit vorprogrammiert.
Es ist nämlich unrealistisch, darauf zu hoffen, daß eine Aufhebung der Benesch-Dekrete im Rahmen der multilateralen Verhandlungen erreicht werden kann, die zwischen der Europäischen Union und mehreren Beitrittskandidaten 1998 aufgenommen worden sind.
Vielmehr hat der Bundesaußenminister Dr. Klaus Kinkel wiederholt zu Recht betont, daß noch offene Fragen aus der Vertreibung der Sudetendeutschen im Rahmen von bilateralen Gesprächen zwischen der Bundesrepublik Deutschland und der Tschechischen Republik geklärt werden müssen.
Es liegt auch nicht im Interesse der Sudetendeutschen, den EU-Beitritt der Tschechischen Republik hinauszuzögern. Innerhalb der Europäischen Union besteht für alle Unionsbürger das Recht auf Freizügigkeit bezüglich sämtlicher Mitgliedsstaaten.
Dies bedeutet, daß mit der Aufnahme der Tschechischen Republik in die Europäische Union die Sudetendeutschen das Recht auf Niederlassungsfreiheit in der Tschechischen Republik erlangen.
Damit wird sich eine erhebliche Verbesserung der Sudetendeutschen gegenüber der derzeitigen Lage ergeben.
Die von Bundesaußenminister Dr. Kinkel betriebene Politik dient somit den wirklichen Interessen der Heimatvertriebenen, während der bayerische Ministerpräsident als vorgeblicher Anwalt der Sudetendeutschen in Wahrheit gerade deren Interessen gefährdet.«
Wiedergabe nach SdZ; Nr. 28 v. 10. 7. 1998; S. 1.

Quelle:
Mitt.Bl. SL; Nr. 9/1998; S. 268–284, hier S. 275–281.

****

Artikel **1998, 9. Juli**
des polnischen[1] Außenministers Krzysztof Skubiszewski
»Deutsche, schreibt die Geschichte nicht neu«[2]:
Haager Landkriegsordnung von 1907 auf das besiegte Deutschland nicht anwendbar

Es ist nicht wahr, daß die Aussiedlung der Deutschen aus Polen und die Konfiszierung deutschen Eigentums durch den polnischen Staat dem im Jahre 1945 geltenden Völkerrecht widersprach.
Im Jahre 1945 befand sich das Deutsche Reich in der vollständigen Gewalt der Siegermächte. Ausdruck dessen war seine bedingungslose Kapitulation und die Besetzung seines gesamten Territoriums durch die alliierten Armeen, darunter die polnische. Die höchsten Organe Deutschlands wurden aufgelöst, insbesondere die Regierung, deren Mitglieder verhaftet[3] worden waren.
Am 5. Juni 1945 übernahmen die vier Siegermächte (Frankreich, die USA, Großbritannien und die UdSSR) legal die oberste Gewalt in Deutschland, einschließlich der Macht, die Grenzen festzulegen. Deswegen konnten sie im Potsdamer Abkommen vom 2. August 1945 die Verwaltung des Territoriums östlich der Linie Swinemünde-Oder-Lausitzer Neiße Polen übertragen. Diese Verwaltung führte zur Ausdehnung der Souveränität Polens auf diese ehemaligen deutschen Gebiete.
Weder die polnische Verwaltung noch die Herrschaft der vier Siegermächte in Deutschland

unterlagen[4] den Beschränkungen der IV. Haager Konvention von 1907 und der ihr beigefügten Landkriegsordnung. Letztere schützt bis zu einem gewissen Grad das Privateigentum, doch auf Deutschland als Angreiferstaat, der besonderen Sanktionen unterlag[5], wurde sie nicht angewandt. Diese radikalen Schritte, die Aussiedlungen eingeschlossen, standen im Einklang mit dem damaligen allgemein geltenden Völkerrecht[3]. Denn sie waren die Konsequenz der Aggression und der Tatsache, daß Deutschland den großen Krieg verloren hatte.

Die Aussiedlung wurde im Potsdamer Abkommen und im Beschluß des Alliierten Kontrollrates in Berlin vom November 1945 geregelt. Dieser Beschluß legte die Zahl der u. a. aus Polen auszusiedelnden Deutschen fest. Polen handelte in Übereinstimmung mit diesen Akten. Ohne den Beschluß der Siegermächte wäre es nicht imstande gewesen, die Deutschen auszusiedeln. Wohin auch?

Was das Eigentum anbelangt, so war Polen nicht der einzige Staat, der deutsches Vermögen einzog. In der sowjetischen Zone wurde u. a. eine Agrarreform durchgeführt. In der britischen, französischen und amerikanischen Zone wurden zahlreiche Industrieanlagen demontiert. In den westlichen Staaten wurde in großem Umfang deutsches Auslandsvermögen beschlagnahmt. Diese Handlungen sollten dem deutschen Staat eine Rückkehr zur Politik der Aggression unmöglich machen und Europa Sicherheit garantieren.

All das ist schon Geschichte, aber man kann auch gerade heute diese Geschichte nicht neu schreiben . . .

Anmerkungen:

1 Die im Artikel geäußerten polnischen Argumente könnten von tschechischer Seite aufgegriffen werden.

2 Titel des Artikels in der Warschauer Tageszeitung »Gazeta Wyborcza«.

3 Den in Nürnberg 1945 vor dem Internationalen Militärtribunal angeklagten höchsten Würdenträgern des sog. »Dritten Reiches« wurde u. a. die Deportation von Zivilisten vorgeworfen, wofür sie bestraft und z. T. gehenkt wurden.
Zum Text vom 8. 8. 1945: Siehe S. 21.

4 Diese beleglose (siehe aber S. 1044) Fehldarstellung wird durch die HLKO natürlich nicht gedeckt.
Zum Text vom 18. 10. 1907: Siehe S. 7.

5 Diese »besonderen Sanktionen« für »Angreiferstaaten« blieben undefiniert und unbelegt.

Wiedergabe nach
»Pommersche Zeitung«, Kiel; Jg. 48, Nr. 32 v. 8. 8. 1998; S. 1.

****

Der **1998, 10. August**

tschechische[1] Schriftsteller Pavel Kohout: »In Erinnerung der Sudetendeutschen«

Darstellung deutsch-tschechischer Vergangenheit und Gegenwart aus tschechischer[2] Sicht

Klingt fremd, nicht? Und doch, es gab sie, es gab Hunderttausende von ihnen, die seit Jahrhunderten die Mischregion[3] jenes Königreiches mitbewohnten, die »Länder der tschechischen Krone« genannt wurden. Welch Wunder, daß diese Gebiete nach dem Ersten Weltkrieg entgegen dem Wunsch der Sudetendeutschen nicht aus dem historischen Ganzen[4] herausgerissen und mit anderen deutsch-österreichischen Regionen vereint[5] wurden.

Denen, die zuvor einen Eroberungskrieg vom Zaun gebrochen und verloren haben, macht man normalerweise keine solchen Geschenke[5].

So lebten sie weiter gemeinsam in ihrer alten Heimat, bis die Tschechen nach dem tragischen Abkommen von München ins Landesinnere vertrieben wurden, wo sie dann der künftige Fließbandmassenmörder ohnehin erwischte. Die Bilder der traurigen Trosse von damals sind den heutigen aus dem Kosovo erschreckend ähnlich.

Das alles pflegt jedoch zu fehlen in der Geschichtsschreibung des harten Kerns der Sudetendeutschen Landsmannschaften. Sie beginnt erst mit ihrer Vertreibung[6].
Ich gehöre bekanntlich zu jenen Tschechen, die obwohl ihre Familien von den Deutschen dezimiert wurden, für die rücksichtslose Inspektion aller eigenen Keller eintreten, in denen sich noch versteckte Leichen von Opfern heimischer Verbrecher finden könnten. Die freie tschechische Journalistik, sie sei gelobt, hat sich diese Aufklärung sogar zu eigen gemacht! Und es war ein Tscheche mit meinem Namen, der in seinem letzten Roman »Die Sternstunde der Mörder«[7] das Wüten und Leiden der Tschechen und Deutschen im Prager Aufstand 1945 mit gleicher Richtschnur maß. Und es war derselbe Tscheche, der das bereits berühmte Prager Theaterfestival der deutschsprachigen Theater durchsetzte und auch gegen eine deutsche Bank-Lady[8] zu retten half, die es aus Eitelkeit vereiteln wollte.
Das soll nur als Beweis dienen, daß ich nicht am tschechischen Nationalismus leide, wenn ich behaupte: Die Schuld an dem wiederentflammten Reizklima tragen vor allem militante[9] Sudetendeutsche.
Mag sich ein hoher tschechischer Politiker[10] weiß Gott wie unklug äußern – und das hat er bei Gott getan –, er reagiert auf einen immer massiveren Druck von der anderen Seite, dem deutsche, vornehmlich bayerische Politiker nicht standhalten können oder wollen.
Es gehört sich einfach nicht, wenn Nachkommen, ja, oft noch Zeitgenossen jener, welche die demokratische ČSR in die Luft sprengten und dann ganz Europa in Blut ertränkten, jetzt Forderungen[9] stellen, die ihre ehemaligen Opfer nur brüskieren können, noch dazu unnütz: So sind die Benesch-Dekrete als solche durch das neue Grundgesetz längst außer Kraft[11] – und es muß lediglich den neuen Generationen der Tschechen überlassen werden, diesen Prozeß bis zum erwünschten Ende zu führen. Nur Blinde können nicht sehen, daß er im Gange ist, nur Dumme wollen ihn torpedieren.
Drohungen wie »Wir werden Ihnen den Weg in die EU versperren!« bei denen sogar Hitlers Lieblingswort »Tschechei« verwendet wird, dürfen nicht ausgesprochen werden, sie klingen gerade von dieser Seite – sogar für mein versöhnliches Ohr – absolut unerträglich. Oder sind sie deswegen verwendet worden, um Reaktionen hervorzurufen, aus denen neues politisches Kapital zu schlagen wäre?
Nur – wenn jeder verbale Ausrutscher aus Prag zum Schulterschluß des ganzen deutschen politischen Spektrums mit den Häuptlingen des »dritten[12] bayerischen Stammes« führen sollte, kann man, das ist zu befürchten, bald eine neue Angstsolidarisierung der gesamten tschechischen Gesellschaft gegen alle Deutschen erleben. Eine grausame Vorstellung!
Und wenn sich vielleicht die Deutschschlesier dieser Gangart anschließen und die Polen sich herausgefordert fühlen?
Dann haben wir zwar keinen Krieg, aber auch nicht den erhofften Frieden. Dann sind wir wieder im geistigen Klima der 30er Jahre.
Fazit: Ich selbst überließ meinen logischen[13] Stuhl im Deutsch-Tschechischen Forum jenen, die bereits von keinem Ressentiment mehr geleitet werden können. Warum kann es nicht auch Herr Neubauer tun?
Überhaupt: Immer noch klare Mehrheiten unserer beiden Nationen sollten sowohl deutsche Berufsvertriebene als auch tschechische Profipatrioten mit vereinter Stimme auf jenen Sandkasten verweisen, wo sie ihre gefährlichen Spielchen allein betreiben sollen.
Es war ihrer genug!

Anmerkungen:

[1] Seit 1980 auch österreichischer Staatsbürger.

[2] In der Darstellung eines anderen gebürtigen Tschechen, Ludek Pachmann (siehe S. 1129), wurde eine andere Sicht geboten und viele Fehler Kohouts richtiggestellt. Diese werden daher hier nicht angemerkt.

[3] Das hier gemeinte Sudetengebiet war bis zur Vertreibung 1945/46 keine »Mischregion«, sondern im größten Teil praktisch nur von Deutschen bewohnt.

[4] Dieses »historische Ganze« war gegenüber z. B. 1526 u. a. durch die Eingliederung des Egerlandes erweitert und die Abtretung des größten Teiles von Schlesien an Preußen vermindert worden.
[5] Tatsächlich wollten die Sudetendeutschen aufgrund des gleichen Selbstbestimmungsrechtes (nicht »-geschenkes«), auf das die Čechoslovaken die ČSR gründeten, mit Deutsch-Österreich zum Deutschen Reich.
[6] Jede Geschichtsschreibung der Sudetenfrage beginnt spätestens mit 1918/19.
[7] Der Roman (476 S.) erschien 1995 in Berlin.
[8] Vermutlich gemeint: Brigitte Seebacher-Brandt; ab 1995 »Direktorin für Kultur und Gesellschaft« der Deutschen Bank AG.
[9] Wer bzw. was hier gemeint war, blieb offen.
[10] Vermutlich gemeint: Miroslav Sládek; zu seiner Äußerung: Siehe S. 1115.
[11] Diese Interpretation der ČR-Verfassung vom 16. 12. 1992 (zum Text: Siehe S. 953) war weder die Meinung des ČR-Verfassungsgerichtes (zum Text der Entscheidung vom 8. 3. 1995: Siehe S. 993) noch des ČR-Parlamentes (zum Text des Gesetzes vom 2. 11. 1994: Siehe S. 988).
[12] Die hier anscheinend gemeinten Sudetendeutschen wurden nie als »dritter«, sondern – neben Altbayern, Franken und Schwaben – oft als »vierter Stamm Bayerns« bezeichnet.
[13] Worin die »Logik« bestanden hätte, Kohout einen Sitz im Deutsch-Tschechischen Gesprächsforum zu geben, blieb offen.

Quelle:
»Lidove noviny« (Volkszeitung), Prag; Jg. 11, Nr. 185 v. 10. 8. 1998; S. 10 sowie »Die Welt«; Nr. 184 v. 10. 8. 1998; S. 4.

****

Der tschechische Publizist Ludek Pachmann[1]**:** **1998, 13. August**
»Vorurteile erschweren die Aussöhnung«:
Darstellung deutsch-tschechischer Vergangenheit und Gegenwart[2]

Von »Ländern der tschechischen Krone« zu sprechen, wie Pavel Kohout das an dieser Stelle tat[2], ist abwegig. Darin kommt eine totale Verdrehung der mitteleuropäischen Geschichte zum Ausdruck. Richtig hieß dieser Teil der Habsburger Monarchie »Länder der böhmischen[3] Krone« (bis 1806 gehörte er zum Heiligen Römischen Reich deutscher Nation); in ihm lebten neben Tschechen auch Deutsche, Minderheiten slawischer Stämme und – meistens deutschsprachige – Juden in Harmonie zusammen.
Nach der Gründung der ČSR waren die Tschechen im neuen Staat anfangs sogar eine Minderheit, die Deutschen nach ihnen – und klar vor den Slowaken – die zweitgrößte nationale Gruppe. Sie wünschten den Verbleib bei Österreich (»wie schön war es unter der alten Monarchie«, sagten während der kommunistischen Diktatur viele Tschechen). Am 4. März 1919 demonstrierten unbewaffnete Arbeiter in mehreren böhmischen Städten dafür. Im Feuer der Maschinengewehre und anderer Waffen wurden 54 von ihnen getötet, Hunderte wurden schwer verletzt.
Das alles weiß natürlich Pavel Kohout, aber die sprachliche Manipulation ist für ihn der Ausgangspunkt für weitere Mißhandlungen der geschichtlichen Tatsachen. Daß der Erste Weltkrieg kein Eroberungskrieg war, stellten 1968 sogar tschechische Historiker fest – schließlich hatte das Attentat von Sarajevo die russische »Ochrana« organisiert. Es war die gemeinsame Schuld der damaligen europäischen Großmächte. Und es gab auch – entgegen der Behauptung von Kohout – keine »Vertreibung 1938«. Eine eingehende Prüfung der Dokumente beweist[4] vielmehr: Die aktiven Gegner des Hitler-Reiches verließen nach dem Münchner Abkommen die Grenzgebiete. Und es ist ein Schandfleck in der tschechischen Geschichte, daß Tausende von ihnen, die Sudetendeutsche waren, von tschechischen Behörden Anfang 1939 an die Gestapo ausgeliefert wurden. Mehr als die Hälfte der in den Grenzgebieten lebenden Tschechen blieben in ihren Heimatorten. Sie wurden wegen ihrer Volkszugehörigkeit nicht verfolgt und konnten zwischen beiden nationalen Zugehörigkeiten

wählen. Da war Hitler sogar (vorläufig) humaner als Eduard Benesch 1945. Kohouts Vergleich der damaligen Ereignisse mit den Vorgängen im Kosovo entspringt deshalb einer übertriebenen Phantasie. Daß er in seinem letzten Roman auch die Übeltaten während der Befreiung 1945 beschreibt, ist lobenswert. Aber das widerspricht völlig den jetzigen Haßtiraden gegen die Sudetendeutschen.

Weiß Kohout nicht, daß Tausende Sudetendeutsche – auch aktive Mitglieder der Sudetendeutschen Partei Konrad Henleins (unter ihnen der spätere Sprecher der Landsmannschaft, Walter Becher) – inhaftiert und etwa 300 von ihnen in Dresden vor Gericht gestellt worden sind?

»Massiver Druck – vornehmlich von bayerischen Politikern«, »Drohungen – Wir werden ihnen den Weg in die EU versperren«, so schreibt Kohout weiter. Wen hat er da eigentlich zitiert? Glaubt Kohout wirklich, daß jemand, der eine solche Sprache verwendet, das »logische« Recht auf »seinen Stuhl im Deutsch-Tschechischen Gesprächsforum« hätte? Ein Schriftsteller sollte sich auch in politischen Diskussionen besser kontrollieren. Wie harmlos ist im Vergleich zu seinen Äußerungen die gewohnte (und das schon vor Hitlers Zeit) Verwendung des Begriffs »Tschechei«[5]. Auch ich rate meinen Freunden vor dem Gebrauch dieses Wortes ab, obwohl es eine getreue Übersetzung des tschechischen »Česko« ist – eben weil sich auch Hitler dieser Vokabel bediente.

Die Vorurteile von so vielen Tschechen, die eine wirkliche Aussöhnung der Tschechen mit den Sudetendeutschen so schwierig machen, werden durch die jetzt schon 43 Jahre dauernde Umerziehung verursacht, wobei sie während der Zeit demokratischer Regierungen viel wirksamer ist als in den Jahren 1948 bis 1989: weil ein wesentlicher Teil des Volkes nicht das glaubte, was kommunistische Politiker und Literaten (Pavel Kohout nicht ausgenommen) proklamierten. Die fast schon pathologische Liebe zum tschechischen Präsidenten Benesch, der zweimal würdelos kapitulierte (1938 und 1948), ist so etwas wie eine nationale Krankheit geworden. Das von Kohout verwendete Argument, die Benesch-Dekrete seien durch das neue tschechische Grundgesetz längst außer Kraft, ist eine billige Ausrede gegenüber der deutschen Seite.

Anmerkungen:

1 Seit 1975 auch deutscher Staatsbürger.
2 Antwort auf Pavel Kohouts Artikel vom 10. 8. 1988; zum Text: Siehe S. 1127.
3 Zu den Begriffen »böhmisch«, »český«, »tschechisch« und deren Verwendung: Siehe S. 181.
4 Vgl. dazu: Habel: MVT.
5 Zu den Begriffen »Tschechei«/»Tschechien« und deren Verwendung: Siehe S. 956.

Quelle:
»Die Welt«; Nr. 187 v. 13. 8. 1988; S. 4.

****

Kurzbericht: **ca. Herbst (= 30. 9.) 1998**

Behandlung verstaatlichten Eigentums in Mittel- und Osteuropa nach 1989

A) Vorbemerkung

Es wird von tschechischer, aber auch von deutscher Seite aus politischen Gründen bzw. bloßem Unwissen öfter behauptet, eine (selbst teilweise oder symbolhafte) Eigentumsrestitution für die Sudetendeutschen sei unmöglich[1] oder sogar »absurd und anachronistisch«[2]. Derartige Behauptungen sind natürlich falsch: Fast alle Staaten Mittel- und Osteuropas[3] haben sich mit dem Problem der Restitution von Eigentum auseinandergesetzt, welches vor 1945 vom NS-Regime bzw. Kollaborantenregierungen und später von den kommunistischen Regimen unter verschiedenen juristischen Bezeichnungen den rechtmäßigen Eigentümern, darunter auch Deutschen, enteignet worden war.

Für die Sudetenfrage ist relevant, wie diesbezügliche Vorgänge in der ČSFR/ČR sich von sachlich vergleichbaren Bemühungen in anderen Staaten unterscheiden.
Es ist nicht einfach, aus unterschiedlich strukturierten, verstreuten Angaben eine Art von Zustandsbilanz herauszufiltern. Deswegen kann die nachfolgende Zusammenstellung nur zu einer Trendaussage über die zentralen Fragen beitragen: Für Vermögensschäden aus welchem Zeitraum wird in den einzelnen Staaten entschädigt?
Welche Eigenschaften in v. a. Staatsbürgerschaft und Anwesenheit müssen die Personen aufweisen, damit sie (oder ihre Erben) entschädigungsfähig sind?
Alle weiteren Angaben zur Entschädigungsfrage werden hier (auch) aus Umfangsgründen unterlassen.

B) Die Angaben

	Bulgarien	Estland	Kroatien	Lettland	Litauen	Rumänien	Slowakei	Slowenien	Ungarn	ČSFR/ ČR	Polen
	1	2	3	4	5	6	7	8	9	10	11
1. Basis:											
1.1.: Regelungsgesetze: Beschlußjahr[4] 19 . .	.	91, 97	96, 2002	91–94	91	91, 95, 2001	.	.	91, 92	91	.
1.2: »Dokumente zur Sudetenfrage«: Wiedergabe v.											
Gesetzestext: S. . . .									942	898	.
vom . . .									92, 7. 4.	90, 2. 10.	
Sonstigem: S. . . .		1028	1100					1026			
von . . .		Meri	Tudjman					Itl.			
1.3: Anmerkungen	[5]			[5]	[5]	[5]	[6]	[5]			[7]
2. Inhalte der Schadensregulierung											
2.1: Zeitraum, in dem Schaden eingetreten sein muß: Jahr 19 . . bis 19 . .:	.	40–91	45–91	40–91	40–91	45–89	.	.	39, 1. 5.–87	48, 25. 2.–89	44–62
2.2: Personen, denen nachgewiesener Schaden reguliert wird, müssen gewesen sein											
2.2.1: Staatsbürger des »Schädigerstaates« im Jahre 19 . .:	.	40, 16. 6.	0	0	91	91	.	.	39, 1. 5.	48 und 91	44 und 62
2.2.2: anwesend im »Schädigerstaat« im Jahre 19 . .:	.	.	.	.	91	0	.	.	91	91	.
2.2.3 Ausnahmeregelung(en)	.	.	[8]	.	.	.	.	.		[9]	.

C) Zusammenfassung

Die überwiegende Mehrheit der aufgeführten Staaten konzipierte (und realisierte) ihre Entschädigungsregelung ab Beginn jeglicher totalitärer Verfolgungsmaßnahmen und zugunsten auch der betroffenen Deutschen.

Nur die ČSFR/ČR und Polen lehnten (und lehnen) dies ab. Die BR Deutschland bemühte sich, die Rechtsgültigkeit der DDR-Enteignungen 1945–1949 nachzuweisen, aufrechtzuerhalten und fortzuführen[3].

D) Anmerkungen und Quellen:

[1] So z. B. wiederholt MdB Vollmer (Bündnis 90/Die Grünen).

[2] So Außenminister Fischer (Bündnis 90/Die Grünen) am 30. 10. 1998 in Warschau, siehe S. 1136. Fischer, selbst Ungarndeutscher, war durch die ungarischen Restitutionen begünstigt.

[3] a) Zur vorgeblichen Rechtsbasis der Enteignungen 1945–1949 in der SBZ-Deutschlands in deutscher Billigung des politischen Beharrens der damaligen UdSSR auf Nichtantastung der sog. Bodenreform der beginnenden DDR: Siehe S. 893. Dort bereits erste Hinweise, daß behauptetes Restitutionsverbot der damaligen Sowjetregierung nicht vorlag.

b) Zur Behandlung dieser Frage in Deutschland nach 1990: Über 30.000 qkm Grundeigentum, das überwiegend der BR Deutschland zufiel, blieb mehr als 40.000 Betroffenen (bzw. deren Erben), darunter auch NS-KZ-Opfern mit Hunderttausenden von Familienangehörigen entzogen. Die Betroffenen wollten nur das zurück, was sich jeweils noch in öffentlicher Hand befand.
Vgl. Anzeigen in FAZ, z. B. Nr. 224 v. 29. 9. 1997; S. 8; »Welt«, Nr. 76 v. 30. 3. 2000; S. 12.
Unter den NS-KZ-Opfern auch Carl Hans Graf von Hardenberg, ein Mitverschwörer des 20. Juli 1944: Sein zunächst vom NS-Regime und dann der SBZ/DDR enteigneter Besitz Neu-Hardenberg in der gleichnamigen Gemeinde Brandenburgs (von KPD/SED während deren Herrschaft in »Marxwalde« umbenannt) wurde seinen Erben nicht zurückgegeben, sondern von der BR Deutschland zum größten Teil an den »Deutsche Sparkassen- und Giroverband« in Bonn verkauft.
Vgl. »Märkische Oderzeitung« ⟨*TZ.*⟩, Frankfurt/Oder; Jg. 7, Nr. 300 v. 23./24. 11. 1996; S. 4.

c) Am 1. 3. 1998 erklärte dann Michail Gorbatschow in Berlin u. a.: »Das Thema Restitution des ⟨*1945–1949 durch die SBZ/DDR*⟩ enteigneten Besitzes wurde . . . niemals angesprochen. Es ist absurd, wenn man mir unterstellt, ich hätte diese Forderung nach dem Verbot der Restitution als Vorbedingung für meine Zustimmung zur Wiedervereinigung gefordert.«
Vgl. FAZ; Nr. 51 v. 17. 3. 1998; S. 9–10, hier S. 10.
Der die Verhandlungen über die Wiedervereinigung für die damalige DDR führende Staatssekretär Günter Krause (CDU) erklärte Ende 1998 in einer eidesstattlichen Erklärung, »soweit ihm bekannt, habe die UdSSR nie die Unumkehrbarkeit der Enteignungen verlangt«.
Dem wurde vom Bundesvorstand der CDU mit dem wohl wenig sachgerechten Argument widersprochen, daß Krause »an den Verhandlungen nicht unmittelbar beteiligt gewesen sei.«
Vgl. SZ; Nr. 52 v. 4. 3. 1999; S. 14.

d) Zwischenzeitlich fühlen sich deutsche Behörden und Gerichte eher belästigt, wenn heutige russische Behörden von der damaligen Enteignung Betroffene politisch rehabilitieren und /oder die damalige Enteignung in Bescheiden von heute als rechtswidrig oder Unrecht bezeichnet werden.
Vgl. SZ Nr. 47 v. 26. 2. 1999; S. 6. Siehe auch S. 1312.

[4] Angaben in dieser Zeile aus der SdZ; Nr. 37 v. 11. 9. 1998; S. 1 f. sowie Nr. 29 v. 20. 7. 2001; S. 4. Auch Broschüren des BdV, Bonn: »Recht auf die Heimat und offene Vermögensfragen im deutsch-tschechischen Verhältnis«, September 1997; sowie »Recht auf die Heimat und offene Vermögensfragen – Lösungsansätze und Erwartungen«; September 1998.

[5] Zur Erwähnung von Ausgleichsbemühungen durch SL-Sprecher Neubauer in der Rede am 6. 3. 1998: Siehe S. 1114.

[6] Zunächst Distanzierung von Vertreibung der Deutschen (zu den Texten: Siehe S. 905, 908, 967), dann zeitweise unter Staatspräsident Mečiar Beharren auf Gültigkeit der Beneš-Dekrete; ab Ende 1998 Auffassung, daß »bei Eintritt in die EU Frage der Dekrete gelöst werden muß«.

[7] Scharfe Ablehnung jeder Rückgabe von Privatbesitz durch Staatspräsident Aleksander Kwasniewski in Interview Anfang Dezember 1998 im Zusammenhang mit Gesetzesvorlage.
Vgl. Brücke; Nr. 12 v. 15. 12. 1998; S. 3.

[8] Es gab die Möglichkeit, frühere Bewohner Kroatiens mit 1996 anderer als kroatischer Staatsbürgerschaft in den Kreis der Entschädigungsberechtigten durch Abkommen in den nunmehr über ihre derzeitige Staatsbürgerschaft sorgepflichtiger Staat aufzunehmen.
Zum notifizierten Interesse Deutschlands vom 30. 1. 1997, dies zu tun, vgl. SdZ; Nr. 37 v. 11. 9. 1998; S. 1 f.; zum kroatischen Gesetz vom 5. 7. 2002 vgl. »Kurier«, Wien v. 10. 8. 2002.

[9] Für bereits vor dem 25. 2. 1948 eingetretene Schäden wurden v. a. mehrere Adelige und Personen entschädigt, welchen die ČSR-Staatsbürgerschaft angeblich ungerechtfertigt entzogen worden war.
Zum Vorgang Liechtenstein: Siehe S. 1108.
Zum Vorgang »Deutscher Orden« (d. h. NS-Enteignung mit Fortführung durch ČSR/ČSSR/ČSFR/ČR): Siehe S. 429; dazu Kardinal Beran 1946: Siehe S. 655.

Zum Vorgang katholische Kirche (die KPČ-Enteignung nach 1948 umfaßte z. B. auch den Prager Veitsdom) mit gleichfalls Wirksamkeit bis heute (d. h. Ende 2002): Siehe S. 1035, 1102, 1315; vgl. auch SZ; Nr. 120 v. 28. 5. 1999; S. 7.

****

Koalitionsvereinbarung zwischen SPD und Bündnis 90/Die Grünen für (14.) Deutschen Bundestag: **1998, 20. Oktober**

Grundlagen der Außenpolitik: Beachtung des Völkerrechtes und Eintreten für Menschenrechte

...

XI. Europäische Einigung, internationale Partnerschaft, Sicherheit und Frieden

1) Ziele und Werte

Die neue Bundesregierung wird die Grundlinien bisheriger deutscher Außenpolitik weiterentwickeln: die friedliche und partnerschaftliche Zusammenarbeit mit den Nachbarn, die Pflege der transatlantischen Partnerschaft, die Vertiefung und Erweiterung der Europäischen Union, die gesamteuropäische Zusammenarbeit in der OSZE, die besondere Verantwortung für Demokratie und Stabilität in Mittel-, Ost- und Südosteuropa und die Förderung nachhaltiger Entwicklung in allen Ländern des Südens. Grundlagen sind dabei die Beachtung des Völkerrechts und das Eintreten für Menschenrechte[1], Dialogbereitschaft, Gewaltverzicht und Vertrauensbildung. Die neue Bundesregierung begreift die internationale Zusammenarbeit als Politik der globalen Zukunftssicherung.

Die neue Bundesregierung wird sich dabei von der Verpflichtung ... zur weltweiten Einhaltung der Menschenrechte[1] leiten lassen.

...

10) Gute Nachbarschaft und historische Verantwortung

...

Die neue Bundesregierung wird zügig daran arbeiten, auf der Grundlage der Deutsch-Tschechischen Erklärung[2] noch bestehende Probleme im Verhältnis zwischen Deutschland und der Tschechischen Republik abzubauen.

...

Anmerkungen:

[1] Am 10. 12. 1998 erklärte der deutsche Bundeskanzler Schröder am 50. Jahrestag der Allgemeinen Erklärung der Menschenrechte (zum Text vom 10. 12. 1948: Siehe S. 25) u. a. neuerlich:
»Die Förderung und Durchsetzung der Menschenrechte im In- und Ausland sind fester Bestandteil unserer Politik. Auch wenn wir im Sinne funktionierender internationaler Beziehungen mitunter gar zum Dialog mit Mördern und Folterern gezwungen sind, lassen wir uns in diesem Engagement nicht beirren. Schon gar nicht lassen wir uns von Menschenrechtsverletzern verbieten, das Gespräch mit ihren Opfern zu suchen und diese in ihrem Einsatz für die Menschenrechte zu ermuntern und unterstützen.«
Vgl. Bulletin; Nr. 80 v. 14. 12. 1998; S. 969.

[2] Vom 21. 1. 1997; zum Text: Siehe S. 1073.

Quelle:
Parlament; Nr. 45 v. 30. 10. 1998; S. 6–10, hier S. 9 f.

****

Die Bundesversammlung der Seliger-Gemeinde: Brannenburger Thesen »für Gegenwart und Zukunft der deutsch-tschechischen Beziehungen«: **1998, 31. Oktober**
Symbolische Lösung der Vermögensfrage

1.

Die Seliger-Gemeinde versteht sich als Nachfolgeorganisation der Deutschen Sozialdemokratischen Arbeiterpartei in der Tschechoslowakischen Republik, die aus der altösterreichischen Arbeiterbewegung hervorgegangen ist und bis zuletzt gegen das Dritte Reich und für den Erhalt der Tschechoslowakischen Republik gekämpft hat. Sie ist heute, nach der Erfahrung des Exils und des Wiederaufbaus, fest in der Bundesrepublik Deutschland etabliert, hat aber auch Gruppen in Kanada, Skandinavien, Großbritannien und Österreich. Sie unterstützt die Sozialdemokratische Partei Deutschlands und sucht die Zusammenarbeit mit anderen sudetendeutschen sowie mit tschechischen und österreichischen Einrichtungen.

2.

Die Seliger-Gemeinde setzt sich ein für die Verständigung zwischen Sudetendeutschen und Tschechen, für eine verantwortungsbewußte sozialdemokratische Politik in der Mitte Europas und für eine kontinuierliche Weiterentwicklung der demokratischen Strukturen der Europäischen Union. Insbesondere geht sie davon aus, daß das empfindliche Verhältnis zwischen Sudetendeutschen und Tschechen nicht durch Schuldvorwürfe und Forderungen verbessert werden kann, sondern allein durch die Bereitschaft zu einer selbstkritischen Auseinandersetzung mit der Geschichte und durch das Verständnis für die Empfindlichkeiten der anderen Seite.

3.

Die Seliger-Gemeinde fordert daher die Vertreter sudetendeutscher Einrichtungen und Zeitschriften auf, sich aufrichtig mit der eigenen Geschichte auseinanderzusetzen, insbesondere mit der NS-Herrschaft im Sudetengau und im Protektorat. An die tschechischen Parteien und Medien richtet die Seliger-Gemeinde den Appell, sich ebenfalls aufrichtig mit der eigenen Geschichte auseinanderzusetzen, insbesondere mit der Vertreibung und allen Maßnahmen und Verordnungen, denen chauvinistische Standpunkte zugrunde lagen. Beide Seiten fordert sie dazu auf, nicht nur der eigenen, sondern auch der Opfer der anderen Seite zu gedenken. In diesem Sinn plädiert sie für den Ausbau direkter Gespräche zwischen Vertretern der tschechischen Parteien und der sudetendeutschen politischen Gruppierungen.

4.

Das Zusammenleben von Tschechen, Deutschen und Juden in Böhmen, Mähren und Schlesien ist durch die NS-Okkupation und den Krieg ebenso stark zerstört worden wie durch die Vertreibung. Die Seliger-Gemeinde geht daher davon aus, daß sich die vergangene Lebenswelt weder durch rechtliche Vereinbarungen noch durch brüderliche Umarmungen wiederherstellen läßt. Sie weiß, daß diese Einsicht für viele ausgesprochen bitter ist. Hier können nur Ehrlichkeit und Realismus weiterhelfen. Die Seliger-Gemeinde ist der Meinung, daß es keine kollektive Rückkehr der sudetendeutschen Volksgruppe geben wird, sondern nur eine individuelle Rückkehrmöglichkeit. Sie setzt sich daher für die nachdrückliche Unterstützung der deutschen Minderheit, für den baldigen Eintritt der Tschechischen Republik in die Europäische Union und für die Verabschiedung eines europäischen Volksgruppenrechts ein. Die Seliger-Gemeinde ist weiterhin der Auffassung, daß es keine weitgehende Restitution des im Jahre 1945 enteigneten Vermögens geben wird. Sie setzt sich statt dessen dafür ein, daß Tschechen und Sudetendeutsche über Modelle einer symbolischen Lösung reden, die von beiden Seiten akzeptiert werden können.

5.

Die Seliger-Gemeinde hält es für unerläßlich, die seit 1990 anstehende Neuformulierung der Ziele in diesem Sinn vorzunehmen und fordert alle sudetendeutschen Gruppierungen auf, sich an einer offenen Aussprache zu beteiligen. Wir brauchen eine attraktive Vision, welche Tschechen und Sudetendeutsche anspricht und von den Nachbarländern als sinnvoller Baustein der europäischen Integration begrüßt wird. Diese Vision muß sich von allen Versuchen lösen, die Zukunft als Restitution der vergangenen Lebenswelt anzustreben. Sie muß vielmehr davon ausgehen, die wertvollen Bestandteile der eigenen Tradition zu erhalten und sie als Bausteine in das Gefüge eines neuen Zusammenlebens innerhalb der Europäischen Union einzubringen. Die Seliger-Gemeinde setzt sich dafür ein, auf diese Weise eine neue Nachbarschaft zu prägen, in der Sudetendeutsche und Tschechen nicht mehr alte Ängste und Aggressionen erleben, sondern in gegenseitiger Achtung ihre Traditionen pflegen und gemeinsam ein Fundament der europäischen Verständigung bilden.

Quelle:
Brücke; Nr. 11 v. 15. 11. 1998; S. 2; auch PZ; Nr. 46 v. 12. 11. 1998; S. 2.

****

Erklärungen von **1998, 5. Dezember**
Staatsminister Günter Verheugen (SPD)
zu Enteignungs- und Vertreibungsunrecht:
Vertreibung bleibt Unrecht, Vermögensansprüche nicht geltend zu machen

⟨*A) 1. Frage*[1]*:*⟩

. . .

Bundeskanzler Kohl hatte nach der Unterzeichnung der deutsch-tschechischen Erklärung[2] letztes Jahr in Prag erklärt, die Eigentumsfragen blieben »natürlich offen«[3].
Meine erste Frage : Sieht das die neue Bundesregierung genauso? Ich erinnere an Außenminister Fischer, der im ähnlich gelagerten Fall in Warschau vor kurzem gesagt hat, Forderungen des BdV auf Entschädigung oder Wiedergutmachung seien »absurd und anachronistisch«. Das hatte die Süddeutsche Zeitung[4] berichtet.
Also sieht das die neue Bundesregierung auch so wie die letzte, daß diese Fragen rechtlich offen bleiben? Wenn ja, ist Ihre Regierung bereit, irgendwann – ich sage es bewußt: irgendwann – bilaterial im deutsch-tschechischen Verhältnis – denn es ist ja gesagt worden, diese bilateralen Dinge sollen nicht die EU-Mitgliedschaft, den EU-Beitritt der Tschechischen Republik belasten oder irgendwie tangieren – sind Sie bereit, diese Fragen irgendwann im deutsch-tschechischen Verhältnis noch einmal zu thematisieren? Wenn ja, in welcher Form vielleicht? Gibt es dazu überhaupt Gedanken?

⟨*B) Antwort zur 1. Frage:*⟩

Was die erste Frage angeht, so ist klar, daß entsprechend Geist und Wortlaut der deutsch-tschechischen Erklärung[2] die Bundesregierung gegenüber der tschechischen Regierung keine Vermögensansprüche geltend machen wird.

⟨*C) 2. Frage:*⟩

Ein nächster Komplex, der mir ungeklärt zu sein scheint in der deutsch-tschechischen Erklärung[2], ist die Interpretation einiger wichtiger Punkte. Ich verweise darauf, daß selbst Präsident Havel noch im Februar ⟨*19*⟩97[5] erklärt hat, in der Erklärung würde nicht die Vertreibung als solche verurteilt, sondern nur die in ihrem Verlauf begangenen Exzesse. Ich könnte auch auf den Motivenbericht[6] verweisen. Meine Frage ist: Sind das Dinge, die Sie noch ansprechen wollen, dieser offenkundige Dissens, oder ist das etwas, das Sie möglichst abgehakt wissen möchten, weil es doch vielleicht zu unangenehm ist?

⟨*D) Antwort zur 2. Frage:*⟩

. . .

Zu der zweiten Frage: Die Bundesregierung betrachtet die Vertreibung der Sudetendeutschen aus ihrer angestammten Heimat als Unrecht. Da gibt es überhaupt keine Diskussion. Das haben andere Regierungen vor der jetzigen auch getan. Diesen Standpunkt werden wir auch nicht verlassen und auch nicht verlassen können. Das ist nicht nur eine rechtliche Frage, das ist auch eine moralische und politische Frage. Wie wir damit umgehen, das müssen wir in der kurzen Zeit unseren tschechischen Partnern überlassen. Ich glaube, das ist der Teil, der von der tschechischen Seite zu leisten ist, sich auseinanderzusetzen mit einem bestimmten Abschnitt der Geschichte. Diese Notwendigkeit wird dem tschechischen Volk, der tschechischen Öffentlichkeit nicht erspart bleiben: Wir haben das in anderen europäischen Ländern auch schon erlebt. Aber ich glaube nicht, daß es klug ist, einen solchen Prozeß der Aufarbeitung der eigenen Geschichte von außen zu verlangen und mit besonders schrillen Tönen zu begleiten. Ich bin sicher, daß die Arbeit dieses Forums[7] ... dazu beitragen wird, daß dieser ... Prozeß stärker in Gang kommt, als es bisher der Fall war.

Anmerkungen:

1 Die Fragen stellte Michael Leh für die »Sudetendeutsche Zeitung« (München) in der Pressekonferenz in Dresden zum Abschluß der 1. Jahreskonferenz des Deutsch-Tschechischen Gesprächsforums, welches gemäß Ziff. VIII, Abs. 3 der Erklärung vom 21. 1. 1997 eingerichtet worden war (zum Text: Siehe S. 1075).
2 Vom 21. 1. 1997; zum Text: Siehe S. 1073.
3 Zur Erklärung Kohls vom 21. 1. 1997: Siehe S. 1077.
4 So der Bericht in der SZ v. 31. 10. 1998.
5 Zum Text vom 9. 2. 1997: Siehe S. 1076.
6 Zum Text vom 17. 12. 1996: Siehe S. 1067.
7 Gemeint: Das Deutsch-Tschechische Gesprächsforum (siehe Anm. 1).

Quelle:
SdZ; Nr. 50 v. 11. 12. 1998; S. 3.

****

Antwort[1] der Bundesregierung Schröder (SPD) 1998, 23. Dezember
zur Eigentumsrückgabeaufforderung des US-Repräsentantenhauses[2]:
Fühlt sich durch Entschließung, die keine Bindungswirkung hat, weder als Rückgeber (SBZ/DDR)[3] noch als Rückgabeaufforderer (z. B. ČR) betroffen

⟨1. Frage[4]:⟩
Wie bewertet die Bundesregierung die in der Resolution Nr. 562 vom 13. Oktober 1998 zum Ausdruck gebrachte Auffassung des Repräsentantenhauses der USA, daß alle mittel- und osteuropäischen Regierungen das Eigentum, das unter totalitärer Herrschaft widerrechtlich und ohne Entschädigung enteignet worden ist, so rasch wie möglich zurückzugeben haben oder die Eigentümer unverzüglich, gerecht und wirksam finanziell zu entschädigen haben sowie jene Regelungen aufzuheben haben, die die Rückgabe oder Entschädigung begrenzen, und welche Konsequenzen zieht die Bundesregierung für ihre Politik gegenüber den Staaten Ostmittel- und Osteuropas aus dieser Auffassung des US-Repräsentantenhauses?
⟨2. Frage[5]:⟩
»Wie beurteilt die Bundesregierung die Resolution des US-Repräsentantenhauses vom 13. Oktober 1998 (H. Res. 562 IH), in der auch die Bundesregierung (imRahmen von Absatz 2 der Resolution) aufgefordert wird, enteigneten Besitz den ursprünglichen Eigentümern zurückzugeben respektive eine rechtmäßige Entschädigung mittels eines gerechten, allgemeinverständlichen und fairen Verfahrens zu zahlen?
⟨3. Antwort[1] auf die 1. und 2. Frage[6]:⟩
»Die Bundesregierung hat die entsprechende Resolution des US-Repräsentantenhauses

vom 13. Oktober 1998 (H. Res. 562) zur Kenntnis genommen. Es handelt sich dabei um eine souveräne Entscheidung des amerikanischen Parlaments. Diese Resolution hat Aufforderungscharakter, entfaltet aber keine politische oder rechtliche Bindungswirkung.

Anmerkungen:
1 des Staatsministers Günter Verheugen (SPD).
2 Zum Text vom 13. 10. 1998: Siehe S. 172.
Der BdV hatte die US-Entschließung in einer Erklärung seiner Präsidentin Erika Steinbach (MdB-CDU) begrüßt. Darin hieß es u. a.:
»Unter die von der Resolution angesprochenen Opfer fallen auch die deutschen Vertriebenen, die nicht ausgegrenzt werden dürfen. Millionen deutsche Vertriebene sind von unrechtmäßigen entschädigungslosen Enteignungen betroffen. Insbesondere Polen und die Tschechische Republik weigern sich immer noch anzuerkennen, daß sie sich unrechtmäßig und völkerrechtswidrig Eigentum angeeignet haben. Sie bleiben aufgefordert, über Lösungsmöglichkeiten zur Wiedergutmachung nachzudenken.«
Vgl. BdV-Pressemitteilung Nr. 34 v. 18. 11. 1998.
3 Zur Vorgangsart und -dimension: Siehe S. 1133.
4 Die Frage stellte das MdB Hartmut Koschyk (CDU/CSU).
5 Die Frage stellte das MdB Edzard Schmidt-Jortzig (FDP).
6 Die Antwort war praktisch wortgleich.

Quellen:
Deutscher Bundestag:
Zur 1. Frage und Antwort: BTDs. 14/143, Frage 41.
Zur 2. Frage und Antwort: BTDs. 14/244, Frage 5, S. 4.

****

Die **1998, Ende**
Tschechin Daniela Horaková:
»Die Sudetendeutschen: Historische Wahrheit und gegenwärtige Entstellung der Tatsachen«
Das Wissen verändert sich[1] – und die Bereitschaft, es zu sagen und zu drucken

Häufig begegnen wir der Ansicht, daß erst Hitler die sogenannten Sudetendeutschen in unsere böhmischen Länder geführt habe, und zwar im Jahre 1939. Diesen Unsinn glauben heute leider eine solche Menge von Menschen, daß es an der Zeit ist, sich mit den geschichtlichen Tatsachen zu befassen.
Und die sind folgende: Bereits im 12. Jahrhundert luden die herrschenden Přemysliden, die sich, nebenbei bemerkt, in der Mehrzahl mit Töchtern deutscher Fürstengeschlechter vermählten, in unser Land deutsche Kolonisten ein, und zwar in Gebiete, wo es damals nur Urwald und Ödland gab. Diese Gebiete wurden nach und nach von diesen Kolonisten besiedelt, sie begannen sie zu bestellen und in die Höhe zu bringen. In diesen Gebieten, die wir heute Grenzland nennen, aber auch in verschiedenen »Inseln« (so z. B. um Iglau oder Wischau) lebten diese Menschen rund acht Jahrhunderte friedfertig, und ihre Zahl betrug zum Ende des Ersten Weltkrieges 3,5 Millionen, was mehr als 90 Prozent der gesamten Bevölkerung dieser Gebiete, der sogenannten Sudeten, ausmachte. Bis zum Jahre 1918 war das ganze Land, also Tschechen und Deutsche, ein Teil von Österreich-Ungarn.
Im Jahre 1918, nach Schaffung der ersten tschechoslowakischen Republik, beriefen sich die hiesigen Deutschen auf das Selbstbestimmungsrecht und wollten zusammen mit den österreichischen Deutschen in das Deutsche Reich eingegliedert werden. Das wird ihnen häufig als Schuld angelastet, aber vor allem sollte sich das tschechische Volk die Frage stellen, ob es anstelle der Deutschen anders gehandelt hätte. Es wäre doch das erste gewesen, das sich das Recht der Vereinigung mit seinen slawischen Brüdern genommen hätte. Warum also wird dies heute den Deutschen zur Last gelegt?

Die Siegermächte allerdings erlaubten diese Vereinigung nicht, weil sie fürchteten, das Deutsche Reich könnte zu groß und stark werden. Sie schlugen daher die Sudetengebiete dem neuen Staat, der Tschechoslowakischen Republik, zu. Damit wurde den Sudetendeutschen das Recht auf Selbstbestimmung verweigert, und es begannen weitere Probleme.
Die Tschechoslowakische Republik war ein ausgesprochener Nationalitätenstaat, aber die Führungsriege der tschechischen Nation, vor allem der damalige Außenminister Edvard Beneš, versuchten die Ansichten des Auslandes zu manipulieren, indem sie die statistischen Angaben entstellten, Landkarten fälschten und so die Ansicht stärkten, daß die einzige staatsbildende Nation die Tschechen seien. Dabei zeigten die statistischen Angaben aus der Volkszählung des Jahres 1910 diese Tatsachen: 6,29 Millionen Tschechen, 3,73 Millionen Deutsche, 1,77 Millionen Slowaken, 0,87 Millionen Ungarn, 0,43 Millionen anderer Nationalität[2].
Damit ist klar bewiesen, daß die Deutschen die zweitgrößte Nation der damaligen Tschechoslowakischen Republik waren. Und so begann bereits damals ihre Verfolgung. Präsident Masaryk, selbst Sohn einer deutschen Mutter und angeblich eines slowakischen Vaters, was allerdings bis heute sehr umstritten ist, führte z. B. am 10. 1. 1919 im Blatt »Matin« aus: »Im übrigen bin ich überzeugt, daß diese Gebiete schnell entgermanisiert werden.[3]« In seinem Werk »Die Weltrevolution«, Prag 1925, führt Masaryk aus: »Wir sind eine Rasse, die zum Herrschen bestimmt ist.« Edvard Beneš sagt das alles noch schärfer, wenn er z. B. im »České slovo« (Tschechisches Wort) vom 29. 10. 1920 ausführt: »... daß den Deutschen kein Selbstbestimmungsrecht gegeben werden darf, daß sie sich besser an Galgen oder Kandelabern aufhängen mögen.« Aber auch weitere Staatsorgane und -blätter drückten es völlig unbestraft nach dem Vorbild ihrer Führer so aus: »Die Deutschen müßten mit der Peitsche über die Grenze hinausgeprügelt werden.« Diese Aussage erschien in »Zlatá Praha« (Goldenes Prag) im Jahre 1919 bei Feiern des »Sokol«. Die tschechische Abgeordnete Zeminová sagte im Parlament wörtlich: »Wir jagten euch und werden euch weiter jagen.« Diese Worte sind wiederum an die hiesigen Sudeten- oder böhmischen Deutschen (českým Němcům) gerichtet. Ich meine, daß diese Beispiele genügen. Was folgte, ist allgemein bekannt: Schließung deutscher Schulen in überwiegend deutschen Gebieten, Auswechseln von Staatsbediensteten deutscher gegen solche tschechischer Nationalität[4], Entlassung deutscher Arbeitnehmer, wenn sie ihre Kinder nicht in tschechische Schulen schickten, die man sogar dort errichtete, wo in einer überwiegend deutschen Stadt nur drei tschechische Kinder waren, Verweigerung staatlicher Zustimmung für Bestellungen bei deutschen Fabriken im Grenzgebiet usw., usw. Kann sich da noch jemand wundern, daß die deutsche Minderheit unzufrieden war, wenn z. B. im Grenzgebiet die größte Arbeitslosigkeit[5] war und wenn mit dieser Politik der tschechoslowakische Staat die hiesigen Deutschen Hitler geradezu in die Arme trieb? Schließlich glaubten sie damals seinem Wort, daß er sie ins Deutsche Reich eingliedern würde, daß sie unter ihresgleichen leben würden und in Zukunft nicht mehr gedemütigt würden, daß sie Arbeit bekämen und in der Lage sein würden, ihre Kinder in deutsche Schulen zu schicken.
Wieder sollten sich die Bürger tschechischer Nationalität in diese Situation versetzen und sich die Frage vorlegen, wie sie anstelle der hiesigen Deutschen gehandelt hätten, wenn ihnen irgendeine slawische Nation versprochen hätte, sie unter ihre Obhut zu nehmen, eventuell Rußland?
Häufig wird auch die Aussage von Lord Runciman vergessen, der die Aufgabe hatte, völlig neutral die Situation im damaligen Grenzgebiet zu ermitteln, und der sagte, daß »es herb ist, von einer fremden Nation beherrscht zu werden«[6] und daß »sein Gesamteindruck der ist, daß das tschechoslowakische Herrschaftsgebaren der letzten 20 Jahre in den sudetendeutschen Gebieten die Deutschen zu offenem Protest treiben mußte.«[6] Und Lord Runciman kann man wohl kaum irgendwelcher erklärter Sympathien für das deutsche Volk verdächtigen!

Und so näherte sich München 1938. Und hier wird wiederum häufig die Wahrheit entstellt. Als Beneš nach dem Bericht Runcimans an Neville Chamberlain erkannte, daß dieser das ungeschmälerte Selbstbestimmungsrecht für die Deutschen fordert, als er weiter erkannte, daß jetzt auch seine westlichen Verbündeten ihn als politischen Bankrotteur bewerteten, änderte er schnell seine Pläne. Über den Minister Nečas[7], der gerade in Paris weilte, ließ er verlauten, daß er zu »kleinen Gebietsabtretungen« bereit wäre, unter der Bedingung, daß das Deutsche Reich mindestens 1,5 bis zwei Millionen der deutschen Bevölkerung übernimmt. Das alles allerdings sollte geheim geschehen, damit niemand erführe, daß das sein Vorschlag sei! Die Franzosen und die Briten erörterten diesen geheimen Vorschlag Benešs und übermittelten am 19. 9. ultimativ der tschechoslowakischen Regierung die Forderung auf Abtretung der sudetendeutschen Gebiete[8]. Diese stimmte dem am 21. 9. zu[9], und General Syrovy bestätigte die Note am 25. 9. 1938. Über Benešs Anteil in dieser Angelegenheit weiß man aber entweder nichts, oder man verschweigt es absichtlich.
Die Vertreibung (vyhnáni) der deutschen Bevölkerung, die im Jahre 1945 folgte, entsprang wieder vornehmlich dem Kopf von Edvard Beneš. Sie war auch nicht die Rache der einfachen tschechischen Menschen, sondern wurde langfristig vorbereitet und geplant von politischen Kreisen um Beneš, und es wurde nicht wenig Mühe aufgewendet, für diesen Plan die Mehrheit der tschechischen Bevölkerung zu gewinnen. Menschen, die sich an der Vertreibung beteiligten, wurden dazu vornehmlich durch die legalisierte Möglichkeit motiviert, deutsches Eigentum zu rauben. Weitere waren diejenigen, welche selbst etwas zu verbergen hatten und die sich dann zuerst an Massakern der deutschen Bevölkerung beteiligten und später an solchen gegen eigene tschechische Menschen in den kommunistischen Konzentrationslagern.
Und noch ein paar abschließende Worte zu der Unwahrheit, die ebenfalls überliefert wird, daß nämlich tschechische Einwohner nach der Besetzung des Sudetengebietes durch Deutschland aus ihren Häusern vertrieben[10] worden seien. Niemand wurde vertrieben, jeder, der wollte, konnte bleiben, auch auf Dauer. Diejenigen, die weggingen, taten es vor allem aus zwei Gründen: der erste war, daß es sich um Regierungsbeamte handelte, die verständlicherweise ins Inland zurückkehrten, d. h. dahin, woher sie gekommen waren; der zweite Grund war die Furcht einiger Tschechen vor dem Leben mit den Deutschen unter dem Hitlerregime. Wohl, weil sie dachten, daß ihnen zurückgezahlt würde, was sie selbst oft den Deutschen angetan hatten. Deshalb die Flucht ins Inland. Ich selbst kenne viele Familien, ausgesprochen tschechischen Ursprungs, die auch nach dem Jahr 1938 im Grenzgebiet blieben, und niemand hat sie je verjagt, im Gegenteil, sie lebten weiterhin in ihren Häusern und hatten die gleiche Arbeit wie vorher.
Das tschechische Volk berief sich einerseits auf historisches Recht, also das Recht auf die Unteilbarkeit der böhmischen Länder, womit es den Anspruch auf das Sudetengebiet stützte. Auf der anderen Seite berief sich das tschechische Volk auf ein weiteres Recht, das natürliche Recht der Slowaken auf Selbstbestimmung, das wiederum im Widerspruch zum historischen ungarischen Recht stand. Ungarn hatte nach diesem Recht einen legitimen Anspruch auf die Slowakei. Warum also einmal das historische Recht, damit die Sudetendeutschen keine Möglichkeit hatten, sich von den böhmischen Ländern zu trennen, auf der anderen Seite aber das angeborene Recht, damit die Slowaken durch die Selbstbestimmung die Möglichkeit hatten, in der Slowakei zu bleiben, wodurch aber umgekehrt das historische Recht der Magyaren verletzt wurde? Erneut eine Doppelzüngigkeit, mit der sich unser Staat bis heute nicht ausgeglichen hat, erneut zweierlei Maßstäbe! Denn der tschechoslowakische Staat entstand als Nationalstaat nur, weil man die Fiktion des Tschechoslowakismus schuf, und weil das historische Recht der Ungarn bestritten und den Sudetendeutschen das Selbstbestimmungsrecht verweigert wurde.

Anmerkungen:

[1] Diese Veränderung kann durchaus in unterschiedliche Richtung gehen: Das Wissen kann zunehmen, wie bei Frau Horaková – und damit auch das Verständnis.
Das Wissen kann aber auch abnehmen – und damit natürlich eben auch das Verständnis. Dazu ein anderes Beispiel aus der Informationsabteilung der Deutschen Lufthansa (und dem Verfall des deutschen Schulsystems) mit dem Titel »Cheb«:
»Auf dem Flug mit der Lufthansa von München nach Berlin macht der Pilot die üblichen Ansagen über Flughöhe und Wetterlage. Dann sagt er: ›Jetzt fliegen wir vorbei an Cheb, das ist eine Stadt im äußersten Westen der Tschechischen Republik, und nehmen dann Kurs auf Chemnitz.‹ Eine Stadt im äußersten Westen der Tschechischen Republik? So wie der Flugkapitän es ausgesprochen hat, beschleicht mich das Gefühl, daß er nichts von Eger wissen könnte.
In Berlin gelandet, frage ich die Stewardeß, ob ich dem Piloten einen freundlichen Hinweis geben könne. Sie erlaubt es, und so strecke ich meinen Kopf in das instrumentenübersäte Cockpit. Es stellt sich heraus, daß mich mein Gefühl nicht getrogen hat: Der nette junge deutsche Pilot hat tatsächlich noch nie etwas von Eger gehört. Ich frage ihn, ob er nicht künftig vielleicht bei dem Hinweis auf Cheb hinzufügen könne, daß dies die alte deutsche Reichsstadt Eger sei? Verlegen antwortet er: ›Oje, dann bekäme ich sicher jede Menge Post.‹ Kritische, meinte er wohl, Beschwerdebriefe. Ob dem so wäre, bleibe dahingestellt. Immerhin fürchtet interessanterweise ein deutscher Flugkapitän, daß die schiere Nennung des deutschen Stadtnamens Eger, der ihm bis dato auch gar nicht bekannt war, ›politisch nicht korrekt‹ sein und er deshalb Schwierigkeiten bekommen könnte.
Beim Abendessen in Berlin erzähle ich zwei Gremienmitgliedern eines großen deutschen öffentlich-rechtlichen Senders von dem kleinen Erlebnis. Der eine, ein Gerichtspräsident, gesteht mir, daß er auch nicht gewußt hätte, daß Cheb die Stadt Eger sei, von der er im übrigen auch nichts wisse. Der andere, ein Hochschullehrer, übertrifft ihn noch: Er sei kürzlich sogar dienstlich in ›Cheb‹ gewesen, teilt mir der Professor durchaus etwas verlegen mit – aber daß das Eger gewesen sei, habe er nicht gewußt. Leicht aus der Fassung gebracht, murmele ich höflich zunächst etwas von Wallenstein, den man 1634 in Eger ermordet habe, davon, daß Eger eine alte deutsche Reichsstadt gewesen sei (seit 1277) und man 1945 die Deutschen aus der Stadt und dem sogenannten Egerland vertrieben habe . . .
Was lehrt die kleine Episode? Daß sich die Vertriebenen (nicht nur die Sudetendeutschen) nicht wundern dürfen, wenn sie politisch wenig oder keine Unterstützung erfahren. Man weiß vielfach buchstäblich nicht, woher sie kommen. Und für ein Kulturerbe, von dem man nichts weiß, kann auch kein Verständnis erwartet werden . . .«
Vgl. SdZ; Nr. 49 v. 4. 12. 1998; S. 3.

[2] Zu den Bevölkerungszahlen: Siehe auch S. 1194.

[3] Zum Text im Pariser »Le Matin« vom 12. 1. 1919: Siehe S. 251.

[4] Zu Zahlen: Siehe S. 1205.

[5] Zur Dimension: Siehe S. 1200.

[6] Zum Text vom 21. 9. 1938: Siehe S. 408.

[7] Zum Vorgang ab 15. 9. 1938: Siehe S. 398 ff.

[8] Zum Text: Siehe S. 405.

[9] Zum Text: Siehe S. 409.

[10] Zum Vorgang: Vgl. Habel: MVT.

Quelle:

»Svědomí« (Gewissen), ⟨*tschechische MZ., erscheint als* »Conscience« *auch in Kanada*⟩, Friedek-Mistek (N.Mähr.); Nr. 11/1998; S. 19 f.

****

Beschluß **1999, 22. Januar**
des Bundesvorstandes der Ackermann-Gemeinde:
»Politische Thesen zu den deutsch-tschechischen Beziehungen«:
Normalisierungsschritte[1] *im Zuge des EU-Beitritts der ČR*

1. Beitritt der Tschechischen Republik zur Europäischen Union

Die Ost-Erweiterung der Europäischen Union betrachten wir als vorrangiges außenpolitisches Ziel. Deshalb treten wir unverändert für die Aufnahme der Tschechischen Republik – zu gegebener Zeit auch der Slowakischen Republik – in die Europäische Union ein ... Für die Anerkennung der europäischen Rechtsprinzipien und die Anpassung der tschechischen Rechtsordnung sorgen die Organe der Europäischen Union[2] ...

2. Begleitende Schritte

Die Aufnahme der Tschechischen Republik in die Europäische Union wird sich umso positiver auswirken, je mehr sie auch von den aus diesem Land Vertriebenen mitgetragen wird. Deshalb muß weiterhin versucht werden, die alten Traumata zu heilen. Zwar ist die Vertreibung der Sudetendeutschen ein geschichtliches Faktum, das sich nicht mehr rückgängig machen läßt. Doch halten wir unter Berücksichtigung aller seit der Vertreibung eingetretenen Entwicklungen folgende Schritte für notwendig:

2.1 Verurteilung der Vertreibung als solcher

Vertreibung von Menschen verletzt deren Menschenwürde. Die Bundesrepublik Deutschland und die Tschechische Republik bekennen sich in ihren geltenden Verfassungen ausdrücklich zum Schutz der Menschenwürde. Deshalb darf einer Verurteilung der Vertreibung als solcher nicht länger ausgewichen werden. Sinn einer solchen Verurteilung ist eine das Gerechtigkeitsempfinden zufriedenstellende Bewertung der Vergangenheit und die Festigung einer Wertegemeinschaft für die Zukunft. Eine eindeutige Erklärung von tschechischer Seite, daß die in Ziffer III der Deutsch-Tschechischen Erklärung vom 21. Januar 1997[3] gewählten Formulierungen in diesem Sinne zu interpretieren sind, ist dringend erforderlich.

2.2 Recht auf die Heimat

Recht auf die Heimat als Ausfluß des Selbstbestimmungsrechts bedeutet Vertreibungsverbot. Zur Wiedergutmachung der nach dem Zweiten Weltkrieg durchgeführten Vertreibung treten wir für folgenden Lösungsweg ein: Die völkerrechtlich verbindlich festgelegte Staatsgrenze zwischen der Bundesrepublik Deutschland und der Tschechischen Republik bleibt unantastbar. Wer als Sudetendeutscher vertrieben wurde, soll sich in der Tschechischen Republik niederlassen dürfen, wenn er seinen persönlichen Lebensmittelpunkt tatsächlich dorthin verlegen möchte; macht er von dieser Möglichkeit Gebrauch, sollen auch Ehegatten und Nachkommen zur Niederlassung in der Tschechischen Republik berechtigt sein. Solchen Rückkehrwilligen soll angeboten werden, die tschechische Staatsangehörigkeit zu erwerben. Wahlweise sollen sie die Möglichkeit erhalten, sich im Vollzug der Ziffer VI der Deutsch-Tschechischen Erklärung[3] mit einem dauerhaft gesicherten Ausländerstatus – vor allem in Form eines vorgezogenen EU-Niederlassungsrechts – zu begnügen ...

2.3 Distanzierung von Beneš-Dekreten: Beendigung rechtlicher Diskriminierung

Die Kritik an den tschechischen Rechtsvorschriften zu Lasten der Sudetendeutschen (Gesetz Nr. 115/1946[4] und gegen Sudetendeutsche gerichtete Beneš-Dekrete[5]) richtet sich im Kern gegen die Diskriminierung dieser Menschen wegen ihrer Volkszugehörigkeit. Diese Diskriminierung muß beendet werden. Damit wird aber keine »Rückentwicklung der Geschichte« gefordert. Entscheidend ist, daß sich die Betroffenen in ihrem verletzten Rechtsempfinden ernstgenommen fühlen können. Das aber ist notwendig, damit die Ziffer IV der Deutsch-Tschechischen Erklärung[2] von den Betroffenen auch innerlich akzeptiert wird und so zur Befriedung beitragen kann.

Es geht zum einen darum, daß die Leiden jener sudetendeutschen Opfer tschechoslowakischer Gewalt, die Leben, Gesundheit oder Freiheit eingebüßt haben, ebenso ernst genommen werden wie die Leiden der tschechischer Opfer deutscher Gewalt in der NS-Zeit. Diesen sudetendeutschen Opfern gebührt nach denselben Grundsätzen Entschädigung.
Zum anderen geht es darum, den diskriminierenden Charakter der mit der Vertreibung zusammenhängenden Enteignungen – in welcher Form auch immer – zu verurteilen, im übrigen aber die Vermögensfrage jetzt realistisch zu lösen. Beispielsweise kann das so geschehen, daß die Angehörigen der deutschen Minderheit in der Tschechischen Republik entschädigt und die Vermögensverluste der anderen Sudetendeutschen symbolisch abgegolten werden, etwa durch einen Sonderbeitrag an den Deutsch-Tschechischen Zukunftsfonds, durch eine Kulturstiftung für die deutsche Minderheit oder ähnliches.

3. Ziel

Unser politisches Leitbild bleibt es, an der deutsch-tschechischen Nachbarschaft auf der Grundlage des christlichen Menschenbildes und der Achtung der Menschenrechte weiterzubauen.

Anmerkungen:
1 Kritische Würdigung von sozialdemokratischer Seite durch Rudolf Hilf in »Die Brücke«; Nr. 4 v. 15. 4. 1999; S. 7.
2 Siehe dazu S. 1101 ff.
3 Zum Text: Siehe S. 1073 ff.
4 Zum Text vom 8. 5. 1946: Siehe S. 685.
5 Zum Komplex: Siehe S. 576 ff.

Quelle:
SdZ; Nr. 10 v. 12. 3. 1999; S. 4.

****

Erklärung[1] **1999, 5. Februar**
der Bundesregierung Schröder (SPD)
zur Aufhebung der Beneš-Dekrete als Beitrittsvoraussetzung der ČR zur EU:
Gewisse Beneš-Dekrete zwar völkerrechtswidrig; Bundesregierung wird bilaterale Fragen jedoch nicht mit EU-Beitritt der ČR verbinden

Die Bundesregierung betrachtet – wie alle ihre Vorgänger – die Benesch-Dekrete[2] soweit sie sich auf Vertreibung, Ausbürgerung und Enteignung von Deutschen in der ehemaligen Tschechoslowakei beziehen, als völkerrechtswidrig und hat dies gegenüber der tschechischen Regierung wiederholt deutlich gemacht.
Über diese Frage gibt es jedoch einen grundsätzlichen Dissens mit der tschechischen Regierung. Auf die unterschiedlichen Rechtsauffassungen wurde in der Deutsch-Tschechischen Erklärung von 1997[3] in Ziffer IV ausdrücklich Bezug genommen. Dort heißt es, daß ». . . jede Seite ihrer Rechtsordnung verpflichtet bleibt und respektiert, daß die andere Seite eine andere Rechtsauffassung hat«.
Diese Auffassungsunterschiede dürfen nicht dazu führen, daß der Beitritt der Tschechischen Republik zur Europäischen Union von einer vorherigen Klärung dieser Frage abhängig gemacht wird. Der Beitritt der Tschechischen Republik zur Europäischen Union liegt im übergeordneten deutschen und im europäischen Interesse. Die Bundesregierung wird den tschechischen Beitritt zur Europäischen Union nicht mit bilateralen Fragen verbinden, die ihre Wurzeln im Zweiten Weltkrieg haben.

Anmerkungen:
1 des Staatsministers im Auswärtigen Amt, Ludger Volmer (Bündnis 90/Die Grünen).
Die Frage des MdB Josef Hollerith (CDU/CSU) hatte gelautet:

»Welche Position vertritt die Bundesregierung in der Frage der Aufhebung der sogenannten Benesch-Dekrete als Voraussetzung eines Beitritts Tschechiens zur Europäischen Union?«
[2] Zum Komplex der sog. Beneš-Dekrete: Siehe S. 576 ff.
[3] Zum Text vom 21. 1. 1997: Siehe S. 1073.

Quelle:
Deutscher Bundestag: BTDs. 14/373; S. 6.

****

Erklärung[1] **1999, 9. Februar**
der Bundesregierung Schröder (SPD)
zu sudetendeutschen Vermögensfragen und Äußerungen von Mitgliedern der Bundesregierung:
Vertreibung und Enteignung zwar völkerrechtswidrig; Bundesregierung wird bilaterale Fragen jedoch nicht mit EU-Beitritt der ČR verbinden

Die Bundesregierung sieht die Vertreibung der Deutschen und die entschädigungslose Einziehung deutschen Vermögens als völkerrechtswidrig an. Sie vertritt diesen Standpunkt auch gegenüber Polen und der ČSFR. Bei den Verhandlungen mit der Republik Polen über den Vertrag vom 17. Juni 1991 sowie mit der ČSFR über den Vertrag vom 27. Februar 1992[2] hat die Bundesregierung diese Auffassung deutlich gemacht. Im Hinblick auf die Tschechische Republik gilt, daß die deutsch-tschechische Erklärung vom 21. Januar 1997[3] an dieser Auffassung der Bundesregierung nichts geändert hat.
Hieraus folgt, daß die Bundesregierung auch nicht auf vermögensrechtliche Ansprüche Deutscher gegenüber den genannten Staaten verzichtet hat.
Die zukünftige Zugehörigkeit unserer beiden östlichen Nachbarländer zur Europäischen Union und zur NATO ist für Frieden und Sicherheit in Europa und den Aufbau einer dauerhaften und gerechten Friedensordnung von größter Bedeutung. Die Bundesregierung unterstützt daher den Beitritt der Republik Polen und der Tschechischen Republik zur Europäischen Union und zur Nordatlantischen Allianz nachdrücklich. Diese wichtigen europäischen und transatlantischen Anliegen wird sie auch künftig mit bilateralen Fragen nicht verbinden.
Der zukünftige EU-Beitritt Polens und Tschechiens und die mit ihm verbundene Übernahme des gemeinschaftlichen Besitzstandes (aquis communautaire) wird es allen Bürgern der EU – also auch den Heimatvertriebenen und ihren Nachkommen – erleichtern, sich – wenn sie dies wünschen – in unseren beiden östlichen Nachbarstaaten niederzulassen.

Anmerkungen:
[1] des Staatsministers im Auswärtigen Amt Günter Verheugen (SPD).
Die Frage des MdB Hartmut Koschyk (CDU/CSU) hatte gelautet:
»Hält die Bundesregierung am Rechtsstandpunkt der ›Offenheit der Vermögensfragen‹ gegenüber Polen und der Tschechischen Republik im Zusammenhang mit der völkerrechtswidrigen Vertreibung der Deutschen und der entschädigungslosen Einziehung deutschen Vermögens fest, wie er zuletzt in der Antwort des Staatsministers Helmut Schäfer vom 13. August 1998 auf eine Frage der Abgeordneten Erika Steinbach an die Bundesregierung (Frage 9 in Drucksache 13/11361) bestätigt wurde, und wie stehen die Äußerungen des Bundesministers des Auswärtigen, Joseph Fischer, von Ende Oktober 1998 in Warschau, die Forderungen des Bundes der Vertriebenen nach Entschädigung für das 1945 enteignete Eigentum seien ›anachronistisch und absurd‹ (Süddeutsche Zeitung vom 31. Oktober 1998), und des Staatsministers im Auswärtigen Amt, Günter Verheugen, auf der Pressekonferenz am 5. Dezember 1998 zum Abschluß des deutsch-tschechischen Gesprächsforums in Dresden, daß die Bundesregierung ›gegenüber der tschechischen Regierung keine Vermögensansprüche geltend machen wird‹, im Einklang mit diesem Rechtsstandpunkt?«
[2] Zum Text: Siehe S. 929.
[3] Zum Text: Siehe S. 1073.

Quelle:
Deutscher Bundestag: BTDs. 14/373; S. 7 f.

****

Pressekonferenz[1] **1999, 8. März**
des ČR-Ministerpräsidenten Miloš Zeman (Sozialdemokrat)
und Bundeskanzler Gerhard Schröder (SPD):
Künftig keine Geltendmachung von Vermögensfragen; einige nach 1945 beschlossene ČSR-Gesetze erloschen

⟨*Schröder:*⟩ . . .
Wir haben natürlich über den tschechischen Beitrittswunsch zur EU miteinander gesprochen. Deutschland unterstützt ohne Einschränkung[2] diesen tschechischen Wunsch aus eigenem Interesse, . . .
In diesem Zusammenhang freut es mich, daß wir in drei Ihnen noch zu nennenden Punkten übereinstimmen. Die im Zusammenhang mit dem Zweiten Weltkrieg stehenden und aus ihm folgenden Ereignisse sind Teil einer abgeschlossenen Periode, einer abgeschlossenen historischen Epoche und sind nach unserer Auffassung unumkehrbar.
Denen, die gelitten haben, denen gilt naturgemäß unser Respekt, aber wir müssen jetzt daran arbeiten, daß wir Perspektiven für die Gegenwart und Zukunft entwickeln. Wir sind uns deswegen einig, daß wir unsere Beziehungen nicht mit aus der Vergangenheit herrührenden politischen und rechtlichen Fragen belasten, sondern auf die Zukunft ausrichten[3]. Wir betrachten diese Fragen also als abgeschlossen. Und als Folge dessen werden die Regierungen beider Staaten weder heute noch in Zukunft Vermögensfragen in diesem Zusammenhang aufwerfen oder Forderungen stellen – ich unterstreiche ausdrücklich: Das gilt für beide, und ich hab' Herrn Zeman natürlich gesagt, daß gelegentlich geäußerte Wünsche der deutschen Vertriebenenverbände nicht die deutsche Außenpolitik beeinflussen.

⟨*Zeman:*⟩ . . .
Ich denke, wir haben bei unserem heutigen Gespräch mit Herrn Bundeskanzler eine neue Etappe in unseren gegenseitigen Beziehungen aufgeschlagen. Das Wesen dieser neuen Etappe besteht darin, daß wir uns verschoben[4] haben von den Gesprächen über die Vergangenheit zu den Gesprächen über die Zukunft, da die Zukunft von den Politikern beeinflußbar ist, während die Vergangenheit man nicht mehr ändern kann.
Die geänderte historische Situation, wie bereits der Herr Bundeskanzler gesagt hat, besteht darin, daß durch den tschechischen NATO-Beitritt die Bundesrepublik Deutschland und die Tschechische Republik nicht nur Partner, sondern auch Verbündete werden. Und ich habe ⟨*den*⟩ Herrn Bundeskanzler in diesem Zusammenhang darüber informiert, daß die neue tschechische Regierung in ihrer Konzeption davon ausgeht, daß bei der Aufbewahrung der Rechtskontinuität, bei der Beibehaltung der Rechtskontinuität der tschechischen Rechtsordnung die Wirksamkeit einiger nach dem Jahre 1945 beschlossenen Gesetze bereits erloschen ist[5]. Ich glaube, daß diese Erklärung zu einer bedeutsamen Verbesserung unserer Beziehungen führen wird, die nicht mehr durch die Vergangenheit belastet werden. Wir schätzen sehr die Haltung und die Bemühungen der neuen deutschen Regierung in Beziehung auf die Entschädigung der Zwangsarbeiter.
. . .

⟨*Frage eines tschechischen Journalisten an Schröder, welchen Stellenwert die Sudetendeutschen* »in der heutigen Politik« *Deutschlands haben.*⟩

⟨*Schröder:*⟩ . . .
Die Sudetendeutschen sind Bürger dieses Landes wie andere auch. Und sie sind integriert in diesem Land und sind hier ja nun schon in der zweiten, dritten Generation und das ist

auch in Ordnung so. Und sie haben das Recht, ihre kulturellen Eigenarten und Identität zu pflegen wie das andere auch haben. Insofern gibt es da keine unterschiedliche Behandlung. Bezogen auf das, was politisch gefordert wird, gilt, was ich gesagt habe. Nämlich, daß wir nicht daran denken, daß unsere Regierungen heute oder in Zukunft Vermögensfragen – etwa – aufwerfen, und deswegen wird, die deutsch-tschechischen Beziehungen werden von dieser Frage nicht belastet werden. Dafür werden wir, wollen wir sorgen, bei allem Respekt vor den Menschen, die sich falsch behandelt vorkommen und die ihre kulturelle Identität pflegen sollen und pflegen dürfen.

...

⟨[6]⟩

Anmerkungen:

[1] Nach einem ca. einstündigen Treffen in Bonn.

[2] Übliche Formulierung dafür, die ČR auch dann in die EU aufzunehmen, wenn sie menschenrechtliche Defizite aufweist.

[3] Die Formulierung referierte, unter Weglassung der unterschiedlichen Rechtsauffassungen, den Kernpunkt von Ziff. IV der Deutsch-Tschechischen Erklärung vom 21. 1. 1997.
Zum Text der Erklärung: Siehe S. 1073.

[4] Damit vermutlich gemeint: Bewegt.

[5] Die Äußerung Zemans wurde wie folgt wiedergegeben:

a) »Zeman habe klargestellt, daß die Wirksamkeit der von der ⟨*Christlich demokratischen*⟩ Union ⟨*Deutschlands*⟩ und den Vertriebenen kritisierten Beneš-Dekrete ›inzwischen erloschen‹ sei.«
Vgl. SZ; Nr. 56 v. 9. 3. 1999; S. 6.

b) »Zeman sicherte zu, daß die tschechische Regierung die Beneš-Dekrete für erloschen erachte.«
Vgl. »Die Welt«; Nr. 57 v. 9. 3. 1999; S. 1.

c) »Zeman erwähnte nicht ausdrücklich die sogenannten Beneš-Dekrete, die die Vertreibung und Enteignung von Deutschen infolge des Zweiten Weltkriegs rechtfertigten. Doch sagte er, die neue tschechische Regierung gehe davon aus, daß bei Wahrung der Rechtskontinuität die Rechtswirksamkeit einiger 1945 ergangener Gesetze erloschen sei. In der Bundesregierung hieß es anschließend, das sei eindeutig auf die Beneš-Dekrete und das sogenannte Amnestiegesetz, das Gewalttaten im Zuge der Befreiung für nicht rechtswidrig erklärt hatte, gemünzt gewesen.
Vgl. FAZ; Nr. 57 v. 9. 3. 1999; S. 1.

d) »Hinsichtlich der Benesch-Dekrete, welche Enteignung der Vertriebenen anordneten, meinte der Regierungschef ⟨*d. h. Zeman*⟩, die Gültigkeit einer Reihe der seit 1945 beschlossenen Gesetze sei erloschen. Er unterstrich allerdings, daß Prag seine Rechtsposition wahre.«
Vgl. »Neue Zürcher Zeitung«; Jg. 220, Nr. 56 v. 9. 3. 1999; S. 6.

e) Zeman selbst interpretierte seine Äußerung in einem Interview für die tschechische Nachrichtenagentur ČTK wie folgt:
»Wenn wir sagen, daß die Wirkung gewisser nach 1945 ergriffener gesetzlicher Maßnahmen erloschen ist, meinen wir, daß man z. B. den Besitz eines deutschen Geschäftsmannes, der in der Tschechischen Republik ⟨*offensichtlich gemeint: nach 1990*⟩ investiert hat, nicht auf der Grundlage der Beneš-Dekrete konfiszieren kann. Die Dekrete waren gedacht als einmalige Maßnahme in einer spezifischen historischen Situation, die wir nicht ändern können. Da sich die historische Situation jedoch geändert hat, besagt unser Konzept, daß die Wirkung gewisser gesetzlicher Maßnahmen erloschen ist. Ich denke, daß es eine absolut realistische Erklärung ist, die die Tatsache nicht leugnet, daß diese Gesetze Teil unserer Rechtsordnung bleiben.«
So zitiert von MdB Wolfgang Bötsch (CDU/CSU) in der »Aktuellen Stunde« des Deutschen Bundestages am 17. 3. 1999; Protokoll S. 2127.

[6] Gegen die Erklärungen beider Politiker gab es zahlreiche Proteste.

a) Am 9. 3. 1999 erklärte der Vorsitzende der Seliger-Gemeinde, Volkmar Gabert in seiner Eigenschaft als Geschäftsführendes Mitglied des SR u. a.:
»Die Bundesregierung kann erklären, daß die Regierungen keine Entschädigung irgendwelcher Art für Vermögensfragen, die die Regierungen angehen, stellen werden. Über Ansprüche Dritter können die Regierungen nicht entscheiden. Die Bundesregierung müsse wissen, daß, wenn sie das tun würde, sie gegenüber diesen dritten Personen oder Gesellschaften entschädigungspflichtig ist.«
Zum Text: Vgl. Brücke; Nr. 3 v. 15. 3. 1999; S. 2.

b) Die Kritik der Ackermann-Gemeinde verlangte u. a.:
»Was not tut, ist ein offenes, der Vergangenheit gerecht werdendes Wort, eine verbindliche Erklärung zu den Präsidialdekreten ⟨*Beneschs*⟩ und ein glaubwürdiges Zeichen der Bereitschaft zu echter Versöhnung.«
Wiedergabe nach SdZ; Jg. 51, Nr. 11 v. 19. 3. 1999; S. 3.

c) Die sudetendeutschen Grünen, der Gregor-Mendel-Kreis, schrieben einen Brief an Bundeskanzler Schröder, in dem es u. a. hieß:
»Ihre Vereinbarungen mit der Tschechischen Republik sind menschenrechts- und völkerrechtswidrig: Am 17. April 1998 hat die UNO-Menschenrechtskommission das Heimatrecht zum Menschenrecht erklärt.... Es ist eine Schande für Deutschland.... wenn ein deutscher Bundeskanzler UNO-Menschenrechte mißachtet... Auch hat die Regierung der Tschechischen Republik bis heute die Vertreibung nicht als Unrecht anerkannt und mißachtet daher wie Sie im vorliegenden Fall fundamentale Menschenrechte.
Mit Ihrer Verhaltensweise ermuntern Sie alle potentiellen Vertreiber der Welt (z. B. auch Miloševic). Sie haben damit der ganzen Menschheit geschadet, denn wie die deutsche Regierung ihre Vertreibungsopfer behandelt, hat eine gewisse Vorbildwirkung für die übrige Welt.
Ihre Vereinbarungen mit Herrn Zeman stehen auch im Widerspruch zum Beschluß des amerikanischen Repräsentantenhauses vom Oktober 1998.
Auf die Bundesregierung werden nun erhebliche Schadenersatzansprüche zukommen, und selbst wenn unser oberstes Gericht diese abweisen sollte, werden internationale Gerichte diese menschenrechtswidrige Entscheidung aufheben. Welche Schande für Deutschland!
Die UNO-Resolution zum Heimatrecht beinhaltet auch, daß Vereinbarungen, die dem Recht auf Heimat zuwiderlaufen, unwirksam sind.
Wir haben Sie gewählt. Wir werden jetzt dafür sorgen, daß Sie bei der nächsten Wahl wieder abgewählt werden.«
Wiedergabe nach SdZ; a. a. O. (siehe Quelle); S. 10.
Zum Text der erwähnten UN-Heimatrechtsresolution: Siehe S. 165; zum Text des zitierten US-Beschlusses vom 13. 10. 1998: Siehe S. 172.

e) Der Sprecher der SL, Franz Neubauer, machte einerseits unter Zitierung Zemans deutlich, daß dieser keine Aufhebung der sog. Beneš-Dekrete verkündet habe. Er konfrontierte Schröder dann mit schriftlichen Erklärungen der Staatsminister seiner Regierung Volmer (Grüne) vom 5. 2. 1999 (siehe S. 1143) und Verheugen (SPD) vom 9. 2. 1999 (siehe S. 1144), wonach die Bundesregierung die Beneš-Dekrete als völkerrechtswidrig ansehe und nicht auf vermögensrechtliche Ansprüche Deutscher gegen die ČR verzichte.
Neubauer qualifizierte dann wie folgt: Mit seiner nunmehrigen »Aussage versagt Bundeskanzler Schröder den Vertriebenen den ›diplomatischen Schutz‹, zu dem die Bundesregierung gegenüber allen Staatsbürgern verpflichtet ist. Gleichzeitig dürfte der Bundeskanzler durch sein Verhalten einen Verzicht auf privatrechtliche Ansprüche der Sudetendeutschen zum Ausdruck gebracht haben, der die Bundesregierung regreßpflichtig macht.«
Die SL prüfe nunmehr sorgfältig, ob dieser Verzicht tatsächlich erfolgte, und daraus eine Klage gegen die Bundesregierung abzuleiten sei. Die SL lasse sich dabei von namhaften Staats- und Völkerrechtlern beraten; einen »Schnellschuß« werde es nicht geben.
Zusammenfassung einer Erklärung und des Berichtes über eine Rede vor dem Münchner Presseklub am 9. 3. 1999 in der Wiedergabe der SdZ; Nr. 10 v. 12. 3. und Nr. 11 v. 19. 3. 1999.

f) Die BdV-Präsidentin Erika Steinbach stellte zur Erklärung Schröders u. a. fest:
»Dadurch hat die Bundesregierung ihre Schutz- und Obhutspflicht gegenüber den Vertriebenen aufgekündigt. Damit ist klar, daß die Bundesregierung die Rechte der Vertriebenen auf Wiedergutmachung nicht mehr geltend machen wird. Anders als es Italien für seine aus Slowenien vertriebenen Bürger schon vor Jahren eingefordert und auch erreicht hat.
...
Die Bundesregierung hat von Anfang an erklärt, daß sie den Menschenrechten einen höheren Stellenwert einräumen werde. Wie jetzt erkennbar, gilt das ganz offensichtlich nicht für die massenhaften Menschenrechtsverletzungen an Deutschen.
Ohne den diplomatischen Schutz der Bundesregierung verbleibt den Vertriebenen jetzt nur noch der Rechtsweg. Die Betroffenen werden jetzt rechtliche Schritte zur Durchsetzung ihrer Entschädigungsansprüche einerseits gegen die Vertreiberstaaten und andererseits wohl oder übel auch gegen die Bundesrepublik Deutschland erwägen müssen.«
Vgl. BdV-Pressemitteilung Nr. 5 v. 9. 3. 1999.

g) Gegen Schröders Äußerungen protestierte u. a. auch der frühere Außenminister Kinkel (FDP). Vgl. »Die Welt«; Nr. 59 v. 11. 3. 1999; S. 8.
Zur Entschließung des Bayerischen Landtages vom 10. 3. 1999: Siehe S. 1148.
Zur Distanzierung von Außenminister Fischer (Bündnis 90) von den Äußerungen Schröders am 17. 3. 1999 im Deutschen Bundestag: Siehe S. 1149.

Quelle:
SdZ; Nr. 11 v. 19. 3. 1999; S. 4.
Hervorhebungen im Original; sie gaben Betonungen durch den Redner im Sinne der Konfrontation von »kulturell« mit »politisch« wieder.

****

Beschluß[1] des Bayerischen Landtages zum »deutsch-tschechischen Verhältnis«: **1999, 10. März**

Grundlagen des Verhältnisses, Einwendungen gegen Erklärung Schröder vom 8. 3. 1999

1. Das deutsch-tschechische Verhältnis kann nur dann auf eine gute dauerhafte Basis gestellt werden, wenn beide Seiten die geschichtliche Wahrheit anerkennen. Wir Deutsche bekennen uns zu unserer gesamten Geschichte, auch der Zeit des Nationalsozialismus. Wir erwarten das im zusammenwachsenden Europa auch von der Tschechischen Republik ... Aussöhnung setzt Wahrhaftigkeit von allen Seiten voraus.
2. Der Landtag ist der Auffassung, daß im zusammenwachsenden Europa die Beneš-Dekrete[2] und das Amnestie-Gesetz[3], soweit sie die Sudetendeutschen und die deutsche Minderheit in der Tschechischen Republik betreffen, aufzuheben sind. Sie verstoßen gegen den Geist der Kopenhagener Erklärung von 1993[4] und widersprechen der christlich-abendländischen Werteordnung, auf der die Europäische Union aufbaut.
3. Der Landtag bekennt sich zu dem Briefwechsel zum Deutsch-Tschechischen Nachbarschaftsvertrag von 1992, in dem die Vermögensfragen offengehalten wurden[5]. Offene Vermögensfragen stehen nicht im Mittelpunkt der deutsch-tschechischen Aussöhnung. Sie können aber nicht durch einseitige Erklärung der Bundesregierung, sondern nur in einem rechtlich einwandfreien Verfahren geklärt werden.
4. Der Landtag wendet sich gegen die Erklärung der Bundesregierung[6], Forderungen der Sudetendeutschen überhaupt nicht mehr gegenüber der Tschechischen Republik anzusprechen oder geltend zu machen. Die Bundesregierung verweigert ihnen damit den staatlichen und diplomatischen Schutz und verstößt gegen die Obhutserklärung des Deutschen Bundestags von 1950[7].
5. Der Landtag ist der Auffassung, daß in den Prozeß der Versöhnung und Verständigung zwischen Deutschland und der Tschechischen Republik die Sudetendeutschen einbezogen werden müssen.

Anmerkungen:
[1] Der Beschluß wurde mit den Stimmen der CSU-Mehrheit gegen die Opposition der SPD und Bündnis 90/Die Grünen gefaßt.
[2] a) Zum Komplex der sog. Beneš-Dekrete: Siehe S. 576 ff.
b) In die Debatte des Landtages brachte die SPD einen vom Plenum abgelehnten Antrag ein, in dem es u. a. hieß (vgl. a. a. O., siehe Quelle):
»1. Der Bayerische Landtag begrüßt die faktische Außerkraftsetzung der Beneš-Dekrete durch den tschechischen Ministerpräsidenten Milos Zeman, indem er sie als erloschen bezeichnet.«
Bündnis 90/Die Grünen scheiterten mit einem Antrag, in dem es u. a. hieß (Quelle: a. a. O.):
»3. Der Landtag nimmt die Erklärung der tschechischen Regierung zur Kenntnis, die Wirksamkeit der Beneš-Dekrete sei erloschen.«
Zum Wortlaut der Äußerung Zemans vom 9. 3. 1999: Siehe S. 1145.
[3] Vom 8. 5. 1946, zum Text: Siehe S. 685.

[4] Zum Text: Siehe S. 1103.
[5] Zum Text vom 27. 2. 1992 und des Zusatzbriefes: Siehe S. 929, 933.
[6] Gemeint: von Bundeskanzler Schröder vom 8. 3. 1999; zum Text: Siehe S. 1145.
[7] Zum Text vom 14. 7. 1950: Siehe S. 723.

Quelle:
SdZ; Nr. 11 v. 19. 3. 1999; S. 3.

****

Rede[1] des **1999, 17. März**
deutschen Außenministers Joschka Fischer (Bündnis 90/Die Grünen)
im Deutschen Bundestag:
Was Bundeskanzler Schröder am 8. 3. 1999[2] »gemeint« hat

. . .[3]

Die öffentlichen Erklärungen von Bundeskanzler Schröder und Ministerpräsident Zeman vom 8. März[2] buchstabieren Aussagen der Deutsch-Tschechischen Erklärung vom 21. Januar 1997[4] weiter aus. Darin liegt der Erfolg dieses Besuchs. Das bringt auch eine Verbesserung der deutsch-tschechischen Beziehungen.

(Hartmut Koschyk [CDU/CSU]: Die Aussagen müssen »ausbuchstabiert« werden?)

– Ich kann Ihnen sagen, was »ausbuchstabieren« ist. Ausbuchstabieren meint schlicht und einfach, daß man einen Vertrag mit Leben erfüllt. Sie sollten sich endlich daran beteiligen und nicht mit beiden Füßen auf der Bremse stehen.

(Beifall beim Bündnis 90/Die Grünen, bei der SPD und der PDS)

Herr Koschyk, wir sind beide Vertriebene, obwohl wir hier geboren sind. Der Unterschied zwischen Ihnen und mir ist allerdings, daß Sie als Vertriebenenfunktionär nach wie vor meinen, dies hochhalten zu müssen.

(Hartmut Koschyk [CDU/CSU]: Stimmt gar nicht!)

Das ist »ausbuchstabieren«. Ich hoffe, wir verstehen uns jetzt.

(Michael Glos [CDU/CSU], zu Abg. Hartmut Koschyk [CDU/CSU] gewandt: Laß dich doch nicht beleidigen!)

Die Aussage von Ministerpräsident Zeman, nach der die Wirksamkeit einiger Maßnahmen nach dem Zweiten Weltkrieg[5] erloschen sei – hierunter sind die zitierten Beneš-Dekrete[6] zu verstehen –, kommt einer gerade auch von sudetendeutscher Seite geforderten »Ex-nunc«-Nichtigkeitserklärung sehr nahe. Die Bundesregierung begrüßt diese Festlegung nachdrücklich und sieht in ihr einen wichtigen Schritt für die Fortentwicklung unserer Beziehungen zur Tschechischen Republik, und darüber müßten Sie sich eigentlich freuen.

(Beifall beim Bündnis 90/Die Grünen, bei der SPD und der PDS)

Beide Regierungschefs waren sich darin einig, daß die bilateralen Beziehungen nicht mit aus der Vergangenheit herrührenden politischen und rechtlichen Fragen belastet, sondern auf die Zukunft ausgerichtet werden sollen. Sie betrachten diese Fragen als abgeschlossen und werden weder heute noch künftig Vermögensfragen in diesem Zusammenhang aufwerfen. Diese politische Aussage

(Zuruf von der CDU/CSU: Aha!)

enthält keinen Verzicht auf eigentums- und vermögensrechtliche Positionen Vertriebener. Sie bedeutet, daß die Bundesregierung derartige Forderungen nicht gegenüber der tschechischen Regierung geltend machen wird. Wir bewegen uns hier im Konsens mit der früheren Bundesregierung. Auch der Kollege Lamers[7] hat in der »Neuen Osnabrücker Zeitung« festgestellt, daß auch die frühere Bundesregierung keine Vermögensforderungen an Tschechien gestellt hat. Recht hat er!

(Beifall beim Bündnis 90/Die Grünen und bei der SPD)

Die mit den Erklärungen der beiden Regierungschefs vollzogene Klarstellung wird sich positiv auf unsere Beziehungen zur Tschechischen Republik auswirken. Sie ermöglicht uns einen unbefangeneren Umgang miteinander und wirkt noch vorhandenen Ängsten entgegen. Diese Ängste werden in der Tschechischen Republik von ganz Rechts und ganz Links innenpolitisch ausgebeutet, zum Schaden der europäischen Integration und auch zum Schaden der Aussöhnung – das wissen Sie nur zu gut.
Auch die Kritiker der Erklärungen sollten akzeptieren, daß die in Frage stehenden Forderungen ein halbes Jahrhundert nach Krieg und Vertreibung in einem neuen, geeinten Europa nicht mehr die aktuelle Politik Deutschlands bestimmen dürfen.
Am vergangenen Freitag[8] sind Tschechien, Polen und Ungarn der Nordatlantischen Allianz beigetreten, ein historischer Schritt für Europa und auch ein guter Tag für Deutsche und Tschechen, die sich 50 Jahre als Feinde gegenüberstanden. Der Bundeskanzler hat gegenüber Ministerpräsident Zeman deutlich gemacht, daß Deutschland auch den Beitritt der Tschechischen Republik zur Europäischen Union ohne Einschränkungen, ohne Wenn und Aber[9] – so schnell es geht – unterstützt. Dies liegt wegen der mit dem Beitritt verbundenen Wirksamkeit der europäischen Grundfreiheiten gerade auch im Interesse der Sudetendeutschen.
Die Bundesregierung bedauert wie ihre Vorgängerregierung zutiefst das große Leid, das den Sudetendeutschen durch Vertreibung und entschädigungslose Enteignung – wie auch allen anderen Vertriebenen; ich füge dies hier hinzu – zugefügt worden ist. Ihren Schmerz kann den Opfern niemand nehmen.
Die Vertreibung und Enteignung auf der Grundlage der sogenannten Beneš-Dekrete[6] betrachtet die Bundesregierung unverändert als völkerrechtswidrig, sie respektiert aber – wie es schon in Ziffer IV der Deutsch-Tschechischen Erklärung[4] heißt –, daß die tschechische Seite eine andere Rechtsauffassung hat. Dies gilt auch für das Strafvereitelungsgesetz vom Mai 1946[10], durch das im Zuge der Vertreibung begangene Verbrechen straffrei gestellt wurden. Dieses Gesetz und seine Folgen sind im übrigen in Ziffer III der Deutsch-Tschechischen Erklärung auch von der tschechischen Regierung bedauert worden.
Entscheidend aber ist: Politik darf sich nicht in der gegenseitigen Darstellung von Rechtsauffassungen erschöpfen, schon gar nicht europäische Integrationspolitik. Unsere Aufgabe im Verhältnis zu unserem Partner und neuen Verbündeten Tschechien ist die Gestaltung der gemeinsamen Zukunft im geeinten Europa. Diesem Ziel sind Bundeskanzler Schröder und Ministerpräsident Zeman am 8. März[2] ein gutes Stück nähergekommen.

(Beifall beim Bündnis 90/Die Grünen und bei der SPD sowie bei Abgeordneten der PDS)
. . .

Anmerkungen:

[1] Anläßlich einer »Aktuellen Stunde«. Diese wurde nach einer »Fragestunde« des Deutschen Bundestages eingeschoben, in welcher Staatsminister Volmer gemäß Meinung der CDU/CSU-Fraktion mehrere Fragen »betreffend Irritationen bezüglich der Äußerungen des Bundeskanzlers ⟨*gemeint: Gerhard Schröder am 8. 3. 1999*⟩ zum deutsch-tschechischen Verhältnis nicht ausreichend beantwortet« hatte.

[2] Zum Wortlaut der Erklärungen: Siehe S. 1145.

[3] a) In der »Aktuellen Stunde« hatte vor der Rede Fischers MdB Antje Vollmer ihre Sicht der Landsmannschaften wie folgt formuliert:

»Ich möchte auch den Landsmannschaften etwas sagen. Die Landsmannschaften müssen endlich in der Gegenwart ankommen. Ich habe viele Gespräche mit ihnen geführt und habe die dringende Bitte an sie, ihren Mitgliedern endlich den Spielraum zu geben, in der Gegenwart anzukommen. Diese Gegenwart ist nicht dadurch gekennzeichnet, daß sie sozusagen den Rächer der Enterbten auf immer und ewig spielen können, sondern sie ist dadurch gekennzeichnet, daß sie Brückenbauer zu unseren Nachbarn sein müssen.
(Eduard Lintner [CDU/CSU]: Sagen Sie doch mal etwas zum Völkerrecht!)
Ein langgehegter Wunsch von mir ist, daß sich die Vertriebenenverbände endlich in Kulturvereinigungen umwandeln; denn von Kultur verstehen sie eine ganze Menge, und genau das brauchen wir in Europa.
(Dr. Wolfgang Bötsch [CDU/CSU]: Sie werden als Ehrenschuhplattlerin eingesetzt!)
In Europa gilt es, die Erinnerung an die Heimat zu bewahren. Die Vertriebenenverbände haben aber nicht das Recht – letztendlich wissen das auch alle –, die europäische Perspektive dieser sehr gebeutelten Region Europas zu zerstören, das Land zu beunruhigen und die Menschen zu irritieren. Das ist die Meinung der Mehrheit der Deutschen. Diese Meinung hat der Bundeskanzler sehr deutlich zum Ausdruck gebracht, und ich bin ihm ausgesprochen dankbar dafür.
(Beifall beim Bündnis 90/Die Grünen, bei der SPD und bei der PDS).«

b) Ohne den Bezug zu Vollmer herzustellen, meinte Außenminister Fischer in seiner Rede dann eingangs u. a.:
»Ich appelliere nochmals auch und gerade an die organisierten Sudetendeutschen – um die geht es; es geht nicht um die Sudetendeutschen generell –, endlich zu begreifen, daß wir, die zweite Generation, diejenigen, die von Eltern abstammen, die die Vertreibung zu erleiden hatten, am gemeinsamen Europa bauen.«

4 Zum Text: Siehe S. 1073.

5 Unpräzise Wiedergabe: Zeman sprach von »einigen *nach* dem *Jahre* 1945 beschlossenen Gesetzen«. Zum Text: Siehe S. 1145; hier erfolgte Hervorhebung nicht im Original.

6 Zum Komplex der sog. Beneš-Dekrete, fast alle aus dem Jahre 1945: Siehe S. 576 ff.

7 a) Der CDU-Abgeordnete Karl Lamers nahm dazu nicht Stellung.
b) Er charakterisierte die Äußerungen Bundeskanzler Schröders nach Abschluß der Rede Fischers als »dämlich« und meinte u. a.:
»Herr Minister, Sie haben sich in einer eindrucksvollen Weise von Ihrem Bundeskanzler distanziert. Wenn dieser anläßlich des Besuches von Ministerpräsident Zeman eine ähnlich sensible Einstellung gegenüber den Vertriebenen an den Tag gelegt hätte, wie Sie das hier versucht haben, dann sähe die Sache anders aus, dann würden wir diese Debatte heute nicht führen.«

8 Am 12. 3. 1999.

9 Übliche Formulierung dafür, die ČR, von Deutschland aus gesehen, auch dann in die EU aufzunehmen, wenn sie menschen- und völkerrechtliche Defizite aufweist.
Zur Ablehnung dieser Politik durch den bayerischen Ministerpräsidenten Stoiber, z. B. am 31. 5. 1998: Siehe S. 1124.

10 Zum Text vom 8. 5. 1946: Siehe S. 685.

Quelle:
Deutscher Bundestag – 14. Wahlperiode – 26. Sitzung – 17. 3. 1999 – Wortprotokoll S. 2114–2129, hier v. a. S. 2119–2121.

****

Beschluß **1999, 20. März**
des (v. a.) Bundesvorstandes der SL:
»Sudetendeutsche wenden sich an UN-Menschenrechtskommission«

Der um den heimatpolitischen Ausschuß der Bundesversammlung erweiterte Bundesvorstand der Sudetendeutschen Landsmannschaft hat in seiner Sitzung beschlossen, eine Beschwerde[1] bei der UN-Menschenrechtskommission[2] einzubringen. Zugleich sollen im Hinblick auf die jüngsten Äußerungen des Bundeskanzlers[3] anläßlich des Besuches des tschechischen Ministerpräsidenten Zeman alle rechtlichen Möglichkeiten auf nationaler und übernationaler Ebene eingehend geprüft werden. Zu diesem Zweck soll ein Gremium von anerkannten Staats- und Völkerrechtlern geschaffen werden.

Der Bundeskanzler hat bei dem Gespräch mit Ministerpräsident Zeman zum sudetendeutsch-tschechischen Verhältnis u. a. erklärt: »Wir betrachten diese Fragen also als abgeschlossen, und als Folge dessen werden die Regierungen beider Staaten weder heute noch in Zukunft Vermögensfragen in diesem Zusammenhang aufwerfen oder stellen.« Das vorgesehene Gremium von Staats- und Völkerrechtlern soll klären, ob die Äußerungen des Bundeskanzlers eine Versagung des »diplomatischen Schutzes« gegenüber deutschen Staatsbürgern darstellt. Zu diesem Auslandsschutz ist jede Bundesregierung verpflichtet. Außerdem ist zu prüfen, ob die Äußerungen des Bundeskanzlers als Verzicht auf privatrechtliche Ansprüche der Sudetendeutschen mit der Folge einer Regreßpflicht der Bundesregierung zu bewerten sind.
Die Sudetendeutschen nehmen dabei auf die bereits 1978 eingelegte Rechtsverwahrung bei den Vereinten Nationen[4] Bezug und erneuern diese.

Anmerkungen:
[1] Bereits früher hatte der BdV Klagen vor den Europäischen Gerichtshof gegen u. a. die ČR wegen Wiedergutmachung für die Vertriebenen angekündigt.
Vgl. SZ; Nr. 154 v. 8. 7. 1998; S. 6.
[2] Zu den dort möglichen Verfahren: Siehe S. 61 f.
[3] Zum Text von Bundeskanzler Schröder vom 8. 3. 1999: Siehe S. 1145.
[4] Zum Text vom 28. 1. 1978: Siehe S. 835.

Quelle:
SdZ; Nr. 12 v. 26. 3. 1999; S. 2.

****

Entschließung[1] **1999, 15. April**
des (4.) Europäischen Parlaments zum
»regelmäßigen Bericht der ⟨EU-⟩Kommission über die Fortschritte der Tschechischen Republik auf dem Weg zum Beitritt«[2] zur EU:
Aufforderung zur Aufhebung fortbestehender rassistischer sog. Beneš-Dekrete

. . .

7.[3] fordert die tschechische Regierung im Geiste gleichlautender versöhnlicher Erklärungen von Staatspräsident Havel auf, fortbestehende Gesetze und Dekrete aus den Jahren 1945 und 1946[4] aufzuheben, soweit sie sich auf die Vertreibung von einzelnen Volksgruppen in der ehemaligen Tschechoslowakei beziehen.

. . .
[5]

Anmerkungen:
[1] Die Entschließung wurde mit 111 : 74 : 0 Stimmen angenommen; das Europäische Parlament hatte 626 Abgeordnete.
[2] Der Bericht der EU-Kommission vom 17. 12. 1998 hatte die Bezeichnung KOM(98) 0708-C4-0111/99.
[3] Die Ziffer 7 wurde von den MdEP Hartmut Nassauer und Hans-Gert Poettering (EVP/CDU) in den Basistext des MdEP Carlos Carnero González eingebracht.
[4] Zum Komplex der sog. Beneš-Dekrete: Siehe S. 576 ff.
[5] Als Reaktion der ČR-Regierung wurde berichtet:
»Tschechien wird der Aufforderung des EU-Parlaments, die umstrittenen sogenannten Benesch-Dekrete abzuschaffen, nicht nachkommen. Dies geht aus Stellungnahmen des Außenministers Jan Kavan und des Sprechers des Präsidenten Václav Havel hervor . . . Außenminister Kavan nannte den Beschluß ›interessant‹ und schloß nicht aus, daß sich das Kabinett damit beschäftigen würde, verwies jedoch darauf, daß die Resolution rechtlich nicht bindend ist. In Kavans Amt wird betont, daß der ›Transfer‹ der Sudetendeutschen auf Vereinbarungen fußte, an denen mehrere Länder beteiligt waren, die heute EU-Mitglieder sind. Präsidentensprecher Ladislav Spacek sagte, die Benesch-Dekrete könnten nicht aus der tschechischen Rechtsordnung entfernt werden, ihre Wirkung sei jedoch

›erloschen‹. Er benutzte damit denselben Ausdruck, den Regierungschef Milos Zeman Anfang März bei seinem Bonn-Besuch verwendet hatte.«
Vgl. SZ; Nr. 91 v. 21. 4. 1999; S. 7.
Zu den Äußerungen von ČR-Ministerpräsident Zeman vom 8. 3. 1999: Siehe S. 1145.

Quelle:
EP-Dokument Nr. PE 278.539; Beschluß Nr. A4-D157/99; S. 110–112, hier S. 111; Fotokopie im Besitz des Verfassers.

****

Regierungserklärung von Bundeskanzler Schröder[1] (SPD) zur »aktuellen Lage im Kosovo«[2]: **1999, 15. April**

Vertriebene so schnell wie möglich sicher in ihre Heimat zurück

. . .

Auf dem informellen Treffen des Europäischen Rates gestern in Brüssel, an der auf meine Initiative auch der Generalsekretär der Vereinten Nationen, Kofi Annan, teilnahm, haben die Staats- und Regierungschefs der EU ihre Entschlossenheit bekräftigt, das Morden und die Deportationen[3,4] im Kosovo nicht hinzunehmen. Sie haben ebenfalls deutlich gemacht, daß hierzu der Einsatz militärischer Mittel nach wie vor notwendig und moralisch und politisch auch gerechtfertigt ist . . .

Milosevic ist es gewesen, der jegliche Lösung, die möglich gewesen wäre, verhindert hat – und zwar deshalb verhindert hat, weil dieser verbrecherische Präsident sein eigenes Volk, die albanische Bevölkerungsmehrheit im Kosovo[5] und die Staatengemeinschaft, die nun wirklich bereit war, auch mit ihm zu verhandeln und eine politische Lösung des Konfliktes zu suchen, ein ums andere Mal hintergangen, ja betrogen hat. Das ist die traurige Wahrheit, mit der man sich auseinanderzusetzen hat.

. . .

Die jugoslawische Regierung hat von Anfang an an den Feldzug der ethnischen Säuberung geglaubt und ihn geplant, einen Feldzug, dessen Zeuge wir heute sind. Das kostete bis jetzt Tausende von Menschen im Kosovo das Leben.

Wie alle Deutschen sind wir hier im Deutschen Bundestag – bin ich über die täglichen Bilder vom Flüchtlingselend erschüttert. Wir haben die Bilder von gesprengten Häusern gesehen, und deportierte Augenzeugen haben uns Schreckliches berichtet . . .

Dies alles ist das Werk jugoslawischer Militär- und Polizeikräfte. Gleichgültig, wen man trifft oder in welchen Interviews man versucht, es zu bestreiten, es ändert nichts an den Tatsachen: Vertreibung und Mord waren längst im Gange, als die NATO[6] ihre Militäraktion begann, und sie hat sie nur begonnen, um der Deportation, der Vertreibung ein Ende setzen zu können.

. . .

Es bleibt unser Ziel[7], so schnell wie möglich die Voraussetzungen dafür zu schaffen, daß die Flüchtlinge und Vertriebenen sicher in ihre Heimat zurückkehren können[8]. Solange dies noch nicht der Fall ist, sollten die Menschen vorrangig in der Region versorgt werden. Das ist aus humanen Erwägungen gerechtfertigt und aus politischen Gründen notwendig; denn Milosevic darf nicht der Triumph gegönnt werden, seine Politik der ethnischen Säuberungen auf indirektem Wege zu realisieren.

Das ist aber auch deshalb wichtig, weil die Menschen dort kulturell eingebunden sind, dort im wahrsten Sinne des Wortes ihre Heimat haben und ihre Heimat behalten wollen. Jede andere Politik würde uns zum faktischen Erfüllungsgehilfen der Belgrader Vertreibungspolitik machen[9].

. . .

⟨[10]⟩

Anmerkungen:

[1] Im 14. Deutschen Bundestag.

[2] Knappe Vorgeschichte:
Durch die 1919 und 1947 bestätigten Grenzen Albaniens verblieben die Bewohner des Kosovo, weit überwiegend Albaner (1981: von ca. 1,6 Mio. ca. 78%), in Jugoslawien. Sie erhielten 1974 von Marschall Tito eine gewisse Autonomie, strebten ab ca. 1980 den Status einer Teilrepublik Jugoslawiens (vergleichbar etwa dem von Slowenien) an, doch wurde ihnen umgekehrt 1989 vom Serben Milošević sogar die Autonomie entzogen. Der Zerfall Jugoslawiens ab 1990 und die Kriege in Slowenien, Kroatien und Bosnien waren von derartigen Unterdrückungsmaßnahmen im Kosovo und rd. 300.000 Flüchtlingen aus dem Gebiet begleitet, daß die UN-Sicherheitsratsresolution 1199 vom 23. 9. 1998 mit Zustimmung Rußlands die dortige Lage als »Bedrohung von Frieden und Sicherheit in der Region« bezeichnete: Erstmals drohte die NATO mit Angriffen.
Ungerührt verbreitete demgegenüber der Lagebericht des deutschen Außenministeriums noch am 18. 11. 1998:
»Die Wahrscheinlichkeit, daß Kosovo-Albaner im Falle ihrer Rückkehr in ihre Heimat massiven staatlichen Repressionen ausgesetzt sind, ist insgesamt als gering einzuschätzen.«
Vgl. »Der Spiegel«, Hamburg; Jg. 53, Nr. 15 v. 12. 4. 1999; S. 39.
Serbien begann um den 15. 2. 1999 mit systematischen Vertreibungen von Albanern aus dem Kosovo und negierte die Friedensbemühungen von Rambouillet (bei Paris; Abschluß am 18. 3.). Daraufhin erfolgten am 24. 3. 1999, ohne UN-Beschluß nach Art. 42 (siehe S. 19), erste NATO-Luftangriffe auf (Rest-)Jugoslawien.

[3] Zur Parallelität von Sudetenfrage und Kosovoproblem aus tschechischer Sicht:

a) Am 1. 4. 1999 hatte die Prager Zeitung »Lidové noviny« (Jg. 12, Nr. 77; S. 1) unter der Überschrift »Wird die ČR Dutzende Eisenbahnwaggons nach Serbien liefern?« die offensichtliche Parallele der Kosovo-Vertreibung von 1998/99 zur Sudetenvertreibung von 1945/46 hergestellt:
»Die optimale Technik der Bevölkerungsabschiebung werden serbische Experten ab den ersten Apriltagen in tschechischen Archiven und bei direkten Teilnehmern dieser erfolgreichen nationalen Aktion studieren. Was werden ihnen die tschechischen Teilnehmer des Arbeitsseminars raten? Einer von ihnen, Herr Jura Grebeniček, sagte gegenüber LN: ›Dem Klassiker zufolge muß man für die Lösung schwieriger Nationalitätenprobleme genügend Eisenbahnwaggons zur Verfügung haben. Damit könnten wir den Serben vielleicht aushelfen. Natürlich war die Abschiebung von drei Millionen Menschen eine anspruchsvollere Aufgabe, daher können wir unseren Kollegen auch mit gutem Rat behilflich sein.‹ LN hat diese Information von Radio Eriwan übernommen.«
Über den vielsagenden Bezug auf Radio Eriwan hinaus druckte die Zeitung auf der Seite der Meldung zweimal:
»Vorsicht! Es ist der 1. April. In der heutigen Ausgabe der LN sind einige Aprilscherze. Einer davon ist nicht lustig.«

b) Als Präsident der Europäischen katholischen Bischofskonferenz meinte selbst der Prager Erzbischof Miloslav Kardinal Vlk: »Nicht nur die abscheulichen Übergriffe auf der Flucht, die Vertreibung als solche ist das Verbrechen.«
Vgl. SZ; Nr. 96 v. 27. 4. 1999; S. 6.

c) Als tschechischer Primas war Kardinal Vlk erheblich zurückhaltender:
Frage: »In einem denkwürdigen Scherz zum 1. April nahm eine tschechische Zeitung angesichts der Vertreibungen im Kosovo Bezug auf die Vertreibung der Sudetendeutschen. Werden derartige Parallelen auch in der tschechischen Bevölkerung gesehen?«
Kardinal Vlk: »Ich habe diesen Vergleich auch gehört. Aber meiner Ansicht nach ist nur die Endtatsache, die Finalphase für die Vertreibung gemeinsam. Der historische Kontext und die Motive sind ganz anders. Mir scheint es nicht ganz passend, weil die Art und Weise, wie dort die ethnische Säuberung durchgeführt wird, unvergleichbar ist. Deswegen würde ich vermeiden, eine solche Parallele zu ziehen. Dieser Vergleich hinkt sehr stark.«
Vgl. SdZ; Nr. 17 v. 30. 4. 1999; S. 3.

[4] In Deutschland gab es überwiegend Zustimmung zur Parallelität:

a) In klarer Form mit Namen:
»Es muß auch nur der Anschein verhindert werden, daß ein Diktator ⟨*nämlich der Serbe Milošević*⟩ mehr als ein halbes Jahrhundert nach Hitler, Stalin und Beneš einen ganzen Landstrich mitten in Europa entvölkern kann, weil der Westen zu schwach oder zu unentschlossen dazu ist, dem Einhalt zu gebieten.«
Vgl. FAZ; Nr. 80 v. 7. 4. 1999.

b) Der Vergleich von Dr. Beneš mit Hitler/Stalin/Milošević wurde in Leserbriefen zwar personal bestritten, in der Sache jedoch mehrfach durch Überschriften wie z. B. »Vor fünfzig Jahren akzeptiert«, »Hingenommene ethnische Säuberung 1945« charakterisiert.
Vgl. FAZ; Nr. 85 v. 13., Nr. 88 v. 16. 4. 1999.

c) Mit großformatigen Fotos:
Vgl. die Darstellungen von Trecks sowie Eltern mit Kindern aus den Jahren 1945 und 1999 in »Die Welt«; Nr. 89 v. 17. 4. 1999; S. 6 f.

d) Abweichend die SZ; Nr. 117 vom 25. 5. 1999; S. 4. Dagegen neben mehreren Leserbriefen in der SZ auch Rudolf Hilf in SdZ; Nr. 23 v. 11. 6. 1999; S. 4.

[5] Die Parallele zwischen Kosovo und dem Sudetengebiet war auch in den Bevölkerungsverhältnissen deutlich geworden: In beiden Fällen umfaßte die Mehrheitsnation (Albaner, Sudetendeutsche) vor Beginn der Vertreibungsmaßnahmen (1998, 1945) weit über 80% der Gesamtbevölkerung des Gebietes.
Gleichzeitig war das jeweils weit überwiegende Majoritätsvolk des Teilgebietes permanente Minderheit im Gesamtgebiet des Staates (Rest-)Jugoslawien bzw. ČSR.

[6] Die Zeitläufte konnten wie folgt charakterisiert werden:

a) 1999 hatte die NATO fast 50 Jahre bestanden, ohne jemals kämpfen zu müssen und die ČR über 50 Jahre die reichen Früchte der von ihrer Vorgängerin ČSR 1945/46 durchgeführten Massenvertreibung v. a. der Sudetendeutschen im Besitz.

b) Am 12. 3. 1999 wurde die ČR der NATO-Mitgliedschaft für würdig befunden.

c) Am 24. 3. 1999, d. h. wenige Tage später, trat die NATO, nunmehr einschließlich der ČR, erstmals nach 50 Jahren in Kriegshandlungen ein, um einen neuerlichen Fall von Massenvertreibung, nämlich der Kosovaren, zu stoppen bzw. zu korrigieren.

[7] Dieses Ziel von Bundeskanzler Schröder wurde in mehreren Texten übernommen:

a) Am 23. 4. 1999 von der NATO-Gipfelerklärung:
»Vorbehaltlose und sichere Rückkehr aller Flüchtlinge und Vertriebenen«.
Vgl. Bulletin; Nr. 24 v. 3. 5. 1999; S. 231.

b) Am 6. 5. 1999 von der Erklärung der sog. »G 8«, d. h. der sieben führenden Industrienationen und Rußland:
»Sichere und freie Rückkehr aller Flüchtlinge und Vertriebenen«.
Vgl. SZ; Nr. 104 v. 7. 5. 1999; S. 6.

c) Am 3. 6. und 10. 6. 1999 in den vom serbischen Parlament angenommenen NATO-Bedingungen:
»Ein sicheres Umfeld für die Rückkehr aller Flüchtlinge und Vertriebenen« zu schaffen.
Vgl. SZ; Nr. 131 v. 11. 6. 1999; S. 5.

Ergänzend war zu beachten, was Bundeskanzler Schröder am 8. 6. 1999 im Deutschen Bundestag erklärte:
»Die im Kosovo begangenen Verbrechen werden nicht dadurch rückgängig gemacht, daß die Menschen – hoffentlich bald – in ihre Heimat zurückkehren. Die Kosovaren haben einen Anspruch auf Gerechtigkeit. Die Verantwortung für das Leid, das ihnen zugefügt wurde, muß festgestellt und strafrechtlich geahndet werden.«
Vgl. Bulletin; Nr. 37 v. 10. 6. 1999; S. 381–384, hier S. 382.

[8] Am 22. 4. 1999 stellte Bundeskanzler Schröder anläßlich des 50. Jahrestages der NATO-Gründung u. a. fest:
»Das Völkerrecht trifft eindeutige Vorkehrungen für die Behandlung von Flüchtlingen und ihr Recht auf sichere Rückkehr in ihre Heimat.«
Vgl. Bulletin; Nr. 19 v. 23. 4. 1999; S. 193–195, hier S. 195.

[9] Am 26. 4. 1999 unterstrich dies Bundespräsident Herzog anläßlich der Begrüßung von UN-Generalsekretär Annan in Berlin wie folgt:
»Wer Völkermord und menschenverachtender Gewalt tatenlos zusieht, der macht sich selbst schuldig.«
Vgl. Bulletin; Nr. 22 v. 28. 4. 1999; S. 209–210, hier S. 209.

[10] a) Oppositionschef Wolfgang Schäuble (CDU/CSU) unterstützte in der Debatte zur Regierungserklärung die Regierung u. a. wie folgt:
»Das Ziel aller Operationen ist und muß bleiben . . . die Rückkehr aller Vertriebenen in ihre Heimat und in gesicherte Verhältnisse zu gewährleisten.«
Vgl. »Das Parlament«: a. a. O. (siehe Quelle).

b) Beispielhaft in Wortlaut und Forderungsinhalt für einen vergleichbaren (jedoch noch ausstehenden) Beschluß einer deutschen Partei zu deutschen Vertriebenenfragen der des CDU-Parteitages vom 27. 4. 1999 in Erfurt zum Kosovo:

»1. Die CDU Deutschlands verurteilt aufs schärfste die Politik der Vertreibung und der ethnischen Säuberung des jugoslawischen Präsidenten Slobodan Milosevic im Kosovo. Solche schweren Verletzungen von Menschenrechten und des Völkerrechts sind mit dem europäischen Werteverständnis nicht zu vereinbaren.
2. Der Vertreibung und Vernichtung der Kosovo-Albaner konnte und kann das Atlantische Bündnis nicht tatenlos zusehen . . .
. . .
5. Der 12. Parteitag appelliert mit großem Nachdruck an die politische Führung Serbiens, den Weg freizumachen für eine politische Lösung, und fordert sie . . . auf,
· die Vertreibung und ethnische Säuberung umgehend zu beenden,
·
· der bedingungslosen Rückkehr aller Vertriebenen zuzustimmen.
. . .
8. . . . Die Kosovaren müssen darauf vertrauen können, daß sie in ihrer angestammten Heimat in Frieden leben können.
. . .«
Vgl. Parlament; Nr. 18 v. 30. 4. 1999; S. 16.

Quelle:
Parlament; Nr. 17. v. 23. 4. 1999; S. 11.

****

Urteil[1] **1999, 30. April**
des Bundesgerichtshofs:
»Systematische Vertreibung« einer »Gruppe aus ihrer Heimat« ist »Völkermord«

Der 3. Strafsenat des Bundesgerichtshofs hat aufgrund der Verhandlung vom 28. April 1999 in der Sitzung am 30. April 1999, an denen teilgenommen haben:
⟨es folgten die Namen der Richter sowie die Erwähnung der Vertreter der Bundesanwaltschaft, der Verteidiger und der Urkundsbeamtin⟩
für Recht erkannt:

⟨Die Verurteilung durch das OLG Düsseldorf
zu lebenslanger Freiheitsstrafe bleibt bestehen.⟩

Gründe:

⟨Der Angeklagte, ein bosnischer Serbe, war durch das OLG Düsseldorf bereits des Völkermordes in Tateinheit mit anderen Verbrechen, z. B. in 22 Fällen Mord bei der »ethnischen Säuberung« verschiedener Gemeinden im Nordosten Bosniens von dort lebenden Muslimen überführt. Der Prozeß vor dem Bundesgerichtshof behandelte neben der begründeten Bestätigung, deutsches Strafrecht anzuwenden, vorrangig die Frage, wie die anderen Verbrechen bei der Strafzumessung mit der Strafe für Völkermord zu verbinden seien.
Im Zuge der Begründung machte der Senat beachtenswerte Feststellungen zur Definition des Völkermordes. Nach Wiedergabe der Definition in der Fassung der UN-Konvention vom 9. 12. 1948[2] *und des identischen Übernahmetextes im § 220 a des deutschen Strafgesetzbuches (StGB) in der Fassung des Gesetzes vom 9. 8. 1954*[3]*, sowie umfangreicher Literaturangaben hieß es:⟩*

Kennzeichnend für das mit dem Begriff des »Völkermordes« hinsichtlich Schutzrichtung und Angriffshandlung nur unzureichend und mißverständlich übersetzte Verbrechen des Genozids . . .[4] ist, daß der einzelne zwar als Tatobjekt, jedoch nicht in seiner Individualität, sondern in seiner Eigenschaft als Mitglied einer Gruppe angegriffen oder verletzt wird, deren soziale Existenz zu zerstören der Täter beabsichtigt. Schutzgut des Verbrechens des Völkermordes sind deshalb nicht die Individualrechtsgüter der von den objektiven Tathandlungen betroffenen einzelnen Personen, sondern ist die Existenz der Gruppe als

solche . . .[4], wobei das Unmenschliche, das gegenüber dem Verbrechen des Mordes besondere Unrechtsmerkmal darin liegt, daß der oder die Täter in dem Opfer nicht mehr den Menschen, sondern nur noch das Mitglied der verfolgten Gruppe sehen . . .[4]
b) Entsprechend seiner völkerrechtlichen Wurzel ist auch § 220 a StGB – anders als die Tötungs- oder Körperverletzungsdelikte zum Nachteil der von den Straftaten unmittelbar betroffenen Opfer – keine dem Individualrechtsgüterschutz dienende Strafnorm. Rechtsgut des § 220 a StGB ist vielmehr der Schutz der sozialen Existenz der verfolgten nationalen, rassischen, religiösen oder durch ihr Volkstum bestimmten Gruppe . . .[4] Entgegen dem vom Begriff des Völkermordes vorgespiegelten Sinngehalt setzt der Tatbestand des § 220 a StGB nicht zwingend voraus, daß der Täter die körperliche Vernichtung, die physische Zerstörung der Gruppe anstrebt. Es reicht aus, daß er handelt, um die Gruppe in ihrer sozialen Existenz (»als solche«), als soziale Einheit in ihrer Besonderheit und Eigenart und in ihrem Zusammengehörigkeitsgefühl zu zerstören . . .[4] Davon ist das Oberlandesgericht auch zu Recht ausgegangen (UA S. 161 f.). Die Zerstörungsabsicht wird zwar auch durch vorsätzliche Tötungshandlungen und durch Beibringen schwerer Körperverletzungen (§ 220 a Abs. 1 Nr. 1 und 2 StGB) besonders deutlich manifestiert; jedoch reichen nach § 220 a Abs. 1 StGB auch andere Maßnahmen aus, die zur Verwirklichung der Absicht bzw. des Ziels, die soziale Identität und Existenz der Gruppe zu zerstören, geeignet sind . . . Das gilt bei entsprechender Völkermordabsicht des Täters auch für die Gefährdung der körperlichen Existenz der Gruppe, die dadurch erreicht wird, daß die Gruppe unter Lebensbedingungen gestellt wird, die geeignet sind, die körperliche Zerstörung der Gruppe ganz oder teilweise herbeizuführen (§ 220 a Abs. 1 Nr. 3 StGB). Zu derartig geeigneten Lebensbedingungen zählen neben der Zufügung von körperlichen oder seelischen Schäden oder der vorsätzlichen Tötung von Gruppenmitgliedern auch die Schaffung unmenschlicher Lebensbedingungen, z. B. in Gefangenenlagern, das Verweigern von ausreichender Nahrung oder der notwendigen medizinischen Versorgung sowie die systematische Vertreibung der Gruppe aus ihrer Heimat[5] (vgl. das Urteil des Ruanda-Tribunals vom 2. September 1998 gegen Akayesu unter Ziff. 6.3.1. der Urteilsgründe; Jähnke in LK 10. Aufl. § 220 a Rdn. 11; Stillschweig. Die Friedens-Warte 1949, S. 97).
. . .

Anmerkungen:
[1] Das Urteil hatte die Nr. 3 StR 215/98.
[2] Zum Text: Siehe S. 24.
[3] Zum Text: Vgl. BGBl. 1954; Teil II; S. 729 f.
[4] An diesen Stellen z. T. umfangreiche Literaturangaben.
[5] Der Pflichtverteidiger des Angeklagten meinte dazu:
»›Vertreibungspolitik‹ reiche nicht aus, um jemanden wegen Völkermordes zu bestrafen, ⟨*denn*⟩ dann . . . würde auch die Vertreibung der Sudetendeutschen aus Tschechien unter Völkermord fallen«. Vgl. »Der Spiegel«, Hamburg; Jg. 53, Nr. 18 v. 3. 5. 1999; S. 172.
Zur Beurteilung der Vertreibung der Sudetendeutschen aus der ČSR als Völkermord z. B. durch den österreichischen Völkerrechtler Ermacora: Siehe S. 103, 923.

Quelle:
Text des Beschlusses; 41 ms. S.; hier v. a. S. 26–28; Fotokopie im Besitz des Verfassers.

****

Entschließung[1] **1999, 19. Mai**
des Nationalrates der Republik Österreich
»betreffend Aufhebung der ›Benesch-Dekrete‹[2] **und der ›AVNOJ-Bestimmungen‹**[3]**«**
Österreichische Bundesregierung soll auf Aufhebung drängen

Die Vertreibung der deutschsprachigen Volksgruppen aus der damaligen Tschechoslowakei und dem damaligen Jugoslawien nach Ende des 2. Weltkrieges zählt zu den dunkelsten Kapiteln der Geschichte Europas. Diese Vertreibungen waren damals Unrecht und bleiben auch nach 54 Jahren Unrecht. Ein Unrecht dieses Ausmaßes wird auch dadurch nicht entschuldbar, daß vorher anderes Unrecht geschehen ist.
Die Enteignung, Ermordung, Vertreibung von Kindern, Frauen und Männern aus ihrer Heimat bleibt eine offene Wunde. Die diesbezüglichen Benesch-Dekrete, wie auch die AVNOJ-Bestimmungen im früheren Jugoslawien, sind Beispiele für menschenverachtende Gesetzgebung, wie sie nur von totalitären Regimen erfunden werden konnte. Aber nicht nur zur Zeit der Erlassung dieser Bestimmungen, sondern auch in den folgenden Jahrzehnten bewies der Kommunismus diese Menschenverachtung auf verschiedene Art und Weise.
Insbesondere in der jahrzehntelangen Unterdrückung des tschechoslowakischen Volkes durch das kommunistische Regime ist wohl auch der Hauptgrund zu sehen, warum die Frage der Minderheitenrechte, der Volksgruppenrechte, der Menschenrechte und damit der Benesch-Dekrete in der tschechischen Öffentlichkeit noch nicht im notwendigen Ausmaß diskutiert wurde. Aber es gibt immer mehr Anzeichen, daß es zu einem langsamen Umdenkprozeß nicht nur in der Öffentlichkeit, sondern auch in der Politik unseres Nachbarstaates kommt.
Dennoch bleibt festzustellen, daß die Benesch-Dekrete nie formal aufgehoben wurden und damit weiterhin als Bestandteil der tschechischen Rechtsordnung zu sehen sind. Nicht nur heute, sondern auch zum Zeitpunkt ihres Erlasses waren die auf die Bürger deutscher und madjarischer Nationalität gerichteten Dekrete völkerrechts- und menschenrechtswidrig. Mit den europäischen Rechtsstandards sind sie sicher nicht vereinbar.
Es ist das prioritäre Ziel der Europäischen Integration, Frieden, Sicherheit und Stabilität in Europa zu schaffen. Die gegenständlichen Benesch-Dekrete, wie auch die AVNOJ-Bestimmungen, haben in der Vergangenheit schon so viel Leid zugefügt, sie sollen jetzt nicht nochmals dem Frieden in Europa entgegenstehen. Vielmehr bedarf es einer sorgfältigen Aufarbeitung der Geschichte, um an der gemeinsamen Zukunft in Europa zu bauen. Weder in Österreich noch in den Nachbarstaaten sollen diese historischen Probleme den Extremisten, Nationalisten oder den Kommunisten als Vorwand für ihre europafeindliche Politik dienen.
Die Frage der Aufhebung dieser Benesch-Dekrete und dieser AVNOJ-Bestimmungen ist im Hinblick auf die EU-Beitrittsansuchen der Tschechischen Republik und Sloweniens ein europäisches Problem geworden. Dementsprechend forderte das Europäische Parlament in einer Entschließung vom 15. April 1999 die Tschechische Regierung auf, »im Geiste gleichlautender versöhnlicher Erklärung von Staatspräsident Havel, fortbestehende Gesetze und Dekrete aus den Jahren 1945 und 1946 aufzuheben, soweit sie sich auf die Vertreibung von einzelnen Volksgruppen in der ehemaligen Tschechoslowakei beziehen«.[4]
Die unterzeichneten Abgeordneten stellen folgenden

Entschließungsantrag[5]:

Der Nationalrat wolle beschließen:
»Die Bundesregierung wird ersucht, ihre Bemühungen fortzusetzen, mit dem Erweiterungsprozeß der Europäischen Union den europäischen Rechtsraum zur Sicherung von Frieden, Stabilität, Demokratie und Rechtsstaatlichkeit schrittweise auszudehnen.

Die Bundesregierung wird ersucht, den Ausbau der Rechtsgrundlagen und die aktive Implementierung des Minderheitenschutzes in allen europäischen Staaten zu fördern.
Die Bundesregierung wird ersucht, weiterhin im Verbund mit den anderen Mitgliedstaaten und den Institutionen der Europäischen Union auf die Aufhebung von fortbestehenden Gesetzen und Dekreten aus den Jahren 1945 und 1946, die sich auf die Vertreibung von einzelnen Volksgruppen in der ehemaligen Tschechoslowakei und im ehemaligen Jugoslawien beziehen, hinzuwirken.«
⟨[6]⟩

Anmerkungen:

[1] Zu früheren vergleichbaren Meinungen, Äußerungen und Bemühungen hochrangiger Politiker Österreichs: Siehe S. 926 ('91, 10. 9.), 950 ('92, 15. 7.), 960 ('93, 30. 7.), 974 ('94, 22. 5.), 1007 ('95, 11. 5.), 1035 ('95, 14. 12.) und 1037 ('97, 10. 10.).

[2] Zum Komplex der sog. Beneš-Dekrete: Siehe S. 576 ff.

[3] Gemeint: Festlegungen des sog. »Antifaschistischen Rates für die nationale Befreiung Jugoslawiens« (AVNOJ), d. h. der von Marschall Jozip Tito gesteuerten KP Jugoslawiens mit den sog. Beneš-Dekreten ähnlichem Inhalt.
Zum Text: Vgl. DdV; Bd. V; S. 180 E ff.

[4] Zum Textzusammenhang: Siehe S. 1152.

[5] a) Antrag und vorausgehende Begründung war von den Fraktionen der SPÖ und ÖVP eingebracht worden.
b) Die FPÖ wollte in den Antrag die Forderung nach Anerkennung der jeweiligen heimatverbliebenen »Altösterreicher deutscher Muttersprache« als »Volksgruppe« mit »entsprechenden Rechten« aufnehmen. Für den Fall, daß die ČR und/oder Slowenien die Aufhebung der Beneš-Dekrete/AVNOJ-Bestimmungen und die Volksgruppenanerkenntnis ablehnen sollten, hieß es im FPÖ-Antrag:
»Andernfalls hat die ⟨*österreichische*⟩ Bundesregierung ihre Zustimmung zum Abschluß der EU-Beitrittsverhandlungen mit diesen Staaten zu verwehren.«
Dieser FPÖ-Antrag wurde von der SPÖ abgelehnt.
c) Bei der Endabstimmung stimmten ÖVP, SPÖ und »Liberales Forum« für den Antrag, FPÖ und »Grüne« enthielten sich, anscheinend aus völlig konträren Gründen.

[6] Der Entschließung des Österreichischen Nationalrates folgten entsprechende Beschlüsse der Landesregierungen bzw. Landtage von Ober- sowie Niederösterreich (vom 17. 10. 1999), der Steiermark (vom 19. 10. 1999) und Salzburgs.
Im (einstimmig angenommenen) Beschluß des Salzburger Landtags vom 16. 12. 1999 wurde die österreichische Bundesregierung aufgefordert, »bei der Nichtaufhebung der Benesch-Dekrete ... einem Beitritt der Tschechischen Republik ⟨*zur EU*⟩ nicht zuzustimmen«.

Quelle:
Antrag im Rahmen der Debatte betreffend den Außenpolitischen Bericht 1998 der Bundesregierung (III-192/1816); 2 ms. S.; Fotokopie im Besitz des Verfassers.

****

Teil IV

Alternativen und Parallelen

A) Einführung

1. Maßstab: Die Sudetenfrage

Die in dieser Arbeit rechtlich und historisch dokumentierte Sudetenfrage kann in personalisierter, knapper und vergleichsrelevanter Form wie folgt zusammengestellt werden:

- *Die Sudetendeutschen sind als Abkömmlinge der (mindestens) in weiten Teilen Erstbevölkerung ihres (vordem nicht durchgängig und ständig bevölkerten) Gebietes mit (mindestens) rd. 800 Jahren unbestrittener Ansässigkeit zu bezeichnen.*
- *Den Sudetendeutschen war zunächst (nach Ende eines Krieges) die angestrebte politische Selbstbestimmung durch militärische Besetzung und Annexion seitens eines Drittstaates verweigert worden.*
- *Die Sudetendeutschen wurden dann (nach Ende eines weiteren Krieges) durch territoriale Restauration des Annexionsstaates von diesem (zum größten Teil) unter (hohen blutigen Verlusten und) völliger Enteignung ihres gemeinschaftlichen und persönlichen Eigentums gewaltsam vertrieben.*
- *Die Sudetendeutschen betrachteten und betrachten ihre Enteignung und Vertreibung nicht als end- und rechtsgültig; sie verlangen vielmehr Entschädigung und Restitution.*

Es ist unschwer zu erkennen, daß die derart umrissene Sudetenfrage zahlreichen ähnlichen Vorgängen in aller Welt ähnelt.
Natürlich ist es unmöglich, diese sämtlich und in voller Problemtiefe wiederzugeben. Es erscheint jedoch angebracht, in angemessenem Umfang wichtige Fragen etwas vertieft darzustellen.

2. Wichtige Problemkreise: Abfinden – Berechtigte – Zeitablauf

Zu diesen wichtigen Fragen gehören:

a) Muß ein Staat sich, »um des lieben Friedens willen«, mit den faktischen Ergebnissen eines verlorenen Krieges ohne Rücksicht auf Recht und Gerechtigkeit abfinden?
Hier ist am Beispiel der nordjapanischen Inseln im Pazifischen Ozean aufzuzeigen, daß es durchaus Alternativen zur sog. »neuen deutschen Ostpolitik« ab ca. 1970 (siehe S. 801) gab und gibt.

b) Wem steht das Selbstbestimmungsrecht zu: Der faktisch anwesenden oder der historisch heimatberechtigten Bevölkerung?
Hier ist am Beispiel des Gebietes von Gibraltar im Südwesten Europas darauf hinzuweisen, daß das Rechtsbewußtsein der UN bereits um 1965 dem Selbstbestimmungsrecht der historisch Heimatberechtigten den Vorzug vor dem der faktisch Anwesenden gab.

c) Kann eine zeitlich über 50 Jahre zurückliegende Frage (wie die der Sudeten) in unserer schnellebigen Zeit überhaupt mehr als leere Rhetorik bewirken?
Hier ist am Beispiel Palästinas der sogar sehr viel längere »Atem der Geschichte« anzudeuten: Seit rd. 70 v. Chr. bestand nach deren Vertreibung die Frage des Heimatrechtes der Juden in Palästina/Israel. Sie wurde 1948 durch Teilvertreibung der Palästinenser belastet. Die dokumentierten Reden und Entschließungen (siehe S. 1169 ff.) entstanden um 1970 (d. h. über 20 Jahre später) und konnten zunächst durchaus als diplomatische Pflichtübungen (miß-)verstanden werden. Um 1995 (d. h. weitere rd. 25 Jahre später) schufen die Papiere von 1970 jedoch mit den Abkommen von Oslo und Taba (siehe S. 133) zwischen der Regierung Israels und der im Vergleich dazu »privaten« Organisation PLO eine neue politische Lage. Ein Teilabschnitt des langen, auch blutigen Weges zu Heimat und Selbstbestimmung für Israelis und Palästinenser war unter den Augen der gesamten Welt zurückgelegt worden. Wie die weiteren Teilabschnitte wohl verlaufen werden?

Neben dieser Frage erscheint bemerkenswert, daß Heimat- und Selbstbestimmungsrecht durch Terror und Gewaltanwendung wirksamer im Bewußtsein der Weltöffentlichkeit gehalten werden können als durch alleiniges Bemühen um friedlichen Wandel zu mehr Recht und Gerechtigkeit. Die Probleme Palästinas und Israels scheinen daher fast täglich auf Bildschirmen und in Zeitungsspalten auf; die Streitfälle Nordjapan und Gibraltar sind oft auch sog. Experten unbekannt; deswegen erschien jeweils ein kurzer Ablaufbericht (siehe S. 1165 und S. 1166) erforderlich.

3. Weltweiter Überblick

Es sollte nicht übersehen werden, daß diese besonders betrachteten Gebiete der Welt auch für andere stehen, in denen gleichfalls der Sudetenfrage (mindestens teilweise) parallele oder für sie relevante Entwicklungen begannen; einige sollten (stichwortartig und damit stets pauschal) erwähnt werden:

3.1 Schon vor 1990

3.1.1 Negative Entwicklungen u. a. in Asien; vorwiegend, auch in ihrer (bisherigen) Hinnahme durch die Weltöffentlichkeit, zunächst durch den sog. »Kalten (Welt-)Krieg« bestimmt:

a) »Volksrepublik China«:
Minderheit gewann 1949 Bürgerkrieg; vertrieb Leitung der legitimen Republik China nach Formosa (ca. 2,5 Mio. Flüchtlinge); okkupierte unter Entkirchlichung Tibet (ca. 0,8 Mio. Tote und fast 0,1 Mio. Flüchtlinge, Dalai Lama). 1972 durch US-Initiative völliger Politikwechsel: Legitime Republik aus UN ausgestoßen; isoliert. »Volksrepublik« trotz Binnenterror (1989 Peking-Massaker) weiterhin derart gestützt, daß sogar Rückgabe Hongkong und Macao an beständig die Macht usurpierende Diktatur und nicht an legitime und prosperierende Demokratie erfolgte.

b) »Volksrepublik Vietnam«:
Okkupierte Süd-Vietnam, ca. 1,5 Mio. Tote, ca. 0,2 Mio. Flüchtlinge (darunter auch sog. »boat people«).

c) Kaschmir:
Blieb seit 1947 trotz UN-Beschlüssen zur Wiedervereinigung durch Volksabstimmung zwischen Indien, China und Pakistan geteilt; Kriege zwischen den Teilungsmächten; rd. 3 Mio. Flüchtlinge, viele Tote.

3.1.2 Unklare Lagen:

d) (Ost-)Timor:
1976 nach Entkolonialisierung (Portugal) von Indonesien annektiert; Unruhen, rd. ein Drittel der Gesamtbevölkerung (0,2 Mio.) tot; UN-Generalversammlung forderte seit 1981 Selbstbestimmungsrecht; nach neuerlichen Unruhen 2000 mit UN-Unterstützung politisch selbständig; wirtschaftliche Lage fragwürdig.

e) Zypern:
Von Griechen, im Nordosten auch von Türken bewohnte britische Kolonie; Untergrundkampf, 1959 unabhängig; 1974 türkische Besetzung des Nordostens (0,2 Mio. griechische Flüchtlinge), dort Einrichtung eigenen Staates unter Einwanderung türkischer Neusiedler; UN-Truppen an innerzypriotischer Grenze stationiert; ab 1998 Verhandlungen über EU-Beitritt, ab 2000 deswegen neuerlich Ansätze zur Wiedervereinigung.

f) Viele Staaten Afrikas:
Den dort stammlichen Gegebenheiten des Selbstbestimmungsrechtes widersprechende, aus der Kolonialzeit stammende Staatsgrenzen (in z. B. Sudan, Ruanda, Burundi, Äthiopien, Nigeria) führten zu zahlreichen Kriegen und Genoziden mit sehr vielen Todesopfern; die Staaten erscheinen in derzeitigen Grenzen kaum stabilisierbar.

3.1.3 Eher positive Entwicklungen (v. a. kaum Fluchtvorgänge) in vornehmlich Westeuropa:

g) Südtirol (in Italien):
Insgesamt friedliche Evolution zu derart umfassender Autonomie, daß nahe am Selbstbestimmungsrecht.

h) Belgien:
Friedliche Staatsreform mit weitreichender, autonomer Regionalisierung.

i) Spanien:
Staatsreform mit Autonomieschritten; dabei in
- *Katalonien: Friedliche Fortentwicklung in Richtung auf Vollautonomie;*
- *Baskenland: (Auch) blutige Vorgänge (ETA) in Richtung auf Selbständigkeit.*

j) Nord-Irland (in Großbritannien):
Zunächst blutige, dann friedlichere Entwicklung in Richtung auf teilweisen Anschluß an Republik Irland.

k) Quebec (in Kanada):
Bemühungen der Provinz (über 80 % der rd. 7 Mio. Einwohner sprechen französisch), sich aus Kanada zu lösen, führten bereits zu zwei Volksabstimmungen (1980, 1995). Keine Mehrheit, da dem sprachlich-»nationalen« Bekenntnis die Vorteile der Zugehörigkeit zu einem größeren Wirtschaftsraum entgegenstanden.

3.2 Nach 1990
Der Untergang der Sowjetunion befreite das Selbstbestimmungsbegehren v. a. in Mittel- und Osteuropa vom gegenwirkenden Druck der UdSSR-Waffenmacht, enthüllte bisher latente Problemstellungen und gab der Achtung der Menschenrechte auch generellen Auftrieb.

3.2.1 Unübersichtliche Ansätze (Stand 1997):

a) Völker im neuen Rußland:
Tendenzen weg von formaler Autonomie zu völliger Selbständigkeit, blutig in Tschetschenien, wechselvoll in Dagestan, friedlich in Tartastan.

b) Selbständige europäische Staaten südlich des neuen Rußlands:
Die Ukraine (mit der Krim und dem Marinehafen Sewastopol), Georgien (mit Abchasien), Aserbaidschan (mit Nagorni-Karabach) und Moldawien (mit Transnistrien) haben auch Probleme mit seit 1919 zugewanderten, nach 1990 nicht rückkehrbereiten Russen; Streitigkeiten über v. a. von Lenin und Stalin innersowjetisch und anational festgelegten und zu Staatsgrenzen aufgewerteten bisherigen Verwaltungsmarkierungen wurden z. T. bereits kriegerisch ausgetragen.

c) Mehrzahl der Völker und Grenzen in Ex-Jugoslawien:
Nach jahrelangen kriegerisch ausgetragenen und mit Massenvertreibungen und ethnischen Säuberungen verbundene Auseinandersetzungen:
Serben in Bosnien, Kroatien und Mazedonien wollen sich Serbien anschließen, Kroaten in Bosnien wollen zu Kroatien, Albaner im Kosovo und Mazedonien nach Albanien; die Machtträger (USA, NATO, OSZE, UN, EU) beharren selbstbestimmungswidrig darauf, die v. a. vom damaligen Staatspräsidenten Tito (1944–1980) stammenden, innerjugoslawischen, anational festgelegten Verwaltungsmarkierungen als Grenzen neueingerichteter Staaten beizubehalten.
Zur Entwicklung im Kosovo 1998/99: Siehe auch S. 164, 1153.

d) Kurdistan:
Abgesehen von zahlreichen Emigranten in aller Welt lebten um 1990 rd. 10–12 Mio. Kurden in der Türkei (dort als »Bergtürken« bezeichnet), ca. 5 Mio. im Iran, ca. 3 Mio. im Irak und etwa 0,5 Mio. in Syrien.
Durch den Golfkrieg 1991 wurden sie bekannter: Trotz verschiedener Differenzen scheinen sie einen gemeinsamen Staat in ihrem Siedlungsgebiet anzustreben.

3.2.2 Eher positive, wenn auch formale Ansätze

e) Aufarbeitung bisher latenter Probleme:
Entschädigung für Opfer des NS-Regimes nach 50 Jahren auch durch Institutionen außerhalb Deutschlands (z. B. Schweiz, Italien).

f) Armenier:
1915 Genocid durch die Türkei [vgl. Darstellung in Franz Werfel »Die 40 Tage des Musa Dagh«]*: Nach türkischen Angaben 0,8 Mio., nach armenischen Zahlen 1,5 Mio. Tote bei Massenvertreibung Überlebender in viele Staaten der Welt. Nach entsprechendem Vorgehen in Griechenland wird Vorgang von 1915 (voraussichtlich) in 2002 auch in Frankreich durch Gesetz als Völkermord anerkannt; damit Entschädigungsklagen auch der Erben möglich und zu erwarten.*

3.2.3 Eher positive, faktisch wirksame Entwicklungen

g) Slowenien:
Insgesamt selbstbestimmungskonforme Errichtung eines eigenen Staates.

h) Tschechische Republik, Slowakische Republik
Insgesamt selbstbestimmungskonforme Zerlegung der ČSFR durch Wiedererrichtung Slowakischer Republik.

i) Estland, Lettland, Litauen:
Selbstbestimmungskonforme Wiedererrichtung souveräner Staaten; gewisse Probleme mit zahlreichen seit 1940 zugewanderten, nach 1990 nicht rückkehrbereiten Russen.

j) Ungarn:
Auf Basis eigener, vorbildlicher Minderheitenregelung zunehmendes Interesse am Schicksal von Landsleuten in der Slowakei, Rumänien und Serbien.

k) Südliches Afrika:
In Süd- und Südwestafrika übergaben jeweils eine (weiße) Minderheitsbevölkerung ihre politische Vorherrschaft insgesamt friedlich an eine (schwarze) Mehrheitsbevölkerung.

l) Schottland und Wales (in Großbritannien):
Weitgehende Autonomieregelungen wurden verabschiedet.

m) Entschuldigung und Entschädigung von Erst-(Ur-)bevölkerungen.
Schweden und Norwegen haben sich für Übergriffe der Vergangenheit bei den Samen entschuldigt und verhandeln über Landrückgabe.
Kanada plant, für die Eskimos im Nordwesten den eigenen autonomen Bundesstaat Nunavut (mit fast 2 Mio. qkm) zu schaffen. Auch im westlichen British Columbia wurde den indianischen Ureinwohnern Land zurückgegeben und Entschädigung gezahlt.
Ähnliches ist in Teilen der USA und in Australien realisiert bzw. geplant.

Diese Hinweise verdeutlichen, daß es gerade ab 1990 zahlreiche Entwicklungen gab, welche durch ihre Parallelität auch die Sudetenfrage berühren.

4. Zwei Kurzberichte:

a) Nordjapan (eine Alternativreaktion):
Im Norden Japans gibt es vier kleine Inseln, die seit ihrer Erstbesiedlung im Mittelalter zu Japan gehörten. Dies wurde von Rußland am 7. 2. 1855 im Vertrag von Shimoda anerkannt. 1945 verlor Japan als Folge der Niederlage im Zweiten Weltkrieg diese Inseln an die UdSSR. Die eingesessene Bevölkerung (rd. 17.000 Personen) mußte das Land verlassen (= wurde vertrieben) und ging nach Japan; die UdSSR siedelte neue Menschen (rd. 25.000), darunter zahlreiche Soldaten, auf der vornehmlich militärisch wichtigen Inselgruppe an.

Am 19. 10. 1956 sagte die Sowjetunion Japan in einer gemeinsamen Erklärung anläßlich der Wiederaufnahme diplomatischer Beziehungen die Rückgabe zweier Inseln »gemäß dem Wunsche Japans und unter Berücksichtigung der Interessen des japanischen Staates« *zu; über die beiden anderen Inseln sollte in den Friedensgesprächen verhandelt werden.*[1]
Die weitere Entwicklung stand zeitlich und sachlich vermutlich in einem gewissen Zusammenhang zur »neuen deutschen Ostpolitik«. 1960 wurde zunächst die UdSSR-Zusage von 1956 zurückgezogen. 1973 einigten sich die UdSSR und Japan noch auf die dehnbare Formel, daß vorAbschluß eines Friedensvertrages »gewisse, seit dem Ende des Zweiten Weltkrieges offene Fragen gelöst werden sollten«. *Ab 1975 lehnte die Sowjetunion auch diese Formulierung ab; es gebe keine offenen Fragen und schon gar nicht territoriale Probleme. Ende 1978 erklärte der sowjetische Botschafter in Tokio in einem Interview, die UdSSR habe* »nicht die Absicht, an Japan auch nur einen Stein, geschweige denn eine Insel abzutreten«, *um im Oktober 1979 Japan* »unbegründete territoriale Ansprüche« *vorzuwerfen.*
Regierung und Öffentlichkeit Japans lehnten die Annexion Nordjapans und die Vertreibung seiner Einwohner seit 1945 durchgängig und ziemlich einmütig ab (z. B. in der Entschließung des japanischen »Bundestages« vom 20. 9. 1973[2] *und in der Anfang 1981 erfolgten Erklärung des 7. Februar zum »Tag der Nordgebiete«*[3]*). 1979 bezeichneten in einer Repräsentativumfrage 68 % der Japaner die Weigerung der UdSSR zur Lösung der Territorialfrage als Hauptgrund des gespannten Zustandes der japanisch-sowjetischen Beziehungen. Spannungsursache sei v. a. die sowjetische Annexion; nur die Gebietsrückgabe könne zur Entspannung als Basis eines dauerhaften Friedens führen. Die* »Gesellschaft zur Lösung des Problems des Nordjapanischen Gebiets« *mit Sitz in der Stadt Nemuro verbreitete in Japan für politische Werbung übliche Kopfbänder mit der Aufschrift:* »Gebt unser Nordterritorium zurück!«
In den Jahren seither blieb die japanische Haltung unverändert. Auch Bundeskanzler Kohl konnte bei einem Japanbesuch im März 1993 die japanische Seite zu keiner Änderung bewegen; er wurde umgekehrt auf seine eigenen Aufgaben für das seit dem Niedergang der UdSSR politisch isolierte Nord-Ostpreußen (Königsberg) hingewiesen. Schließlich gab Rußland etwas nach, als Präsident Jelzin in einer »Erklärung von Tokio« am 13. 10. 1993 anerkannte, zwischen Rußland und Japan »existiere ein territoriales Problem, das auf der Grundlage von Recht und Gerechtigkeit rasch gelöst werden sollte«[4]. *Beide Seiten strebten eine Lösung bis zum Jahre 2000 an. Die Ost-West-Entspannung verringerte den Stellenwert der Inseln für Rußland, dessen wirtschaftliche Schwierigkeiten zum Rückzug vieler Soldaten wie auch mancher Zivilsiedler auf das sibirische Festland führte. Expertenverhandlungen ermöglichten Japanern den Besuchsverkehr auf die Kurilen und den verbleibenden Russen nach Nordjapan. Eine neuere Meldung besagte schließlich:* »Die ⟨*verbleibenden russischen*⟩ Bewohner der ... Inseln ... möchten sich per Volksabstimmung dem ⟨*japanischen*⟩ Nachbarn anschließen.«[5]

b) Gibraltar (eine Prinzipfrage):
Im Süden Spaniens liegt das Gebiet von Gibraltar. Es gehörte nach der Rückgewinnung von den Mauren ab 1462 zum Königreich Kastilien, das im Königreich Spanien aufging. 1704 verlor Spanien im Zuge des Spanischen Erbfolgekrieges Gibraltar an Großbritannien. Es wurde festgelegt (Frieden von Utrecht, 13. 7. 1713), daß Großbritannien das Gebiet an Spanien zurückgeben müsse, wenn es jemals von Großbritannien aufgegeben würde.
Die eingesessene Bevölkerung, ungefähr 8000 Personen, hatte Gibraltar in den Kriegswirren von 1704 verlassen und wurde an der Rückkehr gehindert (= »vertrieben«). Die Nachkommen dieser »Vertriebenen« verblieben unter Wahrung eines gewissen Zusammenhalts über Jahrhunderte bis in die Gegenwart in der südspanischen Umgebung ihrer Heimatstadt Gibraltar. Spanische Regierungen aller politischen Richtungen (Monarchisten, Re-

publikaner, Volksfront, Faschisten, Demokraten) hielten den Anspruch auf Gibraltar über Jahrhunderte aufrecht.
In der Zeit der britischen Herrschaft ab 1704 wurden schubweise neue Menschen aus verschiedenen Gebieten der Welt nach Gibraltar verbracht bzw. von dort entfernt. Die derzeitige Bevölkerung stammt von Neuankömmlingen aus der Zeit um etwa 1850 ab.
Ab 1960 wurden viele bisherige Kolonialgebiete europäischer Mächte unabhängig. Die Vereinten Nationen schalteten sich entsprechend ihrer Charta[6] *ein: UN-GV-Entschließung 15/1514*[7] *gab den Entkolonialisierungsbemühungen Rahmen und Basis. Darüber hinaus erhielt ein »Besonderer Ausschuß« von 24 Mitgliederstaaten, der die Entkolonialisierung mitsteuern sollte, als Aufgabenbereich auch Gibraltar zugewiesen*[8].
1963 begannen die Anhörungen vor diesem »24er-Ausschuß« der UN. Es ging zunächst um die Frage, ob Gibraltar ein »Sich nicht-selbstregierendes Gebiet« *sei. Diese Frage wurde von Spanien im Ausschuß bejaht, von Großbritannien verneint.*[9]
Zum wichtigen Punkt der Beratungen des »24er-Ausschusses« der UN wurde die Frage, ob die derzeitige Bevölkerung Gibraltars berechtigt sei, das Selbstbestimmungsrecht für sich zu fordern. In der ersten Verhandlungsrunde vor dem »Besonderen UN-Ausschuß« (am 19. 9. 1963) hatte dies der »Chief Member of Gibraltar's Executive and Legislative Council«, Sir. I. Hassan, gefordert.
In der zweiten Verhandlungsrunde im Jahre 1964 wurde dem »Besonderen UN-Ausschuß« die Gegenposition dargestellt. Aus dem Bereich von Gibraltar sprach unter anderem der Bürgermeister einer 7 km von Gibraltar entfernten Stadt, in der viele Nachkommen der Gibraltesen von 1704 leben. Namens der »Stadt San Roque, wo sich die ehrwürdige und loyale Stadt Gibraltar aufhält« *(so ihr offizieller Name) bestritt er, daß der derzeitigen Bevölkerung von Gibraltar, die* »zufälligerweise« *da sei*[10], *das Selbstbestimmungsrecht zustünde. Weitere Redner setzten sich mit der Frage auseinander, ob die derzeitige »importierte« oder die Nachkommen der »heimatberechtigten« Bevölkerung Gibraltars die Träger des Selbstbestimmungsrechtes für das Gebiet Gibraltar seien*[11].
Der »24er-Ausschuß« kam dann am 16. 10. 1964 zur »Übereinstimmung«, *daß Gibraltar ein* »Sich-nicht-selbstregierendes Gebiet« *sei. Er empfahl,* »unverzüglich Gespräche zu führen, um in Übereinstimmung mit den Prinzipien der Charta der Vereinten Nationen auf dem Verhandlungsweg eine Lösung zu finden, die den Bestimmungen der (*UN-GV-*)Entschließung 15/1514 entspricht, die ausgedrückten Ansichten der Mitglieder des Ausschusses angemessen berücksichtigt und die Interessen der Bevölkerung des Gebiets ständig im Auge hat.«[12]
Die 21. Generalversammlung der UN forderte daraufhin Großbritannien durch Entschließung 2231 vom 30. 12. 1966[13] *auf, Gibraltar zu entkolonialisieren.*
Die Lage in Gibraltar blieb seither unverändert.[14] *Noch 1998 erklärte ein Sprecher der UN, Gibraltar habe das Stadium der Selbstbestimmung noch nicht erreicht. Die damit zusammenhängende Problemstellung, ob das Selbstbestimmungsrecht der heimatberechtigten oder der tatsächlich anwesenden »zufälligen« Bevölkerung eines Gebietes zustehe, wurde jedoch zwischenzeitlich an anderer Stelle der Welt neuerlich bedeutungsvoll: Im Zusammenhang mit der Falkland-Krise zwischen Argentinien und Großbritannien befaßte sich der UN-Entkolonialisierungsausschuß im August 1982 wiederum mit dieser Frage. Dabei war eine ziemliche Parallele zu den im Falle Gibraltar vorgebrachten Argumenten festzustellen.*[15]

5. Schlußbemerkung

Die dargestellten Abläufe einschließlich der nachfolgenden Dokumente belegen, daß die Fragen des Eigentums und des Heimatrechtes auch von Nachkommen Vertriebener selbst nach Jahrhunderten bedeutungsvoll sind, sofern darauf zwischenzeitlich durch die Betrof-

fenen oder ihre Rechtsnachfolger selbst nicht verzichtet wurde. Staaten können dabei helfen, wie in Japan, oder hindern, wie in Deutschland. Die Sudetenfrage als personal-kollektive Frage der Rechtsnachfolger der Betroffenen bleibt von zufälligen Staatskonstruktionen unberührt – wie in Palästina.
Die Offenheit der Sudetenfrage zu Beginn des 3. Jahrtausends ist jedoch nicht nur Anspruch. Man wird es vielmehr als Aufgabenstellung zu werten haben, wie das Selbstbestimmungsrecht einer »importierten« gegen das der »heimatberechtigten« Bevölkerung zu wägen ist – in Gibraltar und im Sudetengebiet. Sinn der Belegung von Alternativen und Parallelen ist daher vorrangig, Gedanken und Überlegungen zu Möglichkeiten und Grenzen friedlichen Wandels in der Zukunft der Sudetenfrage anzuregen.

Anmerkungen und Quellen:
[1] »Japan's Northern Territories«; hsg. v. Japanischen Außenministerium; Tokio, 1996; S. 11.
Im folgenden: Japan.
[2] Zum Text: Siehe S. 1176.
[3] Jahrestag des Vertrages von Shimoda 1855, der die russisch-japanische Grenze nördlich der derzeit sowjetisch besetzten Inseln festlegte.
[4] Japan: a. a. O.; S. 3, 13.
[5] Vgl. »Der Spiegel«, Hamburg; Jg. 52, Nr. 47 v. 2. 12. 1998; S. 186.
[6] Zum Text vom 26. 6. 1945: Siehe S. 17.
[7] Zum Text vom 14. 12. 1960: Siehe S. 51.
[8] Zum Text vgl. »UN-Doc. ST/TRI/B, 1962/1/Add. 1«: »List of Territories, which the ›Committee of Twenty-Four‹ is competent to examine«.
[9] Vom britischen Gouverneur war 1950 ein »Legislativer Rat« und 1954 eine Regierung mit jedoch nur beratender Funktion eingesetzt worden.
Nach den UN-Beratungen 1963/64 erweiterte Großbritannien am 9. 6. 1964 Befugnisse und Zusammensetzung der Regierung und führte (am 10. 9. 1964) auch die ersten allgemeinen Wahlen (Wahlbeteiligung 76 %) in Gibraltar durch.
[10] Zum Text: Siehe S. 1169.
[11] Zu den Texten: Siehe S. 1170 ff.
[12] Zum Text vgl. »UN-(GA-)Doc. A/AC.109/SR.291« v. 5. 11. 1964.
[13] Zum Text vgl. »UN-(GA-)Doc. A 6316, Supplement No. 16«; 21. Sitzungsperiode (1966); S. 74.
[14] Aus dem folgenden Ablauf ist zunächst bedeutungsvoll, daß die UN sogar ein Plebiszit einer anwesenden Bevölkerung verwarf:
Am 10. 9. 1967 wurde »in Durchführung einer UN-Entschließung über die Entkolonialisierung von Großbritannien eine Volksabstimmung abgehalten, in der festgestellt werden sollte, ob die Bevölkerung von Gibraltar glaube, daß ihre Interessen in der Erhaltung der Verbindung mit Großbritannien oder im Übergang zu spanischer Souveränität liege. Von 12 762 Abstimmungsberechtigten entschieden sich 12 138, die Verbindung mit Großbritannien zu erhalten; 44 wählten Spanien«.
Vgl. »The Statesman's Yearbook 1980/81«; hsg. v. John Paxton; London, 1980; S. 541.
Die 22. Generalversammlung der UN antwortete darauf mit der Entschließung 2353 vom 19. 12. 1967. Diese »erklärte die Abhaltung der Volksabstimmung vom 10. September 1967 durch die verwaltende Macht zu einer Umgehung der Bestimmungen der von der 21. Generalversammlung beschlossenen Entschließung 2231«.
Zum Text vgl. »UN-(GA-)Doc. A 6716, Supplement No. 16«; 22. Sitzungsperiode (1967); S. 53.
Darüber hinaus erscheint beachtenswert, daß Spanien die Lage in Gibraltar bis heute (Ende 1998) nicht akzeptiert und als Zeichen seines Protestes die 1969 verhängte Blockade zivilen Luft- und Seeverkehrs zwischen Spanien und Gibraltar aufrechterhält. Trotz EU-Mitgliedschaft von sowohl Spanien als auch Großbritannien sind die derzeitigen Bewohner Gibraltars für das Europa-Parlament weder wahlberechtigt noch wählbar.
[15] Zu den Äußerungen: Siehe S. 1187.

B) Dokumente

Entschließung 194 **1948, 11. Dezember**
der 3. Generalversammlung der Vereinten Nationen:
Das Rückkehrrecht der Palästinenser

Die Generalversammlung
nach nochmaliger Beratung der Lage in Palästina
. . .
11) beschließt,
daß den Flüchtlingen, die in ihre Heimatorte zurückkehren und mit ihren Nachbarn in Frieden leben wollen, dies so bald wie möglich gestattet werden solle, und daß eine Entschädigung für das Eigentum derjenigen bezahlt werden solle, die sich gegen eine Rückkehr entscheiden und der Verlust oder die Beschädigung von Eigentum nach den Prinzipien des internationalen Rechts oder der Billigkeit von den verantwortlichen Regierungen oder Behörden ersetzt werden solle;
. . .

Quelle:
»Official Records of the Third Session of the General Assembly« (der Vereinten Nationen).

****

Erklärung **1955, 17. November**
der polnischen[1] Regierung
vor dem Sonderausschuß der UN-Generalversammlung:
Für das Heimatrecht der arabischen Flüchtlinge aus Palästina

Frau Domanska erinnerte an die Beschlüsse der Vollversammlung und meinte, daß Rückkehr in die Heimat und Schadenersatz stets Hauptgegenstand des Meinungsaustauschs gewesen sei. Es handle sich um ein sowohl politisches wie menschliches Problem – politisch insofern, als es zur Spannung im Nahen Osten beitrage; menschlich insofern, als viele Tausende unglückseliger Flüchtlinge, unter denen sich viele ganz kleine Kinder befanden, auf ungewisse Zeit unter den bedauernswertesten Bedingungen leben müßten.
Frau Domanska stimmte dem syrischen Vertreter bei, wonach weder Hilfeleistung noch Pläne zur Förderung der Selbsthilfe der Flüchtlinge die Frage endgültig lösen könnten. Die einzig zufriedenstellende Lösung liege in der Durchführung der Empfehlungen der Generalversammlung, insbesondere der Empfehlung Nr. 3/194[2] und 9/818 – Rückkehr in die Heimat. Die Vereinten Nationen könnten ihrer Verantwortung nicht ausweichen.

Anmerkungen:
[1] Zu einer von zahlreichen Änderungen der ČSSR-Regierung: Siehe S. 829.
[2] Siehe S. 1169 oben.

Quelle:
Zehn Jahre; S. 203 f.

****

Rede **1964, 22. September**
von Pedro Hidalgo, Bürgermeister von San Roque (Südspanien)
vor dem Besonderen UN-Ausschuß in New York:
Gegen das Selbstbestimmungsrecht »importierter« Bevölkerung

⟨Hidalgo schilderte zunächst die Vertreibung der »Heimatberechtigten« Gibraltars im Jahre 1704, sowie ihre spätere Niederlassung in und um San Roque, um dann auszuführen:⟩

Die Bevölkerung, die gegenwärtig in der Stadt Gibraltar unter britischer Besatzung lebt, hat das Recht auf Selbstbestimmung verlangt. Sie fordert, daß die Vereinten Nationen anerkennen, daß die jetzigen Bewohner des Felsens ein Volk mit eigener politischer Identität bilden, unabhängig von der des Vereinigten Königreiches umd der Spaniens, und daß man sie als die wahren Besitzer des Gebietes, das sie so zufälligerweise bewohnen, betrachtet ...
Namens der Einwohner des benachbarten Bezirks von Gibraltar beklage ich das Verlangen nach einer derartigen Ungeheuerlichkeit. Weit davon entfernt, dieses Problem zu lösen, würde man damit die Frage *(derart)* verschärfen, daß es später kaum möglich wäre, eine Lösung zu finden. Die Ursache zahlreicher und sehr ernster Spannungen und Konflikte würde entstehen.
...

Quelle:
»UN-Doc. A/AC. 109/PV. 280«.

****

Rede **1964, 23. September**
von Professor (des Völkerrechts) B. Trelles
vor dem Besonderen UN-Ausschuß in New York:
Gegen das Selbstbestimmungsrecht »importierter« Bevölkerung

... Man fordert von Ihnen, den Mitgliedern des *(Besonderen UN-)* Ausschusses, daß Sie Gibraltar das Recht auf Selbstbestimmung gewähren. Aber ich möchte, daß Sie vorsichtig sind. Dies ist ein neuartiger Zugang zum Problem »Selbstbestimmung« ..., *(denn)* es hat *(vorher)* eine grundlegende bevölkerungsmäßige Veränderung in der Gibraltarzone stattgefunden: 1704 wurden die ursprünglichen Einwohner Gibraltars fast vollständig von den Eindringlingen vertrieben. Die Vertriebenen verließen Gibraltar, siedelten sich im Umland an und dachten nur daran, in ihre Stadt zurückzukehren ... Lange Zeit lebten sie in Zelten und warteten auf den Zeitpunkt, an dem sie in ihre Stadt heimkehren konnten ... *(Nach detaillierterDarstellung des Schicksals der »Heimatberechtigten« Gibraltars und ihrer »Erben«, sowie der Entwicklung der »Neusiedlung« in Gibraltar über die Generation hinweg kam Prof. Trelles zu folgender Zusammenfassung:)* ... Ich würde sagen, daß niemand den leisesten Zweifel hegen kann – ich in meiner Eigenschaft als Professor für Internationales Recht habe jedenfalls nicht den geringsten Zweifel –, daß die Bevölkerung, die auf dem Felsen Gibraltar lebt, die Bevölkerung, die den Felsen seit dem Zeitpunkt der britischen Besetzung besetzt hält, als »vorgefertigte« Bevölkerung bezeichnet werden sollte, die dorthin auf Wunsch der Regierung in London verpflanzt worden ist; mit anderen Worten, daß das Hauptcharakteristikum dieser gibraltesischen Bevölkerung, wie Sie in meinem geschichtlichen Überblick erkennen konnten, ihr offensichtlich künstliches Wesen ist ...

Quelle:
»UN-Doc. A/AC. 109/PV. 280–281«.

****

Rede **1964, 23. September**
des Chefministers von Gibraltar, Sir Joshua Hassan,
vor dem Besonderen UN-Ausschuß in New York:
Für das Selbstbestimmungsrecht der tatsächlich anwesenden Bevölkerung

...
Wir sind der Auffassung, daß nachdem im September vorigen Jahres diesem Ausschuß[1] die Wünsche der Bevölkerung[2] von Gibraltar bekannt wurden, Spanien erkannte, daß die

Stimme wirklicher, existierender Menschen bei Ihnen wahrscheinlich weit größere Bedeutung erlangen würde, als alle denkbaren geschichtlichen, geographischen, wirtschaftlichen und rechtlichen Argumente, die Ihnen durch den geschätzten Vertreter Spaniens vorgetragen worden waren. Deswegen war es dieses Mal notwendig zu versuchen, die Wirkung, die wir erzielt hatten, zu neutralisieren. Dies konnte nur durch die Vorstellung eines anderen menschlichen Faktors versucht werden. Uns scheint es, daß damals irgend jemand dachte, den Ausschuß mit der alten Geschichte der Gründung San Roques im Jahr 1704 beeindrucken zu können: Damit, wie bei Gibraltars Eroberung durch die Briten die spanische Bevölkerung die Stadt verließ und sich im angrenzenden Land niederließ; ... Auf solch unsicheren Grundlagen wollte Spanien seine Beweisführung zur Neutralisierung der Wirkung unserer Stellungnahmen vom letzten Jahr aufbauen und versuchen, das Problem zu verwirren und zu verzerren. Eine historische Leiche sollte dem Ausschuß auf den Weg seines Auftrages gelegt werden. Diese Geschichte von Gibraltar, das im Exil in San Roque lebt, ist nämlich nur ein Märchen. Es ist eine interessante – sogar eine rührende – Legende, für ein Gedicht oder eine Ballade von einem der vielen begnadeten Dichter geeignet, die die Literatur Spaniens verschönen. Es ist jedoch auf keinen Fall eine bedenkenswerte Überlegung für einen Ausschuß, der die ernste und verantwortungsvolle Pflicht übernommen hat, Maßnahmen zu empfehlen, die Leben und Zukunft menschlicher Wesen beeinflussen werden.

Einerseits ... haben Sie eine Gemeinschaft von 25.000 Personen, die ein friedliches, gedeihliches Leben führen und gute Beziehungen zu den spanischen Menschen auf der anderen Seite der Grenze unterhalten. Andererseits gibt es eine historische Kuriosität, die nicht die leiseste Beziehung zur Wirklichkeit hat, und die, lassen Sie mich das hinzufügen, für die Arbeit dieses Ausschusses gänzlich bedeutungslos ist.. . Wenn es nicht um die Zukunft der Leute von Gibraltar ginge, wäre daher die ganze Situation lächerlich. Der Bürgermeister von San Roque hat geleugnet, daß das Ziel seines Erscheinens vor dem Ausschuß darin besteht, die Einwohner[2] Gibraltars zu vertreiben, damit die Nachkommen der ursprünglichen Bewohner in die Heimstätten ihrer Vorfahren zurückkehren können. Was also ist dann das Ziel seines Erscheinens? Das hat man nicht geklärt. Es scheint uns, daß die Stellungnahmen der Petenten zum bereits vorgetragenen spanischen Standpunkt nichts Neues beitragen könne. Sie haben eher beiläufig nur darum gebeten, daß Gibraltar Spanien zurückgegeben werde und daß der gegenwärtige Prozeß der Entkolonialisierung praktisch nicht fortgesetzt werde. Aber warum sollten die Petenten aus San Roque hier erscheinen und warum sollten sie die Legende vorbringen, daß die rechtmäßige Bevölkerung Gibraltars in San Roque wohne? Ich kann zwei Antworten vorschlagen: Erstens glaube ich, wie ich schon angedeutet habe, daß Spanien einen menschlichen Faktor in diese Debatte bringen wollte, um den Stellungnahmen der gibraltesischen Petenten, der lebenden Vertreter der lebenden Bevölkerung Gibraltars im letzten September entgegenzutreten oder sie zu neutralisieren ... Zweitens nehme ich an, daß ein weiterer Grund für das Erscheinen der Petenten aus San Roque die Absicht ist, das Problem zu verdunkeln und die Meinungen des Ausschusses zu verwirren. Sie sagen nicht, daß die Bevölkerung von San Roque in Gibraltar wiederangesiedelt werden sollte, aber dennoch wird Ihnen die Idee nahegebracht, daß diese die rechtmäßigen Bewohner und die derzeitige Bevölkerung Eindringlinge seien. Das gesamte bewohnbare Gebiet Gibraltars hat *(jedoch bereits)* eine Bevölkerungsdichte von 12.000 pro Quadratmeile, eine der höchsten der Welt. Wir können uns nicht gegenseitig zusammendrängen, um für die Menschen von San Roque Platz zu schaffen. Wenn wir das könnten, würden wir, nur um dieser lächerlichen Situation ein Ende zu bereiten, eine Aufforderung an die Bevölkerung San Roques erwägen, zu uns zu kommen und bei uns zu leben ... Aber das ist nicht durchführbar. Es gibt einfach zu wenig Platz. Müssen wir also ausziehen und unsere und unserer Väter Heimstätten verlassen, um ihnen den Weg freizumachen? Das ist so ungeheuerlich wie lächerlich. Kann irgend jemand einen früheren Fall anführen, in dem ein Volk 260 Jahre an einem Ort seßhaft war und dann vertrieben wurde, um Platz zu schaffen für die vorherigen Bewohner?[3] Ist das etwa ein übliches Verfahren? Was für schreckliche Umwälzungen würde es geben, wenn das so wäre. Spanien selbst ist ein Beispiel: Sollen wir die Vereinten Nationen auffordern, das Durcheinander der frühen spanischen Geschichte zu entwirren? Die wirklichen direkten Nachkommen der fränkischen und gotischen Eindringlinge und ihrer Vorgänger, der Wandalen, Alaner und Sueven herauszufinden? Die ihrer Vorgänger, der Römer, Griechen und Phönizier, und die *(Nachkommen der)* Menge von Stämmen, die Spanien vor ihnen bewohnten, so daß der ursprüngliche Wohnort von allen bestimmt werden kann und ihre jeweiligen Nachkommen dementsprechend umgesiedelt werden können. Es ist eine seltsame Tatsache, daß viele der Genuesen, die sich in Gibraltar ansiedelten und die zum größten Teil die Vorfahren der derzeitigen Bevölkerung Gibraltars sind, Genua aus sehr ähnlichen Motiven verließen, wie die spanische Bevölkerung im Jahre 1704 Gibraltar. Diese Genuesen verließen ihre Heimstätten, weil sie nicht unter der Herrschaft der napoleonischen Eindringlinge leben wollten. Müssen ihre Nachkommen jetzt nach Genua zurück? Sollen die Nachkommen des Aeneas[4] wieder in Troja angesiedelt werden?

. . .

Anmerkungen:

[1] Mit »Ausschuß« (bzw. den direkten Anreden) war stets der »Besondere (24er-)UN-Ausschuß« gemeint.

[2] Mit »Bevölkerung« bzw. »Einwohner« war der derzeitige Zustand gemeint.

[3] Das Beispiel Israel, in dem genau dieses Verfahren sogar nach über 2000 Jahren erfolgte, wurde dem Redner auch in der folgenden Aussprache nicht entgegengehalten.

[4] Sagenhafter Feldherr, der mit seinen Anhängern um etwa 1200 v. Chr. nach Italien gekommen sein soll.

Quelle:
»UN-Doc. A/AC, 109/PV. 281«.

****

Erklärung **1964, September**
des (kommunistischen) Weltjugendverbands[1]**:**
Für das Heimatrecht der Palästinenser

Wir[1] erheben unsere Stimme für die schnellste Befriedigung der gerechten Ansprüche der Jugend und des Volkes von Palästina, die unter großen Entbehrungen leiden. Wir verlangen die Verwirklichung der UNO-Resolution, die das Recht der Palästina-Flüchtlinge betrifft, in ihre Heimat zurückzukehren[2] . . .

Anmerkungen:

[1] Aus der »Declaration du Forum de la Solidarité de la Jeunesse et des Etudiants dans la lutte pour l'Indépendence et la Libération Nationales pour la Paix« (Erklärung des Friedenssolidaritätsforums der Jugend und Studenten im Kampf für Unabhängigkeit und nationale Befreiung); Moskau, 16.–23. 9. 1964.

[2] Gemeint: Nr. 194 v. 11. 12. 1948; zum Text: Siehe S. 1169.

Quelle:
Eigene Aufzeichnung des Verfassers; Abdruck in DzS, 4. Aufl.; S. 441.

****

Rede des venezolanischen Delegierten Diaz Gonzales vor dem Besonderen UN-Ausschuß in New York: **1964, 2. Oktober**
Gegen Selbstbestimmungsrecht von importierten Siedlern der Verwaltungsmacht

... Deshalb ist es klar, daß es sich nicht darum handelt, jene Bevölkerung von Gibraltar ihrer kolonialen Fesseln zu entledigen, die sich als Siedler und als Untertanen der Verwaltungsmacht betrachtet, die in dem von ihr verwalteten Gebiet ansässig ist. Wir haben hier erlebt – in diesem Ausschuß einzigartig – wie ein Petent im Namen einer Bevölkerung erklärt, daß er zum Ausschuß nicht gekommen sei, um die Unabhängigkeit und Entkolonialisierung seines Gebietes zu beantragen, sondern ganz im Gegenteil, den Ausschuß zu bitten, den kolonialen Status fortzuführen und zu billigen. Sir Joshua Hassan antwortete auf eine Frage meiner Delegation mit Nachdruck, er wolle betonen, daß keine Änderung in der Oberherrschaft[1] erwogen werden könnte.

...

So weit wir es beurteilen können, handelt es sich um die Entkolonisation jenes Gebiets gemäß Entschließung 15/1514[2]. Wir können wohl kaum derartige Beeinträchtigungen des Prinzips der Selbstbestimmung zulassen, um De-facto-Situationen wie die vorliegende zu unterstützen. Wir würden einen sehr gefährlichen Präzedenzfall schaffen, wenn die Vereinten Nationen, stillschweigend oder öffentlich, der Legalisierung einer solchen De-facto-Situation zustimmen würden. Irgendeine Siedlergruppe, oder irgendeine für ihre Untertanen handelnde Verwaltungsmacht könnte dann die Anwendung des Prinzips der Selbstbestimmung anrufen, um ihren Aufenthalt in einem Gebiet sicherzustellen, das sie nach Gewaltakten besetzt hatte, die Folge eines Abkommens oder sogar im Widerspruch zu den Bestimmungen eines Abkommens zu Lasten der territorialen Integrität eines anderen Staates waren.

...

In Übereinstimmung mit allen Delegierten sind wir überzeugt, daß der Fall Gibraltar der Fall eines Kolonialgebietes ist. Da es sich um ein Kolonialgebiet handelt, muß Entschließung 15/1514 angewendet werden, wobei hier einer jener Fälle vorliegt, für die Ziffer 6 dieser Entschließung[2] vorgesehen ist. Daher muß dieser Fall unter Berücksichtigung dieser Ziffer und der Prinzipien der Charta untersucht werden, besonders jenes Prinzips, das sich auf die territoriale Integrität der Mitgliedstaaten der Organisation bezieht.

...

Es scheint uns normal und menschlich, daß die Bewohner der Festung Gibraltar, die sich dort mit Zustimmung und unter dem Schutz der Verwaltungsmacht niederließen, und die dort das Zentrum ihrer Interessen und ihres Handels haben, ihre Position verteidigen und unter dem Schutz der Macht, deren Bürger oder Untertanen sie sind, bleiben wollen. Dies jedoch ändert keineswegs das Problem an sich, und ich möchte wagen, die folgende Frage zu stellen: Sollte nicht sowohl der Ausschuß[3] mit seinen 24 Mitgliedern, wie auch jeder Einzelne von uns in seinem Innersten zugeben, daß das Prinzip der Selbstbestimmung beeinträchtigt und verzerrt werden sollte, um eine De-facto-Situation fortzuführen und das Grundprinzip des Respektes vor der territorialen Integrität der Staaten zu ignorieren? Koloniale Gebiete, die einem anderen Staat abgestückelt wurden, können nicht anders entkolonialisiert werden, als durch Rückkehr zu dem Staat, von dem sie abgetrennt wurden.

...

Abschließend können wir wohl folgern, daß das Problem Gibraltar folgende Merkmale hat: Erstens ist es offensichtlich ein kolonialer Fall, der nach seiner Bestimmung unter die Zuständigkeit des Besonderen Ausschusses fällt. Die Entschließung 15/1514[2] sollte auf diesen Fall angewendet werden.

Zweitens hat er ⟨*d. h. der Fall Gibraltar*⟩ als kolonialer Fall gewisse Aspekte, die ihn als einen der speziellen Fälle ausweisen, für die in Ziffer 6 der Entschließung 15/1514[2] vorgesorgt ist, und muß deshalb im Rahmen dieser Ziffer beurteilt werden.

Drittens ist dies ein kolonialisiertes Gebiet und nicht der Fall einer kolonialisierten oder Kolonialbevölkerung. Es ist der typische Fall eines Gebietes, das von einem Staat abgetrennt und der Souveränität einer ausländischen Verwaltungsmacht unterstellt worden ist. Zusammen mit dem Problem eines Kolonialgebietes besteht das Problem der Interessen der in dem Gebiet ansässigen Bevölkerung. Der Ausschuß kann diese Interessen nicht unberücksichtigt lassen, sondern muß ihnen gerechte und gebührende Aufmerksamkeit widmen.
Viertens gibt es in Verbindung mit dem kolonialen Fall eine Streitigkeit betreffs der Souveränität, die auf rechtlichen und geschichtlichen Argumenten beruht. Wenn es unmöglich ist, eine zufriedenstellende Lösung eines Problems zu finden, weil insbesondere ein Streit besteht, kann der Ausschuß in Übereinstimmung mit den Prinzipien der Charta empfehlen, daß eine Lösung für das Problem gesucht werden sollte ...

Anmerkungen:
[1] Gemeint: Durch Großbritannien.
[2] Vom 14. 12. 1960; zum Text, auch der Ziffer 6: Siehe S. 51.
[3] Gemeint, auch an anderen Stellen der Rede: Der »Besondere (24er-)UN-Ausschuß«.

Quelle:
»UN-Doc. A/AC. 109/PV. 285«.

****

Rede des tunesischen Delegierten M. Bouzayen vor dem Besonderen UN-Ausschuß in New York: **1964, 5. Oktober**
Gegen »Ersitzung« des Selbstbestimmungsrechts

... Meine Delegation möchte daran erinnern, daß Gibraltar vor der britischen Besetzung eine spanische Stadt gewesen ist. Die Besetzer ließen die Stadt räumen, die von einer fremden Armee in Besitz genommen und der ausschließlichen Gewalt der britischen Regierung unterstellt wurde. Die ursprüngliche Bevölkerung wurde zum Abzug gezwungen und durch eine Mischbevölkerung aus allen Himmelsrichtungen ersetzt, die von der großen Garnison angezogen wurde. Die Behauptung, daß es eine geschichtliche Kontinuität in dieser Bevölkerung gibt, die 250 Jahre zurückgeht, ist eine Ansicht, die von vielen uns vorgelegten Belegen und historischen Tatsachen widerlegt wird.
Unser Ausschuß[1] ist sich sicher darüber im klaren, daß diese Pseudonationalität der Gibralteser und dieses Pseudovolk von Gibraltar nie existiert haben und daß die gegenwärtige Bevölkerung Gibraltars nur als ein Kolonialvolk angesehen werden kann.
Gibraltar ist ohne jeden Zweifel ein Kolonialgebiet. Stellt jedoch die derzeitige Bevölkerung deshalb auch ein Kolonialvolk in der üblichen Bedeutung des Wortes dar, nämlich ›ein Volk, das ausländischer Herrschaft untersteht, unter seiner Gewaltherrschaft leidet und mit allen ihm verfügbaren Mitteln gegen die Anwesenheit kämpft‹? Handelt es sich nicht um eine Bevölkerung, deren Interessen in denen der Besatzungsmacht aufgehen? Hier wurde alles mögliche versucht, uns dahin zu bringen, daß wir diese Betrachtungsweise annehmen, aber unser Ausschuß konnte die koloniale Tatsache nicht in erworbenes Recht verwandeln! Er konnte einer Bevölkerung, die – um einen historischen Ausdruck zu gebrauchen – im Kielwasser der Kolonialisten kam, nicht eine Nationalität übertragen, die nie existiert hat und welche die Betroffenen, aus ihren eigenen Gründen, auf gewisse unbestimmte Vorstellungen von Ersitzungsrecht der Selbstbestimmung stützen möchten.
Spaniens Anspruch auf Gibraltar beginnt genau an jenem Tag, als dieses Gebiet von der anglo-niederländischen Flotte besetzt wurde, und es zeigt die Schwäche der Theorie, daß das Recht Spaniens auf Gibraltar einer Bevölkerung übergeben wird, die als Ergebnis einer Kolonialbesetzung kam und die zweifellos von selbstsüchtigen Motiven bewegt wird.
Diese Ersitzungsidee, die hier vorgebracht wurde, ist im bürgerlichen Recht nicht zulässig,

und unser Ausschuß könnte sie kaum vertreten, ohne die Hoffnung der Kolonialvölker zu verraten und in internationale Beziehungen ein neues Prinzip einzuführen, das die derzeitige Welt in eine Brutstätte unlösbarer Konflikte verwandeln würde.
Meine Delegation denkt, daß das Prinzip der Selbstbestimmung, wie wichtig auch immer, so wie es in der Charta ausgedrückt und in Resolution 15/1514[2] bekräftigt wird, auf eine Enklave nicht angewendet werden kann, die von einer importierten Bevölkerung bewohnt wird, deren Interessen mit denen der Besatzungsmacht verknüpft sind. Wir erkennen die Tatsache an, daß die Gesandtschaft Großbritanniens für dieses Prinzip eintritt und bedauern, daß wir diese Auslegung des Tatbestandes zurückweisen müssen. Realitäten der Geschichte, Geographie, Kultur und Wirtschaft widerlegen diese Auslegung grundsätzlich. Sie *(d. h. die Auslegung)* ist entfernt davon, die friedliche Beilegung der Streitigkeiten zu unterstützen und stellt vielmehr ein ernstes Hindernis für den Weltfrieden dar.
. . .

Anmerkungen:
[1] Gemeint, auch an anderen Stellen der Rede: Der »Besondere (24er-)UN-Ausschuß.
[2] Vom 14. 12. 1960. Zum Text: Siehe S. 51.

Quelle:
»UN-Doc. A/AC. 109/PC. 286«.

****

Entschließung 242[1] **1967, 22. November**
des Sicherheitsrates der Vereinten Nationen:
Kein Gebietserwerb durch Krieg

Der Sicherheitsrat
– seine fortdauernde Beunruhigung wegen der gefährlichen Lage im Mittleren Osten ausdrückend,
– die Unzulässigkeit eines Gebietserwerbs durch Krieg und die Notwendigkeit betonend, sich um einen gerechten und dauerhaften Frieden zu bemühen, in dem jeder Staat in seinem Gebiet in Sicherheit leben kann,
– weiters betonend, daß alle Mitgliedstaaten sich durch ihre Anerkennung der Charta[2] der Vereinten Nationen dazu verpflichtet haben, in Übereinstimmung mit Artikel 2 zu handeln,
1. bekräftigt, daß die Durchführung der Prinzipien der Charta die Schaffung eines gerechten und beständigen Friedens im Mittleren Osten erfordern, wobei die beiden folgenden Grundsätze Anwendung finden sollten:
   (I) Rückzug der Streitkräfte Israels aus im kürzlichen Konflikt besetzten Gebieten (from territories occupied);
   (II) Beendigung aller Gebietsforderungen und Kriegszustände, sowie Respekt und Anerkennung der Souveränität, territorialen Integrität und politischen Unabhängigkeit jedes Staates im betreffenden Gebiet, sowie deren Recht, innerhalb von sicheren und anerkannten Grenzen frei von Bedrohungen oder Gewaltakten in Frieden zu leben;
2. bekräftigt weiterhin die Notwendigkeit
   a) der Garantie freier Schiffahrt auf den internationalen Wasserstraßen des Gebiets;
   b) der gerechten Lösung des Flüchtlingsproblems;
   c) der Garantie territorialer Unverletzbarkeit und politischer Unabhängigkeit jedes Staates im Gebiet, durch Maßnahmen einschließlich der Errichtung von entmilitarisierten Zonen;

. . .

Anmerkungen:

[1] Die im Zusammenhang mit dieser Entschließung 242 oft angeführte UN-SR-Entschließung 338 vom 22. Oktober 1973 enthielt v. a. die Aufforderung an die Beteiligten, die Entschließung 242 sofort nach dem Waffenstillstand (16. 11. 1973) durchzuführen, was jedoch bis heute (Ende 1999) nicht voll erfolgte.

[2] Zum Text: Siehe S. 17.

Quelle:

»UN-(SC-)Doc. S/RES/242 (1967)«.

****

Entschließung des japanischen »Bundestages«[1]: **1973, 20. September**

Die nordjapanischen Inseln

Es ist für das japanische Volk außerordentlich bedauernswert, daß unsere Nordgebiete, nämlich die Inseln Habomai, Shikotan, Kunshiri und Etorofu, die integrale Bestandteile Japans sind, nicht zurückgegeben wurden, obwohl mehr als ein Vierteljahrhundert seit dem Ende des Krieges vergangen ist. Deswegen wird beschlossen, die Regierung zu beauftragen[2], eine baldige Lösung der Frage unserer Nordgebiete anzustreben, um damit den Weg zu einem dauerhaften Frieden zwischen Japan und der Sowjetunion zu ebnen.

Anmerkungen:

[1] Ähnliche Entschließungen faßten in den Jahren 1973/74 (unter Verwendung deutscher Begriffe) der japanische Bundesrat und alle Länderparlamente.

[2] Ende 1980 erklärte die japanische Regierung den 7. Februar jedes Jahres zum »Tag der Nordgebiete«:
An diesem Tage hatte 1855 der Vorgänger der UdSSR, das Kaiserreich Rußland, die seit 1945 umstrittenen Nordgebiete als Teil des Kaiserreiches Japan anerkannt.

Quelle:

»Japan's Northern Territories«; hsg. v. d. ⟨*Japanischen*⟩ »Northern Territories Issue Association«; Tokio, 1974; S. 61.

****

Erklärung[1] der EG-Außenminister zur Lage im Nahen Osten: **1973, 6. November**

»Unzulässigkeit des Gebietserwerbs drch Gewalt«

. . .

2.

Sie[2] hegen die feste Hoffnung, daß im Anschluß an die Verabschiedung der Resolution 338 vom 22. Oktober durch den Sicherheitsrat endlich Verhandlungen über die Wiederherstellung eines gerechten und dauerhaften Friedens im Nahen Osten mittels Verwirklichung aller Teile der Entschließung des Sicherheitsrats 242[3] beginnen werden . . .

3.

Sie sind der Auffassung, daß eine Friedensvereinbarung insbesondere auf folgenden Punkten beruhen sollte:

I. Unzulässigkeit des Gebietserwerbs durch Gewalt,

II. Notwendigkeit, daß Israel die territoriale Besetzung beendet, die es seit dem Konflikt von 1967 aufrechterhalten hat,

III. Achtung der Souveränität, der territorialen Unversehrtheit und Unabhängigkeit eines jeden Staates in dem Gebiet sowie seines Rechts, in Frieden innerhalb sicherer und anerkannter Grenzen zu leben,

IV. Anerkenntnis, daß bei der Schaffung eines gerechten und dauerhaften Friedens die legitimen Rechte der Palästinenser berücksichtigt werden müssen.

. . .

Anmerkungen:

[1] Die Erklärung wurde in Brüssel abgegeben.

[2] Gemeint: Die neun Regierungen der EG.

[3] Zum Text vom 22. 11. 1967: Siehe S. 1175.

Quelle:

»Europäische politische Zusammenarbeit«; hsg. v. Presse- und Informationsamt der Bundesregierung; Bonn, 1978; S. 75 f.

****

Verlautbarung[1] 1973, 15. Dezember
der Staats- und Regierungschefs der EG-Mitgliedsstaaten:
Die »legitimen Rechte der Palästinenser«

Die Staats- und Regierungschefs bekräftigen die gemeinsame Haltung ihrer Regierungen zur Nahostfrage, wie sie in der Erklärung vom 6. November 1973[2] ihren Niederschlag fand. Die jüngsten Ereignisse haben sie in ihrer Auffassung bestärkt, daß die Sicherheit aller Staaten in der Region, sei es Israels oder seiner arabischen Nachbarn, nur auf der vollen Verwirklichung der Sicherheitsratsresolution 242[3] in allen ihren Teilen, auch unter Berücksichtigung der legitimen Rechte der Palästinenser, beruhen kann.

. . .

Anmerkungen:

[1] Die Verlautbarung wurde in Kopenhagen abgegeben.

[2] Zum Text: Siehe S. 1176.

[3] Zum Text vom 22. 11. 1967: Siehe S. 1175.

Quelle:

»Europäische politische Zusammenarbeit«; hsg. v. Presse- und Informationsamt der Bundesregierung; Bonn, 1978; S. 89.

****

Erklärung 1974, 13. November
des Vorsitzenden des Exekutivausschusses
der Palästinensischen Befreiungsfront, Jasir Arafat,
vor der 29. Generalversammlung der Vereinten Nationen:
»Ich komme mit Ölzweig und Gewehr!«

. . .

Dies ist eine sehr wichtige Gelegenheit: Das palästinensische Problem wird von den Vereinten Nationen untersucht. Wir halten diesen Vorgang für einen Fortschritt der Weltorganisation, wie für einen Sieg des Anliegens unseres Volkes. Er zeigt von neuem, daß die heutigen Vereinten Nationen anders sind als die Vereinten Nationen von gestern, so wie die heutige Welt nicht die Welt von gestern ist. Die heutigen Vereinten Nationen vertreten 138 Nationen, eine Anzahl, die den Willen der internationalen Gemeinschaft deutlicher widerspiegelt. Dadurch sind die Vereinten Nationen von heute befähigter, die in ihrer Charta[1] und der Allgemeinen Erklärung der Mensehenrechte[2] festgehaltenen Prinzipien zu vertreten, sowie die Anliegen von Frieden und Gerechtigkeit zu unterstützen.
Unsere Völker beginnen jetzt, diese Veränderung zu fühlen . . .

Viele Völker, einschließlich unter anderem die von Zimbabwe, Namibia, Südafrika und Palästina, sind immer noch die Opfer von Unterdrückung und Gewalttätigkeit. Ihre Gebiete sind von bewaffneten Auseinandersetzungen beherrscht, die Imperialismus und Rassendiskriminierung als Formen der Aggression und des Terrors provoziert haben. Dies sind Beispiele von unterdrückten Völkern, die von unerträglichen Umständen zur Auseinandersetzung mit derartiger Unterdrückung gezwungen sind. Aber wo auch immer jene Auseinandersetzung geführt wird, ist sie legitim und gerecht. Es ist unbedingt erforderlich, daß die internationale Gemeinschaft diese Völker bei ihrem Kampf, bei der Durchsetzung ihrer rechtmäßigen Ansprüche, bei der Verwirklichung ihres Rechts auf Selbstbestimmung, unterstützt.

...

Nur durch derartige Anstrengungen kann dem Streben aller Völker eine reale Gestalt gegeben werden, einschließlich dessen von Völkern, deren Staaten solchen Bemühungen entgegenstehen ... Würde nur einfach der Status quo erhalten, so würde die Welt zusätzlich zu wirtschaftlichen, menschlichen und Naturkatastrophen unter dauernden bewaffneten Konflikten zu leiden haben ...

Wir leben in einer Zeit großartiger Veränderungen ... Wir genießen den Vorzug, eine große geschichtliche Epoche miterleben zu können, die die Menschheit in einer neuen, von ihr geschaffenen Welt vorwärtsbringt. In dieser Welt werden die gerechten Anliegen den Sieg davontragen. Davon sind wir überzeugt.

Das palästinensische Problem gehört in dieses Erscheinungsbild von Emporkommen und Kampf. Palästina ist ein sehr wichtiges unter diesen Anliegen, für die viele unter Imperialismus und Aggression leidende Menschen unbeirrt kämpfen. Da ich hier heute vor der Generalversammlung stehe, darf und werde ich folgende Aussage nicht verabsäumen: Wenn mir die Gelegenheit gegeben wurde, mich an die Generalversammlung zu wenden, so muß die gleiche Gelegenheit auch allen anderen Befreiungsorganisationen gegeben werden. In ihrer Namen wie im Namen eines jeden Menschen, der für Freiheit und Selbstbestimmung eintritt, bitte ich die Generalversammlung dringend, ihren gerechten Anliegen die gleiche volle Beachtung zu gewähren, die sie zu Recht unserer Sache gewidmet hat. Ist eine solche Anerkennung erst einmal erfolgt, so gibt es danach eine sichere Grundlage für die Bewahrung des allgemeinen Friedens. Denn nur unter einem solchen Frieden kann eine neue Weltordnung andauern, unter der die Völker frei von Unterdrückung, Furcht, Terror und der Verweigerung ihrer Rechte leben können. Wie ich schon früher sagte, ist dies die wahre Perspektive für das palästinensische Problem ...[3]

In meiner offiziellen Stellung als Vorsitzender der PLO und Führer der palästinensischen Revolution erkläre ich vor Ihnen, daß wir, wenn wir von unseren gemeinsamen Hoffnungen auf das Palästina von morgen sprechen, in unsere Perspektive alle jetzt in Palästina lebenden Juden miteinschließen, die dort mit uns in Frieden und ohne Diskriminierung leben wollen.

In meiner offiziellen Stellung als Vorsitzender der PLO und Führer der palästinensischen Revolution fordere ich die Juden auf, sich einer nach dem anderen von den trügerischen Versprechungen abzuwenden, die ihnen von zionistischer Ideologie und der israelischen Führung gemacht worden sind. Diese bieten den Juden nur ununterbrochenes Blutvergießen, endlosen Krieg und fortdauernde Sklaverei. Wir laden sie ein, aus ihrer moralischen Isolation in einen offeneren Bereich freier Entscheidung emporzusteigen, weit entfernt von den Bemühungen ihrer gegenwärtigen Regierung, ihnen einen Masadakomplex[4] einzupflanzen. Wir bieten ihnen die großzügigste Lösung an: Zusammenleben in einem System gerechten Friedens in unserem demokratischen Palästina.

In meiner offiziellen Stellung als Vorsitzender der PLO kündige ich hier an, daß wir nicht wünschen, auch nur einen einzigen weiteren Tropfen arabischen oder jüdischen Blutes zu vergießen[5] – auch wir wünschen kein weiteres Töten. Dieses würde enden, sobald ein ge-

rechter Frieden auf den Grundlagen der Rechte, Hoffnungen und Bestrebungen unseres Volkes endgültig errichtet wäre.
In meiner offiziellen Stellung als Vorsitzender der PLO und Führer der palästinensischen Revolution rufe ich Sie auf, unser Volk in seinem Kampf zur Erlangung seines Rechts auf Selbstbestimmung zu begleiten. Dieses Recht ist in der Charta der Vereinten Nationen[1] festgelegt und wurde immer wieder in Entscheidungen bekräftigt, die diese erhabene Organisation seit der Verfassung ihrer Charta angenommen hat. Weiterhin rufe ich Sie dazu auf, die Heimkehr unseres Volkes in sein Vaterland zu unterstützen, die Heimkehr aus einem unfreiwilligen, durch Waffengewalt, Gewaltherrschaft und Unterdrückung aufgezwungenem Exil, so daß wir unser Eigentum und unser Land wieder in Besitz nehmen dürfen und danach in unserem nationalen Heimatstaat leben, frei und unabhängig und im vollen Nutzen der Vorzüge eigener staatlicher Existenz. Erst dann können sich alle unsere Kräfte in den Hauptstrom menschlicher Zivilisation ergießen. Erst dann kann sich palästinensische Kreativität voll auf den Dienst am Menschen konzentrieren. Erst dann wird unser Jerusalem seine Rolle als friedliches Heiligtum für alle Religionen wieder übernehmen.
Ich rufe Sie auf, unser Volk in die Lage zu versetzen, staatliche unabhängige Souveränität in seinem eigenen Land zu errichten.
Heute bin ich mit einem Ölzweig und dem Gewehr des Freiheitskämpfers gekommen. Lassen Sie nicht zu, daß mir der Ölzweig aus der Hand fällt. Ich wiederhole: Lassen Sie mir nicht den Ölzweig aus der Hand fallen.
Krieg lodert in Palästina, und dennoch ist es in Palästina, wo der Frieden geboren werden wird.

Anmerkungen:
1 Zum Text vom 25. 6. 1945: Siehe S. 17.
2 Zum Text vom 10. 12. 1948: Siehe S. 25.
3 Sodann schilderte Arafat (auf ca. 16 ms. S.) die Entwicklung des palästinensischen Problems aus seiner Sicht.
4 Masada: Nach Ende des von römischen Legionen niedergeschlagenen jüdischen Aufstands in Palästina (70 n. Chr.; anschließend Verstreuung der Juden über die Welt) sammelten sich restliche Kämpfer (mit ihren Familien) im hoch liegenden Fort Masada am Rande des Toten Meeres. Als weiterer Widerstand hoffnungslos war, erfolgte keine Kapitulation; die Kämpfer töteten erst ihre Angehörigen, dann sich selbst – die letzten Lebenden stürzten sich von den Felsen selbst in den Tod (73 n. Chr.).
5 Die Gesamtzahl der durch Terrorakte der PLO vor und nach dieser Rede direkt oder indirekt verursachten Toten vieler Nationen war beträchtlich.
Dazu Stellungnahme von Bundeskanzler Schmidt am 30. 4. 1981; zum Text: Siehe S. 1187.

Quelle:
»UN-(GA-)Doc. A/PV. 2282«; 29. Sitzungsperiode (1974).

****

Entschließung 3236[1] **1974, 22. November**
der 29. Vollversammlung der Vereinten Nationen:
Die Rechte der Palästinenser

Die Generalversammlung
– nach Betrachtung der Frage von Palästina,
– nach Anhörung der Stellungnahme der Palästinensischen Befreiungsorganisation, der Vertretung des palästinensischen Volkes[2],
– nach Anhörung anderer Stellungnahmen während der Debatte,
– tief besorgt, daß bis heute keine gerechte Lösung für das Problem Palästina gefunden wurde und erkennend, daß das Problem Palästina weiterhin den internationalen Frieden und die Sicherheit gefährdet,

- das Recht des palästinensischen Volkes auf Selbstbestimmung in Übereinstimmung mit der Charta der Vereinten Nationen anerkennend,
- mit dem Ausdruck tiefsten Bedauerns, daß dem palästinensischen Volk immer noch seine unveräußerlichen Rechte, vor allem das auf Selbstbestimmung, vorenthalten werden,
- geleitet von den Absichten und Prinzipien der Charta,
- hinweisend auf ihre einschlägigen Entscheidungen, die das Recht des palästinensischen Volkes auf Selbstbestimmung unterstreichen,

1. bekräftigt die unveräußerlichen Rechte des palästinensischen Volkes in Palästina, einschließlich
   a) des Rechts der Selbstbestimmung ohne Eingriffe von außen,
   b) des Rechts auf nationale Unabhängigkeit und Souveränität;
2. bekräftigt weiterhin das unveräußerliche Recht der Palästinenser, in ihre Heimstätten und zu ihrem Eigentum, von dem sie fortgejagt und vertrieben wurden, zurückzukehren und verlangt ihre Rückkehr;
3. betont, daß völliger Respekt für und Verwirklichung dieser unveräußerlichen Rechte des palästinensischen Volkes unerläßlich für die Lösung der Frage Palästina sind;
4. erkennt an, daß das palästinensische Volk ein Hauptbeteiligter bei der Errichtung eines gerechten und andauernden Friedens im Mittleren Osten ist;
5. bestätigt weiterhin das Recht des palästinensischen Volkes, seine Rechte mit allen Mitteln, die in Übereinstimmung mit den Absichten und Prinzipien der Charta der Vereinten Nationen stehen, wiederzuerlangen;
6. appelliert an alle Staaten und internationalen Organisationen, die Unterstützung des palästinensischen Volkes in seinem Kampf um Wiedererlangung seiner Rechte übereinstimmend mit der Charta zu verstärken;

...

Anmerkungen:
[1] Abstimmungsergebnis: 87 Ja, 8 Nein, 37 Enthaltungen, BR Deutschland: Nein.
[2] Durch Entschließung 3237 der 29. UN-Generalversammlung vom 22. 11. 1974 war der PLO (mit 105 : 4 : 20 Stimmen; BR Deutschland: Nein) der Beobachterstatus in der UN-Generalversammlung zuerkannt worden.
Vgl.: »The International Status of the Palestinian People«; hsg. v. d. UN; New York, 1979; S. 17.

Quelle:
UN-Doc. »Official Records«; 29. Sitzungsperiode (1974).

****

Entschließung 3376[1] **1975, 10. November**
der 30. Vollversammlung der Vereinten Nationen:
Die palästinensische Frage

Die Generalversammlung
- auf ihre Entschließung 29/3236 vom 22. November 1974[2] hinweisend,
- den Bericht des Generalsekretärs über die Durchführung dieser Entschließung zur Kenntnis nehmend,
- in tiefer Betroffenheit, daß immer noch keine gerechte Lösung für das Problem Palästina gefunden wurde,
- die fortdauernde Bedrohung des internationalen Friedens und der Sicherheit durch das Problem Palästina anerkennend,

1. bekräftigt ihre Entschließung 29/3236;
2. drückt ihre tiefe Beunruhigung darüber aus, daß bis jetzt kein Fortschritt erzielt wurde zur

a) Verwirklichung der unveräußerlichen Rechte des palästinensischen Volkes in Palästina, einschließlich des Rechts auf Selbstbestimmung ohne Einmischung von außen und des Rechts auf nationale Unabhängigkeit und Souveränität;

b) Ausübung ihres unveräußerlichen Rechts auf Heimkehr in ihre Heimstätten und zu ihrem Eigentum, von dem sie fortgejagt und vertrieben wurden, durch die Palästinenser;

. . .

Anmerkungen:

[1] Die BR Deutschland stimmte mit: Nein.

[2] Zum Text: Siehe S. 1179.

Quelle:

»UN-GA-Doc. 2399th Plenary Meeting-Agenda Item 27«; 30. Sitzungsperiode (1975).

****

Entschließung 20[1] **1976, 24. November**

der 31. Vollversammlung der Vereinten Nationen:

Das Heimat- und Selbstbestimmungsrecht der Palästinenser

Die Generalversammlung

– auf ihre Entschließung 30/3376[2] vom 10. November 1975 hinweisend,

– nach Erörterung des Berichts des Ausschusses zur Verwirklichung der unveräußerlichen Rechte des palästinensischen Volkes,

– in tiefer Betroffenheit, daß immer noch keine gerechte Lösung für das Problem Palästina gefunden wurde, wodurch dieses Problem weiterhin die Konfliktsituation im Mittleren Osten als Kernursache verschlimmert und den internationalen Frieden und die Sicherheit gefährdet,

– bekräftigend, daß ein gerechter und andauernder Friede im Mittleren Osten nicht erreicht werden kann ohne unter anderem eine gerechte Lösung des Problems Palästina, indem das palästinensische Volk in Übereinstimmung mit der Charta der Vereinten Nationen seine unveräußerlichen Rechte erhält, einschließlich des Rechts auf Heimkehr und des Rechts auf nationale Unabhängigkeit und Souveränität in Palästina,[3]

. . .

Anmerkungen:

[1] Abstimmungsergebnis: 117 Ja, 14 Nein, 16 Enthaltungen; BR Deutschland: Nein.

[2] Zum Text: Siehe S. 1186.

[3] Die Formulierung dieses Absatzes wurde in GV-Entschließungen 32/40 v. 2. 12. 1977, 33/28 v. 7. 12. 1978 und 34/65A v. 29. 11. 1979, mit ähnlichen Mehrheiten vollinhaltlich übenommen. Die BR Deutschland stimmte jeweils: Nein.
Grund für dieses Abstimmungsverhalten war, wie aus einem Vergleich mit den von Deutschland mitgetragenen europäischen Erklärungen vom z. B. 29. 6. 1977 und 25. 9. 1977 (zu den Texten: Siehe S. 1182) zu ersehen, nicht die Ablehnung des palästinensischen Selbstbestimmungsbegehrens, sondern deren Gleichstellung mit dem Existenzrecht des Staates Israel, welches in den UN-GV-Entschließungen keine Erwähnung fand.

Quelle:

»UN-GA-Doc. 77th Plenary Meeting – Agenda Item 27«; 31. Sitzungsperiode (1976).

****

Erklärung des 8. Europäischen Rats[1] **1977, 29. Juni**
über den Nahen Osten:
Das palästinensische Heimatland

. . .

2. Die Neun[2] haben in der Vergangenheit mehrfach, z. B. in ihren Erklärungen vom 6. November 1973[3], vom 28. September 1976 und vom 7. Dezember 1976, ihre Überzeugung dargelegt, daß eine Friedensregelung auf den Entschließungen 242[4] und 338 des Sicherheitsrates sowie auf folgendem beruhen sollte:

- Unzulässigkeit des Gebietserwerbs dureh Gewalt,
- Notwendigkeit, daß Israel die territoriale Besetzung beendet, die es seit dem Konflikt von 1967 aufrechterhält,
- Achtung der Souveränität, der territorialen Integrität und der Unabhängigkeit eines jeden Staates in der Region sowie seines Rechts, in Frieden innerhalb sicherer und anerkannter Grenzen zu leben,
- Anerkennung, daß bei der Schaffung eines gerechten und dauerhaften Friedens die legitimen Rechte der Palästinenser berücksichtigt werden müssen.

Es bleibt ihre feste Überzeugung, daß alle diese Aspekte als ein Ganzes betrachtet werden müssen.

3. Die Neun haben ihre Überzeugung bekräftigt, daß der Konflikt im Nahen Osten nur gelöst werden kann, wenn das legitime Recht des palästinensischen Volkes auf effektiven Ausdruck seiner nationalen Identität in die Wirklichkeit umgesetzt wird, wobei der Notwendigkeit eines Heimatlandes für das palästinensische Volk Rechnung getragen wird.

Sie sind der Auffassung, daß die Vertreter der Konfliktparteien, einschließlich des palästinensischen Volkes, in angemessener Weise, welche in Konsultation zwischen allen betroffenen Parteien festzulegen ist, an den Verhandlungen teilnehmen müssen. Im Rahmen einer Gesamtlösung muß Israel bereit sein, die legitimen Rechte des palästinensischen Volkes anzuerkennen, ebenso muß die arabische Seite bereit sein, das Recht Israels anzuerkennen, in Frieden innerhalb sicherer und anerkannter Grenzen zu leben. Durch gewaltsamen Gebietserwerb kann die Sicherheit der Staaten der Region nicht gewährleistet werden, sie muß vielmehr auf Friedensverpflichtungen gegründet sein, die alle betroffenen Parteien untereinander in der Absicht eingehen, wahrhaft friedliche Beziehungen herzustellen.

Anmerkungen:
[1] Die Erklärung wurde in London abgegeben.
[2] Gemeint: Die damals neun Regierungen der EG.
[3] Zum Text: Siehe S. 1176.
[4] Zum Text vom 22. 11. 1967: Siehe S. 1175.

Quelle:
»Europäische politische Zusammenarbeit«; hsg. v. Presse- und Informationsamt der Bundesregierung; Bonn, 1978; S. 177 f.

****

Erklärung **1977, 25. September**
Außenminister Simonets (Belgien) für die 9 Mitgliedstaaten der EG vor der 32. UN-Generalversammlung:
Die Vertreter des palästinensischen Volkes

. . .

Über die Lage im Nahen Osten sind die Neun weiterhin ernsthaft besorgt; sie sind im grundsätzlichen nach wie vor überzeugt, daß – wie sie bereits am 29. Juni 1977[1] erklärt haben – eine Regelung auf den Entschließungen 242[2] und 338[3] des Sicherheitsrats sowie den folgenden Grundprinzipien beruhen muß:

– Unzulässigkeit des Gebietserwerbs durch Gewalt,
– Notwendigkeit, daß Israel die territoriale Besetzung beendet, die es seit dem Konflikt von 1967 aufrechterhält,
– Achtung der Souveränität, der territorialen Integrität und der Unabhängigkeit eines jeden Staates in der Region sowie seines Rechts, in Frieden innerhalb sicherer und anerkannter Grenzen zu leben,
– Anerkennung, daß bei der Schaffung eines gerechten und dauerhaften Friedens die legitimen Rechte der Palästinenser berücksichtigt werden müssen.

Die Neun sind nach wie vor auch davon überzeugt, daß der Konflikt im Nahen Osten nur gelöst werden kann, wenn das legitime Recht des palästinensischen Volkes auf effektiven Ausdruck seiner nationalen Identität in die Wirklichkeit umgesetzt wird, wobei der Notwendigkeit eines Heimatlands für das palästinensische Volk Rechnung getragen wird.
Die Neun wiederholen ihre feste Überzeugung, daß alle diese Aspekte ein Ganzes darstellen.
Sie sind der Auffassung, daß die Vertreter der Konfliktparteien, einschließlich des palästinensischen Volkes, in angemessener Weise, welche in Konsultation zwischen allen betroffenen Parteien festzulegen ist, an den Verhandlungen teilnehmen müssen. Im Rahmen einer Gesamtlösung muß Israel bereit sein, die legitimen Rechte des palästinensischen Volkes anzuerkennen, ebenso muß die arabische Seite bereit sein, das Recht Israels anzuerkennen, in Frieden innerhalb sicherer und anerkannter Grenzen zu leben.
...

Anmerkungen:
[1] Zum Text: Siehe S. 1182.
[2] Zum Text vom 22. 11. 1967: Siehe 1175.
[3] Zum Inhalt der Entschließung vom 22. 10. 1973: Siehe S. 1176.

Quelle:
»Europäische politische Zusammenarbeit«; hsg. v. Presse- und Informationsamt der Bundesregierung; Bonn, 1978; S. 188 f.

****

Erklärung **1979, 26. März**
der 9 Mitgliedstaaten der EG zum Friedensvertrag zwischen Israel und Ägypten[1]:
»Das Recht des palästinensischen Volkes auf ein Heimatland«

Die neun Mitgliedstaaten der Gemeinschaft ... erinnern ... daran, wie sie es in ihrer Erklärung vom 29. Juni 1977 gesagt hatten, daß ein gerechter und dauerhafter Friede im Nahen Osten nur im Rahmen einer umfassenden Lösung hergestellt werden kann. Eine solche Lösung muß auf den Sicherheitsrats-Entschließungen 242[2] und 338[3] beruhen und das Recht des palästinensischen Volkes auf ein Heimatland in die Wirklichkeit umsetzen.
Sie nehmen in diesem Zusammenhang den von den Unterzeichnern des Vertrags bekundeten Willen zur Kenntnis, diesen Vertrag[1] nicht als Separatfrieden anzusehen, sondern als ersten Schritt in Richtung auf eine umfassende Lösung mit dem Ziel, 30 Jahren Feindschaft und Mißtrauen ein Ende zu setzen.
Ihr Wunsch ist, daß dieser Wille, dem sie besondere Bedeutung beimessen, sich bald in einem umfassenden Abkommen konkretisiert, an dem alle betroffenen Parteien, einschließlich der Vertreter des palästinensischen Volkes, teilnehmen sollten und das die internationale Gemeinschaft gutheißen könnte.
Die Neun geben der Hoffnung Ausdruck, daß alle betroffenen Parteien sich jeder Erklärung oder Handlungsweise enthalten, die dem Bemühen um Frieden zuwiderläuft, wie z. B. die israelische Siedlungspolitik in den besetzten Gebieten.

Anmerkungen:
[1] Der Friedensvertrag vom 26. 3. trat am 26. 4. 1979 in Kraft.
[2] Zum Text vom 22. 11. 1967: Siehe S. 1175.
[3] Zum Inhalt der Entschließung vom 22. 10. 1973: Siehe S. 1176.

Quelle:
»Bulletin der Europäischen Gemeinschaften«; hsg. v. d. Kommission der EG; Brüssel, Jg. 12, Nr. 3 (März 1979); S. 97.

****

Erklärung[1] des Europäischen Rates über den Nahen Osten: **1980, 13. Juni**
»Das Selbstbestimmungsrecht des palästinensischen Volkes«

2

...

4.
Ausgehend von diesen Grundlagen ist der Augenblick gekommen, die Anerkennung und Verwirklichung der beiden von der Völkergemeinschaft weltweit bejahten Prinzipien zu fördern: des Existenzrechts und des Rechts auf Sicherheit aller Staaten der Region einschließlich Israels sowie der Gerechtigkeit für alle Völker, was die Anerkennung der legitimen Rechte des palästinensischen Volkes beinhaltet.

5.
Alle Länder der Region haben das Recht, innerhalb sicherer, anerkannter und garantierter Grenzen in Frieden zu leben.
Die Garantien fiir die Friedensregelung sollten auf Beschluß des Sicherheitsrats durch die Vereinten Nationen und gegebenenfalls auf der Grundlage anderer gegenseitig vereinbarter Verfahren gegeben werden. Die Neun erklären sich bereit, sich im Rahmen einer umfassenden Regelung an einem System konkreter und bindender internationaler Garantien, einschließlich solcher an Ort und Stelle, zu beteiligen.

6.
Das Palästinenserproblem, bei dem es sich nicht lediglich um ein Flüchtlingsproblem handelt, muß endlich eine gerechte Lösung finden. Das palästinensische Volk, das sich bewußt ist, als solches zu existieren, muß in die Lage versetzt werden, durch einen geeigneten und im Rahmen der umfassenden Friedensregelung definierten Prozeß sein Selbstbestimmungsrecht[3] voll auszuüben.

7.
Voraussetzung für die Verwirklichung dieser Ziele sind Zustimmung und Mitwirkung aller beteiligten Parteien hinsichtlich der Friedensregelung, die die Neun auf der Grundlage der in den oben erwähnten Erklärungen definierten Prinzipien sich zu fördern bemühen. Diese Prinzipien gelten für alle betroffenen Parteien, so auch für das palästinensische Volk und für die PLO, die an der Verhandlung beteiligt werden muß.
...

Anmerkungen:
[1] Die Erklärung wurde in Venedig abgegeben.
[2] Die Neun stellten hier fest, daß die gegenwärtige Lage dieses Gebietes durch wachsende Spannungen gekennzeichnet sei, Europa die Pflicht habe, eine besondere Rolle bei den friedlichen Lösungsbemühungen zu spielen, und bezogen sich dann auf UN-SR-Entschließung 242 (siehe S. 1175) sowie ihre eigenen Erklärungen vom z. B. 29. 6. 1977 und 26. 3. 1979 (siehe S. 1182 f.).

[3] Zu den beträchtlichen Schwierigkeiten deutscher politischer Parteien mit dem Selbstbestimmungsrecht berichtete unwidersprochen die FAZ (Nr. 145 v. 26. 6. 1980; S. 10) unter dem Titel »Zweifel an der Bonner Nahost-Politik« u. a.:
»Die Bundesregierung benutzt den Begriff der Selbstbestimmung für die Palästinenser. In der SPD-Fraktion halten dagegen Frau Renger, der Abgeordnete Holtz und die Fraktionsmehrheit an drei Voraussetzungen des Selbstbestimmungsrechtes fest, die bei den Palästinensern nicht vorhanden seien: Es müsse sich bei Israel um ein Unrechtsregime handeln, das ständig die Menschenrechte verletze; alle anderen Mittel zur Veränderung der Unrechtslage müßten bereits ausgeschöpft sein; die Anwendung von Gewalt dürfe nicht zu schädlicheren Wirkungen führen als der zu bekämpfende Zustand. Der FDP-Politiker Hirsch wendet sich gegen die formelhafte Übertragung des Begriffes der Selbstbestimmung von der deutschen auf die nahöstliche Situation. Die Palästinenser hätten nie in einer staatlichen oder nationalen Einheit gelebt und könnten also keine Selbstbestimmung im Sinne einer Wiederherstellung staatlicher Einheit geltend machen, überdies werde die Selbstbestimmung im Falle der Palästinenser unter dem Einfluß der PLO kaum auf die Verwirklichung eines freiheitlichen demokratischen Rechtsstaates hinauslaufen. Der CDU-Politiker Marx empfindet gegenüber der Anwendung des Selbstbestimmungsrechtes durch die Palästinenser Zweifel: Es sei fraglich, ob sich auch die Kinder der Palästina-Flüchtlinge darauf berufen könnten, und es sei ungeklärt, welche Rolle die Palästinenser-Organisation PLO bei einer Abstimmung einnehmen könne. Überdies müsse die Selbstbestimmung der Palästinenser mit dem Selbstbestimmungsrecht der Israelis in Einklang gebracht werden.«

Quelle:
Bulletin; Nr. 71 v. 17. 6. 1980; S. 599.

****

Entschließung 2[1] **1980, 29. Juli**
der 7. Sondervollversammlung der Vereinten Nationen:
Die palästinensische Frage

Die Generalversammlung
– nach Erörterung der palästinensischen Frage in einer Sondersitzung;
– überzeugt davon, daß das Scheitern der Bemühungen, diese Frage zu lösen, eine gefährliche Bedrohung des internationalen Friedens und der Sicherheit darstellt;
. . .[2]
– nach Anhörung der Stellungnahme des Vertreters der Palästinensischen Befreiungsfront, des Vertreters des palästinensischen Volkes[3];

1. ruft ihre Entschließungen 29/3236 und 29/3237 vom 22. 11. 1974[4] sowie alle anderen für die palästinensische Frage einschlägigen Entschließungen der UN in Erinnerung und bekräftigt sie;
2.[5] bekräftigt insbesondere, daß es gemäß der Charta und der einschlägigen Entschließungen der UN ohne den Rückzug Israels aus allen besetzten palästinensischen und anderen arabischen Gebieten einschließlich Jerusalems und ohne die Erzielung einer gerechten Lösung des palästinensischen Problems auf der Grundlage der Verwirklichung der unveräußerlichen Rechte des palästinensischen Volkes in Palästina keinen allgemeinen, gerechten und dauerhaften Frieden im Mittleren Osten geben kann;
3.[5] bekräftigt das unveräußerliche Recht der Palästinenser, in ihre Heimstätten und in ihr Eigentum in Palästina, aus denen sie vertrieben und entwurzelt wurden, zurückzukehren und fordert diese Rückkehr;
4.[5] bekräftigt ferner die unveräußerlichen Rechte des palästinensischen Volkes in Palästina, die beinhalten
   a) das Recht auf Selbstbestimmung ohne Einmischung von außen sowie auf nationale Unabhängigkeit und Souveränität;
   b) das Recht auf Errichtung eines eigenen, unabhängigen, souveränen Staates;
5. bekräftigt das Recht der Palästinensischen Befreiungsfront, des Vertreters des palästinensischen Volkes[3], auf gleichberechtigter Basis an allen Bemühungen, Beratungen

und Konferenzen über die palästinensische Frage und die Lage im Mittleren Osten innerhalb der UN teilzunehmen;

6. bekräftigt das grundlegende Prinzip, daß Gebiete durch Gewaltanwendung nicht rechtsgültig erworben werden können;

7.[5] fordert Israel auf, vollständig und bedingungslos aus allen seit Juni 1967 besetzten palästinensischen und anderen arabischen Gebieten einschließlich Jerusalems abzuziehen, dabei alles Eigentum und die öffentliche Infrastruktur nicht anzutasten, und drängt darauf, daß dieser Rückzug aus allen besetzten Gebieten vor dem 15. November 1980 beginnt;

. . .

10. drückt ihre Opposition gegen alle Überlegungen und Pläne aus, die darauf abzielen, die Palästinenser außerhalb ihres Heimatlandes anzusiedeln;

. . .

Anmerkungen:

[1] Abstimmungsergebnis 112 Ja, 7 Nein, 24 Enthaltungen; BR Deutschland: Enthaltung.

[2] An dieser Stelle u. a. Bezugnahmen auf die UN-GV-Entschließungen 31/20 vom 24. 11. 1976 (zum Text: Siehe S. 1181), 32/40 vom 2. 12. 1977, 33/28 vom 7. 12. 1978 und 34/65 vom 29. 11. 1979 (insgesamt vergleichbarer Inhalt).

[3] Mit diesem Begriff wurde das PLO-Vertretungsmandat in allen GV-Entschließungen seit 32/40 vom 2. 12. 1977 definiert.

Der Grad der Unterstützung, den die UN dem Anliegen der Palästinenser erteilte, war auch aus bemerkenswerten Einzelaktionen abzulesen:

Die einzige vorgangsspezifische Briefmarkenausgabe der UN galt am 30. 1. 1981 den »unveräußerlichen Rechten des palästinensischen Volkes«.

Als einziger vorgangsspezifischer Aushang war seit 1985 im UN-Gebäude in New York die Genfer Deklaration der »Internationalen Konferenz der Palästinafrage« (29. 8.–7. 9. 1983) ausgehängt.

[4] Zum Text: Siehe S. 1179.

[5] Die FAZ (Nr. 185 v. 12. 8. 1980; S. 7) veröffentlichte einen Leserbrief, in dem die Ziffern 2, 3, 4 und 7 der Entschließung so wiedergegeben wurden, daß es jeweils statt »Israel« »Sowjetunion«, statt »Palästina« »Deutschland« und statt »Jerusalem« »Berlin« hieß.

Die (natürlich ironisch gemeinte) Überschrift lautete: »Wie viele Staaten stimmten für diese Resolution?«

Quelle:

»UN-GA – Seventh Emergency Special Session, Doc. to Agenda Item 5«.

****

Erklärung **1981, 30. April**
Bundeskanzler Schmidts:
Das Selbstbestimmungsrecht der Palästinenser

Schmidt: . . . Ich will noch einmal sagen, man kann nicht im Palästinenserkonflikt der einen Seite alle Moral zuerkennen und ⟨*auf/vor*⟩ der anderen Seite die Achseln zucken. Das geht nicht. Das geht insbesondere nicht, wenn man Deutscher ist, in einer geteilten Nation lebt und den moralischen Anspruch auf Selbstbestimmungsrecht des deutschen Volkes erhebt. Dann muß man auch den moralischen Anspruch auf Selbstbestimmungsrecht des palästinensischen Volkes anerkennen . . .

Frage: Hätten wir ihn nicht verwirkt, den Anspruch, wenn wir ihn mit Bomben und Terror versuchten durchzusetzen?

Schmidt: Augenblick, Augenblick. Die sind nicht die einzigen, die Bomben werfen. Ich finde das schlimm, diesen Terrorismus, aber sie sind nicht die einzigen. Lassen Sie mich in bezug auf die PLO eins sagen: Wenn wir im Westen die PLO grundsätzlich als Terroristen betrachten und nicht lernen zu unterscheiden zwischen den verschiedenen Fraktionen inner-

halb der PLO – PLO ist ja nichts weiter als eine Dachorganisation für die verschiedensten Organisationen –, wenn wir das weiter so machen, dann ist das die sicherste Methode, die PLO in die Arme Moskaus zu treiben. Dies ist keine Vernunft. Ganz abgesehen davon, daß es für mich auch eine moralische Frage ist, ob wir gegenüber Vertriebenen und Flüchtlingen von der Westbank und von der Ostbank, wie man heutzutage sagt, also vom Westufer des Jordans und vom östlichen Ufer des Jordans, uns auf den Standpunkt stellen, das ginge uns weniger an.
Für mich ist das eine Tragödie griechischen Ausmaßes, daß nun endlich nach zweitausend Jahren die Juden ihren eigenen Staat wieder haben begründen können und daß es nicht möglich sein soll, ihn im Einvernehmen mit den Nachbarvölkern zu konsolidieren, zu sichern. Die Israeli müssen anerkennen eines Tages, daß die Palästinenser das Recht haben, über ihr eigenes Schicksal zu befinden, wer sie vertreten soll. Das kann niemand anders bestimmen als die Palästinenser selber. Und wenn sie einen eigenen Staat bilden sollten oder wollten, jedenfalls werden sie das zu entscheiden haben, sie müssen das Recht haben zur staatlichen Selbstorganisation.
Und die Palästinenser müssen eines Tages anerkennen, daß die Israeli wie jedes andere Volk der Welt auch das Recht haben, in anerkannten, sicheren Grenzen zu leben als Staat. Und wenn sie nur beide aufeinander zugingen im Bewußtsein, daß sie beide noch eine Anerkennung vor sich haben gegenüber dem anderen, dann wäre manches gewonnen. Aber sie tun sich ja nicht einmal als Gesprächspartner gegenseitig bisher akzeptieren.
Für mich ist das eine Tragödie, denn ich möchte den Juden von Herzen wünschen, daß diese Staatsgründung Bestand hat und daß sie nicht gefährdet wird durch eine Politik, die nicht weit genug schaut.
. . .

Quelle:
Bulletin; Nr. 40 v. 6. 5. 1981; S. 346 f.

****

Erklärungen **1982, 19./20. August**
im Sonderausschuß der UN-Generalversammlung
»über die Durchsetzung der Deklaration,
kolonialen Gebieten und Völkern Selbständigkeit zu gewähren«[1]:
Diskussion zum Selbstbestimmungsrecht der Falkländer[2]

⟨In einer Geschäftsordnungsdebatte versuchten zunächst v. a. die Delegierten der UdSSR, der ČSSR und Afghanistans, das Auftreten der Repräsentanten der Falkländer, Mr. Cheek und Mr. Blake, zu verhindern. Der Ausschußvorsitzende, Mr. Abdulah (Trinidad und Tobago) bezeichnete sie als »Vertreter der Bevölkerung des Gebietes, über das wir beraten«, *wies auf einen Präzedenzfall hin, die gegenteiligen Auffassungen zurück und erteilte dem ersten Vertreter das Wort:⟩*

Mr. Cheek:
. . . Wir kommen als Vertreter der Ratsmitglieder der Falklandinseln und wir sind beide[3] gewählte Mitglieder der Gesetzgebenden Versammlung . . .
Wir wissen, daß dieser Ausschuß stolze Erfolge bei seinem Eintreten für das Selbstbestimmungsrecht der Völker auf der ganzen Welt zu verzeichnen hat. Eine Reihe der Länder, die heute hier vertreten sind, haben ihre Unabhängigkeit in den letzten Jahren durch Inanspruchnahme dieses Rechtes erlangt. Viele Staaten haben sich unter der Schirmherrschaft unterschiedlicher Verwaltungsmächte Schritt für Schritt durch verschiedene Stadien von verfassungsmäßiger Ordnung zu einem unabhängigen Zustand hin entwickelt. Es

gibt jedoch immer noch eine Anzahl von Gebieten, die aus eigener freier Entscheidung bestimmten, abhängige Territorien zu bleiben. Wir auf den Falklandinseln sind weder ein zahlenmäßig großes, noch wirtschaftlich mächtiges Volk, aber wir neigen zu der Meinung, eine freie demokratische Gesellschaft errichtet zu haben. Unsere Wurzeln reichen bis in das frühe neunzehnte Jahrhundert zurück. So kam mein Ururgroßvater in den 1850er Jahren auf den Inseln an, und die Familie meiner Frau geht sogar bis auf 1841 zurück. Wir führten ein friedliches und eher genügsames Dasein, bis auf die letzten Monate ...
Im April dieses Jahres wurden wir aus heiterem Himmel von einer schwerbewaffneten Armee von fast 10 000 Mann überfallen. Man erzählte uns, wir seien Überreste der Kolonialzeit, wir hätten kein Recht, über unsere eigene Zukunft zu bestimmen, und wir sollten uns damit abfinden, daß jetzt alle Entscheidungen über unser Leben vom argentinischen Militärkommandanten gefällt würden. Diese Vorstellung schien uns damals, genau wie heute noch, absurd und beleidigend. Der einzige Kolonialismus, dessen wir uns bewußt sind, ist der, den die Argentinier uns aufzwingen wollen – uns mit Gewalt zu unterjochen, uns unsere Handlungsweisen vorzuschreiben, ihre Kultur zu übernehmen, ihre Sprache und ihre nationalen Traditionen ...
Unsere Traditionen und unsere Kultur sind nicht argentinisch; es sind unsere eigenen, die sich aus britischen entwickelt haben ... Wir haben ganz gewiß das Recht, zu sagen, wie wir leben wollen. Die Briten bieten uns den Schutz, der uns unseren eigenen Traum verwirklichen läßt. Für uns bedeuten sie keine Kolonialmacht, keine imperialistische Macht: Sie sind unsere Freunde, und wir sind ihnen mehr als dankbar dafür, daß sie unsere Rechte schützen, auch wie in den vergangenen Monaten, unter großen eigenen Opfern. Wir sind sicher, daß Großbritannien uns auf dem Weg zur Unabhängigkeit weiterhelfen wird, wenn wir ihn beschreiten wollen. Könnten wir das auch von Argentinien sagen, wenn wir eine Kolonie dieses Landes werden sollten – denn genau das würden wir sein? Wir glauben es nicht ...
Früher konnten wir unsere Institutionen und unsere Lebensweise selbst entwickeln. Anscheinend können wir nur in Verbindung mit dem Vereinigten Königreich auf diesem Wege fortfahren. ... Wir auf den Falklandinseln glauben leidenschaftlich an das Ideal der Vereinten Nationen vom Selbstbestimmungsrecht. Wir erwarten von Ihnen allen, uns in dieser Überzeugung zu unterstützen ...

Mr. Whyte (Großbritannien):
... Meine Regierung hat in diesem Jahr bei zahlreichen Gelegenheiten ihre Überzeugung ausgedrückt, daß das Prinzip der Selbstbestimmung in diesem Falle nicht als ›irrelevant‹ oder ›unanwendbar‹ angesehen werden kann. Die Falkländer sind ein Volk. Sie sind eine dauernde Bevölkerung, deren Ursprünge auf den Inseln bis zum Anfang des 19. Jahrhunderts zurückreichen ... Sie haben keine andere Heimat als die Falklandinseln, und sie haben andauernd, letztmalig im Oktober 1981, ihre Wünsche bezüglich ihres politischen Status in freien und fairen Wahlen ausgedrückt ...
Argentinien hat die Inseln niemals effektiv kontrolliert. Ungefähr drei Jahre lang gab es im 18. Jahrhundert eine französische Siedlung auf den Falklands. Spanien hat die Inseln im 18. und 19. Jahrhundert rund 41 Jahre verwaltet. Die Regierung von Buenos Aires unterhielt um 1820 sechs Jahre lang – in ihren Worten – eine ›Kolonie‹. In keinem dieser Zeiträume entstand eine ansässige Gemeinschaft mit eigener Identität und Lebensanschauung. Erst die nach 1830 auf den Falklandinseln eintreffende Bevölkerung hat über Generationen hinweg die Inseln besiedelt und eine lebensfähige, ländliche Wirtschaft unterhalten. Diese Inselbewohner, diese Einwohner müssen die erste Priorität für einen Ausschuß haben, der sich mit Selbstbestimmung befaßt, und die Rechte dieser Menschen haben für meine Regierung die oberste Rangstufe ...
Wir müssen meinen, daß die Interessen der Einwohner des Gebietes für die Regierung Argentiniens weit weniger wichtig sind, als ihre eigenen nationalistischen Wunschvorstellun-

gen, die nicht auf gültigen Ansprüchen, sondern auf einer alten Mythologie aufgebaut sind. Welche Art von Welt würde dies sein, wenn jede Nation mit einem geschichtlichen Problem Ereignisse, die vor 150 Jahren stattfanden, mit Waffengewalt revidieren wollte? Keine internationale Grenze würde bestehen bleiben ...

Mr. Sorensen Mosquera (Venezuela):
... Die koloniale Besatzungsmacht[3] hat behauptet, daß es für die Bewohner der Inseln, die britische Untertanen sind, notwendig sei, in Übereinstimmung mit dem Prinzip der Selbstbestimmung ihre Wünsche über die Zukunft der Inseln zu äußern. Die Generalversammlung hat die Unterscheidung zwischen Kolonien und besetzten Gebieten eingeführt. Bei typischen Kolonien wird das Prinzip der Selbstbestimmung angewendet, bei besetzten Gebieten, so wie im Fall der Malwinen, wendet man das Prinzip der territorialen Unversehrtheit an. Das heißt, besetzte Territorien können nur durch Rückgabe an den Staat, von dem sie ursprünglich getrennt wurden, entkolonialisiert werden. Diese Unterscheidung wurde in Ziffer 6 der historischen Entschließung 15/1514[1], welche die Erhaltung territorialer Unversehrtheit zum Ziele hat, folgendermaßen klar festgelegt:[4] ...
Das Vereinigte Königreich selbst erkennt die Tatsache an, daß Selbstbestimmung eindeutig zu den Grundsätzen der Charta der Organisation gehört. Die koloniale Besatzungsmacht behauptet gleichzeitig, daß sie die Souveränität über die Malwinen besitzt, da sie diese seit 1833 verwaltet. Die Tatsachen, wie sie wirklich stattfanden, wurden eindeutig festgestellt. Die koloniale Besatzungsmacht entriß Argentinien die Malwinen und vertrieb 1833 sowohl die Bevölkerung als auch die argentinischen Zivil- und Militärbehörden, obwohl sie in diesem Gebiet nur Rechte ausübten, die ihnen rechtmäßig zustanden, seit sie ein unabhängiger Staat waren ...

Mr. Muniz (Argentinien):
Als allgemeine Regel wird das Recht auf Selbstbestimmung auf die Mehrzahl der Entkolonialisierungsfälle angewendet; so versteht Argentinien die Sachlage und wir unterstützen diese Ansicht. Unleugbar ist auch, daß ein illegitimer Gewaltakt von England im Jahre 1833, sofort gefolgt von der Vertreibung der argentinischen Bevölkerung des Gebietes und deren Ersatz durch eine Gruppe Staatsangehöriger der Besatzungsmacht, Englands Anspruch, seine Anwesenheit auf den Inseln durch dieses Recht zu rechtfertigen, für immer zerstörte. Denn das Recht auf Selbstbestimmung, dessen Rechtsstatus heute von der internationalen Gemeinschaft aufgrund der Arbeit der Vereinten Nationen allgemein anerkannt ist, und das sich trotz der Opposition der Kolonialmächte entwickelte, die diese grundlegende Prämisse nicht anerkennen wollten, ist die eine Sache; die Frage, wer die Ausübung des Rechtes auf Selbstbestimmung legitim in Anspruch nehmen kann, ist eine ganz andere Sache.
Im Verlauf der Debatten der Vereinten Nationen wurde sehr klar, daß es unmöglich ist, das Recht auf Selbstbestimmung der Völker hier anzuwenden, denn bei den Malwinen gibt es ganz einfach kein Volk, das Selbstbestimmung ausüben könnte.
In dieser Hinsicht ist daran zu erinnern, daß im Verlauf der Entkolonialisierungsbestrebungen der Vereinten Nationen die allgemeinen Merkmale von Völkern – und ich unterstreiche das Wort ›Völker‹ – auf die das Recht der Selbstbestimmung angewendet wird, entstanden sind. Diese Merkmale werden folgendermaßen zusammengefaßt:
Erstens, der Begriff ›Volk‹ bezeichnet eine gesellschaftliche Einheit, die eine deutliche Identität besitzt und ihre eigenen Charakteristika aufweist.
Zweitens, der Begriff beinhaltet eine Beziehung zu seinem Gebiet, auch wenn das fragliche Volk ungerechtfertigterweise daraus vertrieben und künstlich durch eine andere Bevölkerung ersetzt wurde.
Drittens, ein Volk darf nicht mit einer völkischen, religiösen oder sprachlichen Minderheit

verwechselt werden, deren Existenz und Rechte im Artikel 27 der Internationalen Konvention der bürgerlichen und politischen Rechte[5] anerkannt wurde.
Aus diesen Merkmalen geht ganz klar hervor, daß eine ›Bevölkerung‹ kein ›Volk‹ ist. Die Resolutionen über die Malwinen sprechen stets von der ›Bevölkerung‹ dieser Inseln.
Ziffer 6 der UN-GV-Resolution 15/1514[1] schließt vom Konzept der Selbstbestimmung aus ›jeden Versuch zur teilweisen oder völligen Zerstörung der nationalen und territorialen Einheit eines Landes. ⟨*Dieses*⟩ ist unvereinbar mit den in der UN-Satzung zum Ausdruck gebrachten Grundsätzen und Zielen‹.
Genau das versucht das Vereinigte Königreich im Fall der Malwinen zu tun und sich dabei hinter der tendenziösen und falschen Behauptung zu verstecken, die Wünsche seiner Siedler zu respektieren.
. . .
Daher glauben wir, daß das ⟨*Selbstbestimmungs-*⟩Recht in jenen Fällen nicht sinnvoll angewendet wird, in denen
a) ein Teil des Gebietes eines unabhängigen Staates gegen den Willen seiner Bewohner durch Gewaltakt eines dritten Staates abgetrennt wurde – was bei den Malwinen zutrifft – und
b) in denen kein späteres internationales Abkommen die de-facto-Lage bestätigt, sondern ganz im Gegenteil der Staat, dessen Interessen beeinträchtigt wurden, gegen diese Lage stets protestierte.

Diese Überlegungen werden noch bedeutungsvoller, wenn die Bevölkerung als Ergebnis des Gewaltaktes vertrieben und durch verschiedene Gruppen von Staatsangehörigen der Besatzungsmacht ersetzt wurde.
Darüber hinaus würde die ungeprüfte Anwendung des Prinzips der Selbstbestimmung auch auf von Staatsangehörigen der Kolonialmacht dünn besiedelte Gebiete deren Schicksal in die Hände der gleichen Kolonialmacht legen, die sich unter Verletzung der fundamentalen Normen des internationalen Rechts und der Moral dort durch Gewalt eingenistet hat. Das wiirde dann schließlich zum absurden Fall der Selbstbestimmung für Kolonialmächte führen und ihnen die Handhabe bieten, ihre unrechtmäßige Anwesenheit in einem ihnen nicht gehörenden Gebiet zu legitimieren.
Das fundamentale Recht auf Selbstbestimmung darf, wie Argentinien wiederholt betonte, nicht dazu verwendet werden, um unrechtmäßigen Besitz unter irgendeiner Abdeckung durch die UN in volle Souveränität umzugestalten.
Die UN hat den angemessenen Weg zur Anwendung des ⟨*Selbstbestimnungs-*⟩Rechtes sachverständig vorgezeichnet und den gegebenenfalls vorhandenen Vorrang des Rechtes auf territoriale Integrität über unzulässige Selbstbestimmung anerkannt.
. . .

Mr. Blanco (Uruguay):
. . .
Die britische Besetzung der ⟨*Falkland-*⟩Inseln stellt keinen zulässigen Weg dar, die Souveränität über dieses Gebiet zu erlangen.
Besetzung mit dem Ziel, Souveränität zu erwerben, unterscheidet sich von bloßer Niederlassung oder Einrichtung. Um den gewünschten rechtlichen Effekt des Gebietserwerbs zu erzielen, muß das Gebiet als res nullius oder res derelictae anzusehen sein.
Im Falle der Inseln ist weder die eine noch die andere Lage gegeben. Es ist offensichtlich, daß es sich weder um ein Gebiet ohne Souveränität – res nullius – noch um ein verlassenes Gebiet – res derelictae – handelte. Dereliktion oder Aufgeben verlangt einen materiellen Vorgang physischen Charakters, wie etwa freiwilliges Aufgeben. Der vorliegende Hintergrund zeigt, daß es zu keiner Zeit einen argentinischen Aufgebenswunsch gab, sondern annähernd das Gegenteil.
. . .

Mit den im Zeitpunkt der Besetzung verfügbaren diplomatischen, rechtlichen und körperlichen Mitteln wurde unverzüglich gefordert, die Besetzung der Inseln aufzugeben. Diese Forderung wurde in angemessenen Abständen bis heute wiederholt.
...
Die Besiedlungsvorgänge nach 1833 stehen im Gegensatz zu den eben erwähnten Prinzipien der ⟨*rechtmäßigen*⟩ Gebietsbesetzung, weswegen diese Besiedlungen keine Grundlage für jenes Selbstbestimmungsrecht schaffen, daß die Charta und die Resolution 15/1514[1] kolonialisierten Ländern und Völkern zusprach. Das Gegenteil anzunehmen würde darüber hinaus einen schwerwiegenden Präzedenzfall gegen kleine Völker bilden, deren Gebiet durch die Ansiedlung von Menschengruppen aus anderen Ländern zerlegt werden könnte.
...

Mr. Sanz (Bolivien):

...

Die hochgeschätzte Selbstbestimmung steht Gruppen von Menschen zu, die dem Kolonialjoch unterworfen waren, nicht aber Gebieten, die durch ausländische bewaffnete Besatzung von ihrer natürlichen und legitimen Souveränität abgetrennt wurden ...

Mr. Sallu (Sierra Leone):

...

Meine Regierung vertritt die Auffassung, daß den Bewohnern der Falklandinseln Gelegenheit gegeben werden sollte, ihre eigene Zukunft in Übereinstimmung mit dem Prinzip der Selbstbestimmung zu entscheiden ...

Mr. Kalina (ČSSR):[6]

...
Die tschechoslowakische Auffassung zu diesem Vorgang entwickelt sich aus der Tatsache, daß die Frage der Falklandinseln (Malwinen) zunächst und vor allem einen untrennbaren Bestandteil des Problems der Entkolonialisierung von Gebieten darstellt, die von den Kolonialmächten besetzt wurden ... Um den Verhandlungstisch muß ... ein Ende der Kolonialregime gefunden werden ...

Mr. Joseph (Australien):

...

In allen Darlegungen ⟨*der vorangegangenen Diskussion*⟩ über Kolonialismus und eine koloniale Situation gab es nie auch nur eine Andeutung der Rechte der Falkländer auf Selbstbestimmung. Im Gegenteil: Diese Rechte wurden ⟨*in der Diskussion*⟩ ausdrücklich verweigert ... sie seien auf die Falkland⟨*-Inseln*⟩ nicht anwendbar ... Es wurde dargelegt, daß die Falkländer eine importierte Bevölkerung sind, auf die das Prinzip der Selbstbestimmung nicht angewendet werden kann.
Australien kann dieses Argument nicht akzeptieren. Wie ... festgestellt, sind die Einwohner der Falklandinseln eine dauernde Bevölkerung, deren Ursprünge in vielen Fällen bis auf den Anfang des vorigen Jahrhunderts zurückreichen. Die Tatsache, daß ihrer nur eine kleine Zahl ist, verringert nicht die Bedeutung, die sie der Wahl des von ihnen gewünschten Lebens und der Regierungsform zumessen. Sie müssen dieselben Beratungsrechte haben, wie andere Völker einschließlich derer, die andere kleine Inseln und Gebiete bewohnen ... Wer dem nicht zustimmt, sollte die Charta neuerlich durchlesen. Die grundsätzliche Bedeutung der Selbstbestimmung ist im ersten Artikel anerkannt ...
Es gab ein Spiel mit Worten über die unterschiedlichen Bedeutungen von »Volk« und »Bevölkerung«. Wir sehen keinen substantiellen Unterschied zwischen den Völkern oder Bevölkerungen, die von Europa im letzten Jahrhundert auf die Falklands kamen, jenen, die

nach Argentinien reisten, oder jenen, die in mein eigenes Land kamen. Australien selbst ist eigentlich eine aus Einwanderung entstandene Gesellschaft. Das ist aber auch Argentinien. Das sind auch eine Reihe anderer lateinamerikanischer Staaten. Es ist meiner Delegation unfaßbar, wie 1982 das Argument aufgebaut werden kann, die Qualität der Gesellschaft auf den Falklands sei im Unterschied zu anderen, durch Einwanderung entstandenen Gesellschaften zweitrangig.[7] Es gibt natürlich die ⟨*mangelnde*⟩ Größe dieser Gesellschaft, was jedoch, wie dargestellt, keine Begründung für die Versagung des Selbstbestimmungsrechtes sein kann ...
Tatsache ist, daß die Inselbewohner keinen Wunsch gezeigt haben, ihre derzeitige Verwaltung, an der sie durch ihre gewählten Vertreter teilnehmen können, zu ändern. Sie einem ausländischen Diktat zu unterwerfen, noch schlimmer – es ihnen mit Gewalt aufzuerlegen – würde den Prinzipien völlig entgegenstehen, die der Unabhängigkeit von mehr als zwei Drittel der heutigen Mitgliedstaaten der UN zu Grunde lagen ...

Mr. Muniz (Argentinien):
...
Eine sehr wichtige Sache, die in Australien oder Argentinien nicht erfolgte, ist, daß im Falle der Malwinen die Vertreibung der ursprünglichen Bevölkerung erfolgte. Daher kann man ⟨*diese Fälle*⟩ nicht miteinander vergleichen ...

Mr. Whyte (Vereinigtes Königreich):
Ich möchte nur ganz kurz eine Anmerkung machen, die einige Sorge bei unseren abwesenden Nachbarn[7] aus den USA auslösen könnte. Der Vertreter Argentiniens hat gerade die Prinzipien der Selbstbestimmung und der territorialen Integrität in bezug zu den historischen Entscheidungen der Völker gesetzt. Wenn wir dies durchgängig tun und örtlich anwenden, scheinen mir die einzigen Menschen, die sichere Wohnsitze in den USA haben, jene zu sein, die indianischer oder mexikanischer Abstammung sind.
...

Anmerkungen:
1 Zum Text der UN-Entschließung 15/1514: Siehe S. 51.
2 Die Falkland-Inseln im Südatlantik (im spanischen Sprachbereich als Malvinas bezeichnet) waren nach unterschiedlich beurteilter, aus Südamerika kommender zeitweiliger Streubesiedlung, eine seit ca. 1830 durchgängig von Briten bewohnte britische Kolonie.
Sie waren am 2. 4. 1982 von argentinischen Truppen mit dem Ziel dauernder Annexion erobert worden. Großbritannien lehnte das ab, setzte ab 1. 5. 1982 aus dem Mutterland herangeführte Streitkräfte ein, eroberte die Inseln zurück; die Argentinier mußten am 15. 6. 1982 kapitulieren.
3 Gemeint: Der Falklandinseln, d. h. Großbritannien.
4 Es folgte die Wiedergabe des Textes der UN-Entschließung 15/1514: Siehe S. 51.
5 Zum Text vom 19. 12. 1966: Siehe S. 60.
6 Der Beitrag ging auf die Kernfragen der Debatte, wem das Selbstbestimmungsrecht zusteht und in welchem Verhältnis es zum Recht auf territoriale Integrität steht, an keiner Stelle ein.
Vor Herrn Kalina sprach der Vertreter der UdSSR, nach ihm die Vertreter Bulgariens und Cubas. Aus allen diesen Beiträgen, d. h. aus allen Reden der Vertreter kommunistischer Staaten, ist die gleiche bemerkenswerte Abstinenz zu den zentralen Debattenthemen festzuhalten.
7 Im Original: »that there is something *ersatz* about the quality of the Falkland Society.«
8 Mit der »Nachbarschaft« ist vermutlich die Sitzordnung im Ausschuß gemeint.

Quelle:
»UN-(GA-)Doc. A/AC.109/PV.1224, 1225: Special committee on the situation with regard to the implementation of the declaration on the granting of independence to colonial countries and peoples; Verbatim record of the 1226th meeting« am 19. und 20. 8. v. 2. bzw. 10. 9. 1982.

****

Teil V

Anhänge

1. Zahlenbilder
   (Statistisches Material)
2. Verzeichnis
   im Text erwähnter Personen und Institutionen

1. Zahlenbilder (Statistisches Material)

Darstellung 1: Die Sudetendeutschen im Sudetengebiet und in (Ländern) der ČSR

Jahr für		Čechoslovakische Republik												
		darin: Sog. Historische Länder Böhmen, Mähren, österr. Schlesien								Gesamt = inkl. Slowakei und Karpaten-Ukraine				
		darin: Sudetendeutsche						Gesamt						
		Im Sudetengebiet = geschlossenes deutsches Sprachgebiet ohne Sprachinseln				Sprach-insel- und Streu-deut-sche	Gesamt							
		Fläche[1] (Tausend qkm)	Bevölkerung (Tausend):					Fläche (Tausend (qkm)	Bevöl-kerung (Mio.)	Fläche (Tausend (qkm)	Bevölkerung (Mio.)			
			Gesamt	darin:							Gesamt	darin:		
Fläche	Bevöl-kerung			Deut-sche	andere, v. a. Tschechen							Tschechen	andere	Deut-sche
1	2	3	4	5	6	7	8 (= 5+7)	9	10	11	12	13	14	15
1918[2]	1910	26.5	3,288. (100 %)	3,071. (93 %)	217.	396.	3,467.							
1920[3]	1910	27.1	3,357. (100 %)	3,130. (93 %)	227.	396.	3,526.				13,5 (100 %)	6,3 (47,0 %)	3,5 (25,7 %)	3,7[5] (27,8 %)
1920	1921	27.1	.	.	.	.	2,973.[4] (30,2 %)	78.8	9,8 (100 %)	140.4	13,4[4] (100 %)	6,8 (50,8 %)	3,5 (25,9 %)	3,1[5] (23,3 %)
1920	1930	27.1	3,650. (100 %)	2,907. (80 %)	743.	164.	3,071.[4] (28,8 %)	78.8	10,7 (100 %)	140.4	14,5[4] (100 %)	7,4 (50,9 %)	3,9 (26,6 %)	3,2[5] (22,3 %)
1938[6]	1939/40	28.9[7]	3,405. (100 %)	3,064. (90 %)	341.	279.	3,343.							

Anmerkungen:

[1] Fast 50 der rd. 180 Mitgliedstaaten der UN sind kleiner als das Sudetengebiet mit 26.000 bis 29.000 qkm.
Unter den deutschen Bundesländern umfassen Hessen rd. 21.000 und Mecklenburg-Vorpommern rd. 27.000 qkm.

[2] In den Angaben »Fläche 1918« sind nur die in die ČSR aus den k. österreichischen Ländern Böhmen, Mähren und Schlesien zugeordneten Gebiete und Personen enthalten.

[3] In den Angaben »Fläche 1920« sind auch die der ČSR zugewiesenen Gebiete und Personen anderer Länder, nämlich aus Niederösterreich (um Feldsberg) und Oberösterreich (Weitra/Gmund) sowie das preußisch-schlesische Hultschiner Ländchen enthalten.

[4] Nur ČSR-Inländer lt. ČSR-Volkszählungen.

a) Diese Zahlen wären bei Ansatz national nicht manipulierter Volkszählungsergebnisse um jeweils bis zu rd. 80.000 zu erhöhen: Die ČSR vereinnahmte z. B. alle Hultschiner als Tschechen und sorgte durch regelmäßige Verlegung deutscher Wehrpflichtiger in die Slowakei für weitere Verringerung der Deutschen im Sudetengebiet.
Zur Volkszählungstechnik in der ČSR: Siehe S. 312 ff.; zu den Hultschinern: Siehe S. 277.

b) Zu den Ausländern in der ČSR ergab sich aus deren Volkszählungen folgendes Bild (in Tsd. Personen):

	Summe der Ausländer in den sog. Historischen Ländern	darin Deutsche und Österreicher
1921	189.	88.
1930	157.	71.

[5] Darin neben den Sudetendeutschen auch die als Karpatendeutsche bezeichneten Deutschen in der Slowakei und Karpatenukraine.

[6] Hierin auch 37 qkm mit 16.000 Personen aus der Slowakei.

[7] Nach dem 15. 3. 1939 erfolgte eine einseitige Gebietszuweisung von rd. 200 km^2 des »Protektorates Böhmen und Mähren« an den Reichsgau Sudetenland.

Quellen:

»Čechoslovakische Statistik«; hsg. v. Statistischen Staatsamt, Prag; Bd. 9, Heft 1/1924; Bd. 98, Heft 7/1934.
»Österreichische Statistik«; hsg. von der K.K. Statistischen Zentralkommission, Wien; 1. Bd., 2. Heft, 2. Bd., 1. Heft; Wien, 1913/1914.
»Statistisches Jahrbuch für das Deutsche Reich«; hsg. vom Statistischen Reichsamt, Berlin; Jg. 1941/42; Berlin, 1943.
Auch Wiedergaben in Bohmann: MuG und SiZ.

****

Darstellung 2: Sudetendeutsche Bevölkerungsentwicklung 1846–1990

Gebiet (Stand ca. 1985) / Jahr/Zeitraum Vorgang/Personengruppe		(Tausend) Sudetendeutsche[1] in ...					
		... der Welt[2]	... der ČSR bis ČR	... Deutschland BRD	... Deutschland DDR	... Österreich	... anderen Gebieten
1846		2,395.					
1880		2,927.	Wanderungsbewegungen dieser Zeit wurden nicht dargestellt; z. B. Auswanderung nach Übersee; Umzüge, die 1910 ca. 600.000 gebürtige Sudetendeutsche in Österreich-Ungarn außerhalb der Sudetenländer ansässig machten.				
1910		3,526.					
1921		2,973.[3]					
1930		3,071.[3]					
1939		3,343.[4]					
1950[5]		2,950.[4]	230.	1,850.	705.	140.	25.
1950 bis ca. 1990[6]:							
Geburtenüberschuß:	Min.[7]	+430.	+ 20.	+285.	+100.	+20.	+ 5.
	Max.[7]	+880.	+ 30.	+600.	+200.	+40.	+10.
Aussiedler aus ČSR/ČSSR			–110.	+110.			
Flüchtlinge aus SBZ/DDR				+160.	–160.		
Weiterwanderer				+ 40.		–40.	
Auswanderer				– 80.		–10.	+90.
Übergang in andere Völker[8]		–140.	– 90.				–50.
ca. 1990	Min.	3,200.	50.	2,970.		110.	70.
	Max.	3,650.	60.	3,385.		130.	75.

Anmerkungen:

[1] Der Begriff »Sudetendeutsche« wird wegen der Übersichtlichkeit bereits ab 1846 durchgehend verwendet. Gemeint sind Menschen in Böhmen, Mähren und österr. Schlesien mit jeweils bestimmten deutschen Merkmalen. Diese waren:
- 1846: Umgangssprache; Quellen: Volkszählung und qualifizierte Schätzung;
- 1880, 1910: Umgangssprache; Quelle: Volkszählungen;
- 1921, 1930: Muttersprache; Quelle: Volkszählungen;
- 1939: Volkszugehörigkeit; Hauptquelle: Volkszählung.

[2] Bis 1939: In Böhmen und Mähren-Schlesien.

[3] Zur Erhöhungsnotwendigkeit dieser Zahlen um bis zu rd. 80.000: Siehe S. 1195: Darstellung 1, Anm. 4.

[4] Zum Unterschied der Zahlen für 1939 und 1950: Siehe S. 1210: »Sudetendeutsche Bevölkerungsbilanz 1939 bis 1950«.

[5] Wegen der Vertreibung des größten Teiles der Sudetendeutschen nach 1945 war eine Volkszählung nach dem Zweiten Weltkrieg nicht mehr möglich; die Zahlen von 1950 waren abgeleitete Werte des statistischen Begriffes »Deutsche aus der Tschechoslowakei«.

[6] a) Deswegen mußte für 1950 bis 1990 durch Darstellung »natürlicher Veränderungen« (d. h. in der Regel Geburtenüberschuß) und der Wanderungsbewegungen der Sudetendeutschen eine plausible Gesamtdarstellung gefunden werden.

b) Zur Schätzungskontrolle: Zwischen Februar und April 1996 fragte das Meinungsforschungsinstitut EMNID im Auftrag des Nachrichtenmagazins »Der Spiegel«, Hamburg, einen repräsentativen Querschnitt der Bevölkerung Bayerns (nämlich 3.525 Personen), »ob sie selbst oder ihre Vorfahren aus dem Sudetenland stammten«.
6,8% gaben keine Antwort (sie blieben nachfolgend völlig unberücksichtigt); 13,1% bejahten die Frage.
Die Gesamtbevölkerung Bayerns betrug 1996 ca. 11,9 Mio. Menschen; mit ca. 13,1% hätten sich rd. 1,56 Mio. Bayern im Jahre 1996 als »Sudetendeutsche« erklärt.
1950 gab es (innerhalb der 1,85 Mio. Sudetendeutscher der BR Deutschland) lediglich 1,027 Mio. Sudetendeutscher in Bayern; der Zuwachs 1950–1996 betrüge damit fast 52 %.

c) Zur Qualifikation: Die Fragestellung ist einerseits zu eng (Personen aus Südböhmen, Südmähren und den Sprachinseln könnten sich nicht angesprochen gefühlt haben); andererseits zu weit (Personen mit nur einem oder aber mit vier Großeltern aus dem Sudetengebiet, müßten unterschiedlich »gewichtet« werden).
Außerdem: Binnenwanderungen (auch aus den sog. neuen Bundesländern seit 1989) könnten das Bild zugunsten dieser »Sudetendeutschen« Bayerns beeinflußt haben.
Zur Umfrage und ihren Ergebnissen: Siehe S. 1049.

d) Insgesamt wird man davon ausgehen können, daß die als Sudetendeutsche bezeichnete Personengruppe von 1950 bis 1990 zahlenmäßig um mindestens zwischen ca. 15 % und ca. 30 % anwuchs.

[7] Um die trotz aller Sorgfalt nicht zu vermeidende »Unschärfe« derart gewonnener Zahlen deutlich werden zu lassen, wurde die Gesamtzahl des Geburtenüberschusses in einer Bandbreite zwischen »Min.« (= Minimum) und »Max.« (= Maximum) in gerundeten Zahlen dargestellt und dann sinngemäß auf die Aufnahmegebiete verteilt.

[8] Nach 1950 gingen aus verschiedenen Gründen weitere bisherige Sudetendeutsche im v. a. tschechischen, aber auch in anderen Völkern auf.
Der Erwerb nichtdeutscher/-österreichischer Staatsangehörigkeit blieb dabei irrelevant: Sudetendeutsche mit ČR-, US- und kanadischer Staatsbürgerschaft blieben ihrer Heimat ebenso verbunden wie Personengrupen in Südamerika und Australien/Neuseeland.

Quellen:
»Čechoslovakische Statistik«; hsg. v. Statistischen Staatsamt, Prag; Bd. 9, Heft 1/1924; Bd. 98, Heft 7/1934.
»Österreichische Statistik«; hsg. von der K.K. Statistischen Zentralkommission, Wien; 1. Bd., 2. Heft, 2. Bd., 1. Heft; Wien, 1913/1914.
»Statistisches Jahrbuch für das Deutsche Reich«; hsg. vom Statistischen Reichsamt, Berlin; Jg. 1941/42; Berlin, 1943.
Auch Wiedergaben in Bohmann: MuG und SiZ.
Für 1950: Siehe Angaben zu S. 1212.

****

Darstellung 3: 1919–1938
Bodenreform[1] in der ČSR –
Das Zahlenbild

1. *Die amtliche ČSR-Statistik war in der Angabe nach Nationalitäten aus nicht zu diskutierenden Gründen sehr unterschiedlich angelegt.*
Man fand daher in der veröffentlichten ČSR-Statistik zwar z. B. Angaben zur »Nationalität der Autoren der von den čsl. Rundfunkstationen i. J. 1936 ⟨*auch 1937, 1938*⟩ übertragenen Tondichtungen«[2] *in der Gliederung* »Slawen« *(darunter* »Čechen«, »Slovaken« *usw.),* »Germanen« *(darunter* »Deutsche«, »Engländer *usf.),* »Romanen« *und* »Sonstige«. *(Dabei blieb ohnedies offen, ob z. B. Amerikaner als* »Engländer«/»Germanen« *oder* »Sonstige« *angesehen wurden.)*
Man fand in der veröffentlichten ČSR-Statistik zur Bodenreform jedoch Angaben weder zur Nationalität der ursprünglichen »Eigentümer« *noch der* »neuen Erwerber«.
2. *Zum Verfahren[1] ist generell festzuhalten, daß anfänglich rd. 30 % der Gesamtfläche der ČSR und ihrer Verwaltungseinheiten beschlagnahmt worden waren, davon später ein Teil den Ursprungseigentümern zurückgegeben und ein andeer Teil unverteilt blieb.*
Die Vergabe des verteilten Bodens erfolgte zu etwa 40 % in sog. Kleinzuteilungen bis 30 ha. Dann gab es sog. Restgüter mit mehr als 30 ha vorrangig landwirtschaftlichen Bodens einschließlich Wirtschaftsgebäuden und weitere sog. Großobjekte mit vornehmlich Waldgebieten.
3. *Die Zahlenangaben zum sudetendeutschen Anteil an Eigentümerschaft und Neuerwerb sind durchgängig private Angaben unterschiedlicher Plausibilität, beziehen sich auf verschieden bezeichnetes Gebiet und sind darüber hinaus schwer überleitbar: Auch in den z. B.* »nicht deutschen Bezirken« *gab es* »deutsches« *Bodeneigentum und umgekehrt.*

4. Die nachfolgende Zusammenstellung[3] kann daher nur die erhebliche Dimension des Vorganges verdeutlichen und die dabei verfolgte Tendenz skizzieren:

	ČSR (z. T. gerundete km²)							
	Gesamt	darin: Böhmen und Mähren-Schlesien	davon: Territorium, das definiert wurde als …					
			»geschlossenes deutsches Siedlungsgebiet«/ »deutsches Sprachgebiet«	»deutsche Bezirke«	»gemischtes und deutsches Gebiet«	»Sudetenland« (= Sd. Gebiet)	»deutsches Sprachgebiet«	
	Gesamtboden							Ackerland
Quellen:	4		5	6	7	8	9	10
A) Gesamtfläche des Gebietes	140.400	78.800	27.000	•	•	•	•	•
B) Bodenreform								
1) Ursprünglich beschlagnahmt	40.700	24.100	8.400	•	•	8.453	•	•
2) Freigegeben	18.300	12.300	•	•	•	5.403	•	•
3) (= 1–2): Endgültig beschlagnahmt	(22.400)	(11.800)	•	•	•	3.050	•	•
Davon bis 1938:								
4) unverteilt = ČSR-Staatseigentum	4.400	1.300	•	•	•	•	•	•
5) verteilt = neue Eigentümer	18.000	10.500		4.855	4.910	1.140	636	1.230
6) Davon: An Deutsche				680	575	350	367	310
7) (= 3 – 6): Verlust			4.000	•	•	2.700	•	•
• = keine Angabe; (Klammer-)Zahlen = Eigenermittlung								

5. *Eine Angabe zur ČSR-*»Bodenreform, die nahezu 600.000 ha ⟨= *6.000 qkm*⟩ deutschen Bodens in tschechische Hände brachte«[11], *war in Definition und Volumen eine politische Übertreibung. Sie wurde bald als falsch erkannt*[12].
Insgesamt erscheint nur die Aussage berechtigt, daß durch die ČSR-Bodenreform ein beträchtlicher Teil der Gesamtfläche des Sudetengebietes aus deutschem in tschechischen Besitz überging[13].

Anmerkungen und Quellen:

[1] Zum Text des ČSR-Gesetzes vom 16. 4. 1919: Siehe S. 269.

[2] Vgl. »Statistisches Jahrbuch der Čechoslovakischen Republik«; hsg. v. Statistischen Staatsamt, Prag; Jg. 1936, S. 246; Jg. 1937; S. 254; Jg. 1938; S. 266.

[3] Sie umfaßt nur Angaben zu Ergebnisständen ab 1936. Frühere Darstellungen (z. B. Rauchberg, Heinrich: »Bürgerkunde der ČSR«; Reichenberg, 1922; S. 235–241) können nur Teilzahlen enthalten, obwohl auch diese die nationalpolitische Problematik deutlich machen (z. B. Kaiser, Martin: »Die tschechoslowakische Agrarreform als Rechtsproblem«; Leipzig, 1931; S. 63 f., 31 f.). Auch Balcar, Jaromír: »Instrument im Volkstumskampf? Die Anfänge der Bodenreform in der Tschechoslowakei 1919/20« in »Vierteljahreshefte für Zeitgeschichte«; Jg. 46, Nr. 3 (Juli 1998); S. 391–428, hier S. 427 f.

[4] a) Vgl. Bohmann: SiZ; S. 12, 65.
Quelle: V. a. »Statistisches Jahrbuch für das Protektorat Böhmen und Mähren«, Bd. 1; Prag, 1941. Stand: 10. 10. 1938.
b) Die amtliche ČSR-Statistik verzeichnete bereits für Ende 1936 ähnliche Zahlen (in km²):

	Gesamt ČSR	Böhmen und Mähren/Schlesien
1) Ursprünglich beschlagnahmt	40.662	24.075
2) Freigegeben	17.952	12.179
3) (= 1–2) Endgültig beschlagnahmt	22.710	11.896
Davon bis 1936:		
4) unverteilt = ČSR-Staatseigentum	4.849	1.579
5) verteilt = neue Eigentümer	17.861	10.417

Vgl. »Statistisches Jahrbuch der Čechoslovakischen Republik 1938«; S. 55.

5 Vgl. Essler, F. W.: »20 Jahre sudetendeutscher Verlustbilanz 1918–1938«; Wien, 1938; S. 19.
Quellen: »Deutsche Landpost«, ⟨*TZ. d. BdL*⟩, Prag, vom 30. 3. 1938; »Siedlungsraum und Lebensraum« in »Sudetendeutsche Tageszeitung«, Tetschen (N.Böhm.); Jg. 16, Nr. 87 v. 13. 4. 1938; S. 12; »Mitteilungen des Verbandes der deutschen Großgrundbesitzer in der ČSR« vom 31. 5. 1938.
Stand: Vermutlich Ende 1937.

6 Vgl. »Der Sozialdemokrat« ⟨*TZ., PO. d. DSAP*⟩, Prag, vom 14. 2. 1937.
Quelle: Grobe Schätzung der Zeitung; Stand: ca. Ende 1936.

7 Vgl. Wiskemann, Elizabeth: »Czechs and Germans«; London, 1938; S. 151 f.
Quelle: Information des ČSR-Bodenamtes an die Autorin; Stand: ca. Ende 1937.

8 Vgl. Helbig-Neupauer, Bruno: »Der deutsche Großgrundbesitz in der Tschechoslowakei« in »Bauerntum und Landbau der Sudetendeutschen«, hsg. v. Karl Hübl; München, 1963; S. 597–601, hier S. 599 f.
Quelle: Berechnungen des »Verbandes der deutschen Großgrundbesitzer in der ČSR«; Stand: Frühjahr 1939.

9 Vgl. Aufzeichnung von Guido Klieber für Henlein v. 1. 12. 1938; Teilwiedergabe in Brügel, Wolfgang: »Tschechen und Deutsche 1918–1938«; München, 1967, S. 538 f. Angabe enthält nur Teile des verteilten deutschen Großgrundbesitzes.

10 Vgl. Suppan, Arnold: »Zahlen zur deutsch-österreichisch-tschechischen Konfliktgemeinschaft« in »Nationale Frage und Vertreibung in der ČSR und Ungarn 1918–1948«; hsg. v. Richard G. Plaschka u. a.; Wien, 1997; S. 28–32, hier S. 29.
Keine Quellenangabe; die Zahlen betreffen nur »Ackerland«; als Stand der Angaben ist 1937 zu vermuten.

11 Vgl. die Aufzeichnung Henleins für Hitler vom 19. 11. 1937 in ADAP: D/II; S. 40–51, hier S. 42.

12 Das deutsche Auswärtige Amt quantifizierte am 15. 2. 1939 den »deutschen Boden«, der »den Deutschen enteignet und in tschechische Hände überführt wurde«, mit 1.500 km².
Vgl. Schreiben an das Reichsjustizministerium, auszugsweise bei Braumandl, Wolfgang: »Die Wirtschafts- und Sozialpolitik des Deutschen Reiches im Sudetenland 1938–1945«; Nürnberg, 1965; S. 282.

13 Zu den darauf errichteten Siedlungen mit Tausenden tschechischer Neusiedler:
Vgl. Bohmann: SiZ; S. 64. Auch Habel: MVT; S. 45 mit Anm. 62, 63.
Karte in Winkler, Erwin: »Die Tschechoslowakei im Spiegel der Statistik«; Karlsbad, 1937; S. 42.
Zu der daraus resultierenden Gesamtverschiebung von Arbeitsplätzen im Sudetengebiet von Deutschen zu Tschechen: Siehe S. 271 f.

****

Darstellung 4: 1928–1938
Arbeitslose in der ČSR –
Das Zahlenbild

1. Vorbemerkungen
Die Dimensionierung dieses ungemein wichtigen Tatbestandes zu den verschiedenen relevanten Beziehungsgrößen kann in der hier gebotenen Knappheit nur in gewissen Grenzen nachvollzogen werden. In aller Kürze zwei Vorbemerkungen:

1.1 Der wirtschaftshistorische/politische Rahmen
a) »Die wirtschaftliche Entwicklung zwischen 1933 und 1935 verlief in der Tschechoslowakei so, als ob ein böses Verhängnis waltete ... Die Arbeitslosigkeit, die in den tschechischen Gegenden überwunden war, hatte sich von 1933 bis 1935 in weiten Teilen des hochindustrialisierten Sudetenlandes stabilisiert. Das war nicht alles. Inzwischen hatten Hitler und Göring ihr Rüstungsprogramm anlaufen lassen. Aus dem Land der größten Arbeitslosigkeit wurde damit – wenigstens nach außen – ein Land der Vollbeschäftigung. Zwischen einem prosperierenden Innerböhmen und der Aufrüstungskonjunktur des Dritten Reiches lag das Kerngebiet der Sudetendeutschen in einem hoffnungslosen Notstand.«[1]
b) Das Wissen um den ab 1933 starken Rückgang der vordem viel höheren Arbeitslosigkeit in Deutschland strahlte in die ČSR über das damals neue Medium Rundfunk[2], ab 1933 voll vom NS-Propagandaapparat unter Dr. Goebbels beherrscht, stark ein, da ČSR-Rundfunknutzer deutscher Sprache in Nordmähren und Böhmen wegen kaum vorhandener ČSR-Sendungen in ihrer Sprache weitgehend hierauf angewiesen blieben; das ČSR-Verbot des Empfangs ausländischer Rundfunksendungen vom 29. 5. 1933[3] war daher praktisch unwirksam.
Deswegen ist es erforderlich, auch die Arbeitslosenzahlen des Deutschen Reiches zu betrachten und die Zahlen für die ČSR nach Nationalitäten aufzugliedern.

1.2 Die amtlichen ČSR-Zahlen
Der ČSR-amtliche, statistische Begriff hieß »nicht untergebrachte ⟨*Arbeits-*⟩Bewerber« *und umfaßte nur einen Teil der Arbeitslosen; eine sozialdemokratische Quelle (siehe weiter unten, Anm. 13) bezifferte diesen Anteil sogar nur mit 20 %. Dies war die Folge des damaligen Systemunterschieds zwischen dem Deutschen Reich und der ČSR[4], wobei ersteres 100 %, letzteres jedoch nur rd. 35 % der anerkannten Arbeitslosen unterstützte (siehe Tabelle 1).*
Vergleichbar der Behandlung der Bodenreform (siehe S. 1179) wurden auch zur Arbeitslosigkeit die derart entstandenen offiziellen ČSR-Gesamtzahlen nicht nach Nationalität aufgegliedert.

1.3 Meßzahlen, Vergleichbarkeit, Aussagefähigkeit
a) Heute werden die Arbeitslosen in der sog. Arbeitslosenquote an der Zahl der Erwerbspersonen gemessen.
Das war 1928–1938 unüblich und wäre nicht rekonstruierbar.
Daher mußte der Umfang der Arbeitslosigkeit an der Gesamtbevölkerung gemessen werden und erscheint nach unseren heutigen Vorstellungen beträchtlich geringer[5].
b) Die in Tabelle 1 nachfolgenden amtlichen Gesamtzahlen der ČSR geben daher für diese mit hoher Wahrscheinlichkeit nur einen gewissen Anteil an, der im Vergleich zum Deutschen Reich zu niedrig ausfällt: Die »Ausgesteuerten« *und/oder an der Chance zur Arbeit Verzweifelten waren nicht mehr enthalten.*
c) Diese Auffassung wird auch durch die Aufrißangaben nach Nationalitäten (in Tabelle 2) gestützt: Sie liegen deutlich höher.

d) Diese privaten Angaben scheinen im wesentlichen so entstanden zu sein, daß zunächst die amtlichen Gesamtangaben für überwiegend deutsch (bzw. tschechisch) besiedelte Bezirke (= etwa Landkreise) als »arbeitslose Deutsche« (bzw. Tschechen) bezeichnet und dann mit Zuschlägen versehen wurden.

2. Die Zahlenbilder
Es wurden berichtet:

Tabelle 1: Amtliche Angaben der Arbeitslosen

	ČSR-Gesamt						Deutsches Reich	
					davon: Böhm., Mähr.-Schlesien			
	Arbeitslose (AL) Gesamt				Arbeitslose		Arbeitslose (zu 100 % unterstützt)	
			davon: unterstützte AL					
	abs.	in %	abs.	in %	abs.	in %	abs.	in %
	1[6]	2	3[7]	4 (von 1)	5[8]	6	7[9]	8
Arbeitslose (Tsd.)								
1928	39.	0,2	•		•		1,715.	(2,6)
1929	42.	0,3	24.	57	38.	0,3	1,899.	2,9
1930	105.	0,7	51.	48	100.	0,9	3,076.	4,7
1931	291.	2,0	102.	35	272.	2,5	4,520.	6,8
1932	554.	3,8	185.	33	492.	4,6	5.575.	8,4
1933	738.	5,0	248.	34	645.	6,0	4,804.	7,2
1934	677.	4,6	246.	36	584.	5,4	2,718.	4,1
1935	686.	4,6	235.	34	586.	5,5	2,151.	3,2
1936	623.	4,2	209.	33	526.	4,9	1,593.	2,4
1937	409.	2,8	155.	38	(324.)	3,0	912.	1,4
1938	•		•		•		429.	0,6
Bevölkerung 1930 bzw. 1933 (Mio.)	14,5	100			10,7	100	66,0	100

Tabelle 2: Aufteilungen der ČSR-Arbeitslosen nach Nationalitäten:

	ČSR					Böhmen und Mähren-Schlesien					
		darin:					darin:				
		Tschech. + and.		Deutsche			Tschechen		Deutsche		
	Gesamt	abs.	in %	abs.	in %	Gesamt	abs.	in %	abs.	in %	
Jahr	1	2	3	4	5	6	7	8	9	10	Angabe in Anm.
Bevölkerung (Mio.) 1930	14,5	11,3	100	3,2	100	10,7	7,3	100	3,1	100	
Arbeitslose (Tsd.)											
keine	(800.)	300.	3,1	500.	15,1						10
An-								4		9	11
gabe								5		20	12
1930								0,9		1,8	13
Jan. 1932							325.	(4,4)	340.	(11,0)	14
1933	920.										15
1933						540.	290.	4	250.	8,1	16
1933/34	920.	(307.)	(3,1)	613.	(18,5)						17
1936	846.	(321.)	(3,2)	525.	(15,8)						11
Jan.–Juli 1936						ø 705.	ø 442.	6,1	ø 263.	8,6	18
Febr. 1937									234.	(7,5)	19
Febr. 1938									185.	(6,0)	19
Okt. 1938									250.	(8,1)	20

(Klammer-)Zahlen = Eigenermittlung

4. Zusammenfassung

Generell erscheinen folgende Aussagen belegt:

- *Die Arbeitslosigkeit in der ČSR begann später, war zwar prozentual geringer, aber (wegen der vielen Nichtunterstützten) sozial schwerwiegender und dauerte deutlich länger als im Deutschen Reich.*
- *Die Arbeitslosigkeit im Sudetengebiet lag erheblich höher und dauerte deutlich länger als im nichtdeutschen Gebiet der ČSR sowie von Böhmen und Mähren-Schlesien.*
- *Das Sudetengebiet grenzte auf beiden Seiten, am tschechischen Sprachgebiet und am Deutschen Reich, an Gebiete mit insgesamt besserer Entwicklung der Arbeitslosigkeit.*

Quellen und Anmerkungen:

[1] Vgl. Jaksch: Europa; S. 272.

[2] Vgl. Umlauft, Franz Josef: »Geschichte der deutschen Stadt Aussig«; Bayreuth (Ofr.), 1960; S. 647.

[3] Die Zahlen der erteilten ČSR-Rundfunkempfangsgenehmigungen (in Tsd.):

1924:	+ 0.	1932:	469.
1926:	175.	1933:	569.
1928:	237.	1934:	689.
1930:	313.	1935:	842.
		1936:	922.

Vgl. »Statistisches Jahrbuch der Čechoslovakischen Republik 1938«; hsg. v. Statistischen Staatsamt, Prag; S. 164. Im folgenden: JB ČSR 1938.

[4] Hier können die Systeme nur ansatzweise vergleichend erläutert werden:
Wie heute in Deutschland gab es im Deutschen Reich seit 16. 7. 1927 eine staatliche Arbeitslosenversicherung mit Rechtsanspruch auf Unterstützung nach dem Prinzip von Beitragsleistung und Versorgungsgegenleistung.

In der 1. ČSR folgte man demgegenüber dem sog. »Genter System«: Nur Gewerkschaftsmitglieder erhielten aus Gewerkschaftsmitteln eine zeitweilige Unterstützung, zu der die ČSR-Regierung für maximal 13 Wochen Arbeitslosigkeit einen Zuschuß leistete. Arbeitslose Nichtgewerkschaftsmitglieder und »ausgesteuerte« Arbeitslose waren auf freiwillige Leistungen ihrer Heimatgemeinde angewiesen, zu denen erst später wöchentliche Lebensmittelgutscheine im Wert von ca. 2,5 Stundenlöhnen traten. Diese sog. Czech-Karten waren nach dem ČSR-Minister für soziale Fürsorge Ludwig Czech benannt. Der Vorsitzende der sudetendeutschen Sozialdemokraten bekleidete diese Stellung in der Regierung von 1929 bis 1934.
Herkunft der Angaben: Auskünfte von Wissensträgern.

5 Um dies zu verdeutlichen, folgende Werte für die BR Deutschland:

	Arbeitslose in % der abhängigen, zivilen Erwerbspersonen (= heute übliche Betrachtungsweise)	Arbeitslose in % der Gesamtbevölkerung (= Maßzahl der Darstellung 1928–1938)
1950	11,0	3,3
1960	1,3	0,5
1970	0,7	0,2
1980	3,8	1,4
1990	7,2	2,4
1995	9,3	3,1

Vgl. für die Angaben/Rechenbasen; hsg. jeweils vom Statistischen Bundesamt, Wiesbaden: »Lange Reihen zur Wirtschaftsentwicklung«; Stuttgart, 1982; S. 40 f.; bzw. »Datenreport 1997«; Bonn, 1997; S. 21, 89.

6 a) Vgl. JB ČSR 1938; S. 216.
b) Vgl. Mitchell, B. R.: »European Historical Statistics 1750–1970«; London, 1975; S. 166 f.
Die Arbeitslosen waren dabei wie folgt definiert:
In der ČSR als »Averages of monthly numbers of application for work at labour exchanges and (until 1936) private placement agencies«.
c) Die Angaben für die ČSR 1929–1933 auch bei Bohmann: SiZ; S. 100.

7 Vgl. JB ČSR 1938; S. 219.

8 Vgl. JB ČSR 1938; S. 216.

9 Vgl. Mitchell: a. a. O.; S. 169;
dort Definition: »Averages of monthly numbers of registered unemployed«.

10 Vgl. Glaser, Kurt: »Czecho-Slovakia«; Caldwell (Ida., USA), 1961; S. 34.

11 Vgl. Slapnicka, Helmuth: »Die böhmischen Länder und die Slowakei 1919–1945« in »Handbuch der Geschichte der Böhmischen Länder«; hsg. v. Karl Bosl, Bd. IV; Stuttgart, 1969; S. 2–150, hier S. 66 f.
Die Angaben für 1936 auch bei Suppan, Arnold: »Zahlen zur deutsch-österreichisch-tschechischen Konfliktgemeinschaft« in Plaschka, Richard (Hsg. m. a.): »Nationale Frage und Vertreibung in der Tschechoslowakei und Ungarn 1938–1948«; Wien, 1997; S. 28–32, hier S. 30.
Die 525.000 deutschen Arbeitslosen für 1936 auch bei Hrabovec, Emilia: »Vertreibung und Abschub«; Frankfurt/M., 1995; S. 11.

12 Vgl. Seibt, Ferdinand: »Deutschland und die Tschechen«; München, 1974, 2. Aufl. 1993; S. 318 f.

13 Vgl. »Die Wirtschaftskrise und die Sudetendeutsche Arbeiterschaft. Protokoll der gemeinsamen Reichskonferenz der deutschen sozialdemokratischen Arbeiterpartei in der tschechoslowakischen Republik und des Deutschen Gewerkschaftsbundes am 7. September 1930«; o. O., o. J. (vermutlich Prag, 1930), Nachdruck ca. 1960; S. 13 f.:
»Wir haben die Erhebungen vom 31. Mai ⟨*1930*⟩ nach deutschen und tschechischen Bezirken verarbeitet, d. h. nach Bezirken mit rein tschechischer Bevölkerung oder tschechischer Mehrheit und mit rein deutscher Bevölkerung oder deutscher Mehrheit. Dabei bemerke ich, daß es sich in Böhmen um 102 Gerichtsbezirke handelt, daß also über 120 Gerichtsbezirke in Böhmen von der Erhebung nicht erfaßt wurden, das sind jene Bezirke, in denen nur sehr wenig oder gar keine Industrie vorhanden ist. Wir hatten nun in 61 rein tschechischen Gerichtsbezirken oder mit tschechischer Mehrheit 27.288 Arbeitslose bei einer Bevölkerung von 2,800.000. In 41 rein deutschen Gerichtsbezirken oder mit deutscher Mehrheit hatten wir 27.042 Arbeitslose bei einer Bevölkerung von 1½ Millionen. Da kommen wir zu folgendem Schluß: Auf je 1000 deutsche Einwohner in den deutschen Bezirken entfallen rund 18 Arbeitslose, auf je 1000 tschechische Einwohner nur 9 Arbeitslose, d. h. wir haben die doppelte Anzahl der Arbeitslosen, und zwar der amtlich Gemeldeten in den deutschen Gebieten.

Wir dürfen uns aber auch durch diese amtlichen Daten nicht täuschen lassen, denn das ist nur ein Bruchteil der wirklich Arbeitslosen, und wenn ich diesen Bruchteil mit 20 % annehme, so ist das hoch genug. Unter dieser Annahme ist die Zahl der wirklich Arbeitslosen fünfmal so hoch wie die amtliche Erhebung besagt, die ich hier vorgetragen habe.«

[14] »Eine vom Deutschen Gewerkschaftsbund, Reichenberg, ausgearbeitete Denkschrift führt an, daß im Januar 1932 in den 58 mehrheitlich deutschen Bezirken Böhmens, Mährens und Schlesiens insgesamt 340.000 Arbeitslose gezählt wurden, in den 93 mehrheitlich tschechischen 325.000. Die Durchschnittszahl betrug 5597 für einen deutschen, 3497 für einen tschechischen Bezirk. In den 13 am stärksten industrialisierten deutschen Bezirken waren aber gleichzeitig 11 % der Bevölkerung arbeitslos, in den 13 vergleichbaren tschechischen Bezirken 5,2 % (Gewerkschaftliche Rundschau, Reichenberg, 6. 4. 1932).«
Vgl. Brügel, Johann W.: »Tschechen und Deutsche 1918–1938«; München, 1967; S. 579.

[15] Vgl. Paul, Ernst: »Wenzel Jaksch und die sudetendeutsche Sozialdemokratie« in: »Ruhm und Tragik der sudetendeutschen Sozialdemokratie«; hsg. v. d. Treuegemeinschaft sudetendeutscher Sozialdemokraten; Malmö (Schweden), 1946; S. 7–32, hier S. 17.

[16] Vgl. Schreitter-Schwarzenfeld, Karl: »Die Sudetendeutschen in ihrer gesellschaftlichen Schichtung«; Prag, o. J. (ca. 1933); S. 64 f.

[17] Vgl. Hoensch, Jörg K.: »Geschichte der Tschechoslowakischen Republik 1918–1965«; Stuttgart, 1966; 2. Aufl.: ». . . 1918–1978«; 1978; S. 54.

[18] Vgl. Bohmann: SiZ; S. 98. Herkunft der Zahlen: »Nach Mitteilung des Deutschen Hauptverbandes der Industrie«.
Identische Zahlen bei Jung, Rudolf: »Die Tschechen«, 2. Aufl.; Berlin, 1937; S. 149. Dort Herkunftsangabe: »Erhebungen des ⟨*ČSR-*⟩Ministeriums für soziale Fürsorge«.

[19] Vgl. Löwit, Herbert: »Vor 60 Jahren« in SudetenJB., Jg. 1997; S. 44.

[20] Vgl. Kulischer, Eugene: »The Displacement of Population in Europe«; Montreal (Kanada), 1943; S. 120.

****

Darstellung 5:
ČSR-Staatsbedienstete[1]: Unterproportionaler Anteil[2] der Deutschen weiter verringert[3]; Einsatz zur Unterwanderung[4,5] des Sudetengebietes

		Staatsbedienstete (in Böhmen, Mähren/Schlesien)					Beispiele: ČSR-Staatsbedienstete im Bezirk …			
		darin:								
		Post	Bahn	Allg. Verw.	Militär	Gesamt	… Eger	… Gablonz	… Komotau	… Reichenberg
		1	2	3	4	5	6	7	8	9
1910: Bevölkerung:										
Tschechischer Anteil	(%)						0,3	6,7	2,8	6,7
1921: Bevölkerung:										
Tschechischer Anteil	(%)						3,1	16,3	8,4	14,6
Deutsche	(%)					30,2				
Staatsbedienstete:										
Gesamt	(Tsd.)	33.3	129.0	66.9	16.7					
davon Deutsche	(Tsd.)	9.8	35.3	15.1	2.5					
	(%)	29,4	27,4	22,6	15,0	25,5				
1930: Bevölkerung:										
Tschechischer Anteil	(%)						7,0	17,8	11,8	16,5
Deutsche	(%)					28,8				
Staatsbedienstete:										
Gesamt	(Tsd.)	37.5	122.6	61.6	14.1					
davon Deutsche	(Tsd.)	5.8	18.2	7.7	0.7					
	(%)	15,5	14,8	12,5	5,0	13,7				
davon Tschechen	(%)						35,2	46,6	40,5	46,1

Anmerkungen:

1 Die Darstellung zeigt nur Zahlen ohne Bewertung des Dienstranges. Die Deutschen waren darin zusätzlich oft auf niedrige Ränge verwiesen. Ein Beispiel:
Von allen Staatsbediensteten bei der Bahn waren 1930 ca. 15 % Deutsche. Unter rund 2.900 »Leitern eines Bahnbetriebs- bzw. Bahnstationsamtes« waren aber nur 80 Deutsche, d. h. weniger als 3 %. Vgl. Bohmann: SiZ; S. 57.

2 Aus den Angaben für 1921 wird deutlich, daß die Deutschen (vermutlich durch »revolutionäre« Maßnahmen nach 1918/19) bereits in dieser frühen Zeit der ČSR benachteiligt waren.

3 Zum Bemühen der sudetendeutschen »aktivistischen« Parteien im Jahre 1937, diese Benachteiligung auszugleichen: Siehe S. 363 f.

4 a) Die Nutzung der Staatsbediensteten auch im politischen Bereich belegte die auch im Hinblick auf das Zuzugsdatum bemerkenswerte Kandidatenliste der tschechischen Wahlgruppe in Schluckenau (N.Böhm.) zu den Gemeindewahlen im Jahre 1938:

Name	Beruf	Zuzug
1. Woller, František	Steuersekretär	1932
2. Polívka, František	Postkontrolleur	1931
3. Brabec, Antonín	Postbeamter	1932
4. Králík, Oldřich	Trafikant	1925
5. Dudek, Jan	Finanzbeamter	1933
6. Pláček, Josef	Kanzleioffiziant	1932
7. Pilat, Emanuel	Straßenmeister	1919
8. Pena, Josef	Bahnbeamter	1935
9. Vykoukal, Josef	Finanzbeamter	1935
10. Valenta, Hynek	Finanzbeamter	1937
11. Chvalkovsky, Karel	Oberlehrer	1935
12. Drahonovsky, Jan	Postangestellter	1929
13. Rada, Jan	Eisenbahner	1929
14. Karnet, Stanislav	Eisenbahner	1926
15. Votruba, Leopold	Finanzbeamter	1936

Zur Erläuterung: Ein »Trafikant« war der Inhaber einer Verkaufserlaubnis des ČSR-Staatsmonopoles für Tabakwaren.

b) Deswegen war auch zu beobachten, daß nach der Eingliederung des Sudetengebietes in das Deutsche Reich im Herbst 1938 rd. 50.000 bis 100.000 tschechische Staatsbedienstete mit ihren Familienangehörigen das Gebiet verließen.
Vgl. Habel: MVT; S. 70–76; für die hierin nicht enthaltenen Angestellten und Arbeiter der ČSR-Grenzbefestigungen S. 255.

5 In eindrucksvoller Gegenüberstellung listeten im Jahre 1930 sudetendeutsche Sozialdemokraten und Gewerkschaftler auf:
»Die Zahl der deutschen Eisenbahnangestellten – unbeschadet der Beamten – ist von zirka 22.000 ⟨*im Jahre 1918*⟩ auf 11.000 gesunken. Der Abbau der deutschen Beamten bei der Bahn dürfte 8.000 bis 10.000 betragen. Die Deutschen können sich nur noch in untergeordneten Stellungen behaupten, rücken nicht vor und führen ein Leben, das ich Ihnen gar nicht beschreiben kann.
Nehmen wir nun den Postdienst. Ich will einige Beispiele anführen. In Graslitz, das 100 Prozent deutscher Einwohner zählt, gab es vor dem ⟨*1. Welt-*⟩Kriege 23 deutsche Bedienstete, jetzt 22 tschechische Beamte und 5 deutsche Briefträger. Die deutschen Briefträger sind übriggeblieben, weil sie einen schweren Dienst haben und bei Wind und Wetter über die Berge gehen müssen. In Weipert mit 99,3 Prozent deutscher Bevölkerung sind von 30 Postbediensteten nur noch 5 deutsche Briefträger übrig. In Eger gab es vor dem Kriege bei der Post 95 Deutsche und 7 Tschechen, im Jahre 1930 sind dort 60 Deutsche und 113 Tschechen . . . In St. Joachimsthal gab es vor dem Kriege 21 Deutsche, jetzt 14 Deutsche und 10 Tschechen. In Teplitz vor dem Kriege 209 Deutsche und 28 Tschechen, jetzt 124 Deutsche und 166 Tschechen. In Tuschkau früher 8 Deutsche, jetzt 22 Tschechen. In Neuern früher 10 Deutsche, jetzt 3 Deutsche und 11 Tschechen bei 98 Prozent deutscher Bevölkerung. In Mies früher 14 Deutsche und 1 Tscheche, jetzt 5 Deutsche und 19 Tschechen. In Tachau früher 6 Deutsche, 1 Tscheche, jetzt 2 Deutsche und 7 Tschechen. In Saaz wurden seit dem Umsturz ⟨*der staatlichen Verhältnisse 1919*⟩ 70 Tschechen und 4 Deutsche neu angestellt, der jetzige Stand beträgt 34 Deutsche und 81 Tschechen. Komotau: 1919 108 Deutsche und 7 Tschechen, 1930 87 Deutsche und 80 Tschechen; Krumau: 1918 23 Deutsche und 7 Tschechen, 1930 7 Deutsche und 24 Tschechen. Bilin 1919 22 Deutsche und 2 Tschechen, 1930 11 Deutsche und 16 Tschechen. Dux: 1919 29 Deutsche, 13 Tschechen, jetzt 7 Deutsche, 34 Tschechen. Haida: Abgebaut 11 Deutsche, neueingestellt 1 Deutscher und 13 Tschechen. Friedland: Abgebaut 8 Deutsche, neuaufgenommen 2 Deutsche und 7 Tschechen. Neutitschein: gegenwärtig 22 Deutsche und 39 Tschechen. Nikolsburg: 2 Deutsche und 22 Tschechen. Zwittau: 1919 27 Deutsche und 5 Tschechen, 1929 22 Deutsche und 35 Tschechen. Das nationale Verhältnis im Postwesen beträgt nur 7,5 bis 18 Prozent Deutsche und 82,5 bis 92,5 Prozent Tschechen. So geht das fort, Neuanstellungen von Deutschen werden nicht vorgenommen, höchstens daß man einen oder den anderen Briefträger von einem deutschen Ort in den andern versetzt.
Bei den Bezirksbehörden, Steuerämtern, Bezirksgerichten und bei der Gendarmerie zeigt sich Folgendes: Graslitz: pensioniert, versetzt und abgebaut 13 Deutsche, neuaufgenommen, bezw. dorthin versetzt im ganzen 32, davon 8 Deutsche und 24 Tschechen. Neudek: einschließlich Finanzwache 68 deutsche Beamte und Angestellte durch Tschechen ersetzt, . . . Eger: vor dem Umsturz 156 Deut-

sche, 1 Tscheche, 1930 71 Deutsche und 148 Tschechen. Beim Kreisgericht Eger: 1919 103 Deutsche, 1 Tscheche, 1930 81 Deutsche und 36 Tschechen. St. Joachimsthal: 1918 19 Deutsche, 1 Tscheche, 1930 11 Deutsche, 10 Tschechen. Karlsbad: abgebaut und pensioniert 39 deutsche Beamte des Steueramtes und Steueradministration, derzeitiger Stand 25 Deutsche und 39 Tschechen. Bezirk Tuschkau: Gendarmerie, jetziger Stand 10 Tschechen, 1 Deutscher; Steueramt: 6 Tschechen, kein Deutscher; Gericht: 3 Tschechen, 1 Deutscher. Die Erhebungsdaten stammen aus einem Gebiet mit 85 Prozent deutschen und 15 Prozent tschechischen Einwohnern. Neuern: 1918 18 Deutsche, 3 Tschechen, 1930 4 Deutsche, 13 Tschechen. Mies: 1919 43 Deutsche, 7 Tschechen, 1930 21 Deutsche und 27 Tschechen. Pfraumberg: 1918 6 Deutsche, 1 Tscheche, 1930 3 Deutsche, 3 Tschechen. Saaz: derzeitiger Stand 47 Deutsche, 88 Tschechen, abgebaut, pensioniert und versetzt wurden zirka 50 Deutsche. Nikolsburg: gegenwärtiger Stand 11 Deutsche, 35 Tschechen. Am 1. Mai 1929 betrug das Verhältnis 12,7 v. H. Deutsche, 86,8 v. H. Tschechen, während der Bevölkerungsschlüssel bei den Deutschen 27 v. H. und 73 v. H. bei den Tschechen beträgt. Reichenberg (Steueramt): vor dem Kriege nur deutsche Beamte, im Jahre 1929 22 Tschechen und 3 Deutsche. Krumau (Bezirksbehörden, Steuerbehörden): im Jahre 1918 25 Deutsche, 7 Tschechen, 1930 9 Deutsche, 31 Tschechen.
Nur bei der Tabakregie besteht so etwas wie ein nationaler Schlüssel bei der Aufnahme, d. h. die Aufnahme erfolgt angeblich nach dem Nationalitätenschlüssel der Bevölkerung und zwar derart, daß in den historischen Ländern 70 Prozent Tschechen und 30 Prozent Deutsche aufgenommen werden. Aber dieser Schlüssel wird nur für die Fabriken in deutschen Gebieten gehandhabt und nicht auch in tschechischen Gebieten. Außerdem verwiesen die verschiedenen Direktoren bei den Tabakfabriken darauf, daß gemäß einem Erlasse der Tabakregie die Tabakfabriken verhalten sind, 50 Prozent von den freien Stellen den Legionären zuzuteilen und erst die restlichen 50 Prozent zwischen Tschechen und Deutsche ⟨*im Verhältnis 70 : 30*⟩ aufzuteilen. Auch von den bei der Tabakregie Beschäftigten wird allgemein festgestellt, daß die verschiedenen Národnivýbors ⟨*d. h. tschechische Nationalausschüsse*⟩ auf die Auswahl der aufzunehmenden und der zu entlassenden Tabakarbeiter, auf die Beteilung mit Fabrikswohnungen überall entscheidenden Einfluß ausüben und wenn sie irgendwo den geringsten Widerstand feststellen, wird sogleich in Hetzzeitungen gegen den betreffenden tschechischen Direktor eine heftige Kampagne eröffnet, daß er die Deutschen bevorzuge. Neutitschein: im Jahre 1918 1083 Arbeiter, davon 20 Prozent Tschechen, im Jahre 1929 896 Arbeiter, davon 449 Deutsche und 447 Tschechen. Aufgenommen wurden von 1919 bis 1929 232 Deutsche, 409 Tschechen. Zwittau: 1918 869 Deutsche, 120 Tschechen, 1919 399 Deutsche, 105 Tschechen. Entlassen und pensioniert wurden nur Deutsche, aufgenommen in dieser Zeit 55 Deutsche, 120 Tschechen. Iglau: Abgebaut, entlassen und pensioniert wurden seit dem Umsturz 410 Deutsche und keine Tschechen, neuaufgenommen wurden keine Deutschen, aber 588 Tschechen . . .«
Vgl. »Die Wirtschaftskrise und die Sudetendeutsche Arbeiterschaft. Protokoll der gemeinsamen Reichskonferenz der deutschen sozialdemokratischen Arbeiterpartei in der tschechoslowakischen Republik und des Deutschen Gewerkschaftsbundes am 7. September 1930«; o. O., o. J. (vermutlich Prag, 1930), Nachdruck ca. 1960; S. 21–24.

Quellen:
Bohmann: SiZ; S. 56 f.
Winkler, Erwin: »Die Tschechoslowakei im Spiegel der Statistik«; Karlsbad, 1937; S. 31.
Eigenes Archivmaterial.

****

Darstellung 6:
Ergebnisse der ČSR-Wahlen zum Abgeordnetenhaus[1] 1920–1935 (Sitzverteilung)[2]

Parteien		Wahlen vom 18. 4. 1920	Wahlen vom 15. 11. 1925	Wahlen vom 27. 10. 1929	Wahlen vom 19. 5. 1935
Tschechoslowakische, tschechische Parteien:					
Ts. Sozialdemokratische Partei		74	29	39	38
Ts.Volkspartei		33	31	25	22
ts. Landvolkes, Partei des ...	(Agrarier)	28	45	46	45
Ts. nationalsozialistische Partei		24	28	32	28
Ts. nationaldemokratische Partei		19	13	15	–
Ts. Gewerbepartei		6	13	12	17
Ts. sozialistische Partei		3	–	–	–
Liga gegen gebundene Kandidatenlisten		–	–	3	–
Nationale Vereinigung		–	–	–	17[3]
Nationale faschistische Gemeinde		–	–	–	6
Zwischensumme		187	159	172	173
Deutsche Parteien[4]:					
D. Sozialdemokratische Arbeiterpartei	(DSAP)	31	17	21	11
(D.) Bund der Landwirte (Agrarier)	(BdL)	11	16	16	5
D. Christlich-Soziale Volkspartei	(DCSVP)	10	13	14	6
D. Nationalpartei	(DNP)	10	10	7[5]	–
D. nationalsozialistische Arbeiterpartei	(DNSAP)	5	7	8[5]	–
D. demokratische Freiheitspartei	(DDFP)	5	–	–	–
Sudetendeutsche P., Vors. K. Henlein	(SdP)	–	–	–	44[6]
Zwischensumme		72	63	66	66
Parteien anderer Nationalitäten:					
Slowakische Volkspartei		12	23	19	22
Ungarische Parteien		10	12	9	9
Polnisch(-jüdische) Parteien		–	2	4	–
Zwischensumme		22	37	32	31
Ts. kommunistische Partei (übernational)		–	41[6,7]	30[7]	30[7]
Mitglieder des Abgeordnetenhauses	Gesamt	281[8]	300	300	300

Anmerkungen:

[1] Zum ČSR-Wahlgesetz v. 29. 2. 1920 und der Ungleichheit in der Mandatszuteilung: Siehe S. 294.

[2] Angaben gelten für jeweiligen Wahlzeitpunkt, später in einigen Fällen Mandatswechsel.

[3] Bisherige Nationaldemokraten mit neuem Parteinamen.

[4] a) Nach 1919 arbeiteten BdL, DCSVP, DNP, DNSAP und DDFP im »Deutschen parlamentarischen Verband« (siehe z. B. S. 299) zusammen und unterhielten u. a. das »Deutschpolitische Arbeitsamt« (siehe S. 314).

b) Das Verhältnis der Parteien zur Staatsstruktur der ČSR kann im Zeitablauf über Mandatszahlen wie folgt zusammengefaßt werden:

	Abgeordnetenzahl deutscher Parteien in der ČSR, die …		
	… den grundlegenden Umbau des Staates forderten: (in %)	… die Staatsstruktur aus parlamentarischer Opposition eher bejahten: (in %)	… in die ČSR-Regie- Minister entsandten: (in %)
1920–1925	alle = 72 (100 %)	0	0
1925–1926 (12. 10.)	DNP, DNSAP = 17 (27 %)	alle anderen = 46 (73 %)	0
1926–1929	DNP, DNSAP = 17 (27 %)	DSAP = 17 (27 %)	BdL, DCSVP = 29 (46 %)
1929–1933 (Oktober)	DNP, DNSAP = 15 (23 %)	0	BdL, DCSVP, DSAP = 51 (77 %)
1933–1935	0	0	51 (100 %)
1935–1938 (März)	SdP = 44 (67 %)	0	alle anderen = 22 (33 %)
1938 (März) – 1938 (September)	SdP = 55 (83 %)	DSAP = 11 (17 %)	0

5 Im Oktober 1933 aufgelöst bzw. Tätigkeit eingestellt.

6 Erstmalige Wahlbewerbung.

7 Zu Zahlen deutscher Mitglieder der KPČ, welche Rückschlüsse auf die Wählerzahl zulassen, wurde berichtet:

	Gesamt	davon: Deutsche
1921	250.000	42.000
1924	138.000	29.100
1937	52.000	13.000

Vgl. Kuhn, Heinrich: »Tschechoslowakei« in »Sowjetsystem und demokratische Gesellschaft«; hsg. v. C. D. Kernig; Sonderband: »Die kommunistischen Parteien der Welt«; Freiburg (Brsg.), 1969; Spalte 506 f.

8 Diese Zahl dürfte darauf zurückzuführen sein, daß die Wahl im Olsa-Gebiet und der Karpaten-Ukraine nicht durchgeführt wurde.

Quellen:
»Statistisches Hand- ⟨*später:*⟩ Jahrbuch der Čechoslovakischen Republik«; hsg. v. Statistischen Staatsamt, Prag; 1920 ff.; Bd. II, S. 347 f.; Bd. III, S. 254 ff.; Bd. IV, S. 401 ff.; Jg. 1936; S. 269 f.
Eigenes Archivmaterial.

****

Die sudetendeutsche Bevölkerungsbilanz 1930/39–1950

Teil A: Vorbemerkung

Die nachfolgende Übersicht mag makaber erscheinen: Hier werde – so könnte eingewendet werden – mit Tausenden von Toten in Anmerkungen umgegangen, als seien sie verlorene Glaskugeln oder verschrottete Pkws.
Das ist auch tatsächlich so: Verbrecherische Politik degradiert Menschen zu Gegenständen, über die lediglich die Angaben nicht so exakt sind, wie bei einer Produktions- oder Verschrottungsstatistik.
Die Statistik faßt zusammen, bildet Kategorien und kommt zu Ergebnissen. Sie ist wertneutral und lediglich dokumentierend, ähnlich dem Thermometer oder Barometer. Es obliegt dem (Ab-)Leser, aus dem dokumentierenden Instrument Statistik entsprechende Schlüsse zu ziehen.

1. Das Material und seine Darstellung
Die als Teil B nachfolgende sudetendeutsche Bevölkerungsbilanz folgt dem Prinzip, daß von einer gesicherten Ausgangslage – hier i. d. R. die Volkszählung 1939 – zu einer ebenso gesicherten Endlage – hier i. d. R. die Volkszählung 1950 – übergeleitet wird. Dieses Grundprinzip wurde, soweit irgend möglich, durch zusätzliche Feststellungen und Überlegungen abgesichert.
Als Material standen verschiedene, auf den Volkszählungen aufbauende Darstellungen auch öffentlicher Stellen zur Verfügung. Diese Materialien bezogen sich teilweise auf alle Deutschen in/aus der ČSR und nur teilweise auf die Sudetendeutschen allein. Deswegen mußte in zwei Stufen dargestellt werden: Der Unterschied zwischen den Deutschen in/aus der ČSR und den »Sudetendeutschen« sind die Karpatendeutschen, d. h. die Deutschen aus der Slowakei.
Die Zeilenfolge der Darstellung folgt weitgehend dem Prinzip der Bevölkerungsbilanzen des Statistischen Bundesamtes. Sie wurde lediglich dort ergänzt, wo dies die Aussagefähigkeit erforderte.
Das galt vor allem für neues Material und den Vergleich mit den Meinungen von Personen und Institutionen, welche von anderen Angaben ausgehen oder das Ergebnis derartiger Darstellungen grundsätzlich bezweifeln. Der Quervergleich macht deutlich, wo die Gründe der beträchtlichen Abweichungen liegen, die zwischen den Tatsachen und ihrer politischen Instrumentalisierung bestehen.

2. Die Ergebnisse der Bevölkerungsbilanz
Die Darstellung belegt, daß bei ca. 3,3 Millionen Sudetendeutscher Anfang Mai 1945 das Schicksal von rund 280.000 nicht geklärt werden konnte. Dieser sogenannte Vertreibungsverlust beträgt über 8 von hundert.

3. Weiteres Material
Ergänzend zu der in der Bevölkerungsbilanz angeführten Summenzahlen der sog. »Gesamterhebung« wurde letztere im Teil C für gewisse geographische Gebiete mit anderen gebietlichen Erhebungen verglichen und durch diese mehr als bestätigt. Die angeführte Literatur ergänzte das Gesamtbild durch zahlreiche Berichte von Augenzeugen. In einem abschließenden Teil D wurden schließlich im Sinne einer gewissen Chronistenpflicht vorhandene Angaben zum Schicksal anderer Deutscher in Böhmen und Mähren-Schlesien in den Jahren 1945/46 zusammengefaßt.

4. Ein Anhang
Um alles relevante Material zur Beurteilung dieser Frage anzubieten, mußte dies auch zur häufigen Feststellung erfolgen, daß die deutschen, v. a. die sudetendeutschen, Verluste nach 1945 durch die tschechischen Verluste 1939–1945 bedingt seien.

Diese Feststellung macht zwar (oft unausgesprochen) die Sudetendeutschen für den NS-Terror verantwortlich und könnte darüber hinaus als Ansatz zur gleichfalls deutlich abzulehnenden »Aufrechnungsmentalität« mißverstanden werden.
Im Interesse unparteiischer Würdigung des Schicksals aller Menschen im böhmisch-mährischen Raum wird in angemessener Form trotzdem versucht (siehe S. 1231 ff.), die tschechischen Verluste zu ermitteln.
Als Ergebnis ist festzuhalten, daß bei im Mittel ca. 7,5 Millionen Tschechen mit hoher Wahrscheinlichkeit im Zeitraum 1939–1945 rund 82.000 Zivil- und Militärpersonen aus unnatürlichen Gründen ums Leben kamen. Dieser sog. NS-Verlust beträgt etwa 1,1 von hundert.

Teil B: Sudetendeutsche[1] Bevölkerungsbilanz(en) 1930/1939–1950: (Tausend Personen[2])

	Deutsche in/aus der ČSR					
	Die Angaben					Gegenmeinung
Jahr	1957	1958	1959	1975	1995	1964
Nr. d. Anm.	3	4	5	6	7	8
Kurzbezeichnung	DdV	Vertr Verl	Bohmann SiZ	Bohmann MuG	Stat BA	Luža
1. Ausgangsstand:						
1.1.: ČSR-Volkszählung 1. 12. 1930						3,232.[14]
1.2.: Natürliche Veränderungen						
a) 1930–1945 } Geburtenüberschuß						+170.
b) 1930–1939 } Geburtenüberschuß						
Zwischensumme 1.1 + 1.2						
1.3: Besond. Veränderungen 1938/39						
a) Zuwanderer aus DR, Ö[15]						
b) Abwanderer und Emigranten						
c) »Nat. Wechsler«: T. → »D.« (1939)[17]						
Zwischensumme 1.3						
1.4: V. a. DR-Volkszähl. 17. 5. 1939						
a) Reichsangeschloss. sd. Gebiete Ges.						
b) + Protekt. Böhm. und Mähren						
c) + Olsa-Gebiet						
d) = Sudetendeutsche	3,284.	3,323.	3,332.	3,343.		
e) + Karpatendeutsche	155.	154.		153.		
f) = Deutsche aus ČSR	(3,439.)	3,477.		(3,496.)		
1.5: Natürliche Veränderungen 1939–1945						
a) Geburtenüberschuß		+126.				
b) Wanderungen		+ 30.				
Zwischensumme 1.5	(+167.)	+156.				
1.6: a) Natürlicher Stand 1945	(3,606.)	3,633.				3,402.
Dav.: N. b.[21] im b) Sd. Gesamtgebiet[22]						
c) HOK-Gebiet[23]						
1.7: Besond. Veränderungen 1939–1945						
a) Wehrmacht- etc. Gefallene	–215.	–180.		–194.		–215.
b) Emigr. und getötete sd. Juden						– 34.
c) NS-Opfer unter and. Sud.D.						
d) »Nat. Wechsler«: »D.« → T. (1945)[27]						
Zwischensumme 1.7	–215.	–180.				–249.
1.8: Ausgangsstand (v. a.[29] Mai 1945)	3,391.	3,453.				3,153.
2. Endstand 1950:						
Personen mit geklärtem Verbleib:						
2.1: In Deutschland + »Westen«; davon in ...						
a) BR Deutschland[30]	1,918.	1,918.	1,918.			1,918.
b) SBZ / DDR	916.	916.	916.		692.	916.
c) Österreich	140.	142.	142.			147.
d) Sonst. westl. Ausland	30.	24.	24.			25.
e) Zwischensumme (a–d): Gesamt 1950	3,004.	3,000.	3,000.			3,006.
f) Darin: Geburtenüberschuß 1945–1950	–95.	–79.				–79.
Zwischensumme 2.1: Vergleichbar mit 1945	(2,909.)	(2,921.)				2,927.

	Sudetendeutsche									
	Die Angaben							Geg.Meinungen		(Gerundeter)
Jahr	1957	1958	1959	1965	1975	1995	1995	1992	1996	1999
Nr. d. Anm.	3	4	5	9	6	10	7	11	12	13
Kurz-bezeichnung	DdV	Vertr Verl	Boh SiZ	Ges Erh	Boh MuG	HOK	Stat BA	Kučera	Hist Kom	Erkenntnis-stand d. Verf.
								3,142.[14]		
								+ 42.		
								3,184.		
								+ 40.[16]		
								– 10.		
								(+117.)[18]	90.	
								+147.		
	3,004.	3,064.	3,064.		3,064.			3,064.		
	260.	259.	258.		262.			259.		
	20.	•	10.		17.			(8.)		
	3,284.	3,323.	3,332.		3,343.			(3,331.)	3,343.	3,330.[19]
	+121.	+121.	+133.					+121.		+120.
	+ 30.	+ 30.	+ 30.					+ 10.		+ 10.[20]
	+151.	+151.	+163.					+131.		+130.
	~ 3,430.	3,474.	3,495.					(3,462.)		3,460.
				3,440.		?				
				3,389.		3,476.				
		–175.	–175.		–189.			–200.	»mehr«	–175.[24]
										1.[25]
								– 7.		– 1.[26]
								(–147.)		–123.[28]
		–175.	–175.					(–354.)		–310.
		3,299.	3,320.					(3,108.)		3,160.
		(1,850.)								1,850.
		(880.)					705.			705.
		(137.)								137.
		(23.)								23.
		2,890.	2,890.					2,909.		2,715.
		– 76.	– 76.					– 76.		– 70.[31]
		2,814.	2,814.					(2,833.)		2,645.

	Deutsche in/aus der ČSR					
	Die Angaben					Gegenmeinung
Jahr	1957	1958	1959	1975	1995	1964
Nr. d. Anm.	3	4	5	6	7	8
Kurzbezeichnung	DdV	Vertr Verl	Bohmann SiZ	Bohmann MuG	Stat BA	Luža
2.2: Im v. a. »Osten«:						
a) ČSR	250.	250.				215.
b) Kriegsgef., Zivilinternierte	6.	9.				9.
Zwischensumme 2.2: Im »Osten«	256.	259.				224.
Summe 2: »Geklärte Fälle« (d. h. Verbleib geklärt)	3,165.	3,180.				3,151.
3. (= 1–2) Gesamtdifferenz	226.	273.				2.
a) »Ungeklärte Fälle/Nachkriegsverluste«[33]		238.				
b) »Kriegsverluste der Zivilbevölkerung«[34]		35.				
c) Sog. »Augenzeugentote«[35]						

Quellen und Anmerkungen zum Teil B:

[1] Der Begriff des Sudetendeutschen verlangt für 1939 bis 1950 eine eindeutige und territorial vergleichbare Definition. Er ist gemäß den amtlichen Festlegungen zu verstehen als:
Deutsche mit Wohnsitz am 17. 5. 1939 (bzw. 1. 9. 1939) in einer Gemeinde von Böhmen und Mähren-Schlesien der ČSR in den Grenzen vom 31. 12. 1937.
Zu Differenzen zwischen Zuordnung 1930 und eigenem Bekenntnis 1939 v. a. z. B. bei den Hultschinern: Siehe S. 277, 312 mit dortiger Anm. 5, sowie weiter unten Anm. 17, 18, 32.

[2] Zahlenangaben in Klammern sind zur Erleichterung von Quervergleichen vorgenommene, eigene Ermittlungen aus den Angaben der jeweiligen Quelle.

[3] »Die Vertreibung der deutschen Bevölkerung aus der Tschechoslowakei«; Bd. IV (in 2 Teilen) der »Dokumentation der Vertreibung der Deutschen aus Ost-Mitteleurora«; hsg. v. Bundesministerium für Vertriebene etc.; Bonn, 1957; Nachdruck: DTV 1984; S. 13 ff.;
abgekürzt mit »DdV«.

[4] »Die deutschen Vertreibungsverluste«; hsg. v. Statistischen Bundesamt, Wiesbaden; Stuttgart, 1958; S. 315 ff.;
abgekürzt mit »Vertr Verl«.

[5] Bohmann, Alfred: »Das Sudetendeutschtum in Zahlen«; München, 1958; S. 245 ff.;
abgekürzt mit »Boh SiZ«.

[6] Bohmann, Alfred: »Menschen und Grenzen. Band 4 »Bevölkerung und Nationalitäten in der Tschechoslowakei«; Köln, 1975; S. 433 f., 467;
abgekürzt mit »Boh MuG«.

[7] a) Schriftliche Mitteilung des Statistischen Bundesamtes, Zweigstelle Berlin vom 23. 2. 1994 an den Verfasser;
abgekürzt mit »Stat BA«.
b) Basispublikation für ČSR insgesamt:
»Sonderreihe mit Beiträgen für das Gebiet der ehemaligen DDR. Heft 15: Ausgewählte Zahlen der Volks- und Berufszählungen . . . 1950–1961«; hsg. v. Statistischen Bundesamt, Wiesbaden, 1994; S. 43.
c) Überleitung auf Sudetengebiet in Habel, Fritz Peter: »Sudetendeutsche Bevölkerungsbilanz 1939–1950« in »Sudetenland«, München; Jg. 43 (2001), Nr. 1; S. 82–99, hier S. 94.

[8] Luža, Radomir: »The Transfer of the Sudetengermans«; New York, 1964; S. 293 ff.

[9] »Gesamterhebung zur Klärung des Schicksals der deutschen Bevölkerung in den Vertreibungsgebieten«; hsg. vom Kirchlichen Suchdienst, München; 3 Bde.; München, 1965; für Hauptteil der »Reichsangeschlossenen sudetendeutschen Gebiete« plus »Protektorat Böhmen und Mähren« (= Betreuungsgebiet der »Heimatortskartei (HOK) für Sudetendeutsche«, Regensburg); Bd. 3; S. 471; für Hultschiner und Olsa-Gebiet Bd. 2; S. 427, 439;
abgekürzt mit »Ges Erh«.

	Sudetendeutsche									
	Die Angaben							Geg.Meinungen		(Gerundeter)
Jahr	1957	1958	1959	1965	1975	1992	1995	1992	1996	1997
Nr. d. Anm.	3	4	5	9	6	10	7	11	12	13
Kurz- bezeichnung	DdV	Vertr Verl	Boh SiZ	Ges Erh	Boh MuG	HOK	Stat BA	Kučera	Hist Kom	Erkenntnis- stand d. Verf.
		230. 5.	235. 5.					200. 5.		230.[32] 5.
		235.	240.					(205.)		235.
		3,049.	3,054.					(3,038.)		2,880.
		250.	266.	314.				(70.)	max. 30.	280.
		225. 25.	241. 25.	295. } 19.[36]				(34.) 36.	(11.) } 19.	

[10] »›HOK‹ 50 Jahre kirchlicher Suchdienst«; hsg. v. Kirchlichen Suchdienst; München/Stuttgart, 1995; S. 65; abgekürzt mit »HOK«.
Die Angabe in Zeile 1.6 c gibt den Stand Januar 1995 wieder; per 31. 12. 1996 war einer am 13. 6. 1997 erstellten internen Statistik der HOK die Angabe von 3,479.000 zu entnehmen.
Zur Zeile 3 c ist zu beachten, daß die HOK nach eigener Aussage die Zahlen für »ungeklärte Fälle« und »Augenzeugentote« nicht fortschreiben konnte.

[11] Kučera, Jaroslav: »Odsunové ztraty sudetoněmeckého obyvatelstva« (Die Abschubverluste der sudetendeutschen Bevölkerung); hsg. v. ČSFR-Außenministerium; Prag, 1992; S. 9 ff.
Die Angaben wurden dem Raster der Bevölkerungsbilanz angepaßt und um Rechenfehler bereinigt.
Zu Einzelheiten: Vgl. Habel, Fritz Peter: »Vertreibungsverluste der Sudetendeutschen 1945/46« in »Sudetenland«, München; Jg. 37 (1995), H. 2; S 187–192, 222 ff.

[12] »Stellungnahme der Deutsch-Tschechischen Historikerkommission zu den Vertreibungsverlusten (–) Pressemitteilung«; München, 17. 12. 1996; 2 ms.-Seiten; abgekürzt mit »Hist Kom«.

[13] Eigene Ermittlung.

[14] Zur Differenzerläuterung (in Tsd. Personen):

	Luža	Kučera
Deutsche in der ČSR mit ČSR-Staatsbürgerschaft	3,232.	
Sudetendeutsche mit ČSR-Staatsbürgerschaft		3,071.
Ausländer deutscher Nationalität in ČSR	0	
Ausländer deutscher Nationalität in Böhmen und Mähren-Schlesien		71.
	3,232.	3,142.

Luža lehnte die Einbeziehung der Ausländer deutscher Nationalität ausdrücklich ab: Vermutlich auch deswegen, um sich der Kontrolle seiner Rechnung durch die DR-Volkszählung vom 17. 5. 1939 zu entziehen, die er nicht einmal erwähnte.

[15] »DR, Ö« = Deutsches Reich, Österreich.
Gemeint sind hier Zuwanderer vor den Daten der Ausgangsbasis, d. h. im Sudetengebiet zwischen dem 1. 10. 1938 und dem 17. 5. 1939, im Protektorat bis zum Mai (Bohmann, SiZ) bzw. 1. 9. 1939 (Vertr Verl).

[16] Zur Quantifizierung: Die Zahl wurde später sogar mit »etwa 200.000« beziffert.
Vgl. Slapnicka, Helmuth: »Die böhmischen Länder . . . 1919–1945« in »Handbuch der Geschichte der böhmischen Länder«; hsg. v. Karl Bosl; Bd. IV, Stuttgart, 1970; S. 2–150, hier S. 104.
Ein Beleg für die Herkunft der Zahl konnte auch beim Autor nicht (mehr) ermittelt werden.

[17] »Nationalitätenwechsler«: Personen, die 1930 der »čechoslovakischen« Nationalität zugeordnet wurden und sich 1939 als Deutsche bekannten, z. B. Hultschiner.

18 a) Zur Quantifizierung wurde zunächst von tschechischen Autoren bereits die Zahl von 100.000 als »deutlich übertrieben« bzw. »übertrieben« bezeichnet.
Vgl. Antoš, Zdeněk: »›Blut und Boden‹: ke konečnému řešení národnostne otázky v sudetské župe« (Zur »Endlösung« der Nationalitätenfrage im Sudetengau) in »Sleszky Sborník« (Schlesischer Almanach); Jg. 64 (24) 1966;Nr. 1; Troppau; S. 28–59, hier S. 32, Anm. 11.
Auch Bartoš, Josef: »Postaveni českého obyvatelstva na severní Moravě za okupace« (Die Lage der tschechischen Bevölkerung in Nordmähren während der Besetzung); Mähr. Schönberg/Olmütz, 1969; S. 17, Anm. 5.
b) Kučera (a. a. O.; S. 13) schätzte dann ca. 150.000.
c) Eine neuere Stichprobe aus 32 Gemeinden des Reichsgaues (RG) Sudetenland ergab aus deren Volkszählungsbögen von 1930 und 1939 in der Hochrechnung die Zahl von ca. 125.000 »Nationalitätenwechslern«.
Die Auswahl aus den rd. 3.200 Gemeinden nur des RG Sudetenlandes war jedoch nicht an den Nationalitätenanteil gebunden, so daß die »Nationalität der Alteinwohner 1930« in der Stichprobe zu 33,3% tschechisch war. Das wird weder für den Reichsgau noch das Sudetengebiet als repräsentativ anzusehen sein.
Vgl. Rhode, Maria: »Der Wechsel des nationalen Bekenntnisses in der Tschechoslowakei 1930–1950...« in »Erzwungene Trennung«; hsg. v. Detlef Brandes; Essen, 1999; S. 179–196, hier v. a. S. 181 ff., 189 f.
d) Eine Quantifizierung mit annähernd rd. 90.000 Personen scheint jedoch zulässig.

19 In der Zahl von 3,064.(000) sind rd. 11.000 Deutsche des Gebietes von Engerau-Theben, das am 31. 12. 1937 zur Slowakei der ČSR gehörte, mitenthalten.
Vgl. »Vertr Verl«; S. 329.

20 Hier wären nachzuweisen:
Am 17. 5. 1939 außerhalb des Sudetengebietes/Protektorates befindliche Sudetendeutsche, die bis 1945 in das Gebiet zurückkehrten und dort verblieben; sowie
vor dem 17. 5. 1939 zugewanderte Alt-Reichsdeutsche und Österreicher (siehe Pos. 1.3.6), die vor dem 8. 5. 1945 aus dem Gebiet wieder abwanderten.
DdV, Vertr Verl und Boh SiZ hatten letztere Wanderung vernachlässigt. Nach dem Ergebnis von Befragungen des Verfassers bei Personen dieses Kreises war sie jedoch auch zahlenmäßig bedeutungsvoll.

21 »N. b.« = »Namentlich bekannt« und in der »Ges Erh« verzeichnet.

22 = Gesamtgebiet inkl. Hultschin und Olsa im Sinne der obigen Anm. 1.

23 »H(eimat)O(rts)K(artei)«-Gebiet, d. h. ohne Hultschin und Olsa-Gebiet.

24 a) Die Zahl der in der Wehrmacht (und vergleichbaren Verbänden) Gefallenen der Vertr Verl war 1989 für alle Ostdeutschen und damit auch für die Sudetendeutschen als zu niedrig vermutet worden.
Vgl. Overmans, Rüdiger: »Die Toten des Zweiten Weltkrieges in Deutschland« in »Der Zweite Weltkrieg«; hsg. v. Wolfgang Michalka; München, 1989, 2. Aufl. 1990; S. 858–875, hier S. 866 f.
Diese Darstellung wurde für die Wehrmachtsverluste der Sudetendeutschen von Kučera übernommen und führte bei diesem zur Zahl von 199.268.
Vgl. Kučera: a. a. O.; S. 16.
b) 1999 bestätigte jedoch Overmans für den Bereich der Sudetendeutschen die Zahl der Wehrmachts-etc.-Gefallenen der Vertr Verl mit 175.000. Er ermittelte für die sog. »Annektierten Gebiete ⟨*des Großdeutschen Reiches*⟩ (Warthegau, Sudetenland, Eupen-Malmedy, Moresnet, Memel ohne Österreich)« aus einer Stichprobe der gesamten Wehrmachts-etc.-Angehörigen und -Gefallenen 206.000 Tote. Diese Zahl war jedoch in den Vertr Verl bereits allein für die Vertreibungsgebiete Warthegau (rd. 26.), Memel (7.) und Sudetendeutsche (175.) übertroffen worden.
Vgl. Overmans, Rüdiger: »Deutsche militärische Verluste im Zweiten Weltkrieg«; München, 1999; S. 172, 228.
Deswegen bestand zunächst kein Anlaß, die Zahl der Vertr Verl von 175.000 zu modifizieren.
c) Ein Spezifikum des Sudetengebietes im Verhältnis zu allen anderen Herkunftsgebieten der (bis 8. 5. 1945) Wehrmachts-etc.-Angehörigen und (ab 8. 5. 1945) Kriegsgefangenen hätte jedoch Anlaß dazu sein können: Die zahlreichen Berichte von Zeitzeugen, wonach heimkehrende, auch verwundete Soldaten/Kriegsgefangene, vornehmlich sudetendeutscher Herkunft, von ČSR-Organen (z. B. Partisanen) oft in der Nähe ihrer Heimatorte hingerichtet wurden. Daher dürften später z. B. deutlich weniger Suchmeldungen aufgegeben worden sein als bei Vermißten aus anderen Heimatgebieten.
Siehe dazu S. 1234 mit dortigen Anm. 40–43.
d) Eine zahlenmäßige Quantifizierung erschien jedoch unmöglich.

25 a) Die Ausgangszahl der Sudetendeutschen vom 17. 5. 1939 (mit 3,064.000 Personen) umfaßte nur rd. 2.000 Juden im Sinne der NS-Vorschriften.
Vgl. »Vertr Verl«, S. 329; Bohmann SiZ, S. 134; Bohmann MuG, S. 218.
b) Nach 1945 kehrten in gewissem Umfang sudetendeutsche Juden aus den NS-KZ bzw. der Emigration in die ČSR zurück.
Vgl. Habel: MVT; S. 100, S. 113. Siehe auch S. 663 ff.

[26] a) Darin 855 sudetendeutsche Sozialdemokraten.
Mitteilung von Adolf Hasenöhrl, Vorsitzender der »Seliger-Gemeinde« sudetendeutscher Sozialdemokraten vom 11. 2. 1982 an den Verfasser.
b) Zu sudetendeutschen Kommunisten: Vgl. Habel: MVT; S. 310.
c) Zu Pfarrern und Ordensschwestern: Vgl. Habel: MVT; S. 100.

[27] »Nationalitätenwechsler«: Personen, die sich 1939 als Deutsche bekannten und nach 1945 dem tschechischen Volk anschlossen.

[28] Zur Quantifizierung: Man wird die allgemeine Lage 1945/46 und die damaligen Zukunftsaussichten für Deutsche in der ČSR auf zwei Personenaggregate anzuwenden haben:
a) Die »Nationalitätenwechsler« von 1938/39 (zur Quantifizierung: Siehe obige Anm. 18) dürften weitgehend »zurückgewechselt« sein.
b) Darüber hinaus dürften mehr als nur einzelne Sudetendeutsche des Jahres 1939 (v. a. in sog. Mischehen) dem Trend der Zeit in das tschechische Volkstum gefolgt sein. Auch die nunmehr bekanntwerdenden NS-Verbrechen könnten manchen anti-NS-eingestellten Sudetendeutschen aus der damit im Zeitgeist belasteten deutschen Nationalität quasi vertrieben haben.
c) Die zeitliche Abgrenzung auf Vorgänge vor 1950 (hier geschätzt: etwa 30.000) und nach diesem Zeitpunkt bleibt jedoch schwierig.
Siehe dazu unten, Anm. 32 sowie S. 1197, Anm. 8.

[29] Dieser Zeitpunkt soll lediglich die Übersicht erleichtern.
Natürlich waren Anfang Mai 1945 ein Teil der Wehrmachts-etc.-Gefallenen noch am Leben (sie starben später in Kriegsgefangenschaft) und umgekehrt ein Teil der »Kriegsverluste der Zivilbevölkerung« schon tot (nämlich seit Frühjahr 1945 im nord- und südmährischen Kriegsgebiet verstorben).

[30] Diese Zahlen müssen höher sein als die (verschiedenen) Angaben über die direkt aus der ČSR vertriebenen Deutschen bzw. Sudetendeutschen:
Auch viele 1945/46 noch in Kriegsgefangenschaft befindliche Soldaten dieser Personengruppen waren nämlich zwischenzeitlich nach Deutschland zurückgekehrt.

[31] Gegenüber früheren Angaben vermindert, da Basiszahl (siehe Zeile 2.1 e) kleiner.

[32] a) Die erste Nachkriegsvolkszählung der ČSR mit Nationalitätenerhebung erfolgte am 1. 3. 1950; sie ergab für die böhmischen Länder rd. 160.000 Deutsche.
Vgl. »Statistický zpravodaj« (Statistischer Berichterstatter); hsg. v. Statistischen Staatsamt, Prag; Jg. 14 (1951), Nr. 9/10; dort 162.963.
»Demograficka příručka« (Bevölkerungswissenschaftliches Handbuch); hsg. v. Statistischen Staatsamt, Prag, 1982; S. 48 ff.; dort 159.938.
Letztere Angabe auch beleglos bei Bohmann: MuG; S. 496.
b) Man möchte diesen Angaben jedoch nicht folgen, da sie amtlicherseits u. a. rd. 40.000 heimatverbliebene Hultschiner nach ČSR-Tradition (siehe S. 277, 312 mit dortiger Anm. 5) ohne Rücksichtnahme (auch) ihres nunmehrigen Bekenntnisses als Tschechen vereinnahmt haben dürfte.

[33] Diesen Begriff der »Vertr Verl« ergänzte das Statistische Bundesamt 1958 wie folgt:
»Es ist leider zu vermuten, daß die meisten dieser Menschen heute ⟨*d. h. 1958*⟩ nicht mehr am Leben sind und Opfer von Vertreibung, Flucht oder Verschleppung wurden.«
Vgl. »Vertr Verl«; S. 10.

[34] Zu diesem Begriff der »Vertr Verl« wies das Statistische Bundesamt zunächst auf die generelle Schwierigkeit der Trennung von ineinander übergehenden Kriegs- und Nachkriegsverlusten hin (a. a. O.; S. 14).
Dies traf auch für den Abschnitt »Tschechoslowakei« zu: Der überwiegende Teil der »Kriegsverluste« der sudetendeutschen »Zivilbevölkerung« kam während des tschechischen Aufstandes Anfang Mai 1945 mit Schwerpunkt in Prag ums Leben (a. a. O.; S. 342).

[35] Die Ersteller der »Ges Erh«, deren Dokumentierung v. a. in den Jahren 1957–1963 erfolgte, erläuterten ihren offiziellen Begriff »Bei und als Folge der Vertreibung Verstorbene« wie folgt:
Es wird »darauf hingewiesen, daß hier nur durch ⟨*um ca. 1960 noch lebende*⟩ Augenzeugen bestätigte gewaltsame Todesfälle berücksichtigt wurden«. Fehlten derartige Augenzeugen, »erfolgte die Registrierung unter den ›ungeklärten Fällen‹«.
Vgl. Ges Erh; Bd. 1; S. 21, 36.

[36] a) Die Zahl der »Augenzeugentoten« der Ges Erh für das gesamte Sudetengebiet betrug 19.542.
b) Zur kritischen Würdigung der sog. »Augenzeugentoten« über gebietliche Erhebungen: Siehe S. 1218 ff.

****

Teil C: Weitere Angaben zu Sudetendeutschen

1. Ausgangspunkt: Bevölkerungsbilanz

Die auf den neuesten Erkenntnisstand nach Aufschließung bis 1995 geheimer DDR-Quellen gebrachte Darstellung belegt, daß von den ca. 3,3 Millionen Sudetendeutschen Anfang Mai 1945 das Schicksal von rd. 280.000 nicht geklärt werden konnte. Dieser sog. Vertreibungsverlust beträgt damit über 8 von hundert.

2. »Gesamterhebung« und gebietliche Feststellungen

Die meisten Bevölkerungsbilanzen waren auf das geographische Gesamtgebiet von Böhmen und Mähren/Schlesien (= »Reichsangeschlossene sudetendeutsche Gebiete« + »Reichsprotektorat Böhmen und Mähren« + sog. Olsa-Gebiet) abgestellt.
Nur die bereits erwähnte »Gesamterhebung« gliederte auf; sie sei daher näher dargestellt.

2.1 Die »Gesamterhebung«

Die sog. »Gesamterhebung zur Klärung des Schicksals der deutschen Bevölkerung in den Vertreibungsgebieten« (3 Bände, München, 1965) belegte Einzelpersonen mit Namen und Anschriften der Jahre 1939 und 1945. Sie publizierte diese je Stadt- und Landkreis bzw. im Protektorat Böhmen und Mähren je Oberlandratsbezirk und gab in summierten Vorgangszahlen z. B. der »ungeklärten Fälle« an, für wie viele 1945 noch lebenden Personen um 1960 keinerlei Verbleibsnachricht oder z. B. nur ein »Todeshinweis« vorlag; für das Gesamtgebiet waren dies rd. 295.000 »ungeklärte Fälle«. Unter den geklärten Fällen waren auch »bei und als Folge der Vertreibung Verstorbene« aufgeführt, allerdings nur jene, deren Vertreibungstod durch (um etwa im Jahre 1960 noch lebende) Augenzeugen bestätigt worden war. Es wurden für das Gesamtgebiet 19.542 sog. »Augenzeugentote« festgestellt.

2.2 Gebietliche Feststellungen

Diese »Augenzeugentoten« konnten teilweise dadurch überprüft werden, daß für gewisse Gebiete selbständige Feststellungen von Wissensträgern, oft in der Form von »Totenlisten« vorlagen.

a) Derartige »Totenlisten« umfaßten in manchen Fällen Namenslisten mit zur »Gesamterhebung« geographisch deckungsgleichen Gebieten auch bei zeitlicher Gleichheit, nämlich den Gesamtzeitraum:

»Gesamterhebung«		Andere Angaben		
Gebiet/Kreis	»Augenzeugentote«	Namentlich belegte Tote	Gebiet/Kreis	Quelle
Lkr. Freudenthal	321	615	Lkr. Freudenthal	1
Lkr. Grulich	219	403	Lkr. Grulich	2
Lkr. Kaaden	147[3]	254[3]	Lkr. Kaaden	4
Lkr. Podersam	221	400	Lkr. Podersam	5
Lkr. Saaz	447	1.232	Lkr. Saaz	6
	1.355	2.904		

b) Andere Angaben lagen namentlich bei zeitlicher Gleichheit nicht für alle Gemeinden der betreffenden Landkreise vor:

»Gesamterhebung«			Andere Angaben			
Gebiet		»Augenzeugen-tote«	Namentlich belegte Tote (mindestens)	Gebiet		Quelle
Kreis	Zahl der Gemeinden			Zahl der Gemeinden	Nur in Gemeinde	
1) Mind. 50 % der Gemeinden des Kreises erfaßt:						
Lkr. Landskron	43	213	1.412	36		7
Lkr. Neubistritz	58	61	78	33		8
Lkr. Neutitschein	79	412	686	56		9
Lkr. Nikolsburg	56	172	295	43		8
Lkr. Wagstadt	44	117	356	22		9
Lkr. Znaim	66	250	226	48		8
Zwischensumme	346 (= 100 %)	1.225	3.053	238 (= 69 %)		
2) Geringerer Erfassungsgrad:						
Lkr. Braunau	44	290	69	2	v. a. Wekelsdorf	10
Lkr. Brüx	43	466	27	1	Maria Ratschitz	11
Lkr. Gablonz	40	312	50	1	Tannwald	11
Lkr. Hohenelbe	62	298	31	1	Spindelmühle	12
Lkr. Horn/Waid-hofen (Südmähren)	42	8	40	17		8
Lkr. Luditz	116	78	19	1	Chiesch	13
Lkr. Trautenau	100	367	12	1	Johannisbad	14
Zwischensumme	347 (= 100 %)	(1.819)	(249)	24 (= 7 %)		

Die gemeindlichen Angaben zu Kreisen mit (z. T. sehr) geringer Repräsentanz an Gemeinden dürfen einerseits nicht zur einfachen Hochrechnung verleiten. Andererseits ist die Ansicht vertretbar, daß die Angaben für auch die Kreise in der »Gesamterhebung« zu niedrig sein dürften; eindeutig ist dies beim Kreis Horn/Waidhofen.

c) Bei weiteren Angaben ist nur zu vermuten, daß sich die jeweiligen Erfassungsgebiete deckten, doch ist dies nicht sichergestellt. Der Zeitraum ist jedenfalls völlig unterschiedlich: In der »Gesamterhebung« geht es um den Gesamtzeitraum, bei den »Anderen Angaben« nicht nur um diesen, sondern auch um relativ klar terminierte Vorgänge innerhalb des Zeitraumes; die berichteten Toten sind nur z. T. namentlich belegt:

»Gesamterhebung«			Andere Angaben			
Gebiet	Zeit	»Augenzeugentote«	Berichtete Tote (mindestens)	Zeit	Gebiet, Vorgang	Quelle
Oberlandratsbezirk Brünn	Gesamtzeit	1.911	7.000	Gesamt darin:		15
			a) 1.550		Kaunitz-Kolleg	16
			b) 5.200	30. 5. 1945 u. Folgetage: von b):	»Brünner Todesmarsch«	15
			1.904	namentlich belegt		17
Stadt- und Landkreis Aussig	Gesamtzeit	692	4.800	Gesamt darin:		18
			2.000	31. 7. 1945 u. Folgetage:	»Aussiger Massaker«	19

d) Schließlich gibt es Angaben, die sowohl hinsichtlich des Erfassungsgebietes vom Schema der »Gesamterhebung« klar abweichen, als auch nur Ausschnitte des Erfassungszeitraumes betreffen. Sie sind Konsequenzen der ČSR-Methode von 1945, Sudetendeutsche auch in überörtliche »Konzentrationslager«[20] einzuweisen; die namentliche Belegung der Toten ist unterschiedlich:

»Gesamterhebung«			Andere Angaben				
Gebiet: OLB = Oberlandratsbezirk	Zeit	»Augenzeugentote«	Berichtete Tote (mind.)	Zeit	Gebiet, Vorgang	Herkunft der Insassen	Quelle
1) Namentlich belegt:							
OLB Mähr. Ostrau	Gesamtzeit (darin enthalten)	[651] 42	231	16. 5.–30. 7. 1945	Sog. Hanke-KZ	Auch Olsa-Gebiet, Hultschin	21
			19	10. 6. 1945	Erschossene im Wald bei Mistek	Mistek	22
OLB Olmütz	Gesamtzeit	281	1.886	Mai–Okt. 1945	KZ Neu-Hodolein	Auch Reg.-Bez. Troppau	23
OLB Pilsen	Gesamtzeit	233	2.000	Gesamt	KZ Bory	Auch Reg.-Bez. Eger	24
Lkr. Leitmeritz	Gesamtzeit	256	548	Gesamt	KZ Theresienstadt	Auch Prager Deutsche	25
Zwischensumme		812	4.684				
2) Nicht namentlich belegt:							
OLB Budweis	Gesamtzeit	200	200	Mitte bis Ende Mai 1945	Im Jahre 1990 festgestellte Massengräber auf St.-Ottilien-Friedhof in Budweis	Südböhmen	26
OLB Pilsen	s. o.	s. o.	500	Anf. Mai 1945	KZ Mirošov	Westböhmen	27

2.3 Zusammenfassung
Von den 19.542 »Augenzeugentoten« der »Gesamterhebung« wurden (siehe S. 1218 f., Abschnitt 2.2 a + b 1) in 11 (von 72) Kreisen des Sudetengebietes 2.580 nachgewiesen. Diese Zahl war aus den »Totenlisten« auf mindestens 5.957 mehr als zu verdoppeln.
Alle weiteren Hinweise dieser Zusammenstellung deuteten in z. T. erheblich höherem Umfang in die gleiche Richtung: Die Zahl der »Augenzeugentoten« der »Gesamterhebung« stellte, vermutlich wegen der strengen Nachweiserfordernisse, nur Anteile der tatsächlichen Zahl der Toten dar, deren Gesamtzahl weit in das Feld der »ungeklärten Fälle« hineinreichte. Dabei war z. B. ein tschechischer Bericht über Massenerschießungen von 1.500 Deutschen[28] geographisch nicht zweifelsfrei zu lokalisieren.

2.4 Verlustberichte in Vertreibungsliteratur
Zu Einzelberichten über Vertreibungsverluste ist zunächst auf die bereits erwähnten großen Sammelwerke »Dokumente zur Austreibung der Sudetendeutschen« (DzASd); hsg. v. Wilhelm Turnwald, München 1950, und den Bd. IV der »Dokumentation der Vertreibung der Deutschen aus Ost- und Mitteleuropa« (DdV) mit dem Titel »Die Vertreibung der deutschen Bevölkerung aus der Tschechoslowakei«, hsg. v. Theodor Schieder, Bonn 1957, zu verweisen. Darüber hinaus sind als Belege des vorhergehenden Abschnittes mehrere Arbeiten angeführt, die um weitere ergänzt werden können[29].

Teil D: Andere Deutsche in Böhmen und Mähren-Schlesien 1945

1. Zivilpersonen

a) Schlesier
Im Frühsommer 1945 befanden sich rd. 1,2 Mio. Schlesier in Böhmen und Mähren-Schlesien[30]; noch im September 1945 beklagte der ČSR-Ministerpräsident Fierlinger die Anwesenheit von fast 1 Mio. »Oberschlesier« in der ČSR[31]. Wie viele der 387.000 »ungeklärten Fälle« unter den Schlesiern[32] im Gebiet zu Tode kamen, blieb[33] unbekannt.

b) Karpatendeutsche
Für diesen Personenkreis war in Böhmen und Mähren-Schlesien die seit langem bekannte Massenerschießung von 247 Zivilisten am 18. 6. 1945 in Prerau (Mittelmähren)[34] zu verzeichnen; sie wurde mit der erhöhten Zahl von 260 bzw. 265, darunter 120 Frauen und 74 Kinder, nach 1990 auch von mehreren tschechischen Publikationen übernommen[35].

c) Luftkriegsevakuierte u. ä.
Allein im »Reichsgau Sudetenland« wurden am 25. 9. 1944 insgesamt 146.000 »aufgenommene ⟨*Luftkriegs-*⟩Evakuierte« gezählt, von denen 61.000 aus Berlin und 32.000 aus Westfalen stammten[36]. Im »Protektorat« sollen sich weitere rd. 350.000 befunden haben[37]. Unter der Bezeichnung »Erweiterte Kinderlandverschickung (KLV)« waren darunter zahlreiche Schulen bzw. Schulklassen mit Jugendlichen auch unter 14 Jahren[38].
Es ist zu vermuten, daß sich manche Angehörige dieser Personenkreise nicht zeitgerecht vor den Anfang Mai 1945 beginnenden Deutschenverfolgungen absetzen konnten[39].

2. Angehörige geschlossener deutscher Verbände: v. a. Wehrmacht, aber auch Waffen-SS, R[eichs-]A[rbeits-]D[ienst], O[rganisation] T[odt], Flakhelfer, Bahnschutz-, Gendarmerie-, Polizeiverbände u. ä.

Man wird davon ausgehen können, daß sich Anfang Mai 1945 in Böhmen und Mähren-Schlesien allein rd. 1 Mio. deutscher Wehrmachtangehöriger befanden[40].
Viele der Soldaten waren Verwundete. Ihr Schicksal war besonders bedauerlich[41].
Insgesamt verzeichnete die »Deutsche Dienststelle für die Benachrichtigung der nächsten Angehörigen von Gefallenen der ehemaligen deutschen Wehrmacht« in Berlin für die Zeit »während des II. Weltkrieges« und das Gebiet der ČSR in den Grenzen nach 1945 »ca.

114.000 Tote (gefallen oder verstorben) sowie ca. 63.000 Vermißte ... Anspruch auf Vollständigkeit erhebt diese Statistik nicht«.[42]
Es liegen zahlreiche Berichte über Aktionen zur Tötung von Wehrmachtangehörigen nach der Kapitulation vor, die einen gewissen Einblick in das Schicksal mindestens mehrerer Tausend Soldaten bieten[43].

3. Sudetendeutsche, ostdeutsche und reichsdeutsche Zivil- und Militärpersonen im sog. Prager Aufstand ab 5. 5. 1945[44]

Zur Zeit des Todes Hitlers[45] Anfang Mai 1945 hatte Prag eine Bevölkerung von rd. 1 Million, davon über 200.000 Deutsche[46], unter denen sich ca. 50.000 Wehrmachtverwundete[47] befanden. Am 5. 5. morgens brachen Unruhen aus, die zu Straßenkämpfen[48] in Prag (und Unruhen auch in tschechischen Städten Innerböhmens) führten. Die Kampfhandlungen[49] sollten schließlich durch den am 8. 5. um ca. 15.00 Uhr vertraglich zugesicherten, ungehinderten Abzug der Deutschen nach Westen beendet werden. In die beginnende Abzugsbewegung stieß die am 6. 5. aus Sachsen zum Großangriff angetretene Rote Armee am 9. Mai gegen 5.00 Uhr morgens hinein. Eine amtliche deutsche Dokumentation berichtete, daß diesem Ablauf »unbeschreibliche Massenausschreitungen gegen die zurückgebliebenen Deutschen«[50] folgten.
Es dürfte wohl unmöglich sein, hier zwischen den verschiedenen Personengruppen (v. a. reichsdeutschen Militärpersonen und ortsansässigen Prager Deutschen) zu differenzieren.

Teil E: Schlußbemerkung

Wenn in einer statistischen Arbeit viele Tausende von Menschen dargestellt werden, sollte sich auch der Leser vergegenwärtigen, daß der Berichterstatter nicht nur Chronist der vielen Tausenden, sondern jedes Einzelnen war. Deswegen sei in zwei Beispielen von Überlebenden primär auf diese Einzelnen verwiesen (und erst sekundär auf die Problematik des Nationalitätenwechsels bzw. behördlicher Zuordnung zu Gruppen, Völkern und Staatsangehörigkeiten). Es geht bei den beiden, dem 1945 fünfjährigen Mädchen aus Aussig[51] und dem einjährigen Knaben aus Eger[52] vorrangig um ihre menschliche Würde und das Recht auf ungestörtes Leben in Freiheit und Sicherheit.
Die Beispiele der vielen Getöteten und der zwei Überlebenden sollten Auftrag aus dem grausamen Gestern für das oft teilnahmslose Heute sein, stets um ein besseres Morgen bemüht zu bleiben.

Anmerkungen und Quellen:

[1] Vgl. Langer, Bruno (Hsg.): »50 Jahre Vertreibung« als Sonderbeilage zum »Freudenthaler Ländchen«, ⟨*MHZ.*⟩; Esslingen (Wttbg.), 1995; S. 111–121.

[2] Aufstellung des Heimatkreisbetreuers F. K., 71032 Böblingen; 4 ms.-Seiten v. 25. 4. 1996.
Auch Holub, Petr: »Revolucionaří a mstítitele« (Revolutionäre und Rächer) in »Respekt«; Prag; Jg. 1997, Nr. 27 v. 30. 6. 1997; S. 9–11.

[3] Nur Erschossene; bei »Namentlich belegten Toten« Ausschluß größerer Pauschalzahl.

[4] Vgl. Kulturstiftung der Vertriebenen (Hsg.): »Vertreibung und Vertreibungsverbrechen 1945–1948«; Bonn, 1979; S. 84–87.
Dabei berichtete Holub (a. a. O.) von 32 Toten in Totzau und ein anderer tschechischer Autor von 20 Erschossenen in Duppau (jeweils Krs. Kaaden).

[5] Vgl. Hentschel, Erich (Hsg.): »50 Jahre Vertreibung« als Sonderausgabe des »Heimatbrief Saazerland«, ⟨*MHZ.*⟩; Forchheim (Mfr.), Juni 1995; S. 89–91, 97 f.
Mehrere Fortschreibungen der Namenslisten erfolgten.

[6] a) Vgl. Hentschel: a. a. O.; S. 78–88, 97 f.
Holub (a. a. O.) berichtete über 763 Erschossene im Lager Postelberg bei Saaz.
Der Vorgang wurde 1947 durch eine ČSR-Parlamentskommission untersucht und wegen des ČSR-Amnestiegesetzes vom 8. 5. 1946 (zum Text: Siehe S. 685) eingestellt.
b) 1995 erstatteten einige Tschechen in der ČR, 1997 auch Deutsche in Deutschland (siehe S. 139) Strafanzeige gegen noch lebende Täter.

Es muß jedoch angenommen werden, daß mindestens in der ČR keine Strafverfolgung noch 1997 lebender Täter eintreten wird. Das (erwähnte) ČSR-Amnestiegesetz wurde durch die Deutsch-Tschechische Erklärung vom 21. 1. 1997 (zum Text: Siehe S. 1073) als Teil der fortgeltenden ČR-Rechtsordnung anerkannt.

c) Zu sowohl den Nachwirkungen als auch dem z. T. geringen Bekanntheitsgrad der Vorgänge ist beachtenswert, daß wegen eines im Jahre 1945 erst 13jährigen Jugendlichen am 6. 6. 1995 eine Klinik aus Sachsen wegen einer »besonderen nervenärztlichen Aufgabenstellung« eines nunmehr 64jährigen Mannes anfragte, ob es 1945 in Saaz/Postelberg Internierungslager für Deutsche, auch Jugendliche, mit Hinrichtungen gegeben habe.
So im Anfrageschreiben; im Besitz des Verfassers.

7 a) Gesamtzahl berichteter Ziviltoter (vgl. SdZ; Nr. 30 v. 27. 8. 1999; S. 3): 1.799
davon: Einzelpersonen nur aus Krs. Landskron nur nach 4. 5. 1945: 1.647
darin: Belegt mit mindestens 4 der folgenden 6 Kriterien:
Name, Vorname, geboren (Alter), Wohnsitz, Todestag und -ort 1.412
davon: ermordet (erschossen, erhängt, erschlagen) 110
umgekommen (auch an Folgen bis 1950) 1.241
als Verschleppte (v. a. nach Sibirien) verstorben 61
Vgl. Gauglitz, Franz: »Landskroner Not und Tod«; Wiesentheid (Württ.), 1997; zahlreiche Seiten.

b) Darüber hinaus lagen in Kopie vor:
Bericht einer »Partisanenbrigade Václavík« in Linsdorf (Grulich) vom 18. 5. 1945 über die »Säuberung (vyčistěni) Landskrons« mit 20 Hinrichtungen in zwei Tagen.
Formblatt der nunmehrigen »Partisanendivision Václavík«, ausgestellt am 28. 6. 1947 über die Verleihung des »Ehrenzeichens der Division« zur »Erinnerung an den Partisanenkampf«.

8 Vgl. »Totenbuch der Südmährischen Volksgruppe«; zusammengestellt vom Südmährischen Landschaftsrat, Geislingen (Württ.); 1992.
Das Totenbuch liegt mehrfach öffentlich auf.
Auch Bornemann, Felix: »Weil Sie Deutscher sind . . .«; Stuttgart, 1964; S. 23–69.

9 Vgl.: »Kuhländchen: 1945/46. Tote der Vertreibung«; zusammengestellt vom Landschaftsrat Kuhländchen; Esslingen (Wttbg.); o. J., ca. 1996.

10 Vgl. Černy, Václav: »Paměti (Erinnerungen) IV«; Toronto (Kanada), 1983; S. 32–38; auch Mička, Jan: »Transfer – K problému odsunu Němců« (Transfer – Zum Problem des Abschubes der Deutschen) in »Kurýr« (Kurier), ⟨*WZ.*⟩; Brünn; Nr. 27 v. 17.(–24.) 8. 1990; S. 10 f., hier S. 11.
Auch Leserbrief »Odsun« (Abschub) in »Respekt«; Nr. 38 v. 28. 11. 1990; S. 16.
Auch Mitt.Bl. SL; Nr. 3/96; S. 86.

11 Vgl. Holub: a. a. O.

12 Vgl. Richter, Josef: »Die alte Heimat Spindelmühle«; Markt Oberdorf (Schw.), 1994; S. 511 f.

13 Vgl. SdZ; Nr. 41 v. 11. 10. 1997; S. 6.

14 Vgl. »Riesengebirgsheimat« ⟨*MHZ.*⟩; Nürnberg; Jg. 46, Nr. 11 (November 1992) bis Jg. 48, Nr. 11 (Dezember 1994).
Angaben zur Feststellung der Toten, namentlicher Verzeichnung auf Gedenktafel in örtlicher Kirche, Zustimmung der heutigen Ortsbewohner durch Abstimmung zur Aufstellung eines öffentlichen Gedenkkreuzes und Film des ČR-Fernsehens über Gesamtablauf.
Zusätzlich zu den hier verzeichneten erschossenen Sudetendeutschen wurden auch vier wegen Luftkriegsgefahr evakuierte Jugendliche aus dem Ruhrgebiet bzw. Berlin im Alter von ca. 14 Jahren erschossen.

15 Vgl. Hertl, Hanns (Hsg. m. a.): »Der ›Brünner Todesmarsch‹ 1945«; Schwäbisch-Gmünd, 1998; S. 163.
In der mährischen Landeshauptstadt Brünn (einschließlich ihrer deutschen Umlandgemeinden wie Mödritz) befanden sich Ende Mai 1945 zahlreiche Deutsche. Der größte Teil von ihnen wurde entweder in verschiedenen ČSR-KZs in und um Brünn festgehalten (siehe dazu Anm. 16) oder, einschließlich körperlich und geistig behinderter Kinder, Kranker aus Heimen und Spitälern und Personen aus sog. Mischehen, im sog. Brünner Todesmarsch ab 30. 5. 1945 über rd. 60 km an die österreichische Grenze getrieben; aus dem Zwischenort Pohrlitz durften einige der Mischehenangehörigen nach Brünn zurückkehren.
Bei Hertl auch Faksimilie des Sammlungs-, d. h. Vertreibungsbefehles vom 29. 5. 1945.
Über den Vorgang gibt es einen zeitgenössischen britischen Pressebericht (zum Text: Siehe S. 626), mehrere Augenzeugenberichte (in DzASd und DdV sowie den Folgepublikationen; siehe S. 1226) und umfangreiche Literatur, die im wesentlichen bei Hertl nachgewiesen wird.

Aus den Angaben sind stark divergierende Zahlen zu entnehmen:

	Vom »Todesmarsch« betroffene Personen	Todesopfer
Minimum	18.072	649
Maximum	45.000	17.000

Ein 1995 von Tschechen angestrengter Prozeß gegen noch lebende Täter wurde ergebnislos eingestellt. Zur weiteren Behandlung in der tschechischen Öffentlichkeit: Siehe S. 1369.

[16] Zur Aussage des Totengräbers in diesem Lager, eines der Brünner ČSR-KZ für Deutsche vor einem deutschen Gericht: Siehe S. 727.
Neben diesen Ziviltoten auch rd. 250 zu Tode gekommene Kriegsgefangene.

[17] Davon 1.066 in Österreich (vgl. Hertl: a. a. O.) und 838 in Pohrlitz (vgl. FAZ; Nr. 124 v. 30. 5. 1990; S. 3.). Aus der FAZ-Angabe ist zu ersehen, daß die Unterlagen der in Pohrlitz verzeichneten Toten manipuliert wurden (siehe unten, Anm. 22) und die überwiegend verzeichneten Todesursachen mit Altersschwäche und Darmentzündung denen in Theresienstadt (siehe unten, Anm. 25) ähnelten.

[18] Vgl. Bohmann, Alfred: »Die Aussiedlung der Sudetendeutschen dargestellt am Beispiel des Stadt- und Landkreises Aussig«; München, 1955; Totenzahl S. 98.

[19] a) In der nordböhmischen Industriestadt Aussig explodierte am 31. 7. 1945 ein Lager mit v. a. verschiedenen Gütern der ehemaligen deutschen Wehrmacht, u. a. auch Munitionsbestände. Es gab 25–30 Tote, darunter 7 Tschechen. Die Explosion wurde den Aussiger Deutschen zur Last gelegt und führte seitens vieler v. a. zugereister Tschechen zu einem Massaker an den Deutschen.
Über den Vorgang gibt es zeitgenössische diplomatische Meldungen (vgl. de Zayas; S. 151) und alliierte Presseberichte (siehe S. 626, 636), mehrere Zeitzeugenberichte (vgl. DzASd; S. 121–125 und DdV, IV/1; S. 72; IV/2; S. 282 ff.) und Literatur. Diese weitgehend zusammenfassend und wertend: Pustejowski, Otfried: »Die Konferenz von Potsdam und das Massaker von Aussig am 31. Juli 1945«; München, 2001.

b) Zu den Zahlen der Toten gibt es zwei Gruppen von Angaben:
Für die tschechisch/offiziösen Angaben dürfte repräsentativ sein: »Die Anzahl der Opfer des Aussiger Massakers beträgt . . . 50 bis 100 Personen.«
Vgl. Kaiser, Vladimír: »Neue Sichtweisen auf die Ereignisse in Aussig vom 31. Juli 1945« in »Tschechen und Deutsche. Historische Tabus«; hsg. v. d. B. Bolzano-Stiftung; Prag, 1995; S. 230–236, hier S. 235.

c) Die zeitgenössischen Aussagen verzeichneten als Teilangaben »400« (Zeitzeuge Alois Ullmann in »Es gibt nicht nur ein Lidice«; hsg. v. Ernst Paul; München, 1988; 4. Aufl. 1994; S. 15), »800 bis 1.000« bzw. »an die 1.000« (Zeugen in DzASd; S. 124 f.). »Man schätzt, daß zweitausend bis dreitausend Menschen umgebracht wurden«, schrieb bereits im November 1945 ein britischer Autor unter Bezug auf zuverlässige Berichte (siehe S. 636).

d) Dazu traten bald auch tschechische Angaben.
Nach Darstellung der Vorgänge und verschiedener Einzelheiten hieß es 1948 im ersten tschechischen Bericht: »Nach drei Stunden waren mehr als 2.000 ⟨*deutsche*⟩ Menschen erschlagen.«
Vgl. DdV, IV/2; S. 282 f. in Wiedergabe aus »Londýnské listy – London Letters«; hsg. v. Joseph Bělina; Jg. 2, Nr. 14 v. 15. 7. 1948; S. 143 f.; der Bericht stammte von einem ehemaligen Funktionär der ČSR-Verwaltungskommission (Správní komise) in Aussig.
1950 erhielt der Heimatkreis Aussig in der BR Deutschland »aus vertrauenswürdiger Quelle einige absolut verläßlich erscheinende Unterlagen, die auf amtlichen Aufzeichnungen beruhen . . . Nach amtlichen Erhebungen wurden in den ersten 24 Stunden nach der Schönpriesener Explosionskatastrophe in Aussig 1.815 . . . Leichen festgestellt . . . Nach dem Ablauf einer Woche wurden im ganzen 2.317 hingemordete Deutsche gezählt, . . . die in Massengräbern beigesetzt oder eingeäschert wurden.« Darüber hinaus gab es geschätzte 600 bis 800 Leichen, die von der Elbe fortgetragen wurden.
Vgl. »Aussiger Bote« ⟨*MHZ.*⟩, München; Jg. 2, Nr. 7 (Juli 1950); S. 3 f.
1983 erschien ein weiterer Bericht, welcher den früheren ähnelte und u. a. besagte: »Es wurden 2.317 Tote gezählt. Wie viele nicht gezählt wurden, weiß niemand.«
Vgl. Halasa, Kajetan: »O květnu (Über den Mai) 1945« in »Hlasy Čechů a Slováků v Austrálii« (Stimmen der Tschechen und Slowaken in Australien), ⟨*EZ.*⟩, Sidney (Australien); Jg. 4, Nr. 20 v. 11. 10. 1983; S. 3–6, hier S. 5.

e) Aus neueren deutschen Angaben sei angeführt:
»1.815 Leichen wurden am 1. 8. 1945 in Aussig gezählt. Ca. 400 Leichen waren an drei Stellen in

der Stadtmitte aufgehäuft. Hunderte wurden in die Elbe geworfen. ... Die ⟨*Gesamt-*⟩Zahl der Opfer wird niemals genau bekannt werden ... 2.000 Tote waren es bestimmt. Es gibt auch höhere Schätzungen.«
»1.600 ⟨*Leichen Deutscher*⟩ wurden am Aussiger Stadtfriedhof ⟨*angeblich später aufgelassen*⟩ in Massengräbern verscharrt, einige in Schreckenstein verbrannt.«
Vgl. »Aussiger Bote«; München; Jg. 47, Nr. 7 (Juli 1995); S. 211 f.; bzw. Jg. 48, Nr. 3 (März 1996); S. 87.
In keinem dieser Berichte war vermerkt, wer die Toten wann »gezählt« habe.

20 Die Bezeichnung »Konzentrationslager« für wenigstens eine Mehrzahl dieser Lager wurde mindestens in einer amtlichen Anweisung des ČSR-Innenministeriums vom 9. 8. 1945 (Az. Z/7958/1945) an die Landesnationalausschüsse verwendet. Dabei wurde auch von der regelmäßigen Festhaltung Jugendlicher zwischen 14 und 18 Jahren in diesen Einrichtungen ausgegangen.
Nachweis bei Habel: MVT; S. 119. Auch Radvanovský, Zdeněk: »Internierungslager im nordböhmischen Grenzgebiet 1945–1947« in »Dresdner Hefte«; 14. Jg., Heft 48 (April 1996); S. 75–81, hier S. 76, 79.
Die Inschrift »Koncentrační tábor« stand auch bis mindestens August 1945 über dem Haupteingang des Lagers Olmütz-Neu Hodolein (eigenes Wissen des Verfassers).
Die Eigenkennzeichnungen derartiger Lager mit Briefkopf und Stempel für August 1945 in Brünn und für Januar 1946 in Freudenthal (N.Mähr.) liegen vor.
Fotokopien im Besitz des Verfassers.
Derartige Einrichtungen in Budweis und Theresienstadt wurden von einem US-Gericht in Deutschland und einem jüdischen Zeitzeugen als einem NS-KZ »ähnelnd« oder «nicht besser« bezeichnet. Siehe S. 736.

21 Vgl. den Text verschiedener Beiträge im »Moravsko-slezský den« (Mährisch-schlesischer Tag), ⟨*TZ.*⟩; Mährisch Ostrau; Jg. 7, Nr. 18 v. 11. 5. 1996; S. 1 f. und v. 18. 5. 1996; S. 1, S. 5 [dort Totenliste]; und v. 25. 5. 1996, S. 1 f. [Interview mit dem Historiker Tomáš Staněk zum Vorgang]; 15. 6. 1996; S. 5 [Leserbriefe].
Zu beachten ist, daß von den 231 Namen und Anschriften der »Totenliste« in den Zahlen der »Gesamterhebung« nur 42 enthalten waren. Ein Teil könnte wegen der Insassenherkunft in den Angaben der HOK Schlesien (Hultschin) oder der HOK Polen (Olsa) aufgeführt sein.

22 Vgl. »Moravsko ...«: a. a. O.; 11. 5. 1996, S. 3.
Zur Abrundung der Angaben über OLB Mährisch Ostrau hier aufgeführt.
Ähnlich dem Vorgang in Pohrlitz (siehe obige Anm. 17) wird von Manipulationen mit den Totenlisten (Ersatz von Seiten) berichtet; die ursprüngliche Fassung sei jedoch überliefert worden.

23 Angaben lt. schriftlicher Mitteilung vom 19. 12. 1995 aus den Totenlisten im Besitz von Wissensträger H. P., 83052 Bruckmühl.

24 Angabe aus einer Dissertation von Reinhard Schmutzer in SdZ; Nr. 38 v. 23. 9. 1994; S. 3.

25 Vgl. Poloncarz, Marek: »Opomenutá kapitola terezinsykých dějin: Internační tábor pro němce v letech (Ein vergessenes Kapitel der Theresienstädter Geschichte: Das Internierungslager für Deutsche in den Jahren) 1945–1948« in »Terezinské listy« (Theresienstädter Blätter); Jg. 25 (1997); S. 21–50, hier S. 39–42, 50. Unter den insgesamt 3.725 Insassen befanden sich auch 15 Juden.
Als Todesursachen wurden, ähnlich Pohrlitz (siehe obige Anm. 17), vorrangig Altersschwäche, Herzversagen und Dünndarmentzündung angegeben. Die Tötung von 25–30 Deutschen durch Injektionen und das Erschlagen von 60–70 Personen wurde referiert. Das Krematorium des NS-Ghettos war bis 4. 8. 1945 im Betrieb (siehe obige Anm. 18).

26 Schriftliche Mitteilungen des Kreisbetreuers Budweis der SL, E. K. vom 22. 2. und 28. 6. 1993 mit u. a. beigefügter Zeugenaussage des Totengräbers; Fotokopie im Besitz des Verfassers.
Herkunft der Opfer: z. T. aus dem örtlichen KZ (zu diesem und seinem Leiter Václav Hrneček erfolgten Feststellungen eines US-Gerichts: Siehe S. 736), z. T. Erschießungen im Friedhof selbst.
Auch Řeboun, Ota: »Hrátky s landsmanšaftem« (Plauderstündchen mit der ⟨*Sudetendeutschen*⟩ Landsmannschaft) in »Týdeník Rudého práva květy« (Wochenzeitschrift Blumen des Roten Rechts), Prag; Jg. 42, Nr. 5 v. 30. 1. 1992; S. 4–7, hier S. 7.

27 Angabe eines Augenzeugen aus »Land an der Miesa« ⟨*MHZ.*⟩; Dinkelsbühl (Mfr.); Jg. 47, Nr. 484 (April 1995); S. 169. Unter den Getöteten dürften sich auch Soldaten befunden haben.

28 a) Von Jiří Veltrusky vom 22. 5. 1947; zum Text: Siehe S. 656.
b) Es scheint auch bisher unveröffentlichte tschechische Unterlagen zum Thema zu geben:
So wurde zunächst ein zusammenfassender Bericht über »einige, gegen die deutsche Bevölkerung gerichtete Zwischenfälle, ... in deren Verlauf es zu Opfern an Toten kam« erwähnt. Sie fanden in Reichenberg, Freudenthal, Schönpriesen (Aussig), Lundenburg (Nikolsburg), Taus und

Böhmisch Kamnitz (Tetschen) statt. Der Bericht, dessen Datum nicht angegeben wurde, trage den Sperrvermerk »Nur zur persönlichen Information des Herrn ⟨*ČSR-Innen-*⟩Ministers«. Auch über eine von der ČSR-Nationalversammlung am 10. 7. 1947 geschaffene Kommission des Sicherheitsausschusses zur Untersuchung aller Fälle massenhaften »Einschreitens« gegen u. a. Deutsche nach dem 5. 5. 1945 wurde berichtet und notiert, über die Tätigkeit der Kommission liege nur die »beiläufige Anmerkung« vor, daß sie »Konsequenzen aus Vorgängen gezogen habe, die den Gesetzen und unserem politischen Fühlen widersprachen«.
Vgl. Kučera, Jaroslav: »Odsunové ztraty sudetoněmeckého obyvatelstva« (Die Abschubverluste der sudetendeutschen Bevölkerung); Prag, 1992; S. 25 f.
Gewisse Arbeitsvorgänge dieser Kommission wurden auch in der Presseberichterstattung über die Vorgänge in Saaz/Postelberg (siehe obige Anm. 5, 6) und Mährisch Ostrau (siehe obige Anm. 21) erwähnt.
Die tschechische Seite sollte diese Unterlagen veröffentlichen, damit sie mit den Berichten im DzASd, der DdV und den Zahlen der »Gesamterhebung« verglichen werden können, um Klarheit zu erhalten und vielleicht auch die tschechische Öffentlichkeit sachgerecht zu informieren.

[29] Neben den bei der Erstellung der Sammelwerke DzASd und DdV erhobenen und unveröffentlich gebliebenen existieren zahlreiche weitere Berichte. Auch sich wechselweise zitierend sind Aussagen in vielen Gemeinde- und Gebietschroniken sowie Heimatbüchern der Sudetendeutschen zu finden (siehe auch oben in Anmerkungen). Darüber hinaus sind als Fundorte (nachfolgend in der Reihung ihres Erscheinens) u. a. zu nennen:
Reichenberger, Emanuel: »Ostdeutsche Passion«; Düsseldorf, 1948; S. 101–230. Gekürzte Neuauflage: »Sudetendeutsche Passion«; Kiel, 1995.
Ott, Erwin: »Die Gefesselten. Sudetendeutsches Schicksal 1944–1946«; Bayerhof (Wttbg.), 1949.
Utley, Freda: »The High Cost of Vengeance«; Chicago (Ill., USA), 1949; in deutscher Sprache »Kostspielige Rache«; Hamburg, 1950.
Thorwald, Jürgen: »Das Ende an der Elbe«; Stuttgart, 1950, 5. Aufl. 1953; S. 253–270.
Reichenberger, Emanuel: »Europa in Trümmern«; Graz 1950; S. 194–219.
Kern, Erich: »Das andere Lidice«; Klagenfurt, 1950.
Dennler, Wilhelm: »Die böhmische Passion«; Freiburg/Br., 1953; v. a. S. 149 ff.
Bornemann, Felix: »Weil Sie Deutscher sind ...«; Stuttgart, 1964.
Franzel, Emil: »Die Vertreibung – Sudetenland 1945–1946«; München, 1967, Neuauflage 1979.
Kulturstiftung der Vertriebenen (Hsg.): »Vertreibung und Vertreibungsverbrechen 1945–1948«; Bonn, 1979; S. 273–291.
App, Austin J.: »The Sudeten-German Tragedy«; Boniface (Md., USA), 1979.
Böddeker, Günter: »Die Flüchtlinge«; München, 1980; S. 242 ff., 412 ff.
Mühlfenzel, Rudolf (Hsg.): »Geflohen und vertrieben«; Königstein (Ts.), 1981; S. 38 ff., 213 ff.
Nawratil, Heinz: »Vertreibungsverbrechen an Deutschen«; München, 1982.
Ahrens, Wilfried: »Verbrechen an Deutschen«; Arget (Obb.), 1983; S. 213 ff.
Nachtigall, Lily: »Als die Zeit stehen blieb«; Forchheim (Mfr.), 1983.
Richter, Wally: »Letzte Tage im Sudetenland«; München, 1987.
Filip, Ota: »Die stillen Toten unterm Klee«; München, 1992.
Borth, Fred: »Aus der Heimat vertrieben«; Bisamberg, 1993; S. 73 ff.
Giegold, Heinrich: »Tschechen und Deutsche«; Hof, 1993.
Elsinger, Rainer: »Die historischen Ursachen der Vertreibung der Deutschen aus Südmähren 1945–1946 und die völkerrechtlichen Konsequenzen«; Wien, 1996.

[30] Vgl. Statistisches Bundesamt, Wiesbaden (Hsg.): »Die deutschen Vertreibungsverluste«; Stuttgart, 1958; S. 187. Im folgenden: VV.

[31] In einer Pressekonferenz am 6. 9. 1945 in London.
Zum Text der Berichte in »New York Times« und »Neue Zürcher Zeitung«: Siehe S. 630. Auch Wiedergabe in »Svobodný směr« (Freiheitlicher Kurs), Pilsen (O.Böhm.); Jg. 1, Nr. 82 v. 9. 9. 1945; S. 1.

[32] Vgl. VV: a. a. O.; S. 175.

[33] Aus ergänzenden Berichten wurde für vermutlich eine Vielzahl derartiger Vorgänge bekannt:
a) Die Terrorisierung eines schlesischen Flüchtlingstransportes am 6. 5. 1945 in Nimburg (Mittelböhm.) durch ČSR-Revolutionsgarden mit zahlreichen Toten.
Vgl. Bornemann: a. a. O.; S. 55.
b) Mehrere schlesische Tote im Bereich des Landkreises Landskron.
Vgl. Gauglitz: a. a. O.
c) Die Drangsalierung einer schlesischen Familie in Prag.
Vgl. Pasák, Tomáš: »Přemysl Pitters Initiative bei der Rettung deutscher Kinder im Jahre 1945 und seine ablehnende Haltung gegenüber der inhumanen Behandlung der Deutschen in den

tschechischen Internierungslagern« in »Der Weg in die Katastrophe«; hsg. v. Detlef Brandes (m. a.); Essen, 1994; S. 201–213.

34 Vgl. DdV: IV/1; S. 173 mit Beleg für Veröffentlichung bereits 1955.

35 Vgl. Staněk, Tomáš (u. a.): »Připad Přerov (Der Fall Prerau) 18. 6. 1945« in »Historie a vojenstvi« (Geschichte und Soldatentum); Prag; Jg. 1991, Nr. 3; S. 168–175. Von dort u. a. zu Kučera (a. a. O.; S. 25 f.) sowie in die »Lidové noviny« (August 1993), auch PZ (Nr. 36 v. 9. 9. 1993; S. 12), Holub (a. a. O.) und Filip (FAZ; Nr. 222 v. 24. 9. 1997; S. 15).

36 Vgl. Steinberg, Heinz G.: »Die Bevölkerungsentwicklung in Deutschland im Zweiten Weltkrieg«; Bonn, 1991; S. 254, 258.
Die Zahl im Sudetengau erhöhte sich bis 25. 12. 1944 auf 239.000.
Vgl. Zimmermann, Volker: »Die Sudetendeutschen im NS-Staat«; Essen, 1999; S. 361.

37 a) Unbelegte Angabe eines Wissensträgers.
b) Am 8. 3. 1945 bezifferte der Deutsche Staatsminister K. H. Frank die Zahl »deutscher Zivilflüchtlinge im Protektorat« mit 226.000.
Vgl. »Die faschistische Okkupationspolitik in Österreich und in der Tschechoslowakei (1938–1945)«; hsg. v. Helma Kaden; Köln, 1988; S. 256.

38 Zu bis Anfang 1945 v. a. im Protektorat bestehenden KLV-Lagern, z. T. auch durch zeitraumspezifische Briefe nachweisbar; vgl. Dabel, Gerhard: »KLV«; Freiburg, 1989 sowie Larass, Klaus: »Der Zug der Kinder«; München, 1983.

39 Zu einem Beispiel: Siehe obige Anm. 14.

40 a) Zur Angabe von 0,9 Mio.: Vgl. Steinert, Marlies: »Die 23 Tage der Regierung Dönitz«; Düsseldorf, 1967; S. 214. Eine OKW-Aufstellung vom 6. 5. 1945 berichtete von 1,2 Mio. Soldaten. Vgl. Schultz-Naumann: »Die letzten dreißig Tage«; München, 1980, 3. Aufl. 1985; S. 93.
b) Die Größenordnung von rd. 1 Mio. Soldaten wird auch durch die Kriegsgefangenenzahlen gestützt: Die drei »Ukrainischen Fronten« der Roten Armee machten vom 6.–12. 5. 1945 ca. 860.000 deutsche Gefangene, die US-Army mehr als 100.000, nachdem sie (so Stalin am 27. 5. 1945) »dem russischen Oberkommando auf dem Gebiet der ČSR rund 135.000 gefangene deutsche Soldaten übergeben hatten«.
Vgl. Staněk, Tomáš: »Perzekuce (Verfolgung) 1945«; Prag, 1996; S. 74.
c) Der ČSR waren von der Roten Armee im Juli 1945 rd. 25.000 deutsche Kriegsgefangene übergeben worden. Sie wurden u. a. im Uranbergbau von St. Joachimsthal (Erzgebirge) bis zur Erschöpfung eingesetzt, so daß bis zur Entlassung der letzten (Dezember 1948) viele von ihnen verstarben. Vgl. Maschke, Erich (m. a.): »Die deutschen Kriegsgefangenen des Zweiten Weltkrieges«; München, 1974; S. 194, 196, 225; sowie Böss, Otto: »Die deutschen Kriegsgefangenen in Polen und der Tschechoslowakei«; München, 1974. Auch Nawratil, Heinz: »Die deutschen Nachkriegsverluste«; München, 1988; S. 44.
d) Ein deutscher Kommunist schilderte sein und vieler Schicksal:
»Am 9. Mai 1945 lag der Soldat ... vor Prag, wo ihn tschechische Partisanen gefangennahmen. Woher sollten sie wissen, daß er ein ehemaliger Widerstandskämpfer war? Sie stellten ihn mit dreißig Kameraden an die Wand. Sowjetische Soldaten verhinderten das Massaker. In Prag wurden 20.000 deutsche Kriegsgefangene zusammengestellt, die durch Böhmen und Mähren bis nach Bratislava (Preßburg) ⟨*d. h. ca. 350 km Luftlinie*⟩ marschieren mußten. Wochenlang ging es durch Dörfer und Städte, wo uns wehrlosen Gefangenen heimgezahlt wurde, was die Deutschen in der Tschechoslowakei zu verantworten hatten. Ich bekam unterwegs vom schlechten Wasser die Ruhr. Am Ziel der Reise war ich dem Tode nah.«
Vgl. Janssen, Karl-Heinz: »Es lohnt sich, anständig zu sein« in »Die Zeit«; Nr. 51 v. 27. 12. 1985; S. 4.

41 Der spätere österreichische Bundespräsident Kirchschläger wurde am 21. 4. 1945 von seiner Frau in schwerverwundetem Zustand aus einem Lazarett in Rakonitz (Mittelböhmen) nach Österreich in Sicherheit gebracht. Wenige Tage später besetzten Russen die Stadt:
»Herma Kirchschläger erfährt später, daß von den Insassen des Lazaretts keiner überlebt hat. Manche erlagen ihren schweren Verletzungen, andere wiederum wurden im Zuge der Racheaktionen von Tschechen aus den Fenstern geworfen und fanden so den Tod.«
Vgl. Schenz, Marko: »Bundespräsident Richard Kirchschläger«; Wien, 1984; S. 37.
Zum Zustand des »Behelfs-Lazaretts« in Rakonitz vom 9. 4. bis 9. 5. 1945:
Vgl. de Bruyn, Günter: »Zwischenbilanz«; Frankfurt/Main, 1992; S. 238 f.
Es gibt auch Berichte über die Massentötung von mehreren Hundert Verwundeten am 5./6. Mai 1945 in einem Lazarettzug in Budweis (Südböhmen).
Wiedergabe der schriftlichen Mitteilung des Kreisbetreuers der SL, Herrn E. K., vom 26. 2. 1993 an den »Volksbund Deutsche Kriegsgräberfürsorge«, Kassel; Fotokopie im Besitz des Verfassers.

42 Schreiben der Dienststelle an den Verfasser vom 31. 10. 1995.

[43] Diese sind wie folgt zu referieren:

Datum/ Zeitraum 1945	Ort, Bezirk/Kreis	Vorgang mit entwaffneten deutschen Soldaten (= S.); Zahlenangaben vermutlich z. T. gerundet	Quellen:
9. 5.	Liebeznice (Melnik) ⟨*vermutlich Liebeschitz, (Leitmeritz)*⟩	Erschießung von 318 S. der Schweren Granatwerfer-Abteilung 534 und Verschleppung von 57 weiteren in den sog. Prager Aufstand	DzASd, S. 333 f., auch Chiodo, Marco P.: »… e malediranno l'ora in cui partorirono«; Mailand 1987; in deutscher Sprache: »Sie werden die Stunde verfluchen«; München, 1990; S. 252 f.
9. 5.	Hohenmauth (Mittelböhmen)	Zunächst 65, dann (auf Nachforschung von Angehörigen) 105 nach der Kapitulation »gefallene« S.	Schweighart, Werner: »Mit dem Wörterbuch auf der Suche nach dem Vater« in »Ebersberger Zeitung« ⟨*TZ.*⟩; Ebersberg (Obby.); Nr. 121 v. 27./28. 5. 1995; S. 2
13. 5.	Ottenschlag (Neubistritz)	Aus Gefangenenkolonne, die tagelang durchzog ⟨*siehe S. 1227, Anm. 40d*⟩, 13 S. auf offener Straße erschossen; auf Ortsfriedhof beerdigt	Bornemann: a. a. O.; S. 46 f.
14. 5.	(bei) Iglau	Ein Unteroffizier, 21 Jahre alt, mußte nach der Kapitulation »sein Leben in der Tschechei lassen«	Berberich, Antje in »Ebersberger Stadtmagazin«; Ebersberg (Obby.); Nr. 3/1997; S. 2
17. 5.	Baumöhl (Znaim)	6 Gendarmeriebeamte, die auf den Weg in den Westen durchkamen, wurden im Garten eines Wohnhauses erschossen	Bornemann: a. a. O.; S. 70
Mai	Frauenberg/Moldau (Budweis)	30 hingerichtete S. in Massengrab an der Mauer des jüdischen Friedhofes	Anlage zu Schreiben E. K., Budweis »Zusammenstellung Schiche«: Auszug; im folgenden: »Anlage«.
Mai	Humpoletz (Deutsch-Brod)	Hinrichtung von 52 S., Bestattungsort unbekannt	»Anlage«
Mai	Jilowitz (Budweis)	30 S. im Tal zwischen den Dörfern Lipnitz und Schalmanowitz erschossen und verscharrt	»Anlage«
Mai	Landskron	In Gemeinden Hermanitz, Landon und Riebnig mindestens 41 »heimziehende, waffenlose« S., darunter viele Verwundete, nach Vernichtung ihrer Ausweispapiere erschossen bzw. erschlagen.	Gauglitz: a. a. O.; S. 215, 268, 369
Mai	Nachod	220 S. im Brauhaus erschossen und in drei Massengräbern im Schloß begraben	Kern: a. a. O.
Mai	Rossbach (Eger)	Nach Kapitulation zahlreiche versprengte S. von Partisanen hingerichtet	Hofmann, Herbert: »Das Heimatbuch von Rossbach«; Hof (Ofr.), 1970; S. 337
Mai	Rovensko (Turnau)	Hinrichtung von 365 S.	Holub: a. a. O.
Mai	Strakonitz (Mittelböhmen)	Rund um die Stadt wurden zahlreiche S. erschossen; genaue Zahl und Bestattungsorte unbekannt	

Datum/ Zeitraum 1945	Ort, Bezirk/Kreis	Vorgang mit entwaffneten deutschen Soldaten (= S.)	Quellen:
Mai	Vodňany	Massengrab einer unbekannten Anzahl von S. am Friedhofseingang	»Anlage«
Mai/Juni	Grottau (Reichenberg)	»Nach dem 8. Mai 1945 … sind … Hunderte deutscher S. … von der tschechischen Soldateska aufgegriffen und in den Hinterhof der Grottauer tschechischen Schule gebracht worden, dort wurden sie vor einem Panzergraben ohne Verhandlung erschossen – sie gelten wahrscheinlich bis jetzt als vermißt. Man hat jetzt … 1990 … auf diesem Panzergrabengelände ein weiteres Schulgebäude daraufgebaut und damit die Sache einer Nachforschung entzogen.«	Mitteilung von Wissensträger A. H., 89250 Senden vom 8. 3. 1996
ab Mai	Brünn	Rd. 250 S. im Kaunitz-Kolleg erhängt bzw. erschlagen	Siehe S. 727
Mai bis Dezember	Schöna (Pirna) Sachsen	Der Bahnhof war von tschechischen bewaffneten Einheiten mit einem Panzerzug besetzt worden. Auf dem Bahnhof wurden in ihre jeweiligen Heimatgebiete zurückkehrende deutsche S. abgefangen, mißhandelt und in mehr als einzelnen Fällen ermordet. Bis Dezember 1945 wurden in von Schöna elbabwärts gelegenen Orten fast 150 deutsche S. tot aus dem Fluß geborgen und bestattet	Mitteilung von Wissensträger M. J., 01067 Dresden vom 11. 12. 1995

In die Aufstellung wurden vorrangig Vorgänge aufgenommen, die mindestens ca. 10 Soldaten o. ä. betrafen. Zu derartigen Vorgängen vgl. auch Staněk, Tomáš: »Persekuce 1945«; Prag, 1996; S. 76 ff.

44 Vgl. zu Vorgeschichte und zum Ablauf:
Brandes, Detlef: »Die Tschechen unter deutschem Protektorat«; 2 Bde.; München, 1969, 1976; Bd. 2; S. 122–146.
DzASd; S. 3–59 sowie DdV: IV/1; S. 55–64 und die dort erwähnten Berichte.
Thorwald, Jürgen: »Das Ende an der Elbe«; Stuttgart, 1950, 5. Aufl. 1953; S. 212–270.
Bartošek, Karel: »Pražské povstaní (Der Prager Aufstand) 1945«; Prag, 1960. In deutscher Sprache, gekürzt: »Der Prager Aufstand 1945«; (Ost-)Berlin, 1965.
Král, Václav: »K otázce mezinarodni souvislosti Pražského povstáni v květnu 1945« (Zur Frage internationaler Zusammenhänge des Prager Aufstandes im Mai 1945); Prag, 1975.
MacDonald, Callum/Kaplan, Jan: »Prague in the Shadow of the Swastika«; London, 1995; S. 161–194.

45 Faksimilierte Wiedergabe der Meldung in einer Prager tschechischen Zeitung vom 2. 5. 1945 mit dem Titel »Vudce padl« (Der Führer ist gefallen) in MacDonald; S. 163.

46 In der ČSR-Volkszählung von 1930 waren in der Stadt rd. 42.000 ČSR-Staatsangehörige und ca. 4.000 Ausländer deutscher Nationalität festgestellt worden. 1941 wurden im Oberlandratsbezirk Prag rd. 39.000 Deutsche erfaßt.
Vgl. Karny, Miroslav (Hsg. m. a.): »Deutsche Politik im ›Protektorat Böhmen und Mähren‹ unter Reinhard Heydrich 1941–42«; Berlin, 1997; Niederschrift des Prager Oberlandrats Dr. Hans von Watter vom 9. 1. 1942; S. 209–212.
Zu 200.000 bzw. 250.000 Deutschen in Prag Anfang Mai 1945 vgl. DdV, IV/1; S. 52; bzw. Bartošek; S. 94, 249.
Die Differenz zwischen ca. 40.000 und rd. 200.000 müßten überwiegend Wehrmachtangehörige und Flüchtlinge gewesen sein.

47 Zu »mindestens 25.000 Verwundete in Prag«: Vgl. Franzel: a. a. O.; S. 391.
Zu 50.000: Vgl. DdV: IV/1; S. 52.
Zu »an die 60.000 deutsche und ungarische Verwundete«: Vgl. Reichenberger: a. a. O.; S. 207.

48 Zu Einzelheiten: Siehe die tschechischen Darstellungen auf S. 657, 1018.

[49] Zu den während des Aufstandes getöteten rd. 2.000 Tschechen: Siehe S. 1235.

[50] a) Vgl. DdV, IV/1; S. 60.
Dort auch folgende Zahlenangaben:
Während des Aufstandes (d. h. vom 5.–9. 5.) auf beiden Seiten ungefähr 14.000 Tote, d. h. (siehe obige Anm. 49 mit rd. 2.000 Tschechen) rd. 12.000 Deutsche. »Dazu seien nach tschechischen Angaben in den folgenden zwölf Tagen ⟨*d. h. vom 10. bis ca. 22. 5. 1945*⟩ noch 27.000 deutsche Zivilisten als Opfer hinzugekommen«; dies würde insgesamt rd. 39.000 deutsche Zivilpersonen und Soldaten bedeuten.
Allein für die Zeit 5.–9. 5. 1945 wurde beleglos von »über 30.000« deutschen Toten berichtet.
Vgl. Franzel: a. a.O.; S. 401.
Zur Herkunft der deutschen Toten gibt es die Angabe von »wenigstens 15.000 ... zivilen ... Sudetendeutschen ⟨, *die*⟩ bei dem tschechischen Aufstand im Mai 1945 ⟨*d. h. v. a., aber nicht nur in Prag*⟩ ums Leben kamen.«
Vgl. VV; S. 342.
b) Ein »Verzeichnis der seit 1. 1. 1945 verstorbenen ehemaligen Prager Deutschen« verzeichnet bei fast 1.000 namentlich aufgeführten Personen Zusätze, aus denen ihr Tod v. a. im Mai 1945 v. a. in Prag, aber auch in Theresienstadt hervorging.
Vgl. »1. Nachtrag zum Adreßbuch ehemaliger Prager Deutscher – Stand vom 14. Mai 1953«; hsg. v. d. Heimatzeitung »Prager Nachrichten«; München, 1953; S. 37–48.
Die »Gesamterhebung« nannte für den ganzen Oberlandratsbezirk Prag insgesamt 918 sog. Augenzeugentote und 4.598 »ungeklärte Fälle«, zusammen rd. 5.500 gemeindeangehörige Deutsche.
c) Die tschechischen Angaben lagen deutlich niedriger:
1964 wurde aus dem »Central European Observer« (London; Jg. 22, Nr. 20 v. 5. 10. 1945) und dort aus dem Prager »Rudé právo« übernommene 935 deutsche Tote publiziert.
Vgl. Luža, Radomír: »The Transfer of the Sudetengermans; New York, 1964; S. 260.
1980 gab der gleiche Autor 663 Opfer nichttschechischer Nationalität an.
Vgl. Luža, Radomír: »The Czech Resistance« in »A History of the Czechoslovak Republic 1918–1948«; hsg. v. Victor S. Mamatey (m. a.); Princeton (N. J., USA); in deutscher Sprache: Wien, 1980; S. 364–384, hier S. 384.

[51] Neben dem Foto eines gutgekleideten kleinen Mädchens stand folgender Text:
»Wer kennt mich?
Ich wurde am 31. Juli 1945 mit schweren Rückenverletzungen am Aussiger Bahnhof aufgefunden – wurde auf etwa fünf Jahre geschätzt und soll auch nur Deutsch gesprochen haben – und vorerst ins Aussiger Krankenhaus gebracht.
Danach wurde ich von tschechischen Pflegeeltern übernommen und habe deren Namen erhalten.
Wer sind meine leiblichen Eltern? Haben sie den schrecklichen Tag überlebt? Falls ja, wohin hat es sie verschlagen?
Auch wäre ich an weiteren Verwandten interessiert, auch an Leuten, die über meine Identität und eventuell auch über meinen Geburtsort nähere Angaben machen können.
Hinweise bitte an ...«
Wiedergabe nach Aufruf aus dem Jahre 1998; Fotokopie im Besitz des Verfassers.

[52] »Mein Name war Jürgen Dieter Niedner, geb. am 6. Oktober 1944 in Bad Königsdorff/Oberschlesien, Kreis Rybnik.
Meine Mutter Juliane Berta Niedner, geb. in Essen/Werden, hatte mich gegen Kriegsende vorübergehend in einem Säuglingsheim in Derschau b. Oppeln untergebracht. Durch das Kriegsgeschehen bedingt wurde dieses Säuglingsheim evakuiert, und ich kam auf Irrwegen nach Eger. Dabei hatte mich meine Mutter aus den Augen verloren. Später wurde ich in Eger von der Bezirksjugendfürsorge als Waisenkind ›unbekannter Abstammung‹ betreut.
Durch die Entscheidung der Bezirksjugendfürsorge Cheb/Eger vom 28. September 1946 kam ich in fremde Pflege zur Familie Rak. Frau Anna Rak, geborene Richter, war Deutsche aus Kaaden, Herr František Rak war Tscheche. Am 21. Jänner 1947 wurde der Aneignenvertrag ⟨*vermutlich eine Art von Adoption*⟩ mit der Familie Rak abgeschlossen, auf Grund der Bestätigung des Bezirksjugendfürsorgeamtes vom 6. November 1947, daß ich ein gefundenes Kind bin, Geburtsort unbekannt, wurde vom Bezirksnationalausschuß die Bescheinigung über die tschechoslowakische Staatsangehörigkeit ausgestellt.
Am 30. Juni 1948 wurde der Aneignenvertrag vom 21. Januar 1947 durch den Beschluß des Bezirksgerichtes in Cheb/Eger sowie die Änderung des Namens von Niedner zu Rak genehmigt.
Bis 1949 wohnte ich in Gehaag ⟨*Kreis Eger*⟩ Nr. 120, danach in Gehaag Nr. 132. Von 1951 bis 1959 be-

suchte ich die Obertorschule. Von 1959 bis 1962 erlernte ich in Dallwitz bei Karlsbad den Beruf des Fernmeldemonteurs. Seit meinem 13. Lebensjahr wußte ich, daß ich ein Adoptivkind war. Im Jahre 1971 entschloß ich mich, nach meinen Eltern zu suchen. Ich wandte mich an das Tschechoslowakische Rote Kreuz in Prag mit einem Suchantrag. 1974 teilte mir das Rote Kreuz in Prag mit, daß man meine Mutter gefunden hatte. Sie lebte damals in Bernburg/Saale.
Nach Aussagen meiner Mutter war sie zur Zeit meiner Geburt nicht verheiratet, mein Vater Eitel Ahrens wurde seit September 1944 bei Grenoble/Frankreich vermißt. Schon im Frühjahr 1945 suchte meine Mutter nach mir, hatte aber damals keinen Erfolg. Durch ihren zweiten Suchversuch im Jahre 1954 fanden wir uns über das DRK in Hamburg und das ČSČK in Prag. Mein Rückführungsantrag nach Deutschland wurde in Cheb/Eger mit der Begründung abgelehnt, daß ich von den Eheleuten Rak im Jahre 1948 adoptiert worden bin und aus diesem Grund tschechoslowakischer Staatsbürger sei.
Nach einer Anfrage beim tschechischen Innenministerium 1991 in Prag wurde mir von dort mitgeteilt, daß nach der im Jahre 1947 geltenden Rechtsordnung (das Jahr meiner Adoption) die damals erfolgte Adoption nicht den Erwerb der tschechoslowakischen Staatsangehörigkeit einschloß. Laut Bestätigung des Bezirksamtes Cheb/Eger wurde ich als Person ohne Staatsangehörigkeit geführt.
Am 10. Oktober 1992 wandte ich mich an die deutsche Botschaft in Prag mit der Bitte um Ausstellung eines deutschen Staatsangehörigkeits-Ausweises. Die Botschaft teilte mir dann in einem Schreiben vom 31. Oktober 1992 mit, daß ein deutsches Kind, welches von Ausländern adoptiert worden ist, die deutsche Staatsangehörigkeit verloren hat. In meinem Fall würde wenig Aussicht bestehen, die deutsche Staatsangehörigkeit wiederzuerhalten.
Nun bin ich tschechischer Staatsbürger und lebe seit 1965 in der Stadt Eger. Ich habe zwei Kinder und ein Enkelkind und bin noch berufstätig. Seit 1991 bin ich Vorsitzender der Ortsgruppe Eger im Bund der Deutschen – Landschaft Egerland.
Eine kurze Bemerkung: Obwohl meine Adoptivmutter Deutsche war, sprach sie mit mir niemals Deutsch. Als ich beinahe 30 Jahre alt war, mußte ich Deutsch lernen, damit ich mich mit meiner leiblichen Mutter verständigen konnte. Jürgen Rak, Eger«
Vgl. »Egerer Zeitung« ⟨*MHZ.*⟩, Amberg (Opf.); Jg. 49, Nr. 1 (Januar 1998); S. 19 f.

****

Anhang: Die Tschechen 1939–1945

A. Vorbemerkung

1. Die statistischen Unterlagen
Es ist bisher keine zusammenhängende tschechische Bevölkerungsbilanz (etwa 1930–1950) bekannt. Die Zahlen würden folgende Eckwerte ergeben:

	Tschechen (in Tausend)	
	In der gesamten ČSR	In Böhmen, Mähren u. Sudeten-Schlesien
1930	7,406.	7,265.
1950	8,383.	8,346.

Bei genauer Analyse ist darüber hinaus zu erkennen, daß der tschechische Geburtenüberschuß, der von 1925 bis 1936 laufend zurückgegangen war (von 8,1 ‰ bis auf 2,2 ‰), in der Zeit des »Protektorats« 1940–1945 trotz Kriegs- und Zivilverlusten einen kräftigen Aufstieg erlebte (von 3,3 ‰ bis auf 7,1 ‰), der sich nach Kriegsende fortsetzte[1].

2. Die Angaben
Vorhandene Angaben zur Zahl der tschechischen Kriegs- und Zivilverluste werden nachfolgend (Teil B) tabellarisch aufbereitet. Die Angaben waren von unterschiedlichem Umfang und Güte.

2.1 Sie bezogen sich z. T. auf das Gesamtterritorium der ČSR zum 31. 12. 1937 und umfaßten dann auch den ganzen tschechoslowakischen Anteil am Holocaust der Juden ohne Rücksicht auf deren Nationalität.

Dabei war einmal die beiläufige Umfunktionierung von derart ermittelten ČSR-Angaben auf die (engere) Personengruppe nur der Tschechen festzustellen[2]. In einem anderen Fall wurde in einem Sammelwerk von zwei Autoren in ihren jeweiligen Beiträgen sowohl das Zahlenpaar 36.700 bis 55.000 als auch die Angabe 250.000 wiedergegeben[3]. In mehreren Fällen war offensichtlich auch mindestens ein gewisser Teil der sudetendeutschen Kriegsverluste 1939–1945 einbezogen worden[4].
Bemerkenswert an allen Angaben war, daß in keinem Falle jene Kriegsverluste erwähnt wurden, welche Einheiten der Armee der Slowakischen Republik erlitten, die ab 1941 im Kampf gegen die Sowjetunion standen[5] und/oder der Regierungstruppe des Protektorates, welche ab Mai 1944 mit über 5.000 Mann in Italien zu Sicherungsaufgaben gegen Partisanen eingesetzt worden war.

2.2 Unter den Angaben, die sich fundiert nur auf Tschechen beziehen, war dann ziemliche Ähnlichkeit festzustellen: Man sollte hier generell Škorpil[6] folgen, welcher seine Gesamtopferzahl für die ČSR neben ziemlich klarer Belegung durch Beschreibung der Personengruppen und Vorgangsarten deutlich strukturierte. Die daraus ableitbare Zahl von rd. 44.000 »arischen« Opfern der Tschechen lag etwa in der Mitte der bisherigen Bandbreite von 37.000 bis 55.000; die weiteren rd. 38.000 tschechischen Opfer der Rassenverfolgung, v. a. des Holocausts an den Juden[7], führen zu einer Gesamtzahl von ca. 82.000, welche frühere Angaben von 60.000 bis 90.000 bestätigen.

3. Schlußbemerkung
Es sei nochmals (siehe S. 1211) darauf hingewiesen, daß hier keine Handreichung für »Aufrechnungen«, sondern ein Objektivierungsversuch eines tragischen Ablaufes vorliegt: Jeder einzelne Tote war einer zuviel!

Anmerkungen und Quellen:
[1] Vgl. Bohmann: MuG; S. 97 ff., 279, 334 ff., 370 f., 380 f.
[2] Siehe S. 1237 f.: Anm. 32 im Vergleich zu Anm. 28.
[3] Siehe S. 1236: Anm. 22.
[4] Siehe S. 1236 f.: Anm. 19, 21, 24, 28.
[5] Sie wurden an anderer Stelle für den Zeitraum Juni 1941 bis Oktober 1943 mit 1.180 Gefallenen und 4.560 Vermißten (wohl meistens Gefangene/Überläufer) verzeichnet.
Vgl. Venohr, Wolfgang: »Aufstand in der Tatra«; Königstein/Ts., 1979; S. 49.
[6] Siehe S. 1237: Anm. 29.
[7] Mit Zahlen und Zahlenbasis muß bedachtsam umgegangen werden:
a) 1930 wurden durch die ČSR-Volkszählung in Böhmen und Mähren-Schlesien rd. 117.500 ČSR-Staatsbürger jüdischer Konfession und darin rd. 43.000 Personen tschechischer Nationalität festgestellt.
Vgl. Bohmann: MuG; S. 99, 104.
b) Zwischen 1930 und 1939 gab es Veränderungen dieser Zahlen durch natürliche Geburts-/Todesfälle, Zuwanderung (unter Erwerb der ČSR-Staatsbürgerschaft und Bekenntnis zur tschechischen Nationalität) sowie formaler Weiterwanderung/Auswanderung bzw. faktisches Verlassen der ČSR (v. a. 1938/39 mit Besuchervisum ausländischer Staaten).
Als Saldo dieser m. W. nicht quantifizierten Veränderungen möchte man insgesamt eine Verminderung der Zahlen von 1930 vermuten.
c) Am 14. 3. 1939 bzw. 1. 9. 1939 haben sich auf dem Gebiet des »Protektorates Böhmen und Mähren« rd. 118.000 bzw. 92.000 Personen aufgehalten, die nach den NS-Vorschriften als »Juden« galten.
Vgl. Reitlinger, Gerald: »The Final Solution«; London, 1953; S. 492 f.;
in deutscher Sprache: »Die Endlösung«; Berlin, 1956; 4. Aufl. 1961; S. 562.
d) Die zahlenmäßige Nähe der Angaben für 1930 und 1939 sollte den Unterschied der Erfassungsbasen nicht verdecken: 1930 war es eigenbekannte Konfession (und Nationalität); 1939 nach NS-Doktrin zugewiesene »Rasse«, welche z. B. die Abkehr vieler Juden, auch tschechischer Nationalität, von ihrer Konfession als völlig irrelevant ansah.
Für die Zahl tschechischer Opfer des Holocausts der Juden dürfte daher die hier vermerkte Angabe nur einen Anhaltspunkt bieten.

B. Tabellarische Darstellung

	Angabejahr: 19..	Verluste (Klammerzahlen Ermittlung aus Angaben der Quelle)												Quelle:
			Zivile Verluste								Militärische Verluste			
		Gesamt	Summe	Rassenverfolgung			Politische Verfolgung				Summe	ČSR-Ausl. Streitkräfte	Einheimischer Widerstand[3]	
				Zw. Se	Juden	Roma	Zw. Se	KZ-Tote	Hinrichtung.	Sonstige				
		1 (= 2 + 10)	2 (= 3 + 6)	3 (= 4 + 5)	4	5	6 (= 7 – 9)	7	8	9	10 (= 11 + 12)	11	12	
1) Tschechoslowaken[1,2]	'45	(252.)	.								.			4
	'46	(212.)	.		138.						.			5
	'46/'47	(380.)	(287.)					242.		45.	93.			6
	'47	250.	200.								50.			7
	'47	250.	.								.			8
	'48	.	.					65.		34.	17.	6.	11.	9
	'48	(380.)	(287.)					242.		45.	93.			10
	'48	245.	.								.			11
	'53	203.	.		107.							7.		12
	'54	179.	.								.			13
	'54	180.	.								.			14
	'56	360.	.	118.6				(76.4)		6.4	.			15
	'60	360.	.								.			16
	'62	300.	.								.			17
	'64	250.	.		184.						.			18
	'65	(370.)	220.								150.			19
	'65	(350.)	330.	(260.)	260.		70.				20.			20
	'79	(458.)	318.								140.			21
	'80	250.	.								.			22
	('82)	(365.)	215.								150.			23
	'89	(316.7)	310.								6.7			24
	'89	360.	(315.)	.	120.		.				45.			25
	'90	370.	.								.			26
	'91	(468.)	318.								150.			27
	'92	360.	.	118.6				(76.4)		6.4	.			28
	'92	337.–343.	(308.)	(272.)	265.	7.	(36.)	20.	8.5	8.0	(30.–34.)	7.	23.–27.	29
	'95	340.	90.								250.			30
	'96	.	.	146.							.			31
	'97	360.	.								.			32

	An-gabe-jahr: 19..	Verluste (Klammerzahlen Ermittlung aus Angaben der Quelle)												Quelle:
		Gesamt	Zivile Verluste								Militärische Verluste			
			Summe	Rassenverfolgung			Politische Verfolgung				Summe	ČSR-Ausl. Streit-kräfte	Einhei-mischer Wider-stand[3]	
				Zw. Se	Juden	Roma	Zw. Se	KZ-Tote	Hinrich-tung.	Son-stige				
		1 (= 2 + 10)	2 (= 3 + 6)	3 (= 4 + 5)	4	5	6 (= 7 – 9)	7	8	9	10 (= 11 + 12)	11	12	
2) Tschechen[1]	'46	126.	.		71.						.			5
	'47	37.	.								.			33
	'50	38.	.				.		38.		.			34
	'51	36.7–55.	.				.	20.–30.			.			35
	'53	60.	.				.				.			36
	'58	75.	.								.			37
	'64	36.–55.	.				.	20.–30.			.			38
	'65	90.	70.								20.			20
	'66	36.	.								.			40
	'69	36.7–55.	.				.	20.–30.			.			41
	'80	36.7–55.	.				.	20.–30.			.			22
	'92	(82.)	(68.)	(38.)	(32.)	(6.)	(30.)	(19.)	(4.)	(7.)	(14.)	(6.)	(8.)	29

Anmerkungen, Verweise, Quellen:

[1] Zur Zuordnung (z. B. zu Tschechen) wurden vorhandene Angaben der Quelle genutzt.

[2] Der staatsrechtliche Begriff »Tschechoslowaken«/»tschechoslowakische Bürger« wurde in den Quellen regelmäßig für ČSR-Staatsangehörige des Jahres 1945 verwendet, d. h. ohne Deutsche und Ungarn aller »Rassen«/Konfessionen.
Abweichungen von diesem Prinzip wurden, soweit erkennbar, vermerkt.

[3] Zu den hier enthaltenen tschechischen Toten des sog. Prager Aufstandes ab 4. 5. 1945 wurde im chronologischen Ablauf der Aussagen berichtet:

Jahr	Angabe	Angabe in
1945:	5.000	»Le Monde« (Die Welt), ⟨*TZ.*⟩, Paris; Jg. 20, Nr. 124 v. 12. 5. 1945; S. 1.
1952:	2.400	Luža, Radomír: »Odsun«; Wien; S. 19.
1957:	ca. 2.000	DdV, IV/1; S. 60.
1960:	2.216	Bartošek, Karel: »Pražské povstání (Prager Aufstand) 1945«; Prag; S. 246.
1964:	ca. 2.000	Luža, Radomír: »The Transfer of the Sudetengermans«; New York; S. 260.
1969:	2.000	Slapnicka, Helmuth: »Die böhmischen Länder und die Slowakei 1919–1945« in »Handbuch der Geschichte der Böhmischen Länder«; hsg. v. Karl Bosl; Bd. IV; Stuttgart; S. 149.
1975:	1.693	Král, Václav: »Osvobození Československa« (Die Befreiung der Tschechoslowakei); S. 324.
1980:	1.693	Luža, Radomír: »Die tschechische Widerstandsbewegung« in »Geschichte der Tschechoslowakischen Republik 1918–1948«; hsg. v. Victor S. Mamatey und Radomír Luža; Wien; S. 364–384, hier S. 384.
1995:	1.694	MacDonald, Callum: »Prague in the Shadow of Swastika«; London; S. 194.

[4] Vgl. Škorpil, Pavel: »K problematice počtu československých obětí nacionálně socialistického Německa v letech (Zur Problematik der Berechnung der tschechoslowakischen Opfer des nationalsozialistischen Deutschlands in den Jahren) 1938–1945« in »Terezinské listy« (Theresienstädter Blätter); Jg. 20 (1992), Nr. 21; S. 60–78, hier S. 60 f.
Wiedergabe aus Archiv des Außenministeriums der ČSFR; erstellt im Herbst 1945:
244.836 nachgewiesene Todesopfer, 5.331 Vermißte, 2.000 Tote bei Arbeitseinsatz in Deutschland.

[5] Vgl. Škorpil: a. a. O.; S. 61.
Mitteilung aus dem Jahre 1990 über Analyse der ČSR-Verluste 1939–1945 durch Fachleute des Staatsamtes für Statistik der ČSR im Jahre 1946:
In ČSR in Nachkriegsgrenzen (d. h. ohne Karpatenukraine) 74.000 nichtjüdische und 138.000 jüdische Staatsbürger, davon 55.000 bzw. 71.000 in den Böhmischen Ländern.

[6] Vgl. »Archiv der Gegenwart«; Jg. 16/17; S. 1121 A v. 18. 6. 1947. Meldung der ČSR-Nachrichtenagentur ČTK:
242.000 tschechoslowakische Staatsbürger im KZ getötet, 93.000 in Widerstandsbewegungen Inland und in Truppen Ausland gefallen; 45.000 »werden immer noch vermißt«.

[7] Vgl. Škorpil: a. a. O.
Herkunft: »Inventaire Economique de l'Europe«, Paris; Nr. 17–19/1947.

[8] Vgl. ČSR-Informationsministerium (Hsg.): »Czechoslovakia. Old Culture and New Life«; Prag, 1947; S. 17:
250.000 Tote (ohne weitere Angaben).

[9] Vgl. Škorpil: a. a. O.
Mitteilung aus dem Militärgeschichtlichen Archiv in Prag über Arbeiten der 1. Abteilung des ČSR-Verteidigungsministeriums im Jahre 1948.
Ziviltote: 65.000 Hingerichtete und Ermordete, 30.000 Verhaftete vermißt, 4.000 Bombenopfer. Militärpersonen: 8.000 in Partisanenkämpfen, 3.000 aus Gefangenschaft nicht zurückgekehrt, 5.620 Gefallene Ostfront, rd. 850 Gefallene Westfront und Afrika.

[10] Vgl.: »Encyclopedia Americana«; Nachtrag 1948; S. 186:
242.000 KZ-Tote, 93.000 im Widerstand gefallen; 45.000 Vermißte.
Siehe unten, Anm. 36.

[11] Vgl. Chmela, Leopold: »The Economic Aspect of the German Occupation«; Prag, 1948; S. 135:
245.000 Tote (ohne weitere Angaben).

[12] Vgl. Škorpil: a. a.O.
Mitteilung aus dem Militärgeschichtlichen Archiv in Prag über Nachricht des ČSR-Innen- an das ČSR-Verteidigungsministerium.
Gesamtzahl 202.738, darin 107.477 Opfer der »Endlösung der Judenfrage«, 7.488 gefallene Soldaten.

[13] Vgl. Luža, Radomír: »Odsun« (Abschub); Wien, 1954; S. 19:
In der ČSR 179.000 Getötete.

[14] Vgl. Lettrich, Josef: »The Sudeten German Question«; Einschaltung des US-Abgeordneten Rhodes im »Congressional Record« der USA; 6. 8. 1954; S. A 5796 ff.:
Es ist Tatsache, daß die Nazis 180.000 Tschechoslowaken ohne Grund töteten.

[15] Hajčík, Gustav (m. a.): »Nezapomínáme. Fakta a data o památných dnech a událostech boje proti fašismo« (Vergessen wir nicht. Fakten und Daten zu Gedenktagen und Ereignissen im Kampf gegen den Faschismus); Prag, 1956; S. 56.
Von insgesamt 195.000 KZ-Toten waren 118.600 Opfer rassischer Verfolgung. Weiter 156.000 Militär- und Zivilpersonen sowie 6.432 Luftangriffstote.

[16] Vgl. SZ; Nr. 265 v. 4. 11. 1960; S. 4; Bericht über Aussage von Professor Rudolf Bystricky in Prag: 360.000 tote tschechoslowakische Staatsangehörige, davon 184.000 Juden.

[17] Vgl. Malvezzi, Pietro: »Letzte Briefe zum Tode Verurteilter aus dem europäischen Widerstand«; München, 1962 (DTV 34); S. 265:
300.000 Tote (ohne weitere Angaben).

[18] Vgl. Luža, Radomír: »The Transfer of the Sudeten Germans«; New York, 1964; S. 262:
Es wird berichtet *(Bezug auf obige Anm. 8 und 11)*, »daß ... in der Tschechoslowakei ... 250.000 Menschen starben.«
Der Autor berichtete auch die Aussage der Anm. 36.

[19] Vgl. Köllmann, Wolfgang: »Raum und Bevölkerung in der Weltgeschichte«; 3. Aufl.; Bd. IV; Würzburg, 1965; S. 203:
Tschechoslowakei: 220.000 Zivilisten, 150.000 Soldaten.
Mindestens die Zahl der Militärtoten läßt vermuten, daß der Autor die Tschechoslowakei in fortbestehenden Vorkriegsgrenzen sowie ungeänderten Staatsangehörigkeitsverhältnissen von 1937 betrachtete und dadurch auch mindestens Teile der sudetendeutschen Kriegsverluste der ČSR zuschrieb.

[20] Vgl. Dollinger, Hans (Hsg.): »Die letzten 100 Tage«; München, 1965; S. 422:

»Tschechen«:	»Soldaten« inkl. Vermißten:	20.000
	»Ziviltote« (ausdrücklich ohne »Volksdeutsche«):	70.000
»Tschechoslowakei«:	»Ermordete Juden«:	260.000

[21] Vgl. »Putzger. Historischer Weltatlas«; 100. Aufl.; Berlin, 1979; S. 117, Karte III.

»Tschechoslowakei«:	»Gefallene Soldaten«:	140.000
	»Getötete Zivilisten« (ausdrücklich ohne »Volksdeutsche«):	318.000

Siehe zu Zahl der Soldaten: Hinweis in obiger Anm. 19.

[22] Vgl. das Sammelwerk (hier in der deutschsprachigen Ausgabe) »Geschichte der Tschechoslowakischen Republik 1918–1948«; hsg. v. Victor S. Mamatey und Radomír Luža; Wien, 1980.
Die darin enthaltenen Arbeiten berichteten unterschiedlich:
a) Luža, Radomír: »Der Kampf zwischen Demokratie und Kommunismus 1945–1948«; S. 411–441, hier S. 421:
»Nach einer offiziellen Schätzung der 〈*ČSR-*〉Regierung starben 250.000 ... Tschechen und Slowaken« im »Zweiten Weltkrieg« an »Luftangriffen, Militäroperationen und der deutschen Besetzung«.
Bezug genommen wurde auf die Angaben der obigen Anm. 8 und 11; zu früheren Angaben des Autors: Siehe obige Anm. 13.
b) Rhode, Gotthold: »Das Protektorat Böhmen und Mähren 1939–1945«; S. 314–340; hier S. 338:
»Verluste der tschechischen Bevölkerung im Protektorat« 36.700 bis 55.000 Tote.
Zu konsistenten Angaben des Autors: Siehe Anm. 38 und 40.

[23] So Deutscher Bundestag (Veranstalter): »Fragen an die deutsche Geschichte« (ständige Ausstellung im Berliner Reichstag, Stand ca. 1982); Abschnitt NS-Staat; Tafel: »Die Toten des Zweiten Weltkrieges«:
Tschechoslowakei: 215.000 Zivilisten, 150.000 Soldaten.
Siehe zu Zahl der Soldaten: Hinweis in obiger Anm. 19.

[24] Vgl. »The Times Atlas of the Second World War«; hsg. v. John Keegan; Oxford, 1989; S. 205:
6.683 »Military dead«; 310.000 »civilian dead«.

[25] Wiedergabe nach »Die Zeit«; Nr. 52 v. 22. 12. 1989.

[26] Wiedergabe aus Pust, Ingomar: »Schreie aus der Hölle – ungehört«; Sersheim (Hes.); o. J. (ca. 1991); S. 34.
»Bei einer Club-II-Diskussion im ORF am 6. 2. 1990 über Vertreibung der Sudetendeutschen ließen der tschechische Teilnehmer und Historiker Vancura und sein Landsmann Klen die ... tschechischen Opfer gleich auf 370.000 anwachsen ... So stand zu lesen in einem Artikel der ›Sudetenpost‹ 〈*Linz, Jg. 36,*〉 Folge 5 vom 8. 3. 1990 〈*S. 7*〉, gezeichnet mit A. J.«

[27] Vgl. »Putzger: Historischer Weltatlas«; 101. Aufl.; Berlin, 1990; 2. Druck 1991; S. 117, Karte III.

»Tschechoslowakei«:	»Gefallene Soldaten«:	150.000
	»Getötete Zivilisten« (ausdrücklich ohne »Volksdeutsche«):	318.000

Siehe zu Zahl der Soldaten: Hinweis in obiger Anm. 19.

[28] Vgl. (Anonymus): »Komu sluší omluva« (Wer hat sich zu entschuldigen); Prag, 1992; ISBN 80-85612-02-X; S. 66:
»In den Jahren der Okkupation kamen an die 360.000 tschechoslowakische Bürger gewaltsam ums Leben; davon:
– 195.000 wurden in Konzentrationslagern und anderen nazistischen Marterstätten umgebracht (in dieser Zahl sind die 118.600 Opfer rassistischer Verfolgung eingeschlossen);
– 156.000 Tschechen, Slowaken, Antifaschisten aus den Reihen der Deutschen, Ungarn, Polen und Ukrainer kamen auf den Richtstätten der Gestapo um, fielen im heimischen antifaschistischen Freiheitskampf und im Kampfe an der östlichen, westlichen und afrikanischen Front;
– 6.432 tschechoslowakische Bürger kamen bei Bombenangriffen vor allem aus den Reihen junger, in Deutschland zu Zwangsarbeit eingesetzter Menschen um.«
Die Angabe 360.000 war in den Diskussionen nach 1992 oft zu finden (z. B. in der »Neuen Osnabrücker Zeitung« ⟨*TZ.*⟩, Osnabrück (NRW.); Jg. 28, Nr. 176 v. 31. 7. 1995) und wurde auch als Zahl tschechischer Opfer instrumentalisiert (siehe obige Anm. 26 und folgende Anm. 32).

[29] a) Vgl. Škorpil: a. a. O.; Zusammenfassung S. 74 f.
In deutscher Sprache wichtige Aussagen des Autors in: »Probleme bei der Berechnung der Zahl der tschechoslowakischen Todesopfer des nationalsozialistischen Deutschlands« in »Der Weg in die Katastrophe«; hsg. v. Detlef Brandes (m. a.); Essen, 1994; S. 161–164.
b) Die grundsätzlich auf die Gesamt-ČSR ausgerichteten Angaben waren tief gestaffelt und definiert, so daß eine Überleitung auf die darin enthaltenen Verluste nur der Tschechen im v. a. Protektorat möglich erschien (Angaben in Tsd. Personen):

	»Tschechoslowaken« in ČSR	*Überleitung*	*Tschechen im v. a. Protektorat*
1. KZ-Tote (ohne rassische Verfolgung)	20.0	*Annahme: Slowaken ca. 1.*	*19.*
2. Tote unter Antifaschisten im Grenzgebiet	1.0	*Wären demnach v. a. Deutsche*	–
3. Hinrichtungen	8.5	Lt. Š. im Protektorat mehr als 3.3	*4.*
4. Tote alliierter Luftangriffe	4.0	*Annahme: Slowaken, Deutsche +0*	*4.*
5. Tote während Arbeitseinsatzes (v. a. im DR)	3.0	*Annahme: Slowaken 0*	*3.*
1.–5.: Zivile Verluste (ohne rassische Verfolgung)	*(37.)*		*(30.)*
6. Tote bewaffneter Zusammenstöße	8.0	Lt. Š. nur im Protektorat	8.
7. Tote Slowakischer Nationalaufstand	15.–19.		*0*
8. Soldaten ČSR-Auslandsarmee *⟨Soldaten Slowakische Armee⟩* *⟨Soldaten Regierungstruppe⟩*	6.8 *⟨0⟩* *⟨0⟩*	*Annahme: meistens Tschechen*	*6.*
6.–8. Militärische Verluste	*(30.–34.)*		*(14.)*
9. Sinti/Roma	7.0	Lt. Š. nur aus böhmischen Ländern; davon »Grenzgebiete« 0.9	6.
10. Juden	265.0	*a) 1930 wurden in der ČSR 357. Personen jüdischer Konfession gezählt; Š. gab 265. Holocaust-opfer an = Verlustquote: ca. 74 %* *b) 1930 waren unter den 357. Personen jüdischer Konfession 43.000 Personen tschechischer Nationalität; davon 74 % =*	*32.*
9. + 10. Rassische Verluste	*272.*		*38.*
1.–10. Gesamtverlust	337.–343.		*82.*

30 Vgl. Dear, Ivan (Hsg.): »The Oxford Companion to the Second World War«; Oxford, 1995; S. 290 in der Wiedergabe des Begleitbuches »Die tödliche Utopie« (zur ständigen Ausstellung und Dokumentation des Institutes für Zeitgeschichte, München auf dem Obersalzberg [Berchtesgaden]), Stand 1999; Abschnitt »Der Zweite Weltkrieg«, Tafel C 8.4 »Der Krieg und seine Folgen«; Tafel im Begleitbuch nicht wiedergegeben, eigene Aufzeichnung des Verfassers; Quelle im Begleitbuch S. 566.

31 So die Wandtafel in der Gedenkstätte »Haus der Wannseekonferenz«; Berlin-Zehlendorf; Stand 1996: »Die Verlustzahl ⟨*der Juden*⟩ für die Tschechoslowakei in den Grenzen von 1939 beträgt . . . 146.000 Menschen.«

32 Heiko Krebs im Bericht über den Debattenbeitrag des republikanischen Abgeordneten Jindřich Nehera zur Deutsch-Tschechischen Erklärung im Prager Parlament in der »Südwest Presse«, ⟨*TZ.*⟩, Ulm (Wttbg.); Jg. 53, Nr. 37 v. 14. 2. 1997; S. 3:
»360.000 Tschechen seien während des NS-Regimes ums Leben gekommen, 195.000 von ihnen in den Konzentrationslagern, hieß es in der Stellungnahme der Republikaner. Zahlen, die bedrücken und wahr sind . . .«
Die Zahlen waren so aber nicht wahr: Der Abgeordnete Nehera bezog sich nämlich einerseits ausdrücklich auf die Schrift »Komu sluší omluva« (siehe obige Anm. 28) und sprach andererseits von »českých občanů«, d. h. tschechischen Bürgern.
Vgl. die wörtliche Niederschrift seiner Äußerungen in »Rozprava k česko-německé deklaraci« (Debatte zur Deutsch-Tschechischen Erklärung), Teil 10; S. 1; Fotokopie im Besitz des Verfassers.
In der Omluva-Schrift wurde jedoch von »tschechoslowakischen Bürgern« berichtet, womit die von Krebs kolportierte Aussage Neheras auch u. a. Slowaken, Ungarn, Polen und Ukrainer als Tschechen reklamierte.

33 Schon die Überlieferung dieser Angabe ist dubios:

a) Sie war zunächst feststellbar in einem ungezeichneten Artikel des »Sudetendeutschen Artikeldienstes WEST und OST« (Hsg. Sudetendeutscher Rat, München); Jg. 1965, Nr. 2 v. 19. 11. 1965; S. 18–22.
Hierin wurde über einen Artikel von Juraj Slávik in der in Kanada erscheinenden ČSR-Exilzeitschrift »Naše hlasy« (Unsere Stimmen), Bd. X (1964), Nr. 19, berichtet. In diesem Artikel war dem Gesandten der USA in der ČSR des Jahres 1945, Lawrence A. Steinhardt, beleglos zugeschrieben worden, in einem Vortrag am 15. 12. 1947 vor dem (damaligen) National War College in Washington u. a. gesagt zu haben:
»Es ist nach meinem Gefühl ein Unglück, daß viele unserer jungen Soldaten, wenn sie von Europa zurückkehren, nach rein amerikanischen Maßstäben die Aussiedlung der Deutschen verurteilen, dabei aber keine Ahnung davon haben, was diese Deutschen den Tschechen angetan haben.«
In seinen weiteren Ausführungen behauptete Steinhardt, es seien »von diesen sich selbst bemitleidenden Deutschen 37.000 Tschechen ermordet worden«.
Diese Aussage wurde auch beleglos anderweitig zitiert.
Vgl. Bohmann: MuG; S. 458.

b) Nachforschungen des Verfassers ergaben, daß es sich um eine Artikelfolge Sláviks in Nr. 19 v. 16. 5. 1964 (S. 1 f.) und Nr. 20 v. 23. 5. 1964 (S. 4) mit dem Titel »Der amerikanische Botschafter Lawrence A. Steinhardt und der Abschub der Deutschen aus der Tschechoslowakei« handelte. Am 15. 12. 1947 sei Steinhardt auch auf die »Sudetoch« (d. h. die Sudetendeutschen) angesprochen worden. Steinhardt, so berichtete Slávik, soll sich in seiner Antwort auf Briefe von US-Soldaten und Offizieren an US-Zeitungen bezogen haben, welche die Vertreibung der Deutschen bedauerten, und wurde wie folgt zitiert: »An keiner Stelle dieser kritischen Pressestimmen fand ich auch nur eine Erwähnung dessen, daß 37.000 Tschechen von genau diesen Deutschen ⟨*d. h. den Sudetendeutschen*⟩ ermordet wurden.«

c) Später wurde beleglos (auch ohne Bezug auf die Herkunft in obigem Absatz a) wie folgt publiziert: »Die Opfer des tschechischen Widerstandes im Zweiten Weltkrieg beliefen sich lt. Aussage des Prager US-Botschafters J. Steinhart ⟨*so im Original*⟩ vor Militärs und Diplomaten am 15. 12. 1947 in Washington auf 37.000 Personen (einschließlich Exilarmee in Italien Mt. Casino, Studentenaufstand in Prag, Sabotagefälle, Lidice und 6456 Tote alliierter Bombenangriffe).«
Vgl. Pust: a. a. O.; S. 34.
Eine Rückfrage bei dem Autor über seine Quelle blieb ergebnislos; er war verstorben.

d) Bei der heutigen National Defense University in Washington, dem Nachfolger des früheren National War College, war zunächst zu erfahren, daß der Text der Rede Steinhardts vom 15. 12. 1947 noch im Jahre 1996 den Vermerk »Geheim« trage.

Einer Bitte des Verfassers vom 2. 1. 1997 um Freigabe nach »declassification« wurde für die Rede vom 15. 12. 1947 und die folgende Diskussion (Teilnahme u. a. General Lemnitzer, späterer NATO-Oberbefehlshaber in Europa) dankenswerterweise entsprochen.
Die Durchsicht des Textes ergab, daß Botschafter Steinhardt die ihm zugeschriebenen Themen darin nicht einmal berührt und schon gar nicht die zitierten Aussagen gemacht hatte.

[34] Vgl. Seton-Watson, Hugh: »The East European Revolution«; London, 1950; S. 149;
in deutscher Sprache: »Die osteuropäische Revolution«; München, 1956; S. 136:
38.000 Tschechen »hingerichtet«.

[35] Vgl. Frumkin, Gregory: »Population changes in Europe since 1939«; New York, 1951; S. 50:
Mindestens 36.700, höchstens 55.000 getötete Tschechen, davon ca. 20.000 bis 30.000 im KZ.
Der Autor stützte sich auf das »Bulletin des Tschechoslowakischen Statistischen Zentralamtes«, Prag; vom Dezember 1946, Januar 1948 und Mai/Juni 1949. Hierbei erfolgte keine Gesamtrechnung, sondern die Addition bekannter Todesfälle (im Protektorat und den KZs) sowie die Beaufschlagung mit dem Unsicherheitsfaktor von 50 %.

[36] Vgl. »Encyclopedia Americana«; Ausgabe 1953, Bd. VIII; S. 383:
60.000 getötete Tschechen.
Siehe auch obige Anm. 10.

[37] Vgl. Orbis Verlag (Hsg.): »Wissenswertes über die Tschechoslowakei«; Prag, 1958; S. 8;
in englischer Sprache: »Facts about Czechoslovakia«; Prag, 1958; S. 10:
»6 Jahre Okkupation . . . kosteten 75.000 Menschenleben.«

[38] Vgl. Rhode, Gotthold: »Das Protektorat Böhmen und Mähren 1939–1945« in »Aus Politik und Zeitgeschichte« (Beilage zur Wochenzeitung »Das Parlament«); Bonn, Nr. B 11/64 v. 11. 3. 1964; S. 11:
Verlust »der tschechischen Bevölkerung im Protektorat durch politische Verfolgung und im KZ« 36.000 bis 55.000 Personen.
Der Autor bezog sich auf die Angabe der obigen Anm. 35.

[39] Vgl. Hoensch, Jörg K.: »Geschichte der Tschechoslowakischen Republik 1918–1965«; Stuttgart, 1966; S. 112:
»Über 35.000 Opfer der deutschen Herrschaft« im Protektorat Böhmen und Mähren.

[40] Vgl. Rhode, Gotthold: »Das Protektorat Böhmen und Mähren 1939–1945« in »Das deutsch-tschechische Verhältnis seit 1918«; hsg. v. Eugen Lemberg (m. a.); Stuttgart, 1969; S. 59–91, hier S. 82.
Textlich identisch mit obiger Anm. 38 unter unverändertem Bezug auf Anm. 35.

****

Darstellung 8:
Das sudetendeutsche Volksvermögen

Die Vermögensverluste der Sudetendeutschen durch die entschädigungslose ČSR-Enteignung von 1945/48 wurden in der historisch-politischen Auseinandersetzung zur deutsch-tschechischen Frage ab 1945 verschiedentlich angesprochen.
Die nachfolgende Aufstellung kann auch auf wichtige Fragen dazu (sudetendeutsches Vermögen weder Teil alliierter Reparationsregelungen für Deutschland nach 1945[1] *noch durch Lastenausgleichsregelungen der BR Deutschland abgegolten*[2]*) nicht eingehen. Die Aufstellung soll lediglich eine Aktualisierung der Werte anbieten, welche der ČSR 1945 zuflossen*[3]*. Die dabei angewendete Methode der Indexierung ist üblich*[4]*.*

Entwicklung des Sudetendeutschen Volksvermögens
(in Milliarden = ")

	1945	1956	1974	1978	1981	1988	1998	2000	Quellen, Anm.
	RM ('38)	DM						EURO[5]	
	1	2	3	4	5	6	7	8	
I) Sudetengebiet (Mlld.)									
1) Sud. Archiv, 1971	63"7	112"2							6
2) SL Rechtsverwahr. '78				230"					7
II) Indizes (v. H.)									
3) 1990	21,1	37,2		75,8	88,1	101,0			8
4) 1998					81,3	104,3			9
5) Schätzung								*[107,4]*	10
III) Fortrechnung (Mlld.)									
6) (= 1 x 3)	(63"7)	112"4		229"0	266"1	305"1			
7) (= 6 x 4)						(305"1)	391"4		
8) Schätzung							(391"4)	206"	10
IV) Andere Angaben (Mlld.)									
Für Sudetengebiet:									
9) Gesamt 1985					265"				11
10) Grundverm. 1998							141"–335"		12
Für Gesamt-ČSR									
11) 1974	35"6		85"4						13
12) 1999			(85"4)				170"8		14

Quellen und Anmerkungen:
1 Siehe dazu S. 679.
2 Siehe dazu S. 39.
3 Die Verzinsung (inkl. Zinseszins) blieb unberücksichtigt.
4 Die Methode wurde u. a. Ende 1998/Anfang 1999 in einem Gutachten der Bremer Stiftung für Sozialgeschichte zur Ermittlung der aktuellen Höhe der Ansprüche von Zwangsarbeitern im Deutschen Reich vor dem 8. 5. 1945 verwendet.
5 1 Euro = DM 1,95583.
6 a) Vgl. »Berechnung des verlorenen Nationalvermögens der Sudetendeutschen«; durchgeführt von »v. Wo« (= Egon v. Wolmar), Dez. 1971 für das Sudetendeutsche Archiv, München; 156 ms. S.; Fundort: Sudetendeutsches Archiv, München; dortige Archiv-Nr. F 224; S. 98, 102 f.
Die »Berechnung« ging von 209"683' Kč des Jahres 1938 aus, welche in 63"743' RM des Jahres 1938 (Vermögensmengenstand des Jahres 1945) umgerechnet wurden.
b) Die Studie basierte auf

- einer Denkschrift der Wirtschaftshilfe GmbH, München, vom Juni 1947 über die »Berechnung des Volksvermögens der Deutschen in der Tschechoslowakischen Republik«, welche 1948 von der damaligen Arbeitsgemeinschaft zur Wahrung sudetendeutscher Interessen, München, als »Das verlorene Nationalvermögen der Sudetendeutschen« publiziert wurde, sowie
- einer Neuberechnung durch Walter Wannenmacher im Jahre 1956 im Auftrag des nunmehrigen Sudetendeutschen Rates nur für die Sudetendeutschen.

c) Die Studie gliederte nach
sog. werbendem (d. h. ertragsbringendem) Vermögen = 20 einzelberechneten Positionen von Landwirtschaft über privaten Wohnhausbesitz bis zu Eisenbahnen und Post; sowie
sog. nichtwerbendem (d. h. nicht ertragsbringendem) Vermögen = 9 einzelberechneten Positionen, u. a. Büchereien, Krankenhäuser, Schulen.
Zu ausführlichen Inhaltsangaben vgl. Kuhn, Heinrich: »Das Volksvermögen der Sudetendeutschen« in »Politische Studien« Sonderheft 1: »Bundesrepublik Deutschland–ČSSR«; München, 1974; S. 47–58 sowie dgl. »Zwischen uns sei Wahrheit. Ausgewählte Schriften«; München, 1992; S. 246–257.

7 Zum Text v. 28. 1. 1978: Siehe S. 835.

8 Index lt. »Statistisches Jahrbuch 1990 für die BR Deutschland«; hsg. v. Statistischen Bundesamt, Wiesbaden; Stuttgart, 1990; S. 548: »Preisindex der Lebenshaltung in langjähriger Übersicht«.

9 Index lt. »Statistisches Jahrbuch 1999 für die BR Deutschland«; hsg. v. Statistischen Bundesamt, Wiesbaden; 1999; S. 649: »Entwicklung der Verbraucherpreise in langjähriger Übersicht«.

10 Schätzung des Verfassers: je 1,5 % für 1999 und 2000.

11 Ein weiterer Angabensatz besagte, daß »das geraubte Vermögen ⟨*gemeint: der Sudetendeutschen*⟩ nach Berechnungen der UNO 1945 einem Wert von 119 Mrd. US-Golddollar entsprach (nach jüngeren Berechnungen auf Wertbasis 1981 265 Mrd. DM) ...«
Vgl. Kleining, Gerd (m. a.): »Der vergessene Völkermord im Herzen Europas«; Frontenhausen (Obby.), 1999; S. 8.
Rückfragen beim Autor ergaben keinen zitierfähigen Beleg für die behauptete UNO-Quelle.

12 Einer Teilrechnung mit mengenmäßig unbestreitbarer Basis zur Bestätigung der Größenordnung des sudetendeutschen Vermögensverlustes könnte der bloße Grund und Boden (d. h. ohne auch nur ein einziges Gebäude) im Ansatz »Gebiet« mal »Bodenpreise« zugrunde liegen:
a) Sudetengebiet 1938: Nur geschlossenes Gebiet ohne Sprachinseln in Innerböhmen/-mähren; (d. h. Boden der sog. Protektoratsdeutschen aufgerechnet gegen den der Tschechen im Sudetengebiet) Gesamtfläche rd. 28.940 km² davon land- und forstw. genutzt rd. 26.540 km²; d. h. »bebaut« rd. 2.400 km².
b) Bodenpreise 1998 in Deutschland je km² in Mio. DM:

	BR Deutschland		
	Gesamt	Alte Länder	Neue Länder
Landwirtschaftlicher Boden	2,03	3,18	0,645
Bauland	81,22	104,60	51,83
c) Ergebnis (in Mrd. DM)	249"	335"	141"

d) Quellen:
für a: Bohmann: SiZ; S. 125, 155.
für b: Statistisches Jahrbuch 1999 (siehe obige Anm. 9); S. 159, 641.

13 Vgl. Neuhoff, Hans: »Neuberechnung des Wertes der Vermögensverluste der nationalen Vertriebenen in Europa« in »AWR-Bulletin«, Bonn; Jg. 1974, Nr. 1–3; S. 36–45, hier S. 41, 42.
Die Angabe fußte für die Tschechoslowakei auf Lastenausgleichsunterlagen mit verschiedenen Erhöhungen und Ableitungen.
Diese Berechnungsbasis mußte zu niedrigeren Ergebnissen führen, da nicht ex origine berichtet, sondern nur auf Meldungen antragsberechtigter natürlicher Personen (in der BR Deutschland) aufgebaut werden kann.

14 Vgl. Leuschner, M.(arkus): »Die materielle Dimension der deutschen Vermögensverluste« in DOD; Nr. 10 v. 12. 3. 1999; S. 4.
Angabe baute auf Neuhoff (siehe obige Anm. 13) auf: Eine »aktuelle Auskunft der Deutschen Bundesbank« über rd. 50 %igen Kaufkraftverlust der DM seit 1974 führte zur Verdoppelung der Zahlen.
Die Zahlen Leuschners ohne Quellenangabe auch in Weinhold, Manfred: »Deutschlands Gebietsverluste 1919–1945«; Kiel, 1999; S. 117.

2. Verzeichnis erwähnter Personen und Institutionen

Vorbemerkung

Zusätzlich zum Inhaltsverzeichnis und Hinweisen bei den Dokumenten soll das nachfolgende Verzeichnis von v. a. Personen und Institutionen (d. h. z. B. Staaten, Parteien, Verbände) dem Benutzer das Auffinden ihn interessierender Dokumente erleichtern. (Die Zusätze der S. 1305 ff. konnten nicht mehr eingearbeitet werden.) Um das Verzeichnis in überschaubarem Umfang halten zu können, wurde bei seiner Zusammenstellung grundsätzlich gewissen einschränkenden Regeln gefolgt:

1. Die *Personen und Institutionen* sind mit jenen Seitenzahlen aufgeführt, auf denen sie erscheinen. Es unterblieben Hinweise auf andere Stellen, an denen auf sie z. B. im Querverweis hingewiesen wurde.
2. Das Verzeichnis ist primär auf *Personen* abgestellt. Die biographischen Daten und Angaben über relevante Tätigkeiten und Stellungen sollen die Beurteilung der Dokumente erleichtern. Wenn diese mit vertretbarem Zeitaufwand nicht ermittelbar waren und die Person nur einmal erwähnt wurde (wie z. B. bei zahlreichen ausländischen Reportern), unterblieb grundsätzlich ihre Aufnahme. Die unterschiedliche Länge der Angaben war auch durch den Bekanntheitsgrad der Personen bedingt (d. h. weniger Angaben, wenn letzterer hoch). Die Angaben wurden vornehmlich verschiedenen biographischen Handbüchern entnommen und konnten oft nicht überprüft werden.
3. Die alphabetische Einordnung der Personen erfolgte nach ihrem Namen, die Einordnung der *Institutionen* durchgehend nach dem kompletten Begriff des derzeitigen deutschen Sprachgebrauchs, d. h. nicht nach der Abkürzung, sondern dem vollen Wortlaut entsprechend. In vielen Fällen wird von der alphabetisch eingeordneten Abkürzung zum kompletten Begriff verwiesen (Beispiel: »BVP: → Bayerische Volkspartei«).
4. Bei Jahreszahlen des 20. Jahrhunderts wurde in eindeutigen Fällen auf den Vorsatz von 19 . . verzichtet (d. h. z. B. 1919 = nur 19); ferner wurde für Querverweise das Zeichen → verwendet. Bei der Aufführung gewisser Titel, Funktionen und Staatsangehörigkeiten wurden, wie auch im Inhaltsverzeichnis, Abkürzungen verwendet (siehe S. XXXI f.).
5. Für besondere Unterstützung bei der Zusammenstellung der Angaben wie der Materialbeschaffung bedanke ich mich bei vielen;
   a) den Mitarbeitern zahlreicher Archive (= A.) und Bibliotheken (= B.)
   (A. der Arbeiterbewegung, Oslo; Bayerische Staatsb., München; B. im Bayer. Statistischen Landesamt, München; Staatsb., Berlin; Stadta., Bonn; Boston Public Library; Willy-Brandt-A., Bonn; British Library, London; B. der Friedrich-Ebert-Stiftung, Bonn; B. der Katholischen Universität Eichstätt; B. des Herder-Instituts, Marburg; B. der Minnesota Historical Association, St. Paul; B. der Universität Konstanz; Staatsb. München; National Defense University, Washington; National Library of Australia, Canberra; New York Public Library; Österreichische Nationalb., Wien; A. der »Passauer Neuen Presse«, Passau; A. »Profil«, Wien; A. des »Spiegel«, Hamburg; Stadtb., München; »Stern«-A., Hamburg; B. im Sudetendeutschen Haus, München; Editorial Office »TIME«, New York; B. des Instituts für Weltwirtschaft, Kiel; B. d. Instituts für Zeitgeschichte, München);
   b) den v. a. Pressereferenten und ihren Mitarbeitern mehrerer Institutionen (Auswärtiges Amt, Bonn/Berlin; Britisches Generalkonsulat, München; Bundesministerium der Justiz, Bonn/Berlin; Auskunftsdienst des Deutschen Bundestages, Berlin; Europäische Kommission, Brüssel; Europäisches Parlament, Straßburg; Europa-

Rat, Straßburg; FUEV, Flensburg; INTEREG, München; Internationales Rotes Kreuz, Genf; Interparlamentarische Union, Genf; Botschaft des Kaiserreiches Japan, Bonn/Berlin; Presse- und Informationsamt der Bundesregierung, Bonn/Berlin; Statistisches Bundesamt, Wiesbaden; Office of the UN, Genf);

c) sowie vielen Bekannten und Freunden, die oft ihrerseits mühevoll forschten und Angaben wie Material vermittelten (diejenigen in der ČR seien aus guten Gründen nur pauschal bedankt); unter ihnen waren:

Reuven Assor	Naharyia (Israel)
Dr. Martin K. Bachstein	Pöcking (Obby.)
Prof. Dr. Dieter Blumenwitz	Würzburg
Dipl.-Kfm. Heinz G. Eisermann	Charlottesville (Va., USA)
Prof. Dr. Felix Ermacora †	Wien
Prof. Dr. Gabriella Ferro-Luzzi	Rom
Mag. Josef Fuckerieder	Kehl (Bad.)
Prof. Dr. Rudolf Grulich	Königstein/Ts.
Susanne Habel	München
Dr. Helma Halva-Denk	Wien
Prof. Dr. Erich A. Helfert	San Mateo (Cal., USA)
Dr. Roland Hoffmann	München
MdB Josef Hollerith	Anzing (Obby.)
Max Honisch	Casablanca (Marokko)
Akira Iwamoto, M. A.	Yamato City (Japan)
Prof. Dr. Otto Kimminich †	Regensburg
Prof. Dr. Max Kistler	Paris
Dr. Josef Kurz	Leipzig
Markus Leuschner, M. A.	Bonn
Prof. Einhart Lorenz	Oslo
Helga und Horst Löffler	Stuttgart
MdB Stephan Mayer	Altötting (Obby.)
Lothar Palsa	München
Franz Pany, M. A.	München
Prof. Dr. Franz Rechenberg	Bonn
MdB Dr. Erich Riedl	München
MdB Matthias Sehling	München
Prof. Dr. Helmuth Slapnicka	Linz
Olga Sippl	München
Dr. Hans Tebarth	Bonn
Arnulf Tobiasch	Fürth (Mfr.)
OStR. Friedbert Volk	Usingen (Hes.)
Pater Angelus Waldstein OSB.	Ettal (Obby.)
Prof. Dr. Alfred de Zayas	Genf (Schweiz)

Natürlich liegt trotz dieser vielen Helfer, die ich dankbar grüße, die Verantwortung für alle Fehler und Versäumnisse – mögen nur wenige verbleiben – bei mir. F. P. H.

Krautwig, Carl	(1904–1961); d. Beamter; 64–68 Staatssekr. Gesamtd. Ministerium, 65–69 Bevollm. d. BR Deutschland in Berlin	776
Krebs, Hans	(1888–1947); sd. Pol. (DAP/DNSAP/NSDAP); 19–25 Landesparteisekr. Böhmen; 25–33 ts. Abg., Hauptgeschäftsf., 34 Flucht nach D., 36–45 MdR, 38–45 Reg.Präs. Aussig, 45–47 ČSR-Haft, 47 gehenkt	336, 339
Kreibich, Karl	(1883–1966); sd./ts. Pol. (SPÖ/KPČ); 21 Mitgründer KPČ, ab 27 ZK, 20–29 ts. Abg., 35–38 ts. Senator, 38 Exil (London), 41–45 Mitgl. ts. Staatsrat, 45 Rückkehr Prag, 50–52 ČSR-Botsch. Moskau	465, 467–472, 476
»Kreis ...	... der ČR-Bürger, die 1938 aus den Grenzgebieten vertrieben wurden« *[T. Organisation]*	983
Kreisky, Bruno	(1911–1990); österr. Pol. (SPÖ); 38–46 Emigr. (Schweden), 59–66 Außenmin., 70–83 Bundeskanzler	481 f., 790
Křen, Jan	(* 1930); ts. Hist.; 47 KPČ-Mitgl., 58–69 Dozent Prag, 68 Berufsverbot, 70 Parteiausschluß, Arbeiter; → »Charta 77«; 91 (?) Prof., D.-t. Hist. Komm.	380, 662, 1007
Krenz, Egon	(* 1937); d. Pol. (SED); 71–90 Abg., 74–83 1. Sekr. Parteijugendorganisation FDJ, 83–89 Mitgl. Politbüro, 89 Generalsekr. SED, 99 verurteilt	880
Křepek, Franz	(1855–1936); österr./sd. Pol. (Agrarier/BdL); 07–18 Abg. österr. Reichsrat, 20–25 ts. Abg., 25–29 ts. Senator, ab 33 Bgm. Leitmeritz (N.-Böhm.)	302
Kreutzer, Hermann	(* 1924); d. Pol. (SPD); 45 Mitgl., 49–56 SBZ-Haft, ab 67 Min.Dirigent Gesamtd. Min., Bonn	670
Kriegel, František	(1908–1979); ts. Pol. (KPČ); ab 36 (als Arzt) in Spanien, China; 64–69 ts. Abg., 66–69 Mitgl. ZK, 69 abgesetzt, Parteiausschluß; → »Charta 77«	738
Kriseová, Eda	(* 1940); ts. Schriftstellerin, Biographin → Havel	832, 864
Kroatien	*[Gebiet Mitteleuropas; bis 1920 Teil v. a. Königreich Ungarns, dann → Jugoslawiens, 91 souverän]*	482
Krofta, Kamil	(1876–1945); ts. Pol. (parteilos); 20–36 Staatssekr. Außenmin., 36–38 Außenmin.	382, 386
KSZE:	→ Organisation für Sicherheit und Zusammenarbeit in Europa	
Kučan, Milan	(* 1941); slowen. Pol. (KP); 86 Parteivors., ab 90 Min.Präs.	985
Kučera, Jaroslav	Ts. Historiker, Statistiker	666, 1215 f., 1226 f.
Kučera, Rudolf	T. Politologe	1054
Kudlich, Hans	(1823–1917); österr. Pol.; 1848/49 österr. Abg. (Wien, Kremsier) Wahlkrs. Bennisch (N.Mähr.), ab 1849 Emigr. (D., Schweiz, USA)	181, 253
Kudlich, Jörg	(* 1936); sd. Pol.; 76–82 stellv., 82–87 Bundesvors. → SL; 63–83 Mitgl., 82–87 Gen.sekr. → SR; 92–2000 Vors. Sd. Archiv	1024
Kudrna, Josef	Ts. Historiker	662
Kuffner, Hanuš	(1861–1929); t. Off. (1889 Oberleutn.); Kartograph, Publizist	223, 957

Teil VI: Zusätze

1. Ergänzungen (zu S. 1–1304)

Das Dokument:			
Seite	Datum	Zeile, Anm.	Ergänzung
25	1948, 9. 12.	Anm. 4	4)Der Internationale Gerichtshof bestätigte 1951, daß der Tatbestand Völkermord im völkerrechtlichen Gewohnheitsrecht begründet sei und demzufolge schon vor dem formalen Beschluß der Konvention verfolgungsbedürftige Geltung hatte. Wiedergabe nach Blumenwitz, Dieter: »Rechtsgutachten über die Verbrechen an den Deutschen in Jugoslawien 1944–1948«; München, 2002; S. 26.
87	1979–95	Anm. 17	a) Zu ähnlichen Empfehlungen der PV-ER: Siehe diesen Überblick oben 7. 10. 1981; unten 26. 10. 1994. b) Für Deutschland gilt der § 60, Abs. 2 der Dienstanweisung (zum Personenstandsgesetz vom 14. 6. 1976, BGBl. I, S. 1421 ff.) i. d. F. v. 20. 1. 1999, in dem es u. a. heißt: »Gibt es für einen Ort ... außerhalb des Geltungsbereiches des Personenstandsgesetzes ... auch eine allgemein übliche deutsche Bezeichnung, so ist diese ... zu verwenden.«
106	1992, 7. 2.	Anm. 4	Art. F (Maastricht) erhielt als Art. 6 (Amsterdam) folgende Fassung: »(1) Die Union beruht auf den Grundsätzen der Freiheit, der Demokratie, der Achtung der Menschenrechte und Grundfreiheiten sowie der Rechtsstaatlichkeit; diese Grundsätze sind allen Mitgliedstaaten gemeinsam. (2) Die Union achtet die Grundrechte, wie sie in der am 4. November 1950 in Rom unterzeichneten Europäischen Konvention zum Schutze der Menschenrechte und Grundfreiheiten gewährleistet sind und wie sie sich aus den gemeinsamen Verfassungsüberlieferungen der Mitgliedstaaten als allgemeine Grundsätze des Gemeinschaftsrechts ergeben. (3) Die Union achtet die nationale Identität ihrer Mitgliedstaaten. (4) ...«
216	1914	Anm. 1, Zeile 13	Der führende jungtschechische Politiker Edvard Grégr qualifizierte die Deutschen des Landes 1898 als »fremdnationale Trichinen« im »Körper unserer Nation«. In einer Rede im Jahre 1903 wurden die Deutschen dann zu »eingewanderten Fremdlingen, von denen das Land zu säubern ist«.
263	1919, 4. 3.	Anm. 3	Bei der Kundgebung in Teplitz (N.-Böhm.) beendete der DSAP-Vorsitzende Seliger seine Rede programmatisch: »Wir wollen ... mit unseren

Brüdern ... in Deutsch-Österreich ... gemeinsam einmarschieren in das große sozialistische Deutschland!«

Vgl. Hofbauer, Josef: »Josef Seliger. Ein Lebensbild«; Prag, 1930; S. 154.

274	1919, 29. 5.	Nach Ziff. III	⟨*Gegenvorschläge:*⟩ Zweiter Teil »... Das Selbstbestimmungsrecht der Völker ... muß ... insbesondere auch dort angewendet werden, wo deutschstämmige Bevölkerung den Anschluß an das deutsche Reichsgebiet wünscht. ... 6. Deutsch-Österreich. Im Artikel 80 wird die dauernde Anerkennung der Unabhängigkeit Österreichs ... verlangt. Deutschland hat nie die Absicht gehabt und wird sie nie haben, die deutsch-österreichische Grenze gewaltsam zu verschieben. Sollte aber die Bevölkerung Österreichs, dessen Geschichte und Kultur seit tausend Jahren auf das engste mit dem deutschen Stammlande verbunden ist, wünschen, den erst in jüngster Zeit durch kriegerische Entscheidung gelösten staatlichen Zusammenhang mit Deutschland wieder herbeizuführen, so kann Deutschland sich nicht verpflichten, dem Wunsche seiner deutschen Brüder in Österreich sich zu widersetzen, da das Selbstbestimmungsrecht der Völker allgemein und nicht lediglich zuungunsten Deutschlands gelten muß. ...«
337	1931, 7.–11. 3.	Nach Anm. 2	Umgekehrt unterstützte auch »Sowjetdeutschland« die KPČ: Gegen Wilhelm Pieck, damals MdR KPD (später DDR-Präsident), wurde nach häufigem Auftritt auf KPČ-Veranstaltungen in Böhmen am 15. 6. 1929 eine ČSR-Verfügung erlassen, ihn an der Grenze zurückzuweisen. Er kam illegal neuerlich, wurde am 22. 10. in Chodau (Karlsbad; N.-Böhm.) verhaftet und am 29. 10. 1929 aus der ČSR ausgewiesen. Vgl. Theisinger, Hugo: »Die Sudetendeutschen«, Buchloe (Schw.), 1987; S. 230.
372	1937, 11. 9.	Zu Anm. 2	Am 21. 5. 1938 soll dann Hodža im Gespräch mit dem SdP-Unterhändler K. H. Frank einer Volksabstimmung als letzter Möglichkeit »rückhaltlos« zugestimmt haben. Er »erklärte, abdanken zu wollen, wenn sich Benesch nicht auf seine Seite stelle«. Vgl. ADAP; D/II; S. 241.
380	1938	Zu Quelle g)	Am 3. 10. 1938 unterstrich Halifax diese Auffassung auch öffentlich im Unterhaus in London. Wiedergabe nach Křen, Jan: »V emigrace« (In der Emigration); Prag, 1969; S. 53.
395	1938, 5. 9.	Nach Anm. 5	Dr. Beneš schilderte später, er habe sich diesen 4. Plan am 4. 9. 1938 von SdP-Politikern diktieren lassen, mit seinem Füllfederhalter niedergeschrieben und eine von ihm unterzeichnete Kopie den SdP-Politikern ausgehändigt. Vgl. Wheeler-Bennet, John W.: »Munich. Prologue to Tragedy«; New York, 1948; S. 90 f. Basis: Interview mit Dr. Beneš im »Daily Herald«, London, vom 8. 10. 1945; Angaben von Dr. Beneš gegenüber Wheeler im Juli 1946 bestätigt. Diese Darstellung, die ein amtierendes Staatsoberhaupt als simple Schreibkraft mehrerer Seiten für eher gegnerische Besucher auftreten läßt, ist unglaubwürdig.

			Zum später veröffentlichten umfangreichen Gesamttext des 4. Planes: Vgl. »Documents on International Affairs 1938«, Vol. 2; hsg. v. Royal Institute of International Affairs; Oxford, 1943; S. 178 ff.
424	1938, 5. 10.	Anm. 2	Dr. Beneš ging dann am 22. 10. 1938 ins Exil nach London, bezeichnete sich selbst noch am 16. 3. 1939 zutreffend als »früherer Präsident der ČSR«, um sodann seinen Rücktritt als erpreßt und seine Präsidentschaft als fortbestehend zu erklären.
436	1938, 4. 12.	Anm. 2	Das »Nein« der Wahlzettel soll auf eine persönliche Weisung Hitlers zurückgehen, der nach Vorlage eines Entwurfes (anscheinend ohne »Nein«) die Aufnahme am 1. 11. 1938 verlangt habe. Wiedergabe nach Heiber, Beatrice (Hsg. m. a.): »Die Rückseite des Hakenkreuzes«; München, 1983; S. 205. Dortige Quelle: BA R 43 II 1368.
441	1939, 3. 10.	Anm. 4	Sumner Welles lehnte es ab, Dr. Beneš in London zu treffen. Letzterer ließ ihm daraufhin ein Memorandum vom 9. 3. 1940 übermitteln, welches die historischen Grenzen der ČSR auch durch »Bevölkerungstransfers« forderte. Vgl. »Dokumente zur Deutschlandpolitik«, I. Reihe; Bd. 1; hsg. v. Rainer A. Blasius; Frankfurt/M., 1984; S. 144–151.
448	1940, 24. 7.	Anm. 4	In Ergänzung zu diesen Konstruktionen wurde mit Erklärung von Dr. Beneš am 16. 12. 1941 der Kriegszustand mit dem Deutschen Reiche festgestellt, dessen Beginn gemäß einer ČSR-Note an die Alliierten Regierungen vom 28. 2. 1944 am 17. 9. 1938 erfolgt sein sollte. Vgl. »Češi a sudetoněmecka otázka (Die Tschechen und die sudetendeutsche Frage) 1939–1945«; hsg. v. Jitka Vondrová; Prag, 1994; S. 299.
460	1938–1943	Anm. 7, 8.3	Am 10. 10. 1942 hatte Dr. Beneš den tschechischen Untergrund angewiesen: »Gleich nach der Niederlage Deutschlands wird eine Primäraktion durchgeführt, wobei möglichst viele der kleinen und großen Schuldigen ⟨*gemeint: der Deutschen*⟩ durch eine revolutionäre Aktion des Volkes gerichtet werden.« Vgl. Beneš, Edvard: »Vzkázy do vlasti« (Botschaften in die Heimat); hsg. v. Jiří Šolc; Prag, 1996; S. 139.

Erklärung der im KZ Dachau inhaftierten Deutschen aus der Tschechoslowakei **1945, 8. Mai**

Ziel: Gemeinsamer Aufbau der freien, sozialgeordneten, demokratischen ČSR aller Nationen

Der Krieg in Europa ist zu Ende. Der deutsche Faschismus ... liegt am Boden ... Die Vernunft, der Wille zur Freiheit, hat gesiegt.
Wir deutschen Antifaschisten aus der Tschechoslowakei standen bereits Jahre vor der Besetzung unserer Heimat in schwerstem Kampfe gegen diesen Faschismus ...
Wir haben in diesem Kampfe Heimat, Familie, Existenz und zum Schluß die Freiheit, zu Tausenden das Leben verloren.
An all das denkt, wenn ihr von uns Deutschen aus der Tschechoslowakei in den Konzentrationslagern sprecht, über uns urteilt! Auch hier sind wir unseren Idealen von Menschlichkeit und Freiheit treu geblieben.
Ein neues Blatt im Buche der Geschichte liegt nun leer, neu und weiß vor uns. Sorgen wir dafür, gemeinsam mit allen Nationen unserer Republik, daß die Taten, die nun eingeschrieben werden, so sind, daß sie vor der ganzen Welt, vor der Geschichte, bestehen können. Schaffen wir in rastlosem Kampfe die freie, sozialgeordnete, demokratische Tschechoslowakische Republik. Wir sind bereit, dabei mit unserem ganzen Sein mitzuarbeiten.
Alle Schuldigen der letzten Jahre, ob aktiv oder als Helfer des Faschismus, müssen die Folgen für ihre Taten auf sich nehmen und die verdiente Strafe erhalten. Streng, aber gerecht muß die Strafe sein.
Wir Deutschen haben die Sonderaufgabe, unseren geschändeten Namen als Deutsche, der ohne unsere Schuld und gegen uns geschändet wurde, in rastloser Arbeit wieder zu Ansehen zu bringen. Helft uns bei dieser Arbeit, habt Verständnis für die Schwere dieser Aufgabe, die wir auch im Interesse der anderen Völker übernehmen. Es ist ein neues Opfer, das wir bringen.
Dieser Wille wird uns helfen, all das Schwere, das vor uns liegt, zu tragen und zu meistern.
Gemeinsam mit euch – Tschechen, Slowaken und Karpatorussen – betreten wir wieder den Boden unserer Heimat.
Gemeinsam mit euch wollen wir bauen: die freie, sozialgeordnete, demokratische Tschechoslowakische Republik!
Konzentrationslager Dachau am 8. Mai 1945

Anton Langer Georg Trapp Alois Ullmann Roman Wirkner

Quelle:
Die Brücke; Nr. 1 v. 15. 2. 2001; S. 1.

****

Bericht* **1945, 4. Juli**
von I. A. Serow[1] an L. P. Berija[2]
über die Willkür der Tschechoslowakischen Regierung[3] bei der Umsiedlung[4] der Deutschen aus der Tschechoslowakei

Berlin, 4. Juli 1945
Streng geheim

Moskau, NKWD UdSSR –
An Genossen Berija L. P.

Von Bürgern deutscher Nationalität, die vor dem Krieg in der Tschechoslowakei wohnhaft waren, gehen zahlreiche Beschwerden ein, die an den Genossen Schukow[5] und andere Kommandanten adressiert waren, in denen mitgeteilt wird, daß die tschechische Regierung bei der Umsiedlung der Deutschen sehr grob mit den Frauen und Kindern umgegangen ist und die Gesuche der Frauen, in denen mitgeteilt wurde, daß ihre Männer verhaftet oder im KZ sind, nicht berücksichtigt wurden.
Es wird hingewiesen, daß der Bevölkerung alle persönlichen Sachen und das Geld weggenommen und nur 100 Mark auf den Weg mitgegeben wurde.
Wie unsere Kommandanten und Leiter der Einsatzgruppen mitteilen, ist die Umsiedlung[4] der Deutschen aus der Tschechoslowakei unorganisiert, und unsere Kommandaten werden vorher nicht informiert.
In der Regel kommen tschechische LKWs mit den Vertriebenen von der tschechischen Seite, die Soldaten werfen die Habseligkeiten runter, setzen die Vertriebenen ab und fahren weg.
Daß es nicht organisiert war, erfuhr in Ebersbach (Tschechoslowakei)[6] eine Bestätigung, wo unser Einsatzmitarbeiter den Kommandeur des 28. Schützenbataillon der tschechoslowakischen Armee traf. Im Gespräch mit ihm stellte unser Mitarbeiter fest, daß das Oberste Kommando ⟨*der ČSR-Armee*⟩ keine Anweisung der Vertreibung der Deutschen von der ⟨*ČSR-*⟩Regierung[3] bekommen hat. Aber weil die Tschechen, auch er selbst, die Deutschen nicht leiden können und ihr Regiment in einem deutschen Gebiet stationiert ist, hat er die Umsiedlung der Deutschen nach Deutschland beschlossen.
Außerdem kommt es vor, daß die tschechischen Offiziere und Soldaten in den deutschen Ortschaften verstärkt in voller Bereitschaft patrouillieren und in der Nacht das Feuer eröffnen. Die deutsche Bevölkerung, in Schrecken versetzt, läuft auf die Straße hinaus und läßt alles stehen und liegen. Danach gehen die Soldaten in die Häuser, nehmen die Wertsachen mit und kehren zu ihrer Truppe zurück.
Infolge dieser Umsiedlung gibt es Gebiete, die an die Tschechoslowakei grenzen, wo es einige Zehntausende Vertriebene gibt, die betteln und hungern. Es gibt auch Fälle von Selbstmord.
In diesem Zusammenhang werden wir in der letzten Zeit immer öfter benachrichtigt, daß unter diesen Leuten häufig Infektionskrankheiten vorhanden sind. Es wäre zweckmäßig, daß die tschechoslowakische Regierung die sowjetische Militäradministration in Deutschland von den Plänen der Umsiedlung in Kenntnis setzte.
Dies wird berichtet, damit Sie entscheiden.

I. Serow

⟨*Es folgte: Herausgebervermerk, daß es sich um eine beglaubigte Kopie handle*⟩

* Zugesandt an J. Stalin, W. Molotow.

Anmerkungen:
1 Iwan A. Serow (1905–1990); 1945 Generaloberst, Held der SU.; 1945–47 Bevollmächtigter des NKWD/MVD in der SBZ; stellv. Leiter der Sowjet. Militärverwaltung in Deutschland.
2 Lawrenti P. Berija (1899–1953); 1945 Marschall, Chef des NKWD/MVD.

[3] a) Zunächst: Widerspruch zwischen Titel und Inhalt des Berichtes vom 4. 7. 1945:
Zu diesem Zeitpunkt lagen nämlich bereits vor:
Vom 25. 5. 1945: Offizieller Vertreibungsbeschluß der ČSR-Regierung
Vom 14. 6. 1945: Plan der ČSR-Armee zur Durchführung
Vom 15. 6. 1945: Regierungsrichtlinie über Durchführung durch ČSR-Armee
Vgl. v. a. Hrabovec, Emilia: »Vertreibung und Abschub«; Frankfurt/M., 1995; S. 105.
b) Daher ist die Vermutung einer Desinformation zulässig. Die Frage bleibt, wer sie beging: der ČSR-Kommandeur oder der NKWD-»Mitarbeiter« oder gar Serow selbst?

[4] Russischer Ausdruck (in Überschrift und Bericht) könnte auch mit »Vertreibung« übersetzt werden.

[5] Georgi K. Schukow (1896–1974); 1945 Marschall, sowj. Oberbefehlshaber in Deutschland.

[6] Die Ortsbezeichnung »Ebersbach (Tschechoslowakei)« ist falsch und irreführend:
Es gab 1945 (und gibt heute) keinen Ort dieses Namens in der Tschechoslowakei.
Demgegenüber gab und gibt es mehrere Orte dieses Namens in Sachsen. Es ist vermutlich jener gemeint, der sich nahe der sudetendeutschen Städte Schluckenau und Rumburg befindet.

Quelle:
»Sowjetski faktor w wostotschnoje Evropie (Der sowjetische Faktor bei der Umwandlung Europas) 1944–1953«; Band 1 »1944–1948. Dokumente«; hsg. v. T. W. Wolokitina (m. a.); Moskau, 1999; Nr. 62, S. 212 f.

****

542 1945, 17. 7. Anm. 1 Darüber hinaus: Am 25. 5. 1945 hatte die ČSR-Regierung einen formellen Beschluß über den Abschub der Deutschen (und Ungarn) gefaßt und am 15. 6. 1945 eine Richtlinie über die Durchführung durch die ČSR-Armee verabschiedet.

Vgl. die Auszüge aus den Protokollen der Regierungssitzungen bei Hrabovec, Emilia: »Vertreibung und Abschub«; Frankfurt/M., 1995; S. 105.

Am 14. 6. 1945 war vom ČSR-Militär dazu der Vorschlag eines »Evakuierungs«-Planes vorgelegt worden, der für die zu Vertreibenden Prioritäten aufführte (z. B. an erster Stelle »Entbehrliche Intelligenz«-Angehörige, wie Lehrer und Geistliche) und den Vorgangsablauf detailliert fixierte.

Vgl. Radvanovský, Zdeněk: »Konec česko-německého soužití v ústecké oblasti (Das Ende tschechisch-deutschen Zusammenlebens im Bezirk Aussig) 1945–1948«; Aussig (N.-Böhm.), 1997; S. 59 f.

689 1946, 12. 7. Anm. 6 Der Hauptausschuß beschaffte bis 1991 in der ČSR festgehaltene Rentenunterlagen für fast 1 Million Sudetendeutscher (zum an die ČSR abgeführten Preis von rd. 100 Mio. DM) und wurde per 31. 12. 2000 aufgelöst.

Angaben nach SdZ; Nr. 13 v. 30. 3. 2001, S. 1.

723 1950, 7. 4. Anm. 5 Erheblich andere Ansicht auch zur Potsdamer Erklärung im »Gutachten prominenter Rechtswissenschaftler ⟨*Prof. Seidl-Hohenveldern, Verdross*⟩ zur Frage der Sudetendeutschen im Lichte des internationalen Rechtes« vom 2. 5. 1956; hsg. v. d. »Sudetendeutschen Arbeitsgemeinschaft Österreich«; Innsbruck, 1956; S. 6–12.

1004 (1995, 1. 4.) Anm. 3 ⟨*Tabelle: Tschechische Meinungen zur Vertreibung der Sudetendeutschen 1945/46: Gesamtgebiet der ČR*⟩

Zeitraum	»richtig«	»falsch«	?	Wiedergabe nach …
2001, II	47 »gerecht«	31 »ungerecht, aber Schlußstrich erforderlich«	(22)	G
2002, II	84 »absolut rechtens«	(?)	(?)	H
2002, VI	60 »gerecht«	(?)	(?)	I

⟨*Wiedergabe nach*⟩

G) »Právo«, Prag, 15. 3. 2001; S. 3.

H) Bei einer Diskussion im Ersten Tschechischen Fernsehen am 28. 2. 2002 über den »odsun« der Sudetendeutschen wurden die (natürlich für die Gesamtheit der tschechischen Wahlberechtigten nicht repräsentativen) Zuseher aufgefordert, anzurufen und ihre Meinung zu sagen.
Ergebnis nach SdZ; Nr. 10 v. 8. 3. 2002; S. 2.

I) »Der Spiegel«, Hamburg; Nr. 24 v. 10. 6. 2002; S. 152.

1111 1998, 28. 1. Anm. 9 Demgegenüber hat das Vorgehen des Gerichtes die Möglichkeit eröffnet, selbst unabänderbare Bestimmungen des Grundgesetzes durch ein einfaches Regierungsabkommen der Exekutive mit einem anderen Staat unter völliger Umgehung der gesetzgebenden Gewalt in ihrem Wesensgehalt mindestens deutlich einzuschränken.

1133 1998, 30. 9. Anm. 3 d) Das Bundesverwaltungsgericht brachte mit einer Entscheidung im Februar 1999 eine interessante Differenzierung:

In jenen (verhältnismäßig seltenen) Fällen, in denen die Enteignung 1945–1949 nicht von SBZ/DDR-Behörden, sondern direkt und allein durch die UdSSR vorgenommen worden war, könne nunmehr eine Rückgabe erfolgen, wenn die Enteignung in Rehabilitationsbescheiden heutiger russischer Behörden als Unrecht eingestuft wurden (Az.: G7-C 8.98, 9.98).

Vgl. SZ; Nr. 47 v. 26. 2. 1999; S. 6.

e) Ende 1999 trafen Gorbatschow und George W. Bush Ex-Bundeskanzler Kohl in Berlin.

Von der SBZ/DDR 1945–1949 enteignete Immobilieneigentümer baten in russisch- bzw. englischsprachigen Inseraten den Russen und den Amerikaner, Kohl auf die Äußerungen vom 1. 3. 1998 (siehe oben) bzw. den US-Kongreßbeschluß vom 13. 10. 1998 (zum Text: Siehe S. 172) hinzuweisen.

Vgl. SZ; Nr. 258 v. 8. 11. 1999; S. 13.

f) Diese Bemühungen konnten jedoch die geschlossene Front deutscher Gesetzgebung und Rechtsprechung zum Schutz der deutschen Staatskasse nicht erreichen.

Das Bundesverfassungsgericht bestätigte das »Verwaltungsrechtliche Rehabilitierungsgesetz« unter stereotyper Wiedergabe der längst entkräfteten Behauptung, Moskau habe dies verlangt (Az.: 1 BvL 6/00, 7/00).

Vgl. SZ; Nr. 25 v. 31. 1. 2001; S. 6.

1149 1999, 10. 3. Anm. 8 Einen ähnlichen Beschluß (»auf Aufhebung ... hinzuwirken«) faßte der Landtag von Baden-Württemberg am 10. 2. 2000.

Zum Text vgl. Landtagsdrucksache 12/4530 v. 2. 11. 1999; 4 S.

1154 1999, 15. 4. Anm. 2, Abs. 6 Serbien begann um den 15. 2. 1999 mit systematischen Vertreibungen von Albanern aus dem Kosovo nach v. a. Albanien bzw. Mazedonien und negierte die Friedensbemühungen von Rambouillet (bei Paris; Abschluß am 18. 3.). Daraufhin begannen am 24. 3. 1999 ohne UN-Beschluß nach Art. 42 der Satzung (zum Text: Siehe S. 19) und ohne Beschluß des Deutschen Bundestages (dagegen: Verfassungsbeschwerde der PDS; am 20. 6. 2001 verhandelt) NATO-Luftangriffe auf (Rest-)Jugoslawien.

Die bewaffnete Auseinandersetzung wurde am 9. 6. 1999 durch ein »Militärisch-technisches Abkommen« beendet. Aufgrund der UN-Resolution 1244 besetzte dann die NATO-geführte »Kosovo Force« (KFOR) die Provinz; viele vertriebene Kosovaren kehrten zurück; die UN begann mit dem Aufbau einer Interimsverwaltung.

1157 1999, 30. 4. Anm. 6 Das Bundesverfassungsgericht bestätigte das Urteil am 12. 12. 2000.

Vgl. SZ; Nr. 13 v. 17. 1. 2001; S. 5; Az.: 2 BvR 1290/99.

Der Bundesgerichtshof entschied darüber hinaus in einem ähnlichen Vorgang (Az.: 3 StR 372/00) am 20. 2. 2001, daß deutsche Gerichte in Völkermordsvorgängen auch ohne Inlandsbezug von Täter und/oder Opfer zuständig seien.

Vgl. SZ; Nr. 44 v. 22. 2. 2001; S. 6.

1223 Anm. 7 Vgl. auch Trojan, Emil: »Tak přisahali ...« (So haben sie geschworen); Ústí nad Orlicí (Ostböhm.), 2001; S. 259 ff., S. 309.

1236 Anm. 23 Gleiche Zahlen beleglos in »Die Toten des 2. Weltkrieges« (ständige Ausstellung des »Friedensmuseums Brücke von Remagen« (NRW); Stand 2001); Schautafel und zum Kauf angebotene Postkarte.

2. Dokumente ab Mitte 1999

Rede[1] von **1999, 29. Mai**
Bundesinnenminister Otto Schily:
Geschichtliche Wahrheit und politische Linke

. . .
Der geschichtlichen Wahrheit müssen wir uns stellen, wir dürfen den Blick nicht um der einen oder der anderen politischen Bequemlichkeit willen oder aus dem einen oder anderen politischen Interesse nicht von der Wahrheit abwenden oder ihr auszuweichen versuchen, weil das nicht in unser vorgefaßtes Wahrnehmungsmuster paßt.
Die politische Linke hat in der Vergangenheit, das läßt sich leider nicht bestreiten, zeitweise über die Vertreibungsverbrechen, über das millionenfache Leid, das den Vertriebenen zugefügt wurde, hinweggesehen, sei es aus Desinteresse, sei es aus Ängstlichkeit vor dem Vorwurf, als Revanchist gescholten zu werden, oder sei es in dem Irrglauben, durch Verschweigen und Verdrängen eher den Weg zu einem Ausgleich mit unseren Nachbarn im Osten zu erreichen. Dieses Verhalten war Ausdruck von Mutlosigkeit und Zaghaftigkeit. Inzwischen wissen wir, daß wir nur dann, wenn wir den Mut zu einer klaren Sprache aufbringen und der Wahrheit ins Gesicht sehen, die Grundlage für ein gutes und friedliches Zusammenleben finden können.
. . .
⟨[2]⟩

Anmerkungen:
[1] Anläßlich der Festveranstaltung zum 50. Jahrestag des BdV im Berliner Dom.
[2] Zu ähnlichen Überlegungen des prominenten und »linken« Schriftstellers Günter Grass: Siehe S. 1352.

Quelle:
Bulletin; Nr. 35 v. 1. 6. 1999; S. 368–370, hier S. 368.

****

Regierungserklärung **1999, 8. Juni**
von Bundeskanzler Gerhard Schröder:
Kosovaren haben Anspruch auf gerechte Ahndung ihnen zugefügter Verbrechen

. . .
Die im Kosovo begangenen Verbrechen werden nicht dadurch rückgängig gemacht, daß die Menschen – hoffentlich bald – in ihre Heimat zurückkehren. Die Kosovaren haben einen Anspruch auf Gerechtigkeit. Die Verantwortung für das Leid, das ihnen zugefügt wurde, muß festgestellt und strafrechtlich geahndet werden.
. . .

Quelle:
Bulletin; Nr. 37 v. 10. 6. 1999; S. 381–384, hier S. 382.

****

Rede[1] **1999, 15. Juni**
des bayerischen Ministerpräsidenten Edmund Stoiber:
Erinnerung an Vertreibung steht für Recht und Gerechtigkeit

Welche Ziele verfolgt ein Staat heute, wenn er Zeichen des geschichtlichen Erinnerns setzt? . . . Der Staat . . . hat durchaus Richtung zu geben, selbst Akzente und Zeichen zu setzen, die er für wichtig und richtig hält, die ihm für die Zukunft des Volkes und für Fragen der nationalen Identität wesentlich erscheinen.

...

Was aber ist wichtig und wesentlich? Was sind aus heutiger Sicht bewahrenswerte und damit an die jüngere Generation weiterzugebende Traditionen, Ereignisse und Fakten aus unserer Geschichte? Was ist aufzubewahren für die Zeit? Was darf niemals vergessen werden?

⟨*Als erinnerungswürdig und -bedürftig bezeichnete Stoiber die deutsche Geschichte der NS-Zeit, den Genozid an den Juden und die Teilung Deutschlands. Letztere haben aber auch*⟩ unsere historische Erinnerung gespalten ...

Auch die mittlerweile unterschiedlichen Erfahrungen der 45er Generation, der 68er Generation und der 89er Generation haben unseren Blick auf die gesamte deutsche Geschichte zum Teil verstellt. Sie haben abgelenkt von anderen Strängen, Stationen und Ereignissen unserer Geschichte, die ebenfalls zutiefst erinnerungswürdig sind. Das Leid, das Unrecht und die Verbrechen, die in deutschem Namen anderen Menschen und Völkern angetan wurden, und unsere Auseinandersetzung in den 60er Jahren mit diesem Abschnitt unserer Geschichte haben in Teilen unserer Bevölkerung dazu geführt, daß das Leid, das Unrecht und die Verbrechen, die unseren Landsleuten im Osten bei und nach Kriegsende angetan wurden, verdrängt, tabuisiert, ja vergessen wurden.

Jedes Leid aber, jedes Unrecht, jedes Verbrechen steht für sich. Es hat jeweils Menschen und Volksgruppen ganz unmittelbar und persönlich getroffen, hat Leid, Not und Tod über Menschen, Familien, Dorfgemeinschaften, Flüchtlingstrecks gebracht.

Bei allen verständlichen Gefühlen über das erlittene Leid gilt aber: Vorangegangenes Unrecht darf niemals zur Rechtfertigung für folgendes Unrecht werden. Das würde eine Unrechtsspirale ohne Ende erzeugen ...

Flucht, Vertreibung, Deportation von 15 Millionen Deutschen bei Kriegsende sind in Ablauf, Ausmaß und Dimension ein einzigartiges Geschehen in der Geschichte des deutschen Volkes und in Europa. Quer durch die Mitte Europas, von der Ostsee bis zur Adria nahm man beinahe einem Viertel unseres Volkes gewaltsam Heimat und Eigentum weg, entwurzelte Millionen von Menschen und warf sie in eine ungewisse Zukunft. Das sind 15 Millionen Einzelschicksale, Kinder, Frauen, alte Menschen vor allem waren betroffen. Über zwei Millionen überlebten das Inferno im Osten nicht.

Auch daran zu erinnern ist für alle Zeit unsere Pflicht. Das schulden wir den Opfern. Über zwei Millionen Tote mahnen, sie nicht zu vergessen.

... Deswegen haben wir an exponierter Stelle in der Staatskanzlei, gleich am Eingang, wo alle Besucher dieses Hauses – und dies sind jährlich in etwa 40.000 Menschen – vorbeigehen, eine Gedenktafel anbringen lassen, die den deutschen Heimatvertriebenen gewidmet ist. Die Inschrift lautet:

»Den Deutschen Vertriebenen
zur Erinnerung an Deportation, Flucht und Vertreibung
zum Gedenken an ihre Heimat und ihre Toten
zum Dank für ihren Einsatz beim Wiederaufbau in Bayern
die Bayerische Staatsregierung«

... Es ist meines Wissens einmalig in Deutschland, daß es in einer Regierungszentrale ein derartiges Zeichen für die Vertreibung der Deutschen und die Eingliederung der Vertriebenen in die neue Heimat gibt.

...

Denn die Vertreibung der Deutschen aus dem Osten, sie darf nie vergessen werden.

Anmerkung:

[1] Anläßlich der Enthüllung der Gedenktafel in der Bayerischen Staatskanzlei.

Quelle:
DOD; Nr. 26 v. 2. 7. 1999; S. 1–4.

****

Beschluß der ČR-Regierung: **1999, Anfang Juli**
Rückerstattung an katholische Kirche eingestellt

Das Kabinett Zeman hat in der vergangenen Woche die noch von der Regierung Klaus 1997 beschlossene Rückerstattung[2] des vom kommunistischen Unrechtsregime der römisch-katholischen Kirche beschlagnahmten immobilen Eigentums eingestellt. Das Rückerstattungsbegehren der katholischen Kirche umfaßt rund 2500 Gebäude, 175.000 Hektar Forsten und 25.000 Hektar landwirtschaftliche Nutzfläche[1]. Rückerstattet wurden bisher nur etwa 200 Gebäude. Von den 710 Objekten, deren Rückgabe noch die Regierung Klaus beschlossen hatte[2], wurden bisher tatsächlich nur fünf Objekte der Kirche übergeben. ⟨[3]⟩

Anmerkungen:
[1] Die 1993 noch unbearbeiteten Rückgabeforderungen umfaßten 175.000 Hektar Forsten und rund 50.000 Hektar Ackerland. Siehe dazu S. 1035.
[2] 1997 berichtete die EU, es herrsche »immer noch Streit« über das Volumen der zurückzugebenden Immobilien. Siehe dazu S. 1102.
Der hier erwähnte Beschluß der Regierung Klaus könnte damit zusammenhängen.
[3] Die Rückgabefrage ist bis heute (Ende 2002) ungelöst.

Wiedergabe
nach SdZ; Nr. 28 v. 16. 7. 1999; S. 2.

****

Der Bundesvorstand der SL: **1999, 5. Juli**
Rechtliche Klagen zur Vertretung der Anliegen der Sudetendeutschen

Der Bundesvorstand der SL hat ... beschlossen, zwei weitere Rechtswege zur Vertretung der Anliegen der Sudetendeutschen zu unterstützen.
Zum einen soll die Bundesregierung wegen der Verweigerung des diplomatischen Schutzes gegenüber den Sudetendeutschen gerichtlich zu einer Änderung ihrer Haltung veranlaßt werden. Ziel ist es, die Bundesrepublik Deutschland dazu zu bewegen, die Rechte und Interessen der Sudetendeutschen zumindest nicht schlechter zu vertreten, als das Europäische Parlament[1] und der österreichische Nationalrat[2] dies tun. Diese beiden Parlamente haben im Frujahr d. J. in Resolutionen[1,2] die Aufhebung der die Vertreibung betreffenden Benesch[3]-Dekrete und Gesetze gefordert. Jedoch muß für eine solche Klage wohl der volle Instanzenweg gegangen werden. Mit einer Entscheidung durch das Bundesverfassungsgericht wäre deswegen erst in etwa zwei Jahren zu rechnen.
Zum anderen wurde mit großer Mehrheit die Unterstützung einer Sammelklage nach amerikanischem Recht beschlossen. Kläger ist hier nicht die Landsmannschaft, sondern einzelne Sudetendeutsche in verschiedenen Ländern, die im Zuge der Vertreibung Versicherungsguthaben verloren oder andere Schäden erlitten haben. Beklagte wären in erster Linie die entsprechenden Versicherungsunternehmen. Im Erfolgsfalle hätten aber – dem Wesen der Sammelklage[4] entsprechend – nicht nur die eigentlichen Kläger den Nutzen, sondern alle gleichartig geschädigten Sudetendeutschen, vermutlich einige zehntausend Betroffene. Versicherungen wurden als erstes Ziel benannt, weil hier durch andere Sammelklagen bereits Präzedenzfälle vorliegen ... Auch bei diesem Rechtsweg, der allerdings erhebliche Kosten und Risiken mit sich bringe, seien schnelle Entscheidungen kaum zu er-

warten. Jeder Sudetendeutsche im In- und Ausland könne dieses Vorhaben unterstützen, indem er der SL Belege über enteignete Versicherungspolicen zur Verfügung stelle; eine Mitgliedschaft in der Landsmannschaft sei dafür keine Voraussetzung.

Anmerkungen:
[1] Zum Text des EP-Beschlusses vom 15. 4. 1999: Siehe S. 1152.
[2] Zum Text des Beschlusses vom 19. 5. 1999: Siehe S. 1158.
[3] Zum Komplex der sog. Beneš-Dekrete: Siehe S. 576.
[4] Wesen, Auswirkungen und Beteiligungsmöglichkeiten an einer US-Sammelklage wurden ausführlich beschrieben.
Vgl. SdZ; Nr. 28 v. 16. 7. 1999; S. 1.

Quelle:
Original der Pressemitteilung der SL; Fotokopie im Besitz des Verfassers.

****

Der österreichische Außenminister Wolfgang Schüssel: **1999, 22. August**
Beseitigung der Beneš-Dekrete vor EU-Beitritt ČR

Österreichs Außenminister Wolfgang Schüssel ist mit dem Sprecher der Sudetendeutschen Franz Neubauer und seinem Stellvertreter, dem CSU-Europaabgeordneten Bernd Posselt, zusammengetroffen. Bei dem ausführlichen Gespräch am Rand der Salzburger Festspiele hob Schüssel[1] hervor, er werde gegenüber Prag und der Europäischen Union darauf drängen, daß die sogenannten Benesch-Dekrete[2] noch vor einem EU-Beitritt der Tschechischen Republik beseitigt würden. Eine entsprechende Entschließung, die das österreichische Parlament im Mai[3] unter Berufung auf eine Resolution des Europäischen Parlaments verabschiedet hatte, sei von ihm persönlich mit formuliert worden. Er fühle sich auch in den nächsten Jahren an diesen Auftrag gebunden. Vizekanzler Schüssel und die Führungsspitze der Sudetendeutschen Landsmannschaft stimmten darin überein, daß es zwischen den Vertreibungen im Kosovo und der Vertreibung der Sudetendeutschen nicht nur eine große historische Parallelität gebe, in beiden Fällen müßten auch Menschenrechte und Rechtsstaatlichkeit in vollem Umfang wiederhergestellt werden.
⟨[4]⟩

Anmerkungen:
[1] Zu einer ähnlichen Äußerung vom 10. 10. 1997: Siehe S. 1037.
[2] Zum Komplex der sog. Beneš-Dekrete: Siehe S. 576.
[3] Zum Text vom 19. 5. 1999: Siehe S. 1158.
[4] Zu weiteren Äußerungen am 2. 6. 2001: Siehe S. 1372.

Wiedergabe nach
SdZ; Nr. 34 v. 27. 8. 1999; S. 1.

****

Entscheidung des ČR-Verfassungsgerichtes: **1999, 10. September**
»Loyale« Deutsche in der ČR erhalten auch bewegliches Eigentum[1] zurück

Angehörige der deutschen und ungarischen Minderheit in Tschechien[2] haben Anrecht auf volle Rückgabe ihres von den Nachkriegsregierungen beschlagnahmten Eigentums. Dies hat das tschechische Verfassungsgericht in Brno (Brünn) ⟨*im Fall Dlouhy/Novaková*⟩ entschieden. Das Gericht hat damit die bisherige Praxis korrigiert, die bei Bürgern deutscher oder ungarischer Herkunft oder ihren Nachkommen nur die Rückgabe von unbeweglicher Habe zuließ . . . Nach der politischen Wende von 1989 waren Gerichte und Verwaltungs-

organe der Auffassung, dieser Personenkreis sei nur zur Rückgabe von Immobilien berechtigt. Das Verfassungsgericht hat entschieden, daß diese Interpretation der Restitutionsvorschriften verfassungswidrig ist.
⟨[3]⟩

Anmerkungen:
[1] Es blieb unklar, ob es sich bei den rückgabefähigen Mobilien nur um landwirtschaftliche oder auch um andere handelt.
[2] Betroffen waren nur der ČSR 1938 bis 1945 »loyal« verbliebene Deutsche, die dies entweder bereits nachgewiesen hatten oder nunmehr nachweisen mußten; siehe S. 944 f.
[3] Der Sprecher der Sudetendeutschen, Franz Neubauer, erklärte dazu:
»Diese Entscheidung geht in die richtige Richtung und ist insgesamt positiv. Zunächst einmal zeigt dieses Urteil erneut, daß die Frage des Eigentums der Sudetendeutschen weiterhin offen ist. Sehr bemerkenswert ist, daß heimatverbliebene Deutsche nun auch bewegliches Eigentum zurückerhalten sollen. Dies zeigt, was bei gutem Willen alles möglich ist . . .
Wie es heißt, sollen die Enteigneten nun den Beweis antreten, daß sie der ČSR loyal geblieben und deshalb unschuldig sind. In der Tschechischen Republik gilt also gegenüber den Deutschen auch heute noch eine Schuldvermutung . . . Zum »kleinen Einmaleins« der Rechtsstaatlichkeit gehört aber die Unschuldsvermutung. Hier muß noch einiges geschehen, bis die Tschechische Republik die rechtsstaatlichen Standards der EU erfüllt.«
Vgl. SdZ; Nr. 37 v. 17. 9. 1999; S. 2.

Wiedergabe nach
SZ; Nr. 211 v. 13. 9. 1999; S. 7.

****

Brief des Auswärtigen Amtes der BR Deutschland: **1999, 29. September**
»Betr.: Eigentum Vertriebener in der Tschechischen Republik«
. . .
Der Bundeskanzler und der tschechische Ministerpräsident haben gegenüber der Presse erklärt[1], daß sie die deutsch-tschechischen Beziehungen nicht mit aus der Vergangenheit herrührenden politischen und rechtlichen Fragen belasten, sondern auf die Zukunft ausrichten wollen. Sie betrachten diese Fragen als abgeschlossen. Daher werden beide Regierungen weder heute noch in Zukunft Vermögensfragen in diesem Zusammenhang[2] aufwerfen.
Ferner hat Ministerpräsident Zeman klargestellt[1], daß unter Beibehaltung der Kontinuität der tschechischen Rechtsordnung die Wirksamkeit einiger Maßnahmen nach dem Zweiten Weltkrieg – wie die Dekrete des damaligen Präsidenten der Tschechoslowakei – inzwischen erloschen ist. Die Äußerung Ministerpräsident Zemans zu den Beneš-Dekreten stellt die bisher stärkste Distanzierung der tschechischen Seite von diesen Maßnahmen dar.
Die abgegebenen politischen Erklärungen stehen in der Kontinuität der deutsch-tschechischen Gemeinsamen Erklärung vom 21. Januar 1997[3] und entwickeln sie mit dem Ziel einer noch stärkeren Ausrichtung des Verhältnisses auf die Zukunft weiter. Der Bundeskanzler hat nicht auf individuelle Ansprüche von Sudetendeutschen verzichtet.
Die abgegebenen Erklärungen treffen keine Aussage zur Vertreibung. Die Bewertung dieses Vorgangs ist bereits in der deutsch-tschechischen Gemeinsamen Erklärung vom 21. Januar 1997[3] erfolgt. Für die Bundesregierung bleibt die Vertreibung Unrecht[4].
. . .

Anmerkungen:
[1] Offensichtlich gemeint: Die Erklärungen in der Pressekonferenz in Bonn am 8. 3. 1999; zu den Texten: Siehe S. 1145 f.

[2] Es könnte argumentiert werden, daß die ČR-Regierung durch ihr Beharren auf der sog. Zwangsarbeiterentschädigung (siehe dazu S. 1341) eine »aus der Vergangenheit herrührende ... Vermögensfrage« aufgeworfen hat.
[3] Zum Text: Siehe S. 1073.
[4] Das hat jedoch die Bundesregierung in der »Gemeinsamen« Erklärung auszusagen verabsäumt.

Quelle:
Text des Briefes an H. S., 69168 Wiesloch; 2 ms. S.; Fotokopie im Besitz des Verfassers.

****

Rede[1] **1999, 30. September**
von Bundeskanzler Gerhard Schröder
»Deutsch-tschechische Beziehungen: Heute besser als je nach dem Zweiten Weltkrieg«

...

Die deutsch-tschechischen Beziehungen sind heute besser, als sie je nach dem Zweiten Weltkrieg waren. Deutsche und Tschechen sind heute erstmals Verbündete in einem Militärbündnis und hoffentlich auch bald Partner in einer erweiterten Europäischen Union. Der Zukunftsfonds und das deutsch-tschechische Gesprächsforum haben schon seit einiger Zeit hervorragende Grundlagen[2] für diese politische Entwicklung gelegt. Ihr Besuch in Bonn Anfang des Jahres, sehr geehrter Herr Ministerpräsident Zeman[3], hat hierzu einen wichtigen Beitrag geleistet. Wir wollen die Voraussetzungen weiter verbessern, daß Deutsche und Tschechen sich verantwortungsvoll und angstfrei mit ihrer eigenen Vergangenheit auseinandersetzen können. Lassen Sie uns hieran gemeinsam arbeiten. Für das vereinte Europa, das wir gemeinsam mit den Partnern bauen, und für unsere gemeinsame Zukunft in der Mitte Europas.

...

Anmerkungen:
[1] In Prag anläßlich der Festveranstaltung zum 10. Jahrestag der Ausreise der DDR-Flüchtlinge aus der Botschaft der BR Deutschland.
[2] Zu den vom »Gesprächsforum« (zur Errichtung: Siehe S. 1075) geschaffenen Grundlagen zählte, daß ein diesem Gremium am 3. 7. 1999 vorgeschlagenes Symposion über »Vertreibung und EU-Beitritt ČR« abgelehnt wurde.
Vgl. PZ; Nr. 29 v. 15. 7. 1999; S. 4.
[3] Offensichtlich gemeint: Der Besuch vom 8. 3. 1999; zu den Ergebnissen: Siehe S. 1145.

Quelle:
Bulletin; Nr. 64 v. 11. 10. 1999; S. 649 f., hier S. 650.

****

Die deutsche Bundesregierung **1999, 27. Oktober**
und das Völkerrecht 1945/46:
Bestrafte Deportationen nach 1939 bedeuten nicht, daß Deutschen-Vertreibung von 1945/46 nach damaligem Völkerrecht strafbar war

⟨Frage von MdB Hartmut Koschyk[1]*:⟩*
Ist die Bundesregierung der Auffassung, daß die Konvention über die Verhütung und Bestrafung des Völkermordes vom 9. Dezember 1948[2] auch auf vorangegangene Handlungen anwendbar ist, weil sie bereits geltendes Völkerrecht lediglich kodifiziert hat?
⟨Antwort von Staatsminister Christoph Zöpel[3]*:⟩*
Selbst eine Konvention, die lediglich geltendes Völkergewohnheitsrecht kodifiziert, ist auf Handlungen, die vor ihrem Inkrafttreten begangen wurden, nicht anwendbar. Dies ergibt sich aus den völkerrechtlichen Regeln zum zeitlichen Anwendungsbereich von internationalen Verträgen.

Im übrigen verpflichtet die Konvention die Vertragsparteien dazu, Völkermord zu verhüten und zu bestrafen. Sie selbst enthält hingegen keine unmittelbar anwendbaren Strafnormen. Hierzu bedarf es vielmehr einer innerstaatlichen Umsetzung. Diese ist in Deutschland durch § 220a StGB[4] erfolgt. Einer Anwendung dieser Vorschrift auf »vorangegangene Handlungen« im Sinne Ihrer Frage steht allerdings das Rückwirkungsverbot des Art. 103 Abs. 2 GG[5] entgegen.
⟨[6]⟩

Anmerkungen und Quellen:

1 Zum Text: Vgl. »Mündliche Anfrage« Nr. 13 in BtDs. 14/1836 v. 22. 10. 1999.

2 Zum Text: Siehe S. 24.

3 Zum Text: Vgl. »Schriftliche Antwort« im Plenarprotokoll des 14. Deutschen Bundestages, 62. Sitzung am 27. 10. 1999; Anlage 4; S. 5562 C.

4 Zum Inhalt: Siehe S. 25.

5 a) Art. 103 Abs. 2 GG besagt: »Eine Tat kann nur bestraft werden, wenn die Strafbarkeit gesetzlich bestimmt war, bevor die Tat begangen wurde.«

b) Die alleinige Anführung dieser innerstaatlichen Bestimmung läßt vermuten, daß dem Antwortenden das Rechtsgutachten des Internationalen Gerichtshofes von 1951, das gegenteiligen Inhalts ist (siehe dazu S. 1305), unbekannt war.

6 In Folgefragen und Antworten wurde deutlich, daß die Rechtsauffassung der Bundesregierung mit historisch-politischen Überlegungen durchsetzt war:

a) Mündliche Anfrage Nr. 10 von MdB Hartmut Koschyk (CSU) in BtDs. 14/2507 v. 14. 1. 2000: »Ist die Bundesregierung der Auffassung, daß Art. 15 Abs. 2 des Internationalen Paktes über bürgerliche und politische Rechte vom 19. Dezember 1966 (›Dieser Artikel schließt die Verurteilung oder Bestrafung einer Person wegen einer Handlung oder Unterlassung nicht aus, die im Zeitpunkt ihrer Begehung nach den von der Völkergemeinschaft anerkannten allgemeinen Rechtsgrundsätzen strafbar war‹) auch die Bestrafung von Straftaten im Zusammenhang mit der von der Bundesregierung als völkerrechtswidrig beurteilten Vertreibung von Deutschen am Ende des Zweiten Weltkrieges und danach ermöglicht, und ist die Bundesregierung bereit, die entsprechenden Staaten, die den Pakt ratifiziert haben, auf diese Möglichkeit hinzuweisen?«

b) Antwort von Staatsminister Zöpel in Deutscher Bundestag: »Stenographische Berichte«; 14. WP., 80. Sitzung v. 29. 1. 2000; S. 7418 D:
»Art. 15 Abs. 2 des Internationalen Pakts über bürgerliche und politische Rechte (IPbpR) enthält eine Ausnahme von dem in Art. 15 Abs. 1 IPbR niedergelegten allgemeinen Rechtsgrundsatz ›Keine Strafe ohne Gesetz‹ für Taten, die zum Zeitpunkt ihrer Begehung nach Völkergewohnheitsrecht strafbar waren. Damit wird klargestellt, daß der Pakt einer Bestrafung z. B. wegen Kriegsverbrechen selbst dann nicht entgegensteht, wenn die Taten zum Zeitpunkt ihrer Begehung nicht nach innerstaatlichem Recht strafbar waren. Diese Rechtslage ist seit den Nürnberger Militärgerichtsverfahren allgemein bekannt.
Die Beurteilung der Vertreibung der Deutschen am Ende des Zweiten Weltkriegs und danach durch die Bundesregierung als völkerrechtswidrig bedeutet nicht, daß derartige Vertreibungen schon zum damaligen Zeitpunkt als nach Völkergewohnheitsrecht strafbar anzusehen waren. Eine allgemeine völkerrechtliche Ächtung von Vertreibungen durch die Völkergemeinschaft hat sich vielmehr erst später durchgesetzt, insbesondere auf der Grundlage der IV. Genfer Konvention zum Schutz von Zivilpersonen in Kriegszeiten vom 12. August 1949 ⟨*zum Text: Siehe S. 29*⟩, des II. Zusatzprotokolls zu den Genfer Abkommen vom 8. Juni 1977 ⟨*zum Text: Siehe S. 31*⟩ und der Konvention zur Verhütung und Bestrafung des Völkermordes vom 9. Dezember 1948« ⟨*zum Text: Siehe S. 24*⟩.

c) Mündliche Anfrage Nr. 9 von MdB Hartmut Koschyk (CSU) in BtDs. 14/2664 v. 11. 2. 2000: »Wie bewertet die Bundesregierung die Rechtsprechung des Nürnberger Militärtribunals ⟨*1945; zum Text: Siehe S. 21*⟩, das u. a. die Vertreibung von Polen Anfang der 40er Jahre als Verbrechen gegen die Menschlichkeit geahndet hat, vor dem Hintergrund der Auffassung der Bundesregierung, daß die ›Beurteilung der Vertreibung der Deutschen am Ende des Zweiten Weltkrieges und danach durch die Bundesregierung als völkerrechtswidrig (...) nicht (bedeutet), daß derartige Vertreibungen schon zum damaligen Zeitpunkt als nach Völkergewohnheitsrecht strafbar anzusehen waren‹ (Antwort des Staatsministers beim Auswärtigen Amt, Dr. Christoph Zöpel, auf meine Frage 10 für die Fragestunde am 19. Januar 2000, Plenarprotokoll 14/80, S. 7418 D)?«

d) Antwort Staatsminister Christoph Zöpel in Deutscher Bundestag: »Stenographische Berichte«; 14. WP., 86. Sitzung v. 16. 2. 2000, Anlage 3; S. 7966 A:
»Die Verurteilungen des Nürnberger Militärgerichtshofs in diesem Zusammenhang bezogen sich auf die Deportation von Zwangs- und Sklavenarbeitern aus dem besetzten Polen in das Reichsgebiet im Rahmen einer Besatzungspolitik mit dem Ziel der vollständigen Zerstörung Polens als nationale Einheit und einer rücksichtslosen Ausbeutung seiner menschlichen und wirtschaftlichen Hilfsquellen für den deutschen Kriegseinsatz. Dieser spezifische Sachverhalt ändert nichts an der Auffassung der Bundesregierung, daß die Vertreibung der Deutschen am Ende des Zweiten Weltkrieges und danach völkerrechtswidrig war, daß aber Vertreibungen generell zur damaligen Zeit nicht ohne weiteres als nach Völkergewohnheitsrecht strafbar anzusehen waren.«

****

Interview des ČR-Staatspräsidenten Václav Havel: **1999, 8. November**

Kosovo-Intervention; Verteidigung Beneš-Dekrete; »Miteinander« und »Zusammenleben«

. . .

⟨*Havel:*⟩ Der Nato-Eingriff ⟨*im Kosovo*⟩[1] war ein Schritt, durch den die internationale Gemeinschaft gezeigt hat, daß es ihr nicht gleichgültig ist, welche Bestialitäten dort geschehen. Dieser Schritt hätte schon zehn Jahre vorher erfolgen müssen, dann wäre das Leben Hunderttausender verschont geblieben.

⟨*Frage:*⟩ Die Kosovo-Intervention hat das Konfliktpotential auf dem Balkan verschärft.

⟨*Havel:*⟩ Es wird Jahrzehnte dauern, bis diese Probleme gelöst sind. Ich gebe Ihnen ein Beispiel, das Sie als Deutsche verstehen werden: Wäre die internationale Staatenwelt einschließlich der demokratischen Tschechoslowakischen Republik im Jahre 1938 imstande gewesen, sich mit Gewalt gegen Adolf Hitler zu stellen, hätte es vielleicht keinen Zweiten Weltkrieg mit Dutzenden von Millionen Toten geben müssen.

. . .

⟨*Frage:*⟩ Jeder historische Vergleich hinkt, dieser auch. Die wirklichen Greueltaten im Kosovo erfolgten erst nach Beginn des Nato-Bombardements . . .

⟨*Havel:*⟩ . . . Sie sind nicht genau informiert: 400.000 Albaner waren vor Beginn der Angriffe vertrieben worden. Dort geschah etwas, wofür es in der modernen Geschichte keine Allegorie gibt: Innerhalb eines halben Jahres wurde eine Million Menschen von zu Hause vertrieben und kehrte dann wieder zurück. Ohne die Luftangriffe wäre diese Rückkehr niemals möglich gewesen, Milošević wollte Kosovo für immer von Albanern säubern.

. . .

⟨*Frage:*⟩ Sie sprachen vom Mechanismus der Rache – die Serben im Kosovo zahlen für die Sünden von Milošević wie einst die Sudetendeutschen für die Verbrechen Hitlers?

⟨*Havel:*⟩ Jetzt gebrauchen Sie einen historischen Vergleich, der hinkt. Gleichwohl kann man ihn ziehen.

⟨*Frage:*⟩ Noch immer befürwortet fast die Hälfte der Tschechen die Beneš-Dekrete[2], die nach dem Krieg zur Enteignung und Vertreibung von drei Millionen Sudetendeutschen führten. Können diese Dekrete für Prag zum Stolperstein auf dem Weg in die EU werden?

⟨*Havel:*⟩ Dieser Komplex von 150 Dekreten – wobei drei davon auch Bezug zu den Sudetendeutschen haben[3] – gehört zur Geschichte unseres Rechtsstaates. Dies kann nicht so einfach aufgehoben werden[4]. Man kann es jedoch Vergangenheit nennen, die heute keine Bedeutung mehr hat. So ist einfach die Geschichte, sie läßt sich schwer korrigieren. Unsere Völker haben viele Greuel begangen, wie ließe sich das alles wiedergutmachen? Deswegen heißt es in der Deutsch-Tschechischen Erklärung[5], daß Fragen der Vergangenheit den Aufbau einer neuen und besseren Zukunft nicht komplizieren werden. Der Bundestag hat dem zugestimmt, das war sehr wichtig.

. . .

⟨*Frage:*⟩ Wie soll Europa zusammenfinden, wenn 50 Jahre nach dem Zweiten Weltkrieg nicht einmal Tschechen und Sudetendeutsche zu einem Miteinander[6] fähig sind?
⟨*Havel:*⟩ Sie sind es durchaus. Nur die politischen Anführer[7] – die Kommunisten bei uns, die Landsmannschaftler bei Ihnen – sind der Meinung, ein Zusammenleben[6] wäre nicht möglich. Aber das ist ein Irrtum, auf der Bürgerebene gelingt es.
Ich besuche oft die ehemaligen Sudetengebiete, das Zusammenleben[6] ist sehr fröhlich. Sie sehen dort überall viele deutsche Schilder. Die wurden von Tschechen angebracht, die mit den Deutschen Geschäfte machen wollen.
⟨*Frage:*⟩ Das sudetendeutsche Problem wäre demnach quasi ein virtueller Kampf der Geister von gestern.
⟨*Havel:*⟩ Vielleicht eine Spur zu pathetisch ausgedrückt, aber im Grunde läßt sich dem zustimmen.
. . .

Anmerkungen:
[1] Zu den Abläufen im Kosovo: Siehe S. 1154, 1312.
[2] Zum Komplex der sog. Beneš-Dekrete: Siehe S. 576.
[3] Die Zahl der sog. Beneš-Dekrete, die direkten Bezug zu den Sudetendeutschen haben, ist mit mindestens ca. 15–20 zu beziffern.
[4] Zur möglichen Aufhebung eine deutlich andere tschechische Stimme:
»Václav Havel hat sich den Verteidigern der Benesch-Dekrete angeschlossen. Er hat sich auf die Seite derjenigen gestellt, die de facto die Vertreibung der Sudetendeutschen bejahen. Vielleicht 90 Prozent der Tschechen würden mit ihm übereinstimmen. Trotzdem ist diese Ansicht unrichtig, und zwar doppelt unrichtig, wenn sie ein Schriftsteller, Denker und Verteidiger der Menschenrechte vertritt. Die kollektive Aussiedlung von Millionen Menschen nur aufgrund ihrer Nationalität ist inakzeptabel.
Können wir von der EU verlangen, daß sie ein Land aufnimmt, in dessen Rechtsordnung eine ethnische Säuberung verankert ist?
Wir können davon sprechen, die Dekrete seien erloschen. Aber in unserem Land sind sie immer noch Gesetz. Havel sollte daher von seiner hohen Stelle dazu aufrufen: ›Laßt sie uns aufheben!‹«
Vgl. den Beitrag von Martin Komarek in »Mladá fronta dnes« (Die junge Front heute) ⟨*TZ.*⟩, Prag; Nr. 259 v. 9. 11. 1999; S. 3.
[5] Zum Text vom 21. 1. 1997: Siehe S. 1073.
[6] Interessant die Begriffsverschiebung: Während der »Spiegel« nach einem »Miteinander« (im Sinne auch eines bloßen Nebeneinanders) fragt, antwortet Havel mit dem Begriff »Zusammenleben«, der größere, auch räumliche Nähe mindestens impliziert.
[7] Als »politische Anführer« der Tschechen »die Kommunisten« zu bezeichnen, erscheint bestenfalls übertrieben; sie mit den »Landsmannschaftlern« (d. h. der SL) auf eine Ebene zu stellen, von jedem Maßstab her gesehen absurd.
Ähnlich auch die Meinung von SL-Sprecher Franz Neubauer; vgl. SdZ; Nr. 47 v. 26. 11. 1999; S. 1.

Quelle:
»Der Spiegel«, Hamburg; Jg. 53, Nr. 45 v. 8. 11. 1999; S. 218–224, hier S. 220, 224.

****

Offener Brief **1999, Dezember**
sudetendeutscher Christen an Christen in der ČR:
»Ein Jahrtausend endet, ein neues Jahrtausend bricht an«

. . .
Mit diesem Brief wollen wir Euch ein Zeichen unserer Hoffnung geben, daß es uns in der kommenden Zeit gemeinsam gelingen wird, einander immer besser zu verstehen und eine solide Nachbarschaft in der Mitte Europas aufzubauen. In diesen Tagen hörten wir die Botschaft des Weihnachtsevangeliums: Fürchtet Euch nicht! Diese Botschaft will uns allen Mut machen, aufeinander zuzugehen. Wir möchten sie aufgreifen und Euch sagen: Fürchtet Euch nicht vor uns! Wir sind nicht vollkommen, aber auch nicht so schlecht, wie es Euch

kommunistische und nationalistische Propaganda jahrzehntelang indoktriniert hat. Es ist nicht wahr, daß Eure ehemaligen Mitbürger die Geschichte rückgängig machen möchten. Ihre verantwortlichen Repräsentanten sind sich darin einig, daß es niemals zu einer neuen Vertreibung oder zu einer Enteignung der heutigen privaten Eigentümer kommen darf. Ihr und unser Drängen, die nach dem Zweiten Weltkrieg geschehene Vertreibung als solche zu verurteilen, zielt vielmehr darauf ab, eine Wertegemeinschaft von Tschechen und Deutschen zu festigen, die Vertreibungen für alle Zukunft ächtet und so zugleich das verletzte Gerechtigkeitsempfinden der Opfer heilt. Uns liegt daran, daß Unrecht – wer immer es verübt hat – auch so genannt wird . . .
Wir grüßen alle, die unseren Brief so verstehen, wie er gemeint ist: als Einladung zum Engagement für ein gutes Miteinander von Tschechen und Deutschen im dritten Jahrtausend.
Für die Ackermann-Gemeinde
und die Gemeinschaft evangelischer Sudetendeutscher:
⟨*Es folgten Unterschriften*⟩

Quelle:
Gedruckter Brieftext; 1 DS., Exemplar im Besitz des Verfassers.

****

Briefwechsel[1] **2000, 6. Januar**
zu Beneš-Dekreten im Jahre 2000:
»Erloschen«, aber »Bestandteil der Rechtsordnung«

⟨*A) Brief Rudolf Hilf*[2] *vom 27. 12. 1999 an ČR-Präsident Václav Havel: Anrede*⟩
Ich habe am 24. Mai dieses Jahres dem tschechischen Bürgermeister meiner Heimatstadt Asch (deren Ehrenbürger ich bin), Herrn Dr. Antonín Veselý, und dem zuständigen Landrat von Eger, Herrn Michael Karas, einen gleichlautenden Brief geschrieben, in dem ich meine Absicht erklärte, den 1945 konfiszierten Besitz meiner Eltern (Grund und Haus) dem jetzigen tschechischen Inhaber zu schenken. Ich füge Kopie meines seinerzeitigen Briefes bei.
Der Herr Bürgermeister hat mir freundlich geschrieben, daß er sich mit dem Herrn Landrat absprechen müsse, und vom Herrn Landrat habe ich durch eine dritte Person gehört, daß man darüber in Prag entscheiden müsse. Ich habe angenommen, daß die beiden Herren meinen Vorschlag weitergegeben haben. Seitdem habe ich nichts mehr aus Asch, Eger oder Prag gehört.
Es ist mir natürlich klar, welches politische Problem in dieser Frage verborgen ist. Da aber im Zusammenhang mit dem Beschluß des Europäischen Parlaments vom April dieses Jahres[3] die Dekrete und Gesetze der Vertreibung der Sudetendeutschen betreffend, und der Erklärungen von Ministerpräsident Zeman im März des gleichen Jahres[4] in Bonn, und nach einer Äußerung eines Regierungsvertreters gegenüber der Seliger-Gemeinde in Prag anläßlich des Besuches von Bundeskanzler Schröder[5] von tschechischer Seite mehrmals behauptet wurde, daß die sog. Beneš-Dekrete, soweit diese die Sudetendeutschen betreffen, »erloschen« seien, und das auch im Juni im Parlament festgehalten wurde, würde ich gerne wissen, was eigentlich von diesen Dekreten und Gesetzen nicht mehr gilt und ob ich diese Schenkung verwirklichen kann.
Ich wende mich an Sie, sehr geehrter Herr Staatspräsident, weil ich Ihnen vertraue, daß ich keine zweideutige Antwort erhalten werde, wie wir das bisher von den Regierungen gewohnt sind. Ich wende mich auch deshalb an Sie, weil Ihnen sicher bewußt sein wird, daß die Wiederherstellung des Friedens zwischen den Menschen beider Seiten aus den böhmischen Ländern davon abhängen wird, daß man den noch offenen Fragen nicht ausweicht.
⟨*Grußformel*

B) Brief der Kanzlei des Präsidenten der Republik vom 6. 1. 2000 an Rudolf Hilf: Anrede⟩
Ich wurde beauftragt, Ihr am 3. 1. 2000 eingegangenes Schreiben mit Anlage zu beantworten, mit dem Sie sich an den Herrn Präsidenten im Zusammenhang mit Ihrem Angebot wenden, das ehemals sich im Besitz Ihrer Eltern befindliche und aufgrund der Restributionsdekrete vom tschechischen Staat übernommene Haus den heutigen Besitzern zu schenken. Ihren Vorschlag stützen Sie auf Äußerungen des Herrn Präsidenten und des Regierungschefs ⟨*gemeint: Zeman*⟩, nämlich, daß die Präsidentendekrete aus den Jahren 1945/46 ihre Gültigkeit verloren haben.
Zur Erläuterung führen wir an, daß das Gesetz Nr. 108/1945 Slg.[6] über die Konfiszierung (Enteignung) von feindlichem Besitz und die Fonds der nationalen Erneuerung gemäß Erkenntnis des Verfassungsgerichtes Nr. 55/1995 Slg.[7] nach wie vor Bestandteil der tschechischen Rechtsordnung bleibt, und übersenden Ihnen in der Anlage zu Ihrer Information eine Fotokopie dieser Erkenntnis. Hinsichtlich der faktischen Ausübung des Rechts können Sie also nicht etwas verschenken, was Ihnen nicht gehört. Ebenso kann auch der Besitz des zu Beschenkenden nicht Gegenstand der Schenkung sein.
Was die Äußerungen der Repräsentanten unseres Landes zu den Restributionsdekreten betrifft, nämlich, daß diese ihre Gültigkeit verloren haben, so war offenbar gemeint – sofern das überhaupt so ausgesprochen wurde –, daß sie keine Aktualität mehr besitzen und in der heutigen Zeit keine Lösung erforderlich ist, und dies nicht nur unter Berücksichtigung der historischen Zusammenhänge und des zeitlichen Abstandes, sondern auch der Entwicklung der gegenseitigen Beziehungen. Denn auch Sie erklären konkret und offen in Ihrer schriftlichen Eingabe, daß es Ihnen nicht um materielle Werte gehe, daß Sie auf den Anspruch auf Rückgabe des Hauses bzw. eine Entschädigung verzichteten[8] und dies im Interesse der Verständigung und Versöhnung zwischen unseren Völkern.
⟨*Grußformel*⟩

Anmerkungen:
1 Der Briefwechsel erfolgte in tschechischer Sprache.
2 Zu Rudolf Hilf: Siehe Register.
3 Zum Text vom 15. 4. 1999: Siehe S. 1153.
4 Zum Text vom 8. 3. 1999: Siehe S. 1145.
5 Zum Besuch vom 30. 9. 1999: Siehe S. 1318.
6 Zum Text vom 25. 10. 1945: Siehe S. 563.
7 Zum Text vom 8. 3. 1995: Siehe S. 193.
8 Diese Erklärung wurde nicht abgegeben: Siehe den Text von A.

Quelle (zu A und B):
Original der Briefe; je 1 ms. S.; Fotokopie im Besitz des Verfassers.

****

Die Regierung der ČR: **2000, (24.) Januar**
Gesetzentwurf zur Rückgabe jüdischen Eigentums

Die Regierung in Prag verabschiedete einen Gesetzentwurf, der vorsieht[1], daß Immobilien und Kunstgegenstände aus dem Besitz jüdischer Opfer des Holocaust, über die noch der tschechische Staat verfügt, Erben oder jüdischen Organisationen übergeben werden sollen. In bestimmen Fällen, etwa bei Objekten, die vom Staat in den 90er Jahren in den Privatisierungsprozeß der Wirtschaft eingebracht wurden, soll es finanzielle Kompensation geben. Dabei geht es nach vorläufigem Stand um eine Summe vom umgerechnet mehreren zehn Millionen Mark.
. . .
Ein besonderes Problem stellen Kunstsammlungen dar. Der Staat gab zwar der jüdischen

Gemeinde in Prag das weltbekannte Jüdische Museum zurück, in verschiedenen Museen und Galerien des Landes befinden sich jedoch nach wie vor zahlreiche Gegenstände aus konfisziertem jüdischem Besitz. Viel Aufmerksamkeit hat in letzter Zeit der Fall des Industriellen Jindrich Waldes hervorgerufen, der vor 1938 eine der größten privaten Kunstsammlungen in der Tschechoslowakei besaß. Die in den USA lebenden Erben dürfen nichts in ihre heutige Heimat mitnehmen, da die Sammlung als »nationales Kulturerbe« gilt.
⟨[2]⟩

Anmerkungen:

[1] a) Einzelne Rückgaben des vom NS-Regime beschlagnahmten jüdischen Eigentums erfolgten durch die ČSR bis 1948. Die offene KP-Machtergreifung im Februar 1948 und die verstärkte Verstaatlichungswelle nach diesem Vorgang beendeten die Rückgabe.
b) Zum Zustand von 1993: Siehe S. 961.
In den Folgejahren wurden einige, aber bei weitem nicht alle beanspruchten Objekte zurückgegeben.
c) Der Gesetzentwurf, vermutlich auch durch das Drängen des US-Kongresses (zum Text vom 13. 10. 1998: Siehe S. 172) inspiriert, ging auf ein Wahlversprechen des SPČ-Politikers Zeman zurück.

[2] Später wurde dann von einer »symbolischen« Entschädigungsregelung berichtet.
Vgl. SZ; Nr. 145 v. 27. 6. 2001; S. 8.

Wiedergabe nach
SZ; Nr. 20 v. 26. 1. 2000; S. 10.

****

Rede[1] **2000, 26. Januar**
von Bundeskanzler Gerhard Schröder:
Kein »Schlußstrich unter die deutsche Geschichte«[2]

. . .

Trotz mancher öffentlichen Erregung, die es um einzelne Kontroversen und Meinungsäußerungen immer wieder gegeben hat, haben doch gerade auch diese Debatten ⟨*gemeint: z. B. zur Holocaust-Gedenkstätte in Berlin*⟩ gezeigt: Einen Schlußstrich unter die deutsche Geschichte kann niemand ziehen, und die überwiegende Mehrheit der Deutschen will das auch nicht.

. . .

⟨[3]⟩

Anmerkungen:

[1] Anläßlich der Eröffnungsveranstaltung des Internationalen Holocaust-Forums in Stockholm.

[2] Eine ähnliche Äußerung Bundeskanzler Schröders erfolgte auch am 9. 6. 2001 zur Eröffnung der »aktualisierten Dauerausstellung« im Haus der Geschichte:
». . . Geschichte kennt keine abschließenden Urteile, zumal über die jüngere Vergangenheit. Und sie kennt auch keine Schlußstriche . . .«
Wiedergabe nach SdZ; Nr. 35 v. 31. 8. 2001; S. 4.

[3] Auf die Frage von MdB Hartmut Koschyk, ob dies auch für die Deutschenvertreibung von 1944 bis 1950 gelte, antwortete der Staatsminister im Auswärtigen Amt, Christoph Zöpel, mit Schreiben vom 15. 2. 2000:
»Die Aussage ›Einen Schlußstrich unter die deutsche Geschichte kann niemand ziehen‹ trifft für alle Aspekte der deutschen Geschichte zu, auch für die Vertreibung der Deutschen im Verhältnis zu unseren Nachbarn im östlichen Mitteleuropa, insbesondere zu Polen und zur Tschechischen Republik, in denen die Vertreibungen der Deutschen bis zum Fall des kommunistischen Systems im Jahre 1989 weitgehend tabuisiert war. Dort hat sich durch eine offene Zusammenarbeit, z. B. von Historikern, eine neue Perspektive bei der Aufarbeitung der gemeinsamen Geschichte eröffnet. Die hat dann auch Eingang in offizielle Dokumente gefunden, z. B. in die Deutsch-Tschechische Erklärung vom Januar 1997 ⟨*zum Text: Siehe S. 1073*⟩, in der bei der Vertreibung unschuldiger Menschen viel Leid und Unrecht zugefügt wurde.«

Quelle (auch für Anm. 3):
Die Brücke; Nr. 3. v. 15. 6. 2000; S. 1.

****

Rede [1]/Artikel [2] 2000, 15. April
des tschechischen Politologen Bohumil Doležal:
»Tschechen und Deutsche haben ihr größtes Problem noch nicht gelöst«

⟨*Der Autor griff zunächst die* »offizielle These« *aller relevanten Gruppen tschechischer Politik, der deutschen Regierungen Kohl und Schröder sowie* »einiger versöhnlicherer sudetendeutscher Organisationen«[3] *an: Die Tschechisch-Deutsche Erklärung*[4] *habe* »alle strittigen Fragen der Vergangenheit abgeschlossen«. *Die Erklärung sei jedoch ein* »falscher Konsens«: »Beide Seiten wissen das sehr gut und sehen heuchlerisch darüber hinweg.« »Das größte Problem der tschechisch-deutschen Beziehungen«, »die Minderheit, die wir vertreiben konnten« (d. h. die Sudetendeutschen), *sei damit jedoch* »eingemauert« *worden. Es gäbe, so fuhr der Autor fort,*⟩ drei Hauptthesen der Selbstrechtfertigung. Erstens: Man müsse eine unangemessene Selbstquälung ablehnen. Zweitens: Der »Abschub« sei in seiner Zeit die einzig mögliche, und das heißt auch die einzig richtige Lösung gewesen. Drittens: Die Geschichtswissenschaft sei dazu berufen, der tschechischen Politik Argumente zu liefern für den Schutz der nationalen Interessen.

Ich bin im Gegensatz zur ersten These der Meinung, daß die Selbstquälung eine sehr nützliche und notwendige Angelegenheit ist. ⟨*Diese wurde sodann vom Autor definiert und exemplifiziert.*⟩ Die Selbstquälung bedeutet also im Falle des »Abschubs« die Feststellung, daß es sich um eine unmenschliche und verbrecherische Aktion gehandelt hat.

Eine so aufgefaßte Selbstquälung ist für das Leben des einzelnen und der zivilisierten Gesellschaft unerläßlich. Sowohl der einzelne als auch die Gesellschaft begehen von Zeit zu Zeit Fehler, Irrtümer, Sünden. Darin unterscheiden sich Menschen und Nationen nicht. Sie unterscheiden sich voneinander nur darin, in welchem Maße sie fähig sind, ihre Fehler, Irrtümer und Sünden aus der Welt zu schaffen, damit sie Gegenwart und Zukunft nicht länger vergiften. Die Technik dieser persönlichen und gesellschaftlichen Hygiene heißt tätige Reue und Buße. In diesem Fall verlangt das eine öffentliche und vorbehaltlose Entschuldigung gegenüber jenen, denen wir Schaden zugefügt haben. Dazu gehört das aufrichtige Bestreben um die »Milderung der Folgen manchen Unrechts« (wie es im tschechischen Entschädigungsgesetz heißt)[5]. Die Selbstquälung ist ein geläufiges Phänomen des menschlichen Daseins in der Welt. Sie ist – so würde es höchstwahrscheinlich der erste tschechoslowakische Präsident Masaryk formulieren – nicht nur moralisch, sondern auch praktisch. Der Selbstquälung verdanken wir, daß sich die Geschichte in der Gänze vom Schlimmeren zum Besseren bewegt und daß wir, solange wir leben, Hoffnung haben.

Zur zweiten These: »Damals war die Vertreibung in Ordnung, obwohl sie heute nicht in Ordnung wäre.« Diese Feststellung (nicht nur im Zusammenhang mit dem »Abschub« der Sudetendeutschen) ist eine Äußerung des völlig unannehmbaren moralischen Nihilismus . . .

Nicht akzeptabel ist auch die Vorstellung von einer dienenden Geschichtsschreibung. ⟨*Diese aus dem 19. Jahrhundert stammende Sicht besage,*⟩ daß die Aufgabe der historischen Wissenschaft darin bestehe, durch treffende Argumente den Anspruch der tschechischen Nation auf die eigene Existenz zu unterstützen. ⟨*Später*⟩ hat sich in der Tschechoslowakei für eine gewisse Zeit lang der Grundsatz durchgesetzt, daß die Wissenschaft nicht nationale Interessen, sondern die Wahrheit durchsetzen solle und daß eine unvoreingenommene Erkenntnis der Wahrheit sogar im nationalen Interesse sei. Dennoch überlebt bis heute die Vorstellung der dienenden Geschichtsschreibung: die Vorstellung nämlich, daß die Geschichte der alltäglichen Politik Munition liefern soll, oder sogar, daß das das einzige ist, was sie darf. In der Beziehung zur sudetendeutschen Frage hat sich auf diese Weise ein seltsames historisches Alibi entwickelt. Es wird durch drei charakteristische Ansichten verkörpert: Die erste These: »Das alles ist gar nicht so schrecklich gewesen, wie unsere Gegner sagen.« Zum Beispiel habe es gar nicht zweihundertfünfzigtausend Tote gegeben, sondern nur zehntausend, vielleicht nur acht-, eventuell auch fünftausend, behaupten die gesalbten tschechischen Historikerköpfe mit triumphierender Miene. Daß wegen der dreitausend Opfer des Generals Pinochet[6] die ganze Welt auf den Kopf gestellt wird, interessiert nicht. Freilich, Pinochet ist keiner von »uns« . . .

Die zweite These: »Das haben nach Kriegsende doch alle gemacht.« Alle hätten die Menschenrechte so oder so verletzt. Das ist ein typisches Beispiel für die Suche nach dem moralischen Alibi: Wenn sich die ganze Welt an einer Unsittlichkeit beteiligt, dann wird die Unsittlichkeit zur moralischen Norm. In Wahrheit haben wir, auch wenn sich die ganze Welt unsittlich benimmt, jedoch kein Recht dazu, uns unsittlich zu benehmen.

Die dritte These besteht in der Konstruierung einer gewissen historischen Kausalität: »Die Grausamkeiten, die wir damals begangen haben, wurden durch noch größere Grausamkeiten der anderen Seite hervorgerufen. Dadurch sind sie begründet und gerechtfertigt.« Diese Erklärung bedeutet den Durchbruch der physikalischen Gesetze in das Gebiet der zwischenmenschlichen Beziehungen.

Es ist einzuwenden: . . . Daß sich die Geschichte vom Schlimmeren zum Besseren bewegt und daß die Geschichte einen Sinn hat, hängt auch von der Freiheit des Menschen ab, sich zu entscheiden – davon, daß der Mensch sich aus dem Netz der verschiedenen »Kausalitäten« befreien kann, etwa vom Prinzip »Auge um Auge, Zahn um Zahn«. Die Technik, wie dies zu erreichen ist, ist uralt und sehr genau beschrieben: Sie besteht darin, die andere Wange hinzuhalten; auf Stein mit Brot zu antworten, den Feind zu lieben und für ihn zu beten. Das Grundsätzliche ist, zu verzeihen, und zwar aus vielen Gründen. Es ist nicht nur rein moralisch, sondern auch praktisch von Nutzen. Wir wissen, daß wir selbst oft Unrecht tun, ob wir wollen oder nicht.

Zu keinem Verbrechen in der Geschichte kann man nachträglich ein Alibi schaffen. Es ist Geschichtswissenschaft und der Rechtswissenschaft unwürdig, das zu versuchen.

. . .

Es ist notwendig, daß die tschechische Politik nach einer Lösung sucht, aus der tätige Reue über verbrecherische und unsittliche Entscheidungen der Vergangenheit spricht. Zur Zeit ist dazu leider weder eine tschechische Partei noch eine Persönlichkeit von Bedeutung bereit . . . Der Grund ist die Angst vor dem Zorn der Öffentlichkeit. Aber die Wahrheit ist mehr als die Öffentlichkeit. Und die Öffentlichkeit ist fähig, die Wahrheit einzusehen . . . Man sollte handeln. Deshalb komme ich mit einem Vorschlag.

Es ist notwendig, eine bürgerliche Initiative ins Leben zu rufen, die eine tschechische Entschuldigung bei den Sudetendeutschen formuliert und die diesen Text an den Sudetendeutschen Rat als der legitimen politischen Repräsentation der Sudetendeutschen adressiert. Dem Text soll eine Unterschriftensammlung beigefügt werden. Zugleich ist es notwendig, einen Fonds der Versöhnung zu gründen, in dem durch eine öffentliche Sammlung Mittel zur Entschädigung der vertriebenen Sudetendeutschen gesammelt werden können. Die Bedeutung beider Schritte wird zumindest am Anfang nur symbolisch sein. Aber auch eine symbolische Geste ist in diesem Augenblick wichtig. Sie wäre ein Zeichen des Entgegenkommens und ein Wegweiser in die Zukunft. Außerdem haben wir ja eine Menge Zeit. Wir haben ganze Jahrzehnte Zeit. Ich glaube, daß das tschechische Volk in den Jahrzehnten, die kommen werden, fähig sein wird, sich mit diesem schwarzen Fleck in seiner Vergangenheit ehrlich auseinanderzusetzen.

⟨7⟩

Quelle und Anmerkungen:

[1] Am 15. 4. 2000 vor einem tschechisch-deutschen Symposium in Iglau (Westmähren).

[2] In der FAZ; Nr. 93 v. 19. 4. 2000; S. 14 (geringfügig gekürzt). Auch: Brücke; Nr. 3 v. 15. 6. 2000; S. 2 f.

3 Diese Organisationen blieben unbenannt.
4 Zum Text vom 21. 1. 1997: Siehe S. 1073.
5 Zur Universalität des Rechtsprinzips erforderlicher tätiger Reue (durch Milderung von Unrechtfolgen über Entschädigung/Wiedergutmachung) ist auf eine zeitähnliche US-Auffassung zur Sklaverei hinzuweisen; zum Text: Siehe S. 1077.
6 Der Chilene Pinochet, 1973–1989 Diktator/Präsident, war auf Antrag Spaniens in London festgesetzt worden.
7 Zur Rede stellte MdB Hartmut Koschyk am 10. 5. 2000 mehrere Fragen an die Bundesregierung, für die Staatsminister Ludger Volmer antwortete:
⟨*Frage:*⟩ »Über welche Erkenntnisse verfügt die Bundesregierung über Ausführungen eines ehemaligen Beraters des seinerzeitigen tschechischen Ministerpräsidenten Klaus auf einem deutsch-tschechischen Symposium der Sudetendeutschen Ackermann-Gemeinde in Iglau Mitte April 2000, in denen unter anderem die Errichtung eines tschechischen Versöhnungsfonds zur Entschädigung sudetendeutscher Heimatvertriebener vorgeschlagen wurde, und sieht die Bundesregierung Möglichkeiten, diesen Vorschlag gegenüber der tschechischen Seite zu unterstützen?«
⟨*Volmer:*⟩ »Herr Koschyk, der Bundesregierung sind Ausführungen des Politikwissenschaftlers Bohumil Doležal in Iglau bekanntgeworden, die von Ihnen zitiert worden sind. Die Bundesregierung sieht in ihnen einen bemerkenswerten Beitrag zur andauernden innertschechischen Debatte um die Vertreibung. Diese Debatte wird von der Bundesregierung mit Interesse verfolgt.«
⟨*Frage:*⟩ »Ist denn die Bundesregierung bereit, diese Idee von Doležal, die Sie, Herr Staatsminister, soeben als bemerkenswerten Beitrag der innertschechischen Diskussion bezeichnet haben, in den deutsch-tschechischen Dialog mit aufzunehmen, beispielsweise bei den gegenwärtigen Gesprächen von Mitgliedern der Bundesregierung mit dem ja in Berlin weilenden tschechischen Staatspräsidenten Václav Havel?«
⟨*Volmer:*⟩ »Ich werde heute beim Abendessen des Bundespräsidenten merken, ob Václav Havel auf dieses Thema eingeht. Ich denke, wir sollten eine entsprechende innertschechische Diskussionsentwicklung abwarten. Wenn die tschechische Regierung diesen Punkt von sich aus offiziell anspricht, sollten wir darauf eingehen.«
⟨*Frage:*⟩ »Herr Staatsminister, halten Sie es nicht im Sinne der sich positiv entwickelnden deutsch-tschechischen Beziehungen für geboten, daß die Bundesregierung ein solches Thema von sich aus im Verlauf des deutsch-tschechischen Dialogs aufgreift?«
⟨*Volmer:*⟩ »Wie Sie richtig bemerkt haben, sind wir sehr interessiert daran, daß sich das Verhältnis positiv entwickelt. Es hatte vieles schwierig begonnen, und man soll die Dinge sich in Ruhe entwickeln lassen, ohne durch besonderen Eifer bei einzelnen Fragen zu neuen Irritationen beizutragen.«
Wiedergabe nach SdZ; Nr. 27 v. 7. 7. 2000; S. 4.

****

Interview[1] und Äußerungen[2] von ČR-Staatspräsident Václav Havel: *Beneš-Dekrete kein Virus des Unrechts*

2000, 9.(–12.) Mai

⟨*A) Interview*[1]⟩

⟨*Frage:*⟩ Herr Präsident, vor dem angestrebten EU-Beitritt der Tschechischen Republik gibt es auch warnende Stimmen. Das Europaparlament etwa sagt[3], Prag würde mit jenen Beneš-Dekreten, die die Enteignung betrafen, einen Virus des Unrechts in die europäische Rechts- und Wertegemeinschaft einschleppen. Wie ernst nehmen Sie solche Worte?
⟨*Havel:*⟩ Ich glaube nicht, daß wir einen Virus des Unrechts einschleppen. Hier geht es um eine entfernte Geschichte, die ganz Europa gehört. Es ist unsere Pflicht, die Vergangenheit zu reflektieren, sie sachlich zu benennen, das Böse das Böse zu nennen, den Mut Mut, das Leid Leid. Aber wir können mit dem Abstand von 55 Jahren nur schwer durch irgendwelche rechtlichen Schritte das ändern, was geschehen ist.
⟨*Frage:*⟩ Was hielten Sie von folgendem Szenarium: Die Tschechische Republik erklärt nicht nur die sogenannte wilde Vertreibung für Unrecht, sondern die Vertreibung insgesamt und mit ihr die Enteignungen, und die Sudetendeutsche Landsmannschaft ruft im Gegenzug ihre Klientel auf, sich maximal mit einem wirklich nur symbolischen Vermögensausgleich anzufreunden, der Ihr Land nicht überfordern würde und zugleich noch bestehende Ängste in Tschechien endgültig ausräumt?

⟨*Havel:*⟩ In der tschechisch-deutschen Deklaration von 1997[4] ist nicht nur die wilde Vertreibung verurteilt. In ihr wird – wenn auch in diplomatischer Sprache – auch eine kritische Haltung zur Vertreibung an sich angedeutet. Ein großer Teil des von Ihnen angedeuteten Szenariums ist also bereits verwirklicht.
⟨*Frage:*⟩ Ist für Sie die Geste denkbar, den Sudetendeutschen noch vor der allgemeinen Niederlassungsfreiheit, die mit dem EU-Beitritt Ihres Landes ohnehin käme, Grund und Boden in der alten Heimat zum Kauf anzubieten?
⟨*Havel:*⟩ Ich habe Anfang der 90er Jahre einmal eine solche Geste[5] der seinerzeitigen deutschen Regierung vorgeschlagen. Auf der Grundlage einer etwas komplizierten Konstruktion, die auch die doppelte Staatsbürgerschaft einbezog, wäre es damals denkbar gewesen, daß nicht nur durch normalen Kauf, sondern auch im Rahmen der Privatisierung über Anteilsscheine unsere ehemaligen Staatsbürger Besitz hätten erwerben können. Dieser Vorschlag wurde jedoch nicht realisiert. Jetzt könnte ich mir so etwas nur schwer vorstellen.
Andererseits können Sudetendeutsche, die sich bei uns dauerhaft niederlassen, auch jetzt schon Immobilien kaufen, indem sie beispielsweise eine Firma gründen und somit zu einer Rechtsperson werden. Noch weiter zu gehen würde bedeuten, einen Zustand vorwegzunehmen, der möglichst bald eintritt, wenn wir Mitglied der EU werden. Wir können nur schwer eine Gruppe von EU-Bürgern herausnehmen und ihnen etwas geben, was später alle bekommen sollten.
. . .

⟨*B) Zitierte Äußerungen*[2]*:*⟩
. . .

Havel verwies während seines ersten Staatsbesuchs in Deutschland mit Blick auf die nach dem damaligen Präsidenten Eduard Benesch benannten Dekrete auf die deutsch-tschechische Erklärung von 1997[4], nach der »unsere Zukunft nicht mit Fragen aus der Vergangenheit belastet werden soll«. Mit den Dekreten[6] sollte man sich nicht mehr befassen. Sie seien Bestandteil der Geschichte und schon lange nicht mehr wirksam, sagte Havel. Auch ⟨*Bundespräsident*⟩ Rau wies auf die Deutsch-Tschechische Erklärung hin und auf die Vereinbarung, daß man unterschiedliche Meinungen akzeptieren werde.
. . .

Zur Diskussion über die Benesch-Dekrete erklärte das Auswärtige Amt[6], die Bundesregierung betrachte diese Dekrete, soweit sie sich auf Vertreibung, Ausbürgerung und Enteignung von Deutschen in der ehemaligen Tschechoslowakei beziehen, als völkerrechtswidrig. Die gleiche Haltung nehmen die Vertriebenenverbände in Deutschland ein, die eine Aufhebung der Dekrete fordern.

Quellen und Anmerkungen:
[1] Abdruck des Interviews, das anläßlich eines Staatsbesuchs in Deutschland gegeben wurde, in
a) »Die Welt«; Nr. 106 v. 9. 5. 2000; S. 2;
b) »Die Presse«, Wien; 10. 5. 2000; S. 6.
Die »Szenarium«-Frage an Havel war in der Wiedergabe der »Presse« nicht enthalten.
[2] Vgl. SZ; Nr. 108 v. 11. 5. 2000; S. 5.
[3] Datum und Anlaß dieser einprägsamen Verdeutlichung konnten nicht ermittelt werden.
[4] Zum Text: Siehe S. 1077.
[5] Zum Inhalt und den Begleitumständen dieser »Geste«: Siehe S. 909.
[6] Nach den veröffentlichten Unterlagen wies von seinen deutschen Gesprächspartnern nur Ministerpräsident Stoiber auf die Beneš-Dekrete hin. Er sagte Havel bei der Begrüßung in Regensburg am 12. 5. 2000 u. a.:
»Wir stimmen überein: Europa ist nicht nur eine Wirtschafts- und Währungsgemeinschaft, sondern im besonderen auch eine Rechts- und Wertegemeinschaft, die auf Humanität und elementaren Menschenrechten gründet. Deshalb baue ich auch darauf, daß sich das tschechische Volk selbst im Zuge

des Beitrittsprozesses zur Europäischen Union von völkerrechtswidrigen Dekreten und Gesetzen verbindlich trennen wird, die Ausdruck einer unseligen Vergangenheit sind. Ich möchte die Erwartung wiederholen, daß Lösungen gefunden werden, die mit der europäischen Werteordnung im Einklang stehen.«
Wiedergabe nach dem Redemanuskript; Auszug im Besitz des Verfassers.

****

Projektantrag **2000, 19. Mai**[1]
der SL an den Deutsch-Tschechischen Zukunftsfonds[2]**, Prag:**
Entschädigung »sudetendeutscher Opfer tschechischer Gewalt«

Der Bundesverband der Sudetendeutschen Landsmannschaft in München will ⟨*vom Deutsch-Tschechischen Zukunftsfonds*⟩ »humanitäre Hilfe« für alle »Angehörigen der sudetendeutschen Volksgruppe und tschechische Staatsbürger deutscher Nationalität«, die von Mai 1945 bis April 1953 in der ehemaligen Tschechoslowakei aufgrund ihrer ethnischen Zugehörigkeit »härtesten Verfolgungsmaßnahmen« ausgesetzt oder länger als drei Monate aus politischen Gründen »interniert bzw. inhaftiert« waren. Außerdem all jene Sudetendeutschen, die durch Vertreibung, Internierung und Zwangsarbeit einen »dauerhaften gesundheitlichen Schaden erlitten haben« oder nach den deutschen Gesetzen bislang »keine oder nur geringe Leistungen« – wie Lastenausgleich – erhalten haben.
Nach einer internen »Erfassungsaktion« sollen bis zum 30. Juni 2001 die sudetendeutschen Opfer tschechischer Gewalt benannt werden. Bisher haben sich etwa 1000 Geschädigte gemeldet, am Ende sollen es aber mindestens 2000 Menschen sein. In einem Antrag an den Deutsch-Tschechischen Zukunftsfonds schlägt die Sudetendeutsche Landsmannschaft vor, die Gewaltopfer mit 4000 Mark pro Person, also insgesamt acht Millionen Mark, zu entschädigen.
⟨*Als Sofortreaktionen wurden u. a. gemeldet:*⟩
Außenminister Fischer kritisierte ... das Vorgehen der Sudetendeutschen, weil es »massiv« deutsche Interessen verletze. »Jeder Vorstoß von deutscher Seite in diese Richtung ist kontraproduktiv.«
Im Umfeld des Prager Außenministeriums und des Präsidenten Václav Havel ... hat die Initiative eine »gewisse Verwunderung« ausgelöst.
Antje Vollmer sieht in der Forderung eine »konzertierte Aktion« der CSU und der Sudetendeutschen, die ihre politische Heimat in der CSU hätten. Dies sei ein »unglaublicher Sprengsatz«, weil er die Tschechen beunruhigen und die Osterweiterung der Europäischen Union gezielt stören solle.
Bayerns Landtagspräsident Johann Böhm (CSU), der Sprecher der Sudetendeutschen, unterstützt die Aktion. Wenn man Nazi-Opfer entschädige, dann müßten auch die »Opfer anderer Nationalisten« entschädigt werden. Böhm: »Die Tschechen sind nicht gewohnt, etwas zu bezahlen. Sie sind nur gewohnt, etwas zu bekommen.«
⟨[3,4]⟩

Anmerkungen:
1 Zu einem Ursprung des Antrags in einem Beschluß der Ackermann-Gemeinde vom 22. 1. 1999: Siehe S. 1142. Angaben zur unmittelbaren Vorgeschichte: Siehe S. 1332 ff.
2 Zu Aufgaben und Datierung des Fonds: Siehe S. 1075.
3 Der Antrag wurde zunächst weitgehend abgelehnt.
a) Eine bemerkenswerte Begründung für diese Ablehnung lieferte der Fraktionsvorsitzende der tschechischen KP, Vojtěch Filip:
»Dieser Antrag richtet sich an den falschen Adressaten: Wenn jemand verpflichtet ist, den Sudetendeutschen Entschädigung zu zahlen, dann ist das die deutsche Regierung. Schließlich war es die damalige deutsche Regierung, die den Deutschen nach dem Münchner Abkommen offerierte, ins Grenzland zu gehen und dort von den vertriebenen Tschechen Häuser, Grund und Boden zu übernehmen. Allgemein bekannt sind die Zahlen: Etwa 25 Prozent des Eigentums der nach 1945 Abgeschobenen war ursprünglich tschechisches Eigentum.«

Vgl. PZ v. 8. 6. 2000; S. 4.
Die Verbindung der Legende von der Massenvertreibung der Tschechen 1938 mit den vorgeblich »allgemein bekannten« Zahlen, daß das Eigentum der Sudetendeutschen 1945 noch 1938 zu rund einem Viertel Tschechen gehörte, war ebenso unbelegt wie m. W. einzigartig.

b) Auf eine Frage des MdB Hartmut Koschyk antwortete am 7. 6. 2000 im Deutschen Bundestag der Staatsminister im Auswärtigen Amt, Ludger Volmer, u. a.:
⟨*Frage:*⟩ »Aus welchen Gründen hat der Bundesminister des Auswärtigen Amts ⟨*d. h. Josef (Joschka) Fischer*⟩ den Antrag der Sudetendeutschen Landsmannschaft, die noch lebenden sudetendeutschen Opfer der Vertreibung aus dem Deutsch-Tschechischen Zukunftsfonds zu entschädigen, als ›kontraproduktiv‹ und ›schädlich für die deutschen Interessen‹ beurteilt (vgl. ›Berliner Zeitung‹ vom 22. Mai 2000), und wie begründet die Bundesregierung ihre diesbezügliche Auffassung vor allem vor dem Hintergrund der Tatsache, daß aus dem Deutsch-Tschechischen Zukunftsfonds auch Zahlungen an tschechische Opfer des Nationalsozialismus erfolgen?«
⟨*Volmer:*⟩ »Leistungen an Opfer nationalsozialistischer Gewalt sind explizit in der Deutsch-Tschechischen Erklärung und in der Satzung des Deutsch-Tschechischen Zukunftsfonds vorgesehen. Andersgeartete Leistungskategorien sind von diesen grundlegenden Dokumenten nicht abgedeckt.
Der erwähnte Projektantrag der Sudetendeutschen Landsmannschaft ist der zukunftsgerichteten Weiterentwicklung unseres Verhältnisses zur Tschechischen Republik abträglich. Wir haben kein Interesse an einer Spirale neuer Forderungen und Gegenforderungen.«
Zusatzfragen mit dem Hinweis auf den Vorschlag Doležal (zum Text: Siehe S. 1326) ergaben den »Rat der Bundesregierung, solche« ČR-»Diskussionen sich einfach entwickeln zu lassen und nicht durch hier ⟨*d. h. in Deutschland*⟩ formulierte Ansprüche überzustrapazieren«. Staatsminister Volmer sagte aber auch:
»Wir reden intensiv mit der tschechischen Regierung und nehmen sehr wohl wahr, daß dort eine gewisse Bereitschaft besteht, in diesem Sinne mindestens symbolisch etwas zu unternehmen.
Ich weiß, daß anläßlich des Besuchs von Václav Havel informell über solche Möglichkeiten zumindest geredet wurde. Man muß aber genauso deutlich sehen: Wenn die Landsmannschaft mit solchen drastischen Forderungen öffentlich auftritt, wird dieser Diskussionsstrang, wie er sich in der Tschechischen Republik entwickelt hat, eher abgeklappt, als daß er sich weiterentwickeln kann.«
Zum Gesamttext vgl. SdZ; Nr. 27 v. 7. 7. 2000; S. 4.

[4] Mit zunehmendem Zeitabstand wurde der Antrag positiver gesehen:

a) Am 22. 9. 2001 wurde von Konsultationen zwischen Prag und Berlin über diese Frage berichtet.
Vgl. SdZ; Nr. 220 v. 24. 9. 2001; S. 53.
b) Anfang 2002 kam das Gespräch auf die Antragskriterien: »Sie müßten schon für mehr als zehn Menschen gelten.«
Vgl. SZ; Nr. 8 v. 10. 1. 2002; S. 9.
c) Im Gegenzug zu seinen negativen Interviewäußerungen (siehe S. 1389) befürwortete sogar ČR-Ministerpräsident Zeman »diese symbolische Geste«, die auch von tschechischen Historikern als »richtiger Schritt« bezeichnet wurde.
Vgl. SZ; Nr. 33 v. 8. 2. 2002; S. 8 sowie Nr. 35 v. 11. 2. 2002; S. 6.
d) Im Juni 2002 wurde eine gewisse Quantifizierung der »humanitären Geste« vorgenommen: Der stellvertretende ČR-Ministerpräsident Rychetský meinte, »maximal 100« noch lebende sudetendeutsche Antifaschisten, die in NS-KZs waren und 1945 »irrtümlich« enteignet und vertrieben worden waren, sollten jeweils mindestens 50.000 Kronen (= ca. 1.600 Euro) erhalten. Zahlungen an Nachkommen werden abgelehnt.
Vgl.: »Landeszeitung« ⟨*WZ.*⟩, Prag; Nr. 14 v. 2. 7. 2002; S. 2.
e) Im Dezember 2002 verstärkte der tschechische Historiker Křen das Entschädigungsbedürfnis: Es sei eine »moralische und politische Pflicht« der ČR-Regierung.
Vgl. Brücke; Nr. 6 v. 15. 12. 2002; S. 6.

Wiedergabe nach
SZ; Nr. 116 v. 20. 5. 2000; S. 1.

****

Debatte im 14. Deutschen Bundestag: **2000, 9. Juni**
Vertreibungsächtung oder Weiterentwicklung der Beziehungen

⟨*A) Die Anträge*
1) Antrag der CDU/CSU vom 29. 6. 1999[1]*:*⟩
Versöhnung durch Ächtung von Vertreibung
Der Deutsche Bundestag begrüßt die Entschließung des Europäischen Parlaments vom 15. April 1999[2] zum regelmäßigen Bericht der Kommission über die Fortschritte der Tschechischen Republik auf dem Weg zum Beitritt sowie die Entschließung des österreichischen Nationalrates vom 19. Mai 1999[3] »betreffend die Aufhebung der ›Benes-Dekrete‹ und der ›AVNOJ-Bestimmungen‹« und fordert die Bundesregierung auf, im Sinne der obengenannten Beschlüsse selbst und im Verbund mit den anderen Mitgliedstaaten sowie den Institutionen der EU gegenüber betreffenden Staaten tätig zu werden.

⟨*2) Antrag der SPD und Bündnis 90/Die Grünen vom 26. 10. 1999*[4]*:*⟩
Weiterentwicklung der deutsch-tschechischen Beziehungen
Nach der Verabschiedung der Deutsch-Tschechischen Erklärung[5] vor fast drei Jahren durch die beiden nationalen Parlamente, durch die regelmäßigen Gespräche beider Regierungen und die intensiven Kontakte der Bürger haben sich die Beziehungen zwischen der Bundesrepublik Deutschland und der Tschechischen Republik positiv entwickelt. Auf dem gemeinsamen Weg nach Europa sollte jede Chance genutzt werden, die bilateralen Beziehungen weiterhin auszubauen.
Der Deutsche Bundestag begrüßt die Unterzeichnung des Deutsch-Tschechischen Kulturabkommens anläßlich des Besuchs von Bundeskanzler Gerhard Schröder in Prag am 30. September 1999[6]. Außerdem unterstützt er die Bemühungen, den deutsch-tschechischen Jugendaustausch zu intensivieren. Beide Initiativen zeugen von dem Willen, die Zukunft gemeinsam gestalten zu wollen.
Der Deutsche Bundestag begrüßt die Zusage von Bundeskanzler Gerhard Schröder, die Tschechische Republik in ihren Bemühungen um einen baldigen Beitritt zur Europäischen Union nach Kräften zu unterstützen. Dazu gehört als Voraussetzung, daß die Bundesregierung auf europäischer Ebene alle Reformbemühungen unterstützt, ⟨*welche*⟩ die Aufnahmefähigkeit der Europäischen Union beschleunigen.
Der Deutsche Bundestag unterstützt die Reformbemühungen der Tschechischen Republik und ermutigt sie, verstärkt die Rechtsangleichung für den Beitritt zur Europäischen Union voranzutreiben.
Der Deutsche Bundestag unterstützt die Bundesregierung darin, sich an Geist und Buchstaben der im Januar 1997 vom Deutschen Bundestag verabschiedeten Deutsch-Tschechischen Erklärung[5] zu halten. Darin heißt es, daß beide Staaten ihre Beziehungen »nicht mit aus der Vergangenheit herrührenden politischen und rechtlichen Fragen belasten werden«.
Der Deutsche Bundestag begrüßt die Feststellungen von Bundeskanzler Gerhard Schröder und Ministerpräsident Zeman vom 8. März 1999[7], wonach »beide Regierungen weder heute noch in Zukunft Vermögensfragen in diesem Zusammenhang aufwerfen werden«. Des weiteren stellte Ministerpräsident Zeman klar, daß »unter Beibehaltung der Kontinuität der tschechischen Rechtsordnung die Wirksamkeit einiger Maßnahmen nach dem Zweiten Weltkrieg, wie die Dekrete des Präsidenten der Tschechoslowakei, erloschen ist.«[8]

⟨*B) Auszüge der Debatte*[9]⟩
Petra Ernstberger (SPD)
...
Natürlich sind die Passagen in diesen ⟨*d. h. den sog. Beneš-*⟩Dekreten[10], die die Vertreibung betreffen, ein Punkt, der zu Kritik Anlaß gibt. Die Dekrete, die sich auf Vertreibung, Ausbürgerung und Enteignung von Deutschen in der ehemaligen Tschechoslowakei bezie-

hen, sind nach wie vor völkerrechtswidrig. Dies ist gegenüber der tschechischen Regierung stets deutlich gemacht worden. Es handelt sich um unterschiedliche Rechtsordnungen, zu denen es unterschiedliche Rechtsauffassungen gibt. Akzeptieren wir doch erst einmal diesen Sachverhalt[11] ...

...

⟨*Die Rednerin monierte dann die Entschädigungsforderungen der Landsmannschaften und von Ministerpräsident Stoiber:*⟩
Im Schatten der Entschädigungsforderungen für die NS-Zwangsarbeiter[12], die die nationalen Emotionen bei uns ohnehin zum Kochen bringen, unterstützen bayerische Politiker, um eine bestimmte Klientel zu befriedigen, eine Forderung, die die Integration in Europa gefährdet. So fordert der Bayerische Landtag die Bundesregierung auf, die offenen Fragen des Vermögens in einem rechtlichen Verfahren zu lösen[13]. Dies werden wir nicht unterstützen. Es gibt keine Vermögensforderungen Deutschlands an Tschechien.

...

Nehmen Sie zur Kenntnis, wie sich auch das Bewußtsein in Tschechien Schritt für Schritt ändert. Hätten wir uns vor zehn Jahren eigentlich vorstellen können, daß Äußerungen wie die von Herrn Doležal[14] oder von Professor Mezihorak, die erst kürzlich in Olmütz laut über eine Abschaffung der entsprechenden Beneš-Dekrete[11] nachgedacht haben, möglich gewesen wäre? Erkennen wir diese Zeichen! Helfen wir der Tschechischen Republik bei ihrer Bemühung, in die Staatengemeinschaft der EU aufgenommen zu werden. Suchen wir gemeinsam nach Lösungen für offene Fragen.

...

Hartmut Koschyk (CSU):

...

Es ist der Sinn unseres Antrags, liebe Kolleginnen und Kollegen der Koalitionsfraktionen, vor allem auf die menschenrechtlichen Aspekte noch fortgeltender Vertreibungsdekrete hinzuweisen und den Zusammenhang damit herzustellen, daß die Europäische Union, in der Polen und Tschechien Mitglied werden wollen, vor allem eine Rechts- und Wertegemeinschaft ist. ⟨*Der Redner zitierte dazu Art. 6 des EU-Vertrags*[15]*.*⟩

...

Es ist beeindruckend, daß die tschechische Studentenorganisation »Jugend für interkulturelle Verständigung« an den Stadtrat der mährischen Stadt Brünn appelliert hat, die ehemaligen deutschen Bewohner der Stadt für die Vertreibung um Verzeihung zu bitten.[16]

...

Bitte bauschen Sie unseren Antrag nicht als irgend etwas auf, was der Verständigung und einem freien Dialog im Wege steht. Im Europäischen Parlament[2] jedenfalls haben auch Sozialdemokraten der Beschlußempfehlung zum Fortschrittsbericht zugestimmt, auf den sich unser Antrag bezieht. Im österreichischen Nationalrat[3] haben die Sozialdemokraten zugestimmt.

...

Antje Vollmer (Bündnis 90/Die Grünen):

...

Ich finde, daß es sehr sinnvoll ist, mit dem Verhältnis der[16] Deutschen zu den[16] Tschechen anzufangen. Ich stelle fest, das Verhältnis der[16] Deutschen zu den[16] Tschechen ist von einer ganz besonderen Zuneigung ... geprägt ... Dieses Land ⟨*d. h. die ČR*⟩ hat bei unseren Menschen eine ganz, ganz große Zuneigung. Das lassen wir uns von niemandem kaputtmachen ...
⟨*Die Rednerin artikulierte dann u. a. vorgebliche Ängste der ČR, weil die Sudetendeutschen immer mehr verlangen:*⟩
Die Tschechen denken, daß am Ende noch sämtliche Eigentumsforderungen gestellt werden.

Ich bin daher sehr froh, daß der Bundeskanzler gesagt hat: Das wird es von dieser Regierung niemals mehr geben. Die Tschechen können in dieser Frage völlig beruhigt sein.
⟨*Zum Entschädigungsprojekt der SL an den tschechisch-deutschen Zukunftsfonds (siehe S. 1329) meinte die Rednerin:*⟩
Ich weiß aber, daß es in diesem Fall eine direkte Initiative für diesen Antrag durch den Ministerpräsidenten Stoiber gegeben hat[17].
. . .
Ebenso maßlos, unverständlich und nicht mehr statthaft finde ich die Begründung dieser Aktion, nämlich sich an die öffentliche Debatte über die Zwangsarbeiterentschädigung anzuhängen. Das hätten Sie sich wirklich überlegen sollen, weil das nicht nur außenpolitische Irritationen nach sich zieht, sondern auf ganz schlimme Stimmungen im Inneren zielt.
Wir wissen doch, wie schwer es ist, die Zwangsarbeiterentschädigung durchzubringen. Wir wissen, wie schwer es ist, dafür die Zustimmung der Bevölkerung zu bekommen. Da wird gesagt: Es sollen nicht nur immer die anderen an die Deutschen herantreten; vielmehr hätten auch wir Deutschen etwas zu fordern! Das ist innenpolitisch sehr gefährlich.
⟨*Dann wiederholte die Rednerin ihren Wunsch an die Vertriebenenverbände, zu »Kulturvereinen«*[18] *zu werden, denn . . .*⟩
Ich finde, daß der Begriff »Vertreibung« nach 50 Jahren gelungener Demokratie für eine Gruppe nicht mehr identitätsstiftend ist . . .
Das Thema der Vertreibung gehört in das Museum der deutschen Geschichte, in das Museum der Zeitgeschichte; das gehört in die Hände von Wissenschaftlern, Forschern und Museumsleuten . . .
Vertreibung ist ein individuelles Schicksal und bietet keine Gruppenidentität. So muß man es auch auffassen und behandeln.
. . .

Staatsminister im Auswärtigen Amt Christoph Zöpel:
Lassen Sie mich zu Beginn feststellen, daß sich die Bundesregierung nicht vorstellen kann, wer einen Nutzen von der Annahme des Antrags der CDU/CSU haben könnte. Mir fällt kein Nutzen ein.
. . .
Die Versöhnung zwischen Tschechen und Deutschen ist aus vielfältigen Gründen eindeutig schwieriger als die mit anderen Nachbarn in Osteuropa, zum Beispiel Polen. Bundesregierungen, vor allem die letzte, haben – vor allem mit der Deutsch-Tschechischen Erklärung – Wesentliches geleistet, um auf diesem Gebiet weiterzukommen.
. . .
Die jetzige Bundesregierung bemüht sich mit der notwendigen Sensibilität und immer unter der Maßgabe, niemandem zu schaden, das Erreichte weiterzuentwickeln.
. . .
In einem sensiblen Verhältnis ist es wichtiger, die in den Reaktionen zum Ausdruck gebrachten Ängste aufzunehmen, die für die weitere Entwicklung schädlich sein könnten, und keine noch so klugen und nach dem Maßstab des Völkerrechts nicht von vornherein falschen Überlegungen in aktuelle Bundestagsresolutionen zu gießen. Da liegt das Problem.
. . .
Unsere Bewertung lautet: Sie hätten länger nachdenken sollen, bevor Sie einen solchen Antrag einbringen. Sie wissen, daß er in Tschechien keine Wirkung erzielen wird; statt dessen hat er dort Ängste und Schwierigkeiten ausgelöst. Es ist kein guter Beitrag.
. . .
Die Bundesregierung ist dafür dankbar, daß SPD und Bündnis 90/Die Grünen ihren Antrag, der der parlamentarisch notwendigen Bewertung der tschechisch-deutschen Versöhnung

entspricht, gestellt haben und daß er angesichts der Mehrheitsverhältnisse mutmaßlich verabschiedet wird.

...

Ich bin ausgesprochen dankbar dafür, daß ich mit dem Vorsitzenden der Sudetendeutschen Landsmannschaft[19], mit Herrn Landtagspräsidenten Böhm, in angemessener Form darüber sprechen konnte, die Gremien der deutsch-tschechischen Zusammenarbeit etwas zu »vernorddeutschen«. Auch das Verhältnis Westdeutschlands zu Tschechien ist wichtig ...

...

Jetzt komme ich, da aus meiner Sicht die Debatte zu keinen Ergebnissen führt, wenn man nicht über konkretes Handeln spricht, auf den Antrag an den Deutsch-Tschechischen Zukunftsfonds, gegebenenfalls auch in Härtefällen Hilfen an Sudetendeutsche zu leisten, zu sprechen. In der Tat ist dieser Gedanke nicht neu. Er ist in diesem Gremium besprochen worden, auch schon zu der Zeit, als mein Vorgänger, der heutige EU-Kommissar Verheugen, seitens der Bundesregierung hierfür verantwortlich war. Ich stelle ausdrücklich fest: Über dieses Anliegen Sudetendeutscher zu sprechen ist ohne jeden Zweifel kein leeres Gerede. Man darf in einer Demokratie über alles reden, was nicht gegen die Verfassung verstößt.

Es ist auch richtig, daß Herr Ministerpräsident Stoiber Herrn Bundesminister Fischer diesbezüglich geschrieben hat. Es ist richtig, daß Herr Bundesminister Fischer Herrn Ministerpräsidenten Stoiber geantwortet hat. Er hat geantwortet:

Ich rege daher an, daß, wie in allen anderen Fällen auch, zunächst einmal ein Projektvorschlag beim Fonds vorgelegt wird, der das von Ihnen angeregte Sozialwerk hinsichtlich Kriterien, Kreis der Betroffenen, Umfang konkretisiert. Ich bin sicher, daß der Fonds auf dieser Grundlage und im Rahmen seiner Möglichkeiten eine verantwortliche Entscheidung im gemeinsamen Interesse beider Länder treffen wird, falls er es für notwendig erachtet, auch im Kontakt mit den Regierungen.

Im Kontakt mit den Mitgliedern des Fonds ist die Bundesregierung, die sich dabei wieder eng mit der tschechischen Regierung abgestimmt hat, zu der Auffassung gelangt, daß sie diesen konkreten Antrag nicht für nützlich hält. Ohne irgend jemanden in Anspruch zu nehmen: Ich habe mich auch mit Repräsentanten unseres politischen Systems außerhalb der Bundesregierung[20] beraten, die mir darin zugestimmt haben, daß dieser Antrag nicht nützlich ist. Das haben wir dem Verwaltungsrat des Fonds gegenüber zum Ausdruck gebracht und den Fonds gebeten, diesen Antrag nicht zu behandeln und ihm nicht zuzustimmen. Der Fonds ist dieser Bitte der beteiligten Regierungen nachgekommen ...

Das weitere Vorgehen der Bundesregierung ... wird so aussehen, daß sie mit Repräsentanten sudetendeutscher Verbände ... und der Bayerischen Staatsregierung darüber sprechen wird ...

Wir haben einen Maßstab, den ich hier expliziert habe: Wir können über einen solchen Antrag nur sprechen, wenn dessen öffentliche und verfahrensmäßige Behandlung nicht zu Irritationen im tschechisch-deutschen Verhältnis führt.

...

Ich kann mir vorstellen, daß Entschließungen des Europäischen Parlaments, bei deren Diskussion tschechische Abgeordnete mitwirken konnten, vielleicht zu Ergebnissen kommen, die in einer historischen Bewertung des Völkerrechts dem nahekommen, was heute hier von Ihnen ⟨*gemeint: von der CDU/CSU*⟩ formuliert wird. Aber es ist etwas völlig anderes, ob das heute in einer vom Effekt her nutzlosen Weise der Deutsche Bundestag formuliert oder ein europäisches Parlament unter Mitwirkung tschechischer Abgeordneter. Das sind die Chancen, die Europa bietet.

...

⟨*C) Das Diskussionsergebnis:*⟩
⟨*Der Antrag der CDU/CSU wurde*⟩ mit den Stimmen des Hauses gegen die Stimmen der CDU/CSU ⟨*abgelehnt; der Antrag der SPD und Bündnis 90/Die Grünen wurde*⟩ mit der gleichen Stimmenmehrheit ⟨*angenommen*⟩.

Quellen und Anmerkungen:
[1] Zum Text: Vgl. BtDs. 14/1311 v. 29. 6. 1999.
[2] Zum Text: Siehe S. 1152.
[3] Zum Text: Siehe S. 1158.
[4] Zum Text: Vgl. BtDs. 14/1873 v. 26. 10. 1999.
[5] Zum Text: Siehe S. 1073.
[6] Zum Text: Vgl. BGBl. 1999; Teil II; S. 1057; auch SdZ; Nr. 1/2 v. 14. 1. 2000; S. 3.
[7] Zum Text: Siehe S. 1145.
[8] Journalistische Verkürzung: Im Original »... die Wirksamkeit einiger nach dem Jahre 1945 beschlossenen Gesetze bereits erloschen ist.«
[9] Zu den Texten: Vgl. Deutscher Bundestag: »Stenographischer Bericht«; 14. WP., 109. Sitzung v. 9. 6. 2000, S. 10293–10309.
[10] Zum Komplex der sog. Beneš-Dekrete: Siehe S. 576 ff.
[11] Wenige Minuten später stellte die Rednerin im Zusammenhang mit Prof. Mezihorak ihren eigenen »Sachverhalt« in Frage.
[12] Zur Entschädigungsregelung für NS-Zwangsarbeiter v. 2. 8. 2000: Siehe S. 1341.
[13] Zum Text: Siehe S. 1148.
[14] Zum Text: Siehe S. 1325.
[15] Zum Text: Siehe S. 106, 1305.
[16] Diese kollektive Personalisierung durch die imaginäre Figur »der« Deutschen bzw. »der Tschechen« wurde von der Rednerin öfters genützt. Zu einem Beispiel: Siehe S. 1029 ff.
[17] a) Im weiteren Verlauf der Debatte wies MdB Erika Steinbach (CDU/CSU) die Rednerin darauf hin: »Es war doch eine Aufforderung des Außenministers Fischer, daß die sudetendeutschen Sozialwerke Anträge stellen mögen.«
b) Hierauf nicht korrekt eingehend meinte MdB Vollmer:
»Vollkommen unstatthaft ist es, für den Antrag, den Sie an den Zukunftsfonds gestellt haben, Minister Fischer in Anspruch zu nehmen. Sie sollten das nicht tun. Herr Minister Fischer ist von Herrn Ministerpräsidenten Stoiber mehrfach in bezug auf diese Problematik angegangen worden. Er hat Ihnen nicht die Antwort gegeben, die Angelegenheit positiv zu befürworten, sondern er hat gesagt, wir hätten für solche Fragen mit dem Verwaltungsrat ein zuständiges Gremium. Damit hat er diese Angelegenheit nicht positiv beurteilt.«
c) Den Gesamtablauf bis Juni 2000 und die Folgeplanung schilderte dann Staatsminister Christoph Zöpel; siehe dessen Beitrag.
[18] Zum Text: Siehe S. 1151.
[19] Falsche Amtsbezeichnung: Vorsitzender der SL war im Redezeitpunkt Bernd Posselt; Landtagspräsident Böhm jedoch »Sprecher der Sudetendeutschen«.
[20] Wer gemeint war, blieb offen.

****

Rede[1] **2000, 11. Juni**
des Sprechers der Sudetendeutschen, Landtagspräsident Johann Böhm[2]:
Heimat- und Volksgruppenrecht, Eigentumsfrage, ungeklärte Schicksale

...
Ich denke, wir könnten und sollten ... noch genauer sagen, wir wir uns die Ausgestaltung des Rechts auf die Heimat konkret vorstellen. Wir könnten sagen, daß dazu ... durchaus ein Volksgruppenrecht mit Elementen einer Personalautonomie gehören kann, wie es sich in Ungarn so gut bewährt hat ...
Ein Volksgruppenrecht mit personeller Autonomie entspricht sowohl den Bedürfnissen als auch den Möglichkeiten unserer Volksgruppe. Damit wäre sowohl den heimatverbliebenen Landsleuten gedient als auch den zukünftigen Rückkehrern, ganz gleich, wie viele oder wie wenige es sein werden. Und sie hat eine Chance der politischen Durchsetzung, weil wir

belegen können, daß das machbar und zumutbar ist und daß sich das anderswo bereits bewährt hat. Ich möchte daher anregen, daß wir darüber eine intensive Diskussion führen, an der sich auch Nichtsudetendeutsche beteiligen können.
Ähnliches gilt in der Eigentumsfrage: Wir haben oft gesagt, daß diese Frage für uns nicht im Mittelpunkt steht, und dabei bleibt es auch. Wir haben auch oft gesagt, daß weder die Bundesregierung noch die SL auf das Privateigentum einzelner Sudetendeutscher verzichten könnte, selbst wenn sie es wollte. Und wir haben drittens gesagt, daß der frühere Zustand nicht wiederhergestellt werden kann. Damit haben wir sozusagen drei Pflöcke eingeschlagen, aber in dem Dreieck zwischen diesen drei Pflöcken bleibt noch viel Raum für Hoffnungen und Ängste, aber auch Verdächtigungen aller Art.
Also meine Anregung: Können wir nicht auch in der Eigentumsfrage noch etwas konkreter sagen, was wir anstreben und was nicht? Können wir nicht konkreter sagen, wie eine gemeinwohlverträgliche Lösung aussehen könnte? Es gibt in dieser Frage den Vorschlag eines Institutsdirektors der Tschechischen Akademie der Wissenschaften, Vladimir Balas, vom Mai 1999[3]. Er hat vorgeschlagen, das noch im Staatsbesitz befindliche sudetendeutsche Eigentum zurückzugeben, weil dies – ich zitiere – »mit Sicherheit« dem Grenzgebiet ökonomisch und kulturell zugute kommen würde.
Liebe Landsleute, wenn solche Vorschläge von tschechischen Wissenschaftlern gemacht werden, dann dürfen wir wohl annehmen, daß das keine unberechtigten Ziele sind! Im vergangenen Jahr wurde dieser Gedanke von einem jungen amerikanischen Politikwissenschaftler mit Namen George Mehren noch etwas weiterentwickelt. In einer Studie[4] vom vergangenen September für die hochangesehene London School of Economics wies Mehren darauf hin, daß im Falle der Rückgabe des noch in Staatsbesitz befindlichen sudetendeutschen Eigentums – wie Balas sie vorgeschlagen hatte – die begünstigten Alteigentümer ihren Lastenausgleich der 50er und 60er Jahre zurückbezahlen müßten. So will es tatsächlich das deutsche Lastenausgleichsgesetz.
Mehren folgerte daraus, daß mit diesen Rückzahlungen diejenigen Alteigentümer zumindest teilweise entschädigt werden können, deren Eigentum nicht mehr zurückgegeben werden kann, weil es entweder nicht mehr existiert oder weil es neue private Besitzer gibt. Auf diese Weise könnten schließlich *alle* Alteigentümer einen zwar nicht berauschend hohen, aber eben doch einen vernünftigen Ausgleich für ihr verlorenes Eigentum erhalten. In dieser Londoner Studie wird aufgezeigt, daß eine solche Regelung, die weder den deutschen noch den tschechischen Staatshaushalt in irgendeiner Weise belasten würde, die wirtschaftliche Entwicklung im böhmisch-mährischen Grenzgebiet ganz entscheidend voranbringen könnte ...
...
Und schließlich noch ein dritter Gedanke: Wir sollten uns von Zeit zu Zeit überhaupt etwas Neues einfallen lassen. Die Heimat ist zwar etwas Stabiles und nahezu Unveränderliches. Deswegen müssen wir aber nicht immer dasselbe sagen, wenn wir über sie reden. So erlauben Sie mir zum Schluß, ein Anliegen vorzubringen, über das bei uns seit vielen Jahren nicht mehr viel geredet wurde. Es ist ein rein humanitäres Anliegen, dem eigentlich jeder Mensch guten Willens zustimmen können sollte.
In Regensburg existiert seit Jahrzehnten schon die Heimatortskartei für Sudetendeutsche. Seit der Vertreibung bemüht sich diese Stelle mit großem Erfolg, getrennte Familien wieder zusammenzubringen, Personennachforschungen zu unterstützen und Vermißtenschicksale zu klären. In der Heimatortskartei sind inzwischen über 3,4 Millionen Sudetendeutsche namentlich erfaßt, also praktisch die gesamte Volksgruppe. Allerdings ist das Schicksal sehr vieler dieser Menschen bis heute ungeklärt. In den Computern der Heimatortskartei sind exakt 225.133 Sudetendeutsche mit Name und Heimatadresse registriert, über deren Schicksal man seit der Vertreibung nichts mehr weiß!
...

Sollte es nicht möglich sein, die Namen, Adressen und Geburtsdaten dieser Menschen in geeigneter Weise – am einfachsten auf CD-ROM – zu publizieren und damit einen Vergleich mit den entsprechenden Archiven der ČR und der ehemaligen DDR zu ermöglichen? Es sind unsere Eltern und Großeltern, Brüder und Schwestern, Onkel und Tanten. Warum sollten wir nicht gemeinsam versuchen, das Schicksal dieser Menschen aufzuklären? Auch mit den russischen Archiven gibt es inzwischen eine sehr gute Kooperation, warum sollten Deutsche und Tschechen das in einer solchen rein humanitären Frage nicht gemeinsam schaffen? Es wäre ein Gebot der Menschlichkeit, daß sich dann auch die Bundesregierung an einem solchen Projekt tatkräftig beteiligen würde.
Liebe Landsleute, das waren drei Anregungen zu der Frage, was wir denn selber tun können. Es ist nach meiner Überzeugung eine ganze Menge. Die sudetendeutsche Volksgruppe – das ist meine feste Überzeugung – ist noch lange nicht am Ende ihrer Möglichkeiten angekommen, im Gegenteil: Es eröffnen sich uns immer wieder neue Möglichkeiten, die wir beherzt ergreifen sollten. Ich möchte Sie alle dazu einladen, daß wir das gemeinsam in den nächsten Jahren tun . . . Ich freue mich darauf, gemeinsam mit Ihnen und auch gemeinsam mit Bernd Posselt als dem Vorsitzenden der SL in den nächsten Jahren an dieser Aufgabe arbeiten zu können.

Anmerkungen:
1 Anläßlich der Hauptkundgebung des Sudetendeutschen Tages in Nürnberg.
2 MdL Johann Böhm (CSU), Präsident des Bayerischen Landtags, war am 13. 2. 2000 von der Bundesversammlung der SL und Vertretern weiterer sudetendeutscher Vereinigungen in München zum Sprecher der Sudetendeutschen gewählt worden; als Bundesvorsitzender der SL wurde bei nunmehriger Trennung beider Ämter MdEP Bernd Posselt (CSU) gewählt; der bisherige Sprecher Franz Neubauer, der aus Gesundheitsgründen nicht mehr kandidierte, zum SL-Ehrenvorsitzenden ernannt; alle Amtsübergänge wurden gleichzeitig auf Pfingsten 2000 mit dem Sudetendeutschen Tag verlegt.
3 Vgl. Mitt.Bl. SL; Jg. 1999, Nr. 4; S. 140.
4 Titel: »The Sudeten German Debate and Transition: Questions of Repatriation and Equity in Central Europe«.
Vgl. auch ein Interview Mehrens, »Der gute Wille zur Vernunft«, in SdZ; Nr. 28 v. 14. 7. 2000; S. 1.

Quelle:
Redemanuskript; SL-Pressestelle; 11 ms. S., hier S. 9–11, Hervorhebung im Original; Fotokopie im Besitz des Verfassers.

****

Antworten der Bundesregierung: **2000, (15.) Juni**
Keine Bemühungen um Korrektur völkerrechtswidriger Enteignungen

⟨*A) Frage*[1]*:*⟩ Ist die Bundesregierung bereit, sich gegenüber der Tschechischen Republik für eine Rückübertragung oder Entschädigung des nach dem Zweiten Weltkrieg konfiszierten Eigentums der in der seinerzeitigen Tschechoslowakei verbliebenen Deutschen einzusetzen, und falls nein, wie begründet die Bundesregierung ihre Haltung?
⟨*Antwort*[2]*:*⟩ Der Bundesregierung ist bekannt, daß sich die tschechische Restitutionsgesetzgebung mit den Stichjahren 1948 und 1989 nur[4] auf kommunistische Enteignungen bezieht. Davon ausgenommen ist die Restitution jüdischen Eigentums. Auch das Schicksal der in der Tschechischen Republik verbliebenen Deutschen ist der Bundesregierung bekannt. Die Bundesregierung betrachtet die entschädigungslose Enteignung der Betroffenen nach dem Krieg als völkerrechtswidrig.
Zwischen den beiden Regierungen gilt jedoch die in der Deutsch-Tschechischen Erklärung von 1997[5] niedergelegte Verabredung, in der es in Ziffer IV heißt, daß jede Seite ihrer Rechtsordnung verpflichtet bleibe und respektiere, daß die andere Seite eine andere Rechtsauffassung habe. Beide Seiten erklären deshalb, daß sie ihre Beziehungen nicht mit aus der Vergangenheit herrührenden politischen und rechtlichen Fragen belasten werden.

⟨*Frage*[1]*:*⟩ ... Wenn ganz offensichtlich auch nach der Feststellung des Bürgerrechtsbeauftragten der tschechischen Regierung, Uhl, eine demonstrative Nichteinbeziehung tschechischer Bürger deutscher Nationalität und deutscher Abstammung in tschechische innerstaatliche Restitutionsmaßnahmen vorliegt, ist es dann nicht geboten, daß die Bundesregierung auf der Grundlage ... der Schutzbestimmungen für tschechische Staatsbürger deutscher Abstammung ... des Deutsch-Tschechischen Nachbarschaftsvertrages[6] und auf der Grundlage eines durch den Nachbarschaftsvertrag – wenn ich das einmal so sagen darf – zum Ausdruck kommenden Diskriminierungsverbotes für tschechische Staatsbürger deutscher Nationalität in dieser Frage gegenüber der tschechischen Regierung aktiv wird?
⟨*Antwort*[2]*:*⟩ Wir ⟨*gemeint: Die Bundesregierung*⟩ sind froh, daß wir nach langjährigen, sehr schwierigen Diskussionen mit der tschechischen Seite diese gemeinsame Erklärung[5] erarbeitet haben. Es handelt sich um eine Erklärung, die eine gute Grundlage für eine freundliche und freundschaftliche Zusammenarbeit in der Zukunft ist. Wenn sich die Beziehungen in diesem freundschaftlichen Sinn weiterentwickeln, wird man sicherlich über das eine oder das andere reden können. Ich halte aber nichts davon, sich auf Standpunkte zu stellen und auf Grundlagen zu berufen, durch die der freundschaftliche Dialog wieder auf einen Stand der subtilen juristischen Konfrontation, wie wir ihn vor der Verabschiedung der gemeinsamen Erklärung hatten, zurückgeworfen würde.
⟨*Frage*[1]*:*⟩ Ich muß noch einmal fragen: Die Deutsch-Tschechische Erklärung[5] ist bei allem Respekt eine politische Willensbekundung beider Regierungen. Wir haben einen völkerrechtlich verbindlichen Nachbarschaftsvertrag[6] mit einer Vereinbarung über Minderheitenschutz und damit auch Diskriminierungsverbot im Hinblick auf tschechische Staatsbürger deutscher Nationalität. Gebietet dieser Vertrag dabei nicht, daß bei offensichtlicher Diskriminierung, die auch der Bürgerrechtsbeauftragte der tschechischen Regierung im Hinblick auf den von mir geschilderten Sachverhalt feststellt, die deutsche Bundesregierung partnerschaftlich auf die tschechische Seite zugeht und das von mir angesprochene Problem gegenüber der tschechischen Seite zur Sprache bringt?
⟨*Antwort*[2]*:*⟩ Wenn signifikante Probleme auftauchen, nimmt die Bundesregierung diese sehr wohl wahr und findet den geeigneten Weg, das anzusprechen, ohne daß damit das bilaterale politische Klima gestört wird.

B) ⟨*Frage*[1]*:*⟩ Bei welchen Gelegenheiten hat die jetzige Bundesregierung der tschechischen Seite konkret die deutsche Rechtsauffassung über die Konfiskation sudetendeutschen Eigentums im Rahmen der Vertreibung dargelegt, um die Restitutions- und Entschädigungsfragen zumindest offenzuhalten, und bei welchen Gelegenheiten hat die jetzige Bundesregierung gegenüber der tschechischen Seite die Frage der Restitution oder Entschädigung konfiszierten sudetendeutschen Eigentums konkret angesprochen?
⟨*Antwort*[3]*:*⟩ Der tschechischen Regierung ist die Rechtsauffassung der deutschen Seite bezüglich der Enteignung sudetendeutschen Vermögens bekannt. Darauf weist Ziffer IV der Deutsch-Tschechischen Erklärung vom 21. Januar 1997 hin, die die Verpflichtung der deutschen und der tschechischen Seite auf die jeweilige Rechtsordnung und die gegenseitige Respektierung der unterschiedlichen Rechtsauffassungen erwähnt. Wie die frühere Bundesregierung hat auch die jetzige Bundesregierung nicht auf individuelle Ansprüche von Sudetendeutschen verzichtet. Zu einer erneuten Darlegung der deutschen Rechtsauffassung durch die jetzige Bundesregierung besteht kein Anlaß.

Anmerkungen:
[1] Fragen des MdB Hartmut Koschyk (CSU) am 7. 6. 2000 und für Juni 2000.
[2] Antwort des Staatsministers im Auswärtigen Amt, Ludger Volmer.
[3] Antwort des Staatsministers im Auswärtigen Amt, Christoph Zöpel.
[4] Unrichtig. Die tschechische Restitutionsgesetzgebung ab 1990 bezog sich auch auf das Stichjahr 1945, d. h. vor der offenen kommunistischen Machtübernahme. Dazu nur zwei Beispiele:

Beispiel 1: Das Beneš-Dekret Nr. 50 vom 11. 8. 1945 zur Verstaatlichung des Filmwesens, das durch ČR-Gesetz Nr. 273 v. 15. 10. 1993 einfach aufgehoben wurde (siehe S. 578).
Beispiel 2: Der Vorgang Rakona, in dem nach 1990 eine Verstaatlichung aufgrund des Beneš-Dekrets Nr. 101 vom 24. 10. 1945 entschädigungspflichtig wurde (siehe S. 1340).
5 Zum Text vom 21. 1. 1997: Siehe S. 1073.
6 Gemeint: Art. 20 des Vertrags vom 27. 2. 1992; zum Text: Siehe S. 931.

Wiedergabe nach
zu A: SdZ; Nr. 27 v. 7. 7. 2000; S. 4.
zu B: SdZ; Nr. 30 v. 28. 7. 2000; S. 2.

****

Notenwechsel **2000, 12. Juli**
der ČR- mit der US-Regierung:
ČSR-Maßnahmen gegen deutsches Eigentum (1945) von deutscher NS-Zwangsarbeiterentschädigung etc. (2000) nicht berührt

Das US-Außenministerium verweist die Botschaft der Tschechischen Republik auf deren Note[1] vom 12. Juli 2000, die die deutsche Stiftung »Erinnerung, Verantwortung und Zukunft«[2] betrifft, und auf die Folgen der Abmachungen, die sich auf diese Stiftung beziehen[3].
Die US-Regierung bestätigt, daß einseitige Entscheidungen, ebenso wie bilaterale und multilaterale Verträge, Abmachungen und Erklärungen, deren Ziel es war, sich mit den Folgen der NS-Periode und des Zweiten Weltkriegs auseinanderzusetzen, einschließlich von Reparationsfragen und jeglicher Fragen im Zusammenhang mit Maßnahmen gegen deutsches Vermögen in der damaligen Tschechoslowakei, in ihrem Wortlaut und ihren bestehenden Interpretationen weder durch die vorgeschlagenen Abmachungen[3] zwischen der US-Regierung und der Bundesregierung noch durch das deutsche Stiftungsgesetz beeinflußt werden.
Die Vereinigten Staaten bestätigen ferner, daß es nicht die Absicht der geplanten Regierungsvereinbarung[3] und des deutschen Stiftungsgesetzes ist, Fragen zu beeinflussen, die durch diese Entscheidungen, Verträge, Abmachungen und Erklärungen gelöst wurden.
Diese Entscheidungen, Verträge, Abmachungen und Erklärungen sind historische Tatsachen, und die Vereinigten Staaten wünschen nicht, daß diese in Frage gestellt werden. Die Vereinigten Staaten begrüßen die Tatsache, daß die BR Deutschland unlängst[4] ihre Verpflichtung bestätigt hat, die deutsch-tschechischen Beziehungen nicht mit aus der Vergangenheit herrührenden politischen und rechtlichen Fragen zu belasten.
⟨[5]⟩

Anmerkungen:
1 Der Text der ČR-Note vom 12. 7. 2000 wurde m. W. bisher nicht veröffentlicht.
2 Zur Stiftungsregelung vom 2. 8. 2000: Siehe S. 1341.
3 Gemeint: Die Vereinbarung der Regierungen der USA und Deutschlands vom 17. 7. 2000 über v. a. Rechtsfrieden für deutsche Unternehmen wegen der NS-Zwangsarbeiterentschädigung vom 2. 8. 2000.
Zum Text: Vgl. SZ; Nr. 163 v. 18. 7. 2000; S. 5.
4 Vermutlich gemeint: Die Deutsch-Tschechische Erklärung vom 21. 1. 1997; zum Text: Siehe S. 1073. Dort freilich keine »Verpflichtung«, sondern nur eine »Erklärung«.
5 Auf eine Frage an die deutsche Bundesregierung nach dem Verhältnis der US-Erklärung zur Entschließung des US-Repräsentantenhauses vom 13. 10. 1998 (zum Text: Siehe S. 172) antwortete Staatsminister Christoph Zöpel:
»Die Regierung der Vereinigten Staaten von Amerika hat gegenüber der Regierung der Tschechischen Republik in einem Notenwechsel vom 12. Juli 2000 die tschechische Rechtsauffassung bestätigt, wonach das Regierungsabkommen zwischen der Bundesrepublik Deutschland und den Vereinigten Staaten und das Gesetz zur Errichtung einer Stiftung »Erinnerung, Verantwortung und Zukunft« Entscheidungen, Verträge, Vereinbarungen und Erklärungen über die Folgen des Nationalsozialismus und des Zweiten Weltkrieges einschließlich Reparationsfragen und Fragen betreffend Maßnah-

men gegen deutsches Eigentum in der früheren Tschechoslowakei weder nach Wortlaut und Interpretation berühren, noch daß dies beabsichtigt wird.
Eine Bewertung des amerikanisch-tschechischen Notenwechsels im Lichte der Resolution 562 vom 13. Oktober 1998 erübrigt sich, da die angegebene Resolution des US-Repräsentantenhauses Aufforderungscharakter hat, aber keine politische oder rechtliche Bindungswirkung entfaltet. Die im amerikanisch-tschechischen Notenwechsel angesprochenen Fragen sind in der ›Deutsch-Tschechischen Erklärung‹ über die gegenseitigen Beziehungen und deren künftige Entwicklung vom 21. Januar 1997 geregelt. Sie gilt für die tschechische und für die deutsche Seite gleichermaßen. Die Erklärung und die darauf beruhende deutsche Rechtsposition sind auch der amerikanischen Seite hinreichend bekannt.«
Textwiedergabe nach SdZ; Nr. 35 v. 1. 9. 2000; S. 3.

Wiedergabe nach
Mbl. SL; Jg. 2000, Nr. 9–10; S. 290 f.

****

Entscheidung **2000, (15. Juli)**
des ČR-Verfassungsgerichts[1]**:**
Beneš-Dekrete sind anzuwenden – aber korrekt

Das tschechische Verfassungsgericht hat sich erneut mit den Benesch-Dekreten auseinandergesetzt. Das Gericht entschied, daß die allgemeine Enteignungsvorschrift des Benesch-Dekrets 108 vom 25. 10. 1945 gemäß diesem Dekret nicht auf Deutsche anzuwenden war, die unter dem nationalsozialistischen System gelitten hatten. Damit hat das Gericht die bisher geltende Rechtsauffassung durchbrochen, wonach nur eine Rückgabe von Eigentum erfolgte, das in der Zeit von 1948 bis 1989 enteignet wurde.
Dieser Entscheidung liegt eine Klage von Susan A. Barter, einer Amerikanerin jüdischer Abstammung, zugrunde.
Ihr Vater, Paul Klein, ein Kurarzt in Marienbad jüdischen Glaubens, kam während der nationalsozialistischen Gewaltherrschaft in ein Konzentrationslager. Die Villa wurde zugunsten des Dritten Reiches konfisziert. Nach dem Zweiten Weltkrieg erhielt der Arzt die Villa zunächst zurück. Weil er sich als Deutscher bekannt hatte, konfiszierte der Nationalausschuß von Marienbad aber dann das Gebäude. Der Arzt emigrierte nach der kommunistischen Machtübernahme in der Tschechoslowakei in die USA. Dort verstarb er.
Seine Tochter erwarb nach 1990 die tschechoslowakische Staatsangehörigkeit. Sie beantragte die Rückgabe der Villa ihres verstorbenen Vaters.
Das Kreisgericht in Pilsen lehnte die Klage ab. Das Gericht führte aus, daß die Enteignung vor 1948 erfolgte und somit eine Rückgabe unmöglich sei. Das Berufungsgericht in Pilsen sah in der Enteignung einen Akt der politischen Verfolgung, berief sich aber auch auf den Restitutionsstichtag von 1948. Auch das Oberste Gericht lehnte die Klage ab. Frau Barter gab jedoch nicht auf. Sie erhob Verfassungsbeschwerde. Sie trug vor, durch die ergangenen Urteile sei sie in ihren verfassungsrechtlich verbrieften Rechten verletzt worden. Das Recht auf gerichtlichen Schutz auf das Recht auf Eigentum sei verletzt worden.
Frau Barter erzielte einen Teilerfolg. Das Verfassungsgericht hob die Urteile der Vorinstanzen auf. Es stellte fest: Im Fall Klein sei es offensichtlich zu einer Ungerechtigkeit gekommen. Die Benesch-Dekrete hätten nicht auf diejenigen Deutschen angewendet werden dürfen, die dem tschechoslowakischen Staat treu geblieben seien und unter dem NS-Regime gelitten hätten.
Dieser Erfolg enthält auch einen Wermutstropfen: Frau Barter erhält die Villa ihres Vaters nicht zurück. Die jetzigen Besitzer erwarben das Gebäude im Wege der Erbfolge, so daß eine Rückgabe ausgeschlossen ist. Die Rechtsanwältin von Frau Barter forderte eine Entschädigung vom tschechischen Staat. Der Wert der Villa wird mit zwei Millionen Kronen (ca. 110.000 Mark) beziffert. Nach Auffassung der Rechtsanwältin dürfte die Entschädigung viel niedriger ausfallen.

Die Entscheidung des Verfassungsgerichts beinhaltet nicht, daß die Benesch-Dekrete keine Geltung mehr haben. Vielmehr hat sich das Gericht auf § 1 Abs. 1 Ziff. 2 des »Dekrets des Präsidenten der Republik vom 25. Oktober 1945« berufen und es damit im Jahre 2000 neu angewendet.
Die Prozeßdauer betrug rund zehn Jahre[2].

Anmerkungen:

[1] Um die korrekte Anwendung der Beneš-Dekrete wird auch auf europäischer Ebene prozessiert. Dazu ein Beispiel:
Der Chemiebetrieb Rakona in Rakonitz (Mittelböhm.) wurde von der Familie Otta um 1900 gegründet. Vor dem Zweiten Weltkrieg galt er als blühendes Unternehmen und lieferte v. a. Seifen und künstliche Speisefette an seine weltweiten Kunden.
1946 wurde Rakonas Produktion künstlicher Speisefette aufgrund des Beneš-Dekrets 101 vom 24. 10. 1945, das die Verstaatlichung von Betrieben mit über 150 Mitarbeitern anordnete, verstaatlicht. Die Familie Otta prozessierte, da sie nur 117 Arbeiter und Angestellte für den Bereich »künstliche Speisefette« berechnete. Ohne daß der Streit entschieden worden war, wurde dann 1948 der Betrieb, mit Berufung auf die Teilverstaatlichung zwei Jahre zuvor, vollständig konfisziert.
1991 wollten die Nachkommen der Familie Otta ihre Ansprüche auf Rakona geltend machen. Doch sie wurden, so ihr Anwalt Pejchal, weit vor Ablauf der Frist vor vollendete Tatsachen gestellt: Die Regierung verkaufte den Chemiebetrieb an den amerikanischen Konzern Procter & Gamble.
Die Erben führten vor dem Prager Bezirksgericht den Nachweis, daß Rakona 1946 im Widerspruch mit den damals geltenden Gesetzen verstaatlicht worden war und Ansprüche auf Restitution weiterhin bestünden. Sie wurden abgewiesen. Die Rakona-Erben gaben sich mit der Abweisung nicht zufrieden. So kam der Fall nach Berufung und Gegenberufung bis an das ČR-Verfassungsgericht in Brünn. Dort prüften die Richter entgegen den sonstigen Gepflogenheiten nicht nur die Gesetzmäßigkeit der Entscheidung, sondern auch die Sachlage. Dies jedoch in inkorrekter Weise: Die Rakona-Erben durften sich zu den Beweisen nicht äußern.
Um seine grundsätzliche Kritik am Verfahren in Brünn einzuklagen, zog Anwalt Pejchal vor den Europäischen Gerichtshof für Menschenrechte. Anfang März 2000 unterlag die ČR: Sie muß nun an die Rakona-Erben über zehn Millionen Kronen Entschädigung zahlen. Die Summe ist eine der höchsten, die das Gericht in Straßburg jemals festgelegt hat. Sie soll die Kläger dafür entschädigen, daß ihnen vom tschechischen Verfassungsgericht ein fairer Prozeß verweigert worden war.
Wiedergabe nach Angaben der PZ; Nr. 10 v. 23. 3. 2000; S. 5.

[2] Auch die lange Dauer derartiger Prozesse in der ČR bietet dem Europäischen Gerichtshof viel Arbeit. Im Jahre 2002 wurden bei ihm aus der ČR 50 Klagen wegen »unangemessen langer Verzögerungen bei Gerichtsverfahren« eingebracht. Rund 90 Prozent dieser Klagen verliert die ČR.
Vgl. SdZ; Nr. 8 v. 21. 2. 2003; S. 4.

Wiedergabe nach
SdZ; Nr. 31 v. 4. 8. 2000; S. 1 f.

****

Gesetz der BR Deutschland[1] **2000, 2. August**
zur Errichtung einer Stiftung »Erinnerung, Verantwortung und Zukunft«
Die sog. Zwangsarbeiterentschädigung[2]

Präambel⟨:⟩
In Anerkennung, daß
der nationalsozialistische Staat Sklaven- und Zwangsarbeitern durch Deportation, Inhaftierung, Ausbeutung bis hin zur Vernichtung durch Arbeit und durch eine Vielzahl weiterer Menschenrechtsverletzungen schweres Unrecht zugefügt hat.
. . .
das begangene Unrecht und das damit zugefügte menschliche Leid auch durch finanzielle Leistungen nicht wiedergutgemacht werden können,
das Gesetz für diejenigen, die als Opfer des nationalsozialistischen Regimes ihr Leben verloren haben oder inzwischen verstorben sind, zu spät kommt,

bekennt sich der Deutsche Bundestag zur politischen und moralischen Verantwortung für die Opfer des Nationalsozialismus und will die Erinnerung an das ihnen zugefügte Unrecht auch für kommende Generationen wachhalten.

⟨*Zusammenfassung der §§ 1, 3–8, 10*
Stiftungssitz Berlin; Stiftungsvermögen 10 Mrd. DM; *Organe: Kuratorium von 27 Mitgliedern* (davon eines von der ČR-Regierung zu benennen), *Vorstand; Satzung, Aufsicht, Rechnungsprüfung*, Partnerorganisationen[3]⟩

§ 2⟨:⟩ Stiftungszweck

(1) Zweck der Stiftung ist es, über Partnerorganisationen Finanzmittel zur Gewährung von Leistungen an ehemalige Zwangsarbeiter und von anderem Unrecht aus der Zeit des Nationalsozialismus Betroffene bereitzustellen.

(2) Innerhalb der Stiftung wird ein Fonds »Erinnerung und Zukunft« gebildet. Seine dauerhafte Aufgabe besteht darin, vor allem mit den Erträgen aus den ihm zugewiesenen Stiftungsmitteln Projekte zu fördern, die der Völkerverständigung, den Interessen von Überlebenden des nationalsozialistischen Regimes, dem Jugendaustausch, der sozialen Gerechtigkeit, der Erinnerung an die Bedrohung durch totalitäre Systeme und Gewaltherrschaft und der internationalen Zusammenarbeit auf humanitärem Gebiet dienen. Im Gedanken an und zu Ehren derjenigen Opfer nationalsozialistischen Unrechts, die nicht überlebt haben, soll er auch Projekte im Interesse ihrer Erben fördern.

§ 9⟨:⟩ Verwendung der Stiftungsmittel

(1) Dem Stiftungszweck gemäß § 2 Abs. 1 dienende Mittel der Stiftung werden Partnerorganisationen zugewiesen. Sie dienen der Gewährung von Einmalleistungen an die nach § 11 Leistungsberechtigten sowie zur Deckung der bei den Partnerorganisationen entstehenden Personal- und Sachkosten. Leistungsberechtigte nach § 11 Abs. 1 Satz 1 Nr. 1 oder Satz 5 können bis zu 15.000 Deutsche Mark, Leistungsberechtigte nach § 11 Abs. 1 Satz 1 Nr. 2 oder Satz 2 bis zu 5.000 Deutsche Mark erhalten.

. . .

(2) Den Partnerorganisationen stehen für Leistungen an von Personenschäden Betroffene gemäß § 11 Abs. 1 Satz 1 Nr. 1 und 2 und § 11 Abs. 1 Satz 2, soweit zum Ausgleich von Zwangsarbeit bestimmt . . ., insgesamt 8,1 Milliarden Deutsche Mark zur Verfügung. Die Gesamtbeträge werden in folgende Höchstbeträge aufgeteilt:

. . .

5. Für die für die Tschechische Republik zuständige Partnerorganisation 423 Millionen Deutsche Mark,[4]

. . .

Die Partnerorganisationen müssen mit diesen Mitteln die vorgesehenen Leistungen für alle Personen erbringen, die am 16. Februar 1999 ihren Hauptwohnsitz in ihrem jeweiligen örtlichen Zuständigkeitsbereich hatten[5] . . .

. . .

(3) 50 Millionen Deutsche Mark sind zum Ausgleich sonstiger Personenschäden im Zusammenhang mit nationalsozialistischem Unrecht bestimmt. Anträge sind an die in Absatz 2 genannten Partnerorganisationen zu richten.

. . .

(4) Die Mittel der Stiftung sind in Höhe von einer Milliarde Deutsche Mark für Leistungen an im Vermögen Geschädigte bestimmt. Dieser Betrag wird in folgende Höchstbeträge aufgeteilt:

1. 150 Millionen Deutsche Mark für verfolgungsbedingte Vermögensschäden im Sinne von § 11 Abs. 1 Satz 1 Nr. 3,

2. 50 Millionen Deutsche Mark für sonstige Vermögensschäden im Sinne von § 11 Abs. 1 Satz 4,[6]

. . .

(6) Anträge auf Leistungen aus den in Abs. 4 Satz 2 Nr. 1 und 2 vorgesehenen Mitteln sind unabhängig vom Wohnsitz des Antragstellers an die Partnerorganisation *»International Organization for Migration« in Genf (Schweiz)*[7] zu richten.

§ 11⟨:⟩ Leistungsberechtigte[8]

(1) Leistungsberechtigt nach diesem Gesetz ist, wer

1. in einem Konzentrationslager im Sinne von § 42 Abs. 2 Bundesentschädigungsgesetz[9] oder in einer anderen Haftstätte außerhalb des Gebietes der heutigen Republik Österreich oder einem Ghetto unter vergleichbaren Bedingungen inhaftiert war und zur Arbeit gezwungen wurde.
2. aus seinem Heimatstaat in das Gebiet des Deutschen Reichs in den Grenzen von 1937 oder in ein vom Deutschen Reich besetztes Gebiet deportiert wurde, zu einem Arbeitseinsatz in einem gewerblichen Unternehmen oder im öffentlichen Bereich gezwungen und, unter anderen Bedingungen als den in Nummer 1 genannten, inhaftiert oder haftähnlichen Bedingungen oder vergleichbar besonders schlechten Lebensbedingungen[10] unterworfen war, diese Regelung gilt nicht für Personen, die wegen der überwiegend im Gebiet der heutigen Republik Österreich geleisteten Zwangsarbeit Leistungen aus dem österreichischen Versöhnungsfonds[1] erhalten können.
3. im Zuge rassischer Verfolgung unter wesentlicher, direkter und schadensursächlicher Beteiligung deutscher Unternehmen Vermögensschäden im Sinne der Wiedergutmachungsgesetze erlitten hat und hierfür keine Leistungen erhalten konnte, weil er . . . *⟨es folgten komplexe Begründungen aus früheren Entschädigungsaktionen der BR Deutschland⟩*

⟨Satz 4:⟩

Die Partnerorganisationen können im Rahmen der ihnen nach § 9 Abs. 2 zugewiesenen Mittel Leistungen auch solchen Opfern nationalsozialistischer Unrechtsmaßnahmen, insbesondere Zwangsarbeitern im landwirtschaftlichen Bereich, gewähren, die nicht zu einer der in Satz 1 Nr. 1 und 2 genannten Fallgruppen gehören . . . Die in § 9 Abs. 4 Satz 2 Nr. 2 vorgesehenen Mittel sind zum Ausgleich von Vermögensschäden bestimmt, die im Rahmen von nationalsozialistischen Unrechtshandlungen unter wesentlicher, direkter und schadensursächlicher Beteiligung deutscher Unternehmen verursacht wurden und nicht aus Gründen nationalsozialistischer Verfolgung zugefügt worden sind. Die in § 9 Abs. 3 genannten Mittel sollen in Fällen medizinischer Versuche[11] oder bei Tod oder bei schweren Gesundheitsschäden eines in einem Zwangsarbeiterkinderheim untergebrachten Kindes gewährt werden; sie können in Fällen sonstiger Personenschäden gewährt werden.

§ 12⟨:⟩ Begriffsbestimmungen

(1) Kennzeichen für andere Haftstätten im Sinne von § 11 Abs. 1 Nr. 1 sind unmenschliche Haftbedingungen, unzureichende Ernährung und fehlende medizinische Versorgung.

. . .

§ 13⟨:⟩ Antragsrecht

(1) Leistungen nach § 11 Abs. 1 Satz 1 Nr. 1 oder 2 oder Satz 3 oder Satz 5 sind höchstpersönlich und als solche zu beantragen. Ist der Leistungsberechtigte nach dem 15. Februar 1999 verstorben oder werden Leistungen nach § 11 Abs. 1 Nr. 3 oder Satz 4 beantragt, sind der überlebende Ehegatte und die noch lebenden Kinder zu gleichen Teilen leistungsberechtigt. Leistungen können, wenn der Berechtigte weder Ehegatte noch Kinder hinter-

lassen hat, zu gleichen Teilen auch von den Enkeln oder, falls auch solche nicht mehr leben, von den Geschwistern beantragt werden. Wird auch von diesen Personen kein Antrag gestellt, sind die in einem Testament eingesetzten Erben antragsberechtigt …

…

§ 14⟨:⟩ Antragsfrist

Anträge können nur innerhalb von acht Monaten nach Inkrafttreten des Gesetzes[12] bei der zuständigen Partnerorganisation gestellt werden.

⟨*Zusammenfassung der* §§ 15–19: Berücksichtigung anderer Leistungen[11]; *Leistungsempfänger verzichten auf weitere Ansprüche;* Auskunftsersuchen *sind zulässig; ein* Beschwerdeverfahren *wird eingeführt.*⟩

Anmerkungen:

[1] Nach der BR Deutschland legte auch die Republik Österreich einen »Versöhnungsfonds« auf.

[2] Zum Hinweis aus dem Jahre 1995, daß eine eventuelle Entschädigung hierfür im Falle der ČSR/ČR bereits nach § 7 des ČSR-Dekrets 108/45 vom 25. 10. 1945 aus konfisziertem sudetendeutschem Vermögen hätte erfolgen müssen oder sollen oder können: Siehe S. 1024.

[3] Als »Partnerorganisation« für die ČR wurde der »Deutsch-Tschechische Zukunftsfonds« in Prag bestimmt.
Zu den ursprünglichen Aufgaben dieses Fonds, der durch die »Deutsch-Tschechische Erklärung« vom 21. 1. 1997 errichtet worden war: Siehe S. 1075.

[4] Von diesem Betrag wurde »bis Ende 2001 mehr als die Hälfte an ca. 50.000 frühere Zwangsarbeiter ausbezahlt«.
Vgl. Libal, Michael: »Dialog zu dauerhafter Verständigung auf neuer Grundlage« (Rede in Eger am 21. 7. 2002) in »Sudetenland«, München; Jg. 2002, Nr. 3; S. 329–337, hier S. 330.

[5] Für Leistungsberechtigte aus diesen Staaten aber mit am 16. 2. 1999 Hauptwohnsitz außerhalb dieser Staaten galten andere Partnerorganisationen.

[6] In dieser Bestimmung dürfte die Basis für Bemühungen um sog. neuerliche »Glocken-Entschädigung« liegen. Siehe dazu S. 1386.

[7] Kursivdruck wegen Übernahme der Bestimmung aus anderen Stellen des Gesetzes und einer Festlegung.

[8] Es gab keinerlei Ausschluß der Leistungsberechtigung, auch nicht für Kriegsverbrechen oder Verbrechen gegen das Verbot des Völkermordes.
Zum (ungeklärten) Vorgang des Tschechen František Foukal, der in der Zeit vor 1945 (Zwangs-)Arbeiter im Deutschen Reich gewesen sein soll, 1945 als Massenmörder im ČSR-KZ Miröschau (nahe Pilsen) wirkte, weswegen seit Juni 1999 bei der Staatsanwaltschaft in Hof (Ofr.) ein Ermittlungsverfahren lief (AZ. 22 JS 8901/99), am 26. 2. 2000 einen Entschädigungsantrag (AZ. 2076/2000/FF) stellte und anschließend abwechselnd als seit Jahren tot oder verschwunden oder in einem Irrenhaus befindlich bezeichnet wurde, gab es zahlreiche Meldungen: »Sudetenpost«, Linz (6. 7. 2000), SdZ (7. 7., 14. 7. und 4. 8.), »Lidové noviny« (6. 7.) und »Mlada fronta dnes« (14. 7.).

[9] Gemeint: Das Bundesentschädigungsgesetz vom 29. 6. 1956; BGBl. 1956, Teil I, S. 562 ff.; später mehrfach novelliert.

[10] a) Diese »haftähnlichen oder vergleichbar besonders schlechten Lebensbedingungen« waren bei tschechischen Arbeitern im Deutschen Reich nach 1939 in vielen Fällen in Frage zu stellen.
Zu den Bedingungen generell: Pfahlmann, Hans: »Fremdarbeiter und Kriegsgefangene in der deutschen Kriegswirtschaft 1939–1945«; Darmstadt (Hes.), 1968; 238 S.

b) Im Oktober 2001 fragte MdB Josef Hollerith (CSU) die Bundesregierung u. a.:
»Lag Zwangsarbeit auch dann vor, wenn die Tätigkeit wie bei deutschen Arbeitnehmern nach geltenden Richtlinien entlohnt, Sozial- und Krankenversicherungsbeiträge entrichtet, Krankenkassenleistungen und bezahlter Urlaub in Anspruch genommen wurden?«
Am 8. 11. 2001 antwortete der Parl. Staatssekretär im Finanzministerium, Karl Diller, u. a.:
»Die Gewährung von Lohn (der häufig diskriminierend reduziert wurde) oder Sozialleistungen ist kein die Zwangsarbeit ausschließendes Kriterium.
Bezahlter Urlaub schließt die Annahme von Haftbedingungen dagegen grundsätzlich aus. Andererseits kann die Anerkennung als Zwangsarbeiter nicht ausgeschlossen werden, wenn zwar anfangs Urlaubsansprüche eingeräumt und Urlaub gewährt wurde, im weiteren Verlauf gegen Ende

des Krieges aber die Umstände von Zwangsarbeit und Unterbringung so verschärft wurden, daß zumindest die Voraussetzungen von § 11 Abs. 1 Satz 2 des Gesetzes – sogenannte Öffnungsklausel – erfüllt sind.«

So Text von Anfrage und Antwort; 3 ms. S.; Fotokopie im Besitz des Verfassers.

c) Am 21. 11. 2001 fragte MdB Hollerith die »Stiftung ›Erinnerung, Verantwortung und Zukunft‹« in Berlin u. a.:

»Wodurch (z. B. in der Personenkennzeichnung) waren ›tschechische Zwangsarbeiter‹ ›zu besonders schlechten Lebensbedingungen‹ gegenüber welchen Personengruppen ‹spezifisch diskriminiert‹?«

Die Stiftung antwortete am 3. 12. 2001 u. a.:

»Nach dem Willen des Gesetzgebers gewährt das Stiftungsgesetz humanitäre Leistungen, die vordringlich jenen Opfergruppen zugute kommen soll, ›die in der Zeit des NS-Regimes ein überdurchschnittlich schweres Schicksal erlitten haben‹ (Begründung zum Gesetzentwurf [BtDs. 14/3206]) . . .

Als ›überdurchschnittlich schwere‹ Umstände werden dabei nicht die durch Kriegseinwirkungen bedingten äußerst harten Lebensbedingungen (Bombenangriffe, unregelmäßige und schlechte Ernährung, Unterbringung in schlechten und viel zu engen Sammelunterkünften, miserable Arbeitsbedingungen, schlechte Bezahlung usw.) und auch nicht allein die Tatsache der zwangsweisen Verbringung (Deportation) ins Deutsche Reich angesehen, sondern die durch den Nationalsozialismus aus rassischen oder vergleichbaren Gründen speziell erlassenen Terrormaßnahmen.

. . .

Bei den ›haftähnlichen‹ Bedingungen handelt es sich aufgrund der Gesetzesbegründung um die nachhaltige Absonderung von der Umwelt (Ausgangsverbote), also erhebliche und laufend behördlich streng überwachte Einschränkungen der Bewegungsfreiheit, sowie um regelmäßig und dauerhaft die Lebensführung einschränkende Eingriffe (Kontrollen, Razzien und Appelle) . . .

Bei ›vergleichbar besonders schlechten Lebensbedingungen‹ handelt es sich um ähnliche Tatbestände, die . . . dahingehend interpretiert werden müssen, daß sie sich auf die Lebensbedingungen von Zwangsarbeitern slawischer Herkunft beziehen. Diese Personen waren einer nationalsozialistisch besonders motivierten Diskriminierung unterworfen . . . Somit waren diese Personen auch in Fällen, in denen sie nicht unter Haftbedingungen untergebracht waren, einer manifesten Bedrohung für Leib und Leben und massiver Einschränkung der Bewegungsfreiheit ausgesetzt. Das fand seinen Ausdruck auch in der Kennzeichnungspflicht und einem Sonderstrafrecht für Ostarbeiter sowie in Lohnabzügen und niedrigeren Lebensmittelrationen . . . ⟨*Es*⟩ sind deshalb vor allem diejenigen Bedingungen gemeint, die sich aus der spezifischen Diskriminierung von Zwangsarbeitern slawischer Abstammung durch besondere NS-Vorschriften (einschließlich der bekannten internen Hierarchisierung der Diskriminierung durch den NS-Staat etwa bei ›Ost‹-Arbeitern, polnischen, slowenischen, slowakischen, jugoslawischen oder tschechischen Zwangsarbeitern) ergaben.«

So Text von Anfrage und Antwort; 4 ms. S.; Fotokopie im Besitz des Verfassers.

d) Die (Teil-)Antworten könnten so verstanden werden, daß nach Meinung der Antwortgeber ein normales Arbeitsverhältnis zur Zwangsarbeit wurde, wenn z. B. gewährter Urlaub durch Zwangseingriffe Dritter (d. h. alliierte Bombenabwürfe auf die Verkehrswege) nicht mehr in Anspruch genommen werden konnte. Auch schien dem deutschen Gesetzgeber unbekannt geblieben, daß tschechische Arbeiter niemals als »Ostarbeiter« gekennzeichnet wurden, sondern unter den »slawischen« Zwangsarbeitern eine eigene Stellung einnahmen.

11 Für die ČR galt eigentlich, daß die ČSSR bereits 1974 von der BR Deutschland DM 7,5 Mio. für durch »pseudomedizinische Versuche« geschädigte ČSSR-Bürger erhalten, aber mindestens bis 1990 nicht an die Geschädigten weitergegeben hatte. Siehe S. 679, Anm. 7 e.

Da § 15 Abs. 2 nur für bisherige Leistungen deutscher Unternehmen und nur für Ansprüche nach § 9 Abs. 1 eine Anrechnung vorsah, wurde nunmehr eine neuerliche Entschädigung möglich.

12 Das Gesetz trat am 12. 8. 2000 in Kraft.

Quelle:
BGBl. 2000, Teil I; S. 1263–1269.

****

Rede[1] **2000, 3. September**
des deutschen Historikers Arnulf Baring:
Rostock und Eisenach: Städte in Ostdeutschland?

⟨*Der Redner würdigte am Tag der Heimat, dem Tag der Erinnerung, zunächst die Toten, aber auch die* »verlorenen Kindheitsträume«, *in welche die Flüchtlinge/Vertriebenen aus den nunmehrigen neuen Bundesländern auch auf Dauer zurückkehren konnten.*⟩
Es ist übrigens sehr die Frage, ob wir gut daran getan haben, seither den Ausdruck »Ostdeutschland« ausschließlich für die Gebiete zu verwenden, die vorher DDR waren. Ist Rostock eine ostdeutsche und nicht vielmehr eine norddeutsche Stadt? Liegen Leipzig, Wittenberg und Weimar in Ostdeutschland? Ich würde sie für mitteldeutsch halten. Mein Göttinger Kollege Hartmut Boockmann hat gemeint, die Bezeichnung ostdeutsch . . . habe den Zweck, den Gebrauch dieser Benennung für Gebiete jenseits der heutigen Ostgrenze auszuschließen . . . Es sei gut denkbar, daß die Reservierung der Bezeichnung »Ostdeutschland« für die einstige DDR einer derartigen Erinnerung geradezu entgegenwirke. »Wenn man vergessen macht, daß Deutschland im Jahre 1945 um einen beträchtlichen Teil seines Gebietes reduziert und daß ein nicht weniger beträchtlicher Teil der Deutschen aus seinen Heimatgebieten vertrieben worden ist, dann verdrängt man auch leicht aus dem Gedächtnis, warum das geschah. So stellt die Rede vom ostdeutschen Eisenach keinen Beitrag zu einem gedeihlichen Zusammenleben der Völker in Europa dar, sondern sie müßte auf Dauer das Gegenteil bewirken.« . . .
Damit ist schon gesagt, daß ich die in der Bundesrepublik verbreitete Tendenz immer bedauert habe, den Verlust Ostdeutschlands und die Vertreibung von dort allein als eine Angelegenheit der unmittelbar Betroffenen zu betrachten . . . Alle Deutschen haben doch einen Verlust erlitten, der sie schmerzen sollte.
Alexander und Margarete Mitscherlich haben in den 60er Jahren ein damals vielbeachtetes Buch geschrieben, in dem sie die vermeintliche deutsche »Unfähigkeit zu trauern« beklagten . . . Die beiden Mitscherlichs haben durchaus recht mit ihrer These im Blick auf die früheren Ostgebiete, die deutschen Spuren an vielen Orten Ostmitteleuropas. Die Deutschen trauen sich nicht, wie ich schon sagte, die eigenen Verluste zu betrauern. Viele unter uns haben einfach verdrängt, was wir alle mit Ostdeutschland, diesem Viertel unseres Landes, verloren haben: viele schöne alte Städte mit historischen Marktplätzen, Rathäusern, Kirchen, Bürgerbauten; Burgen und Schlösser; herrliche, unverbaute Landschaften unter weitem Himmel, Wälder und Seen; Mundarten, Mentalitäten. Wir haben die Teilhabe Deutschlands am Osten Europas verloren . . .
Der allgemeine Erinnerungsverlust ist erstaunlich. Da fragt eine junge Journalistin jemanden, der 1926 im Eulengebirge geboren wurde, allen Ernstes, ob er als Kind polnisch gekonnt habe. Oder ein Bonner Blatt nennt einen Deutschen, der 1935 in Hinterpommern, in der Stadt Stolp, geboren wurde, die heute Slupsk heißt, einen »gebürtigen Polen«[2].
Unsere Geschichtsvergessenheit tut uns nicht gut. Es ist daher wichtig, daß die Deutschen insgesamt die eigene Trauer zulassen, nicht weiter von sich wegschieben. Die Verweigerung dieser Trauerarbeit ist mir unheimlich, hat mich immer beunruhigt. Wir müssen uns und unseren Nachkommen um der eigenen inneren Balance willen das in ganz Ostmitteleuropa Verlorene bewußt machen, es uns neu vor Augen führen, im Gedächtnis bewahren, damit im doppelten Sinne aufheben. Wir sollten, die Vertriebenen zumal (sie tun das ja längst), ihre Erfahrungen und Kenntnisse neuen Generationen weitergeben, Spuren sichern, Neugier wecken, auch Stolz auf eine große und – insgesamt gesehen – friedliche Aufbauleistung vieler Generationen unseres Volkes, die sich sehen lassen kann, an vielen Orten heute noch in Augenschein zu nehmen ist . . .

Anmerkungen:
[1] Anläßlich des »Tages der Heimat« in Berlin.

[2] Zum Zusammenhang mit gleichzeitiger Verwaltungspraxis: Siehe S. 1395.

Quelle:
Vortragsmanuskript, 11 ms. S.; Fotokopie im Besitz des Verfassers.

****

Rede[1] **2000, 3. September**
des Bundeskanzlers Gerhard Schröder:
Gleichzeitig gegen Vertreibung und für Anerkennung ihrer Ergebnisse

⟨*A: Gegen Vertreibung . . .*⟩
. . . Vertreibung, das hat die zivilisierte Völkergemeinschaft inzwischen mehrfach betont, läßt sich niemals rechtfertigen. Vertreibung, daran kann es keinen Zweifel geben, ist stets ein Unrecht . . .
. . . Die Bundesregierung setzt[2] sich international mit Nachdruck dafür ein, daß das Verbrechen der Vertreibung – das in den Konventionen der Vereinten Nationen gegen den Völkermord weltweit geächtet ist – zu einem sanktionsbewehrten völkerrechtlichen Tatbestand gemacht wird. In diesem Ansinnen wissen wir uns mit den deutschen Heimatvertriebenen einig . . .

⟨*B: . . . und für Anerkennung ihrer Ergebnisse*⟩
. . . Wir wissen heute besser denn je, daß Hinterpommern, Ostpreußen oder Schlesien, daß Königsberg, Stettin, Breslau und Danzig wie auch das Sudetenland zu unserem historischen und kulturellen Erbe gehören – aber eben nicht zu unserem Staat. Diese Gebiete sind völkerrechtlich unbestritten[3] polnisches, tschechisches beziehungsweise russisches Staatsgebiet. Und auch wenn die Erkenntnis für diejenigen schmerzhaft ist, die als Deutsche in einem Teil des damaligen Deutschland geboren und aufgewachsen sind, können wir – mit den Kindern und Enkeln der Vertriebenen, die sich am Versöhnungsgeist der Mütter und Väter ein Beispiel genommen haben – feierlich bekräftigen:
Die Bundesrepublik Deutschland hat keine Gebietsansprüche gegen ihre Nachbarländer. Die Bundesregierung wird die Beziehungen mit diesen Staaten[4] nicht mit politischen und rechtlichen Fragen belasten, die aus der Vergangenheit herrühren[4]. Und ich betone hier noch einmal, was ich mit dem tschechischen Ministerpräsidenten Zeman[5,6] ausführlich erörtert habe: daß – unbeschadet privater Rechte Dritter – beide Regierungen Vermögensfragen in diesem Zusammenhang nicht aufwerfen werden. Es gilt zudem die tschechische Aussage: daß nämlich die Wirksamkeit einiger Maßnahmen nach dem Zweiten Weltkrieg, wie der sogenannten »Beneš-Dekrete«, inzwischen erloschen ist.

Anmerkungen:
[1] Anläßlich der zentralen Veranstaltung des BdV zum »Tag der Heimat 2000« in Berlin unter dem Motto »50 Jahre Charta, 50 Jahre für ein Europa der Menschenrechte«.
[2] Letztmaliger öffentlicher Einsatz zur Sanktionsbewehrung durch den 13. Deutschen Bundestag (= Bundesregierung Kohl V) am 28. 2. 1997; zum Text: Siehe S. 157.
[3] Von Staaten »unbestritten« heißt jedoch nicht von den eigentlichen Rechtsträgern »unbestreitbar«. Zur Begründung: Siehe S. 65, 896, 934.
[4] Diese Aussage dehnte die Formulierung der Deutsch-Tschechischen Erklärung vom 21. 1. 1997 über Vergangenheitsfragen (zum Text: Siehe S. 1073) auf alle »Nachbarländer« aus.
[5] Zum Text der Äußerungen vom 8. 3. 1999: Siehe S. 1145.
[6] a) An anderen Stellen seiner Rede sagte Bundeskanzler Schröder: »Auch in Zeiten der innenpolitischen Konfrontation . . . hat die Sozialdemokratie nie versucht, die Vertreibung zu rechtfertigen oder nachträglich zu legitimieren.« Wenig später sprach er von der Befreiung »zur Wahrheit und zur unvoreingenommenen Sicht auf die Geschichte« und exemplifizierte dies mit »sich befreien können von der unsinnigen Gleichsetzung ›Verzicht sei Verrat‹«.

Diese Aneinanderreihung war unverständlich: Die Formel »Verzicht ist Verrat« war nämlich nach ihrer eigentlichen Prägung gerade durch das SPD-Präsidium Ollenhauer/Brandt/Wehner im Jahre 1963 m. W. auch bei einer früheren Rede zum »Tag der Heimat« in Berlin benutzt worden: In der zum Jahre 1965 und das vom Regierenden Bürgermeister Willy Brandt (SPD) (siehe dazu S. 781).

b) Die Sozialdemokratie hatte früher tatsächlich weder national noch international versucht, Vertreibungen zu rechtfertigen. Sie hatte vielmehr international stets das »Verbot aller Formen von Vertreibungen« gefordert (so z. B. ihre Internationale im Jahre 1992; zum Text: Siehe S. 85) und national im Falle auch der ČSR-Sozialdemokraten die Vertreibung »verurteilt« (so im Sommer 1989 im Exil; zum Text: Siehe S. 873).

c) Es blieb Schröder (und Zeman) vorbehalten, diese sozialdemokratische Tradition einem Selektionsprozeß zu unterwerfen: Ja im Kosovo, nein in Ostdeutschland.

Wiedergabe nach
SdZ; Nr. 36 v. 8. 9. 2000; S. 3.

****

Der Bund der Vertriebenen (BdV): 2000, 6. September[1,2]
»Zentrum gegen Vertreibungen« in Berlin

50 Jahre nach der Verkündung der Charta der deutschen Heimatvertriebenen am 5. August 1950[3] setzt sich der BdV nachdrücklich für die Einrichtung eines Mahnzentrums in zentraler Lage in Berlin ein. Das geplante »Zentrum der Vertreibungen« solle das im 20. Jahrhundert begangene Unrecht nicht nur an Deutschen darstellen und damit »den Versöhnungsweg der Charta« fortsetzen, sagte die BdV-Präsidentin Erika Steinbach. Einen Vorläufer für die geplante Stiftung wolle sie in nächster Zeit zusammen mit dem SPD-Politiker Peter Glotz gründen.
Der BdV wünscht sich als Standort das übergangsweise als Kanzleramt genutzte ehemalige DDR-Staatsratsgebäude. Es habe den Vorteil, daß dort »die Brüche deutscher Geschichte gut erkennbar« seien, sagte Steinbach. Zur dauerhaften Finanzierung der Gedenkstätte würden 160 Millionen Mark Stiftungskapital benötigt. Der Großteil soll von Bund und Ländern aufgebracht werden. Ideelle Unterstützung, aber kein Geld erwartet der BdV auch aus Ländern, aus denen Deutsche vertrieben wurden oder deren Bevölkerung vertrieben wurde.
Die Gespräche zwischen Bund und Ländern über das Zentrum hätten begonnen[4]. Mehrere Länder hätten Unterstützung zugesagt. Als Beispiel nannte Steinbach den baden-württembergischen Ministerpräsidenten Erwin Teufel (CDU). Das Zentrum solle »Mahnung sein, Vertreibungen weltweit zu ächten« und »zu einem friedlichen Miteinander der Völker in der Zukunft beitragen«.
⟨4⟩ ⟨5⟩

Anmerkungen:
1 Datum der Konstituierung als »gemeinnützige Stiftung«.
2 a) Erste Äußerungen, ein »Zentrum gegen Vertreibung« zu gründen, waren bereits im Sommer 1999 zu verzeichnen.
Vgl. z. B. »Münchner Merkur« vom 4. 7. 1999.
b) Sie erbrachten einerseits deutliche Zustimmung (z. B. von Bayerns Ministerpräsident Stoiber am 15. 6. 1999; vgl. DOD; Nr. 26 v. 2. 7. 1999; S. 4). Auch zurückhaltende bis skeptische Stimmen waren zu verzeichnen (z. B. von MdB Çem Özdemir (Grüne): Vgl. »Das Parlament«; Nr. 52/53 v. 24. 12. 1999; S. 2).
c) Heftig nahm MdB Antje Vollmer (Grüne) in der Bundestagsdebatte am 9. 6. 2000 gegen das Vorhaben Stellung. Sie sagte, an MdB Erika Steinbach (CDU) gerichtet:
»Wir werden Sie nicht unterstützen, wenn Sie diese gigantische zentrale Gedächtnisstätte in Berlin haben wollen. Das Thema gehört woandershin. Hören Sie endlich auf, einzelne Menschen mit ihrem sehr schweren individuellen Schicksal immer wieder in das Prokrustesbett einer Gruppenidentität regelrecht zu zwingen, die das innere Klima in dieser Republik auf Dauer vergiften kann.«
Vgl. »Das Parlament«; Nr. 26/27 v. 23. 6. 2000; S. 11.

d) Am 3. 9. 2000 sprach sich Bundeskanzler Schröder vor dem BdV in Berlin gegen ein Zentrum aus. Vgl. SdZ; Nr. 36 v. 8. 9. 2000; S. 3.

[3] Zum Text: Siehe S. 31.

[4] Basis dieser Gespräche war eine »Konzeption« gewesen, aus der u. a. zu entnehmen war:
»Unter einem Dach sollen ⟨*im »Zentrum«*⟩ die Kultur, das Schicksal und die Geschichte der deutschen Vertriebenen und ihrer Heimat im Zusammenhang erfahrbar sein. Optische, akustische und schriftliche Zeitzeugenberichte aus allen Vertreibungs- und Aussiedlungsgebieten sollen zusammengeführt werden.
...
Zum Gedenken an die Opfer ⟨*der Vertreibung*⟩ soll die Requiem-Rotunde ⟨*im vorgesehenen »Zentrums«-Gebäude*⟩ der Sammlung, der Besinnung und der Andacht dienen.
Die Stiftung ⟨*als Träger des »Zentrums«*⟩ verwirklicht ihren Zweck durch die Errichtung und Erhaltung einer zentralen Informations-, Dokumentations-, Archiv- und Begegnungsstätte in Berlin als nationalem und internationalem Zentrum gegen Vertreibungen, für menschliche Begegnung, friedliche Nachbarschaft zwischen den Völkern, Verständigung und Versöhnung ... Die Stiftung will ihre Ziele mit Hilfe des Rates kompetenter Persönlichkeiten aus Kultur, Wissenschaft, Kirchen, Wirtschaft und Politik sowie selbstverständlich der Heimatvertriebenen erreichen. Eine ganze Reihe von namhaften Persönlichkeiten konnte bereits für das Stiftungsvorhaben gewonnen werden. Die Anteilnahme von Ländern Mittel-, Ost- und Südosteuropas in Form von Patenschaften ist willkommen ... Von Anbeginn sollen Veranstaltungen zur Völkerverständigung mit dem Ziel, Vertreibungen aufzuarbeiten und zukünftig zu verhindern, durchgeführt werden. Zu diesem Zweck kann die Stiftung auch Preise für besondere Verdienste um die Völkerverständigung verleihen ...«
Vgl. »Die Pommersche Zeitung«; Nr. 26 v. 1. 7. 2000; S. 1 f.

[5] Als spätere Schritte zur Verwirklichung des Projekts wurden u. a. bekannt:
a) Im Herbst 2000 wurde ein »Kuratorium« des Zentrums errichtet, dessen Mitglied Glotz das Anliegen verteidigte; siehe S. 1350.
b) Im Mai 2002 konstituierte sich ein wissenschaftlicher Beirat der Stiftung. Vgl. SdZ; Nr. 21 v. 24. 5. 2002; S. 6.
c) Am 16. 5. 2002 beschäftigte sich der Deutsche Bundestag mit drei Anträgen zum Thema: Der Antrag von SPD sowie Bündnis 90/Die Grünen empfahl, »einen europäischen Dialog über die Errichtung eines europäischen Zentrums gegen Vertreibungen zu beginnen« (BtDs. 14/9033 v. 14. 5. 2002), die FDP (BtDs. 14/9068 v. 15. 5. 2002) sprach sich für die »Errichtung eines europäischen Zentrums gegen Vertreibungen« aus. Der Antrag der CDU/CSU (BtDs. 14/8594 v. 19. 3. 2002) wollte die vorhandene »überparteiliche Initiative der gemeinnützigen Stiftung ›Zentrum gegen Vertreibungen‹« begrüßen und die Bundesregierung auffordern, in Zusammenarbeit mit dieser v. a. die konzeptionellen Voraussetzungen auch der Finanzierung zu entwickeln.
Die Anträge wurden nach kurzer Diskussion (»Stenographischer Bericht«; 236. Sitzung; S. 23.588–23.596, S. 23.625 f.) an die Ausschüsse verwiesen. Diese empfahlen (BtDs. 14/9661 v. 2. 7. 2002), die Anträge von FDP und CDU/CSU abzulehnen und den unwesentlich modifizierten Beitrag von SPD sowie Bündnis 90/Die Grünen anzunehmen.
Das Plenum des Bundestages folgte dieser Empfehlung mit der Koalitionsmehrheit und ohne Aussprache (die Reden wurden zu Protokoll genommen) am 4. 7. 2002 (»Stenographischer Bericht«; 248. Sitzung; S. 25.193 f. mit Anl. 11 und 19).
d) Im Juli 2002 antworteten die politischen Parteien auf sog. »Wahlprüfsteine« des BdV zur Bundestagswahl 2002. In diesen war auch nach der Haltung zum »Zentrum gegen Vertreibung« gefragt worden.
Nunmehr unterstützten neben CDU/CSU und FDP auch die SPD seine Errichtung. Die Grünen beharrten auf einem »europäisch ausgerichteten Zentrum«.
Vgl. SdZ; Nr. 31 v. 2. 8. 2002; S. 4.

Wiedergabe nach
SZ; Nr. 179 v. 5. 8. 2000; S. 7.

****

Interview **2000, 20. September**
des deutschen Politikers Peter Glotz:
»Vertreibung ist auch ein Genozid«

⟨*Frage:*⟩ Sie wollen im Kuratorium des Zentrums gegen Vertreibung mitwirken, warum?
⟨*Glotz:*⟩ Vertreibungen basieren auf der Vorstellung, daß Frieden nur in einem ethnisch homogenen Nationalstaat möglich sein soll. Diese Auffassung ist ja auch die geistige Grundlage für den Rechtsradikalismus. Das Zentrum hat Bedeutung nicht nur in der Erinnerung an die Greuel der Vertreibung von 15 Millionen Deutschen nach dem Zweiten Weltkrieg, sondern auch wegen der Thematisierung von Vertreibung weltweit.
...
⟨*Frage:*⟩ Wie soll ein Zentrum Vertreibungen im ehemaligen Jugoslawien oder in Zentralafrika verhindern können?
⟨*Glotz:*⟩ Kein Zentrum, keine Akademie kann Geschichte aufhalten und verhindern, aber es kann eine kritische Diskussion auslösen, und die ist wichtig genug.
⟨*Frage:*⟩ Bundeskanzler Gerhard Schröder und die Bundesregierung stehen dem Projekt aber zurückhaltend gegenüber.
⟨*Glotz:*⟩ Das ist richtig, aber das letzte Wort ist noch nicht gesprochen ...
...
⟨*Frage:*⟩ Wieso kann das Deutsche Historische Museum diese Funktion nicht wahrnehmen?
⟨*Glotz:*⟩ Weil dort 17 Themen gleichzeitig nebeneinander abgehandelt werden und das Thema Vertreibung nicht besonders akzentuiert wird.
⟨*Frage:*⟩ Man hat den Eindruck, dieses Zentrum soll die Antwort der Vertriebenen auf das Holocaust-Mahnmal sein und dadurch die Verbrechen der deutschen Geschichte relativieren.
⟨*Glotz:*⟩ Diesen Vergleich würde ich niemals ziehen. Der Holocaust bleibt das größte Verbrechen der Menschheitsgeschichte. Vertreibung ist aber auch ein Genozid und ein Verbrechen gegen die Menschlichkeit. Das gegeneinander auszuspielen ist absolut falsch.
⟨*Frage:*⟩ Die ... Tschechen stehen den Plänen äußerst skeptisch gegenüber.
⟨*Glotz:*⟩ ... Ich kenne viele Tschechen, die zum Thema Vertreibung exakt die Auffassung vertreten, die ich selbst vertrete, allerdings ist dies eine Minderheit. Es gibt viele Tschechen, die immer noch meinen, daß es ganz in Ordnung war, mehr als drei Millionen Deutsche auszusiedeln, nicht nur Nazis, sondern auch deren Gegner. Die sind aber auch ein Grund, warum ein solches Zentrum notwendig ist.
...

Quelle:
SZ; Nr. 217 v. 20. 9. 2000; S. 6.

****

Beschluß[1] **2000, 27. September**
des Landtages von Südtirol:
National diskriminierende Rechtsvorschriften vor EU-Beitritt aufzuheben

Der Landtag von Südtirol ist überzeugt, daß durch die fortschreitende europäische Einigung die Ausbreitung, Sicherung und Festigung von Freiheit, Frieden, Stabilität, Demokratie und Rechtsstaatlichkeit in jenen Staaten unseres Kontinents unterstützt und gefördert wird, die diese Werte nach dem Zweiten Weltkrieg jahrzehntelang entbehren mußten.
Nach der Überzeugung des Südtiroler Landtages trug und trägt die Europäische Union als Wertegemeinschaft freier, den Prinzipien der unveräußerlichen Menschenrechte und der Achtung und Würde des einzelnen verpflichteten Staaten auf diese Weise auch zur Lösung

von Fragen bei, die sich aus der Existenz von nationalen Minderheiten ergeben. Der Südtiroler Landtag ist der Überzeugung, daß nirgendwo in Europa von dem Ziel abgewichen werden darf, daß Menschen unterschiedlicher Nationalität, die die gleiche Region innerhalb eines Staates als ihre Heimat ansehen, in der Lage sein müssen, in dieser ihrer Heimat frei, gleichberechtigt und unter Respektierung der jeweiligen kulturellen, sprachlichen sowie sozialen Identität leben zu können.

Im Licht der Erfolge, die die in Südtirol lebenden Menschen in diesem Sinne errungen haben und in der Verantwortung, anderen Völkern mit den aus dem Prozeß des Ausgleichs der Interessen der in Südtirol lebenden Volks- und Sprachgruppen gewonnenen Erfahrungen[2] helfen zu können,

stellt
DER SÜDTIROLER LANDTAG
fest:

1. Schon im Stadium der Verhandlungen über die Aufnahme neuer Mitglieder in die Europäische Union müssen die Prinzipien des Minderheitenschutzes und der Volksgruppenrechte in den Rechtsordnungen aller europäischer Staaten respektiert, gefördert und verwirklicht werden.
2. Rechtsvorschriften in europäischen Ländern, die Menschen aufgrund ihrer Zugehörigkeit zu einer nationalen Minderheit oder Volksgruppe, ihrer religiösen Überzeugung oder aufgrund anderer gruppenspezifischer Merkmale diskriminiert, ausgegrenzt oder die Grundlage für Maßregelungen, Freiheitsentziehungen oder gar Vertreibungen waren oder sind, müssen vor einem Beitritt zur Europäischen Union aufgehoben werden.
3. Sowohl die Angehörigen von nationalen Minderheiten in den europäischen Staaten wie die Europäer, die selbst aus ihrer Heimat vertrieben oder in sonstiger Weise durch Druck zum Verlassen ihrer Heimat gezwungen wurden, brauchen die Solidarität der europäischen Staatenfamilie.

   Der Südtiroler Landtag fordert die Südtiroler Landesregierung auf, sich auf allen Ebenen für die Durchführung der angeführten Feststellung einzusetzen.

Anmerkungen:

[1] Der Beschluß Nr. 208/00 wurde in der Landtagssitzung am 27. 9. 2000 einstimmig gebilligt; d. h. auch die italienischsprachigen Abgeordneten stimmten dafür.

[2] Diese Erfahrungen vermittelte der Südtiroler Landeshauptmann (= Ministerpräsident) Luis Durnwalder am 6. 4. 2001 dem Sudetendeutschen Heimatrat in Brannenburg:
Die Südtiroler hatten sich, wie die Sudetendeutschen, mit den drei Phasen »Assimilierung«, »Majorisierung« und »Deportation« auseinanderzusetzen gehabt. Durnwalner nannte zehn Punkte, die zum Erhalt einer sprachlichen Minderheit in moderner Zeit notwendig seien:
»1. Der Wille der Bevölkerung, d h. das Bekenntnis zu dieser Minderheit.
2. Schulen in der Sprache der Minderheit, um deren Kultur und Traditionen weitergeben zu können. Gemischtsprachige Schulen sind »der Tod einer sprachlichen Gemeinschaft«.
3. Gleichstellung der Minderheitssprache im Minderheitsgebiet mit der Staatssprache.
4. Kultur als »Saft für den Lebensbaum der Minderheit«. So hat Südtirol in 116 Gemeinden z. B. 308 Freiwillige Feuerwehren, 211 Musikkapellen, 443 Chöre, 520 Sportvereine, 147 Schützenkompanien und 202 Theatergruppen.
5. Die Minderheit muß in den Medien in der eigenen Sprache mitreden können.
6. Politische Tätigkeit. Die Parteien der Minderheit müssen vom Staat akzeptiert sein und auch, unabhängig von der Gesamtbevölkerungszahl, in den übergeordneten Parlamenten angemessen vertreten sein. In Südtirol selbst gibt es Schutzklauseln für die Ladiner (fünf Prozent der Südtiroler Bevölkerung) und die Italiener (27 Prozent). Zuwanderer nach Südtirol sind vier Jahre lang nicht wahlberechtigt, damit Wahlergebnisse nicht – etwa durch hier stationierte Soldaten – verfälscht werden können.
7. Grenzüberschreitende Zusammenarbeit mit den Staaten, zu deren Kulturkreis man gehört (Österreich, vor allem Nordtirol, und Deutschland, vor allem Bayern).

8. Die Minderheit muß auch in den Verwaltungsgremien angemessen vertreten sein, etwa in der öffentlichen Verwaltung oder in den Gemeinderäten. In Südtirol wird dies über ein Proporzsystem geregelt.
9. Die wirtschaftlichen Rahmenbedingungen im Minderheitsgebiet müssen stimmen, um zu verhindern, daß die jungen Leute in andere Regionen abwandern, wo sie ihren Lebensunterhalt sichern können. Zu Südtirol gehört hier die eigenständige Bergbauernpolitik, da der Bergbauer vor allem zur Pflege touristischer Zielvorstellungen seinen Beitrag leistet. Damit er dies kann, darf der meist als Nebenerwerbslandwirt Tätige nicht mehr als 25 Kilometer zu seinem Arbeitsplatz zurückzulegen haben. Südtirol favorisiert daher aus naheliegenden Gründen die Ansiedlung von Klein- und Mittelbetrieben.
10. Anerkennung. Das »Anderssein« der Minderheit muß auch im europäischen Verbund anerkannt sein und als Bereicherung gesehen werden. Italien hat seit der Assimilierungsphase viel gelernt: ›Schutz der nationalen Minderheiten liegt im staatlichen Interesse‹, heißt es heute in der italienischen Verfassung.«

Vgl. SdZ; Nr. 15 v. 13. 4. 2001, S. 1 f. und Nr. 16 v. 20. 4. 2001; S. 2.

Quelle:
MBl. SL; Jg. 2000, Nr. 9–10; S. 288 f.

****

Rede[1] **2000, 1. Oktober**
des Literaturnobelpreisträgers Günter Grass[2]**:**
»Ich erinnere mich. Was ein Schriftsteller mit den Deutschen teilt«

. . .

Wenn wir Zukunft planen, hat die Vergangenheit im angeblich jungfräulichen Gelände bereits ihre Duftmarken hinterlassen und Wegweiser gepflockt, die in abgelebte Zeiten zurückführen.

Das Leiden der Vertreibung
Merkwürdig und beunruhigend mutet dabei an, wie spät und immer noch zögerlich an die Leiden erinnert wird, die während des Krieges den Deutschen zugefügt wurden. Die Folgen des bedenkenlos begonnenen und verbrecherisch geführten Krieges, nämlich die Zerstörung deutscher Städte, der Tod hunderttausender Zivilisten durch Flächenbombardierung und die Vertreibung, das Flüchtlingselend von zwölf Millionen Ostdeutschen, waren nur Thema im Hintergrund. Selbst in der Nachkriegsliteratur fand die Erinnerung an die vielen Toten der Bombennächte und Massenflucht nur wenig Raum. Ein Unrecht verdrängte das andere. Es verbot sich, das eine mit dem anderen zu vergleichen oder gar aufzurechnen. Überdies lehrt die Erfahrung, daß sich die Opfer von Gewalt, gleich wer sie ausgeübt hat, nicht an erlittene Greuel erinnern wollen; sie haben das Recht, vergessen, ja, verdrängen zu dürfen, auf ihrer Seite.
So wird denn vieles, selbst wenn es als qualvolle Erinnerung wiederholt ins Bewußtsein drängt, ungesagt bleiben. Das Schweigen der Opfer ist dennoch unüberhörbar. Da niemals Frieden war und die Gegenwart auf dem Balkan und im Kaukasus, an vielen Schreckensorten dieser Welt, von Mord, Flucht und Vertreibung bestimmt ist, wird das Erinnern als Nachhall überlebter Leiden nicht aufhören . . .
⟨[3,4]⟩

Anmerkungen:
1 Auf dem Kolloquium »Die Zukunft der Erinnerung«, veranstaltet vom örtlichen Goethe-Institut und der polnischen Botschaft in Litauen in Wilna.
2 Bereits vorher hatte Grass in Danzig bei einer Konferenz zum Thema »Polnische, deutsche und europäische Probleme mit dem Gedächtnis« die polnischen Schriftsteller aufgefordert, das tabuisierte Thema der Vertreibung der Deutschen 1945/46 literarisch aufzuarbeiten.
Vgl. SZ; Nr. 147 v. 29. 6. 2000; S. 20.

[3] Der Sprecher der Sudetendeutschen, Präsident Johann Böhm, begrüßte die Äußerungen von Grass. Er meinte u. a., »der Hinweis, daß es sich verbiete, das jeweils verübte Unrecht gegeneinander aufzurechnen, entspricht unserer festen Überzeugung.
Wir lehnen eine solche Aufrechnung entschieden ab und sehen in einer unbewußten Aufrechnung geradezu die Ursache des derzeitigen Schweigens. Grass hat mit diesen eindringlichen Worten nicht nur vielen Vertriebenen aus dem Herzen gesprochen, sondern er hat auch ein wichtiges politisches Thema angesprochen. Die Vertreibung einer so großen Zahl von Menschen ist notwendigerweise ein politisches Thema und bleibt es auch dann, wenn die Politik sich zeitweilig nicht mehr damit befassen will. Wir Deutsche haben mit der Verdrängung von unbequemen Themen eine gewisse historische Erfahrung, leider keine gute. Das Thema Vertreibung sollte wieder ins allgemeine Bewußtsein gehoben werden, auch und gerade in den Bereichen Literatur, Kunst und Film.«
Vgl. SdZ; Nr. 41 v. 13. 10. 2000; S. 1.

[4] Mit gewisser Verzögerung, aber im Datum synchronisiert erscheinend, reagierten unter Bezug auf Grass auch:

a) Die Grünen-Politikerin Vollmer resignierend, daß die Vertriebenen noch immer nicht bereit sind, »einen materiellen Verzicht auszusprechen«. Sie behauptete: »Die potentiellen Forderungen der Sudetendeutschen würden ein Drittel des Territoriums des heutigen Tschechiens beanspruchen.«
Vgl. SZ; Nr. 34 v. 9. 2. 2002; S. 19.
b) Der Schriftsteller Ralph Giordano textkritisch gegenüber der »Charta der deutschen Heimatvertriebenen« von 1950 (siehe S. 31): Eine »Ungeheuerlichkeit deutscher Anmaßung« sei deren Verzicht »auf Rache und Vergeltung« ... »ein Musterbeispiel historischer Unterschlagungen. Sie kappt jede Kausalität zwischen Ursache und Wirkung ⟨*und*⟩ trägt damit zur Verdrängung und Verleugnung der ... Schuld bei ... Offenbart die durch Grass gerade aufgebrochene Diskussion um die deutschen Opfer nicht jetzt schon, daß der Geist dieser ›Charta‹ nur scheintot ist?«
Vgl. »Die Welt«; Nr. 34 v. 9. 2. 2002; S. LW 2.

Quelle:
FAZ; Nr. 229 v. 4. 10. 2000; S. 65.

****

Beschluß[1] **2000, 4. Oktober**
des Europäischen Parlaments:
ČR-Überprüfung fortbestehender Beneš-Dekrete begrüßt

Das Europäische Parlament
...
12. begrüßt die Haltung der tschechischen Regierung, die fortbestehenden Gesetze und Dekrete der Beneš-Regierung aus den Jahren 1945 und 1946 daraufhin zu überprüfen, ob sie im Gegensatz zum gültigen EU-Recht und zu den Kopenhagener Kriterien[2] stehen;
...
⟨[3]⟩

Anmerkungen:
[1] a) Zum vorausgegangenen Beschluß des Europäischen Parlaments vom 15. 4. 1999: Siehe S. 1152.
b) Der Beschluß vom 15. 4. 1999 war von den Mitgliedern des ČR-Abgeordnetenhauses, Jan Zahradil und Vladimír Laštůvka, in einem Schreiben vom 31. 8. 2000 an alle Mitglieder des Europäischen Parlaments zurückgewiesen worden.
Für die Zurückweisung führten die ČR-Abgeordneten (in geraffter Kurzfassung) im wesentlichen folgende Gründe an:
ba) »Die Aussiedlung der deutschen Bevölkerung aus ... der ehemaligen Tschechoslowakei ⟨*und*⟩ die Konfiskation des deutschen Eigentums ... gehören zu den unveränderlichen Ergebnissen des Zweiten Weltkrieges. Sie beruhen auf dem Potsdamer Abkommen« (zum Text vom 2. 8. 1945: Siehe S. 548).
bb) »Für Exzesse und Gewalttaten, zu denen es ⟨*während der* »Aussiedlung«⟩ gekommen ist, hat sich am Anfang der 90er Jahre Staatspräsident Havel entschuldigt, das Bedauern über diese wurde auch in der Tschechisch-Deutschen Erklärung ⟨*vom 21. 1. 1997; zum Text: Siehe S. 1073*⟩ ausgedrückt.«

bc) »Heutzutage hat die tschechische Seite ... die erwähnten Präsidenten-⟨*d. h. Beneš-*⟩Dekrete ... für ausgelöscht erklärt ⟨*zum Text von ČR-Ministerpräsident Zeman vom 8. 3. 1999: Siehe S. 1145*⟩, d. h., sie sind wirkungslos und nicht mehr anwendbar ⟨*zu Anwendungsbeispielen aus dem Jahre 2000: Siehe S. 1340*⟩, aber dennoch historischer Bestandteil der Rechtsordnung der Tschechischen Republik, des Nachfolgerstaates der früheren Tschechoslowakischen Republik.«

Zum Text des Briefes: Vgl. Teilabdruck in SdZ; Nr. 44 v. 3. 11. 2000; S. 2.

Zum Inhalt des Briefes ist das wiederlegende »Memorandum« von Rudolf Hilf beachtenswert, welches den Mitgliedern des Europäischen Parlaments am 8. 6. 2001 zuging.

Zum Text: Vgl. »Sudetenpost«; Jg. 47, Nr. 22 v. 15. 11. 2001; S. 3.

[2] Zum Text vom 22. 6. 1993: Siehe S. 1103.

[3] Das Europäische Parlament beschloß den Text mit 504 gegen 12 Stimmen bei 19 Enthaltungen.

Quelle:
Mbl. SL; Jg. 2000, Nr. 9/10; S. 281 f., hier S. 282.

****

Stellungnahme **2000, (20.) Oktober**
des Gouverneurs[1] von Texas, George W. Bush:
»Deutschenvertreibung 1944–1950: Schlimmste ›ethnische Säuberung‹ der Weltgeschichte«

Schon der Begriff »ethnische Säuberung« läßt mich eiskalt erschauern – er ist eine abstoßende Falschbezeichnung, mit der man einem barbarischen Vorgehen einen netten Namen zu geben versucht. Eine moralische Nation darf die barbarische Ausrottung eines Volkes wegen seiner Rasse oder seiner Überlieferung (heritage) niemals hinnehmen. Es ist erschreckend, daß Menschen auch im zurückliegenden halben Jahrhundert, das eine der hellsten Zeiten der Geschichte hätte sein können, immer noch diese furchtbare Praxis betreiben.

Einen der schwersten Fälle kultureller Ausrottung (cultural extermination) mußten die Deutschen erleiden – vor 55 Jahren ...

Wir wissen aus bitterer Erfahrung, daß kulturelle Ausrottung die moralischen Grundlagen einer ganzen Nation zerstören kann, daß Barbarei selbst in den äußerlich zivilisiertesten Gesellschaften vorkommen kann und daß Toleranz keine Selbstverständlichkeit ist – sie muß erlernt werden. Darum ist historische Erinnerung so wichtig und Geschichtsrevisionismus so gefährlich. Wenn jemand die Erinnerung an den Holocaust und an die ethnische Säuberung 1944–1950 mit nutzlosen Kontroversen vernebelt, verkleinert er die moralischen Lehren, die wir daraus ziehen müssen ...

Ethnische Säuberung ist ein Verbrechen gegen die Menschlichkeit, gleichgültig, wer sie an wem verübt.

Ich unterstütze die Aufgabe des Instituts für deutsch-amerikanische Beziehungen[2], die Öffentlichkeit über die Tragödie aufzuklären, welche 15 bis 17 Millionen unschuldiger deutscher Frauen und Kinder entwurzelte (displaced); jene völlig unschuldigen Seelen, die Opfer wurden in der schlimmsten Zeit ethnischer Säuberung der ganzen Weltgeschichte, der »Ethnischen Säuberung 1944–1950«.

Anmerkungen:

[1] George W. Bush war zum Zeitpunkt der Stellungnahme Gouverneur (= Ministerpräsident) des US-Bundesstaates Texas; zum Zeitpunkt der Veröffentlichung »gewählter Präsident« (President elect).

[2] Das »Institute for German-American Relations« (IGAR), dem die Stellungnahme zuging, hatte seinen Sitz in Pittsburgh, Pa.

Quelle:
SdZ; Nr. 45 v. 10. 11. 2000; S. 1. Übersetzung aus dem englischen Original geglättet.

****

Information **2000, 16. November**
des EU-Kommissars Günter Verheugen[1]:
Zur menschenrechtlichen Lage in der ČR

Vier Vertreter des Verbandes der Volksdeutschen Landsmannschaften Österreichs (VLÖ) – dem deutschen BDV vergleichbar – trafen in Brüssel mit EU-Erweiterungskommissar Günter Verheugen zusammen. Der Delegation gehörte ⟨*es folgten Namen, darunter*⟩ Gerhard Zeihsel (Sudetendeutscher) an.

In angenehmer, sachlicher Gesprächsatmosphäre überzeugten die VLÖ-Vertreter Verheugen davon, daß die EU von der tschechischen Regierung zum Thema Benesch-Dekrete mit falschen Informationen versorgt wurde. Der VLÖ legte dazu Dokumente aus den Jahren 1955 bis 1999 vor, die belegen, daß die Benesch-Dekrete trotz gegenteiliger Erklärungen Prags nicht obsolet sind[2]. Verheugen zeigte sich darüber zutiefst verwundert und versicherte, diskriminierende Auswirkungen der nationalen Gesetzgebung der Tschechischen Republik sowie Sloweniens auf die deutschen Volksgruppen neu zu überprüfen.

Verheugen erklärte sich im Interesse gutnachbarschaftlicher Beziehungen bereit, sich verstärkt in politischen Gesprächen für eine Aufarbeitung und Lösung historischer Belastungen einzusetzen. Schließlich betonte Verheugen sein Verständnis für das verletzte Rechtsempfinden der vertriebenen Erlebnisgeneration.

Andererseits aber können laut Verheugen Eigentumsfragen von der EU nicht behandelt werden. Eine Ausnahme bestehe nur dort, wo Gesetze diskriminierende Bestandteile enthalten[3]. Der gleiche Zugang zum Recht müsse nämlich für alle EU-Bürger gewährleistet sein. Nationalstaatliche Bestimmungen müßten von allen EU-Werbern mit dem EU-Rechtsstandard harmonisiert werden. In der EU dürfe kein Bürger aufgrund eines nationalstaatlichen Enteignungsdekrets gegenüber einem anderen diskriminiert werden . . . ⟨[4]⟩

Anmerkungen:

[1] Verheugen hatte am 2. 9. 2000 vorgeschlagen, die EU-Erweiterung an eine Volksabstimmung (v. a. in Deutschland) zu binden. Dagegen gab es sofort scharfe Kritik, da die politische Elite aller Beteiligten mit gutem Grund annehmen durfte, daß die deutschen Wähler v. a. wegen der hohen Kosten den Beitritt Polens und der ČR ablehnen würden.
Vgl. SZ, Nr. 202 v. 2./3. 9. 2000 sowie Nr. 204 v. 5. 9. 2000; S. 5.

[2] Verheugen erhielt dazu ein umfangreiches Memorandum. Zu Beispielen aktueller Anwendung: Siehe S. 1316, 1340.

[3] Als zeitlich naheliegende Materialien waren zu verzeichnen:
»Dipl.-Ing. Hans Korbel, Präsident der Landesversammlung der Deutschen in Böhmen, Mähren und Schlesien, besprach vor kurzem die Probleme der Heimatverbliebenen in der ČR mit der CDU/CSU-Bundestagsfraktion in Berlin. Der vertriebenenpolitische Sprecher Hartmut Koschyk faßte nach dem Gespräch zusammen:
›Die tschechischen Staatsbürger deutscher Nationalität sind gegenüber den Angehörigen der tschechischen Mehrheitsbevölkerung nach wie vor auf zahlreichen Gebieten benachteiligt. Die Bundesregierung ist deshalb aufgefordert, sich . . . bei der tschechischen Seite für eine rasche Beendigung andauernder Diskriminierung einzusetzen. In diesem Zusammenhang ist der Hinweis bedeutsam, daß die Tschechische Republik zu den ersten Unterzeichnerstaaten eines Zusatzprotokolls der Europäischen Menschenrechtskonvention gehört. Dieses Zusatzprotokoll Nr. 12 verbietet jedwede Diskriminierung, die etwa im Zusammenhang mit der Zugehörigkeit zu einer Rasse, Hautfarbe, Sprachgemeinschaft, Religion oder nationaler Minderheit steht. ⟨*Das Protokoll wurde bis Ende 2002 nicht ratifiziert.*⟩ . . .
Die deutsche Minderheit in der Tschechischen Republik verfügt über keine parlamentarischen Vertreter im Prager Parlament. Problematisch erscheint in diesem Zusammenhang die für die Parlamentswahl geltende Fünf-Prozent-Klausel, die auch für nationale Minderheiten keine Ausnahme vorsieht. Noch immer ist in der Tschechischen Republik keine Minderheitenschutzgesetzgebung in Kraft. Die Deutschen in der Tschechischen Republik müssen es als Diskriminierung empfinden, daß sie im Gegensatz zu den Angehörigen der tschechischen Mehrheitsbevölkerung nicht unter die tschechischen Rückerstattungs- und Entschädigungsregelungen für das nach dem Zweiten Weltkrieg kon-

fiszierte Eigentum fallen. Ihre in tschechischen Arbeitslagern verbrachten Zwangsarbeitszeiten werden nicht in der Rentenversicherung berücksichtigt. Auch erhalten sie keine Entschädigung für ihre erzwungenen Einzahlungen in den Fonds zum Wiederaufbau der Tschechischen Republik. Dies alles muß die Bundesregierung zum Anlaß nehmen, um mit Berufung auf die Vereinbarungen des Europarates und den deutsch-tschechoslowakischen Nachbarschaftsvertrag ⟨*vom 27. 2. 1992; zum Text: Siehe S. 929*⟩ gegenüber der Tschechischen Republik entschieden auf eine Beseitigung der Diskriminierung ihrer Staatsbürger deutscher Herkunft zu drängen.‹«
Vgl. »Sudetendeutscher Pressedienst«, Wien; 17. Jg., Nr. 3 v. 6. 12. 2000; S. 1 f.
Dazu auch die Petition der Deutschen in der ČR vom 18. 3. 2001; zum Inhalt: Siehe S. 1363.

[4] Zu späteren Äußerungen Verheugens, welche diese Informationen übergingen bzw. sogar abstritten: Siehe S. 1406, 1432, 1446.

Quelle:
SdZ; Nr. 47 v. 24. 11. 2000; S. 1.

****

Der Staatspräsident der Slowakischen Republik, Rudolf Schuster: **2000, 5. Dezember**[1]
Schuld an Vertreibung durchgängig bekennen

⟨*In einem Grußwort zur Jubiläumssitzung der Sudetendeutschen Akademie in München am 8. 12. 2000 schrieb Schuster*[2] *u. a.:*⟩
Ihr anhaltendes Interesse an einer weiteren Vertiefung der gegenseitigen Kontakte weiß ich hoch zu schätzen.
Diese Tatsache freut mich um so mehr, als sich die slowakisch-deutschen Beziehungen im 20. Jahrhundert nicht immer positiv entwickelt hatten. Es handelt sich vor allem um die Zeit des Zweiten Weltkriegs und kurz danach, als auch wir das Geltendmachen des Prinzips der kollektiven Schuld nicht vermieden, was viele Bürger deutscher Nationalität, die damals in der Tschechoslowakei lebten, zu spüren bekamen. Auch heute muß man all seinen Mut zusammennehmen, um ein wahrhaftes Bild dieser schweren Zeit zu zeichnen. Sie ist jedoch Realität, die wir aus dem Kontext unserer Betrachtungen und Bestrebungen um die Zukunft Europas nicht auslassen können. Ich betone dies deshalb, weil ich direkter Zeuge dieser Ereignisse war und viel Unrecht und schwere Schicksale der Karpatendeutschen gesehen habe. Ihre Aussiedlung war für viele eine menschliche Tragödie, denn Jahrhunderte hindurch sind sie geistig und existentiell mit der Slowakei verbunden gewesen.
Ein noch schwereres Schicksal mußten die Sudetendeutschen durchmachen, was heute nicht selten auch von tschechischer Seite objektiv zugegeben wird. Die slowakische Regierung der Nationalen Verständigung und der Slowakische Nationalrat, dessen Vorsitzender ich war, hat sich schon im Jahr 1990[3] aufrichtig bei den Karpatendeutschen für deren Leiden und die von ihnen in den Jahren 1944 bis 1946 durchgemachten Tragödien entschuldigt.
Auch heute liegt es im Interesse der slowakischen politischen Repräsentation, politisches und menschliches Verständnis zu finden, wie es den Interessen und den Erfordernissen der sich erweiternden Europäischen Union entspricht. Meiner Meinung nach genügt es nämlich nicht, daß sich die Länder, aus denen die Bürger deutscher Nationalität gewaltsam ausgesiedelt wurden, gelegentlich für diesen tragischen Irrtum entschuldigen, sondern sie sollten lernen, so wie im Fall des Holocaust, ihre Schuld zuzugeben, um den künftigen Generationen zu zeigen, daß Europa allein auf den Prinzipien der Toleranz, der Verständigung und Humanität aufgebaut werden kann. Ich persönlich würde mich sehr freuen, wenn wir auf diesem Wege ein für allemal eine gemeinsame Sprache finden würden, damit wir uns in Zukunft, ohne verlegen sein zu müssen, an einen gemeinsamen Tisch setzen können und über die »Vertreibung« als von einer der Lösung zugeführten Angelegenheit sprechen können. Das fordert nicht nur die politische Weitsicht, sondern auch die kulturelle Reife.
...
⟨[4,5]⟩

Anmerkungen:

[1] Datum des brieflichen Grußwortes.

[2] Anläßlich seines offiziellen Besuchs in Baden-Württemberg, dem Patenland der Karpatendeutschen, hatte Staatspräsident Schuster in einem Gespräch mit dem Bundesvorstand der Karpatendeutschen Landsmannschaft u. a. zur Frage der auch in der Slowakischen Republik fortgeltenden Beneš-Dekrete die Auffassung vertreten, daß »beim Eintritt ⟨*der Slowakischen Republik*⟩ in die EU die Frage der Dekrete gelöst werden müsse«.
Vgl. »Landeszeitung«, Prag; Jg. 2, Nr. 21 v. 10. 10. 2000; S. 5.

[3] Zu den Texten: Die slowakische Regierung vom 5. 5. 1990: Siehe S. 905; der slowakische Nationalrat vom 12. 2. 1991: Siehe S. 908.

[4] a) Zur Erklärung von Staatspräsident Schuster vom 5. 12. 2000 gab es Proteste in Prag und Anerkennung in München:
»Die zweitgrößte tschechische Zeitung ›Právo‹, früher Parteiorgan der KP, hat den slowakischen Präsidenten Schuster angegriffen, weil dieser die Vertreibung der Deutschen aus der früheren Tschechoslowakei bedauert hatte. Hierzu erklärt der Sprecher der sudetendeutschen Volksgruppe, Landtagspräsident Böhm, in München:
›Präsident Schuster hat sich im Dezember in einem Grußwort an die Sudetendeutsche Akademie mit deutlichen Worten von der Vertreibung der Sudeten- und Karpatendeutschen distanziert. Er hat damit eine gleichzeitige Erklärung des Slowakischen Nationalrats bekräftigt, die dieser schon im Jahre 1991 abgegeben hat.
Diese Aussagen des slowakischen Parlaments, die jetzt von Präsident Schuster erneuert wurden, verdienen Anerkennung und Respekt. Die Slowakei hat bereits Taten folgen lassen. Sie pflegt längst den direkten Dialog und eine fruchtbare Zusammenarbeit mit den Karpatendeutschen. Freilich ist noch nicht über alle Fragen volle Einigkeit erzielt worden.
Der Revanchismusvorwurf der Zeitung ›Právo‹ an Schuster unterstreicht nur, wie richtig die slowakische Politik ist und wie weit demgegenüber der Weg einiger tschechischer Nationalisten hin zu einem Europa des Völkerrechts und der guten Nachbarschaft noch ist. Wir wären dankbar, wenn zwischen den Sudetendeutschen und der Tschechischen Republik dasselbe möglich wäre wie zwischen den Karpatendeutschen und der Slowakei.‹«
Vgl. SdZ; Nr. 4 v. 26. 1. 2001; S. 1.

b) »Vergangene Woche reagierte das Außenministerium in Bratislava ⟨*d. h. Preßburg*⟩ ablehnend auf die Ansichten Schusters. ›Unser bisheriger Standpunkt wird sich nicht ändern, und wir sehen keinen Grund zu seiner Revision oder einer Entschuldigung‹, ließ der Sprecher des Außenressorts, Boris Gandel, verlauten. 1990 hatte sich die slowakische Regierung von Milan Čič und der Slowakische Nationalrat, der damals von Schuster geführt wurde, bei den vertriebenen Karpatendeutschen für das in den Jahren 1944 bis 1946 erlittene Leid entschuldigt, aber nicht für die Vertreibung als solche.«
Vgl. PZ; Nr. 3 v. 25. 1. 2001.
Der Sprecher des Außenressorts gab die Entschuldigung von 1990 nicht korrekt wieder: Nachdem der damalige Redner im Auftrage von Ministerpräsident Milan Čič »die Tragödie der Jahre 1944–1946 mit der Vertreibung der Deutschen« identifiziert hatte, bezeichnete er es als Aufgabe, »uns bei den Karpatendeutschen für all ihr Leid, für die Tragödie, für das Unglück, das sie in den Jahren 1944–1946 erlebten, ehrlich zu entschuldigen«.
Vgl. »Karpatenpost«, Stuttgart; Jg. 41, Nr. 6 (Juni 1990); S. 1.

c) Staatspräsident Schuster ließ seine Erklärung vom 5. 12. 2000 wenig später relativieren:
»Es habe sich um eine persönliche Meinungsäußerung gehandelt ... Er stelle die 1945 von der Potsdamer Konferenz gefällten Entscheidungen nicht in Frage, betonte Schuster. Er akzeptiere die Vertreibungen aus der damaligen Tschechoslowakei und anderen osteuropäischen Ländern. Seiner Erfahrung nach seien aber auch ›viele unschuldige Menschen‹ von der Ausweisung betroffen gewesen.«
Vgl. SZ; Nr. 15 v. 19. 1. 2001; S. 8.

[5] a) Die offizielle Linie der Slowakischen Republik konnte aus einem Schreiben ihres Außenministeriums vom 29. 5. 2001 an die Karpatendeutsche Landsmannschaft in Österreich entnommen werden. Es hieß darin u. a.:
»Die Rechtsgrundlage der Aussiedlung der Deutschen nach dem Zweiten Weltkrieg bilden nicht die Dekrete des Präsidenten E. Beneš, sondern die Beschlüsse der drei Großmächte in der Potsdamer Konferenz vom 1. 8. 1945 über die Aussiedlung der deutschen Bevölkerung aus Polen, Ungarn und der Tschechoslowakei, konkret der Artikel XII des Protokolls der Konferenz.

Die Aussiedlung stützt sich demnach nicht auf tschechoslowakisches Recht, sondern auf internationales Recht . . .; es handelt sich um einen Teil des Völkerrechts und um eine der Schlußfolgerungen des Zweiten Weltkrieges.
Die Dekrete des Präsidenten . . . beschäftigen sich mit der Bestrafung der Naziverbrecher sowie der Verräter und Kollaborateure, die Konfiszierung deren Eigentums, mit Fragen der Staatsbürgerschaft dieser Personen usw. Die Aussiedlung selbst, die gemäß des Potsdamer Abkommens erfolgte, ist nicht als ein rechtswidriges Verfahren anzusehen, weshalb die slowakische Regierung gegenüber den ausgesiedelten Personen keine Verantwortung trägt, die als Grundlage für . . . Ansprüche auf Rückgabe des Eigentums, Ansprüche auf finanzielle Entschädigung bzw. Entschuldigung an die Slowakische Republik als Nachfolgerstaat der damaligen ČSR betrachtet werden könnte.
Die Dekrete des Präsidenten der Republik aufgrund derer das Eigentum der Ungarn und Deutschen auf dem Gebiet der Slowakischen Republik konfisziert wurde, wie auch der Erlaß betreffs der Ausbürgerung sind Rechtsnormen, die . . . sich nicht nur auf jene Personen bezogen, die mit den Okkupationsbehörden kooperierten und denen die Kollaboration mit Nazisten nachgewiesen wurde. Es ging also nicht um eine Kollektivbestrafung aller Minderheitenangehörigen, sondern um die Bestrafung der Kollaboranten und Verräter.
Bei der Anwendung der Dekrete konnten individuelle Unrechte vorkommen, die wir bedauern. In diesem Geiste reagierte auch der Nationalrat der Slowakischen Republik in seiner Erklärung zur Aussiedlung der Deutschen vom 12. Dezember 1991. In Übereinstimmung damit bekunden wir unser Interesse an einer positiven Bewältigung der Vergangenheit und einer Orientierung und Fortsetzung unserer Beziehungen, die nicht nur gegenseitig bereichernd wären, sondern auch eine mögliche Wiederholung ähnlicher Ereignisse in Zukunft verhindert.«
Wiedergabe nach »Heimatblatt der Karpatendeutschen Landsmannschaft (KdL) in Österreich«, Wien; Jg. 2001, Nr. 7/8 im Abdruck aus »Rundbrief der SdJÖ«, Wien; Nr. 232 v. Oktober 2001; S. 1 f. Die erkennbaren Sachfehler (»Potsdam« = 2. 8. 1945; dort Art. XIII; Nationalratserklärung 12. Februar 1991) blieben unbereinigt.

b) Zur Behauptung, daß die Enteignungen nur »Kollaboranten und Verräter« betrafen:
»Die Familie Schramm betrieb in der ersten ČSR ein florierendes Steinmetzunternehmen. An den Sohn der ⟨*letzten Inhaberin*⟩ Katharina Schramm, Robert Stirba, erinnert eine Gedenktafel in Lubjetova (Libethen), einer Ortschaft nahe Neusohl. Stirba war dort am 8. 1. 1945 als ›Angehöriger der tschechoslowakischen Auslandsarmee in der Sowjetunion‹ (Partisan) bei einem Feuergefecht mit deutschen Soldaten gefallen. Katharina Schramm als nächste Verwandte sollte daher nach den Bestimmungen des Gesetzes Nr. 255/1946 ⟨*vom 19. 12. 1946; zum Text: Siehe S. 690*⟩ behandelt werden, das für ›Angehörige der tschechoslowakischen Armee und andere Teilnehmer des nationalen Befreiungskampfes‹ eine Bevorzugung vorsah. Dennoch wurde der Familie auf der Grundlage der Beneš-Dekrete das Eigentum entzogen, wogegen 1964 sogar die ›Vereinigung der antifaschistischen Kämpfer‹ (SPB) protestierte. Theresia Schramm, die Schwester des gefallenen Partisanen, hat das Familieneigentum bis heute nicht zurückerhalten.«
Wiedergabe nach »Heimatblatt der KdL in Österreich«, Wien; Jg. 2002; Nr. 7/8 im Abdruck aus »Rundbrief der SdJÖ«, Wien; Nr. 238 v. Oktober 2002; S. 1.

Quelle:
Original des Briefes; 2 ms. S.; Fotokopie im Besitz des Verfassers; Abdruck: SdZ; Nr. 52 v. 29. 12. 2000; S. 1 f.

****

Proklamation der »Grundrechts-Charta« der EU[2]: **2000, 7. Dezember[1]**
Garantie der Menschenrechte durch die Staats-/Regierungschefs der EU

Präambel

Die Völker Europas sind entschlossen, auf der Grundlage gemeinsamer Werte eine friedliche Zukunft zu teilen, indem sie sich zu einer immer engeren Union verbinden. In dem Bewußtsein ihres geistig-religiösen und sittlichen Erbes gründet sich die Union auf die unteilbaren und universellen Werte der Würde des Menschen, der Freiheit, der Gleichheit und der Solidarität. Sie beruht auf den Grundsätzen der Demokratie und der Rechtsstaatlichkeit. Sie

stellt die Person in den Mittelpunkt ihres Handelns, indem sie die Unionsbürgerschaft und einen Raum der Freiheit, der Sicherheit und des Rechts begründet.
Die Union trägt zur Erhaltung und zur Entwicklung dieser gemeinsamen Werte unter Achtung der Vielfalt der Kulturen und Traditionen der Völker Europas sowie der nationalen Identität der Mitgliedstaaten und der Organisation ihrer staatlichen Gewalt auf nationaler, regionaler und lokaler Ebene bei. Sie ist bestrebt, eine ausgewogene und nachhaltige Entwicklung zu fördern, und stellt den freien Personen-, Waren-, Dienstleistungs- und Kapitalverkehr sowie die Niederlassungsfreiheit sicher. Zu diesem Zweck ist es notwendig, angesichts der Weiterentwicklung der Gesellschaft, des sozialen Fortschritts und der wissenschaftlichen und technologischen Entwicklungen den Schutz der Grundrechte zu stärken, indem sie in einer Charta sichtbarer gemacht werden.

Kapitel I: Würde des Menschen

Artikel 1: Würde des Menschen
Die Würde des Menschen ist unantastbar. Sie ist zu achten und zu schützen.

⟨*Artikel 2–5: Recht auf Leben, auf Unversehrtheit; Verbot der Folter und der Sklaverei*⟩

Kapitel II: Freiheiten

⟨*Artikel 6–10: Recht auf Freiheit, Achtung des Privatlebens, Schutz personenbezogener Daten; Recht auf Ehe, Gedanken-, Gewissens- und Religionsfreiheit*⟩

Artikel 11: Freiheit der Meinungsäußerung und Informationsfreiheit
1. Jede Person hat das Recht auf freie Meinungsäußerung. Dieses Recht schließt die Meinungsfreiheit und die Freiheit ein, Informationen und Ideen ohne behördliche Eingriffe und ohne Rücksicht auf Staatsgrenzen zu empfangen und weiterzugeben.
2. Die Freiheit der Medien und ihre Pluralität werden geachtet.

Artikel 12: Versammlungs- und Vereinigungsfreiheit
1. Jede Person hat das Recht, sich insbesondere im politischen, gewerkschaftlichen und zivilgesellschaftlichen Bereich auf allen Ebenen frei und friedlich mit anderen zu versammeln und frei mit anderen zusammenzuschließen, was das Recht jeder Person umfaßt, zum Schutz ihrer Interessen Gewerkschaften zu gründen und Gewerkschaften beizutreten.
2. . .

⟨*Artikel 13–16: Freiheit von Kunst und Wissenschaft; Recht auf Bildung, Berufs- und unternehmerische Freiheit*⟩

Artikel 17: Eigentumsrecht
1. Jede Person hat das Recht, ihr rechtmäßig erworbenes Eigentum zu besitzen, zu nutzen, darüber zu verfügen und es zu vererben. Niemandem darf sein Eigentum entzogen werden, es sei denn aus Gründen des öffentlichen Interesses in den Fällen und unter den Bedingungen, die in einem Gesetz vorgesehen sind, sowie gegen eine rechtzeitige angemessene Entschädigung für den Verlust des Eigentums. Die Nutzung des Eigentums kann gesetzlich geregelt werden, soweit dies für das Wohl der Allgemeinheit erforderlich ist.
2. Geistiges Eigentum wird geschützt.

Artikel 18: Asylrecht
Das Recht auf Asyl wird nach Maßgabe des Genfer Abkommens vom 28. Juli 1951 und des Protokolls vom 31. Januar 1967 über die Rechtsstellung der Flüchtlinge sowie gemäß dem Vertrag zur Gründung der Europäischen Gemeinschaft gewährleistet.

Artikel 19[3,4]: Schutz bei Abschiebung, Ausweisung und Auslieferung

1. Kollektivausweisungen sind nicht zulässig.
2. Niemand darf in einen Staat abgeschoben oder ausgewiesen oder an einen Staat ausgeliefert werden, in dem für sie oder ihn das ernsthafte Risiko der Todesstrafe, der Folter oder einer anderen unmenschlichen oder erniedrigenden Strafe oder Behandlung besteht.

Kapitel III: Gleichheit

Artikel 20: Gleichheit vor dem Gesetz
Alle Personen sind vor dem Gesetz gleich.

Artikel 21: Nichtdiskriminierung

1. Diskriminierungen insbesondere wegen des Geschlechts, der Rasse, der Hautfarbe, der ethnischen oder sozialen Herkunft, der genetischen Merkmale, der Sprache, der Religion oder der Weltanschauung, der politischen oder sonstigen Anschauung, der Zugehörigkeit zu einer nationalen Minderheit, des Vermögens, der Geburt, einer Behinderung, des Alters oder der sexuellen Ausrichtung sind verboten.
2. Im Anwendungsbereich des Vertrags zur Gründung der Europäischen Gemeinschaft und des Vertrags über die Europäische Union ist unbeschadet der besonderen Bestimmungen dieser Verträge jede Diskriminierung aus Gründen der Staatsangehörigkeit verboten.

Artikel 22: Vielfalt der Kulturen, Religionen und Sprachen
Die Union achtet die Vielfalt der Kulturen, Religionen und Sprachen.

⟨Artikel 23–26: Gleichheit von Männern und Frauen; Rechte des Kindes, älterer Menschen, Behinderter⟩

Kapitel IV: Solidarität

⟨Artikel 27–38: v. a. Rechte von Arbeitnehmern, Verbot der Kinderarbeit; Sozial-, Gesundheits-, Umwelt- und Verbraucherschutz⟩

Kapitel V: Bürgerrechte

⟨Artikel 39–44, 46: Wahlrecht; Recht auf gute Verwaltung und auf Zugang zu Dokumenten; Der Bürgerbeauftragte der Union; Petitionsrecht, Diplomatischer Schutz⟩

Artikel 45: Freizügigkeit und Aufenthaltsfreiheit

1. Die Unionsbürgerinnen und Unionsbürger haben das Recht, sich im Hoheitsgebiet der Mitgliedstaaten frei zu bewegen und aufzuhalten.
2. Staatsangehörigen dritter Länder, die sich rechtmäßig im Hoheitsgebiet eines Mitgliedstaats aufhalten, kann gemäß dem Vertrag zur Gründung der Europäischen Gemeinschaft Freizügigkeit und Aufenthaltsfreiheit gewährt werden.

Kapitel VI: Justizielle Rechte

⟨Artikel 47, 50: Recht auf wirksamen Rechtsbehelf, ein unparteiisches Gericht und keine doppelte Bestrafung⟩

Artikel 48: Unschuldsvermutung und Verteidigungsrechte

1. Jede angeklagte Person gilt bis zum rechtsförmlich erbrachten Beweis ihrer Schuld als unschuldig.
2. Jeder angeklagten Person wird die Achtung der Verteidigungsrechte gewährleistet.

Artikel 49: Grundsätze der Gesetzmäßigkeit und der Verhältnismäßigkeit im Zusammenhang mit Straftaten und Strafen

1. Niemand darf wegen einer Handlung oder Unterlassung verurteilt werden, die zur Zeit ihrer Begehung nach innerstaatlichem oder internationalem Recht nicht strafbar war. Es darf auch keine schwere Strafe als die zur Zeit der Begehung angedrohte Strafe verhängt werden. Wird nach Begehung einer Straftat per Gesetz eine mildere Strafe eingeführt, so ist die zu verhängen.
2. Dieser Artikel schließt nicht aus, daß eine Person wegen einer Handlung oder Unterlassung verurteilt oder bestraft wird, die zur Zeit ihrer Begehung nach den allgemeinen, von der Gesamtheit der Nationen anerkannten Grundsätzen strafbar war.

Kapitel VII: Allgemeine Bestimmungen

⟨*Artikel 51–54: Anwendungsbereich, Tragweite, Schutzniveau, Verbot des Mißbrauchs*⟩ ⟨[5]⟩

Anmerkungen:

[1] Datum der Proklamation in Nizza (Frankreich) nach der Verabschiedung durch die Organe der Union am 28. 9. 2000.

[2] Zur Vorgeschichte:
Für das im Juni 1999 eingesetzte Erarbeitungsgremium wurden am 7. 12. 1999 die 62 Mitglieder ernannt.
Ein erster Entwurf der Charta wurde im Sommer 2000 zirkuliert.

[3] Zu Art. 19 gab es verschiedene Präzisierungsbemühungen:
Die Bundesversammlungen des BdV am 30. 5. 1999 in Berlin und am 20. 5. 2000 empfahlen die Aufnahme des Rechts auf die Heimat in die EU-Grundrechtscharta.
Vgl. »Die Pommersche Zeitung«, Kiel; Nr. 40 v. 7. 10. 2000; S. 16.
Die BdV-Präsidentin Steinbach präzisierte diesen Wunsch. Analog zum Vorgehen in Artikel 18 der Charta, welches das Asylrecht aus dem Text anderer internationaler Festlegungen übernahm, schlug sie in einem Brief an den Vorsitzenden des Grundrechtskonvents, Bundespräsident a. D. Roman Herzog, vor, das Recht auf die Heimat in der Form der Art. 4 und Art. 8 des Beschlusses der UN-Menschenrechtskommission vom 17. 4. 1998 in die EU-Grundrechtscharta aufzunehmen.
Vgl. »Die Pommersche Zeitung«, Kiel; Nr. 42 v. 21. 10. 2000; S. 1.

[4] a) Die CDU/CSU-Bundestagsfraktion hatte in einem Antrag »Die Rechte der Bürger stärken – Für eine bürgernahe Charta der Grundrechte der EU« u. a. gefordert:
»Angesichts der schrecklichen Erfahrungen mit ethnischen Säuberungen und Vertreibungen im 20. Jahrhundert und insbesondere in jüngster Zeit auf dem Balkan sollte in die Charta ein Grundrecht auf Heimat und Schutz vor Vertreibung sowie eine Schutzbestimmung für ethnische, nationale und sprachliche Minderheiten aufgenommen werden.«
Zum Text: Vgl. BtDs. Nr. 14/3368 v. 16. 5. 2000.

b) SPD und Grüne verlangten in einem Antrag »Charta der Grundrechte der EU« zu diesem Thema:
Es gilt, »einen umfassenden Minderheitenschutz und Schutz vor Diskriminierung, insbesondere aufgrund der Hautfarbe, der ethnischen Herkunft, der Religion oder Weltanschauung, einer Behinderung, des Alters oder der sexuellen Ausrichtung, zu garantieren«.
Zum Text: Vgl. BtDs. Nr. 14/3387 v. 17. 5. 2000.

c) Der entsprechende Antrag der FDP (BtDs. Nr. 14/3322 v. 10. 5. 2000) enthielt lediglich, ein »umfassendes Diskriminierungsverbot« aufzunehmen.

d) In der Bundestagsdebatte fragte MdB Peter Altmaier (CDU) die Abgeordneten der SPD/Grünen: »Warum war es denn so schwierig, mit Ihnen über ein Verbot der Vertreibung, über ein Grundrecht auf Heimat zu reden? Das war mit der Koalition nicht zu machen. Ich verstehe ja, daß viele sagen, die Debatte sei historisch belastet, aber angesichts der Vertreibungen, die im ehemaligen Jugoslawien, in Bosnien, im Kosovo bis in die allerjüngste Zeit stattgefunden haben und möglicherweise in anderen Teilen Europas noch stattfinden werden, was niemand von uns hofft, müssen wir uns doch der Frage stellen, wie wir damit umgehen. Dann kann es doch nicht verboten sein, darüber nachzudenken, ob in dieser Charta erstens ein Recht auf Minderheitenschutz und zweitens ein Vertreibungsverbot deutlich sichtbar verankert werden sollen.«

Er erhielt keine Antwort.
In der Abstimmung wurde der Antrag der CDU/CSU mit den Stimmen der Koalition abgelehnt und der Antrag der SPD/Grünen angenommen.
Vgl. Deutscher Bundestag: »Stenographischer Bericht«; 14. WP.; 115. Sitzung v. 7. 7. 2000; S. 11.022–11.033; hier S. 11.027, 11.033.

[5] Die »Grundrechtscharta« der EU soll in einem »Europäischen Verfassungsvertrag« aufgehen, der seit Dezember 2001 vom »Europäischen Verfassungskonvent« (Vorsitz: Giscard d'Estaing; 102 Mitglieder, darunter auch der ČR) erarbeitet wurde.
Für den »Verfassungsvertrag« hat MdB Matthias Sehling (CSU) bereits gefordert, anstelle der bloßen »Nichtdiskriminierung« des Art. 21 der »Grundrechtscharta« den aktiven Schutz der Identität und Existenz einer historisch gewachsenen Minderheitengemeinschaft aufzunehmen.
Vgl. SdZ; Nr. 8 v. 21. 2. 2003; S. 4.

Quelle:
SZ; Nr. 283 v. 8. 12. 2000; S. 11.

****

Erklärung[1] **2001, Anfang März**
vieler tschechischer Bürger[2]**:**
»Wir bereuen«

Die tschechische politische Repräsentation hat während des ganzen Jahrzehnts nach dem Novemberumsturz keinen Mut gefunden, sich eindeutig zur Vertreibung der Sudetendeutschen aus der Tschechoslowakei zu äußern. Wir sind uns der Verbrechen bewußt, die das Nazi-Regime begangen hat. Falls wir eine hochentwickelte selbstbewußte Gesellschaft bilden wollen, müssen wir jedoch fähig sein, auch die Verantwortung für Sünden unserer Vergangenheit zu bekennen.
Wir sind überzeugt, daß die Vertreibung der Sudetendeutschen ein brutaler und unmenschlicher Gewaltakt gegen eine Volksgruppe war, der durch nichts zu rechtfertigen ist. Die Schuld dafür tragen vor allem die damalige tschechische Gesellschaft und ihre politischen Repräsentanten. Obwohl sich die Mehrheit der heute lebenden Tschechen an diesem Verbrechen nicht direkt beteiligt hat, fühlen wir dafür Verantwortung. Wir bedauern nicht nur die sogenannten Exzesse, sondern die Vertreibung als solche und das Leid, das sie den unschuldigen Leuten gebracht hat. Deshalb entschuldigen wir uns offenherzig bei unseren vertriebenen Landsleuten.
⟨[3]⟩

Anmerkungen:

[1] Die Erklärung, die anscheinend von Bohumil Doležal inspiriert wurde (zu seinen aktuellen Begründungen: Siehe S. 1364), wurde von 130 Erstunterzeichnern in Prag veröffentlicht, deren volle Namen dem Text folgten.
Wenige Wochen nach Herausgabe stieg die Zahl der Signatare auf rund 350.

[2] Im März 2000 wurde in Prag von u. a. Emanuel Mandler (siehe S. 1054) und Jan Mlynarik (siehe S. 804 ff.) die Bürgerinitiative »Česka-Německa vzájemnost« (Tschechisch-Deutsche Gemeinsamkeit) vorgestellt. Ihre Programmerklärung besagte u. a.:
»Zu den gravierendsten Mängeln der bestehenden tschechisch-deutschen Zusammenarbeit gehört das offizielle Ignorieren der Frage der Unterbrechung des tschechisch-deutschen Zusammenlebens durch die Zwangsaussiedlung der deutschen Bürger aus der ČSR 1945–1947. Hier dauern am stärksten die Überreste eines antideutschen Chauvinismus fort, der während der 40jährigen kommunistischen Diktatur genährt wurde, und den zu eliminieren auch während der zehn Jahre einer demokratischen Ordnung der ČR nicht gelang. Die Geisteswissenschaften, insbesondere die Historiographie, trugen nicht zur Klärung der tragischen Trennung von Tschechen und Deutschen bei, sie trugen nicht zur Säuberung unserer Geschichte von der grausamen und ungerechten Schuld bei, die unser Staat an unseren ehemaligen Mitbürgern deutscher Nationalität auf sich geladen hat. Wir verurteilen die größte ethnische Säuberung unserer Geschichte – die Vertreibung der Sudetendeutschen.«
Vgl. SdZ; Nr. 14 v. 6. 4. 2001; S. 1.

[3] a) In der Fragestunde des Deutschen Bundestages am 4. 4. 2001 fragte MdB Hartmut Koschyk (CSU), ob der Bundesregierung die Erklärung »Wir bereuen« bekannt sei. Er fuhr fort: ». . . und sieht die Bundesregierung Möglichkeiten, die Überlegungen und die Unterstützer dieser Erklärung stärker in den deutsch-tschechischen Dialog, z. B. im Rahmen des gemeinsamen Gesprächsforums, einzubeziehen?«

b) Der Staatsminister im Auswärtigen Amt, Ludger Volmer, antwortete:
»Der Bundesregierung ist die von dem ehemaligen Berater des seinerzeitigen tschechischen Ministerpräsidenten Václav Klaus vorgelegte Erklärung ›Wir bereuen‹ bekannt.
Die Bundesregierung begrüßt, wenn in der Tschechischen Republik eine offene Debatte über die Vertreibung geführt wird. Sie sieht die von Herrn Doležal vorgelegte Erklärung als einen wichtigen Beitrag zu dieser innertschechischen Diskussion. Im Rahmen des deutsch-tschechischen Dialogs widmet sich bereits heute das Unterforum ›Dialog zwischen Deutschen und Tschechen und den für diesen Dialog wichtigen Minderheiten‹ des deutsch-tschechischen Gesprächsforums, das am 9. März 2001 in Dresden erstmals zusammengetreten ist, den sich aus der Vergangenheit ergebenden Fragestellungen. Diese durch einmütigen Beschluß des Koordinierungsrates des Gesprächsforums ins Leben gerufene Arbeitsgruppe bietet Raum, um sämtliche aus der Vergangenheit herrührende Fragestellungen offen zu erörtern.
Dessen ungeachtet unterstreicht die Bundesregierung, daß in Ziffer 4 der Deutsch-Tschechischen Erklärung von 1997 vereinbart worden ist, die Beziehungen auf die Zukunft auszurichten und nicht mit aus der Vergangenheit herrührenden politischen und rechtlichen Fragen zu belasten.«
Vgl. Deutscher Bundestag: »Stenographischer Bericht«; Sitzung v. 4. 4. 2001; S. 163 sowie SdZ; Nr. 17 v. 27. 4. 2001; S. 4.

c) Zum erwähnten Unterforum »Dialog zwischen Deutschen und Tschechen und den für diesen Dialog wichtigen Minderheiten« waren Fragen angebracht:

ca) Zum mysteriösen zweiten Titelteil: Allgemein bekannt und in der Ziffer V der zitierten Erklärung vom (21. 1.) 1997 fixiert war, daß es zwar die »deutsche Minderheit« in der ČR gab, aber nur »Personen tschechischer Abstammung« in Deutschland. Sollten diese nun zur Minderheit hochstilisiert werden?

cb) Das Unterforum, so hieß es, »widmet sich . . . den sich aus der Vergangenheit ergebenden Fragestellungen«.
Waren damit die bisherigen Denkgrenzen des »Gesprächsforums« (siehe S. 1364 mit Anm. 9) aufgehoben?

cc) Zu den 16 Mitgliedern des »Unterforums«: Vgl. Die Brücke; Nr. 2 v. 15. 4. 2001; S. 2.

Quelle:
Die Brücke; Nr. 2. v. 15. 4. 2001; S. 1.

****

Petition[1] der Landesversammlung der Deutschen in Böhmen, Mähren und Schlesien: **2001, 18. März**
Wir wollen Gerechtigkeit

⟨Die Petition begann mit einer historischen Einleitung, welche die ab 1945 an Deutschen begangenen Vergehen und die Vorschriften aufzeigte, durch welche das Unrecht gerechtfertigt werden sollte. Dann folgten Entschädigungsvorschläge in folgenden Punkten:⟩

a) Beide Häuser des Parlaments mögen beschließen, daß sich die Nachkriegsdekrete des Präsidenten der Republik[2] nicht auf die in der Tschechischen Republik lebenden Bürger deutscher Nationalität beziehen.

b) Es solle in angemessener Weise das Eigentum rückerstattet werden, das den heimatverbliebenen Bürgern deutscher Nationalität aufgrund des Dekrets Nr. 12/1945[3] konfisziert wurde. Für die im Zwangsarbeitseinsatz verbrachte Zeit soll eine finanzielle Entschädigung gewährt werden, und zwar:
– 100 Kronen[4] für jeden im Arbeitseinsatz oder im Sammellager verbrachten Tag;
– ein Zuschuß von 15 Kronen zur Altersrente für jeden im Arbeitseinsatz oder im Lager verbrachten Monat;

– ein einmaliger Betrag in Höhe von 20 Prozent des Durchschnittslohnes in der Tschechischen Republik zum 1. Januar 2001 für jeden Monat der Arbeitsverpflichtung, in dem ein 20prozentiger Zwangsabzug vom Bruttolohn geltend gemacht wurde, ein einmaliger dem Durchschnittslohn in der Tschechischen Republik entsprechender Betrag für jeden Monat, in dem überhaupt keine Lohnzahlung erfolgte.

c) Weiter soll eine Freigabe aller gesperrten Spareinlagen[5] erfolgen, umgerechnet auf die Kaufkraft der tschechischen Krone zum 1. Januar 2001.

d) Schließlich wird eine einmalige Entschädigung in Höhe von 10.000 Kronen für Personen deutscher Nationalität zur Abgeltung der durch die Zwangsumsiedlung verursachten Schäden sowie eine einmalige Entschädigung in Höhe von 10.000 Kronen für das Verbot der Verwendung an deutschen oder madjarischen Hochschulen nach dem 17. November 1939 erworbenen Titeln sowie der Ausübung von bildungsgerechter Arbeiten gefordert.

⟨[6]⟩

Anmerkungen:

[1] Die Petition wurde am 22. 8. 2001 dem Vorsitzenden des Petitionsausschusses des ČR-Abgeordnetenhauses, Cyril Svoboda, übermittelt.

[2] Gemeint: Die sog. Beneš-Dekrete; zum Komplex: Siehe S. 576.

[3] Vom 21. 6. 1945 über landwirtschaftliche Enteignung; zum Text: Siehe S. 532.

[4] Zur Beurteilung: Der aktuelle Kurs betrug ca. 18 Kronen = 1 DM.

[5] Die Spareinlagen wurden am 22. 6. 1945 gesperrt; zum Text: Siehe S. 534.

[6] a) Die Petition stieß in der tschechischen veröffentlichten Meinung neben vereinzelten positiven Stimmen überwiegend auf ein negatives Echo wegen vorherrschender Rückprojektionen.
Vgl. z. B. Pavlíček, Václav: »Petice, nebo obhajoba nacistických zločinů?« (Petition oder Verteidigung nazistischer Verbrechen?) in »Právo« (Recht), Prag; 9. 11. 2001, S. 11.

b) MdB Hartmut Koschyk (CSU) fragte u. a. dazu: »In welcher Weise unterstützt die Bundesregierung diesen Vorschlag gegenüber der tschechischen Seite?«
Der Staatsminister im Auswärtigen Amt, Ludger Volmer, antwortete:
»Die Bundesregierung sieht keine Veranlassung, in ein laufendes Petitionsverfahren des tschechischen Abgeordnetenhauses einzugreifen. Sie nimmt im übrigen die von Vertretern der deutschen Minderheit gegenüber tschechischen Medien geäußerte Auffassung zur Kenntnis, hierbei handle es sich um eine ›innere Angelegenheit‹ zwischen der deutschen Minderheit und dem tschechischen Staat.
Dessen ungeachtet bekräftigt die Bundesregierung ihre wiederholt geäußerte Auffassung, daß es zu begrüßen ist, wenn in der Tschechischen Republik eine offene Diskussion über die Vertreibung von Deutschen nach 1945 geführt wird.«
Vgl.: BtDs. 14/7121 v. 9. 10. 2001; S. 4 f.

Wiedergabe nach
SdZ; Nr. 35 v. 31. 8. 2001; S. 1.

****

Artikel[1] **2001, 20. März**
des tschechischen Politologen Bohumil Doležal:
»Die Schuld der Sieger ⟨–⟩ Das Böse ist ansteckend:
Auch die Vertreibung der Deutschen . . . war schweres Unrecht«

⟨*Ausgangsthese des Autors: Die großen Demokratien des Westens haben im 20. Jahrhundert Aggressoren widerstanden, aber nicht gelernt, Konflikte endgültig beizulegen.*⟩

Die Sieger des Zweiten Weltkriegs triumphieren auch heute noch; zwar nicht mehr auf den Schlachtfeldern, aber in den Konferenzräumen. Und die Besiegten verlieren zwar nicht mehr ihr Leben, wohl aber ihr Geld.

Es ist gut, daß die Zwangsarbeiter entschädigt werden[2]. Aber will man das vielfache Unrecht, das im großen Krieg geschah, ungleich behandeln? Vor einiger Zeit schrieb der slowakische Staatspräsident Schuster in einem Brief an eine sudetendeutsche Kulturinstitution, die Länder, die nach dem Ende des Zweiten Weltkriegs die Deutschen vertrieben hätten, sollten ... ihre Schuld zugeben. ⟨*Anschließend gab der Autor die Hauptthesen Schusters*[3] *wieder.*⟩ Nach einem eilig angesetzten Gespräch mit dem Außenminister erklärte der slowakische Präsident dann freilich, daß er mit seinem Aufruf keineswegs die Beschlüsse der Potsdamer Konferenz in Frage habe stellen wollen.

Auch der jetzige amerikanische Präsident Bush nannte in seinem Wahlkampf die Vertreibung der Deutschen einen der schlimmsten Fälle kultureller Ausrottung[4]. Das State Department schickte dieser Äußerung ebenfalls eilends die Versicherung hinterher, daß sich die Haltung der Vereinigten Staaten zur Potsdamer Konferenz und zur Vertreibung nicht geändert habe[5].

Doch die seltsame Schizophrenie der Mächtigen dieser Welt ändert nichts daran: Auch die Vertreibung der Deutschen war ein Unrecht; allerdings ein Unrecht, das als solches nicht allgemein anerkannt wurde. Vor allem wurde es von denen nicht anerkannt, die es ausgedacht, geplant und ausgeführt hatten.

Der Unwille der tschechischen Öffentlichkeit, die harte Wahrheit zur Kenntnis zu nehmen, ist zwar nicht richtig, aber begreiflich: So stellt sich der Mensch zu einer Angelegenheit, die ihm äußerst unangenehm ist, weil er ahnt, daß er Schuld an etwas trägt und daß man von ihm mit Recht eine Satisfaktion verlangen kann. Die Tschechisch-Deutsche Deklaration[6] war ein Minimalkompromiß, der als Ausgangspunkt zur aufrichtigen tschechischen Reflexion der Vertreibung dienen sollte und könnte. ⟨*Dann wies der Autor auf die unterschiedliche Interpretation der Erklärung in Deutschland und der offiziellen ČR und deren Auswirkungen auf die tschechische Innenpolitik hin.*⟩ Diese Scheinlösung hatte für die öffentliche Diskussion über die Vertreibung in der tschechischen Gesellschaft tödliche Folgen. Der lebhafte Dialog, der sich zwischen Befürwortern und Kritikern der Vertreibung entwickelt hatte und der zu Initiativen wie »Versöhnung 95«[7] führte, verstummte allmählich. Statt dessen unterhält man sich jetzt in sterilen Foren wie dem offiziösen »Deutsch-Tschechischen Gesprächsforum«[8], das, den Morast der unbewältigten Vergangenheit im Keller lassend[9], seinen Blick stolz in die Zukunft richtet. Der halbamtliche deutsch-tschechische Dialog ist nicht vollwertig, weil er darauf beruht, daß die problematische Vergangenheit verschwiegen oder entstellt wird.

Die Regierung Schröder geht von dem an sich richtigen Grundsatz aus, daß die Bewältigung des Problems der Vertreibung der Deutschen vor allem ein innertschechisches Problem ist und daß die Einmischung des deutschen Staates kontraproduktiv wäre. Die tschechischen Nationalisten zogen daraus allerdings den Schluß: Alles darf vergessen werden.

Die Vertreibung der Deutschen wurde auch von denen nicht als Unrecht anerkannt, die dieser grausamen Maßnahme in Potsdam zugestimmt haben und noch heute nicht bereit sind, diese Entscheidung zu überprüfen. Die Rede ist von den westlichen Siegermächten, von den Vereinigten Staaten und Großbritannien.

Man spricht in der Tschechischen Republik oft darüber, daß eine Revision der Ergebnisse des Zweiten Weltkriegs unzulässig sei. Vor allem geschieht das, wenn jemand die Frage der Vertreibung in einer offenen und unvoreingenommenen Weise behandeln will. Selbstverständlich zweifelt niemand daran, daß das nationalsozialistische Regime verbrecherisch und entartet war. Der Krieg gegen Hitler war unvermeidbar und gerecht. Die grausamen Umstände eines in der ganzen Welt tobenden Kriegs führten jedoch dazu, daß auch die, deren Sache gerecht war, hie und da unsaubere Methoden des Feindes übernahmen. Das Böse ist ansteckend. Außerdem führten die Verbrechen der Nationalsozialisten dazu, daß man den Ausgang des Kriegs als ein Urteil über die Besiegten aufgefaßt hat ...

Die mit Emotionen überladene gesellschaftliche Atmosphäre nach einem großen Krieg ist ungeeignet, eine völlig gerechte Lösung aller durch den Krieg hervorgerufenen Probleme zu finden; eine spätere Revision ist nützlich und notwendig. Ein wesentlicher Teil der Ergebnisse des Zweiten Weltkriegs ist übrigens inzwischen schon revidiert: Seit 1955 ist

Österreich frei und einig. Seit Ende der 80er Jahre sind die mittel- und südosteuropäischen Staaten vom russischen Joch befreit. Seit 1990 ist die Teilung Deutschlands überwunden. Und seit Anfang der 90er Jahre sind auch die baltischen Staaten wieder frei von russischer Herrschaft. Revision heißt Leben. In einer Zeit, in der man bestrebt ist, das Unrecht des Kriegs zu mildern, muß auch das Unrecht, das die Sieger begangen haben, reflektiert, benannt und geheilt werden. Denn die Menschen unterscheiden sich untereinander nicht darin, daß einige von ihnen sündigen, die anderen jedoch nicht. Sie unterscheiden sich darin, daß einige bereit sind, ihre Sünden zuzugeben. Es gibt keine besondere Gerechtigkeit für die Geschlagenen, sondern nur eine einzige Gerechtigkeit, die sowohl für die Sieger als auch für die Besiegten bindend ist.

Die Zustimmung der westlichen Mächte in Potsdam zur Vertreibung der Deutschen aus der Tschechoslowakei, Polen und Ungarn war schweres Unrecht und ein schwerer Fehler. Statt die Verantwortung allein dem russischen Diktator zu überlassen, haben die Westmächte freiwillig einen Teil der Schuld übernommen. Das ist aber nicht das größte Problem. Das größte Problem ist, daß sie bis heute nicht bereit sind, diese Mitschuld anzuerkennen. Statt dessen halten sie hartnäckig am Unhaltbaren fest. In einer Zeit, in der man sich wieder den Greueltaten und Opfern des Zweiten Weltkriegs zuwendet, ist es unmöglich, die Schuld der Sieger außer acht zu lassen. Das würde unserer Auffassung von Gerechtigkeit widersprechen, unser Denken über die Vergangenheit deformieren und unser Handeln in Gegenwart und Zukunft lähmen. Der Mythos muß der sachlichen und unvoreingenommenen Bewertung weichen, die zu politischen Konsequenzen führt. Nur so kann man einen wirklichen »dicken Strich« unter den Zweiten Weltkrieg ziehen.

Die Vertreibung wurde auch von manchen Deutschen, die das Glück hatten, nicht vertrieben worden zu sein, nicht als Unrecht anerkannt[10]. Das müssen die Deutschen untereinander klären. Für mich – einen Tschechen – lautet die grundsätzliche Frage: Was sollen eigentlich die Tschechen tun, damit sie nicht wieder und wieder mit den Tatsachen konfrontiert werden, die sie für eine Behinderung halten? John F. Kennedy hat einmal geschrieben, daß man in den Vereinigten Staaten, in denen einst Bruder gegen Bruder kämpfte, bestimmte menschliche Werte nicht nach der Farbe der Fahne beurteile, unter der man focht. Das Faszinierende an diesen Worten ist die Bereitschaft, von Brüdern zu sprechen, die gegeneinander gekämpft haben – auch wenn es im amerikanischen Bürgerkrieg um eine so prinzipielle Frage wie die Zulässigkeit der Sklaverei ging. Man sollte heute in der Tschechischen Republik, mehr als 50 Jahre nach dem Ausgang des grausamsten Kriegs der menschlichen Geschichte, etwas Ähnliches auch auf die Sudetendeutschen beziehen: freilich nicht auf Konrad Henlein, Karl Hermann Frank oder die Angstellten der Gestapo, sondern auf die Bergleute von Brüx und Komotau, auf die Glasbläser aus dem Riesengebirge, auf die Arbeiter von Aussig und auf die Kleinbauern aus dem Böhmerwald. Es ist demagogisch zu behaupten, daß es ihnen um dasselbe ging wie Adolf Hitler und seinen Schergen.

Anmerkungen:

[1] Siehe Quelle.

[2] Gemeint: Die deutsche NS-Zwangsarbeiterentschädigung. Zum Vorgangskomplex: Siehe S. 1341.

[3] Zum Text des Schreibens von Staatspräsident Schuster im Kontext der Erklärungen vorher und nachher: Siehe S. 1356.

[4] Zum Text der Erklärung vom Oktober 2000: Siehe S. 1354.

[5] Vermutlich gemeint: Die US-Note an die ČR vom 12. 7. 2000; zum Text: Siehe S. 1339.

[6] Zum Text vom 21. 1. 1997: Siehe S. 1073.

[7] Zum Text vom 28. 3. 1995: Siehe S. 1002.

[8] Errichtet durch die Erklärung vom 21. 1. 1997.

[9] a) Zu einem dieses Urteil charakterisierenden Arbeitsergebnis: Siehe S. 1318.
b) Die offiziellen Denkgrenzen für das »Gespächsforum« markierte sein tschechischer Vorsitzender, Ex-Außenminister Otto Pick, am 21. 3. 2001 wie folgt:
»Wir sind eine Organisation, die sich mit der Verbesserung der deutsch-tschechischen Beziehun-

gen befaßt. Das ist unser Mandat, das uns von unseren Regierungen gegeben wurde.«
Sein deutscher Kollege, Staatsminister Zöpel, sekundierte:
»Es gibt eine Sprachregelung der beiden derzeitigen Regierungschefs, die werden wir hier nicht dadurch, indem wir darüber diskutieren, wesentlich verändern.«
Vgl. SdZ; Nr. 13 v. 30. 3. 2001; S. 3.

c) Diese zunächst als diplomatische Leerformeln zu qualifizierenden Floskeln konnten aus einem Bericht über die Rede des Tschechen Jaroslav Šabata beim jährlichen Iglauer Treffen am 8. April 2001 aufgefüllt werden.
Šabata formulierte in der Distanzierung von Doležals Äußerungen im Vorjahr (zum Text: Siehe S. 1325) etwa wie folgt:
Der deutsch-tschechische Dialog dulde keine Belastung durch die Vergangenheit, weder politisch noch juridisch, die Deutsch-Tschechische Deklaration dürfe nicht in Frage gestellt werden, erlittenes Unrecht gehöre endgültig der Vergangenheit an. Über Ziffer 3 der Deutsch-Tschechischen Erklärung von 1997 ⟨*zum Text vom 21. 1. 1997: Siehe S. 1073*⟩ hinausgehende Initiativen seien »von tschechischer Seite nicht legitimiert«, sagte Šabata. Die Frage, wer über die Legitimität von Meinungen zu entscheiden habe, die im Dialog vertreten werden, blieb in Iglau ausgeklammert.
Vgl. FAZ; Nr. 85 v. 10. 4. 2001; S. 9.

d) Daß diese Denk-/Gesprächsgrenzen beschworen wurden, ist ebenso bemerkenswert wie ihre Nichteinhaltung durch die jeweils Angesprochenen:
In Iglau überschritten im April 2001 eine Reihe von tschechischen und sudetendeutschen Rednern völlig selbstverständlich die gesteckten Marken; der Sitzung des »Gesprächsforums« am 21. 3. 2001 legte sein Mitglied, der FAZ-Herausgeber Berthold Kohler, einen Beitrag mit der Überschrift »Ihren Zweck haben sie erfüllt. Die Benesch-Dekrete – gültig und doch nicht mehr wirksam« auf den Verhandlungstisch in München.
Vgl. FAZ; Nr. 68 v. 21. 3. 2001; S. 10; dazu Leserbrief von Prof. Blumenwitz in FAZ; Nr. 75 v. 29. 3. 2001; S. 9.

[10] Wen er meinte, ließ der Autor offen.

Quelle:
FAZ; Nr. 67 v. 20. 3. 2001; S. 12.

****

Entschließung **2001, 24. März**
der Bundesversammlung der SL:
⟨*Aufforderungen an Bayern, Deutschland, EU/EP und die ČR*⟩

Die Bundesversammlung der Sudetendeutschen Landsmannschaft begrüßt, daß das Thema der Vertreibung und das damit zusammenhängende Unrecht zunehmend als Menschenrechtsverletzung erkannt und auf allen politischen Ebenen immer intensiver beachtet und diskutiert wird, nicht zuletzt in der deutschen, österreichischen und tschechischen Öffentlichkeit.
In diesem Zusammenhang appelliert die Bundesversammlung

1. an das Schirmland Bayern, das sich dankenswerterweise für die berechtigten Forderungen der Sudetendeutschen einsetzt, dies auch künftig zu tun und die neu entstehenden bayerisch-tschechischen Nachbarschaftsgremien zu nutzen, um dort unter Einbeziehung der Sudetendeutschen Landsmannschaft die sudetendeutschen Anliegen einzubringen;
2. an Bundesregierung und Bundestag, endlich die klare Haltung des Europäischen Parlaments[1] und des österreichischen Nationalrats[2] sowie der bayerischen[3], Südtiroler[4] und zahlreicher österreichischer[5] Landtage zu übernehmen und im Sinne der Obhutspflicht auf eine Beseitigung der Benesch-Dekrete[6] von Anfang an als Voraussetzung der Zugehörigkeit der Tschechischen Republik zur Rechtsgemeinschaft der Europäischen Union hinzuwirken;
3. an das Europäische Parlament, die EU-Kommission, den EU-Rat und alle Mitgliedstaaten, an den Kopenhagener Kriterien[7] als unabdingbare Beitrittsvoraussetzung zur EU

festzuhalten, was die Beseitigung der – auf die sudetendeutsche Volksgruppe bezogenen – völkerrechtswidrigen und rassistischen sog. Benesch-Dekrete und des sog. Amnestiegesetzes[8] vor einem tschechischen EU-Beitritt bedeuten muß, da diese in krassem Gegensatz zur Forderung des Gipfels von Kopenhagen nach Wahrung der Menschen- und Minderheitenrechte, von Demokratie und Rechtsstaatlichkeit stehen;

4. an die Tschechische Republik, sich nicht länger direkten Gesprächen mit den gewählten Repräsentanten der Sudetendeutschen zu verschließen und ein Konzept vorzulegen, auf welche Weise sie das Unrecht der Vertreibung, der Enteignung und Verfolgung wiedergutmachen wird.

Anmerkungen:

1 Gemeint: Beschluß vom 15. 4. 1999; zum Text: Siehe S. 1152 sowie Beschluß vom 4. 10. 2000; zum Text: Siehe S. 1353.
2 Gemeint: Beschluß vom 19. 5. 1999; zum Text: Siehe S. 1158.
3 Gemeint: Beschluß vom 10. 3. 1999; zum Text: Siehe S. 1148.
4 Gemeint: Beschluß vom 27. 9. 2000; zum Text: Siehe S. 1350.
5 Zum Inhalt der Beschlüsse: Siehe S. 1159.
6 Zum Komplex der sog. Beneš-Dekrete: Siehe S. 576.
7 Gemeint: Festlegungen des Europäischen Rates vom 22. 6. 1993; zum Text: Siehe S. 1103.
8 Gemeint: ČSR-Gesetz 115 vom 8. 5. 1946; zum Text: Siehe S. 685.

Quelle:
SdZ; Nr. 30 v. 30. 3. 2001; S. 1.

****

Vortrag[1] **2001, 3. Mai**
von Prof. Christian Tomuschat:
»Die Benesch-Dekrete – ein Hindernis für die Aufnahme der ČR in die EU?«

...

V. Ergebnisse

Die Hauptergebnisse der vorstehenden Überlegungen lauten:

1) Weder das in den europäischen Gemeinschaftsverträgen verankerte Recht noch das Sekundärrecht der europäischen Gemeinschaften bieten Handhaben, mit denen sich die Benesch-Dekrete[2] und das Straffreiheitsgesetz vom 8. Mai 1946[3] in Frage stellen lassen könnten.

2) Auch prozessual schaffen die Gemeinschaftsverträge keine Rechtsschutzmöglichkeiten, die es ermöglichen könnten, die Benesch-Dekrete und das Straffreiheitsgesetz vom 8. Mai 1946 am Maßstab des Gemeinschaftsrechts oder des allgemeinen Völkerrechts nachprüfen zu lassen.

3) Aus der Sicht des Jahres 2001 lassen sich weder die Konfiskationsdekrete noch das Ausbürgerungsdekret vom 2. August 1945[4] als Hindernisse auffassen, die wegen der in Art. 49 EUV[5] an Beitrittskandidaten gestellten Anforderungen (Art. 6 EUV) einer Aufnahme der Tschechischen Republik entgegenstehen würden.

4) Anderes gilt für das Straffreiheitsgesetz vom 8. Mai 1946. Die pauschale Weigerung, Straftaten, die in der Zeit vom 30. September 1938 bis zum 28. Oktober 1945 begangen worden sind, mit den Mitteln des Rechts zu ahnden, stellt einen eklatanten Bruch mit den Anforderungen der internationalen Gemeinschaft an die einem jeden Staatswesen obliegende Schutzfunktion dar.

Anmerkungen:

1 Vor dem Colloquium der Friedrich-Ebert-Stiftung »Ist das tschechische Rechtssystem bereits EU-konform?« in Prag.
2 Zum Komplex der sog. Beneš-Dekrete: Siehe S. 576.

[3] Zum Text: Siehe S. 685.
[4] Zum Text: Siehe S. 551.
[5] Gemeint: EU-Vertrag vom 2. 10. 1997; zum Inhalt: Siehe S. 106.

Quelle:
Vortragsmanuskript; 21 ms. S., hier S. 20 f.; Fotokopie im Besitz des Verfassers.

****

Gesetz des US-Kongresses: **2001, 10. Mai**
Verbot der Zusammenarbeit mit dem Internationalen Strafgerichtshof[1]

... Das Repräsentantenhaus[2] in Washington verabschiedete am Donnerstag mit großer Mehrheit ein »Gesetz zum Schutz der amerikanischen Streitkräfte«. Es soll US-Soldaten, Beamte und Regierungsmitglieder davor bewahren, von dem Völkergericht belangt zu werden. Das von Jesse Helms, dem Chef des außenpolitischen Senatsausschusses, verfaßte Gesetz verbietet es Regierungsstellen, mit dem Gericht zusammenzuarbeiten. Zugleich untersagt es den Staatsanwälten des Tribunals, auf amerikanischem Boden zu recherchieren ... Weiters soll die US-Regierung alle notwendigen Mittel einsetzen, um Bürger der USA aus der Haft des Gerichts zu befreien ... Allen Staaten, die sich an dem Weltgericht beteiligen, soll zudem die US-Militärhilfe gestrichen werden. Ausgenommen davon sind nur Nato-Mitglieder und andere bedeutende Verbündete ...
Das Internationale Strafgericht kann erst zu arbeiten beginnen, wenn 60 Staaten den Gründungsvertrag ratifiziert haben. Bisher haben dies 30 Staaten getan, darunter Deutschland[3]. 139 Länder haben den Vertrag unterzeichnet, unter ihnen alle EU-Mitglieder und fast alle Nato-Staaten.
Die USA standen dem Projekt dagegen von Anfang an skeptisch gegenüber. Sie befürchten, ihre weltweit eingesetzten Soldaten könnten zum Opfer einer politisch motivierten Justiz werden. Einige Politiker argwöhnen zudem, das Völkertribunal könnte als erstes gegen den engen Verbündeten Israel wegen Übergriffen gegen die Palästinenser vorgehen. US-Präsident Bill Clinton hat den Vertrag von Rom dennoch am Ende seiner Amtszeit unterzeichnet ...

Anmerkungen:
[1] Zum Gesamtkomplex dieser Einrichtung im sog. Statut von Rom: Siehe S. 168.
[2] Der US-Senat billigte das Gesetz am 7. 12. 2001 mit breiter Mehrheit.
Vgl. SZ; Nr. 284 v. 10. 12. 2001; S. 8.
[3] Fast zeitgleich wurde am 2. 5. 2001 der Entwurf eines deutschen Völkerstrafgesetzbuches vorgestellt. Es soll neben das bisherige Strafgesetzbuch treten und als deutsche Fassung des »Statuts von Rom« gelten. Es faßt die Regeln des Völkerstrafrechts zusammen und listet die einzelnen Straftaten samt Strafen auf: Völkermord, Verbrechen gegen die Menschlichkeit (etwa Ausrottung, Versklavung, Vertreibung, Folter, sexuelle Gewalt und zwangsweises Verschwindenlassen) sowie die einzelnen Kriegsverbrechen.
Vgl. SZ; Nr. 101 v. 3. 5. 2001; S. 6.

Wiedergabe nach
SZ; Nr. 109 v. 12. 5. 2001; S. 7.

****

Der Stadtrat **2001, 17. Mai**
der (mährischen) Landeshauptstadt Brünn:
»Bedauern«, daß »Mitbürger Brünn unter tragischen Umständen verlassen mußten«[1]

Die Stadt Brünn hält die Okkupation der böhmischen Länder und den ganzen durch das nationalsozialistische Deutschland entfesselten Zweiten Weltkrieg einschließlich seiner Ursachen und Folgen für eine verbrecherische und dunkle Seite der Menschheitsgeschichte

und verurteilt sie ganz entschieden. Die Erforschung dieser Ereignisse halten wir heute für eine grundsätzliche Belehrungsquelle darüber, wie eine Diktatur entsteht, sich entwickelt und endet, wann und wo auch immer.
Die Stadt Brünn bedauert sehr alle Brünner Mitbürger, die im angeführten Zeitraum zu Unrecht gelitten haben und Brünn unter tragischen Umständen verlassen mußten. Wir bedauern, daß Zehntausende tschechischer, jüdischer, deutscher, romaischer und anderer Mitbürger nicht weiter unter uns leben. Alle diese Menschen haben die Stadt Brünn in ihrer kulturellen, religiösen, gesellschaftlichen und nationalen Vielfalt mitgestaltet. Ihr Verlust ist auch ein Verlust unser aller. Wir bedauern deshalb auch unsere deutschen Mitbürger, die 1945 gezwungen waren, Brünn zu verlassen.
Wir wünschen deshalb, daß diese Lehre für uns alle gelten möge und kein Hindernis, sondern Anregung zur Herausbildung guter, freundschaftlicher Beziehungen zwischen Menschen und Völkern sei. Die Stadt Brünn wird diesen Zeitabschnitt und die Leiden ihrer Mitbürger nie vergessen.
⟨[2]⟩

Anmerkungen:

[1] a) Am 31.5.1945 waren rund 25.000 Brünner Deutsche auf einen »Todesmarsch« Richtung Österreich getrieben worden. Zu den Vorgängen, Opferzahlen und Belegen: Siehe S. 1220 mit Anm. 15, 17.

b) Am 20. 4. 1995 hatte der bekannte tschechische Schriftsteller Ludvík Vaculík (mit anderen Tschechen) Strafanzeige wegen der Todesmarschvorgänge bei der Staatsanwaltschaft in Brünn gegen (damals) noch lebende Täter erstattet.
Im Januar 1996 wurden die Ermittlungen eingestellt, »da keine Erkenntnisse darüber gewonnen werden konnten, daß beim Transfer der Deutschen aus Brünn Straftaten wie etwa Mord und Raub verübt wurden. Die Angabe, daß beim Abschub 1700 Deutsche umgekommen seien, sei nicht aktenkundig.«
Wiedergabe nach SdZ; Nr. 1/2 v. 12. 1. 2001; S. 1.

c) Am 26. 5. 2000 hatte dann die Brünner Bürgerinitiative »Jugend für interkulturelle Verständigung« (Sprecher: Ondrej Liška) über die Brünner Presse einen »Offenen Brief« an Oberbürgermeister und Stadtrat gerichtet, in dem es nach Schilderung der Vorgänge u. a. hieß:
»Wir sind uns der unvergleichlich umfangreicheren Verbrechen des Naziregimes bewußt. Gleichzeitig stellen wir jedoch fest, daß ein Martyrium, von wem und wann auch immer veranlaßt, stets ein Martyrium bleibt. Auch bei der Vertreibung der Deutschen aus Brünn wurde das unannehmbare Prinzip der Kollektivschuld angewandt und an einer Volksgruppe aufgrund der ethnischen Zugehörigkeit ein Verbrechen begangen. Mit Rücksicht darauf, daß die Geltendmachung dieser Prinzipien auch heute in vielen Teilen der Welt zu Grausamkeiten führt, wissen wir, was für einen Wert ihre ausdrückliche Ablehnung hat.
Wir wenden uns deshalb an Sie, daß Sie als Repräsentanten der Stadt Brünn ihre Distanzierung zu jenen Ereignissen, die für die damalige politische Vertretung der Stadt Brünn die Verantwortung trug, klar zum Ausdruck bringen.
Wir sind der Meinung, daß eine durch das Rathaus offiziell veröffentlichte Entschuldigung bei den vertriebenen Bewohnern Brünns am Platze wäre.
Warum eine Entschuldigung, und was hat eine solche heute für einen Sinn? Es geht dabei nicht allein nur um einen symbolischen Akt. Die Entschuldigung des Brünner Rathauses wird nach unserer Meinung ein Mittel sein, das zwei bedeutende und aktuelle Botschaften mit sich bringt.
Die erste ist die Botschaft der Versöhnung an jene, die von der gewaltsamen Vertreibung betroffen wurden.
Die zweite Botschaft richtet sich an uns heutige Brünner, die in absoluter Mehrheit mit der Vertreibung, zu der es hier vor 55 Jahren gekommen ist, nichts gemeinsam haben. Sie zielt nicht auf Selbstbeschuldigung, sondern auf die Verantwortung für das heutige und künftige Zusammenleben von Menschen verschiedensten kulturellen sowie ethnischen Ursprungs. Sie gibt Hoffnung, daß, soweit wir uns das Wissen über die Unannehmbarkeit der angeführten Verbrechen bewahren und fähig sein werden, zu ihnen statt einer Tabuisierung eine offene und redliche Stellung einzunehmen, sich nichts ähnliches wiederholen wird.«
Vgl. SdZ; Nr. 26 v. 30. 6. 2000; S. 10.
Der »Offene Brief« der jungen Brünner fand große Beachtung: Neben Berichten in europäischen

Printmedien wurde die Aktion im Deutschen Bundestag erwähnt (siehe S. 1332) und in der überregionalen Presse in den Zusammenhang mit der Entwicklung der (sudeten-)deutsch-tschechischen Beziehungen gestellt.
Vgl. z. B. »Der Spiegel«, Hamburg (Nr. 39 v. 25. 9. 2000; S. 37 f.) und sogar »California Staats-Zeitung«, San Francisco (Nr. 19 v. 10. 5. 2001).

d) Der Brünner Stadtrat setzte eine Kommission dubioser Zusammensetzung und Kompetenz ein, die einen Erklärungstext ausarbeitete, welcher dann vom Stadtrat mit sechs gegen zwei Stimmen angenommen wurde.

2 Die »Jugend für interkulturelle Verständigung« Brünns beantwortete den Beschluß mit einer Presseerklärung. Unter den Überschriften »Brünner Stadtratsbeschluß zum Todesmarsch ist alibilistisch« und »Rat der Stadt Brünn heißt die ethnische Nachkriegssäuberung gut« hieß es u. a.:
»Das Dokument verurteilt den vom nazistischen Deutschland entfesselten Zweiten Weltkrieg und den Zeitabschnitt seiner Ursachen und Folgen. Brünn trägt jedoch keine Schuld am Krieg und an den nazistischen Verbrechen. Zur brutalen Vertreibung der Deutschen, die die Brünner Behörden tatsächlich organisiert haben, was sie heute endlich eingestehen und verurteilen sollten, schweigt der Beschluß. Dadurch, daß sie nur allgemein den Krieg verurteilten, haben die Ratsmitglieder der Welt mitgeteilt, daß Brünn bislang außerstande ist, auch nur einen Brocken Verantwortung für eine seiner ›Konsequenzen‹ einzugestehen.
Die derzeitige Führung der Stadt versteht sich angeblich nicht als politischer Nachfolger der Nachkriegsführung. Das halten wir für einen totalen Alibismus. Die rechtliche Kontinuität zwischen dem damaligen Nationalausschuß und dem jetzigen Rathaus ist unzweifelhaft; die vom damaligen Nationalausschuß erlassenen Vorschriften, einschließlich Verteibungsverordnung, sind selbstverständlich weiterhin Bestandteil der rechtlichen Ordnung ... Wir haben gehofft, daß das Rathaus nach mehr als einem halben Jahrhundert endlich den Mut aufbringen wird, dieses Ereignis mit seinem richtigen Namen zu nennen: ethnische Säuberung ... Nirgends ist auch nur eine Andeutung dessen zu finden, daß die Ratsmitglieder die Vertreibung von Frauen, Kindern und Greisen im Prinzip und als Verbrechen verurteilen. Diese Tatsache ist um so alarmierender, als die Vertreibung der Brünner Deutschen im Zuge der sog. wilden Vertreibung stattfand, die im Rahmen der sog. Nachkriegsexzesse die Tschechisch-Deutsche Erklärung ⟨*vom 21. 1. 1997; zum Text: Siehe S. 1073*⟩ verurteilte. Die Brünner Ratsmitglieder erlaubten sich nicht einmal, bis an die offiziell geschützte Grenze des politischen Konsensus zwischen unseren Politikern zu gehen.
Die Brünner Politiker haben ... nicht begriffen, ... daß jede ethnische Säuberung ein Verbrechen ist und daß ›den Menschen das Recht zu nehmen, dort zu wohnen, wo ihre Vorfahren schon seit Jahrhunderten lebten, die furchtbarste Gewalt gegen die Menschlichkeit ist‹ (Albert Schweitzer bei der Übernahme des Friedensnobelpreises 1954).
Wir glauben, daß unser Aufruf dennoch Sinn hatte. Es ist uns gelungen, wiederum ein wenig Bewegung in die stehenden Wasser zu bringen, die sich nahezu hoffnungslos über den tabuisierten Verbrechen der Nachkriegszeit, nicht nur in Brünn, ausgebreitet haben. Es bleibt nichts anderes übrig, als zu hoffen, daß künftige Repräsentanten der Stadt mehr Mut aufbringen werden, sich mit der Vergangenheit unserer Stadt auseinanderzusetzen.«

Quelle (für Text und Anm. 2):
SdZ; Nr. 23 v. 8. 6. 2001; S. 6.

****

Liechtenstein[1] verklagt Deutschland: **2001, 1. Juni**
Entschädigungsforderung für von Deutschland hingenommene Enteignung verlangt

Nach der persönlichen Klage von Fürst Hans Adam II. von Liechtenstein vor dem Europäischen Gerichtshof für Menschenrechte (EGHMR) in Straßburg wegen verweigerten Rechtsschutzes[2] hat nunmehr das Fürstentum Liechtenstein Deutschland vor dem Internationalen Gerichtshof in Den Haag verklagt[3]: Trotz zweijähriger diplomatischer Bemühungen habe Deutschland Liechtenstein für die Entscheidung des Bundesverfassungsgerichts nicht entschädigt. Damit werde die Souveränität des Fürstentums und somit das Völkerrecht verletzt. Liechtenstein sei in beiden Weltkriegen als souveräner und neutraler Staat angesehen worden, und sein Land sei Vertragspartei zahlreicher internationaler

Übereinkommen und Mitglied wichtiger internationaler und europäischer Organisationen. »Um es noch einmal deutlich zu sagen: Liechtenstein ist ein neutraler und souveräner Staat. Unsere Lichtensteiner Staatsbürger sind keine Deutschen und waren es nie«, sagte der Außenminister des Fürstentums, Walch.

Anmerkungen:

[1] Zur Entscheidung des Bundesverfassungsgerichts vom 28. 1. 1998: Siehe S. 1108.

[2] a) Zur Klage vor dem EGHMR vom 28. 7. 1998:
Vgl. SZ; Nr. 193 v. 23. 8. 1999; S. 6.

b) Zur Zulässigkeitserklärung der Klage durch den EGHMR vom 6. 6. 2000:
Vgl. SdZ; Nr. 32 v. 10. 8. 2001; S. 6.

c) Die Klage wurde am 12. 7. 2001 abgewiesen.
Die Abweisungsbegründung beinhaltete praktisch nur formale Gesichtspunkte: Das Recht auf ein Gericht und Zugang zu diesem gemäß Art. 6 Abs. 1 der Konvention vom 4. 11. 1950 (zum Text: Siehe S. 32) könne unter gewissen, hier zutreffenden Umständen gemäß ständiger Rechtsprechung des EGHMR eingeschränkt werden. Die Klage gehe daher an der Konvention vorbei. Das gelte auch von der beklagten Verletzung des Art. 1 Zusatzprotokoll vom 20. 3. 1952 (zum Text: Siehe S. 37) und daher auch des Art. 14 der Konvention.
Vgl. »Neue Juristische Wochenschrift«; Jg. 2003, H. 9; S. 649–652.

d) Inhaltlich ließ die Abweisungsbegründung anerkannte Normen des Völkerrechts von 1945 (z. B. die Haager Landkriegsordnung vom 18. 10. 1907 (zum Text: Siehe S. 7) unberücksichtigt und stützte sich demgegenüber auf das Beneš-Dekret Nr. 12 vom 21. 6. 1945 (zum Text: Siehe S. 532). Der EGHMR erklärte sich sodann für die Enteignungsumstände als nicht zuständig: Diese sei weit vor dem Inkrafttreten der Europäischen Konvention der Menschenrechte in den Jahren 1950/1952 erfolgt. Daß der Eigentumsentzug für alle Beteiligten inklusive der ČSR/ČR bis zum Urteilstag andauere und die beklagte Verweigerung des Rechtsschutzes im Geltungszeitraum der Konvention erfolgte, blieb gleichfalls unerwähnt/unberücksichtigt.
Wiedergabe auf der Basis eines Berichts in der SdZ; Nr. 41 v. 12. 10. 2001; S. 4.

[3] Die Klage war m. W. bis Ende 2002 nicht entschieden.

Wiedergabe nach
FAZ; Nr. 127 v. 2. 6. 2001; S. 5.

****

Rede[1] **2001, 2. Juni**
des österreichischen Bundeskanzlers Wolfgang Schüssel:
Beneš-Dekrete müssen spätestens mit EU-Beitritt ČR der Vergangenheit angehören

⟨*Der Redner gab einen historischen Rückblick auf Karl IV., die historischen Beiträge von Menschen aus dem Sudetenraum für die moderne Zeit und die aktuellen Bemühungen der Organisation des sich erweiternden, politischen Europas, wobei Regeln zum Schutz der Volksgruppen zu den wichtigsten Aufgaben der Zukunft gehörten. Zur Charta der Grundrechte der EU*[2] *berichtete er, daß sie auf der Ebene der Regierungschefs einfach zur Kenntnis genommen werden mußte:*⟩
Wir konnten nichts mehr ändern, es war so ein »take it or leave it« . . . Aber in diesem Punkt der Minderheitenrechte greift sie einfach zu kurz . . . Das darf nicht der Standard der Zukunft sein. Ich werde mich daher weiterhin bei jeder kommenden Regierungskonferenz . . . für eine Erwähnung der Rechte der Minderheiten . . . einsetzen.

. . .

In unserer Geschichte, vor allem im 20. Jahrhundert, aber bis herauf in die letzten Jahre dieses Jahrhunderts, waren Volksgruppen viel zu oft Opfer von Vorurteilen, von Haß, von Zerstörung. Wenn ich gerade dies heute hier bei Ihnen sage, bei einer Veranstaltung der Sudetendeutschen Landsmannschaft, dann hat dies eben seine besondere Bedeutung. Die gewaltsame Vertreibung aus ihrer Heimat und die entschädigungslose Enteignung der Sudetendeutschen, die Rechtlosstellung war ein großes Unrecht, das als solches gesehen und auch international anerkannt werden muß, liebe Freunde.

. . .

Heute verhandeln wir mit der Europäischen Union und der Tschechischen Republik über den Beitritt Tschechiens zur Union. Auf der Grundlage der Feststellung der Europäischen Kommission, daß die erforderlichen politischen Kriterien für Beitrittsverhandlungen erfüllt sind, haben die 15 EU-Mitgliedstaaten einstimmig die Aufnahme solcher Verhandlungen mit der Tschechischen Republik beschlossen. Spätestens, das sage ich hier sehr deutlich, mit dem EU-Beitritt Tschechiens, werden jene Benesch-Dekrete, die den europäischen Grundwerten widersprechen, der Vergangenheit angehören müssen[3]. Und daher bemühen wir uns um dieses Ziel.

Unsere Außenministerin Benita Ferrero-Waldner versucht in vielen schwierigen und sehr konstruktiven bilateralen Gesprächen[4, 5] mit unseren tschechischen Nachbarn eine geeignete Lösung zu finden. Jeder weiß: Das Rad der Geschichte kann niemand um 60 Jahre zurückdrehen. Sie wissen das am besten. Aber Unrecht verjährt nicht und muß als solches anerkannt werden.

Und ich wehre mich auch sehr offen gegen den Satz: Es gehe darum festzustellen, daß es sich um totes Recht handelt. Falsch. Denn das wäre immer noch Recht, wenn auch totes Recht. Da hat mir sehr viel besser gefallen, daß ein tschechischer Intellektueller unlängst gesagt hat: »Wir müssen den Mut haben zu erklären, daß es totes Unrecht ist.« Und das Interessante ist, wer dies gesagt hat. Ein Intellektueller, ein ehemaliger Dissident, heute Botschafter der Tschechischen Republik in Wien, Jiří Gruša. Das ist ihm zu danken, das kann eine Brücke sein.

. . .

Ich bin ein Wiener, geboren in Wien, und das ist die Stadt, in der Sigmund Freud, geboren in Mähren, den Höhepunkt seines Wirkens erlebt hat und wo er auch die Theorie gegen das Verdrängen entwickelt hat. Alles, was verdrängt wird, kommt irgendwann als Neurose unter dem Teppich wieder heraus. Das ist so!

Das war das Revolutionäre in der Psychotherapie. Kein Medikament, kein billiges Pulverl, das man sich einwirft und sagt, alles ist wieder gut. Sondern das mühsame, aufopfernde, aufeinander zu- und eingehende Gespräch. Das Gespräch zwischen dem Therapeuten und dem Patienten. Das Gespräch zwischen den Nachbarn. Das Gespräch zwischen den Völkern, den Staatsmännern auf einer ehrlichen und partnerschaftlichen Grundlage. Und zu diesem Nicht-verdrängen-Dürfen gehört eben, daß Menschenrechte als universell verstanden werden. Das zeigt die Geschichte der vielen Vertriebenen, ob es die Sudetendeutschen sind, die Donauschwaben, die Gottscheer. Sie haben ein noch dazu sehr bitteres Kapitel in dieser Verletzungsgeschichte von Minderheiten, von Volksgruppen geschrieben. Es ist aber ihre Geschichte auch zugleich ein Hoffnungskapitel, denn es zeigt, eine neue Heimat, eine Integration ist möglich. Und Versöhnung ist erwünscht und ist denkbar.

. . .

Ich ende mit einem Zitat von Jean Améry, einem großen Heimatlosen: »Es läßt sich, was der Mensch an Heimat nötig hat, nicht quantifizieren.« Und doch, ist man versucht zu sagen: Er braucht viel Heimat, mehr jedenfalls, als eine Welt von Beheimateten, deren ganzer Stolz ein kosmopolitischer Ferienspaß ist, sich träumen läßt. »Was bleibt, ist die nüchternste Feststellung: Es ist nicht gut, keine Heimat zu haben.« Danke!

Anmerkungen:

1 Anläßlich der festlichen Eröffnung des Sudetendeutschen Tages in Augsburg, bei dem ihm der Europäische Karlspreis der SL verliehen wurde.

2 Zum Text: Siehe S. 1358.

[3] Aus einem der Rede folgenden Gespräch Schüssels mit dem bayerischen Ministerpräsidenten Stoiber berichtete letzterer als gemeinsame Auffassung zur Abschaffung der Dekrete: »Es sei zu hoffen, daß die Tschechen dies von selbst täten und nicht erst von außen dazu gezwungen werden müßten.« Vgl. SdZ; Nr. 23 v. 8. 6. 2001; S. 1.

[4] Gemeint: Österreichisch-tschechische Expertengespräche, die im November 1999 in Prag von den damaligen Außenministern Schüssel und Kavan primär zu den Beneš-Dekreten vereinbart wurden. Die erste Tagung fand am 29. 3. 2001 in der Diplomatischen Akademie in Wien statt.

[5] a) Die zweite Tagung am 8./9. 11. 2001 im Schloß Stiřín in der ČR, die eine Reihe von Themen behandelte, leiteten die Außenminister Benita Ferrero-Waldner und Jan Kavan. Die österreichische Außenministerin verlangte in ihrem Referat, daß wegen der Aussagen tschechischer Politiker, wonach die Beneš-Dekrete heute keine Wirksamkeit mehr haben ⟨*so z. B. Ministerpräsident Zeman am 8. 3. 1999; siehe S. 1145*⟩ auch tschechische Gerichte bei Vermögens- und Restitutionsfragen künftig nicht mehr auf die Beneš-Dekrete verweisen sollten.
An der Konferenz war auch eine Delegation der SL in Österreich (SLÖ) beteiligt, die in ihren Beiträgen v. a. für die Aufhebung der Dekrete, Anerkennung des Vertreibungsunrechts und die Rechte der Deutschen in der ČR sowie die Wiedergutmachung der Folgen des Völkermordes an den Sudetendeutschen eintrat.
Wiedergabe nach »Sudetendeutscher Pressedienst«, Wien; 18. Jg., Nr. 3 v. 16. 11. 2001; S. 1.

b) Bei der Tagung wurden auch die Ergebnisse einer Umfrage des Wiener »Fessel-Instituts für Marktforschung« vorgetragen, wonach lediglich ein sehr kleiner Prozentsatz der österreichischen Bevölkerung Interesse an und Wissen über die Beneš-Dekrete habe. Dem wurde von der SLÖ widersprochen; das Fessel-Institut konnte die Unterlagen für diese Meinung dann selbst Monate später nicht vorlegen.
Demgegenüber veröffentlichte ein anderes Wiener Marktforschungsinstitut Anfang März 2002 Angaben über Wissen und Meinung eines Querschnitts aller Österreicher sowie sog. Meinungsführer aus Politik, Kultur, Wissenschaft und Kunst. Von den Beneš-Dekreten wußten über 60 Prozent aller Österreicher und über 90 Prozent der »opinion leaders«; ihre Beseitigung wollten 48 Prozent aller Österreicher und 70 Prozent der Meinungsführer.
Vgl. SdZ; Nr. 10 v. 8. 3. 2002; S. 10.

Quelle:
Mbl. SL; Jg. 2001, Nr. 6; S. 151–161.

****

Erklärung der Ackermann-Gemeinde: **2001, 24. Juni**
»Zur aktuellen deutsch-tschechischen Diskussion«

Die Ackermann-Gemeinde begrüßt den Beginn der Auszahlungen an Zwangsarbeiter[1] des NS-Regimes in der Tschechischen Republik. Damit leisten die deutsche Wirtschaft und der deutsche Staat eine symbolische Entschädigung für das diesen Menschen zugefügte Unrecht und Leid.
So bedeutsam dieses Zeichen der Wiedergutmachung für die Weiterentwicklung der deutsch-tschechischen Verständigung ist, so wichtig ist es, daß auch in Zukunft in Deutschland die Auseinandersetzung mit der verbrecherischen Ideologie des NS-Regimes eine ständige Aufgabe bleibt.
Für Sudetendeutsche und Tschechen ist zehn Jahre nach dem Ende der Teilung Europas und vor dem Beitritt der Tschechischen Republik zur Europäischen Union die Zeit reif, sich miteinander zu versöhnen.
Dies verlangt, daß sich beide Seiten noch mehr mit der Geschichte als ganzer und mit dem vor, während und nach dem Krieg begangenen Unrecht beschäftigen und zur jeweiligen Verantwortung ihres Volkes bekennen.
Beide waren nicht nur Opfer.
Die Ackermann-Gemeinde ist sich bewußt, daß sich auch Sudetendeutsche aus fataler Fehleinschätzung der Entwicklung in Hitlerdeutschland vor 1938 aktiv an der Zerschlagung der Tschechoslowakei und an der nachfolgenden Unterdrückung des tschechischen Volkes beteiligt haben.

Sie bittet um Vergebung für jene, die sich dabei persönlich schuldig gemacht haben.
Die Ackermann-Gemeinde appelliert an das tschechische Volk, sich nachdrücklicher mit dem Unrecht der kollektiven Entrechtung, Enteignung und Vertreibung der Sudetendeutschen auseinanderzusetzen und Unrechtstaten mit ihrem vollen Gewicht ernst zu nehmen.
Nach der Deutsch-Tschechischen Erklärung[2] und vor dem vereinbarten Beitritt zur Europäischen Union bietet sich die Chance, daß sich die Repräsentanten des tschechischen Volkes aus freiem Entschluß und ohne Furcht auch von dem früheren[3] legislativen Unrecht distanzieren und die Ungültigkeit der betreffenden Präsidialdekrete für Gegenwart und Zukunft[3] feststellen.
Nachdem auf beiden Seiten mehrheitlich bereits die zweite Nachkriegsgeneration lebt, muß es möglich sein, daß Sudetendeutsche und Tschechen eine einvernehmliche Regelung für die noch offenen Fragen finden.
Zu einem von beiden Seiten als gerecht empfundenen Zustand ist auch die Bereitschaft notwendig, von bisherigen Positionen[4] abzugehen.
Die tschechische Seite sollte daher denjenigen Sudetendeutschen, die auf der Grundlage der europäischen und[5] der tschechischen Rechtsordnung als loyale Bürger in das Land ihrer Herkunft zurückkehren wollen, dabei helfen.
Ebenso sollte sie die in der Heimat verbliebenen Deutschen innerstaatlich völlig gleich behandeln und bei der Bewahrung ihrer Identität unterstützen.
Restitutionen oder Entschädigungen wären heute in der Praxis mit unlösbaren Problemen[6] verbunden.
Die Ackermann-Gemeinde ruft die tschechische Seite auf, die Folgen des Unrechts durch konkrete Zeichen, zum Beispiel durch humanitäre Leistungen an sudetendeutsche Zwangsarbeiter, zu heilen.
Sie appelliert an die heimatvertriebenen Sudetendeutschen, sich einem solchen Angebot nicht zu verschließen.
Die Ackermann-Gemeinde ruft alle Sudetendeutschen und Tschechen zur Diskussion über die Beilegung der zwischen ihnen schwelenden Konflikte auf. Sie reicht allen die Hand zur Versöhnung und arbeitet weiter an der Entfaltung der deutsch-tschechischen Freundschaft.

Anmerkungen:
1 Zum Komplex Entschädigung der NS-Zwangsarbeiter: Siehe S. 1341.
2 Vom 21. 1. 1997; zum Text: Siehe S. 1073.
3 Zur Ablehnung dieses Vorschlags durch Rudolf Hilf: Vgl. SdZ; Nr. 29 v. 20. 7. 2001; S. 4, und durch die SL Bayern: Vgl. SdZ; Nr. 31 v. 3. 8. 2001, S. 1.
4 Die »bisherige Position« der Ackermann-Gemeinde war durch ihre »Politischen Thesen« vom 22. 1. 1999 markiert gewesen; zum Text: Siehe S. 1142.
5 Diese Gleichsetzung widersprach der oben zitierten Deutsch-Tschechischen Erklärung, die ausdrücklich respektiert wissen wollte, daß die (jeweils) andere Seite eine (jeweils) andere Rechtsordnung habe (die im Falle Deutschlands als Gründungsmitglied der EU mindestens näher am Begriff »europäisch« lag und liegt).
6 Diese Auffassung konnte angesichts praktisch durchgeführter »Restitutionen/Entschädigungen« für Konfiskationen in mehreren europäischen Staaten (siehe dazu S. 1130), z. B. in Ungarn (siehe dazu S. 942), als uninformiert bezeichnet werden.

Quelle:
FAZ; Nr. 149 v. 4. 7. 2001; S. 6.

****

Der deutsche Umweltminister Jürgen Trittin: **2001, 16. Juli**
ČR soll Atomkraftwerk (AKW) Temelin[1] stillegen[2]

Eine Umweltverträglichkeitsprüfung des AKW Temelin hat Mängel festgestellt, die »einer Genehmigung des Werks nach deutschem Recht und internationalen Standards entgegenstehen«[3]. Nach einer diesen Tatbestand bestätigenden Stellungnahme des Bundesumweltministeriums appellierte die Bundesregierung »eindringlich an die Regierung der ČR, ihre Entscheidung zur Inbetriebnahme des AKW Temelin aufzuheben und das AKW stillzulegen«. Die Stellungnahme wurde am 17. Juli im Prager Außenministerium übergeben und die ČR zugleich zu Gesprächen aufgefordert.
Die ČR wies den Appell scharf zurück, protestierte gegen die deutsche »Einmischung« und lehnte die Stillegung ab.
⟨[4]⟩ ⟨[5]⟩

Anmerkungen:
1 Das Atomkraftwerk in Südböhmen (nahe Budweis), je ca. 100 Kilometer von z. B. Passau in Deutschland und Linz in Österreich entfernt, umfaßte zwei Reaktoren zu 1000 MW des Typs Tschernobyl, die von westlichen Firmen nachgerüstet worden waren. Der Bau soll über fünf Milliarden Mark gekostet haben.
2 Zur Vorgeschichte:
a) Bereits vor der Inbetriebnahme hatte es heftige Proteste v. a. aus Österreich bis hin zu Blockaden der Grenzübergänge zu Österreich gegeben.
Daraufhin wurde in Treffen der Regierungschefs beider Seiten in Großseelowitz (Südmähren) im Oktober sowie Melk (Niederösterreich) im Dezember 2002 ein fragiler Kompromiß erzielt.
Bayerische Grüne hatten Bundeskanzler Schröder aufgefordert, »die Inbetriebnahme zu stoppen«.
Vgl. SZ; Nr. 235 v. 12. 10. 2000; S. L 14.
b) Der erste Reaktor des AKW Temelin wurde dann am 9. 10. 2000 in Betrieb genommen.
Vgl. SZ; Nr. 234 v. 11. 10. 2000; S. 8.
c) Nachdem Bundeskanzler Schröder auf den Wunsch der bayerischen Grünen offensichtlich nicht reagierte, bemühten sich diese in direkten Gesprächen in Prag, den ab Sommer 2001 geplanten Normalbetrieb zu verhindern.
Vgl. SZ; Nr. 74 v. 29. 3. 2001; S. 57.
d) Zeitlich parallel gab es in Temelin in sieben Monaten wegen technischer Pannen unterschiedlich gewerteter Bedeutung rund 15 mindestens Einschränkungen des Betriebs.
3 Dabei ist zu beachten, daß m. W. bisher EU-Normen der Reaktorsicherheit nicht existieren.
4 a) Im August 2001 begrenzte dann Bundeskanzler Schröder den Verhandlungsspielraum seines Ministers Trittin drastisch. Er sagte zu ČR-Premier Zeman: Temelin ist kein Grund, Tschechien den Weg in die EU zu erschweren.
Vgl. SZ; Nr. 192 v. 22. 8. 2001; S. 6.
b) Zwei Wochen später forderte das Europäische Parlament eine Umweltverträglichkeitsprüfung für sowie ggf. die Schließung von Temelin.
Vgl. SZ; Nr. 206 v. 7. 9. 2001; S. 3.
c) ČR-Staatspräsident Havel sprach bei seinem Besuch am 6. 9. 2001 in Wien mit seinem österreichischen Amtskollegen Klestil (siehe S. 1383) und Außenministerin Ferrero-Waldner mit Jan Kavan am 8./9. 11. 2001 in Schloß Stiřin (siehe S. 1374).
5 a) Die FPÖ in Österreich begann im Herbst 2001 mit einem Volksbegehren gegen die Inbetriebnahme Temelins: Bis 20. 1. 2002 unterschrieben 915.000 (= 15,4 Prozent) aller Wahlberechtigten zwischen Bregenz und Eisenstadt, wobei in Oberösterreich, d. h. nahe Temelin, bis zu 40 Prozent zu verzeichnen waren.
Vgl. SZ; Nr. 18 v. 22. 1. 2002; S. 7.
b) Zur Reaktion des ČR-Ministerpräsidenten Zeman: Siehe S. 1389.

Wiedergabe nach
SZ; Nr. 162 v. 17. 7. 2001 sowie Nr. 163 v. 18. 7. 2001; jeweils S. 6.

****

Die Deutsche Bundesregierung[1] **2001, 23. Juli**
zur »Kleinen Anfrage« der CDU/CSU:
»Haltung der Bundesregierung zu sudetendeutschen Anliegen«
. . .
⟨*Frage 4:*⟩ Welche Bemühungen der Bundesregierung zur Normierung des völkerrechtlichen Schutzes vor Vertreibung hat es gegeben angesichts der Erklärung der Parlamentarischen Staatssekretärin[1] auf dem 52. Sudetendeutschen Tag: »Auch der Deutsche Bundestag erkannte die gewachsene politische Bedeutung der Vertriebenen an und verabschiedete dazu Ende Februar 1997[2] eine bemerkenswerte Entschließung«, die die Bundesregierung u. a. aufgefordert hat, die Bemühungen um eine Normierung des völkerrechtlichen Schutzes vor Vertreibung aktiv voranzutreiben, um die völkerrechtliche und strafrechtliche Ahndung des Verbrechens der Vertreibung zu erreichen?
Welche Ergebnisse konnten bisher erzielt werden?
Was beabsichtigt die Bundesregierung in dieser Angelegenheit weiter zu unternehmen?
⟨*Antwort*[3] *zu 4:*⟩ Vertreibung ist völkerrechtswidrig; der Schutz vor Vertreibung ist bereits in mehreren internationalen Übereinkommen normiert:
Art. 49 der IV. Genfer Konvention zum Schutze von Zivilpersonen in Kriegszeiten vom 12. 8. 1949[4]; Art. 17 des II. Zusatzprotokolls zu den Genfer Abkommen über den Schutz der Opfer nichtinternationaler Konflikte vom 8. 6. 1977[5]; Internationaler Pakt über bürgerliche und politische Rechte vom 16. 12. 1966[6]; Europäische Menschenrechtskonvention vom 4. 11. 1950[7].
Die Bundesrepublik Deutschland ist all diesen internationalen Menschenrechtsinstrumenten beigetreten und setzt sich auf allen Ebenen mit Nachdruck für einen Beitritt möglichst vieler Staaten zu diesen Übereinkommen ein, um deren umfassende Geltung zu erreichen.
Die Bundesrepublik Deutschland war darüber hinaus eine treibende Kraft bei der Erarbeitung des 1998 in Rom verabschiedeten Römischen Statuts für einen Internationalen Strafgerichtshof[8], das mittlerweile von 139 Staaten unterzeichnet und von 36 Staaten bereits ratifiziert worden ist (darunter Bundesrepublik Deutschland). Die Schaffung des Internationalen Strafgerichtshofes stellt einen wichtigen Schritt zur Durchsetzung des völkerrechtlichen Vertreibungsverbotes dar. Der künftige Internationale Strafgerichtshof wird Vertreibung sowohl als Kriegsverbrechen wie auch als Verbrechen gegen die Menschlichkeit ahnden können.

⟨*Frage 6:*⟩ Gehören angesichts der Erklärung der Parlamentarischen Staatssekretärin[1] auf dem 52. Sudetendeutschen Tag, »Zwar gibt es zwischen Deutschland und Tschechien noch ungelöste Probleme«, zu diesen Problemen nach Auffassung der Bundesregierung auch die noch offenen, aus der Vertreibung der Sudetendeutschen und der Konfiskation ihres Eigentums resultierenden Fragen?
Auf welche Weise arbeitet die Bundesregierung auf eine Lösung dieser offenen Fragen hin, ohne den Beitritt der Tschechischen Republik zur Europäischen Union zu belasten?
⟨*Antwort zu Frage 6:*⟩ Die Bundesregierung hat die Vertreibung der Deutschen und die entschädigungslose Enteignung deutschen Vermögens immer als völkerrechtswidrig betrachtet. Die tschechische Regierung vertritt hierzu eine andere Rechtsauffassung.
Die Bundesregierung und die Regierung der Tschechischen Republik sind jedoch bereits in der Gemeinsamen Erklärung über die gegenseitigen Beziehungen und deren künftige Entwicklung vom 21. Januar 1997[9] übereingekommen, ihre Beziehungen nicht mit aus der Vergangenheit herrührenden politischen und rechtlichen Fragen zu belasten, sondern auf die Zukunft ausrichten zu wollen. Die Bundesregierung unterstützt die Aufnahme der Tschechischen Republik in die Europäische Union aus der Überzeugung heraus, daß dies den gemeinsamen Interessen aller EU-Mitgliedstaaten dient. Die Bundesregierung ist der Auffassung, daß der Beitrittsprozeß auch im Interesse der Anliegen der vertriebenen Sudetendeutschen ist.

⟨*Frage 7:*⟩ Teilt die Bundesregierung die Einschätzung des Prager Politologen Bohumil Doležal[10] zur Vertreibung der Deutschen angesichts der Erklärung der Parlamentarischen Staatssekretärin[1] auf dem 52. Sudetendeutschen Tag, ein weiteres positives Zeichen der Vergangenheitsbewältigung auf tschechischer Seite sei »die vorbildliche Initiative des Prager Politologen Bohumil Doležal, der unlängst die Vertreibung der Deutschen aus der Tschechoslowakei rückhaltlos verurteilt hat«?
Unterstützt die Bundesregierung diese Initiative, und falls ja, wie?
Falls nein, warum nicht?
Hat die Bundesregierung die Initiative Bohumil Doležals oder andere Initiativen ähnlicher Absicht mit der tschechischen Regierung erörtert, und falls nein, warum nicht?
⟨*Antwort zu Frage 7:*⟩ Auf die Beantwortung einer entsprechenden Frage des MdB Koschyk in der Fragestunde des Bundestages am 4. April 2001 wird verwiesen (Plenarprotokoll 14/163). ⟨*Siehe S. 1363.*⟩

⟨*Frage 8:*⟩ Wann hat die Bundesregierung gegenüber der tschechischen Seite das Vertreibungsunrecht thematisiert angesichts der Erklärung der Parlamentarischen Staatssekretärin[1] auf dem 52. Sudetendeutschen Tag: »Unrecht muß auch Unrecht genannt werden, damit gegenseitige Vergebung möglich wird«?
Welche sich aus der Vertreibung ergebenden ungelösten Fragen hat die Bundesregierung hierbei angesprochen?
Wie reagierte die tschechische Seite?
Was wird die Bundesregierung in dieser Angelegenheit weiter unternehmen?
⟨*Antwort zu Frage 8:*⟩ In der Deutsch-Tschechischen Erklärung über die gegenseitigen Beziehungen und deren künftige Entwicklung vom 21. Januar 1997[9] bedauert die tschechische Regierung, daß durch die Vertreibung, Enteignung und Ausbürgerung der Sudetendeutschen unschuldigen Menschen viel Leid und Unrecht zugefügt wurde. Auf Initiative von Bundeskanzler Schröder stellte der tschechische Ministerpräsident Zeman im März 1999[11] fest, daß die Beneš-Dekrete in ihrer rechtlichen Wirksamkeit erloschen seien.
Die Bundesregierung und die tschechische Regierung halten die bestehenden bilateralen Foren (Deutsch-Tschechischer Zukunftsfonds und Deutsch-Tschechisches Gesprächsforum) für den geeigneten Rahmen, in denen aus der Vergangenheit herrührende Fragen behandelt werden sollten.
Im übrigen wird auf die Antworten zu den Fragen 6 und 7 verwiesen.

⟨*Frage 9:*⟩ Befindet sich die Bundesregierung mit Sudetendeutschen angesichts der Erklärung der Parlamentarischen Staatssekretärin[1] auf dem 52. Sudetendeutschen Tag, »Wir wollen die Sudetendeutschen bei dem Prozeß der deutsch-tschechischen Aussöhnung im Rahmen der europäischen Integrationspolitik weiter einbezogen wissen«, hierüber in einem Dialog, oder bestehen Kontakte, bei denen entsprechende Fragen erörtert werden, und falls nein, warum nicht?
In welcher Weise will die Bundesregierung die Sudetendeutschen in den Prozeß der deutsch-tschechischen Aussöhnung, gegebenenfalls institutionell, einbeziehen?
Wie berücksichtigt die Bundesregierung die Anliegen der Sudetendeutschen im Prozeß der deutsch-tschechischen Aussöhnung und im Rahmen der EU-Osterweiterung?
Wird die Bundesregierung die Anliegen der Sudetendeutschen in die Beratungen des Deutsch-Tschechischen Gesprächsforums einbringen, und falls nein, warum nicht?
⟨*Antwort zu Frage 9:*⟩ Die Bundesregierung steht Gesprächen mit den Vertretern der Sudetendeutschen stets[13] offen gegenüber.
Deutschland hat ein besonderes Interesse daran, in der Gestalt der Europäischen Union einen dauerhaften Rahmen für ein friedliches und freundschaftliches Zusammenleben mit allen seinen europäischen Nachbarn zu schaffen. Mit dieser Politik des zusammenwachsenden Europas vertritt die Bundesregierung auch die Anliegen der Sudetendeutschen.

Mit dem EU-Beitritt übernimmt die Tschechische Republik das komplette Rechts- und Wirtschaftssystem der Union. Damit werden künftig in der Tschechischen Republik die Freiheiten des Binnenmarkts gelten, vor allem die Personenfreizügigkeit, die Niederlassungsfreiheit und die Kapitalverkehrsfreiheit, in denen alle Unionsbürger gleichgestellt sind. Jeder deutsche Staatsbürger kann sich ab dem Beitritt der Tschechischen Republik zur EU dort frei niederlassen, eine Arbeit annehmen oder eine Firma gründen und zu diesem Zweck dort Grund und Boden erwerben.
Einschränkungen werden nur für eine Übergangsfrist für Personen gelten, die keinen Wohnsitz in der Tschechischen Republik haben (fünf Jahre für den Erwerb von Zweitwohnungen), sowie für den Erwerb von Forst- und Agrarland für sieben Jahre (wobei diese Einschränkung für Landwirte, die das Land selbst bestellen, das sie erwerben wollen, nicht gelten soll).
In dem Koordinierungsrat des Deutsch-Tschechischen Gesprächsforums sind Sudetendeutsche prominent und angemessen vertreten. Dieses Forum ist prädestiniert, auch künftig die Anliegen der deutschen Minderheit in der Tschechischen Republik zu diskutieren und auf gemeinsame Lösungen hinzuarbeiten.
Im übrigen wird auf die Antworten zu den Fragen 6 und 7 verwiesen.

Anmerkungen:

[1] Die Antworten gab die Parlamentarische Staatssekretärin im Bundesministerium des Innern, Cornelie Sonntag-Wolgast, die auch die Ansprache beim 52. Sudetendeutschen Tag in Augsburg gehalten hatte.
[2] Gemeint: Entschließung des (13.) Deutschen Bundestages vom 28. 2. 1997; zum Text: Siehe S. 157.
[3] Die Antwort besagte, daß die Bundesregierung nichts getan hatte, um die »bemerkenswerte« Entschließung vom 28. 2. 1997 zu realisieren: Sämtliche Abkommen inkl. der Einladung zur Erarbeitung des Statuts von Rom waren im Februar 1997 bereits vorhanden.
[4] Zum Text: Siehe S. 29.
[5] Zum Text: Siehe S. 31.
[6] Zum Text: Siehe S. 60.
[7] Zum Text: Siehe S. 32.
[8] Zur Vorgeschichte und zum Text: Siehe S. 168.
[9] Zum Text: Siehe S. 1073.
[10] Zum Text: Siehe S. 1362.
[11] Zum Text vom 8. 3. 1999: Siehe S. 1145.
Dort nicht, wie hier angegeben, »die Beneš-Dekrete«, sondern »einige nach dem Jahre 1945 beschlossene Gesetze«.
[12] M. W. hat es in der Amtsperiode der Bundesregierungen Schröder I und II, d. h. seit Oktober 1998, kein offizielles Gespräch mit den Vertretern der Sudetendeutschen gegeben.

Quelle:
BtDs. 14/6612 v. 3. 7. 2001; S. 2 f. sowie 14/6744 v. 25. 7. 2001; S. 4–8.

****

Die Deutsche Bundesregierung[1]: **2001, 6. August**
Völkerrechtswidrige Enteignung – Kein Anspruch auf Rückübereignung – Keine Bemühungen der Bundesregierung

⟨*Frage*[2]:⟩ Haben deutsche Grundstückseigentümer, die nach dem Zweiten Weltkrieg im Nachbarland Flächen verloren haben, einen Rechtsanspruch auf Rückübertragung?
⟨*Antwort*[1]:⟩ Nach ständiger Rechtsauffassung aller früheren Bundesregierungen ebenso wie der amtierenden Bundesregierung ist die Enteignung von Grundeigentum, das den Mitgliedern der sudetendeutschen Gemeinschaft nach dem Zweiten Weltkrieg im Gebiet des heutigen Tschechien entzogen worden ist, wegen Verstoßes gegen völkerrechtliche Bestimmungen rechtswidrig gewesen.

Die geltende Rechtslage in Tschechien gewährt nach Kenntnis der Bundesregierung keinen Anspruch auf Rückübertragung an die ursprünglichen Eigentümer bzw. deren Erben. Tschechische oberste Gerichte haben jedoch in einer kleinen Zahl von Fällen einen Rückübertragungsanspruch anerkannt. Begründung war jeweils das Fehlen von Voraussetzungen der Enteignungsdekrete (sogenannte Benesch-Dekrete).
⟨*Zusatzfrage*[2]*:*⟩ Ist die Bundesregierung bereit, dieses Anliegen bilateral oder im Rahmen der EU-Osterweiterungsgespräche zu behandeln?
⟨*Antwort*[1]*:*⟩ Für die Bundesregierung ist Maßstab in dieser Frage auch weiterhin Ziffer IV der Deutsch-Tschechischen Erklärung von 1997[3], in der es heißt: »Jede Seite bleibt bei ihrer Rechtsordnung verpflichtet und respektiert, daß die andere Seite eine andere Rechtsauffassung hat. Beide Seiten erklären deshalb, daß sie ihre Beziehungen nicht mit aus der Vergangenheit herrührenden politischen und rechtlichen Fragen belasten wollen.« Dieser Grundsatz gilt entsprechend auch für die EU-Erweiterungsverhandlungen . . .

Anmerkungen:
1 Antworten von Staatssekretär Gunter Pleuger, Auswärtiges Amt.
2 Fragen von MdB Klaus Hofbauer (CSU).
3 Zum Text: Siehe S. 1073.

Quelle:
BtDs. 14/6828 v. 6. 8. 2001; S. 2 f.

****

Rede[1] **2001, 1. September**
des deutschen Politikers Peter Glotz:
»Wo ist das Recht der Vertriebenen?«

Es war die Notwendigkeit des Tages, unserer Tage, die das Thema zum Gegenstand der Debatte in unserem Parlament, im Bundestag machte. »Sie sprechen vom Völkerrecht«, sagte Außenminister Fischer, an einen Gegner der NATO-Operation im Kosovo gewandt. »Ich frage Sie, wo ist das Recht der Ermordeten in den Massengräbern bei Ihnen? Wo ist das Recht der vergewaltigten Frauen? Wo ist das Recht der Vertriebenen? Und ich sage das als jemand, der sich schwer damit getan hat, zu akzeptieren, daß diese Pest der europäischen Vergangenheit, diese Form, die darauf setzt, daß das eigene Volk das Wichtigste ist und deswegen andere Völker vertrieben, unterdrückt, massakriert werden dürfen, daß diese wieder da ist.«
Der Bundesaußenminister hat recht: Diese Pest der europäischen Vergangenheit. Was allerdings gestern für die Vertreibung der kosovarischen Albaner galt, . . . galt vorgestern für die Vertreibung der Deutschen nach dem Zweiten Weltkrieg. »Vertreibung«, hat der Bundeskanzler an dieser Stelle vor einem Jahr gesagt, »läßt sich niemals rechtfertigen. Vertreibung, daran kann es keinen Zweifel geben, ist stets ein Unrecht.«[2]
Das klassische Argument gegen diese These spricht von der »Kausalität von Aktion und Gegenreaktion«, die auf den Kopf gestellt würde. Ich zitiere . . . die Süddeutsche Zeitung, die noch im vorigen Jahr formulierte: »Doch ist wieder und wieder an Ursache und Wirkung zu erinnern, daran also, wer Krieg und Greuel begonnen, wer Widerstand geleistet und wer Rache geübt hat.«[3] Dies ist die Rechtfertigung der Gegenaggression, sie führt in den ewigen Zirkel gegenseitiger Beschuldigung. Ja, sage ich als Deutsch-Böhme, die Geschichte beginnt nicht 1945 mit der Vertreibung der Sudetendeutschen. Sie beginnt aber auch nicht 1938 mit dem Münchner Abkommen, sie beginnt nicht einmal mit der Gründung eines tschechoslowakischen Nationalstaates, in den de Böhmen deutscher Zunge nach dem Ersten Weltkrieg gezwungen wurden.
Wo immer die Aggression zwischen Deutschen und Tschechen begonnen haben mag, wann

immer aus nationalem Bewußtsein Nationalismus geworden sein mag – es muß Schluß sein mit der Denkfigur: Die anderen haben angefangen. In den Worten von Roman Herzog: »Kein Unrecht, und mag es noch so groß gewesen sein, rechtfertigt anderes Unrecht. Verbrechen sind auch dann Verbrechen, wenn ihm andere Verbrechen vorausgegangen sind.« Das Denkmodell der »gerechten Strafe« ist korrupt. Früher funktionierte es nach dem Muster: Deutsche kann man, nach den Verbrechen des Hitler-Regimes, ruhig vertreiben. Heute funktioniert es nach dem Muster: Serben kann man, nach den Verbrechen des Milošević-Regimes, ruhig vertreiben. Die Verbrechen . . . waren schrecklich. Die Kollektivvertreibung ganzer Völker und Volksgruppen rechtfertigen sie nicht.

Massenvertreibungen können den Tatbestand des Völkermordes erfüllen . . . Mitte Januar dieses Jahres hat das französische Parlament ein Gesetz verabschiedet, in dem die Massentötung von Armeniern im Jahr 1915 während des Osmanischen Reiches offiziell als Völkermord bezeichnet wird. Mihran Dabag, Direktor des Instituts für Diaspora- und Genozidforschung an der Ruhr-Universität Bochum, hat ⟨*dazu*⟩ gesagt: »Dies ist, was Völkermörder fürchten müssen: daß man ihre Tat nicht vergißt, auch wenn es keine Orte und keine Geschichtsbücher für ein offizielles Erinnern gibt.« Es geht nicht vor allem um unsere Toten, die vor mehr als einem halben Jahrhundert ihr Leben lassen mußten, es geht nicht vor allem um uns, die aus ihrer Heimat vertrieben wurden und anderswo eine Heimat fanden. Es geht darum, zukünftigen Völkermorden vorzubeugen . . .

Selbstverständlich schlägt keiner vor, in Deutschland einen Parlamentsbeschluß zu fassen, der die Vertreibung zum Beispiel der Sudetendeutschen aus der Tschechoslowakei als Völkermord bezeichnet. Wenn ich aber zur Kenntnis nehmen muß, daß auch noch ein halbes Jahrhundert nach der Vertreibung der Sudetendeutschen unsere »Aussiedlung« nicht nur als legal, sondern auch als legitim bezeichnet wird, und zwar nicht nur von irgendwelchen tschechischen Rechtsradikalen, sondern in Urteilen des tschechischen Verfassungsgerichts und in Äußerungen von Abgeordneten, dann fühle ich mich herausgefordert zu sagen: Saaz und Aussig waren nichts anderes als Sebrenica.

Edvard Beneš hat die Vertreibung der Deutschen langfristig geplant und spätestens 1943, nämlich mit Stalin, international verhandelt. Er kann nicht mehr vor einen internationalen Gerichtshof zitiert werden. Wer die Politik, die er betrieben hat, aber noch heute rechtfertigt, liefert den Völkermördern von heute Argumente.

⟨*Der Autor schilderte dann seine Familiengeschichte zwischen Deutschen und Tschechen.*⟩

Aufgrund dieser Erfahrungen habe ich mich mein Leben lang für die Versöhnung zwischen Tschechen und Deutschen eingesetzt. Ich habe die Forderung vieler meiner Landsleute nach Restitution des sudetendeutschen Eigentums niemals geteilt. Ich war und bin der Auffassung: Eine solche Restitution würde das mühsam wieder aufgebaute Verhältnis zwischen den beiden Völkern nicht aushalten. Und ich bin auch dagegen, die Aufnahme der Tschechischen Republik in die Europäische Union von historisch-politischen Vorbedingungen abhängig zu machen. Unerträglich aber finde ich es, wenn die Vertreibung heute noch gerechtfertigt wird, wenn sie weggeschoben werden soll als bloßes »Thema für Historiker«, wenn so getan wird, als könne man dicke Striche unter die Vergangenheit ziehen, wenn also sogar Gesten, symbolische Entschädigungen, Schuldbekenntnisse – wie sie Václav Havel oder die tschechischen katholischen Bischöfe abgegeben haben – verweigert werden. Der tschechische Politikwissenschaftler Bohumil Doležal hat im März dieses Jahres bemerkt: ⟨*Der Autor zitiert (siehe S. 1364) Doležals Ansicht, daß die enthaltsame Politik Schröders tschechische Nationalisten ansporne, alles dürfe vergessen werden.*⟩

Wir müssen dafür sorgen, daß diese Strategie nicht funktioniert. Da ist der Grund, warum ich mich für ein Zentrum gegen Vertreibungen in Berlin engagiere. Denn das Thema ist weder erledigt noch aufgearbeitet. Es ist auch keineswegs ein Thema, das wir nur mit Tschechen und Polen diskutieren müssen. Es lohnt auch die Diskussion mit Amerikanern, Engländern und Franzosen. Churchill hat im Dezember 1944 im Unterhaus gesagt: »Die

nach unserem Ermessen befriedigendste und dauerhafteste Methode ist die Vertreibung. Sie wird die Vermischung von Bevölkerungen abschaffen, die zu endlosen Schwierigkeiten führt. Es wird reiner Tisch gemacht werden.«
Solche Auffassungen sind auch heute noch keineswegs vom Tisch. Als der jetzige amerikanische Präsident Bush in seinem Wahlkampf die Vertreibung der Deutschen einen der schlimmsten Fälle kultureller Ausrottung genannt hatte, schickte das State Department dieser Äußerung eilends die Versicherung hinterher, daß sich die Haltung der Vereinigten Staaten zur Potsdamer Konferenz und zur Vertreibung nicht geändert habe. Schon dieses Detail zeigt, daß wir ein Zentrum gegen Vertreibungen brauchen ... Es soll dazu beitragen, Vertreibungen weltweit zu ächten, die Völkergemeinschaft zu sensibilisieren und die Auseinandersetzung mit Ethnonationalismus und der Idee des ethnisch homogenen Nationalstaats systematisch zu führen. Insofern wird dieses Zentrum ein Beitrag zur Bekämpfung des Rechtsradikalismus und Rechtspopulismus sein.
Machen wir uns nichts vor: Die große Mehrheit der Tschechen ist noch heute der Auffassung, daß die Vertreibung notwendig und gerechtfertigt war ... Die Mehrheit der Deutschen will ihre Ruhe haben, die Alliierten des Zweiten Weltkriegs haben die Vertreibung in Potsdam gebilligt und wollen keine Diskussion dieser Schuld. Es gibt weiß Gott viel zu diskutieren.
Bundeskanzler Schröder hat, wie ich schon zitiert habe, jede Vertreibung als Unrecht bezeichnet ... ⟨*und damit*⟩ einen politischen Paradigmenwechsel eingeleitet. Aus diesem Grund bitte ich ihn, die skeptische Zurückhaltung gegenüber der Idee einer zentralen Gedenkstätte gegen Vertreibungen aufzugeben. Ein böhmisches Museum in Marktredwitz ... ⟨*kann*⟩ niemals zum Kristallisationskern einer bundesweiten oder gar europäischen Debatte über Vertreibung, Ethnonationalismus und Fremdenhaß werden. Genau diese Debatte aber brauchen wir.
In Berlin wird jetzt ein Holocaust-Denkmal gebaut. Wenn gleichzeitig ein Zentrum gegen Vertreibungen gegründet wird, so vermuten Kritiker, wollten die Deutschen ihre Schuld aus der Zeit des Nationalsozialismus verkleinern. Nein, das wollen wir nicht. Jedes Aufrechnen ist falsch. Der systematische und industriell betriebene Judenmord der Nationalsozialisten, denen in den Arm zu fallen wir Deutschen nicht die Kraft und häufig auch nicht den Willen hatten, ist das größte Verbrechen der Menschheitsgeschichte. Daran habe ich keinen Zweifel.
Aber ich bin der Auffassung von Günter Grass, dem man nicht vorwerfen kann, daß er mit seinem eigenen Volk zu milde umgeht: »Merkwürdig und beunruhigend mutet an ... ⟨*der Autor zitiert den Schriftsteller (siehe S. 1352) bis zum Ende seiner Rede: Es*⟩ wird das Erinnern als Nachhall überlebter Leiden nicht aufhören.«
Lassen Sie uns gemeinsam dafür sorgen, daß es wirklich nicht aufhört.

Anmerkungen:
[1] Anläßlich des »Tages der Heimat« in Berlin.
[2] Vgl. SdZ; Nr. 36 v. 8. 9. 2000; S. 3.
[3] Vgl. SZ; Nr. 116 v. 20. 5. 2000; S. 4.

Quelle:
SdZ; Nr. 38 v. 21. 9. 2001; S. 4.

****

Pressekonferenz[1] **2001, 6. September**
von ČR-Staatspräsident Václav Havel:
Beneš-Dekrete: Akt des Unrechts und der Rache[2]

Der tschechische Staatspräsident Václav Havel weilte vor kurzem zu einem Arbeitsbesuch in Wien. Mit seinem Amtskollegen Thomas Klestil sprach er vor allem über das Atomkraftwerk Temelin und die Benesch-Dekrete. Havel plädierte, Temelin betreffend, für mehr Fach- und Sachlichkeit sowie Offenheit in der Information. Vor allem aber müßte größtmögliche Sicherheit gewährleistet sein. Präsident Klestil erinnerte an seine Appelle, das AKW Temelin nach den vielen Störfällen nicht in Betrieb zu nehmen.
Bei der gemeinsamen Pressekonferenz mit Klestil erklärte Havel zu den Benesch-Dekreten[2]: »Nach Jahrzehnten des absoluten Tabus während der kommunistischen Ära ist es nun doch gelungen, dieses Thema zu enttabuisieren. Zur Zeit beginnt die Meinung um sich zu greifen, daß es ein Unrechtsakt war, eine auf ethnischen Gesichtspunkten beruhende Rache.« Dazu Klestil: »Wir müssen uns dafür einsetzen, daß das Leid anerkannt und das erlittene Unrecht wiedergutgemacht wird.«
Bei den anwesenden tschechischen Journalisten hat diese Erklärung große Überraschung hervorgerufen, da Regierungschef Miloš Zeman sowie der Chef des ČR-Abgeordnetenhauses, Václav Klaus, bei kurz zuvor erfolgten Kontakten mit österreichischen Spitzenpolitikern völlig andere Stellungnahmen abgaben. Der Außenminister der Klausschen Schattenregierung, Jan Zahradil, hat es für absolut undenkbar erklärt, daß sich das tschechische Parlament irgendwann in der Zukunft für die Vertreibung entschuldigen könnte.
Der Vorsitzende der Kommunistischen Partei Böhmens und Mährens, Miroslav Grebeniček, sowie der kommunistische Abgeordnete, Vojtěch Filip . . . bezichtigten Havel der Lüge. Mit seiner Version, daß die Vertreibung ein Unrechtsakt gewesen sei bzw. eine auf ethnischen Gesichtspunkten beruhende Rache, würde sich die Bevölkerung der Tschechischen Republik nicht identifizieren.
⟨[3]⟩

Anmerkungen:
[1] In der Wiener Hofburg.
[2] Zum Komplex der sog. Beneš-Dekrete: Siehe S. 576.
[3] Der SL-Bundesverband und die SL-Landesversammlung Bayern begrüßten die Erklärung Havels am 8. 9. bzw. am 29. 9. 2001 und verbanden dies erneut mit der Aufforderung an Bundesregierung und Bundestag sowie die EU-Gremien und Mitgliedstaaten, durch Festhalten an den sog. Kopenhagener Kriterien (zum Text: Siehe S. 1103) die Beseitigung der Beneš-Dekrete vor dem EU-Beitritt der ČR zu fordern.
Vgl. SdZ; Nr. 40 v. 5. 10. und Nr. 41 v. 12. 10. 2001; (jeweils) S. 2.

Wiedergabe nach
Die Brücke; Nr. 5 v. 15. 10. 2001; S. 4.

****

Die Kultusministerin von Hessen, Karin Wolff: **2001, (15.) September**
Deutschenvertreibung 1944–1950 in die Lehrpläne hessischer[1] *Schulen*

Eine Veranstaltung des BdV-Kreisverbandes Groß-Gerau behandelte die Frage »Was erfahren hessische Schüler von der Vertreibung?«. Das Ergebnis war erschreckend.
Ausgangspunkt war eine Analyse von 14 in Hessen zugelassenen Schulbüchern. In fünf Schulbüchern sei überhaupt nicht erwähnt, daß es bei der Vertreibung Todesopfer gab. Weiter werde von »humanem Transfer«, »Umsiedlung«, »mußten verlassen« gesprochen. Es entstehe der Eindruck, bei der Vertreibung handle es sich um eine verständliche Rache für die Verbrechen der Nationalsozialisten. Nur in zwei Büchern gingen die Autoren auf die Charta der deutschen Heimatvertriebenen ein. In anderen Schulbüchern bezeichnete man

die Vertreibung als Umsiedlung. Auch werde die Vertreibung mit der Zuwanderung von Gastarbeitern verglichen.
Dann wurde der Zusammenhang mit den Lehrplänen hergestellt. Die Schulbücher würden vom Kultusministerium nur auf Übereinstimmung mit den Lehrplänen überprüft. Das Thema Vertreibung stehe nicht in den Lehrplänen. Dazu wurde berichtet, die jetzt noch gültigen Lehrpläne seien nicht von der jetzigen Landesregierung konzipiert worden. Es konnte jedoch die erfreuliche Mitteilung gemacht werden, daß die Vertreibung der Deutschen nach dem Zweiten Weltkrieg in die für das kommende Schuljahr in Kraft tretenden Lehrpläne aufgenommen worden sei. Die Landesregierung unter Ministerpräsident Roland Koch habe die Heimatvertriebenen wieder als gesellschaftlich relevante Gruppe anerkannt. Man zitierte Kultusministerin Karin Wolff, die erklärte, dem Thema Vertreibung einen Platz in den Lehrplänen einzuräumen.
Das zu ziehende Resümee der Veranstaltung ergab: Man könne die Situation nicht sofort verändern, sei aber auf einem guten Weg. Es sei nötig, die Erlebnisse bei der Vertreibung weiterzugeben[2], damit dieses Thema weiter im Bewußtsein bleibt.

Anmerkungen:
[1] Zur Anweisungslage für die Schulen in Bayern: Siehe S. 1091.
[2] Aus einem interessanten Beispiel des Unterrichts der Klasse 5 einer Grund-, Haupt- und Realschule (vier Stunden mit noch lebenden Zeitzeugen zum Thema »Die Vertreibung der Deutschen, insbesondere der Sudetendeutschen«) wurde u. a. berichtet: »Die Kinder kamen aus dem Staunen nicht heraus, als sie erfuhren, daß im Sudetenland überwiegend Deutsche lebten, die 1945 vertrieben wurden.«
Vgl. SdZ; Nr. 9 v. 28. 2. 2003; S. 11.

Wiedergabe nach
SdZ; Nr. 40 v. 5. 10. 2001; S. 12.

****

Beschluß[1] **2001, 2. November**
im UN-Menschenrechtsausschuß:
Entscheidung Eigentumsrückgabe Walderode: ČR wegen unzulässigem Erfordernis und Ablaufmanipulation zum Schadenersatz und Gesetzgebungsüberprüfung verurteilt

⟨Die Vorgeschichte:
A) Gesamt: Siehe Quellen.
B) Unmittelbar (in verkürzter Fassung):
Konfisziertes Eigentum war dem 1904 geborenen Grafen Walderode auf Basis des ČR-Gesetzes 243 vom 15. 4. 1992[2] *wegen »ständigem Wohnsitz« in der ČR 1992 zurückgegeben worden. Durch ČR-Gesetz 30 vom 9. 2. 1996*[3] *wurde permanente ČSR-/ČSSR-/ČSFR-/ČR-Staatsbürgerschaft von Kriegsende 1945 bis 1. 1. 1990 zur neuen Rückgabevoraussetzung. Diese war Walderode zwar 1947 wiederverliehen, 1991 bestätigt und 1992 neuerlich zuerkannt worden. Die ständige Staatsbürgerschaft wurde jedoch bestritten, die Rückgabeverfügung von 1992 im November 1995 annulliert und das Eigentum im März 1996 neuerlich konfisziert. Walderodes Bemühungen, innerhalb der ČR Recht zu erlangen, schienen in anscheinend endlosem Hin und Her vor verschiedenen ČR-Instanzen unterzugehen.*
Daraufhin klagte Walderode ab ca. 1998 vor dem ČR-Verfassungsgerichtshof auf Anerkennung seiner ČSR- bis ČR-Staatsbürgerschaft und/oder gegen die rückwirkende Anwendung des ČR-Gesetzes 30/1996[4].
Darüber hinaus klagte er vor dem UN-Menschenrechtsausschuß: Die verschleppende Behandlung seines Rechtsvorgangs in der ČR sei eine Verletzung der Artikel 26[5] *und 14 Abs. 1*[6] *des »Internationalen Paktes über bürgerliche und politische Rechte« vom 19. 12. 1966 und die Rückgabeerfordernis permanenter Staatsbürgerschaft eine Verletzung von Art. 26*[5].

Der Kläger starb im Jahre 2000; seine Frau setzte beide Prozesse fort.
Der aus 17 Juristen verschiedener Staaten zusammengesetzte UN-Menschenrechtsausschuß entschied am 19. 3. 1999 die Zulässigkeit der Klage[1] *und dann am 2. 11. 2001 einstimmig u. a. wie folgt:*⟩

. . .

8.4 Der Ausschuß ruft seine Ansichten in den Fällen[7] Nr. 516/1993 (Simunek u. a.), 586/1994 (Josef Adams) und 857/1999 (Blazek u. a.) in Erinnerung, daß ein in einem Gesetz enthaltenes Erfordernis zur Erlangung der Staatsbürgerschaft als notwendige Bedingung für die Rückgabe von Eigentum, das kürzlich von den Behörden konfisziert wurde, eine willkürliche und daher benachteiligende Unterscheidung zwischen Individuen trifft, die gleichermaßen Opfer früherer staatlicher Enteignungen sind, und eine Verletzung von Art. 26 des Pakts darstellt. Diese Verletzung wurde fernerhin durch die rückwirkende Anwendung des angegriffenen Gesetzes ⟨*gemeint: ČR-Gesetz 30/1996*[2]⟩ verschlimmert.

. . .

9.2 Gemäß Art. 2 III lit. a des Pakts[8] obliegt dem beteiligten Staat ⟨*d. h. der ČR*⟩ die Verpflichtung, ein wirksames Mittel für die überlebende Gattin des verstorbenen Verfassers vorzusehen, das die unverzügliche Rückgabe des in Frage stehenden Eigentums in diesem Fall oder eine Entschädigung hierfür und zusätzlich eine angemessene Entschädigung hinsichtlich der Tatsache einschließt, daß der Verfasser und seine überlebende Gattin des Genusses ihres Eigentums beraubt worden sind, seit seine Rückgabe 1995 widerrufen worden war. Der beteiligte Staat sollte seine Gesetzgebung und seine Verwaltungspraxis überprüfen, um sicherzustellen, daß alle Personen sowohl die Gleichheit vor dem Gesetz als auch den gleichen Schutz durch das Gesetz genießen.

. . .

9.4 . . . Der Ausschuß wünscht vom beteiligten Staat ⟨*d. h. der ČR*⟩, innerhalb von 90 Tagen, die auf die Übermittlung dieser Ansichten an den beteiligten Staat folgen, Informationen[9] über die unternommenen Maßnahmen zu erhalten, um diesen Ansichten Wirkung zu verleihen. Der beteiligte Staat wird des weiteren gebeten, die Ansichten des Ausschusses zu veröffentlichen.[9]
⟨[10]⟩

Anmerkungen:

[1] In der Terminologie der UN: »Mitteilung«. Damit ist gemeint, daß nach Ansicht des jeweils Mitteilenden im mitgeteilten Tatbestand eine Verletzung des Paktes vorliegt.

[2] Zum Text: Siehe S. 944.

[3] Zum Inhalt: Siehe S. 945.

[4] a) Der ČR-Verfassungsgerichtshof soll im Juni 2001 entschieden haben, daß Walderode die tschechoslowakische Staatsbürgerschaft zu Unrecht aberkannt worden war und deshalb er bzw. seine Erben gesetzmäßigen Anspruch auf Rückerstattung des in Frage stehenden Eigentums hätten. Wiedergabe nach SdZ; Nr. 26 v. 29. 6. 2001; S. 1 f.
b) Der ČR-Verfassungsgerichtshof soll am 25. 6. 2001 entschieden haben, die rückwirkende Anwendung des ČR-Gesetzes 30/1996 für unzulässig zu erklären.
Wiedergabe nach FAZ: Siehe Quelle.
c) Das/die Urteil(e) lag(en) dem Verfasser trotz intensiver Bemühungen nicht vor.

[5] Art. 26 hatte (und hat) folgenden Wortlaut:
»Alle Menschen sind vor dem Gesetz gleich und haben ohne Diskriminierung Anspruch auf gleichen Schutz durch das Gesetz. In dieser Hinsicht hat das Gesetz jede Diskriminierung zu verbieten und allen Menschen gegen jede Diskriminierung, wie insbesondere wegen der Rasse, der Hautfarbe, des Geschlechts, der Sprache, der Religion, der politischen oder sonstigen Anschauung, der nationalen oder sozialen Herkunft, des Vermögens, der Geburt oder des sonstigen Status, gleichen und wirksamen Schutz zu gewährleisten.«

[6] Art. 14 Abs. 1 hatte (und hat) folgenden, hier relevanten Wortlaut:
»Alle Menschen sind vor Gericht gleich. Jedermann hat Anspruch darauf, daß über eine gegen ihn erhobene strafrechtliche Anklage oder seine zivilrechtlichen Ansprüche und Verpflichtungen durch

ein zuständiges, unabhängiges, unparteiisches und auf Gesetz beruhendes Gericht in billiger Weise und öffentlich verhandelt wird . . .«

[7] Diese Urteile lagen dem Verfasser trotz intensiver Bemühungen nicht vor.

[8] Art. 2 Ziff. 3 Abs. a hatte (und hat) folgenden Wortlaut:
»(3) Jeder Vertragsstaat verpflichtet sich,
a) dafür Sorge zu tragen, daß jeder, der in seinen in diesem Pakt anerkannten Rechten oder Freiheiten verletzt worden ist, das Recht hat, eine wirksame Beschwerde einzulegen, selbst wenn die Verletzung von Personen begangen worden ist, die in amtlicher Eigenschaft gehandelt haben.«

[9] Ob und welche Informationen die ČR an die UN gab bzw. veröffentlichte, ist m. W. unbekannt.

[10] Die Entscheidung wurde u. a. wie folgt gewürdigt:
a) »Die Stellungnahme der Menschenrechtskommission stellt zwar nicht die erste, wohl aber die bisher schärfste Verurteilung der tschechischen Restitutionsgesetzgebung durch die Vereinten Nationen dar.«
Vgl. FAZ: Siehe Quelle.
b) Die Bundesregierung taktierte. Ihr Staatsminister im Auswärtigen Amt, Ludger Volmer, begrüßte, »daß der Menschenrechtsausschuß als dazu befugtes internationales Gremium die Frage der Restitutionsgesetzgebung unter dem Gesichtspunkt der Diskriminierung behandelt hat. Diese Form ist einer bilateralen Behandlung insbesondere aufgrund der Involvierung renommierter regierungsunabhängiger Menschenrechtsexperten aus einer Vielzahl von Staaten vorzuziehen.«
Vgl. BtDs. 14/7710 v. 26. 11. 2001; S. 7.
c) Der BdV würdigte durch seine Präsidentin Erika Steinbach den Sachverhalt: Die in der ČR-Restitutionsgesetzgebung enthaltene Bedingung der Staatsbürgerschaft stelle, wie der UN-Menschenrechtsausschuß entschied, eine »diskriminierende Unterscheidung« innerhalb der gleichen Opfergruppe »früherer staatlicher Konfiskationen« dar. Dies erfordere, »daß die Benesch-Dekrete keinen Bestand haben können und noch vor dem Beitritt zur Europäischen Union abgeschafft werden müssen.«
Die Dekrete »bilden nach wie vor die Grundlage fortbestehender Diskriminierungen aufgrund der Staatsbürgerschaft . . . Ich begrüße diese Entscheidung, die die Rechtsposition der Vertriebenen stützt, und fordere die Bundesregierung auf, die politischen Konsequenzen zu ziehen. Dies gilt um so mehr, als tschechische Politiker ⟨*anscheinend gemeint: ČR-Kultusminister Pavel Dostal; siehe FAZ-Quelle*⟩, die sonst im Zusammenhang mit den Benesch-Dekreten vom erloschenen Recht sprechen, sich in der innenpolitischen Diskussion zu dem Verfahren darauf berufen, daß die Gültigkeit der Dekrete des Präsidenten Benesch nicht aufgehoben worden sei.«
Vgl. SdZ; Nr. 46 v. 16. 11. 2001; S. 3.

Quellen:
V. a. »Neue Juristische Wochenschrift«; Jg. 2002, H. 5; S. 353–356 sowie FAZ; Nr. 261 v. 9. 11. 2001; S. 1 f.

****

Die katholische Kirche in der ČR: **2001, 28. November**
Entschädigung für Kirchenglocken im Sudetengebiet

. . .

Die Zeitungen der Sudetendeutschen sind voll mit Berichten über Kirchen in der alten Heimat. In vielen ehemals deutschen Orten konnten Gotteshäuser[1] nur mit Spendengeldern der Landsmannschaften renoviert werden. Immer wieder sammeln Vertriebene für neue Kirchenglocken und Orgeln. Jetzt will sich die tschechische Kirche noch einmal Geld aus Deutschland holen – vom Zwangsarbeiterfonds[2]. Allerdings geht es nicht um Entschädigungen für ehemalige tschechische NS-Zwangsarbeiter, sondern um Kompensation für Kirchenglocken, Orgelpfeifen und sonstige Metallgegenstände, die während des Zweiten Weltkriegs als Rohstoff für die deutsche Rüstungsindustrie beschlagnahmt worden waren.
Möglich ist die Einbringung dieser Forderungen, weil es im Zwangsarbeiterfonds auch einen Topf für Vermögensschäden[2] gibt. An die Pfarreien seien bereits entsprechende Antragsformulare gegangen, bestätigt Pavel Siuda, Pressesprecher der Diözese Ostrau-Trop-

pau: »Wir sammeln bis Jahresende Informationen über Glocken und andere Gegenstände und schicken das nach Genf an die Internationale Organisation für Migration (IOM).«
Die IOM[3] . . . hatte die katholische Kirche in Tschechien auch auf die Möglichkeit von Entschädigungszahlungen aufmerksam gemacht . . . Auf die Frage, um welche Größenordnungen[4] es gehen könne, sagte Siuda: »In der ganzen Republik geht es um mehrere tausend Glocken. Aus jeder Kirche wurden ein, zwei, drei Glocken weggeschafft.« Im oberschlesischen Jägerndorf, Siudas Heimatpfarrei, waren es sogar sechs Glocken, die nach dem Krieg verschwunden waren. Eine neue Orgel hätten die Vertriebenen schon finanziert[1], ebenso den Neubau der Wallfahrtskirche von Zuckmantel.
Daß dies bereits als eine Art Entschädigung für den Glockenraub der Nazis betrachtet werden könnte, sieht der Diözesansprecher aber nicht: »Die deutschen Spenden spielen keine Rolle.« Tschechische Pfarreien könnten also doppelt Kompensation für verlorene Glocken und Orgeln bekommen – erst von vertriebenen Katholiken und jetzt über den Entschädigungsfonds. Es sei denn, dem örtlichen Pfarrer kommen dabei Skrupel. Denn die Forderungen werden nicht zentral über die Diözesen eingereicht, sondern von den jeweiligen Pfarreien in Eigenregie, betont Siuda.
⟨[5]⟩

Anmerkungen:

1 Eine Gesamtaufstellung des Wertes der seit Ende 1989 von einzelnen oder Gruppen Sudetendeutscher (d. h. ohne die öffentlichen Mittel öffentlicher Stellen) für Kulturdenkmäler, Friedhöfe, Kirchen und eben auch Glocken in ihrem Heimatgebiet geschenkten Geldmittel und verbrachten Leistungen ist m. W. weder erstellt noch vorliegend.
Ein tschechischer Bericht (Kerles, Marek: »Sudetendeutsche dotieren das tschechische Grenzland« in »Lidové noviny« (Volkszeitung), Prag; Nr. 38 v. 12. 2. 2002; S. 2) sprach von »Hunderten von Millionen Kronen«, davon allein im Bereich Böhm. Krumau »über 70 Mio. Kč«. Zum Vergleich: 1 Euro = ca. 35 Kč.

2 a) Zum Vorgang Zwangsarbeiterentschädigung: Siehe S. 1341.
b) Die Basis (»Topf für Vermögensschäden«) dürfte dort im § 9 Abs. 4 Ziff. 2 liegen.
c) Wie die dort geforderte schadensursächliche »direkte Beteiligung deutscher Unternehmen« an der Beschlagnahme sudetendeutscher Glocken zu erweisen ist, konnte nicht festgestellt werden.

3 Die »Internationale Organisation für Migration« in Genf (Schweiz) war die offizielle Partnerorganisation für Vermögensschäden.

4 Ein Sprecher der katholischen Bistümer in der ČR erklärte am 6. 1. 2002 im ČR-Rundfunk: »Allein in Nordmähren und im tschechischen ⟨*d. h. bis 1918 österreichischen*⟩ Teil Schlesiens seien 786 Glokken mit einem Gesamtgewicht von 266 Tonnen zerstört worden . . . Der Sprecher rechnet mit einer Entschädigung von 500 Kronen (etwa 14 Euro) für jedes Kilogramm umgeschmolzener Glocke.«
Vgl. SZ; Nr. 5 v. 7. 1. 2002; S. 6.

5 a) Der gesamte Vorgang blieb in den meisten deutschen Medien unbeachtet.
b) Die Tschechische Bischofskonferenz nahm in einem Schreiben vom 18. 2. 2002 u. a. wie folgt Stellung:
»Liebe Brüder und Schwestern in Christo,
mit großer Betroffenheit haben wir Reaktionen unter den Heimatvertriebenen im Zusammenhang mit Entschädigungsanträgen für Vermögensschäden (u. a. Glocken) an die deutsche Stiftung ›Erinnerung, Verantwortung und Zukunft‹ vernommen.
Auf die Möglichkeit, solche Anträge zu stellen, wurde in den Medien durch die Organisation für Migration (IOM), eine Partnerorganisation dieser Stiftung, aufmerksam gemacht. Wir zitieren aus ihren Informationsschreiben: ⟨*Es folgte eine sachliche Darstellung der gegebenen Möglichkeit, die wie folgt schloß:*⟩ ›Wenn die religiöse Gemeinschaft oder Organisation nicht mehr existiert, ist der Rechtsnachfolger dieser Gemeinschaft oder Organisation berechtigt, einen Antrag zu stellen.‹
Liebe Brüder und Schwestern, die bedrückende finanzielle Lage der katholischen Kirche in der Tschechischen Republik ist Euch gut bekannt. Nur mit Hilfen aus dem Ausland, auch durch die großherzige Unterstützung vieler heimatvertriebener Landsleute, können wir eine zeitgemäße Seelsorge in unserem Land einigermaßen sicherstellen. Wir wissen, daß uns gern geholfen wird, und wir können nicht genug dafür dankbar sein.
In diesem Zusammenhang habenviele die Gelegenheit wahrgenommen und einen Antrag gestellt

auf eine Leistung, auf die die einzelnen Pfarrgemeinden, wie uns in den Informationen nahegelegt wurde, einen Anspruch haben könnten. Wir können einfach nicht glauben, daß nur deswegen unsere guten, im Geiste Christi gestalteten Beziehungen Schaden nehmen sollten.
Der Ständige Rat der Tschechischen Bischofskonferenz hat die Bischöfe der Tschechischen Republik aufgefordert, in ihren Amtsblättern die Pfarrer anzuweisen,
a) der bischöflichen Behörde zu berichten, wie die eventuell gewährten Entschädigungsgelder verwendet werden sollen,
b) in Fällen, in denen mit Hilfe deutscher Landsleute bereits neue Glocken angeschafft wurden, sich mit der bischöflichen Behörde in Verbindung zu setzen mit dem Ziel, die Anträge zurückzunehmen respektive zu korrigieren,
c) einen detaillierten Rechenschaftsbericht über die Verwendung der Entschädigungsgelder an die bischöfliche Behörde abzuliefern.
d) Die Pfarrgemeinden, die die konfiszierten Glocken zurückbekommen, die sich bislang in den deutschen Lagern befinden, verzichten auf die finanzielle Entschädigung.
Der Ständige Rat der Tschechischen Bischofskonferenz hat mit den zuständigen Stellen in der BRD Verhandlungen aufgenommen, über die Möglichkeit der Rückgabe noch in Deutschland vorhandener Glocken, die im Zweiten Weltkrieg auf dem Gebiet der heutigen Tschechischen Republik konfisziert wurden.
Dies ist, wozu wir uns im Augenblick in der Lage sehen, zu tun.
Wir rufen alle unsere Landsleute, die Tschechen wie die Deutschen, auf, alles zu tun, damit das Band der Liebe Christi, das uns alle verbindet, nicht durch zerstörerische Kräfte gefährdet wird.
Der Ständige Rat der Tschechischen Bischofskonferenz ist sich wohl bewußt der Großzügigkeit unserer Landsleute, und an alle richtet den aufrichtigen Dank und ›Vergelt's Gott‹.
Wir grüßen Euch in christlicher Verbundenheit!
⟨*handschriftliche Unterschrift*⟩ Erzbischof Jan Graubner
Vorsitzender der Tschechischen Bischofskonferenz«
Wiedergabe nach vorliegender Kopie des Schreibens in deutscher Sprache.

Quelle:
Vgl. »Passauer Neue Presse« ⟨*TZ.*⟩; Jg. 56, Nr. 275 v. 28. 11. 2001; S. 1.

****

Vorschlag **2002, 9. Januar**
der Sudetendeutschen Landsmannschaft Österreich:
Zweisprachige Ortsschilder auch[1,2] für Gebiete, aus denen Deutsche vertrieben wurden

Der Bundesobmann der Sudetendeutschen Landsmannschaft in Österreich, Gerhad Zeihsel, findet es beim Urteil des österreichischen Verfassungsgerichtshofs zur Ortstafelfrage in Kärnten[1] für sehr interessant, »daß eine Betrachtung über viele Jahrzehnte dafür ausschlaggebend ist, ob in einem Bezirk eine gemischte Bevölkerung lebt«. Im Urteil wird dabei für den Kärnter Ort St. Kanzian auf die Volkszählung von 1961 zurückgegangen, weil die Volkszählung von damals eben noch wesentlich mehr Slowenen aufwies.
Geht man in Anlehnung an die Begründung im Urteil aber einige Jahre weiter bis 1945/46 zurück, hatten beispielsweise auf dem Gebiet der heutigen Tschechischen und Slowakischen Republik Hunderte Städte und Dörfer eine absolute deutschsprachige Mehrheit und viele Ortschaften deutsche Minderheiten mit über 10 Prozent. Diese Altösterreicher deutscher Muttersprache wurden allerdings zum Großteil nach dem Zweiten Weltkrieg aus ihrer über Jahrhunderte angestammten Heimat vertrieben oder umgebracht.
Zeihsel schlägt den Nachfolgestaaten des ehemaligen Vertreiberlandes ČSR zur Bewältigung der Vergangenheit vor, auf Ortstafeln historisch bekannte deutsche Ortsbezeichnungen wie etwa »Brünn, Prag, Reichenberg, Preßburg, Leutschau, Schemnitz, Kremnitz, Budweis, Krummau, Nikolsburg, Znaim, Feldsberg, Eisgrub, Zlabings, Neubistritz, Neuhaus, Eger, Kaaden, Franzensbad, Karlsbad, Marienbad, Brüx, Dux, Komotau, Saaz, Teplitz-Schönau, Leitmeritz, Zwittau, Mähr. Trübau, Neutitschein, Hultschin, Jägerndorf, Königsgrätz und Troppau« in der Tschechischen Republik und der Slowakei zu verwenden.

Damit könnte des menschenrechtswidrigen Genozids und der vielen Todesopfer glaubwürdig und nachhaltig gedacht werden, von einer Generation, die an der Vertreibung zum Großteil nicht beteiligt war, schloß Zeihsel.
⟨[3]⟩

Anmerkungen:
[1] Das österreichische Volksgruppengesetz von 1976 hatte aufgrund einer Bestimmung des österreichischen Staatsvertrags vom 15. 5. 1955 festgelegt, daß ab einem Bevölkerungsanteil von 25 Prozent, gemessen an der jeweils letzten Volkszählung, zweisprachige Ortsschilder aufzustellen seien. Diese Vorschrift wurde im Dezember 2001 vom österreichischen Verfassungsgerichtshof aufgehoben und dem Gesetzgeber empfohlen, den Bevölkerungsanteil auf 10 Prozent festzulegen und diesen auch an früheren Volkszählungen zu messen: Das Urteil löste in Österreich heftige Reaktionen aus.
Vgl. z. B. SZ; Nr. 289 v. 15. 12. 2001; S. 9 sowie Nr. 294 v. 21. 12. 2001; S. 8.
[2] a) In Deutschland gab und gibt es zweisprachige Ortsschilder in Friesland (friesisch) und der Lausitz (sorbisch), in Italien in Südtirol (deutsch; siehe S. 22), in Ungarn im ganzen Staatsgebiet (jeweilige Minderheitensprache; siehe S. 132).
b) Polen verlangt zweisprachige Ortsschilder im polnischen Gebiet Litauens und hat seinerseits die nach dem deutsch-polnischen Nachbarschaftsvertrag vom 14. 11. 1990 zugesagte Prüfung für u. a. Oberschlesien (deutsch) nach mehr als einem Jahrzehnt noch nicht abgeschlossen.
Vgl. »Pommersche Zeitung«, Kiel; Jg. 53, Nr. 8 v. 22. 2. 2003; S. 1.
c) Der Gemeinderat des polnischen Oswiecim hatte selbst vorgeschlagen, daß seine Ortsschilder künftig auch den deutschen Namen »Auschwitz« tragen sollen.
Vgl. Die Brücke; Nr. 1 v. 15. 2. 2001; S. 3.
[3] a) Als »ungeheuerlich, absurd und unsinnig« bezeichnete der Vizevorsitzende der tschechischen Demokratischen Bürgerpartei, Langer, die Forderung der SLÖ nach deutschsprachigen Ortstafeln in Tschechien. Der Chef der christdemokratischen Volkspartei, Svoboda, sprach sich hingegen dafür aus, die Bürger in den betroffenen Gemeinden selbst über die Tafeln entscheiden zu lassen.
Vgl. »Der Standard«, Wien; 14. 1. 2002.
b) Zur Meinung von ČR-Ministerpräsident Zeman: Siehe S. 1390.

Quelle:
»Sudetendeutscher Pressedienst«, Wien; 9. 1. 2002.

****

Interviews **2002, 21. Januar ff.**
des ČR-Ministerpräsidenten Miloš Zeman:
Viele Sudetendeutsche Landesverräter, daher ihre Vertreibung gerechtfertigt; Prinzip auf Palästinenser anwenden

⟨*A) Das erste Interview dieser Serie*[1] *gab Zeman dem Wiener Wochenmagazin »profil«*[2]. *Die Eingangsfragen befaßten sich mit dem ČR-Atomkraftwerk Temelin*[3]. *Zeman sagte zum von der österreichischen FPÖ initiierten Volksbegehren u. a.:*⟩
Nur jemand, der nicht informiert ist – ich vermeide den Begriff Idiot[4] –, kann dieses Volksbegehren unterstützen.
. . .
⟨*Frage:*⟩ Wenn mehr als eine Million Österreicher das Volksbegehren unterzeichnen, würde Sie dies also wenig beeindrucken?
⟨*Zeman:*⟩ Ich werde der meistprovozierende Politiker Europas genannt. Daran möchte ich mich auch jetzt halten: Wie viele Österreicher unterstützten den »Anschluß« 1938? Und war das Ergebnis des Referendums[5] ein gutes Argument für den Anschluß?
⟨*Frage:*⟩ Der Vergleich hinkt. Das Referendum unter der NS-Herrschaft fand sicher nicht unter demokratischen Bedingungen statt. Die Nazis hatten sogar das noch von Schuschnigg angesetzte Referendum abgesagt. Außerdem sollte man nicht vergessen, daß bei weitem nicht alle Österreicher den »Anschluß« bejubelt haben.
⟨*Zeman:*⟩ Nicht alle, aber doch die überwältigende Mehrheit der Österreicher.

⟨*Frage: Bedauert Zeman die Teilnahme der ČR an den Sanktionen von 14 Staaten der EU gegen Österreich*[6]*?*⟩
⟨*Zeman:*⟩ ... Das waren keine Sanktionen gegen Österreich, sondern gegen Haider[7], ... ein populistischer Pro-Nazi-Politiker, der nichts versteht, aber über alles redet ... Die Haiders kommen und gehen so wie die Hitlers. Aber ich glaube an die Freundschaft zwischen unseren beiden Völkern. Aber es gibt von österreichischer Seite immer wieder Provokationen. Dazu zähle ich die jüngste Forderung der österreichischen sudetendeutschen Verbände nach Aufstellung von zweisprachigen Ortstafeln in Tschechien[8]. Ich halte mich dabei an das Wort eines tschechischen Journalisten der Zwischenkriegszeit, der erklärt hat, Forderungen, die kompletten Unsinn darstellen, kann man nur ignorieren. Also sage ich dazu weiter nichts.
⟨*Frage:*⟩ Könnten die guten Wirtschaftsbeziehungen zwischen Österreich und Tschechien durch das Ergebnis des Volksbegehrens negativ beeinflußt werden?
⟨*Zeman:*⟩ Natürlich könnten die wirtschaftlichen Beziehungen darunter leiden. Politik und Wirtschaft sind immer vernetzt. Und weil ich der meistprovokante Politiker Europas bin, möchte ich noch etwas sagen: Österreich war nicht das erste Opfer Hitlerdeutschlands, sondern der erste Verbündete. Außerdem darf man nicht vergessen, daß die Sudetendeutschen die fünfte Kolonne[9] Hitlers waren, um die Tschechoslowakei als einzige Insel der Demokratie in Mitteleuropa zu zerstören. Kann man jetzt wirklich Versöhnung für Verräter fordern?
⟨*Frage:*⟩ Das ist jetzt eine bedenkliche Zuweisung von Kollektivschuld. Nach dem Zweiten Weltkrieg wurden in der Tschechoslowakei viele unschuldige Sudetendeutsche umgebracht oder verfolgt, die mit dem Nazi-System nichts oder nicht viel zu tun hatten. Es gab viele Greueltaten tschechischer Bürger an Sudetendeutschen.
⟨*Zeman:*⟩ Ja, das stimmt. Ich war auch der erste tschechische Politiker, der solche Verbrechen verurteilt hat. Aber vergessen Sie auch nicht, daß diese Sudetendeutschen vor dem Überfall Hitlers tschechoslowakische Staatsbürger waren. Nach dem tschechischen Recht haben viele von ihnen Landesverrat begangen, ein Verbrechen, das nach dem damaligen Recht durch die Todesstrafe geahndet wurde. Auch in Friedenszeiten. Wenn sie also vertrieben oder transferiert worden sind, war das milder als die Todesstrafe.
⟨*Frage:*⟩ Das ist ganz schön zynisch. Damit heißen Sie doch auch die Ermordung und Mißhandlung Zehntausender Sudetendeutscher gut.
⟨*Zeman:*⟩ Nein, ich habe diese Exzesse stets verurteilt. Aber das ändert nichts daran, daß Sudetendeutsche den Genozid am tschechischen Volk befürwortet haben. Lidice steht für das Schicksal der Tschechen nach dem Sieg von Hitlers Drittem Reich. Und ich wiederhole: Die Österreicher waren die ersten Verbündeten Hitlers, auch wenn sie sich gerne als Opfer dargestellt haben.
...
⟨*Frage:*⟩ Sie schließen also eine von österreichischen Politikern geforderte Erklärung des Bedauerns über die Verbrechen, die von tschechischer Seite an den Sudetendeutschen verübt wurden, aus?
⟨*Zeman:*⟩ Es besteht keine Notwendigkeit für irgendwelche neuen Erklärungen. Alles, was getan werden mußte, wurde mit der gemeinsamen Erklärung von Gerhard Schröder ⟨*gemeint: vom 8. 3. 1999; zum Text: Siehe S. 1145*⟩ und mir getan. Ich bin jetzt 58 Jahre alt. Das Spital, in dem ich geboren wurde, wurde von anglo-amerikanischen Flugzeugen bombardiert. Aber deshalb habe ich nichts gegen Amerikaner und Briten. Ich habe aber etwas gegen jede Form von Totalitarismus, egal, ob er von den Nazis oder Kommunisten ausging.

⟨*B) Gegen diese Äußerungen gab es zahlreiche Proteste*[10].
C) Zeman verteidigte demgenüber seine Vorwürfe:[11]⟩
Der tschechische Premier Miloš Zeman hat es abgelehnt, seine schweren Vorwürfe gegen

die Sudetendeutschen zurückzunehmen. »Für die Wahrheit entschuldigt man sich nicht«, erklärte Zeman. Schließlich habe er in dem Interview für das Wiener Nachrichtenmagazin »profil« »nicht alle Sudetendeutschen« beschuldigt, die »fünfte Kolonne Hitlers« gewesen zu sein. Selbstverständlich habe es auch einige unter ihnen gegeben, die sich gegen den Nationalsozialismus gestellt hätten. Doch die meisten Sudetendeutschen seien als Hitlers Gehilfen an der Zerschlagung der Tschechoslowakei beteiligt gewesen. Wenn der bayerische Ministerpräsident Edmund Stoiber das nicht begreife, sei er nicht mit den historischen Fakten vertraut, sagte der tschechische Regierungschef.

⟨*D) In einem neuerlichen Interview*[12] *flankierte Zeman die Vorwürfe durch die unrichtige Darstellung tschechischer NS-Opfer vor (siehe S. 1231) und der Behandlung sudetendeutscher Antifaschisten nach 1945:*⟩

⟨*Zeman:*⟩ Die Dekrete des tschechoslowakischen Nachkriegspräsidenten Edvard Beneš, welche die Enteignung und Entrechtung der deutschen und magyarischen Volksgruppe verfügten, hätten »überhaupt nicht« auf der Annahme einer Kollektivschuld beruht, denn die »sudetendeutschen Antifaschisten, die gegen Hitler gekämpft haben«, seien nicht enteignet und vertrieben worden: »Mehr als 100 000 Sudetendeutsche erhielten die Chance, in der Tschechoslowakei zu leben, sie wurden nicht ausgewiesen, weil sie gegen Hitler gekämpft hatten.« Auf die Frage, was mit denen sei, die keine Nationalsozialisten gewesen seien, die aber auch nicht gegen die Nationalsozialisten gekämpft hatten, antwortete Zeman: »Viele haben die Nazis unterstützt. Manche werden insgeheim gegen die Nazis gewesen sein. Aber wie läßt sich das feststellen? Grundsätzlich gilt die Trennlinie zwischen Feigheit und Mut, und da ist nichts dazwischen.« Zudem müsse die historische Situation von 1945 berücksichtigt werden. »Hunderttausende tschechische Opfer« des Nationalsozialismus habe es gegeben ...

⟨*E) Dann setzte Zeman seine Interviewtätigkeit in Israel fort. Er sagte zur Tageszeitung »Ha'aretz« am 17. 2. 2002*[13] *u. a., er sei nach Israel gekommen,*⟩
um die Solidarität zwischen zwei kleinen Ländern auszudrücken. Er erklärte: »Wir teilen ein gemeinsames Schicksal. Sie, die Juden, waren die erste Etappe, die des Holocausts, im Plan der Nazis. Die Ausrottung (extermination) des tschechischen Volkes sollte in der zweiten Phase stattfinden.«

⟨*Ohne diplomatische Floskeln stellte Zeman dann eine Parallele zwischen Adolf Hitler und dem Vorsitzenden der Palästinenserbehörde (PB), Yasser Arafat, her. Er sagte:*⟩ »Zu seiner Zeit war Hitler der größte Terrorist der Welt. Damals gab es keinen Ruf (call), mit ihm Verhandlungen zu führen[14], so wie man heute keine Verhandlungen mit Terroristen führen sollte.«

⟨*Frage:*⟩ Vergleichen Sie den Chef der PB mit Hitler?

⟨*Zeman:*⟩ »Natürlich. Es ist zwar nicht meine Aufgabe, ein Urteil über Arafat zu fällen, aber jeder, der Terrorismus unterstützt, Terrorismus als legitimes Mittel ansieht, Terrorismus, der den Tod unschuldiger Menschen verursacht, benutzt, ist in meinen Augen ein Terrorist. Das gleiche gilt für jene, die Terrorismus finanzieren.«

Vor rund einer Woche hatte Zeman eine verärgerte Reaktion von Edmund Stoiber, dem Führer der konservativen Opposition in Deutschland, hervorgerufen, als er die Deportation von 3,5 Millionen Deutscher aus der Tschechoslowakei nach dem Zweiten Weltkrieg rechtfertigte. Zeman sagte, daß die deutschen Bewohner (residents) seines Landes vor und während des Krieges Hitlers »fünfte Kolonne«[9] gewesen seien.

⟨*Frage:*⟩ Auf der gleichen Überlegung aufbauend: Sollte Israel einen Transfer der Palästinenser durchführen?

⟨*Zeman:*⟩ Die Ausweisung (expulsion) der Deutschen ... war ein direktes Ergebnis des Zweiten Weltkriegs. Die Führer der ČSR und der Welt hätten vor dem Krieg keine Verhandlungen[14] mit den deutschen Führern durchführen sollen ... und mit Hitler, um zu versuchen, sie zu befriedigen (appease). Wir hätten ihnen, in englisch ausgedrückt, sagen sollen ›Take it or leave it‹; mit anderen Worten: Nehmt den Vorschlag[15] an oder ihr werdet ausgewiesen (expelled).«

⟨*Frage:*⟩ Und was sollte Israel den Palästinesern sagen?

⟨*Zeman:*⟩ »Das gleiche: ›Take it or leave it.‹«

Zeman fand einen weiteren gemeinsamen Faktor zwischen Israel und seinem Land: die Verurteilung von Jörg Haider, dem Führer der österreichischen rechtsaußen ⟨*stehenden*⟩ Freiheitspartei. Die ČR war neben Israel einer der wenigen Staaten der Welt, die Haider boykottierten, den Zeman in der letzten Woche als einen »nach-faschistischen Führer« bezeichnet hatte ...

⟨F) Die Äußerungen Zemans führten neben weiteren Protesten in Deutschland und Österreich jetzt auch zu empörten Stellungnahmen der EU, der Palästinenser und der Arabischen Liga; Ägypten, das Zeman besuchen sollte, zog seine Einladung zurück.[16]

G) Zeman behauptete, von »Ha'aretz« mißinterpretiert[17] *worden zu sein: Er habe niemals Arafat mit Hitler verglichen.*

H) Zemans Dementi wurde jedoch durch ein weiteres Interview, das er dem 2. Israelischen Fernsehen am 17. 2. 2002 gegeben hatte[18]*, voll widerlegt:*

⟨*Frage:*⟩ Implizieren Sie, daß es Ähnlichkeiten zwischen Hitlers Drittem Reich und Arafats Palästinenserbehörde gibt?

⟨*Zeman:*⟩ »Natürlich gibt es diese.« ⟨*Dann definiert Zeman den Begriff Terrorismus.*⟩

⟨*2. Israelisches Fernsehen:*⟩ Wir beenden dieses Interview so, daß der Schatten Adolf Hitlers über uns hängt und zwei Ähnlichkeiten aufzeigt: Einerseits zu Jörg Haider in Österreich und andererseits zu Jasir Arafat.

⟨*Zeman:*⟩ »Lassen Sie mich mit einem englischen Schlagwort (slogan)[19] enden: Wenn es wie eine Ente aussieht, wie eine Ente geht, wie eine Ente quakt und wie eine Ente schmeckt, dann ist es eine Ente.«

⟨I) Am 20. 2. 2002 akzeptierte trotz allem Außenminister Fischer in Prag Zemans Erklärung, er sei falsch wiedergegeben worden[20].

Quellen und Anmerkungen:

[1] Bereits in einem früheren Interview hatte Zeman seine Sicht des Verhaltens vieler Sudetendeutscher im Jahre 1938 dargestellt.
Wegen des Sachzusammenhanges an dieser Stelle Auszüge seiner Äußerungen gegenüber der »Süddeutschen Zeitung«, München, am 23. 1. 2001:
⟨*Frage:*⟩ »Immer wieder taucht im deutsch-tschechischen Verhältnis das Problem der Sudetendeutschen auf. Was müßte auf beiden Seiten geschehen, um es auszuräumen?
⟨*Zeman:*⟩ Ich fahre demnächst nach Schweden. Und ich kann Ihnen versichern, daß ich dort nicht über den Dreißigjährigen Krieg diskutieren werde. Politiker sollten sich vor allem mit der Zukunft beschäftigen und die Vergangenheit den Historikern überlassen. Das gilt für die Vergangenheit des 17. Jahrhunderts ebenso wie für jene Vergangenheit, die eben nicht 1945 begonnen hat, sondern mit der Zerschlagung der Tschechoslowakei und der aktiven Mithilfe der großen Mehrheit der Sudetendeutschen auf der Seite Adolf Hitlers. Ich will aber keine gegenseitigen Beschuldigungen. Seit einem Treffen mit Schröder im März 1999 ⟨*gemeint: 8. 3. 1999; zum Text: Siehe S. 1145*⟩ halte ich das Problem politisch für abgeschlossen. Ich verstehe, daß es noch menschliche Probleme gibt. Mit dem EU-Beitritt werden Barrieren abgebaut, zum Beispiel für den Zuzug von Bürgern aus anderen EU-Ländern.
⟨*Frage:*⟩ Sie heißen also Sudetendeutsche in Tschechien willkommen?
⟨*Zeman:*⟩ Genauso willkommen wie Spanier, Portugiesen, Briten, Franzosen oder Bürger anderer EU-Länder.«
Vgl. SZ; Nr. 19 v. 24. 1. 2001; S. 11.

[2] Vgl. »profil«, Wien ⟨*WZ.*⟩; Jg. 33, Nr. 4 v. 21. 1. 2002; S. 22–25.

[3] Zum Komplex Temelin: Siehe S. 1376; zum Volksbegehren: dortige Anm. 5.

[4] Nach Befragung verschiedener österreichischer Unterzeichner des Volksbegehrens veröffentlichte eine tschechische Zeitung deren Antworten mit der Überschrift »Ich bin kein Idiot! Ich fürchte mich nur vor Temelin!«.
Vgl. »Mladá fronta dnes« (Die junge Front heute), Prag ⟨*TZ.*⟩; Jg. 13, Nr. 18 v. 22. 1. 2002; S. B 1, A 2.
[5] Gemeint: Die Volksabstimmung in Österreich am 10. 4. 1938 mit dem (sonst nur bei KP-Veranstaltungen dieser Art) üblichen Ergebnis von über 99 % Zustimmung bei über 99 % Beteiligung.
[6] Die nach der Bildung einer ÖVP-FPÖ-Regierung am 4. 2. 2000 beschlossen worden war.
[7] Gemeint: Der österreichische Politiker Jörg Haider (FPÖ), langjähriger Parteivorsitzender, Landeshauptmann (= Ministerpräsident) Kärnten.
[8] Zu Vorschlag und Umfeld: Siehe S. 1388.
[9] Der Ausdruck stammte aus dem Spanischen Bürgerkrieg 1936–1939: Der Nationalistenführer General Franco stieß 1936 mit vier Armeekolonnen auf Madrid vor, wobei ihn angeblich eine fünfte Kolonne, nämlich in der Stadt im Untergrund tätige Gesinnungsgenossen, unterstützten. Der Vorstoß 1936 scheiterte.
[10] a) Neben SL und BdV: Bayerns Ministerpräsident Stoiber protestierte brieflich bei Zeman. Der Bayerische Landtag faßte am 29. 1. 2002 einen scharf ablehnenden Beschluß.
Zum Text: Vgl. Drucksache 14/8551.
b) Im Deutschen Bundestag gab es mehrere Anfragen des MdB Hartmut Koschyk (CSU) und daran anschließend eine sog. »Aktuelle Stunde« am 23. 1. 2002 über die »Äußerungen des tschechischen Ministerpräsidenten Zeman zu den Sudetendeutschen«: Während CDU/CSU zu ausdrücklicher Verurteilung drängten, mahnten SPD und Grüne sowie Außenminister Fischer zu Mäßigung und Fortsetzung des bisherigen Kurses.
Zu den Texten: Vgl. Deutscher Bundestag: »Stenographischer Bericht«; 14. WP., 211. Sitzung; S. 20.864–20.901.
c) Bundeskanzler Schröder, der einen Besuch in Prag zum 5. Jahrestag der »Deutsch-Tschechischen Erklärung« vom 21. 1. 1997 (zum Text: Siehe S. 1073) geplant hatte, stellte diesen zurück.
Zum weiteren Fortgang: Siehe unten, Anm. 20.
[11] Nachfolgend in der Zusammenfassung der SZ; Nr. 25 v. 30. 1. 2002; S. 7.
[12] Mit der »Frankfurter Allgemeinen Sonntagszeitung« vom 10. 2. 2002; nachfolgend in der Zusammenfassung der FAZ; Nr. 34 v. 9. 2. 2002; S. 5, auch S. 1.
[13] Vgl. Melman Yossi: »Czech PM compares Arafat to Hitler« in »Ha'aretz« (Das Land), Jerusalem ⟨*TZ.*⟩ vom 18. 2. 2002; englischsprachiger Internettext. Fotokopie im Besitz des Verfassers.
[14] a) Tatsächlich fanden, wie bekannt, mit Hitler Verhandlungen statt.
b) Wenige Sätze später widersprach dann auch Zeman seiner eigenen Behauptung.
[15] Welcher Vorschlag von wem gemeint war, blieb in dem Text unklar.
[16] Vgl. Melman Yossi: »Czech PM remarks strain EU and Arab relations« in »Ha'aretz« vom 20. 2. 2002. Auch SZ; Nr. 43 v. 20. 2. 2002; S. 6.
[17] Vgl. Melman Yossi: »Hitler-Arafat comparison misread, says Czech Republic PM Zeman« in »Ha'aretz« vom 19. 2. 2002.
[18] Vgl. zum Text in englischer und tschechischer Sprache: »Lidové noviny« (Volkszeitung), Prag; Jg. 13, Nr. 44 v. 21. 2. 2002; S. A 3.
[19] Zeman benutzte hier vermutlich eine unpassende Vokabel: Zum nachfolgenden Text hätte nicht »slogan« (= Schlagwort), sondern »proverb« (= Sprichwort) verwendet werden sollen.
[20] a) Die »Lidové noviny« titelte dazu am 21. 2. 2002: »Fischer kam und verzieh Zeman.«
b) Der Besuch von Bundeskanzler Schröder wurde wenige Tage später endgültig abgesagt.

****

Der Bund der Vertriebenen (BdV) zur Bundestagswahl 2002[1]: **2002, (15.) Februar**

EU-Osterweiterung, deutsche Zwangsarbeiter[2]

⟨*1:*⟩ EU-Osterweiterung

Der BdV will wissen, wie die politischen Parteien sich dafür einsetzen, daß die in den Beitrittsstaaten Polen, Tschechien und Slowenien fortgeltenden Unrechtsdekrete noch vor dem Beitritt aufgehoben werden. Dies betrifft im einzelnen Polen . . ., die Tschechische Republik mit den tschechoslowakischen Gesetzen (Benesch-Dekreten[3]) vom 21. Juni. 2. August und 25. Oktober 1945 und dem Straffreistellungsgesetz vom 8. Mai 1946 und Slowenien . . .

Diese Gesetze waren bereits am Tage ihres Entstehens gemäß u. a. der Haager Landkriegsordnung von 1907 völkerrechtswidrig[4], und sie sind heute mit der Werteordnung der EU, dem Vertrag von Amsterdam und den von ihr 1993 in Kopenhagen[5] vorgegebenen Menschenrechtsanforderungen für Neumitglieder unvereinbar.

⟨*a): Dazu*⟩ SPD: . . . Eine SPD-geführte Bundesregierung beabsichtigt – wie alle ihre Vorgängerinnen – nicht, die Frage eines EU-Beitritts von Polen, Tschechien oder Slowenien mit diesen aus der Vergangenheit herrührenden Fragen . . . ⟨*der*⟩ Enteignung und Vertreibung von Deutschen . . . zu verbinden . . .
Für die laufenden Beitrittsverhandlungen kommt es allein auf die Vereinbarkeit der heute gültigen Rechtsordnung dieser Länder mit dem EU-Acquis[6] an. Dessen ungeachtet ist die Forderung nach Aufhebung der Beneš-Dekrete[3] im Sinne einer symbolischen Geste, die anerkennt, daß die Vertreibung der Sudetendeutschen Unrecht war, vor dem Hintergrund der Deutsch-Tschechischen Erklärung von 1997[7] gerechtfertigt, um auf diese Weise einen Schlußstrich zu ziehen und Klarheit zu schaffen.
⟨*b): Dazu*⟩ CDU/CSU: . . . CDU und CSU bekennen sich zur europäischen Rechts- und Wertegemeinschaft und treten für eine schnellstmögliche Aufhebung von Rechtsvorschriften und Dekreten ein, die für die Vertreibung der Deutschen ursächlich sind. Im gemeinsamen Regierungsprogramm von CDU und CSU heißt es: »Die Vertreibungsdekrete und -gesetze sind Unrecht. Sie stehen im Gegensatz zu Geist und Werten der Europäischen Union und des Völkerrechts. Vertreibung und ethnische Säuberung dürfen nirgendwo Teil der bestehenden Rechtsordnung sein.«
⟨*c): Dazu*⟩ FDP: . . . Wir erwarten vor dem EU-Beitritt Polens und der Tschechischen Republik, daß die dort noch immer geltenden Unrechtsdekrete mit Wirkung für Gegenwart und Zukunft aufgehoben werden.
⟨*d): Dazu*⟩ Bündnis 90/Die Grünen: ⟨*Zur Frage keine Aussage*⟩

⟨*2:*⟩ Deutsche Zwangsarbeiter
Menschenwürde und Menschenrechte sind Fundamente Deutschlands und Europas. Dazu gehört auch die Behandlung des Schicksals der deutschen Zwangsarbeiter, das bis heute unaufgearbeitet ist. Hier klafft eine Gerechtigkeitslücke, von der viele Menschen betroffen sind. Wir möchten für diesen Personenkreis eine Berücksichtigung von Zwangsarbeitsjahren bei der Rentenleistung erreichen.
In Anlehnung an die geltende Gesetzgebung sollten folgende Beträge gezahlt werden:
⟨*Es folgten Vorschläge. Zum Schluß hieß es:*⟩ Wir erwarten, daß sich die Bundestagsparteien eindeutig dazu erklären.
⟨*a): Dazu*⟩ SPD: Nach geltendem Recht sind Leistungen . . . für deutsche Zwangsarbeiter . . . vom Gesetzgeber bewußt ausgeschlossen worden, weil es sich ⟨*dabei*⟩ um ein allgemeines Schicksal der Deutschen aufgrund des Zweiten Weltkriegs und seiner Folgen gehandelt hat, dessen sich der Gesetzgeber im Rahmen der allgemeinen, sozialstaatlich motivierten Bewältigung der Folgen des Zweiten Weltkriegs angenommen hat. Diese Entscheidung ist von allen Bundesregierungen mitgetragen worden. An dieser Bewertung werden wir auch festhalten.
⟨*b): Dazu*⟩ CDU/CSU: . . . Der Unrechtstatbestand der Zwangsarbeit von Deutschen ⟨*hat*⟩ bisher keine Würdigung erfahren. Die Gerechtigkeitslücke besteht fort. Eine unionsgeführte Bundesregierung wird sich dieses Problems annehmen.
⟨*c): Dazu*⟩ FDP: . . . Wir werden auch hier die Betroffenen nicht im Stich lassen, sondern versuchen, eine praktikable Lösung zu finden, . . . lehnen allerdings zusätzliche Leistungen für deutsche Zwangsarbeiter aus der Rentenkasse als nicht finanzierbar ab. Es müssen andere Lösungen gefunden werden.
⟨*d): Dazu*⟩ Bündnis 90/Die Grünen: Die Verschleppung von Zivilisten wie die Verpflichtung

zur Zwangsarbeit waren schweres Unrecht. Wir befürworten Bestrebungen, dieses Unrecht angemessen und würdig aufzuarbeiten.

Anmerkungen:

1 Die Fragen an die politischen Parteien wurden im Februar 2002 gestellt, bis Juli 2002 beantwortet und in der Reihenfolge des Antworteingangs veröffentlicht.

2 Weitere Fragen bezogen sich auf:
a) das »Zentrum gegen Vertreibungen«: Zu den Antworten: Siehe S. 1349;
b) die Aufnahme und Integration der Spätaussiedler;
c) den Erhalt des kulturellen Erbes der Ost-, Sudeten- und Südostdeutschen;
d) den BdV-Vorschlag, den 5. August zum nationalen Gedenktag für die Opfer der Vertreibung zu erklären.
Später wurde eine Frage zur Förderung deutscher Minderheiten nachgereicht und beantwortet.

3 Zum Komplex der sog. Beneš-Dekrete: Siehe S. 576.

4 Zum Text: Siehe S. 7.

5 Zum Text: Siehe S. 1103.

6 Gemeint: »Aquis communautaire«, d. h. die innerhalb der Gemeinschaft erworbenen und daher bestehenden Rechtsprinzipien der Gemeinschaft bzw. das geschriebene und ungeschriebene Gemeinschaftsrecht.

7 Zum Text: Siehe S. 1077.

Quellen:

Vgl. »Die Pommersche Zeitung«, Kiel; Jg. 52, Nr. 8 v. 23. 2. 2002; S. 2 (Fragen) sowie SdZ; Nr. 31 v. 2. 8. 2002; S. 3 f. (Antworten).

****

Weisung **2002, 18. Februar**
des Bayerischen Staatsministeriums des Innern:
Geburtsorte in Personaldokumenten: Deutsche Bezeichnung ohne Zusatz

⟨*A) Eine Weisung des Ministeriums vom 28. 8. 2001 besagte u. a.:*⟩
Bei Orten, die als nicht allgemein bekannt gelten, wird in aller Regel zusätzlich zum Ortsnamen der Staat zu vermerken sein.
⟨*Dies wurde von der Verwaltung auch so interpretiert, daß der derzeitige Besitzstaat angegeben wurde. Daraus entstanden dann für die Angabenpaare* »Geburtsdatum, -ort« *Aussagenpaare wie* »31. 3. 1935 Stolp/Polen[1]« *oder* »1. 5. 1938 Königsberg/Rußland«.⟩

⟨*B) Diese Praxis führte in Nordrhein-Westfalen auch zu Prozessen*[2]*, in denen Amtsgerichte den derart »beurkundenden« Standesbeamten über Urteile Nachhilfe in historischer Geographie erteilten. Auch in Bayern gab es Widerspruch.*

C) Daraufhin wies das Ministerium mit Schreiben vom 18. 2. 2002 die Personalbehörden an,⟩ »bei der Eintragung von Geburtsorten, die im jetzigen Ausland liegen, flexibel zu verfahren und jeden Einzelfall individuell zu behandeln. Für die in den ehemaligen deutschen Ostgebieten Geborenen bedeutet dies, daß grundsätzlich in Pässe und Personalausweise keine Staatennamen zum Geburtsort eingetragen werden.«

Anmerkungen:

1 Zu einer diesbezüglichen Mahnung: Siehe S. 1346.

2 Vgl. SdZ; Nr. 1/2 v. 11. 1. 2002; S. 5 sowie Nr. 16 v. 19. 4. 2002; S. 9.

Quelle:

Schriftwechsel des Verfassers mit dem Bayerischen Staatsministerium des Innern vom 8. 2./5. 4. 2002.

****

Erklärung[1] **2002, 20. Februar**
des ungarischen Ministerpräsidenten Viktor Orban:
Beneš-Dekrete[2] *formell für ungültig erklären*

Auf eine Frage des deutschen MdEP Jürgen Schröder antwortete Orban, daß seiner Meinung nach diese Dekrete[2] nicht in Übereinstimmung mit den Rechtsgrundsätzen der EU stünden. Er könne sich nur schwer vorstellen, daß ein Staat, der in seiner Rechtsordnung derartige Normen hat, zum EU-Mitgliedstaat werden würde und diese Normen in seiner Rechtsordnung bleiben würden. Er betrachte dies keineswegs als ein bilaterales Problem, sondern als ein Problem der Grundsätze des europäischen Rechts. Vom EU-Beitritt erwarte er, daß dieser die Benesch-Dekrete automatisch aus der tschechischen sowie der slowakischen Rechtsordnung beseitigen wird.
⟨[3]⟩

Daraufhin forderte im Gegenzug am 22. Februar der Präsident des ČR-Abgeordnetenhauses, Václav Klaus, die Dekrete in eine »exklusive Klausel« *des ČR-Beitrittsvertrags zur EU aufzunehmen und als Teil der europäischen Nachkriegsordnung zu bestätigen.*
⟨[4]⟩

Anmerkungen:

[1] Vor dem Ausschuß für Auswärtige Angelegenheiten, Menschenrechte, gemeinsame Sicherheit und Verteidigungspolitik.

[2] Zum Komplex der sog. Beneš-Dekrete: Siehe S. 576.

[3] Daraufhin gab es erhebliche Mißstimmung in Prag, Preßburg und Warschau, deren Regierungschefs eine Teilnahme am nächsen Treffen der sog. Višegrad-Staaten (vorgesehen für 1. 3. 2002 in Ungarn) absagten.

[4] a) Nunmehr sagte Bundeskanzler Schröder seinen vorgesehenen Besuch in Prag (siehe S. 1393, Anm. 10, 20) endgültig ab.

b) Wegen der Überparteilichkeit ungarischen Eintretens für Minderheiten und Menschenrechte ließ der Ausgang der ungarischen Parlamentswahlen (7./21. 4. 2002: knappe Niederlage der Partei Orbans) die Proteste gegen die Beneš-Dekrete nicht verstummen: Sie wurden vielmehr international. Nach einer Rede eines slowakischen Ungarn im belgischen Flandern präsentierte eine flämische EP-Abgeordnete in Straßburg eine Protestpublikation des Weltbundes der Ungarn (mit zahlreichen Mitgliedern auch in den USA), in welcher der Widerruf der Dekrete und die sofortige und vollständige Rückgabe alles konfiszierten ungarischen Eigentums gefordert wurde.
Wiedergabe nach »Právo« (Recht), Prag; 8. 11. 2002; S. 8 sowie Brücke; Nr. 6 v. 15. 11. 2002; S. 7.

Wiedergabe nach
»Mladá fronta dnes« (Die junge Front heute), Prag; 25. 2. 2002; S. A 6 sowie FAZ; Nr. 46 v. 23. 2. 2002; S. 1 f. sowie SZ; Nr. 50 v. 28. 2. 2002; S. 1, 4, 6.

****

Beschluß[1] **2002, 6. März**
der österreichischen Landeshauptleute[2]**:**
Beneš-Dekrete vor EU-Beitritt ČR durch formellen Beschluß aus ČR-Rechtsbestand entfernen

Mit der Vertreibung der Deutschen und Ungarn aus der Tschechoslowakei ⟨*nach*⟩ Ende des Zweiten Weltkriegs wurde Unrecht begangen, das nicht durch die Aufrechnung mit den Untaten aus der Welt geschafft werden kann, die zuvor von Nazideutschland gegenüber dem tschechoslowakischen Volk begangen wurden. Eine Reihe von sogenannten »Beneš-Dekreten« (beziehungsweise die diese rezipierenden tschechoslowakischen Gesetze der Nachkriegszeit)[3] enthalten Bestimmungen, die offen von einer Kollektivschuld aller Deutsch- und Ungarischsprachigen in der Tschechoslowakei ausgehen, sie pauschal als »staatlich unzuverlässige Personen« deklarieren und daran die Folge des Staatsbürgerschaftsverlustes und der Konfiskation ihres gesamten Eigentums knüpfen.

Pauschale Bestrafungen aufgrund der Zugehörigkeit zu einer Nationalität sind eindeutig menschenrechswidrig. Außerdem verfügt ein Amnestiegesetz aus 1946[4] pauschale Straffreiheit unter anderem auch für die nach dem Ende des Kriegs gegen Deutsch- und Ungarischsprachige begangenen Verbrechen und Greueltaten. Die Landeshauptmännerkonferenz vertritt die Auffassung, daß derartige menschenrechtswidrige und allen zivilisatorischen Grundsätzen widersprechende Bestimmungen, auch wenn sie nach tschechischer Auffassung heute nicht mehr angewendet werden, keinen Platz in der Rechtsordnung eines Landes haben sollten, das der als Friedensordnung verstandenen Europäischen Union beizutreten beabsichtigt.
Die Landeshauptmännerkonferenz unterstützt daher alle Bemühungen, die mit dieser Frage verbundenen Rechtsfragen abzuklären, und richtet an die österreichische Bundesregierung das Ersuchen, mit allen ihr zur Verfügung stehenden Mitteln darauf hinzuwirken, daß die Tschechische Republik noch vor ihrem Beitritt zur Europäischen Union das mit der Vertreibung der Deutschen und Ungarn nach Kriegsende begangene Unrecht einbekennt sowie durch einen formellen Beschluß des tschechischen Parlaments diskriminierende, auf dem Vorwurf der Kollektivschuld beruhende und Verbrechen und Greueltaten gegen Deutsche und Ungarn billigende Rechtsinstrumente aus dem tschechischen Rechtsbestand entfernt.
Dem Grunde nach gilt diese Position auch für die Frage der in Slowenien geltenden AVNOJ-Bestimmungen[5].
⟨[6]⟩

Anmerkungen:
1 Der Beschluß wurde bei einer Konferenz in Gmunden (Oberösterreich) gefaßt.
2 Landeshauptleute (bzw. Landeshauptmänner): österreichische Bezeichnung für (in etwa) Ministerpräsidenten der Bundesländer.
3 Zum Komplex der sog. Beneš-Dekrete: Siehe S. 576.
4 Gemeint: ČSR-Gesetz 115 v. 8. 5. 1946; zum Text: Siehe S. 685.
5 Zu den AVNOJ-Bestimmungen: Siehe S. 1159.
6 Die SL in Österreich begrüßte den Beschluß und erklärte, daß auch bei einer Ex-nunc-Aufhebung die ČR von noch offenen Entschädigungspflichten nicht entbunden sei.
Vgl. SdZ; Nr. 35 v. 21. 6. 2002; S. 2.

Quelle:
»Rundbrief der Sudetendeutschen Jugend Österreichs«, Wien; Nr. 237 v. August 2002; S. 4.

****

Zwei Zeitungsartikel: **2002, Frühjahr**
Retrospektiven über Sudetendeutsche und Tschechen

⟨*Vorbemerkung:*
In der Fülle amtlicher Dokumente und offiziöser Meldungen besteht die Gefahr des Vergessens: Hinter den Meldungen und Dokumenten stehen stets Menschen, einzelne Menschen, mit persönlichem Schicksal, Sorgen und Hoffnungen. Wenigstens ansatzweise sollte man sie nicht übersehen, sondern sehen, erkennen und anerkennen.
Das ist das Motiv der Wiedergabe der folgenden zwei Geschichten. Es ist Geschichte in Geschichten. Die Geschichten mögen nicht repräsentativ sein. Sie sind aber symptomatisch für die Zeit, in der wir lebten und leben.⟩

⟨*A.:*⟩ Die Vertreibung von Karin Stoiber. Wie die Gemahlin des bayerischen Premiers ihr Heimatland verließ
Das unauffällige westböhmische Städtchen Buchau ⟨*Krs. Luditz*⟩ entdeckt mit Überraschung eine berühmte Landsmännin. Denn es kam heraus, daß dort Karin Rudolf die ersten Jahre ihres Lebens verbracht hat, die Gemahlin des bayerischen Premiers Edmund Stoiber.

Theoretisch sollte solch eine Nachricht in Tschechien Begeisterung hervorrufen – denn es ist wunderbar, eine Fürsprecherin in derartiger Nähe eines Menschen zu haben, der Chef von ganz Deutschland werden will. Es hat aber einen Haken: Frau Stoiber hat an ihre Heimat nicht die besten Erinnerungen. Sie war kaum drei Jahre als, als ihre Familie ein paar Sachen einpacken und zusammen mit den anderen Deutschen aus Böhmen für immer die alte Heimat verlassen mußte.

Forsche nicht darüber

Eisiger Wind weht auf dem Gelände vor einer Tankstelle und prallt auf eine Reihe von kleinen Häusern auf der anderen Straßenseite. In einem davon lebte einst die Familie von Karin Rudolf. »Als wir 1946 hierher zugezogen waren, lebten wir noch zwei Monate zusammen mit den ursprünglichen Bewohnern – einer älteren Frau mit einem kleinen Kind«, erinnerte sich Herr Strašíl, der damals, als er hierher mit seiner Familie zugezogen war, elf Jahre alt war. Die Namen jedoch weiß er nicht mehr. »Die Kleine war mit ihrer Mutter immer in ihrem Zimmer, sie gingen lieber nicht allzuviel heraus. So haben wir mit ihnen kaum gesprochen.« Über die Vergangenheit der ursprünglichen Hausbesitzer weiß er nichts. »Es hat mich niemals gereizt, nachzuforschen, welche Leute hier gelebt haben«, sagte Herr Strašíl, ehemaliger Vorsitzender des örtlichen Nationalausschusses. Seiner Ansicht nach sollte man darunter endlich einen dicken Schlußstrich ziehen. »Denn die Deutschen haben für die Abschiebung bezahlt bekommen, und wir mußten irgendwo wohnen. In Chrudim wohnte unsere ganze Familie in einem Zimmer, deshalb sind wir hierhergegangen«, sagte Herr Strašíl in der Haustür »seines« zweistöckigen Hauses.

Frau Gertrude Rudolf, Mutter der kleinen Karin, stammte aus der Familie Würkner, die eine kleine Villa in der Straße hinter dem Stadtplatz bewohnt hatte. »Frau Würkner war durch ihre Schneidereikunst berühmt. Herr Würkner war Briefträger. Aber sie waren eine reiche Familie, und wir waren arm, so daß wir miteinander nicht verkehrten«, erinnerte sich Marketa Eberle, derzufolge Herr Rudolf nicht mehr aus dem Krieg zurückkam. Seine Frau Gertrude hat dann nochmals geheiratet, und zwar den örtlichen Landsmann Brökel, und nach der Abschiebung nach Deutschland im Mai 1946 wurde ihr Sohn geboren.

Der Bürgermeister von Buchau, František Brabenec (parteilos), will über die Vergangenheit und über die deutschen Landsleute gar nicht reden . . . Auch er kam nach Kriegsende mit seinen Eltern nach Buchau, und sie besetzten ein Anwesen nach den ausgewiesenen Deutschen. »Jawohl, wir kamen hier zu Eigentum«, gesteht der Bürgermeister . . . Daß ⟨*hier auch*⟩ die Gemahlin des bayerischen Premiers geboren wurde, das interessiere ihn nicht. »Wer Stoiber ist, habe ich erst unlängst erfahren. Und daß hier seine Frau gewohnt habe, das ist mir ganz egal.«

. . .

Verheimlichter Besuch

In Buchau leben heutzutage nur zwei Zeitzeuginnen, Herta Smetanová (79) und Marketa Eberle (75). Beide lebten in Buchau, wo es früher mehr als 90 Prozent deutscher Bevölkerung gab, ihr Leben lang.

. . .

Beide Zeitzeuginnen wissen als die wenigsten in Buchau, wer Karin Stoiber und ihr Mann Edmund sind. »Das, was Karin von ihren Eltern hörte, war wahrscheinlich nicht schön. Man hat sie von hier vertrieben, und sie mußten hier alles zurücklassen, was sie hatten«, erzählte Frau Eberle. »Ich kenne den zweiten Ehemann der Mutter von Karin, Herrn Brökel – wir sind aus demselben Jahrgang. Zweimal war er bei mir und erzählte mir, was für eine Karriere die Karin machte«, ergänzte sie Frau Smetana lächelnd. »Vor drei, vier Jahren waren die Stoibers insgeheim hier zu Besuch, Herr Brökel sagte, sie würden mich gemeinsam besuchen. Sie besuchten mich aber nicht, und ich sah sie nur vom Fenster aus.«

⟨*B:*⟩ Ein tschechischer Bürger bittet um Entschuldigung und leistet eine symbolische Wiedergutmachung
... Meine ... Entschuldigung bezieht sich auf das Unrecht, die Gewalt und alles, was man Ihnen in bezug auf Ihr Leben und Ihren Besitz nach dem Ende des Zweiten Weltkriegs von seiten der Angehörigen meines Volkes auf unserem Gebiet bei der sogenannten Aussiedlung angetan hat.
Ich bitte Sie hiermit persönlich um Vergebung im Vertrauen und im Glauben an die Zusammengehörigkeit aller Menschen guten Willens. ⟨*Denn*⟩ mein Gewissen ist nicht unbelastet ...
... Ich ... komme aus Südmähren ... im Kreis Göding ...
Zu Ostern 1949 übersiedelten wir nach Roudno ⟨*d. h. Rautenberg, Krs. Bärn*⟩ bei Freudenthal ins ehemalige Sudetenland. Mein Vater fand hier Arbeit und Lebensunterhalt für seine Familie, nachdem er im Jahr 1948 nach dem Putsch seinen gutgehenden Friseurladen hatte aufgeben müssen. Unser Hab und Gut verstauten wir auf einem Lkw und fuhren nach Nordmähren. Hinter uns ließen wir das weinreiche Südmähren und unsere enge Zweizimmerwohnung. Wir bezogen dafür eine Sechs-Zimmer-Villa mit Stilmöbeln »nach den Deutschen«, wie man damals offen zugab. Für mich und meinen jüngeren Bruder war dies ein Schock. Dieser Prunk, diese moderne Ausstattung mit Parketten, Kaminen, all der Luxus war für uns bisher unvorstellbar gewesen. Die Villa gehörte zur Wassermühle in Roudno, die vor der Aussiedlung der deutsche Buchhalter Losert mit seiner Familie bewohnt hatte. Nach der Konfiszierung wurde auch die dazugehörende Mühle, das Schlößchen des Besitzers, das Sägewerk, die Stallungen sowie die Arbeiterhäuser einem Nationalverwalter unterstellt. Dieser hieß Josef Prassek und wurde später mit seinem Ranzen auch ins durch den Krieg vernichtete Deutschland abgeschoben.
All dies berührte mich nur im Unterbewußtsein. Zu sehr war ich von der mich umgebenden herrlichen Landschaft begeistert. Es gab noch reines Wasser, die Feld- und Waldwege waren gepflegt, auf den Wiesen konnte man äsende Rehe beobachten. Doch diese Idylle dauerte nicht lange ... Die Dörfer im Grenzgebiet verfielen immer mehr. Allmählich begann ich zu ahnen, daß es bergab ging. Ich begann mit den Augen der Vertriebenen zu sehen, die dem Land ihren Reichtum hinterlassen hatten und fort mußten. Es kam mir der Gedanke, ob ich an ihrer Stelle dies je vergeben könnte. Ich begann all diese sträfliche Vernichtung und deren Urheber zu hassen. In dieser Zeit wurde die Mühle in Roudno aufgelassen. Sie diente weiterhin nur noch als Futtermischanlage. Die qualifizierten Müller nahmen ihren Hut, zurück blieben nur das Vieh und seine Betreuer.
Auch mein Vater wurde versetzt. Den kommunistischen Praktiken zufolge luden wir unsere Habe wieder auf einen Lkw und landeten mit unserer Mutter und bereits drei Söhnen in Blauda bei Mährisch Schönberg. Vater arbeitete wieder in der dortigen Wassermühle an der March. Wir wohnten hier in der sogenannten Habermann-Villa, dem bis 1945 die Villa gehört hatte. Es geht hier immer noch das Gerücht um, daß dieser allgemein beliebte und geachtete, ja sogar tschechenfreundliche Mann unter bis heute noch nicht geklärten Umständen in Blauda durch Tschechen ermordet worden ist.
Auch diese Mühle wurde stillgelegt und bis zum Jahre 1961, wo sie total abbrannte, nur als Futtermischanlage genutzt.
Als ich in den Jahren 1960 bis 1962 meinen Militärdienst ableistete, wurde ich in das Saazer Gebiet beordert. Dort erlebte ich hautnah, wie es in den zu Schießübungszwecken freigegebenen Dörfern, ja sogar Städten aussah. Sie wurden alle dem Erdboden gleichgemacht. Als Gefreiter dem Regimentskommandanten als Chauffeur zugeteilt, hatte ich unbegrenzten Zutritt zu diesen Orten. Unbeschreiblich, was sich hier abspielte!
Im Sommer 1963, wieder daheim, fuhr ich auf dem Motorrad die 75 Kilometer von Blauda nach Roudno. Und da geschah es.
Ich saß allein am Hang oberhalb des Tales mit der mir vertrauten Mühle neben einem mut-

willig umgestoßenen steinernen Kreuz und besah mir voll Trauer die heruntergekommene Landschaft. In Gedanken verglich ich sie mit jener, die ich als kleiner Junge voll Begeisterung durchstreift hatte. Zorn kam in mir hoch und richtiger Haß auf den Kommunismus. Ich machte das Kreuzzeichen und bat um Gottes Beistand und Hilfe. Dann machte ich ein Gelübde, daß ich nach Jahr und Tag selbst ein Haus bauen und nicht mehr in einem fremden Haus und auf fremde Rechnung leben werde. All das wollte ich wenigstens einigermaßen wiedergutmachen.
⟨*Sodann schilderte der Berichterstatter, daß er sein Ziel, ein selbsterrichtetes und nicht von Deutschen übernommenes Haus nach 15 Jahren, 1978, erreichte.*⟩
Nur eines steht mir noch bevor, um meinem Gelübde, wenn auch nur symbolisch, zu genügen. Ich möchte für die Zeit, in der ich in den ursprünglich Deutschen gehörenden Häusern lebte, rückwirkend eine symbolische Miete nachzahlen. Vom Jahr 1949 bis einschließlich 1978 sind das 29 Jahre oder 348 Monate, also 10.440 Tage. Dafür möchte ich pro Tag symbolisch eine Krone bezahlen, insgesamt also 10.440 Kronen . . .
Zum Schluß möchte ich mich nochmals bei allen entschuldigen, die imstande sind, mir zu verzeihen. Nur so kann es gegenseitig zu einer Verständigung kommen. Es gibt doch ein Sprichwort, daß Ordnung Freunde schafft. Damit sollte jeder bei sich beginnen. Ich hoffe, damit ist alles gesagt.
Ich danke für Ihr Verständnis und verbleibe

Ihr Mann von der Straße
Vilibald Zalio
Stadtverordneter
Hohenstadt

Anmerkung von Walter Sitte, der dieses Schreiben übersetzte: Der Verfasser dieses Briefes hat dem »Verband der Deutschen« (VdD) Nordmähren-Adlergebirge einen Entschädigungsbetrag von Kč 10.440 übergeben.

Eine Anmerkung:
Es gibt mehr derartige Berichte. Einer erschien sogar in den USA, nämlich in der »New York Times« vom 22. 12. 2002 mit dem Titel: »Ein Tscheche versucht, die Rache seines Volkes zu sühnen«.
Dieser Tscheche, Zdeněk Mateiciuc, wurde in einem Haus in Odrau (Troppau) (1910: 4.153 Deutsche, 59 Tschechen, 19 Polen) geboren, das die ČSR 1945 der sudetendeutschen Familie Ulrich enteignet hatte, und errichtete 1992 eine Fabrik in einem Gebäude, das der sudetendeutschen Familie Kudlich weggenommen worden war. Er suchte und fand die Enkel der früheren Eigentümer über Fotografien aus der Zeit um 1900: Wenn er ihnen schon den Besitz nicht zurückgeben könne, so wenigstens die Fotografien, einen Familienschatz. Mateiciuc weiß, daß die große Mehrheit der Tschechen glaubt, die Vertreibung der Sudetendeutschen 1945 sei gerechtfertigt (justified). Er sagte, die Tschechen müßten Wiedergutmachung leisten. »›A lot of Czechs‹, he said, ›say: What should I apologize for? I did nothing.‹ But it's for your children that you have to do this.«

Quellen:
Zu A: »Respekt«, Prag ⟨*WZ.*⟩; Jg. 13, Nr. 7 (11.–17. 2. 2002); S. 6.
Zu B: SdZ; Nr. 16 v. 19. 4. 2002; S. 4.

****

Fernsehgesprächsrunde[1] in der ČR **2002, 24. März**
mit dem SL-Bundesvorsitzenden Bernd Posselt, MdEP
Entschuldigung[2] für NS sowie heutige Vorstellungen

. . .
⟨*Frage:*⟩ Herr Vorsitzender, ich frage Sie: Können Sie uns konkret und klar sagen, welche Forderungen die Sudetendeutschen gegenüber der Tschechischen Republik haben?

⟨*Posselt:*⟩ Zunächst geht es mal darum, daß die Sudetendeutschen jahrhundertelang Bürger dieses Landes waren, und wir wollen diese Gemeinschaft wieder aufleben lassen. Dieses friedliche Zusammenleben und jene Gemeinschaft mit den Tschechen, das ist unser wichtigstes Ziel. Das bedeutet, daß diese Gemeinschaft, die durch totalitäre Systeme und den Nationalismus vernichtet worden ist, wiederbelebt werden soll.

. . .

Die Deutschen haben – und zwar zu Recht – von Anfang an gesagt, daß die Verbrechen des Nationalsozialismus bedingungslos überwunden werden müssen. Der Nationalsozialismus war eines der schlimmsten und verbrecherischsten Regimes des 20. Jahrhunderts, und als Vorsitzender der Sudetendeutschen Landsmannschaft sage ich: Wir verurteilen[2] die Verbrechen des Nationalsozialismus bedingungslos und sind der Meinung, daß diese Verbrechen im Rahmen des Möglichen wiedergutgemacht werden müssen, und analog dazu, so meine ich, ist es auch im Interesse des tschechischen Volkes notwendig, sich mit der eigenen Geschichte auseinanderzusetzen.

⟨*Frage:*⟩ Können Sie mir sagen, verlangen Sie nun eine Entschuldigung für die Abschiebung, die Aufhebung der Beneš-Dekrete[3], eine Entschädigung oder die Rückgabe des konfiszierten Eigentums, Recht auf Heimat? Sagen Sie uns einfach, was Sie jetzt in diesem Moment von der Tschechischen Republik verlangen!

⟨*Posselt:*⟩ Ich verlange nichts – ich bin nicht hier, um etwas zu verlangen, aber ich nehme an, wir brauchen so ein Szenario der Freundschaft und Partnerschaft, damit das, was verdorben worden ist, im Rahmen des Möglichen wiedergutgemacht werden kann. Wir müssen festlegen, was Unrecht war und was kein Unrecht war. Beide Seiten haben schreckliches Unrecht begangen, und beide Seiten haben sehr gelitten. Und deshalb glaube ich, daß es wichtig und gut wäre, wenn der tschechische Staat ganz klar sagen würde, daß die Vertreibung Unrecht war, und dies nicht nur nach den heutigen, sondern auch schon nach den damaligen Maßstäben. Und es war ein Unrecht, das Millionen unschuldiger Menschen getroffen hat, das wäre der wichtigste Punkt. Und dann würde es mich natürlich freuen, wenn die Tschechische Republik sagen würde, daß sie aus diesem Unrecht Konsequenzen zieht und gegenüber diesen Opfern eine Geste macht, eine substantielle Geste, die zeigen würde, daß das Unrecht aus der Vergangenheit wiedergutgemacht werden soll. Ich glaube, das hätte eine befreiende Wirkung, und nicht zuletzt auch für das tschechische Volk.

. . .

⟨*Frage:*⟩ . . . Es ist doch völlig offenkundig, daß die sudetendeutschen Vereine die Aufhebung der Beneš-Dekrete verlangen . . . Ist das wirklich so, wie Sie hier sagen, daß es reicht zu sagen, die Vertreibung sei ein Unrecht gewesen, eine Geste zu machen . . .?

⟨*Posselt:*⟩ Selbstverständlich sind die Sudetendeutschen für die Beseitigung der Beneš-Dekrete, aber das ist nicht die Forderung der Sudetendeutschen, sondern die Forderung des Europäischen Parlaments[4]. Das ist die Forderung vieler Staaten, das ist kein spezifisch sudetendeutsches Anliegen, das ist die Frage einer europäischen Rechtsordnung. Die Beneš-Dekrete sind rassistisch, weil sie von der Idee der Kollektivschuld ausgehen. Sie sprechen von Deutschen, Magyaren, Kollaboranten und Verrätern . . . Wer Kollaborant und Verräter ist, das kann ja nur ein Gericht feststellen, aber Deutsche und Magyaren werden in den Beneš-Dekreten kollektiv als Volksgruppe genannt, völlig unabhängig davon, welche persönliche Schuld die einzelnen auf sich geladen haben. Alte Menschen, Kinder, Frauen, Antifaschisten, alle möglichen Gruppen, völlig unpolitische Personen – und es wird sogar davon gesprochen, daß national unzuverlässige Personen diejenigen sind, die sich nach 1929 beim Referendum[5] zur deutschen oder magyarischen Nationalität bekannt haben –, das ist rassistisch. Und die Beseitigung solcher rassistischer Dekrete ist a) eine Forderung der europäischen Rechtsordnung und b) eine Forderung, die im ureigensten Sinne des tschechischen Volkes liegt.

⟨*Es folgte eine Auseinandersetzung über die als Potsdamer Abkommen bezeichnete Erklä-*

rung der Konferenz von Berlin vom 2. 8. 1945[6] *sowie zu Aspekten der Vertreibungsvorbereitung ab 1938, deren Sachgehalt durch den Anfang der folgenden Frage charakterisiert werden kann:*⟩

⟨*Frage:*⟩ Ich möchte Sie nochmals darauf aufmerksam machen, daß die Beneš-Dekrete aufgrund des Potsdamer Abkommens entstanden sind, auf dem sich die siegreichen Großmächte geeinigt haben. Aber ist es denn ihnen, den Sudetendeutschen, nie[2] in den Sinn gekommen, sich zu entschuldigen? Dafür, daß die meisten Sudetendeutschen geholfen haben, daß die Tschechoslowakei, die Demokratie zerschlagen wurde und hier das totalitäre Naziregime an die Macht kam?

⟨*Posselt:*⟩ Ich glaube, das habe ich schon eingangs klar gesagt: Für mich ist der Nationalsozialismus und alles, was damit zusammenhängt, eines der monströsesten Verbrechen des 20. Jahrhunderts. Und soweit sich daran Sudetendeutsche beteiligt haben – und es waren daran Sudetendeutsche beteiligt –, dann ist es eine Schande, und ich möchte ganz klar sagen, daß ich als Vorsitzender der Sudetendeutschen Landsmannschaft hier dem tschechischen Volk ganz klar sagen möchte, daß das für mich ein Schandregime war. Und wenn daran Sudetendeutsche beteiligt waren, dann muß auch ich, der erst in der Zeit danach geboren wurde, dafür meinen Teil an Verantwortung übernehmen, und ich muß das tschechische Volk um Vergebung bitten für die Schandtaten, die dieses Verbrecherregime verübt hat. Sudetendeutsche haben sich daran beteiligt, und hier gibt es nichts zu beschönigen, hier gibt es nichts zu relativieren.

⟨*Frage:*⟩ Gut, Sie entschuldigen sich hier[2] dafür. Wie stellen Sie sich aber auf der anderen Seite vor, daß ein Zusammenleben zweier Völker funktionieren könnte, wo ein Volk nach der Besetzung des Staates, der einmal Tschechoslowakei geheißen hat, wo die Sudetendeutschen also zu Reichsdeutschen geworden sind, also zu Bürgern eines feindlichen Staates, wo 90 Prozent der Sudetendeutschen im Jahre 1938 Henlein gewählt haben, der bei den Wahlen mit einer klaren Forderung antrat, nämlich mit der Zerschlagung der Tschechoslowakei? Wie stellen Sie sich vor, daß diese zwei Völker nach dem Zweiten Weltkrieg hätten zusammenleben können?

⟨*Posselt:*⟩ Das wäre genauso möglich gewesen wie in Dänemark, in Belgien, in Nordschleswig, wo es auch deutsche Minderheiten gibt, und dort ist man anders vorgegangen.

⟨*Frage:*⟩ Aber Moment, Herr Vorsitzender, das ist doch etwas ganz anderes. Dort ist es doch nicht aufgrund derer politischen Tätigkeit zum Zerfall eines Staates gekommen, d. h., daß in Dänemark usw. etwas anderes geschehen ist als bei uns.

⟨*Posselt:*⟩ Hier geht es ja nicht um irgendwelche historischen Details. Natürlich hatten wir verschiedene Bedingungen. Der Nationalsozialismus beging eine verbrecherische Okkupation in Dänemark, in Belgien, in Frankreich, das Reichsprotektorat Böhmen und Mähren wurde vom Nationalsozialismus errichtet. Das war absolut verbrecherisch, und dennoch gab es Unterschiede bei der Behandlung der deutschen Minderheit. So ist man z. B. in Dänemark folgendermaßen vorgegangen: Verbrecher ... wurden vor ein Gericht gestellt, ein Gerichtsverfahren wurde durchgeführt, und sie wurden verurteilt. Aber die übrige Zivilbevölkerung, die konnte nicht nur weiterhin in Dänemark bleiben, sondern sie bekam auch eine hervorragende Autonomie, die heute für ganz Europa beispielgebend ist für die Lösung von Minderheitenfragen. Etwas ähnliches gilt auch für Belgien, wo es ebenfalls eine deutsche Minderheit gibt. In Südtirol war es z. B. so, daß die Optanten, also jene deutschen Einwohner, die sich entschlossen hatten, deutsche Staatsbürger zu werden, zurückkehren konnten und wieder in das italienische Staatsgebilde eingegliedert wurden. Und ich wiederhole: In keinem westeuropäischen Land ist es zu einer Vertreibung der dortigen deutschen Minderheit gekommen.

⟨*Der Fragesteller hielt Posselt daraufhin u. a. eine Äußerung von Konrad Henlein vom März 1941*[7] *zur Illoyalität der Sudetendeutschen zur CSR vor.*⟩

⟨*Posselt antwortete mit zwei Beispielen. Er sagte zunächst:*⟩

Vor kurzem war ich in Iglau bei einer Konferenz, und dort hat eine Dame recht interessant darüber gesprochen. Sie sagte, während des Ersten Weltkrieges waren Tschechen im österreichischen Heer und es gab Legionäre[8]. Wer war jetzt loyal, wer war illoyal? So war z. B. Masaryk im Exil für eine selbständige Tschechoslowakei tätig, und sein Sohn war ein k. u. k. Offizier. Er hat sogar eine Tapferkeitsmedaille bekommen. Und wer war jetzt illoyal, Masaryk-Vater oder Masaryk-Sohn? Waren die Slowaken illoyal, weil sie einen eigenen Staat haben wollten? Wer hat die Slowaken vertrieben?
⟨*Später antwortete Posselt weiter:*⟩ Und zwar mit den Worten eines bekannten Hitlergegners, nämlich Volkmar Gabert. Er sagte, die Sudetendeutschen seien gegen das Selbstbestimmungsrecht und gegen ihren Willen zum Bestandteil des Vielvölkerstaates Tschechoslowakei geworden. Sie wollten diesen Staat nicht. Sie wollten ihre Selbstbestimmung. Das ist eine Tatsache, ebenso wie die Tschechen Österreich-Ungarn verlassen wollten und einen eigenen Staat haben wollten. Das war legitim. Das ist das Recht auf Selbstbestimmung. Und die Sudetendeutschen, ohne daß sie gefragt worden wären, wurden in diesen tschechoslowakischen Staat gezwungen. Und es gelang nicht, diesen Staat von innen her zu reformieren, eine Autonomie einzuführen und diesen Staat in jene versprochene mitteleuropäische Schweiz mit ihren Kantonen zu verwandeln. Es war zwar eine Demokratie, aber eine zentralistische, ohne Minderheitenrechte. Und daraus entstanden dann Probleme, und diese Probleme hat ein Verbrecher wie Hitler für sich genutzt. Und dennoch muß man hier eine Tatsache festhalten, nämlich, daß bis in die 30er Jahre – bis Hitler an die Macht kam – 80 Prozent der Sudetendeutschen demokratische Parteien gewählt haben, die in der tschechoslowakischen Regierung vertreten waren. Das waren die Christsozialen, der Bund der Landwirte, die Sozialdemokraten. Erst als sich die wirtschaftliche Situation verschlechterte, später dann Österreich besetzt wurde, radikalisierte sich alles innenpolitisch. Die Sudetendeutsche Partei entstand aufgrund der Unzufriedenheit, aber diese Unzufriedenheit entstand aufgrund der wirtschaftlichen Probleme. Dieselbe Situation haben wir auch in der Slowakei, in ...
⟨*Frage:*⟩ Entschuldigen Sie, Herr Vorsitzender, ich möchte Sie bitten, sich knapper zu fassen. Wir möchten noch zu einem anderen Thema kommen. Ich möchte Sie ganz einfach fragen: Die Sudetendeutschen, ihre Vereinigung, Sie selbst, persönlich – sind Sie der Meinung, das Münchner Abkommen[9] sollte weiterhin gültig bleiben?
⟨*Es folgte ein längeres Hin und Her um das Abkommen: Nach Meinung des Fragestellers betrachte Deutschland es* »lediglich als null und nichtig«, *aber nicht als* »aufgehoben«. *Posselt verwies dazu auf den »Vertrag aus den 70er Jahren«*[10].⟩
⟨*Frage:*⟩ Sollte das Eigentum zurückgegeben werden, werden die Sudetendeutschen ihr Eigentum zurückverlangen – eine eindeutige Antwort bitte! Werden einzelne Sudetendeutsche oder ein Kollektiv der Sudetendeutschen das Eigentum von der tschechischen Republik zurückverlangen?
⟨*Posselt:*⟩ Diese Frage kann man nicht mit Ja oder Nein beantworten. Es gab ja Millionen von Menschen, die enteignet wurden. Diese Enteignung war nach Meinung aller Bundesregierungen, auch der heutigen rot-grünen Bundesregierung, völkerrechtswidrig. Und wie sich die Opfer verhalten werden, das kann jedes Opfer nur für sich selbst entscheiden. Das kann nicht irgendwie kommandiert werden. Wir Politiker – ich bin nicht nur Abgeordneter, sondern auch Vorsitzender der Landsmannschaft – haben hier vielleicht eine besondere Kompetenz. Wir können versuchen, die Meinungen einzelner Menschen zu beeinflussen, die dann willens sind oder eben nicht willens sind. In diesem Fall habe ich zweierlei Möglichkeiten: Erstens bin ich der Meinung, die Vertreter der Sudetendeutschen und der Tschechen sollten sich zusammensetzen und gemeinsam überlegen, wie man mit einer vernünftigen Geste diese Sache vom Tisch bekommt, und darüber müssen wir diskutieren. Das muß direkt gemacht werden, muß persönlich gemacht werden in vertraulichen Gesprächen und nicht über das Fernsehen.

Und der zweite Punkt: Ich bin der Meinung, wir können eine Lösung finden, wenn Vertrauen herrscht. Das ist wie in der Ehe: Wenn Vertrauen herrscht, wenn sie einander vertrauen, werden sie auch die schwierigsten Probleme lösen können, und wenn sie einander nicht vertrauen, werden sie gar nichts lösen. Und deshalb kommt es erst auf die Vertrauensbildung an. Werden wir uns gegenseitig vertrauen, können wir schnell eine Lösung finden.
⟨*Frage:*⟩ Sie kennen vermutlich das Pariser Reparationsabkommen vom Dezember 1945, wo festgelegt wird, daß jeder Signatarstaat den deutschen Feindbesitz in seiner Zuständigkeit behält, und zwar in einer von ihm selbst bestimmten Form, und daß der Wert dieses Besitzes von den Reparationen abgezogen wird[11]. Die Sudetendeutschen waren doch Bürger des Dritten Reiches, waren Bürger eines Feindstaates, eines Staates, der den Zweiten Weltkrieg verspielt hat. Wie können die Sudetendeutschen, ob nun einzeln oder als Kollektiv, diesen Besitz von der Tschechischen Republik zurückverlangen?
⟨*Posselt:*⟩ Das ist eine Rechtsauffassung, die weder die Bundesrepublik Deutschland teilt noch die Sudetendeutschen. Hier steht Rechtsauffassung gegen Rechtsauffassung. Ich sage nochmals: Indem man ein Problem verschweigt, wird es nicht gelöst. Wissen Sie, wir diskutieren jetzt schon zwölf Jahre darüber, und das wurde immer unterdrückt und kroch dann immer wieder hervor. Und gerade in den letzten Monaten außerordentlich intensiv. Und daran sieht man, daß die Tschechen und die Sudetendeutschen einen gemeinsamen Verwandten haben, nämlich Sigmund Freud. Solange ein Problem unterdrückt wird, kann es nicht gelöst werden, und deshalb glaube ich, daß ein offenes und vernünftiges Gespräch die einzige Lösung ist, wie man dieses Thema ein für allemal vom Tisch bekommt, damit es nicht weiter unsere Nachbarschaft vergiftet.
⟨*Frage:*⟩ Eine letzte kurze Frage, und ich bitte um eine kurze Antwort. Wie glauben Sie, daß die Beziehungen zwischen Tschechen und Sudetendeutschen geregelt werden können, wenn die sudetendeutsche Seite weiterhin die Frage der Eigentumsrückgabe nicht mit Ja oder Nein abschließen will und überlegt, daß ihr das Eigentum zurückgegeben werden sollte? Wie soll das weitergehen?
⟨*Posselt:*⟩ Entschuldigen Sie, ich habe das schon einmal gesagt. Ich selbst kann verzichten, aber ich kann nicht auf die Rechte anderer Bürger verzichten. Das ist einfach nicht möglich. Deshalb müssen wir uns treffen und miteinander sprechen. Und was diese Beunruhigung betrifft, so möchte ich darauf hinweisen, daß nicht wir die Beunruhigung in die Debatte hineingebracht haben. In den letzten Jahren hat sich diese Situation sehr positiv entwickelt, aber diese Beunruhigung ist zum Teil dadurch entstanden, daß der tschechische Ministerpräsident die Vertreibung als politisches Mittel im Nahen Osten empfohlen und auf das Beispiel mit den Sudetendeutschen hingewiesen hatte. Dadurch ist diese Debatte entstanden, und das kann wirklich nicht den Sudetendeutschen angelastet werden.
⟨*Frage:*⟩ Hätte Miloš Zeman nicht das gesagt, was er gesagt hat, dann möchten sie ihr Eigentum nicht zurückhaben? Dann würden sie die Diskussion in dieser Weise nicht geführt haben?
⟨*Posselt:*⟩ Ich sagte schon, daß sich die Beziehungen in den letzten zwei Jahren sehr positiv entwickelt haben. Und ich habe mich bemüht, Schritt für Schritt andere Themen in den Vordergrund zu stellen. Und zur Frage des Eigentums sagte ich, ich sei der Meinung, wir müßten eine Lösung in Form einer Geste finden. Und das ist in den letzten zwei Jahren positiv aufgenommen worden.
…

Anmerkungen:

1 Gesprächsrunde »Naostro« (Scharf) des ČR-Fernsehens; Fragesteller Milan Šíma; mehrere tschechische Teilnehmer.

2 Die vorausgegangene Entschuldigung von SL-Sprecher Hans Christoph Seebohm vom 2. 6. 1963 (zum Text: Siehe S. 771) blieb völlig unerwähnt. Deswegen auch die spätere Betonung von »nie« (gemeint: vorher) und »hier« (gemeint: jetzt).

[3] Zum Komplex der sog. Beneš-Dekrete: Siehe S. 576.
[4] Zum Text vom 15. 4. 1999: Siehe S. 1153.
[5] Verkürzte Darstellung der »Theorie« der Beneš-Dekrete: Diese legten als »staatlich unzuverlässig« v. a. die Personen »deutscher Nationalität« fest und rechneten letzteren alle zu, die sich bei »irgendeiner Volkszählung« nach 1929 zu dieser bekannten. Volkszählungen nach 1929 und vor 1945 gab es nur am 1. 12. 1930 in der ČSR und am 17. 5. 1939 im Deutschen Reich (ohne »Protektorat Böhmen und Mähren«).
[6] Zum Text: Siehe S. 548.
[7] Zum Text vom 4. 3. 1941: Siehe S. 454.
[8] Gemeint: Tschechische/slowakische u. a. Überläufer aus dem österreich-ungarischen Heer während des Ersten Weltkrieges 1914–1918 zu damaligen Feindmächten.
[9] Zum Text vom 29. 9. 1938: Siehe S. 415.
[10] Offensichtlich gemeint: Der 1. Prager Vertrag vom 20. 6. 1973; zum Text: Siehe S. 810.
[11] Falsche Darstellung; zum Text vom 14. 1. 1946: Siehe S. 676.

Quelle:
Mbl. SL; Jg. 2002, Nr. 4; S. 81–94.

****

Aufruf tschechischer Intellektueller[1]: **2002, 8. April**
»Stopp dem Nationalismus«[2]

Die Abgeordnetenkammer des Parlaments der Tschechischen Republik soll auf Vorschlag ihres Vorsitzenden Václav Klaus und des Premiers Miloš Zeman eine eindeutige Stellung[3] zu denjenigen Dekreten des Präsidenten der Republik von 1945[4] einnehmen, die die Grundlage für die Zwangsaussiedlung der Sudetendeutschen aus der damaligen ČSR vorbereitet haben. Den Initiatoren zufolge sollte in der Abgeordnetenkammer verabschiedet werden, daß es um Dinge des grundlegend nationalen Interesses ginge und daß das tschechische politische Spektrum darin einig sei.
Die Dekrete des Präsidenten der Republik sowie die Zwangsaussiedlung der Deutschen aus der ČSR stellen ein schmerzliches Problem dar, worüber in der tschechischen Gesellschaft, und zwar auch auf politischer Ebene, eine offene Debatte zu führen ist. Statt dessen sind wir Zeugen eines Versuches, entfesselte nationale Emotionen zur Demonstration einer falschen nationalen Einheit auszunutzen, die den Antragstellern Punkte in der Vorwahlkampagne einbringen soll. Es droht dabei die Gefahr, daß dadurch die politische und die Meinungsvielfalt in der tschechischen Gesellschaft schlechthin eingeschränkt, die Beziehungen zu unseren Nachbarn geschädigt und auch unser EU-Beitritt kompliziert werden.
Wir appellieren an die Abgeordneten des tschechischen Parlaments, ohne Rücksicht auf ihre parteipolitische Zugehörigkeit und ihre Meinung über die Dekrete und die Aussiedlung der Deutschen, daß sie politischen Mut zeigen und weitere Versuche, nationalistische Emotionen zu entfachen und die politische Freiheit sowie die Meinungsfreiheit einzuschränken, eindeutig ablehnen.

Anmerkungen:
[1] Der Aufruf wurde zunächst von fast 250 v. a. Politologen, Theologen, Philosophen, Publizisten und Journalisten unterzeichnet. Später wurde von »mehr als 350 Signaturen aus Reihen der Künstler, der Wissenschaftler und der Geistlichen« berichtet.
Es gab auch Gegenstimmen, so z. B. das tschechisch-deutsche Historikerehepaar Eva und Hans Hennig Hahn: Die beiden hatten vordem u. a. die Ansichten der Ackermann-Gemeinde als »unausgewogen oder einseitig« bezeichnet (»Lidové noviny« v. 22. 12. 2001, S. 22) und zum »Friedenmachen mit den Folgen des ⟨*Zweiten Welt-*⟩Krieges« einschließlich der Vertreibung aufgefordert (»Berliner Zeitung«; Nr. 67 v. 20. 3. 2002). Sie schrieben die im Aufruf monierte »Entfachung nationalistischer Emotionen« der darin verschwiegenen SL zu. Diese strebe gemäß ihrem Sprecher Böhm nach dem EU-Beitritt der ČR über das Heimatrecht an, dort »deutsche Schulen zu gründen, Deutsch als Amtssprache und die Errichtung zweisprachiger Wegweiser« zu verlangen. Damit begründete das Ehe-

paar Hahn den Titel ihres Artikels »Warum wir nicht unterschrieben«. Eine Angabe darüber, wer sie dazu angesichts ihrer bekannten Ansichten aufgefordert hatte, fehlte.
Vgl. »Proč jsme nepodepsali« in »Lidové noviny«, Prag; 16. 4. 2002; S. 1, 11.

2 a) Ein interessantes, an frühere Vorgänge (siehe S. 1406) anschließendes Beispiel für nationale Desinformation bzw. Agitation waren professionell erstellte Aufkleber/Flugblätter mit folgendem Text: »SUDETY byli ⟨*es folgte das sudetendeutsche Wappen*⟩ a opět budou NĚMECKÉ« (Die Sudeten/das Sudetengebiet waren und werden wieder deutsch).
b) Die Aufkleber wurden zunächst im Geschäftszentrum von Karlsbad sowie auf den Motorhauben örtlicher Polizeifahrzeuge (vgl. »Mladá fronta dnes« v. 20. 3. 2002; S. 6) und dann im Mai in Komotau verklebt. Im Oktober 2002 wurden sie in Flugblattform aus Prag in das gesamte »Grenzgebiet« und v. a. an Rathäuser und Schulen Nordböhmens verschickt (vgl. »Právo« (Recht); Prag, v. 22. 10. 2002; S. 4).
c) Wer die Aktionen inszenierte, finanzierte und durchführte, blieb umstritten: Es sollen tschechische Neonazis gewesen sein (vgl. »Tyden« (Die Woche); Prag, Nr. 20 v. 15. 5. 2002, S. 26).

3 Zu dieser Stellungnahme kam es dann am 24. 4. 2002; zum Text: Siehe S. 1408.

4 Zum Komplex der sog. Beneš-Dekrete: Siehe S. 576.

Quelle:
Brücke; Nr. 3 v. 15. 6. 2002; S. 2.

****

Äußerungen **2002, 8. April**
des EU-Kommissars Günter Verheugen:
Beneš-Dekrete: »Keine Wirkung mehr«; daher »bei Beitritt keine Rolle«

Kurz vor seinem geplanten Besuch in Prag hat EU-Erweiterungskommissar Günter Verheugen[1] gegenüber der »Süddeutschen Zeitung« bekräftigt, daß die umstrittenen Beneš-Dekrete[2] bei den Beitrittsverhandlungen der EU mit der Tschechischen Republik »auch künftig keine Rolle spielen werden« ... Verheugen sagte: »Ich werde in Prag bestätigen, daß für die Erweiterungsverhandlungen nur die jetzige Rechtsordnung in einem Kandidatenland maßgeblich ist und nicht eine frühere.«
Es sei »völlig klar«, so der SPD-Politiker, daß die Beneš-Dekrete in der heutigen Tschechischen Republik[3] »keine neue Wirkung mehr entfalten«[4]. Die heutigen Gesetze ließen eine völlige Entrechtung bestimmter Volksgruppen nicht mehr zu. Was hingegen altes Unrecht angehe, so sei der EU-Vertrag »kein rechtliches Instrument für Wiedergutmachung oder Entschädigung«. Verheugen wies darauf hin, daß die tschechische Regierung zugesagt habe, die aktuelle Gesetzgebung auf »diskriminierende Elemente gegenüber EU-Bürgern« zu überprüfen. Dabei gehe es um ein[5] Gesetz aus dem Jahr 1991[6], in dem die Rückerstattung und Entschädigung von Eigentum geregelt ist, das den Besitzern nach Übernahme der Macht durch die Kommunisten 1948 weggenommen worden war.
Der Kommissar, der an den EU-Beitritten von zehn neuen Mitgliedern arbeitet, will die Europäische Union nicht mit dem »Schatten der Vergangenheit« belasten. In der Diskussion um die Beneš-Dekrete gehe es weniger um rechtliche Probleme als um politisch-moralische Fragen, sagte Verheugen. Es sei »vor allem eine Aufgabe der Deutschen und der Österreicher, eine Verständigung mit den Tschechen zu finden«.
... Auch das Europaparlament hat kürzlich ein rechtliches Gutachten[7] über die Bedeutung ... der Beneš-Dekrete ... für die heutige tschechische Rechtsordnung in Auftrag gegeben.
⟨[8,9]⟩

Anmerkungen:

1 Bereits im November 2000
a) hatten Verheugen die Beschlüsse des EP vom 15. 4. 1999 (zum Text: Siehe S. 1152) und vom 4. 10. 2000 (zum Text: Siehe S. 1353) vorgelegen, welche mindestens die Prüfung der Beneš-Dekrete verlangten; und

b) war Verheugen nachgewiesen worden, daß die Dekrete nicht obsolet sind; er war darüber »zutiefst verwundert« und wollte »diskriminierende Auswirkungen« in der aktuellen ČR-Gesetzgebung überprüfen lassen.
Siehe S. 1355.

[2] Zum Komplex der sog. Beneš-Dekrete: Siehe S. 576.

[3] Darüber hinaus waren nunmehr die Petition der Deutschen in der ČR gegen ihre aktuelle Diskriminierung vom 18. 3. 2001 (zum Text: Siehe S. 1363) sowie Gerichts-/Ausschußentscheidungen (siehe S. 1384 f.) zu verzeichnen, die auch 2001 auf Basis von Beneš-Dekreten neue Wirkungen entfalteten; entsprechende Maßnahmen im Jahre 2002 aus der jetzigen ČR-Rechtsordnung waren zu erkennen (siehe S. 1412, 1427).

[4] Dieser »völlig klaren« Aussage steht (ebenso klar wenig später) entgegen, daß sowohl die ČR-Regierung als auch das in Auftrag gegebene Gutachten diese Frage noch prüfen sollten.

[5] Beiläufige Einschränkung, die übersieht, daß mehrere wesentliche Beneš-Dekrete in einer gültigen Sammlung geltender ČR-Gesetze enthalten sind.
Vgl. »Přehled právních předpisů (Überblick der Rechtsvorschriften) 9. 5. 1945–31. 12. 1991«; hsg. v. ČR-Justizministerium, Prag, 1992.

[6] Vermutlich gemeint: ČSFR-Gesetz 229 vom 21. 5. 1991; zum Text: Siehe S. 919.

[7] Zu den Gutachten: Siehe S. 1436.

[8] Die Äußerungen Verheugens führten zu Protesten von BdV und SL. Die Vorsitzende des gemischten parlamentarischen Ausschusses EU/ČR, Ursula Stenzel (ÖVP), war »befremdet, daß Verheugen eine abschließende Bewertung zu den Benesch-Dekreten abgebe, obwohl er doch wisse, daß das Europaparlament ein Gutachten über dieses Thema in Auftrag gegeben habe«.
Vgl. SdZ; Nr. 17 v. 26. 4. 2002; S. 1.

[9] Zu späteren Meinungen Verheugens: Siehe S. 1432.

Quelle:
SZ; Nr. 82 v. 9. 4. 2002; S. 9.

****

Erklärung des Sudetendeutschen Rates: **2002, 22. April**
»Zur aktuellen Situation«

Der Sudetendeutsche Rat, dessen Mitglieder von der Sudetendeutschen Landsmannschaft und von den politischen Parteien in der Bundesrepublik Deutschland nominiert wurden, hat in seiner Plenarsitzung im Zusammenhang mit der im tschechischen Parlament beabsichtigten Erklärung zu den Benesch[1]-Dekreten festgestellt:

1. Die Ausbürgerung und Vertreibung von mehr als drei Millionen Personen deutscher und magyarischer Herkunft aus der Tschechoslowakei in den Jahren 1945/46 zielten auf die Zerstörung nationaler Volksgruppen und erfüllen deshalb den Tatbestand des Genozid (Völkermord)[2]. Sie können daher nicht als Bestandteil der »Ergebnisse des Zweiten Weltkriegs« in Anspruch genommen werden.
2. Die Konferenz von Potsdam vom 17. Juli bis 2. August 1945 der Mächte Großbritannien, USA und Sowjetunion[3] hat die Vertreibung der Deutschen aus Polen und der Tschechoslowakei nicht beschlossen, sondern – in Anbetracht der zu diesem Zeitpunkt bereits im Gang befindlichen Vertreibungsaktionen – lediglich festgestellt, daß »jede derartige Überführung . . . in ordnungsgemäßer und humaner Weise erfolgen soll«.
3. Die Europäische Menschenrechtskonvention[4] verpflichtet auch die tschechischen Strafverfolgungsbehörden, erforderliche Ermittlungen vorzunehmen und Personen wegen unverjährbarer Verbrechen gegen die Menschlichkeit anzuklagen.
4. Dekrete und Gesetze im Zusammenhang mit den Genozidverbrechen dürfen nicht Teil der tschechischen Rechtsordnung sein. Diese widersprachen auch der 1945 wiederhergestellten und geltenden Verfassung[5] der Tschechoslowakei. Sie sind dennoch heute ein Teil der Rechtsordnung der Tschechischen Republik und finden Anwendung durch die tschechische Justiz.

5. Die Aufhebung der kollektiven Verurteilung und Entrechtung der deutschen und magyarischen Volksgruppen durch den nunmehrigen demokratischen Rechtsstaat ist in Anbetracht der Kopenhagener Kriterien[6] eine zwingende Verpflichtung der Tschechischen Republik vor einem Beitritt zur EU.
6. Die völkerrechtswidrige Ausbürgerung und Entrechtung von Deutschen und Ungarn verpflichten die Tschechische Republik zur Wiedergutmachung nach internationalen Maßstäben.

Die Mitglieder des Sudetendeutschen Rates.
Für das Präsidium:

Herbert Fleissner
Vorsitzender

⟨[7,8]⟩

Anmerkungen:
[1] Zum Komplex der sog. Beneš-Dekrete: Siehe S. 576.
[2] Zu einem diesbezüglichen Urteil des deutschen Bundesgerichtshofes vom 30. 4. 1999: Siehe S. 1156. Zur Bestätigung durch das deutsche Bundesverfassungsgericht vom 16. 1. 2001: Siehe S. 1312.
[3] Zur Erklärung über die Konferenz vom 2. 8. 1945: Siehe S. 548.
[4] Zum Text vom 4. 11. 1950: Siehe S. 32.
[5] Zum Text vom 29. 2. 1920: Siehe S. 281, 289.
[6] Zum Text vom 22. 6. 1993: Siehe S. 1103.
[7] Der Bundesvorstand und die Landesversammlung Bayern der SL bekräftigten die Entschließung am 12. 10. 2002.
Vgl. SdZ; Nr. 42 v. 18. 10. 2002; S. 2.
[8] Der Text wurde dem ČR-Staatspräsidenten Havel mit Schreiben vom Vorsitzenden Herbert Fleissner am 29. 10. 2002 zugeleitet, dessen Kanzlei am 15. 11. 2002 den Empfang dankend bestätigte.
So Originalbriefe; Fotokopien im Besitz des Verfassers.

Quelle:
SdZ; Nr. 17 v. 26. 4. 2002; S. 2.

****

Beschluß **2002, 24. April**
des ČR-Abgeordnetenhauses[1]**:**
Auch »Eigentumsverhältnisse« aus Beneš-Dekreten[2] *»unantastbar und unveränderbar«*

Das Abgeordnetenhaus des Parlaments der Tschechischen Republik
– Bestrebungen zurückweisend, Fragen aufzuwerfen, die mit dem Ende und den Folgen des Zweien Weltkrieges zusammenhängen,
– die positive Bedeutung der Tschechisch-Deutschen Erklärung[3] und des darin ausgedrückten Wunsches hervorhebend, die Zukunft nicht mit politischen und rechtlichen Fragen zu belasten, die aus der Vergangenheit herrühren,
– bekräftigend, daß gute nachbarschaftliche Beziehungen und die vollberechtigte Mitgliedschaft der Tschechischen Republik in der Europäischen Union zu den außenpolitischen Prioritäten der Tschechischen Republik gehören,
– davon ausgehend, daß Umfang und Bedingungen der Restitutionsgesetzgebung[4] zur Gänze und ausschließlich der Kompetenz der verfassungsmäßigen tschechischen Organe unterliegen,
– erklärt, daß
1. die tschechoslowakische Gesetzgebung aus den Jahren 1940–1945, einschließlich der Dekrete des Präsidenten der Republik[5], ähnlich wie in anderen europäischen Ländern in der Folge des Krieges und der Niederlage des Nazismus entstanden ist.

2. die Nachkriegsgesetze und Dekrete des Präsidenten der Republik sich in der Zeit nach ihrer Veröffentlichung realisiert haben (konsumiert wurden) und heute auf ihrer Grundlage keine neuen Rechtsbeziehungen entstehen können.
3. die rechtlichen und Eigentumsverhältnisse, die aus ihnen hervorgegangen sind, unbestreitbar, unantastbar und unveränderbar sind.

⟨[6]⟩

Anmerkungen:

[1] Der Beschluß wurde von den 169 anwesenden Abgeordneten demonstrativ diskussionslos sowie ohne Gegenstimmen und Enthaltungen gebilligt. Die gesetzliche Mitgliederzahl: 200 Abgeordnete.

[2] Zum Komplex der sog. Beneš-Dekrete: Siehe S. 573.

[3] Vom 21. 1. 1997; zum Text: Siehe S. 1073.

[4] Hier offensichtlich gemeint: Auch eine ČR in der EU müsse ihre Bürger deutscher Nationalität weiterhin diskriminieren können.

[5] Offiziöse ČR-Bezeichnungsregel für die international als »Beneš-Dekrete« bezeichneten Maßnahmen.

[6] a) Dazu meinte die sudetendeutsche Seliger-Gemeinde u. a.:
»Die einhellige Bestätigung der sogenannten Präsidialdekrete als Basis der grausamen Vertreibung von nahezu drei Millionen Sudetendeutschen durch das tschechische Parlament ist eine bittere Enttäuschung für alle Menschen, die sich für einen ehrlichen Ausgleich mit unseren tschechischen Nachbarn einsetzen, denn sie ist ein Bekenntnis zu einem für überwunden geglaubten Ungeist, in dessen Namen furchtbare Verbrechen begangen wurden.
Die Seliger-Gemeinde ist der Meinung, daß vor dem Beitritt der Tschechischen Republik zur Europäischen Union jegliche völkerdiskriminierenden Gesetze in den Beitrittsländern eindeutig außer Kraft gesetzt werden müssen.«
Vgl. Brücke; Nr. 3 v. 15. 6. 2002; S. 1.

b) Sudetendeutsche katholische Priester und Laien formulierten am 1. 5. 2002:
»Die durch das Parlament der Tschechischen Republik am 24. April 2002 einstimmig angenommene Bestätigung der Terror-Dekrete des tschechoslowakischen Präsidenten Edvard Beneš aus den Jahren 1940–1945 macht langjährige Bemühungen um eine Aussöhnung zwischen dem deutschen und tschechischen Volk zunichte.
Mit tiefem Bedauern und großer Betroffenheit müssen wir feststellen, daß die Vertreter des tschechischen Volkes damit die Voraussetzungen für einen vertrauensbildenden Dialog mit den Betroffenen zerstört haben. Damit bekräftigen sie ihre bisherige Weigerung zu einem Gespräch mit den legitimen Vertretern der vom tschechoslowakischen Staat vertriebenen Deutschen.
Mit dieser ›Feindschaftserklärung‹ macht das tschechische Parlament deutlich, welcher Wert der sogenannten Versöhnungserklärung von 1997 beizumessen ist. Das Festhalten an der angeblichen Rechtmäßigkeit von massenhaften Verbrechen gegen die Menschlichkeit disqualifiziert die Tschechische Republik für eine Mitgliedschaft in der Wertegemeinschaft der Europäischen Union.
Angesichts der jüngsten Tragödien auf dem Balkan sind allen Beitrittskandidaten u. a. zwei Fragen zu stellen:
1. Hält Ihr Staat massenhafte Vertreibungen bzw. ethnische Säuberungen für ein legitimes Mittel der Politik?
2. Wenn ja, unter welchen Bedingungen?
Es ist eine unerträgliche Heuchelei der europäischen Staatengemeinschaft, einerseits die Kriegsverbrecher der Nachfolgestaaten Jugoslawiens vor Gericht zu stellen, andererseits bereit zu sein, einen Staat in die EU aufzunehmen, der weit schwerere Verbrechen begangen hat und diese heute noch für rechtens und für notwendig erklärt.
Wir fordern die Politiker der EU auf, ihren tschechischen Kollegen die verhängnisvollen Konsequenzen ihrer Haltung deutlich zu machen. Wir werden alle rechtmäßigen Mittel wahrnehmen, um zu verhindern, daß der rassistische, menschenverachtende Geist dieser Terror-Dekrete in die EU eingeschleppt wird.«
Vgl. »Miteilungen des Sudetendeutschen Priesterwerks«, Brannenburg (Obby.); Jg. 2002, Nr. 2; S. 10.

Quelle:
FAZ; Nr. 94 v. 23. 4. 2002; S. 6.

****

»Stellungnahme« **2002, 30. April**
des Südtiroler Volksgruppen-Instituts:
»Gegenwärtige Rechtswirkungen der Beneš-Dekrete auf deutsche Minderheit in der ČR«

⟨*Nach kurzer Darstellung der Dekrete*[1] *und ihrer* »noch andauernden Gültigkeit[2] bei angeblich erloschener Rechtswirksamkeit[3]« *folgte der Hauptteil der Stellungnahme in folgender Gliederung:*⟩

3. Diskriminatorische Auswirkungen der Beneš-Dekrete auf die deutsche Minderheit in Tschechien
   1. Unmittelbar diskriminatorische Auswirkungen
      a) bezüglich Recht auf Identität
      b) bezüglich Diskriminierungsverbot und Gleichheit vor dem Gesetz
      c) bezüglich Chancengleichheit
   2. Mittelbar diskriminatorische Auswirkungen
      a) bezüglich des Gebrauchs der Muttersprache
      b) bezüglich Sprachunterricht
      c) bezüglich Informationsrecht
      d) bezüglich Recht auf politische Vertretung

⟨*In der Ziff. 5* »Zusammenfassung« *wurde den Dekreten zunächst bescheinigt,* »1945/46 schweres Unrecht auslösende Maßnahmen sowie Aktivitäten verbrecherischer Natur (Völkermord) gegen die deutsche und ungarische Volksgruppe ... begründet« *zu haben. Dann hieß es u. a.:*⟩

Die Beneš-Dekrete, deren aktuelle Gültigkeit erst jüngst wieder durch die Parlamentsresolution vom 24. April 2002[2] bestätigt wurde und die angeblich nach offizieller Auffassung in Tschechien keine neue Rechtswirkung[3] mehr entfalten würden, üben immer noch diskriminatorische Wirkungen aus auf die deutsche Minderheit in Tschechien. Es handelt sich um diskriminatorische Auswirkungen, welche die Grundrechte der Minderheit unmittelbar betreffen ... Sie ⟨*d. h. die Dekrete*⟩ verstoßen eindeutig gegen mehrere Normen des internationalen Minderheitenrechts[4] und auch des innerstaatlichen Rechts der Tschechischen Republik[5], die als demokratischer Rechtsstaat konstituiert ist und sich auch als solcher begreift.

Dazu kommen Auswirkungen mittelbar diskriminatorischer Art. Die deutsche Volksgruppe wurde durch die bekannten Ereignisse aller ihrer Entwicklungsmöglichkeiten in wirtschaftlicher, sozialer und kulturell-sprachlicher Hinsicht beraubt. Sie ist auf ein Hundertstel ihres ursprünglichen Bestandes und damit zu einer solch kleinen Minderheit reduziert, daß sie aus sich heraus und aus eigenen Kräften nicht mehr in der Lage ist, die für ihren Fortbestand notwendigen gesellschaftlichen Funktionen zu erfüllen. Ihre Angehörigen haben weitgehend ihre Muttersprache bereits verloren, Tschechisch wird ihre Hauptsprache bleiben und der Semilingualismus in der angestammten Muttersprache Deutsch wird nicht mehr überwindbar sein. Die Beseitigung dieser Folgen im Sinne eines echten, positiven Minderheitenschutzes bedürfte einer eindeutig und nachhaltig wirkenden Versöhnungsgeste, an deren Anfang die Außerkraftsetzung der fraglichen Dekrete stehen müßte.

Das ausdrückliche Festhalten Tschechiens am kritisierten Teil der Beneš-Dekrete wirkt aber genau in die entgegengesetzte Richtung, es führt zu einer bewußten Perpetuierung der kollektiven Entrechtungs-, Enteignungs- und Vertreibungsfolgen. Die Tschechische Republik leistet dadurch letztlich einen aktiven und entscheidenden Beitrag zum Sterben der deutschen Minderheit, womit sie sich dem Vorwurf aussetzt, als Rechtsstaat einen Ethnozid verursacht zu haben.

Die Fakten sind nicht mehr rückgängig zu machen, aber die Folgen könnten gelindert werden.

Dazu kommt, daß der hier angesprochene Teil der Beneš-Dekrete allein schon durch den weiteren Ausbau des Völkerrechts in dem von der KSZE-Charta von Paris 1990[6] vorgegebenen Sinne von Demokratie, Menschenrechten und Rechtsstaatlichkeit als oberste Maximen für das neue Europa laufend in immer neue, sinngemäß natürlich sich wiederholende Widersprüche mit dem Völkerrecht geraten muß.

6. Schlußfolgerung:

Der offiziell in Tschechien vertretene Standpunkt, die Beneš-Dekrete seien in der Zeit nach ihrer Veröffentlichung realisiert worden und auf ihrer Grundlage könnten keine neuen Rechtsbeziehungen entstehen, ist irreführend. Denn es gibt sehr wohl gegenwärtig noch direkte und indirekte Auswirkungen diskriminatorischer Art auf die deutsche Minderheit.

Indem die aus den Beneš-Dekreten hervorgegangenen »rechtlichen und Eigentumsverhältnisse« offiziell als »unbestreitbar, unantastbar und unveränderbar« erklärt werden[2], wird ihre Gültigkeit bestätigt. Damit werden zugleich die Auswirkungen auf die deutsche Minderheit fortgesetzt und ständig erneuert, wodurch auch neue Effekte in Form von Gegensätzen und Widersprüchen zum Minderheitenrecht als jüngstem Zweig des Völkerrechts entstehen.

Aus minderheitenrechtlicher und minderheitenpolitischer Sicht gibt es zwingende und sehr gute Gründe, die völkerrechts- und menschenrechtswidrigen Bestimmungen der Beneš-Dekrete formell außer Kraft zu setzen, ohne daß damit die »europäische Nachkriegsordnung« angetastet wird. Diese sind

1. ihre fortwährend diskriminatorische Wirkung auf die deutsche Minderheit,
2. der Schaden, den sie dem internationalen Ansehen und der Selbstachtung der tschechischen Nation zufügen,
3. die Belastung, welche sie für die Beziehungen zwischen der tschechischen Titularnation und der deutschen Minderheit bedeuten,
4. die Belastung, welche daraus für die Nachbarschaftsbeziehungen der Tschechischen Republik erwächst,
5. ihre völlige Entbehrlichkeit, wenn sie – wie nach offizieller tschechischer Diktion ständig behauptet wird – ohnehin keine neuen Rechtswirkungen erzeugen (sollen).

Davon unberührt bleibt die Frage, in welcher Form eine etwaige Wiedergutmachung vorzunehmen ist. Letztlich geht es in erster Linie um die moralische Genugtuung für die kollektive Entrechtung und Ächtung, welche auch die Möglichkeit einer teilweisen oder nur symbolischen Entschädigung für die erlittene Enteignung und Zwangsarbeit nicht ausschließt. Die Klärung dieser Fragen ist politischer Natur und war nicht Gegenstand dieser Untersuchung.

Anmerkungen:

1 a) Zum Komplex der sog. Beneš-Dekrete: Siehe S. 576.
b) In der »Stellungnahme« wurden mehrere Dekrete in Auszügen wiedergegeben.

2 Die Gültigkeit war erst am 24. 4. 2002 durch Beschluß des ČR-Abgeordnetenhauses festgestellt worden; zum Text: Siehe S. 1408.

3 a) Zur »angeblich erloschenen Rechtswirksamkeit« wird neben dem Beschluß vom 24. 4. 2002 (siehe Anm. 2) in der Diskussion regelmäßig auch auf die Erklärung des ČR-Ministerpräsidenten Zeman vom 8. 3. 1999 verweisen. Zum Text: Siehe S. 1145.
b) Die ČR-Rechtsrealität ist demgegenüber durch mindestens mehrere Beispiele für Rechtswirksamkeit i. d. F. der rechtlichen Anwendung gekennzeichnet. Siehe dazu z. B. S. 1412.

4 Die »Stellungnahme« führte hier das ER-Rahmenübereinkommen zum Minderheitenschutz vom 1. 2. 1995 (zum Text: Siehe S. 143) an, stellte für die ČR dessen Unterzeichnung am 28 4. 1995, Ratifikation am 18. 12. 1997 und Inkraftsetzung zum 1. 2. 1998 fest und rügte dessen Bruch.

5 Die »Stellungnahme« verwies hier auf Art. 3 und Art. 25 der ČR-Verfassung vom 16. 12. 1993 (zum Text: Siehe S. 953).

6 Zum Text vom 21. 11. 1990: Siehe S. 98.

Quelle:
Pan, Christoph/Pfeil, Beate Sibylle: »Die Beneš-Dekrete und ihre gegenwärtigen Rechtswirkungen auf die deutsche Minderheit in Tschechien«; hsg. v. Südtiroler Volksgruppen-Institut, I-39100 Bozen; 30. 4. 2002; 23 S.; Exemplar im Besitz des Verfassers.

****

Entscheidung **2002, 6. Mai**
des ČR-Bezirksgerichts Tetschen (N.-Böhm.):
Beneš-Dekret[1] neuerlich angewendet

Weiterhin wirksam

In Tetschen wird nach den Beneš-Dekreten konfisziert werden

Die Beneš-Dekrete bleiben in unserer Rechtsordnung. Sie sind erloschen und haben keine Rechtsbedeutung mehr. So behaupten es zwar übereinstimmend die tschechischen Politiker. Man kann jedoch nachweisen, daß es mit dem »Erlöschen« nicht weit her ist. In den nächsten Tagen erhält jedenfalls das Bezirksamt in Tetschen einen Gerichtsentscheid, um eine 1946 begonnene Konfiskation zu Ende zu führen. Die Beamten müssen dabei genau nach dem Beneš-Dekret über Eigentum von Deutschen vorgehen. »Ich halte es für ein Unrecht, daß man das Verfahren neu aufrollt«, sagt der Tetschner Bürger Helmut Weigel. »Zugleich freut es mich. Es ist der einzige Weg, auf dem ich mein Eigentum zurückerhalten kann.« Das Ergebnis des Verfahrens, in dem es um ein Mietshaus geht, das der Familie Weigel gehört, wird von den hiesigen Rechtsanwälten mit Spannung erwartet. Und nicht nur von ihnen. Der Vorgang läuft zur gleichen Zeit ab, in der das Europäische Parlament ein Rechtsgutachten[2] gerade darüber angefordert hat, ob diese Dekrete in der Praxis unanwendbar sind.

Sie schweigen

Vor 56 Jahren begannen die Ämter in Tetschen, das Eigentum der Familie Weigel zu konfiszieren. Der Vater, dem das dreistöckige Gebäude gehörte, war schon zwei Jahre tot. Er starb im Krieg als einfacher Soldat der Wehrmacht. Seine Frau hatte deutsche und tschechische Vorfahren. Deswegen mußte sie mit ihren zwei Söhnen das Grenzgebiet nicht verlassen[3] und erhielt ohne größere Probleme die ČSR-Staatsbürgerschaft zurück. Das Eigentum von Franz Weigel war natürlich konfisziert worden; die Beamten machten dabei aber einige grundlegende Fehler (z. B. fertigten sie einen fehlerhaften Konfiskationsbescheid aus und stellten ihn der Familie Weigel nicht zu). Nach dem Jahre 1989 begann die Familie, um ihr beschlagnahmtes Haus zu kämpfen. »Alle Rechtsanwälte sagten, daß wir keine Chance hätten«, erzählt Helmut Weigel (72)[4]. Um die Gerichtssachen kümmerte er sich ohne Erfolg selbst. »Wann immer ich in der Verhandlung etwas sagen wollte, schnitt mir der Richter das Wort ab: ›Schweigen Sie, oder Sie werden abgeführt‹«, erinnert er sich. Erst Jahre später erfuhr Herr Weigel, daß dieser (heute bereits verstorbene) Richter genau derjenige war, der vor vielen Jahren das Eigentum seiner Familie konfiszierte.

Heute geht das nicht mehr

Der Vorgang zog sich über Jahre hin, bis heuer[5] ein Durchbruch erfolgte. Bei einer neuen Verhandlung Anfang April entschied die Richterin am Bezirksgericht in Tetschen, Marcela Januškova, daß die Beamten das fehlbehandelte (zpackané) Konfiskationsverfahren aus dem Jahre 1946 zu Ende führen müssen. Erst dann werde es nach der Richterin möglich sein, im Verfahren der Eigentumsrückgabe fortzufahren. »Die heutigen Gesetze erlauben es nicht, daß Eigentum aus Nationalitätengründen konfisziert wird. Obwohl die Beamten nach den Beneš-Dekreten vorgehen werden, kann das Ergebnis Konfiskation nicht erreicht werden«, erläuterte der jetzige Rechtsanwalt von Herrn Weigel, Jaroslav Čapek. Nach seiner Vorstellung wird das Gericht dann vom Amt einen rechtskräftigen Bescheid erhalten, daß die Konfiskation eigentlich nicht durchgeführt und die Familie Weigel ihr Haus nie verlor. Nach anderen Rechtsvertretern ist es jedoch zu diesem Zwecke gar nicht notwendig, die Beneš-Dekrete anzuwenden. »Wenn das Gericht anerkennt, daß die Konfiskation rechtlich fehlerhaft war, sind keine weiteren Schritte nötig. Das Eigentum ist nie konfisziert worden, es muß zurückgegeben werden, Punkt«, beharrt Stanislav Devátý[6]. Er ergänzt, es sei unmöglich, daß hier und heute eine Konfiskationsentscheidung erfolgt, und sei es auch nur, weil diese Konfiskation eigentlich nicht durchgeführt wurde. Dieser Vorgang ist bei uns[7] einzigartig. »Ich bin nie einer ähnlichen Entscheidung begegnet«, sagt die stellvertretende Vorsitzende des Verfassungsgerichtshofes, Eliška Wagnerová. Sie gibt dabei zu, daß die verworrene Eigentumsrückgabe des Herrn Weigel bis vor diese höchste tschechische Gerichtsinstanz kommen kann. Die Richterin Januškova wollte sich zum gesamten Vorgang nicht äußern. Auch vom Bezirksamt wollte dazu niemand Stellung nehmen: Die Entscheidung zur Beendigung des Konfiskationsvorgangs ist dort noch nicht angekommen.

Ein ganzes Leben

Das dreistöckige Mietshaus steht in einer Nebengasse, nahe dem Tetschner Bahnhof. Ursprünglich war diese eine der zentralen Straßen der nordböhmischen Stadt. Die dortigen Geschäfte blühten. Heute sind deren Kunden verschwunden, und am Haus ist zu sehen, daß die Stadt in den letzten Jahrzehnten nicht allzuviel investierte. Das Wasser fließt als Bach die nassen Außenwände herab. »Der Eigentümer hätte mit dieser Baracke große Probleme. Das Haus ist in einem furchtbaren Zustand und erfordert eine völlige Rekonstruktion«, meint Karel Filip, der hier ein Spielzeuggeschäft betreibt. Für den ursprünglichen Eigentümer hat das Haus trotz allem großen Wert. »Ich habe hier meine Kindheit erlebt. Ich will hier weiterwohnen«, sagt Helmut Weigel. »Das Haus haben sie uns gestohlen, sie müssen es zurückgeben. Ich denke nicht, daß auf Basis der Beneš-Dekrete beschlagnahmtes Eigentum allen zurückgegeben werden sollte. Ich aber bin Tscheche (Čech) und habe hier mein ganzes Leben gewohnt.«
⟨[8]⟩

Anmerkungen:

1 Zum Komplex der Beneš-Dekrete: Siehe S. 576.
2 Zum Gutachten: Siehe S. 1436.
3 Gemeint: Wurde nicht vertrieben.
4 Offensichtlich: Altersangabe.
5 D. h. 2002.
6 Renommierter tschechischer Jurist.
7 Gemeint: In der ČR.
Diese Meinung war materiell unzutreffend: Siehe z. B. die Entscheidung des ČR-Innenministers Gros vom 11. 6. 2002 (zum Inhalt: Siehe S. 1427), die gleichfalls ein Beneš-Dekret im Jahre 2002 anwendete.
Formal folgte das Bezirksgericht nur dem durch den Obersten Gerichtshof der ČR am 29. 6. 2000 so entschiedenen Fall: Der nicht vorliegende rechtskräftige Enteignungsbescheid gemäß Beneš-Dekret Nr. 108 führte nicht dazu, den Betroffenen als Eigentümer anzusehen, sondern die Enteignung des Jahres 1945 im Jahre 2000 formal sauber nachvollziehen zu lassen (Az.: 2398/98).
8 In der deutschsprachigen Inhaltsangabe (siehe: Quelle) wurde die Darstellung des Vorgangs wie folgt ergänzt:
»Erst Anfang April hatte Prag erneut betont ⟨*vgl. SZ; Nr. 92 v. 20. 4. 2002; S. 8*⟩, daß die Beneš-Dekrete nicht mehr anwendbar seien. Nach Angaben des tschechischen Außenministeriums widersprechen die Dekrete somit auch nicht geltendem EU-Recht. Das gehe aus einer juristischen Expertise der tschechoslowakischen Nachkriegsnormen ⟨*siehe dazu: S. 1414*⟩ hervor, so das Ministerium.

Kritiker halten die Dekrete über die Enteignung von Sudetendeutschen und Ungarn indes für ›rassistisch‹ und sehen sie für Tschechien als Hürde auf dem Weg in die EU.
Dieser Meinung schließt sich EU-Erweiterungskommissar Günter Verheugen dagegen nicht an ⟨*siehe S. 1405*⟩. Er will die umstrittenen Beneš-Dekrete nicht zum Gegenstand der Beitrittsverhandlungen mit Tschechien machen. Die Dekrete gehörten der Vergangenheit an, sagte Verheugen.«

Quelle:
Neumannová, Jana: »Stále živé« (Weiterhin wirksam) in »Respekt«, Prag, ⟨*WZ.*⟩; Jg. 12, Nr. 18 v. 6. 5. 2002; S. 4.
Inhaltsangabe in deutscher Sprache: »Passauer Neue Presse«, ⟨*TZ.*⟩; Nr. 105 v. 7. 5. 2002; S. 7.

****

Gutachten von Prof. Dr. Dieter Blumenwitz[1] zu einem Positionspapier des ČR-Außenministeriums[2]: **2002, 15. Mai**
»Czechoslovak Presidential Decrees of 1940–1945«[3]
. . .
C. Zusammenfassung

II. Das Positionspapier des tschechischen Außenministeriums begründet das Festhalten an den Beneš-Dekreten mit der als notwendig erachteten Kontinuität des tschechoslowakischen Staates (»expression of the continuity of Czechoslovakia«).
1. Diese Einschätzung übersieht die (gegenüber »Vor-München«) revolutionären Umgestaltungen des tschechoslowakischen Staates durch die Präsidialdekrete.
   – Die Dekrete verwandelten das 1918 als Vielvölkerstaat konstituierte Staatswesen (»Schweizer Modell in den böhmischen Ländern«) in einen tschechoslowakischen Nationalstaat.
   – Durch die zahlreichen Durchbrechungen der Verfassung vom 9. April 1920[4], vor allem im menschenrechtlichen Bereich, gaben die Dekrete dem Staat eine neue, totalitäre Identität.
   – Trotz aller Beschwörung der Vor-München-Grenzen opferte Beneš mit der Abtretung der Karpatenukraine an die Sowjetunion[5] die territoriale Integrität der tschechoslowakischen Staatlichkeit.
2. Keine Staatsdoktrin vermag die mit den Beneš-Dekreten verfolgten menschenrechtsfeindlichen Bestrebungen zu rechtfertigen.
3. Mit der Auflösung des tschechoslowakischen Staates am 31. Dezember 1992 hat der mit dem Techechoslowakismus verfolgte Kontinuitätsgedanke ohnehin seine aktuelle Bedeutung verloren.

III. Das Positionspapier beruft sich zu Unrecht auf die demokratische Legitimation der Dekrete (»democratic Czechoslovakian laws«).
– Die Verfassungsdekrete hielten sich nicht an die materiellrechtlichen Vorgaben der Verfassung von 1920.
– Die Provisorische Nationalversammlung, die am 28. März 1946 die Präsidialdekrete der Londoner Periode und die der »unmittelbaren Nachkriegszeit« billigte, war nicht demokratisch legitimiert[6]; die unmittelbar betroffene deutsche und magyarische Bevölkerungsgruppe wurde nicht repräsentiert.

IV. Das Positionspapier weist rechtsirrtümlich die alleinige Verantwortung für die Vertreibung den Großmächten zu (»transfer of population was solely in the decisions of the Potsdam Conference«).
– Im Abschnitt XIII der Beschlüsse von Potsdam[7] und in der Entscheidung des Kontrollrats vom 10. November 1945[8] über die einzelnen Transferpläne sprachen die Großmächte – nicht zuletzt im Interesse der Humanität – die Modalitäten der Aussiedlung an,

übernehmen jedoch keinerlei völkerrechtliche Verantwortung für den Pflichtenkreis der Tschechoslowakei; das gilt auch hinsichtlich der von den Großmächten im Februar 1996[9] an die Tschechische Republik gerichteten Noten, die den Abschnitt XIII bestätigen.
– Abschnitt XIII präjudiziert in keiner Weise die völkerrechtliche Haftung der Tschechoslowakei/Tschechiens gegenüber der Bundesrepublik Deutschland oder gegenüber anderen europäischen Staaten (z. B. Liechtenstein, Österreich oder Ungarn).

V. Die Tschechoslowakei, an deren Stelle am 1. Januar 1993 kraft Staatensukzession heute die Tschechische Republik getreten ist, haftet völkerrechtlich für die Planung, Durchführung und den konsequenten Abschluß der Vertreibung der deutschen und magyarischen Volksgruppe; zu ihrer Rechtfertigung kann sie sich nicht auf die im Positionspapier des Außenministeriums vorgetragenen Gesichtspunkte berufen:

1. Das Fehlen eines Vertreibungsdekrets: Die Vertreibung wurde zwar nirgends »gesetzlich« geregelt, die völkerrechtliche Haftung ergibt sich jedoch eindeutig aus der gesetzlichen Regelung des Umfelds der Vertreibung, wie z. B. der Enteignung, Ausbürgerung, Ausweisung sowie der Neuansiedlung slawischer Bevölkerung und der Rechtfertigung aller mit der Vertreibung im Zusammenhang stehender Handlungen durch das Gesetz Nr. 115 vom 8. Mai 1946[10].
2. Die Billigung der Bestrafung der mißliebigen Bevölkerung (»punitive approach«) durch die Alliierten, der Vergleich der Beneš-Dekrete[3] und ihrer gegen die deutsche und magyarische Bevölkerung gerichteten quasi strafrechtlichen Bestimmungen mit den Vorschriften anderer Staaten in der Nachkriegszeit, ist ein beliebtes Thema wissenschaftlicher Erörterungen in Tschechien, dem sich auch – mit großzügiger Unterstützung des Deutsch-Tschechischen Zukunftsfonds[11] – das Deutsch-Tschechische Gesprächsforum widmet.
   – Die von den Beneš-Dekreten unterstellte Kollektivschuld der deutschen und magyarischen Bevölkerung und die damit verbundene Aufhebung der menschenrechtlich verbürgten Unschuldsvermutung hat mit rechtsstaatlich orientierter Strafrechtspflege nichts zu tun.
   – Weder in Italien, Frankreich oder Österreich[12], die wie die Tschechoslowakei unter deutscher Besetzung zu leiden hatten, lassen sich dem Gesetz Nr. 115 vom 8. Mai 1946 vergleichbare Vorschriften oder Praktiken nachweisen.
   – Keines der westeuropäischen Strafgesetzbücher grenzt eine andere Volksgruppe aus der Rechtsgemeinschaft aus, wie dies nach Kriegsende in der Tschechoslowakei aufgrund der als gerechte Vergeltung verstandenen »Retribution« der Fall war.
3. Die Beneš-Dekrete lassen sich nicht mit dem Argument der tschechischen Seite rechtfertigen, ihre noch spürbaren Folgen seien bilateral in der Deutsch-Tschechischen Erklärung vom 21. Januar 1997[13] geregelt worden.
   – Die Erklärung ist kein Schlußstrich unter die beiderseitig leidvolle Vergangenheit, sondern mögliche Grundlage künftiger Entwicklung.
   – Die Erklärung erwähnt die Beneš-Dekrete mit keiner Silbe; Ziff. IV verweist auf die nach wie vor bestehenden Unterschiede in der Rechtsauffassung, die, wie bisher, nicht konfrontativ ausgetragen werden sollen.
   – Anläßlich der Unterzeichnung der Erklärung verwies Bundeskanzler Kohl ausdrücklich auf die »offene Vermögensfrage«.
   – Schließlich wirken sich die Dekrete nicht nur bilateral in den deutsch-tschechischen Beziehungen aus; zu den von den Dekreten betroffenen Staaten zählen Österreich, Ungarn und das Fürstentum Liechtenstein.
4. Das tschechische Außenministerium beruft sich zur Rechtfertigung der Dekrete auf den Faktor Zeit: Nicht mehr existentes Recht könne nicht aufgehoben werden (»Czech side can hardly repeal nonexistent laws«).

- Zunächst muß zwischen den Dekreten, die gesetzlich aufgehoben wurden, und solchen, die in der Sammlung geltenden Rechts[14] noch aufgeführt sind, unterschieden werden.
- Förmlich aufgehoben wurden in der Tschechoslowakei die Dekrete[3], deren Wirkung verbraucht (konsumiert) war (wie z. B. das Ausnahmestrafrecht – Dekret Nr. 16; die Bestimmungen über die Neubesiedelung des Landes, die 1950 abgeschlossen war – Dekret Nr. 27; die Vorschriften über die Sonderbehandlung der auszusiedelnden Bevölkerung bis zu ihrer Abschiebung, die 1950 ebenfalls vollzogen war – Dekrete Nr. 126 und Nr. 137). Die Arbeitspflicht für Personen, die ihre tschechoslowakische Staatsangehörigkeit verloren hatten, aber im Lande verblieben waren (Dekret Nr. 71), wurde erst 1966 aufgehoben.
- Alle statusrechtlichen Regelungen bestehen entgegen den Darlegungen des tschechischen Außenministeriums fort, sind weiterhin Grundlagen der tschechischen Rechtsordnung und für die Opfer der Vertreibung noch fühlbar. Hierzu zählen u. a. alle Dekrete, auf deren Grundlage Eigentum entzogen wurde, das den früheren Eigentümern auch weiterhin vorenthalten bleibt (z. B. die Dekrete Nr. 5, 12, 100 und 108); auf staatsangehörigkeitsrechtlichem Gebiet gehören die Ausbürgerungsvorschriften (z. B. Dekret Nr. 33) dazu[15].
- Das fortgeltende Gesetz Nr. 115 verhindert nach wie vor, daß strafrechtliche Exzesse (z. B. bei der Vertreibung) so verfolgt werden können, wie das bei Verbrechen gegen die Menschlichkeit ohne Rücksicht auf Verjährung gefordert ist. Die Vorschrift wird in der tschechischen Rechtspraxis auch als generelle Sperre hinsichtlich zivilrechtlicher Ansprüche der geschädigten Vertreibungsopfer verstanden.

5. Die auf der Grundlage der Beneš-Dekrete gebilligte, weitergeführte und konsequent zum Abschluß gebrachte Vertreibung der deutschen und der magyarischen Volksgruppe erfüllt den Tatbestand des unverjährbaren Verbrechens des Völkermordes, da die gesetzlich hingenommenen, z. T. aber auch gezielt getroffenen Maßnahmen insgesamt darauf gerichtet waren, die genannten Volksgruppen in ihrem angestammten Siedlungsgebiet zu zerstören. Die als Abschub oder Transfer bezeichneten Maßnahmen erfaßten eine nationale und ethnische Gruppe mit der Intention, sie in ihrer Heimat nahezu gänzlich zu zerstören. Die völlige physische Zerstörung der Gruppe (Holocaust) ist, im Gegensatz zur Zerstörung ihres sozialen Zusammenhalts im angestammten Siedlungsgebiet, keine Voraussetzung des Genozids. Schutzgut der Konvention über die Verhütung und Bestrafung des Völkermordes ist nach jüngster Rechtsprechung[16] »die Gruppe in ihrer sozialen Existenz (›als solche‹), als soziale Einheit in ihrer Besonderheit und Eigenart«.
6. Für die Vertreibung schuldet die Tschechische Republik – als Rechtsnachfolgerin der Tschechoslowakei und Bereicherte – Wiedergutmachung. Ob Wiedergutmachung, mehr als ein halbes Jahrhundert nach der Vertreibung, durch die Aufhebung der Dekrete mit der Wirkung *ex tunc* oder *ex nunc* noch sinnvoll erreicht werden kann, muß genau unter Berücksichtigung des jeweiligen Regelungsgegenstandes des aufzuhebenden Dekrets geprüft werden.

- Die Aufhebung der Dekrete darf nicht nur ein symbolischer Akt sein, da sonst das völkerrechtliche Gebot der Wiedergutmachung einer noch spürbaren Völkerrechtsverletzung keine ausreichende Berücksichtigung fände.
- Die Aufhebung *pro futuro (ex nunc)* ist beim Gesetz Nr. 115 vom 9. Mai 1946[10] genügend, da nicht rückwirkend Strafverfahren durchgeführt werden können; die jedem Staatswesen obliegende Schutzfunktion, schwerste Verbrechen auch nach langer Zeit noch zu ermitteln, wäre durch den Wegfall der Vorschrift gewährleistet.
- Die Dekrete, die den Heimatvertriebenen Eigentum und staatsbürgerlichen Status entzogen, berechtigen nicht zu neuer Expropriation und Ausbürgerung. Sie garantie-

ren aber nach wie vor die völkerrechswidrige Entrechtung der Heimatvertriebenen; gleichzeitig bedingen sie rechtstatsächlich eine Schlechterstellung der im Lande verbliebenen Minderheit, die durch die Verweise des neuen Rechts auf die von den Dekreten gestaltete alte Rechslage diskriminiert werden.

– Der Rechtsfriede ließe sich in den genannten Fällen am besten durch die Aufhebung der Diskriminierung bei der Eigentumsrestitution zwischen den Opfern des Kommunismus und den Opfern des Tschechoslowakismus erreichen.

7. Entgegen der Stellungnahme des tschechischen Außenministeriums war die Vermögenskonfiskation (»Decrees on the confiscation of the so-called Enemy Property«) weder eine Maßnahme des Wirtschaftskrieges, noch erfolgte sie für die Zwecke der Reparation oder für Zwecke der Restitution.

– Die Maßnahmen des alliierten Wirtschaftskrieges gegen Deutschland waren mit dessen Kapitulation am 7. Mai 1945, also geraume Zeit vor dem Erlaß der Konfiskationsdekrete, beendet.

– Die Tschechoslowakei hat das konfiszierte Vermögen der Vertriebenen nie der gemäß Pariser Abkommen vom 14. Januar 1946[17] gebildeten Interalliierten Reparationsagentur (IARA) als deutsches Reparationsgut gemeldet.

– Die Sequestrierung gemäß Dekret Nr. 5 vom 19. Mai 1945[18] diente nicht der Restituierung der Opfer der Naziherrschaft (»this Decree invalidated the Nazi confiscations against the Nazi victims«), sondern war de facto der erste Schritt zur Entrechtung der mißliebigen Bevölkerungsgruppen, zu denen auch Nazi-Verfolgte wie die deutschsprachigen Angehörigen jüdischer Nationalität zählten.

8. Die Konfiskationen gemäß den Dekreten Nr. 12 vom 21. Juni 1945[19] und Nr. 108 vom 25. Oktober 1945[20] dienten gemäß tschechoslowakischem Selbstverständnis der Bestrafung; Kollektivhaftung und Mißachtung der Unschuldsvermutung machten sie jedoch zu Instrumenten rassistischer Verfolgung. Dies gilt auch hinsichtlich der 1945 durchgeführten Verstaatlichungen größerer Unternehmen. Das land- und forstwirtschaftlichen Besitz konfiszierende Dekret Nr. 12 setzte sich aufgrund seiner rassistischen Zielsetzung über die Staatsangehörigkeit neutraler Staaten hinweg und enteignete auch schweizerisches und liechtensteinisches Vermögen; der bis zum heutigen Tage ungelöste Konflikt zwischen dem Fürstentum Liechtenstein und der Tschechischen Republik[21] ist eine Folge.

Entgegen der vom tschechischen Außenministerium vertretenen Rechtsauffassung können die nach den Beneš-Dekreten durchgeführten Vermögenskonfiskationen nicht als die Konsequenz illoyalen Verhaltens angesehen werden; sie zielten eindeutig auf die Lebens- und Existenzgrundlage der deutschen und magyarischen Volksgruppe. Die in engem Zusammenhang mit der Vertreibung durchgeführte Expropriation ist deshalb nicht als isolierter Eingriff in das Eigentum zu beurteilen, sondern muß in die Komplexität des gesamten Geschehens eingestellt und als Bestandteil des Genozids an der seinerzeit im Lande siedelnden deutschen und magyarischen Volksgruppe gewertet werden.

9. Das tschechische Außenministerium betrachtet in seinen Ausführungen zu den Beneš-Dekreten das Dekret Nr. 33 vom 2. August 1945[22] als eine Regelung über die »Entlassung aus der tschechoslowakischen Staatsangehörigkeit« (»release from its citizenship«). Tatsächlich[23] handelt es sich jedoch um die Durchführung einer diskriminierenden kollektiven Zwangsausbürgerung. Das Dekret vom 2. August 1945 war die rechtliche Grundlage der teilweise bereits vollzogenen, in der Folgezeit weitergeführten und zu einem konsequenten Abschluß gebrachten Vertreibung der im Lande befindlichen deutschen und magyarischen Bevölkerungsgruppen und damit ein signifikanter Beweis des in allen Einzelheiten geplanten Genozids.

10. Den unbestreitbaren Verfolgungscharakter der Beneš-Dekrete und der auf diesen beruhenden Verwaltungspraxis verdeutlichen noch:

– der Entzug sämtlicher politischer Rechte der Angehörigen der deutschen und magyarischen Volksgruppe (Dekret Nr. 43[24]; Regierungsverordnung vom 25. August 1945[25]; Richtlinien des Innenministers vom 28. Februar 1946 für die Wahlen zur verfassunggebenden Nationalversammlung; Verfassungsgesetz vom 11. April 1946[26]),
– der Entzug der Lebensmittelzuteilungen (Verordnung vom 17. Mai 1945[27]),
– die Anordnung von Zwangsarbeit (Dekret Nr. 71 vom 19. September 1945[28]),
– die Internierung in Arbeits- und Sammellagern (Verfassungsdekret Nr. 137 vom 27. Oktober 1945[29]),
– die pseudo-strafrechtliche Vergeltung auf der Grundlage des sog. Retributionsdekrets Nr. 16 vom 19. Juni 1945[30]),
– die Eliminierung der deutschen Bildungseinrichtungen wie z. B. die Schließung der deutschen Hochschulen (Dekrete Nrt. 122 und 123[31]) und Schulen, die Auflösung der Vereine (Dekret Nr. 81[32]) und der Deutschen Evangelischen Kirche in Böhmen und Mähren[33].

Auf administrativem Weg wurden verhängt[34]:
– die Armbinden mit dem aufgezeichneten N (Němec = Deutscher),
– Sperrstunden und die Einschränkung der Einkaufszeiten,
– die Pflicht, Fahrräder und Radioapparate abzuliefern,
– das Verbot der Benützung öffentlicher Verkehrsmittel.

Auf diese Dekrete und die daran anknüpfende Verwaltungspraxis geht das tschechische Außenministerium in seiner Rechtfertigung der »Czechoslovak Presidential Decrees of 1940–1945« nicht ein.

Anmerkungen:

1 Prof. Blumenwitz war von der SL um das Gutachten gebeten worden.

2 a) Die Ausarbeitung war ein sog. Non-Paper (d. h. ohne Datum, Aktenzeichen und Adressaten) des ČR-Außenministeriums in englischer Sprache von ca. 3 ms. Seiten. Sie tauchte erstmals im Februar 2002 in Brüssel auf und wurde später in Pressemeldungen besprochen (vgl. z. B. Schwarz, Karl-Peter: »Prager Rückschlag. Ein Dokument des Außenministeriums nimmt fast alle Zugeständnisse an die Deutschen wieder zurück« in FAZ; Nr. 120 v. 27. 5. 2002; S. 6). Die Ausarbeitung an sich ist m. W. bisher (Ende 2002) unveröffentlicht.

b) Die Ausarbeitung war wie folgt gegliedert:
»1. Die Dekrete im Allgemeinen
2. Festlegungen (statutes), bezogen auf Deutschland und die Deutschen
a) Bevölkerungstransfer
b) Dekrete zur Konfiskation von sog. Feindeigentum und Staatsbürgerschaft
⟨*3.*⟩ Schlußbemerkung (conclusion)

3 Der Ausdruck für die sog. Beneš-Dekrete; zu diesen: Siehe S. 576.

4 Zu Textauszügen: Siehe S. 281, 289.

5 Mit Briefwechsel Dr. Beneš' mit Marschall Stalin vom 23./29. 1. 1945 formell eingeleitet, mit Vertrag vom 29. 6. 1945 (ratifiziert am 25. 11. 1945) formalisiert und mit Verfassungsdekret Dr. Beneš' Nr. 60 vom 24. 8. 1945 (vgl. ČSR-Slg. 1945; Nr. 28 v. 1. 9. 1945; S. 101) in ČSR-Staatsrecht transformiert.

6 Die Vorläufige Nationalversammlung, welche alle Beneš-Dekrete am 28. 3. 1946 billigte, war selbst auch durch eines davon, nämlich dem Verfassungsdekret Nr. 47 vom 25. 8. 1945 (vgl. ČSR-Slg. 1945; Nr. 23 v. 27. 8. 1945; S. 79–80) entstanden. Dieses Vorgehen konnte, entsprechend dem des legendären Grafen Münchhausen, der sich am eigenen Haarschopf aus dem Sumpf gezogen haben wollte, als Münchhausen-Prinzip bezeichnet werden.

7 Zum Text vom 2. 8. 1945: Siehe S. 548.

8 Zum Text vom 10. 11. 1945: Siehe S. 569.

9 Zu den Texten und Begleitumständen vom 14. 2. 1996: Siehe S. 1043.

10 Zum Text: Siehe S. 685.

11 Zum Fortgang dieser Arbeiten der Institute für Zeitgeschichte in München und Prag war im März 2001 zu erfahren gewesen, daß sie mit DM 250.000 dotiert worden waren und bis Frühjahr 2002 ein Resultat erwartet werde.
Vgl. SdZ; Nr. 13 v. 30. 3. 2001; S. 3.
Bis Ende 2002 war kein Ergebnis publiziert.

[12] Während ČSR-Gesetz Nr. 115 v. 8. 5. 1946 auch Handlungen der »gerechten Vergeltung für Taten der Okkupanten« amnestierte, die vornehmlich erst nach dem 8. 5. 1945 begangen wurden/werden konnten, zielte das österreichische Bundesgesetz Nr. 14 vom 21. 12. 1945 nur auf die »Einstellung von Strafverfahren und die Nachsicht für Kämpfer gegen Nationalsozialismus und Faschismus«; der Kampf war am 8. 5. 1945 beendet worden.
Zum Text vgl. Österreichisches BGBl., 1946; 4. Stück v. 19. 1. 1946; S. 9.
[13] Zum Text: Siehe S. 1073.
[14] Gemeint: »Přehled právních předpisů (Übersicht rechtlicher Vorschriften) 9. 5. 1945–31. 12. 1991«; hsg. v. ČR-Justizministerium; Prag, 1992.
[15] Zu Anwendungsbeispielen: Siehe S. 1412, 1427.
[16] Zu dies besagenden Entscheidungen des deutschen Bundesverfassungsgerichtshofes und Bundesgerichtshofes (vom 30. 4. 1999, 16. 1. und 20. 2. 2001) einschließlich der dort angeführten internationalen Rechtsauffassungen: Siehe S. 1156, 1312.
[17] Zum Text: Siehe S. 676.
[18] Zum Text: Siehe S. 517.
[19] Zum Text: Siehe S. 532.
[20] Zum Text: Siehe S. 563.
[21] Siehe dazu S. 1371.
[22] Zum Text: Siehe S. 551.
[23] Tatsächlich hatte die überwiegende Mehrheit der Sudetendeutschen bereits 1938 die deutsche Staatsbürgerschaft erworben und konnte daher 1945 nicht mehr aus der ČSR ausgebürgert werden: Der Vertrag zwischen dem Deutschen Reich und der ČSR über Staatsangehörigkeits- und Optionsfragen vom 20. 11. 1938 (zum Text: Siehe S. 430) war jahrelang durch z. B. den deutschen Wehrdienst der dazu Pflichtigen »konsumiert«. Auch Dr. Beneš, der im Exil die Sudetendeutschen beharrlich für die ČSR beansprucht hatte, anerkannte dies nunmehr im Text seines Dekrets 33/45: Die Sudetendeutschen wurden nicht als »staatenlose, Ex-ČSR-Bürger« ausgewiesen, sondern als deutsche Staatsangehörige vertrieben.
Zur Bedeutung dieser Feststellung: Siehe S. 1429.
[24] Zum Inhalt des Dekrets vom 4. 12. 1944: Siehe S. 512 f.
[25] Zum Inhalt der Verordnung: Siehe S. 684.
[26] Zum Inhalt des Gesetzes: Siehe S. 687.
[27] Gemeint: Die Reduzierung der Lebensmittelzuteilungen auf jenes Niveau, welches das NS-Regime den Juden zubilligte. Zum Text der Verordnung: Siehe S. 516.
[28] Zum Inhalt und den Auswirkungen der Verordnung: Siehe S. 552, 1024.
[29] Zum Text: Siehe S. 567.
[30] Zum Text: Siehe S. 529.
[31] Zum Text vom 18. 10. 1945: Siehe S. 562.
[32] Zum Text vom 25. 9. 1945: Siehe S. 520.
[33] Zum Text des Gesetzes 131 vom 6. 5. 1948: Siehe S. 710.
[34] Zu Beispielen der Anordnungen (mit Ort, Datum und Details, z. T. in Faksimile): Siehe S. 583–611.

Quelle:
»›Czechoslovak Presidential Decrees of 1940–1945‹. Ausführungen des tschechischen Außenministeriums zu den Beneš-Dekreten. Gutachtliche Stellungnahme. Prof. Dr. Dieter Blumenwitz, Würzburg, 15. Mai 2002«; 58 ms. S.; Fotokopie im Besitz des Verfassers.

****

Rede[1] **2002, 18. Mai**
des Bundesinnenministers Otto Schily:
ČR sollte sich entschließen, die Beneš-Dekrete[2] *aufzuheben*

⟨*Nach einem historischen Rückblick referierte der Minister die Aussagen der Deutsch-Tschechischen Erklärung von 1997*[3]. *Beide Seiten respektierten die andere Rechtsauffassung der anderen Seite:*⟩ Entscheidend aber, sie wollen ihre Beziehungen nicht mit aus der Vergangenheit herrührenden Fragen belasten.
Auf diese Erklärung hat sich auch das tschechische Abgeordnetenhaus im vergangenen Monat in seiner Resolution[4] berufen. Diese Erklärung war leitend auch für die Entschei-

dungen[5] des EU-Kommissars Günter Verheugen und dieser Erklärung, die – wie ich an dieser Stelle nochmals in Erinnerung rufen darf – unter der von CDU/CSU geführten ehemaligen Bundesregierung entstand und im damaligen Bundestag breite Zustimmung fand, sieht sich auch die heutige Bundesregierung unter Bundeskanzler Gerhard Schröder verpflichtet. Sie stellt heute mit all ihren Elementen die Grundlage unserer bilateralen Beziehungen dar. Und deshalb will die Bundesregierung, unbeschadet privater Rechte Dritter, Vermögensfragen auch im Zusammenhang des Beitritts der Tschechischen Republik zur Europäischen Union nicht aufwerfen. Dies ungeachtet dessen, daß sie die Vertreibung und entschädigungslose Enteignung deutschen Vermögens immer als völkerrechtswidrig angesehen hat. Diese Position der Bundesregierung gilt unverändert. Schon in der Deutsch-Tschechischen Erklärung wird schließlich auch die Respektierung unserer Rechtsauffassung durch die tschechische Seite ausdrücklich hervorgehoben.
Im Sinne dieser Deutsch-Tschechischen Erklärung und in deren Weiterentwicklung sollte sich die tschechische Seite aber auch entschließen, die Beneš-Dekrete aufzuheben und auf diese Weise einen Schlußstrich zu ziehen und Klarheit zu schaffen. Staatlich sanktionierte Vertreibung ist Unrecht, was immer an Verbrechen vorausgegangen ist. Aber vergessen wir auch nicht, die ersten Vertriebenen 1938 waren Tschechen[6], die die annektierten sudetendeutschen Gebiete verlassen mußten. ⟨*Proteste vieler Zuhörer.*⟩ Das müssen Sie schon ertragen. Ich warne Sie vor einseitigen Betrachtungsweisen[7]. Wenn ein Schlußstrich gezogen wird durch Aufhebung der Beneš-Dekrete, dann muß von deutscher Seite allerdings auch zugleich erklärt werden, daß die Aufhebung der Beneš-Dekrete nicht zu irgendwelchen Entschädigungs- oder Rückübereignungsforderungen führen kann. Wir müssen einsehen, daß wir vergangenes Unrecht immer nur unzulänglich und in vielen Fällen überhaupt nicht materiell ausgleichen können. Niemand kann die Toten, die zu beklagen sind, wieder zum Leben erwecken.
...

Anmerkungen:
1 Anläßlich der »Festlichen Eröffnung« des 53. Sudetendeutschen Tages in Nürnberg.
2 Zum Komplex der sog. Beneš-Dekrete: Siehe S. 576.
3 Zum Text vom 21. 1. 1997: Siehe S. 1073.
4 Zum Text vom 24. 4. 2002: Siehe S. 1408.
5 Welche »Entscheidungen« hier gemeint waren, blieb unklar.
Zu Themenbeiträgen von EU-Kommissar Verheugen: Siehe S. 1406, 1432.
6 Zur öfters behaupteten, aber nie bewiesenen, weil nicht erfolgten (Massen-)»Vertreibung von Tschechen 1938«: Vgl. Habel, MVT.
7 Der Minister mußte seine »Betrachtungsweise« des Vorgangs nach mehreren Anfragen zu den Quellen seiner Behauptung dann auch derart relativieren lassen, daß daraus v. a. eine »Evakuierung« ihrer Staatsbediensteten durch die ČSR selbst wurde.
Vgl. »Gleichsetzung nicht gerechtfertigt. Schreiben des Bundesinnenministeriums relativiert Schily-Äußerungen über angebliche Tschechen-Vertreibung 1938, ohne sie zurückzunehmen« in SdZ; Nr. 31 v. 2. 8. 2002; S. 2.

Quelle:
Mbl. SL; Jg. 2002, Nr. 5; S. 118–122, hier S. 119 f.

****

Interview[1] **2002, 18. Mai**
des ČR-Vizeministerpräsidenten Vladimír Spidla (SPČ)[2]:
Vertreibung: »Eine der Quellen des künftigen Friedens«

...
⟨*Frage:*⟩ Die Sudetendeutsche Landsmannschaft ist für Sie kein Partner für einen politischen Dialog?

⟨*Spidla:*⟩ Die Landsmannschaft ist für mich kein Partner für einen Dialog auf politischer Ebene. Auf keinen Fall.
⟨*Frage:*⟩ Auf welcher Ebene dann?
⟨*Spidla:*⟩ Ich kann mir vorstellen, daß ein historischer Dialog zwischen Nichtregierungsorganisationen geführt wird. Aber für mich als Regierungsmitglied ist die Landsmannschaft kein Partner.
⟨*Frage:*⟩ Bedeutet das auch, daß Sie von der Landsmannschaft nichts erwarten, versöhnliche Signale etwa?
⟨*Spidla:*⟩ Es gibt keine Signale, die von meinem Gesichtspunkt aus interessant sein könnten.
⟨*Frage:*⟩ Im tschechischen Fernsehen hat sich der Vorsitzende der Landsmannschaft, Bernd Posselt, für die Verbrechen der Nationalsozialisten entschuldigt[3]. Hat das Ihre Haltung verändert?
⟨*Spidla:*⟩ Das konnte meine Haltung nicht verändern, denn die Verbrechen hat es gegeben. Daran gibt es keinen Zweifel.
…
⟨*Frage:*⟩ Haben nicht einige Äußerungen von Ministerpräsident Miloš Zeman, etwa über die Sudetendeutschen als fünfte Kolonne Hitlers[4], die Lage erschwert? In Deutschland hat die Äußerung Zemans über die fünfte Kolonne verwundert, in Tschechien scheint sie eine Selbstverständlichkeit zu sein.
⟨*Spidla:*⟩ Ja, weil wir das wirklich so sehen, daß sie die fünfte Kolonne waren. Ihre Henlein-Partei hatte schließlich das Ziel, die Tschechoslowakei zu zerstören. Darauf hat sie auch ganz aktiv hingearbeitet. Dafür gibt es eine ganze Reihe von Beweisen und Schriftmaterial. Das darf man nicht vergessen.
…
⟨*Frage:*⟩ Auf Druck Edmund Stoibers ist das Thema Beneš-Dekrete erstmals ins Wahlprogramm der Union[5] gelangt. Stört Sie das?
⟨*Spidla:*⟩ Das zeugt davon, daß die eindeutige Haltung der Tschechischen Republik noch aktueller ist, als das auf den ersten Blick zu sein schien. Ich sehe dies als eine Überschreitung der Grenzen, die in der Deutsch-Tschechischen Erklärung von 1997[6] ausgehandelt worden waren.
⟨*Frage:*⟩ Stoiber bewegt sich also nicht auf dem Boden der Deutsch-Tschechischen Erklärung?
⟨*Spidla:*⟩ Ja, das meine ich. Möglicherweise bewegt er sich gerade noch an der Grenze, aber ich glaube, er hat sie überschritten.
…
⟨*Frage:*⟩ In einer Resolution hat das tschechische Parlament die neue Diskussion um die Vertreibung abgelehnt. Wie erklären Sie sich das äußerst negative Echo in Deutschland?
⟨*Spidla:*⟩ Mit Unverständnis. Die Resolution war richtig. Der Standpunkt wurde eindeutig und einfach formuliert. Die Resolution zeigt, wohin der Weg einfach nicht führen kann, und das ist wichtig.
…
⟨*Frage:*⟩ War die Aussiedlung der Sudetendeutschen also richtig?
⟨*Spidla:*⟩ Ja. Der Abschub war nötig, weil nach dem Krieg, der mit einer bedingungslosen Kapitulation des nationalsozialistischen Deutschlands endete, verhindert werden mußte, daß es wieder zu einem Krieg kommt. Die einzige wirkliche Verpflichtung der Siegermächte im Namen der Millionen Toten bestand darin, Verhältnisse zu schaffen, in denen ein Krieg nicht entstehen kann.
⟨*Frage:*⟩ Dem standen die Sudetendeutschen im Wege?
⟨*Spidla:*⟩ Die deutsche Minderheit wurde damals als eine der möglichen Quellen eines Konflikts identifiziert, weil sie schon einmal die Quelle war und es nicht auszuschließen war, daß

sie es wieder wird. Nach dem Blutbad kann ich mir nicht vorstellen, wie es überhaupt politisch anders zu bewältigen gewesen wäre. Die Entscheidung der Alliierten war richtig. Sie entsprach ihren Pflichten und brachte ein Ergebnis: Diese Quelle für Spannungen gibt es nicht mehr, und auch darum ist Mitteleuropa stabil. Es war eine richtige, politisch sehr weitsichtige Entscheidung, das war keine Rache . . .
⟨*Frage:*⟩ Die Vertreibung war also Voraussetzung für den Frieden?
⟨*Spidla:*⟩ Ja, Bestandteil der Friedenslösung war der Abschub der deutschen Bevölkerung. Er war einer der Quellen des künftigen Friedens. Die damalige Generation hatte das Recht, Frieden zu schaffen, und wir haben kein Recht, an diesem Frieden zu rütteln.

. . .
⟨*Frage:*⟩ Im Europäischen Parlament gibt es Versuche, die Frage der Beneš-Dekrete[7] mit dem Beitritt Tschechiens zur Europäischen Union zu verbinden[8]. Fürchten Sie das?
⟨*Spidla:*⟩ Die Debatte, die sich im Europaparlament abspielt, ist irrational, weil es ähnliche Gesetze in einer Reihe von Ländern gegeben hat nach dem Krieg. Wir können beispielsweise über Dänemark debattieren, wo es zur Enteignung kam, wir können über Polen debattieren, wo es einen Abschub der Deutschen gab. Es gibt auch den Pariser Vertrag von 1952[9], der Probleme der Reparation und der Wiedergutmachung löste.
⟨*Frage:*⟩ Aber auch die Europäische Kommission beschäftigt sich mittlerweile mit den Beneš-Dekreten.
⟨*Spidla:*⟩ Ich denke, die Position der Kommission in dieser Frage ist klar[10]. Die Schlüsselfrage ist doch: Ist jemand imstande, 360.000 Tote – unter ihnen 80.000 Juden – aus den böhmischen Ländern[11] an den Verhandlungstisch zu holen, die in Auschwitz ermordet wurden? Da es nicht möglich ist, daß diese Menschen ihre Rechte einfordern und ihr Leben zurückfordern, haben alle anderen Debatten keinen Sinn.
⟨[12]⟩

Anmerkungen:
1 Mit der »Süddeutschen Zeitung«, München.
2 Zur Ablehnung jeder Art von Vertreibung durch die von der KPČ (noch) unbeeinflußte SPČ im Exil am 11. 6. 1989: Siehe S. 873.
3 Zum Text vom 24. 3. 2002: Siehe S. 1401, auch 1404, Anm. 2.
4 Zu den verschiedenen Äußerungen Zemans: Siehe S. 1389, auch 1392.
5 Zum Wahlprogramm i. d. F. der Antwort auf dei Wahlprüfsteine des BdV: Siehe S. 1393.
6 Zum Text vom 21. 1. 1997: Siehe S. 1073.
7 Zum Komplex der sog. Beneš-Dekrete: Siehe S. 576.
8 Zum Beschluß des EP vom 15. 4. 1999: Siehe S. 1152.
9 Der Pariser Vertrag wurde erst am 23. 10. 1954 geschlossen und sah das Sudetengebiet für Restitutionszwecke mindestens bis 1. 4. 1939 als Teil Deutschlands an. Siehe dazu: S. 739.
10 Was hier gemeint war, blieb unklar.
11 Zu den angeführten Zahlen (mit aller gebotenen Zurückhaltung): Nach tschechischer Feststellung 1992 insgesamt rund 82.000 tschechische NS-Opfer, davon 38.000 Juden. Siehe S. 1237.
12 Die Generalthese des tschechischen Sozialdemokraten Spidla, »Vertreibung – Quelle des Friedens«, variierte und ergänzte der deutsche Sozialdemokrat Glotz wie folgt:
»Quelle des Friedens? Dann wäre es das beste gewesen, die Vertreibung der Kosovo-Albaner durch Milošević oder die Vertreibung der kosovarischen Serben durch die albanische UCK freudig zu akzeptieren.«
Vgl. »Frankenpost« ⟨*TZ.*⟩, Hof (Ofr.); Nr. 138 v. 18. 6. 2002; S. 2 sowie »Egerer Zeitung« ⟨*MHZ.*⟩, Amberg (Opf.); Jg. 53, Nr. 9 (September 2002); S. 150.

Quelle:
SZ, Nr. 114 v. 18.–20. 5. 2002; S. 10.

****

Rede[1] **2002, 19. Mai**
des ČR-Ministerpräsidenten Miloš Zeman:
»Die Sudetendeutschen wollten heim ins Reich. Und dorthin gingen sie«

. . .

Zeman betonte in seiner Rede, daß weder das tschechische noch das slowakische Volk nach Kriegsende die direkten und indirekten Kriegsschuldigen ⟨*gemeint: die Sudetendeutschen*⟩ nach Theresienstadt, Maidanek, Auschwitz oder in andere Vernichtungslager geschickt hätten[2]. Diesen Menschen wurden nach seiner ⟨*d. h. Zemans*⟩ Ansicht im Gegenteil ihre Wünsche erfüllt: »Sie wollten nach Hause, ins Reich. Und dorthin gingen sie«[3], unterstrich der Premier.

Genau diese Leute, so fuhr er fort, stellten jetzt Ansprüche[4], deren Erfüllung eine Beschmutzung des Andenkens jener wäre, die in Theresienstadt umkamen oder gefangengehalten wurden. Zugleich erinnerte er daran, daß die »Landsmanšaft« schon in den 1960er Jahren Eigentumsforderungen stellte. Der Premier ist daher mit der Teilnahme des tschechischen Priesters Jan Graubner[5] an den in Nürnberg veranstalteten sudetendeutschen Tagen nicht einverstanden. »Ich halte das nicht für einen Akt der Versöhnung, sondern für einen Akt der Bejahung der Restitution und weiterer Ansprüche, für einen Akt einer Art wunderlichen, unheiligen Restitutionsallianz«, führte Zeman aus.

. . .

Anmerkungen:

1 Anläßlich der jährlichen Gedenkveranstaltung für tschechische NS-Opfer im KZ Theresienstadt (N.-Böhm.) mit über 1000 Teilnehmern.
Zu den Teilnehmern gehörten der Ministerpräsident der Slowakischen Republik, Mikolaš Dzurinda, und US-Präsidentengattin Laura Bush. Letztere erschien unangekündigt mit dem US-Botschafter in Prag, Craig Stapleton, und legte einen Kranz nieder.

2 Man könnte diese Aussage so verstehen, daß nach Zeman die Kriegsschuldigen, d. h. die Sudetendeutschen, hätten vergast werden dürfen/sollen.

3 In der Berichterstattungswiedergabe:
ARD-Text am 20. 5.: »Sie wollten nach Hause ins Reich gehen, also haben wir sie gehen lassen.«
ORF-Text am 20. 5.: »Sie wollten heim ins Reich, und dahin gingen sie auch.«

4 Welche Ansprüche Zeman meinte, blieb aus der Quelle unklar.
Dabei ist zu beachten, daß Zeman am 7. 2. 2002 eine symbolische Entschädigungsgeste für sudetendeutsche Anti-Nazis befürwortet hatte. Siehe S. 1330, Anm. 4 c.

5 Der Olmützer Erzbischof zelebrierte dort auf Einladung der veranstaltenden SL die heilige Messe.

Quelle:
Cesarová, Eliška: »Die erste Dame der USA ehrte bei der Theresienstädter Gedenkfeier das Andenken der Opfer«; Kurzbericht der ČTK vom 19. 5. 2002; Fotokopie von P. K., 94474 Vilshofen; im Besitz des Verfassers.

****

Entscheidung **2002, (29.) Mai**
des Europäischen Gerichtshofes für Menschenrechte:
Staatsbürgerschaftserfordernis in ČSFR-Gesetz irrelevant,
wenn ohnedies kein Eigentum mehr

⟨*Die Vorgeschichte:*
Die Familien Gratzinger sowie Joseph und Libuše Poláček, 1925 als ČSR-Staatsbürger geboren, wurden 1974 und 1983 in der ČSSR wegen versuchter sog. Republikflucht zu Haftstrafen, Einziehung ihres Vermögens und Verlust der Staatsbürgerschaft verurteilt sowie später aus der ČSR abgeschoben. Sie emigrierten in die USA und erwarben deren Staatsbürgerschaft.

Nach der politischen Wende in der ČSSR hob ein ČSFR-Gericht 1990 die Verurteilungen zwar rückwirkend auf; ihre Anspruch auf Vermögensrückgabe wurde jedoch wegen Nichtvorliegen der ČSR-Staatsbürgerschaft durch sämtliche Instanzen der ČR-Gerichtsbarkeit abgewiesen. Dagegen klagten die Betroffenen vor dem Europäischen Gerichtshof mit dem Argument, daß dies eine Diskriminierung nach Art. 14 der Europäischen Konvention[1] *darstelle. Der Große Senat von 17 Richtern entschied:〉*
Die Beschwerde wird zurückgewiesen. Die Eheleute Gratzinger und Poláček hätten nach 1989 kein Eigentum in der ČR besessen. Ihnen hätte auch kein legitimes Anwartschaftsrecht auf solches Eigentum zugestanden, weil die tschechische Restitutionsgesetzgebung für die Rückgabe konfiszierten Vermögens als klare Bedingung den Besitz der tschechischen Staatsbürgerschaft voraussetzt. Da den Beschwerdeführern somit keines der in Artikel 1[1] der Europäischen Menschenrechtskonvention geschützten Rechte zustehe, sei auch Artikel 14 der Konvention, der jede Diskriminierung verbietet, nicht vorliegend und daher nicht anwendbar.

Anmerkung:
[1] Zum Text der »Konvention zum Schutze der Menschenrechte und Grundfreiheiten« vom 4. 11. 1950: Siehe S. 32.

Wiedergabe nach
SdZ; Nr. 21 v. 24. 5. 2002; S. 6 sowie Nr. 42 v. 18. 10. 2002; S. 5.

****

Interview[1] **2002, 9. Juni**
des ČR-Staatspräsidenten Václav Havel:
Gründe für Wahlergebnisse 1938 und 1948 ff.;
»Was wäre geschehen, wenn nicht . . .!?«

. . .

〈*Frage:*〉 Sie haben . . . den Ausspruch Miloš Zemans kritisiert, die Sudetendeutschen wären die fünfte Kolonne Adolf Hitlers gewesen[2]; in diesem Zusammenhang haben Sie angedeutet, die nahezu 90prozentige Unterstützung, derer sich bei ihnen Hitlers Mann, Konrad Henlein, erfreut hätte, wäre die Folge psychischen Terrors gewesen. Aber so war es doch nicht – alle Zeitzeugen stimmen darin überein, die erdrückende Mehrzahl der Sudetendeutschen wollte damals tatsächlich von Herzen heim ins Reich . . .
〈*Havel:*〉 Ich weiß nicht. Aber erstens: Ich glaube nicht, daß Ethnien als solche an irgend etwas schuld sind oder irgendein Verdienst haben. Ich bin für individuelle Verantwortung. Zweitens: Diesen Ausspruch habe ich in einem bestimmten konkreten Kontext und aufgrund einer konkreten Erinnerung getan. Ich werde Ihnen sagen, welcher: Ich habe im Fernsehen den Redakteur gesehen, der Herrn Posselt verhört hat[3], den Führer der Landsmannschaft, und dieser Redakteur hat ihn ununterbrochen daran erinnert, daß die Mehrzahl der Sudetendeutschen Henlein gewählt hat. Als er das mindestens zum zehnten Mal wiederholte, ist mir auf einmal eingefallen: Und wen hast vor 15 Jahren du gewählt? Wissen Sie, es gibt verschiedene Arten der Nötigung. Aber ganz gleich, ob wir es mit jenem Appell an die Mentalität der Meute zu tun haben, von dem wir gesprochen haben, oder einer anderen Art von Nötigung, es scheint mir nicht gut zu sein zu sagen, daß die Deutschen für Hitler können 〈*gemeint: Hitler bewirkt haben*〉, können, die Sudetendeutschen für München und die Tschechen für den Kommunismus. Das sind m. E. sehr gefährliche Generalisierungen. 99 Prozent der Tschechen haben die Kandidaten der Nationalen Front[4] gewählt und waren trotzdem keine Fans des Regimes.
〈*Frage:*〉 Zu unserer Verteidigung könnte gesagt werden, daß wir nichts anderes tun konnten, weil die Sowjets hier waren. Die Sudetendeutschen gingen damals in einem demokratischen Staat zur Wahl.

⟨*Havel:*⟩ Ich bin mir nicht sicher, ob sie wirklich frei wählten. Ich bin kein großer Kenner dieser Problematik, aber ein paar Bücher habe ich darüber gelesen und habe den Eindruck, daß sie schon einem gewissen Druck ausgesetzt waren – und nicht gerade einem kleinen. Dieser Druck war der Appell an ihr Volkstum (ethnie), und der kann unter bestimmten Umständen höchst suggestiv sein. Werden wir uns doch der Tatsache bewußt, daß zwar die Marxisten behaupten, Kriege hätten nahezu stets soziale oder klassenbedingte Ursachen, daß in Wirklichkeit aber die meisten Kriege nationale Wurzeln hatten. Die ethnische Determinierung ist im Unterbewußtsein der meisten von uns sehr tief verankert – deshalb sind die Populisten so gefährlich, die darauf anspielen.
⟨*Frage:*⟩ In dieser Analyse haben Sie auch gesagt: »Ich bin kein und war niemals ein Bewunderer der Abschiebung der Sudetendeutschen nach dem Krieg.« Zu bewundern war an der Abschiebung tatsächlich nichts – aber war es nicht eine historische Notwendigkeit?
⟨*Havel:*⟩ Wie wollen Sie das überprüfen? Die Geschichte läßt sich doch nicht auf zehnerlei Weise ausprobieren, um dann zu sagen, welche die beste war, was notwendig war und was nicht. Oder anders gesagt: Mit Sicherheit vermag ich Ihre Frage nicht zu beantworten, neige aber eher dazu, daß es keine historische Notwendigkeit war und daß der Transfer von Völkern eine schlechte Lösungsart eines jedweden Problems ist.
Darüber hinaus: Hat sich denn nicht gezeigt, daß die Vorstellung, wir würden dieses Problem ein für allemal lösen, naiv war? Kehrt uns dieses Thema nicht mit jeder Generation wieder zurück? Wie oft haben wir nicht geglaubt, es wäre schon völlig vergessen, und auf einmal ist es wieder in voller Stärke aufgetaucht?
⟨*Frage:*⟩ Würde es nicht auf wesentlich dramatischere Weise zurückkehren, wenn die Sudetendeutschen hiergeblieben wären? Glauben Sie nicht, sie hätten sich nach 1989 von der Tschechischen Republik losgerissen, ähnlich, wie es die Slowaken getan haben?
⟨*Havel:*⟩ Das weiß ich wirklich nicht, was gewesen wäre, aber eher erscheint es mir unwahrscheinlich. Bedenken wir z. B., daß die Slowakei geographisch völlig klar von den böhmischen Ländern getrennt werden kann, während in den Grenzgebieten das deutsche und das tschechische Element weitgehend durchwachsen waren[5] und in den weiteren Jahrzehnten noch weitgehender durchwachsen gewesen wäre ... Ich weiß also nicht genau, an was für eine Losreißung konkret gedacht werden könnte. Aber ich wiederhole: Selbst die Befürchtung eines eventuellen künftigen Losreißens ist m. E. kein genügend triftiger Grund für den Transfer von Völkern. Mir scheint das etwas historisch noch Gefährlicheres.
Aber damit ich richtig verstanden werde: Ich will den Abschub nicht aus seinem zeitbedingten Kontext herausreißen, die Situation reifte dazu heran, es geschah nicht nur bei uns, es geschah auch in vielen weiteren Ländern[6], selbst wenn es bei uns aus verschiedenen Gründen ärger war als anderswo, ist mir klar, daß die Vergangenheit nicht mit heutigen Maßstäben beurteilt werden kann ...
Das alles berücksichtige ich, glaube aber dennoch, daß es eine ungute Lösung war, die sich für uns in mancherlei Hinsicht gerächt hat, z. B. in der Devastation des ganzen Grenzgebiets, wo es blühende Bauernhöfe, Farmen, kleine Fabriken gegeben hat ... Dann war es dort jahrzehntelang öde, und bis heute, wenn man die Trennlinie zwischen dem Binnenland und dem Grenzgebiet passiert, erkennen Sie diesen Unterschied von Kilometer zu Kilometer deutlicher.
...

Anmerkungen:
1 Für die KP-Tageszeitung »Právo« (Recht), die das Interview am 9. 6. 2002 abdruckte.
2 Zum Text dieser mehrfachen Aussage Zemans: Siehe S. 1389.
3 Gemeint: Gespräch in der Sendung »Naostro« (Scharf) im tschechischen Fernsehen am 24. März 2002.
Zum Inhalt: Siehe S. 1400.
4 Unter dieser Sammelbezeichnung waren ab spätestens 1945 alle zugelassenen politischen Parteien

und Massenorganisationen der ČSR zusammengefaßt: Man »wählte« keine Bewerber irgendeiner Partei, sondern bestätigte vorher bestimmte Kandidaten der »Nationalen Front«.

5 Wohl unzutreffende Annahme, daß im Sudetengebiet vor der Vertreibung der Sudetendeutschen diese mit den dortigen Tschechen (familiär?) »weitgehend zusammengewachsen« waren.

6 So wohl falsch dargestellt: Der »Abschub« wurde nur in Osteuropa verlangt und dort nur von der ČSR besonders forciert. Demgegenüber: Die UdSSR verlangte die Rückführung der um 1940 umgesiedelten Rußlandfeutschen, Rumänien ließ die Siebenbürger Sachsen lange erst gar nicht aus dem Staat.
Das klassische Beispiel in Westeuropa: Die bereits weitgehend »abgeschobenen« Südtiroler kehrten zurück.

Wiedergabe nach
SdZ; Nr. 24 v. 14. 6. 2002; S. 1 f.

****

Rede[1] **2002, 10. Juni**

des österreichischen Bundespräsidenten Thomas Klestil:

Vertreibungsparagraphen der Beneš-Dekrete aufheben

Der österreichische Bundespräsident Thomas Klestil hat die Aufhebung der Vertreibungsparagraphen[2] als Teil der Benesch-Dekrete[3] gefordert. Klestil zufolge seien die Benesch-Dekrete als Ganzes zwar die Basis für die tschechische Rechtsordnung, die anzutasten keinen Sinn habe, im übrigen auch die staatliche Integrität der Tschechischen Republik gefährde. Dies gelte jedoch nicht für die Dekrete, die die Vertreibung der Sudetendeutschen und den Massenmord an Flüchtlingen sanktionierten: »Dieser Teil gehört aufgehoben«, wird Klestil von der österreichischen Presse zitiert, die ihrem Staatsoberhaupt im übrigen eine »mutige und ausgewogene« Rede bescheinigt. Klestil forderte demnach auch die Anerkennung einer »moralischen Verantwortung« für die aus den Dekreten entstandenen Taten und die Klarstellung, »daß Unrecht geschehen ist«.
⟨[4]⟩

Anmerkungen:

1 Anläßlich des Treffens der Präsidenten Zentraleuropas im slowenischen Veldes (Bled).

2 Was hier gemeint war, blieb unklar.

3 Zum Komplex der sog. Beneš-Dekrete: Siehe S. 576.

4 Der österreichische Bundeskanzler Schüssel, der vordem am 4. 4. 2002 in einem Interview mit dem Münchner »Bayernkurier« zu behutsamer Nachdrücklichkeit bei der Ansprache »im Rechtsbestand der Beneš-Dekrete bis heute geltender diskriminierender Wirkungen« gemahnt hatte, meinte dazu gegenüber dem Wiener »Kurier« am 14. 7. 2002 u. a.:
⟨*Frage:*⟩ »Und die Beneš-Dekrete?
⟨*Schüssel:*⟩ Von einer neuen tschechischen Regierung kann man nicht erwarten, daß sie sich um 180 Grad dreht. Es geht um vertrauensbildende Maßnahmen, um den Dialog. Ich verstehe, daß ein Staat seine Grundlagen nicht aufgeben kann oder ein Drittel des Landes zurückgeben wird. In der europäischen Familie erwarten wir jedoch ein klares Signal – wie nach den Balkankriegen, als ethnische Säuberungen und Vertreibungen verurteilt wurden.
⟨*Frage:*⟩ Die Prager Regierung hat bekräftigt, über die Beneš-Dekrete werde nicht verhandelt. Österreich will eine gemeinsame Erklärung, eine Entschuldigung und eine symbolische materielle Geste.
⟨*Schüssel:*⟩ Die Lösung muß gemeinsam erarbeitet werden. Man kann die Bedingungen für einen solchen Prozeß definieren. Die Bedingung auf meiner Seite kann nicht sein, das Rad der Geschichte zurückzudrehen. Das Ergebnis eines Dialogs kann auch nicht sein, daß alles so bleibt, wie es ist. Wir müssen aufhören, einander ins Gesicht zu schreien. Aber die Entwicklung dorthin braucht Zeit und Ruhe.«

Wiedergabe nach
SdZ; Nr. 24 v. 14. 6. 2002; S. 2.

****

Entscheidung **2002, 11. Juni**
des ČR-Innenministers Stanislav Gross:
Neuanwendung[1] *des Beneš-Dekrets Nr. 33 vom 2. 8. 1945*[2]

Der tschechische Innenminister Stanislav Gross hat in einer Staatsbürgerschaftsangelegenheit eines jener Beneš-Dekrete angewandt, die den Behauptungen der tschechischen Regierung, der deutschen Regierung und der EU-Kommission zufolge angeblich keine neuen Rechtsfolgen mehr schaffen sollen. Gross bestätigte einen Bescheid seines Ministeriums vom Februar dieses Jahres, wonach Graf Salm-Reifferscheidt nicht tschechoslowakischer Staatsbürger gewesen sei. Daher seien seine Erben auch nicht berechtigt, die Restitution des auf der Grundlage der Beneš-Dekrete konfiszierten Eigentums zu verlangen.
Gross zog als Grundlage seiner am Dienstag dieser Woche getroffenen Entscheidung das Dekret Nr. 33/1945 vom 2. August 1945[2] heran, das allen tschechoslowakischen Staatsbürgern deutscher oder magyarischer Nationalität die tschechoslowakische Staatsbürgerschaft entzogen hat. Ausgenommen davon waren lediglich Personen, die den Nachweis erbringen konnten, »daß sie der tschechoslowakischen Republik treu geblieben sind, sich niemals gegen das tschechische und slowakische Volk vergangen und sich entweder aktiv im Kampfe um seine Befeiung beteiligt oder unter dem nazistischen oder faschistischen Terror gelitten haben«.
Hugo Salm-Reifferscheidt war 1946 vom für ihn zuständigen Kreis-Nationalausschuß eine provisorische Bescheinigung der tschechoslowakischen Staatsbürgerschaft ausgestellt worden. Eine solche Bescheingung schützte vor Enteignung und Vertreibung. Die Bescheinigung sollte an das Innenministerium zur endgültigen Befürwortung weitergeleitet werden. Das Verfahren wurde jedoch nach dem Tod des Grafen 1946 nicht zu Ende geführt und der Besitz der Familie konfisziert.
Abermals zur Sprache kam das Staatsbürgerschaftsverfahren erst im Zuge des Restitutionsantrags der Erben des Grafen. Mehr als ein halbes Jahrhundert nach der vorläufigen Bescheinigung der Staatsbürgerschaft durch den Kreis-Nationalausschuß wurde auf Betreiben der Stadt Blansko in Mähren, deren Rechtsvertretung der Parlamentsabgeordnete Zdenek Koudelka übernommen hat, unter Mißachtung der gesetzlich vorgeschriebenen Frist das Verfahren wiederaufgenommen. Dem Einspruch gegen die vorläufige Bescheinigung von 1946 wurde nun am 11. Juni 2002 vom Innenminister stattgegeben. Im Falle Salm-Reifferscheidt wurde also nicht ein schon auf der Basis der Beneš-Dekrete erfolgter Rechtsakt bestätigt; das Dekret wurde in einem laufenden Verfahren vom amtierenden Innenminister neu angewandt.
Der Rechtsvertreter der Stadt Blansko gehört der Partei des Innenministers an und ist Mitglied des Verfassungsausschusses des tschechischen Nationalrates. Die tschechische Nachrichtenagentur CTK zitierte Koudelka mit den Worten: »Es hat sich gezeigt, daß die Dekrete ein Bestandteil des lebenden tschechischen Rechts sind und in Restitutionsfällen angewendet werden können.« Im Gespräch mit dieser Zeitung wies der Anwalt der Erben, Felix Nevrela, darauf hin, daß die Entscheidung des Ministers in Widerspruch zu den Erklärungen der tschechischen Regierung steht. In einem Dokument des Außenministeriums[3] heißt es, daß das Dekret schon 1949 durch das Gesetz Nr. 1949[4] aufgehoben worden sei. »Der Innenminister diskreditiert mit seiner Entscheidung die Erklärungen der Regierung«, sagte Nevrela.

Anmerkungen:
[1] Zu anderen Neuanwendungen: Siehe S. 1412, 1413.
[2] Zum Text: Siehe S. 551.
[3] Welches Dokument gemeint war, blieb unklar.
[4] Vermutlich unrichtige Bezeichnung: Das ČSR-Gesetz 194/49 v. 13. 7. 1949 behandelte zwar die Staatsbürgerschaft (siehe S. 734), hob aber das Beneš-Dekret 33/45 nicht auf. Auf letzteres nahm nämlich später ČSR-Gesetz 34/53 v. 24. 4. 1953 direkten Bezug.

Quelle:
FAZ; Nr. 135 v. 14. 6. 2002; S. 6.

****

Beschluß[1] **2002, 13. Juni**
des (4.) Europäischen Parlaments:
Vor EU-Beitritt ČR »diskriminierende Bestimmungen« *des ČR-Rechts beseitigen*

In einem beschlossenen Bericht zur Erweiterung der EU erwartet das Europaparlament, »daß, wenn das bestehende ČR-Recht – z. B. auf der Grundlage der Beneš-Dekrete[2] – immer noch diskriminierende Bestimmungen beinhaltet, die im Widerspruch zu Acquis communautaire[3] stehen, ⟨*die tschechische Seite*⟩ diese Bestimmungen spätestens zum Zeitpunkt ihres EU-Beitritts beseitigt«.
Der Bericht betonte, das Parlament »wird seine endgültige Stellungnahme zu dieser Frage erst dann abgeben, wenn es das externe Rechtsgutachten dazu zur Kenntnis genommen hat«.
Diese Expertise[4] wurde bei den Völkerrechtlern Frowein (Heidelberg), Kingsland (London) und Bernitz (Stockholm) in Auftrag gegeben und soll im September vorliegen.

Anmerkungen:
1 Beschlossen mit 396 gegen 16 Stimmen.
2 Zum Komplex der sog. Beneš-Dekrete: Siehe S. 576.
3 Gemeint: geschriebenes und ungeschriebenes Gemeinschaftsrecht.
4 Zu den Rechtsgutachten: Siehe S. 1436.

Wiedergabe nach
»Mladá fronta dnes« (Die junge Front heute), ⟨*TZ.*⟩, Prag v. 14. 6. 2002; S. 10 sowie SZ; Nr. 135 v. 14. 6. 2002; S. 8.

****

Beschluß[1] **2002, 14. Juni**
des Sächsischen Landtages:
Beneš-Dekrete[2] *vor EU-Beitritt durch ČR-Parlament für von Anfang an ungültig erklären*

I.

1. Die im Juli 1993 vom Europäischen Rat in Kopenhagen festgelegten Mindestkriterien[3], die die Beitrittsländer zur Europäischen Union erfüllen müssen, sehen als politisches Kriterium das Vorhandensein stabiler Institutionen vor, die Demokratie, Rechtsstaatlichkeit, Menschenrechte und Minderheitenschutz gewährleisten. Die Entrechtung, Enteignung und Vertreibung von ganzen Bevölkerungsgruppen – seien sie sprachlich, biologisch oder religiös definiert – ist mit dem Verständnis der Europäischen Union als einer auf gemeinsamen Werten, vor allem den universell geltenden Menschenrechten, beruhenden Rechtsgemeinschaft unvereinbar. Die unter nationalsozialistischer oder sowjetischer Herrschaft entstandenen Verordnungen (Dekrete) und Gesetze, die auf Entrechtung, Enteignung und Vertreibung von Deutschen, Ungarn, Juden und anderen ethnischen Gruppen zielen, sind in den meisten, jedoch nicht in allen europäischen Staaten aufgehoben worden.
2. Der Sächsische Landtag geht davon aus, daß die Parlamente der Tschechischen Republik und der Slowakischen Republik und der Republiken Polen und Slowenien alle auf die Entrechtung, Enteignung und Vertreibung von Deutschen, Ungarn, Juden und anderen ethnischen Gruppen zielenden Verordnungen (Dekrete) und Gesetze für von Anfang an ungültig erklären.

3. Das Europäische Parlament, der Deutsche Bundestag und die Parlamente der anderen Mitgliedstaaten der Europäischen Union müssen nach der festen Überzeugung des Sächsischen Landtages auch weiterhin auf die uneingeschränkte Achtung des politischen Kopenhagen-Kriteriums bestehen. Alle EU-Beitrittsländer müssen vor dem Beitritt diese Akte, die gegen die Menschenrechte verstoßen, aus der Welt schaffen.

II.

Der Sächsische Landtag ersucht die Staatsregierung, sich im Bundesrat gegenüber der Bundesregierung, der Europäischen Union und den Beitrittsstaaten von diesen Grundsätzen leiten zu lassen.

⟨[4]⟩

Anmerkungen:

[1] Der Beschluß wurde auf Antrag der CDU mit Mehrheit gefaßt.

[2] Zum Komplex der sog. Beneš-Dekrete: Siehe S. 576.

[3] Zum Text vom Juni 1993: Siehe S. 1103.

[4] Ende Juni 2002 wies der ČR-Bezirkstag Ústí (d. h. Aussig) den Beschluß des Sächsischen Landtages zurück und verurteilte das Verhalten seiner Mehrheit.
Vgl. »Landeszeitung«, Prag; Nr. 15 v. 16. 7. 2002; S. 5.

Quelle:
Sächsischer Landtag, 3. Wahlperiode, Drucksache 3/6471; Protokoll; S. 4481, 4530.

****

Erklärung **2002, 25. Juni**
des polnischen Ministerpräsidenten Leszek Miller:
Die ČSR hat 1945 eigene Staatsbürger, Polen hingegen Deutsche vertrieben

. . .

Miller hatte in einer ersten Reaktion auf den Appell Stoibers[1] erklärt, die Situation Polens könne nicht mit der der Tschechoslowakei gleichgesetzt werden: Die Regierung in Prag habe mit den nach dem damaligen Präsidenten Edvard Beneš benannen Dekreten eigene Staatsbürger[2] enteignet und vertrieben. Hingegen sei Polen nicht an den Konferenzen der Alliierten von Jalta und Potsdam 1945 beteiligt gewesen, auf denen die Westverschiebung des Landes auf Kosten Deutschlands einschließlich der Zwangsaussiedlung der deutschen Bevölkerung beschlossen worden war.

. . .

Anmerkungen:

[1] Der bayerische Ministerpräsident Stoiber hatte an Polen appelliert, die dort 1945/46 erlassenen Enteignungsdekrete aufzuheben und eine »symbolische Geste« zugunsten der Vertriebenen zu leisten.

[2] Die überwiegende Mehrheit der Sudetendeutschen war seit 1938 nicht mehr Staatsbürger der ČSR, sondern des Deutschen Reiches.
Zum Text des Vertrags vom 20. 11. 1938: Siehe S. 430; zur Anerkennung durch Dr. Beneš am 2. 8. 1945: Siehe S. 551.

Wiedergabe nach
SZ; Nr. 145 v. 26. 6. 2002; S. 7.

****

Artikel[1] **2002, 26. Juni**
des tschechischen Historikers Jan Rychlík:
ČSR-Straffreiheitsgesetz von 1946 ändern: Straffreiheitszeit am 9. 5. 1945 beendigen

...

Das Gesetz Nr. 115/1946[2], das die Verfassungsgebende Nationalversammlung am 8. 5. 1946 angenommen hat, hat bestimmt, daß eine Handlung, die »die Beihilfe zum Kampf um die Wiederherstellung der Freiheit der Tschechen und Slowaken zum Ziel hatte oder auf die gerechte Vergeltung für Taten der Okkupanten oder deren Helfershelfer abzielte, auch dann nicht widerrechtlich ist, wenn sie sonst laut den geltenden Vorschriften strafbar wäre«.

Gegen diese Bestimmung ist sicherlich nichts einzuwenden, denn ansonsten würde eine absurde Lage entstehen, und zwar in dem Sinne, daß die Angehörigen des Widerstandskampfes strafrechtlich z. B. für Straftaten des Mordes oder der Sabotage zu verfolgen sein würden. Das Gesetz würde vollkommen in Ordnung sein, wenn es sich nur auf die Zeitspanne zwischen dem Münchener Diktat bis zur Befreiung, d. h. vom 29. 9. 1938 bis zum 9. 5. 1945, erstrecken würde.

Das Problem des besagten Gesetzes besteht jedoch eben darin, daß die Zeitspanne, auf die sich die Straffreiheit bezog, bis zum 29. Oktober 1945 reichte. Es ist dabei ganz klar, daß in dieser Zeit niemand einen Kampf »um die Wiederherstellung der Freiheit der Tschechen und Slowaken« führen konnte und daß niemand mehr das Recht hatte, »eine gerechte Vergeltung für Taten der Okkupanten oder deren Helfershelfer« auszuüben, denn für diese Angelegenheiten wurden bereits ordentliche ČSR-Sicherheits- und juristische Organe konstituiert. Der Bürger hat sicherlich das Recht auf Widerstand, in einem Rechtsstaat jedoch darf er das Recht nicht in eigene Hände nehmen, selbst wenn er etwas erleiden sollte. Daher kann man die von Zivilpersonen nach der Befreiung verübten Gewaltakte m. E. nicht pauschal rechtfertigen, selbst wenn deren Opfer manchmal wirkliche Kriegsverbrecher oder Kollaborateure waren.

... Was noch schlimmer ist: Wie es in revolutionären Zeiten so ist, den Revolutionären haben sich eben aus Gründen einer (angeblichen) »Vergeltung« vielerorts auch problematische Elemente angeschlossen. Es handelte sich des öfteren um Personen, die während der Okkupation mehr oder weniger kollaboriert haben[3] und durch ihren zur Schau gestellten Radikalismus die Aufmerksamkeit von sich selbst ablenken wollten. Es haben dabei nicht einmal gewöhnliche Verbrecher gefehlt, die schnell die Möglichkeit gespürt haben, mehr oder weniger straffrei die schlimmsten Straftaten zu begehen wie Raub, Vergewaltigung und Mord.

Professor Pavlicek[1] hat als Jurist sicherlich recht darin, daß sich die Straffreiheit nicht auf offensichtlich kriminelle Taten bezog. Oder besser gesagt: Gemäß der Absicht des Gesetzgebers sollte sie sich darauf nicht beziehen. Und in der Tat, in einigen Fällen wurden einige besonders schwerwiegende Straftaten später untersucht und sogar auch bestraft.

Die allgemeine Praxis jedoch war anders: In der Atmosphäre einer zugespitzten antideutschen Stimmung hatten die damaligen Staatsanwaltschaften und Polizei nicht allzuviel Lust, solche Straftaten zu untersuchen und zu verfolgen, und verhielten sich passiv. In vielen Fällen haben die Sicherheitsorgane nicht einmal in den Fällen eingegriffen, in denen es zu offensichtlichen Gesetzesverstößen gegen die öffentliche Ordnung direkt vor ihren Augen kam. Ein klassisches Beispiel dafür kann der sog. Brünner Todesmarsch vom 30./31. Mai 1945 sein, gegen den die Polizei nichts unternommen hat, obwohl sie dazu laut geltender Gesetze verpflichtet war[4]. Außerdem haben vielerorts die »Sorge« um Sicherstellung der öffentlichen Ordnung anstatt der Polizei und Gendarmerie verschiedene selbsternannte Sicherheitsorgane übernommen, wie z. B. die Revolutionsgarden, in die neben den wirklichen Revolutionären auch ausgesprochen kriminelle Elemente durchgedrungen waren. Es ist klar, daß von diesen keine Achtung des Rechts zu erwarten war, und die Angehörigen einer solchen »Polizei« haben des öfteren selbst Straftaten begangen. Manchmal kam es sogar zu paradoxen Situationen, daß diese »Rächer« von den ČSR-Organen zwar verhaftet wurden, später jedoch aufgrund des Gesetzes 115/1946 aus der Untersuchungshaft entlassen wurden und das Strafverfahren gegen sie eingestellt wurde.

...

Die formale Aufhebung des Gesetzes Nr. 115/1946 als Ganzes kommt zweifellos nicht in Frage: es müßte sich lediglich um eine Verkürzung der Frist für die Straffreiheit bis 9. 5. 1945 in der Form einer Novelle handeln. Die realen Auswirkungen eines solchen Aktes würden nur gering oder gar keine sein, denn die für strafrechtliche Verfolgung wegen Straftaten im Jahre 1945 in Frage kommenden Personen leben in der Regel nicht mehr. Übrigens bin ich kein Jurist und kann daher nicht sagen, ob es überhaupt möglich ist, in irgendwelcher Art und Weise die einmal bereits gesetzlich erteilte Straffreiheit aufzuheben.

Aber zuzugeben, daß das besagte Gesetz – leider – auch zur Verhinderung der Verfolgung wirklicher Verbrecher beigetragen hat, das können wir, und meiner Ansicht nach müssen wir es auch. Denn dadurch stellen wir weder die Taten unserer Widerstandskämpfer noch die Bestrafung der tatsächlichen Kriegsverbrecher und Kollaborateure in Frage. Dadurch würden wir nur ehrlich zugeben, daß der ČSR-Staat nach Kriegsende bei der Sicherstellung der öffentlichen Ordnung und Gesetzmäßigkeit, was die erste und grundsätzliche Pflicht jedes Staates ist, versagt hatte.

Anmerkungen:

[1] Der Artikel mit dem Titel »Noch einmal zum Straffreiheitsgesetz von 1946« bezog sich auf ein Interview mit dem Prager Verfassungs- und Staatsrechtsprofessors Václav Pavlíček, das in »Právo« (Recht) vom 11. 6. 2002 (S. 10) mit dem Titel »Aufhebung des Amnestiegesetzes würde den Kampf gegen die Faschisten in Frage stellen« abgedruckt worden war.

[2] Zum Text vom 8. 5. 1946: Siehe S. 685.

[3] Zu Beispielen: Siehe S. 652, 659.

[4] Zum Vorgang: Siehe S. 1220 mit Anm. 15, 17. Zu einer anderen Beurteilung aus dem Jahre 2001: Siehe S. 1369.

Quelle:

»Právo« (Recht), ⟨*TZ.*⟩, Prag; 26. 6. 2002; S. 19.

****

Brief heimatverbliebener Deutscher in Nordmähren an EU-Kommissar Günter Verheugen: **2002, (1.) Juli**

Wir bleiben diskriminiert!

Im Namen unseres Verbandes der Deutschen in Králíky (Grulich/ČR) schließen wir uns der Forderung des EU-Parlaments vom 15. 4. 1999[1] sowie des Beschlusses des österreichischen Nationalrats vom 19. 5. 1999[2] an, die fortbestehenden Dekrete und Gesetze des ehemaligen Präsidenten der ČSR, E. Beneš, aufzuheben und diese als Hindernis für den Eintritt der Tschechischen Republik einzustufen.

Angehörige der deutschen Minderheit in der ČR verfolgten mit Interesse und Hoffnung Ihre Aussagen gegenüber Ihren tschechischen Gesprächspartnern während Ihres Aufenthalts in Prag. Die Erwartungen, daß Sie auch die rechtmäßigen Forderungen der deutschen Volksgruppe in der ČR ansprechen würden, wurden enttäuscht.

Seit über einem halben Jahrhundert werden wir im Vergleich zum tschechischen Bevölkerungsteil als tschechische Bürger deutscher Nationalität nicht den hiesigen Restitutions- oder Gutmachungsgesetzen gleichgestellt. Alle Forderungen oder Petitionen unserer Vertreter wurden von tschechischer Seite einstimmig abgewiesen mit dem Hinweis auf Dekrete und Gesetze der Jahre 1945 und 1946, trotzdem die Tschechische Republik den Verlust ihrer Gültigkeit schon mehrmals verkündet haben.

Nachstehend bestätigen die Mitglieder unseres Verbandes mit ihren Unterschriften ihr Einverständnis mit dem o. a. Problemkomplex.
⟨[3]⟩

Anmerkungen:
[1] Zum Text: Siehe S. 1153.
[2] Zum Text: Siehe S. 1158.
[3] Das Schreiben wurde m. W. nie beantwortet.

Quelle:
SdZ; Nr. 27 v. 5. 7. 2002; S. 1 f.

****

Interview[1] **2002, 2. Juli**
des EU-Kommissars Günter Verheugen[2]**:**
Prüfung des ČR-Rechts wird keine Hindernisse für EU-Beitritt ergeben

⟨*Frage:*⟩ Herr Kommissar, wie weit ist die Prüfung der Beneš-Dekrete[3] auf die Vereinbarkeit mit EU-Recht gediehen?
⟨*Verheugen:*⟩ Wir untersuchen gemeinsam mit der tschechischen Seite alle in Rede stehenden Fragen und Probleme. Die Dekrete des Präsidenten über den Entzug der Staatsbürgerschaft und der staatsbürgerlichen Rechte sowie die Enteignung sind nur ein Teil davon. Die Frage lautet: Entfalten diese Dekrete noch neue rechtliche Wirkungen? Die Frage ist ziemlich klar beantwortet: Das ist nicht der Fall[4]. Der Ruf nach einer formellen Außerkraftsetzung der Beneš-Dekrete ist deshalb eine inhaltlich leere Forderung. Die rechtlichen Auswirkungen wären gleich null.
⟨*Frage:*⟩ Und die in den Folgejahren erlassenen Gesetze wie das Amnestiegesetz von 1946[5]?
⟨*Verheugen:*⟩ Diese Bezeichnung ist falsch. Es geht darin eindeutig[6] nicht um die Straffreiheit für Verbrechen, die im Zusammenhang mit der Verteibung an Deutschen begangen worden sind. Die Intention[7] des Gesetzes war es vielmehr, Widerstandskämpfern rechtlichen Schutz zu gewähren. Daneben sollte es denjenigen Rechtssicherheit[8] verschafffen, die nach dem Krieg vorübergehend Ordnungsfunktionen wahrzunehmen hatten. Taten, denen unehrenhafte Motive zugrunde lagen, fallen nicht unter das Gesetz[5]. Die Prüfung läuft zwar noch, aber ich glaube, wir kommen zu einer vernünftigen Klarstellung.
. . .
⟨*Frage:*⟩ Wie steht es um das Restitutionsgesetz über die Entschädigung und Rückgabe von Eigentum, das den Besitzern unter kommunistischer Herrschaft weggenommen worden war?
⟨*Verheugen:*⟩ Prag war 1992 natürlich nicht verpflichtet, das EU-Gebot der Nichtdiskriminierung nach Staatsangehörigkeit zu beachten. Aber nach dem EU-Beitritt wird es keine Diskriminierung geben, weil[9] dann alle Fristen abgelaufen sind und keine Anträge mehr möglich sind. Es mag sein, daß Ungerechtigkeiten vorgekommen sind. Doch diese fallen in der Regel nicht unter EU-Recht. Einige noch laufende Verfahren sind sicherlich Grenzfälle, weil die tschechische Gesetzgebung nicht ganz wasserdicht ist. Hier werden am Ende die Gerichte entscheiden, oder man findet, was aus meiner Sicht für die Tschechen das geringere Risiko darstellt, eine außergerichtliche Einigung. Auf jeden Fall wird nach dem Beitritt auch durch den Europäischen Gerichtshof Rechtsschutz gewährt werden.
⟨*Frage:*⟩ Wann wird das Ergebnis der Prüfung vorliegen?
⟨*Verheugen:*⟩ Innerhalb der nächsten zwei bis drei Monate. Das vorhersehbare Ergebnis[10] ist, daß sich aus der Vergangenheit keine Hindernisse für den Beitritt der Tschechischen Republik ergeben. Entweder entfalten die in Rede stehenden Gesetze keine Wirkungen mehr.

Oder soweit sie noch Wirkungen entfalten, werden sie durch Einzelmaßnahmen oder durch andere Schritte in der Tschechischen Republik mit dem EU-Recht kompatibel gemacht.
⟨*Frage:*⟩ Wird das den Kritikern ausreichen?
⟨*Verheugen:*⟩ Wir werden mit einer rein rechtlichen Überprüfung – und nur das darf die EU tun – nie zu einer befriedigenden Antwort auf die Anliegen derjenigen kommen, die Unrecht erlitten haben und die jetzt wenigstens auf eine Anerkennung des Unrechts hoffen. Vergangenheitsbewältigung ist keine Beitrittsvoraussetzung und nicht Aufgabe der EU. Aber wir können bei den Tschechen für eine politische Geste werben, um das Zusammenleben mit den Nachbarn auf eine Grundlage des Vertrauens und der Versöhnung zu stellen. Das ist der schwierigste Teil unserer Bemühungen.
⟨*Frage:*⟩ Welche Risiken birgt die tschechische Verweigerungshaltung?
⟨*Verheugen:*⟩ Kräfte in Österreich versuchen, die Aufnahme der Tschechischen Republik in die EU zu blockieren. Denn anders als in Deutschland[11] ist die Frage der Aufhebung der Beneš-Dekrete in Österreich ein Thema quer durch alle Parteien. In Prag weiß man genau, daß man die Augen nicht vor der innenpolitischen Situation in Österreich verschließen kann. Wir haben alle erlebt, wie leicht dieses Thema genutzt werden kann, um Emotionen in Gang zu setzen.
⟨[12]⟩

Anmerkungen:
1 Mit der »Frankfurter Allgemeinen Zeitung«.
2 a) Zu früheren Themenbeiträgen Verheugens vom 20. 11. 2000: Siehe S. 1355, und vom 8. 4. 2002: Siehe S. 1406.
b) Zwischenzeitlich hatte sich ergeben:
c) Im April 2002, »daß eine Mehrheit der Franzosen laut ›Eurobarometer-Umfrage‹ den EU-Beitritt Tschechiens ablehnt«.
Vgl. »Profil«, Wien ⟨*WZ.*⟩; Nr. 18 v. 29. 4. 2002; S. 80.
d) Im Mai 2002 lt. Umfrage in Deutschland:
Frage: »Sind Sie für einen Beitritt Tschechiens zur EU, auch wenn führende tschechische Politiker weiterhin die Vertreibung der Sudetendeutschen nach dem Krieg für richtig erklären?«
Antwort:: »Gegen den Beitritt« 54 Prozent, »für den Beitritt« 36 Prozent.
Vgl. »Der Spiegel«, Hamburg ⟨*WZ.*⟩; Nr. 22 v. 27. 5. 2002; S. 37.
e) Die Notwendigkeit weiterer kräftiger Äußerungen war somit gegeben.
3 Zum Komplex der sog. Beneš-Dekrete: Siehe S. 576.
4 Falschaussage: Neben den Materialien bis 2002 (siehe S. 1355, 1406) neuerlich die Entscheidungen vom 6. 5. 2002 (siehe S. 1412) und vom 11. 6. 2002 (siehe S. 1427).
5 Zum Text vom 8. 5. 1946: Siehe S. 685.
6 Falschaussage: Siehe den Gesetzestext und den Novellierungsvorschlag, S. 1430.
7 Bei Unkenntnis sogar des mannigfach publizierten Textes ist relevantes Wissen um die Absichten von 1945/46 wohl durch »zielführende« Annahmen aktuellen Ursprungs ersetzt worden.
8 a) Dazu die FAZ (siehe Quelle, S. 10) redaktionell: »Den Vertriebenen muß das wie blanker Hohn erscheinen.«
b) MdB Hartmut Koschyk (CSU): Diese Äußerung stelle »eine Verhöhnung der unzähligen Opfer von Gewaltmaßnahmen an den Sudetendeutschen dar«.
Vgl. SdZ; Nr. 28 v. 12. 7. 2002; S. 4.
9 Interessante Begründung: Nicht der EU-Beitritt verhindert weitere Diskriminierung, sondern der (nicht weiter erläuterte) Ablauf von Fristen des ČR-Rechtssystems, innerhalb dessen demnach Diskriminierung vorlag (und vorliegt).
10 Zur Darstellung einer ernsthaft ergebnisoffenen Prüfung fehlte hier eine Einschränkung wie z. B. »aus derzeitiger Sicht«.
Deswegen darf vermutet werden, daß das Ergebnis vorbestimmt und die sog. Prüfung vornehmlich aus dem Zusammenbau von Begründungen für das vorher festgelegte Ergebnis bestand.
11 Unter Berücksichtigung der Empfehlungen nach Dekretaufhebung von Innenminister Schily (SPD) vom 18. 5. 2002 (zum Text: Siehe S. 1419) und der bayerischen SPD (zum Text: Siehe S. 1452) sowie der Meinung der Mehrheit deutscher Wähler (siehe oben, Anm. 2 d) wohl als Übertreibung zu qualifizieren.

[12] Zu späteren Themenbeiträgen Verheugens: Siehe S. 1446.

Quelle:
FAZ; Nr. 150 v. 2. 7. 2002.

****

Zwei Briefe **2002, 16./29. Juli**
des Berliner Auswärtigen Amtes:
Zu den Reden von Zeman in Theresienstadt und Schily in Nürnberg

⟨A) Ein Sudetendeutscher konfrontierte in einem Schreiben vom 11. 7. 2002 Bundesaußenminister Fischer v. a. mit der Rede des damaligen ČR-Ministerpräsidenten Zeman in Theresienstadt am 19. 5. 2002[1]. Der Minister ließ u. a. antworten:⟩
. . .
Die Bundesregierung hält – wie alle ihre Vorgängerinnen – die Vertreibung Deutscher aus der damaligen Tschechoslowakei und die entschädigungslose Enteignung deutscher Vermögen für völkerrechtliches Unrecht. Der Tschechischen Republik, die dazu eine andere Rechtsauffassung vertritt, ist das bekannt.
Auf die von Ihnen zu Recht beanstandeten Äußerungen des ehemaligen tschechischen Ministerpräsidenten Zeman hat die Bundesregierung eine unmißverständliche Antwort gegeben. Bundesaußenminister Fischer hat bereits bei seinem Besuch in Prag im Februar[2] in aller Klarheit festgestellt, daß kollektive Schuldzuweisungen nicht dem Stand der deutsch-tschechischen Beziehungen entsprechen.
. . .

⟨B) Der gleiche Sudetendeutsche bezog sich in einem weiteren Schreiben vom 27. 7. 2002 auf die Rede von Bundesinnenminister Schily in Nürnberg am 18. 5. 2002[3] und konfrontierte den dortigen Text mit der Formel des »völkerrechtlichen Unrechts«. Er fragte:⟩
Da es einen Unterschied macht, ob die Bundesregierung die Vertreibung und Enteignung der Sudetendeutschen (lediglich) für völkerrechtswidrig erklärt oder von Tschechien (und der Slowakei?) explizit die Aufhebung der betreffenden Beneš-Dekrete verlangt, bitte ich Sie, mir mitzuteilen: Was genau ist die offizielle Stellung der deutschen Bundesregierung in dieser Frage?
⟨Der Minister ließ wie folgt erwidern, ohne die Frage zu beantworten:⟩
Wie ich Ihnen bereits mitgeteilt habe, hält die Bundesregierung – wie alle ihre Vorgängerinnen – die Vertreibung Deutscher aus der damaligen Tschechoslowakei und die entschädigungslose Enteignung deutscher Vermögen für völkerrechtliches Unrecht. Das hat auch Bundesminister Schily in der von Ihnen erwähnten Rede auf dem Sudetendeutschen Tag im Mai 2002 ausgeführt und mit seinem Wunsch, die Tschechische Republik möge sich zur Aufhebung der Beneš-Dekrete entschließen, erneut zum Ausdruck gebracht. Er hat diesen Wunsch im übrigen unauflösbar mit einem Ausschluß jeglicher Entschädigungs- und Rückübertragungsforderungen von deutscher Seite verbunden.
Wie Bundesminister Schily in seiner Rede erneut betont hat, stellt heute die Deutsch-Tschechische Erklärung von 1997[4] mit allen ihren Elementen die Grundlage der deutsch-tschechischen Beziehungen dar. In der Erklärung von 1997 . . . sind die deutsche und die tschechische Regierung übereingekommen, daß jede Seite ihrer eigenen Rechtsordnung verpflichtet bleibt und respektiert, daß die andere Seite eine andere Rechtsauffassung hat. Der tschechischen Seite ist die deutsche Auffassung bekannt.

Anmerkungen:
[1] Zum Text: Siehe S. 1423.
[2] Wie man auf eine Rede vom Mai bereits im vorausgegangenen Februar »antworten« konnte, blieb offen.

[3] Zum Text: Siehe S. 1419.
[4] Zum Text vom 21. 1. 1997: Siehe S. 1073.

Quelle:
Originale des Schriftwechsels mit P. K., 94474 Vilshofen; Fotokopien im Besitz des Verfassers.

****

Das ČR-Militärarchiv in Prag: **2002, (25.) August**
Dokumente zur Vertreibung der Sudetendeutschen absichtlich nicht geschützt?

Zahlreiche Dokumente aus dem Prager Militärarchiv, darunter solche, die die Beteiligung der tschechoslowakischen Armee an der Vertreibung der Sudetendeutschen betreffen, sind vom Hochwasser[1] vernichtet worden. Der Leiter des Militärarchivs, Oberst Jan Konarik, steht unter dem Verdacht, bewußt nichts zur Rettung jenes Teils des Archivs unternommen zu haben, den er nach eigenen Aussagen für »wertlos« hält. Lina Linhartová, die stellvertretende Leiterin des Archivs des Innenministeriums, wirft Konarik vor, nicht alle Möglichkeiten ausgeschöpft zu haben. Er habe es versäumt, Soldaten anzufordern, um die Kartons in die oberen Stockwerke des Gebäudes zu bringen. Das Gebäude des Militärarchivs befindet sich im Stadtteil Karlin, der vom Hochwasser am meisten betroffen war.
Nach einem Bericht der Tageszeitung »Mladá fronta dnes« sind die im Militärarchiv gelagerten Bestände nicht nur von historischem Interesse. Es befänden sich darunter auch Dokumente, die für die Strafverfolgungsbehörden von Bedeutung seien. Unter anderem beherberge das Archiv Akten des Verteidigungsministeriums der Jahre 1945 bis 1950 ⟨*und*⟩ der Militärgerichte von 1945 bis in die 60er Jahre[2] . . .
Konarik behauptet, daß lediglich 6000 Kartons überschwemmt worden seien, davon seien 4000 bereits eingefroren[3] worden, die restlichen 2000 würden folgen. Mitarbeiter des Archivs haben jedoch angegeben, daß die Flut rund 30.000 Kartons erfaßt habe. In einer E-Mail an deutsche Historiker hat der tschechische Archivar Lubos Velek der Leitung des Militärarchivs Inkompetenz vorgeworfen. Nur die Armee habe Zugang zu den Beständen, zu denen auch Dokumente der SS aus der Protektoratszeit zählten. Den Militärhistorikern, zumeist Offizieren, sei untersagt worden, sich an die Öffentlichkeit zu wenden. Was in dem Militärarchiv vorgehe, sei »keine Katastrophe, sondern ein Verbrechen«, heißt es in dem Schreiben. Velek äußert den Verdacht, gelegentlich des Hochwassers seien Archivalien geopfert worden, »die für unsere Herren sehr unangenehm sind (Vertreibung)«. Dabei handle es sich auch um »wichtige Quellen zur Geschichte der Deutschen und Deutschlands«.

Anmerkungen:
[1] Im August 2002 gab es eine sog. Jahrhundertflut in Mitteleuropa, die auch weite Teile Prags überschwemmte.
[2] In dieser Zeit war die ČSR-Armee auch an der Deutschenvertreibung maßgeblich beteiligt; siehe z. B. S. 588, 590, 617, 1309, 1311.
[3] Technisches Verfahren, um durchnäßtes Papier langsam zu entwässern und wieder lesbar zu machen.

Quelle:
FAZ; Nr. 197 v. 27. 8. 2002; S. 6.

****

Gutachten verschiedener Ersteller: **2002, (30. September)**

Thema: Beneš-Dekrete[1]

A) Vorbemerkung:

Vornehmlich im Jahre 2002 wurden verschiedene Rechtsgutachten zu unterschiedlichen Schwerpunkten in den sog. Beneš-Dekreten erarbeitet, veröffentlicht/neuerlich eingebracht, bearbeitet und diskutiert. Der Gesamtumfang war beträchtlich.

Die nachfolgende tabellarische Übersicht stellt zusammenfassend dar:

Spalte 2–4: Datum, Verfasser und Titel des Gutachtens
Spalte 5–6: Umfang in Seiten von Gutachten und (evtl.) Zusammenfassung
Spalte 7: Information über lfd. Nr.: Welche Gutachten werden behandelt?
Spalte 9: Wiedergabe (des Sachmaterials) auf angegebener S.:
Wiedergabe grundsätzlich nur von Zusammenfassungen der Gutachter, primär Gegenüberstellungen derartiger Zusammenfassungen im Originaltext

B) Die Angaben:

				Gutachten (GA):				
				Umfang (Seiten)		Behandl. verschiedener GAs	Anmerkung	Wiedergabe S.
Lfd. Nr.	Jahr, Datum	Verfasser/Herausgeber [Ort]	Titel (B.-D. = Beneš-Dekrete/decrees)	Gesamt	Zusammenf.			…
1	2	3	4	5	6	7	8	9
1	1991	Ermacora, Felix [Wien]	»Die sudetendeutschen Fragen. Rechtsgutachten«	284	8[2]		[3]	923
2	2001	Tomuschat, Christian [Berlin]	»Die B.-D.: Ein Hindernis für die Aufnahme der ČR in die EU?«	21	1		[4]	1368
	2002:							
3	24. 4.	Legal Services of the European Parliament [Brüssel]	»Legal Opinion of the Legal Effect and of Certain Legal Implications of the so-called ›B.-D.‹«; Doc. Nr. SJ 0071/02	?	?		[5]	
4	?	Legal Service of the European Commission [Brüssel]	»The so-called ›B.-D.‹ and their Legal Relevance under Community Law«; Doc. Nr. ?	?	?		[5]	
5	30. 4.	Pan, Christoph/Pfeil, Beate; hsg. v. Südtiroler Volksgruppen-Institut [Bozen]	»Die B.-D. und ihre gegenwärtigen Rechtswirkungen auf die deutsche Minderheit in Tschechien«	23	2			1410
6	15. 5.	Blumenwitz, Dieter [Würzburg]	»›Czechoslovak Presidential Decrees of 1940–1945‹. Ausführungen des tschechischen Außenministeriums zu den B.-D. – Gutachtliche Stellungnahme«	58	8			1414
7	12. 9.	Frowein, Jochen [Heidelberg]	»Legal Opinion concerning B.-D. and related Issues«	35	2			
8	30. 9.	Bernitz, Ulf [Stockholm]	»Legal Opinion: On the Study by Prof. Jochen Frowein Called Legal Opinion concerning B.-D. and related Issues«	14	1	7		
9	1. 10.	Kingsland, Lord [London]	»Observations on the B.-D. and the Accession of the Czech Republic to the EU«	18	1			
10	2. 10.	Bernitz/Frowein/Kingsland	»Common Conclusions«		1	7, 8, 9		1438

Lfd. Nr.	Jahr, Datum	Verfasser/Herausgeber [Ort]	Titel (B.-D. = Beneš-Dekrete/decrees)	Gutachten (GA): Umfang (Seiten) Gesamt	Zusammenf.	Behandl. verschiedener GAs	Anmerkung	Wiedergabe S. ...
1	2	3	4	5	6	7	8	9
11	(30. 9.)	Dolzer, Rudolf [Bonn]	»Die Vertreibung der Sudetendeutschen 1945–1946 und die B.-D. im Lichte des Völkerrechts«	124	4		6	1441
12	1. 10.	Nettesheim, Martin [Tübingen]	»Der EU-Beitritt Tschechiens: Die B.-D. als Beitrittshindernis? Rechtsgutachten«	125	2			1444
13	7. 10.	Blumenwitz, Dieter [Würzburg]	»Entfalten die B.-D. und das Gesetz Nr. 115 vom 8. Mai 1946 (Straffreiheitsgesetz) noch heute eine diskriminierende Wirkung, die dem Völkerrecht und dem Recht der Europäischen Union entgegensteht? Gutachten«	42	3		7	1438
14	21. 10.	Blumenwitz, Dieter [Würzburg]	»Gutachten«/»Kurze gutachtliche Stellungnahme«	18	.	v. a. 7	8	
15	Nov.	Pfeil, Beate [Bozen]	»Die B.-D. und die EU: Auszugsweise Gegenüberstellung der Gutachterergebnisse nach Themenbereichen«	.	4	7, 10, 13		1438

Anmerkungen:

1 Zum Komplex der sog. Beneš-Dekrete: Siehe S. 576.

2 Im Gutachten als »Leitsätze und Forderungskatalog« bezeichnet.

3 Das Gutachten wurde am 26. 8. 1991 vorgestellt, im Jahre 1992 in Buchform veröffentlicht und im Oktober 2002 vom bayerischen Ministerpräsidenten Edmund Stoiber dem Präsidenten der EU-Kommission, Romano Prodi, dem Präsidenten des Europäischen Parlaments, Pat Cox, und Bundeskanzler Gerhard Schröder förmlich zur Kenntnis gebracht.

4 Die Überlegungen wurden in Form eines Vortrags am 3. 5. 2001 beim Prager Colloquium der Friedrich-Ebert-Stiftung (Bonn) zum Thema »Ist das tschechische Rechtssystem bereits EU-konform?« geboten.

5 Diese »Legal Opinions« bildeten die Basis des (lfd. Nr. 7) Frowein-Gutachtens (siehe dort, S. 3). Die Hergabe der Texte wurde von den jeweiligen Herausgebern mit vielsagenden Begründungen abgelehnt: Die Offenlegung »could give rise to uncertainty with regard to the legality of Community measures« bzw. »would undermine the protection of the public interest as regards international relations«.
Die Texte lagen daher dem Verfasser nicht vor.

6 Datierung nach Auskunft des Lehrstuhls von Prof. Rudolf Dolzer.

7 Dem angeführten Gutachten (42 S.) ging ein Kurzgutachten vom 17. 5. 2002 mit gleichem Titel (17 S.) voraus, das inhaltlich voll in das Gutachten vom 7. 10. 2002 übernommen wurde.

8 Das Gutachten brachte zahlreiche beachtliche Argumente gegen die Darstellung von Prof. Frowein.

****

Prof. Bernitz, Frowein, Lord Kingsland sowie Prof. Blumenwitz: **2002, November**

»Die Beneš-Dekrete[1] und die EU:
Gutachterergebnisse nach Themenbereichen«[2]

⟨*A:*⟩ Gutachter und Gutachten:

1. Prof. Dr. Ulf Bernitz, Prof. Dr. Jochen A. Frowein, Lord Kingsland: »Common Conclusions« vom 2. 10. 2002
   und/oder (zur Verdeutlichung der »Common Conclusions«)
   Prof. Dr. Jochen A. Frowein[3]: »Legal Opinion concerning Beneš-Decrees and related Issues« vom 12. 9. 2002
2. Prof. Dr. Dieter Blumenwitz: »Zusammenfassung« aus »Entfalten die Beneš-Dekrete und das Gesetz Nr. 115 vom 8. Mai 1946 (Straffreiheitsgesetz) noch heute eine diskriminierende Wirkung, die dem Völkerrecht und dem Recht der Europäischen Union entgegensteht?« vom 7. 10. 2002.

⟨*B:*⟩ Zum Prüfungsmaßstab:

1. Frowein:
   I have received the mandate to prepare a study on the question to what extent the so-called Beneš-Decrees may be of relevance in the context of Article 49 of the Treaty on the European Union (TEU)[4] for the accession of the Czech Republic to the European Union . . . (»Legal Opinion«, Ziff. 1)
   According to Article 49 TEU »Any European State which respects the principles set out in Article 6 (1) may apply to become a member of the Union . . .«. Article 6 TEU reads: »The Union is founded on the principles of liberty, democracy, respect of human rights and fundamental freedoms, and the rule of law, principles which are common to the Member States.« (»Legal Opinion«, Ziff. 3)

2. Blumenwitz:
   Prüfungsmaßstab des vorliegenden Gutachtens . . . sind die Kopenhagener Kriterien[5]: Der Beitrittskandidat muß (1) Gewähr dafür leisten, daß er das geschriebene und ungeschriebene Gemeinschaftsrecht *(acquis communautaire)* einhalten kann. Er muß (2) die Grundsätze der Menschenrechte und Grundfreiheiten sowie die Rechtsstaatlichkeit achten, dies gilt (3) auch hinsichtlich des Volksgruppenschutzes. In dem Maße, in dem die EU die Ziele der politischen Union durch die Verwirklichung »einer immer engeren Union der Völker Europas« anstrebt, hat die EU und ihre Organe auch dafür Sorge zu tragen, daß der Beitrittskandidat (4) seine außenpolitischen Probleme, die einer künftig immer engeren Zusammenarbeit im Wege stehen, bereinigt. (»Zusammenfassung«, Ziff. 2)

⟨*C:*⟩ Zur Frage der Fortgeltung der Beneš-Dekrete bzw. ihrem Verhältnis zu EU-Recht

1. Bernitz/Frowein/Kingsland:
   The confiscation on the basis of the Beneš-Decrees does not raise an issue under EU-law, which has no retroactive effect. (»Common Conclusions«, Ziff. 1)

   Frowein:
   The confiscation of property in 1945/46, of people considered to be Germans and Hungarians, does not raise any issue in the context of accession because the conditions for accession in the Treaty of the European Union do not refer to the past (»Legal Opinion Conclusions«, Ziff. 1)

2. Blumenwitz:
   Die Beneš-Dekrete . . . sind nicht obsolet. Aufgehoben wurden nur jene Dekrete, die unmittelbar der Durchführung der Vertreibung dienten oder die Ansiedlung der neuen

Bevölkerung regelten. Alle staatsangehörigkeits- und eigentumsrechtlichen relevanten Präsidialdekrete sind weiterhin in der Sammlung geltender tschechischer Gesetze enthalen und nach tschechischer höchstrichterlicher Rechtsprechung auch Grundlage der neuen Rechtsordnung ... Alle das Eigentum und den staatsangehörigkeitsrechtlichen Status betreffenden Dekrete gelten fort und müssen angewendet werden, wenn die tschechische Gesetzgebung, Verwaltung oder Rechtsprechung auf sie verweisen. Bedeutsame Beispiele für diese »Nachbefolgung« sind die nach 1991 erlassenen Restitutionsgesetze. Nach der Entscheidung des tschechischen Obersten Gerichtshofs vom 29. Juni 2000[6] müssen die Dekrete der Nachkriegszeit nicht nur nachbefolgt, sondern auch »nachvollzogen« werden. Zivilverfahren müssen ausgesetzt und Enteignungsverfahren nach altem Recht abgeschlossen werden. (»Zusammenfassung«, Ziff. 1)

⟨*D:*⟩ Zur Bedeutung der tschechischen Restitutionsgesetzgebung

1. Frowein:
The limited Czech rules concerning restitution as to property confiscated under the Beneš-Decrees cannot be put into question on the basis of European Union law because application for restitution is no longer possible today and European Union law applies only from the date of accession. (»Legal Opinion, Conclusions«, Ziff. 2)

2. Blumenwitz:
Durch die tschechische Behauptung, die Restitution sei seit 1996 abgeschlossen, läßt sich die Diskriminierung nicht dem zeitlichen Anwendungsbereich des Gemeinschaftsrechts entziehen. Zahlreiche Restitutionsfälle sind zur Zeit noch anhängig ... (»Zusammenfassung«, Ziff. 4)

⟨*E:*⟩ Zur Diskriminierung in bezug auf Staatsbürgerschaft, Eigentum und Restitution

1. Bernitz/Frowein/Kingsland:
The Decrees on Citizenship are outside the competence of the EU. (»Common Conclusions«, Ziff. 2)
The Czech system of restitution, although in some respects discriminatory as held by the UN-Human Rights Committee, does not raise an issue under EU-law. (»Common Conclusions«, Ziff. 3)

Frowein:
Even if one takes into account the views expressed by the United Nations Human Rights Committee, the Czech legislation, distinguishing as to restitution between those having shown loyalty to Czechoslovakia and therefore retaining citizenship, and others, cannot be put into question under European Union law, because the distinction is based on reasonable grounds[7]. (»Legal Opinion, Conclusions«, Ziff. 3)

2. Blumenwitz:
Das Gemeinschaftsrecht regelt weder die europäischen Nachkriegsprobleme noch die nationale Eigentumsordnung. Durch die Gestaltung der nationalen Eigentumsordnung darf allerdings die Gemeinschaftsrechtsordnung nicht gefährdet werden. Das EU-Recht verbietet die Diskriminierung von EU-Angehörigen aus Gründen ihrer Staatsangehörigkeit. Die tschechische Restitutionsgesetzgebung ermöglicht bestimmten tschechischen Staatsbürgern den Erwerb von EU-rechtlich relevanten Immobilien (landwirtschaftlicher Besitz, Beneš-Dekret Nr. 12) auf eine Weise, wie sie für andere Unionsbürger, die sich in einer vergleichbaren Lage befinden, nicht gegeben ist. (»Zusammenfassung«, Ziff. 3)
... Der UN-Menschenrechtsausschuß hat in der Vergangenheit immer wieder die Restitutionsgesetzgebung kritisiert, die Tschechische Republik aufgefordert, gesetzliche Regelungen zu ergänzen und neue Antragsfristen einzuräumen ... Die Konfiskation des

sudetendeutschen Eigentums, die bei der Restitution bislang unberücksichtigt blieb, hat sich keineswegs bereits »1945 und 1946 zur Gänze vollzogen«. Sie ist nach wie vor völkerrechtswidrig, und die Vermögensfrage ist »offen«. Der Vergleich mit den SBZ-Enteignungen (1945–1949) geht schon deshalb fehl, weil hier die Opfer durch den Staat, in dessen Hände die Vermögenswerte gelangt sind, entschädigt wurden. (»Zusammenfassung«, Ziff. 4)
Der UN-Menschenrechtsausschuß hat in einer Reihe von eindrucksvollen Entscheidungen (...) die Diskriminierung durch die tschechische Restitutionsgesetzgebung verdeutlicht. Die Erkenntnisse beruhen auf Art. 26 des UN-Menschenrechtspaktes, der nach der Rechtsprechung des EuGH zur Konkretisierung der europäischen Grundrechte herangezogen werden darf. (»Zusammenfassung«, Ziff. 5)

⟨*F:*⟩ Zum Straffreiheitsgesetz[8]

1. Bernitz/Frowein/Kingsland:
   A repeal of Law No. 115 of 1946, exempting »just reprisals« from criminal responsibility, does not seem to be mandatory in the context of accession. The reason is that individuals have relied on these provisions for over 50 years and as such have a legitimate expectation that they will not now be prosecuted for these actions. However, as we find this law repugnant to human Rights and all fundamental legal principles, we are of the opinion that the Czech Republic should formally recognise this. (»Common Conclusions«, Ziff. 5)

   Frowein:
   Law No. 115 of 1946 is still in force ... Although this has included crimes against innocent people during the forced transfer, a repeal of the law would not seem to be mandatory ... It is of legal relevance that Germany, the country most directly affected, did not insist on a repeal when the German-Czech Declaration of 1997[9] was negotiated. It would be appropriate that the Czech Republic confirms that it regrets specific consequences of Law No. 115, as it has done in the German-Czech Declaration of 1997. (»Legal Opinion, Conclusions«, Ziff. 5)

2. Blumenwitz:
   Das in der Tschechischen Republik fortgeltende Straffreiheitsgesetz verstößt gleichermaßen gegen europäische wie weltweit geltende Menschenrechte. Der Respekt vor den Opfern gebietet die uneingeschränkte Verpflichtung des tschechischen Staates, Verbrechen gegen die Menschlichkeit auch nach längerer Zeit noch aufzuklären und zu ahnden. (»Zusammenfassung«, Ziff. 6)

⟨*G:*⟩ Zur in der Tschechischen Republik verbliebenen deutschen Minderheit

1. Bernitz/Frowein/Kingsland:
   Frowein:
   As to the German minority remaining in the Czech Republic, the European standards concerning minority protection are clearly laid down in multilateral and bilateral treaties. One must assume that these standards are being complied with (»Legal Opinion, Conclusions«, Ziff. 7)

2. Blumenwitz:
   Die Nachbefolgung der Beneš-Dekrete in der Tschechischen Republik wirkt sich negativ auf die dort siedelnde Minderheit aus, die gemäß des fortgeltenden Dekrets Nr. 5 als eine »unzuverlässige« und damit auch tatsächlich als eine in ihrer Identität gefährdete Volksgruppe angesehen werden muß. Die 1945 im Lande verbliebenen Deutschen verloren zwar nicht ihre Heimat, jedoch ihr gesamtes Vermögen. Auch sie werden durch die Restitutionsgesetzgebung diskriminiert (»Zusammenfassung«, Ziff. 7)

⟨*H:*⟩ Weitere und abschließende Bemerkungen

1. Bernitz/Frowein/Kingsland:
   It must be clarified during the accession procedure that criminal convictions on the basis of the Beneš-Decrees cannot be enforced after accession. (»Common Conclusions«, Ziff. 4)
   We have based our opinions on the understanding that from accession all EU-citizens will have the same rights on the territory of the Czech Republic (»Common Conclusions«, Ziff. 6)

2. Blumenwitz:
   Die Beziehungen der Tschechischen Republik zu einer Reihe von europäischen Staaten sind heute durch das tschechische Bekenntnis zur Nachbefolgung der Beneš-Dekrete so belastet, daß die Ziele der gemeinsamen Außenpolitik in einer immer engeren Union der Völker Europas und deren Kohärenz gefährdet erscheinen. Die Deutsch-Tschechische Erklärung vom 21. Januar 1997[9] ist gerade nicht der Schlußstrich unter die gemeinsame Vergangenheit, sondern eine Grundlage für eine künftige gedeihliche Entwicklung, die durch das demonstrative Festhalten der tschechischen Seite an den Dekreten gefährdet ist. Noch gravierender ist die durch die Nachbefolgung der Beneš-Dekrete veranlaßte Nichtanerkennungspolitik, die die Tschechische Republik gegenüber dem Fürstentum Liechtenstein, das Mitglied des Europäischen Wirtschaftsraums ist, seit 1945 betreibt. (»Zusammenfassung«, Ziff. 8)

Anmerkungen:

[1] Zum Komplex der sog. Beneš-Dekrete: Siehe S. 576.

[2] a) Die von Frau Pfeil gewählte Form der thematischen Gegenüberstellung dürfte ein Optimum zwischen Darstellungspräzision (deswegen auch ausnahmsweise beibehaltener Originaltext) und Raumbedarf gefunden haben.
b) Zur chronologischen Einbettung der hier dargestellten in den Ablauf anderer Gutachten: Siehe S. 1436.

[3] Prof. Frowein erklärte (S. 1 seines Gutachtens): »Ich kann Dokumente in tschechischer Sprache nicht lesen und muß mich deswegen auf Übersetzungen stützen.«

[4] Zum Inhalt: Siehe S. 106.

[5] Zum Inhalt: Siehe S. 1103.

[6] Das Gericht erkannte, daß Enteignung erst durch rechtskräftigen Beschluß erfolgte, und stellte dann fest, daß ein solcher nicht vorlag. Statt nun zu entscheiden, daß der Betroffene Eigentümer geblieben war, ordnete es an, die Enteignung nachträglich nachzuvollziehen.
Zu einem ähnlichen Vorgang: Siehe S. 1412.

[7] Diese sog. »reasonable grounds« sind im Gutachten weder definiert noch überhaupt enthalten.

[8] Zum Text des ČSR-Gesetzes Nr. 115 vom 8. 5. 1946: Siehe S. 685.

[9] Zum Text vom 21. 1. 1997: Siehe S. 1073.

Quelle:
Pfeil, Beate: »Die Beneš-Dekrete und die Europäische Union. Auszugsweise Gegenüberstellung der Gutachterergebnisse nach Themenbereichen« in »Europa Ethnica« ⟨*Qu.Z.*⟩, Wien; Sonderheft 2002; S. 2–5.

****

Rechtsgutachten **2002, 30. September**[1]
von Prof. Dr. Rudolf Dolzer, Bonn:
»Die Vertreibung der Sudetendeutschen 1945–1946 und die Beneš-Dekrete im Lichte des Völkerrechts«

. . .

Zusammenfassung der Ergebnisse

1. Die Vertreibung der Sudetendeutschen war im Mai 1945 nach Kriegsende das primäre politische Ziel der tschechoslowakischen Regierung. Von London aus hatte die Exil-

regierung Beneš zuvor aktiv auf die Vertreibung hingearbeitet und die drei Siegermächte in diese Richtung gedrängt, wobei sie ihr Ziel in den Absprachen von Potsdam im August 1945 weitgehend erreichte. Zwischen Mai 1945 und Ende 1946 hat die Prager Regierung die Vertreibung eigenständig geplant und durchgeführt.

2. Die Absprachen der Potsdamer Konferenz zur Vertreibung stellen sich als Formelkompromiß dar. Dahinter verbirgt sich einerseits der politische Wille der tschechischen und der sowjetischen Regierung zur raschen und bedingungslosen Vertreibung auf der einen Seite und eine viel zurückhaltendere Willensbildung in London und insbesondere in Washington auf der anderen Seite. Der einschlägige Wortlaut von Potsdam läßt erkennen, daß eine moralische Billigung der zuvor und später durchgeführten Vertreibung durch England und die USA nicht beabsichtigt war. Die Sowjetunion hat noch 1989 ihre eigene Vertreibungspolitik als barbarisch bezeichnet[2]. Vor diesem Hintergrund erscheint es heute als anachronistisch, daß die Prager Regierung vor ihrem Beitritt in die Europäische Union an ihrem Standpunkt der Rechtmäßigkeit und Legitimität der Vertreibung festhält.
3. Die Prager Regierung kann sich bei ihrer Rechtfertigung der Vertreibung in der nach dem Krieg erfolgten Weise nicht auf die drei Siegermächte berufen. Gegenüber der Bundesrepublik Deuschland können die Absprachen von Potsdam mangels deren Zustimmung keine rechtliche Wirkung entfalten.
4. Die Vertreibung war ein dem Völkerrecht unterstellter Vorgang. Die von Prag immer wieder vorgetragenen Hinweise, wonach der Fortbestand der Nachkriegsordnung und die Kontinuität der tschechischen Rechtsordnung zu wahren sind, ändert nichts an diesem rechtlichen Befund.
5. Zum Zeitpunkt der Vertreibung kam insbesondere das völkerrechtliche Fremdenrecht zugunsten der Sudetendeutschen zur Anwendung. Die Tschechoslowakei geht auch ihrerseits davon aus, daß der Kriegszustand beendet war und die Sudetendeutschen als deutsche Staatsangehörige zu behandeln waren.
6. Das völkerrechtliche Fremdenrecht hat 1945 eine Massenausweisung fremder Staatsangehöriger auf der Grundlage einer kollektiv fingierten Schuld nicht zugelassen. Verboten war darüber hinaus die Inhumanität der erfolgten Vertreibung. Damit finden die völkerrechtlichen Regeln der Wiedergumachung Anwendung.
7. Die Tschechoslowakei – und heute die Tschechische Republik – waren und sind völkerrechtlich auch verantwortlich für die Akte der Gewalt, die von paramilitärischen und privaten Einheiten und Personen im Laufe der Vertreibung begangen wurden; dies gilt insbesondere für die Phase der sog. wilden Vertreibungen zwischen Kriegsende und Juli 1945. Die Prager Regierung kannte das Vorgehen dieser Gruppen, hat sie indirekt gebilligt und hat nichts dagegen unternommen.
8. Die Beneš-Dekrete, die sich auf die Vertreibung beziehen, stellen sich völkerrechtlich als Teilakte der illegalen Vertreibung dar und sind damit notwendig ihrerseits als rechtswidrig zu bezeichnen.
9. Darüber hinaus verstoßen gegen das Völkerrecht insbesondere die während der Vertreibung erfolgten Akte der Tötung, der Körperverletzung, des Entzugs des Eigentums und die Einstufung entsprechender Straftaten als rechtmäßig.
10. Keine in Frage kommende Norm des Völkerrechts kann die erfolgte Vertreibung und die diesbezüglichen Beneš-Akte rechtfertigen. Auch auf die nach 1945 erfolgten Vereinbarungen über die Reparationspflicht Deutschlands kann sich Prag nicht berufen, da die tschechoslowakischen Maßnahmen von diesen Abmachungen nicht gedeckt waren.
11. Die Bundesrepublik hat sich 1945 immer wieder konsequent auf die Rechtswidrigkeit der Vertreibung berufen. Unter diesen Umständen kann sich die Tschechische Republik gegenüber der Bundesrepublik auch heute nicht auf den Zeitablauf seit 1945 berufen und die Vertreibung und die dazugehörigen Beneš-Akte als historische Akte bezeich-

nen, die heute gegenüber der Bundesrepublik völkerrechtlich als gegenstandslos zu betrachten wären.

12. Der Vorwurf des Völkermordes setzt nach richtiger Auffassung[3] eine Absicht planmäßiger Vernichtung[3] voraus; eine solche Absicht auf seiten der tschechoslowakischen Regierung läßt sich auch ⟨*für*⟩ Mai 1945 nicht nachweisen, auch wenn die Vertreibung objektiv gesehen im Lichte der Tötung vieler Sudetendeutscher in die Nähe des Tatbestands rückte.
13. Würde die Bundesrepublik die Vertreibung nicht anläßlich des Beitritts Prags in die Europäische Union zum Gegenstand der Erörterung machen, so wäre sie später völkerrechtlich daran gehindert, die entsprechenden Vorgänge erneut zu erörtern. Dies ergibt sich daraus, daß die Zustimmung der Bundesrepublik zum Beitritt notwendig ein enges Verhältnis der Integrationsbereitschaft voraussetzt.
14. Die politische Absprache zwischen der Bundesrepublik und der Tschechischen Republik aus dem Jahre 1997[4] über die künftige Ausgestaltung der Beziehungen haben sich nicht als tragfähig erwiesen; Prag hat den damals vereinbarten politischen Rahmen im Jahre 2002 mit einer Reihe von Äußerungen[5] über den Stand der Beziehungen zur Bundesrepublik eindeutig verlassen. Insoweit ist zum jetzigen Zeitpunkt auch die Bundesrepublik wieder rechtlich und politisch frei in der Festlegung des eigenen Standpunkts.
15. Die derzeitige rechtliche und politische Situation der Bundesrepublik ist also bestimmt einerseits durch die tschechische Negierung des 1997 erzielten Kompromisses und andererseits durch die Konsequenz des Verlusts des Anspruchs auf Wiedergutmachung im Falle des Schweigens der Bundesrepublik im Kontext der Beitrittsverhandlungen.
16. Das Aufgreifen des Anspruchs der Bundesrepublik auf Wiedergutmachung kann bilateral oder im vorgesehenen Rahmen der Beitrittsverhandlungen erfolgen. Die Art und Weise der Erörterungen der weiteren Gestaltung der Beziehungen sowie die inhaltliche Ausrichtung steht im politischen Ermessen der Bundesrepublik. Das Nichteinhalten der Absprachen von 1997 durch Prag legt es aus der Sicht der Bundesrepublik nahe, das Thema der Rechtswidrigkeit der Vertreibung erneut aufzugreifen und nunmehr mit stärkerem Nachdruck zu verfolgen.

. . .

Anmerkungen:

[1] Datum laut Auskunft des Lehrstuhls von Prof. Dolzer.

[2] Beleg (Gutachten S. 44): Text der »Deklaration zur Anerkennung der illegalen und kriminellen Natur der Repression jener Völker, die zwangsweise deportiert worden waren, sowie zur Einhaltung von deren Rechten«; verabschiedet vom Obersten Sowjet der UdSSR am 14. 10. 1989.
Hierin wird festgestellt, daß die Vertreibungen als »barbarische Akte« und »schwerste Verbrechen« zu bewerten sind, die »sich nie wiederholen dürfen«.

[3] Das Gutachten (S. 86–89) kommt zu diesem Schluß, indem es die neuere Rechtsprechung des Bundesgerichtshofes (vom 30. 4. 1999; zum Text: Siehe S. 1157) und des Bundesverfassungsgerichts (vom 16. 1. 2001; siehe S. 1312) noch nicht berücksichtigt: Darin wird die systematische Vertreibung als eine der Bedingungen erkannt und anerkannt, welche über die Zerstörung der sozialen Identität einer Menschengruppe zu deren Völkermord führen.

[4] Gemeint (Gutachten S. 110–112): die Deutsch-Tschechische Erklärung vom 21. 1. 1997; zum Text: Siehe S. 1073.

[5] Gemeint (Gutachten S. 112–114): die Äußerungen der ČR-Ministerpräsidenten Zeman (vom 21. 2. 2002 ff.; zum Text: Siehe S. 1389 ff.) und Spidla (vom 18. 5. 2002; zum Text: Siehe S. 1420) sowie der Beschluß des ČR-Abgeordnetenhauses vom 24. 4. 2002 (zum Text: Siehe S. 1408).

Quelle:
Text des Gutachtens; S. III–VI; Fotokopie im Besitz des Verfassers.

****

Rechtsgutachten **2002, 1. Oktober**
von Prof. Dr. Martin Nettesheim, Tübingen:
»Der EU-Beitritt Tschechiens: Die Beneš-Dekrete als Beitrittshindernis«
. . .
Zusammenfassung der Ergebnisse

1. Die Vorschriften der Artikel 49 und Artikel 6 Absatz 1 des Vertrags über die Europäische Union[1] formulieren rechtlich verbindliche Beitrittsanforderungen. Einem beitrittswilligen Staat wird die Erfüllung verfassungsstaatlicher Anforderungen (Freiheitlichkeit, Grundrechts- und Menschenrechtsschutz, Demokratie, Rechtsstaatlichkeit), die Fähigkeit zur Beteiligung am Binnenmarkt sowie der Willen abverlangt, sich die Ziele der Integration anzueignen. Werden die in Art. 49 in Verbindung mit Art. 6 Abs. 1 EUV formulierten Anforderungen von einem potentiellen Mitgliedstaat nicht erfüllt, so mangelt es ihm an Beitrittsreife.
2. Die immer noch in Geltung befindlichen Beneš-Dekrete[2] können heute keinen Rechtsentzug mehr bewirken und so Menschen- oder Grundrechtsverletzungen verursachen. Ebenfalls entfalten sie heute rechtlich keine Diskriminierungswirkung mehr. Insofern beeinträchtigen sie die Beitrittsreife der Tschechischen Republik nicht.
3. Die Beitrittsreife der Tschechischen Republik leidet aber darunter, daß sich in ihrer Rechtsordnung geltende Bestimmungen finden, die Ausdruck einer integrationsfeindlichen politischen Wertentscheidung sind. In den Beneš-Dekreten drückte sich die Entscheidung des tschechoslowakischen Normgebers aus, ein zukünftiges Zusammenleben von Tschechen und Slowaken mit den Angehörigen der beiden betroffenen nationalen Minderheiten sei nicht erträglich. Die Beneš-Dekrete sind damit Niederschlag einer politischen Grundhaltung, die sich in schärfster Weise gegen das Miteinander verschiedener Nationalitäten richtet. In ihnen spiegelt sich zugleich ein scharfes und schwerwiegendes Urteil über Loyalität, Treue und Gemeinschaftsfähigkeit der betroffenen Minderheiten wider, ohne daß auf die Umstände des Einzelfalls abgestellt würde. Sie stigmatisieren damit nicht nur die von Vertreibung und Rechtsentzug betroffenen Personen, sondern wirken zukunftsgerichtet und stellen damit ein Integrationshindernis dar.
4. Die Beitrittsreife der Tschechischen Republik leidet ferner darunter, daß das Gesetz Nr. 115 vom 8. Mai 1946[3] weiterhin Geltung beansprucht. Dieses Gesetz sieht vor, daß Straf- und Gewalttaten, die »zum Zwecke gerechter Vergeltung« gegen Angehörige nationaler Minderheiten begangen wurden, rechtmäßig sind. Es widerspricht den an einen beitrittswilligen Staat zu richtenden rechtsstaatlichen Anforderungen, wenn das im Zuge einer völkerrechtswidrigen Vertreibung begangene Unrecht auch im Fall von Mord und ungeachtet der Umstände des Einzelfalls nicht verfolgt wird. Die rechtsstaatswidrige pauschale Legitimation von schwerstem strafwürdigem Unrecht (Mord) läßt sich schon deshalb nicht mit der Erwartung der Straftäter rechtfertigen, nicht mehr zur Verantwortung gezogen zu werden, weil diese Erwartung sozialethnisch nicht schutzwürdig ist. Ebensowenig läßt sie sich damit rechtfertigen, daß sich das nationalsozialistische Deutschland ebenfalls völkerrechts- und rechtsstaatswidrig verhalten hat. Verfassungsstaatlichem Denken ist es fremd, Unrecht mit Unrecht aufzuwiegen.
5. Vor dem Hintergrund dieser Mängel sind die Organe der EU verpflichtet, im Zuge der Beitrittsverhandlungen darauf hinzuwirken, daß die Tschechische Republik die Beneš-Dekrete für zukünftig unwirksam erklärt und das Straffreiheitsgesetz im Hinblick auf schwerste Verbrechen aufhebt. Verschließen die Organe der EU diesbezüglich ihre Augen, so begehen sie einen Obliegenheitsverstoß.
6. Den über die Aufnahme eines Mitgliedstaats entscheidenden Organen der EU und den Mitgliedstaaten steht allerdings die rechtliche Befugnis zu, einen Staat in die Europäische Union auch dann aufzunehmen, wenn er sich in Teilbereichen seiner Rechts-, Wirtschafts- und Gesellschaftsordnung als noch nicht beitrittsreif erweist. Sie haben die

Möglichkeit, übergeordnete Erwägungen eines europäischen Gemeinwohls selbst dann zum Tragen zu bringen, wenn die Erfüllung verfassungsstaatlicher oder integrationsbezogener Beitrittsanforderungen in Teilbereichen noch aussteht. Eine unter diesen Bedingungen vollzogene Aufnahme ist nicht europarechtswidrig.

Anmerkungen:

1 Vom 2. 10. 1997; zum Inhalt: Siehe S. 106.

2 Zum Komplex der sog. Beneš-Dekrete: Siehe S. 576.

3 Zum Text: Siehe S. 685.

Quelle:

Text des Gutachtens; Fotokopie im Besitz des Verfassers.

****

Der bayerische Ministerpräsident Edmund Stoiber: **2002, 10. Oktober**

Beneš-Dekrete vor EU-Beitritt ČR aufheben

Der bayerische Ministerpräsident Edmund Stoiber (CSU) hat eine Aufhebung der Beneš-Dekrete noch vor dem geplanten EU-Beitritt Tschechiens gefordert. Wie die Staatskanzlei in München mitteilte, sandte Stoiber den Entscheidungsträgern in Berlin und Brüssel zwei von der bayerischen Regierung in Auftrag gegebene Gutachten[1], in denen die umstrittenen Dekrete als Beitrittshindernis bewertet werden. Die EU und die Bundesregierung müßten Tschechien jetzt[2] zur Rücknahme der Regelungen auffordern. Stoibers Brief ging den Angaben zufolge an EU-Kommissionspräsident Romano Prodi, EU-Parlamentspräsident Pat Cox, Bundeskanzler Gerhard Schröder (SPD) und den Vorsitzenden des außenpolitischen Ausschusses im Europaparlament, Elmar Brok. Vertreibung habe in der Werteordnung der EU keinen Platz, schrieb Stoiber. Deshalb müsse klargestellt werden, daß Gesetze mit solchen Inhalten in der EU nicht fortgelten dürften. Das Prager Parlament weigert sich bisher, die Beneš-Dekrete aufzuheben[3], die Grundlage für die Vertreibung von Deutschen und Ungarn aus der damaligen Tschechoslowakei nach dem Zweiten Weltkrieg waren.

Anmerkungen:

1 a) Vermutlich gemeint: Die Gutachten von Prof. Dolzer (zum Inhalt: Siehe S. 1441) und Prof. Nettesheim (zum Inhalt: Siehe S. 1444).

b) Bereits am 8. 10. hatte der SL-Bundesvorsitzende Bernd Posselt als MdEP seinen Abgeordneten-Kollegen im Europäischen Parlament das Gutachten Blumenwitz (zum Inhalt: Siehe S. 1438) zugeleitet.

2 Der Zeitpunkt der Aufforderungsempfehlung verdeutlichte, daß Stoiber durch die Gutachten Bernitz, Frowein und Kingsland wenig beeindruckt war.
Das entsprach der Auffassung vieler deutscher Printmedien.

3 Das ČR-Abgeordnetenhaus hatte sie vielmehr erst am 24. 4. 2002 als »unantastbar und unveränderbar« bezeichnet. Zum Text: Siehe S. 1408.

Wiedergabe nach

SZ; Nr. 235 v. 11. 10. 2002; S. 6.

****

Diskussion **2002, 21. Oktober**

im Außenpolitischen Ausschuß des Europäischen Parlaments:

Zweifel und Kritik am Gutachten von Prof. Frowein

Zur Sitzung des EP-Ausschusses für v. a. Außenpolitik war auch Prof. Dr. Jochen Frowein geladen, um sein Gutachten[1] zu erläutern. In der sonst geschlossenen Sitzung kam es zu heftigen Auseinandersetzungen über die Frage, ob die sogenannten Beneš-Dekrete in der Tschechischen Republik nach wie vor eine diskriminierende Wirkung entfalteten und ob sie vor einem EU-Beitritt des Landes beseitigt werden müßten.

Der außenpolitische Sprecher der CSU-MdEP und SL-Bundesvorsitzende Bernd Posselt erneuerte seine Kritik am Frowein-Gutachten zu diesem Thema, weil es einen Täterschutz für Vertreibungsverbrecher konstruiere, den Opferschutz ganz vernachlässige und Kollektivschuldthesen aufwärme: »Damit öffnet man künftigen Vertreibungen Tür und Tor.« Posselt bezeichnete die Dekrete als »menschenrechtswidrig und rassistisch«.
Mehrere Abgeordnete verschiedener Fraktionen und Nationen bezweifelten Froweins These, wonach in der heutigen tschechischen Rechtsordnung keine in den Beneš-Dekreten wurzelnden Diskriminierungen enthalten seien, und mahnten vor allem Gleichberechtigung für die deutsche Minderheit in der Tschechischen Republik und eine Beseitigung des sogenannten Straffreiheitsgesetzes an. Auch jede Diskriminierung von EU-Bürgern müsse vor einem Beitritt abgeschafft werden.
Die Abgeordneten bemängelten, daß nur Frowein vor den Ausschuß geladen war, aber nicht sein in etlichen Aspekten kritischerer Co-Gutacher, der schwedische Professor Ulf Bernitz[2]. Posselt schlug vor, möglichst bald eine breitangelegte Debatte mit allen Experten des Europaparlaments, aber auch mit den vom Freistaat Bayern und von der Sudetendeutschen Landsmannschaft herangezogenen Fachleuten Prof. Blumenwitz[2], Prof. Nettesheim, Prof. Dolzer und Prof. Pan durchzuführen.

Anmerkungen:
[1] Vom 12. 9. 2002; zum Inhalt: Siehe S. 1438.
[2] Zur Anhörung der Professoren Bernitz und Blumenwitz am 11. 3. 2003: Siehe S. 1448, Anm. 13 b).

Wiedergabe nach
SdZ; Nr. 43 v. 25. 10. 2002; S. 1.

****

Äußerungen des EU-Kommissars Günter Verheugen: **2002, 4. November**
Von Diskriminierung der Deutschen in der ČR »nie gehört«

Kommissar Günter Verheugen[1] hat gestern bei der Tagung des Außenpolitischen Ausschusses des Europäischen Parlaments seine Verwunderung über die Äußerung des Abgeordneten Posselt (CSU) über die Diskriminierung der Angehörigen der deutschen nationalen Minderheit in der ČR[2] zum Ausdruck gebracht.
»Niemals habe ich solche Beschwerden gehört[3], nirgendwo ist ein solcher Vorwurf erschienen. Ich bin davon überzeugt, daß in meiner Anwesenheit dies zum ersten Mal offiziell auf die Tagesordnung gebracht wurde«, sagte Verheugen und fügte hinzu, er würde diesen Vorwurf überprüfen lassen[4].
. . .
Verheugen wies darauf hin, daß die EU-Kommission regelmäßige Kontakte zur tschechischen Seite[5] pflege und bei der Bearbeitung ihrer Expertisen sich auf Informationen internationaler Organisationen[6] und humanitärer Vereinigungen stütze, von denen niemand etwas Derartiges gemeldet habe.
»Würde sich zeigen, daß Diskriminierungen übersehen wurden, so würde ich der erste sein, der daraus Konsequenzen ziehen würde. Heute jedoch kann ich sagen, daß ich mir einer Diskriminierung der deutschen Minderheit in der ČR nicht bewußt bin«, sagte Verheugen und fügte hinzu, Berichte über die Kürzung der Rechte der Deutschen in der ČR erschienen in der Presse gewöhnlich im Zusammenhang mit dem Namen Posselts.
⟨4⟩

Anmerkungen:
[1] Zu früheren Beiträgen Verheugens
a) vom 20. 11. 2000: Siehe S. 1355;
b) vom 8. 4. 2002: Siehe S. 1405;
c) vom 2. 7. 2002: Siehe S. 1432.

2 Posselt hatte Diskriminierungen bei der Mietfestsetzung staatlicher Wohnungen und bei der Anerkennung von Universitätsabschlüssen festgestellt.
3 Diese Behauptung war falsch: Verheugen war (mindestens) im November 2000 von der SL Österreich persönlich und im Juli 2002 von den Deutschen Nordmährens brieflich (zum Text: Siehe S. 1431) über aktuelle Diskriminierung der Deutschen in der ČR informiert worden.
4 Eine derartige Überprüfung hatte Verheugen bereits im November 2000 zugesagt; Ergebnisse wurden nicht bekannt.
5 Eine »deutsche Seite« bei Angelegenheiten von Deutschen gab es demnach für die EU nicht.
6 Wer zum Kreis dieser Organisationen gehörte, blieb unklar.
Nach Meinung des tschechischen Politologen Doležal hätte Verheugen aus dem Bericht des UN-Ausschusses für Menschenrechte vom Oktober 2002 interessante Hinweise erhalten können. Doležal persiflierte süffisant den »braven Soldaten Schwejk« in einer Meldung an Verheugen:
»Es ist amüsant, daß Kommissar Verheugen von sich hören ließ, er wisse gar nichts über die Diskriminierung der ČR-Deutschen bei Restitutionen. Niemand habe ihm etwas gemeldet. Man müsse ihm helfen. Der Bericht des UNO-Ausschusses für Menschenrechte bietet dazu eine gute Gelegenheit. Also: Herr Verheugen, ich melde gehorsamst . . .«
Vgl.: »Mladá fronta dnes« (Die junge Front heute), ⟨*TZ.*⟩, Prag; Nr. 262 v. 11. 11. 2002; S. A/8.

Quelle:
»Právo« (Recht), ⟨*TZ.*⟩, Prag; Nr. 257 v. 5. 11. 2002; S. 7.

****

Entschließung des Europäischen Parlaments: **2002, 19. November**
Beneš-Dekrete »aus Sicht des EU-Rechts kein Hindernis für EU-Beitritt ČR«

Im sog. Mantelteil seines beschlossenen[1] Berichtes, der für alle Mitglied- und Bewerberstaaten gilt, stellt das EP u. a. fest, »daß die Annahme, Anwendung und Umsetzung des Besitzstands der EG im Bereich der Bekämpfung der Diskriminierung auf der Grundlage von Artikel 13 des EG-Vertrags[2] in allen Bewerberländern ein Problem bleibt«. Das EP »fordert die Bewerberländer mit Nachdruck auf, dieses Problem so bald wie möglich zu lösen und den Besitzstand der Europäischen Gemeinschaft im Bereich der Bekämpfung der Diskriminierung zu übernehmen«. Die Entschließung »erkennt die Fortschritte an, die in bezug auf den Schutz von Menschen- und Minderheitenrechten erzielt wurden, weist jedoch darauf hin, daß es immer noch Fälle von Mißbrauch und Diskriminierung gibt, die auf Schwachstellen in der Justiz und bei den Strafverfolgungsbehörden zurückzuführen sind«. Weiters wird festgestellt, »daß ethnisch bestimmte Maßnahmen, die zu kollektiver Vertreibung und zur Zerstörung kultureller Werte führen, eklatant gegen europäische Grundrechte und die gemeinsame Rechtskultur der Europäer verstoßen«.
Vorgeschlagen wird deswegen u. a. in Ziff. 31 des Beschlusses eine von den derzeitigen und den künftigen Mitgliedstaaten zu unterzeichnende Europäische Erklärung[3], »welche die gegenseitige Anerkennung der im und nach dem Zweiten Weltkrieg begangenen Verbrechen gegen die Menschlichkeit, Greueltaten und Ungerechtigkeiten sowie das Bedauern darüber beinhaltet, und die Verpflichtung, die gemeinsamen Werte und Ziele der europäischen Integration als wirksames Mittel zur Überwindung vergangener Spaltungen, Feindseligkeiten und Vorurteile, verwurzelt in national bestimmten historischen und politischen Interpretationen der Vergangenheit, voll mitzutragen«.
Im ČR-Teil des Berichtes heißt es u. a. zum Thema Beneš-Dekrete[4], daß diese »aus der Sicht des EU-Rechts[5] kein Hindernis für den Beitritt der ČR« seien, wobei das EP von den »›Gemeinsamen Schlußfolgerungen‹ der drei Gutachter[6] ausgehe«[7]. Dann heißt es, »daß das Gesetz Nr. 115 vom 8. Mai 1946[8] vom Standpunkt moderner Rechtsstaatlichkeit keine Existenzberechtigung hat[9]«. Grundsätzlich wird festgehalten, »daß nach dem Beitritt des Landes alle Bürger der Europäischen Union auf dem Gebiet der Tschechischen Republik die gleichen Rechte haben« müssen[10] und in Abwesenheit des Angeklagten ergangene Urteile

außer Kraft zu setzen sind. Die grundsätzlichen Aussagen der Deutsch-Tschechischen Erklärung[11] gegen Nationalsozialismus und Vertreibung »sind eine gute Grundlage der Versöhnung, welche die moralische Basis für die europäische Einigung ist«. Das EP hält »eine dementsprechende politische Geste der tschechischen Seite . . . für wünschenswert«. ⟨12, 13⟩

Anmerkungen:

1 Der Bericht zu den »Fortschritten jedes Bewerberlandes auf dem Weg zum Beitritt« wurde mit 505 zu 20 Stimmen bei 30 Enthaltungen beschlossen.

2 Art. 13 des EG-Vertrags vom 7. 2. 1992 i. d. F. v. 2. 10. 1997 (Titel II des Vertrages von Maastricht; siehe S. 106) beschreibt v. a. den Weg, »um Diskriminierungen aus Gründen ⟨*u. a.*⟩ der ethnischen Herkunft . . . zu bekämpfen«.
Zum Text: Vgl. BGBl. 1998, Teil II; S. 387 ff.

3 Ein Entwurf sollte ausgearbeitet werden.

4 Zum Komplex der sog. Beneš-Dekrete: Siehe S. 576.

5 Diese Formulierung beinhaltet, daß die Dekrete dem humanitären Völkerrecht von 1945 bzw. 2002 nicht entsprechen.

6 Zum Text der Professoren Bernitz, Frowein und Kingsland vom 2. 10. 2002: Siehe S. 1438.

7 Zu Unterschieden zwischen den Gutachten und weiteren Gesichtspunkten: Siehe unten, Anm. 13 b.

8 Zum Text: Siehe S. 685.

9 Diese Begründung weicht von jener der »drei Gutachter« nicht unbeträchtlich ab.

10 a) An sich zutreffend qualifizierte die BdV-Präsidentin, MdB Erika Steinbach (CDU), diese »Aufforderung« des EP als »Mahnung an die ČR, auf ihrem Staatsgebiet künftig keine Diskriminierung aufgrund von Staats- oder Volkszugehörigkeit zuzulassen«.
Vgl. SdZ; Nr. 49 v. 6. 12. 2002; S. 1.

b) Daß alle EU-Bürger nach dem EU-Beitritt der ČR »gleiche Rechte« haben werden, ist jedoch so lange ausgeschlossen, als nachwirkende Diskriminierungen aus der Vor-Beitrittszeit gegen Nichttschechen nicht geheilt werden.

11 Zum Text vom 21. 1. 1997: Siehe S. 1073.

12 Zu den Reaktionen auf den EP-Beschluß: Siehe S. 1449, 1451.

13 Als Folgeereignisse waren zu verzeichnen:

a) Der ČR-Außenminister Cyril Svoboda konnte bei einer Sondersitzung des Außenpolitischen Ausschusses des Europaparlaments im Februar 2003 offensichtlich keine ausreichenden Antworten dazu geben, was die ČR zu den gemäß EP-Beschluß vom 19. 11. 2002 offenen Fragen (siehe oben) zu tun gedenke.
Vgl. SdZ; Nr. 7 v. 14. 2. 2003; S. 3.

b) Die christdemokratische EVP-Fraktion des EP lud daraufhin die Völkerrechtler Bernitz (zu seinem Gutachten vom 30. 9./2. 10. 2002: Siehe S. 1438) und Blumenwitz (zu seinen Gutachten vom 7. und 21. 10. 2002: Siehe S. 1437, 1438) am 11. 3. 2003 zu einer Anhörung ein, die sich auch mit dem Text des EP-Beschlusses vom 19. 11. 2002 befaßte.
Blumenwitz schilderte u. a. ausführlich die fortdauernde Diskriminierung von Heimatvertriebenen und Heimatverbliebenen durch »aktuelle Gesetze und Ausübung neuer tschechischer Staatsgewalt, die in altem Unrecht wurzeln« (siehe z. B. S. 1412, 1414, 1427). Die meisten der »rassistischen Dekrete« seien nach wie vor in den aktuellen Gesetzessammlungen des tschechischen Staates enthalten, nicht zuletzt das Dekret Nr. 5, das nach wie vor Deutsche und Magyaren kollektiv als »national unzuverlässig« diskreditiert.
Bernitz verdeutlichte den Unterschied zwischen seiner Meinung und der von Frowein. Zum einen riet er den Abgeordneten, sich nicht auf eine Vereinbarkeit der Beneš-Dekrete und ihrer Folgen mit dem EU-Recht festlegen zu lassen: »Nehmen Sie dazu nicht endgültig Stellung, halten Sie die Frage offen!« Es gebe noch Verfahren beim Europäischen Menschenrechtsgerichtshof in Straßburg, beim Internationalen Gerichtshof in Den Haag, beim UN-Menschenrechtsausschuß; auch innerhalb der EU sei mit der Erweiterung die Angelegenheit keineswegs abgeschlossen: »Diese Fälle lassen es nicht angeraten sein, daß die EU definitiv Position bezieht. Sie werden auch nach dem Beitritt weiterlaufen, vielleicht auf neuen Wegen.«
Bernitz stellte auch eindeutig klar: Die EU könne nicht sicher sein, daß es im tschechischen Recht und in der Rechtspraxis keine Diskriminierungen aufgrund der Dekrete mehr gebe: »Die Tatsache allein, daß die Dekrete weiter bestehen, gibt schon Anlaß zur Besorgnis.« Das sogenannte Straffreiheitsgesetz vom 8. 5. 1946 bezeichnete er als »menschenrechtswidrig und menschenrechtsverachtend«.
Vgl. SdZ; Nr. 11 v. 14. 3. 2003; S. 3.

c) Zu weiteren deutlichen Forderungen der Aufhebung der Dekrete auch nach dem 19. 11. 2002: Siehe S. 1452.

Wiedergabe nach
»Pravo« (Recht) sowie »Hospodářské noviny« (Landwirtschaftl. Nachrichten), ⟨*TZ.*⟩, Prag, v. 21. 11. 2002; S. 9 bzw. S. 8.
Auch SdZ; Nr. 48 v. 30. 11., Nr. 49 v. 6. 12. 2002; S. 1 f., S. 3. Auch Mbl. SL; Jg. 2002, Nr. 11/12; S. 412–414.

****

Satzung **2002, 30. November**[1]
der Sudetendeutschen Landsmannschaft (SL):
»§ 3⟨:⟩ Zweck«[2]

(1) Die Sudetendeutsche Landsmannschaft verfolgt ausschließlich und unmittelbar gemeinnützige Zwecke im Sinne des § 52 Abgabenordnung, die im In- und Ausland zum Tragen kommen.
Diese Zwecke sind:
a) die über drei Millionen Sudetendeutschen, welche nach dem Zweiten Weltkrieg aus ihrer Heimat in Böhmen, Mähren und Sudetenschlesien vertrieben und über die ganze Welt verstreut wurden, und ihre Nachkommen als politische, kulturelle und soziale Gemeinschaft zu erhalten und ihre Belange in der Heimat sowie in den Aufnahmegebieten zu wahren;
b) an einer gerechten Völker- und Staatenordnung mitzuwirken, in der Vertreibungen, Völkermord oder »ethnische Säuberungen« und Diskriminierungen weltweit gebannt und insbesondere das Recht auf die Heimat, das Volksgruppenrecht und das Selbstbestimmungsrecht für alle Völker bzw. Volksgruppen garantiert sind;
c) den Rechtsanspruch auf die Heimat, deren Wiedergewinnung und das damit verbundene Selbstbestimmungsrecht der Gruppe durchzusetzen;
d) das Recht auf Rückgabe bzw. gleichwertigen Ersatz oder Entschädigung des konfiszierten Eigentums der Sudetendeutschen zu wahren;
e) die Landsleute wirtschaftlich und sozial zu betreuen;
f) das kulturelle und wissenschaftliche Erbe der Heimat als Teil der deutschen und europäischen Kultur zu pflegen, zu fördern und weiterzuentwickeln;
g) zur Verständigung der Völker in Europa auf der Basis von Wahrheit und Recht, insbesondere zur Herstellung von partnerschaftlichen Beziehungen zwischen Deutschen und Tschechen, beizutragen.
(2) Der Erfüllung des Satzungszweckes dient insbesondere der jährliche Sudetendeutsche Tag.

Anmerkungen:
[1] Beschlußtext der 4. Tagung der XII. Bundesversammlung der SL in Brannenburg (Obby.).
[2] Zur Entwicklung dieser Satzungsbestimmung seit dem 2. 5. 1954: Siehe S. 735.

Quelle:
Mbl. SL; Jg. 2002, Nr. 11/12; S. 405.

****

Entschließung[1] **2002, 1. Dezember**
der Bundesversammlung der SL:
Wiederherstellung der Rechte aller Sudetendeutschen

In Anbetracht der jüngsten Entscheidungen der Europäischen Kommission und des Europäischen Parlaments, wonach die gegen die deutsche und die ungarische Bevölkerung der Tschechoslowakischen Republik gerichteten Dekrete des damaligen Präsidenten Edvard

Beneš der Jahre 1945/46 aus Sicht des Rechts der Europäischen Union kein Hindernis für den Beitritt der Tschechischen Republik darstellen[2], in Würdigung der diesbezüglichen Gutachten namhafter Völkerrechtslehrer, insbesondere der Professoren Felix Ermacora[3] (Wien) und Dieter Blumenwitz[4] (Würzburg) sowie in Bestätigung der grundlegenden Resolution des Sudetendeutschen Rates und des Bundesvorstandes der Sudetendeutschen Landsmannschaft vom 22. 4. 2002[5] bzw. 28. 9. 2002 stellt die Bundesversammlung der Sudetendeutschen Landsmannschaft als Vertretung der sudetendeutschen Volksgruppe außerhalb ihrer Heimat fest:

1. Die Sudetendeutsche Landsmannschaft unterstützt aus historischen, sicherheitspolitischen und ökonomischen Gründen alle Schritte zur Wiedereingliederung der ostmitteleuropäischen Staaten und ihrer Völker und Volksgruppen in die gesamteuropäische Gemeinschaft als Friedens- und Rechtsgemeinschaft.
   Sie setzt dabei voraus, daß alle neu eintretenden Staaten wie die bisherigen Mitgliedstaaten die grundlegenden Prinzipien des europäischen Gemeinschaftsrechts sowie des allgemeinen Völkerrechts – insbesondere des Rechts auf die Heimat und des Selbstbestimmungsrechts als zentrale Bestandteile der universellen Menschenrechte – einhalten.
2. Die Sudetendeutsche Landsmannschaft fordert die Europäische Union auf, ihre Feststellung, wonach »ethnisch bestimmte Maßnahmen, die zu kollektiver Vertreibung und zur Zerstörung kultureller Werte führen, eklatant gegen europäische Grundrechte und die gemeinsame Rechtskultur der Europäer verstoßen«[6], öffentlich deutlich zu vertreten, um Völkermorden, Vertreibungen und der Vernichtung kultureller Werte von ethnischen Minderheiten massiv Einhalt zu gebieten sowie sich gegen alle Kräfte zu wenden, die Vertreibungen der Vergangenheit und ihre fortdauernden Unrechtsfolgen zu relativieren oder zu rechtfertigen versuchen.
3. Im Hinblick auf die Beitrittsbemühungen der Tschechischen Republik zur Europäischen Union fordert die Sudetendeutsche Landsmannschaft deshalb weiterhin die Wiederherstellung der Rechte aller Sudetendeutschen, die durch die Entrechtung, Konfiskation, Vertreibung oder andere Unrechtsfolgen der Jahre 1945 ff. durch die damalige Tschechoslowakische Republik verletzt worden sind.
   Weil die Tschechische Republik am 1. Januar 1993 kraft Staatensukzession an die Stelle der Tschechoslowakei getreten ist, haftet sie völkerrechtlich für die Planung, Durchführung und den konsequenten Abschluß der Vertreibung, die den Tatbestand des unverjährbaren Verbrechens des Völkermordes erfüllt.
4. Die Sudetendeutsche Landsmannschaft begrüßt die Feststellung des Europäischen Parlaments, wonach das Straftatenrechtfertigungsgesetz der Tschechoslowakischen Republik Nr. 115 vom 8. Mai 1946[7] »vom Standpunkt moderner Rechtsstaatlichkeit keine Existenzberechtigung hat«[6], und fordert die Tschechische Republik zur umgehenden Abschaffung dieser menschenverachtenden Regelung auf.
   Sie begrüßt die Forderung des Europäischen Parlaments an die Tschechische Republik, »daß (die entsprechenden) In-absentia-Urteile außer Kraft gesetzt werden«[8].
5. Die Sudetendeutsche Landsmannschaft unterstreicht die Feststellung des Europäischen Parlaments an die Tschechische Republik, »daß nach dem Beitritt des Landes alle Bürger der Europäischen Union auf dem Gebiet der Tschechischen Republik die gleichen Rechte«[6] haben müssen.
   Dies bedeutet insbesondere, daß sowohl den noch in ihrer Heimat in Böhmen, Mähren und Sudetenschlesien lebenden als auch den heimatvertriebenen Sudetendeutschen von dem tschechischen Staat und der tschechischen Gerichtsbarkeit die gleichen Rechte – insbesondere auf dem Gebiet des in den Jahren 1945 ff. konfiszierten Eigentums – eingeräumt werden müssen wie den Staatsbürgern tschechischer Nationalität.
6. Die Sudetendeutsche Landsmannschaft begrüßt die Anregung des Europäischen Parla-

ments zu einer gemeinsamen Europäischen Erklärung, »welche die gegenseitige Anerkennung der im und nach dem Zweiten Weltkrieg begangenen Verbrechen gegen die Menschlichkeit, Greueltaten und Ungerechtigkeiten sowie das Bedauern darüber beinhaltet und die Verpflichtung, die gemeinsamen Werte und Ziele der europäischen Integration als wirksames Mittel zur Überwindung vergangener Spaltungen, Feindseligkeiten und Vorurteile, verwurzelt in national bestimmten historischen und politischen Interpretationen der Vergangenheit, voll mitzutragen«[6].

In Anbetracht der Erfahrungen der Bundesrepublik Deutschland mit der – den ursprünglich geäußerten Absichten der Partner konträren – Interpretation der Deutsch-Tschechischen Regierungserklärung vom 21. Januar 1997[9] durch die tschechische Regierung und die tschechische Nationalversammlung, insbesondere durch die für die sudetendeutsche Volksgruppe zutiefst verletzenden Aussagen des damaligen Ministerpräsidenten Zeman[10] und des heutigen Ministerpräsidenten Spidla[11], sieht die Sudetendeutsche Landsmannschaft in dieser Deutsch-Tschechischen Erklärung im Gegensatz zum Europäischen Parlament allerdings kein Vorbild für die beabsichtigte gemeinsame Europäische Erklärung.

7. Die Sudetendeutsche Landsmannschaft begrüßt die offene Gesprächskultur von immer mehr tschechischen Bürgern über das tschechisch-sudetendeutsche Verhältnis sowie die Bereitschaft tschechischer Politiker in den Kommunen und zunehmend auf gesamtstaatlicher Ebene zum Dialog mit den Repräsentanten der vertriebenen sudetendeutschen Volksgruppe.

Sie fordert die Verantwortlichen in der Regierung und in den Parlamenten der Tschechischen Republik auf, in direkte Gespräche mit der Führung der Sudetendeutschen Landsmannschaft einzutreten, um Lösungsmöglichkeiten für die noch offenen Fragen zwischen Tschechen und Sudetendeutschen zu erarbeiten, und begrüßt jüngste Signale in diese Richtung.

Anmerkungen:
[1] Bei der 4. Tagung der XII. Bundesversammlung in Brannenburg (Obby.).
[2] Zu den Beschlußinhalten vom 19. 11. 2002: Siehe S. 1447.
[3] Vom 26. 8. 1991; zum Text: Siehe S. 923.
[4] Vom 7. 10. 1991; zum Text: Siehe S. 1438.
[5] Zum Text: Siehe S. 1407.
[6] Aus dem EP-Beschluß vom 19. 11. 2002; siehe Anm. 2.
[7] Zum Text: Siehe S. 685.
[8] Gemeint: Urteile in Abwesenheit des Angeklagten.
[9] Zum Text: Siehe S. 1073.
[10] Zu den Texten vom 21. 1. bis 19. 5. 2002: Siehe S. 1389, 1423.
[11] Zum Text vom 18. 5. 2002: Siehe S. 1420.

Quelle:
Mbl. SL; Jg. 2002, Nr. 11–12; S. 401–403.

****

Leserbrief **2002, 2. Dezember**
des katholischen Weihbischofs Gerhard Pieschl:
»Wie die EU eine Vertreibung legalisiert«

Am 19. November[1] hat das Europäische Parlament mit Mehrheit entschieden, daß die Beneš-Dekrete[2], die die rechtliche Grundlage für die Vertreibung und Totalenteignung von mehr als drei Millionen Sudetendeutschen und mehreren hunderttausend Ungarn aus der Tschechoslowakei nach dem Zweiten Weltkrieg waren, kein Hindernis für den Eintritt der Tschechischen Republik in die Europäische Union sind. Vorausgegangen war ein vom Parlament bestelltes Rechtsgutachten dreier Juristen[3], die diese Ansicht im Sinne der Bundesregierung und des Erweiterungskommissars Günter Verheugen bestätigen sollten –, aber auch vier Rechtsgutachten[4], die dieser Auffassung widersprachen. Eines stammt schon aus dem Jahr 1991. Der international renommierte Jurist Felix Ermacora kam darin zu dem Schluß, daß diese Vertreibung ein Genozid war, der im Sinne der Genozid-Konvention der Vereinten Nationen nicht verjährt und nicht anerkannt werden darf. 1999 hatte auch das Europäische Parlament im Zuge der Beitrittsverhandlungen der Tschechischen Republik zur Europäischen Union Prag aufgefordert, diese »Dekrete und Gesetze, soweit sie mit den Vertreibungen einzelner Volksgruppen zusammenhängen, aufzuheben«[5]. Die tschechische Regierung hat das nicht getan und steht bis heute auf dem Standpunkt, daß sie für den rechtlichen Bestand der Tschechischen Republik unverzichtbar sind. Angesichts dieser Verweigerung bedeutet die Aufnahme der Tschechischen Republik in die Europäische Union die Legalisierung einer Vertreibung durch das neue Europa. Es wird damit wieder zum alten Europa der vom Nationalismus und von souveränen Staaten verbrochenen Verletzung der Menschenrechte und der Katastrophen. Das Beispiel für die Welt, das die Europäische Union damit gibt, nicht nur auf dem Balkan, sondern mehr noch für den Nahen und Mittleren Osten, der im nächsten Jahr vor gefährlichen Entscheidungen steht, ist deutlich: Auf Europa kann man sich künftig nicht nur im Guten, sondern mehr noch im Bösen berufen.

Zusammen mit anderen, darunter Otto von Habsburg, habe ich mich in diesem Herbst an die beiden deutschen Kanzlerkandidaten und den österreichischen Bundeskanzler gewandt, um angesichts der kommenden Entscheidungen der Europäischen Union darauf hinzuweisen, »daß die Europäische Union keinen Staat in ihre Wertegemeinschaft aufnehmen kann, der bis zum heutigen Tag rechtlich an den Genozid einer ›ethnischen Säuberung‹ festhält«. Geantwortet haben bisher nur der österreichische Bundeskanzler, der versprach, den Brief seinem Ministerrat vorzulegen, und der bayerische Ministerpräsident, der unter dem Hinweis auf die von ihm in Auftrag gegebenen und nach Brüssel übersandten Rechtsgutachten erklärte: »Der Beitritt eines neuen Staates erfordert die Anerkennung, daß die Europäische Union nicht nur eine Wirtschafts- und Währungsgemeinschaft, sondern auch eine europäische Wertegemeinschaft darstellt ... Ethnische Säuberung und Vertreibung ... haben in dieser Ordnung keinen Platz. Deshalb muß auch klargestellt werden, daß gesetzliche Regeln mit solchen Inhalten in der Europäischen Union nicht fortgelten dürfen.« – Von Bundeskanzler Schröder kam keine Antwort.

Anmerkungen:

1 Zum Inhalt des Beschlusses: Siehe S. 1447.
2 Zum Komplex der sog. Beneš-Dekrete: Siehe S. 576.
3 Gemeint: die Gutachten Frowein, Bernitz, Kingsland. Zur Zusammenfassung: Siehe S. 1438.
4 Gemeint: die Gutachten Ermacora (1991; siehe S. 923) sowie aus dem Jahre 2002 Dolzer (siehe S. 1441), Nettesheim (siehe S. 1444) und Blumenwitz (siehe S. 1438).
5 Zum Beschlußtext vom 15. 4. 1999: Siehe S. 1152.

Quelle:
FAZ; Nr. 280 v. 2. 12. 2002; S. 11.

****

Beschluß[1] **2002, 14. Dezember**
des Bayerischen Landtages[2]**:**
Aufhebung der Beneš-Dekrete[3] *gefordert*

1. Der Landtag begrüßt die Forderung von Bundesinnenminister Schily auf dem Sudetendeutschen Tag[4] nach Aufhebung der gegen Deutsche und Ungarn gerichteten und von Anfang an menschenrechtswidrigen Beneš-Dekrete. Der Landtag appelliert an die Bun-

desregierung, diese Haltung auch gegenüber der Regierung der Tschechischen Republik und den Mitgliedstaaten der Europäischen Union deutlich zu machen.

2. Der Landtag ersucht die Staatsregierung, sich im Bundesrat und gegenüber der Bundesregierung für eine wechselseitige Versöhnungs- und wundenheilende Politik mit allen Staaten einzusetzen, von denen nach dem Zweiten Weltkrieg Deutsche vertrieben worden sind. Dazu gehört die Aufarbeitung geschehenen Unrechts auf beiden Seiten und die Aufhebung von Unrechtsdekreten und -gesetzen aus dieser Zeit.

⟨5⟩

Anmerkungen:

1 Seitens der CSU lag zum Thema bereits der einstimmig angenommene Leitantrag zum 67. Parteitag in München am 5. 12. 2002 vor, in dem es u. a. geheißen hatte:
»›Die Weitergeltung der Beneš-Dekrete und des Straffreistellungsgesetzes ⟨*vom 8. 5. 1946, zum Text: Siehe S. 685*⟩ ist für die CSU nicht akzeptabel. Es widerspricht der europäischen Friedens- und Einigungsidee, heute noch menschenverachtende Vertreibungen von Unionsbürgern zu rechtfertigen. Die Tschechische Republik muß deshalb noch vor der Abstimmung über einen EU-Beitritt hierzu klar Stellung beziehen.‹
Ministerpräsident Edmund Stoiber bezeichnete in seiner Rede vor den rund 1000 Delegierten die Abschaffung der Beneš-Dekrete als Bedingung für die EU-Mitgliedschaft der Tschechischen Republik.«
Vgl. SdZ; Nr. 49 v. 6. 12. 2002; S. 1.

2 a) Der Landtagsbeschluß erhielt auch die Stimmen der SPD-Abgeordneten.
b) Die Landtagsfraktion der SPD hatte durch Erklärung ihres Vorsitzenden Franz Maget und des Vizepräsidenten des BdV, Albrecht Schläger, am 9. 12. 2002 betont:
»›Die Menschenrechte sind unteilbar – die Vertreibung der Sudetendeutschen und anderer deutscher Volksgruppen aus Mittel- und Osteuropa nach dem Zweiten Weltkrieg ist deshalb genauso Unrecht wie die der Menschen in Bosnien und anderswo‹.
Maget und Schläger verwiesen auch auf die Entscheidung des EU-Parlaments ⟨*vom 19. 11. 2002; zum Inhalt: Siehe S. 1447*⟩, die Straffreiheit für Verbrechen an Sudetendeutschen zu rügen . . . ›Die eindeutige Feststellung des EU-Parlaments, daß das Straffreistellungsgesetz vom 8. Mai 1946 vom Standpunkt moderner Rechtsstaatlichkeit her keine Existenzberechtigung hat, ist zu begrüßen.‹ Dieser Beschluß wurde von Konservativen, Sozialdemokraten und Liberalen des EU-Parlaments einstimmig gefaßt.
Damit hat das EU-Parlament – so Maget und Schläger – ein wichtiges Signal für die Einhaltung einer gemeinsamen Werteordnung gesetzt. Die Aufforderung des EU-Parlaments, nach Beitritt der Tschechischen Republik dort allen EU-Bürgern gleiche Rechte einzuräumen, sei eine Mahnung an die Tschechische Republik, auf ihrem Staatsgebiet künftig keine Diskriminierung aufgrund von Staats- oder Volkszugehörigkeit zuzulassen. Schläger: ›Gerade im Osten Bayerns, wo es zu beiden Seiten der Grenzen schon viel Gemeinsames auf wirtschaftlichem und kulturellem Gebiet gibt, wäre es ein gutes Signal, wenn die EU-Rechts- und Wertegemeinschaft von den Tschechen Anerkennung findet.‹«
Vgl. Mbl. SL; Jg. 2002, Nr. 11–12; S. 410.

3 Zum Komplex der sog. Beneš-Dekrete: Siehe S. 576.

4 Zum Text vom 18. 5. 2002: Siehe S. 1419.

5 Die SPD-geführte Bundesregierung ignorierte die Aufforderung auch der SPD-Landtagsfraktion Bayerns:
In der Debatte über die Regierungserklärung zu Ergebnissen des Europäischen Rates am 19. 12. 2002 fiel von den SPD-Rednern kein Wort zum EP. Es blieb an CDU/CSU-MdB Peter Hintze, alle Beteiligten zu erinnern:
»Zur Wertegemeinschaft Europa gehört auch, jegliche Vertreibung für Unrecht zu erklären und jedem Menschen das Recht auf die Heimat zuzubilligen. Es wäre schön – das ist meine hoffnungsvolle Erwartung –, wenn es hier zu einer versöhnlichen Geste käme.«
Vgl. »Das Parlament«; Nr. 51/52 v. 23./30. 12. 2002; S. 20.

Quelle:
Mbl. SL; Jg. 2002, Nr. 9; S. 302.

****

Erklärung **2003, 26. Februar**
der Delegiertenkonferenz des Sudetendeutschen Priesterwerkes:
»Aktueller Stand der deutsch-tschechischen Beziehungen – Das Versagen begann 1918«

Die Delegiertenkonferenz begrüßt die Signale der Versöhnung aus der tschechischen katholischen Kirche. Sie stellt aber fest, daß die Oberflächlichkeit und Leichtigkeit, mit der offiziell über dieses Thema gesprochen wird, nur deshalb möglich sind, weil die Sudetendeutschen als Volksgruppe von den Gesprächen ausgeschlossen werden. Die von Außenminister Fischer auf dem Deutsch-Tschechischen Gesprächsforum am 15. Februar ⟨*2003*⟩ in München getroffene Feststellung »Vergangenheit ist Vergangenheit« würde er sicher nicht gegenüber Zwangsarbeitern der NS-Zeit wiederholen.
Die Delegierten bedauern, daß die Entsolidalisierung der deutschen Politik gegenüber den Sudetendeutschen weiterschreitet und eine feste kalkulierbare Position der deutschen Politik wurde. Zu dieser Politik gehört, daß ständig undifferenziert nationale Strömungen der Sudetendeutschen in der Zwischenkriegszeit gebrandmarkt werden, aber verschwiegen wird, daß die Sudetendeutschen 1918 in einen Staat gezwungen wurden, in dem sie bewußt von der Mitgestaltung ausgeschlossen waren. Ihnen allein wird das Zerbrechen dieses Staates an seinen inneren Konflikten angelastet, dabei aber nicht erwähnt, daß die Prager Regierung damals auch gegenüber Slowaken und Ungarn versagt hat.
Die Delegierten stellen fest, daß kein anderer Staat 1945/46 einen so großen Anteil der eigenen Bevölkerung vertrieb wie die Tschechoslowakei. Kein anderer Staat beruft sich dabei auf »gerechte Vergeltung«. Abgesehen davon, daß die Verbrechen Hitlerdeutschlands an den Tschechen keineswegs pauschal den Sudetendeutschen angelastet werden können, wehren wir Priester uns dagegen, daß Verbrechen an Deutschen bis hin zum Mord als »gerechte Vergeltung« gebilligt werden.
Wir erwarten, daß sich der tschechische Staat von seiner die Menschenwürde zutiefst verachtenden Einstellung verabschiedet und endlich mit den Opfern spricht. Selbst die Sowjetregierung hat seit Chruschtschow mit den von Stalin deportierten Wolgadeutschen gesprochen und ihre innerstaatliche Vertreibung als Unrecht bezeichnet.
Die Aufnahme der Tschechischen Republik in die EU entbindet Prag nicht von einer Wiedergutmachung. Die Sowjetunion hat ihre innerstaatlichen Vertreibungen als Willkürakte Stalins verurteilt. Daher muß auch die EU nach der Aufnahme der Tschechischen Republik in innenpolitischen EU-Ausschüssen die Frage weiter behandeln und einer gerechten Lösung zuführen.

Wiedergabe nach
SdZ; Nr. 10 v. 7. 3. 2003; S. 2.

****

Rechtsverwahrung des Sprechers der Sudetendeutschen Johann Böhm anläßlich der Aufnahme der Tschechischen Republik in die Europäische Union an den Bundeskanzler der Bundesrepublik Deutschland, Gerhard Schröder, am 4.2.2003

Sehr geehrter Herr Bundeskanzler,

in nächster Zukunft werden die zuständigen Gremien und Organe der Europäischen Union und sodann die nationalen Regierungen und Parlamente der Mitgliedsstaaten der Europäischen Union über die Aufnahme der Tschechischen Republik in die Union beraten und beschließen.

Mit der Tschechischen Republik bewirbt sich ein Staat um die Aufnahme in die Rechts- und Wertegemeinschaft freier europäischer Völker, in deren Rechtsordnung noch Rechtsvorschriften verankert sind, die völker- und menschenrechtswidrige Handlungen und Rechtsakte anordnen oder rechtfertigen. Es handelt sich hierbei um die Dekrete des Präsidenten der Tschechoslowakischen Republik, Edvard Beneš, aus den Jahren 1945 und 1946, in denen die Ausbürgerung und Vertreibung der deutschen und ungarischen Volksgruppe aus der Tschechoslowakei sowie die entschädigungslose Konfiskation der Vermögenswerte der Angehörigen dieser Volksgruppen dekretiert wurde. Ebenso ist noch ein Gesetz Bestandteil der Rechtsordnung der Tschechischen Republik, das Unrechtstaten und Verbrechen bis hin zum Mord, begangen von Tschechen und Slowaken an Deutschen und Ungarn, generell straffrei stellt.

Im Angesichte dessen erkläre ich hiermit als Sprecher der Sudetendeutschen Volksgruppe:
Ungeachtet einer möglichen Aufnahme der Tschechischen Republik in die Europäische Union bleibt festzuhalten,

- daß der nach 1945 erfolgte Entzug der tschechischen Staatsbürgerschaft für Angehörige der deutschen Volksgruppe, deren Vertreibung und der entschädigungslose Einzug derer beweglichen und unbeweglichen Vermögenswerte völkerrechts- und menschenrechtswidrig war und die bis heute reichenden Auswirkungen der Verweigerung des Rechts auf die Heimat und der Entschädigung für konfiszierte Vermögenswerte gegen elementare Grundsätze der Rechtsstaatlichkeit verstoßen,
- daß die Vertreibung, die von zahlreichen Gewalt- und Mordtaten begleitet wurde, den Zweck hatte, die Identität der Sudetendeutschen als Volksgruppe zu zerstören und deshalb diese Vertreibung im völkerrechtlichen Sinne als Genozid anzusehen ist,
- daß die Tschechische Republik aufgefordert bleibt, mit den vertriebenen Angehörigen der sudetendeutschen Volksgruppe sowie deren Nachkommen die aus der Vertreibung resultierenden offenen Fragen zu klären, die in die Gegenwart und Zukunft reichenden Folgen der Vertreibung zu lindern und mit einer durch die Vertreibungsdekrete unbelasteten Rechtsordnung in die Europäische Union einzutreten.

Die sudetendeutsche Volksgruppe wird auch in Zukunft alles daran setzen, die Rechte der Vertriebenen und ihrer Nachkommen zu wahren und durchzusetzen. Ich rufe (die bayerische Staatsregierung als Schirmherrn der sudetendeutschen Volksgruppe/die deutsche/österreichische Bundesregierung/das Europäische Parlament/die Kommission der Europäischen Union/die Ratspräsidentschaft der Europäischen Union) auf, uns in der Durchsetzung unserer legitimen Ansprüche aktiv zu unterstützen.

Zur näheren Darlegung und Begründung der Rechtsauffassung der sudetendeutschen Volkgruppe lege ich folgende Dokumente diesem Schreiben bei:

Gutachten Professor Dr. Felix Ermacora (Kurzfassung)
Gutachten Professor Dr. Dieter Blumenwitz

Rede des außenpolitischen Sprechers der CSU im Europaparlament Bernd Posselt MdEP, zugleich Bundesvorsitzender der Sudetendeutschen Landsmannschaft, in der »Straßburger Debatte« vom 9. April, die der Abstimmung über den EU-Beitritt der Tschechischen Republik voranging:

Posselt (PPE-DE). – Herr Präsident!
Als Paneuropäer hatte ich das Glück seit den 70er Jahren auf den heutigen Tag hinarbeiten zu können, als Mitarbeiter von Otto von Habsburg mit dafür zu sorgen, daß hier 1979 ein leerer Stuhl aufgestellt wurde aus Protest gegen den Ausschluß der Völker Mittel- und Osteuropas von der Europäischen Union und als Signal für die Wiedervereinigung, die wir heute beginnen zu vollenden. Ich hatte das Glück, nicht nur das erwähnte Paneuropa-Picknick mit vorzubereiten, sondern an den demokratischen Revolutionen in fast allen Kandidatenländern teilzunehmen, an der Unabhängigkeitserklärung von Estland und von Slowenien.

Deshalb möchte ich ganz klar sagen: Wenn wir heute – eine ganze Gruppe von Kollegen und ich – ein kritisches Votum zum Bericht Schröder abgeben, so ist dies kein Nein zur Erweiterung, auch kein Nein zum tschechischen Volk – es ist ein Protest wie damals gegen Unrecht, gegen weiterhin bestehendes Unrecht, gegen eine schwerwiegende Menschenrechtsverletzung und deren Konservierung durch fortdauernde, diskriminierende Wirkung von Unrechtsdekreten!

Liebe Freunde, deshalb sagen wir ganz klar: Die Europäische Union muß den Weg zur Rechtsgemeinschaft weitergehen. Wir als Rechtsgemeinschaft müssen dafür sorgen, daß Unrechtsdekrete nicht in eine Rechtsgemeinschaft eingeschleppt werden wie Computerviren in ein Datenverarbeitungssystem. Das gefährdet das ganze Datenverarbeitungssystem, und deshalb müssen wir gemeinschaftlich mit den Staaten, die jetzt kommen, nach dem Beitritt und nach dieser schwierigen Abstimmung heute dafür kämpfen, daß das, was noch an Unrecht vorhanden ist, aufgearbeitet wird, daß Verbrechen Verbrechen genannt werden, daß Unrecht Unrecht genannt wird, daß wir aber in partnerschaftlichem Geist zusammenarbeiten, um ein Europa zu schaffen, ein Gesamteuropa, das auf Recht, auf Frieden und auf Freiheit gegründet ist!
(Beifall)

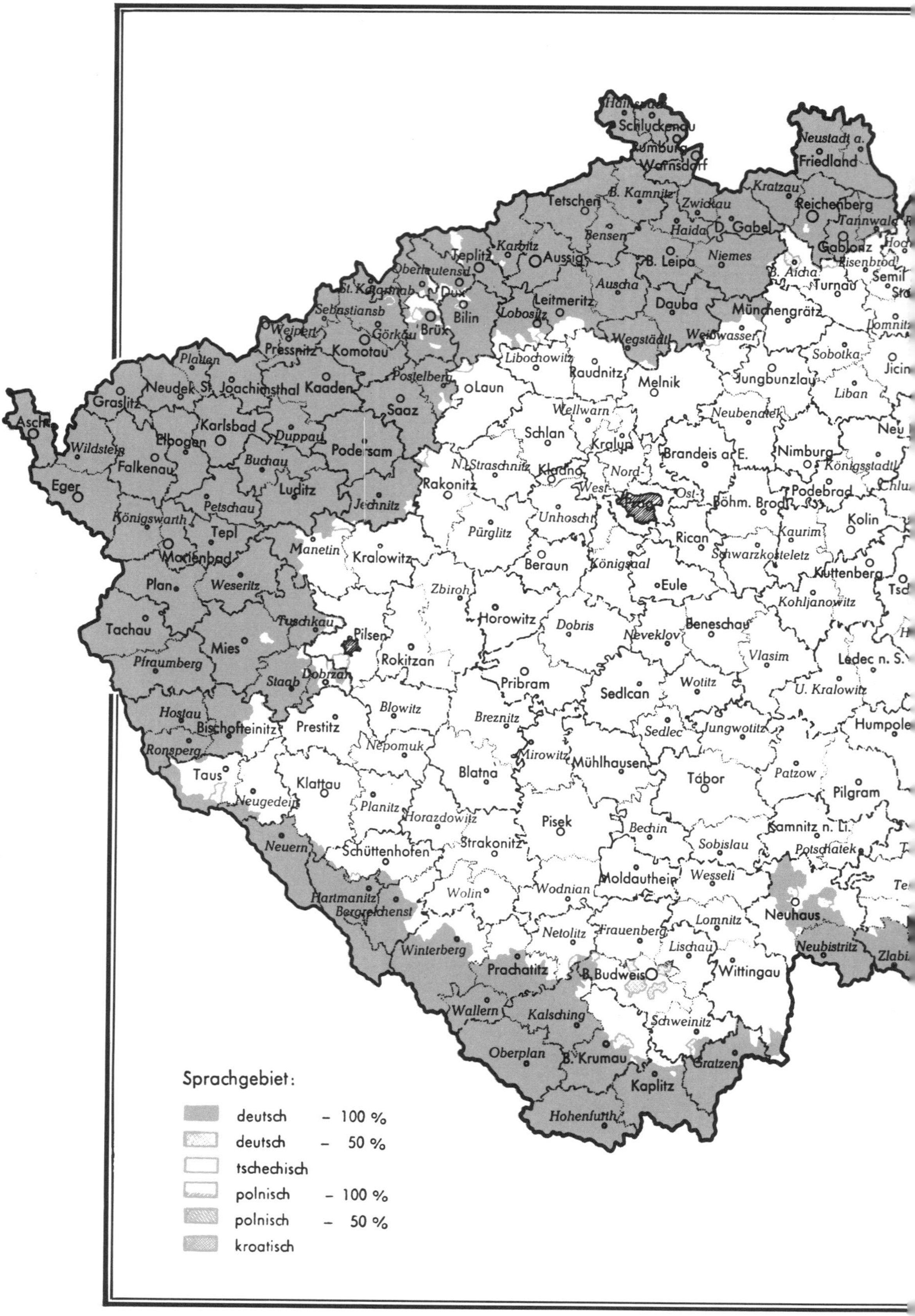
Hainspach
Schluckenau
Rumburg
Warnsdorf
Neustadt a.
Friedland
Kratzau
Reichenberg
Tannwald
Tetschen
B. Kamnitz
Zwickau
Bensen
Haida
D. Gabel
Gablonz
Karbitz
Teplitz
Aussig
B. Leipa
Niemes
B. Aicha
Eisenbrod
Semil
Oberleutensd.
Turnau
St. Katharinab.
Dux
Bilin
Auscha
Leitmeritz
Dauba
Münchengrätz
Sebastiansb.
Görkau
Brüx
Lobositz
Weipert
Wegstädtl
Weißwasser
Pressnitz
Komotau
Platten
Libochowitz
Raudnitz
Sobotka
Jicin
Neudek
St. Joachimsthal
Kaaden
Postelberg
Laun
Melnik
Jungbunzlau
Liban
Graslitz
Saaz
Wellwarn
Neubenatek
Asch
Karlsbad
Schlan
Neu
Wildstein
Elbogen
Duppau
Kralup
Brandeis a. E.
Nimburg
Podersam
Falkenau
Buchau
N. Straschnitz
Kladno
Nord-
Königsstadtl
Luditz
Rakonitz
West-
Ost-
Podebrad
Eger
Petschau
Jechnitz
Prag
Böhm. Brod
Kolin
Königswarth
Unhoscht
Kaurim
Tepl
Pürglitz
Rican
Manetin
Marienbad
Kralowitz
Beraun
Königsaal
Schwarzkosteletz
Kuttenberg
Plan
Weseritz
Zbiroh
Eule
Kohljanowitz
Horowitz
Tachau
Tuschkau
Dobris
Neveklov
Beneschau
Pilsen
Mies
Rokitzan
Vlasim
Ledec n. S.
Pfraumberg
Dobrzan
Pribram
Staab
Sedlcan
Wotitz
U. Kralowitz
Hostau
Blowitz
Breznitz
Bischofteinitz
Prestitz
Sedlec
Jungwotitz
Humpolec
Ronsperg
Nepomuk
Mirowitz
Mühlhausen
Taus
Blatna
Tabor
Patzow
Klattau
Pilgram
Neugedein
Planitz
Horazdowitz
Pisek
Bechin
Kamnitz n. Li.
Neuern
Schüttenhofen
Strakonitz
Sobislau
Potschatek
Moldautein
Wesseli
Hartmanitz
Wolin
Wodnian
Neuhaus
Bergreichenst.
Netolitz
Frauenberg
Lomnitz
Winterberg
Lischau
Neubistritz
Prachatitz
B. Budweis
Wittingau
Zlabings
Wallern
Kalsching
Schweinitz
Oberplan
B. Krumau
Gratzen
Kaplitz
Hohenfurth
Sprachgebiet:
deutsch – 100 %
deutsch – 50 %
tschechisch
polnisch – 100 %
polnisch – 50 %
kroatisch